Theologische Realenzyklopädie
Band XXVII

Theologische Realenzyklopädie

In Gemeinschaft mit
Horst Balz · James K. Cameron
Stuart G. Hall · Brian L. Hebblethwaite
Wolfgang Janke · Hans-Joachim Klimkeit
Joachim Mehlhausen · Knut Schäferdiek
Henning Schröer · Gottfried Seebaß
Hermann Spieckermann · Günter Stemberger
Konrad Stock
herausgegeben von
Gerhard Müller

Band XXVII
Politik/Politologie – Publizistik/Presse

Walter de Gruyter · Berlin · New York
1997

Redaktion: Dr. Claus-Jürgen Thornton

Lieferung 1/2 Politik/Politologie – Predigt Dezember 1996
Lieferung 3 Predigt – Propheten/Prophetie Dezember 1996
Lieferung 4/5 Propheten/Prophetie – Publizistik/Presse Juli 1997

∞ Gedruckt auf säurefreiem Papier,
das die US-ANSI-Norm über Haltbarkeit erfüllt.

Die Deutsche Bibliothek – CIP-Einheitsaufnahme

Theologische Realenzyklopädie / in Gemeinschaft mit Horst Balz ...
hrsg. von Gerhard Müller. – Berlin ; New York : de Gruyter.
Teilw. hrsg. von Gerhard Krause und Gerhard Müller. –
Literaturangaben
Nebent.: TRE
ISBN 3-11-002218-4
Bd. 27. Politik / Politologie – Publizistik/Presse. – (1997)
Abschlußaufnahme von Bd. 27
ISBN 3-11-015435-8

Printed in Germany
Satz und Druck: Tutte Druckerei GmbH, Salzweg-Passau
Buchbinderische Verarbeitung: Lüderitz & Bauer, Berlin

Politik/Politologie

1. Zur Bedeutungsgeschichte des Begriffs 2. Ideengeschichte des Politikbegriffs (Quellen/Literatur S. 5)

1. *Zur Bedeutungsgeschichte des Begriffs*

Der Begriff Politik hat im Verlaufe der Geschichte mehrere Bedeutungsveränderungen erfahren. Diente er bei →Aristoteles und in der an ihn anschließenden Tradition zur Bezeichnung des Verhältnisses der Freien und Gleichen untereinander, in dem diese erst ihre menschliche Bestimmung verwirklichten, so ist er zwischen dem 16. und dem 19. Jh. entnormativiert, segmentiert und szientifiziert worden: In der modernen Politologie wird er in der Begrifftriade von *polity*, *politics* und *policy* gefaßt. *Polity* steht dabei für die formale, *politics* für die prozedurale und *policy* für die inhaltliche Dimension der Politik. Unter *polity* wird die Ordnung des politischen Systems, des Normengefüges, der Institutionen und der Organisationsformen verstanden, während *politics* den durch Interessen- und Wertkonkurrenzen geprägten Prozeß der politischen Konfliktaustragung bezeichnet. *Policy* steht für die Art und Weise, in der gesellschaftliche Probleme durch staatliches Handeln bearbeitet werden. Bezeichnet Politik in der klassischen Tradition die Sphäre des Öffentlichen und der in ihr handelnden Bürger, so verbindet sich der Begriff seit der Entstehung des institutionellen Flächenstaates im Europa der Frühen Neuzeit mit staatlichen bzw. herrschaftlichen Aktivitäten und der durch sie garantierten Rahmenordnung; in der modernen Politologie steht Politik allgemein für Prozesse der Konfliktaustragung und Konsensbildung sowie deren Rahmenbedingungen. Generalisierend kann eine handlungstheoretische von einer systemtheoretischen Variante des Politikbegriffs unterschieden werden. Im Mittelpunkt der ersteren stehen →Macht, Machtanteil und Machtverteilung, im Zentrum der letzteren die (politische) →Gemeinschaft oder das (politische) System.

Handlungstheoretisch ausgerichtet ist Max →Webers Politikdefinition: „Politik würde für uns also heißen: Streben nach Machtanteil oder nach Beeinflussung der Machtverteilung, sei es zwischen Staaten, sei es innerhalb eines Staates zwischen den Menschengruppen, die er einschließt" (Weber, Wirtschaft 822; ders., Politik 506). Systemtheoretisch angeleitet ist dagegen die Politikdefinition Karl Deutschs: „Politik heißt also Entscheidungsbildung auf dem *öffentlichen Weg* und ist vor allem mit der Aufgabe des Regierens betraut, das heißt mit der Lenkung und Selbstlenkung großer Gemeinschaften" (Deutsch, Staat 11).

Ein weiteres Definitionskriterium der Politik ist ihre Abgrenzung gegen als nicht-, un- oder vorpolitisch definierte Bereiche. In der klassischen politischen Theorie ist dies die auf Aristoteles (Politik, Buch I) zurückgehende Separierung von *πόλις* (Stadt) und *οἶκος* (Haus), wobei die *πόλις* dem *οἶκος* infolge eines höheren Grades an Selbstbezüglichkeit und Endzweckhaftigkeit übergeordnet ist: In ihr finden sich die Menschen nicht nur, wie im *οἶκος*, um des Überlebens willen (*τοῦ ζῆν ἕνεκα*), sondern um des sittlich guten Lebens willen (*τοῦ εὖ ζῆν ἕνεκα*) zusammen (Aristoteles, pol. 1252 a 28–31). Das höhere Maß an Autarkie, das Aristoteles zufolge die *πόλις* gegenüber dem *οἶκος* auszeichnet, bezeichnet demnach nicht nur wirtschaftliche Unabhängigkeit, sondern auch den Umstand, daß der in der *πόλις* verfolgte Zweck, die Glückseligkeit (*εὐδαιμονία*) der Bürger, nicht zum Mittel bei der Verfolgung anderer Zwecke werden kann, sondern in sich ruhender End- und Selbstzweck ist. Das heißt zugleich aber auch, daß die Sphäre der Politik erst jenseits der Sorge um die materielle Subsistenz beginnt. An diese Überlegung schließen sämtliche Varianten eines normativen Politikbegriffs von Cicero (*beate et honeste vivere*; Cicero, rep. IV,3,3) über →Thomas von Aquino bis Hannah Arendt an.

Ein analoges Definitionskriterium ist die Unterscheidung von Staat und bürgerlicher Gesellschaft. Dabei substituiert der Staat die Politik bzw. wird zum Politikmonopolisten; nicht, wie im klassischen Politikbegriff, die Bestimmung des Bürgers (*πολίτης*, *civis*) bzw. der Verfassung und der bürgerschaftlichen Teilhabe am öffentlichen Leben (*πολιτεία*, *respublica*, von Cicero als *res populi* definiert, wobei *populus* als *coetus multitudinis iuris consensu et utilitatis communione sociatus* [eine Ansammlung einer Menge, die in der Anerkennung des Rechtes und der Gemeinsamkeit des Nutzens vereinigt ist; Cicero, rep. I,25,39] gefaßt wird) ist entscheidend, sondern die Souveränität als uneingeschränkte Herrschaftsbefugnis über Herrschaftsunterworfene. Parallel dazu wird der *οἶκος*, verstanden als Haus bzw. Hauswirtschaft, abgelöst durch die bürgerliche Gesellschaft (hier verstanden als *commercial*, nicht *civil society*), insofern durch die seit dem 18. Jh. fortschreitende Arbeitsteilung sowie die damit verbundene Vermittlung von Produktion und Distribution über den Markt die Subsistenzsicherung immer weniger hauswirtschaftlich erfolgt. Infolge der in die Marktmechanismen hineingedachten Ordnungsfunktion kann dabei der Bereich der Politik bzw. die Sphäre des Staatshandelns eingeschränkt und auf die Sicherung von Rahmenbedingungen limitiert (liberaler Politikbegriff), er kann aber auch unter Hinweis auf Dysfunktionen des Marktes zum Interventions- und Wohlfahrtsstaat ausgedehnt (sozialdemokratischer Politikbegriff) bzw. Staatshandeln kann auf die Sicherung einer bestimmten Ordnung oder Wertsphäre verpflichtet werden (konservativer Politikbegriff). In allen Fällen aber gilt, daß die in der klassischen Politikvorstellung ausschließlich politisch beantwortete Frage nach dem Zusammenhalt des Gemeinwesens mit dem Aufstieg der Nationalökonomie (Adam Smith; David Ricardo) durch den Hinweis auf die Funktionsmechanismen des Marktes konterkariert wird. Noch die Marx-Engelssche Vorstellung vom „Absterben des Staates" und der Überführung seiner Funktionen in die Verwaltung von Produktion und Distribution ist diesem Bedeutungsverlust der Politik geschuldet.

Ein weiteres, auf den Herrschaftsbetrieb selbst bezogenes Definitionskriterium der Politik ist deren Abgrenzung gegen Verwaltung. Es findet sich u.a. in der Marx-Engelsschen Geschichtsperspektive und ist eng mit der Diagnose einer säkularen Rationalisierung und Bürokratisierung der Politik verbunden. Am prägnantesten ausgebildet ist diese Unterscheidung in M. Webers Gegenüberstellung von Fachbeamten und Berufspolitikern: „Ehre des Beamten ist die Fähigkeit, wenn – trotz seiner Vorstellungen – die ihm vorgesetzte Behörde auf einem ihm falsch erscheinenden Befehl beharrt, ihn auf Verantwortung des Befehlenden gewissenhaft und genau so auszuführen, als ob er seiner eigenen Überzeugung entspräche: ohne diese im höchsten Sinn sittliche Disziplin und Selbstverleugnung zerfiele der ganze Apparat. Ehre des politischen Führers, also: des leitenden Staatsmannes, ist dagegen gerade die ausschließliche *Eigen*verantwortung für das, was er tut, die er nicht ablehnen oder abwälzen kann oder darf" (Weber, Politik 524f.). Auf dieser Grundlage hat Weber anschließend zwischen Gesinnungs- und Verantwortungsethik unterschieden und letztere als die spezifische Ethik der Politik bzw. des Politikers ausgezeichnet. Leidenschaft, Verantwortungsgefühl und Augenmaß sind ihre Charakteristika.

Die in der modernen Politikwissenschaft vorherrschende Begriffstrias von *polity*, *politics* und *policy* verzichtet auf abgrenzende Definitionen und umgreift statt dessen das gesamte Feld von Ordnungsverbürgung, Machtkampf und verwaltungsförmiger Politikimplementation; sie kennt weder normativ ausgezeichnete Politikakteure, wie dies die Bürger der klassischen Theorie waren, noch juridisch bestimmte Kompetenzverteilungen als ausschließliche Berechtigung, politisch tätig zu werden. Die Bedeutungsgeschichte des Politikbegriffs ist also gekennzeichnet durch die Parallelität gegenläufiger Entwicklungen: die zunehmende Verlagerung der Synthesis der Gemeinwesen vom Politischen im engeren Sinn aufs Sozioökonomische und die gleichzeitig zunehmende politische Penetration aller Lebensbereiche.

2. *Ideengeschichte des Politikbegriffs*

Als Begründer der politischen Wissenschaft können →Plato und sein Schüler Aristoteles gelten, wobei sie jedoch bezüglich dessen dissentieren, was unter Politik zu verstehen sei. Für Plato ist sie ein wesentlich *theoretisches* Unternehmen, insofern die ideale politische Ordnung (Plato, resp. 472 d9–e1) ein Abbild der ewigen, unveränderlichen Ordnung ist, die nur von wenigen (den Philosophen) geschaut worden ist, weswegen diese auch die berufenen Inhaber der politischen Macht im Gemeinwesen sind. Für Aristoteles hingegen ist sie ein *praktisches* Unternehmen, das auf das gemeinsame

Handeln der Bürger und das sich darin verwirklichende sittlich gute Leben zielt (*οὐ γνῶσις ἀλλὰ πρᾶξις*; Aristoteles, eth. Nik. 1095 a 5f.). Demgemäß entwirft Plato seine „Politologie“ als theoretische Philosophie, während sie für Aristoteles neben Ethik und Ökonomie der wichtigste Bestandteil der praktischen Philosophie ist. Während es für Plato nur eine ideale Ordnung gibt, zu der sich die realexistierenden Verfassungen in einer absteigenden Kurve der Verfehlung bewegen, kann Aristoteles die unterschiedlichen Formen der Verfassungen auf dem Hintergrund der jeweiligen geographischen, klimatischen, demographischen und sozialen Gegebenheiten der Gemeinschaften analysieren und bewerten. Freilich kennt auch er eine relativ beste Verfassung, die aus einer Mischung demokratischer und oligarchischer Elemente besteht und in der die Freien und Gleichen im Reihendienst herrschen und beherrscht werden.

Aufgabe der politischen Gemeinschaft ist nach Plato die Verwirklichung der Gerechtigkeit, und darunter versteht er, daß jeder das Seinige, d.h. das, wozu er von Natur aus am geeignetsten sei, tue (Plato, resp. 433 a 5f.). Der Gliederung der Seele in den begehrenden (*τὸ φιλοχρήματον*), den muthaften (*τὸ θυμοειδές*) und den erkennenwollenden (*τὸ φιλομαθές*) Seelenteil entspricht die Gliederung des Staates in Handwerker und Bauern, Wächter und Philosophen. Je mehr sich eine reale Verfassung diesem Gliederungsschema annäherte, als desto besser kann sie gelten. An diese Überlegungen Platos haben mit Thomas →Morus und Tommaso Campanella die Sozialutopien der Neuzeit angeknüpft; ebenso haben die Anti-Utopien dieses Jahrhunderts an ihnen den Schrecken totaler Herrschaft und vollständiger Verfügung über die Lebensentwürfe der Menschen entfaltet, und Karl Popper hat seine Kritik der Totalitarismen des 20. Jh. u.a. in Auseinandersetzung mit Plato formuliert.

Ausgangspunkt der „Politologie“ des Aristoteles ist nicht die gerechte Ordnung, sondern die Gemeinschaftsbezogenheit des Menschen, der auf das Zusammenhandeln mit seinesgleichen als Bedingung seiner Selbstverwirklichung angewiesen ist. In diesem Sinne ist die Formel *ὁ ἄνθρωπος φύσει πολιτικὸν ζῷον* (Aristoteles, pol. 1253 a 2f.) zu verstehen: Politik ist Selbsterziehung der Freien und Gleichen, und ihr Ziel ist das Gemeinsam-Handeln, in dem sich der einzelne als Gleicher und Freier anerkannt erfährt. Dieser politischen Herrschaft (*πολιτικὴ ἀρχή*) steht die Herrschaft des Hausherrn (*δεσποτικός*) gegenüber, die sich danach differenziert, ob sie über die Sklaven bzw. das Gesinde (*δεσποτική*), über die Gemahlin (*γαμική*) oder über die Kinder (*πατρική*) ausgeübt wird (ebd. 1253 b 1ff.). Der „politischen Herrschaft“ am nächsten kommt das Verhältnis zwischen Mann und Frau; grundsätzlich jedoch gilt, daß die Herrschaftsformen im Haus verschieden sind gegenüber den Beziehungen der Bürger und jede Übertragung oder Vermischung auf eine Gefährdung des Politischen hinausläuft.

Eine grundsätzliche Herabminderung der Bedeutung der Politik bezüglich der Verwirklichung der Gerechtigkeit wie der Selbstverwirklichung des Menschen wird durch →Augustin eingeleitet, indem er der *civitas terrena* die *civitas Dei* kontrastiert: Wahre Gerechtigkeit und wirkliche Glückseligkeit seien nur in letzterer möglich, und der Status der Christen in der Welt sei der einer *peregrinatio*. Freilich sei der irdische Staat ein Garant des Friedens, und dadurch ermögliche er den Christen Leben und Mission. Deswegen auch sollten sie für diesen Staat beten. Politik wird hier ganz instrumentell gefaßt; sie trägt ihre Zwecke nicht länger in sich selbst, sondern sie werden ihr vorgegeben. Ihr Wert bemißt sich danach, ob sie diese Zwecke erreicht oder verfehlt.

Stärker noch ist die Pazifizierungsfunktion des Staates in Anknüpfung an die augustinische →Zweireichelehre bei →Luther betont, etwa wenn er die Christen auffordert, sich auch in den repressiven Institutionen der weltlichen →Obrigkeit zu engagieren: „Darumb wenn du sehest, das am henger, bottell, richter, herrn oder fürsten mangelt und du dich geschickt fundest, solltistu dich datzu erbieten und darumb werben, auf das jah die nottige gewallt nicht veracht und matt würde und untergienge. Denn die wellt kan und mag yhr nicht geraten“ (WA 11,255). Im Unterschied zu Augustin hat Luther dem weltlichen Regiment eine bemerkenswerte theologische Rechtfertigung verschafft, indem er es, im Unterschied zu den *Menschen*, die auf der Seite Gottes wie des Teufels stehen können, als *Institution* grundsätzlich auf der Seite Gottes verrechnet hat, weil es ein Bollwerk gegen die Bosheit ist, in der Luther die den Menschen bestimmende Kraft sieht. Dies ist zugleich der wesentliche Grund, warum sich Luther – anders als

→Zwingli und →Calvin – in der Frage des Widerstandes (→Widerstandsrecht) gegen weltliche Obrigkeit stets zögernd bis ablehnend verhalten hat.

In Luthers Insistenz auf der Bosheit des Menschen tritt ein für den neuzeitlichen Politikbegriff weithin typisches Merkmal hervor, das ihn von den klassischen Politikvorstellungen unterscheidet: die Behandlung von Egoismus, Habgier (*avaritia*) und Ehrsucht (*ambitio*) nicht als Verfallssymptome der politischen Ordnung, wie dies bei Plato und Aristoteles sowie den römischen Historikern zu finden ist, sondern als deren systematischer Ausgangspunkt. Von den Menschen, heißt es bei →Machiavelli, könne man im allgemeinen sagen, „daß sie undankbar, wankelmütig, verlogen, heuchlerisch, ängstlich und raffgierig" (*ingrati, volubili, simulatori e dissimulatori, fuggitori de' pericoli, cupidi di guadagno*; Machiavelli, Principe XVII) sind, weswegen Machiavelli den Herrschern anrät, eher gefürchtet als geliebt werden zu wollen, und Thomas →Hobbes hat dies in der Widmung seines *De cive* zu der berühmten Formel verdichtet, im Naturzustand sei der Mensch dem Menschen ein Wolf (*homo homini lupus*; Hobbes 59).

Aber während Machiavelli die Annahme der Bosheit der Menschen als politische Orientierung auf die spezifische Situation der Neubegründung einer Herrschaft in einer allgemeinen Krisensituation begrenzte und für die Normallagen der Politik in den *Discorsi* an klassische Politikkonzeptionen anschloß, hat Hobbes in polemischer Auseinandersetzung mit Aristoteles den Anspruch erhoben, Politik müsse, wenn der Bürgerkrieg verhindert und der Frieden gesichert werden solle, auf einem solideren Fundament begründet werden, als dies die praktische Philosophie darstelle, und er favorisierte statt dessen die Geometrie. *More geometrico* zerlegte er den Staat in seine einzelnen Bestandteile (Menschen), analysierte diese hinsichtlich ihrer Bewegungsprinzipien (Affekte) und kombinierte sie so, daß sie ein stabiles Gebilde darstellten. Angelpunkt der Hobbesschen Politikkonzeption ist der Vertrag, in dem ein jeder auf sein ursprüngliches Recht auf alles verzichtet, und zwar unter der Bedingung, daß dies auch jeder andere tut und diese Rechte einem in den Vertrag nicht eingeschlossenen Dritten zufallen, der hinfort als Souverän die Ordnung des Staates sichert und erhält. In seinen *Two Treatises* hat John Locke den Vertragsgedanken fortgeführt und das für Hobbes allein maßgebliche Ziel der Sicherung des Lebens um das der Sicherung des Eigentums erweitert; Jean-Jacques →Rousseau hat in seinem *Contrat Social* das Ziel der Sicherung der Freiheit hinzugefügt; bei John Rawls findet sich in *A Theory of Justice* schließlich noch das Ziel der gegenseitigen Solidarität.

Entscheidend für die Entnormativierung des Politikbegriffs in der Frühen Neuzeit und dessen Restriktion auf die Friedensfunktion des Staates war die Erfahrung des konfessionellen Bürgerkriegs im Europa des 16. und 17. Jh. Neben Hobbes ist inbesondere Jean Bodin (1529–1596) zu nennen, der der Gruppe der „Politiques" zuzurechnen ist. Deren Kopf, der Kanzler Michel de L'Hôpital (1505–1573), trennte in seiner Rede vom 26. August 1561 zwischen religiösen und politischen Fragen und begründete dabei einen der Theologie gegenüber aparten Politikbereich: „Il n'est pas yci question de constituenda religione, sed de constituenda republica; et plussieur peuvent estre cives, qui non erunt christiani: mesme l'excommunié ne laisse pas d'estre citoyen" (Hier geht es nicht um die Frage der Festigung der Religion, sondern der Festigung eines Staatswesens, und es können mehr Bürger sein, als Christen sein werden: Selbst ihre Exkommunikation verletzt nicht ihren Bürgerstatus; L'Hôpital, Œuvres I, 449). Für Bodin, der im Vorwort seiner *Six Livres de la République* ausdrücklich darauf besteht, daß Religion und Gerechtigkeit die Grundlage eines stabilen Staates sein müßten, liegt die Antwort auf den konfessionellen Bürgerkrieg in der Begründung einer Souveränität, die hinsichtlich Machtfülle, Aufgabenstellung und Dauer unbegrenzt ist (Bodin, Rep. I,8: ders. 206) und gegen die niemand mit Rechtsgründen opponieren kann. Bodin wie Hobbes waren die entscheidenden theoretischen Wegbereiter bei der Durchstaatlichung der Politikkonzeption.

Mit Machiavelli hatte sich erstmals in dieser Deutlichkeit eine unüberbrückbare Kluft zwischen Moral und Politik aufgetan, in deren Gefolge sich politische Durchsetzungsfähigkeit, Bürgertugend und private Moral immer weiter voneinander entfernten. List, Schlauheit und Verschlagenheit wurden zu verbreiteten Kennzeichnungen der Politik, die jedoch, da der Politikbegriff infolge der Dominanz des Aristotelismus an den Universitäten zumeist noch in seiner alten Bedeutung verwandt wurde, als Arkanlehre oder

Staatsraison bezeichnet wurde. Es ist vor allem der von der Konzeption des Staatsinteresses beherrschte Bereich der Außenpolitik, in dem die Orientierung am Gemeinwohl als Maßstab der Politik durch die Vorstellung von der Interessenverfolgung um jeden Preis und mit allen Mitteln abgelöst wird. Spätestens in der Politikauffassung Friedrichs II. von Preußen ist die Existenzbehauptung des Staates zum eigentlichen politischen Ziel geworden. Dagegen hat →Kant im ersten Anhang seiner Schrift *Zum ewigen Frieden* postuliert: „Die wahre Politik kann also keinen Schritt thun, ohne vorher der Moral gehuldigt zu haben, und obzwar Politik für sich selbst eine schwere Kunst ist, so ist doch Vereinigung derselben mit der Moral gar keine Kunst; denn diese haut den Knoten entzwei, den jene nicht aufzulösen vermag, sobald beide einander widerstreiten. – Das Recht der Menschen muß heilig gehalten werden, der herrschenden Gewalt mag es auch noch so große Aufopferung kosten. Man kann hier nicht halbieren und das Mittelding eines pragmatisch-bedingten Rechts (zwischen Recht und Nutzen) aussinnen, sondern alle Politik muß ihre Kniee vor dem erstern beugen, kann aber dafür hoffen, obzwar langsam, zu der Stufe zu gelangen, wo sie beharrlich glänzen wird" (Kant, Zum ewigen Frieden: Kants Werke VIII, 380). Kant war freilich auch davon überzeugt, daß die Subsumtion der Politik unter Rechtsbegriffe ein langwieriger Vorgang sein und nur in der Form einer allmählichen Annäherung stattfinden werde.

Als Antipode zu Kant ist August Ludwig von Rochau (1810–1873) zu nennen, der die Prinzipien der richtigen Politik analog zu physikalischen Gesetzen entwickelte: Dem Gesetz der Schwere in der Physik entspricht in der Politik danach das Gesetz der Stärke, und wo es berücksichtigt wird, kann von Realpolitik gesprochen werden (von Rochau 32). Dabei mißt er Recht und Verfassung durchaus eine eigene Bedeutung bei, betrachtet sie aber nicht als Maßstab, sondern als Faktoren der Politik. Heinrich von Treitschke hat in seiner *Politik* diesen Gedanken radikalisiert, indem er die Steigerung der Macht als „die höchste sittliche Pflicht des Staates" (von Treitschke 100f.) bezeichnete. Den Endpunkt dieser Entwicklungslinie bildet Carl Schmitt, der in seinem *Begriff des Politischen* die Unterscheidung von Freund und Feind als das Kriterium des Politischen bezeichnet hat.

Seit Erscheinen von John Rawls' *A Theory of Justice* hat die Diskussion über Sinn und Zweck der Politik eine Neubelebung erfahren. Rawls hat in seinem Werk nach den Rahmenbedingungen gefragt, unter denen Gerechtigkeit möglichst umfassend realisiert werden könne; daran hat sich eine intensive Debatte über die Definition von Gerechtigkeit sowie den Grad ihrer möglichen bzw. wünschenswerten Realisierung angeschlossen. Während Autoren wie Rawls, Robert Nozick und James Buchanan, die in der Tradition des Kontraktualismus stehen (vgl. Koller), den systematischen Ausgangspunkt beim Individuum und dessen rationalem Nutzenkalkül gesucht haben, haben Autoren wie Michael Walzer, Charles Taylor und Alasdair MacIntyre, die der jüngst so bezeichneten Theorietradition des Kommunitarismus zuzurechnen sind, stärker den Akzent auf die gemeinschaftlichen Elemente menschlicher Existenz gelegt und die Eingebundenheit des einzelnen in gemeinsame Werte und Sinnbezüge herausgestellt, unter Bezug auf die Politik erst möglich ist. Parallel dazu hat sich zwischen systemtheoretischen Entwürfen und normativer Politiktheorie eine Debatte über den Stellenwert der Politik in modernen Gesellschaften entwickelt: Während im Kontext systemtheoretischer Überlegungen die Politik als ausdifferenziertes Steuerungszentrum weitgehend an Bedeutung verloren hat und statt dessen die selbstregulativen Fähigkeiten des Systems herausgestellt werden, hat die normative Politiktheorie wieder damit begonnen, das Politische scharf gegen das Nicht-Politische abzugrenzen und als die Sphäre auszuzeichnen, in der der Mensch erst seine Anerkennung erlangt.

Quellen

Hannah Arendt, Was ist Politik?, München/Zürich 1993. – Aristoteles, Die Nikomachische Ethik, übers. u. hg. v. Olof Gigon, München [2]1975. – Ders., Politik, übers. u. hg. v. Olof Gigon,

München ^{2}1976. – Aurelius Augustinus, Vom Gottesstaat (De civitate Dei), eingel. u. kommentiert v. Carl Andresen, Zürich/München 1955. – Jean Bodin, Sechs Bücher über den Staat, eingel. u. hg. v. Peter Cornelius, München 1981 = 1986. – James M. Buchanan, The Limits of Liberty. Between Anarchy and Leviathan, Chicago/London 1975; dt.: Die Grenzen der Freiheit, Tübingen 1984. – Marcus Tullius Cicero, De re publica. Vom Gemeinwesen, übers. u. hg. v. Karl Büchner, Zürich/München 1952 u.ö. = Stuttgart 1979. – Karl W. Deutsch, Staat, Regierung, Politik, Freiburg 1976. – Thomas Hobbes, Vom Menschen. Vom Bürger, eingel. u. hg. v. Günter Gawlick, Hamburg ^{2}1966. – Immanuel Kant, Werke. Akademie-Textausg., Berlin 1902ff. – John Locke, Zwei Abh. über die Regierung, hg. u. eingel. v. Walter Euchner, Frankfurt a.M. 1967. – Michel de L'Hôpital, Œuvres complètes, hg. v. Pierre Joseph Spiridon Dufey, Paris 1824, Nachdr. 1968. – Martin Luther, Werke. Krit. GA, Weimar 1883ff. (WA). – Niccolò Machiavelli, Opere, hg. v. Mario Bonfantini, Mailand/Neapel 1956. – Ders., Der Fürst (Il Principe), übers. u. hg. v. Rudolf Zorn, Stuttgart ^{4}1972. – Alasdair MacIntyre, After Virtue. A Study in Moral Theory, Notre Dame, Ind. 1981; dt.: Der Verlust der Tugend, Frankfurt a.M. 1987. – Robert Nozick, Anarchy, State and Utopia, Oxford 1974. – Platon, Der Staat (Politeia), eingel. v. Olof Gigon, übertr. v. Rudolf Rufener, Zürich/München ^{2}1973. – Karl R. Popper, Die offene Gesellschaft u. ihre Feinde. I. Der Zauber Platons, München ^{5}1977 Tübingen ^{7}1992. – John Rawls, A Theory of Justice, Cambridge, Mass. 1971; dt.: Eine Theorie der Gerechtigkeit, Frankfurt a.M. 1975. – August Ludwig v. Rochau, Grundsätze der Realpolitik (1853), hg. v. Hans-Ulrich Wehler, Frankfurt a.M. u.a. 1972. – Jean-Jacques Rousseau, Der Gesellschaftsvertrag (Contrat Social), hg. u. eingel. v. Heinrich Weinstock, Stuttgart 1966. – Carl Schmitt, Der Begriff des Politischen, München 1932, Nachdr. Berlin 1963. – Charles Taylor, Sources of the Self. The Making of Modern Identity, Cambridge 1989; dt.: Quellen des Selbst, Frankfurt a.M. 1994. – Heinrich v. Treitschke, Politik, angewendet auf die staatlichen Zustände Deutschlands. Vorl. gehalten an der Univ. zu Berlin, Leipzig 1898. – Michael Walzer, Spheres of Justice. A Defense of Pluralism and Equality, Oxford 1985; dt.: Sphären der Gerechtigkeit, Frankfurt a.M. 1994. – Max Weber, Politik als Beruf: ders., Ges. politische Schr., hg. v. Johannes Winckelmann, Tübingen ^{4}1980. – Ders., Wirtschaft u. Gesellschaft (1921), Tübingen ^{5}1972.

Literatur

Der Begriff der Politik, hg. v. Volker Gerhardt, Stuttgart 1990. – Klaus v. Beyme, Theorie der Politik im 20. Jh., Frankfurt a.M. 1991. – Wilhelm Hennis, Politik u. prakt. Phil., Neuwied 1963. – Hasso Hofmann, Recht – Politik – Verfassung, Frankfurt a.M. 1986. – Peter Koller, Die neuen Vertragstheorien: Politische Phil. (s.u.) 281–306. – Christian Meier, Die Entstehung des Politischen bei den Griechen, Frankfurt a.M. 1980. – Ders./Paul-Ludwig Weinacht/Ernst Vollrath, Art. Politik: HWP 7 (1989) 1038–1071. – Pipers Hb. der Politischen Ideen, hg. v. Iring Fetscher u. Herfried Münkler, 5 Bde., München 1985ff. – Political Theory Today, hg. v. David Held, Cambridge 1991. – Politikwiss., hg. v. Gisela Kress u. Dieter Senghaas, Frankfurt a.M. 1972. – Politikwiss., hg. v. Iring Fetscher u. Herfried Münkler, Reinbek b. Hamburg 1985 ^{2}1990. – Politische Phil. des 20. Jh., hg. v. Karl Graf Ballestrem u. Henning Ottmann, München 1990. – Karl Rohe, Politik. Begriffe u. Wirklichkeiten, Stuttgart ^{2}1994. – Volker Sellin, Art. Politik: GGB 4 (1978) 789–874. – Dolf Sternberger, Schr. II/1. Drei Wurzeln der Politik, Frankfurt a.M. 1978. – Eric Voegelin, Die Neue Wiss. der Politik, München 1959. – Ernst Vollrath, Grundlegung einer phil. Theorie des Politischen, Würzburg 1987. – Wozu Politikwiss.? Über das Neue in der Politik, hg. v. Claus Leggewie, Darmstadt 1994.

Herfried Münkler

Politik und Christentum

1. Die Fragestellung 2. Das Verständnis von Politik 3. Ethik des Politischen 4. Theologische Interpretationen 5. Kirchenpolitik 6. Politische Existenz und christlicher Glaube (Literatur S. 20)

1. Die Fragestellung

Die Bestimmung der Zuordnung von Politik und Christentum ist historisch und thematisch außerordentlich vielschichtig.

1.1. Unter historischer Perspektive ist die gesamte Geschichte des Christentums (auch) als politische Geschichte darzustellen. Die Anfänge reichen zurück bis in die alttestamentliche Überlieferung. Exodus (vgl. z.B. Michael Walzer, Exodus and Revolution, New York 1985; dt.: Exodus und Revolution, Berlin 1988) und Landnahme sind auch in der Christentumsgeschichte fortwirkende politische Motive. Israels Königtum, die Idee eines sakralen Königtums, aber auch Exil und die

Auseinandersetzung mit fremden Göttern und fremden Völkern sind zu nennen. Jesu Zinsgroschenwort (Mt 22,21 par.), der Kreuzestod als politische Bestrafung und die Auseinandersetzung mit den →Zeloten sind im Neuen Testament ebenso zu beachten wie z. B. das Nebeneinander von Röm 13 und Apk 13. Ein besonders markantes politisches Handeln war von Anfang an das Gebet für die →Obrigkeit. Die frühchristlichen Apologeten erörtern nicht nur philosophische Kritik am Christentum, sondern wehren auch politische Vorwürfe ab (Gottlosigkeit, mangelnde politische Zuverlässigkeit; →Christenverfolgungen). Mit der konstantinischen Wende änderte sich die politische Situation grundlegend. Neue Themen stellen sich, wie Cäsaropapismus, Theokratie, →Toleranz gegenüber Nichtchristen usw. Die politischen Vorstellungen und Wertungen änderten sich fundamental. →Augustins *De civitate dei* gibt eine eschatologische Deutung der politischen Geschichte. Das christliche Kaisertum im Abendland, Kreuzzugsideen, die Auseinandersetzungen um das Verhältnis von weltlicher und geistlicher Gewalt, von Kaiser und Papst, die Zwei-Gewalten-Lehre und Zweischwertertheorie prägten das Mittelalter. →Thomas von Aquino schuf die bis heute geltenden Grundlagen der katholischen Staatslehre und der politischen Theorie des römischen Katholizismus. →Luthers Unterscheidung der zwei Reiche und seine Obrigkeitslehre (vgl. M. Luther, Von weltlicher Obrigkeit, wieweit man ihr Gehorsam schuldig sei, 1523), →Zwinglis Idee einer „christlichen Stadt", →Calvins Ausführungen zur *Politica administratio* (Inst. IV,20), zu Verfassung und Widerstandsrecht (→Widerstand/Widerstandsrecht) gaben dem Protestantismus Grundorientierungen. Mit der →Aufklärung, der Interpretation des →Naturrechts als Vernunftrecht, den Vertragsgedanken, der Formulierung von →Menschenrechten und der Gewährung von →Religionsfreiheit veränderte sich in der Neuzeit die politische Ordnung entscheidend. Diese Veränderungen sind teils Folgen einer neuen politischen Theorie, teils ziehen sie politische Veränderungen des modernen Staates, Reflexionen politischer Theorie und politischer Ethik nach sich. Im 19. und 20. Jh. forderten totalitäre politische Bewegungen (→Marxismus, →Nationalismus, →Faschismus, →Nationalsozialismus) auch von Theologie und Kirchen eine politische Stellungnahme (→Nationalsozialismus und Kirchen). Die geschichtlichen Wandlungen in den staatlichen Ordnungen, in der Verfassung der politischen Welt wie die Veränderungen der politischen Ideen bilden das Leitthema in der Wechselwirkung zwischen Politik und Christentum.

1.2. Thematisch ist der Zusammenhang zwischen Politik und Christentum nicht aus vergleichbaren Themen eindeutig herauszulösen und als isoliertes Problem zu behandeln. Politik ist mit →Staat, →Obrigkeit, →Demokratie, Rechtsstaat, mit dem Verhältnis von Gesellschaft und Christentum, mit Menschenrechten, Widerstandsrecht, →Revolution und zivilem Ungehorsam untrennbar verwoben. Sie findet in der Gegenüberstellung von →Kirche und Staat sichtbaren Ausdruck. Die Einstellung zu Gewalt und →Macht ist ein wichtiges Thema politischer Ethik. →Frieden und →Krieg sind immer vordringlich politische Überlegungen. Zu achten ist auch auf die Polarität von Nation und internationaler Gemeinschaft, Weltfrieden, von staatlicher Souveränität und humanitärer Intervention der Völkergemeinschaft, von staatlichem Selbstbestimmungsrecht und universaler Verantwortung, von Patriotismus und ökumenischer Offenheit. Diese Themenliste kann unschwer erweitert werden. Das Stichwort „Politik" kann deshalb nur als übergreifender Leitgedanke für sehr unterschiedliche politische Sachverhalte, Aufgaben und Fragestellungen bedacht werden.

Der umfassende Anspruch von Politik stellt vor den Wahrheitsanspruch von Politik und damit vor die Frage der →Ideologie. Jeder Anspruch auf einen Totalitätsanspruch des Politischen, auf Politik als Absolutes, muß notwendig ideologisch werden.

2. Das Verständnis von Politik

Die Begriffsgeschichte trägt zur Klärung der in der harten Realität des Interessenkampfes benutzten Worte „politisch", „Politik" nur wenig Klärendes bei.

„So erscheint das Politische bald als das Einigende, bald als das Trennende, bald als Muster und Mittel der Eintracht, bald als Grund und Methode der Zwietracht, bald als Inbegriff des Friedens, bald als Geist des Krieges. Ist es der Konflikt der Interessen, der Mächte, Glaubenshaltungen und Willensregungen, was das Politische in seinem eigentümlichen Wesen kennzeichnet? Oder ist es vielmehr der Ausgleich, der Kompromiß, der Vertrag, die gemeinsame Lebensregel, der Friede? Und umgekehrt gefragt, sollen wir den Frieden – den Bürgerfrieden wie den Völkerfrieden – als die Abschaffung und Überwindung, als die Negation der Politik deuten, oder, im Gegenteil, gerade als ihre Vollendung?" (Sternberger 21).

Bezieht sich Politik auf die undurchsichtige Realität, oder orientiert sie sich an der Utopie, an der Vision des „ewigen Friedens", an der Hoffnung auf das Ende aller Politik

(Anarchie)? Um diese Frage überhaupt bedenken zu können, sind Differenzierungen und Unterscheidungen unerläßlich.

Politik kann grundsätzlich als mehrdimensional strukturiert betrachtet werden. Dabei kann man differenzierend drei Dimensionen unterscheiden: (a) Die erste Dimension betrifft die Regelung politischen Handelns durch Verfassung, Rechtsordnung und Tradition (englisch: „polity"). (b) Die zweite Dimension bezieht sich auf inhaltliche, normative Zielsetzungen und auf Problemlösungen mit einer spezifischen Wertorientierung (englisch: „policy"). (c) Die dritte Dimension beschreibt die prozessuale Vermittlung von Interessen durch das Austragen von Interessenkonflikten und die Bemühung um Konsensbildung (englisch „politics"). Näheres dazu im Artikel →Politik/Politologie (s.o. S. 1, Z. 10–16).

3. *Ethik des Politischen*

Auf diesem Hintergrund stellt sich das Problem und die Aufgabe einer Ethik des Politischen. Dabei geht es keineswegs um eine Moralisierung von Politik (oder gar eine theologische Tribunalisierung). Gemeint ist auch nicht eine bloße politische Ethik, ein politisches Ethos im Sinne einer politischen Tugendlehre, d.h. einer Unterrichtung des politisch Handelnden oder des Bürgers. Vielmehr soll die Rahmenordnung, Verfassung und politisches System, als Ort der Verantwortung erkannt werden; dies soll die Formulierung „Ethik des Politischen" zum Audruck bringen, also eine Ethik, die nicht nur persönliches politisches Handeln thematisiert, sondern grundsätzlich nach dem Zusammenhang von Politik und Ethik fragt. Dabei wird vorausgesetzt, daß der Zusammenhang von Politik und Ethik ein allgemeinmenschliches, ein universales Problem enthält und nicht eine spezifische Problemstellung, die durch das Christentum erst aufgegeben ist. Die christliche Antwort auf diese allgemeinmenschliche Frage mag zwar spezifisch ausfallen und ist daher gesondert zu erörtern (s.u. 4.). Aber das Spannungsfeld von Politik und Ethik ist von sehr allgemeiner Art. Außer von einer Ethik des Politischen kann man ferner von →Kultur sprechen. Auf den Zusammenhang von Politik und Kultur ist am Ende nochmals zurückzukommen (s.u. 6.).

3.1. *Die Spannung zwischen Moral und Politik*

Von einer Ethik des Politischen wie von politischer Ethik (als Teil der →Sozialethik) kann generell überhaupt nur gesprochen werden, wenn die *Politeia* als sittlich verfaßte Lebenswirklichkeit begriffen wird. Die Frage nach den ethischen Grundlagen politischen Handelns ist nur anhand einer normativen Theorie des Politischen zu beantworten. Wie steht es um die →Autonomie des einzelnen angesichts des Universalitätsanspruchs der →Ethik und des Gehorsam fordernden Geltungsanspruchs politischer Autorität? Welcher Anspruch bestimmt den anderen? Stehen die Ansprüche von Moral und Politik völlig unabhängig voneinander und ohne Bezug nebeneinander? Was gilt im Konflikt zwischen Politik und Moral?

Idealtypisch sind im Blick auf diese Frage drei Positionen denkbar: (a) Die Politik wird völlig der Moral unterstellt (→Plato; →Kant). (b) Die Politik wird völlig von der Moral getrennt (→Machiavelli; aber auch im Marxismus-Leninismus: „Die Kommunisten haben keine Moral". Moral ist nur eine Frage der politischen Taktik.). Will man diese Alternative vermeiden, bleibt nur der höchst prekäre Versuch (c), die jeweilige Authentizität von Politik und Moral zu wahren und das Spannungsverhältnis durchzuhalten (z.B. →Aristoteles; Max →Weber). Keine der drei Positionen ist mit den anderen beiden vermittelbar. Gegen jede Position läßt sich von den anderen her grundsätzlich argumentieren. Eine Vermittlung von Moral und Politik steht unter dem Verdacht des Amoralismus, der Heuchelei und der Hypermoralisierung. Der Verdacht der politischen Instrumentalisierung der Moral und der Moralisierung der Politik sieht in der Vermittlung beider eine Beschädigung der Integrität beider. Hypermoralisierung überträgt strenge Prinzipien der persönlichen Individualmoral auf die Politik. Politisierung der Moral und Tribunalisierung der Politik sind dann die Folge, wenn politische

Standpunkte sich mit dem „Weltgewissen“ identifizieren. Beiden Gefahren, der Entmoralisierung wie der Hypermoralisierung von Politik, ist nur zu begegnen, wenn die Eigenart von Moral und Politik eigens bedacht wird. Die katholische Tradition hat seit der Aristotelesrezeption im hohen Mittelalter im Gedanken des Naturrechts eine gemeinsame Grundlage von Moral und Politik gesucht und postuliert. In der lutherischen Tradition bildet der *usus politicus legis*, der gerade keine Anwendung des Evangeliums auf die Politik, keinen *usus politicus evangelii* enthält (→Gesetz und Evangelium), eine Brükke zwischen Politik und Moral.

3.2. Universalität und Partikularität

Der Universalitätsanspruch der Moral kollidiert immer wieder mit dem Selbstbehauptungswillen einer *Polis*. Politik setzt daher Gemeinschaft, kommunitäre Existenz voraus. Sie ist also nicht aus einer individualistischen Moral abzuleiten. Auch eine zeit- und geschichtsunabhängige universalistische Moral kann deshalb allenfalls formalistisch argumentieren. Das Politische gründet in Geschichte, ist bezogen auf Herkunft, Heimat, Nation, Patriotismus und ist ein Ausdruck politischer Zugehörigkeit. Das Politische bezieht sich jeweils auf bestimmte Kontexte. Politik betrifft die Bürger eines Landes, eines Sprachgebiets, einer Schicksalsgemeinschaft. Sie hat darum auch nationale Interessen zu vertreten. Die Interessen eines Staates oder einer Staatengemeinschaft können jedoch mit den Interessen anderer Staaten kollidieren. Eine kommunitaristische Sicht, die von konkreten Gemeinschaften der Lebenswelt, von einer *Polis* als Lebens- und Handlungsraum ausgeht, erfaßt besser als ein individualistischer und ein universalistischer Ansatz den jeweiligen Raum des Politischen. Sind jedoch nationale Interessen im Spiel, kann es zu Spannungen in der internationalen bzw. übernationalen Ausrichtung von Ethik kommen.

In der jüngsten Kirchengeschichte sind solche Spannungen häufiger zutage getreten, wenn nationale, am eigenen Volk orientierte Vorstellungen („völkische“ Sendung einer Kirche) gegen ökumenische Gemeinschaft und Offenheit standen und ausgespielt wurden. Diese Spannung kann allerdings nicht durch eine Vorzugsregel aufgehoben werden, sei es, daß man die weltweite „ökumenische“ Verpflichtung den partikularen nationalen Interessen prinzipiell überordnet, sei es, daß man der Nähe der Zugehörigkeit zur eigenen politischen Gemeinschaft den Vorrang vor abstrakten, weltweiten Beziehungen gibt. Vielmehr sind im Einzelfall die jeweils vorausgesetzten, berechtigten und legitimen politischen Interessen in einer ethisch vertretbaren Entscheidung zu vereinigen. Solche Entscheidungen können immer nur relativ sein und erfolgen in Form von Kompromissen. Jede derartige Entscheidung hat die geschichtliche Dimension, Kontext und kommunitäre Zugehörigkeit mit zu beachten.

3.3. Gerechtigkeit als Grundlage und Maßstab der Politik

Herkömmlich wird als Ziel der Ordnung des Zusammenlebens in einer politischen Gemeinschaft die →Gerechtigkeit angegeben. Seit Aristoteles ist Gerechtigkeit die Gesamttugend, die umfassendste Tugend. Politische Ordnung und politisches Handeln werden daran gemessen, ob Gerechtigkeit vorliegt oder vorenthalten wird. Der Maßstab der Gerechtigkeit dient dazu, die Legitimation von Herrschaft und Herrschaftsausübung zu beurteilen.

So leicht es freilich fällt, Gerechtigkeit als Grundlage und Beurteilungsmaßstab zu benennen, so schwer fällt es, Inhalt und Art von Gerechtigkeit genauer festzustellen. Auch der oftmals zur Interpretation von Gerechtigkeit herangezogene Maßstab der Gleichheit ist im politischen Kontext immer strittig. Von Aristoteles bis John Rawls und Michael Walzer ist der Begriff Gerechtigkeit philosophisch kontrovers geblieben. Bereits Aristoteles unterschied Verteilungs- und Ausgleichsgerechtigkeit (*iustitia distributiva – iustitia commutativa*). Inzwischen ist es üblich, von einer Mehrzahl von Gerechtigkeitskriterien zu sprechen. Chancen-, Ergebnis-, Teilhabegerechtigkeit; soziale Gerechtigkeit im Sinne eines sozialen Ausgleichs; Fairness als gerechtes Verfahren. Zwischen unterschiedlichen Auffassungen von Gerechtigkeit kann es aber zu Konflikten kommen. Auch unterliegen Gerechtigkeitsvorstellungen dem politischen Wandel und dem Wechsel von Vorstellungen und Mentalitäten. Die aristotelische Vorstellung von der *Polis* setzt nicht Gleichheit, sondern Ungleichheit voraus; die neuzeitliche Demokratie beruht auf der Anerkennung der gleichen Rechte aller Bürger. Wichtig ist für eine Politik, die an Gerechtigkeit sich messen lassen will, die Einhaltung fairer Verfahrensregeln, also prozessuale Gerechtigkeit, und die Ermöglichung gleichen Zugangs zu politischer Teilhabe, also Partizipation. Dazu sollten Kriterien gerechter politischer Ordnung im Recht formuliert werden. Die ökumenische Diskussion hat im konziliaren Prozeß Gerechtigkeit als Zielvorstellung um Frieden und „Bewahrung der Schöpfung" (ökologische Überlebensfähigkeit) erweitert (→Ökologie). So beweist die alte Formel *iustitia et pax* ihre fortwährende Bedeutung für politische Orientierung.

3.4. Staatsräson und Privatmoral

Bereits Aristoteles unterschied zwischen „guten" Menschen und „guten" Bürgern. Diese Spannung wurde durch Machiavellis Auffassung von Politik noch verschärft. Das Mittelalter suchte den Zusammenhang von öffentlichem, politischem Handeln und individueller Moral mit Hilfe politischer Traktate in Gestalt von Fürstenspiegeln, politischen Tugend- und Lasterkatalogen, zu überbrücken. Auch hinter der Unterscheidung von zwei Gewalten, zwei Schwertern, zwei Reichen (Augustin; Gelasius; Luther) steht die Unterscheidung von →Amt und →Person, von persönlicher Moral und Amtsethos, welche dem politischen Handeln relative Autonomie einräumte. Der Bruch im Politikverständnis der Neuzeit verbindet sich mit dem Begriff „Staatsräson", der von Giovanni Botero (*Della Ragione di Stato*, 1589) stammt. Staatsräson meint ein Allgemeines, dem gegenüber das individuelle Verhalten ins Private und Partikulare zurückfällt.

Dieses Allgemeine, die Staatsräson, läßt sich freilich unterschiedlich auslegen: technisch, existentiell, wenn es um die Fortexistenz eines Staates geht, expansionistisch u.a. Die Berufung auf die Staatsräson gibt in jedem Fall eine Vorzugsregel an die Hand, für den Fall, daß Interessen eines Staates und Rechtsgüter kollidieren. Dem Staat werden Handlungen zugestanden, die, falls von Untertanen begangen, als Verbrechen geahndet würden. „Zwischen Mord und Politik besteht ein alter, enger und dunkler Zusammenhang" (Hans Magnus Enzensberger, Politik und Verbrechen, Frankfurt a.M. 1964, 13). Mit dem Begriff Staatsräson wird ein Gegensatz zwischen Staat und Sittlichkeit, zwischen Moral und Politik konstatiert. Zugleich wird der Politik eine (relative) Eigengesetzlichkeit konzediert. Die Folgen der Emanzipation der Politik von der universal verpflichtenden persönlichen Moral sind unter totalitärer Herrschaft noch verschärft worden. In die neuzeitlichen Auseinandersetzungen um die Staatsräson brachte der christliche Glaube ein Element der Beunruhigung ein. Das Christentum hat im Abendland das Bewußtsein wachzuhalten versucht, „daß rücksichtslose Staatsräson eigentlich Sünde sei" (Friedrich Meinecke, Staatsräson, München/Wien ^{4}1976, 36).

3.5. Zweck und Mittel

Der kasuistische Satz, wonach der Zweck das Mittel heilige, ist von Hause aus neutral und unschuldig, denn er besagt nur: „Wer den Zweck will, will ... auch das dazu unentbehrlich nothwendige Mittel" (Kant, Grundlegung zur Metaphysik der Sitten: Kants GS. Akademie-Ausgabe, Berlin, IV 1911, 417). Im Horizont der neuzeitlichen Konzeption von Staatsräson wird daraus die Maxime, daß man beliebige Ziele mit allen Mitteln, vor allem aber mit effizienten Mitteln anstreben dürfe. Thomas →Hobbes ging davon aus, daß der Erfolg, das Erreichen von Zwecken, die Mittel rechtfertige. Die verwendeten Mittel werden für moralisch neutral gehalten und erklärt. Max Webers Vorstellung von Zweckrationalität klammert ebenfalls Wertsetzungen aus (Wertrationalität) und destruiert das alteuropäische Konzept von substantieller Vernunft, unantastbaren naturrechtlichen Prinzipien. Die Mittel verselbständigen sich. Zum Maßstab politischen Handelns wird allein der Erfolg. Politik wird zum Selbstzweck. Die erneute Betonung von Wertgebundenheit von Staat und Verfassung, die Rückbindung der Politik an „Grundwerte" sucht solcher Entwicklung entgegenzusteuern und einer rein technischen, zweckrationellen Auffassung von Politik zu wehren.

3.6. Das Problem der Gewalt

Die Schwierigkeit der Zweck-Mittel-Relation zeigt sich nirgendwo deutlicher als an der Frage der ethischen Zulässigkeit von Gewaltanwendung. Bei anhaltender Bedrohung muß rigoroser Gewaltverzicht aus christlichen oder humanistischen Motiven zum Erdulden auch schlimmster Übel bereit sein. Solcher Gewaltverzicht ist allerdings nur individuell vertretbar, als Zeichenhandlung.

Ciceros Frage: „Was, wenn nicht Gewalt, vermag denn etwas gegen Gewalt?" (Cicero, fam. XII,3) wirft die Frage der Legitimität von Gewaltanwendung auf. Dabei geht es um Notwehr, Nothilfe, Notstand. Der neuzeitliche Staat beansprucht um seiner inneren Souveränität willen für sich das „Monopol auf legitime Gewaltanwendung" (Max Weber). Im Innenverhältnis kann die Legitimität von Macht und Herrschaft aber nicht allein auf Gewalt gestützt werden, sondern ist auf Anerkennung angewiesen und bedarf der Autorität. Im Außenverhältnis sollte zwischen Staaten die Gewaltanwendung mit Hilfe der Figur des *bellum iustum* (Cicero; Augustin) limitiert werden. Die Unvermeidbarkeit von Gewaltanwendung hat zur Kehrseite deren Irrationalität und Verselbständigung. Im Zeitalter der Massenvernichtungsmittel, der ABC-Waffen, der Technisierung der Kriegsführung und der Ideologisierung von Konflikten wird die Zulässigkeit von Gewalt immer zweifelhafter. Gewalt setzt zudem Terror frei. Allenfalls als Eindämmung von und Surrogat für die Willkür von Gewalt ist diese als *ultima ratio* ethisch hinzunehmen.

3.7. Das Verhältnis von Norm und Ausnahme

Mit dem Stichwort „Gewalt in der Politik" ist die Zuordnung von Regel und Ausnahme angesprochen. Nur im Ausnahmezustand sind Handlungen zulässig, die ansonsten nicht statthaft sind, weil sie ein größeres Übel durch Einsatz eines kleineren Übels zu verhindern trachten und dem Risiko eines Dauerzustandes der Anomie zu wehren suchen.

3.8. Verantwortung und Gesinnung

Der Gefahr eines normativen Nihilismus suchte Max Weber durch die Unterscheidung von Verantwortungs- und Gesinnungsethik zu begegnen. Beide Positionen sind idealtypische Konstruktionen. Nur als Idealtypen können sie folglich alternativ verstanden werden. Der Gesinnungsethiker folgt allein seiner inneren Überzeugung ohne Beachtung der äußeren Folgen seines Handelns (absolute Deontologie). Verantwortungsethik reflektiert hingegen die Folgen, Ergebnisse eines Handelns mit (Teleologie). Für Max Weber ist der Gesinnungsethiker „kosmisch-ethischer Rationalist", letztlich ein Mystiker, auf reine Innerlichkeit beschränkt. Er ist insofern der Prototyp des Unpolitischen. Der politisch Handelnde muß sich hingegen die Folgen seines Handelns zurechnen lassen. Max Webers Zuspitzung von Verantwortungs- oder Gesinnungsethik setzt zudem einen undifferenzierten Verantwortungsbegriff voraus. Je nach Zuständigkeit (Amt, Kompetenz, Fähigkeit, rechtlicher Haftung) sind Verantwortlichkeiten – auch politisch – zu unterscheiden und festzustellen. Die Frage ist dabei nicht, ob aus Verantwortung oder aus Gesinnung politisch gehandelt, sondern aus welcher Gesinnung welche Verantwortung mit welcher Zuständigkeit und mit welcher Fähigkeit wahrgenommen wird. In dem oft als Leerformel benutzten Begriff „politische Verantwortung" verdichten sich deshalb die Probleme einer politischen Ethik.

3.9. Menschenwürde und Menschenrechte als Bezugspunkt

Politisches Handeln soll dem Schutz von Menschenrechten und Menschenwürde dienen. Eine an der Achtung der Menschenwürde orientierte Politik (Grundgesetz Art. I, 1) hat einen universalen ethischen Maßstab immer schon vorgegeben. Die Menschenwürde wird in den einzelnen Menschenrechten verwirklicht. Die Menschenrechte setzen politischem Handeln Aufgaben und ziehen ihm Grenzen (*Allgemeine Erklärung der Menschenrechte*, 1948). In den Menschenrechtserklärungen haben sich die Staaten auf Maßstäbe politischer Ethik verpflichtet. Zwar wird die Universalität der Menschenrechte immer wieder bestritten (z. B. seitens eines Kulturrelativismus); auch ist von Menschenrechten nur im Plural zu sprechen und wird die Unteilbarkeit der Menschenrechte in Frage gestellt: Die individuellen Freiheitsrechte, die sozialen Menschenrechte und kollektiven Rechte (auf Frieden, Umwelt, Entwicklung) sind verschieden. Man spricht inzwischen von drei „Generationen" der Menschenrechte. Abwehrrechte und Partizipationsrechte sind auch auf verschiedene Weise durchzusetzen. Unabhängig von der Ausgestaltung und Verwirklichung von Menschenrechten im einzelnen ist jedoch das Recht des Menschen, überhaupt Rechte zu haben, fundamental (Hannah Arendt). Politik hat den Menschen als Rechtsperson zu achten und seine unveräußerliche Menschenwürde zu schützen. Die Rechte der physischen, geistigen und politischen Person bilden insoweit die Grundlage einer Ethik des Politischen.

3.10. Kultur und Moral als Rahmen der Politik

„Der freiheitliche, säkularisierte Staat lebt von (geistigen und sittlichen) Voraussetzungen, die er selbst nicht garantieren kann" (Ernst Wolfgang Böckenförde, Staat, Gesellschaft, Freiheit, Frankfurt a.M. 1976, 60). Kultur, Religion und Moral sind der Politik vorgegeben. Im umstrittenen Begriff der politischen Kultur wird ein Orientierungsmuster politischen Handelns angesprochen. Politik bedarf des Konsenses, einer „Staatsbürgerkultur". In der abendländischen Tradition hat das Christentum politische Wertvorstellungen entscheidend geprägt; die Auswirkungen von Aufklärung und →Säkularisierung haben sodann zur religiösen Neutralisierung von Politik geführt. Die Bedeutung der Säkularisierung im Blick auf Wertewandel und Popularisierung der politischen Einstellungen und Lebensstile ist strittig. Die Einigung auf einen „Verfassungspatriotismus" (Sternberger) kann nicht bloß die Hinnahme von Verfahren und rechtlicher Verfaßtheit meinen. Es geht vielmehr um gemeinsame politische Einstellungen, kollektive Verantwortung, Gemeinsinn. Politisches Handeln vollzieht sich als gemeinsames Handeln von Bürgern. Als Wähler, Parteimitglied, Politiker gestaltet der einzelne durch sein Verhalten, seine Entscheidung, seine „Stimme" Politik mit. Man kann zu Recht von geteilter Verantwortung sprechen. Ziel gemeinsamen Handelns sollte der maximale ideelle und materiale Nutzen der politischen Gemeinschaft sein (vgl. TRE 12,339–346). Gerechtigkeit ist auch auf das *bonum commune*, die *salus reipublicae*, hin ausgerichtet. Insbesondere die katholische Soziallehre betont, daß es Aufgabe der Herrschenden und des Staates sei, das Gemeinwohl zu befördern und zu garantieren (seit →Leos XIII. Enzyklika *Immortale Dei*, 1885). Die ökumenische Programmformel „Verantwortliche Gesellschaft" (Amsterdam 1948) verweist in gleicher Weise auf ein „öffentliches Interesse", dem Politik verpflichtet ist.

4. Theologische Interpretationen

Die Spannung zwischen Politik und Moral und die Problemstellungen einer Ethik des Politischen lassen sich weitgehend ohne theologische Prämissen beschreiben, auch wenn die kulturellen Einflüsse des Christentums unübersehbar sind. Theologische Interpretationen setzen ebenfalls eine Vielgestaltigkeit politischer Verhältnisse und die Verschiedenheit politischer Kontexte voraus. Die wirkliche Kirche und die reale Politik sind geschichtliche Gebilde. Konfessionelle Tradition, theologische Lehrüberlieferungen und kirchliche Selbstdeutungen wirken sich auch auf die jeweilige Stellung von Christen zur Politik aus. Sowohl das Verständnis von Politik als auch das konkrete kirchliche und theologische Selbstverständnis formen das Verhältnis von Christentum und Politik. Insofern können nur exemplarisch Typen der Zuordnung und Interpretation vorgestellt werden.

4.1. Das Gebet für die Obrigkeit. Gemeinchristlich und ursprünglich ist die Fürbitte für die Herrscher und für alle Obrigkeit (I Tim 2,2; I Clem 61; vgl. Hans Ulrich Instinsky, Die alte Kirche und das Heil des Staates, München 1963). Selbst in Verfolgungszeiten und ungeachtet ihrer entschiedenen Ablehnung des Kaiseropfers beten Christen für den Kaiser und das Heil des Reiches. Daraus folgt freilich nicht die Haltung eines kritiklosen Untertanengehorsams. Denn Christen beteten für eine Obrigkeit, die auch unter Gottes Gericht steht. Und sie bringen nicht einem Herrscher göttliche Verehrung dar, sondern rufen den Gott an, der dem Herrscher seine Macht gibt und diese Macht begrenzt. *Nach* Christus kann sich kein irdischer Herrscher mehr absolut setzen. Kaiser und Reich, Staat und Herrscher werden zu Dämonen, zu Abgöttern, wenn sie göttliche Macht für sich beanspruchen. Das Gebet für die Obrigkeit impliziert damit eine Entdivinisierung (oder genauer: eine Entdämonisierung) von Politik und Staat. Die Auflösung der spätantiken Symbiose von Kaiser, Reich und Gottesverehrung mag heidnischen Betrachtern als Blasphemie erschienen sein, für Christen bildeten sie den Ansatz einer sachlichen Haltung gegenüber der Politik. Nicht politische Abstinenz, sondern kritische Solidarität, Partizipation und verantwortliche Distanz bestimmten in den Anfängen die Einstellung der Christen zur Politik.

4.2. Die Umbrüche der konstantinischen Wende (→Konstantinisches Zeitalter) wirkten sich stark auf das Verhältnis der Kirchen zum Staat und zur Politik aus. →Konstantin spielte auch in der Kirche eine entscheidende Rolle (*advocatia ecclesiae*). In Byzanz bildete sich eine „Symphonie“ aus: der Kaiser verlieh den kirchlichen Bestimmungen staatliche Gesetzeskraft; umgekehrt galt als Kirchenrecht, was der Kaiser unter Berufung auf das Vätererbe verfügte. Zwar ging unter dem Islam die staatliche Stütze verloren. Aber die orthodoxen Ostkirchen hielten, soweit sie nicht in einen unpolitischen Winkel gedrängt wurden und der Willkür der Regierung hilflos preisgegeben waren, an der Symphonie von Kirche und Politik fest. Die Staatskirche identifizierte sich mit dem Nationalstaat, der orthodoxe Glaube wurde Staatsreligion (z. B. Rußland, Georgien, Armenien, Serbien, Griechenland). Eine eigenständige Sozialethik und Theorie der Politik hat die orthodoxe Theologie bislang noch nicht ausgebildet. Ihr Thema sind Liturgie, Frömmigkeit, Sakramente und geistliches Amt.

4.3. Die Römisch-katholische Kirche hat dagegen seit Augustin und seit dem Mittelalter ihr Verhältnis zur Politik grundsätzlich reflektiert. Politische Ethik ist ein Teilgebiet der katholischen Soziallehre. Die Soziallehre beruft sich auf einen *duplex ordo cognitionis*, auf das Naturrecht und das in Schrift und Tradition erhaltene Glaubenszeugnis. Diese tradierte Sicht ordnet den Staat und das politische Handeln weitgehend als gemeinmenschliches Phänomen dem Naturrecht zu. Das kirchliche Lehramt beansprucht jedoch eine Weisungs- und Interpretationsbefugnis auch für die moralischen Grundlagen der Ordnung natürlichen Zusammenlebens. Politisches Handeln hat sich am (natürlichen) Sittengesetz messen zu lassen. Die Kirche trägt zur Gewissensbildung im Gesellschaftsleben bei. Aus der *potestas directa*, einem unmittelbaren Herrschaftsanspruch auch in weltlichen und politischen Angelegenheiten (Bulle *Unam sanctam*, 1302), wurde bereits bei R. →Bellarmini eine *potestas indirecta*, wonach nur durch die weltlichen Folgen geistlicher Eingriffe (z. B. Exkommunikation, Interdikt) kirchliche Autorität indirekt politisch handeln kann. Seit dem 19. Jh. beansprucht das kirchliche Lehramt nur noch eine *potestas directiva*: Die Kirche verkündet politisch-ethische Grundsätze, proklamiert aber nicht politische Einzelentscheidungen. Die Umsetzung von politischen Grundsätzen oder Grundorientierungen ist vielmehr Sache und Aufgabe der politisch Zuständigen. Grundsätze katholischer Soziallehre, die auch für die politische Ethik relevant sind, sind das Personalitäts-, das Solidaritäts- und das Gemeinwohlprinzip. Für diese Grundsätze wird eine überzeitliche Gültigkeit beansprucht.

Anders als im Mittelalter zu beurteilen ist die Anwendung dieser Grundsätze auf politische Sachverhalte in der Neuzeit. Die Einstellung des kirchlichen Lehramtes wie des gesamten Katholizismus zum modernen Freiheits- und Demokratieverständnis hat sich fundamental verändert. Eine grobe Epocheneinteilung kann im Verhältnis des Katholizismus zur Politik eine vorkonziliare von einer nachkonziliaren Zeit unterscheiden. In der vorkonziliaren Zeit haben nach der →Französischen Revolution die Päpste Gregor XVI. (1831–1846), Enzyklika *Mirari vos* (1832), →Pius IX., *Quanta cura* (1864), und noch →Leo XIII., *Libertas praestantissimum* (1888), die Irrtümer des politischen Liberalismus, der Menschenrechte, der Religionsfreiheit verurteilt. Gewissensfreiheit wurde „Wahnsinn“ genannt. Quelle der Verirrungen der neuzeitlichen Freiheitsforderungen sei die Reformation gewesen. Die Forderung nach einer Trennung von Kirche und Staat wurde strikt abgelehnt. Die katholische Kirche verstand sich als Garantin konservativer und sozialer Macht. Eine vorsichtige Annäherung an die Demokratie zeichnet sich erstmals bei Leo XIII. ab. Erst die Konfrontation mit dem politischen Totalitarismus führte allerdings zu einer behutsamen Öffnung zur demokratischen Theorie hin (→Pius XI., *Ardenti cura* [1937]; *Divini redemptoris* [1937]; danach: →Pius XII.), die freilich an die objektive sittliche Ordnung und die von der Kirche verkündete Wahrheit zurückgebunden bleiben sollte. Auch politisch blieb die katholische Religion als die einzige Wahrheit verbindlich. Die deutliche Wende brachte dann Papst →Johannes XXIII. mit der Enzyklika *Mater et magistra* (1961) und der Einberufung des →Vatikanum II. Die Pastoralkonstitution *Gaudium et spes* (1965, Art. 40–63) hob die Autonomie der irdischen Wirklichkeiten und also auch des politischen Lebensgebietes hervor. In der Erklärung über die Religionsfreiheit *Dignitatis humanae* wird die Religionsfreiheit positiv beurteilt. Das Konzil lehnt zwar die totalitäre Demokratie ab, wertet jedoch die Säkularität des Staates, die Grundfreiheiten der Person und den demokratischen →Pluralismus positiv. Papst Johannes Paul II. lehnt die kommunistische politische Lehre ab, bemißt politische Ordnung an der Wahrung der Würde der menschlichen Person und nimmt aufgrund dieses christlichen Personverständnisses ein prophetisches Mandat für das Lehramt in Anspruch. Die Vorzugswürdigkeit einer freiheitlichen politischen Ordnung, von Menschenrechten, Demokratie und Rechtsstaat wird ausdrücklich herausgestellt.

4.4. *Evangelische Interpretationsmodelle.* Die →*Leuenberger Konkordie reformatorischer Kirchen in Europa* (1973) nennt als eine Aufgabe, an der im Blick auf Lehrunterschiede zwischen lutherischen und reformierten Kirchen weiterzuarbeiten sei, „Zweireichelehre und Königsherrschaft Christi“: In einem theologischen Gespräch zum Verhältnis von →Zweireichelehre und Lehre von der →Königsherrschaft Christi im *Bund der evangelischen Kirchen in der DDR* wurde vorgeschlagen, beide „Lehren“ als theologische Denkmodelle zu verstehen (vgl. *Kirchengemeinschaft und politische Ethik*). Beide Denkmodelle haben dabei Stärken und Schwächen.

1) Die Zweireichelehre geht aus, wie die mittelalterliche Zwei-Gewalten-Lehre, von der Unterscheidung der Aufgaben von weltlicher und geistlicher Gewalt. Die Intention ist zunächst vor allem, Übergriffe geistlicher Autorität in weltliche (politische) Angelegenheiten abzuwehren und der Vermischung von geistlicher und weltlicher Gewalt entgegenzutreten. Die Unterscheidung der zwei Reiche war ursprünglich keine systematische Theorie, sondern sollte der Urteilsbildung dienen. Im 20. Jh. haben theoretische Ausdifferenzierungen einer nun als Lehre ausgearbeiteten Unterscheidung von geistlich und weltlich zu einem unüberschaubaren „Irrgarten“ (Heckel) der Zweireichelehre geführt. Im Blick auf das Verhältnis von Christentum und Politik ist darum festzuhalten, daß Beziehungen und Unterschiede zwischen beiden eingehend und sorgfältig zu bedenken sind. Die Unterscheidung von zwei Reichen oder Regimenten zielt weder auf eine Trennung der Bereiche von Glaube und Politik, noch dient sie primär der Verteilung von Kompetenzen und Zuständigkeiten zwischen Kirche und Staat. Sie ist auch nicht „dualistisch“ in dem Sinne, daß das geistliche Reich göttlich, das weltliche Reich teuflisch, dämonisch wäre. Sie fordert jedoch eine Unterscheidung zwischen Glaube und politischer Vernunft und ist nur im Rahmen eines übergreifenden Grundverständnisses von Gott, Welt, Mensch, Geschichte und Zeit, von Schöpfung und Erlösung, von Sünde und Gnade, von Gesetz und Evangelium u.a. zu verstehen. Eine fundamentaltheologische Deutung (vgl. Ebeling) sieht in der Unterscheidung von *coram deo* und *coram mundo*, *coram hominibus*, von *opus hominum* und *opus dei* die entscheidende theologische Fragestellung, welche eine „Zweireichelehre“ notwendig macht. Die Unterscheidung der zwei Reiche ist als fundamentalanthropologische Grundlegung für politische Theoriebildung unentbehrlich. Sie ist aber als politische Handlungs- und Entscheidungstheorie nur begrenzt brauchbar, weil sie die differenzierten konkreten Verbindungen von Christentum und Politik lediglich begrenzt erfaßt.

2) Die Lehre von der Königsherrschaft Christi wurde im Kirchenkampf gegen eine als Trennung von Politik und Glaube interpretierte Zweireichelehre formuliert. Mit der Berufung auf die Herrschaft Christi widersprachen damals evangelische Christen dem totalitären Führungsprinzip des nationalsozialistischen Regimes. Die Formel *Königsherrschaft Christi* entstand als Protestformel, mit der in die ungeteilte →Nachfolge Jesu gerufen werden sollte. Ihre Stärke besteht darin, daß sie mit Entschiedenheit einen theologisch-politischen Anspruch ausspricht. Mit der Proklamation eines *status confessionis* wird eine Trennung von Glaube und Politik prinzipiell ausgeschlossen. Ihre Schwäche besteht darin, daß sie damit gegen Einwände humaner Vernunft immunisiert und politisches Verhalten und Handeln zur Glaubensentscheidung erklärt. Nach 1945 wurde aus der

Protestformel eine Programmformel. In Aufnahme des *munus triplex Christi* – königliches, prophetisches, priesterliches Amt, eine Verbindung, die sich schon bei →Josephus (Ant XIII,10,7) findet – wird ein politisches (Befreiung!), prophetisches und priesterliches Mandat (Versöhnung!) der Christen und der Kirche legitimiert. Problematisch daran ist nicht nur eine biblizistische Herleitung des *munus triplex* aus dem Alten Testament, sondern vor allem die Mißachtung der grundlegenden Glaubensaussage, daß nur der Gekreuzigte König (Kyrios) ist. *Regnum Christi ... tectum cruce* (ApolCA VII,18). Der Bekenntnissatz „Jesus ist der Herr" ist deswegen nicht direkt in eine politische Vorstellung zu übertragen – es sei denn, man vertritt eine theokratische, christokratische Position. Der mit dem Theologumenon „Königsherrschaft Christi" beabsichtigte Wechsel des Subjekts vom handelnden Menschen zum handelnden Christus ist zudem kaum mit einem neuzeitlichen Verständnis von Politik zu vermitteln. In der Konzeption einer „messianischen" Politik wird überdies ein utopisch-prozessuales Politikverständnis theologisch legitimiert. So kann die Berufung auf die Herrschaft Christi allein Korrektiv einer Trennung von Politik und Glaube sein und zu kritischen Differenzierungen veranlassen. Die strittige Fundierung der Königsherrschaft Christi im *munus triplex Christi* muß überdies im Blick auf eine unreflektierte Verbindung von Christologie und Politik kritisch analysiert werden. Im Namen der Herrschaft Christi ist in der Kirchengeschichte nämlich immer wieder eine triumphalistische Kirchenpolitik und eine schwärmerische Politik theologisch sanktioniert worden.

Die beiden Denkmodelle, Zweireichelehre und Königsherrschaft Christi, können sich damit gegenseitig ergänzen und korrigieren. Keines kann freilich verabsolutiert und für sich genommen das Grundproblem des Zusammenhangs von Politik und Christentum eindeutig klären und interpretieren.

4.5. Anders als die Denk- oder Interpretationsmodelle Königsherrschaft Christi und Zweireichelehre suchen andere Formulierungen eine direkte Verbindung von Politik und Theologie herzustellen. Es handelt sich durchweg um Tendenzbegriffe und programmatische Formeln, die folglich vieldeutig gebraucht werden können. Einige dieser Formeln seien wenigstens kurz vorgestellt.

1) *Politische Predigt* ist eine vor allem im evangelischen Raum übliche Aufgabenbestimmung. Politisches Handeln soll von der Verkündigung des Wortes Gottes, als Gesetz und Evangelium, angesprochen und angeleitet werden. Je nach Verständnis von Politik, Predigt und Predigtinhalt wechseln freilich die Beurteilungskriterien. Allenfalls darin besteht Konsens, daß die Predigt politische Themen nicht ausklammern kann. Strittig ist bei kontroversen Sachverhalten der Anspruch auf Sachlichkeit oder Parteilichkeit, die Unterscheidung von subjektiver Meinung des Predigers und Verbindlichkeit der Glaubensaussage, die Berufung auf eine Gehorsamsforderung und die Nötigung zu argumentativer Begründung und rationaler Kommunikation. Die Programmformel bezeichnet somit ein Grundproblem, löst es aber als solches gerade nicht. Schleiermacher sah schon klar die Schwierigkeiten einer Anwendung von Politik auf der Kanzel und des Sicheinlassens ins „Politisieren", wenn etwa von Staats wegen eine Siegespredigt zu halten angeordnet wurde.

2) *Politischer Gottesdienst.* Im Anschluß an Artikel 24 der *Confessio Scotica* („Von der bürgerlichen Obrigkeit") sprach K. →Barth 1938 (Gotteserkenntnis und Gottesdienst nach reformatorischer Lehre, Zollikon 1938, 203ff.) vom politischen Gottesdienst des Christen als dritter Form: Neben dem liturgischen Gottesdienst und dem Gottesdienst im Alltag kennt Barth einen politischen Gottesdienst: Auch die „politische" Ordnung ist auf ihren „gottesdienstlichen" Sinn hin zu befragen. Barth hat 1938 im Anschluß an John →Knox' *tyrannidem opprimere* das Problem des Widerstands, aktiver Resistenz, erörtert (ebd. 213ff.). Die Formel „Politischer Gottesdienst" enthält also mehr als eine Empfehlung zur „Politisierung" des Gottesdienstes im Stil des Politischen Nachtgebetes (vgl. dazu TRE 14,79,6ff.). Sie behauptet vielmehr ein erkennbares, unumkehrbares Gefälle vom Gottesdienst, der Verkündigung des Wortes Gottes, zur Politik, die Zusammengehörigkeit von *Evangelium und Gesetz* (1935), *Rechtfertigung und Recht* (1938), *Christengemeinde und Bürgergemeinde* (1946). Barth will damit einen neuen theologischen Ansatz politischer Ethik vorlegen (vgl. U. Dannemann; F.W. Marquardt), der

freilich nur im Sinne eines kritisch-utopischen, prozessualen Politikverständnisses verwirklicht werden kann.

3) *Politische Diakonie.* Analog zur Gesellschaftsdiakonie, die nicht Diakonie an einzelnen Christen, sondern Dienst an der Gesellschaft und ihren institutionellen Strukturen leisten soll, wird von einem politischen Dienst der Kirche und der Christen gesprochen. In Sozial-, Entwicklungs-, Kulturpolitik u.a. soll das christliche Liebesgebot indirekt politisch angewandt umgesetzt werden. Dabei geht es um die Vereinbarkeit politischer Institutionen mit einem christlichen Humanismus, nicht um eine Verchristlichung von Politik. Die Weltlichkeit politischer Ordnung soll respektiert werden. Die Formulierung „Dienst", Diakonie soll den Gegensatz zu einem Anspruch auf „Herrschaft" und „Macht" zum Ausdruck bringen. Christlicher Glaube soll im Politischen sich äußern. Obwohl die Formel „politische Diakonie" auf Herrschaftsansprüche bewußt verzichten will, ist sie nicht vor Mißbrauch gefeit. Mit der Programmformel „politische Diakonie" ist die Weise des Dienstes des Glaubens an der Politik und die Einwirkung von Politik auf den Glauben nämlich nicht inhaltlich geklärt.

4) *Politische Theologien.* Politische Theologie ist ein Sammelbegriff, der eine Tendenz beschreibt. Theologien wie Theologie der Revolution, der Befreiung, schwarze oder feministische Theologie können unter diesem Begriff subsumiert werden. Politische Theologie ist von Hause aus kein christlicher Begriff. Die *theologia tripartita* hellenistischer Philosophie (Q.M. Scaevola [gest. 82 v. Chr.]; M.T. Varro [116–27 v. Chr.]), nämlich: mythische (poetische), physische (natürliche) und politische (staatliche) Theologie, unterzog Augustin (civ. VI-VIII) einer gründlichen Kritik. So war der Begriff politische Theologie dem Mittelalter zwar bekannt, spielte aber keine zentrale Rolle. Erst mit der Religions- und Kirchenkritik der Aufklärung und deren Problematisierung der Verbindung von Religion und Politik rückte der Terminus wieder in den Vordergrund. Gegen politische Plausibilitäts- und Legitimationsdefizite griffen Theoretiker der Restauration und Gegenrevolution auf religiöse Legitimationen zurück (Joseph Marie de Maistre; Louis Gabriel Antoine de Bonald; Juan Donoso Cortéz; J. von →Görres). Politische Theologie wird zur religiösen Legitimationstheorie.

Der Staatsrechtler Carl Schmitt (Politische Theologie [1922 ⁴1985]) sucht die politische Theorie der Entscheidung (Dezisionismus) theologisch zu fundieren. Das Freund-Feind-Verhältnis ist nach Schmitt Kennzeichen von Politik; die souveräne Entscheidung des starken Staates ist politische Notwendigkeit und als solche legitim. Gegen Schmitt hat Erik Peterson (Der Monotheismus als politisches Problem, 1935) die Unvereinbarkeit jeder politischen Theologie mit dem Glauben an das Geheimnis der Dreieinigkeit Gottes zu erweisen versucht. Christliche Verkündigung und politische Theologie schließen sich nach Petersons These prinzipiell aus. Trotz der Peterson-These von der „Erledigung" jeder politischen Theologie, die mit der christlichen, orthodoxen Trinitätslehre unvereinbar und nur noch als Häresie möglich sei, kam es in den 60er Jahren zu einer „neuen politischen Theologie". Diese neue politische Theologie, deren Vertreter unter sich sehr verschieden argumentieren (J.B. Metz; J. Moltmann; D. Sölle u.a.), grenzt sich gegen den Traditionalismus des 19. Jh. wie gegen die Legitimationsansprüche des totalitären Gebrauchs von Theologie ab. Sie beansprucht vielmehr kritisch-aufgeklärte Kompetenz und will die eschatologische Botschaft des Neuen Testaments in politische Bewegung umsetzen („Theologie der Hoffnung" als „Theologie der Welt", J.B. Metz). Neben Modernisierungsimpulsen und einem Öffentlichkeitsanspruch von Theologie sind das Theorie-Praxis-Thema (politische Praxis als Glaubwürdigkeitskriterium; Orthopraxie statt →Orthodoxie) sowie das Verhältnis von Erlösung und Emanzipation (Befreiung) und die Frage nach der Kirche als politischem Handlungssubjekt zentral. J.B. Metz entwarf politische Theologie als Fundamentaltheologie, andere Vertreter als Handlungstheorie oder als Theorie der Kirche in der Gesellschaft. Die politische Hermeneutik des Evangeliums, die politische Ekklesiologie und der Anspruch, daß politische Theologie der Theologie als solcher eine neue, übergreifende Dimension erschließe, sind noch nicht ausdiskutiert. Im Blick auf eine konkrete Näherbestimmung des Verhältnisses von Politik und Christentum hat die politische Theologie zwar unbestreitbar Denkanstöße gegeben, die jedoch bei der praktischen Anwendung einer Präzisierung anhand einer Ethik des Politischen bedürfen.

5) Eine Variante politischer Theologie ist die *politische Prophetie.* Prophetie wird dabei als Zeitansage, Zeitdeutung verstanden. „Prophetie" will die Ungewißheiten jeder

rationalen, vorläufigen, relativen Zeitdeutung und Analyse überbieten durch Glaubensgewißheit. In Gestalt einer Kairostheologie wurde politische Prophetie als politische Theologie mit Nachdruck vertreten. Emanuel →Hirsch (Deutschlands Schicksal. Staat, Volk und Menschheit im Lichte einer ethischen Geschichtsansicht, Göttingen 1920 ³1925; Die gegenwärtige geistige Lage im Spiegel philosophischer und theologischer Besinnung. Akademische Vorlesungen zum Verständnis des deutschen Jahres 1933, Göttingen 1934) und Paul →Althaus (Die deutsche Stunde der Kirche, Göttingen 1933; Obrigkeit und Führertum, Gütersloh 1936), der eine *gratia historica* vertrat, waren prominente Vertreter einer kairologischen politischen Theologie, deren Irrtümer die Frage nach einer theologischen Geschichtsauslegung aufwerfen. Die umgangssprachlich eingeklagte „politische Prophetie" dient häufig dazu (vgl. Südafrika), eine ideologische Inanspruchnahme von Kirche, Glaube und Theologie zu legitimieren.

4.6. Die Darstellung einiger Beispiele einer programmatischen Verbindung von Politik und Christentum wirft eine Reihe grundsätzlicher Anfragen auf, so die nach dem Verhältnis von Offenbarung und Geschichte, von Glaube und vernünftiger Evidenz. Politische Zeitdeutung trägt ferner die Gefahr der Politisierung von Kirche und Glaube in sich. Häufig bleibt das Verständnis von Politik in theologischen Programmformeln unbestimmt und schwebend, damit vieldeutig. Differenzen zwischen politischer Analyse und theologischer Interpretation werden immer wieder dissimulierend überbrückt statt offen ausgetragen. So öffnet das Politische auch das Tor für eine Ideologisierung von Theologie und nötigt diese selbst zu ideologiekritischer Selbstprüfung.

Festzuhalten ist, daß das Politische nicht die Stätte der Offenbarung Gottes, sondern bloß der Raum der Bewährung des Glaubens ist. Politik ist *opus hominis* und *opus absconditum dei*, nicht Kundgabe des Willens Gottes. Damit ist politisches Handeln nichts Letztgültiges, sondern relativ, verbesserungsfähig und -bedürftig, menschliches Werk und gerade als solches eine notwendige Aufgabe. Der christliche Glaube setzt frei zu politischer Verantwortung; er ersetzt sie nicht. Die 5. Barmer These formuliert dies so: In der noch nicht erlösten Welt hat der Staat „nach dem Maß menschlicher Einsicht und menschlichen Vermögens unter Androhung und Ausübung von Gewalt für Recht und Frieden zu sorgen". Die Kirche hingegen „erinnert an Gottes Reich, an Gottes Gebot und Gerechtigkeit und damit an die Verantwortung der Regierenden und Regierten". Kirche und Staat haben je eigene Aufgaben wahrzunehmen und können nicht zu totalen Ordnungen des Lebens werden wollen. Die Denkschrift der Evangelischen Kirche in Deutschland, *Evangelische Kirche und freiheitliche Demokratie. Der Staat des Grundgesetzes als Angebot und Aufgabe* (1985), bezieht die Politik auf das christliche Menschenbild und mißt folglich die Demokratie an der Achtung des Menschen, der Menschenwürde. Politik hat eine unersetzbare Ordnungs- und Gestaltungsaufgabe. An Staat und Politik als Gemeinschaftsordnung teilzunehmen ist Pflicht und Aufgabe aller Christen. Nach evangelischer Sicht gehört die politische Existenz des Christen zu seinem weltlichen Beruf (ebd. 22). Daher verfügen Kirche, Theologie und Christentum über kein eigenes politisches Programm. Sie haben die Säkularität der Politik ernst zu nehmen. Ein realistisches Verständnis von Politik, wie der christliche Glaube es fordert, kann die Wirklichkeit der Sünde und das unerklärliche Phänomen des Bösen als anthropologisches Urdatum nicht ausschließen. Politisches Handeln ist deshalb immer relativ, reformbedürftig, verbesserbar. Aber gerade der Schutz gegen den Einbruch des Bösen in das Zusammenleben der Menschen macht Politik notwendig. Im Gegensatz zu entpolitisierenden, liberalistischen Vorstellungen dient Politik der Sicherung, Friedenswahrung, der Abwehr des Bösen und dem Überleben. Sie ist eine anthropologische Notwendigkeit. Die Schwierigkeiten und Grenzen christlichen und kirchlichen Handelns in der Politik umreißt praktisch und pragmatisch das Votum des Theologischen Ausschusses der Arnoldshainer Konferenz, *Möglichkeiten und Grenzen eines politischen Zeugnisses der Kirche und ihrer Mitarbeiter* (1982). Politik und Christentum kann man nicht trennen, wohl aber sind ihre Anforderungen und Aufgaben sorgfältig zu unterscheiden, in ihren jeweiligen Begründungen zu klären und zu bedenken und nüchtern und auch theologisch selbstkritisch zu analysieren und zu bewerten. Eine rein rhetorische, kerygmatische oder dogmatisch postulierende Verhältnisbestimmung wird darum der Komplexität des Lebenszusammenhangs nicht gerecht. Die Erfahrungen der Geschichte erinnern an die Versuchungen totalitärer und totaler Politik.

5. *Kirchenpolitik*

Politik ist nicht nur Handeln des Staates. Politisches Handeln bezieht sich auf die verschiedensten Lebenszusammenhänge und hat unterschiedliche Träger. Begriffe wie Außenpolitik, Innenpolitik, Wirtschaftspolitik, Wissenschaftspolitik, Bildungspolitik, Handelspolitik, Gewerbepolitik, Verbandspolitik, Kulturpolitik usw. belegen dies. Dazu gehört auch *Kirchenpolitik*. Joachim Mehlhausen (280–282) unterscheidet nach Subjekt, Objekten, Zielen und Maßstäben einen dreifachen Sprachgebrauch: (a) Staatliche Kirchenpolitik; (b) Politik der Kirche, vor allem gegenüber dem Staat; (c) Politik in der Kirche.

1) Staatliche Kirchenpolitik bezeichnet alle Maßnahmen, mit denen der Staat auf kirchliche und religiöse Gemeinschaften einwirkt. Träger dieser Staatskirchenpolitik sind der Staat und politische Organe. Objekt sind Kirchen bzw. Religionsgemeinschaften, die sich im Herrschaftsbereich des Staates befinden. Ziel ist die rechtliche Ordnung der Beziehungen zwischen Staat und Kirche und die Abgrenzung von Zuständigkeiten und Kompetenzen. Maßstab ist die mehr oder weniger durchdachte Grundeinstellung eines Staates bzw. politischer Macht zum Phänomen Religion bzw. Christentum.

2) Kirchenpolitik kann aber auch das auf den Staat oder politische Organe und Institutionen gerichtete Handeln einer verfaßten Kirche bezeichnen. Träger dieser Kirchenpolitik sind dazu legitimierte kirchliche Organe. Objekt der Einwirkung sind die Träger staatlicher und politischer Entscheidungen, vor allem die Legislative. Ziel ist die Wahrnehmung und Durchsetzung kirchlicher Ansprüche und Forderungen. Dieses Ziel der Geltendmachung eines kirchlichen Anspruchs kann sich in viele Einzelziele auffächern (z. B. im Blick auf →Religionsunterricht, →Diakonie, finanzielle Unterstützung). Maßstab ist der mehr oder weniger deutlich artikulierte Öffentlichkeitsauftrag einer Kirche bzw. deren Öffentlichkeitsanspruch. Dabei muß die Kirche bei der politischen Außenvertretung von Interessen sowohl ihr kirchliches Selbstverständnis wie ihre politische Konzeption bedenken. W. Kahl vertrat die These: „Das Kirchenrecht enthält Rechtssätze, die Kirchenpolitik Rechtsgrundsätze" (Lehrsystem VI). Neben Zweckmäßigkeitsüberlegungen geht es hier immer auch um grundsätzliche Überlegungen zur Gestaltung kirchlicher und staatlicher Gemeinschaftsordnung.

3) Der dritte Gebrauch des Begriffs Kirchenpolitik bezeichnet innerkirchliche Auseinandersetzungen über ihr eigenes Selbstverständnis, ihren Standort im politischen Zeitgeschehen und ihren Auftrag. Handelnde Subjekte sind einzelne oder Gruppen innerhalb der kirchlichen Willensbildung. Objekt sind ebenfalls innerkirchliche Adressaten, oftmals Kirchenleitungen und Synoden, die zu einer Stellungnahme oder einem Handeln veranlaßt werden sollen. Ziel ist eine kirchliche, öffentliche oder dezidiert politische Entscheidung. Maßstab sind die Glaubens-, Lehr- und Bekenntnisgrundlagen einer Kirche. In den von der Reformation herkommenden Kirchen sollten dies Schrift und Bekenntnis sein. Bei allen drei Auffassungen von Kirchenpolitik können sowohl das vorausgesetzte, implizit oder explizit bedachte Verständnis von Politik als auch das kirchliche Selbstverständnis unterschiedlich sein. Die Kirchenpolitik des Vatikans bedient sich z. B. völkerrechtlicher Verfahren und des diplomatischen Verkehrs.

Das eigentlich strittige Feld der Kirchenpolitik sind weniger die Bemühungen um eine rechtliche Ordnung der Beziehungen zwischen Staat und Kirche als vielmehr die innerkirchlichen Auseinandersetzungen. Sie können das Einfallstor für eine Politisierung des kirchlichen Auftrags und politischer Überfremdung sein. In einer pluralistischen, offenen Gesellschaft, deren gesellschaftlicher →Pluralismus in innerkirchlicher Vielfalt (→Volkskirche) sich widerspiegelt, kann es Bemühungen und Tendenzen geben, kirchliche Institutionen, Instanzen und Gremien durch parteiliche Optionen politisch zu instrumentalisieren. Im Blick auf eine innerkirchliche Willensbildung ist freilich Kirchenpolitik notwendig: Sie hat die Vermittlung von theologischen Grundüberzeugungen mit kirchenrechtlichen Regelungen und öffentlichen Entscheidungen zu leisten. „Kirchenpolitik" hat somit sowohl einen Bezug zur Theologie wie zur Politik. Vermittlung ist freilich etwas anderes als eine Deduktion von Politik aus Theologie oder als eine Beanspruchung der Theologie als ideologischen Überbau seitens der Politik. Kirchenpolitik setzt vielmehr eine Klärung des Verhältnisses von politischer Existenz und christlichem Glauben voraus.

6. *Politische Existenz und christlicher Glaube*

Der Mensch ist als politisches Wesen immer schon politische Existenz. Es gibt im Zusammenleben von Menschen keine nicht-politische und in diesem Sinne keine unpolitische Existenz. Auch unpolitisch sein wollen enthält eine politische Entscheidung. Strittig ist freilich das Prädikat „politisch" (s.o.). Insofern ist eine Reflexion desjenigen Zusammenhanges notwendig, in dem Theologie und Religion, also auch der christliche Glaube politisch-praktische wie auch politisch-ideologische Folgen haben. Hinsichtlich des Politikverständnisses ist der christliche Glaube, schon wegen des ersten Gebotes, nicht kompatibel mit einem absoluten Verständnis von Politik. Jeder politische Totalitätsanspruch steht im Gegensatz zum Christentum. Da politische Religion vom Ansatz her totalitär ist – wie sich an Theokratien, am Islam, am Marxismus, am Fundamentalismus zeigen läßt –, kann das Christentum nur in seiner Verzerrung *politische Religion* sein wollen. Politische Ordnung soll daher nicht Wahrheitsordnung, sondern nur Freiheitsordnung sein. Angesichts einer Fundamentalpolitisierung menschlichen Zusammenlebens in der Neuzeit hat christlicher Glaube eine kritische Kraft zu entfalten und zu bewähren.

Diese Sicht des Politischen im Christentum relativiert den Anspruch des Politischen. Sie betont die friedliche Beilegung von Konflikten, auch von berechtigten Interessenkonflikten, die Vereinbarung, die vertragliche Regelung. Die Relativierung des Politischen hebt die Bedeutung des für beide Seiten tragbaren und zumutbaren Kompromisses im Verfahren des Interessenausgleiches hervor. Zur Relativierung des Politischen trägt auch Ideologiekritik an Vorstellungen politischer Legitimationstheorien bei. Der christliche Glaube entmythisiert und entfatalisiert politische Forderungen (eschatologischer Vorbehalt, Bonhoeffers Unterscheidung von Vorletztem und Letztem). Theologische Ideologiekritik richtet sich auch gegen eine politische Instrumentalisierung und Verfremdung religiöser Symbole wie Versöhnung und Befreiung.

Die Frage, ob eine „christliche Politik" möglich sei, ist freilich differenziert zu beurteilen. Denn zweifellos hat das Christentum in seiner Geschichte seit dem christlichen Altertum bis zur Neuzeit Politik beeinflußt und geprägt. Ein Konzept einer normativen christlichen Politik gibt es aber nicht. Christliche Politik soll sachliche, menschengerechte, menschenwürdige Politik sein. Politik von Christen und über eine christlich beeinflußte Kultur vermittelte Politik sind möglich und immer wieder versucht worden. *Die* christliche Politik gibt es freilich sowenig wie die *wahre* Politik. Politik kann nur komparativisch richtiger, besser, menschlicher zu sein sich bemühen; sie hat niemals Heil zu schaffen und bleibt der *simul peccator, simul iustus*-Existenz des Menschen verhaftet.

Auch christliche Politik ist weltlich, säkular. Politische Existenz ist Teil des weltlichen Berufs des Christen. Im Blick auf die Zukunft ist noch völlig offen, ob die Säkularität der Politik durchgehalten werden kann, wenn der Rückhalt des Glaubens völlig schwindet. Politik könnte mit dem Schwund des Christentums selbst zum Religionsersatz, Heilsangebot, zur Ideologie werden. Nach dem Zeugnis des Neuen Testaments ist das Reich Christi nicht von dieser Welt (Mt 4,17; Joh 18,36). Der Auftrag der Jünger Jesu ist es, nicht zu herrschen, sondern zu dienen (Mt 20,25). Gerade diese eschatologische Unterscheidung von Glaube und Politik gewährt aber dem Christen Distanz zur politischen Macht und ermöglicht kritische Solidarität. Christlicher Glaube schützt die Freiheit des Gewissens gegen totale Ansprüche, trägt damit zur Bildung einer politischen Kultur und zur Humanisierung politischer Ordnung bei. „Die Sache des christlichen Glaubens ist nicht Politik. Wohl aber schärft der christliche Glaube die Mitverantwortung für Politik. Seine Wahrheit erfüllt sich nicht im politischen Handeln. Doch auch in ihm hat sich der christliche Glaube zu bewähren" (Ebeling, Kirche [s. Lit. zu 4.] 593). Einer Politisierung des Geistlichen wie einer Klerikalisierung des Politischen ist daher ebenso zu widerstehen wie der Flucht in eine scheinbar „unpolitische" geistliche Existenz. Erforderlich ist eine differenzierte Sicht, zu der theologische Fundamentalunterscheidungen (z.B. *coram deo/coram hominibus*; Gott und Welt; Schöpfung und Erlösung; Sünde und Gnade; Gesetz und Evangelium; Person und Werke; Glaube und Handeln; absolute Zukunft Gottes und menschliche Zukunftsverantwortung u.ä.) wie Kriterien politischer Ethik beitragen können.

Literatur

Hb., Lexika: Ernst Wolfgang Böckenförde, Staat – Gesellschaft – Kirche: ders./Konrad Deufel, Staat – Gesellschaft – Kirche. Sozialstaat u. christl. Diakonie, 1982 (CGG 15) 5–120. – Walter Dirks, GS, hg. v. Fritz Boll u.a., VI. Politik aus dem Glauben. Aufs. zu Theol. u. Kirche, Zürich 1989. – Volker Sellin, Art. Politik: GGB 4 (1978) 789–874. – Ernst Vollrath, Art. Politische Ethik: StL^7 (1988) 453–459. – Ders., Art. Politik: HWP 7 (1989) 1038–1072.

Zu 2. (Allg. zu Politik u. Christentum): Ernst Wolfgang Böckenförde, Kirchl. Auftrag u. politisches Handeln. Analysen u. Orientierungen, Freiburg i.Br. 1989 (Schr. zu Staat – Gesellschaft – Kirche 2). – Ulrich Dannemann, Theol. u. Politik im Denken Karl Barths, München 1977. – Gerhard Ebeling, Kirche u. Politik (s.u. zu 4.). – Ders., Kriterien kirchl. Stellungnahme zu politischen Problemen (s.u. zu 4.). – Matthias Eichhorn, Es wird regiert. Der Staat im Denken Karl Barths u. Carl Schmitts in den Jahren 1919 bis 1938, Berlin 1994 (Beitr. zur politischen Wiss. 78). – Für Recht u. Frieden sorgen. Auftrag der Kirche u. Aufgabe des Staates nach Barmen V. Theol. Votum der EKU, hg. v. Alfred Burgsmüller, Gütersloh 1986. – Helmut Gollwitzer, Forderungen der Freiheit, München 1962. – Ders., „... dass Gerechtigkeit u. Friede sich küssen". Aufs. zur politischen Ethik, 2 Bde., München 1988 (= ders., Ausgew. Werke IV/V). – Martin Honecker, Der Auftrag der Kirche u. die Aufgabe des Staates: Die Verantwortung der Kirche f. den Staat (s.u.) 49–76. – Wolfgang Huber, Öffentliche Kirche in pluralen Öffentlichkeiten: EvTh 54 (1994) 157–180. – Darril Hudson, Ökumene u. Politik, Stuttgart u.a. 1970. – Michael I. Inacker, Zw. Transzendenz, Totalitarismus u. Demokratie, Neukirchen-Vluyn 1994. – Kirche im Spannungsfeld der Politik. FS f. Hermann Kunst, Göttingen 1977. – Kirchengemeinschaft u. politische Ethik (s.u. zu 4.). – Traugott Koch, Kriterien einer Ethik des Politischen: HCE^2 2 (1993) 244–252. – Harry M. Kuitert, Alles is politiek, maar politiek is niet alles. Een theol. perspectief op geloof en politiek, Baarn ^{5}1988. – Hermann Kunst, Ev. Glaube u. politische Verantwortung. Martin Luther als politischer Berater seiner Landesherrn u. seine Teilnahme an den Fragen des öffentlichen Lebens, Stuttgart 1976. – Paul Lehmann, Christologie u. Politik. Eine theol. Hermeneutik des Politischen, Göttingen 1987. – Godehard Lindgens, Freiheit, Demokratie u. pluralistische Gesellschaft in der Sicht der kath. Kirche. Dokumente aus Verlautbarungen der Päpste u. des Zweiten Vatikanischen Konzils, Stuttgart 1985. – Hans Maier, Dienste der Kirche am Staat. Entwurf einer Typologie: Die Verantwortung der Kirche f. den Staat (s.u.) 5–21. – Gerrit Manneschijn, Burgerlijke ongehorsamkeit, Baarn 1984. – Hans Philipp Meyer, Tagesordnungspunkt: Politik, Hannover 1978. – Möglichkeiten u. Grenzen eines politischen Zeugnisses der Kirche u. ihrer Mitarbeiter, hg. v. der Arnoldshainer Konferenz. Theol. Ausschuß, Neukirchen 1982. – Harry Noormann, Protestantismus u. Politisches Mandat 1945–1949. I. Grundriß, Gütersloh 1985. – Robert Nozick, Anarchy, State and Utopia, New York 1974. – Andreas Pawlas, Ev. politische Theol., Zwei-Reiche-Lehre u. Lehre v. der Königsherrschaft Christi als ihre Kriterien u. Interpretamente: KuD 36 (1990) 313–332. – Andreas Püttmann, Ziviler Ungehorsam u. christl. Bürgerloyalität. Konfession u. Staatsgesinnung in der Demokratie des Grundgesetzes, Paderborn 1994. – Dolf Sternberger, Schr. II/1. Drei Wurzeln der Politik, Frankfurt a.M. 1978. – Helmut Thielicke, Theol. Ethik. II/2. Ethik des Politischen, Tübingen 1958 ^{3}1974. – Die Verantwortung der Kirche f. den Staat, 1991 (EGTSK 25). – Ernst Vollrath, Grundlegung einer phil. Theorie des Politischen, Würzburg 1987. – Erwin Wilkens, Politischer Dienst der Kirche, Gütersloh 1978. – Horst Zilleßen, Die politische Form: EHC^2 2 (1993) 234–243. – Zum politischen Auftrag der christl. Gemeinde (Barmen II). Votum des Theol. Ausschusses der EKU, hg. v. Alfred Burgsmüller, Gütersloh 1974.

Zu 3. (Politische Ethik): Karl Barth, Eine Schweizer Stimme, Zollikon-Zürich 1945. – Ders., Christengemeinde u. Bürgergemeinde, Zollikon 1946. – Ernst Wolfgang Böckenförde, Kirchl. Auftrag u. politische Entscheidung, Freiburg i.Br. 1973. – Ethik u. Politik, hg. v. Rüdiger v. Voss, Köln 1980. – Friedrich Wilhelm Foerster, Politische Ethik, München ^{4}1956. – Ludwig Freund,

Politik u. Ethik, Gütersloh ^{2}1961. – Friedrich Gogarten, Politische Ethik, Jena 1932. – Helmut Gollwitzer, Die christl. Gemeinde in der politischen Welt, Tübingen 1954. – Otfried Höffe, Ethik u. Politik, Frankfurt a.M. 1979. – Martin Honecker, Sozialethik zw. Tradition u. Vernunft, Tübingen 1977. – Hans-Joachim Iwand/Walter Kreck/Karl Gerhard Steck, Die Verkündigung des Evangeliums u. die politische Existenz, 1954 (TEH NF 41). – Walter Künneth, Politik zw. Dämon u. Gott, Berlin 1954. – Ulrich Matz, Politik u. Gewalt, Freiburg i.Br. 1975. – Nathaniel Micklem, The Theology of Politics, London 1941. – Oswald v. Nell-Breuning, Grundsätzliches zur Politik, München 1975. – Ders., Gerechtigkeit u. Freiheit, Wien 1980. – Reinhold Niebuhr, Christian Realism and Political Problems, London 1954; dt.: Christl. Realismus u. politische Probleme, Stuttgart 1956. – Stephan Hubertus Pfürtner, Politik u. Gewissen – Gewissen u. Politik. Grundsätzliche Erwägungen zum Verhältnis v. Ethik u. Politik, Zürich 1976. – Politik u. Ethik, hg. v. Heinz-Dietrich Wendland, Darmstadt 1969. – Marcel Reding, Politische Ethik, Freiburg i.Br. 1972. – Trutz Rendtorff, Politische Ethik u. Christentum, München 1978. – Dieter Schellong, Zur politischen Predigt, 1959 (TEH NF 72). – Werner Schmauch/Ernst Wolf, Königsherrschaft Christi, der Christ im Staat, 1958 (TEH NF 64). – Franz-Martin Schmölz, Chance u. Dilemma der politischen Ethik, Köln 1966. – Robert Spaemann, Zur Kritik der politischen Utopie, Stuttgart 1977. – Staatsethik, hg. v. Walter Leisner, Köln 1977. – Josef Thesing/Klaus Weigelt, Leitlinien politischer Ethik. Christl. Verantwortung vor dem Hintergrund v. Säkularismus u. Wertkrise in Ost u. West, Melle 1988. – Helmut Thielicke (s.o. zu 2.). – Ernst Vollrath, Grundlegung einer phil. Theorie des Politischen, Würzburg 1987. – Erwin Wilkens, Politischer Dienst der Kirche, Gütersloh 1978. – Georg Wünsch, Ev. Ethik des Politischen, Tübingen 1936.

Zu 4. (Politische Theol.): Befreiende Theol., hg. v. Karl Rahner u.a., Stuttgart 1977. – Diskussion zur „politischen Theol.“, hg. v. Helmut Peukert, Mainz 1969. – Gerhard Ebeling, Kirche u. Politik: ders., Wort u. Glaube, Tübingen, III 1975, 593–610. – Ders., Kriterien kirchl. Stellungnahme zu politischen Problemen: ebd. 611–634. – Peter Eicher, Bürgerliche Religion. Eine theol. Kritik, München 1983. – Ernst Feil, Von der „politischen Theol.“ zur „Theol. der Revolution“?: Diskussion zur „Theol. der Revolution“, hg. v. dems./Rudolf Weth, München u.a. 1969, 110–132. – Francis Fiorenza, Religion u. Politik: Heinz Eduard Tödt/ders./Alexander Schwan, Menschenrechte – Grundrechte. Religion u. Politik, 1982 (CGG 27) 59–101 (Lit.). – Der Fürst dieser Welt. Carl Schmitt u. die Folgen, hg. v. Jacob Taubes, München 1983. – Gott im Aufbruch. Die Provokation der lateinamerik. Theol., hg. v. Peter Hünermann/Gerd-Dieter Fischer, Freiburg i.Br. 1974. – Gustavo Gutiérrez, Theol. der Befreiung, München 1973. – Johannes Heckel, Im Irrgarten der Zweireichelehre. Zwei Abh. zum Reichs- u. Kirchenbegriff Martin Luthers, 1957 (TEH NF 55). – Kirchengemeinschaft u. politische Ethik. Ergebnis eines theol. Gesprächs zum Verhältnis v. Zwei-Reiche-Lehre u. Lehre v. der Königsherrschaft Christi, hg. v. Joachim Rogge/Helmut Zeddies, Berlin 1980. – Klaus-Michael Kodalle, Politik als Macht u. Mythos. Carl Schmitts „Politische Theol.“, Stuttgart 1973. – Werner Kroh, Kirche im gesellschaftlichen Widerspruch. Zur Verständigung zwischen kath. Soziallehre u. politischer Theol., München 1982. – Hans Maier, Kritik der politischen Theol., Einsiedeln 1970. – Heinrich Meier, Carl Schmitt, Leo Strauss u. „Der Begriff des Politischen“. Zu einem Dialog unter Abwesenden, Stuttgart 1988. – Johann Baptist Metz, Art. Politische Theol.: SM 3 (1968) 1232–1240. – Ders., Zur Theol. der Welt, Mainz 1968. – Ders., Diskussion zur „politischen Theol.“, hg. v. Helmut Peukert, Mainz 1969. – Ders./Jürgen Moltmann/Willi Oelmüller, Kirche im Prozeß der Aufklärung. Aspekte einer neuen „politischen Theol.“, München u.a. 1970. – Ders., Glaube in Gesch. u. Gesellschaft. Stud. zu einer prakt. Fundamentaltheol., Mainz 1977 (Lit.). – Ders., Jenseits bürgerlicher Religion, München 1980. – Jürgen Moltmann, Der gekreuzigte Gott. Das Kreuz Jesu Christi als Grund u. Kritik christl. Theol., München 1972. – Ders., Politische Theol. – Politische Ethik, München 1984. – Monotheismus als politisches Problem? E. Peterson u. die Kritik der politischen Theol., hg. v. Alfred Schindler, Gütersloh 1978. – Wolfgang Ockenfels, Politischer Glaube? Zum Spannungsverhältnis zw. kath. Soziallehre u. politischer Theol., Bonn 1987. – Erik Peterson, Theol. Traktate, München 1951. – Politik als Glaubenssache? Beitr. zur Klärung des Status Confessionis im südlichen Afrika u. in anderen sozialpolitischen Kontexten, hg. v. Eckehart Lorenz, Erlangen 1983. – Rolf Schieder, Civil Religion: VF 33 (1987) 29–43. – Carl Schmitt, Politische Theol. Vier Kap. zur Lehre v. der Souveränität, München 1922 ^{4}1985. – Ders., Politische Theol. II. Die Legende v. der Erledigung jeder politischen Theol., Berlin 1970 ^{2}1984. – Hans Schöpfer, Theol. u. Gesellschaft. Interdisziplinäre Grundlagenbibliogr. zur Einf. in die befreiungs- u. polittheol. Problematik, Bern/Frankfurt a.M./Las Vegas 1977. – Ders., Lateinamerik. Befreiungstheol., Stuttgart 1979. – Dorothee Sölle, Politische Theol., Stuttgart ^{2}1982. – Volker Spülbeck, Neomarxismus u. Theol. Gesellschaftskritik in krit. Theorie u. Politischer Theol., Freiburg i.Br. 1977. – Siegfried Wiedenhofer, Politische Theol., Stuttgart u.a. 1976 (Lit.). – Erwin Wilkens, Ist die ev. Kirche politisiert?: Kirche im Spannungsfeld der Politik. FS f. Hermann Kunst, Göttingen 1977, 81–90.

Zu 5. (Kirchenpolitik): Friedrich Delekat, Theol. u. Kirchenpolitik, 1955 (TEH NF 45). – Wolf Hauschild, Kirche – Staat – Politik, Gütersloh 1988. – Roman Herzog, Art. Kirchenpolitik: EStL³ 1 (1987) 1649–1654. – Karl Bernhard Hundeshagen, Beitr. zur Kirchenverfassungsgesch. u. Kirchenpolitik, Wiesbaden 1864. – Wilhelm Kahl, Lehrsystem des Kirchenrechts u. der Kirchenpolitik, Freiburg i. Br./Leipzig 1894. – Joachim Mehlhausen, Kirchenpolitik. Erwägungen zu einem undeutlichen Wort: ZThK 85 (1988) 275–302 (Lit.). – Ernst Wolf, Von den Grenzen der Kirchenpolitik: EvTh 9 (1949/50) 189–192.

Martin Honecker

Polyglotten

1. Definitionen 2. Complutensis 3. Polyglotte von Antwerpen (Biblia Regia) 4. Polyglotte von Paris 5. Polyglotte von London (Literatur S. 24)

1. *Definitionen*

Polyglottenbibeln in weitem Sinn sind Bibelausgaben mit synoptisch angeordnetem Text in mindestens drei Sprachen. Konventionellerweise werden jedoch Ganz- oder Teilausgaben des Alten oder Neuen Testaments in mindestens drei alten Sprachen, von denen wenigstens eine eine Sprache des biblischen Urtextes sein muß, als Polyglotten bezeichnet. Vier Altes und Neues Testament umfassende Ausgaben der Bibel werden als hauptsächliche Polyglotten betrachtet und hier behandelt: die *Complutensis*, die *Antwerpener*, *Pariser* und *Londoner Polyglotte*. Ihre Besonderheit liegt darin, daß sie den Anspruch erheben, die für ihre Zeit besten Urtexte und die besten Texte der alten Übersetzungen in einer kritischen Ausgabe im selben Werk nebeneinanderzustellen. Sie haben daher Bedeutung für die Textkritik und Textgeschichte. Die Frage, welche Texte sie verwenden, ist besonders für die Complutensis noch nicht restlos geklärt.

In einem editorischen und buchhändlerischen Sinn werden alle Ganz- und Teilausgaben der Bibel in mindestens drei alten Sprachen ebenfalls Polyglotten genannt.

2. *Complutensis*

Erstausgabe: 1514–1517, 6 Bände in Folio.

Bd. 1: Vetus Testamentum multiplici lingua nunc primo impressum. Et imprimis Pentateuchus Hebraico Greco atque Chaldaico Idiomate. Adiuncta unicuique sua latina interpretatione (mit Motu proprio Leos X. vom 22. März 1520); Bd. 2: Secunda pars Veteris testamenti Hebraico Grecoque idiomate nunc primum impressa: adiuncta utrique sua latina interpretatione; Bd. 3: Tertia pars ...; Bd. 4: Quarta pars ... (Kolophon 10. Juli 1517); Bd. 5: Novum Testamentum grece et latine in academia complutensi noviter impressum (Kolophon 10. Januar 1514); Bd. 6: Vocabularium hebraicum atque chaldaicum totius veteris testamenti cum aliis tractatibus prout infra in prefatione continetur in academia complutensi noviter impressum (Kolophon unter Vocabularium 17. März 1515, unter Onomastikon 31. Mai 1515) (Variationen in den Titelblättern, s. Darlow/Moule). Faks.-Ausg.: Rom, Gregoriana, 1983–1984.

Herausgeber: Kardinal Francisco (Gonzalo) Jiménez (Ximénez) de Cisneros (1436–1517), seit 1484 Franziskaner der Observanz, 1495 Erzbischof von Toledo, Kanzler von Kastilien, 1507 Großinquisitor, der selbst hebräisch und aramäisch gelernt hatte, ließ diese Bibel auf seine Kosten in dem am 26. Juli 1508 eröffneten Collegium trilingue S. Ildefonso an der von ihm um 1498 gegründeten und im 19. Jh. nach Madrid transferierten Universität von Alcalá de Henares (dem antiken Complutum) erstellen.

Als Herausgeber neben dem auch wissenschaftlich mitbestimmenden Jiménez sind bekannt: Alfons von Zamora (oder Arcos) (um 1474–1544), Alfons von Alcalá, Paul Coronel von Segovia (1480–1534), Juan de Vergara aus Toledo (gest. 1557), Antonio Martinez de Cala y Jaraba, bekannt unter seinem Gelehrtennamen Antonio de Nebrija oder Lebrija (Lebrixa) (Aelius Antonius Nebrissensis) (1441/1444–1522), Hernán Nuñez de Guzman, el Pinciano und Comendador griego genannt, Demetrius Dukas aus Kreta,

Diego López de Zúñiga (Stunica oder Astuniga) (gest. 1531). Cisneros lud auch →Erasmus zur Mitarbeit ein, der ablehnte.

Auflage und Druck: ca. 600, plus wenige Exemplare in Pergament. Das Werk wurde wegen Nachlaßstreitigkeiten nach dem Tode Cisneros' erst nach 1520 zum Verkauf gebracht.

Zweck und Plan: Urtexte und revidierte Vulgata, dazu Septuaginta und – für den Pentateuch – Targum Onqelos, beide mit lateinischer Übertragung, sowie Lexika und Grammatiken als biblisches, in damaligem Sinn kritisches *Organon.*

Inhalt: Prologe (aufschlußreich für die Konzeption der Polyglotte), hebräischer Text ohne Akzente und Masora, Targum nur im Pentateuch, Septuaginta mit Interlinear-Übersetzung, Vulgata steht zwischen masoretischem Text und Septuaginta, Bezüge zwischen masoretischem Text und Vulgata für jedes Wort bezeichnet. Bd. 5: Neues Testament, Bd. 6: hebräisch-aramäischer Thesaurus, Erklärung der Eigennamen, hebräische Grammatik und anderes mehr.

Texte: Septuaginta und Neues Testament sind *editiones principes*, was das Datum der Drucklegung, nicht jenes der Veröffentlichung betrifft; masoretischer Text und Targum Onqelos sind der erste christliche Druck. Die Editoren benutzten jeweils eine Haupthandschrift, die sie im wesentlichen reproduzierten und im Vergleich mit einer anderen Handschrift korrigierten.

3. Polyglotte von Antwerpen (Biblia Regia)

Erstausgabe: 1569–1572, 8 Bände in Folio, unter dem Patronat →Philipps II. von Spanien (daher *Biblia regia*).

Biblia Sacra Hebraice, Chaldaice, Graece, & Latine Philippi II, Reg. Cathol. pietate et studio ad Sacrosanctae Ecclesiae usum Christoph. Plantinus excud. Antverpiae.

Herausgeber: Benito (Benedictus) Arias Montano (1527–1598), humanistischer Exeget, 1568–1572 in Antwerpen mit der Polyglotte beschäftigt. Die Idee einer neuen Polyglotte kam vom Drucker Plantin. Mitherausgeber: Guy Lefèvre de la Boderie (Fabricius Boderianus) (1541–1598), sein Bruder Nicolas (1550–1613), François Raphelengien (Raphelengius, van Ravelingen), Plantins Schwiegersohn, André Maes (Andreas Masius) (1514–1581), als Zensoren und Berater die Löwener Professoren Augustinus Hunnaeus, Cornelius Reyneri von Gouda, Jan Willems (Harlemius) SJ.

Auflage: 1.200 Exemplare verschiedener Qualität.

Zweck und Plan: Verbesserte und erweiterte Neuausgabe der Complutensis als biblisches *Organon* der Originaltexte und der damals bekannten alten Versionen.

Inhalt: wie Complutensis, mit Targum in N^{e}bî'îm/K^{e}tûbîm. Bd. 5: Neues Testament, Bde. 7–8: biblische Philologie und Reallexikon.

4. Polyglotte von Paris

Erstausgabe: 1629–1645, 9 Bde., Großformat.

Biblia 1. Hebraica, 2. Samaritana, 3. Chaldaica, 4. Graeca, 5. Syriaca, 6. Latina, 7. Arabica. Quibus textus originales totius Scripturae Sacrae quorum pars in editione Complutensi, deinde in Antverpiensi Regiis sumptibus exstat, nunc integri, ex manuscriptis toto ferè orbe quaesitis exemplaribus, exhibentur. Lutetiae Parisiorum, excudebat Antonius Vitray Regis, Reginae Regentis, & Cleri Gallicani Typographus (einige Bände in 2 Teilen).

Herausgeber: der Parlamentsadvokat Guy-Michel Le Jay (Jajus), der diese Polyglotte als Nicht-Fachmann herausgab und finanzierte. Wissenschaftliche Herausgeber: Gabriel Sionita (1577–1648), Johannes Hesronita, Abraham Ecchellesis (Ibrâhîm al-Hâqîlânî) (1605–1664), Jean Morin (1591–1659), Jehuda Mordechai aus Carpentras, mit christlichem Namen Philippe Aquinas (ca. 1575–1650), Jerôme Parent, Godefroy Hermant (1617–1690). Drucker: Jacques Vitré (oder Vitray).

Zweck und Plan: erweiterte Neuauflage der Antwerpener Polyglotte. Die neu hinzugefügten samaritanischen, syrischen, arabischen Texte sollten die ursprüngliche Form des alttestamentlichen Textes eruieren helfen (wobei die glatteren Lesarten als urspünglich galten). Lexika, Grammatiken, Variantensammlungen fehlen.

Inhalt: Bde. 1–4: wie Antwerpener Polyglotte, Bd. 5: Neues Testament auf griechisch, lateinisch, syrisch und arabisch, Bde. 6–9: samaritanisches, syrisches, arabisches Altes Testament.

Texte: Masoretischer Text, Targum, Septuaginta, Vulgata: Abdruck der Antwerpener Polyglotte. *Editio princeps* des Samaritanus, des samaritanischen Targum, der Peschitta des Alten Testaments und des arabischen Alten Testaments.

5. *Polyglotte von London*

Erstausgabe: 1653–1657 (in Wirklichkeit 1658), 6 Bände in Folio, zuerst →Cromwell, dann Karl II. Stuart gewidmet. Drucker: Thomas Roycroft. In Subskription vor Erscheinen angeboten. 1669 kam als Anhang das *Lexicon heptaglotton* von Edmund Castell in 2 Bänden hinzu.

S.S. BIBLIA Polyglotta Complectentia Textus Originales Hebraicos cum Pentat. Samarit.: Chaldaicos Graecos. Versionumque Antiquarum Samarit. Graec. Sept. Chaldaic. Syriacae. Lat. Vulg. Arabicae. Aethiopic. Persicae Quicquid comparari poterat. Ex M.SS. Antiquis: undique conquisitis optimisque Exemplaribus impressis summa fide collatis. Edidit Brianus Waltonus. S.T.D. (repr.: Graz 1964–1965).

Herausgeber: Brian (oder Bryan) Walton (ca. 1600–1661), seit 1660 Bischof von Chester. Mitherausgeber: Edmund Castell (Castellus) (1606–1685), Samuel Clarke (Clericus) (1623–1669), Thomas Greaves (Gravius) (1612–1676), Alexander Huish (Huyssius) (ca. 1594–1668), Thomas Hyde (Hydius) (1636–1703), John Lightfoot (1602–1675), Dudley Loftus (1609–1695), Edward Pococke (1604–1691), Herbert Thorndike (1598–1672).

Zweck und Plan: Textkritisch reicher ausgestattet als die Polyglotten von Antwerpen (und Paris), sollte diese Polyglotte sämtliche wichtigen alten und von den Kirchen gebrauchten biblischen Texte in den besten Ausgaben in einem handlichen und übersichtlich angeordneten Werk zusammen mit Variantensammlungen und relevanten textkritischen Materialien vereinen. Grammatiken und Lexika gehören nicht mehr zur Polyglotte. Fülle und Qualität der Textmaterialien übertreffen die älteren Polyglotten, während die Polyglotte von Antwerpen mehr sprach- und realienkundliche Elemente bietet.

Inhalt: Alle Texte sind auf einer Doppelseite synoptisch angeordnet. Bde. 1–3: Pentateuch, geschichtliche Bücher, Hagiographen, Propheten; hebräischer Text ohne Masora. Bd. 1 enthält eine wertvolle bibliographische Einleitung von Walton. Bd. 4: Apokryphen (Deuterokanonische Schriften), Bd. 5: Neues Testament; Bd. 6 enthält vor allem Variantensammlungen.

Texte: Masoretischer Text, Targum Ausgabe Johann Buxtorfs d.Ä.; Septuaginta in der sixtino-klementinischen Ausgabe, Paris 1628; klementinische Vulgata 1592; Samaritanus, samaritanischer Targum, Peschitta, arabische Bibel aus der Polyglotte von Paris (mit Retouchen), persischer Pentateuch aus der Polyglotte von Konstantinopel 1546; Pseudo-Hoheslied äthiopisch nach einer Handschrift Pocockes und Johann Potkens Ausgaben Rom 1513 (erster äthiopischer Druck) und Köln 1518.

Zu den anderen Polyglotten vgl. Brunet; Darlow/Moule; Nestle; Pérez Castro.

Literatur

Jacques Charles Brunet, Manuel du libraire et de l'amateur de livres, Paris, I 1860, 849–854. – Thomas Herbert Darlow/Horace Frederick Moule, Hist. Catalogue of the Printed Ed. of Holy Scripture in the Library of the British and Foreign Bible Society. II. Polyglots in Languages Other than English, London 1911, 1–36 (Nrn. 1516–1888). – Franz Delitzsch, Stud. zur Entstehungsgesch. der complutensischen Polyglotte, Leipzig 1871 (Leipziger Reformationsprogramm 1871). – Ders., Complutensische Varianten zu dem atl. Text, Leipzig 1878 (Leipziger Reformationsprogramm

1878). – Ders., Fortgesetzte Stud. zur Entstehungsgesch. der Complutensischen Polyglotte, Leipzig 1886 (Leipziger Reformationsprogramm 1886). – Jacques Le Long, Bibliotheca Sacra in binos syllabos distincta, quorum prior qui iam tertio auctior prodit, omnes sive textus sacri sive Versionum ejusdem quâvis Linguâ expressarum Editiones ... cum Notis historicis et criticis exhibet ... , t. 1, Paris 1723, 1–47. – Joseph Eugène Mangenot, Art. Polyglottes: DB(V)[1] 5 (1912) 513–529. – Eberhard Nestle, Art. Polyglottenbibeln: RE[3] 15 (1904) 528–535. – Seamus O'Connell, The Septuagint in the Complutensian Polyglot (Diss. Freiburg/Schweiz, in Vorb.). – Federico Pérez Castro, Art. Biblias poliglotas: Gran Enciclopedia Rialp 2 (1979) 178–185. – Eduard Reuss, Art. Polyglottenbibeln: RE[1] 12 (1860) 20–28. – Alfred Mariano Revilla Rico, La Poliglota de Alcalá. Estudio histórico-crítico, Madrid 1917. – Angel Sáenz-Badillos, La filologia Bíblica en los helenístas de Alcalá, Estella (Navarra) 1990 (EMISJ 18). – Adrian Schenker, Der atl. Text in den vier großen Polyglottenbibeln nach dem heutigen Stand der Forschung: ThRv 90 (1994) 177–188. – Richard Simon, Histoire critique du Vieux Testament. Nouvelle Éd., et qui est la première imprimée sur la Copie de Paris ..., Rotterdam 1685 (Repr. Genf 1971) 514–522. – Iohann Christoph Wolf, Bibliothecae Hebraeae. P. II. quae praeter historiam Scripturae Sacrae Veteris Instrumenti, codicumque eius, tum editorum tum mss. tradit notitiam ..., Hamburg 1721 (Repr. Bologna 1967) 332–364.

Adrian Schenker

Polykarp von Smyrna

1. Leben 2. Werk 3. Wirkung (Quellen/Literatur S. 28)

1. Leben

In haer. III,3,4 teilt →Irenäus von Lyon eine Kurzbiographie seines Lehrers Polykarp mit; diese wird ergänzt durch Brieffragmente des Irenäus in der *Kirchengeschichte* des →Eusebius (h.e. V,20,4–8; 24,12–17). Laut Irenäus war Polykarp „Schüler der Apostel, und er lebte mit vielen, die den Herrn gesehen haben" (haer III,3,4). Die →Apostel hätten ihn eingesetzt „für Asien als Bischof in der Kirche von Smyrna" (ebd.). Auch Irenäus habe ihn in seiner Jugend gesehen; „denn er lebte gar lange und erlitt erst im hohen Greisenalter ein sehr ruhmreiches und denkwürdiges Martyrium" (ebd.). Unter Anicet habe er, bei einem Besuch in →Rom, viele Häretiker in die Kirche zurückgeführt. Aus dem bei Eusebius erhaltenen Brief des Irenäus an Papst →Viktor geht hervor, daß dieser Besuch auch durch Meinungsverschiedenheiten im Zusammenhang mit der Osterfeier veranlaßt worden war: Polykarp habe „mit Johannes, dem Jünger des Herrn, und mit den anderen Aposteln, mit denen er vertraut war, diese [quartadezimanische] Praxis geübt" (h.e. V,24,16). Trotz der Meinungsverschiedenheiten sei die Gemeinschaft zwischen Anicet und Polykarp nicht gebrochen worden. Im *Brief an Florinus* erwähnt Irenäus, daß Polykarp „über seine Beziehungen mit Johannes und den anderen Jüngern, die den Herrn gesehen hatten ..., [berichtete], wie er all dies von den Augenzeugen des Wortes des Lebens empfangen hatte und dies nach den Schriften weitergegeben hat" (bei Eusebius, h.e. V,20,6).

Der Hinweis auf Polykarp hat bei Irenäus auch eine theologische Funktion: Neben der „institutionellen Sukzession", die er in jener der Bischöfe von Rom findet (haer. III,3,3), weist er auch auf die „Erinnerungssukzession" hin, die ebenfalls seine Lehre legitimiert.

Dem Märtyrerbericht zufolge ist Polykarp im Alter von wenigstens 86 Jahren (MartPol 9,3) als Christ verurteilt und im Zirkus auf dem Scheiterhaufen hingerichtet worden. MartPol 21, ein Nachtrag, der kurz nach dem Brief verfaßt wurde, gibt die genaue Todeszeit an: einen „großen Sabbat", den 2. Xanthikus (23. [in Schaltjahren 22.] Februar) zur achten Stunde, „zur Zeit des Oberpriesters Philippus von Tralles, als Statius Quadratus Prokonsul war ...".

Das Todesjahr wird gleichwohl immer noch diskutiert. W.H. Waddington und W.M. Ramsay gingen von der Chronologie des Statius Quadratus aus und postulierten den 23. Februar 155 oder den 22. Februar 156. Diese Daten stimmen aber nicht mit den Angaben des Eusebius (h.e. IV,15,1;

ders., Chronik: GCS 20, 222) überein, der den Märtyrertod ins siebte Jahr Mark Aurels (167 n. Chr.) datiert. Dies war für H.-I. →Marrou und P. Brind'Amour der Anlaß, den 23. Februar 167 anzunehmen. H. Grégoire und P. Orgels schlugen ein noch späteres Jahr vor: 177 n. Chr. Letztere Hypothese findet aber kaum Zustimmung; zu dieser ganzen Problematik s. Dehandschutter, Martyrium [1993] 497–503.

Wir tendieren dazu, das Jahr 167 n. Chr. als das wahrscheinliche Todesjahr Polykarps anzunehmen, und zwar aus folgenden Gründen: a) Wenn Polykarp im Jahre 156 schon 86 Jahre alt gewesen wäre, käme die Möglichkeit einer Reise nach Rom „unter Anicet", der wohl kaum vor 150 n. Chr. Bischof von Rom gewesen ist, wovon Irenäus berichtet, in Gefahr: einem über Achtzigjährigen kann man eine solche Reise schwerlich zumuten; b) die Quintus-Episode (MartPol 4) sowie die Tatsache, daß das Schreiben an die Gemeinde von Philomelium in Phrygien (wovon wir zu dieser Zeit sonst nichts wissen) gerichtet ist, läßt vermuten, daß die kirchliche Polemik gegen den →Montanismus schon reell war (s. Buschmann); c) die Selbstverständlichkeit, mit der Polykarp als „Bischof der katholischen Kirche" (MartPol 16,2) bezeichnet wird, weist in dieselbe Richtung.

Der Wochentag wird „Großer Sabbat" genannt. Man beruft sich gerne auf Joh 19,31, um darin das jüdische Passahfest (→Pesach) zu sehen. Mehr Plausibilität hat W. Rordorfs Vorschlag, darin das römische Fest der *Terminalia* (23. Februar) zu sehen, die in den in Frage kommenden Jahren auf einen Samstag fielen und also einen Feiertag für Heiden *und* Juden bedeuteten. Auch Pionius wurde an einem „großen Sabbat" hingerichtet (Acta Pionii 3,6: ed. Krüger 46,24), und nach →Lactantius hat auch Diokletian die →Christenverfolgung von 303 an einem 23. Februar angefangen (mort. pers. 12,1).

2. *Werk*

Irenäus behauptet, Polykarp habe mehrere Briefe geschrieben (bei Eusebius, h.e. V,20,8), erwähnt aber namentlich nur den Brief an die Philipper (haer. III,3,4). Das ist der einzige, der uns erhalten ist, und möglicherweise der einzige schlechthin. Der Text ist uns bis Kap. 9 auf Griechisch erhalten, das Restliche in lateinischer Übersetzung und durch ein Zitat bei Eusebius (h.e. III,36,14f.).

So wie der Brief erhalten ist, stellt er ein ernstes Problem dar, das schon seit dem 17. Jh. bemerkt wurde. In Kap. 9,1f. werden „Ignatius, Zosimus und Rufus, ... [die] an dem ihnen zukommenden Platz bei dem Herrn sind", erwähnt; in Kap. 13 hingegen scheint →Ignatius von Antiochien noch am Leben zu sein: es werden „die Briefe des Ignatius, die uns von ihm geschickt sind, und andere, soviele wir bei uns hatten", erwähnt, und die Adressaten werden angemahnt: „... was ihr Zuverlässiges über Ignatius und seine Gefährten in Erfahrung bringt, das teilt [uns] mit". Dieser Widerspruch ist um so folgenschwerer, als Polykarp der einzige zeitgenössische Gewährsmann der Ignatiusbriefe ist. P.N. Harrison meinte, daß es sich bei Kap. 13 (und vielleicht Kap. 14) in Wirklichkeit um ein Begleitschreiben zu der Ignatiussammlung handelt, das kurz nach deren Abfassung geschrieben wurde, wogegen der restliche Brief später zu datieren sei (etwa 135/137). Die neuere Ignatiuskritik sieht in diesem Kapitel eher eine Interpolation.

Der Inhalt des Briefes besteht vor allem aus Reminiszenzen älterer christlicher Literatur. Polykarp kennt das Alte Testament nicht gut (Polyk 12,1), benutzt aber die Paulinen, die Pastoralbriefe, den 1. Petrus-, 1. Johannes- und 1. Clemensbrief. Das Hauptthema ist die „Gerechtigkeit" (Polyk 3,1; 4,1; 9,1). Hauptübel ist die Geldsucht (4,1), der auch der Presbyter Valens und seine Gattin erlegen sein sollen (11); die einzig erwähnte Häresie ist der Doketismus (7,1, mit Berufung auf I Joh 4,23f.; →Jesus Christus).

Polykarp bezeichnet sich selbst nicht als →Bischof, scheint auch das Amt nicht zu kennen. Er wünscht, daß seine Adressaten „... den Presbytern und Diakonen wie Gott und Christus untertan [seien] ..." (Polyk 5,3).

3. *Wirkung*

W. Bauer charakterisierte Polykarp als Kämpfer für die Einheit der kirchlichen Lehre und die Kirchenordnung im Osten im Zusammenhang mit der Entwicklung des monarchischen Episkopats (→Bischof) und den Ansprüchen der Kirche →Roms (Bauer 73–78). G. Strecker, der die zweite Auflage von Bauers Buch herausgab, hat diese Sicht scharf kritisiert; sie wird heutzutage als extrem oder gar phantasievoll angesehen. Polykarps Bedeutung liegt vielmehr in der Entwicklung des Märtyrerkults (→Martyrium).

Der Märtyrerbericht ist ein Brief der Gemeinde von Smyrna an die Gemeinde von Philomelium in Phrygien und das älteste Beispiel dieser Gattung. Der Autor ist ein gewisser Markion (oder Markos, Markianos) (MartPol 20), der sich auf Augenzeugen beruft. Das *Polykarpmartyrium* läutet eine neue literarische Gattung ein. Es wurde über zwei unabhängige Wege überliefert: in der Sammlung des Pseudo-Pionius, die von den Ausgaben übernommen wurde, und bei Eusebius (h.e. IV,15,3–45). Bei Eusebius sind die Kapitel 1–7 zum Teil stark gekürzt, was H. von Campenhausen dazu veranlaßte, Bearbeitungen und Interpolationen zu vermuten. Die redaktionelle Einheit des Martyriums wird aber von der neueren Forschung (Dehandschutter; Saxer; Buschmann) nicht mehr in Zweifel gezogen.

Der Autor will eine Parallele zwischen dem Leiden des Herrn und dem des Märtyrers herstellen (MartPol 1f.). Polykarp wird von Nahestehenden verraten, die mit Judas verglichen werden (6,2), er wird von einem Beamten namens Herodes (ebd.) verhaftet und auf einem Esel in die Stadt transportiert (8,1). Zugleich werden auch die Divergenzen mit dem Leiden des Herrn herausgestrichen: Tag und Stunde des Ablebens des Märtyrers (21,1), die Weigerung Polykarps, sich auf dem Scheiterhaufen annageln zu lassen (13,3), der Gnadenstoß mit einem Dolch (16,1; ziemlich unglaubwürdig auf einem brennenden Scheiterhaufen!).

Vor der Hinrichtung Polykarps werden andere Christen im Zirkus durch verschiedene Foltern zu Tode gebracht. Ihre Motivation zum Durchhalten wird durch den Hinweis auf die ewigen Strafen, denen sie dadurch entgehen, erklärt (2,4), aber auch dadurch, daß sie durch die Hilfe des Herrn überhaupt keine Schmerzen verspüren (2,2f.). Bei Polykarp selbst kommt noch besonderer Beistand hinzu: er erhält in einem Traumgesicht Klarheit über seine Todesart (7,2), eine himmlische Stimme, die auch von den anwesenden Christen gehört wird, ermutigt ihn (9,1), die Flammen des Scheiterhaufens erreichen seinen Körper nicht (15,2).

Das Gebet, das Polykarp auf dem Scheiterhaufen spricht (14), ist eine Danksagung an Gott, die sich sehr stark an die Eucharistiegebete der alten Kirche anlehnt, so daß man fast an eine Anwendung derselben auf das Martyrium denkt. Polykarp nennt sich selbst in diesem Kontext „ein reiches und wohlgefälliges Opfer“ (14,2; vgl. 14,1). Sein Tod ist „der Kranz der Unsterblichkeit“ (17,1; 19,2), ein Lohn (17,1) und zugleich auch ein Sieg über die böse Macht (19,2). Nach seinem Tod wollen „viele“ (!) Gläubige seinen Leichnam erstattet bekommen, um mit „seinem heiligen Fleisch Gemeinschaft zu haben“ (17,1). Man versucht, sie daran zu hindern, unter „Anstiftung der Juden“, weil jene meinten, „sie sollten den Gekreuzigten nicht verlassen und anfangen, diesen zu verehren“ (17,2). Die Antwort darauf ist, daß es einen Unterschied gibt zwischen der „Verehrung“ des Herrn und der „Liebe“ zu seinen „Jüngern und Nachahmern“ (17,3).

Diese Darstellung ist nichts anderes als eine versteckte innerkirchliche Polemik bezüglich der Angemessenheit der Märtyrerverehrung. Auffallend ist auch, daß von einer Bitte um Vermittlung im Märtyrerkult noch nicht die Rede ist (s.a. 19,2). Dies weist auch darauf hin, daß der „Bekenner“ noch keine Vermittlungsrolle ausübt, wie sie schon bei Tertullian (mart. 1,6; geschrieben 197/203) bezeugt wird.

Zum angemessenen Märtyrerkult braucht es einen örtlichen Kontakt: die Überreste Polykarps werden an einem „angemessenen Ort“ bestattet, damit die Gläubigen den „Tag seines Martyriums“ begehen können (18,2f.). Es fällt auf, daß ein ähnlicher Kult der anderen Märtyrer, die im Bericht eine Rolle spielen (2,1–3,2), nicht erwähnt wird (vgl. →Heilige/Heiligenverehrung; →Reliquien/Reliquienverehrung).

Quellen

Boudewijn Dehandschutter, Martyrium Polycarpi. Een literair-krit. studie, 1979 (BEThL 52) 112–127 (vorzügliche Parallelausg. Ps.-Pionius/Eusebius). – Die Apostolischen Väter. Griech.-dt. Parallelausg., neu übers. u. hg. v. Andreas Lindemann/Henning Paulsen, Tübingen 1992, 244–257 (Brief); 260–285 (Martyrium). – William R. Schoedel, Polycarp. Martyrdom of Polycarp. Fragments of Papias, 1967 (ApF[T] 5). – Acta Pionii: Ausgew. Märtyrerakten. NB der Knopfschen Ausg. v. Gustav Krüger, 4. Aufl. mit einem Nachtr. v. Gerhard Ruhbach, 1965 (SQS 3. Ser. 3) 45–57.

Literatur

Walter Bauer, Rechtgläubigkeit u. Ketzerei im ältesten Christentum, 1934 ²1964 (BHTh 10). – Pierre Brind'Amour, La date du martyre de saint Polycarpe (le 23 février 167): AnBoll 98 (1980) 456–462. – Gerd Buschmann, Martyrium Polycarpi – Eine formkrit. Stud. Ein Beitr. zur Frage nach der Entstehung der Gattung Märtyrerakte, 1994 (BZNW 70). – Ders, Martyrium Polycarpi 4 u. der Montanismus: VigChr 49 (1995) 105–145. – Remo Cacitti, Il contesto pasquale quartodecimano nella teologia del martirio, 1994 (SPMed 19). – Hans v. Campenhausen, Bearbeitungen u. Interpolationen des Polykarpmartyriums: SHAW 1957/3, 5–57 = ders., Aus der Frühzeit des Christentums, Tübingen 1963, 253–301. – Boudewijn Dehandschutter, Martyrium Polycarpi (s.o. bei Quellen). – Ders., The Martyrium Polycarpi. A Century of Research: ANRW II.27.1 (1993) 485–522 (Lit.). – Henri Grégoire/Paul Orgels, La véritable date du martyre de S. Polycarpe (27 février 177) et le „Corpus Polycarpianum“: AnBoll 69 (1951) 1–38. – Percival Neale Harrison, Polycarp's Two Epistles to the Philippians, Cambridge 1936. – Henri-Irénée Marrou, La date du martyre de S. Polycarpe: AnBoll 71 (1953) 5–20 = ders., Patristique et humanisme. Mélanges, 1976 (PatSor 9) 281–294. – William Mitchell Ramsay, The Date of St. Polycarp's Martyrdom: JÖAI 27 (1932) 245–258. – Silvia Ronchey, Indagine sul Martirio di San Policarpo. Critica storica e fortuna agiografica de un caso giudiziario in Asia Minore, Rom 1990 (Nuovi Studi Storici 6). – Willy Rordorf, Zum Problem des „großen Sabbats“ im Polykarp- u. Pioniusmartyrium: Pietas. FS f. Bernhard Kötting, 1980 (JAC.E 8) 245–249. – Victor Saxer, L'authenticité du ‚Martyre de Polycarpe'. Bilan de 25 ans de critique: MEFRA 94 (1982) 979–1001. – William R. Schoedel, Polycarp of Smyrna and Ignatius of Antioch: ANRW II.27.1 (1993) 272–358. – William Henry Waddington, Mémoire sur la chronologie de la vie du rhéteur Aelius Aristide: MIF 26,1 (1867) 203–268.

Dirk Van Damme

Polynesien

1. Religionsgeschichte 2. Missions- und Kirchengeschichte (Literatur S. 34)

1. Religionsgeschichte

Polynesien (griechisch *πολύ*, „viel“, und *νῆσος*, „Insel“) ist der am weitesten nach Osten reichende Teil Ozeaniens. Es bildet ein etwa gleichseitiges Dreieck zwischen Hawai'i, dem einzigen Archipel nördlich des Äquators, →Neuseeland im Südwesten und der Osterinsel (Rapa Nui) im äußersten Südosten. Die aus Korallen- und Vulkaninseln bestehende Landfläche ist mit 277.912 km², wovon 269.057 km² allein auf Neuseeland entfallen, relativ unbedeutend. Hinzu kommen noch die polynesischen Exklaven, einzelne Inseln und Inselgruppen wie z. B. Rotuma, Tikopia, Rennell und Bellona, die Loyalty-Inseln, Sikaiana, Luangiua (Ontong Java) und Nukumanu in →Melanesien sowie Nukuoro und Kapingamarangi in →Mikronesien. Insgesamt können 28 polynesische Sprachen und Kulturen unterschieden werden, die wie die melanesischen und mikronesischen zur Gruppe der austronesischen Sprachen und Kulturen gehören. Auch politisch leben die einzelnen polynesischen Völker unter sehr verschiedenen Verhältnissen. Während Hawai'i als 50. Staat zu den →Vereinigten Staaten von Amerika gehört, leben die neuseeländischen Maori zwar unter weißer Vorherrschaft, aber als gesetzlich gleichberechtigte Bürger in einem unabhängigen Staat. Autonome Staaten mit enger Assoziation an Neuseeland sind die Insel Niue und die Cook-Inseln, während die kleine Tokelau-Gruppe von Neuseeland direkt verwaltet wird. Zwei autonome französische Überseeterritorien sind das von Wallis und Futuna im Westen und das als *Polynésie Française* bezeichnete mit den Gesellschaftsinseln, den Tuamotus, den Marquesas, den Gambier-Inseln (Mangareva) und den Australinseln (Tupua'i) im Osten. Das Königreich Tonga, Westsamoa und Tūvalu in Westpolynesien sind unabhängige Staaten, während American Samoa ein *Unincorporated Territory* der USA ist und die Osterinsel politisch zu Chile gehört. Die Bevölkerung ist außer in Neuseeland und Hawai'i weitgehend homogen polynesisch, zahlenmäßig aber sehr ungleich verteilt. Die Gesamtzahl aller Polynesier beträgt knapp eine Million.

Obgleich das wissenschaftliche Interesse der Europäer an Polynesien seit ihren Entdeckungsreisen in den Südpazifik im 18. und 19. Jh. bestand, sind wir nicht über alle Aspekte der verschiedenen polynesischen Kulturen gleichermaßen und angemessen unterrichtet. So gibt es über die Glaubensvorstellungen der Polynesier zwar viele, weit verstreute Artikel, und fast jede größere ethnologische Arbeit enthält ein Kapitel über Religion, aber die so auf uns gekommenen Kenntnisse sind weder vollständig noch immer zutreffend. Ein wesentlicher Grund für diese Situation war und ist die Erkenntnis der Homogenität Polynesiens, die zur Vernachlässigung der bestehenden Unterschiede, zu unzulässigen Verallgemeinerungen und verfrühten Theoriebildungen führte. So verfügen wir heute über eine Bibliothek synoptischer Arbeiten über die „polynesische Religion", aber, außer den Arbeiten zur Religion von Tikopia (Firth), nur über zwei Monographien über einzelne polynesische Religionen, nämlich der von Samoa (Cain) und der von Rennell und Bellona (Monberg).

Die Grundlage polynesischer Religiosität und damit aller polynesischen Religionen ist der *Seelenglaube* (Animismus), der aus der Erfahrung des Todes hervorgeht und aus dem sich ein Götterglaube entwickelt hat, der religionswissenschaftlich bald als →Polytheismus, bald als Henotheismus (Müller) etikettiert wurde. Die Gültigkeit solcher Charakterisierungen ist nicht in Frage zu stellen, solange man diesen Glauben nicht eurozentrisch wertend entweder als Verfallsprodukt eines hypothetischen Urmonotheismus (Schmidt) oder als beachtliches Entwicklungsstadium auf dem Weg zur absoluten Höhe des →Monotheismus begreift, sondern als logische Konsequenz der geistigen Verarbeitung einer existentiellen Erfahrung. Die verbreitete Verkennung dieser Tatsache hat dazu geführt, daß die polynesischen Religionen bis heute als heterogene Gebilde dargestellt werden, in denen sich mindestens zwei systematisch unvereinbare Straten, ein hochentwickelter Götterglaube und eine primitive Geister- bzw. Ahnenverehrung, mischen. Die spekulative Assoziation beider Straten mit kulturell unterschiedlichen Einwanderungswellen (Williamson) ist unter solchen Prämissen zwangsläufig. Demgegenüber bieten diese Religionen ein völlig homogenes Bild, wenn man die polynesischen Numina prinzipiell unter den in jenen Gesellschaften herrschenden hierarchischen Bedingungen als Totengeister oder deifizierte Ahnen erkennt.

Die polynesischen Religionen sind untrennbar mit den sozio-politischen Strukturen der verschiedenen Völker verbunden. Grob vereinfacht gesagt, ist die soziale Grundeinheit die Verwandtschaftsgruppe (*extended family*) oder *Lineage*, die viele Untergruppen, Seitenzweige und Lokalgruppen umfaßt und deren kleinste Einheit die biologische Familie (*nuclear family*) eines Elternpaares und seiner Kinder ist. Alle Untergliederungen einer Verwandtschaftsgruppe haben Oberhäupter, die untereinander in einem hierarchischen Verhältnis stehen, in dem das Oberhaupt, meist männlichen Geschlechts, der gesamten Verwandtschaftsgruppe den höchsten Rang einnimmt. Alle diese Oberhäupter tragen Titel, die von Generation zu Generation vererbt werden und verschiedenen Kategorien angehören. Die Länge einer Genealogie, d.h. die Zahl der Generationen zwischen dem ersten Träger eines Titels und damit Gründer der betreffenden *Lineage* und dem aktuellen Titelträger, galt als Beweis für das Vorhandensein von *mana* und war maßgebend für das Prestige und die sozio-politische Stellung der *Lineage* und damit den Rang ihres Oberhauptes. Der mythische Charakter vieler früher Generationen langer Genealogien berechtigt indessen nicht, von einer „göttlichen Abstammung" polynesischer Titelträger zu sprechen. Auch war *mana* keine „übernatürliche Macht", die die „Götter" den Menschen verliehen, sondern eine Eigenschaft von Menschen und Numina, die am treffendsten als Effizienz oder „efficacy" (Firth) definiert werden kann und die sowohl Menschen als auch „Götter" durch erfolgreiches Handeln ständig beweisen mußten: der Verlust des *mana* machte jedes *tapu* (→Mana und Tabu) unwirksam und degradierte Menschen wie Numina bis zur Bedeutungslosigkeit. In der „offenen Gesellschaft" Samoas (Goldman) z.B. sind alle Titelträger *matai* und gehören entweder der Kategorie der *ali'i* (Häuptlinge) oder der der *tulāfale* (Sprecher) an. In den stratifizierten Gesellschaften von Hawai'i, Tahiti und Tonga ist oder war die Einteilung: Häuptlinge (*ali'i* oder *makua ali'i*, *ari'i*, *'eiki*), Personen von Rang unterhalb der Häuptlinge (*maka 'āinana*, *ra'atira*, *matapule*) und Personen ohne Rang (*kauwā*, *manahune*, *tu'a*). Bei den in stratifizierten Stämmen organisierten Maori hießen die Häuptlinge *ariki*, Unterhäuptlinge *rangatira* und die Stammesangehörigen ohne Rang *tutua*. Abgesehen von mancherlei Differenzierungen in den einzelnen polynesischen Gesellschaften sind Varianten der Bezeichnung *ariki* fast überall bekannt. Auf den Marquesas heißen Häuptlinge *hakā'iki* und auf Mangareva *tupua* und *'akao*. Alle diese Häuptlinge waren je nach dem Grad ihres *mana tapu*, so daß der Umgang mit ihnen, wie auch ihr Umgang mit anderen, mehr oder weniger stark, immer oder zeitweilig eingeschränkt war. Im Fall des sakralen Herrschers von Tonga, des *Tu'i Tonga*, und des *'Ariki Mau* oder *'Ariki Henua* der Osterinsel ging dies so weit, daß sie regierungsunfähig wurden und ein säkularer Herrscher, der *Tu'i Ha'atakalaua* oder *Tu'i Kanokupolu* (Tonga) bzw. der *Tagata Manu* (d.h. Vogelmann [Osterinsel]), eingesetzt wurde.

Die Erfahrung des Todes hat auch in Polynesien zu einer dichotomischen Auffassung vom Menschen geführt. Seine Komponenten sind der Körper, der meist *tino* (*kino*) genannt wird, und die „Seele", die zu Lebzeiten des Menschen als *agāga* (Samoa), *iho* (Tahiti), *wailua* (Hawai'i), *wairua* (Maori) oder *kuhane* und *'uhane* (Marquesas, Hawai'i, Mangareva, Tuamotus, Osterinsel) bezeichnet wird. Wie in Mikronesien war die *conditio sine qua non* des lebenden Menschen auch in Polynesien die Assoziation von Leib und Seele, während die Dissoziation beider mit dem Eintritt des Todes identifiziert wurde.

Der Leichnam wurde überall Prozeduren zur Konservierung bzw. Gewinnung der Knochen unterzogen, die von einer primitiven Mumifizierung durch Drainage und Trocknung über Einreibung, Häutung und Räucherung bis zur temporären Bestattung zur Ablösung des Fleisches reichten. Die Knochen wurden gereinigt, poliert, geölt und gebündelt in den Häusern aufbewahrt. Von der Seele glaubte man, daß sie die Persönlichkeit des Verstorbenen bewahrend in speziellen Totenreichen jenseits des Horizontes, unter der Erde bzw. im Meer oder im Himmel, unter Bedingungen fortexistierte, die abbildartig denen der lebenden Menschen auf Erden glichen. Sie begaben sich in der Regel nach Westen, wobei sie alle Inseln des jeweiligen Archipels auf besonderen Wegen überquerten und schließlich durch Erdöffnungen, wie z.B. dem samoanischen *fafā*, an ihre Bestimmungsorte gelangten. Solche Totenreiche hießen *Pō* (Tahiti, Mangareva etc.), *Pulotu* und *Sālefe'ē* (Samoa), *Havaiki* (*Havai'i*) (Maori, Marquesas, Rarotonga etc.) und *Hiva* oder *Vakevake* (Osterinsel) und galten den Polynesiern meist als ihre Urheimat, in die die Totengeister zurückkehrten. Darüber hinaus glaubte man die Geister fähig, zu den lebenden Menschen zurückzukehren, sich ihnen auf unterschiedliche Weise und in beliebiger materieller Gestalt zu offenbaren oder sich unerkannt unter ihnen zu bewegen.

Um sich ihren lebenden Angehörigen oder lebenden Menschen generell zu offenbaren, bedurften alle polynesischen Numina einer materiellen Gestalt, die menschlich, skelettartig, tierisch und auch gegenständlich sein konnte. Diese sinnlich wahrnehmbare Gestalt wurde vielfach als *ata* (*'ata, aka*), d.h. Bild, Abbild oder auch Schatten bezeichnet. Systematisch sind drei graduell verschiedene Arten der Materialisation zu unterscheiden: die Inhabitation in einer vorhandenen, individuellen Gestalt, die Simulation einer Gestalt und die Inkarnation. Während in den beiden ersten Fällen der Geist und seine inhabitierte bzw. simulierte Gestalt als zwei Entitäten namentlich unterscheidbar waren, war die Inkarnation die perfekte Identität beider (Cain).

Beispiele der letzten Art sind in Samoa der Donner (*Fāititili*), das Erdbeben (*Mafui'e*), die Eidechse (*Pili*), der Oktopus (*Fe'e*) etc., aus denen zum Teil auch hervorgeht, daß personifizierte Naturphänomene in die Totengeist- oder Ahnenverehrung integriert waren. Die *ata* der Geister waren für deren Angehörige *tapu* und mußten respektvoll behandelt oder gemieden werden.

Totengeister wurden prinzipiell anders bezeichnet als die Seele lebender Menschen.

Am weitesten verbreitet sind die Begriffe *atua* (*'atua*, *'etua*, *akua*), *aitu* (*'aitu*) und *tupua*, die etymologisch und semantisch auf den Totengeistcharakter der so bezeichneten Numina hinweisen. *Atua* geht auf uraustronesisch (UAN) **tuva'* = „alt sein" (Dempwolff) zurück und bedeutet soviel wie „der Alte", „der Vorfahr" (Ivens; Cain). *Aitu* ist von UAN **'anitu'* = „abgeschiedene Seele" (Dempwolff) abgeleitet und heißt eigentlich soviel wie „der, die Entfernte" (Cain), während *tupua* (*kupua*, *tipua* etc.) auf UAN **tu(m)pu'* = „Vorfahr" (Dempwolff; Cain) zurückzuführen ist. Alle drei Begriffe waren austauschbar, und *'atua* auf der Osterinsel, *akua* in Hawai'i und *tupua* auf Mangareva bezeichneten darüber hinaus lebende Personen von Rang. Begriffe wie *sauali'i* (Samoa) als respektvoller Terminus für *aitu*, der auf hohen Rang hinweist, *'oromatua* (Tahiti: *'oro* = Person, *matua* = alt) für Totengeist, der in Tokelau „alter Mann" und in Samoa „alte Frau" bedeutet, und *'aumakua* (Hawai'i) für Totengeist sprechen ebenso klar für den Ursprung der so bezeichneten Numina im Menschen.

Wie körpernah die Seelenvorstellungen der Polynesier waren, zeigen die Totengeistbezeichnungen *akuaku* (Osterinsel) bzw. *a'ua'u* (Ra'ivavae), *orovaru* (Ra'ivavae), *varua* mit seinen Varianten (Tahiti, Osterinsel, Tuamotus, Rarotonga etc.) und *tūpāpaku* (Mangareva, Tuamotus, Maori, Rarotonga, Marquesas) oder *tūpāpa'u* (Tahiti, Marquesas) bzw. *kūpāpa'u* (Hawai'i). Die Verben *aku*, *'oro* und *varu* und ihre sprachlichen Varianten bedeuten polynesienweit „schaben", „reiben", „schinden", „aushöhlen" etc., und *paku* bzw. *pāpaku* heißt „trocknen", „trocken (sein)", daher *tūpāpaku* = „sehr trocken", „Leichnam" und „Totengeist". Alle diese Wörter beziehen sich auf die Behandlung von Leichnamen beim Totenritual. Der die Seele eines lebenden Menschen, aber oft auch Totengeister bezeichnende Terminus *kuhane* (*'uhane*) ist inzwischen als sprachlich identisch mit *aitu* unstreitig (Bierbach/Cain, Religion).

Der eindeutige sprachliche Befund, der die Annahme eines außermenschlichen Ursprungs polynesischer Numina nicht zuläßt, berechtigt indessen nicht, alle zu Totengeistern im strikten Wortsinn zu erklären. Der Glaube daran, daß das Leben der numinosen Wesen exakt dem der lebenden Menschen entspricht, schloß deren Prokreationsfähigkeit ein, so daß man auch „geborene" *atua*, *aitu* etc. kannte. Geborene Numina gingen auch aus Fehl- und Frühgeburten hervor, die oft Folgen von Inzesten waren. In Samoa nannte man solche Wesen, die namentlich bekannt waren, *aitu*. Mischwesen aus Verbindungen von *aitu* und lebenden Menschen (*tagata*) hießen *aitu tagata* und waren ebenso individuell bekannt. Alle diese Numina, einschließlich der personifizierten Naturphänomene, wurden mit denselben generischen Termini bezeichnet, was ihre Integration in den Totengeist- bzw. Ahnenglauben *per analogiam* beweist. Eine Unterscheidung zwischen Ahnen- und Naturverehrung wurde also nicht vorgenommen und sollte auch nicht konstruiert werden.

Aufgrund der Verflechtung der polynesischen Religionen mit den sozio-politischen Verhältnissen gehörten alle Numina einer bestimmten Verwandtschaftsgruppe an und tauchten, soweit sie von Rang waren, in den Genealogien auf. Das gilt auch für die sog. großen Götter, Tangaroa, Tāne, Tū und Rongo, die in unterschiedlichen Positionen und Funktionen polynesienweit bekannt waren. Auch diese mythischen Gestalten waren keine „ursprünglichen Götter" („original gods") (Stair), sondern menschliche Vorfahren von besonderem Rang, deren Göttlichkeit auf ihrer postmortalen Vergöttlichung beruhte. Sie waren Anführer oder Helden aus grauer Vorzeit (Buck), die in jeder Beziehung mythisch überhöhten polynesischen Häuptlingen gleichen (Cain). Schöpfergottheiten wie Tagaloa (Tangaroa) in Samoa und Makemake auf der Osterinsel, deren Schöpfungsakt keine *creatio ex nihilo* war und die eher als „Urheber" (Söderblom) erscheinen, standen am Anfang von Genealogien oder können als menschliche Vorfahren identifiziert werden.

Makemake beispielsweise war Vorfahr des Siedlerahnen der Osterinsulaner, Hotu Matu'a, in dessen Ursprungsland Hiva (Marquesas) (Bierbach/Cain, Makemake). In Samoa, dem vermutlich ältesten Siedlungsgebiet Polynesiens, war Tagaloa nicht nur Schöpfer im Himmel, dessen *ata* die Sonne war, sondern gleichzeitig Gründer der Tuimanu'a-Lineage, die in der frühen Geschichte über „ganz Samoa und die hundert Inseln" geherrscht haben soll (Krämer; Cain). Während in Samoa hinter seiner mythischen Gestalt mühelos der samoanische *matai* als menschlicher Vorfahr erkennbar ist, erscheint er als Ta'aroa auf Tahiti, wohin er mit samoanischen Siedlern von Manu'a gelangte, sehr abstrakt und fast wie ein *deus otiosus*. Aufstieg und Fall polynesischer Numina waren abhängig von ihrem *mana*, das sich im Erfolg, d.h. in der sozio-politischen Stellung ihrer Deszendenzgruppe, ausdrückte. Mit zunehmender zeitlicher und räumlicher Entfernung von ihrem Ursprung änderte sich indessen ihr Charakter, indem sie übermenschlicher, außermenschlicher, göttlicher wurden. Von einem äußerst abstrakten höchsten Gott der Maori namens Io oder Kio, der ohne Anfang und Ende, gütig und allwissend im zwölften Himmel residierte und Schöpfer aller Dinge war, ist in der Literatur die Rede. Es heißt, daß seine Lehre im *whare wananga*, dem „Haus der Weisheit", von Esoterikern an auserwählte Schüler weitergegeben wurde, er aber weder kultische Verehrung genoß noch angerufen wurde (Best; Nevermann). Die Figur, deren Existenz als Kiho auch für die Tuamotus postuliert wurde (Stimson), ist wegen ihres „unpolynesischen", eher „biblischen" Charakters kontrovers. Das Wort *io* bzw. *i'o* ist jedenfalls auch auf den Cook-Inseln bekannt, wo es wie *iho* auf Tahiti das „Selbst" einer Person bezeichnete und gleich *atua* ein generischer Terminus für Numina war. Das spräche dafür, daß Io die *atua* zwar graduell überragte, aber nicht prinzipiell anderer Natur war.

Von organisierten Kulten kann zumindest in Westpolynesien kaum die Rede sein, denn der Verkehr mit den „Göttern“ spielte sich fast ausschließlich und diskret in den Familien und Dörfern, in den Wohnhäusern, aber auch an besonderen Plätzen wie Gräbern, Hainen, Felsen oder Bäumen ab.

Spezielle Bauten, die meist irrtümlich als Tempel bezeichnet werden, waren die *marae* der Gesellschaftsinseln, die *me'ae* der Marquesas, die *heiau* von Hawai'i oder die *ahu* der Osterinsel, die in Wirklichkeit eher soziale Zentren einzelner Verwandtschaftsgruppen waren. Dort trafen sich die Familien mit ihren Ahnen, denen hölzerne oder steinerne Statuen, *tiki* (Tahiti, Marquesas), oder die kolossalen *mo'ai* (Osterinsel) errichtet wurden, um ihre Angelegenheiten zu besprechen, Feste zu feiern etc. Diese oft imposanten Plattformen (*ahu*) oder Pyramiden (*marae*) waren aber auch Opfer- und Begräbnisstätten und für Fremde absolut *tapu*. Über das Alter der *ahu* der Osterinsel speziell, von denen mehr als 300 teils semipyramidale, teils rechteckige und teils bootsförmige mit und ohne Statuen (*mo'ai*) registriert wurden, ist viel spekuliert worden, ohne daß bis heute Einigkeit bestünde. Mehr oder weniger sichere C 14-Daten reichen von 320 n. Chr. (plus/minus 135 Jahre) bis 1780 n. Chr. (plus/minus 205 Jahre), wobei die ältesten *ahu* noch keine *mo'ai* getragen haben sollen. Auch das Ende der Periode, in der große Statuen hergestellt wurden, um 1680 n. Chr. ist spekulativ, weil es auf fragmentarischen Überlieferungen und nicht auf archäologisch gesicherten Tatsachen beruht. Aufgrund der unbefriedigenden Quellenlage ist die Erforschung der geistigen Aspekte der Osterinselkultur zugunsten der technischen Rätsel der Herstellung und des Transportes der zum Teil tonnenschweren *mo'ai* stark vernachlässigt worden. Die *mo'ai* stellten jedenfalls deifizierte Ahnen bestimmter Deszendenzgruppen dar und trugen individuelle Namen, von denen aber heute nur noch wenige bekannt sind. Die einzigen Fälle einer überverwandtschaftlichen Anhängerschaft bestimmter Numina scheinen der der Gesellschaft der *'Arioi* der Gesellschaftsinseln und der der *Hula*-Schulen von Hawai'i zu sein. Dabei handelte es sich um quasi ordensmäßig organisierte Gesangs-, Tanz- und Theatergesellschaften, deren Mitglieder sich bestimmten Regeln unterwerfen mußten und deren Tutelargottheiten auf den Gesellschaftsinseln 'Oro und in Hawai'i die beiden weiblichen Numina Laka und Kapo waren.

Obwohl in der Literatur immer wieder von einer Priesterklasse oder Priesterkaste (→Priester/Priestertum) gesprochen wird, gab es eine berufliche Ausübung religiöser Funktionen nur ansatzweise durch die „Schamanen“ (→Schamanismus). In normalen Zeiten richtete das Familienoberhaupt kraft seiner Stellung bei den verschiedensten Gelegenheiten, Mahlzeiten und Aktivitäten aller Art, Gebete an die Ahnen und brachte ihnen Opfer.

In Samoa nannte man sie *faitāulaga* oder *ositāulaga*. In Krisenzeiten wandte man sich an „Schamanen“, die als Experten besonders ausgewiesen waren und je nach Region als *taula* (Samoa, Tonga), *taura* (Tahiti, Mangareva, Tuamotus), *kaula* (Hawai'i) oder *tau'a* (Marquesas), aber auch als *tahu'a* (Tahiti), *tahunga* (Tuamotus), *kahuna* (Hawai'i) oder *tohunga* (Maori), *ta'unga* (Rarotonga) etc. bezeichnet wurden. Ursprünglich scheinen diese Termini Experten aller Art bezeichnet zu haben, von denen die für den Umgang mit Geistern nur eine Art waren. Schließlich kannte man überall auch noch besonders disponierte Medien, die im Zustand der Besessenheit (Inhabitation) durch einen Geist entweder habituell oder spontan als Mittler fungierten. Sie wurden in Samoa *va'a* = „Gefäß“, „Boot“ oder *vale* = „verrückt“, „anormal“ genannt und wurden von den Geistern beherrscht, im Unterschied zu den *taula*, die ihrerseits die Geister beherrschten.

2. Missions- und Kirchengeschichte

Abgesehen von den Marquesas, deren Existenz den Europäern seit 1595 bekannt war, trat Polynesien erst durch die phantasievollen und idealisierenden Berichte der Entdecker des 18. Jh. voll in ihr Bewußtsein. Im Jahr 1795 war die Missionsgesellschaft gegründet worden, die ab 1818 als *London Missionary Society* (LMS) bekannt wurde und 1797 die ersten Missionare nach Tahiti, Tonga und auf die Marquesas entsandte. Das Unternehmen schlug fehl, und erst eine zweite Gruppe konnte sich 1801 auf Tahiti etablieren. Außer beim Erlernen der Sprache und der Arbeit an der Bibelübersetzung war der Bekehrungserfolg zunächst bescheiden. Der Durchbruch gelang 1819 mit der Taufe König Pōmares' II., die für die Bevölkerung Signalwirkung hatte. Die Zahl der *pure atua*, d.h. „Verehrer Gottes“, wie sich die neuen Christen auf Tahiti nannten, wuchs nun schnell, und tahitische Katecheten waren bald in ganz Polynesien und darüber

Polynesien und Nachbargebiete

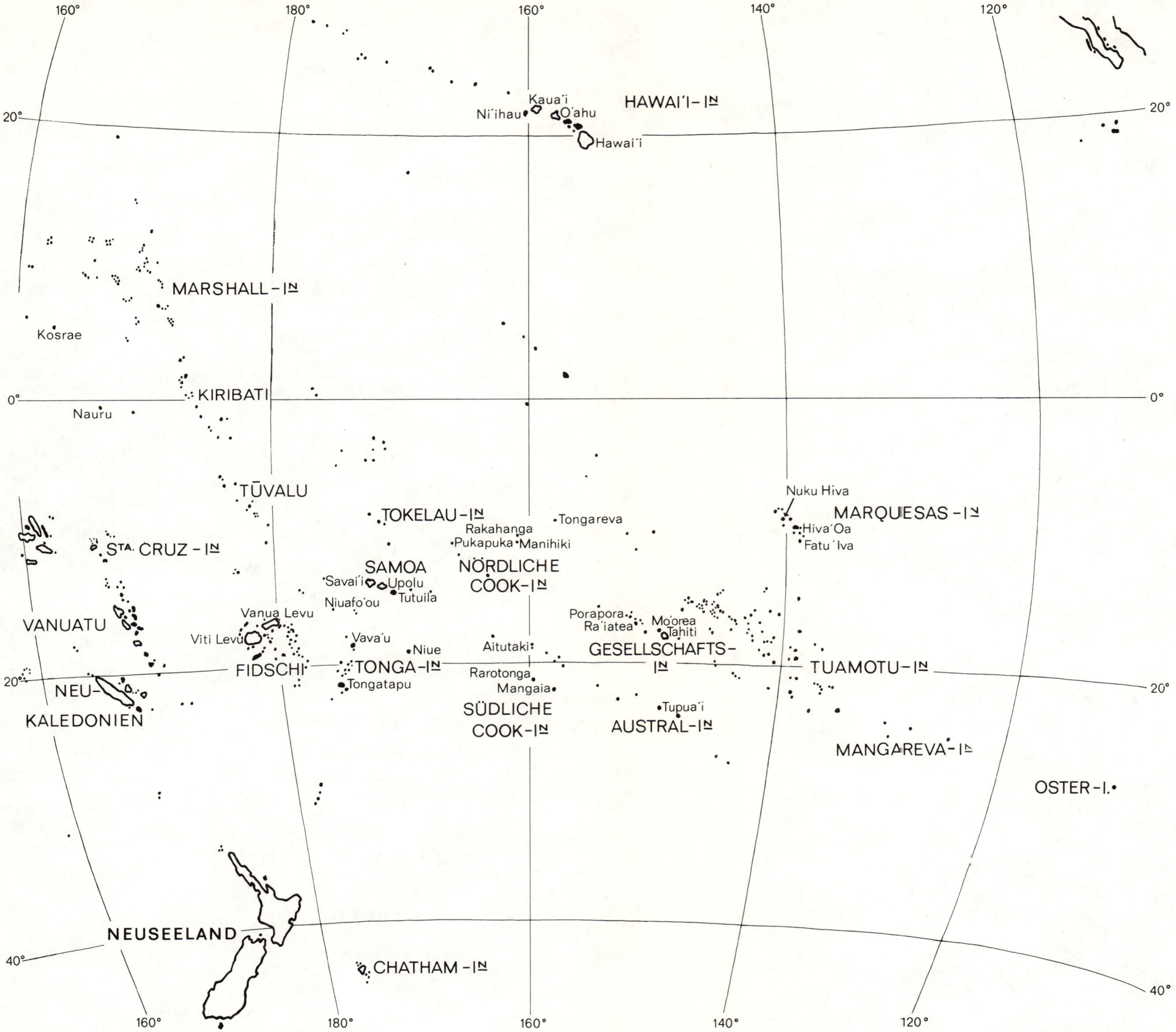

Neuzeichnung nach: Gerd Koch, Südsee. Führer durch die Ausstellung der Abteilung Südsee, Museum für Völkerkunde Berlin, Berlin 1969 (Faltkarte nach S. 152)

hinaus aktiv. Mit Verstärkung aus England war 1817 John Williams (1769–1839) auf Tahiti gelandet, der mit dem Missionsschiff „Messenger of Peace" und mit Hilfe tahitischer Katecheten von Rarotonga aus Westpolynesien missionierte. 1830 gelangte er über Tonga nach Samoa, wo er Malietoa Vainu'upō, einen der ranghöchsten Häuptlinge, bekehrte, was auch hier einen großen Zulauf für die Mission zur Folge hatte. Aufgrund einer informellen Absprache mit den seit 1822 in Tonga etablierten methodistischen Missionaren aus Neuseeland monopolisierte die *London Missionary Society* zunächst die Samoamission, während die Methodisten ihre Aktivitäten auf Tonga und Fidschi beschränkten. Dieses Übereinkommen wurde indessen nie formalisiert, so daß ab 1839 beide Missionen in Samoa offen miteinander konkurrierten. Im Jahr 1857 erhielt die methodistische Mission Samoas einen neuen Impuls von →Australien, der ihre Anhängerschaft zu einer starken Minorität werden ließ. Die Tatsache, daß der Methodismus seine Basis in Tonga hatte, trug ihm in Samoa den Namen *lotu Toga* (tonganische Kirche) ein, während der von Tahiti ausgegangene →Kongregationalismus als *lotu Ta'iti* (tahitische Kirche) bezeichnet wurde. Ab 1843, dem Jahr der Errichtung des französischen Protektorats, begann die *Société des Missions Evangéliques de Paris* ihre Arbeit in Französisch Polynesien und löste bis 1886 die *London Missionary Society* ab. Hawai'i wurde seit 1820 vom *American Board of Commissioners for Foreign Missions*, einer Gründung von Kongregationalisten und →Presbyterianern mit Sitz in Boston, die eng mit der *London Missionary Society* kooperierte, missioniert. Die Christianisierung machte so schnelle Fortschritte, daß bereits 1851 eine *Hawaiian Missionary Society* gegründet und die protestantische *Hawaiian Church* 1852 unabhängig wurde. Schon seit dem 19. Jh. gab es protestantische Colleges in Lahaina Luna auf Maui (Hawai'i), Takamoa auf Rarotonga und Malua auf Upolu (Samoa), in denen Polynesier zu Missionaren für ganz Ozeanien ausgebildet wurden.

Die katholische Mission hatte sich in ganz Polynesien gegen den Widerstand der bereits etablierten Protestanten durchzusetzen. Die Missionare der *Congrégation des Sacrés Cœurs de Marie et Jésus* oder *de Picpus* arbeiteten seit 1834 von Mangareva aus in ganz Ostpolynesien, von Hawai'i im Norden bis zur Osterinsel im Südosten. Seit 1833 war dieses Gebiet Bistum, das 1844 und 1848 in die Bistümer Hawai'i, Marquesas und Tahiti aufgeteilt wurde. In Westpolynesien übernahmen die Patres der *Société de Marie* die Mission, die von Wallis und Futuna, dem seit 1843 ältesten Bistum der Region, aus nach Samoa, Tonga, Tūvalu und Fidschi gingen und gleichzeitig unter den neuseeländischen Maori missionierten. Abgesehen von Wallis und Futuna, den Marquesas, Mangareva und der Osterinsel, die fast vollständig katholisch sind, sind die aus der *London Missionary Society* hervorgegangenen, heute unabhängigen protestantischen Kirchen überall vorherrschend. Neben den drei großen Kirchen, der römisch-katholischen, der kongregationalistischen und der methodistischen, gibt es, zum Teil schon seit dem vorigen Jahrhundert, fast überall mehr oder weniger bedeutende adventistische (→Adventisten) und mormonische (→Mormonen) sowie in den englisch beeinflußten Gebieten auch anglikanische Kirchen (→Anglikanische [Kirchen-]Gemeinschaft). Alle katholischen Bistümer Polynesiens gehören der *Episcopal Conference of the Pacific* an, die ihrerseits mit der protestantischen *Bible Society of the South Pacific* kooperiert und seit 1976 Vollmitglied der ökumenischen *Pacific Conference of Churches* ist.

Die schnelle und relativ reibungslose Christianisierung Polynesiens sowie die Vielfalt christlicher Denominationen auf engem Raum ist auf dem Hintergrund des traditionellen religiösen Utilitarismus und Partikularismus der Polynesier verständlich. Alle Deszendenzgruppen hatten ihre *atua*, *aitu* etc., die sie bis zum Beweis des Gegenteils für die *mana*-trächtigsten, d.h. effizientesten hielten. In dieses System ließen sich die verschiedenen „Christentümer" leicht integrieren, und das um so mehr, als die Mission auf die alten polynesischen Termini angewiesen war. Der biblische Gott, dessen *mana* angesichts der Fähigkeiten und materiellen Güter seiner „Angehörigen" evident war, heißt Atua ('Atua, Akua, 'Etua) und nur auf Rotuma 'Ạitu. Die Charakterisierung des polynesischen

Christentums durch Missionare und deren Gegner als synkretistisch (→Synkretismus) muß deshalb als realistisch gelten.

Synkretistisch war die Bewegung, die 1826 um die Diakone der *London Missionary Society*, Teau (Teao) und Hue, auf Tahiti entstand und unter dem denunziatorischen Namen Mamaia, d.h. „faule Frucht“, bekannt wurde. Sie war gegen die Mission gerichtet, und ihre Propheten behaupteten, Visionen zu haben vom Heiligen Geist, von Maria, Jesus und anderen Heiligen, aber auch von ʻOro und Tāne besessen zu sein und deren Willen zu verkünden. Die Bewegung war nativistisch, orgiastisch, chiliastisch und hatte Cargokultcharakter. Nach der Verbannung ihrer Anhänger auf die Inseln Raʻiātea und Maupiti und dem Tod von Teau endete sie 1841.

Der Samoaner Siovili (Siō Vili = Joe Gimlet), der während eines Aufenthaltes auf Tahiti von der Mamaia-Bewegung beeinflußt worden sein soll, initiierte 1829/30 in Samoa eine ähnliche Bewegung, die schnell Zulauf erhielt. Jehova und Christus standen im Mittelpunkt des Kultes, bei dem Bücher als Paraphernalia eine wichtige Rolle spielten. Man baute Kapellen und hielt Gottesdienste ab. Siovili u.a., vor allem Frauen, glaubten, von Jesus besessen, seine „Gefäße“ (*vaʻa*) zu sein und göttliche Botschaften zu verkünden. Wegen des dabei häufig praktizierten Bauchredens wurde die Bewegung auch *lotu manava* (Bauchreligion) genannt. Gegen die Verbote der Missionare revitalisierten sie traditionelle Bräuche, praktizierten Wunderheilungen, bei denen auch Jesus durch Handauflegen mitwirkte, und prophezeiten mehrfach die Wiederkehr des Messias. Unter der Voraussetzung, daß alle Nahrungsmittel vernichtet würden, sollte sein Erscheinen mit Überfluß an Gütern aller Art einhergehen. Die Bewegung, die zeitweise eine Anhängerschaft von 5.000 bis 6.000 oder 20% der Bevölkerung hatte, endete 1864 nach dem Tod der letzten Prophetin.

Gegen die sich etablierende weiße Vorherrschaft und die Mission gerichtete nativistische Bewegungen dieser Art entstanden auch unter den Maori Neuseelands, die mehrere Jahrzehnte um ihr Land und ihre Freiheit kämpften. Im Jahr 1833 enstand unter der charismatischen Führung des Propheten Te Atua Wera („The Burning God“) die Papahurihia oder Nakahi genannte Bewegung, die auch als *whiwhio* (pfeifen) oder „Whistling Ghost Cult“ bezeichnet wurde und in der christliche und vorchristliche Elemente miteinander verbunden waren. Der Name Papahurihia wurde interpretiert als „one who relates wonders“ (wahrscheinlich von *papa* = „Seher“, „Medium“ und *huri* = „drehen“, „wenden“; also eigentlich: gedrehter, gewendeter Seher) und von den Missionaren unterschiedslos für den Propheten und den verehrten Gott verwendet. *Nakahi* ist die Transliteration des hebräischen *nāḥaš* (Schlange) der Genesis, die Te Atua Wera in einer Vision erschien und verlangte, verehrt zu werden. Das Pfeifen war nach der Tradition der Maori die gewöhnliche Kommunikationsform der Totengeister mit den Lebenden, und Te Atua Wera behauptete, auf diese Weise Botschaften von Totengeistern zu erhalten.

Die Hauhau- oder Pai Marire-Bewegung während der Kriege der 60er und 70er Jahre des 19. Jh. übernahm ihren Geist und ihre Rituale. Der Name Hauhau war der Schrei der Krieger, wenn sie mit erhobener Hand (*ringa tū*), um die feindlichen Kugeln zu fangen, vorwärtsstürmten, während Pai Marire (*pai* = „gut“, *marire* = „friedlich“) Epitheta des christlichen Gottes, Atua, sind. *Ringatū*, d.h. „erhobene Hand“, wurde auch der Name einer von dem Maori Te Kooti Rikirangi vor 1870, während seiner Verbannung auf den Chatham-Inseln, gegründeten und noch heute bestehenden Maorikirche.

Literatur

Martha Warren Beckwith (Hg.), Kepelino's Traditions of Hawaii, Honolulu 1932 (Bernice P. Bishop Museum Bull. 95); repr. New York 1978. – Elsdon Best, The Maori School of Learning. Its Objects, Methods, and Ceremonial, Wellington, Neuseeland 1974 (Dominion Museum Monograph 6). – Annette Bierbach/Horst Cain, Makemake from Hiva to Rapa Nui. An Attempt to Shed New Light on the Old Topic of the Origin of Rapa Nui Culture: BaA NF 36 (1988) 399–454. – Dies., Religion and Language of Easter Island. An Ethnolinguistic Analysis of Religious Key Words of Rapa Nui in their Austronesian Context, 1996 (BaA.B NF 9). – Peter H. Buck (Te Rangi Hiroa), Ethnology of Mangareva, Honolulu 1938 (Bernice P. Bishop Museum Bull. 157); repr. New York 1971. – Ders., Anthropology and Religion. Ferrey Lectures at Yale Univ., New Haven 1939. – Horst Cain, Aitu. Eine Unters. zur autochthonen Religion der Samoaner, Wiesbaden 1979. – Otto Dempwolff, Vergleichende Lautlehre des austronesischen Wortschatzes. III. Austronesisches Wörterverz., 1938 (ZES.B 19); Nachdr. Nendeln, Liechtenstein 1969. – Raymond Firth, The Analysis of Mana. An Empirical Approach: JPS 49 (1940) 483–510. – Ders., Rank and Religion in Tikopia. A Study in Polynesian Paganism and Conversion to Christianity, London 1970. – John Garrett, To Live Among the Stars. Christian Origins in Oceania, Suva/Genf 1982. – Ders., Footsteps in the Sea. Christianity in Oceania to World War II, Suva/Genf 1992. – Edward Winslow Gifford (Hg.), Tongan Myths and Tales, Honolulu 1924 (Bernice P. Bishop Museum Bull. 8 = Bayard Dominick Expedition Publ. 8); repr. New York 1971. – Ders. (Hg.), Tongan Society, Honolulu

1929 (Bernice P. Bishop Museum Bull. 61 = Bayard Dominick Expedition Publ. 16); repr. New York 1971. – William Wyatt Gill, Myths and Songs from the South Pacific, London 1876. – Irving Goldman, Ancient Polynesian Society, Chicago/London 1970. – Edward Smith Craighill Handy, The Native Culture in the Marquesas, Honolulu 1923 (Bernice P. Bishop Museum Bull. 9 = Bayard Dominick Expedition Publ. 9); repr. Millwood, N.Y. 1986. – Ders., Polynesian Religion, Honolulu 1927 (Bernice P. Bishop Museum Bull. 34 = Bayard Dominick Expedition Publ. 12); repr. New York 1971. – Paul Hodée, Tahiti 1834–1984. 150 Ans de Vie Chrétienne en Église. Archevêché de Pape'ete, Tahiti, Paris/Fribourg 1983. – Walter G. Ivens, The Polynesian Word Atua. Its Derivation and Use: Man 24 (1924) Nr. 86: 114–116; Nr. 101: 133–136; Nr. 111: 146f. – Augustin Krämer, Die Samoa-Inseln. Entwurf einer Monographie mit besonderer Berücksichtigung Dt.-Samoas, 2 Bde., Stuttgart 1902–1903. – David Malo, Hawaiian Antiquities (Mo'olelo Hawaii). Transl. from the Hawaiian by Dr. Nathaniel B. Emerson (1898), Honolulu 1951 (Bernice P. Bishop Museum Special Publ. 2); repr. ebd. 1971. – Alfred Métraux, Ethnology of Easter Island, Honolulu 1940 (Bernice P. Bishop Museum Bull. 160). – Torben Monberg, Bellona Island Beliefs and Rituals, Honolulu 1991 (Pacific Islands Monograph Ser. 9). – Friedrich Max Müller, Vorl. über den Ursprung u. die Entwickelung der Religion ..., Straßburg 1880. – Hans Nevermann, Götter der Südsee. Die Religion der Polynesier, Stuttgart 1947. – Ders./Ernest A. Worms/Helmut Petri, Die Religionen der Südsee u. Australiens, 1968 (RM 5/2). – Douglas L. Oliver, Ancient Tahitian Society, 3 Bde., Canberra 1974. – Johansen J. Prytz, The Maori and his Religion in its non-Ritualistic Aspects, Kopenhagen 1954. – Wilhelm Schmidt, Der Ursprung der Gottesidee, 12 Bde., Münster 1912–1955. – Nathan Söderblom, Das Werden des Gottesglaubens. Unters. über die Anfänge der Religion, Leipzig 1916. – John B. Stair, Old Samoa; or Flotsam and Jetsam from the Pacific Ocean, London 1897. – Frank J. Stimson, Tuamotuan Religion, Honolulu 1933 (Bernice P. Bishop Museum Bull. 103); repr. New York 1971. – George Turner, Samoa a Hundred Years Ago and Long Before. Together with Notes on the Cults and Customs of Twenty-Three other Islands in the Pacific, London 1884. – Robert W. Williamson, The Religious and Cosmic Beliefs of Central Polynesia, 2 Bde., Cambridge 1933. – Ders., Religion and Social Organization in Central Polynesia, ed. by Ralph Piddington, Cambridge 1937.

Annette Bierbach/Horst Cain

Polytheismus

1. Allgemeine Bedeutung und Geschichte des Begriffes 2. Der Polytheismus-Begriff in der neueren religionsgeschichtlichen Forschung 3. Zusammenfassung (Literatur S. 39)

1. Allgemeine Bedeutung und Geschichte des Begriffes

Der Begriff Polytheismus wird im allgemeinen als Gegenbegriff zu →Monotheismus verstanden und bezeichnet dann jede Religion, in der nicht ein einziger Gott, sondern viele Götter Gegenstand des Glaubens und der Verehrung sind. Diese einfache Gegenüberstellung hat sich aber in einigen Bereichen der Religionsgeschichte als problematisch erwiesen. Denn die Ideen der Einheit und Vielheit des Göttlichen können sich in komplizierter Weise miteinander verbinden, wie z. B. in der ägyptischen Religion (→Ägypten I), so daß die Unterscheidung zwischen Polytheismus und Monotheismus in einzelnen Fällen schwierig ist und umstritten bleibt. Außerdem bedarf der Gottesbegriff, der in dem gemeinsamen Bestandteil „-theismus" vorausgesetzt wird, einer Klärung. A. Brelich hat auf den Unterschied zwischen den Gottesvorstellungen der griechischen Religion und des Christentums hingewiesen und festgestellt, daß ein einziger Terminus „Gott" gebraucht wird, „um zwei gänzlich verschiedene Ideen damit zu bezeichnen" (Brelich 125). Die Problematik der Begrifflichkeit zeigt sich besonders deutlich bei der Übertragung auf nichteuropäische – wie z. B. afrikanische – Religionen. Denn der Polytheismus-Begriff ist aus der christlich-abendländischen Tradition in die religionswissenschaftliche Terminologie übernommen worden.

In der frühchristlichen Literatur wird der Begriff Polytheismus dazu verwendet, die heidnischen Religionen abwertend zu beschreiben (z. B. Pseudo-Justin, coh. gr. 21). Origenes hat die negative Wertung der polytheistischen Religionen besonders scharf formuliert, wenn er von „atheistischem Polytheismus" oder auch „polytheistischem Atheismus" spricht (Origenes, Cels. I,1; III,73; mart. 32; vgl. auch Athanasius, gent. 38). Die Herkunft des Polytheismus-Begriffes aus der christlich-abendländischen Tradition ist in dem neuzeitlichen Sprachgebrauch noch zu erkennen. Im Kontext umfassender Religionstheorien wird der Polytheismus oft als eine niedrige Stufe der religiösen Entwicklung betrachtet, sei es als eine Vorstufe zum Monotheismus, sei es als eine Entartung des Monotheismus.

David →Hume hat in seiner *Naturgeschichte der Religion* die Behauptung aufgestellt, daß „der Polytheismus oder der Götzendienst die erste und allerälteste Religion der Menschheit war und notwendigerweise sein mußte" (Hume 2). Es erscheint ihm ganz abwegig, die Vorstellung eines vollkommenen Wesens – den →Theismus – an den Anfang der Entwicklung zu stellen. Polytheismus gilt ihm als die erste Religion „der noch unwissenden Menschheit" (ebd. 6). Beim Vergleich zwischen Polytheismus und Theismus stellt Hume allerdings auch einige Vorzüge des Polytheismus fest, z. B. im Hinblick auf die Toleranz gegenüber anderen Göttern und Religionen (ebd. 36f.). Humes Auffassung, daß der Polytheismus am Anfang der Religionsgeschichte stehe, ist schon im 18. Jh. bestritten worden, z. B. von →Voltaire in dem Artikel „Religion" seines *Dictionnaire philosophique*. Im 19. Jh. hat sich z. B. →Schelling in seiner *Philosophie der Mythologie* kritisch mit Hume auseinandergesetzt (Schelling 69–83).

Die Auffassung, daß der Monotheismus am Anfang der Religionsgeschichte steht, ist im 20. Jh. von Pater W. Schmidt vertreten worden (Schmidt 254f.). Seine Urmonotheismus-Theorie, die als eine Antithese zu den evolutionistischen Religionstheorien des 19. Jh. konzipiert war, hat in der Religionswissenschaft allerdings viel Kritik hervorgerufen (vgl. Mühlmann 706; Lanczkowski 396f.). R. →Pettazzoni hat zwar auch die evolutionistischen Religionstheorien abgelehnt: „Der Monotheismus ist kein Gebilde der Evolution, sondern der Revolution" (Pettazzoni 117). Damit hat er sich aber zugleich gegen die Urmonotheismus-Theorie Schmidts gewandt: als „Verneinung des Polytheismus" kann der Monotheismus „nicht die erste Religionsform gewesen sein" (ebd.). Der Widerspruch gegen die evolutionistischen Religionstheorien findet sich auch in der →Religionsphänomenologie. So betrachtet z. B. G. van der →Leeuw den Polytheismus als eine zeitlose Struktur, nicht als ein Durchgangsstadium in der Entwicklung des Gottesglaubens (van der Leeuw 152f.164f.).

2. Der Polytheismus-Begriff in der neueren religionsgeschichtlichen Forschung

2.1 Griechische Religion. Die griechische Religion, vor allem die olympische Götterfamilie der homerischen Dichtungen, ist das bekannteste Beispiel eines polytheistischen Systems (vgl. van der Leeuw 158; Bianchi 57). Die „Vielgötterei der griechischen Religion" ist W.F. Otto zufolge allerdings kein Gegensatz zum Monotheismus, sondern „vielleicht seine geistreichste Form" (W.F. Otto 75). Otto beschreibt die „Einheit des göttlichen Reiches unter Zeus, der als König und Vater alles in sich zusammenfaßt", und unterscheidet sie von der monotheistischen Alleinherrschaft, „die um sich herum nur Diener und Beauftragte hat" (ebd. 77). W. Burkert hat die griechische Religion der klassischen Epoche ohne Einschränkungen als „polytheistisch" bezeichnet und sowohl die Problematik als auch die Chance des Polytheismus hervorgehoben (Burkert 331f.374). Die Problematik liegt Burkert zufolge darin, daß der Polytheismus prinzipielle Schwierigkeiten hat, „eine moralische Weltordnung von den Göttern her zu legitimieren" (ebd. 374). Diese Problematik des Polytheismus ist vielleicht besonders deutlich in einem Dialog →Platos zu erkennen: die Definition des Frommen als „das, was den Göttern lieb ist", stößt schon deshalb auf Schwierigkeiten, weil es Uneinigkeit unter den Göttern gibt (Plato, Euthphr. 7–8). Die Chance des Polytheismus liegt Burkert zufolge darin, „vielfältige Wirklichkeit in sich aufzunehmen, ohne Widersprüchen aus dem Weg zu gehen" (Burkert 374). Diese Möglichkeit, die der Polytheismus bietet, ist vielleicht besonders deutlich in einer Tragödie des Euripides zu erkennen: durch seine einseitige

Verehrung der Artemis hat Hippolyt den Zorn Aphrodites hervorgerufen und damit seinen Untergang heraufbeschworen.

J.P. Kenney sieht bereits im homerischen Polytheismus die ersten Ansatzpunkte einer theologischen Reflexion, die zum Gedanken der Einheit des Göttlichen führt. Er verfolgt diese Entwicklung über die Vorsokratiker, Plato und →Aristoteles bis zur Entstehung des griechischen Monotheismus, den er bei →Plotin vollendet sieht (Kenney 273–289). Kenney bezeichnet diesen griechischen Monotheismus, der mit kultischem Polytheismus vereinbar ist, als „inklusiv" und unterscheidet ihn damit von dem exklusiven Monotheismus der jüdisch-christlichen Tradition (ebd. 271.289).

2.2. Ägyptische Religion. Die ägyptische Religion gilt „seit alters auf Grund der Vielgestaltigkeit ihrer Götter und der Unerschöpflichkeit ihrer Götternamen als beispielhaft für eine polytheistische Religion" (E. Otto, Tendenzen 99; vgl. te Velde 239). Ein Blick auf die ältere Forschungsgeschichte zeigt aber, daß es immer wieder Versuche gegeben hat, die ägyptische Religion allem Augenschein zum Trotz als monotheistisch zu deuten (vgl. Hornung 4–16). E. Otto erkennt in der ägyptischen Religion zumindest einige Ansatzpunkte zur Entwicklung monotheistischer Gedanken, z. B. in den Vorstellungen vom Herrschergott und vom Schöpfergott (E. Otto, Tendenzen 102f.). In der Aton-Religion Echnatons sieht er den Übergang zu einem dogmatischen Monotheismus vollzogen. Das Besondere dieses theologischen Ansatzes, der sich in Ägypten nicht durchsetzen konnte, ist die Unduldsamkeit gegenüber anderen Göttern und das prophetische Selbstbewußtsein Echnatons (ebd. 109f.). Otto hat die ägyptische Religion aufs ganze gesehen als „polytheistisch" bezeichnet und die Ordnungssysteme ihrer Götterwelt analysiert – z. B. soziale und lokale Ordnungssysteme (E. Otto, Polytheismus 260–269).

S. Morenz untersucht das ägyptische „Glaubensdenken", das es mit dem „Problem der Spannung von Einheit und Vielheit" zu tun hat und das zur Lösung dieses Problems u.a. verschiedene Trinitäten konstruiert hat (Morenz 154). Das bekannteste Beispiel findet sich im *Leidener Amun-Hymnus*, in dem von den Göttern Amun, Re und Ptah die Rede ist, und zwar abwechselnd im Plural als von drei Göttern und im Singular als von einem Gott (vgl. ebd. 151). Morenz kommt zu dem Ergebnis, „daß das eine Göttliche hinter der Gestaltenfülle des Pantheon mit wachsender Stärke erlebt wurde" (ebd. 156). Er vermeidet es aber, dieses Ergebnis der begrifflichen Alternative „Polytheismus/Monotheismus" zuzuordnen.

E. Hornung hat seine Deutung der ägyptischen Gottesvorstellungen ganz unter das Thema *Der Eine und die Vielen* gestellt. Die Konzentration auf einen einzigen Gott bezeichnet er als „Henotheismus" oder „Monolatrie" (Hornung 233). Hornung deutet das Nebeneinander des Einen und der Vielen, das für die ägyptische Religion charakteristisch zu sein scheint, mit Hilfe des aus der Physik übernommenen Begriffes der „Komplementarität" (ebd. 249; vgl. Berner, Überlegungen). Den Ansatz Echnatons beschreibt Hornung – im Sinne Pettazzonis – als eine Revolution des Denkens, die „Henotheismus oder Monolatrie in Monotheismus übergehen" läßt (Hornung 240). Wie Hornung greift auch H. Brunner auf die Begriffe „Henotheismus" und „Monolatrie" zurück, um die „vorübergehend ausschließliche Verehrung eines Gottes" zu beschreiben (Brunner, Religion 34). Er betrachtet den Monotheismus Echnatons ebenfalls als ein Ausnahmephänomen im altägyptischen Polytheismus (ebd. 35).

J. Assmann hält daran fest, die ägyptische Religion als „polytheistisch" zu beschreiben. Er betont aber die Komplexität des Polytheismus und bestreitet, daß „der Begriff ‚Gott' in einem umfassenden, über die ‚Götter' hinausgehenden Sinne" nur in monotheistischen Religionen vorkomme (Assmann, Theologie 19). Um dieser Komplexität des Polytheismus gerecht zu werden, unterscheidet er zwischen „impliziter" und „expliziter" Theologie in der ägyptischen Religion – die eine hat es mit den Göttern, die andere mit Gott zu tun (ebd. 19f.). Außerdem unterscheidet er zwischen dem revolutionären Monotheismus Echnatons und dem evolutionären Monotheismus der Ramessidenzeit – letzterer vermittelt durch den Gedanken der Verborgenheit „zwischen Vielheit und Einheit, dem manifesten Polytheismus und dem untergründigen Monotheismus" (Assmann, Spannung 81).

2.3. Afrikanische Religionen. E.G. Parrinder hat sich dafür eingesetzt, den Begriff „Polytheismus" auch auf die Religionen Afrikas (→Afrika III), besonders Westafrikas, anzuwenden und damit ältere Begriffe, wie z. B. „Animismus" oder „→Fetischismus", zu ersetzen (Parrinder, Religion 24; ders., Beliefs 226). Die afrikanischen Religionen sollen damit den bekannten polytheistischen Religionen Griechenlands, Ägyptens und Indiens vergleichbar gemacht werden (Parrinder, Religion 44). Denn der Polytheismus wird meistens nur den gesellschaftlich stark differenzierten Hochkulturen zugeordnet (vgl. Stolz 148f.). Z. Werblowsky hat allerdings auch die westafrikanischen Yoruba-Königreiche zu diesen Hochkulturen gerechnet und die Yoruba-Religion als „polytheistisch" eingeordnet (Werblowsky 436f.).

Parrinder beschreibt den Polytheismus der westafrikanischen Religionen als ein Pantheon von Naturgottheiten (Parrinder, Religion 44–54). Die Tatsache, daß es in vielen afrikanischen Religionen, wie z. B. in der Yoruba-Religion, ein höchstes Wesen gibt, von dem alle anderen Mächte abhängig sind, ist für ihn kein ausreichendes Kriterium, von einem „Monotheismus" der afrikanischen Religionen zu sprechen (ebd. 26). Einige afrikanische Forscher haben aber gerade auf dieser Forderung insistiert, die afrikanischen Religionen als „monotheistisch" zu bezeichnen. E.B. Idowu hat die Auffassung vertreten, die Vorherrschaft des höchsten Gottes sei so stark ausgeprägt, daß die Bezeichnung „Polytheismus" nicht mehr zutreffend sei (Idowu 168). Er ist allerdings bereit, den Monotheismus-Begriff etwas zu modifizieren und von einem „diffusen" oder „impliziten Monotheismus" zu sprechen (ebd. 135f.). Idowu hat seine Interpretation am Beispiel der Yoruba-Religion entwickelt, also gerade an jener afrikanischen Religion, die von Parrinder als polytheistisch beschrieben wird (Parrinder, Beliefs 226.236).

E. Ikenga-Metuh geht in seiner Darstellung von einer Untersuchung der Igbo-Religion aus. Er unterscheidet zwischen *God*, *deities* und *spirit-forces* und kommt zu dem Ergebnis, daß es in den afrikanischen Religionen den Glauben an einen Gott gibt, dem viele göttliche Wesen dienen. Diese göttlichen Wesen sollten aber nicht als „Götter" bezeichnet werden, da sie von dem einen Gott geschaffen und ihm untergeordnet seien (Ikenga-Metuh, God 81f.). Im Unterschied zu Idowu bezweifelt Ikenga-Metuh, daß die europäischen Begriffe „Polytheismus" und „Monotheismus" überhaupt auf die afrikanischen Religionen anwendbar sind (ebd. 60.82). Er hat deshalb vorgeschlagen, die Vorstellung, daß es ein höchstes Wesen gibt, das seine Macht auf eine Hierarchie untergeordneter geistiger Wesen verteilt, einfach als „afrikanischen Theismus" zu bezeichnen (Ikenga-Metuh, Studies 121; vgl. Berner, Gottesvorstellungen [1994]).

3. Zusammenfassung

U. Bianchi sieht das eigentliche Merkmal des Polytheismus darin, daß die Götter in einem Gegensatz zueinander stehen können. Zugleich weist er aber darauf hin, daß dieses Merkmal „gar nicht so sehr oft voll verwirklicht" ist (Bianchi 57). Aus dieser Beobachtung läßt sich die Folgerung ableiten, daß das Motiv der Spannung in der Götterwelt wichtiger sein könnte als die Vielzahl der Götter als solche. Die Fähigkeit des Polytheismus, die in der Welt erfahrbaren Widersprüche von den Spannungen in der Götterwelt her zu erklären, ist vereinzelt auch als Vorteil des Polytheismus oder sogar als sein Wahrheitsgehalt betrachtet worden. A.H. Armstrong sieht den Vorteil des griechischen Polytheismus – im Vergleich zu einem einfachen Monotheismus – eben in diesem Realitätsbezug („extraordinary clear-sightedness") (Armstrong 183f.). H. Brunner hat den Vorteil des ägyptischen Polytheismus – im Vergleich zum Monotheismus Echnatons – ebenfalls in seinem Realitätsbezug gesehen, und er hat darüber hinaus sogar vom „Wahrheitsgehalt des Polytheismus" gesprochen (Brunner, Wesen 609). Im Rahmen einer religionsgeschichtlichen Betrachtung erscheint jedenfalls die These vertretbar, daß die Unterscheidung zwischen „Monotheismus“ und „Polytheismus“ durch die davon unabhängige Unterscheidung zwischen „monotheletischen“ und „polytheletischen“ Systemen ergänzt werden müßte (vgl. Berner, Gottesvorstellungen [1980]). Auf diese Weise würde die Frage in den Mittelpunkt gerückt, ob es eine oder mehrere Willensrichtungen in der Götterwelt gibt.

Literatur

Arthur Hilary Armstrong, Some Advantages of Polytheism: Dionysius 5 (1981) 181–188 = ders., Hellenic and Christian Studies, Aldershot 1990 (CStS 324) I. – Jan Assmann, Ägypten. Theol. u. Frömmigkeit einer frühen Hochkultur, Stuttgart 1984. – Ders., Zur Spannung zw. Poly- u. Monotheismus im alten Ägypten: BiKi 49 (1994) 78–82. – Ulrich Berner, Überlegungen zur Übertragbarkeit des Komplementaritäts-Begriffes auf äg. Gottesvorstellungen: GöMisz 20 (1976) 59–71. – Ders., Trinitarische Gottesvorstellungen im Kontext theistischer Systembildungen: Saec. 31 (1980) 93–111. – Ders., Afrikanische Gottesvorstellungen. Methodische Probleme bei der Erforschung afrikanischer Religionen: Gnosisforschung u. Religionsgesch. FS f. Kurt Rudolph, hg. v. Holger Preißler/Hubert Seiwert, Marburg 1994, 367–377. – Ugo Bianchi, Probleme der Religionsgesch., Göttingen 1964. – Angelo Brelich, Der Polytheismus: Numen 7 (1960) 123–136. – Hellmut Brunner, Vom Wesen des Polytheismus u. seinem Wahrheitsgehalt: Univ. 29 (1974) 597–609. – Ders., Altäg. Religion. Grundzüge, Darmstadt 1983 ^{3}1989. – Walter Burkert, Griech. Religion der archaischen u. klassischen Epoche, 1977 (RM 15). – Erik Hornung, Der Eine u. die Vielen. Äg. Gottesvorstellungen, Darmstadt 1971. – David Hume, The Natural History of Religion: ders., The Philosophical Works, hg. v. Thomas Hill Green/Thomas Hodge Grose, London, IV 1882 = Aalen 1964, 309–363; dt.: Die Naturgesch. der Religion. Über Aberglaube u. Schwärmerei (u.a.), hg. v. Lothar Kreimendahl, Hamburg 1984 (PhB 341). – E. Bolaji Idowu, African Traditional Religion. A Definition, London 1973 ^{11}1982. – Emefie Ikenga-Metuh, God and Man in African Religion. A Case Study of the Igbo of Nigeria, London 1981. – Ders., Comparative Studies of African Traditional Religions, Onitsha 1987. – John Peter Kenney, Monotheistic and Polytheistic Elements in Classical Mediterranean Spirituality: Classical Mediterranean Spirituality, hg. v. Arthur Hilary Armstrong, New York 1986 (WoSp 15) 269–292. – Günter Lanczkowski, Forschungen zum Gottesglauben in der Religionsgesch.: Saec. 8 (1957) 392–403. – Gerardus van der Leeuw, Phänomenologie der Religion, 1933 (NTG). – Siegfried Morenz, Äg. Religion, 1960 (RM 8). – Wilhelm Emil Mühlmann, Das Problem des Urmonotheismus: ThLZ 78 (1953) 705–718. – Eberhard Otto, Monotheistische Tendenzen in der äg. Religion: WO 2 (1955) 99–110. – Ders., Altäg. Polytheismus. Eine Beschreibung: Saec. 14 (1963) 249–285. – Walter F. Otto, Theophania. Der Geist der altgriech. Religion, Frankfurt a.M. 1975 ^{2}1979. – E. Geoffrey Parrinder, Theistic Beliefs of the Yoruba and Ewe Peoples of West Africa: African Ideas of God. A Symposium, hg. v. Edwin W. Smith, London (1950) ^{3}1966, 224–240. – Ders., African Traditional Religion, London 1954 ^{4}1981. – Raffaele Pettazzoni, Der allwissende Gott. Zur Gesch. der Gottesidee, Frankfurt a.M./Hamburg 1960. – Friedrich Wilhelm Joseph Schelling, Phil. der Mythologie. I. Einl. in die Phil. der Mythologie (1856), Darmstadt 1990. – Wilhelm Schmidt, Hb. der vergleichenden Religionsgesch., Münster 1930. – Fritz Stolz, Monotheismus in Israel: Monotheismus im Alten Israel u. seiner Umwelt, hg. v. Othmar Keel, 1980 (BiBe 14) 143–189. – Herman te Velde, Relations and Conflicts between Egyptian Gods, Particularly in the Divine Ennead of Heliopolis: Struggles of Gods, hg. v. Hans G. Kippenberg, 1984 (RaR 31) 239–257. – Zwi Werblowsky, Art. Polytheism: EncRel(E) 11 (1987) 435–439.

Ulrich Berner

Pommern

1. Grundzüge pommerscher Geschichte 2. Pommern im Mittelalter 3. Von der Reformation bis zum Dreißigjährigen Krieg 4. Unter schwedischer und brandenburgisch-preußischer Herrschaft (1648–1815) 5. Die pommersche Kirche im 19. Jahrhundert und bis zum Ersten Weltkrieg 6. Die pommersche Kirche von 1918 bis 1945 7. Die pommersche Kirche nach 1945 (Bibliographien/Zeitschriften u. Sammelwerke/Quellen/Literatur S. 52)

1. Grundzüge pommerscher Geschichte

1.1. Begriff und Land Pommern. Pommern, seit etwa 1000 *Pomorje* = Land am Meer, geographisch Landschaft an der Ostsee, ein Ausschnitt aus dem Baltischen Landrücken und seiner Küstenabdachung, ist im Westen begrenzt durch die Recknitz, im Osten durch das Weichselgebiet (Pomerellen, Pomorze, Pommern; auch heute amtliche polnische Bezeichnung dieses Gebiets). Begünstigt durch die geographische Struktur (untere Oder als das Land natürlich aufteilender Strom) ergaben sich wiederholt Teilungen in Vor- und Hinterpommern mit zum Teil unterschiedlicher politischer und kirchengeschichtlicher Entwicklung beider Landesteile:

Vorpommern, das Gebiet westlich der unteren Oder mit den vorgelagerten Inseln Usedom und Rügen; Hinterpommern, das Gebiet östlich der unteren Oder mit der vorgelagerten Insel Wollin, heute einschließlich von Stettin (Szczecin) und einem brückenkopfartigen, sich bis zur Swine-Mündung erstreckenden, ehemals vorpommerschen Gebietsstreifen in der Folge des Zweiten Weltkrieges polnisch. Vorpommern ist seit der deutschen Wiedervereinigung östlicher Teil des Bundeslandes Mecklenburg-Vorpommern.

1.2. Grundzüge pommerscher Geschichte bis zur Mitte des 17. Jahrhunderts. Nach dem Abzug der im Lande ansässigen Germanen im Rahmen der Völkerwanderung rückten etwa vom 6. Jh. ab slawische Stämme in die freigewordenen bzw. nur noch von einer geringen germanischen Restbevölkerung bewohnten Gebiete nach. Die germanischen Reste wurden assimiliert. Im Spannungsfeld zwischen deutschen, dänischen und slawischen Interessen vollzog sich allmählich die Entwicklung von slawischen Stammesverbänden und die Ausbildung feudalistischer Strukturen. Im Osten (Pomerellen) kam das Geschlecht der Samboriden zur Herrschaft, im Westen das westslawische „Greifengeschlecht" (seit 1214 Greif im Wappen). Erster bedeutender Repräsentant war Herzog Wartislaw I. In der ersten Hälfte des 12. Jh. bestanden vier Herrschaftsgebiete, die dann ganz oder teilweise im späteren Herzogtum Pommern aufgingen: das Herzogtum (West-)Pommern, das Fürstentum Rügen, das Land Schlawe-Stolp (1127 von den Samboriden vereinnahmt) und das Herzogtum Pomerellen. Schlawe-Stolp und Rügen kamen 1316 bzw. 1325 unter die Herrschaft des Greifengeschlechts, nachdem sowohl die Samboriden als auch die Rügenfürsten ausgestorben waren. Zu dieser Zeit ging der Name „Pommern" auf ganz Pommern über. Das inzwischen an den Deutschen Orden (→Ritterorden) gefallene Gebiet der Samboriden wurde zu „Klein-Pommern" (Pomerellen). Verschiedene Landesteilungen hatten zur Folge, daß Pommern, mit Folgen für die geschichtliche und kulturelle Einheit des Landes (Ostpommern), vom Ende des 13. Jh. ab in zwei bzw. seit 1372 in drei Teilherzogtümern existierte. Keine dieser Aufteilungen besaß den Charakter von Erbteilungen. Um 1460 kam es unter Erich II. infolge des Aussterbens von Seitenlinien zur Vereinigung des gesamten, zeitweilig in fünf Teilherrschaften aufgegliederten Herzogtums. Sein Sohn Bogislaw X., der bedeutendste der Greifenherzöge, regierte seit 1479 fast fünfzig Jahre lang das Land als einheitliches Territorium, mit Ausnahme des in Hinterpommern entstandenen Bistums Kammin. Dieses besaß jedoch keine uneingeschränkte territoriale Eigenständigkeit. Im Jahre 1532 erfolgte eine abermalige Teilung des Landes: in das Herzogtum Pommern-Wolgast (Vorpommern) und das Herzogtum Pommern-Stettin (Mittel- und Hinterpommern). Sie währte bis 1625, als Bogislaw XIV. alleiniger Herrscher im Lande wurde. Mit ihm starb 1637 das Greifengeschlecht im Mannesstamme aus. Damit fand die Geschichte des Herzogtums Pommern ihr Ende.

2. Pommern im Mittelalter

2.1. Die Christianisierung Pommerns

Die in Pommern ansässigen Slawenstämme verehrten in Stammesheiligtümern offenbar personifizierte Naturkräfte als ihre Götter (→Slawische Religion). Kultbeschreibungen in frühmittelalterlichen Geschichtsquellen vermitteln kein klares Bild. Erste Christianisierungsversuche im 10. und 11. Jh. blieben ohne durchgreifenden Erfolg. Zu dauerhaften Ergebnissen führte erst das Bekehrungswerk Bischofs →Otto von Bamberg, der während zweier Missionsreisen (1124/25; 1128) Grundlagen für die Christianisierung von Teilgebieten Pommerns legte (Gründung von etwa zwölf Kirchen; Titel „Apostel der Pommern" nur mit Vorbehalten berechtigt). Sein Missionswerk, wahrscheinlich durch ein 1123 erfolgtes Ersuchen des Polenherzogs Boleslaw veranlaßt, von Papst Calixt II. genehmigt und von Kaiser Heinrichs V. Einverständnis begleitet, zielte nach zeitgenössischem Zeugnis auf gewaltlose Bekehrung. Die Zahlenangaben über Taufen unter den zum Teil abwartend, aber auch feindselig reagierenden Landesbewohnern sind durchweg kritisch zu werten, doch ist von Massentaufen auszugehen. Die zweite Reise diente der Festigung der gelegten Fundamente, zielte vor allem aber auf die Ausdehnung der Missionsarbeit in die bei der ersten Reise nicht berührten Gebiete Westpommerns (und der Insel Rügen?). Im Kontext der nach Osten gerichteten Politik Kaiser Lothars stützte Otto sich nun stärker auf das Deutschtum. Begünstigend wirkte Wartislaw I., der auf Grund seiner unter außenpolitischen Zwängen erfolgten und zugleich an der Stabilisierung der Feudalmacht orientierten Entscheidung für das Christentum Ottos Bemühungen (Annahme des Christentums durch die Edlen auf dem Landtag von Usedom vom 10. Juni 1128) unterstützte.

Eine Rügenreise erfolgte nicht. Die Bekehrung der dort ansässigen Ranen gelang erst dem Dänenkönig Waldemar (→Dänemark). Mit dem Fall der Tempelburg Arkona, der Zerstörung des Swantevit-Tempels und der Verbrennung des Götzenbildes (Juni 1168) war der Durchbruch zur Christianisierung der Insel erzielt. Papst →Alexander III. bestätigte 1169 die Unterstellung Rügens unter das Bistum Roskilde. Nach zeitweiliger Aufteilung zwischen den Bistümern Schwerin und Roskilde erfolgte 1180 die endgültige Zuordnung zum dänischen Bistum.

Der von →Bernhard von Clairvaux proklamierte Wendenkreuzzug unter Bischof Anselm von Havelberg (1147) gefährdete die Missionierung Pommerns. Die 1148 auf dem Fürstentag in Havelberg gegebene Zusicherung des Herzogs Ratibor, das Christentum in seinem Lande (Westpommern) zu schützen, ermöglichte, zugleich im Wirkungsfeld der von Bischof Berno von Schwerin etwa ab 1160 forcierten Missionierung seines Sprengels (→Mecklenburg), die allmähliche Christianisierung dieser noch überwiegend heidnischen Gebiete.

2.2. *Das Bistum Kammin*

Zur Errichtung eines pommerschen Bistums mit Sitz Wollin kam es erst 1140 durch Papst Innozenz II., nachdem Otto von Bamberg die Leitung der noch ungefestigten pommerschen Kirche bis zu seinem Tode (1139) in seiner Hand behalten hatte. Die Stiftungsbulle sagte eine unmittelbare Unterstellung unter den päpstlichen Stuhl nicht aus, das Bistum hatte aber in der Folgezeit trotz gegenläufiger Bestrebungen praktisch eine exemte Stellung (→Exemtion). Um 1176 wurde die Verlagerung des Bischofssitzes nach Kammin vorgenommen. Etwa gleichzeitig erfolgte die Aufrichtung eines →Domkapitels ohne Mitwahl-, Einspruchs- oder Bestätigungsrecht des Landesherrn bei der Bischofswahl. Durch die Pommernherzöge wurde die *ecclesia Camminensis* tatkräftig gefördert.

Trotz der in der Konfirmationsbulle vom 25. Februar 1188 zur Verlegung des Bistums nach Kammin ausdrücklich ausgesprochenen Exemtion unternahmen die Erzbistümer Magdeburg und Gnesen wiederholte Versuche, die Unterstellung Kammins unter ihre Hoheit zu erreichen. Mit den Bistümern Schwerin und →Brandenburg kam es mehrfach zu Spannungen und Auseinandersetzungen um die Diözesangrenzen. Unter vielen Schwierigkeiten gelang es den Bischöfen, „mit Klugheit und Geschick Unabhängigkeit und Bestand ihres Sprengels zu verteidigen" (Heyden, Kirchengeschichte I, 39) und das Bistum wirtschaftlich und als politischen Faktor zu konsolidieren. Folgerichtig entstand seit etwa 1240 ein landesfürstliches (bischöfliches) Territorium im mittleren Hinterpommern, das Stadt und Land Kammin jedoch nur kurzzeitig (1321–1355) miteinbegriff. Die Verfassung des Stiftsgebietes glich der weltlicher Territorien. Bistum und Stiftsgebiet bestanden bis über die Reformationszeit hinaus, nachdem 1534/35 der Versuch der Landesherren gescheitert war, Bischof und Stift in die reformatorische Kirche einzugliedern. Der letzte katholische Bischof, Erasmus von Manteuffel, starb im Januar 1544. Der zum Nachfolger gewählte Wittenberger Stadtpfarrer und Reformator von Pommern, J. →Bugenhagen, zog seine zunächst gegebene Zusage zurück. Nach zwei unbefriedigenden Besetzungen fungierten ab 1556 Angehörige des Herzogshauses als Titularbischöfe. Nach dem Tode Bogislaws XIV. fiel das Bistum an seinen Schwestersohn Ernst Bogislaw von Croy, der 1650 in einem Vergleich mit →Brandenburg (Hinterpommern war seit 1648 brandenburgisch) auf alle Rechte verzichtete. Rechtsnachfolger wurden die brandenburgisch/preußischen Herrscher. Das evangelische Domkapitel bestand bis 1810.

2.3. *Entstehung und Entwicklung der mittelalterlichen pommerschen Kirche*

Die durchgreifende Christianisierung des Landes sowie der Auf- und Ausbau der Kirche vollzogen sich in einem mehrere Jahrhunderte umfassenden Prozeß, entscheidend begünstigt durch die seit dem 13. Jh. zunehmende deutsche Einwanderung. Diese führte teilweise zur Verdrängung der einheimischen Bevölkerung. Kirchen- und Gemeindegründungen erfolgten zunächst bevorzugt in der Nähe sog. Burgorte, sodann in starkem Maße unter Berücksichtigung sich entwickelnder Handels-, Wirtschafts- und Verkehrsstrukturen, und erstreckten sich bei deutlichen Schwerpunkten im 13. und 14. Jh. durch das ganze Mittelalter. Als Kirchengründer betätigten sich nicht nur die Landesherrn, Bischöfe und Klöster, sondern auch eingewanderte deutsche Adlige, anfänglich in beschränkter Zahl auch der wendische Landadel. Im Laufe der Jahrhunderte entstanden ca. 1.100 Kirchen und selbständige Kapellen mit breit gestreuten →Patrozinien. Als Diözesanpatron galt Johannes der Täufer (Kamminer Dom), zuerst bezeugt bei der Gründung des ältesten pommerschen Klosters, Stolpe im Peenetal (1153; →Benediktiner). Spuren der Verehrung des späteren Landesheiligen Otto sind bereits im 12. Jh. nachweisbar. Vor allem im 13. Jh. erfolgte der Ausbau der Organisationsstrukturen (Kirchspiele, Parochien – auch in den Städten, mit gelegentlichen Streitigkeiten; zunehmende Begründung von Filialkirchen; allmähliche Herausbildung des Archidiakonats). Die Parochialeinteilung blieb relativ konstant und wurde von der Reformation weitgehend übernommen. Anfang des 14. Jh. wuchs die Zahl der Geistlichen aller Kategorien (1327 in Stralsund bereits 34 Altaristen), im 15. Jh. erreichte sie ihren Höchststand. 1303 reformierte Bischof Heinrich Wachholz, einer der bedeutendsten Kamminer Bischöfe, den weithin zu starker Selbständigkeit gegenüber dem Bischof gelangten Archidiakonat. Bereits 1176 wurde in Kolberg eine Kollegiatkirche gegründet. In Stettin folgten 1261 St. Peter und 1345 St. Otten, in Greifswald im Zusammenhang mit der 1456 erfolgten Universitätsgründung St. Nikolai. Diözesansynoden sind in Pommern erst seit dem 14. Jh. bezeugt. Die 1176 fixierte Selbständigkeit des Bistums führte in der Folgezeit zu Spannungen mit den Landesherrn, zumal bei seiner Besetzung politische Interessen, persönliche Beziehungen und päpstliche Begünstigungen an Bedeutung gewannen. Auf Betreiben Bogislaws V. kam es 1356 zu einem Vertrag mit dem Bischof, der die bis dahin bestehende Selbständigkeit von Domkapitel und Bischof bei Zusage des Schutzes durch den Herzog einschränkte. Erneute Auseinandersetzungen (Streben der Bischöfe nach Reichsunmittelbarkeit, 1422 erfolgreich) fanden 1436 ihre Beilegung in einem Vertrag, in dem die Hoheit des Landesherrn in Form der Schirmvogtei wiederhergestellt wurde.

Im 14. und 15. Jh. vermehrte sich der päpstliche Einfluß auf die pommersche Kirche. Starke Bedeutung gewann das →Mönchtum für Entwicklung und Gestaltung des kirchlichen Lebens.

Unschätzbares für Zivilisation, Kultivierung und Christianisierung leisteten →Zisterzienser und →Prämonstratenser. Geringere Bedeutung erlangten →Benediktiner (Stolpe [s.o.], 1304 den Zisterziensern zugegliedert; mehrere Nonnenklöster) und →Augustiner-Chorherrn (1260 bei Ueckermünde). Von der Mitte des 12. Jh. ab entstanden im Lande ca. 50 Klöster. Unter den zahlenmäßig am stärksten vertretenen Zisterzienserklöstern ragen heraus: Dargun (1172), Kolbatz (1174), Eldena (1205), Neuencamp (1231), Buckow (um 1250), daneben zahlreiche Nonnenklöster. Die Prämonstratenser bevorzugten für Klostergründungen die Nähe von Burgorten. Die Klöster Grobe (Nähe Usedom, um 1155, 1307 nach Pudagla verlegt), Belbuck (Nähe Treptow an der Rega, um 1176, wurde zu einem Kulturzentrum ersten Ranges im vorderen Hinterpommern) sowie die Nonnenklöster Marienbusch (1224) und Stolp (um 1280) können als die bedeutendsten gelten. Im 13. Jh. entfalteten die Bettelorden vor allem in den Städten eine breitgefächerte Tätigkeit. Herausragende Bedeutung erlangte das 1251 in Stralsund gegründete Dominikanerkloster. Die ersten →Franziskaner tauchten etwa um 1240 in Pommern auf. Beide Orden waren bald in allen größeren Städten präsent. →Augustiner-Eremiten, →Kartäuser, →Karmeliter sowie der Brigittenorden (Stralsund) sind gleichfalls bezeugt. Vornehmlich in Hinterpommern faßten die Geistlichen →Ritterorden Fuß (Johanniter; Templer; Deutscher Orden).

Das Spätmittelalter brachte ein starkes Aufblühen der Laienfrömmigkeit (Bruderschaften, Kalande, Aufschwung der karitativen Betätigung – Hospitalwesen: 40 Heilig-Geist-Hospitäler, fast 70 St. Georgs-, etwa 35 St. Gertruds-Hospitäler). Die Heiligenverehrung wuchs vom 13. Jh. ab ständig an und zeigt ein bemerkenswert breites Spektrum, zum Teil offenbar bedingt durch „Importe“ der Einwanderer. Weniger stark entwickelt war in Pommern das Reliquienwesen. Pilger- und Wallfahrten sind dagegen reich bezeugt, sowohl zu Gnadenstätten im Lande als auch über die Grenzen Pommerns hinaus, einschließlich von Pilgerreisen ins Heilige Land (1281 Herzog Kasimir III.; 1497/98 Bogislaw X.). Ablaßpredigt und -praxis trieben auch in Pommern ihre Blüten. Im Jahr 1514 wurde mit Genehmigung Bogislaws X. der Peters-Ablaß im Lande verkauft. Das Bildungswesen lag überwiegend in kirchlicher Hand (Kloster-, Dom-, Stifts- und Pfarrschulen). Daneben treten allmählich Rats- (bzw. Stadt-)Schulen, in denen das aufstrebende Bürgertum Einfluß auf das Bildungswesen erlangte. Höchste Bildungsanstalt wurde die 1456 auf Initiative des Bürgertums in →Greifswald gegründete Landesuniversität. Eine stärkere Blüte blieb ihr versagt. Einen glänzenden Aufschwung nahm Anfang des 16. Jh. unter Leitung Bugenhagens die Ratsschule in Treptow an der Rega. Zunehmende Mißstände und Verfallserscheinungen belegen die seit der Mitte des 15. Jh. wiederholt durchgeführten Reformsynoden. Ein zu düsteres Bild der Verhältnisse in Pommern darf nicht gezeichnet werden. Gesteigerte Kirchlichkeit und Frömmigkeit unter der Frage nach dem Heil bestimmten das Alltagsleben und schufen bei gleichzeitig wachsender Kirchenkritik einen aufnahmebereiten Boden für die reformatorische Predigt.

3. Von der Reformation bis zum Dreißigjährigen Krieg

Unter der zielstrebigen Außen- und Innenpolitik Bogislaws X. war das einheitlich regierte Pommern zu einem modernen Territorialstaat geworden. Belastend blieb der 1231 von Kaiser Friedrich zugesprochene Lehnsanspruch Brandenburgs. Dieser konnte im Vertrag von Pyritz (1493) gegen die Zusage brandenburgischer Erbfolge bei Aussterben des pommerschen Herzogshauses abgewehrt werden. Bei Anbruch der Reformation befand sich das Herzogtum auf dem Höhepunkt seiner Entwicklung als zum Deutschen Reich gehörender Territorialstaat (seit 1348 Anerkennung der Reichsunmittelbarkeit durch Kaiser Karl IV.).

Anfänge einer zunächst begrenzten reformatorischen Bewegung werden seit Ende 1520/Anfang 1521 sichtbar. Besondere Bedeutung erlangte ein sich in Treptow an der Rega und im Prämonstratenserkonvent Belbuck bildender Kreis von Kanonikern und Mönchen.

Er hatte sich um den damaligen, vom Bibel- und Schulhumanismus (→Humanismus) und von der *philosophia christiana* des →Erasmus von Rotterdam beeinflußten Priester, Schulrektor (Ratsschule Treptow) und Lektor am Kloster, J. →Bugenhagen, gesammelt. Nach seiner eigenen Hinwendung zu Luther (zustimmende Lektüre von *De captivitate Babylonica* im Herbst 1520) gewann er die Mehrzahl der Mitglieder dieses Kreises für die Reformation. In der Folgezeit wurden sie, bei zeitweiliger Verfolgung durch den Landesherrn und den Bischof, als reformatorische Prediger in verschiedenen Städten des Landes wirksam. Der Abt des Konvents, Johann Boldewan (vor 1490 – nach 1530), war später als reformatorischer Prediger in Belzig und Hamburg tätig, Andreas Knopken (ca. 1468–1539) wurde zum Reformator Rigas, Christian Ketelhut (1492–1546) zum Reformator Stralsunds. Etwa seit 1521/22 traten auch andere reformatorische Prediger im Lande auf. Der bedeutendste unter ihnen, Johannes Knipstro (1497–1556; ehemaliger Franziskaner), wirkte seit 1521 in Pyritz, Stargard, Stralsund und seit 1531 in Greifswald. Nach der offiziellen Einführung der Reformation wurde er 1535 der erste vorpommersche Generalsuperintendent.

„Vorreiter" der Reformation unter den zahlreichen pommerschen Städten wurde Stralsund: „Kirchenbrechen" und Einführung der Reformation bereits im April 1525; eine reformatorische Kirchenordnung, von Johannes →Äpinus verfaßt, wurde im November 1525 in Kraft gesetzt. Seit dem Ende der 20er Jahre wurde ganz Pommern in zunehmendem Maße von der Predigtbewegung erfaßt. In zahlreichen Städten kam es zu Unruhen, in denen sich religiös-kirchliche, soziale und kommunalpolitische Motive in je spezifischer Weise miteinander verbanden. Das Gesamtbild ist uneinheitlich. Bogislaw X. beschränkte sich in seiner Religionspolitik überwiegend auf Aktionen gegen Aufruhr und Gefährdung der Ordnung bewirkende Prediger. Evangelische Verkündigung tolerierte er. Die nach seinem Tode (1523) bis zur erneuten Landesteilung (1532) gemeinsam, aber unter zunehmenden Spannungen regierenden Söhne Barnim IX. und Georg I. (der 1531 überraschend starb; ihm folgte sein Sohn Philipp I.) praktizierten eine nach außen altgläubig wirkende, nach innen widersprüchliche Religionspolitik. Diese Haltung resultierte aus außen- und innenpolitischen Problemen (u.a. Lehnsabhängigkeit von Brandenburg: 1529 Vertrag von Grimnitz, im wesentlichen Erneuerung des Pyritzer Vertrages [s.o.]; Bemühen der Stände, vor allem der Städte, unter Bogislaws Reformpolitik eingeschränkte Rechte wiederzuerlangen; bis 1530 ausstehende Belehnung der Herzöge mit ihrem Land durch das Reich). Nach Georgs Tod erzielten die reformatorischen Kräfte in den an Bewegungsspielraum gewinnenden Städten beträchtliche Fortschritte bei zunehmendem Autoritätsverlust der Herzöge. Die sich mehrenden innenpolitischen Probleme erfuhren seit 1533 eine gefährliche Zuspitzung, als sich mehrere pommersche Städte in den dänischen Thronfolgewirren (→Dänemark) an der Seite Lübecks (Wullenwever) unter der Parole „Freiheit für das Evangelium" engagierten und damit zu Gegnern ihrer Dänemark unterstützenden Landesherrn wurden. Im Sommer 1534 entschlossen sich die Herzöge, primär aus innenpolitischen Erwägungen, aber nicht ohne religiöse Motivation, zur Klärung der Religionsfrage.

Für den 13. Dezember wurde ein Landtag nach Treptow an der Rega einberufen. Der Kamminer Bischof wurde um Beteiligung ersucht, Bugenhagen nach Treptow eingeladen. Ein in Vorverhandlungen von den bedeutendsten evangelischen Predigern des Landes erarbeitetes und mit den herzoglichen Räten abgestimmtes theologisches Gutachten bildete die Grundlage für die von Bugenhagen im Anschluß an den Landtag formulierte pommersche Kirchenordnung. Nach Überwindung reichspolitisch begründeter Bedenken der Stände, die letztlich jedoch um ihren Einfluß fürchteten, wurde am 13. Dezember dem Willen der Herzöge entsprechend die Einführung der Reformation in Pommern beschlossen.

Die nachfolgenden Einzelverhandlungen gefährdeten diesen Beschluß. Die von den Herzögen beabsichtigte Eingliederung von Bischof und Stiftsgebiet in die künftige lutherische Kirche und ihr Territorium scheiterte an dessen (im April 1535 endgültig bekundeter) Ablehnung. Die geplante Säkularisierung der Klöster zugunsten der Herzöge traf auf den Protest des Adels, der Beteiligung und die Erhaltung von Jungfrauenklöstern als Versorgungseinrichtungen für unverheiratete Töchter forderte. Nach heftigen Auseinandersetzungen verließ der Adel den Landtag. Dieser wurde beschlußunfähig. Gleichwohl galt die Einführung der Reformation als beschlossen.

Mit der Erarbeitung der Kirchenordnung (1535 in Wittenberg gedruckt) und der Durchführung von landesherrlich autorisierten Visitationen in pommerschen Städten durch Bugenhagen bis zum Sommer 1535 erfolgte die Grundlegung für die lutherische Kirche Pommerns. Einen Einspruch des Kaisers und Mandate des Reichskammergerichts gegen die Treptower Beschlüsse sowie einige Klostersäkularisationen (Neuencamp; Eldena) beantworteten die Herzöge mit dem Verweis auf die Inkompetenz des Gerichts in Glaubensfragen und der Forderung nach einem Schiedsgericht sowie einem Nationalkonzil zur Regelung der Religionsfrage. Dem Anschluß an Kursachsen als Vormacht der evangelischen Reichsstände dienten die von Bugenhagen vermittelte Eheverbindung zwischen Philipp von Pommern und Maria von Sachsen im Februar 1536 sowie der kurz danach vollzogene Beitritt zum →Schmalkaldischen Bund. Im November 1539 wurde die seit den 20er Jahren zum Erliegen gekommene Universität in Greifswald unter protestantischen Vorzeichen wiedereröffnet.

Die Festigung des lutherischen Kirchenwesens lag in der Folgezeit vor allem in den Händen der 1535 eingesetzten Generalsuperintendenten (anfänglich drei, dann zwei).

Herausragend war im 16. Jh. der auf Knipstro folgende Schüler und Freund →Melanchthons, Jacob Runge (1527–1595), Generalsuperintendent in Vorpommern, Sitz Greifswald. Er war zugleich, wie auch seine Nachfolger, Inhaber hoher Ämter an der Universität, deren Theologische Fakultät seit 1558 aus den Greifswalder Pfarrern gebildet wurde. Runge wurde der eigentliche Gestalter der lutherischen Kirche in Pommern. Visitationen, die Einführung von General- und dann bald auch Partikularsynoden (erste Generalsynode im Herzogtum Wolgast 1541 in Greifswald; erste gesamtpommersche Generalsynode 1545 in Stettin), die Bildung von Synodalbezirken, die Erarbeitung einer Agende (1542), die Revision bzw. Neufassung der Kirchenordnung (1563 in Kraft gesetzt), die Einrichtung von – den Hofgerichten gleichgeordneten – Konsistorien (Greifswald; Stettin; Kolberg) sowie die Schaffung eines Corpus von Lehrschriften (1565: *Corpus doctrinae Pomeranicum*) sorgten für die Festigung des Kirchenwesens.

Das →Interim war zwar *formaliter* anerkannt worden, praktisch aber wirkungslos geblieben. Leidenschaftliche Streitigkeiten um Lehre und Amt entstanden bald auch in den größeren pommerschen Städten, ergingen sich oft aber in Kleinlichkeit und Epigonengezänk. Vor allem Runges Einfluß und der Hochschätzung Melanchthons im Lande ist zuzuschreiben, daß Pommern sich trotz persönlicher Bemühungen von Jakob →Andreae nach mehreren Synoden und Beratungen nicht zur Unterzeichnung der →Konkordienformel bereit fand. Nach Runges Tod zeichnete sich dann eine allmähliche Wandlung in der Haltung zur Konkordienformel ab. Offenbar in Reaktion auf den 1613 erfolgten Übertritt Johann Sigismunds von Brandenburg zum Calvinismus wurde die Verpflichtung auf die Konkordienformel 1623 in die Statuten der Theologischen Fakultät aufgenommen. Sie wurde 1775 wieder aufgehoben. In das pommersche *Corpus doctrinae* fand die Konkordienformel auch später keinen Eingang. Der Konfessionswechsel des brandenburgischen Herrschers erzeugte, zumal im Blick auf den zu erwartenden Anfall des Landes an Brandenburg, heftige Reaktionen, geführt vom Greifswalder Generalsuperintendenten Barthold Krackewitz und der Theologischen Fakultät. Anfang des 17. Jh. herrschte in Pommern ein reges kirchliches Leben.

Das Schulwesen hatte einen konstanten Aufschwung genommen: Pädagogium in Stettin mit nahezu dem Charakter einer zweiten Landesuniversität; leistungsfähige Ratsschulen in den größeren Städten. Das Druckereiwesen hatte sich rasch entwickelt. Führend war die Fürstliche Druckerei in Barth (gegr. 1582). Spitzenprodukt: Barther Bibel von 1588 mit 170 Holzschnitten. In Vorpommern florierten Gesangbuchausgaben. Kirchenbau und -ausstattung boten ein entsprechendes Bild. Die Gegenreformation hatte lediglich im östlichen Pommern bei gleichzeitiger polnischer Einwanderung Erfolge erzielt.

Bis 1627 wurde Pommern vom →Dreißigjährigen Krieg nicht erfaßt, dann aber um so schwerer getroffen.

Bogislaw XIV. mußte 1627 in der Kapitulation von Franzburg das Land den Kaiserlichen überlassen. Erfolgreich wehrte sich Stralsund gegen den Zugriff Wallensteins. Für Pommern begannen Jahre der Bedrückung und schweren Leidens. Begeistert gefeiert als Retter des Luthertums wurde Gustav II. Adolf von Schweden nach seiner Landung Ende Juni 1630 bei Peenemünde, zumal vor dem Hintergrund des 1629 erlassenen Restitutionsedikts. Nach dem Tode des Schwedenkönigs (1632) tobte erneut die Kriegsfurie im Lande und brachte das kirchliche Leben weithin zum Erliegen. Die Theologische Fakultät in Greifswald mußte 1640 vorübergehend geschlossen werden. Bogislaw XIV. bemühte sich in seinen letzten Regierungsjahren im Blick auf den unausweichlich näherrückenden Anfall des Landes an Brandenburg um weitgehende Sicherung des lutherischen Bekenntnisses für Pommern. Die im November 1634 erscheinende *Regimentsverfassung* erklärte die unveränderte *Confessio Augustana* (→Augsburger Bekenntnis, Confutatio und Apologie) als allein gültig und verwarf jede konfessionelle Veränderung im Lande „zu ewigen Zeiten". Im →Westfälischen Frieden wurden Vorpommern und Rügen, einschließlich Stettins und eines Gebietsstreifens östlich der unteren Oder, Schweden als erbliches Lehen zugesprochen. Hinterpommern fiel an Brandenburg.

4. Unter schwedischer und brandenburgisch-preußischer Herrschaft (1648–1815)

4.1. Grundzüge der Entwicklung in beiden Landesteilen. Nach anfänglicher Zurückhaltung wurde schwedischerseits seit den 60er Jahren versucht, die Verhältnisse in Vorpommern nach dem Vorbild des schwedischen Staatskirchentums (→Schweden) durch Verordnungen und Verfügungen straff zu regeln. Dagegen wehrten sich, unterstützt von den Geistlichen, die vorpommerschen Generalsuperintendenten.

Obwohl Staatsbeamte, traten sie für die weitgehende Bewahrung kirchlicher Unabhängigkeit ein: Augustin Balthasar (1679–1688), Tiburtius Rango (1689–1700), Johann Friedrich Mayer (1701–1712). Mit fortschreitender Zeit beugten sich jedoch deren Nachfolger dem schwedischen Druck. Im Jahr 1661 erfolgte eine vom schwedischen König autorisierte Neuausgabe der pommerschen Kirchenordnung, die erste in hochdeutscher Sprache. Im Synodalwesen überwogen Partikularsynoden mit der Behandlung vor allem praktischer Fragen. Charakteristisch war das strenge Festhalten an der lutherischen Konfession, die seitens der Regierung in wiederholten Erklärungen als in Vorpommern allein zugelassen deklariert wurde (erst 1781 aufgehoben). Fakultät und Geistlichkeit wachten in beiden Landesteilen eifersüchtig über die Reinhaltung der Lehre. 1674/1680 erschien die ganz auf dieser Linie liegende *Historia syncretismi* Rangos. Ihre Veröffentlichung veranlaßte die brandenburgische Regierung zur Intervention gegen dessen „Hetztätigkeit" bei Schweden. Mehrere Jahrzehnte hindurch erregte der Gebetsstreit die Gemüter der vorpommerschen Theologen und Pastoren. Streitpunkt war die von der schwedischen Regierung aus politischen Rücksichten untersagte Verwendung einer anticalvinistischen Passage im allgemeinen Kirchengebet von 1634.

In *Hinterpommern* blieb der befürchtete Eingriff der reformierten brandenburgischen Herrscher in die Konfessionsfrage zunächst aus.

Die Regimentsverfassung vom Jahre 1654 bestätigte das lutherische Bekenntnis unter Verweis auf die pommersche Kirchenordnung, die *Confessio Augustana*, die Agende und eine gegen die „Sakramentierer" gerichtete Erklärung von 1593. Mit der Einsetzung eines Generalsuperintendenten (1650), der Errichtung eines brandenburgischen Konsistoriums in Kolberg (1653) und Visitationen (ab 1654) wurde die Neuordnung des Kirchenwesens in Angriff genommen. Die Forderung der Stände auf dem Landtag zu Stargard (1653) nach konfessioneller Geschlossenheit in ganz Pommern wurde vom Kurfürsten abgelehnt. Allmählicher reformierter Zuzug im Rahmen der brandenburgischen Verwaltung führte in der Folgezeit wiederholt zu heftigen, auch handgreiflichen Attacken lutherischer Pastoren und Gemeinden gegen die reformierte „Unterwanderung". Ausgleichsversuche der brandenburgischen Herrscher scheiterten am hartnäckigen Konfessionalismus der Geistlichkeit. Eine stärkere Ansiedlung von →Hugenotten erfolgte nicht. Im Zuge kriegerischer Verwicklungen zwischen Brandenburg und Schweden eroberte der Große Kurfürst 1677/1679 vorübergehend Stettin. Dies heizte die konfessionalistische Polemik erneut an.

4.2. Pommern im 18. Jahrhundert. Auch im Nordischen Krieg (1700–1721) wurde Pommern schwer in Mitleidenschaft gezogen. Die pommersche Geistlichkeit stand überwiegend auf seiten Schwedens. Im Frieden von Stockholm (1719/20) verlor Schweden Stettin und Vorpommern südlich der Peene an Preußen.

Ablehnung der preußischen Herrschaft artikulierte sich kirchlicherseits vor allem in Stettin. Sie war in der Durchbrechung des lutherischen Monopols sowie in der pietistenfreundlichen Haltung Friedrich Wilhelms I. begründet. Heftige Kritik fand das Bemühen des Königs, auch seinen reformierten Untertanen ungehindertes kirchliches Leben zu gewähren. Scharfe Verordnungen (1720/1722) begegneten der renitenten Haltung der pommerschen Pastoren. Die 1737 verfügte Beseitigung von „Überresten des Papismus" (Chorröcke, Kaseln, Meßgewänder, Leuchter) und andere Maßnahmen wurden als Versuch der Calvinisierung gedeutet und vielfach ignoriert. Insgesamt bemühte sich der König um ein geordnetes preußisches Kirchenwesen: Ordnung, fromme Rechtschaffenheit, Religion als staatserhaltende Macht. Nach Übergangsregelungen wurde 1738 eine Generalsuperintendentur für ganz Preußisch-Pommern in Stargard geschaffen. Die Kirchenpolitik Friedrichs II. trug im ganzen ähnliche Züge wie die seines Vaters. Das 1743 ausgesprochene Verbot der Kirchenbuße fand wenig Gegenliebe bei den amtsbewußten Pastoren. Ein positives Echo erzeugten dagegen die wiederholten Bemühungen um Beseitigung des Bauernlegens.

In Schwedisch-Vorpommern setzte sich die Entwicklung zum durchorganisierten Staatskirchentum weiter fort. Das gesamte kirchliche Leben wurde bis in Details hinein reglementiert, dabei aber allmählich praktisch erstickt. Hier fiel die Kirchenbuße gegen den Protest der Geistlichkeit durch Regierungsverordnung im Jahre 1772. Spannungen entstanden zwischen Pastoren und Adligen wegen der Beanspruchung von Sonderrechten im kirchlichen Leben.

Etwa seit 1700 drang, von Preußen begünstigt, von Schweden scharf abgelehnt, der →Pietismus nach Pommern vor. Während sich in Hinterpommern (z. B. Stargard; Stolp) pietistische Zentren bilden konnten (u.a. Einfluß des Generalsuperintendenten G. Heiler, Schwager →Speners, Freund →Franckes; pietistenfreundliche Personalpolitik) und der Pietismus auch sonst Anklang fand, herrschte in Vorpommern „grimmige Abneigung" (Heyden, Kirchengeschichte II, 135) gegen die neue konfessionsindifferente und synkretistische „Schwärmerei". Wortführer waren im Gleichklang mit der schwedischen Regierung die Generalsuperintendenten Rango und Mayer. Mit Johann Friedrich Mayer, dem bedeutendsten Theologen der Greifswalder Fakultät über anderthalb Jahrhunderte, erreichte die Vorherrschaft lutherischer Orthodoxie in Vorpommern ihren Höhepunkt. An der Universität kam es zu langanhaltenden, in persönlichen Streit ausartenden „pietistischen" Streitigkeiten (Mathematik-Professor Jeremias Papke). Ein nennenswertes Echo scheint der Pietismus in Vorpommern nicht erzielt zu haben. Geringen Einfluß erlangten vorübergehend kleine Gruppen der Herrnhuter (→Brüderunität/Brüdergemeine) in Stettin, Stolp, Wolgast, Insel Rügen. →Zinzendorf ließ sich 1734 im orthodoxen Stralsund pseudonym examinieren und seine Rechtgläubigkeit testieren. Den Abgesang schroffer Orthodoxie vollzog David Hollaz (→Orthodoxie), Propst in Jacobshagen (gest. 1713), mit seinem bis 1763 in acht Auflagen erschienenen *Examen theologicum acroamaticum*. Im weiteren Verlauf schliffen sich Gegensätze ab; pietistische Frömmigkeit wurde teilweise kirchlich rezipiert.

Die →Aufklärung wurde in Pommern erst in der zweiten Hälfte des 18. Jh. stärker wirksam. Ihr Einfluß ist vor allem an Einzelpersönlichkeiten erkennbar.

Den provinziellen Rahmen überschritt J.J. →Spalding, 1749 Pastor in Lassan, 1757 Präpositus in Barth, 1764 Propst und Oberkonsistorialrat in Berlin, dort Zentralgestalt theologischer Aufklärung (Neologie). Aufgeklärte, zum Teil gelehrte Pastoren wirkten in mehreren Pfarrstellen der Insel Rügen. Sie erhoben sich über den verbreiteten →Rationalismus *vulgaris* und verstanden sich als Kulturträger des Volkes. Ernst Moritz Arndt (1769–1860) und F.D.E. →Schleiermacher hatten enge Verbindungen zu einigen von ihnen. An der Fakultät in Greifswald wurden Aufklärung und Rationalismus in der zweiten Hälfte des 18. Jh. und bis weit in das 19. Jh. hinein beherrschend. Markanter Vertreter war der Lehrer Arndts, Generalsuperintendent Gottlieb Schlegel (1790–1810). Sein *Landeskatechismus* (1792) und ein von ihm eingeführtes „aufgeklärtes" Gesangbuch (1796) stießen weithin auf Widerstand. In Stettin wurden aufgeklärte Geistigkeit und Bildung am Akademischen Gymnasium und von einzelnen Geistlichen gepflegt, herausragend war der Konsistorialrat L.W. Brüggemann, Verfasser größerer Werke zur Landes- und antiken Literaturgeschichte. Zu den verdienstlichen Wirkungen der Aufklärung in Pommern gehören u.a. die Aufhebung der Leibeigenschaft in Schwedisch-Vorpommern 1806, die Hebung des Schul- und Bildungswesens sowie die Förderung der Wissenschaften (insbesondere Landes- und Kirchengeschichte) und der Kultur in größeren Städten. Über die Auswirkungen auf die Religiosität urteilte Gotthard Ludwig Kosegarten (1758–1818), seit 1792 Pfarrer in Altenkirchen („Uferpredigten"), seit 1808 Professor in Greifswald, die Aufklärung habe dem Volk die „Begriffe verwirrt, seinen Glauben erschüttert und seinem Gemüt das Gleichgewicht geraubt" (zitiert nach Heyden, Aufsätze 176).

5. *Die pommersche Kirche im 19. Jahrhundert und bis zum Ersten Weltkrieg*

Im Vertrag mit Preußen vom 7. Juni 1815 trat Schweden das nach dem Ende des Heiligen Römischen Reiches Deutscher Nation 1806 dem schwedischen Reich eingegliederte Neuvorpommern an Preußen ab. Die „Franzosenzeit" hatte dem kirchlichen Leben schwere Einbußen gebracht. Die Befreiungskriege, an deren geistiger Vorbereitung der seit 1800 in Greifswald lehrende E.M. Arndt großen Anteil besaß, hatten auch in Pommern die folgenschwere Vermischung von Patriotismus und Religion erzeugt.

Nach der Wiedervereinigung des Landes mußte das unterschiedlich gestaltete Kirchenwesen behutsam einander angenähert werden. Bereits 1815 wurde das Konsistorium für das Kirchen- und höhere Schulwesen in Stettin eingerichtet. Im Jahr 1826 wurde die Aufteilung in zwei Generalsuperintendenturen aufgehoben. Generalsuperintendent wurde „Bischof" Friedrich Ludwig Engelken (1749–1826, „Bischof" 1826). Sein Nachfolger wurde Carl Ritschl (1783–1858, Bischof von 1827–1854), Vater A. →Ritschls. Seine Amtsführung wurde durch langwährende Auseinandersetzungen um Union (→Unionen, Kirchliche), hinterpommersche Erweckungsbewegung und Separation der Altlutheraner (→Neuluthertum) überschattet. Im März 1828 erfolgte die Eingliederung Vorpommerns in die Provinzialkirche. Die Einführung der Union war zunächst problemlos verlaufen. Später zeigte sich, daß zahlreiche vorpommersche Gemeinden (Regierungsbezirk Stralsund) die Union nicht vollzogen hatten. Bemühungen Ritschls brachten nur Teilerfolge. Stärkere Unruhe erzeugte die von Friedrich Wilhelm III. verfügte Einführung der neuen Agende (1822). Etwa 120 Pastoren reagierten ablehnend. Die Situation beruhigte sich vorübergehend, als in den 30er Jahren Abendmahlsfeiern nach lutherischem Ritus konzediert wurden (vgl. TRE 2,58,9ff.). Erneute Zuspitzung mit zunehmender Problematisierung der Union bewirkten die vor allem in →Schlesien vom preußischen Staat praktizierten Zwangsmaßnahmen gegen die Altlutheraner.

In Hinterpommern entstand eine eigenartige Verbindung von →Erweckung, altlutherischer Bewegung und unionskritischem Konfessionalismus.

Die von pommerschen Adligen aus Berlin importierte Erweckung vermischte sich mit im Land entstandenen, aus spätpietistischen Wurzeln stammenden erwecklichen Tendenzen. Separatistisch wurde die über Pommerns Grenzen ausstrahlende, mit schwärmerischen und kirchenzerstörenden Zügen auftretende Bewegung der „Belowianer", begründet durch die Brüder von Below (vor allem Heinrich von Below; Gebiet Stolp und Schlawe). Trotz Polizeiaufsicht breitete sie sich aus, verband sich seit den 30er Jahren mit Altlutheranern und führte 1836 zu einer eigenen „altlutherischen" Gemeindebildung (ca. 1.500 Mitglieder). Staatliche und kirchliche Gegenmaßnahmen erzeugten eine Auswanderungsbewegung nach Amerika. Nicht zur Separation neigte die sich um Adolf von Thadden sammelnde Erweckung. Sie wurde von bedeutenden Adelsfamilien mitgetragen und gipfelte seit 1829 in den „Trieglaffer Konferenzen", die, vom preußischen Kultusminister Altenstein argwöhnisch beobachtet, zum Zentrum der norddeutschen Erweckung wurden. Vorpommern blieb von der Erweckung nahezu unberührt.

Weitere aus konfessioneller Besinnung und altlutherischem Einfluß resultierende Auseinandersetzungen um Union und Agende in den 40er und 50er Jahren führten in Hinterpommern (Stargard; Wollin; Kammin) zum Austritt von vier Pastoren und weit über 1.500 Gemeindegliedern aus der Provinzialkirche. Im Jahr 1848 schlossen sich auch von Thadden und andere Adlige den Altlutheranern an. Diese Ereignisse führten in der Provinzialkirche 1848 zur Gründung eines lutherischen Vereins, der die Verwaltungsunion zwar akzeptierte, jede konfessionelle Vermischung aber entschieden ablehnte. Die Unionsfreunde gerieten in die Minderheit. Eine 1869 durchgeführte „Kampfsynode" beschloß, die Kirchenordnung von 1829 zu ändern, weil in ihr „das lutherische Bekenntnis ... keinen adäquaten Ausdruck" finde. Wortführer der Vereinslutheraner war weit über Pommern hinaus Superintendent Karl Meinhold (Kammin). Er wurde 1869 amtsentsetzt. Generalsuperintendenten waren in diesen Jahrzehnten Albert Sigismund Jaspis (1809–1885; Generalsuperintendent von 1854–1885), Heinrich Poetter (1830–1918; Generalsuperintendent von 1885–1904) und Johannes Friedrich Wilhelm Büchsel (1849–1920; Generalsuperintendent von 1904–1919).

Seit der Mitte des Jahrhunderts spiegelten sich auch in Pommern die allgemeinen theologischen und kirchenpolitischen Richtungskämpfe wider, reduzierten sich hier aber weithin auf den Gegensatz von Liberalen (→Liberale Theologie) und Positiven.

Liberale Tendenzen wurden zeitweise an der Fakultät in Greifswald einflußreich. Ein vom preußischen Kultusminister Eichhorn 1841 angefordertes Gutachten zu B. →Bauers Anschauungen fand keine Einmütigkeit. Da die pommerschen Pastoren den Liberalismus (→*Protestantenverein* ohne größeres Echo) weithin ablehnten, verlor die Fakultät trotz respektabler Professoren an Ansehen im Lande und hatte einen fortschreitenden Niedergang in der Studentenzahl zu verzeichnen (1870 nur noch 17 Studierende). Im Jahr 1864 protestierten 700 pommersche Pastoren gegen Daniel Schenkels *Charakterbild Jesu*. Ende des Jahrhunderts wandte man sich auf Synoden scharf gegen →Ritschls Theologie und die Anschauungen A. von →Harnacks.

Starken Aufschwung nahm die →Innere Mission (Besuche →Wicherns in Pommern). Das kirchliche Vereinswesen blühte auf. Seit den 80er Jahren entwickelte sich auch in Pommern die neupietistische →Gemeinschaftsbewegung (1903: *Gemeinschaftsbund für Pommern*). Die Greifswalder Fakultät erlebte ab 1870 mit der Berufung H. →Cremers und unter seiner Führung und durch das Wirken bedeutender Fachgelehrter („Greifswalder Schule"; vgl. TRE 14,211,9ff.) eine außerordentliche Blüte. Die soziale Problematik der Zeit (Landarbeiterfrage; die Presse polemisierte 1896 gegen „Pommerschen Pastorensozialismus"), die weltanschauliche Diskussion (Heckel) und die zunehmende Entchristlichung bewegten Theologie und Kirche auch in Pommern. Die Provinzialsynode von 1908 erteilte dem in einigen Teilen Pommerns von auswärtigen Agitatoren erzeugten Rassen- und Radau-Antisemitismus (→Antisemitismus) eine entschiedene Absage. Der Nationalprotestantismus eskalierte in der Kriegspredigt von 1914, religiös dekoriertes „vaterländisches Denken" bestimmte die Provinzialsynode vom Dezember 1914.

6. *Die pommersche Kirche von 1918 bis 1945*

„Pastorennationalismus, Krisenbewußtsein und Vernunftrepublikanismus" charakterisieren die Situation nach 1918 auch für Pommern (Klän 45). Nationalprotestantisch-vaterländisches Denken wurde nahezu ungebrochen in die neue Zeit überführt und öffentlich kultiviert. Das Ende von Monarchie und Landesherrlichem Kirchenregiment löste Bedauern und Reserve gegenüber der zunächst widerwillig akzeptierten Republik aus. Vertreter von Theologie und Kirche, nicht selten politisch in der *Deutschnationalen Volkspartei* (DNVP) beheimatet, bekundeten – mit breitem Echo in der kirchlichen Öffentlichkeit – unverhohlen ihre Option für die Vergangenheit. Die auf Positionen kirchlicher Besitzstandswahrung fixierte Provinzialsynode vom März 1919 rezipierte u.a. die Dolchstoßlegende. Vorgesehene Gebietsabtretungen in Ostpommern fanden heftigen Widerspruch und konnten durch eine den Siegermächten abgerungene Volksabstimmung verhindert werden. Die Grenzlage (Ostpommern) wurde zu einem ideologieträchtigen Faktor im politischen und konfessionellen Denken.

Dem unaufhaltsamen Verlust an kirchlicher Öffentlichkeitswirksamkeit versuchte man weithin mit einer „volksmissionarische[n] Programmatik als Selbstbehauptungsstrategie" (Klän 619) entgegenzuwirken, blieb damit aber relativ erfolglos. Die Schulfrage (Religionsunterricht) war ständiges Thema der Provinzialsynoden. Die Forderung nach aktiver Teilnahme von Arbeitern am Gemeindeleben (Provinzialsynode 1927) blieb deklamatorisch. Die Kirchenaustrittsbewegung (→Kirchenentfremdung/Kirchenaustritte) nahm seit 1919 merklich zu, blieb aber unter dem allgemeinen Durchschnitt. Seit 1921 nahm die Arbeit des Gustav-Adolf-Vereins (→Diasporawerke) kräftigen Aufschwung. Über eine relativ breite Basis verfügte vor allem in Hinterpommern die Frauenhilfe.

Die Kirchenprovinz wurde 1921 wieder in zwei Sprengel geteilt: Ostsprengel (kirchlich traditionell relativ lebendig): Generalsuperintendent Paul Kalmus (1921–1933), Westsprengel (notorisch unkirchlich): Generalsuperintendent Walter Kähler (1923–1934). Die Präambel der 1921/22 erarbeiteten Verfassung der *Kirche der Altpreußischen Union* (→Evangelische Kirche der Union) war auch in Pommern umstritten. Ab 1925 wurden die seit 1914 ausgesetzten Generalkirchenvisitationen wieder aufgenommen. Im Jahr 1926 entstand eine Landesgruppe der *Luthergesellschaft.* Sie veröffentlichte die *Blätter für Kirchengeschichte Pommerns.* Die Beschäftigung mit der Landeskirchengeschichte erhielt großen Auftrieb.

Die zweite Hälfte der 20er Jahre zeigt bei Festhalten an der volkskirchlichen Option einerseits Konsolidierungsphänomene in der Kirche, andererseits die fortschreitende Lockerung kirchlicher Bindung in der Öffentlichkeit. Die Kirche verstand ihre Situation als Kampf um die Selbstbehauptung. Im Jahr 1931 erschien ein neues Gesangbuch. Laut kirchlicher Statistik wurden 1932 noch 96,44% der Kinder getauft (Abendmahlsteilnahme bei 29%). Seit 1929 erfolgte eine deutliche Politisierung weiter Bereiche auch des kirchlichen Lebens.

Den in der Folgezeit sichtbar werdenden Erfolgen der →Deutschen Christen kam eine volksmissionarisch intendierte nationalpolitische Interpretation christlicher Gehalte zugute. Seit 1930 erzielte die *Nationalsozialistische Deutsche Arbeiterpartei* (NSDAP) in Pommern spektakuläre Wahlerfolge. In kirchlichen Kreisen vollzog sich eine sukzessive Annäherung an den →Nationalsozialismus. Der 1. Pommersche Kirchentag in Stettin (25./26.11.1932) spiegelte kontroverse kirchliche und politische Anschauungen wider.

Der Kirchenkampf (→Nationalsozialismus und Kirchen) nahm in Pommern mit der Einsetzung des Provinzialleiters der Deutschen Christen, Pfarrer Karl Thom (1900–1935), zum Bevollmächtigten durch Staatskommissar August Jäger (1887–1949) im Juni 1933 schärfere Konturen an. Gestützt auf die „Wahlerfolge" der Deutschen Christen begann die Gleichschaltung des kirchlichen Lebens. Auf der von diesen beherrschten Synode vom 24. August 1933 wurde Thom zum Präses und zum Vorsitzenden des Provinzialkirchenrates gewählt. Am 5. Oktober erfolgte seine Berufung zum Bischof. Die praktisch bereits entmachteten Generalsuperintendenten Kalmus und Kähler wurden im Oktober 1933 bzw. April 1934 pensioniert. Anfänge einer kirchlichen Opposition bildeten sich seit dem Sommer 1933 in Greifswald (Jungreformatorische Bewegung) unter der Initiative des Stadtsuperintendenten Karl von Scheven (1882–1954) und mit

Unterstützung mehrerer Theologieprofessoren (herausragend: Kurt Deißner [1888–1942] und Rudolf Hermann [1887–1962]) sowie im Laufe des Herbstes auch sonst in Pommern. Zur Kristallisationsfigur der unter Organisationsschwierigkeiten leidenden Opposition wurde der Leiter der Jungreformatoren, Provinzial-Jugendpfarrer Friedrich Schauer (1891–1958). Der größte Teil der Theologieprofessoren trat im Juni in einer Sonderaktion für die Wahl F. →Bodelschwinghs zum Reichsbischof ein und unterschrieb im November 1934 die Forderung deutscher Theologieprofessoren nach Rücktritt Ludwig Müllers (1883–1945). Die Haltung der mehrheitlich bekenntnistreuen Fakultät war von erheblicher Bedeutung für die Positionsbestimmung in der Pfarrerschaft. Die Mehrheit der pommerschen Geistlichen gehörte weder den Deutschen Christen noch der innerer Geschlossenheit ermangelnden Opposition an. Dem Notbund traten etwa 150 Pastoren bei. Die Formierung der oppositionellen Kräfte vollzog sich in Pommern unter erheblichen Schwierigkeiten Ende 1933/Anfang 1934. Erst von da ab kam es zu gezielten öffentlichen Aktionen der Opposition.

Nach dem Sportpalastskandal distanzierten sich die pommerschen Deutschen Christen unter Thom von der Reichsleitung Hossenfelder, bekundeten aber ihre Treue zu L. Müller. Weihnachten 1933 wurde das stark volksmissionarisch akzentuierte sog. *Pommersche Bekenntnis der Deutschen Christen* veröffentlicht (K.D. Schmidt, Bekenntnisse I, 102–105).

Am 7. Mai 1934 tagte in Stettin die *Evangelische Bekenntnissynode in Pommern.* Ihr war im Februar eine reformierte Bekenntnissynode vorausgegangen. Präses wurde Dr. Reinold von Thadden-Trieglaff (1891–1976). Es wurde ein achtköpfiger Bruderrat gebildet. Bereits zu diesem Zeitpunkt traten konzeptionelle Divergenzen in Kreisen der Bekennenden Kirche (BK) auf, die sich in der Folgezeit (Dahlemer Notrecht) verschärften. Auf dem Höhepunkt der Breitenwirksamkeit der pommerschen Bekenntnisgemeinschaft im Frühjahr 1935 betrug ihre Mitgliederzahl nur etwa 3% der Gesamtbevölkerung. Extreme Positionen verloren auf beiden Seiten an Wirksamkeit. Der bei Anhängern wie Gegnern als (zu) gemäßigt geltende Bischof Thom starb im Februar 1935. Seine Nachfolge (ohne Bischofsamt) übernahm bei sich verändernden kirchenpolitischen Kräfteverhältnissen der 1934 von Reichsbischof L. Müller zum Propst im Bistum Cammin ernannte ehemalige Superintendent D. Heinrich Laag (1892–1972), außerordentlicher Professor an der Theologischen Fakultät (Landeskirchengeschichte), seit Juni 1936 dann Oberkonsistorialrat. Er blieb bis 1945 die offizielle kirchliche Leitfigur in Pommern.

Im Dezember 1935 entstand in Pommern ein arbeitsfähiger Provinzialkirchenausschuß (Vorsitzender: K. von Scheven, BK). Damit war eine folgenreiche, sich dann vertiefende Krise der Bekenntnisbewegung (mit zum Teil beträchtlichen Differenzierungserscheinungen) praktisch vorprogrammiert. Auch die Deutschen Christen erlebten angesichts der Entwicklungen in dieser Bewegung (Joachim Hossenfelders [1899–1976] *Kampf- und Glaubensbewegung*) in Pommern schwere Einbrüche. Nach dem Ende der Kirchenausschußära verstärkte sich in der Kirchenprovinz bei einer in den kirchenpolitischen Kräfteverhältnissen zum Teil verwirrend wirkenden Gesamtsituation vollends eine Tendenz zur Sammlung der „Mitte". Dies fand seinen Niederschlag u.a. auch in der personellen Besetzung und Amtsführung des Konsistoriums, in der 1937 auf Initiative von Ernst Boeters (1893–1945; gemäßigte BK; Konsistorialrat ab Mai 1936) erfolgenden Bildung eines *Pommerschen Bruderkreises* sowie im Anschluß zahlreicher Pastoren an den in Pommern von H. Laag geführten *Wittenberger Bund.* Die Mittelgruppen, die bei zum Teil weiterbestehenden oder neu aufbrechenden Differenzen Annäherung aneinander suchten, umfaßten Ende 1938 nahezu 90% der Pastorenschaft.

Die dahlemitisch bestimmten Kräfte der Bekennenden Kirche (*Pommerscher Bruderrat*; mehrfach personelle Veränderungen) hatten seit 1935 beträchtlich an Boden verloren. Auch bei den Kräften der Bekennenden Kirche an der Theologischen Fakultät vollzog sich eine fortschreitende theologisch-ekklesiologisch bestimmte Distanzierung vom Notrecht und seinen Konsequenzen. Gleichwohl vertrat der Bruderrat das kirchenpolitische

Konzept mit Konsequenz und entfaltete trotz mancher Irritation und wiederholter Verfolgung durch Partei und Staat eine aufopferungsvolle Arbeit in der Betreuung von Pastoren und Gemeinden sowie bei der Gewinnung theologischen Nachwuchses (Lehrvikariate, seit 1935 →Predigerseminar in Zingst, dann in Stettin-Finkenwalde, unter Leitung D. →Bonhoeffers), seit 1937 unter den Bedingungen der Illegalität (Sammelvikariate in Hinterpommern) stark erschwert.

Der konsequent dahlemitisch geprägte Kurs des Pommerschen Bruderrates, der sich selbst in der BK-Pfarrerschaft nicht umsetzen ließ, führte mehrfach zu empfindlichen Spannungen und zum Teil auch Trennungen, die eine weitere Schwächung der Bekenntnisgemeinschaft zur Folge hatten. So erfolgte 1939 eine Neuordnung des Bruderrates. An die Stelle des verdienstvollen Eberhard Baumann (1871–1956), Leiter des reformierten Kirchenkreises in Pommern, trat Superintendent Friedrich Onnasch (1881–1945), der zur „Seele der pommerschen Bekennenden Kirche" in diesen Jahren geworden war (Meier III, 283).

Die eigentliche Besonderheit der Entwicklung in der pommerschen Provinzialkirche lag in der Entstehung einer breiten, in sich untergliederten „kirchenpolitischen Mitte", erklärbar aus einem tiefverwurzelten volkskirchlich-nationalen Denken und einem „weit verbreiteten Bedürfnis nach gesamtkirchlicher Integration und Konfliktvermeidung" (Klän 621). Die „Entkonfessionalisierungspolitik" von Partei und Staat in der zweiten Hälfte der 30er Jahre sowie dann ihre zunehmend unverhüllter kirchenfeindlich gestaltete Religionspolitik in der Folgezeit begünstigten ihrerseits unverkennbar das Streben ehemals gegnerischer Kräfte nach gemeinsamem kirchlichem Handeln. Die Auswirkungen des Krieges stellten die pommersche Provinzialkirche vor zum Teil kaum zu bewältigende Schwierigkeiten in der Aufrechterhaltung kirchlichen Lebens und schließlich angesichts des Pommern direkt erfassenden Kriegsgeschehens und seiner Folgen vor die Existenzfrage (Hinterpommern).

7. Die pommersche Kirche nach 1945

Schreckensreich vollzog sich der Einmarsch der Roten Armee. Die Kirche wurde von der Besatzungsmacht im allgemeinen nicht behindert. Nach dem Verlust Hinterpommerns wurde die vorpommersche Restkirche (etwa ein Drittel des vorigen Bestandes) von Greifswald aus (Sitz des Konsistoriums) gesammelt und wieder aufgebaut. Die geistliche Betreuung der zunächst in Hinterpommern verbliebenen Deutschen durch Pastoren mußte 1947 eingestellt werden.

Die geistliche Leitung wurde neu gebildet, überwiegend aus Angehörigen der Bekennenden Kirche bzw. ihr nahestehenden Geistlichen. Vorsitzender der Kirchenleitung wurde K. von Scheven, seit Januar 1946 mit der Amtsbezeichnung „Präses". Im November 1946 (erste Provinzialsynode vom 9.–11. Oktober) erfolgte seine Berufung zum Generalsuperintendenten (Amtsbezeichnung: Bischof). Im Jahr 1947 wurden zwei Propsteien eingerichtet. Unter Anwendung von Notverordnungen der Kirchenleitung der Altpreußischen Union vollzog sich die Wiederherstellung einer an Schrift und Bekenntnis gebundenen Pfarrerschaft. Am 27. November 1947 bekundete die Provinzialsynode in einer Entschließung das Festhalten an der Selbständigkeit der pommerschen Kirche bei gleichzeitiger Gliedschaft in der *Kirche der Altpreußischen Union* und in der →Evangelischen Kirche in Deutschland. Rechtsgrundlage der Kirche wurde die am 1. Oktober 1950 in Kraft tretende Kirchenordnung, die das lutherische Bekenntnis klar herausstellt (Lutherische Bekenntnisschriften ohne Konkordienformel, Barmer Erklärung als „Vergegenwärtigung und Anwendung" der Bekenntnisse). Nachfolger von Schevens wurde am 1. April 1955 Friedrich-Wilhelm Krummacher (1901–1974). Die Landessynode beschloß im Februar 1956 die Übernahme der *Ordnung des kirchlichen Lebens* (→Lebensordnungen) der →*Evangelischen Kirche der Union* vom 6. Mai 1955 sowie endgültig den Beitritt zum →Lutherischen Weltbund.

Die tiefgreifenden gesellschaftlichen und sozialen Veränderungen in der Sowjetischen Besatzungszone/Deutschen Demokratischen Republik stellten die Landeskirche vor komplizierte Aufgaben. Eine kirchliche Neubesinnung auf den Dienst der Gemeinde (Ältestenamt, Christenlehre, Laienarbeit) suchte dem Rechnung zu tragen. Kirchlicher Mittelpunkt der Landeskirche wurde Greifswald (Konsistorium; Bischofssitz; mehrere kirchliche Ausbildungsstätten). Die Theologische Fakultät blieb an der fortschreitend zur sozialistischen Hochschule umgestalteten Universität, bei bis in die 70er Jahre sinkender Zahl von Theologiestudierenden, erhalten. In Züssow entstanden die Diakonie-Anstalten als ein neues kirchliches Zentrum.

Unaufhaltsam vollzog sich unter den DDR-Bedingungen die Entchristlichung der Gesellschaft mit empfindlichem Schrumpfungsprozeß der Gemeinden. Im Jahr 1959 betrug trotz bereits beträchtlicher Abkehr von der Kirche die Zahl der Gemeindeglieder noch ca. 700.000. Sie sank in den Folgejahren auf etwa 350.000 und dürfte sich gegenwärtig auf 140.000 belaufen. Die Landeskirche gliederte sich bisher in zwei Propsteien, 15 Kirchenkreise, ca. 400 Gemeinden mit 254 Pfarrstellen. Der fortgeschrittene Rückgang der Mitgliedszahlen und vor allem finanzielle Gründe zwingen zu lebhaft beklagten tiefgreifenden Strukturveränderungen, deren Realisierung in den nächsten Jahren erfolgen soll.

Von 1969 bis 1990 gehörte die *Evangelische Landeskirche Greifswald* (Tilgung des Begriffes „Pommern“ 1968 unter massivem staatlichem Druck) zum →*Bund der Evangelischen Kirchen in der DDR*. Nachfolger Krummachers wurde 1972 Horst Gienke (bis 1989). Seit 1990 führt Eduard Berger (geb. 1944) das Bischofsamt. Im Rahmen vielfältiger ökumenischer Kontakte wurden besondere Beziehungen zur Lutherischen Kirche Schwedens gepflegt. Eine intensive Partnerschaft entwickelte sich zur →*Nordelbischen evangelisch-lutherischen Kirche*. Seit der von zahlreichen Gemeindegliedern mitgestalteten Wende werden in der Landeskirche der Wiedergewinnung pommerscher Identität (Mai 1990: *Pommersche Evangelische Kirche*) und zeitgemäßer Ausstrahlung kirchlichen Lebens große Bedeutung beigemessen.

Bibliographien

Hellmuth Heyden, Verz. v. Büchern u. Aufs. zur KG Pommerns, Hannover 1952. – Hans Ziegler, Zu Hellmuth Heydens 70. Geburtstag, eine Bibliogr.: Baltische Stud. NF 50 (1964) 79–87. – Roderich Schmidt, Pommern u. seine Kirche im Wandel der Gesch., Leer 1977.

Zeitschriften und Sammelwerke

In folgenden Zeitschriften und Sammelwerken sind zahlreiche einschlägige Aufsätze bzw. Beiträge veröffentlicht. Diese sind unter Literatur (s.u.) ausnahmslos *nicht* vermerkt.

Baltische Stud., hg. v. der Gesellschaft f. pommersche Gesch. u. Altertumskunde, 1 (1832) ff. – BKGP. – Monatsbl. der Gesellschaft f. pommersche Gesch. u. Altertumskunde 1 (1887) ff. – Pommersche Jb., hg. vom Rügisch-pommerschen Geschichtsverein zu Greifswald u. Stralsund, 1 (1900) ff. – FS zur 500-Jahrfeier der Univ. Greifswald. 17.10.1956, 2 Bde., Greifswald 1956. – Greifswald-Stralsunder Jb. 1 (1961) ff. – Bischof Otto v. Bamberg. Beginn der Christianisierung des Peenegebietes. Kirchengesch. Beitr., hg. im Auftrage der Kirchenleitung der Ev. Landeskirche Greifswald v. Norbert Buske, unter Mitw. v. G. Ott u. J. Wächter, o.O.u.J. [1978]. – FS zu den 700-Jahrfeiern der Greifswalder Kirchen, hg. im Auftrag der Ev. Landeskirche Greifswald u. des Kirchenkreises Greifswald-Stadt, Berlin 1980. – TerritorialKG. Entwicklung – Aufgaben – Beispiele. E.M. Arndt-Univ. Greifswald, Sektion Theol., hg. vom Rektor der E.M. Arndt-Univ., Greifswald 1984. – Bistum Roskilde u. Rügen, hg. v. Bertil Wiberg, Roskilde Stiftsblad 1987. – Norbert Buske (Hg.), Dom St. Nikolai in Greifswald. Beitr. zur Gesch. u. Wiederherstellung, Greifswald 1989. – Hans-Jürgen Zobel (Hg.), Pommern. Gesch. – Kultur – Wiss. 1. Kolloquium zur Pommerschen Gesch. (1990), Greifswald 1991; 2. Kolloquium zur Pommerschen Gesch. (1991), Greifswald 1991. – Wilhelm Kühlmann/Horst Langer (Hg.), Pommern in der frühen Neuzeit. Lit. u. Kultur in Stadt u. Region, Tübingen 1994 (Frühe Neuzeit 19). – Werner Buchholz/Günter Mangelsdorf (Hg.), Land am Meer. Pommern im Spiegel seiner Gesch. Roderich Schmidt zum 70. Geburtstag, 1995 (VHKP 5. R. 29).

Quellen

Jacob Heinrich Balthasar, Sammlung Einiger zur Pommerischen Kirchen-Historie gehörigen Schr., Greifswald 1723–1725. – Norbert Buske (Hg.), Die pommersche KO v. Johannes Bugenhagen 1535, Berlin 1985. – Johann Carl Dähnert, Pommersche Bibliothek, 5 Bde., Greifswald 1750–1756.

– Ders., Sammlung gemeiner u. besonderer pommerscher u. rügischer Landes-Urkunden, 7 Bde., Stralsund 1765ff. – EKO 4 (1911). – Hellmuth Heyden, Protokolle der pommerschen Kirchenvisitationen 1535–1555, 3 Bde., 1961–1964 (VHKP 4. R. 1–3). – Fr(eiherr) Ludwig Baron v. Medem, Gesch. der Einf. der ev. Lehre im Herzogthum Pommern, Greifswald 1837. – Pommersches Urkundenbuch, hg. vom Staatsarchiv Stettin u. der Hist. Kommission f. Pommern, 9 Bde., Stettin/Königsberg 1868ff.; Neudr. Köln/Graz 1958ff. – Quellen zur pomm. Gesch., hg. v. der Gesellschaft f. pommersche Gesch. u. Altertumskunde, 5 Bde., Stettin 1885–1919. – Kurt Dietrich Schmidt (Hg.), Die Bekenntnisse u. grundsätzlichen Äußerungen zur Kirchenfrage. I. 1933, Göttingen 1934.

Literatur

Ernst Bahr, Genealogie der pommerschen Herzöge: Zs. des westpreußischen Geschichtsvereins 75 (1939) 1–54. – Dietrich Hermann Biederstädt, Beitr. zur Gesch. der Kirchen u. Prediger in Neuvorpommern, 3 Bde., Greifswald 1818–1821. – Hugo Gotthard Bloth, Die Kirche in Pommern. Auftrag u. Dienst der ev. Bischöfe u. Generalsup. der pommerschen Kirche v. 1792 bis 1919, 1979 (VHKP 5. R. 20 = Pommersche Lebensbilder 5). – Hermann Bollnow, Stud. zur Gesch. der pommerschen Burgen u. Städte im 12. u. 13. Jh., 1964 (VHKP 5. R. 7). – Norbert Buske, Die Reformation im Herzogtum Pommern unter besonderer Berücksichtigung der Gebiete der späteren Generalsuperintendentur Greifswald: Hans-Günter Leder/ders., Reform (s.u.) 46–148. – Ders., Pietismus u. Neuzeit – ein Literaturber. f. den Bereich der pommerschen Kirche, v.a. f. das Gebiet der heutigen Ev. Landeskirche Greifswald: PuN 13 (1987) 135–152. – Lieselotte Clemens, Die Auswanderung der pommerschen Altlutheraner in die USA – Ablauf u. Motivation 1839–1843, Hamburg 1976. – Karl Graebert, Der Landtag zu Treptow a.R. (1534) Lucie 13. Dezember 1534, Berlin 1900. – Ders., Erasmus v. Manteuffel, der letzte kath. Bischof v. Kammin (1521–1544), 1903 (HS 37). – Willi Griebenow, Das Bugenhagenstift in Ducherow: HerChr 14 (1983/84) 73–92. – Gert Haendler, Zur Missionsreise des Bischofs Otto v. Bamberg: ThLZ 106 (1981) 305–314. – Klaus Harms, Jakob Runge. Ein Beitr. zur pommerschen Reformationsgesch., Ulm 1961. – Hellmuth Heyden, Die Kirchen Stettins u. ihre Gesch., Stettin 1936. – Ders., KG Pommerns, 2 Bde., Köln-Braunsfeld [2]1957. – Ders., Aktenstücke zur Gesch. der Kämpfe um Union u. Agende in Pommern: ZKG 70 (1959) 231–252. – Ders., Zur Gesch. der Kämpfe um Union u. Agende in Pommern: ZKG 71 (1960) 287–323. – Ders., Die Kirchen Stralsunds u. ihre Gesch., Berlin 1961. – Ders., Die Kirchen Greifswalds u. ihre Gesch., Berlin 1965. – Ders., Pommersche Geistliche vom MA bis zum 19. Jh., 1965 (VHKP 5. R. 11). – Ders., Neue Aufs. zur KG Pommerns, 1965 (VHKP 5. R. 12). – Ders., Die Ev. Geistlichen des ehemaligen Regierungsbezirkes Stralsund, 4 Bde., Greifswald 1956–1973. – Heinrich Hoogeweg, Die Stifter u. Klöster der Provinz Pommern, 2 Bde., Stettin 1924–1925. – Alfred Jepsen, Ludwig Diestel als Greifswalder Theologe: ders., Der Herr ist Gott. Aufs. zur Wiss. vom AT, Berlin 1978, 241–253. – Werner Klän, Die ev. Kirche Pommerns in Republik u. Diktatur, 1995 (VHKP 5. R. 30). – Heinz Klatt (Hg.), Im Dienst der Liebe. Hundert Jahre Innere Mission der ev. Kirche in Pommern, Berlin 1949. – Gerhard Köbler, Hist. Lexikon der dt. Länder, München [2]1989, 419f. (Lit.). – Gerhard Krause, Bruderschaft u. Kirche 1934–1936 in Pommern: Gottfried Sprondel (Hg.), Zeugnis u. Dienst. Beitr. zur Theol. u. Kirche in Gesch. u. Gegenwart. Günter Besch zum 70. Geburtstag, Bremen 1974, 86–114. – Heinrich Kröger, Um die plattdt. Bibel. Pro u. Contra vor 100 Jahren: VB 4 (1982) 79–96. – Ders., Pommersche plattdt. Pastoren: Pommern 23,3 (1985) 2–20. – Friedrich-Wilhelm Krummacher, Art. Pommern: EKL[1] 3 (1959) 255–258. – Walter Langkutsch, Gesch. des Provinzialvereins f. Innere Mission in Pommern 1878–1928, Stettin 1928. – Hans-Günter Leder, Martin Luther u. die Anfänge der Reformation in Pommern: WZ(G).GS 32 (1983) 41–48. – Ders., Johannes Bugenhagen u. die „aurora doctrinarum". Zum Studium Bugenhagens in Greifswald: ders. (Hg.), Johannes Bugenhagen – Gestalt u. Wirkung, Berlin 1984, 38–86. – Ders./Norbert Buske, Reform u. Ordnung aus dem Wort. Johannes Bugenhagen u. die Reformation im Herzogtum Pommern, Berlin 1985. – Helmut Lother, Pietistische Streitigkeiten in Greifswald, Gütersloh 1925. – Kurt Meier, Der ev. Kirchenkampf, 3 Bde., Halle, I-II 1976 III 1984 (I, 239ff.; II, 199ff.; III, 274ff.); Göttingen, I-III [2]1984. – Brigitte Metz, Forschungsber.: Kirchenkampf in Pommern 1933–1945: Amtsbl. der Ev. Landeskirche Greifswald 1987, Nr. 10, 114–116. – Dies., Vorgänge in Greifswald in den Jahren 1933 u. 1934. Ein Beitr. zum Thema „Kirchenkampf in Pommern 1933–1945": Amtsbl. der Pommerschen Ev. Kirche 1991, Nr. 6, 67–72. – Hans Moderow, Die Ev. Geistlichen Pommerns v. der Reformation bis zur Gegenwart, T. I, Stettin 1903. – Ders./Ernst Müller, Die Ev. Geistlichen Pommerns v. der Reformation bis zur Gegenwart, T. II, Stettin 1912. – Günther Ott, Gottlieb Schlegel, der Greifswalder Lehrer Ernst Moritz Arndts, u. die Aufklärungstheol. seiner Zeit: WZ(G).GS 24 (1975) 219–229. – Jürgen Petersohn, Die Kamminer Missionskirche des Jahres 1124 u. ihr Weihetitel: ders., Forschungen u. Quellen zur Pommerschen Kultgesch., vornehmlich des 12. Jh., Köln/Wien 1972 (Forschungen zur pommerschen Gesch. 18). – Ders., Der südliche Ostseeraum im kirchl.-politischen Kräftespiel des Reichs, Polens u. Dänemarks vom 10. bis 13. Jh. Mission – Kirchenorganisation – Kultpolitik,

Köln/Wien 1979. – Otto Plantiko, Pommersche Reformationsgesch., Greifswald 1922. – Ernst Poetter, Wichern u. die Innere Mission Pommerns, Stettin 1938. – Pommersche Lebensbilder, hg. v. der Landesgesch. Forschungsstelle (Hist. Kommission) f. Pommern, 4 Bde., Stettin, I–III 1934–1939; Köln/Graz, IV 1966 (141 meist kürzere Biographien). – Theodor Pyl, Gesch. der Greifswalder Kirchen u. Klöster, sowie ihrer Denkmäler nebst einer Einl. vom Ursprung der Stadt Greifswald, 3 Bde., Greifswald 1885–1886. – Gerhard Renn, Die Bedeutung des Namens „Pommern", Diss. phil. Greifswald 1937. – Roderich Schmidt, Pommern, Cammin: Die Territorien des Reichs im Zeitalter der Reformation u. Konfessionalisierung. Land u. Konfession 1500–1650, 2. Der Nordosten, 1990 (KLK 50) 182–205. – Hans-Georg Thümmel, Art. Greifswald, Univ.: TRE 14 (1985) 209–212 (Lit.). – Martin Wehrmann, Gesch. v. Pommern, 2 Bde., Gotha 1904–1906, Nachdr. Frankfurt a.M. 1981. – Ders., Genealogie des pommerschen Herzogshauses, Stettin 1937. – Wilhelm Wiesener, Die Gesch. der christl. Kirche in Pommern zur Wendenzeit, Berlin 1889. – Hermann Witte, Die pommerschen Konservativen, Männer u. Ideen, Berlin/Leipzig 1938.

Hans-Günter Leder

Popper, *Karl Raimund* →Kritischer Rationalismus, →Wissenschaft/Wissenschaftstheorie

Porphyrius, *Philosoph*

1. Leben 2. Schriften 3. Die philosophische und religiöse Gedankenwelt 4. Porphyrius und die Christen 5. Das Erbe des Porphyrius (Quellen/Literatur S. 57)

1. Leben

Malchus, genannt Porphyrius, ist in Tyrus in Phönizien um 233 n. Chr. geboren. Die Nachrichten über ihn und über sein Wirken sind spärlich; außer in seinen Schriften erfahren wir nur noch in den *Vitae Sophistarum* des Eunapios von Sardes (4. Jh.) und in der *Suda* (10. Jh.) etwas über ihn. In jugendlichem Alter, um das Jahr 250, kam er, wohl in Caesarea in Palästina, zu →Origenes (Eusebius, h.e. VI,19; Porphyrius, Plot. 3; 14; 20). In seiner Schule lernte er die Bibel und die griechische Philosophie kennen. Mit der christlichen Gemeinde in Caesarea stand er in Verbindung; doch scheint er sich von ihr wegen Kränkungen, die ihm von einigen Christen zugefügt wurden und die privater Natur waren, gelöst zu haben (Sokrates, h.e. III,23; Theosoph. 85: Theosophorum Graecorum fragmenta, hg. v. Hartmut Erbse, [2]1995 [BSGRT] 54). Einige Zeit später ließ er sich in Athen nieder, wo er in Kontakt mit dem Philologen, Rhetor und Philosophen Longinus trat. In →Rom blieb er von 263 bis 268 und wurde der Lieblingsschüler von →Plotin. Bedingt durch die intensive intellektuelle Tätigkeit geriet er in eine schwere Depression, die ihn bis an den Rand des Selbstmords führte. Plotin gelang es, ihn von diesem Vorsatz abzubringen, und überredete ihn, nach Lilybaeum in Sizilien zu gehen, um dort Gesundheit und Heiterkeit wiederzufinden. Dort gewann Porphyrius seine Kräfte zurück und schrieb zahlreiche Werke. Er besuchte auch das benachbarte →Karthago. Dagegen lehnte er die Einladung von Longinus ab, nach Palmyra an den Hof der Königin Zenobia zu kommen.

Plotin war 270 in der Campania verstorben, und Porphyrius kehrte nach Rom zurück, um die Leitung der Schule zu übernehmen. Einmal, im Alter von 68 Jahren, wurde ihm die höchste mystische Ekstase zuteil. Er besorgte u.a. die Edition von Plotins *Enneaden*, der er eine *Vita* des Meisters voranstellte. Im vorgeschrittenen Alter nahm er eine selbst nicht mehr junge Witwe namens Marcella zur Frau, eine Mutter von sieben Kindern, wahrscheinlich eine Jüdin. Dies löste großes Aufsehen aus, und Porphyrius verteidigte sich in dem *Brief an Marcella* gegenüber dem Vorwurf, er habe aus materiellen Interessen geheiratet; dagegen hob er hervor, er habe der Witwe eines verstorbenen Freundes Schutz bieten wollen. Doch nach wenigen Monaten, die Porphyrius in dieser umstrittenen asketischen Lebensgemeinschaft verbrachte, reiste er in den Orient, um in einer nicht genau zu ermittelnden Angelegenheit für das griechische Heidentum einzutreten. Wahrscheinlich begab er sich in die Hauptstadt Nicomedia, und zwar zu Beginn der Diokletianischen Verfolgung (303/304) (→Christenverfolgungen), um dort als „Priester der Philosophie“ (*antistes philosophiae*) seine Kritik am Christentum zu propagieren. →Lactantius war während der Lesung der drei Bücher gegen die Christen unter den Zuhörern (inst. V,2). Die Spuren von Porphyrius verlieren sich dort. Wir wissen nicht, wo und wann er starb.

2. Schriften

Porphyrius war ein Polyhistor mit breiten philologischen, historischen, philosophischen und religiösen Interessen. Leider sind viele seiner Schriften unwiderruflich verlorengegangen. Bidez nennt in seiner grundlegenden Biographie über Porphyrius 77 Titel, Beutler zählt 68 und Pötscher gar nur 66. Die Diskussion über die Titel und damit auch über die genaue Anzahl der Schriften ist noch nicht zum Abschluß gekommen. Das Problem, die verschiedenen überlieferten Fragmente des Porphyrius wirklich zu identifizieren und zuzuordnen, ist extrem schwierig, da die Manuskripte aus sehr viel späterer Zeit stammen und von daher wenig zuverlässig sind, während die Bezeugungen der indirekten Überlieferung, d.h. Zitate bei Neuplatonikern und Kirchenvätern, obwohl sie viel älter sind (4.–6. Jh.), sich oft als sehr konfus und widersprüchlich erweisen.

3. Die philosophische und religiöse Gedankenwelt

Entscheidend für die Ausprägung der Denkweise des Porphyrius waren außer den Traktaten von Plotin die Schriften des dem mittleren Platonismus (→Plato/Platonismus) zuzurechnenden Philosophen Numenius von Apamea und die *Chaldäischen Orakel*. Von diesen Texten ausgehend entwickelte er seine triadische Metaphysik des Vaters, des väterlichen Intellekts und der intermediären Dynamis sowie die Lehre von der ewigen Entstehung der Materie. Die vordringlichste Aufgabe sah Porphyrius darin, einen universalen Weg für die Befreiung der →Seele aus den Banden des Körpers (→Leib) aufzudecken (*omne corpus esse fugiendum*; Augustin, civ. X,29; retract. I,4,3). Der Körper ist die Tunika, mit der sich die Seele bekleidet, wenn sie in diese Welt hinabsteigt (in *De abstinentia* spricht Porphyrius von einer Tunika aus Fell, wohl eine Reminiszenz der Origenianischen Auslegung von Gen 3,21). In polemischer Abgrenzung von der pythagoräisch-platonischen Lehre bestreitet Porphyrius entschieden, daß die Seele sich in den Körper eines Tieres reinkarnieren könne; er unterstreicht jedoch die Notwendigkeit einer Wanderung der Seele in andere menschliche Körper bis zur endgültigen Befreiung von allen Bindungen ans Sinnliche. Er gesteht, daß er weder bei den Indern noch bei den Chaldäern hilfreiche Hinweise für die Befreiung der Seele gefunden habe. Unbefriedigend erscheint ihm auch die Religion der ägyptischen Priester wie z. B. Chairemon. Seine diesbezüglichen kritischen Einwände legt er in dem *Brief an Anebo* dar, der uns dank der Zitate, die wir bei Iamblichus, bei →Eusebius von Caesarea und bei →Augustin finden, bekannt ist. Die Reinigung der rationalen Seele und ihre definitive Rückkehr in die himmlische Heimat hin zum Vater sind allein über die →Philosophie möglich. Außer einer strengen Kontrolle der körperlichen Neigungen ist vor allem eine rigorose Befolgung der vegetarischen Ernährung sowie ein inneres, wortloses Beten vonnöten. Der Philosoph ist also der einzige authentische →Priester des höchsten Gottes. Bei Porphyrius ist die negative Theologie die spekulative Voraussetzung für die mystische Erfahrung der ekstatischen Vereinigung mit dem Göttlichen. In realistischer Einschätzung gesteht Porphyrius die Legitimität und die Zweckmäßigkeit der Theurgie für die Reinigung der unteren Seelenstufe, der pneumatischen Seele, und für ihre Befreiung von dem schädlichen Einfluß, den die dämonischen Mächte beim Aufstieg der Seele in die himmlischen Sphären ausüben, zu. Der traditionelle städtische Kultus behält gleichwohl seinen Wert für den Zusammenhalt des sozialen Lebens.

4. Porphyrius und die Christen

Die Polemik des Porphyrius gegen die „barbarische“ Lehre der Christen wird in einem großen Werk aus 15 Büchern entfaltet, das nach 270 in Sizilien entstanden ist.

Dieses Werk ist infolge der Verurteilungen, die christliche Kaiser verfügt haben, zu einem großen Teil vernichtet worden. Schon →Konstantin hatte in einem Edikt des Jahres 333 die Arianer (→Arianismus) mit der diffamierenden Bezeichnung „Porphyrianer" belegt. Im Jahre 448 ordneten Theodosius II. und Valentinian III. an, das Werk den Flammen zu übergeben. Alle bis heute unternommenen Versuche, das Werk zu rekonstruieren, sind gescheitert. Was unsere Auffassung angeht, so haben wir in einer Reihe von Beiträgen die Überzeugung zum Ausdruck gebracht, daß Porphyrius nie einen Traktat mit dem Titel *Gegen die Christen* verfaßt hat. Vielmehr dürfte er seine vernichtenden Anklagen gegen das Christentum nur in einigen Teilen seiner *Philosophie der Orakel* entwickelt haben, und zwar in dem viel größeren Zusammenhang einer systematischen Ausarbeitung einer Philosophie von der Rettung der Seele.

Im ersten Buch benutzt Porphyrius Gal 2,11–14, um die Zerstrittenheit und Unglaubwürdigkeit der Apostel →Petrus und →Paulus zu beweisen. In einer Passage des III. Buches polemisiert Porphyrius gegen die allegorische Auslegung der Bibel (→Schriftauslegung), wie sie von Origenes praktiziert wurde. Seiner Meinung nach ist es nicht legitim, die Methode der allegorischen Exegese auf jüdische Schriften anzuwenden, während diese Methode sich bestens für die Interpretation Homers eignet, wie er selbst in *De antro nympharum* gezeigt hat. In einem anderen Fragment entwickelt Porphyrius seine Kritik an der Gestalt Jesu, dessen Hinrichtung er billigt (Eusebius, d.e. III,7). Im IV. Buch befaßt er sich mit Fragen der mosaischen Chronologie. Gestützt auf die hellenistische Historiographie und auf die *Antiquitates Iudaicae* von →Josephus Flavius zeigt er im XII. Buch auf, daß das Buch →Daniel keine prophetische Schrift aus der babylonischen Epoche, sondern ein Pseudepigraphon aus der Makkabäerzeit ist. Es folgen dann im XIII. und XIV. Buch weitere kritische Einwände gegen Widersprüche und Irrtümer der Apostel und Evangelisten. Fragmente, die im *Ἀποκριτικός* des Makarius Magnes (ca. 400 n. Chr.) überliefert sind und Einwände eines heidnischen Anonymus gegen das Christentum enthalten, stammen sicherlich nicht von Porphyrius (gegen Harnack, Porphyrius 35), auch wenn man einräumen mag, daß sie zumindest teilweise seine Ideen widerspiegeln. Wirklich authentisch sind schließlich nur ganz wenige Fragmente. Dies hängt, von der Vernichtung des Werks einmal abgesehen, wesentlich damit zusammen, daß tatsächlich nur drei von 15 Büchern einen systematischen Angriff auf das Christentum entfalten, nämlich die Bücher XII, XIII und XIV.

Die christlichen Repliken auf den harten Angriff des Porphyrius ließen in der Tat nicht auf sich warten. Leider sind auch diese nahezu vollständig verlorengegangen. Um 300 verfaßte →Methodius von Olympos die erste Schrift gegen Porphyrius. Arnobius von Sicca nimmt Porphyrius im II. Buch seiner Schrift *Adversus Nationes* ins Visier, wenn er die *viri novi* abkanzelt. Im 4. Jh. folgen Eusebius mit einer Schrift aus 25 Büchern sowie →Apollinaris von Laodicea mit einem gar 30 Bücher umfassenden Werk. Für das 5. Jh. sind der arianische Historiker Philostorgius und der gallische Rhetor Pacatus zu nennen. Aber Spuren einer antiporphyrianischen Polemik finden sich auch bei anderen Schriftstellern wie →Athanasius, Firmicus Maternus, →Diodor von Tarsus, →Theodor von Mopsuestia, →Didymus von Alexandrien, →Johannes Chrysostomus, Severian von Gabala, →Cyrillus von Alexandrien, →Theodoret von Kyrus und →Hieronymus; letzterer ist der einzige Zeuge, durch den wir etwas über die Porphyrianische Exegese des Buchs Daniel wissen.

5. *Das Erbe des Porphyrius*

Das Ausmaß der Anstrengung der Christen, Porphyrius zu widerlegen, zeigt, wie groß die Gefahr erschien, die man seinem Werk beimaß. Gleichwohl hat Porphyrius der spätantiken heidnischen wie christlichen Gedankenwelt ein großes Erbe hinterlassen. Zwar hat Porphyrius in der griechisch-neuplatonischen Tradition (→Neuplatonismus) nicht die gleiche enthusiastische Zustimmung gefunden wie Iamblichus. Sein philosophischer Rationalismus, dessen Kritik auch vor dem Opfergedanken und vor der Theurgie nicht haltmachte, vermochte nicht die bedingungslose Gunst der Intellektuellen zu finden, die wie Julian Apostata, Syrianos oder →Proclus streng an den Gebräuchen der hieratischen Kunst festhielten. Aber unter den lateinischen Neuplatonikern, von Cornelius Labeo bis →Macrobius, hatte Porphyrius praktisch keinen Rivalen. Sein Einfluß ist deutlich auch in den Werken der christlichen Neuplatoniker wie des rätselhaften →Calcidius, des Claudianus Mamertus, →Nemesius von Emesa, →Synesius von Kyrene, Äneas von Gaza und →Johannes Philoponus zu spüren. Wahrscheinlich hatte der Verfasser der *Theosophie* (um 500 n. Chr.) die Absicht, sein christliches Werk der *Philosophie der Orakel* des Porphyrius entgegenzusetzen. Der Erfolg seiner Werke wie der *Isagoge* (Einführung in die Kategorien des →Aristoteles) und der *Philosophie der Orakel* wurde dann durch die lateinische Übersetzung des →Marius Victorinus im Abendland sehr begünstigt. Dieser war ein überzeugter Anhänger der Philosophie des Porphyrius. Nachdem er Christ geworden war, nutzte er die Metaphysik des Porphyrius, um die arianische Häresie zu widerlegen. Seine Übersetzungen fanden günstige Aufnahme im Kreis der Mailänder christlichen Neuplatoniker, und zwar über den Priester Simplizian. So ist es kein Zufall, wenn man bei Bischof →Ambrosius von Mailand eine Vertrautheit mit porphyrianischen Themen entdecken kann.

Vor allem aber ist Augustin derjenige, der den größten Nutzen aus der Lektüre der *Philosophie der Orakel* in der Übersetzung des Victorinus zieht. Augustin weist natürlich die götzendienerischen Lehren über die Orakel und die Theurgie, die er in diesen *libri platonicorum* findet, zurück, aber er liest daselbst mit Begeisterung auch solche Passagen von Plotin, die in entscheidender Weise zu seiner Befreiung vom manichäischen Dualismus und Materialismus beigetragen haben (vgl. TRE 4,658,19–662,32). Im Nachdenken über die Porphyrianischen Kommentare, die ihm von Simplizian empfohlen wurden, vertiefte Augustin über lange Jahre hinweg seine Lehren von der Seele und von der →Trinität und wurde veranlaßt, sich mit der Frage nach dem christlichen, d.h. dem rechten Gebrauch der →Artes liberales auseinanderzusetzen. Ohne die Lektüre der *Philosophie der Orakel* wäre die Theologie Augustins ganz anders ausgefallen, als sie jetzt in seinen Schriften vorliegt. Augustin war sich dessen, was er Porphyrius verdankte, wohl bewußt, und dies erklärt seine Hochachtung ihm gegenüber. Indessen enthüllt Augustin den wirklichen Titel der *libri platonicorum* und den Namen des Verfassers nie, um nicht offen einzugestehen, daß er seine Bekehrung paradoxerweise zu einem großen Teil jenem gefürchteten Werk, das Porphyrius gegen die Christen geschrieben hat, nämlich der *Philosophie der Orakel* verdankt. Erst in civ. XIX wird der Titel in voller Länge auf griechisch genannt.

Quellen

Jean Bouffartigue/Michel Patillon, Porphyre. De l'abstinence, Paris, I 1977 II 1979. – Adolfus Busse, Porphyrii Isagoge et in Aristotelis Categorias Comm., 1887 (CAG 4/1). – Heinrich Dörrie, Porphyrios' „Symmikta Zetemata“. Ihre Stellung in System u. Gesch. des Neuplatonismus nebst einem Komm. zu den Frgm., 1959 (Zet. 20). – Ingemar Düring, Porphyrios' Komm. zur Harmonielehre des Ptolemaios, 1932 (GHA 38.2). – FGH II B 260, 1197–1229; II D 854–884. – Adolf v. Harnack, Porphyrius ‚Gegen die Christen', 15 Bücher. Zeugnisse, Frgm. u. Referate, 1916 (APAW). – Ders., Neue Frgm. des Werks des Porphyrius gegen die Christen. Die Ps.-Polycarpiana u. die Schr. des Rhetors Pacatus gegen Porphyrius: SPAW 1921, 266–284.834f. – R. Joseph Hoffmann, Porphyry's Against the Christians. The Literary Remains, Amherst, N.Y. 1994. – Karl Kalbfleisch, Die neuplatonische, fälschlich dem Galen zugeschriebene Schr. *Πρὸς Γαῦρον περὶ τοῦ πῶς ἐμψυχοῦται τὰ ἔμβρυα*, 1895 (APAW Anh.). – Erich Lamberz, Porphyrii sententiae ad intelligibilia ducentes, Leipzig 1975. – Carlos J. Larrain, Die Sentenzen des Porphyrios. Hsl. Überlieferung. Die Übers. v. Marsilio Ficino. Dt. Übers., Frankfurt a.M./Bern/New York 1987 (Stud. zur klassischen Philologie 33). – August Nauck, Porphyrii philosophi platonici opuscula selecta, Leipzig 1886 = Hildesheim 1963. – Kathleen O'Brien Wicker, Porphyry the Philosopher to Marcella, 1987 (SBL.TT 28). – Michel Patillon/Alain Ph. Segonds, Porphyre. De l'abstinence, Paris, III 1995. – Édouard des Places, Porphyre. Vie de Pythagore. Lettre à Marcella, Paris 1982. – Walter Pötscher, Porphyrios *ΠΡΟΣ ΜΑΡΚΕΛΛΑΝ*, 1969 (PhAnt 15). – Porphyre, La vie de Plotin. I. Travaux préliminaires et index grec complet, Paris 1982 (Histoire des doctrines de l'antiquité classique 6); II. Études d'intr., texte grec et trad. franç., commentaire, notes complémentaires, bibliographie, Paris 1992 (ebd. 16). – Porphyry, The Cave of the Nymphs in the Odyssey, Buffalo 1969 (Arethusa Monographs 1). – Hermann Schrader, Porphyrii quaestionum homericarum ad Iliadem/Odysseam pertinentium reliquiae, Leipzig, I 1880 II 1890. – Andrew Smith, Porphyrii philosophi fragmenta, Stuttgart/Leipzig 1993. – Angelo Raffaele Sodano, Porfirio. Lettera ad Anebo, Neapel 1958. – Ders., Porphyrii in Platonis Timaeum comm. fragmenta, Neapel 1964. – Ders., Porphyrii quaestionum homericarum liber I, Neapel 1970. – Gustavus Wolff, Porphyrii de philosophia ex oraculis haurienda librorum reliquiae, Berlin 1856 = Hildesheim 1962.

Literatur

Luise Abramowski, Marius Victorinus, Porphyrius u. die röm. Gnostiker: ZNW 74 (1983) 108–128. – Franz Altheim/Ruth Stiehl, Porphyrios u. Empedokles, Tübingen 1954. – Matthias Baltes, Die Weltentstehung des platonischen Timaios nach den antiken Interpreten, T. 1, 1976 (PhAnt 30). – Timothy D. Barnes, Porphyry ‚Against the Christians'. Date and the Attribution of Fragments: JThS NS 24 (1973) 424–442. – Pier Franco Beatrice, Le tuniche di pelle. Antiche letture di Gen. 3,21: La tradizione dell'Enkrateia, hg. v. Ugo Bianchi, Rom 1985, 433–484. – Ders., Un oracle antichrétien chez Arnobe: Mémorial Dom Jean Gribomont (1920–1986), 1988 (SEAug 27) 107–129. – Ders., ‚Quosdam Platonicorum Libros'. The Platonic Readings of Augustine in Milan: VigChr 43 (1989) 248–281. – Ders., La Croix et les idoles d'après l'apologie d'Athanase ‚Contre les païens': Cristianismo y aculturación en tiempos del imperio romano, hg. v. Antonino González Blanco u.a., Murcia 1990 (Antigüedad y Cristianismo 7) 159–177. – Ders., Le traité de Porphyre contre les Chrétiens. L'état de la question: Kernos 4 (1991) 119–138 (Lit.). – Ders., Porphyry's Judgment on Origen: Origeniana Quinta, hg. v. Robert J. Daly, 1992 (BEThL 105) 351–367. – Ders., Towards a New Edition of Porphyry's Fragments against the Christians: *ΣΟΦΙΗΣ ΜΑΙΗΤΟΡΕΣ*. ‚Chercheurs de sagesse'. Hommage à Jean Pépin, Paris 1992, 347–355. – Ders., Pagans and Christians on the Book of Daniel: StPatr 25 (1993) 27–45. – Ders., ‚Antistes philosophiae'. Ein christenfeindlicher Propagandist am Hofe Diokletians nach dem Zeugnis des Laktanz: Ricerche patristiche in onore di Dom Basil Studer OSB, 1993 (Aug. 33) 31–47. – Ders., On the Title of Porphyry's Treatise against the Christians: *Ἀγαθὴ ἐλπίς*. Studi storico-religiosi in onore di Ugo Bianchi, Rom 1994, 221–235. – Ders., Pagan Wisdom and Christian Theology according to the ‚Tübingen Theosophy': Journal of Early Christian Studies 3 (1995) 403–418. – Ders., Didyme l'Aveugle et la tradition de l'allégorie: Origeniana Sexta, hg. v. Gilles Dorival/Alain Le Boulluec, 1995 (BEThL 118) 579–590. – Ders., Traces du texte occidental chez le païen de Macaire Magnès: Codex Bezae. Studies from the Lunel Colloquium, June 1994, hg. v. David C. Parker/Christian-Bernard Amphoux, 1996 (NTTS 22) 317–326. – André Benoît, Le ‚Contra Christianos' de Porphyre. Où en est la collecte des fragments?: Paganisme, Judaïsme, Christianisme. Mélanges offerts à Marcel Simon, Paris 1978, 261–275. – Jacob Bernays, Theophrastos' Schr. über Frömmigkeit. Ein Beitr. zur Religionsgesch., Berlin 1866. – Rudolf Beutler, Art. Porphyrios: PRE 22/1 (1953) 275–313. – Joseph Bidez, Vie de Porphyre le philosophe néo-platonicien avec les fragments des traités *Περὶ ἀγαλμάτων* et ‚De regressu animae', Gent/Leipzig 1913 = Hildesheim 1964. – Peter Brown, The Body and Society. Men, Women and Sexual Renunciation in Early Christianity, New York 1988. – Pierre Courcelle, Les Lettres grecques en Occident de Macrobe à Cassiodore, ^{2}1948 (BEFAR 159). – Ders., Recherches sur les Confessions de Saint Augustin, Paris ^{2}1968. – Brian Croke, Porphyry's Anti-Christian Chronology: JThS NS 34 (1983) 168–185. – Ders., The Era of Porphyry's Anti-Christian Polemic: JRH 13 (1984) 1–14. – Werner Deuse, Unters. zur mittelplatonischen u. neuplatonischen Seelenlehre, 1983 (AAWLM.G 3). – Heinrich Dörrie, Platonica minora, 1976 (STA 8). – Christoph Elsas, Neuplatonische u. gnost. Weltablehnung in der Schule Plotins, 1975 (RVV 34). – Christos Evangeliou, Aristotle's Categories and Porphyry, 1988 (PhAnt 48). – Ders., Plotinus's Anti-Gnostic Polemic and Porphyry's ‚Against the Christians': Neoplatonism and Gnosticism, hg. v. Richard T. Wallis/Jay Bregman, Albany 1992 (Studies in Neoplatonism Ancient and Modern 6) 111–128. – Jacques Flamant, Macrobe et le néo-platonisme latin à la fin du IVe siècle, 1977 (EPRO 58). – Ernest L. Fortin, Christianisme et culture phil. au cinquième siècle. La querelle de l'âme humaine en Occident, Paris 1959. – Stephen Gersh, Middle Platonism and Neoplatonism. The Latin Tradition, 1986 (MS 23). – Ders., Porphyry's Comm. on the ‚Harmonics' of Ptolemy and Neoplatonic Musical Theory: Platonism in Late Antiquity, hg. v. Stephen Gersh/Charles Kannengiesser, Notre Dame, Ind. 1992, 141–155. – Giuseppe Girgenti, Porfirio negli ultimi cinquant'anni, Mailand 1994. – Ilsetraut Hadot, Arts libéraux et phil. dans la pensée antique, Paris 1984. – Pierre Hadot, Porphyre et Victorinus, 2 Bde., Paris 1968. – Ralph Hennings, Der Briefwechsel zw. Augustinus u. Hieronymus u. ihr Streit um den Kanon des AT u. die Auslegung v. Gal. 2,11–14, 1994 (VigChr Suppl. 21). – Lucien Jerphagnon, Les sous-entendus anti-chrétiens de la Vita Plotini ou l'évangile de Plotin selon Porphyre: MH 47 (1990) 41–52. – Pierre De Labriolle, La réaction païenne. Étude sur la polémique anti-chrétienne du Ier au VIe siècle, Paris 1934. – Robert Lamberton, Homer the Theologian. Neoplatonist Allegorical Reading and the Growth of the Epic Tradition, Berkeley/Los Angeles/London 1986 (The Transformation of the Classical Heritage 9). – Hans Lewy, Chaldaean Oracles and Theurgy. Mysticism, Magic and Platonism in the Later Roman Empire, Paris ^{2}1978. – A.C. Lloyd, The Later Neoplatonists: Cambridge History of Later Greek and Early Medieval Philosophy, hg. v. Arthur Hilary Armstrong, Cambridge 1967 ^{2}1970, 269–325. – Anthony Meredith, Porphyry and Julian against the Christians: ANRW II.23.2 (1980) 1119–1149. – Le Néoplatonisme. Colloques internationaux du CNRS – Royaumont 1969, Paris 1971. – John J. O'Meara, Porphyry's Philosophy from Oracles in Augustine, Paris 1959. – Ders., Indian Wisdom and Porphyry's Search for a Universal Way: Neoplatonism and Indian Thought, hg. v. R. Baine

Harris, Norfolk, Va. 1982 (Studies in Neoplatonism Ancient and Modern 2) 5–25. – Ders., Studies in Augustine and Eriugena, Washington, D.C. 1992. – Jean Pépin, ‚Ex Platonicorum persona'. Études sur les lectures phil. de Saint Augustin, Amsterdam 1977. – Ders., La tradition de l'allégorie de Philon d'Alexandrie à Dante. Études hist., Paris 1987. – Plotino e il Neoplatonismo in Oriente e in Occidente, Rom 1974 (Accademia Nazionale dei Lincei. Problemi attuali di scienza e cultura 198). – Walter Pötscher, Art. Porphyrios: KP 4 (1972) 1064–1069. – Porphyre, 1966 (EnAC 12). – Henri-Dominique Saffrey, Recherches sur le néoplatonisme après Plotin, Paris 1990 (Histoire des doctrines de l'antiquité classique 14). – Philip Sellew, Achilles or Christ? Porphyry and Didymus in Debate over Allegorical Interpretation: HThR 82 (1989) 79–100. – Giuseppe Serra, Note critiche al ‚De antro Nympharum' di Porfirio: Tradizione e innovazione nella cultura greca da Omero all'età ellenistica. Scritti in onore di Bruno Gentili, Rom 1993, 1151–1169. – Michael B. Simmons, Arnobius of Sicca. Religious Conflict and Competition in the Age of Diocletian, Oxford 1995. – Andrew Smith, Porphyry's Place in the Neoplatonic Tradition, Den Haag 1974. – Ders., Porphyrian Studies since 1913: ANRW II.36.2 (1987) 717–773. – Willy Theiler, Forschungen zum Neuplatonismus, 1966 (QSGP 10). – Robert Turcan, Mithras Platonicus. Recherches sur l'hellénisation phil. de Mithra, 1975 (EPRO 47). – Samuel Vollenweider, Neuplatonische u. christl. Theol. bei Synesios v. Kyrene, 1985 (FKDG 35). – Manfred Wacht, Aeneas v. Gaza als Apologet, 1969 (Theoph. 21). – Robert L. Wilken, The Christians as the Romans Saw Them, New Haven/London 1984.

Pier Franco Beatrice

Port Royal →Jansen/Jansenismus, →Pascal, Blaise

Portugal

1. Alte Kirche und Frühmittelalter 2. Hochmittelalter 3. Spätmittelalter und Reformationszeit 4. Frühe Neuzeit (1577–1789) 5. Neuere Zeit (seit 1789) (Quellen und Literatur S. 68)

1. Alte Kirche und Frühmittelalter

Zur Zeit des Römischen Reiches bildete das Gebiet des heutigen Portugal den westlichen Teil der iberischen Provinzen Gallaecia und Lusitania, deren Eroberung in der Zeit von Kaiser Augustus (31 v. Chr.–14 n. Chr.) abgeschlossen wurde. Provinzhauptstädte waren Bracara Augusta (Braga) und Emerita Augusta (Mérida)

Es ist nicht genau bekannt, wann das Evangelium auf die Iberische Halbinsel gelangte, aber die allgemeinen Angaben von →Irenäus (haer. I,3) und →Tertullian (Jud. 7,4) über die Verbreitung des Christentums zu ihrer Zeit lassen vermuten, daß es auch hier bis zum Beginn des 3. Jh. Eingang gefunden hatte. *Emerita Augusta* übte wahrscheinlich schon vor 254 n. Chr. die Funktion eines Metropolitansitzes aus (→Cyprian, ep. 67). Seine Suffraganbistümer waren Ossonoba (Faro), Ebora (Évora) und Olisipo (Lissabon), als deren erste bekannte Bischöfe zu Beginn oder in der ersten Hälfte des 4. Jh. Vincentius, Quintianus und Potamius bezeugt sind. *Bracara Augusta* erhielt vor 400 die Funktion eines Metropolitansitzes. Der erste bekannte Bischof Paternus ist um 400 bezeugt. Im letzten Drittel des 6. Jh. kam es zu einer Teilung in die beiden Kirchenprovinzen Braga und Lugo. Daraus ergaben sich im Mittelalter Auseinandersetzungen zwischen Braga und Santiago de Compostela um den Titel des Metropoliten sowie Zuständigkeitskonflikte zwischen Braga und Toledo.

Der Priszillianismus (→Priszillian/Priszillianismus) und der arianische Streit (→Arianismus) riefen unterschiedliche Reaktionen bei Ithacius von Ossonoba, Paternus von Braga und Potamius von Lissabon hervor. Der Priszillianismus wurde auf der ersten Synode von Toledo (400) verurteilt und auf dem ersten Konzil von Braga (561) endgültig überwunden. Auf dem zweiten Konzil von Braga (572) galt er bereits als erloschen.

Die christliche Literatur gelangte zur Blüte durch den Dichter →Prudentius und die herausragenden Schriftsteller Juvencus (4. Jh.), Gregor von Elvira (Illiberis Granata, gest. nach 392), Apringius von Beja (6. Jh.), Etheria (um 400 [→Jerusalem]) und durch den Geschichtsschreiber →Orosius aus Braga.

Die Abhaltung von →Synoden ist ein Hinweis auf die Lebendigkeit der Kirche auf der Iberischen Halbinsel zu jener Zeit. An der Synode von Elvira (Anfang des 4. Jh.) z.B. nahmen 19 Bischöfe und 24 Presbyter teil, und es wurden 81 Kanones mit Vorschriften über →Buße, →Ehe, →Zölibat des Klerus und anderes mehr aufgestellt. Darüber hinaus wurde die Verbreitung von heidnischen Sitten unter den Christen bekämpft.

Der Einfall der Alanen, Vandalen und Sueben (409) veränderte die Lebensverhältnisse grundlegend. Allerdings wurden die Alanen bald aufgerieben, und die Vandalen zogen 429 nach →Afrika ab. Die Sueben aber ließen sich in Galicien nieder und dehnten in der Folgezeit ihre Herrschaft nach Süden wohl bis zum Tejo aus. Im Jahr 465 besetzten sie Conimbriga (Condeixa-a-Velha) und 469 Lissabon. Im Verlauf des 5. Jh. brachten die Westgoten von ihrem Reich in Aquitanien aus einen großen Teil der Iberischen Halbinsel unter ihre Kontrolle. Dabei kam es auch zu Auseinandersetzungen mit den Sueben. Die Wirren der Übergangszeit des 5. Jh. und die westgotisch-suebischen Auseinandersetzungen zogen die provinzialrömische Bevölkerung und mit ihr die katholische Kirche erheblich in Mitleidenschaft. Im Jahr 460 wurde nach einer Plünderung von Aquae Flaviae (Chaves) der Bischof der Stadt und Chronist Hydatius zeitweilig von den Sueben festgesetzt. Im Jahr 507 wurde das Westgotenreich ganz auf die Iberische Halbinsel verlagert (→Spanien), und 585 wurde das Suebenreich dem Westgotenreich eingegliedert. Die Sueben waren zur Zeit ihrer Niederlassung auf der Iberischen Halbinsel noch Heiden, nahmen aber während der sechziger Jahre des 5. Jh. das arianische Christentum der Westgoten an (→Germanenmission, arianische) und wurden schließlich um 560 von →Martin von Braga für den katholischen Glauben gewonnen.

Im Jahr 569 wurden durch eine Neuordnung der Diözesen neue Bistümer geschaffen: Idanha (Egitania), Lamego, Porto (zuerst in Magnetum [Meinedo, nordöstlich von Porto] errichtet), Viseu und Tui. Zu diesem letzten Bistum gehörte das Gebiet zwischen den Flüssen Lima und Minho. Zur Zeit des vierten Konzils von Toledo (633) umfaßte das Gebiet des späteren Portugal 13 Diözesen: Braga, Porto, Coimbra, das von Conimbriga nach Aeminium verlegt worden war, Lamego, Idanha, Viseu, Tui, Dume und Caliabria, deren Metropolitansitz Braga war; Lissabon, Évora und Beja aus dem Metropolitanverband von Mérida; Ossonoba, das dem Metropolitansitz Hispalis (Sevilla) unterstand. Zu den 200 christlichen Gemeinden zählten Scallabis (Praesidium Julium, heute Santarém), Sitz des *Conventus Scallabitanus,* Heimat des Chronisten und späteren Bischofs von Gerona Johannes von Biclaro (gest. um 621) und Begräbnisstätte der ihrer Legende nach ermordeten heiligen Iria (Irene von Portugal), und Mértola (Myrtillis), wo sich der größte altchristliche Friedhof Portugals befindet.

Die bekanntesten Bischöfe dieses Zeitraums waren – neben den bereits genannten – Apringius von Beja (6. Jh.), Hydatius von Aquae Flaviae (Chaves, gest. nach 468), Lucenius von Coimbra (6. Jh.), Martin von Braga, Adorius von Egitania (6. Jh.), Sandinarius von Lamego (6. Jh.), Viator von Porto (6. Jh.) und Remisol von Viseu (6. Jh.).

Der Einbruch der Muslime (713–717) hatte schwerwiegende Auswirkungen auf das christliche Leben auf der Halbinsel. Es kam zu Verfolgungen, doch blieben viele Christen – die sog. Mozaraber – auch unter der Herrschaft des Halbmondes ihrem Glauben treu. Nördlich des Mondego konnte das christliche Leben dank der Gemeinden, Kirchen, Wallfahrtskapellen und Benediktinerklöster, wie beispielsweise in Arouca, Grijó, Guimarães, Lorvão, Moreira, Paço de Sousa, Pedroso, Alpendurada, Santo Tirso und Vairão aufrechterhalten werden. Sie leisteten zudem einen bedeutenden Beitrag zur Besiedlung des Landes. Die zwischenzeitlich erloschenen Diözesen Braga, Porto und Coimbra wurden 880 wiedererrichtet.

Die christliche *Reconquista* begann mit dem Sieg des Königs Pelayo von Asturien in Covadonga (718). Das Gebiet der Grafschaft Portucale, das dem Norden Portugals entsprach, wurde 868 zurückerobert. König Ferdinand der Große von León und Kastilien (1038–1065) eroberte das Land zwischen Douro und Mondego von den Mauren zurück und zog am 9. Juli 1064 in Coimbra ein. Im Jahr 1070 wurde ein Residenzbischof in Braga ernannt und 1080 ein weiterer in Coimbra. Die Diözese Porto war bis 1112 mit der Diözese Braga und die Diözesen Lamego und Viseu bis 1147 mit der Diözese Coimbra verbunden. Im Jahr 1147 wurde mit Hilfe fremder Kreuzfahrer auch Lissabon zurückerobert und seine Diözese wiedererrichtet, 1165 folgte Évora. Die Diözese Idanha wurde 1203 mit Sitz in Guarda und die Diözese Ossonoba 1203 mit Sitz in Silves wiedererrichtet. Daneben bestand noch die →Exemtion von Pedroso, das Priorat Crato und die Prälatur Tomar.

2. *Hochmittelalter*

Herrscher der Grafschaft Portucale war ab 1122 Alfons Heinrich, der 1140 den Titel „König von Portugal" annahm und 1143 auch von Kastilien als solcher anerkannt wurde. Am 13. Dezember 1143 erklärte er sich in der Charta *Claves regni coelorum* bereit, dem Heiligen Stuhl Lehnsdienste zu leisten. Am 23. Mai 1179 erkannte Papst →Alexander III. durch die Bulle *Manifestis probatum* das neue Königreich an. Alfons Heinrich fand dabei die Unterstützung des Bischofs Johann Peculiar von Braga (1100–1175) und des Archidiakons Telo, die freundschaftliche Beziehungen zu den Päpsten Innozenz II., Lucius II. und Alexander III., dem Kardinal Guido von Vico und zu →Bernhard von Clairvaux unterhielten. Die Rückeroberung des portugiesischen Territoriums von den Mauren wurde erst 1249 mit der Inbesitznahme des Algarve endgültig abgeschlossen.

Das religiöse Leben in Portugal entwickelte sich bereits vor der Entstehung einer portugiesischen Nation. Dabei spielten die Ordensgemeinschaften nicht nur für die sozioökonomische und kulturelle Entwicklung eine wichtige Rolle. Die Unabhängigkeit des portugiesischen Königreichs fiel zeitlich mit dem Triumph der Gregorianischen Reform (→Papsttum) zusammen. Eine Schlüsselstellung auf der Iberischen Halbinsel nahm auch der Orden der →Zisterzienser ein, der unter dem besonderen Schutz Alfons Heinrichs stand. Seine ersten Klöster entstanden in Bouro und Tarouca. Später kam Alcobaça hinzu, dessen Bau von 1148 bis 1223 dauerte. Dieses Kloster wurde dann Mittelpunkt des Ordens. Weitere dynamische Pole für das religiöse und kulturelle Leben erwuchsen in dem 1132 von den Mönchen Johann Peculiar und Telo gegründeten Kloster Santa Cruz in Coimbra, das dem Orden der →Augustiner-Chorherren angehörte und dessen Leiter und erster Prior der heilige Theotonius (gest. 1166) war, sowie in dem 1147 in Lissabon gegründeten Kloster S. Vincente de Fora. Mit der Zeit kamen weitere religiöse Orden nach Portugal, so die →Franziskaner und die →Dominikaner im 13. Jh., die Trinitarier, →Karmeliter, →Augustiner-Eremiten, Chorherren von Sankt Antonius und vom Heiligen Grabe und die Eremiten aus dem Ossa-Gebirge.

Die Gründung der Universität →Coimbra, die von herausragender Bedeutung für die kulturelle Entwicklung Portugals war, ist der Unterstützung der Kirche zu verdanken. Am 12. November 1288 ersuchten die Hauptwürdenträger der Kirche in einer Bittschrift an Papst Nikolaus IV. (1288–1292) um die Einrichtung eines *Studium generale* im Lande. Sie erfolgte am 1. März 1290 durch König Dinis (1279–1325) und wurde in der Bulle *De Statu Regni Portugalliae* vom 9. August 1290 bestätigt. Im Rahmen des zunächst in Lissabon eingerichteten *Studium generale* wurden die Rechte, die Medizin und die →*Artes liberales* unterrichtet; die theologische Fakultät wurde erst im Jahr 1400 gegründet.

In diesen von Unsicherheit und von den Kreuzzügen gekennzeichneten Zeiten kamen →Ritterorden auf, so der Templerorden, der Hospitalorden und die Orden von Calatrava und Santiago. Nach der Aufhebung des Templerordens konnte König Dinis 1319 von Papst →Johannes XXII. die Übertragung seiner Güter an einen neuen Orden, den Christusorden, erwirken. Die Bedeutung der Ritterorden hielt bis in die Zeit der Entdeckungen an. Am 30. Dezember 1551 verlieh die Bulle *Praeclara Charissimi* Papst →Julius' III. den portugiesischen Königen die Großmeisterwürde der seinerzeitigen drei Ritterorden, des Christusordens sowie der Orden von Santiago und von Sankt Benedikt von Avis.

Wie zu erwarten gab es Zeiten, in denen die Beziehungen zwischen geistlicher und weltlicher Macht durch Zwischenfälle getrübt wurden. Um den Frieden zum Nutzen beider wiederherzustellen und gute Beziehungen zwischen Kirche und weltlicher Herrschaft zu unterhalten, griff die weltliche Macht auf Konkordate zurück. Die ersten in Portugal bekannten Konkordate wurden von König Dinis und den Bischöfen des Königreichs am 7. und 11. Dezember 1289 geschlossen und von Papst Nikolaus IV. in der Bulle *Occurrit nostrae considerationi* am 7. März 1289 bestätigt.

Zu den bekanntesten Schriftstellern jener Epoche zählten der aus Portugal stammende Franziskaner und glänzende Redner Antonius von Lissabon (1195–1231), der Philosoph Petrus Hispanus (gest. 1277), der 1276 unter dem Namen Johannes XXI. Papst wurde und bedeutende Werke wie z.B. die *Summulae Logicales* und den *Thesaurus Pauperum* hinterließ, der Bischof von Silves, Álvaro Pais (gest. 1353), der das Werk *De Planctu Ecclesiae* verfaßte, in dem er für eine Reform der Kirche eintrat, und Thomas Scotus (14. Jh.), der in Portugal die Kontroverse über den heterodoxen Aristotelismus nachvollzog, die die Universität →Paris in den Jahren 1265–1277 in Aufruhr hielt (s. TRE 5,48,50ff.). In dem Bereich der kirchlichen Literatur, in dem die →Scholastik dominierte, waren insbesondere bedeutsam der *Livro da Corte Imperial* (Buch des Königshofs), das Werk *Leal Conselheiro* (Treuer Berater) über moralische und christliche Philosophie von König Eduard (Duarte [1391–1438], regierte seit 1433), die moralische Abhandlung *Livro da Virtuosa Benfeitoria* (Buch der tugendhaften Wohltätigkeit) von dem Infanten Pedro (1392–1449) und die *Vita Christi* (1445), eine Übersetzung des Werkes von →Ludolf von Sachsen, die 1495 in Lissabon veröffentlicht wurde und, soweit man weiß, die zweitälteste in Portugal gedruckte Inkunabel ist (die erste war der *Pentateuch* von Faro von 1487).

Bedeutende Persönlichkeiten, die sich durch Überlegungen zur Kirchenreform auszeichneten, waren der Bischof Fernando da Guerra von Braga, die Mönche João Álvares und Gomes sowie André Dias Escobar (ca. 1367–ca. 1437); sie hatten besonders großen Einfluß in Italien. Des weiteren sei auch erwähnt, daß Portugiesen am Konzil von →Konstanz teilnahmen, das wegen der Kirchenreform und des avignonesischen Schismas zusammengetreten war, währenddessen Portugal der römischen Observanz angehörte; zu nennen sind die Bischöfe von Porto und Viseu und die Juristen Vasco Fernandes de Lucena und Diogo Afonso Mangancha.

Von den zahlreichen Heiligen und Seligen jener Zeit seien hier nur folgende genannt: die heiligen Martin von Braga (579), Fructuosus (665) und Gerald (1108), die alle Erzbischöfe von Braga waren; der heilige Rudesind (Rosendo), Bischof von Mondoñedo und Iria und Gründer des Klosters Celanova, wo er 977 starb; die heilige Senhorinha von Basto (982); die heiligen Sancha (1229), Theresia von Portugal (1250) und Mafalda (1256); der heilige Antonius von Lissabon (1231), der außerhalb Portugals als Antonius von Padua bekannt ist; der heilige Gonçalo von Amarante (1259); der heilige Gil (1265); die heilige Königin Isabel (1336), Gattin des Königs Dinis und Schutzherrin von Coimbra; der heilige Gonçalo von Lagos (1422); der selige Nuno von Santa Maria (1431), der sich vorher Nuno Álvares Pereira nannte und Marschall des Königs war; der Heilige Infant Fernando (1443), Sohn König Johanns I. und Bruder des Infanten Heinrich des Seefahrers; die heilige Prinzessin Johanna (1490) und die heilige Beatrix von Silva (1490). Sie alle trugen viel zur Entwicklung der portugiesischen Kultur und Gesellschaft bei.

In den Klöstern und Domschulen entstanden bedeutende Bücher, so z. B. im Kloster von Lorvão die beiden illuminierten Codices *Livro das Aves* (Buch der Vögel) und *Apocalipse* und im Kloster Santa Cruz in Coimbra ein *Altes Testament*; diese Werke stammen alle aus dem 12. Jh.

Gewichtige Zeitzeugen der romanischen Kunst sind die Kathedralen (Sé) von Coimbra, Braga, Porto, Lissabon und Évora sowie viele andere Kirchen des Landes. Gotische Baudenkmäler finden sich in den Klöstern von Alcobaça, Santa Clara-a-Velha in Coimbra, Batalha und Leça do Balio.

3. *Spätmittelalter und Reformationszeit*

Während der Dynastie der Avis (1385–1580) erlangte Portugal durch die Entdekkungsfahrten Weltgeltung. Der Infant Heinrich der Seefahrer (1394–1460), Sohn des Königs Johann I. (1385–1433), setzte sich zunächst nachdrücklich für die Eroberungen im Norden Afrikas (Ceuta) ein und wandte sich dann später der Seefahrt zu. Hier konnte er sich auf die bestehenden Seestreitkräfte und die wirtschaftliche und administrative Stärke des Christusordens stützen.

Portugiesische Seefahrer entdeckten Madeira (1420) und die Azoren (1427), umsegelten das Kap Bojador (1434), gelangten nach Guinea (1447) und passierten das Kap der Guten Hoffnung (1488). So wurde der Seeweg nach Indien erschlossen, wo 1498 Vasco da Gama landete. Aufgrund des Vertrages von Tordesillas (1494), den die Könige von Portugal und Kastilien auf Initiative des Papstes →Alexander VI. abschlossen, wurde die Welt dem Grundsatz des *mare clausum* gemäß in zwei Einflußsphären geteilt, was die iberische Vormachtstellung im 16. Jh. zum Ausdruck bringt. Als Pedro Álvares Cabral im Jahre 1500 nach Brasilien (→Lateinamerika) – damals „Terra de Santa Cruz" genannt – gelangte, war Lissabon bereits ein bedeutender Umschlagplatz für den Gewürzhandel. Darüber hinaus wurde das Wissen auf den verschiedensten Gebieten beträchtlich erweitert, so z. B. in der Anthropologie und der Pharmakologie. Auf dem letztgenannten Gebiet war das *Colóquio dos simples e das drogas da Índia* (Kolloquium über Heilkräuter und Drogen aus Indien) von Garcia da Orta (1563) von herausragender Bedeutung. In der Kunst finden sich die Entdeckungen im Emanuelstil verewigt. Eindrucksvolles Beispiel hierfür ist das Hieronymus-Kloster in Lissabon.

Aber die Entdeckungsfahrten dienten nicht nur der Ausweitung des portugiesischen Hoheitsgebietes und Handels, sie eröffneten vielmehr auch eine einzigartige Gelegenheit für eine intensive kulturelle und missionarische Wirksamkeit, durch die der christliche Glaube und die portugiesische Sprache bis in die entferntesten Teile der Weltkugel getragen wurden. Wie bereits 1442 in Ceuta und 1487 in Safim wurden in den neuen Besitzungen Diözesen eingerichtet. Zur Diözese Funchal gehörten ab 1514 alle Überseemissionen, die bis dahin kirchlich dem Vikariat des Christusordens unterstanden. Von dieser Diözese spalteten sich 1534 die Diözese Angra (Azoren) und 1551 die Diözesen Kap Verde, São Tomé, Goa und Baía (Brasilien) ab. Ihnen folgten 1555 die Diözesen Äthiopien, 1557 Malakka in Hinterindien und 1558 Cochin in Südindien, die Suffragandiözesen der Diözese Goa waren. Die Diözesen Macau (1575), Japan (1588), Kongo und Angola (1597) sowie das südindische Bistum Cranganore (1599) trennten sich als letzte von der Diözese Funchal. Der Diözese Goa unterstanden anfangs alle Überseebesitzungen vom Kap der Guten Hoffnung bis nach Indien und China.

Aus dieser Zeit stammen auch bedeutende Missionare wie die Jesuiten Francisco →Xavier in Indien und Manuel da Nóbrega (1517–1570) in Brasilien sowie viele weitere Missionare aus dem Säkular- und Regularklerus: Franziskaner, Dominikaner und Augustiner, die insbesondere in Persien bedeutende Arbeit leisteten, sowie Benediktiner und Jesuiten, die vor allem in Brasilien, Äthiopien und im Orient tätig waren. Höhepunkte in der Geschichte der portugiesischen Missionstätigkeit war die Bekehrung des Königs von Kongo (südliches Zaire und nördliches Angola) Afonso (1506–1543) und der Durchbruch des Katholizismus in →Japan.

Die Kurie verlieh der portugiesischen Krone das sog. Überseepatronat, d.h. das Privileg, für freie Benefizien geeignete Benefiziaten vorzuschlagen. Das *ius patronatus* findet zum ersten Mal in der Bulle *Etsi suscepti* von Papst Eugen IV. vom 9. Januar 1444 Erwähnung. Die portugiesische Krone, für die der Heilige Stuhl bereits eine Kreuzzugsbulle erlassen hatte, wurde auch bei ihrem Kampf gegen die Mauren von den Päpsten unterstützt. Im Jahr 1496 rief Papst Alexander VI. zur Hilfe für die Expedition des portugiesischen Königs Manuel I. (1495–1521) auf. Innozenz VIII. (1484–1492), →Julius II., →Leo X., →Gregor XIII. und Gregor XIV. (1590–1591) waren einige der Päpste, die Gläubigen besondere Gnaden gewährten, wenn sie an den Entdeckungsfahrten teilnahmen oder sie mit Geldern oder sonstigen Mitteln unterstützten. Auch der Heilige Stuhl selbst leistete den portugiesischen Armadas materielle Hilfe.

Im 15. und 16. Jh. erlebte Portugal aufgrund seiner Verbindung zu den wichtigsten europäischen Kulturzentren in →Salamanca, Bologna, Siena, →Löwen, →Paris, →Montpellier und Bordeaux eine weite Verbreitung des →Humanismus und seiner bedeutendsten Vertreter. Der Einfluß von →Erasmus von Rotterdam und seiner christlich-humanistischen Geistigkeit machte sich bemerkbar. Die 1537 von König Johann III. (1521–1557) endgültig nach Coimbra verlegte Universität, die durch die Tätigkeit der Hieronymiten Diogo de Murça und Brás de Barros reformiert worden war, erfuhr eine bedeutende Fortentwicklung. Im Umfeld der Universität wurden Universitätskollegien gegründet, von denen die meisten religiösen Orden unterstanden. Das *Collegium Artium* z. B. wurde 1548 von König Johann III. gegründet, der es zunächst den großen Humanisten Diogo de Teive, Manuel da Costa und George Buchanan (1506–1582) und später ab 1555 den Jesuiten anvertraute.

Auf allen Gebieten bedeutsam war das Wirken der Gesellschaft Jesu (→Jesuiten), die 1540 durch Simão Rodrigues nach Portugal gelangte. Im ganzen Land baute sie ein weites Netz von Kollegien auf. Zu höchstem Ruf gelangte das Jesuiten-Kolleg in Coimbra, das fast eine Universität war und aus dem herausragende Persönlichkeiten des wissenschaftlichen Lebens und der Mission hervorgingen. Hier wurde auch der bekannte *Curso dos Conimbricenses* verfaßt, eine Neubelebung der scholastischen Philosophie, die u.a. Manuel de Góis, Sebastião do Couto und Pedro da Fonseca zu verdanken ist und von Coimbra aus in ganz Europa Verbreitung fand. In diesem Kolleg arbeiteten auch der herausragende Meister der Rhetorik Cipriano Soares und Pater Manuel Álvares, dessen lateinische Grammatik von 1572 einen außerordentlichen Erfolg hatte. Sie erlebte mehr als 500 Auflagen und wurde in Portugal bis zur Vertreibung der Jesuiten 1759 benutzt.

Im Jahr 1559 gründete Kardinal Infant Heinrich in Évora eine der kirchlichen Wissenschaft gewidmete Universität, deren Leitung er der Gesellschaft Jesu anvertraute. Hier unterrichteten berühmte Persönlichkeiten wie Luis de →Molina, der für die Entwicklung der Lehre des →Probabilismus eine bestimmende Rolle spielte, die bedeutenden Exegeten Brás Viegas, Francisco de Mendonça, Sebastião Barradas, António Fernandes und Cosme de Magalhães sowie auch Cristóvão Gil, Jorge Serrão, Pedro Luís, Nicolau Godinho und andere mehr.

Ein weiteres bedeutendes Kulturzentrum war das Kloster Santa Cruz in Coimbra, wo in glänzender Weise Theologie, Bibelauslegung, Geisteswissenschaften und Musik unterrichtet wurden. Hier wurde auch eine der ersten Druckereien Portugals betrieben. Wie viele andere Klöster zu jener Zeit hatte auch das Kloster Santa Cruz eine reiche Bibliothek. Persönlichkeiten wie der Bibelwissenschaftler Pedro de Figueiró und die Musiker Pedro de Cristo und Pedro da Esperança verhalfen dem Kloster zu Rang und Namen in Portugal.

Zu den größten Gelehrten, die zu jener Zeit aus der Kirche in Portugal hervorgingen, zählen die Exegeten Jerónimo de Azambuja, Francisco Foreiro, Manuel de Sá, Heitor Pinto, Luis de Sotomaior und Jerónimo Osório, die Theologen Diogo de Paiva de Andrade, der in seinen Werken Martin →Chemnitz bestritt, und Álvaro Gomes sowie die Mystiker Heitor Pinto, Amador Arrais, Tomé de Jesus, Bartolomeu dos Mártires und Agostinho de Cruz. Die Schulen von Vitória und →Salamanca hatten bedeutenden Einfluß auf einige portugiesische Autoren (z.B. auf Francisco →Suárez).

Portugal nahm aktiv am Konzil von Trient (→Tridentinum) teil, dessen Dekrete es als eines der ersten Länder (12. September 1564) billigte. Während der ersten Tagungsperiode des Konzils waren der Bischof von Porto Baltasar Limpo und die Mönche Jorge de Santiago, Jerónimo de Azambuja und Gaspar dos Reis zugegen; während der zweiten Tagungsperiode nahmen Diogo da Silva, Diogo de Gouveia, João Pais, Diogo Mendes de Vasconcelos und der Bischof von Silves João de Melo e Castro teil. Während der dritten Tagungsperiode waren der Erzbischof von Braga Bartolomeu dos Mártires und der Bischof von Leiria Gaspar do Casal anwesend. Eine Maßnahme, die gleich im Anschluß an das Konzil getroffen wurde, war eine Neubelebung der religiösen Orden, die Ausarbeitung von Diözesanstatuten und die Einrichtung von Priesterseminaren. Das erste Priesterseminar wurde 1572 in Braga gegründet.

Das Wirken der →Katholischen Reform blieb in Portugal nicht auf die →*Professio fidei Tridentina* und die offizielle Billigung der Vulgata beschränkt. Von fundamentaler Bedeutung war das Vorgehen des Heiligen Offiziums (→Inquisition) und das *Verzeichnis der verbotenen Bücher* (→Zensur). Hierdurch sollte dem Eindringen jüdischer Vorstellungen, protestantischen Neigungen, abergläubischen Bräuchen und verwerflichen Sitten und Gebräuchen entgegengewirkt werden. Noch unter König Manuel I. (1495–1521) wurden die zur Einführung der Inquisition notwendigen Maßnahmen eingeleitet, die dann unter König Johann III. (1521–1557) ausgeführt wurden. Ihre Einführung steht in Zusammenhang mit der Zwangsbekehrung der Juden von 1497 – diejenigen, die sich dabei nicht hatten bekehren lassen wollen, mußten damals das Land verlassen, darunter auch die Eltern von →Isaak Abravanel. Sie hatte zur Folge, daß sich unter den Neuchristen oder →Marranen heimliche jüdische Gemeinschaften bildeten. Die Inquisition wurde durch die Bullen *Cum ad nihil magis* vom 23. Mai 1536 und *Meditatio cordis* vom 16. Juli 1547 eingerichtet. Seit dem 17. Jh. war sie im wesentlichen ein politisches Gericht. Im Jahr 1821 wurde sie schließlich von einem liberalen Regime abgeschafft.

4. Frühe Neuzeit (1577–1789)

Von 1580 bis 1640 wurde Portugal von spanischen Monarchen der sog. philippischen, mit König →Philipp II. beginnenden Dynastie regiert. Nach der Wiederherstellung der portugiesischen Krone unter König Johann IV. (1640–1656) war der Heilige Stuhl wenig geneigt, sie anzuerkennen, denn dies hätte die katholische Monarchie der spanischen Krone verletzt. Die Bischofsämter, die nun vakant wurden, blieben unbesetzt und wurden daher vorübergehend von den jeweiligen Domkapiteln geleitet. Erst am 2. April 1669, während der Herrschaft König Peters II. (1667–1683), erkannte Papst Clemens IX. (1667–1669) die gewählten Bischöfe an und billigte portugiesische Gesandte bei der Kurie. Schon seit 1619 fand auf die Initiative des Heiligen Stuhls hin die Lehre der Unbefleckten Empfängnis Marias (vgl. TRE 22,145,33ff.) immer mehr Verbreitung im Lande. Die Universität Coimbra hatte sich durch Schwur verpflichtet, für diese Lehre einzutreten.

Die bedeutendsten Heiligen jener Zeit waren der heilige João de Deus (1495–1550), der am 21. September 1630 selig- und am 16. Oktober 1690 heiliggesprochen wurde, und der am 21. August 1852 selig- und am 22. Juni 1947 heiliggesprochene João de Brito (1647–1693).

Unter König Johann V. (1706–1750) nahm der Absolutismus seinen Anfang, und die Gedanken des Regalismus, des →Gallikanismus und des →Episkopalismus sowie des Jansenismus (→Jansen/Jansenismus) drangen immer weiter vor. Im Jahr 1716 verlieh Papst Clemens XI. (1670–1676) als Dank für die portugiesische Hilfe im Kampf gegen die Türken der königlichen Kollegiatskapelle in Lissabon die Würde einer Kirche und erhob sie zur Patriarchalbasilika. Er ließ ihr derartige Ehren und Privilegien zuteil werden, daß sie zu einer Art „Miniatur des Päpstlichen Hofs" wurde. Im Jahr 1720 erklärte die portugiesische Krone ihre Zustimmung zur Bulle *Unigenitus*, die 101 jansenistische Sätze verurteilte. Im Jahr 1728 wurde das 1487 abgeschaffte königliche *Placet* wiederhergestellt, und am 6. Mai 1765 wurde es zu einer rechtswirksamen Bestimmung. Am 21. April 1749 erhielt König Johann V. von Papst Benedikt XIV. (1740–1758) den Titel *Rex Fidelissimus* verliehen.

Zu jener Zeit kamen viel Gold und wertvolle Hölzer aus Brasilien nach Portugal, so daß großartige Bauwerke im zeitgenössischen Stil des →Barock gebaut werden konnten. Ein Beispiel dafür ist der *Konvent von Mafra* (1730), dessen Leitung zunächst den Mönchen von Arrábida und später den Augustiner-Chorherren übertragen wurde. Der Konvent hatte eine wertvolle Bibliothek und wurde zu einem kulturellen Zentrum jener Zeit. Ein weiteres Beispiel ist die *Johannische Bibliothek* der Universität Coimbra. Darüber hinaus entstanden viele Kirchen und Denkmäler in verschiedenen Städten des Landes, an deren Bau italienische Künstler – wie z. B. Nazoni – wesentlich beteiligt waren. Außerdem wurde 1720 eine höchst bedeutende kulturelle Initiative ergriffen und die *Portugiesische Akademie der Geschichte* gegründet.

Unter den Schriftstellern jener Epoche ragen hervor der Jesuit António Vieira (1608–1697), ein großartiger Redner, der sich für die Juden und die einheimische Bevölkerung Brasiliens einsetzte, Manuel Bernardes, António das Chagas, Bartolomeu do Quental, Francisco de Santo Agostinho de Macedo, der Philosoph João de S. Tomás, der Exeget João da Silveira und der Jurist Agostinho Barbosa; und unter den Geschichtsschreibern sind Luís de Sousa, Bernardo de Brito, António Brandão, Leão de S. Tomás und Rodrigo da Cunha zu nennen. Der Oratorianer António Pereira de Figueiredo und der Calvinist João Ferreira de Almeida schufen portugiesische Bibelübersetzungen. Ein herausragendes kulturelles Unternehmen war die Niederlassung der →Oratorianer in Lissabon 1668, die sich dem Studium der Wissenschaften und der Philosophie widmeten. Darüber hinaus wurden verschiedentlich Versuche zur Modernisierung der Studien unternommen; in diesem

Sinn wurden höchst bedeutende Arbeiten veröffentlicht, so z. B. 1746 das Werk *Verdadeiro Método de Estudar* (Rechte Weise des Studiums) von Luís António Vernei.

Mit der Thronbesteigung König Josephs I. (1750–1777) nahm die Verbreitung regalistischer und aufklärerischer Gedanken zu, insbesondere unter dem Einfluß seines Ersten Ministers Sebastião José de Carvalho e Melo, Graf von Oeiras und späterer Marquis von Pombal (1699–1782). Von ausländischem Gedankengut inspiriert, veranlaßte Pombal eine Reihe von Reformmaßnahmen, wie z. B. die Vertreibung der Gesellschaft Jesu 1759. In ihrem Gefolge mußten etwa 1.700 Jesuitenpatres und 900 Missionare das Königreich verlassen und 20 Kollegien und die Universität Évora ihre Pforten schließen. Die Auseinandersetzungen mit der Kirche spitzten sich zu. Insbesondere bekannt geworden ist der Fall des Bischofs Miguel da Anunciação von Coimbra, dem die Gründung der *Liturgischen Akademie* und des *Conimbrizensischen Oberseminars* (1748) zu verdanken ist. Weil er angeblich einen Hirtenbrief ohne vorherige Genehmigung der Krone veröffentlicht hatte, wurde er wegen Majestätsbeleidigung und geheimer Sympathie für eine als jakobäische Häresie diskreditierte zeitgenössische Reformbewegung angeklagt und verbrachte mehrere Jahre im Gefängnis. Erst nach dem Tod Josephs I. wurde er freigelassen. Positive Aspekte der Regentschaft waren die Einrichtung von drei neuen Diözesen, Penafiel und Pinhel (1770), die nur kurze Zeit bestanden, und Aveiro (1774), sowie die Reform der Universität Coimbra, die 1772 durchgeführt wurde. Der Studienplan wurde unter dem Einfluß des →Josephinismus und von Anhängern des Regalismus, →Naturrechts und →Episkopalismus, wie z. B. →Febronius, neu gestaltet.

5. *Neuere Zeit (seit 1789)*

Unter der Herrschaft Königin Marias I. (1777–1792) und König Johanns VI. (1792–1826) erlebte Portugal äußerst schwierige Zeiten für die Kirche. Ursache hierfür war, daß der Enzyklopädismus (→Aufklärung), das Freimaurertum (→Freimaurer) und revolutionäres Gedankengut (→Französische Revolution) in das Land getragen wurden. Dieser Einfluß nahm mit den französischen Invasionen (1807–1810) und insbesondere mit dem Sieg des →Liberalismus (1820) noch zu. Zu jener Zeit gab es in Portugal 18.000 Priester bei einer Bevölkerungszahl von 3,5 Millionen Einwohnern, d.h. also einen Priester für je 200 Einwohner. Das Heilige Offizium wurde 1821 aufgehoben, Brasilien wurde 1822 unabhängig, und durch einen Erlaß vom 20. Mai 1834 schließlich wurden die religiösen Orden abgeschafft. Die liberale Regierung verringerte die Zahl der Diözesen und vertrieb die Jesuiten, die während der kurzen Herrschaft König Michaels I. (1828–1834) nach Portugal zurückgekehrt waren. Viele der von Michael ernannten Bischöfe wurden ihres Amtes enthoben und durch Vikare mit liberaler Gesinnung ersetzt. Dies führte zu einer Art von Schisma, das erst nach dem Konkordat von 1841 überwunden wurde. Im Jahr 1857 wurde ein neues Konkordat über das Patronat abgeschlossen (das 1886 revidiert wurde), und 1860 kehrten die religiösen Orden nach Portugal zurück. Doch trotz des herrschenden Rationalismus, der zunehmenden Säkularisierung und des Antiklerikalismus der politisch maßgeblichen Kreise entstanden einige Institutionen, die das religiöse Leben wiederbelebten, so z. B. der *Katholische Verein* in Porto (1873), die *Thomas-von-Aquin-Akademie* in Coimbra (1879), das *Nationalzentrum* (1884), das *Portugiesische Pontifikalkolleg* in Rom (1899) und das *Akademiezentrum der Christdemokratie* in Coimbra (1901) gleich neben der Universität. Es wurde gegen →Positivismus und →Modernismus vorgegangen. Verschiedene katholische Veröffentlichungen erschienen, in denen u.a. im Anschluß an die Enzyklika *Rerum Novarum* Papst →Leos XIII. auch soziale Fragen erörtert wurden.

Auch wenn man noch berühmte Theologen wie Joaquim de Santa Clara und Francisco Rodrigues de Azevedo und bedeutende Namen wie Manuel do Cenáculo, Augusto Eduardo Nunes, Bernardo Augusto Madureira, Francisco Alexandre Lobo und Fortunato de S. Boaventura findet, so gerieten doch zu jener Zeit die theologischen Studien sichtlich in Verfall.

Zu Beginn des 20. Jh. gab es in Portugal noch 557 Klöster. Bald zeigte sich jedoch auch hier deutlich ein allgemeiner Verfall der christlichen Grundsätze, der mit den Veränderungen nach der Ausrufung der Republik am 5. Oktober 1910 seinen Höhepunkt erreichte. Mit ihr wurde eine antiklerikale Kampagne eingeleitet, in deren Folge viele Kirchengüter konfisziert und Priesterseminare geschlossen wurden. Die Lehrtätigkeit an der theologischen Fakultät der Universität Coimbra wurde eingestellt; die Erzbischöfe von Lissabon und Braga sowie die Bischöfe von Lamego und Portalegre wurden aus ihren Diözesen vertrieben, und der Bischof von Porto António Barroso wurde wegen eines von ihm verfaßten Hirtenbriefes verhaftet. Schließlich wurde die Trennung von Kirche und Staat verfügt. Die Verfassung vom 21. August 1911 schränkte die →Religionsfreiheit und die Freiheit der religiösen Erziehung stark ein. Im Jahre 1913 wurde auch der apostolische Nuntius des Landes verwiesen. Erst 1918 wurde der Bruch zwischen Portugal und dem Vatikan überwunden. Am 24. Dezember 1910 brachte der portugiesische Episkopat einen gemeinsamen Hirtenbrief heraus, in dem er für die Kirche eintrat. Auch Papst →Pius X. befaßte sich in der Bulle *Jamdudum in Lusitania* vom 24. Mai 1911 mit der Lage der Kirche in Portugal.

Man kann sagen, daß die Marienerscheinungen in Fatima (1917) das Ereignis waren, das am meisten zur Wiederbelebung des religiösen Lebens in Portugal beigetragen hat. Im Jahr 1919 wurde das *Katholische Zentrum* eingerichtet, 1922 die Diözese Vila Real gegründet, und 1926 trat das Portugiesische Plenarkonzil zusammen. Die Nationalbewegung vom 28. Mai 1926 stellte schließlich die Ordnung im Land wieder her und gab der Kirche ihre traditionellen Freiheiten zurück, hielt aber an der Trennung von Kirche und Staat fest (Verfassung von 1933). Am 7. Mai 1940 wurden ein neues Konkordat sowie das Missionsabkommen verabschiedet. Im Jahr 1967 wurde die philosophische Fakultät Braga als erste Fakultät der katholischen Universität und 1971 die theologische und die philologische Fakultät in Lissabon gegründet, zu denen später weitere Fakultäten hinzukamen. In dieser Universität wirkt auch die portugiesische Sektion der Görresgesellschaft. In verschiedenen Teilen des Landes entstanden theologische Institute. Nicht zuletzt sei auch auf die Rolle der →*Katholischen Aktion* bei der Ausbildung von Laienpredigern hingewiesen.

Infolge des II. Vatikanischen Konzils (→Vatikanum II), das dem religiösen Leben neue Impulse verlieh, wurde zum ersten Mal eine starke Linkstendenz in der Kirche spürbar, die zu einigen Aktionen gegen das damalige Regime und zur Zusammenarbeit einiger kirchlicher Einrichtungen mit der Revolution vom 25. April 1974 führte. Einige nach der Revolution auftretende Schwierigkeiten wurden insbesondere mit der Unterzeichnung des Zusatzprotokolls zum Konkordat am 15. Dezember 1975 überwunden. Drei neue Diözesen – Santarém (1975), Setúbal (1975) und Viana do Castelo (1977) – wurden eingerichtet.

Das Abkommen vom 31. Dezember 1974 über den portugiesischen Teil Indiens gab dem offiziellen Verzicht auf Patronatsrechte über die Erzdiözese Goa Ausdruck. Im Jahr 1984 wurde der Name der Diözese Leiria offiziell in Leiria-Fátima geändert und so die Bedeutung des Heiligtums anerkannt, das bereits dreimal von Päpsten – 1967 von →Paul VI. und 1982 und 1991 von Johannes Paul II. – besucht wurde.

Nach der Revolution von 1974 erklärten die früheren Überseebesitzungen ihre Unabhängigkeit: 1974 Guinea-Bissau und 1975 Kap Verde, S. Tomé und Príncipe, Angola und Moçambique. Eine der Auswirkungen der Revolution war auch die faktische Aufhebung des Missionsabkommens von 1940, obwohl die portugiesische Kirche weiterhin eine wichtige Rolle im Rahmen der Missionstätigkeit in Afrika spielt. Im Jahre 1991 wurden „Fünf Jahrhunderte Verkündigung des Evangeliums und Kulturbegegnung" feierlich begangen.

Neuesten Statistiken zufolge (1990) gibt es derzeit in Portugal 18 Diözesen auf dem Festland, zwei in den autonomen Regionen (Funchal auf Madeira und Angra do Heroismo auf den Azoren) und eine in Macau. Die Diözesen auf dem portugiesischen

Festland sind: das Patriarchat Lissabon, die Erzdiözesen Braga und Évora sowie die Diözesen Aveiro, Bragança-Miranda, Coimbra, Lamego, Porto, Viana do Castelo, Vila Real und Viseu (Suffraganbistümer von Braga); weiterhin die Diözesen Guarda, Leiria-Fátima, Portalegre-Castelo Branco, Santarém und Setúbal, die wie die Diözesen der autonomen Regionen Suffraganbistümer von Lissabon sind. Die größte Diözese ist Lamego mit über 2,8 Millionen km^2, die aber gleichzeitig mit rund 172.000 Seelen auch die bevölkerungsärmste ist, wohingegen die bevölkerungsreichste mit über 2,3 Millionen Gläubigen das Patriarchat Lissabon und die geographisch kleinste Macau mit nur 16,9 km^2 ist. Die Bevölkerungszahl Portugals liegt derzeit bei 10 Millionen Einwohnern, von denen 90% eigenen Angaben zufolge Katholiken sind. Weiterhin gibt es in Portugal die *Lusitanische Apostolisch-Katholische Kirche* (Anglikaner), verschiedene presbyterianische, methodistische, adventistische, evangelische und andere Gemeinden sowie Mormonen, kleine jüdische und islamische Gemeinschaften (vor allem im Raum Lissabon), ein *Ökumenisches Zentrum von der Versöhnung* in Figueira da Foz und ein *Portugiesisches Zentrum der Christlichen Kirchen.*

In Portugal erscheint auch eine Reihe theologischer und religiöser Zeitschriften: *Brotéria, Carmelo Lusitano, Cenáculo, Communio, Didaskalia, Humanistica e Teologia, Igreja e Missão, Itinerarium, Lusitania Sacra, Ora et Labora, Reflexão Cristã, Revista Bíblica, Theologica, Revista Portuguesa de Filosofia, Vita Spiritus* und anderes mehr.

Quellen und Literatur

Allgemeines: Fortunato de Almeida, História da Igreja em Portugal, 6 Bde., Coimbra 1910–1912; Neuausg., 4 Bde., Barcelos 1970. – A.J. Anselmo, Bibliografia das obras impressas em Portugal no século XVI, Lissabon 1926. – Santo António de Lisboa [= Antonius v. Padua], Obras Completas, Porto 1987. – Carlos de Azevedo, Bibliografia para a História da Igreja em Portugal. I. (1961–1963): HumTeo 2/1–2 (1981); II. (1964–1966): ebd. 3/1–2 (1982); III. (1967–1970): ebd. 5/1–2 (1984); IV.–V. (1971–1974): ebd. 6/3 (1985); 8/2–3 (1987); VI. (1975–1979): ebd. 10/2–3 (1989); VII. (1980–1984): ebd. 11/1 (1990). – Joaquim Azevedo, Esboço de Cronologia da História da Igreja em Portugal (1820–1910): Estudos Contemporâneos O (1979) 157–209. – Pedro de Azevedo, Documentos das Chancelarias Reais, 1415–1456, 2 Bde., Lissabon 1915–1934. – R.-D. Barnett u.a. (Hg.), The Sephardi Heritage. Essays on the History and Cultural Contribution of the Jews of Spain and Portugal, London 1971. – Bibliografia Anual de História de Portugal ano de 1991, Coimbra 1995. – Bibliografia Filosófica Portuguesa (1931–1987), Lissabon 1988. – M.P. Cardoso, História do Protestantismo em Portugal, Figueira da Foz 1985. – Charles J. Bishko, Spanish and Portuguese Monastic History 600–1300, 1984 (CStS 188). – Teófilo Braga, História da Universidade de Coimbra nas suas relações com a instrução pública portuguesa, 4 Bde., Lissabon 1892–1902. – M. Bernardes Branco, História das Ordens monásticas em Portugal, Lissabon 1883. – Mário Brandão/Manuel Lopes de Almeida, A Universidade de Coimbra. Esboço da sua história, Coimbra 1937. – António Brásio, Monumenta Missionaria Africana – África Ocidental. 1ª sér., 15 Bde., Lissabon 1952–1988; 2ª sér., 6 Bde., ebd. 1958–1991. – Eduardo Brazão, Colecção de Concordatas estabelecidas entre Portugal e a Santa Sé de 1238–1940, Lissabon 1941. – Bernardo de Brito, Primeira Parte da Crónica de Cister, Lissabon 1602. – Bullarium Monasterii Sanctae Crucis Conimbricensis, hg. v. Manuel Augusto Rodrigues, Coimbra 1991. – Bullarium Patronatus Portugalliae Regum in Ecclesiis Africae, Asiae et Oceaneae, hg. v. L.M. Jordão u.a., 8 Bde., Lissabon 1868–1879. – J. Ferreira Borges de Castro, Colecção dos Tratados e Actos Públicos celebrados entra a Coroa Portuguesa e as mais Potências desde 1640 até ao presente, 3 Bde., Lissabon 1858. – Chartularium Universitatis Portugalensis, 12 Bde., Lissabon 1966–1995. – Armando Cortesão/A. Teixeira da Mota, Portugaliae Monumenta Chartographica, 6 Bde., Lissabon 1960–1962. – António Domingues de Sousa Costa, Monumenta Portugaliae Vaticana, 4 Bde., Porto 1968–1970. – M. Gonçalves Costa, História do Bispado e cidade de Lamego, 5 Bde., Lamego 1977–1986. – D. Rodrigo da Cunha, História eclesiástica dos Arcebispos de Braga, 2 Bde., Braga 1989 (Faksimiledr. der Ausg. v. 1634–1635). – Dicionário de história da Igreja em Portugal, 2 Bde. ersch., Lissabon 1980–1983. – Carl Erdmann (Hg.), Papsturkunden in Portugal, 1927 (AAWG.PH NF 20,3); Neudr. Nendeln 1970. – Manuel da Esperança/Fernando da Soledade, História seráfica da Ordem dos Frades Menores na província de Portugal, 5 Bde., Lissabon 1656–1721. – Francisco Leitão Ferreira, Noticias Cronologicas da Universidade de Coimbra. Com Aditamentos e Notas, 2. Aufl. hg. v. Joaquim de Carvalho, 4 Bde., Coimbra 1937–1944. – Antonio García y García, Synodicon Hispanum. II. Portugal, Madrid 1982. – Zaccaria Giacometti, Quellen zur Gesch. der Trennung v. Staat u. Kirche, Tübingen 1926; Neudr. Aalen 1961. – HKG(J). – Inventário Artístico de Portugal, bisher ersch.

13 Bde., Lissabon 1943–1995. – Richard Konetzke, Gesch. des span. u. port. Volkes, Leipzig 1939. – Liber anniversariorum Ecclesiae Cathedralis Conimbriensis (Livro das Kalendas). Ed. crítica de colab. com Torquato de Sousa Soares, 2 Bde., Coimbra 1947–1948. – Marcos de Lisboa, Crónicas dos Frades Menores, Lissabon 1615. – Livro Preto da Sé de Coimbra, nur 3 Bde. ersch., Coimbra 1972–1974. – Livro Santo de Santa Cruz, hg. v. Leontina Ventura/Ana Santiago Faria, Coimbra 1990. – Livro Verde da Universidade de Coimbra. Transcrição e notas de António Gomes da Rocha Madahil, Coimbra 1940 (Neudr. v. Manuel Augusto Rodrigues, ebd. 1992; Faks. des Chartularium v. Manuel Augusto Rodrigues, ebd. 1990). – Diogo Barbosa Machado, Bibliotheca Lusitana, 4 Bde., Lissabon 1741–1759; Neuausg. Coimbra 1975–1977. – José Mattoso/Maria de Lourdes Belchior Pontes/José Adriano de Freitas Carvalho/António Matos Ferreira, Art. Portugal: DSp 12,2 (1986) 1952–1985. – Monumenta Henricina, hg. v. M. Lopes de Almeida/A.J. Dias Dinis/Costa Brochado u.a., bisher ersch. 15 Bde., Coimbra 1960–1974. – Pedro Álvares Nogueira, Vidas dos Bispos da Sé de Coimbra até 1594, Coimbra 1942. – Miguel de Oliveira, As paróquias rurais portuguesas. Sua origem e formação, Lissabon 1950. – Ders., Art. Portugal: LThK^2 8 (1963) 630–635. – Ders., História Eclesiástica de Portugal, Lissabon ^{4}1968 = 1994. – António da Piedade/José de Jesus Maria, Espelho de penitentes e Crónica da província de Santa Maria da Arrábida, 2 Bde., Lissabon 1728–1737. – Portugaliae Monumenta Historica a saeculo octavo post Christum usque ad quintundecimum, Lissabon 1856. – António da Purificação, Crónica da antiquíssima província de Portugal da Ordem dos Eremitas de S. Agostinho, Lissabon 1656. – A. da Silva Rego, Documentação para a história das missões do Padroado Português do Oriente, 10 Bde., Lissabon 1947–1953. – Repertório Bibliográfico de Historiografia Portuguesa 1974–1994, Coimbra 1995. – Robert Ricard, Études et documents pour l'histoire de l'Espagne et de Portugal, Löwen 1930. – Francisco Rodrigues, História de Companhia de Jesus na Assistência de Portugal, 7 Bde., Porto 1931–1944. – Manuel Augusto Rodrigues, Art. Coimbra: TRE 8 (1981) 146–149. – Ders., A Fundação da Universidade de Coimbra e a influência do pensamento e da ciência árabo-islâmicos nos principais centros intelectuais e científicos de Portugal na Idade Média: Actas sobre Bartolomeu Dias e a sua época, Porto 1989, 311–336. – Ders., A Universidade de Coimbra. Marcos da sua História, Coimbra 1991. – Jerónimo de São José, História cronológica da Ordem da S. Trindade da província de Portugal, 2 Bde., Lissabon 1789–1794. – Leão de São Tomás, Benedictina Lusitana, 2 Bde., Coimbra 1641–1651; Neudr. Lissabon 1974. – Belchior de Santa Ana u.a., Crónica dos Carmelitas Descalços particular do Reino de Portugal, 3 Bde., Lissabon 1657–1753. – Nicolau de Santa Maria, Crónica da Ordem dos Cónegos Regrantes do Patriarca Santo Agostinho, Lissabon 1868. – Manuel dos Santos, Alcobaça ilustrada, Coimbra 1790. – António José Saraiva, História da cultura em Portugal, Lissabon 1950. – Joel Serrão, Dicionário de História de Portugal, 4 Bde., Lissabon 1971. – Inocêncio F. da Silva, Diccionário bibliographico português, 23 Bde., Lissabon 1858–1972. – Luís de Sousa, História de S. Domingos particular do Reino de Portugal, Lissabon ^{4}1866; Neuausg. 2 Bde., Porto 1977. – B. Teles, Crónica da Companhia de Jesus na província de Portugal, 2 Bde., Lissabon 1645–1647. – Afonso Zúquete, Leiria. Subsídios para a história da sua Diocese, Lissabon 1943.

Zu 1.: Actas do Congresso Internacional sobre S. Bernardo e o Cister en Galicia e Portugal, 2 Bde., Ourense 1992. – Pierre David, Études hist. sur la Galice et le Portugal du VIe au XIIe siècle, Lissabon/Paris 1947. – Pinharanda Gomes, Patrologia lusitana, Porto 1983. – Mário Martins, Correntes de filosofia religiosa em Braga nos séculos IV a VII, Porto 1950. – António Montes Moreira, Potamius de Lisbonne et la controverse arienne, Löwen 1969. – Eckhard Reichert, Die Canones der Synode v. Elvira, Diss. theol. Hamburg 1990. – Knut Schäferdiek, Die Kirche in den Reichen der Westgoten u. Suewen bis zur Begründung der westgotischen kath. Staatskirche, 1967 (AKG 39).

Zu 2.: Domingos Pinho Brandão, Teologia, Filosofia e Direito na Diocese do Porto nos sécs. XIV e XV, Porto 1960. – Francisco da Gama Caeiro, As Escolas Capitulares no primeiro século da Nacionalidade Portuguesa: Arquivos de História da Cultura Portuguesa 1.2 (1967) 1–48. – Ders., S. António de Lisboa. Introdução ao estudo da obra antoniana, 2 Bde., Lissabon 1967–1969 = 1995. – IX Centenário da Dedicação da Sé de Braga. Congresso internacional. Actas, 3 Bde., Braga 1990. – IX Centenário de nascimento de S. Bernardo. Encontro de Alcobaça e Simpósio de Lisboa. Actas, Braga 1991. – Cluny, Crúzios e Cistercienses na formação de Portugal. Actas do Congresso Hist. sobre Guimarães e a sua Colegiada, Guimarães 1982. – M. Cocheril, Recherches sur l'Ordre de Cîteaux au Portugal: Bull. des Études Portugaises, Lissabon 1959–1960, 30–102. – Ders., Cister em Portugal, Lissabon 1965. – Ders., Alcobaça. Abadia cisterciense de Portugal, Lissabon 1989. – Maria Helena da Cruz Coelho, O Mosteiro de Arouca do século X ao século XIII, Coimbra 1977. – Congresso internacional Pensamento e Testemunho: 8° centenário do nascimento de Santo Antónie. Actas, 2 Bde., Braga 1996. – António Domingues de Sousa Costa, D. Fr. Gomes. Reformador de abadia de Florença e as tentativas de reforma dos mosteiros portugueses no século XV: StMon 5 (1963). – Ders., Estudos sobre Álvaro Pais, Lissabon 1966. – Ders., Mestre André

Dias de Escobar, figura ecuménica do séc. XV, Rom/Porto 1967. – Ders., Estudos superiores e universitários em Portugal no reinado de D. João II: Biblos 63 (1987) 253–334. – Avelino de Jesus da Costa, O Bispo D. Pedro e a organização da diocese de Braga, Coimbra 1959. – Ders., A Biblioteca e o Tesouro da Sé de Coimbra nos séculos XI a XVI, Coimbra 1963. – Ders., Coimbra. Centro de atracção e de irradiação de códices e de documentos dentro da Península nos séculos XI e XII. Separata do vol. IV de Actas das II Jornadas Luso-Espanholas de História Medieval, Porto 1990. – Ders./Maria Alegria F. Marques, Bulário Português. Inocêncio III (1198–1216), Coimbra 1989. – Crónica do Condestabre de Portugal Nuno Álvares Pereira, Lissabon 1972. – António Cruz, Santa Cruz de Coimbra na cultura portuguesa da Idade Média, Porto 1964. – Pierre David, A Sé Velha de Coimbra das origens ao século XV, Porto 1943. – D. Duarte, Leal Conselheiro, hg. v. J.M. Piel, Lissabon 1942. – D. Joaquim da Encarnação, Vida de S. Theotonio, Coimbra 1764; Faks.-Ausg. Coimbra 1982. – Carl Erdmann, Das Papsttum in Portugal im ersten Jh. der port. Gesch., 1938 (APAW.PH 5). – André Dias de Escobar, Laudes e cantigas espirituais, hg. v. Mário Martins, Lissabon/Singeverga 1951. – P. Feige, Die Anfänge des port. Königtums u. seiner Landeskirche: SFGG.GAKGS 29 (1978) 85–436. – Antonio García y García, La Canonística ibérica medieval posterior al Decreto de Graciano: RHCEE 2 (1971) ff. – Pedro Hispano [Petrus Hispanus], Exposição sobre os livros do Beato Dionísio Areopagita (Expositio librorum B. Dyonisii), Lissabon 1957. – F.F. Lopes, Franciscanos portugueses pré-tridentinos escritores, mestres e leitores: RHCEE 7 (1979) 451–508. – José Marques, A Arquidiocese de Braga no século XV, Lissabon 1988. – Mário Martins, Estudos de cultura medieval, 3 Bde., Lissabon/Braga 1969–1983. – Ders., Peregrinações e livros de milagres na nossa Idade Média, Lissabon ²1957. – Ders., Estudos de literatura medieval, Braga 1956. – Ders., O ciclo franciscano da nossa espiritualidade medieval, Coimbra 1952. – Salvado Martins, Relaçam da vida da gloriosa Isabel, rainha de Portugal, ed. J.J. Nunes: Boletim da Classe de Letras da Academia das Sciencias de Lisboa 13 (1918–19). – J. Mattoso, Portugal Medieval. Nova Interpretação, Lissabon 1985. – Ders., Religião e cultura na Idade Média portuguesa, Lissabon 1982. – Ders., Monges e clérigos portadores da cultura francesa em Portugal (séculos XI a XIII). Rapports culturels et littéraires entre le Portugal et la France, Porto 1983. – Ders., A cultura medieval portuguesa (séculos XI a XIV), Lissabon 1985. – Aires do Nascimento, Em busca dos Códices Alcobacenses perdidos: Did(L) 9 (1979) 279–288. – Ders., Concentração, dispersão e dependência na circulação de manuscritos em Portugal nos sécs. XII e XIII. Actas del Coloquio sobre circulación de Códices y escritos entre Europa y la Península en los siglos VII–XII (16.–19. Set. 1982), Santiago de Compostela 1983. – E.A. Borges Nunes, Dom Fray Gomes, Braga 1963. – Austin O'Malley, Tello and Theotonio, the 12th Century Founders of Santa Cruz of Coimbra, Washington 1954. – Álvaro Pais, Status et planctus Ecclesiae, Lissabon 1988. – Infante D. Pedro, Livro da virtuosa benfeitoria, Porto 1946. – Isaías da Rosa Pereira, Livros de Direito na Idade Média: LusSac 7 (1964–1966) 7–60. – Ders., A pécia em manuscritos universitários. Estudo de três códices alcobacenses dos séculos XIII e XIV: AAPH 2. sér. 22, 1973. – João da Póvoa OFM, Memórias soltas e inventários do oratório de S. Clemente das Penhas e do mosteiro de N. Sa da Conceição, Porto 1940. – Klaus Reinhardt/Horacio Santiago-Otero, Biblioteca bíblica ibérica medieval, Madrid 1986. – A.E. Reuter, Königtum u. Episkopat in Portugal im 13. Jh., Berlin 1928. – Robert Ricard, Études sur l'histoire morale et religieuse du Portugal, Paris 1970. – António do Rosário, Letrados dominicanos em Portugal nos séculos XIII–XV: RHCEE 7 (1979) 509–598. – G. Säbekow, Die päpstlichen Legationen nach Spanien u. Portugal bis zum Ausgang des 13. Jh., Diss. phil. Berlin 1931. – Santa Cruz de Coimbra do século IX ao século XX: Estudos no IX Centenário de nascimento de S. Teotónio. 1082–1982, Coimbra 1984. – I–II Seminário: O Franciscanismo em Portugal. Actas, Lissabon 1996. – John G. Tuthill, Fr. Paio and his 406 Sermons: Actas do II Encontro sobre história dominicana, Porto 1984 (Arquivo hist. dominicano português 3/1). – António de Vasconcelos, Dona Isabel de Aragão (A Rainha Santa), 2 Bde., Coimbra 1891–1894; Faks.-Ausg. v. Manuel Augusto Rodrigues, ebd. 1993. – Ders., A Sé Velha de Coimbra, 2 Bde., Coimbra 1931–1935; Neuausg v. Manuel Augusto Rodrigues, ebd. 1993. – Maria Teresa Nobre Veloso, D. Afonso II. Relações de Portugal com a Santa Sé durante o seu reinado, Coimbra 1988. – Charles-Martial de Witte, Les Bulles Pontificales et l'expansion portugaise au XVe siècle: RHE 48 (1953) 683–718; 49 (1954) 438–461; 51 (1956) 413–453.809–836; 53 (1958) 5–46.443–471.

Zu 3.: Actas do Congresso Internacional de História da Missionação e Encontro de Culturas, 4 Bde., Braga 1993. – Luís Gonzaga de Azevedo, História de António Vieira, 2 Bde., Lissabon ²1931. – Ders., Evolução e Sebastianismuo, Lissabon 1918. – António Baião, A Inquisição em Portugal e no Brasil, Lissabon 1917. – Ders., Episódios dramáticos da Inquisição portuguesa, 2 Bde., Lissabon 1918–1938; Neuausg. 3 Bde., Lissabon 1972–1973. – Ders., A Inquisição de Goa, 2 Bde., Coimbra 1930–1949. – Marcel Bataillon, Erasmo y España, Madrid 1966; franz.: Genf 1991. – Ders., Études sur le Portugal au temps de l'Humanisme, Coimbra 1952; Neudr. Paris 1974. – Bibliografia Cronológica de Literatura de Espiritualidade em Portugal: 1501–1700, hg. v. José Adriano de Freitas Carvalho, Porto 1988. – J. de Oliveira Bragança, Comentário ao Pai Nosso de um

Místico português do séc. XVI: Did(L) 6 (1976) 263–266. – Mario Brandão, A Inquisição e os professores do Colégio das Artes, 2 Bde., Coimbra 1948–1949. – L.G. Cabral, Vieira Pregador, 2 Bde., Porto 1901. – Joaquim de Carvalho, Estudos sobre a cultura portuguesa do século XVI, 2 Bde., Coimbra 1947–48. – José Adriano de Freitas Carvalho, A evolução da meditação de Cristo sofrente na Península Ibérica (1538–1630): Homenaje a Elias Serra Ráfols, La Laguna, II 1970, 47–70.197–209. – Ders., Le christianisme humaniste dans les Dialogues de Fr. Heitor Pinto: Actes du 21e Colloque Int. d'Études Humanistes (Tours 1978), Paris 1984, 167–177. – Ders., A „Ars orandi" de Fr. Heitor Pintor e as raízes culturais da „Imagem da Vida Cristã": HumTeo 5 (1984) 291–318. – Ders., Manuel Severim de Faria. Espiritualidade e realidade missionária nas „Províncias da Guiné" no séc. XVII, Braga 1984. – Ders., Nas origens dos Jerónimos na Península Ibérica. Do Franciscanismo à Ordem de S. Jerónimo. O itinerário de Fr. Vasco de Portugal: Revista da Faculdade de Letras do Porto 2a sér. 1 (1984) 11–124. – Ders., Artes de morrer na Idade Média e no Barroco. Exercício de união, exercício de anulação: Revista da Faculdade de Letras de Lisboa, 5a sér. 13–14 (Dez. 1990) 157–164. – Ders., O contexto da espiritualidade portuguesa no tempo de Fr. Bartolomeu dos Mártires: BrAug 62 (1990) 5–35. – Ders., A Igreja e as reformas religiosas em Portugal no século XV. Anseios e limites: Actas do Congresso Internacional de História sobre el Tratado de Tordesillas y su epoca, Madrid 1993, 635–660. – Ders., Um profeta de corte na Corte. O caso (1562–1576) de Simão Gomes, o „Sapateiro Santo" (1516–1576): Espiritualidade e Corte em Portugal (Séculos XVI a XVIII), Porto 1993. – Ders., As primeiras vidas de Santa Clara. Dos testemunhos à biografia: VyV 52 (1994) 197–209. – José de Castro, Portugal no Concílio de Trento, 5 Bde., Lissabon 1944–1946. – Raymond Chantel, Prophétisme et méssianisme dans l'œuvre d'António Vieira, Paris 1960. – Maria Clara R.Teixeira Constantino, A espiritualidade germânica no P. Manuel Bernardes, São Paulo 1963. – David do Coração de Jesus, A Reforma Teresiana em Portugal (sécs. XVI–XVIII), Lissabon 1962. – J.D. Pinto Correia, „Luz e Calor" do P. Manuel Bernardes. Estrutura e discurso, Coimbra 1978. – F. Coutinho, Le régime paroissal des Diocèses de rite lat. de l'Inde, Löwen 1965. – J. Cuvelier/L. Jadin, L'ancien Congo d'après les archives romaines. 1518–1640, Brüssel 1954. – José Sebastião da Silva Dias, Correntes do sentimento religioso em Portugal, 2 Bde., Coimbra 1960. – Ders., A política cultural na época de D. João III, 2 Bde., Coimbra 1969. – Ders., O Erasmismo e a Inquisição. O processo de Fr. Valentim da Luz, Coimbra 1975. – Documenta Malacensia, 3 Bde., Rom 1974–1984. – A.L. Farinha, A expansão da fé no Extremo Oriente, Lissabon 1946. – A. Ferreira, A eclesiologia de Fr. Francisco Carreiro, Lissabon 1982. – D. Ferroli, The Jesuits in Malabar, 2 Bde., Bangalore 1939–1951. – J. Godinho, The Padroado of Portugal in the Orient 1454–1860, Bombay 1924. – G. Gotaas, Bossuet and Vieira. A Study in National, Epochal and Individual Style, Washington 1953. – Robert Gulbenkian, Relações entre Portugal, Arménia e Médio Oriente, 3 Bde., Lissabon 1995. – Alexandre Herculano, História da origem e estabelecimento da Inquisição em Portugal, 3 Bde., Lissabon 1975. – A. Jann, Die kath. Missionen in Indien, China u. Japan, Paderborn 1915. – J.M. Lecuono, Ideario ascético-pastoral de Fr. Bartolomé de los Mártires, Vitoria 1968. – Paiva Manso, História do Congo, Lissabon 1877. – J.V. de Pina Martins, Humanismo e Erasmismo em Portugal no séc. XVI, Paris 1973. – Mário Martins, O Anti-quietismo em Portugal. Literatura de combate: Brot. 37 (1943) 519–531. – Ders., Uma tradução portuguesa de Molinos: Brot. 39 (1944) 5–13. – Ders., A „Mística Teologia" de Fr. Sebastião Toscano: Biblos 32 (1957) 401–429. – D. Leonor de Noronha e o Menino Jesus: Brot. 74 (1962) 57–67. – Ders., Do tempo, da morte e da ilusão do real nos Diálogos de Fr. Heitor Pinto: Did(L) 2 (1972) 361–373. – D. Frei Bartolomeu dos Mártires, Obras completas, 10 Bde. ersch., Fátima 1962–1991. – Luís de Matos, L'expansion maritime portugaise dans la littérature lat. de la Renaissance, Lissabon 1991. – Isaías da Rosa Pereira, Subsídios para a história da Inquisição em Portugal no séc. XVI.: AAPH 2a sér. 23 (1976) 147–247. – Fr. Heitor Pinto. Imagem de la Vida cristiana. Intr. e notas E. Glaser, Barcelona 1967. – M. Lucília G. Pires, Para uma leitura intertextual de „Exercícios espirituais" do P. Manuel Bernardes, Lissabon 1980. – Maria de Lourdes Belchior Pontes, Fr. António das Chagas, Lissabon 1952. – Dies., A Oratória sacra em Portugal no séc. XVII segundo o ms. 362 da Biblioteca Nacional de Lisboa: Arquivo de Bibliografia Portuguesa 6 (1960) 107–151. – Anne-Marie Quint, L'Imagem da vida cristã de Frei Heitor Pinto. Essai d'interprétation du langage figuré chez un humaniste chrétien, Paris 1995. – A. da Silva Rego, O Padroado Português do Oriente. Esboço Hist., Lissabon 1940. – Ders., Documentação para a História das Missões do Padroado Português do Oriente, 12 Bde., Lissabon 1947–1958. – Ders., Curso de Missionologia, Lissabon 1956. – Klaus Reinhardt, Die bibl. Autoren Spaniens bis zum Konzil v. Trient, Salamanca 1976. – Ders., Bibelkomm. span. Autoren (1500–1700), Madrid, I 1990. – I.S. Révah, La censure inquisitoriale portugaise au 16e siècle, Lissabon 1960. – Robert Ricard, Études sur l'histoire morale et religieuse du Portugal, Paris 1970. – M.I. Pereira Rodrigues, Fr. Luís de Granada e a Literatura de espiritualidade em Portugal (1554–1632), Lissabon 1976. – Manuel Augusto Rodrigues, A cátedra de Sagrada Escritura na Universidade de Coimbra (1537–1640), Coimbra 1974. – Ders., A cátedra de Sagrada Escritura na Universidade de Coimbra (1640–1910): RPH 15 (1974) 89–141. – Ders., Padres Agostinhos do Séc. XVI Lentes da Universidade de Coimbra: RHCEE 6 (Siglos I–XVI), 1976. – Ders., Do Humanismo à Contra-Reforma em Portugal: Revista da História das Ideias 3 (1981) 125–176. – Ders., Subsídios para a história da exegese em Portugal. Escrituristas e suas obras: Revista de Universidade de Coimbra 29 (1983) 339–417. – Raul de A. Rolo, L'évêque de la Réforme tridentine. Sa mission pastorale d'après Fr. Barthélemy des Martyrs, Lissabon 1965. – Ders., Formação e vida intelectual de Fr. Bartolomeu dos Mártires, Porto 1977. – A. Moreira de Sá, De re erasmiana. Aspectos do Erasmismo na cultura portuguesa do séc. XVI, Braga 1977. – Ders., Índices dos livros proibidos em Portugal no séc. XVI, Lissabon 1983. – Cândido dos Santos, Os Jerónimos em Portugal. Das origens aos fins do século XVII, Lissabon 1982. – Georg Schurhammer, Die zeitgenössischen Quellen zur Gesch. Port.-Asiens u. seiner Nachbarländer z.Z. des hl. Franz Xaver (1538–58), Leipzig 1932. – José de Sigüenza, História de la Orden de S. Jerónimo, Madrid 1600. – Luís de Sousa, Vida de D. Fr. Bartolomeu dos Mártires da Ordem dos Pregadores, 2 Bde., Lissabon 1818; Nachdr. ebd. 1984. – Friedrich Stegmüller, Filosofia e Teologia nas Universidades de Coimbra e Évora no século XVI, Coimbra 1959. – P. Vilas-Boas Tavares, Algumas notas sobre o „Catecismo peninsular" no séc. XVI. De Constantino a Fr. Pedro de Santa Maria: Revista da Faculdade de Letras do Porto 2ª sér. 1 (1984) 263–276. – M. Teixeira, Macau e a sua diocese, 9 Bde., Macau 1941–1970. – Paulo da Trindade, História Espiritual do Oriente, 3 Bde., hg. v. F. Félix Lopes, Lissabon 1962–1967. – António Vieira, Sermões, 15 Bde., Lissabon 1679–1748 (mit mehreren Ed. bis heute). – Ders., Cartas, hg. v. L.G. de Azevedo, Coimbra 1925–1928. – M. Evelyn Vieira/F.E. Talmage, The Mirror of the New Christians (Espelho de cristãos novos) of Francisco Machado, Toronto 1977. – E. Weber, Die port. Reichsmission im Königreich Kongo v. ihren Anfängen 1491 bis zum Eintritt der Jesuiten in die Kongomission 1548, Aachen/Immensee 1924. – Bernhard Josef Wenzel, Portugal u. der hl. Stuhl. Das port. Konkordats- u. Missionsrecht. Ein Beitr. zur Gesch. der Missions- u. Völkerrechtswiss., Lissabon 1958. – Josef Wicki, Documenta Indica, bisher ersch. 18 Bde., Rom 1948ff. – Ders., Il patronato portoghese d'Oriente, Rom 1955. – Ders., Liste der Jesuiten-Indienfahrer 1541–1758: Aufs. zur port. Kulturgesch. 7, Münster 1967, 252–450.

Zu 4.: M.L. Braga, A Inquisição na época de D. Nuno de Andra de Ataíde e Melo (1707–1759), Lissabon 1982. – Eduardo Brazão, D. João V e a Santa Sé. As relacões de Portugal com o Governo Pontifício de 1700 a 1750, Coimbra 1937. – F. da Gama Caeiro, Fr. Manuel do Cenáculo, Lissabon 1959. – Graça Dias/José Sebastião da Silva Dias, Primórdios da Maçonaria em Portugal, 4 Bde., Lissabon 1980. – José Sebastião da Silva Dias, Portugal e a cultura europeia, Coimbra 1952. – Ders., A Congregação do Oratório de Lisboa. Regulamentos primitivos, Lissabon 1966. – E.J. Jakob, Das port. Kolonialrecht, Leipzig 1940. – João Francisco Marques, A Parenética portuguesa e a restauração 1640–1668, Porto 1989. – S.J. Miller, Portugal and Rome c. 1748–1830. An Aspect of the Catholic Enlightenment, Rom 1978. – M. Cabral Moncada, Mística e Racionalismo em Portugal no séc. XVIII, Coimbra 1952. – Manuel Augusto Rodrigues, A Faculdade de Teologia da Universidade de Coimbra e a reforma pombalina: Brot. 114 (1982) 553–571. – Cândido dos Santos, Pombal e o Iluminismo: HumTeo 3 (1982) 299–343. – Ders., A. Pereira de Figueiredo, Pombal e a Aufklärung. Ensaio sobre o Regalismo e o Jansenismo: Revista de História das Ideias 4/1 (1982/83) 167–206. – Eugénio dos Santos, O Oratório no Norte de Portugal. Contribuição para o estudo da história religiosa e social, Porto 1982. – A. Pereirada Silva, A questão do Sigilismo em Portugal no séc. XVIII, Braga 1964. – Raul da Silva Veiga, Catálogo de documentos do cartório de D. Luís da Cunha (1709–1749), Lissabon 1991.

Zu 5.: George Borrow, The Bible in Spain, or, The Journeys, Adventures, and Imprisonments of an Englishman in an Attempt to Circulate the Scriptures in the Peninsula, hg. v. John Murray, London 1843; Neuausg. mit Einf. v. Ted Walker, London 1985. – Joaquim Alves Correia, Cristianismo e Revolução, Lissabon 1977. – José Eduardo Horta Correia, Liberalismo e Catolicismo. O problema congregacionista (1820–1823), Coimbra 1974. – B. Xavier Coutinho, A descristianização de Portugal no século XIX: MiHiEc 3 (1970) [=BRHE 50] 359–379. – Manuel Bragada Cruz, As origens da Democracia Cristã e o Salazarismo, Lissabon 1980. – Manuel Abúndio da Silva, Cartas a um Abade. Sobre alguns aspectos da questão político-religiosa em Portugal, Braga 1913. – José Maria Félix, A Acção Católica. Nascimento e primeiros passos, Vila Nova de Famalicão 1937. – António Matos Ferreira, A Questão Religiosa. Um aspecto das relações Igreja-Estado no Portugal oitocentista: Estudos Contemporâneos 4 (1982) 113–135. – José Geraldes Freire, Resistência Católica ao Salazarismo-Marcelismo, Porto 1976. – Romolo Murri, Dalla Monarchia alla Republica. Lettere portoghesi, Mailand 1910. – Augusto Oliveira, Lei de Separação. Subsídios para o estudo das relações do Estado com as Igrejas sob o Regime Republicano, Lissabon 1914. – Arnaldo Pinho, D. António Ferreira Gomes. Antologia do seu pensamento, 3 Bde., Porto 1990. – J. Barbosa Pinto, Apostolado da Oração. Carta Pastoral colectiva do Episcopado português. Comentário hist.-doutrinal, Braga 1964. – João Francisco de Almeida Policarpo, O pensamento social do grupo católico „A Palavra“ (1872–1913), Coimbra, I 1977. – Ludwig Renard, Salazar. Kirche u. Staat in Portugal, Essen 1968. – R.A.H. Robinson, The Religious Question and the Catholic Revival in Portugal 1900–1930: Journal of Contemporary History 12 (1977) 345–362. – Manuel Augusto Rodrigues, Problemática religiosa em Portugal no século XIX no contexto europeu: Análise Social 16 (1980) 407–428. – Ders., Biblioteca e Bens de D. Francisco de Lemos e da Mitra de Coimbra, Coimbra 1984. – Ders., D. Francisco de Lemos e o Cabido da Sé de Coimbra, Coimbra 1987. – Ders., Inventário da livraria do extinto Colégio de S. Tomás de Coimbra, Coimbra 1987. – Ders., Subsídios para a história da Universidade de Coimbra. Personalidades e dados estatísticos, Coimbra 1988. – António de Vasconcelos, Escritos Vários, 2 Bde., Coimbra 1930–1935; Neuausg. v. Manuel Augusto Rodrigues, ebd. 1987/88.

Manuel Augusto Rodrigues

Positivismus/Neopositivismus

1. Der Positivismus als Frage nach dem Positiven 2. Ursprung des Positivismus und seine ältere Gestalt. Positivismus und Metaphysik 3. Neopositivismus 4. Anmerkung zum sogenannten Rechtspositivismus 5. Anmerkung zum „Positivismusstreit in der deutschen Soziologie“ in den 60er Jahren des 20. Jahrhunderts (Literatur S. 81)

1. Der Positivismus als Frage nach dem Positiven

Positivismus ist eine wissenschaftliche – sowohl theoretische wie praktische – Welteinstellung und Weltanschauung, die in der Mitte des 19. Jh. aufkam. „Das Wort Positivismus findet sich – wohl unabhängig voneinander gebildet – um 1830 im deutschen wie französischen Sprachraum“ (Przybylski 1118). Grundlage des sowohl theoretischen wie praktischen Wissens ist – wie der Ausdruck „Positivismus“ anzeigt – das *Positive.* Vom Positiven läßt sich jedoch erst dann sinnvoll sprechen, wenn man den Gegenbegriff zu ihm benennt. Er ist schlechthin, vor aller weiteren Differenzierung, das *Metaphysische.* Von heutiger Sicht – vermittelt durch die Metaphysik-Diskussion im Anschluß an M. →Heidegger – bleibt jedoch auch diese Differenz noch unbestimmt, weil auch der Gegensatz von einer positiven und einer nicht-positiven metaphysischen Fragestellung sich selber noch einmal *innerhalb* der Metaphysik stellt (Bröcker).

1.1. Das Positive in theoretischer Einstellung. Die metaphysische Tradition hat im Anschluß an →*Aristoteles* nicht geleugnet, daß die theoretische Erkenntnis *anhebt* mit der →Erfahrung (näherhin mit der sinnlichen Anschauung). Der strittige Punkt ist allerdings, ob damit auch eine jede Erkenntnis der Erfahrung *entspringt*, wie der →*Empirismus* behauptet. I. →Kant z. B. hat das bestritten (Kant, Kritik der reinen Vernunft B, 5–25). Seine These ist, daß eine empirische Erkenntnis ohne apriorische Leitlinien (Kategorien) – ohne *transzendentale* Bedingungen ihrer *transzendenten* Gegenstandsorientierung, d.h. ohne ein Wissen des Gegenstandes vor dem Gegenstand – nicht möglich ist, wiewohl sie ihre *materiale* Bedeutung nur über die sinnliche Anschauung gewinnen kann (Kant, Prolegomena § 8). Kant hat insofern der empirischen Erkenntnis ihr Recht eingeräumt. Der Positivismus hingegen erkennt *allein* das *empirisch Gegebene* als Rechtfertigungsquelle an. Seine Erkenntniskritik ist eine *empiristische.* Es stehen sich so – sachlich gesehen – zwei metaphysische Standorte gegenüber: der *empiristische* und der *transzendentale.*

Erst recht verwirft die positivistische Erkenntnistheorie den Versuch, die Dinge von einem Wesen her bestimmen zu wollen. Es war vor allem die →*Phänomenologie* →Husserls und die seiner Schule, die seit der Jahrhundertwende gegen den herrschenden Positivismus wieder auf die Notwendigkeit einer Frage nach dem Wesen und seiner Bestimmung aufmerksam gemacht hat. Die phänomenologische Gegenstrategie gegen den Positivismus hat Husserl in den *Ideen I* angezeigt: „Sagt ‚Positivismus‘ soviel wie absolut vorurteilsfreie Gründung aller Wissenschaften auf das ‚Positive‘, d. i. originär zu Erfassende, dann sind *wir* [= die Phänomenologen] die echten Positivisten.“ Er fährt aber fort: „Wir lassen uns durch *keine* Autorität das Recht verkümmern, alle Anschauungsarten als gleichwertige Rechtsquellen der Erkenntnis anzuerkennen – auch nicht durch die Autorität der ‚modernen Naturwissenschaft'" (Husserl 45). Zur Erläuterung sei hinzugefügt: „Das *unmittelbare ‚Sehen' (νοεῖν)*, nicht bloß das sinnliche, erfahrende Sehen, sondern das *Sehen überhaupt als originär gebendes Bewußtsein welcher Art immer,* ist die letzte Rechtsquelle aller vernünftiger Behauptungen" (ebd. 43).

Dem Positivismus wirft Husserl also vor, daß er die Anschauung auf nur *eine*, und zwar auf die sinnliche reduziere, damit nur Tatsachen zu konstatieren vermag und dabei das Wesen und die Wesensanschauung („Wesenserschauung") übersehe. Tatsachen setzen nämlich nach Husserl einen vortatsächlichen Grund voraus – eben das Wesen, das vor aller und in aller Tatsachenerkenntnis schon *bekannt* und in *expliziter* Wesenserschauung erkannt werden kann. Die Bekanntheit der Tatsächlichkeit des Tatsächlichen ist nicht eine bloß subjektiv-formale wie bei Kant, sondern eine *materiale*; sie ist ein Vorverständnis dessen, was *an sich* ist; sie ist ein Seinsverständnis. Andererseits sind nach Husserl Wesen und Tatsache je für sich, wenn auch qualitativ unterschiedene, Entitäten. „Auch Wesenserschauung ist eben Anschauung wie eidetischer Gegenstand eben Gegenstand" (ebd. 14). Die *Gegenthese* des Positivismus liegt damit auf der Hand: Die Entitäten sind zu reduzieren und nicht – wie in der Phänomenologie – zu vermehren.

Zusammenfassend ist zu sagen: Das Positive der positivistischen Erkenntnislehre läßt sich nur erfassen, wenn man das jeweils in Frage stehende Nicht-Positive, das jeder Positivist abzuwehren versucht, benennt: Die Tatsache ist das *bloß* Positive, wenn sie das Nicht-Tatsächliche als Bestimmungsgrund abblendet, sei dieser ein subjektiv-formaler, sei er ein objektiv-materialer, sei er in einem formal-transzendentalen, sei er in einem material-ontologischen Vor-Wissen bekannt. Ferner steht die positivistische These, nach der das in sinnlicher Anschauung Gegebene die *einzige* Erkenntnisquelle ist, mit der phänomenologischen, nach der es zwei Erkenntnisquellen gibt, die der sinnlichen Anschauung und der Wesenserschauung, im Streit.

Die Verdoppelung der Entitäten findet nicht nur im Positivismus ihre Kritik, sondern auch in der *dialektischen* Philosophie – und zwar unter dem Gesichtspunkt des falschen Objektivismus (Eley, Phänomenologie 77–83; Adorno, Dialektik 46–48).

Nach dem Positivismus kann nicht einmal von einem empirischen *Gegenstand* die Rede sein. Die Positivität ist nicht die des Gegenstandes, sondern die des *Subjektiv-Gegebenen*, des „Erlebnisgegebenen". Nach der Phänomenologie ist es hingegen der *Gegenstand*, der gegeben ist; er ist nämlich derjenige, der *sich zeigt*, der *erscheint* – sei es in sinnlicher Anschauung, sei es in Wesenserschauung.

Der Positivismus gelangt bei der Bestimmung des Gegebenen als „Erlebnisgegebenen" an die Grenze seiner positiv-realen Fragestellung; denn wenn einzig das Gegebene „wirklich" wäre, so gäbe es nichts außerhalb des Erlebnisses (Bewußtseins); der Positivismus wäre in Wahrheit ein „empirischer Idealismus". Körperliche Dinge wären dann nur „Hilfsbegriffe zur Ordnung des Erlebnisgegebenen", „die Außenwelt nur eine logische Konstruktion" (Kraft, Wiener Kreis 163). Auf diesen Bahnen dachte John Stewart Mill, der Körper als „permanente Möglichkeiten von Empfindungen" bezeichnet hat (ebd.).

Wenn die Erkenntnisquelle nur eine empirische sein kann, so müssen zwangsläufig auch *mathematische* und *logische* Sätze auf empirische Erfahrung zurückführbar sein. Dieses haben in der Tat J.St. Mill und →Spencer zu zeigen versucht (Kraft, Wiener Kreis 15; Thiel 14–16).

1.2. Die Positivität der praktischen Welteinstellung (Ethik, Recht). Das Positive in der Ethik zu fordern kann nur bedeuten, sich mit der Feststellung von *Tatsachen* des sittlichen Lebens zu begnügen. Die Methode der Ethik kann dann nur eine psychologisch-empirische sein, eine Aufstellung und Begründung sittlicher Normen ist dann unmöglich.

Bei Auguste Comte (1798–1857) bedeutet das Positive nicht nur das Tatsächliche, sondern auch das Nützliche. Die Momente einer positivistischen Ethik hat Comte in seinem Werk angezeigt. Hier sei nur auf die *Fragen der Ethik* von M. Schlick verwiesen. Deren Grundlage ist eine utilitaristische. Was eine Gesellschaft als moralische Normen akzeptiert, wird durch Lust- und Leidfolgen bestimmt. Der einzelne orientiert sich an faktischen, positiven Wertungen der Gesellschaft, so sie einer Unterscheidung nach Nützlichkeit und Nichtnützlichkeit entspringen und für ihn selbst Lust oder Leid herbeiführen.

Die Positivität der Wertungen blendet wiederum die Nicht-Positivität aus, und zwar jetzt die der Normativität, insbesondere auch den deskriptiven Gehalt der Werte, so daß Werturteile sich nicht bilden können. Daß im Wert dem eigentlichen Wertcharakter ein *deskriptiver* Gehalt zukommt, so daß die Ethik nicht nur einer psychologischen, sondern auch einer logischen Analyse zu unterwerfen ist, hat V. Kraft herausgearbeitet (Kraft, Grundlagen; ders., Wiener Kreis 167–171). Die Bewertung ist aber nur eine *hypothetische* und verbleibt so im Bannkreis des Positivismus.

Die Positivität gewinnt im *Bereich des Rechts* eine Sonderbedeutung. Ratsam ist es hier, vom *philosophischen* Rechtspositivismus die positivistische Orientierung gewisser Rechtstheorien zu unterscheiden (Otte 725). So beruft sich der philosophische Rechtspositivismus einzig auf das Positive – d.h. auf Rechtsnormen, die allein auf Setzungen beruhen – in Negation des *nicht-positiven* Rechts (oder eines nicht-positiven Rechtsgrundes), des sog. *Naturrechts.* In Frage steht nicht das Begriffspaar *naturalis/positivus* (*φύσει/θέσει*) und demgemäß auch nicht die Unterscheidung von →Naturrecht und gesetztem →Recht, wohl die *ausschließliche* Anerkennung der einen Seite: des positiv Gesetzten.

1.3. Der Positivismus in christlicher Theologie. Ein Positivismus kann auch in der *christlichen Theologie* aufkommen. Zum Begriff der „übernatürlichen Offenbarung" gehört nämlich die Positivität des Offenbarens wie des Offenbarungsinhaltes selber. Sie steht in Spannung zur Freiheit und Glaubensbereitschaft. Positivismus liegt dann vor, wenn die Offenbarung *allein* in der Positivität gründet und nicht umgekehrt in der Freiheit, zu der allerdings eine positive Seite hinzugehört – eben die ihrer Äußerung.

Mit der Positivität der christlichen Religion hat sich vornehmlich die Philosophie des 19. Jh. befaßt (vor allem →Hegel; →Hölderlin; →Schelling). Es war der junge Hegel, der in seinem Manuskript *Die Positivität der christlichen Religion* dieser zum Vorwurf gemacht hat, im Gegensatz zur griechischen Antike nicht mehr eine lebendige Volksreligion zu sein. Hegel bemerkt: „Ein positiver Glaube ist ein solches System von religiösen Sätzen, das für uns deswegen Wahrheit haben soll, weil es uns geboten ist von einer Autorität, der unseren Glauben zu unterwerfen wir uns nicht weigern können. In diesem Begriff kommt vor's erste ein System religiöser Sätze oder Wahrheiten vor, die unabhängig von unserem Fürwahrhalten, als Wahrheiten angesehen werden sollen, die wenn sie auch keinem Menschen nie bekannt, von keinem Menschen nie für wahr gehalten wären, dennoch Wahrheiten blieben" (Hegel 234). Ist hingegen die Positivität nicht der Kern christlicher Religion, sondern nur eine *Seite*, nämlich die der Äußerlichkeit der Erscheinung, so entfällt der Vorwurf gegen die christliche Religion, schon ihrem Begriff nach *nur* eine positive (deutlicher gesagt: eine positivistische) zu sein. Und der spätere Hegel hat auf diese Weise seine Einwände gegen die christliche Religion korrigiert.

Eine dogmatische Religion ist jedenfalls nur dann eine positivistische, wenn deren Dogmen *nur* gebotene Sätze sind und als diese allein eine gesellschaftliche Ordnungsfunktion übernehmen, so daß sie selber eine Religion ohne Göttliches ist. In diesem Sinn hat Comte eine „positive Religion" gefordert.

2. Ursprung des Positivismus und seine ältere Gestalt. Positivismus und Metaphysik

2.1. Auguste Comte als Begründer des älteren Positivismus. Entwicklungsgeschichtlich gesehen ist der Positivismus eine Fortsetzung der englischen und französischen →Aufklärung. Schon Francis Bacon hat eine *doctrina positiva* als Erfahrungswissenschaft gefordert. Nach Comte kann von einer Wissenschaft nur gesprochen werden, wenn sie eine positive ist. Der Positivismus selber wird zur Weltanschauung. In seinem Werk *Cours de philosophie positive* (1830–1842) hat er das Programm des philosophischen Positivismus vorgestellt und entwickelt. Im ersten Kapitel des ersten Buches macht er auf ein seiner Meinung nach fundamentales Gesetz der Entwicklung der menschlichen Kenntnisse aufmerksam, daß nämlich jeder Zweig unserer Kenntnisse der Reihe nach drei verschiedene theoretische Zustände durchläuft, nämlich den theologischen oder fingierten, den metaphysischen oder abstrakten und den wissenschaftlichen oder positiven Zustand. Die metaphysische Grundlegung der Wissenschaften wird durch deren *Methodologie* abgelöst. Durch sie soll deren Fortschritt gesichert werden. Ausgangspunkt wissenschaftlicher Untersuchungen können nur Tatsachen sein. Freilich kann man sich nicht mit der *Konstatierung* von Daten begnügen; es gilt vielmehr, deren gesetzmäßige Zusammenhänge aufzuzeigen. Dazu bedarf es der Rückkoppelung der Beobachtungen an vorgängige Theorien. Nur über sie sind Prognosen möglich. Die Datensicherung geschieht zudem über intersubjektive Überprüfungen. „Savoir pour prévoir, prévoir pour prévener" (Wissen, um vorauszusehen, voraussehen, um vorzubeugen) ist das Motto positiver Forschung.

Die positive Methode ist zunächst die der *Naturwissenschaften*. Sie aber auch auf die Wissenschaft vom Zusammenleben der Menschen zu übertragen – als der *physique sociale* oder *sociologie* –, sah Comte als zentrale Aufgabe seiner Epoche an. Dem Fortgang des Intellekts in das positive Stadium ordnet er eine Entwicklung der menschlichen Begierden zu, die vom Egoismus zum Altruismus, d.h. zum Handeln um des Gemeinwohls willen führt. Die Einübung und Verfestigung altruistischer Gewohnheiten ist Aufgabe einer „positiven Religion", einer Religion ohne Gott, in der die Menschheit sich selbst als das „große Wesen" anbetet; allerdings soll es eine Religion mit Kalender, Heiligen und Sakramenten sein.

Zusammenfassend läßt sich sagen, daß der Positivismus die Weltanschauung des wissenschaftlichen Zeitalters ist, das auf den Fortschritt der Wissenschaften setzt, und zwar insofern, als der Fortschritt der Wissenschaften zugleich auch der der Gesellschaft ist.

Die →*Philosophie* ist nach dem Positivismus nur noch die Proklamation ihres Abschiedes; sie hat keinen eigentümlichen Inhalt mehr; die Metaphysik hat sich zur Metareflexion der Wissenschaften herabgesetzt; sie kann als diese nicht mehr die Anfangs- und Rechtfertigungsgründe der Wissenschaften freilegen. Anfangsbedingungen können nur noch die sein, die die Wissenschaften selber ihren Untersuchungen hypothetisch zugrunde legen. Ihre Sätze sind ihrer Form nach synthetische (*a posteriori*), auch die der Logik und Mathematik, wie vor allem John Stuart Mill zu zeigen versucht hat.

Die Philosophie hat in ihrer Tradition stets nach der Einheit der Wissenschaften gefragt. Nach Comte ist diese nur noch auf dem *Boden der Positivität* möglich. Er anerkennt allerdings noch eine natürliche „Hierarchie" der Wissenschaften. Eine jede setzt die elementaren Tatsachen der vorhergehenden voraus. Die Reihenfolge dieser Ordnung ist: Mathematik, Astronomie, Physik, Chemie, Biologie und Soziologie (deren Namen hat Comte eingeführt). Die Psychologie verteilt er auf Biologie und Soziologie (die Thema der letzten drei Bände des *Cours de philosophie positive* sind).

Daß die positivistische *Weltanschauung* im Zeitalter des Fortschrittsglaubens und der Fortschrittserwartung (vornehmlich im 19. Jh.) eine große Verbreitung fand, überrascht nicht. Vornehmlich im Anschluß an Comte bilden sich positivistische Zeitschriften, Zirkel, Schulen. Als weitere Vertreter des Positivismus in Frankreich seien erwähnt: Jean-Marie Guyau (1854–1888), Maximilien Paul Émile Littré (1801–1881), Hippolyte Taine (1828–1893), Ernest Renan (1823–1892), in England J. St. Mill, Herbert Spencer. In Deutschland sind unter der Bezeichnung „Empiriokritizismus" Richard Avenarius (1843–1923) und Ernst Mach (1838–1916) zu erwähnen.

2.2. Positivismus als polemische Strategie. Der Ausdruck „Positivismus“ dient nicht nur zur Charakterisierung einer Weltanschauung und eines wissenschaftlichen Programms, sondern auch als polemische Abwehr nicht-positiver, inhaltlich-philosophischer Fragestellungen, wie auch der Gegenwehr gegen diese Abwehr. Es trifft allerdings zu – worauf schon oben hingewiesen wurde –, daß die positivistische Berufung auf das Positive stets die Abwehr eines entsprechenden Nicht-Positiven mit einbeschließt. Insbesondere setzt die positivistische Zurückweisung der Metaphysik diese schon voraus. Positivismus läßt ohne Polemik sich nicht vertreten, da seine Antimetaphysik stets Metaphysik ist.

3. Neopositivismus

3.1. Der Wiener Kreis. Den Positivismus von Comte bis Mach hat Carnap als den „älteren“ bezeichnet (Carnap, Testability [1936] 422). Demgegenüber wurden die wissenschaftstheoretischen Bemühungen eines Kreises, der sich um M. Schlick in Wien gebildet hatte (der sog. „Wiener Kreis“), von Mitgliedern dieses Kreises (von E. Kaila; A.E. Blumenberg; H. Feigl; A. Pätzelt) *neu-* (auch *neo-*)*positivistische* genannt (Kraft, Art. Positivismus 1123). Das Neue besteht vor allem in der veränderten Beurteilung des Status von Logik und Mathematik. Die logischen und mathematischen Sätze werden nunmehr als von der Erfahrung unabhängig begriffen; sie sind demgemäß nicht, wie der alte Positivismus meinte, synthetisch-aposteriorische, sie sind aber auch nicht synthetisch-apriorische, wie Kant behauptet hatte; sie sind vielmehr analytische. Wegen dieser neuen Bestimmung der Logik hat man den Neopositivismus auch *logischen* Positivismus genannt. Vor allem wandten sich die Untersuchungen dem Ausdrucksmittel der (wissenschaftlichen) Erkenntnis zu, der Wissenschaftssprache und deren Analyse.

Daß gerade in *Wien* sich eine neopositivistische Wissenschaftstheorie ausbilden konnte, überrascht nicht, wenn man die Entwicklung der wissenschaftlichen Philosophie an der Universität Wien in Betracht zieht. An ihr gab es seit 1895 eine Lehrkanzel für die Philosophie der induktiven Wissenschaften, eingerichtet für Ernst Mach, der sie bis 1901 innehatte. Aber auch nach Mach blieb der Lehrstuhl für induktive Wissenschaften erhalten. 1922 wurde Moritz Schlick auf ihn berufen. Er war von der Physik her zur Philosophie gekommen. Um ihn bildete sich ein Kreis – nicht nur von seinen Schülern, sondern auch von philosophisch interessierten Gelehrten. Unter anderem waren dessen „Mitglieder“: O. Neurath, E. Zilsel, H. Feigl, B. von Juhos, H. Hahn, F. Waismann, K. Menger, K. Gödel. Durch H. Reichenbach bestanden enge Beziehungen zwischen der *Berliner Gesellschaft für empirische Philosophie* und dem Wiener Kreis. →Wittgenstein war nicht Mitglied des Kreises, wohl stand er im Kontakt mit ihm – über Schlick und Waismann (Wittgenstein, Schriften 3). Seine Überlegungen vor allem zur Abgrenzung der Philosophie von den Wissenschaften wurden kritisch aufgenommen, ging es doch im Wiener Kreis um eine gemeinsame aufbauende Denkarbeit und nicht um eine Schule, die um einen Lehrer sich geschart hatte – auch nicht um Schlick. Zum ersten Mal trat er als geschlossene Gruppe auf, als er an einer Tagung der *Deutschen Physikalischen Gesellschaft* und *der Deutschen Mathematiker-Vereinigung* teilnahm, die Mitte September 1929 in Prag stattfand. Er hat dann auch selber Kongresse für wissenschaftliche Philosophie veranstaltet, die erste Tagung war – nach einer Vorkonferenz in Prag (1934) – in Paris (September 1935). 1930 erhielt der Verein sein eigenes Publikationsorgan: die *Erkenntnis* (als Weiterführung der *Annalen der Philosophie* von Carnap und Reichenbach). Zu erwähnen ist ferner die Schriftenreihe *Einheitswissenschaft*, herausgegeben von Neurath. 1936 wurde Schlick ermordet. 1938 wurde der Kreis zwangsweise aufgelöst. Viele Teilnehmer emigrierten in den angelsächsischen Raum.

3.2. Der logische Positivismus. Wie der ältere Positivismus fordert auch der neuere „die *wissenschaftliche Weltanschauung*“. Das bedeutet, daß der Philosophie kein ihr eigentümliches Gebiet zugehört. „Soweit es sich um die *empirische* Wirklichkeit handelt, ist diese unter die Fachwissenschaften aufgeteilt; und eine nicht-empirische, eine transzendente Wirklichkeit kann kein Gegenstand der Erkenntnis sein. Die herkömmlichen Gegenstände der Metaphysik, ein absolutes Sein, aber auch absolute Werte und Normen, können kein eigenes Wissensgebiet geben. Denn die Fragen und Behauptungen, die sich daran knüpfen, haben überhaupt keinen sachlichen Gehalt, es sind nur

Scheinfragen und Scheinsätze. Als Metaphysik ist Philosophie wissenschaftlich unmöglich" (Kraft, Wiener Kreis 172). Die Philosophie hat diesbezüglich die Aufgabe der Klärung von metaphysischen Sätzen. „Durch die Philosophie werden Sätze geklärt, durch die Wissenschaften verifiziert. Bei diesen handelt es sich um die Wahrheit von Aussagen, bei jener aber darum, was die Aussagen eigentlich *meinen*" (Schlick, Aufsätze 36). Eine *erste* Aufgabe ist somit, die sprachlichen Verwirrungen, die sich in *philosophischen* Sätzen niedergelegt haben, als grammatische Vorurteile aufzuzeigen (im Anschluß an Wittgenstein). Zu diesem therapeutischen Geschäft gesellt sich aber *zweitens* eine Aufgabe hinzu: die *logische* Analyse der Sprache zum Zweck des Aufbaus einer Wissenschafts*logik*. Der Alleinanspruch der empiristischen Methode ist damit aufgegeben. Die Sätze der Logik (und Mathematik) sind eben nicht empirische. Die Form der Logik bestimmt sich vielmehr aus der Form selber; das besagt: Die Logik ist die *formalisierte* Logik. Eine solche Gestalt der Logik lag schon bei G. Frege und B. →Russell vor. Sie ist als solche *neutral* gegenüber dem philosophischen Standpunktstreit. Es hat keinen Sinn, von einer positivistischen Logik zu sprechen. Es ist allerdings wahr, daß die Logik weiterhin zur Rechtfertigung eines positivistischen Wissenschaftsbegriffs in Anspruch genommen wird, nämlich zur Zurückweisung eines der Philosophie eigentümlichen materialen Fragegebietes.

Zum Aufbau der formalen Logik sei auf die Lehrbücher der mathematischen Logik verwiesen. In unserem Zusammenhang geht es nur um die Bedeutung der Logik für die wissenschaftliche *Erkenntnis*. Die Wissenschaft stellt sich in einer Wissenschaftssprache dar, deren logische Grammatik die Logik aufzuzeigen hat. Diese Klärung positiv-wissenschaftlicher Sätze kann selber nicht in *materialen* Sätzen erfolgen. Andererseits kann sie nur eine nicht-positive sein. Es geht allerdings nicht darum, das Positive gegen das Nicht-Positive abzusichern; wohl ist die zum positiven Satz zwangsläufig hinzukommende *Erläuterung* eine nicht-positive. Hier zeigt sich – vor allem im Werk Carnaps – eine interessante Fortentwicklung der Wissenschaftslogik, die bis an die Grenzen der Aufhebung des Positivismus führt.

Da die in Frage stehende logische Sprache eine Kunstsprache ist, liegt es nahe, sie *nicht* als ein semantisches, sondern als ein *formal*-syntaktisches Darstellungssystem, d.h. als ein Spiel mit Figuren nach festgesetzten Spielregeln zu beschreiben. Dabei kommt es vor allem auf die syntaktischen Verbindungs- und Umformungsregeln an. Diese Aufgabe stellt sich Carnap in seinem Werk *Logische Syntax der Sprache* (1934).

Es sei hier nur die für den Aufbau einer Syntax grundlegende Unterscheidung von Objektsätzen, syntaktischen und quasi-syntaktischen Sätzen aufgenommen, wobei die letzteren nur ein Zwischengebiet zwischen beiden darstellen. Ein Objektsatz ist z. B.: Fünf ist eine Zahl; in Frage steht Fünf als Zahl. Die Redeweise ist eine inhaltliche. Von der Gegenstandsbestimmung ist aber deren Bezeichnung und Bezeichnungs-Bezeichnung, der *syntaktische Satz*, zu unterscheiden: in unserem Fall: „Fünf" ist ein Zahlwort. Die Redeweise ist eine *formale*. Man sieht aber zugleich, daß in unserem Beispiel der syntaktische Satz dem Objektsatz korrespondiert. Denn es besteht ja eine Korrespondenz zwischen der Eigenschaft des bezeichneten Gegenstandes (Fünf als Zahl) und der Eigenschaft seiner Bezeichnung („Fünf" als Zahlwort). Schreiben wir nun: „Fünf ist ein Zahlwort", in dem der Ausdruck Fünf nicht ein Objekt, sondern sich selbst bezeichnet, so liegt nach Carnap ein quasi-syntaktischer Satz vor. Es geht hier um eine Eigenschaft, die gewissermaßen als Objekteigenschaft verkleidet ist, die aber ihrer Bedeutung nach einen syntaktischen Charakter hat. Quasi-syntaktische Sätze sind „Pseudo-Objektsätze".

Die Klasse der quasi-syntaktischen Sätze spielt nun eine große Rolle für Carnaps Aufbau der Logik. So sind nach ihm z. B. modale Aussagen quasi-syntaktische Sätze. Beispiel: Der Satz P_1 „alle Organismen müssen sterben" entspricht dem syntaktischen Satz: „P_1 ist ein analytischer Satz" (unter Voraussetzung der entsprechenden Definitionen und Gesetze). Von großer Bedeutung ist aber nun, daß Carnap versucht hat, generell die Sätze, die eine *Bedeutung* ausdrücken, als quasi-syntaktische zu verstehen. Das besagt: Aussagen über Bedeutungen sind als Aussagen über die syntaktische Beziehung ihrer Bezeichnungen zu formulieren. Es sei das Beispiel erwähnt, das Frege vornehmlich gebraucht hat: Der Morgenstern ist der Abendstern. Morgenstern wie Abendstern sind verschiedenen Sinnes, bezeichnen aber dasselbe. Nach Carnaps *Logischer Syntax der Sprache* entspricht dem der Satz: Die Wörter „Abendstern" und „Morgenstern" sind synonym. Die Crux ist jedoch, daß das hier angesprochene ein *logisches Verhältnis* ist, das als solches nicht ein *quasi-syntaktisches* sein kann. Es geht nicht darum, daß beide Ausdrücke dasselbe bezeichnen, sondern dasselbe *bedeuten*. Nach Frege läßt sich das logische Verhältnis nur über den Sinn (der *Sinn* beider Ausdrücke ist ein verschiedener) und Bedeutung (beide Sinne bedeuten dasselbe, und nur insofern kann vom Bezeichnen die Rede sein) bestimmen. Carnap folgt zwar nicht Frege. Er hat aber eingesehen, daß die Aussagen über die Bedeutung nicht quasi-syntaktische, sondern semantische sind, daß eine syntaktische Darstellung etwas sekundäres ist und nur vermöge einer logischen Semantik möglich wird (Carnap, Introduction 250).

Die Philosophie gewinnt damit eine neue Funktion. Sie hat es zwar weiterhin nicht mit Gegenstandsfragen zu tun, wohl aber mit einer Wissenschaftslogik, die primär nicht die Syntax der Wissenschaftssprache, sondern deren Semantik untersucht. Die Quasi-Sätze wären dann primär quasi-semantische Sätze oder pseudologische. Ein Beispiel: Fünf ist eine Primzahl. Der entsprechende Pseudosatz ist: Fünf (nicht „Fünf") fällt als Gegenstand unter den Begriff: eine Primzahl. Verfehlt wäre nach Carnap, diesen Quasi-Satz als gegenständliche Aussage (als Objektsatz) aufzufassen, das hieße, eine ontologische Begriffslogik auszuzeichnen und über sie dann auch die mathematische Primzahlbildung zu gewinnen. Das ist Freges Intention, sicherlich nicht die Carnaps. Nur dieses ist allerdings wahr, daß der spätere Carnap die Quasi-Sätze nicht mehr in dem Sinn als Pseudo-Objektsätze versteht, daß sie von Bezeichnungen, z. B. Eigenschaftsbezeichnungen, Raumkoordinaten, handeln, sondern logisch-semantische Bestimmungen betreffen. Die Konsequenz formuliert V. Kraft: „Philosophie als logische Analyse der Wissenschaftssprache entfernt sich dann nicht mehr von der erkenntnistheoretischen Untersuchung der Wissenschaften" (Kraft, Wiener Kreis 174). Die Pseudo-Objektsätze erläutern die semantische Analyse; sie sind aber weiterhin nicht die Überführung in eine Ontologie; ontologisch-metaphysische Bestimmungen bleiben außerhalb der Wissenschaft. Der Positivismus hat sich aber gleichwohl bis an die Grenze seiner selbst fortgearbeitet; und diese besteht darin, daß das jeweilige in Frage stehende Positive sich nicht nur vom entsprechenden Nicht-Positiven abgrenzt, sondern daß das Nicht-Positive selber das positive Verfahren bestimmt. Das formell-syntaktische logische Verfahren ist zwar für sich sinnfrei, verlangt aber eine semantische Erläuterung, die sich aber als Pseudo-Satz nicht verselbständigen darf. Die wahre Konsequenz wäre, die Wissenschaftslogik zwar nicht auf einer ontologischen, wohl aber auf einer Handlungs-Basis zu begründen. Die Voraussetzung müßte aber dann sein, daß die Handlung sich aus der Handlung selber bestimmt (Eley, Philosophie; ders., Fichte).

3.3. Der logische Empirismus. Die Ausweisungsart der Erkenntnis war nach dem älteren Positivismus *nur* eine empirische. Der Wiener Kreis hat *insofern* den Positivismus überschritten, als nach ihm die Sätze der *Logik und Mathematik* nicht empirische, sondern analytische sind. Die Ausweisungsart der *empirischen* Erkenntnisse ist jedoch weiterhin die empiristische. Die einzige synthetische Erkenntnisquelle ist das in sinnlichen Wahrnehmungen subjektiv Gegebene, das „*Erlebnisgegebene*". Mein Erlebnis, z. B. mein Farberlebnis, ist nicht das Deinige. Allerdings können wir vermöge einer allgemeinen Struktur, die sich in dem jeweiligen Erleben – sei es das Meinige, sei es das Deinige – bezeugt, dem Anderen bedeuten, daß es sich z. B. um ein bestimmtes Farberlebnis handelt, das er sich dann auch verschaffen kann – allerdings auf seine Weise. *Objektivität* läßt sich aber auf solche Weise nicht erreichen. Ein Verfahren, Objektivität zu verbürgen, ist dann ein positivistisches, wenn es die letztendlich nicht-positivierbaren Empfindungen durch die Beschreibung *physischer Vorgänge* ersetzt – aufgrund der These: „Der logische Gehalt von Aussagen über Psychisches besteht nur in Aussagen über Physisches" (Kraft, Wiener Kreis 151), denn: „Die Psychologie ist ein Zweig der Physik" (Carnap, Psychologie 142). Nur auf der Grundlage des *Physikalismus* läßt sich über das Erleben sinnvoll reden. Die Sprache der Erlebnismitteilung muß sich in die Sprache der Physik übersetzen. „‚Ich war gestern aufgeregt' besagt nur, mein Leib hatte gestern denjenigen physikalischen Zustand, den man als Aufgeregtheit zu bezeichnen pflegt" (Kraft, Wiener Kreis

153). Die einzige mögliche wissenschaftliche Form der Psychologie kann nur die des radikalen Behaviorismus sein.

Ein weiteres Beispiel wäre „rot sehen". Nach dem Positivismus würde das bedeuten, daß „rotsehend" ein bestimmter Körperzustand ist, nämlich der, der auf körperliche Reaktionen (Hinzeigen, Gesten, Sprechbewegung) regelmäßig reagiert. Aufgrund der „physikalistischen" Erklärung des „Rotsehendseins" würde das Rot-Sehen selber als subjektive Empfindung und Bedeutsamkeit überflüssig. Der Physikalismus wäre ein Realismus jenseits empirischer Bekundung. Umgekehrt: Ist Realität nur insofern eine Positivität, als es Erlebnisgegebenes ist, so kann der Körper nur ein Komplex von Empfindungen sein, die Außenwelt wäre dann bloß eine gedankliche Konstruktion. So sind nach J.St. Mill die Körper lediglich „permanente Möglichkeiten von Empfindungen". Auch nach Mach sind nur die Empfindungen: Töne, Farben, Druck, Wärme ... real. Die Dinge sind nur Empfindungskomplexe. Auch hier zeigt sich wieder die Grenze des Positivismus. Ist das Positive das Erlebnisgegebene, so ist das Nichtpositive die Realität oder ein ausgezeichnetes Bewußtsein. Die positivistische Grundthese ist dann: „[D]er metaphysische Idealismus und der metaphysische Realismus, der Phänomenalismus, der Solipsismus, auch der ältere Positivismus mit seiner Beschränkung auf Bewußtseinsimmanenz fallen aus dem Bereich wissenschaftlicher Erkenntnis heraus. Denn sie wollen eine unmögliche Frage beantworten" (ebd. 167). Unmöglich sind aber nicht die angegebenen Fragen, wohl ist es dem Positivismus verwehrt, sie zu beantworten, weil sie den Kern und Schwachpunkt der empiristischen Fragestellung betreffen.

Einen breiten Raum nahm im Neopositivismus die Frage nach der Verifikation empirischer Aussagen ein. Letzte Ausweisungsinstanz können nach dem Empirismus offenbar nur Elementaraussagen sein, die ihrerseits nur Daten sind, die sich auf Erlebnisse berufen, aber so, daß sie intersubjektiv überprüfbar sein müssen und als Protokollsätze festgehalten werden können. Aber auch in dieser Bestimmung gelangt der Neopositivismus an seine Grenzen: „Auch Protokollsätze können nötigenfalls als ungültig erklärt werden. Denn sie sind nie von Verarbeitung frei, sie sind nicht ursprünglicher als andere empirische Sätze, sie sind geradeso hypothetisch wie diese, daher korrigierbar" (ebd. 109). Lapidar erklärt Carnap: „[E]s gibt keine absoluten Anfangssätze für den Aufbau der Wissenschaft" (Carnap, Protokollsätze 224). Andererseits setzen Protokollsätze *theoretische* Sätze – verstanden als Entwürfe, als Hypothesen – voraus; denn ohne sie läßt sich nicht anzeigen, was denn empirisch zu kontrollieren ist. Letztendlich können aber dann die Basissätze nur negative Kontrollmöglichkeiten sein, wie Popper (*Logik der Forschung*) erkannt hat.

4. Anmerkung zum sogenannten Rechtspositivismus

Diejenigen, die einen philosophischen Positivismus vertreten, werden ihn auch im Recht vertreten. Der sog. Rechtspositivismus ist hingegen nur ein Standort in der Theorie der *Rechtsgeltung*: Es ist unbestritten, daß Recht auch (zumeist) gesetztes, somit positives Recht ist; „positive" Rechtsverfahren machen den juristischen Alltag aus. Ein Theorienstreit entwickelt sich, wenn ein vom positiven Recht unterschiedenes Naturrecht *prinzipiell* abgelehnt wird. Genauer besehen ist also die Frage, ob nur gesetztes Recht oder *auch* Naturrecht anerkannt wird, sei es als materiales Recht oder nur als formale Bedingung der Rechtssetzung.

5. Anmerkung zum „Positivismusstreit in der deutschen Soziologie" in den 60er Jahren des 20. Jahrhunderts

Der Kern des „Positivismusstreites" bildet die These von Theodor Adorno, die zugleich auch die der *Frankfurter Schule* ist, daß eine jede soziologische Fragestellung schon die *Gesamtgesellschaft* voraussetzt, so daß sie stets nach dem fragt, was in ihr selbst schon im Spiel ist. Ein solcher Wissenschaftsbegriff kann nicht bloß ein positiver sein. Er verlangt nämlich die normative Rückbindung des Forschungsprozesses an die

Intentionen der Lebenspraxis. Diese findet ihre Opponenten im Positivismus, insofern dieser „nur einen Typ von Erfahrung" zuläßt, nämlich „die kontrollierte Beobachtung physischen Verhaltens, die in einem isolierten Feld unter reproduzierbaren Umständen von beliebig austauschbaren Subjekten veranstaltet wird" (Habermas, Wissenschaftstheorie 159). Die geforderte Beobachtung ist nicht schon geführt von der Rückbindung an die Lebenspraxis.

Der Angriff gegen den Positivismus wird noch verschärft, wenn ihm vorgeworfen wird, daß nach ihm nur technisches Wissen, ja Herrschaftswissen möglich und wirklich sei. „Der Positivismus, dem Widersprüche anathema sind, hat seinen innersten und seiner selbst unbewußten Kern daran, daß er der Gesinnung nach äußerster, von allen subjektiven Projektionen gereinigter Objektivität anhängt, dabei jedoch nur desto mehr in der Partikularität bloß subjektiver instrumenteller Vernunft sich verfängt" (Adorno, Einleitung 12).

Die Opponenten in dem Streit (Popper; Albert) sind aber selber keine Positivisten, denn das Positive kann auch nach ihnen nicht das letzte Wort sein; das sozialwissenschaftliche Wissen ist vielmehr stets der Kritik auszusetzen. Daß für Popper der naturwissenschaftlichen Erkenntnis eine paradigmatische Bedeutung zukommt, läßt sich nicht leugnen. Der *Kern* des in Frage stehenden Problems ist jedoch nicht in einem Positivismusstreit verortet. Er betrifft *erstens* die Frage, ob man in einer gesellschaftswissenschaftlichen Fragestellung sinnvoll von der *Gesamtgesellschaft* sprechen kann oder nicht. Diese Frage wird z. B. auch in der Systemtheorie von Luhmann bejaht, allerdings nur dann, wenn die Gesamtgesellschaft als System begriffen wird (Luhmann 378f.). Hinzuzufügen ist aber *zweitens*, daß Adorno und Habermas eine gesamtgesellschaftlich-*lebensweltliche* Praxis als Movens auch gesellschaftswissenschaftlicher Fragestellungen voraussetzen. Und hier meldet z. B. auch Luhmann Bedenken an. Damit hat aber das Problem, das Adorno und Habermas ansprechen, einen anderen Ort als den eines Positivismusstreits; der Ort ist vielmehr der von *Lebenswelt* und *gesellschaftlichem System*.

Literatur

Theodor W. Adorno, Negative Dialektik, Frankfurt a.M. 1966. – Ders., Einl.: ders. (Hg.), Der Positivismusstreit in der dt. Soziologie, Darmstadt/Neuwied 1972, 7–79. – Hans Albert, Kleines verwunderliches Nachwort zu einer großen Einl.: Theodor W. Adorno, Der Positivismusstreit (s.o.) 335–339. – Walter Bröcker, Dialektik – Positivismus – Mythologie, Frankfurt a.M. 1958. – Rudolf Carnap, Scheinprobleme der Phil., Hamburg ²1928. – Ders., Der logische Aufbau der Welt, Berlin 1928 ³1966 (beide in einem Bd. mit Vorwort v. Wolfgang Stegmüller, Hamburg 1961). – Ders., Die physikalische Sprache als Universalsprache der Wiss.: Erkenntnis 2 (1931) 432–465. – Ders., Psychologie in physikalischer Sprache: Erkenntnis 3 (1932/33) 107–142. – Ders., Über Protokollsätze: ebd. 215–228. – Ders., Die Aufgabe der Wissenschaftslogik, Wien 1934. – Ders., Logische Syntax der Sprache, Wien 1934 = Wien/New York ²1968. – Ders., Intr. to Semantics, Cambridge, Mass. ³1948. – Ders., Testability and Meaning: Philosophy of Science 3 (1936) 419–471; 4 (1937) 1–40. – Ders., Meaning and Necessity. A Study in Semantics and Modal Logic, Chicago 1947; dt.: Bedeutung u. Notwendigkeit. Eine Stud. zur Semantik u. modalen Logik, Wien/New York 1972. – Auguste Comte, Cours de philosophie positive, 6 Bde., Paris 1830–1842; dt.: Bd. I (Comtes Einl. in die positive Phil.), übers. v. H. Schnider, Leipzig 1880; Bd. IV–VI (Soziologie), übers. von V. Dorn, Jena 1907–1911. – Ders., Discours sur l'esprit positif, Paris 1844; dt.: Rede über den Geist des Positivismus, Leipzig 1915 Hamburg 1956. – Ders., Système de politique positive ou Traité de sociologie instituant la religion de l'humanité, 4 Bde., Paris 1851–1854 = ⁵1929; dt.: Der Positivismus in seinem Wesen u. seiner Bedeutung, übers. v. E. Roschlau, Leipzig 1894. – Ders., Catéchisme positiviste, Paris 1852; dt.: Katechismus der positiven Religion, Leipzig 1891. – Ders., Appel aux conservateurs, Paris 1855; dt.: Aufruf an die Konservativen, Neufeld a.d. Leitha 1928. – Ders., Die Soziologie (Ausw.), 1932 = ²1979 (KTA 107). – Ders., Œuvres complètes, 12 Bde., Paris 1968–1971. – Lothar Eley, Die Krise des Apriori in der transzendentalen Phänomenologie Edmund Husserls, Den Haag 1962. – Ders., Konstruktive Phänomenologie u. krit. Theorie: Jürgen Naeher (Hg.), Die negative Dialektik Adornos, Opladen 1984, 59–87. – Ders., Phil. der Logik, Darmstadt 1985. – Ders., Fichte, Schelling, Hegel. Operative Denkwege im „Dt. Idealismus", Neuwied 1995. – Jürgen Habermas, Analytische Wissenschaftstheorie u. Dialektik: Theodor W. Adorno (Hg.), Der Positivismusstreit (s.o.) 155–191. – Ders., Theorie der Gesellschaft oder Sozialtechnologie? Eine Auseinandersetzung mit Niklas Luhmann: ders./Niklas Luhmann, Theorie der Gesellschaft oder Sozialtechnologie, Frankfurt a.M. 1971, 142–291. – Rudolf Haller, Neopositivismus. Eine hist. Einf. in die Phil. des Wiener Kreises, Darmstadt 1993 (Lit.). – Georg Wilhelm Friedrich Hegel, Die Positivität der christl. Religion: Hermann Nohl (Hg.), Hegels theol. Jugendschr., Tübingen 1907, 139–239. – Edmund Husserl, GW. III. Ideen zu einer reinen Phänomenologie u. phänomenologischen Phil. Erstes Buch, Den Haag ^{1}1950. – Immanuel Kant, Kritik der reinen Vernunft. 2. Aufl. 1787: Kants Werke. Akademie-Textausg., Berlin, III 1968. – Ders., Prolegomena zu einer jeden künftigen Metaphysik, die als Wiss. wird auftreten können (1783): ebd. IV 1968, 253–384. – Victor Kraft, Grundlagen einer wiss. Wertlehre, Wien 1937 (Schr. zur wiss. Weltauffassung 9). – Ders., Der Wiener Kreis. Der Ursprung des Neopositivismus, Wien 1950 Berlin/Heidelberg/New York ^{2}1968 (erw. u. verb. Aufl.). – Ders., Art. Positivismus, Logischer: HWP 7 (1989) 1122–1124. – Niklas Luhmann, Systemtheoretische Argumentationen. Eine Entgegnung auf Jürgen Habermas: Jürgen Habermas/ders., Theorie der Gesellschaft oder Sozialtechnologie, Frankfurt a.M. 1971, 291–404. – Gerhard Otte, Art. Rechtspositivismus: StL^{7} 4 (1988) 723–726. – Karl Popper, Logik der Forschung, Wien 1935. – Ders., Die Logik der Sozialwiss.: Theodor W. Adorno (Hg.), Der Positivismusstreit (s.o.) 103–123. – Hartmut Przybylski, Art. Positivismus: HWP 7 (1989) 1118–1122. – Moritz Schlick, Allg. Erkenntnislehre, Berlin 1918 ^{2}1925. – Ders., Fragen der Ethik, Wien 1930 (Schr. zur wiss. Weltauffassung 11). – Ders., Die Wende der Phil.: Erkenntnis 1 (1930/31) 4–11. – Ders., Positivismus u. Realismus: Erkenntnis 3 (1932/33) 1–31. – Ders, Über das Fundament der Erkenntnis: Erkenntnis 4 (1934) 79–99. – Ders., GAufs. 1926–1936, hg. v. Friedrich Waismann, Wien 1938. – Christian Thiel, Phil. u. Mathematik, Darmstadt 1995. – Holger van den Boom, Logischer Positivismus u. Wiener Kreis: Heinrich Rombach, Wissenschaftstheorie, Freiburg/Basel/Wien, I 1974, 56–65. – Ludwig Wittgenstein, Tractatus logico-philosophicus. Logisch-phil. Abh., Frankfurt a.M. ^{5}1971. – Ders., Werkausg. III. Wittgenstein u. der Wiener Kreis. Gespräche. Aufgezeichnet v. Friedrich Waismann, hg. v. B.F. McGuiness, Frankfurt a.M. 1984.

Lothar Eley

Postille →Schriftauslegung

Postmoderne

I. Philosophisch
II. Systematisch-theologisch . . . . S. 87
III. Praktisch-theologisch . . . . S. 89

I. Philosophisch

1. Die Genealogie des Postmodernismus 2. Lyotards philosophische Konzeption der Postmoderne 3. Die geschichtsphilosophische Kontroverse über das Projekt der Moderne (Quellen/Literatur S. 86)

1. Die Genealogie des Postmodernismus

Die vermutlich früheste Verwendung des Ausdrucks „postmodern“ findet sich bei R. Pannwitz, der seine Arbeit als Fortsetzung von F. →Nietzsches Idee einer Verwandlung des Menschen verstand: „der sportlich gestählte nationalistisch bewusste militärisch erzogene religiös erregte postmoderne mensch ist ein überkrustetes weichtier ein juste-milieu von décadent und barbar davon geschwommen aus dem gebärerischen strudel der groszen décadence der radikalen revolution des europäischen nihilismus“ (Pannwitz 64). Unabhängig von Pannwitz finden sich weitere sporadische Verwendungen des Ausdrucks, z.B. seit 1947 bei Arnold Toynbee (vgl. Meier).

Terminologischen Rang gewann der Ausdruck erst 1959 durch den Aufsatz *Mass Society and Postmodern Fiction* von I. Howe, der durch seine Auffassung, daß die Nachkriegsliteratur gegenüber der großen Literatur von William Butler Yeats, Thomas Stearns Eliot, Ezra Pound und James Joyce eine natürliche Erschlaffung darstelle, die folgenreiche Debatte ausgelöst hat, inwiefern die literarästhetischen Maßstäbe der klassischen Moderne auch für die Gegenwartsliteratur der Massengesellschaft anzulegen seien. Während diese für Howe noch selbstverständlich waren, hat L. Fiedler 1969 diese Voraussetzung in dem ebenso provokativen wie inspirierenden Essay *Überquert die Grenzen, schließt den Graben!* entschieden bestritten und dem Ausdruck „postmodern“ erstmals eine positive Bedeutung gegeben. Er forderte auf, endlich zur Kenntnis zu nehmen, daß die große Kunst des modernen Romans – geschaffen durch das Dreigestirn Marcel Proust, James Joyce und Thomas Mann – endgültig tot sei. Damit sei auch die für eine industrialisierte Massengesellschaft ärgerliche Unterscheidung zwischen „hoher Kunst" und „Subkunst" hinfällig geworden. Der klassische Literaturkritiker, der als Analytiker „wirklicher" Kunst über die Maßstäbe des literarischen Schaffens wacht und der als Experte ein elitäres Publikum in die neue Richtung zu führen versucht, hat im Hinblick auf das junge Massenpublikum seinen elitären Status verloren. „Der Postmodernismus schließt die Kluft zwischen Kritiker und Publikum, ... zwischen Professionalismus und Amateurtum in den Gebieten der Kunst" (Fiedler 69). Mit dem Verschwinden des Akademismus verschwindet für Fiedler schließlich auch das Interesse an →Ironie als Selbstschutz. Das Massenpublikum ziehe der auf Analyse, Rationalität und anti-romantischer Dialektik gegründeten Ironie die Sentimentalität vor und sehne sich nach dem Naiven und Mythischen. Daher habe die Pop-Art auch die Kluft zu schließen zwischen dem Wahrscheinlichen und dem Wunderbaren, zwischen dem Wirklichen und dem Mythischen. Von der →Romantik, mit der das junge Massenpublikum dieses Interesse am Naiven teile, unterscheide es sich aber in dem Wissen, daß Träume und Visionen in elektronischen Superstudios produziert werden. Dieses neue Publikum sei „gleichermaßen zu Hause in der Welt der Technologie und im Reich des Wunders" (ebd. 73).

Ob der inhaltlichen Deutung Fiedlers beizustimmen ist (hierfür wäre die Postmoderne der 60er, 70er und 80er Jahre zu unterscheiden; vgl. Huyssen, besonders 21), spielt keine Rolle für die Frage, wie Fiedler auf die weitere Entfaltung der Diskussion um die Postmoderne gewirkt hat. In dieser Hinsicht fällt auf, daß er zuerst den Versuch unternahm, dieser Diagnose eine begriffliche Gestalt zu geben. Als begrifflicher Kristallisationskern ließ sich die Idee ausmachen, daß die postmoderne Kultur gerade durch das „Nebeneinander" von solchem bestimmt wird, was gemäß den ästhetischen Hierarchien der klassischen Moderne noch als Gegensätze auseinandergehalten worden ist. – Bereits 1966 hat R. Venturi, einer der Protagonisten unter den postmodernen Architekten, in seinem Aufsatz *Komplexität und Widerspruch in der Architektur* seinen eigenen Motiven eine ähnliche begriffliche Formulierung verliehen, indem er erklärte, daß ihm an der Lebendigkeit der Architektur mehr gelegen sei als an ihrer Gediegenheit, an der Vielfalt der Meinungen mehr als an ihrer Klarheit. Gegenüber dem Kult des Reinen in der orthodoxen modernen Architektur sei dem „Beide-zusammen" der Vorzug vor dem „Entweder-oder" einzuräumen. – Begrifflich nicht klarer, aber wirkungsvoller hat dies Ch. Jencks in *Die Sprache der postmodernen Architektur* durch den dann viel benutzten Begriff der „Doppelkodierung" zum Ausdruck gebracht. „Ein postmodernes Gebäude spricht, um eine kurze Definition zu geben, zumindest zwei Bevölkerungsschichten gleichzeitig an: Architekten und eine engagierte Minderheit, die sich um spezifisch architektonische Probleme kümmern, sowie die breite Öffentlichkeit oder die Bewohner am Ort, die sich mit Fragen des Komforts, der traditionellen Bauweise und ihrer Art zu leben befassen" (Jencks, Sprache 85).

Die Tendenz der Postmodernisten, auch die Beschreibung gesellschaftlicher Transformationen in ihre Bestimmung der Postmoderne aufzunehmen, ist wahrscheinlich angeregt worden durch D. Bells einflußreiche These (zuerst 1973) vom Aufkommen einer „postindustriellen Gesellschaft". Diesen Übergang beschreibt Bell als Übergang von einer warenproduzierenden zu einer Informations- oder Wissensgesellschaft. (In ähnlichem Sinne hat bereits 1968 A. Etzioni von „postmodernen Gesellschaften" gesprochen.) Dieser Prozeß ist freilich nach Bell verbunden mit einer immer spürbareren „Trennung von Gesellschaftsstruktur (Wirtschaft, Technologie und Berufssystem) und Kultur (symbolischem Ausdruck von Sinngehalten), wobei die beiden Bereiche von jeweils unterschiedlichen axialen Prinzipien gelenkt werden – die Gesellschaftsstruktur von funktionaler Rationalität und Effizienz, die Kultur von der antinomischen Rechtfertigung der Steigerung und Überhöhung des Selbst" (Bell 362f.).

Gegenüber diesen makrosoziologischen Thesen ist den meisten Vertretern der kulturellen Postmoderne gemäß ihrer durchgängigen Betonung eines komplexen „Nebeneinanders" von Bedeutungselementen klar gewesen, daß die Postmoderne nicht einfach als eine epochale Ablösung der Moderne, sozusagen als geschichtliche Trans-Moderne, verstanden werden kann. U. Eco z. B. deutet den Ausdruck „postmodern" daher als eine metahistorische Kategorie und demgemäß die Postmoderne als eine natürliche Reaktion auf die jeweilige „Avantgarde" einer Zeit (Eco 77). Die postmoderne Haltung ist für ihn „Ironie, metasprachliches Spiel, Maskerade hoch zwei" (ebd.). In ähnlicher Weise hat dann Ch. Jencks noch einmal unterschieden zwischen dem Post-Modernismus und dem Spät-Modernismus. Während dieser wie jede Spätperiode nur die Weiterführung des Modernismus zu einer übersteigerten, extremen Form meine, beinhalte jener nicht nur die Doppelkodierung elitär/populär, sondern auch die von alt/neu, so daß Post-Modernismus zweierlei bedeute: „die Weiterführung des Modernismus und dessen Transzendenz" (Jencks, Post-Modern 207).

Es ist das Verdienst von J.-F. Lyotard, zuerst auf diese Klärungsversuche philosophisch reagiert zu haben. In der Gelegenheitsschrift *Das postmoderne Wissen* bringt er die postmodernen Tendenzen auf einen einzigen Begriff: „Paralogie" (s.u. 2.).

Man muß also bei der Diskussion um die Postmoderne dreierlei unterscheiden. Es gibt erstens eine hauptsächlich von Literaturkritikern und Architekturtheoretikern geführte Diskussion um die ästhetischen Tendenzen der Gegenwart, wobei die einzelnen Gegenwartsdiagnosen und entsprechenden Traditionsbestimmungen äußerst disparat sein können. Nur im Hinblick auf diese Diskussion kann man von einer „postmodernen Bewegung" sprechen. Es gibt zweitens innerhalb dieser ästhetischen Diskussion Versuche, diese Tendenzen als Ausdruck einer universalgeschichtlichen Transformation darzustellen. Mangels einer allgemeinen Theorie der gesellschaftlichen Evolution scheitern solche Versuche an der Identifizierung eines spezifischen evolutionären Subjektes und führen daher zu einer Phantomdiskussion. Es gibt drittens begriffliche Klärungsversuche, die sich in der bisher einzigen Theorie der Postmoderne, der Lyotards, vollenden. Beziehungen des Postmodernismus zu Vertretern des sog. Poststrukturalismus (Michel Foucault; Gilles Deleuze; Jean Baudrillard; Jacques Derrida) bleiben dagegen weitgehend assoziativ.

2. Lyotards philosophische Konzeption der Postmoderne

Philosophie ist nach Lyotard der Metadiskurs der Wissenschaft, in welchem diese ihre Spielregeln zu legitimieren hat. Eine Aussage muß eine Reihe von Bedingungen erfüllen, um als wissenschaftlich akzeptiert zu werden. „Hier ist die Legitimation der Prozeß, in dem ein mit dem wissenschaftlichen Diskurs befaßter ‚Gesetzgeber' autorisiert ist, die genannten Bedingungen (im allgemeinen die Bedingungen der inneren Konsistenz und der experimentellen Verifikation) vorzuschreiben" (Lyotard, Wissen 34). Die Frage, wer dieser „Gesetzgeber" sein könne, führt zu den bekannten Aporien des *circulus vitiosus*, der *petitio principii*, des unendlichen Regresses oder zu dem Paradox, daß Gott, das Leben oder dergleichen jemanden zur Ausübung der Autorität bestimmt haben, dieser aber der einzige Zeuge dieser Offenbarung ist (vgl. Lyotard, Widerstreit 237; ders., Memorandum 58f.). Diese Schwierigkeiten bei der Autorisierung zu verdecken, sind insbesondere Erzählungen geeignet, „indem sie die Schwierigkeit mit den Prinzipien auf der Achse der Diachronie verteilen" (Lyotard, Memorandum 59). Dabei gibt es zwei mögliche Typen: „die eine vollzieht diese Dehnung gegen den Strom, zu einem Ursprung hin, die andere mit dem Strom, zu einem Ziel hin" (ebd.). Den ersten Typus bilden die für traditionale Gesellschaften unentbehrlichen mythischen Erzählungen aus (→Mythos), den zweiten Typus die modernen „Metaerzählungen": die Dialektik des Geistes, die Hermeneutik des Sinnes und die Emanzipation des vernünftigen oder arbeitenden Subjekts. Die Erfahrung des allmählichen Zerfalls dieser Metaerzählungen und die dadurch offenkundig werdende Legitimationskrise der Moderne bilden die negative Seite der Postmoderne (vgl. Lyotard, Wissen 13).

Zur Entwicklung eines positiven Begriffs der Postmoderne hat Lyotard auf Ludwig →Wittgensteins *Philosophische Untersuchungen* zurückgegriffen, die er zusammen mit →Kants *Kritik der Urteilskraft* und dessen historisch-politischen Schriften (der „vierten" Kritik) auch als „Epiloge der Moderne und Prologe einer achtenswerten Postmoderne" (Lyotard, Widerstreit 12) bezeichnet. Gemäß der Sprachpragmatik Wittgensteins deutet er die verschiedenen Aussagenklassen (denotative, präskriptive, performative, technische, evaluierende usw.) als heterogene „Sprachspiele", die er wiederum mit Kants – durch einen „Abgrund" voneinander geschiedene – „Vermögen" vergleicht. Anerkennung der grundsätzlichen Heteromorphie der wissenskonstituierenden Aussagen sowie die Herausstellung der Nichtübereinstimmung als Ziel des Wissens nennt Lyotard die *Paralogie*. Das bedeutet, daß sich Aussagen nicht dadurch legitimieren lassen, daß sie einen Konsens ermöglichen, sondern lediglich dadurch, daß sie als „neu" anerkannt werden können. Den Gedanken der Paralogie hat Lyotard im Begriff des „Widerstreites" präzisiert und vertieft. „Im Unterschied zu einem Rechtsstreit [litige] wäre ein Widerstreit [différend] ein Konfliktfall zwischen (wenigstens) zwei Parteien, der nicht angemessen entschieden werden kann, da eine auf beide Argumentationen anwendbare Urteilsregel fehlt. ... Wendet man dennoch dieselbe Urteilsregel auf beide zugleich an, um ihren Widerstreit als Rechtsstreit zu schlichten, so fügt man einer von ihnen Unrecht zu" (ebd. 9). Nicht zuletzt versteht Lyotard diese nicht mehr auf Universalität ausgerichtete postmoderne Gerechtigkeitskonzeption als eine Kritik an der transzendental- bzw. universalpragmatischen kommunikativen Konsenstheorie von Karl-Otto Apel bzw. J. Habermas (vgl. Lyotard, Grundlagenkrise).

In gewollter kritischer Weiterführung des paralogischen Konzeptes hat W. Welsch den „Widerstreit" noch einmal identitätstheoretisch, d.h. als (pluralitätsbezogene) Vernunft gedeutet. Deren Vermögen bestehe nicht in einer Totalisierung, sondern in der Ermöglichung des Übergangs zwischen den grundverschiedenen Rationalitätsformen (vgl. „Transversale Vernunft": Welsch, Moderne 295ff.).

Am ehesten läßt sich Lyotards Konzeption mit dem Differenz-Gedanken J. Derridas vergleichen. Wie der „Widerstreit" weist die „différance" als das bedeutungskonstituierende Spiel der Differenzen den Gedanken einer letzten universalen Einheit zurück. Das bedeutet gleichzeitig, daß das Spiel der differenten Bedeutungseinheiten (Signifikanten) nicht in der zentralen Einheit eines Sinnes endet oder in einem transzendentalen Signifikat, in dem sich der Gegensatz von Signifikant und Signifikat aufheben würde (vgl. Derrida, Grammatologie 38.87; ders., Semiologie 143). Der Methode der Dekonstruktion, deren Aufgabe es ist, die traditionellen Gegensätze (Einheit und Gegensatz, Sein und Seiendes, Geist und Natur u.a.) durch Verschiebung subversiv zu unterlaufen, aber nicht, sie „aufzuheben", kommt damit eine der „Paralogie" vergleichbare Aufgabe zu, nämlich im Hinblick auf die heutige Lage (condition) des Wissens jede sich aufdrängende Dialektik des Geistes oder Hermeneutik des universalen Sinnes als illegitim abzuwehren. Trotz solcher Vergleiche bleibt der Zusammenhang zwischen beiden Konzeptionen assoziativ, insofern die eine sich aus der Kritik der „logozentrischen" →Metaphysik motiviert und die andere aus der Kritik der ästhetischen Moderne.

Für ein positives Verständnis der postmodernen Ästhetik hat sich Lyotard von Kants Deutung des Erhabenen in der *Kritik der Urteilskraft* anregen lassen. Die →Ästhetik der Moderne läßt sich danach als eine Ästhetik des Erhabenen verstehen, aber nur als eine halbherzige und darum nostalgische. Denn die moderne Kunst bringt das Nicht-Darstellbare, auf das sie anspielen will, nur als Abwesenheit des Inhalts zur Erscheinung, nicht aber, was eine solche Ästhetik eigentlich verlangt, auch als Abwesenheit der Form, so daß die moderne Kunst über die heilgebliebene Darstellungsform dem Leser oder Betrachter weiterhin Trost gewähren kann. „Die Postmoderne wäre dasjenige, das im Modernen in der Darstellung selbst auf ein Nicht-Darstellbares anspielt; das sich dem Trost der guten Formen verweigert, dem Konsensus eines Geschmacks, der ermöglicht, die Sehnsucht nach dem Unmöglichen gemeinsam zu empfinden und zu teilen; das sich auf die Suche nach neuen Darstellungen begibt, jedoch nicht, um sich an deren Genuß zu verzehren, sondern um das Gefühl dafür zu schärfen, daß es ein Undarstellbares gibt" (Lyotard, Beantwortung 29).

3. *Die geschichtsphilosophische Kontroverse über das Projekt der Moderne*

In seiner Rede *Die Moderne – ein unvollendetes Projekt* (1980) hat J. Habermas die Vermutung ausgesprochen, daß sich unter dem Schlagwort „postmodern" jene konservativen Stimmungen erneuern lassen, die sich seit der Mitte des 19. Jh. vom gesellschaftlichen Modernisierungsprozeß provoziert fühlten. Näherhin unterscheidet er zwischen dem Antimodernismus der Jungkonservativen (in der Linie Nietzsches: M. →Heidegger; George Bataille; M. Foucault; J. Derrida), dem Prämodernismus der Altkonservativen (dem Neuaristotelismus von Hans Jonas und Robert Spaemann) und dem Postmodernismus der Neukonservativen (Daniel Bell).

Für die Jungkonservativen wird die Befreiung der schöpferischen Subjektivität von den Bedingtheiten der Kognition und Zwecktätigkeit sowie von den Imperativen der Arbeit und Moral zum Fluchtweg aus der modernen rationalisierten Welt, indem sie die in einer solchen Welt jederzeit unterdrückbare Spontaneität ins Ferne und Archaische verlegen und manichäisch der instrumentellen Vernunft entgegensetzen (der Wille zur Macht, das unverfügbare und unverwertbare Sein u.a.).

Die Altkonservativen bleiben von der Explosivität der ästhetischen Moderne untangiert und bemühen sich im Zuge des Neuaristotelismus um die Wiederbelebung einer kosmologischen Ethik. Die Neukonservativen dagegen bejahen den modernen Rationalisierungsprozeß, beklagen aber die zunehmende Entfremdung zwischen Kultur und Gesellschaft, die sie der antibürgerlichen avantgardistischen Kultur anlasten. Insofern der Neokonservativismus den kulturellen Modernisierungsprozeß zugunsten eines ungehinderten gesellschaftlichen hinter sich bringen möchte, ist seine Kennzeichnung als Postmodernismus bei Habermas passend. Den Versuch des Neokonservativismus, die unbequemen gesellschaftlichen Folgeprobleme der ökonomischen und administrativen Rationalisierung für die gewachsenen Lebensformen (Erosion der bürgerlichen Werte, veränderte Einstellung zur Arbeit, Konsumverhalten, mangelnde Identifikationsbereitschaft u.a.) allein einer von der antibürgerlichen kulturellen Moderne angeblich geförderten Subjektivität anzulasten, weist Habermas zwar als Verschleierungsmanöver zurück, gibt diesem Argument aber so viel zu, daß die kulturelle Moderne mit ihrem seit der →Aufklärung betriebenen Autonomisierungsprozeß eigene Aporien hervorgebracht habe, deren eine der zunehmende Abstand zwischen den Expertenkulturen und dem breiten Publikum ist. Einen möglichen Ausweg, der es erlaubt, aus den Fehlern der kulturellen Moderne zu lernen, statt deren Projekt verloren zu geben, sieht Habermas (vgl. Wellmer, Dialektik) daher in einer „*Aneignung der Expertenkultur aus dem Blickwinkel der Lebenswelt*“ (Habermas, Moderne [1981] 462). Daß gerade diese Forderung ein Grundmotiv des Postmodernismus ist, hat Habermas allerdings nicht registriert.

Wenn Habermas die Möglichkeit einer ästhetischen Erfahrung vorschwebt, die die Schwächen der modernen Ausdifferenzierung der Wertsphären Wissenschaft, Moral und Kunst für die kommunikative Alltagspraxis zu kompensieren vermag, so fragt Lyotard kritisch zurück, um welche Art von Einheit es sich dabei handeln solle. „Besteht das Ziel, das das Projekt Moderne verfolgt, darin, eine soziokulturelle Einheit zu schaffen, in der alle Elemente des Alltagslebens und des Denkens wie in einem organischen Ganzen Platz finden könnten? Oder sind die Übergänge, die zwischen den heterogenen Sprachspielen, dem Spiel der Erkenntnis, der Ethik und der Politik zu eröffnen sind, von einer anderen Ordnung als diese?“ (Lyotard, Beantwortung 13f.) Selbstverständlich verweigert sich die postmoderne Konzeption auch für den Bereich der gesellschaftlichen Wirklichkeit einer dialektisch totalisierenden Erfahrung Hegelscher Provenienz (→Hegel/Hegelianismus) und greift zurück auf das Kantische Modell in der *Kritik der Urteilskraft* (s. o. 2.). Freilich ist damit auch der Verzicht auf Erkenntnis im Sinne einer Wirklichkeitserfassung verbunden; und tatsächlich lautet das eigentliche Credo der Postmoderne: „Es sollte endlich Klarheit darüber bestehen, daß es uns nicht zukommt, *Wirklichkeit zu liefern*, sondern Anspielungen auf ein Denkbares zu erfinden, das nicht dargestellt werden kann“ (ebd. 30).

Quellen

Daniel Bell, The Coming of Post-Industrial Society. A Venture in Social Forecasting, 1973; dt.: Die nachindustrielle Gesellschaft, Frankfurt a.M./New York 1975 ^{2}1976. – Jacques Derrida, De la grammatologie, Paris 1967; dt.: Grammatologie, Frankfurt a.M. 1974. – Ders., Semiologie u. Grammatologie: ders., Positionen, Wien 1986, 140–164. – Ders., Die différance (1968): ders., Randgänge der Phil., Wien 1988, 29–52. – Ders., Signatur, Ereignis, Kontext (1971): ebd. 291–314. – Umberto Eco, Postmodernismus, Ironie u. Vergnügen: Wege (s.u. bei Sammelbde.) 75–78 = ders., Nachschr. zum *Namen der Rose*, München/Wien 1984. – Amitai Etzioni, The Active Society. A Theory of Societal and Political Processes, London/New York 1968; dt.: Die aktive Gesellschaft. Eine Theorie gesellschaftlicher u. politischer Prozesse, Opladen 1975. – Leslie A. Fiedler, Cross the Border – Close the Gap! Post-Modernism, 1969; dt.: Überquert die Grenze, schließt den Graben! Über die Postmoderne: Wege (s.u. bei Sammelbde.) 57–74. – Jürgen Habermas, Die Moderne – ein unvollendetes Projekt: ders., Kleine politische Schr. I–IV, Frankfurt a.M. 1981, 444–464. – Ders., Moderne u. postmoderne Architektur: ders., Die Neue Unübersichtlichkeit. Kleine Politische Schr. V, Frankfurt a.M. 1985, 11–29. – Ders., Die Kulturkritik der Neokonservativen in den USA u. in der Bundesrepublik: ebd. 30–56. – Ders., Der phil. Diskurs der Moderne, Frankfurt a.M. ^{3}1986. – Ihab Hassan, Postmoderne heute: Wege (s.u. bei Sammelbde.) 47–56. – Irving Howe, Mass Society and Postmodern Fiction: Partisan Review 26 (1959) 420–436. – Charles Jencks, Post-Modern u. Spät-Modern. Einige grundlegende Definitionen: Moderne (s.u. bei Sammelbde.) 205–235. – Ders., Die Sprache der postmodernen Architektur: Wege (s.u. bei Sammelbde.) 85–98. – Peter Koslowski, Die Baustellen der Postmoderne – Wider den Vollendungszwang der Moderne: Moderne (s.u. bei Sammelbde.) 1–16. – Jean-François Lyotard, La condition postmoderne, Paris 1979; dt.: Das postmoderne Wissen. Ein Ber., Wien ^{2}1993. – Ders., Immaterialität u. Postmoderne, Berlin 1985. – Ders., Grundlagenkrise: NHP 26 (1986) 1–33. – Ders., Beantwortung der Frage: Was ist postmodern?: ders., Postmoderne f. Kinder. Briefe aus den Jahren 1982–1985, Wien 1987, 11–31.

– Ders., Randbemerkungen zu den Erzählungen: ebd. 32–37. – Ders., Memorandum über die Legitimität: ebd. 57–83. – Ders., Der Widerstreit, München [2]1989. – Ders., Die Moderne redigieren: ders., Das Inhumane. Plaudereien über die Zeit, Wien 1989, 51–69. – Ders., Eine post-moderne Fabel über die Postmoderne oder: In der Megalopolis: Postmoderne 1991 (s.u. bei Sammelbde.) 291–304. – Rudolf Pannwitz, Die Krisis der europ. Kultur. Werke II, Nürnberg 1917. – Willem van Reijen/Dick Veerman, Die Aufklärung, das Erhabene, Phil., Ästhetik. Interview mit Jean-François Lyotard: Walter Reese-Schäfer, Lyotard zur Einf., Hamburg 1988, 103–147. – Robert Spaemann, Ende der Modernität?: Moderne (s.u. bei Sammelbde.) 19–40. – Robert Venturi, Komplexität u. Widerspruch in der Architektur: Wege (s.u. bei Sammelbde.) 79–84. – Wolfgang Welsch, Unsere Postmoderne Moderne, Weinheim 1987.

Literatur

1. *Zur Genealogie des Begriffs:* Gerhard Hoffmann/Alfred Hornung/Rüdiger Kunow, ‚Modern', ‚Postmodern' u. ‚Contemporary'. Zur Klassifizierung der amerik. Erzähllit. des 20. Jh.: Der zeitgenössische amerik. Roman. I. Von der Moderne zur Postmoderne. Elemente u. Perspektiven, hg. v. Gerhard Hoffmann, München 1988, 7–44. – Andreas Huyssen, Postmoderne – eine amerik. Internationale?: Postmoderne 1986 (s.u. bei Sammelbde.) 13–44. – Michael Köhler, ‚Postmodernismus'. Ein begriffsgesch. Überblick: Amerikastud. 12 (1977) 8–18. – Stephan Meier, Art. Postmoderne: HWP 7 (1989) 1141–1145. – Wolfgang Welsch, Unsere Postmoderne Moderne, Weinheim 1987, 9–43.

2. *Sammelbände:* Krit. Erziehungswiss. – Moderne – Postmoderne, hg. v. Winfried Marotzki/Heinz Sünker, Weinheim 1992. – Moderne oder Postmoderne? Zur Signatur des gegenwärtigen Zeitalters, hg. v. Peter Koslowski/Robert Spaemann/Reinhard Löw, Weinheim 1986. – Postmoderne. Zeichen eines kulturellen Wandels, hg. v. Andreas Huyssen/Klaus R. Scherpe, Reinbek bei Hamburg 1986. – Postmoderne. Alltag, Allegorie u. Avantgarde, hg. v. Christa u. Peter Bürger, Frankfurt a.M. 1987. – Postmoderne. Anbruch einer neuen Epoche? Eine interdisziplinäre Erörterung, hg. v. Günter Eifler/Otto Saame, Wien 1990. – Postmoderne – globale Differenz, hg. v. Robert Weimann/Hans Ulrich Gumbrecht, Frankfurt a.M. 1991. – Technologisches Zeitalter oder Postmoderne, hg. v. Walter Ch. Zimmerli, München 1988. – Die unvollendete Vernunft. Moderne versus Postmoderne, hg. v. Dietmar Kamper/Willem van Reijen, Frankfurt a.M. 1987. – Verabschiedung der (Post-)Moderne? Eine interdisziplinäre Debatte, hg. v. Jacques Le Rider/Gérard Raulet, Tübingen 1987. – Wege aus der Moderne. Schlüsseltexte der Postmoderne-Diskussion, hg. v. Wolfgang Welsch, Weinheim 1988.

3. *Einzeluntersuchungen:* Peter Koslowski, Die postmoderne Kultur. Gesellschaftlich-kulturelle Konsequenzen der technischen Entwicklung, München 1987. – Burghart Schmidt, Postmoderne – Strategien des Vergessens, Frankfurt a.M. 1994. – Peter Tepe, Postmoderne, Poststrukturalismus, Wien 1992. – Albrecht Wellmer, Zur Dialektik v. Moderne u. Postmoderne. Vernunftkritik nach Adorno, Frankfurt a.M. 1985.

Claudius Strube

II. Systematisch-theologisch

(Literatur S. 89)

Im theologischen Kontext wird der Terminus „Postmoderne" sowohl in einem allgemeinen wie in einem spezifischen Sinne – nämlich zur Bezeichnung von zwei recht unterschiedlichen Bewegungen: der dekonstruktivistischen und der →Prozeßtheologie – gebraucht. Allen drei Verwendungsweisen ist die Auffassung gemeinsam, daß wir in einer Welt leben, die dem Projekt der Moderne oder der →Aufklärung im Sinne einer universal gültigen →Vernunft kein Zutrauen mehr schenkt.

Während einige Theologen befürchten, daß das Resultat die Schaffung eines christlichen Gettos sein werde, empfinden die meisten, die von „Postmoderne" im allgemeinen Sinne sprechen, die Situation als befreiend. Obwohl wir – so D. Tracy und H. Küng – genötigt sind, die historische Bedingtheit allen Denkens zuzugeben, befreit uns dieses Zugeständnis doch zugleich von einer übertriebenen Unterwürfigkeit gegenüber der Vergangenheit, weil und insofern jedes Zeitalter nach seinem eigenen Paradigma theologischer Praxis verlangt. Neuerdings haben die gemäßigten Ansprüche, die W. Welsch (der sich selbst auf halbem Wege zwischen J. Habermas und J.-F. Lyotard ansiedelt;

s.o. I. und u. III.) von philosophischer Seite erhoben hat, zustimmende Reaktionen unter deutschen Theologen hervorgerufen, während innerhalb der englischsprachigen Welt D. Allen als ein Beispiel für diejenigen gelten mag, die die Zerstörung eines übergroßen Vertrauens in die Vernunft als Chance für den →Glauben ansehen. Zuzugeben ist allerdings, daß die Schwierigkeiten, die ein solcher Pluralismus beim Versuch, einander zu verstehen, mit sich bringt, negativ zu Buche schlagen. Sollte die faktische Verstehensschwierigkeit entscheidend gegen die Möglichkeit sprechen, enger zusammenzurükken, oder gar gegen die Dignität des Ideals selbst? Für viele wird aufgrund der Vorstellung von Christus als →Logos – dem Intelligibilitätsprinzip für alle Humanität – die Universalität der Vernunft zweifellos tief in der christlichen Theologie verwurzelt bleiben.

Etwas von dieser Universalität scheint vorausgesetzt, wenn Prozeßtheologen den Terminus zum Zwecke der Selbstbeschreibung usurpieren. Das, was ein Autor wie D.R. Griffin nämlich allem Anschein nach ausdrücken will, wenn er die Postmoderne als eigenes, partielles Ziel der Prozeßtheologie in Anspruch nimmt, ist nicht, daß man das Projekt der Aufklärung schlechterdings hinter sich lassen, sondern eher, daß man seine Reichweite vergrößern sollte, indem man ihm eine humanere, weniger technologische Dimension verleiht. Kein einziger Fortschritt der Moderne ist notwendigerweise aufzugeben, aber ihr Individualismus, ihr Anthropozentrismus und ihre Verehrung mechanischer Instrumentalität müssen überwunden werden. In diesem Sinne hat J. Cobb das Wort Postmoderne bereits 1964 gebraucht.

Die profilierteste Form von Postmoderne ist jedoch die von J. Derrida und dessen Angriff auf alle Theorien des Wissens, die, von →Descartes inspiriert, von der Annahme ausgehen, daß jeder gültige epistemologische Anspruch durch etwas evident Wahres hinreichend gerechtfertigt werden kann: Das universale Ideal ist ein Ding der Unmöglichkeit, weil jeder Versuch, eine letzte, singuläre Garantie oder Basis für epistemologische Ansprüche bereitzustellen, unverzüglich durch den Aufweis unterminiert (oder „dekonstruiert") wird, daß er auf anderen Annahmen beruht, die im vermittelnden Text bereits implizit vorausgesetzt sind. Hier lassen sich drei Typen theologischer Rezeption unterscheiden:

1) Für einige bedeutet Derridas Behauptung, „il n'y a pas de hors-texte" (es gibt kein Jenseits des Textes), daß jede Flucht aus dem Text ausgeschlossen und somit jegliche transzendente Referenz vereitelt ist. Th.J.J. Altizer zieht dies zur Stützung seines „Gott-ist-tot"-Ansatzes heran (so in *The Gospel of Christian Atheism,* 1966), während sich R.P. Scharlemann, M.C. Taylor und C.E. Winquist stärker mit Derridas eigenen Ansichten auseinandersetzen. Folgt man Taylors Darstellung, so sollte das Christentum als eine Religion des „Karnevals" angesehen werden (Taylor 158), wobei die Schrift in der „lebenslustigen Bekräftigung einer Welt ohne Wahrheit" (ebd. 182) ein „gewaltiges Wortspiel, ein ungezügeltes Schauspiel" (ebd. 177) darbietet.

Diese und andere Autoren sind Amerikaner; in England vertritt D. Cupitt ähnliche Ansichten, obwohl sich in seinem Fall in verstärktem Maße Analogien zum →Buddhismus nahelegen. Was H. Timm angeht, so mögen die Einflüsse eher literarischer als philosophischer Art sein; dennoch gibt es in seiner Hinwendung von einer vertikalen zu einer horizontalen, „ästhetischen" Theologie, die die experimentelle Kraft religiöser Symbole feiert, klare Parallelen.

2) Erkennbar sind weiter Anklänge an die Tradition negativer →Theologie, etwa von der Art, wie man sie bei dem französischen Autor J.-L. Marion findet: Die Vernunft ist ein Götzenbild, und Gott wird nur von „jenseits des Seins", als Geschenk und Ikone, enthüllt. Obwohl selbst M. →Heidegger der Kritik anheimfällt, zu ontologisch zu sein, ist Marions Katholizismus doch im wesentlichen konservativer Art; so gesehen mag er als nützliche Erinnerung daran dienen, daß die Postmoderne nicht notwendigerweise mit einem liberalen oder radikalen Ethos auftritt. In der Tat sind eine Reihe von Artikeln publiziert worden, die das Denken von Papst Johannes Paul II. als postmodern identifizieren (vgl. Holland).

3) Schließlich stößt man auf die Interpretation, daß jede Negativität im Verhältnis zur positiven Behauptung parasitär sei und daß Derridas Absicht weniger darin bestehe, jegliche Letztbegründung des Wissens – von der Gott nicht mehr als eine Variante darstellt – schlechterdings auszuschließen, sondern lediglich darin, permanent davor zu warnen oder alle derartigen Versuche mit einem Fragezeichen zu versehen. Dies ist der Standpunkt K. Harts, der die Interpretationen Derridas durch Taylor und Altizer scharf kritisiert. Er macht geltend, daß für Derrida alles zwar *auch*, aber nicht *nur* Text sei (Hart 164–166); daher sollte die negative Theologie als dekonstruktivistische Ergänzung zur positiven Theologie fungieren, indem sie „eine Garantie, daß auch unangemessene Prädikate von Gott zu sprechen vermögen" (ebd. 201), bereitstellt.

Bis heute stammen die wirksamsten Entgegnungen auf die dekonstruktivistische Postmoderne eher von Literaturkritikern als von Theologen; einschlägig ist vor allem G. Steiners Postulat, jede große Literatur führe die transzendente Referenz auf eine „reale Gegenwart" mit sich.

Literatur

Akbar Salahudin Ahmed, Postmodernism and Islam, London 1992. – Diogenes Allen, Christian Belief in a Postmodern World, Louisville 1989. – Thomas J.J. Altizer (Hg.), Deconstruction and Theology, New York 1982. – Erik Borgman, Negative Theol. als postmodernes Sprechen v. Gott: Conc(D) 31 (1995) 154–160. – John Cobb, From Crisis-Theology to the Post-Modern World: Centennial Review 8 (1964) 209–220. – Don Cupitt, The Time Being, London 1992. – Jacques Derrida, Wie nicht sprechen – Verneinungen, Wien 1989. – Kuno Füssel u.a., Die Sowohl-als-auch-Falle. Eine theol. Kritik des Postmodernismus, Luzern 1993. – David Ray Griffin u.a. (Hg.), Varieties of Postmodern Theology, Albany 1989. – Kevin Hart, The Trespass of the Sign, Cambridge 1989. – Thomas Hausmanninger (Hg.), Christl. Sozialethik zw. Moderne u. Postmoderne, Paderborn 1993. – Hans-Joachim Höhn, Krise der Moderne – Krise der Vernunft?: ZKTh 109 (1987) 20–47. – Joe Holland, The Postmodern Paradigm and Contemporary Catholicism: Varieties (s.u.) 9–27. – Ders., The Cultural Vision of John Paul II: ebd. 95–127. – Immaterialität u. Postmoderne, hg. v. Jean-François Lyotard u.a., Berlin 1985. – Hans Küng/David Tracy (Hg.), Theol. – wohin? Auf dem Weg zu einem neuen Paradigma, Gütersloh 1984. – Walter Lesch/Georg Schwind (Hg.), Das Ende der alten Gewißheiten. Theol. Auseinandersetzung mit der Postmoderne, Mainz 1993. – Jean-François Lyotard, Das Patchwork der Minderheiten – Für eine herrenlose Politik, Berlin 1977. – Ders., Grabmal des Intellektuellen, Graz 1985. – Ders., Das postmoderne Wissen, Graz 1986. – Ders., Die Moderne redigieren, Bern 1988. – Ders., Streifzüge, Graz 1989. – Ders., Die Phänomenologie, Hamburg 1993. – Ders., Streitgespräche, oder: Sprechen „nach Auschwitz", Bremen o.J. – Jean-Luc Marion, Dieu sans L'être. Hors-texte, Paris 1982. – Nach der Postmoderne. Mit Beitr. v. V. Flusser, M. Foucault u.a., hg. v. Andreas Steffens, Düsseldorf 1992. – Robert P. Scharlemann (Hg.), Theology at the End of the Century. A Dialogue on the Postmodern, Charlottesville 1990. – Matthias Schnell, Die Herausforderung der Postmoderne-Diskussion f. die Theol. der Gegenwart, Diss. Tübingen 1994. – George Steiner, Real Presences, London 1989. – Mark C. Taylor, Erring. A Postmodern A/theology, Chicago 1984. – Hermann Timm, Das ästhetische Jahrzehnt. Zur Postmodernisierung der Religion, Gütersloh 1990. – Graham Ward, Barth, Derrida and the Language of Theology, Cambridge 1995. – Charles E. Winquist, Desiring Theology, Chicago 1994.

Vgl. auch das Literaturverzeichnis zu III.

David Brown

III. Praktisch-theologisch

1. Zum Forschungskontext 2. Kriterien für „postmodern" im Blick auf praktisch-theologische Relevanz 3. Postmoderne Motive in praktisch-theologischen Studien 4. Neostrukturalistische Phänomenologie als wissenschaftstheoretisches Modell (Quellen/Literatur S. 92)

1. Zum Forschungskontext

Im Blick auf die zentrale und zugleich jede Zentralität sprengende Gegenwartskategorie „postmodern" besteht inzwischen Übereinkunft, daß es kein „postmodernes Credo" (Verunsicherungen 51) zu formulieren gibt. „Postmoderne" fungiert als Qualitätsvariable. Der Ausdruck ist ein „Suchbegriff" (vgl. Küng, Theologie 16–19), so daß jeder Ansatzbereich seine Perspektive des „Postmodernen" vorab deklarieren muß. Damit deutet sich ein erster praktischer Effekt der „Variable Postmoderne“ an: Sie hält im Experiment das Methodenbewußtsein wach und damit das Forschungsspiel auf dem laufenden.

Dem unterstellten „*anything* goes“ wehrt explizit die Betonung „anything *goes, is going*“ (Feyerabend, Erkenntnis 66f.86–88), die sich auch noch gegen Jean Baudrillards „rien ne va plus“ zu profilieren versteht (Welsch, Denken 162). Es erfolgt dementsprechend zur Zeit ein vielfaches probehaftes Ablegen, Aufnehmen und (Um-)Ordnen. Es wird Heil nicht in weiteren, womöglich praktischeren Schablonentafeln gesucht, wozu sich systemtheoretisch lancierte Technologien der Elektronischen Datenverarbeitung heute allenthalben als Ersatz für idealistische Systeme anbieten (vgl. Schnittstelle Mensch; Welsch, Postmoderne [^{4}1993] 26.28; ders., Höhle; Technologisches Zeitalter, hg. v. W. Zimmerli). Es geht um „variable Ordnungen, die im gedämpften Zwielicht begrenzter Rationalitäten ihr niemals völlig zu regelndes Spiel treiben“ (Waldenfels, Umdenken 200). Es wird also in der systematischen Suchbewegung des (Um-)Ordnens als Medium postmoderner Wahrnehmung ein Mustern theologischer Formen und Inhalte versucht, dem Heilung möglicherweise von woanders in die Quere kommen kann: „Die Heilung, was ist das überhaupt? Die Verwirklichung des Subjekts durch ein Sprechen, das von woanders kommt und es durchquert“ (Lacan, Ich 296).

Es wird somit die These aufgestellt, →Praktische Theologie sei heute ein theoretischer Ort theologischer Forschung, wo Indizien nachneuzeitlicher christologischer Religion gesammelt, aufgehoben und vielfach verwendet werden können. Tradition kann so ihren Gehalt bewähren, anstatt nur zu konservieren.

2. *Kriterien für „postmodern“ im Blick auf praktisch-theologische Relevanz*

Als Merkmale eines präzisen Postmodernismus mit praktisch-theologischer Relevanz können genannt werden: (a) das Ende universaler Systeme und Metaerzählungen monistischen Typs; (b) „radikale Pluralität“ bzw. „agonale Komplexität“: „Postmodern geht es um Vielfalt nicht einfach in der schiedlich-friedlichen Weise des Pluralismus, sondern in der spannungsreich-agonalen Form der Komplexion“ (Welsch, Nach welcher Moderne? 248). *Diese* Pluralität folgt daraus, daß „eine grundsätzliche Pluralität von Sprachen, Modellen, Verfahrensweisen praktiziert wird, und zwar nicht bloß nebeneinander, sondern in ein und demselben Werk bzw. im Blick auf *ein* Projekt, also interferentiell“ (Wellmer 16.17; Feyerabend; Erfundene Wirklichkeit). „Der Konsens ist ein veralteter und suspekter Wert geworden, nicht aber die Gerechtigkeit. Man muß also zu einer Idee und einer Praxis der Gerechtigkeit gelangen, die nicht an jene des Konsens gebunden ist“ (Lyotard, Wissen 190). „Religiöse Überzeugungen könnten – gerade wegen ihres Bezugs aufs Absolute – relativierungsfähiger sein als säkulare Überzeugungen ... Das Hauptgebot besagt, daß nur diejenigen Orientierungen legitim und zulassungsfähig sind, die gegen das Existenzrecht anderer Orientierungen nicht verstoßen ... Fundamentalismen sind konsequent ausgeschlossen“ (Welsch, Haus 477). „Mit dem eklektischen Kaleidoskop ist es nicht getan. Das Potpourri ist nicht die Einlösung, sondern die Auflösung von Komplexion ... Zum Agonalen gehört zweierlei: Artikuliertheit wie Grenzbewußtsein der eigenen Position“ (Welsch, Nach welcher Moderne? 250.253).

Diese Kriterien haben Konsequenzen für das Verständnis des Glaubens, mit welchem Wort nur ein Lebensvollzug gemeint sein kann, den E. Jüngel mit Konfirmation als Entsicherung des Glaubens („Die Gewißheit des Glaubens als Entsicherung“) umschreibt (Jüngel 227). Bei alledem gilt über das Romantische (Henkel 295.303) hinaus als postmodern nun auch theologisch die gelassene Einsicht: „Auch das Neinsagen, die Einsicht in das Paradox des Lebens, die Beugung unter Gottes Gericht *ist's nicht,* auch das Warten auf Gott, auch die ‚Gebrochenheit‘, auch die Haltung des ‚biblischen Menschen‘ *ist's nicht*, sofern sie Haltung, Standpunkt, Methode, System, Sache sein will, sofern der Mensch sich damit von anderen Menschen abheben will“ (K. Barth 35; auf das Potential einer entsprechenden, möglichen postmodernen Theologie im Blick auf K. →Barth, die gleichwohl „gegen die Magie der Postmoderne“ gefeit ist, hat nach T. Rendtorff 1988 D. Korsch hingewiesen).

Nach dem Vorbild der Wendung Paul →Tillichs vom „gebrochenen Mythos“ und ganz im Sinne des „Protestantischen Prinzips“ führt der grundsätzliche Verzicht auf

„Gesamtdeutungsambitionen" zur Gelassenheit eines „Positiven Paradox", das gerade die „Paradoxie einer Meta-Erzählung namens ‚Ende der Meta-Erzählungen'" (Welsch, Postmoderne [1989] 22) zu meiden versteht. Diese „Gelassenheit" ist eben nicht mit einer Haltung gleichgültiger Beliebigkeit zu verwechseln. Im Gegenteil, erst diese selbstbewußte Bescheidenheit macht im Rahmen der genannten Kriterien für Postmoderne ein verantwortliches (theologisches) Werten auf eine seriöse Art sinnvoll und notwendig. Die Anwendung der genannten Kriterien erfordert nämlich ein jeweiliges deklariertes Hierarchisieren und Favorisieren, welches die Ebene bewußt macht, auf der man sich gerade bewegt. Mit dem Verzicht auf totalitäre Ansprüche ist also gemeint, daß die verbindliche Relation auf ein Projekt, welche radikale Pluralität auszeichnet, selbst insgesamt relativ bleibt, womit aber auf den Einzelfeldern agonaler Komplexität jeweils so gestritten werden kann, als ginge es um alles.

3. Postmoderne Motive in praktisch-theologischen Studien

Als allgemeines Indiz für die Rezeption der genannten postmodernen Forschungskriterien in der Praktischen Theologie kann das Ringen um eine Verhältnisbestimmung von Praktischer Theologie, Religionspädagogik und Systematischer Theologie gelten, deren im Blick auf neue Perspektiven vielfältig durchgespielte Varianten stets facettenreich das Ende bisher bewährter Konstellationen dokumentieren.

H. Schröer und G. Otto verfolgen in diesem Zusammenhang als erste Spuren. Praktisch-theologische Sensibilität für die mit „postmodern" zur Debatte stehende Umformung zeigte Schröer bereits 1963 mit den Konsequenzen, die er aus einer Analyse von „Struktur und Ordnung als theologische[n] Leitbegriffe[n]" zog (Schröer, Struktur), sowie 1974 mit der Feststellung: „Die Systematische Theologie ist durch den Niedergang der Philosophie hinsichtlich deren enzyklopädischer Bedeutung und die Divergenzen in dem neuen Ballungsraum Wissenschaftstheorie in ihren methodischen Grundlagen stark verunsichert worden; die Praktische Theologie ist durch die Nachbarschaft autonom gewordener Handlungswissenschaften in die Situation des uferlosen Dilettantismus, des Methodenrauschs und -katers gekommen ... Vornehmlich gilt: *Der Rekurs auf ‚Meisterlehre' oder ‚Kunstregeln' reicht nicht aus*" (Schröer, Forschungsmethoden 207). Dort erkennt Schröer ebenfalls erstmalig gegenüber dem traditionell avisierten „Problem des Methodenatheismus" „Methodenkollektivismus" (ebd. 209.216) als Chance. Daher fordert er „*eine Wieder- und Neugewinnung der phänomenologischen Methode [als] praktisch-theologisch notwendig* ... Eine Verunglimpfung der Phänomenologie mit Stichworten wie ‚irrationale Wesensschau', ‚bloße Meditation' ist praktisch-theologisch nicht zu verantworten" (ebd. 219).

Die „Neuvermessung der Praktischen Theologie im Sinne einer kritischen Theorie" durch G. Otto, die „nicht zu neuen ‚Systemen' führen [wird], sondern bewußte Offenheit, permanente Korrekturmöglichkeit in der Strukturierung der Problemfelder" anstrebt (Otto, Praktische Theologie 201), mündet 1986 in den Ansatz einer „perspektivischen Gliederung der Praktischen Theologie" (Otto, Grundlegung 69–80). Den Ausgangspunkt bildet jetzt nicht mehr „ein systematisch vorausgesetzter Kirchenbegriff, sondern der komplexe Zusammenhang, das vielschichtige Vorkommen von *Religion* und *Kirche* in der *Gesellschaft*" (ebd. 70). Der systematische Zusammenhang muß „offen" und die einzelnen Reflexionsgänge müssen „gegeneinander durchlässig" bleiben (ebd.). Erst diese perspektivische Gliederung mache damit ernst, daß sich Praktische Theologie auf jene komplexe Realität der Gesellschaft bezieht (ebd. 73.74).

4. Neostrukturalistische Phänomenologie als wissenschaftstheoretisches Modell

Kritisch-sympathisierende Stücke postmoderner theologischer Entwürfe von hoher praktisch-theologischer Relevanz liefert H. Timm: „Postmodernisierung will die Frag*würdigkeit* prämoderner Resistenzen inmitten unserer Modernisierungsdynamik dartun. Sie bedürfte einer erneuten Wahrnehmungswissenschaft im Anschluß an die ‚phänomenologische Bewegung'" (Timm, Jahrzehnt 18f.). M. Josuttis merkt 1988 „zur Lage der Praktischen Theologie" an, die Postmoderne habe „mit der selbstverständlichen Integration von Religion ein Gift geschluckt, das für sie nicht leicht zu verdauen sein wird", weil „in den Lebensquellen des christlichen Glaubens kritische Impulse stecken, die allen restaurativen Interessen entgegenstehen" (Josuttis 16). 1991 erschien eine *Praktisch-theologische Hermeneutik*, in der postmoderne Kriterien mit praktisch-theologischem

Horizont verknüpft wurden. Erklärtermaßen „in einer Zeit der ‚Postmoderne' ... gerade nicht den großen Programmentwurf" (Nicol 77) verfolgend, beschreibt M. Nicol 1994 zwei Schwierigkeiten der Praktischen Theologie, nämlich „im Raum der Wissenschaft sich nach Nähe zum Ereignis zu sehnen" und „im Bann von Ereignissen sich um Wissenschaftlichkeit zu sorgen" (ebd. 70). Unter dem Titel *Prozesse postmoderner Wahrnehmung. Kunst – Religion – Pädagogik* erschien ein Sammelband als religionspädagogisches Projekt, um im Blick auf vielfältige Vermittlungsinstanzen und Verwendungen in der modernen Lebenswelt mit einem phänomenologischen Ansatz mögliche positive Determinanten der Variable „postmodern" als sinnstiftend zu probieren bzw. entsprechende Kriterien einer wissenschaftlichen Reflexion auszusetzen. Die Religionspädagogik brauche die Wahrnehmung der Postmoderne, wenn „Gemeinderaum" und „Weltraum" nicht als Gettos voneinander abgegrenzt werden bzw. bleiben sollen. Unterstützt eine als projekt- und handlungsorientierter, offener Werkstattunterricht angelegte Didaktik von der Form her allgemein postmoderne Motive, so versucht das Unterrichtswerk *Religion elementar: Und der König stieg herab von seinem Thron. Ein Buch für Sinne* als verstärkte „Verklammerung von Methodik und Thematik" dies auch inhaltlich für den →Religionsunterricht umzusetzen. „Wo diese Klammer erhalten bleibt, erwächst der Anspruch auf eine neuartige Verwirklichung, eine Selbstverwandlung oder auch auf eine Überwindung der herkömmlichen Phänomenologie" (Waldenfels, Phänomenologie 742).

→Phänomenologie und Voyeurismus sind (in Analogie zur Unterscheidung von Konstruktivismus und Dezisionismus) zu unterscheiden: Im Gegensatz zu Voyeurismus und Dezisionismus vergessen Phänomenologie und Konstruktivismus nicht, was sie sind. Die dadurch bewirkte Zurückhaltung bei Wertungen bewahrt Phänomenologie davor, in projektive „Noumenologie" umzuschlagen. Einfallspunkt (der im nachhinein immer als Quereinstieg nachvollziehbar wird) einer praktisch-theologisch interessierten, profanen Phänomenologie ist „Struktur". Sie ist zu verstehen als eine fragmentarische Ganzheit, die im Hinblick auf die *Prozesse* der Zusammensetzung erkennbar wird. „Struktur" hat dabei also nicht den Charakter statischer Form, sondern stellt sich dar als Organismus von Transformationen. Inspiriert durch J. Derrida, ergeben sich jedoch weitere Konsequenzen mit praktisch-theologischer Relevanz, die verhindern, daß „‚Struktur' den Atomismus als ‚Gestaltismus' auf höherer Stufe wiederholt" (Waldenfels, Lebenswelt 58f.). „Die Struktur oder vielmehr die Strukturalität der Struktur wurde ... immer wieder neutralisiert, reduziert: und zwar durch einen Gestus, der der Struktur ein Zentrum geben und sie auf einen Punkt der Präsenz ... beziehen wollte" (Derrida, Struktur 114). „Wie aber nun, wenn der Struktur in Wahrheit das Zentrum fehlte? ... Was wäre, wenn sich nachweisen ließe, daß Strukturen in Wahrheit kein organisierendes Zentrum besitzen ..., daß der Gedanke des Absoluten selbst der Strukturalität der Struktur nicht entgeht, dann kann man einen übergeschichtlichen Orientierungsrahmen ... nicht länger in Anspruch nehmen. Systeme ohne innere Einheit und ohne absolutes Zentrum werden zur unhintergehbaren Bedingung unseres Daseins und unserer Weltorientierung" (Frank, Neostrukturalismus 76.116; vgl. Beuscher, Paradox). W. Welsch sieht entsprechende „religiöse Implikationen": „Kann die Verabschiedung des Einen, kann der Übergang zu radikaler Vielheit, in der das Eine nur Eines neben Anderen ist, theologisch fruchtbar gemacht, ja überhaupt mitgemacht werden? Und sind alle Religionen dazu gleichermaßen in der Lage? Oder wäre gerade hierzu eine bestimmte Religion – etwa die christliche – in besonderer Weise befähigt? ... Es gilt künftig Phänomene religiöser Profanität ins Auge zu fassen" (Welsch, Implikationen 128f.; Beuscher/Zilleßen).

Quellen

Ludwig Wittgenstein, Phil. Unters., 1977 (stw 203). – Jean-François Lyotard, Das postmoderne Wissen, Wien ³1994. – Ders., Postmoderne f. Kinder. Briefe aus den Jahren 1982–1985, hg. v. Peter Engelmann, Wien 1987. – Ders., Der Widerstreit, München 1987. – Postmoderne u. Dekonstruktion. Texte franz. Philosophen der Gegenwart, hg. v. Peter Engelmann, Stuttgart 1993. – Helmut S. Spinner, Pluralismus als Erkenntnismodell, Frankfurt a.M. 1974. – Wege aus der Moderne. Schlüsseltexte der Postmoderne-Diskussion, hg. v. Wolfgang Welsch, Weinheim 1988.

Literatur

An Gott glauben in der Postmoderne: rhs 38 (1995) H. 1. – Hans-Martin Barth, Der Protestantismus u. die Pluralitätskonzeption der Postmoderne: MdKI 40 (1989) 108–113. – Karl Barth, Der Römerbrief, Zürich ^{2}1922 = ^{15}1989. – Robert N. Bellah, Beyond Belief. Essays on Religion in a Post-Traditional World, New York 1979. – Bernd Beuscher, Positives Paradox. Entwurf einer neostrukturalistischen Religionspädagogik, Wien 1993 (Lit.). – Ders., Zurück zur Fragwürdigkeit! Weitere Übungen zur Religionspädagogischen Theoriebildung: RPäB 34 (1994) 38–58 (Lit.). – Ders., Theologie – *Unplugged*. Elia in neostrukturalistischer Re-lektüre: Was suchst du hier, Elia? Ein hermeneutisches Arbeitsbuch, hg. v. Klaus Grünwaldt u. Harald Schroeter, Rheinbach-Merzbach 1995, 213–228. – Ders., Von zynischem u. krit. Postmoderne-Bewußtsein: EvErz 48 (1996) 7–16. – Ders./Dietrich Zilleßen, Religion u. Profanität. Phänomene, Fragen u. Methoden religionspädagogischer Wiss. (erscheint Kampen 1997 [Innen & Außen]). – Delwin Brown, Gott verändert sich. Konzepte u. Entwicklungen der Prozeßtheol. in den Vereinigten Staaten: EK 10 (1977) 595–597. – Rainer Maria Bucher, Die Theol. in postmodernen Zeiten: ThGl 79 (1988) 178–191. – Ders., Die Theol. in Moderne u. Postmoderne. Zu unterbliebenen u. zu anstehenden Innovationen des theol. Diskurses: Theol. (s.u.) 35–59. – John B. Cobb Jr./David Ray Griffin, Prozeß-Theol. Eine einführende Darst., Göttingen 1979 (Lit.). – Ders., Theol. in den Vereinigten Staaten. Woher u. Wohin: EvTh 49 (1989) 200–213. – Jim Collins, Uncommon Cultures, Popular Culture and Postmodernism, New York 1989. – Steven Connor, Post Modernist Culture. A Text Book, Oxford/Cambridge 1989. – Harvey Gallagher Cox, Religion in the Secular City. Toward a Postmodern Theology, New York 1984. – Jacques Derrida, La voix et le phénomène, Paris 1967; dt.: Die Stimme u. das Phänomen, Frankfurt a.M. 1979. – Ders., Die Struktur, das Zeichen u. das Spiel der Wiss. vom Menschen: Postmoderne u. Dekonstruktion (s.o. bei Quellen) 114–140. – Das Ende der alten Gewißheiten. Theol. Auseinandersetzung mit der Postmoderne, hg. v. Walter Lesch u. Georg Schwind, Mainz 1993. – Die erfundene Wirklichkeit, hg. v. Paul Watzlawick, München 1981 ^{8}1994. – Evangelium Jesu Christi heute verkündigen, hg. v. Bernhard Jendorff u.a., Gießen 1989. – Paul Feyerabend, Erkenntnis f. freie Menschen, Frankfurt a.M. 1979. – Ders., Wiss. als Kunst, Frankfurt a.M. 1984. – Ders., Wider den Methodenzwang, Frankfurt a.M. 1986. – Leslie A. Fiedler, Cross the Border – Close the Gap: Playboy 12/1969 = Wege aus der Moderne (s.o. bei Quellen) 57–74. – Manfred Frank, Das individuelle Allg., Frankfurt a.M. 1977. – Ders., Was ist Neostrukturalismus?, Frankfurt a.M. 1984. – Ders., Die Unhintergehbarkeit v. Individualität. Reflexionen über Subjekt, Person u. Individuum aus Anlaß ihrer ‚postmodernen' Toterklärung, Frankfurt a.M. 1986. – Ders., Zwei Jahrhunderte Rationalitätskritik u. ihre ‚postmoderne' Überbietung: Unvollendete Vernunft (s.u.) 99–122. – Josef Früchtel, (Post-)Metaphysik u. (Post-)Moderne. Zur Sache des ‚schwachen Denkens': PhR 37 (1990) 242–250. – Kuno Füssel, Kritik der postmodernen Verblendung: Mystik u. Politik, hg. v. Edward Schillebeeckx, Mainz 1988, 118–130. – Karl Gabriel, Christentum zw. Tradition u. Postmoderne, Freiburg i.Br. 1992. – Gerhard Gamm, Flucht aus der Kategorie. Die Positivierung des Unbestimmten als Ausgang der Moderne, Frankfurt a.M. 1994. – Sabine Giehle, Die ästhetische Gesellschaft. Legitimation u. Gerechtigkeit in der Postmoderne, Saarbrücken 1994. – Albrecht Grözinger, Der Streit um die Moderne u. der Ort der Prakt. Theol.: ThPr 22 (1987) 5–20. – Ders., Es bröckelt an den Rändern. Kirche u. Theol. in einer multikulturellen Gesellschaft, München 1992. – Rolf Haubl, Über Erschütterung. Affekt u. Selbsterfahrung in der Moderne: Kulturanalysen, hg. v. Alfred Lorenzer/Ulrike Prokop/Bernhard Görlich, Frankfurt a.M. 1989, 32–77. – Klaus Hedwig, Die phil. Voraussetzungen der Postmoderne: IKaZ 19 (1990) 307–318. – Hans-Günter Heimbrock, Unbußfertiger Sohn oder überlebte Vaterbilder? Anm. zum Verhältnis v. Religionspädagogik u. Prakt. Theol.: ThPr 24 (1989) 175–187. – Arthur Henkel, Was ist eigentlich romantisch?: FS f. Richard Alewyn, hg. v. Herbert Singer u. Benno v. Wiese, Köln 1967, 292–308. – Hans-Joachim Höhn, Gegen-Mythen. Religionsproduktive Tendenzen der Gegenwart, Freiburg i.Br. 1994. – Jochen Hörisch, Das Sein der Zeichen u. die Zeichen des Seins. Marginalien zu Derridas Ontosemiologie: Derrida, Stimme (s.o.) 7–50. – Ders., Gott, Geld u. Glück. Zur Logik der Liebe, Frankfurt a.M. 1983. – Ders., Die Wut des Verstehens. Zur Kritik der Hermeneutik, Frankfurt a.M. 1988. – Ders., Poesie des Geldes: Univ. o.Jg. (1990) 334–344. – Ders., Brot u. Wein. Die Poesie des Abendmahls, Frankfurt a.M. ^{2}1992. – Ders., „Aus der Ferne quälen". Der Beziehungswahn des Geldes: Wahn Welten (s.u.) 241–253. – Ders., Time is Money. Die Zeit des Geldes – Das Geld der Zeit: Zeitreise (s.u.) 17–27. – Manfred Josuttis, Religion – Gefahr der Postmoderne. Anm. zur Lage der Prakt. Theol.: EK 21 (1988) 16–19. – Eberhard Jüngel, Gott als Geheimnis der Welt, Tübingen 1978 ^{6}1992. – Dietmar Kamper, Aufklärung – was sonst?: Merkur 436 (1985) 535–540. – Walter Kasper, Postmoderne Dogmatik? Zu einer neueren nordamerik. Grundlagendiskussion: IKaZ 19 (1990) 298–306. – Bodo Kirchhoff, Freud wieder ernst genommen. *Das Ich ist nicht Herr im eigenen Haus.* Ich denke da, wo ich nicht bin. Unter dem Eindruck v. Jacques Lacan: Beuscher, Paradox (s.o.) 209–215. – Dietrich Korsch, Postmoderne Theol.? Ein aktueller Blick auf die KD Karl Barths: ZDT 4 (1988) 241–258. – Peter Koslowski, Die Prüfungen der Neuzeit, Wien 1989. – Ders., Wirtschaft als Kultur. Wirtschaftskultur u. Wirtschaftsethik in der Postmoderne, Wien 1989. – Hans Küng, Theol. im Aufbruch, München 1987. – Ders., Projekt Weltethos, München 1990. – Jacques Lacan, Das Ich in der Theorie Freuds u. in der Technik der Psychoanalyse, Olten 1980. – Ders., Encore, Weinheim 1986. – Emmanuel Lévinas, Totalité et Infini, Den Haag 1961 = ^{8}1988; dt.: Totalität u. Unendlichkeit, Freiburg i.Br. 1987. – Ders., Autrement qu'être ou au-delà de l'essence, Den Haag 1974; dt.: Jenseits des Seins oder anders als Sein geschieht, Freiburg i.Br. 1992. – Ders., Die Spur des Anderen, Freiburg 1983. – Randy G. Lichtenfeld, Clues to a Postmodern Social Theory of Religious Education, Diss. Ann Arbor 1992. – Henning Luther, Identität u. Frgm., Religion u. Alltag. Bausteine zu einer Prakt. Theol. des Subjekts, Stuttgart 1992. – Materialität der Kommunikation, hg. v. Hans Ulrich Gumbrecht u. K. Ludwig Pfeiffer, Frankfurt a.M. 1988. – Edgar V. McKnight, Postmodern Use of the Bible. The Emergence of Reader-Oriented Criticism, Nashville, Tenn. ^{2}1990. – Maurice Merleau-Ponty, Phénoménologie de la perception, Paris 1945; dt.: Phänomenologie der Wahrnehmung, Berlin 1966. – Michael Meyer-Blanck, Prakt. Theol. u. Postmoderne. Ein Dialog mit Wolfgang Welsch: PTh 85 (1996) 225–238. – Moderne oder Postmoderne? Zur Signatur des gegenwärtigen Zeitalters, hg. v. Peter Koslowski/Robert Spaemann/Reinhard Löw, Weinheim 1986. – Hans Martin Müller, Die Postmoderne u. die Konfession: ZThK 87 (1990) 359–375. – Martin Nicol, Zw. Ereignis u. Wiss. Über Schwierigkeit u. Faszination der Prakt. Theol.: PTh 83 (1994) 68–81. – Gert Otto, Grundlegung der Prakt. Theol., München 1986. – Ders., Prakt. Theol. als krit. Theorie rel. vermittelter Praxis. Thesen zum Verständnis einer Formel: Prakt. Theol. Heute (s.u.) 195–205. – Georg Pfleiderer, Prot. Christentum in der postmodernen Moderne. Versuch einer Identitätsbeschreibung: PrTh 31 (1996) 3–19. – Uta Pohl, Individuum u. Gesellschaft in der Seelsorge. Ansätze zu einer Neukonzeption der Seelsorgetheorie, Diss. München 1995. – Postmoderne. Alltag, Allegorie u. Avantgarde, hg. v. Christa u. Peter Bürger, Frankfurt a.M. ^{3}1988. – Postmoderne. Anbruch einer neuen Epoche?, hg. v. Günter Eifler u. Otto Saame, Wien 1990. – Postmoderne – Globale Differenz, hg. v. Robert Weimann u. Hans Ulrich Gumbrecht, Frankfurt a.M. 1991. – Postmoderne – Philosophem u. Arabeske, hg. v. Peter Burtscher u.a., Frankfurt a.M. 1989. – Postmoderne. Zeichen eines kulturellen Wandels, hg. v. Andreas Huyssen u. Klaus R. Scherpe, Hamburg 1986. – Prakt. Theol. Heute, hg. v. Ferdinand Klostermann u. Rolf Zerfaß, München 1974. – Prakt. Theol. u. Kultur der Gegenwart. Ein int. Dialog, hg. v. Karl Ernst Nipkow/Dietrich Rössler/Friedrich Schweitzer, Gütersloh 1991. – Prakt.-theol. Hermeneutik, hg. v. Dietrich Zilleßen/Stefan Alkier/Rolf Koerrenz/Harald Schroeter, Rheinbach-Merzbach 1991. – Prot. Identität heute, hg. v. Friedrich Wilhelm Graf u. Klaus Tanner, Gütersloh 1992. – Prozesse postmoderner Wahrnehmung. Kunst – Religion – Pädagogik, hg. v. Bernd Beuscher/Harald Schroeter/Rolf Sistermann, Wien 1996. – Helga Reitz, Wirklichkeit ist ein Prozeß. Neue Impulse einer amerik. Theol.: EK 7 (1974) 741–743. – Religion and Global Order, hg. v. Roland Robertson u. William Garrett, New York 1991. – Religion elementar. Und der König stieg herab v. seinem Thron. Ein Buch f. Sinne, hg. v. Dietrich Zilleßen/Uwe Gerber, Frankfurt a.M. 1996. – Trutz Rendtorff, Ethik in der Postmoderne. Bildet sich eine neue Diskussionsgrundlage?: ZEE 32 (1988) 129–131. – Ders., Theol. in der Moderne. Über Religion im Prozeß der Aufklärung, Gütersloh 1991. – Richard Rorty, Contingency, Irony, and Solidarity, Cambridge 1989; dt.: Kontingenz, Ironie u. Solidarität, Frankfurt a.M. 1989. – Robert P. Scharlemann/David Hickman Fisher, Recent Works in Postmodern Theology: RStR 13 (1987) 312–317 (Lit.). – Rolf Schieder, Seelsorge in der Postmoderne: WzM 46 (1994) 26–43. – Bärbel Schmidt, Postmoderne – Strategien des Vergessens, Darmstadt-Neuwied 1986. – Matthias Schnell, Die Herausforderung der Postmoderne-Diskussion f. die Theol. der Gegenwart, Diss. Tübingen 1994 (Lit.). – Schnittstelle Mensch. Beitr. zw. Anthropologie u. Technologie, hg. v. Bernd Beuscher, Heidelberg 1994. – Gunter Scholz, Zw. Wissenschaftsanspruch u. Orientierungsbedürfnis. Zu Grundlage u. Wandel der Geisteswiss., Frankfurt a.M. 1991. – Henning Schröer, Struktur u. Ordnung als theol. Leitbegriffe: Dogma u. Denkstrukturen, hg. v. Wilfried Joest u. Wolfhart Pannenberg, Göttingen 1963, 29–56. – Ders., Forschungsmethoden in der Prakt. Theol.: Prakt. Theol. Heute (s.o.) 205–224. – Gert Scobel, Postmoderne f. Theologen? Hermeneutik des Widerstreits u. Bildende Theol.: Theol. (s.u.) 175–231. – Walter Sparn, Kennwort Religion: GlLern 5 (1990) 101–111. – Mark C. Taylor, Erring. A Postmodern A/theology, Chicago 1984. – Technologisches Zeitalter oder Postmoderne?, hg. v. Walther Zimmerli, München 1988. – Peter Tepe, Postmoderne, Poststrukturalismus, Wien 1992. – Christoph Theobald, Maurice Blondel u. das Problem der Modernität. Beitr. zu einer epistemologischen Standortbestimmung zeitgenössischer Fundamentaltheol., Frankfurt a.M. 1988. – Theol., die an der Zeit ist, hg. v. Hans-Joachim Höhn, Paderborn 1992. – Hermann Timm, Zwischenfälle, Gütersloh ^{3}1986. – Ders., Das Weltquadrat.

Eine rel. Kosmologie, Gütersloh 1985. – Ders., Diesseits des Himmels. Von Welt- u. Menschenbildung, Gütersloh 1988. – Ders., Das Ästhetische Jahrzehnt. Zur Postmodernisierung der Religion, Gütersloh 1990. – Ders., Wahr-Zeichen, Stuttgart 1993. – Gregor Tischler, Spiritualität u. Postmoderne: KatBl 117 (1992) 872–876. – David Tracy, Blessed Rage for Order. The New Pluralism in Theology, Minneapolis 1975. – Ders., The Analogical Imagination. Christian Theology and the Culture of Pluralism, New York 1981. – Ders., Plurality and Ambiguity, San Francisco 1987. – Ders., Theol. als Gespräch. Eine postmoderne Hermeneutik, Mainz 1993. – Hans Joachim Türk, Postmoderne, Stuttgart 1990. – Die unvollendete Vernunft. Moderne versus Postmoderne, hg. v. Dietmar Kamper u. Willem van Reijen, Frankfurt a.M. 1987. – Versuchungen. Aufs. zur Phil. Paul Feyerabends, hg. v. Hans Peter Duerr, 2 Bde., Frankfurt a.M. 1980. – Verunsicherungen. Das Subjekt im gesellschaftlichen Wandel, hg. v. Heiner Keupp u. Helga Bilden, Göttingen 1989. – Wahn Welten im Zusammenstoß. Die Psychose als Spiegel der Zeit, hg. v. Rudolf Heinz/Dietmar Kamper/Ulrich Sonnemann, Berlin 1993. – Bernhard Waldenfels, Art. Phil. G. (Phänomenologie, Existenzphil. u. Seinsdenken): HWP 7 (1989) 742–752. – Ders., Phänomenologie in Frankreich, Frankfurt a.M. 1983 = 1987. – Ders., In den Netzen der Lebenswelt, Frankfurt a.M. 1985. – Ders., Ordnung im Zwielicht, Frankfurt a.M. 1987. – Ders., Umdenken der Technik: Technologisches Zeitalter (s.o.) 199–212. – Ders., Antwortreg., Frankfurt a.M. 1994. – Samuel Weber, Rückkehr zu Freud. Jacques Lacans Ent-stellung der Psychoanalyse, Wien 1990. – Michael Welker, Dogm. Theol. u. postmoderne Metaphysik: NZSTh 28 (1986) 311–326. – Albrecht Wellmer, Zur Dialektik v. Moderne u. Postmoderne, Frankfurt a.M. 1985. – Wolfgang Welsch, Unsere Postmoderne Moderne, Berlin 1986 = ^{4}1993. – Ders., Phil. in der Postmoderne. Von Integration u. Fragmentierung, Differenzierung u. Indifferenz, Subjektivität u. Vernunft: Hb. des Phil.-Unterrichts, hg. v. Wulff D. Rehfus u. Horst Becker, Düsseldorf 1986, 169–185. – Ders., Platons neue Höhle. Zur postmodernen Medienkultur: Erwachsenenbildung 34 (1988) 32–37. – Ders., Rel. Implikationen u. phil. Konsequenzen ‚postmodernen' Denkens: Religionsphil. Heute, hg. v. Alois Halder/Klaus Kienzler/Joseph Möller, 1988 (BTRW) 117–129. – Ders., Postmoderne. Zw. Indifferenz u. Pluralität: Postmoderne – Philosophem oder Arabeske (s.o.) 21–36. – Ders., Haus mit vielen Wohnungen: EK 27 (1994) 476–479. – Ders., Relativität aushalten. Unbedingtheit gibt es nur im Innenbezug: ebd. 734f. – Ders., Nach welcher Moderne?: Moderne oder Postmoderne (s.o.) 237–258. – Ders., Ästhetisches Denken, Stuttgart 1993. – Wie postmodern ist die Moderne?, hg. v. Kunibert Bering u. Werner L. Hohmann, Essen 1990. – Wolfgang Wiegand, Rel. Erziehung in der Lebenswelt der Moderne. Zur sozialwiss. u. theol. Grundlegung eines pragmatischen Modells rel. Erziehung, Diss. Wilhelmsfeld 1994. – Daniel Day Williams, Prozeß-Theol. Eine Möglichkeit f. die Kirche: EvTh 30 (1970) 571–582. – Johanna Wittmann, Die Geheimnisse der Kinder hüten. Perspektivenwechsel in der Religionspädagogik: Theorie u. Praxis der Sozialpädagogik o.Jg. (1995) 84–86. – Zeitreise f. Mechaniker u. Melancholiker. Bilder/Maschinen/Strategien/Rätsel, hg. v. Georg Christoph Tholen/Michael Scholl/Martin Heller, Zürich 1993. – Dietrich Zilleßen, Sinnvolle problematische Erfahrungen: JRP 7 (1990) 277–295. – Ders., Wieviel Wert haben Werte?: JRP 9 (1992) 51–71. – Ders., Elementarisierung theol. Inhalte oder elementares rel. Lernen?: Religionsunterricht im Abseits, hg. v. Georg Hilger u. George Reilly, München 1993, 28–42. – Ders., Dialog mit dem Fremden: EvErz 46 (1994) 338–347. – Ders., Bildung u. Didaktik im Religionsunterricht: KatBl 120 (1995) 330–336. – Ders., Die Haltlosigkeit der Symbole u. die Zufälligkeit der Bildung: Symbole u. Metaphern. Arbeitshilfen Gymnasium 6, hg. v. Bernhard Dressler, Rehburg 1995, 9–14. – Ders., Wahrnehmung ohne Wahrheit? Die Bedeutung der Phänomenologie f. die Ethik: EvErz 47 (1995) 270–280.

Bernd Beuscher

Poussin, *Nicolas (1594–1665)*

1. Leben 2. Werk (Literatur S. 98)

1. Leben

Nicolas Poussin wurde 1594 in Les Andelys (Normandie) als Sohn eines Grundbesitzers geboren. Er erhielt eine gründliche Ausbildung und widmete sich früh schon zeichnerischen Studien. Nach Lehrjahren in Paris (ab 1612/13), wo er 1622–1623 an größeren Ausstattungsprogrammen (so des Jesuiten-Kollegs, zur Kanonisierungsfeier für →Ignatius von Loyola und Franz →Xavier, und des Luxembourg-Palais) beteiligt wurde, gelang ihm beim dritten Versuch die Reise nach Rom, wo er – über Venedig kommend – im Frühjahr 1624 eintraf. Giambattista Marino, der Poussin bereits in Paris gefördert hatte (und 1625 in Neapel starb), und der Antiquar Cassiano del Pozzo eröffneten dem Künstler den Zugang zu Kardinal Francesco Barberini (1597–1679), dem Neffen Papst Urbans VIII.; unter dessen Protektion fand der junge Maler zunächst seine Mäzene im römischen Adel und Klerus. Mit Historienbildern und mythologischen Darstellungen konnte sich Poussin eine unabhängige Stellung aufbauen. Im Jahr 1631 wurde er Mitglied der Lukas-Akademie. Aufschluß über seine Gemäldeverkäufe dieser Zeit gibt seine Vernehmung im Prozeß gegen den wegen Diamantendiebstahls angeklagten Valguarnera, einen Adeligen aus Palermo. Zunehmend in Verbindung auch zu französischen Sammlern (Richelieu, für den er u.a. *Bacchanale* malte), folgte Poussin Ende 1640 einer 1639 ausgesprochenen offiziellen Einladung König Ludwigs XIII. nach Paris; 1641 wurde er zum „premier peintre ordinaire du roi" ernannt. Die Arbeitszwänge (Zeichnungen für Ausstattungen und Tapisserien; Entwürfe für die „Grande Galerie" des Louvre) und vornehmlich die schnell einsetzenden Anfeindungen und Rivalitäten im höfischen Milieu führten Ende 1642 zu Poussins endgültiger Rückkehr nach Rom, das er bis zu seinem Tod nicht mehr verlassen hat.

In der Folgezeit gestaltete Poussin die ersten großen historisch-szenischen Landschaften, die von nun an einen bedeutenden Platz in seinem Schaffen einnehmen und für die Nachwelt geradezu sein „Markenzeichen" darstellen sollten. In zahlreichen schriftlichen Äußerungen (Briefe, Notizen) formulierte Poussin Gedanken zur künstlerischen Arbeitsweise und zu seiner Gegenwartserfahrung. Poussin starb am 19. November 1665 in Rom und wurde am folgenden Tag in S. Lorenzo in Lucina, seiner Pfarrkirche, beigesetzt.

2. Werk

Die Beurteilung von Poussins religiöser Haltung wird in der Forschung kontrovers diskutiert. Ob man den Künstler in Verbindung mehr mit den →Jesuiten, Stoikern oder Libertinern bringt, hängt neben seinen schriftlichen Äußerungen überwiegend von der genauen Kontext-Interpretation seiner Werke ab; dabei ist auch mit der Rücksicht auf (gleichgerichtete) Interessen der Auftraggeber zu rechnen. Ein besonderes Merkmal seiner Erfindungen liegt jedenfalls in auffälligen motivischen Querverweisen zwischen christlicher Religion und antiken Mythen bzw. Kulten. Bei diesem – in der Kunstgeschichte überhaupt – ungewöhnlich ausgeprägten Schwerpunkt, der Poussins ganze Schaffenszeit durchzieht, lassen sich einige thematische Zentren ausmachen.

Innerhalb der antiken Mythologie beschäftigen Poussin spekulative Analogien zwischen „konträren" Gottheiten, so (nach Panofskys Deutung des Stockholmer Bildes) zwischen Apollo und Bacchus (*Liber Pater*); entsprechend nutzt Poussin häufig die in der christlichen Ikonographie etablierte allusive Zeitverschränkung z.B. von Kindheit und Passion Christi; dies wird in der *Rückkehr der Heiligen Familie von Ägypten* (Dulwich) anschaulich (Blick des Kindes auf die in der Luft schwebenden Engel mit dem Kreuz) und zugleich mit dem übersetzenden Fährmann als antikem Totengeleiter im Nachen verknüpft (Mitchell). Bei der *Heiligen Familie in Ägypten* (St. Petersburg) hat Poussin die genaue Kennzeichnung des Landes nicht nur mit Obelisken im Hintergrund vermittelt, sondern vor allem durch eine Prozession der Isispriester; in einem Brief weist der Maler selbst auf das berühmte antike Mosaik in Palestrina, dem römischen Praeneste, hin: Eine Überlagerung ägyptischer „Gegenwart" mit römischer Zukunft (in der topographischen Architekturkulisse), die Transparenz der von Ägypten aufgenommenen „Heiligen Familie" auf das Bildmuster der „Anbetung der Könige" demonstriert die Epiphanie Gottes in der paganen Welt. In der *Aussetzung des Mosesknaben* (Oxford) erscheint das Kind nicht nur vor einer (von der Nil-Personifikation umfaßten) Sphinx, sondern auch vor den im Baum aufgehängten „klassischen" Gottesattributen (Panflöte, Hirtenstab, Pfeil und Bogen). Eine solche Zusammenstellung von geradezu emblematischer Signifikanz akzentuiert anspielenden Vergleich, Zukunftsandeutung in universeller Perspektive einer emotional dramatischen Situation (der in ihrer Erregung dominierenden Mutter des Kindes am Flußufer). Mit archäologischer Fundierung wird nicht nur antiquarische Angemessenheit (*decorum*, *convenevolezza*) für das Lesen des Bildes (wie Poussin selbst formuliert) angestrebt, sondern auch und vornehmlich eine historisch-komparatistische Plazierung oft mit subtil „minimalen" Mitteln, etwa (im berühmten Londoner Gemälde) der Charakterisierung des von den Israeliten als Kultidol errichteten und umtanzten *Goldenen Kalbes* im Typus des Apis-Stiers oder der Verwendung eines antiken Dreifußes (als Nahrungsständer für das Kind) in der *Heiligen Familie* (Detroit) mit Bezug auf das delphische Heiligtum und seine Orakel. Mit derartigen visuell inspirierten Verdichtungen und Querverweisen präsentiert sich der Maler selbst als Exeget, unabhängig von direkten literarischen Einzelquellen. Eine historische Meditation kann so das Architekturzitat des römischen „Pantheon" bei der *Heiligen Familie im Tempel* (Chantilly) leisten oder die Einbeziehung des klassischen Pandora-Topos (mit dem auf ein Gefäß gesetzten Fuß Marias bei Poussins Hauptwerk, der *Heiligen Familie an der Treppe*, 1648 [„Treppenmadonna"]): Hier erscheint Maria auf der Folie zugleich von Eva (Apfel) und Pandora, zwei mythischen Varianten der Frau als Ursprung des Bösen in der Welt (*Eva prima Pandora*).

Poussins denkerische Arbeit an scheinbar erschöpften Gegenständen hat zu verblüffenden Neukonzeptionen beispielsweise der Evangelistendarstellung geführt (*Matthäus* und *Johannes auf Patmos*, in Berlin bzw. Chicago, beide 1640): mit ihrer Situierung als „Gelehrte" in die freie Landschaft, umgeben von architektonischen Elementen, die weniger die Trümmer des Vergangenen als den „Neubau" der Offenbarung, aus Natur und Geschichte, zu vermitteln scheinen. Erinnerung, Vision und Konstruktion, die von Zeugnissen und Spuren des Alten ausgeht – so läßt sich die persönliche Wurzel der künstlerischen Erfahrung in diesen nachdrücklich modernisierten Fassungen des biblischen Autorenportraits kennzeichnen. Die Orientierung an römischer und frühchristlicher Kultur bestimmt entscheidend Poussins Behandlung der Sieben Sakramente, in zwei zeitlich kurz aufeinanderfolgenden Serien dieses in der Tradition eher seltenen Sujets für verschiedene Auftraggeber (Pozzo und Chantelou). Die Szenen sind ungewöhnlicherweise überwiegend der biblischen Historie bzw. dem altchristlichen Kultus entnommen und durch „rekonstruierte" Umgebung (besonders die zu Tisch gelagerten Teilnehmer von Mahlszenen in *Buße* wie *Eucharistie*) geschichtlich beglaubigt; bei der *Priesterweihe* der zweiten Folge, vertreten durch Christi Schlüsselübergabe an Petrus, deutet die zentral plazierte Brücke in der Szenerie auf die antike Titulatur des *Pontifex*, während der auf einem Pfeiler betonte Buchstabe E, entweder als Abkürzung für *Ecclesia* oder als das höchste Motto vom delphischen Apollo-Tempel: *εἶ* („du bist") (Blunt) gelesen, auf die Einsetzungsworte Bezug nimmt: *Tu es Petrus et super hanc petram aedificabo ecclesiam meam* (Mt 16,18); auch eine kalkulierte Ambivalenz oder Doppellesbarkeit ist wohl nicht auszuschließen. Die hoch individualisierte Interpretation läßt sich in den veränderten Nuancierungen auffälliger Leitmotive beobachten: etwa bei der *Letzten Ölung*, wo in der früheren Version ein Clipeus im Wandrelief des Raumes (*clipeus virtutum*) erscheint, während Poussin bei der zweiten Ausarbeitung daraus einen aufgehängten Schild entwickelt im Sinn der stoisch-christlichen Bestimmung des menschlichen Lebens als eines Tugendkampfes (*militia est vita hominis super terram*, entsprechend im gleichzeitigen *Tod des Eudamidas*, Kopenhagen).

Eine besonders anspruchsvolle Synthese seiner Arbeit in den Gattungen von Landschaft und Historie stellt die späte Folge der *Jahreszeiten* (1660–1664, Paris, Louvre) dar. Die Zuordnung von alttestamentlichen Szenen und Jahreszeiten, von Heil, „Geschichte" und „Natur" verbindet zyklische und lineare Ablaufmodelle in singulärer und wohl noch nicht ganz durchschauter Weise: Paradies (Frühling), Ruth-Boaz (Sommer), Kundschafter mit großer Traube (Herbst) und Sintflut (Winter). Von der Funktion wie von der Zeichenstruktur her ist dieses im 18. Jh. außerordentlich intensiv rezipierte Ensemble als konzentriertes Denkbild von zugleich sakramentaler Allusion und elegischer Gestimmtheit in hohem Maße zeitsymptomatisch (→Aufklärung, Empfindsamkeit). Wenn Poussin mit der Unterscheidung zwischen „äußerem" und „innerem" Sehen für die Wahrnehmungshaltung des Betrachters ein Lesen seiner Bilder anstrebte, so macht dies hier der provozierende Einsatz der Schlange im Schlußbild (bzw. ihr Fehlen im Paradies bei den Stammeltern) augenfällig, ein Motiv, dessen Reflexion auch mythologische (*Orpheus-Eurydike*) und allegorische (*Mann von Schlange überfallen*, London) Bilderfindungen Poussins umschreiben. Poussin hat Bildthemen, wie am bekanntesten bei den *Sakramenten*, öfter in verschiedenen Fassungen bearbeitet, mit geringem zeitlichem Abstand z. B. den *Triumph Davids*: Um 1629/30 erscheint (im Gemälde des Prado, Madrid) der jugendliche, von einer (römischen) Victorie bekrönte Held (neben dem Lorbeerkranz, den er über sein Haupt hält, nimmt die Personifikation von einem Putto eine goldene Krone in Empfang, als Hinweis auf seine zukünftige Königsherrschaft über Israel) in nachdenklicher Betrachtung des abgeschlagenen Goliath-Kopfes, um 1632 (in London, Dulwich College) als feierlichen Einzug, vor antikisierender Baukulisse, in die Stadt Jerusalem. Das körpersprachlich virtuos differenzierte Affektspektrum des Publikums macht die dramatische Inszenierung des militärischen Sieges als zeitgenössisch aktuelles Wunschbild verständlich – ein Aspekt, in dessen Erforschung besondere Zukunftsaufgaben liegen.

Literatur

Ausstellungskat. Nicolas Poussin, Paris 1960 (Louvre) (Lit.). – Ausstellungskat. Nicolas Poussin, Paris 1994 (Grand Palais) (Lit.). – Oskar Bätschmann, Dialektik der Malerei v. Nicolas Poussin, Zürich/München 1982. – Anthony Blunt, Nicolas Poussin (The A.W. Mellon Lectures in the Fine Arts 1958, National Gallery of Art, Washington D.C.), 2 Bde., New York/London 1967. – Charles Dempsey, Poussin and Egypt: ArtB 45 (1963) 109–119. – Walter Friedländer, Nicolas Poussin, Paris 1965; engl. Ausg. London 1966. – Konrad Hoffmann, Poussins „Treppenmadonna“: Krit. Ber. 5 (1979) 15–48. – Charles Mitchell, Poussin's Flight into Egypt: JWCI 1 (1937/38) 340–343. – Erwin Panofsky, A Mythological Painting by Poussin in the Nationalmuseum Stockholm, Stockholm 1960. – Willibald Sauerländer, Die Jahreszeiten. Ein Beitr. zur allegorischen Landschaft beim späten Poussin: MJBK NF 6 (1956) 159–184.

Konrad Hoffmann

Prädestination

I. Religionsgeschichtlich
II. Judentum . . . . S. 102
III. Neues Testament . . . . S. 105
IV. Alte Kirche und Mittelalter . . . . S. 110
V. Reformation bis Neuzeit . . . . S. 118
VI. Systematisch-theologisch . . . . S. 156

I. Religionsgeschichtlich

1. Prädestination und Determinismus 2. Das Karman als automatisch wirkende Potenz 3. Providenzerfahrungen im Alten Orient 4. Die Prädestination als Wesensmerkmal der islamischen Theologie 4.1. Der vorislamische Hintergrund 4.2. Fatalismus und Prädestination 4.3. Die Prädestinationslehre des Koran 4.4. Der Beitrag der prädestinatianischen *Ḥadīṯe* 4.5. Die Qadariten und ihre Argumente 4.6. Die Prädestinationslehre – Grundlage des islamischen Fundamentalismus? (Literatur S. 101)

1. Prädestination und Determinismus

Die religionsgeschichtliche Forschung hat mit Recht den Glauben an eine (doppelte) Vorherbestimmung menschlichen →Schicksals bereits in polytheistischen Systemen gefunden bzw. als magisch besetzte, weitgehend noch unreflektierte Vorstufen dazu interpretiert. In diesem Sinne hat R. →Otto die „Prädestinationsidee“ im *tremendum mysterium* und in der *majestas* gesehen und sie von daher als den „Selbstausspruch jenes ‚Kreaturgefühls', jenes Versinkens und ‚zu-Nicht-werdens' mit eigener Kraft" bezeichnet (Otto, Das Heilige, München [31–35]1963, 109). Das würde bedeuten, daß z. B. die chaldäisch-babylonische →Astrologie als Zeichensprache des Himmels, das Walten der *Μοῖρα* oder *Αἶσα* bei Homer (Il. XXII,209–213), die Determinierung des menschlichen Lebens durch das Schicksal, durchaus als Vorstufen des Prädestinationsglaubens verstanden werden können, zumal in ihnen die wesentlichen Strukturelemente dafür vorhanden sind. Man wird also nicht mit F. →Heiler behaupten können, daß die „Gnadenwahl" „nur den höheren Religionen" zukomme (Heiler 513).

Dennoch muß die Besonderheit der Prädestination einerseits gegenüber einem mechanistischen Determinismus und andererseits gegenüber einem fatalistischen Glauben an die Providenz eines Gottes ausdrücklich betont werden. Die Reflexion über das Problem von Determination und Freiheit könnte dabei den Beginn einer prädestinatianischen Theologie der Religionsgeschichte markieren.

Zunächst aber hat auch die Prädestination als eine Variante des Determinismus zu gelten, insofern der Zustand des Universums einschließlich des menschlichen Wollens und Handelns nur kausal zu erklären ist und darum ein freier Wille, der die Fähigkeit besitzt, zwischen Gut und Böse zu wählen und volle Verantwortung zu übernehmen, ausgeschlossen werden muß: menschliche Freiheit scheint unvereinbar mit göttlicher Bestimmung zu sein.

Für die monotheistischen Religionen bedeutet das, daß der eine Gott nicht nur allmächtig, sondern auch allwissend ist, was die menschliche Fähigkeit zur freien Entscheidung aufzuheben scheint, andererseits aber zu dem Widerspruch führt, daß der Mensch von Gott für etwas verantwortlich gemacht werden kann, für das er faktisch nicht verantwortlich ist (wie z. B. für bestimmte körperliche oder geistige Schäden, unverschuldete Unglücke und in gewisser Hinsicht auch für seinen Unglauben). Die Vertreter dieses strengen Determinismus behaupten daher, daß keine unserer Handlungen frei sei und darum auch jede sittliche Verantwortung zur Illusion werden müsse, während die Vertreter eines gemäßigten Determinismus davon ausgehen, daß zwar alle menschlichen Handlungen kausal zu verstehen sind, der so determinierte Mensch aber nichtsdestoweniger frei ist, weil die Kausalität den menschlichen Willen nicht beeinträchtigt.

Die meisten Religionen haben auf diese schwierigen Probleme Antworten zu geben versucht. Die Lehre von der Prädestination ist eine davon. Der wesentliche Unterschied zum Determinimus besteht für sie darin, daß die Prädestination auf einer göttlichen Vorentscheidung beruht, die auf eine „doppelte Erwählung" („Gnadenwahl"), Heil oder Unheil, Erlösung oder Verdammnis, →Gnade oder Ungnade abzielt.

2. *Das Karman als automatisch wirkende Potenz*

Daß Prädestination nicht nur Thema monotheistischer oder henotheistischer Theologien ist, läßt sich an der *karman*-Konzeption der indischen Religionen deutlich machen. Das *karman* ist die Summe irdischen Tuns, eine feinstoffliche Potenz, die sich an den *ātman* heftet und fortbesteht, wenn sich der menschliche Körper und sein Wesen nach dem Tode auflösen. Von ihm hängt die künftige Wiedergeburt ab, es bestimmt das Los der Wesen nach ihrem Tode: „Wie man handelt und verfährt, so wird man nach dem Tode (d.h. wiedergeboren). Wer gut verfährt, dem geht es gut, wer Böses tut, wird elend" (Bṛhadāraṇyaka-Upaniṣad 4,4,5 [Übers. Gonda 207]; vgl. 3,2,13; vgl. Bhagavadgītā 18,61; Majjhima-Nikāya 135). Das *karman* reguliert das menschliche Schicksal.

3. *Providenzerfahrungen im Alten Orient*

In den Religionen des Alten Orients wird das Schicksal im Sinne einer unabänderlichen Setzung durch die Gottheit erfahren („Schicksalstafeln"), ist also deistisch geprägt. Schicksal (akkadisch *šīmtu*) bedeutet „das Gesetzte", „das Festgesetzte" und bezieht sich entweder auf die zeitliche Begrenzung des Lebens oder auf einen vorausbestimmten

Teil von Glück und Unglück (Adolf Leo Oppenheim, Ancient Mesopotamia, Chicago 1964, 201f.204f.).

4. Die Prädestination als Wesensmerkmal der islamischen Theologie

4.1. Der vorislamische Hintergrund

Ob die deterministischen Reflexionen der alten Religionen Mesopotamiens in irgendeiner Weise auf das vorislamische Denken eingewirkt und dort möglicherweise als Folie gedient haben könnten, wissen wir nicht. Allerdings gab es unter den vorislamischen Arabern „einen Glauben an die Unvermeidbarkeit dessen, was man als Rahmen des menschlichen Lebens" bezeichnen könnte (Watt/Marmura 110) und genau dem entsprach, worüber man in den altorientalischen Religionen nachgedacht hatte. Dazu gehörte die Kontrolle durch die Zeit, auf die sowohl Erfolge wie Mißerfolge zurückzuführen sind. Die Zeit wurde als unpersönliche Kraft verstanden, und die dafür gebrauchten arabischen Begriffe *al-dahr*, *al-zamān* und *ḥamma* können mit „Schicksal", „Los" oder „Verhängnis" übersetzt werden (Ringgren, Studies 72.6f.; Watt/Marmura 81). Die vorislamische Dichtung zeigt, wie bestimmend gerade diese Begriffe für das Leben von Nomaden in der Wüste geworden sind.

4.2. Fatalismus und Prädestination

Helmer Ringgren macht die Entwicklung vom vorislamischen Fatalismus (vgl. Ringgren, Fatalism 65ff.) zur islamischen Prädestinationslehre am Begriff *manīyah*, dem „bestimmenden Schicksal", deutlich. Der radikale Wandel erfolgte erst, als Muhammad die Lehre von der Omnipotenz Gottes verkündete und Gott auch zum Bestimmer des Schicksals erklärte. Das hieß zugleich: Der Glaube an Gott als den Urheber des Schicksals muß den Fatalismus als Glauben an die Bestimmung des Menschen durch ein unpersönliches Fatum ausschließen (Ringgren, Studies 14.199). Jetzt wurden anstelle des vorislamischen *manīyah* auch die Begriffe *qaḍā'* und *qadar* gebraucht, welche das Schicksal durch Gott bestimmt sein lassen. Aber in der islamischen Glaubenspraxis haben sich theistische und fatalistische Schicksalsvorstellungen miteinander vermischt, so daß Gottes Ratschluß und der Fatalismus einander so nahe kommen, daß eine Unterscheidung kaum mehr möglich ist.

4.3. Die Prädestinationslehre des Koran

Man muß den vorislamischen Hintergrund kennen, um zu begreifen, wie mit dem Auftreten Muhammads und seinem zentralen monotheistischen Kerygma alle Funktionen, die bisher von der Zeit wahrgenommen wurden, auf Gott übertragen werden. Die Zeit wird nun mit Allah identifiziert. Sure 45,24.26 macht diese Übertragung deutlich: Die Ungläubigen sagen: „Es gibt nur unser diesseitiges Leben. Wir sterben und leben (in diesem Rahmen), und nur die Zeit (*al-dahr*) läßt uns zugrunde gehen. Sag: Gott (allein) macht euch lebendig und läßt euch hierauf sterben. Und er versammelt euch hierauf zum Tag der Auferstehung, an dem nicht zu zweifeln ist. Aber die meisten Menschen wissen (es) nicht" (Übers. Rudolf Paret, Der Koran, Stuttgart/Berlin 1962). Ebenso kommt jetzt auch das Unglück von Gott (Sure 57,22). Alles, was den Menschen vorherbestimmt ist, liegt „in einer Schrift", dem *kitāb mu' ağğal*, fest (ebd.). Das zeigt, daß Gott sich von Ewigkeit her auf die Prädestination festgelegt hat.

Prädestinatianischer Terminus im Koran ist der Begriff *ağal*, die Vorstellung von der von Allah festgesetzten Lebensfrist. Prädestination ist von Gott verfügte eschatologische Vergeltung für diesseitiges Verhalten. „Diejenigen, die nicht an die Zeichen Gottes glauben, werden von Gott nicht rechtgeleitet, und sie haben eine schmerzliche Strafe zu erwarten", heißt es in Sure 16,104 (vgl. 2,26; 3,86). Andererseits gibt es Verse im Koran, in denen „rechtleiten" oder „irreleiten" Ausdruck des Willens Allahs bzw. seiner Willkür sind.

4.4. Der Beitrag der prädestinatianischen Ḥadīṯe

Die Traditionssammlungen über Muhammad, welche außerhalb und neben dem Koran entstanden, stützten die kanonischen Texte zur Prädestination, indem sie ausdrücklich betonten, daß der Mensch über sein Schicksal keine Kontrolle habe und daß Gottes Allwissenheit nicht geschmälert werden dürfe. In einigen *Ḥadīṯen* wird auch das Theodizeeproblem angesprochen und hervorgehoben, daß Gott auch dann nicht ungerecht ist, wenn er einen Menschen bestraft, dessen Taten gut sind; denn er ist in seinen Willensentscheidungen frei; überdies kann sich hinter der scheinbaren Strafe auch ein Segen verbergen. Der *deus absconditus* wird auf diese Weise zum *deus revelatus*, wie ein *Ḥadīṯe al-Buḫārīs* beweist (vgl. Watt/Marmura 101). Gott ändert zwar seine Vorherbestimmung nicht, nach der er die Umstände und den Zeitpunkt des Todes festgesetzt hat, aber er ändert die Einstellung, mit der ein Glaubender seinem unvermeidlichen Schicksal entgegensieht; insofern bleibt Allah nicht nur der eschatologische Richter, sondern auch der Barmherzige.

4.5. Die Qadariten und ihre Argumente

Von Anfang an bestimmten zwei Begriffe die theologische Diskussion über die Prädestinationslehre. Beide lassen sich mit „Vorherbestimmung" übersetzen. Der Begriff *qaḍā'* beschreibt den ewigen universalen Ratschluß Gottes in bezug auf alle existierenden Dinge, der Begriff *qadar* bezieht sich auf die Anwendung von *qaḍā'* in der Zeit und die Hervorbringung der Dinge in Übereinstimmung mit Gottes Wissen und Willen (Macdonald 646). *Qadar* beinhaltet also die praktische Anwendung des Theologumenons *qaḍā'*. Durch seinen *qadar* bestimmt Gott alle Ereignisse und Handlungen. Die Bezeichnung *Qadariten* oder *Qadariyya* (für die betreffende Theologenschule) wurde schließlich synonym mit *Mu'taziliten* gebraucht, derjenigen Theologenschule, die an der starren Prädestinationslehre Muhammads Zweifel hegte und die Theodizeefrage stellte (Blütezeit 9. Jh.).

Mit W.M. Watt (Watt/Marmura 111f.) wird man zwei „Stufen" im prädestinatianischen Dogma zu unterscheiden haben: Die erste „Stufe" besteht in der Überzeugung, daß das, was einem Menschen widerfährt, von Gott prädestiniert ist, daß die Reaktionen und Handlungen des Menschen hinsichtlich der Umstände aber nicht unbedingt determiniert sein müssen. Die zweite „Stufe" geht noch darüber hinaus und postuliert einen Glauben, der auch die menschlichen Reaktionen und Handlungen vorherbestimmt sein läßt. Damit wird die doppelte Prädestination zum Dogma erhoben: Allah hat von Ewigkeit her Himmel oder Hölle für den Menschen vorherbestimmt.

4.6. Die Prädestinationslehre – Grundlage des islamischen Fundamentalismus?

Die *Qadariten* als die eigentlichen Kritiker eines prädestinatianischen Rigorismus verschwanden bereits im 9. Jh. und überließen das Feld entweder neo-orthodoxen Gruppen oder den Radikalen, die das Prädestinationsdogma als Absolutheitsanspruch verstanden und auf den Islam insgesamt ausdehnten. Auf diese Weise wurde zugleich eine Grundlage für den islamischen Fundamentalismus geschaffen und das Schema von Erwählung und Verwerfung zu einem ideologischen Programm.

Literatur

'Abd al Razzaq al-Qāshānī, Risālah fī al-qaḍā' wa-al qadar; franz.: Traité sur la prédestination et le libre arbitre, o.O. 1978. – Ugo Bianchi, *Διὸς αἶσα*. Destino, uomini e divinità nelle teogonie e nel culto dei Greci, Rom 1953 (Studi publ. del Istituto Ital. per la Storia Antica 11). – Chikh Bouamrane, Le problème de la liberté humaine dans la pensée musulmane, 1978 (EtMu 20) (Lit.). – Johan Bouman, Gott u. Mensch im Koran, Darmstadt 1977. – Madeleine David, Les dieux et le destin en Babylonie, Paris 1949. – Bernard Clive Dietrich, Death, Fate, and the Gods, London 1965. – Mircea Eliade, Time and Eternity in Indian Thought, New York 1957 (Eranos 3). – Wilhelm Engel, Die Schicksalsidee im Altertum, Erlangen 1926 (Religionswiss. Unters). – Josef van Ess, Zw. Ḥadīṯ u. Theol. Stud. zum Entstehen prädestinatianischer Überlieferung, Berlin 1975. – Ders.,

Art. hadariyya: EI 4 (1978) 368–372 (Lit.). – Christliebe Fichtner-Jeremias, Der Schicksalsglaube bei den Babyloniern, Leipzig 1922 (MVÄG 27). – Louis Gardet, Art. al-kaḍā wa 'l-ḳadar: EI 4 (1978) 365–367. – Ignaz Goldziher, Die Richtungen der islamischen Koranauslegung, Leiden 1920. – Jan Gonda, Die Religionen Indiens, I 1960 (RM 11), bes. 206–210 (Lit.). – William Chase Greene, Moira. Fate, God and Evil in Greek Thought, Cambridge, Mass. 1944 (Lit.). – Wilhelm Gundel, Beitr. zur Entwicklungsgesch. der Begriffe Ananke u. Heimarmene, Gießen 1914. – Robert Hambourger, Determinism and Fatalism, o.O. 1976. – Friedrich Heiler, Erscheinungsformen u. Wesen der Religion, 1961 (RM 1) 458–460.513f. (Lit.). – Shrirama Indradeva, The Doctrine of Karma. Towards a Sociological Perspective: Diog(GB) 140 (1987) 141–154. – Duncan B. Macdonald, Art. ḳaḍā': EI(D) 2 (1927) 645f. – Ileana Marcoulesco, Art. Free Will and Determinism: EncRel(E) 5 (1987) 419–421 (Lit.). – Alexander Stuart Martin, Art. Predestination: ERE 10 (1908 = 1974) 225–235. – Richard M. McCarthy, The Theology of al-Ash'arī, Beirut 1953. – Gustav Mensching, Der Schicksalsgedanke in der Religionsgesch., Bonn 1942. – Theodor Nöldeke, Art. Arabs (Ancient): ERE 1 (1908 = 1974) 659–673. – Wendy Doniger O'Flaherty (Hg.), Karma and Rebirth in Classical Indian Traditions, Berkeley, Cal. 1980. – Rudolf Paret, Mohammed u. der Koran, Stuttgart 1957. – Carl Heinz Ratschow, Art. Prädestination. I. Religionsgesch.: RGG^3 5 (1961) 479–481. – Bruce R. Reichenbach, Karma, Causation and Divine Intervention: PEW 39 (1989) 135–149. – Helmer Ringgren, Fatalism in Persian Epics, 1952 (UUÅ 13). – Ders., Studies in Arabian Fatalism, 1955 (UUÅ 1) 1–225 (Lit.). – Wilhelm Ludwig Schrameier, Über den Fatalismus der vorislamischen Araber, Diss. Bonn 1881. – Morris S. Seale, Muslim Theology, London 1964. – Heinrich v. Stietencron, Moral im zyklischen Denken: Burkhard Gladigow (Hg.), Religion u. Moral, Düsseldorf 1976, 118–135. – William Thomson, The Conception of Human Destiny in Islam: MW 35 (1945) 281–299 (Lit.). – Ders., Free Will and Predestination in Early Islam: MW 40 (1950) 207–216. 276–287 (Lit.). – Anthonin Vlieger, Kitāb al-Qadar; franz.: Matériaux pour servir à l'étude de la doctrine de la prédestination dans la théologie musulmane, Leiden 1903. – Dewey D. Wallace, Jr., Art. Free Will and Predestination: EncRel(E) 5 (1987) 422–426 (Lit.). – William Montgomery Watt, Free Will and Predestination in Early Islam, London 1948. – Ders., Islamic Philosophy and Theology, Edinburgh ^{2}1985. – Ders., Art. Free Will and Predestination. Islamic Concept: EncRel(E) 5 (1987) 429–433 (Lit.). – Ders./Michael E. Marmura, Der Islam, II 1985 (RM 25,2), bes. 72–115 (Lit.). – Arent Jan Wensinck, The Muslim Creed, Leiden 1932.

Peter Gerlitz

II. Judentum

(Literatur S. 104)

Prädestination im strengen Sinn besagt, daß im Rahmen der →Erwählung Israels (Dtn 32,8f.; Jub 16,17f.; 1QM 10,9) nur noch die Mitglieder einer Heilsgemeinde durch Gottes souveräne Setzung als dem Heil erschlossen gelten, während das übrige Volk schon vor allem eigenen Tun und Wählen als *massa perditionis* angesehen wird. Solche Anschauung begegnet nach bisherigem Erkenntnisstand ausschließlich im Bereich authentischer Theologie der Gemeinde von →Qumran. Prädestination als Gottes freie Verfügung über Heilsteilhabe oder Heilsverschlossenheit des Menschen ist demzufolge abzugrenzen von Aussagen, die sich (a) auf die Erwählung *Gesamtisraels* beziehen (z. B. JosAs 8,[9]11) oder auf der Grundlage radikalisierten Toragehorsams den altbiblischen *Restgedanken* aufrufen (z. B. 1QM 14,7f.; 1QH 6,6–8; IV Esr 9,7f.), die sich (b) an den Gedanken vom „Plan Jahwes" (Werner) anschließen (z. B. Sir 42,18–21; äthHen 9,11) oder von himmlischen Büchern und Tafeln handeln (vgl. Lange 69–79), die (c) das determinierende Handeln des weisheitlichen Schöpfergottes thematisieren (z. B. Sir 33[36],13–15; PsSal 5,4; mAv 3,15; bNid 16b), die (d) die Vorstellung vom „Buch der Lebenden/Gerechten" benutzen (z. B. Dan 12,1f.; 4Q504 6,12.14; TPsJ Ex 32,32f.), die (e) nur die Präexistenz der →Seele ansprechen (z. B. slHen 23,5; bHag 12b) oder aber von einer fixierten Zahl der Gerechten ausgehen (z. B. IV Esr 4,36; syrBar 75,6), die (f) lediglich der weisheitlichen Antithetik (z. B. Jub 15,26) oder aber auch frühen, noch vorqumranischen Zeugnissen des Zwei-Mächte-Denkens zuzuordnen sind (z. B. 4Q'Amram 2,9–5,16; 1QM 1,5.8–10) oder die (g) als Geburtszodiologien in dafür charakteristischer Weise *ausschließlich* Physiognomie und äußeres →Schicksal beschreiben, wie dies in den Textbefunden von 4Q186 der Fall ist. Deren fragmentarischer

Charakter und denkbar schmale Textbasis geben spekulativer Imagination mehr Nahrung als wissenschaftlicher Klärung, ein Tatbestand, der ebenso auf die Rolle von →Astrologie und Physiognomik in der vergleichbaren Überlieferung der Merkaba-Mystik zutrifft (Schäfer, Fragment 86–88; ders., Gott 130–133). Wollte man, wie häufig vorgeschlagen, 4Q186 tatsächlich mit 1QS 3,13–4,26 kombinieren, würde dies besagen, daß man die prädestinatianisch-dualistische Zugehörigkeit eines Menschen zu Licht oder Finsternis an körperlichen Merkmalen ablesen kann (Gruenwald 304), doch für solche Interpretation bietet 1QS 3,13–4,26 keine Textgrundlage.

Bei differenzierender Analyse ergibt sich, wie jetzt auch 4QMMT bestätigt, daß Sprache und Theologie des „Lehrers der Gerechtigkeit" weder dualistisch noch prädestinatianisch verfaßt waren. Aber seine Verkündigung hat unmittelbar den Weg bereitet für prädestinatianische sowohl als auch dualistische Innovationen antithetischen und deterministischen Überlieferungspotentials durch Abheben auf das Gnadenhandeln Gottes und auf die Abhängigkeit des Menschen (1QH 2,22f.; 5,20–22), durch Zuspitzung der sapientiellen Antithetik (1QH 7,12), durch Fokussierung der Erwählung auf den heiligen Rest in Israel (1QH 2,13; 6,8), der die Toraauslegung des Lehrers befolgt (1QH 2,8–10; 4,10), und durch Deutung der Gegenwart als Endzeit (4QMMT C 16.21), in der sich der Plan erfüllt, den Gott im voraus seine →Propheten hat verkündigen lassen (1QpHab 2,7–10). All dies hat in der Qumrangemeinde einen Umbruch bewirkt, dessen neue Perspektive eben die der Prädestination ist, die Schöpfung *und* Endzeit umgreift. Alles ist Gnade, der Mensch nichtige Kreatur, ja radikaler Sünder; nichts ist es um die Selbstbestimmung des Menschen, ausgeschlossen, daß er Heil und Rettung selbst besorgen könnte (1QS 11,9–11.13–15.17). Als →Schöpfer hat Gott schlechthin *alles* bestimmt, *bevor* es als Geschöpf in Erscheinung tritt (1QH 1,7.19f.28; 13,8; 15,14; CD 2,7; 4Q180 1,2; 2–4 II,10; 1QS 3,15): Perioden und Zeiten zusamt den darin Erwählten (CD 2,9–11.13; 4,3–5; 4Q177 X,11f. [Steudel 73.79.106]), die (Möglichkeit der) Taten der Menschen (CD 2,7f.; 1QS 3,14.16.25f.; 1QH 1,9; 11,34; 14,12; 15,22; 4Q180 1,2) und, falls dualistisch geredet wird, die Zugehörigkeit zu Licht oder Finsternis, zum Engel/Geist der Wahrheit oder der Sündenmacht (1QS 3,18f.; 4,15f.24f.; 1QM 13,9–12), Schicksal und endzeitliche Vernichtung der Bösen, Heil und Leben des für die Endzeit vorbestimmten Restes der Erwählten (1QS 3,14f.; 4,6–8.11–14; 1QH 15,14–20; 4Q181 1,1–6; 4Q174 IV,1–3). Wer in die Heilsgemeinde eintritt, erweist sich demzufolge als einer, den Gott schon in seinem Schöpfungsplan für die Heilszeit bestimmt hat (1QS 4,20–23; 4Q174 IV,2f.; 4Q181 1,3–6; 1QH 11,9–14; 15,14–17), die in der Gemeinschaft mit den Engeln bereits beginnt im eschatologisch qualifizierten Jetzt der Gemeinde (zu *'aḥ^{a}rît hayyāmîm*, „Endzeit" s. Steudel 161–163.203–207). In ebendiesem Zusammenhang hat auch die Rede vom Losentscheid Gottes ihren spezifischen Ort (*hippîl gôrāl(ôt)*, 1QH 3,22; 7,34; 1QS 4,26; 1QM 13,9; 4Q181 1,5; vgl. auch CD 20,4).

Anthropologisch bedeutsam sprechen die Gemeindepsalmen vom „Geist" als dem prädestinierten Sein des Menschen (Kuhn 120–126), dem wiederum die Festlegung seines Handelns korrespondiert (1QH 1,9; 15,22). Dieser „Geist"-Gebrauch stellt auch die Verbindung her zu der Klammer von Einleitungs- und Schlußsatz in 1QS 3,13f. („... Belehrung aller, die zum Licht gehören, über die *Toledot* aller Menschen bezüglich aller Arten ihrer Geister mit ihren Kennzeichen") und 4,26 („was seinen Geist in ihm betrifft"). Die Frage der Willens- oder Entscheidungsfreiheit des Menschen (→Wille/Willensfreiheit) stellt sich demzufolge nicht im Horizont der prädestinatianischen Texte selbst. Dadurch unterscheiden sie sich von Texten, die ganz in der Tradition schöpfungstheologischer Determination stehen, in charakteristischer Weise (Bergmeier, Glaube 48–62). Fragt man textimmanent nach der Intention der Prädestinationsaussagen, stößt man statt dessen auf die Rede vom Lobpreis und von der Verherrlichung Gottes (1QH 1,27–31; 3,23; 13,13; 15,20; 18,22; vgl. Merrill 51; Lichtenberger 166.181–184.211).

Von den authentischen Texten der Qumrangemeinde sind offenbar durchweg nichtprädestinatianischer Art alle Gemeindeordnungen und alle Pescharim. Die thematischen

→Midraschim scheinen eher dem prädestinatianischen Typ qumran-essenischer Texte zuzugehören, also den Gemeindepsalmen in 1QS 11,2–22; 1QH und 1QM 13,7–13; 17,4–8, dem Lehrgedicht CD 2,3–13, der Elementarlehre 1QS 3,13–4,26.

Die prädestinatianisch orientierten Texte zeichnen sich durch ein charakteristisches semantisches Feld aus. Neben den schon berührten *lipnê-* bzw. b^{e}*ṭæræm*-Sätzen („bevor") tritt Schöpfungsterminologie in breiter Streuung hervor: *bārā'* (1QH 1,7), *yāṣar* (1QH 1,8), *yāsad* (CD 2,7), *hekîn* (1QS 3,15; 1QH 15,22). Das dem Idiolekt Ben Siras (→Sirach/Sirachbuch) eigene *ḥālaq* („zuteilen", „bestimmen", „bestellen", fast „schaffen" [Nöldeke 85f.]) fehlt hingegen ebenso wie dessen Einordnung von Gut und Böse in eine polare und zweckorientierte Struktur der Schöpfung. Anstelle von „das eine in Entsprechung zum andern" (Sir 33[36],15) definiert 1QS 4,16.25 daher das Verhältnis der beiden antithetischen Setzungen als „je für sich", denn zwischen beiden besteht Kampf, nicht Koexistenz. Der Schöpfungsterminologie korrespondieren alsdann Aussagen über die „Determination allen Seins und Geschehens" (1QS 3,15; 11,4; 1QM 17,5; CD 2,10; Varianten: 1QS 11,11.18; 1QH 1,20) „in der Schöpfung" (Lichtenberger 188), ferner *rāšam*, „dekretieren" (1QH 16,10), *śām*, „festlegen" (1QH 7,34), „Anteil (haben/geben)" (1QS 4,15.26; 11,7; 1QH 14,19), *deʿāh/daʿat*, „Vorherbestimmung" (1QS 3,15; 1QH 1,19), „Wille", „Vorsatz" (1QH 1,8) und „Plan" (1QS 3,15f.), *mišpāṭ(îm)*, „Norm(en)" (1QS 3,17.26 [Stegemann, Textbestand 101–103.112f.]; 4,18; 1QH 1,9.16; 14,20) und t^{e}*ʿûdāh*, „Bestimmung" (1QS 3,16; 1QH 1,19) und der so charakteristische Gebrauch von p^{e}*ʿûlāh*, „Tun" (1QS 3,16; 4,15.25; 1QH 1,9; 11,34; 14,12; 15,22; 4Q180 1,2). Erwählungsterminologie tritt ergänzend hinzu: „namentlich berufen" CD 2,11(13); 4,4; 4Q177 X,11, *yādaʿ*, *bāḥar*, *hiqdîš* entsprechend Jer 1,5 (1QH 1,7; 1QS 4,22; 1QH 15,17) und, wie oben ausgeführt, *hippîl gôrāl(ôt)*. Häufig ist die Rede von „(wunderbaren) Geheimnissen" (z. B. 1QS 3,23; 1QH 1,21) oder von Gottes „Ehre" (z. B. 1QH 15,20; 4Q181 1,3).

Prädestination als theologisches Spezifikum der Qumrangemeinde bestätigen auf ihre Weise die Essener-Referate des →Josephus Flavius. Diese bestehen zu einem Teil aus Quellenmaterial, das das Frühjudentum in drei philosophische Richtungen gegliedert sieht und doxographisch *περὶ εἱμαρμένης* differenziert. Im Unterschied zu den übrigen Essener-Nachrichten gibt sich diese Drei-Schulen-Darstellung in charakteristischer Weise *stoisierend*, differenziert also die →Pharisäer, die →Sadduzäer und die Essener (→Essener und Therapeuten) nach je ihrer Einstellung zu *Heimarmene* und Willensfreiheit (Bergmeier, Glaube 57). Danach vertreten die Pharisäer ein Ineinander von Schicksal und Selbstbestimmung, während die Sadduzäer das göttliche *ἐφορᾶν* leugnen. Die Essener ihrerseits lehren, über alles entscheide die *Heimarmene*, nichts begegne den Menschen, das nicht schicksalhaft bestimmt wäre (Josephus, Bell II,119.162–165; Ant XIII,171–173; XVIII,11–22).

Sieht man von der typisch stoisierenden Verfremdung ab, kann man feststellen, daß die Drei-Schulen-Darstellung des Josephus tatsächlich die Differenz zwischen Pharisäern und Essenern zutreffend in der den Essenern eigentümlichen Anschauung vom unabänderlichen Fatum hervortreten läßt. Dieses Spezifikum ist mit 1QS 11,10f. vergleichbar und kann zusammen mit anderen Aspekten der Darstellung die historische Hypothese erhärten, daß Essener und Qumrangemeinde eine identische frühjüdische Bewegung waren (Bergmeier, Essener-Berichte 56–66).

Literatur

Todd S. Beall, Josephus' Description of the Essenes Illustrated by the Dead Sea Scrolls, 1988 (MSSNTS 58). – Klaus Berger, Der Streit des guten u. des bösen Engels um die Seele. Beobachtungen zu 4Q Amr^{b} u. Judas 9: JSJ 4 (1973) 1–18. – Ders., Das Buch der Jubiläen, 1981 (JSHRZ II,3) 279–285.295–300. – Roland Bergmeier, Glaube als Gabe nach Johannes, 1980 (BWANT 112). – Ders., Die Essener-Ber. des Flavius Josephus, Kampen 1993. – Klaus Beyer, Die aramäischen Texte vom Toten Meer, Göttingen 1984, 210–214 (4QʿAmram: Die Abschiedsrede Amrams). – James H. Charlesworth, A Critical Comparison of the Dualism in 1QS 3:13–4,26 and the „Dualism"

Contained in the Gospel of John: ders. (Hg.), John and Qumran, London 1972, 76–106 (hier 77–89). – Ders., Qumran, John and the Odes of Solomon: ebd. 107–136 (hier 108–114). – Ders., Jewish Interest in Astrology during the Hell. and Roman Period: ANRW II.20.2 (1987) 926–950 (Taf. I–VI: 938–940). – Ferdinand Dexinger, Henochs Zehnwochenapokalypse u. offene Probleme der Apokalyptikforschung, 1977 (StPB 29). – (Patrick W. Skehan/) Alexander A. Di Lella, The Wisdom of Ben Sira, 1987 (AncB 39) 81–83 (93–127 Lit.). – Devorah Dimant, The ‚Pesher on the Periods' (4Q180) and 4Q181: IOS 9 (1979) 77–102. – Dies., Qumran Sectarian Literature: Jewish Writings of the Second Temple Period, ed. by Michael Edward Stone, 1984 (CRI II.2) 483–550 (hier 532–538). – Ithamar Gruenwald, Further Jewish Physiognomic and Chiromantic Fragments (hebräisch): Tarb. 40 (1970/71) 301–319. – George R. Jenson, The Problem of Determinism with Reference to the Qumran Scrolls and the First Epistle of John, Diss. Basel 1982, Calimesa, Cal. 1983 (publ. by the Author), 1–80. – Otto Kaiser, Der Mensch unter dem Schicksal, 1985 (BZAW 161). – Paul J. Kobelski, Melchizedek and Melchirešaʿ, 1981 (CBQ.MS 10). – Heinz-Wolfgang Kuhn, Enderwartung u. gegenwärtiges Heil, 1966 (StUNT 4) 120–136. – Armin Lange, Weisheit u. Prädestination. Weisheitliche Urordnung u. Prädestination in den Textfunden v. Qumran, 1995 (StTDJ 18). – Hermann Lichtenberger, Stud. zum Menschenbild in Texten der Qumrangemeinde, 1980 (StUNT 15) (bes. 67–73.164ff.184–200). – Gerhard Maier, Mensch u. freier Wille nach den jüd. Religionsparteien zw. Ben Sira u. Paulus, 1971 (WUNT 12). – Johann Maier, Zw. den Testamenten, 1990 (NEB.AT ErgBd. 3) 211f.250f. – Eugene H. Merrill, Qumran and Predestination, 1975 (StTDJ 8). – Theodor Nöldeke, Bemerkungen zum hebräischen Ben Sîrâ: ZAW 20 (1900) 81–94. – Peter v. der Osten-Sacken, Gott u. Belial, 1969 (StUNT 6). – Émile Puech, La croyance des Esséniens en la vie future. Immortalité, résurrection, vie éternelle?, 1993 (EtB NS 22) (hier 388.421–440.508.526–540). – Ed P. Sanders, Paulus u. das palästinische Judentum, 1985 (StUNT 17) 27–406 (bes. 243–256). – Peter Schäfer, Ein neues Frgm. zur Metoposkopie u. Chiromantik: ders., Hekhalot-Stud., 1988 (TSAJ 19) 84–95. – Ders., Der verborgene u. offenbare Gott, Tübingen 1991. – Emil Schürer, The History of the Jewish People in the Age of Jesus Christ (175 B.C.–A.D. 135). A New Engl. Version rev. and ed. by Geza Vermes/Fergus Millar/Matthew Black, Edinburgh, II 1986, 392–394.571f. – Hartmut Stegemann, Zu Textbestand u. Grundgedanken v. 1QS III,13–IV,26: RdQ 13 (1988) 95–131 (= Mémorial Jean Carmignac, études qumrâniennes, éd. par Florentino García Martínez/Émile Puech). – Ders., Die Essener, Qumran, Johannes der Täufer u. Jesus, Freiburg i.Br. u.a. ^{4}1994 (Herder-Spektrum 4128) 154–156. – Günter Stemberger, Pharisäer, Sadduzäer, Essener, 1991 (SBS 144). – Annette Steudel, Der Midrasch zur Eschatologie aus der Qumrangemeinde (4QMidrEschat$^{a.b}$), 1994 (StTDJ 13). – Siegbert Uhlig, Das äth. Henochbuch, 1984 (JSHRZ V,6) 491–494. – Wolfgang Werner, Stud. zur atl. Vorstellung vom Plan Jahwes, 1988 (BZAW 173). – David S. Winston, Freedom and Determinism in Greek Philosophy and Jewish Hell. Wisdom: StPhilo 2 (1973) 40–50. – Adam S. van der Woude, Fünfzehn Jahre Qumranforschung (1974–1988), III. A. 2.: ThR 57 (1992) 6–12.41–45.

Roland Bergmeier

III. Neues Testament

1. Vorbemerkung 2. Paulus 3. Johannesevangelium 4. Synoptische Evangelien 5. Epheserbrief 6. Erster Petrusbrief 7. Jesus von Nazareth (Anmerkung/Literatur S. 109)

1. Vorbemerkung

Verstehen konnte keiner der biblischen Autoren, was Prädestination, Vorherbestimmung des ewigen →Schicksals durch Gott, ist; verstanden haben jedoch einige von ihnen das unlösbare theologische Problem der Prädestination. Klar haben die fundamentale Fragestellung →Paulus und das →Johannesevangelium erfaßt. Beide machen durch je ihre Art der Darstellung dem Leser deutlich, daß der Mensch letztlich vor einem Geheimnis steht, weil es hier um ein Geschehen geht, das im eigentlichen Sinne →Gott zum „Gegenstand" hat, dieser aber niemals verstandener Gegenstand theologischer Reflexion werden kann und darf.

2. Paulus

Der Zugang zum theologischen Denken des Paulus über die Prädestination geschieht am besten über den →Römerbrief, vor allem den Israel-Abschnitt Röm 9–11. Denn hier zeigt sich eindrücklich, daß seine Prädestinations-„Lehre" im tiefsten *Theo*logie ist, im strengen Sinne Lehre von Gott. Was dasjenige →Israel ist, dem die göttliche Verheißung gilt, wird in Röm 9,6–29 einzig von der Aktivität Gottes her beschrieben. Dessen berufendes Handeln allein, sein prädestinierendes *καλεῖν*, konstituiert das eigentliche Israel, das mit Israel als Volk gerade nicht zusammenfällt. Von menschlicher Aktivität ist hier nicht im geringsten die Rede, noch nicht einmal vom Glauben. Auch vom →Gesetz und von der →Rechtfertigung spricht Paulus hier bewußt nicht. In Röm 9,6–29 wird also keineswegs die Rechtfertigungslehre auf Israel angewendet (so z.B. E. Käsemann, An die Römer, ^{4}1980 [HNT 8a] 250ff.). Wer berufen ist, hat nichts dazu beigetragen; und wer nicht berufen ist, hat dies nicht verschuldet. Der Eindruck einer *gemina praedestinatio* ist zunächst unvermeidlich; es scheint, als lehrte hier Paulus auch eine Prädestination zur ewigen Verdammnis.

Dann aber spielt sich in Röm 9,30–10,21 alles auf einer anderen Ebene ab, nämlich auf der des Menschen. Israel versagt, weil es sich schuldhaft der →Gerechtigkeit Gottes – *δικαιοσύνη θεοῦ* in Röm 10,3 als Macht Gottes verstanden – nicht unterworfen hat. Israel glaubt nicht, also scheint es dem Leser ein verworfenes Volk zu sein; es ist ja, mit Jes 65,2 (Röm 10,21), ein ungehorsames Volk, das Gott widerspricht.

Von höchster theologischer Relevanz ist, daß sich die beiden Ebenen in Röm 9 und 10 nicht miteinander verrechnen lassen. In „logischer" Hinsicht widersprechen sich die Aussagen über diese Ebenen. Aber irdische Logik ist da nicht angebracht, wo Gottes Handeln zu bedenken ist. *Weil* Gottes und des Menschen Handeln nicht in einen immanent verifizierbaren Kausalzusammenhang gebracht werden dürfen, kann und will Paulus so „widersprüchlich" argumentieren. Durch diese Darstellungsweise will der Apostel die Un*berechen*barkeit der Aussage über Gott veranschaulichen. Was zunächst als Verstoß gegen die Gesetze menschlicher Logik aussieht, ist überlegte theologische Argumentation.[1]

Des „Widerspruchs" ist aber mit Röm 10,21 noch kein Ende. Rettet Gott nach Röm 9,6–29 nur einen Rest des Volkes Israel – mit Jesaja (und Hosea) in Röm 9,27: *ὑπόλειμμα σωθήσεται* –, so endet die Argumentation in Röm 11,26 überraschend mit der Verheißung „Gott wird ganz Israel retten": *πᾶς Ἰσραὴλ σωθήσεται*. Hat es nach der Doppelargumentation von Röm 9,6–29 und 9,30–10,21 den Anschein, als sei auf der Ebene des prädestinierenden Gottes und der des Menschen alles gesagt und folglich das Schicksal der Majorität des Volkes Israel besiegelt, so beginnt Paulus in Röm 11,1 von neuem zu argumentieren. Er vermengt nun beide Ebenen und zeigt, wie Israels Unglaube den Glauben der Heiden bedingt, Israel selbst aber glaubend durch Gott mysterienhaft gerettet wird (vgl. Hübner, Gottes Ich; ders., Biblische Theologie des NT, Göttingen, II 1993, 306–321).

Diese paulinische *Theo*logie der Prädestination macht symptomatisch deutlich, wie Prädestinationsaussagen der Schrift nicht einlinig zur Lehre einer *gemina praedestinatio* verfestigt werden dürfen. Denn dadurch würde das Gefüge des theologischen Denkens in unerlaubter Weise objektivierend simplifiziert, Theologie zur Dämonologie verfälscht, Gott fratzenhaft entstellt. Zugang zum Mysterium der Prädestination gibt es nur über den Glauben, denn die *Aus*sage der Prädestination ist in kerygmatischer Absicht *Zu*sage an den Glaubenden, nicht aber *Ab*sage an den Nichtglaubenden. Vor allem will Paulus den Menschen nicht als Spielball eines Willkürgottes verstehen lassen. Des Menschen Verantwortung vor Gott bleibt, weil er geschichtliches Wesen ist – auch angesichts der absoluten Berufungsaktivität Gottes.

Der kerygmatische Aspekt des paulinischen theologischen Denkens muß aber noch grundsätzlicher gesehen werden. Es geht nämlich bei der Prädestinationsproblematik nicht um irgendeine Frage aus der Gotteslehre, sondern ganz zentral um die Gottesfrage als solche und somit um *Theo*logie schlechthin. Es geht um die fundamentaltheologische Frage: Wie läßt sich verantwortlich von Gott reden? Die Antwort muß zunächst negativ gegeben werden, ohne Theologie als bloße *theologia negativa* zu definieren: Jede Rede in verobjektivierter Weise und aus neutraler Distanz „über" Gott, „über" sein von Ewigkeit her geschehenes und geschehendes Handeln ist *sinn*los und theologisch illegitim. Jede derartige „theologische" Rede führt zum Realitätsverlust, da Gottes Wirklichkeit verkannt wird und damit zugleich auch die Wirklichkeit des Redenden. Ein verobjektiviert gedachter Prädestinationsgott wäre lediglich ein aus menschlicher Denk-„Fähigkeit" konstruiertes Phantom, das in die Transzendenz hineinprojiziert ist. Von Prädestination kann nur in existentieller Betroffenheit der an *sein* Prädestiniertsein Glaubende verantwortlich sprechen.

Das zu Röm 9–11 Gesagte wird durch Röm 8,28–30 bestätigt. Paulus spricht von den gemäß dem Ratschluß Gottes Berufenen (*τοῖς κατὰ πρόθεσιν κλητοῖς οὖσιν*), denen, die nun aufgrund dieser Berufung Gott lieben und denen alles zum Guten *mit*wirkt (*συν-εργεῖ*, V.28), also mit Gottes Wirken mitwirkt. Denn die *πρόθεσις* ist Gottes prädestinierende Aktivität, die im Kettenschluß von V.29f. in ihren Einzelelementen entfaltet wird: Er hat vorhererkannt (*προέγνω*), vorherbestimmt (*προώρισεν*), berufen (*ἐκάλεσεν*), gerechtfertigt (*ἐδικαίωσεν*), verherrlicht (*ἐδόξασεν*). Paulus unterscheidet somit in Gottes Handeln den vorzeitigen Aspekt (*προ-έγνω* und *προ-ώρισεν*) vom geschichtlichen (*ἐδικαίωσεν* und *ἐδόξασεν*); schwierig zu sagen ist, welchem der beiden *ἐκάλεσεν* zuzuordnen ist. *Προώρισεν* wird expliziert durch „dem Bild seines Sohnes gleichgestaltet (*συμμόρφους*) zu sein". Des Paulus ganzes Interesse ist also die Prädestination zum Heil (vgl. Röm 1,16: *εἰς σωτηρίαν*). Von einer Prädestination zur Verdammnis spricht er hier bezeichnenderweise nicht.

In Röm 8,28–30 geht es um die Prädestination der Christen, um die Prädestination Israels erst in Röm 9–11. Insofern Gott die Heiden in den Berufungsprozeß Israels mit hineingenommen hat (Röm 9,24), legt es die Kontinuität des Erwählungsgeschehens von Israel (im Sinne von Röm 9,6) zur Kirche nahe, von einer *Heilsgeschichte* zu sprechen, innerhalb derer Israels Heil und das der Kirche in geschichtlichem Zusammenhang stehen. Doch ist das Heil der Kirche nicht in das Israels integriert. Das durch Jesus Christus verwirklichte Heil ist *wesenhaft* neues Heil.

Was in der theologischen Reflexion die paulinische Prädestinationsauffassung mit dem Alten Testament verbindet, ist der Gedanke der →Erwählung. Das hebräische Verb *bāḥar* ist im Alten Testament zum eigentlichen *terminus technicus* der „Erwählung" geworden (Wildberger 280). Der *locus classicus* ist Dtn 7,6–8 (ebd. 285): Israel ist ein heiliges Volk für Jahwe, das dieser aus allen Völkern als sein Eigentum auserwählt hat, weil er es liebt. Aus diesem Theologumenon läßt sich leicht der Gedanke der Prädestination entwickeln: Wen Gott erwählt, den hat er prädestiniert. Erwählung und Prädestination werden so nahezu synonyme Begriffe. Dabei kann dann auch der Begriff der Prädestination jene verobjektivierte Verengung und Verfestigung erfahren, wie es in Qumran deutlich wird (1QS 3,13–4,26; s.o. II.).

3. Johannesevangelium

Das →Johannesevangelium ist nicht als theologischer Traktat mit begrifflicher Argumentation verfaßt, wohl aber mit deutlicher theologischer Reflexion konzipiert. Es bringt ebenfalls den Gedanken der Prädestination in aller Klarheit, aber, darin Paulus vergleichbar, nicht als verobjektivierte Prädestinationslehre, so daß es zur Karikatur im Sinne der *praedestinatio gemina* käme. Allerdings ist ein gewisser Dualismus nicht zu bestreiten, in dem zwei Welten aufeinanderstoßen, die aus jeweils entgegengesetztem Seinsgrund existieren. Da sind zunächst die Juden als Repräsentanten des „Kosmos". Sie existieren „aus diesem Kosmos" (*ἐκ τούτου τοῦ κόσμου*, Joh 8,23), was gleichbedeutend damit ist, den Teufel, Lügner und Mörder von Anbeginn, zum Vater zu haben (Joh 7f., v.a. 8,44). Deshalb können sie Jesus nicht hören (Joh 8,43). Wer seinen Seinsgrund im Bösen hat, den kann Jesu Botschaft nicht erreichen; denn Jesus ist „aus Gott" (*ἐκ τοῦ θεοῦ*, Joh 8,42), „von oben" (*ἄνωθεν*, Joh 3,31), „aus dem Himmel" (*ἐκ τοῦ οὐρανοῦ*, Joh 3,31). Jesu Jünger aber sind, wenn auch nicht wie Jesus in präexistenter Weise, „aus Gott" und können deshalb die Worte Gottes hören (Joh 8,47).

Nimmt man diese Aussagen für sich, so gibt es keinerlei Rettung für den Kosmos und die ihn repräsentierenden Juden. Joh 7 und 8 lassen nämlich dem Leser die *praedestinatio gemina* als evident erscheinen. Nimmt man aber diese Aussagen im Ganzen des Johannesevangeliums, so stehen sie hart neben anderen Worten, die eine *praedestinatio gemina* verbieten. Denn Gott hat seinen Sohn nicht in den Kosmos gesandt, um diesen zu richten, sondern damit er durch ihn gerettet werde (*ἵνα σωθῇ ὁ κόσμος δι' αὐτοῦ*, Joh 3,17). Nach menschlicher Logik, die in der Kausalkette „Sein aus dem Bösen – Bleiben im Bösen" denkt, ist der Nicht-Hörende für ewig verloren. Diese rein menschliche Logik von Ursache und Wirkung ist aber nicht Gottes „Logik". Diese entwindet sich der Kausalkette, denn Gottes Denken läßt sich nicht in die Fesseln menschlicher Denkgesetze zwängen. Hat Paulus in Röm 9 und 10 gezeigt, daß sich die Ebene des göttlichen Handelns und die des menschlichen Verhaltens nicht miteinander verrechnen lassen, so sagt Johannes Analoges auf seine Weise. Die theologische Grundstruktur beider Autoren ist im Prinzip die gleiche. Wenn also nach Johannes Jesus den Juden sagt „Ihr könnt nicht glauben" (Joh 12,39), dann ist nach der theologischen Intention des Evangelisten mitgesagt „Ich mache euch, die ihr in eurem Nicht-Hören-Können Sklaven der Sünde seid, zu solchen, die hören können" (vgl. Joh 12,40). Was für rein menschliches Verstehen unmöglich ist, ist für Gott die Möglichkeit schlechthin. Das ist Gottes Macht, daß sie alle menschliche Unmöglichkeit zerschlägt. Also lautet der theologische Spitzensatz: „Ihr werdet die Wahrheit erkennen, und die Wahrheit wird euch freimachen" (Joh 8,32). Der Kosmos wird frei von der Bindung an seinen diabolischen Seinsgrund. Der Kosmos des Teufels wird zum Kosmos Gottes, der Mensch des Teufels zum Menschen Gottes. Das also ist die göttliche Paradoxie nach Johannes: Die Prädestination zum Unheil wird durch Gottes Macht zur Prädestination zum Heil.

4. Synoptische Evangelien

Die Paulus und Johannes existentiell betroffen machende Israelfrage findet auch in den synoptischen Evangelien ihre theologische Reflexion. Es ist der Gedanke der Verstockung Israels, der zunächst in der sog. Parabeltheorie des Markus zum Ausdruck kommt (Mk 4,11f.): Es ist die Schrift (Jes 6,9f.), die Gottes Verstockungswillen bezeugt. Die hier ausgesagte Prädestination zum Unheil bezieht sich aber nicht, wie weithin angenommen, auf das Volk, sondern nur auf seine Repräsentanten. Während Matthäus diese theologische Aussage abschwächt, bringt Lukas sie am Ende seines Werkes (Act 28,25ff.), nun in aller Deutlichkeit auf das jüdische Volk bezogen. Er vertritt eindeutig die Substitutionstheorie (vgl. TRE 16,326). Auch Johannes zitiert Jes 6,9f., und zwar gemäß seiner theologischen Konzeption am Ende der öffentlichen Wirksamkeit des irdischen Jesus (Joh 12,39f.). Das hier ausgesprochene Verdikt über die Juden muß aber in der Dialektik des Johannes (s. o. 3.) verstanden werden!

5. Epheserbrief

Ein Sonderfall neutestamentlichen Prädestinationsdenkens ist Eph 1,3ff. Der deuteropaulinische Autor denkt hier in den Bahnen paulinischer Theologie, fügt aber einige ihrer zentralen Elemente in bezeichnender Weise anders zusammen. Wie bei Paulus spielt auch bei ihm der Gedanke der Erwählung eine fundamentale Rolle; doch verlagert er das geschichtlich gedachte paulinische *ἐξελέξατο* (I Kor 1,27ff.) in die Zeit „vor Grundlegung der Welt" (Eph 1,4). Prädestination ist dabei *christologisch* gedacht, da sie „in Christus" geschah. Ist für Paulus „in Christus" eine geschichtlich-ekklesiologische Formel, so für Deuteropaulus eine protologisch-prädestinatianische und zugleich soteriologisch-ekklesiologische. Demnach ist für diesen die Existenz der Kirche schon vor aller Schöpfung gegeben, so daß man in gewisser Weise mit H. Schlier (Der Brief an die Epheser, Düsseldorf [7]1971, 48ff.) von der Präexistenz der Kirche sprechen kann – freilich unter Berücksichtigung der theologischen Denkstruktur des Epheserbriefs: Realität ist nicht nur die geschichtliche Wirklichkeit der Kirche, sondern auch ihr Gewollt-Sein im

Ratschluß Gottes von Ewigkeit her. Keinesfalls darf aber die ekklesiologische Präexistenz so interpretiert werden, als sei jeder, der zur Kirche gehört, in seinem individuellen Sein schon „vor Grundlegung der Welt“ existent. Die Ekklesiologie des Epheserbriefs – immerhin Zentralthema dieses Briefes – muß ganz im Lichte der „Präexistenz“ der Kirche gelesen werden. Zugleich ist aber zu bedenken, daß prädestinatianisch verstandene Erwählung ihr Ziel in der geschichtlichen Existenz hat: „Wir“, die Kirche also, sind dazu erwählt, heilig und untadelig vor Gott zu leben (Eph 1,4). Dogmatische und ethische Aussagen ergeben so ein existentielles Ganzes. Auch der ekklesiologische Grundgedanke von Eph 1 besitzt seine alttestamentliche Entsprechung: Wie damals Jahwe als der Gott Israels dieses Israel erwählt hat, so hat dieser eine Gott jetzt in Christus Jesus die Kirche erwählt.

6. Erster Petrusbrief

In etwas anderer Art, aber durchaus dem theologischen Denken des Epheserbriefs verwandt, bringt auch der 1. Petrusbrief den Zusammenhang von Erwählung Jesu Christi durch Gott und Erwählung der Christen. Christus ist der auserwählte (*λίθος ἐκλεκτός*) und geehrte lebendige Stein (I Petr 2,4); die Christen sind mit Jes 13,20 ein auserwähltes Geschlecht (*γένος ἐκλεκτόν*), eine königliche Priesterschaft, ein heiliges Volk (I Petr 2,9). Aber das Heilsgeschehen wird nicht als vorzeitliche Konstitution der Kirche vorgestellt, sondern als geschichtliches Geschehen; denn die, die nach Hos 2,23 LXX das Nicht-Volk waren, sind jetzt das Volk Gottes (*οὐ λαός – λαὸς θεοῦ*, I Petr 2,10). Die durch diese Deutung erfolgte Sinnverschiebung des Hoseatextes, der im alttestamentlichen Zusammenhang ein innerisraelitisches Geschehen aussagte, ist bezeichnend für einen breiten Strang neutestamentlichen Denkens: „Die Kirche ist das wahre Israel“ (K.H. Schelkle, Die Petrusbriefe, [5]1987 [HThK XIII/2] 64). Die Prädestinationstheologie wird hier zur ekklesiologischen Substitutionslehre. Theologisch formuliert: Der Gott Israels offenbart sich als der Gott der weltweiten Kirche.

7. Jesus von Nazareth

Schauen wir von den behandelten Prädestinationsaussagen der neutestamentlichen Autoren auf Jesus von Nazareth zurück, so zeigt sich, daß er sich nicht in den theologischen Bahnen eines Prädestinationsdenkens bewegt hat. Vereinzelte Anklänge an den Gedanken der Prädestination in synoptischen Jesusworten sind eher Ausdruck nachösterlicher theologischer Reflexion als jesuanischer Predigt.

Anmerkung

[1] Angesichts der Kritik von G. Röhser (101) an meiner Interpretation ist zurückzufragen, ob er das berufende Handeln Gottes als *Gottes* Handeln hinreichend im Blick hat, das vom *Menschen* nicht adäquat begriffen und deshalb auch nicht mit dem in Röm 9,30–10,21 dargelegten Verhalten Israels, also des Menschen, verrechnet werden kann. Zu fragen ist allerdings auch, ob das von Röhser vorgeschlagene Modell der „Umschließung“ des menschlichen Wirkens durch das göttliche Wirken als „Raum des In-Wirkens“ (Röhser 93ff.171 u.ö.) nicht in Richtung auf die von mir vorgeschlagene Lösung interpretierbar ist.

Literatur

Leslie C. Allen, The OT Background of (*προ*)*ὁρίζειν* in the NT: NTS 17 (1970/71) 104–108. – Horst Balz, Art. *πρόθεσις*: EWNT[2] 3 (1992) 374f. – George Bradford Caird, Predestination – Romans IX–XI: ET 68 (1956/57) 324–327. – Nils Alstrup Dahl, Das Volk Gottes, (Oslo 1941) Darmstadt 1963. – Erich Dinkler, Art. Prädestination. II. Im NT: RGG[3] 5 (1961) 481–483. – Ders., Prädestination bei Paulus: ders., Signum crucis. Aufs. zum NT u. zur Christl. Archäologie, Tübingen 1967, 241–269. – Hyacinthe-M. Dion, La prédestination chez Saint Paul: RSR 53 (1965) 5–43. – Ernst v. Dobschütz, Prädestination: ThStKr 106 (1934/35) 9–19. – Jost Eckert, Art. *καλέω κτλ.*: EWNT[2] 2 (1992) 592–601. – Kurt Galling, Die Erwählungstraditionen Israels, 1928 (BZAW 48). – Joachim Gnilka, Die Verstockung Israels, 1961 (StANT 3). – Kenneth Grayston, The Doctrine of Election in Romans 8,28–30: StEv 2 (1964) 574–583. – Rafael Gideon Gyllenberg, Art. Verstockung. 2. Im NT: RGG[3] 6 (1962) 1384. – Franz Hesse, Das Verstockungsproblem im AT, 1955

(BZAW 74). – Ders., Art. Verstockung. 1. Im AT: RGG³ 6 (1962) 1383f. – Hans Hübner, Gottes Ich u. Israel. Zum Schriftgebrauch des Paulus in Römer 9–11, 1984 (FRLANT 136). – Ders., Bibl. Theol. des NT, Göttingen, III 1995, 152–205. – Hans Walter Huppenbauer, Der Mensch zw. zwei Welten. Der Dualismus der Texte v. Qumran (Höhle I) u. der Damaskusfrgm., 1959 (AThANT 34). – Joachim Jeremias, Der Gedanke des „Heiligen Restes" im Spätjudentum u. in der Verkündigung Jesu: ders., Abba, Göttingen 1966, 121–132. – Klaus Koch, Zur Gesch. der Erwählungsvorstellung in Israel: ZAW 67 (1955) 205–226. – Stanislaus Lyonnet, De doctrina praedestinationis et reprobationis in Rom 9: VD 34 (1956) 193–201.257–271. – Ders., Quaestiones in Epistulam ad Romanos. Ser. altera. De praedestinatione Israel et theologia historiae Rom 9–11, Rom 1992. – Bernhard Mayer, Unter Gottes Heilsratschluß. Prädestinationsaussagen bei Paulus, 1974 (fzb 15). – Heikki Räisänen, Röm 9–11. Analyse eines geistigen Ringens: ANRW II.25.4 (1987) 2891–2939. – Günter Röhser, Präexistenz u. Verstockung. Unters. zur frühchristl., paulinischen u. johanneischen Theol., 1994 (TANZ 14). – Harold Henry Rowley, The Biblical Doctrine of Election, London 1950. – Horst Seebaß, Art. *bḥr*: ThWAT 1 (1973) 593–608. – Wilhelm Vischer, Le mystère d'Israel: FoiViv 64 (1965) 427–487. – Dietrich Wiederkehr, Die Theol. der Berufung in den Paulusbriefen, 1963 (SF 36). – Hans Wildberger, Art. *bḥr*: THAT⁴ 1 (1984) 275–300. – A. Zioli, La predestinazione in S. Paolo: Hum(B) 8 (1953) 435–543.

Hans Hübner

IV. Alte Kirche und Mittelalter

1. Alte Kirche 2. Frühscholastik 3. Hochscholastik 4. Spätscholastik (Quellen/Literatur S. 118)

1. *Alte Kirche*

Das Problem der Prädestination ist schon in frühpatristischer Zeit mit dem Fragenkreis verknüpft, in den es durch die gesamte Theologiegeschichte hindurch eingebunden bleibt. Es sind die Fragen nach der →Vorsehung, dem Vorherwissen Gottes und der →Gnade, dem freien →Willen der vernunftbegabten Geschöpfe, nach Verdienst (→Werk) und →Lohn und das (von →Aristoteles in *peri heimarmenes* 16a ff. eingehender behandelte) Problem der bedingten Zukunft. Zum Teil ergaben sich diese Problemstellungen aus der Spannung zwischen der aristotelischen Behauptung der Verantwortlichkeit des Menschen für das eigene Handeln und dem stoischen Glauben an ein vorherbestimmtes Schicksal.

1.1. Anfänglich wurde die Prädestination vornehmlich innerhalb der Diskussion über die Vorsehung erörtert. Sie wurde dabei als vorgängige Bestimmung des Geschicks der Einzelseele durch den Schöpfer verstanden (vgl. Nemesius von Emesa, nat. hom. 43). Vielen Zeitgenossen erschien es fraglich, ob die Vorsehung in einer Weise, wie es die Rede von einer Prädestination voraussetzt, mit dem Besonderen und Einzelnen befaßt sein könne. Außer Frage schien indessen zu stehen, daß ein allmächtiger Gott eine „Vor-Sehung" (*πρόνοια*) im Sinne eines „Voraussehens" haben müsse: Origenes sah durch diese Vorsehung nicht notwendigerweise einen Zwang des Geschöpfs zum Guten oder Bösen oder eine Unumkehrbarkeit seines Geschicks gegeben. Es bleibt die Möglichkeit der →Bekehrung, solange das vernunftbegabte Geschöpf frei ist (Origenes, princ. IV,4,9; hom. in Gen. 13,4). Wie die meisten griechischen Väter versteht er Prädestination im Sinne eines göttlichen Vorhersehens verdienstlichen Handelns und seiner Belohnung durch Gott (Origenes, Cels. VII,44; or. 29,19; philoc. 25; comm. in Rom. 1,3, 7,7f.).

Ende des 4. Jh. hat →Nemesius von Emesa diese Sicht weitergeführt. Seine Vorstellungen haben durch Vermittlung von →Johannes von Damaskus beträchtlichen Einfluß ausgeübt. Johannes hat zwei seiner Näherbestimmungen der Vorsehung übernommen: „Vorsehung ist die Sorge, die Gott dem Seienden zuwendet", und: „Vorsehung ist der zielgerichtete Wille Gottes, durch die alles Seiende seine angemessenste Leitung erhält" (Johannes von Damaskus, f.o. 2,29; vgl. Nemesius, nat. hom. 43). Als zum Guten gerichteter göttlicher Wille und göttliche Fürsorge unterscheidet sich Vorsehung von einem unumgänglichen →Schicksal. Aus dieser Sicht erhält das Endziel menschlicher Entscheidungen zum Guten wie zum Bösen einen festen Ort innerhalb des umfassenden, auf das Gute gerichteten göttlichen Wollens. Das führt über die →Stoa hinaus, in der die Kette von Ursache und Wirkung einen durch bloße Nützlichkeit bestimmten Endzweck hat (Nemesius, nat. hom. 37). Nemesius ging es nicht um Lohn oder ein „Verdienen" des ewigen Lebens, sondern um das Paradox des Wirkens menschlicher Freiheit innerhalb einer vorherbestimmten Welt.

1.2. Den sicher bedeutsamsten abendländischen Beitrag zur Erörterung der Frage nach der Prädestination hat →Augustin geleistet. Ursprünglich meinte er, die Gnade Gottes werde den Verdiensten des einzelnen entsprechend verliehen (ep. 157 [ep. ad Hilar.] 4–10: BAug 21 [1966] 40–51). Doch dann gewann er aufgrund von I Kor 4,7 („Was hast du aber, was du nicht empfangen hast?") eine andere Überzeugung, und in seiner Auseinandersetzung mit den Pelagianern (→Pelagius/Pelagianischer Streit) fand er zu der Auffassung, daß schon der Beginn des Glaubens Gottes Gabe sein und daß diese Gabe frei sein müsse, da durch Verdienst Erworbenes keine Gnade sei (praed. 3,2; 6,2). In einem Gnadenakt hat Gott entschieden, daß bestimmte Menschen erlöst werden sollen (ebd. 11,6). Diese Gnadenwahl ist Prädestination. Gnade ist die Gabe, auf die die Prädestination vorbereitet (ebd. 19,10). Diese Prädestination schließt nach Augustin ein Vorherwissen ein, obwohl es auch ein Vorherwissen ohne Vorherbestimmung gibt (ebd.). Die Gnadenwahl hat ihren Ort in der Vorsehung Gottes (ebd. 32,16). Er trifft seine Vorherbestimmung zum Heil, nicht aber zur Verdammnis, denn das würde ihn zum Urheber des →Bösen machen. Niemand kann wissen, ob er prädestiniert ist, und darum kann auch niemand seines Heils gewiß sein. Im Gegeneinander der beiden *Civitates* stehen die zur himmlischen Herrlichkeit Vorherbestimmten denjenigen gegenüber, die nicht in dieser Weise prädestiniert und daher Bürger der Hölle sind (civ. X). Augustin hat auch zur anhaltenden Diskussion über eine kontingente Zukunft beigetragen. Für ihn ist unausweichlich, daß das von Gott Vorgesehene auch eintrifft, doch folgt daraus nicht, daß es in einer Weise eintrifft, die eine freie Willensentscheidung ausschließt (lib. III,1,1–3).

1.3. In der nachfolgenden Generation traten die in der schroffen Augustinischen Lehre von der Prädestination und der Unwiderstehlichkeit der Gnade beschlossenen seelsorgerischen Fragen stärker in den Vordergrund. In Furcht vor dem Verfall sittlichen Strebens nahmen Augustins Zeitgenossen →Vinzenz von Lérins und Johannes →Cassianus die Auseinandersetzung mit ihm auf. Nach ihrer Überzeugung konnte es nicht richtig sein zu sagen, Gott habe den größten Teil der Menschheit zur ewigen Verdammnis geschaffen, die meisten Christen könnten auch dann, wenn sie darum beteten, keine Beharrung erlangen, und Reue habe lediglich für die Erwählten Bedeutung (*Obiectiones Vincentianae*). Sie vertraten die seit dem frühen 17. Jh. als Semipelagianismus (→Pelagius/Pelagianischer Streit 5.) bezeichnete Auffassung, daß zwar in einigen Herzen Gottes Gnade alles bewirke, in anderen aber eine erste kleine Hinwendung des Willens zu Gott ein Akt freier Willensentscheidung sei (Cassianus, conl. 13). Für Augustin war diese Vorstellung undenkbar, weil er überzeugt war, das Vermögen des Willens, sich für das Gute zu entscheiden, sei durch den Sündenfall vollständig verlorengegangen. Cassianus gegenüber vertrat →Prosper von Aquitanien (*Contra collatorem*) die Augustinische Sicht. Doch blieb Cassians Auffassung, daß die Nichterwählten durch den rechten Gebrauch ihres natürlichen Vermögens das Heil erlangen könnten, in der mittelalterlichen Bußtheologie (→Buße) nachhaltig wirksam.

2. *Frühscholastik*

2.1. Eine erneute Auseinandersetzung löste während der Karolingerzeit →Gottschalk der Sachse mit einer noch über Augustin hinausgehenden Auffassung aus: Die Bösen seien ebenso für die Hölle vorherbestimmt wie die Guten für den Himmel. Diese Vorstellung schien Gott zum Urheber des Bösen zu machen, und →Hrabanus Maurus wie →Hinkmar von Reims traten ihr nachdrücklich entgegen, der letzte mit einer Gegenschrift *De praedestinatione*. Gottschalk fand Unterstützung bei Walafrid Strabo, Ratramnus u.a. Den in philosophischer Hinsicht wohl bedeutendsten Diskussionsbeitrag leistete indessen →Johannes Scotus Eriugena. Er behauptet, daß für Gott eigentlich nicht von Vorherwissen und von Vorherbestimmung gesprochen werden könne, da beide Begriffe nur unter Voraussetzung einer zeitlichen Dimension sinnvoll seien, während es für Gott weder Vergangenheit noch Gegenwart noch Zukunft gebe. Die Beziehung dieser Begriffe auf Gott habe daher einen übertragenen Sinn. Wenn demnach Aussagen Augustins eine Vorherbestimmung zur Verdammnis einzuschließen schienen, müßten sie tropologisch verstanden werden, als mahnender Hinweis an den Leser, daß Gott nichts mit dem Bösen zu tun haben könne. Eriugena kommt zu dem Schluß, daß eine doppelte Prädestination undenkbar sei, weil sie einmal den freien Willen des Menschen in Frage stelle und zum anderen Gott mit dem Bösen in Verbindung bringe. Dazu verweist er auch auf Augustins Verständnis des Bösen als Verderbnis oder Mangel an Gutem. Das schloß für ihn die Vorstellung ein, daß nicht Gott eine Stätte ewiger Strafe für die Verdammten bereitet habe; vielmehr sei die Hölle eine immerwährende Entfremdung von Gott und das Bewußtsein, den eigenen Schöpfungszweck verfehlt zu haben.

2.2. →Anselm von Canterbury hat sich in seinen späten Jahren in *De concordia praescientiae, praedestinationis et gratiae Dei cum libero arbitrio* darzulegen bemüht, wie sich das Vorherwissen, die Vorherbestimmung und die Gnade Gottes mit der Willensfreiheit vernünftiger Geschöpfe vereinen ließen. Seine Erörterungen konzentrierten sich auf die Frage der Notwendigkeit: Was auch immer ein allmächtiger Gott vorherbestimmt, muß eintreten. Bestimmt er gutes wie böses Tun vorher, dann kann es keinen Raum für eine freie Entscheidung geben. Bestimmt er nur gutes Tun vorher, dann kann es sie nur im Blick auf böses Tun geben, und das erscheint absurd, da so tatsächlich gar keine Entscheidungsfreiheit besteht. Wenn andererseits die Freiheit der Entscheidung zu einem Tun des Guten führen kann, das von Gott nicht prädestinierte Menschen zu rechtfertigen vermag, dann ist Gottes Vorherwissen ebenso wie seine Vorherbestimmung in Frage gestellt (Anselm, conc. II,1). Anselm entwirrt diesen Knoten dadurch, daß er seine Aufmerksamkeit den beiden klassischen Fragen zuwendet, ob Gott zum Bösen ebenso vorherbestimmen muß wie zum Guten und ob überhaupt von einer Vorherbestimmung durch Gott gesprochen werden kann, wenn es für ihn weder Vergangenheit noch Gegenwart noch Zukunft gibt. Für ihn ist das eine Frage eines präzisen („angemessenen") Sprachgebrauchs. Wenn die Bibel sagt, Gott „verhärte" das Herz eines Menschen, ist das lediglich eine besondere Art zu sagen, daß er es nicht erweiche usw. In ähnlicher Weise handle es sich auch bei der Anwendung der Kategorie des Zukünftigen auf Gott um einen außergewöhnlichen und „uneigentlichen" Sprachgebrauch (ebd. II,2). Anselm behauptet, daß zwar von Gott vorherbestimmte Gegebenheiten eintreten müssen, daß sie dies aber nicht aus einer vorausgehenden, für ihr Eintreten ursächlichen Notwendigkeit heraus tun, sondern aus einer Notwendigkeit, die der freien, von Gott in seinen ewigen Ratschluß aufgenommenen Entscheidung des Willens folgt (ebd. II,3). Die göttliche Vorherbestimmung bestimmt etwas nur insoweit vorher, als es im göttlichen Vorherwissen gegeben ist, und das göttliche Vorherwissen umfaßt auch das, was der Wille in freier Entscheidung tun wird. Obwohl das so Vorherbestimmte in Ewigkeit unveränderlich ist, kann es in der zeitlichen Ordnung doch an jeder Stelle vor seinem tatsächlichen Eintreten verändert werden. Es besteht somit nach Anselms Verständnis kein Widerstreit zwischen Vorherbestimmung und Willensfreiheit, und es gibt einen freien Raum der Entscheidung zum Tun guter Werke. Anselm verläßt dabei nirgends in auffälliger Weise den Augustinischen Rahmen. Doch er behauptet, daß auch ein von der Sünde beeinträchtigter, für alles Tun des Guten von der Gnade abhängiger freier Wille wirklich frei ist.

2.3. Unter Anselms jüngeren Zeitgenossen und in der folgenden Generation entstand ein theologischer Schulbetrieb, aus dem sich bald auch die →Universitäten entwickelten. Die Frage der Prädestination wurde darin auf Problemstellungen reduziert, die den Bedürfnissen eines solchen Schulbetriebs entsprachen. In der Schule von →Anselm von Laon begegnet man einem klaren Einvernehmen über die wenigen dabei verhandelten Punkte. Gottes Vorherwissen erstreckt sich auf Gutes wie auf Böses, die Prädestination allein auf das Gute (ed. Lottin 85 [103]; 241 [299]). Sie schließt ein, daß Gott diejenigen auf den Empfang der Gnade „vorbereitet", von denen er vorhersieht, daß sie sich zu ihm halten werden (ebd. 241 [299]). Nach Wilhelm von Champeaux kennt Gott die, die ihm zugehören werden, vor ihrer Geburt, und daher liebt, erwählt, unterstützt er sie mit seiner Gnade, indem er sie vervollkommnet, beruft und rechtfertigt. Prädestination bedeutet darum Erwählung durch Gnadenzuwendung (ebd. 199 [240]). Außerdem ist man bemüht, mit philosophisch weniger subtilen Mitteln, als sie Anselm von Canterbury eingesetzt hat, auch das Wirken des freien menschlichen Willens zu wahren. Gott hat uns nicht um unserer Verdienste willen vorherbestimmt, sondern darum, weil er seine eigenen Werke vorausgesehen hat. Die Vorherbestimmung abzustreiten bedeutet eine Bestreitung dessen, was der Menschensohn getan hat (ebd. 56 [104]). Andererseits kann man in einem doppelten Sinn von Prädestination sprechen: Vor der Erschaffung der Welt hat Gott beschlossen, bestimmte Menschen ohne eigene Verdienste zum Heil vorherzubestimmen. Doch auch andere, von denen er vorausgesehen hat, daß sie sich zu ihm halten werden, können als prädestiniert bezeichnet werden (ed. Lottin 22, *Liber Pancrisis*). Im damaligen Schulbetrieb erhob sich offensichtlich auch die Frage, ob Christus in gleicher Weise als prädestiniert bezeichnet werden könne wie bestimmte Menschen, zu deren Erlösung er gekommen war. Die Antwort lautete, daß allein Christus *in conceptione* (bei der Empfängnis) prädestiniert worden sei. Die Gerechten unter den Menschen aber werden „in der Taufe" prädestiniert (ebd. 241 [299]). Das schließt offenbar ein, daß allein für Christus die Sakramente nicht heilsnotwendig sind.

2.4. Der von Petrus →Abaelard unternommene Versuch, zwischen dem Bedeutungsgehalt der Rede von Christus als „Prädestiniertem" und dem des üblichen, auf die Menschen abzielenden Sprachgebrauchs zu unterscheiden, zeigt eine der dabei sich stellenden Schwierigkeiten auf. Wenn wir etwa sagen, Christi Geburt sei „prädestiniert", weil sie von Gott von Ewigkeit her vorgesehen war, müssen wir sicherlich dasselbe auch von der Geburt eines jeden Menschen sagen (Theol. Chr. 1,46: CChr.CM 11,90). Abaelard weist auch auf eine Schwierigkeit hin, die sich ergibt, wenn von Bekehrung die Rede ist. Man kann nicht sagen, daß Gott sich verändere und daher jemanden zu lieben beginne, den er zuvor nicht geliebt hat. Er hat die Seinen von Anbeginn an geliebt. Zu sagen, Gott beginne jemanden zu lieben, wenn dieser sich ihm zuwendet, ist lediglich eine uneigentliche Redeweise (Theol. Chr. 3,169: CChr.CM 12,285). Abaelard definiert Prädestination als „Vorbereitung auf die göttliche Gnade" (Comm. Rom. 1,4: CChr.CM 11,56). Zu der Schlüsselstelle Röm 8,29f. hebt er hervor, daß diejenigen, die Gott beruft, deshalb heilig sind, weil Gottes Plan es so will, und nicht, weil sie eigene, voraufgehende Verdienste hätten. In der Schrift heißt es von Gott, daß er „weiß", was er gutheißt. Dementsprechend zielt die Wendung „welche er zuvor ersehen hat" in Röm 8,29 auf die zukünftige Annahme und Erwählung seiner Auserwählten. Prädestination wird hier wiederum als „Vorbereitung auf die Gnade" (*praeparatio gratiae*) von Vorherwissen unterschieden. Sie wird mit „Christus gleichmachen" in eins gesetzt (Comm. Rom. 8,28–30: CChr.CM 11,223f.). Nach Abaelards Auffassung kennt Gott alle zukünftigen kontingenten Wahrheiten und kann sie aufdecken. Gottes Vorauswissen ist unfehlbar; doch Abaelard war nicht der Meinung, daß dadurch die Kontingenz solcher Wahrheiten in Frage gestellt sei (Dialectica [ed. de Rijk 217f.]).

2.5. →Robert von Melun, der sich weithin an Abaelard anschloß, sieht sich zu Röm 4,4 vor die Frage gestellt, ob Gott einen Menschen „allein durch Gnade" und ohne

Verdienst des Erwählten zum Heil prädestiniere. Nach Robert ist das nicht der Fall. Die Erwählung „ist nicht so vollständig der Gnade zuzuschreiben, daß das Verdienst des einzelnen und sein freier Wille gänzlich ausgeschlossen sind" (SSL 18,72). Zu Röm 8,29 vermerkt er, daß Gottes Vorherwissen der Prädestination voraufgehen müsse und nicht umgekehrt (ebd. 114).

Die Nachwirkung Abaelards setzt sich in dem seit der Mitte des 12. Jh. greifbaren Schrifttum seiner „Schule" weiter fort. Das Niveau ist dabei verhältnismäßig flach, und die tiefgreifenden Schwierigkeiten werden relativ kurz abgehandelt. Das Vorauswissen und die Vorsehung Gottes sehen sowohl das Gute als auch das Böse vorher, doch Gott prädestiniert nur zum Guten (SSL 14,27). Voraussicht wird Gott tatsächlich nur in uneigentlicher Redeweise zugeschrieben, da es bei ihm keine Vergangenheit, Gegenwart oder Zukunft gibt (ebd. 269). Prädestination betrifft nur die Erwählten, und daher ist zu fragen, warum Gott den einen und nicht einen anderen erwählt. Einige sagen, er erwähle die, von denen er weiß, daß sie in der Zukunft an ihn glauben und ihm dienen werden. Augustins Korrektur dieser Ansicht in den *Retractationes* wird angeführt. Dort heißt es, wenn jemand aufgrund seiner von Gott vorhergesehenen zukünftigen guten Werke erwählt werde, erfolge die Erwählung nicht aus Gnade (ebd. 127). Alles in allem besteht die allgemeine Auffassung, die Frage der Erwählung gehöre in den Bereich der *incomprehensibilia dei* (Unbegreiflichkeiten Gottes) (ebd. 273). Zur gleichen Zeit greift Simon von Tournai (ca. 1130–1201) das Problem der kontingenten Zukunft auf. Gott sagt: „Jakob habe ich geliebt" (Röm 9,13). Man müsse daraus nicht entnehmen, daß es sich buchstäblich so verhalten hat. Der Aussagegehalt beruht auf der Zukunft, und es könne sich um einen Sprachgebrauch handeln, für den die Zukunft kontingent ist (SSL 12,185).

2.6. Die Bemühungen des frühscholastischen Denkens waren auf eine differenziertere Erfassung biblischer Aussagen zur Prädestination und auf die Untersuchung der mit dem Thema sich verbindenden grammatischen und logischen Verständnisprobleme gerichtet. In theologischer Hinsicht kommt es nicht zu Neuansätzen; vielmehr herrscht das Bestreben, sichere Mittelpositionen zu festigen und ebenso davon auszugehen, daß Augustin mit seinem strikten Prädestinatianismus Recht hat, wie davon, daß es bei der Begründung des je eigenen Heils einen Spielraum für menschliche Entscheidungsfreiheit und selbst für verdienstliche Werke gibt.

3. Hochscholastik

3.1. →Petrus Lombardus greift in seinen *Sentenzen* eine Reihe der klassischen Fragestellungen in einer Weise auf, die Schule gemacht hat, weil die *Sentenzen* seit dem frühen 13. Jh. an den Universitäten zum eingeführten theologischen Lehrbuch wurden. Er geht einer verbreiteten Frage nach: Vor der Erschaffung der Welt wußte Gott, daß die Welt geschaffen werde; doch jetzt weiß er nicht, daß sie geschaffen werden wird. Somit hat er einmal etwas gewußt, was er jetzt nicht weiß. Petrus Lombardus führt aus, es sei, wenn man die Zeitstufen des Verbs in diesem Zusammenhang recht verstehe, offensichtlich, daß das Wissen, das Gott einst gehabt hat und jetzt hat, dasselbe ist (Sent. I, d. 41). Der sachliche Kontext dieser Erörterung ist das Bemühen des Lombarden abzuklären, ob Gottes Vorherwissen Gegebenheiten verursacht oder ob die Gegebenheiten bewirken, daß er sie kennt. Er sucht dabei jegliches Bestehen einer Kausalbeziehung zwischen dem göttlichem Vorherwissen und seinen Gegenständen zu bestreiten (ebd., d. 38–40). Im dritten Buch der *Sentenzen* wendet er sich den im Zusammenhang der Menschwerdung Christi auftretenden Fragen zu: Hat Christus an Weisheit und Gnade zugenommen, wie es Menschen tun (Sent. III, d. 13)? Steht er unter einer Notwendigkeit, zu leiden und zu sterben (ebd., d. 16)? Was ist die Wirkung seiner Verdienste (ebd., d. 18)? In seiner Erklärung der paulinischen Briefe gibt er eine zusammenfassende Bestimmung des Begriffs der Prädestination: Sie ist Vorbereitung auf die Gnade; sie ist zugleich die tatsächliche Verleihung der Gnade und ihre Wirkung.

3.2. Robert →Grosseteste unterscheidet zwischen „schlechthin Notwendigem" und Unveränderlichem, eine Unterscheidung, die für das Folgejahrhundert bedeutsam war. Das „schlechthin Notwendige" kann niemals anders gewesen sein. Als Beispiel nennt

Grosseteste den Satz „zwei und drei ergibt fünf“. Das Unveränderliche ist das, was, nachdem es einmal in bestimmter Weise gegeben ist, niemals anders sein kann. Es ist maßgeblich für die Wahrheit von Aussagen über die Zukunft. Ist eine solche Aussage wahr, kann sie nicht aufhören, wahr zu sein. Dieser Art ist Gottes vorausgehende Kenntnis seiner Erwählten (*De libero arbitrio*).

3.3. →Thomas von Aquino behandelt die Prädestination im Zuge seiner Erörterungen über die Natur Gottes im ersten Teil seiner *Summa theologica*. Für ihn ist Gottes Vorherbestimmung bestimmter Menschen zum Heil ein Wirkaspekt seiner Vorsehung. Es entspricht dem Wesen der Vorsehung, Dinge auf ihre Zielbestimmung hin zu ordnen. Die Zielbestimmung der Erschaffung des Menschen ist die Gottesschau. Sie liegt jedoch außerhalb dessen, was ein Geschöpf aus eigener Kraft, mit Hilfe seines natürlichen Vermögens, erreichen kann. Daher führt Gott den Menschen seinem eigentlichen Endziel zu. Die Absicht dazu ist von jeher in Gott gegeben. In ihm existiert das Urbild der Ordnung, innerhalb deren die vernünftige Schöpfung auf die Gottesschau angelegt ist. Dieses im Geist Gottes existente „Urbild“ der Leitung der Erwählten zu ihrem gemäßen Endziel ist das, was wir Prädestination nennen (S.th. I, q. 23, a. 1). Diese Prädestination wendet den Prädestinierten nichts zu, was sie verändert. Das Vorherwissen liegt nicht in dem vorhergewußten Gegenstand, sondern in der Person dessen, der ihn vorherweiß (ebd., q. 23, a. 2). Daher bestreitet Thomas die Auffassung, die Vorbereitung verändere die vorbereitete Person und die Gnade komme in die Erwählten, um sie zu etwas zu machen, was sie zuvor nicht waren (ebd., obj. 3.4). Er hält ihr entgegen, daß die Vorbereitung die Prädestinierten lediglich eben zu „Prädestinierten“, nicht aber zu „Würdigen“ mache. Die Gnade ist kein Teil des Wesens der Prädestination, sondern steht lediglich in Beziehung zu ihr. Thomas glaubt, daß Gott bestimmte Menschen insofern zur Hölle vorherbestimme, als dieses Vorherbestimmen unter die Vorsehung fällt. Gottes Verwerfungsakt besteht jedoch nicht darin, den Sünder zum Sündigen zu veranlassen und dann das gebührende Verwerfungsurteil zu verhängen (ebd., q. 23, a. 3). Für Thomas sind die Prädestinierten von Gott erwählt, doch nicht willkürlich, sondern aus Liebe. Im Menschen geht die Entscheidung zu lieben der Liebe voraus, und sie wird getroffen, weil wir im Gegenstand der Liebe Gutes erkennen. Gott liebt zuerst, und das heißt, er will jemandem Gutes. Er erwählt und prädestiniert, die er liebt (ebd., q. 23, a. 4). Gott trifft seine Erwählung nicht, weil seine Erwählten sie verdienen.

Es bleibt jedoch die Frage, ob es in der Folge der Erwählung zu Verdiensten kommen kann, um derentwillen Gott diejenigen prädestiniert, von denen er weiß, daß er ihnen seine Gnade geben wird und daß sie davon rechten Gebrauch machen werden. Thomas betont, daß eine Wirkung der Prädestination nicht deren Ursache sein kann, auch wenn das in ihrer Folge sich einstellende Verdienst der Grund zur Begabung mit der himmlischen Herrlichkeit sein mag. Es ist ihm wichtig, daß die Prädestination in ihrer Gänze keine aus dem Menschen erwachsende Ursache haben kann; denn alles, was im Menschen ist und ihn auf das Heil hin ausrichtet, selbst die Vorbereitung auf den Empfang der Gnade, ist Teil der Prädestination (ebd., q. 23, a. 5). Thomas fragt weiter, ob die Prädestination gewiß ist, und er gibt zur Antwort, daß sie ganz gewiß und unfehlbar wirksam wird, ohne allerdings einen Zwang aufzuerlegen. Das heißt, daß unter der Vorsehung bestimmte Gegebenheiten kontingent sein können, weil sie von der freien Entscheidung vernünftiger Geschöpfe abhängen, während die Vorsehung selbst unfehlbar bleibt (ebd., q. 23, a. 6; vgl. q. 14, a. 13; q. 19, a. 8; q. 22, a. 14). Thomas ist auch der Auffassung, daß die Zahl der Prädestinierten feststehe (ebd., q. 23, a. 7). Dennoch glaubt er, daß die Prädestination durch die Gebete der Heiligen gefördert werden könne. Es ist für ihn eine irrige Annahme, daß das Gebet überflüssig sei, wenn die Prädestination gewiß ist; denn das steht in Widerspruch zu den vielen biblischen Ermahnungen zum Gebet und zu anderen guten Werken. Auf der anderen Seite hält er es ebenfalls für einen Irrtum, das Gebet könne Gottes Vorsatz ändern; denn auch hier ist die Schrift klar (ebd., q. 23, a. 9).

4. Spätscholastik

4.1. Das Spätmittelalter war vornehmlich mit zwei Problemkreisen beschäftigt, einmal mit dem Wiederaufleben der in den Auseinandersetzungen zwischen Augustin und den Pelagianern aufgeworfenen Fragestellungen und zum anderen mit einem wiedererwachenden Interesse an den philosophischen Aspekten des Problems der bedingten Zukunft. Zum zweiten Problemkreis hatte Thomas von Aquino einen recht gewichtigen Beitrag geleistet. Dabei konnte er ein gewisses Maß an Unstimmigkeit aushalten. Er vertritt sowohl die Auffassung, daß Gott die Gewähr dafür geben kann, daß etwas Bestimmtes eintreten wird, als auch die Meinung, daß dieses Eintreten das Ergebnis einer freien Entscheidung eines vernünftigen Geschöpfes sein kann (S.th. I, q. 62, a. 8). Prädestination und Entscheidungsfreiheit sind daher nicht unvereinbar. An anderer Stelle wiederum betrachtet er Gott wie einen an einem erhöhten Standort stehenden Beobachter, der Vergangenheit, Gegenwart und Zukunft wie eine unterhalb gelegene Straße vor sich ausgebreitet sieht (ebd., q. 14, a. 13 ad 3), so daß das von der Vergangenheit, Gegenwart und Zukunft Aussagbare gleichermaßen notwendig wahr ist und gleiches auch für das gilt, was in der Vergangenheit über die Zukunft gesagt wurde.

Diese Sicht der Zeit als eines Kontinuums, das vom Beobachter unter unterschiedlichen Blickwinkeln, von Gott aber in seiner Gänze erfaßt wird, hat Johannes →Duns Scotus bestritten zugunsten der im Spätmittelalter geläufigeren Auffassung, daß zwischen Vergangenheit, Gegenwart und Zukunft ein qualitativer Unterschied bestehe. Er war nicht der Meinung, Gott wisse die kontingente oder die notwendige Zukunft allein dadurch, daß er sie vor sich ausgebreitet sehe. Er betonte die Rolle des Willens Gottes, der unfehlbar sein Vorauswissen bestimme. Gott bedenkt zukünftige Gegebenheiten und bejaht oder verneint sie, und sein Wissen von dem, was zukünftig geschieht, folgt seinem Willen, aufgrund dessen es geschehen soll. Wichtig ist für diese Sicht, daß Gott zwar nicht will, daß zwei sich widersprechende Gegebenheiten eintreten sollen, grundsätzlich aber doch beide wählen kann (Duns Scotus, Lectura in lib. prim. Sent.: ders., Opera omnia, ed. C. Balič, Vatikanstadt, XVII 1960, 49). Zu Beginn des 14. Jh. hat →Petrus Aureoli die Diskussion mit der Behauptung weitergeführt, wenn eine Aussage über die Zukunft wahr sei, dann sei sie es sowohl notwendig als auch unveränderlich.

Wilhelm von →Ockham vertrat eine andere Sicht. Prophetische Aussagen und alle Offenbarungen sind für ihn verkappt bedingte Aussagen, Behauptungen über die Zukunft, die für den Erweis ihrer Wahrheit von Gottes Willen abhängen. Gottes Wollen aber geht naturgemäß dem voraus, was er voraussieht. Daher muß die Geschichte der Welt in ihrer Gänze determiniert sein. Gott kann somit in einem bestimmten Sinn als der gesehen werden, der alles vorherbestimmt. Die meisten bedeutenderen Logiker und Theologen des späteren 13. und des 14. Jh. haben sich mit diesen Fragen befaßt. Das entscheidend Neue in ihrer Erörterung war ein Wandel der Betrachtungsweise. Man befaßt sich nicht mehr vornehmlich mit dem Problemkreis, in dem es um die Allwissenheit und Allmacht Gottes ging und um die darin beschlossene Unausweichlichkeit des Gedankens, daß Gott das, was er will und vorhersieht, auch bewirkt, gegenüber der Vorstellung der →Kontingenz, die erforderlich schien, wenn in der vernünftigen Schöpfung überhaupt ein freier Wille am Werke sein soll. Statt dessen wandte man sich vielmehr einer Beschäftigung mit Redeweisen, mit der Verwendung der Sprache zum Ausdruck von Wahrheitsansprüchen in den Zeitstufen von Vergangenheit, Gegenwart und Zukunft zu. So hat etwa Ockham darauf hingewiesen, daß die Aussage: „Es ist wahr, daß der Antichrist kommen wird“, nur in präsentischer Form begegnet. Tatsächlich ist sie eine Aussage über die Zukunft und birgt infolgedessen alle die Schwierigkeiten in sich, die längst als Begleiterscheinungen der Feststellung des Wahrheitsgehaltes einer auf Zukünftiges bezüglichen Aussage erkannt waren. Es konnte auch Schwierigkeiten mit der zeitlichen Zuordnung des jeweils zur Sprache Gebrachten geben. In prophetischen Aussagen kann es dazu kommen, daß das, von dem die Rede ist, seinen Ort in der Vergangenheit oder Gegenwart hat, es aber anagogisch auf die Zukunft vorausweist. Die Sache oder das Zeichen kann Teil der Vergangenheit sein, während ihre Bedeutung sich auf eine Zukunft bezieht, die nicht an der Unabänderlichkeit dieser Vergangenheit teilhat.

4.2. Im Verlauf des 14. Jh. haben sich Adam Wodeham (gest. 1358), →Gregor von Rimini und →Petrus von Ailly im wesentlichen im Horizont dieser Fragen von Wahrheit und Bezug auf Vergangenheit und Zukunft mit der ockhamistischen Position auseinandergesetzt, da sich zeigte, daß die offensichtliche Unabänderlichkeit der Vergangenheit in beständiger Spannung zur Veränderlichkeit jeder nicht völlig durch die Prädestination determinierten Zukunft stand. Weniger eindringlich ging man der Frage des Verhältnisses zwischen dem Wissen und dessen Ursache nach. Die Aussage von Gottes Wissen der Zukunft schließt zweifellos in sich, daß das von ihm Gewußte bereits unabänderlich existiert, weil es die Ursache eines Wissens ist, das als göttliches notwendigerweise unfehlbar ist. Ockham und andere Beteiligte an der spätmittelalterlichen Diskussion waren offenbar damit zufrieden, die Art von Gottes Wissen der Zukunft ein Geheimnis bleiben zu lassen.

4.3. Der zweite größere Interessenbereich der spätmittelalterlichen Beschäftigung mit dem Prädestinationsproblem ergab sich aus dem Wiedererwachen des „Pelagianismus". →Thomas von Bradwardine war der Meinung, daß Ockham und seine Anhänger dem Menschen ein zu großes Vermögen zuschrieben, seine Zukunft zu bestimmen und sich selbst den Zugang zur himmlischen Herrlichkeit zu eröffnen. In *De causa Dei* vertrat er die Auffassung, daß der Mensch nichts Gutes tun kann, solange er nicht vom Willen Gottes bewegt wird. Die Kernfrage der Diskussion war das Problem der Wirkung des Willens Gottes auf den freien Willen des Menschen. Die Diskussion über zukünftige kontingente Ereignisse war ein Teil dieser Auseinandersetzung, in der es zudem auch noch um die geschaffene Gnade und die Rolle der Liebe ging. War es für Gott notwendig, dem Menschen Gnade und Liebe einzugießen, um ihn als annehmbar ansehen und mit der himmlischen Herrlichkeit belohnen zu können? Das würde einschließen, daß eine solche Eingießung der Weg zur himmlischen Herrlichkeit ist, und man könnte annehmen, daß dem freien Willen keine Rolle bei der Wahl des Guten zukommt und das Verdienst von Gott eingegossen werden muß und nicht beim Menschen liegen kann. Es ist deutlich, daß hier die Wurzeln für eine Reihe von Auseinandersetzungen der Reformationszeit lagen.

Die von Bradwardine angesprochenen Denker neigten dazu, ihre Auffassungen aus einem unmittelbaren Rückgriff auf die Fragen der Kausalität zu begründen, bei dem die einfache Lösungen erschwerenden Auswirkungen der Erbsünde (→Sünde) und die Kraft und Wirkung der Gnade nicht hinlänglich in Rechnung gestellt wurden. So konnte Ockham die Meinung vertreten, daß die Erwählten von Ewigkeit her zur himmlischen Herrlichkeit vorherbestimmt seien, andere aber ihr Heil durch eigene Anstrengungen und ihr natürliches Vermögen gewinnen könnten. Ockham sah die Gnade nicht als notwendiges Erfordernis für die Erlösung an. Er und andere waren der Auffassung, Gnade und Sünde könnten nebeneinander im einzelnen Menschen bestehen. Die Erlangung der himmlischen Herrlichkeit erfordert daher für sie keine Vorbereitung durch Gnade und einen Heiligungsprozeß. Vielmehr sind sie der Meinung, Gott könne durch seine *potentia absoluta* jeden Sünder als in seinen Augen gerechtfertigt annehmen, da ein solcher Sünder zur Reue vorherbestimmt sei. In dieser Diskussion lag der Keim für die von der →Reformation vorgenommene Trennung von →Heiligung und →Rechtfertigung als den Wegen zur himmlischen Herrlichkeit, wenn auch keiner der spätmittelalterlichen Denker die Vorstellung von der Prädestination so weit gefaßt hat wie →Calvin und sie durch eine Lehre von der Heilsgewißheit und das Theologumenon von einer doppelten Prädestination ergänzt hat.

Quellen

Abaelard: Dialectica: ed. L.M. de Rijk, Assen 1956 ^{2}1972. – Op. Theologica I, ed. Eligius M. Buytaert, 1969 (CChr.CM 11). – *Anselm v. Canterbury:* De libertate arbitrii: S. Anselmis Cantuariensis Archiepiscopi Op. omnia, hg. v. Franciscus Salesius Schmitt OSB, Bd. I, Seckau 1938, 201–226. – De concordia: ebd. II, Edinburgh 1946 = Stuttgart-Bad Cannstatt 1968, 243–288. – *Anselm v. Laon:* Sententiae: ed. Odon Lottin, Psychologie et morale aux XIIe et XIIIe siècles, Gembloux, V 1959. – *Augustin:* De libero arbitrio, ed. Wilhelmus M. Green, 1970 (CChr.SL 29) 211–321. – De praedestinatione sanctorum: hg. u. übers. v. Adolar Zumkeller, Würzburg 1955 (St. Augustinus, Lehrer der Gnade 7); BAug 24 (1962). – *Boethius*: De consolatione philosophiae, ed. Ludwig Bieler, ^{2}1984 (CChr.SL 94). – *Fulgentius v. Ruspe:* De veritate praedestinationis et gratiae, ed. J. Fraipont, 1968 (CChr.SL 91A) 458–548. – *Gottschalk:* Œuvres théol. et grammaticales, ed. Cyrille Lambot, 1945 (SSL 20). – *Robert v. Melun:* Questiones (theologice) de epistolis Pauli, ed. Raymond-Marie Martin, 1932 (SSL 18).

Literatur

Klaus Bannach, Die Lehre v. der doppelten Macht Gottes bei Wilhelm v. Ockham, Wiesbaden 1975. – Léon Baudry, La querelle des futurs contingents, Louvain 1465–75, Dordrecht 1989. – Vladimir Boublik, La predestinazione. S. Paolo e S. Agostino, Rom 1961. – J. Patout Burns, The Development of Augustine's Doctrine of Operative Grace, Paris 1980. – Jean Chéné, La théologie de saint Augustin. Grace et prédestination, Le Puy/Lyon 1961. – Marta Cristiani, Dell'unanimitas all'universitas. De Alcuino a Giovanni Eriugena. Linamenti ideologici e terminologia politica della cultura del secolo IX, Rom 1978. – Werner Dettloff, Die Entwicklung der Akzeptations- u. Verdienstlehre v. Duns Scotus bis Luther, 1963 (BGPhMA 40,2). – Gordon Leff, Bradwardine and the Pelagians, London 1957. – Rudolf Lorenz, Der Augustinismus Prospers v. Aquitanien: ZKG 73 (1962) 217–252. – Gotthard Nygren, Das Prädestinationsproblem in der Theol. Augustins, 1956 (FKDG 5). – Wolfhart Pannenberg, Die Prädestinationslehre des Duns Scotus im Zusammenhang der scholastischen Lehrentwicklung, 1954 (FKDG 4). – Dominik Perler, Prädestination, Zeit u. Kontingenz. Phil.-hist. Unters. zu Wilhelm v. Ockhams Tractatus de praedestinatione et de praescientia dei respectu futurorum contingentium, 1988 (BSPh 12). – Gangolf Schrimpf, Der Beitr. des Johannes Scotus Eriugena zum Prädestinationsstreit: Die Iren u. Europa im früheren MA, hg. v. Heinz Löwe, Stuttgart 1982, 819–865. – Martin Schüler, Prädestination, Sünde u. Freiheit bei Gregor v. Rimini, 1934 (FKGG 3). – Hermann Schwamm, Robert Cowton über das göttliche Vorherwissen, 1930 (PGW 3,5). – Friedrich Stegmüller, Die Lehre vom allg. Heilswillen in der Scholastik bis Thomas v. Aquin, Rom 1929. – Isaac Vázquez Janeiro, Tratados castellanos sobre la predestinación del maestro fray Diego de Valencia OFM (siglo XV), Madrid 1984. – Adolar Zumkeller, Erbsünde, Gnade u. Rechtfertigung nach der Lehre der Erfurter Augustinertheologen des SpätMA, 1984 (Cass. 35).

Gillian R. Evans

V. Reformation bis Neuzeit

1. Die erste Hälfte des 16. Jahrhunderts 2. Die zweite Hälfte des 16. Jahrhunderts 3. Das 17. Jahrhundert 4. Das 18. Jahrhundert 5. Das 19. Jahrhundert 6. Das 20. Jahrhundert (Anmerkungen/Quellen/Literatur S. 148)

1. Die erste Hälfte des 16. Jahrhunderts

1.1. M. →Luthers einzige ausführliche, von ihm stets hochgeschätzte (WA.B 8,99,7f.) Erörterung der Prädestination, 1525 in *De servo arbitrio*, wurde ausgelöst durch die 1517 „gegen die scholastische Theologie" gerichtete These: „Die ... einzige Disposition auf die Gnade hin ist die ewige Erwählung und Prädestination Gottes" (WA 1,225,27f.), und seine Aussage von 1520, daß „alles absoluter Notwendigkeit entspringt" (WA 7,146,7f.), die →Erasmus 1524 angriff (vgl. TRE 10,11,24f.; 2,51f.). Der erste Satz bezieht sich auf die Mitte von Luthers Lehre, die →Rechtfertigung allein aus →Glauben, der andere bindet diese an eine metaphysische These von weiterem Umfang: Gott „wäre gleich lächerlich, wenn ... etwas ohne ihn geschähe" (WA 18,718,19f.).

Luther bringt unlöslich die Prädestination als ausschließlich „durch die Schrift Festgestelltes" (ebd. 690,14) – sie besagt traditionell, daß Gott „durch bestimmte Auswahl zu Rettende und zu Verdammende unterschieden hat" (ebd. 706,18) – in Zusammenhang mit dem natürlichen Gottesbewußtsein (*ipsa ratio naturalis* [ebd. 718,16f.]), wie es sich etwa im vorchristlichen Schicksalsglauben spiegelt (ebd. 718,18f.; 617,23fff.). Luther bestreitet dem Geschehen „über den Dingen in Gott“ (WA 7,146,27–32) betrachtet jegliche →Kontingenz, was nicht ausschließt, daß es, soweit „der Mensch zum Herrn über das unter ihm Liegende eingesetzt ist“ (WA 18,781,8), so oder auch anders sein könnend „erscheint“ (ebd. 615,32). Der Gottes*begriff* (ebd. 615,34f.) bedingt, *quod Deus nihil praescit contingenter* (nichts zufällig vorherweiß), denn Vorhersehen, Vornehmen und Ausführen sind Gott ein unzerreißbares Ganzes (ebd. 615,13f.). Eine hypothetische Notwendigkeit lehnt Luther ab (ebd. 616,13–617,1). In einer spätestens seit 1840 gebräuchlich werdenden Terminologie (vgl. HWP 2 [1972] 152f. und 7 [1989] 1176 mit Anm. 69) wird dies zutreffend „der absoluteste Determinismus“ genannt (Friedrich Galle, Versuch einer Charakteristik Melanchthons ..., Halle 1840, 266). Jedoch bezeichnet Luther *den* „Willen Gottes, der nach seinem Ratschluß ordnet, wen er der gepredigten und angebotenen Barmherzigkeit fähig und teilhaftig will“ (WA 18,684,36f.), u.a. als seine *occulta ... voluntas* (ebd. 684,35.37) und identifiziert mit „dem Willen Gottes ... [,] zu verstocken und sich zu erbarmen und [!] alles zu tun“ (ebd. 707,4), also dem Gott der (doppelten) Prädestination, den *Deus absconditus in maiestate* (ebd. 685,21). *Ist* also ein doppelter Wille in Gott (*Aliter ... voluntate Dei ... revelata ... Et aliter ... Deo non ... revelato*“ [ebd. 685,3.4]), „jener verborgene und zu fürchtende“ (ebd. 684,35) und der „uns gepredigte und geoffenbarte“ (ebd. 685,3f.), so sind beide doch völlig verschieden zu *behandeln* (ebd. 685,5.15); einfach deswegen, weil der (doppelte) Prädestinationswille Gottes schon begrifflich „völlig unerforschlich und unerkennbar“ ist (ebd. 685,32–686,1; in unhaltbarem Widerspruch dazu sagt Luther dennoch etwas über den *Deus absconditus* aus [ebd. 685,21–24]!) und daher, weil jenseits unserer Reichweite, uns nichts angeht, wie Luther mit einem sachlich auch biblisch repräsentierten Sprichwort formuliert (ebd. 685,6f.; vgl. Jüngel). Der Glaube, der unenttäuschbar ist (da Gott „zuverlässig [*fidelis*] ist und mich nicht belügen wird“ [ebd. 783,31]) und sich wesensmäßig auf Verborgenes bezieht (ebd. 633,7f.), hat sich auf den offenbaren Gott zu richten, der aber auch als geoffenbarter *sub contrario* (ebd. 633,9f.), in Kreuz, Leid, Unglück und Tod verborgen ist. Vom *lumen gloriae* (ebd. 787,27.35) erwartet Luther Aufklärung über dies Daseinsrätsel. Zu beachten ist, daß Luther gleichzeitig für die Gotteserkenntnis den vorgängigen Charakter des äußeren Wortes verteidigt (vgl. WA 18,695,28f. mit ebd. 136,9–25 und WA 17/2,132,22f. sowie WA 19,492,22–24) und gegen die ratlose Orientierungslosigkeit des Gottsuchens der Vernunft (WA 19,207,3–6) das →Wort Gottes setzt. Luther verteidigt diese, insgesamt historisch neue Position gegen alle Einwände. Den mit →Wille essentiell verbundenen Freiheitsbegriff bestreitet er selbstverständlich nicht: *coactio* (äußerer Zwang; „wie beim Kragen gepackt“ [WA 18,634,23f.]) und *natura voluntatis* sind unverträglich (ebd. 635,13f.; 634,22–29); Handeln geschieht nicht *invito* (ebd. 693,32; 721,2); eine *passivam aptitudinem* (Einwirkungsoffenheit) vertritt Luther, was jedoch mit *necessitate immutabilitatis* – dem So-handeln-Müssen, wie man ist – des göttlichen (einzig) freien und des menschlichen entweder [!] sündig-unfreien oder [!] glaubend-freien Handelns vereinbar ist (ebd. 634,22.25–27.37ff.; 720,31f.). Der Effekt des Handelns ist von Gott, nicht dessen Defekt (ebd. 709,16–18; 711,2–5), den Gott „vorfindet“ (ebd. 709,23), „nicht aber schafft“ (ebd. 711,7f.). Die nach Luthers Ansicht eigentlich ernsten Einwände gegen Gottes Prädestination, wie, „daß man, wenn man aufs Urteil menschlicher Vernunft schaut und demzufolge sagen muß, entweder gibt es keinen Gott oder Gott ist ungerecht“ (ebd. 784,37–39), beantwortet er mit dem Argument, daß ja gerade Gottes Erbarmen nach menschlichen Maßstäben ungerecht ist (ebd. 730,18–21) und trotzdem gern akzeptiert wird, was allein schon offenbart, wie der Sünder Gott nach seinem fundamental irrigen Modell modelt (ebd. 731,22ff.).

Luther hat diese in seinen Prädestinationsanfechtungen gereifte Lehre, die alle schon früher, vor allem aber später gestellten theoretischen wie existentiellen Fragen bereits in sich enthält, später zurücktreten lassen, ohne sie je im mindesten aufzugeben, und als Seelsorger Skeptikern, Libertinisten und Desperados gegenüber entschieden auf der Abkehr vom uns verborgenen und der Zuwendung zum uns geoffenbarten Gott bestanden (z.B. WA 43,457,32–463,17 [18.2.1542]).[1]

1.2. Ph. →Melanchthon hat, im Rahmen seiner auch Luther (WA 18,634,33f.) vertrauten Affekt-Psychologie, von Anfang an wörtlich und sachlich dasselbe vertreten wie Luther. Er schreibt aber 1521 eine systematische Darstellung des christlichen Glaubens, und von Melanchthon kann man nun wirklich sagen, daß die *praedestinatio* (schon das Wort kommt hier [Werke II, 6.10–12.17] 13mal vor) das ‚Zentraldogma‘ ist, das er wegen der Verbindung mit der Willensfrage bewußt gegen jedes Bedenken hinsichtlich dieses „härtesten Topos sofort am Anfang“ (ebd. 11,25f.; 12,7) erörtert, obwohl es an sich „in einem Kompendium bedeutungslos ist, ob ich das an erster oder letzter Stelle behandele, was für alle Teile unserer Disputation einschlägig ist" (ebd. 11,26–29). (Die angekündigte spezielle Behandlung [ebd. 6,6; 12,17f.] fehlt denn auch.[2]) Wie Luther hat auch Melanchthon, ausdrücklich im Brief an J. →Brenz vom 30. September 1531 (CR 2,547), die Behandlung der Prädestination (in der Apologie der Augsburgischen Konfession nämlich) zurückgestellt; er stelle „überall" so dar, „als [!] folgte die Prädestination unserem Glauben und Werken", bestreitet also nicht das Umgekehrte. Dem entspricht genau Melanchthons Verfahren seit seinem Römerbriefkommentar von 1532. Von gar nicht zu überschätzender theologiegeschichtlicher Bedeutung ist es, daß Melanchthon hier zuerst „für diesen Topos der sog. Prädestination" (Werke V, 250,21f.) feststellt, daß „wir in verkehrter Ordnung zuerst (*praepostero ordine prius*) wissen wollen, ob wir erwählt sind" (ebd. 251,25f.), während wir doch, „wenn wir nach dem Willen Gottes fragen, notwendigerweise bei seinem Wort anfangen müssen", und also – nun führt Melanchthon das Kunstwort ein – „gleichsam a posteriori sicher festzustellen haben, alle seien erwählt, die dieser Verheißung (die ja universal ist) glauben und dies Vertrauen nicht schließlich wegwerfen" (ebd. 252,2f.26–28 [24]). 1533 (handschriftlich überliefert) und 1535 fügte er in der völligen Neubearbeitung der *Loci* noch die wieder auch terminologisch höchst folgenreiche Behauptung hinzu, daß wir, wenn „wir über die Partikularität disputieren, ... nicht aus der universalen Verheißung eine partikulare machen dürfen; vielmehr uns, jeder einzelne, in jene universale einschließen" (CR 21,330.451; nicht mehr seit 1543: Werke II, 596). „Schließlich" stellte Melanchthon den Grundsatz auf: es „ist keine andere Ursache der Prädestination als der Rechtfertigung zu suchen", also „die Prädestination mit der Rechtfertigung zu parallelisieren (*conferenda*)" (CR 21,330.450; Werke II, 594,21f.25–27), da vom Christen gelte: „durch den Glauben ist er zum Gliede Christi gemacht" (ebd. Z.24f.). Diese Annahme führt jedoch bei Melanchthon die verheerende Konsequenz mit sich: „notwendigerweise gibt es in uns einen Grund des Unterschieds" (ebd. 245,30–246,1; vgl. Werke V, 254,9f.). Das *Bergische Buch* hat 1577 „diese Koppelung der Ursachen" (II,246,6f.) zurückgewiesen (BSLK 1088,48–1089,5) und damit die Aussage des *Torgischen Buches* „Die ewige Wahl Gottes aber ... ist ... eine Ursach, so da unsere Seligkeit ... wirket" (ebd. 1066,16–22) geklärt und verstärkt.

1.3. U. →Zwingli hat seine Gedanken zur Prädestination einheitlich von 1523 bis zu seinem Tode vertreten, aber nur in der auf Bitten Landgraf →Philipps von Hessen verfaßten *Erinnerung* an die am 29. September 1529 in der Marburger Schloßkapelle gehaltene Predigt eingehend dargestellt (CR 93/3,64–230; danach alle folgenden Zitate).

Zwingli leitet mit einem ‚dialektischen Gottesbeweis' („Alle Kraft nämlich ist entweder geschaffen oder ungeschaffen. Wenn ungeschaffen, ist sie Gott und Numen; wenn geschaffen, muß sie von jenem Numen geschaffen sein" [83,9–11; 92,14–16; 102,7–10]) die Existenz und die Einzigkeit Gottes ab („Denn es kann nur eine einzige Ursache geben; denn wie der Ursprung aller Dinge ein einziger ist, so muß auch die Ursache eine einzige sein" [113,7–9]). Aus diesen letztlich apriorischen Annahmen leitet Zwingli auch die →Vorsehung ab (218,5–7). Diese aber ist nur denkbar, wenn wir die drei Attribute der Gottheit verbinden (75,12f.), nämlich daß „Gott alles weiß, alles kann und gut ist" (150,11f.), ja sein muß (*oportet*, 218,8f.; *necessario*, 83,20–22; 141,5f.; vgl. 149,16f.). Denn nur so läßt sich behaupten: „Das Sein aller Dinge ist das Sein des Numen" (219,28f.), und verstehen, „daß nichts der Art nach Gutes vorkommen kann, das er [Gott] nicht ist", so daß „alle gut genannten" Dinge „durch Teilhabe oder genauer auf Widerruf, nicht von sich aus gut sind" (71,6f.9f.). *Summum bonum est Numen* (164,3). Von da aus kommt Zwingli zur Bestreitung jeglichen Zufalls und jeglicher Kontingenz (*fortuita sive contingentia*, 105,20–22), „mögen Philosophen und Theologen darüber auch noch so viel streiten" (114,7f.18f.) und „ganz ungeachtet dessen, daß wir darin ... nicht durchblicken" (211,8–13). Denn die Vorsehung erstreckt sich selbstverständlich bis ins Allerkleinste (215,19–21). Von „Ursachen" kann entsprechend, „wiewohl wir entschieden niemals um Worte hartnäckig streiten", nur metonymisch die Rede sein; der Begriff des „Werkzeugs" oder „Beauftragten" ist als sachgemäß vorzuziehen (111,7f.15–18; 110,20f.; 112,3f.; 113,7–9.21–23; 114,3–6; 187,8–10.11–13). Konsequenterweise fragt Zwingli rhetorisch, „wie das menschliche Zurategehen frei sein sollte" (164,11–14; 211,8–11); nach Zwingli „spinnen" (154,18; 76,12), die das behaupten: es *ist* zu sagen, „daß auch das Werk der Sünde von keinem anderen herkommt als von Gott, wiewohl in keiner Weise für ihn Sünde ist" (187,10f.16f.; 211,8–11). Denn daß auf Gott einzig der Begriff der *causa* anwendbar ist, impliziert, daß er, selbst jenseits jeden Gesetzes stehend (155,19 u.ö.), dies verordnet (129,10), *womit* die Untat, bewußt gegen klares Gebot verübt, das Opfer nicht der Hand Gottes entzieht, den Täter aber über den Richter zu Tode bringt. Inkonsequenz wird für diesen zwingenden Zusammenhang nicht zugelassen (155,14f.)! Ausdrücklich differenziert Zwingli nicht zwischen physikalischem und moralischem Geschehen (211,10f. u.ö.). Wer diese Providenz leugnet, verneint eo ipso Gott (114,18–20; 115,4–6; 229,3–5). Wer sie bejaht, hört grundsätzlich auf, negativ zu denken (114,22–115,11)! Wie es bei Zwingli die *Liebe* ist, die als „Gott innerster Grund" (*intima deo causa*, 141,13) über dem Gesetz steht und es gründet (133,16f.), so ist es die *Güte* Gottes, die ihm „zugehört seiner Natur nach" (156,13) und über allem steht (147,12; 141,10; 148,3f.; 150,4.8; zusammenhängend: 151,20–152,12).

Daher nimmt Zwingli Gottes „Barmherzigkeit und Gütigkeit" (152,3) auch als „Quelle der Dinge", von denen er jetzt spricht: „der Erwählung, die die Theologen Prädestination nennen" (150,3), als deren „Quelle" er ausdrücklich – vermeintlich im Gegensatz zur Tradition – angibt „nicht allein die Gerechtigkeit ..., sondern die Güte" (150,4.6f.). Ihm „also ist die Erwählung die freie Festsetzung des göttlichen Willens hinsichtlich zu Beseligender" (156,3), „ohne jede Rücksicht (*citra omnem respectum*) auf gut oder schlecht Getanes über uns" (159,2f.) gefaßt. Einen Verwerfungs*beschluß* kennt Zwingli nicht: „die Erwählung" geht *de beandis, non* [!] *de damnandis* (160,19.17; 181,2f.). (Damit schließt Zwingli Verworfene, *qui ... non dicantur eligi* [160,14f.], nicht aus: „es ist klar", stellt Zwingli „nebenbei" fest, „daß die Elenden die Ehre Gottes preisen; da sie nämlich Beispiele seiner Gerechtigkeit sind" [146,1f.].) Im Unterschied zur Providenz wird die Prädestination primär dem Willen Gottes zugeordnet (159,19f.; 160,17f.; 162,19f.); „denn seine Erwählung ist frei" (182,17f.). Die Providenz wird ihr als Mittel beigeordnet, ja beides verfließt *aeque*, und zwar *ante conditum mundum* zu einem in sich untrennbar verwobenen Prozeß (189,10–12; 159,19f.). So sagt Zwingli denn auch, daß „die göttliche Güte ... den Fall des Menschen nicht verhütete, vielmehr sich auf zweifache Weise zeigte, nämlich als Schöpfung und Heilung des Geschaffenen" (141,10–12; 145,15–146,1; 147,12–14; u.ö.). Doch „des Menschen Erlösung ist nicht später festgelegt als die Schöpfung" (148,10f.). Beide „müssen" wie Gott „ewig ... sein" (148,11; 222,4), ja „gleichewig" (224,13), da zwischen ihnen ein zeitlos (*aeque*, 148,12) logischer Zusammenhang besteht: „„... die Erlösung konnte nicht festgesetzt werden, hätte nicht die Weisheit vorhergesehen, daß der Mensch fallen würde. ... Fest steht sowohl, daß die Erlösung von Ewigkeit festgesetzt ist als auch die Weisheit weiter die Krankheit erblickte, die des Heilmittels der Erlösung bedurfte" (148,13f.17–149,2). Gott bewirkt nichts „leichtfertig" (222,1). Darauf beruht die Festigkeit der „Dekrete" (192,14f.13; 149,25; 222,3.13). Im Vollzuge der Prädestination kann, ebenso wie bei der Providenz (77,9f.; 82,15f.; 141,5f.; 149,22f.), Gottes Sehen wie Handeln nur als ein untrennbares Ganzes betrachtet werden (150,1f.).

Die →Erwählung vollzieht sich im Glauben als „freies Geschenk Gottes" (178,1–3.5f.8) – d.h. *spiritus donum* (166,6; 177,21f.; 186,12–14) – „denn allein der Geist ists, der den Verstand zu dieser Quelle zieht [Joh 6,44], wodurch wiederhergestellt und verjüngt wird das Gemüt ..." (165,14f.), also umgestimmt – „doch so, daß die Erwählung vorangeht und der Glaube gleichsam als Zeichen der Erwählung folgt" (178,9f.; 179,2f.; 180,22f.28f.; 181,21f.; 184,1f.9f.; 223,10). Dieser fällt mit der „Rechtfertigung allein aus Glauben" zusammen (178,22; 179,1–4; 184,9f.). Glaube und Erwählungs*gewißheit* sind ein und dasselbe: der Glaubende weiß, was Gott von ihm weiß (180,20f.28; 184,11f.; 223,12f.). Daraus folgt dreierlei: 1. Erwählung anderer ist nicht feststellbar (181,16f.) und daher unbeurteilbar (182,8f.), obwohl Erwählte durch „Glaubenswerke ... sowohl sich selbst ... als auch anderen" davon einen „Erfahrungsbeweis (*experimentum*) geben" (184,12–15). 2. Es gibt (objektive) Erwählung ohne (subjektiven) Glauben (180,29–181,2). 3. Ausdrücklich bestreitet Zwingli, daß es einen der Erwählung sachlich vorgeordneten „allgemeinen" Rahmen der Berufung zum Glauben gebe. Die Erwählung erfolge *non generali ista vocatione* (178,17). Daraus schließt er jedoch: *Non est igitur universale, quod, „qui fidem non habeat", damnetur* (181,22–182,1). Zwingli bestreitet, wie seine Lehre von der Seligkeit erwählter Heiden (182,15–18) zeigt (der ihm eigene Universalismus!), sogar ein notwendiges *zeitliches* Vorausgehen einer solchen Ordnung Gottes, die dadurch irgendeinen Einfluß auf die Beziehung Erwählung/Glaube hätte. „Denn die den predigenden Aposteln glaubten, waren [nicht: werden] zum ewigen Leben verordnet" (181,6f.), und „wer ... einmal erwählt ist, bleibt immer erwählt" (188,1f.), d.h. verliert den (erwählungsgewissen, rechtfertigenden) Glauben nie endgültig.

Von einem „Misserfolg der Gedanken Zwinglis im Reformationsjahrhundert" (Paul Wernle, Der evangelische Glaube nach den Hauptschriften der Reformatoren, Tübingen,

II 1919, 358) kann man nicht sprechen, da sie von vielen Schweizern und Franzosen sowie von →Bucer aufgenommen wurden und sich gerade so als Grundprägung erhielten.

1.4. J. →Calvin ist der „Ausbau dieser Lehre als einem theologischen locus" (Jacobs 146) zu verdanken. Gestützt auf „die Erfahrung" (Institutio III,21,7: Opera selecta IV,378,2 u.ö.) und in den durch die „Schrift" (Inst. III,21,7: ebd. 378,31) gezogenen „Grenzen" (Inst. III,21,2: ebd. 371,13) bietet Calvin eine förmliche Definition: „Prädestination nennen wir den ewigen Ratschluß (*decretum*) Gottes, mit dem er bei sich festgesetzt hat, was er will, daß es einem jeden Menschen geschehe. Denn nicht werden alle in gleicher Verfassung (*pari conditione*) geschaffen, sondern den einen wird ewiges Leben, den anderen ewige Verdammnis vorherverordnet (*praeordinatur*)" (Inst. III,21,5: ebd. 374,11–15). Schon logisch ist darin ein Verwerfungsbeschluß mitgesetzt: „da eben die Erwählung ohne ihr Gegenteil, die Verwerfung, nicht bestünde" (Inst. III,23,1: ebd. 384,2f.). Bereits aus Calvins Definition geht die Vorzeitlichkeit der Prädestination *ante creatum primum hominem* (CR 37,713) hervor; da sie allein auf Gottes Willen beruht, hat sie außer Gott keinen Grund. Die „Lehrer einer Präszienz" Gottes (Inst. III,22,4: Opera selecta III,383,29) schwächen nach Calvin die Souveränität Gottes als *prima causa omnium rerum* unzulässig ab. Der Argumentation *a posteriori* des ungenannten Melanchthon (Inst. III,24,3: ebd. 413,14) hält schon Calvin die berühmte Falle der Präszienzannahme entgegen, wie es denn eine rückwirkende Ursache geben könne (ebd. 384,28f.; vgl. 413,14; 414,6f.). Der Sinn der Prädestination ist die Heilsgewißheit: „Niemals werden wir geziemend klar überzeugt sein, daß unser Heil aus der Quelle der geschenkten Barmherzigkeit Gottes fließt, bis uns seine ewige Erwählung bekannt wird." So führt Calvin dieses Thema in der *Institutio* ein (Inst. III,21,1: ebd. 369,10–12; vgl. CR 36,260 [1552]). Eindeutig ist die Menschwerdung Christi *Folge* der Prädestination (Inst. II,12,1: Opera selecta III,437,6 und Inst. III,22,1: ebd. IV,380,17–33), diese zu jenem das *prius* (CR 37,714), und *dies* ist der Sinn der berühmten Wendung von Christus als „dem Spiegel der gnädigen Erwählung" (ebd. 380,23; vgl. Inst. III,24,5: Opera selecta IV,416,3 u.ö.). Ausdrücklich wird „vom Verdienst Christi" gesagt, „nicht darin liegt der Anfang, sondern wir steigen auf zu Gottes Verordnung, welche erste Ursache ist" (Inst. II,17,1: ebd. III,509,15–19). Das gilt auch für die Berufung durch die Predigt (Inst. III,23,1: ebd. IV,410,25–28) und (mit Augustin) für die Wirkung der Sakramente (Inst. IV,17,34: ebd. V,397,28f. = Inst. IV,19,16: ebd. V,450,30f.). So gilt, „daß Christus genugsam (*sufficienter*) für alle litt, wirksam (*efficaciter*) nur für die Erwählten" (CR 36,336), „die ihm vom Vater gegeben sind [Joh 6,37]" (ebd. 298 [1552]). Calvin denkt diese Prädestination auf dem Boden der Geschichte der Menschen in „konzentrischen Kreisen" (Otten 76; vgl. 28.42): Gottes Wahl geht von der Menschheit zu Israel, vom Gottesvolk zum geistlichen Israel, der Kirche, und in diesen zu dem Einzelnen, der in →Abraham präfiguriert ist (Inst. III,5–7: Opera selecta IV,374,17–378,29). Das ist die Ebene der Verwirklichung, die Calvin vom Dekret unterscheidet und die mit dem „unausweichlich" (*indeclinabiliter*, CR 36,276) von Gott gewirkten Glauben ihre abschließende Manifestation hat. Auf die Frage nach dem Erkenntnisgrund dieser Erwählung (ebd. 321) antwortet Calvin genau wie Luther und Melanchthon, ja in wörtlicher Anlehnung an ihre Formulierungen (Inst. III, 23,3–5: Opera selecta 4,413,28–416,37 passim).

Mit Recht hat stets die systematische Stellung der so verstandenen Prädestination Aufmerksamkeit gefunden, da von dieser ihre Deutung und Einschätzung weitgehend abhängt. Aufgefallen ist immer, daß Calvin in der *Institutio* von 1536 der Prädestination keinen Abschnitt zuweist und sie im übrigen weder wie Luther im Zusammenhang mit der Willensfrage noch wie Zwingli im Konnex mit der Vorsehung, sondern vor allem zusammen mit der Kirche behandelt. In Calvins erstem *Katechismus* von 1537 dagegen steht sie nunmehr nach der Christologie thematisch für sich am Anfang der Heilsaneignung. Die Stellung bei dieser behält sie, steht aber, motiviert durch Calvins Römerbriefkommentar von 1539, seit der Neufassung der *Institutio* im gleichen Jahr fast am Schluß der Soteriologie. Die letzte Fassung von 1559 bringt in diesem Rahmen aber noch zwei tiefgreifende Änderungen. Einmal trennt Calvin nun bewußt (wie die Vorrede der Ausgabe letzter Hand beweist) die bis dahin der Prädestination folgende Lehre von der Providenz ab und versetzt diese an den Schluß der Gotteslehre (anschaulich bei Ford Lewis Battles, Analysis of the Institutes of the christian religion of John Calvin, Grand Rapids, Mich. 1980 ³1989, 15). Diese Tatsache wurde richtig so gedeutet, daß „Calvin das Grundlegende ... gern als Abschluß eines Theologumenons rangiert ..." (Jacobs 122; vgl. 63). Zugleich bleiben beide Lehrstücke wechselseitig sprachlich verbunden: Wie Calvin „bei der Behandlung der Prädestination regelmäßig [!] die *Sprache* der Providenzlehre ... verwendet" (ebd. 67), so auch umgekehrt (vgl. ebd. 134f.); ja in jedem Falle bleibt genau einmal der technische Terminus im je anderen Lehrstück stehen (Inst. I,16,6: Opera selecta III,196,16 neben Inst. III,23,8: ebd. IV,402,38). Zweitens spiegelt sich in der Verdoppelung des Umfangs der Prädestinationslehre in der Letztfassung von 1559, daß Calvin sie 1552 gegen römische, 1557 gegen humanistische Bestreitung in selbständigen Schriften verteidigte: im *Consensus pastorum Genevensis ecclesiae* (CR 36,249–366), gerichtet vor allem gegen A. →Pighius, und in einer doppelten *Responsio* (CR 37,253–266), gerichtet gegen den ungenannten S. →Castellio. Diese und zahlreiche andere Zeugnisse zeigen zweifellos, „wie sich das Erwählungsdenken in Calvin tiefer und tiefer eingräbt" (Jacobs 66; vgl. auch 150).[3] Zwar hat Calvin niemals die Prädestinationslehre bei der Gotteslehre behandelt. Ja, er lehnte ausdrücklich ab, sie in die Lehre vom unfreien Willen und damit vom Sündenfall hineinzuziehen, womit er einen Zusammenhang nicht leugnete (Inst. I,15,8: Opera selecta III,186,2f.36f. und Inst. II,1,10: ebd. 240,1–3). Es ist umgekehrt: Calvin behandelte dies ihm von seinen Gegnern aufgenötigte Problem, ob er nicht die Unvermeidlichkeit des Falles Adams lehre und damit Gott zum Urheber der Sünde mache, konsequenterweise an dem für das Prädestinationsproblem definitiv gewählten Ort (ebd. 240,4). Über eine zweigleisige Argumentation, für die Souveränität Gottes aus dem Dekret, für die Verantwortlichkeit des Menschen aus dessen Ausführung, kommt Calvin nicht hinaus; dem *horribile quidem decretum* (Inst. III,23,7: ebd. IV,401,28) gegenüber ist nur die Haltung der Demut (*humilitas*; Inst. III,21,1: ebd. 369,16.27.33) und der „belehrten Unwissenheit" (*docta ignorantia*) (Inst. III,21,2: ebd. 371,20 = Inst. III,22,5: ebd. 399,17 = Inst. III,23,8; ebd. 403,13) angemessen. Was Calvin aber nicht vermeiden kann und auch nicht will, ist die damit verbundene Ausdehnung des Prädestinationsproblems auf den Rahmen der Theologie: „Dieser göttliche Ratschluß hat als ein Teil des allgemeinen göttlichen Weltregiments die religiöse Bestimmung der Welt und des Menschengeschlechts zum Gegenstand" (Otten 42). Es ist kein Zufall, daß in *diesem* Zusammenhang eine zweite förmliche Begriffsbestimmung dieser Lehre lautet: „Als Prädestination, wie die Heilige Schrift sie lehrt, definiere ich den freien göttlichen Ratschluß (*consilium*), nach dem er sowohl die Menschheit als auch jedes Teilstück der Welt nach seiner unermeßlichen Weisheit und unbegreiflichen Gerechtigkeit leitet" (CR 37,287). Hier finden auch die universalen Aussagen der Schrift vom Heilswillen Gottes ihren Ort. Und in diesem Rahmen vertritt auch Calvin durchaus „den Ansatz zu einer deduktiven Ableitung" (Otten 67) der Erwählung und Verwerfung aus Gottes Barmherzigkeit und Gerechtigkeit und das nicht selten (Inst. III,22,7: Opera selecta IV,378,34–379,3 [1559].33–35 [1539]; vgl. Inst. III,23,8.11: ebd. 402,27–31; 405,10f. [1539] und Inst. III,24,12: ebd. 423,19–24; CR 37, 713).

2. Die zweite Hälfte des 16. Jahrhunderts

2.1. Im Jahre 1552 schrieb Calvin historisch völlig zutreffend: *Electio Dei gratuita ... hactenus ... recepta fuerat: donec ... Satan ... doctrinam nostram ... labefactare tentaret* (CR 36,253f.). Die ersten wirkungsvollen Einsprüche gegen die Prädestination treten seit 1551 (Hieronymus Bolsec [gest. ca. 1584/85] und S. Castellio) auf. Sie kommen

‚von außen', sind entweder gegenreformatorisch oder eine bleibende Wirkung der fundamentalen Bekämpfung Luthers durch Erasmus im Jahre 1524 in *De libero arbitrio*. Dagegen gibt es bis zum Jahre 1560 im gesamten reformatorischen Lager zwar verschiedene Versionen der Prädestination – z. B. Zwingli sieht sie auf seine Weise „etwas philosophischer behandelt", er „wage" auch zugrunde zu legen: „Wahrheit, wo immer und von wem immer vorgebracht, ist vom heiligen Geist" (CR 93/3, 94,6.9f.; 110,16–18) –, aber es gibt keine Polemik, weil keine durchschlagenden sachlichen Differenzen. Es wäre vergeblich, solche zwischen Luther, Melanchthon, Zwingli und Calvin finden zu wollen, weswegen hier auch Bucer („was Calvin inhaltlich über die Erwählung vorträgt, ist nichts anderes, als was sich zerstreut in Butzers Kommentaren findet": E.F.K. Müller, Art. Prädestination 600,29f.; de Kroon 19–57) oder etwa J. →Brenz (vgl. Pressel 26–31: Brief an Bernhard Griebler vom Februar 1526) und auch H. →Bullinger (vgl. Walser) beiseite gelassen werden können.

Darum ist es eine gar nicht zu überschätzende Tatsache, daß T. →Heshusius einen Hintergrund seiner Erfahrungen in der Kurpfalz mehr erahnte als erkannte und 1560 in einem kleingedruckten Nachwort zu *De praesentia corporis Christi in coena Domini contra Sacramentarios*, welche Schrift ihn berühmt machte, *Aliquot* [!] *errores Calvini* benannte.

Zu Beginn schrieb er: „Über das Schicksal und die Ursache der Sünde lehrt er ganz gottlos, wie aus vielen seiner Bücher bewiesen werden kann: z. B. als der sagt, daß Gott die Verbrechen der Gottlosen nicht nur geschehen lasse (*permittere fieri*), sondern auch wirksam ausführe (*efficaciter operari*). Adam habe gesündigt und der gesamten Menschheit den Sturz zugezogen durch Gottes geheimen Rat; ja, diese Sünde sei nach Gottes geheimem *Ratschluß* verordnet. Das sind seine Worte. ... Dies macht grundsätzlich uns auch Gottes Willen unsicher (da sie [!] sagen, daß er das, was er draußen und öffentlich streng durch sein Wort verbietet, nach seinem geheimen Rat und *Ratschluß* grundsätzlich, daß es geschehe, anordnet und wirksam als unsern Vollzug ausführt) und macht Gott zur Ursache der Sünde." Aber nicht nur auf die Schöpfung, auch auf die Erlösung sieht Heshusius sich solch zerstörerische Konsequenzen von Calvins Aussagen erstrecken, „wenn sie uns nicht vom Verdienst allein Christi abhängen lehren, sondern von einer anderen, früheren Gnade (*ab alia quadam priore gratia*), von deren gnädiger Huld auch Christi Verdienst selbst erst seine Würde und Kraft gewinnt"; nämlich, heißt es dazu später, „aus einer (*quadam*) ewigen Prädestination Gottes und verborgenem *Ratschluß* seines Herzens". Wie wenig sicher Heshusius hier wie sonst seiner Sache noch ist, zeigt seine durchweg unbestimmte Kritik am *quodam absoluto arbitrio* Gottes bei Calvin und auch die Kritik an ihm, „daß er nicht selten [!] die Sakramente aushöhlt (*non raro extenuet*)".

Nach Joachim →Westphal (s.u. 2.2.) wird erneut ansatzweise der Zusammenhang der Sakramentslehre mit der Prädestination durchschaut (Schweizer, Centraldogmen II, 400). Nicht zu überschätzen ist die Tatsache, daß Th. Beza diese „paar Blättchen" mit seiner „Abweisung ... von Verleumdungen, mit denen Johannes Calvin von ... Heshusius befleckt wurde", 1561 einer ausführlichen Widerlegung würdigte; oft übersehen, obwohl „nicht leicht ein anderer Traktat ... klarer als dieser" (ebd. 417) Beza in der Stärke seiner Argumentation zeigt, indem er etwa nachweist, wie konsequent die Bibel jedes Ereignis (*singula*) als Tun Gottes beschreiben kann.[4]

2.2. Th. →Beza, von Calvin aufgefordert, über den *Consensus Genevensis* ein Urteil abzugeben, bekannte am 21. Januar 1552, umstandslos mit ihm inhaltlich völlig übereinzustimmen, hätte aber, „was Anordnung und Methode der Schrift beträfe", lieber gesehen, wenn Calvin nicht wieder „die Anordnung des Gegners" befolgt hätte, statt „auf andere Weise vorzugehen", d.h. wenn Calvins „Buch gegen alle [möglichen Gegner] eingerichtet würde", nämlich so, „eben dieselbe Sache ... von vorn (*a capite*) anzufangen" (Correspondance I, 81f.).

Beza wurde dazu motiviert von den Lausanner Pfarrern, die „im Lehrstück der Erwählung" zu allem sich bekannten, „aber leugneten, fassen zu können, wie irgendjemand von Gott verworfen werden könne ohne Berücksichtigung des menschlichen Falls als der Ursache" (ebd. 82)! Beza begriff die Tragweite dieses Skrupels und meint, daß dieser Achillesferse der Prädestination argumentativ nur begegnet werden kann, wenn Erwählung und Verwerfung im Verhältnis der Symmetrie stehen: „Denn dasselbe wird von den Erwählten wie den Verworfenen festzustellen sein" (an Bullinger 29.10.1551; ebd. 72). Man müsse entweder die (bekannte) Alternative akzeptieren, „daß Gott den künftigen Glauben vorhersehe, im Blick darauf bestimmte Menschen erwähle, ebenso den Unglauben, um dessen willen er andere verwerfe" (an Bullinger 12.1.1552; ebd. 77): „Aber in der Schrift finde ich das nicht" (ebd. 78). Diese vielmehr „zeige als letzte Stufe (*supremum ... gradum*) Gottes Willen". Diese Alternative sei mithin zu akzeptieren: „Dies ist die abschließende Lösung (*solutio absolutissima*)" (ebd.). Erstmals begegnet auch die Erwägung dessen, „was der Ordnung nach früher ist" (ebd. 82), und was „der Ordnung nach später" (ebd. 170), die sich „nach der Maßgabe (*ratio*) richtet, daß bekanntlich der Zweck das erste in der Absicht ist", damit eine Letztbegründung erreicht wird so, „daß nicht höher gegangen werden könnte (*altius progrederetur*)" (an Calvin 29.7.1555; ebd.). Bezas brieflich mehrfach erwähnte *Tabula* (ebd. 82 [Januar 1552]; CR 43,296? [Oktober 1554] und 316 [November 1554]; Correspondance I, 153 [März 1555] und 169–172 [Juli 1555] – zweifellos 1555 gedruckt [CR 43,316; Correspondance I, 169], jedoch verschollen; erhalten nur eine französische Übersetzung von 1560 und Bezas Fassung von 1570 in seinen *Tractationes theologicae*; vgl. Gardy, Nrn. 83–87.258), die dies *methodice* (Correspondance I, 82) sichtbar macht, beabsichtigt, Zweiflern und Gegnern gegenüber das, „was Fundament unseres Heils ist (da ich verstehe, daß mein Heil nicht in mir liegt, sondern in Gottes mit sich immer identischem Vorsatz), so zu behandeln, daß wir die Grenzen der Schrift nicht [!] überschreiten" (ebd. 78). Das schließt auch für Beza ein, nicht auf „die mir doch ungewissen und unbekannten, Gott dagegen höchst gewiß und wahr feststehenden Ursachen" (ebd.) zu rekurrieren. Das ist aber auch nicht nötig, „denn es gibt Zweitursachen, gerichtet auf die Ausführung des ewigen Ratschlusses. Dann ... können handgreifliche Gründe beigebracht werden ..., warum und wie wir erwählt sind" (ebd. 171). Wo die Prädestination nicht bekämpft wird oder es sich sachlich nicht nahelegt, wird, wie bei Calvin, die Prädestination auch bei Beza entweder überhaupt nicht oder nicht als Leitprinzip behandelt (Bray 70–81 und R.A. Muller 96 in Anlehnung an Jill Raitt und Tadataka Maruyama).

Pietro Martire →Vermigli verstand und begrüßte „die methodische Gliederung und die lehrhafte Weise", sah aber ohne „eine Erklärung" darin „dennoch nicht die ganze Lehre" (an Beza, März 1555 aus Straßburg: Correspondance I, 153). Calvin, dessen (und Bullingers) Urteil sich Beza unterwerfen wollte (ebd. 78f.82.171f.), billigte offensichtlich den Druck (ebd. 169), nahm aber nur indirekt Stellung, indem er (s.o. 1.4.) bewußt seine eigene Anordnung 1559 verstärkte und zudem 1556 an J. Westphal schrieb: „Wenn er aus meinen Arbeiten eine Silbe beibringt, wo ich lehre, man müsse zur Gewinnung der Heilsgewißheit bei der Prädestination den Anfang machen, weigere ich mich nicht zu verstummen" (CR 37,118f.). Da aber Calvin gleichwohl auf deren „Fließen aus der Quelle der Erwählung" (ebd. 119) letztlich rekurriert, können Calvin und Beza schlechterdings nicht auseinandergerissen werden.

2.3. In Straßburg verhinderte Hieronymus →Zanchi (in guter Absicht) einen Nachdruck des in der Kurpfalz verbotenen Buches Heshusens: das war der (berechtigte) Anlaß des Konfliktes J. →Marbachs mit ihm (vgl. Mahlmann, Art. Marbach 749f.), den Zanchi in seinen von Chiavenna aus 1566 veröffentlichten *Miscellaneae* (Vorworte vom 15.10.1565; Vorwort der 2. Auflage vom 8.9.1582) beschrieben hat; postum wurde als zweiter Band 1606 noch Zanchis ausführlicher, höchst aufschlußreicher „Historischer Bericht" *Disceptatio inter duos Theologos* veröffentlicht. Diese Auseinandersetzungen führten zu einer ebenfalls die Zukunft entscheidenden Weiterentwicklung der Prädestinationslehre.

Zanchi trug diese seit 1553 anläßlich seiner exegetischen Vorlesungen *et quidem abunde* vor, aber in der Meinung, er „habe nichts gelehrt, was vor mir nicht lehrten und schrieben Luther und Bucer, von allen anderen zu schweigen" (Zanchi, Miscellaneae 7), was Zanchi mit immer erneuten Zitaten aus Luther, nicht nur *De servo arbitrio*, belegt (z.B. ebd. 288–290); „vor Heshusens Buch über das Abendmahl" habe seine Lehre von der „Glaubensperseveranz ... bei niemandem jemals Anstoß erregt" (ebd. 7). In der Tat forderte Marbach Zanchi „anfangs" (Zanchi, Disceptatio 296) nur auf, *moderatius loqui* (ebd. 226.284); Zanchi berichtet: „wir haben uns lange über die Prädestination besprochen und schienen einig zu sein [„d.h. über die Lehre von der Prädestination selbst gab es zwischen uns keinen Streit", ebd. 226.229.265.296]; die Frage war nur die, ob bei ihrem Vortrag a priori oder a posteriori zu beginnen sei" (ebd. 243)! Marbach vertrat, „man müsse bei der Berufung selbst, d.h. beim Wort Gottes und den Verheißungen des Evangeliums anfangen; jeder müsse die Prädestination und sein Heil nicht a priori, sondern a posteriori, vom Glauben nämlich an Christus im Wort gepredigt und im Gebrauch der Sakramente uns dargestellt, feststellen und aussagen" (ebd. 307). Das war Luthers und (ausdrücklich) Melanchthons Standpunkt – den Zanchi erstmals aber *komplementär* zu dem Calvins auffaßt und damit umdeutet. Denn nach Zanchi kann man „auf doppeltem Wege" vorgehen: *et a priori et a posteriori* (ebd. 270). „A priori nennen wir den von den Ursachen (*causis*) aus ... A posteriori aber nennen wir den Weg von den Wirkungen (*effectis*) aus" (Zanchi, Miscellaneae 227 u.ö.). Entscheidend ist nun, daß Zanchi den ersten Weg (und so interpretiert er ausdrücklich Luther ebd. 254) unter die Kategorie der *Offenbarung* bringt: „Ich habe gelehrt, daß dieser Wille" der Erwählung einiger, der Verwerfung der übrigen „in der Schrift geoffenbart ist. Aber ... nicht einfach hinsichtlich der einzelnen geoffenbart, sondern nur aus den Wirkungen der Prädestination aufweisbar (*probabiliter*) angezeigt" (ebd. 255). Diesen geoffenbarten Prädestinationswillen Gottes bezeichnet Zanchi erstmals bewußt als *absolutum Dei decretum* (ebd. 254; verbal 281 f.). Das oft (auch in seiner dem Magistrat vorgelegten *Confessio* vom 22.10.1562: ebd. 280.281) gebrauchte *absolute* (häufig auch *absoluta voluntas*) ist mit „unbedingt" zu übersetzen, denn es bedeutet „*non conditionaliter*, falls sie glauben oder nicht glauben (wie einige neue Pelagianer lehren)" (ebd. 190). Das *propter futuram illorum fidem* (ebd. 311) muß Zanchi als „nunmehr" (ebd. 196) vertreten, also schon mündlich (aber nicht von Marbach) entgegengehalten worden sein, eine Position, die er ausdrücklich als „falsch" (ebd. 253 f.) bezeichnet; denn „niemand ist Wirkursache seiner Prädestination" (ebd. 268), und „wer sind denn die, welche diese Bedingung erfüllen können?" (ebd. 295). Vielmehr entspricht „Gott" als *absoluta* und *prima omnium rerum causa*, daß sie *nulla ratione impediri potest*, daß er, „die er einmal retten wollte, die beständig retten will" (ebd. 280). Dem absoluten Dekret entspricht eine strikte Glaubensperseveranz: jenes setzt sich in dieser schlechthin durch. Auf dieser liegt das Gewißheitsgewicht: „Ich schließe, daß wir zuerst a priori sicher glauben sollen, daß Gott nach seiner Gnade und Wohlgefallen viele in Christus zum ewigen Leben erwählt hat und [!] wir in deren Zahl gehören, da es ihm so gefiel. Diese Überzeugung und Gewißheit ist sicherlich nicht a posteriori oder von den Wirkungen, sondern a priori, d.h. von den Ursachen [her]. Danach ist diese Gewißheit oder Glaube zu bestätigen aus den Wirkungen der göttlichen Erwählung und der göttlichen Liebe zu uns, die wir in uns wahrnehmen und fühlen" (Zanchi, Disceptatio 270). In dieser, in beiden Richtungen übrigens logisch unstimmigen Form vertritt Zanchi die Prädestination nur zum Gebrauch *ad Pastores* und ihren Gemeindegliedern, nicht „*ad Professores in Schola*, die pflichtgemäß nur die Schrift und die Dogmen und wie sich die Sachen im Christentum verhalten, zu erklären haben" (ebd. 270). Damit deutet er eine strikte Konsequenz in der Auffassung der Prädestination an, nach der, wie Marbach unwidersprochen feststellt, Zanchi „die universalen Aussagen partikular interpretiert" (ebd. 227), wie dieser sich denn auch zu der Aussage (Calvins) vorwagt, „daß Christus zwar genugsam für alle gestorben ist, wirksam aber nur für Erwählte" (Zanchi, Miscellaneae 261), und es eine davon abhängige „doppelte Berufung gibt" (ebd. 57). Mit Recht sagt aber Zanchi, daß diese Konsequenz unausweichlich ist, solange beiderseits „der Glaube" als „ein Gnadengeschenk Gottes" verstanden wird (ebd.); so kann er seine Auffassung der Prädestination in der von J. →Andreae aus Tübingen und Simon Sulzer (1508–1585) aus Basel aufgesetzten, von ihm am 18. März 1563 unterschriebenen Konsensusformel (ebd. 55–62 mit Zanchis Kommentar und ders., Disceptatio 439–442) wiederfinden. Trotzdem war nun zum ersten Mal sachlich und mit Zanchis erfolgreicher, bei Calvin nur elementar vorgebildeter (CR 36,259: *absolute*) Formel vom *decretum Dei absolutum* auch terminologisch sowie durch die Ablehnung einer durch den Glauben bedingten Prädestination die klare konfessionelle Differenzierung bereits vollständig fertig, wenn sie auch erst mit der öffentlichen Wirkung des Protokolls des Mömpelgarder Religionsgesprächs zwischen Andreae und Beza nach 1586 durchdrang. Hier erst bezeugt Andreae: „Das ist mir neu und hat man vorher nie gehört. ... Ja, Starre packt mich, und Schrecken fährt mir in alle Glieder, wenn ich dies jetzt höre ..., Christus sei nicht für die Verdammten gestorben" (Acta 540.547). „Da lachte Beza mit seinen Brüdern am anderen Tisch" (ebd. 547 am Rand).

Auch Zanchi hat, unabhängig von Beza, Überlegungen zum Problem der Einordnung der Prädestination in das Gesamthandeln Gottes angestellt.

Man kann „diese Ordnung (*ordinem*) der Wirkungen Gottes" bei den Menschen darstellen, wie sie „die heilige Schrift bietet" (Zanchi, Miscellaneae 189), nämlich „nach der Ordnung der Wirkungen, wie sie in der Ausführung (*executione*) vorkommen". Dann wird man sagen, daß „Gott ... einige dieser [erschaffenen und fallengelassenen Menschen] aus Sünde und Tod nach seiner Gnade erwählte". Zanchi will „diese Argumentation a posteriori" nicht „mißbilligen"; ja, sie „ist auch wahr und erregt weniger Anstoß bei schlichten Gemütern" – das stellt also Zanchi bereits fest! Aber nun gilt ja: „Was er [Gott] jetzt tut, wollte er von Ewigkeit tun, und wußte, er werde das tun: das aber ist nichts anderes als prädestinieren." Daher gilt: wir können auch in umgekehrter Ordnung, bei der letzten Wirkung anfangen. Dieser Gesichtspunkt ergibt eine Darstellung „nach der Ordnung der Effekte, so wie sie in der Absicht des Handelnden bestehen". „Denn" – so der logisch-psychologische Grundsatz (*ita se res habet*) – „das erste in der Absicht oder Überlegung ist immer das letzte in der Ausführung". „So" kommt es, „daß wir sagen können, Gott habe zuvor die Menschen auf ihre Ziele hin bestimmt" (ebd. 190); aber „universales und letztes Ziel der Verwerfung einiger wie der Erwählung anderer ist die Ehre Gottes. Prov. c. 16 [4]" (ebd. 189). Also „man muß höher hinaufsteigen (*altius ascendere*), nämlich zur oberen Ursache" (ebd. 199; ähnlich 192.251). Auf diese Sicht trifft zu: „... sicher verhält es sich sachlich so". Zanchi also vertritt bereits eine logische Folge („zuerst ... dann") im Ganzen der Prädestination: „Denn wennschon es in Gott kein Früher noch Später gibt, haben dennoch die Dinge (*res*), die er beschlossen hat, ihr natürliches Vorher und Nachher (*naturaliter suum prius et posterius*)" (ebd. 190).

Zanchi kann damit beanspruchen, die Prädestination begrifflich und sachlich *dilucidius* (Zanchi, Disceptatio 253) als sein beharrlich verschwiegenes oder höchst abschwächend genanntes Vorbild Calvin (ebd. 267) durchgebildet zu haben. Aber er geht auch hinter Calvin zurück. Wenn dieser vor 1559 noch die Providenz der Prädestination nachgeordnet hatte, läßt nun Zanchi „die Prädestination einen Teil der Providenz sein", eine *species* davon, wie „alle Theologen einmütig zugestehen" (Zanchi, Miscellaneae 185f.). Auch eine „doppelte" Bedeutung von Prädestination: *generatim*, die sich über alle Menschen erstreckt, und *in specie pro praedestinatione sanctorum*, kennt er bereits (ebd. 185f.), so daß ihm neben Beza der früheste und höchste Einfluß auf die systematische Lehrbildung zukommt.

2.4. Der →Heidelberger Katechismus hat aus der (nur lateinisch) erhaltenen Vorarbeit der sog. *Catechesis minor* (geschrieben doch wohl von Zacharias →Ursinus) die thematischen Fragen 50–52 zur „Zahl der zum ewigen Leben Erwählten" gegenüber der „verworfenen Menge" nicht übernommen. Diese Streichung dürfte einen Kompromiß zwischen den beteiligten (überwiegenden) Calvinisten, (Spät-)Zwinglianern und Melanchthonianern darstellen (Neuser, Erwählungslehre; ders., Väter).

Die ‚Katechismus-Kommission' Kurfürst Friedrich III. einigte sich anscheinend auf der Linie zwischen Calvins Genfer Katechismus von 1542, in dem die Prädestinationslehre fehlt, und Melanchthons Dogmatik, wo von „einer Kirche der Auserwählten" gesprochen wird (Melanchthon, Werke II, 593,35f.), ähnlich der Formulierung des Emdener Katechismus von 1554 (BSRK, 1903 [Nachdr. 1987], 674,30) auf „eine auserwählte Gemeinde", d.h. die Tatsache der „Auserwählten ... von Anbeginn der Welt bis ans Ende" (HeidKat Frage 52–54). Die Einheit von „Rat und Vorsehung" wird gelehrt, aber der Katechismus erklärt „den heimlichen Rat und Willen Gottes" als von Christus „vollkömmlich [vollkommen!] offenbart" (Frage 31); die Lehre einer zweifachen Berufung fehlt, und individuelle Erwählungsgewißheit wird gelehrt (Frage 52–54).

Dem entspricht, daß Ursinus 1574 als „Verleumdung" bezeichnete, „daß wir die Menschen a priori über die Erwählung urteilen lehrten" (Ursinus, Miscellaneae catecheticae 74). In Ursinus' Erklärung ‚seines' Katechismus ist diese Polemik aber verschwunden; stehen bleibt in der klassischen Abhandlung *De praedestinatione aeterna* zu Frage 54 nur die Feststellung der persönlichen Gewißheit der Prädestination *a posteriori* (Ursinus, Explicationes catecheticae 336–348). Dieser definitiv von 1591 bis 1598 von David Pareus (1548–1622) bearbeitete Text galt 1612 als „von allen [reformierten] Kirchen angenommen", da er „keinerlei Spannung" zwischen Melanchthon und Calvin mehr erkennen lasse (Sibrand Lubbertus [ca. 1555–1625]: Epistolica disceptatio 20f.).

Die providentielle Bedeutung dieser historischen Tatsache (ebenso wie die der Wittenberger Abendmahlskonkordie von 1536) sollte sich aufgrund der gebliebenen Anerkennung dieses Katechismus als Bekenntnisschrift erst im 20. Jh. in der →Leuenberger Konkordie von 1973 erweisen.

2.5. Es dauerte jedoch noch über eine Generation, bis der konfessionelle Gegensatz wirklich auch an einem gespaltenen Verständnis der Prädestination entlang verlief. Entgegen landläufiger Vorstellung ist Westeuropa und das westliche Deutschland keineswegs vom Genfer Typus der Prädestination beherrscht – widerspricht ihm aber auch weder material noch formell (z.B. J. →Laski [aus London am 7.6.1553 an Bullinger] lehnt ab, „uns mit Calvin in Konflikt bringen zu lassen, der den meisten [!] allzu hart über die Prädestination geschrieben zu haben scheint" [Lasco 676]); noch schloß dieser Typus auch in Genf ein Miteinander mit auch schwächeren Ausdrucksweisen der Prädestination, die sich etwa an Bullinger anlehnten, aus. Während es aber in der Schweiz nach der Zurückdrängung des frühen Widerspruchs bei H. Bolsec und S. Castellio nur noch einen Fall der Ablehnung gab, den Fall Theodor Bibliander (1504/1509–1564) in Zürich [!], der 1560 zu dessen Amtsenthebung führte – bildete sich in den Niederlanden seit den 1560er Jahren ein gewaltiges Konfliktpotential heraus.

In den 1570er und 1580er Jahren organisiert und konsolidiert sich zusammen mit den militärischen und politischen Erfolgen im Befreiungskampf von spanischer Oberhoheit die *Ecclesia reformata*: Zahlreiche Synoden als ihre Leitungsorgane festigen durch beständiges Akzeptieren und Anwenden die Lehrautorität der *Confessio Belgica* (in der von Franz Junius [1545–1602] im Jahre 1566 geschaffenen, absichtlich einer Approbation aus Genf unterworfenen, gegenüber der Urform von 1561 gekürzten Fassung: BSRK XXXIV f. 233–249. 935–940) und des Heidelberger Katechismus. In diesem Prozeß erst wurden die von der Londoner Exilgemeinde in den 50er Jahren geschaffenen, auch in den Niederlanden lange maßgebenden Lehr- und Ordnungsgrundlagen allmählich ersetzt, die, im Unterschied zu Art. 16 des Niederländischen Bekenntnisses, thematisch noch keine Prädestination kannten. Diese ‚Calvinisierung' stieß aber auf die breite, bodenständige, heutzutage sog. humanistische und reform-katholische Bewegung u.a. erasmianischer Prägung. Deren wichtigster Repräsentant, Dirck Volcaertszon Coornheert (1522–1590), bekämpfte seit 1572 die Lehre „Van de Toelatinghe ende Decrete Godes" ausdrücklich nach ihrem „inhout sulcx als Meesters Johan Calvijn ende Theodore Beza daer van leeren", und zwar zentral mit dem schon →Augustin entgegengehaltenen Argument, mit ihrer Prädestination zerstörten sie die Moral völlig „und machten sie Gott zum Urheber der Sünde" (van Oppenraaij 63). Aber auch von Predigern wurde in nicht wenigen, während der zweiten Jahrhunderthälfte sichtlich zunehmenden Einzelfällen Einspruch gegen z. B. das der Prädestination integrale Konzept von „Notwendigkeit" erhoben oder ihre Nichtbehandlung oder eine Diskussionsbegrenzung nur im Sinne von Bullingers *Hausbuch* oder der Konfession von 1566 verlangt oder die Unterschrift unter Art. 16 der *Confessio Belgica* verweigert (Anastasius Veluanus 1554; Hubrecht Duifhuis seit 1577; Caspar Coolhaes seit 1580; Hermann Herbertsz 1586; Taco Sybrants seit 1586; Gerhard Blockhoven 1589; Gellius Snecanus seit 1591; Cornelis Wiggertsz 1592). Aber nur einmal, im Falle Wiggertsz', kommt es zu einer endgültigen Amtsenthebung, und dies *nicht* wegen der Prädestination; und einmal, bei Herbertsz, gab es bereits eine radikale Ablehnung in der (in dieser Form nicht von Lutheranern, wie oft zu lesen, aufgebrachten, sondern in den Niederlanden selbst entstandenen) Form, „daß die reformierte Kirche Gott (der Liebe ist) zuschreibt, was nur dem Teufel zukommt, nämlich den Haß, und so Gott in den Teufel und den Teufel in Gott verwandele" (van Oppenraaij 91; vgl. 44–120). Etwas wie eine Spaltung in unverträgliche Auffassungen, die Nicht-Tolerieren nach sich ziehen müßte, gab es gleichwohl offensichtlich nicht.

2.6. Trotzdem war die zu beobachtende Verdichtung der Konfliktfälle in den 1580er Jahren kein Zufall. Schon im Bewußtsein dieser Tatsache gab der Züricher [!] Raphael Egli (1559–1622) 1582 in Genf eine autorisierte Nachschrift „Nach Theodor Bezas Vorlesungen zum neunten Kapitel des Römerbriefs" heraus mit dem bezeichnenden Titel: *De praedestinationis doctrina et vero usu Tractatio absolutissima*; 1585 lag nach der Gotteslehre von 1577 sowie dem zweiten Druck der *Miscellaneae* von 1582 eine abschließende Kurzdogmatik von Zanchi vor; 1587 erschien das Protokoll des Mömpelgarder Gesprächs zwischen Andreae und Beza. In dieser Zeit wuchsen die Namen ‚Calvin und Beza' zu einer Formel für eine Lehre zusammen, die als Stereotyp gebraucht wird.

Der beste Beleg dafür ist die gar nicht zu überschätzende Tatsache, daß die Delfter Prediger Reginald Donteclock (ca. 1545 – nach 1612) und Arent Cornelisz (1547–1605) wohl schon 1582 während der Auseinandersetzung mit Coornheert eine die stereotypen Einwände gegen die Genfer Prädestinationslehre vermeidende Schrift verfaßten, die sie 1589 einem ihrer Korrespondenzpartner, dem genferisch denkenden Professor Martin Lydius (1539–1601) in →Franeker, übersandten – ein damals nicht gedrucktes Manuskript (Dijk 59 f.) mit dem Titel *Antwoort op eenighe Argumenten Bese ende Calvini uyt het Tracktaet van de Predestinatie over het 9ᵉ capittel Rom. getrocken*. Wie wir aus der Überlieferung, aber auch einem eigenhändigen Brief von Cornelisz vom 26. November 1591 zu „dieser Schrift" wissen (Documenta I, 265–267), haben diese beiden, um den harten Einwänden aus dem Wege zu gehen und „damit die Gemeinden in diesem Stück von der Prädestination mit der meisten Erbauung (stichtinge) gelehrt werden", übrigens im Anschluß an eine Formulierung Bezas (Acta 523), das Axiom *miseratio praesupponit miseriam* zugrunde gelegt, womit „die Sünde die Ursache" der Verwerfung wird; das sei „die Meinung derjenigen, die in der Disputation dieses

Handels der Prädestination den Fall und die Verdorbenheit des Menschengeschlechts voraussetzen (presupponeren), anstatt zu steigen (climmen) in das hohe Geheimnis der Letztbegründung (grontoorsake) des Falls Adams selber". Den beiden Predigern scheint ihr „scriptum ... davon eine gute Form zu enthalten; und auch das [Niederländische] Glaubensbekenntnis und der [Heidelberger] Katechismus unserer Kirchen scheinen nicht höher steigen zu wollen (niet hooger te willen climmen)". Die beiden setzen voraus, daß das ein Problem ist, „worüber bei den Gelehrten verschiedene Fragen und Dispute im Gang sind, die sie unentschieden (int midden) stehenlassen": aber Donteclock und Cornelisz greifen ja tatsächlich einen bei Zanchi geäußerten und im Sinne Bezas möglichen Vorschlag auf.

2.7. Der Cambridger Prädestinationsstreit ist wie ein Vorspiel künftiger Ereignisse und gehört auch in die Vorgeschichte des niederländischen Konflikts ursächlich hinein. Wie in den Niederlanden ist in England seit den 1580er Jahren deutlich Widerstand gegen die „öffentlich rezipierte und in so langem Zeitverlauf bewährte Lehre", wie William Whitaker (1548–1595) sie nennt (Whitaker 691b), wahrnehmbar, für die namentlich häufig Calvin, Beza und Zanchi zusammen benannt werden. Deren Prädestinationsauffassung wird „neuerdings" (ebd.) ausdrücklich in Frage gestellt.

Whitaker formulierte den Konflikt in seinen offiziellen Reden vom 27. Februar 1594 und 9. Oktober 1595 (ebd. 627–629.691–697) gegen seinen Kollegen Peter Baro (Pierre Baron, gest. 1596) so: „Viele hegen diejenige Meinung als die von allen richtigste und der göttlichen Gerechtigkeit angemessenste ... Gott will, daß alle gerettet werden, wenn nur alle wollen"; ausdrücklich stellt er fest: „diese Meinung nimmt jetzt zu (*increbescit*)" (ebd. 627b; vgl. 628a); nur „wenige sind jetzt noch von jener Art übrig", die wie Bucer, Vermigli „und die übrigen Theologen" die englische *Ecclesia reformata* begründet haben (ebd. 694b). 1595 finden wir erstmals bei Whitaker eine neue systematische Analyse der Lage: „Wie ich es sehe, werden vor allem drei Meinungen verbreitet. Die *erste* nimmt als Ursache der Prädestination und gleichermaßen der Verwerfung das Vorhersehen von etwas an, das in den Prädestinierten oder Verworfenen ist. Die *zweite*, für die Prädestination zum Leben gebe es keine andere Ursache als einfach Gottes Willen; Ursache der Verwerfung aber sei die Sünde ... . Die *dritte*, für beides sei eben die Ursache Gottes ewiger und unveränderlicher Wille, und eine andere könne nicht angegeben werden" (ebd. 692a). Auffallend ist, daß Whitaker die zweite Version als eine Möglichkeit nicht völlig ausschließt (ebd. 693b.695a), doch „die dritte Meinung allein und notwendigerweise wahr ist" (ebd. 693b). Die erste Meinung dagegen „ist ganz und gar und reinstens pelagianisch (*penitus et pura puta Pelagiana*)" (ebd. 628a). „Und dennoch hat dieser Pelagianismus große und viele Theologen getäuscht" (ebd. 692a). In diesem Zusammenhang wird das Wiederauftreten der Unterscheidung von *voluntas antecedens* und *voluntas consequens* als „Erfindung" von →Johannes von Damaskus ausdrücklich verworfen (ebd. 627b.628a). In sorgfältiger und erstaunlich kenntnisreicher Weise ordnet Whitaker die von ihm entwickelte Sicht in den Kontext europäisch-protestantischer und römisch-katholischer Theologie ein. Whitaker hat auch die erste Fassung der *Lambeth-Artikel* (BSRK XLIV.525f.) formuliert, die auch nach einer leichten Bearbeitung durch eine von Erzbischof John Whitgift (ca. 1530–1604) berufene Theologenkommission noch seine Auffassung genau widerspiegelt. Diese Artikel wurden inhaltlich von Königin →Elisabeth I. völlig gebilligt (Broeyer 243), erhielten aber keine Rechtskraft als Erklärung des 17. der *39 Artikel* von 1563 (BSRK 511). So konnte, obwohl die englischen Abgeordneten in Dordrecht als Prädestinatianer Schüler Whitakers (vgl. TRE 7,595,34f.) waren und William Twisse (ca. 1578–1646) diese Lehre 1632 und (postum) 1649 in großen Werken verteidigte, dennoch diese Position seit dem zweiten Drittel des 17. Jh. aus ihrer Herrschaft verdrängt werden (zur weiteren Entwicklung im englischen Sprachraum vgl. zuletzt White; auch Graafland 198–212).

Peter Baro, dessen Cambridger Professur im Dezember 1596 nicht verlängert wurde, schrieb schon am 1. April 1596 einen literarische Stützung suchenden Brief an den dänischen, als Melanchthonianer und international bekannte Autorität angesprochenen Nikolaus Hemmingius (Niels Hemmingsen, 1513–1600), dem er, offensichtlich im Anschluß an Whitaker, eine *Summa trium de praedestinatione sententiarum* beifügte (Praestantium virorum epistolae 40–46).

Die erste sei „die zwar heute sehr gefeierte, aber doch auch nicht weniger bekämpfte von Calvin und Beza, und auch, wie diese wollen, Luthers und des späteren Augustin", wonach „Gott ... unabhängig (*absolute*) beschlossen hat, nichts außer sich berücksichtigend, sondern nur, weil es ihm so gefiel, seine Ehre zu verherrlichen". Die „zweite" schreibt er ebenfalls Augustin, „manchen Protestanten" wie Georg Sohn (1551–1589) und Zanchi sowie R. →Bellarmini zu. Sie besteht „zur Vermeidung der Nachteile (*incommoda*) der ersten Meinung" in dem Vorschlag, „daß Gott ihm vorher bekannte Menschen und so wie nach der Schöpfung und dem Fall wiederherzustellende betrachtet, d.h. korrumpiert und durch das Evangelium zu Christus berufen" der Prädestination unterwirft. Baro schon ist klar, „daß diese beiden Meinungen insoweit als eine betrachtet werden können", als „diese Meinung, wennschon sie die Prädestination erst vom Fall anheben zu wollen (*a lapsu tantum incipere*) scheint, dennoch auf die erste zurückfällt, die sie zu vermeiden wünscht", weil „nämlich Grundlage der beiden ersten Meinungen ist", „daß Gott vor dem Fall (*ante ... lapsum*) des Menschen so bei sich selbst zu tun beschlossen hat und zu diesem und zu jenem Ende diese und jene erschaffen hat". „Die beiden ersten Meinungen nun" betrachtet ihrem „Grunde" nach „die dritte als falsch und flieht sie als der Heiligen Schrift und Gottes Güte entgegen". Diese Position schreibt Baro dem frühen Augustin und dessen Vorgängern, Melanchthon und Hemmingsen sowie Gellius Snecanus (gest. 1600), zu, „auch andere nicht wenige Theologen überall" teilen sie. „Da letztlich diese drei Meinungen in der reformierten Kirche vorhanden sind, von denen nur eine wahr sein kann", sei von jedem eine Entscheidung verlangt.

Genau dieselbe Analyse der Situation findet sich auch bei dem damals angesehensten und produktivsten Theologen, Franz Junius, für die beiden erstgenannten Ansichten: „denn jene weichen untereinander nicht ab, denn sie behaupten standhaft und fromm beide (wie auch wir), Ursache der Prädestination sei Gott allein, nach dem Wohlgefallen seines Willens, keine werde außer Gott, im Menschen oder anderswo, gefunden. ... So kommen sie in der Sache überein; die Erklärungsweise (*rei explicandae modus*) ist verschieden ... Alle anderen beigebrachten Ursachen also sind erfunden" (Junius [undatiert] 133.137; Th. 12–14.51) – eine dritte Position gibt es bei Junius überhaupt nicht.

3. Das 17. Jahrhundert

3.1. J. →Arminius vermochte nach eigener Aussage „niemals" (Arminius 706a [vor 1602]) seinen Zweifel an *Calvini et Bezae sententiam* zu überwinden (an Johann Jakob Grynäus [1540–1617] 18.3.1591 [zitiert bei van Oppenraaij 124 nach alter Quelle]; an F. Junius Ende 1596 [Arminius 458a]; an seinen Freund Johannes Wtenbogaert 7.2.1597 [Praestantium virorum epistolae 48]; Arminius 634a [nach 1598]). Er soll 1591 von M. Lydius (s.o. 2.6.) aufgefordert worden sein, die Delfter Prediger zu widerlegen; sicher ist aber erst seine Auseinandersetzung mit Bezas Auslegung von Röm 9 für 1596 bezeugt (Bangs 138f.193f.). Im Dezember 1596 nimmt er einen privaten schriftlichen Austausch mit seinem Verwandten F. Junius auf (den Junius 1598 wohl wegen ihm offensichtlicher Aussichtslosigkeit abbrach; postum 1613 publiziert: Arminius 445–619). 1598 oder 1599 stößt er auf William Perkins' (1558–1602) *De Praedestinationis modo et ordine et de amplitudine gratiae divinae christiana et perspicua disceptatio*, die dieser 1598 wohl gegen Baro veröffentlichte, und verfaßt dazu ein persönlich an Perkins gerichtetes *Examen modestum*, das er aber wegen Perkins' Tod nicht vollendete noch abschickte oder veröffentlichte (postum 1612 publiziert: Arminius 621–777): mit Recht „the basic document of Arminianism" genannt (Bangs 209).

In diesem Werk verteidigt Arminius seinen Zweifel, nicht ohne seinen Gegner nach scheinbarem Lob (Arminius 638a) schließlich herablassend als „ungebildet" (ebd. 711a), dessen Argumentation „mit vielfachem Unsinn" behaftet (ebd. 747b), „wirr" (ebd. 691a), „ganz töricht ... und teilweise völlig lächerlich" (ebd. 774b) zu charakterisieren. Nur scheinbar (ebd. 641f.) setzt Arminius an bei der schon populären „Meinung, die schlechthin fordert, als Objekt der Prädestination die Menschen als Sünder zu statuieren" (ebd. 685a u.ö.). Arminius radikalisiert diesen Gedanken nämlich dahin, daß Gott „durch seine Gerechtigkeit nur den Sünder verlassen kann" (ebd. 683b; vgl. 636b u.ö.). „Denn das Recht (das er gegen die Geschöpfe hat) ist nicht unbegrenzt, wie viele glauben, unbegrenzt in dem Sinn, meine ich, daß Gott rechtmäßig (*iure*) ... dem Geschöpf alles ohne irgendein Unrecht (*citra ullam iniuriam*) zufügen konnte, was das Geschöpf vom allmächtigen Schöpfer erleiden kann" (ebd. 656a). Auch für Gott, der „sich selbst Gesetz ist" (ebd. 693a), gilt: „Die Gerechtigkeit nämlich ist [logisch] früher als der Wille und ist dessen Regel" (ebd. 683b), „welcher Gott nach der Unwandelbarkeit seiner Natur und Gerechtigkeit verpflichtet ist" (ebd. 693a). „Ein gerechter Richter aber verurteilt nur den, der aus eigener Schuld ohne Notwendigkeit schlecht ist" (ebd. 691a). „Du aber und Deine Gesinnungsgenossen" (ebd. 690a), mindestens „aber diesbezügliche Aussagen Bezas ... halten Schärfe der Prüfung nicht aus" (ebd. 703b), „Calvins Aussagen [halten sie aus] nach der von uns vorausgesetzten Interpretation; sonst können sie nicht verteidigt werden" (ebd. 704a)! „Denn diese Meinung streitet mit der Gerechtigkeit Gottes, da sie nämlich Gott zum Urheber der Sünde macht und eine unausweichliche Notwendigkeit (*inevitabilem necessitatem*) der Sünde einführt" (ebd. 643b). Arminius hält diese vernichtende Konsequenz für unvermeidbar, wenn nicht der Begriff der Zulassung (*permissio*) anders als bisher bestimmt wird (ebd. 694f.712b.645). Ihre Folge „darf nicht unvermeidlich sein" (ebd. 664b). Arminius löst das Problem so: „Auch die Zulassung des Falls stammt aus der allgemeinen göttlichen Vorsehung für das ganze Menschengeschlecht" (ebd. 691b; vgl. 682a; 693f.). Er legt in diesem Rahmen für „Zulassung" den Sinn „nicht hindern wollen, daß etwas nicht geschieht" (ebd. 637a) in der schwachen Bedeutung zugrunde, daß sie als „Ursache" „entkräftet (*resolvi*) wird ... nur zu einer *causa sine qua non*" (ebd. 696a), und lehrt auf dieser Basis einen *concursus* (ebd. 637a) zwischen Gott als der *causa prima* und dem Menschen als der *causa posterior* (ebd. 730a). „Denn Gott erlaubt dem Urteil der *freien* Zweitursache den *Einfluß von etwas Eigenem* in eine Handlung, und sobald die Zweitursache in eben dem Moment und Augenblick des folgenden Einflusses ist, verbindet Gott frei und nach seinem Urteil seinen *allgemeinen Einfluß* und so *seine* Begleitung (*concursum*) dem Einfluß der Kreatur, da er weiß, daß ohne seinen Einfluß eine *Handlung* weder hervorgebracht werden kann noch hervorgebracht wird" (ebd. 742). Dabei ist der Mensch in physischer wie moralischer Hinsicht, von der allgemeinen Gnade der Vorsehung Gottes umschlossen, vollkommen ausgestattet. Angesichts der nunmehr als *occasio* (ebd. 635a.642a.657a) verstehbaren Sünde kommt nun über Gottes Weisheit und Macht hinaus auch seine Barmherzigkeit und Gerechtigkeit zum Tragen, deren allgemeine Ordnung der Glaube, die gehorsame Annahme ist; aufgrund dieser, die er allwissend vorhersieht, prädestiniert Gott zum Heil, wenn und solange dieser Glaube sich durchhält oder bußfertig erneuert wird. Das ist die Grundlage der Dekretenlehre (zur ausgereiften Form von 1608 vgl. TRE 4,65). Arminius hat damit in einer metaphysischen Konzeption, die der von Molina (s.u. 3.4.) verwandt ist (die er aber offensichtlich [noch] nicht kannte), eine Gegenposition zur rezipierten Prädestinationslehre aufgebaut, die die bisherigen, alten Einwände zu einer vollendeten Konzeption zusammenfügte. Deren kirchenpolitische Absicht ist klar: „Der Würfel ist gefallen, man muß weitergehen, wohin die gegenwärtigen Geschicke der Kirche wollen" (ebd. 638b).

Franz Gomarus (Gomaer, 1563–1641) erkannte schon 1607, daß diese Konzeption seines Leidener Kollegen primär wegen ihres Glaubensbegriffs unannehmbar ist (vgl. van Itterzon 115f.395f.).

Im Jahre 1609 lenkte er den Widerspruch darauf, daß Arminius aufgrund von Röm 4,5 die *Fides ... qua actio*, den Akt des Glaubens (nicht sein Objekt), als Grund der Rechtfertigung verstand (Gomarus 47; Wijminga 68f. XIf.; vgl. Arminius 175b). Die *Epistolica disceptatio* zwischen Sibrand Lubbertus und Peter Bertius (1565–1629) belegte dies 1612 nochmals deutlich vor der Öffentlichkeit; sie zeigte, daß die Konzeption von Arminius – von heute her gesehen – nicht reformatorisch, sondern neuprotestantisch war. Nicht politische, schon gar nicht persönliche Gründe waren es letztlich, sondern diese – noch mehr implizit als verheerend empfundene – Einsicht ist es, die hinter der Verurteilung des Arminianismus in Dordrecht 1618/19 (→Dordrechter Synode) steht, obwohl sie in den Canones keine Rolle spielt (vgl. Graafland 121–129).

Da wegen Arminius' frühem Tod seine zurückgehaltenen, aber seinen Freunden wohlbekannten Schriften und damit die von ihm zu Lebzeiten nur diplomatisch verschleiert bekundeten Ansichten doch schon seit 1610 in ihrer ganzen Radikalität bekannt wurden, hat er auch die Kontraremonstranten gewaltig beeinflußt.

Johannes Maccovius (1588–1644) trug eine Widerlegung Arminius' im Kolleg vor (fragmentarisch erhalten, erst 1654 veröffentlicht [vgl. Kuyper IV]); W. Twisse legte 1632 eine Gesamtwiderlegung von Arminius' Hauptwerk vor. Das wäre ohne die Rezeption der hochentwickelten Logik und Metaphysik der Zeit intellektuell überzeugend überhaupt nicht möglich gewesen, wessen sich Gisbert →Voetius schon 1619 gewiß war und weshalb er entschieden für Maccovius eintrat (zitiert bei Mahlmann, Art. Maccovius 519f.). Maccovius entwickelt z.B., Arminius folgend, die Formel *non impedire, ut non fiant* für *permittere*, zeigt aber, daß *post-hoc*-Verhältnisse keineswegs als *propter-hoc*-Verhältnisse interpretiert werden müssen, also mit Freiheit zusammen bestehen können; auch bestreitet er Arminius dessen Deutung von Zulassen als ein Mittelding zwischen Wollen und Nicht-Wollen: das gebe es nicht; wohl aber zeige die Erfahrung, daß wir im täglichen Leben eben gezwungen und gleichwohl spontan handeln, wie der Kaufmann, der im Sturm die Ladung über Bord wirft, um sein Schiff vor dem Untergang zu retten – ein dieser seefahrenden Nation anschauliches Beispiel (Kuyper 258–297).

3.2. Zur Terminologie sei bemerkt:

3.2.1. Die Schemata ‚supralapsarisch' und ‚infralapsarisch' sind erst in den Jahrzehnten nach Dordrecht aufgekommen und verbreiten und befestigen sich erst seit der Jahrhundertmitte.

Franz Gomarus, mit dem diese Begriffe am häufigsten genetisch in Verbindung gebracht werden, hat solche Termini weder gekannt noch gebraucht, ja stritt am Ende seines Lebens ab, daß in Dordrecht, geschweige vorher, das zugrunde liegende Problem so „genau bestimmt worden sei" (Dijk 254). Es war R. Donteclock, der 1609 – jetzt bezogen auf Gomarus' Kennzeichnung der „vernünftigen Geschöpfe" als „das Objekt der Prädestination", und zwar aufgefaßt „nicht als tatsächlich zu rettende oder verderbende, [somit] zu schaffende, fallen werdende oder standhaft bleibende, wiederherzustellende, sondern bezüglich des entfernten und unbestimmten Vermögens [Gottes,] (das eine Kenntnis der möglichen Dinge ist und die zum Geschehensollen noch nicht bestimmt sind, daß sie zu den künftigen [Dingen] gehören oder nicht) rettbar, verdammbar, [folglich] schaffbar, fallibel, wiederherstellbar" (Twee disputatien, Th. 13 [10]) – diejenigen unterschied, die als Ausleger von Confessio Belgica 16 „‚unter dem Fall'" bleiben, während andere „höher ‚steigen'" (van Itterzon 156; vgl. 162, wonach der Arminianer Johannes Arnoldi Corvinus [1580/1583?–1650] das aufgriff), was ein nur didaktisch, nicht sachlich bedeutender Unterschied sei. Donteclock wiederholte damit nur seinen alten, schon längst geläufigen Vorschlag (s.o. 2.6.; vgl. van Itterzon 161), den er 1611 unter anderem Titel (Donteclock, Onderrecht) drucken ließ (vgl. Dijk 60 Anm. 4). Falls nicht Schweizer (Centraldogmen II, 95) eine Stellungnahme der Arminianer von 1617 korrekt-wörtlich übersetzt hat, kennt allenfalls der genannte Corvinus 1622 in seiner Schrift *Petri Molinaei novi anatomici mala encheiresis* eine *doctrinam Supralapsariorum, qua homo, nondum lapsus, statuitur esse obiectum praedestinationis* (Anonymus [Feurborn] 4). Doch der Gießener Lutheraner Justus Feurborn (1587–1656), der diese Stelle 1636 zitiert, gibt sie noch frei wieder als „deren Lehr, welche sagen, daß der noch nicht gefallen Mensch dasselbige seye, darmit die Praedestination umbgehet" (ebd.). Aber 1645 veröffentlichte der Arminianer Étienne de Courcelles (Stephan Curcelläus, 1586–1659) seine *Vindiciae quibus suam et D. Arminii sententiam de iure Dei in creaturas adversus M. Amyraldi criminationes defendit.* Dies Buch hat allererst die geläufige Terminologie begründet, denn Curcelläus führt siebenmal den Ausdruck *Supralapsarii* und zweimal *Sublapsariorum opinionem* ein (Curcelläus 763.766–768). Hiervon ist sogleich Samuel Maresius (1599–1673) beeinflußt, der 1645 von einer *hypothesi sublapsaria* weiß (de Moor II, 64), 1646 und 1648 einer *supralapsariae praedestinationis* gedenkt (Doede Nauta, Samuel Maresius, Amsterdam 1935, 286 Anm. 20; mündlich war diese Redeweise Curcelläus' mindestens schon 1640 bekannt, vgl. Dijk 235 f.256 Anm. 1; 260.263) und 1652 „namentlich Curcelläus" anführt (Maresius 238), der wie der Katholik Jakob Tirinus (1580–1636) „den Unsern eine supralapsarische Prädestination (*Praedestinationem supralapsariam*) andichtet" (ebd.). Dagegen hält W. Twisse noch mit Arminius selbst an der anfänglich üblichen Unterscheidung von *Primani*, *Secundani* und *Tertiani* bezüglich des Gegenstandes der Prädestination fest (Twisse, Animadversiones 10 = Arminius 490b). Louis Le Blanc (1614–1675) bemerkt lediglich, daß eine Theologengruppe *ab aliis Theologis* supralapsarii *vocantur* (Le Blanc 130 [undatiert]). Auch bei Franz Turrettini (1623–1687) zeigen sich 1679 die Termini noch nicht alle schematisch eingebürgert, denn er unterscheidet die Lehrmeinungen in drei Gruppen: *Alii enim* supra lapsum *ascendunt, unde et* Supralapsarii *dicti* [!] ... *Alii* infra lapsum *descendunt* ... *Alii medium tenentes* in lapsu *subsistunt* ... (Turrettini I, IV,9,3). Da dem Sprachgebrauch auch jetzt noch primär sachliche Varianten zugeordnet werden, ist der heute übliche etikettierende Sprachgebrauch nicht nur anachronistisch, sondern auch simplifizierend auf die ihnen vorausliegenden theologischen Konzeptionen angewendet und geeignet, deren Argumentation mehr zu verdecken als zu erhellen.[5]

3.2.2. Außerordentlich auffällig ist das plötzliche, überaus häufige Auftreten von *irresistibilis* bei Arminius im Jahre 1596 (Arminius 792–794.797–799) und nach 1598 (ebd. 695.750.753.757) in Manuskripten und mündlich vor der Öffentlichkeit 1608 (ebd. 122), mit welcher Neubildung (denn woher sollte er dies Kunstwort damals übernommen haben?) er mit einem Schlage die etablierte Prädestinationslehre eines *absurdi* (ebd. 797a.695b) schuldig als unhaltbar vom Tisch zu fegen beabsichtigt.

Schon bevor diese Äußerungen bald nach seinem Tode gedruckt bekannt wurden, irritierte er Gomarus in deren letztem Gespräch 1609 „wegen der Zweideutigkeit des Wortes ‚irresistibel'". Gomarus unterschied daraufhin, ohne Arminius' Vorgabe aufzugreifen, zwischen dem „Werk Gottes allein" und „ob aber dazu zugleich unser Wille mitwirken müsse. Das erste bejahte, das zweite verneinte er" (Wijminga XIII f.). 1611 zeigt sich J. Cameron (s.u. 3.7.), wohl aufgrund der „Remonstranz" der Arminianer vom 14. Januar 1610 (BSRK 854 Anm. 1), damit bekannt: „Mir blieb das sophistische Geschwätz *de potentia resistibili et irresistibili* nicht verborgen" (Camero 533a). Zutiefst irritiert zeigte sich noch David Pareus (1548–1622) in seinem großen und glänzenden, in Abwesenheit am 4. März 1619 in Dordrecht verlesenen Gutachten (Acta Synodi nationalis 235–270) von der terminologischen Strategie der Remonstranten: „Von dieser Wirkungsweise leugnen sie, daß sie irresistibel sei; im [Haager] Gespräch [1611] nennen sie sie ‚resistibel': diese Termini klingen schrecklich und barbarisch, ja fehlerhaft. Barbarisch sind sie, weil ... auch an den Hochschulen der Orthodoxen, ich weiß nicht, ob auch der Jesuiten, unerhört. Ich habe nicht alle Jesuiten gelesen; Bellarmin ... hat sie nirgends, soweit ich weiß; so scheint [vermutet Pareus richtig] Arminius' Partei sich die hochgestochene *unwiderstehliche Gnade* als grandiose Kurzformel ihrer Sache, der Wahrheit ein übles Ansehen zuzufügen, ausgedacht zu haben ..., als lehrten die Orthodoxen eine Zwangsgnade oder einen Zwang" (ebd. 256). Noch 1632 lehnte Pierre Du Moulin (Petrus Molinäus, 1568–1658; vgl. TRE 15,624,32–44) die ‚Zuflucht' zu diesem ‚Kinderschreck' ab: „Nun handelt es sich nicht um die Unwiderstehlichkeit, sondern um die schließliche Unüberwindlichkeit (*insuperabilitate*)" (Du Moulin 527). Gemeint sei, im Sinne der Dordrechter Canones (BSRK 856, Nr. 8), daß Gott des Menschen anhaltenden Widerstand durchgreifend überwindet (also nicht vergewaltigt): „eine Notwendigkeit, mit der Gott die Herzen so lenkt, daß sie von sich aus mitgehen (*sponte sequantur*)" (Du Moulin 527), Zug um Zug, bis zur (überzeugten) Aufgabe jedes Widerstandes. Doch geht die Ablehnung der Termini *Resistibilitatis et Irresistibilitatis* zurück: Wiewohl sie F. Turrettini „weniger geeignet" erscheinen, „sind wir doch gezwungen, sie ad hominem zu gebrauchen" (Turrettini II, XV,6,3). So wie der Anonymus, der Turrettinis *Elenchtik* mit der *Dogmatik* Leonard van Rijssens (ca. 1636 – ca. 1695) 1690 zusammenarbeitete (vgl. Mahlmann, Art. Rijssen), dies, Turrettinis Einfluß verbreiternd, aufnahm (Summa theologiae didactico-elencticae XIII, nach Th. 18), wächst die Rezeption, so daß z.B. Stephan Vitus (1687–1736) *irresistibilis* 1726 J.L. von →Mosheim gegenüber häufig unbefangen benutzt. Das tat aber auch schon das Bremer Gutachten für Dordrecht (Acta Synodi nationalis [2. Zählung] 240), wie J.J. →Rambach bereits bemerkte (Rambach 1503)!

3.2.3. Der in diesem Zusammenhang zunehmend gebrauchte Begriff *Semipelagiani* tritt wahrscheinlich erstmals bei Gabriel Vázquez (1549–1604) auf.

Da Vázquez den Begriff vermutlich 1588 noch nicht gebraucht (vgl. Stegmüller, Prädestinationslehre 1300 mit Anm. 24.27f.) – wie auch wohl sonst kein Theologe –, der Begriff aber 1595 bei ihm vorliegt (Imprimatur der Erstausgabe seines Thomas-Kommentars), ja *subinde* (ständig) gebraucht wird, nämlich kurz „für die Reste der Pelagianer", d.h. die *Massilienses*, die *vulgo Semipelagiani nuncupantur* (Vázquez, Disp. 89, Nr. 23; ferner: Disp. 88, Nrn. 19.23; Disp. 89, Nrn. 27.32.34–36.38–40.58.60.64–66.70.72.120; Disp. 91, Nrn. 11.13.14.16.24.27 [*Semipelagianismum*]. 31.33.41.52.54.57.61.71.77.89f.101), sind die Behauptungen F. Loofs' (RE^3 18 [1906] 192,45f.59–193,5; ihm folgt noch 1941 E. Amann: DThC 14/2 [1941] 1796, Otto Weber 1962 [Grundlagen der Dogmatik II, 472] und Evans 1996 [s.o. S. 111, Z. 37f.]) widerlegt. Offensichtlich Vázquez folgend spricht Arminius etwa 1600 von der *tota cohors Pelagianorum et Semipelagianorum* (Arminius 638a). Und 1608 bestätigte er als seine vorher schon vom Katheder vertretene Meinung, „man könne alles, was uns nicht gefällt, unter dem Vorwand des ‚Pelagianismus' verurteilen, falls man für jeden auch kleinsten Bruchteil davon ‚Semipelagianismus' erdichten dürfe", obwohl man doch „fragen könne, ob ‚Semipelagianismus' nicht ‚das wahre Christentum' sei" (ebd. 179b; welch scharfsinnig-sympathische Beurteilung des unter diesem Titel 1605–1607 viermal erschienenen Buches J. →Arndts!). Diese 1611 gedruckte Äußerung dürfte den jungen Begriff unter den Protestanten populär gemacht haben. 1653 bereits ist der Sprachgebrauch ohne Erklärung auch kirchenamtlich selbstverständlich (DS 2004). Vázquez sieht übrigens, daß „nicht wenige Scholastische [ältere] Lehrer es mit den Semipelagianern halten ... Aber man kann auch nicht wenige jüngere Theologen finden, die diese Meinung vertreten" (Vázquez, Disp. 91, Nrn. 59.61.65).

3.3. Arminius verwendete wie schon viele Vorgänger zur Begründung seiner Prädestinationsauffassung die Theorie von Gottes Vorhersehen des (beharrlichen) Glaubens der (deshalb) Erwählten und der Verwerfung der (beharrlich) Ungläubigen, unter denen sich Baro (s.o. 2.7.) ausdrücklich auf die Melanchthon-Schule (oder die *Lutherani*, wie man zu dieser Zeit zu sagen beginnt [s.u. 3.5.][6]) berief.

In den 1590er Jahren war das möglich. Doch hatte noch 1567 M. →Flacius Illyricus völlig selbstverständlich und unwidersprochen behauptet: „Die aber die Bezeichnung ‚Präszienz' auf im Menschen vorhergesehene Qualitäten beziehen, durch welche der Herr zum Erwählen oder Verwerfen gebracht wird, wie Glauben und Unglauben, Beharrlichkeit oder Abfall, gute oder böse Werke: die sollen wissen, sie seien so töricht und unerfahren, daß sie nicht einmal einer Widerlegung bedürfen" (Flacius 960 s.v. *praedestino et praedestinatio*). Noch im Einklang damit hat zwar M. →Chemnitz 1574 grundlegend die „Distinktion" zwischen Präszienz und Prädestination wieder eingeführt (Chemnitz, Handbüchlein 103f., danach die →Konkordienformel: BSLK 1064f.; Chemnitz, Loci 148f.), aber jener in bezug auf diese kein Objekt gegeben (wiederum danach die Konkordienformel: BSLK 1066,17f.; 1068,23; 1070,8–11; 1076,1 [„also"].8f.; 1079,28–45; 1080,3–7).

Der Sinn einer solchen Unterscheidung ist stets nur, einerseits zu sichern, daß Prädestination etwas logisch und zeitlich Vorhergehendes (letztlich nie ein Nachfolgendes, was Prädestination – wie bei den Sozinianern [→Sozzini/Sozinianer], ebenfalls seit den 1590er Jahren – uneigentlich macht) ist; andererseits sagen zu können, daß zwar notwendigerweise eben das geschieht, wovon Gott zuvor bis ins letzte Detail weiß, daß es geschieht, dies aber eben deshalb nicht gezwungen, weil als nur gewußt nicht verursacht, geschieht, zwar nicht anders als wie gewußt geschieht, aber doch hätte anders geschehen können, doch von Gott dann so gewußt wäre (was Luthers und Calvins ‚Gott will, was er weiß, und er weiß, was er will' ausschließt). In die Definition der Prädestination selbst wird diese Distinktion weder bei J. →Heerbrand (vgl. Adam 154f.) und J. Andreae (also noch nicht einmal im Jahre 1586) noch bei Nikolaus →Selnecker (vgl. Söderlund 101) und T. Heshusius, auch nicht bei Chemnitz (vgl. F.H.R. v. Frank, Die Theologie der Concordienformel, Erlangen, IV 1865, 302.326) einbezogen (s. die aus Johannes Pandocheus, der sich dieser Neuerung entgegenstellt, zitierten Stellen bei Vitus 555–557; 536.544; ferner ebd. 525 [Brenz]); *occulta quidem causa esse potest*, sagt Heerbrand (mit Augustin) 1569 (Disputatio de electione et praedestinatione divina, Th. 78: Heerbrand 201; offensichtlich mit Kenntnis Calvins: CR 36,315), aber benannt wird so etwas nie. Beza hält 1586 Andreae die Behauptung *praevisam fidem ... causam esse praedestinationis* als falsch vor, aber Andreae nimmt sie nicht als wahr an: *Fides ... est ... Spiritus S[ancti] opus*, kommentiert er (Acta Colloquij 518). Dagegen findet sich diese Rezeption ausdrücklich bei Ä. →Hunnius seit seiner ersten Veröffentlichung von 1585 (TRE 15,705,19–21), wo es bereits heißt: „Wir sagen, die Prädestination oder Erwählung sei Gottes ewiger Vorsatz, kraft dessen Gott ohne jede Rücksicht (*sine ullo respectu*) auf menschliches Verdienst ... festiglich zu retten beschlossen hat alle die, welche er als ... künftig Glaubende (*credituros*) ... zufolge seiner Zuvorerkenntnis gesehen und vorher gewußt hat (*iuxta praecognitionem suam vidit ac praescivit*)" (Ä. Hunnius, Opera V, 209, Th. 5). Diese Definition unterscheidet sich von Ä. Hunnius' völlig ausgereiften Darstellungen der 1590er Jahre nur dadurch, daß in diesen die Wendung *respectu* nicht mehr nur negativ verwendet wird (ebd. 233 [13.11.1597] Th. 38), die Wendung *intuitu fidei* auftritt (ebd. Th. 39) und die Präszienz an den Anfang der Definition gerückt wird (vgl. Adam 156–158). Typisch für Ä. Hunnius ist auch, daß er wie offenbar andere Zeitgenossen die Differenz von Gottes *voluntas antecedens* und *consequens* aufgreift und ausbildet und so eine konsequente Verbindung zwischen der Universalität des Heilswillens Gottes und der Partikularität der Prädestination herstellen kann, da „das zweite nur die concrete Anwendung des ersteren" ist (wie K. von Hase 183 dies ganz in Ä. Hunnius' Sinn ausdrückt; denn auch Johannes Wigand [1523–1587] sieht es so: *Posterior igitur propositio est paulo plenior declarans priorem* [Schlüsselburg 205; undatiert]; der lateinische Schulgrammatiker Joachim Lange faßt das zweite *tanquam exemplum* zum ersten *ut regula* [Lange 369]). In seinem Hauptwerk über Providenz und Prädestination behauptet Ä. Hunnius 1596 weder wie Samuel Huber[7] jene Universalität auf Kosten der Partikularität noch wie die „calvinistische Sekte", vertreten durch Daniel Tossanus (1541–1602), diese auf Kosten von jener. Eine neue Theologengeneration übernimmt die Fassung von Ä. Hunnius, wie schon zwei Jahre nach Andreaes Tod 1592 bei dem Württemberger Stephan Gerlach (1546–1612) zu sehen ist (vgl. Adam 101); trotz terminologischer und sachlicher Bedenken, die anfangs (Gerhard, Disputatio; weitgehend aufgenommen: ders., Loci 10) und immer erneut (Johannes Musäus 1668; Vorarbeit 1646) diskutiert werden, wurde Ä. Hunnius' Darstellungsweise „für die ganze Orthodoxie vorbildlich" (Söderlund 66). Da Ä. Hunnius alle anderen Elemente reformatorischer Tradition beibehielt und mit den neuen Elementen systematisch verknüpfte, kann man sagen, daß er die Position der Konkordienformel konsequent weiterentwickelte und dabei auch Luthers Intentionen der *Behandlung* der Prädestination nicht verfälschte. Der von der Konkordienformel *gemeinte* Sinn war aber Ä. Hunnius' Lehrtypus nicht.

3.4. Eine vergleichbare Entwicklung vollzieht sich in der nachtridentinisch-römischen Theologie.

Um hier die verheerende Schwierigkeit zu beseitigen, daß die Verwerfung, sofern sie unvermeidliches Begleitmoment der Prädestination als Erwählung ist, ohne Grund im Verworfenen ist (so wie die Erwählung gnadenhaft ist), vertrat erstmals Franz von Toledo (Tolet[us], 1532–1596; 1593 erster Kardinal aus dem Jesuitenorden [→Jesuiten]) während seiner Lehrtätigkeit in Rom 1562–1567, „daß Gott verwirft wegen der bösen Werke und daß er prädestiniert wegen der vorhergesehenen guten" (Le Bachelet, Prédestination I, 4; vgl. Tromp 335). Tolet griff damit eine Ansicht auf, die, wie sein Hörer Bellarmini zugibt, „dreihundert ... Jahre in der Kirche geduldet worden sei" (Le Bachelet, Auctarium 110; Tromp 333 Anm. 1), obwohl Tolet sie, wie er ausdrücklich sagt, „gegen den Heiligen Thomas, Scotus u.a." vertritt. Natürlich bestritt Tolet damit, daß er Prädestination und Reprobation damit begründet, was Gott „vorhersah", nicht, daß nicht Gott der letzte Grund von allem ist: „Der nächste Grund der Prädestination sind die vorhergesehenen guten Werke, der erste Grund ist dennoch allein Gottes Wille“ (Tromp 334f.). Diese Ansicht wurde 1565 im Sinne einer Präzisierung der Lehrstatuten des Jesuitenordens kritisiert („Eine Ursache der Prädestination unsererseits gibt es nicht“ [Le Bachelet, Prédestination I, 5]), ein solcher Satz 1586 auch aufgenommen (ebd. 60), und Tolet vermied, seine Ansicht im Druck zu vertreten. Aber sie trat in dem Vorspiel des sog. Gnadenstreites in Löwen (vgl. TRE 21,420,3ff.) als Zensurierung von Sätzen von Leonard Lessius (1554–1623) wieder auf. Bellarmini kritisierte 1588: „Die These der Erwählung zur Herrlichkeit aufgrund der Vorhersehung der Verdienste scheint mir falsch und reichlich neu (*satis nova*) ...“ (Le Bachelet, Bellarmin 199), ließ sie aber gelten, wenn sie nur *pro electione ad gloriam* verstanden wird und nicht auch bezüglich *electionem ad gratiam et gloriam*, denn *diese* „hat keine Ursache“ (Le Bachelet, Auctarium 49f.; ders., Prédestination I, 54f.) menschlicherseits. Diese Differenzierung faßte Johannes Deckers (1560–1619) in Douai 1591 als „jene doppelt genannte Erwählung (*Duplicem illam quam dixi electionem*)“ (ebd. 87); Gabriel Vázquez spricht in gleichem Sinn öfter von *duplex illud genus electionis* (Vázquez, Disp. 89, Nr. 47); sie wird dann schulmäßig, so 1610 bei Lessius: „Doppelt ist die Prädestination, vollständig oder unvollständig. Das vollständige Heil ist die tatsächlich erlangte selige Schau. Unvollständig ist die Gnade der Rechtfertigung“ (Lessius 375).

Eine Wendemarke der Diskussion bedeutet das Erscheinen der *Concordia* von L. de →Molina, in der Molina das Konzept der *scientia media* nicht erstmals, aber unter diesem neuen Namen 1588 einführt.

Nach Molina erkennt Gott außer allem logisch Möglichen (*scientia simplicis intelligentiae* oder *naturalis*) und dem, was er verwirklicht (*scientia visionis* oder *libera*), auch noch eine Klasse von Ereignissen, die geschehen würden, wenn er bestimmte Bedingungen herbeiführte, aber nicht notwendig geschehen müssen, weil sie kontingent im strengen Sinne, d.h. freie Handlungen von Menschen sind: die *futuribilia* im Unterschied von den *futura* (Gott weiß: die Bewohner von Kegila *hätten* David ausgeliefert, *wäre* er dort geblieben; aber das trat nicht ein, da David diese Lage vermied [I Sam 23,12f.]). Sieht Gott voraus, daß ein solches mögliches künftiges Ereignis nicht eintritt – die freie Entscheidung anders ausfällt –, so verwirklicht er diejenige Ordnung der Dinge, die dem entspricht, d.h. reicht dieser Entscheidung simultan sein schöpferisches und providentielles Wirken dar. Gottes *praescientia media* denkt Molina als komprehensiv, d.h. sie umfaßt *alle* kohärenten Ereignisserien, in denen ein künftiges Ereignis geschehen würde oder nicht, und Gott verwirklicht die, in der geschieht, was er frei geschehend voraussieht, falls er sie verwirklicht. Diese Sicht erlaubt Molina einerseits die „wirksame Gnade“ (*gratia efficax*) als vom Konsensus des Menschen Abhängiges zu fassen (denn das Vorher*wissen* des Tuns eines anderen verursacht es nicht), andererseits die Souveränität Gottes vollständig zu wahren, denn Gott allein *verwirklicht* die Gesamtereignisserie der Natur- und Gnadenordnung, in der er vorhersieht, daß *dieser* beharrlich auf die Gnade eingeht, *jener* nicht (für welche Verwirklichung auch Molina auf den Willen Gottes allein zurückgreift; sie kann nicht weiter erklärt werden). Da Molina tridentinisch lehrt, daß aufgrund der Gnade Verdienste erworben werden (oder nicht) und Gott ebendies unfehlbar vorhersieht, lehrt Molina die Prädestination *post praevisa merita*. Nur so sieht er den allgemeinen Heilswillen Gottes, die Freiheit des Menschen und die Gerechtigkeit Gottes auch gegenüber dem Verworfenen (der wegen seiner *demerita praevisa* rechtmäßig verurteilt wird) gewahrt. Die Neuheit dieser Prädestinationslehre, deren Konsequenzen 1610 von Lessius gegen erheblichen Widerstand (Le Bachelet, Prédestination II) zur Lehre von der Prädestination *propter praevisa merita* voll entwickelt werden, wird vor allem daran deutlich, daß Molina eine Prädestination *ante praevisa merita* – die Position von Thomas – ablehnt. Nach Molina und den konsequenten Molinisten ist die mit einer Ablehnung jeglicher Ursache der Prädestination menschlicherseits notwendig verbundene Annahme einer *praedeterminatio physica* Gottes (zur Begriffsgeschichte erstmals klärend: Hübener) mit allen obengenannten Gesichtspunkten unvereinbar. Dennoch meinte er, an der Gratuität der Berufungs- und Rechtfertigungsgnade festhalten zu können, da er das Prinzip bejahte: was *Gott* weiß, geschieht unfehlbar.

Molinas Theorie der *scientia media* wurde als Lösungsmöglichkeit für sonst schwer zu beantwortende Fragen weithin akzeptiert.

Es war wesentlich Bellarminis Vermittlung zu verdanken, daß Molinas Lehre von Papst Paul V. (1605–1621) 1607 nicht verurteilt wurde, obwohl auch Bellarmini Molinas Konzeption ablehnte: „Denn die Prädestination aufgrund der vorhergesehenen Werke kann nicht verteidigt werden, wenn nicht etwas Gutes im gerechten Menschen gesetzt wird, wodurch er vom Gottlosen unterschieden wird, das er nicht von Gott hat“, gegen die ganze Tradition (Bellarmini, Controversia ... de gratia et libero arbitrio, l. II, c. 14: ders., Opera omnia IV, 321). Francisco →Suárez nahm die *scientia media* 1590 an (Stegmüller, Gnadenlehre 22; vgl. ebd. 5 Anm. 6), lehnte aber die von Molina postulierte umfassende Erkenntnis Gottes als unmöglich ab. Denn (streng) kontingente Handlungen „sind aus sich unsicher, und folglich kann für sie kein Grund solcher Erkenntnis bestehen ..., denn, wie die göttliche Macht nicht machen kann, was nicht machbar ist, so auch die göttliche Kenntnis nicht wissen, was aus sich nicht wißbar, noch ein sicheres Urteil abgeben über das, was in sich grundsätzlich unsicher ist" (Suárez, Opuscula II, l. I, c. 8, § 5: ders. 328). Suárez löste diese Schwierigkeit dadurch, daß er Wenn-dann-Sätze (hypothetisch Gewußtes) als determiniert entweder wahr oder falsch betrachtet – dies aber weiß Gott. Suárez ist daher in der Lage, eine diesem Wissen entsprechende *praedeterminatio physica* und also auch eine Prädestination *ante praevisa merita* mit dem Theorem der *scientia media* zu verknüpfen (vgl. Stegmüller, Gnadenlehre 32f.; vgl. 6.17.22).

Bellarmini konnte erklären, daß der Gegensatz in der Sache geringer sei als in den Worten und Konzeptionen (Le Bachelet, Auctarium 109). Das ist richtig, da nicht nur jeder Dominikaner, sondern auch jeder Jesuit eine ungeschuldete erste Gnade bezogen auf die Prädestination zur Gnade und jeder römisch-tridentinische Theologe eine Prädestination zur Seligkeit aufgrund oder mittels vorhergesehener Verdienste, nie ohne solche, vertritt[8] und bis zum heutigen Tage nicht nicht vertreten kann, ohne das →Tridentinum und damit die Identität der römischen Kirche aufzugeben. Auch wenn die klassische Denktradition nur noch etikettiert sowie das *Wort* ‚Verdienst' vermieden wird, erweist sich etwa G. Kraus in seiner Prädestinationslehre nur als ‚Molinist ohne Molina' (Kraus 308.335.337–339.343–345).

3.5. Die gerade mit der Position der Molinisten verbundene Lehre von der Prädestination *post* (wenn nicht sogar *propter*) *praevisa merita* ist zwar mit der reformatorischen Theologie unvereinbar, wie sie denn auch ausdrücklich gegen *Lutherani aut Calvinistae* (Stegmüller, Gnadenlehre 44) entwickelt wird. J. →Gerhard bezeichnet sie als *gravioris momenti controversiam* und stellt dagegen: „Die Erwählung zum Heil ist nicht geschehen aufgrund vorhergesehener Verdienste, sondern allein aufgrund der Gnade Gottes", und fügt hinzu: „Wir leugnen nicht nur, daß gute Werke *Verdienste* sind, sondern auch, daß sie *Beweggrund* (*rationem motivam*) der Erwählung sind" (Gerhard, Confessio [1637] 496f.; ebd. [1679] 1421). Aber auch die Lutheraner vertreten seit Ä. Hunnius eine ähnlich *strukturierte* Position: die Prädestination *ex praevisa fide*. Diese Tatsache sicherte der Theorie Molinas eine im 17. Jh. deutlich zunehmende Attraktivität.

Die Voraussetzungen dafür waren bereits vorhanden. Schon Chemnitz hatte, ausdrücklich Luthers Sicht historisch relativierend (Chemnitz, Loci 160; vgl. Hägglund), die Sicht wieder eingeführt, daß „zur Definition des Vorherwissens eigentlich weder Wirken noch Billigen des Vorherwissenden gehört noch auch Notwendigkeit oder Kontingenz" (Chemnitz, Loci 149b); im Gegensatz zu Providenz *praescientia simpliciter notitiam significat* (ebd. 148b). Diese Präszienz ist wohl infallibel (ebd. 149a/b), wie Chemnitz mit Berufung auf →Boethius sagt (ebd. 153b), stellt aber trotz dieser Schwierigkeit einer anscheinend unvermeidbaren Notwendigkeit das mögliche Maximum an Potential zur Lösung von Aporien bereit, und das „muß uns genügen, wennschon wir nicht alle Argumente, die aus der Präszienz scharfsinnig-spitzfindig geknüpft werden, auflösen können" (ebd. 149a). Molina wird erst langsam bekannt; auch J. Gerhard kennt ihn 1611 bei der Behandlung der Präszienz Gottes noch nicht. 1625 dagegen erwähnt er nebeneinander „*scientiam* naturalem ..., liberam et mediam" (Gerhard, Exegesis, c. II, § 244), was er Martin Becanus (1563–1624) entlehnt, ohne aber damit irgendetwas anzufangen, vermutlich auch zu wollen. Johannes Hülsemann (1602–1661) streitet 1648 einer *scientia media* von bedingt Gewußtem noch die Existenz ab (Hülsemann IV, Suppl. 5–8), da Gott „nicht Gott wäre, wüßte er dies nicht", d.h. Gott eine *determinata praecisa et aeterna ... notitia, sive scientia* zukommt, benutzte jene aber trotzdem, um die Prädestination von früh verstorbenen Kleinkindern behaupten zu können (ebd. XV, Suppl. 10)! Dagegen anerkennt Johann Konrad Dannhauer (1603–1666) 1649 eine *scientia media seu conditionata* (Dannhauer, Hodosophia [^{2}1666] III [E]; [^{4}1713] 113f.) oder erklärt sie für „zulässig" (ders., Hodomoria 762f.) angesichts der Schriftaussagen, ja erklärt weiter, „so können wir im Artikel von der Prädestination, so wie der Wille Gottes betreffs der Rettung aller Menschen bedingt ist, so auch von einer bedingten Präszienz sprechen" – im Blick auf die Annahme der Gnade im Glauben und die Perseveranz darin gelte, daß „Gott vorher wußte, daß du prädestiniert bist" (ebd. 763). Noch weiter geht A. →Calov 1655: „Ohne dieses [mittlere, bedingte] Wissen wird nicht gut (*commode*) die Erwählung aufgrund vorhergesehenen Glaubens erklärt werden können"

(Calov 524), eine Aussage, die fast wörtlich bei David Hollatz (1648–1713) wiederkehrt (Hollatz I,1, qu. 41: 1707, I 366; [5]1735, I 286; [7]1750, 257); ganz gegensätzlich zu G. Voetius, der sagt: „Zu reinigen ist ... der göttliche Verstand von der monströsen Scheußlichkeit bedingten Wissens" (zitiert nach Schertzer § 73), findet Calov: „Aber wir sehen nicht, wie dies die erste Ursache unziemlich beschränken sollte" (Calov 551). Das bedeutet den vollständigen Sieg über die Einwände, die Johannes Micraelius (gest. 1658) noch 1650 „mit den Calvinisten gegen die Jesuiten" erhob und die mit Wilhelm Leyser (1592–1649) darauf hinauslaufen, daß zwischen der *voluntas Dei concludens* und *simplicem suam intelligentiam ... tertium in Deo non datur* (zitiert nach Quenstedt I, 316f.); was die Reformierten, obwohl den Dominikanern zustimmend (W. →Ames: Hübener 1220 Anm. 60), bei den auch unter ihnen vorhandenen Befürwortern bedingten Wissens Gottes (Gomarus [s.o. 3.1.]; Antonius Waläus [1573–1639]; Ludwig Crocius [1586–1655]) keineswegs verleugnet sehen (zusammenfassend: de Moor I, 660). Johannes Andreas Quenstedt (1617–1688) konnte sich 1685 mit solchen Einwänden nicht mehr durchsetzen, obwohl er mit starken Gründen urteilt. Er lehnt ein *Principium Jesuiticum, Praedeterminatisticum, Calvinisticum* ab, nicht nur weil er das mit den beiden letzteren verbundene absolute Dekret ablehnt, sondern mit dem ersten – in auffallender Nähe zu wie Ferne von Voetius, der darin „das Asyl aller Pelagianisierenden" sieht – „Semipelagianismus" in die von ihm an sich bejahte Prädestination *ex praevisa fide* hineininterpretierbar sieht (Quenstedt I, 289f.314–318). Die Zukunft sollte ihm recht geben. Denn angesichts dieser Lage, sagte Hollatz, „stellen wir unbedenklich fest, *der Erwählungsratschluß* sei *absolut oder unbedingt*" (Hollatz III/I,2, qu. 12: 1707, II 78; [5]1735, II 55; [7]1750, 632), nämlich – so analysiert H. Lüdemann treffend – „weil Gott den Menschen zum Heil nicht prädestiniere, *falls* er glaube, sondern *weil* er wisse, *daß* er glauben werde. Allein dadurch wird ja die Abhängigkeit des göttlichen Wirkens von etwas *ohne* ihn Geschehendem nur noch verstärkt, gerade je mehr Gottes *Wissen* sich dabei als unfehlbar erweist" (Lüdemann 431).

3.6. G.W. →Leibniz erweist sich der nun unübersehbaren ‚Falle', in die Hollatz wider Willen unvermeidlich steuert, gewachsen. Der Stand der von ihm vorausgesetzten Diskussion ist umfassend repräsentiert schon in der Doktordissertation seines Leipziger Lehrers Johann Adam Schertzer (1628–1683) von 1666. Aber wo Leibniz sich mit „dem Gegenstand der Gnade und Prädestination" befaßt (Leibniz, Théodicée, Préface [25]), vertritt er die ihm eigene Metaphysik der prästabilierten Harmonie als „un seul décret total".

Leibniz radikalisiert „die Frage" nach „der Ordnung der Dekrete Gottes untereinander", indem er deren immer schon akzeptierte logische Gleichzeitigkeit auffaßt als Festlegung Gottes auf, „verglichen mit anderen möglichen Folgen" der Dinge, *eine* „ganze Folge zugleich, deren Dasein er nur beschließt", in der wie in jeder möglichen anderen „alles miteinander verknüpft" ist (ebd. I,84). Leibniz beruft sich hier nur auf die Konkordienformel (vgl. BSLK 1068,24–31; 1070,18–25; 1077,6–9), zeigt aber deutlich, daß er dabei eine Synthese von Ä. Hunnius (den er ebd., Préface [32] mittelbar, in seiner Autobiographie direkt nennt [TRE 15,706,43f.]) und Molina (den er ebd. I,39–41 nennt und dessen Behauptung einer Klasse streng kontingenter Ereignisse er ablehnt [ebd. I,41.43]) vollzieht. Leibniz bevorzugt deutlich das mit seiner Theorie der Prästabiliertheit nichtmolinistisch („il n'y a jamais *d'indifférence d'équilibre*" [ebd. I,46; ders., Causa Dei 88]) gedeutete Luthertum (Leibniz, Théodicée, Préface [35]; ders., Causa Dei 105), bei nur leiser Distanzierung von Luthers *De servo arbitrio* (ders., Discours préliminaire 45.49f.; III 280 [unter Berufung auf V.E. →Löscher (vgl. Martin Greschat, Zwischen Tradition und neuem Anfang, Witten 1971, 370 Nr. 57)] und 338), keiner von Calvin, stärkerer von Beza (Discours préliminaire 49; I,79; II,158.164.178.182.238f.; III,338). Bei aller Nähe auch zur Terminologie der römischen Theologen spricht Leibniz von seinem „décret antérieur" und „superieur" bezogen auf „la foi vivre" (Préface [25]), in welch typisch protestantische Formulierung ein verdienstliche Werke einschließender Glaube nicht hineingelesen werden darf; denn urreformatorisch behauptet Leibniz, „wenn Gott mit eben dem, der nach der Erneuerung ohne Todsünde war, ins Gericht gehen würde, könnte nicht einmal dieser sich überhaupt schützen außer er hält [Gott] die Genugtuung Christi entgegen" (Aloys Pichler, Die Theologie des Leibniz, München, I 1869 [Nachdr. Hildesheim 1965] 378). Da Leibniz somit implizit Prädestination mittels vorhergesehener Verdienste ablehnt (vgl. Préface [35]!), fällt er unter das entsprechende Anathema des Tridentinums, dessen Aufhebung er umgekehrt zur Minimalbedingung der Rückkehr der römischen in die Eine Kirche erklärte.

3.7. John Cameron (Johannes Camero, 1580–1625) und Moyse Amyraut (Moses Amyraldus, 1596–1664) – der jenen Schotten, seinen Lehrer, als *summus hoc nostro saeculo theologus* (Swinne 1; Moltmann, Prädestination [1953/54] 285 Anm. 72) bezeichnete, beide Professoren an der Akademie Saumur (vgl. TRE 15,623,38–624,21) – zeigen, wie den zuvor dargestellten verwandte Gedanken auch in die →Reformierte Kirche eindrangen und sich in ihr, wenigstens in Frankreich, bis zur endgültigen Vernichtung des Reformiertentums seit 1685 behaupten konnten, ja durch eine nochmalige Variation, bei Amyrauts Nachfolger Claude Pajon (1626–1685) eine Wendung zum eigentlichen Deismus nehmen (Schweizer, Centraldogmen II, 576.593), dem Leibniz bezeichnenderweise seine Zustimmung versagte (Leibniz, Nouveaux Essais IV,18 am Ende; vgl. ders., Théodicée I,41).

3.7.1. Camerons erste erhaltene Äußerungen, die erst 1628 aus handschriftlicher Überlieferung postum publizierten *De triplici Dei cum homine foedere theses* vom 4. April 1608 (nach der Überlieferung eine Privatarbeit [Swinne 30f.]; deren Echtheit zu bestreiten, besteht jedoch kein Grund) und die vier Briefe an Louis Cappel aus den Jahren 1610–1612 (Camero *2[v], **4[v]; 543–551.529–535 [daraus im folgenden alle Zitate ohne Stellenangabe]), zeigen deutlich, daß Cameron sich mit Arminius und – dem von ihm noch gegen *Socini horrenda deliria* in Schutz genommenen – Konrad „Vorstius" (1569–1622) auseinandersetzt und dabei seinem Freunde *haeresi Lutheranae proximum videtur*, was die Bekanntschaft mit der Theoriebildung seit Ä. Hunnius offensichtlich voraussetzt. Cameron wehrt sich, ohne Namen zu nennen, deutlich gegen die ‚herrschende' reformierte Lehre: „Wir sind in Zeiten geraten, in denen man nicht einmal in der Lehr-Methode ‚von denen, die für Säulen gelten' [Gal 2,9], abweichen darf" (von André Rivet 1648 herausgestellt: Rivetus 881a). Cameron setzt voraus, „daß ein Natur-Bund mit prinzipiell allen Menschen geschlossen worden ist" des Inhalts, „daß der Mensch Gott gibt, was ihm zusteht", ein Verhältnis, das nach Cameron „völlig aus der vorhergehenden (*antecedente*) Liebe Gottes hervorgeht" und sich „in der Gegenliebe (*mutuo amore*)" des Menschen „erfüllt" (*Amor Dei ... consequens*), die Cameron auch als *fides naturae* oder *naturalis* oder *fides in persuasione de amore Dei* bezeichnet. Genau diese Grundstruktur bleibt auch beim „Gnaden-Bund" erhalten: „*Foedus gratiae* ist der, in welchem Gott unter der gestellten Bedingung des Glaubens (*proposita conditione fidei*) an Christus Sündenvergebung ... und ewiges Leben verspricht". Vom schlechthin universalen Natur-Bund gibt es „Schritte (*gradus*)", von der „Kindheit ... zum Reifealter", die über den „*Hilfs*bund" des alttestamentlichen Gesetzes zum „Gnaden-Bund" führen. „Aber dies vollzieht (Gott) nicht gleichermaßen. Denn den nur vom Natur-Licht Geleiteten reicht er dies [Urverhältnis] wegen der im menschlichen Geist eingewurzelten (*insitam*) Ignoranz oberflächlich dar; die aber, die im Wort Gottes dies Natur-Recht (*ius naturae*) lesen oder niedergeschrieben hören, drängt er heftiger, am allerheftigsten aber bei denen, deren Geist er mit einzigartigem Licht durchdringt, daß sie es klar sehen." Cameron lehrt eine die Prädestination durchdringend machende, vollstreckende Glaubens-‚Psychologie' des Überzeugtwerdens, „und so, sozusagen, seitens der Überzeugung wirksam (*ex parte ipsius persuasionis, efficaciter*), daß nicht Zustimmung im Verstand, Gehorsam im Willen nicht folgen kann" (Camero 744b [1624]). Da dies als pures Überzeugt*werden* erlebt wird „und hierbei kein Mitwirken menschlicher Kräfte eintritt, kein Zusammenwirken von Gnade und freiem Willen" (ebd. 332a [1618]), kann Cameron durchsichtig machen, wie es vom Universalen zum Partikularen kommt – gegen Arminius. Wie Arminius jedoch lehnt Cameron eine Verwerfungslehre ab, gegen die man sagen müsse, daß „Gott aber doch weder einen Unschuldigen verdammt ... noch einen ihm eigenen Haß verständlich machen (*commendare*) oder Menschen aufzwingen (*imperare*) kann". Die Schwierigkeiten, welche die Prädestination der Gotteslehre bereitet, werden aber, im Unterschied zu denen des Bekehrungsvorgangs, bewußt ungelöst gelassen und in den uns, nicht Gott selbst, unklaren Hintergrund gedrängt: „Also Gottes Freiheit hängt entweder von seinem Wesen oder [seiner] verborgenen (*occulta*) Weisheit ab, deren *ratio* (die bei ihm aufs Beste [*optime*] besteht) uns allzu oft entgeht." Ein altes reformatorisches Motiv dringt neugestaltet wieder vor. „Wir handeln vom offenbarten Willen Gottes im Evangelium, jene [!] nehmen Zuflucht zu einem verborgenen (*arcanum*) Ratschluß Gottes." Cameron gibt zwar zu, daß er für den Grundwiderspruch seiner Lehre keine Lösung hat, bestreitet aber eine solche nicht: „Die Unendlichkeit (sozusagen) Gottes macht, daß, was uns widersprüchlich (*pugnantia*) vorkommt, in Gott sich nicht ausschließt." So lehrte Cameron also: „Das Geschenk wird hier als allgemein (*commune*) vorgestellt, die Wirksamkeit des Geschenkes nach der hinzugefügten Bedingung des Glaubens auf wenige eingeengt." Cameron glaubte daher, seine Lehre sei mit der Dordrechter Orthodoxie vereinbar; er bekannte sich auf eine von André Rivet verfaßte Anfrage der Leidener Fakultät vom 31. Januar 1622, die beanstandet, er dürfe „nicht nur metaphorisch" Gott als *causalitatem* bezeichnen, in seiner Antwort ausdrücklich zu den *Synodi Dordracenae Canones* (Camero 709f.).

3.7.2. M. Amyraut, der material nichts anderes lehrte, wie sein großartiger theologischer Entwurf der *Theses de tribus foederibus* zeigt, erregte mit seiner eigenen Version seit 1634 eine langanhaltende Kontroverse, die jedoch persönlich 1648 beigelegt wurde und sachlich mit einem friedlichen Nebeneinander der differenten Verständnisse der Prädestination endete (Mahlmann, Art. Rivet 431), da auch der Versuch der Zurückdrängung, mit einer „Konsensusformel" nur in der Schweiz 1675 unternommen, das Jahrhundert nicht überdauerte (Mahlmann, Art. Pictet 587f.).

Amyraut wollte nach eigener Bekundung die Bedenken eines (späteren) Konvertiten zur Reformierten Kirche gegen ihr Verständnis der Prädestination beheben (Armstrong 80–82) und, offensichtlich irenisch gesonnen (Stauffer), einen Mittelweg zwischen den Parteien gehen (Moltmann, Prädestination [1953/54] 292f.). Er wandte sich nicht nur (wie Cameron) indirekt gegen andere Autoritäten, insbesondere Bezas „méthode particulière" (Armstrong 158–160.86f.100.188), sondern versuchte seine Lehre ausschließlich mit Calvin zu stützen – das Vorbild aller bis in die Gegenwart vergeblich unternommenen Versuche, Calvin und Beza auseinanderzureißen. Andererseits zeigt Amyraut keine Berührung mit der Theorie von Chemnitz und Molina (s.o. 3.4. und 3.5.), sondern lehrt wie alle Reformierten: „Kein Vorhersehen eines Ereignisses wird ja dem Beschluß vorhergehen, von dem es abhängt" (Armstrong 203.217; vgl. Moltmann, Prädestination [1953/54] 300 Anm. 143). Um die Tatsache abzuschwächen, daß er einen allem vorhergehenden, an Glauben gerichteten und dadurch „bedingten" Heilswillen Gottes annimmt, betonte Amyraut, mehr als Cameron, den bloß methodischen, die partikulare Personen-Prädestination nicht ausschließenden, vielmehr infolge der Sünde, der Verblendung des Unglaubens sie geradezu herbeiführenden Charakter seiner Lehre. Den ‚Umbruch' im Willen Gottes, den er damit, im Widerspruch mit Gottes Unwandelbarkeit, lehrte (Armstrong 202), schwächte Amyraut ab, indem er den nur „anthropopathischen" und der Lehrweise der Gegner der Reformierten sich nur „akkommodierenden" Charakter seiner Lehrweise behauptete (Moltmann, Prädestination [1953/54] 298 Anm. 139) und die Rede von der Prädestination „in allgemeinerem Sinne", die mit der natürlich erkennbaren Providenz Gottes in der Natur zusammenfiele, und das Sprechen von einem „gleichermaßen" allen Menschen zugedachten Heilswerk Christi seit 1637 vermied. Gottes allgemeinen Heilswillen betrachtete er gleichwohl als das grundlegend bleibend vorgeordnete Konzept. Er bestritt mit dem von ihm gelehrten ‚Knick' „vom Wollen zum Nicht-Wollen" Gottes (Armstrong 202) nicht, daß „jenes *geheime* göttliche Dekret" existiert, so wie, „wenn man den Willen Gottes an sich betrachtet", dieser „völlig unveränderlich ist" (ebd. 218.202). Dachte Amyraut dies damit zusammen, daß Gottes Zuwendung zur Menschheit doch als „universale Handlung mehr, sozusagen, mit der Natur Gottes übereinstimmt als die partikulare" (ebd. 206), so leugnete Amyraut wiederum, daß „das Wesen Gottes an sich oder seinem Sein nach ... erfaßt werden könne" (zitiert nach Rivetus 899a; vgl. Moltmann, Prädestination [1953/54] 290); es sei „ausschließlich *per eventum* ... bekannt", und man müsse „a posteriori" vorgehen, wovon auch die Erwählten keine Ausnahme machen (Armstrong 218). Moltmann (Prädestination [1953/54] 287) charakterisiert Amyrauts Denkform treffend als „Aposteriorimus" und „Eventualismus" (ebd. 286) der „unzähligen Spekulationen im Irrealis" (ebd. 287).[9] Von Amyraut führen Wege ins 18. Jh.

Amyraut – nicht aber Cameron – gehört zu den besterforschten Theologen der Orthodoxie (Bericht: Armstrong 276–287). Das kann damit erklärt werden, daß Amyraut wohl am stärksten den ‚Umbruch' erfaßte, der etwa in I Kor 1,21 formuliert ist.

3.7.3. Die Schule von Saumur führt seit 1719 den Namen „Cameroniten" (Swinne 19–21.263f.), gelegentlich auch *Cameroniani* (Buddeus 1318f.); aber Guillaume Rivet spricht schon 1648 von *Cameronianis, eoque etiam Amyraldianis novitatibus* (Rivetus 911a); seit 1622 wurden diese zunächst als *novatores* (Swinne 22.267.132), seit 1693 als „New Methodists" (ebd. 22.268) bezeichnet; André Rivet sprach aber bereits 1648 von *novae, quam vocant methodi, fautores* (Rivetus 888b; vgl. 881f.) und Guillaume Rivet von *Methodici* (ebd. 909a). 1648 heißt es bei A. Rivet, Amyraut *princeps est hypotheticorum* (ebd. 880b), und die *Salmurienses* (ebd. 884a) werden im gleichen Jahr von den Brüdern häufig *Hypothetici* genannt (ebd. 884a.889b.891b.909a). Matthias Nethenus (1618–1686) stellt schon 1645 *D[octorum] Absolutorum sententiam*, d.h. auch die seines Lehrers Voetius, *opposita Hypotheticorum* (*sententiae*) dar (Disputationis theologicae de concursu Dei determinante, an determinabili?, sectio prima, passim). Diese Bezeichnung ist noch im 18. Jh. üblich (z.B. Buddeus, Isagoge, Reg.). Die Bezeichnung *Universalismus hypotheticus* (*conditionatus*) kommt wohl zuerst 1720 bei Salomon Deyling (1677–1755) in der zweiten Auflage seiner *Observationes sacrae* (I ^{2}1720, 686 [687]) vor.

3.7.4. Der Widerstand der Reformierten Orthodoxie ist am knappsten, klarsten und kraftvollsten von Friedrich Spanheim d.Ä. (1600–1649) in seiner *Disputatio theologica de gratia universali* vom 25. Mai 1644 (mit Amyrauts Erwiderungen 1646 Grundtext von Spanheims weitläufigen *Exercitationes de gratia universali*) zusammengefaßt, die sogleich mit der „Aussage" beginnt, „diese allgemeine Gnade sei ein blendender *Name*, eine bezugslose *Sache*, denn sie stimmt weder mit der Schrift überein noch mit Gottes Heilsveranstaltung, noch kann sie, sei es a priori, sei es a posteriori nachgewiesen werden". Die außerordentlich überlegte Abgrenzung gegen „manche sonst orthodoxe Theologen, die" aus einem an sich „frommen" Motiv „den Umfang der Gnade weiter ziehen (peripheriam *gratiae latiorem ducunt*)", „doch die ‚Mitte' (*centrum*)" reformatorischer Lehre „mit uns festhalten", bei der auch Spanheim selbstverständlichen Annahme einer „Schöpfer-Gnade", kann hier nicht weiter verfolgt werden.

4. Das 18. Jahrhundert

Das 18. Jh. sieht sich vor den fest gewordenen konfessionellen Positionen, „und die Sache läst sich nicht füglich mehr ändern", bemerkt Israel Gottlieb Canz (1690–1753) (Canz VI, 6).

Zu beachten ist, daß S. von →Pufendorf einzig dem Lehrtypus der Lutherischen Kirche („in deren Lehre ich bis zum Tod zu verharren entschlossen bin" [Pufendorf § 61]), zuspricht, naturrechtlich verteidigungsfähig zu sein: Gott *vult salvare homines in certo ordine, ut moralitati locus esse possit* (ebd. § 78 u.ö. ähnlich), was er dem *axioma* seines reformierten Antipoden Pierre Jurieu (1637–1713; vgl. TRE 15,626,23–35), der „Distinktion zwischen Gottes gesetzgebendem (*legislativam*) und beschließendem (*decretivam*) Willen", abspricht. Typisch ist auch Pufendorfs alle vorangegangenen (Religionsgespräche in Leipzig 1631, Kassel 1661, Berlin 1662/63) wie europaweit verstärkten gleichzeitigen und folgenden Versuche immer noch präjudizierende Behauptung, eine „Union" sei hier und nur hier, wo sich der Gegensatz „durch fast das ganze System der Theologie ausdehnt" (ebd. § 64; vgl. § 62), ausgeschlossen, und doch sei Toleranz nur gegenüber der römischen Kirche nicht möglich (vgl. Detlef Döring, Pufendorf-Studien. Beiträge zur Biographie Samuel von Pufendorfs und zu seiner Entwicklung als Historiker und theologischer Schriftsteller, Berlin 1992 [Hist. Forschungen 49] 86f.95–97.131.140f.).

Ohne den für Pufendorf typischen Gedanken der *moralitas*, aber doch die *meditationes practicas* betonend, in diesem Sinne „der Heilsordnung Raum" gebend, verteidigt auch Christoph Matthäus Pfaff (1686–1760) ausdrücklich den lutherischen Lehrbegriff – im Rahmen einer (formal reformierten) Dekretenlehre – gegen die brandenburgischen Theologen Samuel Strimesius (1648–1730) und Barthold Holtzfuß (1659–1717), „die man Universalisten nennt" – „wiewohl sie das absolute Dekret vertreten", genau betrachtet „auch heute damit hervorkommen". Doch scheint Pfaff fast alles, was über die „universale Gnade Gottes" hinausgeht und irgendwie auf „Verteidigung des Partikularismus" hinausläuft, für „Wortstreit" zu halten, so daß er eine „Kircheneinigung" der Protestanten erwartet (Pfaff, Institutiones II, 1). In seiner Doktordissertation hatte Pfaff nämlich schon 1717 voneinander unterschieden: die *Supralapsarii*, d.h. die *praecipui inter Reformatos antiquiores theologi*, von denen es jetzt nur noch „sehr wenige" gebe; die *Infralapsarii*, zu denen „die meisten unter den Reformierten Theologen" gehörten; schließlich die *Universalistae*, und diese „entweder hypothetische oder absolute" (hier haben wir die vollständige übliche Terminologie). Zu den letzteren rechnet er „vornehmlich die [oben genannten] Brandenburgischen und die Hessischen Theologen aus den deutschen Reformierten". Die „jüngeren" von diesen nun sieht er der erstmals von Johann Christoph Schomer (1648–1693) 1682 in England beobachteten, von diesem so genannten „latitudinarischen Semiprädestination" nahekommen, die Ambrosius Catharinus (1484–1553) bereits 1541 und 1551 vertrat, jedoch *neben* der auf „‚sehr wenige'" bezogenen Prädestination, die aber jetzt einige „verbessern, die glauben, alle Menschen gleicherweise würden durch eine hinreichende und allgemeine Gnade ... bekehrt und gerettet". Von dieser Position sagt Pfaff, sie komme der lutherischen „ganz nahe, so daß die Festigung eines Konsensus aller Reformierten Theologen darin zu wünschen wäre, der die bisher so sehr erstrebte Union der Protestantischen Kirchen wunderbar weit fördern würde" (Pfaff, Dissertatio 115f.; vgl. 102.117f.).

J.F. →Buddeus behandelt die Prädestination trotz ausgedehnter historischer Erörterungen mit ungebrochenem systematischem Interesse im lutherischen Sinn (Buddeus, Institutiones V, 2). Er ist sich deutlich des Problems bewußt, daß zwar „der Glaube von Gott selbst im Menschen hervorgebracht wird", aber der Widerstand „sei etwas Kontingentes, dessen Abhängigkeit von göttlichem Dekret nicht behauptet werden könne; aber nichts spricht dagegen, daß Gott diesen nicht vorhersieht" (ebd. § 7, letzte Anm.). Wird hier das Problem noch in herkömmlicher Weise bewältigt, so klingt etwas Neues an, wenn der Grundsatz, „daß Gott etwas unter Einschluß einer Bedingung entscheidet", deswegen als „nicht abwegig" erklärt wird, „weil daraus nichts anderes folgt, als daß er die von ihm festgesetzte Ordnung völlig frei und höchst weise (*sapientissime*) wahren will; daß das Gottes unwürdig sei, wird doch niemand leichthin behaupten" (ebd. II, 1, § 31, Anm. ***).

Dieser vom ungenannten Leibniz mit inspirierte Gedanke wird dann mit einer bis ans Ende des Jahrhunderts reichenden Wirkungskraft mit Leibniz ausdrücklich „aus dem *principio rationis sufficientis*" erstmals 1734/35 bei Siegmund Jakob Baumgarten (1706–1757) tiefer fundiert: „Es kan keine Wahl ohne hinreichenden Grund geschehen: folglich kan auch der götliche Rathschlus nicht ohne denselben geschehen" (Baumgarten I, 946). Sogar der Reformierte Johann Friedrich Stapfer (1708–1775) setzt das als in dem alten Gedanken der *causa impulsiva* enthalten voraus (Stapfer I, 90). Von nun an sind alle lutherischen Theologen überzeugt, über das durchschlagende Argument gegen ein unbedingtes Dekret zu verfügen, was zu einer sichtlichen Stabilisierung des Konzeptes der Prädestination *ex praevisa fide* führt. Der seit Johann Friedrich König (113f.115f.) viel benutzte, in Röm 8,28f. vorgebildet gesehene „Schluß" aus *πρόθεσις* (Grundsatz), *πρόγνωσις* (Fall), der die Prädestination (im präzisen Sinn) ergibt, wird nun, in Weiterbildung des immer schon nur diskursiv als unvermeidlich betrachteten *ordo decretorum*, mit Leibniz als „nur ein ein[z]iger Rathschluß" (Canz VI, 9.11 u.ö.) verstanden, der als solcher eine unendliche Zahl von Relationen besitzt; oder umgekehrt: jedes Einzelne wird von Gott „nicht nur an sich gesehen, sondern auch in seinen Zusammenhang (*suum systema*) gebracht, d.h. unter jeder möglichen Beziehung (*quacunque relatione possibili*) betrachtet" (Schubert, Institutiones [1753], 251.272) – eben das aber heißt, „wenn er etwas entscheidet, beurteilt er das als das Beste (*optimum*)" (ebd. 784).

Die Theologen dieser Schule sind sich wie ihr Vorbild Leibniz (Causa Dei 142.144) darüber im klaren, daß dieser eo ipso Vertrauen verdienende Ratschluß Gottes dessen undurchschaubare, Abhängigkeit begründende Tiefe eher verstärkt; sie wissen andererseits, daß sie mit ihrer Annahme, daß „Gott seine Wahl nach Bedingungen abfasset, die er nicht selbst würcket" (Canz VI, 79), zugleich eine Instanz – die Zurückweisung – einführen, die problematisch ist, ohne die aber der Prädestination „doch eine moralische Unmöglichkeit entgegenstünde" (Schubert, Institutiones [1753], 790). Canz bezeichnet jene als eine nur negative „Natur-Bedingung, welche in unserer Macht (aber o elende Macht, die nichts als schaden kann!) stehet, mit der Gnaden-Bedingung nicht würcken, sondern nur nicht gegen arbeiten soll" (Canz VI, 79), und versucht sich so der „fürchterlichen ... Verwirrung" (ebd. 78) zu entziehen, die der Gedanke des gottgewirkten Glaubens verursacht.

An diesem Punkt sind die reformierten Theologen nicht zu widerlegen – gleichwohl ist, wie J.D. →Michaelis feststellt, „der unbedingte Rathschluß Gottes ... jetzt aber von dem grössesten Theil derselben aufgegeben" (Michaelis 235). Samuel Werenfels (1657–1704) schon gestand ein, er habe für das Dilemma, daß Prädestination verbunden mit →Perseveranz logisch Sicherheit, Verwerfung umgekehrt Hoffnungslosigkeit nach sich ziehe, „bisher keine Lösung gefunden, die mich ganz zufriedenstellte" (Werenfels 278–280; undatiert), und Jean-Alphonse Turrettini (1671–1737) erklärte bereits 1711: den Mk 16,16 formulierten Grundsatz *scire, de Dei decretis satis scire est* (Turrettini, Cogitationes I, 13 = ders. , Opera I, 9). Schließlich stellte z.B. Samuel Endemann (1727–1789) fest, es sei „richtig ..., daß Gott um eines nur subjektiven Grundes willen nichts entscheidet", womit er – abgesehen davon, daß die Reformierten „die üblicherweise angeführten objektiven Gründe mit Recht zurückweisen" – ein *decretum absolutum* als „widerlegt" betrachtet (Endemann § 53.60). Für Samuel Mursinna (1717–1795) bereits liegt diese klassische Lehrform „schon lange zurück"; sie beruhe „auf Mißbrauch der Philosophie wie mancher Schriftaussagen"; sein Leser „darf überzeugt sein, daß Gott nur Gutes über ihn beschlossen habe, falls er sich bei Erfüllung aller seiner Pflichten die geschuldete Mühe gibt" (Mursinna § 154).

Im achten Jahrzehnt des 18. Jh. werden dem kirchlichen Lehrbegriff die exegetischen Grundlagen möglichst entzogen: „Wahl" wird erklärt als „Gefallen an etwas haben", „erwählen" als „lieben", das „Versehen" von Röm 8,29 als „Wohlgefallen", übertragen von Israel auf die (Heiden-)Kirche. Wilhelm Abraham Teller (1734–1804) deutet die Konsequenz für das Konzept vorzeitig-ewiger und individueller Prädestination ironisch an: „Wir müssen auch glauben, daß" neutestamentlichen Autoren „ihr Sprachgebrauch besser bekannt war, als daß sie etwas anders, ohne ihre weitere ausdrückliche Erklärung, hätten dabey denken sollen" (Teller 89f.; vgl. 193–195.456.465.466f.).

Johann Salomo →Semler zieht erstmals die Konsequenz: „Man kan jetzt, bey besserer Auslegung, die ganze Abhandlung von einer Prädestination wegfallen lassen, indem sie aus lateinischen sehr ungegründeten Betrachtungen zusammen gesetzt worden ist" (Semler 282). Schubert wunderte sich schon 1753, wie unausgeglichen in Daniel Wyttenbachs (1706–1779) Dogmatik von 1747 und 1749 das, was „mehr den Prinzipien unseres Autors entspricht", neben dem steht, „was mehr den Lehren der Reformierten Kirche entspricht" (Schubert, Institutiones [1753] 785f.; vgl. 790–794). Semler zog auch in dieser Hinsicht nur offen die Konsequenz. Da also *cum formula barbara error gravissimus* in die Kirche eindrang, beschränkt sich Johann Christoph Döderlein (1746–1792) auf bloße Worterklärungen, aber daß der Heilswille Gottes *praevisione divina nititur*, vertritt er weiterhin, da er „glaube, die Präszienz Gottes werde mit gewichtigen Argumenten verteidigt“ und schließe Freiheit nicht aus, setze „vielmehr ihren Gebrauch voraus“: die Prädestination läuft darauf hinaus, „wie (jemand) sich den Heilsbedingungen anpaßt“ (Döderlein § 85 Obs. 4; § 96 Obs. 3 [richtig: 2]; § 296 Obs. 3). Heinrich Philipp Konrad Henke (1752–1809) lehrt zwar gegen Ende des Jahrhunderts noch *De decreto divino circa hunc mundum*, aber ganz unspezifisch, „wenn schon nicht einsichtig ist, warum nicht dies alles ... eher der ... göttlichen Vorsehung unterzuordnen ist“, in welche sich also die nicht einmal namentlich mehr auftretende, stillschweigend zu den *fanaticas opiniones* gezählte Prädestination gänzlich auflöst (Henke § 50.113), was Julius August Ludwig Wegscheider (1771–1849) aufgreift und zum Grundsatz überhöht: „Die ganze Abhandlung der göttlichen Gnade (‚Ihre Konsequenz führt auf absolute Prädestination‘ [Karl Hase]) wird richtiger auf die Lehre von der göttlichen Vorsehung zurückgeführt“ (Wegscheider § 152). Samuel Friedrich Nathanael Morus (1736–1792) bezweifelt wenigstens, ob dem Zeugnis, „Gott sei uns mit seiner Liebe zuvorgekommen“, überhaupt irgendwelche Grenzen gezogen werden können; durch „Gottes Wort“ gezogene Grenzen erkennt er aber an, indem er den Problemstand in lauter Fragen so resümiert:

„Wer mag also wohl bey einiger Bescheidenheit zu bestimmen wagen, warum diese Kenntniß diesen gar nicht, andern nicht früh genug, andern zu spät; warum sie nicht mehrern in einem Zeitalter zu Theil wurde? Wer möchte wohl bey ruhigem Nachdenken darüber im Ernste glauben wollen, es sey Bestimmung Gottes gewesen, daß sie die, die sie nicht bekamen, nicht bekommen sollten, oder Gott habe es gar verhindert, daß sie ihnen nicht zu Theil wurde? Wer möchte wohl nicht erröthen, wenn er steif und fest behaupten wollte, so gar alle hätten, außer der natürlichen Religion, einigen Antheil an dieser Heil bringenden Gnade, auch ohne Gottes Wort Antheil genommen; so gar alle hätten einige Kenntniße, die sie zur Kirche Gottes hinleiten könnte; oder in allen Weltgegenden wäre Gottes Wort wenigstens eine Zeitlang bekannt gewesen, nachher aber in Verfall gerathen. Was geht aber dies (gesetzt es wäre auch bekannt gewesen), ihre Nachkommen an, die es doch nicht kennen? Soll es also um dieser ihrer zukünftige Glückseligkeit geschehen seyn, die ohne ihre Schuld keine Kenntniß davon hatten? Soll es darum, weil sie keine Kenntniß davon hatten, um sie geschehen seyn? Gott wird niemanden nach der Kenntniß, die er nicht hatte, sondern nach der, die er hatte (Röm. 2,12), beurtheilen. Sollte für die, die der natürlichen Religion gemäß, ein tugendhaftes Leben führten, ihr tugendhaftes Leben einst ganz fruchtlos seyn, da sie doch unsere Religion nicht kannten?“ (Morus 126.128; dt.: 118 f.).

Karl Friedrich Stäudlin (1761–1826) erörtert „die Prädestinationslehre“ pro wie contra, um dann zu schließen, gerade in der „Lehre von einer absoluten Prädestination ... sind zugleich Keime einer bessern Lehre enthalten, namentlich in dem, was von Gottes Gerechtigkeit und Liebe gegen alle Menschen und davon gesagt wird, dass jeder nur nach dem ihm anvertrauten Pfunde und dem ihm gegebenen Geseze gerichtet werden soll. Und so giebt das Christenthum auch hier seine Perfektibilität zu erkennen“ (Stäudlin 525 f.).

Nicht im englisch-amerikanischen, aber im deutschen und niederländischen Sprachbereich verebbt die Diskussion; die letzte große lutherische Monographie klassischen Stils ist die Schuberts von 1754, die letzte reformierte bzw. arminianische stammt von Johann Jakob Hottinger (1652–1735) aus dem Jahre 1727 und Johannes Drieberge (gest. 1746) aus dem Jahre 1745.

5. Das 19. Jahrhundert

5.1. F.D.E. →Schleiermacher setzt 1819 voraus, daß „die meisten Reformirten die kalvinische Prädestinationslehre schon aufgegeben hätten“ (Lehre 219,32 f.) und „daß der Streit über diesen Gegenstand wie eingeschlafen schien“ (ebd. 149,38 f.), aber sich „seit den neuesten Unionsversuchen“ (ebd. 150,5 f.) wiederbelebt habe, und erklärte in seiner ersten material-dogmatischen Veröffentlichung, schon vor der „Glaubenslehre“ (1821/22, § 136–139; ²1830/31, § 117–120), „wie nothwendig es ist ..., ihn noch einmal durchzufechten“ (Schleiermacher, Lehre 162,11 f.13).

Er greift „nicht allein den strengen Pelagianismus ..., sondern alle die verschiedenen Abstufungen“ davon (ebd. 173,36f.) in der damals herrschenden Lehre (*Pelagius enim ... recte docuerat* ...: Wegscheider § 146) an. So wie schon J.D. Michaelis (s.o. 4.) vertrat: „So bald man die(..) übernatürliche Gnade nicht annimt, fällt auch mit ihr der ganze unbedingte Rathschluß weg“ (Michaelis 393), so stellte K.G. →Bretschneider (Aphorismen) die Alternative auf, „entweder mit der Lehre von der göttlichen Gnade auch die strenge Augustinische [kalvinische (Schleiermacher, Lehre 151,29)] Lehre von der Gnadenwahl anzunehmen, oder mit Pelagius auch die Lehre von der Gnade aufzugeben“ (ebd. 161,19–21). Während Bretschneider lehrt, „daß die göttliche Gnade und der menschliche Wille die Besserung und Seligkeit gemeinschaftlich schaffen“ (Bretschneider, Handbuch 143f.), greift Schleiermacher, um die „evangelische Grundlehre vom Unvermögen des sündigen Menschen“ (Schleiermacher, Lehre 219,21f.; vgl. 175,8f.) zu retten, die bei Bretschneider zugrunde liegende, jedoch „zum vollen Pelagianismus“ entwickelt gesehene lutherische Theorie der „Widerstandsfähigkeit“ (ebd. 162,29f.20.27) des Menschen als eine „Inkonsequenz“ (ebd. 220,5) an. Da Schleiermacher richtig behauptet, daß nach CA V „die göttliche Vorherbestimmung an die Bewirkung [Schenkung (ebd. 155,25)] des Glaubens gebunden ist“ (ebd. 204,41 f.), folgert er zutreffend, „daß, wer“ bei dieser reformatorischen Position „stehen bleibt, sich der kalvinischen Theorie nicht entziehen kann, wenn er einen geschlossenen Lehrbegriff wünscht“ (ebd. 155,27.29–31). Denn, so Schleiermacher unwiderlegbar, „das Ausbleiben oder [!] Nichtausbleiben der göttlichen Hülfe, das ist eben die göttliche Vorherbestimmung“ (ebd. 157,28–30). Da hilft es nichts zu sagen, so nehme man letztlich „eine grundlose Willkühr in Gott“ an (ebd. 197,13f.; vgl. 197,16; 198,14f.19f.22 u.ö.), „sondern wir spielen in der That die Frage dahin, wo nichts mehr zu fragen ist, und fragen also eigentlich gesagt auch gar nicht“ (ebd. 198,23–25). Doch wenn auch Schleiermacher hinsichtlich der von ihm angenommenen „Schriftlehre“ (ebd. 171,27; 176,20) wie ein Altreformierter argumentiert, ist das Kriterium seiner „überall zugrundeliegenden Metaphysik“ (Bender 507) nicht zu verkennen, nach der „die menschliche und göttliche Causalität ganz in einander aufgehn“ (Schleiermacher, Lehre 222,6f.), „jeder nur der sein kann der er ist“ (ebd. 199,26f.) oder „eine absolute [‚unumschränkte‘ (ebd. 199,25)] Freiheit“ (ebd. 160,23; vgl. 183,24f.; 212,2f.; 222,14), d.i. „ein völlig grundloses Wollen“ (ebd. 185,10) „mit der Natur eines Geschöpfes gar nicht vereinbar ist“ (160,25; vgl. 183,25f.; 199,25f.) und „so weit nur immer ihr Wirkungskreis ginge die Allmacht Gottes ganz zerstörte“ (ebd. 212,3f.). Vielmehr sei „das gleichmäßige [!] Hervorgehen aus dem allmächtigen also auch unwiderstehlichen Willen Gottes“ (ebd. 195,6f.) „der *lezte* Grund bei dem man stehen bleiben müsse“ (ebd. 184,1f.). Auf der Hand liegt der außerordentlich komplexe Zusammenhang, in dem diese Theorie mit →Spinoza und (polemisch) mit Leibniz sowie (Schleiermacher kaum voll bewußt) mit der spät-amyraldistischen Lehre und letztlich (polemisch) Hunnius steht – und so höchst mittelbar mit Calvin, von dem sich allerdings Schleiermacher selbst – eine entscheidende Korrektur! – durch die Nichtannahme „der immer verwirrenden Vorstellung eines besondern göttlichen Rathschlusses in Bezug auf die einzelnen Menschen“ (ebd. 177,26–28) abgrenzt: „Freilich ist die Rede nur von der göttlichen Ordnung nach welcher die Menschen Christen werden oder nicht werden“ (ebd. 181,12–14). Aber auch so ergibt der strenge Begriff der ‚Wahl = Auswahl, folglich auch Verwerfung‘ („in demselben Sinne, in welchem das eine, muß auch das andere gelten“ [ebd. 204,6f.]) – „dieses nimmt die lutherische Kirche eben so gut an als Kalvin“ (ebd. 177,14f.) – einen „Partikularismus“ (ebd. 180,31), und so „bleibt ... ein unauflöslicher Mißklang zurük“ (Schleiermacher, Glaubenslehre 1821/22, § 137), für den Schleiermacher eine „nicht unvollkommene Auflösung“ (ebd. § 137,1) sucht. Er will „nur Einen positiven göttlichen Rathschluß annehmen“ (Schleiermacher, Lehre 204,8), und „ganz richtig ist, daß man die Verwerfung nicht als einen göttlichen Rathschluß ansehn kann“ (ebd. 203,27–204,1f.) – so gibt es für ihn einen Ratschluß, „welcher alles umfaßt, nämlich den Rathschluß über die Ordnung, in welcher die des geistigen Einzellebens fähige Masse allmählig belebt wird“ (ebd. 204,9–11). Diese mit Schleiermachers Grundansicht von der Nur-Existenz relativer Gegensätze, die überall durchscheint, zusammenhängende „Prädestinationslehre“ oder „Erwählungslehre“ (ebd. 174,2.8) ist interpretierend *'Αποκατάστασις πάντων* genannt (J. Müller, Lehre 324 Anm.; Martensen 342.452f.; Vilmar 27f.; Schultz 75) oder auch nur als Auflösung der Kirchenlehre betrachtet worden (Biedermann 608–610; Kaftan [1897] 475 = [$^{7.8}$1920] 507f.). Tatsächlich möchte Schleiermacher – als Unionstheologe Vorläufer der Leuenberger Konkordie – auch nicht mehr erreichen, als daß „die Wurzel des Streits ... bis in die(...) Tiefe der ... ursprünglichen Voraussezungen“ (Schleiermacher, Lehre 163,6f.), also bis zum „Grunde des Unterschiedes in der Behandlung“ (ebd. 155,23f.) verfolgt wird. Schleiermacher wollte das „zur Verwunderung der Zeit“ (Schneckenburger 182). „Aber Schleiermacher hat auf diesem Gebiete die *gegenwärtige* Dogmatik wenig beeinflußt“, heißt es noch 1912 (Stephan 712).

5.2. Es ist kein Zufall, daß bereits Wegscheider Schleiermacher an die schon Augustin zugeschobene ‚Abwegigkeit‘, „eine gewisse göttliche Schicksals*notwendigkeit*“ (Wegscheider § 147 f) heranrückt, bei Bretschneider der Begriff „Fatalismus“ fällt (Bretschneider, Handbuch 142) und sodann (s.o. 1.1.) der erst seit Kant existierende (aber eine lange, unerforschte Vorgeschichte bis zu David Chyträus' *Piae et utilissimae explicationes vocabulorum: necessitatis, determinationis divinae, fati, contingentiae, virium humanarum, liberi arbitrii* von 1565 besitzende) Begriff „Determinismus“ (Wegscheider [§ 66a] nennt: August Ludwig Christian Heydenreich, *Ueber Freiheit und Determinismus und ihre Vereinigung*, Erlangen 1793) auf die Prädestinationslehre Luthers und Melanchthons angewandt wird sowie W. Bender ausdrücklich Schleiermacher „absolute Determination“ zuschreibt (Bender 506.503f.). Seit David Friedrich →Strauß „Determinismus“ als in Schellings Freiheitsschrift von 1809 mit „Prädestination“ verbunden beobachtet (Strauß 363), läßt bis zum heutigen Tage kein Theologe aus, Prädestination durch „Determinismus“ oder auch „Fatalismus“ kritisch zu kennzeichnen. Schon lange vor Albrecht →Ritschl sehen wir bei J. →Müller den „Gegensatz zwischen Determinismus und Freiheitslehre ... in den *Substanz- und Kausalitätsbegriffen der Metaphysik*“ (J. Müller, Verhältniß 365 [= ders., Abhandlungen 169]) verortet und „von der Tiefe der göttlichen Liebe und von der Tiefe der menschlichen Freiheit [dieser ... frei gewinnenden Macht der Liebe (ebd. 362 [= ders., Abhandlungen 167])] alle deterministischen Machtbegriffe“ (ebd. 372 [= ders., Abhandlungen 176]) mit ihrem „Absolutismus“ (ebd. 367 [= ders., Abhandlungen 171]) – dies sei „eine schwere Verirrung der Reformatoren“ (ebd. 370 [= ders., Abhandlungen 174]) – getrennt. Gleichzeitig sucht auch Johann Peter Lange (1802–1884) die Abgrenzung vom „Determinismus der reformierten Theologie“, in dem „dieser Prädestinatianismus sich selbst mißversteht“, im „Begriff der konkreten Freiheit in der Liebe“ (Lange 974.975). „Der von der Persönlichkeit Gottes gesetzten menschlichen Persönlichkeit gegenüber kann Gott sich nur persönlich verhalten“; „die Liebe ... kann ... niemals ... Freiheit verletzen oder gar vernichten“ (ebd. 373.371). Seit Mitte des 19. Jh. geht der Begriff von ‚Gottes ewigem Liebeswillen‘ in Führung und interpretiert den des ‚Heilsratschlusses‘ (Martensen 449 [„Begriff des Rathschlusses der göttlichen Liebe“]; Thomasius 458; von Hofmann 233; Rothe 15; Vilmar 12; Lipsius [[2]1879] 420.438 = [[3]1893] 433.450; Kähler § 254.256.272; Schultz 81; Luthardt, Glaubenslehre 192.196.198; von Oettingen 573; Wendt I [1906] 106 = [[2]1920] 115). Nur der Reformierte Eduard Böhl (1836–1903) wendet ein: „Das thut aber der Absolutheit Gottes Eintrag“ (Böhl 125). Wie schon Lange (963) sieht Kähler „die göttliche Erwählung ... in dem *kirchlichen Dogma* von der Vorherbestimmung verdunkelt“ (Kähler § 251; vgl. § 254), was nachklingt in der Leuenberger Konkordie von 1973 (vgl. Rand-Nr. 24f. mit 19). Die Begriffe „Erwählung“ und „Prädestination“ treten auseinander (vgl. Stephan 712; Kaftan [1897] 475 = [[7.8]1920] 508).

Offen lehrt man nun einen „edleren Pelagianismus“ (Martensen 335). Schon Karl (von) Hase (1800–1890) sprach von „der recht verstandnen Lehre von einer durch unsre Freiheit bedingten Prädestination“ (Hase, Gnosis III, 476) und folgerte aufgrund seiner unvergleichlichen dogmengeschichtlichen Kenntnisse, „dass der Semipelag[ianismus] und Synerg[ismus der Philippisten] das Wahre ahnend auf halbem Wege stehn blieben“ (Hase, Lehrbuch 510), denn „diese furchtbaren Dogmen, Erbsünde und Prädestination“, lassen „das Sittliche nicht zu seinem Rechte kommen“ (Hase, Gnosis II, 179.180). „Die [mittelalterliche] Scholastik ist dieser Wahrheit nahegekommen“ (ebd. 183). Soweit man jedenfalls hierin „nur einen gesunden Zug nach einer höheren Vermittelung dieser Gegensätze erkennen“ (Kahnis II, 179) konnte, konstruierte J. Müller zur Wahrung der „Identität des Menschen *als sittlichen Wesens*“ einen „Anknüpfungspunkt“ (J. Müller, Lehre 319.320.328): ihm „ist in aller Empfänglichkeit etwas Aktives, Mitbestimmendes, und dadurch unterscheidet sie sich wesentlich von dem Begriff ... der bloßen *Passivität*, dem bloßen Bestimmtsein“ (J. Müller, Union 285 Anm.). C.E. Luthardt (1823–1902) billigt gerade J. Müller zu: „Das sind Sätze, welche, wenn irgendwelche, Resultat der bisherigen Entwicklung unsres Dogmas und auch so ziemlich von allen neueren lutherischen Theologen adoptirt sind“ (Luthardt, Lehre 374) – reformierten ebenfalls (Ebrard

I, 390; II, 697f.700.706.708.715: „Conditio sine qua non ist ... die Selbstbestimmung des Einzelnen"; dazu Böhl 539: „das ist Synergismus"; ebenso E.F.K. Müller, Art. Ebrard, Johannes Heinrich August: RE³ 5 [1898] 137,42). J. Müller formuliere „das Programm der herrschenden neueren Theologie, der sog. Vermittlungstheologie, über unsere Frage" (Luthardt, Lehre 376).

Friedrich Adolf Philippi (1809–1882) hatte zur Interpretation der Konkordienformel eine doppelte Distinktion eingeführt: „die Unterscheidung [1] von Nichtwiderstreben und Annehmen, [2] von natürlichem und hinzukommendem Widerstreben" (Philippi [1861] 75 Anm. und 70f.; ²1868, 72f.). F.H.R. →Frank nannte das mit Luthardt (Lehre 311) eine „Möglichkeit ..., sich selbstwollend für das dargebotene Heil zu entscheiden" (Frank II, 338; vgl.344) in dem Sinne, daß der „Glaube ... möglich gemacht ist" (Luthardt, Glaubenslehre [²1906], 210). Ist somit „der Anerkennung einer That der Selbstentscheidung von Seiten des Menschen nicht zu entgehen" (ders., Lehre 309), durch welche „die positive Möglichkeit ... zur Wirklichkeit wird" (ebd. 311.316 f.), so ist es nur konsequent, daß Philippi „dieser ächte [!] Synergismus ... gegen die absolute Prädestination" erforderlich scheint (Philippi [1861] 73; [²1868] 75). „Diese Wahrheit ist es, welche dem Synergismus vorschwebte, der in der lutherischen Kirche an Melanchthon und Strigelius [V. →Strigel] seine Vertheidiger fand", urteilte unumwunden schon Martensen (336). Böhl replizierte: „Ähnlich lautet die römisch-tridentinische Lehre" (Böhl 538; vgl. 475). Ernstlich glaubten lutherische Theologen, „über den falschen und den wahren Synergismus" (Frank II, 340) disputieren zu können; als Carl Ferdinand Wilhelm Walther (1811–1887) u.a. in Amerika seit 1871 diese Konsequenzen des uralten Lehrtropus durchbrachen und den historischen Sinn der Konkordienformel wiederfanden (Söderlund 161–174), erschien dieser für „die", wie man glaubte, „im wesentlichen korrekte Fassung" der Prädestination als „moderner ‚Kryptokalvinismus'" (Zöckler [1884] 704 = [³1890] 131; so auch Rohnert 237f.; schärfer ein Anonymus: „Die ... Lehre der Missourier ist nichts anderes als die calvinische Lehre von der *gratia irresistibilis*" [Anonymus 10a]). Es ist nichts als deutsche Überheblichkeit Amerikanischem gegenüber, die „die unevangelische Gebundenheit dieses Luthertums" behauptet (Frank I, 319). Obwohl diese Theorie, daß „*zwei Stufen* anzunehmen seien, deren erste lediglich Wiederherstellung der *Wahl*freiheit in sich schliesse, während erst die zweite die Auserwählten, welche noch widerstreben könnten, es aber nicht mehr müssten und nicht mehr thäten, positiv zum seligmachenden Glauben bringe", von F.A.B. Nitzsch ([²1896] 583 = [³1912] 709) sowie von R.A. Lipsius (Lehrbuch [³1893] 446) abgelehnt wird und aus der Prädestinationslehre verschwand, findet sie neuerdings modifiziert wieder Befürworter, indem Glaube verstanden wird als „aktive Passivität des Sich-bestimmen-Lassens" (Wilfried Härle, Dogmatik, 1995 [GLB] 515f.); über Gerhard →Tersteegens „Laß mich ... dich wirken lassen" (EG 165,6 [1729] zu Dannhauers Kennzeichnung des Glaubens als „actus *ut sic (grammatice) dicam (revera) passivus*" unter treffender Berufung auf Lk 1,38 und Phil 3,12 (Dannhauer, Hodosophia [²1666] X [O]; ⁴1715, 671) zurückreichend.

P. →Althaus hatte den alten Lehrtypus gänzlich verworfen, denn „Gottes Entscheidung wird abhängig von der Entscheidung des Menschen" (Althaus 624), was den „Sinn des Erwählungsgedankens ... zerstört" (ebd. 608); Althaus läßt beides unerklärt „zusammenfallen" (ebd. 626; vgl. 624.628). E. →Brunner dagegen versetzt die Prädestination entschlossen in die „Dimension der personalen Korrespondenz" (Brunner I [²1953] 346), was heißt, „in der Erwählung ist die Freiheit begründet" (ebd. 336) und mit ihr „der in ihr enthaltene ‚conditionalis divinus'" (ebd. 346; vgl. 364), nämlich daß sie „nur an die eine Bedingung geknüpft ist: dass man ... hört, also glaubt" (ebd. 334). Brunner benutzt das Vorhandensein zweier Wörter, Prädestination neben Erwählung, um nunmehr die These einer „unbewussten Verwechslung von Erwählung und Prädestination" (ebd. 362), die „ein Missverständnis der Erwählung im Sinne der doppelten Prädestination" (ebd. 351f.; vgl. 375) sei, aufzustellen. Was unter Prädestination laufe, „(d)as alles hat mit christlicher Theologie nichts, rein gar nichts zu tun, sondern ist rationale

Metaphysik" (ebd. 350). Das sagt auch Paul →Tillich (Systematische Theologie I, 328). Damit kehren nur von Theologen des 19. Jh. schon inaugurierte Lösungen zugespitzt zurück. Deutlicher „ist" bei Tillich „Gott in seiner Selbstoffenbarung gegenüber dem Menschen abhängig von der Weise, wie der Mensch diese Offenbarung empfängt", und dies sei unvereinbar mit der „Lehre von der Prädestination", da diese genau das Gegenteil besagt (ebd. 75). „Darum muß das Wort symbolisch gebraucht werden zur Verdeutlichung der existentiellen Erfahrung, daß in der Beziehung zu Gott sein Handeln immer an erster Stelle steht ... So gesehen ist Prädestination vollendete Bejahung der Liebe Gottes" (ebd. 328). Sachlich unterscheidet sich auch R. →Bultmann von diesem Lehrtypus nicht, mit dem er die „mythologische Fassung des Erwählungsgedankens ... verwerfen will" (Bultmann 157 f.).

Auffallend einig sind sich alle Theologen auch darin, daß das, was unter Prädestination verstanden wird, wie im Neuen Testament im „Rückschluß" (Kübel 363) gewonnen wird; als *opinio communis* darf gelten die damit zurückgewiesene „falsche Erkenntnissmethode" (Kaftan [1897] 528 = [[7.8]1920] 561), deren „Fehler" Adolf →Schlatter wiedergibt als die wenigstens „(i)n diesem Fall" verkehrte „Meinung, daß das, was unsere Beziehung zu Gott begründe und der Sache nach das Erste sei, auch das Erste für die Lehre und den Glauben sei" (Schlatter [1911] 660 Anm. 316; 520 = [[2]1923] 603 Anm. 294; 475).

Schon Wegscheider wußte (wieder), daß die Texte eben das nahelegen, was der Dogmatiker kritisiert; er erklärt sich das so, daß Paulus „in der Hitze der Auseinandersetzung von jener wahren Meinung ... der Mensch hänge religiös und moralisch von einer höheren Ordnung der Dinge ab ... zu Aussagen, die ‚Partikularismus' atmen, verleitet wurde" (Wegscheider § 145 a). „Die Particularität der Gnadenwahl wird überall im N.T. vorausgesetzt" (Lipsius, Lehrbuch [[2]1879] 425 = [[3]1893] 437); „der Gedanke der (doppelten) Prädestination ... wird meist von der neutestamentlichen Forschung anerkannt" (Stephan 704 Anm. 1), und so ist das auch „heute"; wenigstens „zunächst" (s.o. S. 106, Z. 10). Doch wird mit H. →Cremer exegetisch „eine vorzeitliche Sonderung" in Erwählte und Verworfene (Cremer 567) *durchweg* abgelehnt (F.A.B. Nitzsch [[2]1896] 587; [[3]1912] von Stephan gestrichen, doch sicher nicht verneint), so daß zumindest gilt: „In ihrer älteren Form wird [die Prädestinationslehre] heute von der deutschen Dogmatik nirgends mehr vertreten" (ebd. [[3]1912] 711).

Denn schon von Hofmann behauptete, „die Schrift handelt von geschichtlichem Verhalten, nicht von ewigem Rathschlusse Gottes in Bezug auf Sünde und Sünder" (von Hofmann 236; vgl. 234.238.255.257), es geht um „innerzeitliches, *heilsgeschichtliches* Thun Gottes" (Kübel 364; vgl. Schweizer, Glaubenslehre II/2, 18.20 f.23 f.32.38.45; Schöberlein 156 Anm. 2; Thomasius 458; C.I. Nitzsch [[3]1837] 253 f. = [[6]1851] 295; F.A.B. Nitzsch [[3]1912] 713; Kähler § 496). Richard →Rothe löste die Spannung, daß Paulus und die Paulinen „ganz unzweideutig eine vorzeitliche" (Rothe 17) Erwählung lehren und dennoch „die Erwählung bei Paulus durchgängig (allein Eph. 1,4 scheint damit in Widerspruch zu stehen) ein *zeitlicher* Act Gottes ist" (ebd. 19), so auf, sie sei „kein vorzeitlicher Act, wohl aber ein der geschichtlichen Existenz ... vorhergehender und geschichtlich ... einleitender" (ebd. 18). Deutlich ist der Geschichtsbegriff und das geschichtliche Bewußtsein im Vordringen.

Als Gegenstand der Prädestination motiviert „der berühmte Dogmatiker" Schleiermacher (Lange II, 376) die Aussage, „daß Christus ... der einzige Auserwählte ist ..., weil er für alle auserwählt ist. Die ganze Welt ist im allgemeinen Sinn erwählt in ihm. ... Diese Auserwählung geht der Grundlegung der Schöpfung voraus, weil sie eben das Idealprinzip derselben ist" (ebd. 960.962). Dem folgt Thomasius (457). Auch von Hofmann lehrt eine inklusive Erwählung: „der Einzelne", der „erkoren ist, der ist es als Glied der Gemeinde, die Gemeinde aber ist es in Christo" (von Hofmann 228). Doch gehen die Meinungen auseinander: gibt es für Ritschl nur eine „Erwählung der Gemeinde" (Ritschl [1870] 105 = [[3]1888] 121 und Register) „und nur indirekt auf den Einzelchristen"

(Stephan 713) bezogen, so nach Kähler (§ 258) und mit ihm der „Mehrzahl der übrigen Dogmatiker“ (Stephan 713) eine Erwählung gerade bezogen auf die Einzelnen.

Auffallend selten ist gänzliche Ablehnung der Prädestinationslehre: Kahnis „ist das ganze Dogma ohne allen praktischen Werth“ (Kahnis III, 426), als nur „ein Werk theologischer Doktrin“ (ebd. II, 513); „sie collidiert nicht nur mit einem vitalen religiösen Interesse, sondern auch mit dem reflektierenden Denken“, meint gar Wilhelm Schmidt (314); Lüdemann hält sie für „durchweg rückständig“ (Lüdemann 434), also obsolet.

6. *Das 20. Jahrhundert*

6.1. G. Kraus (22 Anm. 11) hat treffend beobachtet, daß 1936 die Diskussion der Prädestination neu einsetzt. In diesem Jahr erschienen (unabhängig voneinander) K. Barths *Gottes Gnadenwahl*, der Genfer Kongreßbericht *De l'Élection éternelle de Dieu*, der Aufsatz von H. Vogel sowie das Buch des Thomisten R. Garrigou-Lagrange (s. Literatur zu VI.) und die Untersuchung von P. Dumont (s. Literatur zu 3.4.). Zeitlich nahe stehen diesen die systematischen Werke der Protestanten L. Boettner und G. Oorthuys (s. Literatur zu VI.) sowie die historischen Untersuchungen von A.D.R. Polman, P. Jacobs, H. Otten (s. Literatur zu 1.4.) sowie H. Schwamm (s.u. Anm. 8).

6.2. K. →Barth erstrebt und erreicht 1942 eine „Totalrevision des Dogmas“ (Barth 373) „bekannt unter dem Namen der Prädestinationslehre“ (ebd. 11).

Barths „Widerspruch, der hier auch der klassischen Tradition gegenüber einzulegen ist“ (ebd. 13), besteht nicht schon darin, daß „die Erwählungslehre“ – synonym verwendet mit „Prädestination“ und „Gnadenwahl“ (ebd. 169.166; vgl. 126.110.10) – als „die Summe des Evangeliums“ bezeichnet wird (ebd. 1 u.ö. 35.67.98; vgl. 202), denn schon Arminius sagte: *Summa Euangelii est* (Arminius 119b); auch nicht, daß sie „in Christus zu betrachten ist“, denn das erkennt Barth selbst als den „Kanon“ der Konkordienformel an (Barth 65), und Arminius vertritt: *Praedestinatio ... est decretum beneplaciti Dei in Christo* (Arminius 283.284). Neu ist auch nicht „das komprehensive Erwähltsein“ (Barth 125): „Wer immer erwählt ist, der ist es in ihm“ (ebd. 465), nämlich „das durch ihn aufgerufene und verbundene Menschenvolk und erst in diesem Volk die einzelnen Menschen insgemein in ihren Privatverhältnissen zu Gott“ (ebd. 45f.). Das lehrten (von Barth beharrlich verschwiegene) Theologen gerade des 19. Jh. (s.o. 5.2.). Neu ist auch nicht die Behandlung der Prädestination „im Zusammenhang der Lehre von Gott selber“ (ebd. 82) als „der ewigen Selbstbestimmung Gottes“ (ebd. 57; vgl. 192), „die allem Wirken Gottes nach außen vorangeht“ (ebd. 55), und damit die Setzung von „Gottes Wahl“ (ebd. 57) „an die Spitze aller übrigen Lehren“ (ebd. 98). Denn Barth radikalisiert damit nur (ebd. 49.57.82f.84f.94f.135), was er selber als „die *supralapsarische* Konstruktion“ bezeichnet und als „gereinigte“ (ebd. 153) reformierte Lehre favorisiert (ebd. 145.149.150.154.168), da sie das „calvinische Anliegen positiv aufnimmt“ (ebd. 153). Das Neue bei Barth findet sich „im Rahmen der christologisch begründeten Prädestinationslehre“ (ebd. 375), aber auch dort erst in Gestalt einer Schlußfolgerung. Denn daß die „Erwählungslehre ... recht verstanden, in ihrer Wurzel selber christologisch zu verstehen und zu entwickeln ist“ (ebd. 87; vgl. 161f.), soll bei Barth heißen, daß „wir sie ursprünglich und entscheidend als die Erwählung Jesu Christi verstehen“ (ebd. 175). Das ist exklusiv aufzufassen: „Es kann im strengen Sinne nur *er* als erwählt ... verstanden und bezeichnet werden“ (ebd. 46). „Niemand außer ihm, niemand neben ihm ist erwählt“ (ebd. 465). Die Prädestination in dieser „ihrer Identität mit der Erwählung Jesu Christi“ (ebd. 206) hat aber – das ist die erste Neuerung – den Doppelsinn eines *genetivus subiectivus* und *obiectivus*. „Das Prädestinationsdogma ... gliedert sich ... in zwei Sätze, die dahin lauten, daß Jesus Christus *der erwählende Gott*, und: daß er *der erwählte Mensch* ist“ (ebd. 110) oder daß beide „Eines sind“ (ebd. 63). Diese Folgerung aus der Lehre von der ‚Einheit der Person‘ aber ist erst dann verstanden, wenn man mit Barth auch den „Ratschluß Gottes über uns mit dem Ratschluß seiner Selbsthingabe in Jesus Christus identisch“ (ebd. 183; vgl. 339) auffaßt im Sinne einer „Vorwegnahme ... gerade der Versöhnungslehre“ (ebd. 97): die Prädestination „ist der [stellvertretende (ebd. 389)] Tausch, der auf Golgatha geschehen ist“ (ebd. 182) – das ist die zweite Neuerung. Sie ist eine Folgerung aus der ‚Mitteilung der Eigenschaften‘, die auch kein Lutheraner bisher zog. Denn *damit* nun ist Jesus Christus auch „*der* Erwählte und *der* Verworfene in einer und derselben Person“ (ebd. 387), „auf Grund dieses Ratschlusses der einzige wirklich verworfene Mensch sein eigener Sohn ..., um alle anderen Menschen eben darum nicht mehr zu treffen“ (ebd. 350): „in der Erwählung Jesu Christi ... hat Gott *dem Menschen das Erste, die Erwählung ..., sich selber aber das Zweite, die Verwerfung* ... zugedacht“ (ebd. 177). Was die Tradition von Sünde

(II Kor 5,21), Fluch (Gal 3,13), Verlassenheit (Mk 15,34), Tod (Phil 2,6.8) sagt, sagt Barth von der Verwerfung (eine mögliche Konsequenz aus I Petr 2,7?). Person-, Amts- und Ständelehre der Christologie werden ausdrücklich in der Prädestination zusammengedacht: „Wir haben den Begriff des ewigen göttlichen Dekretes ... interpretiert durch die Hauptsätze der Christologie: von der Einheit und Verschiedenheit der göttlichen und menschlichen Natur, von der Erniedrigung und Erhöhung, vom prophetischen, hohepriesterlichen und königlichen Amt Jesu Christi" (ebd. 357).

Mit der in dieser Weise in „die Erwählung Jesu Christi" zusammengezogenen Prädestination „steht und fällt" nun Barths „Auffassung der doppelten Prädestination" (ebd. 191). Barth versteht „Prädestination als ... eine *doppelte*, eine praedestinatio *gemina*" (ebd. 217.176), deutet aber mit eben diesem Reizbegriff den „Begriff der Prädestination" (ebd. 169) neu. Doppelte Prädestination besagt jetzt: ‚Erwählung' ist Nicht-Verwerfung. Ihr korrelierte ‚Verwerfung' aber ist nicht ‚Nicht-Erwählung', sondern ‚Verwerfung der Nicht-Erwählung' (ebd. 182–184.499). Dies ist keine bloß tautologische Operation, weil es „die Drohung einer Negation bedeutet" (ebd. 177), „weil die Erwählung dann in derselben Wucht und Notwendigkeit zur Nicht-Erwählung, zur Verwerfung der widerstehenden Welt werden muß" (ebd. 27), die Barth ontologisch halb metaphorisch, halb eigentlich interpretiert als „Schattenexistenz" (ebd. 499.12.185; vgl. 99.131.180), „eine Art Existenzmöglichkeit (des *Unmöglichen*) und Existenzwirklichkeit (des *Unwirklichen*)" (ebd. 185). Auch bei Barth stehen die Verworfenen schließlich wieder da: „Wie die Glaubenden ... *die Erwählten* ‚sind' [!] ..., so ‚sind' [!] die Gottlosen ... die *Verworfenen*, sofern sie doch nun auch ... den Tod des einen Verworfenen, Jesu Christi, darstellen, wiederholen und abbilden" (ebd. 382; vgl. 397).

Von hier an verläuft Barths Prädestinationslehre wieder auf schon gebahnten Wegen: einem *decretum absolutum* wird mit dem Luthertum (ebd. 75.77) Existenz abgesprochen (ebd. 111.124.154.172.183.358.367.373); es wird – eine Neubildung – durch das „*decretum concretum*" (ebd. 108.173) ersetzt: „Der ewige Wille Gottes ist die Erwählung Jesu Christi" (ebd. 157). Das heißt *nicht*, daß Barth „mit den strengen Vertretern der Überlieferung" nicht logisch abstrahiert auch „die Prädestination ... als *ewige* ... Bestimmung über die Zeit und alle ihre Inhalte" (ebd. 168) anerkennt, d.h. als „Absolutheit ... der freien Liebe" (ebd. 200), Freiheit der „Selbstbestimmung" (ebd. 57.98) „des Wohlgefallens", so daß „diesen auch der Prädestination vorangehenden ewigen Willen Gottes in Abrede zu stellen" (ebd. 169) Barth sich nicht zugeschrieben sehen will. Gott ist souverän, nicht „für in sich selbst an die Welt gebunden zu halten" (ebd.).

Prädestination als „Urgeschichte" (ebd. 6.7) oder „Urentscheidung" (ebd. 53.54f.82.98.110.114; ähnlich 138.151f.) wird platonisch als „Urbild, Modell oder System" (ebd. 7; vgl. 457), als „der Anfang aller Dinge, die ewige Realität" (ebd. 151), „das Prinzip und Wesen alles Geschehens überhaupt" (ebd. 201; vgl. 210.234), „ewige Geschichte" (ebd. 202) und „das ewige Prius" (ebd. 353) Gottes bezeichnet. Dies ist „seine [rechte (ebd. 35)] [offenkundige (ebd. 190)] Ordnung" (ebd. 11) oder „das Grundgesetz" (ebd. 55; vgl. 200f.), „der Plan" (ebd. 112) – was alles aber „nur als Akt" (ebd. 198) existiert, „konkrete Geschichte ist" (ebd. 202; vgl. 152), „das gegenwärtig *offenbare* Geheimnis aller zeitlichen Geschichte" (ebd. 204). „Dann und von da aus ist der Satz von der aktuellen Prädestination selbstverständlich" (ebd. 211; vgl. 205). Mit dieser „Grundwahrheit gegenüber jeder Gegenwartssituation" (ebd. 324) fällt die alte These von „Symmetrie und Gleichgewicht" (ebd. 246.187; vgl. 154.191.358f.) von Erwählung und Verwerfung einschließlich der des *numerus certus praedestinatorum et reproborum*: „Wir können ihre Zahl darum nicht für eine geschlossene halten, weil wir in Jesus Christus den Grund zu einer solchen Beschränkung jedenfalls nie finden werden" (ebd. 467), „in welchem" „(k)einer ausgeschlossen ist" (ebd. 215), so „daß von einer Unterscheidung von Erwählten und Nichterwählten innerhalb der Gemeinde der an Jesus Christus Glaubenden nicht die Rede sein kann" (ebd. 474). Aber „dann muß im Fortgang seines ewigen Entscheidens in der Zeit tatsächlich dauernd auch mit neuen Entscheidungen gerechnet werden. Es gibt dann ... kein Erwählen Gottes, dem nicht ein Verwerfen, kein Verwerfen, dem nicht ein Erwählen folgen könnte ... immer werden also innerhalb dieser Ordnung Wendungen und Veränderungen möglich sein und wirklich werden" (ebd. 205). Barth kommt an „die unter dem Namen der Lehre von der ‚Apokatastasis' bekannte Behauptung von einer endlichen Erlösung Aller und Jeder" (ebd. 325) heran, ohne sie zu erreichen. „Wir vermeiden diesen Satz wie jenen ... Gottes freie Entscheidung wird weiterführen ... er gibt Anlaß und Mut zu der Voraussetzung ..., nicht auszuschließen, sondern einzuschließen" (ebd. 462f.). „Denn ... das ist ein dauerndes Geschehen" (ebd. 467). Der „Begriff ... *Auswahl*" (ebd. 15) verliert bei Barth seinen Sinn *nicht*, da Auswahl nicht (begriffswidrig) die Gesamtheit umfaßt, „sondern immer in einer Ausscheidung aus dieser Gesamtheit" (ebd. 468) besteht. Das Vorbild Schleiermacher ist offenkundig (wiewohl niemals genannt).

Anmerkungen

1 J.E. Schubert (Gedanken [s. Quellen zu 4.] 178f.) identifizierte Luthers „geoffenbarten" Gotteswillen mit dem „vorhergehenden", den „verborgenen" mit dem „nachfolgenden Gotteswillen". Eine Geschichte der Auslegung von *De servo arbitrio* bis zu Th. →Harnack fehlt.

[2] Bei dieser Einsicht ist es übrigens theologiegeschichtlich im ganzen gesehen geblieben. J. Lange bemerkt aufgrund der ihm vorliegenden Entwicklung bis zu J.F. Buddeus, „es wäre nicht ungeraten, erst allen diesen [Lehrstücken einschließlich „dem äußersten von den Letzten Dingen"] nachzustellen die Behandlung der Ratschlüsse" (Lange [s. Quellen zu 3.] 367; so insbesondere Wilfried Joest, Dogmatik, 2 Bde., Göttingen 1984–1986 ^{2}1987–1990). – Umgekehrt stellte Karl Dunkmann, Der christliche Gottesglaube. Grundriß der Dogmatik, 1918, 307f., fest: „Die Systematiker des 19. Jahrhunderts haben (die Lehre von dem göttlichen Heilswillen gegenüber dem menschlichen Geschlecht)" von ihrem seit Georg Calixt (Werke, II 1982, 59) häufigen Platz „am Anfang der Darstellung des Erlösungswerks durch Christum ... sodann noch weiter nach vorne gerückt vor" die „Schöpfungslehre" in die Gotteslehre (so K. Barth [s.o. 6.2.]).

[3] TRE 7,584,14 kommt einer Unterdrückung dieser historischen Tatsachen bedenklich nahe.

[4] Schweizer kennt Heshusius selbst nicht (verurteilt ihn aber; vgl. ders., Nach Rechts u. Links. Besprechungen ..., Leipzig 1876, 212–228, besonders 222). Bray ignoriert diese Schrift Bezas.

[5] Graafland (78f.133) zeigt das z.B. für Perkins. – Graafland polemisiert mit Recht wiederholt gegen die „Oberflächlichkeit" des Standardwissens über Prädestination in der Frühneuzeit: „Man meint oft mit einem Minimum an Kenntnis ein Maximum an Urteil zum besten geben zu können" (Graafland 1.3). – Protestantische Theologie wird beschädigt, wenn ihre Schul-Denker verschollen, weil verachtet, verachtet, weil ungekannt sind.

[6] Umgekehrt konnte z.B. der Lutheraner N. →Hunnius 1626 „bezüglich der Prädestination, [der Heilsbedeutung] des Todes Christi, der Verderbnis des Menschen, der Bekehrung und der Beharrung der Heiligen" äußern, „in fast all dem stimmen die Remonstranten mit uns überein, nur daß sie eine veränderliche, nicht wie wir eine einzige Erwählung behaupten, und dem Menschen eine Kraft, sich in der Bekehrung auf Gottes Gnade einzustellen, zuzuerkennen scheinen" (N. Hunnius § 561); vgl. Söderlund 153–159.

[7] Samuel Huber (1547–1624) distanzierte sich aufgrund des Mömpelgarder Religionsgesprächs 1587 in Bern von der auch dort herrschend gewordenen Prädestinationslehre Genfer Prägung. Huber wirkte in Tübingen und Wittenberg zwar als Katalysator der lutherischen Lehrbildung, hat aber weder mit dieser noch mit irgendeiner anderen Gegenbewegung historisch sonst etwas zu tun. Huber identifizierte lediglich „Gnadenwahl" und „Gnadenlieb" Gottes und faßte jene auf diese Weise universal (Adam 122); den Glauben verstand er davon unabhängig als Geschenk Gottes und willige Annahme, Unglauben als mutwilligen Widerstand gegen diese Botschaft, falls sie den Menschen erreicht (Schweizer, Centraldogmen I, 546f.). Über einen Zusammenhang reflektierte er nicht (dieser müßte aussehen wie bei Pajon [s.o. 3.7.] oder Henke [s.o. 4.1.]). Die ihm nicht selten zugeschriebene Bedeutung besitzt Huber auch systematisch gesehen nicht.

[8] Hermann Schwamm hat 1934 die These vertreten, die Molinisten seien Thomisten (d.h. legten Thomas von Aquin richtig aus), die sog. Thomisten aber eigentlich Skotisten (d.h. akzeptierten die Kritik von J. →Duns Scotus an Thomas). Dazu vgl. zusammenfassend Schmitt [s.u. Lit. zu 3.4.] 194f.; die in die amerikanische religionsphilosophische Diskussion ausgewanderte Frage (vgl. Craig [Lit. zu VI.] 137.261.288) kann hier nur berührt werden.

[9] Auch für die richtigen Resultate Moltmanns gilt: „Certainly one can never quote Amyraut through Moltmann" wegen seiner „cavalier fashion" zu ‚zitieren' (Armstrong 278).

Quellen (nur zitierte Quellenwerke)

Zu 1.: Luther: Disputatio contra scholasticam theologiam (1517): WA 1,224–228. – Assertio omnium articulorum M. Lutheri per bullam Leonis X. novissimam damnatorum (1520): WA 7,94–151. – Fastenpostille (1525): WA 17/II,3–247. – Wider die himmlischen Propheten, v. den Bildern u. Sakrament (1525): WA 18,62–214. – De servo arbitrio (1525): WA 18,600–787. – Sermon v. dem Sakrament des Leibes u. Blutes Christi, wider die Schwarmgeister (1526): WA 19,482–523. – Genesisvorl. (1535–1545): WA 42–44. – Brief an Wolfgang Capito, 9.7.1537: WA.B 8,99f. – *Melanchthon:* Loci communes (1521): Melanchthons Werke in Ausw., hg. v. Robert Stupperich, 7 Bde., Gütersloh 1951–1975, II 1952, hg. v. Hans Engelland, 3–163. – Loci theologici (1559): ebd. 165–816. – Commentarii in Epistolam Pauli ad Romanos (1532): ebd. V, hg. v. Rolf Schäfer. – Loci theologici (1533): CR 21,253–332. – Loci theologici (1535): CR 21,333–558. – Brief an Johannes Brenz, 30.9.1531: CR 2,547. – *Zwingli*: Ad illustrissimum Cattorum principem Philippum sermonis de providentia dei anamnema: CR 93/3,64–230. – *Calvin*: Institutio christianae religionis (1559): Joannis Calvini Op. selecta, hg. v. Peter Barth/Wilhelm Niesel/Dora Scheuner, 5 Bde., München 1926–1959, III-V ^{2}1957–1962. – Genfer Katechismus (1537): ebd. I, 378–417 = Calvin-StA, hg. v. Eberhard Busch/Alasdair Heron u.a., Neukirchen, I/1 1994, hg. v. Ernst Saxer, 138–207. – De aeterna Dei praedestinatione, qua in salutem alios ex hominibus elegit, alios suo exitio reliquit: item de providentia qua res humanas gubernat, Consensus pastorum Genevensis ecclesiae (1552): CR 36,249–366. – Secunda defensio piae et orthodoxae de sacramentis fidei contra Ioachimi Westphali calumnias ... (1556): CR 37,41–120. – Brevis responsio Io. Calvini ad diluendas Nebulonis cuiusdam calumnias, quibus doctrinam de aeterna Dei praedestinatione foedare conatus est (1557): CR 37,253–266. – Calumniae Nebulonis cuiusdam, quibus odio et invidia gravare conatus est doctrinam Ioh. Calvini de occulta Dei providentia, Iohannis Calvini ad easdem responsio (1558): CR 37,269–318. – Articuli de praedestinatione [undatiert]: CR 37,713f.

Zu 2.: Acta Colloquij MontisBelligartensis, quod habitum est anno Christi 1586, Tübingen 1587. – Theodor Beza, Abstersio calumniarum, quibus aspersus est Joannes Calvinus a Tilemanno Heshusio: *Κρεωφαγία* sive Cyclops [Gardy (s.u. Lit. zu 2.) Nr. 135], Genf 1561, 206–280. – Correspondance de Théodore de Bèze, ges. v. Hippolyte Aubert, hg. v. Fernand Aubert/Henri Meylan, 9 Bde., Genf 1960–1978, I 1960. – Documenta Reformatoria, hg. v. J.N. Bakhuizen van den Brink u.a., 2 Bde., Kampen 1960–1962, I 1960. – Epistolica disceptatio de fide iustificante deque nostra coram Deo iustificatione, habita inter ... Sibrandum Lubberti ... et Petrum Bertium, Delft 1612. – Tileman Heshusius, De praesentia corporis Christi in coena Domini contra Sacramentarios, Jena 1560. – Franz Junius, Opuscula theologica selecta, ed. Abraham Kuyper, Amsterdam 1882. – Joannis a Lasco, Op., ed. Abraham Kuyper, Amsterdam/Den Haag, II 1866. – Praestantium ac eruditorum virorum ep. ecclesiasticae et theologicae varii argumenti ..., ed. Christian Hartsoecker/Philipp van Limborch, Amsterdam 1660. – Theodor Pressel, Anecdota Brentiana. Ungedr. Briefe u. Bedenken v. Johannes Brenz, Tübingen 1868. – Zacharias Ursinus, Explicationum catecheticarum ... absolutum opus ... Davidis Parei ... opera extrema recognitus (Neustadt a.d.H. 1598), Heidelberg 1612. – Ders., Miscellanea catechetica, seu collectio eorum, quae Catecheticis Explicationibus prius sparsim intexta fuerunt, ... seorsim excusa ... opera extrema Davidis Parei (Neustadt a.d.H. 1598), Heidelberg 1612. – William Whitaker, Op. theologica, duobus tomis nunc primum collecta, Genf, I 1610. – Hieronymus Zanchi, Miscellaneae: ders., Op. theologica, 8 Bde., Genf 1619, VII, 1–440. – Ders., Disceptatio inter duos Theologos: ebd. (2. Zählung) 207–454.

Zu 3.: Acta colloquij MontisBelligartensis (s.o. zu 2.). – Acta Synodi nationalis ... Dordrechti habitae, Dordrecht 1620. – Moyse Amyraut, Theses theologicae de tribus foederibus divinis [undatiert; zuerst: Theses theologicae in Academia Salmuriensi ... disputatae, Saumur 1641, 212–231]. – Jakob Andreae, Disputatio de praedestinatione, o.O. (Tübingen) 1586. – Anon. (Justus Feurborn), Gründliche Außführung ... wider das buch genant Wechselschrifften, Marburg 1636. – Jakob Arminius, Op. theologica, Leiden 1629. – Roberto Bellarmini, Disputationes de controversiis christianae fidei adversus huius temporis haereticos, Ingolstadt 1586–1593: ders., Op. omnia, ed. prima neapolitana iuxta Venetam anni 1721, 6 Bde., Neapel 1856–1862, I-IV 1856–1859. – Johann Franz Buddeus, Isagoge historico-theologica ad theologiam universam singulasque eius partes, Leipzig 1727. – Georg Calixt, Epitome Theologiae (1619): ders., Werke in Ausw., hg. v. Inge Mager, 4 Bde., Göttingen 1970–1982, II 1982. – Abraham Calov, Systema locorum theologicorum, 12 Bde., Wittenberg 1655–1677, II 1655. – Johannes Camero, *Τὰ Σωζόμενα* sive Op., Genf 1642. – Martin Chemnitz, Handbüchlein der vornehmsten Hauptstücke der christl. Lehre (Heinrichstadt 1574), hg. v. A.L. Gräbner, Milwaukee, Wisc. 1886. – Ders., Loci theologici, hg. v. Polykarp Leyser, 3 Bde. (Frankfurt 1591–92, I 1591), Frankfurt/Wittenberg 1653, Bd. I. – Stephan Curcelläus, Op. theologica, Amsterdam 1675. – Johann Konrad Dannhauer, Hodosophia christiana seu theologia positiva, Straßburg 1649 ^{2}1666 Straßburg/Leipzig ^{4}1713. – Ders., Hodomoria spiritus calviniani, 2 Bde., Straßburg 1654, Bd. I. – Salomon Deyling, Observationes sacrae, 3 Bde., Leipzig 1708–1715 ^{2}1720–1722, I [erw.] ^{2}1720. – Reginald Donteclock, Een grondich onderrecht wt Godts Heylighe Woort van de predestinatie, Leiden 1611. – Pierre Du Moulin: Thesaurus disputationum theologicarum in Alma Sedanensi Academia ... habitarum, 2 Bde., Genf 1661, Bd. I. – Epistolica disceptatio (s.o. zu 2.). – Matthias Flacius Illyricus, Clavis Scripturae sacrae, 2 Bde. (Basel 1567), Basel 1628–29, I 1628. – Johann Gerhard, Disputatio theologica de praedestinatione, Coburg 1607. – Ders., Loci theologici, 9 Bde. (Jena 1610–1622), II 1611 Genf 1639. – Ders., Exegesis sive uberior explicatio articulorum de scriptura sacra, de Deo et de persona Christi (Jena 1625), Genf 1639. – Ders., Confessio catholica, 4 Bde., Jena 1634–1637, IV 1637 u. Ed. Frankfurt 1679. – Franz Gomarus, Waerschouwinghe over de vermaninghe aen R. Donteclock, Leiden 1609. – Karl (v.) Hase, Hutterus redivivus. Dogmatik der ev.-luth. Kirche (1828), Leipzig ^{12}1883. – Jakob Heerbrand, Disputationes theologicae, Tübingen 1575. – David Hollatz, Examen theologicum acroamaticum, Stargard 1707 [= Darmstadt 1971] Stockholm/Leipzig ^{5}1735 ^{7}1750. – Johannes Hülsemann, Extensio Breviarii theologici (Leipzig 1648), Heilbronn 1667 (das *Breviarium* v. 1640, die *Supplementa* v. 1648). – Ägidius Hunnius, Articulus de providentia Dei et aeterna praedestinatione seu electione filiorum Dei ad salutem (1596), Frankfurt 1597. – Ders., Op. Latina, 5 Bde., Wittenberg 1606–1609, V 1609. – Nikolaus Hunnius, *Διάσκεψις* theologica de fundamentali dissensu doctrinae evangelicae-lutheranae et calvinianae seu reformatae, Wittenberg 1626. – Johann Friedrich König, Theologia positiva acroamatica, synoptice tractata, Rostock 1665 ^{19}1775. – Joachim Lange, Oeconomia salutis evangelica, Halle 1728 ^{2}1730. – Xavier-Marie Le Bachelet, Bellarmin avant son Cardinalat. 1542–1598. Correspondance et documents, Paris 1911. – Ders., Auctarium Bellarminianum. Supplément aux œuvres du Cardinal Bellarmin, Paris 1913. – Ders., Prédestination et grâce efficace. Controverses dans la compagnie de Jésus au temps d'Aquaviva (1610–1613). Histoire et documents inédits, 2 Bde., Leuven 1931 (ML.T 25.26) [postum; denkwürdige Monumente immensen Gelehrtenfleißes]. – Louis Le Blanc, Theses theologicae, London 1675. – Gottfried Wilhelm Leibniz, Essais de théodicée sur la bonté de Dieu, la liberté de l'homme et l'origine du mal (1710): Die phil. Schr. v. Gottfried Wilhelm Leibniz, hg. v. C.J. Gerhardt, 7 Bde., Berlin 1875–1890 [Nachdr. Hildesheim 1965], VI,21–436 (nach [bezifferten] Abschn. zit.). – Ders., Causa Dei (1710): ebd. 437–462 (nach bezifferten Abschn. zit.). – Ders., Nouveaux Essais (postum 1765): ebd. V (nach Kap. u. §§ zit.). – Leonard Lessius, De praedestinatione et reprobatione (1610): ders., Opuscula, Antwerpen 1626, 369–480. – Hermann Lüdemann (s.u. zu 5.). – Samuel Maresius, Foederatum Belgicum orthodoxum, sive Confessionis ecclesiarum Belgicarum Exegesis, Groningen 1652. – Luis de Molina, Liberi arbitrii cum gratiae donis, divina praescientia, providentia, praedestinatione et reprobatione Concordia (Lissabon 1588 Cuenca ^{2}1591/92 [in *Commentaria in primam Divi Thomae partem*] Antwerpen ^{3}1595), hg. v. Johannes Rabeneck, Onia/Madrid 1953. – Bernhard de Moor, Comm. perpetuus in Johannis Marckii [Johannes a Marck] Compendium theologiae christianae [Groningen 1686 Amsterdam ^{6}1742], 6 Bde., Leiden 1761–1771, I 1761 II 1763. – Johannes Musäus, Disputationes duae, una de aeterno electionis decreto, an eius aliqua extra Deum causa impulsiva detur, nec ne? ..., Jena 1668. – Johannes Pandocheus, Consensus orthodoxus ecclesiae lutheranae in doctrina de praedestinatione (Helmstedt 1596): zit. nach Vitus (s.u.). – Johannes Andreas Quenstedt, Theologia didactico-polemica sive systema theologicum, Wittenberg 1685 Leipzig ^{4}1702. – Johann Jakob Rambach, Dogm. Theol. oder christl. Glaubens-Lehre, 2 Bde., hg. v. Ernst Friedrich Neubauer, Frankfurt/Leipzig 1744, Bd. II. – Andreas Rivetus, Op. theologica, quae latine ed., 3 Bde., Rotterdam 1651–1660, III 1660. – Johann Adam Schertzer, Ad Salvatoris oraculum Matth. XI.21, Luc. X.13: ‚Vae tibi Chorazin' etc. Exercitatio theologica, Leipzig o.J. (1666). – Konrad Schlüsselburg, Catalogi haereticorum ... l. 5, Frankfurt 1598. – Friedrich Spanheim d.Ä., Exercitationes de gratia universali, Leiden 1646. – Francisco Suárez, Opuscula theologica sex (1599): ders., Op. omnia, 26 Bde., Paris 1856–1861, XI 1858. – Franz Turrettini, Institutio theologiae elencticae, 3 Bde., Genf 1679–1685 ^{2}1688–89, I ^{2}1688 II ^{2}1688. – Twee disputatien van de goddeliicke predestinatie, d'eene by Doct. Franciscus Gomarus [14.10.1604], d'ander by Doct. Jacobus Arminius [7.2.1604] ... Vertaelt uyt het Latijn, Leiden 1609. – William Twisse, Vindiciae gratiae, potestatis ac providentiae Dei, hoc est ad Examen libelli Perkinsiani de praedestinationis modo et ordine, institutum a Jacobo Arminio, Responsio scholastica, cum digressionibus adversus Bellarminum, Didacum Alvarez, Gabriel Vasquez aliosque nonnullos tum Papistas, tum Pelagianos, Amsterdam 1632. – Ders., Ad Jacobi Arminii collationem cum Francisco Junio ... animadversiones, hg. v. André Rivet, Amsterdam 1649. – Gabriel Vazquez, Commentariorum ac disputationum in primam partem S. Thomae tomus primus (Alcala 1598), Ingolstadt 1609. – Stephan Vitus, Apologia, in qua synodus Dordracena et reformata fides ab iniquis criminationibus ... vindicantur. ... Appendicis loco illustriora quaedam genuinae ecclesiae lutheranae testimonia ex J[ohannis] Pandochei [Pandocheus] *Consensu orthodoxo* proferuntur ..., Kassel 1726.

Zu 4.: Siegmund Jakob Baumgarten, Ev. Glaubenslehre, hg. v. Johann Salomon Semler, 3 Bde., Halle 1759–60, I 1759. – Johann Franz Buddeus, Institutiones theologicae dogmaticae, Leipzig 1723 Frankfurt/Leipzig ^{4}1741. – Israel Gottlieb Canz (s.u. bei Reinbeck). – Johann Christoph Döderlein, Institutio theologi christiani in capitibus religionis theoreticis nostris temporibus accommodata, 2 Bde., Nürnberg/Altdorf 1780 ^{4}1787. – Johannes Drieberge, De praedestinatione et gratia liber, Amsterdam 1745. – Samuel Endemann, Compendium theologiae dogmaticae, Frankfurt 1782. – Heinrich Philipp Konrad Henke, Lineamenta institutionum fidei christianae historico-criticarum, Helmstedt 1793. – Barthold Holtzfuß, Tractatus theologicus de praedestinatione, electione et reprobatione hominum, ad promovendam concordiam ecclesiasticam conscriptum, Frankfurt a.d. Oder 1702. – Johann Jakob Hottinger, Fata doctrinae de praedestinatione et gratia Dei salutari, secunda et adversa, inde a beato SS. Apostolorum excessu ad haec usque tempora, in annales digesta. Accedunt exercitationes duae historico-dogmaticae. I. De voluntate Dei antecedente et consequente. II. De gratia Dei sufficiente et efficaci, Zürich 1727. – Johann Friedrich König (s.o. zu 3.). – Gottfried Wilhelm Leibniz, Causa Dei (s.o. zu 3.). – Johann David Michaelis, Dogmatik, Göttingen ^{2}1784. – Samuel Friedrich Nathanael Morus, Epitome theologiae christianae, Leipzig 1789 ^{2}1791 [erw.]; dt.: Dogmatik oder kurzer Begriff der christl. Religion f. künftige Religionslehrer nach der neuesten verm. Aufl. des Orig. [v. 1791] ins Teutsche übers. v. Johann Heinrich Adolph Schneider, Halberstadt 1793. – Samuel Mursinna, Compendium theologiae dogmaticae, Halle 1777. – Christoph Matthäus Pfaff, Dissertatio theologica inauguralis, specimen historiae dogmaticae in articulo de gratia et praedestinatione exhibens, o.O.u.J. (Tübingen 1717). – Ders., Institutiones theologiae dogmaticae et moralis, Tübingen 1720. – Samuel v. Pufendorf, Ius feciale divinum sive de consensu et dissensu Protestantium exercitatio posthuma (1695), Frankfurt/Leipzig 1716. – Johann Gustav Reinbeck, Betrachtungen über die in der Augspurgischen Confeßion enthaltene u.

damit verknüpfte Göttliche Wahrheiten, Berlin/Leipzig, I-IV 1731–1741; fortgesetzt v. Israel Gottlieb Canz, V-IX 1743–1747, VI 1744. – Johann Ernst Schubert, Institutiones theologiae dogmaticae, Jena/Leipzig 1749, Ed. nova 1753. – Ders., Vernünftige u. Schrifftmässige Gedanken v. der Gnadenwal, Jena/Leipzig 1754. – Johann Salomo Semler, Versuch einer freiern theol. Lehrart, zur Bestätigung u. Erläuterung seines lat. Buchs, Halle 1777. – Johann Friedrich Stapfer, Institutiones theologiae polemicae universae ordine scientifico dispositae, 5 Bde., Zürich 1743–1747, I 1743. – Karl Friedrich Stäudlin, Lb. der Dogmatik u. DG, Göttingen 1801. – Samuel Strimesius, Charitologia sacra, seu systema gratiae divinae, id est, conciliationis gratiae Dei salutiferae universalis et particularis tentamen, Frankfurt a.d. Oder 1712. – Wilhelm Abraham Teller, Wb. des NT zur Erklärung der christl. Lehre, Berlin 1772 ^{4}1785. – Jean Alphonse Turrettini, Cogitationes et dissertationes theologicae, 2 Bde., Genf 1737 = ders., Op. omnia, Leeuwarden/Franeker, I 1774. – Julius August Ludwig Wegscheider (s.u. zu 5.). – Samuel Werenfels, Opuscula theologica, philosophica et philologica, 3 Bde., Basel 1782, Bd. II. – Daniel Wyttenbach, Tentamen theologiae dogmaticae methodo scientifica pertractatae, 3 Bde., Frankfurt 1747–1749.

Zu 5.: Paul Althaus, Die christl. Wahrheit. Lb. der Dogmatik, 2 Bde., Gütersloh 1947–48 ^{3}1952 (einbändig). – Anon., Art. Gnadenwahlstreit: Kirchl. Handlexikon, begr. v. Carl Meusel, 7 Bde., Leipzig 1887–1902, 3 (1891) 8–11. – Wilhelm Bender, Schleiermachers Theol. mit ihren phil. Grundlagen, 2 Bde., Nördlingen 1876–1878, II 1878. – Alois Emanuel Biedermann, Christl. Dogmatik, Zürich 1869. – Eduard Böhl, Dogmatik. Darst. der christl. Glaubenslehre auf reformirtkirchl. Grundlage, Amsterdam u.a. 1887. – Karl Gottlieb Bretschneider, Aphorismen über die Union der beiden ev. Kirchen in Deutschland ... u. den Unterschied ihrer Lehre, Gotha 1819. – Ders., Hb. der Dogmatik der ev.-luth. Kirche, 2 Bde., Leipzig 1814–1818, II ^{3}1828. – Emil Brunner, Dogmatik. I. Die christl. Lehre v. Gott, Zürich 1946 ^{2}1953. – Rudolf Bultmann, Gnade u. Freiheit (1948): ders., Glauben u. Verstehen. GAufs. II, Tübingen 1952, 149–161. – Hermann Cremer, Bibl.-theol. Wb. der Ntl. Gräcität, Gotha 1867 ^{5}1888. – Johann Konrad Dannhauer, Hodosophia (s.o. zu 3.). – Johannes August Heinrich Ebrard, Christl. Dogmatik, 2 Bde., Königsberg 1851/52 ^{2}1862/63. – Franz Hermann Reinhold v. Frank, System der christl. Wahrheit, 2 Bde., Erlangen/Leipzig 1878–1880 ^{3}1894. – Karl (v.) Hase, Lb. der Ev. Dogmatik, Stuttgart 1826. – Ders., Gnosis, oder Ev. Glaubenslehre, 3 Bde., Leipzig 1827–1829, III 1829. – Ders., Gnosis oder prot.-ev. Glaubenslehre, 2 Bde., Leipzig 1869–70, II 1870. – Johann Christian Konrad v. Hofmann, Der Schriftbeweis, Nördlingen, I 1852 ^{2}1857. – Martin Kähler, Die Wiss. der christl. Lehre v. dem ev. Grundart. aus im Abrisse darg., Leipzig 1883 ^{3}1905 [Nachdr. 1966; 1994]. – Julius Kaftan, Dogmatik, Freiburg i.Br. u.a. 1897 Tübingen $^{7\cdot 8}$1920 (GThW 5.1). – Karl Friedrich August Kahnis, Die Luth. Dogmatik hist.-genetisch darg., 3 Bde., Leipzig 1861–1868, II 1864 III 1868. – Robert Kübel, Das christl. Lehrsystem nach der hl. Schr., Stuttgart 1873. – Johann Peter Lange, Christl. Dogmatik, 3 Bde., Heidelberg 1849–1852, II 1851. – Richard Adelbert Lipsius, Lb. der ev.-prot. Dogmatik, Braunschweig 1876 ^{2}1879 ^{3}1893. – Hermann Lüdemann, Christl. Dogmatik, 2 Bde., Bern/Leipzig 1924–1926, II 1926. – Christian Ernst Luthardt, Die christl. Glaubenslehre, Leipzig 1898 ^{2}1906. – Hans Lassen Martensen, Den kristelige Dogmatik, Kopenhagen 1849; dt.: Die christl. Dogmatik, Leipzig 1856 = Berlin 1870. – Johann David Michaelis, Dogmatik (s.o. zu 4.). – Julius Müller, Die christl. Lehre v. der Sünde, 2 Bde., Breslau 1839, II ^{3}1849. – Ders., Die ev. Union, ihr Wesen u. göttliches Recht, Berlin 1854. – Ders., Das Verhältniß zw. der Wirksamkeit des heil. Geistes u. dem Gnadenmittel des göttlichen Wortes: ThStKr 29 [1856] 297–402.493–582 = [umgearb.] ders., Dogm. Abh., Bremen 1870, 127–277. – Carl Immanuel Nitzsch, System der Christl. Lehre, Bonn 1829 ^{3}1837 ^{6}1851. – Friedrich August Berthold Nitzsch, Lb. der ev. Dogmatik, Freiburg i.Br./Leipzig 1889 ^{2}1896; Tübingen ^{3}1912 bearb. v. Horst Stephan. – Alexander v. Oettingen, Luth. Dogmatik, 3 Bde., München 1897–1902, II/1 1900. – Friedrich Adolf Philippi, Kirchl. Glaubenslehre, 6 Bde., Gütersloh 1854–1879 ^{2}1864–1890, IV/1 1861 ^{2}1868. – Albrecht Ritschl, Die christl. Lehre v. der Rechtfertigung u. Versöhnung, 3 Bde., Bonn 1870–1874 ^{3}1889, III 1874 ^{3}1889. – Wilhelm Rohnert, Die Dogmatik der ev.-luth. Kirche, Braunschweig/Leipzig 1902. – Richard Rothe, Dogmatik, 3 Bde., Heidelberg 1870, Bd. II/1. – Adolf Schlatter, Das Christl. Dogma, Stuttgart 1911 ^{2}1923. – Friedrich Daniel Ernst Schleiermacher, Ueber die Lehre v. der Erwählung; bes. in Beziehung auf Herrn Dr. Bretschneiders Aphorismen (1819): ders., Krit. GA, hg. v. Hans-Joachim Birkner u.a., Berlin/New York, I/10 1990, 147–222. – Ders., Der christl. Glaube nach den Grundsäzen der ev. Kirche im Zusammenhange darg. (1821/22): ders., ebd. I/17; ^{2}1830–31, 2 Bde., hg. v. Martin Redeker, Berlin 1960. – Wilhelm Schmidt, Christl. Dogmatik, 2 Bde., Bonn 1895–1898, II 1898. – Matthias Schneckenburger, Vergleichende Darst. des luth. u. reformirten Lehrbegriffs, 2 Bde., Stuttgart 1855, Bd. II. – Ludwig Schöberlein, Das Princip u. System der Dogmatik. Einl. in die christl. Glaubenslehre, Heidelberg 1881. – Hermann Schultz, Grundriss der Ev. Dogmatik, Göttingen 1890 ^{2}1892. – Alexander Schweizer, Die christl. Glaubenslehre, 3 Bde., Leipzig 1863–1872, II/2 1872. – Horst Stephan (s.o. Friedrich August Berthold Nitzsch [^{3}1912]). – David Friedrich Strauß, Die christl. Glaubenslehre in ihrer gesch. Entwicklung u. im Kampfe mit der modernen Wiss., 2 Bde., Tübingen/

Stuttgart 1840/41, II 1841. – Gottfried Thomasius, Christi Person u. Werk. Darst. der ev.-luth. Dogmatik vom Mittelpunkte der Christologie aus, 4 Bde., Erlangen 1852–1861 ^{2}1856–1863, I ^{2}1856. – Paul Tillich, Systematic Theology, 3 Bde., Chicago 1951–1963, three vol. in one, ebd. I 1967; dt.: Syst. Theol., 3 Bde., Stuttgart 1955–1966, I 1955. – August Friedrich Christian Vilmar, Dogmatik, hg. v. K.W. Piderit, 2 Bde., Gütersloh 1874/75, II 1875. – Julius August Ludwig Wegscheider, Institutiones theologiae christianae dogmaticae, Halle 1815 ^{7}1833. – Hans Hinrich Wendt, System der christl. Lehre, 2 Bde., Göttingen 1906/07 ^{2}1920. – Otto Zöckler, Art. Dogmatik. B. System der Glaubenslehre: HTW 2 (^{1}1884) 661–769 = 3 (^{3}1890) 85–201.

Zu 6.: Arminius, Op. (s.o. zu 3.). – Karl Barth, KD, II/2 1942, 1–563.

Literatur

„Bibliography“ der Druckschriften als selbständiger Anhang zu W.A. Copinger, A Treatise on Predestination, London 1889 (chronologisch geordnet, durch Namenregister erschlossen; umfassend u. nahezu erschöpfend; noch heute unentbehrlich). Werke, in denen man eine Behandlung der Prädestination erwartet (Dogmatiken; Gesamtdarstellungen, Handbücher, Lexika), werden hier nicht aufgeführt, soweit sie nicht im Artikel zitiert sind.

Allgemeines: Cornelis Graafland, Van Calvijn tot Barth. Oorsprong en ontwikkeling van de leer der verkiezing in het gereformeerd protestantisme, 's-Gravenhage 1987 [behandelt nach Calvin, Beza u. Perkins umfassend die Entwicklung in den Niederlanden; im vorstehenden Artikel nicht referiert]. – Christian Ernst Luthardt, Die Lehre vom freien Willen u. seinem Verhältniß zur Gnade in ihrer gesch. Entwicklung darg., Leipzig 1863. – Theodor Mahlmann, Art. Prädestination: HWP 7 (1989) 1172–1178. – Jürgen Moltmann, Prädestination u. Perseveranz. Gesch. u. Bedeutung der ref. Lehre „de perseverantia sanctorum“, 1961 (BGLRK 12). – Ernst Friedrich Karl Müller, Die göttliche Zuvorersehung u. Erwählung, Halle 1892 [enthält überwiegend gelehrte Exkurse zur Gesch. der Exegese]. – Ders., Art. Prädestination II.: RE^{3} 15 (1904) 586–602. – Alexander Schweizer, Die prot. Centraldogmen in ihrer Entwicklung innerhalb der reformirten Kirche, Zürich, I 1854 II 1856. – Johannes v. Walter, Der rel. Determinismus in der Gesch. der Frömmigkeit (1922): ders., Christentum u. Frömmigkeit. Ges. VuA, Gütersloh 1941, 75–124.

Zu 1.1.: Hellmut Bandt, Luthers Lehre vom verborgenen Gott, 1958 (ThA 8). – Marjorie O'Rourke Boyle, Stoic Luther. Paradoxical Sin and Necessity: ARG 73 (1982) 69–93. – Dies., The Chimaera and the Spirit. Luther's Grammar of the Will: The Martin Luther Quincentennial, hg. v. Gerhard Dünnhaupt, Detroit 1985, 17–31. – Frederik Brosché, Luther on Predestination. The Antinomy and the Unity Between Love and Wrath in Luther's Concept of God, 1978 (SDCU = AUU 18) (dazu die Rez. v. Rune Söderlund: LuJ 47 [1980] 118–120). – Martin Doerne, Gottes Ehre am gebundenen Willen. Ev. Grundlagen u. theol. Spitzensätze in Luthers De servo arbitrio: LuJ 20 (1938) 45–92. – Einar Erikstein, Luthers Prädestinationslehre gesch. darg. bis einschließlich „De servo arbitrio“, Diss. Göttingen 1957. – Hans Joachim Iwand, Die grundlegende Bedeutung der Lehre vom unfreien Willen (1930): ders., Um den rechten Glauben. GAufs., 1959 = ^{2}1965 (TB 9) 13–30. – Ders., Stud. zum Problem des unfreien Willens (1930): ebd. 31–61. – Ders., Die Freiheit des Christen u. die Unfreiheit des Willens (1957): ebd. 247–268. – Alfred Theodor Jørgensen, Luthers kamp mod den romersk-katolske semipelagianisme under saerligt henblik paa hans praedestinationslaere, Kopenhagen 1908. – Eberhard Jüngel, Quae supra nos, nihil ad nos. Eine Kurzformel der Lehre vom verborgenen Gott – im Anschluß an Luther interpretiert: EvTh 32 (1972) 197–240 = ders., Entsprechungen, 1986 (BEvTh 88) 202–251. – Ferdinand Kattenbusch, Luthers Lehre vom unfreien Willen u. v. der Prädestination nach ihren Entstehungsgründen unters., Göttingen 1875 = ^{2}1905. – Ders., Deus absconditus bei Luther: FG f. Julius Kaftan, Tübingen 1920, 170–214. – Walter Kreck, Zu Luthers Erwählungslehre: ders., Grundentscheidungen (s.u. zu 6.) 284–299. – Walther v. Loewenich, Pharaos Verstockung. Zu Luthers Lehre v. der Prädestination: ders., Von Augustin zu Luther. Beitr. zur KG, Witten 1959, 160–179.426–428. – Harry J. McSorley, Luthers Lehre vom unfreien Willen nach seiner Hauptschr. De Servo Arbitrio im Lichte der bibl. u. kirchl. Tradition, 1967 (BÖT 1) [gelehrt; maßgebend die drei letzten Worte im Sinne der röm. Kirche]. – Wolfhart Pannenberg, Der Einfluß der Anfechtungserfahrung auf den Prädestinationsbegriff Luthers: KuD 3 (1957) 109–139. – Lennart Pinomaa, Unfreier Wille u. Prädestination bei Luther: ThZ 13 (1957) 339–349. – Gerhard Rost, Der Prädestinationsgedanke in der Theol. Martin Luthers, Berlin 1966. – Ludwig Schauenburg, Luthers Lehre vom verborgenen allein wirksamen Gott u. v. der Unfreiheit des Willens, Diss. Göttingen 1949. – Klaus Schwarzwäller, sibboleth. Die Interpretation v. Luthers Schr. De servo arbitrio seit Theodosius Harnack, 1969 (TEH NS 153). – Ders., Theologia crucis. Luthers Lehre v. Prädestination nach De servo arbitrio 1525, 1970 (FGLP 10. Ser. 39). – Carl Stange, Die reformatorische Lehre v. der Freiheit des Handelns (1903, 1905): ders., Stud. zur

Theol. Luthers, Gütersloh 1928, 20–33. – Ders., Die Bedeutung der luth. Lehre v. der Prädestination (1904, 1905): ebd. 75–89. – Johannes v. Walter, Der verborgene u. der offenbare Gott bei Luther: ders., Christentum (s.o. bei Allg.) 238–264.

Zu 1.2.: Harald Rimbach (s.u. zu 1.4.). – Rolf Schäfer, Zur Prädestinationslehre beim jungen Melanchthon: ZThK 63 (1966) 352–378.

Zu 1.3.: Max Staub, Das Verhältnis der menschlichen Willensfreiheit zur Gotteslehre bei Martin Luther u. Huldreich Zwingli, Zürich 1894. – Rudolf Pfister, Die Seligkeit erwählter Heiden bei Zwingli, Zollikon-Zürich 1952. – Gottfried W. Locher, Die Prädestinationslehre Huldrych Zwinglis: ThZ 12 (1956) 526–548. – William Peter Stephens, The Place of Predestination in Zwingli and Bucer: Reformiertes Erbe. FS Gottfried W. Locher, Zürich, I 1992, 393–410.

Zu 1.4.: Gary B. Adams, The Sovereignty of God in Calvin's Doctrine of Election, Diss. Abilene, Tx. 1968. – Hermann Barnikol, Die Lehre Calvins vom unfreien Willen u. ihr Verhältnis zur Lehre der übrigen Reformatoren u. Augustins: TARWPV NS 22 (1926) 49–133. – Peter Barth, Die Erwählungslehre in Calvins Institutio v. 1536: Theol. Aufs. Karl Barth zum 50. Geburtstag, München 1936, 432–442. – Ders., Die bibl. Grundlage der Prädestinationslehre bei Calvin: EvTh 5 (1938) 159–182. – André Bernel, Calvin défenseur de la prédestination, Diss. Genf 1931. – Eduard Buess, Prädestination u. Kirche in Calvins Institutio: ThZ 12 (1956) 347–361. – Fritz Büsser, Calvins Erwählungslehre: Ref. 8 (1959) 319–328. – William S. Campbell, A Study of Predestination of Calvin and Barth in the Light of the Scriptural Statements on the Subject, Diss. Dublin 1963. – Johannes Dantine, Die Prädestinationslehre bei Calvin u. Beza, Diss. Göttingen 1965. – Caspar Friethoff, Die Prädestinationslehre bei Thomas v. Aquin u. Calvin, Freiburg, Schweiz 1926. – Wilhelm-Albert Hauck, Vorsehung u. Freiheit nach Calvin, Gütersloh 1947. – Ders., Die Erwählten. Prädestination u. Heilsgewißheit nach Calvin, Gütersloh 1950. – Paul Jacobs, Prädestination u. Verantwortlichkeit bei Calvin, 1937 (BGLRK 1) (Nachdr. Darmstadt 1968). – Fred H. Klooster, Calvin's Doctrine of Predestination, Grand Rapids, Mich. 1961 ^{2}1977. – Walter Kreck, Zu Calvins Erwählungslehre: ders., Grundentscheidungen (s.u. zu 6.) 299–313. – André Lamorte, Réflexions à propos des doctrines de la prédestination et du baptême chez Calvin, Paris 1959. – Auguste Lecerf, Le déterminisme et la responsabilité dans le système de Calvin, Paris 1895. – Ders., La prédestination d'après Calvin: ders., Études Calvinistes, Neuchâtel 1949, 25–31. – Maria Floriana Mele, Il concetto di predestinazione in Giovanni Calvino, Diss. Univ. di Bari 1968. – Jürgen Moltmann, Erwählung u. Beharrung der Gläubigen nach Calvin: KiZ 14 (1959) 329–332 = Calvin Stud. 1959, hg. v. dems., Neukirchen 1960, 43–61. – W.E. Moreau, Divine Foreordination and Human Responsibility in the Theology of John Calvin, Diss. Westminster, Pa. 1962. – Heinz Otten, Calvins theol. Anschauung v. der Prädestination, 1938 (FGLP 9. Ser. 1) (Nachdr. u.d.T.: Prädestination in Calvins theol. Rede, Neukirchen 1968). – Etienne de Peyer, Calvin's Doctrine of Divine Providence: EvQ 10 (1938) 30–44. – Andries Derk Rietema Polman, De praedestinatieleer van Augustinus, Thomas van Aquino en Calvijn, Franeker 1936. – P. Prins, Verbond en verkiezing bij Bullinger en Calvijn: GThT 56 (1956) 97–122. – John Kelman Sutherland Reid, The Office of Christ in Predestination (1. Calvin): SJTh 1 (1948) 5–12. – Harald Rimbach, Gnade u. Erkenntnis in Calvins Prädestinationslehre. Calvin im Vergleich mit Pighius, Beza u. Melanchthon, 1996 (Kontexte 19) (Lit.). – Max Scheibe, Calvins Prädestinationslehre, Halle 1897. – Hugo Visscher, Van de leer der praedestinatie bij Calvijn. Afscheidsrede R. U. Utrecht, Zeist 1931. – David F. Wells, Decretum Dei Speciale. An Analysis of the Content and Significance of Calvin's Doctrine of Soteriological Predestination, Diss. Deerfield, Ill. 1967. – David Nedd Wiley, Calvin's Doctrine of Predestination; his Principal and Polemical Doctrine, Diss. Durham 1971.

Zu 2.1.: Johannes Willem van den Bosch, De ontwikkeling van Bucer's praedestinatiegedachten vóór het optreden van Calvijn, Diss. 1922, Harderwijk o.J. – Marijn de Kroon, Martin Bucer u. Johannes Calvin, Göttingen 1991. – Richard Alfred Muller (s.u. zu 2.2.). – W. van 't Spijker, Prädestination bei Bucer u. Calvin: Calvinus Theologus, hg. v. Wilhelm H. Neuser, Neukirchen 1976, 85–111. – Peter Walser, Die Prädestination bei Heinrich Bullinger im Zusammenhang mit seiner Gotteslehre, 1957 (SDGSTh 11).

Zu 2.2.: John S. Bray, Theodore Beza's Doctrine of Predestination, 1975 (BHRef 12) (Lit.). – Frédéric Gardy, Bibliogr. des œuvres théol., littéraires, hist. et juridiques de Théodore de Bèze, 1960 (THR 41). – Joseph Cumming McClelland, The Reformed Doctrine of Predestination. According to Peter Martyr: SJTh 8 (1955) 255–271. – Richard Alfred Muller, Christ and the Decree. Christology and Predestination in Reformed Theology from Calvin to Perkins, 1986 (SHTh 2). – Harald Rimbach (s.o. zu 1.4.). – S. Shapiro, Quelques réflexions sur la signification psychologique de la prédestination dans la Réforme: REH 68 (1973) 823ff.

Zu 2.3.: Otto Gründler, Die Gotteslehre Girolami Zanchis u. ihre Bedeutung f. seine Lehre v. der Prädestination, 1965 (BGLRK 20). – Theodor Mahlmann, Art. Marbach, Johannes: BBKL 5 (1993) 747–753.

Zu 2.4.: Wilhelm Neuser, Die Erwählungslehre im HeidKat: ZKG 75 (1964) 309–326. – Ders., Die Väter des HeidKat: ThZ 35 (1979) 177–194.

Zu 2.5.: Petrus Bartels, Die Prädestinationslehre in der ref. Kirche v. Ostfriesland bis zur Dortrechter Synode, mit besonderer Beziehung auf Johann A. Lasco: JDTh 5 (1860) 313–352. – Théodore van Oppenraaij, La doctrine de la prédestination dans l'église réformée des Pays-bas depuis l'origine jusqu'au synode national de Dordrecht en 1618 et 1619, Louvain 1906. – Joachim Staedtke, Der Zürcher Prädestinationsstreit v. 1560: Zwing. 9 (1953) 536–546.

Zu 2.6.: Klaas Dijk, De strijd over infra- en supralapsarisme in de gereformeerde kerken van Nederland, Kampen 1912.

Zu 2.7.: Frits Gerrit Murk Broeyer, William Whitaker (1548–1595). Leven en werk van een anglocalvinistisch theoloog, Diss. Utrecht 1982 [grundlegend]. – O.T. Hargrave, The Doctrine of Predestination in the English Reformation, Diss. Nashville, Tenn. 1966. – D. Andrew Penny, Freewill or Predestination. The Battle over Saving Grace in Mid-Tudor England, Woodbridge, Suffolk/Rochester, N.Y. 1990. – Nicholas Tyacke, Anti-Calvinists. The Rise of English Arminianism c. 1590–1640, Oxford 1987 = 1990. – Dewey D. Wallace Jr, Puritans and Predestination. Grace in English Protestant Theology, 1525–1695, Chapel Hill, N.C. 1982. – Peter White, Predestination, Policy and Polemic. Conflict and Consensus in the English Church from the Reformation to the Civil War, Cambridge 1992.

Zu 3.1.–3.3. (zu Arminius vgl. die Lit. in TRE 4,68f.)*:* Gottfried Adam, Der Streit um die Prädestination im ausgehenden 16. Jh. Eine Unters. zu den Entwürfen v. Samuel Huber u. Aegidius Hunnius, 1970 (BGLRK 30). – Carl Bangs, Arminius. A Study in the Dutch Reformation, Nashville, N.Y. 1971. – Klaas Dijk (s.o. zu 2.6.). – Gerrit Pieter van Itterzon, Franciscus Gomarus, 's-Gravenhage 1930. – Abraham Kuyper Jr., Johannes Maccovius, Leiden 1899. – Theodor Mahlmann, Art. Maccovius, Johannes: BBKL 5 (1993) 516–521. – Ders., Art. Rijssen, Leonard van: ebd. 8 (1994) 355–361. – Théodore van Oppenraaij (s.o. zu 2.5.). – Rune Söderlund, Ex praevisa fide. Zum Verständnis der Prädestinationslehre in der luth. Orth., Hannover 1983 (AGTL NF 3). – Friedrich Stegmüller, Zur Prädestinationslehre des jungen Vasquez (s.u. zu 3.4.). – P.J. Wijminga, Festus Hommius, Leiden 1899.

Zu 3.4.: Egués Agustín Arbeloa, La doctrina de predestinación ... en Juan Martínez de Ripalda, Pamplona 1950. – William Lane Craig, The Problem of Divine Foreknowledge and Future Contingents from Aristotle to Suarez, Leiden u.a. 1988 (Brill's Studies in Intellectual History 7). – Paul Dumont, Liberté humaine et concours divin d'après Suarez, Paris 1936. – E. Elorduy, La predestinación en Suárez. Controversias con Vázquez, Salas y Lesio: ATG 10 (1947) 5–151. – Alfons Fleischmann, Die Gnadenlehre des Wilhelm Estius u. ihre Stellung zum Bajanismus. Eine dogmengesch. Unters. zu den Gnadenstreitigkeiten des ausgehenden 16. Jh., Diss. München, Kallmünz 1940. – Ludovico Gómez Hellín, Praedestinatio apud Ioannem Cardinalem de Lugo, 1938 (AnGr 12 SFT B6). – Jesuit Thinkers of the Renaissance. FS John F. McCormick, ed. by Gerard Smith, Milwaukee, Wisc. 1939. – Wilhelm Hentrich, Gregor v. Valencia u. der Molinismus. Ein Beitr. zur Gesch. des Prämolinismus mit Benutzung ungedr. Quellen, 1928 (PGW II,4.5). – Wolfgang Hübener, Art. Praedeterminatio physica: HWP 7 (1989) 1216–1225 [grundlegend]. – Georg Kraus (s.u. zu 6.). – Wilhelm Lurz, Adam Tanner u. die Gnadenstreitigkeiten des 17. Jh. Ein Beitr. zur Gesch. des Molinismus, 1932 (BSHT 21) [grundlegend]. – Johannes Rabeneck, Grundzüge der Prädestinationslehre Molinas: Schol. 31 (1956) 351–369. – Ders., Francisci Suarez iunioris de causa praedestinationis doctrina: EE 31 (1957) 5–16. – Friedrich Schmitt, Die Lehre des Hl. Thomas v. Aquin vom göttlichen Wissen des zukünftig Kontingenten bei seinen grossen Komm., Nijmegen 1950. – Gerard Smith, Freedom in Molina, Chicago 1966 [enthält anfangs vergleichende Kap. über Molina u. Luther, Molina u. Calvin]. – Friedrich Stegmüller, Zur Gnadenlehre des jungen Suarez, Freiburg i.Br. 1933. – Ders., Gesch. des Molinismus. I. Neue Molina-Schr., 1935 (BGPhMA 32,1 [mehr nicht ersch.]). – Ders., Zur Prädestinationslehre des jungen Vasquez: Aus der Geisteswelt des MA, 1935 (BGPhMA.S 3,1.2) 1287–1311. – Engelbert Stiglmayr, Verstoßung u. Gnade – Die Universalität der hinreichenden Gnade u. die strengen Thomisten des 16. u. 17. Jh., Rom 1964. – Sebastianus Tromp, Progressus doctrinalis in tractatibus S. Roberti Bellarmini de praedestinatione: Gr. 14 (1933) 313–355.

Zu 3.5.: Bengt Hägglund, Wie hat Martin Chemnitz zu Luthers De servo arbitrio Stellung genommen?: Der zweite Martin der Luth. Kirche. FS zum 400. Todestag v. Martin Chemnitz, hg. v. Wolfgang A. Jünke, Braunschweig 1986, 48–59. – Gottfried Hoffmann, Luther u. die Konkordienformel zur Prädestination: LuthThK 5 (1981) 25–56. – Wolfgang Hübener (s.o. zu 3.4.). – Friedrich Stegmüller, Gnadenlehre (s.o. zu 3.4.).

Zu 3.7.: Brian G. Armstrong, Calvinism and the Amyraut Heresy, Madison, Milwaukee/London 1969. – Theodor Mahlmann, Art. Pictet, Bénédict: BBKL 7 (1994) 582–589. – Ders., Art. Rivet, André: ebd. 8 (1994) 420–436. – Jürgen Moltmann, Prädestination u. Heilsgesch. bei Moyse Amyraut: ZKG 65 (1953/54) 270–303. – Roger Nicole, Moyse Amyraut. A Bibliography with Special Reference to the Controversy on Universal Grace, New York/London 1981. – David Sabean, The Theol. Rationalism of Moise Amyraut: ARG 55 (1964) 204–216. – Frans Pieter van Stam, The Controversy over the Theology of Saumur, 1635–1650, Amsterdam/Maarssen 1988 [hist. grundlegend; moralisierend; dogmatisch verständnislos]. – Richard Stauffer, Moise Amyraut un précurseur français de l'oecuménisme, Paris o.J. [1962]. – Axel Hilmar Swinne, John Cameron. Philosoph u. Theologe (1579–1625). Bibliographisch-krit. Analyse der Hand- u. Druckschr., sowie der Cameron-Lit., 1968 (SIWI 1) [grundlegend].

Zu 5.: Rune Söderlund (s.o. zu 3.3.). – Terrence N. Tice, Schleiermacher Bibliography, 2 Bde., 1966–1985 (PSP 12.101), s.v. Election [hier nicht wiederholt].

Zu 6.2.: Barth-Bibliogr.: Härle (s.u.) s.v. Prädestination [hier nicht wiederholt]. – József Barcza, Die Frage u. das ethische Problem der Heilsgewißheit in der Lehre Karl Barths v. der Gnadenwahl (ung.): ThSz 1959, 356–360. – Ders., Das Problem des Individualismus in Barths Lehre v. der Gnadenwahl (ung.): RefEgy 1960, 29f. – William S. Campbell (s.o. zu 1.4.). – Hans Theodor Goebel, Vom freien Wählen Gottes u. des Menschen. Interpretationsübungen zur „Analogie" nach Karl Barths Lehre v. der Erwählung u. Bedenken ihrer Folgen f. die KD, 1990 (FPT 9). – Wilfried Härle, Sein u. Gnade. Die Ontologie in Karl Barths KD, Berlin/New York 1975. – Ders., Die Souveränität des lebendigen, richtenden u. gnädigen Gottes: ThFPr 14 (1988) 38–54. – William John Hausmann, Karl Barth's Doctrine of Election, New York 1969. – Walter Kreck, Grundentscheidungen in Karl Barths Dogmatik. Zur Diskussion seines Verständnisses v. Offenbarung u. Erwählung, Neukirchen 1978. – Walter Sparn, „Extra Internum". Die christologische Revision der Prädestinationslehre in Karl Barths Erwählungslehre: Die Realisierung der Freiheit. Beitr. zur Kritik der Theol. Karl Barths, hg. v. Trutz Rendtorff, Gütersloh 1975, 44–75.

Theodor Mahlmann

VI. Systematisch-theologisch

(Anmerkung/Literatur S. 160)

1. Prädestination, →Erwählung und Gnadenwahl werden heute praktisch als Synonyme verwendet (lutherischer Sprachgebrauch). Prädestination bezeichnet so eine Auswahl und eo ipso eine Nicht-Wahl, ein Übergehen; sprachlich härter: ein Verwerfen. Trotzdem ist der symmetrische Sprachgebrauch von Erwählung und Verwerfung mit dem Oberbegriff Prädestination (reformierter Sprachgebrauch) nicht gerechtfertigt (s.u. 3.). Prädestination kann im weiteren Sinne gleichbedeutend mit Gottes Plan, Ratschluß oder ähnlichem gebraucht werden; es sollte nicht im Sinne von (aktiver) Providenz (→Vorsehung) gebraucht werden, kann aber als ihr Spezialfall verstanden werden.

2. Prädestination ist grundsätzlich eine Aussage der Reflexion auf den Glauben, ein Rückschluß aus der diesem zugesagten →Rechtfertigung, von Th. →Beza vorbildlich formuliert: „ich verstehe, daß mein Heil nicht in mir liegt, sondern in Gottes unwandelbarem Willen" (s.o. 2.2.). Dies erklärt, warum Prädestination als Glaubensgedanke teilweise gar nicht[1], teilweise als unerläßlich vorkommt. Und das, obwohl gerade auch die Theologen an ihr als einem Schreckgespenst leiden: „Ich weiß", sagt z.B. Leonard Lessius (s.o. 3.4.) „aus langer Erfahrung", „daß manche daher in schwerste Depressionen (*melancholiae affectus*) gefallen sind: die einen die Frömmigkeit ... verwarfen, die anderen fast das ganze Leben in Angst waren [und] die Prädestination Gottes immer für verdächtig hielten" (Lessius [s.o. V. Quellen zu 3.] Vorwort). Paul Tarnow (1562–1633) z.B. bezeugt diese „schwersten Anfechtungen hinsichtlich der Prädestination" für seine Mutter (vgl. Mahlmann, Art. Tarnow, Paul: BBKL 11 [1996] 437), und der Philosoph Otho Casmann (1562–1607) schreibt daher seine *Gnoorismata et signa scientifica electionis et salutis filiorum Dei, explicata ex verbo Dei, applicata ad firmos et infirmos, expetita votis et precibus, ut afferant piis fidei et certitudinis incrementa, impiis infidelitatis et securitatis decrementa* (Frankfurt 1607) zur Seelsorge: „Als Versuchter schreibe ich Versuchten zum Trost ... was mir zum Heil diente, wird anderen meiner Meinung nach nicht schaden" (ebd., Vorwort [1. September 1606]). Daß diese Probleme bis heute bestehen, bedarf keines Beweises.

3. Für die Behandlung der Prädestination hat Theodor Haering (Der christliche Glaube. Dogmatik, Calw/Stuttgart 1906, 511; ^{2}1912 = ^{3}1922, 606) einen nützlichen Vorschlag gemacht. Da der Heilswille Gottes entweder universal oder partikular sowie entweder unbedingt oder bedingt sein kann, ergeben sich vier Möglichkeiten: Gottes Prädestination ist (1) universal und unbedingt oder (2) universal und bedingt oder (3) partikular und unbedingt oder (4) partikular und bedingt. Alternative (4) ist historisch nicht vertreten; ihr läßt sich heute zuordnen die Ansicht, Glaubensgedanken komme in grundsätzlich subjektiv bedingter Perspektive ein nur partikularer Geltungsbereich zu, in dem Sinne, daß prinzipiell keine andere Sicht ausgeschlossen oder auch nur vorgezogen werden könnte, da keinerlei solches rechtfertigende Wahrheitskriterien existierten. Wird (4) in diesem Sinne abgelehnt (vgl. TRE 20,103,29–31), so bleiben die Alternativen (1) bis (3) behandelbar. (2) entspricht dem Typus der lutherischen, arminianischen sowie römischen, (3) dem der reformierten Lehre. (1) kann man (mutatis mutandis) vertreten sehen von G.W. →Leibniz (s.o. V. 3.7.), F.D.E. →Schleiermacher (s.o. V. 5.) und K. →Barth (s.o. V. 6.2.). Nur diese Position läßt sich erfolgreich verteidigen: Betrachtet man den universalen Heilswillen Gottes als axiomatisch gewiß (in eschatologischer Perspektive: Röm 11,32), so ist mit diesem die Erwählung (s.o. 1.) als Anwendungsfall vereinbar: daß Gott sich aller erbarmt, ist damit, daß er sich erbarmt, wessen er will (Röm 9,18), vereinbar, denn ein affirmativ-partikulares Urteil ist einem universalen subordiniert. Paulus widerspricht sich nicht, wie auch kein anderer Autor, der diese Implikation ungesagt voraussetzt. Dagegen widerspricht dem universalen Urteil, daß Gott sich aller erbarme, das Urteil, daß er sich einiger nicht erbarme, kontradiktorisch. Hält man das zweite für axiomatisch gewiß, muß der allgemeine Heilswille Gottes strikt geleugnet werden, wie es in (3) der Fall ist. Versieht man nun das positiv-partikulare, das Erwählungsurteil als eine Abfolge mit einem Zeitindex t_1 t_2... t_n (entsprechend der Auslegung von Röm 9–11 seit dem ausgehenden 19. Jh.: Weber 10.16.27–29.42), so ist, unbeschadet der Vorzeitlichkeit des Heilsratschlusses Gottes (Röm 8,29 expliziert Eph 1,4), die Symmetrie von Erwählung und Verwerfung keine ewige Tatsache. Eine Auflösung etwa in ‚Allversöhnung' ändert an dem Bestürzenden der Erwählung jetzt und hier nichts; sie bleibt das „Geheimnis", bei dem Gott keinen Mitwisser und keinen Mitwirker (Röm 11,25.34f.) duldet. Darum rechtfertigt allein der historische Anlaß der Reformation, der ‚Ablaß' (Nachlaß zeitlicher Fegefeuerstrafen) als untolerierbarer Verstoß dagegen, noch heute die Reformation der Kirche.

4. Die Vollstreckung der Prädestination zu denken, fällt mit der „Lösung des religiösen Problems überhaupt" (Richard Adelbert Lipsius, Lehrbuch der evangelisch-protestantischen Dogmatik, Braunschweig ^{3}1893, 449), der Beziehung Gottes zum Menschen (als Teil der Welt, der Natur und Geschichte) zusammen. Für den Heilsvollzug ist die Unwiderstehlichkeit des Wirkens Gottes zu behaupten. Mit Vincent Brümmer ist dies nicht im logischen Sinn (kraft der Bedeutung des gewählten Ausdrucks) zu verstehen; nicht im faktischen (wodurch aus einer Handlung ein Ereignis würde); nicht im normativen (sofern dies Verdienste impliziert) – sondern im rationalen Sinn: Wir können vernünftigerweise die uns Geschöpfen unverdient und unverdienbar entgegenschlagende (Hos 11,8; II Kor 5,14) Güte Gottes nicht zurückweisen – wie wir unmöglich vernünftigerweise gegen unser →Gewissen handeln können. „In diesem Sinne ist Gottes Gnade für einen Gläubigen ‚irresistibel'" (Brümmer 82). Brümmer interpretiert die bei ihm in Rede stehenden Dordrechter Canones (→Dordrechter Synode), ohne es zu sagen, so wie schon J. Cameron das tat: im Sinne eines unwiderstehlichen *Überzeugtwerdens* (s.o. V. 3.7.1.)

durch „den kraftvollsten Grund, durch den unsere Handlungen überhaupt motiviert werden können, nämlich die Tatsache, daß Gott uns zuerst geliebt hat“ (ebd. 88). Aber diese rational unwiderstehliche Nötigung kann kaum wie bei Brümmer völlig von der faktischen getrennt werden. Luthers legendäres, von Brümmer (ebd. 82) zitiertes „Ich kann nicht anders“ ist in unserer Alltagssprache weit verbreitet, da wir sagen: „Ich konnte dem nicht widerstehen; konnte nichts anderes tun; mußte so handeln; war dazu gezwungen; es war ausgeschlossen, anders zu entscheiden; ging nicht anders!“ usw. Diese ernstgemeinten sprachlichen Wendungen setzen ebenso wie die Härte des Ausdrucks in Joh 6,44; I Kor 9,16 und in Luthers Katechismus-Erklärung der dritten Vaterunser-Bitte offensichtlich die alte, häufig mit Unrecht als sophistisch verdächtigte Unterscheidung von ‚Zwang‘ und ‚Notwendigkeit‘ voraus (*Deus trahit, non cogit*).

Johannes Maccovius' Kaufmann (s.o. V. 3.1.) konnte natürlich anders handeln; Robert M. Adams' Kaufmann dagegen, der dem Kunden die gewünschte Ware nicht gibt, ist zwar sicher frei zu tun, was er will, träte aber nicht ein, was wir ohne „irgendeine Ungewißheit“ (Adams 88) erwarten – würden wir nicht sagen: entweder der Mann ist wahnsinnig oder die Welt aus den Fugen?

Selbst wenn wir voraussetzen, daß dennoch eine faktische Unwiderstehlichkeit nicht besteht – von Gottes Prädestination kann eben dies *nicht* behauptet werden, da *ihr* eine unwiderstehlich überzeugende „Unüberwindlichkeit“ (Du Moulin [s.o. V. 3.2.]) zukommt. Wer das leugnet, tritt Gottes Gottheit zu nahe (Röm 9,19f.). Freiheit im logischen Sinn ist in keinem Falle personaler Beziehung, auch hier nicht, ausgeschlossen: Es ist nicht widersprüchlich, daß die Partner der Beziehung anders handeln, als es der Logik der Situation entspricht (vgl. Wilfried Härle, Dogmatik, 1995 [GLB] 509f.). Aber Gottes Prädestination ist etwas Durchdringendes. Was wir Widerstand nennen, ist das Ausbleiben der Prädestination (so CA XIX [BSLK 75,8f. (dt.); 6f. (lat.)] – wiederum auf Mt 23,37 folgt noch V.39). Da diese Wirkung der Prädestination vermöge der aktualen Allgegenwart Gottes – tiefenpsychologisch-psychosomatisch gesprochen – weit überwiegend im Unbewußten sich vollzieht und nur zum kleinsten Teil im Bewußtsein präsent wird (Gottes „guter, gnädiger Wille“ [Luther] daher „in einem fundamentalen oder axiologischen Sinn“ [Härle 510] anwesend geglaubt werden muß, nicht gleicherweise verstanden werden kann), hat das alte Theorem der *praedeterminatio physica* einen guten Sinn. Es läßt sich einwenden, daß damit der Verantwortung des Handelns der Boden entzogen wird. Dies Problem nicht lösen zu können gereicht keinem Theologen zum Vorwurf. Denn: „Das Problem der menschlichen Freiheit ist ... nicht nur für die Begründung religiöser Moral, sondern für die Frage nach dem Recht unserer moralischen Intuitionen überhaupt von Bedeutung“ (Gebhard Löhr, Gott – Gebote – Ideale. Analytische Philosophie und theologische Ethik, 1991 [KVR 1559] 112), und es wird zugestanden, daß jener „Begriff sich schwerlich von allen Widersprüchlichkeiten reinigen läßt“ (John Leslie Mackie, Ethik [engl. 1977], Stuttgart 1981, 288). So schlecht also steht es damit, daß wir Leute vor Gericht stellen! So gebührt auch Theologen ganz im Gegenteil als „gemäßigten Deterministen“ Anerkennung: „Es ist bemerkenswert, daß anders als heute, wo die These von der Willensfreiheit häufig mit einer religiösen Weltansicht verbunden ist, viele Theologen seit Augustinus die Vereinbarkeitstheorie vertreten haben, indem sie meinten, daß trotz der Vorherbestimmung unserer Handlungswahlen (die im göttlichen Vorherwissen genauso eingeschlossen ist wie in einer kausalen Determination) diese doch nicht in ihrer Wirklichkeit als Wahlen und in ihrer moralischen Bedeutsamkeit untergraben würden“ (ebd. 282.283f.). Nicht dieser vernünftige Glaube ist dem Theologen untersagt, sondern etwas ganz anderes unterliegt zweifachem „Anathema“ (Gal 1,8f.), nämlich „das Evangelium des Christus pervertieren“ (Gal 1,7): es kann nicht Aufgabe christlicher Theologie sein, unter Ausnutzung der logischen oder auch faktischen Freiheit bei Verwischung der Unterscheidung von Gesetz und Evangelium gegen den Tenor der Bibel eine Kooperation der menschlichen Freiheit mit der göttlichen Gnade zu entwickeln (wozu nur römische Theologie irreformabel verpflichtet ist, da nach *Lumen Gentium* III 25 die für sie bestehenden *definitiones* unkritisierbar, also nicht einmal von Gott kritisierbar, sind). Gegen eine mehr als logische Freiheit läßt sich auch *ex absurdo* argumentieren: Wer Gott gegenüber eine Freiheit des Menschen annimmt, nach der auch Gottes Prädestination sich richten müßte (da nicht einmal Gott streng Kontingentes wissen kann), beantwortet bereits „die wichtige Frage, ob nicht auf Grund der freien Selbstbestimmung des Menschen einige Individuen ihren Widerstand gegen die Gnade so lange fortzusetzen vermögen, bis sie endlich aufhören, Gegenstand der Gnadenwirkungen zu sein ..." (Hans Lassen Martensen, Die christliche Dogmatik, Berlin 1870, 359); er kann dem doppelten Ausgang in auch ewige Höllenstrafen im Sinne ewiger Selbstbestrafung durch selbstgewählte Depression der Gottferne nicht mehr widersprechen (das sieht Hebblethwaite [438.444] als Konsequenz seiner „Prozeß-Metaphysik" [439]), obwohl er das mit Röm 9,19f.; 11,23.32 müßte. Nach allem Gesagten liegt kein Grund vor, hier im Sinne heute ‚herrschender' Lehre von „Mißbrauch ... der Heiligen Schrift" (Wilhelm Herrmann, Dogmatik, Gotha/Stuttgart 1925, 89) zu sprechen. Der hier vorgetragenen Sicht kann auch nicht damit widersprochen werden, daß seit bald 100 Jahren mit der Quantenmechanik der Zufall als „das physikalische Korrelat von Freiheit auf der grundlegenden physikalischen Ebene gegenüber der höheren, personalen Ebene" erwiesen sei (Hebblethwaite 445; so auch Mackie 277f.). Denn dieser Indeterminismus schließt Prädestination so wenig wie (statistisch interpretierte) →Naturgesetze aus. Kann ein Ingenieur eine Maschine bauen, in der die zufälligen Unregelmäßigkeiten auf die Gesamtfunktion nicht durchschlagen, um wieviel mehr kann das Gottes unbegrenztes *ingenium* (Norbert Fust [mündliche Mitteilung]). Dann braucht auch das Prinzip „Kenntnis und Notwendigkeit" ($aKp \rightarrow p$) – was Gott weiß, ist der Fall – als Minimalbedingung der Prädestination nicht (mit A. Vos u.a.) aufgegeben zu werden.

Anmerkung

[1] Johann Gottfried Herrmanns (1707–1791) erhabene Hymne auf die göttliche Erwählung von 1742 (EKG 276) ist aus dem Evangelischen Gesangbuch verschwunden; das bewahrheitet Reinhold Seebergs Beobachtung, dieser Glaubensgedanke sei „heute fast verschollen" (Christliche Dogmatik, Erlangen/Leipzig, II 1925, 557).

Literatur

Robert Merrihew Adams, Middle Knowledge and the Problem of Evil (1973): ders., The Virtue of Faith and Other Essays in Philosophical Theology, New York/Oxford 1987, 77–93 [Auseinandersetzung mit Alvin Plantinga, dem ‚Wiedererfinder' der *scientia media*]. – Marinus Johan Arntzen, Van eeuwigheid als grond gelegd. Gedachten over de vrederaad, Kampen 1983. – Karl Barth, Gottes Gnadenwahl, 1936 (TEH 47). – David u. Randall Basinger (Hg.), Predestination and Free Will. Four Views of Divine Sovereignty and Human Freedom, Downers Grove, Ill. 1986; dt.: Die Weltregierung Gottes u. die Freiheit des Menschen. 4 Standpunkte, hg. v. D. u. R. B. unter Mitarb. v. John Feinberg, Norman Geisler, Bruce Reichenbach u. Clark Pinnock, Marburg 1987. – Abraham van de Beek, Waarom? Over leijden, schuld en God, Nijkerk 1984 [besprochen bei Graafland (s.o. V. Lit. Allg.) 553–570]. – Gerrit Cornelis Berkouwer, De verkiezing Gods, Kampen 1955 [besprochen bei Graafland (s.o. V. Lit. Allg.) 330–357]. – Cornelius den Boer, Om 't eeuwig welbehagen, Utrecht 1974. – Loraine Boettner, The Reformed Doctrine of Predestination, Grand Rapids, Mich. 1932 (Nachdr. Philadelphia, Pa. 1975). – Wilhelm Breuning, Neue Wege der prot. Theol. in der Prädestinationslehre: TThZ 68 (1959) 193–210. – Vincent Brümmer, Speaking of a Personal God, Cambridge 1992, Kap. 3. – Ders./Cornelis Graafland, Genade en onwederstandelijkheid: ThRef 24 (1981) 24–49. – Luigi Ciappi, La predestinazione, Rom 1954. – Filipe José Couto, Hoffnung im Unglauben. Zur Diskussion über den allg. Heilswillen Gottes, München u.a. 1973 (APPSR NS 28). – William Lane Craig, Divine Foreknowledge and Human Freedom, Leiden u.a. 1991 (Brill's Studies in Intellectual History 19). – James Daane, The Freedom of God. A Study of Election and Pulpit, Grand Rapids, Mich. 1973. – De l'Élection éternelle de Dieu. Actes du congrès int. de théologie calviniste (1936), Genf o.J. (Beitr. v. Peter Barth [s.o. Lit. zu V.1.4.], Jean Cadier, Auguste Lecerf, Pierre Maury [dt.: Maury, Erwählung (s.u.)], Gerardius Oorthuys, u.a.). – Klaas Dijk, Om 't eeuwig welbehagen. De leer der praedestinatie, Amsterdam 1924. – Ders., Van eeuwigheid verkoren, Delft 1952. – Ernst v. Dobschütz, Prädestination: ThStKr 106

(1934/35) 9–19. – G. Dörrien, Der Supralapsarismus der Reformatoren: TARWPV 1 (1872) 104–147. – Enige aspecten van de leer der uitverkiezing. Rapport samengesteld op verzoek van de commissie tot de zaken der Remonstrantse Broederschap en van de generale synode der Nederlandse Hervormde Kerk, 's Gravenhage 1966. – K. Exalto, Binnen of buiten. Over de uitverkiezing, Kampen 1984. – Mark John Farrelly, Predestination, Grace and Free Will, London 1964. – Felix Flückiger, Vorsehung u. Erwählung in der ref. u. in der luth. Theol.: Antwort. Karl Barth zum 70. Geburtstag, Zollikon-Zürich 1956, 509–526. – Reginald Garrigou-Lagrange, La prédestination des saints et la grâce, Paris 1936. – Brian L. Hebblethwaite, Some Reflections on Predestination, Providence, and Divine Foreknowledge: RelSt 15 (1979) 433–448. – Reinhart Herzog, „Partikulare P." Anfang u. Ende einer Ich-Figuration – Thesen zu den Folgen eines Augustinischen Theologoumenons: Individualität, hg. v. Manfred Frank u. Anselm Haverkamp, München 1988 (Poetik u. Hermeneutik 13) 101–105. – Philippus Jacobus Hoedemaker, Het probleem der vrijheid en het theistisch godsbegrip, Amsterdam 1867. – Lambertus Jacobus van Holk u. a., Voorbeschikking of verkiezing. Orientatireeks van de remonstrantse broederschap, Lochem 1962. – Denis Inman, Die Erwählungslehre in der gegenwärtigen Theol., Diss. masch. Mainz 1957. – Jakób Jocz, A Theology of Election. Israel and the Church, London 1958. – N. Karbach, Der allg. Heilswille Gottes u. seine Stellung im Prädestinationsproblem, Simpelveld 1937. – L. Kievit, De verkiezing Gods: Op het scherp van de snede. Posthuum gesprek met prof. dr. A. A. van Ruler, Amsterdam 1972, 135–140. – Georg Kraus, Vorherbestimmung. Traditionelle Prädestinationslehre im Licht gegenwärtiger Theol., 1977 (ÖF.S 5). – Walter Kreck, Die Lehre v. der Prädestination: O. Weber/Kreck/Wolf (s.u.) 37–62. – Ders., Gottes Erwählung u. unsere Entscheidung, Wuppertal 1959. – Albert Lüscher, Zur Herrlichkeit erwählt, berufen u. bewahrt, Langenthal, Schweiz o.J. – Pierre Maury, Erwählung u. Glaube, 1940 (ThSt[B] 8). – Ders., La prédestination, Genf 1957; dt.: Prädestination, Neukirchen 1959. – Gerardius Oorthuys, De leer der predestinatie, Wageningen 1931 [besprochen bei Graafland (s.o. V. Lit. Allg.) 419–425]. – Félix Ortiz de Urtaran, Novísima teoría acerca de la predestinación: Lum. 6 (1957) 235–248. – Fr. Th. Philippe, La prédestination. Mystère de prédilection divine: VS 57 (1938) 65–91.129–150. – Hartmut Rosenau, Allversöhnung. Ein transzendental-theol. Grundlegungsversuch, Berlin/New York 1993. – Wilhelm Schamoni, Die Zahl der Auserwählten, Paderborn 1965. – Edmund Schlink, Der theol. Syllogismus als Problem der Prädestinationslehre: Einsicht u. Glaube. FS Gottlieb Söhngen, Freiburg i.Br. 1962, 299–320. – Klaus Schwarzwäller, Das Gotteslob der angefochtenen Gemeinde. Dogm. Grundlegung der Prädestinationslehre, Neukirchen 1970. – John Jamieson Carswell Smart, Our Place in the Universe, Oxford/New York 1989, Kap. 6. – Karl Thieme, Göttliche Vorherbestimmung u. menschliche Willensfreiheit: ders., Gott u. die Gesch., Freiburg 1948, 81–147. – A. Vandenberghe, De praedestinatione: Coll. Brug. 36 (1936) 142–148. – Heinrich Vogel, Praedestinatio gemina. Die Lehre v. der ewigen Gnadenwahl: Theol. Aufs. Karl Barth zum 50. Geburtstag, München 1936, 222–242. – Antonie Vos, Kennis en noodzakelijheid. Een krit. analyse van het absolute evidentialisme in wijsbegeerte en theologie, Diss. Utrecht 1981, Kampen o.J. – (Hans) Emil Weber, Das Problem der Heilsgesch. nach Röm. 9–11, Leipzig 1911. – Otto Weber, Die Lehre v. der Erwählung u. die Verkündigung: ders./Kreck/Wolf (s.u.) 9–36. – Ders./Walter Kreck/Ernst Wolf, Die Predigt v. der Gnadenwahl, 1951 (TEH NF 28). – Jan Gerrit Woelderink, De uitverkiezing, Delft 1951 [besprochen bei Graafland (s.o. V. Lit. Allg.) 383–390]. – Ernst Wolf, Erwählungslehre u. Prädestinationsproblem: O. Weber/Kreck/ders. (s.o.) 63–94. – Linda Trinkaus Zagzebski, The Dilemma of Freedom and Foreknowledge, New York/Oxford 1991 (Lit.). – L. van der Zanden, Predestinatie. Onze verkiezing in Christus, Kampen 1949 (besprochen bei Graafland (s.o. V. Lit. Allg.) 330).

Theodor Mahlmann

Präexistenz →Jesus Christus, →Seele

Prälat

1. Begriff 2. In der mittelalterlichen Kanonistik 3. In der Römisch-katholischen Kirche 4. In den evangelischen Kirchen (Quellen u. Literatur S. 166)

1. Begriff

In weitestem Sinn bedeutet dieser schillernde Begriff, über die Jahrhunderte je nach Zeit und Ort von unterschiedlichstem Inhalt, im kirchlichen Bereich die Zugehörigkeit zur höheren Geistlichkeit. Vorrangig bezeichnet er den Träger eines an die *cura animarum* gebundenen →Amtes mit umfassender ordentlicher Leitungsgewalt. Die besondere „Würde" des Prälatenamts wird mit der damit übertragenen *potestas* begründet, unabhängig vom Grad des *ordo*. Weiter findet dieser Terminus Anwendung für die Inhaber wichtiger Positionen in der päpstlichen Verwaltung. Am bekanntesten wurde die Bezeichnung wohl durch die verbreitetste Art einer Teilhabe am „Glanz" höherer Geistlichkeit, die bloße Ehrentitulierung nämlich, vom Apostolischen Stuhl (in verschiedenen Abstufungen) stets großzügig verliehen.

Nach engerer Differenzierung umfaßt der Begriff im Unterschied zu den Bischöfen als höheren Prälaten (*praelati superiores* oder *maiores*) nur die sog. niederen Prälaten (*praelati inferiores* oder *minores*), die daher mitunter – wiewohl kanonistisch unpräzise – als *medium quoddam* zwischen →Bischof und →Pfarrer verstanden werden. Auch bei einer Gliederung des Klerus in Klassen oder Stände lassen sich diese Prälaten als besondere Gruppe nachweisen; auf dem Konzil von Ferrara-Florenz (1438/39; →Basel/Ferrara/Florenz, Konzil von) beispielsweise bildeten →Kardinäle und Bischöfe den ersten Stand, Äbte und Prälaten den zweiten, die übrigen Kleriker (ab Subdiakon) den dritten. Im *Ancien régime* konnte „Prälat" auch eine Abgrenzung der nichtfürstlichen höheren Geistlichen gegenüber den geistlichen Fürsten anzeigen.

In speziell verfassungsrechtlicher Terminologie sind Prälaten jene Geistlichen, die in einem diözesenähnlichen, aus der Zirkumskription einer oder mehrerer Diözesen – wozu sie geographisch gehören würden – herausgenommenen Gebiet auch ohne Bischofsweihe volle Jurisdiktionsgewalt eines Bischofs ausüben. Daher hießen Vorsteher eines solchen Gebiets *praelati nullius*, wobei *dioecesis/dioeceseos* zu ergänzen war (diese Bezeichnung wird auf römisches Recht zurückgeführt, vgl. *nullius in bonis* in D 1.8.1), d.h. der entsprechende Sprengel gehörte zu keiner Diözese, war von der Bindung an ein →Bistum frei, wie die Wendung „gefreite Prälatur" verdeutlicht. Solche kleineren Territorien entstanden seit dem 11./12. Jh.; sie wurden von einem Priester mit besonderen Vollmachten geleitet, dem (in der Regel säkulargeistlichen) *praelatus nullius* bzw. dem (ordensgeistlichen) *abbas nullius*, dem (von einem Bischof) unabhängigen, „voll-exemten" oder gefreiten Prälaten bzw. Abt.

Gegenüber der bloß passiven →Exemtion, bei der z. B. ein Ordensoberer mit seinem Kloster (und dem eventuell dazugehörenden Gebiet) lediglich der Jurisdiktion des Diözesanbischofs entzogen war, wurde die Zuständigkeit des Ortsbischofs besonders beeinträchtigt von solchen Prälaten mit eigener, aktiver Jurisdiktionsgewalt über Kleriker und Laien eines innerhalb einer Diözese liegenden Sprengels, der daher aus der Sicht des Diözesanbischofs als Störfaktor in seiner Amtsausübung betrachtet werden konnte. Vor allem →Benedikt XIV. förderte und festigte – entgegen den Bestrebungen des →Tridentinum nach Stärkung bischöflicher Diözesangewalt (z. B. Sess. VI *de resid.* c.4; Sess. VII *super ref.* 8; Sess. XXIII *super ref.* 10) – die Einrichtung gefreiter Prälaturen. Neben bischofsähnlichen Rechten hatten deren Leiter auch entsprechende Verpflichtungen, etwa zur *visitatio liminum*, der mit einem Besuch der Apostelgräber verbundenen Rechenschaftslegung über die Führung ihrer Teilkirche vor dem Papst, wie Benedikt XIV. in seiner Konstitution *Quod sancta* 1740 ausdrücklich auch für die *praelati nullius* erneut anordnete. Die Doktrin kannte noch eine dritte Unterscheidung: Übte der gefreite Prälat seine Jurisdiktion in einem Gebiet aus, das völlig von jeder Diözese getrennt war (Quasidiözese), sprach man von der vornehmsten und eigentlichen Form der gefreiten Prälaten (*praelati nobilissimi, proprie nullius*). Schließlich gab es in Abstufungen zwischen der passiven und aktiven Exemtionsform gefreite Prälaten mit nur teilweisen, eingeschränkten bischofsähnlichen Jurisdiktionsrechten. Bezeichnungen für eigene Prälatenklassen unter Ordensvorstehern sind schon seit dem 13. Jh. bekannt. Die Wendung *praelati et capitulum* läßt erkennen, daß es z. B. bei →Domkapiteln „Prälaturen" (Propst, Dekan, Kustos, Scholaster, Kantor) gab, deren Inhabern ein (Ehren-)Vorrang zukam.

2. *In der mittelalterlichen Kanonistik*

Bereits im Dekret Gratians zeichnet sich neben der oft sehr allgemeinen Bedeutung von *praelatus* eine Betonung des kirchlichen Amtsinhabers ab, der andern gegenüber eine Vorzugsstellung mit entsprechender Anweisungsbefugnis einnimmt. Das für den Rechtsbegriff des Prälaten grundlegend gewordene Charakteristikum besonderer Jurisdiktionsgewalt wurde, ausgehend von der bischöflichen Territorialherrschaft, vor allem von der Dekretalistik erarbeitet, auch wenn in deren Quellen der Sprachgebrauch zuweilen immer noch uneinheitlich ist (vgl. die Titel X 1.10; X 3.10; X 5.31; VI 1.8; VI 5.6; Clem 1.5; Clem 5.6), mitunter auch, in neuzeitlicher Diktion, Pfarrer (*plebani*) den *praelati* gleichgestellt erscheinen (z. B. X 1.31.3; 3.38.25; 5.3.27; Extrav. com. 1.9.2). Daß bei dem Begriff des Prälaten die Jurisdiktionsgewalt im Vordergrund steht, wird weiter dadurch verdeutlicht, daß Äbtissinnen entsprechende Jurisdiktion ausübten (vgl. X 1.33.12) und daher als *(mulieres) praelatae* bezeichnet wurden, freilich ohne *plena spiritualis iurisdictio* (Hostiensis [Heinrich von Segusio (vor 1200–1271)]) im Sinn von Weihegewalt, da die Ausübung von Weihevollmacht, z. B. Spendung des Bußsakraments, natürlich nicht möglich war; wohl aber verliehen sie Priestern die Beichtvollmacht (*potestas confessiones audiendi*). Zur *praelata* mit echter Jurisdiktionsgewalt ist weiter darauf aufmerksam zu machen, daß es in einigen Diözesen Deutschlands Äbtissinnen gab, die das Amt eines Archidiakons ausübten (*archidiaconissae*). Daß Äbtissinnen nicht ordiniert werden konnten, bedeutete kaum Schwierigkeiten für die Übernahme dieses Amtes, gibt es doch genügend Beispiele dafür, daß Laien Archidiakone waren; wie stark der jurisdiktionelle Aspekt betont wurde, zeigen auch liturgische Quellen (*ordines liturgici*) mit ihren *clerici utriusque sexus*, der „Clerisey beiderley geschlechts".

Kanonisten, die eine echte Jurisdiktionsgewalt von Äbtissinnen verneinten, fanden dafür angesichts der Tatsache, daß diese die gleichen Jurisdiktionsakte vornahmen, die bei Äbten ausdrücklich auf deren eigene *potestas iurisdictionis* zurückgeführt wurden, keine andere Erklärung, als daß sie Äbtissinnen als „Ausführungsorgane" päpstlicher Gewalt betrachteten.

3. In der Römisch-katholischen Kirche

3.1. Der Codex Iuris Canonici von 1917

Das Institut der *praelatura* bzw. *abbatia nullius* des vorkodikarischen Rechts blieb über die altkodikarische Gesetzgebung von 1917 im wesentlichen bis in den Codex von 1983 erhalten. In can. 110 CIC/1917 waren noch – in betonter Ausgliederung der vom Apostolischen Stuhl verliehenen Prälatentitel *honoris causa* ohne jegliche Jurisdiktion – als Prälaten im eigentlichen Sinn (*proprio nomine*) jene Welt- oder Ordensgeistlichen definiert, die ordentliche Jurisdiktionsgewalt im äußeren Rechtsbereich besaßen; can. 198 CIC/1917 nannte neben dem Residentialbischof eigens den gefreiten Abt bzw. Prälaten (*Abbas vel Praelatus nullius*) als Ortsordinarius. Die Abgrenzung gegenüber dem Bischof erfolgte in den ein eigenes Kapitel im Verfassungsrecht bildenden Canones 319–328 CIC/1917 über die niederen Prälaten (*De Praelatis inferioribus*), die nur von den gefreiten Äbten und Prälaten bzw. deren Gebieten (*Abbates vel Praelati nullius* bzw. *abbatia vel praelatura nullius*) handelten.

Sie unterlagen nach can. 320 § 2 CIC/1917 den gleichen Qualifikationsanforderungen wie die Bischöfe. Ausdrücklich schrieb ihnen can. 323 § 1 CIC/1917 die gleichen Vollmachten und Verpflichtungen zu, wie sie die Residentialbischöfe in ihren Diözesen hatten, also auch ordentliche eigenberechtigte Oberhirtengewalt. Überdies setzte can. 215 § 2 CIC/1917 ausdrücklich die gefreite Abtei oder Prälatur der Diözese und den gefreiten Abt oder Prälaten dem Bischof rechtlich gleich. Gegenüber den jederzeit ihrer Ämter enthebbaren apostolischen Administratoren, Präfekten und Vikaren – Prälaten mit nur stellvertretender Jurisdiktionsgewalt, die das Verfassungsrecht des Codex von 1917 nicht bei den *Praelati inferiores* behandelte –, war das Amt des gefreiten Prälaten unwiderrufbar, außerdem bei weltgeistlichen Prälaturen regelmäßig bepfründet. Es ist auffallend, daß nach dem Codex von 1917 vermehrt solche Prälaturen errichtet wurden, wenn aus irgendwelchen Gründen die Errichtung einer Diözese noch nicht möglich oder opportun erschien.

3.2. Der Codex Iuris Canonici von 1983

Im Codex von 1983 wich die frühere Bezeichnung „gefreite Prälatur" für das Gebiet der *Praelati nullius, nempe dioecesis* (can. 319 CIC/1917) – nachdem schon am 22. Januar 1966 *nullius dioecesis* gestrichen worden war – in can. 370 der Formulierung „Gebietsprälatur" (*praelatura territorialis*); beibehalten wurde auch die entsprechend umbenannte „Gebietsabtei" (*abbatia territorialis*), entgegen der Tendenz des in Anlehnung an das

Konzilsdekret *Perfectae Caritatis* ergangenen Motu-Proprio-Schreibens *Catholica Ecclesia* →Pauls VI. vom 23. Oktober 1976 (AAS 68 [1976] 694–696). Wenngleich Teilkirche im streng kanonistischen (und ekklesiologischen) Sinn nur die Diözese ist, wird diese Prälatur bzw. Abtei mit dem apostolischen Vikariat sowie der apostolischen Präfektur und Administratur nach can. 368 der Diözese gleichgestellt (*assimilantur*). Leiter dieser bistumsähnlichen Teilkirchen, z. B. Gebietsprälat, sind ebenfalls, wiewohl ausdrücklich den Ortsordinarien zugerechnet, dem Diözesanbischof im Recht nur gleichgestellt (*aequiparantur*, can. 134 in Verbindung mit can. 381 § 2). Gegenüber den apostolischen Vikaren, Präfekten und Administratoren, die nur stellvertretende Vollmacht „im Namen des Papstes" (can. 371) ausüben, wird die Gebietsprälatur oder -abtei auch weiterhin von einem Prälaten oder Abt (*Praelato aut Abbati*) „nach Art eines Diözesanbischofs" (can. 370, Quellen dafür can. 215 § 2 CIC/1917 und can. 319–327 CIC/1917) als Inhaber eigenberechtigter ordentlicher Jurisdiktionsgewalt geleitet, kommt daher der Diözese am nächsten.

Dennoch wird diese Leitungsgewalt näher als nur bischofs*ähnliche* bestimmt, da (neben der päpstlichen) allein die diözesanbischöfliche Jurisdiktionsgewalt als *iuris divini* gilt, während Territorialprälaten und -äbte zu den Leitern von Einrichtungen bloß menschlich-kirchlichen Rechts gehören. Diese Qualifizierung ist auch dann zutreffend, wenn z. B. Territorialprälaten die Bischofsweihe empfangen haben, wie dies häufiger der Fall ist. Im verfassungsrechtlichen Sinn bestimmt sich die Stellung des Prälaten nicht nach einem sakramententheologischen Kriterium, dem Weihegrad, sondern nach einem kanonistisch-ekklesiologischen, dem →Amt mit der damit verbundenen Jurisdiktion. Prälaten ohne Bischofsweihe sind auch in den auf Artikel 38 des Konzilsdekrets *Christus Dominus* zurückgehenden *P(p)raesules* der can. 448 und 455 § 2 (mit den *aequiparati* der can. 450 § 1 und 454 § 1) über Mitgliedschaft und Stimmrecht bei Bischofskonferenzen inbegriffen.
Das *Annuario Pontificio 1996* zählt 53 Gebietsprälaturen und 16 Gebietsabteien (zum Teil, wie Subiaco, bis ins 11. Jh. zurückgehend).

3.3. Personalprälaten

Das Gesetzbuch von 1983 kennt einen gegenüber dem alt- und vorkodikarischen Recht völlig neuen Typ des Prälaten, den Leiter einer Personalprälatur. Nach den Canones 294–297 werden diese *praelaturae personales* umschrieben als Inkardinationsverbände des Säkularklerus zur Erfüllung besonderer Aufgaben, vom Apostolischen Stuhl errichtet und nach dessen Statuten näher bestimmt.

Mit dieser Charakterisierung neigt die herrschende Meinung der Auffassung zu, daß Personalprälaturen im Gegensatz zu den Gebietsprälaturen nach can. 368 und 370 keine den Diözesen gleichgestellte bistumsähnliche Teilkirchen sind; begründet wird dies nicht zuletzt mit dem systematischen Ort der Canones 294–297 außerhalb der Normen zur „hierarchischen Verfassung der Kirche", wobei kritische Stimmen eine noch entferntere Einordnung vorsehen, etwa erst am Ende des Vereinsrechts. Eine gegenteilige Ansicht verweist auf für Teilkirchen wesentliche Kriterien, die auch in den Normen zur Personalprälatur enthalten seien.
Laien sind in dieser Konzeption zunächst nicht miterfaßt, doch bestehen für sie gemäß can. 296 grundsätzlich Mitwirkungsmöglichkeiten (*cooperatio organica*), die gegebenenfalls in den Statuten festzulegen sind. Geleitet wird die Personalprälatur von einem Prälaten als eigenberechtigten Ordinarius (can. 295 § 1, in can. 134 in Verbindung mit can. 368 nicht erwähnt) mit dem schon in can. 265 bzw. can. 266 § 1 genannten Recht, ein eigenes Priesterseminar zu errichten bzw. Kleriker der Personalprälatur zu inkardinieren. Die einzige zur Zeit bestehende Personalprälatur, die „vom Heiligen Kreuz und Opus Dei", stößt zu Recht auf scharfe Kritik, da sie von Struktur und Zielsetzung her den Canones 294–297 nicht entspricht (vgl. TRE 25,303,14ff.).

3.4. Kuriale Prälaten

Nach wie vor fallen unter den Begriff des Prälaten weiter höhere Beamte der päpstlichen →Kurie, Mitglieder der *Familia Pontificia*, des päpstlichen Hofs. Sie üben, seit sich die Kurie im 11. Jh. zum Zentrum päpstlicher Macht entwickelte, im kirchlichen Behördenapparat, vor allem nach der Kurienreform →Sixtus' V. (1585–1590), wichtigere Ämter oder Funktionen aus, z. B. in Kongregationen und kurialen Prälatenkollegien (nach den *prelati di fiocchetti* wirkliche apostolische Protonotare, Rota Romana, apostolische Kammer, apostolische Signatur [*Votantes*]). Diese Verwaltungsprälaturen höheren Ranges können für ihre Inhaber, oft schon auf Grund ihres Amtes bedeutende kirchliche Machtträger, Ausgangsposition für ein Kardinalat sein.

Die besondere Stellung der kurialen Prälaten dürfte wieder in der Bestimmung über ihre Teilnahme am Konsistorium des can. 353 § 4 anklingen (*praeter Cardinales admittantur Praelati*). In can. 328 CIC/1917 wurde für die *familiares* des Papstes, zu denen neben Inhabern wirklicher Ämter auch die Ehrenprälaten zählten, auf die für diesen Personenkreis geltenden →Privilegien und Regeln des päpstlichen Hofs verwiesen, wie sie z. B. die Anordnungen des Motu-Proprio-Schreibens *Inter multiplices* vom 21. Februar 1905 (ASS 37 [1904/05] 491–512) enthielten. Zu diesen in can. 328 CIC/1917 angesprochenen Bestimmungen erging als Neuordnung der römischen Prälatenkollegien die Konstitution →Pius' XI. *Ad incrementum* vom 15. August 1934 (AAS 26 [1934] 497–521) mit einer wenn auch nicht erschöpfenden Aufzählung kurialer Prälaten nach ihrer Rangfolge; die Instructio *Ut sive sollicite* des Staatssekretariats vom 31. März 1969 (AAS 61 [1969] 334–340) erließ Bestimmungen über „Kleidung, Titel und Insignien der Kardinäle, Bischöfe und niederen Prälaten" (gemäß can. 6 jeweils weiterhin in Geltung).

3.5. *Ehrenprälaten*

Schließlich dient „Prälat" als Kurzbezeichnung für den Ehrenprälaten, Träger eines bloßen Ehrentitels, mit dem weder Jurisdiktionsgewalt noch irgendein Amt verbunden ist.

Mit Motu-Proprio-Schreiben *Pontificalis Domus* vom 28. März 1968 (AAS 60 [1968] 305–315) erfolgte die Neuordnung des päpstlichen Hofs, seither „päpstliches Haus", das sich nach wie vor in die *Cappella* und *Familia Pontificia* gliedert. Zu dieser „päpstlichen Familie" zählen ebenfalls die Inhaber eines der noch verbliebenen bloßen Ehrentitel: Apostolischer Protonotar, Ehrenprälat seiner Heiligkeit (früher „päpstlicher Hausprälat") und Kaplan seiner Heiligkeit (früher „päpstlicher Geheimkämmerer"), oft „Monsignore" genannt; diese nach Ausweis des *Annuario Pontificio 1996* sehr zahlreichen Ehrungen werden, wie die in den *Acta Apostolicae Sedis* regelmäßig veröffentlichten Listen zeigen, weiterhin häufig vergeben.

4. *In den evangelischen Kirchen*

Auch evangelischen Kirchen ist der Begriff des Prälaten, sowohl als Amts- als auch als Ehrentitel, vertraut. Sie gehen einerseits auf übergeordnete Organe der Aufsicht bzw. →Visitation zurück („personale Amtsträger im Sprengelbereich": Frost 283–292), andererseits auf nichtkirchliche Funktionen. Neben anderen Titeln (Generalsuperintendent; Propst u.a.) kann „Prälat" ein Leitungs- und Aufsichtsamt bzw. eine besondere Verantwortung in der Wahrnehmung überregionaler Seelsorge-Aufgaben bezeichnen. Das Prälatenamt gab und gibt es in folgenden deutschen evangelischen →Landeskirchen:

4.1. In →Württemberg geht das evangelische Prälatenamt auf den vorreformatorischen Prälatenstand zurück, der durch die Leiter (Äbte, Pröpste) der großen Mannsklöster gebildet wurde. Herzog →Christoph von Württemberg ordnete 1551 an, daß die Prälaten „als ein löblich Kleinod des Fürstentums" auch nach der Reformation „unzertrennt bestehen und den anderen Landstand bei dem Fürstentum bilden" sollten (zitiert nach Lempp 48; vgl. TRE 8,69,16–20 und Eberl 21f.). Seither waren die vierzehn (später herabgesetzt auf zehn, dann vier) Prälaten im landständischen Bereich gleichrangig neben die Vertreter der Städte und Ämter gestellt. Je zwei Prälaten hatten seit 1565 Sitz und Stimme im Großen und Kleinen Landschaftsausschuß und somit ein einflußreiches staatliches Amt (Lempp 48f.).

Die *Württembergische Große Kirchenordnung* von 1559 (vgl. TRE 18,674,31–38) verpflichtete die Prälaten als die Vorsteher der zu Klosterschulen umgewandelten Klöster dazu, „die Kirche Christenlich vnd wol, mit reiner Lehr, vnd vnverfälschter Außtheilung der heiligen Sacramenten, vermög Augspurgischer vnd vnser Confession [zu] erbawen" und die Erziehung und Bildung der künftigen Theologengeneration innerhalb der Klostermauern zu gewährleisten (Württembergische Große Kirchenordnung fol. clix; einer der ersten dieser evangelischen Prälaten war M. →Alber, vgl. TRE 2,174,27ff.). Zusätzlich zu diesem pädagogischen Auftrag (zu den Einzelheiten s. Eberl 23–26) erhielten nur diejenigen Prälaten ein kirchliches Leitungsamt im engeren Sinn, die zugleich

Generalsuperintendenten oder Konsistorialmitglieder wurden und dadurch Sitz und Stimme im Rat des Kirchenregiments hatten (Hauber 50). Die württembergischen Generalsuperintendenten waren somit über Jahrhunderte hinweg in ihrem kirchlichen Leitungsauftrag den Prälaten vorgeordnet.

Als nach dem Fortfall des Landesherrlichen →Kirchenregiments die Württembergische Landeskirche am 24. Juni 1920 eine neue Verfassung erhielt (vgl. hierzu Hermle 119–169), wurde der Titel Generalsuperintendent durch den Titel Prälat ersetzt: „Den Prälaten kommen ... die Amtsaufgaben zu, die bisher den Generalsuperintendenten zustanden" (Vollzugsverordnung zum Kirchenverfassungsgesetz vom 13. Februar 1924, § 15). Die Prälaten werden seither vom Landeskirchenausschuß ernannt und gehören zu den stimmberechtigten Mitgliedern des Oberkirchenrats (Giese/Hosemann I, 453f.). In ihrer Prälatur („Sprengel"), die sie als eine „Art Regionalbischöfe" leiten (Fick 158), sind die Prälaten vor allem Seelsorger der →Pfarrer. Sie wirken bei den theologischen Prüfungen und bei der Pfarrerfortbildung mit. Durch ihren Sitz im Oberkirchenrat sind sie an der Leitung der Landeskirche beteiligt. Die derzeit fünf Prälaturen umfassen die Gebiete von Heilbronn, Reutlingen, Stuttgart (Prälatur seit 1934), Ulm und Ludwigsburg, das zur Entlastung von Stuttgart im Jahre 1992 eine eigene Prälatur erhielt (vgl. Fick 61–119).

4.2. In der Evangelischen Landeskirche von →Baden war das Prälatenamt ursprünglich ein rein staatliches Amt. In § 26 der Badischen Verfassung von 1818 wurde „ein vom Großherzog lebenslänglich ernannter protestantischer Geistlicher mit dem Rang eines Prälaten" neben dem katholischen Landesbischof als Mitglied der 1. Kammer aufgeführt (Liermann 537 Anm. 61). Der erste Träger dieses Amtes war Johann Peter Hebel (1760–1826; Prälat seit 1819; vgl. TRE 5,100,45f.).

In der Badischen Kirchenverfassung von 1861 wurde der vom Großherzog ernannte Prälat an erster Stelle als geborenes Mitglied der Generalsynode genannt. Die *Verfassung der vereinigten evangelisch-protestantischen Landeskirche Badens* vom 24. Dezember 1919 machte aus diesem Staatsamt ein rein kirchliches Amt. Sie sah neben dem Kirchenpräsidenten als dem Leiter der Kirchenregierung (§ 113) das Amt eines Prälaten vor, der als „der erste Geistliche der Landeskirche" bezeichnet wurde und dessen Aufgabe „vornehmlich darin" bestehen sollte, „Anregungen und Richtlinien für die Hebung des religiösen und sittlichen Lebens in Kirche und Gemeinde zu geben, die Geistlichen in Amtsführung, Fortbildung und Wandel persönlich zu beraten, sowie in Gemeinden bei besonders schwierigen Verhältnissen schlichtend mitzuwirken" (§ 125.2: Giese/Hosemann II, 723). Aus diesem Prälatenamt ist 1933 das Amt des badischen Landesbischofs herausgewachsen.

Nach dem Zweiten Weltkrieg wurden drei Prälaturen in der Badischen Landeskirche zur Unterstützung des Landesbischofs „in der geistlichen Leitung der Gemeinden und der Pfarrer" neu eingerichtet. In den Kirchenkreisen Nordbaden, Mittelbaden und Südbaden als mittleren Kirchenbehörden übt seither je ein Prälat ein brüderliches Beratungsamt aus. „Aus dem landesbischöflichen Dienst ist die potestas ordinis im reformatorischen Sinne heraus- und freigestellt von der Verbindung mit Verwaltungsaufgaben und dem Prälaten mit übertragen, der, unbeschwert durch die aus den täglichen Verwaltungsgeschäften erwachsenden Kenntnisse, frei unter und mit Gottes Wort seinen Dienst tut, Kirchenregiment ganz im Sinne des Art. XXVIII CA" (Friedrich 393). Um diese Freistellung zu gewährleisten, gehören die badischen Prälaten dem Oberkirchenrat nur mit beratender Stimme an (vgl. Stein 146).

4.3. Auch in →Hessen gibt es das Amt eines Prälaten. Die *Verfassung der evangelischen Landeskirche in Hessen* vom 1. Juni 1922 setzte fest, die „Kirchenregierung" bestehe „aus: 1. einem Präsidenten, der in der Regel ein Geistlicher sein soll; 2. dem Stellvertreter des Präsidenten, der, wenn der Präsident ein Geistlicher ist, ein Nichtgeistlicher und, wenn der Präsident ein Nichtgeistlicher ist, ein Geistlicher sein soll ... Ist der Präsident oder der Stellvertreter des Präsidenten ein Geistlicher, so führt er die Amtsbezeichnung ‚Prälat'" (§ 102.I: Giese/Hosemann II, 688; vgl. TRE 15,276,20ff.).

In der Evangelischen Kirche in →Hessen und Nassau hat man nach 1945 das „Leitende Geistliche Amt“ ohne Rückgriff auf den Bischofs- bzw. Prälaten-Titel neu geordnet (vgl. TRE 15,280,27ff.). In →Kurhessen-Waldeck wurden nach dem Zweiten Weltkrieg dem neu eingerichteten Amt des Bischofs als dessen Stellvertreter „ein Theologe (Prälat) und ein Jurist (Vizepräsident)“ zugeordnet (TRE 20,340,42f.). Der Prälat wird auf Vorschlag des Bischofs vom Rat der Landeskirche berufen; er kann den Landesbischof jederzeit in allen seinen Funktionen vertreten und wird vom Rat der Landeskirche „im Falle einer nicht nur vorübergehenden Behinderung des Bischofs ... mit der Wahrnehmung des bischöflichen Amtes beauftragt“ (Art. 119 Verfassung der Evangelischen Kirche von Kurhessen-Waldeck).

4.4. Im Bereich der →Evangelischen Kirche in Deutschland (EKD) wird der Prälaten-Titel dem *Bevollmächtigten des Rates der EKD am Sitz der Bundesrepublik Deutschland* verliehen. Dieses Amt, das eine Verbindung zwischen den Amtsstellen der EKD und den Organen der Bundesregierung und des Deutschen Bundestages herstellen soll, wurde nach einer 1949 beginnenden Erprobungsphase im Oktober 1952 fest eingerichtet und mit dem damaligen Herforder Superintendenten Hermann Kunst (geb. 1907) erstmals besetzt (vgl. TRE 10,673,3–16).

Das Amt des Bevollmächtigten ist ein Instrument der Leitung der Kirche, nicht der Verwaltung. Durch ständige Fühlungnahme mit den leitenden politischen Stellen der Bundesrepublik nimmt der Prälat am Sitz der Bundesrepublik einen *diplomatischen* Auftrag wahr, indem er die staatlichen Stellen über die Anliegen der EKD unterrichtet und den Rat der EKD über die politische Lage und die Pläne der leitenden politischen Stellen informiert. Daneben umfaßt dieses Prälatenamt einen *pastoralen* Dienst, der zunächst nur im Hinblick auf die evangelischen Abgeordneten des Bundestages konzipiert war, bald aber auf die evangelischen Mitglieder der Bundesorgane und Bundesdienststellen erweitert wurde (Kunst, Verbindungsstellen 278–282). Für die Beziehungen zwischen →Kirche und Staat – vor allem in der Frühzeit der Bundesrepublik Deutschland – hat dieses Prälatenamt eine kaum zu überschätzende Bedeutung gehabt (→Zeitgeschichte, Kirchliche).

Quellen und Literatur

Zu 1.–3.: Peter A. Baarth, The Roman Court, or a Treatise on the Cardinals, Roman Congregations and Tribunals, Legates, Apostolic Vicars, Protonotaries and other Prelates of the Holy Roman Church, New York ²1895. – Friedrich Baethgen, Quellen u. Unters. zur Gesch. der päpstlichen Hof- u. Finanzverwaltung unter Bonifaz VIII.: QFIAB 20 (1928/29) 114–237. – Johann Heinrich Bangen, Die röm. Kurie, ihre gegenwärtige Zusammensetzung u. ihr Geschäftsgang, Münster 1854. – Joseph Baucher, Art. Abbaye nullius: DDC 1 (1935) 16–29. – Matthew A. Benko, The Abbot Nullius, 1943 (CLSt 173). – Maria Blanco Fernández, La noción de prelado en la lengua castellana. Siglos XIII–XVI, Pamplona 1989. – Dies., La noción de prelado y prelacía o prelatura en la lengua castellana. Siglos XVII–XVIII, Pamplona 1992. – Fernand Claeys-Bouuaert, Art. Prélat: DDC 7 (1965) 176f. – S. Diendorfer, Art. Prälatur: KL 10 (1897) 263–267 (ältere Lit.). – Ders., Art. Praelatus nullius: ebd. 267. – Aloysius Felici, De extensione nominis episcopi abbatibus et praelatibus (sic!) nullius: Apoll. 36 (1963) 298–320. – Ders., Utrum nomine episcopi comprehendi sunt etiam alii praelati: Apoll. 38 (1965) 19–47. – Karl August Fink, Zur Gesch. des päpstlichen Referendariats: AST 10 (1934) 75–85. – Thomas Frenz, Die Kanzlei der Päpste der Hochrenaissance (1471–1527), Tübingen 1986 (BDHIR 63). – Michael de Fürstenberg, Exempla iurisdictionis mulierum in Germania septentrionali-orientali: PRMCL 73 (1984) 89–111. – Ders., Kirchl. Jurisdiktion einiger Äbtissinnen im altsächsischen Raum: Kath. Bildung 86 (1985) 531–539. – Ders., De abbatissa dignitatem archidiaconi habente: PRMCL 78 (1989) 345–359. – Ders., „Ordinaria loci“ oder „Monstrum Westphaliae“? Zur kirchl. Rechtsstellung der Äbtissin v. Herford im europ. Vergleich, Paderborn 1995. – Javier Hervada, Tempus otii. Fragmentos sobre los orígenes y el uso primitivo de los términos „praelatus“ y „praelatura“, Pamplona 1992. – Laurentius Hanser, Abbatissae nullius?: SMGB 43 (1925) 219–221. – Paul Hinschius, System des kath. Kirchenrechts mit besonderer Rücksicht auf Deutschland, 6 Bde., Berlin 1869–1897 (Nachdr. Graz 1959); I 1869, 375–391; II 1878, 343–348. – Linus Hofmann, Art. Prälat: LThK² 8 (1963) 686f. – Philipp Hofmeister, Mitra u. Stab der wirklichen Prälaten ohne bischöflichen Charakter, 1928 (KRA 104). – Ders., Les représentants des prélats aux synodes: RDC 8 (1958) 193–221.319–328. – Ders., Gefreite Abteien u. Prälaturen: ZSRG.K 50 (1964) 127–248. – Ders., Art. Praelatura nullius: LThK² 8 (1963) 687f. – Bruno Katterbach, Referendarii utriusque Signaturae a Martino V ad Clementem IX et praelati

Signaturae supplicationum a Martino V ad Leonem XIII, 1931 (StT 55). – Matthew Kellison, The Right and Jurisdiction of the Prelate, London 1974 (Nachdr. der Ausg. 1621). – Erwin v. Kienitz, Die Rechtsstellung der gefreiten Äbte u. Prälaten: ThGl 25 (1933) 590–604. – Bernhard Kurtscheid, De quibusdam praelatis Romanae Curiae: Apoll. 8 (1935) 62–71.559–568. – Adolf Laufs, Art. Prälatenbank: HDRG 3 (1984) 1870f. – Tommaso Leccisotti, Le abbazie nullius nella storia: Ben. 24 (1977) 19–26. – Giuseppe Lobina, Le Abbazie Nullius. Note giuridico-pastorali: Ben. 24 (1977) 2–17. – Konstantin Maier, Die Diskussion um Kirche u. Reform im schwäbischen Reichsprälatenkollegium z.Z. der Aufklärung, 1978 (BGRK 7). – Georg Marschall, Die Praelatura Nullius Schneidemühl als kirchl. Rechtsform der Grenzmark Posen-Westpreußen, Göttingen 1937. – Jorge Miras, La noción canónica de „praelatus". Estudio del „Corpus Iuris Canonici" y sus primeros comentadores (siglos XII al XV), Pamplona 1987. – Giuseppe Moretti, Art. Prelato: EC 9 (1952) 1941–1943. – Leo Muller, La notion canonique d'Abbaye Nullius: RDC 6 (1956) 115–144. – Nicolo del Re, La Curia Romana. Lineamenti storico-giuridici, Rom ^{3}1970 (Lit.). – Borwin Rusch, Die Behörden u. Hofbeamten der päpstlichen Kurie des 13. Jh., Königsberg 1936. – Audomar Scheuermann, Die Exemtion nach geltendem Recht mit einem Überblick über die gesch. Entwicklung, Paderborn 1938. – Helmut Schnizer, Zur Rechtsgesch. der praelatura nullius in Steiermark: Speculum iuris et ecclesiarum. FS f. Willibald M. Plöchl zum 60. Geburtstag, hg. v. Hans Lentze u. Inge Gampl, Wien 1967, 357–370. – Christiane Schuchard, Die Deutschen an der päpstlichen Kurie im späten MA (1378–1447), Tübingen 1987 (BDHIR 65). – Jürgen Sydow, Unters. zur kurialen Verwaltungsgesch. im Zeitalter des Reformpapsttums: DA 11 (1954/55) 18–73. – Luigi Trombetta, De iuribus et privilegiis praelatorum Romanae Curiae tractatus canonico-liturgicus, Sorrent 1906. – J. Vives y Tuto, De dignitate et officiis episcoporum et praelatorum, Rom 1905. – Christoph Weber, Kardinäle u. Prälaten in den letzten Jahrzehnten des Kirchenstaates, 1846–1878, 2 Teilbde., 1978 (PuP 13,1–2).

Zu 3.3.: Amadeo de Fuenmayor/Valentín Gómez-Iglesias/José Luis Illanes, Die Prälatur Opus Dei. Zur Rechtsgesch. eines Charismas. Darst., Dokumente, Statuten, Münster 1994 (Münsterischer Komm. zum CIC, Beih. 11). – Ronald Klein, Bibliogr. (zur Prälatur vom Hl. Kreuz u. Opus Dei): Opus Dei – Ziele, Anspruch u. Einfluß, hg. v. Heribert Schützeichel, Düsseldorf 1992, 159–174. – Ders., Die Personalprälatur im Verfassungsgefüge der Kirche, 1995 (FKRW 21) (Lit.).

Zu 4.: Immo Eberl, Vom Kloster zur Klosterschule. Die Entwicklung der ‚großen Mannsklöster' im Herzogtum Württemberg unter den Herzögen Ulrich u. Christoph: BWKG 89 (1989) 5–26. – Ulrich Fick (Hg.), Das ev. Württemberg. Gestalt u. Gesch. der Landeskirche, Stuttgart 1983. – Otto Friedrich, Einf. in das Kirchenrecht, Göttingen ^{2}1978. – Herbert Frost, Strukturprobleme ev. Kirchenverfassung, Göttingen 1972. – Friedrich Giese/Johannes Hosemann (Hg.), Die Verfassungen der Dt. Ev. Landeskirchen, 2 Bde., Berlin 1927. – Fr. Albert Hauber, Recht u. Brauch der ev.-luth. Kirche Württembergs in Sachen des Kirchenregiments, des Gottesdienstes u. der Zucht, Stuttgart 1854, 43–58. – Siegfried Hermle, Kirchenleitung u. Landessynode. Gesch. u. Bedeutung der Landessynode in der württembergischen Landeskirchenverfassung im 19. u. 20. Jh., Stuttgart 1995. – Hermann Kunst, Verbindungsstellen zw. Staat u. Kirchen: HSKR 2 (1975) 273–297. – Ders., Kirche u. Staat – Persönliche Erfahrungen u. Lektionen einer spannungsreichen Beziehung: ders., Credo Ecclesiam. Vortr. u. Aufs. 1953 bis 1986, hg. v. Kurt Aland, Bielefeld 1987, 53–66. – Wilhelm Lempp, Der württembergische Synodus 1553–1924. Ein Beitr. zur Gesch. der Württembergischen Ev. Landeskirche, Stuttgart o.J. – Hans Liermann, Die vereinigte ev.-prot. Kirche des Großherzogtums Baden im konstitutionellen Staat 1818–1918: Hermann Erbacher (Hg.), Vereinigte Ev. Landeskirche in Baden 1821–1971. Dokumente u. Aufs., Karlsruhe 1971, 521–554. – Albert Stein, Ev. Kirchenrecht, Neuwied ^{3}1992. – Jörg Winter, Art. Prälat: EKL^{3} 3 (1992) 1302. – Württembergische Große KO 1559. Mit einem Vorw. v. Landesbischof D. Hans v. Keler [Faks.-Nachdr.], Stuttgart 1983.

Hartmut Zapp (Abschn. 1.–3.)
Joachim Mehlhausen (Abschn. 4.)

Prämonstratenser

1. Die Grundlegung durch Norbert von Xanten 2. Die Anfänge des Ordens, Abt Hugo von Prémontré 3. Doppelklöster, Frauenklöster 4. Die frühere Struktur des Prämonstratenserordens 5. Die heutige Struktur des Prämonstratenserordens 6. Aus der Ordensgeschichte 7. Bedeutende Persönlichkeiten (Literatur S. 171)

Der Prämonstratenserorden (*Ordo Praemonstratensis*, *OPraem*) ist seit seiner Gründung der größte Orden der Chorherren (→Augustiner-Chorherren, →Orden, →Kloster/

Klosteranlage) in der katholischen Kirche. Zur Zeit der stärksten Ausdehnung (um 1200) umfaßte er über 500 Klöster. Anfang 1996 zählte der Orden weltweit 75 Männerklöster mit 968 Priestern, 241 Priesteramtskandidaten und 121 Brüdern sowie 7 Frauenklöster mit 146 Schwestern. Darüber hinaus lebten in 20 Häusern 227 Schwestern in sechs mit dem Orden verbundenen Gemeinschaften bischöflichen Rechts. Hauptordensziele sind die Feier der Liturgie (Chorgebet und Eucharistie) und alle Formen der Seelsorge.

1. Die Grundlegung durch Norbert von Xanten

Im Zuge der Gregorianischen Reform (→Gregor VII., →Urban II.) hatte →Norbert von Xanten im Jahre 1120 im abgelegenen Waldtal von Prémontré bei Laon (Nordfrankreich) eine klösterliche Gemeinschaft ins Leben gerufen. Grundlage des Zusammenlebens von Priestern, Laienbrüdern und Schwestern waren die →Augustinusregel und der ebenfalls, aber fälschlich dem Kirchenvater →Augustin zugeschriebene *Ordo Monasterii* (Häufiges Fasten, Stillschweigen, Handarbeit, Verzicht auf Fleisch). Zu Weihnachten 1121 wurden die ersten →Gelübde abgelegt. Die Ordenskleidung bestand aus ungebleichtem Wollstoff, sichtbarer Ausdruck der Armut. Um die Gemeinschaft ausschließlich an seine Person zu binden („Eigenkirchenherr"; →Eigenkirchenwesen), ließ Norbert nicht nur Grund und Boden auf sich überschreiben, sondern veranlaßte den zuständigen Bischof von Laon, das Kloster aus Ortspfarrei und Dekanat zu lösen und allein dem Bischof zu unterstellen, wobei dessen Aufsichtsrecht zugunsten Norberts noch eingeschränkt wurde. Norbert ließ sich von den Männern und Frauen, die sich ihm bei seinen Wanderpredigten anschlossen, nicht ständig begleiten, sondern führte sie neuen Klöstern zu, die er nach der Rechtsstruktur von Prémontré gründete: 1121 Floreffe (bei Namur/Belgien), ab 1122 Cappenberg (nördlich von Dortmund), Varlar (bei Coesfeld), Ilbenstadt (Wetterau), Antwerpen, St. Martin in Laon u.a. Am 16. Februar 1126 bestätigte Papst Honorius II. die von Norbert eingeführte Lebensweise.

2. Die Anfänge des Ordens, Abt Hugo von Prémontré

Nachdem Norbert am 18. Juli 1126 in →Magdeburg als Erzbischof eingeführt und damit vom armen Wanderprediger zum Reichsfürsten aufgestiegen war, kam es in seinen Klöstern zu einer Existenzkrise. Um einem Scheitern zuvorzukommen, gestattete Norbert jedem Kloster die Wahl eines eigenen Abtes bzw. Propstes. Es gelang Hugo von Fosses (gest. 1161 oder 1164), dem ersten Abt von Prémontré (ab 1128), die anderen Klöster aufgrund des Gründungszusammenhangs als Tochterklöster an Prémontré zu binden und einen durchstrukturierten Verband nach dem Vorbild der →Zisterzienser zu schaffen. Abt Hugo führte das jährliche Generalkapitel ein und ließ schriftliche Satzungen (*Consuetudines*) ausarbeiten. Als das umfangreiche und von der römischen Liturgie abweichende Chorgebet des *Ordo Monasterii* sogar den Unwillen des Papstes hervorrief, paßte er dies den Gewohnheiten der übrigen Regularkanoniker an.

Der Charismatiker Norbert hatte die Reformbewegung ins Leben gerufen, der Systematiker Hugo schuf nach und nach einheitliche Organisationsstrukturen, die er jeweils vom Papst bestätigen ließ. Um 1150/1160 war die →Exemtion von der bischöflichen Gewalt fast ganz erreicht. Damit war aus der Reformbewegung von Prémontré der Prämonstratenserorden mit damals über 100 Klöstern erwachsen.

3. Doppelklöster, Frauenklöster

In Norberts Reformvorstellung sollte das Kloster Abbild der Urkirche von Jerusalem (→Urchristentum) sein. Um die Gruppe der Priester als Repräsentanten der Apostel scharten sich Männer und Frauen zu gemeinsamem Gebet und gemeinsamer Arbeit für den Lebensunterhalt (Doppelklöster). In der sich unter Abt Hugo wandelnden Struktur des Reformverbandes hatten die Frauen keinen Platz mehr. Ab etwa 1140 wurden allenthalben die Doppelklöster aufgelöst, sei es, daß der weibliche Zweig ausgesiedelt und nun als Tochterkloster des verbliebenen Männerklosters betrachtet wurde, sei es, daß man das Doppelkloster durch Aussterbenlassen des weiblichen oder des männlichen Zweiges in ein Männer- bzw. Frauenkloster umwandelte. In einem nächsten Schritt verfügte das Generalkapitel ab der zweiten Hälfte des 12. Jh., daß keine neuen Frauenklöster in den Orden aufgenommen und die bestehenden Frauenklöster einer anderen Observanz zugeführt werden sollten.

Diese Beschlüsse wurden nicht in allen Ländern verwirklicht. So behielt der Orden im Rheinland und in Westfalen seine fast 40 Frauenklöster bei, bzw. er gewann die inzwischen verlorengegangenen Frauenklöster im Laufe des 13. Jh. zurück. In Friesland blieben die Doppelklöster bis zur Aufhebung in der Reformationszeit bestehen.

Es gab zwei Klassen von Frauenklöstern: selbständige, in denen die Chorfrauen ihren männlichen Oberen auf Lebenszeit wählten, welcher den Titel *Propst* führte, und abhängige, in denen der männliche Obere mit dem Titel *Prior* ohne Mitwirkung der Schwestern (= Chorfrauen und „Laienschwestern") vom →Prälaten des Mutterklosters bis zur jederzeit möglichen Abberufung ernannt wurde. Da sich die Schwestern vor allem im 17./18. Jh. um Ausweitung ihrer Rechte und um Mitbestimmung bemühten, gab es in einigen Frauenklöstern große Spannungen.

4. Die frühere Struktur des Prämonstratenserordens

Das Generalkapitel, geleitet vom Abt von Prémontré, der später den Titel *Generalabt* annahm, tagte zunächst jährlich in Prémontré, später auch in anderen Abteien, wobei sich ab dem 16. Jh. die Zeiträume zwischen den Kapiteln ausweiteten. Im 18. Jh. gab es nur noch zwei Generalkapitel: 1717 und 1738.

Neben dem Filiationsprinzip, nach dem der Prälat des Mutterklosters die Tochtergründungen gemäß den Weisungen des Generalkapitels (*Consuetudines*, Statuten) korrigierte und dort die Wahl des Oberen bzw. der Oberin leitete, führten die Prämonstratenser als erster Orden in der zweiten Hälfte des 12. Jh. eine geographische Einteilung in Ordensprovinzen ein, welche *Zirkarien* genannt werden. Das Generalkapitel bestimmte für jede Zirkarie zwei Visitatoren (später einen), die jedes Kloster aufsuchten und darüber beim nächsten Generalkapitel berichteten. In Deutschland gab es die Westfälische, Bayerische, Schwäbische und Sächsische Zirkarie sowie die Zirkarien Friesland, Ilfeld (am Harz) und Wadgassen (Saar). Österreich gehörte teils zur Bayerischen, teils zur Böhmischen Zirkarie. Skandinavien, Irland, Ungarn, Spanien und der Orient bildeten eigene Zirkarien. Polen, Frankreich, die Niederlande und Großbritannien waren in mehrere Zirkarien unterteilt. Seit dem Spätmittelalter ernannte der Generalabt in jeder Zirkarie einen *Vikar*. Ihm oblag die Leitung der Ordensprovinz, die Einberufung und der Vorsitz der sporadisch durchgeführten Provinzialkapitel und die Regelung aller strittigen Fragen.

5. Die heutige Struktur des Prämonstratenserordens

Der Prämonstratenserorden besteht aus eigenständigen Klöstern (= *Kanonie*, auch →Stift genannt). Diese sind selbst verantwortlich für die Auswahl ihrer Novizen, die Art der übernommenen Seelsorge, die Wirtschaftsführung, die Versorgung der alten und kranken Mitglieder und für Neugründungen. Die Profeß (→Gelübde) wird auf die Kanonie abgelegt, nicht auf den Gesamtorden. An der Spitze einer größeren Kanonie steht der Abt, eine kleinere wird vom *Prior de regimine* geleitet (Anrede für beide: „Herr Prälat", nicht „Vater Abt"). Die Prälaten werden auf Lebenszeit oder für eine bestimmte Anzahl von Jahren gewählt, und zwar vom Kanoniekapitel, in dem alle feierlichen Professen Stimmrecht haben. Das Kanoniekapitel entscheidet auch in allen wichtigen Angelegenheiten der Kanonie.

Das Generalkapitel, bestehend aus den Prälaten und aus wenigstens einem weiteren gewählten Vertreter einer jeden Kanonie, tritt alle sechs Jahre zusammen und beschließt die Rahmengesetzgebung für den Gesamtorden, nach der sich alle Klöster zu richten haben. Dies wird durch zwei Visitatoren kontrolliert. Zwischen den Generalkapiteln leitet der Generalabt (Sitz in Rom) mit vier gewählten Definitoren den Orden. Nach dem Zweiten Vatikanischen Konzil (→Vatikanum II) gab sich der Orden 1970 eine neue Satzung (*Konstitutionen*), die aufgrund des kirchlichen Gesetzbuchs von 1983 bei den Generalkapiteln 1988 in Steinfeld (Eifel) und 1994 in Untermarchtal (Oberschwaben) überarbeitet wurde. Besondere Vorrechte des Mutterklosters über die Tochtergründung bestehen nicht mehr. Statt der Zirkarien geographischer Art führte man 1970 Zirkarien nach Sprachgruppen ein: die französisch-, niederländisch-, englisch- und deutschsprachige Zirkarie, dazu die alten Zirkarien Böhmen und Ungarn, deren Klöster erst beim Niedergang des Kommunismus ab 1988 ihr Gemeinschaftsleben wiederaufnehmen durften. In jeder Zirkarie ernennt der Generalabt einen der Prälaten zu seinem *Vikar* (= Stellvertreter).

Als allenthalben nach 1965 die lateinische Sprache in der Liturgie zurückging, wurde die einheitliche lateinische Ordensliturgie fast ganz durch Neuschöpfungen in Verbindung mit der Liturgie der jeweiligen nationalen Bischofskonferenz ersetzt.

6. *Aus der Ordensgeschichte*

Bei dieser Struktur des Gesamtordens gibt es keine einheitliche Ordensgeschichte, sondern der Orden lebt in den einzelnen Kanonien. Darunter waren Domkapitel wie Ratzeburg, Havelberg, Brandenburg und Riga, Zentren für die Missionierung und den Landesausbau im Osten wie das Kloster *Unser Lieben Frauen* in →Magdeburg, adlige Frauenklöster im Rheinland und in Westfalen, schwäbische und bayerische Klöster, von denen einige zu Reichsabteien aufstiegen, Doppelklöster in Friesland, Stadtklöster wie Antwerpen und Dortmund (St. Katharina) sowie viele Landklöster in Frankreich und Spanien. Ab etwa 1200 setzte ein gewisser Stillstand ein, und in der zweiten Hälfte des 15. Jh. kam es durch Reformen zu einem neuen Aufschwung.

Um dem Unwesen der Kommende zu entgehen, unter dem vor allem die französischen Abteien litten, führten die spanischen Klöster ab dem 16. Jh. eine dreijährige Amtszeit für Äbte ein. Während der Zeit der →Reformation gingen alle Klöster in Großbritannien, Skandinavien, Friesland und Mitteldeutschland und viele Klöster in den übrigen evangelischen Territorien für den Orden verloren; nur wenige bestanden als evangelische Stifte weiter, z. B. Cappel (Lippstadt) und Elsey (Hagen). Der evangelische Reformator Johannes →Äpinus hatte zuvor als Prämonstratenser im Kloster Belbuck (→Pommern) gelebt. Johannes →Bugenhagen stand diesem Kloster nahe. Im 17. Jh. spaltete sich die lothringische Reformkongregation vom Gesamtorden ab. Im 17. und 18. Jh. entstanden in Süddeutschland und in Österreich prächtige Klosteranlagen (→Barock). Damals stieg die Eifelabtei Steinfeld zum führenden Seelsorgszentrum unter den nordwestdeutschen Prämonstratenserklöstern auf.

Der →Josephinismus in den österreichischen Landen und die →Säkularisierung in ganz Europa bereiteten den in der Reformationszeit übriggebliebenen ca. 300 Klöstern den Todesstoß. Nur die Abteien Berne (Niederlande), Geras (Niederösterreich), Schlägl (Oberösterreich), Wilten (in Innsbruck, Tirol), Strahov (Prag), Selau, Neureisch und Tepl (Böhmen), Csorna (Ungarn) und Großwardein (Ungarn, heute Rumänien) überlebten. Nach der Gründung Belgiens (1830/31) durften die Abteien Averbode, Grimbergen, Park, Postel und Tongerlo ihr Klosterleben wiederaufnehmen. Auch die Frauenklöster Oosterhout (Niederlande), Krakau und Imbramowice (Polen) sowie Toro und Villoria (Spanien) überlebten die Säkularisierung und bestehen bis heute, ebenso das erst im Jahre 1766 gegründete Drittordens-Frauenkloster Berg Sion zu Uetliburg (Sankt Gallen, Schweiz).

Von den brabantischen Abteien breitete sich der Orden seit der Jahrhundertwende in alle Welt aus. Als erstes deutsches Kloster nach der Säkularisierung wurde das Kloster Speinshart (Oberpfalz) vom benachbarten Stift Tepl (Böhmen) im Jahre 1921 wiederbesiedelt, danach das Kloster Windberg (Bayerischer Wald) im Jahre 1923 von der Abtei Berne. Die 1946 aus Tepl vertriebenen deutschen Prämonstratenser fanden über Schönau (Taunus) und Villingen (Schwarzwald) im Jahre 1987 in Obermedlingen (Kreis Dillingen/

Donau) ein neues Mutterhaus. Von hier aus entstand in Mananthavady (Indien) eine Zweigniederlassung, die so rasch aufblühte, daß der Sitz der Kanonie 1996 nach dorthin verlegt wurde. Am 1. Mai 1950 wurde die Gemeinschaft der *Norbertusschwestern* in Rot (Kreis Biberach) ins Leben gerufen. Von Windberg wurde 1959 das Kloster Duisburg-Hamborn wiederbesiedelt, ebenso 1982 Roggenburg (Kreis Neu-Ulm). Das Stift Geras gründete 1989 in Fritzlar (Bistum Fulda) eine Niederlassung und die Abtei Duisburg-Hamborn 1996 in Magdeburg.

Der Schwerpunkt aller deutschsprachigen Prämonstratenserklöster liegt in der Pfarrseelsorge, verbunden mit dem Chorgebet in der Klosterkirche. Nach 1945 ist der Prämonstratenserorden bekannt geworden durch den „Speckpater" Werenfried van Straaten. Er inspirierte und leitete die *Ostpriesterhilfe* (päpstliches Werk *Kirche in Not*) und die *Kapellenwagen-Aktion* für Flüchtlinge, Vertriebene und Spätaussiedler. Ein Zeugnis für das Wirken der Prämonstratenser in unserer Zeit ist das Hilfswerk *Subsidiaris*, das 1991 in Magdeburg entstand. Es hat sich zur Aufgabe gestellt, die Arbeitslosigkeit im Magdeburger Land, in dem der Ordensgründer Norbert so segensreich wirkte, lindern zu helfen und zugleich einige dortige kirchliche und soziale Einrichtungen zu unterstützen.

7. *Bedeutende Persönlichkeiten*

Bedeutende spirituelle Werke verfaßten Anselm von Havelberg (gest. 1158), Philipp von Harvengt (gest. 1183), Adam Scotus (gest. 1212), Servais de Lairuels (gest. 1631), Epiphane Louis (gest. 1682) und Georg Lienhardt (gest. 1783). Der Steinfelder Leonhard Goffiné gab 1690 die *Handpostille* heraus, ein Volksbuch zu den Meßtexten der Sonn- und Feiertage. Jean Lepaige, Charles Louis Hugo und Norbert Backmund (gest. 1987) publizierten grundlegende Werke zur Ordensgeschichte.

Als Heilige bzw. Selige werden verehrt: Norbert von Xanten, Hugo von Fosses, Gottfried von Cappenberg, Hroznata von Tepl, Friedrich und Siard von Mariengaarde, Gilbert von Neuffontaines, Hermann Josef von Steinfeld, die Bischöfe Evermod, Isfried und Ludolf von Ratzeburg, Adrianus und Jacobus aus der Schar der Märtyrer von Gorkum, Bronislawa von Krakau und Gertrud von Altenberg (Lahn), die jüngste Tochter der heiligen →Elisabeth von Thüringen.

Literatur

APraem (Lit.). – Bernard Ardura, Abbayes, prieurés et monastères de l'ordre de Prémontré en France, Nancy 1993 (Lit.). – Ders., Prémontrés. Histoire et Spiritualité, Saint-Etienne 1995. – Norbert Backmund, Monasticon Praemonstratense, Straubing, I 1949 ^{2}1983 II 1952 III 1956 (Lit.). – Ders., Art. Prämonstratenser: LThK^2 8 (1963) 688–694. – Ders., Die ma. Geschichtsschreiber des Prämonstratenserordens, 1972 (BAP 10). – Ders., Gesch. des Prämonstratenserordens, Grafenau 1986. – BAP. – Helmut Binder (Hg.), 850 Jahre Prämonstratenserabtei Weißenau 1145–1995, Sigmaringen 1995. – Charles Dereine, Les origines de Prémontré: RHE 42 (1947) 352–378. – Gedenkboek Orde van Prémontré 1121–1971, Averbode 1971. – Léon Goovaerts, Ecrivains, artistes et savants de l'ordre de Prémontré, 4 Bde., Brüssel 1899–1909. – Basilius Franz Grassl, Der Praemonstratenserorden, seine Gesch. u. seine Ausbreitung bis zur Gegenwart, 1934 (APraem.S 10). – Manfred Heim, Prämonstratenser/Prämonstratenserinnen: Mönchtum, Orden, Klöster. Ein Lexikon, hg. v. Georg Schwaiger, München 1993, 355–367 (Lit.). – Ludger Horstkötter, Zur Reform der Vita Canonica im Prämonstratenserorden: Secundum regulam vivere. FS Norbert Backmund, hg. v. Gert Melville, Windberg 1978, 407–425. – Ders., Der hl. Norbert v. Xanten u. die Prämonstratenser, Duisburg ^{8}1992. – Ders./Leo Caals, Art. Prämonstratenser: LMA 7 (1994) 146–152. – Carolus Ludovicus Hugo, Sacri et canonici ordinis Praemonstratensis annales, Nancy, I 1734 II 1736. – Bruno Krings, Das Prämonstratenserstift Arnstein a.d. Lahn im MA (1139–1527), 1990 (VHKN 48) (Lit.). – Ders., Das Ordensrecht der Prämonstratenser vom späten 12. Jh. bis zum Jahr 1227: APraem 69 (1993) 107–242. – Joannes Lepaige, Bibliotheca Praemonstratensis Ordinis, Paris 1633. – Hugo Marton, Initia Capituli Generalis in fontibus historicis Ordinis: APraem 38 (1962) 43–69. – François Petit, La spiritualité des Prémontrés aux XIIe et XIIIe siècles, 1947 (ETHS 10). – Matthias Polde/Renate Hagedorn (Hg.), Kloster Unser Lieben Frauen Magdeburg, Oschersleben 1995. – Matthias Untermann, Kirchenbauten der Prämonstratenser [12. Jh.], Köln 1984. – Stefan Weinfurter, Norbert v. Xanten im Urteil seiner Zeitgenossen, Duisburg 1992 (Xantener Vortr. zur Gesch. des Niederrheins 5).

Ludger Horstkötter

Präzisismus →Pietismus, →Puritanismus

Prag, *Universität*

1. Gründung 2. Von der Gründung bis Jan Hus 3. Utraquistische Universität und Jesuitenakademie 4. Die Academia Carolo-Ferdinandea 5. Aufklärung und Josephinismus 6. Die ungeteilte Universität im 19. Jahrhundert 7. Deutsche und tschechische Karl-Ferdinands-Universität 8. Die Zwischenkriegszeit 9. Von 1939 bis 1989 10. Die Entwicklung seit 1989 (Quellen/Literatur S. 180)

1. Gründung

Die *Universitas Carolina Pragensis* ist das älteste europäische Generalstudium (→Universität) nördlich der Alpen und östlich des Rheins, Mutter von fünf mittelalterlichen und fünf neuzeitlichen Universitäten, Gesellschaften und Institutionen. Die päpstliche Genehmigungsbulle wurde auf Ersuchen Kaiser Karls IV. (1346–1378) am 26. Januar 1347 von Clemens VI. (1342–1352) ausgestellt. Die Gründungsurkunde Karls IV. erging am 7. April 1348. Ihr Vorbild ist das Gründungsdiplom →Friedrichs II. für die Universität Neapel von 1224. Doch während Friedrich II. Universitäten für das Rechtsstudium gründete, stand in Prag die Theologische Fakultät im Mittelpunkt. Neben Prag hatte nur →Paris die päpstliche Billigung für eine solche Fakultät erhalten. Im Reich hatte Prag damit eine Vorrang- und bis zur Eröffnung der theologischen Fakultät in →Wien 1385 auch ein singuläre Stellung. Die Universität umfaßte die vier Nationen der Böhmen (unter Einschluß der Ungarn), der Bayern (unter Einschluß der Österreicher Rheinländer), der Sachsen (einschließlich Meißenern und Egerländern) sowie der Polen und Balten.

Die Universitätsgründung steht im Zusammenhang der dynastischen Politik der Luxemburger (vgl. TRE 6,758,11ff.). Am 30. April 1344 hatte der Böhmische König die Erhöhung des Prager Bistums zum Erzbistum durchgesetzt. Durch die Gründung der Prager Neustadt nach dem Plan von Jerusalem am 3. März 1348 wurde Prag zur größten europäischen Stadt nach →Rom und →Konstantinopel. Vom Standpunkt eines universalistischen dynastischen Konzepts ist auch das Diplom Karls IV. vom 14. Januar 1349 erlassen, mit dem er in der Tradition von →Friedrich I. Barbarossa den Magistern und Scholaren den kaiserlichen Schutz zusicherte. Das Prager Generalstudium war bis zu den Hussitenstürmen so etwas wie eine Universität des gesamten christlichen Europa. Karl IV. sah zudem eine kulturelle Aufgabe Böhmens in der Vermittlung zwischen West und Ost, der die Gründung eines Benediktinerklosters in Prag für die Pflege des kirchenslawischen Schrifttums und der slawischen Liturgie am 21. November 1347 diente.

2. Von der Gründung bis Jan Hus

Bereits 1347 hatte Karl IV. darauf hingewirkt, daß die in Prag von den Orden unterhaltenen theologischen Schulen aufgewertet wurden und ihre Lehrer den theologischen Doktorgrad erwarben. Es waren dies der Augustiner Nikolaus Teschel von Laun (ca. 1300–1371), der als Lehrer der Theologie an der St. Veits-Kathedrale tätige Dominikaner Johann Moravec sowie der Minorit Vojtěch Bludův, alle drei Tschechen. Die Namen zweier weiterer an der Gründung der theologischen Fakultät beteiligter Theologen kennen wir nicht. Kanonistik las der aus Bologna berufene Doktor und Kanzler des Erzbischofs, Magister Štepán aus Uherčic. Medizin lehrte der italienische Leibarzt Karls IV., Baltazar de Marcellinis, und an der Artistenfakultät las der ehemalige Leibarzt des böhmischen Königs Johann I. (1311–1346), Magister Walter. Die Hauptsorge für die Entwicklung des Studiums fiel dem Prager Erzbischof Ernst von Pardubitz (ca. 1300–1364) als Kanzler der Universität zu.

Ernst von Pardubitz veranstaltete 1352 unter den Geistlichen eine Geldsammlung für den Kauf von Dörfern. Von den Erträgnissen der damit 1357/58 erworbenen Grundherrschaften konnten etwa zehn Professoren unterhalten werden. Zehn Jahre nach der Gründung der Universität wurde eine Matrikel angelegt (1358), ein Zeichen der Stabilisierung. Ernst von Pardubitz richtete durch eine Verordnung vom 10. April 1360 die grundlegenden Verwaltungsorgane der Universität ein und veranlaßte die Aufstellung von Statuten, die auch die Fakultätsgliederung regelten. Durch seine Bemühungen wurde 1363 Konrad Waldhauser (um 1326–1369) nach Prag berufen, der die berühmte *Postilla studentium sanctae universitatis Pragensis* verfaßte, so wie später sein Schüler Jan Milič von Kroměříž (Kremsier) (um 1325–1374) seine akademischen Predigten in der Sammlung *Abortivus* zusammengefaßt hat. Das Wirken dieser Persönlichkeiten trug dazu bei, daß die Karls-Universität eine radikalere Kirchenreform anstrebte als die →Devotio moderna, der an der Universität vor allem die Augustiner zuneigten.

Nach der Gründung der Universität Wien 1365 durch Herzog Rudolf IV. von Habsburg (1358–1365) errichtete Karl IV. mit Gründungsurkunde vom 30. Juli 1366 das *Collegium Caroli.* 1386 wurde es in einem ehemaligen Bürgerhaus untergebracht, das bis heute als ältestes Universitätsgebäude Europas universitären Zwecken dient. Dadurch wurden zwölf Stellen für Magister der freien Künste (→Artes liberales) gesichert, von denen zwei an der theologischen Fakultät und die übrigen an der Artistenfakultät wirken sollten. Durch die Vereinigung mit dem Allerheiligen-Kollegialkapitel auf der Prager Burg, dessen Domherren seit 1366 ausschließlich aus Universitätstheologen rekrutiert wurden, die ein eigenes Haus für die Unterkunft erhielten, löste sich die theologische Fakultät von den Studienanstalten der Orden und den Lehrstätten der Diözese. Das vor allem für Professoren bestimmte Karolinum war enger mit der Universität verbunden als etwa die Pariser Universität mit den 62 ihr zugehörigen Häusern. 1370 stiftete Karl IV. eine Bibliothek.

Wegen Spannungen zwischen den Theologen und den päpstlicherseits unterstützten Kanonisten und wegen einer Anhäufung von Benefizien in den Händen der Kanonisten kam es 1373 zur Ausgliederung der Juristen. Sie hatten 1372 von Karl IV. die Einrichtung einer *universitas canonistarum* nach dem Vorbild von Bologna und Padua erwirkt. Sie erlebte zunächst einen Aufschwung, ist aber in den Hussitenstürmen untergegangen.

Während des großen Papstschismas (1378–1415) hielt sich die Universität Paris zur Obödienz von Avignon und die Prager zu der von Rom. Eine Reihe von Lehrern und Studenten wechselte von Paris nach Prag, und für kurze Zeit sah es aus, als könne dem Karolinum das Erbe der größten Universität des Kontinents zufallen. Dazu kam es indessen nicht. Nach den Streitigkeiten um den Einfluß der zugezogenen und der ansässigen Professoren, die im Jahre 1385 durch einen Kompromiß – die *concordia nationum* – zeitweilig gelöst werden konnten, ergab sich infolge des Ausbruchs des Bürgerkrieges in Böhmen (1394–1403) für die Karls-Universität eine schwierige Situation. Es entstanden Tochteruniversitäten, deren Gründer Prag aus unterschiedlichen Gründen verlassen hatten (→Heidelberg 1385; →Köln 1388; →Erfurt 1389; →Krakau 1400; →Leipzig 1409; Theologen sind auch nach Wien gegangen, wo 1385 eine theologische Fakultät eröffnet wurde).

An der Wende vom 14. zum 15. Jh. stand Prag wie Paris und →Oxford unter dem Einfluß des →Nominalismus. Es entstanden anregende Werke zu Themen der Zeit, darunter der *Tetralogus Aristotelis* des ehemaligen Rektors der Universität Paris und Prager Domherrn Adalbert Rankonis de Ericino (gest. 1388), der mit dem führenden Theologen der Universität Prag, Heinrich Totting von Oyta (ca. 1330–1396), einem Anhänger der *via media*, zusammenstieß. Einen Namen machte sich des weiteren der Reformtheologe Matthäus von Krakau (1335/1340–1410), der insbesondere in *De squaloribus curiae Romanae* eine konziliaristische Auffassung vertrat. Ihm folgten sein Schüler Nikolaus Magni de Jawor (Nikolaus Jauer, ca. 1335–1435) und Magister Albert von Engelschalk, insbesondere mit seinem *Speculum aureum* (1404).

Nachhaltig hat in Prag der Thomismus (→Thomas von Aquino/Thomismus/Neuthomismus) gewirkt. Seine dominikanischen Träger verlegten 1383 ihre Lehrtätigkeit von Paris nach Prag. Mit seinen mystischen Auffassungen, der Durchsetzung der häufigen Kommunion und vor allem seiner scharfen Kritik am →Ablaß bereitete der Dominikaner Heinrich von Bitterfeld (gest. ca. 1405) den Weg für Jan Hus, der auch einen anderen Dominikaner, Nikolaus Biceps, wegen seines Kommentars zu den *Sentenzen* des →Petrus Lombardus lobte. Mit seinem gemäßigten Realismus bereitete der Thomismus den Boden für die Rezeption des Wyclifismus.

John →Wyclif begeisterte die Tschechen, die schon seit den Zeiten Kaiser Karls IV., insbesondere aber seit der Vermählung Annas von Böhmen, der Schwester Wenzels IV., mit dem englischen König Richard II. im Jahre 1383, in Oxford studierten, mit seinem Eintreten für die Einheit von Theologie und Philosophie und seiner Rückkehr zu →Augustin. Sein Bekenntnis zur *humilitas Dei* und Nächstenliebe und seine Wendung zur Bibel, zum Urchristentum und zur →Patristik kamen der von Jan Milič mitbegründeten Prager Reformtradition entgegen. In der Person des Reformpredigers Matthias von Janov (ca. 1350/1355–1393), der in seinen *Regulae Veteris et Novi Testa-*

menti den Kanonisten gegenüber Reformen theologisch begründete, und nach 1381 auch in den Hörern der theologischen Fakultät, näherte sich Milič' Bewegung an die Universität an. Diese erste Generation der Wyclifiten repräsentierten Stanislaus von Znaim (gest. 1414) und Stefan Páleč (ca. 1370–1422). Stanislaus' konsubstantialistische Abendmahlslehre wurde zur Ursache für die Universitätsstreitigkeiten zwischen den Realisten und den Nominalisten, die ihr disziplinarisches Nachspiel bei Erzbischof Zbyněk von Hasenburk und schließlich auch beim Papst hatten, der 1408 den Wyclifismus in Prag verbot.

Der Wyclifismus spaltete die Universität im Streit um die Unterstützung des Konzils von →Pisa. Zum Konzil geladen waren der Erzbischof, der gegen das Konzil war, sowie der es befürwortende König Wenzel IV. und die Universität, deren *natio bohemica* seinen Standpunkt teilte. Im Zusammenhang damit veränderte Wenzel im Dekret von Kuttenberg vom 18. Januar 1409 das Stimmenverhältnis an der Universität von der Parität für alle Nationen in das Verhältnis 3:1 zugunsten der Böhmischen Nation. Die vor allem in der *natio bohemica* vertretenen Prager Wyclifiten sollten in der Universität entsprechend den Wünschen des Königs eine Befürwortung des Konzils durchsetzen. Diese Änderung der Universitätsordnung war offensichtlich das Ergebnis langwieriger, von Machtfragen, positionellen Differenzen und regionalistischen Motiven bestimmter Spannungen. Nach Verhandlungen um einen Kompromiß und neuerlichen Reibereien zwischen dem König und einigen Würdenträgern der Universität ging eine Gruppe von Lehrern und Schülern nach Leipzig, wo noch 1409 eine neue Tochteruniversität entstand.

Durch die nachfolgende Wahl von Magister J. →Hus zum Rektor gelangte ein Vertreter des kritischen Wyclifismus an die Spitze der Universität. Zu dieser Richtung gehörten weiterhin der Magister Hieronymus von Prag (nach 1365–1416), der Jurist Jan von Jesenitz, der Hus im Prozeß bei der Kurie vertrat, sowie Jakobellus von Mies (ca. 1370–1429). Als Hus 1402 Prediger an der Bethlehemskapelle wurde, deren Patronatsrechte den Magistern der *natio bohemica* anvertraut waren, floß die Reformbewegung an der Universität mit der von Milič bestimmten zusammen. In diesen Vorgängen zeichnet sich ein vielschichtiger Prozeß der Auflösung der Idee einer universalen christlichen Kultur und der Entstehung regionaler, sprachlich abgegrenzter Kulturräume mit eigenen Zentren ab. An seinem Ausgang steht die kulturelle, kirchliche und machtpolitische Ordnung Europas nach dem →Dreißigjährigen Krieg.

3. *Utraquistische Universität und Jesuitenakademie*

Das Konzil zu →Konstanz, an dem zwei Vertreter der Prager Universität teilnahmen (die Magister Johann von Renstejn und Johann von Chlum), verurteilte neben Hus auch Magister Hieronymus von Prag (1416) und hob 1417 alle von Karl IV. der Universität verliehenen Rechte und Privilegien auf, was Papst Martin V. (1417–1431) im Folgejahr bestätigte. Während der Zeit der hussitischen Revolution (1419–1434; s. TRE 15,723,28ff.) sank die Zahl der Prager Lehrer und Studenten erheblich. Die Universität wurde auf die Artistenfakultät beschränkt, die sich jedoch auch mit Theologie und Recht befaßte. Sie bot ausländischen Reformern Zuflucht (Nikolaus von Dresden und andere Prediger aus Sachsen, Peter Payne [gest. 1455] aus England) und beteiligte sich an der Ausarbeitung des Reformprogramms der *Vier Prager Artikel* (1420). Vertreter der Universität gehörten zu der Delegation, die mit dem Basler Konzil (→Basel-Ferrara-Florenz) die am 30. November 1433 in Prag vereinbarten sog. Kompaktaten aushandelten (s. TRE 15,728,30ff.). Am 12. April 1437 bestätigte Kaiser Sigismund (1410–1437, faktische Herrschaft in Böhmen 1436–1437) erneut alle der Universität von Karl IV. und Wenzel IV. verliehenen Rechte und Privilegien, und dies tat später auch Papst →Nikolaus V. Die Versöhnung mit der institutionellen Kirche führte zur Rückkehr von ausländischen und einheimischen katholischen Magistern und Studenten vor allem aus Wien. Die Koexistenz von Utraquisten (s. TRE 15,721,48ff.) und nichtreformierten Katholiken an einer Universität – eine damals völlig vereinzelte Erscheinung – brachte jedoch verwickelte Machtkämpfe mit sich. Sie wurden 1462 durch eine Verfügung des Königs Georg von Podiebrad (1458–1471) beendet, nach der die Magister ein Treuegelöbnis zum König, dem Königreich und den Kompaktaten abzulegen hatten. Die Katholiken und die Anhänger der neuentstandenen →Brüderunität verließen die Universität.

Die Verbindung des Utraquismus mit der Universität wurde durch die Gründung zweier neuer Kollegien für arme Studenten gestärkt. Die dadurch erreichte Zahl von drei Kollegien für Magister und fünf für Studenten bestand fast 200 Jahre. Materiell und politisch wurde die Universität – vor allem nach dem Regierungsantritt der katholischen Jagiellonen (1471) – von der Altstadt unterstützt. In ihrer Ausrichtung ging die Universität von der Hochscholastik direkt zum lateinischen und später zum nationalen →Humanismus über. Neue Anregungen brachte das reformatorische Auftreten →Luthers im Jahr 1517. Der „Neu-Utraquist" Magister Wenzel Roždalovský schickte ihm Hus' *De ecclesia* zusammen mit einer Einladung nach Prag, der Luther jedoch nicht nachkam. 1521 war Th. →Müntzer in Prag, fand aber keine Resonanz. Ein dauerhafter Einfluß ging dagegen von →Melanchthon aus, und zwar durch seine Bildungsgrundsätze – *pietas*, *linguae*, *artes* – ebenso wie durch seine Lehrbücher (*Dialectica*) und durch seine Schüler Magister Heinrich Curius (Dvorský) von Helfenburg (gest. 1582), Matthäus Collinus (Kalina, Kolínský) von Choteřivy (gest. 1566) und Sebastian Aerichalcus (1555). Kaiser →Ferdinand I. paßte 1528 die Statuten den tatsächlichen Gegebenheiten der nun regionalen utraquistischen Universität mit nur einer Fakultät an. Ihr Rektor übte während der Sedisvakanz des Prager Erzbistums der römischen Obödienz (1431–1561) und auch später die Rechte des Kanzlers und die Aufsicht über das Schulwesen aus. Ferdinand bestätigte 1537 zwar die universitären Freiheiten, setzte aber 1545 eine Kommission ein, die den katholischen Einfluß stärken sollte. Ein zweites Mal bemühte er sich darum 1547 mit dem Ziel, die Universität zu einer Landesinstitution zu machen.

Das Erscheinen der →Jesuiten 1556 führte zu einer Erneuerung des katholischen Schulwesens. 1562 wurde der bei St. Klemens eingerichteten Prager Jesuitenakademie (*Klementinum*) durch ein königliches Privilegienpatent das Promotionsrecht für Philosophie und Theologie verliehen. Gleichzeitig erhielt sie eine reiche wirtschaftliche Ausstattung. Weitere Kollegien entstanden in Olmütz (1566, seit 1573 mit den Rechten einer Universität), Brünn (1572) und an fünf anderen Orten in Böhmen. Sie hatten keinen selbständigen Rechtscharakter, sondern waren Anstalten des Ordens. Allmählich erlangten sie jedoch ähnliche Merkmale wie die Universität; 1573 führten sie die Immatrikulation, 1616 die Gerichtsimmunität und die Insignien ein. Für die Prager Jesuitenakademie wurde in dieser Zeit die Bezeichnung *Ferdinandea* üblich.

4. *Die Academia Carolo-Ferdinandea*

Am 6. Juli 1609 erließ Kaiser Rudolf II. (1575–1612) ein Gesetz über die religiösen Verhältnisse. Für die Prager Akademie – *academia* ersetzte in der Renaissance als Bezeichnung der Universität den Begriff *studium generale* – wurden Defensoren aus dem Laienstand eingesetzt, die den →Zölibat der Professoren beseitigten und die Verwaltung der Kollegien und des Eigentums, die Prüfungs- und Studienordnung, die Einteilung der Wissenschaften in Fachgebiete und weiteres mehr regelten. Nach dem Ausbruch des Ständeaufstandes 1618 wurden die Jesuiten des Landes verwiesen, und die Universität erhielt deren Bibliothek. Nach seiner Niederschlagung starb am 21. Juni 1621 mit dem Mediziner Johannes Jesenius (1566–1621) der zweite Rektor der Universität auf dem Schafott. 1622 mußte der Rektor sein Amt niederlegen, ohne daß ein Nachfolger gewählt wurde, und durch ein Dekret vom 10. November 1622 wurde das Vermögen der Universität der Jesuitenakademie zugesprochen, die sich um die Einrichtung aller vier Fakultäten und um die Übernahme der Schulaufsicht bemühte. Diese selbstherrlichen Entscheidungen des Königs verletzten das überkommene Recht des Erzbischofs als Kanzler der Universität und führten zu einer Auseinandersetzung zwischen den Jesuiten und den Erzbischöfen Johann III. Lohelius (1612–1622) und Ernst Albrecht Graf Harrach (1623–1667), anfangs auf Landes- und Reichsebene und dann vor der Kurie. Diese entschied 1638, die Rechte des Prager Generalstudiums beruhten auf päpstlicher Verleihung und der Kaiser könne nicht ohne die Zustimmung des Papstes in sie eingreifen. Nach bewegten Verhandlungen gründeten der Erzbischof und die alten Orden eigene Hochschulen, um das Schulmonopol der Jesuiten zu brechen. Der böhmische König Ferdinand

III. (1627–1657) entzog 1638 den Jesuiten das Karolinum, unterstellte die Juristische und die Medizinische Fakultät ohne Erneuerung ihrer Rechte und Privilegien sich selbst und setzte an die Spitze der Universität einen staatlichen Protektor. Im Gegenzug verlieh Papst Urban VIII. (1623–1644) dem erzbischöflichen Seminar alle Universitätsrechte. So gab es nun drei Universitäten: die karolinische unter Aufsicht des Kaisers, die jesuitische Ordensuniversität und die päpstlich legitimierte erzbischöfliche. 1641 schloß Ferdinand III. das erzbischöfliche Seminar und die Ordenshochschulen und verfügte im sog. Vereinigungsdekret vom 23. Februar 1654 ohne Rücksicht auf die Kirche und das überkommene Recht unter Berufung auf die Erneuerte Landesordnung, die sich wiederum auf Karl IV. bezog, die Vereinigung der beiden Universitäten unter dem Namen *Carolo-Ferdinandea*. Die Grundlage für diese Vereinigung bildete das Karolinum, doch faktisch dauerte im Klementinum der eigene Schulbetrieb mit eigenen Promotionen an.

Die Suárezanische Rezeption des Thomas von Aquino (Francisco →Suárez) fand ein theologisches Gegengewicht nur im erzbischöflichen Seminar, in dem irische Franziskaner bis zum Ende des 17. Jh. den Neuscotismus vertraten. Die Jesuiten widmeten sich der tschechischen Philologie (die Übersetzung der St.-Wenzels-Bibel durch Matthias Wenzel Štajer [gest. 1680] und Johann Barnet [gest. 1705]) und der Geschichte (Bohuslav Balbín [gest. 1680]) und waren hervorragend in der Mathematik (Gregorius a Santo Vincentino [gest. 1680], der mit seinen Entdeckungen auf G.W. →Leibniz eingewirkt hat). Die Hörerschaft war international zusammengesetzt.

5. *Aufklärung und Josephinismus*

Erste Anregungen zu einer Reform im aufklärerischen Geist (→Aufklärung) gingen von dem Superintendenten der Universität Peter Theodor Birelli (1713) aus. Die Regierung Maria Theresias (1740–1780) brachte 1747 staatliche Studienvorschriften für Philosophie, Rechtswissenschaft und Medizin, Vorlesungsverzeichnisse und als neue staatliche Aufsichtsinstanz den *Protector studiorum*. 1752 wurden die Wiener Studienvorschriften auf Prag übertragen, und es wurden Studiendirektoren eingeführt. Der Sinn dieser Regelungen war die Lösung der ursprünglichen korporativen Universitätsorganisation von den Fakultäten als Schulinstituten, deren Auftrag es war, dem Staat ergebene Beamte auszubilden. 1773 entfiel infolge der Aufhebung des Jesuitenordens das Ordensübergewicht, und die Universität wurde zu einer einheitlichen Organisation. Joseph II. (1780–1790) hat den kirchlichen Charakter der Universität, die lateinische Unterrichtssprache und ihre überkommenen Privilegien unterdrückt (→Josephinismus).

Im Jahre 1785 wurde der Gehorsamseid gegenüber dem Papst abgeschafft, und es konnten nun auch Juden den Grad eines Doktors der Rechte und der Medizin erwerben. Anstelle des Lateins wurde das Deutsche als einheitliche Verwaltungssprache der Habsburger Monarchie auch Unterrichtssprache. 1784 wurde die Universitätsgerichtsbarkeit abgeschafft. Der letzte Akt der aufklärerischen Reformen war die Einführung des Studienkonsenses als höchster Schulbehörde (1791). In den theologischen Fakultäten wurde das Schwergewicht auf Kirchengeschichte, Pastoraltheologie und die klassischen antiken und orientalischen Sprachen gelegt. Der Höhepunkt des Josephinischen Zentralismus war die Konzentration der universitären Ausbildung an nur drei Stellen: →Wien, Prag und Lemberg (Lwów [→Ukraine]). Die übrigen Universitäten, insbesondere Olmütz, wurden in Lyzeen umgewandelt. Nichtsdestoweniger fanden sich in Prag auch innerhalb dieses reglementierten Rahmens Persönlichkeiten von Rang. Der Jesuit Josef Stepling (gest. 1778) wirkte auf eine Überwindung der aristotelischen Naturwissenschaft hin, und zur Überwindung der aristotelischen Behandlung der Philosophie trug in einem beschränkten Rahmen der Laie Heinrich Seibt (gest. 1806) bei.

6. *Die ungeteilte Universität im 19. Jahrhundert*

Im Jahre 1802 vollzogen neue Regelungen eine Abkehr von den aufklärerischen Ideen und eine Rückwendung zu Elementen der mittelalterlichen korporativen Verfassung. 1804 wurde eine neue Studienordnung eingeführt. In der Theologie wurden die dogmatischen Fächer ausgebaut, und in der philosophischen Fakultät wurde ein religionswissenschaftlicher Lehrstuhl eingerichtet. An ihm wirkte bis zu seiner Absetzung im Jahre 1819 der namhafte Theologe, Philosoph und Mathematiker Bernard Bolzano

(1781–1848). Eine für 1848 vorgesehene Feier des 500jährigen Gründungsjubiläums wurde wegen der Revolutionsstürme nicht durchgeführt. Gedankengut der Revolution fand ein Echo im Universitätsleben. Der 1849–1860 amtierende Minister für Kultus und Unterricht Graf Leo Thun-Hohenstein verfolgte eine an den Vorstellungen von W. von →Humboldt ausgerichtete Linie. Die *Allgemeine Studienordnung* vom 1. Oktober 1850 stellte die philosophische Fakultät, die bisher nur eine propädeutische Funktion gehabt hatte, den anderen Fakultäten gleich. Thun-Hohenstein bemühte sich auch, moderne deutsche Fachvertreter zu gewinnen. Das hatte allerdings eine nationale Polarisierung zur Folge; denn einerseits trugen die ausländischen Professoren zwar zur Überwindung des Provinzialismus bei, andererseits aber zeigten sie kein Verständnis für die einheimischen Traditionen. Das Gesetz über die Organisation der Universität vom 27. April 1873 brachte die Entwicklung zum Abschluß. Leitlinie war die Idee der Allgemeinbildung, der Freiheit der Lehre und der Öffentlichkeit der Prüfungen. Als organisatorische Grundlage beließ das Gesetz die Fakultäten, das Kollegium der Professoren und den akademischen Senat. Die Kanzlerschaft des Erzbischofs wurde auf die theologische Fakultät beschränkt. Nach Abschluß des Konkordats mit Österreich 1855 verstärkte sich erneut der Einfluß der Kirche. 1855 wurde die 1827 erneuerte Universität Olmütz geschlossen. Nur ihre theologische Fakultät blieb bestehen.

Seit der Mitte des 19. Jh. wuchs die Zahl der aus den Landgebieten kommenden tschechischen Studenten, und es sank die der deutschen Studenten aus den Städten. Mit ihrem Forschungscharakter und mit der Fluktuation ihrer Lehrkräfte gehörte die Prager Universität zu den deutschen Universitäten. Seit den siebziger Jahren wurde die Professorenschaft vornehmlich aus den österreichischen Ländern ergänzt. Dies galt insbesondere für die philosophische Fakultät. Vor allem der Physiker und Philosoph Ernst Mach (1838–1916, in Prag 1867–1895) und der katholische Historiker Constantin Ritter von Höfler (1811–1897), der Herausgeber der *Scriptores rerum Hussiticarum*, genossen hohes Ansehen. In der theologischen Fakultät hatten die Professoren und die Studenten aus den tschechischen Gebieten die Mehrheit. Eindrucksvolle Persönlichkeiten waren der Bolzano-Schüler Vincenz Náhlovský (1817–1891) und der Historiker Klement Borový (1838–1897).

7. *Deutsche und tschechische Karl-Ferdinands-Universität*

Im Zuge der Nationalbewegung des 19. Jh. forderte 1866 Ladislaus Rieger auf dem tschechischen Landtag die gleiche Anzahl tschechischer und deutscher Professuren sowie die Abhaltung der Prüfungen in beiden Sprachen. Die deutschen Professoren hatten ihrerseits 1864 vorgeschlagen, eine neue, ausschließlich tschechische Universität einzurichten. Als der Vorschlag nicht diskutiert wurde, fiel das Wort „Teilung“. Zum Präzedenzfall wurde die Teilung des Prager Technikums in zwei Institute 1868/69. Eine kaiserliche Verfügung vom 11. April 1881, der ein Reichsgesetz vom 28. Februar 1882 folgte, erklärte: „Vom Beginne des Wintersemesters 1882–1883 an werden in Prag zwei Universitäten bestehen, nämlich die k. k. deutsche Karl-Ferdinands-Universität und die k. k. böhmische Karl-Ferdinands-Universität“.

Die tschechische Universität begann 1882 ihre Tätigkeit mit der juristischen und philosophischen und im Folgejahr mit der medizinischen Fakultät. Eine beachtliche Entwicklung erfuhr alsbald die philosophische Fakultät. Mit einer vielseitigen, u.a. auch religionsphilosophischen Wirksamkeit gewann in ihr Tomáš Garrigue Masaryk (1850–1937) eine herausragende Stellung, bevor er sich seit dem Ersten Weltkrieg als Vorkämpfer eines tschechischen Nationalstaates ganz der Politik widmete. Die theologische Fakultät blieb unter der Vorstellung eines zweisprachigen Wirkens der Priester bis 1891 noch ungeteilt.

Die deutsche Universität hatte ungefähr die gleiche Zahl von Lehrkräften wie die tschechische, die Zahl der Studenten aber war nur halb so groß und sank später auf 40 % ab. Sie hatte eine ganze Reihe bedeutender Persönlichkeiten aufzuweisen. 1911/12 wirkte an ihr Albert Einstein (1878–1955). Ein bedeutender Vertreter der theologischen Fakultät war der Moraltheologe Wenzel Anton Frind (1843–1932).

8. *Die Zwischenkriegszeit*

Nach dem Zerfall der habsburgischen Monarchie und der Bildung der Tschechoslowakischen Republik (ČSR) wurde am 28. Januar 1919 in Brünn eine zweite tschechische Universität, die *Masaryk-Universität*, gegründet, die keine theologische Fakultät erhielt, sowie am 27. Juli 1919 die *Comenius-Universität* in Bratislava (→Slowakien). Durch eine Regierungsverordnung vom 28. April 1919 erhielt die selbständige katholische Fakultät in Olmütz die Bezeichnung *Cyrill-Methodius-Fakultät*. Am 18. April 1919 wurde mit der *Hus-Fakultät* auch eine selbständige evangelisch-theologische Fakultät eingerichtet. Ein Gesetz vom 19. Februar 1920 erklärte die tschechische Universität zur Nachfolgerin des Generalstudiums Karls IV. und sprach ihr den Namen *Karls-Universität* zu. Die Benennung der deutschen Universität sollte durch ein besonderes Gesetz erfolgen, das jedoch nie erlassen worden ist.

Im Jahre 1920 wurde die naturwissenschaftliche Fakultät der Karls-Universität aus der philosophischen ausgegliedert. Die Studentenzahl stieg auf 10.000, ebenso wuchs die Zahl der Professoren. Es kamen Ausländer: viele aus →Jugoslawien, dann Emigranten aus →Rußland und der →Ukraine (für diese wurden eine russische Volksuniversität sowie die 1940 nach München verlegte Freie Ukrainische Universität mit einer juristischen und einer philosophischen Fakultät errichtet; die Studentenzahl bewegte sich um 300). Eine bedeutende Rolle spielte die philosophische Fakultät, die sich in der Philosophie französischen und in der Psychologie und Pädagogik angloamerikanischen Einflüssen öffnete.

Die (katholisch-)theologische Fakultät überwand allmählich einen anfänglichen Niedergang ihres Ansehens. In den durch nationalkirchliche Bestrebungen (→Tschechien; vgl. TRE 21,471,17ff.) ausgelösten Streitigkeiten des Erzbischofs F. Kordač (1919–1931) mit dem Staat verhielt sie sich zurückhaltend. In den dreißiger Jahren kam es zu einer Auseinandersetzung zwischen Erzbischof Karel Kašpar und dem ehemaligen Modernisten (→Modernismus) Vojtěch Šanda (1873–1953), die mit dessen Übergang zur Orientalistik behoben wurde. Eine Wirksamkeit in der Fakultät und in der Kirche verbanden der Slawist Josef Vais (1865–1959), der Kunsthistoriker Josef Cibulka (1886–1968) und der Historiker Franz Dvorník (1893–1975).

Die *Tschechoslowakische evangelisch-theologische Hus-Fakultät* diente seit Ausrufung der *Tschechoslowakischen* (seit 1971: *Hussitischen*) *Kirche* im Januar 1920 der Pflege der theologischen Wissenschaft und der Ausbildung der Prediger der *Evangelischen Kirche der Böhmischen Brüder* und anderer evangelischer Kirchen und Denominationen. Im Kollegium der Hochschullehrer war mit G.A. Skalský von der Wiener Universität (1857–1926) die positive und mit František Žilka (1871–1944) die liberale Theologie vertreten, während Josef L. Hromádka (1889–1969) Anstöße von K. →Barth aufnahm (zu seinen ökumenischen Aktivitäten vgl. auch TRE 11,639,13ff.) und Slavomil C. Daněk (1885–1946) eine eigenständige biblische Position vertrat. Über Systematische Theologie las seit 1924 der Modernist Karel Statečný (1871–1927). Nach Verhandlungen wurde anläßlich der neuen Organisations- und Studienordnung die Fakultät in eine Evangelische und eine Tschechoslowakische Sektion geteilt; aus letzterer ragten vor allem František Kovář (1888–1969), ein Wissenschaftler vom Rang eines Polyhistors, ferner Alois Spisar (1874–1955), der eine Glaubenslehre im Geiste der Tschechoslowakischen Kirche schrieb, und der Sozialethiker F.M. Hník (1905–1962) hervor.

Die deutsche Universität, die vom sog. eisernen Rektor Augustin Nägel (1869–1932) geleitet wurde, bemühte sich anfangs um einen Umzug nach Reichenberg. Sie blieb aber in Prag und wurde zum Zentrum der deutschen Kultur und Politik in der Tschechoslowakischen Republik (ČSR). Ihre Mitglieder Franz Spina und Robert Mayr gehörten der Regierung der ČSR an, und Karl Hilgenmeier war Senator. Die Zahl ihrer Hörer stieg gegenüber der Zeit vor dem Ersten Weltkrieg bis auf 5.000. Es gab unter ihnen eine Reihe von Juden und nach 1933 auch Emigranten aus Deutschland. Zum Professorenkollegium gehörten bedeutende Persönlichkeiten wie der Philosoph Oskar Krause (1872–1942), der Ästhetiker Friedrich Utitz (1884–1956), der Physiker und Philosoph Philipp Frank (1884–1966), der Philosoph Rudolf Carnap (1891–1970) sowie der Theologe und Historiker Eduard Winter (1896–1982). Zum 1. September 1939 wurde sie durch eine Verordnung Adolf Hitlers direkt dem *Reichsministerium für Wissenschaft, Erziehung und Volksbildung* unterstellt und am 4. November 1939 zur Reichsuniversität erklärt. 1945 wurde sie durch ein Dekret des Präsidenten Eduard Benes rückwirkend zum 17. November 1939 aufgehoben.

9. Von 1939 bis 1989

Ebenfalls zum 1. September 1939 wurden am 17. November 1939 vom Reichsprotektor Konstantin von Neurath alle tschechischen Hochschulen zunächst für drei Jahre geschlossen, doch bestand das Verbot bis Kriegsende. Es entsprach einer langfristigen politischen Strategie und war von Hinrichtungen und Unterdrückungsmaßnahmen begleitet. Die theologische Lehre wurde während des Krieges im Raum der Kirche fortgeführt.

Nach dem Ende des Zweiten Weltkriegs wurden am 30. Mai 1945 an der Karls-Universität die Vorlesungen wieder aufgenommen. Um den durch die Schließung der Hochschulen Betroffenen eine Studienmöglichkeit zu geben, wurden 1945 in Pilsen und in Königgrätz Zweigstellen der medizinischen Fakultät eingerichtet, die 1958/59 zu selbständigen medizinischen Fakultäten wurden. 1946 wurde die pädagogische Fakultät errichtet. Seit 1950 hat sie Zweigstellen in Pilsen und Böhmisch Budweis. Zum 600. Jahrestag der Universitätsgründung wurde das Karolinum unter Bewahrung seiner gotischen Substanz renoviert. Die Feierlichkeiten fielen bereits in die Zeit nach der Machtübernahme durch die Kommunistische Partei der Tschechoslowakei am 25. Februar 1948.

Die durch die kommunistische Machtübernahme ausgelösten Veränderungen wurden im Hochschulgesetz vom 18. Mai 1950 kodifiziert, das u.a. die (katholische) theologische Fakultät aus dem Verband der Universität ausschied. Durch eine Regierungsverordnung wurden die römisch-katholische theologische Fakultät in Olmütz, die bischöflichen Seminare und die Klosterschulen aufgelöst und die Ausbildung der römisch-katholischen Geistlichen an der *Römisch-katholischen theologischen Cyrill-Methodius-Fakultät Prag* mit Sitz in Leitmeritz konzentriert (für die Slowakei in Bratislava). Die *Tschechoslowakische evangelisch-theologische Hus-Fakultät* in Prag wurde in die *Tschechoslowakische theologische Hus-Fakultät* und in die *Evangelisch-theologische Comenius-Fakultät* aufgeteilt. Für die lutherischen Theologen wurde die *Staatliche slowakische evangelisch-theologische Fakultät* in Bratislava und für die orthodoxen Theologen eine orthodoxe Fakultät in Prešov eingerichtet (→Slowakien). 1969 wurden alle sechs theologischen Fakultäten den Nationalen Ämtern, dem tschechischen und dem slowakischen, unterstellt. Die Stellung der Studenten und der Lehrerkollegien wurde nach ideologischen Gesichtspunkten reglementiert. Trotzdem behielten die Fakultäten nicht nur das Promotions- und das Habilitationsrecht, sondern auch die Freiheit der theologischen Lehre und eine relative Freiheit in den Beziehungen zur Wissenschaft im Ausland. Sie sind dankbar für die moralische und materielle Hilfe, die ihnen in der Zeit der Unterdrückung Fakultäten, Kirchen und Einzelpersonen aus dem Ausland erwiesen. Die universitären Traditionen wurden an den theologischen Fakultäten weniger berührt als an den weltlichen Fakultäten, die sich in der Kompetenz des Ministeriums für das Schulwesen befanden.

Die Verwüstung der Hochschulen schritt 1953 fort, als die Rigorosa und das Habilitationsrecht sowie die traditionellen Doktorgrade abgeschafft und durch die Bezeichnung „promovierter“ mit Anfügung der Berufsbezeichnung ersetzt wurden. Nach sowjetischem Vorbild wurden die Titel *Kandidat* bzw. *Doktor der Wissenschaften* eingeführt, die eigentlich orthodoxen und russischen Ursprungs waren. Die Karls-Universität erfuhr eine ganze Reihe organisatorischer Veränderungen. Bestand hatten davon die Aufteilung der medizinischen Fakultät in eine allgemein-medizinische, eine pädiatrische und eine hygienische Fakultät, die Ausgliederung der mathematisch-physikalischen aus der naturwissenschaftlichen Fakultät und die Eingliederung des Instituts für Leibeserziehung und Sport in die Universität (1959). Staatlich gefördert wurden vornehmlich die naturwissenschaftlichen und medizinischen Fächer. Philosophie und Recht standen unter ideologischem Druck, Erfolge in Anknüpfung an frühere Zeiten feierten die Slawistik und Orientalistik.

In den sechziger Jahren wurde eine ganze Reihe fachgebundener Forschungsinstitute eröffnet. Die Forschungsarbeit wurde immer mehr an die *Tschechoslowakische Akademie der Wissenschaften* verlagert, die durch ein Gesetz vom 29. Oktober 1952 errichtet wurde und an die Traditionen der *Königlich Tschechischen Gesellschaft der Wissenschaften* von 1784 und der *Tschechischen Akademie der Wissenschaften und Künste* von 1891 anknüpfte. 1966 wurde der Doktorgrad unter Beibehaltung der Titel des Kandidaten und des Doktors der Wissenschaften erneuert. Die Novelle des Hochschulgesetzes von 1980 war von Zentralisierungsbestrebungen geleitet.

10. Die Entwicklung seit 1989

Die Gedenkversammlung zum 50. Jahrestag des 17. November 1939 (s.o. 9.), der noch während des Krieges zum „Welttag der Studenten“ erklärt und seit 1946 von den tschechischen Studenten als Feiertag begangen worden war, verwandelte sich in eine politische Aktion der Prager Hochschüler, die zum Anstoß für die „samtene Revolution" wurde, in der die Kommunisten ihre Macht verloren. Die Hochschulen setzten die durch das Hochschulgesetz vom 4. Mai 1990 bestätigte Erneuerung der Selbstverwaltung, die Rehabilitierung der politisch Betroffenen und weitere personelle und organisatorische Veränderungen durch. Durch ein Gesetz vom 3. Mai 1990 wurden die Katholisch-Theologische, die Evangelisch-Theologische und die Hussitische Theologische Fakultät in die Karls-Universität eingegliedert. Sie umfaßt damit 16 Fakultäten, außer den drei Theologischen die Juristische Fakultät, drei Medizinische Fakultäten in Prag, die Medizinischen Fakultäten in Pilsen und Königgrätz, die Pharmazeutische Fakultät in Königgrätz, die Philosophische, die Naturwissenschaftliche, die Mathematisch-physikalische, die Pädagogische, die Sozialwissenschaftliche und die Fakultät für Leibeserziehung und Sport. An der Palacký-Universität Olmütz wurde die katholische Cyrill-Methodius-Fakultät wiedereröffnet. Ähnliche Veränderungen fanden auch in der Slowakei statt, wo die Griechisch-Katholische Theologische Fakultät in Prešov bei der Universität in Kaschau neu eingerichtet wurde.

Im Jahre 1991 entstanden als Neugründungen die *Schlesische Universität* in Troppau, die *Universität Ostrau* in Ostrau, die *Westböhmische Universität* in Pilsen, die *J. E. Purkyne-Universität* in Aussig und die *Südböhmische Universität* in Böhmisch Budweis. Letztere hat auch eine Katholisch-Theologische Fakultät, die jedoch bisher noch nicht vom Papst approbiert ist.

Die Karls-Universität ist nun wieder eine vollständige Universität im Sinne ihrer Gründer und zu ihrem eigenen geistigen Nutzen. Ihre jüngste Entwicklung knüpft an die ursprünglichen Traditionen an und ist für die Zukunft in einem sich integrierenden Europa offen.

Die Katholisch-Theologische Fakultät knüpft an die Gründungsbulle Clemens' VI. an. Sie konzentriert sich auf die Ausbildung von Weltpriestern und im Fernstudium auf die von Katecheten. Ihre Statuten sind bestimmt durch die §§ 815–821 des CIC/1983, die Apostolische Konstitution *Sapientia Christiana* vom 15. April 1979 und die entsprechenden *Ordinationes* der Kongregation für das katholische Bildungswesen vom 29. April 1979. Erster Dekan wurde der Dogmatiker und Fundamentaltheologe Václav Wolf. Die Evangelisch-Theologische Fakultät knüpft an ihre bereits genannten Vorgängerinnen und an die Wiener Fakultät sowie an die neu-utraquistische Periode der Artistenfakultät an. Sie ist gemäß den traditionellen Disziplinen in Lehrstühle organisiert. Ihr erster Dekan wurde der Kirchenhistoriker Amadeus Molnár. Die Hussitische Theologische Fakultät knüpft neben der Rechtskontinuität zu ihren Vorgängerinnen geistig an die utraquistische Periode der Artistenfakultät der Karls-Universität sowie an Hus und seine Vorläufer und Nachfolger an. Ihr erster Dekan wurde der Dogmatiker, Ethiker und Religionsphilosoph Zdeněk Kučera. Obwohl sie vorrangig für hussitische Priester bestimmt ist, ist sie doch auch orthodoxen Studierenden sowie Angehörigen anderer Religionen offen. Die Bereiche der hussitischen Theologie (die man selbständig studieren kann), orthodoxe Theologie, Judaistik, philosophisch-religionswissenschaftliche Studien kann man mit dem Studium psychosozialer Wissenschaften oder mit dem Lehramtsstudium kombinieren.

Quellen

Acta sacrae congregationis de propaganda fide res gestas bohemicas illustrantia. II. 1623–1624, hg. v. Antonín Haas, Prag 1954. – Adolf Bachmann, Die Gründungsurkunde der Prager Univ.: Dt. Hochschule 1 (1882). – MVB.

Literatur

1. *Allgemeines:* Josef Bergel, Die Hauptquellen zur Gesch. der Prager Karls-Univ.: Stud. zur Gesch. der Karls-Univ. zu Prag, hg. u. eingel. v. Rudolf Schreiber, Freilassing/Salzburg 1954, 15–38. – Reginald Robert Betts, The Univ. of Prague. The First Sixty Years: ders., Essays in Czech History, London 1969, 13–28. – Friedrich v. Bezold, Die ältesten dt. Universitäten in ihrem Verhältnis zum Staat: ders., Aus MA u. Renaissance. Kulturgesch. Stud., München/Berlin 1918, 220–245. – Bibliogr. int. de l'histoire des universités. I. Espagne – Louvain – Copenhague – Prague, v. Rafael Gibert u.a., Genf 1973. – Renate Bicherl, Die Magister der Artistenfak. der Hohen Schule zu Prag u. ihre Schr. im Zeitraum v. 1348–1409, Diss. med. Erlangen 1971. – Anton Blaschka, Wenzel VI. u. die

Frage der Karlsuniv. in Prag 1399 u. 1409: ZSDG 5 (1941/42) 124–130. – Miroslav Boháček, Repertorium u. Bibliogr. f. die Univ. Prag bis 1500: Ius Romanorum Medii Aevi. P. II, Mailand 1966, 1–31. – Albert Brackmann, L'empereur Charles IV, la Sorbonne et la fondation de l'univ. de Prague: Dt.-franz. Monatsh. Cahiers franco-allemand 6 (1939) 360–364. – Peter Burian, Die Teilung der Prager Univ. u. die österr. Hochschulpolitik: Die Teilung der Prager Univ. 1882 u. die intellektuelle Desintegration in den böhmischen Ländern. Vortr. der Tagung des Collegium Carolinum in Bad Wiessee vom 26.–28. November 1982, hg. v. Ferdinand Seibt, München 1984, 25–36. – Miloslav Čedik, The Social Background to the Foundation of two Univ. in Prague 1882, Prag 1980. – Václav Chaloupecký, The Caroline Univ. of Prague. Its Foundation, Character and Development in the Fourteenth Century, Prag 1948. – Peter Classen, Die ältesten Universitätsreformen u. Universitätsgründungen des MA: HdJb 12 (1968) 72–92. – Gary B. Cohen, The Politics of Ethnic Survival. Germans in Prague 1861–1914, Princeton, N.J. 1981. – Irena Čornejová/A. Fechtnerová, Životopisní slovník Pražské Univerzity, folozofická a teologická fakulta 1654–1773 [Biographisches Wb. der Prager Univ., phil. u. theol. Fak. 1654–1773], Prag 1986. – Lowrie John Daly, The Medieval Univ. 1200–1400, New York 1961. – Dějiny univerzity Karlovy [Gesch. der Karls-Univ.], 2 Bde., Prag, I. 1347/1348–1622, red. v. Michal Svatos, 1995; II. 1622–1802, red. v. Ivana Cornejova, 1996. – Renate Dix, Frühgesch. der Prager Univ. Gründung, Aufbau u. Organisation 1348–1409, Diss. phil. 1985, Bonn 1988. – Hans-Joachim Härtel, Die beiden phil. Fakultäten in Prag im Spiegel ihrer Dissertationen 1882–1939/45: Die Teilung (s.o. bei Burian) 81–94. – Jan Havránek/Josef Petráň/Alena Skýbová, The Charles Univ. in Different Centuries, Prag 1979. – Josef Hemmerle, Die Univ. Prag im MA bis 1409: Leistung u. Schicksal. Abh. u. Ber. über die Dt. im Osten, hg. v. Eberhard G. Schulz, Köln/Graz 1967, 137–146. – Hans Hirsch, Gesch. der Prager Univ.: Bohemia. Jb. des Collegium Carolinum 2 (1961) 9–16. – František Kavka, The Caroline Univ. of Prag. A Short History, Prag 1962. – Ders., Die Gründung der Univ. Prag u. ihre Bedeutung f. die Entwicklung der tschechischen Kultur: Les universités européennes du XIVe au XVIIIe siècle. Aspects et problèmes. Actes du Colloque Int. à l'occasion du VI. Centenaire de l'Univ. de Cracovie 6–8 Mai 1964, Genf 1967, 26–35. – Ders., Universitätsgesch. v. den Anfängen bis zum Humanismus: Bohemia sacra. Das Christentum in Böhmen 973–1973, hg. v. Ferdinand Seibt, Düsseldorf 1974, 406–413. – Pearl Kibre, The Nations in the Mediaeval Universities, Cambridge, Mass. 1948 (Mediaeval Academy of America. Publ. 49). – Guido Kisch, Die Prager Univ. u. die Juden 1348–1848, Mährisch-Ostrau 1935 = Amsterdam 1969. – Eugen Lemberg, Die Prager Univ. u. das Schicksal Mitteleuropas: Die dt. Univ. Prag. Ein Gedenken anläßlich der 600 Jahrfeier der Karls-Univ. in Prag, Gräfelfing bei München 1948, 12–38. – Ders., Die soziologischen Voraussetzungen der Prager Universitätsgründung: Prager Nachrichten 1, Nr. 3 (1950) 6–8. – Karel Litsch, Die Karlsuniv. Prag. Gesch. u. Gegenwart, Prag 1989. – Karl Mácha, Phil. Strömungen an der Prager tschechischen phil. Fak. in den zwanziger Jahren: Kultur u. Gesellschaft in der Ersten Tschechoslowakischen Republik, hg. v. Karl Bosl/Ferdinand Seibt, München/Wien 1982, 241–253. – Jaroslav Morávek, Die Gründung tschechischer Lehrstühle an der Prager Univ.: Acta Facultatis iuridicae Universitatis Comenianae, Preßburg 1975, 289–296. – Peter Moraw, Die Univ. Prag im MA, München 1986. – Ernst Nittner, Erzbistum u. Prager Univ. in der Zeit v. der Neugründung bis zur Entkonfessionalisierung (1654–1873): Tausend Jahre Bistum Prag. 973–1973. Beitr. zum Millennium, 1974 (VIB 1) 172–212. – Otakar Odložilík, Karlova Universita 1348–1948, Prag 1948; engl.: The Caroline Univ. 1348–1948, Prag 1948. – Jiří Pešek, The Univ. of Prague, Czech Lat. Schools, and Social Mobility 1570–1620: History of Universities 10 (1991) 117–136. – Josef Petráň, The Faculty of Philosophy of the Charles Univ., Prag 1980. – Vladko Puchta, The Charles Univ. of Prague: The Journal of the American Medical Association 194 (1965) 96f. – Franz Rexroth, Dt. Universitätsstiftungen v. Prag bis Köln. Die Intention des Stifters u. die Wege u. Chancen ihrer Verwirklichung im spätma. dt. Territorialstaat, Köln/Weimar/Wien 1992. – Eva Schmidt-Hartmann, Die phil. Fak. der tschechischen Univ. um 1882. Kontinuität u. Wandel: Die Teilung (s.o. bei Burian) 95–110. – Erich Schmied, Die altösterr. Gesetzgebung zur Prager Univ. Ein Beitr. zur Gesch. der Prager Univ. bis 1918: ebd. 11–23. – Sabine Schumann, Die „nationes" an den Universitäten Prag, Leipzig u. Wien. Ein Beitr. zur älteren Universitätsgesch., Diss. phil. Berlin 1974. – Ferdinand Seibt, Karl IV. Ein Kaiser in Europa 1346–1378, München 1984. – Robert William Seton-Watson, What the Caroline Univ. has Meant to the Czechs: Prague Essays. Presented by a Group of British Historians to the Caroline Univ. of Prague on the Occasion of its Six-hundredth Anniversary, hg. v. dems., Oxford 1949, 1–18. – H. Gordon Skilling, The Partition of the Univ. in Prague: SEER 27 (1949) 430–449. – Zora Stamm, Univerzita Karlova – Karls-Univ. Prag: Universitäten u. Hochschulen in Deutschland, Österreich u. der Schweiz. Eine Universitätsgesch. in Einzeldarst., hg. v. Laetitia Boehm/Rainer Müller, Düsseldorf 1983, 302–311. – Kornel L. Terplan, Comments Regarding the Controversy of the „National" Origin of the Univ. in Prague: The Journal of the American Medical Association 196 (1966) 156–158. – Samuel Harrison Thomson, The Charles Univ. Sixcentenary, April 4–10, 1948: Journal of Central European Affairs 8 (1948/49) 207–209. – Václav Vojtíšek/Dobroslav Líbal, Le

Carolinum. Gloire de l'Univ. Charles, Prag 1948. – Wilhelm Weizsäcker, Gesch. der Prager Univ. in europ. Sicht: Durchbruch zu neuem Denken. Prager Hochschultage 1952, hg. v. Walter Doskocil, München 1953 (Schriftenr. der Ackermann-Gemeinde 6) 6–19. – Ders., Alma Mater Pragensis: Alma Mater Pragensis. Ein Dank an Prag u. seine Hohen Schulen. Festausg. aus Anlaß des 80. Stiftungsfestes der Prager Burschenschaft Arminia (z.Z. „Münchener Burschenschaft Prager Arminia"), hg. u. gestaltet v. Franz Böhm, Erlangen 1959, 57–66.

2. *Zur theologischen Fakultät:* Kurt A. Huber, Die Prager theol. Fak. v. 1883/1891 bis 1945: Die Teilung (s.o. Lit. 1. bei Burian) 37–54. – Jaroslav Kadlec, Die homiletischen Werke des Prager Magisters Nicolaus v. Louny: Aug(L) 23 (1973) 242–270. – František Kavka, Zur Frage der Statuten u. der Studienordnung der Prager theol. Fak. in der vorhussitischen Zeit: Folia diplomatica, Brünn, I 1971 (Op. Universitatis Purkyniane Brunensis. Facultas Philosophica 158) 129–142. – Ernst Nittner, Erzbischof u. Prager Univ. in der Zeit vom Regierungsantritt Maria Theresias bis zur Entkonfessionalisierung der Univ. (1740–1873): AKGB 3 (1973) 110–137. – Rudolf Schreiber, 600 Jahre Prager Univ. im Spiegel ihrer Theol. Fak.: Christ unterwegs 2, Nr. 4 (1948) 1–4.

Zdeněk Kučera

Pragmatismus

I. Philosophisch
II. Theologisch . . . . S. 187

I. Philosophisch

1. Allgemeine Kennzeichnung 2. Erkenntnistheorie und Metaphysik 3. Pragmatismus und Semiotik 4. Spielarten des Pragmatismus (Literatur S. 186)

1. Allgemeine Kennzeichnung

Der Pragmatismus ist die erste originär amerikanische Philosophie, die durch C.S. →Peirce begründet, durch W. →James individualistisch umgedeutet und popularisiert wurde und die bis in das erste Drittel des 20. Jh. die Philosophie in den USA dominierte. In den siebziger Jahren des 19. Jh. entstand der Pragmatismus aus den Diskussionen des *Metaphysical Club* in Cambridge (USA), einer Gruppe junger Juristen, Philosophen und Psychologen um Peirce, James und den empiristischen Philosophen Chauncey Wright (1830–1875). Durch Peirce und James, aber auch durch die Arbeiten von John Dewey (s.u. 4.2.) und William Charles Morris (1901–1984) wurde die aus dem logischen →Positivismus hervorgehende analytische Philosophie in den USA stark beeinflußt.

Wichtige Denker des Pragmatismus sind außer den beiden Gründern: J. Dewey, W.C. Morris, George Herbert Mead (1863–1931), Clarence Irving Lewis (1883–1964) und W.V.O. Quine (s.u. 4.5.) gewesen. Als Vertreter pragmatischer Philosopheme außerhalb der USA um die Jahrhundertwende gelten F.C.S. Schiller in England (s.u. 4.3.), Giovanni Papini (1881–1956) in Italien, Henri Bergson (1859–1941) in Frankreich und Hans Vaihinger (1852–1933) sowie Georg Simmel (1858–1918) in Deutschland. Doch auch M. →Scheler und Arnold Gehlen (1904–1976) sind durch den Pragmatismus von James und Dewey beeinflußt worden. Als „Neopragmatisten" – bekannte Vertreter sind u.a. Donald Davidson (geb. 1930), Susan Haack (geb. 1945), Ian Hacking (geb. 1936), Hilary Putnam (geb. 1926), Nicholas Rescher (geb. 1928) und Richard Rorty (s.u. 4.4.) – werden gegenwärtig in den USA jene postanalytischen Philosophen bezeichnet, die unterschiedliche Elemente des Pragmatismus weiterführen.

Charakteristisch für den klassischen Pragmatismus ist das, was W. James und C.S. Peirce (im Druck nach) 1900 die „Pragmatische Maxime" nannten, deren früheste Version sich in der Rezension einer Ausgabe der Werke G. →Berkeleys (Peirce, Collected Papers 8.33) findet, wo Peirce eine „Regel zur Vermeidung von Täuschungen durch die Sprache" formuliert: Man untersuche die praktischen Konsequenzen der bezeichneten Gegenstände. Die berühmteste Formulierung dieser Maxime von 1878 lautet: „Bedenke, welche Auswirkungen, die erkennbar praktische Folgen haben könnten, der Gegenstand unseres Begriffs unserer Erkenntnis nach hat. Dann ist unser Begriff dieser Wirkungen das Ganze des Begriffs des Gegenstands, und *darüber hinaus gibt es absolut nichts in ihm*" (Peirce, Collected Papers 5.402). Eine eingängigere Formulierung gab Peirce 1903:

„Die Elemente eines jeden Begriffs treten durch die Pforte der Wahrnehmung in das logische Denken ein und verlassen es durch die Pforte des zweckbestimmten Handelns, und was seinen Paß an diesen beiden Pforten nicht vorweisen kann, wird von der Vernunft als unberechtigt festgenommen" (Peirce, Collected Papers 5.212).

2. Erkenntnistheorie und Metaphysik

Die anwendungs- oder handlungsorientierte Sicht von Erkenntnis bedingt, daß eine Überzeugung als Wissen nur lokal, relativ zum Prozeß des Erwerbs und ihrer Anwendbarkeit, gerechtfertigt ist. Als „wahr" wird eine Erkenntnis angesehen, sofern sie die Eigenschaft „gesicherter Vertretbarkeit" (*warranted assertibility*; Dewey) aufweist oder auf lange Sicht von einer Gemeinschaft der Forschenden vertreten werden kann (Peirce). Eine unbezweifelbare Basis für die Gewißheit von Wissen, wie sie der →Empirismus für die Wahrnehmung und der →Rationalismus für die reflektierende Vernunft beansprucht, läßt dieser strikte Fallibilismus nicht zu. Peirce entwickelt die Idee des Pragmatismus zunächst in Kritik an den subjektiv-empiristischen Zügen der Erkenntnistheorie Berkeleys sowie als logische Methode der Bestimmung der Bedeutung „intellektueller Begriffe" in der Auseinandersetzung mit der rationalistischen Erkenntnistheorie in den zwei Schriften 1877 und 1878 *The Fixation of Belief* (Peirce, Collected Papers 5.358–387; dt.: Peirce, Schriften I) und *How to Make Our Ideas Clear* (Peirce, Collected Papers 5.388–410; dt.: Peirce, Schriften I; ders., Klarheit). An der Methode →Descartes', der Methode des universellen Zweifels, kritisiert Peirce die Künstlichkeit, mit der sie sich im Widerspruch zum Ursprung des wissenschaftlichen Forschens aus dem alltäglichen Klären einer offenen Frage befindet. Nicht ein methodischer, sondern ein inhaltlich bestimmter Zweifel steht am Anfang aller Wissenschaft. Ein abgesondertes Fundament wie das *cogito* ist eine leere begriffliche Konstruktion, die nichts zu begründen vermag. Peirce geht hier von der durch →Darwin beeinflußten Konzeption eines kontinuierlichen Erkenntnisprozesses aus, der das Suchverhalten und die Erwartungen der Tiere ebenso einschließt wie die menschliche wissenschaftliche Forschung. Nach diesem Ansatz ist jede konkrete Überzeugung eine Verhaltensgewohnheit (*habit*). Eine Gewohnheit ist eine Art von Verhaltensuniversalie, was bedeutet, daß sie auf keine Menge einzelner Handlungen reduzierbar ist. Die Erschütterung einer Überzeugung durch echten Zweifel bringt den individuellen oder kollektiven Organismus einer Gemeinschaft von Forschenden in ein Ungleichgewicht, zu dessen Ausgleich die organisierte wissenschaftliche Forschung nur das höchstentwickelte Mittel ist. Ihr Ziel ist, eine neue Gewohnheit herzustellen, die, in immer neuem Forschen geprüft, endlich stabil bleibt. Die ideale Grenze, welche die Wissenschaftsentwicklung nur anstrebt, aber niemals erreicht, ist die letzte Meinung. Nur in ihr ist die absolute Wahrheit über ein Problem darstellbar. Im Unterschied zur Jamesschen schließt die pragmatische Erkenntnistheorie von Peirce den „Nominalismus", die Ansicht, daß alles Allgemeine Fiktion und nur Individuelles wirklich sei, aus. Sie wendet sich jedoch gegen den „Noumenalismus", welcher von der prinzipiellen Unbegreiflichkeit wahrer allgemeiner Gegenstände überzeugt ist. „Behindere nicht den Gang der Forschung" und „Die Annahme von etwas Unerkennbarem ist keine Erkenntnis" sind die beiden Maximen dieses Anti-Noumenalismus.

Obwohl der Pragmatismus primär eine logische und erkenntnistheoretische, sekundär auch sozial- und psychologietheoretische (Dewey; James; Mead) Ausrichtung hatte, haben Dewey, Mead, aber insbesondere Peirce versucht, naturphilosophische Konsequenzen zu entwickeln (→Naturphilosophie). Bei keinem anderen Theoriestück ist der Einfluß des deutschen →Idealismus auf den Pragmatismus so deutlich wie in den naturphilosophischen Theorien: Meads Lehre von der objektiven Realität der Perspektiven und Deweys Theorie der Einbettung der Erfahrung in organisch-biologische Naturprozesse (Dewey, Experience and Nature, Chicago/London 1925) sind Versuche, →Naturalismus und Idealismus zu verbinden. Sie werden an spekulativer Allgemeinheit übertroffen von Peirce' evolutionärer Kosmologie, die in der Tradition →Schellings steht. Der physikalische Kosmos, einschließlich der Naturgesetze, ist Produkt einer Evolution aus dem ursprünglichen Chaos uneingeschränkten Zufalls, den Peirce mit Spontaneität gleichsetzt. Peirce beschreibt in drei Theorien die Evolution des Kosmos als strukturell analog zu einem geistigen Prozeß (vgl. TRE 26,172,45–

173,18): durch den Tychismus, der besagt, daß der Zufall wie die Spontaneität ein objektiver Faktor ist; den Synechismus, der behauptet, daß Kontinuität real ist und das Denken deshalb fähig ist, Zufälle zu immer neuen kontinuierlichen Zusammenhängen zu verschmelzen; den Agapismus, der die grundlegende positive Kraft jeder Evolution als die Sympathie mit einer verbindenden Idee beschreibt, die den einzelnen Anlaß oder das einzelne Individuum überschreitet und mit der unbekannten Wirklichkeit verbindet. Sie entspricht der selbstlosen Sympathie, in der die soziale Natur des Menschen besteht.

3. Pragmatismus und Semiotik

Der Pragmatismus als Philosophie hat mit Pragmatik als linguistischer Disziplin nur ein partielles Objekt und eine geschichtliche Tatsache gemein: die Sprache als menschliche Handlung und die terminologische Erfindung des Spätpragmatisten W.C. Morris, der mit „Pragmatik" die Theorie der Beziehung der sprachlichen Zeichen zu den Sprachbenutzern bezeichnet. Damit schränkt Morris die von Peirce allgemein konzipierte Beziehung jedes Zeichens auf jede ihrer Interpretationen auf die menschliche Verwendung von Sprache ein. Doch als Handlung wird Sprache nicht thematisiert, weil die pragmatische Maxime ein *Transformationsprinzip* für Sätze und Begriffe ist, die dadurch in ihrer Bedeutung geklärt werden. Für Peirce enthält der Pragmatismus weder eine Verifikationstheorie der Bedeutung, noch ist die pragmatische Maxime in erster Linie ein Abgrenzungskriterium zwischen metaphysischen und wissenschaftlichen Aussagen. Vielmehr soll einer *wissenschaftlichen* Metaphysik, welche die wissenschaftlichen Methoden der Beobachtung und des Schließens verwendet, der Weg bereitet werden. Die pragmatische Maxime fordert, daß eine Theorie, die wirkliche Objekte beschreibt, mittels der praktischen Auswirkungen ihrer Sätze entwickelt und erläutert werden sollte. Damit sind die praktischen Auswirkungen in den Dienst eines theoretischen Zwecks genommen, und es ist weder impliziert, daß (a) die Bedeutung aller Theorie in ihren praktischen Konsequenzen bestünde, noch daß (b) Wissenschaft sich nur mit Dingen von praktischem Belang beschäftigen dürfe. Vielmehr ist es mit diesem methodologischen Pragmatismus verträglich, wenn Peirce behauptet, wahre Wissenschaft habe es wesentlich mit nutzlosen Dingen zu tun (Peirce, Collected Papers 1.76). Peirce selbst hat den Ausdruck „Pragmatismus" um 1905 aufgegeben, weil er fand, daß er in der philosophischen Diskussion eine allzu weite und von seinen ursprünglichen Absichten fern liegende Bedeutung angenommen hatte: er ersetzte ihn durch „Pragmatizismus", fand damit aber keine Nachfolge (ebd. 5.414).

4. Spielarten des Pragmatismus

4.1. W. →James' Version des Pragmatismus ist stark durch seine Arbeiten zur Psychologie geprägt. Seine epochalen zweibändigen *Principles of Psychology* sind der Versuch einer introspektiven, personalistischen und erfahrungsbezogenen Psychologie, die gleichwohl als Naturwissenschaft vom Geiste experimentelle Daten mit deterministischen Gesetzen beschreiben soll. James erkennt die Zweck- und Objektgerichtetheit geistiger Prozesse an und verwirft ein materialistisch-deterministisches Modell des Geistes. Er betont die Unhintergehbarkeit der Empfindung (*feeling*), gibt aber seinen Strukturmodellen geistiger Prozesse, dem Strom des Bewußtseins und der Gewohnheit, eine physiologische und anti-subjektive Deutung. Die Freiheit der ethischen Wahl einer Person ist für ihn den deterministischen Gesetzen der Psychologie entzogen, so daß für James eine nicht aufhebbare Spannung zwischen Psychologie und Ethik besteht. James ist vor allem ein Moralist, der den Pragmatismus als personales Bedeutungskriterium auffaßt. Bedeutung und Wahrheit ordnen sich für ihn der Kategorie des Wertes unter. Ein Wert ist stets ein Wert für eine einzelne Person, so daß die Klärung der Bedeutung eines Begriffs durch seine praktischen Konsequenzen für James die „Nützlichkeit" (*workability*) und den „Barwert" (*cash value*) des Begriffs ausmacht. Mit seiner Version der pragmatischen Maxime, die besagt, daß es keinen Unterschied *geben* kann, der nicht irgendwo für eine Person zu einem Unterschied *führt*, betont James die *Praxis* schlechthin. Nicht einfach alle experimentellen, sondern die praktischen Konsequenzen der Anwendung eines Begriffs (emotionale Konsequenzen z. B. eingeschlossen) bestimmen seine Bedeutung. Der Pragmatismus von James ist nach Peirce nominalistisch: im Unterschied zu Peirce besitzt James keine Theorie, die erklären könnte, warum unsere Meinungen über die Welt auf lange Sicht letztlich mit deren tatsächlicher Beschaffenheit zusammenstimmen werden. Aus diesem Grund sind alle Klassifikationen rein menschliche Konstrukte, die sich eher nach Maßgabe ihrer Handlichkeit und Nützlichkeit beurteilen lassen als nach dem Grad ihrer Übereinstimmung mit wirklichen Arten. James' berühmte These über die *Überzeugung*, den „will to belief", den er selbst später als „Recht zum Glauben" verstanden haben wollte, ist die Ansicht, daß eine grundsätzlich nicht verifizierbare (oder falsifizierbare) Überzeugung durch den wohltätigen Effekt legitimiert ist, den sie auf die Lebensführung dessen haben mag, der sie hegt. Dieses „Glaubensrecht" fügt sich in James' personalistischen Pragmatismus, der allerdings leicht zu Inkonsistenzen führt: einerseits ist es mit ihm schwierig, den Terminus der „Verifizierbarkeit" überhaupt noch sinnvoll zu verwenden, weil er stets zirkulär einen vorgreifenden Blick auf einen allgemeinen Kontext von Überzeugungen voraussetzt. Für James besteht der Wert von Überzeugungen, Ideen und allen übrigen kognitiven Anstrengungen im Herstellen wirksamer und ökonomischer Verbindungen zwischen Teilen unserer Erfahrung. (Dieser Gedanke wird durch den Instrumentalismus Deweys konsequent weitergeführt.) Was James konkrete Wahrheit nennt, ist in Wirklichkeit gar nicht *Wahrheit*: tatsächlich trifft er keine Unterscheidung zwischen dem Wahrsein einer Überzeugung und der Tatsache, daß gezeigt wurde, daß sie wahr ist.

4.2. John Dewey (1859–1952) wirkte nicht nur als Philosoph, sondern auch als Psychologe, Pädagoge und Reformpolitiker. Obwohl Student von Peirce in Baltimore nach 1880, gelangte er erst über die Auseinandersetzung mit dem Denken →Hegels zunächst zu den humanistischen Aspekten der Jamesschen Psychologie und erst in seinem Spätwerk – insbesondere in *Logic: The Theory of Inquiry* (1938) – zu einer Würdigung des Pragmatismus von Peirce. Dewey beschreibt zwar eine der bekanntesten Charakterisierungen von Wahrheit durch Peirce – diejenige, nach welcher die Wahrheit „die Meinung ist, welche letztlich die Zustimmung aller Forschenden finden muß" – als beste Definition der Wahrheit (Peirce, Collected Papers 5.414; Dewey, Logic 345). Aber damit verbindet er eine entschiedene Umdeutung. Denn stärker noch als James neigt er zu der – von Peirce als katastrophal empfundenen (vgl. Peirce, Collected Papers 6.485) – Ansicht der Wandelbarkeit der Wahrheit. Während er durchaus zugibt, daß eine verifizierte Meinung sich dadurch als immer schon wahr erweist, versteht er sie damit bloß als etwas, das im Begriff war, verifiziert zu werden. Gelegentlich schlägt er auch vor, die Rede von der Wahrheit gänzlich aufzugeben und durch den Begriff gesicherter Vertretbarkeit (*warranted assertibility*) zu ersetzen. Für das schon von Peirce und James als unangemessen abgewiesene Streben nach absoluter Gewißheit gibt er eine sozialpsychologische Diagnose: es gehe auf die scharfe Trennung zwischen Theorie und Praxis und die Verachtung der Praxis in der antiken griechischen Sklavenhalterkultur zurück. Als von Hegel beeinflußter Monist kritisiert er die anderen traditionellen Dualismen: insbesondere jene zwischen Subjekt und Objekt, Tatsache und Wert, Theorie und Praxis. Wie bei Peirce ist Erkenntnis nach Dewey selbst eine Art Praxis und muß nach ihrem zweckbestimmten Erfolg beurteilt werden. Der Unterschied liegt in der Bestimmung dieser Zweckhaftigkeit: das Objekt der Erkenntnis ist veränderlich und kann manchmal durch unsere kognitiven Interaktionen mit der Umgebung allererst gebildet werden.

Das bekannteste Theoriestück aus Deweys pragmatischem Denken ist der *Instrumentalismus*, der die moderne Wissenschaftstheorie im (häufig pauschal als Instrumentalismus charakterisierten) Werk Ernest Nagels (1961) nachhaltig beeinflußt hat. Der Instrumentalismus ist für Dewey sowohl eine Theorie der Logik als auch ein Prinzip ethischer Analyse und Kritik, da er als eine Theorie der allgemeinen Formen der Begriffsbildung und des Argumentierens entwickelt wird. Auf moralisch-soziale wie auf naturwissenschaftliche Fragen sollen sich Methoden und Argumentationsformen anwenden lassen, die den gleichen Status haben: sie erzeugen Theorien und Begriffe als Instrumente, die dazu dienen, verläßliche Beziehungen zwischen Erfahrungen herzustellen, so daß eine problematische Situation durch die theoretisch aufgewiesene Bestimmung künftiger experimenteller Folgerungen aufgelöst wird. Theorien sagen jedoch nichts über die Wirklichkeit aus, so daß sie keinerlei unabhängigen ontologischen Status besitzen: sie bleiben stets nur Instrumente, die es erlauben, die Erfahrungen mit verschiedenen Arten von Objekten und Situationen aufeinander zu beziehen. Entsprechend versteht Dewey *Forschung* (*inquiry*) in einem allgemeinen Sinne als intelligente Aktivität: die gezielte und kontrollierte Umformung einer unbestimmten in eine bestimmte Situation, welche die Elemente der Ausgangssituation in ein einheitliches Ganzes verwandelt. Die Theorie der Forschung ist für Dewey eine Theorie der organischen, kulturellen und formalen Bedingungen intelligenten Handelns, weil alle Intelligenz evaluativ ist: alle Forschung ist dem Ziel unterworfen, Güter, Befriedigungen oder auch Wahrheiten als Anpassungen an eine Umgebung zu erzeugen.

4.3. Während in den Arbeiten Deweys noch das Interesse an wissenschaftlicher und allgemein menschlicher Erfahrung und an einem besseren Verständnis des Verhältnisses von Denken und Theorie treibende Kraft ist, ist bei Ferdinand Canning Scott Schiller (1864–1937), der seinen Pragmatismus als „Humanismus" bezeichnet, die Wende zu einem skeptischen, relativistischen Philosophieren vollzogen. Das Wachsen der Wahrheit im Sinne von verifizierter Meinung ist nun ganz von unseren praktischen Absichten und ihrer Realisierbarkeit abhängig gemacht worden. Wahrheiten, so behauptet Schillers Theorie des Postulierens, erzeugen wir dadurch, daß wir sie so lange postulieren, wie wir sie ohne Schwierigkeiten aufrechterhalten können.

4.4. Richard Rorty (geb. 1931) als der radikalste Relativist unter den Neopragmatisten verkündet ein Ende jeder Philosophie, die sich als ein Verstehen der allgemeinen Strukturen der Wirklichkeit versteht und der es um Wahrheit geht. Er steht in der Tradition Schillers, wenn er „Pragmatismus" im Gegensatz zum „Realismus" versteht und die pragmatische Einstellung als einen Standpunkt beschreibt, von dem aus sowohl die Frage nach der Wahrheit als auch nach Kriterien für das, was als vernünftige Überzeugung gelten kann, und damit sämtliche erkenntnis- und wissenschaftstheoretischen Fragen als sinnlos zu verwerfen sind.

4.5. C.I. Lewis' – wenngleich eher nominalistisches – „pragmatisches Apriori" war Vorbild für Willard Van Orman Quine (geb. 1908), der seinerseits „einen konsequenteren Pragmatismus" verlangt (Quine, Point of View 46: „Two Dogmas of Empiricism") und ganz im Sinne Deweys den Dualismus von synthetisch und analytisch verwirft. Quine schließt an Peirce und Dewey an, wenn er jede Art von sprachlicher Bedeutung auf beobachtbares Verhalten zurückführt. Diese Beziehung der Bedeutung auf Verhalten führt zu Quines berühmter These von der Unbestimmtheit der Übersetzung (vgl. Quine, Relativity). Quines – ebenso wie Deweys, W.C. Morris' und G.H. Meads – Konzeption beobachtbaren Verhaltens ist eher von dem engen behavioristischen Reiz-Reaktions-Begriff des Verhaltens als von dem universalistischen *Habit*-Begriff bestimmt.

4.6. Zwischen den „Pragmatismen" von Dewey, Morris, Mead und Lewis gibt es vielleicht mehr Unterschiede als Gemeinsamkeiten, und wenn man so verschiedene Neopragmatisten und Sympathisanten wie S. Haack, F.P. Ramsey, W.V.O. Quine, W. Sellars, H. Putnam, K.-O. Apel, J. Habermas, R. Rorty und N. Rescher einbezieht, vergrößern sich die Unterschiede noch. Allen Spielarten des Pragmatismus ist jedoch gemeinsam, daß in ihren Ansätzen an irgendeiner Stelle das Handeln und die Praxis menschlichen Lebens auf nichts anderes reduziert werden können und in irgendeiner Form für jedes philosophische Weltverständnis grundlegend sind. Alle echten Pragmatisten gehen von einer handlungsorientierten Erkenntnistheorie aus, gemäß der Wissen im Verlauf der Beseitigung von Zweifel entsteht und sich experimentell oder in der Anwendung und im praktischen Umgang mit den Gegenständen und Problemen der jeweiligen Umgebung bewähren muß.

Literatur

S.a. die Literatur zum Artikel C.S. →Peirce.

Karl-Otto Apel, Transformation der Phil. II. Das Apriori der Kommunikationsgemeinschaft, Frankfurt a.M. 1973. – Robert Bernstein, Praxis and Action, Philadelphia 1971. – Roderick Chisholm, Die Lehre Peirce's vom Pragmatismus u. „Common-Sensismus": Unser Weg 16 (1961) 129–139. – John Dewey, The Early Works. 1882–1898, hg. v. Jo Ann Boydston, 5 Bde., Carbondale 1969–1972. – Ders., The Middle Works. 1899–1924, hg. v. Jo Ann Boydston, 15 Bde., Carbondale 1976–1983. – Ders., The Later Works. 1925–1953, hg. v. Jo Ann Boydston, 15 Bde., Carbondale 1981–1994. – Ders., Reconstruction in Philosophy, New York 1920. – Ders., Human Nature and Conduct. An Intr. to Social Psychology, New York 1922. – Ders., The Quest for Certainty, New York 1929. – Ders., Logic. The Theory of Inquiry, New York 1938. – Max Fisch, Alexander Bain and the Genealogy of Pragmatism: JHI 15 (1954) 413–444. – Ders., Was there a Metaphysical Club in Cambridge?: Studies in the Philosophy of Charles Sanders Peirce. Second Ser., Amherst 1964, 3–32. – Susan Haack, Can James' Theory of Truth be made More Satisfactory?: Transactions of the Charles S. Peirce Society 20 (1984) 269–278. – Dies., Evidence and Inquiry, Oxford 1993. – Jürgen Habermas, Erkenntnis u. Interesse, Frankfurt a.M. 1968. – Ian Hacking, Representing and Intervening, Cambridge, Mass. 1983. – William James, The Works of William James, hg. v. Frederick Burkhardt/Fredson Bowers/Ignas Skrupskelis, 17 Bde., Cambridge, Mass. 1975–1988. – Ders., The Principles of Psychology, 2 Bde., Cambridge, Mass. 1890; repr. New York 1950. – Ders., The Will to Believe and Other Essays in Popular Philosophy, New York 1897. – Ders., Pragmatism, New York 1907; dt.: Der Pragmatismus, hg. v. Klaus Oehler, Hamburg 1977. – Ders., The Will to Belief, New York 1956. – Clarence Irving Lewis, Mind and the World Order, New York 1929. – William Charles Morris, The Pragmatic Movement in American Philosophy, New York 1970. – Ernest Nagel, The Structure of Science. Problems in the Logic of Scientific Explanation, London 1961. – Klaus Oehler, Sachen u. Zeichen. Zur Phil. des Pragmatismus, Frankfurt a.M.

1995. – Charles Sanders Peirce, Collected Papers, Bd. I–VI hg. v. Charles Hartshorne/Paul Weiss, Cambridge 1933–1935; Bd. VII–VIII hg. v. Arthur Burks, Cambridge 1958 [zit. als „X.YWZ", wobei „X" den Bd. u. „YWZ" den Abschn. bezeichnet]. – Ders., Schr. I. Zur Entstehung des Pragmatismus, hg. v. Karl-Otto Apel, Frankfurt a.M. 1967. – Ders., Über die Klarheit unserer Gedanken/How to Make Our Ideas Clear, hg. v. Klaus Oehler, Frankfurt a.M. 1968. – Ders., Writings. A Chronological Ed., hg. v. Max Fisch/Christian Kloesel, 5 Bde., Bloomington 1982.1984.1986.1989.1993. – Ders., Semiotische Schr., 3 Bde., hg. v. Christian Kloesel/Helmut Pape, Frankfurt a.M. 1986.1990.1993. – Hilary Putnam, Pragmatismus. Eine offene Frage, Frankfurt a.M. 1995. – Willard Van Orman Quine, From a Logical Point of View, Cambridge, Mass. 1953 ^{2}1961; dt.: Von einem logischen Standpunkt, Frankfurt a.M. 1979. – Ders., Word and Object, Cambridge, Mass. 1960; dt.: Wort u. Gegenstand, Stuttgart 1980. – Ders., Ontological Relativity and Other Essays, New York 1969; dt.: Ontologische Relativität u. andere Schr., Stuttgart 1975. – Ders., The Pragmatist's Place in Empiricism: Robert J. Mulvaney/Philip M. Zeltner, Pragmatism. Its Sources and Prospects, New York 1981, 21–39. – Frank P. Ramsey, The Foundations of Mathematics and Other Logical Essays, London 1931. – Nicholas Rescher, Methodological Pragmatism, Oxford 1977. – Sandra Rosenthal, Speculative Pragmatism, Amherst 1986. – Ferdinand Canning Scott Schiller, Riddles of the Sphinx, London 1891. – Ders., Humanism. Phil. Essays, London 1903. – Ders., Humanistic Pragmatism. The Philosophy of F.C.S. Schiller, hg. v. Richard Abel, New York 1966. – Wilfrid Sellars, Science, Perception and Reality, London 1963. – Elisabeth Walther, Charles Sanders Peirce. Leben u. Werk, Baden-Baden 1989.

Helmut Pape

II. Theologisch

(Literatur S. 189)

Die Kernbehauptungen des philosophischen Pragmatismus sind innerhalb der Theologie und der theologischen Ethik zur Stützung bemerkenswert disparater Zwecke herangezogen worden und haben keine einzelne theologische Schule ausgebildet. Die philosophische Bewegung, die in der Hauptsache mit C.S. →Peirce, W. →James und John Dewey (1859–1952) einsetzte, zeitigte nichtsdestoweniger beträchtliche, obschon häufig indirekte Wirkung auf die Theologie, speziell in Nordamerika und Großbritannien.

Obwohl manche Elemente des Pragmatismus schon im frühen 20. Jh. der theologischen Welt vor Augen kamen (besonders die Religionsphilosophie James'; E. →Troeltsch), gewann der Pragmatismus seinen primären theologischen Einfluß Anfang bis Mitte des 20. Jh. unter amerikanischen Verfechtern der „empirischen Theologie" (z.B. Macintosh; Wieman). Im Stile des liberalen Protestantismus beriefen sich die empirischen Theologen auf Erfahrung als epistemische Grundlage theologischer Behauptungen. Ähnlich wie James und Dewey hielten diese Theologen ihren Empirismus für „radikal": Wir erfahren auf direktem Wege mehr als bloß das, was uns die fünf Sinne vermitteln; direkte Erfahrung schließt zugleich einen Sensus oder eine Wahrnehmung des Göttlichen oder eines letzten Wertes ein (Wieman 306). Für einige empirische Theologen amerikanischer Herkunft (z.B. Wieman; in geringerem Maße Macintosh) schien ein entschiedener Naturalismus Voraussetzung dieser epistemischen Auffassung zu sein, insbesondere dann, wenn es um den religiösen Glauben geht. Gott, obschon in genuiner Weise schöpferisch, muß den Natur- und Geschichtsprozessen völlig immanent sein; die Annahme, daß Gott Natur und Geschichte transzendiert und keiner notwendigen Veränderung unterworfen ist, käme hingegen einer Behauptung gleich, die, so wird argumentiert, keine Grundlage in der Erfahrung hat und somit keinerlei epistemische Gewähr bietet. Diese Theologen sind also Verfechter einer „ausgeprägt empirischen Prozeßtheologie" (Dean 34); hierin unterscheiden sie sich vom Großteil des liberalen Protestantismus und sind Dewey näher als anderen pragmatistischen Philosophen. In jüngerer Zeit hat man sich eines pragmatistischen Erfahrungsbegriffs bedient, um traditionellere theologische Behauptungen unter Einschluß eines sehr viel strengeren Begriffs der Transzendenz Gottes zu verteidigen (Smith, Experience; Lash). Nicht nur der Jamessche Erfahrungsbegriff, sondern sein Gesamtwerk ist von Eilert Herms untersucht und als „exemplarisch“ für eine Theologie gewürdigt worden, die sich als radikal-empirische Erfahrungswissenschaft verstehen will.

Die →Prozeßtheologie der Empirizisten hat weit geringeren Anklang gefunden als die von Ch. →Hartshorne, der seinen Prozeßtheismus auf weniger streng empirische Weise artikuliert. Aber auch Hartshorne sieht seine Version von Prozeßtheologie dem pragmatistischen Erbe verpflichtet, speziell dem des Peirceschen Agapismus bzw. der evolutionären Liebe (Hartshorne 29); er wirft Peirce allerdings vor, in Richtung auf eine soziale und relationale Konzeption Gottes nicht weit genug gegangen zu sein. Gegen Hartshorne haben spätere Untersuchungen die Plausibilität dieser Abstammungslinie mit dem Hinweis in Zweifel gezogen, Peirce' Theismus sei im wesentlichen traditioneller Art, insbesondere festgelegt auf Gottes Unendlichkeit, Allmacht und Zeitlosigkeit (Raposa 160f.171). Freilich trug Peirce seinen Theismus mit innovativen *Argumenten* vor, die in engem Kontakt zu seiner übrigen Philosophie stehen (z. B. das „Neglected Argument“); dies zeichnet ihn als einen bedeutenden und zu Unrecht vernachlässigten Religionsphilosophen aus (so Orange; Raposa), dessen →Religionsphilosophie in Bereichen wie Trinitäts- und Sakramentenlehre sehr wohl transformierenden Einfluß auf die Theologie nehmen könnte (Deuser).

Während sich Theologen einst am Pragmatismus orientierten, um ihre epistemische Berufung auf →Erfahrung zu stützen, hat sich die Theologie in jüngerer Zeit der pragmatistischen Tradition gerade mit dem Ziel zugewandt, derartige Ansätze zu kritisieren. Mögen unsere Erfahrungen auch manchmal den Anschein erwecken, als seien sie – unabhängig von Glaubensannahmen oder Schlußfolgerungen – rein intuitiv oder unmittelbar, so zeigt doch die Reflexion, daß unsere Erfahrungsinhalte insgesamt vom Inbegriff dessen abhängen, was wir glauben. Da nun die Erfahrungsinhalte selber glaubensabhängig sind, können sie keine epistemische Grundlage für Glaubensannahmen bieten. Dies sollte uns jedoch nicht dazu veranlassen, an all unseren Glaubensannahmen zu zweifeln (was ohnehin unmöglich wäre), sondern eher, Zweifel gegenüber der Behauptung anzumelden, daß wir ein unmittelbares oder intuitives Fundament benötigen, um das Recht zu haben, unsere Glaubensannahmen für wahr zu halten. Unter den modernen Denkern war Peirce einer der ersten, der diesen Argumentationsgang im Detail vorgetragen hat (Proudfoot 60–69); seither ist er u.a. von Wilfrid Sellars, Willard Van Orman Quine, Donald Davidson und L. →Wittgenstein weiterentwickelt und verfeinert worden, häufig unter ausdrücklicher Berufung auf frühere Pragmatisten.

Theologen, die diesen Weg einschlagen, um gegen den epistemischen Rekurs auf Erfahrung Partei zu ergreifen, der die →Liberale Theologie auszeichnet, bringen faktisch Peirce' anticartesianische *non-foundationalist*-Theorie der Forschung in Gegensatz zu James' erweiterter Erfahrungskonzeption und deren theologischer Anwendung (obgleich letztere James' Auffassung vielleicht simplifiziert; vgl. Smith, Purpose 161–166). Diese Seite der pragmatistischen Tradition hat in beträchtlichem Maße auf die englischsprachige Theologie der 80er und 90er Jahre eingewirkt. Der Einfluß der ursprünglichen pragmatistischen Philosophen ist hier zumeist indirekt spürbar; nichtsdestoweniger gibt es in mindestens zwei Punkten eine klare Affinität zu Peirce' Theorie der Forschung:

1) Anstatt nach jener inneren Erfahrung zu suchen, die Glaubensannahmen vermeintlich zum Ausdruck bringen, muß deren Bedeutung im Zusammenhang einer sorgfältigen Beachtung der öffentlichen Praktiken (einschließlich natürlich der Sprachpraktiken) derjenigen Gemeinschaft beurteilt werden, die sie vertritt – und zwar im Hinblick auf den jeweiligen Unterschied, der sich aus ihrer Annahme ergibt (Lindbeck, Doctrine 31–41.113–124). Dieses Prinzip berührt theologische Ansätze zur biblischen Interpretation. Bedeutung ist demnach keine fixierte Eigenschaft biblischer Texte, sondern unlösbar verbunden mit den Auslegungspraktiken einzelner Gemeinschaften, speziell jener, die den Text als heilige Schrift lesen (Tanner); diese Einsicht eröffnet einen freieren Gebrauch der typologischen Interpretation und zugleich eine strengere Auffassung von der Einheit des Kanons, als üblicherweise aufgrund einer rein historisch-kritischen Sicht für möglich gehalten wird (Lindbeck, Scripture). Mit Hilfe der Peirceschen →Semiotik, so argumentiert P. Ochs, könne eine tiefgreifende „postkritische“ Verwandtschaft zwischen diesem christlich-theologischen Ansatz zur biblischen Interpretation und dem einiger neuerer jüdischer Denker aufgewiesen werden.

2) Der epistemische *Foundationalism* muß als unhaltbar verworfen werden, und mit ihm zusammen jene Strategien, die innerhalb der modernen Theologie oftmals zur Rechtfertigung des christlichen Glaubens angewandt wurden (Lindbeck, Doctrine 128–135; Thiemann; Fiorenza 285–311; Placher). Unsere eigenen, sich weiterentwickelnden und verbesserungsfähigen Forschungspraktiken sind die besten Mittel, die uns an die Hand gegeben sind, um zu entscheiden, welchen Glaubensannahmen Wahrheit zukommt; insbesondere im Falle religiöser Glaubensannahmen besitzen diese epistemischen Praktiken einen hohen Grad an historischer und gemeinschaftsbezogener Spezifizierung. Daraus ergibt sich, daß es in der Regel nicht möglich sein wird, „zwingende Argumente" (mit James' Worten) zu liefern, um die Diskussionen über den Glauben (z. B. jene zwischen religiösen Gemeinschaften) dort zu schlichten, wo bereits eine signifikante Uneinigkeit über jene Forschungspraktiken besteht, die die zur Diskussion stehenden Glaubensannahmen stützen. Religiöse Gemeinschaften können sich jedoch auf gemeinsame kognitive Werte, wie z. B. den der „assimilativen Kraft", berufen, wenn nicht um die Wahrheit ihrer eigenen Glaubensannahmen zu demonstrieren, so doch mindestens um ihre Plausibilität zu verteidigen (Lindbeck, Doctrine 131; Marshall, Absorbing). Eine epistemische Variante des *Post-Foundationalism* wird häufig mit der Absicht vertreten, eine konstruktive, um die kirchlich-historischen Dogmen trinitarischer und christologischer Provenienz kreisende Theologie zu stützen, für die K. →Barth und Hans Urs von Balthasar (1905–1988) Modell stehen (Lindbeck); allein, derartige Anschauungen können auch (freilich nicht in Kombination mit Punkt 1, s.o.) für gänzlich revisionistische und in hohem Maße kritisch gegenüber der traditionellen christlichen Lehre eingestellte theologische Zwecke herangezogen werden (Kaufman). Die Schlüsseldifferenz zwischen diesen beiden Verwendungsarten besteht in der Antwort auf die Frage, ob man die epistemischen Praktiken der christlichen Gemeinschaft als maßgebliche Mittel zur Entscheidung der Wahrheit von Glaubensannahmen akzeptiert oder nicht.

Die Ablehnung des epistemischen *Foundationalism* geht häufig mit einer Ablehnung der Korrespondenztheorie der →Wahrheit einher. Indes, wie soll Wahrheit statt dessen gedacht werden, insbesondere wenn es theologisch recht unbefriedigend erscheint, die Wahrheit von Glaubensannahmen mit dem Faktum gleichzusetzen, daß gemeinschaftliche epistemische Praktiken für sie einstehen – geschweige denn mit dem Nutzen, den sie im Blick auf die Befriedigung gemeinschaftsbezogener oder individueller Bedürfnisse stiften (dies die sog. „pragmatische Wahrheitstheorie", oftmals eine Karikatur pragmatisch philosophischer Anschauungen)? J. Stout bezieht sich im wesentlichen auf Davidson, wenn er geltend macht, daß die Wahrheit von Glaubensannahmen, inklusive religiöser und moralischer, keineswegs *eo ipso* als gemeinschaftsbedingt und verbesserungsfähig anzusehen sei, selbst wenn dies von den Praktiken gelte, die sie rechtfertigen (Stout, Babel 13–59.263–265); einen explizit theologischen Gebrauch von Davidsons Wahrheitstheorie stellt B.D. Marshall vor (We Shall Bear).

Einige christliche Ethiker haben diese und andere pragmatistische Ideen für die Argumentation in Anspruch genommen, daß die christliche Lebensführung es erforderlich mache, sich durch bindende Teilnahme an den besonderen Praktiken der christlichen Gemeinde einen bestimmten Set von Tugenden anzueignen. In einer postkonstantinischen Welt müsse die christliche Gemeinde damit rechnen, daß ihre Vision des Guten und Richtigen in scharfen und oftmals unlösbaren Konflikt mit ihrer kulturellen Umwelt geraten werde (MacIntyre; Hauerwas). Während hier der pragmatistischen Kritik an einer („Kantischen") Auffassung des moralischen Lebens, das in Regeln, Rechten und in individueller →Autonomie wurzelt, beigepflichtet wird, treten andere Ethiker für die Annahme einer beträchtlich größeren Kompatibilität zwischen den moralischen Anschauungen einzelner Gemeinschaften, einschließlich der religiösen, ein (Stout).

Innerhalb der Theologie dauert der Einfluß des Pragmatismus nach wie vor an; es bleibt abzuwarten, ob dies – ähnlich wie bei einigen anderen philosophischen Strömungen – zu einem dauerhaften Korpus theologischer und ethischer Schriften führen wird.

Literatur

Donald Davidson, Inquiries into Truth and Interpretation, Oxford 1985; dt.: Wahrheit u. Interpretation, Frankfurt a.M. 1990. – William Dean, American Religious Empiricism, Albany, N.Y. 1986. – Hermann Deuser, Gott. Geist u. Natur. Theol. Konsequenzen aus Charles S. Peirce' Religionsphil., 1993 (TBT 56). – Francis Schüssler Fiorenza, Foundational Theology. Jesus and the

Church, New York 1986; dt.: Fundamentale Theol., Mainz 1992. – Charles Hartshorne, The Divine Relativity, New Haven, Conn. ^{2}1964. – Stanley Hauerwas, A Community of Character, Notre Dame, Ind. 1981. – Ders., The Peaceable Kingdom, ebd. 1983. – Eilert Herms, Radical Empiricism. Stud. zur Psychologie, Metaphysik u. Religionstheorie William James', Gütersloh 1977. – Ders., Theol. – eine Erfahrungswiss., 1978 (TEH 199). – Gordon Kaufman, In the Face of Mystery, Cambridge, Mass. 1993. – Nicholas Lash, Easter in Ordinary, Charlottesville, Va. 1988. – George A. Lindbeck, The Nature of Doctrine. Religion and Theology in a Postliberal Age, Philadelphia 1984; dt.: Christl. Lehre als Grammatik des Glaubens, Gütersloh 1994. – Ders., Scripture, Consensus, and Community: Biblical Interpretation in Crisis, hg. v. Richard John Neuhaus, Grand Rapids 1989, 74–101. – Douglas Clyde Macintosh, Theology as an Empirical Science, New York 1919. – Alasdair MacIntyre, Three Rival Versions of Moral Enquiry, Notre Dame, Ind. 1990. – Bruce D. Marshall, Absorbing the World. Christianity and the Universe of Truths: Theology and Dialogue. FS George Lindbeck, hg. v. dems., ebd. 1990, 69–102. – Ders., „We Shall Bear the Image of the Man of Heaven". Theology and the Concept of Truth: MoTh 11 (1995) 93–117. – Bernard E. Meland (Hg.), The Future of Empirical Theology, Chicago 1969. – Peter Ochs, An Intr. to Postcritical Scriptural Interpretation: ders. (Hg.), The Return to Scripture in Judaism and Christianity, New York 1993, 1–51. – Ders., Scriptural Logic. Diagrams for a Postcritical Metaphysics: MoTh 11 (1995) 65–92. – Donna M. Orange, Peirce's Conception of God, Bloomington, Ind. 1984 (Peirce Studies 2). – William C. Placher, Unapologetic Theology, Philadelphia 1989. – Wayne Proudfoot, Religious Experience, Berkeley, Cal. 1985. – Willard Van Orman Quine, Word and Object, Cambridge, Mass. 1960; dt.: Wort u. Gegenstand, Stuttgart 1980. – Bennett Ramsey, Submitting to Freedom. The Religious Vision of William James, New York 1993. – Michael L. Raposa, Peirce's Philosophy of Religion, Bloomington, Ind. 1989 (Peirce Studies 5). – Wilfrid Sellars, Empiricism and the Philosophy of Mind: ders., Science, Perception and Reality, 1963 (ILPP) 127–196. – John E. Smith, Experience and God, New York 1968. – Ders., Purpose and Thought. The Meaning of Pragmatism, New Haven, Conn. 1978. – Jeffrey Stout, The Flight from Authority, Notre Dame, Ind. 1981 (Revisions 1). – Ders., Ethics After Babel, Boston 1988. – Kathryn E. Tanner, Theology and the Plain Sense: Scriptural Authority and Narrative Interpretation. FS Hans Frei, hg. v. Garrett Green, Philadelphia 1987, 59–78. – Ronald F. Thiemann, Revelation and Theology, Notre Dame, Ind. 1985. – Ernst Troeltsch, Empiricism and Platonism in the Philosophy of Religion: HThR 5 (1912) 401–422. – Henry N. Wieman, The Source of Human Good, Chicago 1946.

Bruce D. Marshall

Praktische Theologie

1. Name und Begriff 2. Hauptfragen und Kriterien 3. Zur Geschichte 3.1. Vorklärungen 3.2. Vorformen 3.3. Schleiermacher und Nitzsch – das ekklesiale Paradigma 3.4. Die modifizierte Rezeption des ekklesialen Paradigmas von Palmer bis Achelis 3.5. Das empirische Paradigma 3.6. Das kerygmatische Paradigma 3.7. Das Erbe der Dialektischen Theologie in der theologischen Auseinandersetzung mit dem handlungswissenschaftlichen Paradigma 3.8. Unterwegs zu einer Theorie empirischer Theologie 3.9. Praktische Theologie im Kontext sozialistischer Gesellschaft 3.10. Zur neueren Entwicklung der katholischen Praktischen Theologie 3.11. Im Horizont der weltweiten Ökumene 4. Gegenwärtige Konzeptionen und Tendenzen 5. Versuch einer Bilanz zur Zukunft (Literatur S. 216)

1. Name und Begriff

Die Probleme der Praktischen Theologie beginnen symptomatisch schon mit ihrer Orthographie. Die Frage der Klein- oder Großschreibung ist bis heute nicht definitiv gelöst.

M. Schians 1917 geäußerte Bitte zeigte das Problem: „Für heut nur noch eine Bitte. Sachsse wie v.d.G. [von der Goltz] lassen immer drucken: ‚die praktische Theologie'. Aber ‚Praktische Theologie' ist ein Name, ein Terminus für sich geworden. Die praktische Theologie ist die ganze Theologie, insofern sie eine praktische Seite hat. Unsere Sonderdisziplin als Teil der Theologie muß als die ‚Praktische Theologie' bezeichnet werden" (Schian, Praktische Theologie 403 f. = Krause [Hg.], Praktische Theologie 285). In der Mehrzahl hat sich Schians Auffassung durchgesetzt, aber es gibt auch gewichtige Ausnahmen, z. B. Barth, KD I/1, 3; Doerne, Stand 72; Bohren, Zukunftsperspektiven; Mette, Theorie.

Am Anfang stand die Kleinschreibung. Nach vielleicht erster Verwendung bei August Hermann Niemeyer (1792) gab F.D.E. →Schleiermacher in seiner bahnbrechenden theologischen Enzyklopädie *Kurze Darstellung des theologischen Studiums* (1811 ^{2}1830) diesem Terminus wissenschaftlichen Rang, weil er philosophische, historische und praktische Theologie notwendig zueinander ordnete. Bei E.C. →Achelis beginnen Groß- und Kleinschreibung zu wechseln (vgl. Achelis, Lehrbuch, Vorwort zur 1. Aufl. 1890 mit der Darstellung von Geschichte und Begriff in der 3. Aufl. 1911 [1–41]). Bewußte Großschreibung findet sich wohl zuerst bei P. →Drews und dann häufig.

Hinter der verschiedenen Schreibweise steht das Problem, ob und wieweit die ganze Theologie praktisch ist oder nur ein Teil von ihr. Diese Fragestellung führt zu dem Terminus *theologia practica,* im Unterschied zur *theologia contemplativa* oder *speculativa*. Seine Geschichte ist noch nicht ausreichend erfaßt.

In der →Scholastik im 12. Jh. wurde fundamental-theologisch die Frage erörtert, ob die Theologie *speculativa* oder *practica* sei. →Thomas von Aquino antwortete: *magis speculativa quam practica* (S.th. I/1, 4). →Duns Scotus dagegen erklärte: *theologia est habitus simpliciter practicus* (Opera omnia, hg. v. Calorus Balič, Vatikanstadt, XVI 1960, Prol. 4,164 [S. 54]). →Luther lehnte die wissenschaftstheoretische Debatte als zweitrangig ab, indem er die Wahrheitsfrage im Zusammenhang der *theologia crucis* zum Kriterium machte: *Vera theologia est practica et fundamentum eius est Christus, cuius mors fide apprehenditur* (Wahre Theologie ist praktisch, und ihr Fundament ist Christus, dessen Tod im Glauben ergriffen wird, WA.TR 153). Die lutherische →Orthodoxie nahm diese Kennzeichnung auf, mußte aber gleichzeitig erneut eine wissenschaftstheoretische Klärung in Auseinandersetzung mit der Schulphilosophie herbeiführen (vgl. TRE 25,474). David Hollaz (1648–1713) formulierte schulbildend: *Theologia est sapientia eminens practica e verbo dei revelato docens omnia, quae ad veram in Christum fidem cognitu et ad sanctimoniam vitae factu necessaria sunt homini peccatori aeternam salutem adepturo* (Theologie ist eine hervorragend praktische Weisheit, die aus dem geoffenbarten Wort Gottes heraus alles lehrt, was zum wahren Glauben an Christus zu wissen und zur Heiligkeit des Lebens zu tun notwendig ist für den Menschen als Sünder, der das ewige Heil erlangen soll; Hollaz, Examen theologicum acroamaticum [1707], Neudr. Leipzig 1741, Prolegomena c. I q. 1). Auffällig ist, daß die Theologie nicht als Wissenschaft, sondern als Weisheit – bei anderen auch als *habitus practicus* – bezeichnet ist. Allerdings wurde auch teilweise der Wissenschaftsanspruch ausdrücklich aufrechterhalten, so z.B. bei Johann Wilhelm Baier (1647–1695) (Compendium theologiae positivae [1686], Jena ^{2}1691, Prolegomena c.1 § 15d). Gerade im Anschluß an Luthers nachdrückliche Verankerung der Theologie in der Glaubenserfahrung des Evangeliums erfolgte aber auch die Nutzung des Ausdrucks für die Theorie der →Frömmigkeit, für →Spiritualität und →Heiligung. Moral und Einübung in spirituelles Leben wurde so zum Thema der *theologia practica.* Achelis hat diese Entwicklung anschaulich beschrieben (Lehrbuch [^{3}1911] § 3, 5–8).

Zur Entwicklung des *Begriffs* Praktische Theologie gehört die Abgrenzung gegen die ehrwürdige Gattung der →Pastoraltheologie wie auch gegen *theologia applicata* (dazu Schröer, Theologia applicata). Schleiermacher vollzog die programmatische Abgrenzung, indem er Praktische Theologie als organischen Teil der wissenschaftlichen Theologie gegen die Berufskunde des Pfarramtes dadurch absetzte, daß er eine Theorie des Handelns der ganzen Kirche konzipierte. Die Aufgaben der Pastoraltheologie in ihrem Theorieaspekt sah er in der Teildisziplin „Kirchendienst" aufgehoben, zu dem er aber als Neuerung die Lehre vom „Kirchenregiment" (→Kybernetik) hinzufügte (vgl. Doerne, Theologie). Die auch nach Schleiermacher weiter bestehende und florierende Buchgattung der Pastoraltheologie – hervorragende Vertreter waren z.B. C. →Harms und W. →Löhe – führte zu einer gewichtigen Konkurrenz, die insbesondere von G. →Krause scharfsinnig analysiert worden ist (Krause, Praktische Theologie), zumal G. Rau kurz vorher eine ausgezeichnete Studie zur Entwicklung dieser Gattung und ihrer Vorzüge gegenüber einer voll ekklesiologisch ausgerichteten Praktischen Theologie vorgelegt hatte (zum Problem vgl. auch G. Otto, Einführung 13–20).

Die Tendenz katholischer Praktischer Theologie, sich als Pastoraltheologie zu benennen, aber auch den Begriff Praktische Theologie, z. B. im maßgebenden *Handbuch der Pastoraltheologie*, zumindest als Untertitel zu akzeptieren, darf nicht unerwähnt bleiben (vgl. Mette, Theorie; Fürst; ferner Weinzierl/Griesl; Schröer, Tendenzen). Auf evangelischer Seite hat W. Steck versucht, den Begriff „Pastoraltheologie" für eine professionell ergiebige Zielrichtung Praktischer Theologie zu erneuern. Diese Tendenz kann man am Wandel des Titels einer der wichtigsten evangelischen praktisch-theologischen Zeitschriften erkennen. Sie hieß 1878 *Halte, was du hast. Zeitschrift für Pastoraltheologie*, dann 1905: *Monatsschrift für Pastoraltheologie*, 1970–1980: *Wissenschaft und Praxis in Kirche und Gesellschaft* und ab 1981 wieder *Pastoraltheologie. Monatsschrift für Wissenschaft und Praxis in Kirche und Gesellschaft*. Andererseits polemisierte nicht nur J. Moltmann zu Recht gegen eine pastoraltheologische Engführung: „In unseren theologischen Fakultäten betreiben wir im Grunde *Pastoraltheologie*" (Moltmann 283).

Schleiermacher hat als erster eine ausdrücklich wissenschaftsorientierte Grundlegung der Praktischen Theologie vorgenommen. Sie hat die Aufgabe, für den die ganze Theologie als positive Wissenschaft maßgeblichen Zweck der Kirchenleitung die notwendige Technik in Form von Kunstregeln auszubilden (Kurze Darstellung [²1830] §§ 5; 23; 265). Aus der philosophischen Theologie als „Wurzel" entsteht im Blick auf das Wesen des Christentums „auf der Basis der Gefühle der Lust und Unlust an dem jeweiligen Zustand der Kirche" (ebd. § 257) ein „klares Bewußtsein", das zu einer besonnenen Tätigkeit im Sinne der Bewährung der Leitidee führen soll. W. Fürst hat die Nähe zu →Kants *Kritik der Urteilskraft* aufgewiesen. Die historische Theologie liefert „als Körper des Studiums" die Kenntnisse für den bisherigen Prozeß dieser Bewährung der Wahrheit. Die Praktische Theologie als „Krone des theologischen Studiums" (im Sinne der Baumkrone) verbindet als die Theorie der *besonnenen* Tätigkeit des „Kirchenregiments als zusammenstimmender Leitung" die Wissenschaft mit dem praktischen Leben. Deshalb ist Praktische Theologie nicht die Praxis, sondern die „Theorie der Praxis" (Schleiermacher, Praktische Theologie 12). Schleiermacher definiert sie als „Technik zur Erhaltung und Vervollkommnung der Kirche" (ebd. 25). Diese Aufgabe geschieht als „Seelenleitung" (ebd. 40) mit dem Ziel der →Erbauung (ebd. 41). Dieser Ansatz ist bis heute im wesentlichen erhalten geblieben (Bohren, Gott 178–190), auch wenn neben der bei ihm noch fehlenden Darstellung der geschichtlichen Grundlagen zahlreiche Ergänzungen und Korrekturen angebracht worden sind und die Zielsetzung oft nicht erreicht wurde.

Als Beweis kann gelten: D. Rössler bietet in seinem repräsentativen *Grundriß der Praktischen Theologie* eine Definition, die deutlich in der Traditionslinie zu Schleiermacher liegt:

> „Praktische Theologie ist die Verbindung von Grundsätzen der christlichen Überlieferung mit Einsichten der gegenwärtigen Erfahrung zu der wissenschaftlichen Theorie, die die Grundlage der Verantwortung für die geschichtliche Gestalt der Kirche und für das gemeinsame Leben der Christen in der Kirche bildet" (Rössler, Grundriß [²1994] 3; im Original kursiv).

Praktische Theologie ist zu Recht als wissenschaftliche Theorie zu fassen, die mit dem Leben der Kirche als Praxis verantwortlich verbunden ist. Umstritten ist jedoch, wieweit diese Praxis auf die Kirche beschränkt ist. Gert Otto kritisiert die „ekklesiologische Verengung" und fordert deshalb Praktische Theologie als „kritische Theorie religiös vermittelter Praxis in der Gesellschaft" (Otto: PThH² [1975] 23). Da Schleiermacher durchaus Kirche auch soziologisch als Christentum in der Gesellschaft reflektiert und als Religion verstand, sind Schleiermacher und Otto nicht prinzipiell getrennt. Man muß aber die Differenz eines idealistischen und eines nachidealistischen Ansatzes der Gesellschaftstheorie beachten, wie er durch den Begriff →Kritische Theorie im Anschluß an Max Horkheimer (1895–1973), Jürgen Habermas (geb. 1929) und Theodor Adorno (1903–1969) gekennzeichnet ist (vgl. dazu von Heyl).

Weitgehend hat sich der Begriff *Handlungswissenschaft* im Anschluß an Helmut Schelsky durchgesetzt (Krause, Probleme; Schröer, Inventur; Daiber), auch wenn dieser

Begriff sicher nicht ausreicht, Leben und Verhalten der Praxis zu umschreiben. Notwendig, wenn auch bisher wenig genutzt, ist die Bezugnahme auf den Begriff der „Praktischen Philosophie", deren Rehabilitation in neuerer Zeit vor allem dazu geführt hat, das Praxis-Theorie-Problem besser zu fassen und Verbindungen und Abgrenzung zur →Ethik vorzunehmen.

2. Hauptfragen und Kriterien

Die Erörterung von Name und Begriff hat bereits die Hauptprobleme erkennen lassen. Von ihnen her lassen sich Kriterien für eine problemgeschichtliche Analyse der Geschichte der Praktischen Theologie als wissenschaftlicher Teildisziplin der evangelischen Theologie gewinnen. Dabei wird auch die Entwicklung in anderen Konfessionen und Ländern zu berücksichtigen sein.

Folgende Hauptfragen lassen sich wahrnehmen:

1) Die *enzyklopädische* Frage: In welchem notwendigen oder zufälligen Zusammenhang steht Praktische Theologie mit der theologischen Wissenschaft als ganzer? Wie verhält sie sich zu Exegese, Kirchen- und Theologiegeschichte, Dogmatik und vor allem zur Ethik? Gehört sie an den Anfang oder an das Ende des Studiums, oder ist sie ständiger Begleiter? Leidet sie unter „Stellungslosigkeit" (L. →Fendt)? Neigt sie zu geheimer Diktatur, z. B. in der →Religionspädagogik, wie E. Jüngel vermutete, oder zur Resignation als „Stiefkind" (Niebergall), „Aschenputtel" (Fendt) oder „Dornröschen" (Bohren) der wissenschaftlichen Theologie?

2) Die Frage nach der *Theorie*: Was heißt Theorie der Praktischen Theologie? Wissenschaft oder Weisheit, Lehre oder auch Kunst?

3) Die Frage nach der *Praxis*: Welche Praxis ist Thema bzw. Gegenstand dieser Theorie? Ist es der christliche Glaube im Leben oder Handeln der Kirche? Oder ist es die religiöse Praxis in der Gesellschaft von der „civil religion" bis hin zu den sog. Sekten? Ist *Kirche* ihr Urbegriff oder Christenheit oder Religion oder sogar Welt in besonderem Verständnis? Auf welche Handlungsebenen bezieht sie sich, auf die Ökumene, auf die Kirchen evangelischer Konfession, die Evangelische Kirche in Deutschland und die Landeskirchen, die Gemeinde, die „→Laien" oder doch nur auf das Pfarramt, auf die Medien und die Kultur? Wer sind die Subjekte der in der Theorie erkannten Objekte? Sind Subjekt der Theorie und der Praxis identisch?

4) Die Frage nach der *Methode*: *Wie* arbeitet Praktische Theologie? Erarbeitet sie nur Informationen, oder verlangt sie auch Reform? Ist ihre Arbeitsweise Anwendungslehre oder Einübung von Kompetenz, empirisch oder empirisch-kritisch, deduktiv oder induktiv, einlinig oder zirkulär?

Gibt es einen Methodenpluralismus oder eine Grundform aller praktisch-theologischen Methoden? Wie ist ihr Verhältnis zu säkularen Humanwissenschaften? Wie vollzieht sich das Studium? Welche Teildisziplinen in welcher Zuordnung sind nötig? Wie verhalten sich Lehre und Forschung? Welche neuen Teilgebiete sind zu erschließen (wie z. B. Ästhetik, Medienkunde, Semiotik usw.)? Gibt es eine offene oder geheime Herrschaft einer Teildisziplin?

5) Die Frage nach der *Einheit* der Praktischen Theologie, dem Aufbau nach innen und der Darstellung nach außen: Zunehmend gewinnt die enzyklopädische Frage im Kontext der anderen Fragen ihre aktuelle Zuspitzung in der Frage nach der Einheit der Praktischen Theologie zwischen Pluralismus und Fundamentalismus.

Die Praktische Theologie zerfällt anscheinend oder scheinbar in ein loses Bündel verschiedener Einzelhandlungswissenschaften, die ihrerseits das Ganze der Theologie und Kirche zu analysieren versuchen, z. B. pädagogisch als Lerngemeinschaft, kultursoziologisch als Erlebnisgesellschaft, evangelikal als *ἐκκλησία*, pastoraltheologisch als „Herde", statistisch als Mitglieder usw. Gibt es einen Hauptnenner wie Verkündigung, Leitung, Gemeindeaufbau, Kommunikation, Zeichenhandlung? Gibt es Paradigmen in ihrer historischen Entwicklung?

6) Die Frage nach der *Wahrheit* der Praktischen Theologie: Während die Frage nach der Einheit derzeit sehr aktuell ist, bleibt die Frage nach der Wahrheit der Praktischen Theologie auffällig zurück. Vor allem sie beschäftigte aber z. B. Luther, und sie ist auch bei der →Dialektischen Theologie in den Vordergrund gestellt worden.

Von der Wahrheitsfrage her lassen sich die Kriterien in dem Zusammenhang der fünf Hauptfragen erst entwickeln. Als *Kriterien* können gelten: (a) Praktische Theologie ist Theorie von der Praxis des *Evangeliums* im Unterschied zu der des *Gesetzes*, wenn auch nicht ohne Weisung und Nachfolge. Die Erkenntnis von der Wahrheit des *dreieinigen Gottes* ist praktisch-theologisch zu bewähren (Grözinger, Erzählen), allerdings auch zirkulativ in der Rückfrage an die dogmatische Ausbildung dieser Lehre, z. B. in der tätigen Wahrnehmung der Lehre vom *Heiligen Geist*. (b) Wegen der Wahrnehmung des Geistes ist die Praktische Theologie nicht von der Frage nach Geist und Buchstabe, d.h. der *Schriftgemäßheit* zu dispensieren; sie wird vielmehr im Sinne des *sola scriptura* eine praktisch-theologische →Hermeneutik zu entwickeln haben. (c) Maßgeblich ist weiterhin ein kritischer Begriff von →*Kirche* als Gemeinschaft von Leben und Glauben in der Gesellschaft. Praktische Theologie hält die Frage nach wahrer Kirche in ihrer Erfahrbarkeit und Gestaltbarkeit kritisch und projektorientiert wach. (d) Notwendig ist die Rechenschaft über die Verhältnisbestimmung zu dem Theorieverständnis der Handlungs- und Kulturwissenschaften. (e) Kirche ist nur kontextuell und prozessual deutlich wahrzunehmen. Kriterium ist deswegen auch die semiotische Deutlichkeit ihrer auf eine Hermeneutik des Anderen gerichteten Aufmerksamkeit. Damit wird auch das Wie ihrer Kommunikation zu einem Kriterium für das Was der Sachverhalte im Sinne einer auf Schalom gerichteten Streitkultur.

3. *Zur Geschichte*

3.1. *Vorklärungen*

Eine neuere ausführliche Darstellung der Geschichte der Praktischen Theologie fehlt. Eine Zusammenstellung wichtiger Quellen hat G. Krause (Praktische Theologie) geleistet. Einen informativen Überblick bietet Rössler (Grundriß [²1994] 25–59). Wichtige Einblicke finden sich bei L. Fendt (Fendt, Grundriß [²1949], 1. Abt., 10–34). Bemerkenswert problemgeschichtlich orientiert ist P.C. Bloths Grundkurs-Darstellung in der Erörterung von Lexikonartikeln (Bloth 17–22), Fachbegriffen und Handbüchern (ebd. 23–39) sowie in der Beschreibung der Entwicklung „vom pastoralen zum ekklesialen Paradigma" (ebd. 42–96). W. Birnbaums Darstellung (1963) gibt Einblicke in wichtige Quellen, ist aber im Ertrag reichlich unbefriedigend, weil das leitende Vorverständnis einer überholten organologischen Denkweise huldigt, seiner deutsch-christlichen Position im Dritten Reich gegenüber keine selbstkritischen Erkenntnisse gewinnt und ein Anschluß an die Fragen hermeneutischer Theologie, geschweige denn der aufkommenden Handlungswissenschaften fehlt. Die Klassiker C.I. →Nitzsch (Praktische Theologie I, 11–122) und E.C. Achelis (Lehrbuch I³, 1–41) sind in ihrer Sicht der Geschichte immer noch unentbehrlich.

Die Darstellungen der Geschichte der katholischen Praktischen Theologie, wenn auch unter dem dort maßgeblichen Titel der Pastoraltheologie, ist besser fortgeschritten, wie die Arbeiten von N. Mette und W. Fürst zeigen, die auch die evangelische Entwicklung mit im Blick haben.

Die besten Analysen, besonders in kultursoziologischer Hinsicht, verdanken wir V. Drehsen, der die neuzeitlichen Konstitutionsbedingungen der Praktischen Theologie untersucht hat und dabei auch zu drei Grundmodellen, veranschaulicht an Richard →Rothe, P. Drews und Ernst →Troeltsch, vorgestoßen ist. Hier finden wir auch ein hohes Problembewußtsein für die methodologischen Schwierigkeiten der historischen Darstellung der Praktischen Theologie, weil sowohl gesehen wird, daß zum einen eine wissenschaftsimmanente, sachlogische, thematische Problementwicklungsbeschreibung nicht genügt, sondern auch die kulturell-gesellschaftlichen Voraussetzungen der jeweilig zu thematisierenden Praxis zu klären sind, und zum anderen der Rahmen von kirchlicher Tradition zugunsten einer wachsenden Kompetenz der selbständigen Wahrnehmung von →Religion neuzeitlich überschritten wird. Ob bei diesem Ansatz die Theologizität praktischer Handlungstheorie gegenüber der →Religionssoziologie genügend gewahrt ist, wird zu prüfen sein.

Die übliche Darstellung versucht, anhand von Personen vorzugehen, die seit Schleiermacher maßgeblich den Entwicklungsgang der Theoriebildung bestimmt haben. Hier werden gewöhnlich Nitzsch, C. →Palmer, Th. →Harnack und Gerhard von →Zezschwitz, Achelis, Drews und F. →Niebergall, Eduard →Thurneysen bzw. Barth und Fendt als Klassiker beschrieben. Eine solche Betrachtung ist durchaus ergiebig und auch für die derzeitige Konstellation verschiedener Konzeptionen nützlich – die TRE trägt mit den jeweiligen Personalartikeln dieser Perspektive Rechnung –, aber wesentlicher und tragfähiger ist eine *problemgeschichtliche* Skizze, die die oben genannten Leitkriterien heuristisch nutzt, ohne einer linearen Entwicklungslogik zu verfallen oder Außenseiter auszugrenzen. Daß Praktische Theologie sich dabei unter bestimmten soziokulturellen Voraussetzungen auf verschiedenen Ebenen mit verschiedenen Subjekten vollzieht, ist zugleich mit in den Blick zu nehmen. Es gilt zugleich, die Mitte zwischen einer Darstellung der Genese von Problementwicklung und kritischer Einsicht in das jeweilige Erreichte im Blick auf Intention und heutiger Klärungserwartung zu finden.

Maßgeblich sind bei Schleiermachers Entwurf als dem ersten Paradigma neuzeitlicher Praktischer Theologie die oben (s.o. 2.) genannten Leitfragen: 1. die enzyklopädische Frage nach der Notwendigkeit der Praktischen Theologie als selbständiger und doch auch kooperativer theologischer Teildisziplin im Unterschied zur Pastoraltheologie; 2. die Theoriefrage nach dem Status praktisch-theologischer Vernunft, damit auch nach dem Subjekt Praktischer Theologie als Wissenschaft im eventuellen Unterschied zu Weisheit und Gewohnheit, zu kirchlichem Lehramt und religiöser Subjektivität; 3. die Praxisfrage nach dem Objekt oder dem Gegenstand praktisch-theologischer Theorie; 4. die Methodenfrage, in der sich die bisher genannten Probleme noch einmal operativ wiederholen; 5. die Frage nach Einheit und Aufbau der Praktischen Theologie angesichts der Entwicklung neuer Teilgebiete und Versuche der Verselbständigung. Damit ist die Frage nach dem Gesamtnenner oder auch einer federführenden Teildisziplin verbunden. Schließlich gehört dazu auch noch die Einteilung in Perioden oder Epochen anhand von Paradigmen, weil auch die Einheit in der Zeit bedacht sein will (Kontinuität und Brüche, Gleichzeitigkeit und Ungleichzeitigkeit). Schließlich ist 6. die Frage nach der Wahrheit der Praktischen Theologie noch einmal als Reprobation dieser fünf Fragen anzusehen, was sich in der Erörterung des Beitrags zur Gottesfrage, des Bibelgebrauchs und der eschatologischen Verantwortung zur Kirchenreform zwischen Erinnerung und Hoffnung ausprägt.

Zwar sind diese Fragen zusammenhängend erst mit Schleiermacher als Konstitutiva der Praktischen Theologie im Blick, aber es ist selbstverständlich sinnvoll, auch nach Vorformen zu fragen.

3.2. Vorformen

Die prinzipielle Frage nach dem Verhältnis von Praktischer Theologie und Heiliger →Schrift steht hier am Anfang. Wo begann Praktische Theologie? L. Fendt versuchte, die „neutestamentliche kirchliche Praxis" zu dem eigentlichen Gegenstand der Praktischen Theologie zu machen (Fendt, Grundriß [^{2}1949], 1. Abt., 8–10). Damit kam die Exegese normativ und konstitutiv in den Blick, aber die methodischen Schwierigkeiten zeigten sich sofort auch. Wenn Praktische Theologie ihre konkrete Aufgabe in der Theorie verantwortlicher Kirche hat, so stellen die Zeugnisse biblischer Praxis nur Formen impliziter Praktischer Theologie dar. Hier zeigen sich Anfänge von Kirche, damalige Regelungen von Praxis des Evangeliums, Pastoralbriefe usw., die alle, wenn man nicht einem kurzschlüssigen Biblizismus folgt, der statt Nachfolge Nachahmung praktiziert, den Wahrheitsprozeß hermeneutisch kritischer Aneignung – Explikation als Applikation – werden durchlaufen müssen.

Exegese will praktisch-theologisch genau beachtet sein, und die Arbeiten zum Gemeinde- und Kirchenverständnis, zum Dienst und den Ämtern, zu den Strukturen und Mitteilungsweisen (Lehre, Erzählung, Gebet, Mahl, Beratung, Vision, Recht usw.), zu Wort und Werk sind zur Kenntnis zu nehmen. Auch die Ferne oder Nähe der Bibel zu den Kernbegriffen Theorie (Lk 10,18; 23,48) und Praxis (Mt 16,27; Lk 23,51; Act 19,18; Röm 12,4) interessiert. So deutlich hier die Wahrheit der Theologie des Evangeliums in der Heiligen Schrift – nicht nur im Neuen Testament – als historischer Urkunde und Interpretationsherausforderung zu finden ist, so ist die Bibel doch nur der erste Text der Praktischen Theologie. Nitzsch sprach von „elementarischen Erscheinungen und Ansätzen zur Wissenschaft" (Praktische Theologie I, 42) und stellte dann die „Herstellung der Hirtenamtslehre durch den evangelischen Begriff von Amt und Kirche und die Ausbildung einer vollständigen Pastoraltheologie" (ebd. 59) heraus.

In der Tat haben wir eine breite biblische Regelung von Praxis durch Weisung, Weisheit, Prophetie, Liturgie, Predigt, Erzählung, Paraklese und Visionen, aber erst in den Versuchen pastoraltheologischer Bestimmung bis hin zur „pastoraltheologischen Trilogie der Kirchenväterzeit" (Fendt, Grundriß I [[2]1949], 12–17) – gemeint sind die Werke von →Gregor von Nazianz *Περὶ φυγῆς*, →Johannes Chrysostomus *Περὶ ἱερωσύνης* und →Gregor dem Großen (*Liber regulae pastoralis*) – bildet sich so etwas wie eine Vorform Praktischer Theologie. Hier war die Pastoral, das Hirtenamt, das Paradigma. →Seelsorge erweist sich als Mitte des kirchlichen Handelns, und diese Schlüsselfunktion zeigt sich bis heute in der Kraft der Wortkompositionen mit „Pastoral-" bis hin zur Pastoralpsychologie und →Pastoralsoziologie.

Luthers Grundbestimmung der Kirche in den →Schmalkaldischen Artikeln (1537) zeigt, wie auch in der Reformation dieses pastorale Paradigma wirksam bleibt, das das gesamte Mittelalter bestimmt hat: „denn es weiß gottlob ein Kind von sieben Jahren, was die Kirche sei, nämlich die heiligen Gläubigen und ‚die Schäflein, die ihres Hirten Stimme hören' (Joh 10,3)" (BSLK 459). Ähnliches gilt für die Schriften von U. →Zwingli *Der Hirte* (1525) und M. →Bucer *Von der wahren Seelsorge und dem rechten Hirtendienst* (1538). Aber die Hinwendung zum allgemeinen Priestertum (→Priester/Priestertum II) und die Ausrichtung auf das Wort Gottes, durch das die Kirche als *creatura verbi* (Luther, WA 6,561) kritisch bestimmt wird, ergibt sich für die Lehre von der Praxis ein neues Paradigma, das sich auf die Zu- und Aneignungsformen des Evangeliums, auf Hören und Glauben als Voraussetzung des Handelns bezieht. Fendt kann deshalb formulieren: „Darum beginnt die Geschichte der Praktischen Theologie mit Luther" (Grundriß I, 10). Erst dort sei das neutestamentliche „Kirche-Sein" in die so erkannte eigene Lage eingezeichnet worden. Es muß hier nicht näher geprüft werden, ob nicht dann schon bei J. →Wyclif oder bei J. →Hus oder schon bei den →Waldensern wegen ihrer biblischen Bindung, aber auch in den Reformbewegungen des →Mönchtums solche Praktische Theologie begonnen habe. Wichtiger ist die Frage, ob es der Reformation gelungen ist, das *sola scriptura* der *Lehre* hermeneutisch überzeugend für *Leben* und Handeln der Kirche geltend zu machen. Man wird die Bemühungen um →Kirchenordnungen, um →Kirchenzucht und die angesichts der Lehrstreitigkeiten auf die Reform des Lebens gerichteten Bemühungen um eine *praxis pietatis* hier mustern müssen. Die Frage nach dem Subjekt der Praxis konnte dort verteilt werden auf die öffentliche politische Verantwortung der →Obrigkeit – damit entfiel z. B. die →Diakonie als primäres kirchliches Thema, und damit wurde auch oft die Moral Zielpunkt der Glaubenspraxis – und auf das Pfarramt – damit wurde nur die professionelle Pastoraltheologie erneuert – oder auf theologische Lehrer, die an einer Theorie der *politia* der Kirche, an der Kirchenleitung, der *gubernatio*, interessiert waren.

Die Bedeutung Luthers für die Praktische Theologie hat ein Themaheft der *Pastoraltheologie* (PTh 72 [1983] 335–397) aufgezeigt. Die Beiträge konvergieren in der Wahrnehmung, daß Luthers Verankerung der Praxis des Glaubens in dem Ereignis des Wortes auf einen *usus* zielt, der in der Unterscheidung von Gesetz und Evangelium eine Praxis der Freiheit (Hans Martin Müller: ebd. 354–358) durch den Zusammenhang von dem Wort der Verheißung mit den Zeichen begründet. Rainer Volp hat dieses Paradigma „Das Wort – Prototyp der Verheißung im Zeichen" (ebd. 348) näher beschrieben. Er und andere haben auf die praktisch theologische Bedeutung von Luthers *Vorrede zur Deutschen Messe* (WA 19,72–78) hingewiesen, weil dort Kirchenverständnis und Gottesdienst, Pluralität und Identität als praktische Herausforderung zur Reformation nach Gottes Wort sich nahelegen, „die formula missae im Horizont der Universalität, die Deutsche Messe im Horizont der Publizität und die dritte Weise im Horizont der Kommunität" (Volp: ebd. 351).

Wissenschaftstheoretisch ist die Theologie Luthers wie der Glaube eine Kunst, eine *ars vivendi et moriendi*. Wichtig zum Thema ist auch R. Preuls Aufsatzsammlung *Luther und die Praktische Theologie*.

Erst in der nachträglichen Reflexion der Praktischen Theologie auf ihre eigene Geschichte wurde A. →Hyperius mit seiner Theorie von Kirche und Kirchenleitung durch Arbeiten von Achelis und Schian als Vater oder Vorvater der Praktischen Theologie wiederentdeckt. Er gebraucht nicht den Begriff *theologia practica*, sondern spricht von der *gubernatio ecclesiae*, dargestellt im 4. Buch seiner Anleitung zum →Theologiestudium *De recte formando theologiae studio*. Die *gubernatio* liegt im Wortgeschehen selber (Frielinghaus 128). Als *doctrina* zielt Theologie auf das →Leben. Aus klassischer Bildung, Schriftstudium und Kirchengeschichte entsteht eine Sicht und Betrachtung (*theoresis et contemplatio*), durch die der Theologe zu einem tätigen Leben (*actuosa vita*) angeleitet wird, das zur rechten Ordnung und Verwaltung (*recta ordinatio atque administratio*) der Gemeinden führt (Hyperius 564).

Das Verhältnis zu Bucer und W. Zepper hat D. Frielinghaus präzise beschrieben. In reformierter Tradition entwickelte sich so eine Theorie der „Kirchenpolitik“, die in dem Werk von Gisbert →Voetius einen gewissen Abschluß fand (dazu Henkys 27–29).

Bisher fehlt in der Geschichte der klassischen Vorformen die Würdigung des sonst nur als Pädagogen gerühmten J.A. →Comenius. Die Analyse seines Hauptwerkes, der *De rerum humanarum emendatione consultatio catholica*, insbesondere des dortigen sechsten Teils, der *Panorthosia*, zeigt, daß hier eine umfassende, auf die Reform der ganzen Welt gerichtete, bibelpädagogisch begründete Reformtheorie vorliegt, die mit Recht als viertes Paradigma aufgefaßt werden kann (Schröer, Panorthosia). Das pastoraltheologische, das kybernetische, das kerygmatische und das universal-emendatorische Modell prägen also die Zeit vor der Etablierung der Praktischen Theologie als universitärer Disziplin.

B. Ahlers hat eine bemerkenswerte Aufarbeitung der Vorgeschichte zu Schleiermacher geleistet und zu zeigen vermocht, wie durch →Pietismus und →Aufklärung die Differenz zwischen Kirche und Religion zum Thema wurde. Was die Praxis anging, so begann sie, zumindest bei den Gebildeten wie bei den Frommen, ihre eigenen Wege von der offiziellen Kirche weg und damit fern der Theorie der Kirche, der Lehre zu gehen. Schleiermacher wollte gewiß mit seiner Praktischen Theologie den Hiatus zwischen Bildung und Frömmigkeit schließen und dabei doch den Wissenschaftscharakter der Theologie nicht preisgeben. Insofern hatte er mit dem Problem der Spannung von Kirche und Religion schon zu tun, verstand aber Religion als eine Lebensform, die gerade in der christlichen Kirche ihre höchste Bestimmung erfährt. Er vermochte so noch die Spannung zwischen Kirche und neuzeitlichem Geist in Richtung Kirche, wissenschaftlich reflektiert, als fruchtbar zu erhalten. Das Theorie-Praxis-Verhältnis aber ließ sich theologisch schon länger, wie insbesondere C. Link gezeigt hat, nicht mehr in Einklang bringen, weil die Differenz von Wissen und Handeln, infolge des Interesses an Freiheit, letztlich begründet im Willen, sowohl bei Gott wie im Menschen, die Synthesen zerstörte, so daß die Differenzen zwischen Theorie und Praxis theologisch auch zur Säkularisierung des Menschen gegenüber der Schöpfung führten. Da damit die Frage der *gubernatio* schöpfungstheologisch in der verpflichtenden Erkenntnis preisgegeben wurde, konnte der Wille Gottes nur noch an seiner Kirche, an der Heiligung und an der Kirchenleitung wissenschaftlich überzeugend real werden.

3.3. Schleiermacher und Nitzsch – das ekklesiale Paradigma

Schleiermacher hat das enzyklopädische Problem durch die Kennzeichnung der gesamten Theologie als positiver Wissenschaft auf eine neue Grundlage gestellt, aber die Differenz von Erkenntnis und Handeln, von Möglichkeit und vollzogenem Werk blieb bestehen. Er hat aber als erster die Dignität der Praxis als theoretische Prämisse voll gewürdigt und somit die Interdependenz festgehalten. Wenn auch die Differenz von

Theologie und Religion im Hintergrund steht, so ist es doch vor allem der Impuls, gegenüber der Pastoraltheologie Theologie enzyklopädisch zu begründen, der zu der Proklamation der neuen Disziplin Praktische Theologie führte.

Im Blick auf die genannten Leitfragen kann für Schleiermacher festgestellt werden: Enzyklopädisch wird die Praktische Theologie – „Krone des Studiums" – organischer Bestandteil der Theologie, die auf Kirchenleitung, auf Theorie der Praxis wegen der Organisation von Religion im universalen Maßstab bezogen ist. In der Familie ist keine wissenschaftliche Organisation von Religion nötig. Für die Kirche ist das ekklesiale Paradigma als wissenschaftlich kybernetisches Modell notwendig, das soziologische Elemente von Kirche aufnimmt.

Zu fragen bleibt allerdings, ob Schleiermacher die Theoriefrage nicht letztlich doch idealistisch gelöst hat, weil er in der Theorie die Praxis nur als Technik, wenn auch im Sinne der Kunstlehre, verstanden hat.

„Die Praktische Theologie will nicht die Aufgaben richtig fassen lehren; sondern indem sie dieses voraussetzt, hat sie es nur zu tun mit der richtigen Verfahrungsweise bei der Erledigung aller unter den Begriff der Kirchenleitung zu bringenden Aufgaben" (Schleiermacher, Kurze Darstellung § 260).

Das Verhältnis von Praxis und Poesie, von Erkenntnis und Arbeit, die Institutionalisierung von Ideen, die dann selbst zu neuen Faktoren der Erkenntnis werden, das wurde bei ihm ebensowenig voll berücksichtigt wie die mit S. →Kierkegaard entwickelte Frage der existentiellen Praxis als Verständnis des Selbst jedes einzelnen. Freilich kann man mit Schleiermacher alle Versuche der Neuakzentuierung des Theorie-Praxis-Problems bei K. →Marx, Kierkegaard oder F. →Nietzsche und ihre theologischen Entsprechungen als fehlendes Verständnis für Dialektik als Kunst der Mitteilung ohne Extreme verstehen. Die Besonnenheit als maßgebliche Tugend kann immer vermißt werden. Methodisch hat Schleiermacher die Differenz von säkularen Methoden und theologischer Indienstnahme erkannt (ebd. § 6), aber Kirchenkampf und der Streit mit den Ideologien waren noch nicht präsent (vgl. dazu Fischer, Beziehung). Die Spannungen zwischen Technik und kommunikativen Lebensbedürfnissen, die Entfremdung war für ihn noch nicht so gravierend. So ist wohl auch die Wahrheitsfrage bei ihm vor allem durch das Interesse an lebendiger Einheit beantwortet worden, was auch ein theologisch begründetes Vertrauen in die Überzeugungskraft kommunikativer Vernunft ausdrückt, so daß sein kybernetisches zugleich ein kommunikatives Modell ist, das Freiheit als Modus der Wahrheit für alle immer vor Augen hatte (vgl. H. Luther, Praktische Theologie [1987]). Deshalb legt er hohen Wert auf das „ungebundene Element des Kirchenregiments", das er „freie Geistesmacht in der evangelischen Kirche" nennt (Schleiermacher, Kurze Darstellung § 328). Dazu gehören akademische Theologen und kirchliche Schriftsteller.

Nitzsch hat auf der Basis der Konzeption Schleiermachers das erste ausführliche Lehrbuch der Praktischen Theologie verfaßt, das bis heute grundlegende Bedeutung hat (Analysen bei Wintzer, Konzeption; Schweitzer, Kirche; Drehsen, Konstitutionsbedingungen I, 134). Er hat damit sein 1831 veröffentlichtes Programm *Ad theologiam practicam felicius excolendam observationes* (Beobachtungen zu einer gedeihlicheren Ausarbeitung der Praktischen Theologie) in einer umfassenden Theorie entfaltet. In seinem Lehrbuch blickt Nitzsch auf sein Programm zurück und erörtert dessen Aufnahme bei Ph.K. →Marheineke und A. Schweizer (Nitzsch, Praktische Theologie I, 111–113). Im wesentlichen brauchte er es nicht zu korrigieren.

Nitzsch knüpft in der enzyklopädischen Frage an Schleiermacher an, stößt aber zu der markanten Formulierung vor: „Wir haben schon sonst behauptet, die ganze Theologie sei *scientia ad praxin* und vollende sich doch nur als *scientia praxeos*" (ebd. I, 5). Diese Vollendung nennt er „Theorie der kirchlichen Ausübung des Christentums" (ebd. 1). Die Theoriefrage wird im Sinne kirchlicher Wissenschaft gelöst und gegen Marheineke, der die Praktische Theologie als wahres Wissen aus dem Begriff der Theologie ableiten wollte (vgl. Lämmermann, der m.E. zu Unrecht Marheineke als Prototyp →Kritischer Theorie gegen funktionale Ekklesiologie verstehen möchte), im Sinne Schleiermachers verteidigt: Theologie ist als positive Wissenschaft zu verstehen, die Geschichte und Idee gleichermaßen zu würdigen hat und auf eine erfahrbare Praxis (Ausübung) zielt. Das Reich Gottes will sich in dem Dasein von Kirche verwirklichen. Nitzsch unterscheidet Reich Gottes und Kirche, übersieht aber den eschatologischen Fremdcharakter des Reiches Gottes, wie er später in der exegetischen Kritik an Albrecht →Ritschl und allem →Kulturprotestantismus exegetisch wieder erkannt wurde. Subjekt der Theorie ist die Wissenschaft, die aber, gerade aus ihrem Wissen um Geschichte und Idee heraus, Kirche geistig als Zielidee und Tatsache anerkennen muß: „Ist die Religion überhaupt nicht nur Idee, sondern auch Tatsache, und das Christentum die vollendete Tatsächlichkeit der Religion, so muß sie auch Kirche werden, und nur aus diesem Grunde kann sich ein selbständiges Dasein und ein wirklicher Organismus der Theologie ergeben" (ebd. 4).

Neu gegenüber Schleiermacher ist der Versuch, die Kirche nicht nur als Gegenstand zu bestimmen: Kirche und Gemeinde werden als „actuoses Subjekt" (ebd. I, 111) erfaßt, was die Ausbildung des „positiven Clerus", also des kirchlichen Amtes, zum ersten Thema macht. Nitzsch versucht mit dem Begriff „natürlicher Clerus" (ebd. 16–18) der Tatsache Rechnung zu tragen, daß Leitungsvorgänge in Erziehung und Lebensregeln immer schon wirksam sind, aber knüpft dann entschieden bei dem „positiven Clerus", dem Amt (ebd. 18–20), an.

Die Frage nach dem Wesen der Praktischen Theologie zielt auf eine empirisch wahrnehmbare und gestaltbare Kirche, folgt also Schleiermachers kybernetischem Modell, hält aber Kontakt zu allen Gegebenheiten von Natur und Kultur, wie weite Partien seines Lehrbuches zeigen. Staat, Familie, Wissenschaft, Kunst, Arbeit und Spiel sind im Blick. „Christentum als eine Bestimmtheit des Menschentums hat in seiner kirchlichen Ausübung das Menschliche überhaupt, also auch menschliches Gemeinwesen zu einer *Voraussetzung* – es entwickelt sich nicht aus der Natur und durch die Kultur, die in ihr angelegt oder enthalten ist, aber in und an derselben" (ebd. 265).

Methodisch wird folgender Dreischritt maßgebend: „auf dem Grunde der Idee der christlichen Kirche und des kirchlichen Lebens durch Verständigung und Würdigung des gegebenen Zustandes zum leitenden Gedanken aller kirchlichen Amtstätigkeiten zu gelangen" (ebd. 31). Zu verstehen, wie dieses Verhältnis von Idee, geschichtlichem Zustand und praktischer Zielvorstellung näher zu bestimmen ist, führt allerdings Schwierigkeiten mit sich, die vor allem im Begriff der Idee liegen.

Die reformatorische Tradition ist bei Nitzsch deutlicher akzentuiert als bei Schleiermacher, weil er die Frage nach der Einheit und dem Aufbau konstitutiv auf den Dienst am Wort zurückführt. Er faßt deshalb Predigt, Kultus und Katechese als „Didaktik" zusammen. Schleiermacher hatte eine solche Orientierung an der Lehre nicht bejaht, auch wenn er die Verankerung im Dienst am Wort in seiner *Glaubenslehre* (§§ 133–135) nachdrücklich unterstreicht. Aber Nitzsch stellt stärker die Lehre als Konstitutivum heraus. Damit stehen Dogmatik und Praktische Theologie in naher Beziehung. Nitzsch' Entwurf drückt ein hohes kirchliches Selbstbewußtsein aus, weil Kirche die kulturtheologische Leistung der Organisation von Religion zu vollbringen vermag. Er kennt allerdings auch die Widrigkeiten der Welt, das Böse, das „aber als gefälschtes Gutes" (ebd. 267) offenbar keine wesentliche Macht hat. Wenn es heißt: „Die Religion ist Mutter, Pflegerin, Erzieherin der Kunst" (ebd. 319), ist zwar die kulturelle Relevanz und Plausibilität von Kirche gesehen, aber die Autonomie neuzeitlicher Praxis sowie das ökonomische und militärische Potential technischer Welt ist – historisch verständlich – noch nicht im Blick.

3.4. Die modifizierte Rezeption des ekklesialen Paradigmas von Palmer bis Achelis

Mit Schleiermacher und Nitzsch ist die klassische Grundlegung der Praktischen Theologie geleistet. In der Folgezeit baute man auf dieser Basis weiter und mußte sich manchen neuen Fragen stellen. Die Konkurrenz der Pastoraltheologie blieb gesteigert erhalten. Das Verhältnis zur Ethik mußte geklärt werden. Die Teildisziplinen →Homiletik, →Katechetik, Liturgik (→Liturgiewissenschaft/Liturgik), Poimenik (→Seelsorgelehre) gewannen für sich an Boden. Die Spannung zwischen praktisch und wissenschaftlich hielt an, zumal →Predigerseminare eingerichtet wurden, bei denen die Berufstheorie im Vordergrund stand.

Bemerkenswerte Fortschritte in der Theoriebildung zeigen sich bei Palmer, Harnack und von Zezschwitz sowie bei Achelis, die jeweils in ihrer Art Schleiermacher und Nitzsch fortführen.

Palmer hat kein Lehrbuch für die Praktische Theologie, wohl aber für Homiletik, Katechetik, evangelische Pädagogik, Hymnologie und Pastoraltheologie verfaßt. Die Grundsatzprobleme erörterte er in der Abhandlung *Zur praktischen Theologie*.

Er greift dabei auf Nitzsch zurück, „nach welchem sich der Schreiber dieser Zeilen auch in praktischen Dingen als einem vor andern zuverlässigen Führer immer zuerst umsieht, obschon er dessen Fußstapfen selbst in wichtigen Stücken nicht immer wirklich zu folgen sich innerlich legitimiert findet“ (ebd. 317).

Neue Klärung erstrebt er in der enzyklopädischen Bestimmung des Fachs zur Ethik. Er hält sie für den der Praktischen Theologie „verwandtesten Teil“ (ebd. 318). Die Abgrenzung gegen die Pastoraltheologie übernimmt er, aber er tadelt die Verengung des praktischen Interesses allein auf die Kirchenleitung. Palmer arbeitet heraus, daß sowohl Ethik wie Praktische Theologie Theorien des Handelns sind und damit gemeinsam der Dogmatik gegenüberstehen, wobei sie sich wie folgt unterscheiden: „Die Ethik hat das sittliche, die praktische Theologie das kirchliche Leben zum Gegenstand“ (ebd. 327). Beide haben die Spannung von Idee und Verwirklichung zu erörtern. Die Ethik wird dabei auf die „sittliche Aufgabe, die jeder zu lösen hat“, bezogen, die Praktische Theologie „auf das Problem, das die Kirche als Gesamtteil lösen soll“ (ebd. 333). Palmer kennt den Einwand, daß Ethik auch mit sozialen Ordnungen zu tun habe, meint aber, daß der biblische Impuls ethischer Art auf die Individuen gerichtet sei. Wieso Palmer die Ethik ganz von den Pflichten her versteht und eine sozialethische Güterethik ihm nicht in den Sinn kommt, kann hier unerörtert bleiben. Wichtig ist die richtige Einsicht, daß Ethik und Praktische Theologie einen ähnlichen Theoriestatus haben, der allerdings die Ethik nicht veranlassen sollte, sich aus dieser Beziehung zu lösen, oder die Praktische Theologie dazu verleiten möge, sich selbst als Lebensordnung zu verstehen.

Was den Aufbau der Praktischen Theologie angeht, so folgt Palmer prinzipiell Nitzsch. Am Anfang steht die Aufgabe, den Begriff der Kirche zu entwickeln, allerdings „ganz anders, als die Dogmatik den *locus de ecclesia* behandelt, so nämlich, daß in ganz konkreter Weise – ich möchte fast sagen, mehr menschlich geschildert würde“ (ebd. 345). Dann will er zum geistlichen Amt vorstoßen und von den Organen der Kirche zu den Tätigkeiten fortschreiten. Für den zweiten Teil über das Amt – Kirchenregiment und Kirchendienst im Sinne Schleiermachers – möchte er „den Namen *politica sacra* ganz passend finden“ (ebd. 348). Auch hier knüpft er, ohne es ausdrücklich anzumerken, an Nitzsch an, dem diese konkrete Ausarbeitung der Dienststrukturen der Kirche bis ins Kirchenrecht hinein besonders wichtig war (Nitzsch, Observationes). Das kybernetische Paradigma bleibt also bei Palmer erhalten, allerdings stärker sozialpädagogisch orientiert, weil eben die Ethik ständiger Partner der Praktischen Theologie ist. Als erste Grundtätigkeit ist der Kultus Thema der Praktischen Theologie, wobei die Homiletik strenggenommen für Palmer einen Teil der Liturgik bildet. Ausgehend von dem Grundgeschehen der Feier stellt er ihr die Arbeit gegenüber (*ora et labora*), feiernde und arbeitende Gemeinde bilden die Praxis. „Alle Tage Sonntag zu haben, ist noch nicht Zeit“ (ebd. 353). Die Arbeit wird in der „Symbolik“ und „Aszetik“ erörtert, dazu gehören Katechetik, Seelsorge – Palmer sieht den Zusammenhang mit Leibsorge, d.h. Armenpflege, schon genau (ebd. 356) – und Kirchenzucht als Selbstreinigung. Es folgt sodann die →Mission und schließlich die Pastoraltheologie, deren Theoriestatus zu beschreiben Palmer Mühe hat, da sie keinen wissenschaftlichen Regeln folge, fast nur Erfahrungen geltend mache und doch nicht als „Aschenbrödel, das sich lediglich in Empirie umtreibe" (ebd. 360), anzusehen sei. Palmer nähert sich der Erkenntnis, daß in der Pastoraltheologie – im Horizont der konkreten Aufgaben des Pfarramtes – sich die Praktische Theologie *in nuce* exemplarisch wiederholt. Eine sektorale Aufteilung nach Tätigkeiten ist hier deplaziert.

Auf die Darstellungen der Praktischen Theologie in der Erlanger Schule kann hier nur kurz hingewiesen werden. Die Lehrbücher von Th. Harnack (*Praktische Theologie* [1877/78]) und G. von Zezschwitz (*System der Praktischen Theologie* [1876–1878]) erschienen fast gleichzeitig. P. Kleinerts vergleichende Rezension von 1880 (Krause [Hg.], Praktische Theologie 123–133) ist lehrreich und bevorzugt Zezschwitz.

Harnacks erster Teil seines Lehrbuches – *Einleitung und Grundlegung* – hat I Kor 14,26 zum Motto: *Πάντα πρὸς οἰκοδομὴν γινέσθω* (Alles geschehe zur Auferbauung). Auch er ist seiner Konzeption nach „Schüler von C.I. Nitzsch" (TRE 14,460,33). Die Kirche als Kernbegriff der Praktischen Theologie wird bei ihm, Luther stärker folgend, als Kirche und Kirchentum verstanden, und die Praktische Theologie wird als „Wissenschaft von den Lebenstätigkeiten der Kirche, die diese behufs ihrer Selbsterbauung durch Verwaltung von Wort und Sakrament auswirkt" (Harnack I, 26), aufgefaßt. Kirche ist dabei sowohl Heilsgemeinde in der Welt als auch Heilsanstalt für die Welt. Mit dieser Konzeption ist Kirche als Subjekt der Gegenstand der Praktischen Theologie, wobei Reform der Kirche durchaus nicht ausgeschlossen wird. Man kann hier die Grundlegung für eine bis heute maßgebliche Theorie des Gemeindeaufbaus sehen (vgl. TRE 14,462). Der kybernetische Grundtyp gewinnt konfessionelles Profil. Die Grenze zwischen Kirche und Welt erscheint deutlich, und die Bindung an Wort und Sakrament folgt ganz lutherischer Tradition. Zum Liberalismus findet sich jedoch keine Brücke, wie auch der bekannte Konflikt mit seinem Sohn A. von →Harnack deutlich macht (vgl. TRE 14,459). Wesentlich ist die Einsicht, daß immer wieder der Begriff Erbauung (*οἰκοδομή*) als Schlüsselwort praktisch-theologischer Wissenschaft erscheint. Das war schon bei Schleiermacher so, bei dem Kirchenleitung als Seelenleitung eben der Auferbauung von Gemeinde dient, und ist Leitmotiv bis zu heutigen Konzepten von kirchlicher Erneuerung. G. Krauses Skizzen dazu (s. TRE 10,22–28) verdienen, monographisch ausgebaut zu werden. Hier liegt die Mitte aller Kybernetik.

Zezschwitz, der Praktische Theologie als „Theorie der fortgehenden Selbstverwirklichung der Kirche in der Welt" definiert, folgt ebenfalls Schleiermacher und Nitzsch (Zezschwitz § 128). Wie Harnack stellt er die Kirche, das Subjekt aller Tätigkeiten des geistlichen Lebens, als Grundthema der Praktischen Theologie heraus. Aber er spricht nicht zufällig nicht nur „von Lebens- sondern auch *Wesen*stätigkeiten" und bemüht sich um eine grundsätzliche Klärung des Verhältnisses zur Ethik, weil seine Leitidee „Selbstauswirkung der Kirche" stärker als bei Harnack universalen Weltauftrag manifestiert. Aufschlußreich ist, wie er gegen den Vorwurf, diese Konzeption sei quasi katholisch bzw. Christus müsse als Subjekt gelten, argumentiert: Christus handle doch immer durch Menschen, durch Gläubige als Jünger Christi. Die Gemeinde der Gläubigen bleibt also für ihn das Subjekt, und der Begriff Heilsanstalt wird problematisiert. Man sieht, daß die Frage nach einer Theologie des dritten Glaubensartikels hereinwirkt. Was heißt Geist theologisch in der Spannung von Idee und Wirklichkeit, und wie verhalten sich Christologie und Ekklesiologie praktisch zueinander? Die Folgeentwicklung wird sich an beiden Stellen konzentrieren: Ist die Praxis empirisch hinreichend gefaßt oder doch abstrakt als Idee nur Möglichkeit, und ist die theologische Wahrheit nicht sehr viel kritischer als Buße, als Infragestellung durch Christus als dem Herrn der Kirche, als eschatologische Existenz wahrzunehmen?

Man spürt diese neuen Infragestellungen hinsichtlich einer nichtidealistischen Methode, angesichts der Empirie der Moderne, sowie die theologisch-kritischen Auffassungen von Kirche schon bei Achelis' *Lehrbuch der Praktischen Theologie*. Es stellt einen gewissen Abschluß dessen dar, was als Bemühung um Leitung und Auferbauung der ganzen Kirche wissenschaftlich vor dem Ersten Weltkrieg zu leisten versucht wurde.

Achelis ist keineswegs nur der Historiker der Praktischen Theologie, er hat durchaus eine in die konkreten Gegenwartsaufgaben hineinweisende Konzeption. Seine Definition: „Lehre von der Selbstbetätigung der Kirche zu ihrer selbst Erbauung" (Achelis, Lehrbuch I, 41), bestätigt die Kirche als den primären Gegenstand der Praktischen Theologie und „Erbauung als Lebenszweck der Kirche" (ebd. 22). Es geht ihm darum, daß die Kirche werde, was sie ist. „Oberstes Subjekt aller Erbauung ist Christus" (ebd. 24). Achelis kennt in der Wahrheitsfrage bei ständigem Schriftbezug die christologische Infragestellung der Kirche und bedenkt auch die Differenz von Reich Gottes und Kirche, hält aber daran fest, daß die Wesensidee der Kirche inhaltlich mit dem Reich Gottes zusammenfällt (ebd. 21). Originell ist der Gedanke, von den Attributen der Kirche im Apostolikum her die Einteilung der Praktischen Theologie vorzunehmen.

Nach der Lehre von der Kirche und ihren Ämtern folgt die Lehre von der Betätigung der *Einheitlichkeit* der Kirche (Kultus), dann die der Betätigung der *Heiligkeit* – Dienst am Wort zur Glaubensgemeinschaft (Homiletik, Katechetik, Poimenik) und Dienst am Werk zur Liebesgemeinschaft (Koinonik) – dann die der Betätigung der *Allgemeinheit* der Kirche (Mission) sowie die Lehre vom Kirchenregiment (Kybernetik).

Dieser Aufbau hat kaum Zustimmung gefunden, ist aber lehrreich in der Rahmenfunktion von Amt und Kirchenregiment und dem Versuch, Glauben im Sinne der Dogmatik mit Handlungsformen zu verbinden. Allerdings bleibt die Trennung von Homiletik und Liturgik fragwürdig, ebenso wie die Unterscheidung von Glaubens- und Liebesgemeinschaft, obwohl die Idee einer Koinonik – aber als hermeneutische Grundbestimmung – nicht vergessen werden sollte. Daß die Mission hier noch in der Praktischen Theologie angesiedelt ist, ist theologie- und zeitgeschichtlich bemerkenswert. Der Kanon der Teilfächer war keineswegs immer kanonisch. Methodisch ist festzuhalten, daß Achelis trotz seiner geschichtlichen Orientierung ausdrücklich Harnacks Grundsatz folgen will, daß es gilt, „das Sollsein der Tätigkeiten darzulegen, also zu beschreiben, nicht wie man tatsächlich handelt, sondern wie man handeln soll, damit man zweckmäßig handele" (Achelis, Lehrbuch I, 20). Die Bemühung um Reform ist bei ihm noch von Optimismus geprägt. Die Empirie der *Gemeinde* wird wenig erörtert, dieses Subjekt der Praxis bleibt wenig berücksichtigt, während die universale, heute würde man sagen: ökumenische, Perspektive vorhanden ist, denn die Lehre von der Königsherrschaft Christi ist durchaus bei ihm wirksam. Aber diese Konzeption war der Krisis des Ersten Weltkrieges kaum gewachsen, und auch das Interesse an wissenschaftlich begründeter religiöser Psychologie und Soziologie kam zu kurz. So stellt er weithin doch den Abschluß einer Entwicklung dar und bleibt nur historisch und didaktisch interessant.

3.5. Das empirische Paradigma

Eine wirkliche neue Grundlegung der Praktischen Theologie erfolgte erst mit der Programmschrift von P. →Drews *Das Problem der Praktischen Theologie* (1910). Das zeigt sich schon daran, daß sie Schleiermacher den Ehrentitel, Vater der Praktischen Theologie zu sein (ebd. 179), abspricht. Auch an Nitzsch wird heftig Kritik geübt. Für fast alle Grundfragen ergibt sich eine neue Sicht, die auf der Erkenntnis von vier Grundfehlern beruht, die zu einer „unpraktischen Praktischen Theologie" (ebd. 19) geführt haben: „Systematisierung, Deduktionsmethode, einseitiger Biblizismus, verkehrter Historizismus" (ebd. 20). Jeweilig richtige Momente der Praktischen Theologie haben eine Hypertrophie erfahren, die das Ziel einer angesehenen, selbständigen wissenschaftlichen Stellung in organischem Zusammenhang nicht erreichen lassen.

Die Lösung liegt in der Erkenntnis des „Doppelcharakters der Praktischen Theologie" (ebd. 43–53), die zu der These führt: „Die Praktische Theologie für den Studierenden der Theologie an der Universität und die Praktische Theologie für den im Amt stehenden Geistlichen sind bewußt scharf voneinander zu scheiden, und jede ist ihrer Aufgabe entsprechend eigenartig zu gestalten" (ebd. 43). Damit entsteht ein ausdrücklich akademisches Studium der Praktischen Theologie (ebd. 54–82), das (a) die neuen Disziplinen „Evangelische Kirchenkunde" mit einem Hauptzweig „religiöse Volkskunde", (b) die religiöse Psychologie, (c) geschichtliche Kenntnisse über Predigt, Unterweisung, Gottesdienst, Seelsorge, Kirchenlied und Mission und (d) eine Prinzipienlehre enthält.

Die Theoriefrage wird auf diese Weise gedoppelt, historische und empirische Wissenschaft werden von den Handlungsanweisungen getrennt. Die Praxisfrage bezieht sich auf „das Leben der empirischen Kirche der Gegenwart" (ebd. 78). Dabei ist vorzugsweise die konkrete Einzelgemeinde im Blick (ebd. 77). Methodisch werden die spezifisch technischen Fächer: Homiletik, Katechetik, Seelsorge, Liturgik auf das Predigerseminar und die Fortbildung (Ferienkurse) verlagert. Die Absagen an Systematisierung und deduktive Methode zeigen, daß die Abgrenzung zur Dogmatik ganz bewußt durchgeführt wird. Die Einheit der Praktischen Theologie ist damit institutionell fast gesprengt, auch wenn Arbeitsteilung zu einer praktischen Einheit beitragen kann. Doch sind die Probleme, die sich in der Wahrheitsfrage der Prinzipienlehre dringend melden, damit keineswegs gelöst. Das zeigen solche Forderungen wie die nach „praktischer Exegese" im Predigerseminar, deren Methodik immer dunkel geblieben ist. Es fehlt eine praktisch-theologische Hermeneutik, die Geschichte, Gegenwart und Umgang mit möglicher Zukunft in Hoffnung, Erwartung, Planung und Prognose erörtert. Außerdem gilt: Die alte Pastoraltheologie schleicht sich wieder ins Predigerseminar und erst recht in die Berufspraxis ein.

Daß Drews gerade von dem Problem der Praxis des Studiums, aber auch der Zeitsituation – Interesse an religiöser Psychologie und Soziologie, Befreiung von Orthodoxie – herkommt, beweist seine realistische Zeitnähe. Die Überzeitlichkeit der praktisch-theologischen Theoriebildung schwindet. Daß er nicht völlig dem Zeitgeist anheimfallen will, zeigt seine Bemerkung: „Nicht Wissenschaft, sondern Praxis, Technik, das ist die Losung unserer Zeit. Wir werden amerikanisiert" (ebd. 5).

Drews stand nicht allein. Er selbst weist auf die gleichzeitigen Bemühungen von F. →Niebergall und Otto Baumgarten (1858–1934) hin.

Der Untertitel der *Praktischen Theologie* Niebergalls (1918/1919) zeigt den neuen empirischen Ansatz: „Lehre von der kirchlichen Gemeindeerziehung auf religionswissenschaftlicher Grundlage". Schon 1903 hatte Niebergall in dem Aufsatz *Die wissenschaftlichen Grundlagen der Praktischen Theologie* die Grundsätze entwickelt, die auch sein Lehrbuch prägen. Nitzsch ist bei ihm zwar noch ein Vorbild, aber seine Kritik trifft einen entscheidenden Punkt, der die Methoden und die Praxis-Frage angeht. Die Erkenntnis der Gegenwart und damit des „entfernteren Objekts des Menschen", der mit dem näheren Objekt, dem Kulturgut der Kirche, der Botschaft, zu tun bekommt, kommt ihm zu kurz. Hier greift er Drews' frühe Arbeiten auf: Geschichte, religiöse Volkskunde, Psychologie sind fester Bestandteil zur Ermittlung der Situation der Adressaten der Botschaft. So sollen sowohl aus der Geschichte die Ideale und andererseits der gegenwärtige Zustand ermittelt werden, um dann wirkungsvoll Einfluß auf die Menschen zu nehmen. Norm, Zustand und Hilfe nennt er später den methodischen Dreischritt, der seine schon 1903 gegebene Verankerung im pädagogischen Denken zeigt. Sein Konzept ruht auf „zwei Pfeilern", den der Geschichte entnommenen Idealen und der gegenwärtigen Wirklichkeit. Der Brückenschlag der Wissenschaft dient dem Zweck einer Erziehung zur lebendigen Gemeinde. Er bejaht aufgrund kausaler Analyse eine „finale theologische Methode" (Niebergall, Praktische Theologie 232). Hier tritt, indirekt P. Kleinert folgend, als primäres Subjekt des kirchlichen Handelns und damit vornehmster Gegenstand der Praktischen Theologie die lebendige (Orts-)Gemeinde ins Blickfeld. Damit wird auch das Pfarramt in einen sozialen Zusammenhang gestellt, so daß die Laienfrage bei ihm gegenüber einer bloßen Pastoraltheologie große Bedeutung erhält. Mit Drews forderte und förderte er nicht nur praktische →Schriftauslegung, sondern war an praktischer Dogmatik interessiert. Gegenüber Drews haben wir hier eine breite Ausführung des neuen Programms, so ähnlich, wie Nitzsch Schleiermachers Konzeption zu einem Lehrbuch ausweitete.

Niebergalls unmittelbare Nachwirkung war eigentümlich beschränkt. Die neue Epoche der Dialektischen Theologie und die Erfahrungen des Kirchenkampfes verdrängten sein Konzept. Daß es dagegen nach dem Abklingen des Paradigmas kerygmatischer Wort-Gottes-Theologie neuerdings wieder Wertschätzung findet, verwundert nicht. J.V. Sandberger hatte schon 1972 den pädagogischen Grundcharakter dieser Konzeption treffend herausgearbeitet. Mehr noch hat H. Luther zur Rehabilitierung beigetragen, indem er Niebergall zu einer subjekttheoretischen Auffassung der Praktischen Theologie nutzte. Es bleibt aber, so sehr Barths Lokalisierung Niebergalls „in den sanften Auen der Praktischen Theologie" (Barth, Römerbrief, München ²1920, Vorwort) unpassende Polemik darstellt, doch die Frage, was Praktische Theologie gemeindepädagogisch faktisch zu der Auseinandersetzung im Kirchenkampf und zu der Klärung der Wahrheitsfrage im Feuer von Bibelkritik und Kritik des Menschen durch die Bibel in existentialer Zuspitzung und eschatologischem Ernst zu leisten vermag. Letztlich bleibt hier doch ein Verharren in der Theorie des Ideals wirksam. Nitzsch' urbildliche Idee wird pädagogisch zum neuzeitlichen Ideal aktualisiert, aber die Frage, in welcher Weise Gegenwart und Geschichte im Horizont der Erwartung des Handelns Gottes zueinander finden, bleibt zu wenig geklärt. Allerdings ist die anthropologische Seite der Theologie, nahezu schon das Prinzip der Kontextualität vorwegnehmend, deutlich gefördert worden. Aber das leitende pädagogische Interesse ist zu mächtig. Der indikativische Ankündigungscharakter der Verkündigung, der dazu anleitet, das Evangelium von einem pädagogischen Gesetz deutlich zu unterscheiden, wird zu wenig gewürdigt bzw. mit der Institution gleichgesetzt.

Nicht unerwähnt bleiben darf in diesem Zusammenhang Otto Baumgarten, zu dem gründliche Monographien vorliegen (Steck; von Bassi). Er hat seine Position 1913 in dem Artikel *Praktische Theologie* (vgl. dazu Bloth, Praktische Theologie 17f.) markant formuliert. Baumgarten liegt auf der Linie von Drews und Niebergall im Sinne einer an Geschichte und Gegenwartskunde orientierten, psychologisch und soziologisch wohl informierten Erkenntnis für die Aufgaben in Kirche und Gemeinde im Horizont einer neuzeitlichen, durch Aufklärung bestimmten Welt. Die methodische Absage an den „bisherige[n] nomothetisch-dogmatisch-normierte[n] Betrieb" (Baumgarten, Art. Praktische Theologie 1726) erfolgt nicht ohne Einsicht in den damit gegebenen pragmatischen Relativismus. Zugleich aber bringt er mit dem Hinweis: „Der praktische Theologe muß etwas Künstlerisches, Dichterisches, Intuitives mehr noch als Wissenschaftlichkeit in sich haben" (ebd.), einen Vorgriff auf die Zusammenhänge mit →Ästhetik und Poesie.

Prägnant ist die von ihm herausgestellte dreifache Bedeutung der Praktischen Theologie: (a) „in der Durchbildung des religiösen Praktikers zu einem charaktervollen Vertreter einer klar erfaßten religiösen Grundeinstellung", (b) „in der Übung der für die Praxis wesentlichen Kraft des Zusammen- und Gleichnisschauens zwischen den Zeugnissen des urkräftigen, ursprünglichen Auftretens des christlichen Prinzips in der Zeit des Urchristentums und der Reformation und zwischen den Bedürfnissen der Gegenwart", (c) „in der Überwindung des von der Beschäftigung mit der systematischen Theologie nahegelegten Dogmatismus und Absolutismus einer für alle unterschiedlichen Norm des Denkens und Handelns durch ein stetes Rücksichtnehmen auf die Mannigfaltigkeit der an Art, Landschaft und Bevölkerungsgruppen verschiedenen religiösen Nötigungen" (ebd. 1725f.).

Unschwer erkennt man hier die bis heute aktuellen Probleme: (a) kybernetisch die Kompetenzbildung in persönlichen Subjekten für Theorie und Praxis, bei ihm in den Kategorien der Charakterbildung beschrieben; (b) hermeneutisch die kritische Aneignung historisch bekundeter Wahrheit; und (c) praxistheoretisch der in der Vielfalt von Ort und Zeit begründete Relativismus, allerdings von Baumgarten noch in den Begriffen der Akkommodation, Einkleidung, Unterscheidung von unveränderlichem Kern und wechselnden Bestandteilen zu wenig radikal kontextuell beschrieben. Außerdem ist die

Frage, wie sich Evangelium und Religion verhalten, hier theologisch zu spannungslos wahrgenommen, so sehr das liberale Interesse an Freiheit und Toleranz zu loben ist.

3.6. Das kerygmatische Paradigma

Mit der →Dialektischen Theologie kommt eine neue Epoche oder Periode der Praktischen Theologie in den Blick, die sowohl den kybernetisch-erbaulichen wie den empirisch-religiösen Grundtyp ablöst. Dabei ist es nicht zu einem Lehrbuch gekommen, was wohl nicht zufällig ist. Als Hauptvertreter können E. →Thurneysen, H. →Asmussen und indirekt auch K. →Barth angesehen werden. Es erweist sich aber auch als notwendig, Dokumente aus der Zeit des Kirchenkampfes (→Nationalsozialismus und Kirchen) heranzuziehen, besonders die Barmer Theologische Erklärung samt der mit jener Synode (1934) zusammenhängenden „Erklärung zur praktischen Arbeit" (vgl. Burgsmüller, Ausschuß) wie auch Materialien aus der Ausbildungsarbeit der damaligen illegalen Predigerseminare, insbesondere die von D. →Bonhoeffers Tätigkeit in Finkenwalde.

Am meisten wurde bisher versucht, Barths Sicht der Praktischen Theologie zu erfassen (früh schon Jannasch, Karl Barth; später Schröer, Voraussetzungen; Grözinger, Offenbarung). Die enzyklopädische Frage wird bei Barth durch die Aufgabe bestimmt, „das Ziel der der Kirche eigentümlichen Rede" (Barth, KD I/1, 3) zu beantworten. Sie hat damit selbständig Anteil an der *Wahrheitsfrage* christlicher Theologie. Sie prüft: „Führt sie (die christliche Rede) zu ihm (Christus als dem Sein der Kirche) hin?" (ebd. 3) Von dieser Wahrheitsfrage her wird alles beantwortet, die enzyklopädische Einordnung, das Theorieverständnis als Lehre – mit Christus als erstem und der Kirche als zweitem Subjekt –, der Gegenstand als die Übereinstimmung mit Christus in der Selbstprüfung des Ziels und die methodische Frage mit der von der Sache her gegebenen notwendigen Eigenart. Solche, *sit venia verbo*, Offenbarungsphänomenologie des Wortes Gottes zieht gewiß den Verdacht auf sich, sich gegen die Anfragen außertheologischer methodischer Rationalität schon immunisiert zu haben und gegenüber dem Menschen schon voreilig zu behaupten, ihn besser zu kennen, als er sich selbst kennt. Das Empirieproblem ist damit verkürzt, was sich auch darin ausdrückt, daß *Inhalt* und die *Begründung* christlicher Rede der Praktischen Theologie entzogen sind, so daß sie auf Form und Ziel reduziert erscheint. Entsprechend hat A. Allwohn denn auch, Barth aufnehmend, Praktische Theologie als „Formsystematik" zu fassen versucht. Wie aber Form- und Sachprobleme sich verhalten, ja, daß Formprobleme als Sachprobleme anzusehen sind, wie es R. Bohren exemplarisch in seiner *Predigtlehre* richtig fordert, bleibt als wenig geklärte Frage bestehen. Was Barth mit „Ziel" meint, genauer gefragt, wie er sich operativ die Evaluierung der Zielbestimmung vorstellt, das bleibt hier unbeantwortet.

Spätere Äußerungen wie in seiner *Einführung in die evangelische Theologie* zeigen, daß es Barth vor allem um das Sprachproblem ging, die hermeneutische Frage, die er allerdings bewußt wohl leichter nahm, als sie ist, wenn er eine „sachlich durch Exegese und Dogmatik belehrte und formal durch die jeweils brauchbarste Psychologie, Soziologie und Linguistik gewitzigte" Sprache (Barth, Einführung 199) verlangte, auch wenn darin der Gedanke einer besonderen Pointierung vorliegen könnte, wie sie z. B. E. Jüngel angesprochen hat: „Praktische Theologie ist als wissenschaftliche Theorie von der stets neu zu gewinnenden Praxis der Kirche nicht die Summe, wohl aber die Pointe der Theologie" (ebd. 40).

Es scheint letztlich doch die *Gestaltfrage*, allerdings in belangvoller Weise, maßgebend zu sein, die man stets im Zusammenhang der Zuordnung von Botschaft und Ordnung in der III. Barmer These durchdenken sollte. Krause hat wohl zuerst die strukturelle Bedeutung dieser Bestimmung für die Praktische Theologie sichtbar gemacht (Krause [Hg.], Praktische Theologie XXII), allerdings eher nur als Abwehräußerung gegen deutsch-christliche Irrtümer, nicht als konstruktives Prinzip, anerkennen wollen. Man sollte hier aber den positiven Zusammenhang von Ereignis und Institution lokalisiert sehen und wichtige Impulse der Begründung der Kirchenverfassung in reformierter Tradition für die Praktische Theologie aufnehmen, so daß eine kritische Ergänzung von

CA VII im praktisch-theologischen Verständnis von Kirche nötig wird. Das hat das von A. Burgsmüller herausgegebene Votum des *Theologischen Ausschusses der Evangelischen Kirche der Union* scharf herausgestellt und damit auch in seinem Schlußteil „Barmen als Weisung" (Burgsmüller [Hg.], Kirche II, 57–128) eine Art Grundlegung der Praktischen Theologie erarbeitet, wenn leider auch manche Teilgebiete, wie z.B. die Religionspädagogik, dort noch fehlen.

Sucht man nach dem repräsentativen Vertreter der Dialektischen Theologie im Fach Praktische Theologie, so wird man am ehesten auf E. →Thurneysen verweisen. Nur für die Seelsorge hat er ein Lehrbuch vorgelegt, aber man kann aus verschiedenen Aufsätzen seine Sicht der Grundlagenprobleme erkennen. Der Aufsatzband *Das Wort Gottes und die Kirche* (1927) ist besonders geeignet, das damals neue Paradigma zu erkennen. In dem dortigen Beitrag *Die Aufgabe der Theologie* (ebd. 196–231) erhält die enzyklopädische Frage nach Exegese und systematischer Theologe als Dogmatik auch folgende dritte Bestimmung: „Theologie ist endlich Homiletik" (ebd. 229). Das eben entspricht der Kirche des Wortes, daß die Predigtlehre so der Terminus für das Ganze wird. So ist denn auch Seelsorge bei ihm Verkündigung an den einzelnen und Unterricht Verkündigung im Lernprozeß. Die Gottesfrage und das Ereignis der Rechtfertigung bilden die Mitte der Praktischen Theologie, so daß die Methodenfrage zweitrangig wird, auch wenn z.B. die →Psychologie als Hilfswissenschaft anerkannt wird. Wünschenswert ist für ihn eine „neue Psychologie", deren Kriterien aber unklar bleiben. Thurneysen verkennt nicht die anthropologische Situation, besonders auch in sozialer Hinsicht, aber es geht ihm um die Dominanz des →Wortes Gottes. Daß dieser radikale Ansatz im Vollzug von Predigt und Seelsorge, von Unterricht und Gemeindeleitung nicht so durchgehalten werden konnte, ist mehrfach betont worden. Der empirische Gegenschlag mußte kommen, und doch bleibt die Erinnerung an diesen anderen Doppelcharakter der Praktischen Theologie von Gottesdienst und Menschendienst unverzichtbar, die gerade in der Unterscheidung von Gottes Handeln und menschlichem Werk ihre Pointe hat. Die Praktische Theologie darf aber ihre Prolegomena nicht einfach der Dogmatik oder auch der Ethik überlassen (Schröer, Forschungsmethoden 212; Hübner VI).

H. →Asmussen ist für Seelsorgelehre, Liturgik und Kirchenleitung von bleibender Bedeutung. In Band I seiner *Lehre vom Gottesdienst* formuliert er seine lutherische Konzeption ganz im Sinne der Barmer Theologischen Erklärung: „Es gibt keine ‚praktische' Theologie unter Absehung von der Gegenwart Christi heute in seiner Gemeinde" (ebd. 7).

3.7. Das Erbe der Dialektischen Theologie in der theologischen Auseinandersetzung mit dem handlungswissenschaftlichen Paradigma

3.7.1. Unter dem Anspruch des Wortes Gottes. Die Frage nach der sachgemäßen Rezeption des Erbes der Dialektischen Theologie ist eine der Hauptfragen der Nachkriegsentwicklung der Praktischen Theologie.

Barth selbst entwarf in § 72 der *Kirchlichen Dogmatik* „Der Heilige Geist und die Sendung der christlichen Gemeinde" eine Disposition der Praktischen Theologie in dem vierten Abschnitt „Der Dienst der Gemeinde", die aber praktisch-theologisch bisher nicht rezipiert wurde.

Betrachtet man die Lehrbücher und Grundrisse der Praktischen Theologie nach 1945, so versuchte am ehesten H. Diem in dem dritten Band seines enzyklopädischen Werks *Theologie als kirchliche Wissenschaft* unter dem Titel *Die Kirche und ihre Praxis* (1963) Barths Konzeption in die durch die Debatte um R. →Bultmann geprägte Situation mehr durch- als umzusetzen. Diese Arbeit blieb enttäuschend, symptomatisch ist der dortige § 3 „Der Heilige Geist und die Kirche", in dem Christologie und Pneumatologie bewußt sachlich so synonym werden, daß das hermeneutische und damit auch das Praxis-Problem allein dogmatisch gelöst werden. Dialektische Theologie und handlungswissenschaftliche Theorie sind noch nicht vermittelt.

Einen anderen, besseren Weg schlug hier R. Bohren ein, der in Anknüpfung an Arnold van Ruler die Differenz von Christologie und Pneumatologie herausarbeitete und mit Recht dazu aufforderte, die Praktische Theologie von der Pneumatologie her zu begründen (Bohren, Zukunftsperspektiven). Diem hatte zwar schon die *communicatio gratiarum* im Blick, aber erst bei Bohren wurde, zuerst in seiner *Predigtlehre*, die Handlungskompetenz der Praktischen Theologie wieder kreativ ermöglicht, weil er dem Aspekt des Machens, der Poiesis, wieder Raum verschaffte. In seinem Verständnis der Praktischen Theologie als „Wissenschaft von der aktuellen Sammlung und Sendung der Kirche“ (Bohren [Hg.], Einführung 22.32) – in struktureller Anknüpfung an Fendt, M. Fischer und Heinrich Rendtorff – bleibt das Erbe der Dialektischen Theologie, verknüpft mit missionstheologischen Motiven, wirksam, aber die Öffnung zu den Handlungswissenschaften ist schon, wenn auch methodisch unterbestimmt, erreicht.

3.7.2. Zwischen Religion und Politik. Repräsentativ für die Problemlage, die sich 1968 auch in der Studentenbewegung politisch auswirkte, war die Darstellung der Grundfragen der Praktischen Theologie durch M. Josuttis unter dem Titel *Praxis des Evangeliums zwischen Politik und Religion* (1974). Dort wurde die politische Situation im neomarxistischen Horizont, aber auch die Religion als rehabilitiertes Thema zur Sprache gebracht. Josuttis versuchte einen entschiedenen Weg durch die Alternativen, bei dem die „doxologische Differenz“ als Erbe der Dialektischen Theologie die Schlußpointe bildete. Andererseits wurde die Bereitschaft für sozialwissenschaftliche Analysen durchaus gesteigert, so daß z. B. Homiletik auch wieder als →Rhetorik analysiert werden konnte.

3.7.3. Im Konziliaren Prozeß. Ausgehend von dem Streit um die Unterstützung des Antirassismusprogramms (→Rassismus) legte E. →Lange 1972 *Überlegungen zu einer Theorie kirchlichen Handelns* (Lange, Edition II, 1981, 197–214) vor. Lange war bereits mit wirksamen Reformgedanken für Gottesdienst und Predigt, Erwachsenenbildung und ökumenisches Lernen bekannt geworden. Jetzt entwickelte er Grundzüge einer Praktischen Theologie, die als Theorie der Kommunikation des Evangeliums im Kontext des Konziliaren Prozesses zu verstehen ist. Er ging aus von dem lebenspraktischen Einspruch Jesu gegen die Selbstzerstörung des Menschen im Kontext des Kartells von Religion und Gesellschaft. Das bedeutete enzyklopädisch, daß die Theologie sich fragen lassen muß, ob sie „nicht – wie die Anthropologie – eher eine gemeinsame Fragestellung vieler wissenschaftlicher Disziplinen als eine eigene Disziplin ist“ (Lange II, 209). Die Praktische Theologie arbeitet im Pluralismus der Kirchenverständnisse, bei denen das Interesse der Wahrung der Institution mit den Möglichkeiten kritischer Legitimation verbunden werden muß. Als Leitformel für eine Strategie schlug Lange „Indigenisation“ (ebd. 200) vor, die der Inkarnation des göttlichen Wortes entsprechende gesellschaftliche „Einkörperung“, in der Sozialisation und Emanzipation zusammen wirksam sind. Solch ein Konziliarer Prozeß des Lernens zielt auf eine überparochiale ökumenische Streitkultur. Sie ist letztlich in dem Vertrauen auf die kontrafaktische Kraft der Verheißung begründet, die nicht nur den Glauben des einzelnen hervorruft, sondern eine Gemeinschaft stiftet, in der „Lernen heute eine notwendige Vollzugsform des Glaubens“ ist (Lange, Bildung: ders., Edition I, 1980, 200).

3.8. Unterwegs zu einer Theorie empirischer Theologie

Im Jahr 1966 wurde die Zeitschrift *Theologia Practica* gegründet (seit 1994 *Praktische Theologie*). Ihr Untertitel *Zeitschrift für Praktische Theologie und Religionspädagogik* zeigte, daß Einzelwissenschaften der Praktischen Theologie, die in besonderem Maße sozialwissenschaftliche Erkenntnisse zu verarbeiten hatten, eine Sonderstellung beanspruchten. Darin drückte sich exemplarisch aus, daß die gesamte Praktische Theologie sich der „empirischen Wendung“, zuerst markiert in der Religionspädagogik (Wegenast, Wendung), insgesamt stellen mußte.

Erster Wortführer einer empirischen Theologie war H.-D. Bastian, der mit seinem Aufsatz *Vom Wort zu den Wörtern* eine Alternative gegenüber dem kerygmatischen Ansatz suchte, um so den neu gewonnenen Erkenntnissen, wie Wirklichkeit funktioniert, gerecht zu werden. Nur so, meinte er, könne dem Wort im theologischen Sinn gedient werden. Diese Tendenz zur Empirie brachte die Soziologie, die Psychologie und die Kybernetik in die theologische Prinzipienlehre. Bastian forderte pointiert, die Praxis nicht als einen Teil der Theologie, sondern die Theologie als einen Teil der Praxis zu begreifen. Seine *Theologie der Frage* verfolgte die gleiche Zielsetzung für eine Kommunikationstheorie der Kirche.

Von der Soziologie her legte K.-F. Daiber einen *Grundriß der Praktischen Theologie als Handlungswissenschaft* vor. Dabei bearbeitete er bereits die Auseinandersetzung, die sich in Entsprechung zum Positivismusstreit der deutschen Soziologie zwischen funktionaler und empirisch-kritischer Theorie (Dialektik) abgespielt hatte, und entwickelte konstruktiv Kriterien für exemplarische Arbeitsabläufe wie Feldstudie, Planspiel und Gesprächsanalyse. Erhebliche Bedeutung bekam auch K.-W. Dahms Analyse „Aspekte einer funktionalen Theorie des kirchlichen Handelns" (Dahm 303–329), der die Bedarfslage der Kirche als Institution empirisch herausarbeitete.

Die Spannung zwischen Theologie und Empirie wurde schließlich noch einmal durch E. Hübner zum maßgeblichen Grundlagenproblem Praktischer Theologie. Er versuchte, von Schleiermacher ausgehend, eine theologische Identifizierung der →Volkskirche als empirischer Gegebenheit vorzunehmen. Allerdings scheint die Zielvorstellung einer Identifizierung der hier notwendigen Konstellation in Wechselwirkung zwischen theologischen und empirischen Kriterien hermeneutisch zu wenig gewachsen zu sein. Das schon erwähnte EKU-Votum zu Barmen III (s.o. 3.6.) kommt dieser Aufgabe, Wort Gottes und religiöser Kommunikation gerecht zu werden, näher, weil dort Volkskirche nicht als Programmbegriff anerkannt wird.

3.9. Praktische Theologie im Kontext sozialistischer Gesellschaft

Für die Entwicklung der Praktischen Theologie in Deutschland war die zeitweilige Teilung in zwei deutsche Staaten ein bemerkenswertes Lehrstück. Das läßt sich bereits an der Rezeption der beiden Lehrbücher der Praktischen Theologie von A.D. Müller (1954) und O. Haendler (1957) erkennen, die in der DDR erschienen. Für den Westen trugen sie wenig zur Klärung der neuen Konstellation zwischen der Theologie des Wortes und den empirischen Handlungswissenschaften bei, auch wenn Müller die Kirche bereits kulturtheologisch thematisierte und Haendler den Strukturbegriff, aber ohne Rekurs auf den Strukturalismus, zu nutzen versuchte. Für den Osten waren sie allerdings, insbesondere in ihrer Bedeutung für die Seelsorge – z. B. Integration von Tiefenpsychologie –, durchaus von Bedeutung.

Mit dem Ost-Berliner *Handbuch der Praktischen Theologie* (1975–1978) wurde bewußt die neue Situation der Kirche im Kontext sozialistischer Gesellschaft reflektiert. J. Henkys schrieb darin die Einführung und schilderte ihre Aufgabe folgendermaßen:

> „Sie setzt beim gegebenen Zustand an und erörtert Gegenwart und Zukunft des kirchlichen Dienstes angesichts der Macht des Faktischen (die also nicht geleugnet und auch nicht verteufelt wird), beflügelt durch den Reiz des Möglichen (der ebenfalls keine Mißachtung verdient), gebunden an den Ruf des Sendenden. Sie bemüht sich um Entscheidungs- und Handlungshilfen, damit eine gegebene Kirche von Christen der ihr heilsamen Berufung, Kirche Christi für die Menschen ihrer Gegenwart zu sein, durch Tun und Lassen wirksam zu entsprechen vermag" (Henkys 45).

Diese Aufgabenbestimmung zeigt, daß die Praktische Theologie hier, im Anschluß an W. Jetter, unter dem Leitwort „Dienst" steht. Die Spannung zwischen Wirklichkeit und Möglichkeit wird berücksichtigt, steht aber theologisch unter dem missionarischen Wortgeschehen. Dieser Entwurf ähnelt Bohrens Verständnis der Praktischen Theologie von 1964. Kennzeichnend ist aber, daß sowohl eine weitergehende politische Erörterung wie auch der Begriff der Religion konsequent vermieden werden. Trotz der offenkundigen Zensurbeschränkungen ist es der Praktischen Theologie in der DDR zum Teil mit deutlichen Differenzen zwischen den Kirchlichen →Hochschulen und den Universitätsfakultäten gelungen, einen relativen Spielraum des kirchlichen Handelns als Alternative zu dem herrschenden System offenzuhalten, im Sinne des Konziliaren Prozesses zu gestalten und so auch indirekt politisch wirksam zu werden, so daß sie maßgeblich an der friedlichen Revolution 1989 beteiligt war.

3.10. Zur neueren Entwicklung der katholischen Praktischen Theologie

Auf die Geschichte der katholischen Praktischen Theologie braucht hier nur kurz eingegangen zu werden. Sie ist durch N. Mette (Theorie) bis 1978 wissenschaftsgeschichtlich präzise dargestellt worden. Ebenso hat W. Fürst (Urteilskraft 246–379) eine vorzügliche Darstellung, die sowohl eine soziologie- wie theologiegeschichtliche Analyse bietet, vorgelegt. Die Entwicklung vom pastoraltheologischen zum ekklesialen Paradigma zeigt große Konvergenzen zur evangelischen Entwicklung auf (Schröer, Tendenzen). Ausgehend vom II. →Vatikanum bekam die katholische Pastoraltheologie eine neue Fassung, die das *Handbuch der Pastoraltheologie* (HPTh) als Standardwerk prägte. Sein Untertitel *Praktische Theologie der Kirche in der Gegenwart* hat in seiner von K. →Rahner entwickelten Konzeption einer Theorie des „Selbstvollzugs der Kirche" große Ähnlichkeit mit den Konzeptionen von Schleiermacher, Nitzsch, Harnack, Zezschwitz, Müller und Haendler. Ebenso ist die Entwicklung zum handlungswissenschaftlichen Paradigma, z. B. bei N. Mette und R. Zerfaß, deutlich vollzogen worden.

Fürst hat in seiner Analyse der Tübinger Schule im 19. Jh. nicht nur den schon auch auf evangelischer Seite vielfach bekannten, Schleiermacher nahestehenden Entwurf von Anton Graf (1811–1867) noch einmal gewürdigt, sondern auch die Bedeutsamkeit von J.B. →Hirscher neu herausgearbeitet. Dessen Interesse an der „Orthodoxie des Lebens" in Glaube, Hoffnung und Liebe und der „Wahrheit im Interesse der Freiheit" sind hervorragende Komponenten auch einer evangelischen Praktischen Theologie.

Der von F. Klostermann und R. Zerfaß herausgegebene Sammelband *Praktische Theologie heute* (1974) war denn auch ein repräsentatives Dokument ökumenischer Konvergenz in der notwendigen Vielfalt. Zerfaß' dortiger Beitrag: *Praktische Theologie als Handlungswissenschaft* (ebd. 164–177) mit Rückgriff auf S. Hiltners Ansatz wurde geradezu schulbildend für die Methodenlehre in beiden Konfessionen. Ebenso hat Klostermann (1907–1982) mit seinen Arbeiten, die dem *Prinzip Gemeinde* (1965) dienen und Kirchenreform zu einem Grundanliegen in kairologischer Verantwortung Praktischer Theologie (*Gemeinde – Kirche der Zukunft*, 1974) machten, einen klassischen Beitrag zu ökumenisch biblisch begründeter Theorie der Praxis geboten. Fürsts eigene Zielsetzung einer „Theorie der theologischen Urteilskraft" mit einer „symbolisch-kritischen Methode" entspricht den Tendenzen auf evangelischer Seite, die darstellendes Handeln, Überwindung der Alternative von funktionaler und kritischer Empirieauffassung und kommunikative Kompetenz anstreben. Seine Leitformel „Handeln im Geist Jesu Christi" (Fürst, Urteilskraft 1) betont gleichfalls die Pneumatologie als spezifisches Verbindungsstück zur Systematischen und Exegetischen Theologie.

Sehr anregend ist H. Steinkamps Versuch (1985), Praktische Theologie von der Diakonie her zu entwerfen. Einen Überblick über die gegenwärtige Lage vermittelt S. Knobloch in seinem Lehrbuch *Praktische Theologie* (1996), dem er eine Klärung der Grundfragen *Was ist Praktische Theologie?* (1995) vorausschickte.

3.11. Im Horizont der weltweiten Ökumene

Die Theoriebildung der katholischen Theologie, insbesondere in den Ausarbeitungen der Befreiungstheologie (Leonardo Boff [geb. 1938] u.a.), erinnert besonders deutlich daran, daß Praktische Theologie bei aller Bemühung um Konkretion im Detail, in Lokalisierung und Regionalisierung, nur in weltweiter Verantwortung entwickelt werden kann, wie es vor allem E. Lange mit seiner Bemühung um überparochiale Gewissensbildung im Blick auf Zukunft schon angemahnt hatte.

Praktische Theologie im Sinne Schleiermachers ist allerdings ein vorwiegend auf die deutsche Theologiegeschichte und volkskirchliche Situation sowie die idealistische Universitätstradition im Sinne W. von →Humboldts bezogene Konzeption gewesen. Fast überall hat sich sonst die faktische Kraft des pastoraltheologischen Paradigmas bewährt. Schleiermacher aber wurde immerhin in Finnland und Schweden (Andrén) effektiv rezipiert. Auch in Dänemark ist die Praktische Theologie neuerdings nicht mehr nur der zweiten Ausbildungsphase im Predigerseminar (begründet 1809) überlassen (TRE 8,318f.). Die Entwicklung in den USA und Großbritannien hat Richard R. Osmer sachkundig skizziert. Der enzyklopädische Ansatz Schleiermachers war in den USA wirksam, so daß immerhin grundsätzlich von dem pastoraltheologischen Paradigma Abschied genommen werden konnte. Aber der →Pragmatismus vereitelte samt der besonderen kirchlichen Situation verschiedener Denominationen eine kirchlich ganzheitliche Praktische Theologie. In Schottland wurde Praktische Theologie 1924 erstmals Universitätsfach in →Edinburgh. Erst in der Mitte des 20. Jh., vor allem durch Hiltners Arbeiten, der zwischen *logic centered* und *operation-centered branches of theology* unterschied und die Praktische Theologie perspektivisch-dimensional in *Organizing*, *Communicating* und *Shepherding* differenzierte, wurde auch dort das Interesse an einer handlungswissenschaftlichen Integration der Praxisanleitungen wirksam. Der auch inzwischen im Kontakt mit der deutschen Praktischen Theologie in Gang gebrachte internationale Dialog, dokumentiert in dem von K.E. Nipkow u.a. herausgegebenen Sammelband *Praktische Theologie und Kultur der Gegenwart* (1991), zeigte, daß ein gemeinsames kulturtheologisches Interesse besteht. Die Differenzierung in das Konzept einer „Fundamentalen und Strategischen Praktischen Theologie“ (Browning: ebd. 21–42), einer kritischen und konstruktiven Theorie der Reform kirchlichen Handelns im Sinne einer „Partnerschaft ihres Lebens mit Gottes Werk“ (Fowler 156), einer sprachtheologisch und -philosophisch orientierten Theorie der Kontextualität (Osmer 1298) sowie die Anstöße durch Feminismus und Befreiungstheologie in ideologiekritischer Hinsicht zeigen inzwischen ein ganz ähnliches Tableau wie in Deutschland. Die Gründung der *International Academy for Practical Theology* 1993 in Princeton (2. Kongreß Bern 1995) wird hoffentlich die Plattform des Gesprächs verstärken. Die Theorieentwicklung in den Niederlanden – besonders bemerkenswert sind die Arbeiten von J.A. van der Ven und G. Heitink sowie die Gründung des *Journal of Empirical Theology* 1988 – sowie in Spanien (Floristán), Italien (Genre) und Japan (Kato; Kanda) fördern die Ausbildung einer noch zu entwickelnden Vergleichenden Praktischen Theologie. Das 1997 neu erscheinende *International Journal of Practical Theology* (Berlin/New York) wird möglicherweise konzentrierte Interpretation und Horizonterweiterung auf wissenschaftlichem Niveau vorantreiben.

Man kann bilanzierend sehen, daß die Entwicklung vom pastoralen zum ekklesialen Paradigma vielfach vollzogen und mit einer Bemühung um wissenschaftliche Theoriebildung verbunden ist. Die methodischen Differenzen in der Verknüpfung von Empirie und Theologie (dazu zuerst Hollweg) konvergieren immerhin in dem enzyklopädischen Interesse an Theologie als *Erfahrungswissenschaft* (Herms). Dabei sind Religion und Kirche in ihrem Verhältnis zu Glaube und Offenbarung weiterhin strittig. Es ist sinnvoll, zwischen religiösem, christlichem und kirchlichem Paradigma, letzteres wieder differenziert in ekklesiales und parochiales Modell, zu unterscheiden. Die jeweiligen Verhältnisbestimmungen von Theologie und Empirie – funktional, kritisch, symbolisch-performativ – sind als weitere Merkmale einzubringen. Praktische Theologie ist, gerade auch in der postmodernen (→Postmoderne) Situation (Meyer-Blanck, Praktische Theologie; von Heyl 132–162), kritische Integrationswissenschaft, die die „Macht des Faktischen und den Reiz des Möglichen“ (Henkys; Schultze) theologisch verantwortlich im Interesse experimenteller Praxis wahrnimmt, ökumenisch orientiert und lokal konkretisiert.

4. Gegenwärtige Konzeptionen und Tendenzen

Geht man von den Lehrbüchern aus, so können die Werke von D. Rössler *Grundriß der Praktischen Theologie* ([2]1994) und G. Otto *Praktische Theologie* (Bd. 1 und 2, Bd. 3 steht noch aus) als repräsentativ für zwei unterschiedliche, ausgearbeitete Konzeptionen stehen, die paradigmatischen Charakter haben und zur Zeit dominant sind. Dazu kommen weitere bemerkenswerte Entwürfe.

4.1. Dietrich Rössler. J. Scharfenberg hat Rösslers Grundriß als „großartiges Arbeitsbuch", das einen „zusammenfassenden Überblick der Themen und Probleme unserer Disziplin im neuzeitlichen Christentum" (Scharfenberg 275) bietet, treffend beschrieben. Es erscheint „wie eine letzte, endgültige und zusammenfassende Beschreibung einer geschichtlichen Epoche" (ebd. 276). Diese Vorzüge machen zugleich Desiderate deutlich, die Scharfenberg in vier Punkten zutreffend auflistet:

1. Kein Ausblick, Verzicht auf jede prophetische Attitüde.
2. Kein Verhältnis zur Mission.
3. „Unerbittlich vernünftig". Feministische und ökologische Theologie sowie Befreiungstheologie fallen aus.
4. Keine Aufarbeitung des Faschismusproblems; die Erkenntnisse des Kirchenkampfes fehlen.

Rössler erneuert die Tradition Schleiermachers und Nitzsch'. Man könnte ihn den Nitzsch unserer Zeit nennen. Er geht von der Praxis des neuzeitlichen Christentums aus, deren Theorie die Aufteilung in individuelles, kirchliches und öffentliches Christentum erfordert. Die Theorie der Religion ist maßgeblich. Was so aus der Theologie wird, kann man fragen. Daß nicht nur die Kirche, sondern das ganze Christentum das Thema der Praktischen Theologie ausmacht, ist zu begrüßen. Methodisch wird vor allem von der geschichtlichen Entwicklung, selten von exegetischen Einsichten, ohne strenge Methodik argumentiert. Es ist eine besonnene Darstellung dessen, was ist. Harte Kontroversen werden vermieden. Die Tendenzen zeigen sich in den Sachverhalten. Es ist eine Deskription des Faktischen ohne Extreme. Die Einheitsfrage, von Rössler auch gesondert thematisiert (Rössler, Einheit), überwiegt die Wahrheitsfrage oder gilt als wesentlicher Indikator der Wahrheitsfrage. Die aufregenden Ansätze von Bohren, Josuttis und Lange finden wenig Resonanz.

Problematisch wirkt die Gliederung. Diakonie gehört in den Teil, der das individuelle Christentum behandelt, als ob nicht gerade Diakonie eine gesellschaftliche Aufgabe wäre. Kirche aus dem Bereich Gesellschaft auszuschließen ist ebenso eine verwegene Beschränkung, die dem Mißverständnis einer auf Amt, Predigt und Gottesdienst bezogenen Amtskirche deutlich Vorschub leistet. Daß im dritten Teil mit der Überschrift „Gesellschaft" dann noch ein Schlußkapitel „Gemeinde" erscheint, ergibt wiederum eine solche fragwürdige Trennung. Dort erst taucht der Begriff →Landeskirche auf. Hier scheint also im Unterschied zu Teil II das Kirchentum statt der Grundgestalt von Kirche wirksam zu sein. Aber kann man das so auseinanderreißen? Welche aktuellen Tendenzen ausgefallen sind, hat Scharfenberg schon angesprochen. Man kann Spiritualität, Ästhetik, Umgang mit Geld und Macht, Ökumene und Gemeindepädagogik noch als weitere Desiderate hinzufügen.

4.2. Gert Otto. G. Otto will kein System bieten, sondern eine Richtung seiner Praxistheorie konsequent verfolgen, die in seiner Leitthese deutlich wird: „Praktische Theologie ist *nicht* Theorie des Handelns der Amtskirche, sondern: Praktische Theologie ist kritische Theorie religiös vermittelter Praxis in der Gesellschaft" (G. Otto, Praktische Theologie I, 21 f.). Dem entspricht sein Interesse an „Überwindung der ekklesiologischen Verengung" (ebd. 60). Die methodische Frage ist stark von dem Versuch bestimmt, statt der sektoralen eine perspektivische Gliederung vorzunehmen. Die Handlungsfelder – dabei kommt die Praxis der Amtskirche material dann doch wieder voll ins Bild – werden durch verschiedene Reflexionsperspektiven wie: Hermeneutik, Rhetorik, Didaktik, Recht, Ideologiekritik, Kommunikation, Symbolik usw. (ebd. 71) aspektuell wahrgenommen. Die Erörterung von Handlungsfeldern in Bd. II – fast alles kirchliche Arbeitsgebiete – zeigt, daß durch perspektivische Methodik neue Verknüpfungen entstehen. Aber es bleibt die Frage, wie die Perspektiven und Handlungsfelder sich unter- und zueinander systematisch verhalten. Sie sind durch prozessuales Lernen verbunden, aber reicht das? Auch hier fehlen einige schon bei Rössler vermißte Themen wie Umgang mit Geld und Macht, Sexualität, Ökumene, Spiritualität. Dieser Entwurf zeigt den notwendigen Vorbehalt gegenüber einer starren Systematik und engen Kirchlichkeit der Praktischen Theologie sowie das Interesse an eher essayistischer Erörterung. Damit ist aber enzyklopädisch wegen der Polemik gegen eine dogmatische Deduktion der Anschluß an Exegese und Systematik gestört. Die Inanspruchnahme des Methodenbegriffs Kritische Theorie bedarf noch einer genauen Überprüfung mit dem, was Praktische Philosophie mit diesem Begriff verbindet (von Heyl 219–226). Religion als Leitbegriff erscheint wie bei Rössler als integraler Nenner, ohne daß das Verhältnis von Glaube und Religion näher erörtert wird.

4.3. *Rudolf Bohren*. Bohren versteht in seinen Prolegomena *Daß Gott schön werde* Praktische Theologie als in der Pneumatologie begründete theologische Ästhetik und bezieht sich damit nicht nur auf Dogmatik und Ethik als Partner der Praktischen Theologie. Allerdings bleibt das zugrunde gelegte Ästhetikverständnis zwar theologisch sehr anregend – „Gemeinde als Kunstwerk" (ebd. 129f.) –, aber im Blick auf die Kategorien philosophischer Erörterung des Themas doch sehr subjektiv. Das für ihn maßgebende Prinzip der „theonomen Reziprozität" ermöglicht jedoch, Kunst und Theologie sich in Freiheit begegnen zu lassen.

4.4. *Manfred Josuttis*. Die Arbeiten von M. Josuttis haben den Vorzug, die sonst oft verschleierten Interessen theologisch verantwortlicher Praxis aufzuzeigen und ihnen problembewußt nachzugehen. So hat er mit seiner zeitgenössischen Pastoraltheologie *Der Pfarrer ist anders* und *Der Traum des Theologen* Aspekte erfaßt, die es verdienen, nicht nur im Blick auf die Berufspraxis im Pfarramt praktisch-theologisch erörtert zu werden. Hier sind vor allem Macht, Zeit, Geld, Sexualität, Frömmigkeit, Erfolg, Tageslauf und Zukunft zu nennen. Methodisch ist die Verknüpfung verhaltenswissenschaftlicher Verfahren und Erkenntnisse mit theologischen Grundanliegen eindrucksvoll. Das zeigt besonders seine Einführung in den Gottesdienst: *Der Weg in das Leben*, der Praktische Theologie als eine Verhaltenswissenschaft im Umgang mit dem Heiligen neu wahrzunehmen lehrt. Daß dabei eine merkwürdig konservative Einstellung herauskommt, die z.B. auf Agendenreform (→Agende) verzichtet, überrascht, zumal er sich in anderen Konfliktfragen durchaus als kämpferisch erwiesen hat. Daß sein Weg nunmehr zwischen Phänomenologie und Spiritualität verläuft, zeigt eine grundlegende Revision seiner früheren Beiträge zur Pastoraltheologie: *Die Einführung in das Leben*.

4.5. *Gütersloher Handbuch der Praktischen Theologie*. Einen anderen Weg, nämlich Praktische Theologie als Teamwork zu betreiben, schlug das *Handbuch der Praktischen Theologie* (Gütersloh 1981.1983.1987) ein. Es beschrieb zuerst die Empirie der Praxisfelder mit dem Interesse, die verschiedenen Situationen der Praxis in den Zusammenhang mit der Theorie zu rücken. Leider kam der Band I *Praxisfeld Theorie* nicht zustande. Für die Methode ist jedoch die den Bänden II–IV vorangestellte Matrix kennzeichnend, in der deutlich drei Handlungsebenen (Dimensionen) unterschieden werden: 1. Einzelner/Gruppe; 2. Gemeinden; 3. Gesellschaft und Öffentlichkeit. Diese werden mit vier Handlungszielen (Obligationen) kombiniert: A. Verkündigung und Kommunikation; B. Bildung und Sozialisation; C. Seelsorge und Diakonie; D. Leitung und Organisation. Damit ergibt sich eine Aufgliederung der Praktischen Theologie in Fallsituationen, deren Ort und Zeit, Kontext und Herausforderung zum Handeln näher beschrieben werden können. Gelänge es, eine →Semiotik oder Grammatik der jeweiligen Situation samt der Verschränkungsdimensionen zu entwickeln, könnte das eine Praktische Theologie als pragmatische Netzwerktheorie geben.

4.6. *Henning Luther.* Eine wirkungsvolle Konzeption im Fragment mit vielen Signalen zur Zukunft hat H. Luther (1947–1991) in Einzelarbeiten vorgelegt. Die unter dem Titel *Religion und Alltag* postum vereinigten Arbeiten sind in der Tat, wie der Untertitel sagt, *Bausteine zu einer Praktischen Theologie des Subjekts.* Er nimmt Schleiermachers Interesse auf, „die Individualität des einzelnen konstitutiv zu berücksichtigen" (Luther, Religion 10), das Nitzsch bereits rückgängig gemacht habe. Individualisierung der Religion und durch Religion in alltäglicher Lebenswelt sind das Kernthema Praktischer Theologie. Religion wird als randständige Grenzerfahrung am Anderen pointiert erfaßt. Die Subjektwerdung wird hermeneutisch im Anschluß an Emmanuel Lévinas auf die Praktische Theologie als Diakonie hin ausgelegt. Die Identität des Subjekts, authentisch autobiographisch erfahrbar, ist nur als Fragment der „Ästhetik des Bußrufs" (ebd. 182) angemessen. Auf diese Weise wird nicht nur das Handeln, sondern werden auch das Leiden und der Tod Themen der Praktischen Theologie.

4.7. *Peter C. Bloth.* P.C. Bloth erschließt mit seinem Grundkurs *Praktische Theologie* (1994) die Entwicklung „vom pastoralen zum ekklesialen Paradigma" (ebd. 42–96) und die Bemühungen um „Praktische Theologie als ‚offenes System' im pluralistischen Kontext oder: die handelnde ‚Kirche des Wortes'" (ebd. 97–212). Damit ist ein Rahmen der Theoriebildung gegeben, der am ekklesiologischen Paradigma festhält. Das besondere Interesse richtet sich auf eine neu verstandene kirchliche Kybernetik (ebd. 166). Bloth hat alle Ebenen des kirchlichen Handelns im Blick, vor allem auch die Ökumene. „Die Losung ‚Botschaft wie Ordnung' (Barmen III) ist ... praktisch-theologisch kaum mehr einlösbar" (ebd.), weil nach Bloth der Rückgang auf absolute Prioritäten und Handlungsmuster im Prozeß der kontextuellen Pluralität nicht mehr realisierbar erscheint. Bloth nimmt Kirchenkritik in die modernen Formen des ekklesialen Paradigmas hinein, so daß er die Beschränkung auf binnenkirchliche Sichtweisen abwehrt, ohne der Öffnung G. Ottos zu religiöser Praxis überhaupt zu folgen. Auf diese Weise ist das Problem der Wahrheitsfrage in neuzeitlicher Sicht anvisiert, aber nicht hinreichend thematisiert.

5. *Versuch einer Bilanz zur Zukunft*

Es ist nötig, nach den Zukunftsperspektiven (Bohren) der Praktischen Theologie zu fragen, denn die Dimension der Vor-Sicht gehört notwendig zu ihr.

Die Beschreibung der derzeitigen Lage hat Tendenzen aufgezeigt, die bei einer Konzeption, die für die nahe Zukunft tragfähig ist, beachtet werden sollten. Es sind dies:

1) Das Interesse an *Ästhetik* mit der Konsequenz, Praktische Theologie primär als „Wahrnehmungswissenschaft" zu verstehen, wie es vor allem A. Grözinger dargelegt hat. Dabei bietet der Begriff Wahrnehmung im Deutschen die Möglichkeit, ähnlich dem englischen „to realize", auch den Handlungsvollzug in sich zu schließen. Praktische Theologie soll sowohl als Wissenschaft wie auch als Kunst begriffen werden. Die Begegnung von Theologie und Kunst sowie eine Erneuerung des Kulturbegriffs in einer multikulturellen Gesellschaft deuten hier neue Aufgabenfelder an.

2) Das Interesse an *Ökumene*, interkultureller Gesellschaft, konziliarem Prozeß, Indigenisation, ökumenischem Lernen. Eine solche Globalisierung ist nötig, sie schließt aber die in den zwei Grundmotiven Lokalisierung oder Regionalisierung wirksame Wahrheit im Detail nicht aus (vgl. Hauschildt). Wie kaum ein anderer hat W.J. Hollenweger mit seinen Beiträgen zur Interkulturellen Theologie auf ökumenische Erfahrungen aufmerksam gemacht. Damit werden das Verhältnis von Geist und Leibhaftigkeit und die Wahrheit von Mythenbildung (→Mythos) zu Angelpunkten Praktischer Theologie.

3) Das Interesse an *Elementarisierung* der Praktischen Theologie hält die Laienfrage (→Laie) und die Verbindung von Dogmatik und Didaktik wach. Praktische Theologie kann nicht nur Pastoraltheologie sein. Sie kann auch nicht nur universitär, sondern sie wird auch außerfachtheologisch, z. B. auf Kirchentagen (Schroeter) und Akademien, zu

betreiben sein. Die religionspädagogische Elementarisierungsdebatte (vgl. die kritische Darstellung bei Beuscher), die H. Stock als Leiter eines Forschungsprojekts des Comenius-Instituts (*Elementarisierung theologischer Inhalte und Methoden*) gründlich angegangen ist, einschließlich der Bemühung um neue Katechismen, gehören konstitutiv zur Kirche als Lerngemeinschaft. Gemeindepädagogik ist deshalb ein notwendiges neues Teilgebiet.

4) Das Interesse der Ausübung von *Macht* und der Umgang mit →*Geld* sind primäre Themen der Praktischen Theologie, auch wenn hier noch tragfähige Klärungen über die Pastoraltheologie hinaus fehlen. Die vierte These der Barmer Theologischen Erklärung mit ihrer herrschaftskritischen Tendenz für den „der ganzen Gemeinde anvertrauten und befohlenen Dienst" bedarf einer praktisch-theologischen Ausarbeitung.

5) Das Interesse an →*Spiritualität*, die als Einübung in die mit der lebendigen Macht des Heiligen Geistes verbundene Gestaltwerdung des Glaubens zu verstehen ist, was M. Seitz schon in den sechziger Jahren anmahnte (Seitz 76–79), führt über den traditionellen Begriff von →Frömmigkeit hinaus. Durchaus weltgestaltend, verlangt diese Tendenz nach Klärungen des Verhältnisses zur →Kultur der Kirche (vgl. den von H. Donner herausgegebenen Kulturbericht der EKD). Das könnte sich in einer Streitkultur innerhalb und außerhalb der Kirche auswirken, die den Umgang mit Konflikten förderlich gestaltet.

6) Das Interesse an einer methodischen *Kooperation* verschiedener Wissenschaftsbemühungen, die sich in konziliarem Geist nicht nur um Texte und Monumente, sondern auch um Prozesse von Wirklichkeit bemühen. Eine interkulturelle, medienbewußte praktisch-theologische Hermeneutik ist nötig. Sie arbeitet vorwiegend phänomenologisch (vgl. Heimbrock/Failing; Zilleßen/Beuscher). Ausgehend von einer Analyse der Arbeiten Wilhelm →Stählins hat M. Meyer-Blanck „Leben, Leib und Liturgie als Kategorien für eine Hermeneutik christlicher Praxis" (Meyer-Blanck, Leben 394) in steter Fühlungnahme mit der gegenwärtigen Prinzipiendebatte ausgearbeitet (vgl. seine Definition Praktischer Theologie ebd. 401).

7) Das Interesse an der *Wahrheit* Praktischer Theologie als einer besonderen Teilhabe an der Ingebrauchnahme der Heiligen Schrift als Paradigma und Partitur geschichtlicher Offenbarung (dazu Schröer, Scriptura). Dabei wird die Kategorie des Spiels (vgl. Bieritz, Freiheit) ernst zu nehmen sein.

Sind dies Indikatoren für die nahe Zukunft, so ist den oben genannten Leitfragen in folgender Richtung nachzugehen:

1) *Enzyklopädisch* (→Enzyklopädie, theologische) ist die Praktische Theologie sowohl selbständig als auch kooperativ zu konzipieren. Nach H. Gollwitzer (48) ist sie sogar „das Herz der Theologie". Sie muß sowohl theoriefähig wie theologiebewußt sein. Sie stellt eine notwendige Verbindung zu Leben und Handeln der Kirche als Ereignis und Institution wie zu Welt und Kultur in den Möglichkeiten der Begegnung dar. Sie erkennt die Differenz von Welt und Kirche, tut dies aber weltlich. Sie arbeitet an einem kritischen Begriff von Kirche, der sich in Projekten zur Kirchenreform als handlungsrelevant erweisen soll. Sie pflegt das gegenseitige Gespräch mit Exegese, Historischer und Systematischer Theologie im Sinne einer gemeinsam auszuarbeitenden praktisch-theologischen Hermeneutik. Praktische Theologie zielt auf theologische Existenz, die sich als Kompetenz für die Beratung zum Glauben als *ars vivendi et moriendi*, nicht zuletzt in den Erfahrungen des Leidens und der Sterblichkeit, bewährt. Es steht zu hoffen, daß das etwas erloschene Interesse an theologischer Enzyklopädie durch Studienreform und interdisziplinäres Lernen stärkere Impulse erhält. Die gleichzeitige Nähe zu Kultur- und Sozialwissenschaften gehört zum methodischen Ensemble der Praktischen Theologie. Es ist unsachgemäß, Geist theologisch gegen säkulare Methoden auszuspielen, aber ebenso sind alle Methoden auf ihre Bewährung in innerkirchlicher und innertheologischer Praxis zusammenhängend zu prüfen. Es ist sinnvoll, daß es nicht nur Religions-, sondern auch Pastoralpsychologie und -soziologie usw. gibt.

2) Die Praxis-*Theorie* lebendig handelnder Kirche beruht auf der vernehmenden Vernunft für den in den Gnadengaben, den Charismen, lebendig wirksamen Geist. Es ist zu erwägen, Praktische Theologie als Theorie der *Heiligung*, der Spiritualität in Welt und Kirche, bezogen auf die verschiedenen Subjekte und Projekte verschiedener Handlungsebenen, zu beziehen. Sie wird vor allem als hermeneutische Phänomenologie zu entwickeln sein, die durchaus auch analytisch arbeitet und so das Verhältnis von Verheißung zum Sinnverstehen in Tradition und Aktion lebensweltlich und weltorganisatorisch zu klären hilft. Es ist die Theorie der →Kommunikation in der Unterscheidung von →Evangelium und Gesetz angesichts der Gleichnisfähigkeit dieser Welt für die Nähe des Reiches Gottes (→Herrschaft Gottes/Reich Gottes). Nur so ist das Problem der Applikation von der Anwendungsgesetzlichkeit freizuhalten. Praktische Theologie braucht damit eine ständige Aufmerksamkeit für das, was *Praktische Philosophie* an Herausforderung bedeutet. Das gilt für deren Rehabilitierungsversuche (Riedel) als auch für alle Bemühungen um Kulturanthropologie und die Aufnahme der Gottesfrage (Kimmerle).

3) Die *ganze Kirche* als Realität und als Projekt, nicht nur das Pfarramt, ist Thema und Gegenstand der Praktischen Theologie, einschließlich der Spannung zur Religion in deren vielfachen Ausprägungen in Fremdreligionen und heimischer Kultur. Die Hermeneutik des Anderen und Fremden (vgl. Sundermeier) ist als Einübung in soziale Identität unverzichtbar. Die Differenz nach Ort und Zeit, nach Personen und Ebenen, zugespitzt in dem Begriff der kasuellen Situation, die die Wahrzeichen der Nähe Gottes braucht, sind als notwendige Vielfalt nicht zu scheuen. Die Einheit zeigt sich in der Vielfalt und ist als Ganzheit nur als Fragment (H. Luther) wahrnehmbar.

4) *Methodisch* ist damit *Kommunikation* im Blick auf Beziehung und Inhalt angesprochen, die der Rekonstruktion, Analyse und der Interpretation sowie der Einübung in projektives Handeln bedarf. Man kann sogar Wiederholung (vgl. Fuchs 177; Jüngel 44) als die zentrale Kategorie ansehen, die im Sinne Kierkegaards Einübung in das Ereignis, Innovation in der Tradition ist. Das „Heute" zwischen Erinnerung und Erwartung fordert das Wort Gottes als Zeitwort, um unser Werden am Kommen Gottes auszurichten. Das zeigen die Formen Lebendiger Liturgie, des Bibliodramas wie →Gruppendynamik, aber auch alle Formen künstlerischer Aktivität. Praktische Theologie braucht eine theopoetische Dimension, die das Wort in Bild und Name auslegt. Sie ist Wissenschaft, nicht zuletzt Reflexion über die Möglichkeit von Kunst und zur Anregung schöpferischer Geschöpflichkeit. Wahrscheinlich sollte man nicht nur von darstellender, sondern angesichts des doxologischen Horizonts aller, nicht selbstherrlichen, aber doch sicher starken Theologie, vom darbringenden Handeln reden.

5) Das Interesse an *Einheit* ist berechtigt, aber nicht monokulturell einzulösen (→Pluralismus). Die Autorität der Einheit liegt in der Wahrnehmung der *Freiheit* zu sich selbst im Miteinander auch als Fremde. Nur auf diese Weise wird der Zusammenhang mit der Wahrheitsfrage deutlich. Praktische Theologie ist nur wahr, wenn sie sich ökumenisch konziliar der Einheit als Raum für gemeinsame Freiheit (vgl. Ebeling 129) verpflichtet weiß. Damit wird Zuspruch und Anspruch des Evangeliums auch in der Form des Einspruchs gegen Selbstzerstörung dringlich, was sich wiederum in der Bereitschaft kundtut, Verkündigung als Ankündigung, was wir von Gott zu erwarten haben, wahrnehmen zu wollen. Die Einheit ist nicht nur Sammlung im gemeinsamen Ort der Welt, sondern auch Einheit in der Zeit und der „Wolke der Zeugen" (Hebr 12,1) und der Anziehungskraft der Zukunft im Advent.

6) Die *Wahrheit* der Praktischen Theologie bezieht sich auf die Übereinstimmung des Handelns Gottes zum Heil der Welt mit menschlicher Bemühung, von daher lebendig bestimmte Gemeinschaft zu bejahen. In ihr ist eine neue, gemeinsame, innerweltliche Tranzendenz als Vorgabe zu Gerechtigkeit und Frieden und bewahrender Entwicklung der Schöpfung wirksam. Wahrscheinlich wird dies praktisch-theologisch am besten mit der Kategorie der Heiligung ausgedrückt. Die Heiligung fußt auf der Rechtfertigung,

die gewiß die exzentrische Mitte der Praktischen Theologie ist (Gräb/Korsch), aber in der Heiligung geglaubt sein will. Damit ist sowohl das Bemühen um Zeichenhandlungen als Wort als auch die Teilhabe am Leben nach dem Geist und Ort und Zeit der Wahrheit angesprochen. Damit ist diese Theorie des Sich-Verhaltens vor Gott zu den Menschen in der Schöpfung auf Versöhnung und Erlösung hin eine *theologia crucis practica*. „Die praktische Theologie müßte also darüber wachen, daß der Theologe nicht tun will, was nur Gott selbst tun kann" (Fuchs 178).

Literatur

Bibliographie (1945–1970): Gerhard Krause (Hg.), Prakt. Theol. (s.u.) 461–470.

Ernst Christian Achelis, Lb. der prakt. Theol., 2 Bde., Leipzig 1890; 3 Bde., ebd. ³1911. – Ders., Prakt. Theol., ⁵1903 (GThW 6). – Botho Ahlers, Die Unterscheidung v. Theol. u. Religion. Ein Beitr. zur Vorgesch. der Prakt. Theol. im 18. Jh., Gütersloh 1980 (Lit.). – Adolf Allwohn, Die Stellung der prakt. Theol. im System der Wiss., 1931 (SPTh[G] 8/2). – Åke Andrén, Das Studium der Prakt. Theol. in Skandinavien: ThPr 3 (1968) 1–8. – Edmund Arens (Hg.), Gottesrede – Glaubenspraxis. Perspektiven theol. Handlungstheorie, Darmstadt 1994. – Hans Asmussen, Die Lehre vom Gottesdienst, München 1937. – Christof Bäumler, Zw. Theorie u. Praxis. Prakt. Theol. im Streit der Disziplinen: LM 11 (1972) 283–286. – Paul Ballard (Hg.), Foundations of Pastoral Studies and Practical Theology, Cardiff 1986. – Karl Barth, Die theol. Voraussetzungen kirchl. Gestaltung, 1935 (TEH 28). – Ders., KD. – Ders., Einf. in die ev. Theol., Zürich 1962. – Heinrich Bassermann, Richard Rothe als prakt. Theologe. Denkschr. des prakt.-theol. Seminars in Heidelberg, Freiburg 1899. – Ders., Beitr. zur prakt. Theol., Leipzig 1909. – Hasko v. Bassi, Otto Baumgarten. Ein „moderner Theologe" im Kaiserreich u. in der Weimarer Republik, 1988 (EHS.T 345). – Hans-Dieter Bastian, Vom Wort zu den Wörtern. Karl Barth u. die Aufgaben der Prakt. Theol.: EvTh 28 (1968) 25–55. – Ders., Theol. der Frage. Ideen zur Grundlegung einer theol. Didaktik u. zur Kommunikation der Kirche in der Gegenwart, München 1969. – Otto Baumgarten, Die Bedeutung des engl. Einflusses f. die dt. prakt. Theol.: ZPrTh 15 (1893) 241–249. – Ders., Art. Prakt. Theol.: RGG¹ 4 (1913) 1720–1726. – Carl Albrecht Bernoulli, Die wiss. u. die kirchl. Methode in der Theol. Ein encyklopädischer Versuch, Freiburg 1897. – Richard J. Bernstein, Praxis and Action, Philadelphia 1971; dt.: Praxis u. Handeln, Frankfurt a.M. 1975. – Ludwig Bertsch (Hg.), Theol. zw. Theorie u. Praxis, Frankfurt a.M. 1975. – Bernd Beuscher, Positives Paradox. Entwurf einer neostrukturalistischen Religionspädagogik, Wien 1993. – Günter Biemer/Pius Siller, Grundfragen der Prakt. Theol., Mainz 1971. – Karl-Heinrich Bieritz, „Freiheit im Spiel". Aspekte einer prakt.-theol. Spieltheorie: BThZ 10 (1993) 164–174. – Ders., Zeichen setzen. Beitr. zu Gottesdienst u. Predigt, 1995 (PTHe 22). – Walter Birnbaum, Theol. Wandlungen v. Schleiermacher bis Karl Barth. Eine enzyklopädische Stud. zur prakt. Theol., Tübingen 1963. – Peter Constantin Bloth, Prakt. Theol., 1994 (GKT 8). – Rudolf Bohren, Art. Prakt. Theol. II. In der ev. Theol.: LThK² 8 (1963) 685f. – Ders., Prakt. Theol.: ders. (Hg.), Einf. in das Studium der ev. Theol., München 1964, 9–32. – Ders., Zukunftsperspektiven der Prakt. Theol.: Wort u. Gemeinde (s.u.) 398–408. – Ders., Daß Gott schön werde. Prakt. Theol. als theol. Ästhetik, München 1975. – Don S. Browning (Hg.), Practical Theology. The Emerging Field in Theology, Church, and World, San Francisco 1983. – Ders., A Fundamental Practical Theology. Descriptive and Strategic Proposals, Minneapolis 1991. – Rüdiger Bubner, Theorie u. Praxis – eine nachhegelsche Abstraktion, Frankfurt a.M. 1971. – Walter Bülck, Gesch. des Studiums der Prakt. Theol. an der Univ. Kiel, 1921 (SVSHKG 11). – Ders., Prakt. Theol., Leipzig 1934 (Wiss. u. Bildung 296). – Alfred Burgsmüller (Hg.), Kirche als „Gemeinde v. Brüdern", 2 Bde., Gütersloh; I. Vortr., 1980; II. Votum, 1981. – Ders., Der Ausschuß f. prakt. Arbeit auf der Bekenntnissynode in Barmen 1934: ZKG 104 (1993) 49–85.– Alastair V. Campbell, Is Practical Theology Possible?: SJTh 25 (1972) 217–227. – Georges Casalis, Grundsätze der Prakt. Theol.: KiZ 22 (1967) 319ff. – Ders., Die richtigen Ideen fallen nicht vom Himmel. Grundlagen einer induktiven Theol., Stuttgart 1980. – Walter Caspari, Art. Theol., prakt.: RE³ 19 (1908) 644–658. – Carl Clemen, Zur Reform der prakt. Theol., 1907 (SPTh[G] 1/1). – Ders., Quellenbuch zur prakt. Theol., 3 Bde., Gießen 1910. – Jan Amos Comenius, De rerum humanarum emendatione consultatio catholica, 2 Bde., Prag 1966. – Peter Cornehl, Theorie u. Praxis kirchl. Handelns als Horizont einer prakt.-theol. Zs.: PTh 70 (1981) 28–49. – Jochen Cornelius-Bundschuh, Prakt. Theol. u. Ästhetik: VF 40 (1995) 2–27. – Karl-Wilhelm Dahm, Beruf: Pfr., München 1971. – Karl-Fritz Daiber, Grundriß der Prakt. Theol. als Handlungswiss., München/Mainz 1977. – Wilhelm Dantine, Die Prakt. Theol. in der Sicht der Systematik: ThPr 4 (1969) 329–345. – Hermann Diem, Die Kirche u. ihre Praxis. Theol. als kirchl. Wiss. III, München 1963. – Martin Doerne, Zum gegenwärtigen Stand der prakt. Theol.: Kirche, Theol., Frömmigkeit. FS Gottfried Holtz, Berlin 1965, 72–82. – Ders., Theol. u. Kirchenregiment. Eine Stud. zu Schleiermachers prakt. Theol.: NZSTh 10 (1968) 360–386. – Helmut Donner (Hg.), Kirche u. Kultur in der Gegenwart.

Beitr. aus der ev. Kirche, Frankfurt a.M. 1996. – Volker Drehsen, Neuzeitliche Konstitutionsbedingungen der Prakt. Theol. Aspekte der theol. Wende zur sozialkulturellen Lebenswelt christl. Religion, 2 Bde., Gütersloh 1988. – Ders., Art. Prakt. Theol.: WbC (1988) 990–992. – Ders., Theologia Popularis. Notizen zur Gesch. u. Bedeutung einer prakt.-theol. Gattung: PTh 77 (1988) 2–20. – Paul Gottfried Drews, Das Problem der Prakt. Theol. Zugleich ein Beitr. zur Reform des theol. Studiums, Tübingen 1910. – Gerhard Ebeling, Studium der Theol. Eine enzyklopädische Orientierung, Tübingen 1975. – Johann Heinrich August Ebrard, Vorl. über prakt. Theol., Königsberg 1854. – Friedrich August Eduard Ehrenfeuchter, Die prakt. Theol., Göttingen, I 1859. – Einheit u. Kontext. Prakt.-theol. Theoriebildung u. Lehre im gesellschaftlichen Umfeld. FS Peter C. Bloth, hg. v. Jürgen Henkys/Birgit Weyel, Würzburg 1996 (Stud. zur Theol. 14). – Elementarisierung theol. Inhalte u. Methoden, hg. vom Comenius-Institut, vorgelegt v. Hans Stock, 2 Bde., Münster 1975–1977. – Walter Elliger, Zur Gesch. der Prakt. Theol. in der Berliner Fak.: Forschung u. Erfahrung im Dienst der Seelsorge. FS Otto Haendler, Göttingen 1961, 139–150. – Leonhard Fendt, Die Stellung der Prakt. Theol. im System der Theol. Wiss., Göttingen 1932. – Ders., Grundriß der Prakt. Theol. f. Studenten u. Kandidaten. 1.–3. Abt., Tübingen 1938/39 ^{2}1949. – Ders., Die Bedeutung der wiss. Theol. f. das prakt. Leben, 1939 (SGV 184). – Horst Fichtner, Hauptfragen der Prakt. Theol., Schwerin 1939. – Martin Fischer, Die notwendige Beziehung aller Theol. auf die Kirche in ihrer Bedeutung f. die Prakt. Theol. bei Schleiermacher: ThLZ 75 (1950) 287–300. – Ders. , Vom Wesen der Prakt. Theol. im Ganzen der Theol. als Wiss.: ThViat 5 (1953) 397–402. – Casiano Floristán, Theologia practica. Teoria y praxis de la acción pastoral, Salamanca 1991. – James W. Fowler, Prakt. Theol. u. Sozialwiss. in den USA – Chancen u. Grenzen der Zusammenarbeit: Prakt. Theol. u. Kultur der Gegenwart (s.u.) 155–169. – Dieter Frielinghaus, Ecclesia u. Vita. Eine Unters. zur Ekklesiologie des Andreas Hyperius, 1966 (BGLRK 23). – Ders., Grundlagen der Prakt. Theol., Stuttgart u.a. 1991 (Studienbücher Theol. 21). – Ernst Fuchs, Die Theol. im Gespräch mit den andern Wiss.: ders., Zum hermeneutischen Problem in der Theol., Tübingen ^{2}1965, 167–180. – Walter Fürst, Prakt.-theol. Urteilskraft. Auf dem Weg zu einer symbolisch-krit. Methode der Prakt. Theol., Zürich u.a. 1986 (Lit.). – Ermanno Genre, Nuovi itinerari di teologia pratica, Turin 1991. – Gib mir ein Zeichen. Zur Bedeutung der Semiotik f. theol. Praxis- u. Denkmodelle, hg. v. Wilfried Engemann/Rainer Volp, 1992 (APrTh 1). – Helmut Gollwitzer, Befreiung zur Solidarität. Einf. in die Ev. Theol., München 1978. – Eduard Freiherr v. der Goltz, Grundfragen der prakt. Theol. Das kirchl. Leben in seinen elementaren Funktionen u. Gemeinschaftsformen, 1917 (SPTh 8/1). – Ders., Die ev. Theol. Ihr jetziger Stand u. ihre Aufgaben. V. Die Prakt. Theol., Halle 1929. – Wilhelm Gräb/Dietrich Korsch, Selbsttätiger Glaube. Die Einheit der Prakt. Theol. in der Rechtfertigungslehre, Neukirchen-Vluyn 1985. – Ders., Dogmatik als Stück der Prakt. Theol. Das normative Grundproblem in der prakt.-theol. Theoriebildung: ZThK 85 (1988) 474–492. – Anton Graf, Zur Prakt. Theol. Erste Abt. Krit. Darst. des gegenwärtigen Zustandes der prakt. Theol., Tübingen/Wien/Prag 1841. – Albrecht Grözinger, Offenbarung u. Praxis. Zum schwierigen prakt.-theol. Erbe der Dialektischen Theol.: ZThK.B 6 (1986) 176–193. – Ders., Prakt. Theol. u. Ästhetik. Ein Beitr. zur Grundlegung der Prakt. Theol., München 1987 ^{2}1991. – Ders., Erzählen u. Handeln. Stud. zu einer trinitarischen Grundlegung der Prakt. Theol., 1989 (KT 70). – Ders., Es bröckelt an den Rändern. Kirche u. Theol. in einer multikulturellen Gesellschaft, 1992 (KT 120). – Ders., Prakt. Theol. als Kunst der Wahrnehmung, Gütersloh 1995. – Otto Haendler, Grundriß der Prakt. Theol., Berlin 1957. – Karl Rudolf Hagenbach, Enzyklopädie u. Methodologie der theol. Wiss., Leipzig 1833. – Wilhelm Hahn, Art. Prakt. Theol.: EKL^2 3 (1962) 283–287. – Theodosius Harnack, Prakt. Theol., 2 Bde., Erlangen 1877–78. – Eberhard Hauschildt, Die Globalisierung u. Regionalisierung der Prakt. Theol. Beschreibung u. Plädoyer: Prakt. Theol. (vormals ThPr) 29 (1994) 175–193. – Hartmut Heidenreich/Reinhard Schmidt-Rost (Hg.), Die Bedeutung v. Carl Immanuel Nitzsch f. die Prakt. Theol. u. die kirchl. Praxis: PThI 8 (1988) 267–339. – Hans-Günter Heimbrock/Wolf-Eckart Failing, Gelebte Religion wahrnehmen. Auf dem Wege zu einer methodologischen Neuorientierung Prakt. Theol.: Bernd Beuscher/Harald Schroeter/Rolf Sistermann (Hg.), Prozesse postmoderner Wahrnehmung. Kunst – Religion – Pädagogik. FS Dietrich Zilleßen, Wien (erscheint 1997), 159–182. – Susanne Heine, Über den Gemeinspruch „Das mag in der Theorie richtig sein, taugt aber nicht f. die Praxis" (Immanuel Kant). Zur Standortbestimmung der Prakt. Theol.: VF 37 (1992) 63–77. – Gerben Heitink, Prakt. Theol. Geschiedenis – theorie – handelingsvelden, Kampen 1993 (Handboek prakt. theologie 1). – Jürgen Henkys, Die Prakt. Theol. (Einf.): HPTh(B) 1 (1975) 11–56. – Eilert Herms, Theol. – eine Erfahrungswiss., 1978 (TEH 199). – Ders., Theorie f. die Praxis. Beitr. zur Theol., München 1982. – Ders., Erfahrbare Kirche, Tübingen 1990. – Wolfgang Herrmann/Gerd Lautner (Hg.), Theologiestudium. Entwurf einer Reform, München 1965. – Erich Hertzsch, Die Wirklichkeit der Kirche. Kompendium der Prakt. Theol. I. Die Liturgie, Halle/Tübingen 1956. – Andreas v. Heyl, Prakt. Theol. u. krit. Theorie. Impulse f. eine prakt.-theol. Theoriebildung, 1994 (PTHe 15). – Seward Hiltner, Preface to Pastoral Theology, New York 1958. – Ders., Theology and Pastoral Care in the United States: ThLZ 88

(1963) 501–508. – Walter J. Hollenweger, Erfahrungen der Leibhaftigkeit. Interkulturelle Theol. I, München 1979. – Ders., Umgang mit Mythen. Interkulturelle Theol. II, München 1982. – Ders., Geist u. Materie. Interkulturelle Theol. III, München 1988. – Arnd Hollweg, Theol. u. Empirie. Ein Beitr. zum Gespräch zw. Theol. u. Sozialwiss. in den USA u. Deutschland, Stuttgart 1971. – HPTh^{1}. – HPTh(B). – HPTh(G). – HTW^{2} 4 (1885). – Eberhard Hübner, Theol. u. Empirie der Kirche. Prolegomena zur Prakt. Theol., Neukirchen-Vluyn 1985. – Andreas Hyperius, De recte formando theologiae studio, Basel 1556 [= De theologo, seu de ratione studii theologici libri IV, Straßburg 1562]. – Hans Raun Iversen/Eberhard Harbsmeier, Praktisk teologi, Kopenhagen 1995. – Jan Amos Comenius 1592–1992. Theol. u. pädagogische Deutungen, hg. v. Klaus Goßmann/ Christoph Theodor Scheilke, Gütersloh 1992. – Wilhelm Jannasch, Karl Barth u. die Prakt. Theol.: ThLZ 76 (1951) 1–16. – Ders., Neue Gesamtdarst. der Prakt. Theol.: VF 6 (1951/52 [1954]) 172–182. – Ders., Art. Prakt. Theol.: RGG^{3} 5 (1961) 504–510. – Werner Jetter, Die Prakt. Theol.: ZThK 64 (1967) 451–473. – Ders., Populäre oder elementare Theol.?: PTh 74 (1985) 396–406. – Manfred Josuttis, Praxis des Evangeliums zw. Politik u. Religion. Grundprobleme der Prakt. Theol., 1974 ^{4}1988 (KT 25). – Ders., Der Pfr. ist anders. Aspekte einer zeitgenössischen Pastoraltheol., München 1982 ^{4}1991. – Ders., Der Traum des Theologen. Aspekte einer zeitgenössischen Pastoraltheol. II, München 1988. – Ders., Der Weg in das Leben. Eine Einf. in den Gottesdienst auf verhaltenswiss. Grundlage, München 1990 ^{2}1993. – Ders., Die Einf. in das Leben. Pastoraltheol. zw. Phänomenologie u. Spiritualität, Gütersloh 1996. – Eberhard Jüngel, Das Verhältnis der theol. Disziplinen untereinander: ders./Karl Rahner/Manfred Seitz (Hg.), Die Prakt. Theol. zw. Wiss. u. Praxis, 1968 (SPTh 5) 11–45. – Kenji Kanda, Die gegenwärtige Situation der Prakt. Theol. in Japan, Kwansei Gakuin Univ., Nishinomiya 1983. – Erkki Kansanaho, Practical Theology in Finland: Finnish Theology Past and Present, 1963 (STKJ = SFThL 73) 109–159. – Tsuneaki Kato, Die Perspektive der Prakt. Theol.: Wort u. Gemeinde (s.u.) 379–394. – Hans Wilhelm (Jean Guillaume) Kienlen, Über syst. u. prakt. Theol.: ThStKr 26 (1853) 410–412. – Heinz Kimmerle, Die Gottesfrage im konkreten Theorie-Praxis-Zusammenhang, Bonn 1975. – Kirchl. Handlungsfelder. Gemeindepädagogik, Pastoralpsychologie, Liturgik, Kirchenmusik, Kirchenbau u. kirchl. Kunst der Gegenwart, hg. v. Reimund Blühm u.a., 1993 (GKT 9). – Sven Kjöllerström, Praktisk teologie. Handbok i Kyrkans organisation och verksamhetsformer, Lund ^{2}1967. – Bernhard Klaus, Entstehung u. Begründung der Prakt. Theol. als wiss. Disziplin im 19. Jh.: ThLZ 85 (1960) 895–898. – Paul Kleinert, Zur prakt. Theol.: ThStKr 53 (1880) 273–333; 55 (1882) 7–104. – Ferdinand Klostermann, Prinzip Gemeinde, 1965 (WBTh 11). – Ders., Gemeinde – Kirche der Zukunft, 2 Bde., Freiburg u.a. 1974. – Stefan Knobloch, Was ist Prakt. Theol.?, 1995 (PTD 11). – Ders., Prakt. Theol. Ein Lb. f. Studium u. Pastoral, Freiburg 1996. – Karl Knoke, Abriß [2. Aufl.: Grundriß] der Prakt. Theol., Göttingen 1886 ^{2}1889. – Reinhard Köster, Was ist Prakt. Theol.?: ders./Hans Oelker (Hg.), Lernende Kirche. Ein Leitfaden zur Neuorientierung kirchl. Ausbildung, München o.J. (1975) 251–270. – Gerhard Krause, Zur Standortbestimmung einer Zs. f. Prakt. Theol.: ThPr 1 (1966) 4–19. – Ders., Probleme der Prakt. Theol. im Rahmen der Studienreform: ZThK 64 (1967) 474–495. – Ders., Andreas Hyperius in der Forschung seit 1900: ThR 34 (1969) 262–341. – Ders., Hat die Prakt. Theol. wirklich die Konkurrenz der Pastoraltheol. überwunden?: ThLZ 95 (1970) 721–732. – Ders. (Hg.), Prakt. Theol. Texte zum Werden u. Selbstverständnis der prakt. Disziplin der ev. Theol., 1972 (WdF 264). – Alfred Krauss, Lb. der prakt. Theol., 2 Bde., Freiburg 1890–1893. – Gustav Adolf Krieg, Der exemplarische Hörer. Zur ekklesiologischen Grundlegung der Prakt. Theol.: ZThK 90 (1993) 328–354. – Ders., Der verstummende Diskurs. Prakt. Theol. der Postmoderne im Spiegel ihrer Liturgik: ZThK 91 (1994) 346–374. – Godwin Lämmermann, Prakt. Theol. als krit. oder als empirisch-funktionale Handlungstheorie? Zur theologiegesch. Ordnung u. Weiterführung einer aktuellen Kontroverse, München 1981. – Ernst Lange, Edition Ernst Lange, 5 Bde., München/Gelnhausen 1980–1986. – Moritz Lauterburg, Der Begriff des Charisma u. seine Bedeutung f. die prakt. Theol., 1898 (BFChTh 2/1). – Theodor Albert Liebner, Die prakt. Theol.: ThStKr 16 (1843) 629–658. – Ders., Die prakt. Theol. Zweiter Art. Über Bekenntniß u. Cultus; Amt u. Verfassung; Einteilung der prakt. Theol.: ThStKr 17 (1844) 77–136. – Herbert Lindner, Kirche am Ort. Eine Gemeindetheorie, 1994 (PTHe 16). – Christian Link, Die theol. Wurzeln der Unterscheidung v. Theorie u. Praxis in der Phil. der Neuzeit: ZEE 21 (1977) 3–26. – Henning Luther, Prakt. Theol. als Prakt. Wiss. Werk u. Konzeption Friedrich Niebergalls: ZThK 82 (1985) 430–454. – Ders., Prakt. Theol. als Kunst f. alle. Individualität u. Kirche in Schleiermachers Verständnis Prakt. Theol.: ZThK 84 (1987) 371–393. – Ders., Tod u. Praxis. Die Toten als Herausforderung kirchl. Handelns: ZThK 88 (1991) 407–426. – Ders., Religion u. Alltag. Bausteine zu einer Prakt. Theol. des Subjekts, Stuttgart 1992. – Philipp Konrad Marheineke, Entwurf der prakt. Theol., Berlin 1837. – Dennis P. McCann/Charles R. Strain, Polity and Praxis. A Program for American Practical Theology, Minneapolis 1985. – Georg Merz, Die Prakt. Theol.: Liemar Hennig (Hg.), Theol. u. Liturgie, Kassel 1952, 171–180. – Methoden der empirischen Sozialforschung in der Prakt. Theol. Eine Einf., hg. v. Christof Bäumler u.a., München/Mainz 1976. –

Norbert Mette, Theorie der Praxis. Wissenschaftsgesch. u. methodologische Unters. zur Theorie-Praxis-Problematik innerhalb der prakt. Theol., Düsseldorf 1978. – Ders./Hermann Steinkamp, Sozialwiss. u. prakt. Theol., 1983 (LeTh 11). – Ders./Henning Schröer (Hg.), Schleiermacher u. die Prakt. Theol.: PThI 5 (1985) 4–105. – Ders., Konsolidierung u. Neuentwicklungen. Gesamtdarst. u. Grundlegungen der ev. Prakt. Theol.: VF 31 (1986) 2–13. – Ders., Art. Prakt. Theol. 3. Röm.-kath.: EKL^{3} 3 (1992) 1298–1302. – Johannes Meyer, Grundriß der Prakt. Theol., Leipzig/Erlangen 1923. – Michael Meyer-Blanck, Leben, Leib u. Liturgie. Die Prakt. Theol. Wilhelm Stählins, 1994 (APrTh 6). – Ders., Prakt. Theol. u. Postmoderne: PTh 85 (1996) 225–238. – Manfred Mezger, Prakt. Theol. Zugang zu ihrem Studium (I): ThPr 1 (1966) 111–119. – Carl Bernhard Moll, Das System der prakt. Theol., im Grundrisse darg., Halle 1853. – Jürgen Moltmann, Perspektiven der Theol., München 1968. – Lewis Seymor Mudge/James Newzon Poling (Hg.), Formation and Reflection. The Promise of Practical Theology, Philadelphia 1987. – Alfred Dedo Müller, Grundriß der Prakt. Theol., Berlin (Ost) 1954. – Ders., Das System der Prakt. Theol. u. die Bedürfnisse der kirchl. Praxis: ThLZ 79 (1954) 513–520. – Ders., Die Sprache als Problem der Prakt. Theol.: Wilhelm Schneemelcher (Hg.), Das Problem der Sprache in Theol. u. Kirche. Referate vom Dt. Ev. Theologentag Mai 1958 in Berlin, Berlin 1959, 85–111. – Ders., Aufgaben u. Probleme der Prakt. Theol.: StGen 14 (1961) 86–102. – Martin v. Nathusius, Der Ausbau der prakt. Theol. zur syst. Wiss. Ein Beitr. zur Reform des theol. Studiums, Leipzig 1899. – Martin Nicol, Zw. Ereignis u. Wiss. Über Schwierigkeit u. Faszination der Prakt. Theol.: PTh 83 (1994) 68–81. – Friedrich Niebergall, Die wiss. Grundlagen der prakt. Theol.: MKP NF 3 (1903) 258–261. – Ders., Prakt. Theol. Lehre v. der kirchl. Gemeindeerziehung auf religionswiss. Grundlage, 2 Bde., Tübingen 1918–19. – August Hermann Niemeyer, Populäre u. prakt. Theol., Halle 1792 ^{6}1823. – Carl Immanuel Nitzsch, Ad theologiam practicam felicius excolendam observationes, Bonn 1831. – Ders., Prakt. Theol., 3 Bde., Bonn 1847–1867. – Johannes Jacobus van Oosterzee, Prakt. Theol., 2 Bde., Utrecht 1877–78; dt. v. A. Matthiä u. A. Petry, Heilbronn 1878–79. – Richard R. Osmer, Art. Prakt. Theol. 2. Entwicklungen im anglo-amerik. Sprachbereich: EKL^{3} 3 (1992) 1295–1298. – Gert Otto, Einf. in die Prakt. Theol. Ein Arbeitsbuch, 1976 (UT 621). – Ders., Prakt. Theol. I. Grundlegung der Prakt. Theol., München 1986; II. Handlungsfelder der Prakt. Theol., München 1988. – Wilhelm Otto, Ev. Prakt. Theol., 2 Bde., Gotha 1869. – Christian Palmer, Zur prakt. Theol.: JDTh 1 (1856) 317–361. – Wolfhart Pannenberg, Wissenschaftstheorie u. Theol., Frankfurt a.M. 1973. – Emil Pfennigsdorf, Prakt. Theol. Ein Hb. f. die Gegenwart, 2 Bde., Gütersloh 1929–30. – Prakt. Theol. heute, hg. v. Ferdinand Klostermann/Rolf Zerfaß, München/Mainz 1974. – Prakt. Theol. u. Kultur der Gegenwart. Ein int. Dialog, hg. v. Karl Ernst Nipkow/Dietrich Rössler/Friedrich Schweitzer, Gütersloh 1991 (Lit.). – Prakt.-theol. Hermeneutik. Ansätze, Anregungen, Aufgaben. FS Henning Schröer, hg. v. Dietrich Zilleßen u.a., Rheinbach-Merzbach 1991. – Reiner Preul, Luther u. die Prakt. Theol. Beitr. zum kirchl. Handeln in der Gegenwart, 1989 (MThSt 25). – PThH. – PThHB, hg. v. Friedrich Niebergall. – Martin Rade, Zur Frage nach dem richtigen Betriebe der prakt. Theol.: ZPrTh 17 (1895) 351–356. – Carl Heinz Ratschow, Bestimmung der sog. Prakt. Theol. u. ihrer Eigenart aus der Sicht der Syst. Theol.: ders., Von den Wandlungen Gottes. Beitr. zur Syst. Theol. Zum 75. Geburtstag hg. v. Christel Keller-Wentorf/Martin Repp, Berlin/New York 1986, 69–77. – Gerhard Rau, Pastoraltheol. Unters. zur Gesch. u. Struktur einer Gattung prakt. Theol., München 1970. – Franz Stephan Rautenstrauch, Entwurf zur Einrichtung der theol. Schulen in den K.K. Erblanden, Wien 1782. – Heinrich Rendtorff, Die Sendung der Kirche an die Welt: ThLZ 81 (1956) 325–332. – Manfred Riedel (Hg.), Rehabilitierung der prakt. Phil. I. Gesch., Probleme, Aufgaben, Freiburg 1972. – Dietrich Rössler, Prolegomena zur Prakt. Theol. Das Vermächtnis Christian Palmers: ZThK 64 (1967) 357–371. – Ders., Grundriß der Prakt. Theol., 1986 ^{2}1994 (GLB). – Ders., Die Einheit der Prakt. Theol.: Prakt. Theol. u. Kultur (s.o.) 43–51. – Ders., Art. Prakt. Theol. 1. Die Entwicklung der ev. PT in Deutschland: EKL^{3} 3 (1992) 1290–1295. – Karl Rosenkranz, Encyklopädie der Theol. Wiss., Halle ^{2}1845. – Richard Rothe, Theol. Encyklopädie. Aus dem Nachlaß hg. v. Hermann Ruppelius, Wittenberg 1880. – Arnold van Ruler, De Spiritu Sancto, Utrecht 1964. – Eugen Sachsse, Einf. in die Prakt. Theol., Bonn 1914. – Jörg Viktor Sandberger, Pädagogische Theol. Friedrich Niebergalls Prakt. Theol. als Erziehungslehre, Göttingen 1972. – Rolf Schäfer, Gotteslehre u. kirchl. Praxis, Tübingen 1991. – Joachim Scharfenberg, Bestandsaufnahme des neuzeitlichen Christentums. Gedanken zu D. Rösslers Grundriß der Prakt. Theol.: ThLZ 112 (1987) 241–252 (= PTh 76 [1987] 266–277). – Martin Schian, Prakt. Theol. 1. Allg.: ThR 19/20 (1916/17) 399–406. – Ders., Grundriß der Prakt. Theol., Gießen 1922 ^{2}1928 (STö.T 6). – Friedrich Daniel Ernst Schleiermacher, Kurze Darst. des theol. Studiums zum Behuf einleitender Vorl. (1811 ^{2}1830), hg. v. Heinrich Scholz, ^{3}1910 (QGP 10) = Darmstadt ^{5}1982. – Ders., Der christl. Glaube, Berlin, II ^{5}1861. – Ders., Die prakt. Theol. nach den Grundsätzen der ev. Kirche im Zusammenhange darg., hg. v. Jacob Frerichs, Berlin 1850 (Neudr. Berlin/New York 1983). – Henning Schröer, Theologia applicata. Thesen zur Reform der Prakt. Theol.: MPTh 53 (1964) 386–407. – Ders., Inventur der Prakt. Theol.: DtPfrBl 69 (1969) 720–723. – Ders., Der prakt. Bezug der theol. Wiss. auf Kirche u. Gesellschaft: Helge Siemers/Hans-Richard Reuter (Hg.), Theol. als Wiss. in der Gesellschaft. Ein Heidelberger Experiment, Göttingen 1970, 156–172. – Ders., Forschungsmethoden in der Prakt. Theol.: Prakt. Theol. heute (s.o.) 205–224. – Ders., Tendenzen neuerer kath. Prakt. Theol.: VF 20 (1975) 2–22. – Ders. (Hg.), Einf. in das Studium der ev. Theol., Gütersloh 1982. – Ders., Die theol. Voraussetzungen kirchl. Gestaltung: PTh 75 (1986) 422–437. – Ders., Panorthosia. Comenius' Entwurf einer prakt. Theol.: Jan Amos Comenius (s.o.) 85–100. – Ders., Scriptura sacra est practica. Ansätze zu einer prakt.-theol. Hermeneutik: ZThK.B 9 (1995) 82–93. – Harald Schroeter, Kirchentag als vor-läufige Kirche. Der Kirchentag als eine besondere Gestalt des Christseins zw. Kirche u. Welt, 1993 (PTHe 13). – Harald Schultze, Zw. der Macht des Faktischen u. dem Reiz des Möglichen. Über den kirchl. Ort Prakt. Theol.: PTh 79 (1990) 242–254. – Heinz Schuster, Art. Prakt. Theol. I. In der kath. Theol.: LThK² 8 (1963) 682–685. – Ders., Die Gesch. der Pastoraltheol.: HPTh¹ 1 (1964) 40–92. – Ders., Wesen u. Aufgabe der Pastoraltheol. als prakt. Theol.: ebd. 93–114. – Friedrich Schweitzer, Die Einheit der Prakt. Theol. u. die Religionspädagogik. Überlegungen zu einer neuen Diskussion: EvErz 43 (1991) 606–619. – Ders., Kirche als Thema der Prakt. Theol. Carl Immanuel Nitzsch, sein wissenschaftstheoretisches Programm u. dessen Zukunftsbedeutung: ZThK 90 (1993) 71–86. – Alexander Schweizer, Begriff u. Einl. der prakt. Theol. Akademische Rede, Leipzig 1836. – Herbert Schweizer, Zur Logik der Praxis, Freiburg/München 1971. – Manfred Seitz, Die Aufgabe der Prakt. Theol.: Die prakt. Theol. (s.o. bei Jüngel) 65–80. – SLPT. – Wolfgang Steck, Der Pfr. zw. Beruf u. Wiss. Plädoyer f. eine Erneuerung der Pastoraltheol., München 1974. – Ders., Die wiss. Situation der Prakt. Theol.: WPKG 64 (1975) 65–80. – Ders., Tendenzen des prakt.-theol. Studiums in der Gegenwart: WPKG 69 (1980) 364–380. – Ders. (Hg.), Otto Baumgarten. Stud. zu Leben u. Werk, 1986 (SVSHKG.B 41). – Johannes Steinbeck, System der Prakt. Theol., 2 Bde., Leipzig 1928. – Hermann Steinkamp, Diakonie – Kennzeichen der Gemeinde. Entwurf einer prakt.-theol. Theorie, Freiburg 1985. – Franz Karl Ludwig Steinmeyer, Beitr. zur prakt. Theol., 5 Bde., Berlin 1874–1879. – Theo Sundermeier, Den Fremden verstehen. Eine prakt. Hermeneutik, Göttingen 1996. – Theol. u. Handeln. Beitr. zur Fundierung der Prakt. Theol. als Handlungstheorie, hg. v. Ottmar Fuchs, Düsseldorf 1984. – Michael Theunissen, Die Verwirklichung der Vernunft. Zur Theorie-Praxis-Diskussion im Anschluß an Hegel: PhR Sonderh. 6 (1970) (Lit.). – ThPr 9,1–2 (1974) 1–115: Zum Verhältnis v. Syst. u. Prakt. Theol. – ThPr 27,3 (1992) 175–255: In Memoriam Henning Luther. – Eduard Thurneysen, Das Wort Gottes u. die Kirche, München 1927. – Ders., Die Lehre v. der Seelsorge, Zürich 1946. – Paul Tillich, Das System der Wiss. nach Gegenständen u. Methoden, Göttingen 1923 = ders., GW, Stuttgart, I 1959, 109–293. – Friedrich Uhlhorn, Die wiss. Behandlung u. Darst. der prakt. Theol.: ZPrTh 20 (1898) 39–66. – Walter Uhsadel, Prakt. Theol., 3 Bde., Heidelberg 1961–1966. – Johannes A. van der Ven, Practical Theology. From Applied to Empirical Theology: JET 1 (1988) 7–28. – Ders., Entwurf einer empirischen Theol., Kampen/Weinheim 1990 ²1991 (Theol. & Empirie 10). – Ders./Hans Georg Ziebertz (Hg.), Paradigmenentwicklung in der Prakt. Theol., Kampen/Weinheim 1994 (Theol. & Empirie 13). – Gisbert Voetius, Politica ecclesiastica, 3 Bde., Dordrecht 1663–1669. – Klaus Wegenast, Die empirische Wendung in der Religionspädagogik: EvErz 20 (1968) 111–125. – Ders., Zum Verhältnis Syst. u. Prakt. Theol. in Gesch. u. Gegenwart. Anm. u. Fragen eines Religionspädagogen in weiterführender Absicht: EvErz 36 (1984) 674–702. – Erika Weinzierl/Gottfried Griesl, Von der Pastoraltheol. zur Prakt. Theol. 1774–1974, 1976 (FGIFZ 15). – Jürgen Werbick, Glaube im Kontext. Prolegomena u. Skizzen zu einer elementaren Theol., 1983 (SPT[Z] 26). – Charles E. Winquist, Practical Hermeneutics. A Rev. Agenda for the Ministry, Chico, Cal. 1980. – Friedrich Wintzer, C.I. Nitzschs Konzeption der Prakt. Theol. in ihren gesch. Zusammenhängen: EvTh 20 (1969) 93–109. – Ders., Tendenzen der Prakt. Theol.: EvTh 37 (1977) 396–406. – Ders. (Hg.), Prakt. Theol., Neukirchen-Vluyn 1982 ⁴1993 (Neukirchener Arbeitsbücher). – Wort u. Gemeinde. Probleme u. Aufgaben der prakt. Theol. FS Eduard Thurneysen, hg. v. Rudolf Bohren u. Max Geiger, Zürich 1968. – Wilhelm Zepper, Politia Ecclesiastica. Sive Forma ac Ratio administrandi et gubernatione Regni Christi, quod sit Ecclesia in his terris, Herborn 1607. – Rolf Zerfaß/Norbert Greinacher (Hg.), Einf. in die Prakt. Theol., München/Mainz 1976. – Carl Adolph Gerhard v. Zezschwitz, System der Prakt. Theol., 3 Bde., Leipzig 1876–1878. – Dietrich Zilleßen/Bernd Beuscher, Religion u. Profanität, Kampen (erscheint 1997) (Innen u. Außen).

Henning Schröer

Prayer Book →Book of Common Prayer

Prediger(buch)/Prediger Salomo →Koheletbuch

Predigerseminar

(Anmerkungen/Literatur S. 223)

Die Predigerseminare in ihrer gegenwärtigen Gestalt als *berufsbezogene Ausbildungsstätten* für angehende Pfarrerinnen und Pfarrer[1] – zeitlich verortet zwischen Hochschulstudium und Abschluß des kirchlichen Vorbereitungsdienstes – verdanken sich historisch dem in Deutschland institutionell vermittelten kritischen Diskurs um theologische Ausbildungsziele und -inhalte sowie Zugangsbedingungen zum Pfarrberuf (→Theologiestudium, →Vikar/Vikarin, →Pfarrer). Sie spiegeln in ihrer Geschichte dessen jeweilige Wandlungen wider, haben diese aber zeitweilig auch mitbedingt.

Leitendes Motiv bei ihrer Einrichtung war von Beginn an die Betonung der Notwendigkeit eines expliziten *Praxisbezuges* gegenüber dem herkömmlich theoretischen Universitätsstudium, der sich freilich unterschiedlich darstellen konnte: Während man bereits im 17. Jh. – erstmals an der Universität →Altdorf (und in ihrem Gefolge später in →Helmstedt, →Göttingen und →Erlangen) – *integrativ* praxisorientierende katechetische und homiletisch-liturgische Seminare einrichtete und in →Württemberg ein Vikariat als Hospitationszeit bei einem Lehrpfarrer *additiv* dem Studium nachordnete, kam es – nach ersten Ansätzen zur Bildung von Kandidatenkonventen in der Reformationszeit (Kloster Berge) und weiterer Vorformen – ausgangs des 17. Jh. besonders unter dem Einfluß des →Pietismus mit eher *adversativer Tendenz* zur Gründung post-universitärer *Collegia Candidatorum*, wobei die Teilnahme allerdings freiwillig war (ältestes Beispiel: 1690 Riddagshausen): Sie sollten durch ein geregeltes Zusammenleben die religiöse Persönlichkeitsbildung der Kandidaten fördern und durch praktische Übungen die künftige Berufstätigkeit vorbereiten helfen. Die gegenseitige Zuordnung wie Abgrenzung dieser divergierenden Ausbildungsformen blieb fortan ein unabweisbares Erfordernis aller Konzeptionen einer sachgemäßen Pfarrerausbildung (Rössler 148f.).

Durch die Ende des 18. Jh. (im Zuge der allgemeinen Regelungen des schulischen und universitären Prüfungswesens) erfolgende differenzierte Ausarbeitung der theologischen Examensordnungen geriet auch die Frage nach einer *angemessenen Strukturierung* der Kandidatenzeit verstärkt in den Blick. Dem vom vorherrschenden →Rationalismus geteilten Bedürfnis nach Praxisorientierung suchte man in der ersten Hälfte des 19. Jh. durch vermehrte Gründung von Predigerseminaren (mit dazugehörigen Studienplänen) zu entsprechen – sei es, um besonders befähigten Kandidaten für die Dauer von ein bis zwei Jahren Gelegenheit zu geben, die Interdependenz von theologischer Theorie und kirchlicher Praxis (→Theorie und Praxis) an besonderem Ort zu reflektieren (womit die Predigerseminare den Charakter von *nicht-obligatorischen* „Elite-Anstalten" erhielten: so 1800/1820 Loccum; 1816 Hannover; 1817 →Wittenberg; 1854 Berlin; 1862 Leipzig), sei es, um deren Besuch für alle Kandidaten der →Landeskirche *verbindlich* zu machen und die Predigerseminarzeit als selbständigen Teil in das praktisch-theologische Gesamtstudium (→Praktische Theologie) zu integrieren (so 1818 →Herborn; 1837 Friedberg und 1838 – mit der Restriktion, Praktische Theologie überhaupt erst im Seminar zu behandeln – →Heidelberg [Richard →Rothe]). Daß mit ihrer Etablierung bisweilen auch kritische Intentionen gegenüber den theologischen →Fakultäten verbunden waren, steht außer Frage. Dies erschwerte naturgemäß über lange Zeit den Dialog beider Institutionen und die vorurteilsfreie Wahrnehmung ihrer je eigenen Aufgabe.

Die beiden letzten Jahrzehnte des 19. Jh. führten, bedingt durch die hohen Kandidatenzahlen, in den Provinzialkirchen →Preußens bzw. den anderen Landeskirchen zu weiteren Seminargründungen (Cohrs 316f.). Überwiegend blieb der Besuch fakultativ (Ausnahmen: 1896 Preetz; 1901 Schwerin). Ihre zunehmende Akzeptanz wurde nicht unerheblich unterstützt durch die konzeptionellen Überlegungen, die vor allem Gerhard Uhlhorn (1826–1901) und P. →Drews vorlegten: Angesichts der vergleichsweisen Kürze des Theologiestudiums (durchschnittlich sechs Semester!) plädierte Uhlhorn 1886 für das ergänzende Angebot internatsmäßig konstituierter Seminare, deren Funktion das

„Umsetzen des wissenschaftlichen Wissens in practisches Wissen" (Uhlhorn 27) sei und deren Arbeit – gegenüber dem rezeptiven Lernen des Studiums – vom Prinzip der „Selbstthätigkeit" (ebd. 36) her konzipiert sein sollte. Die Streitfrage „Predigerseminar *oder* Vikariat" hielt er bewußt offen: Beides habe seine charakteristischen Vorzüge und lasse sich unter Umständen miteinander verbinden. Im Jahr 1910 sprach sich Drews angesichts der zunehmenden Komplexität der Berufserfordernisse für ein ausbildungsdidaktisches „Drei-Stufen-Modell" Praktischer Theologie (→Universität – Predigerseminar – Ferienkurse für jüngere Pfarrer) aus, bei dem die (für ein Jahr obligatorisch zu besuchenden) Seminare die „pfarramtliche Praktische Theologie" (Drews 53) im Sinne von Praxisvollzügen und Praxisreflexion zu vertreten hätten.

Nach 1918 wurde das Interesse der Landeskirchen kennzeichnend, die praktische Ausbildung der Kandidaten kohärent zu gestalten und zu intensivieren: Dem entsprach die sich allgemein durchsetzende *Verbindung* von einjährigem Lehrvikariat in einer Gemeinde und anschließendem einjährigem Seminaraufenthalt (in der *Kirche der Altpreußischen Union* seit 1928 obligatorisch), was – da nun der Regelfall – eine große Zahl weiterer Neugründungen (Überblick bei Ratzmann, Predigerseminar 20) mit sich brachte. Die Predigerseminare profilierten auf der Linie von Drews – wenn auch nicht unumstritten – ihren eigenständigen Beitrag im Zusammenhang der Pfarrerausbildung.

Ein besonderes Aufgabenfeld erwuchs ihnen namentlich im Gebiet der Altpreußischen Union während des Kirchenkampfes (→Nationalsozialismus und Kirchen): Mitte März 1934 waren hier auf Anordnung des *Geistlichen Ministeriums* alle Predigerseminare geschlossen worden. Der altpreußische Bruderrat der *Bekennenden Kirche* übernahm die Prüfungshoheit und begann (entsprechend der Barmer *Erklärung zur praktischen Arbeit der Bekenntnissynode der Deutschen Evangelischen Kirche*) ab Herbst 1934 mit der Einrichtung unabhängiger Predigerseminare in Bielefeld-Sieker (Leitung: Otto Schmitz [1883–1957]), Naumburg am Queis (Gerhard Gloege [1901–1970]), Zingst/Finkenwalde (D. →Bonhoeffer) und Blöstau (H.J. →Iwand). Hinzu kamen das Reformierte Seminar in Wuppertal-Elberfeld (Hermann A. Hesse [1877–1957]), das sich der Schließung widersetzt hatte, und das in Frankfurt am Main gegründete Seminar (Walter Kreck [geb. 1908]). Von prägendem Einfluß auf die Nachkriegsgeschichte der Predigerseminare wurde das von Bonhoeffer in Finkenwalde praktizierte Modell „gemeinsamen Lebens". Schon am 29. August 1937 verfügte der „Himmler-Erlaß" die Schließung aller „Ersatzhochschulen" der Bekennenden Kirche (damit auch der Predigerseminare, die in Form von Sammelvikariaten zeitweilig weiterzuarbeiten suchten). Gleichwohl ist diese Zeitspanne von nur drei Jahren ein Markstein in der Predigerseminargeschichte geworden.

Von den gegenwärtig (Stand: 1996) immer noch 31 im Bereich der Evangelischen Kirche in Deutschland bestehenden Predigerseminaren[2] wurden – aufgrund der erheblichen Zunahme der Vikarszahlen – 15 erst nach 1945 eröffnet (parallel dazu bestand für Vikarinnen innerhalb der *Evangelischen Kirche der Union* von 1954 bis 1966 ein eigenes Seminar in Berlin-Spandau). Weitgehend herrschte Konsens darüber, daß die Bedeutung des einjährigen Seminaraufenthaltes in der theologischen Erörterung der vorgängigen, in sich disparaten Erfahrungen aus dem Gemeindevikariat und der sich gemeinschaftlich vollziehenden praktischen Vorbereitung auf den künftigen Dienst in der Kirche liege (Thimme). Diese Teilung des Vorbereitungsdienstes wurde seit Mitte der 60er Jahre zunehmend als fraglich erlebt (Wolf). Die Diskussion um die Reform theologischer Ausbildung führte binnen weniger Jahre – anders als im Hinblick auf das Universitätsstudium – zu einer grundlegenden Umgestaltung des kirchlichen Vorbereitungsdienstes, die elementar auch die Predigerseminare betraf: Der Versuch einer Neubestimmung der Theorie-Praxis-Relation auf dem Hintergrund pädagogischer (→Lernen) und sozialwissenschaftlicher Einsichten (→Sozialwissenschaften) bedingte die Auflösung des bisherigen zweistufigen Aufbaus „Gemeinde – Predigerseminar" (beibehalten in den Seminaren der Landeskirche →Hannovers, der Evangelischen Kirche der Union und in Lückendorf) zugunsten eines „Kurssystems", für das formal wie inhaltlich der reziproke Wechsel von gemeindlichen Praxisphasen und Kurs-Blöcken im Seminar kennzeichnend wurde. Zugleich eröffnete er die Möglichkeit einer bedachten Integration von Erkenntnissen und Methoden der sog. Humanwissenschaften in die Ausbildung.

Die einzelnen Seminarcurricula orientieren sich seither weithin an den 1978 im Ausbildungsgesamtplan *Theologiestudium – Vikariat – Fortbildung* bezeichneten sechs kirchlichen „Handlungsfeldern" (Theologiestudium 82) →Gottesdienst und →Predigt, Unterricht, →Seelsorge und Beratung, →Diakonie und Sozialarbeit, theologische Zurüstung von Mitarbeitern und Bildungsarbeit sowie Gemeindeleitung und -aufbau (dazu kritisch Theilemann; Holze, Verantwortung), wobei deren differente Placierung und zeitliche Kontingentierung im Curriculum zugleich Rückschlüsse auf das jeweils leitende Konzept pfarramtlicher Ausbildung zuläßt. Dem Predigerseminar kommt in diesem Gesamtzusammenhang – auch gegenüber anderen an der Ausbildung mitbeteiligten Institutionen – eine *regulative* und *koordinierende Funktion* zu, um der Gefahr der Segmentierung in beziehungslos zueinander stehende Handlungsbereiche zu begegnen. Demnach lassen sich die *spezifischen Aufgaben* des „Lernorts Predigerseminar" – im Unterschied zu den bestehenden Sammel- oder Regionalvikariaten – wie folgt umschreiben: In der Verknüpfung von „Erfahrung" und „Erschließung" will es ein Forum der *Reflexion* mit dem Ziel der Ausweitung theologisch-pastoraler Kompetenz sein, durch das befristete gemeinsame Zusammenleben und die (Selbst-)Organisation in überschaubaren Arbeitsgruppen die Fähigkeit zur *Kommunikation* fördern und mit dem Rekurs auf die objektiven Berufsanforderungen wie die subjektiven Berufserwartungen einen Beitrag zur beruflichen und persönlichen *Identitätsbildung* (Steck 277–279) leisten.

Der damit verbundene Eigenanspruch sieht sich gleichwohl *Herausforderungen* ausgesetzt: (a) Bleibende Aufgabe ist die Wahrnehmung der Wandlungen im Berufsprofil „Pfarrer/Pfarrerin" und die damit verbundene Überprüfung sowohl der Angemessenheit der Curricula als auch einer entsprechenden Seminardidaktik – und zwar unter Berücksichtigung des Kontextes von universitärer theologischer Vorbildung und pastoraler Fortbildung; (b) auf diesem Hintergrund gewinnt die Frage nach Qualifikation und Funktion der Studienleiter/innen an Gewicht; (c) das Leitbild der *vita communis* stößt angesichts der individuellen Lebenssituation der Vikarinnen und Vikare (lange Studiendauer, fortgeschrittenes Zugangsalter, Familienbindungen) zunehmend an Grenzen und rückt alternative (regionalisierte) Ausbildungsformen ins Blickfeld; (d) ungelöst ist einstweilen auch das Problem, welche Gestaltungsweisen von →Spiritualität dem Predigerseminar unter gegenwärtigen Bedingungen am ehesten gemäß sind. Zur Klärung dieser Anfragen bedarf es – über die halbjährlich stattfindenden Konsultationen der *Konferenz der Predigerseminare* (Internationale Fachkonferenz) hinaus – des kontinuierlichen sachkundigen Gesprächs der am Ausbildungsgeschehen beteiligten Institutionen und Personen.

Anmerkungen

[1] Terminologisch und inhaltlich davon zu unterscheiden sind landes- oder freikirchliche Predigerschulen o.ä., ebenso die römisch-katholischen Priesterseminare (→Tridentinum).

[2] Institutionell stehen die Predigerseminare (abgesehen von Wittenberg, Brandenburg und Gnadau [EKU] sowie Wuppertal [→Rheinland, →Westfalen, →Lippe und →Evangelisch-reformierte Kirche]) in ausschließlich landeskirchlicher Trägerschaft. Allerdings nimmt in Landeskirchen, die mehrere Predigerseminare unterhalten, unter dem Druck knapper werdender Finanzmittel und angesichts rückläufiger Jahrgangszahlen die Tendenz zu, Seminare zusammenzulegen oder zu schließen. In einigen europäischen evangelischen Kirchen wurde das Predigerseminar-Ausbildungsmodell übernommen (→Österreich, →Dänemark, →Niederlande [Reformierte Kirche]). Die Landeskirchen von →Bremen, →Oldenburg und →Schaumburg-Lippe organisieren die zweite Ausbildungsphase ohne gesondert eingerichtetes Predigerseminar.

Literatur

1. Zur Geschichte

Allgemein: Ferdinand Cohrs, Art. Unterrichts- u. Bildungswesen, theol.: RE³ 20 (1908) 301–318 (Lit.). – Paul Drews, Das Problem der Prakt. Theol. Zugleich ein Beitr. zur Reform des theol.

Studiums, Tübingen 1910. – Paul Eger, Art. Predigerseminar: RGG² 4 (1930) 1409–1411. – Heinrich Holze, Zw. Studium u. Pfarramt. Die Entstehung des Predigerseminars in den welfischen Fürstentümern z.Z. der Aufklärung, 1985 (SKGNS 25) (Lit.). – Wolfgang Ratzmann, Die Gesch. des Predigerseminars als Impuls f. die Vikarsausbildung heute: werkstatt gemeinde 6 (1988) 148–162. – Wilhelm Rott, Art. Predigerseminar: RGG³ 5 (1961) 514–516. – Gerhard Uhlhorn, Die practische Vorb. der Candidaten der Theol. f. das Pfarr- u. Schulinspectoratsamt. Referat f. die Conferenz der dt. ev. Kirchenregierungen in Eisenach, Stuttgart 1886 ²1887.

Einzelne Seminare: Berlin: Das Domkandidatenstift zu Berlin. Ein gesch. Rückblick zur Hundertjahrfeier v. Bruno Doehring. Die Aufgaben des Predigerseminars heute, v. Ulrich Seeger, Berlin o.J. [1954]. – 30 Jahre Prakt.-Theol. Ausbildungsinstitut – Predigerseminar (Berlin-West). Denk-Schritte, hg. v. Günther R. Eisele u.a., Berlin o.J. [1989]. – *Braunschweig:* 300 Jahre Predigerseminar 1690–1990. Riddagshausen – Wolfenbüttel – Braunschweig, hg. v. Wilfried Theilemann, Wolfenbüttel 1990. – *Eisenach:* Hermann Lins, Das Thüringer Predigerseminar in Eisenach 1922–1934 unter seinem ersten Rektor Kirchenrat D. Martin Saupe, o.O. 1982. – *Erichsburg:* FS zum 150jährigen Bestehen des Hannoverschen Predigerseminars auf der Erichsburg, hg. v. Christhard Mahrenholz, Hannover 1952. – *Finkenwalde:* Eberhard Bethge, Dietrich Bonhoeffer. Theologe – Christ – Zeitgenosse. Eine Biographie, München 1967 ⁶1986, 481–539. – *Friedberg:* 150 Jahre Theol. Seminar Friedberg, hg. v. Karl Dienst, 1987 (JHKGV 38, T.1). – *Heidelberg:* Walther Eisinger, Das Heidelberger Prakt.-Theol. Seminar. „Pflanzschule" u. Seminar f. junge Theologen: Semper apertus. Sechshundert Jahre Ruprecht-Karls-Univ. Heidelberg 1386–1986. FS in sechs Bänden, bearb. v. Wilhelm Doerr, Berlin u.a., IV 1985, 29–48. – *Herborn:* Von der Hohen Schule zum Theol. Seminar Herborn 1584–1984, hg. v. Joachim Wienecke, Herborn 1984. – *Hofgeismar:* Ein Jh. Predigerseminar in Hofgeismar 1891–1991, hg. v. Martin Hein, Kassel 1991. – *Leipzig:* FS zur Feier des 50jährigen Bestehens des Predigerkollegiums zu St. Pauli in Leipzig, hg. v. Franz Rendtorff, Leipzig 1912. – FS zum 125jährigen Gründungsjubiläum des Predigerkollegs St. Pauli zu Leipzig. Beitr. der Studienleiter zum Festtag u. den Studientagen anläßlich dieses Jubiläums vom 19. bis 21. November 1987, hg. v. Wolfgang Ratzmann u. Jürgen Weiß, Leipzig 1989 (masch. Ms.). – *Loccum:* Geschichten aus dem Kloster Loccum. Stud., Bilder, Dokumente, hg. v. Ernst Berneburg u. Horst Hirschler, Hannover 1980. – *Soest:* Ulrich Rottschäfer, 100 Jahre Predigerseminar in Westfalen 1892–1992, Bielefeld 1992. – *Wittenberg:* Otto Dibelius, Das Königliche Predigerseminar zu Wittenberg 1817–1917, Berlin o.J. [1917]. – Tradition im Wandel. Das Ev. Predigerseminar zu Wittenberg in den Jahren 1919 bis 1966, hg. v. Paul Wätzel, Berlin 1966. – Theol. zum gemeinsamen Nutzen. Ein Nachdenk- u. Arbeitsbuch. Vom Ev. Predigerseminar Wittenberg zu seinem 175jährigen Bestehen erarbeitet (1917–1982), red. v. Gabriele Backhaus, Wittenberg 1992 (masch. Ms.). – *Wuppertal:* Walter Herrenbrück, 50 Jahre Predigerseminar in Elberfeld: RKZ 120 (1979) 313f. – Ulrich Seeger, Das Predigerseminar der Ev. Kirche im Rheinland in Wuppertal-Barmen v. 1950–1959. Erw. Sonderdruck aus: MEKGR 31 (1982).

2. Zur Konzeption

Hans Biesenbach/Gert Hartmann, Die Intention der Ausbildung am Theol. Seminar Herborn: HPB 2/1995, 46–49. – Peter C. Bloth, Die Ausbildung der Pfarrerinnen u. Pfr.: HPTh(G) 4 (1987) 222–227. – Karl-Wilhelm Dahm, Der kirchl. Vorbereitungsdienst – Vikariat u. Predigerseminar: Strukturwandel der Frömmigkeit. FS Dietrich v. Oppen, hg. v. Eberhard Amelung u.a., Stuttgart/Berlin 1972, 276–283. – Georg Fuhrmann, Überlegungen zu einer Reform des landeskirchl. Vorbereitungsdienstes: PTh 57 (1968) 248–262. – Grundlagen der theol. Ausbildung u. Fortbildung im Gespräch. Die Diskussion um die „Grundsätze f. die Ausbildung u. Fortbildung der Pfarrerinnen u. Pfr. der Gliedkirchen der EKD". Dokumentation u. Erträge 1988–1993, hg. v. Werner Hassiepen u. Eilert Herms, Stuttgart 1993 (Reform der theol. Ausbildung 14) 57–75. – Thies Gundlach, Schwierigkeiten theol. Kommunikation in der Praxis. Reflexionen zur Vikariatsausbildung: PTh 79 (1990) 334–351. – Gerhard Hennig, Der Vorbereitungsdienst (Vikariat) – Ziele, Gestalt u. Probleme: ZEvKR 39 (1994) 29–45. – Wolfgang Herrmann, Das Vikariat: PTh 57 (1968) 263–274. – Ders., Zum Problembestand der zweiten Ausbildungsphase der Theologen: Neue Modelle in der Erprobung. Problemskizzen, Ber., Dokumente, hg. vom Comenius-Institut, Münster 1973 (Materialien zur Vikarsausbildung 1). – Ders., Theol. Ausbildung u. ihre Reform, Münster 1976 (Zur Diskussion gestellt, hg. vom Comenius-Institut). – Heinrich Holze, Die theol. Verantwortung der Kandidatenausbildung heute. Anfragen an eine Reform: KuD 33 (1987) 32–59. – Lernende Kirche. Ein Leitfaden zur Neuorientierung kirchl. Ausbildung, hg. v. Reinhard Köster u. Hans Oelker, München o.J. [1975]. – Karl-Heinrich Lütcke, Grundsätze u. Probleme der Theologenausbildung in Deutschland: ZThK 80 (1983) 103–118. – Karl Martin, Das Theorie-Praxis-Problem im Ausbildungsbereich. Empirische Langzeitunters. der 2. Phase der theol. Ausbildung am Theol. Seminar Herborn, 1977 (EHS.T 77). – Hans Martin Müller, Werden u. Wandel ev. Pfarrerausbildung: ZEvKR 39 (1994) 19–29. – Wolfgang Ratzmann, Predigerseminar. Überlegungen f. ein Konzept prakt.-theol.

Ausbildung junger Theologen in der DDR, HabSchr. theol. masch., Leipzig 1989 (Lit.). – Dietrich Rössler, Grundriß der Prakt. Theol., Berlin/New York ^{2}1994, 142–157. – Hermann Rück, Die Vikarsausbildung: HPTh(G) 4 (1987) 233–242. – Frithard Scholz, Die Ausbildung der Vikarinnen u. Vikare: Ein Jh. Predigerseminar in Hofgeismar (s.o.) 173–187. – Wolfgang Steck, Die Ausbildung einer pastoral-theol. Identität im Vikariat: WzM 31 (1979) 266–284. – Dietrich Stollberg, Zur gegenwärtigen Situation der Ausbildung v. Pfarrerinnen u. Pfr.: DtPfrBl 93 (1993) 217–221. – Dieter Stoodt, Studienleiter an Predigerseminaren: Pfr. ohne Ortsgemeinde. Ber., Analysen u. Beratung, hg. u. eingel. v. Yorick Spiegel, 1970 (GT.P 3) 93–102. – Siegfried Sunnus, Bemerkungen zu dem Faktor „Neugierde" innerhalb einer Seminardidaktik der zweiten Ausbildungsphase: ThPr 9 (1974) 116–134. – Wilfried Theilemann, Die Vikarsausbildung als theol. u. kirchl. Problem: KuD 30 (1984) 2–18. – Theologiestudium – Vikariat – Fortbildung. Gesamtplan der Ausbildung f. den Pfarrerberuf. Empfehlungen des Rates der EKD, hg. v. der Kirchenkanzlei der EKD, Stuttgart/Berlin $^{1-2}$1978 (Reform der theol. Ausbildung 12) 77–100. – Hans Thimme, Die besonderen Aufgaben des Predigerseminars heute: MPTh 43 (1954) 83–98. – Widerstand u. Ermüdung. Notizen aus der pädagogischen Provinz. Beitr. zur Reform der Zweiten Theol. Ausbildungsphase in der Ev. Kirche in Hessen u. Nassau, hg. v. Torsten Meireis/Hanno Wille, Darmstadt/Frankfurt a.M. 1995 (Veränderung als Chance 1). – Friedrich Wintzer, Erwartungen an das Predigerseminar aus der Sicht eines Prakt. Theologen: Ein Jh. Predigerseminar in Hofgeismar (s.o.) 227–233. – Manfred Wolf, Predigerseminar heute – heute noch Predigerseminar?: MPTh 52 (1963) 220–227.

Martin Hein

Predigt (s. a. →Ostern/Osterfest/Osterpredigt, →Pfingsten/Pfingstfest/Pfingstpredigt, →Weihnachten/Weihnachtsfest/Weihnachtspredigt)

I. Religionsgeschichte
II. Altes Testament . . . . S. 231
III. Judentum . . . . S. 235
IV. Neues Testament . . . . S. 240
V. Alte Kirche . . . . S. 244
VI. Mittelalter . . . . S. 248
VII. Katholische Predigt der Neuzeit . . . . S. 262
VIII. Evangelische Predigt vom 16. bis 18. Jahrhundert . . . . S. 296
IX. Evangelische Predigt im 19. und 20. Jahrhundert . . . . S. 311

I. Religionsgeschichte

1. Einleitende Bemerkungen 2. Die Predigt im Zoroastrismus 3. Die Predigt im Manichäismus 4. Die Predigt im Islam 5. Die „Predigt" im Hinduismus 6. Die Predigt im Buddhismus (Literatur S. 231)

1. Einleitende Bemerkungen

Der Ägyptologe Siegfried Morenz hat in seinem Aufsatz *Entstehung und Wesen der Buchreligion* in einer Gegenüberstellung von Ägypten und Israel die „Kultreligion" von der „Buchreligion" unterschieden. In der „Buchreligion", so stellt er fest, steht eine heilige Schrift im Mittelpunkt des Gottesdienstes; „von der reinen Schriftverlesung und -erklärung führt der Weg durch mehrere Stationen zur Dramatisierung des heiligen Textes in Darstellung und liturgischer Paraphrase" (Morenz 383). In diesen Zusammenhang gehört dann auch der Wortgottesdienst und damit die Predigt, die die Inhalte der Schrift für eine größere Zuhörerschaft expliziert. Typische Buchreligionen in diesem Sinne sind →Judentum, →Christentum und →Islam. Aber auch der Zoroastrismus (→Iranische Religionen) ist im Laufe der Zeit zu einer Buchreligion geworden, wobei zu den Kernstücken seiner heiligen Schriften die Gāthās, die Verspredigten des Zarathustra, gehören, die freilich zunächst nur rezitiert und tradiert wurden, ehe sie weitere Kommentierung und Explizierung erfahren haben.

Wenn Morenz „die Religionen der Umwelt und Vorwelt des Christentums" „Kultreligionen" nennt, so erklärt er: „Kult ist hier nicht in dem umfassenden, aber farblosen Sinne verstanden, der ihn mit Gottesdienst gleichsetzt. Er bezeichnet nur den Gottesdienst, der sich in dramatischer Handlung vollzieht und im Vollzug der Handlung alle Aussagekraft und Wirkung besitzt" (Morenz 384). Häufig ist der Kult um das Opfer gruppiert, das dargebracht und ausgedeutet wird. „Das Drama des Kultes kann aber auch in sich ruhen; es verlebendigt und vergegenwärtigt dann das göttliche Geschehen des Mythus in einem heiligen Schauspiel" (ebd.). Heilige Texte sind eigentlich für diesen Kult entbehrlich; sofern sie, wie in →Ägypten, vorhanden sind, haben sie eine „dienende Funktion". „Sie sind Ritualbücher und als solche eigentlich gar nicht Literatur, es sei denn, daß es sich um Sammlungen und Einlagen gottesdienstlicher Lieder handelt" (ebd.). Derartige Lieder, vom Vorsänger, von einem Chor oder von beiden responsorisch gesungen, können zwar eine Verkündigungsfunktion haben, indem sie Macht und Größe des angerufenen Gottes darlegen, aber eine Wortverkündigung an eine Gemeinde im Sinne einer Predigt findet hier nicht statt. Das im Kult gesprochene Wort ist auch gar nicht Wort Gottes im biblischen Sinne, sondern eher Wort über Gott, das an seine im Mythos vergegenwärtigte Taten anknüpft und darauf anspielt. Mit dem Ritualtext, auch wenn er gesprochen wird, verhält es sich wie mit dem Drehbuch eines Filmes: „Hier wie dort liegt alles Gewicht auf der Darstellung ... Das Sein und Werden des Geschehens ist aus dem Text, den man spielt, ganz und gar in die Handlung herübergeholt; der Text selbst, als bloßer Inbegriff szenischer Bemerkungen, ist wesenlos geworden" (ebd.). Von diesem Typ sind also die meisten Religionen des Alten Vorderen Orients und der Mittelmeerwelt einschließlich Griechenlands. Es fehlt hier eine heilige Schrift im Sinne der Buchreligion, wie sie im Judentum erwachsen ist, und es fehlt folglich auch die Predigt, die die Inhalte des heiligen Buches bzw. der Offenbarung für die Gegenwart expliziert.

Es ist klar, daß sich im Vorderen Orient ein Wortgottesdienst, in dessen Mittelpunkt die Predigt steht, erst unter den besonderen Bedingungen des exilischen und nachexilischen Judentums entwickelte. Inwiefern bei der Entwicklung jenes Wortgottesdienstes, dessen Zweck u.a. der war, das Gesetz zu explizieren, die iranische Religion des Zoroastrismus einen Einfluß ausübte, ist eine Frage für sich. Morenz sieht „die Gesetzlichkeit der persischen Welt" als jene „Formkraft" an, die über →Esra auf Jerusalem wirkte. „Hier hätte dann die Gesetzlichkeit heiliger Texte des Mazdaismus Pate bei der Geburt der Buchreligion im Judentum gestanden, und die Zoroastrier, die zwar selbst eine Buchreligion hervorbrachten, jedoch ohne die großen geschichtlichen Möglichkeiten der jüdischen, wären dem gewaltigen Stamme [der Buchreligionen] ... doch in der Wurzel verbunden" (ebd. 386). Im Judentum sei dieser Stamm in dem Maße gewachsen, in dem das Gesetz verkündet und erklärt werden mußte. Auf die Verhältnisse im Zoroastrismus wird noch einzugehen sein.

Auf einen weiteren Aspekt in der Morenzschen Unterscheidung von „Kultreligion" und „Buchreligion" muß noch eingegangen werden. Die „Buchreligion als Form", so sagt er, sei „die Gabe des Judentums an die Welt" (ebd. 389). Sie sei geboren aus dem Innersten „in Israels Wesen", und dies sei „die Genialität des Hörens ... Diese Genialität war weit geöffnet für den redenden, aber nahezu verschlossen für den [im Bild] erscheinenden Gott. Was sie [jene Genialität] aufnahm, war Gottes Wort, nicht Gottes Bild. Die Generationen, die Gottes Wort hörten und getreulich aufzeichneten, hüteten sich, Gottes Bild zu erstellen" (ebd.). Das Bild Gottes bzw. der Gottheit spielt aber gerade in der Kultreligion eine Rolle, denn hier steht der zu schauende, nicht der redende Gott im Mittelpunkt des Gottesdienstes. Und da es nicht um das Wort Gottes geht, spielt hier auch die Predigt keine Rolle. Belehrung und Unterweisung finden wir in vielen Religionen, Predigt aber als Verkündigung und Explizierung eines heiligen Wortes nur in einigen.

2. Die Predigt im Zoroastrismus

Wie schon von Morenz hervorgehoben, ist die iranische Religion des Zarathustra mit den biblischen Buchreligionen des Judentums und Christentums eng verwandt. Zarathustra vernimmt eine göttliche Offenbarung, die er in der Form von Verspredigten verkündigt. Mehrfach erfahren wir in den Gāthās, daß Zarathustras Gott Ahura Mazda ihm nicht etwa im Bilde erscheint; ihm werden – nicht zuletzt durch den „Engel" Vohu Manah – Inhalte mitgeteilt, die er zu verkünden hat (z. B. Yasna 29,6). Für seine Verkündigung kann Zarathustra geradezu bitten, daß ihm Gehör verschafft werde. So sagt er im zweiten Gesang: „Gib Du, Allweiser, und gebiete, daß Euer Prophet sich Gehör erringe!" (Yasna 28,7). Und im selben Gesang kann er sagen: „Du Allweiser Herr, lehre mich, über Deinen Geist zu künden / Aus Deinem Mund, wodurch das diesseitige Dasein entstand" (Yasna 28,11). Und im dritten Gesang heißt es: „Davon will ich künden ..., was zu beherzigen ist selbst vom Eingeweihten: / Von Lobpreisungen, an den Herren gerichtet, und von Gebeten guten Sinnes. / Wer gut es beherzigt, der wird nach göttlichem Recht die Seligkeit in ihrem Himmelslicht erschauen" (Yasna 30,1). Zarathustra kann gerade dazu aufrufen, „mit den Ohren höchste Werte" zu vernehmen (Yasna 30,2). Wenn die Inhalte seiner Verkündigung das gesamte Geschichtshandeln seines Gottes von uranfänglicher Zeit bis zur Zeit des Gerichtes umspannen, so ist damit zugleich der Aufruf verbunden, sich „Mann für Mann" für die gute, göttliche Ordnung (*asha*) und gegen die „Lüge" (*drug*) zu entscheiden (ebd.).

Zarathustras Verspredigten sind jahrhundertelang mündlich überliefert worden. Ihre Rezitation scheint schon früh im Mittelpunkt des Gottesdienstes gestanden zu haben, auch wenn nach längerer Zeit Sprache und Inhalt der Gāthās kaum noch verstanden wurden. Freilich hat sich hier auch ein Kult entwickelt, wobei allerdings nicht das Bild Ahura Mazdas, sondern sein Symbol, das heilige Feuer, Bezugspunkt des Kultes war. Wenn seit hellenistischer Zeit der Brauch aufkommt, Kultbilder der niederen Götter anzufertigen, so wird diese Tendenz in sasanidischer Zeit (224 – ca. 650 n. Chr.) wieder zurückgedrängt.

Der neuere Reformparsismus, der von den nach Indien ausgewanderten Zoroastriern getragen wird, legt wieder größeres Gewicht auf die Explikation des tradierten religiösen Wortes, ohne daß sich freilich ein Wortgottesdienst im christlichen Sinne ausgebildet hat.

3. Die Predigt im Manichäismus

Der auf den Stifter Mani (216–276 n. Chr.) zurückgehende →Manichäismus, der iranische, jüdische, christliche, gnostische und schließlich auch buddhistische Elemente zu einem synkretistischen System verband, stellt die Predigt tatsächlich in viel größerem Maße als der Zoroastrismus in den Mittelpunkt der missionarischen Verkündigung wie auch des Gottesdienstes. Mani, der aus königlichem parthischem Geschlecht stammte, wuchs in der judenchristlichen Täufergemeinde der Elchasaiten (vgl. TRE 13,547,10–21; 17,312,38–43; 320,14–34) auf, und die Predigt dürfte hier bereits eine Rolle gespielt haben. Mit 24 Jahren löste er sich von dieser Gemeinschaft und trat mit einer eigenständigen, gnostischen Lehre hervor. Ein ausgesprochen missionarischer Zug kennzeichnet diese Religion, die sich im Römischen Reich zwar nur bis ins 6. Jh., im Chinesischen Reich aber bis ins 16. Jh. hielt. Die missionarische Ausrichtung dieser Religion kommt darin zum Ausdruck, daß jede Predigt, ob Missionspredigt oder Predigt im Rahmen des Gottesdienstes, als ein „Ruf" aus dem Jenseits verstanden wird, der eine entsprechende „Antwort" seitens des Zuhörenden auslösen soll. Zweck und Ziel des „Rufes" ist es, die in die Verstrickung der Materie bzw. des Körpers geratene Seele auf ihre Situation aufmerksam zu machen, sie an ihre ursprüngliche Heimat, die Lichtwelt, zu erinnern und das befreiende Wissen zu vermitteln, das Voraussetzung für die Erlösung und den Eingang ins Lichtreich ist. Mani selbst ist der konkret gewordene „Ruf" aus dem Jenseits, wie es freilich auch seine „Vorgänger" waren, zu denen eine Reihe von alttestamentlichen Gestalten einschließlich →Henochs und ferner auch Zarathustra, Buddha und Jesus gezählt werden.

So großen Wert legten die Manichäer auf die Unterweisung in der Predigt, deren wesentliche Inhalte durch die kanonischen Bücher Manis vorgegeben waren, daß sie alle Mittel aufwandten, um diese ansprechend zu gestalten. Dazu gehörte die Einbeziehung von Erzählungen diverser Herkunft, die mit einer manichäischen Deutung versehen als Gleichnisse verwendet wurden, um bestimmte Aspekte der Lehre zu veranschaulichen. Leitend war hierbei jedenfalls im Osten wie im Buddhismus der Gedanke der „Geschicklichkeit in der Lehrunterweisung". Vorbild dafür ist die Geschicklichkeit der erlösenden Götter im Erlösungsprozeß. Die für die Veranschaulichung der Predigt aufgenommenen Erzählstoffe reichen, wie die zentralasiatischen Texte zeigen, von den Fabeln des Äsop über persische und indische Märchen bis hin zu Erzählungen aus dem buddhistischen Kanon (Asmussen; Klimkeit 177–199.311–323). Viele von diesen Gleichnissen leben später als bloße Erzählstoffe in den islamischen Literaturen fort.

Zur Verkündigung im weiteren Sinne gehörte bei den Manichäern auch jene Unterweisung, die sich der Kunst als Mittel der Veranschaulichung der Predigt bediente. Zwar sind nur Reste dieser Kunst (als Wandmalereien und Miniaturen) aus dem zentralasiatischen Turfan auf uns gekommen, diese lassen aber deutlich werden, wie die Anschaulichkeit in den Dienst der Predigt gestellt wurde. Mani selbst hat sein „Lebendiges Evangelium" mit einem Bildband begleitet, der offenbar die wesentlichsten Themen seiner Predigt anschaulich vor Augen führte.

4. *Die Predigt im Islam*

Der Koran als Gotteswort bedarf ebenso wie jede Schrift einer Buchreligion der fortwährenden Vergegenwärtigung und Explikation. Kennzeichen der islamischen Predigt ist die starke Verquickung von geistlichen und weltlichen, ja politischen Inhalten, gilt das islamische Gesetz doch als Grundlage der religiösen und der politischen Ordnung. Schon bei Muhammed sind Predigt, Gesetzgebung und politische Weisung engstens miteinander verquickt. Erst die Sufi-Mystiker haben eine stärkere Betonung der geistlichen Inhalte vorgenommen.

Das islamische Gesetz schreibt die Predigt für die Zeit vor dem Mittagsgebet am Freitag und für die Zeit nach dem Gebet an den Fastentagen vor, ferner in Gottesdiensten zu Zeiten der Eklipse (Sonnenfinsternis) und der Trockenheit. Predigten werden aber auch bei öffentlichen Anlässen und bei Hochzeiten gehalten. Nach einigen Gesetzbüchern sei auf arabisch zu predigen. Nach anderen autoritativen Werken sei jede Sprache, die von der Gemeinde verstanden werde, zulässig. Nach den Angaben orthodoxer Juristen habe die Predigt aus fünf Teilen zu bestehen: (1) den Worten „Preis sei Allah", (2) einer Segnung des Propheten, (3) einer Ermahnung zur Gläubigkeit, (4) einem Segen für die Gläubigen, (5) einer Passage (mindestens einem Vers) aus dem Koran. In dieser Liste fehlt allerdings das Gebet für den Herrscher. Tatsächlich wurde es schon um die Jahrtausendwende (324 nach der Hidjra [= ca. 935 n. Chr.]) üblich, ein Gebet für den Herrscher in die Predigt einfließen zu lassen. Seine Unterlassung konnte als Rebellion des Predigers aufgefaßt werden. Früh schon ist der Fluch über den öffentlichen Feind in die Predigt einbezogen worden. Dieser Brauch wurde allerdings von ʿUmar II. am Ende des 1. islamischen Jahrhunderts abgeschafft.

Der Prophet Muhammed soll dem Prediger Kürze und Knappheit anempfohlen haben. Die von Ǧāḥiẓ (gest. 255 nach der Hidjra [= 868 n. Chr.]) niedergeschriebenen Predigten sind zwar etwas länger als die vom Propheten angeblich geforderten „zehn Worte", aber sie sind noch immer relativ kurz. Einige sind teilweise in gebundener Sprache abgefaßt. Die Predigtsammlung des Ǧāḥiẓ gab dazu Anlaß, die Predigt als eigene literarische Gattung zu kultivieren. Die klassische Predigtsammlung des Ibn Nubātah (gest. 374 nach der Hidjra [= 984 n. Chr.]) gehört allerdings erst dem 10. Jh. n. Chr. an. In dieser Sammlung von ebenfalls relativ kurzen, versgebundenen Predigten finden wir vielfach Aufrufe zum Heiligen Krieg, was sich aus der Zeit der Auseinandersetzung mit Byzanz erklärt. Diese Predigten wurden von weniger talentierten Predigern auswendig gelernt; sie werden heute noch in Ägypten verwendet. Auch andere Predigtsammlungen existieren und werden in islamischen Ländern wie in der Türkei bis heute benutzt.

Neben der skizzierten offiziellen Predigt gab und gibt es auch die informelle, die daraus resultiert, daß sich einzelne berufen fühlten, ihre Zeitgenossen zu Tugend und Frömmigkeit aufzurufen oder bestimmte religiöse Ideen zu verbreiten. Ǧāḥiẓ spricht vom Donnerstag als dem Tag für solche Predigtversammlungen. Ṭabarī zitiert ein Beispiel für eine solche Predigt, die im Jahre 65 nach der Hidjra [= 684 n. Chr.] zugunsten des Hauses des Propheten gehalten wurde. Die Sufi-Mystiker benutzten vielfach die Gelegenheit, solche „inoffiziellen" Predigten zu halten; ihre Reden in den Hagiographien werden als Ansprachen beschrieben, die die Zuhörer zutiefst bewegten.

5. *Die „Predigt" im Hinduismus*

Man kann sich fragen, ob der Hinduismus und überhaupt die indischen Religionen dem eingangs erörterten Typ der „Kultreligion" oder dem Typ der „Buchreligion" entsprechen. Für beide Aspekte gibt es Belege. Der Hinduismus ist zwar eher eine Kultreligion vom Typ der vorderorientalischen Kultreligionen, dennoch gibt es hier heilige Schriften, die normative Bedeutung beanspruchen. Zu diesen zählt zunächst jene *Śruti*-Literatur, die Literatur der „heiligen Offenbarung", die literaturgeschichtlich von den *Veden* bis zu den *Upanishaden* reicht, sodann die *Smriti*-Literatur, die „(heilige) Erinnerung", also die heilige Überlieferung, die die großen Epen *Mahābhārata* und *Rāmāyana*, das Gesetzbuch des Manu und die 18 *Purānas* („alte Erzählungen") umfaßt. Diese Schriften haben aber nicht wie in den vorher beschriebenen Schriftreligionen die Funktion, als Grundlage eines Gottesdienstes oder gar eines Wortgottesdienstes zu dienen, und es wird folglich nicht so über sie gepredigt, wie dies in den westasiatischen Buchreligionen der Fall ist. Sie werden auswendig gelernt und rezitiert, kommentiert und religionsphilosophisch erörtert. Es ist erst eine Erscheinung des neueren Hinduismus, daß man einige Schriften wie die *Veden* oder ein Werk wie die *Bhagavadgītā* (ein Teil des *Mahābhārata*) herausgreift und sie im Kreise neu-hinduistischer Gemeinschaften öffentlich erörtert, wie dies in der Reformbewegung des Brahma-Samāj oder auch des traditioneller orientierten Ārya-Samāj geschieht. In beiden Bewegungen wie auch in anderen neohinduistischen Richtungen (z.B. der Rāmakrishna-Mission) gibt es dann regelrechte Predigten.

Freilich hat der Lehrer (*guru*), der eine Schülerschar um sich sammelte, diese stets belehrt, und diese Belehrung kann dann auch als Predigt angesprochen werden. Was aber den traditionellen Tempelkult anbelangt, so ist eine Predigt schon deshalb nicht bekannt, weil es hier keine fest umrissene Gemeinde gibt, die sich zu geregelten Zeiten im Heiligtum versammelt. Man geht als einzelner oder in Begleitung von Familienangehörigen und Freunden in den Tempel, um Opfer darzubringen und das Gottesbild zu sehen und ihm zu huldigen. Zwar haben auch die lobpreisenden Hymnen eher wie im Alten Orient eine „Verkündigungsfunktion", aber Priester übernehmen hier nicht die Rolle von Predigern.

Anders sehen die Verhältnisse nicht nur im Kreis der Gurus, sondern auch der Asketengruppen aus, die sich um eine Persönlichkeit scharen, die den Anhängern wie auch den Laien gegenüber mit einer Lehrverkündigung auftreten kann. Aus diesem Milieu ist der Buddhismus hervorgegangen.

Eine Sonderstellung nimmt jene Lehrverkündigung in Indien ein, die im Gesang für eine große Zuhörerschaft vorgetragen wird. Es sind dies vor allem die volkstümlichen Bewegungen der *bhakti*, der Gottesliebe, die in ihrer Verkündigung des Gottes Vishnu oder Shiva größere Kreise erfaßten. Diese volkstümlichen Bewegungen nahmen ihren Ausgang im tamilischen Süden in der Zeit des 6.–10. Jh. Diese tamilische Bhakti-Bewegung, die getragen war von einzelnen, einen bestimmten Gott verkündigenden Sängern, hatte eine weitreichende Wirkungsgeschichte. Bhakti-Bewegungen entstanden in fast allen Sprachprovinzen bis hinauf nach Nordwest-Indien und nach Bengalen und Orissa. Das Lied des Bhakti-Frommen nimmt als Verkündigung die Stelle ein, die die Predigt in anderen Religionen hat.

6. *Die Predigt im Buddhismus*

Wie schon hervorgehoben wurde, wurzelt der Buddhismus in einem religiösen Milieu, das die belehrende Unterweisung kannte. Dies gilt auch für seine Schwesterreligion, den →Jainismus. Es waren Asketen (*śramanas*), die zunächst außerhalb der brahmanischen Kastenordnung standen, die Schülergruppen um sich scharten und ihnen ihre jeweilige Unterweisung zukommen ließen. Auch den Laienanhängern, die diese Gruppen unterstützten, wurde eine Belehrung zuteil, die den speziellen Verhältnissen der Laien Rechnung trugen. Die buddhistische Gemeinschaft wurde nach dem Vorbild einer solchen Asketengruppe aufgebaut; nur widerwillig gestattete der Buddha auch die Einrichtung eines Nonnenordens neben dem Mönchsorden. Zusammen mit den Laienanhängern und den Laienanhängerinnen konstituieren diese Gruppen das, was die „vierfache Gemeinde" genannt wird. Diese Gemeinde erfährt fortwährende Belehrung, und zwar in Predigten, die sich nach dem jeweiligen geistigen Stand der Hörer richten.

Die Predigt des Buddha ist so kennzeichnend für sein Wirken, daß seine erste Predigt nach Erlangung der Erleuchtung den Anfang der Gemeindebildung markiert und neben Geburt, Auszug und Tod zu den vier Hauptereignissen im Leben des Buddha gezählt wird. Ob eine solche erste Predigt wirklich in der üblich geschilderten Weise stattgefunden hat, wird in der historisch-kritischen Forschung bezweifelt (vgl. Thomas 86; Klimkeit 94f.).

Jedenfalls wurde der Inhalt der angeblich ersten Predigt in den Pali-Kanon als „Sutta vom Drehen des Rades der Lehre" (Samyutta-Nikāya V,420) aufgenommen (vgl. auch Majjhima-Nikāya 26; Mahāvagga I,6; Catuṣpariṣat-Sūtra 11). Dahinter steht die Vorstellung, daß das „Rad der Lehre" immer wieder in Bewegung versetzt wird, und zwar vom Buddha eines jeden Zeitalters, denn schon früh werden dem historischen Buddha eine Reihe von vorausgegangenen Buddhas vorangestellt (und zwar bis zu 24), die alle unter ähnlichen Umständen und am selben Ort dieselben Inhalte verkündet hätten. Freilich wiederholt auch der historische Buddha die Darlegungen der ersten Predigt immer wieder, und eine bestimmte Handhaltung, die „Haltung des Drehens des Rades der Lehre" (*dharmacakramudrā*), verweist auf diese Predigt des Buddha. Der Inhalt der sog. ersten Predigt ist eine Darlegung eines Grundpfeilers der buddhistischen Lehre, nämlich der Lehre von den „vier edlen Wahrheiten". Diese besagt: (1) Weltliches Dasein ist Leiden, (2) das Leiden hat seinen Grund in der Gier (Sanskrit *tṛṣṇa*), (3) es gibt einen Weg zur Vernichtung des Leidens und der Gier, (4) der Weg zur Vernichtung des Leidens ist der sog. „edle achtfache Pfad". Dieser Pfad umfaßt (1) rechte Ansicht, (2) rechten Entschluß, (3) rechte Rede, (4) rechtes Verhalten, (5) rechtes Leben, (6) rechte Anstrengung, (7) rechte Bewußtheit, (8) rechte Sammlung oder Meditation (*samādhi*). Dieser Weg läßt sich gliedern in a) Sittlichkeit (*śīla*) (Glieder 1–6) und b) Versenkung (Glieder 7–8), die ihrerseits c) rechte Erkenntnis (*prajñā*) nach sich zieht, was d) zur Erlösung (*mokṣa*) führt. Wiederholt hat der Buddha über Sittlichkeit, Versenkung und Erkenntnis gepredigt.

Ein zweiter Pfeiler buddhistischer Lehre, der in der Predigt vielfach behandelt wird, ist die sog. Lehre vom Kausalnexus. Diese beinhaltet eine Reihe von Gliedern, die konditional voneinander abhängen. Als erstes Glied erscheint die Unwissenheit, die zu einer Reihe von Bedingungen Anlaß gibt, die auseinander hervorgehen und schließlich zu Alter, Krankheit und Tod als den offensichtlichsten Formen des Leidens führen. Die „Gier" erscheint hier erst an achter Stelle.

Der frühe Buddhismus hat bereits eine differenzierte Sicht des Menschen und seiner geistigen Welt entfaltet, die sich der indischen Scholastik gemäß gewisser Begriffsreihen bediente, die im Laufe der Zeit immer weiter ausgestaltet wurden. So werden die wesentlichsten Unheilskategorien zusammengefaßt in der Reihe der „Wurzeln des Heilswidrigen" (*akuśala-mūla*), nämlich Leidenschaft, Zorn oder Haß und Unwissenheit; die vier unermeßlich auszuweitenden positiven Grundhaltungen werden zusammengefaßt in den „vier Unermeßlichen" (*apramāna*), nämlich Güte, Mitleid, Freude und Gleichmut. Die buddhistische Predigt bedient sich dieser Begriffsreihen und macht sie durch anschauliche Beispiele explizit. Hierbei spielt auch das Gleichnis eine wesentliche Rolle. Wie stark bereits der Buddha die Begriffsreihen und ihre Veranschaulichung seinen Predigten zugrunde legt, wird im *Mahāparinirvāna-Sūtra* deutlich, das von seinen letzten Lebenswochen berichtet und seine Abschiedsreden mitteilt. Die meisten Lehrtexte (*Sūtras*, Pali: *Suttas*) geben sich entweder als Predigten des Buddha aus oder enthalten seine Unterweisungen.

Hat schon der frühe Buddhismus des „Kleinen Fahrzeugs" (*Hīnayāna*) Wert auf die anschauliche Explikation bestimmter Lehrinhalte in der Predigt gelegt, so wird im „Großen Fahrzeug" (*Mahāyāna*), das sich um die Zeitenwende ausbildet, die geschickt vorgetragene Predigt so wichtig, daß das Prinzip der „Geschicklichkeit in der Lehrunterweisung" zu einem wesentlichen Grundsatz erhoben wird (vgl. Pye).

Es ist hervorzuheben, daß die buddhistische Predigt nicht nur Menschen gilt, sondern Lebewesen in allen möglichen Existenzformen. Freilich ist erst der Mensch in der Lage, die Lehre vom Leiden vollinhaltlich zu verstehen, weshalb dem Dasein als Mensch besondere Bedeutung zugemessen wird.

In Ostasien sind es vor allem die buddhistischen „Schulen des Reinen Landes“, die auf die japanischen Reformatoren Hōnen Shōnin (1133–1212) und Shinran Shōnin (1174–1263) zurückgehen, in denen die öffentliche Predigt eine besondere Bedeutung gewinnt.

Literatur

Zu 1.: Siegfried Morenz, Entstehung u. Wesen der Buchreligion: ders., Religion u. Gesch. des alten Ägypten. GAufs., hg. v. Elke Blumenthal u. Siegfried Herrmann, Köln/Wien 1975, 383–394.

Zu 2.: Mary Boyce, Zoroastrians. Their Religious Beliefs and Practices, London 1979. – Walter Hinz, Zarathustra, Stuttgart 1961. – Helmut Humbach, The Gathas of Zarathustra, 2 Bde., Heidelberg 1991.

Zu 3.: Jes Peter Asmussen, Der Manichäismus als Vermittler literarischen Gutes: Tem. 2 (1966) 5–21. – Hans-Joachim Klimkeit, Gnosis on the Silk Road. Gnostic Texts from Central Asia, San Francisco 1993. – Samuel N. C. Lieu, Manichaeism in the Later Roman Empire and Medieval China. A Hist. Survey, ²1992 (WUNT 63). – Hans Jacob Polotsky, Art. Manichäismus: PRE.S 6 (1935) 240–271. – Geo Widengren, Mani u. der Manichäismus, 1957 (UB 57).

Zu 4.: Angelika Hartmann, Islamisches Predigtwesen im MA. Ibn al-auz u. sein „Buch der Schlußreden“: Saec. 38 (1987) 336–366. – David S. Margoliouth, Art. Preaching (Muslim): ERE 10 (1918) 221–224. – Johannes Pedersen, The Islamic Preacher, wāʿiẓ mudhakkir, qāṣṣ: Ignace Goldziher Memorial Volume, Budapest, I 1947, 226–251. – Arent Jan Wensinck, Art. Khuṭba: EI² 5 (1986) 74f.

Zu 5.: Mariasusai Dhavamony, Classical Hinduism, 1982 (DMiss 15). – Reinhart Hummel, Indische Mission u. neue Frömmigkeit im Westen, Stuttgart 1980. – Klaus K. Klostermaier, A Survey of Hinduism, Albany, N.Y. 1989. – Robert C. Zaehner, Hinduism, London 1962.

Zu 6.: Hans Haas, Amida Buddha unsere Zuflucht. Urkunden zum Verständnis des jap. Sukhāvatī-Buddhismus, 1910 (QRG 2). – Hans-Joachim Klimkeit, Der Buddha. Leben u. Lehre, 1990 (UB 438). – Gustav Mensching (Hg.), Buddhistische Geisteswelt, Darmstadt 1955; Nachdr. 1975. – Karl E. Neumann, Die Reden Gotamo Buddhas. Aus der Mittleren Sammlung ..., 3 Bde., München ²1922. – Ders., Die Reden Gotamo Buddhas. Aus der Längeren Sammlung ..., Zürich/Wien 1957. – Hermann Oldenberg, Der Buddha. Sein Leben, seine Lehre, seine Gemeinde, Stuttgart ¹³1959; Nachdr. o.J. – Michael Pye, Skillful Means, London 1978. – Edward J. Thomas, The Life of the Buddha as Legend and History, London ³1949; Nachdr. 1975. – Ernst Waldschmidt, Die Überlieferung vom Lebensende des Buddha, 2 T., 1944–1948 (AAWG.PH 29/30).

Hans-Joachim Klimkeit

II. Altes Testament

1. Traditionelle Vorstellungen 2. Gotteskommunikation 3. Gemeindeansprachen (Literatur S. 235)

1. Traditionelle Vorstellungen

Protestantische Interpretationen des Alten Testaments erwecken manchmal den Eindruck, als sei die israelitische Glaubensgeschichte von gewaltigen Predigern gestaltet worden. Zwischen →Mose, dem Gesetzesverkündiger (vgl. Dtn 1,1–5), und dem „Prediger“ Salomo (hebräisch „Kohelet“) ragen prophetische Gestalten wie →Jesaja, →Jeremia, →Ezechiel, →Amos, →Micha und →Jona (vgl. Jes 40,6; Jer 7,2; Ez 3,10f.; Sach 7,7) hervor, und selbst Weisheit und →Psalmen scheinen einem modernen Wortverkündigungsideal nahezukommen (vgl. Ps 34; 50; Prov 1–9). Das Chronistische Geschichtswerk ist durchsetzt mit Reden und Gebeten. Die revidierte Lutherübersetzung von 1984 gebraucht die Wortfamilie „predigen/Prediger“ im Alten Testament insgesamt 44mal („Predigt“ bleibt für das Neue Testament reserviert [21mal]), massiert im Buch Jeremia (18mal „predigt“ der Prophet; vgl. programmatisch Jer 1,6f.17!); die Zürcher Übersetzung weist 22 Vorkommen auf („Predigt“ nur Prov 8,4). Hingegen kennt die katholische Einheitsübersetzung im Alten Testament allein das gesuchte Stichwort „predigen“, und das nur an zwei Stellen (Prov 1,21; Jer 29,32). Die konfessionelle Einfärbung der durch die Übersetzung vermittelten Predigtvorstellungen ist mit Händen zu greifen.

2. Gotteskommunikation

Es dürfte von vornherein klar sein, daß moderne, stark von der Reformation her bestimmte Predigtvorstellungen (etwa: Redner gegenüber einer Gemeinde; ordnungsgemäße Ordination und Kleidung; zentrales Amt der Gruppe; Auslegung der Heiligen Schrift; Verkündigung des Gotteswortes) nicht mit den Konzeptionen der alttestamentlichen Überlieferungen identisch sein können. Die zeitgenössischen Lebensbedingungen und Gesellschaftsstrukturen Altisraels waren grundlegend andere als die christlicher Gruppierungen in Mitteleuropa seit der Reformation. Darum ist Kritik an Rückprojektionen (Mathias) berechtigt. Sie hebt aber die Tatsache nicht auf, daß die alttestamentliche Überlieferung außerordentlich reich an mannigfaltigen Redekompositionen ist, die hier und da Ähnlichkeiten mit unseren Predigten aufweisen. Und weil auch die europäische christliche Tradition sich in kontinuierlicher Entwicklung aus der biblischen heraus entfaltet hat, ist der prägende Einfluß alttestamentlicher Gottesrede auf unsere Predigt ebenso sicher wie die Unvereinbarkeit der Gesamtkonzeptionen damals und heute. Wir haben also nach Analogien und weiterwirkenden Anstößen im Alten Testament zu fragen.

2.1. Überblick

Die nominalen Ausdrücke für „Rede", „Ansprache", „Lehre", „Verkündigung", „Botschaft" u.ä. konzentrieren sich in den hebräischen Schriften auf zwei Felder. Vorrangig wird, besonders in späten Schichten des Alten Testaments, *tôrāh*, d.h. die gesamte Willensoffenbarung Jahwes an Israel unter Einschluß der mahnenden, anklagenden „Rede" (besonders bei Jeremia und Ezechiel oft *dābār*, „[Jahwes] Wort") der Propheten, in gottesdienstlicher Lesung verkündet (vgl. Dtn 31,9–13; II Reg 23,2; Jer 36,4–32; Neh 8,1–8). Die letzte Stelle zeigt, daß es sich nicht um reine „Lesepredigt", sondern durchaus auch um eine Art paraphrasierende Auslegung handeln kann. Das versammelte Volk ist überall Adressat, und verschiedene Funktionäre übernehmen die Ausführung: →Priester, Älteste, Leviten (→Levi/Leviten), Schreiber (→Schrift und Schreiber). So sehr *tôrāh* für unseren Blick auf „religiösen Vortrag" spezialisiert erscheint, um so breiter öffnen sich andere Begriffe in Richtung auf die „weisheitliche Lehrrede" *('emær/'imrāh*, „Rede": vgl. Dtn 32,1; Ps 78,1; *da'at/bînāh*, „Wissen", „Erkenntnis": vgl. Hos 4,6; Prov 4,3–6; *māšāl*, „Spruch": vgl. Ps 78,2; 49,5; *læqaḥ*, „Lehre": vgl. Dtn 32,2; *ḥîdāh*, „Rätsel": vgl. Ps 49,5; 78,2). Beide Bereiche stehen jedoch in enger Verbindung, die Begriffe fließen ineinander, wie Parallelnennungen und Inhaltsübereinstimmungen bezeugen. Nur zwei Ausdrücke scheinen nicht in den religiösen Vortrag oder die Lehrrede eingebunden: *šᵉmu'āh*, „das Gehörte" (vgl. Jes 53,1), und *qᵉrî'āh*, „das Ausgerufene" (nur Jon 3,2; Lutherübersetzung inklusive Verb: „predige!"). – Die griechische Überlieferung arbeitet mit nominalen Äquivalenten wie *νόμος, λόγος, ῥῆμα, ἀγγελία, γνῶσις, ἀκοή*, selten *κήρυγμα* oder *εὐαγγελία*.

Als verbale Ausdrücke für „verkündigen", „lehren" kommen mindestens 15 hebräische Wörter in Frage; die meistgebrauchten sind *dibber*, „reden" (von Gott und von Menschen gebraucht; vgl. Lev 1,1f.; Dtn 1,1); *qārā'* I, „rufen" (vgl. den „Rufer in der Wüste", Jes 40,3–8; Luther: „predige!", V.6); *higgîd*, „mitteilen"; *sipper*, „erzählen"; *hôdîa'*, „kundtun" – diese drei Verben gewinnen religiöse und pädagogische Bedeutung vor allem im Gotteslob der Psalmen; *hišmîa'*, „hören lassen" (in Jes 40ff. Jahwes eigene Proklamationen); *limmed*, „lehren"; *hôræh* III, „unterweisen" – primär stammen diese Verben aus dem Erziehungsprozeß, sie haben aber auch kultische Bedeutung (vgl. Lev 10,10f.; Dtn 17,10f.); *biśśer*, „melden"; *hizkîr*, „erinnern, einschärfen" usw. – Interessant sind die große Mannigfaltigkeit der Ausdrücke, die Vielzahl kommunikativer Beziehungen, welche sich dahinter verbergen, die nur lose Verbindung zwischen verbalem und nominalem Verkündigungsvokabular und das Fehlen starker, konsequent gebrauchter Termini für die Person des „Verkündigers", „Gottessprechers", „Liturgen" o.ä. Auch für den personalen Bereich läßt sich eine bunte Sammlung von Wörtern zusammenbringen: einige Partizipien der oben genannten Verben (z.B. *mᵉbaśśer/mᵉbaśśæræt*, „Freudenbote/-botin"; *môræh*, „Lehrmeister"; *mazkîr*, „Sprecher", „Sekretär" [vgl. II Sam 8,16; 20,24 usw. – keine „Predigt"-Tätigkeit bezeugt]); den Verkündigungspropheten *(nâbi')*; die Priester und Leviten; den Boten *(māl'āk)*; den Weisen *(ḥākām)*; den Schreiber *(sofer)*; den Legislator – da fehlt ein hebräischer Begriff, es kann nur der Name eintreten: Mose. Ein einheitliches Bild von Verkündigung und Verkündigern läßt sich nicht gewinnen; der „Prediger" Salomo war sicher kein Prediger.

2.2. Die Kanonteile

2.2.1. Das im Pentateuch von Ex 20 bis Dtn 31 versammelte Material besteht zu einem Großteil aus rechtlichen, kultischen und ethischen, an eine Gemeinschaft gerichteten Bestimmungen. Ältere, objektiv in der dritten Person formulierte „Gesetze" und „Ritualvorschriften" sind offensichtlich in die Jetztgestalt des Textes eingearbeitet (vgl. z. B. Ex 21,18–22,16; Lev 1,3–17; Dtn 22,22–29 – hier schon der sekundäre Nachsatz: „so sollst du das Böse wegtun", V.22.24). Die gesamte „Rechtsbelehrung" des →Pentateuchs aber, sei sie priesterlich oder deuteronomistisch geprägt, ist letzter Hand in Redezusammenhänge hineingestellt und oft durch direkte Ansprachеformulierungen (zweite Person Singular oder Plural) auf die Zuhörer und Zuhörerinnen bezogen. So ist der →Dekalog in Ex 20/Dtn 5 ein im Sinne deuteronomistischen Ausschließlichkeitsanspruches überformtes, „gepredigtes" Ethos. Im sog. →Bundesbuch (Ex 21–23) ist die Ausbreitung der „Du"-Anrede mit Händen zu greifen (vgl. Ex 21,2–14). Das sog. „Privilegrecht Jahwes" Ex 34,10–26 ist eine einzige Gemeindevermahnung aus dem Munde Gottes, so wie das →Deuteronomium als Rede des Mittlers Mose an das Volk stilisiert ist (G. von Rad: „gepredigtes Gesetz"). In den Büchern Leviticus und Numeri ist das Formelgerüst der späten Redaktion („Jahwe redete mit Mose ... sprich zu den Israeliten ...") so eindeutig auf Kommunikation (Lesung?!) für die Gemeinde angelegt (Gerstenberger, Leviticus), daß es der eindringlichen, teilweise verwendeten persönlich-direkten Anreden (vgl. Lev 19; 23; 25; Num 11,18–20; 14,26–35; 15,1–21) oder gelegentlicher Ausführungsnotizen (vgl. Lev 8,36; 16,34; 21,24; 23,44; 24,23; Num 1,54; 5,4; 11,24; 14,39) eigentlich nicht mehr bedarf. Alles ist als Anrede und mahnende Belehrung gedacht, darum ist schon die Bezeichnung „Gesetzes"-Sammlung für den Pentateuch unzutreffend.

2.2.2. Ähnlich verhält es sich mit Teilen des Prophetenkanons (→Propheten/Prophetie). Jer 36, die schöne Entstehungslegende der Prophetenschriften, zeigt deutlich, daß in der exilisch-nachexilischen Zeit Spruchsammlungen schriftlich vorlagen und (in der Gemeindeversammlung?) verlesen wurden. Dtn 18,14–18 bezieht die Tätigkeit der Propheten auf die Tora (vgl. II Reg 17,13; Sach 7,7–10; Luther: Jahwe ließ „durch die früheren Propheten predigen"). In der Tat verstehen die späten Überlieferer Propheten einseitig als Mahner und Warner, die Tora zu beachten. Die ehemals Geistbegabten wurden zu Textauslegern, Umkehrpredigern, beamteten Gerichts- und Heilsankündigern, und Jeremia war nach ihrer Meinung der Größte unter den Verkündigungspropheten. Er hält dem Volk lange Ansprachen, die Gemeindevermahnungen nachgebildet sind (vgl. Jer 7; 11; 18; 24f.; dazu Nicholson) und Tora und Bund propagieren. Auch in den Büchern Ezechiel und Jesaja kommen Redekompositionen vor, die an solche Ansprachen erinnern (vgl. Ez 5–7; 13f.; 20; 22; auch die Bildreden wie Ez 16; 23f.; Jes 43; 54f.; 60 usw.). Vor allem bei Ezechiel sind Sendung an Israel und Wortverkündigungsauftrag (Ez 2,1–5; 3,4–11 u.ö.), Schriftgebundenheit (Ez 2,8–3,3) und die Warnung vor dem Abfall von Jahwe stark betont. Selbst im Zwölfprophetenbuch (→Dodekapropheton) gibt es längere Kompositionen, die formal oder inhaltlich Ansprachecharakter haben (vgl. Hos 2,4–25; 13f.; Am 4,4–12; 5,4–17; Mi 6; Nah 3; Zeph 3; Hag 1,2–11; Sach 2,10–17; Mal 2f.). Nimmt man hinzu, daß die Prophetenschriften auch liturgisches Gut enthalten (Hymnen; Klagen; Gebete; Trostsprüche; Liturgien; Fremdvölkersprüche usw.), dann ist das Vorkommen von gottesdienstlichen Reden oder deren Nachbildungen nicht verwunderlich.

2.2.3. Der dritte Kanonteil ist gattungsmäßig und theologisch am buntesten zusammengesetzt. Hier treffen wir einerseits verstärkt auf die weisheitliche Lehrrede (vgl. Prov 1–9; Ps 49; Hi 38–41), die weitläufig mit den altägyptischen Lebenslehren verwandt ist und auf die apokryphe jüdische Literatur ausgestrahlt hat. Andererseits sind auch religiöse Ansprachen vorhanden (vgl. Ps 78; auch die großen Bußgebete Esr 9; Neh 9; Dan 9, obwohl sie an Gott gerichtet sind). Manche Psalmen sind recht eigentlich Predigten (vgl. Ps 50; 81; Gerstenberger). Die Chronikbücher gehen mit ihren Rede- und Gebetsanteilen weit über ihre Vorlage 2. Samuel bis 2. Könige hinaus. Sie bringen fünfzehn mehr als einen Vers umfassende Ansprachen von Königen oder Propheten/Sehern an Gruppen von Menschen. Nur zwei von diesen Reden sind auch im deuteronomistischen Geschichtswerk enthalten (II Chr 6,4–11 = I Reg 8,15–21; II Chr 34,23–28 = II Reg 22,15–20). David ist ein eloquenter König, der nicht nur seinen Sohn erzieht (I Sam 22,6–16; 28,9f.), sondern gerne seine Beamten und Untertanen anredet (I Chr 22,17–19; 28,2–8; 29,1–5.20). Josaphat tut es ihm annähernd gleich (II Chr 19,6f.9–11; 20,20), besser ist Hiskia (II Chr 29,5–11; 30,6–9; 32,7f.). Ganz im Sinne des Königsgesetzes von Dtn 17,14–20 kümmern sie sich um religiöse und kultische Angelegenheiten. Sie sind als Gemeindeleiter stilisiert, während die verschiedenen Prophetengestalten in meist kürzeren, nicht regelmäßig durch den Geist Jahwes und Botenformeln beglaubigten Sprüchen ihre Kritik am Fehlverhalten Israels äußern oder mahnungsvoll Beistand versprechen (II Chr 15,2–7; 16,7–9; 20,15–17.20; 24,20; 25,7f.15; 28,9–11). Der Vergleich mit dem Deuteronomistischen Geschichtswerk macht deutlich, daß die Chronikbücher auf der ganzen Linie – kultisch, theologisch, politisch, gesellschaftlich – der damaligen jüdischen Gemeindesituation verhaftet sind. Ein interessantes Detail der chronistischen Ansprachen ist, daß sie zum Teil gemeindegemäße Anreden aufweisen: „Hört mir zu, meine Brüder und mein Volk!" (I Chr 28,2), und das im Munde eines orientalischen Königs (vgl. noch II Chr 13,4; 15,2; 20,15.20; 25,7; 29,5; 30,6)! Aufmerksamkeitsruf und namentliche Anrede mögen auch für die Gemeindeansprache konstitutiv gewesen sein.

3. *Gemeindeansprachen*

Form und Inhalt, Trägerschaft und Kommunikationssituationen der verschiedenen alttestamentlichen Gemeindeansprachen sind noch nicht umfassend untersucht. Typologie und Geschichte der Gattung müßten aus dem reichen Material erhoben werden. Bisherige Versuche scheitern an der Fixierung auf Kontinuität mit vorexilischen Ämtern und Institutionen; sie machen wahlweise Priester (vgl. Hos 4,6; Jer 18,18; dazu Liedke 198f.), Propheten oder deren Jüngerscharen (vgl. Jer 36; dazu Nicholson), Leviten (vgl. II Chr 17,7–9; dazu von →Rad), Weisheitslehrer (vgl. Jer 8,8f.; dazu Crüsemann 34ff.) oder theologisch-politische Parteien (vgl. Jer 7,1–5; 17,19–27; I Reg 9,3–9; dazu Albertz 392) für die frühjüdische Gemeindeansprache verantwortlich. Doch ist diese „Predigt" eine neue Gattung, die der neuen Struktur der „Gemeinde" entspricht. Die Überlieferung legt zwar historischen Figuren solche Ansprachen in den Mund, und Angehörige traditioneller geistlicher Berufsstände spielen auch nach dem Exil eine Rolle, aber die neuen Funktionen der um die Tora sich versammelnden Gemeinschaft sind entscheidend. Sie werden offenbar von Schreibern, Vorstehern (vgl. *nāśi'*: Lev 4,22; Num 7,10ff.), Sängern, Ältesten usw. wahrgenommen, die sich gern hinter den großen Rednern der geheiligten Tradition verbergen. Die *ad hoc* zusammengerufene oder an Fest- und Trauertagen sich regelmäßig versammelnde Gemeinde – sie beansprucht stets, das „ganze" Israel zu repräsentieren (vgl. Dtn 5,22; Ex 12,3–6; Esr 10,7ff.; Ps 118,2–4; 149,1) – ist das Auditorium.

Die Ansprachen scheinen noch heute geltenden Regeln der →Rhetorik zu folgen. Sie bestehen aus Anrede, Einführung, Durchführung und Schlußteil und sind thematisch akzentuiert. Mit „literarischen Verkürzungen" ist allerdings zu rechnen. Im Zentrum stehen Themen, die Identität und Fortbestand der Gemeinschaft berühren. Sie ist in der Vorzeit durch Jahwe begründet (vgl. Dtn 7; Jos 23), er hat ihr Land und Tora gegeben (vgl. Dtn 30; Mi 6) und den Bund mit ihr geschlossen (Jos 24). Warnung vor Untreue und Abfall (vgl. Lev 26), Anklage auf Bundesbruch (vgl. Jer 11), Ermahnung zum Festhalten an Jahwe (vgl. Dtn 4; I Sam 12,6–24) sind je und dann am Platze. Aber auch der Preis des Gottes Israels (vgl. I Reg 8,22–30.54–61), die Festfreude (vgl. Dtn 16), vielerlei ethische und kultische Unterweisung (vgl. Dtn 12–25; Lev 1–24) und das Verhältnis zu den anderen Völkern (vgl. Jes 47; Nahum) können Inhalte der Gemeindeansprache sein. Unter den stilistischen Eigenarten fallen große Bildreden (vgl. Ez 16) und die Ich-Rede Jahwes (vgl. Ex 34; Jer 7; Jes 56,1–8; Ps 50) – überkommen aus der Botenrolle des Gottgesandten – auf.

Die gottesdienstliche Versammlung mit ihren Ansprachen war die Wiege des jüdisch-christlichen Gottesglaubens und der Gattung „Predigt".

Literatur

Rainer Albertz, Religionsgesch. Israels, 1992 (ATD ErgBd. 8/1–2). – Joseph Blenkinsopp, A History of Prophecy in Israel, Louisville, Ky. 1983 ^{2}1996. – Ders., Sage, Priest, Prophet, Louisville, Ky. 1995 (The Library of Ancient Israel 1). – Frank Crüsemann, Die Tora, München 1992. – Erhard S. Gerstenberger, Psalms, 1988 (FOTL 14/1). – Ders., Leviticus, 1993 (ATD 6). – Else Kragelund Holt, Prophesying the Past, 1995 (JSOT.S 194). – Siegfried Kreuzer, Die Frühgesch. Israels in Bekenntnis u. Verkündigung des AT, 1989 (BZAW 178). – Gerhard Liedke, Gestalt u. Bezeichnung atl. Rechtssätze, 1971 (WMANT 3). – Norbert Lohfink, Kerygmata des DtrG.: Die Botschaft u. die Boten. FS Hans Walter Wolff, hg. v. Jörg Jeremias u.a., Neukirchen-Vluyn 1981, 87–100. – Dietmar Mathias, „Levitische Predigt" u. Deuteronomismus: ZAW 96 (1984) 23–49. – Ernest W. Nicholson, Preaching to the Exiles, Oxford 1970. – Otto Plöger, Reden u. Gebete im dtr. u. chronistischen Geschichtswerk: FS Günther Dehn, hg. v. Wilhelm Schneemelcher, Neukirchen-Vluyn 1957, 35–47. – Gerhard v. Rad, Deuteronomiumstud. (1947): ders., GSt zum AT, München, II 1973, 109–153. – Henning Graf Reventlow, Gebot u. Predigt im Dekalog, Gütersloh 1962. – Ludger Schwienhorst-Schönberger, Das Bundesbuch (Ex 20,22–23,33), 1990 (BZAW 188). – Charles S. Shaw, The Speeches of Micah, 1993 (JSOT.S 145). – Eberhard v. Waldow, Anlaß u. Hintergrund der Verkündigung des Deuterojesaja, Diss. Bonn 1953. – Konstantin Zobel, Prophetie u. Deuteronomium, 1992 (BZAW 199).

Erhard S. Gerstenberger

III. Judentum

1. Ursprünge der rabbinischen Predigt 2. Sammlungen rabbinischer Predigten 3. Gliederung der rabbinischen Predigt 4. Charakter der rabbinischen Predigt 5. Zeitgeschichte und Weiterentwicklung (Literatur S. 239)

Neben der hellenistischen Synagogenpredigt, die im freien Vortrag eines theologisch gebildeten Rhetors über eine biblische Geschichte besteht und die fast ausschließlich in wenigen in armenischer Sprache erhaltenen Fragmenten vorliegt, spielt die rabbinische Predigt (hebräisch *d^{e}raša baz-zibbûr*) in der Spätantike eine bedeutende Rolle.

1. Ursprünge der rabbinischen Predigt

Da die →Mischna die Predigt nicht unter den Grundelementen des Synagogengottesdienstes nennt (vgl. mMeg 3,3), aber andererseits von der ausdeutenden Übersetzung des Bibeltextes während des Gottesdienstes (mMeg 3,4; vgl. auch die Deutung von Neh 8 in bNed 37b) weiß, wird vermutet, daß die rabbinische Predigt ihre Wurzeln im Targum hat und im Lauf der Zeit immer mehr zu einem eigenständigen Element ausgebildet wurde.

Bezüglich des Zeitpunktes, an dem solche Sabbatpredigten (vgl. bBer 6b; 28a; 30a; bSot 49a) oder Festvorträge (bYom 77b; bMeg 4a) gehalten wurden, die für ein breiteres Publikum bestimmt waren (vgl. bGit 68b; yShab 3,1; s.a. Hieronymus, Ezech. 33,33; 34,3; Is. 58,2) und die neben den gelehrteren Auslegungen des Lehrhauses (vgl. yHag 1,1 [75d, 32–45]; bPes 50a; bYom 78a) existierten (hierzu Hirshman), liegen unterschiedliche Angaben vor. Während der Bericht des Lukas über Jesu Predigt in Nazareth eine direkte Verbindung mit der Tora- und Haftaralesung beim Morgengottesdienst voraussetzt (Lk 4,16–22; vgl. auch Act 13,15ff.), trennen andere Überlieferungen die Sabbatpredigt von der morgendlichen Schriftlesung und verlegen diese auf den Nachmittag oder den Sabbatabend (ySot 1,4 [16d]; Yalq Mish § 964; vgl. auch Josephus, Ant XVI,43; Philo, SpecLeg II,215f.; VitMos II,215f.; LegGai 156). Wenn zudem hinsichtlich des Predigtvortrags keine halachischen Regelungen überliefert werden, so ist vermutlich mit unterschiedlichen lokalen Gebräuchen und Gepflogenheiten zu rechnen. Beim Publikum scheinen solche Auslegungen sehr beliebt gewesen zu sein: Weilte ein berühmter *Darschan* (Ausleger) in der Stadt, so eilten alle, um ihn zu hören (yHor 3,7 [48b]); der Predigtvortrag galt als Vergnügen, das als Pendant zum Zirkus der Heiden betrachtet werden konnte (EkhR Pet.17).

2. Sammlungen rabbinischer Predigten

Als Quellen für die rabbinische Homilie werden hauptsächlich die sog. „Predigt- oder Homilienmidraschim", *Wayyikra Rabba*, *Pesiqta de Rav Kahana*, *Pesiqta Rabbati*,

Tanchuma und *Tanchuma Buber* sowie *Devarim Rabba*, *Shemot Rabba II* (ShemR 15–52) und *Bemidbar Rabba*, herangezogen.

Im Gegensatz zu den sog. exegetischen →Midraschim, die den biblischen Text kursorisch Vers für Vers auslegen, beziehen sich diese Homilienmidraschim jeweils nur auf die ersten Verse bestimmter Schriftperikopen. Diese Abschnitte stimmen größtenteils mit den Perikopenordnungen (hebräisch *s^e^darîm*) des ungefähr dreieinhalbjährigen palästinischen Lesezyklus überein: so *Tanchuma*, *Tanchuma Buber* sowie die oben genannten *Rabbot*. Lediglich *Bemidbar Rabba I* (BemR 1–15) richtet sich nach dem einjährigen babylonischen Zyklus. Es wird angenommen, daß diese Midraschkompilationen auf tatsächliche, an Sabbaten und Festtagen gehaltene Predigten zurückgehen. Auch die zahlreichen stereotypen Wendungen und Formulierungen, mit deren Hilfe der Inhalt strukturiert wird, um Redner und Hörer zu leiten, machen eine mündliche Vorlage dieser Texte wahrscheinlich.

Die vorliegenden Midraschim wirken mit ihren zahlreichen nicht ausgeführten Zitaten und Abkürzungen im Gegensatz zu den Fragmenten der hellenistischen Synagogenpredigt äußerst knapp und lassen die für den mündlichen Vortrag so typische Breite des Ausdrucks und die *copia verborum* vermissen. Sie können daher nicht als getreue Predigtnachschriften angesehen werden. Eher handelt es sich wohl um Exzerpte, die Traditionen mehrerer Predigten zusammenstellen.

3. *Gliederung der rabbinischen Predigt*

In der Regel setzen sich die Predigtmidraschim aus drei Hauptteilen zusammen: *Peticha*, *Inyan* und *Ḥatima*.

Die *Peticha* am Anfang der Homilie, die diesen Namen ihrer Einleitung „Rabbi X eröffnete (hebräisch *pataḥ*)" verdankt, entstammt vermutlich tannaitischer Zeit. Die in frühen Texten erscheinenden *Petichot* weisen eine gewisse Flexibilität in der Form auf, wohingegen die späteren Vertreter aus amoräischer Zeit eine feste Struktur besitzen: Die *Peticha* setzt mit einem Vers aus den Hagiographen ein, der auf den ersten Blick mit der auszulegenden Perikope bzw. deren erstem Vers nicht in Beziehung zu stehen scheint. Die Kunst des Auslegers besteht nun darin, die Verknüpfung zwischen diesem „Petichavers" und dem ersten Vers der betreffenden Perikope, dem sog. Grundtext (fast immer aus dem →Pentateuch), herzustellen; der Petichavers wird zur Auslegung des Perikopenverses herangezogen. Als Grundtext einer Predigt, auf den die *Peticha* zusteuert, kann aber auch der erste Vers der *Haftara*, der Prophetenlesung, die mit der Toralesung eines entsprechenden →Sabbats verbunden ist, dienen (eine Auflistung verschiedener Haftarapredigten bei Kern 69).

Eine andere Form der *Peticha* führt nicht auf den ersten Vers der auszulegenden Perikope zu, sondern endet in einer Art Zirkelstruktur wieder mit dem Petichavers. Diese „circular proems" weisen meistens folgende Struktur auf: (a) Grund- oder Perikopentext; (b) „Dies ist es, was N.N. im Heiligen Geist (*b^e^-rûaḥ haq-qodæš*) gesagt hat"; (c) Petichavers; (d) Frageformel: „In wessen Hinsicht sagte N.N. diesen Schriftvers?" (e) Antwort: „Er sagte ihn allein in Hinsicht auf ..."; (f) Ausführung des Petichaverses; (g) Zitat des Petichaverses (für eine Auflistung verschiedener Belege dieses Typs vgl. Grözinger, Herr 15). Solche *Petichot*, die den Grundtext lediglich am Anfang nennen, stehen aber keineswegs gänzlich unverbunden neben diesem, sondern weisen durch zahlreiche Motivanspielungen und -verweise in einer Art „tangentialer Berührung" (ebd.) auf die folgenden Ausführungen hin.

Hinsichtlich der These Wilhelm Bachers, wonach die *Peticha* eine Art Proömium (Vorrede) der mündlichen Predigt darstellt, sind zahlreiche Bedenken erhoben worden. Der Haupteinwand bestand darin, daß zwischen *Peticha* und dem ihr folgenden Teil – dem *Inyan* (s.u.) – keine inhaltlichen Beziehungen bestünden. Diese in der Tat häufig zu machende Beobachtung führte dazu, den ursprünglichen Sitz im Leben der *Peticha* nicht in der Einleitung einer Predigt zu sehen: Joseph Heinemann schloß aus der „umgekehrten Struktur" der *Peticha*, die von einem „entfernten Vers" auf den Perikopenvers hinführt, daß eine solche Einleitung des Perikopenverses das eigentliche Ziel der *Peticha* darstelle; die Aufgabe der *Peticha* habe ursprünglich in der Einleitung der Toralesung bestanden (so auch Shinan, Sermons 98). Peter Schäfer wiederum sieht in der *Peticha* ein eigenes, selbständiges Element des Synagogengottesdienstes. Dementsprechend plädiert er für die Übersetzung „Rabbi X legte [den Perikopenvers mit Hilfe dieses oder jenes Bibelverses] aus" (Schäfer 218). Eine definitive Entscheidung kann aufgrund der Quellenlage nicht gefällt werden. Die vorliegenden *Petichot*, die immer am Anfang eines größeren Textcorpus stehen, sind integraler Bestandteil der Gattung *Literaturpredigt*, und es liegt nahe, daß ihr auch im mündlichen Vortrag eine solche einleitende Funktion zukam. Gerade jüngere Arbeiten (Grözinger; Hahn; Kern) konnten zudem zeigen, daß *Peticha* und *Inyan* auch inhaltlich in einem engen Beziehungsgeflecht stehen.

Wenn in exegetischen Midraschim wie in *Bereshit Rabba*, die einer Thesaurierung des Traditionsmaterials dienen, einzelne Abschnitte ebenfalls durch *Petichot* eröffnet werden, so spricht das nicht gegen die Verwendung der *Peticha* als Predigteinleitung, sondern zeigt vielmehr die Mehrfunktionalität dieser Form. Entscheidend für die Struktur der *Peticha* ist sicherlich der Überraschungseffekt, indem der Hörer „am Schluß ... den Zusammenhang zwischen Seder- und Petichavers" erkennt (Schäfer 218).

Der Terminus *Corpus* oder *Inyan* bezeichnet den Hauptteil der uns vorliegenden Homilienmidraschim, der – im Gegensatz zur *Peticha* – kaum untersucht wurde. In der Regel setzt dieser Teil mit dem Perikopenvers (bzw. dem Haftaravers) ein, dem verschiedene, mehr oder weniger umfangreiche Auslegungen zugeordnet sind; manchmal werden auch noch die folgenden Verse der bereits eingeleiteten Perikope (bzw. *Haftara*) miteinbezogen. Während immer wieder behauptet wurde, es handle sich bei diesem Teil lediglich um eine Ansammlung verschiedener, ursprünglich mündlicher Traditionen, die nur in losem Zusammenhang untereinander standen, konnten vor allem die im Umkreis von Arnold Goldberg entstandenen Arbeiten zumindest für einzelne Predigten exemplarisch nachweisen, daß die verschiedenen Auslegungen dieses Teils ein vielschichtiges Beziehungsgeflecht bilden und sich gegenseitig erklären, so daß das jeweilige Thema der Predigt von ganz unterschiedlichen Aspekten her beleuchtet wird.

Wenn der Redaktor der Homilienmidraschim mehrere, einander widersprechende Auslegungen nebeneinanderstellt, so resultiert dies nicht allein aus der Rezeption verschiedener mündlicher Traditionen, sondern hat die Funktion, die Komplexität des behandelten Themas und die Bedeutungsfülle der Tora zu veranschaulichen.

Der Abschluß der Predigtmidraschim, die *Ḥatima*, die ohne feste Einleitungsformel entweder vom ersten Vers der Perikope oder aber vom letzten im Corpus gedeuteten Vers ausgeht, stellt eine tröstende Verheißung für die kommende Welt dar. In der Regel ist der Inhalt dieses Trostwortes ein Prophetenvers, der paraphrastisch erläutert und am Schluß des Abschnittes zitiert wird; aber auch Verse aus den Psalmen oder dem Pentateuch, die eschatologisch verstanden wurden, können diesen Platz einnehmen (vgl. z.B. PesK 3; 13; 30). Die *Ḥatima* verbindet somit formal den Gegenstand der Homilie mit einem eschatologischen Schlußwort. Die Ausführungen der *Ḥatima* über die kommende Welt stehen daher in struktureller Opposition zu den anderen, vorhergehenden Teilen der Predigt, die sich mit Israels Vergangenheit und Gegenwart beschäftigen.

Diese Struktur zeigt sich besonders deutlich in dem für die *Ḥatima* typischen, wenn auch nicht zwingenden Formelgut, der „messianischen Antithese". Diese leitet im Anschluß an die Ausführungen zu einem der Perikopenverse den abschließenden, eschatologisch zu deutenden Vers folgendermaßen ein: „[Dies ist] in dieser Welt [so]. Aber in der zukünftigen Welt (*bā-ʿôlām hab-bāʾ*) [oder: in der zukünftigen Zeit (*læ-ʿātîd lā-bô*)] wird es [so] sein..." (eine Zusammenstellung weiterer Formeln bei Stein). Im Gegensatz zur *Peroratio* der griechischen Rhetorik, die eine Zusammenfassung der vorliegenden Ausführungen und Beweise darstellt, endet die *Ḥatima* mit einem Ausblick vom Unvollkommenen zum Vollkommenen; der *Darschan* lenkt den Blick seines Publikums vom Diesseitigen zum Jenseitigen; die *Ḥatima* ist das „eschatologische Schlußkerygma der Predigt" (Goldberg, Peroratio 22). Steht der Perikopentext aber im Lichte der zukünftigen Erlösung, so wird ein weiterer Bedeutungsaspekt dieses Verses deutlich, dem die Funktion der Erbauung und des Trostes zukommt.

Daneben existieren noch weitere homiletische Formelemente, deren Verwendung allerdings im Gegensatz zu *Peticha* und *Ḥatima* nicht obligatorisch ist. Ungefähr 20% der Tanchuma-Midraschim verbinden *Peticha* und Corpus mit einer als *Semikha* (wörtlich „Folge") bezeichneten Kompositionsform. Auf das Lemma des Grundtextes folgt – eingeleitet mit der feststehenden Wendung: „Was ist zuvor von dieser Sache geschrieben (hebräisch: *mā-kᵉtiv le-maʿala min hā-ʿinyān*)" – das Lemma eines Verses, der sich im Bibeltext mehr oder weniger weiter vorne befindet. Ein Dictum über die Bedeutung der Sequenz dieser beiden Lemmata sowie die Begründung dieses Sachverhaltes schließen die *Semikha* ab (für eine Zusammenstellung der *Semikhot* in der rabbinischen Literatur vgl. Goldberg, Semikha 52–70). Die Abfolge *Peticha*, *Semikha* und *Inyan* bedeutet eine „Bewegung vom Ferneren zum Näheren" (ebd. 50), ein langsames Herantasten an den eigentlichen Vers der Auslegung.

Eine spezielle Form des Predigtanfangs, der mittels einer halachischen Frage und deren Beantwortung auf den Sedervers hinführt und vor der *Peticha* erscheinen kann, kommt in den *Tanchuma*, *Tanchuma Buber*, *Devarim Rabba*, *Pesiqta Rabbati* sowie vereinzelt in *Bemidbar Rabba* und *Pesiqta deRav Kahana* vor. Am verbreitetsten ist er im sog. *Yelammedenu-Midrasch*, der durch die beiden Tanchuma-Rezensionen sowie *Pesiqta Rabbati* vertreten ist (vgl. auch Ms. Paris 150 von *Bemidbar Rabba*). Dieser besteht aus folgenden Elementen: (a) Schriftvers; (b) Frageeinleitungsformel: „Es lehre uns unser Lehrer" (*yelammedenu rabbenu*); (c) eine halachische Frage; (d) Antworteinleitungsformel: „So lehrten unsere Lehrer"; (e) Antwort; (f) haggadische Erläuterung der Antwort. In *Devarim Rabba*, wo diese Form der Predigt ebenfalls häufig ist, lautet die Frageeinleitungsformel: „Halacha – Ein Mann aus Israel" (*Adam me-Israel*).

4. *Charakter der rabbinischen Predigt*

Bei der rabbinischen Predigt, die in der uns vorliegenden Form der Homilienmidraschim eine aktualisierende Schriftauslegung ist, handelt es sich in den seltensten Fällen um Neuschöpfungen; vielmehr greifen die Ausleger traditionelles Material auf und stellen es durch mehr oder weniger große Abweichungen von der Vorlage, durch Auslassungen, Abänderungen und Einfügungen neu zusammen. Aber auch durch die Positionierung der bekannten Überlieferungen in einen anderen Kontext lassen sich neue Bedeutungsakzente vermitteln. Dabei unterweist die rabbinische Predigt in der Regel weder in der →Halacha, noch appelliert sie direkt an die ethische Einsicht des Publikums; vielmehr wird mit erzählerischen und erbaulichen Elementen gearbeitet: Neben den biblischen Geschichten und Motiven, die narrativ ausgestaltet werden, stehen weitere Beispiele und Erzählungen. Dabei werden Werte wie das Vertrauen in Gottes Hilfe, die Bedeutung des Gebets, des Torastudiums und des Toragehorsams artikuliert und Theologumena wie die Bestrafung der Frevler, Gottes Liebe zu seinem Volk und die Erlösung Israels in den Vordergrund gestellt. Große Bedeutung kommt den Gleichnissen zu. Diese können sowohl Teil der *Peticha* sein als auch zur Auslegung des Grundtextes bzw. Perikopenverses gehören; daneben ist es wahrscheinlich, daß es sogar Predigten gab, die lediglich aus Inyanvers, Petichavers und Gleichnis bestanden haben (Thoma/Lauer I, 54 mit dem Verweis auf Beispiele). Da in den beiden Teilen dieser Form, *mašal* (Bildhälfte) und *nimšal* (Sachhälfte), der Bezug zwischen biblischem Text und menschlicher Erfahrung hergestellt wird, ist diese Form zur Aktualisierung der Schrift in narrativer Form besonders geeignet.

5. *Zeitgeschichte und Weiterentwicklung*

Die Funktion der rabbinischen Predigt erschließt sich aus der Situation des jüdischen Volkes in der Zeit nach dem Jüdischen Krieg gegen Rom (66–70/73 n. Chr.) und dem Bar-Kochba-Aufstand (132–135 n. Chr.; →Simon ben Kosiba): Die Tempelzerstörung und das damit verbundene Aufhören des Opferkultes erforderten nicht nur eine völlige Neustrukturierung des religiösen Lebens, sondern warfen zudem auch die Frage auf, wie Gott eine solche Erniedrigung seines Volkes zulassen konnte; die römische Herrschaft und das sich ab dem frühen 4. Jh. immer stärker ausbreitende und mächtiger werdende Christentum wirkten angesichts des Anspruchs der Königsherrschaft Gottes, die mit keiner Fremdherrschaft zu vereinbaren ist, für den Glauben zutiefst verunsichernd. Angesichts solcher Umstände bedurfte es des Trostes und der Selbstvergewisserung der Nähe Gottes.

Die →Haggada formuliert als Antwort auf diese Anfragen jene gerechte – in der Erfahrung der bedrängenden Gegenwart noch ausstehende – Weltordnung, wonach der Frevler schließlich doch bestraft wird und der Gerechte seinen Lohn erhält. Wie die Beschäftigung mit der Tora generell galten solche öffentlichen Schriftauslegungen auch als Ersatz für das Tempelopfer (ARN A 4 [18–25]), die Gott veranlaßten, Israel seine Sünden zu vergeben (KohR 9,15,7 [25c]).

Auch in den folgenden Jahrhunderten spielt die Predigt eine wichtige Rolle: Nachdem in gaonäischer Zeit der Akzent eher auf die Sammlung und Edierung der bereits vorhandenen Midraschim gelegt wird, stellt die homiletische Literatur im Mittelalter neben dem halachischen Corpus die reichste und umfangreichste literarische Form überhaupt dar; diese war sowohl im aschkenasischen als auch im sefardischen Bereich verbreitet. Im Gegensatz zu den rabbinischen Homilienmidraschim bilden die uns vorliegenden Quellen direkte Mitschriften solcher Vorträge. Im Zentrum dieser Predigten steht die ethische und religiöse Unterweisung des Volkes in der Auseinandersetzung mit zeitgenössischen Problemen und Strömungen; häufig werden auch philosophische und kabbalistische Elemente rezipiert. Da zahlreiche Prediger Wanderprediger waren, kam diesen Vorträgen bei der Ausbreitung neuer Gedanken und Ideen eine wichtige Aufgabe zu. Institutionell ist diese Form der Predigt weder an eine bestimmte Zeit noch an einen bestimmten Ort gebunden, sondern vielmehr von lokalen Bräuchen abhängig. Erst durch den Einfluß der jüdischen Reformbewegung des 19. Jh. wurde die Predigt in der jeweiligen Landessprache zu einem integralen Bestandteil des Synagogengottesdienstes am Sabbatmorgen.

Literatur

Wilhelm Bacher, Die Proömien der alten jüd. Homilie, Leipzig 1913. – Felix Böhl, Aufbau u. literarische Formen des aggadischen Teils im Jelamdenu-Midrasch, Wiesbaden 1977. – Marc Bregman, Circular Proems and Proems Beginning with the Formula 'Zo hi shene'emra beruaḥ ha-qodesh' (hebräisch): FS Joseph Heinemann, Jerusalem 1981, 34–51. – Norman J. Cohen, Structure and Editing in the Homiletic Midrashim: AJSR 6 (1981) 1–20. – Ders., Leviticus Rabbah, Parasha 3. An Example of a Classic Rabbinic Homily: JQR 72 (1981) 18–31. – Harry Fox, The Circular Proem. Composition, Terminology and Antecedents: PAAJR 49 (1982) 1–31. – Ismar Elbogen, Der Jüd. Gottesdienst in seiner gesch. Entwicklung, Frankfurt a. M. 1913 [3]1931 (Nachdr. Hildesheim 1995). – Arnold Goldberg, Ich komme u. wohne in deiner Mitte. Eine rabbinische Homilie zu Sacharja 2,14 (PesR 35), Frankfurt a.M. 1977 (FJS 3). – Ders., Erlösung durch Leiden. Drei rabbinische Homilien über die Trauernden Zions u. den leidenden Messias Efraim (PesR 34.36.37), Frankfurt a.M. 1978 (FJS 4). – Ders., Die Peroratio (Hatima) als Kompositionsform der rabbinischen Homilie: FJB 6 (1978) 1–22. – Ders., Hariza u. Petiḥa. Zur Korrektur eines Mißverständnisses: JSJ 10 (1979) 213–218. – Ders., Die „Semikha". Eine Kompositionsform der rabbinischen Homilie: FJB 14 (1986) 1–70. – Ders., Versuch über die hermeneutische Präsupposition u. Struktur der Petiḥa: FJB 18 (1990) 1–59. – Karl-E. Grözinger, Ich bin der Herr, dein Gott. Eine rabbinische Homilie zum Ersten Gebot (PesR 20), Frankfurt a.M. 1976 (FJS 2). – Ders., Prediger diesseitiger Zuversicht: FJB 5 (1977) 42–64. – Hartmut Hahn, Wallfahrt u. Auferstehung zur messianischen Zeit. Eine rabbinische Homilie zum Neumond-Shabbat (PesR 1), Frankfurt a.M. 1979 (FJS 5). – Joseph Heinemann, The Petihot in Aggadic Midrashim, their Origin and Function (hebräisch): PWCJS 4/2 (1968) 43–47. – Ders., The Art of Composition in Leviticus Rabba: JAAR 39 (1971) 141–150. – Ders., The Proem in the Aggadic Midrashim – A Form-Critical Study: SH 22 (1971) 100–122. – Ders., Sermons in the Talmudic Period (hebräisch), Jerusalem 1971. – Ders., Tannaitic Proems and their Formal Characteristics (hebräisch): PWCJS 5/3 (1972) 43–47. – Ders./Jakob J. Petuchowski, The Literature of the Synagogue, New York 1975. – Ders., On Life and Death. Anatomy of a Rabbinic Sermon: SH 27 (1978) 52–65 (zu Shab 30a–b). – Marc Hirshman, The Preacher and His Public in Third-Century Palestine: JJS 42 (1991) 108–114. – Brigitte Kern, Tröstet, tröstet mein Volk! Zwei rabbinische Homilien zu Jesaja 40,1 (PesR 30 u. PesR 29/30), Frankfurt a.M. 1986 (FJS 7) (Lit.). – Jacob Mann, The Bible as Read and Preached in the Old Synagogue, 2 Bde., Cincinnati, I 1940 (Nachdr. mit Prolegomenon v. Ben Zion Wacholder, New York 1971); II 1966 (vollendet v. Isaiah Sonne). – Marc Saperstein, Jewish Preaching 1200–1800. An Anthology, 1989 (YJS 26). – Richard S. Sarason, The Petiḥtot in Leviticus Rabba. „Oral Homilies" or Redactional Constructions?: JJS 33 (1982) 557–567. – Peter Schäfer, Die Peticha – ein Proömium?:

Kairos 12 (1970) 216–219. – Avigdor Shinan, Le-torat ha-petiḥta: JSHL 1 (1981) 135–142. – Ders., Sermons, Targums and the Reading from Scriptures in the Ancient Synagogue: Lee I. Levine (Hg.), The Synagogue in Late Antiquity, Philadelphia 1987, 97–110. – Folker Siegert, Drei hell.-jüd. Predigten. Ps.-Philon, „Über Jona", „Über Simson" u. „Über die Gottesbezeichnung ‚wohltätig verzehrendes Feuer'", 2 Bde., I 1980 (WUNT 20); II 1992 (WUNT 61). – Edmund Stein, Die homiletische Peroratio im Midrasch: HUCA 8–9 (1931/32) 353–371. – Clemens Thoma/Simon Lauer, Die Gleichnisse der Rabbinen, 2 Bde., T.1. Pesiqtā de Rav Kahanā (PesK); T.2. Von der Erschaffung der Welt bis zum Tod Abrahams. Bereschit Rabba 1–163, 1986.1992 (JudChr 10.13). – Leo Trepp, Der jüd. Gottesdienst. Gestalt u. Entwicklung, Stuttgart u.a. 1992. – Leopold Zunz, Die gottesdienstlichen Vortr. der Juden hist. entwickelt. Ein Beitr. zur Altertumskunde u. bibl. Kritik zur Lit. u. Religionsgesch., Berlin 1832 Frankfurt a.M. [2]1892 = Nachdr. Hildesheim 1966.

Beate Ego

IV. Neues Testament

1. Grundsätzliches 2. Die „Predigten" der Apostelgeschichte 3. Das paulinische Predigtverständnis 4. Das johanneische Predigtverständnis 5. Urchristliche Predigt und Geisterfahrung (Literatur S. 243)

1. Grundsätzliches

Unter Predigt wird im folgenden öffentliche Rede verstanden, die sich inhaltlich auf Christus und/oder auf Lebenserfahrungen bzw. -probleme von Christen bezieht. Die Predigt ist also nicht prinzipiell abzugrenzen von Textsorten wie →Paränese und Erzählungen, wobei deren Verbindung vielfach der Klärung von Glaubensinhalten (*fides quae creditur*) dienen kann.

Grundsätzlich ist dabei auf die Schwierigkeit hinzuweisen, die darin besteht, daß uns mit dem Neuen Testament Texte, aber weder Entwürfe noch gar Nachschriften von seinerzeit gehaltenen Predigten vorliegen. Textgestaltungen unterliegen allerdings anderen Gesetzen als die Anfertigung von mündlichen Reden. Diese lassen sich nicht einfach aus jenen rekonstruieren. M. →Dibelius hat in seiner klassischen Formulierung die Bedeutung der urchristlichen Predigt hervorgehoben: „Die Mission bot den Anlaß, die Predigt das Mittel zur Verbreitung dessen, was die Schüler Jesu als Erinnerung bewahrten" (Dibelius 12). Aber bemerkenswerterweise hat sich die Überzeugung von der generellen Kerygma-Nähe des Neuen Testaments exegetisch nicht mit einer Predigttheorie (im Sinne von Dibelius) verbinden lassen (vgl. zur Kritik diesbezüglicher Versuche Güttgemanns 189ff.; K. Beyschlag mahnt die Unterscheidung von Kerygma und Predigt für den Bereich der Alten Kirche an [Grundriß der Dogmengeschichte, Darmstadt, II/1 1991, 2 Anm. 2]).

2. Die „Predigten" der Apostelgeschichte

Auch die Predigten der →Apostelgeschichte (in der Regel Ansprachen mit missionarischem Charakter) machen davon keine Ausnahme.

Hier ist die exegetische Beurteilung auf bemerkenswerte Weise geteilt. Einerseits wird der redaktionelle Charakter der Acta-Reden im deutschsprachigen Raum durchweg hervorgehoben; andererseits wird eingeräumt, daß Lukas dabei einem bestimmten Strukturschema bzw. vorgegebenen Einzelmotiven folgen könne (s. z.B. E. Haenchen, Die Apostelgeschichte, [16]1977 [KEK III] 187, der die These von Dibelius bekräftigt, „daß die Petrusreden auf Lukas selbst zurückgehen", um auf derselben Seite – ebenfalls unter Hinweis auf Dibelius – hervorzuheben, „daß Lukas hier einem sich später immer aufs neue wiederholenden Schema folgt"; ähnlich H. Conzelmann, Die Apostelgeschichte, [2]1972 [HNT 7] 9: Hervorhebung der redaktionellen Freiheit des Lukas bei der Gestaltung der Acta-Reden; ebd. 33ff.: Betonung der „Topoi", die Lukas auf seine Reden einwirken läßt). Das Verhältnis der lukanischen Redaktion zu den ihm vorgegebenen Strukturen und Motiven bzw. „Topoi" bedarf noch einer methodischen Klärung.

M.E. ist vor einer allzu einseitigen redaktionsgeschichtlichen Herleitung dieser Predigten zu warnen. Zwar sind die Reden von Lukas im jetzigen Zusammenhang so formuliert worden, daß sie an ihrem jeweiligen Platz als selbständige Elemente innerhalb des redaktionellen Gesamtrahmens der Apostelgeschichte optimal wirken können. Sie dienen somit grundsätzlich dem in Act 1,8 formulierten Ziel einer von Jerusalem ausgehenden universalen Zeugenschaft. Formulierung und Plazierung der Acta-Predigten sind also in hohem Maße als lukanisch-redaktionell gestaltet anzusehen. Aber bestimmte Inhalte dieser Predigten können dabei zugleich durch ihre religionsgeschichtlichen Strukturen auf längst vorlukanische Zusammenhänge und Motive hinweisen. So hatte z. B. U. Wilckens zunächst die Stephanusrede Act 7,2–53 entsprechend dem vorherrschenden Trend der Acta-Forschung überwiegend redaktionsgeschichtlich interpretiert (1. Auflage 125 zu Act 7,51f.); in der 3. Auflage kommt es jedoch unter dem Eindruck der Veröffentlichung von O.H. Steck zu einer markanten Verschiebung der exegetisch-methodischen Gewichte: von der reinen Redaktionsgeschichte hin zu einer differenzierteren Wahrnehmung von Motiven und Traditionen religionsgeschichtlicher Art, die auf die redaktionelle Arbeit des Lukas eingewirkt haben. Wilckens macht im Vorwort der 3. Auflage ausdrücklich auf den hier von ihm vollzogenen exegetischen „Paradigmenwechsel" aufmerksam. Gegenüber einer rein redaktionsgeschichtlichen Erklärung der Acta-Reden – wie sie für M. Dibelius, E. Haenchen und H. Conzelmann bezeichnend ist – bleibt Wilckens damit für traditions- und motivgeschichtliche Perspektiven offen. Selbstverständlich ist davon die vokabelstatistische Begründung der redaktionsgeschichtlichen Methode nicht berührt. Übrigens hatte Wilckens schon in der 1. Auflage der *Missionsreden* auf die Möglichkeit traditionsgeschichtlicher Beziehungen der Redaktionsarbeit des Lukas hingewiesen (15.116ff. u.ö.).

Die sich hier abzeichnende Modifikation der redaktionsgeschichtlichen Methode ist für unsere Suche nach Spuren der frühurchristlichen Predigt insofern von Bedeutung, als es jetzt darum geht, „predigtfähige" und traditionsbildende Motive bzw. Elemente als solche kenntlich zu machen, ohne dabei zugleich in die Rekonstruktion von Predigttypen neuzeitlichen Zuschnitts zu verfallen.

Immerhin wird man für die vorlukanischen Kernbereiche der Acta-Missionsreden an Juden eine Verbindung von (so oder so akzentuierter) Jesus-*Memoria* mit einer der jeweiligen Situation entsprechenden Aufforderung zur *Conversio* voraussetzen dürfen. Aus dieser Verbindung von *Memoria* und Aufforderung zur *Conversio* ergibt sich die Notwendigkeit, die Hörer vor Blockaden durch die *Memoria* zu schützen: Wenn es das Ziel der frühurchristlichen Predigt ist, daß die jeweils gegenwärtigen Hörer dieser Missionspredigt sich im Sinne des nachösterlichen Christusglaubens entscheiden sollen (z. B. Act 2,38; 3,22f.26; 5,31; 13,38), so dürfen sie nicht durch die *Memoria* blockiert werden. Darum muß diese so formuliert werden, daß sie die Hörer nicht auf Fehlentscheidungen der Vergangenheit festlegt. Aus diesem Grund ist der *Memoria* in Act 3,17 und 13,27 das Motiv der vorösterlichen Unwissenheit zugeordnet. Diese wird in der Missionspredigt aufgehoben, wodurch die Hörer ihre Entscheidungsfreiheit zurückgewinnen. Aber auch ohne das Unwissenheitsmotiv ausdrücklich zu benennen, vermeidet Lukas in den Acta-Predigten (mit einer Ausnahme: 7,51) alles, was die Hörer auf Fehler der Vergangenheit festlegen könnte. Lukas weiß, daß christliche Predigt ihren Hörern Freiheit (*παρρησία*) einzuräumen hat.

Dem lukanischen Predigtverständnis liegt also ein höchst differenziertes Zeitverständnis zugrunde: Will die Missionspredigt mit ihrer Jesus-*Memoria* die Hörer zu einer christlichen Entscheidung motivieren, so muß sie die Gegenwart der Predigtsituation berücksichtigen und darf sich nicht als eine Verlängerung der Jesus-*Memoria* in die Gegenwart der Predigt verstehen. Denn eine solche endet mit einer gewissen Zwangsläufigkeit nicht in der erwünschten *Conversio* der Hörer, sondern in einer trotzigen Wiederholung der vergangenen Fehler. Lukas zeigt diesen verhängnisvollen Zusammenhang am Beispiel der Stephanusrede auf: Wenn hier unter dem Vorzeichen der deuteronomistischen Gerichtspredigt das Geschick Jesu mit der Ablehnung der Propheten zusammengebracht wird (Act 7,51), dann nimmt das so erinnerte Unheil einen neuen Anlauf und findet ein weiteres Opfer in Stephanus. Doch mit dieser Art von *Memoria* läßt sich christliche Mission nicht auf Dauer betreiben, und so macht Lukas von diesem Rede-Modell auch keinen weiteren Gebrauch in der Apostelgeschichte. Zugleich aber wird deutlich, daß die redaktionellen Perspektiven des Lukas nicht nur aus religionsgeschichtlichen Zusammenhängen – wie z. B. der deuteronomistischen Gerichtspredigt – erwachsen sind, sondern immer wieder ihre Herkunft aus den Zielen und Erfahrungen der frühurchristlichen Mission zu erkennen geben. Insofern ist die Redaktionsarbeit des Lukas im Bereich der Acta-Predigten in hohem Maße missionspragmatisch bestimmt.

3. Das paulinische Predigtverständnis

Paulus reflektiert die Bedeutung der Predigt ausdrücklich, wenn er in Röm 10,17 den →Glauben von der Predigt, diese aber vom „Wort Christi" ableitet. Schon in I Thess 2,13 hatte er die von ihm ausgerichtete und von den Thessalonichern angenommene Missionspredigt als Gottes-, nicht als Menschenwort gerühmt. Die Predigt hat für Paulus demnach durchaus eine missionspragmatische Seite, ist dabei aber zugleich in vollem Umfange als Anrede Gottes qualifiziert und darum im Glauben wirksam.

Da eben diese Legitimationselemente auch betont in II Kor 5,20 hervorgehoben sind (in der bittenden Ermahnung des Paulus kommen Christus und Gott selbst zu Wort), darf II Kor 5,20 ganz im Sinne von I Thess 2,13 und Röm 10,17 zumindest als dem paulinischen Predigtverständnis und seiner Predigtpraxis nahestehend angesprochen werden. Ob das nicht auch schon für II Kor 5,18b.19 zu gelten hat? Schließlich benennt II Kor 5,19 ja den christologischen Ermöglichungsgrund für die Predigt der →Versöhnung. Jedenfalls dürfte die Versöhnungsthematik von II Kor 5,18–20 insgesamt zum zentralen Motivinventar paulinischer Predigt gehören. Dabei kommt Christus in doppelter Weise ins Blickfeld: (a) als geschichtliche Tat Gottes, von der II Kor 5,19a im Präteritum reden kann; (b) als derjenige, der aktuell in der Predigt des Paulus zu Wort kommt: II Kor 5,20a.b. Insofern orientiert sich die Christus-Predigt des Paulus an zwei Zeitebenen: Christus redet aktuell durch die Predigt des Paulus (II Kor 5,20), und in dieser Predigt kommt das Versöhnungswerk auf der präteritalen, geschichtlichen Zeitebene (II Kor 5,19a) zur Sprache. Predigt in diesem Sinne kann also als Selbstauslegung des Christus bezeichnet werden.

4. Das johanneische Predigtverständnis

Im Rahmen der johanneischen Sprache und Aussagestrukturen finden wir in Joh 16,7–11 einen Beleg, der ein dem paulinischen von ferne vergleichbares Predigtverständnis erschließen läßt. Setzt nach V.7 das Kommen des Parakleten den „Weggang" Jesu voraus (womit sich diese Aussage als eine selbständige johanneische Variation der Zweistufenchristologie erweist), so wird das Wirken dieses Parakleten darin bestehen, daß er unter den Hauptgesichtspunkten der →Sünde (sie besteht nach V.9 darin, daß Jesus der Glaube verweigert wird), der →Gerechtigkeit (= Jesu Weg zum Vater, V.10) und des Gerichtes (→Gericht Gottes) die Sache Jesu als dessen Anwalt und Beauftragter im Kosmos weiterführt und zur Geltung bringt (V.8). Im Hinblick auf den ursprünglich forensisch-juridischen Charakter des *ἐλέγχειν* vollzieht sich das Wirken des Parakleten anwaltlich, d.h. in argumentativer Rede und Gegenrede. Sünde, Gerechtigkeit und Gericht können also gewissermaßen als johanneisches Predigtprogramm angesprochen werden, in dessen Rahmen die Sache Jesu strittig zu verhandeln ist. Da aber das „Zeugnis" des Parakleten nach Joh 15,26f. dem „Zeugnis" der Jünger Jesu entspricht, wird man die Trias Sünde, Gerechtigkeit und Gericht in Joh 16,8 als einen Themenkatalog von argumentativen, auf die Christusoffenbarung bezogenen Predigten in johanneischen Gemeinden lesen dürfen. Im Hinblick auf die Rettungs- bzw. Gerichtsthematik wird dies durch älteres Traditionsgut in I Thess 1,10 und Hebr 6,2 inhaltlich, allerdings nicht terminologisch, bestätigt.

5. Urchristliche Predigt und Geisterfahrung

Daß die für die Predigt grundlegende Fähigkeit zur öffentlichen Rede den Jesusjüngern selbst vor einem feindlich gestimmten Publikum durch den heiligen →Geist bzw. durch den erhöhten Jesus gegeben wird, weiß auch die synoptische Tradition (Mk 13,11 par.; Lk 12,11f. par. Mt 10,19f.). Die inhaltliche Nähe zu Joh 16,7ff. liegt hier ebenso auf der Hand wie die terminologischen Unterschiede. Auch der Paraklet, der mit dem heiligen Geist gleichgesetzt wird, unterweist nach Joh 14,26 die Jünger. Allerdings fehlen in den Geist-Paraklet-Worten der johanneischen Abschiedsreden alle konkreten Hinweise auf die Verfolgungssituation der Jünger, wie sie für die Beistandsworte der synoptischen Tradition konstitutiv sind.

Insgesamt wird man feststellen können, daß die den urchristlichen Predigten zugrunde liegende Geisterfahrung wesentlich zur missionarischen Dynamik der christlichen Gemeinden beigetragen hat.

Ähnlich wie für II Kor 5,20a läßt sich also auch in bezug auf das Parakletwort Joh 16,7–11 und die vergleichbaren synoptischen Beistandsworte sagen: In der jesusbezogenen öffentlichen Rede der Jünger legt sich der Geist des erhöhten Jesus letztlich selbst aus. (Dabei ist vielfach im Neuen Testament die Erhöhung Jesu als Voraussetzung der Geistesgabe[n] verstanden worden: Nach Joh 16,7b kann der Paraklet nur kommen, wenn Jesus „gegangen" ist; zur Verbindung von Erhöhung und Geistesgabe[n] s.a. Act 2,33; 5,31f.) So ist der Wille zur Öffentlichkeit im paulinischen, johanneischen und synoptischen Bereich des Neuen Testaments bei allen Differenzierungen insgesamt in der urchristlichen Geisterfahrung begründet.

Hierdurch ergeben sich die entsprechenden Herausforderungen für Paulus. Denn einmal sieht er sich genötigt, die inhaltliche Bindung des christlichen „Logos" an das Kreuz hervorzuheben (I Kor 1,18ff.). Zum anderen muß er sich kritisch mit der in der →Zungenrede zum Ausdruck kommenden Tendenz auseinandersetzen, die geistgewirkte Predigt auf innerchristliche Stammelei zu reduzieren (I Kor 14,6–33). Gerade dem so zum Ausdruck kommenden Enthusiasmus muß nach Paulus durch prophetische Interpretation die Kommunizierbarkeit erst abgerungen werden (I Kor 14,11ff.19). Wie sonst soll sich ein Fremder von der Gegenwart Gottes im christlichen Gottesdienst überzeugen (I Kor 14,25)?

Literatur

Otto Betz, Der Paraklet. Fürsprecher im häretischen Spätjudentum, im Johannes-Evangelium u. in neu gefundenen gnost. Schr., 1963 (AGSU 2). – Rudolf Bultmann, Der Stil der paulinischen Predigt u. die kynisch-stoische Diatribe (1910). Mit einem Geleitwort v. Hans Hübner, Göttingen 1984. – Ders., Die Gesch. der synopt. Tradition (1921 ^{2}1931). Mit einem Nachwort v. Gerd Theißen, ^{10}1995 (FRLANT 29). – Matthäus Franz-Josef Buss, Die Missionspredigt des Apostels Paulus im Pisidischen Antiochien. Analyse v. Apg 13,16–41 im Hinblick auf die literarische u. thematische Einheit der Paulusrede, 1980 (FzB 38). – Claus Bussmann, Themen der paulinischen Missionspredigt auf dem Hintergrund der spätjüd.-hell. Missionslit., 1971 (EHS.T 3). – Gerhard Delling, Wort Gottes u. Verkündigung im NT, 1971 (SBS 53). – Martin Dibelius, Die Formgesch. des Evangeliums, Tübingen ^{6}1971. – Gerhard Friedrich, Art. *κῆρυξ κτλ.*: ThWNT 3 (1938) 682–717. – Erhardt Güttgemanns, Offene Fragen zur Formgesch. des Evangeliums. Eine methodologische Skizze der Grundlagenproblematik der Form- u. Redaktionsgesch., ^{2}1971 (BEvTh 54). – Ferdinand Hahn, Das Verständnis der Mission im NT, ^{2}1965 (WMANT 13). – Ernst Lerle, Die Predigt im NT, Berlin ^{2}1957. – James I.H. McDonald, Kerygma and Didache. The Articulation and Structure of the Earliest Christian Message, 1980 (MSSNTS 37). – Otto Merk, Art. *κηρύσσω κτλ.*: EWNT^{2} 2 (1992) 711–720. – Jürgen Roloff, Apostolat – Verkündigung – Kirche. Ursprung, Inhalt u. Funktion des kirchl. Apostelamtes nach Paulus, Lukas u. den Pastoralbriefen, Gütersloh 1965. – Jorg Christian Salzmann, Lehren u. Ermahnen. Zur Gesch. des christl. Wortgottesdienstes in den ersten drei Jahrhunderten, 1994 (WUNT II/59). – Folker Siegert, Drei hell.-jüd. Predigten, I 1980 (WUNT 20); II 1992 (WUNT 61). – David Michael Stanley, Die Predigt der Urkirche u. ihr traditionelles Schema: Conc. 2 (1966) 787–793. – Odil Hannes Steck, Israel u. das gewaltsame Geschick der Propheten. Unters. zur Überlieferung des dtr. Geschichtsbildes im AT, Spätjudentum u. Urchristentum, 1967 (WMANT 23). – Hartwig Thyen, Der Stil der Jüd.-Hell. Homilie, 1955 (FRLANT 65). – Ulrich Wilckens, Die Missionsreden der Apostelgesch. Form- u. traditionsgesch. Unters., 1961 ^{3}1974 (WMANT 5).

Hans-Theo Wrege

V. Alte Kirche

1. Homilien und Sermone 2. Predigtpraxis 3. Selbstdarstellung des Predigers (Quellen/Literatur S. 247)

1. Homilien und Sermone

1.1. Mitschriften gehaltener Predigten. Die Predigtüberlieferung aus der altkirchlichen Zeit ist sehr umfangreich. Wir begnügen uns hier mit jeweils ein oder zwei Zeugnissen als Beleg für die getroffenen Feststellungen. Die altkirchlichen Predigten sind aufgrund von Mitschriften durch Tachygraphen überliefert (Eusebius, h.e. VI,36,1; Possidius 7). Diese Mitschriften haben teils keine Revision mehr durch die Prediger selbst erfahren, teils sind sie aber auch, wie etwa die Predigten des →Ambrosius, von ihnen überarbeitet und dabei auch bis hin zur Verarbeitung einer Reihe von Predigten zu einem umfassenderen Werk abgeändert worden. Darüber hinaus gibt es diktierte Predigten, die aber nie gehalten worden sind (Augustin, Psal. 118, prooemium).

1.2. Begrifflichkeit. Im Griechischen wird die Predigt mit dem allgemeinen Begriff *λόγος* bezeichnet; häufiger aber heißt sie *ὁμιλία* oder auch *διάλεξις*, Bezeichnungen, die die Vorstellung eines Gesprächs im vertrauten Kreis wachrufen. Im Lateinischen begegnen vornehmlich *sermo* und *tractatus*. Seltener kommt *expositio* vor, und *enarratio* ist eine jüngere, in der Psalmenauslegung →Augustins verwendete Bezeichnung. Durch Origenesübersetzungen fand der Begriff *homilia* seinen Weg ins Lateinische und wurde dort zu der neben *sermo* geläufigsten Bezeichnung (Augustin, Psal. 118, prooemium).

1.3. Predigttypen. Einige Homilien sind vornehmlich der →Schriftauslegung gewidmet (→Origenes), andere der moralischen Ermahnung (Gregor von Nyssa, *De pauperibus amandis*). Sehr viele aber bilden eine Mischform. So widmet →Johannes Chrysostomus bei wechselnder Gewichtsverteilung den ersten Teil seiner Predigten der Schriftauslegung und den zweiten der Ermahnung. Bestimmte Predigten sind auf die Liturgie bezogen. So ist etwa die Predigt *In diem natalem* von →Gregor von Nyssa eines der ersten Zeugnisse für die Einführung des Weihnachtsfestes (→Weihnachten/Weihnachtsfest/Weihnachtspredigt) im Osten. Inhaltlich können in den Predigten zahlreiche Themen ihren Niederschlag finden, so die Bekämpfung von Ketzern (etwa der Anhomöer bei Johannes Chrysostomus oder der Pelagianer bei Augustin) ebenso wie andere anstehende Zeitfragen gesellschaftlicher Art (der Wucher: Gregor von Nyssa, *Contra usurarios*; der Eid: Johannes Chrysostomus, *Ad populum Antiochenum*; Augustin, serm. 180; die Spiele: Johannes Chrysostomus, *Contra ludos et theatra*), politischer (Predigt Augustins über die Eroberung →Roms durch die Westgoten) oder religiöser Art (der Taufaufschub: →Gregor von Nazianz, or. 40). Einige Predigten beziehen sich auf besonders aktuelle Ereignisse: eine Hungersnot (→Basilius von Caesarea, *Homilia dicta tempore famis)*, einen Aufstand (Johannes Chrysostomus, *Ad populum Antiochenum*), ein Erdbeben (ders., *De terrae motu*). Andere dienen dem Preis von Märtyrern (Basilius von Caesarea, hom. 5; 17–19; 23) oder auch der katechetischen Unterweisung (→Katechismuspredigt).

1.4. Vorbilder und Gegenbilder. Als Vorbild des Predigers wird die stilistische Schlichtheit der Schrift gepriesen (→Hieronymus, ep. 52,4; Gregor von Nazianz, or. 21,12), und in der Theorie wird eine Ausrichtung an der →Rhetorik, die als dem Heidentum (Origenes, hom. in Jos. 7,7) oder der Häresie (→Eusebius von Caesarea, h.e. VII,30,9) verbunden gilt, abgelehnt. Tatsächlich jedoch sind die Prediger, auch wenn sie behaupten, sich der Verständlichkeit halber einer unkorrekten Sprache anzupassen (Augustin, Psal. 138,20), von der rhetorischen Bildung ihrer Zeit durchdrungen und verdanken ihr die von ihnen angewandten Regeln der Kommunikation wie etwa der Technik der Diatribe. Von der Vorstellung einer radikalen Unvereinbarkeit von Rhetorik und Wahrheit, wie sie in dem berühmten Traum des Hieronymus (ep. 22,30) erscheint, findet man zu einem Zusammengehen, dessen Ziel die Bekehrung einer anspruchsvollen Zuhörerschaft ist. Augustin selbst hat Ambrosius zunächst um seiner Beredsamkeit willen gehört (conf. V,13,23); aus einer ähnlichen Bewunderung heraus hat der Manichäer Secundinus Augustin gelesen (ep. ad Aug. 3).

2. *Predigtpraxis*

2.1. Die äußeren Bedingungen. Über die äußeren Bedingungen der altkirchlichen Predigt gibt es keine zusammenhängenden Nachrichten. Die vorhandenen Hinweise berechtigen zu der Annahme eines Nebeneinanders unterschiedlicher Gepflogenheiten. Gepredigt wurde vornehmlich in den großen Stadtkirchen und in den Martyria der Vorstädte. Predigten wurden hauptsächlich an den Sonn- und Festtagen, häufig auch samstags (const. app. 8,33,2) und an einigen Orten mittwochs (Basilius von Caesarea, ep. 93) oder freitags (Johannes Chrysostomus, hom. in 1 Tim. 5,3) gehalten. Die Predigttexte bezeugen Morgen- (Johannes Chrysostomus, diab. II,1; Augustin, serm. 128,IV,6) oder Abendpredigten (Ambrosius spielt auf die Nachtvögel [hex. V,24,84] und Johannes Chrysostomus auf den Laternenanzünder an [serm. in Gen. 4,3]). Eine tägliche Predigt gab es nur in der Fastenzeit (Ambrosius, myst. 1,1; Johannes Chrysostomus, serm. in Gen. 5,1), während der sogar je eine Morgen- und Abendpredigt stattfinden konnte (Basilius von Caesarea, hex. 3,1). Überall schloß sich die Predigt unmittelbar an die Schriftlesung an (const. app. 2,57,9), um sie den Zuhörern zu erschließen und nahezubringen. Dementsprechend erläutern die Predigten die Lesungen der jeweiligen Kirchenjahreszeit, so etwa während der Fastenzeit die Genesis (Johannes Chrysostomus, serm. in Gen. 1,1). Einige Predigtreihen sind jedoch auch vom →Kirchenjahr unabhängig (hom. in Mt. von Johannes Chrysostomus während der Fastenzeit). Die Predigt ist somit ein gottesdienstliches Geschehen und bildet als solche den Höhepunkt des Wortgottesdienstes, der mit der Entlassung der Katechumenen zum Abschluß kommt (Augustin, serm. 49,8).

Die Länge der Predigt schwankt von wenigen Minuten bis zu über einer Stunde. Die Zuhörer verfolgen die Predigt entweder sitzend (Origenes, hom. in Lc. 36,2) oder stehend (Basilius von Caesarea, hom. in Ps. 29,3; Augustin, serm. 274). Der Prediger spricht, im allgemeinen im Sitzen (Johannes Chrysostomus nach Sokrates, h.e. VIII,5; Augustin, serm. 17,2), von einer erhöhten Stelle aus, um besser gesehen und vor allem verstanden zu werden (Augustin, serm. 23,1). Eine Reihe von Predigern weist auf Probleme hin, die sie mit ihrer Stimme haben (Ambrosius, sacram. 1,6,24; Basilius von Caesarea, hom. in Ps. 1,6; Johannes Chrysostomus, Jud. VI,1; Augustin, serm. 94). Oft hält der Prediger den Bibeltext in Händen (Origenes, hom. in Num. 12,2; Augustin, eu. Io. 40,1), eine Gepflogenheit, die auch durch die Länge mancher Schriftzitate bestätigt wird. Homilien können zuweilen auch improvisierte Elemente enthalten: Origenes fragt den Bischof, welchen Vers er ausgelegt haben möchte, und richtet sich in seiner Predigt nach dessen Wahl (hom. in 1 Reg. 5,1); Augustin predigt über ein Versehen des Lektors, in dem er ein Zeichen des Willens Gottes sieht (Psal. 138,1). Zumeist aber lassen die Predigten eine sorgfältige Vorbereitung erkennen. In bestimmten mehrsprachigen Gemeinden setzte man Dolmetscher zur Übertragung der Schriftlesung und Predigt ein (Egeria, itin. 47,3f.; Theodoret, h.e. V,30).

2.2. Die Predigthörer. Die Zahl der Predigthörer schwankt je nach dem Wochen- oder Festtag des Gottesdienstes (Augustin, civ. XXII,8,22). Die Prediger wechseln daher zwischen Tadel für die Abwesenheit (Origenes, hom. in Gen. 10,1; Augustin, eu. Jo. 54,7) und Beglückwünschung für einen großen Zustrom (Augustin, Psal. 50,1) und Eifer der Hörer (Johannes Chrysostomus, poenit. 3,1). Die Zuhörerschaft besteht mehrheitlich aus Männern, die anschließend den Kreis ihrer Hausgemeinschaft unterweisen sollen (Johannes Chrysostomus, stat. 6,7). Der Prediger wendet sich insbesondere an die Vermögenden (Basilius von Caesarea, hom. in Ps. 14,II,5), um sie zur Spendung von Almosen aufzurufen. Offenbar sind jedoch häufig Angehörige unterschiedlicher sozialer Schichten zugegen (Basilius, hex. 3,1; Augustin, serm. 123,5). Den sozialen Unterschieden entsprechen Unterschiede des Bildungsstandes: Einige können nicht lesen (Augustin, serm. 51,IX,14); andere dagegen besitzen nicht nur die Bibel, sondern sogar die Werke →Cyprians (Augustin, serm. Guelferbytanus 26,2). Unachtsamkeit fordert die Prediger heraus (Johannes Chrysostomus, hom. in Act. princ. 3,2f.; Augustin, eu. Jo. 34,1). Einige Gottesdienstteilnehmer gehen vor der Predigt (Origenes, hom. in Ex. 12,2) oder vor der Eucharistie (Johannes Chrysostomus, incomprehens. III,6) hinaus oder schwätzen (Origenes, hom. in Gen. 10,1; Johannes Chrysostomus, hom. in Mt. 88,4). Die Unordnung nötigt Gregor von Nyssa, seinen *Preis der vierzig Märtyrer* abzubrechen; manche kommen in die Kirche, um zu stehlen (Johannes Chrysostomus, incomprehens. IV,6), andere, um schöne Frauen zu sehen (ders., hom. in Mt. 73,3). Die Hörer reagieren bereitwillig, zumal mit Beifallsbekundungen. Sie werden von den Vätern ebenso als Ausdruck des Verständnisses und der Zustimmung gebilligt (Johannes Chrysostomus, Jud. I,1; Augustin, eu. Jo. 7,6) wie auch mißbilligt, weil sie die Predigt nur als glanzvolle rhetorische Darbietung erscheinen lassen (Johannes Chrysostomus, Jud. I,4; Hieronymus, Eccl. 9,17). Häufig ersetzen solche Reaktionen der Hörer praktische Nutzanwendungen (Johannes Chrysostomus, Si esurierit inimicus tuus 1; Augustin, serm. 339,1). Die Zuhörer bekunden gleichfalls ihre Betroffenheit beim Anhören der →Leidensgeschichte Jesu (Egeria, itin. 24,10) oder der Geschichte Hiobs (Johannes Chrysostomus, Laz. V,4). Sie spucken aus und halten sich die Nase zu, wenn von Lazarus die Rede ist (Augustin, serm. 102,III,4). Sie schlagen sich an die Brust, wenn das Wort *fornicatores* (Hurer) fällt (Augustin, serm. 332,4). Augustin bewegt seine Hörerschaft zu Tränen der Reue (ep. 29,7). Die Zuhörer können darauf aufmerksam machen, wenn der Prediger etwas vergißt (Basilius von Caesarea, hex. 8,2), oder können einen angeführten Vers fortsetzen (Augustin, Psal. 85,24). Der Prediger achtet im allgemeinen auf Anzeichen des Verständnisses (Augustin, doctr. chr. IV,10,25) oder der Ermüdung (Johannes Chrysostomus, De mutatione nominum 2,1) bei seiner Hörerschaft.

Man muß allerdings entsprechenden Äußerungen der Prediger gegenüber zurückhaltend sein; denn es könnte sich dabei auch um einen rhetorischen Kunstgriff zur Weckung der Aufmerksamkeit handeln. Ein gewisses Maß an Bewegtheit scheint jedoch die Stimmung in der Kirche nachhaltig genug mitbestimmt zu haben, um sich der Vorstellung des verbannten Johannes Chrysostomus aufzudrängen (Exilsbrief [laed. 1]) und einen *auditor immobilis* (unbewegten Zuhörer) für Augustin abschreckend erscheinen zu lassen (catech. 10,14).

2.3. Rang des Predigers. Grundsätzlich lag die Aufgabe der Unterweisung beim →Bischof (Irenäus, haer. III,3,1). Im Westen wird diese Sitte von Hieronymus (ep. 52,7) kritisiert. Als Valerius von Hippo Augustin mit dem Predigen betraute (Possidius, Vita S. Augustini 5), folgte er einem im Osten geläufigen Brauch. Hier delegierten Bischöfe die Aufgabe der Predigt häufig an Presbyter (Flavian von Antiochien an Johannes Chrysostomus); eine Ausnahme macht →Alexandrien infolge der Erfahrungen des arianischen Streites (Sozomenos, h.e. VII,19). Es gab auch Bischöfe, die das Predigen Diakonen (Valerius von Saragossa dem Vincentius: ActaSS 2,1,5) und sogar Laien (Alexander von Jerusalem dem Origenes: Eusebius, h.e. VI,19,16–18) anvertrauten. Man lud durchreisende Bischöfe zur Predigt ein (Johannes Chrysostomus, adv. catharos 1; Augustin, Psal. 131,1). Zuweilen hörte man auch mehrere aufeinanderfolgende Predigten (Egeria, itin. 25,1), deren letzte dann vom Ortsbischof gehalten wurde (const. app. 2,57,9). Auch Mönchen oblag die Predigtaufgabe (Augustin, mon. 18,21). Ein Beispiel dafür ist die Predigttätigkeit des Hieronymus in Bethlehem.

3. Selbstdarstellung des Predigers

3.1. Im Gegenüber zu Gott. Der Prediger ortet sein Tun zunächst in seiner Beziehung zu Gott. Wegen der damit gegebenen Verantwortlichkeit für das Heil der Hörer ist es eine furchterregende Aufgabe (Augustin, serm. 339,III,4), aber auch ein Tun, das ewigen

Lohn nach sich zieht, wie immer es mit der Wirksamkeit der Predigt auch stehen mag (Johannes Chrysostomus, hom. in Gen. 6,1). Der Prediger spricht nicht aus sich selbst, er läßt Gott durch sich reden. Zwei Legenden veranschaulichen diese Vorstellung: die Taube, die Basilius von Caesarea ihre Worte eingibt (Gregor von Nyssa, *Encomium S. Ephraemi*), und der Engel, der Ambrosius ins Ohr spricht (Paulinus von Mailand, Vita S. Ambrosii 17). Darum gehört zur Predigt untrennbar das Gebet, um dem Prediger den rechten Geist zu geben und den Hörern die Herzen aufzutun (Origenes, hom. in Jer. 19,14; Augustin, Psal. 139,1). Eine Predigt ist nicht Eigentum des Predigers; Gott ist ihr Urheber (Irenäus, haer. I,10,2; Augustin, eu. Jo. 12,5); die Vorstellung eines Plagiats ist daher gegenstandslos (Augustin, doctr. chr. IV,29,62), und es wird zur gängigen Praxis, Homiliare für die Hand der Prediger zusammenzustellen (Cyrillus von Alexandrien nach Gennadius, vir. 57).

3.2. Im Gegenüber zur Hörerschaft. Die Prediger beteuern immer wieder ihre Liebe zu ihren Hörern (Johannes Chrysostomus, poenit. 1,1) bis in die ihnen gemachten Vorwürfe hinein (Gregor von Nazianz, or. 3,1–3). Sie betonen die Mitwirkung der Hörerschaft (Basilius von Caesarea, hex. 6,1) durch deren Gebet (Origenes, hom. in Ex. 1,1), Aufmerksamkeit (Augustin, serm. 299,8) und Apostolat gegenüber den Abwesenden (ders., serm. 94). Sie bekunden ein ausgeprägtes Bewußtsein der eigenen Grenzen, in dem die herkömmliche, vorgespiegelte Demut des Redners mit eigener geistlicher Erfahrung zusammenfließt. Insbesondere Augustin gesteht zu, daß es Menschen gibt, die ihm im Verständnis der Schrift überlegen sind (eu. Jo. 16,3), und betont den Stand der Jüngerschaft Christi, den er mit ihnen teilt (serm. 134,1). Die Väter stellen sich als Diener dar (Augustin, Psal. 96,1), die zum Nutzen ihrer Hörerschaft reden. Ihre Hauptsorge ist es, sich ihr anzupassen (Johannes Chrysostomus, hom. in Joh. 25,1) und so die Pädagogik Gottes nachzuvollziehen, der sich erniedrigt hat, um die Menschen zu erlösen. Augustin faßt diese Mittlerstellung des Predigers in das Bild der auf- und niedersteigenden Engel (eu. Io. 7,23): Die Prediger sind Träger geistlicher Erfahrungen, die sie für eine häufig im Banne weltlichen Lebens stehende Hörerschaft umsetzen. Damit steht die Predigt im Wettbewerb mit Theateraufführungen und popularphilosophischen Vorträgen. Es gilt, den Feind auf seinem eigenen Boden zu schlagen, indem man Schauspiele zu sehen gibt (die Passion, die Märtyrer: Augustin, eu. Jo. 7,6) und es den zeitgenössischen Rednern gleichtut (Sozomenos, h.e. VIII,5,2) bis hin zu dramatisierten Homilien (Severian von Gabala; Amphilochius von Iconium). Die Väter suchten Erwartungen solcher Art durch ihre Spiritualisierung zu entsprechen (vgl. →Homiletik).

Quellen

Augustin, Le magistère chrétien (De catechizandis rudibus, De doctrina christiana), éd. Gustave Combès et J. Farges, 1949 (BAug 11). – Ders., Serm. 339: PL 38, 1480–1482. – Constitutions apostoliques, 3 Bde., éd. Marcel Metzger, 1985–1987 (SC 320.329.336). – Grégoire de Nazianze, Or. II, éd. Jean Bernardi, 1978 (SC 247). – Jean Chrysostome, Sur le Sacerdoce, éd. Anne-Marie Malingrey, 1980 (SC 272). – Ders., Hom. Non esse ad gratiam concionandum: PG 50, 653–662. – Jérôme, Ep. LII, éd. Jérôme Labourt, t. II, 1951 (CUFr).

Literatur

Neil Adkin, A Problem in the Early Church. Noise during Sermon and Lesson: Mn. 4. Ser. 38 (1985) 161–163. – Pauline Allen, Homilies as a Source for Social History: StPatr 24 (1993) 1–5. – Dies./Wendy Mayer, Computer and Homily. Accessing the Everyday Life of Early Christians: VigChr 47 (1993) 260–280. – Dies., Chrysostom and the Preaching of Homilies in Series. A New Approach to the Twelve Homilies In Ep. ad Col.: OrChrP 60 (1994) 21–39. – Dies., The Thirty-Four Homilies on Hebrews. The Last Series Delivered by Chrysostom in Constantinople?: Byz. 65 (1995) 309–348. – Thomas Edward Ameringer, The Stylistic Influence of the Second Sophistic on the Panegyrical Sermons of St John Chrysostom, Washington 1921. – Michel Aubineau, Les homélies festales d'Hésychius de Jérusalem, 2 Bde., 1978–1980 (SHG 59/1–2). – Gustave Bardy, Tractare, tractatus: RSR 33 (1946) 211–235. – Chrysostomus Baur, Der hl. Chrysostomus u. seine Zeit. I. Antiochien; II. Konstantinopel, München 1929. – Enzo Bellini, La predicazione in San Gregorio di Nazianza (Or. II,35–50): ScC 91 (1963) 496–506. – Jean Bernardi, La prédication des Pères cappadociens. Le prédicateur et son auditoire, Montpellier 1968. – Marie-François Berrouard, S. Augustin et le ministère de la prédication. Le thème des anges qui montent et qui descendent: RechAug 2 (1963) 447–501. – Mary Albania Burns, St. John Chrysostom's Homilies on the Statues. A Study of their Rhetorical Qualities and Forms, Washington 1930. – James Marshall Campbell, The Influence of the Second Sophistic on the Style of Basil the Great, Washington 1922. – Jean Dumortier, Une assemblée chrétienne au IVe s.: MSR 29 (1972) 15–22. – Marcel Guignet, S. Grégoire de Nazianze et la rhétorique, Paris 1911. – Marie-Louise Guillaumin, Bible et liturgie dans la prédication de Jean Chrysostome: Jean Chrysostome et Augustin, hg. v. Charles Kannengiesser, Paris 1975, 161–174. – Pierre Jay, Jérôme et la pratique de l'exégèse: Le Monde latin antique et la Bible, hg. v. Jacques Fontaine/Charles Pietri, Paris 1985, 523–542. – Reiner Kaczinski, Das Wort Gottes in Liturgie u. Alltag der Gemeinden des Johannes Chrysostomus, 1974 (FThSt 94). – Judit Kecskeméti, Doctrine et drame dans la prédication grecque: Euphrosyne 21 (1993) 29–68. – Dies., Personnages tragiques et personnages comiques dans les homélies dramatisées des prédicateurs grecs: ebd. 22 (1994) 45–61. – George L. Kustas, St Basil and the Rhetorical Tradition: Basil of Caesarea. Christian, Humanist, Ascetic, hg. v. Paul Jonathan Fedwick, Toronto, I 1981, 221–279. – Anne-Marie La Bonnardière, La Bible „liturgique" de saint Augustin: Jean Chrysostome et Augustin (s.o. bei Guillaumin) 147–160. – Jean Leclercq, Le sermon, acte liturgique: MD 8 (1946) 27–46. – François-Joseph Leroy, L'homilétique de Proclus de Constantinople, 1967 (StT 247). – Vincenzo Loi, La predicazione liturgico-didattica in età patristica: RivLi 57 (1970) 632–640. – Ramsay MacMullen, The Preacher's Audience (AD 350–400): JThS NS 40 (1989) 503–511. – Henri-Irénée Marrou, S. Augustin et la fin de la culture antique, Paris 1938. – Ders., Art. Diatribe. B.: RAC 3 (1957) 997–1009 = ders., Patristique et humanisme. Mélanges, Paris 1976, 267–277. – Louis Méridier, L'influence de la Seconde Sophistique sur l'œuvre de Grégoire de Nysse, Rennes 1906. – Christine Mohrmann, Praedicare – Tractare – Sermo. Études sur le latin des chrétiens, Rom, II 1961, 63–72. – Dies., St Augustin and the Eloquentia: ebd. I, 351–370. – Dies., St Augustin prédicateur: ebd. I, 391–403. – Vincenzo Monachino, S. Ambrogio e la cura pastorale a Milano nel secolo IV, Mailand 1973. – Adele Monaci Castagno, Origene predicatore e il suo publico, Turin 1987. – Justin Mossay, Les fêtes de Noël et d'Épiphanie d'après les sources littéraires cappadociennes du IVe s., 1965 (TEL 3). – Ekkehard Mühlenberg/J. van Oort (Hg.), Predigt in der Alten Kirche, Kampen 1994. – Gérard Nauroy, L'Écriture dans la pastorale d'Ambroise de Milan: Le Monde latin antique et la Bible (s.o. bei Jay) 371–408. – Pierre Nautin, Origène, Homélies sur Jérémie, 1976 (SC 232) 100–191. – Ders., Origène, sa vie et son œuvre, Paris 1977. – Ders., Origène, Homélies sur Samuel, 1986 (SC 328) 61–89. – Alexandre Olivar, La predicacion cristiana antigua, Barcelona 1991 (Lit.). – Maurice Pontet, L'exégèse de S. Augustin prédicateur, Paris 1945. – La prédication liturgique et les commentaires de la liturgie, hg. v. Achille M. Triacca/Alessandro Pistoia, 1992 (BEL.S 65). – Mario Righetti, Manuale di storia liturgica, Mailand, III 1949. – Philippe Rouillard, Art. Homélie: Cath. 5 (1963) 829–831. – Olivier Rousseau, La rencontre de S. Ephrem et de S. Basile: OrSyr 2 (1957) 261–284; 3 (1958) 73–90. – Maurice Sachot, Art. Homilie: RAC 16 (1991/92) 121f.148–175 (Lit.). – Hervé Savon, Les homélies festales d'Hésychius de Jérusalem: RHR 197 (1980) 429–450. – Victor Saxer, S. Augustin. L'année liturgique, Paris 1980. – Andreas Spira, Volkstümlichkeit u. Kunst in der griech. Väterpredigt des 4. Jh.: JÖB 35 (1985) 55–73. – Alfred Stuiber, Art. Beifall: RAC 2 (1954) 92–103. – Frans Van de Paverd, Zur Gesch. der Meßliturgie in Antiocheia u. Konstantinopel gegen Ende des vierten Jh. Analyse der Quellen bei Johannes Chrysostomos, 1970 (OCA 87). – Ders., St. John Chrysostom, The Homilies on the Statues. An Intr., 1991 (OrChrA). – Alfred Wikenhauser, Der hl. Johannes Chrysostomus u. die Tachygraphie: Archiv f. Stenographie 58 [= NS 3] (1907) 268–272.

Laurence Brottier

VI. Mittelalter

1. Predigtrecht und Predigtorganisation 2. Predigtformen und Inhalte 3. Predigtsammlungen 4. Predigttheorie und Hilfsmittel (Anmerkungen/Quellen/Literatur S. 257)

1. Predigtrecht und Predigtorganisation

1.1. Predigt im Rahmen der bischöflichen Parochialverfassung

Im Übergang zum Frühmittelalter bleibt das altkirchliche bischöfliche Selbstverständnis erhalten. Die Bischöfe als Hüter und Verkündiger des Glaubens bilden den *Ordo doctorum* (*praedicantium*). Herausragende Prediger wie →Caesarius von Arles, →Gregor der Große u.a. setzen Maßstäbe für die Zukunft.

Die Gesetzgebung der →Karolingischen Renaissance bemüht sich um eine geordnete Predigtorganisation. Die Normen der *Admonitio generalis* →Karls des Großen von 789 (MGH.Cap 1, 53–62) werden auf Synoden und in *Capitularia* wiederholt und in den *capitula episcoporum* des 8./10. Jh. rezipiert und weiter ausgeführt. Breiteste Nachwirkung kommt dabei den *Capitula* des Theodulph von Orleans (gest. 821) zu; s. Brommer (Capitula, Einleitung 75f.144f.). Die kirchlichen Reformen zielen auf Wiederherstellung der Zustände der antiken Kirche, darunter die Wiederherstellung und Festigung des territorial begrenzten bischöflichen Amtssprengels. Dem →Bischof kommen Predigtrecht und -pflicht kraft Amtes zu. Dessen öffentlicher, hoheitlicher Charakter läßt das *munus praedicandi* zur *potestas praedicandi* als Bestandteil des *regimen episcopale* (Belegstellen: Zerfaß 105–115) werden.

Die karolingischen Normentexte schärfen den →Priestern an den ländlichen Taufkirchen der weiträumigen Diözesen die Predigtpflicht ein. Ihr Predigtrecht (*licentia concionandi*) beruht auf bischöflicher Delegation bzw. gestufter Partizipation an der *potestas ordinis*. Das generelle Predigtzugeständnis ergab sich als pastorale Notwendigkeit aus der kirchlichen Verfassung und Strukturierung des Hinterlandes (Textbelege bei Menzel 338–342; Zerfaß 90–96). So sind also Bischof und bischöflicher Klerus in den *ecclesiae publicae* die autorisierten Träger der Predigt. Andere Prediger und Predigtorte sind nicht vorgesehen. Die Predigt ist Bestandteil der Messe; →Altar und Ambo (→Kanzel) gehören noch zusammen.

Nicht betroffen vom Predigtmonopol des bischöflichen Klerus ist das →Kloster als Sondergemeinde. Den Klostervorstehern stehen Unterweisungsrecht und -pflicht der monastischen Gemeinschaft zu; erst recht gilt das dann von den exemten großen monastischen Verbänden seit dem 10. Jh. Soweit mit deren Klöstern Frauenkommunitäten verbunden sind, steht die Predigt als Teil der *cura monialium* ebenfalls den Mönchen zu. In gewissem Umfang haben Vorsteherinnen Unterweisungsrechte. Sie tragen Homilien vor, legen sie auch aus; gelegentlich sind sie wie →Hildegard von Bingen als Verfasserinnen tätig (s. Muschiol 93–100; Kienzle 90.100; Borgehammar 49; Bériou, Femmes). Ort der monastischen Unterweisung ist neben der Kirche in der Meßliturgie der Kapitelsaal für die *collationes*. Der Zuschnitt dieser Unterweisungen führt in der monastischen Blüte des 10. bis 12. Jh. und unter dem Einfluß der Schule zu neuen Predigtformen.

1.2. Überdiözesane Predigerverbände

Gleichsam diözesanunabhängig ist im Früh- und Hochmittelalter die Missionspredigt. Den Auftrag dazu erteilt seit dem 10./12. Jh. der Papst kraft seiner universellen Jurisdiktionsgewalt (→Papsttum). Die ekklesiologische Konzeption vom Papst als *episcopus universalis* ist überhaupt als Voraussetzung für die Ausbildung der Predigerverbände zu beachten. Von den Päpsten initiierte oder geförderte gesamtkirchliche oder überlokale Unternehmen, wie →Kreuzzüge und Ketzerbekämpfungen, waren auf entsprechende Predigttätigkeiten angewiesen. Auch die verschiedenen „Bettelpredigten" für karitative und soziale Aufgaben gehörten dazu. Von den Päpsten werden für solche Aufgaben einzelne Mönche und Kleriker beauftragt. Um institutionsbezogene überdiözesane pastorale Aktivitäten geht es bei einzelnen durch päpstliche Exemtion aus dem Diözesanverband herausgenommenen monastischen Zentren, wie z. B. →Cluny mit seinem breiten „volksliturgischen" Angebot, zu dem auch die Volkspredigt gehörte. Zum Streit um die Predigtvollmacht der Mönche vgl. Zerfaß 166–178; Peuchmaurd, Prêtre.

Neben dieser Durchbrechung diözesan- und parochialbezogener Predigtzuständigkeit „von oben" gibt es auch eine entsprechende Bewegung „von unten". Reformerische Aufbrüche im →Mönchtum haben zu einem neuen Verständnis der *vita apostolica* geführt, das die Forderung nach einer „Neuevangelisation" der Gesellschaft stellt. Wanderprediger unterschiedlichen Status' (Eremiten, Mönche, Kleriker, Laien) fangen an, ohne Seelsorgeauftrag zu predigen mit zum Teil starker Resonanz im Volk. In der Auseinandersetzung mit den regulären Amtsinhabern spitzt sich das Problem zu auf die *libera praedicatio* kraft der vom Evangelium her begründeten *missio apostolica* (→Waldenser; Selge I, 47–95). Soweit es sich bei den Wanderpredigern um Kleriker handelte – wie bei →Norbert von Xanten, →Robert von Arbrissel usw. –, geht es dabei nur um Fragen der rechtlichen Vollmacht; bei laikalen Wanderpredigern steht auch die *potestas ordinis* zur Debatte. Im Verlauf dieser Auseinandersetzung, in der die Auslegung von Röm 10,15 eine wichtige Rolle spielt, wird die an die *potestas ordinis* gebundene Predigtvollmacht (*licentia concionandi*) gegenüber laikalen Predigtansprüchen nicht nur nicht aufgegeben, sondern noch verschärft. Als *officium maximum in ecclesia* wird die Predigt rigoros als *officium praelationis* herausgestellt (vgl. Zerfaß 201–273.329–342).[1] Der Preis dafür ist die Durchlöcherung der parochialen Predigtzuständigkeit durch die Anerkennung konkurrierender Predigerverbände in der Gestalt der Bettelorden.

Die Originalität der Bettelorden besteht nicht in der Erfindung einer auf Predigt beruhenden Seelsorge, sondern in der Intensivierung und Institutionalisierung der Predigt als Verbandsaufgabe. Den kanonischen Rechtsgrund bildet die päpstliche Predigtlizenz (*commissio ad officium praedicandi*), ausgesprochen zunächst in Einzelmandaten, generell geregelt in der Bulle *Super Cathedram* (1300) →Bonifatius' VIII., erneuert durch das Konzil von →Vienne (1312) im Dekret *Dudum* (Decreta n. 10: COD 365–369). Darüber hinausgehende päpstliche Privilegien für Seelsorge und Predigt, von Bischöfen und Weltklerus immer wieder bestritten, werden im *Mare magnum*, einer spätmittelalterlichen mendikantischen Privilegienauflistung, festgehalten (BDP 5, 217–223; s.a. Lippens).

Anfänglich war die Mendikantenpredigt wohl nur subsidiär gedacht im Sinn von Konst. 10 des *Lateranense IV* (COD 239–240). Im Soge der raschen Ausbreitung und Verbandsbildung, der breiten Förderung durch die städtische Bevölkerung sowie auch bedingt durch Spannungen mit Bischöfen und Parochialklerus, kommt es seit ca. 1250 zur Verlegung der Predigtaktivitäten in die eigenen Ordenskirchen. Infolge der nur partiell den Bettelorden zugestandenen paraparochialen *cura animarum* (keine *missa publica* im Sinn pfarrechtlicher Gleichstellung) löst sich räumlich und zeitlich die Verbindung von Predigt und Meßliturgie. Mit Rücksicht auf die Pfarrgottesdienste wird die Predigt auf eine andere Zeit verlegt (besonders nachmittags in Fortsetzung der monastischen und universitären *collationes*). Als Predigtraum dient das Schiff der Kirche, wo von einer Kanzel aus gepredigt wird. Zentrum mendikantischer Predigtangebote ist die Klosterkirche. Doch erfassen die Mendikanten auch Kleinstädte und Dörfer des Hinterlandes. Die ursprüngliche Wanderpredigt findet in dieser Praxis gleichsam eine institutionalisierte Form. Von der allgemeinen Benefizierung des Predigtbesuches durch →Ablässe profitieren auch die Bettelorden (Paulus 229–231).

Zur verbandsbezogenen Predigtkonzession gehört das Recht zur Bestellung der einzelnen Prediger durch die zuständigen Ordensgremien wie auch die Festlegung der Bedingungen für die *licentia praedicandi*. Im Dienst der Predigt steht schließlich auch das aufwendige Studiensystem der Mendikanten.

1.3. Rückbindung der Predigt an die cura ordinaria

Im spätmittelalterlichen Parzellierungsprozeß der abendländischen *christianitas* in kleine *corpora christiana* mit einem tendenziell starken obrigkeitlichen Kirchenregiment gewinnt die Predigt als wichtigstes Kommunikationsmittel verstärkte Bedeutung. Aus Verantwortung für das Seelenheil der *subditi* nimmt sich die →Obrigkeit verstärkt der Predigt an. Wenigstens im Blick auf den deutschsprachigen Raum wird von einer Förderung der Pfarrpredigt zu sprechen sein. Auffälliger Ausdruck dafür sind die obrigkeitlichen oder privaten Prädikaturstiftungen an Stadtkirchen mit dem *officium praedicandi* als einzigem Stiftungszweck (vgl. Weismann 25–27; Menzel 369–381). Trotz kirchlicher Bestätigung (*missio canonica*) geht es bei den Prädikaturinhabern in einem gewissen Sinn um eine obrigkeitliche *licentia concionandi*. Da die Prädikaturen mit den kultisch-sakramentalen pfarrlichen Diensten und Pflichten nichts zu tun haben, kommt in dem neuen *officium praedicandi* die Trennung von Meßliturgie und Predigt, Altar und Kanzel, zu einem Abschluß. Die für die Prädikanten im Kirchenschiff errichteten

Kanzeln werden langsam zu einem Ausstattungsstück von Pfarrkirchen überhaupt (vgl. Poscharsky 36–55; Longère, Prédication [1983] 171–173).[2] Förderung der Pfarrpredigt durch die Obrigkeit gibt es auch ohne Prädikaturstiftungen. →Pfarrer werden bei der Anstellung zur Predigt verpflichtet. Auch wo noch Mendikanten die Kanzeln beherrschen, wird ihre Tätigkeit an obrigkeitliche Zustimmung gebunden.

In den gesteigerten Anforderungen an die Prediger kommt auch die durch die zahlreichen Universitätsgründungen verbreitete Bildung zum Ausdruck. So entsteht eine universitär gebildete Schicht von Weltklerikern, deren Elite das geistige und pastorale Klima bestimmt. Unterweisung durch Predigt gehört dazu. Ein herausragendes Beispiel bietet J. →Geiler von Kaysersberg, dessen Predigten schnell auch den Weg in den Druck finden.

In den die Predigt bestimmenden Bildungskreisen wird der wachsende Einfluß des →Humanismus in Anschlag zu bringen sein. Impulse für die pastorale Wichtigkeit der Weltpriesterpredigt gingen jedoch zuvor schon von den Reformkonzilien →Konstanz und Basel (→Basel-Ferrara-Florenz) aus. Zu veranschlagen ist auch die breite Wirkung der „Verkündigungstheologie" des Pariser Universitätskanzlers J. →Gerson. Mit seinen Werken wurden auch seine Predigten verbreitet (erste Druckausgaben der *Opera omnia* ab 1485).

In dem gezeichneten Bild der Pfarrpredigt sind jedoch Sonderungen zu beachten. In Italien dürfte die Vorzugsstellung der Mendikanten noch ungebrochen geblieben sein; ähnliches wird von Spanien und anderen Ländern gelten. Vorreformatorische Predigtkonzentration an der Pfarrkirche hat jedoch dem ausschließlich an Pfarrkirchen gebundenen reformatorischen Predigtwesen den Weg geebnet.

2. Predigtformen und Inhalte

2.1. Frühmittelalterliche Anfänge

2.1.1. Soziokulturelle Gegebenheiten. Im Übergang von der Spätantike zum Frühmittelalter begrenzte und zersetzte der allgemeine Verfall von Verfassung, Recht und Kultur die überlieferten Formen des christlichen Gemeindelebens. Die Motivkräfte archaischer Religiosität der zum Christentum sich hinkehrenden Völker veränderten die Inhalte. Sie setzen der Predigt Grenzen, ändern auch ihre Funktion.

Diese Wandlungen sind bereits grundgelegt im Bekehrungsprozeß, der generell beschrieben werden muß als kollektiver Religionswechsel, in dem der neue Glaube sich in seiner Brauchbarkeit für die Lebensbewältigung auszuweisen hat. Unterweisung wird dadurch zur Einübung in neue Lebensbräuche mit Gebeten und Riten. Aus diesem Bereich „Heil im Vollzug" sind dann auch die ältesten volkssprachlichen Zeugnisse überliefert (vgl. →Gebet VI.1.; Heinzle I/1, 294–305.412–436; I/2, 51–61; LMA 1, 1813–1818; Paul 176–178 zu den Formeln „Glaube und Beichte").

Direkte Zeugnisse von Missions- und Bekehrungspredigt gibt es keine. Was davon überliefert ist, hat als spätere Bearbeitung zu gelten. Das gilt von der *Gallus-Predigt* (PL 87,13–26), den *Bonifatius-Predigten* (PL 89,843–872) und dem auf keinen Fall von →Pirmin verfaßten Unterweisungsbüchlein *Scarapsus*, dessen Verfasser aus der Katechese des Caesarius von Arles und des →Martin von Braga schöpft (vgl. Paul 179–182). Das erwähnte Schrifttum spiegelt die Glaubensunterweisung karolingischer Zeit.

Die Gesetze Karls des Großen werden weithin unterlaufen durch die vorherrschende archaische familiare Religiosität. In dieser hat eine auf Gemeindebegründung und -festigung gerichtete Katechese und Predigt wenig Platz. Auf „Heil im Vollzug", auf kollektive Befolgung von Gesetz und Sitte kommt es an. Für das Sozialisationsgefüge von Haus und Sippe sind daneben wichtige materielle Heilsmittel: →Reliquien und Familienheilige (→Heilige/Heiligenverehrung); Haus- und Sippenheiligtum der Eigenkirchen (→Eigenkirchenwesen). Diese besitzen lange keine Pfarrechte, also auch keine Predigtrechte. Das „Eigenkirchenvolk" gehört zwar zu den bischöflichen Tauf-, Pfarr- und Predigtkirchen, doch die personenherrschaftliche Überlagerung höhlt die pfarrliche Amtszuständigkeit aus.

2.1.2. Homiletische Katechese. Der Bischof ist der Gesetzgebung nach zur sonn- und feiertäglichen Predigt verpflichtet. Die Normtexte für die Predigt sind die karolingischen

Homiliare (s.u. 3.1.), die auch den Pfarrern zur Verfügung stehen sollen (Belege bei Menzel 342–346). Deren sonn- und feiertägliche Predigt kann sich auf das Vorlesen einer Homilie beschränken. *Ad legendum vel praedicandum* schrieb →Hrabanus Maurus seine *Homiliae de festis* (PL 110,10A; weitere Belege für *praedicare = legere* bei Zerfaß 96–98; De Boor 29).

Die Homilie ist grundsätzlich auf den Text der liturgischen Perikope (Evangelium bzw. Lesung) bezogen und legt diesen nach dem Glossationsverfahren aus. Neben den Homiliaren gibt es Unterweisungstexte zu →Glaubensbekenntnis, →Vaterunser, →Geboten und →Sakramenten. Man kann die Auslegungsform dieser katechetischen Texte im Begriff *sermo* zusammenfassen. Die Übergänge zwischen Homilie und Sermon sind allerdings fließend. Bei letzterem fehlt der direkte Bezug zur liturgischen Perikope. In ihrer Schriftlichkeit kann man die *sermones* wie die Homilien als Lesepredigten bezeichnen, die als Vorlage für eine „→Katechismuspredigt" dienten (s. Valente Bacci 316; Amos, Sermons). Vorrangiger Predigtgegenstand sind moralische Unterweisung in den Geboten, Katechese über Grundgebete und -elemente des Glaubens (s. Paul 176–178.193–195).

Die Volkspredigt ist natürlich in der Volkssprache gehalten worden; verschiedene Kapitularien schärfen das ein (Belegverweise bei Menzel 348 Anm. 46; generell zum Sprachproblem für die Unterweisung Paul 173–175). Da das *volgare* jedoch, trotz entsprechender Ansätze zur Verschriftlichung, insgesamt noch ein unterentwickeltes Ausdrucksinstrumentarium ist, bleibt das in der Volkssprache Gesagte nicht des „Aufhebens" wert. Der fast gänzliche Mangel deutschsprachiger Pfarrpredigten aus dem 9. Jh. ist also auch sprachbedingt.

2.2. *Die monastische Predigt*

Wichtigster Produzent von Predigtliteratur im Frühmittelalter ist das karolingische Kulturkloster. Institutionelle und personelle Verbindungen von *monasterium* und *episcopium* führen zur Produktion von Seelsorgeliteratur über die eigenen Bedürfnisse hinaus.

Durch die Angleichung der monastischen Liturgie nach Form und Funktion an die von Klerikergemeinschaften, im Ansatz bereits in der →Benediktusregel grundgelegt (vgl. c.19), brauchte man im Kloster für *oratorium* und *refectorium* Lesestoff, ebenso für die private Lektüre. In den Homiliaren der Karolingerzeit wird entsprechende Literatur zusammengestellt und mit neuen Bibelkommentaren und anderen theologischen Traktaten ausgeweitet. Das gilt vom Umfang, mehr noch von der wissenschaftlichen und spirituellen Sinnerschließung durch die →Artes liberales und die Allegorese. Das Trivium der Artes wird dabei zur Propädeutik der Theologie. Die Rhetorik im Dienst der Bibelauslegung liefert die Mittel zum exegetischen Verfahren der Allegorese als Weltwahrnehmung und -deutung. Im „Vierfachen Schriftsinn" kommen allegorische und typologische Methode in der Schriftauslegung zur Anwendung (→Hermeneutik; →Schriftauslegung). Tropologische Applikation und allegorische Explikation bestimmen die *modi* der Textauslegung. Auch in der zeitgenössischen Profanliteratur wird die Allegorie zur vorherrschenden Form der Darstellung und zum Ausdrucksmittel von Erfahrung (s. Leclercq; De Lubac; Smalley; Haug; Ohly; Jauss; Jentzmik).

Überliefert wird die Literatur der monastischen Theologie vornehmlich in Form von Traktaten und Briefen. Vorlage für die Verschriftlichung bildeten jedoch meist Ansprachen in der Form des *sermo conventualis* oder der abendlichen *collatio*.[3] Beide sind thematische Predigten und unterscheiden sich darin von der Homilie, die natürlich noch weiter gepflegt wird. Diese ist in die Liturgie eingebunden und wird vom Ambo aus vorgetragen. Das neue literarische Genus der thematischen Predigt löst sich sowohl von der liturgischen Perikope als auch vom Ambo in der Kirche. Vornehmlich der Kapitelsaal wird zum Vortragsraum von *sermones* und *collationes*.

2.3. *Die Schulpredigt*

Seit dem 13. Jh. lösen →Universitäten (bzw. privilegierte *studia generalia*) die monastischen Produzenten von Predigt und Predigtliteratur ab. Im Schulbetrieb ist statutenmäßig der Predigt ein fester Platz zugewiesen. Im Dreischritt von *lectio – disputatio – praedicatio* kommt der in der scholastischen Theologie der Predigt zugedachte Stellenwert zum Ausdruck.[4] Die Herausbildung der scholastischen Predigt erfolgt im Kontext des allmählichen Übergangs von der „monastischen Theologie" zur scholastischen (→Scholastik/Neuscholastik). Die Übergänge von der Homilie zur scholastischen Predigt sind dabei fließend (Bataillon, Lection; Muessig 61–67; Sandor 59). Die Definition des

→Alanus ab Insulis in *De arte praedicandi* ist bereits von der Schule bestimmt: „Die Predigt ist eine offizielle und öffentliche Belehrung über Lebensweise und Glaube; hergeleitet aus Verstandesgründen und der Quelle der Autoritäten, dient sie zur Unterweisung der Menschen" (*Praedicatio est manifesta et publica instructio morum et fidei, informationi hominum deserviens ex rationum semita et auctoritatum fonte proveniens*: PL 210,111C; zur Definition s. Longère, Prédication [1983] 11–17; Briscoe 21).

Die methodischen Anleitungen für die rationale Vergewisserung des Glaubens- und Wissensgutes durch *lectio* und *disputatio* bestimmt auch die scholastische Predigt. Anleitungen für die „Schulpredigt" werden in der *ars praedicandi* geboten (s.u. 4.1.). Da die Schulpredigt eine thematische ist, geht es bei den Verfahrensanleitungen um ihre Durchstrukturierung. Für das meist nur aus einem Vers der liturgischen Perikope genommene Thema müssen die zu behandelnden Gesichtspunkte gefunden und weiter zergliedert werden. Im Hauptteil mit seinen weiteren Unterpunkten ist dann die weitgespannte Thematik zu entfalten und mit entsprechendem Stoff anzufüllen. Dabei wird auch dem angemessenen rhetorischen Stil des vorzutragenden Stoffes Beachtung geschenkt. Die Anleitungen beziehen sich dementsprechend auf *inventio*, *divisio* und *elocutio thematis*. Für die Ausarbeitung wird weiter Spielraum gelassen. In den überlieferten und somit schriftlich bearbeiteten Predigten variiert denn auch die Gliederung, gibt es Auslassungen und Verkürzungen.[5] Je nach der Zuhörerschaft oder Zielsetzung des Themas wird das Gewebe der Schriftzitate nach einem oder mehreren Schriftsinnen gedeutet und mit Autoritäten, rationalen Argumenten sowie Beispielen untermauert. Variabilität gilt auch für die rhetorischen Ausdrucksmittel und insgesamt für das Predigtziel als Belehrung, Bewegung und „Unterhaltung".[6]

In Predigten des Schulmilieus dürfte der lehrhafte Aspekt vorherrschend gewesen sein, in der Volkspredigt der unterhaltende und motivierende. Zwischen beiden wird die Predigt der →Mystik (II.) anzusiedeln sein. In formaler Hinsicht sind diese Predigten von der Schule geprägt. Typologische und anagogische Schriftdeutung herrschen vor und sind auf motivierende Belehrung hin ausgerichtet. Dabei wird auf das Fassungsvermögen der Zuhörer Rücksicht genommen. Das gilt besonders von den „Nonnenpredigten", wobei die literarische Überlieferung dieser „Lesepredigten" (*reportata* und *recompositio*) beachtet sein will.[7] Die starke dominikanische Präsenz in der deutschsprachigen Überlieferung dieser Predigtgattung hat mit den vielen seelsorglich betreuten oberdeutschen Dominikanerinnenklöstern zu tun.

2.4. *Die scholastische Volkspredigt*

Als scholastische Volkspredigt ist sie zu charakterisieren von Form und Inhalt her. Die Prediger und Predigtenverfasser sind scholastisch geschult. Auch gibt es in der Stadt eine gebildete Schicht, die an den Ergebnissen der Schule interessiert ist. Besonders die Bettelorden greifen dieses Anliegen auf. Sie erlangen eine herausragende Stellung als städtische Prediger seit der zweiten Hälfte des 13. Jh. und werden in der Produktion der Volkspredigt führend. In den *artes praedicandi pro populo* wird die Variabilität der Schemata betont (Briscoe; Zieleman 9–12; Roth 168–174). Es gibt eine Vielfalt von Kompositionen und Verfahren. Themendivisionen werden reduziert oder auch ganz weggelassen. Das Glossationsverfahren findet im *modus communis* breite Anwendung. Die Gliederung ist in diesem Schema reduziert auf Text und Glosse. In der Glossierung bestimmt die moralische Sinndeutung die Schriftzitate. Das Exempel nimmt einen breiten Raum ein und wird gezielt in den Dienst von Belehrung, Ermahnung und auch Unterhaltung genommen (s. Bremond/Le Goff/Schmitt; Berlioz; Schmitt; zur gleichzeitigen profanen Unterhaltungsliteratur mit Mär, Schwank usw. s. Heinzle II/2, 171–181).

Die Vereinfachung kann unter Umständen zur bloßen moralisierenden Anwendung einer Begebenheit aus Schrift oder Heiligenleben führen und sich in rhetorischer Hinsicht auf den *modus humilis* beschränken. Die einfache *exhortatio* gehört also auch noch zu den vielfältigen Formen der Volkspredigt. Wenn dem so ist, dann muß nicht nur die „frühe Franziskanerpredigt" in eine Kontinuität eingebunden werden, sondern auch die von häretischen Zirkeln, angefangen von den →Katharern und →Waldensern über →Wyclif und Lollarden bis zu →Hus und Hussiten.

Vereinfachung von Form und Inhalt strebt auch die emblematische Predigt (→Pflanzensymbolik V. 5.) an. Der Stoff kann mit dem Emblem einprägsam zusammengefaßt werden. Allerdings verführt die Ausdeutung von Bild oder Sinnspruch auch zu Spitzfindigkeiten und zur Demonstration der Gelehrsamkeit des Predigers. Noch mehr gilt das allerdings von der *inventio thematis* der voll durchstrukturierten Schul- und Volkspredigt. Zeitgenössische Predigtkritik nimmt solche Eitelkeiten aufs Korn.[8] Mit Emblem, Heiligenleben und anderen thematischen Grundlagen wird der direkte Schriftbezug in den Hintergrund gedrängt. Den Schriftbezug nicht aus dem Auge zu verlieren, monieren spätmittelalterliche Synoden.[9] Generell bleibt natürlich die *sacra pagina* auch im Spätmittelalter das Textbuch der Predigt. Das gelehrte Schriftzitat bestimmt die Textur der Predigt. Doch über den *sensus scripturae* unter den verschiedenen Schriftsinnen scheint keine Klarheit mehr bestanden zu haben. In der vom religiösen Humanismus geprägten Bildungsschicht bahnt sich in diesem Kernbereich katechetischer Unterweisung ein grundlegender Wandel an. Die Forderung nach der „Predigt des Evangeliums" in der reformatorischen Bewegung ist darum nicht Symptom für einen Predigtmangel der Quantität, sondern der theologischen Qualität nach. In den Schichten, die die reformatorische Bewegung tragen, wird das so empfunden.

3. Predigtsammlungen

3.1. Frühmittelalterliche Homiliare

Die Predigtvorschriften finden Niederschlag in der zeitgenössischen Predigtliteratur. Neben den thematischen Traktaten besteht diese vor allem aus den Homiliaren. Man unterscheidet zwischen patristischen Homiliaren für die Auslegung der liturgischen Lesungen und den karolingischen Homiliaren mit Musterpredigten für die pastorale Unterweisung oder die private Lektüre. Die Übergänge beider Arten sind fließend. Insgesamt handelt es sich um Kompositionen der seit dem frühen Mittelalter in Glossen-, Sentenzensammlungen und Florilegien gefilterten und tradierten patristischen Überlieferung (s.u. 4.2.). In den Homiliaren wird diese für die Unterweisung neu zusammengestellt.

Die Kompositionen setzen rege wissenschaftliche Tätigkeit voraus mit aktiven Skriptorien und umfangreichen Bibliotheken. Unter den vorbildhaft wirkenden patristischen Homiliaren ist das von St. Peter in Rom (7./8. Jh.) anzuführen, das auf die Homiliare des Alanus von Farfa (gest. 770) und des Reichenauer Mönches Egino (gest. 802; Bischof von Verona) einwirkte, besonders jedoch auf Paulus Diaconus (gest. um 799), der im Auftrag Karls des Großen ein Musterhomiliar verfaßte (allgemeiner Überblick dazu bei Martimort 80–94, zu den angeführten ebd. 83–88; Grégoire, Homéliaires 127–188.189–221.223–261.342–392.427–478).

Den karolingischen Homiliaren zuzuordnen sind die *Homiliae de festis praecipuis item de virtutibus*, die Hrabanus Maurus als Fuldaer Klosterleiter für Erzbischof Haistulf von Mainz (gest. 825) verfaßte, ebenso die von Hrabanus als Erzbischof von Mainz (847–856) verfaßten *Homiliae in evangelias et epistolas* auf Bitten Kaiser Lothars (vgl. Etaix, Le recueil; ders., L'homéliaire). Auch das *Mondseer Homiliar* des Abtes Lanthpertus für Erzbischof Hildebold von Köln (784–819) zählt dazu (vgl. Barré, L'homéliaire). Breite Wirkung ins 9. und 10. Jh. hinein hatte die Predigtliteraturproduktion der Schule von Auxerre mit dem brillanten und originellen Exegeten Haymo (gest. 866), dessen Werke früher fälschlich dem Bischof Haymo von Halberstadt (gest. 853) zugeschrieben wurden (vgl. Barré, Les homéliaires, besonders 49–70). Neuere und erweiterte Zusammenstellungen sind handschriftlich erst für das 11./12. Jh. wieder nachzuweisen. Dazu gehört die Sammlung *Sermones sive tractatus sanctorum catholicorum patrum* (Martimort 92–94; Falmagne 210). Auf Homiliare zurückgegriffen hat der Regensburger Mönch →Honorius Augustodunensis für die 69 im *Speculum ecclesiae* gesammelten Musterpredigten. Sie sind als Predigthilfe für den Seelsorgsklerus gedacht gewesen. Die breite handschriftliche Streuung spiegelt Beliebtheit des Werkes wie auch das Bedürfnis nach einer solchen Predigtsammlung, in der das Homiliar zum Predigtbuch wird (s.u. 3.2.).

3.2. Predigtbücher und Predigtreihen

Wie aus der frühmittelalterlichen Homilie die Schulpredigt wurde, so aus den Homiliaren die Sermonesreihen. An ihrer Ausbildung sind mehrere Faktoren beteiligt: zum einen die Schule mit ihren anspruchsvollen thematischen Predigten, zum anderen die liturgischen Vorgegebenheiten des →Kirchenjahres. Damit ist die Basis für die liturgischen Reihenpredigten gegeben. Sie sind auf den biblischen Text der Perikope bzw. auf den thematischen Leitvers daraus bezogen im Unterschied zu den katechetischen Reihen, die sich für die Unterweisung auf Textvorlagen wie Glaubensbekenntnis, Vaterunser usw. beziehen. Im Verlaufe des Spätmittelalters treten zu diesen Reihen weitere: das Ave Maria, die zehn Gebote, die sieben letzten Worte Jesu, die vier letzten Dinge, die sieben Hauptsünden usw. (s. Paul 246–265). Die neuen Themen spiegeln auch die universitäre Praxis der Zeit, die sich solcher Gegenstände in den *lecturae extraordinariae* annahm, dazu auch wirtschaftlicher Fragen wie Wucher, Zins, Kontrakte usw. Zu dieser Predigtreihengattung kann man auch die Kreuzzugspredigten von ihren Anfängen bis ins 15. Jh. hinein zählen (s. Cole), ebenso die antihäretischen Predigten gegen Katharer, Waldenser usw. bis zu den Hussiten (→Häresie II., →Inquisition II.).

Bei den an liturgische Perikopen gebundenen Predigtreihen bilden sich Klassifizierungen heraus. Die Reihen sind thematisch geordnet. Es gibt die *Sermones de tempore* (= Temporale) für Sonn- und Feiertage und die *Sermones de sanctis* (= Sanctorale) für die Heiligenfeste (oft mit einem Anhang *De commune sanctorum*). Beide Reihen beginnen meist mit dem ersten Adventssonntag bzw. dem Andreasfest (28. November). Weitere Reihen beziehen sich auf liturgisch herausgehobene Zeiten wie Advent und Fastenzeit. Dabei nimmt das Quadragesimale einen herausgehobenen Platz ein. Schließlich gibt es noch die Gattung *De occasionibus*, in der Kirchweihpredigten, Leichenpredigten usw. gesammelt sind, also generell Musterpredigten zu besonderen Anlässen. Diese Reihen sind im Verlaufe des 13. Jh. zum Ordnungsprinzip der großen Predigtsammlungen geworden und das ganze spätere Mittelalter hindurch geblieben.

Die literarische Entwicklung spiegelt sich in der Überlieferung der Musterpredigtsammlungen. Am Anfang stehen Predigtbücher mit Sonn-, Feiertags- und Heiligenpredigten. Diese thematisch nicht geschlossenen Reihen gehören zu den *florilegia per circulum anni*. Oft sind in solchen Büchern Predigten verschiedener Verfasser zusammengestellt. Auch wenn sie von einem Autor dann redigiert wurden, fehlt ihnen zur thematischen auch die stilistische Einheitlichkeit. Predigtbücher werden das ganze Mittelalter hindurch, meist mit bestimmten Absichten, zusammengestellt und entsprechend redigiert.[10] Das Predigtbuch wird also nicht einfach von den gattungsbezogenen Predigtreihen abgelöst. Diese machen allerdings den Großteil der überlieferten Predigtliteratur aus.

Die Sermonesreihe des Pariser Bischofs Maurice de Sully (gest. 1196) sowie die *Sermones festivales* (für die bedeutenderen Sonn- und Festtage) von →Philipp dem Kanzler haben als frühe Zeugnisse dafür zu gelten. Auch Jakob von Vitry (1180–1254) (Muessig) und andere zeitweise in der Schule tätigen Prediger gehören dazu (zu Lehrern des Schulbetriebs vgl. Schneyer, Geschichte 132–140; Longère, Prédication [1983] 68–93; ausführlich [bis 1200] ders., Œuvres oratoires). Die Predigtreihen des universitären Schulbetriebes folgen den Vorgaben der Statuten und besonderen Bedürfnissen. Da sie nur auf die Bedürfnisse eines schmalen Hörerkreises zugeschnitten sind, finden sie insgesamt wenig Verbreitung. Predigtzyklen aus dem Lehrbetrieb einzelner Jahre sind von Paris und anderen *studia* erhalten geblieben (Beschreibung bei Davy; Schneyer, Geschichte 152; Longère, Prédication [1983] 75f.; SOPMA 2, n. 1737–1745); Hinweis zu *sermones* des *studium* der →Zisterzienser bei Falmagne 183–185.237.[11] Auch die riesige Predigtsammlung des Robert von Sorbon (gest. 1272; →Paris I) besteht hauptsächlich aus Universitätspredigten von Pariser Professoren. Qualität und Ansehen dieser Predigten spiegeln sich in der Rezeption in die Sammlung. Breitere Wirkung erlangt die Universitätspredigt des 12./13. Jh. erst durch ihre Transposition ins pastorale Milieu geistlicher Erbauung und moralischer Volksunterweisung. So spiegelt das umfangreiche Predigtwerk des Odo von Chateauroux (gest. 1273), 1228 Magister, 1238–1244 Kanzler der Pariser Universität, seit 1245 Kardinalbischof, seine schulische, pastorale und kirchenpolitische Tätigkeit (chronologische Übersicht bei Charansonnet). Die über 1.000 Predigten des ehemaligen Pariser Magisters Bertrand von Tours (gest. 1332) werden überhaupt erst aus seiner pastoralen Tätigkeit herrühren.

Führend in der Produktion von Predigtreihen als Musterpredigten für die Volksunterweisung sind seit der Mitte des 13. Jh. bis ins 15. Jh. hinein zunächst Angehörige der Bettelorden. Ihren Anteil schätzt man insgesamt auf ca. 60% an diesem Literaturaufkommen. Bei 350 Sammlungen wurden zwischen 1226–1526 ca. 250 von Minoriten abgefaßt.[12] Im Verlaufe des 15. Jh. nimmt jedoch der Anteil der Weltpriester zu. J. Gersons umfangreiches Predigtwerk findet größte Verbreitung. Zahlreiche Professoren der Universitätsgründungen seit der zweiten Hälfte des 14. Jh. haben Predigtreihen für die Volksunterweisung verfaßt. Weit ins Süddeutsche hinein verbreitet sind die der Wiener Professoren Nikolaus von Dinkelsbühl (gest. 1433) (Madre 127–161.302–321) und Thomas Ebendorfer (gest. 1464). Die Predigtreihen des letzteren für seine Pfarrgemeinde sind noch als Autograph erhalten geblieben (Lhotsky 73–80). Auch in der Seelsorge tätige Pfarrer sowie Inhaber von Prädikaturen sind an der Abfassung von Sammlungen mit Musterpredigten beteiligt. Zu nennen ist dabei in erster Linie Geiler von Kaysersberg. Die von Mendikanten verfaßten Predigtreihen haben, besonders wo sie einfachere Predigtschemata anwenden, auch den Seelsorgsklerus im Auge. Die Sermonesreihen des Minoriten Konrad von Sachsen (gest. 1279) sind in ihrer Skizzenartigkeit so etwas wie praxisbezogene Predigtmagazine. Das gilt z. B. auch von den zahlreichen Sermonesreihen des Dominikaners Johannes Herolt (gest. 1488), die im deutschen Sprachraum weite Verbreitung finden. Stark verbreitet sind überhaupt im 15. Jh. solche praxisbezogenen Predigtmagazine mit Titeln wie *Parati, Sensati, Dormi secure*; letzteres verfaßt von dem Minoriten Johannes von Werden (gest. 1473). Die Sammlung *Meffreth* ist das Werk eines anonymen Kompilators. Der *Thesaurus novus* lief (fälschlich) unter dem Namen des Dominikaners Petrus de Palude (gest. 1342), und in der Predigtsammlung *Sensati* waren zwei Dominikanerautoren des 14. Jh. ausgeschrieben worden. Mendikantische Predigtliteratur wird also noch breit rezipiert.

Die Predigtgestalt in diesen Sammlungen folgt oft dem einfachen Glossationsverfahren der Postille. Als volkssprachliche Plenarien, d.h. mit dem Text der Episteln und Evangelien sowie erklärenden Glossen, findet damit das Homiliar seine Fortsetzung, allerdings als Verselbständigung zum „Lesebuch“ für Laien (s. VerLex 7,737–739.739–763 [Überlieferung]; Palmer; Zieleman 34–36).

4. *Predigttheorie und Hilfsmittel*

4.1. *Predigttheorie*. Die antiken Regeln für →Katechetik und →Homiletik bestimmen auch die mittelalterliche Predigttheorie, besonders →Augustins *De doctrina christiana* und *De catechizandis rudibus*, letzteres von Hrabanus Maurus in *De institutione clericorum* fast wörtlich übernommen (III,30–39; vgl. Knoepfler 249–279; zur Rhetorik vgl. Camargo; Caplan, Rhetoric; Quadlbauer). Die thematische Predigt der Scholastik treibt die Entwicklung der Theorie weiter voran. Die formalen Vorgaben für die Predigtstruktur nach *inventio*, *dispositio* und *elocutio thematis* werden in den Anleitungen der *artes praedicandi* gegeben.

Zwischen 1200 und 1500 zählt man bei 300 meist anonym überlieferte Abhandlungen zur *ars praedicandi* unterschiedlicher Qualität, die im Schulmilieu für studentische Übungszwecke verfaßt wurden. Die umfangreichen enthalten meist noch auf die Volksunterweisung zugeschnittene Musterpredigten (Briscoe mit Literatur und Editionsangaben mit Ergänzungen zu den Listen von Caplan, Artes; Überblick bei Longère, Prédication [1983] 195–202; Roth 15–147; Falmagne 193–195; Tugwell). Verkürzt und auf die Hörer bedacht kehren entsprechende Ausführungen in dem vielen Predigten vorgeschalteten *Prothema* wieder (s. Schneyer, Unterweisung; s.u. Anm. 5). Entsprechende Hinweise finden auch Eingang in die mittelalterliche Gattung des *manuale curatorum*, z. B. des Johannes Surgant (gest. 1503) (s. Roth 168–174).

4.2. *Hilfsmittel*. Da auch die mittelalterliche Predigt als quasiliturgischer Akt aktualisierende Auslegung der *auctoritas scripturae* sein will, kommt den zur Erschließung der Heiligen →Schrift bereitgestellten Hilfsmitteln eine vorrangige Bedeutung zu (Überblick dazu bei Longère, Prédication [1983] 177–202; Falmagne 197–220). Der Bogen spannt sich von den biblischen Glossaren über die Glossensammlungen (→Glossa ordinaria, →Katenen, →Florilegien) bis zu den Postillen mit ihren Wort- und Sacherklärungen zum fortlaufenden Bibeltext. Für die Bedürfnisse der thematischen Predigt wird die ständig erweiterte und umgeschriebene Stoffüberlieferung unter thematischen Gesichtspunkten in den *distinctiones*, die meist dem alphabetischen Ordnungsprinzip folgen, neu zusammengestellt (Bataillon, Les instruments; Longère, Vocabulaire; Rouse/Rouse; Weijers). Da die *auctoritas scripturae* im Kontext der *auctoritas patrum* ausgelegt wird, nehmen sowohl in den textbezogenen als auch den thematischen Sammlungen Sentenzen mit der *auctoritas patrum*, zu der in der scholastischen Predigt auch die *dicta* der *magistri* der Schule gehören, einen breiten Raum ein.

In dem durch die *auctoritas* gestützten *sermo* fällt den *auctoritates vitae* eine wichtige Rolle zu. Die auch für die *inventio* und *dispositio* wichtige *auctoritas vitae* wird erschlossen in zahllosen Exempelsammlungen (s. Bremond/Le Goff/Schmitt; Bataillon, Les images; ders., Similitudines; Berlioz; Polo de Beaulieu; Schmitt). Vorrangigkeit kommt dabei den *gesta* der →Hagiographie zu. Die Exempelsammlungen der *auctoritas naturae* folgen den Vorgaben der Naturkunde des →Physiologus. In Bestiarien, Herbarien und Lapidarien wird das Anschauungsmaterial der Naturkunde weiter entfaltet. In den Hilfsmitteln, seit dem 13. Jh. auch in großen enzyklopädischen Lexika zusammengefaßt, werden also alle Bereiche der Schöpfungs- und Heilsgeschichte im Lichte allegorischer Zeichenhaftigkeit gedeutet und der Unterweisung dienstbar gemacht. Die Predigt stützt sich auf diese *auctoritates* und kommentiert sie in ihren verschiedenen Anwendungsbezügen.

Zu den Hilfsmitteln gehört weiter die engere Literatur der Schultheologie mit ihren umfangreichen Summen, Kommentaren, Quästionen und Traktaten. In der im Spätmittelalter breit anschwellenden katechetischen Unterweisungsliteratur sind die Übergänge zwischen Traktat und Predigt fließend. Die „Lesepredigt", komponiert aus einem Traktat bzw. der Traktat aus einer Predigtniederschrift, verdeutlicht diesen Zusammenhang.

Als Hilfsmittel haben auch alle als Musterpredigten redigierten schriftlichen Sammlungen zu gelten, von den karolingischen Homiliaren und ihren mittelalterlichen Fortsetzungen über die Sermonessammlungen der Schule und scholastischen Volkspredigt bis zu den gebrauchsfertigen Predigtmagazinen des Spätmittelalters. Als Gebrauchsvorlagen waren auch diese Sammlungen einem ständigen Prozeß verändernder Neukomposition im Blick auf die wechselnden Anlässe und Hörerzielgruppen unterworfen.

Anmerkungen

[1] Eine Folge dieser Klerikalisierung der Verkündigung ist das Verbot der Laienpredigt im Sinne einer *publica praedicatio*; den Laien bleibt nur die „private Ermahnung"; generell dazu Schneyer, Geschichte 176–178; ders., Laienpredigt; Zerfaß 343–355; Roth 154f.; zum predigenden König Robert von Anjou s. Pryds (ebd. 242–244 Hinweise zur Herrscherpredigt überhaupt).

[2] Zum damit verselbständigten Predigtgottesdienst s. Longère, Prédication [1983] 202–204; Weismann, bes. 15–25 (Auszüge aus einem *prône*); generell zu Gebeten bei der Predigt Josef Andreas Jungmann, Missarum solemnia, Freiburg i.Br., I [5]1962, 614–627.

[3] Klassisches Beispiel mit Vorbildfunktion sind die *Sermones super canticum canticorum* →Bernhards v. Clairvaux; ursprünglich in Vulgärlatein gehalten, sind sie vom Autor überarbeitet und „publiziert" worden; s. Ulrich Köpf, Einleitung: Bernhard v. Clairvaux. SW. Lat.-dt., hg. v. Gerhard Winkler, Innsbruck, V 1994, 27–47.

[4] →Petrus Cantor hierarchisiert das dreistufige Schriftstudium im *Verbum abbreviatum* (c. 1) mit den Worten: *In tribus igitur consistit exercitium sacrae Scripturae: circa lectionem, disputationem et praedicationem ... Lectio autem est quasi fundamentum et substratorium sequentium ... Disputatio quasi paries est in hoc exercitio et aedificio ... Praedicatio vero, cui subserviunt priora, quasi tectum est tegens fideles ab aestu et a turbine vitiorum* (Die Auslegung der Heiligen Schrift besteht aus drei Teilen; nämlich Lesung, Disputation und Predigt ... Gleichsam Grund und Unterlage der folgenden ist die Lesung ... Die Disputation ist gleichsam die Mauer dieser Übung und dieses Baues ... Die Predigt aber, der die vorausgehenden Übungen dienen, ist gleichsam das Dach, das die Gläubigen vor Hitze und Verwirrung durch die Laster schützt; PL 205,25 A/B).

[5] Die Predigtanleitungen sehen in der Regel sechs Strukturelemente vor: 1. Themenangabe (oft mit einem *Prothema* als Vorspann); 2. Einleitungsgebete; 3. Einführung in das Thema (auch *exordium* genannt); 4. Themeneinteilung (mit Angabe des Teilungsverfahrens); 5. Entfaltung (*dilatatio* bzw. *tractatio*) des Themas mittels mehrerer und unterschiedlicher Verfahren; 6. Konklusion als Zusammenfassung mit Ermahnung oder Lobpreisung; vgl. Charland; Caplan, Artes; Gilson; Bataillon, Les instruments; Roth 15–147; Zieleman 6–8; Falmagne 186–192; Muessig 68–79 (Abdruck einer Schulpredigt Jakobs v. Vitry zum Thema *Fecit deus duo magna luminaria* [Gen 1,16–19] mit einem kurzen Prothema zu I Kor 11,20); Falmagne 223–235 (Schulpredigt vom beginnenden 14. Jh.). Zum *Prothema* vgl. Schneyer, Unterweisung 8–11; Briscoe 66; Hinweise, wann und wie ein *Prothema* eingeschaltet werden soll, bei Humbert v. Romans, De eruditione praedicatorum VII,45: De prothematibus (ed. Berthier II, 481–483).

[6] Gemeint sind dabei die von Augustin im Blick auf die *veritas divina* umgeformten antiken *genera dicendi*: *Ut veritas pateat, placeat, moveat* (... damit die Wahrheit deutlich wird, Gefallen findet und Bewegung auslöst; vgl. doct. chr. IV,28.61; BKV[2] 49,169), →Homiletik 2.1.

[7] Zum Schrifttum generell Haas, Mystik; Steer 306–370; Heinzle II/2, 89–102; Ruh, Meister Eckhart 136–167 zu Überlieferung, Rekonstruktion und Inhalt der Predigten →Eckharts; Haas, Predigtprogramm; Hasebrink, Formen; zur Überlieferung deutschsprachiger Texte Morvay/Grube T 75–124; zum wichtigen Predigtbuch *Paradisus anime intelligentis* s. Ruh, Meister Eckhart 60–71; Hasebrink, Studies; zur Predigtweise J. →Taulers vgl. Gnädinger 27–30.104–109; zur Predigt von Frauen s.a. Bériou, Prédication; dies., Femmes; Casagrande.

[8] S. Franciscus Eximensis in seiner *Ars praedicandi populo* (zit. nach Briscoe 45f.): *Sed sunt nonnulli vento superbie et vanaglorie inflati, meretricantes verbum Dei, qui in suis ventosis praedicationibus nullum finem de predictis intendunt, sed pocius repugnantem scilicet gloriam, famam propriam et honorem. Et ad hoc in contemptum verbi Dei et in scandalum audiencium convertunt se ad verba picta, rimata et rhetorice ornata, quibus coniungunt pro sui maiore ostentacione quadrivii ut arismetice, geometrie, astrologie et musice, licet sepius illa ignorent que dicunt. Aliquando dubia et raciones philosophicas vanissime pertractant, imo sepe usque ad celum caput irreverenter extollentes ... et quia isti quasi dracones attrahentes insaciabiliter omnem ventum, abiicientes angelico officio predicantis, noluerunt in aliquo fine predictorum Deum habere in noticiam et timorem eius coram se* (Es gibt aber viele, die, aufgeblasen vom Wind des Stolzes und der Ruhmsucht, das Wort Gottes zur Dirne verkehrend, in ihren windigen Predigten mit dem Gesagten gar nicht das Ziel der Predigt verfolgen, sondern im Widerspruch dazu nur auf Ruhm, eigenes Ansehen und Ehre bedacht sind. Dafür wenden sie sich, in Verachtung des Wortes Gottes und zum Ärgernis der Hörer, gekünstelten, ausgefallenen und rhetorisch herausgeputzten Worten zu; zu ihrer größeren Selbstdarstellung mischen sie Dinge des Quadriviums bei aus Arithmetik, Geometrie, Astrologie und Musik, obwohl sie oft gar nicht verstehen, was sie daherreden. Zuweilen erörtern sie in eitler Vermessenheit Zweifelhaftes und philosophische Beweise; und bar jeden Anstandes strecken sie oft auch noch ihr Haupt bis zum Himmel ... Und weil sie wie Drachen, die unersättlich jeden Wind in sich saugen, den engelhaften Dienst der Verkündigung von sich werfen, wollen sie nicht im geringsten dabei sich Gotteserkenntnis und -furcht vor Augen halten); zur Kritik an *boatus et gesticulationes* (Brüllen und Herumfuchteln) predigender Wiener Minoriten s. den Hinweis bei Peter Dinzelbacher, Die Wiener Minoriten im ausgehenden 13. Jh. nach dem Urteil der zeitgenössischen Begine Agnes Blannbekin: Saxonia Franciscana 1 (1992) 189; zu Surgants Kritik vgl. Roth 160–162.

[9] Z.B. Bamberger Synode 1491 (zit. nach CGerm 5, 628f.): *Cum Sacerdotes, et quibus praedicandi officium et ministerium commissum est ... eosdem in suis sermonibus praecipimus esse cautos, ne verba proferant inutilia, et maxime piarum aurum offensiva, sed potius Scripturam novi videlicet et veteris testamenti, ac praecipue Evangelium Christi plane et intelligibiliter praedicent* (Da die Priester und jenen, denen Amt und Dienst der Predigt anvertraut sind ..., befehlen wir diesen, in ihren Predigten darauf zu achten, keine unnützen Worte zu gebrauchen, vor allem nichts, was einer frommen Gesinnungsart anstößig sein könnte. Vielmehr sollen sie die heilige Schrift des Alten und Neuen Testamentes und besonders das Evangelium Christi klar und verständlich predigen); vgl. auch Lateranense V, Sess. XI (19.12.1516) (COD 636,38–637,1): *Circa modum praedicandi: ... ut evangelicam veritatem, et sanctam scripturam iuxta declarationem, interpretationem et ampliationem doctorum, quos ecclesia vel usus diuturnus approbavit, legendosque hactenus recepit, et in posterum recipiet, praedicent et explanent nec quidquam eius proprio sensui contrarium, aut dissonum adiiciant, sed illis semper insistant, quae ab ipsius sacrae scripturae verbis, et praefatorum doctorum interpretationibus, rite et sane intellectis non discordant* (Bezüglich der Predigtweise: ... daß sie die evangelische Wahrheit und die Heilige Schrift verkünden in Übereinstimmung mit der Erklärung, Auslegung und Kommentierung der Lehrer, die von der Kirche oder durch langen Gebrauch anerkannt sind und deren Schriften bis jetzt bereits rezipiert sind bzw. in Zukunft rezipiert werden. Auch dürfen sie nichts beifügen, was dem Gedanken, den die Heilige Schrift selber ausdrücken will, widerspricht oder davon abweicht. Vielmehr sollen sie stets mit Nachdruck das vertreten, was mit dem Wortlaut eben dieser Heiligen Schrift und mit der richtig und vernünftig verstandenen Auslegung durch die vorerwähnten Lehrer übereinstimmt; übers. nach GÖK, Lateran V, 1, 477).

[10] Die verschiedenen Mustersammlungen mit blockweiser *De tempore* und *De sanctis*-Verschachtelung für Pfarrpredigten in baiuwarisch-österreichischen Predigtbüchern (Priester Konrad, Oberaltaicher, St. Pauler Predigtbuch u.a.: s. jeweils VerLex) gehen wahrscheinlich auf Bearbeitung lateinischer Homiliare als Vorlagen zurück und zeichnen sich untereinander durch partielle Vorlagegemeinschaft aus. Beliebtheit und Brauchbarkeit der einfachen, am Glossationsverfahren ausgerichteten Sammlungen zeigt sich an Abschriften bis ins Spätmittelalter; vgl. auch Mertens, Predigtbuch; Heinzle I/2, 153–160 (zu Sammlungsfragmenten aus der Mitte des 11.

und Überarbeitung aus der 2. Hälfte des 12. Jh., wonach Schneyer, Geschichte 104–106 zu korrigieren und zu ergänzen ist); Textüberlieferungen bei Morvay/Grube T 7–47. – Vom monastischen Milieu beeinflußt und als „Lesebuch" redigiert ist die uneinheitliche alemannische St. Georgener Predigtsammlung mit starker Verbreitung in Neuredaktionen bis ins Spätmittelalter (s. Seidel, Handschrift). „Lesebuch" sind auch die Schwarzwälder Predigten mit *De tempore-* und *De sanctis*-Zyklen, wohl nach lateinischen Vorlagen franziskanischer Provenienz bearbeitet für größere Breitenwirkung (s. Schiewer, Schwarzwälder Predigten). Mit dieser Absicht erfolgten auch die Redaktionen (teils Rückübersetzung ins Lateinische und über diese wieder ins Deutsche) der Predigtsammlungen des →Berthold v. Regensburg; zusammenfassend Heinzle II/2, 293–297.99–103.215–217; ausführlich Richter.

[11] Zu beachten sind auch die Predigten der *studia mendicantium*; s. Bougerol; Innocenti; kaum erfaßt sind die statutenmäßig vorgeschriebenen Übungspredigten der *studentes pro forma* an den spätmittelalterlichen Universitäten; einige Hinweise bei Clasen; Predigten bei Promotionen und Stationsgottesdiensten werden wie schulische Quästionen abgehandelt worden sein; vgl. Albert Lang, Die Katharinenpredigt Heinrichs v. Langenstein. Eine programmatische Rede: DT 26 (1948) 123–159 (Edition).

[12] Zu Predigern und Predigtsammlungen der einzelnen Orden s. spezielle Ordensliteratur; Auflistung bibliographischer Zugänge dazu bei Longère, Prédication [1983] 254–256.258f.; ebd. 93–123 zu wichtigen Predigern und Sammlungen; ebenso Schneyer, Geschichte 141–150.155–159.161–171; SOPMA 1–4 (hier Nachträge); Zawart; neuere Einzeluntersuchungen: Bataillon, La predicazione; D'Avray; Delcorno; Grieben; Innocenti; Polo de Beaulieu; Pacheco; Tugwell.

Quellen

Sermones-Forschung: Die *International Medieval Sermon Studies Society* (IMSSS) veranstaltet regelmäßig Symposien. – Medieval Sermon Studies. Newsletter, hg. im Auftrag der IMSSS vom Dept. of History, Univ. of Leeds (Rapports über Forschungsvorhaben und -ergebnisse). – Ludwig Hödl, Zum Stand der Erforschung der lat. sermones des MA: Scr. 46 (1992) 121–135 (f. die Zeit v. 1350–1500).

Quellenerschließung, Quellenkunde: Quellenkunde in Bearbeitung für TSMAO. – Bibliographische Hinweise zur Erfassung von Predigern, Predigten (gedruckte und ungedruckte) sowie Einzelstudien bei Longère, Prédication [1983] 247–263 (bis 1982). – RLS 1–11, bearb. v. Johann B. Schneyer, 1969–1990 (BGPhMA 43/1–11). – Ders., Wegweiser zu lat. Predigtreihen des MA, 1965 (VKHUT 1). – RBMA u. RCSPL sind heranzuziehen wegen Verarbeitung von Predigten zu Sermones und Traktaten (bzw. umgekehrt). Schriftsteller-Verzeichnisse der verschiedenen Orden, Länder usw. erschließen Predigtenverfasser; ebenso Handschriftenverzeichnisse. Zur Ikonographie: Marie-Pierre Champetier, Faits et gestes du prédicateur dans l'iconographie du XIIIe au début du XVe siècle: Médiévales 16/17 (1989) 197–208. – École des Hautes Études en Sciences Sociales, Paris: Videothek mit 65.000 Aufnahmen aus Hss. – Für die deutschsprachige Sermonesforschung: Repertorium der ungedruckten deutschsprachigen Predigten in Zusammenarbeit mit dem Forschungsprojekt Dt. Gebrauchsprosa im MA (Freie Univ. Berlin); s. dazu Volker Mertens/Hans-J. Schiewer, Erschließung einer Gattung. Ed., Katalogisierung u. Abb. der deutschsprachigen Predigt des MA: Editio 4 (1990) 93–111; Hans-J. Schiewer/Carmen v. Samson-Himmelstjerna, Computing Middle High German Sermons: De l'homélie (s.u.) 341–352; Karin Morvay/Dagmar Grube, Bibliogr. der dt. Predigten des MA. Veröff. Predigten, 1974 (MTUDL 47). Predigteditionen auch in MTUDL; zu Autoren VerLex.

Literatur

Allgemeine Darstellungen: Felix Richard Albert, Die Gesch. der Predigt in Deutschland bis Luther, 3 Bde., Gütersloh 1892–1896. – Rudolf Cruel, Gesch. der dt. Predigt im MA, Detmold 1879 = Darmstadt 1966. – Edwin Charles Dargan, A History of Preaching. I. From the Apostolic Fathers to the Great Reformation. A. D. 70–1572, New York 1905 = 1968. – Anton Linsenmayer, Gesch. der Predigt in Deutschland v. Karl d. Gr. bis zum Anfang des 14. Jh., München 1886 = Frankfurt 1969. – Jean Longère, La prédication médiévale, Paris 1983. – Michael Menzel, Predigt u. Predigtorganisation im MA: HJ 11 (1991) 337–384. – Alfred Niebergall, Die Gesch. der christl. Predigt: Leit. 2 (1955) 181–354. – Johann B. Schneyer, Gesch. der kath. Predigt, Freiburg i.Br. 1969. – Werner Schütz, Gesch. der christl. Predigt, Berlin/New York 1972.

Spezielle Untersuchungen: Thomas L. Amos, The Origin and Nature of the Carolingian Sermon, Diss. Michigan State Univ. 1983. – Ders./Eugene A. Green/Beverly Maine Kienzle (Hg.), De ore domini. Preacher and Word in the Middle Ages, 1989 (StMC 27). – Ders., Early Medieval Sermons and their Audience: De l'homélie (s.u.) 1–14. – Henri Barré, L'homéliaire carolingien de Mondsee: RBen 71 (1961) 71–107. – Ders., Les homéliaires carolingiens de l'Ecole d'Auxerre, 1962 (StT

225). – Ders., Art. Homéliaires lat.: DSp 7 (1969) 600–606. – Louis-Jacques Bataillon, La predicazione dei Religiosi Mendicanti del secolo XIII nell'Italia centrale: MEFRM 89 (1977) 691–694. – Ders., Approaches to the Study of Medieval Sermons: Leeds Studies in English NS 11 (1980) 19–35. – Ders., Les instruments de travail des prédicateurs au XIIIe siècle: Geneviève Hasenohr/Jean Longère (Hg.), Culture et travail intellectuel dans l'Occident médiéval, Paris 1981, 197–209. – Ders., „Similitudines“ et „exempla“ dans les sermons du XIIIe siècle: Katherine Walsh/Diana Wood (Hg.), The Bible in the Medieval World. Essays in Memory of Beryl Smalley, 1985 (SCH[L].S 4) 191–205. – Ders., De la lection à la prédication. Commentaires bibliques et sermons au XIIIe siècle: RSPhTh 70 (1986) 559–575. – Ders., Les problèmes de l'éd. des sermons et des ouvrages pour prédicateurs au XIIIe siècle: Monika Asztalos (Hg.), The Editing of Theol. and Philosophical Texts from the Middle Ages, Stockholm 1986, 105–120. – Ders., Sermons réd., sermons réportés (XIIIe siècle): Medioevo e rinascimento 3 (1989) 68–86. – Ders., Les images dans les sermons du XIIIe siècle: FZPhTh 37 (1990) 327–395. – Ders., La prédication au XIIIe siècle en France et Italie, London 1993. – Nicole Bériou, La prédication au beguinage de Paris pendant l'année liturgique 1272–1273: RechAug 13 (1978) 106–229. – Dies., Femmes et prédicateurs. La transmission de la foi aux XIIe et XIIIe siècles: Jean Delumeau (Hg.), La religion de ma mère. Les femmes dans la transmission de la foi, Paris 1992, 51–70. – Jacques Berlioz (Hg.), Le rire du prédicateur. Récits facétieux du moyen-âge. Textes traduits par Albert Lecoy de la Marché, Turnhout 1992. – Joachim Joseph Berthier (Hg.), Beatus Humbertus de Romanis op. de vita regulari, Rom, II 1897 = Turin 1956. – Stephan Borgehammar, Who wrote the Admont Sermon Corpus – Gottfried the Abbot, his Brother Irimbert, or the Nuns?: De l'homélie (s.u.) 47–51. – Jacques G. Bougerol, Les sermons dans les „Studia“ des mendiants: Le scuole degli ordini mendicanti (secolo XIII-XIV), 1978 (CCSSM 17) 250–280. – Claude Bremond/Jacques Le Goff/Jean-Claude Schmitt (Hg.), L'exemplum, 1982 (TSMAO 40). – Marianne Briscoe, Artes praedicandi, 1992 (TSMAO 61). – Martin Camargo, Ars dictaminis, ars dictandi, 1991 (TSMAO 60). – Capitula Episcoporum, T.1, hg. v. Peter Brommer, 1984 (MGH.Capitula episcoporum). – Harry Caplan, Medieval Artes praedicandi. A Handlist, 2 Bde., 1934–1936 (CSCP 25/26). – Ders./Henry H. King, Lat. Tractates on Preaching. A Booklist: HThR 42 (1949) 185–206. – Ders., Rhetoric in the Middle Ages. A History of Rhetorical Theory from Augustine to the Renaissance, Berkeley 1974. – Carla Casagrande, Prediche alle donne del secolo XIII. Testi di Umberto da Romans, Gilberto da Tournai, Stefano di Borbone, Mailand 1978. – Alexis Charansonnet, L'évolution de la prédication du cardinal Eudes de Chateauroux (1190?–1273). Une approche statistique: De l'homélie (s.u.) 103–142. – Theodor-Marie Charland, „Artes praedicandi“. Contributions à l'histoire de la rhétorique au moyen-âge, 1936 (PIEMO 7). – Sophronius Clasen, Collectanea zum Stud.- u. Buchwesen des MA: AGPh 42 (1960) 159–206.247–271. – Penny Cole, The Preaching of the Crusade, Cambridge, Mass. 1991. – David Levesley D'Avray, Sermons to the Upper Bourgeoisie by a Thirteenth-Century Franciscan: SCH(L) 16 (1979) 187–199. – Ders., The Preaching of the Friars, Oxford 1988. – Marie-Magdeleine Davy, Les sermons universitaires parisiens de 1230–31, Paris 1931. – Helmut De Boor, Die dt. Lit. v. Karl d. Gr. bis zum Beginn der höfischen Dichtung 770–1170, München ^{9}1979 (Gesch. der dt. Lit. v. den Anfängen bis zur Gegenwart 1). – Carlo Delcorno, La predicazione nell'età communale, Florenz 1974. – Ders., Giordano da Pisa e l'antica predicazione volgare, Florenz 1975. – De l'homélie au sermon. Histoire du Colloque int. de Louvain-la-Neuve (9.–11. Juillet 1992), hg. v. Jacqueline Hamesse/Xavier Hermand, Louvain-la-Neuve 1993 (Univ. Catholique de Louvain. Publ. de l'Institut d'Études Médiévales – Textes, Études, Congrès 14). – Henri De Lubac, Exégèse médiévale. Les quatre sens de l'Ecriture, 3 Bde., 1959–1964 (Theol[P] 41–42.59). – Raymond Etaix, L'homéliaire composé par Raban Maur pour l'empereur Lothaire: RechAug 19 (1984) 211–240. – Ders., Le recueil de sermons composé par Raban Maur pour Haistulfe de Mayence: REAug 32 (1986) 124–137. – Thomas Falmagne, Les instruments de travail d'un prédicateur cistercien. A propos de Jean de Villers (mort en 1336 ou 1346): De l'homélie (s.o.) 183–237. – Etienne Gilson, Michel Menot et la technique du sermon médiéval. Les idées et les lettres, Paris ^{2}1955, 93–154 (Essais d'Art et de Phil. 4). – Ingeborg Glier (Hg.), Die dt. Lit. im späten MA, 1250–1370, München 1987 (Gesch. der dt. Lit. v. den Anfängen bis zur Gegenwart 3/2). – Louise Gnädinger, Johannes Tauler. Lebenswelt u. mystische Lehre, München 1993. – Réginald Grégoire, Homéliaires liturgiques médiévaux. Analyse de manuscrits, Spoleto 1980 (Biblioteca di studi mediaevali 12). – G. Grieben, Preaching in the Franciscan Order (13th century): Edward King (Hg.), Monks, Nuns and Friars in Medieval Society, Sewanee, Ten. 1989, 1–28. – Alois Maria Haas, Meister Eckharts geistliches Predigtprogramm: FZPhTh 29 (1982) 189–209. – Ders., Dt. Mystik: Glier (s.o.) 234–305. – Burkhard Hasebrink, Studies on Redaction and Use of the Paradisus anime intelligentis: De l'homélie (s.o.) 143–158. – Ders., Formen inzitativer Rede bei Meister Eckhart. Unters. zur literarischen Konzeption der dt. Predigt, Tübingen 1992 (Texte u. Textgesch. 32). – Walter Haug (Hg.), Formen der Allegorie, Stuttgart 1979 (Germanistisches Symposion. Berichtsbde. 3). – Joachim Heinzle (Hg.), Gesch. der dt. Lit. v. den Anfängen bis zum Beginn der Neuzeit, Königstein, I/1–II/2 1984–1988. – Hans R.

Jauss, Entstehung u. Strukturwandel der allegorischen Dichtung: ders. (Hg.), La Littérature didactique, allégorique et satirique, Heidelberg 1968, 22–250 (Grundriß der romanischen Literaturen des MA 6/1). – Peter Jentzmik, Zu Möglichkeiten u. Grenzen typologischer Exegese in ma. Predigt u. Dichtung, Göppingen 1973 (Göppinger Arbeiten zur Germanistik 112). – Marina Soriani Innocenti, La prédication à Pise. Le cas du frère dominicaine Simone de Cascina (1345–1420 env.): De l'homélie (s.o.) 263–278. – Beverly Maine Kienzle, The Typology of the Medieval Sermon and its Development in the Middle Ages. Report on Work in Progress: De l'homélie (s.o.) 82–101. – Jean Leclercq, L'amour des lettres et le désir de Dieu, Paris 1957; dt.: Wiss. u. Gottverlangen. Zur Mönchstheol. des MA, Düsseldorf 1963. – Albert Lecoy de la Marche, La chaire franç. au moyen-âge, spécialement au XIIIe siècle d'après les manuscrits contemporains, Paris ^{2}1886 = Genf 1974. – Alphons Lhotsky, Thomas Ebendorfer. Ein österr. Geschichtsschreiber, Theologe u. Diplomat des 15. Jh., 1957 (SMGH 15). – Hugolin Lippens, Le droit nouveau des mendiants en conflit avec le droit coutumier du clergé séculier du concile de Vienne à celui de Trente: AFH 47 (1954) 241–292. – Jean Longère, Œuvres oratoires de maîtres parisiens au XIIe siècle. Étude hist. et doctrinale, 2 Bde., Paris 1975. – Ders., Le vocabulaire de la prédication: La Lexicographie du lat. médiéval et ses rapports avec les recherches actuelles sur la civilisation du moyen-âge, Paris 1981, 302–320 (Colloques internationaux du Centre national de la recherche scientifique 589). – Ders., La prédication et l'instruction des fidèles selon les conciles et les statuts synodaux depuis l'antiquité tardive jusqu'au XIIIe siècle: Actes du 109e congrès national des sociétés savantes. Section hist. médiévale, Paris 1985, 391–418. – Alois Madre, Nikolaus v. Dinkelsbühl. Leben u. Schr., 1965 (BGPhMA 40/4). – Aimé-Georges Martimort, Les lectures liturgiques et leurs livres, 1992 (TSMAO 64). – Hervé Martin, Le métier de prédicateur en France septentrionale à la fin du moyen-âge (1350–1520), Paris 1988. – Volker Mertens, Das Predigtbuch des Priesters Konrad. Überlieferung, Gestalt, Gehalt u. Texte, 1971 (MTUDL 33). – Ders., „Texte unterwegs". Zu Funktions- u. Textdynamik ma. Predigten u. den Konsequenzen f. ihre Ed.: Danielle Buschinger/Wolfgang Spiewok (Hg.), Mittelalterforschung u. Ed. Actes du Colloque Oberhinrichshagen bei Greifswald 29 et 30 Octobre 1990, Amiens 1991, 75–85 (Wodan. Recherches en littérature médiévale 6). – Ders./Hans J. Schiewer (Hg.), Die dt. Predigt im MA, Tübingen 1992. – Carolyn Muessig, Jacques de Vitry's Sermones Feriales et Communes. Text and Context: De l'homélie (s.o.) 61–82. – Gisela Muschiol, Famula Dei. Zur Liturgie in merowingischen Frauenklöstern, 1994 (BGAM 41). – Friedrich Ohly, Vom geistigen Sinn des Wortes im MA: ders., Schr. zur ma. Bedeutungsforschung, Darmstadt ^{2}1983, 1–31. – Nigel F. Palmer, Dt. Plenarhss. mit der Glosse: VB 9/10 (1987/88) 27–296. – Eugen Paul, Gesch. der christl. Erziehung. I. Antike u. MA, Freiburg i.Br. 1993. – Nikolaus Paulus, Gesch. des Ablasses im MA vom Ursprung bis zur Mitte des 14. Jh., Paderborn, II 1923. – Michel Peuchmaurd, Le prêtre ministre de la parole dans la théologie du XIIe siècle (Canonistes, moines et chanoines): RThAM 29 (1962) 52–76. – Ders., Mission canonique et prédicateur. Le prêtre ministre de la parole dans la querelle entre Mendiants et Séculiers au XIIIe siècle: RThAM 30 (1963) 122–144.251–276. – Marie-Anne Polo de Beaulieu, Des histoires et des images au service de la prédication. La Scala Coeli de Jean Gobi Junior († 1350): De l'homélie (s.o.) 279–312. – Peter Poscharsky, Die Kanzel. Erscheinungsform im Protestantismus bis zum Ende des Barock, 1965 (SIKKG 1). – Darleen Pryds, Rex praedicans. Robert d'Anjou and the Politics of Preaching: De l'homélie (s.o.) 239–262. – Franz Quadlbauer, Die antike Theorie der genera dicendi im MA, Wien 1962. – Rabani Mauri de institutione clericorum libri tres, hg. v. Alois Knoepfler, 1900 (VKHSM 5). – Dieter Richter, Die dt. Überlieferung der Predigten Bertholds v. Regensburg, 1969 (MTUDL 21). – Dorothea Roth, Die ma. Predigttheorie u. das Manuale Curatorum des Johann Ulrich Surgant, 1956 (BBGW 58). – Richard H. Rouse/Mary A. Rouse, Preachers, Florilegia and Sermons. Studies in the „Manipulus Florum" of Thomas of Ireland, 1979 (STPIMS 47). – Kurt Ruh, Dt. Predigtbücher des MA: VB 3 (1981) 11–30. – Ders., Meister Eckhart. Theologe, Prediger, Mystiker, München ^{2}1989. – Monica Sandor, Jacques de Vitry – Bibliography: De l'homélie (s.o.) 53–59. – Hans J. Schiewer, Spuren v. Mündlichkeit in ma. Predigtüberlieferungen: Editio 6 (1992) 134–150. – Ders., Et non sit tibi cura quis dicat sed quid dicatur. Entstehung u. Rezeption der sog. Schwarzwälder Predigten: Mertens/Schiewer (s.o.) 31–54. – Jean-Claude Schmitt, Recueils franciscains d' „Exempla" et perfectionnement des techniques intellectuelles du XIIIe au XVe siècle: BECh 135 (1977) 5–21. – Johann B. Schneyer, Die Laienpredigt im MA: MThZ 18 (1967) 205–218. – Ders., Die Unterweisung der Gemeinde über die Predigt bei scholastischen Predigern. Eine Homiletik aus scholastischen Prothemen, 1968 (VGI 4). – Ders., Lat. Sermones – Initien des HochMA f. die Heiligenfeste des Franziskanerordens: AFH 61 (1968) 3–78. – Ders., Konstanzer Konzilspredigten: ZGO 119 (1971) 175–231; 120 (1972) 125–241. – Ders., Baseler Konzilspredigten aus dem Jahre 1432: Von Konstanz nach Trient. Beitr. zur Gesch. der Kirche v. den Reformkonzilien bis zum Tridentinum. FG f. August Franzen, hg. v. Remigius Bäumer, München 1972, 139–145. – Ders., Die überraschende Fülle der lat. Sermoneslit. im frühen Franziskanerorden: FS.B 58 (1976) 122–128. – Kurt O. Seidel, Eine mittelniederdt. Hs. der St. Georgener Predigten aus Bielefeld: Sô Predigent

Etelîche (s. u.) 97–149. – Kurt-Victor Selge, Die ersten Waldenser, 1967 (AKG 37/1–2). – Beryl Smalley, The Study of the Bible in the Middle Ages, Oxford ^{4}1983. – Sô Predigent Etelîche. Beitr. zur dt. u. niedersächsischen Predigt im MA, hg. v. Kurt O. Seidel, Göppingen 1982 (Göppinger Arbeiten zur Germanistik 378). – Georg Steer, Geistliche Prosa: Glier (s.o.) 306–370. – Simon Tugwell, Humbert of Roman's Material for Preachers: Amos/Green/Kienzle (s.o.) 105–117. – Anna Maria Valente Bacci, The Typology of Medieval German Preaching: De l'homélie (s.o.) 313–329. – Olga Weijers, Les dictionnaires et autres repertoires: dies., Méthodes et instruments du travail intellectuel au moyen âge, Turnhout 1990 (CIVICMA. Etudes sur le vocabulaire intellectuel du moyen âge 3) 197–208. – Eberhard Weismann, Der Predigtgottesdienst u. die verwandten Formen: Leit. 3 (1956) 1–97. – Anscar Zawart, The History of the Franciscan Preaching and of Franciscan Preachers 1209–1927. A Bibliographical Study, 1928 (FrS 7). – Rolf Zerfaß, Der Streit um die Laienpredigt. Eine pastoralgesch. Unters. zum Verständnis des Predigtamtes u. zu seiner Entwicklung im 12. u. 13. Jh., Freiburg i.Br. 1974. – Gerrit Cornelius Zieleman, Das Studium der dt. u. niederl. Predigten des MA: Sô Predigent Etelîche (s.o.) 5–48.

Isnard W. Frank

VII. Katholische Predigt der Neuzeit

1. Predigtpraxis in der Reformationszeit 2. Das Trienter Konzil und seine homiletischen Folgen 3. Neue Predigtkultur in Frankreich 4. Predigterneuerung in Deutschland 5. Predigtentwicklung in England 6. Predigtreform zu Beginn des 20. Jahrhunderts 7. Predigttheologie des Zweiten Vatikanum 8. Ein Rundblick auf die gegenwärtige Predigtlandschaft (Literatur S. 291)

Geschichtsschreibung erzählt die Vergangenheit aus der Sicht der Gegenwart – um der Zukunft willen. Darum braucht das Geschichte-Erzählen eine kritische Aufklärung seiner verborgenen Absichten. Unsere Absicht ist eine Skizze der Predigtgeschichte – seit der Reformationszeit aus katholischer Sicht; *Predigt* – hier zunächst allgemein verstanden – als öffentliches Besprechen christlichen Glaubens, als Verkündigung von „Gottes Wort in Menschenmund" durch die von der Kirche im Namen Jesu Christi Beauftragten, um Hörer durch das Wirken des Heiligen Geistes zum freien Ergreifen des Evangeliums von der ankommenden →Herrschaft Gottes einzuladen.

Dieses Verständnis schließt ein, daß wir Predigtgeschichte im Kontext von Kirchen- und Kulturgeschichte darstellen wollen. Hiermit wird ein doppeltes Gliederungsprinzip gewählt: ein chronologisches und ein systematisches, um sowohl die regionalen als auch die individuellen Besonderheiten der Praxis und Theologie der Predigt in ein Gesamtbild zusammenziehen zu können – im Sinn einer Religiositäts- und Theologiegeschichte aus homiletischer Sicht.

1. Predigtpraxis in der Reformationszeit

Am Beginn der Neuzeit spaltet sich die Glaubenseinheit der (westlichen) abendländischen Christenheit (nach vormaligem Zerbrechen der Kircheneinheit zwischen Byzanz und Rom). Zahlreiche Reformversuche von einzelnen, von geistlichen Orden und Konzilien scheitern. Unterschiedliche Anläufe und Aufbrüche fallen rasch auseinander. Darum bringt die Kirchenreform →Luthers und der anderen Reformatoren bald zwei und mehr konkurrierende christliche Lager hervor, die sich dann als christliche Konfessionen und Kirchen darstellen. Durch diese Kirchenspaltung entsteht eine ganz neue Verkündigungs- und Bildungssituation: nicht (überspitzt gesagt) das Leben und Glauben aus dem Impuls des Evangeliums, sondern das konfessionsspezifische Profil rückt in den Mittelpunkt von Predigt und Katechese – in den Auseinandersetzungen mit den verschiedenen „altgläubigen" und „ungläubigen" Meinungen.

1.1. Die wiederentdeckte Bibel

Längst vor den kämpferischen Reformen des 16. Jh. wächst eine neue Aufmerksamkeit für die Biblischen Schriften als Quellen der Verkündigung heran. Schon Wilhelm von →Ockham mißtraut dem menschlichen Erkenntnisvermögen Gottes aus den Wundern der Schöpfung und will sich einem Gott anvertrauen, der sich offenbart – ausgesprochen in den Heiligen Schriften. Der spätere Ockhamismus fördert darum eine biblisch argumentierende Theologie und Verkündigung. Desgleichen rückt das Brückenwerk des →Nikolaus von Kues zwischen Spätmittelalter und Neuzeit das Schriftstudium in seiner Lehre von *complicatio* und *explicatio* in den Mittelpunkt der theologischen Aufmerksamkeit. Und das gesuchte Bindeglied zwischen Theologie und Philosophie ist das Glaubensgeheimnis der Menschwerdung Jesu Christi, das die Biblischen Schriften entfalten. Gerade in den *Sermones* verknüpft Nikolaus nun biblische Meditation mit theologischer Spekulation.

Wohl am ausdrücklichsten tritt für das Wiederentdecken der Biblischen Schriften als Quellen der Verkündigung neben Luther →Erasmus von Rotterdam ein. Angeregt vom Geist des italienischen →Humanismus, der die Sprachen und Werke der griechischen und römischen Antike als Schule einer praktischen Philosophie des vernünftigen Lebens wiederentdeckt, stellt Erasmus – in polemischer Schärfe gegen den zeitgenössischen Sakramentalismus – im *Enchiridion militis christiani* (Löwen 1504) die Biblischen Schriften in die Mitte sowohl der alltäglichen →Frömmigkeit als auch der theologischen Reflexion. Mit seinem *Novum instrumentum* (Basel 1516), einer textkritischen Edition des Neuen Testaments übertragen in elegantes Humanistenlatein samt einem beredten Werben um eine biblisch orientierte Theologie, sichert Erasmus der biblischen Predigt im Sinne einer *Philosophia Christi* das philologische Fundament – gegen die vorherrschende Vulgata. Die *Psalmenkommentare* des Erasmus (1515–1533) wirken als oft benutzte Predigtvorlagen; und der *Ecclesiastes sive de ratione concionandi* (Basel 1535) fungiert als Predigthandbuch.

1.2. Das glaubende Subjekt

Aus den geistigen Wurzeln der Deutschen →Mystik (besonders Meister →Eckhart und Heinrich →Seuse) entsteht am Ende des 14. Jh. eine Reformbewegung alltäglich gelebter Frömmigkeit, die sich als *devotio nova vitae communis* versteht. Diese →*Devotio moderna* ist, im Unterschied zu sonst bekannten geistlichen Bewegungen, keine geistliche Ordensreform, sondern eine Laienbewegung von Frauen und Männern, die sich – angeregt von G. →Grote – zu Lebensgemeinschaften zusammenschließen, orientiert am urkirchlichen Ideal der *vita communis*. Nicht zuerst die Mitfeier der kirchlichen Liturgie, insbesondere der Heiligen Messe, sondern die private Schriftlesung, die Betrachtung des Lebens und Leidens Jesu und die alltägliche Nachfolge in tätiger Arbeit und gelebter Armut bestimmen das geistliche Ideal der Devotio moderna. So tritt hier ganz selbstverständlich (und zugleich ganz neuartig) der einzelne Betende, der Betrachtende in seiner *praxis pietatis* in den Vordergrund: sein Handeln und Denken, sein Wille und Gefühl. Als „nützlichste Vorlesung“ über das Geistliche Leben empfiehlt die *Nachfolge Christi* des →Thomas von Kempen „die Selbsterkenntnis“. Das die Nachfolge Jesu lebende und die Christus-Gemeinschaft erfahrende Ich, das glaubende Subjekt stellt sich erstmals in der neuzeitlichen Glaubens- und Verkündigungsgeschichte ein – orientiert an seiner Freiheit gegenüber dem gesuchten Gott und dem geliebten Gottessohn Jesus Christus: in deutlicher Distanz zur kirchlich-sakramentalen Heilsvermittlung. Darum gibt der Prediger nun Zeugnis von seinen subjektiven Glaubensentdeckungen.

1.3. „Kontroversprediger“

Die Predigt in den Reformationsjahren ist verständlicherweise auf zwei Wirkungen ausgelegt: auf Kirchenreform als Bildungsreform und auf Konfessionalisierung im Sinne bekenntnismäßiger Entscheidung. Katholischerseits läßt sich unter den Predigern deutlich eine scharfe „Kontroversfraktion“ (um J. →Eck, J. →Fabri, F. →Nausea) erkennen, die die konfessionellen Grundsätze in voller Schärfe herausarbeitet und das entscheidende Bekenntnis fordert, und die „Vermittlungsfraktion“ (um M. →Helding, Johannes Wild [1495–1554], Georg →Witzel), die eher das Verbindende als das Trennende betont und nach bewährten Glaubensformen sucht: nach der *via antiqua* frühchristlicher Praxis – angestoßen vom Humanismus des Erasmus und der Spiritualität der Devotio moderna.

Die militante Auseinandersetzung mit Luthers Reformideen spiegeln die Schriftpredigten J. Ecks und die Themenpredigten F. Nauseas. Die gedruckten Predigtsammlungen des J. Eck sind überdies ein typisches Beispiel für Beeinflussung homiletischer Praxis durch fürstliche Herrschaft und kirchliches Regiment.

Die Bayernherzöge Wilhelm und sein Bruder Ludwig geben – im Rahmen ihres territorialstaatlichen Konfessionalisierungsprogramms – die fünf Bände deutscher Predigten des J. Eck (für die Sonn- und Festtage des Kirchenjahres [2 Bde., Ingolstadt 1530], zu den Heiligenfesten [1531], über die Sakramente [1534] und über die Zehn Gebote [1539]) nicht nur in Auftrag, sondern verfügen auch die Anschaffung der ersten beiden Bände in allen Pfarreien und Klöstern ihres Herrschaftsgebietes, da das Gotteswort in den Pfarrkirchen „ungleich, irrig und dazu noch ganz unverständig" vorgetragen und gepredigt werde. Erst der massive Einspruch der Bischöfe von Freising, Regensburg und Passau gegen diese – unter dem Reformvorwand betriebene – landesherrliche Kirchenpolitik führt zur Rücknahme des Privilegs für die weiteren Teile des Werks. Dieser „Auftragscharakter" des Predigtwerks ist für sein Verständnis insofern entscheidend, als Eck zwar aus einer intensiven Predigtpraxis heraus schreibt (die Entstehung der Predigten fällt in seine Pfarrzeit an der Ingolstädter Liebfrauenkirche), sich jedoch nicht an eine konkrete Gemeinde wendet. Seine (gegnerischen) Adressaten sind vielmehr die Anhänger Luthers, →Zwinglis und der →Täufer, gegenüber diesen „reißenden Wölfen" will er den Glauben verteidigen. Das Predigtwerk ist in doppelter Zielsetzung verfaßt: zur „beförderung unnd erbawung der Catholischen Religion ... und zu errettung der einfältigen Warheit/neben Widerlegung der jetzo schwebenden Irrthumb". Dabei autorisiert Eck seine Darlegungen – das Reformanliegen des V. Laterankonzils (→Lateransynoden) aufgreifend – „mit Zeugnussen der H. Schrifft und der rechtlehrenden Vätter" (J. Eck, Sakramente, Vorwort). Neben dem Dienst am landesherrlichen *bonum commune* sowie der Verbesserung der theologischen und rhetorischen Kompetenz der Pfarrer und Prediger wird die Suche nach der „warheit des Glaubens" zur „Auftriebskraft" seiner homiletischen Bemühungen. Für einen Leserkreis mit geringen Lateinkenntnissen ist das Predigtwerk in deutscher Sprache abgefaßt, zumal einige Priester Predigtbücher der Lutheraner mit der Begründung benutzen, daß es deutsche Postillen „der eigenen Richtung" kaum gibt.

Das „praktische Komplement" zur fünfteiligen Predigtsammlung J. Ecks bilden seine als Pfarrer an St. Moritz (1519–1525) und der Liebfrauenkirche (1525–1532 und 1538–1540) in Ingolstadt gehaltenen Predigten. Die Predigtskizzen des von ihm während dieser Zeit geführten Pfarrbuchs, das einen interessanten Einblick in das Leben einer frühneuzeitlichen Stadtpfarrei gibt, weisen Ecks homiletische Praxis als konvergierendes Zueinander von (aus den mittelalterlichen Homiliarien hervorgegangener) *Schriftpredigt* (Postille) und *thematischer Predigt* (Sermo, Fasten-, Reihen- und Festpredigten) aus. Ein deutlicher Schwerpunkt liegt dabei auf den am Johannesprolog orientierten Christuspredigten und den in der Karwoche (bis zu drei Stunden!) vorgetragenen Passionspredigten. Das *Christum evangelizare* der cusanischen Tradition ist hier ebenso wirksam wie die Einflüsse der Reformation. Das Eintreten für die →Heiligung des einzelnen und die Betonung des kirchlich-religiösen Gemeinschaftslebens zeigt Ecks Nähe zu vorreformatorischen Reformgedanken. Vorbildcharakter besitzt für ihn vor allem →Geiler von Kaysersberg, mit dem er nicht nur das Anliegen der Kirchenreform, sondern auch eine Vorliebe für die emblematische Predigtweise (→Pflanzen/Pflanzensymbolik V. 5.) teilt. Dennoch beinhalten Ecks Predigten „nicht in erster Linie eine Verkündigungstheologie, sondern dogmatische Unterweisung, moralische Belehrung und kontroverstheologische Gedankengänge" (Smolinsky 125f.). Vielleicht erklärt dies die geringe Gemeinderesonanz, die er beklagt: „Wie wenige kommen, noch weniger bleiben, die wenigsten tragen Frucht davon" (vgl. Brandt 14).

Im Unterschied zu J. Eck, dessen Reformansätze im Kontext der bayerischen Kirchenpolitik stehen, liegt die homiletische Leistung F. →Nauseas auf Reichsebene. Sein umfangreiches Predigtwerk steht ganz im Zeichen kämpferischer Kontroverspolemik. Die *Conciones Pragenses* (Köln 1538), die er als Hofprediger Kaiser →Ferdinand I. widmet, stellt er unter das provokante Wort: *Equus paratur ad diem belli, dominus autem salutem tribuit* (Das Roß wird gerüstet zum Tag des Krieges, der Herr aber verleiht den Sieg; Prov 21,31); seine *Epitome catholicarum postilliarum et homiliarum* (Köln 1555, gewidmet Papst →Paul III.), in denen er das *lumen verae fidei* aufstellt, umschreibt er als *enchiridion* – gegen die *mendacia falsa* und *hereticorum errores* der Reformatoren. Da schon für den Diplomaten und Theologen F. Nausea eine umfassende Kirchenreform und eine Lösung der theologischen Kontroverse eher unwahrscheinlich sind, bemüht er sich als Mainzer Domprediger und später als Wiener Bischof lediglich um punktuelle Reformen – stets mit einem gegenreformatorischen Grundton. Auf der Grundlage einer allegorischen Schriftexegese wendet er sich in seinen *Tres evangelicae veritatis homiliarum Centuriae* (Köln 1530) gegen das lutherische „sola fide" ebenso wie gegen die symbolische Abendmahlsauffassung (→Abendmahl) der Zwinglianer. Seine Auslegung der Seesturm-Erzählung (Mt 8/Lk 8) interpretiert das stürmische Hereinbrechen der Reformation als Bewährungsprobe für den Glauben – gegen das Wiederaufleben der Häresie. Neben der Heiligen Schrift und den Kirchenvätern bildet die unverfälschte Glaubenslehre der Kirche für Nausea seine homiletische Hauptquelle. In dem 1543 publizierten *Catechismus Catholicus* mit seinen Marienpredigten, den Homilien zu den Sonntagsevangelien und Heiligenfesten verfolgt F. Nausea die Stärkung der traditionellen Formen des kirchlichen Lebens, auch seine homiletischen Ausführungen zu Eucharistie, Breviergebet und Klosterwesen lassen sich von dieser Intention her verstehen. Insgesamt erscheinen Nauseas Predigtsammlungen als Musterpredigten für den Klerus in lateinischer Sprache, nur wenige in deutscher Übersetzung (allerdings in sehr hoher Auflagenzahl); ihre gründliche Erschließung steht derzeit noch aus.

Einen weitaus gemäßigteren, irenischen Weg schlägt Nauseas Nachfolger als Mainzer Domprediger M. →Helding ein, der neben J. →Pflug, J. Wild OFM und G. Witzel zu den sog. „Vermittlungstheologen" gehört, die eine *via media* zwischen den sich verhärtenden konfessionellen Fronten, zwischen beharrender Verfestigung und hastiger Anpassung an die reformatorische Bewegung suchen. Bereits das Leitwort (Mt 11,28–30) und der Titel des ersten Buches der *Postilla* (1535) M. Heldings zeigen die veränderte interkonfessionelle Atmosphäre: *Postilla das ist Predigt und außlegung nach Catholischer lehre, ... gepredigt allen Catholischen Rechtglaubigen Christen/zu trost und wolfart der Seelen*. Dem späteren Merseburger Bischof ist das Wort eine „gewisse Kraft Gottes zum Heil aller Gläubigen" (*Von der Heiligen Messe*, 1548), und aus eben dieser Erkenntnis erwächst die Einsicht in den Vorrang der Predigt vor dem theologischen (Kontrovers-)Traktat. Sein auf Reform bedachtes pastorales und kirchenpolitisches Hauptinteresse sucht Wege der Glaubenserneuerung in Predigt und Katechese: „Im gantzem Kirchenampt weiß ich nichts größeres und trefflichers, daz mer sorg und fleiß einfordere, dann das Predigampt, darzu allein gelerte, bescheidene, gutherzige leut sollen gebraucht werden" (*Ionas Propheta*, Mainz 1558). Deutlich ist der Einfluß eines von Erasmus bestimmten christlichen Humanismus zu erkennen in der Bevorzugung einer (allegorischen und typologischen) *Schriftpredigt*: in seinem ersten großen Predigtzyklus über die – bei den Humanisten als Inbegriff biblischer Lebensweisheit geltenden – Sprüche Salomos (1539–1541, veröffentlicht 1571), in zwei kleineren Sammlungen über den 1. Johannesbrief (1547/48) und das Buch Jona (1551). Im Kontext der Reformaktivitäten der Mainzer Diözese stehen auch die *Katechismuspredigten*, die – als Kristallisationspunkt der „Verkündigungstheologie – selbst Bestandteil und zugleich Einübung in den Gottesdienst sind" (Feifel, Grundzüge 23). Die systematische Darlegung des Glaubens und die Einführung in die Heilige Schrift stehen – in einer an die mystagogische Praxis der frühen Kirche erinnernden Predigtform – im Vordergrund. Die →Katechismuspredigten – 1551 als Kompendium für den Klerus in gedruckter Fassung herausgegeben – sind zugleich Vorarbeiten zu der von M. Helding geleiteten Mainzer Diözesansynode (1548), in deren Folge ein *Catechismus maior* (1549, lateinisch) und eine kleiner Katechismus (1549 lateinisch, 1555 deutsch) entstehen. Deutlich ist hier die Wechselwirkung von homiletischer und katechetischer Reflexion zu erkennen. Die Nähe der Predigt zur →Liturgie zeigt sich nicht nur in der *Explicatio mysteriorum sacrosanctae Missae* (1548), sondern auch in den christozentrischen *liturgischen Predigten* an den Sonn- und Feiertagen sowie zu den Heiligenfesten. Aus der Einsicht in Wort und Sakrament als aufeinander bezogene und miteinander verbundene Phasen des Handelns Gottes am Menschen versteht M. Helding die Predigt als an der Heilsgeschichte orientierte Glaubensverkündigung. Die drei Grundformen der Predigt – Schriftpredigt, katechetische Predigt, liturgische Predigt – wollen die Hörer einladen, auf das Liebeswerben Gottes einzugehen, indem sie sich in ihre individuelle Heilsgeschichte als Lebensgeschichte hineinnehmen lassen.

An der *ecclesia primitiva* orientiert sich auch die Reformidee Georg →Witzels. Seine praktisch-theologischen Schriften dokumentieren die konfessionelle Zerrissenheit und Spaltung, die Witzel in der eigenen Biographie erfahren hat. Nach einer kurzen Episode als Lutheraner (in kleinen Gemeinden bei Eisenach und Wittenberg) betätigt er sich als Seelsorger, Prediger, Reformer und Schriftsteller u.a. in Eisleben, Dresden (am Hof →Georgs von Sachsen), Fulda und Mainz (als Kaiserlicher Rat Ferdinands I.). Lebenslang bemüht sich der humanistisch gebildete Theologe um die Einheit der Kirche; das „Prinzip der antiquitas des christlichen Glaubens" (Trusen 28) wird ihm zur zuverlässigen Fährte einer umfassenden *Reformatio* aus dem Geist der Heiligen Schrift und der Vätertheologie. G. Witzel möchte in seiner homiletischen Arbeit möglichst vielen Menschen Gottes-Wege bahnen, darum sieht er das „Predigtampt" als das „fürnemst und höhest amp" an, „dadurch die gantze Welt ... zur evangelischen christlichen warheit bracht worden ist" (*Homiliarum orthodoxorum*, Köln [7]1556, Vorwort). In seinen *Ecclesiasticae demegoriae* (1543) fordert Witzel mit Mt 10,16ff. seine Adressaten auf, zu Zeugen des Glaubens heranzuwachsen: „Gleube für dich/und las andere erfaren/wie unn was du gleubst/ Brauch deines herzen zum glauben/Dis bleibe aber nicht verborgen/Gebrauch auch deines munds/das du es von dir sagest zu allen zeiten und an allen orten/da not und ursach ist von Jesu Christo zu reden" (ebd. 46). Orthodoxie und Orthopraxie bilden in seiner Glaubensverkündigung eine untrennbare Einheit: „Das Wort Gottes recht gepredigt fordert an einem Ort unseren Glauben, am anderen Ort unsere That" (*Quadragesimale catholicum*, 1546). Mit „guter Lere das arme Volck zum dienst Gottes" zu erbauen und „zum christlichen leben" zu führen benennt nicht nur das praktische Ziel des Homiletikers Witzel, sondern verdeutlicht auch seine Adressatenorientierung. Mit der Neuentdeckung des altkirchlichen Katechumenats, der Einführung der Volkssprache in die Liturgie, der – humanistisch inspirierten – Betonung des lehrhaften Moments und des Bemühens, in den Predigten „hinfurt didactica mehr zu treiben zum nutz des volckes" (*Homiliarum orthodoxorum*, Vorwort), eröffnet Witzel der Predigtpraxis neue Perspektiven.

2. Das Trienter Konzil und seine homiletischen Folgen

Die verschiedenen Reformaufgaben des 15./16. Jh. (Reform des →Theologiestudiums und der Priesterausbildung, der gottesdienstlichen Verkündigung und katechetischen Unterweisung, der päpstlichen und bischöflichen Verwaltungen und endlich der religiösen Orden) und auch die beachtlichen Reformerfolge (in den Ordensfamilien der →Benediktiner, →Franziskaner und →Dominikaner, in religiösen Laienbewegungen, in einzelnen spanischen, italienischen und süddeutschen Diözesen, in den Beschlüssen des 5. Laterankonzils [1512–1517]) verschärfen die allgemeine Forderung der *reformatio in capite et in membris*. Ungeduld und Mißtrauen wachsen – geschärft von der päpstlichen Angst vor dem →Konziliarismus und vor der kaiserlichen Angst vor dem Zerbrechen der religiös-politischen Einheit. Als endlich das Konzil von Trient (1545–1563; →Tridentinum) einberufen wird, ist die wichtigste Vorentscheidung bereits gefallen: nach gescheiterten Vorgesprächen findet die Kirchenversammlung ohne die evangelischen Reformgruppen statt. Das Trienter Konzil will eine altkirchliche, innerkatholische Klärung des gesamten Glaubensguts und der Kirchenstruktur erreichen. Damit wird der Bruch zwischen alter und neuer Kirche aufgedeckt und festgeschrieben. Die (spätmittelalterliche) Mannigfaltigkeit tritt zurück – zugunsten der Einheitlichkeit. Das „Römische" wird zum Maßstab des Katholischen.

2.1. Die Predigtreform des Trienter Konzils

Die neue konfessionelle Identität und Integrität werden – im Programm und in der Realisierung der Konzilsbeschlüsse – durch dogmatische Klärung (in Dekreten zu den Themenkomplexen Schrift – Tradition, Gnade – Rechtfertigung, Sakramentenlehre) sowie mit Hilfe einer reformierten Seelsorge gewonnen. Die Predigt wird nach evangelischem Vorbild (!) zum unverzichtbaren Medium der Internalisierung des neuen römisch-katholischen Lehrgebäudes. Die konziliare Kirchenreform drängt daher auf eine stärkere Professionalisierung und Institutionalisierung des Predigtwesens. Das Dekret *Super lectione et praedicatione* (Sess. V, c. 2) und die *Canones reformationis generalis* (Sess. XXIV, c. 4) übertragen den Bischöfen die Sorge um die kirchenrechtliche Fundation einer Predigerstelle an allen Kathedral- und Kollegiatkirchen und legen ihnen die Predigtpflicht als ihr *munus praecipuum* auf. Die Pfarrer werden zur Predigt an allen Sonn- und den zahlreichen Festtagen verpflichtet. In der Bevorzugung des Schriftstudiums vor der scholastischen Theologie (im Beschluß der zum Zweck eines intensiven theologischen Studiums einzurichtenden Priesterseminare, vgl. Sess. XXIII, c. 28) folgt das Trienter Konzil humanistischem, erasmianischem Ideengut. Die Predigt selbst soll Verkündigung der Heiligen Schrift und des göttlichen Gesetzes zur *aedificatio audientium* sein. Das – mit einiger Verzögerung – entdeckte Medium des Buchdrucks belegt allerdings die Ambivalenz der tridentinischen Predigtreform: Erleichtern nun einerseits in hoher Auflagenzahl erscheinende, umfangreiche exemplarische Predigtsammlungen und propädeutische, homiletische Hilfsmittel (emblematische Lexika, polyhistorische Enzyklopädien und Thesauren) die Predigtvorbereitung, führt die Institutionalisierung des Verkündigungsamtes andererseits zu strengen Restriktionen, „auf Seiten der Distribution durch Zensur, Buchpolitik und Konfiskation, auf Seiten der Rezeption durch Leseanweisung und geistliches Gespräch" (Eybl, Gebrauchsfunktionen 48).

2.2. Reformorden als „Predigerorden"

Die tridentinische Predigtreform wird aufgenommen und ausgebreitet von den Reformorden des 16. Jh. (→Kapuziner, →Oratorianer, Theatiner, Barnabiten, →Jesuiten, →Ursulinen). In ihnen lebt sowohl der alte Geist der →Katholischen Reform (Studium der Heiligen Schrift, besonders der paulinischen Briefe, der Vätertheologie, besonders der →Augustins, und eine ausdrückliche Nähe zum Humanismus mit seinem Sinn für Individualität und kritische Reflexion) als auch der neue Geist der tridentinischen Reform. Der einheitliche Erneuerungsimpuls der verschiedenen Orden im Predigtdienst erzeugt zunächst eine wachsende Uniformierung und Romanisierung des Katholischen (bei allen lokal- und ordensspezifischen Unterschieden) und nimmt gegen Ende des 16. Jh. Formen der Gegenreformation an (im Verein mit landesherrlichen Konfessionalisierungsinteressen), besonders im Schul- und Bildungswesen. „Die Selbstbesinnung der Kirche auf das katholische Lebensideal durch innere Erneuerung und die Selbstbehauptung der Kirche im Kampf gegen den Protestantismus" (Hegel 478) halten sich die Waage.

2.2.1. Die Jesuiten. Eine führende Position unter den Reformorden nimmt die sich – erstmalig in der Geschichte des abendländischen Ordenswesens – ganz in den apostolischen Dienst stellende Gesellschaft Jesu (→Jesuiten) ein. Ihr Wirken führt allmählich zu einer Verschiebung im konfessionellen Kräfteverhältnis. Das neue Selbstbewußtsein der nachtridentinischen Kirche findet in der Losung des Ordensgründers →Ignatius von Loyola, der *reformatio mundi*, seinen charakteristischen Ausdruck. Die Jesuiten artikulieren sich primär als „Predigerorden": bereits die *Prima Formula Instituti* (1539) nennt als pastorale Ziele den „Fortschritt der Seelen im Leben und christlicher Lehre" und als unverzichtbare Mittel „öffentliche Predigten, Dienst am Wort, geistliche Aufgaben, Liebeswerke, Unterweisung der Kinder und einfachen Leute, geistliche Tröstungen der Glaubenden durch Beichthören". Die Predigt bildet das seelsorgerische und das pädagogische Mittel des Ordensauftrags. Als Hofprediger (und Beichtväter) an fürstlichen Höfen beeinflussen die Jesuiten die landesherrliche Konfessionspolitik, in der Missions- und Volkspredigt betreiben sie gezielte Bekenntnisbildung und -stärkung. In der bewußten Förderung einer sakramentalen und marianischen Frömmigkeit, des Bildhaften und Meritorischen setzt die jesuitische Predigtpraxis nicht nur einen deutlichen Gegenakzent zur reformatorischen Christozentrik, sondern grenzt sich auch in der theologischen Bewertung der Predigt von reformatorischen Positionen ab: Galt Luther die Predigt als „Heilsereignis" im Hören des Wortes, so erweitern Ignatius und die katholischen Reformer die *fides ex auditu* (Röm 10,17) auf das „Schauen" und „Erfahren" der Christuswahrheit. Das Jesuitentheater, die Katechismusspiele, die →Prozessionen und →Wallfahrten, die Liedpropaganda und -katechese dienen wie die Predigtgestalt der visuell und akustisch inszenierten Glaubensverkündigung.

Neben Petrus →Canisius und Georg Scherer (1540–1605) zählt Jeremias Drexel (1581–1638) zu den erfolgreichsten Vertretern der Jesuitenpredigt des 17. Jh. Er verkörpert den Typus des barocken *poeta doctus*: zugleich Münchener Hofprediger und Predigttheoretiker, Lehrer der „geistlichen Wohlredenheit" und erfolgreicher Predigtschriftsteller (nahezu alle seiner 25 Traktate sind aus seiner Predigttätigkeit am Hof Herzog Maximilians I. hervorgegangen), steht seine Verkündigungspraxis im Dienst des frühabsolutistischen Staates. Stilistisch orientiert an Aufbau und Anlage der antiken Rede, ist sie trotz ihres Bilder- und Erzählreichtums von einer stringenten Gedankenführung gekennzeichnet. Drexel vergleicht die Konzeption seiner Traktate mit der Gartenkunst seiner Zeit, die natürliches Wachstum mit planvoller Gestaltung verbindet. Der symmetrische Aufbau seiner Predigtkonzeption spiegelt die nach einem göttlichen Plan kunstvoll gestaltete Welt. Das Menschenleben gleicht einem Schauspiel vor Gott; Verkündigung wird daher zum *theatrum sacrum*, an dem die ganze Welt und die Gemeinde teilnimmt. Drexels Traktate behandeln überwiegend asketische und theologische Themen, sie verfolgen herrschaftslegitimierende und gesellschaftsstabilisierende Ziele. Ihr „Sitz im Leben" ist die höfische Kultur. Gemeinsam mit einer stark geförderten religiösen →Erbauungsliteratur (im 17. Jh. setzt eine intensive Rezeption der spanischen Mystik des Karmel und der Schriften des Franz von →Sales ein) und den Aufführungen des Jesuitentheaters obliegt der Hofpredigt die Aufgabe einer individualisierten Frömmigkeitserziehung und darin einer bildungsgerechten Internalisierung der neuen Normen für die „künftigen oder bereits im Amt befindlichen Funktionsträger des neuen Staates" (Breuer, Prediger 37).

Die Jesuitenpredigt hat die *Pietas Bavarica* bzw. *Austriaca* in dieser Hinsicht wesentlich geprägt. In seiner Intention, „die Leut zu bewegen" (Drexel, Goldgrub aller Wissenschaft und Künst 6), befindet sich Drexel in der augustinischen Stiltradition – orientiert am *sermo humilis* – und in Übereinstimmung mit der weit verbreiteten Predigtlehre *Eloquentia sacra et humana* (Paris 1619) des französischen Jesuiten Nicolaus Caussinus (1583–1651), der die *eloquentia sacra* unter den Anspruch der *maiestas* stellt und dem *movere* den Vorzug vor dem *docere* gibt. Dementsprechend ordnet Drexel der Ignatianischen Grundforderung der je größeren Ehre Gottes die einzelnen Zwecke seiner Predigt unter.

Friedrich von →Spee setzt dieses Ignatianische Wort als „dichtender Prediger" in seiner *Trutznachtigall* (Köln 1649) und im *Güldenen-Tugend-Buch* (Köln 1649) in Poesie um. Das „Gott suchen in allen Dingen" läßt „in die höhe und tieffe, durch die lufft, durchs meer, und durch die Welt spatzieren, vnd die Creaturen Gottes gleichsam [auffwecken], vnd zu seinem lob [ermahnen]" (ebd. Vorwort). Wie in der Malerei und Plastik, der Musik, in der Bau- und Theaterkunst der Zeit besteht auch die Aufgabe barocker Verkündigung darin, die Aktualität des Wortes Gottes immer von neuem anschaulich zu demonstrieren und die Hörer anagogisch zur gnadenhaften Einsicht in die Herrlichkeit Gottes zu führen.

2.2.2. *Die Kapuziner*. „Den Weinberg des Herrn durch Predigt zu bearbeiten" gehört – gemäß den *Konstitutionen von Albacina* (1529) – zu den besonderen Pflichten des Franziskanischen Reformordens der →Kapuziner. Wenden sich die Bildungsbestrebungen der Jesuiten eher an die höheren Stände (zur Ausbildung einer geistigen Elite), erkennen die Ordenssatzungen der Kapuziner das bewährte apostolische Ideal: in Wander- und Missionspredigt „das Volck evangelisch [zu] machen". Die hohe Wertschätzung des Predigtdienstes läßt sich bereits aus den Namenszügen einzelner Ordensmitglieder erkennen: So bezeichnet sich der geistliche Redner und Liederdichter Prokop von Templin (1608–1680) als „Cappuciner von Templin, Priester und Prediger". Prokop zählt mit Martin von Cochem (s.u.) zu den bedeutendsten Vertretern der populären Kapuzinerpredigt. Für beide ist die Predigt Inbegriff des göttlich-menschlichen Wirkungsraumes, in der barocken Bildsprache: „Botendienst zwischen Himmel und Erde". In emblematisch-allegorischer Bildhaftigkeit vergleicht Prokop den Prediger mit einem Himmelsboten, der die Heilige Schrift auf der Kanzel eröffnet (*Patrocinale*, Salzburg 1674), mit einem Spielmann, der zum „heylsamen Gesang" des Evangeliums aufspielt, mit einem Maler, der „mit dem Pemsel seiner Zungen/mit den Farben seiner Concepten" arbeitet (*Adventuale*, Salzburg 1666). Diese Bilder deuten bereits an: Die Kunst des Lebens und die Kunst des Entwerfens von evangeliumsgerechtem Leben in der Predigt gehören eng zusammen. Prokops heilsoptimistische Predigtlehre veranschaulichen auch die Titel seiner an den (liturgischen) Jahreszeiten orientierten Predigtsammlungen: *Adventuale Ac Natale Jesu Christi, ... Hertzens-Frewd und Seelen-Lust im harten Winter*; *Mariale Concionatorium Rhythmo-Melodicum*; *Lignvm Vitae Oder Zwölff Frücht-tragender Baum deß Lebens*.

Ziel und Gestalt der bisherigen Predigtpraxis verändern sich. Die Verankerung des Predigtgeschehens in einem transzendenten Grund und ihre Aufgabe, das „menschliche Gemüth" aufzumuntern und mit „geistlichem Seelen-Trost" zu erfrischen (*Encaeniale*, Salzburg 1671), führen zu einer neuen Wahrnehmung der Adressaten, ihrer Lebensumstände und Alltagswelten. Die „Erfahrnuß" ist Prokop Quelle und Prüfstein seiner homiletischen Praxis. Die Volksbezogenheit des Kapuzinerpredigers erschöpft sich nicht in einer (von der Barockrhetorik beeinflußten) Akkommodation an die Verständnisvoraussetzungen des „gemeinen volckes"; vielmehr empfiehlt Prokop den *Stylum Simplicitatis* (*Quadragesimale*, Salzburg 1666) aus der Einsicht in die Dignität des alltäglichen bürgerlichen und bäuerlichen Lebensraumes. Ihre lebensgestaltende Kraft erhalten die christlichen Überlieferungsgehalte durch ihre Verknüpfung mit den alltäglichen Lebensräumen der Zuhörer, so wenn etwa Prokop mit seinen Zuhörern den *liber naturae* aufschlägt, die Erlebniswelten seiner Adressaten aufgreift und darin zur „Erkanntnuß Gottes ihres Erschaffers" anleitet. So entfaltet Prokop konkrete Schöpfungstheologie. Seine Predigten bringen die Hörer zum Wahrnehmen und Nachfragen, zum Loben und Danken, sie münden häufig in einfache (Perikopen-)Gesänge, die als *cantio ex concione* die Predigt doxologisch beschließen. Einige Lieder aus seinen Katechismuspredigten (*Catechismale*, Salzburg 1674) sind in die Liedersammlung *Des Knaben Wunderhorn* (hg. v. Ludwig Achim von Arnim/Clemens Brentano, Heidelberg 1805–1808) eingegangen.

Nicht die Trias von Bilden, Erziehen und Unterrichten, sondern eine „Poetik des Erbaulichen" (Brückner) kennzeichnet die Predigtform seines Mitbruders Martin von Cochem (1634–1712). Die Simplizität seines Erzählstils ist stärker an der Erbauungsliteratur geschult und zielt – in homiletischer Absicht des *motus animarum* – auf Reflexion durch Affektion. Sein vierbändiges *Historien- und Exempelbuch* (Dillingen 1696–1700) und das in zahlreichen Auflagen erschienene *Leben Christi* (Frankfurt a.M. 1677) erzählen Glaubensgeschichten in biblischen und christlichen Traditionen als Identifikationsangebote für „Teutsche und Unstudierte", für „Burg- und Bauersleut". Die Kapuzinerpredigt nimmt hier vorrangig die Grundform des Erzählens und Deutens an. In einzelnen Betrachtungskapiteln wird im *Leben Christi* das Geschehen der Passion entfaltet. Narrative Beschreibungen als meditatives Sich-Versenken wechseln mit reflexiven Elementen; die Meditation der Passion wird umgesetzt in einen imaginären Gang durch die Leidensgeschichte. „Die Seele ist der ständige Gesprächspartner des Erzählers, der den Affekt des Betrachtenden moderiert, um das Versinken des Betrachters in den geschilderten Martern der Passion zu verhindern" (Eybl, Abraham 62). Mit dem Hervorrufen körperlicher Schmerzvorstellung steht Martin von Cochem in einer breiten Predigttradition des 17. Jh., die an den körperlichen Reaktionen des Publikums das Erfolgskriterium der Predigt mißt. Die Bemühung um und das Eintreten in die Leidensgeschichte haben in der Passionserzählung des Kapuzinerpredigers erlösenden Charakter, verweisen die Betrachter auf die Möglichkeit der Auferstehung.

2.3. Die Concettopredigt (auch Konzept- oder Artikelpredigt)

In der kulturellen Blüte des spanischen „Siglo de oro" und des italienischen „Seicento" entsteht die Concettopredigt (oft auch Concettipredigt genannt), eine in zahlreiche „Paragraphen" (= Artikel) unterteilte Predigtform, in der „ein tiefsinniger Gedanke vom göttlichen Geiste leicht angedeutet, vom menschlichen Genius in geistreicher Weise ans Licht gestellt und ... durch den Ausspruch eines heiligen Schriftstellers" (Pohlmann 38) bekräftigt wird. Die Concettopredigt erkennt in der Neugierde der menschlichen Vernunft ein Motiv der Aufmerksamkeit; sie will das „geistige Staunen" als im Menschen grundgelegte Fähigkeit tastender Transzendenzversuche anspornen. Mit Hilfe einer effektvollen Komposition, die sich durch ungewöhnliche Gedankenführung, antithetische Gestaltungsprinzipien, sprachspielerische Verfahren und neuartige Bildverknüpfungen auszeichnet, legt sie ein von ihr gewähltes Thema anhand einer Schriftperikope dar und zeigt in der – auf verschlungenen Argumentationspfaden gefundenen – Lösung, „wie das Schwierige und anscheinend Ungereimte des Schriftwortes nur eine ‚*argutezza divina*', ein verborgenes Geheimnis Gottes, ein Funke des göttlichen Geistes ist" (ebd. 36). Die Mannigfaltigkeit der barocken Farben, Bilder und Klänge greift sie als Quellen der Erfindung auf und sucht in ihnen Wege der Annäherung an die Unbegreiflichkeit Gottes. In den – immer schon vom göttlichen „Concettista" umgriffenen – menschlichen Erkenntnismöglichkeiten zeigt sich die verborgene Nähe Gottes. Indem der barocke Concetto in langen, sich endlos steigernden Vergleichen eine unstillbare Gottessehnsucht in den Zuhörern weckt, wahrt er zugleich die Transzendenz des Unbekannt-Ersehnten. Hier treffen sich die anthropologische und die theologische Begründung der Concettopredigt, hier läßt sich der Schnittpunkt ihrer formalen und inhaltlichen Interdependenz entdecken und zugleich als zeittypischer Reflex des barocken Selbstverständnisses (→Barock) entziffern: „Wie die Barockarchitektur nicht die gewohnten Formen des Kreises und des Quadrats beibehält, sondern die freien und unregelmäßigen Linien liebt, so drängt die Predigt zu ungewohnt neuen, durch keine hemmende Systematik eingefangenen Bewegungen, nur begrenzt durch die Erfindungskraft des Intellekts" (ebd. 39). Die Concettopredigt kann nicht auf ein ästhetisch-literarisches Phänomen, auf ein ingeniöses Spiel mit Worten und Gedanken in höchster Perfektion reduziert werden, sondern will als neue, korrelative Methode der Erkenntnis in moralisch-praktischer Absicht verstanden sein. Ihre Kritiker tadeln zwar die Concetto-Manier als „elitäre literarisch-rhetorische Verstiegenheit" (Herzog 170). Die hohe Popularität dieser Predigtform zeigt jedoch, daß die Concettopredigt in ihrer Zeit dem Geschmack weiter Publikumskreise entgegenkommt.

Zu den Hauptvertretern der Concettopredigt in *Italien* zählt der Franziskanerbischof Francesco Panigarela (1548–1594); er gilt zugleich als der „Vater" der Concettopredigt; seine *Concetti e pensieri predicabili* finden den Beifall von C. →Borromeo; er gründet als Erzbischof von Mailand – ganz aus dem Geist von Trient – eine Predigt-Akademie und nimmt die Predigtausbildung in seine weit verbreiteten Rahmenrichtlinien der Priesterausbildung *Intructiones pastorales* (1580) auf; Borromeo selber ist wohl kaum ein „begnadeter Prediger" (Fischer 214). Während der Konventuale Cornelio Musso (1511–1574) in seiner gespreizten Gelehrsamkeit wenig Resonanz findet, führt der Kapuziner Laurentius von Brindisi (1559–1619) die (fast vergessene) Schriftpredigt in Verbindung mit Concetto-Elementen zu neuer Blüte.

In *Spanien* legt der Dominikaner Luís de Granada (1504–1588) das theoretische Fundament der Concetto-Praxis (*Ecclesiastica rhetorica*, 1580): eine an Cicero geschulte →Rhetorik und ein christlich geprägter Humanismus sind bildkräftig ineinander verwoben. Hortensio Paravicino y Artega (1580–1633), Hofprediger Philipps III. und Philipps IV., wird wegen seiner üppigen Bildersprache der „Prediger der Könige und der König der Prediger" genannt. In Luis de Góngora y Argote (1561–1627) weist ein Dichter der spanischen Predigtpraxis neue Wege („Vater der modernen Lyrik", urteilte Federico García Lorca [1899–1936]): wiederum von antiken Vorbildern inspiriert wird zum Gebrauch von Metaphern und Sprachbildern in unerwarteter Frische angeleitet. Bald jedoch blähen sich viele Predigten zu schwülstiger Selbstgefälligkeit auf. Endlich verspottet der Jesuitenprediger und Satyriker José Francísco de Isla y Rojo (1703–1781) in seinem Schelmenroman *Geschichte des berühmten Predigers Bruder Gerundino de Campazas, genannt Zotes* (1758/59) die erstarrte, schwülstige Kanzelrhetorik seiner Zeit und entwirft zugleich eine Predigtform, die vor Herz und Verstand der Hörer die Lebensrelevanz des christlichen Glaubens ausbreitet. Fortan wird „Gerundianismus" zum Schimpfwort für prunkende Kanzelsprache.

Im deutschsprachigen Raum findet die Concettopredigt nur geringere Resonanz; Ignaz Trauner OSB (*Geistliche Seelen-Jagd, Das ist: Anderes Dominicale*, Dillingen 1690) und der oft von Abraham a Sancta Clara (s.u. 2.4.) zitierte Wolfgang Rauscher SJ (*Oel und Wein Deß Mitleidgen Samaritans*, Dillingen 1689) sind vor allem zu nennen. Ziemlich distanziert empfiehlt die Kölner Diözesansynode von 1662, die Prediger sollen sich die Heilige →Schrift und das →Glaubensbekenntnis, die →Sakramente und den →Dekalog zum Thema wählen: *potius Catechismum quam concionem redoleant* (Hegel 306).

Man muß daran erinnern, daß die hier beschriebenen Predigtformen sich auf thematische Predigten – außerhalb einer Heiligen Messe oder eines Gebetsgottesdienstes – beziehen; in eigenen Gottesdiensten (meist zur Advents- und Fastenzeit und an Sonn- und Feiertagen) sind die oft mehrstündigen Predigten zu hören. Die *Homilie* als Wortverkündigung innerhalb der Eucharistiefeier ist zu dieser Zeit weithin verstummt.

2.4. Emblematische Predigt (sog. Barockpredigt)

Die Christen und Kirchen des Barockzeitalters haben den schwierigen, frühneuzeitlichen Umbau des Glaubens und Denkens zu besorgen: das Denken findet keinen Grund mehr im Glauben, darum muß nun das Glauben seinen Grund im Denken findet. Deshalb bietet die barocke Verkündigung das universale Wissen der Zeit auf, um vor dem Verstand und vor dem Herzen mit allen Sinnen die Logik des Glaubens auszubreiten; Architektur und Plastik, Malerei und Musik, Schauspiel und Liturgie verfolgen miteinander dieses neue Ziel: im „Gesamtkunstwerk Kirchenraum". In diesem hermeneutischen Kontext will auch die Predigt der Barockzeit, die emblematische Predigt (vgl. TRE 26,423,45–424,1), gelesen werden; ihre Lebensnähe und ihr Bilderreichtum, ihre Verknüpfung von Schriftzitaten mit naturkundlichem Wissen und tagespolitischen Ereignissen folgen diesem Programm einer „heiligen Lehrkunst". Das gewählte *Emblem* einer Predigt – teils als Sinnbild, teils als Kennzeichen verstanden – will durch die Anschaulichkeit der vielen mitgenannten Bilder und Metaphern zum inneren Bild der Hörer werden und zugleich dieses innere Bild verbinden mit nahen und entfernten Bildräumen.

Mit Hilfe der emblematischen Predigt kann sich die weitgehend illiterate Bevölkerung ikonographisches Wissen aneignen; die Fülle der Sinnbezüge wird durch die Kommentierung im Predigtwort erschlossen. Daher gehört das emblematisch-homiletische Gesamtkunstwerk zur „eindringlichsten Form katholischer Didaktik" (Eybl, Gebrauchsfunktionen 44). Die Ciceronische *Decorum*-Lehre und die Ignatianische *applicatio sensuum* verbürgen als Autoritäten einen bildhaft vermittelten Zeitkommentar, der profanhistorische Ereignisse und heilsgeschichtliche Deutung miteinander verknüpft. Ein Meister der in der Predigt angewandten Vielfalt emblematischer Bilder und Zeichen ist der Augustiner-Barfüßer und Wiener Hofprädikant Abraham a Sancta Clara (1644–1709), dessen emblematisches Werk (neben dem Drexels) einen Höhepunkt der Barockpredigt darstellt. Oratorische Kunstfertigkeit verbindet sich hier mit einer volkstümlich-bildhaften Sprache, deren assoziative Wort- und Klangspiele, Anagramme, Assonanzen und Emblemreihen ihr einen besonderen Reiz verleihen (vor allem in seinem *Etwas für alle* [Würzburg 1699] und *Neu-eröffnete Welt-Galleria* [Nürnberg 1703]). Die angewandte Emblematik der Predigt steht in unmittelbarer Nähe zum barocken Theater: in einem „heiligen Spiel" agieren der Himmel, die Schöpfung und die Geschichte, das Publikum und die Akteure miteinander. Vielleicht erklärt die bewußte Offen- und Mehrdeutigkeit des Emblems, das zugleich entziffert und verhüllt, Ordnung stiftet und Rätselhaftigkeit schafft, seine große Beliebtheit und seinen Schlüsselcharakter zum Verständnis barocker Dichtung und Predigtkunst.

Über *Homiliarien* (im Sinn von Predigtsammlungen) und seit dem 17. Jh. über die *Postillen* dringt die Predigt als →*Erbauungsliteratur* auch in die bürgerlichen Häuser; umgekehrt prägt der literarische Zeitstil zunehmend die Predigtgestalt des 17. Jh.; Barockdichtung und -predigt wachsen zusammen und durchdringen sich gegenseitig.

3. Neue Predigtkultur in Frankreich

Die Geschichte der (katholischen) Predigt im französischsprachigen Raum geht im Vergleich mit anderen europäischen Ländern einen Sonderweg. Unter dominant politischen Vorzeichen wird der Katholizismus schon im 16. Jh. zunehmend in den Dienst der kulturellen und nationalen Zentrierung genommen. „In einer Epoche, die ihre obersten Ziele und Normen, ihre tiefsten Ängste und Sicherungsbedürfnisse dominant von der Gottesbeziehung her begreift, werden Frömmigkeit und Theologie zur Vermittlungs- und Integrationsebene der gesamtgesellschaftlichen Zentrierungstendenzen" (Hamm 248). Dementsprechend wird zwar einerseits dem Protestantismus – unter Auflagen – eine Mindesttoleranz eingeräumt, die Trienter Reformbeschlüsse werden aber andererseits zunächst abgelehnt, weil sie sich gegen das frühgallikanische Zentrierungsinteresse stemmen. Erst über das Einwirken der schon genannten und auch spezieller französischer Reformorden (Eudisten, Lazaristen, Sulpizianer) gewinnt die Tridentinische Kirchenreform Einfluß. Vor allem aber ein illustrer Kranz von Predigern gibt den katholischen Christen und der Kirche neues Ansehen, zumal die französische Predigt des 17./18. Jh. eher als ein Kulturereignis denn als ein gottesdienstlicher Vollzug von den Hörern erlebt wird.

3.1. Franz von Sales

Aus predigtgeschichtlicher Sicht ist Franz von →Sales mit C. Borromeo vergleichbar: Angestoßen vom erasmischen Humanismus und angezogen von der Gottesfreundschaft der →Teresa von Avila bahnt Franz von Sales eine „katholische Selbstreform" (Tüchle 202) aus dem Geist des Trienter Konzils an. Als Bischof von Genf (1602) erneuert er auf Visitationsreisen die Praxis der Predigt und Katechese. Aber seine eigentliche homiletische Wirkung ist eine indirekte: seine *Introduction à la vie dévote* (1608–1619, *Philothea* genannt) und sein *Traité de l'Amour de Dieu* (1616, *Theotimus* genannt) prägen mit ihrem theozentrischen Humanismus für ein halbes Jahrhundert das geistliche Profil des Bürgertums in seiner Balance von Gottesverbundenheit und Lebenskunst. *Philothea* und *Theotimus* sind für viele Predigergenerationen bevorzugte Inspirationsquellen beim Übergang vom Späthumanismus zum Frühbarock.

Auch →Vinzenz von Paul hat eher indirekt die Predigtpraxis in Frankreich erneuert durch neue Reformen der Priesterausbildung (Lazaristen) und die Weiterbildung des Landklerus – aus dem Geist des *humanisme dévot* nach Franz von Sales und Pierre de Bérulle (s.u. 3.2.); vor allem der Predigtpraxis in den dörflichen Gemeinden gibt er ein neues Profil.

3.2. Bérulle – Olier – Eudes

Pierre de Bérulle (1575–1629), schon früh geprägt vom deutschen (spätmittelalterlichen) Augustinismus und den Ignatianischen Exerzitien, erkennt rasch die Untauglichkeit der herkömmlichen Hugenotten-Mission (→Hugenotten), zu der er beauftragt wird, und wendet statt dessen seine Kraft auf die Reform der Priesterausbildung. Das 1611 von ihm gegründete *Oratorium von Jesus* lebt aus dem Geist eines trinitarischen Theozentrismus – näher ausgebreitet in seinem *Discours de l'état et des grandeurs de Jésus* (1623). Anbetung ist die einzig angemessene Weise der Menschen, Gott zu begegnen; Anbetung ist die Grundhaltung der „religion". Jesus Christus, der menschgewordene Sohn Gottes, ist die Anbetung Gottes in Person, das vollendete Ideal eines religiösen Menschen. Ziel christlicher Frömmigkeit ist nun das in der Kraft des Heiligen Geistes betrachtende Einswerden mit den anbetenden „Haltungen Jesu" (états de Jésus) vor dem göttlichen Vater. Überspitzt gesagt: in der „Anhänglichkeit" (adhérence) der Menschen an den inkarnierten Gottessohn ereignet sich die Anbetung Gottes. Christus-Gemeinschaft sichert Gottes-Anbetung.

Viele junge Priester aus dem Bérulleschen *Oratorium* werden bald in die (spirituelle) Leitung der Priesterseminare gerufen, die das Trienter Konzil vorgeschrieben hat; sie tragen den Geist Pierre de Bérulles weiter, den Geist der *école française* (so seit 1912 genannt), den Geist der Anbetung Gottes durch Jesus Christus. Bérulles Nachfolger in der Leitung des Pariser Oratoriums, Charles de Condren (1588–1647), überträgt die Leitung bald einem jungen Priester, Jean-Jacques Olier (1608–1657), der es versteht, die vielleicht noch etwas weltflüchtigen Ideen Bérulles in ein Curriculum der Priesterausbildung zu überführen. Die Priestergemeinschaft, die sich bald um ihn sammelt, lebt mitten in Paris, in St. Sulpice; so wird die neue Gemeinschaft *Sulpizianer* genannt. Sie wird zur wichtigsten Klerusschule im Frankreich des 17. Jh. Und über diese Klerusreform (und Ordensreform) kommt es nun zu einer Predigtreform. Jesus Christus im Geheimnis der Kirche, der Liturgie, der Eucharistie- und Herz-Jesu-Verehrung wird von den Predigern ins Zentrum gerückt, um so subjektive Erlebnisformen der Christusfrömmigkeit anbieten zu können (im Sinne der „adhérence"). Die vom Geist Bérulles geprägte Frömmigkeit und Verkündigung versteht es, die objektiven (normativen) Koordinaten der Glaubenslehre mit den subjektiven (offenen) Mentalitäten zu verknüpfen.

Ebenfalls aus dem Geist des Oratoriums ist die Gründung des Jean Eudes (1611–1680) entstanden, eine Priestergemeinschaft (Eudisten), die sich der Volksmission widmete: konzentriert um eine patristisch fundamentierte Herz-Jesu- und Herz-Mariä-Frömmigkeit – vermittelt in dörflichen Predigtzyklen.

3.3. Bossuet – Bourdaloue – Massillon

Die Predigtgeschichte erkennt im 17. Jh. in Frankreich kaum spirituelle und kirchliche Reformimpulse, die in ihren mittelbaren Wirkungen die Formen und Inhalte der geläufigen Predigtpraxis verändern. Dagegen liefern Ende des 17. Jh. unmittelbar große Predigtgestalten die neuen homiletischen Maßstäbe. Aus christlich sozialer Verantwortung erinnert F. →Fénelon die französische (hochadelige) Gesellschaft an den Primat des Sozialen über dem Politischen – in seinem viel gelesenen Fürstenspiegel bzw. Erziehungsroman *Aventures de Télémaque* (1693 in Abschriften, 1717 im Druck erschienen). Fénelons Versuche – geprägt vom Geist Bérulles bzw. St. Sulpices –, das Evangelium und die Lebensformen seiner Zeit in einen neuen, kritisch-produktiven Kontakt zu bringen, werden zwar vom Papst (Innozenz XII.) und vom König (Ludwig XIV.) abgelehnt, dringen aber als Ideale mentalitätsprägend in das geistliche Leben der Zeit ein. Schon als junger Priester wirbt Fénelon für einen neuen Predigtstil: *Dialogues sur l'éloquence en général et sur celle de la chaire en particulier* (1681, erschienen 1718). Wenn der Prediger tatsächlich die Umkehr der Hörer sucht, dann muß er sich um die Kenntnis ihrer Lebenssituationen mühen und wie ein Bruder (und nicht wie ein Meister) zum Herzen und Verstand seiner Hörer sprechen; denn allein das Gute und Schöne stiftet Erneuerung. „Jener herzerfüllte christliche Humanismus, der den ganzen Menschen, nicht das halbe Herz, für Gott haben will, findet erst im deutschen Pietismus eines *Matthias Claudius* (1740–1815) Widerhall und wird von dort in der katholischen deutschen Romantik der bewußten Haltung der Kirche erneut eingepflanzt" (Tüchle 294).

Hat Fénelon über viele Jahre hin das Selbstverständnis der Prediger geprägt, so wird J.-B. →Bossuet zu ihrem ausdrücklichen Sprachmeister und Stilbildner. Nachdem sich die Kontroverspredigt als ungeeignetes Mittel erweist, die französischen Protestanten für den Katholizismus zurückzugewinnen, wendet er sich zunächst der Klosterreform zu: wiederum mit dem Mittel der Predigt (*Carême de Carmélites*, Paris 1661). Öffentliche Wirkung erzeugt Bossuet mit seinen Advents- und Fastenpredigten am Pariser Hof (seit 1662). Seine Sprachkraft besticht: hochkomplexe Zusammenhänge kann er durchsichtig und darum verständlich machen; er prunkt nicht mit profaner Gelehrsamkeit. Bibeltheologische Fragen löst er als ästhetische Fragen; besonders Bibel- und Väterstudien regen ihn dazu an (besonders →Johannes Chrysostomus und →Augustin, vgl. dazu sein predigttheoretisches Werk *Panégyrique de Saint Paul*, Paris 1662). Seine skeptisch-pessimistische Grundhaltung macht ihn zum Gegner der hoffenden Gelassenheit Fénelons – als letztem Akt des Menschen vor Gott. Darum stellt Bossuet bald seine Sprachgewalt in den Dienst des →Gallikanismus und →Konziliarismus und gegen seinen Schüler und Freund Fénelon und dessen angeblichen →Quietismus.

Noch heute wird gerne vom Prediger-Dreigestirn Bossuet – Bourdaloue – Massillon gesprochen. Dies soll jedoch ihre größere Unähnlichkeit als Ähnlichkeit untereinander nicht verdecken; vielleicht fördert gerade die Unterschiedenheit der drei Großen die Einsicht: der persönliche Stil sprengt jedes Schema. Denn wie Bossuet seine Zuhörer vor allem durch seine brillante Skepsis fesselt, so will der Jesuit Louis Bourdaloue (1632–1704) durch brillante Logik überzeugen; er fürchtet sich, das Herz und die Phantasie anzusprechen, wendet sich an Verstand und Willen in der unerbittlichen Autorität des Begriffs. →Voltaire soll über ihn gesagt haben: „Er ist der erste, der eine stets beredte Vernunft sprechen läßt". Insgesamt 34 Jahre predigt er in Paris, zwölf Jahre am Hof Ludwigs XIV. Die Predigten Bourdaloues sind in ihrem „esprit français" eher ein homiletisches Konzert als eine Verkündigung des Evangeliums; ihre stabilisierende Wirkung übersteigt gewiß ihre Umkehr-Einladung. Thematisch sind die überlieferten Predigtserien zur Advents- und Fastenzeit eher traditionell angelegt; neu an ihnen ist ein psychologisierender Moralismus, der dem katholischen Humanismus eines Franz von Sales und Pierre de Bérulle (ungewollt) sein gnadenhaftes, geistliches Fundament entzieht.

Wie schon angedeutet ist der größtmögliche Gegenpol zu Bourdaloue der Oratorianer Jean Massillon (1663–1742). Angeregt vom Geist des *Oratoriums* sieht er in der Predigt nicht geistliche Unterhaltung, sondern Stärkung des Willens zu einem sittlichen Leben. Darum wendet sich Massillon in seinen Advents- und Fastenpredigten (für den Königshof 1699, 1701, 1704 und 1718 für den achtjährigen Ludwig XV.) an das Gefühl: mit einer eleganten und zugleich gemütvollen Sprache will er zu einer vernünftigen, sittlichen Lebensweise (bis zur jansenistischen Strenge) anleiten; biblische, theologische Begründungsversuche für diese Lebensweise treten zurück. Noch sehr leise meldet sich eine *religion civile* an – getragen von Vernünftigkeit und Friedfertigkeit, verbunden mit der Diskreditierung des geistlichen Lebens im römischen Schiedsspruch gegen Fénelon. Die „gnadenlose", die ethisierte Predigt bereitet den kommenden Umbrüchen das Feld (vgl. dazu Massillons *Conferenz- und Synodalreden von den vornehmsten Pflichten der Priester und Seelsorger*, 2 Bde., München 1799).

3.4. Konferenzpredigten

Die Erschütterungen und Veränderungen der katholischen Kirche in Frankreich durch die →Französische Revolution sind unübersehbar. Die strukturellen Veränderungen – besiegelt durch das Konkordat von 1801 – sind noch eher hinzunehmen als der Abschied vom monarchischen Rechtsdenken hin zum demokratischen Rechtsdenken – mit dem Selbstbestimmungsrecht des einzelnen und der Völker. Die Versuchungen, sich aufs neue mit konservativ-reaktionären Kräften zu verbinden, sind groß. Um so höher sind die Stimmen der Prediger zu bewerten, die den Christen und Gemeinden in Frankreich neues Selbstbewußtsein und Zukunftsbilder einer christlich geprägten Gesellschaft geben.

Demis-Antoine-Luc Frayssinous (1765–1841) entwickelt als Sulpizianer die neue Form der Konferenzpredigt (1801 in St. Sulpice, Paris): ausführliche, thematisch gebündelte Vorträge zu philosophischen, apologetischen, geistlichen, sozialpolitischen Tagesfragen – außerhalb der üblichen Gottesdienstformen (*Défense du christianisme*, 3 Bde., Paris 1825; dt.: Pest 1830). Noch als Student bittet 1833 Antoine Frédéric Ozanam (1813–1853) den Erzbischof von Paris Henri Lacordaire OP (1802–1861), solche Konferenzpredigten für die Jugend in der Notre-Dame zu Paris halten zu lassen. Lacordaire übernimmt erstmals 1835 und 1836 die Fastenpredigten und später die Adventspredigten (1843–1846) und nochmals die Fastenpredigten (1848–1851). Die Resonanz ist außerordentlich. Lacordaires Predigten sind öffentliche Ereignisse. Herangewachsen im Geist →Voltaires und Jean-Jacques →Rousseaus, angezogen vom Ideal einer freien, offenen Kirche – zeitweise verbunden mit H.F.R. de →Lamennais und seiner Zeitung *L'Avenir* (1836/1839), dem Sprachrohr der Katholischen Bewegung –, nimmt Lacordaire die skeptische Resignation vor allem der jungen Generation auf, wendet sie hin auf eine kritische Auseinandersetzung der (christlichen) Religion mit der Wissenschaft und Kultur der Zeit und schärft das Gewissen für die neuen sozialen Fragen angesichts der ersten industriellen Revolution. Lacordaire vermag den Geist defensiver Ängstlichkeit umzukehren in einen offensiven Reformeifer (wenngleich auch mit verzopftem Pathos und romantischer Gefühligkeit: *Conférences de Notre-Dame de Paris*, 4 Bde., Paris 1844ff.; dt.: Tübingen 1846ff.). Eine religiöse Renaissance keimt auf; leider wird sie weithin von den Kirchenleitungen bekämpft.

Gustave-Xavier de la Croix de Ravignan SJ (1795–1858) hält 1837–1846 neben und nach Lacordaire ebenfalls Konferenzpredigten in der Notre-Dame von Paris (und in vielen anderen französischen Städten). Die Wirkung seiner Predigten ist noch eindrucksvoller als die von Lacordaire, vor allem auf die kirchenferne Pariser Intelligenz (*Conférences prêchées*, 4 Bde., Paris 1860). Ravignan sucht einen Ausgleich zwischen der Katholischen Bewegung und der säkularisierten Gesellschaft, ausgerichtet auf einen „humanisme dévot", vermittelt in eigens eingerichteten Exerzitienkursen für junge Erwachsene. Für Jahrzehnte werden die Predigten von Lacordaire und Ravignan zum formalen und materialen Richtmaß. Joseph Félix SJ (1810–1891) führt diesen zweigliedrigen Reformweg als Kanzelredner an der Notre-Dame, Paris (1853–1870) und als Exerzitienprediger fort (*Conférences de Notre-Dame de Paris*, 15 Bde., Paris 1853ff. und *Retraite de Notre-Dame de Paris*, 7 Bde., Paris 1887ff.). Besondere Breitenwirkung bis in die französischen Nachbarländer erreicht Félix mit *Le progrès par le christianisme* (Paris 1868; dt.: Augsburg 1870); hier wird aus einer biblisch inspirierten Christianität für den Fortschrittsgedanken der Geschichte der Menschheit geworben. Zum glänzenden Abschluß führt Jacques-Marie-Louis Monsabré OP (1827–1907) die Tradition der Konferenzpredigten der Notre-Dame in Paris; seine Predigten zum Glaubensbekenntnis (*Exposition du dogme Catholique*, 18 Bde., Paris 1873ff.) wachsen aus zeitgenössischem Studium der biblischen Schriften und des →Thomas von Aquino (*Retraites pascales*, 9 Bde., Paris 1884ff.). Nun gibt es auch erste Versuche, die Predigt wieder in die Liturgie, in die Eucharistie miteinzubeziehen (→Liturgische Bewegungen).

Unter den französischen Bischöfen des 19. Jh. mit homiletischem Rang ist wohl vor allem Félix-Antoine-Philibert Dupanloup (1802–1878) zu nennen. Ausgebildet in St. Sulpice (Paris), gibt er der Kinder- und Jugendkatechese an Ste. Madeleine (Paris) eine neue Gestalt: er stellt die Person und das Leben Jesu Christi in die Mitte und leitet die Kinder und Jugendlichen zu einer ganz persönlich gefärbten Christus-Freundschaft an (*De l'éducation en général*, 3 Bde., Paris 1850ff.). Die Professur für Rhetorik an der Sorbonne und seine Mitgliedschaft in der Académie française machen den hoch gebildeten Bischof von Orléans (seit 1849) zum Sprecher einer liberalen Katholizität, einer kirchlichen Gegenkraft, die sich energisch gegen die ängstliche römische Restaurationspolitik stemmt (→Syllabus). Dieses öffentliche Auftreten gibt auch seinen katechetischen und homiletischen Arbeiten eine überdurchschnittliche Breitenwirkung (*Le christianisme présenté aux hommes du monde*, 6 Bde., Paris 1836ff.) – bis in den Verlauf des →Vatikanum I.

Aus der Rückschau betrachtet sind der Ermutigungsimpuls und der Modernisierungsschub, die für die katholische Kirche in allen europäischen Ländern von der französischen Predigtpraxis ausgehen, nicht so leicht zu überschätzen.

3.5. Predigtpraxis in Italien

Vor allem in Italien ist der Einfluß der französischen Predigttheorie und -praxis breitenwirksam. So beruft sich Paolo Segneri SJ (1624–1694) als wort- und gestenreicher (inkl. Dornenkrönung an sich selbst) Prediger und Volksmissionar in der Lombardei und Toscana sowohl auf die Vorbilder der italienischen Concettopredigt als auch auf die Empfehlungen Vinzenz' von Paul für diese Predigten in ländlichen Gemeinden (vgl. *Il Quadragesimale*, Florenz 1679; dt.: Regensburg 1912; *Opere*, 12 Bde., Parma 1765–1768; dt.: 21 Bde., Regensburg 1849–1861).

Ganz in der Nachfolge Segneris stehend, will sich der Volksmissionar Leonhard von Porto Maurizio OFM (1676–1751; 1867 heiliggesprochen) nicht mit dem Predigthören begnügen, sondern er will die durch die Predigt geweckte Umkehrbereitschaft in eine persönliche Frömmigkeitspraxis überführen; darum fördert er die Kreuzweg- und Herz-Jesu-Andacht durch entsprechende Gebetsbruderschaften (*Collezione completa delle opere*, 13 Bde., Rom 1853–54).

A.M. von →Liguori, Moraltheologe und Gründer des Redemptoristenordens, öffnet als geistlicher Schriftsteller und Prediger eine legalistische Moral- und Frömmigkeitspraxis hin auf die evangelische Freiheit des Gewissens. Gegen den lähmenden Rigorismus seiner Zeit – mitten im jansenistischen Gnadenstreit (→Jansen/Jansenismus) – wirbt Alfons für das Vertrauen in die überreiche Liebe Gottes, in die Fülle seiner Gnade, und stärkt damit die Initiative und Mündigkeit der Christen. Seine Predigten wenden das verneinende (prohibitive) Moraldenken seiner Zeit um in eine lockende (invitative) Wegweisung christlicher Freiheitspraxis. Darum erscheinen seine moraltheologischen Arbeiten (*Medulla Theologiae moralis*, Neapel 1748; *Homo apostolicus*, Neapel 1772) und seine Predigten und geistlichen Schriften (*Pratica di amare Gesù Cristo*, ein Lebensentwurf aus dem Geheimnis der göttlichen Liebe – angelehnt an I Kor 13) in über 100 Auflagen; sie werden wie eine geistliche Befreiung erlebt – vielleicht Bérulle und Fénelon vergleichbar.

Starken Einfluß gewinnt der politische Katholizismus in Italien aus dem Geiste Lamennais' und Lacordaires durch die mächtige Stimme des sizilianischen Theatiner-Generaloberen Gioacchino Ventura de Raulica (1792–1861). In mitreißenden Advents- und Fastenpredigten in St. Peter (Rom) (*Sämmtliche Kanzelvorträge*, 14 Bde., Regensburg 1847–1871) versucht er eine Koalition zwischen bürgerlicher Freiheit und christlicher Religion zu schmieden, angeführt vom römischen Papst, gegen die restaurativen Kräfte in Wien und Neapel; aber der ängstliche Papst →Pius IX. zögert, von seinem „priesterlichen Königtum" zu lassen. Als ein *zelanto* legt Ventura die Fundamente für die spätere →Katholische Aktion in Italien.

4. *Predigterneuerung in Deutschland*

Nur zögerlich erkennen die Christen und Kirchen im Deutschland des beginnenden 19. Jh., daß die →Säkularisation von kirchlichem Besitz und kirchlicher Herrschaft – im Gefolge der Auflösung des alten Reiches – zwar die Kirchen enteignet, sie materiell und kulturell schädigt, aber sie auch von feudalen Altlasten befreit und zu ihren religiösen Aufgaben (wieder) hinführt.

Wohl einer der wichtigsten Brückenbauer zwischen der katholischen Aufklärung des 18. Jh. und der katholischen Erneuerung des 19. Jh. ist Johann Michael →Sailer – als Theologe, als Seelsorger, als Prediger. In dreifacher Weise führt Sailer die Verkündigung zu einem neuen religiösen und evangelischen Geist: in seiner Predigtpraxis, in seiner Predigttheorie und in seiner „gottseligen Innigkeit". Wer das vierzigbändige Gesamtwerk Sailers (Sulzbach 1830–1841) durchblättert, wird überrascht von der Vielzahl der Predigten; diese Breitenwirkung des Predigers Sailer wird vervielfacht durch den großen Schüler- und Freundeskreis, der Sailers Predigtweise übernimmt. Auffallend ist die Nähe zur Heiligen Schrift. Sailer forscht nach dem „Sinn" der biblischen Botschaft und zugleich nach der lebensbezüglichen „Wahrheit dieses Sinns" (vgl. z.B. Sailer, Werke XXVII, 30–35), und zwar zusammen mit den Hörern. In einer herzlichen Unmittelbarkeit (einfache Sprache, durchsichtige Gliederung, verständliche Argumentation) nimmt er die Gemeinde mit in sein „Schriftforschen". Kein defensiver oder apologetischer oder gar ironischer Unterton ist zu vernehmen, sondern die Predigt „sucht durch Glaube, Liebe, Hoffnung das Gemüt helle in Anschauung des ewigen Lichtes, rein von allem Bösen, kräftig in allem Guten und selig in dem Alleinguten, in Gott zu machen" (ebd. XIX, 79).

Seine ganz auf die biblische Botschaft ausgerichtete Predigttheorie breitet Sailer schon in seinem ersten Hauptwerk aus, in den *Vorlesungen aus der Pastoraltheologie* (3 Bde., München 1788). Der gesamte erste Band sorgt für eine Einweisung in das „praktische Schriftforschen" im Sinne biblischer Meditation, dem Fundament pastoraler Praxis (vgl. ebd. XVI, 5). Der zweite Band bietet eine formale und eine materiale Predigtlehre an (vgl. dazu ergänzend *Von der dreifachen Popularität im Predigen*: ebd. XIX, 19–160), die alle Themen des christlichen Lebens und Glaubens biblisch umgreifen – immer geleitet vom Prinzip der „selbsterklärenden Schrift": „Laß jede Schrift sich selber auslegen, da, wo sie sich selber auslegen kann, und so auslegen, wie sie sich selber auslegt. Tue ihr keine Gewalt an, künstle nicht an der Stelle, laß sie selbst reden, laß sie ausreden, rede da nicht darein, bis sie ausgeredet hat, laß die Auslegung sich selber machen" (ebd. XVI, 97). Wie erfrischend Sailers Predigttheorie ist, belegt ein Vergleich mit zeitgenössischen Predigtlehren.

Vielleicht ist der dritte Innovationsstoß, den Sailer der deutschsprachigen homiletischen Praxis und Theorie gibt, der entscheidendste: die „himmlische Begeisterung": „Groß ist, wer Großes im Gemüte zeigt und im Leben darstellt. Großes im Gemüte trägt nur der, welcher die himmlische Begeisterung in sich hat; Großes kann nur der im Leben darstellen, wer Besonnenheit genug besitzt, um das Große, das er in sich hat, wirklich in das Leben einzuführen" (ebd. XVI, 26). Gewiß hat diese homiletische Leitvorstellung autobiographische Qualität für Sailer: er lebt diese „Begeisterung" als „Gottseligkeit", sie steckt an, sie überzeugt. Zugleich ist diese „innige Gottseligkeit" der Tiegel, in dem Sailer die unterschiedlichsten Einflüsse (Franz von Sales und Fénelon, Rousseau und Kant, die „Glückseligkeiten" der Aufklärung und die „Zentralidee des Christentums: Gott in Christus – das Heil der Welt" [ebd. XVII, 9]) in eine neue Einheit zusammenfügt: als Erneuerungsimpuls für den deutschsprachigen Katholizismus – bis in die Herzen deutscher Romantiker (Matthias Claudius; Familie Stolberg; Clemens Brentano), bis über die Jahrhundertmitte hinaus. Sailer öffnet katholisches Leben und Glauben für das Leben und Denken seiner Zeit (Landshuter Kreis).

Herausgefordert vom Untergang der alten Reichskirche mit ihren politischen, finanziellen und kulturellen Folgen und angestoßen vom geistigen Aufbruch des Katholizismus in Deutschland, wächst zu Beginn des 19. Jh. ein neuer Typ von Bischöfen heran, die tatsächlich Hirten ihrer Sprengel werden, die politischen und ökonomischen Fragen ihrer Gemeinde aufnehmen und als Prediger der Schriftpredigt eine neue Stimme geben. Neben Sailer ist hier zuerst M. von →Diepenbrock zu nennen. Als Sailers Sekretär (1823–1832) und späterer Fürstbischof von Breslau (seit 1845) bringt er die Biblische Predigt zu neuer Blüte (*Gesammelte Predigten*, Regensburg 1841) und hält sein Kirchenbild offen – gegen den wachsenden →Ultramontanismus.

In die stolze Reihe derer, die der Biblischen Predigt neuen Auftrieb geben, ist auch J.B. →Hirscher zu stellen. Schon als junger Theologe in Tübingen und Freiburg von Sailers Geist geprägt, gibt der Moraltheologe (*Die christliche Moral als Lehre von der Verwirklichung des göttlichen Reiches in der Menschheit dargestellt*, 3 Bde., Tübingen 1835–36 ^{5}1851) und Katechetiker (*Katechetik*, Tübingen 1831 ^{4}1840) der bibelorientierten Predigtpraxis breitenwirksame Anstöße (*Betrachtungen über sämmtliche Evangelien der Fasten*, Tübingen 1829 ^{8}1845; *Betrachtungen über die sonntäglichen Evangelien des Kirchenjahrs*, Tübingen 1837 ^{6}1862; *Betrachtungen über sämmtliche sonntägliche Episteln*, 2 Bde., Freiburg 1860). Hirscher bietet ausdrücklich Betrachtungen für die Hand des Predigers an, keine Vorlagen; seine Betrachtungen wollen als exemplarische Anleitungen verstanden werden, den Geist und den Willen und das Gemüt des Predigers empfänglich zu machen für das Beglückende, das Gott durch Jesus Christus in seinem ankommenden Reich wirkt. „Durch die Liebe begeistert" kann der Prediger die Hörer zur „Subjektivierung der objektiven Idee des Himmelreiches" (Katechetik 132) einladen: zum mutigen Glauben – tätig in der Liebe.

W.E. Freiherr von →Ketteler, bekannt als „Arbeiterbischof von Mainz" (seit 1850), kommt in einer Geschichte der katholischen Predigt das Verdienst zu, die sozialen Probleme der →Industrialisierung als Herausforderungen christlichen Lebens und Glaubens zu erkennen und der Predigt ihre öffentliche, ihre gesellschafts- und politikrelevante Dimension wiederzugeben. Auf dem ersten Katholikentag in Mainz 1848 und in den Adventspredigten (SW I/1, 34–87) desselben Jahres im Mainzer Dom stellt er die Lösung der „sozialen Frage" (d.h. sowohl die Linderung des durch Armut, Krankheit, fehlende Ausbildung erzeugten Elends als auch die Veränderung der ungerechten Strukturen) in die Mitte der Glaubwürdigkeit christlichen Lebens. Die Freiheit zum Leben in Gemeinschaft, die Ketteler fordert, bezieht sich auf alle Bereiche (eine ziemliche Kühnheit von seiten eines Bischofs!): →Religionsfreiheit und Freiheit für die Kirchen, Versammlungs- und Koalitionsfreiheit (genossenschaftlich organisierte Arbeiterschaft!), Meinungs- und Pressefreiheit, Lehr- und Lernfreiheit. Freiheit ist unteilbar. So überrascht es nicht, daß Ketteler in seiner Programmschrift *Freiheit, Autorität und Kirche. Erörterungen über die großen Probleme der Gegenwart* (Mainz 1862 = SW I/1, 225–364) – übrigens entstanden aus Predigten und Vorträgen – mit biblischen und theologischen Argumenten „Freiheit in der Kirche" (vgl. ebd. 319ff.) fordert; entschieden wehrt sich Ketteler gegen die unzeitgemäße Dogmatisierung der päpstlichen Unfehlbarkeit, unterwirft sich aber nachträglich ohne Vorbehalt. Insgesamt gibt Bischof Ketteler dem sich gesellschaftspolitisch öffnenden deutschen Katholizismus seine mutige Stimme.

Matthias Eberhard (1815–1876) stellt schon als Kaplan in Koblenz und später als Dogmatikprofessor in Trier und endlich als Bischof von Trier (seit 1867) seine weitverbreiteten Predigten (*Kanzel-Vorträge*, 6 Bde., Trier 1877–1883 Freiburg [4]1897–1914) in einen gesamtbiblischen Rahmen (besonders seine vielbeachteten Pentateuch-Predigten: *Homiletische Vorträge über das 1. Buch Mosis*, Trier [3]1897, dasselbe über das 2.–5. Buch Mosis, Trier [3]1898) und vertieft sie nach dem Vorbild der französischen Konferenzpredigten. Nur sehr zögerlich werden alttestamentliche Perikopen als selbstverständliche Predigttexte gewählt.

5. *Predigtentwicklung in England*

Die katholische Kirche in →England erhält zu Beginn des 19. Jh. neues Leben und neue Gestalt durch die irische Einwanderung in die englischen Industriereviere. Der *Roman Catholic Relief Act* (1829) gibt den Katholiken das aktive und passive Wahlrecht in beiden Häusern zurück. Ein Stück geistige und politische Freiheit tut sich auf. Der irisch-stämmige Nicholas Patrick Wiseman (1802–1865) kann der rasch anwachsenden Kirche aus „old Catholics" (das sind jene Katholiken, die die 300 Jahre Verfolgung überstanden haben), irischen Einwanderern und Konvertiten aus der Oxfordbewegung (vgl. TRE 2,727,44ff.; 15,416,17ff.) eine neue Hierarchie (1850) geben – gegen den Einspruch der anglikanischen Kirche und der Regierung. Wiseman ruft viele geistliche Orden ins Land; insbesondere die Redemptoristen geben der Volksmission und der Predigtpraxis ein neues Gesicht. Noch wichtiger als das wiedererrichtete Kirchenregiment ist dem neuen Erzbischof von Westminster das Herausführen der „old Catholics" aus ihrer Katakombenangst und der irischen Arbeitermassen aus ihrer Massenarmut. In einem vielbeachteten Predigtzyklus (1835/1836) – in der Art der französischen Konferenzpredigten, angestoßen von J.H. →Newman und der Oxfordbewegung – gibt Wiseman das Signal für einen offenen Katholizismus, der sich von Lamennais' und Lacordaires Ideen anregen läßt und sich deutlich gegen ultramontane Einflüsse abgrenzt (*Lectures on the Principal Doctrines and Practices of the Catholic Church*, London 1836). So ebnet Wiseman vielen Gebildeten aus der Oxfordbewegung den Weg zur Konversion; seine Intellektualität und sein literarisches Talent – 1854 erscheint sein vielgelesener Roman *Fabiola* (dt.: Regensburg [38]1904!) – geben seinen Predigten Glanz und öffentliche Aufmerksamkeit (*Recollections of the Last Four Popes*, London 1858). Englische Ängste vor der „päpstlichen Aggression" kann Wiseman schrittweise abbauen.

Ein besonders herausragender Konvertit ist H.E. →Manning, aus dem englischen Großbürgertum stammend, mit evangelikaler Prägung. Irritiert vom wachsenden Pragmatismus und Säkularismus in der englischen Kirche (vgl. dazu seine Oxforder Universitätspredigten: *Sermons*, 4 Bde., Oxford/London 1842–1850) nähert sich Manning der Oxfordbewegung und knüpft Kontakte mit deren Wortführer J.H. Newman. Nach seiner Konversion und Priesterweihe (1851) wird Manning bald der enge Vertraute von Erzbischof Wiseman, 1865 dessen Nachfolger. Manning ist ein Mann des öffentlichen Wortes, geschliffen klar und einfach, dazu eifernd bis zur Härte, allerdings eher ein Redner als ein Prediger. Nun setzt er sein Talent ein, um den inneren Aufbau der katholischen Kirche in England (vor allem die Bildung des Weltklerus, inklusive Predigtausbildung: *The Eternal Priesthood*, London 1883) zu stärken und ihr öffentliches Ansehen zu mehren. Sein militanter →Ultramontanismus und sein Mißtrauen gegen einen offenen Katholizismus bringen ihn bald in Gegensatz zu Newman hier und zur →Kirche von England dort. Breite Anerkennung gewinnt Manning jedoch für die Römisch-katholische Kirche in der englischen Gesellschaft durch sein konsequentes Eintreten – als Prediger und als Kirchenpolitiker – für die Linderung der Not der Landbevölkerung und der irischen Einwanderer und die Veränderung der diese Not erzeugenden Strukturen (Landarbeiter – Gewerkschaft, vgl. *Dignity and Rights of the Labour*, London 1874; Wohnungsbau für die Industriearbeiter, Schul- und Bildungsreform, vgl. *The Child of the English Savage*, London 1886). Darum nennen manche den wort- und tatgewaltigen Sozialreformer den „Arbeiterkardinal".

Gleichsam in allen Konturen als Gegenbild zu Kardinal Manning (seit 1875) gilt es nun, J.H. →Newman vorzustellen, als Intellektuellen und als Christ, als Theologen und als Prediger. Die evangelikal-calvinistische Prägung seiner Jugend gibt Newman in seinen Oxforder Studienjahren (ab 1816) zugunsten einer hochkirchlichen Einstellung auf. Als Pfarrer an St. Mary in Oxford (1828) und bald als Universitätsprediger tritt Newman in die theologische und kirchliche Öffentlichkeit. Seine Predigten sind etwas ganz Neuartiges: Das Thema ist der Alltag der Christen, der schwindende Rang der Religion, des christlichen Lebens unter der Ironie des englischen Pragmatismus und Liberalismus, der mangelnde Ernst, den Glauben tätig in der Liebe zu leben, das Rufen in eine echte Umkehrbereitschaft, das Staunen über die Menschenliebe Gottes, den verschwenderischen Reichtum seiner Gnade, das Betrachten Gottes im Leben und Wirken Jesu Christi, dessen Leib die Kirche ist, und nicht zuletzt das Werben für das Streben nach Heiligkeit. Ohne rhetorisches Raffinement, aber mit sicherem Feingefühl, mit leiser, hoher Stimme spricht Newman, eher monoton als bewegt. Die Sprache ist einfach, „ein Kind, ein Hirte kann sie verstehen". Newmans Zeitgenossen vergleichen seine Predigt mit einem Lied, mit einem Gedicht. Seine bewegende Herzlichkeit bringt seine „königliche Sprache" (Theodor Haecker: Newman, Mysterium 188) zum Klingen (vgl. *Parochial Sermons*, 6 Bde., London 1834–1842; dt.: Stuttgart 1949ff.). Dem Hörer geht die Botschaft der Predigt auf, er ist freudig bereit, ihr zuzustimmen („to assent").

In den Predigten formt sich das Augustinische Vom-Herzen-zum-Herzen-Sprechen am deutlichsten aus. In allen Predigten (vgl. auch *Sermons before the University of Oxford*, London 1843, dt.: hg. v. Werner Becker, Mainz 1964) und *Tracts for the Times* (London 1834–1841) müht sich Newman darum, die Kirche von England zur „wahren Kirche der Väter" zu reformieren (gestützt auf seine Väterstudien: *The Arians of the Fourth Century*, London 1833, und *Library of the Fathers*, 4 Bde., London 1836ff.). Als Newman immer deutlicher das organische Wachsen der katholischen Kirche aus den biblischen Wurzeln erkennt, legt er sein Predigtamt in der anglikanischen Kirche nieder (vgl. Abschiedspredigt: *Parting of Friends*, St. Mary/Oxford 1843) und schreibt den *Essay on the Development of the Christian Doctrine* (London 1845) – als Erklärung seiner Konversion zur Römisch-katholischen Kirche (1845). Zwar scheitert Newman in verschiedenen Einzelaufgaben (als Gründungsrektor der Katholischen Universität in Dublin, vgl. *The Idea of a University*, Dublin 1873, dt.: hg. v. Matthias Laros, Mainz 1960, und als Herausgeber des liberal-katholischen *The Rambler,* u.a. mit Newmans berühmtem Aufsatz über den Glaubenssinn der Gläubigen: *On Consulting the Faithful in Matters of Doctrine*, London 1859, dt.: Newman, Ausgewählte Werke IV, 255–292), aber sein Lebenswerk kann er vollenden: in seinen Predigten und in seinem philosophisch-theologischen Hauptwerk *An Essay in Aid of a Grammar of Assent* (London 1870) und in seinem Lebenszeugnis: Religion ist Konversion, Hinkehren des Lebens auf den Gott hin, der sich schon immer den Menschen zugekehrt hat. Darum ist Newman ein Denker der Praxis des christlichen Lebens, der Phänomenologie des Glaubens als Praxis der Umkehr. Aus der Herzens- und Gewissenserfahrung „Gottes

Stimme ruft" wird Glauben zu meinem persönlichen Antworten auf Gottes Stimme. Damit bahnt Newman – mitten unter den Herausforderungen wachsenden Religionsverzichtes hier und ängstlichem Objektivismus neuscholastischer Theologie dort – der Subjektivität christlicher Glaubenspraxis einen lebbaren und denkbaren Weg. Vielleicht ist es die Last und die Leistung von Newmans Lebenswerk, daß es seine Wirkungen erst zwei Generationen nach seinem Tod – eher in Frankreich und Deutschland als in England – freisetzt (denn die homiletische Erneuerung der 20er und 30er Jahre in Deutschland geht parallel mit einer Newman-Entdeckung): als ein wahrhaft ökumenischer Theologe.

6. *Predigtreform zu Beginn des 20. Jahrhunderts*

Im Rückblick auf das 19. Jh. ist insgesamt in den europäischen Ländern eine Restauration der katholischen Kirche zu erkennen in ihrer administrativen Gestalt; aber es ist auch neues Leben zu erkennen: im entschlossenen sozialen, karitativen Engagement vieler (neuer) Frauen- und Männerorden, im missionarischen Eifer in den neu gewonnenen Kolonien und teilweise auch im Wiederentdecken der biblischen und liturgischen Wurzeln. Offen sind die Fragen, wie sich die Kirche in einer zunehmend liberalen Gesellschaft und Kultur, Wissenschaft und Lebensart verhalten soll. Welche authentischen Werte der Zeit können/sollen von Christen gepflegt werden? Ist ein offenes, kooperatives Verhältnis zum modernen gesellschaftlichen, kulturellen, wissenschaftlichen Leben möglich? Das sind sowohl kirchenpolitische als auch theologische Fragen, die sich in jeder sach- und personengerechten Predigt stellen. Noch lebt die kleine Hoffnung, daß die moderne Welt und der christliche Glaube in eine harmonische Einheit gebracht werden können. Aber die Gegenstimmen werden immer lauter. Nicht nur Rom sieht die Antwort in einem „autoritären Katholizismus" (Roger Aubert), der sich an einem aus dem Blickwinkel der Romantik idealisierten Mittelalter orientiert und alle christentumsgegnerischen Entwicklungen im Frühpluralismus unter Verdikt stellt (vgl. den →*Syllabus*, 1864, und die Konstitution *Dei Filius* des Vatikanum I mit ihrer Verurteilung des →Rationalismus und des →Naturalismus). Damit sind den Predigern des ausgehenden 19. Jh. viele Wege der kritischen Auseinandersetzung versperrt. Es bleiben nur zwei Fluchttunnel offen: die Spiritualisierung der Kirche und ihrer Gemeinden und Christen dort und die Bildung von gettoartigen katholischen Milieus hier. Sehr vorsichtig tut sich erst zum Ende des 19. Jh. ein dritter Weg auf, der eine entschiedene Auseinandersetzung mit den gesellschaftlichen und geistigen Strömungen der Zeit fördert: erst unter Leo →XIII. (seit der Enzyklika *Libertas praestantissimum*, 1888), also jenem Papst, der den Theologen J.H. Newman 1879 zum Kardinal erhebt, obwohl oder weil dieser das christliche Gewissen über die kirchliche Autorität stellt.

6.1. *Predigterneuerung aus dem Geist der Bibel*

Die Predigtpraxis des 18. und (großteils auch) des 19. Jh. ist bibelfern: biblische Texte bzw. Sonn- und Feiertagsperikopen werden lediglich als Impuls oder Schmuck der thematischen Predigt benutzt. Das Ideal der Konferenzpredigt hat diese Umgangsform mit der Heiligen Schrift gefördert. Sailer und Hirscher (s.o. 4.) und die Sailer-Schüler Michael Wittmann (1760–1833) und Joseph Franz Allioli (1793–1873) geben erste Anstöße, die Bibel als lebendige Quelle des Glaubens in der Kirche wiederzuentdecken. Breitenwirksam verbindet der Neutestamentler und spätere Bischof von Rottenburg (seit 1898) Paul Wilhelm von Keppler (1852–1926) die rasch heranwachsende Bibelwissenschaft und die Bibelpredigt und desgleichen die Liturgie mit der Homilie (*Die Adventsperikopen exegetisch-homiletisch erklärt*, Freiburg 1899; *Homiletische Gedanken und Ratschläge*, Freiburg 1910; *Homilien und Predigten*, 3 Bde., Freiburg 1912, viele Übersetzungen). Höchste Anerkennung findet das Bibelstudium in der Enzyklika Leos XIII. *Providentissimus Deus* (1893); hier wird die Erforschung des Wortsinns der biblischen Texte in die Mitte gerückt. Und gründliche Verstärkung findet die wiederentdeckte Homilie in der sonn- und feiertäglichen Meßfeier in der Enzyklika →Pius' X. *Acerbo nimis* (1905). Teilweise wörtlich übernimmt das neue kirchliche Gesetzbuch (CIC 1917) die Bestimmungen der Enzyklika. Die Homilie soll – ausdrücklich unterschieden von der Katechese (vgl. can. 1332 CIC/1917) – durch ihre Deutung der biblischen Verkündigungstexte sowohl zur gläubigen Mitfeier des Meßopfers einladen als auch zum christlichen Leben aus der Kraft des mitgefeierten Sakramentes anleiten (vgl. can. 1344f.). Fortgesetzt wird diese päpstliche Förderung der biblischen Wissenschaften und der biblischen Verkündigung durch die Enzyklika →Pius' XII. *Divino afflante spiritu* (1943). Mehr und mehr untermauern nun auch katholische Bibelwissenschaftler den wiederentdeckten Reichtum des biblischen Erbes. Zusammen mit der patristischen Theologie werden die biblischen Wissenschaften zum Erneuerungsimpuls einer vielfach erschöpften Schultheologie. Biblische Handbücher und Zeitschriften erscheinen, neue Bibelausgaben und Kommentarwerke fördern die bibelhomiletischen und bibelpastoralen Impulse, begleiten die Bibelkreise und fördern ein ökumenisches Klima. Eine neue Predigttheorie keimt auf, konsequent biblisch orientiert (vgl. Albert Meyenberg, *Homiletische und Katechetische Studien im Geiste der Hl. Schrift und des Kirchenjahres*, Luzern 1902 [8]1925; Fritz Tillmann, *Die Heilige Schrift des NT* [Übersetzung mit Kommentar], Bonn 1914; ders., *Die sonntäglichen Evangelien im Dienste der Predigt erklärt*, Düsseldorf [3]1921; ders., *Die sonntäglichen Episteln*, Düsseldorf [2]1922).

6.2. *Predigterneuerung aus dem Geist der Liturgie*

Die Liturgische Bewegung (→Liturgische Bewegungen 3.) als der Versuch, die vielfach erstarrte →Liturgie (I. 7.) der Römischen Kirche zur gemeinsamen Feier des gelebten Glaubens der Gemeinde zu führen, speist sich aus vielen Quellen. So sucht schon der aufgeklärte Reformkatholizismus durch das deutsche →Kirchenlied die Gemeinde zur lebendigen Mitfeier anzuleiten (vgl. das *Konstanzer Gesangbuch* [1812] des I.H. von →Wessenberg und als bekanntestes Beispiel Franz Schuberts *Deutsche Messe* [1826]). Umgekehrt kann gerade der restaurativ gesinnte Benediktinerabt von Solesmes, Prosper Guéranger (1805–1875), erfolgreich für den Sinn des liturgischen Jahres (*L'année liturgique*, Paris 1841 ff.) und des gregorianischen Choralgesangs werben und einen monastischen Frühling anstoßen. Lambert Beauduin (1873–1960) will belgischen Bergarbeitern eine aktive Mitfeier der Liturgie (Heilige Messe und Sonntagsvesper) durch volkssprachliche Übersetzungen ermöglichen und ihnen so eine geistige Mitte anbieten.

Im deutschsprachigen Raum wird die Benediktinerabtei Maria Laach zum Zentrum der Liturgischen Bewegung. Die Erfahrungen des Zusammenbruchs der liberalen und fortschrittsgläubigen Ideale im Ersten Weltkrieg bewirken teilweise eine neue Offenheit. Viele finden – in einem neuartigen katholischen Selbstbewußtsein – in der Liturgie einen verläßlichen Grund. Vor allem die Katholische →Jugendbewegung läßt sich von der Liturgischen Bewegung ergreifen. R. →Guardini erschließt dem „Quickborn" den Geist der Liturgie – begleitet von vielgelesenen Schriften: *Vom Geist der Liturgie*, Mainz 1918; *Liturgische Bildung*, Burg Rothenfels 1923; *Von heiligen Zeichen*, Burg Rothenfels 1922/1923 – in der Schülerbewegung „Neudeutschland" entsteht die Gemeinschaftsmesse, die *missa recitata*, und auch der Jungmännerverband „Sturmschar" unter Ludwig Wolker (1871–1955) findet die gelebte Gemeinschaft nun in der Liturgie als gefeierte, heilige Gemeinschaft wieder. Desgleichen reihen sich die Stadtpastoral (so z. B. Joseph Könn in Köln und Georg Heinrich Hörle in Frankfurt a.M.) und die Volksmissionsarbeit (unter Max Kassiepe) in die Liturgische Bewegung ein – unterstützt von den volksliturgischen Anstößen (von Anselm Schott, Beuron; Heinrich Kahlefeld, Leipziger Oratorium; Pius Parsch, Klosterneuburg) und der Kirchlichen Jugendarbeit (Michael Pfliegler). Mehr und mehr nähert sich die meist ökumenisch gesinnte Bibelbewegung der Liturgischen Bewegung an; beide zusammen geben der „mystagogischen Predigt" und der Schriftpredigt entscheidende Impulse, und zwar breitenwirksam – von der Studentengemeinde (Johannes Pinsk) bis in die Dorfkirchen (Andreas Gruber). Aber eine zeitgerechte Kultur christlichen Lebens ist in den Predigten der 20er und 30er Jahre nicht zu erkennen: eine konstruktive Auseinandersetzung findet in der Regel weder mit sozialen und politischen noch mit philosophischen und naturwissenschaftlichen Fragen statt. Das verhängnisvolle Schweigen der Christen und Kirchen zu den Untaten des nationalsozialistischen Regimes hat wohl hier eine verhängnisvolle Wurzel.

6.3. Predigterneuerung aus dem Geist der Theologie

Die Übersetzungen der lateinischen Liturgie in die Volkssprachen stellen Fragen nach dem Verhältnis von liturgischer und persönlicher Frömmigkeit, von Sakrament und Verkündigung, von Dogma und Kerygma. Viele Stimmen fordern eine Zweiteilung der Theologie: eine seelsorgliche Theologie der Verkündigung und eine wissenschaftliche Theologie der Lehre. In Innsbruck wird die Diskussion besonders heftig geführt. J.A. →Jungmann SJ tritt als Liturgiewissenschaftler und Homiletiker (*Die Frohbotschaft und unsere Glaubensverkündigung*, Regensburg 1936) für die Einheit von Leben und Glauben in der theologischen Reflexion ein und zugleich für die Unterscheidung von Kerygma und Dogma in der Verkündigung (u.a. gegen Hugo Rahner, *Eine Theologie der Verkündigung*, Freiburg 1939). Viele theologische Autoren lassen sich in die Pflicht einer verkündigenden Theologie nehmen (viele von ihnen sind mit der Newman-Renaissance verbunden: Matthias Laros [1882–1965] und Robert Grosche [1888–1967], E. →Przywara und Otto Karrer [1888–1976], Gottlieb Söhngen [1892–1971] und Robert Linhardt [1895–1981]) – auch über den deutschsprachigen Raum hinaus, zumal als sich Rom verhalten für die Liturgische Bewegung und ihre liturgiepraktischen und homiletischen Fragen einsetzt (vgl. Enzykliken →Pius' XII. *Mystici corporis*, 1943, und *Mediator Dei*, 1947). Noch sehr verhalten kommt eine predigttheologische Diskussion in Gang (oft in Verbindung mit predigtgeschichtlichen Arbeiten) um den reformatorischen Grundsatz: *Praedicatio verbi divini est verbum divinum.*

Der bloße Rückgriff auf die Theologiegeschichte (vgl. Adolf Donders, *Meister der Predigt des 19. und 20. Jahrhunderts*, Münster 1928; Eberhard Eilers, *Gottes Wort. Eine Theologie der Predigt nach Bonaventura*, Freiburg 1941) erweist sich auf Dauer als genauso untauglich wie der rasche Rekurs auf die Einsicht: Kirche wächst und lebt aus Gottes Wort (vgl. Thomas Soiron, *Die Predigt heute*, Paderborn 1937; ders., *Die Verkündigung des Wortes Gottes. Homiletische Theologie*, Freiburg 1943; Franz Xaver Arnold, *Dienst aus Glauben*, Freiburg 1948; Viktor Schurr, *Wie heute predigen? Zum Problem der Verkündigung des Christlichen*, Stuttgart 1949; Linus Bopp, *Kerygma und Liturgie*, Limburg 1952).

Erst nach dem Zweiten Weltkrieg kommt es zu einer sachgerechten Antwort (nicht zuletzt herausgefordert durch die Kritik K. →Barths, KD I/1, 65) – vor allem in der Verhältnisbestimmung von Gottes Wort und Gottes Sakrament in der Kirche. Die jetzt gefundenen Einsichten sind von mehr als nur theologiegeschichtlichem Interesse, denn sie stoßen die Wort-Theologie des Vatikanum II an und wirken weiter bis in unsere Tage. G. Söhngen betont die Einheit von Wort und Sakrament als eine Einheit von Heilsangebot und Heilsgeschenk (Söhngen, *Analogie und Metapher. Kleine Philosophie und Theologie der Sprache*, Freiburg 1962). Heinrich Schlier entwickelt als Neutestamentler seine Theologie der Predigt aus dem Johannes-Prolog (Schlier, *Verkündigung und Sprache*: Der Geist und die Kirche, hg. v. Veronika Kubina/Karl Lehmann, Freiburg 1980, 3–19; ders., *Wort Gottes*, Würzburg 1958): In Jesus dem Messias ist das ewige Wort, das Gott ist, Mensch in der Geschichte geworden. Gottes Wort läßt sich auf Menschenwort ein. Das Menschenwort Jesu geht in das Wort der Heiligen Schriften ein. „In dieser Sprache der Schrift ist die Überlieferung für jede Gegenwart gleichzeitig geworden. ... Die Verkündigung besteht darin, daß sie das Wort aus einer geschichtlich damaligen Sprache und also aus einem damaligen Verstehen ... in unsere Sprache und unser Verstehen übersetzt" (Schlier, Verkündigung und Sprache 6f.). Dementsprechend ist „Predigt das Ereignis des Wortes in der Gegenwart" (ebd. 14), und Sakrament ist zentraler Vollzug des Wortes Gottes in der Zeit.

Otto Semmelroth SJ denkt als systematischer Theologe vom Sakrament her, näherhin von der Eucharistie. Wort und Sakrament werden hier ebenfalls als Einheit gesehen aus der dramatischen Dialogik des Heilsgeschehens: Jesus Christus ruft als das ewige Wort Gottes den Menschen an, Jesus Christus antwortet Gott als Menschensohn mit seinem Tod am Kreuz. In der Feier der Eucharistie ereignet sich dieser Heilsdialog aufs neue: „Weist das Sakrament, insofern es vollzogen wird, auf den Opfertod Christi hin, so die

Predigt, insofern sie vollzogen wird, auf den Höhepunkt der Predigt Gottes selbst, die Menschwerdung seines Sohnes als Wort Gottes an die Menschen" (Semmelroth, Wirkendes Wort. Zur Theologie der Verkündigung, Frankfurt 1962, 225). K. →Rahner endlich verknüpft Wort und Sakrament am konsequentesten und gibt damit der Predigt höchste Heilsqualität, indem er das Sakrament als „die höchste Wesensverwirklichung des wirksamen Wortes als Gegenwärtigung der Heilstat Gottes im radikalen Engagement der Kirche" bestimmt (Rahner, Wort und Eucharistie: ders., Schriften zur Theologie, Einsiedeln, IV 1961, 313–355, hier 329). Der hörende Mensch (vgl. ders., *Hörer des Wortes*, München 1941) ist in den Heilsdialog mit Gott – Christus in Geschichte und Gesellschaft durch die Kirche eingebunden. Denn die Kirche wird als „geschichtliche und gesellschaftliche Präsenz der Selbstmitteilung Gottes an die Welt in Christus" (ders., Grundlegung der Pastoraltheologie als praktischer Theologie: HPTh 1 [1964] 117–148, hier 121 [Ekklesiologische Grundlegung]) ausgewiesen. So ist in der Kirche als „Präsenz der Wahrheit und Liebe Gottes" (ebd.) allen Menschen Gottes Wort und Gottes Sakrament angeboten.

Im übrigen hat Rahner in vielen Beispielen seine Predigttheologie ausgebreitet: *Von der Not und dem Segen des Gebetes*, Freiburg 1958; *Kleines Kirchenjahr*, München 1954; *Biblische Predigten*, Freiburg 1965; *Glaube, der die Erde liebt. Christliche Besinnung im Alltag der Welt*, Freiburg 1966; *Chancen des Glaubens. Fragmente einer modernen Spiritualität*, Freiburg 1971; *Herausforderung des Christen*, Freiburg 1975.

Schrittweise werden von der Predigttheorie diese theologischen Fundamente der Predigtpraxis aufgenommen, teilweise wirken sie als Impulse weiter – bis in die Wort-Theologie des →Vatikanum II: Franz Xaver Arnold, *Predigt als Verkündigung des Wortes Gottes*: LS 10 (1959) 32–45; Paul Bormann, *Die Heilswirksamkeit der Verkündigung nach dem Apostel Paulus. Ein Beitrag zur Theologie der Verkündigung*, Paderborn 1965; Heinrich Fries (Hg.), *Wort und Sakrament*, München 1966; Franz Sobotta, *Die Heilswirksamkeit der Predigt in der theologischen Diskussion der Gegenwart*, Trier 1968; Heinrich Jakob, *Theologie der Predigt. Zur Deutung der Wortverkündigung durch die neuere katholische Theologie*, Essen 1969.

7. *Predigttheologie des Zweiten Vatikanum*

Jedes Konzil ist vielstimmig. Viele bekannte und noch mehr unbekannte Stimmen schlagen sich in Konstitutionen und Deklarationen nieder. Darum ist es angezeigt, nach dem Tenor zu suchen, der in allen Texten mitklingt, er orientiert die Hermeneutik der Texte. Die Quellen, die Vorgeschichte und der Verlauf des →Vatikanum II machen den Tenor vernehmlich. Intensives *Quellenstudium* der frühen Kirche, der mittelalterlichen Theologie und der Philosophie und Theologie des 19. Jh. lassen zusammen mit biblischen Arbeiten schon im Vorfeld des Konzils ein neues Bild von Kirche und Welt entstehen: Kirche als Gemeinschaft der Glaubenden – solidarisch mit der Welt, die sie zum Mitglauben einladen soll. Somit wird *Geschichte* jetzt als Raum der Entscheidung erkannt; und diese Geschichte, das Feld, auf dem sich Gottes Werben um die Menschen vollzieht, ruft zur Verantwortung vor dieser Geschichte, und zwar unter den gegenwärtigen sozialen und kulturellen Bedingungen. Damit ist das dritte Leitwort angedeutet: *Gesellschaft*. Die Kirche will den Mut fassen, die konkrete Greifbarkeit und Geschichtlichkeit der Heilszusage Gottes an die ganze Menschheit entschieden zu bedenken und zu vollziehen und darum die Herausforderungen der Gesellschaft heute auf ihre theologale Qualität zu prüfen. Dementsprechend formuliert Papst →Johannes XXIII. als Programm des Konzils in seiner Eröffnungsansprache: „Heute ist es wahrhaft nötig, daß die gesamte christliche Lehre ohne Abstrich in der heutigen Zeit von allen durch ein neues Bemühen angenommen werde. ... Diese Lehre muß in ihrer ganzen Fülle und Tiefe erkannt werden, um die Herzen vollkommen zu entflammen und zu durchdringen" (zitiert nach O. Müller [Hg.], Vaticanum secundum, Leipzig, I 1963, 215f.).

Hier ist zu erkennen: „Alle Dogmen haben einen pastoralen Sinn und alle Pastoral hat eine dogmatische Bedeutung, beide verkörpern beides. Die Aufgabe, ihre Durchdringung auf allen Ebenen der Lehre und des Lebens der Kirche verbindlich zu erörtern, ist die Aufgabe des Zweiten Vaticanum. Sie ist sein Programm" (Elmar Klinger, Armut. Eine Herausforderung Gottes. Der Glaube des Konzils und die Befreiung des Menschen, Zürich 1990, 86). Und dieses Programm hat eine homiletische Qualität. Denn alle Konzilstexte sprechen zwar nur im nebenbei von Verkündigung und Predigt und Homilie (und Katechese), aber der Grundtenor aller Texte ist die pastorale Präsentation der dogmatischen Aussagen. Die Einheit von Lehre und Leben, von Evangelium und Existenz, von Welt und Kirche wird gesucht. Oder anders gesagt, die Pastoralkonstitution *Gaudium et spes* fungiert als das Prinzip der Hermeneutik aller Konzilstexte: in ihrer empirischen Wendung und ihrer soterischen Ausrichtung.

7.1. *Die predigttheologische Bedeutung der Konstitutionen über die Offenbarung und die Kirche*

So überwindet die dogmatische Konstitution über die göttliche →Offenbarung *Dei verbum* die neuscholastische Vorstellung von der Offenbarung als Instruktion zugunsten einer offenen Begegnungsgeschichte von Gott und Mensch. „Gott wird als Subjekt, aber auch als Inhalt des Geschehens hervorgehoben. Ziel der Offenbarung ist nicht die Mitteilung höherer Erkenntnis (*decreta*), sondern die Eröffnung des Grundgeheimnisses (*sacramentum*). Offenbarung weist ein in die Begegnung mit dem Mysterium Gottes, das in Güte und Weisheit besteht und die Selbstmitteilung Gottes (*Seipsum*) zur Teilhabe der Menschen am göttlichen Leben hin öffnet" (Waldenfels, Fundamentaltheologie 178). Die Offenbarungsgeschichte wird wie eine Einladungsgeschichte vorgestellt – der Idealgestalt einer Predigt nicht unähnlich: „Der unsichtbare Gott redet aus überströmender Liebe die Menschen wie Freunde an und verkehrt mit ihnen, um sie in seine Gemeinschaft einzuladen und aufzunehmen" (Dei Verbum 2). In konsequenter johanneischer Denklinie ist →Jesus Christus – als der Gesandte des Vaters – Offenbarer und Offenbarung; er ist nicht Sprecher Gottes, sondern Gottes Wort, immer ergehendes Wort in der Geschichte – „lebendig bewahrt ... in Heiliger Überlieferung und Heiliger Schrift beider Testamente" (ebd. 7), „sie bilden den einen der Kirche überlassenen heiligen Schatz des Wortes Gottes" (ebd. 10), dem die Kirche in ihrem Leben und Lehren zu dienen hat.

Daraus folgt für die Praxis und Theologie der Predigt: sie lädt als „missionarische Predigt" dazu ein, sich dem rufenden Gott zu stellen und in Freiheit sich ihm in der Kraft des Heiligen Geistes zu übergeben (vgl. ebd. 5). Aus homiletischer Sicht kann die Wiederaufnahme der biblischen Metapher „Volk Gottes" durch das Vatikanum II für das Verstehen von Kirche nicht so leicht überschätzt werden. Die Kirchenkonstitution *Lumen gentium* stellt ausdrücklich im Bild des „Volkes Gottes" die →Kirche dar (Lumen Gentium 9–17). Denn Kirche immer in Geschichte und Gesellschaft wahrzunehmen, dazu leitet die Volk-Gottes-Metapher an (vgl. Yves Congar, *Le Concile de Vatican II. Son Église, Peuple de Dieu et Corps du Christ*, Paris 1984). Näherhin wird die Kirche im ganzen und die Gemeinde vor Ort gleicherweise als Such- und Lerngemeinschaft, als Glaubens- und Feier-Gemeinschaft wieder erkannt – fernab von einer nur abstrakten Wesensekklesiologie (vgl. Hans Zirker, *Ekklesiologie*, Düsseldorf 1984), und zwar immer als eine Kirche der Heiligen und der Sünder. Der soziale Lebensraum „Kirche/Gemeinde" tritt genauso nach vorne wie die immer verdunkelte Heiligkeit, die Pilgergestalt der „Kirche/Gemeinde". Damit sind Ziel und Aufgabe der Predigt benannt: Sie ist Einladung in die Begegnung mit dem geheimnisvollen, verborgen-anwesenden Gott Jesu Christi in den Lebensräumen dieser konkreten Gemeindemitglieder.

7.2. *Die Predigttheologie der Liturgiekonstitution*

Die schon genannten drei Konstitutionen geben der Liturgiekonstitution *Sacrosanctum Concilium* mit ihren Aussagen über die Homilie bzw. Predigt scharfe Konturen. Der vom Vater gesandte Jesus Christus ist in der Liturgie gegenwärtig, gegenwärtig in der Feier der Eucharistie, gegenwärtig in den anderen Sakramenten, „gegenwärtig ist er in seinem Wort, da er selbst spricht, wenn die heiligen Schriften in der Kirche gelesen werden. Gegenwärtig ist er schließlich, wenn die Kirche betet und singt, er, der versprochen hat: Wo zwei oder drei versammelt sind in meinem Namen, da bin ich mitten unter ihnen (Mt 18,20)" (Sacrosanctum Concilium 7). So ist Jesus Christus immer präsentes Subjekt seiner Kirche, und zwar als lockendes, richtendes, heilendes Gotteswort in Person. Liturgie ist von ihrer ganzen Struktur her Dialog: Gottes Gespräch in Jesus Christus mit den Menschen und antwortendes Bitten und Danken der Gemeinde (vgl. ebd. 7.9–14.33). Das heißt auf die Homilie/Predigt bezogen: So wie

Jesus Christus Subjekt der Liturgie ist, so ist er auch Subjekt der Predigt in der Gestalt des Predigers; er führt den Heilsdialog Gottes mit dieser Gemeinde in der Kraft des Heiligen Geistes weiter. Liturgie begnügt sich nicht mit dem gegebenen Status quo dieser oder jener Gemeindesituation, sondern rückt die um Umkehr und Glauben werbende Predigt in das Geschehen der Liturgie selbst, „denn ehe die Menschen zur Liturgie hintreten können, müssen sie zu Glauben und Bekehrung gerufen werden. ... Darum verkündet die Kirche denen, die nicht glauben, die Botschaft des Heils, damit alle Menschen den allein wahren Gott erkennen und den, den er gesandt hat, Jesus Christus, und daß sie sich bekehren von ihren Wegen und Buße tun. Denen aber, die schon glauben, muß sie immer wieder Glauben und Buße verkünden und sie überdies für die Sakramente bereiten" (ebd. 9). Aus all dem ergibt sich (wieder in Analogie zur Liturgie insgesamt): die Homilie/Predigt hat zwei Zielrichtungen, die anbetende, anabatische Richtung – das rühmende Verkünden des Handelns Gottes in der Geschichte und in dieser Stunde – und die soterische, katabatische Richtung – Gottes Heil kommt als Gottes Wort neu zu den Menschen in dieser konkreten Gemeinde und wirkt sein Heil (vgl. ebd. 10.33).

Im Rückblick auf das Konzil und seine implizite Predigttheologie ist dankbar zu unterstreichen: (a) Das Gottesbild hat Konturen gewonnen: dieser Gott ist lebendig, sprechend, werbend, einladend, eifernd – als der Gott Israels, als der Gott Jesu Christi, als der Gott, der in Jesus ganz Wort und im Heiligen Geist ganz Liebe ist – in der paradoxen Vieldeutigkeit der Geschichte gegenwärtig. (b) Das glaubende Subjekt – als Adressat der Predigt – wird über den Gehorsam (vgl. Röm 16,26) nun auch in seiner Freiheit wahrgenommen, die sich aufmacht, mit ihrer ganzen Geschichte in der Kraft des Heiligen Geistes den verborgenen Gott Jesu Christi zu suchen. Glauben ist keine Unterwerfung, sondern meinen Lebensgrund in Gott suchen und finden (vgl. Gaudium et spes 11). Glauben ist also eine Praxis: Leben mit dem verborgenen Gott Israels und Jesu Christi, der mein und unser Leben will und vollendet – in nüchterner Freude. (c) Die Kirche insgesamt und die Gemeinde vor Ort können glauben: Gottes Wort als Christus im Menschenwort ist immer zugegen (oder: die Römische Kirche hat nun ihre reformatorische Lektion gelernt).

Allerdings ist auch zu sagen, daß viele Fragen offen bleiben: (a) So ist das Verhältnis von „Gott spricht" und „der Prediger bzw. die Predigerin spricht" ungeklärt; der Lösungsweg „Christus spricht in der Person des Predigers" (Aktualpräsenz) ist noch nicht hinreichend planiert. In diesem Zusammenhang ist auch die Regelung der Laienpredigt unbefriedigend. (b) Die Einheit und Verschiedenheit der beiden Schriftsammlungen „Altes Testament" und „Neues Testament" sind zu wenig bedacht; eine heilsgeschichtliche Kontinuität überwuchert die Brüche und Unterschiede: das Geheimnis Israels. (c) Die öffentliche Dimension der Predigt, im 18. und 19. Jh. durchaus noch wirksam, ist fast gänzlich ausgeblendet (auch in der „missionarischen Predigt"), ausgenommen in der geforderten Einheit von Diakonie, Martyrie und Liturgie (vgl. Sacrosanctum Concilium 9). So ist z. B. eine Theologie der Befreiung als Predigttheorie in den europäischen und nordamerikanischen Regionen nicht zu erkennen. Die Rezeptionsgeschichte des Konzils wird zeigen, in welchen Richtungen und in welchem Ernst die Stärken und Schwächen der konziliaren Predigttheorie weiterwirken.

7.3. *Nachkonziliare Dokumente*

Die vom Konzil bzw. der Liturgiekonstitution (vgl. Sacrosanctum Concilium 35) beschlossene Meßbuchreform ist in ihrer Verwirklichung ohne Zweifel eine säkulare Tat: die Gesamtheit der biblischen Schriften wird in drei Lesejahren für die Sonn- und Feiertage und in zwei Zyklen für die Lesungen der Werktage erschlossen. Die (fast) ganze Bibel ist nun (1969) Gegenstand der Predigt. „Auf daß den Gläubigen der Tisch des Gotteswortes reicher bereitet werde, soll die Schatzkammer der Bibel weiter aufgetan werden, so daß innerhalb einer bestimmten Anzahl von Jahren die wichtigsten Teile der Heiligen Schrift dem Volk vorgetragen werden“ (ebd. 51, vgl. auch 35 und 52). Mit Eifer und Sachverstand machen sich einzelne Autoren, Arbeitsgemeinschaften und viele neue biblisch-liturgisch orientierte Zeitschriften daran, die biblischen Schätze hervorzuholen und auszubreiten; die aufblühenden katholischen Bibelwissenschaften begleiten den Neuanfang. Aber das Gefälle zwischen alter und neuer Praxis ist zu groß; auf den plötzlich anbrechenden „Bibelfrühling folgt kein Sommer“ (vgl. Müller 68). Die Fülle überfordert – Gemeinden und Prediger. Vor allem die Distanz zu den alttestamentlichen Texten verringert sich nur zögerlich. Darum jedoch kurzerhand von einem Scheitern der Liturgiereform zu sprechen (vgl. Erich Zenger, Das Erste Testament. Die jüdische Bibel und die Christen, Düsseldorf 1991, 22ff.) ist voreilig und kaum sachdienlich. Denn den Gemeinden und Predigern bleibt zum Ende der 60er und zu Beginn der 70er Jahre keine Muße, die bibelhomiletische Herausforderung aufzunehmen, offensive sozial- und kulturpolitische Anfragen erfordern rasche Antworten (vgl. sog. Jugendrevolten hier, Tod-Gottes-Theologie dort), ganz zu schweigen von den Turbulenzen, die der innere und äußere Strukturwandel der Kirche und Gemeinden auslöst: Liturgiereform und →Pluralismus in der Theologie, Auswandern breiter Gläubigenschichten und sinkende Mitgliederzahlen bei Priestern und Ordensleuten, dazu ein säkularisierter Entwicklungs- und Fortschrittsoptimismus.

Eines der wichtigsten Anliegen des Konzils, die nähere pastorale und dogmatische Bestimmung des Verhältnisses von Kirche und Welt, nimmt das Apostolische Schreiben *Evangelii nuntiandi* (1975) von Papst →Paul VI. auf, ein Anliegen von hoher predigttheologischer Bedeutung. Zehn Jahre nach dem Konzil wird der im katholischen Sprachgebrauch noch sehr junge Begriff „Evangelisierung“ zum schier revolutionären Begriff der Selbstdarstellung der Kirche. Was ist gemeint? Angeregt von vielen Bischöfen aus den jungen Kirchen schreibt der Bischof von Rom:

> „Evangelisierung besagt für die Kirche, die Frohbotschaft in alle Bereiche der Menschheit zu tragen und sie durch deren Einfluß von innen her umzuwandeln und die Menschheit selbst zu erneuern. ... Das Ziel der Evangelisierung ist also die innere Umwandlung. Wenn man es mit einem Wort ausdrücken müßte, so wäre es wohl am richtigsten zu sagen: die Kirche evangelisiert, wenn sie sich bemüht, durch die göttliche Botschaft, die sie verkündet, zugleich das persönliche und kollektive Bewußtsein der Menschen, die Tätigkeit, in der sie sich engagieren, ihr konkretes Leben und jeweiliges Milieu umzuwandeln“ (Evangelii nuntiandi 18).

Diese Umwandlung in der Einheit von verkündigendem Wort und befreiender Tat beginnt in der Kirche selbst, „die sich durch eine beständige Bekehrung und Erneuerung selbst evangelisiert, um die Welt glaubwürdig zu evangelisieren“ (ebd. 15). In dieser Selbstevangelisierung geht der Kirche – gemessen an der Praxis Jesu – die Einheit von Heilslehre und Heilsleben, von Lebensvision und Lebensstil auf. Und das heißt in bezug auf Verkündigung und Predigt: Ihr Wahrheitsgehalt wird nicht nur auf seine Argumente geprüft, sondern gleicherweise auf ihr stimmiges Lebenszeugnis; die verkündete Befreiung muß als erfahrbare Befreiung erwiesen werden. Damit ist die Verkündigung/ Predigt aufgefordert, die magistrale Geste zugunsten der martyrialen und diakonalen Wahrhaftigkeit aufzugeben. Und zugleich ist das Verhältnis Kirche – Welt neu bestimmt. Nach der endgültigen Auflösung der letzten Verschränkungen von Religion und Gesellschaft erkennt nun die Kirche: sie schuldet „der Welt das Evangelium als Heil und Heilung – das ist die Gnade und eigentliche Berufung der Kirche, ihre tiefste Identität“ (ebd. 14). Die Anliegen der großen Prediger Sailer und Hirscher, Lacordaire und Ketteler, Newman und Rahner scheinen in dieser Einsicht zusammenzufließen: in dieser Neubestimmung des Verhältnisses von Religion und Gesellschaft, Säkularem und Sakralem. Welche predigtpraktischen Folgen hat dieses Apostolische Schreiben? In den europäischen und nordatlantischen Ländern sind die Wirkungen gering; in den sog. Jungen Kirchen wird es zur Magna Charta der verschiedenen „Theologien der Befreiung“ und ihrer eigenen Verkündigungspraxis.

7.4. Predigtpraxis und Predigttheorien in den Jungen Kirchen

Es muß wie höchste eurozentrische oder sogar germanozentrische Arroganz aussehen, wenn hier von der Predigtpraxis der (katholischen) sog. Jungen Kirchen nur auf wenigen Zeilen gesprochen wird. Aber nicht Überheblichkeit oder Desinteresse sind die Ursache der spärlichen Auskünfte, sondern einfach der Mangel an authentischen Quellen.

Drei Einzelursachen sind zu erkennen:

1) Praktische Theologie rückt erst nach dem Vatikanum II zu einer eigenständigen theologischen Disziplin auf; Homiletik als selbständige praktisch-theologische Teildisziplin gibt es (noch) nicht. Predigtkurse werden, ähnlich wie die liturgische und katechetische Ausbildung, in der Regel in kirchlichen Hochschulen und Priesterseminaren besorgt – ungeachtet der lokalen und kulturellen Besonderheiten.

2) Gerade in den praktisch-theologischen Fächern sind die Altlasten der missionskirchlichen Abhängigkeiten besonders deutlich zu erkennen. So zögerlich eigenständige liturgische Formen heranwachsen (dürfen), so zögerlich entstehen authentische, nicht nur adaptierte katechetische und homiletische Materialien, meist in der Form von liturgiekatechetischen Empfehlungen. Inkulturierte homiletische Konzepte sind noch nicht zu erkennen; selbst in Brasilien und Argentinien gibt es zwar einige Predigtdienste, die Vorlagen anbieten, aber homiletische Literatur (wenn vorhanden) stammt aus Nordamerika und Europa (eine seltene Ausnahme: Oscar Romero, *La voz de los sin voz*, hg. v. Jon Sobrino u.a., San Salvador 1980; die beste Handreichung zur Predigtvorbereitung [*La Homilía*, hg. vom Departamento de Liturgía del CELAM, Bogota 1981] hat über das Spezifische der Predigt in Lateinamerika nichts zu sagen). Erkundungen in afrikanischen und asiatischen Ortskirchen ergeben ein ähnliches Bild, von Ausnahmen abgesehen.

3) In vielen Jungen Kirchen hat sich ein neues Verständnis von Gemeinde und Liturgie entwickelt. Vertikale, pyramidale Strukturen haben sich horizontalisiert. Etwas überspitzt kann man sagen: In dem Maß, in dem Mitglieder kleiner Basisgemeinden das Experiment der Nachfolge Jesu wagen, werden ihre Erfahrungen zum Impuls der Theologie. „Basisgemeinden sind Erfahrungsraum der Gegenwärtigkeit des Reiches Gottes, in ihnen hört die Theologie auf das Volk und wird das Volk zum Lehrer der Theologie. Es nimmt jene brüderliche und schwesterliche Gesellschaft vorweg, in der Gott Vater genannt werden kann, weil die Menschen wirklich Brüder und Schwestern werden" (Elmar Klinger, Armut, Zürich 1990, 236). Selbstverständlich gewinnen in solchen Erfahrungsräumen Predigten neue Formen – jenseits der homiletischen Konzepte. Die aus europäischer Sicht rasche Aktualisierung und Funktionalisierung biblischer Texte haben wir nicht zu bewerten. Die auf Breitenwirkung angelegten bibelpastoralen Bemühungen von C. Mesters und F.-L. Lentzen-Deis lassen bald Veränderungen erhoffen – im lateinamerikanischen Raum.

8. Ein Rundblick auf die gegenwärtige Predigtlandschaft

Hier wird weder eine Bilanz versucht (diese steht erst späteren Generationen zu) noch eine Vermessung der Predigtlandschaft, sondern tatsächlich nur ein Rundblick (mit geringer Tiefenschärfe) wird gewagt, der das eine deutlicher wahrnimmt und das andere fast übersieht; auch der Blickwinkel ist eingeschränkt: nur die nordatlantischen Länder sind im Blick, die südliche Hemisphäre fällt gänzlich aus (also kein Länderbericht). Insgesamt zehn Themenfelder werden benannt; ausgeblendet bleibt – ziemlich künstlich und ganz und gar gegen die sonst übliche Praxis – das selbstverständliche Miteinander der evangelischen und katholischen Predigtpraxis und Predigttheorie.

8.1. Homiletische Themenfelder

8.1.1. Das Vatikanum II hat die Predigt wieder eng mit der Liturgie und der Heiligen Schrift verbunden. Darum prägt zum Ende der 60er, zum Beginn der 70er Jahre eine *biblische Aufmerksamkeit* die Predigttheorie und die Predigtpraxis (vgl. als Beispiel: Franz Kamphaus, *Von der Exegese zur Predigt. Über die Problematik einer schriftgemäßen Verkündigung*, Mainz 1968). Das Gefälle zwischen dem Bibelverständnis der gängigen Predigt und der höchst fruchtbaren Bibelwissenschaften ist sehr groß und nicht weniger die Anziehungskraft der exegetischen Diskussion (Verständnis der Osterberichte, der Kindheitsgeschichten, der Wundererzählungen, Pentateuchquellen, Streit um die Heilsgeschichte). Eifrig, übereifrig (fast einfältig) wird bibeltheologisches Wissen als Remedium der Gemeindepredigt verabreicht (vielfach begleitet von Bibelseminaren), ohne die unterschiedlichen Verstehensstrukturen der Hörer und der biblischen Texte näher zu bedenken.

8.1.2. Dann setzt bald eine *hermeneutische Reflexion* – wie ein retardierendes Moment – ein (vgl. als Beispiel: Eugen Biser, *Die Gleichnisse Jesu*, München 1965), angestoßen von der erfahrenen Distanz der Gemeinden und Prediger zu den biblischen Texten und Themen und begleitet von Hans-Georg Gadamers Programmschrift *Wahrheit und Methode* (Tübingen 1960). Die Aufmerksamkeit richtet sich nun auf die größeren Zusammenhänge: auf die Räume, in denen die Texte entstanden sind, und auf die Räume, in denen die Texte heute verkündet und bedacht werden. Die intersubjektive Nachvollziehbarkeit der Sprach- und Glaubenswege tritt in den Vordergrund.

8.1.3. Das Ungenügen dieser „nur" geisteswissenschaftlichen Klärungsversuche des Problemknäuels wächst; die historisch-kritische Exegese allein ist keine ausreichende Predigtorientierung. Da bietet sich eine „empirische Wendung" zu den Sozialwissenschaften an: Das Gesamtgeschehen der Verkündigung wird mit kommunikationstheoretischen Kategorien zu erfassen gesucht: *Predigt als Kommunikationsprozeß* (vgl. dazu als ein Beispiel: *Handreichungen für den pastoralen Dienst: Verkündigung*, Autoren: Elmar Bartsch u.a., Mainz 1970). Die Stärken dieses Verstehensansatzes sind rasch erkannt: Das überaus komplexe Predigtgeschehen wird durchsichtig, fast organisierbar, die Hörer und die Verkündiger gewinnen Konturen, der Gegenstand der Predigt und ihre sprachliche Gestalt in bestimmten Situationen treten in den Vordergrund. Die Schwächen sind hier die Stärken: das Modell sagt wenig über die Beschaffenheit der Einzelgrößen und die Bedingungen ihrer reziproken Wirkungen.

8.1.4. Darum wendet sich nun die Aufmerksamkeit auf die Sprache: *Predigt als Sprechakt*. Die Sprache als Medium, sogar als Medium der Erfahrung Gottes in Person, ist der christlichen Theologie schon immer vertraut – eher aus dogmatischer (christologischer) Sicht; aber worin die mittlerische, die kreatorische Kraft der Sprache gründet, das gilt es nun aufzuklären (vgl. Ottmar Fuchs, *Sprechen in Gegensätzen. Meinung und Gegenmeinung in kirchlicher Rede*, München 1978 und ähnlich in Kurzfassung: ders., *Die lebendige Predigt*, München 1978). Die Homiletik sucht das Gespräch mit der Linguistik. Schrittweise wird die reproduzierende, die handelnde und die sinnstiftende Dimension der Sprache freigelegt; Predigt wird als Praxis, als religiös-kirchliche Praxis im Vollsinn erkannt: als kommunikative Praxis.

8.1.5. Bald wird die seit der kerygmatischen Erneuerung in den 30er Jahren gemiedene →Rhetorik zum gesuchten Partner der Predigttheorie: eine kleine *rhetorische Renaissance* keimt für kurze Zeit in der katholischen Homiletik auf (vgl. dazu: Thomas Reschke/Michael Thiele, *Predigt und Rhetorik*, St. Ottilien 1992 [SPT 39]), zumeist als Auseinandersetzung mit Josef Kopperschmidt (*Allgemeine Rhetorik. Einführung in die Theorie der Persuasiven Kommunikation*, Stuttgart 1973) und Gert Otto (*Predigt als Rede. Über die Wechselwirkung von Homiletik und Rhetorik*, Stuttgart 1976). Aber ansonsten hält sich die katholische Abstinenz in Sachen Rhetorik konstant.

8.1.6. Um so erfreulicher ist, daß die sprachwissenschaftliche Sensibilisierung einerseits und die veränderten Vermittlungsformen von Religion und christlichem Leben andererseits die Blicke nun auf die Sprachgestalt jüdisch-christlichen Glaubens lenken, näherhin auf seine erzählerische Gestalt. Und das bedeutet für die Predigt: *sie darf (wieder) erzählen* (vgl. dazu Rolf Zerfaß [Hg.], *Erzählter Glaube, erzählende Kirche*, 1988 [QD 116]). Das Narrative ist nicht lediglich geduldet (als eine Form der *delectatio* im Sinn der antiken Redekunst), sondern Erzählen ist die Sprachgestalt des Glaubens. „Der Glaube vermag sich ... in der Freiheit des Erzählers und in der Freiheit des Hörers zu überliefern, weil jede Geschichte das Ganze des Glaubens in sich trägt – das Ganze im Fragment" (ebd. 8).

8.1.7. Endlich sucht die Homiletik – über die wiedergewonnene Aufmerksamkeit für Sprache – *Annäherungen an die Literatur*. Denn in der Literatur erkennt die Theologie/Homiletik eine Gefährtin auf der Suche nach verborgener Wirklichkeit. Literatur erfindet *eine* Wirklichkeit, um *der* Wirklichkeit auf die Spur zu kommen. Theologie glaubt *die* Wirklichkeit zu kennen, aber nur zu oft verliert sie diese Wirklichkeit in homiletischer Ausdrücklichkeit. Darum sind Prediger gut beraten, in die Schule der Literatur zu gehen: hier können sie bescheidener werden (vgl. dazu Ottmar Fuchs, *Literarische Prosa und Biblische Geschichten*: ThPr 18 [1983] 12–18) – mitten zwischen zu lauten, zu vielen, zu heftigen Predigtworten.

8.1.8. In dem versuchten Rundblick ist nun auf die wichtigsten Partner im Predigtgeschehen zu schauen: auf die Hörer und auf den Prediger und auf den verborgenen Gott. Schon allein die Thematisierung des *Predigers als Subjekt*, als Glaubender, als kompetenter Sprecher und als beauftragter Verkündiger ist in der katholischen Predigtlehre etwas Neuartiges, zumal wenn das Subjekt-Werden und das Predigt-Werden so konsequent miteinander verknüpft werden wie bei R. Zerfaß (vgl. *Grundkurs Predigt 1. Spruchpredigt*, unter Mitarbeit von Klaus Roos, Düsseldorf 1987). Die katholische Scheu, „Ich" zu sagen („Ich frage", „Ich hoffe", „Ich predige"), wird schichtweise abgebaut und zugleich in diesem Ich-Finden (in Schweigen, Betrachtung, im Horchen auf die Stimme des biblischen Wortes und der Gemeinde) das Wort der Predigt aufgespürt. In dieser respektvollen Diskretion verkommen auch „homiletische Faustregeln" nicht zu Predigtkniffen.

8.1.9. Das Umgehen mit dem „homiletischen Dreieck" (mit den drei Stellgrößen Wort – Gemeinde – Prediger im Raum der Liturgie) ist jedem Prediger vertraut und damit der Blick auf die Hörer, die Gemeinde. Aber gerade darum steigt das Predigtdilemma: die Erwartungen der Gemeinde an die Predigt und die Erwartungen, die der Prediger im Wort des Glaubens vernimmt, gehen scherenförmig auseinander. Die Vielstimmigkeit der Christentümer einer Gemeinde heute – am Ende der Entinstitutionalisierung von Religiösität – verdunkelt (zumindest!) die erwartete Brauchbarkeit der einen Stimme der Predigt. Und der Weg *„Mit der Gemeinde predigen"* läßt sich nur schwer trassieren (vgl. R. Zerfaß [Hg.], *Mit der Gemeinde predigen*, Gütersloh 1982). Die Idee hat ihren konzeptionellen Glanz: *communio*, Leitwort des Vatikanum II, wächst in der Kirche/Gemeinde heran aus der Kraft des Heiligen Geistes in Wort und Sakrament; Kirche/Gemeinde wird durch das Wort zum Sakrament der *communio*, folglich ist Predigt im Dienst des Wortes gemeindebildend und gemeindestärkend. Aber die praktischen Schwierigkeiten sind erheblich (vgl. vor- und nachbereitende Predigtgespräche; wie gewinnt die Gemeinde als Lebens- und Lerngemeinschaft ihre Stimme? die ungelöste Frage der Laienpredigt). Wahrscheinlich werden sich Lösungen erst aus einem gewandelten Kirchen- und Gemeindeverständnis ergeben, das in kenotischer Demut institutionelle Sicherung abbaut zugunsten einer erstrangigen Reich-Gottes-Suche (vgl. Mt 6,33).

8.1.10. Am Anfang und am Ende des Rundblicks richtet sich der Blick auf den menschenfreundlichen Gott Israels und Jesu Christi. *Von Gott predigen* wird heute um so dringlicher, als die Zahl der Gottesangebote steigt und der Mut der Christusgläubigen sinkt. Verdrossen erklären Christen: „Die Krise der Religion bedrängt uns!" Da ist dagegenzuhalten: „Die Inflation der Religion bedrängt die Christen!" Und dazu ergänzend: „Die Glaubwürdigkeit der Christen schwindet, indem sie Gewißheit per Predigt behaupten, die sie per Alltag nicht belegen." Das Von-Gott-Predigen wird sich neu mit dem Mit-Gott-Leben verbinden müssen, um der Rede von Gott Glaubwürdigkeit geben zu können (vgl. dazu Ottmar Fuchs, *Von Gott predigen*, Gütersloh 1984). Wer in seiner Predigt das Risiko und die Strapaze des Lebens mit Gott nicht versteckt, spricht glaubwürdig von Gott und von den Gläubigen. Im übrigen ist zu erwarten, daß gerade das Ernstnehmen der gegenwärtigen Glaubensbedingungen auch neue Glaubenseinsichten hervorbringt; und auf dieses alte und neue Sprechen von dem Anderen, von Gott, wartet auch die gegenwärtige Gesellschaft.

8.2. Andrängende Themenfelder

Beim Rundblick sind auch wenig bzw. ungenügend bearbeitete Felder in der katholischen Predigtlandschaft zu erkennen; die drei andrängendsten Themenfelder seien abschließend genannt:

8.2.1. Verkündigung in den Medien. Das paulinische Diktum, daß der Glaube vom Hören kommt (Röm 10,17), scheint sich für die Kirchen im Umgang mit den aufkommenden Massenmedien (→Medien) zunächst in ganz besonderer Weise zu bewahrheiten. „Der Rundfunk kann Künder weltumspannender göttlicher Ideen sein. Wir haben den Glauben, daß die Kirche den Menschen nicht nur dem ewigen Ziele zuführt, sondern daß sie in der göttlichen Wahrheit und Liebe auch die Schätze für das Menschsein im edelsten Sinne schon in dieser Welt anbietet. Traditionsfreude darf uns nicht zum Abseitsstehen verleiten. Tradition verpflichtet vielmehr das überkommene, geistige Erbe zu bewußtem Einsatz – auch beim Funk" (Wolfgang Bettecken, Sein Leben gehörte dem Rundfunk. Prälat Bernhard Marschall vor 100 Jahren in Steele geboren: Funk-Korrespondenz Nr. 51–52 [1988] 14). Mit weniger Pathos und nicht zuletzt angestoßen von der nachkonziliaren Medienenzyklika *Communio et progressio* (1971) werden die Massenmedien (insbesondere der Rundfunk [→Hörfunk]) und die darin von den Kirchen veranstalteten Verkündigungssendungen zu einer *Quaestio disputata*. Gekennzeichnet ist diese rundfunkhomiletische Diskussion über weite Strecken von der naiven Vorstellung unbegrenzter multiplikatorischer Möglichkeiten des Mediums hier, das gleichsam selbstredend die Missionierungs- und Evangelisierungsbestrebungen der Kirchen betreibt, und einer verengten Sichtweise massenmedialer Kommunikationsprozesse dort, die der Vielschichtigkeit der Verkündigung via Rundfunk oder →Fernsehen auch nicht annähernd gerecht wird. Ein erst allmählich sich durchsetzendes Problembewußtsein für den Verkündigungsinhalt mit Blick auf das zur Verfügung stehende Medium schärft sich durch das von Hans Jürgen Schultz im Anschluß an D. →Bonhoeffer formulierte Postulat eines „weltlichen Sprechens von Gott" (vgl. H.J. Schultz, *Weltlich von Gott reden. Das Wort der Kirche im Rundfunk*, 1963 [CwH 63]). Es geht darum, die oftmals als nur schablonenhaft empfundene Kirchen- und Predigtsprache aus ihrer Isolation zu befreien und sie den Bedingungen des Mediums einzupassen, ohne daß diese dabei ihr Genre aufzugeben hat. Die Gründe für dieses neue Paradigma sind allerdings nicht nur als „Fortschritt an Einsicht und Verständnis auf seiten der Theorie qua Theologie, der hier zum Ausdruck kommt", zu bewerten, sondern vielmehr „als deutliche Kritik an der bisherigen Praxis kirchlichen (Mit-)Wirkens im Rundfunk, die diese Entscheidung forciert hat" (Hans Joachim Dörger, Kirche und Öffentlichkeit, Stuttgart 1979, 50). Doch schon nach wenigen Jahren ebbt die hier in den Blick genommene Problematik einer *theologia publica* ab, ohne daß sie die Praxis wirklich befruchtet. Und nun dümpelt (bis auf vereinzelte Wortmeldungen) der Themenbereich „Verkündigung in den Medien" vor sich hin – bei zugleich ungebrochener Repräsentanz kirchlicher Verkündigungssendungen in den Medien. Die Gründe hierfür liegen sicherlich in der unzureichenden Bestimmung des Verhältnisses von Situation und Identität, deren richtige Balance für jeden homiletischen Versuch in den Massenmedien konstitutiv ist. Es mangelt also einerseits am Bedenken des Zueinanders von kommunikationspsychologischen, soziologischen und kommunikationstheoretisch-medialen Faktoren, und andererseits wird die Frage nach dem verkündigenden Subjekt, d.h. nach dem Veranstalter der Verkündigung – nach dessen Selbstreferenz im Blick auf die eigene Legitimations- und Partizipationsfunktion im öffentlichen Gespräch – nicht deutlich genug beantwortet. In welches Verhältnis nun beide Seiten zueinander kommen, gründet letztlich im Rekurs nach innen, d.h. in der Frage nach ihrem Selbstverständnis.

8.2.2. Politische Predigt. Das Vatikanum II hat die Alternative Anpassung oder Widerstand bzw. Flucht für das Verhältnis von Kirche und Welt verworfen. Evangelisierung heißt die neugefundene Verhältnisbestimmung in Kurzform, und zwar vorzugsweise in der Form der Selbstevangelisierung. Das heißt hier: Die Kirche/Gemeinde schuldet der Gesellschaft, in der sie lebt, die Verkündigung des Evangeliums gerade in der Auseinandersetzung mit diesen öffentlichen Fragen dieser Gesellschaft, denn die Öffentlichkeit ist der Raum theologischer Wahrheitsfindung und homiletischer Verkündigung. Darum kann (eigentlich) christliche Predigt nicht unpolitisch sein. Zwar stellt diese Einsichten schon die politische Theologie zu Beginn der 70er Jahre heraus (vgl. als glänzendes Zeugnis *Unsere Hoffnung. Ein Bekenntnis zum Glauben in dieser Zeit*: OGGSB 1 [1976] 85–111), aber sie bleiben weithin wirkungslos. So nimmt die Alltagspraxis der Gemeinde (in weiten Teilen) nicht an der Hermeneutik und Interpretation des Evangeliums heute teil. Vor allem die eschatologische Dimension der Geschichte bleibt verstellt. Aus dem Ganzen ergibt sich: die politische Predigt ist unverzichtbar. Die politische Predigt unterscheidet sich deutlich von der politischen Rede: die eine will intervenieren, die andere regieren (über verhängnisvolle Vermischungen berichtet Heinrich Missalla, *‚Gott mit uns'. Die deutsche Kriegspredigt 1914–1918*, München 1968).

8.2.3. Liturgische Predigt. R. Guardini fordert die „mystagogische Predigt", denn „durch die Wandlung des Weltbildes bekommt die Liturgie eine neue Dringlichkeit und die Predigt einen neuen Sinn. ... Die Zukunft des christlichen Daseins scheint davon abzuhängen, wieweit es lernt, Gott in der so intensiv wirklichen Welt am Werke zu sehen; ihn als noch mächtiger und wirklicher zu empfinden als diese; die Welt wieder gleichsam Gott in die Hand zu geben, und sich selbst aus seinem Schaffen und Handeln zu begreifen" (R. Guardini, Die Mystagogische Predigt: Karl Borgmann [Hg.], Volksliturgie und Seelsorge. Ein Werkbuch zur Gestaltung des Gottesdienstes in der Pfarrgemeinde, Kolmar o.J., 157–169, hier 157). Gewiß sind Teile dieser Forderungen erfüllt – durch die Liturgiereform des Vatikanum II und zugleich aber auch die liturgische Praxis heute. Aber die entscheidende mystagogische Dimension im Feiern und Bedenken der Liturgie bleibt ausgespart. Zwei Umgangsformen mit der Liturgie sind vorherrschend: Liturgie als Verherrlichung Gottes und Heiligung der Menschen (Sacrosanctum Concilium 7) und (seit den 70er Jahren) die Liturgie als Feier meines/unseres Glaubens mit der Gemeinde. Beide Formen haben ihren guten Sinn, aber sie verharren in einer seltsamen Statik; der Status quo ist der Inhalt der Feier (auch die Rede von den katabatischen und anabatischen Bewegungen ändert daran wenig). Und die mystagogische Predigt will die einladende und heiligende Dynamik der Liturgie wieder aufdecken (vgl. Albert Gerhards, *Die Rolle des Gottesdienstes für die Weitergabe des Glaubens*: Wolfhart Pannenberg/Theodor Schneider [Hg.], Verbindliches Zeugnis, Freiburg/Göttingen, II 1995, 259–283). Die mystagogische Predigt rechnet mit der Schon-Gegenwart des Reiches Gottes und zugleich mit seiner Noch-Nicht-Zukunft. Insofern lädt die mystagogische Predigt (darum ihr Name) zu neuen Such-, Lern- und Feier-Geschichten des Lebens aus der Inspiration des Evangeliums ein. Die Liturgie begreift sich hier als Weggeschehen und Wegfeier mit solchen, die erst anfangen, die zwar schon unterwegs sind, aber die Ankunft erst erhoffen.

Andere, heute wenig bestellte Felder seien wenigstens benannt: Kinder- und Jugendpredigt, die Predigtgeschichte, die Predigtausbildung, Bedeutung der bischöflichen Predigten (Hirtenbriefe), Erforschung der Predigtwirkungen – diachron und synchron – auch in Verbindung mit der Alltagsforschung.

Literatur

Allgemeine Einführungen: Walter Burghardt SJ, Preaching – the Art and the Craft, New York 1987. – Richard van Dülmen, Kultur u. Alltag in der frühen Neuzeit. III. Religion – Magie – Aufklärung, München 1994. – Richard Klien, Die Kath. Predigt. Texte u. Analysen, Bremen 1967. – Jean Longère, La prédication médiévale, Paris 1983. – Georges Longhaye SJ, La prédication, grand maîtres et grand lois, Paris 1888; dt.: Mainz 1935. – Michael Menzel, Predigt u. Predigtorganisation im MA: HJ 111 (1991) 337–384. – Hansgeorg Molitor/Heribert Smolinsky, Volksfrömmigkeit in der frühen Neuzeit, 1994 (KLK 54). – Heiko A. Oberman, Werden u. Wertung der Reformation. Vom Wegestreit zum Glaubenskampf, Tübingen 1977. – Horst Rabe, Dt. Gesch.

1500–1600. Das Jh. der Glaubensspaltung, München 1991. – Johann Baptist Schneyer, Die Unterweisung der Gemeinde über die Predigt bei scholastischen Predigern. Eine Homiletik aus scholastischen Prothemen, München/Paderborn/Wien 1968. – Ralph G. Turnbull, A History of Preaching, 3 Bde., Ann Arbor, Mich. 1974. – William H. Willimore/Richard Liseher (Hg.), Concise Enyclopedia of Preaching, Louisville, Ky. 1995. – Ernst Walter Zeeden, Konfessionsbildung. Stud. zur Reformation, Gegenreformation u. kath. Reform, Stuttgart 1985.

Zu 1.: Alfons Auer, Die vollkommene Frömmigkeit nach dem Enchiridion militis christiani des Erasmus v. Rotterdam, Düsseldorf 1954. – Cornelis Augustijn, Erasmus v. Rotterdam. Leben – Werk – Wirkung, München 1986. – Remigius Bäumer, Georg Witzel (1501–1573): Kath. Theologen der Reformationszeit, hg. v. Erwin Iserloh, I 1984 ^{2}1991 (KLK 44) 125–132. – Ders., Friedrich Nausea (ca. 1490–1552): ebd. II 1985 (KLK 45) 92–103. – Ders., Friedrich Nausea (um 1490–1552): Fränkische Lebensbilder 14, hg. v. Alfred Wendehorst u.a., Neustadt a.d. Aisch 1991 (VGFG 7. R. A) 65–83 (Lit.). – August Brandt, Johann Ecks Predigttätigkeit an U. L. Frau in Ingolstadt (1525–1542), 1914 (RGST 27/28). – Émile Brouette, Art. Devotio moderna: TRE 8 (1981) 605–609. – Kaspar Elm, Reformbemühungen u. Observanzbestrebungen im spätma. Ordenswesen, Berlin 1989. – Georgette Epiney-Burgard, Gérard Grote (1340–1384) et les débuts de la Dévotion moderne, 1970 (VIEG 54). – Erasmus v. Rotterdam, Ausgew. Schr., 8 Bde., Darmstadt 1967–1980. – Erich Feifel, Grundzüge einer Theol. des Gottesdienstes. Motive u. Konzeption der Glaubensverkündigung Michael Heldings (1506–1561) als Ausdruck einer kath. „Reformation", 1960 (UTS 15). – Ders., Der Mainzer Weihbischof Michael Helding (1506–1561), Wiesbaden 1962. – Joseph Greving, Johann Ecks Pfarrbuch f. U. L. Frau in Ingolstadt, 1908 (RGST 4/5). – Rudolf Haubst, Die Christologie des Nikolaus v. Kues, Freiburg 1956. – Manfred Hoffmann, Erkenntnis u. Verwirklichung der wahren Theol. nach Erasmus v. Rotterdam, 1972 (BHTh 44). – Herbert Immenkötter, Art. Nausea, Friedrich: TRE 24 (1994) 230–235. – Erwin Iserloh, Johannes Eck 1486–1543. Scholastiker, Humanist, Kontroverstheologe, 1981 (KLK 41). – Ders., Johannes Eck im Streit der Jahrhunderte, 1988 (RGST 127). – Hans Norbert Janowski, Geert Groote, Thomas v. Kempen u. die Devotio moderna, Olten 1978. – Wilbirgis Klaiber (Hg.), Kath. Kontroverstheologen u. Reformer des 16. Jh. Ein Werkverz., 1978 (RGST 116). – Dies., Johannes Eck u. Geiler v. Kaisersberg: FDA 100 (1980) 248–255. – Dies., Ecclesia militans. Stud. zu den Festtagspredigten des Johannes Eck, Münster 1982. – Josef Koch, Vier Predigten im Geiste Eckharts. Lat. u. dt., Heidelberg 1936. – Friedhelm Krüger, Humanistische Evangelienauslegungen, 1986 (BHTh 68). – Wolfgang Lentzen-Deis, Den Glauben teilen. Theol. u. Verkündigung bei Nikolaus v. Kues, 1991 (PTHe 2). – MFCG. – Rudolf Padberg, G. Witzel, ein Pastoraltheologe des 16. Jh.: ThGl 135 (1955) 385–409. – Ders., Erasmus als Katechet. Der literarische Beitr. des Erasmus v. Rotterdam zur kath. Katechese des 16. Jh. – eine Unters. zur Gesch. der Katechese, Freiburg 1956. – Helmut Pfeiffer, Der Rückgriff auf das NT im Denken des Nikolaus v. Kues: TThZ 94 (1985) 197–211. – Karl Schreiner (Hg.), Laienfrömmigkeit im späten MA, München 1992. – Hans Gerhard Senger, Art. Nikolaus v. Kues: TRE 24 (1994) 554–564. – Heribert Smolinsky, Michael Helding (1506–1561): Kath. Theologen der Reformationszeit, hg. v. Erwin Iserloh, II 1985 (KLK 45) 124–136. – Robert Stupperich, Erasmus v. Rotterdam u. seine Welt, Berlin/New York 1977. – Thomas v. Kempen, Nachfolge Christi. Textkrit. Ausg. (Regensburger Ausg.), Regensburg 1957. – Winfried Trusen, Um die Reform u. Einheit der Kirche. Zum Leben u. Werk Georg Witzels, 1956 (KLK 14). – Peter Walter, Theol. aus dem Geist der Rhetorik, 1991 (TSTP 1). – Gerhard Philipp Wolf, Friedrich Nausea (1496–1552). Prediger, Kontroverstheologe u. Bischof: ZBKG 61 (1992) 59–101.

Zu 2.: Wilfried Barner, Barockrhetorik. Unters. zu ihren gesch. Grundlagen, Tübingen 1970. – Carlo Bascapé, De vita et rebus gestis Caroli S. R. E. Cardinalis tituli S. Praxedis, archiepiscopi Mediolani libri septem, Mailand 1983 (Lit.). – Bernhard Bauer, Jesuitische „ars rhetorica" im Zeitalter der Glaubenskämpfe, Frankfurt a.M. 1986 (Mikrokosmos 18). – Peter Bayley, French Pulpit Oratory 1598–1650. A Study in Themes and Styles, Cambridge/New York 1980. – Philip V. Brady, Prokop v. Templin (1608–1680), „Redner" u. „Poet". Zur volksbezogenen Praxis eines dichtenden Kapuziners: Lit. u. Volk im 17. Jh. (s.u.) II, 527–541. – Peter Brecht, Der Barockprediger Ignatius Ertl. Ein Beitr. zur Gesch. der süddt. Barocklit., Diss. phil. München 1967. – Dieter Breuer, Der Prediger als Erfolgsautor. Zur Funktion der Predigt im 17. Jh., 1981 (VB 3). – Ders., Absolutistische Staatsreform u. neue Frömmigkeitsformen. Vorüberlegungen zu einer Frömmigkeitsgesch. der frühen Neuzeit aus literaturhist. Sicht: ders. (Hg.), Frömmigkeit in der frühen Neuzeit. Stud. zur rel. Lit. des 17. Jh., Amsterdam 1984 (Cloe 2) 5–25. – Johann Nepomuk Brischar, Die kath. Kanzelredner Deutschlands seit den letzten drei Jahrhunderten, 5 Bde., Schaffhausen 1867–1871. – Wolfgang Brückner, Geistliche Erzähllit. der Gegenreformation im Rheinland: RhV 40 (1976) 150–169. – Ders., Thesen zur literarischen Struktur des sog. Erbaulichen: Lit. u. Volk im 17. Jh. (s.u.) I, 27–48. – Anna Coreth, Pietas austriaca. Österr. Frömmigkeit im Barock, Wien ^{2}1982. – Gerhard Dünnhaupt, Personalbiographie zu den Drucken des Barock, 6 Bde., Stuttgart

^{2}1990ff. – Franz M. Eybl, Gebrauchsfunktionen barocker Predigtlit. Stud. zur kath. Predigtsammlung am Beispiel lat. u. dt. Übers. des Pierre de Besse, Wien 1982. – Ders., Abraham a Sancta Clara. Vom Prediger zum Schriftsteller, Tübingen 1992 (Frühe Neuzeit 6) (Lit.). – Balthasar Fischer, Predigtgrundsätze des hl. Karl Borromäus: TThZ 61 (1952) 213–221. – Gegenreformation u. Lit. Beitr. zur interdisziplinären Erforschung der kath. Reformbewegung, hg. v. Jean-Marie Valentin, Amsterdam 1979. – Guillaume van Gemert, Die Werke des Aegidius Albertinus (1560–1620). Ein Beitr. zur Erforschung des deutschsprachigen Schrifttums der kath. Reformbewegung in Bayern um 1600 u. seiner Quellen, Amsterdam 1979. – Barbara Goy, Aufklärung u. Volksfrömmigkeit in den Bistümern Würzburg u. Bamberg, Würzburg 1969. – Eduard Hegel, Das Erzbistum Köln zw. Barock u. Aufklärung (1688–1814). Gesch. des Erzbistums Köln IV, Köln 1979. – Valentin Hertle, Andreas Strobel als Modellfall der bayerischen Barockpredigt, Diss. theol. München 1965. – Urs Herzog, Geistliche Wohlredenheit. Die kath. Barockpredigt, München 1991 (Lit.). – Emilio Hidalgo-Serna, Das ingeniöse Denken bei Balthasar Gracian. Der ›concepto‹ u. seine logische Funktion, München 1985 (Humanistische Bibliothek I/43). – Ingrid Höpel, Emblem u. Sinnbild. Vom Kunstbuch zum Erbauungsbuch, Frankfurt a.M. 1987. – Bernhard M. Hoppe, Predigtkritik im Josephinismus. Die „wöchentlichen Wahrheiten f. u. über die Prediger in Wien" (1782–1784), St. Ottilien 1989. – Benno Hubensteiner, Vom Geist des Barock. Kultur u. Frömmigkeit im alten Bayern, München 1967. – Leonhard Intorp, Die westfälische Barockpredigt, Diss. phil. Münster 1962. – Herbert Jaumann, Die dt. Barocklit. Wertung – Umwertung. Eine wertungsgesch. Stud. in syst. Absicht, Bonn 1976. – Stefan Knobloch, Prediger des Barock. Franz Joseph v. Rodt, Würzburg 1974. – Lit. u. Volk im 17. Jh. Probleme populärer Kultur, hg. v. Wolfgang Brückner/Peter Blickle/Dieter Breuer, 2 Bde., Wiesbaden 1985 (Wolfenbütteler Arbeiten zur Barockforschung 12.13). – Georg Lohmeier, Bayrische Barockprediger, München 1961. – Gottfried Maron, Art. Kath. Reform u. Gegenreformation: TRE 18 (1989) 45–72 (Lit.). – Friedmann Maurer, Abraham a Sancta Claras ‚Huy u. Pfuy! Der Welt'. Stud. zur Gesch. des moralpädagogischen Bilderbuches im Barock, Heidelberg 1968. – Bonaventura v. Mehr, Das Predigtwesen in der kölnisch-rheinischen Kapuzinerprovinz im 17. u. 18. Jh., Rom 1945. – Karl-Jürgen Miesen, Friedrich Spee v. Langenfeld. Ein Dichter u. Aufklärer vom Niederrhein, Düsseldorf 1991. – Dietz-Rüdiger Moser, Verkündigung durch Volksgesang. Stud. zur Liedpropaganda u. -katechese der Gegenreformation, Berlin 1981. – Elfriede Moser-Roth (Hg.), Predigtmärlein der Barockzeit. Exempel, Sage, Schwank u. Fabel in geistlichen Quellen des oberdt. Raumes, Berlin 1964. – Dies., Dem Kirchenvolk die Leviten gelesen. Alltag im Spiegel südd. Barockpredigt, Stuttgart 1991. – Paul Müller, Prediger wider die Zeit. Georg Scherer. Ein Beitr. zur Predigt u. Polemik der Gegenreformation, Wien/Leipzig 1933. – Maximilian Neumayr, Die Schriftpredigt im Barock auf Grund der Theorie der kath. Barockhomiletik, Paderborn 1938. – Ansgar Paus, Die Analogie als Prinzip rel. Rede, Salzburg 1974 (Salzburger Universitätsreden 54). – Robert Pichl, Dokumentation der deutschsprachigen kath. Predigtlit. vom späten 16. bis zum frühen 19. Jh.: Jb. f. Volkskunde 3 (1980) 166–193. – Ders., Die Bedeutung des Kapuzinerordens f. die neuere literaturwiss. Predigtforschung: CFr 50 (1980) 85–106. – Hans Pörnbacher (Hg.), Lit. des Barock, München 1986 (mit zahlreichen Predigtbeispielen). – Karl Pörnbacher, Jeremias Drexel. Leben u. Werk eines Barockpredigers, München 1965. – Constantin Pohlmann, Die theol. Komposition der Barockpredigt: ThG 49 (1959) 32f. – Prokop v. Templin OFM Cap (1608–1680), Encaeniale, Das ist: Hundert Kirch-Tag-Predigen (Salzburg 1671). Photomech. Nachdr. mit Komm., Glossar, Nachw. u. Bibliogr. hg. v. Dieter Bitterli, 2 Bde., 1990 (GLBZ 13/14). – Hubertus Rauscher, Die Barockpredigten des Jesuitenpaters Wolfgang Rauscher in volkstümlicher Sicht, Diss. phil. München 1973. – Roberto Rusconi, Predicazione e vita religiosa nella società ital. da Carlo magno alla controriforma, Turin 1981. – Alois Schneider, Narrative Anleitungen zur praxis pietatis im Barock. Dargelegt am Exempelgebrauch der ‚Iudicia Divina' des Jesuiten Georg Stengel (1584–1651), 2 Bde., Würzburg 1982. – Johann Baptist Schneyer, Wesenszüge des Barock in den Titeln seiner Predigtbücher: MThZ 19 (1968) 295–310. – Ders., Gesch. der kath. Predigt, Freiburg 1969. – Christian-Erdmann Schott, Predigtgesch. als Zugang zur Predigt, Stuttgart 1986. – Leutfried Signer, Martin v. Cochem. Eine große Gestalt des rheinischen Barock. Seine literaturhist. Stellung, Wiesbaden 1963. – Hilary Dansey Smith, Preaching in the Spanish Golden Age. A Study of Some Preachers of the Reign of Philip III, Oxford 1978. – Hans Stahl, Martin v. Cochem u. das ‚Leben Christi'. Ein Beitr. zur Gesch. der rel. Volkslit., Bonn 1909. – Jean-Marie Valentin, Le théâtre de Jésuites dans les pays de langue allemande (1554–1680). Salut des âmes et ordre des cités, 3 Bde., Bern 1978. – Werner Welzig, Vom Nutzen der geistlichen Rede: IASL 4 (1979) 1–23. – Ders. (Hg.), Kat. gedr. deutschsprachiger kath. Predigtsammlungen, 2 Bde., Wien 1984–1987.

Zu 3.1.–3.4.: Manfred Arneth, Das Ringen um Geist u. Form der Priesterausbildung im Säkularklerus des 17. Jh., Würzburg 1970. – Roger Bady, Humanisme chrétien – dans les lettres franç. XVIe–XVIIe siècles, Paris 1972. – Pierre de Bérulle, Leben im Mysterium Jesu: ders., Ausgew. Werke, hg. v. Hans Urs v. Balthasar, Einsiedeln 1984 (Lit.). – Henri Bremond, Heiligkeit u. Theol.

Vom Carmel zu Kardinal Bérulles Lehre, Regensburg 1962. – Ethna Byrue, Bourdaloue moraliste, Paris 1929. – Jean Calvet, La littérature religieuse de François de Sales à Fénelon, Paris 1956 (Histoire de la littérature franç. 5). – Jean Dagens, Bérulle et les origines de la restauration catholique, Brügge 1962 (Lit.). – Jean Delumeau, La civilisation de la Renaissance, Paris ^{2}1984. – Marcel Depuy, Bérulle et le sacerdoce, Paris 1969. – Franz v. Sales, Brief über das Predigen, Eichstätt/Wien/Luzern 1946. – Hugo Friedrich, Montaigne, Bern 1949 Bern/München ^{2}1967. – Henri Gouhier, Blaise Pascal. Conversion et apologétique, Paris 1986. – Thomas Goyet/Jean-Pierre Collinet (Hg.), La prédication au XVIIIe siècle, Paris 1980. – Marguerite Haillant, Fénelon et la prédication, Paris 1969. – Berndt Hamm, Reformation als normative Zentrierung v. Religion u. Gesellschaft: JBTh 7 (1992) 241–279. – Klaus Heitmann, Art. Fénelon: TRE 11 (1983) 81–83 (Lit.). – Adam J. Hurel, Les orateurs sacrés à la cour de Louis XIV, 2 Bde., 1872 (repr. Genf 1970). – Volker Kapp, Télémaque de Fénelon, la signification d'un œuvre littéraire à la fin du siècle classique, Tübingen 1982. – Emile J. Lajeunie, François de Sales, 2 Bde., Paris 1966; dt.: Regensburg 1980 (Lit.). – Jacques Le Brun, Bossuet, Brügge/Paris 1970. – Ders., Art. Bossuet: LThK^{3} 2 (1994) 612 f. (Lit.). – Viviane Mellinghoff-Bourgerie, Das religionspädagogische Konzept des Franz v. Sales: JbSalSt 24 (1991) 3–42. – Pierre Pourrat, Jean Jacques Olier, Paris 1932. – Alphonse Ravier, Un sage et un saint. François de Sales, Paris 1985. – Ders., Résurgence de Bourdaloue?: NRTh 113 (1991) 554–567. – Robert Spaemann, Reflexion u. Spontanität. Stud. über Fénelon, Stuttgart 1963. – Manfred Tietz, Franz v. Sales' Traité de l'Amour de Dieu u. seine span. Vorläufer, Wiesbaden 1973. – Ders., Die Predigt bei François de Sales: JbSalSt 12 (1974) 19–84. – René Travenneaux, Le catholicisme dans la France classique (1610–1715), 2 Bde., Paris 1980. – Jacques Truchet, La prédication de Bossuet. Étude des thèmes, 2 Bde., Paris 1960. – Hermann Tüchle, Reformation u. Gegenreformation, 1965 (GK[D] 3). – Christian E. Williams, The French Oratorians and Absolutism 1611–1641, New York 1989 (Lit.).

Zu 3.5.: Martin Breiteneicher, Die Stationen des hl. Kreuzwegs, Regensburg ^{2}1902. – Matthias Laros, Der ewige Kreuzweg, Regensburg 1950. – Marciano Vidal, Frente el rigorismo moral, benignidad pastoral. Alfons de Liguori, Madrid 1986.

Zu 4.: Franz Xaver Arnold, Dienst am Glauben, Freiburg 1948. – Adolf Donders, Meister der Predigt aus dem 19. u. 20. Jh., Münster 1928. – Walter Fürst, Wahrheit im Interesse der Freiheit. Eine Unters. zur Theol. J.B. Hirschers (1788–1865), Mainz 1979 (Lit.). – Bernhard Gajek, Dichtung u. Religion. J.M. Sailer u. die Geistesgesch. des 18. u. 19. Jh., Regensburg 1983. – Karl Gastgeber, Gotteswort durch Menschenwort. J.M. Sailer als Erneuerer der Wortverkündigung. Ein Beitr. zur Gesch. der Kerygmatik seit dem 18. Jh., 1964 (WBTh 7). – Josef Hepp, Impulse zur atl. Verkündigung. Predigt über atl. Texte im 19. Jh., Würzburg 1972. – Wilhelm Emmanuel Freiherr v. Ketteler, SW u. Briefe, hg. v. Erwin Iserloh, Abt. I, Bde. 1–5. Schr. – Aufs. – Reden, Mainz 1977–1985. – Raimund Lachner, Art. Sailer, Johann Michael: BBKL 8 (1994) 1182–1197 (Lit.). – Alexander Loichinger, Melchior v. Diepenbrock. Seine Jugend u. sein Wirken im Bistum Regensburg (1798–1845), Regensburg 1988 (Lit.). – Heinz Ludochowski, Bibl. Verkündigung nach Johann Baptist Hirscher, Regensburg 1970. – Bertram Meier, Die Kirche der wahren Christen. Johann Michael Sailers Kirchenverständnis zw. Unmittelbarkeit u. Vermittlung, 1990 (MKHs 4). – Chrysostomus Schreiber, Aufklärung u. Frömmigkeit. Die kath. Predigt im dt. Aufklärungszeitalter mit Berücksichtigung v. Michael Sailer, München 1940. – Georg Schwaiger, Johann Michael Sailer. Der bayerische Kirchenvater, München/Zürich 1982. – Albert Stohr, Bischof Ketteler als Prediger: KiKan 11 (1928) 211–238. – Paul Wehrle, Orientierung am Hörer. Die Predigtlehre unter dem Einfluß des Aufklärungsprozesses, Zürich/Einsiedeln/Köln 1975 (SPT 8).

Zu 5.: Johannes Arzt, Newman-Lexikon, Mainz 1975. – Teresa Berger, Liturgie – Spiegel der Kirche. Eine syst.-theol. Analyse des liturg. Gedankenguts im Traktarianismus, 1986 (FSÖTh 52). – Günter Biemer, John Henry Newman. Leben u. Werk, Mainz 1989. – Ders., John Henry Newman (1801–1890) nach einhundert Jahren. Ein Literaturber.: ThRv 89 (1993) 177–188. – Helmut Breucha, Newman als Prediger: Heinrich Fries/Werner Becker (Hg.), Newman-Stud., Nürnberg, I 1948, 157–177. – Jean Couplet, La prédication anglicane de John Henry Newman, Paris 1986. – Sheridan Gilley, Newman and his Age, London 1990. – Ders., Art. Newman: TRE 24 (1994) 416–422. – William Hinde, Catholic Emancipation, Oxford 1992. – Lothar Kuld, Lerntheorien des Glaubens. Rel. Lernen nach J.H. Newmans Phänomenologie des Glaubensaktes, Nürnberg 1989. – John Henry Newman, Ausgew. Werke, hg. v. Matthias Laros/Werner Becker, 8 Bde., Mainz 1957 ff. – Ders., Sermons 1824–1843, Oxford, I, hg. v. Placid Murray OSB, 1991; II, hg. v. Vincent F. Blehl, 1993. – Ders., Das Mysterium der Dreieinigkeit u. der Menschwerdung Gottes, übers. v. Theodor Haecker, Leipzig 1940. – Edward Norman, The English Catholic Church in the Nineteenth Century, London 1984. – Keith Robbins, Henry Edward Manning: GK 9,2 (^{2}1994) 7–19. – Wilfried Ward, The Life of John Henry Cardinal Newman, 2 Bde., London 1912. – Peter Willi, Sünde u. Bekehrung in den Predigten u. Tagebüchern J.H. Newmans, St. Ottilien 1993.

Zu 7.: Hans Urs v. Balthasar, Verbum Caro. Skizzen zur Theol. I, Einsiedeln 1960, 11–99. – Wilhelm Esser, Der Einfluß der Liturg. Erneuerung auf die Meßpredigt vor dem Erscheinen der Enzyklika „Mediator Dei", München 1956. – Markus Flick, Il problema teologico della predicazione: Gr. 40 (1959) 641–744. – Anselm Günthör, Die Predigt. Theoretische u. prakt. theol. Wegweisung, Freiburg 1963. – Adolf Kolping, Kath. Theol. gestern u. heute, Osnabrück 1964. – Emil J. Lengeling, Art. Liturgie/Liturgiewissenschaft: NHThG 3 (1985) 279–305. – Fritz-Leo Lentzen-Deis, Evangelio de San Marcos. Modelo de nueva evangelización, hg. v. CELAM, Bogotá 1995. – Theodor Maas-Ewerd, Die Krise der Liturg. Bewegung in Deutschland u. Österreich, Regensburg 1981. – Carlos Mesters, Die Botschaft des leidenden Volkes, Neukirchen 1982. – Ders., Vom Leben zur Bibel, von der Bibel zum Leben, 2 Bde., München 1983. – Norbert Mette, Theorie der Praxis. Wissenschaftsgesch. u. methodologische Unters. zur Problematik der Prakt. Theol., Düsseldorf 1978. – Klaus Müller, Homiletik. Ein Hb. f. krit. Zeiten, Regensburg 1994. – Karl H. Neufeld, Theologiegeschichtliches zur Innsbrucker ‚Verkündigungstheol.': ZKTh 115 (1993) 13–26. – Karl Rahner, Art. Kerygmatische Theol.: LThK^{2} 6 (1961) 126. – Ders., Selbstvollzug der Kirche. Ekklesiologische Grundlegung prakt. Theol.: ders., SW, Solothurn/Freiburg, XIX 1995, 47–147. – Ders., Art. Wort Gottes: LThK^{2} 10 (1965) 1235–1238 (Lit.). – Josef Ries, Krisis u. Erneuerung der Predigt, Frankfurt a.M. 1961. – Franz Stingeder, Gesch. der Schriftpredigt, hg. v. Adolf Donders/Thomas Soiron, Paderborn 1920. – Klaus Scholder, Grundzüge der theol. Aufklärung in Deutschland, München 1976. – Viktor Schurr, Die Gemeindepredigt: HPTh 1 (1964) 230–265. – Otto Semmelroth/Maximilian Zerwick, Vatikanum II über das Wort Gottes. Die Konstitution „Dei verbum". Einf., Text u. Übers., Stuttgart 1966. – Wilhelm Trapp, Vorgesch. u. Ursprung der liturg. Bewegung, Regensburg 1940. – Hermann Volk, Zur Theol. des Wortes Gottes, Münster 1962. – Ders., Art. Wort Gottes: HThG 2 (1963) 867–876. – Hans Waldenfels, Offenbarung. Das Zweite Vatikanische Konzil auf dem Hintergrund der neueren Theol., München 1969. – Ders., Kontextuelle Fundamentaltheol., Paderborn ^{2}1985. – Hubert Wolf (Hg.), Karl Rahner. Theol. u. phil. Zeitfragen im kath. Raum (1943), Ostfildern 1994.

Zu 8.: Edmund Arens, Kommunikative Handlung. Die paradigmatische Bedeutung der Gleichnisse Jesu für die Handlungstheorie, Düsseldorf 1982. – Ders., Bezeugen u. Bekennen. Elementare Handlungen des Glaubens, Düsseldorf 1989. – Heribert Arens, Die Predigt als Lernprozeß, München 1972. – Wolfgang Bartholomäus, Kleine Predigtlehre, Einsiedeln 1974. – Eugen Biser, Rel. Sprachbarrieren, München 1980. – Bernhard Casper, Sprache u. Theol., eine phil. Hinführung, Freiburg/Basel/Wien 1975. – Albert Damblon, Frei predigen – Ein Lehr- u. Übungsbuch, Düsseldorf 1991. – Ernst Dassmann, Ämter u. Dienste in den frühchristl. Gemeinden, Bonn 1994. – Peter Düsterfeld, Predigt u. Kompetenz, Düsseldorf 1978. – Ders. (Hg.), Neue Wege der Verkündigung, Düsseldorf 1983. – Ders./Hans-Bernhard Kaufmann (Hg.), Didaktik der Predigt, Münster 1975. – Manfred Entrich, Zw. Graffiti u. Kreuz. Gottes Sprache auf der Straße: StZ 119 (1994) 446–452. – Ders., Glaubensverkündigung auf den Straßen des Lebens. Zur Krise der Verkündigung: ebd. 763–770. – Alfons Fischer, Pastoral in Deutschland, 3 Bde., Würzburg 1985–1990. – Ottmar Fuchs, Kirche – Kabel – Kapital. Standpunkte einer kirchl. Medienpolitik, Münster 1989. – Walter Fürst, Prakt.-theol. Urteilskraft. Auf dem Weg zu einer symbolisch-krit. Methode der Prakt. Theol., 1986 (SPT[Z] 32). – Albert Gerhards, Gottesdienst u. Menschwerdung. Vom Subjekt liturg. Feier: Mariano Delgado/Andreas Lob-Hüdepohl (Hg.), Markierungen. Theol. in den Zeichen der Zeit, Berlin 1995, 275–292. – Reinhard Göllner/Heinz-Jürgen Görtz/Klaus Kienzler, Einladung zum Glauben. Vom Verstehen des Menschen zum Verstehen des Glaubens, Freiburg/Basel/Wien 1979. – Ernst Haensli, Art. Predigt: SM 3 (1969) 1265–1272. – Hubertus Halbfas, Fundamentalkatechetik, Düsseldorf 1968. – David Hober, Die Radiopredigt. Ein Beitr. zur Rundfunkhomiletik, Stuttgart 1996. – Das Handeln der Kirche in der Welt v. heute. Ein pastoraltheol. Grundriß, hg. v. der Konferenz der bayerischen Pastoraltheologen, München 1994. – Hans-Joachim Höhn, GegenMythen. Religionsproduktive Tendenzen der Gegenwart, 1994 (QD 154). – HVk. – Manfred Josuttis (Hg.), Beitr. zu einer Rundfunkhomiletik, München 1967. – Franz Kamphaus, Haus Gottes unter den Menschen. Hirtenwort u. Anregungen zum Glaubensgespräch, Limburg 1985. – Franz-Xaver Kaufmann/Johann Baptist Metz, Zukunftsfähigkeit. Suchbewegungen im Christentum, Freiburg 1987. – Medard Kehl, Die Kirche. Eine kath. Ekklesiologie, Würzburg 1992. – Gonsalv Mainberger, Rhetorica. I. Rede mit Vernunft. Aristoteles, Cicero, Augustinus, Stuttgart 1987. – Thierry Maertens u.a., Franz., engl., span., ital. u. niederl. Literaturber. über Predigt u. Predigtkunde: Conc(D) 2 (1966) 801–820. – Helmut Merklein, Jesu Botschaft v. der Gottesherrschaft, 1983 (SBS 111). – Johann Baptist Metz, Jenseits bürgerlicher Religion. Reden über die Zukunft des Christentums, München/Mainz 1980. – Meinulf Mückshoff, Predigt u. Prediger auf der Cathedra Paulina. Eine Stud. zum Predigtwesen im Dom zu Münster, Münster 1985. – Klaus Müller, Homiletik (s.o. zu 7.). – Wim A. de Pater, Theol. Sprachlogik, München 1971. – Helmut Peukert, Wissenschaftstheorie – Handlungstheorie – Fundamentale Theol. Analysen zu Ansatz u. Status theol. Theoriebildung, Düsseldorf 1976. – Ders., Sprache u. Freiheit. Zur Pragmatik ethischer Rede: Franz Kamphaus/Rolf Zerfaß

(Hg.), Ethische Rede u. Alltagsverhalten, München/Mainz 1977, 44–75. – Peter Prestel, Die Rezeption der ciceronischen Rhetorik durch Augustinus in ‚De doctrina christiana', Frankfurt a.M. 1992. – Bernhard Rootmensen, Vierzig Tage in der Wüste, Düsseldorf 1991. – Udo Schmälzle, Ehe u. Familie im Blickpunkt der Kirche. Zu dt. Hirtenbriefen zw. 1915 u. 1975, Freiburg 1979. – Guido Schüepp (Hg.), Hb. der Predigt, Zürich 1982. – Alois Schwarz, Praxis der Predigterarbeitung, Graz 1986. – Hansjürgen Verweyen, Gottes letztes Wort. Grundriß der Fundamentaltheol., Düsseldorf 1991. – Dietrich Widerkehr (Hg.), Glaubenssinn des Gottesvolkes – Konkurrent oder Partner des Lehramtes, 1994 (QD 151). – Markus H. Wörner, Das Ethische in der Rhetorik des Aristoteles, Freiburg 1990. – Rolf Zerfaß, Grundkurs Predigt 2. Textpredigt, Düsseldorf 1992. – Ders./Herbert Poensgen, Predigt/Verkündigung: Christoph Bäumler/Norbert Mette (Hg.), Gemeindepraxis, Düsseldorf 1987, 354–368. – Paul Michael Zulehner, „Denn du kommst unserem Tun mit deiner Gnade zuvor ...". Zur Theol. der Seelsorge heute. Paul M. Zulehner im Gespräch mit Karl Rahner, Düsseldorf 1984.

Gottfried Bitter (unter Mitarbeit von Martina Splonskowski)

VIII. Evangelische Predigt vom 16. bis 18. Jahrhundert

1. Reformation 2. Konfessionelles Zeitalter 3. Pietismus 4. Aufklärung (Quellen/Literatur S. 308)

1. Reformation

1.1. Luther

1.1.1. Wortverständnis. Bei →Luther gründen Predigtverständnis und Predigtpraxis in einer umfassenden soteriologischen Neubestimmung, dergemäß das Heilsgeschehen durch die Dialektik von Wort und Glaube strukturiert und infolgedessen die Predigt in das Zentrum der kirchlichen Praxis gerückt wird. Eine Darstellung der Predigt Luthers ist nur im Horizont seines Wort- und Predigtverständnisses sinnvoll zu leisten (so bereits Niebergall, Geschichte 257).

Das →Wort Gottes, dieser Schlüsselbegriff der Theologie Luthers, ist zugleich Medium und Gegenstand der Offenbarung: Während uns der *deus absconditus* entzogen bleibt, gibt sich der *deus revelatus* als ein *deus loquens* zu erkennen. *Sine verbo non potest cognosci Deus* (WA 31/1,333,6f.). Als die identitätsstiftende Differenz zu menschlichem Sprechen bestimmt Luther für das Wort Gottes die Einheit von *dicere* und *facere*, von *verbum* und *res*: *Ipse dixit et facta sunt, loqui et facere idem est deo ... Non verba sunt, sed facta, quae deus loquitur* (WA 14,306,10f.29). Insofern eignet dem Wort Gottes eschatologische Relevanz. Das *verbum dei praedicatum* erschöpft sich nicht in abstrakter Belehrung und Ermahnung, sondern repräsentiert als ein auf das Gewissen zielendes Wort zugleich den soteriologischen Ernstfall: es ist Heilsgeschehen im Vollzug.

1.1.2. Predigtverständnis. Das Predigtwort gilt Luther als die in menschlicher Gestalt aktuell ergehende, der biblischen und kreatürlichen Wortgestalt ebenbürtige, ja überlegene Anrede Gottes. Diese Erfahrung des *Deus dixit* ist für die Homiletik Luthers von höchster Bedeutung. Von Anfang an sieht er die Geschichte Gottes mit den Menschen von lebendiger, durch Menschenmund verlautbarter Gottesrede begleitet. Bereits die Frage von Gen 4,9: „Kain, wo ist dein Bruder Abel?" habe Gott selbstverständlich nicht unmittelbar, sondern durch den Mund des Vaters an Abel gerichtet: „Deus hoc locutus est per Adam ... Gott redet nicht wie die menschen, hat kein maul, sed loquitur per homines" (WA 48,688,2–4). So wird Adam zum Prototyp des Predigers schlechthin: Er ist der erste, dem Gott sein *verbum externum* anvertraut hat.

Das in der Predigt sich aktuell erneuernde mündliche Wort des Evangeliums soll die Menschen „anhalten, locken und reitzen" zum Glauben (WA 30/1,234,27) und sie zugleich zu einer Antwort auf das Wort, das ihnen gesagt ist, fähig machen. Indem der Prediger Luther die traditionell auseinandertretenden Teile der *explicatio* und *applicatio* programmatisch ineinanderfaßt, lehrt er die Hörer nicht allein, in den Geschichten der Bibel ihre eigene Geschichte wiederzufinden, sondern auch und vor allem, den *modus loquendi scripturae* als ein Medium der Selbstwahrnehmung einzuüben: Bei Luther wird die gottesdienstliche Kanzelrede zum Schulungsfeld christlicher Sprachkompetenz.

1.1.3. Predigtweise. Seit ca. 1511 hat Luther regelmäßig gepredigt, zunächst im Kloster, dann auch – etwa ab 1514 – in der Wittenberger Stadtpfarrkirche, später zudem in der Schloßkirche sowie vor seiner Hausgemeinde und auf seinen vielen Reisen. Im Zentrum steht zweifellos der Predigtdienst an „seiner“ Wittenberger Gemeinde (*ecclesia mea* [WA 49,318,1–6]), den er nur in äußeren (Krankheit, Pestgefahr) und inneren Notsituationen (als *ultima ratio* gegenüber der Trägheit seiner Gemeinde) unterbricht. Auch bei angegriffener Gesundheit und neben aller anderen Arbeit predigt er gewöhnlich drei- bis viermal pro Woche, in Extremzeiten bis zu viermal am Tag.

Von Luther sind mehr als 2.000 Predigten auf uns gekommen (Ebeling 14–37.455f. [Tabellen I-IV]), allerdings fast nur in Nachschriften, die, obschon von unterschiedlicher Qualität, doch insgesamt als ein erstaunliches und beispielloses Dokument der reformatorischen Predigt zu würdigen sind. Entscheidende Verdienste hat sich dabei Georg Rörer erworben, der sich von 1522 bis zu Luthers Tod 1546 als dessen treuester Nachschreiber qualifizierte.

Einen besonderen Rang nehmen die Postillenpredigten ein. Sie waren als ein homiletisches Hilfsmittel für ungebildete und ungeübte Prediger sowie für die Lesung im Gottesdienst der Hausgemeinden, zugleich aber auch als ein dem Drang zu Willkür und Selbstdarstellung wehrendes dogmatisch-homiletisches Regulativ konzipiert („[Sonst] kompts doch endlich dahyn, das ein iglicher predigen wird was er wil, und an stat des Euangelii und seyner auslegunge widderumb von blaw endten gepredigt wird“ [WA 19,95,12–14]). Von Luthers eigener Hand stammt nur der Advents- und Weihnachtsteil (*Wartburgpostille*, 1522), den Roth 1525 durch einen Fastenteil zur *Kirchenpostille* ergänzt hat. Von unterschiedlichem, jedoch durchweg geringerem Wert sind die von Roth kompilierte *Sommer-* (1526), *Fest-* (1527) und *Winterpostille* (1528) sowie Dietrichs *Hauspostille* (1544) und Crucigers *Sommerpostille* (1544).

Bei der Textwahl folgt Luther unter deutlicher Bevorzugung der Evangelientexte weithin dem Perikopensystem: Für den Hauptgottesdienst greift er weder auf die *lectio continua* noch – außer in einzelnen Ausnahmefällen – auf freie Textwahl zurück. Dagegen hat er in den Nebengottesdiensten immer wieder Reihenpredigten veranstaltet, so über Genesis (1523/24), Exodus (1524–1527), Deuteronomium (1529), Mt 5–7 (1530/1532), Mt 11–15 (1528/29), Mt 18–24 (1537–1540), Joh 1–4 (1537–1540), Joh 6–8 (1530–1532), Joh 16–20 (1528/29), I Kor 15 (1532/33). Unter den perikopenfreien Predigten sind vor allem die Katechismuspredigten zu nennen sowie Predigten zu aktuellen politischen, kirchlichen und theologischen Fragen (z. B. die *Invocavit-Predigten* von 1522).

Schon bald ist Luther vom überkommenen Typus der Thema-Predigt abgerückt. Parallel zu seiner theoretischen Überwindung des vierfachen Schriftsinns verzichtet er zunehmend auf filigrane Gliederungssystematik sowie auf die rhetorisch kunstvolle Ausgestaltung von *exordium* und *peroratio*: Nahezu unvermittelt nennt er zumeist den zentralen Predigtgedanken, der dann nicht linear entwickelt, sondern variierend umkreist und eingeübt wird. Luthers Predigtsprache ist plastisch, schlicht, bisweilen derb, doch stets von erdhafter Lebendigkeit. Jede narrative Verwässerung des Evangeliums war ihm verhaßt. Dagegen hat er die metaphorisch-allegorische Rede nicht nur allenthalben predigtpraktisch gebraucht, sondern sie als ein unverzichtbares Applikationsmedium auch theoretisch gewürdigt: die Gleichnisrede ist ihm „ein seiden tuchlein, do ich den verstand deste bas einfasse und behalt“ (WA 36,640,8f.; ähnlich WA 37,62–64 u.ö.).

In erweiternder Aufnahme einer von E. →Hirsch geprägten Triade läßt sich die Predigtweise Luthers zusammenfassend als biblisch, zentral, antithetisch und konkret charakterisieren. *Biblisch* ist seine Predigt insofern, als sie sich in homilieartiger Textarbeit fortwährend ihres Quellorts kritisch vergewissert und dabei den hermeneutischen Grundsatz *scriptura sacra sui ipsius interpres* durch die Einbindung ungezählter Schriftzitate und -verweise homiletisch konkretisiert. *Zentral* ist sie insofern, als sie die in Christus repräsentierte Mitte der Schrift auch zum exklusiven Zentrum evangelischer Predigt erhebt: „Man kan sonst nicht[s] predigen quam de Iesu Christo et fide. Das ist generalis scopus“ (WA 36,180,10f.). „Wenn Luthers Predigt dadurch keineswegs monoton wirkt, so deshalb, weil er diesen ‚Generalskopus‘ mit Hilfe der Individualität der Texte predigt, die er mit den alltäglichen Erfahrungen seiner Hörer zu verbinden und zu konfrontieren weiß“ (Müller, Homiletik 64). *Antithetisch* ist Luthers Predigt insofern, als sie nicht allein der polemischen Auseinandersetzung mit den äußeren Gegnern dient, sondern darin sich zugleich als Teil des kosmisch-eschatologischen Kampfes um den von Gott und Teufel beanspruchten Menschen erweist. Die von Luther oft gebrauchten dramatisch-dialogischen Formelemente sind darum nicht unverbindliche rhetorische Spielerei, vielmehr ein Musterbeispiel für die von ihm postulierte Kongruenz von Sprache und Sache. *Konkret* ist seine Predigt schließlich insofern, als sie den Hörern die Welt der Bibel unmittelbar vergegenwärtigt und so deren individuelle menschliche Lebensgeschichten auf die göttliche Heilsgeschichte hin transparent werden läßt. Der von Luther vielgestaltig, doch stets als konstitutiv zur Geltung gebrachte Erfahrungsaspekt, sein psychologischer Realismus und sein höchst signifikanter, wenn auch wohl intuitiv erfolgender Gebrauch der Personalpronomina bezeichnen gleichermaßen Eigentümlichkeiten seiner Predigt wie Desiderate der ihr gewidmeten historisch-homiletischen Forschung.

1.1.4. Evangelische Predigt neben Luther. Luthers Predigtweise hat dessen Freunde und Schüler stark beeindruckt. Oft versuchte man, sie nachzuahmen. Doch blieb Luther zumeist das unerreichte Exempel: Seine Verbindung von geistlicher Tiefe und erfahrungsorientierter Lebendigkeit ließ sich nicht kopieren, die Imitation seiner homilieartigen, „heroisch" genannten Predigtweise führte nicht selten zu gedanklicher Planlosigkeit.

Die kursächsische Visitation (1527–1529) zeigte einen Tiefstand der Predigt; mancherorts begnügte man sich mit der wörtlichen Rezitation gedruckter Postillenpredigten. Und selbst wo *doctrina* und *exhortatio* als das *eigene* Wort des Predigers laut wurden, kam das Proprium der Predigtweise Luthers, nämlich die durch „Beispiel und Erfahrung" (Rössler) sich vollziehende lebenspraktische Konkretion der Lehre, gewöhnlich zu kurz.

Gemäß dem Selbstverständnis der lutherischen Reformation (*solo verbo*) ist allenthalben oft und lang gepredigt worden: zwei- bis dreimal am Sonntag, die Woche über mindestens dreimal, in Fastenzeiten täglich. Dabei dürften die überaus zahlreich erscheinenden Postillen die wichtigste Quelle der Predigt dargestellt haben. Dies betreffend übte auch →Melanchthon, ohne selber in Gottesdiensten zu predigen (*ego concionari non possum* [CR 3,170]), durch die aus Nachschriften seiner vor ungarischen Studenten vorgetragenen lateinischen Erläuterung der Perikopentexte kompilierte *Postilla Melanchthonis* (dt. 1549, lat. 1594) beträchtlichen Einfluß aus.

J. →Bugenhagen hat mit seinen *Indices quidam in evangelia dominicalia*, die die exegetischen und homiletischen Hauptgesichtspunkte der Perikopentexte übersichtlich hervorheben, ein wichtiges Hilfsmittel für unerfahrene Prediger geschaffen. Große Verbreitung fanden seine als *Passional* vielfach gedruckten Passionspredigten. Johann Spangenberg (1484–1550) schuf eine stark didaktisch orientierte Predigtart: Für Schüler übertrug er die Sonntagsevangelien in Verse und verfaßte eine vollständige Postille in Frageform; ganze Predigten konnten bei ihm die katechetische Form der Fragen- und Antwortenkette annehmen. Anders als Luther und seine kursächsischen Schüler pflegte J. →Brenz auch im Hauptgottesdienst fortlaufend ganze biblische Bücher auszulegen; doch kannte er ebenso die knappe, streng disponierte Themapredigt. Seine Predigten zeugen von großer Bibelkenntnis und humanistischer Bildung, sie wurden als schlicht, lehrhaft und aufs Praktische zielend gerühmt und waren noch jahrhundertelang als Lesepredigten in kirchlichem Gebrauch.

1.2. Zwingli

Daß →Zwingli 1519 am Großmünster in Zürich als Leutpriester bestallt wurde, war nicht zuletzt dem guten Ruf, den er sich als Prediger erworben hatte, zu danken. Doch sind weder aus seiner Zeit in Glarus und Einsiedeln (1506–1518) noch aus den ersten Zürcher Jahren brauchbare Nachrichten auf uns gekommen (Gäbler 45). Auch danach bleibt die Quellenlage dürftig. Zwingli predigte zumeist frei und ohne Konzept, auch hat er, anders als Luther und Calvin, niemals einen Nachschreiber engagiert. Immerhin sind einige seiner Schriften aus Predigten hervorgegangen.

In Zürich hat Zwingli nahezu täglich gepredigt, und dies offenbar mit sogleich einsetzender und anhaltender Breitenwirkung. Von Anfang an verwirft er unter legitimatorischem Verweis auf die Praxis der Väter die alte Perikopenbindung, statt dessen predigt er fortlaufend, freilich durch Reisen oder einzelne aktuelle Anlässe unterbrochen, über ganze neutestamentliche, später auch alttestamentliche Bücher, deren Reihenfolge er nach pädagogischen Gesichtspunkten bestimmt: Zunächst will er anhand des Matthäusevangeliums den Hörern Lehre und Werk Christi vermitteln, sodann (Acta, Timotheusbriefe, Petrusbriefe, Hebräerbrief) die frühe Gemeinde mit ihrer Schriftbindung und Sittenreinheit der Zürcher Kirche als normatives Vorbild vor Augen führen.

Das starke soziale und (lokal-)politische Interesse Zwinglis hat sein Predigen in Zürich entscheidend geprägt. In unerschrockener Klarheit zieht er gegen die Sittenverderbnis zu Felde und scheut nicht einmal die namentliche Anklage einzelner Zürcher Bürger. Dabei ist seine zeit- und kirchenkritische Predigt jederzeit durch konsequente Schriftbindung motiviert: Als der Bibel zuwider verwirft er die Heiligenverehrung, zieht er das Fegefeuer in Zweifel, bestreitet er die Verdammnis ungetaufter Kinder und, ökonomisch von höchster Brisanz, die Legitimität des „Zehnten". In Zürich hat Zwinglis Wirken größten Eindruck gemacht; seine Predigten werden als klar und durchsichtig, ehrlich und einfach gerühmt. Unter weitgehendem Verzicht auf humanistische Rhetorik stellt er die einzelnen Predigtgedanken parataktisch nebeneinander, um dadurch, dem pädagogischen Ziel seiner Predigt gemäß, „der Gemeinde Christus ein[zu]prägen und sie zum selbständigen Umgang mit der Schrift [zu] erziehen" (Niebergall, Geschichte 281). Von besonderer Wirkung war die ab 1525 im Zürcher Großmünster installierte *Prophezey*. Täglich außer Freitag und Sonntag wurde hier unter Zwinglis Leitung ein Kapitel des Alten Testaments im Kreis von Geistlichen und Studenten exegesiert und damit ein wissenschaftliches Bibelstudium als Grundlage der Predigtarbeit verbindlich praktiziert.

1.3. Calvin

Die Predigt →Calvins ist nur von seiner Schriftauffassung her recht zu verstehen. Als das exklusive Verlautbarungsorgan des Gotteswillens genießt bei ihm die Bibel unbedingte Autorität. Der Glaube entsteht allein aus der geistgewirkten Begegnung mit ihr – eine gleichermaßen antirömische wie antispiritualistische Position. Die Predigt des biblischen Wortes Gottes versteht Calvin als aktuale Gottesrede, in ihr setzt sich das Prophetenamt fort. Insofern bringt die bekannte Formel Bullingers (*Praedicatio verbi dei est verbum dei*) auch die Auffassung Calvins auf den Punkt.

Über die praktische Predigtarbeit Calvins – seit 1536 versah er in Genf den Dienst des Predigers – sind wir vergleichsweise gut unterrichtet. Von 1549 bis 1560 hat Denis Raguenier als hauptamtlicher Stenograph seine Predigten lückenlos protokolliert. Von den von ihm hinterlassenen, 2.042 Predigtnachschriften umfassenden 40 Bänden blieben 14 Bände erhalten. So sind immerhin ca. 1.250 teils gedruckte, teils ungedruckte Predigten Calvins bekannt. Gepredigt hat er sonntäglich zweimal (aus dem Neuen Testament vormittags, nachmittags aus den Psalmen), dazu mehrmals unter der Woche (aus dem Alten Testament), und dies in frei gebrauchter *lectio continua* (eine Übersicht bietet Mülhaupt, Predigt 12–16). Normalerweise sprach er manuskriptfrei in langsamem Vortrag annähernd eine Stunde; gründliche Textmeditation und Lektüre gingen jeweils voraus.

Calvins Predigen verfolgte das Ziel, das Wort der Schrift im Lebenszusammenhang der Hörer als *doctrina* geltend zu machen, woraus sich ein gewisser Hang zur Gesetzlichkeit erklären mochte. Seine Rede war luzid, jedoch wegen mangelnder Gliederung und Themenbindung nicht immer leicht zu verfolgen. Auf rhetorische Gestaltung verzichtete er indes keineswegs (gegen Schütz 104f.): Häufige Zwischenbilanzen sind als bewußte Hörerhilfen formuliert, hinzu kam das Mittel der fiktiven Dialogisierung sowie ein üppiger, mit Vorliebe aus dem militärischen Bereich geschöpfter Bildgebrauch (Mülhaupt, Predigt 39–63). Seine Predigt gestaltete sich weithin als Homilie, die Tendenz zur Schematisierung der Abfolge von *explicatio* und (auf das Leben der Gemeinde wie auf das Leben des einzelnen zielender) *applicatio* ist unverkennbar.

Unter den reformierten Predigern der Anfangszeit ragen J. →Ökolampad, A. →Blarer, Th. →Beza und M. →Bucer hervor. Von H. →Bullinger, dem Nachfolger Zwinglis, sind erstmals ganze Predigtreihen überliefert; er hat während seiner langen Zürcher Wirkungszeit (1531–1575) über 7.000 Predigten gehalten (Büsser 143).

1.4. Außerdeutsche Entwicklung

In den außerdeutschen Sprachraum drang die lutherische Predigt der Reformationszeit nur zögernd vor. Für Dänemark, wo die Reformation pointiert als Predigtbewegung auftrat – die Reformatoren wurden dort schlechtweg „Prediger" genannt –, ist vor allem Hans Tausen (1494–1561) zu erwähnen: Seit 1524 (seit 1526 mit königlichem Schutzbrief) predigte er in Dänemark in schlicht-erbaulicher und, anders als Luther, ganz unpolemischer Texterklärung (*Evangelien-* und *Epistelpostille*, 1539). Peter Palladius (1503–1560), seit 1537 erster lutherischer Bischof von Seeland, predigte zumeist in Gestalt einfacher Homilien über frei gewählte Evangelien- und Episteltexte. Olaus →Petri und Laurentius Petri (1499–1573), die Hauptbegründer der schwedischen Reformation, waren zugleich die prägenden Kanzelredner des Landes; sie favorisierten ebenfalls bei freier Textwahl eine schlichte homilieartige Auslegung. Als namhafte lutherische Prediger traten in Ungarn Matthias Biró (Dévai) (um 1500–1545), in Österreich Primus Truber (1508–1586) hervor.

Ungleich stärker war außerhalb des deutschen Sprachraums die reformierte Predigt präsent. Aus den Niederlanden sind in erster Linie Petrus Dathenus (1531/32–1588) und Huibert Duifhuis (1531–1581) zu nennen; freilich mußten hier wegen des zunächst gravierenden Mangels an Predigern oft auch gebildete Gemeindeglieder den Kanzeldienst übernehmen. Aus Frankreich sind fast keine literarischen Zeugnisse reformatorischer Predigt überliefert; zumeist predigten – unter Lebensgefahr – wandernde Evangelisten. Dagegen brachte England eine vielfältige evangelische Predigtkultur hervor. Während Th. →Cranmer vor allem durch sein *Book of Homilies* (1547), eine populär gehaltene Erklärung der Perikopen, die englische Predigtgeschichte beeinflußte, traten als eindrückliche (Volks-)Prediger u.a. Hugh Latimer (ca. 1485–1555), John Hooper (ca. 1495–1555) und, als Hauptvermittler lutherischer Gedanken, Miles Coverdale (1488–1568) hervor. Für Schottland ist George Wishart (ca. 1513–1546), allen zuvor jedoch J. →Knox wichtig geworden, der, nicht zuletzt dank seiner ansprechenden, praktisch-moralisch orientierten und mit unermüdlicher Ausdauer geübten Predigt, zum eigentlichen Reformator des Landes geworden ist.

2. *Konfessionelles Zeitalter*

2.1. *Tendenzen*

Die Predigt des konfessionellen Zeitalters (→Orthodoxie) ist weder von der reformatorischen noch von der pietistischen und aufklärerischen Predigt durch epochale Zäsuren geschieden, vielmehr ebenso, obschon auf eigene Weise, der biblisch fundierten Aufgabe einer Heilszueignung durch Wort und Glaube sowie dem Ziel einer lebenspraktischen Verifikation der *doctrina* verpflichtet. Der spezifische Charakter, der ihr gleichwohl anhaftet, wird vor allem durch drei Faktoren bestimmt.

Deren erster ist der auf lutherischer Seite geltende Perikopenzwang. Das durch jährliche Wiederkehr der sonntäglichen Predigttexte erzeugte homiletische Problem suchte man auf zweifache Weise zu lindern: durch die Ausbildung und Ausdifferenzierung eines rhetorischen Schemas, das die Gestaltungsmöglichkeiten der Predigt erweiterte, sowie durch die Bereitstellung einer Vielzahl von homiletischen Hilfsmitteln. Das erste betreffend, ist, anstatt sich auf die Kritik extremer Dispositions- und Methodendifferenzierungen zu fixieren – beliebtes Beispiel hierfür ist das *Hodegeticum* (1656) von J.B. Carpzov, das 100 verschiedene Predigtformen unterscheidet und erläutert –, der rhetorisch-homiletische Nutzen zu würdigen, der aus der methodischen Vervielfältigung des Perikopenstoffes für die Sonntagspredigt gemeinhin erwuchs. Was das andere angeht, so indizieren die zahllosen Materialsammlungen (Anekdoten, Gleichnisse, Beispiele, patristische und heidnisch-antike Zitate), Predigthandbücher und Postillen – für das 17. Jh. hat man 700 gedruckte Postillen gezählt! – ebenso eine aus Perikopenzwang und schwindender Bildung gespeiste Predigtnot wie einen daraus resultierenden praktisch-homiletischen Bedarf.

Zu den spezifischen Bedingungen der Predigt gehört ferner deren immense, von den meisten Kirchenordnungen der Zeit festgeschriebene Häufigkeit. In Städten galten zwei bis drei Sonntags- sowie mehrere Wochenpredigten als normal. Durchschnittlich hatte ein Pfarrer des späten 16. und 17. Jh. jährlich 200 Predigten zu halten, die gewöhnlich ein bis zwei Stunden, bei Leichenpredigten bis zu drei Stunden dauerten. In Lübeck (damals 30.000 Einwohner) wurden im Lauf einer Woche 37 Predigten gehalten (Jannasch 22), in Augsburg (45.000 Einwohner) 38 Predigten (Rublack, Augsburger Predigt 125); zahlreiche Hochzeits- und Leichenpredigten kamen noch jeweils hinzu.

Schließlich machte sich auch das altprotestantische Schriftverständnis (Verbalinspirationslehre) homiletisch bemerkbar. Die Auslegung eines Textes, dessen Elemente als gleich wichtig gelten, kostet Zeit; nicht selten hat die homiletisch praktizierte Gleichwertigkeit der Schrift ungewollt den Prozeß ihrer Vergleichgültigung noch beschleunigt. Der Gefahr, die reformatorisch postulierte Schriftgemäßheit als Schriftgelehrsamkeit mißzuverstehen und infolgedessen die Predigt zur Demonstration eigener Belesenheit und Bildung zu mißbrauchen, hat man nicht immer und nicht überall widerstanden.

Aufs Ganze gesehen hat freilich die Predigt des konfessionellen Zeitalters die ihr aufgetragene, von akademischer Theologie auf lebenspraktische Frömmigkeit zielende Transferleistung durchaus bewältigt. Bis auf wenige spektakuläre Ausnahmen blieb sie nicht etwa im unfruchtbaren theologisch-homiletischen Theorienstreit stecken, sondern vollzog eine weniger an den dogmatischen *loci* als an Bibel und Katechismus orientierte, erfahrungsbezogene, lebensnahe, auf die Verbindung von wahrem Glauben und rechtem Leben zielende Elementarisierung (Holtz, Theologie [1993] 183–187.314–326). Allerdings hat sich die evangelische Predigt der Zeit weithin auf die kirchliche Binnenperspektive beschränkt: Durch den faktischen Verzicht auf eine kritische Rezeption der ihre Zeit prägenden philosophischen und wissenschaftlichen Strömungen wird ihr evangelischer Auftrag, eine moderne, durch integrative Zeit-, Welt- und Lebensdeutung ermöglichte oder erneuerte Religiosität zu vermitteln, an seinen Wurzeln bedroht.

Zur lutherischen Predigt verhielt sich die reformierte weithin analog. Die konfessionelle Differenz manifestiert sich neben der dort bevorzugten *lectio continua* nicht zuletzt in einer stark exegetischen Orientierung; in den Niederlanden wird mitunter bis zu vier Stunden lang auf der Kanzel doziert. Die französische reformierte Predigt erreicht um 1700 ihre höchste Blüte: Geprägt von gründlicher Schriftauslegung und auf kontroverstheologisch akzentuierte Themen gerichtet, tritt sie den Menschen in lebensnaher und evidenter Rede entgegen. Demgegenüber gewinnt in England die Tendenz zur moralisch und rational orientierten Predigt nur zögernd an Raum; durch eine zugleich bibel- wie praxisorientierte Prägung tritt dort die puritanische und presbyterianische Predigt hervor.

2.2. Repräsentanten

Die Predigt des konfessionellen Zeitalters ist weit erbaulicher, konkreter und spiritueller, als man aufgrund eines theologiegeschichtlich verengten Blickwinkels und als Spätwirkung des pietistischen, vor allem durch G. →Arnold inaugurierten Geschichtsbildes gemeinhin vermutet. Es ist der Beachtung und Erinnerung wert, daß nicht erst die pietistische Predigt, sondern bereits die des späteren 16. und 17. Jh. in der Kritik an gesellschaftlichen, näherhin kirchlichen Mißständen ein Generalthema findet, daß ferner nicht wenige der repräsentativen Prediger dieser Epoche zugleich als erfolgreiche Erbauungsschriftsteller oder auch als Vertreter der in ihrer Bedeutung für die Ausbildung und Stabilisierung eines individuellen Frömmigkeitsstils kaum zu überschätzenden protestantischen Kirchenlieddichtung hervorgetreten sind.

Zu den bedeutendsten und wirkmächtigsten Predigern der Epoche zählt J. →Arndt. Neben seinem *Wahren Christentum* – Spener hat darüber gepredigt – veröffentlichte er eine Postille, eine aus 451 Predigten kompilierte Psalmenauslegung sowie Passions- und Katechismuspredigten. Sein von „warme[m] Herzenschristentum" (Hering 120) getragenes Predigen zielt auf die Ermöglichung und Stärkung einer individuellen Frömmigkeitsgestalt; es will die zentralen Lehrgehalte lutherischer Theologie auf das Gewissen und die innere Erfahrung des einzelnen hin konkretisieren. Seine Rede ist anschaulich, verständig und einfach, frei von aller rhetorischen Künstelei und konfessionellen Polemik, biblisch gesättigt, durchtränkt von gläubigem Ernst. Philipp Nicolai (1556–1608) hat sich nicht allein als Kirchenliederdichter, sondern auch als Prediger einen Namen gemacht. Unter dem Eindruck zweier schwerer Pestepidemien predigt er in erbaulicher Schlichtheit, nur selten polemisch, mit biblischen Worten und Geschichten durchmengt sowie spürbar eschatologisch geprägt. Dagegen weist die Predigtweise von Valerius Herberger (1562–1627) einen häufigen Bild- und Anekdotengebrauch wie überhaupt eine deutliche emblematische Vorliebe auf. Seine Rede ist von inniger Eindringlichkeit, zugleich freilich von einer – wohl unreflektierten – Volkstümlichkeit, voller Drastik und Wortwitz, mit deutlicher Neigung zu pointiertem, sentenzenhaft verdichtetem Ausdruck. Besondere Beachtung verdient die Predigt J. →Gerhards. Obwohl einer der bedeutendsten Repräsentanten der altprotestantischen, näherhin hochorthodoxen akademischen Theologie, hat er sein Predigen zwar an der *doctrina* zu orientieren, jedoch von dogmatisch-polemischen Streitigkeiten ganz freizuhalten gewußt. Eine deutliche, von J. Arndt beeinflußte Neigung zu erbaulicher Seelenstärkung ist unübersehbar. An ihm läßt sich beispielhaft die reflektiert vollzogene Unterscheidung von wissenschaftlich-dogmatischer und praktisch-homiletischer Arbeit sowie deren unumkehrbare, weil auf das Leben der Kirche zielende Zuordnung zeigen: *Finis theologiae est praxis*.

Noch immer steht das bislang kaum erschlossene, umfangreiche Predigtwerk von Johann Heermann (1585–1647) im Schatten seiner geistlichen Dichtung. Von eigenen Krankheiten und den Drangsalen des →Dreißigjährigen Krieges gezeichnet, predigt er in anschaulicher, das religiöse Gefühl kultivierender, jedoch auch auf die Reinheit der Lehre pochender Weise die Herrlichkeit Gottes inmitten einer elenden Welt. Trotz eines gewissen Hangs zur Weitschweifigkeit bieten seine Predigten – wie seine Lieder – Erbauung, Stärkung und Trost. In ähnlicher Eindringlichkeit, jedoch stark eschatologisch akzentuiert, hat Johann Matthäus Meyfart (1590–1642) gepredigt. Mit kraftvoller, dabei formstreng knapper, rhythmischer Sprache, ohne jeden Anflug von Emblematik und Allegorese sowie unter weitestgehendem Verzicht auf konfessionelle Polemik, will er die Gemüter aufrütteln und den Entscheidungsernst der gegenwärtigen Stunde erinnern. Der starke biblische Bezug ist zugleich durchgehend in die konkrete Erfahrungswelt der Hörer eingebunden. Die Horizonte von biblischer und eigener Welt verschmelzen dabei: aus Ninive wird Coburg (Trunz 101; vgl. 93–112).

Die Grenzlinie zu pietistischer Predigt zerfließt vollends bei Christian Scriver (1629–1693), dem einst berühmten Erbauungsschriftsteller und Spener-Freund. Seine Predigt ist praktische Schriftauslegung, lebendig und phantasievoll, sie zielt auf Buße und individuelle Erbauung. Die Natur, teilweise auch die Mechanik dienen Scriver als ein nicht zu erschöpfendes Reservoir für – nicht in jedem Fall ganz glückliche – homiletisch-rhetorische Bilder. Erbaulich sind auch die Predigten Heinrich Müllers (1631–1675), von dichter, knapper, eindringender Sprachgestalt, klar und frisch, voller Anschaulichkeit und emblematischem Bilderspiel, stets deutlich, mitunter drastisch und derb. Gegen die vielfältigen Formen einer religionswidrigen sittlichen Praxis, erst recht gegen eine äußerlich bleibende Frömmigkeit und laxe kirchliche Praxis drängt er auf Buße und Auferbauung des inneren Lebens. Dabei hat es Müller verstanden, die reformatorische Rechtfertigungslehre immer wieder als den verbindlichen Grund konkreter einzelner Lebenspflichten kenntlich zu machen.

Nach wie vor wartet die Predigt des konfessionellen Zeitalters darauf, als ein formal und inhaltlich eigenständiges theologisches Popularisierungsmedium anerkannt und in interdisziplinärer Zusammenarbeit hinsichtlich ihrer frömmigkeits-, mentalitäts-, sozial- und literaturgeschichtlichen Bedeutung erschlossen zu werden.

2.3. *Außerdeutsche Entwicklung*

In Dänemark hat Niels Hemmingsen (1513–1600), der auch als lutherischer Prediger hervorgetreten ist, durch seine als Sammlung ausführlicher Predigtdispositionen lateinisch herausgegebene *Evangelienpostille* (1561) eine Wandlung von der schlicht-erbaulichen zur reflektiert-belehrenden Kanzelrede befördert. Neben ihm haben J. →Brochmand sowie der bereits auf den Pietismus vorausweisende Dinesen Jersin, Bischof zu Ribe in Jütland (gest. 1634), Bedeutung erlangt. Für Schweden sind der lehrhaft-orthodoxe Johannes Rudbeck (1581–1646), die stärker gefühlsorientiert predigenden Johann Matthäi (gest. 1670) und Johannes Elai Terser (gest. 1678) sowie als Beispiele für eine harmonische Verbindung von intellektueller Klarheit, Herzenswärme und rhetorischem Glanz Hagarin Spegel (1654–1714) und Jasper Svedberg (gest. 1735) zu nennen.

In Frankreich partizipierte die reformierte Predigt am rhetorischen Geschick und Geschmack ihrer Zeit. Der bekannteste Prediger der ersten Jahrhunderthälfte, Pierre Du Moulin (1568–1658), gebrauchte schlichte, aber packende Bilder und Gedanken und pflegte eine lebhaft-eindringliche Rede. Michel de Faucheur (gest. 1657), von dem sehr viele Predigten gedruckt worden sind, bemühte sich um schlichte Texterklärung unter weitgehendem Verzicht auf synthetische Komposition. Ausgefeilte Rhetorik findet sich hingegen bei Moïse Amyraut (1596–1664), dessen Predigten oft den Eindruck dialektisch-dogmatischer Abhandlungen über Grundwahrheiten des Glaubens erwecken, sowie, mit didaktischem Akzent, bei Jean Daillé (1594–1670). Die um 1650 in Frankreich zu beobachtende Entwicklung, bei zurücktretender Kanzelpolemik den Predigttext einem einzigen, herrschenden Predigtgedanken unterzuordnen, läßt sich bei Jean Claude (gest. 1687) exemplarisch studieren. Nach der Revokation des Edikts von Nantes (1685) sind in der Massenauswanderung der Reformierten auch die meisten Prediger emigriert.

In den Niederlanden war Daniel de Superville (gest. 1728) von bedeutender Wirkung: Seine Predigten präsentieren sich als die synthetische Entfaltung eines dem Text entnommenen Gegenstands, freilich nicht abstrakt und spekulativ, sondern in praktisch-erbaulicher, oft didaktisch akzentuierter Konkretion. Daneben sind vor allem Elias Saurin (1639–1703) und Aegidius Franken (gest. 1743) zu erwähnen.

Auch in England läßt sich im Verlauf des 17. Jh. eine Tendenz zu synthetischer Komposition, dialektischer Gelehrsamkeit und antithetischer Polemik der Predigt erkennen. L. →Andrewes, John

Donne (1572–1631), James Ussher von Armagh (1581–1656) und Jeremy →Taylor sind wichtige Repräsentanten dieser Entwicklung. Von überragender Bedeutung war indes John Tillotson (1630–1694), der als ein unpolemischer, nach klarer Disposition und in ansprechender Gestalt argumentierender, mitunter freilich zu gelehrter Weitschweifigkeit neigender Prediger weltweite Berühmtheit erlangte – selbst Voltaire verweigerte ihm nicht seinen Respekt; über →Mosheim hat er stark nach Deutschland und in die Niederlande gewirkt. Neben ihm sind Robert South (1634–1716) und S. →Clarke von Belang, unter den – viel stärker biblizistisch orientierten – puritanischen Predigern der Zeit vor allem Thomas Adams (gest. 1653).

3. Pietismus

Die identitätsstiftende Zielrichtung der pietistischen Predigt (→Pietismus) läßt sich in drei repräsentative Forderungen bündeln: Sie möchte biblischer, einfacher und praktischer sein. Dem *biblischen* Aspekt suchte sie durch die umfassende homiletische Präsenz der Heiligen →Schrift zu entsprechen, was ihr jedoch nicht selten zu einer bloßen Aufhäufung biblischer Sprüche und Wendungen mißriet. Das *Simplizitätsideal* ließ konfessionelle Polemik und Bildungsgehabe in der Predigt zurücktreten, führte freilich in der Konzentration auf das innere Leben der Hörer mitunter zu einem schwülstigen Ton – einen „penetrante[n] Beigeschmack von Süßlichkeit" attestierte A.D. Müller (183). Die *praktische Abzweckung* schließlich propagierte als Predigtziel die individuelle Verinnerlichung des Wortes Gottes, die Entscheidung und Bekehrung des einzelnen („Bekehren soll die Predigt, nicht belehren" [Schütz 145]), das Drängen auf Glaubensfrüchte und →Heiligung des Lebens. Die homiletische Pointe der Heiligungshilfe unterstrich den existentiellen Ernst des Christseins, war jedoch vor der Tendenz zur Gesetzlichkeit nicht immer gefeit. Die Konzentration auf die Erweckung und Erbauung des *inneren* Menschen erinnerte an ein Wesensmerkmal evangelischen Glaubens, ließ aber nicht selten den Weltbezug des Glaubenden als obsolet erscheinen. Ausgelöst durch das pietistische Postulat, von einem Prediger sei, als homiletische *conditio sine qua non*, →Bekehrung und →Wiedergeburt einzufordern, ist es mit Vertretern der Orthodoxie – und zumal mit dem in Dresden wirkenden V.E. →Löscher („Amtsgnade") – zu einer leidenschaftlichen Kontroverse um das Amtsverständnis gekommen.

Zu einer Reform der Predigt hat sich Ph.J. →Spener im 6. Besserungsvorschlag seiner *Pia Desideria* programmatisch geäußert: Die Predigten sollen, anstatt durch Gelehrsamkeit zu glänzen, die Hörer einfältig erbauen, den Katechismus rekapitulieren und den inneren, neuen Menschen befördern. An dieser Zielvorgabe war auch Speners eigene, umfangreiche Predigtarbeit – allein in der Frankfurter Zeit (1666–1686) soll er 1.266 Predigten gehalten haben (Brecht 288) – orientiert. Seine Kanzelrede verzichtete auf jede Künstelei und zielte, formal durchaus konventionell, vor allem auf die moralisch-ethische Nutzanwendung. Stets hat er seine Predigten gründlich ausgearbeitet und wörtlich memoriert. Ihr Aufbau wiederholt sich schematisch: Einer ausführlichen Exegese folgen Lehre, Vermahnung und Trost. Dem Problem des lutherischen Perikopenzwangs suchte Spener zunächst durch die Beschränkung auf nur einen Aspekt, ab 1669 jedoch dadurch zu entkommen, daß er das Exordium zu der predigthaften Entfaltung eines durch die Beschränkung auf die Evangelientexte vernachlässigten Gesichtspunktes, wozu ihm erst der Katechismus, dann einige Paulusbriefe als Textgrundlage dienten, ausgebaut hat; faktisch standen so allsonntäglich zwei selbständige Predigten nebeneinander. Die von Spener in großer Zahl zum Druck gebrachten Predigten und Predigtsammlungen machen einen wesentlichen Teil seines literarischen Werkes aus. Indessen zählt die Erforschung der Spenerschen wie überhaupt der pietistischen Predigt erstaunlicherweise noch immer zu den Desideraten der kirchen-, predigt-, frömmigkeits- und literaturgeschichtlichen Forschung.

Die Tendenz zu kunstlos-einfacher Predigtweise und einer überwiegend paränetisch-applikativen Auslegung hat sich unter den direkten und indirekten Schülern Speners fortgesetzt. A.H. →Francke, gewiß der bedeutendste unter ihnen, predigt voller Leben und Leidenschaft, dabei schlichter und stärker textorientiert als Spener, in konsequenter Konzentration auf die Themen Buße und Bekehrung. Mitunter wird er von innerer Bewegtheit fortgerissen, und die innere Gliederung der Gedanken geht bei der übergroßen Redundanz seiner Rede – sie konnte zwei Stunden oder länger dauern – und der Überfülle an Bildern und Bibelworten nicht selten verloren. Franckes Predigten wurden von Studenten mitgeschrieben, nach meist nur flüchtiger Durchsicht gab er sie einzeln oder gesammelt zum Druck. Beachtung verdient, daß Francke – entgegen der programmatischen Abkehr pietistischer Predigt von aller Polemik – seine teils äußerst scharfen Auseinandersetzungen mit der orthodoxen Stadtgeistlichkeit in Halle auch auf der Kanzel und in Predigtpublikationen geführt hat (Brecht 457.497). Dem Streben nach schlichter Texterklärung sind auch Franckes Freunde und Schüler verpflichtet; etwa Johann Anastasius Freylinghausen (1670–1739), Joachim Justus Breithaupt (1658–1732) sowie, für Theorie und Praxis pietistischer Predigt gleichermaßen bedeutsam, Joachim Lange (1670–1744) und Johann Jakob →Rambach.

Die Predigt des württembergischen Pietismus zeichnet sich, von Halle beeinflußt, durch realistischen, teils mystisch gefärbten Bibelglauben aus; nicht selten verbindet sich in ihr treue Kirchlichkeit mit dem Geist einer freien wissenschaftlichen Forschung. J. A. →Bengel predigt in großer Ruhe und Durchsichtigkeit, nüchtern, in fast katechetischer Simplizität. Gelegentlich hat er, zur Beförderung der Bibelkenntnis, während der Predigt ganze biblische Kapitel verlesen. Seine speziellen apokalyptischen Ansichten hielt er von der Sonntagspredigt fern (die *Sechzig erbaulichen Reden über die Offenbarung Johannis* [1747] sind aus Erbauungsstunden erwachsen). Zu den bedeutendsten Predigern Württembergs zählen überdies Vater und Sohn Rieger (Georg Conrad Rieger [1678–1743] und Karl Heinrich Rieger [1726–1791]). F.Ch. →Ötinger, die vielleicht merkwürdigste Gestalt des württembergischen Pietismus, brachte mystische Theosophie auf die Kanzel. Unter den Schülern Bengels hat sich teils eine spekulative (neben Ötinger vor allem Ph.M. →Hahn, Johann Ludwig Fricker [1729–1766]), teils eine praktisch-erbauliche Predigtrichtung (Friedrich Christoph Steinhofer [1706–1761], Johann Christian Storr [1712–1773] u.a.) ausgebildet. Am Niederrhein trat, in reformierter Tradition, der durch innige Jesusliebe und schlichte, luzide Sprachgestaltung gekennzeichnete, in mystischen Spuren wandelnde Dichter und Prediger Gerhard →Tersteegen (1697–1769) hervor.

Einer der originellsten Prediger der Zeit war N.L. Graf von →Zinzendorf (1700–1760). Sein Vortrag zeugte von reicher Begabung und gediegener Bildung, vor allem aber von einem außerordentlich bewegten Gefühl, von Einfallsreichtum und lebhafter Phantasie und einer dadurch genährten, eigentümlichen Sprachgewalt. Seine Predigten, genauerhin als Erbauungsreden zu klassifizieren, „sind größtenteils Äußerungen innerer Selbstgespräche vor der Gemeinde über Gegenstände, die sein Gemüt gerade erfüllten" (Christlieb/Schian 688). Seine stets in freier Rede gehaltenen Predigten sind nur in Nachschriften überliefert; zu den wichtigsten zählen die *Berlinischen Reden* (1738), die *Sieben letzten Reden* und die *Pennsylvanischen Reden* (1741), die *Gemeinreden* (1747) sowie die *Londoner Reden* (1749–1755). Als nüchtern-maßvoller Prediger der Brüdergemeine trat Zinzendorfs Nachfolger in der Gemeindeleitung, August Gottlieb Spangenberg (1704–1792), hervor.

4. *Aufklärung*

4.1. *Strukturwandel*

Im 17. und, stärker noch, im 18. Jh. unterlag auch das protestantische Predigtinstitut dem tiefgreifenden „Strukturwandel der Öffentlichkeit" (Habermas): Die schlechterdings zentrale Funktion, die die Predigt nach innen wie nach außen zunächst innehatte, sah sich nun einem vielschichtigen Relativierungsprozeß ausgesetzt. Diese umfassende Modifikation des kirchlichen und gesellschaftlichen Rahmens ist als eine Konstitutionsbedingung evangelischer Predigt durchgängig mit zu bedenken.

Bereits um 1600 ist die zentrale kirchliche Stellung der Predigt problematisiert worden. Als dominierendes Thema der kirchlichen Reformliteratur des 17. Jh. trat zunehmend die Klage um die Wirkungslosigkeit kirchlicher Predigt hervor. Die allenthalben konstatierte „fundamentale Insuffizienz der öffentlichen Gemeindepredigt" schien „durch eine Verbesserung der homiletischen Arbeit allein" nicht behebbar zu sein (Sträter 83; vgl. 73–90). Insofern ist die seit 1600 vor allem in der lutherischen Kirche sich ausbildende Frömmigkeits- und Meditationskultur als der Versuch zu verstehen, das von der Predigt verlorene Terrain durch komplementäre (oder alternative) Instrumente zurückzugewinnen (ebd. 73).

Gravierender noch als der kirchliche wirkte sich der gesellschaftliche Strukturwandel aus, dem die Predigt im Verlauf des 18. Jh. zunehmend ausgesetzt war. Hatte sie bislang für alle religiös-moralischen Themen sowie als Instanz einer verbindlichen, integrativen Welterklärung und -deutung das weithin unbestrittene Monopol, so begann sich nun ein durchaus profaner literarischer Markt zu etablieren, der durch eine kraftvoll aufblühende Zeitschriften- und Zeitungskultur (allem voran die ungezählten „Moralischen Wochenschriften" [vgl. Wild; Martens]), aber auch durch die um 1720 einsetzende Ausbildung einer säkularen Romanliteratur nicht allein dieselben Themen besetzte, sondern seine Akteure zunächst auch mehrheitlich aus Theologen und Pfarrersöhnen rekrutierte. Gegenüber diesen Säkularisationsformen einer vielgestaltig entstehenden moralisch-ästhetischen Erbauungsliteratur fand sich die Predigt der Kirche nun plötzlich in einer ebenso effektiven wie unübersichtlichen Konkurrenzsituation vor. Daß sie diese Herausforderung angenommen und, anstatt sich resignativ einem Prozeß zunehmender Gettoisierung auszuliefern, ihren Teil zu der „Versöhnung von Christentum und Kultur bei[zu]tragen und auf diese Weise die beginnende Entkirchlichung und Entchristlichung des öffentlichen Lebens auf[zu]halten" versucht hat (Niebergall, Geschichte 313), darin liegt die epochale Bedeutung der Predigt der Aufklärungszeit.

4.2. Übergangszeit

Die deutsche theologische →Aufklärung ist mit dem Pietismus durch eine weitreichende partielle Interessengleichheit verbunden. Beide Strömungen verstehen sich als eine die Reformation fortführende bzw. vollendende, „moderne" Bewegung. Dabei sind predigtgeschichtlich vor allem drei Aspekte bedeutsam. *Erstens:* das Streben nach Klarheit und Schlichtheit der äußeren und inneren Form, das sich in der Wiederentdeckung der homiletischen Relevanz der →Rhetorik – Mosheim hat seine Predigten programmatisch als „Heilige Reden" bezeichnet – ebenso niederschlägt wie in der auf dialektische (logische) Rationalität zielenden Orientierung an der Demonstrations-Methode der deutschen Schulphilosophie (→Leibniz; →Wolff; Chr. →Thomasius). *Zweitens:* die praktische Ausrichtung auf eine als *praxis pietatis* verstandene Frömmigkeit, dergemäß die theologische Lehre als eine subsidiäre Funktion des religiösen Lebens verstanden und insofern Moralität als der Inbegriff von Religiosität interpretiert wird. *Drittens* schließlich: die programmatische Rücksichtnahme auf Art und Umfang der Fassungskraft der Rezipienten, wodurch die theologischen Lehraussagen am praktischen Lebensvollzug ihr Kriterium finden („Akkommodation") und die Predigt als eine erfahrungsorientierte, auf psychologische Wahrnehmung und pädagogische Einwirkung zielende Bildungsaufgabe erscheint. Dem pädagogischen Zug der Aufklärungspredigt entspricht das Bemühen, unter den Predigern theologische Bildung und homiletische Schulung zu mehren: durch Herausgabe von Predigtzeitschriften und -magazinen (z.B. Johann Philipp Fresenius [1705–1761], *Pastoral-Sammlungen* [24 Teile, 1748–1760]) sowie durch verstärkte predigtpraktische Ausbildung.

Freilich repräsentiert die theologische Aufklärung nicht eine binnenkirchliche Frömmigkeitsbewegung, sondern eine weithin aus philosophischen und anderen außerkirchlichen Quellen gespeiste, komplexe Transformationsgestalt des neuzeitlichen →Protestantismus. Die Vermittlung von Christentum und moderner Kultur, von Religion und Bildung gehört zu ihren konstitutiven und zumal in der Predigt wahrgenommenen Aufgaben („Die Kanzel als Katheder der Aufklärung" [Schütz]). Wesentliche Impulse empfing die Predigt der Aufklärung von der in England und Frankreich blühenden Predigtkultur, wie denn etwa der Einfluß des anglikanischen Predigers J. Tillotson (s.o. 2.3.) auf die deutsche Frömmigkeits- und Predigtlandschaft – Mosheim und Sack (s.u. 4.3.) sind stark von ihm beeinflußt, Friedrich II. von Preußen hat sich während seiner Rheinsberger Zeit intensiv mit ihm beschäftigt – kaum überschätzt werden kann. Aber auch die sprach- bzw. literaturtheoretischen und -praktischen Spielarten der deutschen Aufklärung (Gottsched, Bodmer und Breitinger, Brockes, →Gellert, →Lessing) haben den Reformprozeß der Predigt geprägt und beschleunigt.

Als ein Repräsentant der von Wolff beeinflußten Kanzelberedsamkeit hat Johann Gustav Reinbeck (1683–1741) zu gelten, diese „verkörperte Vermittlung zwischen Theologie und Philosophie" (Christlieb/Schian 691). Mit Gottsched in freundschaftlichem Umgang stehend, sind seine Predigten durch einen sorgfältig disponierten und von den Hörern mühelos nachzuvollziehenden Fortschritt der Gedanken geprägt. Sein Einfluß auf Friedrich Wilhelm I. und durch ihn auf die Predigt in →Preußen war groß, wofür nicht zuletzt eine Königlich Preußische Kabinettsordre von 1739 steht, in der der Soldatenkönig durch detaillierte homiletische Anweisungen die Predigtart Reinbecks verbindlich zu machen sucht. Einen moderaten Widerpart fand Reinbeck in Joachim Oporin (1695–1753), einen sarkastisch-radikalen in Georg Friedrich Meier (gest. 1777).

Der zweifellos bedeutendste Prediger der Übergangszeit war J.L. von →Mosheim, dieser „eigentliche Schöpfer" (Drews) und „Bahnbrecher der modernen Predigt" (Peters): universal gebildet, mit der englischen und französischen Predigttradition bestens vertraut, dazu von glänzender geistiger und rhetorischer Begabung. Indem er sich in seinen *Heiligen Reden* um größte gedankliche und stoffliche Klarheit bemüht, erneuert er, als ein „Gebildeter vor Gebildeten" redend (Niebergall, Geschichte 307), den kulturellen Anspruch christlicher Predigt. Die Gliederung seiner Kanzelreden bleibt schlicht: auf knappen Eingang folgt die Erklärung des biblischen Textes, darauf, als Hauptteil und Ziel jeder Predigt, dessen applikative Nutzanwendung. Von ihm sind sieben Predigtbände (*Heilige Reden über richtige Wahrheiten der Lehre Jesu Christi* [1725ff.]) und eine Homiletik (*Anweisung erbaulich zu predigen* [postum 1763]) auf uns gekommen.

4.3. Neologie

Seit der Mitte des 18. Jh. beherrschten die aufklärerischen Tendenzen auch auf den Kanzeln zunehmend das Feld. Eine Reduktion des überkommenen biblisch-dogmatischen Stoffes war die unausweichliche Folge: Als predigtrelevant gilt fortan nur, was Verstand und Gefühl der Hörer zu berühren und ihre Religion und Sittlichkeit („Glückseligkeit") zu befördern vermag. So avancieren →Gott, →Tugend und →Unsterblichkeit zu den Leitmotiven der Aufklärungspredigt. Die darüber hinausgehenden „theoretischen Religionslehren" (Spalding) werden zwar keineswegs theologisch bestritten, jedoch aufgrund der von →Semler ausgearbeiteten und in der Neologie breit rezipierten Unterscheidung zwischen Religion und Theologie von der Kanzel verbannt. Mag sich daraus auch zweifellos eine Tendenz zu Moralismus und Anthropozentrismus ergeben haben, so muß doch der dezidiert religiöse Charakter dieser Gewichtsverlagerung wahrgenommen und berücksichtigt werden. Die von der neologischen Predigt als hermeneutisches Prinzip legitimatorisch gebrauchte Theorie der Akkommodation macht den Bedeutungsschwund der biblischen Texte verständlich: Sie galten nur noch als historisch überholte Einkleidungen einer bleibenden allgemeinen Wahrheit, die nun der jeweils aktuellen, konkreten Situation predigend erneut zu akkommodieren war.

Diese predigtgeschichtliche Entwicklung ist zweifellos Ausdruck eines auch die Kanzeln zunehmend bestimmenden modernen Bewußtseins: der Prediger als Lehrer und Aufklärer seiner Gemeinde, die Predigt als das kirchliche Popularisierungsmedium par excellence. Nicht weniger ist sie aber auch als der Versuch einer kirchlichen Reaktion zu verstehen, durch die das gebildete Bürgertum, das unter dem Einfluß der philosophisch-literarischen Zeitströmungen an der überkommenen Gestalt des Christentums, an reformatorischem Bibelglauben und konfessioneller Kirchlichkeit zunehmend den Geschmack verlor, der christlichen Religion erhalten und einem Prozeß fortschreitender Entkirchlichung der deutschen Aufklärung gewehrt werden sollte.

Als Vertreter der neologischen Predigt sind jetzt nur die bekanntesten und literarisch wirksamsten zu erwähnen. August Friedrich Wilhelm Sack (1703–1786), königlich-preußischer Hofprediger in Berlin, wollte auf der Kanzel die Religion, nicht die Theologie zur Geltung bringen, was er durch einen Transfer der biblischen in popularphilosophische Sprach- und Denkformen zu bewerkstelligen suchte. Seine Predigten waren von schmuckloser Kürze und behandelten, unter weitgehendem Verzicht auf exegetisch-explikative Textarbeit, zumeist ein allgemein religiöses Thema. Sein Sohn Friedrich Samuel Gottfried Sack (1738–1817), ebenfalls reformierter preußischer Hofprediger, führte den väterlichen Predigtstil fort. Johann Andreas Cramer (1723–1788), mit Gellert und Klopstock freundschaftlich verbunden und auch selbst mit einer starken literarischen Neigung begabt, hat in seinen Predigten die rhetorische Dimension besonders gewichtet. Die Predigt Johann Friedrich Wilhelm Jerusalems (1709–1789) ist durch eine entschiedene, sich psychologisch einfühlende, erfahrungsorientierte Ausrichtung auf den konkreten Hörer charakterisiert. Mit ihm und Spalding zusammen ist der aus St. Gallen stammende, zuletzt an der reformierten Gemeinde in Leipzig wirkende Georg Joachim Zollikofer (1730–1788) von Goethe wegen des „guten und reinen Stil[s] der Religion und der ihr so nah verwandten Sittenlehre", der aus seinen Predigten spreche, gerühmt worden (Goethe, Dichtung und Wahrheit II.7). Seinen Predigten – sie wurden, teils postum, in 15 Bänden gesammelt – lagen ein rationaler Supranaturalismus und eine auf allgemeine Besserung zielende Glückseligkeitslehre zugrunde.

Bei Johann Joachim →Spalding, ab 1764 als Propst und Oberkonsistorialrat die führende kirchliche Gestalt in Berlin, hat sich die Gewichtung der natürlichen Religion in den Predigten noch einmal spürbar verstärkt. Von Tillotson beeinflußt und mit Wolffs Denken vertraut, war er *Von der Nutzbarkeit des Predigtamtes und deren Beförderung* (1772 ³1791) durchdrungen: Als Prediger wollte er die Hörer in der Religion unterrichten, indem er, als ein „Lehrer der Weisheit und der Tugend", sie teils zu beruhigen, teils zu bessern suchte. Sein Predigen soll weniger eine gefühlige Erbauung als eine Erleuchtung des Verstands bewirken, damit sich die christliche Religion im Leben des in seinem Gewissen angesprochenen einzelnen als eine individuelle Frömmigkeitsgestalt konkretisiere.

4.4. Spätzeit

Immer stärker neigt sich die Aufklärungspredigt der Richtung eines deistischen Rationalismus und der bloßen Vernunftreligion zu. Das Streben nach Modernität läßt die biblische Fundierung der Predigten weiter schwinden; oft liefert der Perikopentext nur noch das Motto, wenn nicht überhaupt textfrei über moralische oder auch (kirchen-)geschichtliche und politische Themen gepredigt wird. Gelegentlich verflacht die „Nutzbarkeit" der Predigt zu plattem Utilitarismus. Dessen extreme Spielarten – etwa über den Vorzug der Stallfütterung (Weihnachten), den Nutzen des Spazierengehens (Ostern) oder die Gefahr, lebendig begraben zu werden (Karfreitag) – erfreuen sich als wohlfeile Indizien für den „Tiefstand in der Geschichte der Predigt" (Niebergall, Geschichte 310) nahezu allgemeiner Beliebtheit. Doch sollte man solche utilitaristischen Engführungen nicht zur Diskreditierung einer ganzen Epoche mißbrauchen, zumal selbst noch in ihnen die volkspädagogische Intention der Aufklärungspredigt zu sehen und zu würdigen ist. Weitaus die meisten Aufklärungspredigten bewegten sich im Rahmen einer gemäßigten, religiös fundierten Lebensberatung. Zudem hat die Aufklärungspredigt niemals, auch nicht am Ende des 18. Jh., das Feld konkurrenzlos beherrscht: Stets gab es daneben die biblisch-gegenständliche, die orthodoxe, die pietistische Predigt. Die Entwicklung der Neologie zum theologischen Rationalismus ist überdies von einem kräftigen Erstarken des Supranaturalismus begleitet gewesen.

Als ein Repräsentant der rationalistischen Predigt ist Wilhelm Abraham Teller (1734–1804) zu nennen: In der moralischen Handlungsanleitung sieht er das entscheidende Predigtanliegen, dem er mit der durchgängigen Transformation christlicher Glaubensgegenstände in moralische Grundwahrheiten zu entsprechen sucht. Das von ihm herausgegebene *Neue Magazin für Prediger* (1792–1802) war ein wichtiger, freilich längst nicht der einzige publizistische Multiplikator rationalistischer Predigt. Psychologischen Realismus kennzeichnet auch die Kanzelrede von Johann Gottlieb Marezoll (1761–1828); inwiefern er die christliche Religion in ein allgemeines, vernünftiges System der Sittlichkeit überführt, läßt sich in seinen *Predigten in Rücksicht auf den Geist des Zeitalters* (1790ff.) paradigmatisch studieren. Auswüchse eines extremen Utilitarismus finden sich bei Heinrich Gottlieb Zerrenner (1750–1811) (*Natur- und Ackerbaupredigten*), Johann Ludwig Ewald (1747–1822) (*Predigten über Naturtexte*) oder Christian Gotthilf Salzmann (1744–1811) (*Predigten für Hypochondristen*).

Für die Predigt eines aufgeklärten Supranaturalismus steht allen zuvor der Dresdener Oberhofprediger Franz Volkmar Reinhard (1753–1812). Auch er versteht die kirchliche Predigt als einen auf lebenspraktische Nutzbarkeit zielenden Unterricht. Doch hat er damit den positiven Kirchenglauben zu verbinden gewußt: Die Bibel gilt ihm als die der Vernunft übergeordnete, göttliche Autorität, obschon er die Vernunft als Instrument der predigenden Darlegung der Offenbarung ohne weiteres zu nutzen versteht. Als Prediger war Reinhard von außerordentlicher Wirkung; in Dresden soll er allsonntäglich vor bis zu 4.000 Menschen gesprochen haben, in 42 Bänden sind seine *Sämtlichen Predigten* (1815–1821) gesammelt.

Die Predigt J.C. →Lavaters ist von starker Bindung an die Bibel – erstmals seit Mosheim machte er wieder von der *lectio continua* Gebrauch! – und einer nicht minder starken, teils schon auf die Erweckungspredigt des 19. Jh. vorausweisenden Gefühligkeit bestimmt. Das pädagogische Motiv tritt bei ihm ganz zurück, statt dessen soll die im Stil eines bewegten Gesprächs vorgetragene Predigt die Ergriffenheit des Redners auf die Hörer übertragen.

J.G. →Herder, von dem nur wenige Predigten überliefert sind, sprach entlang einer sorgfältig erarbeiteten Disposition, jedoch in freiem Vortrag, und hat damit vornehmlich die Gebildeten unter seinen Hörern berührt und beeindruckt. Predigtgeschichtlich folgenreicher war seine scharfe, vor allem in Auseinandersetzung mit Spalding entwickelte Kritik an der Aufklärungspredigt (*An*

Prediger. Fünfzehn Provinzialblätter [1774]; *Briefe, das Studium der Theologie betreffend* [1780]). Scharfsichtig wie wenige erkannte er die spezifischen Defizite der rationalistischen Predigt: den Mangel an geschichtlichem Denken sowie, damit zusammenhängend, ihre gegenüber der eigenständigen Kraft der biblischen Sprach- und Vorstellungsformen bewiesene Ignoranz. „Aber auch er war nicht imstande, sie zu überwinden" (Müller, Homiletik 97).

4.5. Außerdeutsche Entwicklung

Für die dänisch-lutherische Predigt des 18. Jh. sind vor allem die Aufklärer Christian Bastholm (1740–1819) und H.G. Clausen (gest. 1840) von Belang. In Schweden stand der Aufklärungspredigt (z.B. G. Enebom [gest. 1796]) eine klare Majorität orthodox-gemütvoller Predigtweise (z.B. Andreas Nohrborg [gest. 1767], Erik Tollstadius [gest. 1759]) gegenüber. Die reformierte Predigt der Niederlande fand nur langsam und unter dem Einfluß Tillotsons von umständlicher Wort- und Sacherklärung zu synthetisch-praktischer Darstellungsweise; zu nennen sind vor allem Jakob Hinlopen (gest. 1803) und G. Bonnet (gest. 1805).

Von überragender Bedeutung für die außerdeutsche protestantische Predigt des 18. Jh. sind hingegen England und Wales. In England war der Höhepunkt der Aufklärung bereits anfangs des Jahrhunderts erreicht. Freilich herrschte innerhalb der anglikanischen Staatskirche der →Deismus niemals uneingeschränkt. Als wichtige Prediger eines schlichten Glaubens in seelsorglich-praktischer Orientierung verdienen vor allem Thomas Wilson (gest. 1755), Joseph Butler (1692–1752) und Samuel Horsley (1733–1806) Erwähnung; von genialischer Originalität sind die humoristisch-ironisch-satirischen Predigten Laurence Sternes (1713–1768). Als Aufklärungsprediger traten Joseph Watts, Philip Doddridge (1702–1751) sowie Isaak Fawcett, dessen Predigten eher als gebildete, streng dialektisch disponierte moralische Abhandlungen anzusprechen sind, hervor.

Der englische Methodismus läßt sich als eine den Rationalismus zurückdrängende, mächtige Predigtbewegung verstehen. Als ihm die anglikanische Staatskirche die Kanzeln verbietet, wählt er die Predigt unter freiem Himmel. Von entscheidender Bedeutung ist dabei George →Whitefield, der erstmals 1739 auf freiem Feld gepredigt hat, mit offenbar gewaltigem Erfolg. Stets hat er seine Predigten extemporiert: Mit klaren, kräftigen Strichen rekapituliert er die Grundgedanken des Evangeliums. Mimisches Talent, phantasievolle und impulsive Darstellungsweise, bildkräftige Sprache sowie ein überaus klangvolles Organ haben ihm eine vielfältig bezeugte, vor allem das Gemüt affizierende Wirkung verschafft – oft hat er sich redend selber zu Tränen gerührt. Freilich wird auch von exaltierten Überspanntheiten, die er ausgelöst habe, berichtet: Stöhnen, Schluchzen und ekstatisches Zucken. Von solchen Wirkungen lassen die 63 erhaltenen, zumeist seiner frühesten Zeit entstammenden Predigten kaum etwas erahnen. Insgesamt soll er etwa 18.000 Predigten gehalten haben.

Mehr als das Doppelte, nämlich 40.000 Predigten, werden John →Wesley zugerechnet, der über 50 Jahre lang bis in sein 88. Lebensjahr, oft viermals am Tag, auf freiem Feld gepredigt hat. Anders als Whitefield beeindruckte er weniger durch phantasievolle Anschaulichkeit als wegen des reichen Inhalts und praktischen Ernsts, der seine klar disponierten, verständlichen Predigten jederzeit auszeichnete: als warmherzige, jedoch nüchterne Belehrungen der Gewissen. Von Bedeutung sind auch sein Bruder Charles Wesley (1707–1788), John William Fletcher (1729–1785) und Henry Venn (1725–1797).

In Wales trat als ein die Hörer erschütternder Buß- und Gesetzesprediger Howel Harris (1714–1773) hervor, ferner Daniel Rowland (1713–1790), der seine Predigten stets sorgfältig disponierte und an der Klarheit des Gedankens auch bei stärkster eigener Erregtheit festzuhalten wußte; von der Kraft seiner melodiösen, anrührenden, unerhört wandlungsfähigen Stimme soll man sich fast 40 Jahre nach seinem Tod noch erzählt haben (Christlieb/Schian 704).

Quellen

Eine Erfassung der zwischen 1500 u. 1800 gedruckten Predigten ist nicht einmal annähernd möglich.

Literatur

Übergreifend: Wilhelm Beste, Die bedeutendsten Kanzelredner der älteren luth. Kirche v. Luther bis zu Spener in Biographien u. einer Ausw. ihrer Predigten, Leipzig, I 1856 II 1858 III 1886. – Walter Caspari, Art. Perikopen: RE[3] 15 (1904) 131–159. – Theodor Christlieb/Martin Schian, Art. Predigt, Gesch. der christl.: ebd. 623–747. – Hermann Hering, Die Lehre v. der Predigt, Berlin 1905. – Eduard Hochstetter, Die Gesch. der Predigt in Württemberg seit der Reformation: BWKG 9 (1894) 33–44.49–53.65–70.81–87.89–96. – Werner Jetter, Art. Katechismuspredigt: TRE 17 (1988) 744–786. – Hans Martin Müller, Art. Homiletik: TRE 15 (1986) 526–565. – Ders., Homiletik. Eine ev. Predigtlehre, Berlin/New York 1996. – Alfred Niebergall, Die Gesch. der christl. Predigt: Leit. 2 (1956) 182–359. – Richard Rothe, Gesch. der Predigt, v. den Anfängen bis auf Schleiermacher, hg. v. August Tümpelmann, Bremen 1881. – Werner Schütz, Gesch. der christl. Predigt, Berlin/New York 1972. – Herbert Wolf, Art. Predigt: RDL[2] 3 (1977) 223–257.

Zu 1.1.: Albrecht Beutel, In dem Anfang war das Wort. Stud. zu Luthers Sprachverständnis, 1991 (HUTh 27). – Ders., „Scriptura ita loquitur, cur non nos?". Sprache des Glaubens bei Luther: KuD 40 (1994) 184–202. – Heinrich Bornkamm, Erneuerung der Frömmigkeit. Luthers Predigten 1522–1524: ders., Luther. Gestalt u. Wirkungen. GAufs., 1975 (SVRG 188) 212–237. – Martin Doerne, Predigtamt u. Prediger bei Luther: Wort u. Gemeinde. FS Erdmann Schott, 1967 (AVTRW 42) 43–55. – Gerhard Ebeling, Ev. Evangelienauslegung. Eine Unters. zu Luthers Hermeneutik, 1942 (FGLP 10. Ser. 1), Tübingen [3]1991. – Patrick Ferry, Martin Luther on Preaching. Promises and Problems of the Sermon as a Source of Reformation History and as an Instrument of the Reformation: CThQ 54 (1990) 265–280. – Albert Greiner, „Laisser agir seulement la parole". Les huit sermons luthériens de l'Invocavit (1522): PosLuth 40 (1992) 185–197. – Gerhard Heintze, Luthers Predigt v. Gesetz u. Evangelium, 1958 (FGLP 10. Ser. 21). – Eilert Herms, Das Evangelium f. das Volk. Praxis u. Theorie der Predigt bei Luther: ders., Offenbarung u. Glaube. Zur Bildung des christl. Lebens, Tübingen 1992, 20–55. – Wolfgang Herrmann, Die Lutherpredigten des Cyriacus Spangenberg: Mansfelder Bl. 39 (1934/35) 7–95. – Emanuel Hirsch, Luthers Predigtweise: Luther 25 (1954) 1–23. – Ders., Gesetz u. Evangelium in Luthers Predigt: ebd. 49–60. – Richard Lischer, Die Funktion des Narrativen in Luthers Predigt. Der Zusammenhang v. Rhetorik u. Anthropologie: Albrecht Beutel/Volker Drehsen/Hans Martin Müller (Hg.), Homiletisches Lesebuch. Texte zur heutigen Predigtlehre, Tübingen [2]1989, 308–329. – Fred W. Meuser, Luther the Preacher, Minneapolis 1983. – Bernd Moeller, Was wurde in der Frühzeit der Reformation in den dt. Städten gepredigt?: ARG 75 (1984) 176–193. – Hans Martin Müller, Luthers Kreuzesmeditation u. die Christuspredigt der Kirche: KuD 15 (1969) 35–49. – Ulrich Nembach, Predigt des Evangeliums. Luther als Prediger, Pädagoge u. Rhetor, Neukirchen 1972. – Alfred Niebergall, Luthers Auffassung v. der Predigt: Hans Grass/Werner Georg Kümmel (Hg.), Reformation u. Gegenwart, Marburg 1968, 83–109. – Regin Prenter, Die göttliche Einsetzung des Predigtamts u. das allg. Priestertum bei Luther: ThLZ 86 (1961) 321–332. – Dietrich Rössler, Beispiel u. Erfahrung. Zu Luthers Homiletik: Reformation u. Prakt. Theol. FS Werner Jetter, hg. v. Hans Martin Müller/Dietrich Rössler, Göttingen 1983, 202–215. – Eberhard Winkler, Luther als Prediger u. Seelsorger: Helmar Junghans (Hg.), Leben u. Werk Martin Luthers v. 1526 bis 1546, Göttingen 1983, 225–240.

Zu 1.2.: Oskar Farner, Huldrych Zwingli. Seine Verkündigung u. ihre ersten Früchte 1520–1525, Zürich 1954. – Heinold Fast, Reformation durch Provokation. Predigtstörungen in den ersten Jahren der Reformation in der Schweiz: Hans-Jürgen Goertz (Hg.), Umstrittenes Täufertum 1525–1575. Neue Forschungen, Göttingen [2]1977, 79–110. – Ulrich Gäbler, Huldrych Zwingli. Eine Einf. in sein Leben u. sein Werk, München 1983. – Gottfried W. Locher, „Christus unser Hauptmann". Ein Stück der Verkündigung Huldrych Zwinglis in seinem kulturgesch. Zusammenhang: ders., Huldrych Zwingli in neuer Sicht. Zehn Beitr. zur Theol. der Zürcher Reformation, Zürich/Stuttgart 1969, 55–74. – Walter E. Meyer, Die Entstehung v. Huldrych Zwinglis ntl. Komm. u. Predigtnachschr.: Zwing. 13 (1976) 285–331. – Rudolf Staehelin, Zwingli als Prediger: ThZS 4 (1887) 12–29.

Zu 1.3.: Fritz Büsser, Bullinger – der Prediger: ders., Wurzeln der Reformation in Zürich, 1985 (SMRT 31) 143–158. – Edward A. Dowey, Das Wort Gottes als Schr. u. Predigt im Zweiten Helvetischen Bekenntnis: Joachim Staedtke (Hg.), Glauben u. Bekennen. Vierhundert Jahre CHelvP. Beitr. zu ihrer Gesch. u. Theol., Zürich 1966, 235–250. – Daniele Fischer, L'élément hist. dans la prédication de Calvin. Un aspect original de l'homilétique de Réformateur: RHPhR 64 (1984) 365–386. – John H. Gerstner, Calvin's Two-Voice Theory of Preaching: RTR 13 (1959) 15–26. – Wulfert de Greef, Das Verhältnis v. Predigt u. Komm. bei Calvin, darg. am Dtn-Komm. u. den -predigten: Calvinus servus Christi, hg. v. Wilhelm H. Neuser, Budapest 1988, 195–203. – Karl Halaski (Hg.), Der Prediger Joh. Calvin, Neukirchen 1966. – Carl K. Kromminga, Man Before God's Face in Calvin's Preaching, Grand Rapids 1961. – Gottfried W. Locher, Praedicatio verbi dei est verbum dei. Ein Beitr. zur Charakteristik der Theol. Heinrich Bullingers: Zwing. 10 (1954–

1958) 47–57. – Pierre Marchel, La prédication de Calvin à propos du livre de M. Richard Stauffer: RRef 29 (1978) 1–33. – Erwin Mülhaupt, Die Predigt Calvins, ihre Gesch., ihre Form u. ihre rel. Grundgedanken, 1931 (AKG 18). – Ders., Beobachtungen über die Beziehungen v. Theol., Predigt u. Persönlichkeit Calvins in seinen Predigten: DTh 4 (1937) 252–263. – Wilhelm Niesel, Der theol. Gehalt der jüngst veröff. Predigten Calvins: Regards contemporains sur Jean Calvin. Actes du colloque Calvin Strasbourg 1964, Paris 1965, 8–16. – Thomas Henry Louis Parker, The Oracles of God. An Intr. to the Preaching of John Calvin, London 1947. – Rodolphe Peter, Rhétorique et prédication selon Calvin: RHPhR 75 (1975) 249–272. – Ders., Genève dans la prédication de Calvin: Calvinus ecclesiae Genevensis custos, hg. v. Wilhelm H. Neuser, Frankfurt a.M. 1984, 23–48. – Richard Stauffer, Un Calvin méconnu. Le prédicateur de Genève: BPF 123 (1977) 184–203. – Ders., Dieu, la création et la Providence dans la prédication de Calvin, 1978 (BSHST 33) (Lit.). – Ronald S. Wallace, The Preached Word as the Word of God: ders., Calvin's Doctrine of the Word and Sacrament, Edinburgh 1953, 82–95. – G. Vivien, La prédication de Calvin, Neuchâtel 1899. – A.G.P. van der Walt, John Calvin and the Reformation of Preaching: Our Reformational Tradition, Potchefstroom 1984, 182–202. – Ders., Calvin on Preaching: John Calvin's Institutes his Opus Magnum. Proceedings of the Second South African Congress for Calvin Research, Potchefstroom 1986, 326–341.

Zu 2.: Albrecht Beutel, Lehre u. Leben in der Predigt der luth. Orthodoxie: ZThK 93 (1996) 419–449. – Dieter Breuer, Der Prediger als Erfolgsautor. Zur Funktion der Predigt im 17. Jh.: VB 3 (1981) 31–48. – Eileen T. Dugan, Images of Marriage and Family in Nördlingen. Moral Preaching and Devotional Literature, 1589–1712, Diss. Ohio State Univ., Columbus, Oh. 1987. – Norbert Haag, Predigt u. Gesellschaft. Die luth. Orthodoxie in Ulm 1640–1740, 1992 (VIEG 145). – Monika Hagenmaier, Predigt u. Policey. Der gesellschaftspolitische Diskurs zw. Kirche u. Obrigkeit in Ulm 1614–1639, Baden-Baden 1989 (Nomos Universitätsschr. Gesch. 1). – Julius Hoffmann, Die „Hausväterlit." u. die „Predigten über den christl. Hausstand". Lehre vom Hause u. Bildung f. das häusliche Leben im 16., 17. u. 18. Jh., Weinheim/Berlin 1959. – Sabine Holtz, Theologie u. Alltag. Lehre u. Leben in den Predigten der Tübinger Theologen 1550–1750, 1993 (SuR NR 3). – Dies., Theol. u. Alltag in der frühen Neuzeit: BWKG 92 (1992 [1994]) 59–71. – Wilhelm Jannasch, Gesch. des luth. Gottesdienstes in Lübeck, Gotha 1928. – Siegfried Raeder, Die Türkenpredigten des Jakob Andreä: Martin Brecht (Hg.), Theologen u. Theol. an der Univ. Tübingen. Beitr. zur Gesch. der Ev.-Theol. Fakultät, Tübingen 1977 (Contubernium 15) 96–122. – Ernst Heinrich Rehermann, Das Predigtexempel bei prot. Theologen des 16. u. 17. Jh., Göttingen 1977 (Schr. zur niederdt. Volkskunde 8). – Hans-Christoph Rublack, Augsburger Predigt im Zeitalter der luth. Orthodoxie: Reinhard Schwarz (Hg.), Die Augsburger KO v. 1537 u. ihr Umfeld, 1988 (SVRG 196) 123–158. – Ders., Luth. Predigt u. gesellschaftliche Wirklichkeiten: ders. (Hg.), Die luth. Konfessionalisierung in Deutschland, 1992 (SVRG 197) 344–395. – Martin Schian, Orthodoxie u. Pietismus im Kampf um die Predigt. Ein Beitr. zur Gesch. des endenden 17. u. beginnenden 18. Jh., 1912 (SGNP 7). – Luise Schorn-Schütte, Prediger an prot. Höfen der Frühneuzeit. Zur politischen u. sozialen Stellung einer neuen bürgerlichen Führungsgruppe in der höfischen Gesellschaft des 17. Jh., darg. am Beispiel v. Hessen-Kassel, Hessen-Darmstadt u. Braunschweig-Wolfenbüttel: Heinz Schilling/Hermann Diedericks (Hg.), Bürgerliche Eliten in Deutschland u. den Niederlanden vom 16.–19. Jh., Köln/Wien 1985, 275–336. – Wolfgang Sommer, Gottesfurcht u. Fürstenherrschaft. Das Verständnis der Obrigkeit in Predigten v. J. Gesenius u. M. Walther: JBG 6 (1980) 33–51. – Ders., Obrigkeits- u. Sozialkritik in luth. Regentenpredigten des frühen 17. Jh.: Werner Welzig (Hg.), Predigt u. soziale Wirklichkeit. Beitr. zur Erforschung der Predigtlit., Amsterdam 1981 (Daphnis 10) 113–140. – Ders., Gottesfurcht u. Fürstenherrschaft. Stud. zum Obrigkeitsverständnis Johann Arndts u. luth. Hofprediger z.Z. der altprot. Orthodoxie, 1988 (FKDG 41). – Rudolf v. Thadden, Die brandenburg-preußischen Hofprediger im 17. u. 18. Jh., 1959 (AKG 32). – Erich Trunz, Johann Matthäus Meyfart. Theologe u. Schriftsteller in der Zeit des Dreißigjährigen Krieges, München 1987.

Zu 3.: Martin Brecht (Hg.), Gesch. des Pietismus. I. Der Pietismus vom 17. bis zum frühen 18. Jh., Göttingen 1993. – Martin Greschat, Zw. Tradition u. neuem Anfang. Valentin Ernst Löscher u. der Ausgang der luth. Orthodoxie, 1971 (UKG 5). – Alfred Dedo Müller, Grundriß der Prakt. Theol., Gütersloh 1950. – Reinhold Pietz, Der Beitr. des Pietismus zur Predigerbildung heute. Erwägungen zum Reformprogramm Speners u. Franckes: PuN 1 (1974) 65–81. – Martin Schmidt, Das pietistische Pfarrerideal u. seine altkirchl. Wurzeln: ders., Der Pietismus als theol. Erscheinung. GSt zur Gesch. des Pietismus II, hg. v. Kurt Aland, 1984 (AGP 20) 122–155.

Zu 4.1.: Hans-Eckehard Bahr, Verkündigung als Information, Hamburg 1968. – Otto Dann (Hg.), Lesegesellschaften u. bürgerliche Emanzipation. Ein europ. Vergleich, München 1981. – Volker Drehsen, Theologia popularis. Notizen zur Gesch. u. Bedeutung einer prakt.-theol. Gattung:

PTh 77 (1988) 2–20. – Jürgen Habermas, Strukturwandel der Öffentlichkeit. Unters. zu einer Kategorie der bürgerlichen Gesellschaft, Berlin [4]1969. – Hans Leube, Die Reformideen in der dt. luth. Kirche z.Z. der Orthodoxie, Leipzig 1924. – Ernst Manheim, Aufklärung u. öffentliche Meinung, hg. v. Norbert Schindler, Stuttgart 1979. – Wolfgang Martens, Die Botschaft der Tugend. Die Aufklärung im Spiegel der dt. Moralischen Wochenschr., Stuttgart 1968. – Paul Raabe, Die Zs. als Medium der Aufklärung: WSA 1 (1974) 99–136. – Albrecht Schöne, Säkularisation als sprachbildende Kraft. Stud. zur Dichtung dt. Pfarrersöhne, Göttingen [2]1968 (Palaestra 226). – Udo Sträter, Meditation u. Kirchenreform in der luth. Kirche des 17. Jh., 1995 (BHTh 91). – Reiner Wild, Stadtkultur, Bildungswesen u. Aufklärungsgesellschaften: Hansers Sozialgesch. der dt. Lit. 3, München 1980, 103–132.

Zu 4.2.–4.: Karl Aner, Die Theol. der Lessingzeit, Halle 1929; Nachdr. Hildesheim 1964. – Paul Drews, Die Predigt im 19. Jh., Gießen 1903. – Reinhard Krause, Die Predigt der späten dt. Aufklärung (1770–1805), 1965 (AzTh II/5). – Wichmann v. Meding (Hg.), Predigten v. prot. Gottesgelehrten der Aufklärungszeit, Darmstadt 1989. – Martin Peters, Der Bahnbrecher der modernen Predigt Johann Lorenz Mosheim, in seinen homiletischen Anschauungen darg. u. gewürdigt, Leipzig 1910. – Christian-Erdmann Schott, Möglichkeiten u. Grenzen der Aufklärungspredigt. Darg. am Beispiel Franz Volkmar Reinhards, 1978 (APTh 16). – Ders., Akkommodation – Das homiletische Programm der Aufklärung: VB 3 (1981) 49–69. – Ders., Predigtgesch. als Zugang zur Predigt, Stuttgart 1986. – Werner Schütz, Die Kanzel als Katheder der Aufklärung: WSA 1 (1974) 137–171. – Walter Sparn, Vernünftiges Christentum. Über die gesch. Aufgabe der theol. Aufklärung im 18. Jh.: Rudolf Vierhaus (Hg.), Wiss. im Zeitalter der Aufklärung, Göttingen 1985, 18–57. – Paul Wehrle, Orientierung am Hörer. Die Predigtlehre unter dem Einfluß des Aufklärungsprozesses, Zürich/Einsiedeln/Köln 1975.

Albrecht Beutel

IX. Evangelische Predigt im 19. und 20. Jahrhundert

1. Die Erneuerung der Predigt seit Anfang des 19. Jahrhunderts 2. Prediger im Zusammenhang mit dem sich entwickelnden Konfessionalismus 3. Ansätze der theologisch vermittelnden, der gemeindenahen und der entfalteten erwecklichen Predigt 4. Die Predigtbewegung „Moderne Predigt" seit ca. 1890 5. Die Predigt im Umkreis der Wort-Gottes-Theologie und in der Zeit des Nationalsozialismus 6. Die Predigt in der Nachkriegszeit und ihr partieller Zusammenhang mit der hermeneutischen Theologie 7. Wandlungen der Predigt seit ca. 1965 (Predigten/Literatur jeweils zu den einzelnen Abschnitten)

Das 19. Jh. war insgesamt eine Blütezeit der Predigt. Eine Vielzahl gedruckter Predigtsammlungen erschien, welche die Predigtarbeit der Kirche befruchteten. Es erschienen Predigtbände über die Perikopen, aber auch über biblische Bücher. Im 20. Jh. wurde die Predigtarbeit zunächst durch die Predigtbewegung *Moderne Predigt* befruchtet. Das Aufkommen der Predigtmeditationen und der homiletischen Auslegungen wurde seit den dreißiger Jahren des 20. Jh. zur Konkurrenz für die Predigtbände als Predigthilfen. Zudem wurde die Verkündigung auch zu einem Thema der Printmedien. Die Spannbreite der Entwicklungen der evangelischen Predigt im 19. und 20. Jh. ist besonders groß. Wolfgang Heidland formulierte sogar für seinen 1992 erschienenen Predigtband die provokante Titelfrage: *Das Ende der Predigt?*

Auffällig ist, daß in den letzten Jahrzehnten die Zahl der predigtgeschichtlichen Einzeluntersuchungen abgenommen hat. Die →Homiletik zeichnet sich in dieser Hinsicht durch ein eigenartiges Vergessen aus; die →Theologiegeschichte kann die Predigtgeschichte aber nicht ersetzen.

Allgemeine Literatur

Hermann Hering, Die Lehre v. der Predigt. I. Hälfte. Gesch. der Predigt, Berlin 1905, 1–247. – August Nebe, Zur Gesch. der Predigt. Charakterbilder der bedeutendsten Kanzelredner, 3 Bde., Wiesbaden 1879. – Alfred Niebergall, Die Gesch. der christl. Predigt: Leit. 2 (1955) 181.316–354. – Thomas Nipperdey, Religion im Umbruch. Deutschland 1870–1918, München 1988. – Herwarth v. Schade/Frieder Schulz (Hg.), Perikopen. Gestalt u. Wandel des gottesdienstlichen Bibelgebrauchs, 1978 (RGD 11). – Martin Schian, Art. Predigt, Gesch. der: RE[3] 15 (1904) 623–747; 24 (1913) 333–346. – Werner Schütz, Gesch. der christl. Predigt, 1972 (SG 7201). – Friedrich Wintzer, Die Homiletik seit Schleiermacher bis in die Anfänge der ‚dialektischen Theol.' in Grundzügen, Göttingen 1969 (APTh 6).

1. Die Erneuerung der Predigt seit Anfang des 19. Jahrhunderts

1.1. Zu den Erneuerern der Predigt und Homiletik im 19. Jh. gehörte F.D.E. →Schleiermacher. Als er als Prediger und Theologe seine Arbeit begann, wollte er sich von zwei Denkansätzen unterscheiden. Der eine war der supranaturalistische, der die Orthodoxie kompromißlos gegen die Anfragen der Vernunft verteidigen wollte (→Rationalismus, →Supranaturalismus). Der andere Ansatz, den Schleiermacher kritisierte, war der rationalistische. Dieser aus der Spätphase der →Aufklärung hervorgegangene Predigtansatz ging von der Vorgabe einer vernunftgemäßen Interpretation des Glaubens aus. Schleiermacher hat statt dessen für eine Predigt und Glaubenslehre plädiert, die Rechenschaft ablegen über die religiöse Erfahrung der Christen; zugleich hat er den Christusglauben in den Mittelpunkt gestellt.

Die Predigtmanuskripte sind alle Nachschriften. Schleiermacher meditierte den biblischen Text im indirekten Dialog mit seinen Hörern und konzentrierte sich ganz auf den Inhalt der Predigt und ihre mündliche Form. Von den Predigten über biblische Bücher sind von ihm vor allem die als Frühpredigten gehaltenen Homilien über das →Johannesevangelium zu nennen, da er ein Vertreter des „Johanneischen Christentums" war, in dem er das geistige Bild des Erlösers fand. Die Predigten im sog. Hauptgottesdienst bezogen sich in der Regel auf Einzeltexte und beschäftigten sich mit speziellen Fragen des Glaubens und der christlichen Religion. Charakteristisch ist, daß sich Schleiermacher besonders an die gebildeten Zuhörer wandte und gerade den „Verächtern der christlichen Religion" einen Weg zum christlichen Glauben bahnen wollte. Wichtig war für ihn grundsätzlich die Beherrschung der Predigt durch den „religiösen Gedanken". Seine Einstellung gegenüber dem Hörer zielte darauf, diese bei ihrem Christsein zu behaften.

So heißt es in der Vorrede zur I. Sammlung seiner Predigten: „Vielleicht kommt auch die Sache dadurch wieder zu Stande, daß man sie voraussetzt; wenigstens gibt es nichts Verderblicheres für unsere religiösen Vorträge, als das Schwanken zwischen jenen beiden Ansichten, ob wir als zu Christen reden sollen oder als zu Nichtchristen." Schleiermacher wollte zur Vergewisserung im christlichen Glauben beitragen; „mit einer virtuosen Kunst des Gedankenspinnens, wie sie bisher in der Predigt der Kirche nie geübt worden war ..., nötigte er die Hörer, in angestrengter Arbeit des Mitdenkens an der Erwägung, Prüfung, Entscheidung sich zu beteiligen" (Hering 211).

Das Element der Vergewisserung im christlichen Glauben bei Schleiermacher hat auch A. Schweizer betont; Schleiermacher „wollte als zu Brüdern sprechen, deren christliches Bewußtsein er entwickele, nicht erst gründe; er wollte es in ihnen nachweisen, aufzeigen, läutern, befestigen, nicht als etwas Neues in sie hineintragen" (Schweizer 13). Beträchtliche Wirkungen gingen auch von Schleiermachers politischen bzw. vaterländischen Predigten nach der Niederlage gegen Napoleon aus. Wichtig war ihm in diesen Predigten grundsätzlich der religiöse Inhalt.

1.2. C. →Harms, der (spätere) Kieler Prediger, ist in Schleswig-Holstein früh durch eine politische Predigt bekannt geworden, die sich gegen die Korruption in der Verwaltung richtete und weit verbreitet wurde. Sie lautete: *Der Krieg nach dem Kriege oder: die Bekämpfung einheimischer Landesfeinde*. Sie war ein Aufruf zum „besseren Beispiel", ein Appell an die „freie Rede" und notfalls eine Ermutigung zur „gerichtlichen Klage". Für seine theologische Entwicklung waren die *Reden* Schleiermachers wichtig, deren Lektüre ihn zu einer Abkehr von der rationalistischen Theologie führte und ihm einen „Stoß zu einer ewigen Bewegung" gab. Die Heiligkeit und Gottheit Gottes wollte er wieder in den Mittelpunkt stellen, wie auch den Glauben an das gnädige Handeln Gottes.

Die Erweckungsbewegung (→Erweckung/Erweckungsbewegungen) hat die theologische Position von Harms begrüßt, da er geistliches Leben wecke. Dieser Würdigung entspricht auch Harms' Abkehr von der sterilen Orthodoxie. Sein „Supranaturalismus" war durch die Geisttheologie geprägt, wie dies vor allem seine späteren Predigten zeigen.

Große Wirkung hatte auch sein homiletischer Aufsatz *Mit Zungen!! lieben Brüder, mit Zungen reden!* Harms vertrat, im Anschluß an die reformatorische Theologie, wieder den Gedanken von der Paradoxeinheit von Gotteswort und Menschenwort.

Anregend wirkten vor allem seine Reformationspredigten, seine Abendmahlspredigten sowie seine Predigten über das Kirchenjahr und über „Lehrstücke". Über die „Bergrede des Herrn" hat er ebenso Predigten gehalten wie über die „Augsburgische Confession". Harms hatte eine eigenständige, lebensbezogene Sprache, die auch „Ecken und Kanten" hatte. Er wollte nicht in der Sprache der Bücher, sondern in der Sprache des Lebens predigen. Seine Erwartung faßte er einmal in dem Satz zusammen: „Nun der heilige Geist wird über die Prediger kommen, wird den alten Glauben in eine neue Vortragsform bringen und wird neue Wege zu den Herzen der Hörer zeigen, bahnen" (zitiert nach Wintzer 99).

1.3. F.A.G. →Tholuck war ein Theologe der Erweckungsbewegung. Er wollte, wie Schleiermacher, auch die Gebildeten erreichen. Seine Predigten hinterließen oft eine „tiefe Erschütterung" (M. Kähler). Tholucks Predigten und Andachten wurden im 19. Jh. auch als Erbauungsbücher gelesen. Sie zeugen von hoher Bildung des Predigers, von meditativem Umgang mit den biblischen Texten sowie von psychologischem Einfühlungsvermögen in die Erfahrungs- und Erlebenshorizonte der Gottesdienstbesucher. Phantasie und Gefühl spielen in ihnen eine Rolle. Die Erstarrung der Predigtsprache hat dieser Prediger überwunden. Zudem plädierte er für eine Aufwertung der liturgischen Elemente im Gottesdienst. „Der Prediger (lege) die heilige Schrift aus ohne alle anderen Voraussetzungen als die eines Herzens, welches für rein Menschliches empfänglich ist" (zitiert nach Wintzer, Predigt 60). Gespräche mit Studenten und Gemeindemitgliedern waren für ihn eine Grundbedingung der Predigtarbeit, da Predigten nicht „außer der Gemeinde", sondern „aus der Gemeinde" entstehen sollen. Grundsätzlich war für Tholuck die Predigt ein indirekter Dialog mit den Gottesdienstbesuchern. „Die Predigt muß eine Tat des Predigers auf seinem Studierzimmer, sie muß aber auch eine Tat sein auf der Kanzel, er muß, wenn er herunterkommt, Mutterfreuden fühlen, Freuden der Mutter, die unter Gottes Segen ein Kind geboren hat. Nur wo also die Predigt eine doppelte Tat des Predigers gewesen ist, wird sie auch eine Tat im Zuhörer sein" (zitiert nach ebd. 63). Die Predigten sollten in der Sicht Tholucks Zeugnisse „des göttlichen Geistes" sein und setzten die Wiedergeburt des Predigers voraus. Gepredigt hat er vor allem über Themen des christlichen Glaubens und Lebens.

1.4. Als eigenständiger Prediger mit der Kraft zu einem spezifischen Predigtneuansatz ist G. →Menken hervorzuheben, der seit 1802 reformierter Pfarrer in Bremen war. Er vertrat eine biblizistische Theologie und wurde u.a. von J.A. →Bengel (s.o. VIII. 3.) und J.G. →Hamann beeinflußt sowie von dem Mediziner S. →Collenbusch. Menken distanzierte sich von der ethisch orientierten Theologie der Aufklärung, wandte sich aber auch von der traditionellen theologischen Orthodoxie ab. Er wollte die „Magnalia Dei, die Großtaten der heiligen Liebe Gottes" verkündigen. Sieben Predigtsammlungen (1797–1834) sind 1858 in einer Gesamtausgabe erschienen. Menken hielt sich an die biblischen Texte und war ein Verfechter der Homilie. Er verstand sich als Diener des göttlichen Wortes. Die homiletisch-rhetorische, volkstümliche Gestaltungskunst lag ihm fern. Aber er war ein Anhänger biblisch-lehrhafter Predigt mit einem „großen Reichtum ausmalender Vorstellungen" (Hering 95). Er verstand die Bibel als eine Einheit, geprägt von der Heilsgeschichte und dem Glauben an das Reich Gottes. Bedeutsam war für ihn deshalb auch das Alte Testament, da „das Neue Testament ohne das Alte wie ein Gebäude ohne Fundament" sei. Allerdings finde das Alte Testament im Neuen Testament seine notwendige Fortsetzung. Als Prediger alttestamentlicher Texte ist Menken vor allem bekannt geworden durch die *Christlichen Homilien über die Geschichte des Propheten Elias* (Menken, GS, hg. v. Carl Hermann Gildemeister, Bremen, II 1858).

Grundsätzlich hat Menken über seine Predigtauffassung geurteilt: „Ich habe niemals über irgend eine besondere Lehre des Christenthums gepredigt, und bin bei meinen Predigten nie besonders darauf bedacht gewesen, die kirchliche Dogmatik als solche zu bestätigen und zu verteidigen, oder sie anzufeinden und zu bestreiten" (Menken, GS V, Vorrede VII). Ähnlich äußerte sich Menken in der Vorrede zu den *Christlichen Homilien*: „Was man in ihnen zu suchen habe, sagt schon der Titel. Man wird in christlichen Homilien keinen Deismus, keinen Atheismus, keine Moral, keine kantische Philosophie und dergl. erwarten können ... Es wird sich niemand mit Recht wundern oder ärgern können, wenn er in einer Schrift unter diesem Titel nichts von dem Allen, sondern positive Lehren des Christenthums und was damit in Verbindung stehet und daraus herfließt, Schriftlehren und Schriftbegriffe, vorgetragen findet" (GS IV, 5). Insgesamt hat Menken die biblische Textpredigt wieder dezidiert in den Mittelpunkt gestellt.

1.5. Zu den Nachzüglern der vom Rationalismus des 18. Jh. mitbestimmten Predigt gehörte im 19. Jh. Johann Friedrich Röhr (1777–1848), der Generalsuperintendent in Weimar war. Er kam wie die bekannten Prediger Chr. F. von →Ammon und Ludwig Ernst von Borowski (1740–1831), Generalsuperintendent in Königsberg, aus der Schule des Rationalismus und setzte sich in diesem Sinne für die homiletische Bildung der Prediger ein. Er gab die *Predigerliteratur* (1810–1814), die *Neue und Neuere Predigerliteratur* (1815–1819) und von 1820–1848 die *Kritische Predigerbibliothek* heraus. Er plädierte für eine vernunftgemäße Religion, in der Tugend, Rechtschaffenheit und Pflichterfüllung die Maßstäbe der Gottesverehrung seien, zu welcher der „Weise von Nazareth" hinführe. Der gesunde Menschenverstand wurde von ihm als normativ angesehen. Deshalb wollte er „vom Verstand zum Herzen predigen". →Goethe schätzte die Toleranz von Röhrs Predigten, der auch die Begräbnisrede für Goethe hielt. Für den neuen Geist in der Predigt hatte er kein Verständnis. Selbst F.V. Reinhards Reformationspredigt von 1800 kritisierte er in dem *Sendschreiben eines Landgeistlichen*, weil Reinhard den reformatorischen Lehrsatz von der freien Gnade Gottes in Christo hervorgehoben hatte.

Predigten

Claus Harms, Der Krieg nach dem Kriege oder: die Bekämpfung einheimischer Landesfeinde. Eine Predigt bei Gelegenheit des ausgeschriebenen Dankes f. den abgeschlossenen Frieden am Sonntag Septuagesimä, Heide 1814. – Ders., Zwei Reformationspredigten gehalten an den jährlichen Reformationsfesten 1818 u. 1819, Schleswig 1819. – Ders., Christologische Predigten, Kiel 1821. – Ders., Neue Winterpostille f. die Sonn- u. Festtage v. Advent bis Ostern, Altona 1825. – Ders., Neue Sommerpostille oder Predigten vom 1. Sonntage nach Ostern bis zum letzten Sonntage nach Trinitatis, Altona 1827. – Ders., Von der Heiligung. In neun Predigten über Gal. 5,16–25, gehalten an den ersten Trinitatis-Sonntagen 1831, Kiel 1833. – Ders., Das Vaterunser in elf Predigten, Kiel 1838. – Ders., Des Christen Glauben u. Leben in 28 nachgelassenen Predigten v. Dr. Claus Harms, mit einem Vorw. v. Dr. Wichern, Hamburg 1869. – Ders., Mit Zungen!! lieben Brüder, mit Zungen reden!: ThStKr 6 (1833) H.3 = ders., Ausgew. Schr. u. Predigten, hg. v. Peter Meinhold, Flensburg, II 1955, 386–399. – Gottfried Menken, Schr. Vollst. Ausg. Bd. 1–7, einschl. der Homilien u. Predigten, Bremen 1858. – Johann Friedrich Röhr, Briefe über den Rationalismus, Aachen 1813. – Ders., Predigten auf Veranlassung trauriger u. erfreulicher Ereignisse u. besonderer Vorfälle in den Jahren 1813 bis 1819 vor einer Landgemeinde gehalten. II. Letzte Predigten u. Reden vor seiner ehemaligen Landgemeinde gehalten, Webel 1820. – Ders. (Hg.), Krit. Predigerbibliothek, 15 Bde., Neustadt a.d. Orla 1820–1834. – Ders. (Hg.), Laßt euch versöhnen mit Gott! 10 Predigten v. L.F. v. Ammon, Dräseke et al., Neustadt a.d. Orla 1834. – Ders., Predigt am Reformationsfest 1838 zu Weimar, 2. Aufl. Mit einem Nachw., Weimar 1838. – Ders., Dringende Hinweisung auf die den hl. Namen Jesu misbrauchenden Pharisäer der christl. Kirche. Eine Predigt, Weimar [1–4]1845. – Friedrich Daniel Ernst Schleiermacher, SW: Friedrich Schleiermacher's sämmtliche Werke. Abth. II. Predigten, Berlin I–II 1834 III–IV 1835; V–VI. Literarischer Nachlaß. T. 1 u. 2: Predigten über das Evangelium Marci u. den Brief Pauli an die Kolosser, hg. v. Friedrich Zabel, 1835; VII/3. Predigten in den Jahren 1789–1810 gehalten. Aus Schleiermacher's [...] Nachlasse [...] hg. v. Ad. Sydow, 1836; VIII/4. Homilien über das Evangelium des Johannes, in den Jahren 1823 u. 1824 gesprochen. Aus wortgetreuen Nachschr. hg. v. Ad. Sydow, 1837; IX/5: Homilien über das Evangelium des Johannes, in den Jahren 1825–1826 gesprochen. Aus wortgetreuen Nachschr. hg. v. Ad. Sydow, 1847; X/6 1856. – Ders., Vorr. zur 1. Sammlung seiner Predigten (1801): ders., Predigten. Neue Ausg., Berlin, I 1843, 3–8. – Ders., SW. Abth. I. Zur Theol. XIII (Literarischer Nachlaß. Zur Theol. Bd. VIII). Die prakt. Theol. nach den Grundsätzen der ev. Kirche. Aus Schleiermachers hsl. Nachlasse u. nachgeschriebenen Vorl. hg. v. Jacob Ferichs, Berlin 1850. – Ders., Predigten. Ausgew. v. Hans Urner, Göttingen 1969. – Ders., KS u. Predigten, hg. v. Hayo Gerdes/Emanuel Hirsch, III. Dogm. Predigten der Reifezeit, Berlin/New York 1969. – August Tholuck, Predigten. 1. H. Zehn Predigten in Berlin, Rom, London u. Halle gehalten, Berlin 1829. – Ders., Eine Sammlung v. Predigten, in dem akademischen Gottesdienste der Univ. zu Halle in der St. Ulrichs-Kirche gehalten, Hamburg 1834. – Ders., Predigten, in dem akademischen Gottesdienste der Univ. zu Halle in der St. Ulrichs-Kirche gehalten. Zweite Sammlung, Hamburg 1836. – Ders., Predigten, in dem akademischen Gottesdienste der Univ. zu Halle in der St. Ulrichs- u. Domkirche gehalten. Dritte Sammlung, Hamburg 1837. – Ders., Predigten, gehalten im akademischen Gottesdienste der Univ. Halle in der Domkirche. Vierte Sammlung, Hamburg 1838. – Ders., Predigten, gehalten in dem akademischen Gottesdienst der Univ. Halle. Zweite F. Erste Sammlung, Hamburg 1840. – Ders., Predigten über Hauptstücke des christl. Glaubens u. Lebens, 6 Bde., Hamburg, I–II ^{2}1841–42 ^{4}1851; Gotha, III ^{3}1863; Halle, IV–VI 1843.1845.1850. – Ders., Vier Predigten über die Bewegung der Zeit, gehalten im akademischen Gottesdienste der Univ. Halle im Sommer 1845, Halle $^{1-2}$1845 ^{3}1846. – Ders., Sechs Predigten über rel. Zeitfragen, gehalten im akademischen Gottesdienste der Univ. Halle im Winter 1845–1846, Halle 1846. – Ders., Predigten über die neuesten Zeitbewegungen. Erstes H., Halle 1848 (Zweiter Abdr. 1848). – Ders., Predigten über die neuesten Zeitbewegungen. Zweites H., Halle 1848. – Ders., Zehn Predigten über die neuesten Zeitbewegungen, Halle 1851. – Ders., Gewissens-, Glaubens- u. Gelegenheitspredigten, Berlin 1860. – Ders., „Einige Worte über die Predigt f. die Gebildeten in unseren Tagen". Vorr. zur 2. Sammlung der Predigten (1835): ders., Werke. II. Predigten, 1. T., Gotha ^{5}1863, VIII ff. – Ders., Ausgew. Predigten. Mit einer Einl. hg. v. Hermann Hering, Leipzig 1895.

Literatur

Johannes Bauer, Schleiermacher als patriotischer Prediger, 1908 (SGNP 4). – Paul Drews, Die Bedeutung Tholucks f. die Predigt der Gegenwart: ThStKr 85 (1912) 92–128. – Emanuel Hirsch, Schleiermachers Christusglaube, Gütersloh 1968. – Dietz Lange (Hg.), Friedrich Schleiermacher 1768–1834, Göttingen 1985. – Christoph Meier-Dörken, Die Theol. der frühen Predigten Schleiermachers, 1988 (TBT 45). – Andreas Reich, Friedrich Schleiermacher als Pfr. an der Berliner Dreifaltigkeitskirche 1809–1834, 1992 (SchlAr 12). – Karl Heinrich Sack, Gesch. der Predigt in der dt. ev. Kirche v. Mosheim bis auf die letzten Jahre v. Schleiermacher u. Menken, Heidelberg 1866. – Alexander Schweizer, Schleiermachers Wirksamkeit als Prediger, Halle 1834. – Andreas Strauch, Die Elia-Predigten Gottfried Menkens u. Friedrich Wilhelm Krummachers. Elia in Predigten des 19. Jh.: Was suchst du hier, Elia? FS Werner H. Schmidt u. Horst Seebass, hg. v. Klaus Grünwaldt/Harald Schroeter, Rheinbach-Merzbach 1995, 145–163. – Wolfgang Trillhaas, Schleiermachers Predigt u. das homiletische Problem, Leipzig 1933; 2. um ein Vorw. erg. Aufl. 1975 (TBT 28). – Friedrich Wintzer, Claus Harms. Predigt u. Theol., Flensburg 1965.

2. Prediger im Zusammenhang mit dem sich entwickelnden Konfessionalismus

Die gegen den Rationalismus gewandte neuorthodoxe Predigt wollte wieder die „alten" Wahrheiten des christlichen Glaubens in den Mittelpunkt stellen. Sie schloß sich darum der reformatorischen Lehre an und stellte u.a. die Themen →Gnade und →Rechtfertigung, →Sünde und →Heiligung, →Bekenntnis und →Sakrament in den Mittelpunkt, wobei konfessionelle Gedankengänge nicht fehlten, wie z. B. der lutherische Gedanke der Kondeszendenz Gottes oder der reformierte Prädestinationsglaube (→Prädestination). Diese Prediger setzten sich auch für die Wiederaufwertung der Gottesdienste ein, deren Besucherzahlen seit der Aufklärung insgesamt einen Rückgang erlebt hatten.

Die Predigt des →Neuluthertums war im 19. Jh. stark durch die Erweckungsbewegung geprägt. Dies zeigt sich u.a. bei L. →Harms. Auf seine Predigt gehen die Erweckung in der Lüneburger Heide zurück und das Entstehen der *Hermannsburger Missionsgesellschaft*. Der hannoversche Lutheraner G. Uhlhorn hat geurteilt, daß „Volkstümlichkeit der Grundzug" von Harms' Predigtweise gewesen sei (Uhlhorn, Art. Harms, Ludwig: RE^{2} 5 [1879] 626 = RE^{3} 7 [1899] 442), bei der sich Erweckung und Orthodoxie verbanden. Das Wort Gottes hatte für L. Harms in der Predigt seine Überweltlichkeit, seine immer neue Fleischwerdung und seine Heilskraft zu erweisen.

Harms' Predigten sind konservativ und heimatverbunden. Sie richteten sich an das niedersächsisch-bäuerliche Volkstum. Belehrung war für ihn ein kontinuierliches Anliegen. „O ich möchte nicht eine einzige Predigt tun, von der nicht Jesus Christus der Gekreuzigte der Eckstein wäre, es möchte ja ein betrübter Sünder in meiner Kirche sein, der Jesum, den Sünderheiland, suchte und den ich ja dann um seine Seeligkeit betröge" (Zitat bei Grafe 71).

Harms war ein Anhänger der Textpredigt, da er an die Verbalinspiration glaubte. Er verband aber die Überzeugung von der Wirkungsmacht des Heiligen Geistes mit dem Hinweis auf die Wichtigkeit der Erfahrung des „gläubigen Predigers". In sprachlicher Hinsicht sind seine Predigten anschaulich, partiell derb und verraten eine Vorliebe für das →Plattdeutsche. Harms war zudem ein Freund der →Katechismuspredigt und der Psalmenauslegung.

F. →Ahlfeld hatte sich in jungen Jahren vom Rationalismus ab- und einer biblisch und lutherisch orientierten Theologie zugewandt. Er war ein Vertreter des Neuluthertums. Von 1851 bis 1881 predigte er in der Leipziger Nikolaikirche. Sein Interesse an dem Gottesdienst überhaupt dokumentierte er durch einen Entwurf für das Gesangbuch der sächsischen lutherischen Landeskirche. Seine Predigtbände sind besonders am Kirchenjahr, im Anschluß an die evangelischen und epistolischen Perikopen, orientiert.

Eine starke Wirkung als Prediger hatte auch Oskar Pank (1838–1928) mit seinen lebensnahen, eindringlichen und vom Luthertum geprägten Predigten. Er beeinflußte in →Leipzig auch viele jüngere Theologen. Er war Nachfolger Ahlfelds an der Nikolaikirche. Seit 1884 predigte er in der Leipziger Thomaskirche und war zugleich Stadtsuperintendent. Er vertrat das Luthertum ohne konfessionelle Enge und hob den Zusammenhang zwischen Glauben und Leben hervor. *Das zeitliche Leben im Lichte des ewigen Worts* lautete der Titel eines seiner weit verbreiteten Predigtbände (1888). Das seelsorgliche Element war in seinen Predigten besonders akzentuiert.

Die reformierte Predigt im 19. Jh. wurde besonders geprägt durch Friedrich Wilhelm Krummacher (1796–1868). Seit 1825 war er Pfarrer in Barmen-Gemarke, seit 1834 in Elberfeld. Im Jahr 1847 wurde er nach Berlin berufen. Dort übernahm er 1853 eine Hofpredigerstelle an der Potsdamer Garnisonkirche. Er war ein Erweckungsprediger mit poetischen und rhetorischen Gaben und ein Meister spannender Erzählkunst, der auch grandiose Naturbeschreibungen geben konnte. Die Gestalten des Alten und des Neuen Testaments schilderte er so, daß die Gottesdienstbesucher diese „nacherleben" konnten. Er besaß einen phantasievollen Geist und narratives Können. Seine theologisch-homiletische Position hat er in der 24. Predigt der *Elias-Reden* (*Elias der Thisbiter*) dargelegt.

„Hinweg mit dieser Verflüchtigungs-Theologie der Neueren! Wir halten's mit dem biblischen Realismus. Wer den uns nimmt, der nimmt unserem Herzen alles, denn Sachen, Sachen will es haben, das menschliche Herz; je handgreiflicher und wesentlicher, desto besser. Ein Mensch gewordener Gott, erreichbar meinen Begriffen wie meiner Liebe, ein waltender Wille, der auch das Haar, das von meinem Haupte fällt in seine Pläne mit verrechnet ...; sehet, das sind so etliche jener Realien, wie mein Bedürfnis sie erheischt, wie sie allein mein Herz zufrieden stellen. Denn zu real ist das Elend, das mich hienieden drückt, die Sünde, die auf mir lastet, und der Tod, der meiner harret, als daß mir dawider etwas anderes frommen könnte, als mindestens ebenso reale Gegensätze. ... Was soll Hungernden ein gemalter Apfel, der nur das Auge ergötzt? Essen, essen will ich, daß ich nicht sterbe, nicht spielen ... Mein Geschmack ist das biblisch Massive" (ebd.).

Alttestamentliche Texte waren für diesen Prediger aus theologischen und homiletischen Gründen gegebene Hilfen für die anschauliche, zu Herzen gehende Predigt. Er verwandte typologische und allegorische Auslegungsformen. Deutlich ist die Höreranrede in seinen Predigten.

Am Beispiel von →Ahab kritisierte er z. B. das geistliche Desinteresse der „Ahabseelen": „Doch, wo gäbe es solche Ahabseelen nicht? Und manche von euch sind kein Haar breit besser. Ach wehe euch, die ihr die kräftigsten Zeugnisse, die stärksten Aufforderungen zur Buße und die ergreifendsten Gottestaten wie ein Schattenspiel an der Wand an euern Augen vorüberziehen laßt, euch daran vielleicht ein wenig vergnügt, wie an einer hübschen Schilderei, und aus unsern Kirchen und Versammlungen weiter nichts nach Hause bringt, als etwas Klage über den langen Gottesdienst oder etwas Stoff zu einer behaglichen Unterhaltung oder selbstgefälligen Richterei und einen guten Appetit zu der Mahlzeit, die nun erfolgt ..." (Elias der Thisbiter, aus der 9. Predigt).

Mit seinen Elias-Predigten wollte Krummacher die Gottesdienstbesucher, auf Grund der Einheit von Altem und Neuem Testament, zu Jesus führen. So heißt es im Schlußteil seiner letzten Predigt über →Elia den Thisbiter: „Wir rufen [dem Elias] ein herzinniges und ehrerbietiges Lebewohl ... nach; aber ein Lebewohl nur auf ein seligeres Wiedersehen in der Gottesstadt ... Doch was wird geschehen, wenn er unter dem fernher schwebenden Getöne der Engelharfen mit eigenem Munde seinen Lebensgang uns deuten wird? Elias wird abermals von uns verschwinden, und übrig bleiben wird nichts und niemand, als der Herr allein und seine freie Gnade!" Die geistliche, lebendige

Deutung des Alten Testaments war für Krummacher ein Beispiel für die Sprache und Darstellung des christlichen Glaubens.

In Elberfeld wirkte auch H.F. →Kohlbrügge. Für ihn als Prediger stand Christus im Zentrum seiner Verkündigung. Die Gemeinschaft mit ihm, so prägte er in seinen Predigten ein, werde in der →Wiedergeburt erfahren und impliziere die Beachtung der Gebote Gottes. Reformierter Tradition entsprechend hielt (und veröffentlichte) er Predigten über alttestamentliche Texte. In den „Passionspredigten" kam es ihm auf eine persönliche Begegnung mit dem Gekreuzigten, dem „wahren Passalamm", an. K. →Barth hat Kohlbrügges Werk besonders gewürdigt, weil er u.a. die Rechtfertigung und Heiligung des sündigen Menschen gepredigt und sich gegen die Selbstgerechtigkeit der Erweckten gewandt habe.

Es ist das Verdienst W. →Löhes, der seit 1837 in Neuendettelsau (Bayern) wirkte, in seiner Zeit die Predigt *und* den (Abendmahls-)Gottesdienst wieder in den Mittelpunkt kirchlichen Lebens gerückt zu haben. Seine Predigten sind Textbetrachtungen. Sie wollten die „heilige Lebensgemeinschaft" in der Kirche fördern. Löhe war überzeugt, daß die Kirche „eine sichtbare, eine äußere Gemeinschaft der durch einen Glauben und Bekenntnis verbundenen Kinder Gottes" sei. Das Gotteslob und die seelsorgliche Ausrichtung spielen in seinen Predigten eine große Rolle; anders als bei Schleiermacher trat der Bezug auf das öffentliche Leben bei ihm zurück. Die lutherische Prägung zeigte sich bei Löhe u.a. in der Hervorhebung des Sakraments. „Das Sakrament bildet, das Sakrament erhält, das Sakrament fördert und vollendet die Gemeinde, wenn es erfaßt, dargelegt, gereicht und gebraucht wird, wie es sein soll", lautete seine Mahnung an die Kirche, für die er die Spiritualität der eucharistischen Feier wiedergewinnen wollte. Enge Kontakte hatte er zu A. von →Harleß, der in seinen Predigten das konfessionelle Bewußtsein der bayerischen Landeskirche stärkte. Löhe war für die Eigenständigkeit der Kirche und wandte sich gegen die bürgerliche Hochschätzung des Nationalen.

Ungefähr zur gleichen Zeit war G. →Thomasius als Professor und Universitätsprediger in →Erlangen tätig. Im Anschluß an die Schrift und an das lutherische Bekenntnis war er ein Prediger der von Gott geschenkten Rechtfertigung des Menschen.

H. →Bezzel hat entscheidenden Einfluß auf die Pfarrer und Gemeinden durch die Schriftauslegung in seiner Evangelien- und Epistelpostille genommen. Er nahm sein Amt in München in bischöflicher Verantwortung wahr und war, beeinflußt durch J.G. →Hamann, ein Prediger der Kondeszendenz Gottes. Christus, der Herr, sei der Knecht Gottes, der auf der Seite der Kirche stehe, die die „Erniedrigung" kenne. Die gnädige Zuwendung Gottes zu den Menschen war für ihn Glaubensgrund und -inhalt.

Predigten

Friedrich Ahlfeld, Trinitatis-Predigten über die ev. Perikopen, Halle 1851. – Ders., Katechismuspredigten. I. Predigten über das Erste Hauptstück, gehalten in St. Nicolai zu Leipzig in den Mittwochsgottesdiensten der Jahre 1851 u. 1852, Halle [2]1855; II. Predigten über das Zweite Hauptstück, gehalten in St. Nicolai zu Leipzig in den Mittwochsgottesdiensten der Jahre 1852–1854, Halle 1855; III. Predigten über das Dritte, Vierte, Fünfte u. Sechste Hauptstück, ingleichen über das Wort Gottes, gehalten in St. Nicolai zu Leipzig in den Mittwochsgottesdiensten der Jahre 1854 bis 1856, Halle 1856 [2]1858. – Ders., Predigten an Sonn- u. Festtagen. Zyklus 2. Zeugnisse aus dem innern Leben, 3 Bde., Leipzig 1856–1858. – Ders., Das Kirchenjahr in Predigten, Halle 1875. – Ders., Das Leben im Lichte des Wortes Gottes. Ein Lesebuch, Halle [6]1879. – Hermann Bezzel, Auf ewigem Grunde. Ein Jg. Predigten über die alten Evangelien, Konstanz 1914. – Ders., Dienst u. Opfer. Ein Jg. Epistelpredigten, Leipzig 1916. – Ders., Die zehn Gebote. Katechismuspredigten, Neuendettelsau 1917. – Adolf v. Harleß, Die Stimme des Herrn der Herren. Heerpredigt an die Deutschen I, 10. Predigt der Sonntagsreihe, Leipzig 1848. – Ders., Staat u. Kirche, oder Irrtum u. Wahrheit in den Vorstellungen v. ‚christl.' Staat u. v. ‚freier' Kirche, Leipzig 1870. – Louis Harms, Goldne Aepfel in silbernen Schalen. Erzählungen, Leipzig [2]1866. – Hermann Friedrich Kohlbrügge, Sieben Predigten über das dritte Kap. des Propheten Sacharja, Elberfeld 1848. – Ders., Sieben Predigten über den Propheten Jona. Gehalten im Sommer 1848, Elberfeld 1848. – Ders., Der verheißene Christus. Sieben Predigten, Elberfeld 1853 [2]1855. – Ders., Wozu das alte Testament?, Elberfeld 1846 ²1853. – Ders., Zwanzig Predigten im Jahre 1846 gehalten. Auf mehrseitigen Wunsch v. einem Freunde hg., Halle 1857. – Ders., Sechs Predigten, gehalten vor der Eröffnung der Kriegsläufe im Jahre 1870, Elberfeld 1870. – Ders., Neun Predigten, gehalten September bis November 1871, Elberfeld 1872. – Ders., Pfingstpredigten, Elberfeld 1877. – Ders., „Aus tiefer Not“. 14 Predigten über den 118. Psalm, Elberfeld 1884. – Ders., Licht u. Recht. Predigten. H. 1–12, Elberfeld 1887–1899. – Ders., Passionspredigten, Elberfeld 1889. – Ders., Das gnadenvolle Geheimnis des großen Versöhnungstages, Elberfeld 1890. – Friedrich Wilhelm Krummacher, Vier Predigten aus dem Lied der Lieder, Elberfeld 1826. – Ders., Die Kirchhofsfeier der ref. Gemeinde zu Elberfeld ... 1843 in Liedern u. Reden, Elberfeld 1843. – Ders., Elias der Thisbiter, nach seinem äußern u. innern Leben darg., 3 Bändchen, Elberfeld 1828.1831.1833. – Ders., Abschiedspredigt gehalten am 1. Aug. 1847 zu Elberfeld, Elberfeld 1847. – Gottfried Daniel Krummacher, Reformationspredigten, Elberfeld 1817. – Ders., Einige Predigten über die ev. Lehre v. der Rechtfertigung, Elberfeld 1831. – Ders., Wahrheit zur Gottseligkeit oder Hauspostille, Meurs 1834. – Wilhelm Löhe, Sieben Predigten, Nürnberg 1834 ²1836. – Ders., Evangelienpostille f. die Sonn- u. Festtage des Kirchenjahres, 2 T. (in 1 Bd.), Stuttgart 1848 ⁵1886. – Ders., Der ev. Geistliche. Dem nun folgenden Geschlecht ev. Geistlicher dargebracht, 2 Bde., Stuttgart 1861. – Ders., Evangelien-Postille f. die Sonn- u. Festtage des Kirchenjahres, 2 T., Gütersloh 1848 ⁴1874. – Ders., Predigt über das Vaterunser, Nürnberg ⁵1890. – Christoph Ernst Luthardt, Apologetische Vortr. über die Grundwahrheiten des Christenthums im Winter 1867 zu Leipzig gehalten, 3 T., Leipzig ³1871. – Ders., Die Gnade Gottes in Christo Jesu. Predigten in der Universitätskirche zu Leipzig gehalten, Leipzig 1871. – Ders., Der Brief Pauli an die Römer, Nördlingen 1887. – Ludwig Adolf Petri, Gnade u. Wahrheit aus den hl. Evangelien, Hannover 1845. – Ders., Licht des Lebens. Ein vollst. Jg. v. Predigten aus den ordentlichen Evangelien. Nebst sieben Fastenpredigten, Hannover 1858 ²1870. – Ders., Salz der Erde. Ein vollst. Jg. v. Predigten aus den ordentlichen Episteln, Hannover 1865 ²1874. – Gottfried Thomasius, Das Bekenntnis der ev.-luth. Kirche, Nürnberg 1848.

Literatur

Christian Andrae, Ferdinand Christian Baur als Prediger. Exemplarische Interpretationen zu seinem hsl. Predigtnachlaß, 1993 (AKG 61). – Hugald Grafe, Die volkstümliche Predigt des Ludwig Harms. Ein Beitr. zur Predigt- u. Frömmigkeitsgesch. im 19. Jh., Göttingen 1965. – Hermann Hering, Die Lehre v. der Predigt. 1. H. Gesch. der Predigt, Berlin 1905. – Hans Kressell, Wilhelm Löhe als Prediger, Gütersloh 1929. – Diethardt Roth, Der Prediger Ludwig Ihmels, Diss. Göttingen 1972. – Johannes Rupprecht, Hermann Bezzel als Theologe, München 1925.

3. Ansätze der theologisch vermittelnden, der gemeindenahen und der entfalteten erwecklichen Predigt

Zu den Großen der →Vermittlungstheologie, die Wissenschaft, Frömmigkeit und Bildung miteinander verbanden, gehört C.I. →Nitzsch. Er hat etwa 160 Predigten veröffentlicht, die sich durch einen großen Gedankenreichtum auszeichnen und die ethische Verantwortung der Christen betonen. Predigt war für ihn „die fortgesetzte Verkündigung des Evangeliums zur Erbauung der Gemeinde des Herrn, eine Verkündigung des durch die Schrift vermittelten Wortes Gottes, welche mit lebendiger Beziehung auf die gegenwärtigen Zustände und durch berufene Zeugen geschieht“ (Wintzer, Predigt 67). Er war ein Verfechter der Union und teilte mit Schleiermacher die Vorliebe für das Johannesevangelium. Die Bibel legte er als Sprache der eigenen Herzenserfahrung aus und war angesichts der Zeitwirren von der göttlichen Weltregierung überzeugt. R. →Rothe führte Nitzschs Weltoffenheit weiter aus und plädierte, unter dem Aspekt des Reiches Gottes, in seinen Predigten für die Verchristlichung der Kultur. Willibald Beyschlag (1823–1900) verband in seinen fünf Predigtsammlungen die Aspekte von Gemeinde, Geistes- und Bildungswelt und Wissenschaft. Franz Steinmeyer (1811–1900) verstand seine Predigten dagegen primär als Auslegungen biblischer Texte.

Da im 19. Jh. herausragende Predigtbände einen großen Einfluß auf die Predigt der Kirche hatten, ist auf die Veröffentlichungen des (späteren) Celler Generalsuperintendenten Max Frommel (1830–1890) hinzuweisen, der sich durch einen poetischen Geist auszeichnete und die Freiheit des einzelnen und die Ordnung der Gemeinschaft thematisierte. Emil Frommel (1828–1896), Berliner Hof- und Garnisonprediger, plädierte in seinen *Festflammen* für die Feier der kirchlichen Feste und galt als „der gemüt- und humorvolle Erzähler“ (Hering 220). Großen Einfluß hatte Rudolf Kögel (1829–1896), der u.a. von Tholuck und Ahlfeld geprägt und zeitweilig Ephorus des Berliner Domkandidatenstifts war. Kögel war ein Meister der Form mit großer rhetorischer, poetischer und didaktischer Begabung. In politischer Hinsicht war er konservativ und ein Vertreter der „positiven Union“. Der Stuttgarter Hofprediger Karl Gerok (1815–1890) bezog sich auf Kunst und Dichtung und legte selbst kleine Dichtungen vor. Er war ein vermittelnder Geist. Heinrich Hoffmann (1821–1899) aus Halle thematisierte dagegen die Kreuzestheologie und versuchte, Textauslegung und menschliche Erfahrung in seinen Predigten zu verbinden. In Berlin wirkte Franz Theremin (1780–1846) als Prediger und als Theoretiker der Predigt, der für einen ethisch verantworteten Gebrauch der Rhetorik plädierte und die Menschen nach dem Willen Gottes bilden wollte. Die Rede verstand er als eine „sittliche Tat“. Die Grundform der Rede sei das Gespräch, und die Predigt solle auf der Glaubenslehre gründen, nicht der „ungeregelten Einbildungskraft“ entstammen. Ernst von Dryander (1843–1922) stammte aus der Tholuck-Schule und wurde, nach der Zeit als Oberhof- und Domprediger, Generalsuperintendent der Kurmark. Er war ein Anhänger des kultischen Predigtverständnisses. Das Evangelium war für ihn mit allem verbunden, „was menschlich groß und edel ist“. Dryander war der „Aristokrat“ unter den Predigern. Sein Nachfolger in Berlin wurde Paul Conrad (1865–1927), dessen Eigenart darin bestand, daß er bewußt auf den Willen seiner Zuhörer wirken wollte.

Die Erweckungsbewegung hatte einen Schwerpunkt in Württemberg. Ihr einflußreichster Prediger war dort L. →Hofacker. Kennzeichnend für seine Predigten ist eine anschauliche, partiell drastische Bildersprache. Die Grundthemen der Predigten sind die persönliche Sündenerkenntnis, die Beschreibung des „Satansreichs“, die Proklamation der Gottesherrschaft und die befreiende Zusage der Gnade. Hofackers Predigten sind kontrastreich und von bezwingender Kraft. Öfters werden sie durch Gebete unterbrochen. Seine Erweckungspredigt enthielt auch Elemente der Herrnhuter Gefühlsfrömmigkeit. Die württembergische Erweckungsbewegung hatte in der Mitte des 19. Jh. sodann einen Vertreter in J.T. →Beck, der später als theologischer Lehrer in Tübingen tätig war und für die erweckliche Frömmigkeit ein biblizistisches Lehrsystem schuf, das die christliche Wahrheit aus der Sicht der „Wiedergeborenen“ entfaltete. Zugleich wollte er in den „Denk- und Lebenshorizont der verschiedenen Menschenklassen“ eindringen.

Predigten

Johann Tobias Beck, Die alte Wahrheit f. die neue Zeit, Tübingen 1878. – Willibald Beyschlag, Ev. Predigten aus siebenjähriger Amtsführung in der rheinisch-preußischen Kirche, Halle 1858. – Ders., Ev. Predigten in der Schloßkirche zu Karlsruhe, Berlin 1861. – Ders., Erkenntnispfade zu Christo, Halle 1889. – Hermann Cremer, Das Wort vom Kreuz, Gütersloh 1891. – Johann Heinrich Bernhard Dräseke, Deutschlands Wiedergeburt, 2 Bde., Lüneburg 1814 ^{2}1817–18. – Ders., Christus an das Geschlecht unserer Zeit, Lüneburg 1819 ^{3}1820. – Ders., Vom Reiche Gottes, 3 Bde., Bremen 1830. – Ernst (v.) Dryander, Ev. Predigten, Halle 1883 ^{6}1899. – Ders., Predigten über das christl. Leben, Halle ^{5}1899. – Ders., Der erste Brief Johannis in Predigten, Halle 1898 ^{2}1903. – Emil Frommel, Festflammen, Bremen ^{5}1895. – Ders., Das Gebet des Herrn, Karlsruhe 1861. – Max Frommel, Hauspostille. Epistel-Predigten, Bremen 1886. – Ders., Herzpostille. Evangelien-Predigten, Konstanz ^{7}1901. – Karl Gerok, Evangelienpredigten, Stuttgart 1856. – Ders., Epistelpredigten, Stuttgart 1858. – Ders., Aus ernster Zeit. Predigten, Stuttgart 1878. – Ders., Hirtenstimmen, Stuttgart 1880 ^{3}1894. – Ludwig Hofacker, Predigten f. alle Sonn-, Fest- u. Feiertage. Neue, ber. u. verm. Aufl., Stuttgart 1833 ^{22}1858 ^{49}1930. – Heinrich Hoffmann, Kreuz u. Krone, Halle 1891. – Ders., Die großen Taten Gottes, 2 Bde., Leipzig 1906. – Johannes Theodor Rudolf Kögel, Lasset euch versöhnen mit Gott, 3 Bde., Berlin 1864–65. – Ders., Aus dem Vorhof ins Heiligtum (AT-Predigten), 2 Bde., Bremen 1878–79. – Ders., Das Vaterunser in elf Predigten ausgelegt, Bremen ^{2}1881. – Ders., Die Seligpreisungen der Bergpredigt, Bremen 1878. – Ders., Gedächtnispredigt auf den Heimgegangenen ... Friedrich III. am 24. Juni 1888, Bremen/Leipzig 1888. – Julius Müllensiefen, Der Weg des Friedens, Halle 1874. – Ders., Zeugnisse v. Christo (4 Bde., später in einem Bd.), Halle ^{15}1894. – Carl Immanuel Nitzsch, Predigten, in der Kirche Wittenbergs gehalten, Bonn 1819 ^{2}1844. – Ders., Predigten aus der Amtsführung in Bonn u. Berlin. Neue GA, Bonn 1867. – Oskar Pank, Ich schäme mich des

Evangeliums v. Christo nicht. Predigten, Halle 1910. – Ders., Das zeitliche Leben im Lichte des ewigen Wortes, Berlin [2]1880 [6]1886. – Richard Rothe, Nachgelassene Predigten, hg. v. Daniel Schenkel/Johannes Bleek, 3 Bde., Elberfeld 1868. – Franz Karl Ludwig Steinmeyer, Predigten, 2 Bde., Berlin 1850–51.

Literatur

Johannes Bauer, F.L. Steinmeyers Bedeutung f. die Predigt der Gegenwart: MKP 3 (1903) 405–414.444–455.495–531. – Thomas Buske, Thron u. Altar. Die Rolle der Berliner Hofprediger im Zeitalter des Wilhelminismus, Neustadt a.d. Aisch 1970. – Ako Haarbeck, Ludwig Hofacker u. die Frage nach der erwecklichen Predigt, Neukirchen-Vluyn 1961. – Alfred Krauß, Lb. der Homiletik, Gotha 1883. – August Nebe, Zur Gesch. der Predigt. Charakterbilder der bedeutendsten Kanzelredner. III. Von Schleiermacher bis zur Gegenwart, Wiesbaden 1879. – Christian Palmer, Ev. Homiletik, Stuttgart 1842 [5]1867. – Henning Theurich, Theorie u. Praxis der Predigt bei Carl Immanuel Nitzsch, Göttingen 1975.

4. Die Predigtbewegung „Moderne Predigt" seit ca. 1890

Um 1890 begann eine breite Debatte über die sog. moderne Predigt. Der Ruf nach mehr Verständlichkeit, Menschennähe, Kommunikation und einer psychologisch differenzierten Predigtweise verstärkte sich. Er war verbunden mit einer Kritik an der bisherigen Kanzelrhetorik mit ihrem starren Dispositionsschema (Exordium, Nennung des Themas der Predigt, Partition, Predigt). Von den Praktischen Theologen waren besonders F. →Niebergall, Otto Baumgarten (1858–1934) und P. →Drews an dieser Debatte beteiligt. Die Predigtbewegung *Moderne Predigt* verband Vertreter unterschiedlicher theologischer Richtungen, darunter vor allem Anhänger der Ritschl-Schule und Vertreter der →Liberalen Theologie. Während die konservativen Kreise angesichts der wachsenden Entfremdung vor allem vieler Großstadtbewohner von der Kirche die Predigt des Glaubens und der Buße akzentuierten, gab es im Umkreis der Predigtbewegung *Moderne Predigt* die Forderung nach evangelischer Freiheit, sich auf die veränderte Situation einzulassen. Die Predigt hatte inzwischen zunehmend ihre Monopolstellung als öffentliche Rede verloren. Die parteipolitischen Reden gewannen an Gewicht, und es wuchs, z.B. in den Zeitungen, die Macht der sog. öffentlichen Meinung (→Publizistik/Presse). Neben der Predigtreform wurde eine Parochialreform gefordert, denn um 1900 wohnte nur noch ein Drittel der Bevölkerung auf dem Lande; aber 13.000 Dorfpfarrern standen nur 5.600 Stadtpfarrer gegenüber.

Ende des 19. Jh. verschärfte sich die Kritik am „Alleinpredigen". Emil Sulze (1832–1914) trat dafür ein, daß die Kirche Predigt- und Seelsorgekirche sein müsse. Er baute deshalb in seiner Dresdener Gemeinde die →Seelsorge im Rahmen des Priestertums aller Gläubigen aus, weil zur Gemeindearbeit Seelsorge und Diakonie auch durch →Laien gehöre (vgl. TRE 12,324,12–34).

In bezug auf die *Moderne Predigt* gab es unterschiedliche Forderungen. M. Peters hob drei Aspekte im Jahre 1909 hervor: „Der neue Stil ist 1. subjektiver, persönlicher als der alte. Er hat sich mehr von der kirchlichen Objektivität entfernt, er ist mehr auf den Ichton gestimmt, er operiert stärker mit persönlichen Erlebnissen und subjektiven Urteilen ... Er individualisiert die Hörer viel stärker ... Das ist ganz unverkennbar, man mag nur Geyer-Rittelmeyer oder Dörries oder die Autoren der ‚modernen Predigerbibliothek' aufschlagen. 2. Die ganze homiletische Weise ist, dem modernen Wirklichkeitssinn entsprechend, mehr dem Wirklichen und Praktischen zugewandt. Man hält sich nicht zu lange mehr bei den geschichtlichen Verhältnissen des Textes (auf) ... Die Kanzelsprache hat sich primär der gewöhnlichen Umgangssprache der gebildeten Menschen angenähert ... Die homiletische Sprache ist ... dem Sentimentalen ... abgewandt und appelliert lieber an das Gewissen und ruft das Denken auf. Endlich könnte man 3. hervorheben, daß der neue homiletische Stil ... in weit stärkerem Maße als früher Elemente der modernen Weltanschauung in sich aufgenommen hat" (Zitat bei Wintzer, Homiletik 158f.). Diese Auseinandersetzung mit dem Zeitgeist konnte auch zu einer Schwachstelle der Predigt werden.

Eine Übersicht über die Predigtansätze und die bekannten Prediger der Predigtbewegung *Moderne Predigt* hat F. Niebergall 1929 in seiner gleichnamigen Monographie gegeben. Hier seien exemplarisch nur wenige Prediger genannt.

Zu den Vorreitern gehörte Albert Bitzius (1835–1882), der Sohn des Dichters Jeremias Gotthelf. Er predigte über konkrete Themen der Gegenwart zu seiner Gemeinde am Bieler See in religiöser Sicht (z. B. *Die Neue Turmuhr*, *Eine Feuersbrunst im Ort*). Der Glaube an die Vaterliebe Gottes und an das von Jesus verkündete Reich Gottes standen im Vordergrund. Die Sünde und die Not seiner Hörer wurden konkret angesprochen. Wilhelm Bornemann (1858–1940) wollte durch seine Predigten dazu anleiten, daß Menschen zu „Gottes Kindern" werden, die für die Besserung der sozialen Verhältnisse tatkräftig eintreten und selber durch Demut, Freude und Liebe geprägt sind.

Die Nürnberger Prediger Christian Geyer (1862–1929) und Friedrich Rittelmeyer (1872–1938) thematisierten in ihren gemeinsamen Predigtbänden auch das alltägliche innere und äußere Leben. An die Stelle abstrakter Gedanken setzten sie Erlebnisse und narrative Passagen. Auch der Humor kam in diesen Predigten zur Geltung. Glück und Leid wurden gedeutet aus der Beziehung zu Gott. Der Glaube wurde als eine lebendige, gegenwärtige Kraft veranschaulicht. Bernhard Dörries (1856–1934) hat in Hannover vor einer Arbeitergemeinde gepredigt. Sein Hauptgedanke war, daß Gott diese Welt liebe und Jesus mit seinem Geschick und seiner Verkündigung Menschen helfe, das Leben zu bestehen. Die christliche Religion war für ihn keine Vertröstung. Alltägliche Themen (z. B. die Arbeitslosigkeit, das soziale Verhalten) wurden in seinen Predigten seelsorglich entfaltet. Die christlichen Feste spielten für diesen Lutheraner eine besondere Rolle. Julius Smend (1857–1930) setzte ähnliche Akzente. Die Predigten waren für ihn, von seinem „kultischen" Gottesdienstverständnis her, Reden an die festlich versammelte Gemeinde. Otto Baumgarten, der durch seine Teilnahme am Zeitgeschehen, durch seine soziale Tätigkeit und auch wegen seines Kampfes gegen den →Antisemitismus bekannt wurde, vertrat die These, daß Gottesdienst auch Lebensdienst sein solle. P. →Drews war mit Baumgarten hinsichtlich des sozialen Engagements verbunden. Seine drei Predigtbände *Christus unser Leben* zeigen seine Nähe zu Ritschl; doch spielte für diesen Lutherkenner auch die christliche Hoffnung eine Rolle in den Predigten. In homiletischer Hinsicht war er ein Verfechter der speziellen, konkreten Themata.

Die Verkündigung erhielt eine neuzeitliche Gestalt in den Andachten F. →Naumanns, der dafür plädierte, daß das Evangelium nicht allein von der Kanzel aus verkündet werden solle. Er setzte sich dafür ein, daß das christliche Ethos auch in bezug auf die soziale Problematik der modernen Arbeitswelt Folgen haben müsse. Nicht vergessen werden darf A. →Schlatter, dessen Predigten einerseits biblisch, andererseits aber, auch in ihrer Sprachgestalt, ganz auf die damaligen Hörer bezogen waren. Zu dem Zweig der sozial engagierten *Modernen Predigt* gehören die „religiös-sozialen" Predigten, besonders die von L. →Ragaz und von H. →Kutter.

Predigtgeschichtliche Monographien stehen über viele der in diesem Abschnitt genannten Prediger, auch über F. Niebergall, leider noch aus. Insgesamt sind als Kennzeichen dieser Predigtbewegung, über die theologischen Unterschiede hinweg, die Adressatenorientierung und das verstärkte Eingehen auf die Lebenswelt der Hörer zu nennen. Hinzu kommt die Beachtung der speziellen Predigtthemata und die Unterscheidung der Dorf- und Stadtpredigt. Freilich gab es eine unterschiedliche Bewertung der demokratischen Verfassung nach dem Ersten Weltkrieg. Die positiven Voten kamen besonders aus dem Bereich der liberalen Theologie (z. B. O. Baumgarten; F. Niebergall). Die politische Predigt, in der Tradition Schleiermachers, hatte nach 1918 keine eindeutige Stimme. In konservativen Predigten wurde partiell der verlorengegangenen Verbindung von Thron und Altar nachgetrauert. Andere Voten kamen z. B. in der Zeitschrift *Die Christliche Welt* zu Wort. In theologischer Hinsicht war die *Moderne Predigt* dadurch geschwächt, daß in ihr die Gegensätze zwischen Gott und Welt partiell relativiert wurden.

Predigten

Paul Althaus, Der Lebendige, Gütersloh 1924. – Aus Gottes Brünnlein. Kasualreden, hg. v. Albert Bertsch, Stuttgart 1927. – Heinrich Bassermann, Was ist der Mensch, daß du sein gedenkst?, Leipzig 1911. – Johannes Bauer, Die Worte Jesu, Tübingen 1903. – Otto Baumgarten, Predigten aus der Gegenwart, Tübingen/Leipzig 1903. – Ders., Altes u. Neues aus dem Schatz des Psalters.

Elf Psalm-Predigten, in der Aula der Kieler Univ. gehalten, Göttingen 1911. – Ders., Predigten aus der Gegenwart, Tübingen 1911. – Gustav Benz, Vom Leben erfaßt, Basel 1909. – Albert Bitzius, Ausgew. Predigten, Gotha 1925. – Wilhelm Bornemann, Gott mit uns, Basel 1901. – Ders., Bete u. arbeite, Leipzig 1904. – Thomas Breit, Lieben, Leiden, Leben, Augsburg 1912. – Julius Burggraf, Goethepredigten, Gießen 1913. – Reginald John Campbell, Zehn Predigten. Autorisierte dt. Uebers. v. Martha Pick, Tübingen 1912. – Paul Conrad, Aus tiefer Not. Ev. Zeugnisse, Berlin 1922. – Ders., Im finsteren Tal. Ev. Zeugnisse, Berlin 1923. – Ders., Folge mir nach! Ev. Zeugnisse, Berlin 1925. – Bernhard Doerries, Das Evangelium der Armen, Göttingen 1896 ^{3}1904. – Ders., Die Welt Gottes, Göttingen 1910. – Ders., Der Wille zum Leben, Göttingen 1924. – Paul Drews, Christus unser Leben. Predigten, 3 Bde., Göttingen 1894.1901.1910. – Ernst v. Dryander, Ev. Predigten, Bonn 1882. – Ders., Ev. Predigten. 2. Sammlung. Predigten über das christl. Leben, Bonn 1886. – Ders., Dt. Predigten aus den Jahren vaterländischer Not, zusammengestellt v. Carl Grüneisen, Halle 1923 ^{2}1924. – Franz Xaver Eberle, Sonn- u. Festtagsklänge aus dem Kirchenjahr, Freiburg 1915. – Johannes Eugster, Wir zeugen vom lebendigen Gott, Jena 1912. – Erich Foerster, Das Ziel des Wollens, Tübingen 1902. – Gustav Frenssen, Dorfpredigten. GA. Ein vollst. Jg., 3 Bde., Göttingen 1910. – Otto Frommel, Vom inwendigen Leben, Tübingen 1913. – Emil Fuchs, Predigten eines rel. Sozialisten, Gotha 1928. – Gerhard Füllkrug, Jesus in der Kleinstadt, Schwerin 1912. – Christian Geyer/Friedrich Rittelmeyer, Leben aus Gott. Neuer Jg. Predigten, Ulm 1911. – Dies., Gott u. die Seele. Ein Jg. Predigten, München 1922. – Heinrich Hackmann, Am Stand der Zeit, Berlin 1911. – Karl Heim, Die starken Wurzeln unserer Kraft, Tübingen 1924. – Hermann Heisler, Lebensfragen, Konstanz 1918. – Hermann Hering, In Ihm war das Leben, Halle 1911. – Karl Hesselbacher, Aus der Dorfkirche, Tübingen 1909. – Ders., Glockenschläge aus meiner Dorfkirche, Berlin 1924. – Ders., Herr auf dein Geheiß. Ein Jg. Predigten, Herborn 1927. – Emanuel Hirsch, Das Evangelium. Predigten, Gütersloh 1925. – Ders., Der Wille des Herrn. Predigten, Gütersloh 1925. – Ludwig Ihmels, Allein durch den Glauben, Leipzig 1918. – Carl Jatho, Der ewig kommende Gott, Jena 1913. – Martin Kähler, Der Weg des Menschensohns. Eine Forts. der Markusandachten nach den drei ersten Evangelien, Stuttgart 1927. – Julius Kaftan, Suchet, was droben ist, Freiburg 1893. – Albert Kalthoff, Rel. Weltanschauung, Leipzig 1903. – Ernst Kalbe, Vom gegenwärtigen Christus, Henneberg 1927. – Paul Kirms, Predigten, Berlin 1904. – Arnold Köster, Neue Menschen, Leipzig 1903. – Ernst Lachmann, Lebensbilder im Licht der Ewigkeit. Grabreden, Göttingen 1911. – Ders., Im Morgenrot. Taufreden, Göttingen 1912. – Friedrich Lahusen, Das Evangelium des Apostels Paulus, Berlin 1913. – Ders., Die Tafeln vom Sinai im Lichte Jesu, Berlin 1913. – Ders., Wir fürchten nichts als Gott. Predigten, Berlin $^{1-5}$1914. – Walter Lehmann, Lebensverklärung, Eckernförde 1923. – Gustav Mahr (Hg.), Predigtbuch der Dorfkirche, 4 Bde., Berlin, I 1915 (hg. v. Johannes Fenner) II 1927 III 1932 IV 1936. – Johannes Mau, In Jesu Schule, Göttingen 1923. – Paul Mehlhorn, Aus Höhen u. Tiefen, Leipzig 1904. – Ernst Moering, In ungemessene Weite, 2 Bde., Breslau 1922. – Friedrich Naumann, Gotteshilfe, Göttingen 1926. – Friedrich Niebergall, Wie predigen wir dem modernen Menschen? T.3. Predigten, Andachten, Reden, Vortr., Tübingen 1921. – Samuel Oettli, Wir haben geglaubt u. erkannt, Gütersloh 1902. – Wilhelm Olschewski, Jesus u. Du, Ulm 1913. – Oskar Pank, Das Evangelium Matthäi. In Predigten u. Homilien ausgelegt, 1. u. 2. H., Halle 1889–1891 $^{4/5}$1907. – Ders., Ich schäme mich des Evangeliums v. Christo nicht, Leipzig 1912. – Martin Rade, Dieser Krieg u. das Christentum, Stuttgart/Berlin 1915. – Leonhard Ragaz, Dein Reich komme, Basel 1917. – Hans Richter, Gottsuchers Feierstunde vor dem Bilde Jesu, Göttingen 1923. – Friedrich Rittelmeyer, Gott u. die Seele, Ulm 1906. – Ders., Leben aus Gott, Ulm 1911. – Ders., Christ u. Krieg. Predigten aus der Kriegszeit, München 1916. – Ders., Das Vaterunser. Zehn Kasualreden, München 1918. – Ders., Das Tatchristentum. Sieben Kanzelreden über die Wunder Jesu, München 1921. – Christian Rogge, Näher, mein Gott, zu Dir, Berlin 1911. – Ders., Das Evangelium in Wort u. Bild, Köln 1912. – Hermann Rudolph, Meditationen. Ein theosophisches Andachtsbuch nebst Anleitung zur Meditation, Leipzig 1912. – Adolf Schlatter, Predigten aus der Stiftskirche in Tübingen, 10.–13. Jg., Tübingen 1911. – Ders., Der Ruf Jesu, Stuttgart 1913. – Adolf Schmitthenner, Herr, bist du's?, Göttingen 1906. – Ders., Brunnenkraft, Stuttgart 1911. – August Schowalter, Casualreden, Berlin 1926 ^{2}1927. – Wilhelm Schubring (Hg.), Politische Predigten. Unter dem Gesichtspunkt der Überparteilichkeit ges., Görlitz 1930. – Hermann Schultz, Aus dem Universitätsgottesdienst, Göttingen 1902. – Karl Schwarz, Predigten aus der Gegenwart, Sammlung 1–8, Leipzig 1865–1883. – Eduard Simons, Aufwärts u. Einwärts, Tübingen 1913. – Julius Smend, Ev. Predigten samt den dazu gehörigen Gottesdienstordnungen, Straßburg 1910. – Karl Stange, Jesus der Heiland, Gütersloh 1924. – Adolf Stöcker, O Land, höre des Herrn Wort! Ein Jg. Volkspredigten über die Episteln des Kirchenjahres, Berlin $^{1.2}$1886. – Ders., Den Armen das Evangelium gepredigt. Ein Jg. Volkspredigten über die Evangelien des Kirchenjahres, Berlin 1887. – Ders., Wandelt im Geist! Ein Jg. Volkspredigten über freie Texte, Berlin ^{2}1890. – Ders., Die sonntägliche Predigt. Ein Jg. Volkspredigten aus dem Kirchenjahr 1888/89–1889/90, Berlin 1888–1890. – Ders., Eins ist noth. Ein Jg. Volkspredigten über freie Texte, Berlin 1885 ^{4}1889. –

Ders., Die sonntägliche Predigt, Berlin 1902–1903. – Arnold Taube, Gott in der Natur. Zwölf Naturpredigten. Beitr. zur Modernen Predigtbibliothek, hg. v. Ernst Rolffs, Göttingen 1912. – Alfred Uckeley, Gottes Wort an unsere Zeit, Berlin 1917. – Gerhard Uhlhorn, Das Leben Jesu in seinen neueren Darst. Drei Vortr., 4. völlig umgearb. Aufl. der „Modernen Darst. des Lebens Jesu", Stuttgart 1892. – Ders., Predigten auf alle Sonn- u. Festtage des Kirchenjahrs, Hannover 1870. – Wilhelm Walther, Der Wandel im Licht, Leipzig 1907.

Literatur

Johannes Bauer, Dorf- u. Stadtpredigt: MPTh 5 (1909) 179–195. – Otto Baumgarten, Predigt-Probleme. Hauptfragen der heutigen Evangeliumsverkündigung, Tübingen 1905. – Christian Geyer, Aus der Arbeit eines modernen Predigers: MKP NF 12 (1912) 213–229. – Friedrich Niebergall, Wie predigen wir dem modernen Menschen?, 2 T., Tübingen; I. Eine Unters. über Motive u. Quietive, ^{2}1905 ^{4}1920; II. Eine Unters. über den Weg zum Willen, $^{1-2}$1906. – Ders., Eine ‚unmenschliche' Theorie. Zu Fezer ‚Das Wort Gottes u. die Predigt': ChW 42 (1928) 59f. – Ders., Die moderne Predigt, Tübingen 1929. – Martin Peters, Ist die Forderung einer zeitgemäßen Predigt berechtigt u. wie kann sie in der Gegenwart erfüllt werden?: NKZ 20 (1909) 665–729. – Wilhelm Pressel, Die Kriegspredigt 1914–1918 in der ev. Kirche Deutschlands, 1967 (APTh 51). – Franz Rendtorff, Die neue Form der Predigt: NKZ 30 (1919) 203–231. – Martin Schian, Neuzeitliche Predigtideale: MPTh 1 (1905) 88–109. – Ders., Die moderne dt. Erweckungspredigt: ZThK 17 (1907) 235–269. – Ders., Ethische Predigten: MPTh 3 (1907) 446–451. – Wolfgang Steck, Das homiletische Verfahren. Zur modernen Predigttheorie, Göttingen 1974. – Theophil Steinmann, Die Predigt v. Schuld u. Sünde im Zusammenhang modernen Denkens u. Wertens, 1913 (PThHB 15). – Emil Sulze, Das Gemeindeprinzip u. die Predigt: ChW 6 (1892) 6–10.

5. *Die Predigt im Umkreis der Wort-Gottes-Theologie und in der Zeit des Nationalsozialismus*

Ein neuer Ansatz in der Predigt wurde nach dem Ersten Weltkrieg von der →Dialektischen Theologie geschaffen. Einen ersten Vorstoß gegen die kulturprotestantische moderne Predigt unternahm K. →Barth 1916 mit der in der Zeitschrift *Christliche Welt* erschienenen Predigt *Der Pfarrer, der es den Leuten recht macht* (ChW 30 [1916] 262–267). Es gehe um ein Entweder – Oder, um das „neue Leben im Gegensatz zu dem alten". Barth thematisierte bereits hier die Not und Verlegenheit des Predigers, der das „Leben in der Welt und das Leben in der Bibel" selber erst sehen und verstehen müsse. Das Predigtproblem lautete für ihn, in Unterscheidung von der →Liberalen Theologie: „Was heißt predigen? – und nicht: wie macht man das? sondern wie kann man das?" (Barth, Not und Verheißung der christlichen Verkündigung: ders., Das Wort Gottes und die Theologie, München 1924, 103). Der Hörer erwarte von der Predigt, daß Gott selber gegenwärtig sei, der sich in dem gekreuzigten und auferweckten Jesus Christus offenbart habe. Die Predigt als dritte Gestalt des Wortes Gottes, so Barth später, verweise auf die Paradoxeinheit von Gotteswort und Menschenwort.

Die Predigten im Gefolge der Wort-Gottes-Theologie waren betont schriftauslegende Predigten. „Predigt heißt ablesen, was geschrieben steht, ein Ablesen freilich, das zur Anrede wird an den Menschen von heute, aber so, daß auch dieser Mensch von heute durch die Predigt seiner Kirche seinerseits zum Schüler der Heiligen Schrift wird" (Barth/Thurneysen, Barmherzigkeit, Vorrede). Für die Predigtgeschichte sind die beiden von Barth und →Thurneysen gemeinsam herausgegebenen Predigtbände *Suchet Gott, so werdet ihr leben* und *Komm Schöpfer Geist* bedeutsam. Sie gehen partiell von biblischen Kurztexten aus und sind gekennzeichnet durch die „nicht-sondern"-Sprachfigur; nicht der fromme religiöse Mensch, sondern allein Gott der Schöpfer und Erlöser solle im Mittelpunkt stehen. „Wir sollen Menschenworte reden als solche, die Gottes Wort gehört haben und wissen, daß Gott selber wieder und weiter sein Wort sprechen will. Damit ist die Grenze und Aufgabe unseres Dienstes gegeben" (Barth, Menschenwort 129). In späteren Predigten, wie z.B. in den Basler Strafanstaltspredigten *Den Gefangenen Befreiung*, hat Barth allerdings wieder stärker die angesprochenen Hörer berücksichtigt.

Als Homiletiker und Prediger der frühen Wort-Gottes-Theologie wirkte Wolfgang Trillhaas (1903–1995). Er erneuerte den reformatorischen Gedanken, daß die Predigt „nur dann echte christliche Predigt [sei], wenn sie von dem Worte herkommt, das am Anfang war und in Christus erschienen ist" (Trillhaas, Predigtlehre [1935] 33). Allerdings hat er die Predigtlehre nicht als Explikation eines Predigtbegriffs verstanden, sondern immer wieder auch nach der „wirklichen Predigt" gefragt, die sich kritisch und konstruktiv mit dem Wahrheitsbewußtsein der Zeit auseinandersetzt. Auf der Kanzel solle der Prediger vom Glauben aus der „Gesprächssituation zwischen Kirche und Welt ansichtig" werden. Programmatisch lautet der Titel seines frühen Predigtbandes: *Vom Leben der Kirche*.

In der Zeit des sog. Kirchenkampfes (→Nationalsozialismus und Kirchen) predigte Helmut Gollwitzer (1908–1993) bekenntnisgemäß und unerschrocken in der Berlin-Dahlemer Gemeinde. Die alleinige Orientierung an der christlichen Wahrheit prägte auch die Dahlemer Predigten von M. →Niemöller. Thomas Mann urteilte über die letzten 28 Predigten, die Niemöller vor seiner Verhaftung (1937) in Berlin-Dahlem gehalten hat, in dem Vorwort zur englischen Ausgabe (1942): „Ich habe sie ... mit Ergriffenheit [gelesen], mit der gleichen Erschütterung, die die Hörer im überfüllten Kirchenschiff durchbebte, als sie gesprochen wurden". Diesen Eindruck sah Mann darin begründet, „daß hier in einer Menschenbrust unter unerträglichem Druck von Schimpf und Gewalt, vieles längst schablonenhaft und leer-geläufig Gewordene, vieles, bei dem niemand sich mehr viel dachte, zu ganz neuem, erstmaligem, ... brennend gegenwärtigem Leben erwacht war, auf einmal neu und groß und wirklich mitten in der nüchternen modernen Welt stand ... Das Evangelium war nicht mehr Wort und Überlieferung und beschauliche Exegese, es war Erfahrung, Leben, unmittelbares Ereignis" (ebd.). Er stellte als Prediger dem Totalitätsanspruch des NS-Staates das apostolische Wort gegenüber, daß man Gott mehr gehorchen müsse als den Menschen (vgl. Act 5,29). Zu nennen sind in diesem Zusammenhang auch die Predigten von D. →Bonhoeffer und Karl Immer (1888–1944). Sie waren von der biblischen Botschaft und der Frage nach der christlichen →Nachfolge geleitet.

Einen Anstoß für die Erneuerung der Predigt nach dem Ersten Weltkrieg gab auch die Lutherrenaissance in den zwanziger Jahren, die auf eine an Luther und an der Reformation orientierte theologische Tiefe zielte. Die Kulturkritik verschärfte sich auch hier. Als Prediger sind u.a. zu nennen: K. →Holl, P. →Althaus, O. →Dibelius und E. →Hirsch.

Ein eigener Akzent findet sich in den Predigten R. →Bultmanns. Die Rede von dem „nichtweltlichen" Gott solle zugleich auch Rede von dem Menschen sein, gebunden an das Hören auf das Wort und die Entscheidung für den biblischen Offenbarungsglauben. Ein Christ und Theologe könne nicht von Gott reden ohne die Beachtung der konkreten existentialen Situation. Subjektivität und dogmatische Objektivität standen für Bultmann in wechselseitiger Beziehung.

Die existentiale Explikation des christlichen Glaubens vollzog sich für den Prediger Bultmann in Anlehnung an die lutherische Tradition. Die *Marburger Predigten*, ergänzt durch den von E. Gräßer herausgegebenen Band *Das verkündigte Wort*, zeigen die Wege an, wie Gott als die die menschliche Existenz bestimmende Wirklichkeit zu verkündigen sei. Sie sind argumentativ und beziehen sich auf Dichtung, geistliche Lyrik und Wirklichkeitserfahrung. Zu den Gewährsleuten zählt auch Gerhard →Tersteegen. Bultmann wollte seine Hörer zu dem Glaubensverständnis führen, „daß wir unser Leid und unsere Verzweiflung auf uns nehmen und sie unter das Kreuz stellen, sie in die Einsamkeit vor Gott hineinnehmen und so an seinem Siege über die Welt teilbekommen" (Bultmann, Marburger Predigten 177).

Die Predigt der →Deutschen Christen während der Zeit des Nationalsozialismus führte zu keinen großen Predigtpublikationen, sondern vollzog sich besonders in der Predigt vor Ort. Sie wandte sich im allgemeinen nicht strikt gegen das Bekenntnis der Kirche, nahm aber das Sprachvokabular der NS-Zeit weithin auf und unterließ die notwendigen Unterscheidungen zwischen Gott und nationalem Bewußtsein. Oft vermischten sich volksmissionarische Tendenzen und nationalsozialistische Zielbilder (vgl. z.B. den von L. Thimme herausgegebenen Band *Unsere Religion ist Christus*). Neben Jesus Christus wurde der Führer mit seiner Hakenkreuz-Fahne gestellt. P. →Tillich wandte sich scharf dagegen, daß die „natürlich-geschichtliche Blutsgemeinschaft" der sakramentalen Gemeinschaft der Christen übergeordnet werde.

Beschämend bleibt die Tatsache, daß die Judenverfolgung in Deutschland auf den Kanzeln nur in Ausnahmefällen angeschnitten wurde. Auch die *Barmer Theologische Erklärung* (→Nationalsozialismus und Kirchen) enthielt dazu keine These.

Predigten

Karl Barth/Eduard Thurneysen, Suchet Gott, so werdet ihr leben, Bern 1917. – Dies., Komm Schöpfer Geist, München 1924. – Dies., Die große Barmherzigkeit, München 1935. – Karl Barth, Fürchte Dich nicht! Predigten aus den Jahren 1934 bis 1948, München 1949. – Ders., Den Gefangenen Befreiung. Predigten in den Jahren 1954–59, Zürich 1959. – Joachim Beckmann, Dienst am Wort. Vierzig Predigten aus vierzig Jahren, Düsseldorf 1966. – Dietrich Bonhoeffer, Predigten, Auslegungen, Meditationen, hg. v. Otto Dudzus, 2 Bde., München; I. (1925–1935), 1984; II. (1935–1945), 1985. – Rudolf Bultmann, Das verkündigte Wort. Predigten – Andachten – Ansprachen 1906–1941. In Zusammenarbeit mit Martin Evang ausgew., eingel. u. hg. v. Erich Gräßer, Tübingen 1984. – Ders., Marburger Predigten, Tübingen 1956 ^{2}1968. – Günther Dehn, Mein Herz hält Dir vor Dein Wort. Bibl. Meditationen f. die Sonn- u. Festtage des Kirchenjahres, Berlin 1940. – Gerhard Ebeling, Predigten eines „Illegalen" aus den Jahren 1939–1945, Tübingen 1995. – Helmut Gollwitzer, Zuspruch u. Anspruch, München 1954. – Ders., Dennoch bleibe ich stets an dir ... Predigten aus dem Kirchenkampf 1937–1940, hg. v. Joachim Hoppe, München 1988. – Martin Niemöller, „... zu verkündigen ein gnädiges Jahr des Herrn!" Sechs Dachauer Predigten, München 1946. – Eduard Thurneysen, Die neue Zeit. Predigten 1913–1930, hg. v. Wolfgang Gern, Neukirchen-Vluyn 1982. – Wolfgang Trillhaas, Vom Leben der Kirche, München 1938. – Ludwig Thimme (Hg.), „Unsere Religion ist Christus". Predigten u. Ansprachen im Dritten Reich, Schwerin 1933 ^{2}1934.

Literatur

Karl Barth, Wir haben ja das Wort. Predigten u. Texte zur Homiletik, hg. v. Hartmut Genest, Berlin 1987. – Ders., Menschenwort u. Gotteswort in der christl. Predigt: ZZ 3 (1925) 119–140. – Dietrich Bonhoeffer, Finkenwalder Homiletik: ders., GW, München, IV 1959, 237–289. – Günter Brakelmann (Hg.), Kirche im Krieg. Der dt. Protestantismus am Beginn des II. Weltkriegs, München 1979 ^{2}1986. – Rudolf Bultmann, Welchen Sinn hat es v. Gott zu reden?: ThBl 4 (1925) 129–135 = ders., Glauben u. Verstehen, Tübingen, I ^{5}1964, 26–37. – Martin Doerne, Ev. Predigt heute u. morgen: PBl 75 (1932/33) 673–694. – Karl Fezer, Das Wort Gottes u. die Predigt, Stuttgart 1925. – Martin Fischer, Die bekennende Kirche als Predigtbewegung: Vom Herrengeheimnis der Wahrheit. FS Heinrich Vogel, Berlin 1962, 59–87. – Berthold Klappert/Günther van Norden (Hg.), Tut um Gottes willen etwas Tapferes! Karl Immer im Kirchenkampf, Neukirchen-Vluyn 1989. – Thomas Mann, Niemöller: Martin Niemöller, Dahlemer Predigten 1936/37, München 1981, 185–191. – Georg Merz, Kirchl. Verkündigung u. moderne Bildung, München 1931. – Wolfgang Trillhaas, Ev. Predigtlehre, München 1935 ^{4}1955. – Heinrich Vogel, Gottes Wort in Menschenmund. Kirche u. Gegenwart, Dresden/Leipzig 1933 (Prakt.-theol. Unters. 14). – Ernst Wolf, Zur Frage des Predigtverbots: Kirche in diesen Jahren. FS Joachim Beckmann, Neukirchen-Vluyn 1971, 207–220.

6. *Die Predigt in der Nachkriegszeit und ihr partieller Zusammenhang mit der hermeneutischen Theologie*

Die Predigt nach dem Zweiten Weltkrieg war von bewahrenden und restaurativen Tendenzen geprägt. Der Gottesdienstbesuch stieg in der Notsituation nach 1945 wieder an. Die Prediger waren vor viele seelsorgliche Aufgaben gestellt. Die kirchliche Lebenswelt wurde dabei zu einer maßgeblichen Perspektive. Der Vorrang der Textpredigt wurde partiell durch einen formalen Biblizismus unterstützt. Die deutsche Schuldfrage nach den Ereignissen der NS-Herrschaft und des Zweiten Weltkriegs wurde in der Durchschnittspredigt, von Ausnahmen abgesehen, nur ansatzweise angesprochen.

Die Formel „Vom Text zur Predigt" (vgl. O. Weber) erhielt den Rang eines Programms. Im 19. Jh. war für die Predigt als strikte Textauslegung bereits F.K.L. Steinmeyer (s.o. 3.) eingetreten. Jetzt dienten die *Göttinger Predigtmeditationen* unter dem Hauptherausgeber H.J. →Iwand diesem homiletischen Ansatz. Otto Weber (1902–1966) verwies freilich auf die „*beiden* Brückenköpfe der Meditation", auf die Textauslegung einerseits und auf die Beachtung der Gemeindesituation andererseits. „Das Wort, als

Gesetz wie als Evangelium", treffe „nicht auf eine tabula rasa. Es trifft auf den Menschen, wie er sich versteht, ... auf den Menschen, der mit oder ohne Erwartung jedenfalls auch außerhalb des gesagten Wortes sich selber anschaut" (Weber 34). Dieser zweite Brückenkopf wurde allerdings, aufs Ganze gesehen, nicht genauer analysiert, wie dies in der Predigtbewegung *Moderne Predigt* (s.o. 4.) einst der Fall war.

Zu den herausragenden Predigern der Nachkriegszeit zählte u.a. H. →Lilje. „Zurück zu Christus" lautete ein Stichwort seiner vergewissernden Predigt, die auch missionarisch geprägt war und den Rechtfertigungsglauben akzentuierte. *Gloria Deo in desertis* lautete der programmatische Titel eines 1968 von ihm veröffentlichten Predigtbandes. O. →Dibelius zählt zu den Predigern, die die Teilung Deutschlands unmittelbar erlebten und erlitten. Seine Predigten waren am Bekenntnis der Kirche orientiert. Sie waren einfach formuliert und um der Hörer willen klar gegliedert. Stellungnahmen zu Zeitereignissen fehlten in ihnen nicht. Vom 28. August bis zum 1. September 1961 hielt er nach dem Mauerbau in Berlin fünf *Reden an eine gespaltene Stadt*. Von den Predigern aus dem Osten Deutschlands sind u.a. Günter Jacob (geb. 1906) und Albrecht Schönherr (geb. 1911) zu nennen. Jacob predigte in dem Bewußtsein, daß der christliche Glaube sich künftig in einer Minderheitenkirche zu bewähren habe.

In Westdeutschland hatte K. →Heim ebenfalls nach 1945 eine beträchtliche Wirkung. Er predigte die Unentrinnbarkeit Gottes gerade auch den Menschen, die durch die Naturwissenschaften in ihrem Denken geprägt waren. Er verschwieg nicht die Schuld, daß dem nationalsozialistischen Regime „so viel Raum gegeben" worden sei. Seine Predigten hatten eine missionarische Tendenz. Die Auseinandersetzung mit der Bildung der Zeit nahm H. →Thielicke auf, speziell in seinen Stuttgarter und Hamburger Predigten. Er besaß eine anschauliche Predigtsprache und wandte sich an die unterschiedlichen Hörergruppen. Besonders bekannt wurden seine Predigten über die Bergpredigt und über die Gleichnisse Jesu. Er wollte die Hörer in dem Glauben vergewissern, daß der Bergprediger von der Last der Vergangenheit und von der Angst vor der Zukunft befreie. In das Zentrum des Glaubens wollten seine Vater-Unser-Auslegungen führen (vgl. →Katechismuspredigt).

Für die Predigt der Evangelischen Kirche in Deutschland war es bedeutsam, daß 1958 eine neue Ordnung der Perikopen-Texte (OPT) eingeführt wurde. Sie enthielt sechs Text-Reihen, von denen die beiden ersten Reihen die alten Lesungen der Evangelien- und Episteltexte umfaßten. Die Reihen drei bis sechs enthielten zu je einem Viertel alttestamentliche Texte. Hinzu kam eine Reihe *Continua*-, Psalmen- und „Marginaltexte" (zur Auswahl). Der Entwurf von 1951 war auf diese Weise revidiert worden. Seit 1978 ist eine Revision der Predigttextordnung (1977) in Gebrauch, die durch die Predigthilfen wie z.B. die *Göttinger Predigtmeditationen*, die *Predigtstudien*, die *(Neuen) Calwer Predigthilfen*, die *Evangelischen Predigtmeditationen* und die *Homiletischen Auslegungen* von Gottfried Voigt innerhalb der Predigtpraxis stabilisiert wurden. Wichtig war die Aufwertung der alttestamentlichen Predigttexte durch die Aufnahme in die Reihen 3–6 der Ordnung der Perikopen-Texte.

Martin Doerne (1900–1970) hat durch seine in mehreren Auflagen erschienenen homiletischen Auslegungen der Predigtreihe der „alten Evangelien" (*Er kommt auch noch heute*) und der Reihe der „alten Episteln" (*Furcht ist nicht in der Liebe*) reiche Anleitung zur Predigtarbeit gegeben. Sie stellen auf die Sache der Texte konzentrierte Auslegungen dar, zusammen mit systematischen Erwägungen, auch unter Beachtung der reformatorischen Auslegung. Seine Predigtbände sind gekennzeichnet durch strenge Sachlichkeit, aber auch durch die Offenheit für Gegenwartsfragen, nicht zuletzt durch das Gespräch mit der Dichtung. Der indirekte Dialog mit den Hörern ist eines ihrer Kennzeichen. Ihr Hauptmerkmal ist die Schlichtheit der vergewissernden Aussage und Anrede. Als Alttestamentler hat G. von →Rad durch seine Meditationen und Predigten die Predigtpraxis der Nachkriegszeit befruchtet. Die alte Frage nach dem Adressaten („Wem predigen wir?") hat W. Jetter wieder explizit vertreten. Das biblische Wort der Wahrheit kommt in seinen Predigten mit einer großen Sprachkraft zur Geltung. Sie sind „Lieder wider den Tod".

Folgenreich für die Predigt der Nachkriegszeit war die von Bultmann begonnene →Entmythologisierungs-Debatte. Sie wollte helfen, in einer gewandelten Welt die Wahrheit des Evangeliums zu bezeugen. Das Prinzip der Textpredigt wurde durch die hermeneutische Theologie aufgenommen, die besonders von Gerhard Ebeling (geb. 1912) vertreten wurde. In bezug auf die Predigt unterscheidet er eine dreifache polare Spannung, die bei der Auslegung eine dreifache Vermittlungsaufgabe erfordere: (a) zwischen dem überlieferten und dem gegenwärtigen Wort; (b) zwischen dem Glaubensinhalt und der Lebenserfahrung; (c) zwischen dem Glaubensgrund und der Glaubensäußerung (Ebeling, Fundamentaltheologische Erwägungen zur Predigt: ders., Wort und Glaube, Tübingen, III 1975, 554f.). Innerhalb des biblisch-hermeneutischen Ansatzes sind als Beispiele die Predigtbände von M. Mezger, W. Marxsen und H. Braun zu nennen. Mezgers Predigten sind frei vom theologischen Fachjargon und geprägt durch prägnante, kurze Sätze. Der „Streit um Jesus" findet in ihnen vielfache Gestalt. Sie sind Hilfen zum Glauben, der in der Liebe tätig ist. Marxsen hat als Neutestamentler kritisch nach der Sache der Texte gefragt. Ähnlich hat Braun die historisch-kritische Erforschung des Neuen Testaments für die Predigt fruchtbar zu machen versucht. Er akzentuierte die Wahrhaftigkeit und die christliche Liebe.

Eine Bereicherung für die religiöse Reflexion bildeten die *Religiösen Reden* von P. →Tillich, der als Vertreter des →Religiösen Sozialismus in der Zeit der Hitler-Herrschaft Deutschland verlassen mußte und in die USA emigrierte. Die Not und Angst der Menschen im 20. Jh. findet in seinen *Religiösen Reden* ihren Ausdruck. Die erstarrten Wendungen des christlichen Wortschatzes fehlen in ihnen. Diese Predigten zwischen Theologie und Philosophie zeichnen sich dadurch aus, daß in ihnen die existentiellen Probleme der Menschen und das Wort der Bibel aufeinander bezogen werden. Die drei Bände *In der Tiefe ist Wahrheit*, *Das neue Sein* und *Das Ewige im Jetzt* sind zugleich eine elementare Einführung in seine Theologie. Exemplarisch sei auf seine Predigt über *Die Gegenwart des göttlichen Geistes* (Tillich, Das Ewige im Jetzt. Religiöse Reden, 3. F., Frankfurt a.M. ^{4}1986 = Berlin/New York 1987, 81–91) verwiesen.

Diese verschiedenen Ansätze in der Predigt der Nachkriegszeit wirkten sich unterschiedlich auf die allgemeine Predigtpraxis aus. M. Doerne urteilte 1959 in einer vielzitierten Schlußfolgerung: In der zeitgenössischen Predigtpraxis wohnen dicht beisammen „der Wille zu sachbestimmter, von prophetischen Leit- und Wunschbildern mitgeprägter Verkündigung und der Hang zu fanatischer Intellektualisierung des vermeintlichen Kerygmas. Irrlehre und natürliche Theologie scheinen aus dem Felde geschlagen. Dafür weht durch die Predigten auf deutschen Kanzeln nicht selten ein Hauch gespenstischer Monotonie" (Doerne, Art. Homiletik: RGG^{3} 3 [1959] 440). Grundsätzlich ist darauf hinzuweisen, daß in der Nachkriegszeit die Verbindung von →Homiletik und →Liturgik in der kirchlichen und praktisch-theologischen Reflexion partiell fehlte.

Predigten

Joachim Beckmann, Dienst am Wort, Düsseldorf 1966. – Herbert Braun, Predigten, Stuttgart 1970. – Otto Dibelius, Predigten, Berlin 1952. – Martin Doerne, Die Finsternis vergeht, Göttingen 1963. – Ders., Das Wort der Wahrheit, hg. v. Friedrich Wintzer, Göttingen 1971. – Gerhard Ebeling, Vom Gebet. Predigten über das Unser-Vater, Tübingen 1965. – Ders., Die Zehn Gebote in Predigten ausgelegt, Tübingen 1973. – Dietrich Frindte, Kirchditmolder Predigten, Göttingen 1969. – Albrecht Goes, Hagar am Brunnen, Frankfurt a.M. 1958. – Karl Heim, Die Kraft Gottes, Stuttgart 1936. – Ders., Der unerschütterliche Grund, München 1946. – Ders., Lebendige Kraft, Metzingen 1950. – Hans Joachim Iwand, Ausgew. Predigten. Nachgelassene Werke III, München 1963. – Werner Jetter, Unterwegs mit dem Wort, Hamburg 1966. – Ders., Christl. Tag- u. Nachtgedanken, Hamburg 1967. – Ders., Vertrauen lernen. Versuche, vom Glauben zu reden, Göttingen 1981. – Günther Klein, Predigten, Gütersloh 1971. – Gerhard Krause, Weihnachtspredigt u. homiletische Erwägungen zur Weihnachtspredigt heute, Tübingen 1973. – Hanns Lilje, Gloria Deo in desertis. Predigten zu besonderen Anlässen, Göttingen 1968. – Willi Marxsen, Predigten, Gütersloh 1968. – Manfred Mezger, Ruf u. Antwort, Hamburg 1968. – Ders., Freude am Wort, Gütersloh 1975. – Hans-Rudolf Müller-Schwefe (Hg.), Zur Zeit u. zur Unzeit, Stuttgart 1958. – Helmut Thielicke, Das Leben kann noch einmal beginnen. Ein Gang durch die Bergpredigt, Stuttgart ^{3}1956 ^{8}1965. – Ders., Das Bilderbuch Gottes. Reden über die Gleichnisse, Stuttgart 1957 Gütersloh ^{2}1959 ^{4}1963. – Ders., Das Gebet, das die Welt umspannt. Reden über das Vaterunser, Stuttgart 1980. – Johann Tibbe, Das Angebot des Lebens, Neukirchen-Vluyn 1963. – Ders., Die Freiheit des Glaubens, Neukirchen-Vluyn 1967. – Paul Tillich, In der Tiefe ist Wahrheit. Rel. Reden. 1. F., Stuttgart 1952. – Ders., Das neue

Sein. Rel. Reden. 2. F., Stuttgart 1955. – Ders., Das Ewige im Jetzt. Rel. Reden. 3. F., Stuttgart 1964. – Wolfgang Trillhaas, Predigten aus den Jahren 1956–1966, Göttingen 1967.

Literatur

Rudolf Bohren, Die Krise der Predigt als Frage an die Exegese: EvTh 22 (1962) 66–92. – Martin Doerne, Das Liebeswerk der Predigt. Ein Beitr. zur Predigtlehre: Verantwortung. FS Gottfried Noth, Berlin 1964, 40–51. – Werner Jetter, Wem predigen wir?, Stuttgart 1964. – Gerhard Krause, Anredeformen der christl. Predigt: Wort u. Welt. FS Erich Hertzsch, Berlin 1968, 175–188 = ThPr 2 (1967) 118–132. – Dietrich Rössler, Das Problem der Homiletik: ThPr 1 (1966) 14–28. – Wolfgang Trillhaas, Die wirkliche Predigt (s.u. Lit. zu 7.). – Otto Weber, Vom Text zur Predigt: ders., Der euch berufen hat, Neukirchen-Vluyn 1960, 31–46.

7. Wandlungen der Predigt seit ca. 1965

Seit Ende der 60er Jahre wuchs die Vielfalt und Mannigfaltigkeit der Predigten. Gleichzeitig wurde das homiletische Grundproblem der Predigt neu diskutiert. W. Trillhaas trat 1963 für eine spannungsreiche Vermittlung des herrschenden Predigtverständnisses mit der „wirklichen Predigt“ ein. Er nahm den traditionellen Begriff des *ministerium verbi* auf: „Die Predigt ist Dienst am Wort. Ob sie darüber hinaus dann zum Wort Gottes wird, das steht nicht in unserer Macht“ (Trillhaas 201). Die Unverfügbarkeit des Wortes Gottes wurde von Trillhaas betont, verbunden mit einer Absage an das überhöhte dogmatische Predigtverständnis. Die Hoffnung der Kirche gründe in der Zuversicht: „Durch das Wort, an dem die Predigt dient und in das sie einführt, gibt Gott seinen Geist, und dadurch sammelt er seine Gemeinde“ (ebd. 202). Trillhaas plädierte also für eine praktisch-theologisch reflektierte Predigtpraxis. Fast gleichzeitig trat Rudolf Bohren (geb. 1920) für ein pneumatologisches Predigtverständnis ein, das den theologischen und anthropologischen Aspekten gerecht werde.

Die homiletischen Einzel- und Gestaltungsfragen kamen fortschreitend wieder mehr in den Blick. Die Pluriformität der Predigten wurde (wieder) zu einer legitimen Diskussionsfrage der Predigtarbeit. In einer Zeit, in der die monologische Kanzelrede kritisiert wurde und der reformatorische Erkenntnissatz in Vergessenheit zu geraten drohte, daß die (volkskatechetische) Predigt die Gemeindeglieder befähigen solle, ihren Glauben persönlich zu bezeugen, schuf E. →Lange neue Zugänge zur Predigtarbeit, die auf Erfahrungen in einer Westberliner „Ladenkirche“ beruhten. Pointiert stellte er dar, daß die Predigt mit dem Hörer „über sein Leben im Licht der Christusverheißung“ reden wolle und solle und eine Verständigungsbemühung sei. Die Predigt solle zwischen Text und „Situation“ erfolgen. Dieser Ansatz führte zur Erarbeitung der *Predigtstudien*-Beiträge jeweils im Gespräch zweier Autoren. Allerdings hat Lange den Situationsbegriff theoretisch nicht genügend geklärt. Zugleich gerieten rhetorische Probleme der Predigt wieder verstärkt in den Blick (z.B. bei M. Josuttis; G. Otto).

E. Lange erprobte und verdeutlichte Möglichkeiten christlicher Rede an der Geschichte vom Propheten Jona. Der kleine Predigtband *Die verbesserliche Welt* erschien 1968 mit einer (zustimmenden) Predigtkritik von D. Rössler. Rössler selbst veröffentlichte elf Jahre später 22 Beispiele christlicher Rede unter dem Titel *Vergewisserung*. Sie sind argumentativ und dialogisch verfaßt und thematisieren die Denkansätze über die Grundfragen des Lebens, fern von dem Kanzeljargon und kritisch gegenüber homiletischen Belanglosigkeiten. Rössler legt dar, daß die Glaubensgewißheit „nicht ein für allemal“ gewonnen werden könne. „Sie muß erneuert und erweitert werden. Ihre Gültigkeit gibt sich in veränderten Situationen der Lebensgeschichte wieder neu zu erfahren.“ Diese Vergewisserung über das Wissen-Können, über die christliche Hoffnung und über das Handeln nehme „ihren Ausgang bei den Texten der Bibel“ (ebd., Vorwort).

Narrative Predigten oder Predigtteile gewannen seit Mitte der 60er Jahre an Gewicht, auch die Ansätze „persönlicher“ Predigt. Die Pluriformität beherrscht seither das Feld. Seit dem Ende der 50er Jahre mehrten sich die politischen Predigten im Streit über Aufrüstung und Wiederbewaffnung, in der Kritik am Vietnamkrieg und später im Gefolge der Friedensbewegung. Die Schwächen der nur behauptenden Predigt wurden deutlich. Partiell wurden die Predigten kürzer. Wiederentdeckt wurden die Liedpredigten. Die Festtagspredigten wurden im Zusammenhang mit dem →Gottesdienst als Lebensäußerung der christlichen Gemeinde aufgewertet. Die Konsensbildung in ethischen Fragen erwies sich oft als schwierig wegen des Wertewandels in der Gesellschaft. Ein neues Experimentierfeld ist das Predigen mit Bildern (vgl. dazu u.a. die Bildbeigaben im neuen *Evangelischen Gesangbuch*, Ausgabe für Bayern und Thüringen). Ansätze gibt es hinsichtlich einer stärkeren Beteiligung der Gemeinde an der Predigtarbeit bzw. am Verlauf des Gottesdienstes.

In der Gegenwart gibt es auch mehrere Veröffentlichungen von Laienpredigten, speziell von Journalisten, Dichtern und Politikern. Aus der Hamburger Nikolaikirche liegt z. B. aus den Jahren 1977–1979 ein Predigtband *Die Journalistenkanzel* vor. Diese religiösen Reden gehen besonders auf Themen der Gegenwart ein.

Das Problem der sog. politischen Predigt hat H. Gollwitzer (s.o. 6.) auch in seinen späteren Predigten und Beiträgen bedacht. Er wollte die politische Predigt von der politisierenden Predigt abgrenzen und den Menschen helfen, die Gotteswirksamkeit hinter den vordergründigen Ereignissen zu glauben und wahrzunehmen. Das politische Engagement gehörte für ihn zu den Bewährungssituationen des Glaubens und zur „Wendung zum Leben".

Im Nachwort zu *Nachdenken über den Fisch. Predigten und Reden zwischen 1963 und 1991* plädiert K.-P. Hertzsch (Jena) dafür, daß die Hörer ihre eigene Lebenswirklichkeit wiedererkennen und neu verstehen sollen im Licht des Evangeliums. Dieser Grundzug bestimmt seine Predigten. Grundsätzlich gilt für ihn: „Wir predigen in einer Welt, die sich nicht mehr christlich versteht; da braucht der Hörer eine Begründung, warum er diese alten Texte verstehen soll, und eine positive Erfahrung mit ihnen: Sie müssen sich ihm in der Predigt als nützlich und hilfreich erweisen" (ebd. 140). E. Jüngel, der der Predigtpraxis vielfältige Denkanstöße gegeben hat, will „mit den Nöten und Hoffnungen unserer Gegenwart in die auszulegenden biblischen Texte einkehren" und in ihnen verweilen; die Gottesdienste sollen kritisch und verheißungsvoll „Unterbrechungen" (Schleiermacher) des Alltagslebens sein. Jüngels Predigten sind gedankenreich und gekennzeichnet durch Metaphern und pointierte Formulierungen sowie durch ein neues Erzählen der biblischen Texte. Jüngel möchte in seinen Predigten u.a. die Gleichnisfähigkeit des Lebens vor Gott für das kommende Reich andeuten. Die gedanklich anspruchsvollen Predigten erfordern von den Hörern und Lesern ein kreatives Mitdenken. Sie führen differenziert in die christliche Theologie und Spiritualität ein. M. Josuttis, dessen Predigten durch die anschließenden, theologisch und sprachlich sorgsam erarbeiteten Fürbittengebete gekennzeichnet sind, akzentuiert die Integration der Predigten in den Gottesdienst, wie auch seine Liturgik (*Der Weg in das Leben*, 1991) mit der Betonung der Schritte des Verhaltens und Gestaltens zeigt; er knüpft an Aspekte der Wort-Gottes-Theologie an, verbunden mit der Offenheit für religionspsychologische Erkenntnisse. Die aktuellen Bezüge seiner Predigten werden konfrontiert mit den Erzählungen und Symbolen der Bibel. Diese Predigten führen ein in die heutige christliche Frömmigkeit und Freiheit.

M. Jepsens *Unten bleiben. Reden einer Bischöfin* – leider liegen bisher nur wenige Bände mit Predigten von Frauen vor – sind darin vorbildhaft, daß sie die Gemeinschaft zwischen Frauen und Männern, kirchenfernen und kirchennahen Menschen fördern. Die Bibel und die Straße schließen sich für Jepsen nicht aus. Sie möchte mit ihren Predigten das Kirchengetto meiden, wie dies z. B. die *Gänsemarktrede* anläßlich der Hamburger Demonstration gegen den Fremdenhaß zeigt. Damit akzentuiert sie *eine* Tendenz heutiger Predigten.

Die hier genannten zeitgenössischen Predigtbände stellen anregende Beispiele der (gottesdienstlichen) Predigt dar. Sie verdeutlichen die Pluriformität der religiösen Reden, ihre Orientierung an dem biblischen Wort der Wahrheit einerseits und an den heutigen Lebenserfahrungen und -deutungen andererseits (vgl. u.a. die Anregungen aus der ökologischen Debatte, aus der „Frauenbewegung" und der Friedensdiskussion). In Zukunft müßte freilich der christlichen Rede in den audiovisuellen Medien mehr Aufmerksamkeit geschenkt werden. Überhaupt gilt, daß die Verkündigung heute *unterschiedliche Kanzeln* braucht!

Für die evangelische „Durchschnittspredigt" ist anzumerken, daß sie das Evangelium nicht selten zu gesetzlich auslegt. Auch die Behauptung, daß das Evangelium tröste, ist noch keine Hilfe zum Verstehen und zur Einstimmung in den Glauben, wenn die Beispiele fehlen. Es gibt daneben auch moralistische Mißverständnisse der christlichen Wahrheit, verbalisiert in der Wüste der Appelle. Schließlich besteht bei Predigten die Gefahr, daß sie inmitten der Vielzahl der Wörter das *Wort der Wahrheit* verschweigen. Der Hinweis von W. Trillhaas, der jahrzehntelang die Predigt und Homiletik begleitet hat, lautete 1963, daß die christliche Rede und die Predigt als „Dienst am Wort" der Bitte um die Gegenwart des göttlichen Geistes bedürfen. Dieser Hinweis hat auch heute seine Gültigkeit. Insofern führt jede predigtgeschichtliche Darstellung zu den Grundfragen der →Homiletik hin.

Predigten

Heribert Arens/Hans Werner Dannowski, Predigten, die handeln helfen. Modelle f. appellatives Reden, Gütersloh 1979. – Rudolf Bohren, Seligpreisungen der Bibel – heute. Mit einem Anh.: Traktat über das Lesen v. Predigten, Neukirchen-Vluyn ^{3}1974. – Ders., Trost. Predigten, Neukirchen-Vluyn 1981. – Peter Cornehl (Hg.), Vision u. Gedächtnis. Gottesdienste zur Zeit (1987–1994), 2 T., Hamburg 1994. – Volker Drehsen/Albrecht Beutel, Zur Freiheit befreit. Predigten über Rechtfertigung, Tübingen 1989. – Eugen Drewermann, Der offene Himmel. Predigten zum Advent u. zur Weihnacht, hg. v. Bernd Marz, Düsseldorf 1990 ^{3}1991. – Ders., Predigten zur Passions- u. Osterzeit, hg. v. Bernd Marz, Düsseldorf 1991. – Ders., Daß alle eins seien. Predigten zw. Himmelfahrt u. Dreifaltigkeitsfest, hg. v. Bernd Marz, Düsseldorf 1992. – Helmut Gollwitzer, Wendung zum Leben. Predigten 1970–1980. Mit einem Vorw. des Autors, München 1980. – Hans Wolfgang Heidland, Das Ende der Predigt? Eine selbstkrit. Dokumentation, Göttingen 1992. – Klaus-Peter Hertzsch, Nachdenken über den Fisch. Texte u. Predigten, Stuttgart 1994. – Maria Jepsen, Unten bleiben. Reden einer Bischöfin, Stuttgart 1993. – Manfred Josuttis, Reden – Träume – Fragen. Predigten aus der Zeit, München 1974. – Ders., Die permanente Passion. Predigten zur Wirkungsgesch. Jesu, München 1982. – Ders., Über alle Engel. Politische Predigten zum Hebräerbrief, München 1990. – Eberhard Jüngel, Predigten [I]. Mit einem Anh.: Was hat die Predigt mit dem Text zu tun?, München 1968. – Ders., Geistesgegenwart. Predigten II, München 1974. – Ders., Schmecken u. Sehen. Predigten III, München 1983. – Ders., Unterbrechungen. Predigten IV, München 1989. – Günther Kunert (Hg.), Dichter predigen. Reden aus der Wirklichkeit, Stuttgart 1989. – Ernst Lange, Die verbesserliche Welt, Stuttgart 1968. – Wulf-Volker Lindner, Predigten eines Psychoanalytikers, Göttingen 1993. – Eduard Lohse, Der Mensch lebt nicht vom Brot allein. Predigten u. Andachten, Göttingen 1979. – Kurt Marti, Die Psalmen Davids. Annäherungen, 2 Bde., Stuttgart 1991–1992. – Friedemann Merkel, Gepredigte Weisheit. Predigten zu weisheitlichen Texten des Alten u. NT, Bielefeld 1990. – Uwe Michelsen/Hans-Albrecht Pflästerer (Hg.), Die Journalisten-Kanzel. Zehn Laienpredigten, Hamburg 1979. – Christoph Möhl, Vaduzer Predigten. Was Laien auf der Kanzel sagen, Zürich/Köln 1979. – Jürgen Moltmann, Ohne Macht mächtig. Predigten, München 1981. – Gert Otto, Denken – um zu glauben. Stud. zu bibl. Texten u. Themen, Göttingen 1981. – Dietrich Rössler, Vergewisserung. 22 Beispiele christl. Rede, Stuttgart 1979. – Heinz Wagner, Auf dem Weg des Friedens. Tägliche Andachten zur Kirchenjahreslese, Stuttgart 1988. – Günter Wallraff, Predigt v. unten, Göttingen 1986. – Friedrich Winter (Hg.), Nur Zeuge sein. Predigten v. Beratern u. Lehrern der Verkündigung, Berlin 1975. – Ders. (Hg.), ... daß Jesus Christus allein unser Heil ist. Brandenburger Predigten aus drei Jahrhunderten, Berlin 1989. – Jörg Zink, Vielleicht ist es noch nicht zu spät. Bibl. Reden, Stuttgart ^{2}1983. – Ders./Hartmut Walsdorff, 44 mal Das Wort zum Sonntag, Berlin 1992.

Literatur

Karl Fritz Daiber, Predigt als rel. Rede. Homiletische Überlegungen im Anschluß an eine empirische Unters., München 1991. – Horst Hirschler, Bibl. predigen, Hannover ^{2}1988. – Hans Martin Müller, Homiletik. Eine ev. Predigtlehre, Berlin/New York 1996. – Gert Otto, Rhetorisch predigen. Wahrheit als Mitt., mit einem Beitr. v. Ottmar Fuchs, Gütersloh 1981. – Horst Dietrich Preuß, Das AT in der christl. Predigt, Stuttgart 1984. – Wolfgang Trillhaas, Die wirkliche Predigt: Wahrheit u. Glaube. FS Emanuel Hirsch, Itzehoe 1963, 193–205. – Friedrich Wintzer, Tendenzen in der Homiletik: ThR 52 (1987) 182–211. – Ders., Die politische Predigt in der Neuzeit: Theologisches geschenkt. FS Manfred Josuttis, Bovenden 1996, 352–358. – Rolf Zerfaß, Grundkurs Predigt. I. Spruchpredigt; II. Textpredigt, Düsseldorf 1992.

Friedrich Wintzer

Presbyter/Presbyterium →Amt/Ämter/Amtsverständnis, →Kirchenordnungen, →Presbyterial-synodale Kirchenverfassung, →Presbyterianer, →Reformierte Kirchen

Presbyterial-synodale Kirchenverfassung (s. a. →Kirchenverfassungen)

1. Zum Begriff 2. Theologische Grundintention 3. Struktur und Organe 4. Zur Geschichte 4.1. Grundlegung in der Ämterlehre Calvins 4.2. Entfaltung im 16. Jahrhundert 4.3. Ausbreitung vom 16. bis zum 19. Jahrhundert 4.4. Die Rheinisch-Westfälische Kirchenordnung 4.5. Wandlung des Selbstverständnisses in der zweiten Hälfte des 19. Jahrhunderts 4.6. Die Synodalbewegung und die konsistorial-synodalen Kirchenverfassungen 5. Perspektiven im 20. Jahrhundert (Quellen/Literatur S. 338)

1. *Zum Begriff*

Der Begriff *presbyterial-synodale Kirchenverfassung* ist erst im frühen 19. Jh. geprägt worden; wer ihn in die Literatur einführte, ist nicht bekannt (einige Belege und ältere Literatur: Richter/Dove/Kahl 179–182.534–548). F.D.E. →Schleiermacher sprach in seinen kirchenrechtlichen Vorlesungen und etwa in der Schrift *Ueber das liturgische Recht evangelischer Landesfürsten* (1824) sowohl von „der Presbyterial- und Synodalordnung" als auch von der „Presbyterialverfassung" (Schleiermacher, Kirchenregiment XIV.17 u.ö.; ders., KS II, 213f.216f. u.ö.). Seit 1830 ist die Wortverbindung dann in der Literatur fest etabliert (vgl. Lechler; Köhler 119–151; Lüttgert 34–47).

Obwohl der Begriff also erst recht spät zum Fachterminus des evangelischen Kirchenrechts wurde, beschreibt er ein aus der reformierten Tradition des 16. Jh. (→Reformierte Kirchen) stammendes Prinzip der Leitung der →Kirche (VII.6.5.), demzufolge der kirchliche Leitungsauftrag (das *Kirchenregiment*) bei kollegial zusammengesetzten Gremien liegen soll, in denen jeweils Theologen *und* Nichttheologen gleichberechtigt miteinander beraten und beschließen (→Kirchenverfassungen 7.; →Presbyterianer 1.).

2. *Theologische Grundintention*

Die theologische Grundintention der presbyterial-synodalen Kirchenverfassung beruht auf der mit Mt 18,15–20 begründeten Überzeugung, daß die Kirche ohne Bischöfe und landesherrliche Obrigkeit maßgeblich von Ältesten, also Laien (→Laie I.3.), mitgeleitet werden könne. Jesus Christus selbst regiere durch sein Wort die Kirche in der Weise, daß er in den Gemeinden bestimmte Dienste ausüben lasse, um so das Evangelium in vielfältiger Gestalt zu allen Menschen zu bringen. Diese Dienste und ihre Träger stünden grundsätzlich gleichberechtigt nebeneinander (vgl. K. Barth, Ordnung 27–34); da ferner jede →Gemeinde im Vollsinne Kirche sei, stehe auch keine Gemeinde über der anderen (vgl. TRE 12,330,9ff.; 18,322,28ff.). Auf →Synoden, zu denen alle Gemeinden einer zusammengehörenden Region Vertreter entsenden, sollen übergemeindliche Aufgaben und Probleme so gelöst werden, daß es weder zur Vorherrschaft einzelner Amtsträger noch einzelner Gemeinden kommen kann (vgl. TRE 18,301,47ff.).

Das Anliegen des presbyterial-synodalen Systems stand von Anfang an in einem kritischen Gegensatz sowohl zur hierarchischen, bischöflich verfaßten (→Bischof I.) Struktur der →Römisch-katholischen Kirche (→Amt/Ämter/Amtsverständnis VIII.2.2.) als auch zum Verfassungsprinzip des Landesherrlichen →Kirchenregiments in den deutschen evangelischen →Landeskirchen. In einer presbyterial-synodalen Kirchenverfassung beruht die geistliche Autorität der Presbyterien und Synoden auf einer „*Amts*autorität", die allerdings „nicht aus der apostolischen Sukzession der Bischöfe abgeleitet [wird], sondern aus der schriftgemäßen Ämterverfassung" (Maurer, Typen 93; vgl. K. Barth, Gotteserkenntnis 173–175; Dombois 169–177). Im Verlauf seiner Geschichte hat das presbyterial-synodale Verfassungsprinzip an eben dieser Stelle eine tiefgreifende Veränderung erfahren, als es in der Mitte des 19. Jh. durch das an politisch-parlamentarischen Vorbildern orientierte *Repräsentationsmodell* überlagert bzw. ersetzt wurde, das die Ideen der Gewaltenteilung (vgl. TRE 8,437,32ff.) und des →Konstitutionalismus auch auf die Kirchenverfassungen übertragen wollte (s.u. 4.5.).

Gegenwärtig sind wesentliche theologische Grundgedanken der presbyterial-synodalen Kirchenverfassung weltweit in vielen Kirchen anerkannt, auch in bischöflich geleiteten evangelischen Kirchen (zum *Synodalen Bischofsamt* vgl. TRE 6,694,31–697,35 [Lit.]; Müller 265–267). Hier wären zu nennen: a) Der Herr selbst leitet durch den Heiligen Geist seine Gemeinde in der Verkündigung des Wortes; b) Leitung der Kirche ist von Christus gebotener Dienst an der Gemeinde als einer Gemeinschaft von gleichberechtigten Brüdern und Schwestern; c) kein Amtsträger und keine Gemeinde dürfen Gewalt oder Herrschaft über Mitchristen oder über eine andere Gemeinde ausüben; d) kirchliche Leitungsorgane müssen immer aus ordinierten Theologen *und* Laien zusammengesetzt werden.

3. Struktur und Organe

In einer voll ausgebildeten presbyterial-synodalen Kirchenverfassung wiederholt sich von der Leitung der Ortsgemeinde (*Presbyterium; Kirchengemeinderat* u.ä.) über einen Mittelstufenverband (*Kreissynode*; *Bezirkssynode* u.ä.) bis zur Leitung der Gesamtkirche (*Landessynode*) in den jeweiligen Gremien die gleiche Zusammensetzung der Kollegialorgane aus hauptamtlichen Mitarbeitern der Kirche und gewählten (oder berufenen) ehrenamtlichen Gemeindegliedern. Zwischen den Leitungsebenen bestehen in einer presbyterial-synodalen Kirchenverfassung enge Verbindungen, die in der Regel durch eine Entsendung bzw. Wahl „von unten nach oben" gewährleistet werden sollen (vgl. Närger).

Jedes dieser Gremien wählt für die Zeit zwischen seinen Sitzungen bzw. Tagungen ein zusätzliches Leitungsorgan, dessen Entscheidungen später vom gesamten Kollegium bestätigt (oder aufgehoben) werden müssen. Die Namen dieser Leitungsorgane variieren (Übersicht bei Frost, Strukturprobleme 77–80.180–191.320–327). Auf der Gemeindeebene kann ein Vorsitzender des Presbyteriums (*Praeses Presbyterii*) mit einem Laienstellvertreter (etwa: *Kirchmeister*; *Kirchenpfleger* u.ä.) die in der Gemeinde täglich anfallenden Aufgaben wahrnehmen. Im Mittelstufenverband übernimmt ein Kreissynodalvorstand (→*Superintendent* mit *Assessor* und *Skriba*; *Dekan*; *Propst* u.ä.) diese Aufgabe. Die Landessynoden wählen ein Präsidium (in den Reformierten Kirchen: *Moderamen*) bzw. ein „Dauergremium, das die synodalen Rechte außerhalb der Synodaltagungen wahrnimmt" (ebd. 327) und zusammen mit einer ständigen Verwaltungsdienststelle (etwa: *Landeskirchenamt*; *Kirchenkanzlei*; *Oberkirchenrat*; *Landeskirchenrat*) die Synodalbeschlüsse ausführt sowie die tägliche Geschäftsführung übernimmt. Der leitende Geistliche trägt in einigen (unierten) Landeskirchen den Titel *Präses* oder *Kirchenpräsident*; seine Rechtsstellung gleicht derjenigen des bischöflichen Amtsträgers (vgl. Th. Barth 136–138).

4. Zur Geschichte

4.1. Grundlegung in der Ämterlehre Calvins

Die Anfänge der presbyterial-synodalen Kirchenverfassung gehen auf die Ämterlehre J. →Calvins zurück (vgl. TRE 2,568,48–572,2; 7,585,16ff.). In der *Institutio* von 1559 beschrieb Calvin zwei für die Versorgung der Gemeinden seit der apostolischen Zeit unerläßliche und bleibend wichtige, von Gottes Wort gesetzte Aufgabenbereiche: die *Gemeindeleitung* und die *Fürsorge für die Armen* (*Duo autem sunt quae perpetuo manent: gubernatio et cura pauperum*: Inst. IV,3,8; CR 30,782; Opera Selecta V, 50,20f.). Zur Erfüllung dieser Dienste seien bereits im Neuen Testament (Röm 12,7f.; I Kor 12,28; Eph 4,11; Tit 1,5–7 u.a.) zwei Ämter vorgesehen: erstens die *Ältesten* (*seniores*; *presbyteri*), die zusammen mit den *pastores* die Verkündigung sowie die Disziplinargewalt in den Gemeinden ausüben sollen (Inst. IV,3,8), und zweitens die *Diakone* (*diaconi*), die für die Armenfürsorge zuständig seien (Inst. IV,3,9).

Da Calvin innerhalb des *ordo presbyterorum* gelegentlich noch zwischen den Hirten der Gemeinde (*pastores*) und den Lehrern (*doctores*) unterschied, kann man von einer *Drei-* oder *Vier-Ämterlehre* Calvins sprechen: *pasteurs*, *docteurs*, *anciens*, *diacres* (Beschreibung der Funktionen: TRE 12,369,10–371,4; 19,148,1–6; Hinweise auf Modifikationen: TRE 18,690,41 ff.). Von diesem Prinzip der Gemeindeleitung durch einen *Senatum, conscriptum ex viris piis, gravibus et sanctis* (Ältestenrat, der mit frommen, ernsten und heiligen Männern besetzt ist), sagte Calvin: *Est igitur et hoc gubernationis munus seculis omnibus necessarium* (folglich ist also auch dies Amt der Leitung für alle Zeiten vonnöten; Inst. IV,3,8; CR 30,782; Opera Selecta V,50,26–30).

4.2. Entfaltung im 16. Jahrhundert

4.2.1. Diese Ämterlehre fand ihren ersten Niederschlag in Calvins *Genfer Kirchenordnung* von 1541/42 (vgl. TRE 7,573,2–18; 12,371,5–21). Weil das Amt des Ältesten in →Genf zunächst „vielfach von Vertretern der Obrigkeit bekleidet wurde und das Diakonenamt sich als vollwertige Funktion im consistoire nur erst mühsam oder noch gar nicht entfalten konnte", blieb die Verwirklichung „dieser ekklesiologischen Prinzipien ... noch unzulänglich" (Nijenhuis: TRE 7,588,13 ff.). Im Jahre 1559 verabschiedete die erste Nationalsynode der reformierten Kirchen Frankreichs eine Kirchenordnung, die aufgrund eines Entwurfs von Calvin für die Kirche der →Hugenotten ein presbyterial-synodales System vorsah (*Confessio Gallica* [1559; revidierte Fassung 1571], Art. 29–32; Text [mit der *Discipline ecclésiastique*]: Niesel 66–79; dt. Übers.: Goeters, Bekenntnisse 131; vgl. TRE 13,421,31 ff.).

4.2.2. Im engen Anschluß an die *Confessio Gallica* wurde das presbyteriale Leitungsprinzip in der *Confessio Belgica* von 1561 (vgl. TRE 13,421,43 ff.) beschrieben. Hier heißt es (Art. 30): *Credimus, veram hanc Ecclesiam, Spirituali illa politia, quam nos Deus verbo suo docuit, gubernari debere, ut videlicet Ministri seu Pastores sint, qui verbum Dei annuncient, et Sacramenta administrent: Seniores quodque sint et Diaconi, qui cum Pastoribus, Senatum quasi Ecclesiae constituant* (Wir glauben, daß diese wahre Kirche nach jener geistlichen Ordnung geleitet werden müsse, die uns Gott durch sein Wort gelehrt hat, daß es nämlich Diener oder Hirten [Pastoren] geben müsse, die Gottes Wort verkündigen und die Sakramente verwalten, daß es ferner Älteste und Diakone geben müsse, die mit den Pastoren den Ältestenrat der Kirche bilden; BSRK 244,44 ff.).

4.2.3. Eine ähnliche Ordnung sah auch das Bekenntnis der →Waldenser vor (*Briève Confession de Foy des Églises Reformées de Piémont* von 1655: BSRK 503,42–47; vgl. TRE 2,575,32–35). Ausführlich wurde die reformierte Ämterlehre entfaltet in der →*Confessio Helvetica Posterior* (1562/1566; Art. 18: BSRK 200–205; dt. Übers.: Goeters, Bekenntnisse 185–190).

4.2.4. Die Kirche von →Schottland erhielt mit der Schrift *The First Book of Discipline* (1560/61; Text: Cameron) ein Reformationsprogramm, das – wesentlich von J. →Knox geprägt – den theologischen Grundentscheidungen von Calvin folgte und eine umfassende Neugestaltung der kirchlichen Ordnung des Landes in Gang setzte (→Presbyterianer 2.2.). Im *First Book of Discipline* ist das presbyterial-synodale Verfassungsprinzip noch nicht voll ausgebildet. Es fehlen nähere Angaben über die Zusammensetzung und die Aufgaben der erst später eingeführten Leitungsgremien auf Landesebene (*General Assemblies*; vgl. Cameron 44.69), aber in der Ortsgemeinde werden die Leitungsaufgaben schon 1560/61 den Predigern, Ältesten und Diakonen übertragen.

4.2.5. Die Übertragung der zunächst für einen Stadtstaat entworfenen Ämterlehre Calvins auf die Verfassungen von Kirchen, die in ihrer räumlichen Ausdehnung erheblich größer als Genf waren, machte eine das gesamte Land umfassende Organisation notwendig und führte zum Ausbau eines drei- bis vierstufigen Kirchenverfassungssystems.

4.2.5.1. Die meist durch Wahlen, seltener durch Berufung (Kooptation) zustande kommenden Basisorgane in den Gemeinden hießen: *Consistoire* (Frankreich), *Kirk Session* (Schottland), *Keerkenraad* (Niederlande), *Presbyterium* (Deutschland). Oberhalb der Ortsgemeinde entstanden sog. *Classes* (Kreisgemeinden; vgl. Wolf, Ordnung 399); in Frankreich *Colloque*, in Schottland *Presbytery* genannt. Als dritte und vierte Leitungsebene wurden die Provinzial- und Nationalsynoden (→Synode) eingerichtet.

4.2.5.2. Das Recht zur Beteiligung der Ältesten an den Leitungsämtern wurde in diesen frühen Ordnungen nicht aus dem Allgemeinen Priestertum (→Priestertum II) abgeleitet. In ihrer Urgestalt wollte die presbyterial-synodale Ordnung ein *iure divino* – von Gott gesetztes und christologisch begründetes (vgl. die Lehre vom *triplex munus*

Christi: TRE 16,764,30–39) – „Funktionsrecht" zur Geltung bringen, „das in der Herrschaft des Hauptes durch die Gnadengabe des Wortes wurzelt" (Weerda, Art. Presbyterialverfassung 305): Der Presbyter ist Beauftragter Christi, nicht Repräsentant seiner Gemeinde. Die kirchlichen Leitungsgremien tragen gemeinsam die Verantwortung für die schriftgemäße Reinheit der Verkündigung, sie überwachen die Heiligung der Glieder am Leibe Christi (→Kirchenzucht) und sorgen für diejenigen, die in Not geraten sind (→Diakonie). „So sind die reformierten Dienstämter ... Funktionen des dreifachen Amtes Christi selbst und des Leibes Christi zugleich. Insofern kann man sagen, daß die Ämter in den Gaben gründen, die dem Leib der Gemeinde verliehen sind, und daß die Ämter als Funktionen des Hauptes zugleich Funktionen des allgemeinen Gemeindelebens sind" (Jacobs 123).

4.3. Ausbreitung vom 16. bis zum 19. Jahrhundert

4.3.1. Die weitere Geschichte der presbyterial-synodalen Kirchenverfassung ist im Bereich der deutschen evangelischen Landeskirchen dadurch gekennzeichnet, daß über einen Zeitraum von fast 300 Jahren hinweg dieses Prinzip einer Kirchenverfassung nur von kleineren Gemeinschaften unter besonderen Lebensbedingungen praktiziert werden konnte. Im Verfassungsbereich des Landesherrlichen Kirchenregiments sorgte der evangelische Landesherr durch eine von ihm eingesetzte Behörde für den Predigernachwuchs, die Besoldung der →Pfarrer, die liturgischen Ordnungen und andere Lebensäußerungen der kirchlichen Gemeinschaft. Hier gab es evangelische Synoden nur als Versammlungen von Geistlichen, die von Fall zu Fall oder auch regelmäßig einberufen werden konnten. Auf solchen *Geistlichkeitssynoden* erteilte das Kirchenregiment durch das →Konsistorium bzw. den →Superintendenten Instruktionen an die Pfarrerschaft; gelegentlich wurde der Geistlichkeitssynode auch eine Beratungsfunktion zuerkannt. Eine institutionalisierte Vertretung der Ortsgemeinden mit einer Beteiligung von Laien gab es im Bereich des Luthertums bis tief in das 19. Jh. hinein überhaupt nicht.

Anders verhielt es sich in jenen Territorien, in denen eine katholische Staatsführung der reformatorischen Minderheit in ihrem Lande entweder mit mehr oder minder feindseligem Desinteresse oder mit einem Ansatz von →Toleranz gegenüberstand. Hier konnten selbständige presbyterial-synodale Leitungsorgane gebildet und erhalten werden, weil der katholische Herrscher in ihnen keine Beschränkung seiner eigenen Kirchenhoheit sah, ja aus praktischen Gründen sogar daran interessiert war, mit diesen Gremien als autonomen Vertretungen der nicht-katholischen Bevölkerung in seinem Territorium offizielle Vereinbarungen zu treffen. Auf diese Weise entwickelte und erhielt sich das presbyterial-synodale Verfassungsprinzip in den katholischen Territorien Nordwestdeutschlands, besonders am Niederrhein sowie in einigen süddeutschen Gebieten.

4.3.2. Über die →Niederlande, in denen sich „seit Beginn der 60er Jahre [des 16. Jh.] mit einem Ansatz von synodaler Struktur nach französischem Modell die sog. ‚Kirchen unter dem Kreuz'" gebildet hatten (Augustijn: TRE 24,479,6 f.), gelangte die presbyterial-synodale Verfassungsidee in die westdeutschen und süddeutschen Flüchtlingsgemeinden. Auf dem *Weseler Konvent* (Oktober/November 1568) beschlossen 36 Flüchtlinge aus den katholischen Niederlanden die Grundzüge einer Gemeinde- und Kirchenverfassung (nach dem Vorbild der von J. →Laski für die Londoner Fremdengemeinde aufgestellten Ordnung), die nach dem erhofften Ende der blutigen Protestantenverfolgung von einer gesamtniederländischen Synode aufgenommen werden sollten (Text: Goeters, Beschlüsse; vgl. Frost, Konvent; van Dooren).

Vorgesehen war ein dreistufiges Synodalwesen: Mehrere Gemeinden sollten zu einer *Classis*, mehrere *Classes* zu einer der politischen Gliederung entsprechenden Provinzialsynode, die Provinzialsynoden wieder zu einer niederländischen Gesamtsynode vereinigt werden. So sollte eine von landesherrlicher Herrschaft unabhängige Gemeindekirche entstehen, wobei der *Weseler Konvent* in der Ausgestaltung der Kirchenordnung dem Genfer Vorbild folgte (vier Dienste in der Gemeinde: Prediger, Älteste, Doktoren, Diakone).

Als drei Jahre später erkennbar wurde, daß die katholische Herrschaft in den Niederlanden auf längere Zeit hin Bestand haben würde, wurde eine *Synode der Niederländischen Kirchen zu Emden* abgehalten (4.–13. Oktober 1571), auf der Vertreter der „heimlichen" Gemeinden in den Niederlanden und offizielle Delegierte der im deutschen Exil mittlerweile organisierten Gemeinden eine feste und dauerhafte Ordnung für die niederländische reformierte Gesamtkirche schufen (*Emdener Kirchenordnung*, 1571; Text: Goeters, Akten; vgl. TRE 18,691,9–49). Die Emdener Synode, an der Abgeordnete aus niederländischen, englischen und deutschen Gemeinden teilnahmen, gab den entscheidenden Anstoß für die endgültige Annahme der presbyterial-synodalen Ordnung in den reformierten Gemeinden im Westen und Norden Deutschlands, auch innerhalb lutherischer Kirchengebiete (→Ostfriesland 2.). Zur Zusammensetzung der Synode wurde bestimmt, daß zur *Classis* die gleiche Zahl von ordinierten Theologen und Ältesten (oder Diakonen) entsandt werden solle; dies Prinzip der Parität im Verhältnis von Geistlichen und Laien ist lange Zeit verbindlich geblieben (erst die spätere Entwicklung führte dazu, daß die meisten Synoden zu einem Drittel aus Geistlichen, zu zwei Dritteln aus Laien zusammengesetzt wurden; vgl. die Übersichten bei Närger 83f.115.253–255).

4.3.3. Auf einer *Generalsynode zu Duisburg* (1610) lösten sich die deutschen niederrheinischen Gemeinden (Jülich, Kleve, Berg und Mark) von ihrer bisherigen engen Verbindung zu den Niederlanden und gründeten einen selbständigen Generalsynodalverband. Nach der politischen Trennung des gesamten Gebiets (1614) blieb sowohl im (katholischen) Jülich-Berg (→Pfalz I. 3.) wie im brandenburgischen Kleve und Mark (→Preußen II.1.1.) eine vom landesherrlichen Territorialismus weithin unabhängige kirchliche Ordnung presbyterial-synodalen Charakters bestehen. Die *Kirchenordnung für Jülich und Berg* (1671; Text: Niesel 303–325) galt auch für Kleve und Mark; so war der von einer presbyterial-synodalen Kirchenordnung geprägte Generalsynodalverband der niederrheinischen und märkischen Reformierten „eine der wenigen Durchbrechungen des territorial abgeschlossenen Landeskirchentums im Zeitalter des Absolutismus" (Frost, Konvent 377). Zudem faßte diese Kirchenordnung die Entwicklung des presbyterial-synodalen Verfassungsprinzips seit den Synoden von Emden und Wesel „wie in einem Hohlspiegel zusammen" und führte sie bis ins 19. Jh. weiter (H. Klugkist Hesse: Niesel 302f.).

4.3.4. Unter anderen politischen Bedingungen erhielt sich auch in →Nassau eine presbyterial-synodale Ordnung, die sich eng an die hugenottische Ordnung von 1559 anschloß und ebenfalls bis in das 19. Jh. hinein für die Überlieferung des presbyterial-synodalen Verfassungsprinzips in Deutschland wirksam war (*Nassauische Kirchenordnung* [Herborn 1582/1586]; Text: Niesel 290–298; vgl. TRE 18,691,50ff. und K. → Olevian).

4.4. Die Rheinisch-Westfälische Kirchenordnung

Die Rheinisch-Westfälische Kirchenordnung vom 5. März 1835 (→Rheinland 5.1.; →Westfalen; Text: Göbell II, 391–422; vgl. J. Heckel 651–671; van Norden) war das Ergebnis eines in langjährigen Verhandlungen zwischen dem preußischen König Friedrich Wilhelm III. und den Vertretern der evangelischen Gemeinden in den neu erworbenen Westprovinzen ausgearbeiteten Kompromisses (vgl. Mehlhausen, Kirche 228–233). Die Besonderheit dieses „herausragenden Beispiels eines konstruktiven Verfassungskompromisses im Bereich des evangelischen Kirchenverfassungsrechts" (Huber/Huber I, 664) bestand darin, daß die beiden an sich entgegengesetzten Prinzipien einer Konsistorial- und einer Synodalverfassung miteinander verbunden werden konnten (vgl. die Skizze: TRE 19,152,4–18).

Die Presbyterien, Kreis- und Provinzialsynoden wurden aus Pfarrern *und* gewählten Ältesten zusammengesetzt; sie erhielten weitreichende Leitungsbefugnisse (einschließlich der Pfarrwahl durch die Gemeinden). Zugleich blieb aber das konsistoriale Ordnungsprinzip erhalten: Die „Staats-Aufsicht über das Kirchen-Wesen" stand nach § 148 (Göbell II, 422) dem *Ministerium der Geistlichen Angelegenheiten*, dem Provinzial-Konsistorium und den Landesregierungen zu. Das Amt des vom König berufenen Generalsuperintendenten für jede der beiden Provinzen bildete die Verbindungsstelle zwischen den beiden Verfassungsprinzipien.

Dem Generalsuperintendenten kam eine Doppelfunktion zu, die es dem Inhaber des Amtes ermöglichte, seinem Leitungsauftrag selbst den ausschlaggebenden Akzent zu geben. Der Generalsuperintendent konnte vorrangig in den Gemeinden und bei den Pfarrern mit der Autorität des Landesherrlichen Kirchenregiments auftreten und sich als Vertreter der „Staats-Aufsicht über das Kirchen-Wesen" in Erinnerung bringen. Er konnte aber auch im Konsistorium, dem er angehörte, die Interessen der Gemeinden und Synoden mit Nachdruck vortragen und gemeindeferne Entscheidungen der Behörde sistieren. Durch eine ebenso kluge wie weitsichtige Personalpolitik gelang es der preußischen Regierung in den Folgejahren, dem Amt des Generalsuperintendenten gerade in den beiden Westprovinzen Respekt und schließlich auch wohl begründetes Vertrauen zu verschaffen (Mehlhausen, Kirche 237). Durch diese positive Gesamtentwicklung konnte die Rheinisch-Westfälische Kirchenordnung mit ihren presbyterial-synodalen Prinzipien zum Vorbild für zahlreiche andere Kirchenverfassungen der Folgezeit werden (vgl. Wolf, Ordnung 402f.; Frost, Konvent 382f.).

4.5. *Wandlung des Selbstverständnisses in der zweiten Hälfte des 19. Jahrhunderts*

Schon seit Beginn der →Napoleonischen Epoche ist die aus dem 16. Jh. stammende *theologische* Begründung der presbyterial-synodalen Kirchenverfassungsidee in der Kirchenrechtstheorie wie in der Praxis mehr und mehr in den Hintergrund getreten. Unter dem Einfluß des frühen →Liberalismus im →Vormärz sowie im Zusammenhang mit der Forderung nach demokratischen Ordnungen in Staat und Kirche (→Demokratie I. und II.) entstand eine völlig neue Vorstellung vom presbyterial-synodalen Verfassungsprinzip (vgl. Mehlhausen, Liberalismus 127–137). Man sah in seiner Verwirklichung die Chance, die staatliche Kirchenhoheit (vgl. TRE 19,65,1ff.) durch die Beteiligung des Kirchenvolks an den Leitungsentscheidungen einzugrenzen und so eine Trennung von →Kirche und Staat (IV.1.) einzuleiten. Dies sollte insbesondere in zwei Bereichen geschehen: (a) Durch eine *Gewaltenteilung* in der Kirche, d. h. die Trennung der kirchlichen Gesetzgebung von der weithin staatlich gebundenen kirchlichen Verwaltung, und (b) durch einen kirchlichen →*Konstitutionalismus*, d.h. die Sicherung der Rechte der Kirchenglieder durch eine vom Staat sanktionierte kirchliche Verfassung (vgl. Wolf, Ordnung 400–403; Ris; TRE 19,151,31ff.).

Das Ergebnis dieser Entwicklung – in der sich die kirchliche und die politische Verfassungsdebatte wechselseitig beeinflußten – war eine weitgehende Angleichung der kirchlichen Gemeindevertretungen an kommunale Selbstverwaltungseinrichtungen bzw. den zeitgenössischen Parlamentarismus. Das kam insbesondere darin zum Ausdruck, daß sich Presbyterien und Synoden als *Gegenüber* zum Landesherrlichen Kirchenregiment verstanden und eine ihrer wichtigsten Aufgaben darin sahen, als *Repräsentanten* des gesamten Kirchenvolks – oder einzelner Gruppen in der Kirche (→Parteien 4.) – die Gemeindebasis gegenüber der Leitung der Kirche zu vertreten und deren Interessen gegebenenfalls gegen die zentralen kirchlichen Behörden durchzusetzen. Die Synoden entwickelten sich zu Foren, auf denen mit Mitteln der Kirchenpolitik (→Politik und Christentum 5.) um Einfluß und Machtanteile in der Kirche gestritten wurde.

4.6. *Die Synodalbewegung und die konsistorial-synodalen Kirchenverfassungen*

Das skizzierte neue Selbstverständnis der Presbyterien und Synoden im 19. Jh., das im Blick auf die reformatorischen Ursprünge des presbyterial-synodalen Prinzips theologisch einen Substanzverlust bedeutete (vgl. die Kritik etwa bei Maurer, Typen 95–98; Wolf, Art. Presbyterialverfassung), hat langfristig gesehen die Kirchenverfassungsentwicklung in den evangelischen Landeskirchen Deutschlands doch positiv beeinflußt (vgl. Huber, Synode 327–331). Nachdem bereits im Zusammenhang mit der Bildung von →Unionen zwischen lutherischen und reformierten Kirchengebieten seit 1817 in mehreren Landeskirchen Synoden vom Landesherrlichen Kirchenregiment einberufen worden waren (→Nassau; →Pfalz; →Bayern; →Baden), kam es in den sechziger Jahren zu einer alle deutschen Landeskirchen erfassenden *Synodalbewegung* (ein Überblick: TRE 19,152,29ff.; vgl. Mehlhausen, Kirche 239–268 [Lit.]), die bis zur Jahrhundertwende überall die Einrichtung *konsistorial-synodaler Mischverfassungen* durchsetzen konnte. Es entstanden „konsistorial-bürokratisch geleitete Landeskirchen mit synodalen Elementen" (von Campenhausen, Problem 51), im einzelnen mit recht unterschiedlicher Struktur (Dokumentation: Huber/Huber II, 929–1036). Charakteristisch für den maßgeblichen Typus dieser Mischverfassungen – die preußische *Generalsynodalordnung* von 1876 (vgl. Rogge) – war, daß sie gewählte Gemeindevertretungen mit Laien im Presbyteramt vorsah und mit dem *Synodalausschuß* ein neues Organ schuf, das „die gemeinsame Verantwortung von Synode und Konsistorium für das Kirchenregiment" wahrnehmen konnte (Landau: TRE 19,152,47–153,9).

Diese oft erst nach langem Ringen in den Landeskirchen erreichten Verfassungskompromisse waren – trotz aller Unterschiede im einzelnen – tragfähig genug, um 1918/19 den tiefsten Umbruch in der Rechtsgeschichte des deutschen Protestantismus aushalten zu können, ohne daß es zu ernsten Krisen in den einzelnen Landeskirchen kam. Der plötzliche Fortfall des fast vierhundert Jahre alten Rechtsinstituts des Landesherrlichen Kirchenregiments führte in keiner deutschen Landeskirche zu einem Verfassungsnotstand, der die Gemeinden daran hätte hindern können, den ihnen aufgetragenen Dienst der Verkündigung, Seelsorge und Diakonie gerade in dieser allgemein so tief erschütterten Zeit wahrzunehmen. Dies war dem Vorhandensein presbyterial-synodaler Strukturen zu verdanken – mochten diese theologisch auch längst nicht mehr so tief gegründet sein, wie dies in den klassischen Ordnungen des 16. und 17. Jh. der Fall gewesen war.

5. *Perspektiven im 20. Jahrhundert*

5.1. Als sich die später im *Deutschen Evangelischen Kirchenbund* zusammengefaßten 28 deutschen evangelischen Landeskirchen (vgl. TRE 10,662,15–664,29) nach 1918/19 erstmals in ihrer Geschichte völlig selbständig eigene Verfassungen geben konnten, griff man überall auf die Grundelemente der presbyterial-synodalen Ordnung zurück (Dokumentation: Giese/Hosemann; vgl. von Campenhausen, Kirchenleitung 25–29). Die durch Kirchenwahlen konstituierten gemeindlichen Basisvertretungen erhielten in den meisten Landeskirchen gegenüber der Zeit vor 1919 erweiterte Selbstverwaltungsrechte; vor allem aber kam es zu einem „epochalen Wandel in der Beziehung von Kirchenbehörde und Synode. Die Nachfolge des Summepiskopus als Träger der Kirchengewalt wurde allenthalben von der Synode wahrgenommen" (M. Heckel 289). „Mit diesem Wechsel wurde die Kirchengewalt endgültig innerkirchlich fundiert; die Synoden bewährten sich so erneut und endgültig als Grundlage kirchlicher Eigenständigkeit" (Th. Barth 28).

Der sog. Kirchenkampf in der Zeit des →Nationalsozialismus deckte Schwächen dieser Verfassungen auf, insbesondere die Problematik der zu den →Kirchenwahlen antretenden Kirchenparteien, die zum Einfallstor für kirchlich-theologisch unvertretbare Bestrebungen und eine ideologische Instrumentalisierung der kirchlichen Verfassungsstrukturen werden konnten (vgl. Närger 145–148; →Nationalsozialismus und Kirchen 4.2.3.). Schon Schleiermacher hatte „die Neigung zum tumultuarischen Verfahren" als „Nachtheil" und „Gefahr" der sonst von ihm durchweg gerühmten Presbyterialverfassung bezeichnet (Schleiermacher, Kirchenregiment 34). Es kam zwischen 1933 und 1945 aber auch zu einer Wiederentdeckung der biblisch-reformatorischen Wurzeln der presbyterial-synodalen Kirchenverfassung. Es ist wiederholt geradezu als *der* „Ertrag des Kirchenkampfes" bezeichnet worden, daß es in seinen Wirren zu einer völlig neuen Besinnung auf den geistlichen Charakter und Auftrag aller Leitungsaufgaben in der Kirche gekommen ist (vgl. Beckmann, Bekenntnissynoden 49–52 u.ö.; Wendt; Stein, Ertrag; zu den Fragen, die „der Kirchenkampf in bezug auf die geistliche Leitung ungelöst hinterlassen hat", vgl. Maurer, Leitung 127–134). Diese Rückbesinnung auf die theologische Grundlegung des presbyterial-synodalen Systems setzte Maßstäbe für dessen künftige Entwicklung.

5.2. Die nach 1945 in Deutschland erarbeiteten evangelischen →Kirchenordnungen (zum Wechsel der Bezeichnung [*Ordnung/Verfassung*] vgl. Stein, Kirchenordnung [1973]) waren bemüht, den *geistlichen* Charakter aller Ämter in den Presbyterien und Synoden wieder deutlich zur Geltung zu bringen und die Selbständigkeit dieser Leitungsorgane – unter Beteiligung der kirchlichen Dienste und Werke (vgl. Bock) – zu stärken. Ein „Typenvergleich" der gegenwärtig geltenden Ordnungen zeigt, daß bei der Ausgestaltung der kirchenleitenden Organe und ihrer Kompetenzen dem jeweiligen Verhältnis zu den presbyterial-synodalen Strukturen in den einzelnen Landeskirchen entscheidende Bedeutung zukommt (vgl. Th. Barth 233–297; M. Heckel 302–313). Es kann pointiert gesagt werden, daß „die synodalen Gremien jeweils auf ihrer Leitungs- und Verantwortungsebene die höchste (irdische) Autorität und Entscheidungskompetenz [besitzen] – auch in Fragen der kirchlichen Lehre. Dies gilt unbeschadet der Tatsache, daß es neben den repräsentativen, synodalen Gremien berufene *Personen* mit *bischöflichen* Aufgaben gibt" (Härle: TRE 18,302,12–16).

Die viel verhandelte Frage, ob die weitgehende Durchsetzung des presbyterial-synodalen Prinzips eine *Demokratisierung der Kirche* bedeute (vgl. TRE 8,452–459; 18,322,18–323,22 [jeweils mit Lit.]), kann man nur vor dem Hintergrund des historischen Befundes sachgemäß erörtern. Er macht darauf aufmerksam, daß wesentliche Momente der modernen Demokratie aus den gleichen geistigen Wurzeln hervorgewachsen sind wie die Urgestalt der presbyterial-synodalen Kirchenverfassung. Es hat hier ein „konstruktives Wechselverhältnis gegeben", das auch künftig nicht „in einen einlinigen Gegensatz umgeformt" werden sollte (Huber, Synode 330f.). Alle empirisch feststellbaren „Probleme heutiger Synodalpraxis" (vgl. Bielitz; Mehlhausen, Synode 614f.) sollten durchaus in ihrer Wechselbeziehung zu analogen Problemen in den Strukturen freiheitlich-demokratischer *politischer* Ordnungen diskutiert werden, wobei die spezifische Differenz zum kirchlich-*theologischen* Leitungsauftrag nicht aus dem Blick geraten muß (vgl. den Lösungsvorschlag von Herms 96–101).

5.3. Eine weite Perspektive öffnet sich am Ende des 20. Jh. für den ökumenischen Horizont des presbyterial-synodalen Kirchenverfassungsprinzips (→Ökumene 4.). Es ist unübersehbar, daß in der weltweiten Gemeinschaft der Kirchen nahezu aller Konfessionen die Grundgedanken einer Leitung nach den oben genannten theologischen Hauptsätzen (s.o. 2.) immer mehr an Überzeugungskraft gewinnen. Auch in der Römisch-katholischen Kirche (vgl. CIC/1983 can. 463 § 1) und in den →Orthodoxen Kirchen (vgl. →Panorthodoxe Konferenzen) verschließt man sich ihnen nicht mehr apodiktisch. Darüber hinaus wirken sie auch in den multilateralen *ökumenischen Dialogen* und im gesamten *Konziliaren Prozeß* fort.

Quellen

Nikolaus Becker (Hg. u. Bearb.), Ev. Kirchenrecht im Rheinland. Die KO u. andere Organisationsgesetze, Neuwied 1985ff. – Joachim Beckmann (Hg.), Rheinische Bekenntnissynoden im Kirchenkampf. Eine Dokumentation aus den Jahren 1933–1945, Neukirchen-Vluyn 1975. – BSRK. – Johannes Calvin, Institutio Christianae Religionis (1559): CR 30; Op. Selecta, ed. Peter Barth/Wilhelm Niesel, München, V ^{2}1962; Unterricht in der christl. Religion, übers. u. bearb. v. Otto Weber, Neukirchen ^{2}1963. – James K. Cameron (ed.), The First Book of Discipline. With Intr. and Comm., Edinburgh 1972. – CIC. – Werner Danielsmeyer/Oskar Kühn (Hg.), KO der Ev. Kirche v. Westfalen mit Anm., Bielefeld ^{4}1976. – EKO (bes. Einl. zu VII,1; XIV). – Heiner Faulenbach (Hg.), Quellen zur rheinischen KG. I. Das 16. Jh., Düsseldorf 1991. – Friedrich Giese/Johannes Hosemann (Hg.), Die Verfassungen der Dt. Ev. Landeskirchen, 2 Bde., Berlin 1927. – Walter Göbell, Die Rheinisch-Westfälische KO vom 5. März 1835, I (s.u. Lit.); II. Urkunden-Sammlung, Düsseldorf 1954 (Lit.). – J.F. Gerhard Goeters (Hg.), Die Beschlüsse des Weseler Konvents v. 1568, 1968 (SVRKG 30). – Ders., Ref. Bekenntnisse: Hans Steubing (Hg.), Bekenntnisse der Kirche, Wuppertal 1970, 119–237. – Ders. (Hg.), Die Akten der Synode der Niederl. Kirchen zu Emden vom 4.–13. Oktober 1571. Im lat. Grundtext mitsamt den alten niederl., franz. u. dt. Übersetzungen, 1971 (BGLRK 34). – Ernst Rudolf Huber/Wolfgang Huber, Staat u. Kirche im 19. u. 20. Jh. Dokumente zur Gesch. des dt. Staatskirchenrechts, Berlin, I 1973 II 1976. – Martin Lindow (Hg.), Recht u. Verlautbarungen der VELKD, Hannover 1989ff. (Losebl.-Sammlung). – Gottlieb Lüttgert, Ev. Kirchenrecht in Rheinland u. Westfalen, Gütersloh 1905. – Wilhelm Niesel (Hg.), Bekenntnisschr. u. KO der nach Gottes Wort ref. Kirchen, Zollikon-Zürich 1938. – Eduard Nitze/Friedrich Gebser

(Hg.), Die Verfassungs- u. Verwaltungsgesetze der ev. Landeskirche in Preußen mit besonderer Berücksichtigung der sieben östlichen Provinzen, Berlin ³1912. – Rechtssammlung der Ev.-ref. Kirche, Hg.: Der Synodalrat, Leer 1991 ff. (Losebl.-Sammlung). – Urkundenbuch zur Rheinischen KG. II. Generalsynodalbuch. T. 1. Die Akten der Generalsynoden v. 1610–1755. Abt. 1. 1610–1698, bearb. v. Albert Rosenkranz, 1966 (SVRKG 20); Abt. 2. 1701–1755 unter Mitarb. v. Waldemar Humburg bearb. v. Albert Rosenkranz, 1970 (SVRKG 34).

Literatur

Anon., Einige Worte über die, den ev.-luth. Glaubens-Genossen bevorstehende Beschränkung ihrer Glaubens- u. Gewissens-Freiheit durch die projectirte Einf. der Presbyterial-Verfassung in ihren Kirchen, Nürnberg 1822. – Karl Barth, Gotteserkenntnis u. Gottesdienst nach ref. Lehre. 20 Vorl. (GiffL) über das Schottische Bekenntnis v. 1560, Zollikon 1938. – Ders., Die Ordnung der Gemeinde. Zur dogm. Grundlegung des Kirchenrechts, München 1955 (Sonderdruck aus KD IV,2, § 67). – Thomas Barth, Elemente u. Typen landeskirchl. Leitung, Tübingen 1995 (JusEcc 53). – Joachim Beckmann, Der Kampf der Bekennenden Kirche im Rheinland um die presbyterial-synodale KO: ders., Im Kampf f. die Kirche des Evangeliums, Gütersloh 1961, 275–317. – Ders., Bekenntnissynoden (s.o. unter Quellen). – Klaus Bielitz, Probleme heutiger Synodalpraxis: Rau/Reuter/Schlaich (s.u.) III, 349–369. – Wolfgang Bock, Die Beteiligung kirchl. Dienste, Werke u. Einrichtungen an der Synode: ZEvKR 40 (1995) 121–180. – Johann Victor Bredt, Neues ev. Kirchenrecht f. Preußen, 3 Bde., Berlin 1921–1927. – Alfred Burgsmüller (Hg.), Kirche als „Gemeinde v. Brüdern" (Barmen III). I. Vortr. aus dem Theol. Ausschuß der EKU, Gütersloh 1980. – Axel v. Campenhausen, Das Problem der Rechtsgestalt in ihrer Spannung zw. Empirie u. Anspruch: Burgsmüller (s.o.) 47–72. – Ders., Kirchenleitung: ZEvKR 29 (1984) 11–34. – Hans Dombois, Das Recht der Gnade. Ökum. Kirchenrecht III, Bielefeld 1983. – Jan Pieter van Dooren, Der Weseler Konvent 1568. Neue Forschungsergebnisse: MEKGR 31 (1982) 41–55. – Henri d'Espine, Die Ältesten. Leiter der Kirche, Zürich 1956. – Otto Fischer, Der Parlamentarismus in den ev. Landeskirchen Deutschlands, Diss. jur. Erlangen 1931. – Herbert Frost, Der Konvent v. Wesel im Jahre 1568 u. sein Einfluß auf das Entstehen eines dt. ev. Kirchenverfassungsrechts: ZSRG.K 87 [56] (1970) 325–387. – Ders., Strukturprobleme ev. Kirchenverfassung. Rechtsvergleichende Unters. zum Verfassungsrecht der dt. ev. Landeskirchen, Göttingen 1972 (Lit.). – Max Goebel, Die ev. Kirchenverfassungsfrage. Mit Aktenstücken, Koblenz 1848. – Walter Göbell, Die Rheinisch-Westfälische KO vom 5. März 1835. I. Ihre gesch. Entwicklung u. ihr theol. Gehalt, Duisburg 1948. – Johannes Heckel, Das blinde, undeutliche Wort ‚Kirche'. GAufs., hg. v. Siegfried Grundmann, Köln/Graz 1964. – Martin Heckel, Kirchenreformfragen im Verfassungssystem. Zur Befristung v. Leitungsämtern in einer luth. Landeskirche: ZEvKR 40 (1995) 280–319. – Siegfried Hermle, Kirchenleitung u. Landessynode. Gesch. u. Bedeutung der Landessynode in der württembergischen Landeskirchenverfassung im 19. u. 20. Jh., Stuttgart/Berlin/Köln 1995. – Eilert Herms, Was heißt „Leitung in der Kirche"?: ders., Erfahrbare Kirche. Beitr. zur Ekklesiologie, Tübingen 1990, 80–101. – Heinrich Höhler, Die Zukunft der presbyterial-synodalen KO: Kirche in diesen Jahren. FS Joachim Beckmann, hg. v. Karl Immer, Neukirchen-Vluyn 1971, 97–104. – Wolfgang Huber, Folgen christl. Freiheit. Ethik u. Theorie der Kirche im Horizont der Barmer Theol. Erklärung, Neukirchen-Vluyn ²1985. – Ders., Synode u. Konziliarität. Überlegungen zur Theol. der Synode: Rau/Reuter/Schlaich (s.u.) III, 319–348. – Paul Jacobs, Theol. Ref. Bekenntnisschr. in Grundzügen, Neukirchen 1959. – Karl Köhler, Lb. des dt.-ev. Kirchenrechts, Berlin 1895. – G. Victor Lechler, Gesch. der Presbyterial- u. Synodalverfassung seit der Reformation, Leiden 1854. – Adam Theodor Albert Franz Lehmus, Entwurf einer Presbyterialverfassung, Nürnberg 1821. – Eckhard Lessing, Zw. Bekenntnis u. Volkskirche. Der theol. Weg der Ev. Kirche der altpreußischen Union (1922–1953) unter besonderer Berücksichtigung ihrer Synoden, ihrer Gruppen u. der theol. Begründungen, 1992 (UnCo 17). – Wilhelm Maurer, Typen u. Formen aus der Gesch. der Synode: ders., Die Kirche u. ihr Recht. GAufs. zum ev. Kirchenrecht, hg. v. Gerhard Müller/Gottfried Seebass, Tübingen 1976 (JusEcc 23) 76–98. – Ders., Geistliche Leitung der Kirche: ebd. 99–134. – Ders., Zur Vorgesch. der Rheinisch-Westfälischen KO v. 1835: ebd. 279–309. – Ders., Das synodale ev. Bischofsamt seit 1918: ebd. 388–448. – Joachim Mehlhausen, Bekenntnis u. Bekenntnisstand in der Ev. Kirche im Rheinland. Die gesch. Entwicklung der Präambel u. der Grundart. der rheinischen KO 1835–1952: MEKGR 32 (1983) 121–158. – Ders., Das Recht der Gemeinde. Carl Immanuel Nitzschs Beitr. zur Reform der ev. Kirchenverfassung im 19. Jh.: ZKG 100 (1989) 33–57. – Ders., Der kirchl. Liberalismus in Preußen: Die Gesch. der EKU II (s.u. bei Rogge) 120–151 (Lit.). – Ders., Kirche zw. Staat u. Gesellschaft. Zur Gesch. des ev. Kirchenverfassungsrechts in Deutschland (19. Jh.): Rau/Reuter/Schlaich (Hg.) (s.u.) II, 193–271 (Lit.). – Ders., Art. Synode: EKL³ 4 (1996) 609–615. – Samuel Miller/John G. Lorimer, Gesch., Wesen u. Vorzüge der Presbyterialverfassung, Halle 1849. – Gerhard Müller, Das Bischofsamt – hist. u. theol. Aspekte: ZEvKR 40 (1995) 257–279. – Nikolaus Närger, Das Synodalwahlsystem in den dt. ev. Landeskirchen im 19. u. 20. Jh., Tübingen 1988 (JusEcc 36). – Johannes

Neumann, Synodales Prinzip. Der größere Spielraum im Kirchenrecht, Freiburg i.Br./Basel/Wien 1973. – Carl Immanuel Nitzsch, Verständigungen über die christl. Kirchenverfassung insbesondere über das Amt der Ältesten: Monatsschr. f. die ev. Kirche der Rheinprovinz u. Westphalens 1 (1842) 26–52. – Jörg van Norden, Kirche u. Staat im preußischen Rheinland 1815–1838. Die Genese der Rheinisch-Westfälischen KO vom 5.3.1835, 1990 (SVRKG 102). – Wolfhart Pannenberg, Das kirchl. Amt in der Sicht der luth. Lehre: ders. (Hg.), Lehrverurteilungen – kirchentrennend? III. Materialien zur Lehre v. den Sakramenten u. vom kirchl. Amt, 1990 (DiKi 6) 286–305. – Gerhard Rau/Hans-Richard Reuter/Klaus Schlaich (Hg.), Das Recht der Kirche. II. Zur Gesch. des Kirchenrechts, 1995 (FBESG 50); III. Zur Praxis des Kirchenrechts, 1994 (FBESG 51). – Aemilius Ludwig Richter/Richard Dove/Wilhelm Kahl, Lb. des kath. u. ev. Kirchenrechts. Mit besonderer Rücksicht auf dt. Zustände, Leipzig ^{8}1886 (Nachdr. Aalen 1975). – Georg Ris, Der „kirchl. Konstitutionalismus". Hauptlinien der Verfassungsbildung in der ev.-luth. Kirche Deutschlands im 19. Jh., Tübingen 1988 (JusEcc 33). – Joachim Rogge, Die außerordentliche Generalsynode v. 1875 u. die Generalsynodalordnung v. 1876. Fortschritt u. Grenzen kirchl. Selbstregierung: Die Gesch. der EKU, hg. v. J.F. Gerhard Goeters/dems., II. Die Verselbständigung der Kirche unter dem kgl. Summepiskopat (1850–1918), hg. v. dems./Gerhard Ruhbach, Leipzig 1994, 225–233. – Klaus Schlaich, Art. Kirchenrecht. D. Die Entwicklung nach den Grundsatzentwürfen: EStL^3 2 (1987) 1676–1682. – (Friedrich Daniel Ernst Schleiermacher), Schleiermacher's Darst. vom Kirchenregiment. Mit einführendem Vorw. hg. v. Hermann Weiß, Berlin 1881. – Ders., Ueber das liturg. Recht ev. Landesfürsten. Ein theol. Bedenken v. Pacificus Sincerus: ders., KS u. Predigten. II. Schr. zur Kirchen- u. Bekenntnisfrage, bearb. v. Hayo Gerdes, Berlin 1969, 173–219. – Ulrich Scheuner, Die Beschlüsse des Weseler Konvents in ihrer Auswirkung auf die Entwicklung der KO in Rheinland-Westfalen: Weseler Konvent 1568–1968. Eine Jubiläumsschr., 1968 (SVRKG 29), 163–191. – Albert Stein, KO. Zur theol. Problematik eines kirchenrechtlichen Sprachgebrauchs: Freispruch u. Freiheit. FS Walter Kreck, hg. v. Hans-Georg Geyer, München 1973, 390–405. – Ders., Der kirchenrechtliche Ertrag des dt. Kirchenkampfes: ders., Kirchenrecht in theol. Verantwortung. Ausgew. Beitr. zu Rechtstheol., Kirchenrecht u. Staatskirchenrecht, hg. v. Karl Schwarz, 1990 (KuR 18) 69–84. – Ders., Ev. Kirchenrecht, Neuwied ^{3}1992. – Ders., 40 Jahre Rheinische KO: ZEvKR 38 (1993) 283–300. – Jan Weerda, Art. Presbyterialverfassung: EKL^1 3 (1959) 304–309. – Ders., Ordnung zur Lehre. Zur Theol. der KO bei Calvin: Jürgen Moltmann (Hg.), Calvin-Stud. 1959, Neukirchen 1960, 144–171. – Ders., Die Gemeinde als Gestalt u. Problem im frühen ref. Kirchenrecht: ders., Nach Gottes Wort ref. Kirche. Beitr. zu ihrer Gesch. u. ihrem Recht, hg. v. Anneliese Sprengler-Ruppenthal, 1964 (TB 23) 190–203. – Günter Wendt, Entwicklungen der KO aus der Erfahrung u. Beobachtung eines Kirchenjuristen in drei Jahrzehnten (1953–1983): Verwaltete Kirche – Lebendige Kirche. FS Walter Hammer, hg. v. Rüdiger Schloz, Bielefeld 1989, 111–118. – Rudolf Weth, Theol. Ekklesiologie nach 1945 im krit. Horizont des Barmer Bekentnisses (Barmen III): Burgsmüller (s.o.) 170–222. – Friedrich Wölbling, Die Presbyterial-Verfassung mit besonderer Rücksicht auf die östlichen Provinzen des Preussischen Staates, Leipzig 1845. – Erik Wolf, Ordnung der Kirche. Lehr- u. Hb. des Kirchenrechts auf ökum. Basis, Frankfurt a.M. 1961. – Ders., Art. Presbyterialverfassung: EStL^2 (1975) 1907 f.

Joachim Mehlhausen

Presbyterianer

1. Einleitung 2. Die geschichtlichen Anfänge in Großbritannien bis 1643 3. Die Presbyterianer in Großbritannien von 1643 bis 1688 4. Die Presbyterianer in Großbritannien vom 18. bis zum 20. Jahrhundert 5. Die Presbyterianer in Kanada, Australien und Neuseeland 6. Die Presbyterianer in den Vereinigten Staaten von Amerika 7. Die presbyterianischen Kirchen im ausgehenden 20. Jahrhundert (Quellen/Literatur S. 356)

1. Einleitung

Das Adjektiv *presbyterianisch* kennzeichnet diejenigen protestantischen Kirchen, die sich seit der zweiten Hälfte des 16. Jh. die Theologie J. →Calvins zu eigen gemacht und ihre Kirchenverfassung am Muster der Genfer Kirchenordnung (vgl. TRE 18,672,42–50) ausgerichtet haben. Näherhin wird es für die Kirchen des englischen Sprachraums und deren Tochterkirchen verwendet, die in ihrer Theologie und Kirchenverfassung den →Reformierten Kirchen des europäischen Kontinents am nächsten stehen.

Das Wort leitet sich vom griechischen *πρεσβύτερος* her, wie es als Amtsbezeichnung in der Apostelgeschichte, den Pastoralbriefen und den Katholischen Briefen begegnet, und knüpft als kirchliche Selbstbezeichnung unmittelbar an I Tim 4,14 an, wo Timotheus gemahnt wird, die ihm „unter Handauflegung des Ältestenrates (*πρεσβυτέριον*)" verliehene Gnadengabe nicht zu vernachlässigen.

Die presbyterianischen Kirchen verkörpern eine presbyterial-synodale kirchliche Ordnungsgestalt (→Presbyterial-synodale Kirchenverfassung) und teilen die Aufgaben der Gemeinde- und Kirchenleitung zwischen geistlichen Amtsträgern (→Amt/Ämter/Amtsverständnis) und →Laien.

Es besteht ein gestuftes System von Leitungsgremien zur Gewährleistung einer zentralen Aufsicht und der Aufrechterhaltung der gemeindlichen Selbstverwaltung. Hauptberufliche Amtsträger sind nur die zum Dienst an Wort und Sakrament Ordinierten (→Ordination). Es gibt keine unterschiedlichen Grade des geistlichen Amtes. Jeder und jede Ordinierte ist zur Ausübung aller geistlichen Handlungen befähigt. Als Älteste ordnungsgemäß in ihr Amt berufene Laienmitglieder versehen zusammen mit den ordinierten Amtsträgern auf allen Ebenen die Aufgaben der geistlichen Leitung. Viele Ortsgemeinden haben zudem auch Diakone, die in erster Linie mit Aufgaben der Wirtschaftsführung befaßt sind. Zusammen mit Vertretern der Ältesten bilden sie zuweilen ein innergemeindliches Entscheidungsgremium, das indessen nicht Teil der synodalen Ordnung auf übergemeindlicher Ebene ist.

Dieser äußeren Ordnungsgestalt liegt theologisch ein Verständnis der →Kirche als der Gemeinschaft bekennender Christen zugrunde, die ihre Einheit in der Leitung durch ihr Haupt Christus findet. Die Kirche ist die Gemeinschaft der Gläubigen, die dort sichtbar wird, wo das Wort verkündigt, die Sakramente verwaltet und die Regeln rechten christlichen Lebens eingehalten werden. Die Presbyterianer lehnen die Vorstellung eines gesonderten, für die Kirche konstitutiven Priesterstandes (→Priester/Priestertum) und jede Art hierarchischer kirchlicher Ordnung ab. Ebenso verwerfen sie die Lehre von einer an die Ordination gebundenen apostolischen Sukzession. Anfänglich wurde die Ausübung eines einer einzelnen Person übertragenen bischöflichen Aufsichtsamtes unter der Voraussetzung zugestanden, daß es die Verkündigung des Wortes bestärkte und eine zweckmäßige Verwaltung sicherstellte. Ein Bischofsamt (→Bischof) im Sinne einer Überordnung eines Pastors über andere Pastoren jedoch hat der Presbyterianismus immer und überall abgelehnt. Eine völlige Gleichförmigkeit kirchlichen Brauchs hat unter den presbyterianischen Kirchen von jeher nie bestanden.

2. Die geschichtlichen Anfänge in Großbritannien bis 1643

2.1. England

Den Grund für den englischen Presbyterianismus haben in die Heimat zurückkehrende Theologen gelegt, die zur Zeit der Maria Tudor (1553–1558; vgl. TRE 9,638,28ff.) auf den Kontinent geflüchtet waren und dort insbesondere in der Schweiz nachhaltige Eindrücke vom protestantischen Kirchenwesen gewonnen hatten. Ihr Bestreben, die →Kirche von England durch weitere Reformen besonders im Bereich des Gottesdienstes zu „reinigen", trug ihnen die Bezeichnung „Puritaner" (→Puritanismus) ein. Eine Minderheit unter diesen Heimkehrern bemühte sich um eine radikale Reform der bestehenden bischöflichen Kirchenverfassung. Ihre Wortführer waren Thomas Cartwright (1533–1603) und Walter Travers (ca. 1548–1635). Sie traten für eine presbyterianische Kirchenverfassung als die von Gott verordnete Form kirchlicher Ordnung ein.

Zu ihrer Programmschrift wurde Travers' *De Ecclesiasticae Disciplinae ... Explicatio* (1574). Travers fand sich in London mit anderen Geistlichen zu einer Gruppe zusammen, die „als Nervenzentrum einer auf die meisten englischen Grafschaften südlich des Trent ausgreifenden presbyterianischen Bewegung" (Collinson 131) wirksam wurde. Diese Gruppe trat in einer anonymen *Admonition to Parliament* (1572) mit dem „ersten öffentlichen Manifest des englischen Presbyterianismus" hervor, bildete in Wandsworth „das erste englische Presbyterium" (ebd.) und organisierte „die Einrichtung zahlreicher *classes* oder Konferenzen von Geistlichen, die sich monatlich zur Regelung der Angelegenheiten ihrer Gemeinden zusammenfanden" (Bolam 31). Ihre Absicht, eine gesamtenglische Annahme der presbyterianischen kirchlichen Ordnung zu erreichen, wurde zwar in einzelnen Gemeinden begrüßt, stieß im allgemeinen aber auf wenig Begeisterung.

Das Jahr 1588 mit seinem Zusammenschluß der englischen Kräfte gegenüber dem Angriff Spaniens ließ die frühen Bestrebungen zum Aufbau einer presbyterianischen Kirche von England ihr Ende finden. Sie wurden ernsthaft nicht vor der Mitte des 17. Jh. wieder aufgenommen. Zwar bestanden im Untergrund *classes* oder Konferenzen fort, doch sie stellten keine „Bedrohung der offiziellen kirchlichen Ordnung" dar (Bolam 33).

Im Jahr 1641 wurde die Frage der Kirchenverfassung erneut durch die Veröffentlichung einer Reihe von Streitschriften aufgeworfen, an denen auch J. →Milton beteiligt war, der sich zu dieser Zeit als Presbyterianer verstand. Es ging dabei jedoch nicht um eine presbyterianische Ordnung, wie sie seinerzeit in →Schottland bestand. Im Vordergrund stand vielmehr ein Pfarrgemeinderat (*parochial consistory*) als Presbyterium und „Grundeinheit des Kirchenregiments". Zusammenschlüsse solcher „Konsistorien" wurden als Gremien mit lediglich beratender Vollmacht angesehen. Beträchtlichen Beifall fand zur gleichen Zeit vorübergehend der Vorschlag des Bischofs von Armagh, James Ussher (1581–1656), auf allen Ebenen innerhalb der englischen Kirche Beratungskörperschaften einzurichten, wöchentliche Versammlungen in den Pfarreien zur Ausübung der Kirchenzucht, monatliche Synoden in den einzelnen Landdekanaten und zweimal jährlich vom „Bischof oder Superintendenten, wie immer man ihn nennen mag", geleitete Diözesansynoden. Sie sollten eine Art von „eingeschränktem bischöflichem Kirchenregiment" und einige der Grundelemente presbyterianischer Ordnung gewährleisten.

Am 22. November 1641 verabschiedete das Unterhaus die *Große Remonstranz*, die die Einberufung der 1643 zusammentretenden Westminstersynode (*Westminster Assembly of Divines* [→Westminster/Westminsterconfession]) forderte. Aus vornehmlich politischen Gründen war zu ihr auch um eine Entsendung schottischer Delegierter gebeten worden. Unter ihnen fanden sich einige der führenden Verfechter des in Schottland herangewachsenen Presbyterianismus.

2.2. Schottland

2.2.1. Die Reformation in →Schottland war anfänglich zwar lutherisch bestimmt, doch um die Mitte der vierziger Jahre des 16. Jh. geriet sie unter den Einfluß des reformierten Protestantismus des Kontinents und begann, sich dessen ekklesiologische Grundsätze zu eigen zu machen. Bald nach der Rückkehr von J. →Knox aus Genf (1559) setzte eine Bildung von *privy kirks* (heimlichen Gemeinden) ein, die sich nach Genfer Vorbild organisierten. Von ihnen wurden 1560 die führenden Reformer, die von vornherein nicht darauf eingestellt waren, das Kirchenregiment der weltlichen Obrigkeit zu überlassen, dazu aufgerufen, ein Reformationsprogramm auszuarbeiten. Mit ihrer heute als *The First Book of Discipline* bezeichneten Schrift legten sie ihre Vorstellungen für eine umfassende Neugestaltung der bestehenden kirchlichen Ordnung des Landes vor.

Unter Berufung auf die Schrift sah dieses Programm für jede Pfarrei einen Diener an Wort und Sakrament und für die Handhabung der Kirchenzucht ein Leitungsgremium, die *Kirk Session*, vor. Die Ältesten, „Männer von größter Bewandertheit im Wort Gottes und lauterstem Lebenswandel", und damit auch die *Kirk Session* sollten bei Möglichkeit der Wiederwahl jährlich gewählt werden. Diakone, wie sie die Ämterordnung Calvins vorsah (Inst. IV 4,1ff.; 5,4.15f.), sollten ebenfalls jährlich gewählt werden und übten ihr Amt unter der Aufsicht der *Kirk Session* aus, an deren Sitzungen sie sehr bald für gewöhnlich auch teilnahmen. Zur Erleichterung der Bildung protestantischer Gemeinden sollte die Obrigkeit in den bedeutenderen Städten →Superintendenten einsetzen. Unter kirchlicher Leitung sollten in jeder →Pfarrei Schulen eingerichtet und die drei mittelalterlichen Universitäten sollten reorganisiert werden.

In diesem Reformprogramm finden die wesentlichen Züge des späteren vollständiger ausgebildeten Presbyterianismus Ausdruck. Die Gemeinde ist die örtliche Gestaltfindung der umfassenderen christlichen Gemeinschaft. Sie besitzt die bestimmenden

Kennzeichen der allgemeinen oder katholischen Kirche und muß mit einem Dienstamt (*ministry*) versehen sein. Dieser Begriff wird zuweilen in einem engeren Sinn verwendet und allein auf die Diener am Wort und Sakrament bezogen. Häufig aber dient er als Bezeichnung für das örtliche kirchliche Leitungsgremium, die *Kirk Session*, die aus dem Prediger oder den Predigern und den Ältesten und Diakonen besteht. Auf die Rolle der Gemeinde bei der Wahl der mit diesem Amt Betrauten wird großes Gewicht gelegt, und immer, wenn wichtige Angelegenheiten anstehen, wird die Gemeinde in die Verantwortung gerufen, und das Ministerium ist gehalten, als ausführendes Organ ihrer Entscheidung zu handeln. Die Kirche des jeweiligen städtischen Mittelpunkts ist einerseits eine Gemeinde für sich und übt andererseits als Kirche des Superintendenten zusammen mit diesem und durch einen Rat (*council*) eine Oberaufsicht über die Kirchen des zugeordneten Gebietes aus. In diesen Rat wurde von jeder der örtlichen Gemeinden je ein Ältester und ein Diakon gewählt. Er war der Vorläufer der späteren Provinzialsynode.

Das *Book of Discipline* macht keine näheren Angaben über die Bildung eines Leitungsgremiums auf Landesebene, setzt eine solche als letzte Instanz in kirchlichen Angelegenheiten jedoch durchgängig voraus und bezieht sich auf sie als „the whole counsell of the Kirk". Das spätere System einer Stufenfolge kirchlicher Leitungsinstanzen deutet sich, von der *Kirk Session* abgesehen, im *Book of Discipline* erst schemenhaft an. Bestimmte von ihm vertretene Grundsätze aber erwiesen sich auf die Dauer als normativ für die weitere Entwicklung des Presbyterianismus in Schottland und anderwärts. Dazu gehört der Grundsatz, daß die örtliche Gemeinde die Freiheit besitzt, ihre Prediger zu berufen und einen weitgespannten Kreis geistlicher Aufgaben wahrzunehmen. In ihrer Auffassung von den Rechten der weltlichen Obrigkeit verfolgten die Reformer das Ideal, daß in einem christlichen Gemeinwesen weltliche und kirchliche Amtsgewalt mit je eigenen, unabhängigen und gottgegebenen Zuständigkeitsbereichen zur Festigung der wahren Religion zusammenwirken sollten.

2.2.2. Während des auf das Reformations-Parlament von 1560 folgenden Jahrzehnts schritt die Reformierte Kirche auf dem Weg ihrer Selbstorganisation entsprechend den Grundsätzen des *Book of Discipline* weiter. Maßgeblich für die Gestaltung des Gottesdienstes wurde das *Book of Common Order*, das sich der Gottesdienstordnung anschloß, die in der englischen Exulantengemeinde in Genf während der Zeit des dortigen Aufenthaltes von Knox üblich war. Die Wiedereinführung einer Form des staatlich kontrollierten Bischofsamtes 1572 ließ viele zu der Überzeugung kommen, daß die Kirche in Gefahr sei, von ihren Grundprinzipien abzugehen. Auf überregionalen Synodalversammlungen (*General Assemblies*) geführte Erörterungen über die Rechtmäßigkeit des Bischofsamtes innerhalb einer reformierten Kirche führten 1578 zur Aufstellung des *Second Book of Discipline* mit einer erneuten Darlegung der Kirchenverfassung.

Einen wahrscheinlich gewichtigen Anteil an ihrer Ausarbeitung hatte Andrew Melville (1545–1622), der gerade von einem mehrjährigen Aufenthalt in Frankreich und Genf zurückgekehrt war, wo er den Einfluß von Th. →Beza erfahren hatte. Er gehörte dem etwa dreißigköpfigen Verfassungsausschuß an, der sich zumeist aus der älteren Generation von Reformern zusammensetzte. Die Kirchenverfassung stand unter dem Anspruch, aus der Schrift hergeleitet zu sein. Ihre Ämterordnung unterschied (a) *minister*, die auch Bischöfe oder Prediger genannt wurden, (b) Älteste oder Leiter (*governors*) und (c) Diakone. Das Amt eines „Bischofs" als eines „Hirten der Hirten, eines Hirten vieler Herden, doch ohne eine bestimmte Herde" galt als nicht biblisch begründet. Eine als →*Visitation* bezeichnete Aufsicht von Kirchen und Pfarreien sollte nicht von einzelnen *ministers* oder Pastoren ausgeübt werden, sondern von Ältestenschaften (*elderships*). Das Amt des Lehrers (*doctor*) fand seinen Aufgabenbereich in der →Schriftauslegung. Alle Amtsträger waren mit einem Dienst betraut und sollten ihre Tätigkeit daher auf Lebenszeit ausüben. Ihre Zulassung zum Amt sollte durch „→Handauflegung seitens der Ältestenschaft" erfolgen.

Die als Ältestenschaften bezeichneten kirchlichen Leitungsgremien – vereinzelt wird dafür auch der Begriff Presbyterium verwendet – bestanden aus Predigern, Lehrern und Ältesten (für sie alle, aber nicht für Diakone, wurde der Begriff Ältester gebraucht). Man unterschied vier Arten von Ältestenschaften: (a) die Ältestenschaft einer Gemeinde oder mehrerer benachbarter Gemeinden, (b) die einer Provinz oder Provinzialsynode, (c) die eines Volkes und (d) die Ältestenschaft oder Repräsentativversammlung der Gesamtchristenheit. Die Bezirksältestenschaft, die sich zeitweise aus dem *Exercise,* einer aus der Schweizer *Prophezey* abgeleiteten Versammlung von Predigern zum Schriftstudium, entwickelt hatte, wird kaum als Zwischeninstanz zwischen örtlicher *Kirk Session* und Provinzialsynode anerkannt.

Die Lehre vom Verhältnis der Kirche zu allen Stufen weltlicher Obrigkeit entspricht der der älteren Reformer. Kirche und Staat haben getrennte, gottverordnete, sich ergänzende, aber nicht voneinander unabhängige Zuständigkeitsbereiche. Jede Lehre von einer königlichen oder staatlichen Suprematie über die Kirche in der Ausübung ihrer geistlichen Aufgaben ist unzulässig, da sich geistliche Vollmacht und Zuständigkeit allein von Christus, dem einen Haupt der Kirche, herleitet. Im Jahr 1592 fanden die wesentlichen Grundsätze des *Second Book of Discipline* Eingang in ein vom schottischen Parlament erlassenes Gesetz.

2.2.3. Noch vor dem Ende des 16. Jh. nahm König Jakob VI. (1567–1625) mit Blick auf seine Thronnachfolge in England seine langfristigen Bemühungen um die Wiedergewinnung der königlichen Kontrolle über die Kirche auf. Sie erforderte nach seinem Verständnis der aus göttlichem Recht begründeten königlichen Amtsgewalt die Wiedereinführung eines der staatlichen Kontrolle unterliegenden Episkopats. Sie erfolgte 1612 durch ein Parlamentsgesetz. Die Folge war ein lang andauernder Kampf, in dessen Verlauf sich die Verfechter einer Wiederherstellung des Presbyterianismus in Schottland mit den Kräften im englischen Parlament verbanden, die die Einberufung der *Westminster Assembly* in die Wege leiteten (s.o. 2.1.). Die religiöse Zielvorstellung der schottischen Presbyterianer, die in Schottland selbst 1638 das Bischofsamt beseitigten und das presbyterianische Kirchenregiment wiederherstellten, war der Gewinn einer Einheit der Lehre, des Gottesdienstes, der kirchlichen Ordnung und des Kirchenregiments „nach dem Wort Gottes und dem Vorbild der am besten reformierten Kirchen" in den Kirchen Englands, Schottlands und Irlands. Darunter verstanden sie die Einführung ihrer Form des Presbyterianismus auch in England.

2.3. Irland

Die Geschichte des Presbyterianismus in →Irland beginnt 1606 mit der Gründung der *Ulster Plantation* durch Schotten, die in der Kirche von Schottland ihre Mutterkirche sahen. Während der Jahre 1603 bis 1630 wurden presbyterianische Geistliche, von denen einige zuvor in Schottland ordiniert worden waren, durch Bischöfe der Kirche von Irland in Pfarrämter eingesetzt, so daß es Presbyterianer auch innerhalb der irischen Kirche gab. Im Jahr 1615 verkündete die *Convocation* die *104 Artikel*, die im wesentlichen von Bischof James Ussher entworfen worden waren. Sie waren calvinistisch und zeigten eine starke Neigung zum Presbyterianismus. Unter dem Einfluß von Erzbischof W. →Laud wurden 1634 die *39 Artikel* der Kirche von England angenommen. Das kennzeichnet eine Zeit scharfen Vorgehens gegen die presbyterianische Richtung innerhalb der irischen Kirche, das die erste einer ganzen Reihe von Auswanderungswellen von Presbyterianern aus Irland nach Nordamerika nach sich zog. Während der politischen Erhebung von 1641 wurde ein schottisches Heer zur Wiederherstellung der Ordnung nach Irland entsandt. Die bischöfliche Kirche wurde faktisch beseitigt. Schottische Feldgeistliche und Älteste aus den Reihen des Offizierskorps unternahmen eine „Wiederbegründung" der Presbyterianischen Kirche nach dem Muster der schottischen Mutterkirche und mit Unterstützung ihrer *General Assembly* (Generalsynode). Das *Second Book of Discipline* wurde zur Richtschnur der kirchlichen Verfassung und der Kirchenzucht. Zwischen 1646 und der Restauration der Monarchie 1660 war in Irland der Presbyterianismus die offizielle Form kirchlicher Ordnung.

3. *Die Presbyterianer in Großbritannien von 1643 bis 1688*

3.1. *England*

Das Ziel der Verhandlungen der *Westminster Assembly* (1643–1648) war eine verbindliche Einführung des Presbyterianismus in England. Eine bedeutende Rolle spielten dabei schottische Deputierte, darunter Alexander Henderson (1583–1646), Samuel Rutherford (1600–1661), Robert Baillie (1599–1662) und George Gillespie (1613–1648), herausragende Führer und Verteidiger des schottischen Presbyterianismus in seinem Kampf gegen königliche Machtansprüche und bischöfliche Aufsichtsrechte. In der *Westminster Assembly* traten sie als gewichtige Gegner der Independenten (→Kongregationalismus) hervor. Im Januar 1645 billigte das Parlament das *Directory for Public Worship*, das an die Stelle des →*Book of Common Prayer* treten sollte. Im Juli des gleichen Jahres wurde *The Form of Presbyterian Church Government* vorgelegt, eine am *Second Book of Discipline* und der in Schottland üblichen Praxis orientierte Darlegung der bestimmenden Grundsätze des Presbyterianismus. Diese Schriften wurden in der Folge zusammen mit der weitaus bekannteren *Confession of Faith (*Westminster Confession), dem *Longer* und dem *Shorter Catechism* zu Grunddokumenten des schottischen Presbyterianertums und erhielten gestaltende Bedeutung für die Ausbildung seiner Tochterkirchen in der gesamten englischsprachigen Welt. Die 1645 von der *General Assembly* der Kirche von Schottland gebilligte *Form of Presbyterian Church Government* ging indessen nicht so weit, wie diejenigen Schotten es gerne gesehen hätten, die davon überzeugt waren, daß das Ältestenamt von Gott als ein Laienamt eingesetzt worden sei.

Im März 1646 verfügte das englische Parlament die offizielle Einführung einer presbyterianischen kirchlichen Ordnung in England, die den Schotten allerdings als „ein kraftloses erastianisches Presbyterium" erschien, da dabei den politischen Instanzen und den Einzelgemeinden zu große Vollmacht eingeräumt werde. Das Unternehmen schlug auf allen Ebenen fehl, und sein Fehlschlag wurde durch den Sturz der presbyterianischen Parlamentsmehrheit und die darauf 1649 erfolgende Hinrichtung Karls I. bekräftigt, ein tragisches Ereignis, das die Schotten aufbrachte, die ungeachtet ihrer Auseinandersetzungen mit dem Haus Stuart für die Wahrung der bestehenden politischen Ordnung eintraten. Von 1654 bis 1660 behielt der Presbyterianismus in England weiterhin gesetzliche Geltung, wurde aber Zug um Zug von einer großen Vielfalt praktisch geübter Ordnungen überlagert. „Bestenfalls stellte er eine hinkende und unvollkommene Annäherung an die schottische Ordnung dar" (Bolam 47). Er erwies sich als unfähig, die Grundvoraussetzung einer umfassenden, landesweiten synodalen Ordnungsgestalt zu erfüllen.

Die Wiederherstellung der Monarchie setzte allen Versuchen einer presbyterianischen Umgestaltung der Kirche von England ein Ende. Zügig lief eine antipresbyterianische Gesetzgebung an. Eine Reihe gemäßigter Prediger war der Auffassung, Gott innerhalb der vorgegebenen staatskirchlichen Ordnung am besten dienen zu können, und blieb in den Gemeinden. Andere leisteten zögernd Widerstand, versahen ihren Dienst in Sondergemeinden und wurden dadurch unfreiwillig zu Separatisten, gegen die Unterdrückungsmaßnahmen eingeleitet wurden. Dennoch setzten sich die Presbyterianer auch weiterhin von den Independenten ab. Sie hielten den Grundsatz staatskirchlicher Ordnung fest und blieben bei ihrem überkommenen Kirchenverständnis, dem die örtliche Gemeinde als Gestaltfindung der Gesamtkirche und der Dienst des ordinierten Amtsträgers als von Christus gestiftetes, von den Aposteln herrührendes und durch die Amtsbrüder übertragenes Amt galt. Die *Glorious Revolution* von 1688, die Wilhelm von Oranien (1689–1702) und seine Gemahlin Maria II. aus dem Hause Stuart (1689–1694) auf den Thron brachte, zog bereits 1689 den *Toleration Act* nach sich. Fortan bildeten die englischen Presbyterianer eine eigene Denomination außerhalb der Staatskirche.

3.2. *Schottland*

Aus einem weitergreifenden Reformbestreben heraus und zugleich als Zeichen des Zusammengehens mit den englischen Presbyterianern nahm die *General Assembly* der Kirche von Schottland zwischen 1645 und 1648 die *Form of Presbyterian Church Government*, *The Directory of Public Worship*, *The Confession of Faith* (*Westminster Confession*), den *Longer* und den *Shorter Catechism* an. Bei der Annahme der *Westminster Confession of Faith* hielt die *General Assembly* daran fest, daß die Kirche „aus der ihr eigenen, von Christus erhaltenen Vollmacht" und ohne Zustimmung der politischen Herrschaft Versammlungen abhalten könne. Als jedoch das schottische Parlament 1690 seinerseits die *Westminster Confession of Faith* ratifizierte, war davon keine Rede mehr. Das Thema war während der folgenden zwei Jahrhunderte Anlaß zu mancherlei Auseinandersetzungen und zu Uneinigkeit. Zur Zeit der Wiederherstellung der Monarchie 1660 gingen die Schotten davon aus, daß der König ihnen die Beibehaltung ihres Presbyterianismus zugestehen werde. Tatsächlich aber erneuerte er die bischöfliche Kirchenverfassung, wie sie unter Karl I. bestanden hatte, wobei er allerdings bereit war, *Kirk Sessions*, Presbyterien (Kreissynoden) und (Regional-)Synoden zuzulassen. Die *General Assembly* wurde dagegen nicht einberufen, obwohl das schottische Parlament 1663 eine rein geistliche Synode aus Erzbischöfen, Bischöfen, Dekanen und den Moderatoren der Presbyterien vorgesehen hatte. In vielen Landesteilen kam es zu Unterdrückungsmaßnahmen.

Der Zusammenbruch der Herrschaft Jakobs II. von England und VII. von Schottland (1685–1688) ließ dem aufgestauten Unmut der Schotten gegenüber den Bischöfen, die als die vornehmlichen Stützen der Tyrannei der Stuarts galten, freien Lauf. Wilhelm von Oranien und seine Gemahlin und Mitregentin Maria wurden als König und Königin von Schottland anerkannt, und das Parlament erklärte, daß „der Prälatenstand und die Überordnung eines kirchlichen Amtes über die Presbyter für diese Nation eine große und unerträgliche Beschwernis darstellen und dargestellt haben und im Gegensatz zu den Neigungen der Allgemeinheit des Volkes stehen, nachdem es durch Presbyter von der Papisterei reformiert worden ist, und daß sie abgetan werden sollen" (Burleigh 254). Im Jahr 1690 wurde der Presbyterianismus gesetzlich zur staatskirchlichen Ordnung der Kirche von Schottland erklärt. Die weitere Zukunft brachte eine periodisch aufflammende, lang anhaltende Auseinandersetzung um eine beiderseits annehmbare Klärung der für das Kirchenverständnis der schottischen Presbyterianer elementaren Frage des Verhältnisses zwischen →Kirche und Staat mit sich.

3.3. *Irland*

Die Presbyterianische Kirche in Ulster entsprach von ihrer Gründung her ganz dem schottischen Vorbild. Ihm schloß sie sich auch mit der Übernahme der Grundsätze der *Westminster Assembly* an. Der Episkopat wurde abgeschafft, Presbyterien wurden gebildet, und wenn die Lage es erforderte, trat eine als Generalpresbyterium oder Synode bezeichnete Kirchenversammlung zusammen. Wie in Schottland zog die Restauration Karls II. (1660–1685) eine Wiederherstellung des Episkopats und Unterdrückungsmaßnahmen gegen die Presbyterianer nach sich. Diese hielten nun ihren Gottesdienst nicht mehr in den Pfarrkirchen, sondern bildeten eigene Gemeinden und errichteten sich eigene Gottesdienststätten. Seit der Restauration verlief das religiöse Leben Irlands in drei unterschiedenen, deutlich voneinander abgesetzten Bahnen – der des Anglikanismus, der des Presbyterianismus und der des Römischen Katholizismus. Religiöse Unterdrückung ließ viele auch in Amerika Zuflucht suchen. Die *Glorious Revolution* dagegen kennzeichnet den Beginn einer erneuten Blütezeit des irischen Presbyterianismus. Im Jahr 1690 nahm die seit 1661 nicht mehr zusammengetretene Synode von Ulster ihre Tagungen wieder auf. Sieben Jahre später beschloß sie, sich so eng wie möglich an die Entscheidungen der *General Assembly* der Kirche von Schottland anzuschließen.

4. *Die Presbyterianer in Großbritannien vom 18. bis zum 20. Jahrhundert*

4.1. *England*

Nach dem Erlaß des *Toleration Act* lag die Zukunft für die Presbyterianer außerhalb der Kirche von England in der Bildung separierter Gemeinden, ein Schritt, der allerdings eine Verleugnung ihrer Grundsätze bedeutete. Zunächst verheißungsvolle Versuche, zu einem Einvernehmen mit den Independenten zu kommen, führten zu nichts. Die Presbyterianer waren mitbetroffen von der Schwächung, die der Calvinismus überhaupt erfuhr. Edmund Calamy (1671–1732), der in hohem Maß von John Locke (1632–1704), insbesondere von dessen *Letter concerning Tolerance*, beeinflußt war, behauptete, daß innerhalb der Gesamtkirche ungeachtet bestehender Auffassungsunterschiede wirkliche Toleranz herrschen müsse. Damit bereitete er den Weg für die weitere Entwicklung des englischen Presbyterianertums, das weniger Nachdruck auf Kirchenzucht und konfessionelle Geschlossenheit legte und sich dem kritischen rationalistischen Zeitgeist öffnete. Die Stellung des presbyterianischen Predigers näherte sich der seines kongregationalistischen Amtsbruders als eines Kandidaten und Gehaltsempfängers der wohlhabenderen Glieder seiner Gemeinde an (Bolam 220). Unter den Predigern gewannen rationalistische Tendenzen an Einfluß. Ihre Zahl nahm ab. Neu zur Geltung drängende Formen radikalen theologischen Denkens wiesen in unitarische Bahnen (→Unitarier). Ende des 18. Jh. war der Unitarianismus „zu einer vielgestaltigen radikalen religiösen Bewegung geworden, die teils aus der alten maßvollen presbyterianischen Haltung erwuchs und teils ihr aufgepfropft wurde“ (ebd. 233). Diejenigen, die in der englischen presbyterianischen Gemeinschaft verblieben, hatten „in einem Maß zahlenmäßig abgenommen und an organisatorischem Zusammenhalt verloren und waren in ihren Glaubensüberzeugungen so unbestimmt, daß sie als Kraft im Leben Englands nahezu vernachlässigt werden können“ (Loetscher 52).

Die Zukunft des Presbyterianismus lag in England weithin bei einer Reihe von Gemeinden, die hauptsächlich aus in England ansässig gewordenen schottischen Familien bestanden. Im 19. Jh. wuchs ihre Zahl durch neuen Zuzug noch erheblich. Es bildeten sich Gemeinden nach den Grundsätzen des schottischen Presbyterianismus. Im Jahr 1836 wurde ihr Zusammenschluß als eine Synode der Kirche von Schottland anerkannt. Sie entsandte jährlich Deputierte zu deren *General Assembly*. Diese Presbyterianer waren zumeist evangelikal, und sie schlossen sich daher bei der Spaltung der Kirche von Schottland 1843 (s.u. 4.2.2.) der *Freien Kirche von Schottland* an. Im Jahr 1876 kam es zu einer Union, in deren Folge sich die *Presbyterianische Kirche in England* (*Presbyterian Church in England*) bildete. Sie zeigte wohl unter dem Einfluß ihrer nonkonformistischen englischen Umgebung eine gewisse Eigenprägung; so galt etwa der Prediger als einer der Ältesten, der sich von den übrigen nur durch seine Funktion unterschied. Im Jahr 1972 vereinigte sie sich mit den Kongregationalisten zur *United Reformed Church* (→Unionen, Kirchliche).

4.2. *Schottland*

4.2.1. Die im Gefolge der *Glorious Revolution* getroffene Regelung legte die schottische Kirche in Lehre und Verfassung auf die Grundsätze der *Westminster Assembly* fest und richtete die jährliche *General Assembly* wieder ein. Bei der Parlamentsunion zwischen England und Schottland 1707 wurde die Beibehaltung des presbyterianischen Kirchenregiments als des einzigen Kirchenregiments in Schottland sichergestellt. Es bestand die Erwartung, daß das Verhältnis von Kirche und Staat fortan nicht mehr durch Versuche der politischen Herrschaft, bestimmend in die kirchlichen Verhältnisse einzugreifen, belastet sein würde. Ein Keim zukünftiger Konflikte wurde jedoch 1712 mit der Erneuerung des Patronatsrechts (→Patronat) durch das Parlament des Vereinigten Königreichs gelegt. Im Verlauf der ersten Hälfte des 18. Jh. führten die Bestrebungen der *General Assembly*, den geistigen Herausforderungen der Zeit zu begegnen, zur Ausbildung zweier Richtungen. Die eine von ihnen neigte zu einer evangelikalen Einstellung, die andere hielt ein Eingehen auf die geistigen und sittlichen Fragestellungen der Zeit für notwendig zur Ausrichtung der christlichen Heilsbotschaft. Die Gegner der neuen geistigen Bestrebungen fanden sich für gewöhnlich in den Kreisen, die sich auch dem Patronatsgesetz widersetzten, weil es geeignet war, die Freiheit der Kirche und zumal die Freiheit der Einzelgemeinden bei der Wahl der zu berufenden Amtsträger einzuschränken. Die vereinzelte, etwas hochfahrend betriebene Durchsetzung von Patronatsrechten durch die *General Assembly* und ihre für manche nicht streng genug erscheinende Wahrung der theologischen Grundlagen der Kirche führten zum Entstehen von Sondergemeinden. Sie betonten das Recht des einzelnen gegenüber der amtskirchlichen Autorität und bildeten eine eigene presbyterianische Organisation aus, gaben aber keineswegs den überkommenen Geltungsanspruch der Kirche auf. Während der zweiten Hälfte des 18. Jh. sorgten die Ausübung des Patronatsrechts und vom Zeitgeist getragene philosophische und theologische Entwicklungen weiterhin für Unruhe in der Kirche von Schottland. Die Richtung der „Gemäßigten", die eine beherrschende Stellung einnahm, stand unter dem nachhaltigen Einfluß der Aufklärung und insbesondere zeitgenössischer philosophischer Strömungen in Schottland selbst. Schroffer Kritik gegenüber verhinderten sie einen Kirchenausschluß von D. →Hume und traten damit für die Freiheit theologischer und philosophischer Forschung ein. Indessen gab es keinen Versuch, die Bindung der Kirche an den Calvinismus in Frage zu stellen, wie er in den Erklärungen der *Westminster Assembly* Ausdruck gefunden hatte. Dennoch gab es innerhalb der Kirche Kreise, die in einer solchen als Moderatismus kritisierten gemäßigten Haltung im Verbund mit dem Patronatssystem eine Gefahr für einen evangeliumsgemäßen Glauben und eine Bedrohung der gottgegebenen Freiheit der Kirche sahen.

4.2.2. Im Folgejahrhundert mit seinen wirtschaftlichen, sozialen und geistigen Umwälzungen sah sich die Kirche erneut vor Probleme gestellt, mit denen sie bereits früher zu tun gehabt hatte. Gegen 1834 verfügte die evangelikale Richtung über eine Mehrheit in der *General Assembly*. Es wurden Beschlüsse verabschiedet, die darauf abzielten, die Patronatsrechte zu beschränken und die Rechte der Ortsgemeinden bei der Berufung ihrer Prediger wieder in Anspruch zu nehmen. Als das Oberhaus als höchstes Zivilgericht des Vereinigten Königreichs der *General Assembly* die Kompetenz dazu absprach, reagierte der Führer der Evangelikalen, Th. →Chalmers, auf ihrer Tagung von 1842 mit der Einbringung einer als *Claim of Rights* bezeichneten Vorlage. Sie machte geltend, daß die Kirche allein der Leitung Christi unterstehe und ihr in geistlichen Angelegenheiten eine unabhängige Rechtskompetenz zukomme. Im Jahr darauf kam es zur Kirchenspaltung. 451 Prediger legten ihr Amt nieder und bildeten die *Freie Kirche von Schottland* (*Free Church of Scotland*), während 752 in der Staatskirche verblieben. Ziel der sich Absondernden war es, in allen Pfarreien des Landes eigene Gemeinden zu bilden und in allen bislang von der Staatskirche wahrgenommenen kirchlichen Aufgabenbereichen eigenständig tätig zu werden. Im Jahr 1874 beseitigte das Parlament des Vereinigten Königreichs die Anstöße der Vergangenheit mit einem Gesetz, das den Gemeinden das Recht der freien Wahl ihrer Prediger zurückgab. Die Freie Kirche hatte mittlerweile engere Beziehungen zu den in der *Vereinigten Presbyterianischen Kirche* (*United Presbyterian Church*) zusammengeschlossenen älteren separierten Kirchen aufgenommen und verband sich 1900 mit ihnen zur *Vereinigten Freien Kirche* (*United Free Church*).

4.2.3. Das Nebeneinander zweier Kirchen mit gleichem Bekenntnis und den gleichen presbyterianischen Grundauffassungen in jeder Gemeinde erschien nach dem Ersten Weltkrieg vielen untragbar. Die Voraussetzung für eine mögliche Vereinigung wurde 1921 mit der Verabschiedung des *Church of Scotland Act* durch das Parlament des Vereinigten Königreichs geschaffen. Er enthält *Articles declaratory of the constitution of the Church of Scotland in matters spiritual* (Artikel zur Feststellung der Verfassungsverhältnisse der Kirche von Schottland in geistlichen Angelegenheiten), die von der *Kir-*

che von Schottland wie von der *Freien Kirche von Schottland* angenommen wurden, und 1929 fand die Vereinigung beider Kirchen statt.

Die *Articles* tragen u.a. die von der Kirche bekannte orthodoxe Trinitätslehre vor. Sie bestätigen die Bindung der Kirche an das in der Heiligen Schrift bekundete Wort Gottes als höchste Richtschnur für Glauben und Leben, die Geltung der *Westminster Confession of Faith* als ihrer vorrangigen abgeleiteten Glaubensnorm und die presbyterianische Form der Kirchenleitung durch *Kirk Sessions*, Presbyterien, Synoden und die *General Assembly*. Die Freiheit der Kirche zur Regelung ihrer eigenen Angelegenheiten in geistlichen Belangen und das darin gegebene, an das Wort Gottes und die Grundlehren der Kirche gebundene innerkirchliche Gesetzgebungsrecht werden unter Anerkennung des Rechts auf Meinungsfreiheit in Angelegenheiten, die nicht das Wesen des Glaubens berühren, festgeschrieben. Die voraufgegangene Verabschiedung dieser *Articles declaratory* durch das Parlament stellte die Kirche von staatlicher Einmischung frei und erkannte damit ein wesentliches Prinzip des Presbyterianismus ebenso an wie den Fortbestand einer Kirche mit öffentlich-rechtlichem Status.

Lediglich eine kleine Zahl von Gemeinden der *United Free Church* hat, wie schon bei früheren Unionen, bis heute an ihrer eigenständigen Unabhängigkeit festgehalten.

4.2.4. Treue Bekenntnisbindung war ein kennzeichnender Zug für einen großen Teil des schottischen Presbyterianismus. Im Jahr 1831 wurde John McLeod Campbell (1800–1872) wegen seiner umstrittenen Versöhnungslehre amtsenthoben und 1833 Edward Irving (1792–1834) (→Katholisch-apostolische Gemeinde) abgesetzt. Die *Free Church of Scotland* entfernte William Robertson →Smith wegen seiner Übernahme deutscher Bibelkritik von seinem Lehrstuhl für Hebräisch an ihrem College in Aberdeen, jedoch nicht aus seinem Predigeramt. In der Folgezeit allerdings wurde der bibelwissenschaftlichen und theologischen Arbeit ein großer Freiraum zugebilligt. Im Jahr 1892 lockerte die *Free Church* ihre starre Bindung an die *Westminster Confession of Faith*, und 1905 erhielt die Kirche von Schottland vom Parlament die Ermächtigung zu einer Revision der förmlichen Bekenntnisverpflichtung ihrer Amtsträger. Die Mehrheit der schottischen Presbyterianer fand in der Folgezeit zu größerer Offenheit der theologischen Diskussion innerhalb des durch die Heilige Schrift und die *Westminster Confession of Faith* abgesteckten Grundrahmens. Während der zweiten Hälfte des 19. Jh. und im 20. Jh. haben die schottischen Kirchen sich intensiv in der Missions- und Bildungsarbeit (→Mission) in →Afrika, →Indien und dem Fernen Osten eingesetzt. Zugleich haben sie eine aktive Rolle in der Ökumenischen Bewegung (→Ökumene) gespielt.

Im Jahr 1991 zählte die Kirche von Schottland ca. 787.000 Glieder bei einer schottischen Gesamtbevölkerung von ca. 3.800.000. In Schottland gibt es zwölf Synoden (Regionalsynoden) und 46 Presbyterien (Kreissynoden), außerdem bestehen die Presbyterien von England, Europa und Jerusalem.

4.3. Irland

Die *Glorious Revolution* von 1688 verbesserte die Verhältnisse für die Presbyterianer. Im Jahr 1705 führte der Versuch der Einführung einer Verpflichtungserklärung auf die *Westminster Confession of Faith* zu Auseinandersetzungen. Es gab Liberalisierungstendenzen, denen aber wenig Erfolg beschieden war. Die in Schottland entstandenen, auf theologischer Ausrichtung am Bekenntnis bestehenden presbyterianischen Sonderkirchen griffen nach Ulster über und haben den dortigen Presbyterianismus wesentlich mitgeprägt. Die von verbreiteter politischer und sozialer Unruhe gekennzeichnete zweite Hälfte des 18. Jh. erlebte eine anhaltende und ständig zunehmende Welle der Auswanderung nach Amerika. Die Zahl der Auswanderer während der Zeit zwischen 1730 und 1776 wird auf mehr als 36.000 veranschlagt, von denen die meisten Presbyterianer waren.

Zu Beginn des 19. Jh. machte die Synode von Ulster ihre Unabhängigkeit vom Staat in „geistlichen Angelegenheiten" geltend. Im Jahr 1835 wurde in Reaktion auf das Auftreten arianisierender theologischer Tendenzen von allen Predigern und Amtsträgern eine Verpflichtungserklärung auf die *Westminster Confession of Faith* verlangt. Fünf

Jahre später vereinigte sich die Synode von Ulster mit der abgespaltenen Synode zur *Presbyterianischen Kirche in Irland* (*Presbyterian Church in Ireland*). Die Vereinigungsurkunde erklärt, daß die vereinigte Kirche den Glauben und die kirchliche Ordnung einhalte, wie sie in der Kirche von Schottland verbindlich seien. In der Gestaltung des Kirchenregiments wurde das Hauptgewicht auf das regionale Presbyterium gelegt; ihm gegenüber gilt die *General Assembly* nur als „gemeinsame Synode der Kirche". Meinungsverschiedenheiten gab es über das Verhältnis zwischen dem Dienst an Wort und Sakrament und dem Ältestenamt und über die Beteiligung eines Ältesten an der Ordination zu Predigern und Ältesten. Die Zahl der Kirchenangehörigen wurde mit etwa 650.000 veranschlagt. In der zweiten Hälfte des 19. Jh. erreichte die Kirche trotz ihrer grundsätzlichen Verurteilung der politisch durchgeführten Trennung der (anglikanischen) *Church of Ireland* vom Staat ein staatlich-kirchliches Einvernehmen, das ihr als Entschädigung die Errichtung eines Zentralfonds zur Beihilfe für den Unterhalt des Predigeramts sicherte. Gegen Ende des Jahrhunderts war die *General Assembly* führend an der Bildung der *Presbyterian World Alliance* (→Reformierter Weltbund) beteiligt.

5. Die Presbyterianer in Kanada, Australien und Neuseeland

5.1. Kanada

Im politischen wie im religiösen Leben →Kanadas haben die Presbyterianer während des 19. und 20. Jh. eine bedeutende Rolle gespielt. Sie stammen zum größten Teil von schottischen Einwanderern ab.

Im frühen 19. Jh. fanden die wesentlichen Spaltungen, die sich in ihrem Heimatland vollzogen, auch unter den schottischen Einwanderern in Kanada und ihren Nachkommen ihre Entsprechungen. Während der zweiten Jahrhunderthälfte führte die Einsicht in die Sinnlosigkeit einer Aufrechterhaltung dieser alten Spaltungen unter Verhältnissen, in denen sie keine Berechtigung mehr hatten, zu einer Reihe von Unionen. Die presbyterianischen Gemeinschaften, die aus den Traditionen der Kirche von Schottland, der *Free Church of Scotland* und der *United Presbyterian Church* kamen und die zweitgrößte Gruppe der kanadischen Protestanten stellten, vereinigten sich 1875 zur *Presbyterianischen Kirche Kanadas* (*Presbyterian Church of Canada*). Etwa fünfzig Jahre später spielten sie eine führende Rolle bei der Vereinigung mit den Methodistischen und Kongregationalistischen Kirchen (→Methodistische Kirchen; →Kongregationalismus) zur *Vereinigten Kirche von Kanada* (*United Church of Canada*). Etwa zwei Drittel der Presbyterianer traten dieser *United Church* bei. Die ihr Ferngebliebenen bilden weiterhin die *Presbyterian Church of Canada* und stellen mit 175.000 Gliedern die drittgrößte protestantische Kirche des Landes. Für sie waren die im Zug der Union geforderten Opfer im Bereich der Lehre, des Gottesdienstes und der Kirchenordnung unannehmbar. Gemeinsam mit anderen Presbyterianern haben sie aktiv zur ökumenischen Bewegung beigetragen.

5.2. Australien

Wie in Kanada gehen auch die Presbyterianischen Kirchen in →Australien hauptsächlich auf schottische Einwanderer zurück.

Die wahrscheinlich erste Gemeinde wurde 1802 gegründet. Während des zweiten Jahrzehnts des 19. Jh. stieg die Zahl der Einwanderer stetig an. Die ersten Prediger kamen aus den drei großen presbyterianischen Kirchen in Schottland, und die Gegensätze der Heimat wurden nach Australien weitergetragen. Im Verlauf des Jahrhunderts folgten zahlreiche weitere Prediger. Im Jahr 1847 besaßen die meisten Provinzen drei Zweige des schottischen Presbyterianismus. Doch diese Situation hielt nicht lange an. Zwischen 1859 und 1870 vereinigten sich die presbyterianischen Kirchen in Victoria, Queensland, Neusüdwales und Südaustralien. Im Jahr 1886 entstand die *Bundesvereinigung der Presbyterianischen Kirchen in Australien* (*Federal Union of the Presbyterian Churches in Australia*) und 1901 die *Presbyterianische Kirche in Australien* (*Presbyterian Church in Australia*). Ein während der zwanziger und bis in die siebziger Jahre des 20. Jh. bestehender Widerstand gegen eine Vereinigung mit anderen Kirchen verband sich in einigem Umfang mit der Forderung nach Bewahrung des schottischen Erbes. Etwa zwei Drittel der australischen Presbyterianer schlossen sich 1977 einer aus Methodisten und Kongregationalisten gebildeten Unionskirche an. Die Kirchen, die diesen Schritt nicht mitvollzogen, bilden heute die *Presbyterianische Kirche von Australien* (*Presbyterian Church of Australia*). Sie ist am stärksten in Neusüdwales vertreten. Theologisch ist diese Kirche konservativer als die presbyterianische Kirche vor der Union von 1977. Das schlägt sich einmal in einer verminderten ökumenischen Aktivität auf nationaler wie internationaler Ebene, zum anderen in einer Abkehr von der früheren Entscheidung für die Ordination von Frauen zum Predigeramt und zum dritten in einem neuerwachten Interesse an einer Bindung an die *Westminster Confession of Faith* nieder.

5.3. Neuseeland

Wie nach Australien brachten schottische Einwanderer in der Mitte des 19. Jh. den Presbyterianismus auch nach →Neuseeland.

Im Jahr 1840 wurde eine Kirche presbyterianischer Ansiedler gegründet. Der erste in Neuseeland ansässige Prediger trieb auch Missionsarbeit unter den Maori. Drei Jahre später entsandte die *Reformed Presbyterian Church in Scotland* Missionare zur Arbeit unter ihnen. Im Jahr 1848 ließen sich der *Free Church of Scotland* angehörende Siedler in Otago nieder und bildeten damit die erste Niederlassung der *Free Church*. Dunedin wuchs später heran und wurde zu einem der Hauptzentren presbyterianischen Einflusses. Das erste Presbyterium (Kreissynode) entstand 1856. Die *Presbyterianische Kirche von Neuseeland* (*Presbyterian Church of New Zeeland*) oder *Northern Church* bildete sich 1862 und die Synode von Otago und Southland 1866. Missionstätigkeit war ein kennzeichnender Zug des neuseeländischen Presbyterianertums. Sie richtete sich nicht allein an die Maori, sondern unterstützte auch Missionsunternehmungen in China, Indien und Indonesien. Die ersten einheimischen Prediger unter den Maori wurden in den dreißiger Jahren des 20. Jh. ordiniert, und 1956 wurde eine Maori-Synode gebildet. Immer neue Einwandererwellen aus Schottland haben die ausgeprägt schottischen Züge innerhalb der Presbyterianischen Kirche verstärkt.

5.4. Andere ehemals britische Kolonialgebiete

In →Südafrika gibt es eine kleine Presbyterianische Kirche hauptsächlich schottischen Ursprungs sowie eine presbyterianische Bantu-Kirche. In Gebieten, in denen die Kirche von Schottland missionarisch tätig geworden ist, wie in Ghana, Nigeria, Malawi oder Zaire, entstanden im 20. Jh. presbyterianische Kirchen, von denen viele tätigen Anteil an späteren Unionen mit nichtpresbyterianischen Kirchen hatten, etwa bei der Bildung der Kirche von Südindien und der Kirche von Nordindien (s. TRE 16,106–111). Diese Kirchen schließen in ihrer neuen Gestalt presbyterianische Elemente in sich.

6. Die Presbyterianer in den Vereinigten Staaten von Amerika

6.1. Frühe Entfaltung. Zu den ersten Siedlern in Virginia und Maryland gehörten Puritaner (→Puritanismus) mit presbyterianischen Neigungen. Im Jahr 1692 wurde in Virginia eine presbyterianische Gemeinde rechtlich anerkannt, und kurzzeitig wurde in South Carolina ein Presbyterium (Kreissynode) eingerichtet. In Neuengland, wo der puritanische →Kongregationalismus eine beherrschende Stellung einnahm, bildeten hauptsächlich aus Ulster stammende Presbyterianer eine kleine Minderheit. In der zweiten Hälfte des 18. Jh. entstanden in New York und New Jersey presbyterianische Kirchen, die ständigen Zustrom durch presbyterianische Einwanderer aus Schottland und Irland erhielten. Der 1682 ausgewanderte, vom Presbyterium von Laggan in Ulster ordinierte Francis McKemie (1658–1708) baute eine Reihe presbyterianischer Gemeinden auf und war wesentlich am Zustandekommen des ersten dauerhaften amerikanischen Presbyteriums, des 1707 zusammentretenden *General Presbytery*, beteiligt. In ihm fanden sich Elemente aller drei Ausformungen des europäischen Presbyterianertums, des englischen, schottischen und irischen, zusammen. In dieser frühen Phase stand das amerikanische Presbyterianertum zunächst unter dem Einfluß staatskirchlicher Vorstellungen britischer Provenienz, die den Grundsätzen der *Westminster Assembly* entsprachen. Unter dem Druck der gegebenen Umstände jedoch trat es bald für den Gedanken der →Religionsfreiheit ein.

Angesichts des rapiden Anwachsens der Zahl presbyterianischer Gemeinden erschien es schon früh im 18. Jh. ratsam, eine Generalsynode einzurichten. Sie umfaßte drei Presbyterien und trat erstmals 1717 zusammen. Zehn Jahre später beschloß die Synode angesichts des zeitgenössischen →Rationalismus, daß von Anwärtern auf das Predigeramt die Annahme der *Westminster Confession of Faith* und des *Longer* und *Shorter Catechism* gefordert werden sollte, die „in allen wesentlichen und notwendigen Artikeln gut formulierte gesunde Worte und Gesamtdarstellungen christlicher Lehre" enthielten (Handbook of Denominations 204). Wie freizügig diese Festlegung ausgelegt werden sollte, blieb indessen dem einzelnen für die Ordination verantwortlichen Presbyterium überlassen. Im Einklang mit einem großen Teil ihrer schottischen Heimatkirche legten diese frühen amerikanischen Presbyterianer auf eine allgemeine Volksbildung ebenso Wert wie auf gebildete Prediger. Ihr früher Einsatz für die Schaffung einer höheren Bildungsstätte führte 1756 zur Gründung der Universität von →Princeton.

Die Große Erweckung (*Great Awakening*), an der J. →Edwards und George →Whitefield einen bedeutenden Anteil hatten, fand bei den Presbyterianern unterschiedlichen Widerhall. Dadurch kam es 1741 zu einer Spaltung und zur Bildung der rivalisierenden Synoden von New York und Philadelphia, die sich dann jedoch nach siebzehn Jahren 1757 auf der Grundlage der Normen der *Westminster Confession of Faith* zusammenschlossen. Während der gesamten zweiten Hälfte des 18. Jh. ließ die Einwanderung insbesondere aus Irland die Zahl der Presbyterianer im Gefolge der Westwanderung erheblich anwachsen.

6.2. *Vom amerikanischen Unabhängigkeitskrieg bis zum Ende des 19. Jahrhunderts.* Im amerikanischen Unabhängigkeitskrieg (→Vereinigte Staaten von Amerika) unterstützten die Presbyterianer nachdrücklich die Sache der Unabhängigkeit, und nach Beendigung der Kriegshandlungen traten sie für die Schaffung völliger Religionsfreiheit ein. Diese wurde 1781 von der Synode von New York und Philadelphia ausdrücklich erklärt. Im Zuge der anschließenden nationalen Begeisterung machte sie den Weg frei für die 1789 erfolgende Bildung einer *General Assembly*, der vier Synoden nachgeordnet waren. Die *Westminster Confession of Faith* wurde in den Stücken, die sich mit dem Verhältnis von Staat und Kirche befaßten, nach Maßgabe des neuen amerikanischen Grundsatzes der Trennung von →Kirche und Staat überarbeitet. Desgleichen erhielten die *Form of Government* und das *Book of Discipline* eine den neuen Gegebenheiten gemäße Fassung, und auch das *Directory of Worship* wurde weitgehend überarbeitet. Auf der ersten *General Assembly* der *Presbyterianischen Kirche in den Vereinigten Staaten von Amerika* (*Presbyterian Church in the United States of America* [PCUSA]) wurde von allen ordinierten Predigern die Annahme der revidierten Grundsätze von Westminster als eines gemäßen Ausdrucks der Lehre der Heiligen Schrift gefordert.

Gegen Ende des 18. Jh. erfaßte eine zweite Erweckungsbewegung einen großen Teil Amerikas. Sie brachte den Presbyterianern neuen Auftrieb, aber auch eine wachsende innere Spannung, die 1810 zur Bildung der bis 1906 als eigenständige Gemeinschaft bestehenden *Cumberland Presbyterian Church* führte.

Um den Anforderungen einer rapide wachsenden Bevölkerung zu genügen, organisierte die *General Assembly* neue Kirchen und richtete theologische Seminare ein, von denen die in Princeton (1812), →Chicago (1830) und New York (1836; →Union Theological Seminary) hervorzuheben sind.

Im zweiten Drittel des 19. Jh. führten innere Zwistigkeiten unter den Presbyterianern über theologische Fragen, über die Zusammenarbeit mit den Kongregationalisten und über die Sklavenfrage zunächst 1837 zu einer doppelten und schließlich 1861 zu einer vierfachen Spaltung, die durch die Polarisierung zwischen Nord und Süd im Gefolge des amerikanischen Bürgerkriegs noch verschärft wurde.

Im Jahr 1864 hatten sich zwei Kirchen im Süden zu der überwiegend konservativen Presbyterianischen Kirche in den Vereinigten Staaten (*Presbyterian Church in the United States* [PCUS]) zusammengeschlossen. Am Ende des Bürgerkriegs machten indessen die verhärteten Gegensätze zwischen Nord und Süd für die nähere Zukunft eine weitere Union unmöglich. Die Hauptmasse der Presbyterianer des Südens, deren stärkste Stellung vornehmlich in den neuen städtischen Gebieten lag, übernahm als offizielle Bezeichnung den Namen *Presbyterian Church in the United States*. In den ersten Jahrzehnten des 20. Jh. hatte sich ihre Zahl nahezu verdreifacht. Sie sind ihrem Erbe verpflichtet geblieben und haben einen maßgeblichen Anteil am Ausbau des höheren Bildungswesens.

Im Norden kam es 1869 auf der Grundlage des Programms von Westminster zu einer Vereinigung zweier Kirchen. Dieser Zusammenschluß übernahm die Bezeichnung

The Presbyterian Church in the United States of America (PCUSA). Damit gab es wie im Süden eine vereinte Kirche. Im Norden bemühte man sich um eine Revision der *Westminster Confession of Faith*. Im Jahr 1903 wurden sechs Zusätze angenommen, darunter zwei neue Artikel zur Lehre vom Heiligen Geist und zur Liebe Gottes zu allen Menschen. Diese Änderungen brachten eine lockerere Auslegung der von den Predigern geforderten Ordinationsverpflichtung mit sich. In den Auseinandersetzungen über die Schriftauslegung neigte die nördliche Kirche zu einer „fundamentalistischen" Haltung. Zugleich zeigte sie ein Engagement in sozialen Fragen, aus dem das Programm des →*Social Gospel* erwuchs. Um die Jahrhundertwende begannen die Presbyterianer im Norden und Süden, miteinander und mit anderen Konfessionskirchen zusammenzuarbeiten. Im Jahr 1875 hatten sie sich an der Bildung der *World Presbyterian Alliance* und am Zustandekommen des *Federal Council of Churches of Christ in America* beteiligt.

6.3. Die „United Presbyterian Church of North America". Es ist im Vorstehenden unerwähnt geblieben, daß auch die im 17. und 18. Jh. in Schottland entstandenen und auch in Ulster und in einigen britischen Kolonien vertretenen presbyterianischen Sonderkirchen durch Einwanderer nach Amerika gebracht worden sind. Ihre Geschichte bildet einen bedeutsamen Teil der Geschichte der amerikanischen Presbyterianer. Sie ist auch durch eine Anzahl von Spaltungen gekennzeichnet, denen weithin erfolgreiche Zusammenschlüsse folgten; doch sind auch diese Sonderkirchen wie im heutigen Schottland immer noch vertreten. Die wichtigsten Sonderkirchen bildeten 1858 auf der Grundlage des Programms von Westminster und eines ihre unterschiedlichen Schwerpunkte darlegenden *Unparteiischen Zeugnisses* (*Judicial Testimony*) die *Vereinigte Presbyterianische Kirche von Nordamerika* (*The United Presbyterian Church of North America* [UPCUSA]).

6.4. Unionen des 20. Jahrhunderts. Die Geschichte der presbyterianischen Kirchen in Amerika während des 20. Jh. ist bestimmt von zunehmenden Bemühungen um eine kirchliche Einheit. Das Jahrhundert begann 1906 mit dem Zusammenschluß der 1810 abgespaltenen *Cumberland Presbyterian Church* und der nördlichen Kirche. Mit einer starken Stellung im Süden und in den Grenzstaaten förderte sie den Anspruch der *Presbyterian Church of the United States of America*, weniger eine rein „nördliche" als vielmehr eine „nationale" Kirche zu sein. Im letzten Jahrzehnt des 19. Jh. aufgenommene freundschaftliche Beziehungen zwischen den Kirchen des Nordens und des Südens waren dagegen noch kein Anzeichen eines baldigen Zusammenschlusses. Wesentliche Fortschritte dazu wurden tatsächlich erst nach dem Ende des Zweiten Weltkriegs erreicht. Im Jahr 1958 verschmolz nach langen Verhandlungen die *United Presbyterian Church of North America* (UPCNA) mit der *Presbyterian Church in the United States of America* (PCUSA) zur *United Presbyterian Church in the United States of America* (UPCUSA). Darin verbanden sich die Kirchen, die aus dem schottischen Staatskirchentum und aus der schottischen Sezessionsbewegung herkamen. Diese vereinte Kirche übernahm als Lehrnorm die *Westminster Confession of Faith* und den *Longer* und *Shorter Catechism*, das *Directory of Worship*, die *Form of Church Government* und das *Book of Discipline* und verband damit in Bekenntnis und kirchlicher Lebensgestaltung das Erbe beider Kirchen.

In den sechziger Jahren des 20. Jh. beteiligte sich diese vereinte Kirche aktiv an der Inangriffnahme gesellschaftlicher Probleme wie der Beziehungen zwischen den Rassen, des Vietnamkrieges, der Rechte der Frauen und der Frage der Homosexualität. Zugleich fanden Erörterungen über die *Westminster Confession of Faith* statt. Im Jahr 1967 wurde mit großer Mehrheit eine Neufassung der *Confession* angenommen. Sie will (a) „christozentrisch und trinitarisch" sein, wenn auch der unbiblische Begriff der Trinität nicht aufgegriffen wird, (b) sich an dem Gedanken der Versöhnung ausrichten und (c) „die überkommene natürliche Theologie" und „die Metaphysik der beiden Naturen und einen Person Christi" aus den alten Bekenntnissen beiseite lassen (Loetscher 162). Als ihr eigenständigster Zug gilt ihre Behandlung der Ethik „mit Jesus Christus als letztem Vorbild". Im Bewußtsein ihres reformatorischen Erbes stellte die Kirche ein *Book of Confessions* zusammen, in dem das Schottische Bekenntnis von 1560, der →Heidelberger Katechismus, die →*Confessio Helvetica Posterior*, die *Westminster Confession of Faith* und der *Shorter Catechism* enthalten sind. Ergänzt wurde diese Zusammenstellung durch das →Apostolische und das →Nicänokonstantinopolitanische Glaubensbekenntnis, die Barmer Theologische Erklärung (→Nationalsozialismus und Kirchen 4.2.8.) und die neue *Confession* von 1967. Zugleich wurde die Ordinationsverpflichtung in dem Sinn revidiert, daß sie auf die Bedeutung der Lehrnorm als Leitlinie zum Handeln abhebt.

Zur gleichen Zeit erarbeiteten die *Presbyterian Church of the United States* (PCUS) und die *United Presbyterian Church of the United States of America* (UPCSA) gemeinsam ein neues *Directory for Worship*, das 1966 angenommen wurde. Im Jahr 1973 wurden die synodale Ordnung der *United Presbyterian Church* und die ausführenden Organe ihrer *General Assembly* reorganisiert. Durch den ökumenischen Geist der Zeit und das Klima kirchlicher Zusammenarbeit geförderte Unionsbestrebungen in beiden Kirchen führten im Juni 1983 zur Beendigung der 122jährigen Spaltung und der Bildung einer vereinigten Kirche, der *Presbyterian Church (U.S.A)*. Wie schon bei früheren Zusammenschlüssen waren nicht alle Gemeinden bereit, die Vereinigung mitzuvollziehen. Einige konservativ ausgerichtete Gemeinden sonderten sich ab und vereinigten sich mit der *Presbyterian Church of America*, die sich 1973 aufgrund konservativer Einstellung von der *Presbyterian Church of the United States* (PCUS) getrennt hatte. Andere schlossen sich der 1822 gegründeten *Associate Reformed Presbyterian Church* an. In der wiedervereinigten *Presbyterian Church (U.S.A)*, die mit über drei Millionen Gliedern eine der größten presbyterianischen Kirchen ist, werden zur Zeit erhebliche Anstrengungen zur Festigung des Zusammenschlusses unternommen.

Wenn auch die überwiegende Mehrheit der Presbyterianer in den USA in einer Denomination zusammengeschlossen ist, gibt es dort zur Zeit insgesamt zehn presbyterianische Kirchen: 1. die *Associate Reformed Presbyterian Church* mit ca. 37.000 Gliedern zumeist im Südosten der USA. – 2. Die 1936 gegründete, fundamentalistisch ausgerichtete *Bible Presbyterian Church* mit etwa 10.000 Angehörigen. – 3. Die *Cumberland Presbyterian Church*, soweit sie sich nicht 1906 der Union mit der seinerzeitigen *Presbyterian Church* angeschlossen hat; sie lehnt einige Lehrsätze der *Westminster Confession of Faith* ab und zählt ca. 90.000 Glieder. – 4. Die konservative, 1981 gegründete *Evangelical Presbyterian Church* mit ca. 50.000 Angehörigen. – 5. Die 1976 gegründete *Korean Presbyterian Church*, eine ethnisch motivierte Gründung mit koreanischer Sprache. – 6. Die 1936 auf streng konservativer Grundlage gebildete *Orthodox Presbyterian Church* mit ca. 19.000 Angehörigen, die sich auf das östliche Pennsylvania, New Jersey und das südliche Kalifornien konzentrieren. – 7. Die konservative südliche *Presbyterian Church in America*, die sich 1973 von der *Presbyterian Church in the United States (PCUS)* abgelöst hat, weil sie sich deren Zusammenschluß mit der liberaleren *United Presbyterian Church in the U.S.A (UPCUSA)* widersetzte; sie ist eine schnell wachsende Gemeinschaft, die 1988 über 170.000 Glieder zählte. – 8. Die 1983 als jüngster Zusammenschluß gebildete *Presbyterian Church (U.S.A.)* mit ca. 3.200.000 Gliedern. – 9. Die auf schottische *Covenanter* (→Schottland) zurückgehende *Reformed Presbyterian Church of North America*, eine streng konservative Gemeinschaft mit ca. 5.000 Angehörigen zumeist im westlichen Pennsylvania und östlichen Kansas. – 10. Die 1869 als *Colored Cumberland Presbyterian Church* gebildete *Second Cumberland Presbyterian Church* mit ca. 18.000 Gliedern.

7. *Die presbyterianischen Kirchen im ausgehenden 20. Jahrhundert*

Während des 20. Jh. waren die Presbyterianer nachdrücklich bemüht, sich von der Neigung zu Sonderkirchenbildungen und Spaltungen freizumachen, die ein kennzeichnender Zug ihrer älteren Geschichte war. Das Jahrhundert ist dadurch insbesondere in Großbritannien und den USA zu einer Zeit größtenteils erfolgreicher Zusammenschlüsse geworden. Es hat zugleich die Entwicklung der 1875 gegründeten *Presbyterianischen Allianz* (*Alliance of the Reformed Churches throughout the World holding the Presbyterian System* [→Reformierter Weltbund]) erlebt, die sich 1970 mit dem *Internationalen*

Kongregationalistischen Rat (*International Congregational Council*) vereinigte. Presbyterianer waren maßgeblich auch an der Arbeit des Weltrats der Kirchen seit seiner Gründung 1948 und an der ökumenischen Bewegung beteiligt (→Ökumene/Ökumenismus). Erfolgreiche Zusammenschlüsse mit Kirchen nichtpresbyterianischer Kirchenverfassung sind in England, Kanada und Australien vollzogen worden. Gewichtig war auch der presbyterianische Beitrag zu den beiden Unionskirchen von Süd- und von Nordindien.

Innerhalb der presbyterianisch gebliebenen Kirchen haben sich bedeutsame Wandlungen vollzogen. Diese Kirchen sind zwar ihrem Erbe aus der reformierten →Orthodoxie des späten 16. und des 17. Jh. treu geblieben, doch haben viele von ihnen sich von der seinerzeit verfochtenen Vorstellung gelöst, die presbyterianische Kirchenverfassung sei göttlichen Rechts und die einzige in der Schrift begründete Form des Kirchenregiments. Es war ihnen möglich, eine recht weitgehende Lockerung der von den Predigern und Ältesten abzugebenden Verpflichtungserklärungen zuzulassen und sich im allgemeinen vorbehaltlos einmal dem kritischen Umgang mit der Bibel und den Ergebnissen der modernen →Bibelwissenschaft, zum anderen der Neuorthodoxie und zum dritten den Entwicklungen in der modernen Philosophie und Naturwissenschaft zu öffnen. Infolgedessen sind Lehrzuchtverfahren heute so gut wie unbekannt, wenn man einmal von den kleineren, hochkonservativen Kirchen absieht.

Zu den bedeutendsten Wandlungen in der Kirchenverfassung gehört die gleichberechtigte Zulassung von Frauen zum regulären Amt der Wortverkündigung und Sakramentsverwaltung und zum Ältestenamt. Sie werden unter den gleichen Ausbildungsvoraussetzungen und Anforderungen an den Lebenswandel ordiniert und mit pastoralen Ämtern betraut wie Männer. Sie tun ebenfalls Dienst in höheren kirchlichen Leitungsgremien, und wenn auch bislang noch keine Predigerin zur Moderatorin der *General Assembly* der Kirche von Schottland gewählt worden ist, so ist das doch in anderen Ländern geschehen.

Auch in der kirchlichen Organisation ist es zu wesentlichen Änderungen gekommen. So sind etwa in Schottland viele, insbesondere kleinere ländliche Gemeinden unter einem Prediger zusammengefaßt worden, dessen Dienst in einem vergrößerten Bereich durch die modernen Verkehrsmittel erleichtert wird. Als Folge davon ist auch die Zahl der Presbyterien (Kreissynoden) vermindert worden; einige sind durch Zusammenlegung räumlich ausgeweitet worden. Ihre Aufsichtsfunktion gegenüber Predigern, *Kirk Sessions* (gemeindlichen Leitungsgremien) und Gemeinden haben sie jedoch nicht verloren, und auch ihre Zuständigkeit für die Berufung von Predigern und ihre Ordination, Amtseinweisung oder Versetzung ist nicht geringer geworden, wenn auch die Richtlinien für die Ausbildung der Predigtamtskandidaten auf gesamtschottischer Ebene durch einen Ausschuß der *General Assembly* festgelegt werden. In Irland und in den USA besteht die Tendenz zur Ausweitung der – herkömmlicherweise ohnehin schon im Vergleich zu den schottischen Gegebenheiten beträchtlich umfangreicheren – Zuständigkeiten der *Kirk Sessions* und Presbyterien. Für die Provinzialsynoden läßt sich Ähnliches nicht behaupten. In den USA ist die Zuständigkeit dieser kirchlichen Leitungsgremien, sofern sie sich geändert hat, erweitert worden. Dagegen hat die Bedeutung der Synoden in Schottland während der letzten fünfzig Jahre abgenommen. Die Fortführung ihrer Tätigkeit vor allem als Appellationskammern und als Mittelinstanzen zur Verweisung von Angelegenheiten an die *General Assembly* steht gegenwärtig zur Diskussion. Von ausschlaggebender Bedeutung ist für die meisten presbyterianischen Kirchen die Arbeit der *General Assemblies*. Allerdings hatte in der Vergangenheit und hat auch heute nicht jede presbyterianische Kirche eine *General Assembly*. Das kennzeichnende Moment des presbyterianischen Kirchentums ist auch nicht so sehr eine bestimmte Anzahl von abgestuften Leitungsgremien als vielmehr das Synodalprinzip als solches. In Fragen, bei denen es um Änderungen der Lehre, des Gottesdienstes und der Kirchenordnung geht, müssen die unteren Leitungsgremien konsultiert werden. In Schottland ist die *General Assembly* nach Anhörung dieser Körperschaften nicht an deren Stellungnahmen gebunden. Die höchste Entscheidungskompetenz bleibt bei ihr. Für gewöhnlich treten *General Assemblies* einmal jährlich zusammen. Ihre Tätigkeit konzentriert sich weithin auf die Entgegennahme und Erörterung von Berichten ihrer Ausschüsse und Kommissionen. Diesen ist die Verantwortlichkeit für weite Bereiche der kirchlichen Arbeit – die Pflege der kirchlich-staatlichen Beziehungen und die Wahrnehmung der damit verbundenen politischen Aufgaben, der geistliche Auftrag der Kirche, die Mission oder die Diakonie – übertragen. Ein wesentliches Moment des Presbyterianismus ist es, daß alle Leitungsgremien mit Ausnahme der *Kirk Sessions*, deren Vorsitz *ex officio* der zuständige Prediger führt, sich paritätisch aus ordinierten Predigern und Ältesten zusammensetzen. Das Ältestenamt war und ist eines der kennzeichnenden Merkmale presbyterianischer Kirchenverfassung und hat für sie grundlegende Bedeutung. In ihm kommen die Rechte und die Verantwortlichkeit der Laien im kirchlichen Leben zum Tragen. Der Älteste ist ein regulärer Amtsträger, dem die Vertretung der Gemeindemitglieder, aus deren Mitte er kommt, als gottgegebener Auftrag obliegt. Die kirchlichen Leitungsgremien sind heute entschieden darauf eingestellt, diese geistliche Unabhängigkeit zu wahren, die ein zentrales Anliegen Calvins war und dem Presbyterianertum stets und überall am Herzen gelegen hat.

In der Gestalt des Gottesdienstes gibt es beträchtliche Unterschiede von Gemeinde zu Gemeinde und zwischen einzelnen Ländern. Die →Taufe wird nahezu überall im sonntäglichen Hauptgottesdienst gespendet. Die Kindertaufe ist die Regel, doch wächst die Zahl der nicht im Kindesalter getauften Bewerber. In der Mehrzahl der Gemeinden wird das →Abendmahl mindestens viermal jährlich gefeiert; einige zumeist ländliche Gemeinden behalten die überkommene zweimalige Feier im Jahr bei, eine wachsende Zahl begeht das Abendmahl sehr viel häufiger, und einige sind bestrebt, es zum Mittelpunkt des regulären sonntäglichen Morgengottesdienstes zu machen. Für den regulären Sonntagsgottesdienst bleibt die traditionelle Betonung der Schriftlesung und -auslegung bestimmend. Während des größten Teils des Jahrhunderts und insbesondere während der letzten fünfzig Jahre sind die biblisch vorgegebenen Hauptfeste des →Kirchenjahrs von allen Presbyterianern mit Ausnahme der ganz konservativen begangen worden. Es gab auch Bestrebungen zu einer stärker liturgischen Gestaltung des Gottesdienstes. Dazu ist eine Reihe ausgezeichneter →Agenden erarbeitet worden, so das 1940 erschienene *Book of Common Order* der Kirche von Schottland, das 1979 in erweiterter und überarbeiteter Ausgabe herausgebracht wurde. Bis ins späte 19. Jh. erfolgte der Gemeindegesang ohne Instrumentalbegleitung und beschränkte sich auf vertonte Psalmen und Paraphrasen biblischer Texte. Heute sind Orgel und Chor in den meisten Gemeinden die Regel, doch der Gemeindegesang beschränkt sich in den meisten Gottesdiensten auf Kirchenlieder und die Wiederholung des Vaterunsers.

Die in den vergangenen Jahrhunderten insbesondere für sexuelle Normverstöße nicht selten geübte →Kirchenzucht besteht zwar in der Theorie noch fort, wird aber von den *Kirk Sessions* nur mehr selten, wenn überhaupt, durchgeführt. Prediger unterstehen der Dienstaufsicht des Presbyteriums, in dessen Bereich sie amtieren. Die *Kirk Sessions* entscheiden über die Zulassung zu voller Mitgliedschaft in der Gemeinde, und es wird ein Taufregister und ein Verzeichnis der Teilnehmer am Abendmahl geführt. Für diejenigen, die eine Christenlehre als Voraussetzung der vollen Mitgliedschaft absolviert haben, wird regelmäßig ein der →Konfirmation ähnlicher öffentlicher Gottesdienst gehalten; die Zulassung zur Abendmahlsgemeinschaft erfolgt jedoch durch eine förmliche Erklärung der *Kirk Session*. In den meisten presbyterianischen Kirchen haben auch Vollmitglieder anderer Kirchen Zugang zum Abendmahl, und in einigen Gemeinden können auch getaufte Kinder daran teilnehmen.

Im Zeichen der zeitgenössischen →Säkularisierung zeigt die Zahl der Kirchenangehörigen in einigen Ländern im ausgehenden 20. Jh. eine fallende Tendenz. Die jüngsten Statistiken bieten jedoch nicht durchgängig ein Bild sinkender Mitgliederzahlen und schwindender Bedeutung. Im Fernen Osten, insbesondere in Korea, ist in letzter Zeit die Zahl der Presbyterianer beachtlich gestiegen.

Quellen

BSRK. – The Book of Common Order and the Westminster Directory, hg. v. George Washington Sprott/Thomas Leishman, Edinburgh 1868. – The First Book of Discipline, hg. v. James Kerr Cameron, Edinburgh 1972. – The Confession of Faith [1648], The Larger and Shorter Catechism [1648], The Directory for the Public Worship of God [1645], The Form of Presbyterial Church-Government [1648]. Agreed upon by the Assembly of Divines at Westminster, Edinburgh 1897 = 1959 u.ö. – The Constitution of the Presbyterian Church in the United States of America, Philadelphia 1954. – A Digest of Laws and Decisions Ecclesiastical and Civil, Relating to the Constitution, Practice, and Affairs of the Church of Scotland, hg. v. William Mair, Edinburgh 1887 ^{4}1923. – Presbyterian Church in Ireland. Code of Discipline, Belfast ^{6}1948. – The Presbyterian Enterprise. Sources of American Presbyterian History, hg. v. Maurice Whitman Armstrong/Lefferts Augustine

Loetscher/Charles A. Anderson, Philadelphia 1956. – The Second Book of Discipline, hg. v. James Kirk, Edinburgh 1980. – The Westminster Directory, hg. v. Thomas Leishman, Edinburgh 1901.

Literatur

Sydney E. Ahlstrom, A Religious History of the American People, New Haven 1972. – James Lyon Ainslie, The Doctrines of Ministerial Order in the Reformed Churches of the 16th and 17th Centuries, Edinburgh 1940. – Robert Gordon Balfour, Presbyterianism in the Colonies, Edinburgh 1899. – John Thomas Ball, The Reformed Church of Ireland 1537–1889, London 1890. – John Monteith Barkley, Westminster Formularies in Irish Presbyterianism, Belfast 1956. – Ders., A Short History of the Presbyterian Church in Ireland, Belfast 1959. – Ian Breward, The Presbyterian Eldership Yesterday and Today. Colloquium: The Australian and Newzealand Theol. Review 2 (1967) 127–143. – Charles Augustus Briggs, American Presbyterianism, New York 1885. – Arthur Judson Brown, One Hundred Years. A History of the Foreign Missionary Work of the Presbyterian Church of the U.S.A., New York 1936. – John Henderson Seaforth Burleigh, A Church History of Scotland, Oxford 1960. – James Kerr Cameron, The Church in Scotland from the Reformation to the Disruption: A History of Religion in Britain, hg. v. Sheridan Wayne Gilley/William J. Sheils, Oxford 1994, 129–150. – Marguerite G. Campbell, Early English Presbyterianism and the Reformed Church of France: JPHSE 11 (1922) 121–133. – William M. Campbell, Samuel Rutherford, Exponent of Scottish Presbyterianism, Diss. Edinburgh Univ. 1937. – Alexander Campbell Cheyne, The Transforming of the Kirk, Edinburgh 1983. – N. Keith Clifford, The Resistance to Church Union in Canada 1904–1939, Vancouver 1985. – Patrick Collinson, John Field and Elizabethan Puritanism: Elizabethan Government and Society. Essays presented to Sir John Neale, London 1961, 127–162. – James Taylor Cox, Practice and Procedure in the Church of Scotland, Edinburgh 1934 ^{6}1976. – Thomas Jackson Crawford, Presbyterianism Defended, 2 Bde., Edinburgh ^{2}1867. – Francis Davidson (Hg.), History and Doctrine of the United Original Secession Church of Scotland, Edinburgh 1924. – Edward A. Dowey, A Comm. on the Confession of 1967 and an Intr. to the Book of Confessions, Philadelphia 1968. – Alexander H. Drysdale, History of the Presbyterians in England, London 1889. – The English Presbyterians, hg. v. Charles Gordon Bolam/Jeremy Goring/H. L. Short/Roger Thomas, London 1968. – Alan Ford, The Protestant Reformation in Ireland 1590–1641, 1985 (SIGC 34). – Walter Roland Foster, Bishop and Presbyter, the Church of Scotland 1661–1688, Edinburgh 1958. – Ders., The Church before the Covenants, Edinburgh 1975. – George Gillespie, The Works of Mr. George Gillespie, 2 Bde., Edinburgh 1846. – Ezra Hall Gillett, History of the Presbyterian Church in the United States of America, 2 Bde., Philadelphia ^{2}1875. – John Webster Grant, The Canadian Experience of Church Union, London 1972. – Ders., The Church in the Canadian Era, Toronto 1972. – William Gregg, History of the Presbyterian Church in Canada from the Earliest Times to 1834, Toronto ^{2}1905. – Olive Merivel Griffiths, Religion and Learning, Cambridge 1935. – Ian Hamilton, The Erosion of Calvinist Orthodoxy, Edinburgh 1990. – Handbook of Denominations in the U.S.A., hg. v. Frank S. Mead/Samuel S. Hill, Nashville 1990. – Robert T. Handy, A History of the Churches in the United States and Canada, Oxford 1977. – Charles Augustus Hanna, The Scotch Irish or the Scot in North Britain, North Ireland and North America, 2 Bde., New York 1902. – Eugene P. Heideman, Reformed Bishops and Catholic Elders, Grand Rapids, Mich. 1970. – Alexander Henderson, The Government and Order of the Church of Scotland, London/Edinburgh 1641. – George David Henderson, The Scottish Ruling Elder, London 1935. – Ders., Religious Life in Seventeenth Century Scotland, Cambridge 1937. – Ders., Church and Ministry, London 1951. – Ders., The Claims of the Church of Scotland, London 1951. – Ders., Presbyterianism, Aberdeen 1954. – Ders., The Burning Bush, Edinburgh 1957. – Ders., Why we are Presbyterians, Edinburgh o.J. – Ian Henderson, Scotland. Kirk and People, London 1969. – Robert W. Henderson, Concerning the Eldership: RW 32 (1973) 363–373. – Ders., A Profile of the Eldership, 1974. A Preliminary Report, World Alliance of Reformed Churches, Genf 1975. – George Stuart Hendry, The Westminster Confession for Today, London 1960. – Alasdair Ian Campbell Heron (Hg.), The Westminster Confession in the Church Today, Edinburgh 1982. – Ders., Die Abendmahlsauffassung der ref. Kirche. Eine kurze Dokumentation: Lehrverurteilungen–kirchentrennend? III. Materialien zur Lehre v. den Sakramenten u. vom kirchl. Amt, hg. v. Wolfhart Pannenberg, 1990 (DiKi 6) 99–121. – John Herkless, Art. Presbyterianism: ERE 10 (1918) 241–271. – Andrew Herron, Kirk by Divine Right, Edinburgh 1985. – Peter Heylyn, Aerius Redivivus or the History of the Presbyterians, 1563–1647, Oxford 1670. – Alexander Hill, The Practice in the Several Judicatories of the Church of Scotland, Edinburgh ^{5}1851. – Charles Hodge, The Constitutional History of the Presbyterian Church in the United States of America, 1705–1788, 2 Bde., Philadelphia 1839–40. – Ders., Discussions in Church Polity, hg v. William Durant, New York 1878. – Robert Finlay Gregg Holmes, Our Presbyterian Heritage, Belfast 1985. – Charles Howard Hopkins, The Rise of the Social Gospel in American Protestantism 1865–1915, New Haven 1940. – Winthrop Still Hudson, Religion in America, New York ^{3}1981. – Matthew

Hutchison, The Reformed Presbyterian Church in Scotland, its Origins and History 1680–1876, Paisley 1893. – Alexander Taylor Innes, The Laws of Creeds in Scotland, Edinburgh ²1904. – Hugh Jackson, Churches and Peoples in Australia and New Zealand, Wellington 1987. – Constant H. Jacquet (Hg.), Yearbook of American and Canadian Churches, Nashville 1994. – Wallace N. Jamison, The United Presbyterian Story, Pittsburg 1958. – Thomas Cary Johnson, History of the Southern Presbyterian Church, New York 1895. – Thomas J. Johnston/John L. Robinson/Robert Wyse Jackson, A History of the Church of Ireland, Dublin 1953. – James Kirk, Presbyterianism: Dictionary of Scottish Church History and Theology, hg. v. Nigel M. de S. Cameron, Edinburgh 1993, 673–676. – R. Buick Knox, James Ussher, Archbishop of Armagh, Cardiff 1967. – Ders., A Pedigree for Presbyterianism, London 1970. – Samuel James Knox, Walter Travers, London 1962. – Benjamin J. Lake, The Story of the Presbyterian Church in the U.S.A., Philadelphia 1956. – Peter Lake, Anglicans and Puritans. Presbyterianism and English Conformist Thought from Whitgift to Hooker, London 1988. – William Thomas Latimer, History of the Irish Presbyterians, Belfast ²1902. – Gotthard Victor Lechler, Gesch. der Presbyterial- u. Synodalverfassung seit der Reformation, Leiden 1854. – John H. Leith, Assembly at Westminster, Richmond 1973. – Ders., Intr. to the Reformed Tradition, Atlanta ²1981. – James Graham Leyburn, The Scotch-Irish. A Social History, Chapel Hill 1962. – Walter Lee Lingle/John W. Kuykendall, Presbyterians. Their History and Beliefs, Atlanta ⁴1978. – Lefferts Augustine Loetscher, The Broadening Church. A Study of Theol. Issues in the Presbyterian Church since 1869, Philadelphia 1954. – Ders., A Brief History of the Presbyterians, Philadelphia ⁴1983. – Robert Stewart Louden, The True Face of the Kirk, Oxford 1963. – Francis Lyall, Of Presbyters and Kings, Church and State in the Law of Scotland, Aberdeen 1980. – Donald MacLeod, The Doctrine and Validity of the Ministry and Sacraments of the National Church of Scotland, Edinburgh 1903. – William MacLeod, „Steadfast in the Faith". The Witness and Principles of the Free Church of Scotland, Edinburgh 1943. – William Merry Macphail, The Presbyterian Church. Its Doctrine, Worship and Polity, London 1908. – John MacPherson, Presbyterianism, Edinburgh 1883. – Ders., The Doctrine of the Church in Scottish Theology, Edinburgh 1903. – Walter Makey, The Church of the Covenant 1637–1651, Edinburgh 1979. – W.D.J. McKay, The Nature of Church Government in the Writings of George Gillespie, Diss. Queen's Univ., Belfast 1992. – John McKerrow, History of the Secession Church, 2 Bde., Edinburgh 1893. – John T. McNeill, The Presbyterian Church in Canada, 1875–1925, Toronto 1925. – Ders., The Doctrine of the Ministry in Reformed Theology: ChH 12 (1943) 77–97. – Ders./James Hastings Nichols, Ecumenical Testimony. The Concern for Christian Unity within the Reformed and Presbyterian Churches, Philadelphia 1974. – A. McPherson (Hg.), History of the Free Presbyterian Church of Scotland (1893–1970), Inverness 1974. – Julius Melton, Presbyterian Worship in America. Changing Patterns since 1787, Richmond 1967. – Alexander Ferrier Mitchell, The Westminster Assembly. Its History and Standards, London 1883. – James Moffatt, The Presbyterian Churches, London ²1928. – John S. Moir, Enduring Witness. A History of the Presbyterian Church in Canada, Hamilton, Ont. 1975. – Andrew E. Murray, Presbyterians and the Negro – A History, Philadelphia 1966. – James Hastings Nichols, Corporate Worship in the Reformed Tradition, Philadelphia 1968. – James Nicoll Ogilvie, The Presbyterian Churches, London ²1925. – Alexander Forret Scott Pearson, Der Älteste Engl. Presbyterianismus, Edinburgh 1912. – Ders., Thomas Cartwright and Elizabethan Puritanism 1535–1695, Cambridge 1925. – Ders., Origins of Irish Presbyterianism, o.O.u.J. – Thomas Ephraim Peck, Notes on Ecclesiology, Richmond 1892. – Malcolm D. Prentis, The Presbyterian Ministry in Australia 1822–1900. Recruitment and Composition: JRH 13 (1984) 46–65. – Ders., The Scottish in Australia, Victoria 1987. – Presbyterians in Aotearoa 1840–1990, hg. v. Dennis McEldowney, Wellington 1990. – Richard Clark Reed, History of the Presbyterian Churches of the World, Philadelphia 1905. – James Seaton Reid/William Dool Killen, History of the Presbyterian Church in Ireland, 3 Bde., Belfast ⁴1867. – Samuel Rutherford, A Peaceable and Temperate Plea for Paul's Presbyterie in Scotland, London 1642. – Ders., The Due Right of Presbyteries, London 1644. – Ders., The Divine Right of Church Government and Excommunication, London 1646. – Martin Schmidt, Art. Presbyterianer: RGG³ 5 (1961) 541–546. – Gaius Jackson Slosser (Hg.), They Seek a Country. The American Presbyterians, New York 1955. – Robert Small, History of the Congregations of the United Presbyterian Church from 1733 to 1900, 2 Bde., Edinburgh 1904. – Neil Gregor Smith/Allan L. Farris/H. Keith Markell, A Short History of the Presbyterian Church in Canada, Toronto 1965. – John Vant Stephens, Presbyterian Government, Nashville, Tenn. 1907. – Ders., The Presbyterian Churches. Divisions and Unions in Scotland, Ireland, Canada and America, Philadelphia 1910. – Alexander Stewart/John Kennedy Cameron, The Free Church of Scotland 1843–1910, Edinburgh 1910. – David Stewart, History and Principles of the Presbyterian Church in Ireland, Belfast 1907. – David Stewart, The Seceders in Ireland, Belfast 1950. – Ders., The Scots in Ulster, Belfast 1952. – T. Watson Street, The Story of Southern Presbyterians, Richmond 1960. – Gavin Struthers, The History of the Rise, Progress and Principles of the Relief Church, Glasgow 1843. – Norman Sykes, Old Priest and New Presbyter, Cambridge

1956. – Ders., From Shelden to Secker, Cambridge 1959. – Thomas M. Taylor, Church and State in Scotland: Juridical Review. NS 2 (1957) 121–137. – Brown G. Thompson, Christianity in the People's Republic of China, Richmond 1983. – Charles Lemuel Thompson, The Presbyterians, New York 1893. – David M. Thompson (Hg.), Stating the Gospel, Formulations and Declarations of Faith from the Heritage of the United Reformed Church, Edinburgh 1990. – Ernest Trice Thompson, Presbyterians in the South, 3 Bde., Richmond 1963–1972. – Robert Ellis Thompson, A History of the Presbyterian Churches in America, New York ^{3}1902. – Leonard J. Trinterud, The Forming of an American Tradition. A Re-examination of Colonial Presbyterianism, Philadelphia 1949. – Rowland S. Ward, The Bush Still Burns. The Presbyterian and Reformed Faith in Australia 1788–1988, Victoria 1989. – Benjamin Brekinridge Warfield, The Westminster Assembly and its Works, New York 1931. – Charles Laing Warr, The Presbyterian Tradition, London 1933. – Gayraud S. Wilmore, Black and Presbyterian. The Heritage and the Hope, Philadelphia 1983. – James Barkley Woodburn, Ulster Scot, London 1914. – Henry Johnstone Wotherspoon/James Mackenzie Kirkpatrick, A Manual of Church Doctrine according to the Church of Scotland. Rev. and Enlarged Ed. by Thomas Forsyth Torrance and Ronald Selby Wright, Oxford 1960. – Gunter Zimmermann, Gottesbund u. Gesetz in der Westminster Confession: ZKG 106 (1995) 179–199.

James K. Cameron

Presse →Publizistik/Presse

Preußen

I. Die Geschichte des Deutschordensstaates und Herzogtums (bis 1618)
II. Die Geschichte des Brandenburgisch-Preußischen Staates (ab 1618) . . S. 364

I. Die Geschichte des Deutschordensstaates und Herzogtums (bis 1618)

1. Älteste Zeugnisse 2. Die Entstehung des Ordensstaates 3. Der Ordensstaat im 14. und 15. Jahrhundert 4. Säkularisation und Reformation (Literatur S. 363)

1. Älteste Zeugnisse

Die baltischen Völker, die Adam von Bremen und andere Geschichtsschreiber des Hochmittelalters *Prutheni* und ähnlich nannten, die *Prußen*, deren Name dann auf das spätere Ost- und Westpreußen sowie schließlich auf den ganzen brandenburgisch-preußischen Staat übertragen wurde, lebten in einer schriftlosen Kultur. So hat man für sie nur indirekte schriftliche Zeugnisse: außer wenigen Bemerkungen früher Chronisten vor allem eine Urkunde aus dem Jahre 1249, den sog. Christburger Vertrag, den ein Beauftragter des Papstes zwischen dem Deutschen Orden und den Prußen vermittelte. Als Preis der den Prußen zugesicherten Freiheit wird die Abkehr von heidnischen Gewohnheiten verlangt, und diese werden skizziert. Die bisherigen Bestattungsbräuche – das Verbrennen der Leichen und die Beerdigung der sozial Herausgehobenen mit Pferden, Kleidern und anderen Grabbeigaben – sollen abgelegt werden. Die Prußen sollen nicht wie bisher aus Feldfrüchten ein Götzenbild namens *Cursche* bilden oder anderen Göttern opfern. Sie sollen keine *Tulissones* und *Ligaschones* haben, womit wohl herausgehobene Kultdiener gemeint sind. Diese rühmten die Verstorbenen, so heißt es weiter, und behaupteten, sie sähen die Toten waffengeschmückt mit einem Sperber auf der Faust und großem Gefolge durch den Himmel reiten und in ein anderes Leben übergehen, womit eine Jenseitsvorstellung sichtbar wird. Weiterhin geht aus dem Gebot der Monogamie und der christlichen Ehe hervor, daß bei den Prußen die Ehe mit mehreren Frauen und die Kaufehe üblich waren.

Auch läßt die Urkunde jene Binnengliederung des Prußen-Landes erkennen, die im frühen 14. Jh. vollständig der Chronist Peter von Dusburg überliefert und die in Gestalt von Landschaftsnamen in den kommenden Jahrhunderten erhalten blieb. Die Bistümer

Pomesanien, Ermland (Warmien) und Samland übernahmen drei dieser Namen von prußischen „Stämmen“ und Landschaften. Die anderen waren: Pogesanien, Nadrauen, Schalauen, Sudauen, Galinden und Barten. Peter von Dusburg behauptet, jedes dieser Völker habe 2.000 Reiter und viele tausend Fußkämpfer aufbieten können. Diese Zahlen sind zu hoch. Moderne Schätzungen rechnen mit 220.000 Menschen bei den Prußen und im benachbarten Kulmer Land im frühen 13. Jh.

Die Prußen wurden erstmals 1009 zum Ziel eines Missionsversuches. Der Missions-Erzbischof →Brun von Querfurt wurde damals mit 18 Gefährten umgebracht. Der nächste Missionsversuch ist seit dem Jahre 1206 bezeugt. Damals wurde der Abt des Zisterzienserklosters Łekno durch den Papst als Missionar der Prußen autorisiert. Dieser Missionsversuch geriet bald in die Krise, als die benachbarten pommerellischen und polnischen Fürsten die Gelegenheit zur Herrschaftsbildung nutzen wollten und zudem Kreuzzüge gegen die Prußen geführt worden waren. Der wohl 1215 vom Papst zum Preußen-Bischof ernannte Zisterzienser Christian erzielte nur bescheidene Erfolge.

2. *Die Entstehung des Ordensstaates*

Der *Deutsche Orden*, 1198/99 als dritter der großen →Ritterorden aus einem zehn Jahre zuvor vor Akkon gegründeten Hospital entstanden, hatte sich, wie die Johanniter und Templer, von Anfang an um eigene Herrschaftsgebiete bemüht: in Palästina, auf Zypern und zuletzt im Burzenland, aus dem ihn König Andreas II. von Ungarn aber 1225 vertrieb. Nahezu gleichzeitig erreichte den Orden die Aufforderung Herzog Konrads von Masowien, ihm gegen die Prußen beizustehen. Der Ritterorden von Dobrin, den Herzog Konrad wohl im Einvernehmen mit Bischof Christian 1228 gründete, zerfiel nach wenigen Jahren, während der Deutsche Orden 1231 mit dem Kampf gegen die Prußen begann und mit Hilfe von Kreuzfahrern namentlich aus dem Reich das Kulmerland und bis zum Ende des Jahrhunderts das Gebiet der Prußen eroberte. Datierung, Echtheit und Bedeutung der Urkunden, mit denen der Orden sein Vorgehen durch den Herzog von Masowien, den Papst und den Kaiser absichern ließ, waren lange Zeit umstritten. Jedenfalls war der nun entstehende Ordensstaat kein Teil des Reiches. Der deutsche König bzw. Kaiser und der Papst waren dennoch seine Schutzherren.

Im Jahr 1243 wurden vier Diözesen errichtet: Kulm, Pomesanien, Ermland und Samland. Der pomesanische, der ermländische und der samländische Bischof erhielten ein Drittel der Diözese als Territorium. Der Bischof von Kulm wurde auf andere Art ausgestattet. Alle Bischöfe traten ein Drittel ihres Territoriums den Domkapiteln ab. Die Kathedralen und Sitze des Domkapitels waren Kulmsee, Marienwerder, Frauenburg und Königsberg, die Bischofsresidenzen Löbau, Riesenburg, Braunsberg und Fischhausen. Ein Streifen an der Ostsee mit der Burg Memel gehörte bis 1328 dem livländischen Zweig des Deutschen Ordens und dem Bischof von Kurland. Im Jahr 1246 wurden die Bistümer der Kirchenprovinz von Riga eingegliedert.

Bischof Christian hatte versucht, sich mit dem Deutschen Orden zu arrangieren, da seine eigene Ordensgründung ohne Erfolg geblieben war. Im Jahr 1231 trat er dem Orden ein Drittel Preußens ab – über das er selbstverständlich nicht verfügte. Bald darauf geriet er in prußische Gefangenschaft. Als er 1239 freikam, war der Orden fest etabliert. Der Bischof beschuldigte ihn, die Prußen zu unterwerfen und die Mission zu verhindern. Doch hatte er selbst mit Zwangsmaßnahmen gearbeitet. Der Papst forderte ihn auf, sich eines der vier Bistümer von 1243 auszusuchen, was der Bischof nicht wollte. Er ist wohl 1244 gestorben.

Mit Ausnahme des ermländischen waren die Domkapitel dem Orden inkorporiert; die Domherren waren Priesterbrüder des Ordens. Die von Bischöfen und Kapiteln zur Verwaltung eingesetzten Vögte waren meistens Ritterbrüder des Deutschen Ordens. Überdies war dessen Sache auch die Außenvertretung der bischöflichen und domkapitularischen Gebiete. Während der Auseinandersetzungen mit den Ständen in der ersten Hälfte des 15. Jh. rückten die damals neun Territorien in Preußen noch enger zusammen. Doch blieben die Bemühungen des Ordens, auch in das ermländische Domkapitel einzudringen, vergeblich.

Die Stiftungsaufgabe des Deutschen Ordens war der Heidenkampf und nicht die Mission. Gleichwohl folgte auf die Eroberung des Landes die Christianisierung. In den Städten und in den deutschrechtlichen Dörfern gründeten die Landesherren gut dotierte Pfarrkirchen. Zeugnis dieser guten Ausstattung sind nicht zuletzt große Kirchenbauten, die in vielen Städten und Dörfern noch heute bestehen, im russischen Teil Ostpreußens, der Oblast Kaliningrad, allerdings meistens schwer beschädigt sind. Wo die Dichte der prußischen Bevölkerung die Anlage neuer Dörfer nicht erlaubte, wie namentlich im Samland, wurden Kirchen bei den Ordensburgen gegründet. Auch Inhaber der größeren Dienstgüter gründeten Dörfer und Pfarrkirchen. Das galt auch für Angehörige dieser Schicht, die prußischer Herkunft waren. Insgesamt war in Teilen Preußens die Dichte des Pfarrkirchnetzes in der Mitte des 15. Jh. größer als jemals später. Die von Kriegen verursachten Wüstungen des späteren 15. und frühen 16. Jh. verursachten einen – teilweise dauerhaften – Rückgang von Siedlungen und Pfarrkirchen. In welchem Maße und wann das Christentum die prußische Bevölkerung über den Taufakt hinaus erreichte, ist nur undeutlich zu erkennen. Es gibt aber Nachrichten über Seelsorge in prußischer Sprache, die Ausbildung von jungen Prußen zu Geistlichen, den Einsatz von Dolmetschern, und auch die Landesordnungen der ersten Hälfte des 15. Jh. sprechen von der Notwendigkeit, die religiöse Bildung nicht nur der Laien im allgemeinen, sondern auch der Prußen zu verbessern.

Die kirchlichen Strukturen in Pommerellen, das der Orden 1309 in seinen Besitz brachte, blieben unverändert. Kirchenorganisatorisch handelte es sich dabei um den Archidiakonat Pommerellen des polnischen Bistums Leslau (Włocławek). Anders als im bisherigen preußischen Ordensstaat, in dem die alten Orden nicht vertreten waren und, abgesehen von dem ermländischen Kollegiatsstift Guttstadt sowie von einigen städtischen Bettelordensklöstern, keine Kanonikerstifter und Klöster existierten, bestanden in Pommerellen die Zisterzienserklöster Oliva und Pelplin, das Zisterzienserinnenkloster Zarnowitz, das Prämonstratenserinnenkloster Zuckau und das Kartäuserkloster Marienparadies (Karthaus). Diese grundbesitzenden Klöster wie auch der Besitz der Bischöfe von Leslau wurden der Landesherrschaft des Deutschen Ordens unterworfen. Die Johanniter, die 1320 sogar eine Stadt (Schöneck) gegründet hatten, gaben 1370 ihren pommerellischen Besitz auf.

3. Der Ordensstaat im 14. und 15. Jahrhundert

Der Orden hat sich nach der Eroberung Preußens darum bemüht, seiner Stiftungsaufgabe, dem Heidenkampf, durch die Bekämpfung der Litauer gerecht zu werden (→Baltikum). Diese Kreuzzüge zogen sich durch das ganze Jahrhundert hin. Ebenso wie schon beim Krieg gegen die Prußen kamen auch jetzt Kreuzfahrer aus dem Reich und aus anderen Ländern, vor allem aus Westeuropa. Die Litauer-„Reisen" wurden zu einem zentralen Phänomen spätmittelalterlicher Adelskultur. Obwohl es sich dabei nicht nur um „Sport" handelte, sondern um blutige Feldzüge, gelang es doch nicht, die Litauer zu unterwerfen. Das litauische Volk war größer als das prußische und im übrigen großräumiger organisiert. Schon von der Mitte des 13. Jh. an glückte es einem der litauischen Fürsten, Mindowe, den größeren Teil Litauens zu beherrschen. Doch wurde er, der die Taufe angenommen und sich mit dem Orden verbündet hatte, 1263 von seinen litauischen Gegnern ermordet.

Als die polnischen Magnaten dem litauischen Fürsten Jagiello die Hand der Thronerbin Hedwig anboten, beherrschten er und sein Vetter Witold Litauen. Jagiello ließ sich taufen und zum polnischen König krönen, und auch Witold nahm das Christentum an. Damit hatte der Orden die Legitimation verloren, den Heidenkrieg gegen Litauen zu führen. Litauen, mit →Polen in einer Union zusammengeschlossen, galt nun als christlicher Staat. König Wenzel verbot dem Orden 1395 den Heidenkrieg gegen die Litauer, Papst Bonifatius IX. im Jahre 1403. Der Zuzug der Kreuzfahrer hörte nun auf.

Der Orden wollte die neue Situation nicht akzeptieren. Er versuchte – zeitweise mit Erfolg –, Witold auf seine Seite zu ziehen und die polnisch-litauische Union zu sprengen, und er entfesselte einen Propagandakrieg, der von der polnischen Seite beantwortet wurde. Nach der Niederlage des Ordens in der Schlacht von Tannenberg (1410) sollte versucht werden, auf dem Konzil von →Konstanz zu einer Einigung zu kommen, und dafür rüsteten sich beide Seiten mit kanonistisch-theologischen Traktaten. Die Darlegungen des Krakauer Kanonisten Paulus Vladimiri kulminierten darin, daß der Gelehrte dem Orden nicht nur die Legitimität seines Heidenkampfes gegen die Litauer bestritt, sondern darüber hinaus seine Existenzberechtigung in Preußen, da Papst und Kaiser nicht so, wie sie es in den Urkunden für den Orden getan hatten, über heidnisches Land hätten verfügen dürfen. Der Orden habe sein Territorium in Preußen geraubt und müsse es zurückgeben.

Der Orden selbst engagierte auf dem Konzil eine Reihe von Gelehrten, welche die Argumente Vladimiris zurückwiesen. Der Wichtigste unter ihnen war der Dominikaner Johannes Falkenberg, der dem Orden schon zuvor einen Traktat angeboten hatte. In dieser *Satira* legte er dar, daß nicht nur der polnische König, sondern überhaupt alle Polen Ketzer seien und jeder Christ, bei Gefahr für sein Seelenheil, zur Ausrottung aller Polen verpflichtet sei. In Konstanz schrieben Falkenberg und andere Gelehrte des Ordens Traktate, die nicht so zugespitzt waren wie die *Satira*, deren wesentliche Argumente aber übernahmen. Falkenberg wurde wegen der *Satira* in einen Häresie-Prozeß verwickelt. Nicht nur aus diesem Grunde kamen weder die Ordens- noch die polnischen Traktate zum Einsatz.

Der Orden war nach der Niederlage von Tannenberg und den weiteren Kriegen genötigt, seine Untertanen stärker als bisher zu Leistungen für das Land heranzuziehen. Die Entfremdung zwischen ihnen und ihm wurde auch dadurch genährt, daß sich in den führenden Gruppen des Landes nun ein gemeinsames Identitätsbewußtsein herausbildete, dem die in ihrer Mehrzahl aus dem Reich kommenden Ordensritter zunehmend als Fremdherrscher erschienen. Gegen die Mitbestimmungswünsche der Stände stand nicht nur die bisher praktizierte Herrschaftsordnung. Gegen sie konnte auch das kanonische Recht ins Feld geführt werden, das zum Beispiel das von den Ständen geforderte gemischte Gericht über Ordensritter nicht zuließ. Im Jahr 1440 schlossen sich die Stände zu einem Bündnis zusammen, das der Orden zunächst hinnahm, dann aber mit Hilfe des Papstes und des Kaisers bekämpfte. Im Jahr 1453 erklärte Kaiser Friedrich III. das Bündnis für illegal. Darauf eröffneten die Stände gegen den Orden den Krieg.

Der auf den Aufstand der Ordensuntertanen 1454 folgende 13jährige Krieg endete 1466 mit dem Zweiten Frieden von Thorn, der den Orden Pommerellen, das Kulmerland und nordöstlich angrenzende Gebiete mit Marienburg kostete. Diese künftig „königliches Preußen" genannten Regionen wurden ebenso wie das Ermland der Krone Polen eingegliedert. Die Inkorporation des kulmischen Domkapitels in den Deutschen Orden wurde aufgehoben, das Bistum wurde der Kirchenprovinz Gnesen zugeschlagen.

4. Säkularisation und Reformation

Die nun in Königsberg residierenden Hochmeister des Deutschen Ordens bemühten sich, den ihnen verbliebenen preußischen Ordensstaat von den Einengungen des Zweiten Thorner Friedens zu lösen. Der 1511 gewählte Hochmeister Albrecht aus dem Hause Brandenburg-Ansbach führte das Land durch einen 1519 begonnenen Krieg nahezu in die Katastrophe. Im Jahr 1523 trat er mit →Luther in Verbindung, der in einer Schrift die Deutschordensritter aufforderte, ihren Orden aufzugeben und ihren Staat in ein weltliches Territorium zu verwandeln. Das geschah 1525 mit Hilfe des *Krakauer Vertrages*. Albrecht verließ den Orden und wandelte den preußischen Ordensstaat in ein weltliches, also auch erbliches, vom polnischen Königtum lehnabhängiges Herzogtum um. Damit wurde zum ersten Mal infolge der Reformation ein geistlicher Staat säkularisiert (→Säkularisation).

Der Deutsche Orden hat sich gegen den Abfall seines Oberhaupts zur Wehr gesetzt, doch konnten weder er noch Kaiser und Papst den Vorgang rückgängig machen. Zugleich wurde nun die Reformation eingeführt. Die meisten Ordensritter folgten dem Vorbild ihres Hochmeisters, verließen den Orden und heirateten. Der samländische Bischof, Georg von Polenz, hatte sich schon 1523 zum Luthertum bekannt. Er säkularisierte sein Bistum 1525. Erhard Queis, der pomesanische Bischof, folgte 1527. Geistliche Helfer bei der Reformation – Johannes Briesmann (1488–1550), Johannes Amandus, Paul →Speratus und Johannes Poliander (1486–1541) – kamen aus Wittenberg oder der fränkischen Heimat des nunmehrigen Herzogs. Im Jahr 1544 wurde die lutherische Universität →Königsberg gegründet. Die Berufung von Andreas →Osiander zum altstädtischen Königsberger Pfarrer und zum Theologieprofessor an der Universität im Jahr 1549 führte zu heftigen religiösen Auseinandersetzungen.

Die mit der Reformation verbundene Intensivierung der religiösen Unterweisung zielte auch auf die Prußen. In den Jahren 1545 und 1561 wurden deutsch-prußische Katechismen gedruckt, gleichzeitig mit solchen in litauischer und polnischer Sprache. Die prußischen Katechismen waren die ersten und die letzten gedruckten Zeugnisse dieser Sprache. Nicht zuletzt infolge der Reformation wurde die Assimilierung der Prußen nun vollendet. Seit dem 17. Jh. wurde ihre Sprache nicht mehr gesprochen.

Die Bistümer Samland und Pomesanien bestanden bis 1573 bzw. 1575. Nach dem Tod Herzog Albrechts (1568) folgte ihm sein – nicht regierungsfähiger – Sohn Albrecht Friedrich. Nach dessen Tod (1618) fiel das Herzogtum an die Kurfürsten von Brandenburg.

Im königlichen Preußen konnten die polnischen Könige die Reformation nicht verhindern. Um 1570 existierten etwa 165 protestantische Kirchen. Durch die katholischen Reformbemühungen gelang die Zurückdrängung des Luthertums vor allem im Bistum Ermland, aber auch auf dem Lande und in den kleinen Städten. Großenteils war sie zugleich eine Polonisierung. Seit 1512/1518 konnte der polnische König die ermländischen Bischöfe und Dompröpste ernennen, was in der Folgezeit auch zu einer Besetzung des Domkapitels überwiegend mit Klerikern polnischer Herkunft führte. Bis 1772 kamen nur zwei ermländische Bischöfe aus einheimischen Familien, in Kulm dagegen waren es zehn. Die später als national verstandenen Konflikte waren in erster Linie Auseinandersetzungen um die regionale Autonomie. Ein Sieg solcher Bemühungen um Autonomie war es, daß die Eingliederung des ermländischen Bistums in die Kirchenprovinz Gnesen nicht gelang. Als das Erzbistum Riga 1556 unterging, wurde das Bistum Ermland exemt.

Die fast autonome Stadt →Danzig, deren wirtschaftliche und kulturelle Blüte nun begann, war rein lutherisch. Auch die Mennoniten, die sich im Weichseldelta niedergelassen hatten, wurden 1602 weitgehend aus der Stadt gedrängt. Die verbliebenen Mennoniten mußten ebenso wie die Juden Schutzgelder an den Rat zahlen. Im Zuge der →katholischen Reform ließen sich →Jesuiten und polnische Franziskaner-Observanten (Bernhardiner) in einer Reihe von Städten nieder. Entschiedenster Repräsentant der Reform war der ermländische Bischof St. →Hosius, eine führende Gestalt auch des Konzils von Trient, der 1567 in Braunsberg jenes Priesterseminar errichtete, das in verwandelter Gestalt bis 1945 als katholische kirchliche Hochschule bestand.

Literatur

Udo Arnold, Stud. zur preussischen Historiographie des 16. Jh., Bonn 1967. – Fritz Blanke, Die Entscheidungsjahre der Preußenmission (1206–1274): ZKG 47 (1928) 18–40. – Hartmut Boockmann, Johannes Falkenberg, der Dt. Orden u. die polnische Politik, Göttingen 1975. – Ders., Die Freiheit der Prußen im 13. Jh.: Die abendländische Freiheit vom 10. bis zum 14. Jh., hg. v. Johannes Fried, Sigmaringen 1991, 287–306. – Ders., Ostpreußen u. Westpreußen, Berlin [3]1995 (Dt. Gesch. im Osten Europas). – Walther Hubatsch, Gesch. der ev. Kirche Ostpreußens, Göttingen 1968. – Ders., Albrecht v. Brandenburg-Ansbach, Heidelberg 1960. – Tomasz Jasiński, Złota Bulla Fryderyka II dla zakonu krzyżackiego z roku rzekomo 1226 [Die Goldene Bulle Friedrichs II. f. den

Dt. Orden angeblich aus dem Jahre 1226]: Roczniki Historyzne 60 (1994) 106–161. – Erich Joachim, Die Politik des letzten Hochmeisters v. Preußen Albrecht v. Brandenburg, Leipzig 1892. – Gerard Labuda (Hg.), Historia Pomorza [Gesch. Pommerns], 2 Bde., Poznań 1969–1984. – Janusz Małłek, Die Entstehung u. Entwicklung eines Sonderbewußtseins in Preußen während des 15. u. 16. Jh.: ZOF 31 (1982) 48–58. – Gerhard Matern, Die kirchl. Verhältnisse in Ermland während des späten MA, Paderborn 1953. – Gertrud Mortensen, Der Gang der Kirchengründungen (Pfarrkirchen) in Altpreußen: Hist.-geographischer Atlas des Preußenlandes, hg. v. Hans u. Gertrud Mortensen/Reinhard Wenskus/Helmut Jaeger, Lfg. 3, Wiesbaden 1973. – Klaus Neitmann, Christl. Unterweisung v. Deutschen u. Prußen im Ordensland Preußen: Westpreußen-Jb. 46 (1996) 57–71. – Heinz Neumeyer, KG v. Danzig u. Westpreußen in ev. Sicht, 2 Bde., Leer 1971–1977. – Ernst Opgenoorth (Hg.), Hb. der Gesch. Ost- u. Westpreußens, Lüneburg, II/1 1994. – Werner Paravicini, Die Preussenreisen des europ. Adels, 2 Bde., Sigmaringen 1989–1995. – Brigitte Poschmann, Bistümer u. Dt. Orden in Preußen: ZGAE 30 (1962) 227–356. – Gottfried Schramm, Danzig, Elbing u. Thorn als Beispiele städtischer Reformation (1517–1558): Historia Integra. FS Erich Hassinger, Berlin 1977, 125–154. – Urkundenbuch zur Reformationsgesch. des Herzogthums Preußen, hg. v. Paul Tschackert, Leipzig 1890. – Reinhard Wenskus, Über die Bedeutung des Christburger Vertrages f. die Rechts- u. Verfassungsgesch. des Preußenlandes: Stud. zur Gesch. des Preußenlandes. FS Erich Keyser, Marburg 1963, 97–118. – Ders., Zur Lokalisierung der Prußenkirchen des Vertrages v. Christburg 1249: Acht Jahrhunderte Dt. Orden, hg. v. Klemens Wieser, Bad Godesberg 1967, 121–136. – Andreas Zieger, Das rel. u. kirchl. Leben in Preußen u. Kurland im Spiegel der ev. KO des 16. Jh., Köln 1967.

Hartmut Boockmann

II. Die Geschichte des Brandenburgisch-Preußischen Staates (ab 1618)

1. Die Entwicklung des brandenburgisch-preußischen Gesamtstaats im 17. Jahrhundert 2. Der Weg zum überkonfessionellen Staat der Aufklärung im 18. Jahrhundert 3. Preußen zwischen Reform und Revolution in der ersten Hälfte des 19. Jahrhunderts 4. Preußen zwischen Revolution und Reichseinigung in der zweiten Hälfte des 19. Jahrhunderts 5. Vom Ersten Weltkrieg zum Untergang: Preußen im 20. Jahrhundert (Quellen/Literatur S. 375)

1. Die Entwicklung des brandenburgisch-preußischen Gesamtstaats im 17. Jahrhundert

1.1. Preußen bildete sich als ein zahlreiche Territorien umfassender Großstaat ein Jahrhundert, bevor es als Monarchie unter diesem Namen staatsrechtlich in Erscheinung trat. 1614 kamen durch Erbschaft das Herzogtum Kleve, die Grafschaft Mark und die Grafschaft Ravensberg an die Mark →Brandenburg, und 1618 gelangte das Herzogtum Preußen nach dem Tode des Herzogs Albrecht Friedrich (1553–1618) als polnisches Lehen an den brandenburgischen Kurfürsten. Damit war die Grundlage für die Entstehung eines großen Flächenstaates im norddeutschen Raum geschaffen, der sich vom Niederrhein bis an die Memel erstrecken sollte.

Mit der staatlichen Verbindung dieser Territorien ergaben sich auch Ansätze für die Entwicklung eines überregionalen kirchlichen Zusammenhangs. Auch wenn die konfessionellen Besonderheiten Brandenburgs (lutherisch), (Ost-)Preußens (lutherisch) und der westlichen Territorien (vorwiegend reformiert) bestehen blieben, so sorgte doch das Landesherrliche →Kirchenregiment dafür, daß gemeinsame Bezugspunkte entstanden. Der Summepiskopat des Landesherrn galt für alle Untertanen.

Die hierin angelegte Ausrichtung der verschiedenen Territorialkirchen auf eine gesamtstaatliche Ordnung wurde durch einen Vorgang verstärkt, der zugleich kirchen- und allgemeingeschichtliche Bedeutung hatte: durch den Übertritt des Herrscherhauses zum Calvinismus (→Reformierte Kirchen). Am Weihnachtsfest 1613 hatte Kurfürst Johann Sigismund (1572–1619) sowohl aus Glaubensüberzeugung (Verlangen nach einer Fortsetzung bzw. Vollendung der Reformation) als auch aus politischem Kalkül (Annäherung an die →Niederlande und Westeuropa) das reformierte Bekenntnis angenommen, dies aber nur für sich und das Kurhaus, nicht jedoch für das Land und die Stände durchgesetzt. Damit war erstmals das konfessionspolitische Prinzip des *cuius regio eius religio* durchbrochen (vgl. TRE 8,584,11 ff.).

Die Folgen dieses Konfessionswechsels sollten weit reichen. Zum einen war durch die Gegenüberstellung von calvinistischem Herrscherhaus und lutherischen Untertanen eine Situation geschaffen, die den Hohenzollernstaat langfristig auf den Weg zu konfessioneller Toleranzpolitik führte. Dem kirchlichen →Konfessionalismus wurde die staatliche Spitze abgebrochen, so daß Raum für andere geistige Kräfte entstand. Zum andern wuchs der Hohenzollernstaat über den provinziellen Horizont des hausbackenen Luthertums hinaus und fand Anschluß an die moderne Welt westeuropäischen Denkens. Mit dem Schritt des Kurfürsten Johann Sigismund wurde die brandenburgisch-preußische Geschichte politisch „interessant" (Friedrich der Große, Denkwürdigkeiten zur Geschichte des Hauses Brandenburg, franz. Original 1751, neue dt. Ausgabe hg. v. Klaus Förster, München 1963, 19).

Unter diesen Umständen war es nur konsequent, daß die Reformierten besonders ausgeprägt zu Trägern gesamtstaatlichen Denkens wurden. Sie verbanden mehr als andere ihr Schicksal mit dem des Herrscherhauses; sie hatten auch weniger Rückhalt bei den Landständen. Am Hof und in den leitenden Gremien des Staates nahmen sie führende Positionen ein.

Einen sichtbaren Ausdruck fand dieser im Zentrum des Gesamtstaats stehende „Hofcalvinismus" in den Hofpredigern, die auch kirchenpolitisch über die regionalen Grenzen hinaus wirkten. Sie waren den lutherischen Konsistorien in den einzelnen Landesteilen als Räte zugeordnet und hatten zeitweilig sogar den Vorsitz der dortigen geistlichen Bänke inne. Auch auf Kirchenvisitationen hatten sie überall Einfluß.

Eine oberste Kirchenbehörde für den gesamten Hohenzollernstaat gab es – nach der vorübergehenden Einrichtung eines Kirchensenats 1614 – im 17. Jh. nicht. Wohl aber nahmen einzelne reformierte Räte im 1604 gegründeten *Geheimen Rat* die Aufsicht über das Kirchenregiment wahr und sorgten damit für eine landeseinheitliche Durchführung der kurfürstlichen Kirchenpolitik. Dies bedeutete vor allem eine konsequente Zurückdrängung des lutherischen Konfessionalismus, der als kirchlicher Bundesgenosse des unmodernen Ständewesens galt.

Überhaupt waren die kirchlichen Konflikte im 17. Jh. eng mit den weltlich-politischen verflochten. Dem Ausbau der Staatsmacht im Zeitalter des Absolutismus entsprach eine Entwicklung von der Landes- zur Staatskirche, deren Grundstruktur zwar die Verbindung von konsistorialer Verwaltung (→Konsistorium), Pfarramt und Patronatswesen (→Patronat) blieb, die aber zunehmend Attribute der Eigenständigkeit verlor. Das Zusammenwachsen Brandenburg-Preußens machte vor den Kirchen nicht halt.

1.2. Dies gilt besonders für die Regierungszeit des Großen Kurfürsten (1640–1688). In ihr erfolgte nicht nur eine nachhaltige Schwächung des Ständewesens (letzte Einberufung des Landtags in Brandenburg 1653, im Herzogtum Preußen erst 1704), sondern auch parallel eine spürbare Beschränkung der Lehrmeinungsspielräume der lutherischen Kirchen. Unter dem Zeichen einer staatlich gebotenen Toleranzpolitik (→Toleranz) wurde von allen Geistlichen des Landes verlangt, einen Revers mit der Verpflichtung zu unterschreiben, sich jeder Konfessionspolemik zu enthalten. Dies führte zu Widerstand wie bei dem großen Kirchenliederdichter Paul →Gerhardt, der seine Weigerung mit dem Verlust seines Pfarramts an der Nikolaikirche in Berlin bezahlte.

Auch territorialpolitisch vergrößerte der Große Kurfürst das Gewicht des Staates. Im →Westfälischen Frieden, der 1648 den →Dreißigjährigen Krieg beendete und den Reformierten die lang ersehnte reichsrechtliche Anerkennung brachte, erwarb er das östliche →Pommern, die Bistümer Halberstadt und Minden sowie die Anwartschaft auf das Erzbistum →Magdeburg, also wichtige, von der Reformation geprägte Gebiete.

Dies bedeutete erneut, daß die staatliche Entwicklung eine stärkere Dynamik erhielt als die kirchliche. Der größere Zuschnitt des Gesamtstaates ließ die einzelnen Territorialkirchen nun nicht nur in räumlicher Hinsicht provinziell erscheinen, auch politisch fielen sie zunehmend ab gegenüber dem in neue Dimensionen hineinwachsenden Staat. Dieser mußte auf eine Integration und Modernisierung seiner weit verstreuten Gebiete bedacht sein, so daß der Kontrast zu dem in ständischen Strukturen befangenen Kirchenwesen zunahm.

Demgegenüber gewann der →Protestantismus in Brandenburg-Preußen an Ansehen und Gewicht durch einen Vorgang, der seine Gründe außerhalb des Landes hatte: durch die Vertreibung der →*Hugenotten* aus Frankreich in der Folge der Aufhebung des Edikts von Nantes (1685). Mit dem darauf antwortenden Edikt von Potsdam (1685) öffnete der Große Kurfürst über 20.000 französischen Glaubensflüchtlingen das Land, die sich in vielen Bereichen des wirtschaftlichen und kulturellen Lebens bald als vorwärtstreibende Kräfte erweisen sollten. In zahlreichen Orten von Berlin und Magdeburg über die Uckermark und Hinterpommern bis nach Ostpreußen bildeten sie Kolonien, in denen sie nicht nur über eigene Kirchengemeinden und Schulen, sondern auch über eigene Gerichte verfügten, die ihnen das Leben unter den ihnen fremden gesellschaftlichen Verhältnissen erleichterten.

Für den aufstrebenden Hohenzollernstaat hatten die Hugenotten eine mehrfache Bedeutung. Zum einen förderten sie wesentlich die gesamtstaatliche Integration, da sie keine Identitätsbindungen an die Einzelterritorien des weitgespannten Landes hatten. Zum andern stärkten sie die Loyalität gegenüber dem Landesherrn insofern, als sie nicht im Ständewesen verankert waren. Die Hugenotten dienten dem zusammenwachsenden Staat der Hohenzollern und wurden damit bald zu guten Preußen.

1.3. Von nicht geringerer Bedeutung für die Geschichte Brandenburg-Preußens war die Aufnahme des →*Pietismus*. Auch sie hatte zugleich politische und kirchliche Gründe, auch sie berührte nicht nur einzelne Territorien, sondern den gesamten Staat. Im Unterschied zum Calvinismus mit seinen weitgehend landfremden Zügen kam der Pietismus jedoch aus der Mitte des Landes und war auch nicht auf die Eliten beschränkt.

Zwei Persönlichkeiten vor allem prägten das Gesicht des Pietismus im Hohenzollernstaat: Ph.J. →Spener mit seiner Predigt in Berlin und A.H. →Francke mit seinem Werk in Halle. Beide waren von der Überzeugung durchdrungen, daß sich der Glaube im Leben zu bewähren habe und nicht in der Bekundung von Lehrmeinungen erschöpfen dürfe. Aber während sich Spener auf programmatische Arbeit konzentrierte, erhielt Francke Gelegenheit, ein praktisches Reformwerk aufzubauen: die weit über die Landesgrenzen hinaus ausstrahlenden *Franckeschen Stiftungen*.

Die entscheidende Grundlage hierfür bildete die 1694 gegründete Universität →Halle, an die Francke als Theologieprofessor berufen wurde. In ihrem Umkreis entstanden mehrere Anstalten zur Erziehung und Betreuung der Jugend (Waisenhaus, Armenschule, Bürgerschule, Pädagogium), die den Wert der „Realien" betonten. Sie wurden bald zum Inbegriff eines neuen Verständnisses von christlicher Bildungs- und Sozialarbeit, weit über den Bereich der wissenschaftlichen Theologie hinaus. Religiöse Erneuerung und soziale Reform gehörten für sie zusammen.

Damit entwickelte sich der Hallesche Pietismus zu einer umfassenden Erneuerungsbewegung, die dem brandenburgisch-preußischen Staat doppelt nützlich sein konnte. Als Gegner des erstarrten Konfessionskirchentums bot er sich als Bundesgenosse der antikonfessionalistischen Kirchenpolitik des Herrscherhauses an. Und als sozialreformerische Kraft förderte er ein ständekritisches Potential, das dem Hohenzollernstaat auf seinem Weg zur absoluten Monarchie willkommen sein mußte. Die pietistische Bewegung wurde hier ins Staatsinteresse gezogen.

So hatte Brandenburg-Preußen am Ende des an Konfessionskämpfen reichen 17. Jh. ein spezifisches, protestantisches Profil. Einerseits hatte das Land mit der Aufnahme und Förderung der „modernen" Kräfte des Protestantismus hohes Ansehen gewonnen und →Sachsen – mit seinem 1697 zum Katholizismus konvertierten Herrscherhaus – als Vormacht des evangelischen Lagers im Reich den Rang abgelaufen. Andererseits hatte der Staat nach der Zurückdrängung des hergebrachten, mit den konfessionellen Territorialkirchen verbundenen Ständewesens eine solche Präponderanz gerade auch gegenüber den Kirchen im Lande gewonnen, daß von einer Partnerschaft zwischen den

„zwei Reichen“ kaum noch die Rede sein konnte. In Preußen kam definitiv erst der Staat und dann die Kirche.

2. Der Weg zum überkonfessionellen Staat der Aufklärung im 18. Jahrhundert

2.1. Mit der Königskrönung am 18. Januar 1701 in Königsberg gab Kurfürst Friedrich III. – als König Friedrich I. – dem aufstrebenden Großstaat im norddeutschen Tiefland einen neuen, anspruchsvollen Rechtstitel und den identitätsstiftenden Namen. In der Länderansammlung zwischen Niederrhein und Memel stellte sich nun zunehmend eine Bindung an den König in Preußen ein, wenngleich die einzelnen Territorien regionale Eigenständigkeiten durchaus bewahrten. Ein preußisches Gemeinbewußtsein sollte sich erst allmählich entwickeln.

Das erste Jahrzehnt der Monarchie zeichnete sich kirchengeschichtlich – neben der fortschreitenden Integration der Hugenotten und der weiteren Ausbreitung des Pietismus – vor allem durch Unionspläne des Hofpredigers D.E. →Jablonski (→Unionen, Kirchliche) aus. Sie zielten auf eine Vereinigung der beiden, auf den Weg gegenseitiger Toleranz gedrängten protestantischen Konfessionen des Hohenzollernstaates und faßten – unter Preisgabe der partikularen Kirchenbezeichnungen „lutherisch“ und „reformiert“ – den gemeinsamen Namen „evangelisch“ ins Auge. In Verbindung mit →Leibniz erwog Jablonski sogar zeitweilig eine Annäherung an die Anglikaner, für deren episkopale Kirchenverfassung er Sympathien hatte. Am Ende kam nicht mehr heraus als ein vom König einberufenes *Collegium Irenicum* in Berlin (1703), dem jedoch führende pietistische Theologen wie Spener fernblieben.

2.2. Von grundlegender Bedeutung für den inneren Ausbau des preußischen Staates, aber auch für die Entwicklung der Kirchen und Konfessionen in ihm war die Regierungszeit Friedrich Wilhelms I. (1713–1740). Dieser als „Soldatenkönig“ in die Geschichte eingegangene Monarch hat nicht nur eine außergewöhnlich starke Armee aufgebaut und den Gesamtstaat mit einer effektiven zentralen Verwaltung ausgestattet (Einrichtung eines *Generaldirektoriums* 1723), er hat auch der Autorität des Staates moralische Grundlagen zu geben verstanden, die beständig und dauerhaft waren.

So trieb der von starker Frömmigkeit geprägte König die innere Konsolidierung der jungen Monarchie im Bunde mit dem Halleschen Pietismus zielstrebig voran und benutzte dessen Reformenergien für staatspolitische Zwecke. Er unterstützte das Werk Franckes mit großem Nachdruck und übertrug seinen Schülern so große Aufgaben wie das *Retablissement* in Ostpreußen; die miteinander verbundene Kirchen- und Schulreform ließ er in ihrem Geiste durchführen (Verordnung von 1734 zur Einführung der allgemeinen Schulpflicht und des ganzjährigen Schulbetriebs sowie zum Aufbau eines vorgebildeten Volksschullehrerstandes; →Schule/Schulwesen). Auch der Ausbau des Feldpredigerwesens (→Militärseelsorge) erfolgte im Zeichen pietistischer Grundsätze.

Institutionell entwickelten sich die Kirchen in der Zeit Friedrich Wilhelms I. an mehreren Stellen. Im Jahr 1713 erhielten die deutschen Reformierten ein eigenes zentrales Kirchendirektorium, das den lutherischen Konsistorien in den ostelbischen Landesteilen die Verwaltung der reformierten Angelegenheiten abnahm. Und 1738 wurde aus dem *Geheimen Rat* heraus ein *Departement der Geistlichen Angelegenheiten* geschaffen, das als Oberaufsicht für alle Konfessionen zuständig wurde. Schließlich bekamen auch die Katholiken erstmals eigene Kapellen, damit die zu ihnen gehörenden Soldaten geistlich betreut werden konnten.

2.3. Nachhaltige Veränderungen erfuhr die preußische Monarchie sowohl für den Staat als auch für die Kirchen in der Regierungszeit Friedrichs II., des Großen (1740–1786). Durch die ehrgeizige und ruhmreiche Machtpolitik des Königs entstand ein preußischer Staatspatriotismus, der tief in die Bevölkerung eindrang und alle konfessionellen Traditionsunterschiede überwölbte. Während des Siebenjährigen Krieges (1756–1763) wurde allenthalben für den Sieg der preußischen Fahnen gebetet; Geistliche aller Bekenntnisse predigten mit preußisch-vaterländischem Pathos (vgl. TRE 20,31,13ff.).

Ebenso wie der neue Patriotismus prägte der Geist der →Aufklärung viele Bereiche des staatlichen und kirchlichen Lebens. Er bestimmte nicht nur die groß angelegte Justizreform, die seit 1746 von Samuel von Cocceji (1697–1755) in Angriff genommen wurde (insbesondere die Trennung von Justiz und Verwaltung), er drang auch in die Kirchen ein und übte starken Einfluß auf die Pfarrerschaft und die Organe der Kirchenverwaltung aus. Vor allem aber fand er Eingang in die Universitäten (der Philosoph Christian →Wolff und der Theologe Johann Salomo →Semler in Halle sowie I. →Kant in →Königsberg), wo er als Wegbereiter modernen rationalistischen Denkens (→Rationalismus) wirkte.

In einem neuen Sinne trieb die Aufklärung auch den Prozeß der Entkonfessionalisierung voran. Durch eine sehr weitgehende Veräußerlichung des Kirchenwesens, verbunden mit einer theologischen Entleerung des Kirchenbegriffs, trug sie dazu bei, daß die Kirche schließlich nur noch als Organ des Staates in Erscheinung trat, als nützliches Instrument zur Beförderung von Gesittung und Wohlfahrt. Die Grenzen zwischen den Ordnungs- und Wertvorstellungen der sich entwickelnden bürgerlichen Gesellschaft und denen der christlichen Kirchen verschwammen (so z. B. in den Predigten und Schriften des Berliner Hofpredigers August Friedrich Wilhelm Sack [1703–1786]).

In institutioneller Hinsicht nahm sich dies so aus, daß die kirchliche Verwaltung schließlich nur noch ein Anhängsel der staatlichen war. Zwar wurde das *Departement der Geistlichen Angelegenheiten* 1764 in eine reformierte und eine lutherische Abteilung aufgegliedert, aber seine Verbindung mit der Justiz blieb erhalten. Auch die Einrichtung eines zentralen lutherischen Oberkonsistoriums (1750), das den einzelnen Territorialkonsistorien übergeordnet wurde, änderte nichts daran, daß das Landesherrliche Kirchenregiment seine konfessionelle Substanz verloren hatte.

Nicht weniger als die Aufklärung brachte ein politischer Vorgang Veränderungen für den Charakter des Staates und dessen Verhältnis zu den Kirchen mit sich: die Annexion neuer Territorien in der Folge der friderizianischen Großmachtpolitik. Durch die Eroberung →Schlesiens (1742, definitiv 1763) und den Erwerb Westpreußens (→West- und Ostpreußen) aus der ersten Teilung Polens (1772) kam es zu einer Eingliederung starker katholischer Bevölkerungsteile (ca. 20% der Gesamtbevölkerung), die administrative Konsequenzen hatte. So erhielt Preußen mit dem Fürstbistum Breslau erstmals einen katholischen Bischofssitz auf seinem Boden, der – z. B. bei Besetzungsfragen – neugeregelte Beziehungen zum Vatikan erforderlich machte. Mit Kulm und Frauenburg (Ermland) traten aus der polnischen Teilungsmasse (→Polen) zwei weitere Bistümer hinzu, die zudem noch einen polnischen Bevölkerungsanteil mitbrachten.

In beiden Fällen verfolgte Friedrich der Große eine Politik der Neutralisierung der Konfessionsgegensätze. Statt die Positionsgewinne der →Römisch-katholischen Kirche durch die Gegenreformation (→Katholische Reform und Gegenreformation), insbesondere in Schlesien, rückgängig zu machen und die seit dem Dreißigjährigen Krieg rekatholisierten Kirchen den Protestanten zurückzugeben, schlug er vielmehr den Weg einer Förderung von Neubauten evangelischer Kirchen ein, so daß Preußen in diesen Gebieten auch äußerlich ein multikonfessionelles Gesicht bekam. Auf dieser Linie lag auch die Genehmigung zum Bau einer zentralen katholischen Kirche in Berlin, die 1773 unter dem Namen der schlesischen Schutzheiligen St. Hedwig geweiht wurde.

2.4. In der Summe war Preußen am Ende der Regierungszeit Friedrichs des Großen also kein homogener protestantischer Staat mehr. Es war jedoch nicht nur die Position der katholischen Kirche stärker geworden, auch das Problem der – unzureichenden – kirchlichen Eigenständigkeit gegenüber dem Staat insgesamt hatte an Gewicht gewonnen. So konnte bereits unter dem Nachfolger, Friedrich Wilhelm II. (1786–1797), ein Konflikt ausbrechen, der zwar in erster Linie die evangelischen Kirchen berührte, aber doch allgemeinere Bedeutung hatte: der Konflikt um das *Woellnersche Religionsedikt* (1788). Hier ging es um einen reaktionären kirchenpolitischen Versuch des den →Rosenkreutzern nahestehenden Ministers des geistlichen Departements, dem weiteren Vordringen der Aufklärung in der Kirche Einhalt zu gebieten und mit administrativen Maßnahmen „die christliche Religion ... gegen alle Verfälschung zu schützen" (vgl. Hubatsch III, 254–259). Dieser Eingriff des Staates rief kirchlichen Widerspruch hervor, weil er den Kirchen ihre Handlungsspielräume in Lehrfragen nahm. Die Gleichsetzung von Staats- und Kirchengesetzen erschien zunehmend als anfechtbar.

Alles drängte also auf eine grundsätzliche Klärung des Verhältnisses von Staat und Kirche. Dies geschah mit der Einführung des *Allgemeinen Landrechts für die preußischen Staaten* (1794), das als Kodifikation der von der Aufklärung geprägten Rechtsgrundsätze den Gedanken der →Toleranz und der →Religionsfreiheit Bahn brach und ein voll durchgebildetes System des Staatskirchenrechts schuf. Den Konfessionen wurde rechtliche Parität zugesichert, wenn auch unter strenger staatlicher Kirchenhoheit (vgl. TRE 18,703,49 ff.; wichtigste Text-Ausschnitte bei Huber/Huber I, 3–11).

3. Preußen zwischen Reform und Revolution in der ersten Hälfte des 19. Jahrhunderts

3.1. Preußen war zu Beginn des 19. Jh. ein Staat mit einem „modernen Kopf" und einem „altfränkischen Rumpf" (Alexis de Tocqueville, Code du Grand Frédéric: ders., Œuvres complètes, Paris, II/1 1952, 269). Es war im Laufe von drei Generationen zu einem neuzeitlichen Staatswesen geworden, aber gleichzeitig eine altständische Gesellschaft geblieben. Gegenüber der Dynamik des revolutionären Frankreich erwies es sich als starr und widerspruchsvoll.

Eingebunden in diese Spannung traten auch die Kirchen in das neue Jahrhundert ein. Sie wurden ohne Vorbereitung mit den Folgen der →Französischen Revolution konfrontiert und sahen sich vor die Notwendigkeit gestellt, ihren Ort in der Gesellschaft neu zu reflektieren. Vor allem aber mußten sie lernen, den Prozeß der →Säkularisierung als Herausforderung für den eigenen Wirkungsanspruch ernst zu nehmen. Als bloße Institutionen des *Ancien Régime* hatten sie wenig Zukunftschancen.

Im protestantischen Bereich war es vor allem der Theologe F.D.E. →Schleiermacher, der diese epochalen Probleme aufgriff und als kirchliche Reformforderungen thematisierte. Im Zusammenhang der Stein-Hardenbergschen Reformen drängte er mit einem *Vorschlag zu einer neuen Verfassung der protestantischen Kirche im preußischen Staate* (1808) auf eine Erweiterung der kirchlichen Eigenverantwortung und forderte entsprechende Strukturen: gewählte Presbyterien in den Gemeinden, geistliche Synoden auf Kreisebene und kollegial verfaßte Kapitel mit einem leitenden Bischof an der Spitze der Provinzialkirchen (→Presbyterial-synodale Kirchenverfassung). Als krönenden Abschluß der Kirchenreform faßte er eine Aufhebung der konfessionellen Spaltung der evangelischen Kirchen ins Auge (s. Huber/Huber I, 564–573).

Verwirklichen ließ sich von diesen weitreichenden Plänen nach der Entlassung des Freiherrn vom →Stein freilich kaum etwas. Was Gestalt annahm, war lediglich eine Reorganisation der Kirchenverwaltung, wie sie dem zentralistisch-administrativen Denken des Staatskanzlers Hardenberg entsprach, und eine Hebung des Bildungsniveaus der Geistlichen, an der den reformwilligen Beamten im Kultusbereich gelegen war (vgl. Geschichte der EKU I, 54–67). Darüber hinaus hatte die durch die Napoleonische Herrschaft (→Napoleonische Epoche) erzwungene Veränderung der Gebietsverhältnisse Säkularisationen von Kirchengütern zur Folge (Edikt von 1810), die eine Neuordnung der kirchlichen Vermögensverhältnisse mit sich brachten. Sie betrafen vor allem die katholische Kirche.

3.2. Eine durchgehend neue Grundlage für die Geschichte sowohl des Staates als auch der Kirchen im Preußen des 19. Jh. schuf die Neugestaltung der politischen Landkarte auf dem Wiener Kongreß (1814/15). Nun mußten große neue Gebiete mit unterschiedlichen Prägungen und Traditionen (→Rheinland, →Westfalen, Teile Sachsens, Vorpommern und – aus der Ländermasse der zweiten Teilung →Polens von 1793 erneut – Posen) in den preußischen Staatsverband integriert werden; außerdem erhöhten die westlichen Provinzen und das überwiegend polnische Posen den katholischen Bevölkerungsanteil auf zwei Fünftel. Die linksrheinischen Gebiete brachten überdies aus den zwanzig Jahren ihrer Zugehörigkeit zu Frankreich französische Rechtsverhältnisse mit (Geltung des Napoleonischen *Code Civil*), die ein Anknüpfen an vorrevolutionäre Zustände verboten.

Den neu abgegrenzten Provinzen – seit 1824 insgesamt acht: Preußen, Brandenburg, Pommern, Schlesien, Posen, Sachsen, Westfalen, Rheinland – entsprachen die kirchlichen Verwaltungsstrukturen. Unter Vorsitz der jeweiligen Oberpräsidenten übten Provinzialkonsistorien für die Protestanten die Konsistorialrechte aus, für die Katholiken lediglich die landesherrlichen Rechte *circa sacra*. Sie waren auch für das Schulwesen zuständig. Die Oberaufsicht hatte das neu geschaffene Kultusministerium.

Trotzdem hatten die Kirchen auch ein eigenes Profil. Im protestantischen Bereich gewannen vor allem zwei Strukturfragen Bedeutung, die der Diskussion über Jahrzehnte hinweg Nahrung geben sollten: die Union von Lutheranern und Reformierten (vgl. TRE 10,678,16ff.) und die Bildung von →Synoden unter Beteiligung von Laien. Beide Fragen führten zu innerkirchlichen Richtungskämpfen, in beiden schlugen sich aber auch die epochalen Auseinandersetzungen zwischen Konservativen und Liberalen nieder (vgl. TRE 20,431,18–48).

Die Union der beiden Bekenntnisse (1817 proklamiert) entsprang einerseits dem persönlichen Streben Friedrich Wilhelms III. nach Überwindung des innerprotestantischen Zwiespalts, andererseits den antikonfessionalistischen Zielsetzungen der Liberalen. Durch die Art ihrer Begründung (administrative Anordnung von oben) bewirkte sie jedoch nicht stärkere Einheit, sondern neue Spaltung. Mit der anschließenden Einführung einer einheitlichen Agende (1822) in allen Provinzialkirchen kam es zu einem langwierigen Streit (vgl. TRE 2,55–60), der freilich auch den Sinn für kirchliche Eigenverantwortung gegenüber dem Staat schärfte.

Auch die synodale Bewegung, die der konstitutionellen im politischen Bereich entsprach (→Konstitutionalismus), stieß auf Widerstände. Sie strebte größere Mitwirkungsrechte der Laien an, geriet damit aber in Widerspruch zum spätabsolutistischen Staat, dem Synoden dieser Art nicht weniger verdächtig waren als Parlamente. Nur in den beiden westlichen Provinzen Rheinland und Westfalen mit ihren stark reformiert geprägten Traditionen sah sich der Staat gezwungen, eine Synodalverfassung zu konzedieren (1835; vgl. TRE 19,152,4–18).

Eine bedeutsame Laienwirksamkeit entfaltete sich dagegen im Rahmen der pietistischen Erweckungsbewegung (→Erweckung/Erweckungsbewegungen), vor allem in den ländlichen Gebieten Pommerns und Schlesiens. Hier bildeten sich Gemeinschaften, die vom bäuerlichen Milieu bis in den Adel reichten und die staatliche Amtskirche in Frage stellten. Bisweilen kam es dabei zu Separationen, die in Bildungen von Freikirchen mündeten (Bewegung der Altlutheraner).

3.3. Die Römisch-katholische Kirche hatte andere Konfliktfelder gegenüber dem preußischen Staat. Mit ihren zwei Kirchenprovinzen (Köln und Posen-Gnesen), vier Suffraganbistümern (Trier, Münster, Paderborn und Kulm) und zwei exemten Diözesen (Breslau und Ermland) hatte sie einen Rahmen gefunden, der den neuen territorialen Gegebenheiten entsprach. Nach dem Verlust ihrer feudalen Positionen in der Folge der Säkularisationen sah sie sich jedoch zu einer stärkeren Rückbindung an Rom und zu einem ultramontanen Kurs (→Ultramontanismus) gedrängt.

Dies fand einen ersten Niederschlag in einer verschärften Mischehenpraxis, die – im Unterschied zum Preußischen Landrecht – ausnahmslos eine katholische Erziehung von Kindern aus konfessionsverschiedenen Ehen vorsah. Als der preußische Staat eine mildere Regelung verlangte, kam es zum Konflikt mit dem Kölner Erzbischof, in dessen Folge dieser vom Amt suspendiert wurde (vgl. TRE 20,210,47ff.). Auch in der Provinz Posen gab es Auseinandersetzungen, hier freilich mit nationalitätenpolitischen Begleiterscheinungen.

3.4. Nachhaltige Veränderungen traten mit dem Regierungsantritt Friedrich Wilhelms IV. (1840) ein. Dieser König war entschlossen, sich von der bürokratischen Herrschaftsweise seines Vaters in Staat und Kirche abzuwenden, rief aber damit zwiespältige Wirkungen hervor: Sowohl altständische als auch liberale Gegner des Absolutismus verlangten nun Reformen der bestehenden Ordnung.

Im protestantischen Bereich erhielten die synodalen und die konfessionellen Kräfte gleichermaßen Auftrieb. Seit 1843 kam es zur Einberufung von – geistlichen – Synoden auf Kreis- und Provinzialebene auch im Osten, 1846 folgte – noch vor entsprechenden Schritten im politisch-säkularen Raum – die Bildung einer gesamtstaatlichen Generalsynode. Hier traten erstmals Theologen und Laien verschiedener kirchenpolitischer Richtungen im Rahmen der Gesamtmonarchie zusammen, um über Fragen der Kirchenverfassung und der Bekenntnisbindung zu beraten (Geschichte der EKU I, 342–366).

Auch die katholische Kirche sollte seit 1840 mehr Bewegungsfreiheit gewinnen. Der Staat zeigte sich bereit, auf das königliche Placet für bischöfliche Erlasse zu verzichten und eine katholische Abteilung im Kultusministerium zu errichten. Und mit dem Beschluß, die bauliche Vollendung des Kölner Doms zu unterstützen (Kölner Dombaufest 1842), setzte er ein sichtbares Zeichen der Verständigung.

4. Preußen zwischen Revolution und Reichseinigung in der zweiten Hälfte des 19. Jahrhunderts

4.1. Einen wesentlichen Einschnitt in der preußischen Staats- und Kirchengeschichte bildete die →Revolution von 1848 (vgl. auch →Vormärz). Sie brachte politisch den Durchbruch zur konstitutionellen Monarchie und kirchlich einerseits Ängste gegenüber dem sich verstärkenden Prozeß der Säkularisierung, andererseits Antriebe zur Reflexion des eigenen Standorts in der Welt. Größere institutionelle Eigenständigkeit erlangten die Kirchen in den Verfassungen von 1848 und 1850.

Die evangelische Kirche Preußens entwickelte im Spannungsfeld zwischen konstitutionellem Freiheitsverlangen und nationalem Einheitsstreben nur wenig kirchenpolitische Energie. Weder ergriff sie eine Initiative zur Vollendung der 1846 geforderten Reformen, noch hatte sie ein kohärentes nationalkirchliches Programm. Der einzige Ansatz zu einer kirchlichen Neuerung hatte keinen spezifisch preußischen Bezug: Der Wittenberger →Kirchentag von 1848 widmete sich vor allem der sozialen Frage (J.H. →Wichern) und vernachlässigte die verfassungspolitische Diskussion. So kam es zu keinem Ausbau des synodalen Elements, sondern nur zur Einrichtung einer neuen zentralen Kirchenbehörde, des *Evangelischen Oberkirchenrats* (EOK; vgl. Geschichte der EKU I, 402–418).

Im Vergleich dazu gelang es der katholischen Kirche sehr viel besser, ihren Stand im Verlauf der Revolution zu festigen. Sie begriff diese als Chance zur Erweiterung ihrer Freiheit und wirkte in vielfältiger Weise auf die Verfassungsdiskussion ein (durch katholische Abgeordnete, Bischofsversammlungen, Pius-Vereine und Katholikentage). Als langfristig bedeutsam erwies sich die Bildung einer eigenen katholischen Landtagsfraktion (seit 1859 →Zentrum genannt), die für die Rechte der Kirche eintrat und den Interessen der katholischen Bevölkerung Geltung verschaffte.

Die 50er Jahre standen sowohl allgemein- als auch kirchenpolitisch im Zeichen der Reaktion. Es blieb trotz der neuen Verfassungsregelungen bei der Unterhaltung von Konfessionsschulen. Und auch die Bestrebungen, mehr kirchliche Eigenständigkeit gegenüber dem Staat zu erlangen, gerieten ins Stocken, zumal der wachsende →Kulturprotestantismus in den Bildungsschichten kaum noch Interesse an der äußeren Gestalt der Kirche zeigte.

Erst mit der Politik der nationalen Einigung kam wieder Bewegung in die Angelegenheiten der Kirchen. In der evangelischen Kirche wurden nun auch in den östlichen Provinzen Presbyterien und Provinzialsynoden gebildet, letztere freilich erst 1869, also zwei Jahre nach dem Zusammentritt des aus freien und gleichen Wahlen hervorgegangenen norddeutschen Reichstags (vgl. TRE 19,152,32ff.). Die 1866 annektierten Territorien (→Schleswig-Holstein, →Hannover, →Kurhessen, →Nassau und Frankfurt am

Main) behielten ihre kirchliche Selbständigkeit, wurden also nicht der preußischen Unionskirche angeschlossen.

Für die katholische Kirche waren es weniger innere Strukturprobleme als die gesellschaftlichen Folgen der →Industrialisierung, die größere Aufmerksamkeit auf sich zogen. In den Jahren der sich formierenden Arbeiterbewegung (→Arbeiter/Arbeiterbewegung/Angestellte) suchte sie eigene Antworten auf die soziale Frage (W.E. von →Ketteler) und baute ihr Vereinswesen auch unter sozialpolitischen Gesichtspunkten aus (A. →Kolping).

4.2. Von kaum zu überschätzender Bedeutung sowohl für die politische als auch für die kirchliche Geschichte Preußens war die Bismarcksche Reichsgründung von 1871. Sie veränderte nicht nur die Kräfteverhältnisse in der konfessionellen Landschaft, sie prägte auch für mindestens drei Generationen kulturelle Orientierungen und kirchenpolitische Verhaltensweisen. Nicht nur numerisch dominierten die Protestanten im Reich (zwei Drittel der Bevölkerung).

Insbesondere förderte die preußische Reichseinigung das nationale Denken im Protestantismus. Die von der evangelischen Theologie betonte Weltlichkeit der Welt wurde nun vor allem in der nationalen Dimension erfahren (→Nationalismus); Deutschland wurde wichtiger als Preußen. Eine Ausbildung nationalkirchlicher Institutionen auf Reichsebene sollte trotzdem noch lange auf sich warten lassen (vgl. TRE 10,658,1ff.).

Für die Katholiken verstärkte sich umgekehrt ihre Abwehrhaltung gegenüber der modernen Welt. Wo ihnen diese nun vorherrschend als preußisch-deutscher Nationalstaat begegnete, erschien sie ihnen zunehmend als gefährlich. Viele Bedrohlichkeiten der säkularisierten Welt bündelten sich aus dieser Sicht in Bismarcks neuem Reich.

Auf diesem Hintergrund müssen die Auseinandersetzungen des →Kulturkampfs gesehen werden, die unmittelbar nach der Reichsgründung einsetzten. Sie ergaben sich als Folge eines innerkatholischen Streits über die Unfehlbarkeit des Papstes in seinem Lehramt (verkündet auf dem →Vatikanum I im Sommer 1870), der zur Abspaltung der Altkatholischen Kirche (→Altkatholizismus) und – wegen deren Behandlung – zum Konflikt mit dem Staat führte. Es stellte sich die Frage, ob dissentierende oder gar exkommunizierte Geistliche im staatlichen Schul- oder Hochschuldienst bleiben könnten.

Bismarck nahm den Konflikt auf und verschärfte ihn. Er hob die katholische Abteilung im Kultusministerium auf (1871) und ließ den Minister Falk eine Reihe von Gesetzen zur Beschränkung des kirchlichen Einflusses auf den Weg bringen: das Schulaufsichtsgesetz (1872), das Gesetz zum Verbot des Jesuitenordens (1872) und schließlich die besonders umstrittenen „Maigesetze" des Jahres 1873, die die Grenzen der kirchlichen Disziplinargewalt schärfer bestimmten und strengere Vorschriften über die Vorbildung von Geistlichen (Studium an staatlichen Universitäten) einführten (Texte bei Huber/Huber II, 522–629).

Daraufhin versteifte sich der katholische Widerstand, der in der Zentrumspartei zunehmend politisch geführt wurde. Andererseits entstanden neue Konfliktfelder, die beide Seiten zum Einlenken bewogen. So führte die wachsende Gegnerschaft gegen die →Sozialdemokratie (Sozialistengesetz 1878) schließlich zu einem Abbau der überzogenen Kampfpositionen von Staat und Kirche, der auch durch den neuen Papst →Leo XIII. (1878) gefördert wurde.

Auch für die Protestanten hatte der Kulturkampf Bedeutung. Vor allem die Gesetze, die eine Entflechtung von Staat und Kirche zum Ziel hatten (nicht zuletzt das Gesetz zur Einführung der Zivilehe von 1874/75), berührten Interessen der Kirche und lösten Ängste vor einer weiteren Entkirchlichung aus. Entsprechend meldeten sich die staatskirchlich orientierten konservativen Kräfte wieder stärker zu Wort und suchten die liberale Politik zurückzudrängen. Die den Synodalisierungsprozeß abschließende Bildung einer Generalsynode für die acht altpreußischen Provinzen (1875) blieb davon allerdings unberührt.

4.3. Mit dem Regierungsantritt Wilhelms II. (1888) und der Entlassung Bismarcks (1890) rückte die soziale Frage in den Mittelpunkt der öffentlichen Diskussion (→Sozialgeschichtsschreibung). Nach dem rapiden Fortschritt der Industrialisierung lebte nun fast die Hälfte der Bevölkerung Preußens in Städten, mehr als ein Viertel davon in Großstädten. Der Hohenzollernstaat war kein Agrarstaat mehr.

An diesem Tatbestand kamen auch die Kirchen nicht vorbei. Zwar blieben sie weiterhin ihrem überwiegend mittelständischen Milieu verhaftet, sie konnten sich aber nicht völlig dem Wandel der Zeit verschließen, zumal der Kaiser selbst eine Politik des „Neuen Kurses" eröffnete. Mit aktiver Sozialpolitik sollte dem sozialdemokratischen Klassenkampf begegnet werden (vgl. Geschichte der EKU II, 258–284.307–318).

In der evangelischen Kirche war es vor allem Adolf →Stoecker, der mit seiner Gründung des →*Evangelisch-Sozialen Kongresses* (1890) die Initiative zur Verbreitung sozialreformerischen Denkens ergriff. In großen Versammlungen von Pfarrern und Laien sollten die soziale Frage in ihrer politischen und kirchlichen Dimension erörtert und konkrete Reformvorschläge ausgearbeitet werden. Nach wenigen Jahren entwickelten sich jedoch Gegensätze zwischen den sozialkonservativ geprägten Kräften um Stoecker und der eher sozialliberal denkenden Gruppe um Friedrich →Naumann, deren Kritik nicht vor den ständischen Sozialstrukturen der ostelbischen Gebiete haltmachte. Sie gründete 1896 einen neuen *Nationalsozialen Verein*, der sich freilich nicht lange halten sollte.

Auch die katholische Kirche nahm die Herausforderung der neuen Zeit an. Da sie jedoch weniger bürgerlich verengt war als die evangelische, konnte sie von einer breiteren sozialen Handlungsbasis aus wirken. Es gelang ihr, ein umfangreiches Netz von Arbeitervereinen (→Vereinswesen) aufzubauen und ab 1894 christliche →Gewerkschaften zu gründen, die im Ruhrgebiet sogar eine überkonfessionelle Aktivität entfalteten. 1900 entstand schließlich ein *Gesamtverband der christlichen Gewerkschaften Deutschlands*.

Auf die Länge überwog jedoch das nationale Engagement der Kirchen gegenüber dem sozialen. Seit die neue „Weltpolitik" des Kaisers immer breitere Kreise der Bevölkerung in ihren Bann zog (etwa mit dem Flottenbauprogramm seit 1898), ließen sich auch die Kirchen zunehmend davon mitreißen. Im evangelischen Bereich verdrängten vielfältige Formen eines „Pastorennationalismus" die bisherigen Ansätze eines „Pastorensozialismus". Und in der katholischen Kirche trieb die Furcht vor gesellschaftlicher Isolierung im Reich die meisten ihrer Glieder zu betonter Vaterlandstreue. Dabei verschmolzen preußische und deutsche Loyalitäten mit jedem Jahr stärker.

5. *Vom Ersten Weltkrieg zum Untergang: Preußen im 20. Jahrhundert*

5.1. Der Erste Weltkrieg war ein nationaler Krieg aller Deutschen; er hatte aber auch spezifisch preußische Aspekte. Zum einen war Preußen die Führungsmacht des Reichs, die den Vorrang des Militärischen vor dem Zivilen festschrieb. Zum anderen war es durch seine Staatsstruktur und die dazugehörigen Verfassungsprobleme stets präsent. Das vordemokratische Dreiklassenwahlrecht lastete schwer auf der politischen Ordnung.

So standen äußere Machtpolitik und innere Reformbegehren in einer Wechselbeziehung. Ein deutscher Sieg würde die machtstaatlichen Strukturen des Reichs festigen, eine Niederlage eröffnete einer demokratischen Entwicklung Möglichkeiten. In beiden Fällen ging es um Preußen.

In diesem Zusammenhang spielten auch die Kirchen eine Rolle. Zunächst trugen sie mit ihren Kriegspredigten zur Übersteigerung des nationalen Denkens bei (→Krieg IV.4.). Vom Krisenjahr 1917 an mehrten sich aber auch in ihren Reihen die Stimmen, die für innere Reformen und einen Verständigungsfrieden plädierten (→Harnack; →Troeltsch; Matthias Erzberger [1875–1921] u.a.). Preußen war kein Tabu mehr.

5.2. Mit der Niederlage vom November 1918 änderte sich viel für den preußischen Staat. Er hörte auf, eine Monarchie zu sein, und erhielt eine republikanisch-demokratische Verfassung mit allgemeinem und gleichem Wahlrecht. Er wurde ein bloßes „Land" im Deutschen Reich, büßte also Kompetenzen im Reichsrat ein. Und er verlor in der Folge des Versailler Friedensvertrages weite Gebiete vor allem an Polen (dreiviertel von Westpreußen, die Provinz Posen und Teile Oberschlesiens).

Auch für die Kirchen traten wichtige Veränderungen ein. Insbesondere die evangelische war betroffen, verlor sie doch mit der monarchischen Staatsordnung zugleich die

Stütze des landesherrlichen Summepiskopats und damit manche Hilfen in ihrer gesellschaftlichen Existenz. Nun bestand eine unmittelbare Notwendigkeit, die Leitungsstrukturen der Landeskirchen der neuen Rechtslage anzupassen, und darüber hinaus ein Anlaß, die Kirchenverfassungen insgesamt einer Revision mit mehr Öffnung zur Demokratie hin zu unterziehen (vgl. TRE 18,705,15ff.).

Aber diese Reformchance wurde nur unzureichend genutzt. Es blieb bei den institutionellen Schwächen und Milieuverengungen der monarchieorientierten Kirche, die auch durch einen verstärkten volkskirchlichen Anspruch kaum überdeckt werden konnten. Die evangelischen Landeskirchen Preußens gehörten zu den gesellschaftlichen Kräften, die sich am schwersten mit der Umstellung auf die neue Ordnung der Weimarer Republik taten und – trotz später aufkommender vernunftrepublikanischer Einsichten – die stärksten politischen Vorbehalte gegenüber der Demokratie hatten.

Im Vergleich damit gelang es der katholischen Kirche besser, sich auf die veränderte Wirklichkeit einzustellen. Mit dem Rückhalt an einer eigenen Partei konnte sie nachhaltig auf die in Preußen dauerhaft regierende „Weimarer Koalition" aus SPD, DDP und Zentrum einwirken und ihre Position, vor allem in der Schulpolitik, zur Geltung bringen. Einen sichtbaren Erfolg erreichte sie mit dem Abschluß eines →Konkordats mit dem preußischen Staat 1929, in dessen Folge sich auch die evangelischen Landeskirchen veranlaßt sahen, nachzuziehen und parallele Kirchenverträge abzuschließen (1931).

Dies änderte nichts daran, daß die Kirchen dem preußischen Staat, dem „demokratischen Bollwerk" der Weimarer Republik, in seiner äußersten Krisenstunde im Juli 1932 nur wenig beistanden. Als der katholische Reichskanzler von Papen mit Rückendeckung des evangelischen Reichspräsidenten von Hindenburg den sozialdemokratischen preußischen Ministerpräsidenten Otto Braun im sog. „Preußenschlag" entmachtete und damit den Anfang vom Ende der Ausschaltung Preußens einleitete, gab es keine Stellungnahme des Evangelischen Oberkirchenrats (EOK) in Berlin. Im katholischen Bereich setzte sich immerhin das Zentrum gegen die Politik Papens zur Wehr und verurteilte den Staatsstreich gegen Preußen.

5.3. Der 30. Januar 1933 war ein Datum der deutschen Geschichte und hatte doch auch Folgen für die preußische. Mit der „Machtergreifung" Hitlers wurde nicht nur der Rubikon zur Eliminierung aller dem →Nationalsozialismus entgegenstehenden geistigen und politischen Kräfte überschritten, es wurde auch der Weg zur „Gleichschaltung" der Länder gebahnt. Damit war nicht zuletzt Preußen getroffen, dessen Traditionen Hitler zwar am „Tag von Potsdam" (21. März 1933) in einem Staatsakt in der Garnisonkirche für seine „Bewegung" usurpierte, dessen staatlicher Fortbestand ihm aber ein Dorn im Auge war. Bald gab es keine eigenständige preußische Staatlichkeit mehr (2. Gleichschaltungsgesetz vom 7. April 1933).

Auch kirchenpolitisch führte der Weg zu einer Aushöhlung der Länderstrukturen. Während die katholische Kirche auf den Abschluß eines Reichskonkordats (Juli 1933) setzte, um damit – um den Preis ihres Rückzugs aus der Politik („Entpolitisierungsartikel" 32) – ihren institutionellen Bestand zu wahren (vgl. TRE 19,468,41ff.), ließen sich die evangelischen Landeskirchen von den nationalsozialistisch orientierten →Deutschen Christen zum Aufbau einer Reichskirche verleiten, die dem Führerprinzip huldigte und die synodalen Traditionen zerstörte.

In erster Linie war hiervon die größte preußische Landeskirche betroffen: die *Evangelische Kirche der altpreußischen Union.* Sie stand mit ihrer überregionalen Ausdehnung (acht preußische Provinzen) in spürbarer Nähe zum Reich, auf ihrem Gebiet lag die Reichshauptstadt Berlin, und auch politisch hatte sie die größten Spannungen auszuhalten. Bei den Synodalwahlen im November 1932 hatten die Deutschen Christen im Landesdurchschnitt ein Drittel aller Sitze gewonnen.

Vor allem aber hatte die preußische Unionskirche 1933 ein Kirchenleitungsproblem, das den Nationalsozialisten den Einbruch in Führungspositionen ermöglichte: Nach dem Rücktritt des resignierten EOK-Präsidenten Kapler nutzte der NS-Staat eine politische

Klausel des Kirchenvertrages von 1931, um einen Staatskommissar (August Jäger) einzusetzen, der über weitreichende Vollmachten verfügte. Er löste alle gewählten Kirchenvertretungen in der Landeskirche auf, setzte die einflußreichsten Generalsuperintendenten ab und gab dem Evangelischen Oberkirchenrat eine neue Spitze (vgl. TRE 24,51,20–52,2).

Während also auf Reichsebene an einer autoritären Reichskirchenverfassung gearbeitet wurde, trat in Preußen ein kirchlicher Notstand ein. Das beurlaubte Kollegium des Evangelischen Oberkirchenrats reichte eine Klage gegen das nominell noch bestehende Land Preußen beim Staatsgerichtshof ein, so wie ein Jahr zuvor eben dieses Land gegen die unrechtmäßige Amtsenthebung seiner Regierung geklagt hatte. Hier, im staatstreuen Preußen, regte sich Widerstand.

Obwohl Hitler es aus übergeordneten Gründen seiner Politik der inneren Machtkonsolidierung für angebracht hielt, den Staatskommissar alsbald wieder zurückzuziehen, blieb Preußens größte Landeskirche „zerstört". Nach neu angesetzten, politisch manipulierten Synodalwahlen kam es zu erdrückenden Mehrheiten der Deutschen Christen (außer in Westfalen), zugleich aber auch zur Entstehung einer aktiven kirchlichen Opposition in dem vom Dahlemer Pfarrer Martin →Niemöller gegründeten *Pfarrernotbund*. Daneben bildete sich im Rheinland um Karl →Barth ein zweites Oppositionszentrum mit weiter Ausstrahlung.

So polarisierte sich die preußische Kirchenlandschaft stärker als andere. Auf ihrem Boden begannen die staatskirchlich gewachsenen Strukturen zu zerfallen, sie brachte aber auch mehr widerstandsbereite Gegenkräfte hervor. Dazu gehören in erster Linie die zwölf preußischen Bekenntnissynoden (die letzte 1943 in Breslau), die anfangs parallel zu den Reichssynoden tagten und radikalere Positionen vertraten. Auch die erste dieser Synoden der Bekennenden Kirche in Barmen 1934 wurde von einer eigenen preußischen Versammlung begleitet.

Der „Kirchenkampf" (→Nationalsozialismus und Kirchen) behielt seinen Schwerpunkt in Preußen auch nach der Eingliederung der Unionskirche in die Reichskirche (1. März 1934), zumal deren Aufbau ab 1935 scheiterte. Auch die Auseinandersetzungen der katholischen Kirche mit dem NS-Staat hatten trotz der Konkordatsbeziehungen zum Reich ihr Zentrum in den preußischen Diözesen. Während der Breslauer Kardinal Bertram als Vorsitzender der Fuldaer Bischofskonferenz eine Politik der Konfliktvermeidung betrieb, zeigten der Berliner Bischof Preysing und der Münsteraner Bischof Graf Galen eine kampfbereite Haltung, die über die Gebiete Preußens hinaus wirkte.

In den Jahren des Zweiten Weltkriegs trat Preußen als politische Struktur kaum noch in Erscheinung. Das Reich hatte es verschlungen. Dafür brach etwas von seinem ursprünglichen Geist der politischen Verantwortung noch einmal im Widerstand der alten Führungseliten am 20. Juli 1944 auf, der bis in die Kirchen hineinreichte (D. →Bonhoeffer; Alfred Delp u.a.). Den Untergang des Staates konnte er freilich nicht mehr abwenden. Die Auflösung Preußens durch Beschluß des *Alliierten Kontrollrats* vom 25. Februar 1947 war nur der Totenschein für einen längst Verstorbenen.

Quellen

Gerhard Besier (Hg.), Preußischer Staat u. Ev. Kirche in der Bismarckära, 1980 (TKTG 25). – Günter Brakelmann, Kirche, soziale Frage u. Sozialismus, Gütersloh 1977. – Walther Hubatsch, Gesch. der Ev. Kirche Ostpreußens. III. Dokumente, Göttingen 1988. – Ernst Rudolf Huber, Dokumente zur Dt. Verfassungsgesch., 4 Bde., Stuttgart [3]1978 ff. – Ders./Wolfgang Huber, Staat u. Kirche im 19. u. 20. Jh. Dokumente zur Gesch. des dt. Staatskirchenrechts, 4 Bde., Berlin 1973 ff. – Georg Kretschmar/Carsten Nicolaisen (Hg.), Dokumente zur Kirchenpolitik des Dritten Reiches, 3 Bde., Bd. I-II, München 1971–1975; Bd. III, Gütersloh 1994. – Max Lehmann, Preußen u. die Kath. Kirche seit 1640, 9 Bde., Leipzig 1878 ff.

Literatur

1. *Gesamt- u. Übersichtsdarstellungen:* Dirk Blasius (Hg.), Preußen in der dt. Gesch., Königstein i.Ts. 1980. – Otto Büsch (Hg.), Das Preußenbild in der Gesch., Berlin 1981. – Ders./Wolfgang Neugebauer (Hg.), Moderne Preußische Gesch. 1648–1947. Eine Anthologie, 3 Bde., 1981 (VHK

52,1–3). – Gordon A. Craig, Das Ende Preußens. Acht Porträts, München 1985. – Johann Gustav Droysen, Gesch. der Preußischen Politik, Leipzig 1855. – Sebastian Haffner, Preußen ohne Legende, Hamburg ³1979. – Otto Hintze, Die Hohenzollern u. ihr Werk, Berlin 1915. – Ernest Lavisse, Etudes sur l'Histoire de Prusse, Paris 1916. – Hans-Jürgen Puhle/Hans-Ulrich Wehler (Hg.), Preußen im Rückblick, 1980 (GeGe Sonderh. 6). – Leopold v. Ranke, Zwölf Bücher Preußischer Gesch. (1847/48): ders., GA, hg. v. Paul Joachimsen, München, I 1930. – Manfred Schlenke (Hg.), Preußen. Versuch einer Bilanz, 5 Bde., Berlin 1981. – Rudolf v. Thadden, Fragen an Preußen. Zur Gesch. eines aufgehobenen Staates, München 1981. – Günter Vogler/Klaus Vetter, Preußen v. den Anfängen bis zur Reichsgründung, Berlin (Ost) ²1973.

2. *Epochendarstellungen:* Karl Dietrich Bracher, Die Auflösung der Weimarer Republik. Eine Stud. zum Problem des Machtverfalls in der Demokratie, Villingen ⁵1971. – Martin Broszat, Der Staat Hitlers. Grundlegung u. Entwicklung seiner inneren Verfassung, München ¹²1989. – Francis L. Carsten, Die Entstehung Preußens, Köln/Berlin 1968. – Reinhart Koselleck, Preußen zw. Reform u. Revolution. Allg. Landrecht, Verwaltung u. soziale Bewegung v. 1791–1848, Stuttgart ²1975. – Friedrich Meinecke, Preußen u. Deutschland im 19. u. 20. Jh., München/Berlin 1918. – Wolfgang J. Mommsen, Das Ringen um den nationalen Staat. Die Gründung u. der innere Ausbau des Dt. Reiches unter Otto v. Bismarck 1850 bis 1890, Frankfurt a.M./Berlin 1993. – Ders., Bürgerstolz u. Weltmachtstreben. Deutschland unter Wilhelm II. 1890 bis 1918, Frankfurt a.M./Berlin 1995. – Theodor Schieder, Friedrich d.Gr. Ein Königtum der Widersprüche, Frankfurt a.M./Berlin 1983. – Hagen Schulze, Otto Braun oder Preußens demokratische Sendung. Eine Biographie, Frankfurt a.M./Berlin 1977. – Heinrich A. Winkler, Weimar 1918–1933. Die Gesch. der ersten dt. Demokratie, München 1993.

3. *Kirchengeschichtliche Abhandlungen:* Gerhard Besier, Preußische Kirchenpolitik in der Bismarckära. Die Diskussion in Staat u. Ev. Kirche um eine Neuordnung der kirchl. Verhältnisse Preußens zw. 1866 u. 1872, 1980 (VHK 49). – Ders. (Hg.), Altpreußische Kirchengebiete auf neupolnischem Territorium. Die Diskussion um ‚Staatsgrenzen u. Kirchengrenzen' nach dem Ersten u. Zweiten Weltkrieg, Göttingen 1983. – Erich Foerster, Die Entstehung der preußischen Landeskirche unter der Regierung König Friedrich Wilhelms III., 2 Bde., Tübingen 1905–1907. – Die Gesch. der EKU, hg. v. J.F. Gerhard Goeters/Joachim Rogge, I. Die Anfänge der Union unter landesherrlichem Kirchenregiment (1817–1850), hg. v. J.F. Gerhard Goeters/Rudolf Mau, Leipzig 1992 (Lit.); II. Die Verselbständigung der Kirche unter dem königlichen Summepiskopat (1850–1918), hg. v. Joachim Rogge/Gerhard Ruhbach, Leipzig 1994 (Lit.). – Martin Greschat, Das Zeitalter der Industriellen Revolution. Das Christentum vor der Moderne, Stuttgart 1980. – Carl Hinrichs, Preußentum u. Pietismus. Der Pietismus in Brandenburg-Preußen als rel.-soziale Reformbewegung, Göttingen 1971. – Otto Hintze, Die Epochen des ev. Kirchenregiments in Preußen (1906): ders., Ges. Abh., hg. v. Gerhard Oestreich, Göttingen, III ²1967. – HKG(J). – Jochen Jacke, Kirche zw. Monarchie u. Republik. Der preußische Protestantismus nach dem Zusammenbruch v. 1918, Hamburg 1976. – Martin Lackner, Die Kirchenpolitik des Großen Kurfürsten, Witten 1973. – Wilhelm Niesel, Kirche unter dem Wort. Der Kampf der Bekennenden Kirche der altpreußischen Union 1933–1945, 1978 (AGK.E 11). – Thomas Nipperdey, Religion im Umbruch. Deutschland 1870–1918, München 1988. – Kurt Nowak, Ev. Kirche u. Weimarer Republik. Zum politischen Weg des dt. Protestantismus zwischen 1918 u. 1932, Göttingen 1981. – Klaus Erich Pollmann, Landesherrliches Kirchenregiment u. soziale Frage. Der ev. Oberkirchenrat der altpreußischen Landeskirche u. die sozialpolitische Bewegung der Geistlichen nach 1890, Berlin 1973. – Wilhelm Pressel, Die Kriegspredigt 1914–1918 in der ev. Kirche Deutschlands, Göttingen 1967. – Klaus Scholder, Die Kirchen u. das Dritte Reich, 2 Bde., Frankfurt a.M., I 1977; Berlin, II 1985. – Rudolf v. Thadden, Die brandenburgisch-preußischen Hofprediger im 17. u. 18. Jh. Ein Beitr. zur Gesch. der absolutistischen Staatsgesellschaft in Brandenburg-Preußen, Berlin 1959. – Ders./Michelle Magdelaine (Hg.), Die Hugenotten. 1685–1985, München ²1986. – Ders., Schleiermacher u. Preußen: ders., Weltliche KG. Ausgew. Aufs., Göttingen 1989, 117–125. – Jonathan R. C. Wright, ‚Über den Parteien'. Die politische Haltung der ev. Kirchenführer 1918–1933, Göttingen 1977.

Rudolf von Thadden

Prierias, *Silvester Mazzolini (1456–1523/1527)*

1. Leben 2. Werk und Nachwirkung (Quellen und Werkverzeichnisse/Literatur S. 378)

1. Leben

Prierias – eigentlich Silvester Mazzolini, nach seinem Geburtsort Priero (Piemont) da Priero oder Prierias genannt – wurde 1456 geboren. Nach dem Eintritt in das Dominikanerkloster in Genua 1471 studierte er eventuell an der dortigen Ordensschule, später in Bologna und war in mehreren Konventen tätig. Ende des 15. Jh. (1495 oder 1499) wurde Prierias Professor für Dialektik (Logik) am Gymnasium in Bologna und war Regens des *Studium Generale* der →Dominikaner; danach wirkte er als Lehrer für Metaphysik am Gymnasium in Padua. Eine Wallfahrt zur Heiligen Magdalena in Saint-Maximin-La-Sainte-Baume (Provence) regte sein literarisches Schaffen an. In Mailand, Verona, Genua, Bologna (1510), Cremona (1513) und Venedig nahm Prierias das Amt eines Priors der jeweiligen Dominikanerkonvente wahr. 1508 wählte ihn die lombardische Provinz für zwei Jahre zum Generalvikar. Prierias war von 1508 bis 1511 Mitglied des Inquisitionsgerichtes in Brescia, seit 1511 in Mailand. 1514 erhielt er das Amt eines Professors für thomistische Theologie an der römischen Universität. Am 16. Dezember 1515 ernannte ihn Papst →Leo X. zum *Magister Sacri Palatii* und Buchzensor für Rom. Als er 1516 zum Konsultor im Prozeß gegen Johannes →Reuchlin bestellt wurde, geriet Prierias in den damit verbundenen Streit der Humanisten mit den Dominikanern. Belastete dies schon seinen Ruf, so war ab 1517 die „Luthersache" ein Thema, das ihn bis 1520 beschäftigte und zum ersten literarischen Gegner Luthers in Italien werden ließ.

Nach dem Streit mit Luther verfaßte Prierias 1521 ein Buch über Hexen, das sich in vielen Teilen an den *Hexenhammer* anlehnte. Er starb 1523 (anderes Datum 1527) und wurde in der Kirche Santa Maria sopra Minerva beigesetzt.

2. Werk und Nachwirkung

Im wesentlichen läßt sich das literarische Werk in drei Gruppen einteilen: scholastisch-wissenschaftliche Schriften, auf Seelsorge und Frömmigkeit ausgerichtete Arbeiten sowie Werke im Streit mit der Reformation.

Zur ersten Gruppe zählen die Schriften zur Dialektik (*Compendium dialecticae*, 1496; *Apologia in Dialecticam*, 1499), ein Kommentar zu dem astronomischen Werk des Johannes de Sacro Bosco (*In sphaeram ac theoricas praeclarissima Commentaria*, 1514; zweite Auflage 1515 unter dem Titel *Theoricarum novarum textus*) und mehrere Arbeiten, die sich mit der thomistischen Theologie befassen (z. B. *Compendium in Johannem Capreolum*, 1497; *Malleus in falsas assumptiones Scoti*, 1514; *Conflati ex S. Thoma*, 1519).

Von den zwar theologischen, aber auf die Frömmigkeitspraxis gerichteten Werken sind die Predigten (*Aurea rosa*, 1503; *Quadragesimale aureum*, 1515) und die in ca. 40 Auflagen verbreitete *Summa Summarum* (*Summa Sylvestrina*, 1515) am bekanntesten. Die Predigten bieten Muster und Materialsammlungen unter Verwendung der Kirchenväter und scholastischer Autoritäten. Humanistische Einflüsse fehlen. Als Kompendium ist die *Summa* mit ihren jeweiligen Stichworten ein Handbuch, das moralische, verfassungsrechtliche sowie kirchenrechtliche Fragen behandelt und u.a. für die Beichtväter von Nutzen sein sollte.

Die in italienischer Sprache verfaßten spirituellen Schriften des Prierias sind in der Literatur weniger bekannt. Unter Verarbeitung spätmittelalterlicher Legenden führen sie z. B. Magdalena als Beispiel einer Sünderin, Bekehrten und Gottliebenden mehrfach vor (*Vita de S. Maria Maddalena*, 1500; *Trialogo chiamato Phil-amore*, 1500). Prierias veröffentlichte Passionsmeditationen und als wohl wichtigstes spirituelles Werk eine Darstellung des Aufstiegs des Menschen zu Gott, wobei er Teile aus Heinrich →Seuses *Horologium Sapientiae* einbezog (*Scala del santo amore*, 1501; *Refugio di sconsolati*, 1519).

Das höchste Interesse fand bis heute der Streit mit M. →Luther. Aus einem von Leo X. bei Prierias bestellten Gutachten zu den Ablaßthesen entstand im April/Mai 1518 der *In praesumptuosas Martini Luther conclusiones de potestate papae Dialogus*, den Luther am 7. August 1518 zusammen mit der Vorladung nach Rom erhielt (vgl. TRE 21,517,49–52; 533,41–44). Luthers *Responsio ad Silvestri Prieriatis Dialogum* erschien in demselben Jahr in Leipzig, woraufhin Prierias im November die *Replica fratris*

Silvestri Prieriatis ad fratrem Martinum Luther herausbrachte. Als Teil für ein umfangreicheres Werk veröffentlichte Prierias 1519 die *Epithoma responsionis ad Martinum Lutherum*, der ein Jahr später die umfassende Hauptschrift *Errata et argumenta Martini Luteris* als verspätetes, inhaltlich von der reformatorischen Entwicklung überholtes Buch gegen Luther folgte.

Prierias lenkte von Anfang an den Blick auf die Frage nach der päpstlichen Autorität in der Kirche, die er von Luthers Thesen in Frage gestellt sah, und zeigte keinerlei Verständnis für dessen Anliegen bezüglich des Ablasses. Unter Rückgriff und in Fortführung seiner schon in der *Summa* entwickelten papalistischen Ekklesiologie war die Autorität eines regulären Papstes für ihn letztlich unanfechtbar, auch gegenüber einem Konzil. Es bedeutet zwar eine Relativierung, ändert aber in der Konsequenz wenig, daß der Papst vor einem endgültigen Entscheid sein möglichstes tun müsse, um sich zu informieren und die Wahrheit zu suchen, also z. B. Berater und Kardinäle einzubeziehen habe. In den *Errata* ordnete Prierias die papalistische Theorie in die umfassendere Sicht eines hierarchisch-monarchischen Kirchenbildes ein, an dessen Spitze der Papst stehe. Luther setzte von Anfang an den Positionen des Prierias, die keineswegs das Gesamtspektrum der damals möglichen Ekklesiologien, wohl aber eine scharfe papalistische Linie (gestützt auf →Thomas von Aquino, →Augustinus Triumphus, Petrus de Palude, Johannes von Torquemada und die Dominikanerschule) vertraten, im wesentlichen die Autorität der Heiligen →Schrift als letztgültiges Korrektiv auch für den Papst entgegen. Prierias dürfte dazu beigetragen haben, daß Luthers Mißtrauen gegen Rom wuchs und am Ende für ihn der Papst der →Antichrist war, der das Evangelium hindert. Die harte, den Papalismus betonende Reaktion des Prierias wird verständlicher, wenn sie als Angst römischer Kreise vor konziliaristischen Ideen interpretiert wird. Unterschiedliche Sprach- und Denkformen trugen mit dazu bei, einen Dialog zu verhindern, der von der Position des Prierias her allerdings auch bei größerer Nähe der beiden Kontrahenten sehr schwierig gewesen wäre.

Erasmus kritisierte die Werke des Prierias und betonte 1520, daß man durchgängig dessen Schriften ablehne. Zwar nahm 1699 der Dominikaner Johannes Thomas de Rocaberti einen Teil der *Errata* und ekklesiologische Stücke aus der *Summa* in seine große Sammlung papstfreundlicher Schriften auf (Bibliotheca Maxima Pontificia, Rom, XIX 1699, 225–378), aber am nachhaltigsten wirkten nicht die Kontroversschriften, sondern die theologisch-praktischen Werke des Prierias weiter.

Quellen und Werkverzeichnisse

Quellen: Peter Fabisch/Erwin Iserloh (Hg.), Dokumente zur Causa Lutheri (1517–1521), 2 Bde., 1988–1991 (CCath 41–42) (Ed. einiger Schr. gegen Luther u. zahlreiche Verweise; dort auch entsprechende bibliographische Nachweise).

Werkverzeichnisse: Wilbirgis Klaiber (Hg.), Kath. Kontroverstheologen u. Reformer des 16. Jh., 1978 (RGST 116) Nr. 2596–2622. – Franz Michalski, De Sylvestri Prieriatis Ord. Praed. Magistri Sacri Palatii Vita et Scriptis, Diss. Münster 1892 (Verz. der lat. Werke). – Jared Wicks, Art. Prierias: DSp 12 (1986) 2347–2349 (frömmigkeitstheol. Schr.). – Verz. der im dt. Sprachbereich ersch. Drucke des 16. Jh., bearb. v. Irmgard Bezzel, Stuttgart, XIII 1988, 180–182.

Literatur

Kurt Aland, Luther u. die röm. Kirche: Erwin Iserloh/Gerhard Müller (Hg.), Luther u. die politische Welt, Stuttgart 1984 (Hist. Forschungen 9) 125–172. – Remigius Bäumer, Silvester Prierias u. seine Ansichten über das ökum. Konzil: Georg Schwaiger (Hg.), Konzil u. Papst. FG Hermann Tüchle, München u.a. 1975, 277–301. – David V.N. Bagchi, Luther's Earliest Opponents. Catholic Controversialists, 1518–1525, Minneapolis 1991. – Martin Brecht, Curavimus enim Babylonem, et non est sanata: Remigius Bäumer (Hg.), Reformatio Ecclesiae. FS f. Erwin Iserloh, Paderborn u.a. 1980, 581–595. – Ulrich Bubenheimer, Consonantia Theologiae et Iurisprudentiae. Andreas Bodenstein v. Karlstadt als Theologe u. Jurist zw. Scholastik u. Reformation, Tübingen 1977 (JusEcc 24). – Peter Fabisch, Silvester Prierias: Erwin Iserloh (Hg.), Kath. Theologen der Reformationszeit, I ²1984 (KLK 44) 26–36. – Gundolf Gieraths, Art. Prierias: LThK² 8 (1963) 735. – Ulrich Horst, Zw. Konziliarismus u. Reformation. Stud. zur Ekklesiologie im Dominikanerorden, 1985 (DHOP

22) 127–162. – Denis R. Janz, Prierias: Contemporaries of Erasmus. A Biographical Register of the Renaissance and Reformation, ed. by Peter G. Bietenholz, Toronto/Buffalo/London, III 1987, 120f. – Julius Kirshner, The Moral Problem of Discounting Genoese Paghe. 1450–1550: AFP 47 (1977) 109–167. – Carter Lindberg, Prierias and his Significance for Luther's Development: SCJ 3 (1972) 45–64. – Bernhard Lohse, Luther u. die Autorität Roms im Jahre 1518: Gillian R. Evans (Hg.), Christian Authority. Essays in Honour of Henry Chadwick, Oxford 1988, 138–159. – Heiko A. Oberman, Wittenbergs Zweifrontenkrieg gegen Prierias u. Eck. Hintergrund u. Entscheidungen des Jahres 1518: ZKG 80 (1969) 331–358 = ders., Die Reformation. Von Wittenberg nach Genf, Göttingen 1986, 113–143. – Hermann Schüssler, Der Primat der Hl. Schr. als theol. u. kanonistisches Problem im SpätMA, 1977 (VIEG Abt. f. Abendländische Religionsgesch. 86). – Joseph N. Scionti, Jr., Sylvester Prierias and his Opposition to Martin Luther, Diss. Brown Univ., Providence, R.I. 1967. – Kurt-Victor Selge, Normen der Christenheit im Streit um Ablaß u. Kirchenautorität 1518 bis 1521, HabSchr. Heidelberg 1968. – Thomas N. Tentler, The Summa for Confessors as an Instrument of Social Control: Charles Trinkaus/Heiko A. Oberman (Hg.), The Pursuit of Holiness in Late Medieval and Renaissance Religion, 1974 (SMRT 10) 103–137. – Ders., Sin and Confession on the Eve of the Reformation, Princeton, N.J. 1977. – Jared Wicks, Cajetan u. die Anfänge der Reformation, 1983 (KLK 43). – Ders., Luther's Reform. Studies on Conversion and the Church, Mainz 1992 (VIEG Abt. f. Abendländische Religionsgesch., Beih. 35).

Heribert Smolinsky

Priester/Priestertum

I. Religionsgeschichtlich, biblisch und jüdisch
I/1. Religionsgeschichtlich
I/2. Altes Testament . . . . S. 383
I/3. Judentum . . . . S. 391
I/4. Neues Testament . . . . S. 396
II. Allgemeines Priestertum
II/1. Systematisch-theologisch . . . . S. 402
II/2. Praktisch-theologisch . . . . S. 411
III. Christliches Priesteramt
III/1. Geschichtlich . . . . S. 414
III/2. Systematisch . . . . S. 422
III/3. Praktisch-theologisch . . . . S. 431

I. Religionsgeschichtlich, biblisch und jüdisch

I/1. Religionsgeschichtlich I/2. Altes Testament I/3. Judentum I/4. Neues Testament

I/1. Religionsgeschichtlich

(Literatur S. 382)

Priester (von griechisch *πρεσβύτερος*, der Ältere, Vorsteher) sind Religionsführer, die sich vornehmlich durch besondere Kraft (→Charisma, →Gnade, *mana* [→Mana und Tabu]) und ihre Mittleraufgabe zwischen Gottheit und Mensch als Kultvorsteher von der Masse der Anhänger einer Religion unterscheiden.

Generell gilt für Priester, daß sie den Laienanhängern einer Religion in einer Sonderstellung gegenüberstehen. Priestertum konstituierendes Merkmal ist, daß Priester Religionsführer aufgrund einer besonderen Kraft (*mana*) oder Gnade sind, die sie entweder seit ihrer Geburt in ein Priestergeschlecht (Hinduismus: Brahmanenkaste; Judentum: Leviten; Parsismus; häufig im nestorianischen Christentum) oder durch eine Weihe seitens anderer Mitglieder des Priestertums oder beides gemeinsam erhalten haben. Die Weitergabe der Weihe von einer Priestergeneration zur nächsten bewirkt, daß der Priester in einer geistigen Abstammungsreihe steht, in einer Sukzession (z.B. seit Mose, Jesus), die ihn religiös legitimiert. Im Falle der Geburt in ein Priestergeschlecht zählt analog der Nachweis der leiblichen Sukzession. Zwar gehören besondere Lebensregeln zum Priestertum, aber die Kraft haftet dem Priester aufgrund seines →Amtes an und nicht aufgrund seiner besonderen Lebensführung, wie dies beim →Mönchtum der Fall sein kann. Schon Ez 44,19 bezeugt, daß auch den kultischen Gewändern dieselbe Kraft anhaftet (z. B. versuchen orthodoxe Christen, Priestergewänder zu berühren, um Gnade zu erlangen). Die dem Priester anhaftende Gnade kann aber durch seine asketische Lebensführung, sei es vor der kultischen Handlung oder dauernd (Fasten; Gebet; Zölibat), erhöht werden. Zudem werden jene Priester, denen ihre Amtsvollmacht durch eine Weihe und nicht durch Geburt übertragen wird, gezielt für ihr Amt und die dafür benötigten intellektuellen, körperlichen, charakterlichen und religiösen Qualitäten (Herkunft aus sozialen oder religiösen Gruppen) ausgesucht, gegebenenfalls unter Einfluß eines Berufungserlebnisses.

Priester stehen zu der Gottheit oder den Gottheiten (→Gott), dem oder denen sie dienen, in einer personalen Beziehung, die eine andere Qualität hat als die der →Laien. Weiteres konstituierendes Merkmal des Priestertums ist die Funktion in einem Opferkult, die Priester meist in Verbindung mit einem →Altar ausüben. Dabei werden sie zu Mittlern zwischen Gottheit und Laien. Sie übermitteln gegebenenfalls den göttlichen Willen (z. B. durch Orakel, Mantik), heiliges Wissen oder sind Verwalter göttlicher Gnadengaben (z. B. im Sakrament, Segenserteilung). Insofern ist der Priester Stellvertreter Gottes. Umgekehrt vertritt er die Laien vor der Gottheit, sei es durch →Opfer oder →Gebet.

Priester nehmen besondere Aufgaben wahr, die Laien verboten sind, wie umgekehrt Priestern Verrichtungen und Arbeiten verboten sein können. Diese Aufgaben liegen vor allem im Kult (Opfer, rituelle Waschungen, Verlesung heiliger Texte, Tanz, Weihehandlungen, Hüten des Kultobjektes oder Kultortes), im unmittelbaren Umgang mit der Gottheit und im Dienst an ihr, gelegentlich aber auch in der →Seelsorge, in Krankenheilung (→Heilung), Wahrsagen, Beschwörung und Bewahrung und Darlegung der →Lehre sowie in der →Mission. Als Religionsführer kommen ihnen zudem Verwaltungsaufgaben oder sogar richterliche Funktionen zu. Priester haben zwar eine besondere Ausbildung durchlaufen, in der Regel unter Beteiligung von Priestern, diese kann sich jedoch auf die Verrichtung des Kultes beschränken, so daß die Priesterschaft nicht unbedingt eine Bildungselite darstellen muß. Meist erfolgt jedoch auch eine Ausbildung bezüglich der theoretischen Grundlagen und der disziplinarischen Vorschriften, gegebenenfalls auch in seelsorgerischen Fähigkeiten. Zudem macht die richtige Durchführung des Kults oft umfangreiches Wissen über die manchmal archaische Kultsprache und die Art ihres Vortrags (Gesang) wie über den Ablauf des Ritus und die Verwendung der Bücher mit den Gebetstexten erforderlich. Priester geben ihr amtsspezifisches Wissen weiter, sei es vom leiblichen oder geistlichen Vater auf den Kandidaten, sei es in einer Ausbildungseinrichtung.

Das Priesteramt wird in der Religionsgeschichte zumeist von Männern ausgeübt. Frauen waren Priester außer in Stammesreligionen im Shintō, im antiken Griechenland und in Rom, im nichtchristlichen Nordeuropa und in jüngerer Zeit auch in einigen christlichen Gruppen.

Priester unterliegen bestimmten Tabus auf der einen Seite und genießen Reservate, d.h. Sonderrechte auf der anderen Seite. Sie sind dauernd oder während der Ausübung ihres Amtes durch besondere Kleidung, Schmuck, Bart- oder Haartracht von anderen Mitgliedern ihrer Religion unterschieden und unterliegen häufig Vorschriften, die ihnen den normalen Umgang mit Laien unmöglich machen (z. B. Reinheitsvorschriften, Speisevorschriften, Ehelosigkeit). Oft müssen sie körperlich unversehrt sein. Die Benutzung einer archaischen Sakralsprache scheidet sie von den Laien. Die Träger des Priestertums bilden eine geschlossene Gemeinschaft, z. B. die Brahmanen eine eigene Kaste. Diese Gemeinschaften entwickeln in der Regel eine Hierarchie, d.h. ihre Mitglieder gehören verschiedenen Rangordnungen an und haben verschiedene Funktionen (Brahmanenunterkasten, Ägypten, Rom, Priester und Leviten in Israel, Mazdaismus, Christentum, nicht im homerischen Griechenland und im vorvedischen Indien). Oft leben Priester von den Zuwendungen der Gläubigen, aber auch aus anderen Quellen: von Anteilen am Opferfleisch (→Kanaan), Betteln, Erträgen aus Landbesitz (Altamerika), festen Abgaben (Iran, Rom, teilweise Christentum), Arbeit, Geldverleih (Mesopotamien), staatlicher Besoldung. Priestertum ist also, auch angesichts oft materiell unbedeutender Opfer, keineswegs von der Existenz eines Produktionsüberschusses abhängig (gegen Haekel).

Wenn G. Mensching Priester als „Funktionäre einer religiösen Gemeinschaft" bezeichnet und das Fehlen des Priestertums im →Islam mit dem Fehlen einer Gemeindeorganisation begründet, übersieht er, daß auch der Islam in seinen Rechtsschulen und dem Kalifat Funktionäre kennt, ein Kausalzusammenhang von Gemeindeorganisation und Priestertum also nicht besteht. Mensching bezeichnet Priester zudem als „wesensnotwendig konservativ" (Mensching 215). Dies stimmt, wenn man dem Priester den Religionsstifter gegenüberstellt. Es muß jedoch seine Folgerung bestritten werden, daß religiöser Fortschritt immer im Kampf gegen das Priestertum errungen werden mußte. Die Religionsgeschichte lehrt, daß andere Gruppen einer religiösen Gemeinschaft, etwa das Mönchtum, oft aber auch die Laien, jeder Fortschrittsbestrebung seitens der Priesterschaft entgegentreten. Priester können produktiv sein im Herausbilden einer Lehre (auch Geheimlehre wie bei den →Mandäern), der Erstellung eines Schriftenkanons (→Schriften, Heilige), von →Ethik und religiösem →Recht, von Medizin und allen Bestandteilen des Kultes wie Gebeten, Musik, Ritus, Malerei usw., sind also an Kulturleistungen stark beteiligt, häufig sogar als erste Kulturträger. Auch muß kein Gegensatz zwischen Priester und →Prophet bestehen. Prophetische Religionen entwickelten ein oft sogar bedeutendes Priestertum (z. B. Zoroastrismus; Israel). Priester können gleichzeitig Propheten, Könige, Prediger, Mönche, Asketen, Mystiker oder Zauberer sein. Priesterliche Funktionen können auch von Laien, Familienvätern, Königen usw. ausgeübt werden, ohne daß diese Personen gleich als Priester anzusprechen wären.

Medizinmänner sind vom Priestertum zu scheiden, da erstere es mit Mächten und Kräften zu tun haben, die es zu beherrschen gilt, weniger mit personalen Gottheiten, zu denen Priester in einem Unterwerfungsverhältnis stehen. Schamanen nehmen zwar u.a. priesterliche Funktionen wahr, treten jedoch im Gegensatz zum Priester mit der Gottheit im Zustand der Trance und Ekstase in Verbindung.

In vielen Religionen gibt es das Amt des Hohenpriesters, also eines Oberpriesters. In →Ägypten hatte diese Funktion der Pharao, bis im Neuen Reich das Amt auch an größeren Tempeln vertreten war. In Rom (→Römische Religion) übernahm Augustus das Amt des *pontifex maximus*. Auch in den Religionen des Alten Orients gab es ein entsprechendes Amt (Sumer, Assyrien), wie auch in Israel. Im römisch-katholischen Christentum ist der Papst (→Papsttum) mit seiner Jurisdiktionsgewalt über alle Bischöfe Oberpriester, wohingegen andere christliche Konfessionen trotz Hierarchiebildung kein vergleichbares Amt ausgebildet haben; die →Orthodoxe Kirche kennt mit dem Ökumenischen Patriarchen (Sitz in Konstantinopel) nur einen *primus inter pares*.

Priestertum gab und gibt es in zahlreichen Volks- und Universalreligionen. In der griechisch-römischen Antike wird das Priesteramt oft auch nebenamtlich von Beamten verrichtet, in homerischer Zeit sogar noch von den Kleinkönigen selbst. Hier zeigt sich noch die ursprüngliche Verbundenheit von →Königtum und Priestertum. In der Römischen Religion ist das Priestertum ein gut organisiertes Staatsbeamtentum. Die altamerikanischen Hochkulturen (→Amerikanische Religionen) kannten ein hierarchisch gegliedertes Priestertum, das sich bei Inkas, Mayas und Azteken aus Adelsfamilien rekrutierte, Opfer darbrachte und sich mit Kalenderberechnungen (Priester als Vertreter der →Wissenschaft) und anderen administrativen Aufgaben befaßte. Bei den Inkas war der König zugleich der Hohepriester. Außerdem finden wir hier die Verwendung sonst unproduktiver alter Leute als Priester. Die Erfordernisse eines entwickelten Kultes machten vielfach eine Trennung von Königtum und Priestertum erforderlich, wenn auch der Herrscher mehr oder weniger real Oberpriesterfunktionen wahrnehmen konnte. So entwikkelte sich in Ägypten ein einflußreiches Priestertum. Das japanische Shintō-Priestertum (→Japan) wurde erst durch die starke Verbindung religiöser und staatlicher Aufgaben seitens der Meiji-Regierung seit 1868 in seinen Rängen und Aufgaben geordnet. In China (→Chinesische Religionen) haben neben Buddhisten taoistische Priester die Aufgabe, die Macht der Gottheiten den Menschen zu vermitteln.

Durch seine kultischen Mittlerfunktionen unterscheidet sich der Priester vom Mönch. Manichäische Mönche, die *Electi*, und ein Teil der buddhistischen Mönche sind dann als Priester zu bezeichnen, wenn man den Priester lediglich als Kultspezialisten versteht, womit der Klarheit des Begriffes nicht gedient ist. Doch auch bei dem engeren, hier verwendeten Priesterbegriff kann man zu demselben Ergebnis kommen. Der frühe →Buddhismus bot zunächst keinen Platz für priesterliche Tätigkeiten. Ein Ritus wurde nicht als Mittel für spirituellen Fortschritt gesehen, eine Beziehung zu Gottheiten ebenfalls nicht, und die Terminologie der buddhistischen Literatur schied die buddhistischen Mönche sorgfältig von Priestern anderer Religionen. Erst bei der weiteren Ausbreitung nach Ost- und Südostasien übernahmen die in einer bis auf den Buddha zurückreichenden Sukzessionskette stehenden Mönche zunehmend priesterliche Funktionen wie →Exorzismus, Begräbnisriten (→Bestattung), →Astrologie. Im Theravāda und Mahāyāna wurden für die Bedürfnisse des Alltags der Laienanhänger verdienst- und kraftvermittelnde Riten entwickelt, die von den Mönchen ausgeübt wurden. So wird der Mönch Mittler zwischen den Menschen und dem Nirvāṇa, der numinosen Größe des Buddhismus, und nimmt jene Position ein, die in anderen Religionen dem Priester zukommt. Den Dalai-Lama könnte man als Hohenpriester der ehemaligen tibetischen Theokratie bezeichnen. Ähnlich verhält es sich im Manichäismus, in dem die *Electi*, die Mönche, zwar keinen Opferkult ausüben, aber doch durch Riten wie den Beichtritus mit seiner Sündenvergebung (→Vergebung der Sünden) den Laien als Mittler zum Lichtreich dienen. Mit der Bezeichnung von *Electi* und Lamas als Priester wird man deren Selbstverständnis aber kaum gerecht werden. Hier zeigt sich die Problematik des Priesterbegriffes, der von Religionen des Mittelmeerraumes auf ganz anders strukturierte Religionen übertragen wird.

Da bei anderen Begriffen, die Religionsführer bezeichnen, wie →*Prophet* oder *Schamane*, ähnliche Probleme auftreten, ist zu fragen, ob diese klassischen Begriffe geeignet sind, die religionsgeschichtlichen Phänomene in ihrer Bandbreite treffend zu erfassen. Auf diesem Gebiet ist noch Forschungsarbeit zu leisten.

Literatur

Anthony Good, Law, Legitimacy and the Hereditary Rights of Tamil Temple Priests: Modern Asian Studies 23 (1989) 233–257. – Josef Haekel, Art. Priester, Priestertum. I. Religionsgesch.: LThK² 8 (1963) 735–741. – Friedrich Heiler, Erscheinungsformen u. Wesen der Religion, 1961 ²1979 (RM 1) 370–384. – Paul Honigsheim, Art. Priestertum. I. Religionsgesch.: RGG³ 5 (1961) 570–574. – Anders Hultgård, Prêtres Juifs et Mages Zoroastriens. Influences Religieuses à l'Époque Hellénistique: RHPhR 68 (1988) 415–428. – Sasaki Kōkan, Priest, Shaman, King: JJRS 17 (1990) 105–128. – Dastur Firoze Kotwal, A Brief History of the Parsi Priesthood: IIJ 33 (1990) 165–175. – Eddy Lanciers, Die äg. Priester des ptolemäischen Königskultes: RdE 42 (1991) 117–145 u. Taf. 2. – Gustav Mensching, Die Religion, Stuttgart 1959, 215f. – D. Nesy, Hindu Priesthood: JDh 15 (1990) 28–39. – Alfonso M. di Nola, Art. Sacerdote e Sacerdozio: EncRel(I) 5 (1973) 637–643. – William G. Oxtoby u.a., Art. Priesthood: EncRel(E) 11 (1987) 528–550. – André Padoux, Temples Hindous et Prêtres de la Déesse: RHR 204 (1987) 61–70. – G. Perepelkin, The King's Priest at the Head of the State: Vestnik drevnej istorii 3 (1989) 4–39. – Jean-Paul Roux, Sacerdoce et Empires Universels chez les Turco-Mongols: RHR 204 (1987) 151–174. – Leopold Sabourin, Priesthood. A Comparative Study, 1973 (Numen. Suppl. 25). – Ronald Syme, A Dozen Early Priesthoods: ZPE 77 (1989) 241–259.

Wassilios Klein

I/2. Altes Testament

1. Geschichte 2. Aufgabenbereiche 3. Amtseinsetzung, Amtstracht und Heiligkeitsvorschriften 4. Unterhalt der Priester 5. Bedeutung des alttestamentlichen Priestertums (Literatur S. 389)

1. Geschichte

Eine Geschichte des alttestamentlichen Priestertums zu entwerfen ist wegen der Unsicherheit von Alter, Herkunft, Entstehung und Komposition der Quellen und der vielfach unklaren und widersprüchlichen Nachrichten über das Auftreten und Wirken von Priestern schwierig. Vielfach handelt es sich außerdem um (meist im Interesse bestimmter Gruppen) einseitig gefärbte, selektive oder Zusammenhänge konstruierende Tendenzliteratur. Seit W.W. Baudissins Monographie sind diese Schwierigkeiten nicht geringer geworden. Auf den vielfach hypothetischen Charakter der folgenden Darstellung muß deshalb aufmerksam gemacht werden.

1.1. Die Zeit der Patriarchen. Wenn wir für die Patriarchenzeit trotz vieler Bedenken (→Literarkritik; →Pentateuch) mit einem Grundbestand relativ alter Überlieferungen rechnen können, läßt sich eine Eigenart ihrer Religion vor allem in den Kultformen erkennen. Offenbar entsprechen sie ihrer halbnomadisch-halbbäuerlichen Existenz am Rande des Kulturlandes. In dieser Lebensform ist das Sippenoberhaupt vielfach noch allein für die Ausübung des Kultus verantwortlich. Offenbar konnte auch an einem vorher nicht als heilig bekannten Platz geopfert (Gen 12,8; 13,4.18; 22,9.13; 26,24f.; 33,20), eine Massebe errichtet (Gen 28,18; 31,45), ein heiliger Baum gepflanzt werden (Gen 21,33). Auch bei dem vermutlich verbreiteten (archäologisch belegten) Hauskult (vgl. auch Gen 31,19.30ff.) war kein Priester nötig. Kultätiologisch wird die Entstehung eines (bereits bestehenden; vgl. Gen 12,6; 21,33) Heiligtums einem Erzvater zugeschrieben (Gen 28,10–22; 32,2f.). Dahinter steht vermutlich, wie ausdrücklich in Gen 12,6; 21,33, der Besuch bereits bestehender Heiligtümer (Gen 12,6; 21,33; vgl. auch 46,1).

In der Tradition der Moseschar richtet der midianitische Priester Jethro/Reguel (Ex 2,16; 3,1; 18,1/Ex 2,15–22), Moses Schwiegervater, für Israel und Midian ein gemeinsames Opfermahl (Ex 18,12). Das weist zurück auf vermutlich midianitische Ursprünge des Jahweglaubens. Unsicher ist die mögliche Funktion des „Zelts der Begegnung" (*'ohæl mô'ed*) (Ex 33,7–11; Num 11,16f.24 u.ö.) – handelt es sich um ein schon in der Wüste gebrauchtes Orakelzelt?

1.2. Richterzeit. Aus dieser Periode sind bezeugt: die Kulthöhe (*bāmāh*), eine Opferstätte unter freiem Himmel (I Sam 9f.; II Sam 21,6.9; I Reg 3,4); das Privatheiligtum des Ephraemiten Micha (Jdc 17f.), der zuerst einen seiner Söhne, danach einen Leviten (nach Jdc 18,30 [konjiziert] einen Nachkommen Moses) als Priester einstellt, der später Priester des Heiligtums in →Dan (vgl. auch I Reg 12,29) und Ahnvater des dortigen Priestergeschlechts wird. In →Silo amtieren Hofni und Pinehas, die Söhne Elis, als Priester (I Sam 1,3; 2,12ff.). Doch auch der junge Ephraemiter →Samuel kann als Priester eingestellt werden (I Sam 2,18; 3,1). Noch →David kann einige seiner Söhne zu Priestern ernennen (II Sam 8,18). Später finden wir die Eliden in Nob (I Sam 21f.) und den überlebenden Ebjathar als Priester Davids (s.u. 1.3.).

1.3. Königszeit. König →Saul wurde auf seinen Feldzügen von einem (anonymen) Priester zur Orakelerteilung begleitet (I Sam 14,36f.). Dem Massaker an den Priestern von Nob (I Sam 22,6–23), Nachkommen der Eliden, konnte nur Ebjathar entfliehen, der von nun an David auf seinen Zügen mit dem Losorakel begleitete (I Sam 23,9; 30,7), später aber von →Salomo nach Anathoth verbannt wurde (I Reg 2,26). In der Beamtenliste Davids erscheint →Zadok als (oberster) Priester (II Sam 8,17; vgl. auch II Sam 15,24–29; 17,15; 19,12). Er wird später der erste Oberpriester des Salomonischen →Tempels (II Reg 2,26f.35). Die Künstlichkeit der chronistischen Genealogie Zadoks von →Aaron (I Chron 5,27–41; 6,35–38; Esr 7,1–5; vgl. I Chron 9,11; Neh 11,11; auch II Sam 8,17) liegt (gegen Cross und Olyan) auf der Hand. Nach den Quellen ist

Zadok ein *homo novus*, wahrscheinlich jedoch der bisherige Oberpriester des Jebusiter Heiligtums (vgl. besonders Rowley, Zadok). Der Salomonische Tempel war vermutlich nur der Umbau eines bereits bestehenden jebusitischen Heiligtums (vgl. Konrad Rupprecht, Der Tempel von Jerusalem, 1976 [BZAW 144]), mit dem Königspalast baulich verbunden („Hofkapelle"; vgl. Ez 43,8; II Reg 11,19; Jer 26,10). Der König war für Bau und Unterhaltung des Tempels verantwortlich (II Sam 7; I Reg 6–8; II Reg 12,5–17; 22,3ff.). Die nachgeordnete Stellung der Priester in den Beamtenlisten Davids (II Sam 8,15–18; 20,23–26) deutet auf ihre abhängige Stellung hin. Ähnlich wird Am 7,13 der Betheler Tempel als „königliches" bzw. „Reichsheiligtum" bezeichnet. Offenbar übte der König bei besonderen Gelegenheiten selbst priesterliche Funktionen aus – wie David bei der Ladeüberführung (II Sam 6,1–23) und Salomo bei der Tempelweihe (I Reg 8,22.54.62f.; vgl. auch I Reg 12,33 [Jerobeam I.]; II Reg 10,18ff. [Jehu]). Doch wird er nur in Ps 110,4 ausdrücklich als Priester angesprochen. Nach den uns vorliegenden Quellen haben die Zadokiden mit vielleicht wenigen Ausnahmen (vgl. Katzenstein) die priesterliche Leitung des Jerusalemer Tempels bis zum Ende des Südreichs behalten.

Nach der Reichstrennung bemühte sich →Jerobeam I., durch die Ausstattung eigener (Jahwe- [!])Heiligtümer für das Nordreich in →Bethel und →Dan (I Reg 12,26–33) die kultische Selbständigkeit vom Südreich zu sichern. Nach I Reg 12,21 hat Jerobeam dort Priester „aus allen Teilen des Volkes" (oder gar positiv: „aus den hervorragenden Männern des Volkes"; vgl. Talmon 58f.) eingesetzt. Außerdem hat es offenbar bis zur Josianischen Reform noch zahlreiche Lokalheiligtümer („Höhen") wie Rama (I Sam 9,12–15), Gibea (I Sam 10,5), →Gibeon (I Reg 3,4–15) gegeben, an denen geopfert wurde (Hos 4,13; Jer 17,1–4), manche auch mit Tempeln (II Reg 17,29; 23,19; vgl. auch das Heiligtum von *ʿArād*). Beim Ende des Nordreiches 722 v. Chr. wurden mit der Oberschicht aus Samarien viele Priester von den Assyrern deportiert und fremde Bevölkerungselemente ins Land gebracht (II Reg 17,24–28), doch wurde durch einen aus dem Exil zurückgeholten Priester die Weiterführung des Jahwekultes gesichert (II Reg 17,27).

Die durch König →Josia 622 v. Chr. durchgeführte Kultreform (II Reg 22f.) ist offenbar in ihren Grundzügen historisch. Josia reinigte den Jerusalemer Tempel von fremden Kultsymbolen, schaffte die Lokalheiligtümer in Juda ab und holte ihre Priester nach Jerusalem (II Reg 23,8). Offensichtlich hat Josia diese Reformen nicht ohne Unterstützung breiter Kreise von Priesterschaft und *ʿam-hāʾāræṣ* (der freien Grundbesitzerschicht) durchsetzen können. Das angeblich „gefundene" Buch (II Reg 22,3–20) als Grundlage für die Reform wird seit W.M.L. →De Wette wohl zutreffend mit einer Form des →Deuteronomiums gleichgesetzt. Abweichend von Dtn 18,6–8, wonach jeder Levit, „wann immer er möchte", in Jerusalem am priesterlichen Dienst teilnehmen kann (vgl. auch Dtn 10,8), erlaubt II Reg 23,9 den „Höhenpriestern" lediglich, von den ungesäuerten Broten mitzuessen.

Ein ungelöstes Problem ist das Verhältnis zwischen Priestertum und Levitentum (→Levi/Leviten) in vorexilischer Zeit. Jdc 17,9ff. schreibt einem Leviten eine besondere Befähigung zum Priesteramt zu. Der Levispruch des Mosesegens Dtn 33,8–11 bringt die Berufung Levis zum Priestertum mit einem – nicht mehr zu identifizierenden – Verhalten bei Massa und Meriba in Verbindung. Umstritten ist das Alter von Ex 32,25–29, wo Mose selbst den Leviten wegen beherzten Eintretens für Jahwe das Priestertum zuspricht. Ältere Überlieferungen im Deuteronomium sprechen noch einfach von „dem Priester" (Dtn 17,12; 18,3–5; 20,2; 26,3f.). Die deuteronomistische Redaktion erweitert zu „die levitischen Priester" (Dtn 17,9; 18,1; 24,8; 27,9; vgl. 21,5; 31,9); nach Dtn 10,8; 18,6ff. kann der gesamte Stamm Levi priesterliche Funktionen ausüben. Gleichwohl sollen nichtamtierende Leviten mit anderen sozial schwachen Gruppen an den am Heiligtum verzehrten Opfergaben Anteil haben (Dtn 12,12.18; 16,11.14; 26,11). Mindestens drei Gruppen stehen nebeneinander: Jerusalemer Priester, Ortspriester und nicht angestellte Leviten (ohne Landbesitz und deshalb auf Wohltätigkeit angewiesen).

1.4. Exilszeit. Im Verfassungsentwurf des Ezechielbuches (Ez 40–48) sind die Priester-Passagen (vgl. auch Levenson 129–151) sämtlich Zusätze (Gese). Sie spiegeln – in zeitlicher Abfolge ihrer Entstehung – innerexilische Interessengegensätze priesterlicher und levitischer Gruppen wider. Das älteste Stück Ez 40,45–46a kennt – noch ohne Polemik – Priester mit Aufsicht über den Tempel im ganzen und für den Altar (das Opfer) zuständige. In der sog. „Zadokidenschicht" (vgl. Gese 57–67) – Kern in Ez 44,6–31 – dürfen die Leviten am Heiligtum nur noch untergeordnete Aufgaben erfüllen (V. 6–16); der Altardienst bleibt ausschließlich den „levitischen Priestern, den Söhnen Zadoks", vorbehalten (V. 15f.). Mit diesen Forderungen haben sich offensichtlich die exilierten Zadokiden durchgesetzt. Ihre Monopolstellung wie die Deklassierung der Leviten wurde im zweiten Tempel Wirklichkeit.

1.5. Frühnachexilische Zeit. Für die frühnachexilische Zeit kommen als zeitgenössische Quellen vor allem die nachexilischen Prophetenschriften in Frage. Im Rahmenwerk des Haggaibuches (Hag 1,1.12.14; 2,2.4) wird – erstmals mit dem Titel „Hoherpriester" (in vorexilischer Zeit nicht bezeugt) – Josua, der Sohn Jozadaks, genannt, Enkel des letzten vorexilischen Oberpriesters in Jerusalem Seraja (II Reg 25,18–21) und somit ein Zadokide (vgl. I Chron 5,41f.). Die Vision Sach 3,1–7 berichtet von einer Reinigungszeremonie am Hohenpriester mit dem anschließenden Wort V.8–10, Sach 6,9–15 von einer symbolischen Krönungshandlung.

Für die Herkunft der nachexilischen Priesterschaft ist die Liste der aus dem Exil heimkehrenden Priester Esr 2,36–39 (= Neh 7,39–42) von Bedeutung. Sieht man in Esr 2/Neh 7 statt einer Rückkehrerliste ein Vollbürgerverzeichnis der nachexilischen Gemeinde (vgl. A.H.J. Gunneweg, Esra, 1986 [KAT 19,1] 59–66), hätten wir ein authentisches Verzeichnis der damals vorhandenen vier Priesterfamilien, noch ohne die Zuordnung zu den Aaron-Söhnen Pinchas und Ithamar (Esr 8,2). Genannt werden die Nachkommen Jedajas (das hinzugefügte „Haus Jeschua" verweist auf den aus Haggai/Sacharja bekannten Hohenpriester, von dem dann Esr 3ff. spricht), Immers, Paschurs (vgl. auch Jer 20) und Harims.

Weitere frühnachexilische Zeugnisse, in denen von den Priestern gesprochen wird (zu Hag 2,1–14 s.u. 2.3.): Das Maleachibuch (frühes 5. Jh.) setzt sich mit den Priestern auseinander (Mal 1,6–14; 2,1–9). Nur Mal 2,4b–5 wird ein „Bund mit Levi" erwähnt; offensichtlich werden auch die Priester noch zum Levitentum gerechnet. In manchem verwandt ist Num 25,10–13 (P), das aber die typisch priesterschriftliche Genealogie voraussetzt.

Im utopischen Programm der →Priesterschrift ist →Aaron Stammvater der Priester. Vorexilisch ist eine Verbindung Aarons mit priesterlichen Funktionen nicht gesichert (zur These einer aaronidischen Priesterschaft am Reichsheiligtum von Bethel vgl. Albertz 224f.). Für die Priesterschrift sind alle Priester „Söhne Aarons" (Ex 28f. u.ö.) und Aaron (ein Kunstname? vgl. Görg) ein Synonym für den Hohenpriester. Mittels Erweiterung der Levitengenealogie Ex 6,16a.17.18a.19.21f.24 durch V.20.23.25a werden →Mose und Aaron nachträglich in das Levitentum integriert. Doch schon in Ex 4,14 (JE?) wird Aaron als Levit bezeichnet. Die Aaronidengenealogie der chronistischen Literatur (z.B. für Esra in Esr 7,1–5) führt in der Hauptlinie (nach dem Ausscheiden von Nadab und Abihu; vgl. Lev 10,1–3) über Eleazar und seinen Sohn Pinchas zur Person Aarons zurück, während der vierte Sohn Ithamar die nichtzadokidischen Priester repräsentiert (Esr 8,2). Umgekehrt beginnt der Aaronidenstammbaum I Chr 5,27–41 mit den drei Söhnen Levis, läuft dann aber über Kahat und Amram sofort auf Aaron und seine Geschwister Mose und Mirjam zu. Nach Aaron und der Nennung seiner vier Söhne wird anschließend nur die Genealogie Eleasars in der Primogenitur über Zadok bis zu dem durch Nebukadnezar exilierten Jazodak weitergeführt. I Chr 6,35–38 reicht nur von Aaron bis zu Zadoks Sohn Ahimaaz.

Ein besonderer Schwerpunkt liegt in der Priesterschrift auf dem Hohenpriester. In der Zeremonie Lev 8 wird allein Aaron gesalbt (V.12, vgl. Ex 29,79), nicht seine Söhne.

Die früher nur für den König übliche →Salbung wurde offensichtlich in nachexilischer Zeit für den Hohenpriester gebräuchlich. In Lev 4,5 u.ö. wird dann einfach von dem „gesalbten Priester" gesprochen, wenn der Hohepriester gemeint ist. Daneben ist die Trennung zwischen den eigentlichen, für priesterliche Aufgaben allein zuständigen Priestern und den nur noch für untergeordnete Dienste verantwortlichen Leviten für die Priesterschrift und den Chronisten bereits selbstverständlich.

Gewiß war die nachexilische Priesterschaft keine homogene Gruppe. Möglicherweise stehen Kompetenzstreitigkeiten (Ansprüche vornehmer Laien auf Heiligkeit des ganzen Volkes [V.1–3], der [korachitischen] Leviten auf Teilhabe an den priesterlichen Rechten [V.9–11]) im Hintergrund älterer Überlieferungen in Num 16. Nach den uns vorliegenden Zeugnissen haben die Zadokiden, die ihren Stammbaum mit dem der Aaroniden vereinigt hatten, mit dem Hohenpriester an der Spitze ihre führende Stellung im Priestertum bis zu Onias III. (192–174 v. Chr.) und dessen Bruder Jason in ununterbrochener Folge behaupten können. Josephus hebt besonders die Hohenpriester Jaddus, weil er Alexander bei seinem Einzug in Jerusalem freundlich empfangen habe (Ant XI,317–347), und Eleazar (zur Zeit Ptolemäus' II. [283–246 v. Chr.]), weil er die Übersetzung der Bibel ins Griechische gefördert habe (Ant I,11f.), hervor. Beides ist in dieser Form legendär. Nach ihrer Verdrängung aus Jerusalem versuchten die Zadokiden durch die Tempelgründung im ägyptischen Leontopolis und möglicherweise auch durch ihren Rückzug nach →Qumran (1QS V,2), ihre Familientradition fortzuführen. Neben ihnen gab es noch andere, weniger bedeutende Priesterfamilien. Eine nachchronistische Liste (I Chr 24,1–19) kennt 24 Priesterklassen. In der Spätzeit des Alten Testaments spielten politisch die Sippe Bilga und die Hasmonäer eine besondere Rolle. Sie leiteten sich (I Makk 2,1) von dem Priester Mattathias aus dem Geschlecht Jojarib (vgl. I Chr 24,7 – in Neh 11,10; 12,6.19 vermutlich nachgetragen) in Modeïn (etwa 28 km nordwestlich von Jerusalem) her. Der Geschlechtsname stammt nach Josephus (Ant XII,265; vgl. Bell I,36) von dem Großvater des Mattathias, Simon, einem Sohn des Hasmon, her. Erst die politisch-militärischen Erfolge des Judas Makkabäus und seiner Nachfolger haben dieser Familie einen prominenten Platz auch im kultischen Bereich und neben der Königswürde auch die des Hohenpriesters (seit Jonathan, 153 v. Chr., bis Hyrkan II.) verschafft.

Das chronistische Schrifttum kennt wie die Priesterschrift den Rangunterschied zwischen Priestern und Leviten, unterstreicht jedoch die Rolle der Leviten und weist ihnen vielfältigere Aufgaben zu. Es sucht damit die verschiedenen Traditionen zu harmonisieren. Nach Jes 66,21 wird Jahwe in der Endzeit auch aus den Völkern Männer zu Priestern und Leviten erwählen.

2. *Aufgabenbereiche*

Die den Priestern eigentümliche Aufgabe wird quellenübergreifend mit dem Begriff „dienen" (*šrt*) bezeichnet. Im einzelnen haben sie jedoch recht unterschiedliche Funktionen.

2.1. *Orakel*. Eine der ältesten Aufgaben der Priester ist die Orakelerteilung, die auf Alternativfragen hin durch bejahende und verneinende Lossteine (*'ûrîm* und *tummîm*) erfolgte (Dtn 33,8). Die Daniten befragen den Priester Michas, ob ihr Unternehmen Erfolg haben werde (Jdc 18,5), David den Ebjathar vor den Philisterunternehmungen (I Sam 23,2; 30,7f.) und auf der Flucht vor Saul (I Sam 23,9–12; vgl. auch 28,6; Jdc 1,1; 20,18.23). Obwohl die Lose in der Brusttasche des Hohenpriesters noch zur Ausstattung des in der Priesterschrift geschilderten Ornats gehören (Ex 28,30; Lev 8,8; vgl. Sir 45,10.13), sind sie relativ früh außer Gebrauch gekommen. Esr 2,63 = Neh 7,65 setzt voraus, daß kein Priester mehr die Orakelpraxis beherrscht.

2.2. *Lehre*. Eine der wichtigsten und schon früh bezeugten Aufgaben der Priester ist die Lehre (*tôr'āh*, vgl. Jer 2,8). Hosea (4,4–6) tadelt die Priester (Kollektiv), weil sie die Erkenntnis (*da'at*) und die Lehre (*tôr'āh*; Hos 8,12 *tôr'ôt*: ethische Gebote) ihres

Gottes verworfen haben. Micha (3,11) wirft den Priestern vor, daß sie Weisung gegen Bezahlung erteilen. Nach dem Sprichwort Jer 18,18 wird den Priestern die Weisung (Tora) nie ausgehen (anders Ez 7,26). Dtn 33,10 weist den Leviten die Aufgabe zu, Israel/Jakob seine Rechtsordnung/Tora zu lehren (vgl. auch Jes 2,3 = Mi 4,2; Mal 2,7; II Chr 17,18f.; auch II Chr 17,8f.). In der sog. Einzugsliturgie (Ps 15; 24,3–5) halten die Priester den Pilgern, die Einlaß in den Tempel begehren, die Gebote vor. →Esra ist in chronistischer Sicht der Priester *par excellence*, der als „Schriftkundiger, bewandert in der Tora Moses" (Esr 7,6), das nun bereits schriftlich vorliegende „Buch der Tora Moses" dem Volke vorliest (Neh 8,1–12). Vielleicht ist er schon der erste Repräsentant der aus hellenistischer Zeit als besondere Berufsgruppe am Tempel bekannten „Schreiber" (→Pharisäer). Doch noch TestLev 13,1–5 (2. Jh. v. Chr.?) nennt die Lehre der Tora unter den Aufgaben der Priester.

2.3. *Reinheitsfragen*. Von der ethischen Tora zu unterscheiden ist das priesterliche Berufswissen über Rein und Unrein. Nach Ez 44,23 sollen die Priester das Volk über den Unterschied zwischen heilig und profan, rein und unrein belehren (Beispiel: Hag 2,11–13). Materialien über den Bereich dieses Berufswissens finden sich in Lev 7,19–21; 11,1–15,33. Priester geben deklaratorische Urteile vor allem über unrein machende körperliche Zustände und Krankheiten ab (vgl. Rendtorff, Gesetze 74f.) und übten vielleicht auch ärztliche Funktionen aus.

Die Priester erlassen auch Vorschriften über die Rechtmäßigkeit verschiedener Opferarten, über Reinheit und Unversehrtheit der dabei verwandten Tiere, über Rituale, über Bedeutung und Anlässe der Opfer; vgl. besonders Lev 1,1–5,26, aber auch Lev 16; 17,1–16; 19,5–8; 22 usw. Auch hierzu werden deklaratorische Feststellungen getroffen (Ex 29,14.18.25; Lev 1,9 [konjiziert].13.17; 2,6.15 u.ö.). Bei der Ablösung von Gelübden und Opfern durch Geld legt der Priester den Schätzwert fest (Lev 27,1–25).

2.4. *Rechtspflege*. Die Mitwirkung der Priester an der Rechtspflege ist noch nicht in vollem Umfange geklärt. Bei dem am Heiligtum als Appellationsinstanz durchgeführten Gerichtsverfahren (Dtn 17,8–13) wirken die „levitischen Priester" und der Richter zusammen (vgl. auch Dtn 19,16ff.). Ursprünglich war die kultische Rechtspflege an den zahlreichen Orts-(Höhen-)Heiligtümern zuhause (vgl. I Sam 2,25). Ihre Ausübung stand mit der ältesten Funktion der Priester, dem Orakelwesen, in engem Zusammenhang. Durch Losorakel kann ein unbekannter Schuldiger ermittelt werden (vgl. Jos 7,10–26; I Sam 14,36–42; Ex 22,6–14). Durch einen Reinigungseid am Tempel (I Reg 8,31) kann ein Beklagter seine Unschuld beweisen. Das gleiche gilt für das Ritual bei Mord durch unbekannten Täter (Dtn 21,1–9). Die ausgeführte Ordnung eines Ordals (Gottesgerichts) ist in Num 5,11–31 erhalten.

2.5. *Opfer*. Der Bereich der Zuständigkeit der Priester für den Opferdienst ist ständig gewachsen. Freilich bleibt das Schlachten der Opfer auch weiterhin (außer beim Vogelopfer; Lev 1,15) den Opfernden (Laien) selbst vorbehalten. Die Priester sprengen lediglich das Blut um den Brandopferaltar oder gießen es an seinem Fuße aus (Lev 1–3). Beim Brandopfer (Lev 1) verbrennt der Priester das Fleisch auf dem Altar, ebenso beim Vegetabilienopfer (Lev 2) einen Teil und beim Heilsopfer vor allem das Fett (Lev 3f.). Einige Opferteile „webt" der Priester in einer symbolischen Darbringung an Jahwe vor dem Altar; sie fallen anschließend den Priestern zu (Lev 7,14.30). Der →Aristeasbrief (Arist 92–95) schildert eindrucksvoll die Tätigkeit der Priester beim Opferdienst. Zu den dem Hohenpriester vorbehaltenen Riten in der Priesterschrift gehören das Räucheropfer am Räucheraltar (Ex 30,7f.; Lev 16,12; Num 11,11) und die einmal jährlich darauf vollzogene Blutsühne (Ex 30,10). Auch die Wartung, das Auffüllen und Anzünden der Lampen (Ex 30,7f.; Lev 24,1–4; Num 8,1–4) ist tägliche und das Auslegen der Schaubrote (Lev 24,5–8) wöchentliche Aufgabe des Hohenpriesters. Besonders am großen

Versöhnungstag (Lev 16), bei dem der Hohepriester das Allerheiligste betritt, schafft er →Sühne für das ganze Volk.

Zu den liturgischen Aufgaben der Priester gehört auch das Segnen (→Segen und Fluch) des Volkes „im Namen Jahwes" (Dtn 10,8; 21,5; I Chr 23,13). Eine bereits alte Formel (vgl. den Fund am Hinnomtal, u.a. TUAT 2,929) ist der sog. Aaronitische Segen Num 6,24–26. Außerdem blasen die Priester die kultischen Trompeten (Num 10,1–10).

2.6. Aufsichtsfunktionen. Die Priester (der Oberpriester) sind auch die „Hüter" des heiligen Bereichs (Num 1,53; 3,28.32; vgl. auch Am 7,10–17). Der Priester Paschur ist Oberaufseher im Tempel (Jer 20,1) „über alle Verrückten und Propheten" (Jer 29,26) und legt Jeremia wegen seiner Unheilsankündigung für eine Nacht in den Block (Jer 20,2).

2.7. Der Hohepriester. In nachexilischer Zeit gewann das Amt des Hohenpriesters durch das Erlöschen des Königtums eine neue Bedeutung. Sach 4,1–6a*α*.10b–14 (vgl. auch 6,9–15) geht noch von der Erwartung einer gleichberechtigten Stellung der beiden „Ölsöhne", des weltlichen Herrschers und des obersten Priesters, aus. In der frühhellenistischen Epoche wurde der Hohepriester offenbar auch als politisches Oberhaupt der Tempel-Bürgergemeinde betrachtet. Das genaue Ausmaß seiner Befugnisse ist unsicher. In dem überschwenglichen Lobpreis des Hohenpriesters Simon II. (225–192 v. Chr.) Sir 50,1–21 ist besonders der Hinweis auf dessen Bauaktivitäten (V.1–3) bemerkenswert. Sein jüngerer Sohn Josua/Jason (174–171 v. Chr.) ergriff (mit Unterstützung der Jerusalemer Aristokratie, vgl. I Makk 1,11–14) die Initiative zur Umwandlung des Jerusalemer Gemeinwesens in eine griechische *Polis* Antiochia (mit dem Tempel als Zentrum!), was allerdings durch den Makkabäeraufstand scheiterte. Die toratreue niedere Priesterschaft und die Leviten waren die Träger der von den breiten Schichten der Handwerker und Kleinbauern unterstützten siegreichen Gegenbewegung und die Protagonisten der auch im chronistischen Werk zu findenden konservativen Haltung.

Andere hervorgehobene Ämter in der Priesterhierarchie waren der Zweitpriester (als Tempelaufseher und Vorsteher der Tempelpolizei; vgl. Jer 20,1; 29,26) sowie die Häupter der Priesterfamilien (II Reg 19,2).

3. Amtseinsetzung, Amtstracht und Heiligkeitsvorschriften

3.1. Amtseinsetzung. Die Amtseinsetzung der Priester erfolgte in älterer Zeit durch einen Akt des „Handfüllens" (Jdc 17,5.12; Ex 32,29; I Reg 13,33; Lev 16,32; 21,10; bei P: Ex 28,41 u.ö.). Die Salbung des Hohenpriesters (Ex 29,7; Lev 4,3.5.16; 6,13.15; 8,12; 16,32) ist offensichtlich nachexilisch; noch später (Ex 28,41; 30,30; 40,12–15; Lev 7,35f.; 10,7; Num 3,3) wird sie auf alle Priester ausgedehnt. Unbekannt ist, ob die Ordination Aarons und seiner Söhne durch Mose (Ex 29; Lev 8) bei späteren Hohenpriestern wiederholt wurde.

3.2. Amtstracht. Die Amtstracht der Priester bei ihren kultischen Funktionen bestand ursprünglich wohl aus einem einfachen leinenen Lendenschurz (*'efôd bad*, vgl. I Sam 2,18). Die Form einer Schürze wurde auch später anscheinend beibehalten, als sie exklusiv dem Hohenpriester zustand (Ex 28,6–12; 39,2–7). In Ex 28; 39,1–31 wird die Kleidung der Priester ausführlich beschrieben (vgl. auch Ez 44,17f.). Alle Priester tragen ein (beim Hohenpriester geschmücktes) Obergewand mit Gürtel sowie leinene Hosen. Bei den einfachen Priestern gehören Mützen, beim Hohenpriester ein Turban (Ex 28,4; Sach 3,5) zur Ausstattung. Der Hohepriester trägt eine mit zwölf Steinen geschmückte Brustplatte und ein goldenes Diadem (wohl ursprünglich königliche Insignien). Die Sandalen werden im Heiligtum abgelegt.

3.3. Heiligkeitsvorschriften. Der Umgang mit dem Heiligen verlangt von den Priestern eine besondere Heiligkeit (kultische →Reinheit; vgl. die Waschungen Ex 30,17–21; 40,30–32); vgl. Lev 21,6. Ihr Dienst im Heiligtum setzt körperliche Unversehrtheit voraus (Lev 21,16–21). Auch das Scheren einer Glatze und des Bartes sowie Einschnitte am

Körper sind ihnen verboten (Lev 21,5; vgl. auch Lev 19,27f.; Ez 44,20). Vor dem Betreten des Heiligtums und der Annäherung an den Altar sollen sie die kultischen Gewänder anlegen, die sie beim Verlassen des Heiligtums wieder ablegen (Ez 42,14; 44,17–19; Lev 6,3f.; 16,23). Der Priester darf sich nicht an Toten, außer seinen engsten Verwandten, verunreinigen (Lev 21,1–4), der Hohepriester nicht einmal an diesen (Lev 21,11). Priester dürfen keine Hure (→Prostitution II), vergewaltigte oder verstoßene Frau heiraten (Lev 21,7f.), der Hohepriester nur eine Jungfrau (Lev 21,13f.).

4. *Unterhalt der Priester*

Jdc 17,10 geht von Barzahlung, Gratiskleidung und freiem Unterhalt für den angestellten Priester aus. Später leben die Priester von Opfergaben und Abgaben am Tempel. So stehen ihnen die tierische Erstgeburt (Ex 22,29; Num 18,17f.) und die Auslösungssumme für menschliche Erstgeburten (Num 18,15f.), die Erstlingsfrüchte (Dtn 26,1–11) und bestimmte Anteile an den Opfertieren zu. In vorexilischer Zeit sorgte der König für die Bereitstellung der Opfertiere und damit für die Versorgung der Priester (I Reg 8,62ff.; vgl. auch II Chr 30,24; 31,3; 35,7). Auch nach dem Exil haben möglicherweise die fremden Oberherrscher noch zum Unterhalt des Tempels beigetragen (vgl. Esr 6,8ff.; Josephus, Ant XII,138ff.). Verschiedenste Abgaben wurden neu eingeführt, die den Priestern zugute kamen. Den Zehnten, der nach der Priesterschrift den Leviten zustand (Num 18,21.24; davon den Priestern ein Zehntel, V.26ff.), haben später die Priester an sich gezogen (vgl. Jdc 11,13; Jub 32,15).

5. *Bedeutung des alttestamentlichen Priestertums*

Wegen der Neigung besonders der protestantischen Forschung, die Bedeutung des Priestertums für Glauben und Leben des alten Israel zu unterschätzen, wurden in andere Richtung weisende Befunde im Alten Testament vielfach übersehen oder in ihrer Relevanz nicht erkannt. Postulate wie der oft behauptete Gegensatz zwischen Kultus und Ethos, zwischen Priestertum und Prophetentum, zwischen Amt und Charisma, zwischen Theokratie und Eschatologie (Plöger) trugen dazu bei. Römisch-katholische Exegeten waren hier gewöhnlich unbefangener. Neuerdings hat sich vor allem die jüdische Forschung (Haran; Milgrom u.a.) diesem Bereich zugewandt. Hier besteht eine gewisse Neigung, das priesterschriftliche System als Norm anzuerkennen und ihm ein hohes Alter zuzusprechen; doch schließt die späte Entstehung der Priesterschrift die Aufnahme älterer Traditionen nicht aus. Rituelle Traditionen sind konservativ. Dennoch sind die Grundlinien einer klaren Entwicklung der priesterlichen Institutionen – mit dem Exil als entscheidendem Einschnitt – nicht zu verkennen.

Literatur

Raymond Abba, Priests and Levites in Deuteronomy: VT 27 (1977) 257–267. – Moses Aberbach/Leivy Smolar, Aaron, Jerobeam, and the Golden Calf: JBL 86 (1967) 129–140. – Rainer Albertz, Religionsgesch. Israels in atl. Zeit, 1992 (GAT 8). – Samuel Amsler, Les ministères de l'ancienne alliance. Rois, prêtres et prophètes: VC 18 (1964) 29–41. – Elias Auerbach, Der Aufstieg der Priesterschaft zur Macht im AT: VT.S 9 (1963) 236–249. – Ders., Das Aharon-Problem: VT.S 17 (1969) 37–63. – Wolf Wilhelm Graf Baudissin, Die Gesch. des atl. Priestertums, Leipzig 1889; Neudr. Osnabrück 1967. – Joachim Begrich, Die priesterliche Tora: Werden u. Wesen des AT, hg. v. Paul Volz/Friedrich Stummer/Johannes Hempel, 1936 (BZAW 66) 63–88 = ders., GSt zum AT, 1964 (TB 21) 232–260. – Aage Bentzen, Zur Gesch. der Zadokiden: ZAW 51 (1933) 173–176. – Walter Beyerlin, Die Rettung der Bedrängten in den Feindpsalmen der Einzelnen auf institutionelle Zusammenhänge untersucht, 1970 (FRLANT 99). – Elias Bickermann, Der Gott der Makkabäer. Unters. über Sinn u. Ursprung der makkabäischen Erhebung, Berlin 1937. – Erhard Blum, Zur Komposition des Pentateuch, 1990 (BZAW 189). – Philip J. Budd, Priestly Instruction in Pre-Exilic Israel: VT 23 (1973) 1–14. – Ders., Holiness and Cult: The World of Ancient Israel. Sociological, Anthropological and Political Perspectives, ed. Ronald E. Clements, Cambridge 1989, 275–289. – Karl Budde, Die Herkunft Ṣadoḳ's: ZAW 52 (1934) 42–50. – Jochen Gabriel Bunge, Zur Gesch. u. Chronologie des Untergangs der Oniaden u. des Aufstiegs der Hasmonäer: JSJ 6 (1975) 1–46.

– Henri Cazelles, Sainteté et pureté du sacerdoce: Populus Dei. Studi in onore del Cardinale A. Ottaviani, I 1969 (CPIUI 10) 169–174. – Aelred Cody, A History of OT Priesthood, 1969 (AnBib 35). – Martin H. Cohen, The Role of Shilonite Priesthood in the United Monarchy of Ancient Israel: HUCA 36 (1965) 59–98. – Frank Moore Cross, The Priestly Houses of Early Israel: ders., Canaanite Myth and Hebrew Epic, Cambridge, Mass./London 1973, 195–215. – Frank Crüsemann, Die Tora. Theol. u. Sozialgesch. des atl. Gesetzes, München 1992. – Alfons Deissler, Das Priestertum im AT. Ein Blick vom Alten zum Neuen Bund, 1970 (QD 46) 9–80. – Werner Dommershausen, Art. *kohen*: ThWAT 4 (1984) 68–79. – Walther Eichrodt, Theol. des AT, Göttingen, I [8]1968, 264–294. – John A. Emerton, Priests and Levites in Deuteronomy: VT 12 (1962) 129–138. – Thomas Fischer, Seleukiden u. Makkabäer, Bochum 1980. – Georg Fohrer, Priester u. Prophet – Amt u. Charisma?: KuD 17 (1971) 15–27 = ders., Stud. zu atl. Texten u. Themen (1966–1972), 1981 (BZAW 155) 149–160. – Jean de Fraine, Peut-on parler d'un véritable sacerdoce du roi en Israel?: Sacra Pagina, hg. v. Jean Coppens u. a., Paris/Gembloux, I 1959, 537–547. – Volkmar Fritz, Tempel u. Zelt, 1977 (WMANT 47). – Johannes Gabriel, Unters. über das atl. Hohepriestertum, Wien 1933. – Isaiah Gafni, The Hist. Background: Jewish Writings of the Second Temple Period, ed. Michael E. Stone, Assen/Philadelphia 1984, 1–31. – Albert Gelin, Le sacerdoce de l'ancienne alliance: La tradition sacerdotale, ed. René Fourrey, Le Puy 1959, 27–60. – Hartmut Gese, Der Verfassungsentwurf des Ezechiel (Kap. 40–48) traditionsgesch. untersucht, 1957 (BHTh 25). – Ders., Die Sühne: ders., Zur bibl. Theol. Atl. Vortr., Tübingen [3]1989, 85–106. – Manfred Görg, Aaron – v. einem Titel zum Namen?: BN 32 (1986) 11–17. – Angel Gonzáles, Profetismo y Sacerdocio. Profetas, Sacerdotes y Reyes en el antiguo Israel, Madrid 1969. – Antonius Hermann Josef Gunneweg, Leviten u. Priester. Hauptlinien der Traditionsbildung u. Gesch. des israelit.-jüd. Kultpersonals, 1965 (FRLANT 89). – Menachem Haran, Temples and Temple Service in Ancient Israel, Oxford 1978. – Christian E. Hauer, Who was Zadok?: JBL 82 (1963) 89–94. – Ders., Priestertum, Tempeldienst u. Gebet: Das Land Israel in bibl. Zeit, hg. v. Georg Strecker, Göttingen 1983, 141–153. – Charles Hauret, Aux origines du sacerdoce danite, à propos de Jud. 18,30–31: Mélanges bibliques rédigés en l'honneur de André Robert, Paris 1957, 105–113. – Ders., Moïse était-il prêtre?: Bibl. 40 (1959) 509–521. – Martin Hengel, Judentum u. Hellenismus. Stud. zu ihrer Begegnung unter besonderer Berücksichtigung Palästinas bis zur Mitte des 2. Jh. v. Chr., Tübingen 1969 [3]1988. – Herbert Bardwell Huffmon, Priestly Divination in Israel: The Word of the Lord Shall Go Forth. FS David Noel Freedman, ed. Carol L. Meyers/Michael O'Connor, Winona Lake 1983, 355–359. – Bernd Janowski, Sühne als Heilsgeschehen. Stud. zur Sühnetheol. der Priesterschrift u. zur Wurzel KPR im Alten Orient u. im AT, 1982 (WMANT 55). – H. Jacob Katzenstein, Some Remarks on the List of the Chief Priests of the Temple of Salomon: JBL 81 (1962) 377–384. – Volkmar Keil, Onias III. – Märtyrer oder Tempelgründer?: ZAW 97 (1985) 221–233. – N. Kiuchi, The Purification Offering in the Priestly Literature, 1987 (JSOT.S 56). – Hans-Joachim Kraus, Gottesdienst in Israel. Grundriß einer Gesch. des atl. Gottesdienstes, Neukirchen-Vluyn [2]1962, 113–121. – Louis Leloir, Valeur permanente du sacerdoce lévitique: NRTh 92 (1970) 246–266. – Jon Douglas Levenson, Theology of the Program of Restoration of Ezekiel 40–48, Missoula, Mo. 1976 (HSM 10). – Jonathan Magonet, The Korah Rebellion: JSOT 24 (1982) 3–25. – Johann Maier, Tempel u. Tempelkult: ders./Joseph Schreiner, Lit. u. Religion des Frühjudentums, Würzburg 1973, 371–389. – Benjamin Mazar, The Sanctuary of Arad and the Family of Hobab the Kenite: ErIs 7 (1964) 1–5 (hebräisch); engl.: JNES 24 (1965) 297–303. – Jacob Milgrom, The Consecration of the Priests. A Literary Comparison of Leviticus 8 and Exodus 29: Ernten, was man sät. FS Klaus Koch, hg. v. Dwight R. Daniels/Uwe Gleßmer/Martin Rösel, Neukirchen-Vluyn 1991, 273–286. – Kurt Möhlenbrink, Die levitischen Überlieferungen des AT: ZAW 52 (1934) 184–231. – Herbert Niehr, Rechtsprechung in Israel, 1987 (SBS 130). – Francis Sparling North, Aaron's Rise in Prestige: ZAW 66 (1954) 191–199. – Martin Noth, Amt u. Berufung im AT, Bonn 1958 = ders., GSt zum AT, München, I [2]1960, 309–333. – Saul Olyan, Zadok's Origins and the Tribal Politics of David: JBL 101 (1982) 177–193. – Johannes Pedersen, Israel, its Life and Culture, London, III-IV 1940, 150–198. – Otto Plöger, Priester u. Prophet: ZAW 63 (1951) 157–192. – Richard Press, Das Ordal im alten Israel: ZAW 51 (1933) 121–140.227–255. – Merlin D. Rehm, Art. Levites and Priests: AncB Dictionary 4 (1992) 298–309. – Rolf Rendtorff, Die Gesetze in der P, 1954 (FRLANT 63). – Ders., Stud. zur Gesch. des Opfers im alten Israel, 1967 (WMANT 24). – Karl-Heinrich Rengstorff, Erwägungen zur Frage des Landbesitzes des Zweiten Tempels in Judäa u. seiner Verwaltung: Bibel u. Qumran. FS Hans Bardtke, hg. v. Siegfried Wagner, Berlin 1968, 156–176. – Hanoch Reviv, The Priesthood as a Political Pressure-Group in Judah: „Wünschet Jerusalem Frieden". Collected Communications of the Int. Organization for the Study of the OT, Jerusalem 1986, hg. v. Matthias Augustin/Klaus-Dietrich Schunck, 1988 (BEAT 13) 205–210. – Leonhard Rost, Die Gerichtshoheit am Heiligtum: Archäologie u. AT. FS Kurt Galling, hg. v. Arnulf Kutschke/Leonhard Rost, Tübingen 1970, 225–231. – Ders., Der Status des Priesters in der Königszeit: Wort u. Gesch. FS Karl Elliger, hg. v. Hartmut Gese/Hans-Peter Rüger, Kevelaer/Neukirchen-Vluyn 1973, 151–156. – Harold Henry Rowley, Zadok and Nehustan: JBL 58 (1939) 113–141. – Ders., Melchizedek and Zadok (Gen 14 and Ps 110): FS f. Alfred Bertholet, hg. v. Walter Baumgartner/Otto Eißfeldt/Karl Elliger/Leonhard Rost, Tübingen 1950, 461–472. – Ders., Worship in Ancient Israel, London 1967. – Leopold Sabourin, Priesthood. A Comparative Study, 1973 (Numen.Suppl. 25). – Herbert Schmid, Die Gestalt des Mose, 1986 (EdF 237). – Werner H. Schmidt, Prophetisches Zukunftswort u. priesterliche Weisung: Kairos 12 (1970) 289–308. – Emil Schürer, Gesch. des jüd. Volkes im Zeitalter Jesu Christi, Leipzig ^{4}1901–1911; engl. NB: The History of the Jewish People in the Age of Jesus Christ (173 B.C. – A.D. 135). A New Engl. Version rev. and ed. by Geza Vermes/Frank Millar/Matthew Black, 2 Bde., Edinburgh 1973–1979. – Richard J. Sklba, The Teaching Function of the Pre-exilic Israelite Priesthood, Rom 1965. – Michael E. Stone, Ideal Figures and Social Context. Priest and Sage in the Early Second Temple Age: Ancient Israelite Religion. Essays in Honor of Frank Moore Cross, ed. Patrick D. Miller, Philadelphia 1987, 575–586. – Shemaryahu Talmon, Die Kalender- u. Kultreform Jerobeams I.: ders., Gesellschaft u. Lit. in der hebräischen Bibel. GAufs. I, Neukirchen-Vluyn 1988, 56–79. – Victor A. Tcherikover, Hell. Civilization and the Jews, Philadelphia ^{2}1961. – Clemens Thoma, The High Priesthood in the Judgement of Josephus: Josephus, the Bible and History, ed. Louis H. Feldman and Gohei Hata, Leiden 1989, 196–215. – Roland de Vaux, Les Institutions de l'Ancien Testament, Paris, II 1960, 195–211; dt.: Das AT u. seine Lebensordnungen, Freiburg i.Br., II ^{2}1966, 177–191. – Ders., Le sacerdoce en Israel: Populus Dei (s.o. bei Cazelles) 113–168. – Heinrich Valentin, Aaron. Eine Stud. zur vorpriesterlichen Aaron-Überlieferung, 1978 (OBO 18). – E.F. de Ward, Superstition and Judgment. Archaic Methods of Finding a Verdict: ZAW 89 (1977) 1–19. – Julius Wellhausen, Prolegomena zur Gesch. Israels, Berlin ^{6}1927 = 1981. – Peter Welten, Kulthöhe u. Jahwetempel: ZDPV 88 (1972) 19–37. – Hugh Godfrey Maturin Williamson, The Origins of the Twenty-four Priestly Courses. A Study of 1 Chronicles XXIII-XXVII: Studies in the Hist. Books of the OT, ed. John Emerton, 1979 (VT.S 30) 251–268.

Henning Graf Reventlow

I/3. Judentum

1. Von den Seleukiden bis zur Herrschaft der Hasmonäer 2. Von Herodes dem Großen bis zum Jüdischen Krieg 3. Der Jüdische Krieg 4. Das Priestertum in der Zeit nach 70 n. Chr. (Literatur S. 396)

Die Geschichte des Priestertums in frühjüdischer und rabbinischer Zeit wurde bisher nur ungleichmäßig aufgearbeitet; vor allem für die Zeit von Aristobul I. (104–103 v. Chr.) bis zum Ende des Jüdischen Krieges sowie für die Zeit nach der Zerstörung des Tempels gibt es nur vereinzelte Hinweise und Untersuchungen; eine Gesamtdarstellung fehlt. Dies beruht sicherlich nicht zuletzt auch auf der schwierigen Quellenlage: die wichtigsten Zeugen, Josephus und die rabbinische Literatur, haben ein unverkennbar apologetisches bzw. polemisches Interesse (zu Josephus s. Schwartz; Thoma); will man rabbinische Texte als Belege für die Zeit des Zweiten Tempels heranziehen, so ist – abgesehen vom zeitlichen Abstand – mit der Umformung und Weiterentwicklung priesterlicher Überlieferungen zu rechnen. Im Neuen Testament treten Priester als handelnde Personen nur in den Passionsberichten und in der Apostelgeschichte auf (vgl. Act 4,1; daneben s.a. Mk 1,44 par.; Joh 1,19 u.a.).

1. Von den Seleukiden bis zur Herrschaft der Hasmonäer

Bereits in vormakkabäischer Zeit war der Hohepriester sowohl die höchste kultische als auch die höchste politische Instanz (vgl. Sir 50,1 ff.). Er stand an der Spitze einer hierarchisch gegliederten, mehrere tausend Mann umfassenden Priesterschaft (Jeremias 225 ff.; ähnlich auch Sanders 170), von denen die aus einfacheren Familien stammenden Priester in kleineren Ortschaften Judäas (z.B. Gofna, Jericho, Modiim; vgl. die Auflistung bei Klein 4; s.a. Safrai 53) lebten, zum Teil Berufe in Handel, Handwerk und Landwirtschaft ausübten (Jeremias; vgl. hierzu jetzt Hengel/Deines 55 ff. gegen Sanders 170, der die Priester nur als Richter und Tora-Experten sehen möchte) und lediglich zweimal im Jahr für eine Woche sowie zu den Wallfahrtsfesten den Dienst am Heiligtum versahen (zur Organisation des Priestertums Jeremias 181 ff.; Schürer II, 237; zum Tempeldienst Sanders 47–169; Belege für die 24 Priesterklassen bei Stern 589–595; s.a. Safrai 264ff.).

Während der Regierungszeit Antiochus' IV. Epiphanes erlitt die Institution einen Autoritäts- und Traditionsverlust. Im Jahre 175 v. Chr. erwarb Jason, der Bruder des rechtmäßig amtierenden zadokitischen Hohenpriesters Onias III. – unterstützt von der Partei der „Hellenisten" –, das Amt des Hohenpriesters; bereits drei Jahre nach dessen Ernennung gelang es Menelaos aus der einfachen Priesterfamilie Bilga, sich bei Antiochus IV. die Hohepriesterwürde zu erkaufen, wodurch gegen die biblisch gebotene zadokitische Sukzession verstoßen wurde. Diesem folgte der gemäßigte Hellenist zadokitischer Abstammung Alkimus (163–160 v. Chr.). Daraufhin floh der rechtmäßige Hohepriester Onias IV., der Sohn Onias' III., nach Ägypten und errichtete dort das schismatische Konkurrenzheiligtum von Leontopolis (ca. 163 v. Chr.), in dem der Opfergottesdienst bis zum Jahre 73 n. Chr. ausgeübt wurde.

Nach dem Sieg über die Seleukiden machten sich die Makkabäer, die dem einfachen Priestergeschlecht Jehojarib entstammten, die Schwächung der Zadokiten zunutze. Nachdem das Amt – so Josephus (Ant XX,237) – infolge von Absetzung und Tod des Alkimus (vgl. I Makk 9,55) zunächst sieben Jahre vakant war, wurde Jonatan von dem syrischen Kronprätendenten Alexander Balas zum Hohenpriester eingesetzt (153/52 v. Chr.; vgl. I Makk 10,20; hierzu Sievers 83ff.). Aus Protest gegen die dadurch fortgeführte Entsakralisierung des Amtes vollzog vermutlich nicht allzulange nach dem Amtsantritt Jonatans der „Lehrer der Gerechtigkeit", der – selbst zadokitischer Abstammung – bereits Jahre vorher der Führer einer Gruppe von Gesetzestreuen geworden war, den Bruch mit der Jerusalemer Kultgemeinde und begründete eine eigene Gemeinschaft, die sich dann um die Wende vom 2. zum 1. Jh. v. Chr. in →Qumran ansiedelte.

Diese Konstellation, wonach der politische Führer mit dem Hohenpriester identisch war („Priester und Fürst" [I Makk 15,1]), wurde unter Jonatans Nachfolger Simon (142–135/34 v. Chr.) gefestigt. Aufgrund seiner militärischen Erfolge, zu denen auch die Einnahme der verhaßten seleukidischen Zwingburg in Jerusalem, der Akra, gehörte (I Makk 14,32–38), beschlossen „die Priester, das Volk, die Vorsteher des Volkes und die Ältesten des Landes" (I Makk 14,28; vgl. auch I Makk 14,41), ihm die Ämter des Hohenpriesters, des Fürsten und des Feldherrn in erblicher Würde zu übertragen (I Makk 14,41.47). Der Vorbehalt, daß dieses Amt nur so lange Bestand haben solle, bis Gott einen Propheten erwecken werde (I Makk 14,41), deutet auf ein gewisses Unbehagen an dieser Entscheidung hin. Deren Problematik bestätigt dann die folgende Entwicklung.

Daß eine solche Legitimation des Hohenpriesteramtes, das definitiv mit der Tradition der zadokitischen Erbfolge brach, längerfristig – wie auch die zunehmende Hellenisierung des jüdischen Tempelstaates – auf Protest stieß, zeigen die Ereignisse in den folgenden Generationen.

So forderten die →Pharisäer, die immer größeren Einfluß gewannen und die Volksfrömmigkeit sowie das Tempelzeremoniell (vgl. Josephus, Ant XVIII,15; s.a. die halachischen Bestimmungen in 4QMMT) in zunehmendem Maße prägten, von Johannes Hyrkan (135/34–104 v. Chr.), daß er auf sein Hohepriesteramt verzichten solle. Als Vorwand gaben sie an, daß die Legitimität seiner Abstammung in Frage gestellt sei, weil seine Mutter in der Zeit der Religionsverfolgung in Kriegsgefangenschaft gekommen war (Ant XIII,288ff.; vgl. auch bQid 66a; zum Ganzen vgl. Mason, Flavius Josephus 213–245); ein solcher Vorwurf bot auch während der Regierungszeit des Alexander Jannai (103–76 v.Chr.) den Anlaß zu einer offenen und gewalttätigen Auseinandersetzung (Josephus, Ant XIII,372f.). Wenn der sterbende Jannai seiner Frau Salome Alexandra den Rat gibt, mit den Pharisäern Frieden zu schließen, so zeigt dies, daß diese Gruppierung zu einem bedeutsamen Machtfaktor geworden war, mit der sich auch die herrschenden Priester zum Wohle des Staates und zum Erhalt ihrer Macht arrangieren mußten (vgl. hierzu Hengel/Deines 53.57 gegen Sanders, der die politische Macht der priesterlichen Aristokratie in den Vordergrund stellt und von der Einflußlosigkeit der Pharisäer ausgeht).

2. Von Herodes dem Großen bis zum Jüdischen Krieg

Die Dynastie der Hasmonäer hatte das Hohepriesteramt ununterbrochen bis zum Herrschaftsantritt Herodes' I. (40 v. Chr.) inne. Dieser stellte – da er aufgrund seiner Abstammung keinerlei Möglichkeit hatte, selbst Hoherpriester zu werden – die davidische Ämterteilung im Interesse einer politischen Entmachtung des hohepriesterlichen Amtes wieder her, wodurch das Amt seinen primär geistlichen Charakter zurückerhielt. So kam es zu Beginn seiner Regierung zu bedeutenden Veränderungen. Im Zuge seines Kampfes gegen die Hasmonäer und die sie stützenden gesellschaftlichen Kräfte beendete er die erbliche hasmonäische Hohepriesterwürde, indem er Aristobul III., der nach der Herrschaft der verfeindeten Brüder Aristobul II. (67–63 v. Chr.) und Hyrkan II. (63–40 v. Chr.) und der des Mattathias Antigonos (40–37 v. Chr.) der letzte Hohepriester hasmonäischer Abstammung war, beim Baden in Jericho ertränken ließ; diesem hatte das Volk während seines ersten Auftretens beim Laubhüttenfest ganz offen seine Sympathien bekundet (36 v. Chr.; vgl. Josephus, Ant XV,53–56). An seiner Stelle setzte Herodes den aus Babylonien stammenden Hananel, der bereits vor Aristobul III. kurze Zeit als Hohepriester amtiert hatte, wieder ein (ebd. 56). Dies zeigt die eigentliche Intention des Herodes bei der Besetzung des Hohenpriesteramtes: Da Hananel einerseits zadokitischer Abstammung war (ebd. 39–41), andererseits aber ein unbedeutender Priester (ebd. 22), stellte Herodes der hasmonäischen Tradition eine noch ältere und ehrwürdigere Tradition gegenüber (und entsprach so auch den Forderungen der „Frommen"), ohne dadurch Gefahr zu laufen, seinen eigenen Einflußbereich zu schmälern. Auch im folgenden bestimmte er frei über den jeweiligen Träger des Amtes sowie über dessen Dienstzeit, wobei er – um Parteigänger der Hasmonäer von vornherein auszuschalten – Familien bevorzugte, die aus der jüdischen Diaspora stammten.

Die Besetzungspolitik des Herodes wurde von den römischen Prokuratoren nach 6 n. Chr. weitergeführt. So entstand allmählich eine neue Priesteraristokratie, die sich im wesentlichen aus vier Familien – nämlich den Häusern Boëthus, Hanas, Phiabi und Kantheras – rekrutierte; diese stellten – entweder von Herrschern aus der Dynastie des Herodes oder aber von den römischen Legaten und Präfekten eingesetzt und von den →Sadduzäern unterstützt – in der Zeit vom Amtsantritt des Herodes I. bis zur Zerstörung des Tempels 22 der insgesamt 28 Hohenpriester. Manche dieser Hohenpriester – wie Joseph Kaiaphas (18–36 n. Chr.) oder Ananias b. Nedebaeus (47–59 n. Chr.) – amtierten über viele Jahre, andere dagegen nur für kurze Zeit: Agrippa II. (59–65 n. Chr.) z. B. setzte während seiner Regierung insgesamt sechs Hohepriester ein. Auch nach dem Ablauf seiner Amtszeit verfügte ein Hohepriester samt seinen Familienmitgliedern noch über ein beträchtliches Machtpotential und über zahlreiche gesellschaftliche Privilegien, zu denen auch die Mitgliedschaft im Sanhedrin gehörte. Dieser Umstand führte dazu, daß der Titel „Hoherpriester" im 1. Jh. n. Chr. eine Bedeutungserweiterung erfuhr.

Er konnte nicht nur den amtierenden Hohenpriester selbst bezeichnen, sondern auch die Mitglieder der hohepriesterlichen Familien generell (u.a. Mt 2,4; 16,21; 20,18; 21,15; 26,3; Mk 11,18; 14,1.66; 15,10; Lk 22,52; 23,4.13; Joh 7,32.45; 11,47.49.57; Act 4,23; 5,24; 9,14.21; 25,2; 26,12; Josephus, Bell II,56; V,527; VI,114; Vita 39,197; so Schürer 232–235; Sanders 328 gegen Jeremias 197–201). Während Josephus immer wieder auf Spannungen innerhalb der Priesterschaft hinweist und berichtet, daß Mitglieder der Priesteraristokratie mit Hilfe von Banden die einfachen Priester, die sozial und religiös in scharfem Gegensatz zum Priesteradel standen, beraubten (Ant XX,180f.206f.213f.), beklagt bPes 57a (tMen 13,21 [533]) ganz allgemein die gewalttätige Machtpolitik und den Nepotismus, der in der Priesteraristokratie herrschte: „Weh mir, wegen des Hauses Boëthus, weh mir wegen ihrer Lanze! Weh mir, wegen des Hauses Kanthros [eines Sohnes des Boëthus], weh mir wegen ihres Schreibrohrs! Weh mir, wegen des Hauses Hanin, weh mir wegen ihres Getuschels! Weh mir, wegen des Hauses Jishmael b. Phiabi, weh mir wegen ihrer Faust! Denn sie sind Hohepriester, ihre Söhne Schatzmeister und ihre Schwiegersöhne Tempelaufseher, und sie schlagen das Volk mit Stöcken".

3. *Der Jüdische Krieg*

Die Rolle der Priesterschaft im Jüdischen Krieg kann nicht einseitig festgelegt werden (gegen Horsley, der lediglich die Römertreue der Priesteraristokratie anführt; vgl. Smallwood, die deren prinzipielle Loyalität gegenüber dem Volk in den Vordergrund stellt;

s.a. Goodblatt 28). Tatsächlich sind die Verhältnisse recht komplex und nicht mehr bis ins einzelne nachzuzeichnen: Einerseits bildete die Priesteraristokratie, deren Machtstellung durch die römische Herrschaft gesichert wurde und die daher generell der Kollaboration mit dieser verdächtig war, den direkten Angriffspunkt der zelotischen Bewegung mit ihrem Eifer für Gesetz und Tempel.

Bereits zu Beginn der Auseinandersetzungen wurde mit den Palästen des Agrippa und der Berenike auch der des Hohenpriesters Ananias, Sohnes des Nedebaeus, eines Vertreters der Friedenspartei, in Brand gesteckt (Josephus, Bell II,427); der Hohepriester selbst sowie sein Bruder Hiskia wurden ermordet (ebd. 440). Nach der Stürmung der Burg Antonia nahmen die Zeloten zudem eine Neuordnung des Priesteramtes vor, indem ein gewisser Phanni, Sohn des Samuel, aus dem Dorfe Aphthia, der aus dem hohepriesterlichen Geschlecht Eniachin stammte, mittels eines Losverfahrens zum neuen Hohenpriester gewählt wurde (Bell IV,153–157). Hinter der negativen Schilderung des Josephus, wonach jener ein gänzlich ungebildeter, bäurischer Mensch gewesen sei und die Tat der Zeloten einen Frevel am Heiligtum darstelle, darf die eigentliche Intention der zelotischen Handlungsweise nicht übersehen werden. In ihr äußert sich der Protest gegen die bisherige Priesteraristokratie; das Losverfahren, mit Hilfe dessen ein Gottesurteil erreicht wird (vgl. I Chr 24,5 ff.), dient einer Repristination der altehrwürdigen zadokitischen Dynastie.

Innerhalb der priesterlichen Oberschicht gab es andererseits aber nicht nur Vertreter der Friedenspartei, sondern auch Priester, die den Kampf gegen die Römer aktiv unterstützten. So war Eleazar, Sohn des Hohenpriesters Ananias, unmittelbar am Ausbruch des Krieges beteiligt, indem er – unterstützt von der Mehrzahl der Priesterschaft – Nichtjuden die Darbringung ihrer Opfer verweigerte und damit indirekt auch die Einstellung des Kaiseropfers veranlaßte. Nach der Niederlage des Cestius Gallus erscheint mit Eleazar, Sohn des Simon, eine weitere priesterliche Führergestalt der Zeloten. Andere Priester, darunter auch Josephus selbst und die ehemaligen Hohenpriester Jesus b. Gamala (60 n. Chr.) und Josef b. Simon (60–62 n. Chr.), scheinen unter der Führung von Ananos b. Ananos einen eher gemäßigten Kurs vertreten zu haben, da sie in die verschiedenen Toparchien der Provinz entsandt wurden, um den Einfluß der radikalen, zelotischen Gruppierungen zu kontrollieren (Josephus, Bell II,566.652). Mit der Ermordung des Ananos b. Ananos und des Jesus, Sohnes des Gamala, durch Johannes von Gischala verloren die gemäßigten priesterlichen Kräfte immer mehr an Bedeutung, die Führung des Aufstands ging nun in die Hände der Radikalen über. Die Partei des Eleazar, Sohnes des Simon, die vorwiegend aus einfachen Priestern bestand, hatte sich im Tempel verschanzt; sie wurde von den Parteien des Johannes von Gischala und des Simon bar Giora zu Beginn der Belagerung zerschlagen (Bell V,21). Das tragische Ende der Priesterschaft, das gleichzeitig zeigt, wie treu die Mehrzahl der Priester dem Tempel ergeben war, schildert eine Legende, die erzählt, daß die Priester die Schlüssel des Heiligtums in den Himmel geworfen und somit Gott zurückgegeben hätten, selbst aber in das Feuer des brennenden Tempels gesprungen seien (syrBar 10,18; s.a. bTaan 29a; ARN A 4 [12b]; ARN B 7 [11a]; ySheq 6,5 [3] [50a]; WaR 19,6 [Margulies 436]; PesR 26 [131a]; zur Rolle der Priester vgl. auch Price 38 ff.).

4. Das Priestertum in der Zeit nach 70 n. Chr.

Das wohl einschneidendste Ereignis in der Geschichte des jüdischen Priestertums war die Zerstörung des Jerusalemer Tempels im Jahre 70 n. Chr. Sicherlich hatten viele Priester den Krieg überlebt (vgl. die Zusammenstellung der Belege von Josephus bei Schwartz 74–77). Ein Teil war während der Belagerung desertiert, und für die auf dem Lande lebenden Priester war es sowieso leichter gewesen, sich den Verwüstungen des Krieges zu entziehen. Nachdem der Grundbesitz in Judäa nach dem Beschluß Vespasians im Jahre 71 konfisziert wurde, scheint es einzelnen Priestern aber doch gelungen zu sein, wieder zu Wohlstand und Vermögen zu kommen. Teile der Priesterschaft, die nun nicht mehr in Jerusalem bzw. in der näheren Umgebung dieser Stadt, sondern in verschiedenen Ortschaften Galiläas siedelten (vgl. hierzu Levine 174 mit einer Kartenskizze), gehörten wohl noch jahrhundertelang einer reichen Oberschicht an, die über Güter und

Landbesitz verfügte (SifDev wezot haberakha 352 [409]; bPes 49a; MHG Lev 22,13 [618]; hierzu u.a. Kimelman; Levine).

Über den Machtverlust der Priester als gesellschaftlicher Klasse sollte dies aber nicht hinwegtäuschen: als bedeutendstes politisches und religiöses Amt konnte sich – vermutlich ab →Gamliel II. ab dem Ende des 1. Jh. (zum Ganzen jetzt Goodblatt 176ff.) – das →Patriarchat etablieren, das den obersten Repräsentanten des jüdischen Volkes stellte; die Rabbinen (→Rab/Rabbi/Rabban/Rabbiner), Nachfolger der Pharisäer und Schriftgelehrten, bildeten nun die Führungsschicht des Volkes. Die jahrhundertelange Priesterherrschaft, deren Ansehen und Einfluß im Volk seit der hellenistischen Krise beständig im Schwinden war, wurde nach 70 n. Chr. endgültig durch eine Laienherrschaft abgelöst. Vermutlich hatte das Priestertum wegen seiner Rolle im Jüdischen Krieg weder bei der eigenen Bevölkerung noch bei der römischen Besatzung genügend Rückhalt, um seine Machtansprüche trotz des zerstörten Tempels weiter behaupten zu können (hierzu Goodblatt 221ff.). Dieser Herrschaftswechsel ging mit einer Entwicklung einher, die Jahrhunderte vorher bereits begonnen hatte: Mit dem zunehmenden Einfluß der pharisäischen Bewegung konnten sich neben den Priestern, die seit altersher für die religiöse Überlieferung zuständig waren, Laien als Experten und Autoritäten in der Auslegung des Gesetzes etablieren. Dieses Wissen war es auch, das das Rabbinat gegenüber dem Priestertum legitimieren sollte: die Kenntnis der Tora gilt höher als jede priesterliche Abstammung (mHor 3,8; tHor 2,8–10 [476]; vgl. BerR 80,1 [Albeck 950–953]; ySan 2,6 [20 c/d]). Die berühmte Traditionskette von mAv 1,1, durch die sich das Rabbinat in die Sukzession von Mose und den Propheten einreiht, erwähnt die Priester gerade nicht und übergeht damit deren traditionelle Rolle als Ausleger und Tradenten der Überlieferung.

Die neu erworbene Machtposition des Rabbinats, das die Priesterherrschaft ablöst, erklärt auch die antipriesterliche Polemik der rabbinischen Literatur: Den Priestern wurde neben der Unkenntnis der Tora auch die Schuld an der Tempelzerstörung (bTaan 29a; yTaan 4,2 [68d]), schlechter Lebenswandel (BerR 59,1 [Albeck 630f.]; EkhR 2,2,4 [Buber 53b]) sowie Macht- und Geldgier (bPes 57b par.) vorgeworfen.

Für das Verhältnis der Priester zu der rabbinischen Bewegung zeichnen sich – im Rahmen des spärlichen und manchmal schwer einschätzbaren Quellenmaterials – zwei verschiedene Tendenzen ab: Teile der Priesterschaft scheinen zu eigenständigen Gruppen zusammengeschlossen gewesen zu sein, deren →Halacha im Gegensatz zu den rabbinischen Regelungen stand (vgl. mRHSh 1,7; s.a. tShevi 5,2; tPar 12,6; hierzu Schwartz 106). Da zahlreiche →Tannaiten priesterlicher Abstammung waren (u.a. R. Tarfon, R. Yishmael, R. Zadok und sein Sohn R. Elazar, Jose-ha-Kohen; vgl. die Auflistung bei Schwartz 100f. mit den entsprechenden Belegen), ist darüber hinaus anzunehmen, daß ein anderer Teil der Priesterschaft in die rabbinische Bewegung integriert wurde. Die antipriesterliche Polemik sollte somit nicht darüber hinwegtäuschen, daß zumindest bestimmte Teile des Priestertums für das Rabbinat und die Ausbildung seiner Traditionen eine ganz entscheidende Rolle spielten. Wenn auch nicht alle Lehrer priesterlicher Abkunft ein augenfälliges Interesse an Themen des Tempels zeigten, so ist doch anzunehmen, daß gerade solche Rabbinen maßgeblich an der Tradierung der kultischen Überlieferungen beteiligt waren, die in →Mischna und Gemara in großem Umfang und häufig sehr detailliert verhandelt werden (vgl. auch die Rezeption und Weiterbildung von priesterlichen Motiven wie der Vorstellung von der Kultusgemeinschaft von Engeln und Priestern in den Midraschim, z. B. WaR 21,11 [30d]; PesK 27 [177b]; s.a. 1QSb IV 25f.; Jub 31,14ff. u.ö.). Dabei erhalten diese Überlieferungen eine neue Bewertung: Neben Taten der Nächstenliebe und der Beschäftigung mit der Tora im allgemeinen dient gerade das Studium der den Kultus betreffenden Vorschriften als Substitut für den Tempeldienst; die Erinnerung an den Kultus und seine Bestimmungen vermag so – wie es gerade in der Synagogenliturgie der Feste deutlich wird – an die Stelle der Handlungen selbst zu treten.

Synagogeninschriften aus Israel und der Diaspora sowie verschiedene →Pijjutim zeigen darüber hinaus, daß die Erinnerung an die verschiedenen Priesterklassen und deren galiläische Wohnorte, in denen sich diese nach der Tempelzerstörung niedergelassen hatten, noch jahrhundertelang bestand. Eine Hochschätzung des Priestertums bezeugt auch der Synagogengottesdienst als solcher, bei dem ein Priester, gefolgt von einem Leviten, als erster zur Toralesung aufgerufen wird (mGit 5,8; bGit 59b); einem Priester steht es auch in der →Synagoge zu, den Priestersegen zu sprechen (mTam 7,2; bMeg 24b; bTaan 26b).

Während die jüdische Reformbewegung des 19. Jh. diese Vorrechte abgeschafft hat, hält das orthodoxe Judentum bis heute sowohl an den liturgischen Privilegien der Priester als auch an den diversen Heirats- und Reinheitsbestimmungen fest.

Literatur

Gedalyahu Alon, Par'irtin: ders., Jews, Judaism and the Classical World. Studies in Jewish History in the Times of the Second Temple and Talmud, Jerusalem 1977, 48–88. – Michael Avi-Yonah, The Caesarea Inscription of the 24 Priestly Courses: ErIs 7 (1964) 24–28 (hebräisch). – Ernst Bammel, Die Bruderfolge im Hochpriestertum der herodianisch-röm. Zeit: ZDPV 70 (1954) 147–153. – Adolf Büchler, Die Priester u. der Cultus im letzten Jahrzehnt des Jerusalemischen Tempels, Wien 1895. – Louis Finkelstein, The Core of the Sifra. A Temple Textbook for Priests: JQR 80 (1989) 15–34. – Ezra Fleischer, New Light on Qiliri: Tarb. Jubilee Vol. 50 (1981) 282–302 (hebräisch; Lit. zu den Pijjutim). – David Goodblatt, The Monarchic Principle. Studies in Jewish Self-Government in Antiquity, 1994 (TSAJ 38) 6–56.176–231. – Martin Goodman, The Ruling Class of Judaea. The Origins of the Jewish Revolt against Rome 66–70, Cambridge 1987. – Heinrich Graetz, Zur Gesch. der nachexilischen Hohenpriester: MGWJ 30 (1881) 49–64.97–112. – Martin Hengel, Die Zeloten. Unters. zur jüd. Freiheitsbewegung in der Zeit v. Herodes I. bis 70 n.Chr., 1961 ²1976 (AGSU 1). – Ders./Roland Deines, E.P. Sanders' „Common Judaism", Jesus and the Pharisees: JThS NS 46 (1995) 1–70. – Richard A. Horsley, High Priests and the Politics of Roman Palestine. A Contextual Analysis of the Evidence of Josephus: JSJ 17 (1986) 23–55. – Joachim Jeremias, Jerusalem z.Z. Jesu. Eine kulturgesch. Unters. zur ntl. Zeitgesch., Leipzig 1923/24; Göttingen ³1962, 166–240. – Tuvia Kahane, The Priestly Courses and their Geographical Settlements: Tarb. 48 (1979) 9–29. – Ruben Kimelman, The Conflict between the Priestly Oligarchy and the Sages in the Talmudic Period (An Explanation of PT Shabbat 12:3, 13c = Horayot 3:5, 48c): Zion 48 (1983) 135–147. – Ders., From Priest to Rabbi to ... . The Crystallization of Rabbinic Judaism: The Solomo Goldmann Lectures 4 (1985) 95–117. – Samuel Klein, Beitr. zur Geographie u. Gesch. Palästinas, Leipzig 1909. – Jean Le Moyne, Les Sadducéens, 1972 (EtB). – Lee I. Levine, The Rabbinic Class of Roman Palestine in Late Antiquity, Jerusalem 1989 (S.171 Lit. zu den galiläischen Priesterstädten). – Steve N. Mason, Priesthood in Josephus and the „Pharisaic Revolution": JBL 107 (1988) 657–661. – Ders., Flavius Josephus on the Pharisees. A Composition-Critical Study, 1991 (StPB 39). – Jonathan J. Price, Jerusalem under Siege. The Collapse of the Jewish State 66–70 C.E., Leiden/New York/Köln 1972 (Brill's Series in Jewish Studies 3). – Shmuel Safrai, Die Wallfahrt im Zeitalter des Zweiten Tempels, 1981 (FJCD 3). – Anthony J. Saldarini, Pharisees, Scribes and Sadducees in Palestinian Society, Wilmington 1988. – Ed Parish Sanders, Judaism. Practice & Belief, 63 BCE–66 CE, London/Philadelphia 1992, 47–189.317–340. – Emil Schürer, The History of the Jewish People in the Age of Jesus Christ (173 B.C. – A.D. 135). A New English Version rev. and ed. by Geza Vermes/Frank Millar/Matthew Black, Edinburgh 1979, I, 603–606; II, 227–308. – Seth Schwartz, Josephus and Judaean Politics, 1990 (CSCT 18) 58–109 (Lit.). – Joseph Sievers, The Hasmoneans and their Supporters. From Mattathias to the Death of John Hyrcanus I, 1990 (SFSHJ 6). – E. Mary Smallwood, High Priests and Politics in Roman Palestine: JThS NS 13 (1962) 14–34. – Günter Stemberger, Pharisäer, Sadduzäer, Essener, 1991 (SBS 144). – Menachem Stern, The Politics of Herod and Jewish Society towards the End of the Second Commonwealth: Tarb. 35 (1966) 235–253 (hebräisch). – Ders., Aspects of Jewish Society. The Priesthood and Other Classes: Shmuel Safrai/ders. (Ed.), The Jewish People in the First Century. Hist. Geography, Political History, Social, Cultural and Religious Life and Institutions, II 1976 (CRI I/2) 561–630. – Clemens Thoma, The High Priesthood in the Judgment of Josephus: Louis H. Feldman/Gohei Hata (Ed.), Josephus, the Bible and History, Leiden 1989, 196–215. – Ephraim E. Urbach, Mishmarot u-Ma'amadot: Tarb. 42 (1973) 304–327 (hebräisch).

Beate Ego

I/4. Neues Testament

1. Terminologie 2. Allgemeine Übersicht 3. Evangelien und Apostelgeschichte 4. Hohepriesterchristologie des Hebräerbriefs 5. Priesterschaft aller Gläubigen (Literatur S. 401)

1. Terminologie

Zur Zeit des zweiten Tempels war die jüdische Priesterschaft streng hierarchisch organisiert und in mehrere Klassen aufgeteilt (Jeremias 167ff.; s.o. I/3.). Die neutestamentliche Unterscheidung in Priester (ἱερεῖς), Oberpriester (ἀρχιερεῖς), Tempelhauptmann (στρατηγὸς [τοῦ ἱεροῦ]) und Hoherpriester (ἀρχιερεύς) spiegelt die historischen Verhältnisse terminologisch korrekt wider.

Obwohl die jüdischen Quellen eine noch weitergehende Differenzierung erlauben (bTaan 31a; yHor 3,48b[33]; tHor 3,48b[34]), begegnen im Neuen Testament nur diese vier Priesterklassen. Ἱερεύς bezeichnet zunächst den gewöhnlichen, jährlich für eine befristete Zeit am Jerusalemer Tempel mit dem täglichen Opferdienst betrauten levitischen Priester (Mt 12,5; Mk 1,44 par.; 2,26 par.; Lk 1,5.8f.; 10,31; 17,14; Joh 1,19; Act 4,1; 6,7; Hebr 7,13f.23; 10,11), der schon an der Stiftshütte, dem Zentralheiligtum der Wüstenzeit, amtierte (Hebr 9,6). Die höherrangigen ἀρχιερεῖς führten die in regelmäßigem Turnus sich abwechselnden 24 Wochen- bzw. Tagesabteilungen (I Chr 24,3–19; vgl. mTaan 4,2) an. Zusammen mit anderen (vgl. Act 4,5f.) bildeten sie ein fest umrissenes Kollegium, das in Angelegenheiten des Tempels und der Priesterschaft mit Beschlußvollmacht ausgestattet war (Mt 26,3f. par.; 27,6; 28,11; Mk 14,10f. par.; Act 5,24; 9,14.21; 26,10.12 u.ö.). Von ihnen unterschied sich wiederum der in Lk 22,4.52; Act 4,1; 5,24.26 (vgl. Josephus, Bell II,409f.) erwähnte στρατηγὸς (τοῦ ἱεροῦ). Er stand an der Spitze der Tempelwache (= 200 Priester und Leviten) und fungierte u.a. als ständiger Stellvertreter des jeweiligen Hohenpriesters. Die beiden zuletzt genannten Ämter hatten stets nur einen Inhaber. Ihre Anwesenheit am Tempel war ständig gefordert.

2. Allgemeine Übersicht

Zumeist erscheinen die einzelnen Vertreter der Priesterschaft unter ihrem gruppenspezifischen Sammelbegriff, bisweilen kommen sie auch namentlich vor (Mt 26,3.57; Mk 2,26; Lk 1,5; 3,2; Joh 11,49; 18,13f.24.28; Act 4,6). Auffallend ist freilich, daß von Priestern nur in der erzählenden Literatur (Evangelien, Apostelgeschichte), im Hebräerbrief und in der Johannes-Apokalypse die Rede ist. Allein dieser Tatbestand macht es unwahrscheinlich, das Schweigen weiter Teile der neutestamentlichen Überlieferung hauptsächlich mit der Zeit ihrer Abfassung in Zusammenhang zu bringen, in der der →Tempel bereits zerstört und der priesterliche Einfluß im Schwinden begriffen war. Denn auch Paulus, der ansonsten kultisch geprägtes Vokabular gezielt aufgreift (Röm 3,25f.; 15,16; I Kor 11,23–25; II Kor 5,18–21; Phil 4,18; vgl. Röm 5,8–10; 8,3; I Kor 1,30; 6,11) und es vor allem im Kontext der Gemeindeparänese benutzt (Röm 12,1; I Kor 3,16f.; 6,19; II Kor 6,16; vgl. Eph 2,19–22), übergeht sie, die nachpaulinische Tradition und der größte Teil der übrigen Briefliteratur ebenfalls. Wo von Priestern – summarisch oder auf konkrete Personen bezogen – die Rede ist, steht nicht primär ein historisches Interesse im Vordergrund. Von Ausnahmen abgesehen (Lk 1,5.8; Act 6,7; 14,13), repräsentieren sie vielmehr die in besonderer Weise auf den Jerusalemer Tempel konzentrierte alttestamentlich-jüdische Kultordnung. Deren uneingeschränkter Geltung gilt das differenzierte Nein weiter Teile der frühen Christenheit (Mt 12,5–7; Mk 10,45; 14,58; Joh 4,20–24; Act 6,13f.; 7,48f.; Röm 3,25f.; Eph 5,2; I Tim 2,5f. u.ö.). In den synoptischen Evangelien fehlen ebenso wie bei Johannes überzeugende Belege dafür, daß bereits der irdische Jesus von Ps 110 (vgl. Mk 12,35–37 par.) her die Hohepriester-Prädikation auf sich bezogen (Cullmann) oder seine Sendung im Sinne der hohepriesterlichen Messianologie gedeutet habe (Friedrich; dazu Hahn 235–241). Hingegen findet die ihrer Intention nach bereits in der vor- bzw. nebenpaulinischen Überlieferung ausformulierte kritisch-distanzierte bis ablehnende Haltung gegenüber der Kulttora ihren prägnantesten Ausdruck im Hebräerbrief. Seine eigentümliche christologisch-soteriologische Konzeption zeichnet sich dadurch aus, daß sie den traditionellen Vorstellungsrahmen der frühjüdischen Kult- und Priesterterminologie voraussetzt, diese jedoch in betontem Kontrast zu ihrem ursprünglichen Gehalt auf Christus bezieht. Es liegt in der Konsequenz des hier zutage tretenden tempel- und kultkritischen Ansatzes, wenn schließlich auch die an Christus Glaubenden als zur Priesterschaft berufen (1. Petrusbrief) bzw. jedes Glied der christlichen Gemeinde als Priester bezeichnet wird (Johannes-Apokalypse).

3. Evangelien und Apostelgeschichte

Gemäß den Bestimmungen von Lev 13; 14,2f. fordert Jesus in Mk 1,44 par. den geheilten Aussätzigen auf, sich „dem Priester“ (vgl. Lk 17,14: „den Priestern“) zu zeigen, um sich von ihm die Genesung und wiedergewonnene kultische Reinheit bestätigen zu lassen. Wie das hinzugefügte „ihnen zum Zeugnis" (εἰς μαρτύριον αὐτοῖς) verdeutlicht, soll die Nachschau jedoch nicht die priesterliche Autorität unterstreichen. Sie hat vielmehr Beweischarakter. Angesichts des Schweigegebots (Mk 1,44a par.) stellt gerade ihr positives, von offizieller Seite verbindlich konstatiertes Ergebnis die in der wunderbaren Heilung sichtbar gewordene Vollmacht Jesu heraus. Um sie geht es auch in Mk 2,23–28 par. Zwar verteidigt Jesus das Ährenraufen seiner Jünger mit einem begründenden Rekurs auf I Sam 21,2–7 (V.25f. par.). Doch der Verweis auf die Schrift zielt nicht primär darauf ab, eine Korrespondenz zwischen der Erlaubnis an die Priester, die Schaubrote zu essen (V.26 par.), und der legitimierenden Notsituation der Jünger herzustellen. Vergleichspunkt ist das Verhalten Davids und das von Jesus selbst, der mit einem impliziten Schluß *a minori* (David) *ad maius* (die Vollmacht des Menschensohns Jesus) sein und seiner Jünger Tun rechtfertigt (V.28 par.). Diesen Aspekt verstärkt Matthäus in 12,5f. (Sondergut) auf eigene Weise. Auch der das Sabbatopfer darbringende Tempelpriester (Num 28,9f.) entweiht den Ruhetag, ohne daß er damit Schuld auf sich lädt (vgl. CD 11,17f.). Um wieviel mehr darf der →Sabbat um der Barmherzigkeit willen (Hos 6,6; vgl. I Sam 15,22; Ps 40,7–9; Prov 21,3) verletzt werden, die doch das Zentrum von Gottes Willen ist, den Jesus durch sein Verhalten erfüllt (Mt 5,17; 9,13). Anklänge an die prophetische Opfer- und Kultkritik (Jes 1,10–17; Jer 7,21–28; Am 5,21–24; vgl. Ps 50f.) sind unverkennbar. Die Beispielerzählung vom barmherzigen Samariter (Lk 10,30–35) kritisiert offen den in V.31 genannten ἱερεύς. Der →Samaritaner beschämt Priester und Leviten (vgl. Joh 1,19), indem er – anders als jene – an dem unter die Räuber Gefallenen *tut* (vgl. Lk 10,28b.37b), was Gott zugunsten des →Nächsten erwartet (Lk 6,36a) und was er selbst dem Menschen gegenüber übt: Liebe und Barmherzigkeit (Lk 1,50.54.58.72.78; 6,35c.36b).

Es ist kaum mehr sicher zu entscheiden, ob die Passionsgeschichten der Evangelien eine bewußt priesterkritische Tendenz verraten oder ob sie die Position der Jerusalemer Priesterschaft korrekt wiedergeben. Immerhin stimmen sie darin überein, daß Jesus im nur noch schwer zu durchschauenden Zusammenwirken von priesterlich-aristokratischen (der in Mk 14,53–64 par.; 15,1.3.11 par. durchgehend erwähnte Hohepriester [Singular oder Plural] steht stellvertretend für die sadduzäische Priesterschaft) und – vielleicht – pharisäischen Kreisen mit der römischen Provinzialbehörde von dieser gekreuzigt wurde (vgl. Joh 11,47–50). Schließlich wird man auf dem Hintergrund von Jer 26,1–19 die mehrfach zum Ausdruck kommende tempelkritische Haltung Jesu (Mt 5,23f.; Mk 11,15–17 par.; 13,1f. par.; 14,58; 15,29; Joh 2,13–19; Act 6,11.13f. u.ö.), die auch in seinem Prozeß eine Rolle spielte, als einen weiteren Anlaß seitens der sadduzäischen Priesterschaft werten dürfen, Jesu Tod zu wollen oder zumindest in Kauf zu nehmen. Denn seine in Mk 11,15ff. par.; Joh 2,13ff. berichtete Protesthandlung konnte nicht nur als ein Affront gegen die herrschende Hierokratie verstanden werden, sondern stellte *in nuce* das auf den Tempel konzentrierte Kult- und Sühnewesen in Frage. Von daher mußte sie vor allem unter den Priestern auf erheblichen Widerstand stoßen. Aus ihrer Sicht war diese Aktion blasphemisch, zudem gegen das ganze Volk gerichtet, galt doch der Tempel als Ort des heilschaffenden hohepriesterlichen Sühnehandelns schlechthin (Lev 16,14–17.21f.; vgl. 16,29f.; 23,27f.; 25,9; Num 29,7; hierzu D. Sänger, Die Verkündigung des Gekreuzigten und Israel, 1994 [WUNT 75] 210–213). Daß die markinischen Wundererzählungen Jesus primär als einen im göttlichen Auftrag handelnden Priester zeichnen (Broadhead 23–33), ist auch mit Mk 2,5b.10b par. nicht begründbar (dazu Hofius [besonders 117–126]). Zudem kollidiert diese Auffassung im Kontext des Evangeliums mit Mk 2,13–17; 11,15–17 und 14,57f.

Die →*Apostelgeschichte* bietet ein uneinheitliches Bild. Während in der Aufzählung von Act 4,1 neben Tempelhauptmann und →Sadduzäern auch „die Priester" (οἱ ἱερεῖς) zur Gegnerschaft der jungen Christengemeinde gerechnet werden, gehörte ihr nach 6,7 eine beträchtliche Anzahl von Priestern an. Gerade die Unausgeglichenheit beider Notizen ist ein Indiz für die Plausibilität dieser Nachricht. Sie dürfte traditionsgebunden sein und historische Erinnerung bewahren. Die Erwähnung des heidnischen (Zeus-)Priesters in 14,13 ist singulär.

4. *Hohepriesterchristologie des Hebräerbriefs*

Der →Hebräerbrief führt die bereits früh in der Gemeindetradition ausgebildeten Vorstellungselemente weiter, die den Wirkzusammenhang von →Sühne und Sündenvergebung vom Tempel und der durch ihn repräsentierten Kultpraxis abgetrennt und ihn exklusiv mit Jesu Heilstod begründet haben (Röm 3,25). Dennoch dominieren im Sprachgebrauch dieses Trost- und Mahnschreibens (Hebr 13,22) aus dem kultischen Bereich stammende Theologumena. Sie werden aber in signifikanter Weise christologisch transformiert und damit personalisiert, um gerade so den intendierten Gegensatz zum alttestamentlichen Kult anzuzeigen. Der Verfasser reserviert Amt und Funktion des (Hohen-)Priesters für Jesus Christus (2,17; 3,1f.; 4,15; 7,26f.; 8,1[?]; 9,11 auf den Irdischen, 5,6.10; 6,20 auf den Erhöhten bezogen) und läßt die damit verbundene Motivik zur entscheidenden Interpretationskategorie für ihn werden. Jesu stellvertretendes sühnewirkendes Handeln (1,3; 4,14–5,10; 7,1–10,18) entspricht der Einzigartigkeit seiner Heilsmittlerschaft (5,6; 7,11.15.17.21; 10,21; vgl. 8,4). Gott selbst hat ihn erwählt und ihn in die hohepriesterliche Würde eingesetzt (5,5f.; vgl. Ps 2,7). Als bevollmächtigter „Hoherpriester nach der Ordnung →Melchisedeks" (5,6.10; 6,20; 7,17.21; vgl. Ps 110[109],4) überbietet sein Priestertum nicht nur das aus dem Stamme →Levi hervorgegangene, sondern löst es ab, denn es ist älter (7,3). In Gehorsam gegenüber dem Willen des Vaters (5,8; vgl. Phil 2,8; Hebr 11,8) hat er durch seine Menschwerdung den Weg in das himmlische Allerheiligste gebahnt (10,20; vgl. 6,19f.; 9,6–10; 10,5.9; dazu O. Hofius, Inkarnation und Opfertod Jesu nach Hebr 10,19f.: FS Joachim Jeremias, Göttingen 1970, 132–141) und durch seine „Vollendung", d.h. seine Erhöhung (5,9; vgl. 2,10), den „Thron der Gnade" erreicht (4,16). Mit seinem ein für allemal (7,27; 9,12.26–28; 10,12.14) bleibende Sühne schaffenden hohepriesterlichen Selbstopfer (10,10.14) ist Christus „allen, die ihm gehorchen", zum „Urheber ewigen Heils" geworden (5,9). Den in seiner Nachfolge stehenden und auf die Heilsvollendung wartenden Glaubenden (11,1; 12,1f.) ist damit *ἐν τῷ αἵματι Ἰησοῦ* („durch das Blut Jesu", 10,19) der eschatologische Zugang zu Gott (vgl. Joh 14,6; Eph 2,18; 3,12; I Petr 3,18) eröffnet und fest verbürgt. Zugleich erweist das *eine* →Opfer des *einen* (Hohen-)Priesters die ständig wiederholungsbedürftigen Opfer aller irdischen Priester (9,25; 10,1–3.11) als unwirksam, ja überholt. Für die christliche Gemeinde gehören sie der Vergangenheit an, weil sie allein Jesus Christus als den wahren (Hohen-)Priester anerkennt. So ist Christus für den Hebräerbrief „das Ende von Priestertum und Opferkult im Sinne ihrer Aufhebung und Erfüllung zugleich" (Blank 166).

5. *Priesterschaft aller Gläubigen*

Im Unterschied zum Hebräerbrief, der aufgrund seines spezifisch christologischen Anliegens die Termini Priester bzw. Priesterschaft zur Charakterisierung der christusgläubigen Gemeinde und ihrer Glieder vermeidet, heben der 1. Petrusbrief und die Johannes-Apokalypse gerade mit ihnen den besonderen Status ihrer Adressaten hervor. Innerhalb des paränetisch ausgerichteten Kontextes I Petr 2,4–10 nehmen V.5 und V.9 das deuteronomistischer Theologie entstammende Stichwort *ἱεράτευμα* („Priesterschaft") aus Ex 19,6; 23,22[LXX] (vgl. Jes 61,6; Jub 16,18; 33,20; II Makk 2,17; Philo, SpecLeg II,163; Sobr 66; Abr 56) auf. Ursprünglich eine Prädikation Israels, kennzeichnet es jetzt neben den in V.9 begegnenden biblischen Ehrentiteln *γένος ἐκλεκτόν* („erwähltes Geschlecht" [Jes 43,20]), *βασίλειος* („Königshaus"; zum hierbei vorausgesetzten Verständnis der masoretischen Vorlage *mamlækæt koh*^{a}*nîm* als Status-absolutus-Konstruktion s. Elliott 50–124), *ἔθνος ἅγιον* („heiliger Stamm" [jeweils Ex 19,6; 23,22]) und *λαὸς εἰς περιποίησιν* („Volk zum Eigentum" [vgl. Jes 43,21]) in solenner Weise die christliche Gemeinde. Entgegen einer später verbreiteten Auslegungstradition läßt sich mit der Nominalverbindung *βασίλειον ἱεράτευμα* keine real-kultisch oder sakramental-rechtlich gedachte Qualität des einzelnen Christen begründen. Ebensowenig ist es statthaft, diesen Topos auf eine – nunmehr christlich adaptierte – Restitution des alttestamentlichen levitischen Priestertums hin zu interpretieren oder ihn typologisch auf das Verhältnis →Israels zur →Kirche zu deuten. Vielmehr spricht er metaphorisch in kollektiv-korporativem Sinn – ganz analog zu dem Grundtext Ex 19,3–6; 23,22 – von dem erwählten und heiligen *neuen* Gottesvolk, das sich Gott zu seinem Eigentum gemacht hat. Die darzubringenden „geistigen Opfer“ (V.5c) zielen primär auf die ethisch-existentiellen Konsequenzen des Glaubens, der sich an dem „Vorbild“ (*ὑπογραμμός*) Jesus Christus orientiert (2,21–23). Sie bestehen darin, trotz alltäglich erfahrenen Leides (→Leiden III) und auch künftig drohender Diskriminierung seitens der nichtchristlichen Umwelt (1,6; 2,12.15.20; 3,9.14–16; 4,4.12–16; 5,6.8) ein am Beispiel Christi ausgerichtetes, geistgewirktes „heiliges“ Leben zu führen (1,15f.; vgl. auch den Aufruf zum *ἀγαθοποιεῖν* in 2,15; 3,17; 4,19 sowie die Sachparallele Röm 12,1). Zugleich erinnert der Verfasser seine Adressaten in V.9b an den Auftrag, der aus ihrem unmittelbar zuvor beschriebenen Status erwächst: Sie sollen die „Wundertaten“ (*ἀρεταί*) Gottes, d.h. sein Heilshandeln, verkündigen (vgl. Jes 42,12b; 43,21b; 1QM 14,13; 18,7; II Petr 1,3). Mit anderen Worten, *βασίλειον ἱεράτευμα* bezieht sich wie der ganze Passus 2,4–10 mitsamt seiner die folgenden Aussagen antizipierenden christologischen Stein-Metapher in 2,4b auf Christen, die der pseudonyme Verfasser in Zeiten akuter Bedrängnis ihrer unvergleichlichen Stellung vor Gott versichert, die er tröstet (5,10) und zur Bewährung im Glauben ermahnt (5,12).

Wie I Petr 2,5.9 greift auch Apk 1,6; 5,10; 20,6 auf Ex 19,6 zurück, erweitert in 5,10 und 20,6 jedoch das Priester- durch das Herrschaftsmotiv und lenkt zudem den Blick von der Gegenwart auf die künftige Heilsexistenz der Glaubenden. Innerhalb des Präskripts (1,4–6) zitieren die Verse 5c–6a ein vermutlich vorgeprägtes Taufbekenntnis (vgl. Kol 1,13f.; Eph 1,7.13f.; Hebr 9,15). Christus, „der uns liebt“, hat „uns von unseren Sünden erlöst durch sein Blut und uns gemacht zu einem Königtum (*βασιλεία*), zu Priestern (*ἱερεῖς*) für Gott, seinen Vater“. Durch das den Priesterbegriff der Vorlage Ex 19,6 ergänzende *τῷ θεῷ καὶ πατρὶ αὐτοῦ* erhält der Schlußteil ein besonderes Gewicht. Allerdings fehlt hier wie auch sonst in der Johannes-Apokalypse (zu 7,15 vgl. die Kommentare) eine inhaltlich konkretere Beschreibung dessen, worin genau die priesterliche Funktion der Christen besteht, in die sie eingesetzt sind, zumal sich keinerlei Hinweise auf eine spezielle kultisch-sakrale Definition finden. Sie stünde freilich auch im Widerspruch zur Schlußvision des Sehers (21,1–22,5). Denn in dem neuen →Jerusalem gibt es keinen Tempel mehr, weil „der Herr, Gott, der Allherrscher, ihr Tempel (ist) und das Lamm“ (21,22; vgl. 21,3). Daher wird der Begriff Priester auf jedes Glied der Gemeinde zu deuten sein. Jeder einzelne durch Christus Erlöste, d.h. jeder von der Sünde Befreite, ist von ihm zum Priester für Gott eingesetzt, nicht die Gemeinde als Kollektivgröße. Dabei liegt dem Verfasser völlig fern, ein allgemeines von einem besonderen Priestertum zu unterscheiden. Den Wirklichkeitsgehalt dieser priesterlichen Existenz erläutern die Verheißung von 5,10 und der die Vision vom „Tausendjährigen Reich“ (20,1–5) abschließende Makarismus (20,6): Als von Gott Geheiligte (vgl. 22,11) werden die Glaubenden an der ersten Auferstehung teilhaben und Mitherrscher der neuen Welt sein, wie ihnen in der Taufe zugesagt worden ist. Während Christus schon jetzt aufgrund seines Todes und seiner Erhöhung den Sieg über die widergöttlichen Mächte errungen hat und als Weltregent thront (5,9f.12–14), werden diejenigen, die ihre in der Taufe verliehene priesterliche Würde im Leben bewährt haben (20,4), ihre Herrschaft erst in der eschatologischen Zukunft auf Erden (5,10; vgl. 22,5) ausüben. Und sie sind es auch, die als die „Knechte Gottes“ (22,3) im himmlischen →Gottesdienst (vgl. Apk 4f.) sich Gott unmittelbar nahen, ihm dienen und sein Angesicht schauen dürfen (Apk 22,3–5), so daß „das Priestersein der Erlösten ... seine eschatologische Erfüllung in der Erfahrung der Nähe und Anwesenheit Gottes“ findet (Schüssler Fiorenza, Priester 401).

Literatur

Andrew J. Bandstra, „A Kingship and Priests". Inaugurated Eschatology in the Apocalypse: CTJ 27 (1992) 10–25. – Ernest Best, Spiritual Sacrifice. General Priesthood in the NT: Interp. 14 (1960) 273–299. – Josef Blank, Der Priester im Lichte der Bibel: ders., Vom Urchristentum zur Kirche. Kirchenstrukturen im Rückblick auf den bibl. Ursprung, München 1982, 148–173. – Josef Blinzler, *IEPATEYMA*. Zur Exegese v. 1. Petr 2,5 u. 9: Episcopus. FS f. Kardinal Michael Faulhaber, Regensburg 1949, 49–65. – Edwin K. Broadhead, Christology as Polemic and Apologetic. The Priestly Portrait of Jesus in the Gospel of Mark: JSNT 47 (1992) 21–34. – Lucien Cerfaux, Regale sacerdotium: ders., Recueil Lucien Cerfaux. Études d'Exégèse et d'Histoire Religieuse, II 1954 (BEThL 7) 283–315. – Oscar Cullmann, Die Christologie des NT, Tübingen ^{5}1975, bes. 82–107. – John H. Elliott, The Elect and the Holy. An Exegetical Examination of 1 Peter 2 : 4–10 and the Phrase *βασίλειον ἱεράτευμα*, 1966 (NT.S 12). – L. Floor, The General Priesthood of Believers in the Epistle to the Hebrews: Neotest. 5 (1971) 72–82. – Gerhard Friedrich, Beobachtungen zur messianischen Hohepriestererwartung in den Synoptikern: ders., Auf das Wort kommt es an. GAufs. zum 70. Geburtstag, Göttingen 1978, 56–102. – Joachim Gnilka, Die Erwartung des messianischen Hohenpriesters in den Schr. v. Qumran u. im NT: RdQ 2 (1960) 395–426. – Pierre Grelot, Le ministère chrétien dans sa dimension sacerdotale: NRTh 112 (1990) 161–182. – Ferdinand Hahn, Christologische Hoheitstitel. Ihre Gesch. im frühen Christentum, ^{4}1974 (FRLANT 83) = ^{5}1995 (UTB 1873), bes. 231–241. – Paul Hoffmann, Priestertum u. Amt im NT. Eine krit. Bestandsaufnahme: ders., Stud. zur Frühgesch. der Jesus-Bewegung, 1994 (SBAB 17) 274–326. – Otfried Hofius, Vergebungszuspruch u. Vollmachtsfrage. Mk 2,1–12 u. das Problem priesterlicher Absolution im antiken Judentum: „Wenn nicht jetzt, wann dann?". Aufs. f. Hans-Joachim Kraus zum 65. Geburtstag, Neukirchen-Vluyn 1983, 115–127. – William Horbury, The Aaronic Priesthood in the Epistle to the Hebrews: JSNT 19 (1983) 43–71. – Joachim Jeremias, Jerusalem z.Z. Jesu. Eine kulturgesch. Unters. zur ntl. Zeitgesch., Göttingen ^{3}1969. – H.J. de Jonge, Traditie en exegese. De Hogepriester-christologie en Melchizedek in Hebreeën: NedThT 37 (1983) 1–19. – Ulrich Kellermann, Art. *ἀρχιερεύς*: EWNT^2 1 (1992) 394–397. – Georg Klinzing, Die Umdeutung des Kultus in der Qumrangemeinde u. im NT, 1971 (StUNT 7). – Franz Laub, Bekenntnis u. Auslegung. Die paränetische Funktion der Christologie im Hebräerbrief, 1980 (BU 15). – Susanne Lehne, The New Covenant in Hebrews, 1990 (JSNT.S 44). – William R.G. Loader, Sohn u. Hoherpriester. Eine traditionsgesch. Unters. zur Christologie des Hebräerbriefes, 1981 (WMANT 53). – Olaf Moe, Das Priestertum Christi im NT außerhalb des Hebräerbriefs: ThLZ 72 (1947) 335–338. – Ders., Der Gedanke des allg. Priestertums im Hebräerbrief: ThZ 5 (1949) 161–169. – Keijo Nissilä, Das Hohepriestermotiv im Hebräerbrief. Eine exegetische Unters., 1979 (SESJ 33). – Shinya Nomoto, Herkunft u. Struktur der Hohepriestervorstellung im Hebräerbrief: NT 10 (1968) 10–25. – Mikeal C. Parsons, Son and High Priest. A Study in the Christology of Hebrews: EvQ 60 (1988) 195–215. – Wilhelm Pesch, Priestertum u. NT: TThZ 79 (1970) 65–83. – Ders., Zu Texten des NT über das Priestertum der Getauften: Verborum Veritas. FS f. Gustav Stählin zum 70. Geburtstag, Wuppertal 1970, 303–315. – David L. Powell, Christ as High Priest in the Epistle to the Hebrews: StEv 7 [TU 126] (1982) 387–399. – Joseph Ratzinger, Biblical Foundations of Priesthood: Com(US) 17 (1990) 617–627. – Mathias Rissi, Die Theol. des Hebräerbriefs. Ihre Verankerung in der Situation des Vf. u. seiner Leser, 1987 (WUNT 41). – Jürgen Roloff, Der mitleidende Hohepriester. Zur Frage nach der Bedeutung des irdischen Jesus f. die Christologie des Hebräerbriefes: ders., Exegetische Verantwortung in der Kirche. Aufs., Göttingen 1990, 144–167. – Alexander Sand, Art. *ἱερεύς*: EWNT^2 2 (1992) 427–429. – Gottfried Schille, Erwägungen zur Hohepriesterlehre des Hebräerbriefes: ZNW 46 (1955) 81–109. – Heinrich Schlier, Grundelemente des priesterlichen Amtes im NT: ThPh 44 (1969) 161–180. – Ders., Ntl. Grundelemente des Priesteramtes: Cath(M) 27 (1973) 209–233. – John M. Scholer, Proleptic Priests. Priesthood in the Epistle to the Hebrews, 1991 (JSNT.S 49). – Gottlob Schrenk, Art. *ἱερός κτλ.*: ThWNT 3 (1938) 221–284. – Elisabeth Schüssler Fiorenza, Priester f. Gott. Stud. zum Herrschafts- u. Priestermotiv in der Apk, 1972 (NTA NF 7). – Dies., Redemption as Liberation. Apoc 1 : 5f and 5 : 9f: CBQ 36 (1974) 220–232. – Dies., Cultic Language in Qumran and in the NT: CBQ 38 (1976) 159–177. – Jerome Smith, Priest for Ever. A Study of Typology and Eschatology in Hebrews, London/Sydney 1969. – Andreas Stadelmann, Zur Christologie des Hebräerbriefes in der neueren Diskussion: ThBer 2 (1973) 135–221. – Roy Archibald Stewart, The Sinless High-Priest: NTS 14 (1967/68) 126–135. – Gerd Theißen, Unters. zum Hebräerbrief, 1969 (StNT 2). – Peter Trummer, Ein barmherziger Hohepriester. Das Christusbild des Hebr: ders., Aufs. zum NT, 1987 (GrTS 12) 137–174. – Albert Vanhoye, Our Priest is Christ. The Doctrine of the Epistle to the Hebrews, Rom 1977. – Ders., Prêtres anciens, Prêtre nouveau selon le NT, Paris 1980 (Parole de Dieu 20); engl.: OT Priests and the New Priest. According to the NT, Petersham/St. Bede's 1986. – Hans Wenschkewitz, Die Spiritualisierung der Kultusbegriffe Tempel, Priester u. Opfer im NT: Angelos 4 (1932) 70–230. – Frances M. Young, The Priesthood of All Believers: EpRe 19 (1992) 32–38. – Heinrich Zimmermann, Die Hohepriester-Christologie des Hebräerbriefes, Paderborn 1964.

Dieter Sänger

II. Allgemeines Priestertum

II/1. Systematisch-theologisch II/2. Praktisch-theologisch

II/1. Systematisch-theologisch

1. Altkirchliche und mittelalterliche Vorgeschichte 2. Reformationszeit 3. Neuansätze im 17. bis 20. Jahrhundert 4. Systematisch-theologische Thesen (Quellen und Literatur S. 409)

1. Altkirchliche und mittelalterliche Vorgeschichte

In der Alten und Mittelalterlichen Kirche bleibt der Gedanke des Allgemeinen Priestertums aufgrund seiner Bezeugung in der Bibel erhalten, bekommt aber nur an wenigen Stellen (z. B. bei →Tertullian und in den spätmittelalterlichen Reformbewegungen [→Waldenser; Lollarden; Hussiten (→Hus/Hussiten); →Devotio Moderna; →Humanismus]) größere Bedeutung. Im übrigen bleibt die metaphorische Rede vom „Priestersein" aller Gläubigen ein unbetonter Nebengedanke, der zudem schon früh erheblich beeinträchtigt wird durch die Tatsache, daß die kirchliche Hauptentwicklungslinie der Sache nach an das Alte Testament anknüpft und zur erneuten Ausbildung eines Priesteramtes im *wörtlichen* Sinne führt.

Maßgebliche Faktoren für die Entstehung und kontinuierliche Aufwertung eines christlichen Amtspriestertums (s.u. III/1. 1.) waren die Ausbildung der Meßopferlehre (wobei der Opfergedanke den Priestergedanken anzieht), das Bemühen um Stärkung der Lehrkompetenzen des Amtes (zur Erhaltung der kirchlichen Einheit angesichts häretischer Bedrohung) sowie die zunehmende Bedeutung des Bußsakraments (und das damit verbundene Recht des Amtspriesters, die Absolution zu erteilen). Mit alledem erhält das Priesteramt wieder Funktionen, die im genuinen Sinne als (heilsvermittelnde) Priesterfunktionen zu bezeichnen sind (bei →Augustin bewirkt sein durchgängiges Festhalten am Allgemeinen Priestertum immerhin ein „retardierendes Moment" innerhalb dieser Gesamtentwicklung; vgl. Schächtele 154ff.231f.). Der Gedanke der Priester*weihe* und der mit ihr verbundenen *Befähigung* zum Vollzug der Wandlung (Transsubstantiation) in der Eucharistie (→Abendmahl) sowie zur gültigen Erteilung der Absolution verstärkt die Bedeutung des Priesteramtes.

Weihepriestertum und Allgemeines Priestertum stehen dabei relativ unverbunden nebeneinander, da letzteres aus der Taufe und dem Glauben (so z. B. bei →Thomas von Aquino), ersteres aus dem (bischöflichen) Akt der Priesterweihe abgeleitet wird. Die mit solchem zweifachen Gebrauch des Priesterbegriffs verbundene Problematik wird vor dem Hintergrund des neutestamentlichen Befunds deutlich (s.o. I/4.): Durch die *bildhafte* Deutung der Priesterfigur auf Christus (im Hebräerbrief) und auf die Christen (im 1. Petrusbrief und in der Apokalypse) wird zum Ausdruck gebracht, daß (a) das alttestamentlich-jüdische Priesteramt durch Christi „hohepriesterlichen" (Opfer-)Tod an sein Ende gekommen und abgetan ist und daß (b) die – ihrerseits bereits bildhaft zu verstehende – Verheißung aus Ex 19,6 bzw. Jes 61,6 in dem neuen Gottesvolk (aus Juden und Heiden) erfüllt und damit durch Christus für alle, die an ihn glauben, der freie, direkte Zugang zu Gott eröffnet ist. Dementsprechend wird im Neuen Testament der *wörtliche* Gebrauch des Priesterbegriffs für ein Amt bzw. einen Amtsträger in der christlichen Gemeinde *vermieden.* Dagegen bedingt die Restitution des Amtspriestertums in der Alten Kirche bereits im Ansatz tendenziell eine Verdunkelung der neutestamentlichen Aussagen über das „Priestersein" der Christen.

2. Reformationszeit

2.1. Luther

Grundsätzliche Bedeutung erlangte der Gedanke des Allgemeinen Priestertums erst durch →Luther.

Bereits seine Thesen von 1517 nahmen mit ihrer Kritik an der Bußpraxis auch auf die Machtstellung des Amtspriestertums Bezug. Nach ersten Andeutungen in einem Brief an →Spalatin vom

18. Dezember 1519 (WA.B 1,595,26ff.) greift Luther dann in drei seiner vier Hauptschriften von 1520, zuerst in der Schrift *An den christlichen Adel* ..., an zentraler Stelle den Gedanken vom „Priestersein" aller Gläubigen auf und entfaltet gleichzeitig und damit untrennbar verbunden seine Auffassung vom ordinierten Amt. Beidem widmet er sich zu verschiedenen Gelegenheiten immer wieder bis in die letzten Jahre seines Lebens, wobei sich seine Position mit dem Fortgang der Reformation in einer doppelten Frontstellung bewähren muß, da zur Auseinandersetzung mit der römischen Lehre zunehmend der Konflikt mit der radikalreformatorischen Bewegung tritt. Trotz dieses situativen Charakters seiner Äußerungen und der Vielschichtigkeit seiner Aussagen läßt sich ein konsistenter Gesamtzusammenhang seiner Argumentation erkennen.

Für die Rekonstruktion von Luthers Verständnis des Allgemeinen Priestertums ist die Berücksichtigung des konstitutiv *metaphorischen* Charakters (s.u. 4., These 1) seiner Rede vom „Priestersein" der Christen sowie ihre ausgesprochen *performative* Prägung grundlegend. Innerhalb des breiten inhaltlichen Spektrums, das Luther mit der Priestermetapher abdeckt, sind zunächst drei verschiedene Akzentuierungen zu unterscheiden, denen jeweils eine andere *Intention* zugrunde liegt: eine *doxologische* (2.1.1.), eine *paränetische* (2.1.2.) und eine *polemische* (2.1.3.). An letztere schließt sich die Verhältnisbestimmung zum ordinierten Amt (2.1.4.) an.

2.1.1. Die doxologische Intention. Luther greift hier am unmittelbarsten die Intention der Rede vom „Priestersein" der Christen im 1. Petrusbrief (→Petrusbriefe I.) und in der →Apokalypse des Johannes auf. Der Priesterbegriff, mit dem ein vom übrigen Volk deutlich abgehobener Würdestatus *coram Deo* verknüpft ist, bietet sich für Luther in vorzüglicher Weise an, das Sein der Gläubigen in Christus zu rühmen: „Wer mag nu außdencken die ehre und höhe eyniß Christen menschen?" (WA 7,28,13f.; vgl. 17/2,6,4ff.; 20,683,1ff.; 41,153,25ff.) Dabei stellt Luther häufig einen Bezug zur Rede von Christus als „Hohepriester" im →Hebräerbrief her, an dessen überragender Herrlichkeit die Gläubigen in ihrer Verbindung zu ihm teilhaben (*vestiti et ornati eadem sanctitate Christi*, WA 40/2,595,25f.).

2.1.2. Die paränetische Intention. Hier lassen sich zwei Aspekte unterscheiden, von denen sich der eine auf die besondere *Würde*, der andere auf den spezifischen *Dienst* der Priesterfigur bezieht:

2.1.2.1. Die direkte Gemeinschaft mit Gott im Glauben. Mit ihrem Christsein eignet allen Gläubigen *per definitionem* die „Priesterwürde" (WA 12,178,30 und 317,6f.), in direkte Gemeinschaft mit Gott berufen zu sein und sich im Gebet ohne weitere Vermittlung an ihn wenden zu können. Daher kann das „Priestersein" der Gläubigen auch nicht anders *begründet* sein als ihr Christsein, nämlich ausschließlich im *Rechtfertigungsgeschehen.*

Während Luther das *propter Christum* in diesem Zusammenhang meist unter Bezugnahme auf Christi „Hohepriestertum" darstellt, indem sich Gott selbst in Christus als „priester unnd Opfer zu gleich" (WA 49,710,33) *gratis* hingibt, Vergebung aller Sünden erwirkt und somit „uns durch sein eigen Priesterthum zu Gott bringet und uns dasselbige auch mitteilet" (WA 41,207,20f.; vgl. 24,280,34ff.; 45,682f.), verortet Luther auch das *per fidem* und die *Taufe* zur Begründung des „Priesterseins" der Gläubigen systematisch nicht anders, als es der Position beider Elemente im *gesamten* Begründungszusammenhang des Christseins entspricht. So wie für Luther der Glaube konstitutives Element des Versöhnungsgeschehens ist, folgt auch, „das, wer da nicht glewbt, keyn priester ist" (WA 12,316,26f.). Daß Luther teilweise betont auf die Taufe Bezug nimmt (vgl. z.B. WA 6,407,22f.), liegt darin begründet, daß sie als Sakrament und sichtbares Zeichen am Beginn eines jeden Christenlebens eine sinnenfällige Entsprechung zum Initiationsritus der Priesterfigur (priesterliche Geburt bzw. – häufig in polemischer Abgrenzung – päpstliche, „gemachte" Weihe) bietet (vgl. WA 12,178,26ff.; 17/2,6,26ff.; 38,229,12ff.).

Dieses in Taufe und Glauben begründete Priestersein gilt es immer neu zu „üben" durch das priesterliche „Vor-Gott-Treten" im Gebet (vgl. WA 8,486,31ff.; 36,366,23ff.) und durch den Glaubensgehorsam als geistliches „Selbstopfer" (vgl. WA 6,368f.; 8,492,21ff.). Insbesondere auf den Opfergedanken nimmt Luther extensiv Bezug: Da das Glaubensopfer des Christen sich in der Liebe manifestiert und somit auch „dem nehisten zu dienst" getan wird (WA 17/2,7,1ff.), hat das „Opferamt" bei Luther eine Scharnierfunktion zwischen Würde und Dienst des Allgemeinen Priestertums.

2.1.2.2. Die Sorge für das Heil des Nächsten. Wie der Priesterschaft des Alten Bundes, so ist auch den Christen als „priesterlicher Dienst" die *Gottesbeziehung* des Nächsten anbefohlen, freilich in grundlegend neudefinierter Weise: So hat das Priestertum des Neuen Bundes nicht mehr den Charakter einer unumgehbaren Vermittlungsinstanz zwischen Gott und den Menschen, sondern es bezeugt den durch Christus eröffneten freien Zugang zu Gott, der *allen* Menschen angeboten ist. Das eigene „Priestersein" soll also dem „Priestersein" bzw. „Priesterwerden" des Nächsten dienen. Diese Aufgabe konkretisiert sich gegenüber Gott in der Fürbitte, gegenüber dem Nächsten in der Bezeugung des Evangeliums in Verkündigung, Seelsorge und Beichte (vgl. WA 7,28,6ff.; 8,182ff.; 10/3,308ff.394f.; 12,318,18ff.).

2.1.3. Die polemische Intention. Hier geht Luther eindeutig über bisherige Interpretationen des Allgemeinen Priestertums hinaus, indem er der metaphorischen Prädikation nicht mehr (nur) den alttestamentlichen Priesterbegriff oder das Hohepriestertum Christi, sondern die in der Alten Kirche neu hinzugekommene Priesterfigur (s.o. 1.) zugrunde legt: Im Rahmen der polemisch akzentuierten Aussagen über das „Priestersein" der Christen dient ihm primär *der kirchliche Amtspriester* – wiederum differenziert nach Würde und Dienst – als Bildspender.

2.1.3.1. Die Gleichheit aller vor Gott. So eröffnet Luther in der Adelsschrift seinen Angriff auf die „drei Mauern der Romanisten", indem er dem päpstlichen Amtspriestertum die in der sakramentalen Weihe begründete besondere geistliche Qualität abspricht und statt dessen *alle* Christen als „warhafftig geistlichs stands" (WA 6,407,13f.) und „alsampt gleych geystliche priester fur gott" (so schon WA 6,370,10f.) bezeichnet. Die im Rechtfertigungsgeschehen begründete direkte Gottesbeziehung (vgl. WA 8,486,27ff.; 10/3,396,26ff.) ist prinzipiell unüberbietbar, denn „die tauff, Evangelium und glauben, die machen allein geistlich und Christen volck" (WA 6,407,19f.). Mit dieser Gleichheit vor Gott ist zwar die Gleich*wertigkeit* kirchlicher und weltlicher Werke begründet (vgl. WA 6,409,5ff.; 541,1ff.), nicht aber die gesellschaftlich bedingte Ungleichheit in der Welt aufgehoben (vgl. WA 10/1/1,488,2ff.; 41,282,10ff.).

2.1.3.2. Die Allgemeinheit der Vollmacht zum Dienst am Wort. In geistlichen Dingen hat die Gleichheit vor Gott für Luther jedoch unmittelbar auch rechtliche Konsequenzen. So bestreitet er zugleich mit der besonderen geistlichen Qualität auch die *Vollmachtsprivilegien* des päpstlichen Weihepriestertums und spricht statt dessen *jedem* Gläubigen die gleiche, uneingeschränkte Vollmacht zum Dienst an Wort und Sakrament zu: *omnes nos aequaliter esse sacerdotes, hoc est, eandem in verbo et sacramento quocunque habere potestatem* (WA 6,566,27f.; vgl. 8,273,12f.; 495,7ff.; 10/3,395,3ff.; 15,720,26ff.).

Nicht der amtspriesterliche Weihestatus, sondern ausschließlich die im Rechtfertigungsgeschehen begründete gleiche „Priesterwürde" *aller* Gläubigen (nach Gal 3,28), nämlich das *Christsein*, bevollmächtigt zum Dienst am Evangelium (WA 12,309,16f.). Den gleichen Begründungszusammenhang kann Luther auch beschreiben mit dem Motiv des „Gelehrtseins von Gott" nach Joh 6,45, durch das alle Christen im Glauben „das Wort haben" (vgl. WA 8,497,3ff.; 11,411,31ff.), oder mit dem Bild des „fröhlichen Wechsels", bei dem der Christ zusammen mit den „Gütern Christi" auch dessen *potestas* bekommt (vgl. WA 6,567,29f.; 12,317,7f.; gerade damit spricht Luther die Vollmacht individuell jedem einzelnen Gläubigen und nicht nur der Kirche als „Gemeinbesitz" zu, wie E. Herms [77f.] mit Recht gegen W. Stein [105 u.ö.] geltend gemacht hat).

Dabei setzt Luther stets die *Unteilbarkeit* und *Uneingeschränktheit* dieser Vollmacht voraus, die für ihn in der *Einheit des Dienstes am Wort* begründet ist. Da es nur *ein* →Wort Gottes gibt, durch das sämtliche Dienste am Evangelium konstituiert sind – gottesdienstliche →Predigt ebenso wie private *consolatio fratrum* oder Glaubensbezeugung im Rahmen der Erziehung (vgl. BSLK 449,13; WA 10/2,301,23ff.; 30/1,58,8ff.) –, bilden diese wesensmäßig *ein* (*funktional* verstandenes) „Amt", zu dem es entsprechend auch nur *eine* Vollmacht geben kann. Exemplarisch argumentiert Luther in der Schrift *De instituendis ministris ecclesiae* (1523), indem er die üblichen amtspriesterlichen Funktionen wie Predigt, Taufe oder Messehalten aufzählt und zu jeder einzelnen mit zahlreichen biblischen Belegen nachweist, daß sie *allen* Christen erlaubt ist, um daraus dann jeweils die prinzipielle Berechtigung zu *sämtlichen* „priesterlichen Ämtern" abzuleiten (vgl. WA 12,179ff.

sowie 6,408,1f.). Von daher erweisen sich alle Versuche, Luthers Vollmachtspostulat etwa auf den privaten, nichtöffentlichen Bereich einzuschränken und die pfarramtlichen Funktionen auszuklammern (so u.a. Wolf 244; W. Brunotte 159ff.), als haltlos. Freilich versteht Luther diese Berechtigung immer vor dem Hintergrund der oben (2.1.2.2.) erwähnten *Verpflichtung* und betont daher zugleich die individuelle *Verantwortung* für den Dienst am Evangelium (vgl. WA 11,412,11ff.). Insbesondere hat er nie die uneingeschränkte, eigenmächtige *Ausübung* aller Amtsfunktionen durch jeden Gläubigen gebilligt, sondern von Beginn an *zusammen* mit seiner These vom Allgemeinen Priestertum an der Notwendigkeit eines geordneten Amtes festgehalten.

2.1.4. Allgemeines Priestertum und ordiniertes Amt. Schon in der Adelsschrift geht Luther unmittelbar nach seiner Kritik am Vollmachtsprivileg des Weihe-*Ordo* zur Neubegründung des geordneten Amtes über: „Dan was ausz der tauff krochen ist, das mag sich rumen, das es schon priester, Bischoff und Bapst geweyhet sey, ob wol nit einem yglichen zympt, solch ampt zu uben. Dan weyl wir alle gleich priester sein, musz sich niemant selb erfur thun und sich unterwinden, an unszer bewilligen und erwelen das zuthun, des wir alle gleychen gewalt haben“ (WA 6,408,11–15). Luther wiederholt diesen Gedanken noch in mehreren anderen Schriften, am deutlichsten in *De instituendis ministris ecclesiae*, wo er sich programmatisch der Konstitution des ordinierten Amtes widmet: Gerade weil *alle* Gläubigen die gleiche Vollmacht auch zu den öffentlichen Formen des Dienstes an Wort und Sakrament haben, würde durch deren *eigenmächtige* Ausübung durch einen einzelnen allen *anderen* diese Möglichkeit vorenthalten werden. Um die zur Verkündigung notwendige Ordnung zu gewährleisten, muß die Gemeinde (direkt oder indirekt) eine ihr geeignet erscheinende Person *berufen* und ihr die stellvertretende Wahrnehmung der pfarramtlichen Aufgaben delegieren (vgl. WA 12,189,17ff.; ebenso 6,566,26ff.; 8,495,31–33; 10/3,107,18ff.; 395,38ff.; 41,207ff.). Dem entspricht auch Luthers Ordinationsverständnis (vgl. WA 6,407,29ff.; 12,193,22ff.; 38,230,21ff. und 238,7f.; →Ordination).

Abweichend von dieser Begründung des ordinierten Amtes im Allgemeinen Priestertum – der Begriff „Übertragungstheorie“ suggeriert fälschlich eine Übertragung der *Vollmacht* durch die Gemeinde – wird seit dem 19. Jh. auch die These vertreten, Luther habe das geordnete Amt statt dessen (oder – nach H. Lieberg – zusätzlich) auf eine unmittelbare göttliche *Stiftung* zurückgeführt (so vor allem F.J. →Stahl gegen J.W.F. Höfling). Vermeintliche Belegstellen erklären sich jedoch zum einen durch Luthers äquivoken Gebrauch des Begriffs „Amt“, der bei ihm vorrangig die *Funktion*, d.h. den *Dienst*, und nur selten dem heutigen Sprachgebrauch entsprechend die *Institution* bezeichnet. Tatsächlich betont Luther häufig, daß der Dienst selbst keinesfalls in das Belieben der Gläubigen gestellt, sondern vielmehr von Gott eingesetzt sei (vgl. WA 6,231,29ff.; 9,625,1ff.; 38,240,24ff.). Nirgends proklamiert Luther jedoch ein besonderes göttliches Gebot für die *Institution* des ordinierten Amtes. Zum anderen beziehen sich zahlreiche Stiftungsaussagen bei Luther nicht auf das (ordinierte) *Amt*, sondern auf den (Pfarr-)*Stand* (vgl. z.B. WA 6,441,24ff.; 30/2,526,34ff.) und sind daher vor dem Hintergrund von Luthers Ständelehre zu verstehen. Sein Interesse ist hierbei primär ein *ethisches*: Es geht ihm um die Erhaltung des u.a. durch Unterhalts- und Nachwuchsprobleme in seiner Existenz bedrohten Pfarrerstandes, den Luther daher – wie die anderen, „weltlichen“ Stände auch – als eine gute, gottgewollte Einrichtung verstanden wissen will (vgl. WA 26,504,30ff.; 34/2,229,23ff.). Daß Luther in späteren Jahren in der Auseinandersetzung mit den „→Schwärmern“ verstärkt den Akzent auf die Notwendigkeit der Berufung legt (vgl. z.B. WA 17/1,518,15f.; 28,471ff.; 33,360,4ff.), stellt keine Abkehr von seiner früheren Position dar (gegen Fagerberg 560; Voß 84; Barth 50ff.), sondern geschieht vielmehr gerade zur *Wahrung* des Allgemeinen Priestertums (vgl. WA 8,495,31–33; 30/3,522,34ff.).

Eine Kollision zwischen den individuellen Ansprüchen auf die *potestas verbi* ist freilich nur im innerkirchlich-öffentlichen Raum möglich. Im *Privatbereich* und ebenso in der *Notsituation* kann und soll jeder Gläubige seine „priesterlichen“ Rechte und Pflichten *unmittelbar* und *eigenverantwortlich* wahrnehmen (vgl. WA 11,412,14ff.; 34/2,405,16ff.; 41,211,18ff.). In der Forschungsgeschichte ist daraus oft fälschlich eine Beschränkung des Allgemeinen Priestertums auf den Bereich des „Laienengagements“ abgeleitet worden und in der Folge eine mehr oder minder ausgeprägte Konkurrenz zum ordinierten Amt entstanden. Bei Luther sind hingegen sowohl die private Glaubensbezeugung als auch der pfarramtliche Aufgabenbereich *beides* Formen der Verwirklichung des Allgemeinen Priestertums. Ob ein Mensch den Dienst am Evangelium im persönlichen Lebensbereich oder im kirchlichen Amt stellvertretend für die Gemeinschaft ausübt, stellt lediglich einen unterschiedlichen „Gebrauch“ des Allgemeinen Priestertums dar (vgl. WA 12,189,34ff.).

2.2. Confessio Augustana

Es ist umstritten, ob die Confessio Augustana (→Augsburger Bekenntnis) in Art. V (implizit) die Lehre vom Allgemeinen Priestertum enthält oder (nur) vom ordinierten Amt spricht und dieses als von Gott „gestiftet" lehrt. Daß die Formulierungen „Predigamt" bzw. *ministerium docendi evangelium et porrigendi sacramenta* jedoch nicht die *Institution*, sondern den *Dienst* meinen, zeigt schon die zugehörige Lehrverwerfung: Es geht in diesem Artikel um die (durch Menschen dargereichten) *äußerlichen Heilsmittel*, nämlich die Wortverkündigung und die Sakramente, deren Gültigkeit in keiner Weise von der Qualität des Menschen abhängt, der sie darreicht (s. CA VIII). Vor allem aber beweist Art. XIV, in dem das ordinierte Amt thematisiert wird (*De ordine ecclesiastico*), daß die Confessio Augustana genau unterscheidet zwischen dem allgemeinen, *allen* Christen aufgetragenen (Priester-)*Dienst* und dem ordinierten (Pfarr-)*Amt*, das der innerkirchlichen *öffentlichen* Verkündigung und Sakramentsdarreichung dient und deshalb eine *Berufung* durch die Gemeinde erfordert (*rite vocatus*).

Die Confessio Augustana vertritt in dieser Frage also offenbar dieselbe Auffassung wie Luther.

2.3. Radikalreformatorische Bewegungen

In den radikalreformatorischen Bewegungen, wie sie durch →Karlstadt und die Bilderstürmer, durch die Täuferbewegung (→Täufer) und durch die sog. Schwärmer repräsentiert werden, fand der Gedanke des Allgemeinen Priestertums lebhaften Widerhall und wurde vor allem als *amtskritische* Lehre aufgenommen und zugespitzt.

Ausgangspunkt war dabei meist in einem zweifachen Sinn die Orientierung am Schriftprinzip (→Schrift, Heilige): einerseits an ihren Aussagen, daß *alle* Christen Priester seien, andererseits an ihrer *generellen normativen Autorität*. Angesichts der Tatsache, daß die Bibel (vor allem durch Luthers Übersetzung) nun *allen* Christen unmittelbar zugänglich war, wurde daraus eine allgemeine und gleiche Verantwortung und Urteilskompetenz in Fragen der Schriftauslegung abgeleitet, die leicht eine *antitheologische Spitze* bekommen konnte: Nicht wissenschaftliche Gelehrsamkeit, sondern das unmittelbare Gelehrtsein durch den →Geist Gottes erschien dabei als Befähigung zur Wahrnehmung der kirchlichen Lehrautorität (vgl. Karlstadt I,83,29ff.; Voß 158ff.). Wurde darüber hinaus (stillschweigend oder ausdrücklich) angenommen, daß theologische Bildung und Erleuchtung durch den Heiligen Geist zumindest in Spannung zueinander stünden oder gar einen Gegensatz bildeten, dann verkehrte sich der Gedanke des Allgemeinen Priestertums in das Programm der Stärkung (oder Vorrangstellung) des *Laienelements* (→Laie) gegenüber den Amtsträgern (vgl. Voß 162f.183ff.). Diese bis heute latent wirksame Deutung erweist sich schon deshalb als Mißdeutung des Allgemeinen Priestertums, weil sie gerade das Element der *Allgemeinheit* in Frage stellt, indem sie die kirchlichen Amtsträger ausschließt und sich gegen sie richtet. Ein Doppeltes kommt hinzu: In dem Maße, in dem theologische Gelehrsamkeit zugunsten der inneren Erleuchtung durch den Geist abqualifiziert wurde, erfuhr zum einen die *äußere*, durch die Gemeinde erfolgende Berufung der Amtsträger eine deutliche Abwertung gegenüber ihrer (intersubjektiv nicht verifizierbaren) *inneren* Sendung (vgl. Karlstadt I,5,39ff.), zum anderen trat das *Schriftprinzip* selbst in den Hintergrund und wurde durch das (prinzipiell der Kritik entzogene) *Geistprinzip* ersetzt (vgl. ebd. II,18,24ff.; Voß 169ff.), während umgekehrt gerade das Festhalten der Reformatoren am Wort der Bibel als der *auctoritas normativa* das Erlernen der alten Sprachen sowie die Ausbildung hermeneutischer und theologischer Kompetenz zur unabweisbaren Aufgabe machte.

3. Neuansätze im 17. bis 20. Jahrhundert

3.1. Geistliches Priestertum bei Philipp Jakob Spener

Ein wesentlicher Punkt in →Speners kirchlichem Reformprogramm (*Pia desideria*, 1675/76) ist – im Anschluß an Luther – „die Auffrichtung und fleissige übung deß Geistlichen Priesterthums" (ebd. 58). Die Akzentuierung, die Spener diesem Element verleiht, ergibt sich aus dem Gesamtzusammenhang des Programms. Grundlegend ist die Forderung bzw. das Ziel, „das Wort Gottes reichlicher unter uns zu bringen" (ebd. 53), und zwar nicht nur durch →Predigt, sondern auch durch kontinuierliche Bibellektüre, vor allem aber durch Versammlungen, die (nach dem Vorbild von I Kor 14) der gemeinsamen Auslegung der Bibel und so der Einübung und Ausübung des Geistlichen Priestertums dienen sollten.

Spener beweist ein genaues Verständnis von Luthers Lehre vom Allgemeinen Priestertum, wenn er sagt, „daß allen Christen ins gesampt ohne unterscheid alle geistliche ämpter zustehen, obwol deren ordentliche und offentliche verrichtung denen darzu bestellten Dienern anbefohlen ist, unter dessen in dem fall der noth sie auch von andern verrichtet werden mögen: Sonderlich aber die jenige, welche nicht zu den offentlichen verrichtungen gehören, immer fort zu hauß und in dem gemeinen leben von allen getrieben werden sollen" (ebd. 58). Spener selbst legt die Betonung jedoch ganz auf die priesterliche Funktion der →Schriftauslegung und auf die damit gegebene Befähigung und Verpflichtung der geistlichen Selbstbeobachtung sowie des Wachens über der (rechten) Lehre der ordinierten Amtsträger. Dabei geht er jedoch (anders als Karlstadt) *nicht* von einem *Gegensatz* zwischen geistlicher und theologischer Schriftauslegung aus, sondern bejaht die (freilich im Sinne der *Pia desideria* zu reformierende [ebd. 67–83]) Theologie und versteht das Verhältnis zwischen ordinierten Amtsträgern und Laien im Sinne *gegenseitiger Zuordnung*. Die Pfarrer sollen durch ihre theologische Kompetenz die übrigen Gemeindeglieder zur Schriftauslegung anleiten und damit zur eigenständigen Wahrnehmung ihrer priesterlichen Aufgaben befähigen.

Spener konnte so weitgehend die Separierung der pietistischen Gruppen verhindern, sie als *ecclesiola(e) in ecclesia* erhalten und damit eine der wirkungsgeschichtlich bedeutsamsten Wiederbelebungen des Allgemeinen Priestertums in der evangelischen Kirche in Gang setzen.

3.2. Die Berufung der Nichtgeistlichen bei Johann Hinrich Wichern

Für →Wichern wird der Hamburger Kirchenstreit von 1839/40 zum Anlaß, die reformatorische Überzeugung vom Priestertum aller Gläubigen neu zur Geltung zu bringen. In diesem Konflikt zwischen einer rationalistisch geprägten Pfarrerschaft und von der Erweckungsbewegung bestimmten kirchlichen Gruppierungen reklamiert Wichern gegen das neue „Papst- und Pfaffentum" (Wichern, SW I, 33), das sich inzwischen in der *evangelischen* Kirche breitgemacht habe, das Recht der „Nichtgeistlichen" (von ihm gelegentlich ironisch-provozierend „Ungeistliche" genannt) zur *Mitsprache* in den Fragen des rechten Schriftverständnisses und der schriftgemäßen kirchlichen Lehre. Insoweit bewegt sich Wichern ganz auf der von Spener vorgezeichneten Traditionslinie (vgl. ebd. 193: „Erneuerung der Verkündigung des allgemeinen Priestertums aus Speners Herz und Mund") – allerdings in einem anderen *zeitgeschichtlichen* Kontext, der in der Mitte des 19. Jh. einerseits durch zunehmende Demokratisierungstendenzen bzw. -forderungen, andererseits durch eine wachsende Entfremdung breiter Bevölkerungsschichten (insbesondere der Arbeiterschaft) von der Kirche gekennzeichnet war. Die Revolution von 1848 sollte angesichts dieser Situation für ihn zum Tag der „eigentlichen Geburt der inneren Mission werden" (ebd. 314), die auf der Basis des Allgemeinen Priestertums der Gläubigen den durch Taufe der Kirche zugehörenden, aber innerlich entfremdeten Menschen das Wort Gottes durch Verkündigung und Tun so nahebringen soll, daß es an ihnen und in ihnen zur Wirkung kommt.

Bei seinem Rekurs auf das Allgemeine Priestertum hat Wichern einerseits die Nichttheologen im Blick, die aufgrund *ihrer* beruflichen und gesellschaftlichen Position Fähigkeiten und Möglichkeiten haben, die gegenüber der theologischen Kompetenz nicht geringgeachtet oder abgewertet werden dürfen (vgl. ebd. 181 sowie III/2, 127), andererseits verweist er auf das „freie Vereinswesen", das „in seiner schönsten Weise die Betätigung des allgemeinen Priestertums der gläubigen Gemeindeglieder" (ebd. I, 87) darstellt. Auf diesem letztgenannten Gebiet ist Wichern durch Schaffung und Anregung diakonischer, pädagogischer und sozialer Institutionen besonders fruchtbar gewesen.

3.3. Das königliche Priestertum der Gläubigen bei Martin Rade

M. →Rades Neuansatz ist ausgelöst und mitbestimmt durch die Zäsur, die das Jahr 1918 für die evangelische Kirche bedeutete (Ende der Staatskirche und des landesherrlichen Summepiskopats, Notwendigkeit des Aufbaus einer eigenen kirchlichen Struktur). Dabei rekurriert Rade jedoch selbst auf eine *Vorgeschichte*, in der „die Idee des allgemeinen Priestertums im evangelischen Kirchenleben neu wirksam werden" (Rade, Priestertum der Gläubigen 168) wollte: die Gründung des →Protestantenvereins (am 30.9.1863), dem es jedoch nicht gelungen sei, sein „Gemeindeprinzip" gegen die „Pastorenkirche" (ebd.) zur Wirkung zu bringen. Genau dies ist aber nach Rades Meinung das Gebot der Stunde nach dem Ersten Weltkrieg.

Rade will Luthers Lehre vom Allgemeinen Priestertum in *modifizierter* Form zur Geltung bringen, denn er glaubt zu sehen, daß in den beiden praktischen Konsequenzen, die Luther aus dem Allgemeinen Priestertum zog (einerseits die Einrichtung des evangelischen Pfarramts, andererseits die „Heiligung des irdisch-bürgerlichen Berufs" [ebd. 172f.]) sich jeweils ein religiöses Element mit einem (bloß) natürlichen verband. Die beiden *religiösen* Elemente (gleicher geistlicher Stand aller Christen vor Gott; der Glaube der Person macht ihre Werke unterschiedslos vor Gott angenehm) will Rade beibehalten, aber von den beiden (zeitbedingt) „natürlichen" Elementen (nur wer von der Gemeinde ordentlich berufen ist, darf die *potestas verbi et sacramenti* ausüben; jeder bleibe in dem Stand, in dem er berufen ist) ablösen, um sie von ihren schädlichen Konsequenzen („Aufrichtung des Privilegiums der Pastoren in der Gemeinde" und „Entwöhnung der Nichtpastoren von der Teilnahme am kirchlichen Handeln" [ebd. 174]) zu befreien und so unter veränderten Bedingungen in veränderter Form wirksam werden zu lassen. Rades Programm gipfelt daher in der Forderung: „*Das Recht zu taufen, zu trauen, zu begraben, zu predigen, Seelsorge zu üben und das Herrenmahl auszuteilen, soll jedem evangelischen Christen frei sein*" (ebd. 175), d.h. es soll nicht nur im Notfall, sondern kann in jedem Normalfall ausgeübt werden.

3.4. Neuere Tendenzen

Nach dem Zweiten Weltkrieg gab es mehrere Neuansätze zur Deutung der Lehre vom Allgemeinen Priestertum (insbesondere im Medium theologiegeschichtlicher Untersuchungen), die jedoch grundsätzlich an der *Entgegensetzung* von Allgemeinem Priestertum und kirchlichem Amt orientiert bleiben und dabei mittels einer Stiftungstheorie vorrangig das Interesse der Stärkung des Amtes verfolgen (W. Brunotte; Lieberg; Prenter; Stein).

Mit gegenläufiger Intention wurden neuerdings Versuche unternommen, die reformatorische Lehre vom Allgemeinen Priestertum im Sinne einer „gemeindetheologischen Aktualisierung" (Voß) bzw. mit dem Ziel einer „Kirche als Basisbewegung" (Barth) unter Einbeziehung anderer Theorieelemente (Allgemeines Prophetentum; Gemeinsames Priestertum) ekklesiologisch und kirchenpraktisch fruchtbar werden zu lassen. Durch diese Einbeziehungen kommen in die biblisch-reformatorische Lehre jedoch Elemente hinein, die deren Klarheit und orientierende Funktion eher beeinträchtigen als verstärken.

4. Systematisch-theologische Thesen

1) Die Rede vom Allgemeinen Priestertum oder vom Priestertum aller Gläubigen hat – ebenso wie die Rede von Christus als dem Hohenpriester – *metaphorischen* Charakter. Es wäre jedoch irreführend, diese Metaphern als „uneigentliche Rede" zu bezeichnen. Auf dem Hintergrund der neutestamentlichen Aussagen sind vielmehr die metaphorischen Aussagen (über Christus und die Gläubigen) das Genaueste und Gehaltvollste, was über Priesterwürde und Priesterdienst aus christlicher Sicht gesagt werden kann.

2) *Konstituiert* wird das Allgemeine Priestertum durch die sachlich untrennbare Einheit von →Taufe und →Glaube, die den Christen Anteil an Christus als dem Hohenpriester gibt, also ihre Existenz „in Christus" (II Kor 5,17) begründet. Die Rede vom Priestertum aller *Getauften* oder vom Priestertum aller *Gläubigen* muß deshalb jeweils so umfassend verstanden werden, daß sie das andere Element mit einschließt.

3) Mit der Rede vom Allgemeinen Priestertum wird über die Christen nichts ausgesagt, was zu ihrem Christsein noch hinzukäme, sondern das *Christsein* wird mit diesen Aussagen nur in einer bestimmten *Hinsicht* beschrieben, und zwar im Blick auf die Beziehung zu Gott und zum Mitmenschen. Deshalb müssen auch die Aussagen aus Schrift und Bekenntnis herangezogen und ausgewertet werden, in denen nicht explizit vom Allgemeinen Priestertum die Rede ist, wohl aber die zweifache Beziehung in diesem Sinne qualifiziert wird.

a) Im Blick auf die Beziehung zu *Gott* besagt die Rede vom Allgemeinen Priestertum, daß *alle* Christen durch Jesus Christus *in gleicher Weise* freien, direkten Zugang zu

Gott haben (Hebr 10,19f.) und dazu aufgerufen sind, sich Gott als „lebendiges Opfer“ (Röm 12,1) hinzugeben. Es gibt also keine durch →Ordination (oder Weihe) begründeten Unterschiede des Standes vor Gott.

b) Im Blick auf die Beziehung zum *Mitmenschen* besagt die Rede vom Allgemeinen Priestertum, daß *alle* Christen durch Jesus Christus *in gleicher Weise* bevollmächtigt und beauftragt sind, einander das Evangelium durch Worte, sakramentale Zeichen und Taten zu bezeugen, in der Fürbitte füreinander einzutreten und so „einander Priester [zu] sein“ (vgl. Barth).

c) Zwischen dem mit dem Allgemeinen Priestertum gegebenen freien, direkten Zugang zu Gott und dem gleichfalls gegebenen Angewiesensein auf den wechselseitigen Priesterdienst besteht *kein Gegensatz*, weil der freie Zugang zu Gott der Vermittlung durch Christus und der Bezeugung durch andere Christen (sowie der Beglaubigung durch das Wirken des Heiligen Geistes) bedarf.

4) Der römisch-katholischen Lehre, derzufolge erst durch Weihe die *Befähigung, Befugnis und Beauftragung* zur Spendung bestimmter Sakramente (z. B. der Eucharistie, Buße, Firmung, Priesterweihe) verliehen wird, setzt die reformatorische Lehre vom Allgemeinen Priestertum folgende Aussagen entgegen:

a) Die *Gültigkeit und Wirksamkeit* der Sakramente hängt überhaupt *nicht* von der menschlichen Qualifikation dessen ab, der sie *darreicht* (ihre Wirksamkeit hängt aber vom Glauben dessen ab, der sie *empfängt*).

b) Die Befugnis und Beauftragung zur Darreichung der Heilsmittel ist grundsätzlich *allen* Christen zugesprochen.

c) Die *Befugnis und Beauftragung* zur *öffentlichen Ausübung* bestimmter Dienste innerhalb der christlichen Kirche wird durch Ordination auf dafür geeignete Personen übertragen.

5) Das durch Ordination übertragene kirchliche Amt ist nach evangelischem Verständnis keine Einschränkung des Allgemeinen Priestertums, sondern *eine* Weise seiner *Wahrnehmung* und dient zugleich als Schutz gegenüber *eigenmächtigen Eingriffen* in das Recht anderer Christen zur umfassenden Bezeugung des Evangeliums.

6) Durch die Ordination wird die öffentliche *Ausübung* bestimmter Dienste übertragen. Die *Verantwortung* dafür, ob diese Ausübung dem Evangelium gemäß geschieht, verbleibt jedoch – letztlich undelegierbar – bei der christlichen Gemeinde als ganzer.

7) Neben dem pfarramtlichen Aufgabenbereich ist das *Leben des Christen* in Familie, Beruf und Gesellschaft originäres Betätigungsfeld für das Allgemeine Priestertum. Hier durch das Lebenszeugnis für das Evangelium von Jesus Christus einzustehen heißt im Sinne des Allgemeinen Priestertums: „Priester“, also Christ zu sein.

Quellen und Literatur

Jan Aarts, Die Lehre Martin Luthers über das Amt in der Kirche. Eine genetisch-syst. Unters. seiner Schr. v. 1512–1525, 1972 (SLAG A 15). – Paul Althaus, Communio sanctorum. Die Gemeinde im luth. Kirchengedanken, I 1929 (FGLP 1. Ser. 1). – Hans Asmussen, Das Priestertum aller Gläubigen, Stuttgart o.J. (1948). – Hans-Martin Barth, Einander Priester sein. Allg. Priestertum in ökum. Perspektive, 1990 (KiKonf 29). – Heinrich Behm, Der Begriff des allg. Priestertums, Schwerin 1912. – Francisco Bravo, El sacerdocio común de los creyentes en la teología de Lutero, 1964 (Vict. 16). – Heinz Brunotte, Das Amt der Verkündigung u. das Priestertum aller Gläubigen (1962): ders., Bekenntnis u. Kirchenverfassung. Aufs. zur kirchl. Zeitgesch., 1977 (AKZG B 3) 210–239. – Wilhelm Brunotte, Das geistliche Amt bei Luther, Berlin 1959. – BSLK. – Christian Bürckstümmer, Amt, Gemeinde u. allg. Priestertum in ihrem Verhältnis darg. auf ntl. Grundlage: NKZ 31 (1920) 601–631. – Hans v. Campenhausen, Die Anfänge des Priesterbegriffs in der Alten Kirche: ders., Tradition u. Leben. Kräfte der KG. Aufs. u. Vortr., Tübingen 1960, 272–289. – Paul Dabin, Le sacerdoce royal des fidèles dans la tradition ancienne et moderne, 1950 (ML.T 48). – Wolfgang Druckenbrod, Das Verständnis des allg. Priestertums im 19. u. 20. Jh., Bad Honnef 1979. – Cyril Eastwood, The Priesthood of all Believers. An Examination of the Doctrine from the Reformation to the Present Day, London 1960. – Ders., The Royal Priesthood of the Faithful. An Investigation of the Doctrine from Biblical Times to the Reformation, London 1963. – Gerhard Ebeling, Das

Priestertum in prot. Sicht: ders., Wort Gottes u. Tradition. Stud. zu einer Hermeneutik der Konfessionen, 1964 (KiKonf 7) 183–196. – Ders., Die königlich-priesterliche Freiheit: ders., Lutherstud., Tübingen, III 1985, 157–180. – Holsten Fagerberg, Art. Amt/Ämter/Amtsverständnis. VI. Reformationszeit: TRE 2 (1978) 552–574. – Jan Freiwald, Das Verhältnis v. allg. Priestertum u. besonderem Amt bei Luther, Diss. theol. Heidelberg 1993. – Brian A. Gerrish, Luther on Priesthood and Ministry: ChH 34 (1965) 404–422. – Harald Goertz, Allg. Priestertum u. ordiniertes Amt bei Luther, Diss. theol. Heidelberg 1996, erscheint Göttingen 1997 (Lit.). – Gerhard Heintze, Allg. Priestertum u. besonderes Amt: EvTh 23 (1963) 617–646. – Eilert Herms, Stellungnahme zum dritten Teil des Lima-Dokumentes „Amt“: KuD 31 (1985) 65–96. – Joachim Heubach, Das Priestertum der Gläubigen u. das Amt der Kirche: LRb 19 (1971) 291–300. – Johann Wilhelm Friedrich Höfling, Grundsätze ev.-luth. Kirchenverfassung, Erlangen [3]1853. – Karl Holl, Die Entstehung v. Luthers Kirchenbegriff (1915): ders., GAufs. zur KG, Tübingen, I [7]1948, 288–325. – Andreas Bodenstein v. Karlstadt, Schr. aus den Jahren 1523–25, 2 Bde., ausgew. u. hg. v. Erich Hertzsch, Halle 1956–57. – Ernst Kinder, Christus als Hoherpriester nach Luther u. den luth. Bekenntnisschriften: FS Paul Althaus, Gütersloh 1958, 99–120. – Hermann Klemm, Der Gedanke des „allg. Priestertums“ im 19. Jh.: LM 5 (1966) 80–85. – Hellmut Lieberg, Amt u. Ordination bei Luther u. Melanchthon, 1962 (FKDG 11). – Martin Luther, An den christl. Adel dt. Nation v. des christl. Standes Besserung (1520): WA 6,404–469. – Ders., De captivitate babylonica ecclesiae praeludium (1520): ebd. 497–573. – Ders., Von der Freiheit eines Christenmenschen (1520): WA 7,20–38. – Ders., Vom Mißbrauch der Messe (1521): WA 8,482–563. – Ders., Daß ein christliche Versammlung ... (1523): WA 11,408–416. – Ders., De instituendis ministris ecclesiae (1523): WA 12,169–196. – Ders., Von der Winkelmesse u. Pfaffenweihe (1533): WA 38,195–256. – Ders., Acht Predigten über den 110. Psalm (1535/1539): WA 41,79–239. – Peder Madsen, Das geistliche Priestertum der Christen, Gütersloh 1882. – Gottfried Maron, Allg. Priestertum im Protestantismus: Rechtfertigung u. Gerechtigkeit, 1990 (ILRef 33) 67–79. – Erwin Mülhaupt, Allg. Priestertum oder Klerikalismus?, 1963 (CwH 65). – William Nagel, Das allg. Priestertum in seiner bibl. Begründung u. seiner Auswirkung in der kirchl. Praxis. Ein Entwurf: Solange es „heute“ heißt. FS Rudolf Hermann, Berlin 1957, 200–209. – Engelbert Niebecker, Das allg. Priestertum der Gläubigen, Paderborn 1936. – Gerhard Niedermeier, Das allg. Priestertum der Gläubigen u. das geistliche Amt: ZSTh 7 (1930) 337–362. – Dietrich v. Oppen, Das allg. Priestertum u. die Volkssouveränität: Hans Graß/Werner Georg Kümmel (Hg.), Reformation u. Gegenwart, Marburg 1968, 126–132. – PG. – PL. – Regin Prenter, Die göttliche Einsetzung des Predigtamtes u. das allg. Priestertum bei Luther (1961): ders., Theol. u. Gottesdienst. GAufs., Göttingen 1977, 207–221. – Martin Rade, Das königliche Priestertum der Christen u. die kirchl. Praxis: EvFr 40 (1918) 171–177. – Ders., Das königliche Priestertum der Gläubigen u. seine Forderung an die ev. Kirche unserer Zeit (1918): ders., Ausgew. Schr. III. Recht u. Glaube, hg. v. Christoph Schwöbel, Gütersloh 1988, 167–196. – James Edward Rea, The Common Priesthood of the Members of the Mystical Body. An Hist. Survey of the Heretical Concepts of the Doctrine as Compared with the True Catholic Concept, 1947 (SST 101). – Georg Rietschel, Luther u. die Ordination, Wittenberg [2]1889. – Manfred Roensch, Das Priestertum der Gläubigen bei Luther u. Melanchthon: LRb 18 (1970) 115–122. – Jan Rohls, Das geistliche Amt in der reformatorischen Theol.: KuD 31 (1985) 135–161. – Traugott Schächtele, Das Verständnis des allg. Priestertums bei Augustin, Waltrop 1990 (Lit.). – Rolf Schäfer, Allg. Priestertum oder Vollmacht durch Handauflegung? Zu Luthers Ordinationsauffassung im Brief an Johann Sutel in Göttingen (1982): ders., Gotteslehre u. kirchl. Praxis. Ausgew. Aufs., hg. v. Ulrich Köpf u. Reinhard Rittner, Tübingen 1991, 264–285. – Martin Schian, Das „allg. Priestertum“ u. die kirchl. Praxis: Stud. zur Reformationsgesch. u. zur prakt. Theol. FS Gustav Kawerau, Leipzig 1917, 113–128. – Ernst Sommerlath, Amt u. allg. Priestertum: SThKAB 5 (1953) 40–89. – Philipp Jakob Spener, Pia Desideria (1675/76), hg. v. Kurt Aland, Berlin [2]1964. – Ders., Das Geistliche Priesterthum (1677): ders., Schr., hg. v. Erich Beyreuther, Hildesheim/New York, I 1979, 550–731. – Friedrich Julius Stahl, Die Kirchenverfassung nach Lehre u. Recht der Protestanten, Erlangen [2]1862, Nachdr. Frankfurt a.M. 1965. – Wolfgang Stein, Das kirchl. Amt bei Luther, 1974 (VIEG 73). – Hans Storck, Das allg. Priestertum bei Luther, 1953 (TEH NF 37). – Klaus Tuchel, Luthers Auffassung vom geistlichen Amt: LuJ 25 (1958) 61–98. – Vilmos Vajta, Der Christenstand als „königliches Priestertum“: Welt-Luthertum v. heute. FS Anders Nygren, Lund 1950, 350–373. – Ders., Die Theol. des Gottesdienstes bei Luther, 1952 [3]1959 (FKDG 1). – Klaus-Peter Voß, Der Gedanke des allg. Priester- u. Prophetentums. Seine gemeindetheol. Aktualisierung in der Reformationszeit, 1990 (TVGMS). – Johann Hinrich Wichern, SW, hg. v. Peter Meinhold, Berlin/Hamburg, I–III/2 1962ff. – Ernst Wolf, Zur Verwaltung der Sakramente nach Luther u. luth. Lehre: ders., Peregrinatio. Stud. zur reformatorischen Theol. u. zum Kirchenproblem, München 1954, 243–256. – Wilhelm Zöllner, Das allg. Priestertum der Gläubigen u. die Bedeutung des Gnadenmittelamtes, Leipzig 1919 (H. der Allg. Ev.-Luth. Konferenz 7).

Harald Goertz/Wilfried Härle

II/2. Praktisch-theologisch

(Literatur S. 413)

Das Lehrstück vom allgemeinen Priestertum braucht vor allem deshalb eine praktisch-theologische Erörterung, weil es als evangelisches Prinzip seit →Luther immer wieder anerkannt worden ist, aber in der praktischen Verwirklichung stets große Schwierigkeiten bereitete. Deutlicher Zeuge dafür ist M. Schian, der 1928 feststellte: „Luther brach die Mauer römischen Priestertums der Gläubigen ..., seitdem gilt das allgemeine Priestertum als Palladium evangelischen Christentums" (Schian, Art. Allgemeines Priestertum 12). Der Vergleich mit dem Kultbild der gewappneten Pallas Athene, das Schutz und den Bestand von Troja verbürgte, kennzeichnet protestantischen Stolz, sollte jedoch angesichts des praktischen Umgangs mit diesem Lehrstück eher zur Buße mahnen.

Schian selbst warnte vor Gefahren für die Lehre von den kirchlichen Ämtern: „Wollte man aus ihr (dieser Lehre) das Recht jedes Christen zur Vornahme kirchlicher Handlungen ableiten, so würde man schon mit Luthers eigenen Sätzen über die Ausübung des Priestertums in Widerspruch geraten; man würde, rein praktisch geurteilt, an die Stelle kirchlicher und gemeindlicher Ordnung das Chaos setzen" (Schian, Grundriß 42).

G. Heintze konstatierte 1963 ein „praktisches Vergessen des allgemeinen Priestertums" (Heintze 640); die damals beginnenden Bemühungen um →Kirchenreform bzw. Gemeindeaufbau setzten oft an diesem Punkt an, der mit der Verantwortung der ganzen Gemeinde das Engagement der →Laien, nicht nur beim →Kirchentag, und damit auch →Mission und →Evangelisation im Gegensatz zur „Pastorenkirche" bewirken sollte. J. Moltmann proklamierte 1977 den Schritt von der Betreuungskirche zur Gemeindekirche als Antwort auf die Frage: „Wo und wie kann dieses allgemeine Priestertum aller Glaubenden realisiert werden und eine auch nach außen hin glaubwürdige Gestalt gewinnen?" (Moltmann 138)

Die Bedeutung des Lehrstücks für Kirchenreform bzw. für das Verständnis von →Gemeinde und →Amt, insbesondere die Beziehung des allgemeinen Priestertums zum Pfarramt (→Pfarrer) – mit der Frage nach dem Sinn von →Ordination – ist offenkundig. Es kann historisch nicht nur an Ph.J. →Spener, J.H. →Wichern und Emil Sulze („das allgemeine Priestertum aller Christen ist einer ihrer [der Gemeinde] obersten Grundsätze. Und mit ihm gerade wollen wir mehr als bisher Ernst machen durch die Seelsorge unserer Presbyter- und Hausväterverbände" [Sulze 55]), sondern auch an Martin →Rade erinnert werden. Er machte 1918 den revolutionären Vorschlag, folgenden Grundsatz anzuerkennen: „Das Recht zu taufen, zu begraben, zu predigen, Seelsorge zu üben und das Herrenmahl auszuteilen, soll jedem evangelischen Christen frei sein" (Rade 16). Rade war klar, daß dieses Prinzip praktische Schwierigkeiten zur Folge haben würde, aber er hielt sie für überwindbar und die Änderung für die Erneuerung der Kirche notwendig. Daß er sich nicht durchsetzte, lag auch daran, daß die genauere Analyse der Anschauungen Luthers (Brunotte; Lieberg; Prenter; Heintze; Storck) sowie die Kirchenrechtsdebatte über die Frage, ob das geistliche Amt des Pfarrers, das ordinierte Amt des *minister verbi divini*, auf Übertragung (vgl. dazu Achelis 68–82) aus dem allgemeinen Priestertum beruhe (Johann Friedrich Wilhelm Höfling [1802–1853]) oder ein eigenes göttliches Mandat habe (F.J. →Stahl), zu differenzierteren Bestimmungen führte, die die göttliche Einsetzung des *ministerium verbi divini* für alle Christen und die geordnete Beauftragung (→Vokation) in das rechte Verhältnis zueinander setzen (Stein, Kirchenrecht 95–101).

Die Erkenntnisse im Kirchenkampf (→Nationalsozialismus und Kirchen) müssen ebenfalls in die Praxis eingebracht werden (vgl. Asmussen, der auf den Zusammenhang mit dem Opfergedanken im Nationalsozialismus kritisch eingeht). Eine Schlüsselposition nimmt dabei die herrschaftskritische These IV der Barmer Theologischen Erklärung ein, die von dem „der ganzen Gemeinde anvertrauten und befohlenen Dienst" (Alfred Burgsmüller/Rudolf Weth [Hg.], Die Barmer Theologische Erklärung, Neukirchen-Vluyn [5]1993, 37) alle Ämter der Kirche herleitet und damit das biblische Charismenverständnis erneuerte, was allerdings dienstrechtlich und kirchenordnungspolitisch bis heute noch keineswegs anerkannt ist. Das vorrangige ökumenische Interesse am „ordinierten Amt“ (Taufe, Eucharistie und Amt 36), die starke Position des Pfarramts auch in der allgemein empirischen Einschätzung von Kirche, die Anerkennungsprobleme →kirchlicher Berufe und die Wichtigkeit ehrenamtlicher Dienste zeigen die zugleich mit Macht und Geld verbundenen Probleme auf. Aufschlußreich sind zwei programmatische Proponenda der Evangelischen Kirche im Rheinland *Gott im Alltag dienen – Berufung und Beruf evangelischer Laien* und *Kirche gemeinsam leben*. Wie wichtig das Thema in anderen Konfessionen, für die Ordination von Frauen und sonst in der feministischen Theologie überhaupt ist, zeigen ökumenische Arbeiten (Siegele-Wenschkewitz).

Untersucht man die nähere Bedeutung des Begriffs Priester, so ergeben sich neue terminologische Schwierigkeiten. Die reformierte Tradition hat weitgehend auf den Begriff des allgemeinen Priestertums verzichtet, weil mit Jesus Christus als dem einzigen Hohenpriester alles menschliche Priestertum ein für allemal abgetan sei. Dementsprechend wäre eher von der allgemeinen Verantwortung für →Seelsorge zu reden, die nicht dem Pfarramt allein überlassen werden dürfe (so Thurneysen 313).

Auf protestantischer Seite beschränkte man sich meistens darauf, die Anwendung des Begriffs Priester auf das Pfarramt zu vermeiden. Kennzeichnend ist O. Baumgartens Urteil:

„So ist denn mit Recht unter guten Protestanten von jeher verpönt gewesen, die Bezeichnung Priester auf das geistliche Amt zu übertragen. Es ist eine charakteristische Verirrung der englischen Ritualisten und auch vieler Neulutheraner, leider auch Claus Harms' (der in seiner ‚Pastoraltheologie‘ den Prediger, Priester und Pastor unterscheidet), diese Scheu und Abscheu vor dem durch das Prinzip des alleinigen P.s [Priestertums] Christi und des allgemeinen P.s der Gläubigen abgelösten spezifischen P.s nicht zu teilen“ (Baumgarten 1840).

Der von ihm kritisierte C. →Harms hat in seiner *Pastoraltheologie* ausdrücklich die Anwendung des Priesterbegriffs zur Bezeichnung der Verpflichtung zu Gottesdienst, Taufe, Konfirmation, Beichte und Abendmahl begründet und den Begriff Liturg dafür abgewiesen (Harms 88).

Luthers Unterscheidung von Königtum und Priestertum aller Christen ist aufschlußreich: „Darüber hinaus sind wir Priester. Das ist noch viel mehr als König sein, weil das Priestertum uns würdig macht, vor Gott zu treten und für andere zu bitten, denn vor Gottes Augen zu stehen und zu bitten gebührt niemand als den Priestern“ (WA 7,28,6–9). J. Henkys hat in seiner genauen Untersuchung von Luthers Formel *per mutuum colloquium et consolationem fratrum* in den →Schmalkaldischen Artikeln (ASm III/4: BSLK 449) herausgearbeitet, daß Luther von der Vielfalt der Mitteilungsformen des Evangeliums her gegenseitiges Gespräch und Trost als eine über das Beichtgespräch hinausgehende eigene Tätigkeit versteht, die zur Seelsorge mitten in der Welt auffordert, wie Luthers Predigt über Mt 18,19f. (1537) besonders deutlich zeige (Henkys 34–37).

Es heißt dort: „Es ist die ganze Welt voll Trostes und alle Winkel voll Offenbarung gesteckt, und redet Gott mit mir von der Kanzel, er redet mit mir durch meinen Nachbarn, durch meine guten Freunde und Gesellen, durch meinen Mann, durch mein Weib, durch meinen Herrn und meinen Knecht, item Vater und Mutter etc.“ (WA 47,298,19–299,1).

So verpflichtet das allgemeine Priestertum zu liturgischer, seelsorglicher und diakonischer Kompetenz in der Gemeinde und begründet auch die Laienpredigt (Zerfaß; Rade 25–32; Stein, Laienpredigt). Pointiert gesagt, geht es um „das Amt des Laien in Kirche und Theologie“ (vgl. den Titel *Vom Amt*). Markante Beispiele sind der Laientheologe Friedrich Wilhelm IV. (Mehlhausen), die Pfarrfrau (Wintzer), Laien in theologischen Ausschüssen (Schröer) usw. Die Einschränkung nur auf die Seelsorge ist nicht zulässig. Das allgemeine Priestertum ist eine Einübung in die Verantwortung, die aus der →Taufe entspringt (dazu aktuell Scharffenorth 81).

Den Versuch, eine ökumenisch tragfähige Basis zwischen den großen Konfessionen, nicht zuletzt im Blick auf die Praxis der Basisgemeinden und Freikirchen zu erreichen, hat H.-M. Barth unternommen. Daran weiterzuarbeiten ist nötig, ganz im Sinne Luthers: „*Ministerium verbi facit ministros. non ministri ministerium verbi. Verbum, das tuts*" (WA 39/II,182,1f.). In Fürbitte, aber auch in „Fürklage und Fürdank", kompetenter Laienpredigt, Seelsorge und Diakonie, Gemeindepädagogik, Öffentlichkeitsarbeit (allgemeines Prophetentum aller Glaubenden), Mitwirkung in der Kirchenleitung, in Berufsausübung und Erziehung in evangelischer Verantwortung ist dieses Lehrstück im Leben zu realisieren, nicht nur polemisch-kritisch, sondern konstitutiv-projektiv. „Das Priestertum aller Gläubigen ist ein Teil der Nachfolge Christi" (Asmussen 8).

Literatur

Ernst Christian Achelis, Lb. der Prakt. Theol., 3 Bde., Leipzig ³1911. – Hans Asmussen, Das Priestertum aller Gläubigen, Stuttgart 1946. – Christoph Bäumler, Laien in der Kirche – Kirche der Laien: ThPr 26 (1991) 165–172 (Lit.). – Hans-Martin Barth, Einander Priester sein. Allg. Priestertum in ökum. Perspektive, 1990 (KiKonf 29) (Lit.). – Otto Baumgarten, Art. Priestertum. III.: RGG¹ 4 (1913) 1837–1840. – Dietrich Bonhoeffer, Sanctorum communio, ³1960 (TB 3) = Dietrich Bonhoeffer Werke, München, I 1986. – Heinz Brunotte, Das Amt der Verkündigung u. das Priestertum aller Gläubigen: ders., Bekenntnis u. Kirchenverfassung, 1977 (AKZG B 3) 210–239. – Cyril Eastwood, The Priesthood of all Believers, London 1960. – Yoshio Fukuyama, Das geistliche Amt als Profession: WPKG 62 (1973) 96–110 (Lit.). – Christoph Gestrich, Gemeindeaufbau in Gesch. u. Gegenwart: PTh 75 (1986) 2–15. – Gott im Alltag dienen. Berufung u. Beruf ev. Laien, hg. v. der Ev. Kirche im Rheinland, Düsseldorf ²1986. – Claus Harms, Pastoraltheol. (Kiel 1830–1834): ders., Ausgew. Schr. u. Predigten, hg. v. Peter Meinhold, Flensburg, II 1955, 20–285. – Gerhard Heintze, Allg. Priestertum u. besonderes Amt: EvTh 23 (1963) 617–646. – Jürgen Henkys, Seelsorge u. Bruderschaft, 1970 (AzTh I/41). – Klaus-Peter Jörns, Die Taufe ordiniert zum geistlichen Stand. Eine Herausforderung nicht nur f. die Prakt. Theol.: Einheit u. Kontext. Prakt.-theol. Theoriebildung u. Lehre im gesellschaftlichen Umfeld. FS Peter C. Bloth, hg. v. Jürgen Henkys/Birgit Weyel, Würzburg 1996 (Stud. zur Theol. 14) 213–237. – Kirche gemeinsam leben. Einübung in die Gemeinschaft der Heiligen, hg. v. der Leitung der Ev. Kirche im Rheinland, Düsseldorf 1990. – Gerhard Krause/Henning Schröer, Art. Priestertum, allg.: EStL³ 2 (1987) 2645–2652. – Hellmut Lieberg, Amt u. Ordination bei Luther u. Melanchthon, 1962 (FKDG 11). – Gerhard Liedke, „So ist es nicht unter euch". Herrschaft u. Gewalt in der Gemeinde. Eine Problemanzeige: ThPr 23 (1988) 49–59. – Hans-Georg Link, Mündige Gemeinde. Gesichtspunkte zu ihrer Struktur: EvTh 36 (1979) 253–262. – Joachim Mehlhausen, Friedrich Wilhelm IV. Ein Laientheologe auf dem preußischen Königsthron: Vom Amt (s.u.) 185–214. – Jürgen Moltmann, Neuer Lebensstil. Schritte zur Gemeinde, München 1977. – Regin Prenter, Die göttliche Einsetzung des Predigtamts u. das allg. Priestertum bei Luther: ThLZ 86 (1961) 321–331. – Martin Rade, Das kgl. Priestertum der Gläubigen u. seine Forderung an die ev. Kirche unserer Zeit, Tübingen 1918. – Rolf Schäfer, Allg. Priestertum oder Vollmacht durch Handauflegung?: Vom Amt (s.u.) 141–167. – Gerta Scharffenorth, Den Glauben ins Leben ziehen. Stud. zu Luthers Theol., München 1982. – Martin Schian, Das allg. Priestertum u. die kirchl. Praxis: Stud. zur Reformationsgesch. u. prakt. Theol. FS Gustav Kawerau, Leipzig 1917, 113–128. – Ders., Grundriß der Prakt. Theol., Gießen 1922 ²1928 (STö.T 6) 41f. – Ders., Art. Allg. Priestertum: Hb. f. das kirchl. Amt, hg. v. dems., Leipzig 1928, 12. – Dietrich Schmidt, Art. Priestertum, allg.: TRT⁴ 4 (1983) 145–147. – Reinhard Schmidt-Rost, Seelsorge zw. Amt u. Beruf, Göttingen 1988 (APTh 22). – Henning Schröer, Die theol. Kompetenz des Laien im kirchenleitenden Handeln: Vom Amt (s.u.) 320–342. – Leonore Siegele-Wenschkewitz, Art. Priestertum: EKL³ 3 (1992) 1326–1328. – Albert Stein, Ev. Laienpredigt, 1972 (AGK 27) (Lit.). – Ders., Ev. Kirchenrecht. Ein Lb., Neuwied/Darmstadt 1980. – Dietrich Stollberg, Alle sind Seelsorger: KuD 17 (1971) 86–95. – Hans Storck, Das allg. Priestertum bei Luther, 1953 (TEH NF 37). – Emil Sulze, Die ev. Gemeinde, Gotha 1891. – Taufe, Eucharistie u. Amt. Konvergenzerklärungen der Kommission f. Glauben u. Kirchenverfassung des Ökum. Rates der Kirchen, Frankfurt a.M./Paderborn 1982. – Eduard Thurneysen, Die Lehre v. der Seelsorge, Zürich 1946. – Vom Amt des Laien in Kirche u. Theol. FS Gerhard Krause, hg. v. Henning Schröer/Gerhard Müller, Berlin/New York 1982. – Klaus-Peter Voß, Der Gedanke des allg. Priester- u. Prophetentums. Seine gemeindetheol. Aktualisierung in der Reformationszeit, 1990 (TVGMS). – Ders., Art. Priestertum aller Gläubigen: Ev. Lexikon f. Theol. u. Gemeinde 3 (1994) 1603–1605. – Eberhard Winkler, Die Gemeinde u. ihr Amt. Hist., empirische, hermeneutische Aspekte, 1973 (AzTh 53). – Ders., Impulse Luthers f. die heutige Gemeindepraxis, 1983 (AVTRW 78). – Friedrich Wintzer, Laiendienst im Pfarrhaus. Erwägungen zum Selbstverständnis u. zur Rolle der Pfarrfrau: Vom Amt (s.o.) 343–356. – Rolf Zerfaß, Der Streit um die Laienpredigt, 1974 (UPT 2).

Henning Schröer

III. Christliches Priesteramt

III/1. Geschichtlich III/2. Systematisch III/3. Praktisch-theologisch

III/1. Geschichtlich

1. Alte Kirche 2. Mittelalter 3. Reformation und Tridentinum 4. Neuzeit (Literatur S. 421)

1. Alte Kirche

1.1. Vor Beginn des 3. Jh. gebraucht keine christliche Quelle den Titel „Priester" (griechisch *ἱερεύς*; lateinisch *sacerdos*) direkt zur Bezeichnung eines einzelnen oder einer Gruppe von Amtsträgern in der Kirche (→Amt/Ämter/Amtsverständnis). Hingegen werden priesterliche Termini für Christus verwendet – gewöhnlich „Hoherpriester" nach der Sprache des →Hebräerbriefs (z.B. Justin, dial. 116,1; Irenäus, haer. IV,8,2) – sowie für Christen überhaupt (nach I Petr 2,9; Apk 1,6; 5,10; 20,6). Die Christen bilden „das wahre hohepriesterliche Volk Gottes" (Justin, dial. 116,3; vgl. auch Irenäus, haer. IV,8,3; V,34,3), dessen hauptsächliches →Opfer die Darbringung des eigenen Lebens ist (vgl. Röm 12,1), aber auch den →Gottesdienst mit oder ohne Eucharistie (→Abendmahl) umfaßt (z.B. Did 14,1; Justin, dial. 117,1ff.; Irenäus, haer. IV,17,5f.).

Diese Vorstellung setzte sich in den folgenden Jahrhunderten fort. So interpretieren z.B. →Tertullian (bapt. 7; vgl. auch or. 28; exh. cast. 7) und andere, spätere Autoren die →Salbung nach der →Taufe in priesterlichen Begriffen, und das Eucharistiegebet in dem als *Kirchenordnung des Hippolyt* bekannten Text (vgl. TRE 18,667,11–668,44) spricht davon, daß die Christen gewürdigt worden seien, vor Gott zu stehen und als Priester zu dienen (*ἱερατεύειν*). Auch die Witwenschaft (Tertullian, ux. 1,7) oder das →Martyrium (Cyprian, ep. 76,3) konnten als Formen der priesterlichen Weihe beschrieben werden.

1.2. Daneben jedoch entwickelte sich ein anderer Sprachgebrauch, dessen Keime schon Ende des 1. Jh. sichtbar werden. Die →Didache vergleicht an einer Stelle, die vom Opfer der Erstlingsfrucht handelt, die christlichen →Propheten mit Hohenpriestern (Did 13,3). →Clemens von Rom führt die Tatsache, daß das alttestamentliche Gesetz verschiedenen Gruppen (Hohepriester, Priester, Leviten und Volk) verschiedene kultische Rollen zuweist, gegen Christen ins Feld, die die festgelegten Grenzen ihres Standes überschreiten (I Clem 40f.), und verwendet den kultischen Ausdruck „die die Opfer dargebracht haben" (*προσενεγκόντας τὰ δῶρα*) nicht in bezug auf die christliche Gemeinde als ganze, sondern auf die Presbyter-Bischöfe (I Clem 44,4). Diese Passagen stehen aber in der gesamten christlichen Literatur der ersten beiden Jahrhunderte einzig da und sagen im übrigen auch nicht explizit, daß christliche Amtsträger Priester sind. Erst ab dem Anfang des 3. Jh. beginnen die Quellen, priesterliche Termini regelmäßig und in einem buchstäblichen Sinn für ordinierte Amtsträger zu benutzen.

1.3. Das *Bischofsamt* war das erste, das in priesterlichen Begriffen beschrieben wurde. Tertullian spricht nur einmal vom →Bischof als Hohempriester (*summus sacerdos*), und das in einem Zusammenhang, der die Frage aufwirft, ob es sich nicht eher um eine durch den Gedankengang angeregte Metapher als um eine eingebürgerte Bezeichnung für das Amt handelt (Tertullian, bapt. 17,1). Andere Äußerungen von ihm deuten aber darauf hin, daß *sacerdos* in der nordafrikanischen Kirche eine übliche Bezeichnung für den Bischof gewesen sein könnte (Tertullian, exh. cast. 11,1f.; mon. 12; pud. 20,10; 21,17); und ein halbes Jahrhundert später nennt →Cyprian den Bischof regelmäßig *sacerdos*, während *summus sacerdos* für Christus vorbehalten bleibt (z.B. Cyprian, ep. 63,14). Diese Entwicklung war mitnichten auf Nordafrika beschränkt. Im Osten beschreibt →Origenes die Bischöfe durchweg als Priester (z.B. Origenes, or. 28), und auch die *Kirchenordnung Hippolyts* betrachtet das Bischofsamt als priesterliches. Hier jedoch zeigt sich ein bezeichnender terminologischer Unterschied: Der Bischof erscheint im Ordinationsgebet der *Kirchenordnung Hippolyts* nicht nur als *ἱερεύς*, sondern als einer, der das Hohepriestertum ausübt (*ἀρχιερατεύειν*) und Autorität hat durch den hohepriesterlichen Geist (*τῷ πνεύματι τῷ ἀρχιερατικῷ*). Dasselbe gilt für die syrische *Didascalia Apostolorum* aus dem 3. Jh. (vgl. TRE 18,665,3–666,23), die zwar betont, daß Christus der wahre Hohepriester sei, aber zugleich nicht zögert, den Bischof als den „levitischen Hohenpriester“ (→Levi/Leviten) zu bezeichnen (Didascalia II,26,4).

Danach setzten sich priesterliche Begriffe im theologischen Reden über den Bischof im Osten wie im Westen durch, obwohl rudimentäre Spuren von Bedenken bezüglich der Angemessenheit ihrer Verwendung nicht fehlen. →Augustin z. B. gebraucht *sacerdos* zurückhaltender als seine Zeitgenossen; zumindest ein Grund dafür ist sein Bedürfnis, im Streit mit den Donatisten das einzigartige Priestertum Christi zu betonen (s. z. B. Augustin, Parm. II,8,15 f.). Ähnlich unterdrückt das Ordinationsgebet für den Bischof in den *Canones Hippolyti* aus dem 4. Jh. (vgl. TRE 18,668,45–669,41) alle hohepriesterlichen Termini, die in seiner Hauptquelle, der *Kirchenordnung Hippolyts*, erscheinen. Auch die älteren Schichten anderer östlicher Ordinationsgebete vermeiden kultische Wendungen in bezug auf den Episkopat; eine priesterliche Begrifflichkeit taucht erst in späteren Zusätzen zu diesen Riten auf. Ganz anders die klassischen römischen Ordinationsformularien: Hier gehört der Topos vom Episkopat als geistlichem Pendant des alttestamentlichen Hohepriestertums zum Grundbestand der Texte.

1.4. Kraft ihrer Nähe zum Bischof wurde auch den *Presbytern* ein Anteil an dessen Priestertum zugeschrieben. Unklar jedoch ist, ob sie für Theologen des 3. Jh. als einzelne ein von dem bischöflichen unabhängiges Priestertum besaßen. Manche Forscher nehmen an, sie seien nicht vor dem 5. Jh. eindeutig als Priester bezeichnet worden. So erklärt Tertullian gelegentlich, daß die Presbyter zum *ordo sacerdotalis* gehörten (Tertullian, exh. cast. 7); aber die Stellen, wo er sie *sacerdotes* zu nennen scheint, sind alle zweideutig (s. z. B. Tertullian, pud. 20,7). Ein ähnlicher Zweifel gilt für Cyprian. Wie Tertullian war er gewiß der Ansicht, daß die Presbyter am bischöflichen Priestertum teilhatten (z. B. Cyprian, ep. 1,1,1; 61,3,1); ob er sie aber als eigenständige Priester betrachtete (s. z. B. ebd. 40,1,1; 67,4,3), ist in der Forschung umstritten. Die *Didascalia Apostolorum* vergleicht zwar die Presbyter mit den Priestern des Alten Testaments – aber in einer Passage, die von der Darbringung des Zehnten handelt und das Bild auf Waisen und Witwen ausdehnt (Didascalia II,26,3); der Vergleich mag daher mehr der Rechtfertigung des ihnen gewährten Unterhalts als der Zuweisung eines kultischen Status gedient haben. Andererseits spricht Origenes fraglos von der Ausübung eines minderen Priestertums durch die Presbyter (Origenes, hom. in Exod. 11,6; hom. in Lev. 6,6). Die Vorstellung wurde möglicherweise durch II Reg 23,4 angeregt und taucht in späteren Schriften immer wieder auf, so auch im klassischen römischen Ordinationsgebet für Presbyter, wo diese mit den „Männern einer geringeren Stufe und zweitrangigen Würde“ (*sequentis ordinis viro et secundae dignitatis*) verglichen werden, die Gott im Alten Testament als Helfer des Hohenpriesters auswählte (vgl. Innozenz I., ep. ad Decentium 3; Leo I., serm. 48,1; Gregor I., hom. Ez. 10,13).

1.5. Die *Kirchenordnung Hippolyts* rechnet die *Diakone* nicht zur Priesterschaft und leitet daraus die Begründung ab, warum nur der Bischof – nicht Bischof und Presbyter zusammen – einem Diakonats-Anwärter die Hand auflegt (→Ordination). Wenn es aber in ihrem Ordinationsgebet für den Diakon heißt, dieser sei auserwählt, in Gottes Allerheiligstem „darzubringen, was dir von deinem berufenen Hohenpriester dargebracht wurde“ (KOHipp 8), so erkennt man eine implizite Gleichsetzung mit dem Leviten des Alten Testaments. Die *Didascalia Apostolorum* zieht denselben Vergleich ausdrücklich (Didascalia II,26,3), ebenso Origenes (hom. in Jos. 2,1); später wurde diese Typologie gängig. Einige wenige frühchristliche Autoren sprechen darüber hinaus vom Diakonat als einer dritten Stufe innerhalb der Priesterschaft. Der älteste Beleg für diesen Gedanken findet sich bei →Optatus von Mileve im 4. Jh. (adv. Don. I,13). Das syrische *Testamentum Domini* (vgl. TRE 18,669,42–670,19) geht sogar noch weiter und nennt auch Witwen, Lektoren und Subdiakone „Priester" (Testamentum Domini 1,23); aber wie in der zuvor erörterten Passage der *Didascalia* über die Presbyter mag das mehr mit ihrem Recht auf Unterhaltsgewährung durch die Gemeinde zu tun haben als mit ihrem kultischen Status an sich.

1.6. Eine ähnliche Meinungsvielfalt läßt sich in der frühen Kirche bezüglich der Reichweite des Begriffs *Klerus* (griechisch *κλῆρος*, lateinisch *clerus*) beobachten. Das Wort bedeutete ursprünglich „Los", sowohl im Sinne des Lotterie- als auch des Landloses, und wurde von christlichen Autoren ab Clemens von Alexandrien (q.d.s. 42) als Bezeichnung für ordinierte Amtsträger benutzt. Die Gründe für diesen Sprachgebrauch sind nicht ganz klar. Möglicherweise geht er auf die Zulosung priesterlicher Pflichten im Alten Testament zurück (z.B. I Chr 24,5; 25,8), zumal die *Kirchenordnung Hippolyts* in ihrem Ordinationsgebet für Bischöfe den Ausdruck „Lose geben" (*διδόναι κλήρους*) verwendet, und zwar anscheinend im Sinne von „kirchliche Pflichten zuteilen" (KOHipp 3; vgl. 30; auch I Petr 5,3). Augustin hingegen leitet den Begriff von der Wahl des Matthias durch Los in Act 1,26 her (Augustin, Psal. 67,16), während →Hieronymus (ep. 52,5) auf die alttestamentlichen Leviten verweist, die kein Land besaßen, weil der Herr ihr Los oder Erbteil war (Num 18,20). Seine Deutung: „sie heißen Kleriker entweder, weil sie vom Lose des Herrn sind, oder weil der Herr selbst das Los, d.h. das Teil der Kleriker ist", geht auf Philo zurück (SpecLeg I,131.156). Sie wurde in späteren Jahrhunderten sehr populär und diente zur Rechtfertigung des hervorgehobenen Status, der →Privilegien und Sonderrechte des Klerus. Zuerst freilich war unentschieden, welche der ordinierten Amtsträger zum „Klerus" gehörten. Während die *Kirchenordnung Hippolyts* offenbar die Diakone vom „Rat des Klerus" ausschließt, weil ihnen der „gemeinsame Geist des Presbyteriums" fehle (KOHipp 8), scheinen manche frühchristliche Autoren das Wort für die Gesamtheit der ordinierten Amtsträger zu verwenden; wieder andere rechnen die Diakone dazu, aber nicht die Bischöfe (z.B. Tertullian, mon. 12,1). Der letztere Sprachgebrauch setzte sich durch, etwa in der Wendung „Bischöfe und Klerus", wobei aber der „Klerus" sowohl die Subdiakone (die man im Westen vom 5. Jh. an zu den *ordines maiores* zu zählen begann) als auch alle weiteren *ordines minores* umfaßte, die sich im mittelalterlichen Westen herausbildeten.

1.7. Aus dem obigen geht hervor, daß sich die Anwendung priesterlicher Begriffe und Vorstellungen auf christliche Amtsträger nur langsam entwickelte. Einige konservative Forscher sehen darin nur die allmähliche Entfaltung einer Wirklichkeit, die schon im Priestertum Christi gegeben war und an der die Bischöfe und Presbyter, die an seiner Stelle (*vice Christi*) handelten, von jeher teilhatten, auch wenn dies so erstmals bei Cyprian (ep. 63,14) explizit formuliert ist. Andere erkennen darin eine echte Neuerung am Ende des 2. Jh., die den Beginn eines tiefgreifenden Wandels im Verhältnis zwischen Volk und Amtsträgern innerhalb der Kirche anzeigte: Bischöfe und Presbyter erschienen zunehmend nicht mehr als Vorsitzende eines priesterlichen Volkes, sondern wurden zu einer Priesterschaft, die für die „→Laien" handelte (ein Begriff, der in diesem Sinn schon in I Clem 40,5 auftaucht). Auch wenn die ältere Vorstellung des allgemeinen Priestertums, an dem alle Christen teilhaben, in liturgischen Texten fortleben konnte, galt in der theologischen Lehre wie in der kirchlichen Praxis die →Ordination und nicht die Taufe als entscheidender Punkt des Eintritts in die priesterliche Existenz.

Viele Vertreter der letzteren Position verstehen die Entwicklung weithin als Resultat eines sozialen Drucks auf die Kirche, da Religionen in der Antike eine Priesterschaft brauchten. Aber diese Erklärung erscheint ungenügend. Zur Zeit, als die priesterliche Begrifflichkeit erstmals hervortrat, hielten die christlichen Apologeten noch daran fest, daß das Christentum nicht eine Religion wie andere sei. Überdies kam das Judentum, das den Verlust des →Tempels durch die Anerkennung des Synagogengottesdienstes als Ersatz für den Tempelkult überwand, ohne einen solchen Schritt aus. Es spricht deshalb mehr dafür, daß es die wachsende Bedeutung autoritativer Führung in den Kämpfen der Kirche des 2. Jh. gegen →Häresie und →Schisma war, die den Christen Anlaß gab, ihre Amtsträger als Priester zu betrachten. In dieser Situation wog das Gefühl der Einheitlichkeit der getauften Gemeinde weniger schwer als die Rolle der ordinierten Amtsträger in ihr, und das wiederum hatte zur Folge, daß man das Muster des alttestamentlichen Opferkultes mit der Zeit eher buchstäblich in deren Person als vergeistigt durch die ganze Gemeinschaft erfüllt sah.

1.8. Es ist von zentraler Bedeutung, daß die christlichen Vorstellungen vom Priestertum zwar ihre Quelle im alttestamentlichen Kultus hatten, daß aber die Konzeption des Priesteramtes in der frühen Kirche weit über den bloßen Opferdienst hinausreichte. Die Praxis prägte die Theorie, nicht umgekehrt. So war der Priesterdienst nicht auf die Eucharistie beschränkt, sondern umfaßte auch die Verwaltung der anderen sakramentalen Riten und, wichtiger noch, →Predigt und →Lehre. →Johannes Chrysostomus z.B. erklärt in der Homilie am Tag seiner Ordination zum Presbyter, er sei unter die Priester aufgenommen worden, und sein Opfer sei das Wort (PG 48,694.699; s.a. Cyprian, ep. 63,18,3, sowie die Wendung „das heilige Werk des Wortes verrichten" [*ἱερουργεῖν τὸν λόγον*] in einem byzantinischen Ordinationsgebet für Presbyter: Jean Morin, Commentarius de sacris Ecclesiae ordinationibus, Antwerpen [2]1695, 55).

Gleichwohl hatte die Annahme des Bildes vom Priestertum ihrerseits Folgen für das Verständnis des Wesens der Ordination. Die aufkommende Konzeption beförderte nicht nur die Praxis des →Zölibats unter den Ordinierten, da von Priestern ein höheres Maß an ritueller Reinheit erwartet wurde als vom Volk, sondern begünstigte auch die Auffassung, daß die Ordination eine metaphysische Wandlung bewirke, die den Geweihten von den anderen Gläubigen ab- und geistlich über sie erhebe. So sagt etwa →Gregor von Nyssa: „Dieselbe Kraft des Wortes macht auch den Priester würdig und ehrbar, abgesondert durch das Neue des Segens vom Gemeinen der Menge. Denn er, der soeben noch einer der Menge und des Volkes war, erscheint plötzlich als Führer, Vorsteher, Lehrer der Frömmigkeit und Mystagoge in verborgene Mysterien. Und das leistet er ohne jede Veränderung des Leibes oder der Form; er bleibt dabei äußerlich jener, der er war, durch eine unsichtbare Macht und Gnade in der unsichtbaren Seele zum Besseren transformiert" (Gregor von Nyssa, bapt. Chr.: PG 46,581D; s.a. Johannes Chrysostomus, sac.). Zu erwähnen ist in diesem Zusammenhang ferner Augustins Übertragung der Idee des durch die Taufe bewirkten unsichtbaren Siegels auf die Ordination (z.B. Augustin, bapt. 1,1,2).

2. Mittelalter

Im mittelalterlichen Westen wurde die Kategorie des Priestertums grundlegend für das Verständnis des →Amtes. Dabei setzte sich allerdings eine viel engere Definition durch als in der patristischen Zeit. Die meisten Theologen betrachteten das Priestertum ausschließlich auf seine Hauptfunktion hin: die Darbringung des eucharistischen Opfers, die *potestas in corpus eucharisticum*. Seine anderen Funktionen traten in den Hintergrund, obwohl einige spätere Autoren wie Johannes →Duns Scotus (Comm. in Sent., Ord. IV, d.24, q.1) und →Thomas von Aquino (S.th. III. Suppl. 37,5) durchaus die sekundäre Vollmacht des Vergebens und Behaltens der Sünden betonten. Diese Entwicklung im Verein mit der Tatsache, daß die Presbyter bereits die regelmäßigen Leiter fast aller Eucharistiefeiern geworden waren und mit der Zeit auch die Verwaltung des Bußsakraments übernahmen, führte zwangsläufig dazu, daß sie und nicht der Bischof als Träger der Fülle des Priestertums und seiner Befugnisse aufgefaßt wurden. Im Osten hingegen sah man das Priestertum nicht so eng, und der Bischof galt weiterhin als die zentrale priesterliche Figur. Nach westlichem Verständnis machte das ihm zugeschriebene Hohepriestertum den Bischof mehr zu einem „Ober-Priester", dem die Herrschaftsgewalt in der Kirche, die *potestas in corpus mysticum*, zukam. Die meisten, wenn auch nicht alle mittelalterlichen Theologen waren deshalb der Meinung, daß der Episkopat keine vom Presbyterat getrennte Weihestufe, sondern nur eine *dignitas*, ein Grad innerhalb derselben Stufe sein könne.

Die mittelalterlichen Ordinationsriten für Presbyter gaben dieser engeren Sicht des Priestertums liturgischen Ausdruck. Ab dem 8. Jh. erscheint eine Weihe der Hände des Ordinanden durch →Salbung mit Öl; im 10. Jh. wurde zum Höhepunkt des Ritus die Darreichung von Kelch und Patene mit den Worten: „Empfange die Vollmacht, Gott das Opfer darzubringen, die Messe für die Lebenden wie für die Toten zu feiern ..."; und im 12. Jh. wurde zuerst in einigen französischen Kirchen, dann zunehmend im ganzen mittelalterlichen Westen eine zweite Handauflegung am Ende der Ordinationsmesse eingeführt mit der Formel: „Empfange den Heiligen Geist! Welchen du ihre Sünden vergibst ..." (Christi Bevollmächtigung der Apostel nach Joh 20,22f.).

Eine weitere wichtige Entwicklung in der mittelalterlichen Lehre vom Priestertum war die Aufnahme des Augustinischen Gedankens vom unsichtbaren Siegel (*signaculum*), das die Ordination bewirke. Dieser *Charakter*, wie die scholastischen Theologen mit einem Lehnwort aus den griechischen Kirchenvätern sagten, führte nach ihrem Verständnis zu einer bleibenden Weihe der ordinierten Person, schuf ein neues ontologisches Verhältnis zu Christus. Da er als „unzerstörbar" galt (*character indelebilis*), konnte er nie mehr verlorengehen (nach Thomas von Aquino nicht einmal durch den Tod) und machte es unmöglich, daß ein Ordinierter je wieder ein Laie wurde.

3. Reformation und Tridentinum

3.1. Reformation

M. →Luther lehnte die traditionelle mittelalterliche Lehre vom Priestertum ab und vertrat im Rekurs auf das Neue Testament das in der →Taufe begründete Priestertum aller Gläubigen (vgl. WA 6,408,11f.: „Dan was ausz der tauff krochen ist, das mag sich rumen, das es schon priester, Bischoff und Bapst geweyhet sey"; s.o. S. 406,11ff.). Das hieß freilich nicht, daß jedermann ohne weitere Ermächtigung das öffentliche Amt in der Kirche ausüben konnte; vielmehr blieb diese Tätigkeit an die Ordination gebunden. Aber die Ordination war für Luther kein Sakrament, verlieh keinen „unzerstörbaren Charakter" und hatte ihr Zentrum im Dienst des Wortes und nicht in der Feier der Eucharistie: „Daraus folgt, daß derjenige, der das Wort nicht predigt, wozu er doch von der Kirche berufen ist, kein Priester ist und daß das Sakrament der Weihung nichts anderes sein kann als ein Brauch, Prediger in der Kirche zu erwählen ... Deshalb sind jene, die allein zum Lesen der Stundengebete und zum Opfern der Messen geweiht werden, wohl päpstliche, nicht aber christliche Priester, weil sie nicht nur nicht predigen, sondern auch nicht berufen werden zu predigen" (WA 6,564).

J. →Calvin und die anderen Reformatoren nahmen im wesentlichen eine ähnliche Position ein, die in der →Confessio Helvetica Posterior von 1566 gut zusammengefaßt ist: „Die Apostel Christi nennen zwar Priester alle, die an Christus glauben; freilich nicht, weil sie ein Amt verwalten, sondern weil durch Christus alle Gläubigen zu Königen und Priestern gemacht sind und wir alle Gott geistliche Opfer darbringen können. Sehr verschieden voneinander sind also das Priestertum und das kirchliche Amt. Jenes nämlich ist allen Christen eigen, wie wir soeben sagten, dieses aber nicht. Wir haben aber das kirchliche Amt nicht aufgehoben, wenn wir das päpstliche Priestertum aus der Kirche Christi verbannt haben" (CHelvP XVIII,10).

Es war nur konsequent, daß die Kirchen der →Reformation im allgemeinen das Wort „Priester" als Bezeichnung für ordinierte Amtsträger fallen ließen. Ausnahmen waren die →Kirche von England und die Kirchen von →Dänemark und →Schweden; aber selbst hier signalisierte die Beibehaltung des hergebrachten Begriffs keine Preisgabe der reformatorischen Lehre an sich, sondern entsprang nur dem Wunsch nach einer möglichst geringen Veränderung der äußeren Formen.

3.2. Tridentinum

In Reaktion auf die Reformation bekräftigte das Konzil von Trient (→Tridentinum), daß es in der Kirche ein neues, sichtbares und äußeres Priestertum gebe, in welches das alttestamentliche Priestertum überführt worden sei (Hebr 7,12ff.). Christus habe es gestiftet, als er die Apostel mit den Worten „das tut zu meinem Gedächtnis" (Lk 22,19; I Kor 11,24) als Priester einsetzte; er habe ihnen und ihren Nachfolgern die Vollmacht verliehen, seinen Leib und sein Blut zu konsekrieren und darzubringen, sowie die Gewalt, Sünden zu vergeben oder zu behalten (DS 1739f.1752.1764). Ferner werde im Sakrament der Ordination, wie in der Taufe und →Firmung, ein unverlierbarer „Charakter" eingeprägt, weshalb ein zum Priester Ordinierter nie wieder ein Laie werden könne (ebd. 1767.1774).

Das Konzil verwarf die lutherische Ansicht, daß Christus lediglich das Amt der Predigt des Evangeliums eingerichtet habe und daß deshalb, wer nicht predige, kein Priester sei (DS 1771). Einige Versuche, diese Abwehr durch eine positive Aussage über den Stellenwert der Predigt im Priestertum zu ergänzen, führten zu nichts. In anderen Sitzungen aber betonte man durchaus die betreffende Aufgabe der ordinierten Amtsträger. So wurde in Sessio V die Verkündung des Evangeliums als „die erste Pflicht der Bischöfe" bezeichnet, und Priester im seelsorglichen Dienst wurden angehalten, zumindest an Sonn- und Feiertagen „das ihnen anvertraute Volk mit heilsamen Worten zu speisen", indem sie entweder selbst predigten oder andere Befugte predigen ließen. Einer späteren Sessio (XXIV) zufolge sollten Gemeindepriester in der Advents- und Fastenzeit täglich oder zumindest an drei Tagen in der Woche, oder wann immer es der Bischof für nötig befand, predigen. Wegen dieser erweiterten Auffassung des Priestertums ordnete das Konzil auch die Einrichtung von Seminaren in jeder Diözese an, wo die Priester eine angemessene Ausbildung für ihr Amt erlangen konnten.

4. Neuzeit

4.1. Das Zweite Vatikanische Konzil

Da das Priestertum der Gläubigen ein solcher Grundpfeiler in der Lehre der protestantischen Kirchen war, wurde es in den offiziellen römisch-katholischen Lehräußerungen der folgenden Jahrhunderte weithin vernachlässigt. Das Aufkommen einer positiveren Würdigung der Laien bei römisch-katholischen Theologen in der Mitte des 20. Jh. hatte jedoch zur Folge, daß das Konzept in päpstlichen Verlautbarungen wieder auftauchte, und zwar erstmals in der Enzyklika *Mediator Dei* vom 20. November 1947. Obwohl →Pius XII. weiter die einschlägigen protestantischen Auffassungen verwarf, bestätigte er, daß die Gläubigen sehr wohl das eucharistische Opfer mit dem Priester darbringen. Durch die Taufe werden die Christen zu Gliedern des Leibes Christi, und „insofern nehmen sie nach ihrem Stand am Priestertum Christi selbst teil" (DS 3850f.). In der Allokution *Magnificate Dominum* vom 2. November 1954 wurde der Unterschied zwischen dem allgemeinen Priestertum der Gläubigen (s.o. II.) und dem des Amtes als ein Unterschied des Wesens und nicht nur des Grades definiert (AAS 46 [1954] 669).

Diesen Punkt aufgreifend, unterstrich das Zweite Vatikanische Konzil [→Vatikanum II], daß die beiden Arten des Priestertums dennoch „einander zugeordnet" seien: „das eine wie das andere nämlich nimmt auf je besondere Weise am einen Priestertum Christi teil" (Lumen Gentium 10). Was sie verbindet, ist die gemeinsame Teilhabe am Priestertum Christi; was sie trennt, ist nicht bloß eine Verschiedenheit der Ebene oder des Grades, sondern eine des Modus der Teilhabe selbst: die Gläubigen seien „des priesterlichen, prophetischen und königlichen Amtes Christi *auf ihre Weise* teilhaftig geworden" (ebd.

31) und die Priester ihrerseits „*in einem besonderen Sinne* zu Teilhabern am Priestertum Christi gemacht“ (Presbyterorum Ordinis 5). Der Unterschied des Modus wird so beschrieben: „Der Amtspriester nämlich bildet kraft der heiligen Vollmacht, derer er sich erfreut, das priesterliche Volk heran und leitet es; er vollzieht in der Person Christi das eucharistische Opfer und bringt es im Namen des ganzen Volkes Gottes dar; die Gläubigen aber wirken kraft ihres königlichen Priestertums an der Darbringung der Eucharistie mit und üben es aus im Empfang der Sakramente, im Gebet und in der Danksagung durch das Zeugnis eines heiligen Lebens, durch Selbstverleugnung und tätige Liebe“ (Lumen Gentium 10; s. a. Presbyterorum Ordinis 2; Apostolicam Actuositatem 3). Während manche Theologen diese Erläuterung der Beziehung zwischen den zwei Arten des Priestertums ausdrücklich aufnahmen, fanden andere, sie sei zweideutig und bedürfe weiterer Untersuchung und Erhellung.

Das Zweite Vatikanum tat in seiner Definition des Amtes noch einen anderen bedeutsamen Schritt. Statt sich wie die mittelalterliche und tridentinische Lehre ausschließlich auf dessen priesterliche Dimension zu beschränken, hob es hervor, daß die Bischöfe und Presbyter an dem dreifachen Amt Christi als Prophet, Priester und König teilhätten (Lumen Gentium 25–29). Diese in reformatorischem Denken verwurzelte Vorstellung war erstmals von deutschsprachigen katholischen Theologen des 18. Jh. von ihren lutherischen Kollegen übernommen, dann auch von John Henry →Newman, anscheinend aus der *Institutio* Calvins, aufgegriffen worden. Im 20. Jh. wurde sie von katholischen Theologen zunehmend akzeptiert und fand schließlich Eingang in zwei Enzykliken Pius' XII., *Mystici Corporis* (1943) und *Mediator Dei* (1947). Das Konzil dehnte sie weiter aus und erklärte, daß auch die Laien auf ihre Weise an der dreifachen Funktion Christi teilhätten (Lumen Gentium 31).

Schließlich beendete das Konzil die jahrhundertealte Debatte um das Verhältnis zwischen Bischöfen und Presbytern. Es legte fest, daß der Episkopat gegenüber dem Presbyterat sehr wohl eine eigene Weihestufe sei und daß ihm „die Fülle des Weihesakraments übertragen“ werde, „die ja sowohl im liturgischen Brauch der Kirche als auch mit der Stimme der Heiligen Väter das Hohepriestertum, die Höchstform des heiligen Dienstes, genannt wird“ (Lumen Gentium 21). Den Presbytern kommt somit nicht der höchste Grad des Priestertums zu; gleichwohl seien sie mit den Bischöfen „in der priesterlichen Ehre verbunden“ und bildeten mit ihnen „ein Presbyterium, dem freilich verschiedene Pflichten aufgetragen sind“ (ebd. 28; s. a. Presbyterorum Ordinis 2.7).

4.2. Das Ökumenische Dokument „Taufe, Eucharistie und Amt“

Da die meisten protestantischen Kirchen ihre gesamte Geschichte hindurch konsequent den Titel „Priester“ für ihre ordinierten Amtsträger abgelehnt haben, beschritt die *Kommission für Glauben und Kirchenverfassung* des *Ökumenischen Rates der Kirchen* Neuland, als sie 1982 im Dokument *Taufe, Eucharistie und Amt* erklärte: Amtsträger „können zu Recht Priester genannt werden, weil sie einen besonderen priesterlichen Dienst erfüllen, indem sie das königliche und prophetische Priestertum der Gläubigen durch Wort und Sakramente, durch ihre Fürbitte und durch ihre seelsorgerliche Leitung der Gemeinschaft stärken und auferbauen“ (Taufe, Eucharistie und Amt 572). Es mag überraschen, daß offizielle Stellungnahmen zu dem Dokument von seiten protestantischer Kirchen kaum auf diesen Abschnitt eingegangen sind; aber das liegt wohl an der Vielzahl anderer wichtiger Probleme, die zur Diskussion anstehen, und sagt nichts über dessen Irrelevanz. Vielmehr wird die Frage, ob und in welchem Sinn (z. B. ontologisch oder metaphorisch) ordinierte Amtsträger Priester genannt werden können, aller Wahrscheinlichkeit nach innerhalb der christlichen Kirchen wie auch zwischen den christlichen Kirchen noch lange ein Thema der Auseinandersetzung bleiben.

Literatur

Marco Adinolfi, Il sacerdozio comune dei fedeli, 1983 (SPAA 23). – Anglican Orders. Essays on the Centenary of *Apostolicae Curae*, 1896–1996, ed. by R. William Franklin, London 1996 = AThR 8,1 (1996). – Gustave Bardy, Melchisédech dans la tradition patristique: RB 35 (1926) 496–509; 36 (1927) 25–45. – Ders., Le sacerdoce chrétien d'après les Alexandrins: VS.S 53 (1937) 144–173. – Ders., Le sacerdoce chrétien d'après Tertullien: ebd. 58 (1939) 109–124. – Ders., Le sacerdoce chrétien d'après S. Cyprien: ebd. 60 (1939) 87–119. – Hans-Martin Barth, Einander Priester sein. Allg. Priestertum in ökum. Perspektive, 1990 (KiKonf 29). – Maurice Bévenot, „Sacerdos" as Understood by Cyprian: JThS NS 30 (1979) 413–429. – Ders., Tertullian's Thoughts about the Christian „Priesthood": Corona Gratiarum. I. Miscellanea Patristica, Historica et Liturgica. FS Eligius Dekkers, Brügge 1975, 125–137. – Michael Breydy, Précisions liturgiques syro-maronites sur le sacerdoce: OrChr 48 (1964) 57–76. – Christian Cochini, Origines apostoliques du célibat sacerdotal, Paris 1981. – Daniel L. Donovan, What are they saying about the Ministerial Priesthood?, Mahwah 1992. – Peter J. Drilling, Common and Ministerial Priesthood. *Lumen Gentium*, Article Ten: IThQ 53 (1987) 81–99. – Arturo Elberti, Il sacerdozio regale dei fedeli nei prodomi del Concilio Ecumenico Vaticano II, 1989 (AnGr 254). – Aurelio Fernández, Nota teológica sobre la explicación conceptual de una fórmula difícil. La diferencia entre el sacerdocio común y el sacerdocio ministerial: RET 36 (1976) 329–347. – Jean Galot, Teologia del sacerdozio, Florenz 1981. – Brian Albert Gerrish, Priesthood and Ministry. Luther's Fifth Means of Grace: ders., The Old Protestantism and the New. Essays on the Reformation Heritage, Chicago 1982, 90–130. – Gisbert Greshake, Priester sein, Freiburg i.Br. 1982 ^{5}1991. – Roger Gryson, L'interprétation du nom de Lévi (Lévite) chez saint Ambroise: SE 17 (1966) 217–229. – Ders., La typologie sacerdotale de Saint Ambroise et ses sources, Löwen 1966. – Gösta Höks, Luther's Doctrine of the Ministry: SJT 7 (1954) 16–40. – Maurice Jourjon, Remarques sur le vocabulaire sacerdotal dans la I^{a} Clementis: Epektasis. Mélanges patristiques offerts au Cardinal Jean Daniélou, Paris 1972, 107–110. – Raymund Kottje, Stud. zum Einfluß des AT auf Recht u. Liturgie des frühen MA (6.–8. Jh.), 1964 (BHF 23). – John D. Laurance, „Priest" as Type of Christ. The Leader of the Eucharist in Salvation History according to Cyprian of Carthage, New York 1984. – Joseph Lécuyer, Le sacerdoce royal des chrétiens selon saint Hilaire de Poitiers: ATh o.Jg. [10] (1949) 302–325. – Ders., Essai sur le sacerdoce des fidèles chez les Pères: MD 27 (1951) 7–50. – Lehrverurteilungen – kirchentrennend? III. Materialien zur Lehre v. den Sakramenten u. vom kirchl. Amt, hg. v. Wolfhart Pannenberg, Freiburg i.Br./Göttingen 1990. – Henri de Lubac, Le Dialogue sur le sacerdoce de saint Jean Chrysostome: NRTh 100 (1978) 822–831. – Apolinar Moran, Sacerdocio común de los fideles y sacerdocio ministerial: EE 52 (1977) 331–353. – Marie-Joseph Nicolas, La grâce d'être prêtre, Paris 1986. – Ray Robert Noll, The Search for a Ministerial Priesthood in I Clement: StPatr 13 (1979) 250–254. – Giorgio Otrano, Nonne et Laici sacerdotes sumus? (Exhort. Cast. 7. 3): VetChr 8 (1971) 27–47. – Stephen C. Parsons, The „Hierarch" in the Ps.-Dionysius and its Place in the History of Christian Priesthood: StPatr 18 (1985) 187–190. – Lewis J. Patsavos, The Image of the Priest According to the Three Hierarchs: GOTR 21 (1976) 55–70. – Jakobos Peliles, *Ἡ Χριστιανικὴ Ἱερωσύνη*, Athen 1988. – Injac Perolli, Il sacerdozio commune nell'insegnamento del Concilio Vaticano II, Rom 1975. – Das Priestertum in der Einen Kirche, hg. v. Albert Rauch/Paul Imhof [s.u. Lit. zu III/2.]. – Antonio Quacquarelli, L'epito sacerdote (iereus) ai christiani in Giustino Martire (Dial. 116,3): VetChr 7 (1970) 5–19. – Thomas P. Rausch, Priesthood Today. An Appraisal, Mahwah 1992. – Philip J. Rosato, Priesthood of the Baptized and Priesthood of the Ordained: Gr. 68 (1987) 215–265. – Joost van Rossum, Priesthood and Confession in St Symeon the New Theologian: SVTQ 20 (1976) 220–228. – Elías Royón, Sacerdocio [s.u. Lit. zu III/2.] (Lit.). – Laurence Ryan, Patristic Teaching on the Priesthood of the Faithful: IThQ 29 (1962) 25–51. – Andrew J. Sopko, Second Nicaea (787–1987). Eucharist, Image, and Priesthood: GOTR 32 (1987) 379–386. – Norman Sykes, Old Priest and New Presbyter, Cambridge 1956, 85–117. – Taufe, Eucharistie u. Amt. Konvergenzerklärungen der Kommission f. Glauben u. Kirchenverfassung des Ökum. Rates der Kirchen: Dokumente wachsender Übereinstimmung. I. 1931–1982, hg. v. Harding Mayer/Damaskinos Papandreou/Hans Jörg Urban/Lukas Vischer, Paderborn/Frankfurt a.M. 1983 ^{2}1991. – Teología del sacerdocio, Burgos 1969 (Lit.). – Jean-Marie Roger Tillard, La qualité sacerdotale du ministère chrétien: NRTh 95 (1973) 481–514. – Albert Vanhoye, Prêtres anciens – prêtre nouveau selon le NT, Paris 1980 (Parole de Dieu 20); engl.: OT Priests and the New Priest. According to the NT, Petersham/St. Bede's 1986. – Herbert Vorgrimler, Das allg. Priestertum: LebZeug 2–3 (1964) 92–113. – Klaus-Peter Voß, Der Gedanke des allg. Priester- u. Prophetentums. Seine gemeindetheol. Aktualisierung in der Reformationszeit, 1990 (TVGMS). – G. Zanoni, Tertuliano montanista e il sacerdozio: ED 11 (1958) 75–97. – R.L. Zell, The Priesthood of Christ in Tertullian and St Cyprian: StPatr 11 (1972) 282–288.

Paul Frederick Bradshaw

III/2. Systematisch

1. Zu Fragestellung und Methode 2. Der priesterliche Charakter des kirchlichen Amtes in katholischer Sicht 3. Eucharistie als Opfer und priesterliches Amt 4. Priesterweihe und *character indelebilis* 5. Zwei Folgen 6. Exkurs: Überpointierung und Relativierung der Sazerdotalität des Amtes 7. Priesterliches Amt – priesterliches Volk 8. *Sacerdotium commune* und priesterliches Amt in den ökumenischen Gesprächen der jüngsten Zeit (Anmerkungen/Quellen u. Literatur S. 429)

1. Zu Fragestellung und Methode

Jesus von Nazareth (→Jesus Christus) hat sich selbst und seine Sendung nach vorherrschender exegetischer Meinung nicht als priesterlich verstanden. Wenn dennoch schon die Frühe Kirche priesterliche Termini und Vorstellungen auf das Heilswerk Christi übertrug, so geschah dies von der Überzeugung her, daß er der einzige Mittler zwischen Gott und den Menschen ist und daß seine Lebenshingabe am →Kreuz die Vollendung aller →Opfer, damit aber auch – weil Opfer und Priestertum korrelative Begriffe sind – allen Priestertums bedeutet. Deshalb wird er in Hebr 5,5 (u.ö.) der „wahre Hohepriester" genannt, in dessen vollkommener Hingabe an Gott alles Opferwesen seine Erfüllung (und sein Ende) findet. Deshalb bedürfen die Christen keiner anderen priesterlich-kultischen Vermittlung mehr; sie alle haben in Christus unmittelbaren Zugang zu Gott, sind darum selbst eine „heilige Priesterschaft" (s.o. II.) und ohne Ausnahme zu priesterlichem Dienst berufen (vgl. I Petr 2,5.9; Apk 1,6; 5,10; 20,6).

Zu dieser Überzeugung steht die Auffassung von einem kirchlich-priesterlichen →Amt, wie sie von der katholischen und orthodoxen Theologie und Kirchenpraxis vertreten wird, in einer gewissen Spannung. Zwar erfaßt nach katholischer und orthodoxer Überzeugung die Sicht des kirchlichen Amtes als eines priesterlichen nicht das Ganze des Amtsverständnisses, wohl aber legt sie den Blick auf eine seiner entscheidenden Dimensionen frei. Weil nun aber der priesterliche Charakter des kirchlichen Amtes zwischen den Kirchen und Konfessionen kontrovers ist und somit von unterschiedlichen hermeneutischen Grundoptionen her unterschiedlich beurteilt wird, sind im folgenden zunächst die hermeneutische Perspektive und die Leitsätze der katholischen Dogmatik leitend (s.u. 2.–7.). Erst danach soll der diesbezügliche Stand des ökumenischen Gesprächs (→Ökumene) skizziert werden (s.u. 8.).

2. Der priesterliche Charakter des kirchlichen Amtes in katholischer Sicht

2.1. Die Grundlage. Das katholische Verständnis des kirchlichen Amtes wurzelt in jenen neutestamentlichen Aussagen, wonach der zu besonderem Dienst Beauftragte „für Christus" steht, „an seiner Statt" spricht und handelt (vgl. z. B. II Kor 5,19ff.; Lk 10,16), so daß in seinem Tun wichtige „Funktionen" Jesu Christi selbst „weitergehen": „weitergehen" nun aber nicht im Sinne einer „Fortsetzung" oder „Ergänzung", sondern im Sinne einer sakramental-zeichenhaften Vergegenwärtigung („Re-Präsentation"), welche als „nur"-sakramentale gerade die Differenz zum Repräsentierten wesentlich mitbeinhaltet. Dabei ist noch einmal zu unterscheiden zwischen dem apostolischen Ur(-Zeugen)-Amt (→Apostel), das als solches von der Sache her keine Fortsetzung haben kann, und dem nachapostolisch-kirchlichen Amt. Doch ist ebenso eine wesentliche Kontinuität zu konstatieren, insofern es z. B. laut Eph 4,11 f. der gleiche erhöhte Herr ist, der sowohl das apostolische Ur-Amt als auch die nachapostolischen Ämter eingesetzt hat, „um die Heiligen für die Erfüllung ihres Dienstes zu rüsten, für den Aufbau des Leibes Christi". Das, was der Herr tat: als Hirt die Herde Gottes weiden, sie durch sein Wort zusammenhalten und leiten sowie für sie sein Leben hingeben, all das hat durch besonders berufene Jünger je neu Gegenwart zu bleiben (vgl. z. B. Joh 21,15ff.; Act 20,28ff.; I Petr 5,2). So ist das kirchliche Amt seinem tiefsten Wesen nach „Vikariat" für Jesus Christus selbst. Er ist es, der als „der eine Hirte, Lehrer und Priester sich selbst in der Kirche durch Sendung und Vollmacht gegenwärtig setzt" (Volk 48) und sein Wirken weiterführt.

Nicht daß dadurch anstelle des einzigen Mittlers Jesus Christus neue menschliche Vermittlungen träten, sondern so, daß Christus selbst in beauftragten Jüngern als das „Voraus" und „Gegenüber" seiner →Kirche erscheint und durch ihr Wirken sein eigenes kirchenstiftendes und -erhaltendes Handeln weiterführt, so daß man im amtlichen Tun ihm unmittelbar begegnen kann. Voraussetzung dafür ist die Weihe (→Ordination). Hier wird durch die unter →Handauflegung und →Gebet geschehende Mitteilung des Heiligen →Geistes der Betroffene sich selbst enteignet und befähigt, „in der Person Christi" handeln zu können. Durch die Einreihung des Ordinierten in die geschichtliche Reihe der kirchlichen Amtsträger (apostolische Sukzession) ist er ein Zeichen für die Kontinuität und Einheit der Kirche sowie ihrer Verbindung zu Christus. Auf Grund ihrer sakramentalen Ordination sind die Amtsträger „lebendige Werkzeuge des Mittlers Christus, und nicht Delegierte des priesterlichen Volkes" (Vanhoye 346). Sie schränken nicht den priesterlichen Charakter des Gottesvolkes ein, sondern dienen seiner Verwirklichung. Daran, daß wichtige kirchliche Vollzüge (→Verkündigung, Leitung, Feier der →Sakramente) an das objektive, durch Weihe, d.h. durch eine besondere Indienstnahme durch Christus und die Erteilung seines Geistes verliehene Amt geknüpft sind, wird in sakramental-zeichenhafter Weise deutlich, daß Christus *selbst* Herr seiner Kirche ist und bleibt. Anders gesagt: Das Amt ist Zeichen für das *ab extra*, d.h. für den Stiftungs-Charakter der Kirche; es bringt innerhalb der Kirche jene Grunddifferenz zum Ausdruck, in der die *ecclesia* ihr Wesen hat, daß nämlich der in ihr lebende Christus *selbst* sie aus Gnaden stets neu beruft und zusammenführt. Mag also auch →Cyprian der erste gewesen sein, der die Formel vom amtlichen Tun als Handeln *vice Christi* gebrauchte, sachlich hat diese eine neutestamentliche Basis, die in der Folgezeit sich durchhält und weiter entfaltet wird.

Freilich handelt das Amt auf Grund von →Berufung und Weihe nicht nur *in persona Christi*, sondern, insofern es Vorsteheramt ist, auch *in persona ecclesiae*, d.h. als „Zusammenfassung" und „Vertretung" der →Gemeinde vor Gott und der Welt. Insofern bedarf es nicht nur der Ermächtigung durch Christus, sondern auch der Zustimmung der Gemeinde (vgl. dazu und zum Verhältnis beider Repräsentationsfunktionen des Amtes Greshake 81–104).

2.2. Amt als „repraesentatio Christi sacerdotis". Auf der Grundlage des skizzierten Amtsverständnisses konnte es nur eine Frage der Zeit sein, bis auch die zunächst allein Christus selbst und dem Volk Gottes als ganzem zugeschriebenen priesterlichen Funktionen in besonderer Weise dem kirchlichen Amt bzw. den kirchlichen Ämtern zugesprochen wurden. Zwar konstituierte sich in der beginnenden Kirche das außerordentlich variationsreiche Amt zunächst nicht unter primär priesterlichem Vorzeichen. Dies wird unübersehbar daran deutlich, daß die Nomenklatur (und damit das Selbstverständnis) der urkirchlichen Gemeindedienste nicht an kultisch-priesterliche Titulaturen der religiösen Umwelt anknüpft (*ἱερεύς, sacerdos*), sondern an gesellschaftliche Dienst- und Funktionsbezeichnungen (*ἐπίσκοπος*, „Aufseher"; *πρεσβύτερος*, „Ältester/Vorsteher"; *διάκονος*, „Diener/Helfer"; *διδάσκαλος*, „Lehrer"; und dergleichen). Dabei verunklaren viele neuere Sprachen, u.a. auch die deutsche, den Sachverhalt, insofern der so „sazerdotal" klingende Begriff Priester (prêtre, priest, prete) seinen Ursprung in der zunächst „unpriesterlichen", nichtkultischen Funktionsbezeichnung *πρεσβύτερος* hat. Doch führte – unter gewandelten gesellschaftlichen Bedingungen und nach vertiefter theologischer Reflexion – die Grundidee der Christus-Repräsentation des Amtes auch zu dessen vertiefter Sicht als der *repraesentatio Christi sacerdotis*. Dabei steht die erst späte ausdrückliche Bestimmung Christi (und von daher des repräsentierenden Amtsträgers) als Priester nicht einfach gleichgeordnet neben den beiden anderen Bestimmungen: Christus als Hirte (König) und Lehrer (→Propheten/Prophetie). Die übergreifende „Rolle" Christi ist die des Hirten, der durch sein Wort und sein Handeln „die zerstreuten Kinder Gottes wieder sammelt" (Joh 11,52) und zusammenhält. Insofern ist das Wortgeschehen im hirtlichen Tun integriert. Das Hirten- und Leitungsamt aber gipfelt in der Kreuzeshingabe: „Der gute Hirte gibt sein Leben für seine Schafe" (Joh 10,11). Obwohl das sazerdotale Interpretament des Heilshandelns Christi erst im →Hebräerbrief explizit zur Sprache kommt, ist ein Vorentwurf überall dort gegeben, wo von der Selbsthingabe Jesu für die Welt die Rede ist (z. B. Gal 1,4; Eph 5,25 u.ö.). Denn eben dies ist das Neue des Priestertums Christi, daß er *sacerdos et victima* ist: Priester und versöhnendes →Opfer zugleich. Das so verstandene priesterliche Tun Jesu, das sein Hirten- und Lehramt durch und durch qualifiziert, das beim →Abendmahl seinen kultischen Ausdruck findet und durch den sog. „Wiederholungsauftrag" Gegenwart bleiben will, hat gleichfalls durch das kirchliche Amt sakramental „repräsentiert" zu werden (Näheres bei Bläser, besonders 36ff.).

Dafür finden sich bereits Ansätze im Neuen Testament. In I Kor 9,13f. setzt →Paulus den Dienst am Evangelium in Parallele zum alttestamentlichen Dienst am →Altar. Die Verkündigung des Evangeliums von der Hingabe Jesu und die Aufforderung an die Gemeinde, in sein Opfer einzugehen (Röm 12,1; 6,19 u.ö.), sind gleichsam das neue „priesterliche Amt", das Paulus so beschreibt: Gott hat die →Gnade gegeben, „damit ich als Diener [wörtlich: Liturge] Christi Jesu für die Heiden wirke und das Evangelium Gottes wie ein Priester verwalte; denn die Heiden sollen eine Opfergabe werden, die Gott gefällt, geheiligt im Heiligen Geist" (Röm 15,16). Ähnlich in Phil 2,17: „Auch wenn ich bei dem Opfer und der Darbringung eures Glaubens als Trankopfer ausgegossen werde, so freue ich mich und freue mich mit euch allen" (vgl. auch II Tim 4,6). Paulus versteht mithin seine apostolische Tätigkeit als „öffentlich-amtliche Opferleiturgia für das Gemeinwesen der Welt ... Für Paulus *ist* an die Stelle des atl. (und damit jedes) Opfervollzuges die Verkündigung des Evangeliums getreten. Der priesterliche Dienst ist für den Apostel eingegangen in den Apostolat, der Dienst am Evangelium ist"; denn darin wird Jesu Selbsthingabe an die Welt Gegenwart, sie tritt uns „im Modus des Wortes entgegen. Ja, man kann sagen, im apostolischen Evangelium läßt der Herr selbst uns sein Opfer und darin sich im Modus des Wortes widerfahren". So ist das Priestertum Jesu „im priesterlichen Dienst des apostolischen Evangeliums mittelbar wirksam" (Schlier, Grundlage 84f.88). Der Dienst am Evangelium ist „Dienst für den Priesterdienst Christi, Dienst am priesterlichen Dienst seines Opfers" (ders., Grundelemente 166), und das apostolische Amt hat „keinen anderen Auftrag und Sinn ... als den, das Selbstopfer Jesu Christi für uns in der Welt wirksam zu vergegenwärtigen, und zwar im priesterlichen Vollzug des Evangeliums (samt Taufe und Herrenmahl) und im Opfer der eigenen Existenz" (ebd. 179). Allerdings treten die einzelnen priesterlichen Elemente erst nachneutestamentlich deutlicher hervor, insofern erst hier die Leitung der Eucharistiefeier und die →Vergebung der Sünden (als gleichfalls sazerdotale Aufgabe) explizit als priesterliche Tätigkeiten erkannt werden und sich miteinander verbinden.

3. Eucharistie als Opfer und priesterliches Amt

Seither ist die priesterliche Prägung des Amtes eng mit dem Verständnis von der Eucharistie als *Opfer*handlung verbunden. Diese Sicht der Eucharistie läßt sich bis in früheste Zeit zurückverfolgen. Als „Memoriale" des Kreuzesopfers Christi galt sie schon seit Ende des 2. Jh. als die Verwirklichung der Verheißung von Mal 1,10f. und damit als die Erfüllung allen Opferwesens. Da der kirchliche Amtsträger in der Feier des eucharistischen Opfers in sakramental-zeichenhafter Weise Christus als den eigentlich priesterlich Handelnden „repräsentiert", lag und liegt es nahe, ihn selbst auch – im sakramentalen Sinn – als Priester zu verstehen. Ein weiteres kommt hinzu: Zwar ist das Opfer Christi „ein für allemal" geschehen und somit Ende und Vollendung aller Opfer – es kann ihm deshalb im eigentlichen Sinn nichts hinzugefügt, nichts ergänzt werden –; dennoch ist dieses Opfer „offen" für die Glaubenden, auf daß sie sich – durch sein Opfer befähigt – in und mit Christus Gott als Opfer darbieten. Eben dies geschieht beim eucharistischen Geschehen, in dem Christi Opfer Gegenwart wird, damit die Gemeinde – in ihm und mit ihm – sich selbst als Gabe dem Vater schenkt. Insofern nun der dem eucharistischen Geschehen vorstehende Amtsträger das priesterliche Opfer der ganzen Gemeinde betend und handelnd zusammenfaßt, wird auch unter diesem Aspekt noch einmal neu der priesterliche Charakter seines Tuns deutlich: der Amtsträger steht gewissermaßen im Schnittpunkt der beiden Opfer-„Bewegungen", der katabatischen und der anabatischen, wobei in beiden Hinsichten sein Tun ein sakramentales, Christus bzw. die Gemeinde repräsentierendes *priesterliches* Handeln ist. Erhält allerdings in diesem einen differenzierten Geschehen das katabatische Moment des Eucharistieverständnisses nicht den absoluten Vorrang, wird eine gefährliche Entwicklung eingeleitet. Denn „christliche Liturgie ist nicht ein ritueller Vorgang, bei dem ein *sacerdos* Gott ein versöhnendes Opfer darbringt, sondern sie ist bevollmächtigte Verkündigung von Tod und Auferstehung des Herrn" (Ratzinger, Frage 348). In der Eucharistie feiert der Priester nicht vorrangig im Auftrag des Volkes einen Kult, sondern in der eucharistischen Anamnese nimmt *Christus selbst*, sakramental repräsentiert durch den Liturgen, die Gemeinde in sein Lebensopfer hinein und gibt ihr Anteil an dessen Frucht, die dann ihrerseits die Gemeinde zum Mitopfer mit Christus befähigt. Deshalb muß die Priorität der katabatischen Richtung sowie die im Begriff des Sakramentalen implizierte *Differenz* des Zeichens zum Bezeichneten (→Semiotik), des Repräsentierenden zum Repräsentierten deutlich herausgestellt bleiben, soll nicht das Priesterverständnis völlig fehlgeleitet werden.

4. Priesterweihe und character indelebilis

Der sazerdotale Charakter des kirchlichen Amtes prägt von alters her auch das Weiheverständnis: Man wird vorrangig ordiniert zum Vollzug des priesterlichen Dienstes am eucharistischen Opfer (und an der Sündenvergebung). So heißt es etwa in der *Kirchenordnung des Hippolyt* (vgl. TRE 18,667,11–668,44): *Ordinatio autem fit cum clero propter liturgiam* (die Ordination geschieht am Klerus um der Liturgie willen; KOHipp 10). Die Leitung der Gemeinde und die Verkündigung des →Wortes sind damit dem sazerdotalen Tun zugeordnet. Im Zusammenhang der Orientierung des Amtes am eucharistischen Opfer kommt es auch zur Herausbildung weiterer kirchlicher Ämter, die – sieht man einmal vom Amt des Diakons und des Subdiakons ab (→Amt/Ämter/Amtsverständnis, →Diakonie) – ausschließlich Dienste beim oder im Zusammenhang mit dem eucharistischen Opfer leisten (z.B. in der Westkirche: Ostiarier, →Lektoren, Akolythen). Diese „niederen Ämter" (im Mittelalter *ordines minores* genannt) bilden zusammen mit den *ordines maiores* den hierarchisch geordneten *Klerus*, ein seit dem 3. Jh. geltender Neologismus aus dem Griechischen, „in dem der levitische Hintergrund noch lange Zeit erkennbar bleibt" (Fransen 1250). So war der Klerus als ganzer priesterlich bzw. levitisch geprägt und setzte sich als solcher vom gewöhnlichen Laien-Volk ab.

Diese nicht unproblematische Zwei-Stände-Auffassung wurde noch durch die sich seit dem 3./5. Jh. allmählich entwickelnde Lehre von einem durch die Weihe verliehenen „unauslöschlichen Siegel" (*character indelebilis*) unterstrichen. Wie man durch die →Taufe „unwiderruflich" in das priesterliche Gottesvolk berufen wird, so sind die Inbeschlagnahme für den priesterlichen Dienst und die besondere Teilhabe am Priestertum Christi „unwiderruflich" – eine Unwiderruflichkeit, die, eben weil sie eine Bestimmung des Getauften bzw. des Geweihten ist, auch in ontologischen Begriffen ausgelegt und verstanden werden kann (und faktisch wurde). In der Idee einer durch die Weihe vermittelten seinsmäßigen Prägung durch Christus und seinen Geist expliziert sich eine doppelte Aussageintention: a) Es gibt keine Re-Ordinationen (ähnlich wie es keine Wiedertaufe gibt). So gesehen verleiht die Weihe zumindest eine einmalige, bleibende Prägung. Diese begründet auch die Unmöglichkeit, die einmal empfangene Weihe so rückgängig zu machen, daß der Geweihte wieder, wie vorher, zu einem nichtgeweihten „→Laien" wird. Deshalb hat auch die sog. Laisierung eines Priesters nur *rechtliche* Konsequenzen (z.B. das Verbot zur Ausübung priesterlicher Tätigkeiten), nicht aber ontologische. Das wird z.B. daran deutlich, daß *in periculo mortis* ein laisierter Priester das Recht und die Pflicht hat, seine priesterlichen Tätigkeiten auszuüben (vgl. zum Ganzen CIC/1983 can. 290–293). b) Die Befähigung zum priesterlichen Amt stammt allein und bleibend von Jesus Christus selbst her gemäß II Kor 3,5f. Eben deshalb liegt die eigentliche Begründung für ein „ontologisches" Verständnis des kirchlichen Amtes darin, daß Jesus Christus selbst es ist, der das Wort verkündet, die Sakramente spendet und als Hirte seine Kirche leitet und der durch den Amtsträger und im Grenzfall auch durch einen unwürdigen Priester wirkt. In dieser Sicht konstituiert der *character indelebilis* keine „ungebührende Vorzugsstellung des Priesters gegenüber der Gemeinde, sondern primär eine letzte Unabhängigkeit seiner amtlichen Aufgaben von seiner persönlichen Heilssituation vor Gott“ (Deutsche Bischofskonferenz 53). Anders gesagt: Die Kirche darf sich auch trotz sündiger und versagender Amtsträger mit Gewißheit auf die Zusage der Heilspräsenz Christi verlassen. Faktisch wurde jedoch in der nachtridentinischen Theologie die Lehre vom *character* vom Ganzen des priesterlichen Amtes isoliert und diente als Grundlage für die Überzeugung, daß der Priester – eben wegen seiner besonderen seinsmäßigen „Auszeichnung“ – einen privilegierten „sakralen“ Stand einnehme und bestimmte kirchliche Tätigkeiten allein ausüben dürfe.

Heutige Theologie versucht, die traditionelle Lehre vom *character* wieder „zurückzuübersetzen“. Denn die zwei genannten Aussageintentionen lassen sich auch ohne das Konzept einer ontologischen „Auszeichnung“ des Geweihten explizieren. Dabei geht die Tendenz dahin herauszustellen, daß das mit *character* Gemeinte für den Amtsträger ein „Demutszeichen“ zur ständigen Erinnerung daran ist, daß nicht er der eigentlich Handelnde ist; und diese Überzeugung macht es erst möglich, „ohne Anmaßung, aber auch ohne Angst und ohne Verlegenheit ein kirchliches Amt zu übernehmen“ (Dassmann 19; s.a. Hans Urs v. Balthasar, Amt und Existenz: IKaZ 1 [1972] 291), eben weil Jesus Christus selbst es ist, der im Amtsträger und durch ihn wirksam ist.

5. *Zwei Folgen*

5.1. Die priesterliche Sicht des kirchlichen Amtes hat zu keinem geringen Teil mit dahin geführt, die Übertragung des Amtes von der Bereitschaft zur Ehelosigkeit (→Zölibat) des Weihekandidaten abhängig zu machen. Im Blick auf das alttestamentliche und pagane Opferpriestertum (s.o. I/1. und I/2.), das für den sakralen Dienst kultische →Reinheit, d.h. sexuelle Enthaltsamkeit forderte, wurde nicht selten in einem überbietenden Vergleich festgehalten: *Wenn schon* die alttestamentlichen und heidnischen Priester ..., *dann um so mehr* die Priester, die das eucharistische Opfer darbringen. Jedoch wäre eine monokausale Begründung des Zölibats zu kurz gegriffen. Schon Paulus stellt die Existenz des Apostels als eine Größe vor, an der die Gemeinde die zentralen Inhalte und Herausforderungen des Glaubens gleichsam „ablesen“ kann (Näheres bei Erhardt Güttgemanns, Der leidende Apostel und sein Herr, 1966 [FRLANT 90]); und dazu gehören auch die Einladung Jesu (und des Paulus) zur besonderen Jüngernachfolge (vgl. Mt 19,12; Lk 18,29; I Kor 7,7.32f.) sowie der „eschatologische Vorbehalt“ christlicher Existenz, die darauf setzt, daß die Gestalt dieser Welt (in der man heiratet; vgl. Mt 22,30) vergeht. Deshalb werden schon seit früher Zeit mönchische (→Mönchtum) und priesterliche Spiritualität eng zusammengebunden. Heutige Zölibatsbegründung hebt besonders darauf ab, daß die „Ehelosigkeit um des Evangeliums willen“ ein integrales Moment des Lebens in besonderer Christusnachfolge ist. Das Eigentümliche der westkirchlichen Praxis liegt nun darin, daß sie nur solchen die Priesterweihe erteilt, die diese Berufung zur besonderen Christusnachfolge empfangen haben, bei denen sich also – anders gesagt – das kirchliche Amt mit diesem persönlichen Charisma verbindet (vgl. zum Ganzen Greshake 126–140).

5.2. Die priesterliche Ausprägung des Amtes dürfte bei einigen wenigen Theologen (z.B. Hauke) auch den Hintergrund ihrer Ablehnung der Frauenordination bilden. Denn neben anderen Argumenten wird gelegentlich vorgetragen, daß, religionsgeschichtlich und kulturmorphologisch gesehen, weibliches Priestertum chthonisch-naturhaften Gottheiten entspreche, also jenem Typos von Göttern, die schon im Alten Testament als im Gegensatz zu Jahwe stehend erbittert abgelehnt wurden. Die Tragweite dieses Arguments ist jedoch äußerst umstritten.

6. *Exkurs: Überpointierung und Relativierung der Sazerdotalität des Amtes*

Besonders durch die Zuordnung des Amtes zur als Opfer verstandenen Eucharistie sowie durch ein sakral akzentuiertes Verständnis der Weihe kam es faktisch zu einer Überpointierung des Sazerdotalen, die – blickt man auf die dogmatischen katholischen Lehraussagen – ihren Kristallisationspunkt auf dem Trienter Konzil (→Tridentinum) erreicht zu haben schien. In der Tat versuchte das Konzil, gegen die reformatorische Infragestellung – ganz auf der Linie der vorausgehenden Entwicklung – das Amt vom (eucharistischen) Opfer her zu begründen. Doch scheiterte dies an der Unmöglichkeit, auf diese Weise die „vorrangige Stellung der Bischöfe in der Kirche begründen zu können. Bei einer solchen Herleitung wäre die Stellung des Bischofs eine rein jurisdiktionelle geworden. Er hätte als Priester mit größerer Verwaltungsvollmacht gegolten, die er noch dazu vom Papst empfangen und nicht seiner eigenen Stellung verdankt hätte. Ein solches Selbstverständnis lehnten viele Bischöfe hartnäckig ab" (Freitag, Sendung 17). Demgegenüber betonten die Konzilsväter vor allem in den konziliären Reformdekreten, aber auch in den Ausführungen über die hierarchische Struktur des Amtes (DS 1776), daß der Bischof (und nicht der Priester) der eigentliche Bezugspunkt des Amtsverständnisses ist. Der Bischof aber ist seinem Wesen nach nicht nur Priester, sondern Hirt und Lehrer der ihm anvertrauten Ortskirche. Durch diese ganzheitliche Sicht des Amtes wurde in Trient ein rein sazerdotales Verständnis des Weihesakraments und des Amtes geradezu *a limine* ausgeschlossen und damit die Verengung auf das isoliert Priesterliche grundsätzlich aufgesprengt. Auch die Einbeziehung des Diakonats in das *sacramentum ordinis* zeigt die Erweiterung des sazerdotalen Rahmens.

Daß jedoch diese Sicht in der Folgezeit nicht zum Tragen kam, sondern sich ins Gegenteil verkehrte, erklärt sich vom innerkonziliären Streit her, in welchem die päpstlich-kuriale Seite es verhinderte, den Bischöfen bereits auf Grund ihrer Weihe eine jurisdiktionell, d.h. die Kirchenleitung betreffende, *eigenständige* und nicht nur vom Papst *delegierte* Rolle des Leitens und Lehrens zuzusprechen. An diesem Konflikt um die ursprüngliche, in der Weihe wurzelnde *Einheit* von priesterlichem Heiligungs- und Leitungs- sowie Verkündigungsdienst ist das Konzil fast gescheitert. Jedenfalls mußten alle strittigen ekklesiologischen Fragen bezüglich der Herkunft und Qualität jurisdiktioneller, d.h. kirchenleitender Vollmacht aus der entsprechenden konziliären Lehre ausgeklammert werden. Was so aber übrigblieb, war allein ein Minimalkonsens, ein Torso, der ausschließlich die *sazerdotalen* Funktionen des Amtes betraf und ausformulierte. „Der die eigentlichen Fragen ausklammernde Resttext wurde in Unkenntnis der bis zu Leo XIII. bewußt geheimgehaltenen Dokumente zur Entstehungsgeschichte als das programmatische Ordo-Dekret des Trienter Konzils betrachtet und zu einer sazerdotalen Auffassung von sacramentum ordinis entfaltet, die mit der Mentalität der eigenen Zeit im besseren Einklang stand als mit dem Konzil von Trient" (Freitag, Sendung 17f.). So aber wurden in der nachtridentinischen Theologie die sazerdotal-sakramentalen Aufgaben noch einmal mehr vom Ganzen des kirchlichen Amtes isoliert und dieses vornehmlich unter der Frage „Was kann der Priester ‚mehr' als der Laie?" reflektiert. Dies führte natürlich zu einer nachdrücklichen Herausstellung des Unterschieds zwischen Priester und Laien, zwischen amtlichem und allgemeinem Priestertum.

Damit trieben zwei ganz unterschiedliche Faktoren die Entwicklung in ein und dieselbe Richtung weiter: (a) Die Dekrete des Trienter Konzils, die aus den oben skizzierten Gründen nur einen konsensfähigen *Teil* des katholischen Amtsverständnisses darstellten, wurden für das Ganze genommen, und damit wurde der Akzent fast exklusiv auf das Priesterliche des Amtes gelegt. (b) Das Bemühen, sich vom reformatorischen Amtsverständnis (gemäß dem „Prinzip": katholisch ist das, was nicht evangelisch ist, evangelisch ist das, was nicht katholisch ist) abzusetzen, ließ noch einmal mehr das Sazerdotale betonen und geradezu polemisch herausstellen. Hand in Hand mit dieser theologischen Pointierung wurden in den neu errichteten Seminaren, welche eine fromme und glaubensstarke Ausbildung der künftigen Priester gewährleisten sollten, eine Spiritualität und ein Lebensstil entwickelt, die diesem Amtsbild entsprachen. Dieses „Amtsideal" führte gelegentlich zu äußerst fragwürdigen Aussagen wie z.B. zur These →Pius' X.: „Zwischen einem Priester und einem gewöhnlichen rechtschaffenen Menschen soll ein Unterschied sein wie zwischen Himmel und Erde" (Enzyklika *Haerent animo*, 1908). Daraus ergibt sich dann wie von selbst die spirituelle Forderung: „Wenn jemand ein Amt hat, das in gewisser Hinsicht selbst jenes der reinsten Geister überragt, die vor dem Herrn stehen, ist es dann wohl nicht das Richtige, daß er auch möglichst wie ein reiner Geist leben muß?" (→Pius XI., Enzyklika *Ad catholici sacerdotii*, 1935)

Erst das II. Vatikanische Konzil (→Vatikanum II) und die in seinem Umkreis gegebene Theologie sprengten diese theologischen wie spirituellen Verengungen und Übertreibungen auf: Nicht nur wurde als Mitte des kirchlichen Amtes der Bischof unterstrichen, den die ihm untergebenen Priester als Helfer „vertreten", auch insgesamt wurde das Amt in einen größeren ekklesiologischen Rahmen gestellt. Zwar bleibt bestehen: Das Amtspriestertum „vollzieht in der Person Christi das eucharistische Opfer und bringt es im Namen des ganzen Volkes Gottes dar" (Lumen Gentium 10; s.a. Presbyterorum Ordinis 2). Doch ist dies nur eine Perspektive: Das Amt insgesamt ist hingeordnet auf den Dienst am Gottesvolk (s.u. 7.), und zu diesem Dienst gehören neben den sakramentalen Vollzügen vor allem die Verkündigung des Wortes und das Leitungsamt. Somit zeigt sich seit dem II. Vatikanischen Konzil eine gewisse „Relativierung" der priesterlichen Prägung des Amtes, die auch den Weg dafür freigab, die reformatorische Neuentdeckung des allgemeinen Priestertums im katholischen Bereich nachzuvollziehen.

7. Priesterliches Amt – priesterliches Volk

Das Verständnis des kirchlichen Amtes als eines priesterlichen muß nicht im Gegensatz oder in Spannung zur neutestamentlichen Aussage von der Gemeinde als „königlicher Priesterschaft" stehen. Denn dieses „Priestertum aller Gläubigen" bedeutet nicht, daß jeder einzelne „sein eigener Priester" wäre; die Aussage ist vielmehr strikt kollektiv zu verstehen: sie bezieht sich primär auf das Volk Gottes im ganzen (auf den einzelnen nur, insofern er zu diesem gehört). Mit der Bezeichnung „priesterliches Volk" wird auf die neutestamentliche Gemeinde ein Ehrentitel Israels übertragen. Als Volk der →Erwählung sollte →Israel „die Stätte der wahren Anbetung und damit für die Welt als ganze zugleich Priestertum und Tempel sein" (Ratzinger, Gemeinschaft 118). Entsprechend hat jetzt die Kirche wie Israel als ein für Gott geheiligtes Volk zu leben. Diese priesterliche Würde und Beauftragung zeigt sich in der besonderen, geradezu vertraulichen Nähe und Zugehörigkeit des erwählten Volkes zu Gott, in seiner priesterlichen Berufung zum Lobpreis Gottes und in der priesterlichen Haltung der dienenden Hingabe an die Welt. In all dem ist die Gemeinschaft der Glaubenden einbezogen in die priesterliche Proexistenz Jesu Christi. Dieser priesterliche Charakter des ganzen Gottesvolkes schließt aber nicht aus, sondern ein, daß dieses selbst in seinem innersten Wesen und Lebensvollzug sakramental *differenziert* ist. Denn die Zugehörigkeit zum Volk Gottes, die Hingabe aller an den Vater und der Dienst an der Welt sind einzig und allein ermöglicht durch Jesus Christus, der sich selbst, sein Wort und die Gabe seines Geistes auf sakramentale Weise weitervermittelt, und zu eben dieser Weitervermittlung gehören auch besonders beauftragte Zeugen, die ihn (auch als Priester) repräsentieren und wirksam vergegenwärtigen.

Damit sind jene hermeneutischen Perspektiven, Grundlagen und Konsequenzen skizziert, die katholischem Verständnis zufolge den priesterlichen Charakter des kirchlichen Amtes ausmachen. Ist damit ein grundsätzlicher Gegensatz zum reformatorischen Amtsverständnis besiegelt?

8. Sacerdotium commune und priesterliches Amt in den ökumenischen Gesprächen der jüngsten Zeit

Die reformatorische Neuentdeckung des allgemeinen Priestertums hatte eine polemische Tendenz, insofern dessen Herausstellung für →Luther nicht nur eine „kritische Spitze gegen die Behauptung einer exklusiven Vermittlerrolle des geweihten Priesters und gegen die daraus abgeleiteten Herrschaftsansprüche der kirchlichen Hierarchie" enthielt (Pannenberg 146), sondern (entgegen I Petr 2,9, wo nicht der einzelne, sondern das Gottesvolk im Blick ist) auch die Unmittelbarkeit jedes einzelnen Christen zu Gott und damit dessen Freiheit von aller irdischen (und damit auch kirchlichen) →Autorität artikulierte. Jedenfalls war damit die Bezeichnung Priester für den kirchlichen Amtsträger (mit Ausnahme der anglikanischen Kirchen [→Anglikanische (Kirchen-)Gemeinschaft]) als „typisch katholisch" obsolet geworden und ist es auch weiterhin. Dennoch ist in den letzten Jahrzehnten eine Verflüssigung der konfessionellen Fronten zu beobachten, die auf katholischer Seite ihren Ausgangspunkt im II. Vatikanischen Konzil hat. Dieses entdeckte neu die Teilhabe aller Glaubenden und Getauften an der Sendung Christi des Priesters, Königs (Hirten) und Lehrers (Lumen Gentium 10). Damit ist „das Priesterliche" nicht mehr einfach das den Laien vom Amtsträger Unterscheidende, sondern – wie W. Stein (211) formuliert – „eine allgemein-christliche Kategorie". Allerdings differenziert sich – so die Lehre des II. Vatikanischen Konzils – diese priesterliche „Kategorie" in das *sacerdotium commune fidelium* und das *sacerdotium ministeriale seu hierarchicum* (Lumen Gentium 10), die beide aufeinander hingeordnet sind: das ministeriale und von Christus her mit besonderer Vollmacht bedachte (darum „hierarchische") Priestertum ist Dienst am priesterlichen Gottesvolk (vgl. ebd. 18), definiert sich also von diesem her. So steht das Amtspriestertum nicht eigentlich „graduell" über dem gemeinsamen Priestertum, sondern es ist von anderer Art als dieses (vgl. die Formulierung ebd. 10: *essentia et non gradu tantum differant*), insofern es dienend auf dieses hingeordnet ist.

Diese katholische Klarstellung machte auch den Weg frei für eine Reihe von ökumenischen Gesprächen über das Priesterliche des Amtes. Darin treffen zwei Entwicklungslinien zusammen:

1) Zahlreiche Lehrgespräche über die Eucharistie von 1967–1986[1] tendieren dahin – auf der Basis der biblischen Idee der Anamnese –, die Eucharistie als „die sakramentale Gegenwärtigsetzung des einmaligen Opfers Jesu" (Hönig 258) zu verstehen.[2] Offen bleibt hier allerdings meist das Problem, wie sich die katabatische und die anabatische Bewegung des Opfers zueinander verhalten, d.h. konkret, in welchem Sinn von der Eucharistie als „Opfer der Kirche" gesprochen werden kann. Immerhin ist vom Gedanken der Anamnese her für die evangelische Theologie der Weg geöffnet, auch einen neuen Zugang zur priesterlichen Dimension des kirchlichen Amtes zu finden.[3]

2) Eben dieser Weg auf ein priesterliches Amtsverständnis hin ist in einer Reihe ökumenischer Gespräche auch anfänglich eröffnet. So sagt z. B. das sog. *Lima-Papier*: „Die ordinierten Amtsträger stehen wie alle Christen sowohl zum Priestertum Christi als auch zum Priestertum der Kirche in Beziehung. Aber sie können zu Recht Priester genannt werden, weil sie einen besonderen priesterlichen Dienst erfüllen, indem sie das königliche und prophetische Priestertum der Gläubigen durch Wort und Sakramente, durch ihre Fürbitte und durch ihre seelsorgerliche Leitung der Gemeinschaft stärken und auferbauen" (Taufe, Eucharistie und Amt 572). Heißt es noch in der Erklärung der *Gemeinsamen Römisch-Katholischen/Evangelisch-Lutherischen Kommission*: „In der lutherischen Kirche hat man den Amtsträger in der Regel nicht als Priester bezeichnet, um den Unterschied zwischen dem Priestertum Christi ... und dem Dienst des Amtsträgers nicht zu verwischen" (Das geistliche Amt in der Kirche 22), so geht das Dokument *Lehrverurteilungen – kirchentrennend?* einen Schritt weiter, wenn es formuliert: Im ökumenischen Dialog zeichne sich „eine Verständigung über die Verbindung des Opferbegriffs mit der Eucharistie im Sinne einer anamnetischen Teilnahme von Liturge und Gemeinde am einen Opfer Christi ab ... Eine Verständigung in dieser Frage erlaubt es den Reformationskirchen, auf ihren Widerspruch gegen die sacerdotale Deutung des geistlichen Amtes zu verzichten, nachdem die fundamentale und herausragende Bedeutung des Verkündigungsauftrages für das Verständnis des kirchlichen Amtes anerkannt ist. Die Reformationskirchen ihrerseits verstehen nach Ausweis ihrer Bekenntnisse und auch in ihrer heutigen Praxis das geistliche Amt nicht als bloßes Predigtamt, sondern immer auch als Amt der Sakramentsverwaltung" (ebd. 159).[4] So ist zwar der priesterliche Charakter des kirchlichen Amtes weiterhin kontrovers, jedoch scheint dieses strittige Thema auf einem Weg zu sein, der mindestens neue Perspektiven und Konvergenzen gestattet.

Anmerkungen

[1] Für den Zeitraum bis 1983 sind diese zusammengefaßt und erörtert bei Hönig. Noch nicht behandelt ist hier das Dokument des *Ökumenischen Arbeitskreises evangelischer und katholischer Theologen*: *Lehrverurteilungen – kirchentrennend?*.

[2] Auf dieser Linie steht auch das Dokument *Lehrverurteilungen – kirchentrennend?* 89–94. Dagegen wendet sich z. B. die Stellungnahme der *Göttinger Theologischen Fakultät*: „Der Gedanke der sakramentalen Vergegenwärtigung des Kreuzesopfers, die ihrerseits Opfer sein soll, weist der Kirche eine Rolle zu, die ihr nicht zukommt. Dadurch, daß sie – in Gestalt ihres zentral von dieser Funktion her als Priestertum bestimmten Amtes – das einmalige Geschehen in die Gegenwart versetzt und zumal, wenn sie dabei ihrerseits als Opfernde tätig ist, gewinnt sie faktisch eine Mitbeteiligung am Versöhnungswerk selbst ... Einmaligkeit und Heilsgenügsamkeit des Kreuzes aber verbieten solche Mitbeteiligung als illegitime Verwischung des bleibenden Gegenübers von Christus und Kirche" (Überholte Verurteilungen? 100).

[3] Diese Konsequenz zieht auch das Dokument *Lehrverurteilungen – kirchentrennend?*: „Sofern ... die christologische Verankerung priesterlichen Tuns im ‚kommemorativen Geschehen' der Eucharistie behauptet und es zugleich verwehrt ist, den priesterlichen Dienst von Menschen anders als christologisch zu fundieren und zu beschreiben, muß diese Auffassung nicht in Konkurrenz stehen zu den reformatorischen Überzeugungen, daß Christus selbst sein einmal vollbrachtes Werk priesterlich vertritt und somit die Versöhnung der Wirklichkeit in Person ist und bleibt" (ebd. 91).

[4] Allerdings hat auch hiergegen die Göttinger Theologische Fakultät Einspruch erhoben (Überholte Verurteilungen? 117f.). Kritisch modifizierend auch die Stellungnahme des *Gemeinsamen Ausschusses der Vereinigten Evangelisch-Lutherischen Kirche Deutschlands und des Deutschen Nationalkomitees des Lutherischen Weltbundes* zum Dokument *Lehrverurteilungen – kirchentrennend?*: Lehrverurteilungen im Gespräch 143.

Quellen und Literatur

Jean-Jacques v. Allmen, Le saint ministère selon la conviction et la volonté des Réformés du XVIe siècle, Neuchâtel/Paris 1968 (Lit.). – Remigius Bäumer, Luthers Ansichten über das Priestertum: Luther u. die Folgen f. die Geistesgesch. FS f. Theobald Beer, hg. v. dems./Alma v. Stockhausen, Weilheim-Bierbronnen 1992, 9–30. – Hans Urs v. Balthasar, Priesterliche Existenz: ders., Sponsa Verbi, Einsiedeln 1961, 388–433. – Ders., Der Priester in der Kirche: LS 23 (1972) 4–15. – Peter Bläser, Amt u. Eucharistie im NT: ders. (Hg.), Amt u. Eucharistie, 1973 (KKSMI 10) 9–50. – Wilhelm Breuning, Amt u. gesch. Kirche. Probleme der lehramtlichen Aussagen über das Priestertum: Cath(M) 24 (1970) 37–50. – Wilhelm Brunotte, Das geistliche Amt bei Luther, Berlin 1959. – Louis-Marie Chauvet, Le Ministère de Présidence de l'Eucharistie: L'Eucharistie. Pâque du pèlerin, hg. v. François Bourdeau, Paris o.J. [1981] 21–38. – Comisión episcopal del Clero, La formación espiritual de los sacerdotes, Madrid 1995. – Yves Congar, Un essai de théologie sur le sacerdoce catholique: RevSR 25 (1951) 187–199.288–304. – Ders., Structure du Sacerdoce chrétien: MD 27 (1951) 50–85. – Ders., Art. Priestertum, Allgemeines P.: LThK² 8 (1963) 753–756 (Lit.). – Ders., Ministères et Communion ecclésiale, Paris 1971. – Paul Josef Cordes, Sendung zum Dienst, Frankfurt 1972. – Ernst Dassmann, Character indelebilis – Anmaßung oder Verlegenheit?, Köln 1973. – Klaus Demmer, Zumutung aus dem Ewigen. Gedanken zum priesterlichen Zölibat, Freiburg i. Br. 1991. – Henri Denis, La Théologie du Presbytérat de Trente à Vatican II: Les Prêtres, hg. v. Jean Frisque/Yves Congar, Paris 1986, 183–232. – Dt. Bischofskonferenz, Schreiben der dt. Bischöfe über das priesterliche Amt, Trier 1969. – Daniel L. Donovan, What are they saying about the Ministerial Priesthood?, Mahwah 1992. – Du führst mich hinaus ins Weite. Erfahrungen im Glauben. Zugänge zum priesterlichen Dienst, hg. v. Karl Hillenbrand/Medard Kehl, Würzburg 1991. – Gerhard Fahrnberger, Amt u. Eucharistie auf dem Konzil v. Trient: Amt u. Eucharistie (s.o. bei Bläser) 174–207. – Agostino Favale, Il ministero presbiterale, Rom 1989. – Karl S. Frank, Amt u. Eucharistie in der Alten Kirche: Amt u. Eucharistie (s.o. bei Bläser) 51–67. – Ders., Maleachi 1,10ff in der frühen Väterdeutung: ThPh 53 (1978) 70–79. – Ders., Zum Opferverständnis in der Alten Kirche: Das Opfer Jesu Christi u. seine Gegenwart in der Kirche, hg. v. Karl Lehmann/Edmund Schlink, Freiburg i.Br./Göttingen 1983, 40–50. – Piet Fransen, Art. Weihen, Heilige: SM 4 (1969) 1249–1293. – Josef Freitag, Sakramentale Sendung, Freiburg i.Br. 1990. – Ders., Sacramentum ordinis auf dem Konzil v. Trient, Innsbruck/Wien 1991 (Lit.). – GAufs. zur Theol. des Presbyterates, bearb. v. Lothar Ullrich, Leipzig 1970. – Das Geistliche Amt in der Kirche. Gemeinsame röm.-kath./ev.-luth. Kommission, Paderborn/Frankfurt a.M. 1981. – Pierre Grelot, Église et Ministères, Paris 1983. – Gisbert Greshake, Priester sein, Freiburg i.Br. 1982 ⁵1991. – Ders., Verschiedene Modelle priesterlicher Spiritualität im Laufe der Gesch.: Seminarium 35 (1995) 213–229. – Bernhard Häring, Heute Priester sein, Freiburg/Basel/Wien 1995. – Manfred Hauke, Die Problematik um das Frauenpriestertum vor dem Hintergrund der Schöpfungs- u. Erlösungsordnung, Paderborn 1982. – Ludwig Hödl, Die kirchl. Ämter, Dienste u. Gewalten im Verständnis der scholastischen Theol.: FS 43 (1961) 1–21. – Elisabeth Hönig, Die Eucharistie als Opfer nach den neueren ökum. Erklärungen, Paderborn 1989 (Lit.). – Hubert Jedin, Das Leitbild des Priesters nach dem Tridentinum u. dem Vaticanum II: ThGl 60 (1970) 102–124. – Johannes Paul II., Nachsynodales apostolisches Schreiben „Pastores dabo vobis" vom 25.3.1992, 1992 (VApS 105). – Charles Journet, Vues récentes sur le sacrement de l'ordre: RThom 53 (1953) 81–108. – Walter Kasper, Neue Aspekte im Verständnis des Priesteramtes: ThPQ 122 (1974) 3–13. – Medard Kehl, Die Kirche. Eine kath. Ekklesiologie, Würzburg 1992, 430–459. – Walter Kriester/Alois Schwarz (Hg.), Amt u. Dienst, Würzburg 1996. – Hans Küng, Wozu Priester, Einsiedeln 1971. – Joseph Lécuyer, Le Sacrement de l'Ordination, Paris 1983. – Karl Lehmann, Das dogm. Problem des theol. Ansatzes zum Verständnis des Amtspriestertums: Existenzprobleme des Priesters, hg. v. Franz Henrich, München 1969, 135–150. – Lehrverurteilungen – kirchentrennend? I. Rechtfertigung, Sakramente u. Amt im Zeitalter der Reformation u. heute, hg. v. Karl Lehmann/Wolfhart Pannenberg, 1986 (DiKi 4). – Lehrverurteilungen im Gespräch, Göttingen 1993. – Heinrich Lennerz, De sacramento ordinis, Rom ²1953. – Peter

Manns, Amt u. Eucharistie in der Theol. Martin Luthers: Amt u. Eucharistie (s.o. bei Bläser) 68–173. – Albert Michel, Art. Ordre: DThC 11,2 (1932) 1194–1405 (Lit.). – Ders., Art. Prêtre: DThC 13 (1937) 138–161 (Lit.). – Les Ministres ordonnés dans une Église-Communion, hg. v. Les Evêques de France, Paris 1993. – Martin Nicolau, Ministros de Cristo, Madrid 1971. – Ludwig Ott, Das Weihesakrament, 1969 (HDG 4/5). – Wolfhart Pannenberg, Syst. Theol., Göttingen, III 1993. – Rémi Parent/Simon Dufour, Les Ministères, Paris/Québec 1993. – Josef Pieper, Was unterscheidet den Priester: Hochl. 63 (1971) 1–16. – Priester heute, hg. v. Karl Hillenbrand, Würzburg 1990 ²1991. – Der priesterliche Dienst, 5 Bde., 1970–1973 (QD 46–50). – Das Priestertum in der Einen Kirche, hg. v. Albert Rauch/Paul Imhof, Aschaffenburg 1987 (Koin. 4). – Karl Rahner, Der theol. Ansatzpunkt f. die Bestimmung des Wesens des Amtspriestertums: ders., Schr. zur Theol., Einsiedeln, IX 1970, 366–372. – Felipe Fernández Ramos, Teología del Sacerdocio. Sacerdocio ministerial y laical, Burgos 1970. – Joseph Ratzinger, Zur Frage nach dem Sinn des priesterlichen Dienstes: GuL 41 (1968) 347–376. – Ders., Opfer, Sakrament u. Priestertum in der Entwicklung der Kirche: Cath(M) 26 (1972) 108–125. – Ders., Zur Gemeinschaft gerufen, Freiburg i.Br. 1991. – Elías Royón, Sacerdocio. ¿Culto o Ministerio?, Madrid 1976. – Edward Schillebeeckx, Das kirchl. Amt, Düsseldorf 1981. – Ders., Christl. Identität u. kirchl. Amt, Düsseldorf 1985. – Heinrich Schlier, Grundelemente des priesterlichen Amtes im NT: ThPh 44 (1969) 161–180. – Ders., Die ntl. Grundlage des Priesteramtes: Der priesterliche Dienst (s.o.), I 1970, 81–114. – Raphael Schulte, Mitarbeiter Gottes: Leiturgia, Koinonia, Diakonia. FS f. Kardinal Franz König, hg. v. Raphael Schulte, Wien/Freiburg/Basel 1980, 391–428. – Wolfgang Stein, Das kirchl. Amt bei Luther, Wiesbaden 1974. – Taufe, Eucharistie u. Amt. Konvergenzerklärungen der Kommission f. Glauben u. Kirchenverfassung des ÖRK: Dokumente wachsender Übereinstimmung. I. 1931–1982, hg. v. Harding Mayer/Damaskinos Papandreou/Hans Jörg Urban/Lukas Vischer, Paderborn/Frankfurt a.M. 1983 ²1991. – Teología del Sacerdocio, Burgos 1969ff. (Lit.). – Jean-Marie R. Tillard, La qualité sacerdotale du ministère chrétien: NRTh 95 (1973) 481–514. – Unser Auftrag. Besinnung auf den priesterlichen Dienst, hg. v. Joseph Ratzinger/Paul-Werner Scheele u.a., Würzburg 1990. – Albert Vanhoye, Prêtres anciens – prêtre nouveau selon le NT, Paris 1980. – Überholte Verurteilungen?, hg. v. Dietz Lange, Göttingen 1991. – Hermann Volk, Priestertum heute, Rodenkirchen 1972. – Johannes D. Zizioulas, Priesteramt u. Priesterweihe im Licht der östlich-orth. Theol.: Der priesterliche Dienst (s.o.), V 1973, 72–113. – Robert Zollitsch, Amt u. Funktion des Priesters, Freiburg i.Br. 1974.

Gisbert Greshake

III/3. Praktisch-theologisch

1. Allgemeine Überlegungen 2. Amtsausübung 3. Ausbildung und Weiterbildung 4. Lebensform und Lebensgestaltung 5. Ausblick (Quellen u. Literatur S. 434)

1. *Allgemeine Überlegungen*

Theologie und Praxis der christlichen Kirchen wurden in den letzten Jahrzehnten einem tiefgreifenden Wandel unterworfen. Dieser weiter andauernde Prozeß zeigt sich nicht nur in einer veränderten Glaubenspraxis der Gemeinden, sondern auch in einer ungewohnten Instabilität des an sich auf Stabilisierung angelegten Amtes in der Kirche.

Für die →Römisch-katholische Kirche markiert das II. Vatikanische Konzil (1962–1965; →Vatikanum II) den Kristallisationspunkt des Wandels. Ausbildung, Dienst und Leben der Priester nahmen in den Diskussionen und Dokumenten des Konzils einen breiten Raum ein. In der dogmatischen Konstitution *Lumen Gentium* und in den Dekreten über Dienst und Leben des Priesters (*Presbyterorum Ordinis*) sowie über die Priesterausbildung (*Optatam totius*) legte des Konzil im Blick auf das Thema Priestertum vor allem pastoral ausgerichtete Aussagen vor. Nicht ohne Folgen blieb die Tatsache, daß die Texte des Zweiten Vatikanums einen breiten ekklesiologischen Konsens suchten und deshalb recht unterschiedlich akzentuierte Aussagen in den einzelnen Dokumenten zusammenfügten. Sie eröffneten durch diese Vielschichtigkeit (wahrscheinlich ungewollt) eine kontroverse und bis heute unabgeschlossene nachkonziliare Debatte über Dienst und Leben des Priesters.

2. *Amtsausübung*

Theologisch und pastoral-praktisch wird die Amtsausübung des Priesters seit dem Zweiten Vatikanischen Konzil vom dreifachen →Amt Christi her beschrieben:

„Die Priester haben zwar nicht die höchste Stufe der priesterlichen Weihe und hängen in der Ausübung ihrer Gewalt von den Bischöfen ab; dennoch sind sie mit ihnen in der priesterlichen Würde verbunden und kraft des Weihesakramentes nach dem Bilde Christi, des höchsten und ewigen Priesters [Hebr 5,1–10; 7,24; 9,11–28], zur Verkündigung der Frohbotschaft, zum Hirtendienst an den Gläubigen und Feier des Gottesdienstes geweiht und so wirkliche Priester des Neuen Bundes“ (Lumen Gentium 28).

Wichtig ist dem Konzil die Betonung des Dienstcharakters aller priesterlichen Amtsausübung und das Ernstnehmen der Würde und des missionarischen Auftrages der Laien in der Kirche.

Die eher allgemeinen Umschreibungen des Konzils werden von der im Jahre 1975 abgeschlossenen *Gemeinsamen Synode der Bistümer in der Bundesrepublik Deutschland* vor allem im Blick auf die Bedeutung für das Leben der christlichen Gemeinde vor Ort entfaltet. Vordringlich schien besonders die Klärung des Verhältnisses zwischen Priestern und →Laien. Denn das ist von der konziliaren Wiederentdeckung des gemeinsamen Priestertums aller Getauften her klar:

„Aus einer Gemeinde, die sich pastoral versorgen läßt, muß eine Gemeinde werden, die ihr Leben im gemeinsamen Dienst aller und in unübertragbarer Eigenverantwortung jedes einzelnen gestaltet“ (Beschluß „Dienste und Ämter“ 1.3.2).

Was aber bedeutet „unübertragbare Eigenverantwortung“ im Blick auf die priesterliche Sendung?

Bei seiner Weihe wird der Priester durch Jesus Christus und die Kirche endgültig für Gott und die Menschen in Dienst genommen. Er steht insofern der Gemeinde gegenüber und gleichzeitig in ihrem Dienst:

„Durch Verkündigung, Spendung der Sakramente, Bruderdienst, Auferbauung und Leitung der Gemeinde und nicht zuletzt durch sein persönliches Zeugnis soll der Priester die anderen zu ihrem eigenen Dienst bereit und fähig machen. Der Priester soll daher Charismen entdecken und wecken, er soll sie beurteilen und fördern und für ihre Einheit in Christus Sorge tragen“ (ebd. 5.1.1).

Ganz wesentlich ist eine intensive Zusammenarbeit mit den haupt- und ehrenamtlichen Laienmitarbeiterinnen und -mitarbeitern. Diese kooperative Befähigung muß schon in der Ausbildung der Priester, vor allem aber in der Fort- und Weiterbildung verstärkte Berücksichtigung finden.

3. *Ausbildung und Weiterbildung*

Nach den Erschütterungen der Reformation hatte das Trienter Konzil (→Tridentinum) die Priesterausbildung als einen ganz wesentlichen Ansatzpunkt gewählt, um die römische Kirche von innen her zu erneuern (s.o. III/1. 3.2.). Das Zweite Vatikanum hält an der seitdem vorgeschriebenen Ausbildung in Seminarien fest:

„In ihnen muß die gesamte Ausbildung der Alumnen dahin zielen, daß sie nach dem Vorbild unseres Herrn Jesus Christus, des Lehrers, Priesters und Hirten, zu wahren Seelenhirten geformt werden“ (Dekret *Optatam totius* 4).

Gleichzeitig räumt das Konzil wegen der großen Verschiedenheit der einzelnen Völker und Riten den jeweiligen Bischofskonferenzen die Möglichkeit ein, den allgemein vorgegebenen Rahmen so zu gestalten, „daß die Priesterausbildung immer den pastoralen Erfordernissen der Länder entspricht, in denen die Priester ihren Dienst auszuüben haben“ (ebd. 1). Für das Gebiet der *Deutschen Bischofskonferenz* gilt seit 1978 die auf den Grundlagen des Konzils erarbeitete *Rahmenordnung für die Priesterbildung*.

Als Ziel aller Ausbildungsbemühungen nennt diese Rahmenordnung eine dreifache Befähigung: Neben der theologischen Bildung (Studium) steht gleichberechtigt die pastorale Befähigung (vor allem durch studienbegleitende praktische Einsätze) und die Förderung des geistlichen Lebens und der menschlichen Reife (vor allem durch Beratung und Praxisbegleitung). Die Wichtigkeit und gegenseitige Durchdringung aller drei Dimensionen wird im nachsynodalen Schreiben *Pastores dabo vobis* von Papst Johannes Paul II. vom 25. März 1992 bestätigt und betont.

4. Lebensform und Lebensgestaltung

Wichtig für die Glaubwürdigkeit des Priesters ist neben seiner pastoralen Kompetenz auch sein persönlicher Lebens- und Arbeitsstil. Das Zweite Vatikanische Konzil und viele nachkonziliare Schreiben des Papstes und der Bischöfe widmen diesem Thema besondere Aufmerksamkeit. Es ist zugleich ein theologisch und pastoral umstrittenes Thema (vgl. etwa die Anfragen des Paderborner Theologen Eugen Drewermann). Klar ist das Ziel: Es geht um einen vom Maßstab des Evangeliums her glaubwürdigen Lebensstil des Priesters. Wie aber lassen sich die Maßstäbe des Evangeliums in der heutigen pastoralen Situation möglichst angemessen leben? Die Brisanz dieser Fragestellung zeigt sich besonders im Blick auf die drei „evangelischen Räte" Armut, Ehelosigkeit und Gehorsam (→Consilia Evangelica).

Wie läßt sich das Ideal der von Jesus seliggepriesenen →Armut im Alltag eines bürgerlichen Pfarrhauses verwirklichen? Das einschlägige päpstliche *Direktorium für Dienst und Leben der Priester* vom 31. Januar 1994 empfiehlt recht vage, die irdischen Güter „mit Sinn für Verantwortung und Bescheidenheit [zu] gebrauchen, mit rechter Intention und Abstand, eben wie jemand, der seinen Schatz im Himmel hat und weiß" (Nr. 67). Die Konkretion dieser allgemeinen Aussage bleibt jedem einzelnen Priester überlassen und führt im deutschen Klerus zu sehr unterschiedlichen und nicht immer überzeugenden Ergebnissen.

Noch stärker diskutiert ist das Thema →Zölibat: Nicht nur das Konzil, sondern alle nachkonziliaren päpstlichen und bischöflichen Schreiben halten an der Verpflichtung des katholischen Priesters zum ehelosen Leben fest. Im parallelen theologischen Diskurs und in der öffentlichen Meinung (auch der Gemeinden) ist diese Verpflichtung dagegen heftig umstritten. Das führt zu erheblicher Verunsicherung und ist einer der wichtigsten Gründe für den starken Rückgang der Zahlen der Priesteramtskandidaten in den letzten Jahren. Im wesentlichen unumstritten ist es für die Kleriker, daß die einmal übernommene Verpflichtung trotz aller Schwierigkeiten und Probleme glaubwürdig und treu gelebt werden sollte. Relativ hohe Zahlen von Amtsniederlegungen (mit oder ohne päpstliche „Laisierung") in den letzen Jahren zeigen allerdings, daß dieses Ziel nicht immer erreicht wird. In vielen Diskussionen wird auch angesichts des stärker werdenden Priestermangels die Weihe von bewährten verheirateten Männern (*viri probati*) als möglicher Zukunftsweg empfohlen.

Von eher hintergründiger, aber ebenso starker Brisanz wie die Zölibatsfrage ist für viele Priester und Priesteramtskandidaten die Frage des →Gehorsams, d.h. der Loyalität gegenüber der Institution Kirche. Denn der Priesterberuf bietet einerseits eine breite Palette von Einsatzmöglichkeiten und damit der Verwirklichung von persönlichen Fähigkeiten und Charismen. Andererseits aber wird von den kirchlichen Oberen und von vielen Gemeindemitgliedern eine konsequente Loyalität gegenüber der Lehre und Autorität der offiziellen Kirche erwartet und eingefordert. Die aus diesem Konflikt resultierende Überforderung des einzelnen führt oft zu Resignation und zur Lähmung der notwendigen pastoralen Initiativen.

5. Ausblick

Welche Zukunftsgestalt hat die Kirche? Von dieser kontrovers diskutierten Frage hängt auch die pastorale Lebens- und Arbeitsform des Priesters in der Kirche ab. Folgende Fragestellungen bedürfen einer weiteren Klärung:

1) Die Frage der Zulassungsbedingungen für das Amt: Neben der Frage des Zölibates ist die Diskussion um die Zulassung von Frauen zum kirchlichen Amt eines der umstrittensten Themen in der katholischen Kirche. Das eine Zulassung von Frauen zum Priesteramt eindeutig ablehnende Schreiben Johannes Pauls II. vom 22. Mai 1994 hat

die innerkirchliche Diskussion nicht beendet. Die Heftigkeit der Diskussion zeigt, daß es um eine grundsätzliche Richtungsentscheidung in der Kirche geht.

2) Die ökumenische Perspektive: Auch hier geht es um eher grundsätzliche Fragen, die aber ganz wesentlich die Stellung des Priesters in der Gemeinde und damit sein pastorales Selbstverständnis berühren. Wird das kirchliche Amt in Zukunft eher „von unten", also von der Gemeinde her, konstituiert oder eher „von oben" durch Weihe und Sendung? Welche vom pastoralen Auftrag der Laien unterschiedenen Vollmachten verleiht die Priesterweihe bezüglich der Spendung der Sakramente und der Leitung der Gemeinde? Welche Rolle spielen die apostolische Sukzession und der päpstliche Primat für die gegenseitige Anerkennung der Ämter zwischen den Konfessionen? Das sind Fragen, die durch das Zweite Vatikanische Konzil aus dem nachreformatorischen „Entweder – oder" herausgeführt wurden, bezüglich derer sich aber noch kein echter Konsens zwischen den Kirchen herauskristallisiert hat.

3) Volkskirche oder Gemeindekirche? Auch die Frage nach der zukünftigen Sozialgestalt der →Kirche hat für das Priesteramt wesentliche Bedeutung. Soll durch restriktive Kriterien bei der Spendung der Sakramente auf eine konsequent glaubende Minderheitenkirche hingearbeitet werden, die als „kleine Herde" ein scharfes Profil besitzt und deshalb keine Nachwuchssorgen mehr kennt? Oder gilt es für den Priester, die bestehenden volkskirchlichen Strukturen möglichst intensiv zu pflegen, selbst auf die Gefahr hin, daß sich immer mehr Menschen vom Kern der Gemeinde entfernen und als „Randchristen" leben? Das sind pastorale Fragen, die nicht nur von der Amtstheologie, sondern von einer erneuerten Ekklesiologie her beantwortet werden müssen.

Welche Rolle spielen Dienst und Leben des Priesters in der Kirche der Zukunft? Es zeigt sich, daß weder die Theologie noch die offizielle Kirche gegenwärtig auf diese Frage eine abschließende und konsensfähige Antwort geben. Für viele Christen bedeutet das Unsicherheit und Angst. Aber die sorgenvolle Frage nach der Zukunft kann zur Hoffnungsperspektive werden, wenn man die Kirche mit dem Zweiten Vatikanischen Konzil wirklich als wanderndes Gottesvolk begreift, das um seiner Glaubwürdigkeit willen den richtigen Weg immer neu suchen muß. Als Trost und Stärkung gerade auf unsicheren Wegstrecken ist ihm von Jesus selbst der Heilige Geist zugesagt. Das Gebet um diesen helfenden Geist ist Gemeinden und Priestern als gemeinsames Anliegen bleibend aufgetragen.

Quellen und Literatur

Direktorium f. Dienst u. Leben der Priester vom 30.1.1994, hg. v. der Kongregation f. den Klerus, 1994 (VApS 113). – Eugen Drewermann, Kleriker. Psychogramm eines Ideals, Olten/Freiburg i.Br. 1989. – Erich Garhammer, Unnütze Knechte? Priesterbild u. Priesterbildung, Regensburg 1989. – Gemeinsame Synode der Bistümer in der BRD. Offizielle GA, Freiburg/Basel/Wien, I 1976. – Gisbert Greshake, Priester sein [s.o. Lit. zu III/2.]. – Hb. der prakt. Gemeindearbeit, hg. v. Leo Karrer, Freiburg/Basel/Wien 1990. – Johannes Paul II., Nachsynodales apostolisches Schreiben „Pastores dabo vobis" vom 25.3.1992, 1992 (VApS 105). – Ders., Apostolisches Schreiben über die nur Männern vorbehaltene Priesterweihe vom 22.5.1994, 1994 (VApS 117). – Franz Kamphaus, Priester aus Passion, Freiburg/Basel/Wien 1993. – Priester heute, hg. v. Karl Hillenbrand [s.o. Lit. zu III/2.]. – Priesterliche Lebensform, 1984 (ADBK 36). – Rahmenordnung f. die Priesterbildung vom 23.2.1988, hg. vom Sekretariat der dt. Bischofskonferenz, Bonn 1988. – Karl Rahner/Herbert Vorgrimler, Kleines Konzilskompendium, Freiburg/Basel/Wien 1966. – Hermann Wieh, Konzil u. Gemeinde, Frankfurt 1978. – Ders., Identität u. Spiritualität. Pastorale Perspektiven in einer polarisierten Kirche, Würzburg 1994.

Hermann Wieh

Priesterehe →Zölibat

Priesterschrift

1. Bezeichnung 2. Sprachliche Eigenart 3. Literarischer Charakter (Uneinheitlichkeit; Quelle oder Bearbeitungsschicht?) 4. Umfang, Datierung und Theologie der Priestergrundschrift 5. Bedeutung der P-Texte (Literatur S. 442)

1. Bezeichnung

Der Name Priesterschrift (Siglum: P) wird meist als Sammelbegriff für die priesterlich-rituellen Texte/Textschichten im →Pentateuch und (bei einigen Autoren) im Josuabuch (→Josua/Josuabuch) verwendet. Bestimmung und Abgrenzung der mit Gen 1 beginnenden P-Texte als eigenständiger (wenn auch nicht als einheitlich verstandener) „Urkunde" bzw. „Quelle" stehen am Anfang der neuzeitlichen Pentateuchkritik.

Ihren ersten Entdeckern, die sie wegen der in Gen 1 verwendeten Gottesbezeichnung Elohim „Elohimquelle" (Eichhorn) oder „erster Elohist" (Hupfeld) nannten, galt sie als älteste Quelle des Pentateuchs, weshalb sie auch als „Urschrift" (Hupfeld) oder „Grundschrift" bezeichnet wurde (Nöldeke 1: „Von den verschiedenen für diese Schrift gebrauchten Namen ist keiner ganz passend. Ewald's ‚Buch der Ursprünge' ist schon wegen der Unverständlichkeit nicht bequem zu handhaben. Den Namen ‚Grundschrift' gebrauchen wir in Ermangelung eines besseren mit mehreren Neueren als terminus technicus, ohne damit die ... Vorstellung von einer nur durch unselbständige Ergänzung erweiterten Grundlage [sc. des Pentateuch] zu verbinden"; ebd. 143 f. gibt Nöldeke eine Abgrenzung der P-Texte, an der sich die Forschung bis heute orientiert hat).

J. →Wellhausen nannte die „Grundschrift" wegen ihres legislativen Schwerpunktes im Bereich des Sinaikomplexes Exodus bis Numeri erstmals „Priesterkodex", den er folgendermaßen charakterisiert: „Die s.g. Grundschrift ... zeichnet sich aus durch ihre Neigung zu Zahl und Maaß, überhaupt zum Schema, durch ihre starre, pedantische Sprache, durch die beständige Wiederholung gewisser Ausdrücke und Wendungen ... Ihr Grundstock ist der Leviticus nebst den verwandten Teilen der angrenzenden Bücher, Exod. 25–40 mit Ausnahme von Kap. 32–34, und Num 1–10.15–19.25–36 mit geringen Ausnahmen. Sie enthält demnach vorzugsweise Gesetzgebung, und zwar bezieht sich selbige wesentlich auf den Kultus der Stiftshütte und was damit zusammenhängt. Historisch ist nur die Form, sie dient dem gesetzlichen Stoff als Rahmen, um ihn anzuordnen, oder als Maske, um ihn zu verkleiden" (Wellhausen, Prolegomena 7).

Gegenüber der Frühdatierung der „Grundschrift" setzt Wellhausen die bereits zuvor von E. Reuß (1833 bzw. 1834), K.H. Graf (1865) und A. Kuenen (1870) vertretene Spätdatierung insbesondere mit zwei bis heute meist akzeptierten Argumenten durch: a) „Im Deuteronomium wird die Einheit des Kultus gefordert, im Priesterkodex wird sie vorausgesetzt" (Wellhausen, Prolegomena 35). b) Die Schriftprophetie zeigt keinerlei Einfluß des Priesterkodex, während dieser die Prophetie, besonders des Ezechiel, voraussetzt („*lex post prophetas*"). Diese Spätdatierung war bei Wellhausen mit einem (religionsgeschichtlich nicht gedeckten, abzulehnenden) Werturteil verbunden. Im Priesterkodex spiegele sich hinter der mosaischen Autorität die nachexilische Hierokratie bzw. das (im negativen Sinne) kultisch-gesetzlich verkrustete „Judentum" wider: „Der Kultus ist das heidnische Element in der israelitischen Religion – wobei heidnisch durchaus nicht in einem unedlen und schlechten Sinne genommen werden soll. Wenn er nun im Priesterkodex zur Hauptsache gemacht wird, so scheint das einem systematischen Rückfall in das Heidentum gleichzukommen, welches die Propheten unausgesetzt bekämpften und doch nicht entwurzeln konnten" (ebd. 421). Unabhängig von diesem (aus christlicher Gesetzes- und Kultverachtung geborenen) Vorurteil, das die im Prinzip richtige *substantielle* Verhältnisbestimmung von P und →Deuteronomium nicht tangiert, hat Wellhausen eine literarische Differenzierung angestoßen, die bis heute Beachtung findet, insofern er als „Kern" des Priesterkodex eine Erzählung bestimmte, der er das Siglum Q gab „als Abkürzung für Vierbundesbuch (quatuor), welchen Namen ich als den passendsten für sie vorschlage" (Wellhausen, Composition 1), womit er die von seinem Lehrer H. Ewald nach der Theorie von den vier Weltaltern (vgl. Hesiod) entwickelte Gliederung der Geschichte Israels in die vier Epochen →Adams, Noahs, →Abrahams und →Moses auf Q übertrug (analog vier Bundessetzungen Gottes): „Der Priestercodex in seiner gegenwärtigen Form und Grösse weist nicht die planvolle Gliederung und strenge Construction auf, wodurch sich Q auszeichnet, es ist ein Conglomerat, worin sich an einen ursprünglichen Kern (= Q) andere Schichten in gleichartiger Krystallisation angesetzt haben" (ebd. 135). Das Siglum Q hat sich nicht durchgesetzt, weil Gen 1 nicht als Bundessetzung verstanden werden kann, wie schon A. Kuenen 1887 feststellte: Gen 1,26–28 „ist eigentlich kein Bündnis, sondern ein Segensspruch" (Kuenen, Einleitung 62).

Auch die theologisch mißverständliche und literarisch einseitige, weil die erzählenden Passagen vernachlässigende Bezeichnung „Priesterkodex" wurde später durch die neutralere Bezeichnung „Priesterschrift“ ersetzt. Das Siglum P hat erstmals A. Kuenen schon 1880 gebraucht (Kuenen, Dina). Es wird bis heute als Sammel-Siglum verwendet, wobei sich die prinzipielle Unterscheidung P^g (= Priestergrundschrift, analog zu Wellhausens Q) und P^s (= sekundärer Zuwachs zur Priestergrundschrift bzw. P Supplement) eingebürgert hat. P^g wird dann überwiegend als Erzählung („Geschichte“) bestimmt, während P^s die sekundäre Anreicherung durch kultische und ethische Texte (u.a. auch →Heiligkeitsgesetz Lev 17–26) bezeichnet („Gesetz“). Manche Autoren verwenden P^s auch für jene als „priesterlich“ inspiriert zu qualifizierenden Zusätze, die mit der Einarbeitung von P in den Pentateuch verbunden sind oder gar noch später hinzukamen, wozu M. →Noth mit Recht bemerkt: „Das Siglum P^s sollte man streng für den ... sekundären Zuwachs zu der noch selbständigen P-Erzählung reservieren“ (Noth 9 Anm. 15). Diese „priesterlichen“ Stücke, die zugleich auch mit deuteronomistischen Sprachklischees durchsetzt sind, werden heute meist mit dem Siglum R^P (= Pentateuchredaktion[en]) gekennzeichnet. Die Unterscheidung P^g und P^s erübrigt sich für Positionen, die diese Schichtendifferenzierung prinzipiell oder als faktisch nicht mehr erweisbar ablehnen (s.u. 3.).

2. Sprachliche Eigenart

Die Eigenart von P ist zunächst an ihrer Sprache erkennbar, deren Merkmale schon Th. Nöldeke 1869 so charakterisiert hat: „Vorliebe für stehende Redensarten ... große Weitläufigkeit mit ... häufigen Wiederholungen. Durchgängig fehlt der Grundschrift Leben, Anschaulichkeit, Detailmalerei und Wärme der Sprache ... Die Personen, welche auftreten, sind nur in Umrissen gezeichnet ohne nähere Charakteristik“ (Nöldeke 133).

Diese sprachlichen Merkmale, verbunden mit einer Vorliebe für exakte Zahlenangaben (Chronologie, biographische Daten, Maße) und Listen (Genealogien, Völkertafeln, Listen von Tieren, Opfergaben u.ä.), haben oft zu negativen Urteilen über P geführt, so (leider) auch bei Wellhausen (und manchen Autoren bis heute): „Durch diese Vorliebe für unfruchtbare Namen und Zahlen und technische Beschreibungen kommt der Priesterkodex auf eine Linie zu stehn mit der Chronik und der übrigen Literatur des Judentums, welche mit der künstlichen Wiederbelebung der alten Tradition sich abgibt ... Nah verwandt mit dieser Vorliebe ist eine unbeschreibliche Pedanterie, die das innerste Wesen des Verfassers des Priesterkodex bildet. Für das Klassificiren und Schematisiren hat er eine wahre Leidenschaft; wenn er einmal ein Genus in verschiedene Species zerlegt hat, so müssen wir uns jedesmal alle Species einzeln wieder vorführen lassen, so oft vom Genus die Rede ist ... Wo er kann, bevorzugt er den weitläufigen Ausdruck, das Selbstverständliche zum hundertsten male ausführlich zu wiederholen wird er nicht müde (Num. 8), er haßt die Pronomina und alle abkürzenden Substitute. Das Interessante wird übergangen, das Gleichgültige genau beschrieben, vor lauter erschöpfender Deutlichkeit weiß man oft bei einer ohnehin deutlichen Sache mit den vielen Bestimmungen nicht aus noch ein“ (Wellhausen, Prolegomena 348f.).

Gegenüber diesem Vorurteil hat bereits G. von →Rad die Kraft der lapidaren Sprache von P verteidigt; neuere Untersuchungen haben die kunstvolle und kreative Technik von P im Umgang mit Begriffen, Formeln und Wiederholungen detailliert aufgezeigt (Borchert; Paran). Die genannten Vorlieben von P müssen als Ausdruck einer Theologie verstanden werden, die eine verborgene, gottgesetzte Lebensordnung der Welt und der Geschichte insinuieren will – allen Gefährdungen zum Trotz. Neuere kultgeschichtliche und kulttheologische Studien zu P-Texten (Crüsemann; Fritz; Janowski; Koch; Otto; Pola; Rendtorff; Utzschneider; Weimar), aber auch die insbesondere von jüdischen Exegeten zu Recht erhobene Kritik gegenüber den seit Wellhausen vielfach verbreiteten, historisch nicht gedeckten Negativklischees über den Kult Israels (Haran; Kaufmann; Knohl) haben in der Gegenwart zu einer neuen theologischen Beurteilung der P-Texte geführt; dies gilt vor allem für jene Autoren, nach denen P bzw. P^g „nicht einfach eine Ätiologie bestehender Einrichtungen gewesen [ist], sondern eher ein Zukunftsprogramm [s.u. 4.], oder aber eine Korrektur landläufiger Anschauungen mit der Absicht, ihr zum Siege zu verhelfen, oder in der Erwartung, daß sie sich einmal durchsetzen werde“ (Noth 263).

3. Literarischer Charakter (Uneinheitlichkeit; Quelle oder Bearbeitungsschicht?)

Daß die P-Texte in literarhistorischer Hinsicht keine Einheit darstellen, ist weitgehender Konsens der Forschung, wie schon die Unterscheidung zwischen P^g und P^s zeigt. Freilich neigen Vertreter der traditionellen Literarkritik dazu, den P^g-Bestand als Folge einer postulierten Einheitlichkeit und wegen der Voraussetzung, P^g sei eine Erzählung (die dann durch P^s zum „Gesetz" geworden sei), so weit zu reduzieren, daß er beinahe nur noch ein „Strukturgerippe" (Utzschneider) bietet. Es kann bezweifelt werden, ob es wirklich gelingt, den Wortlaut von P^g vor allem im Bereich des Sinaikomplexes zu rekonstruieren. Besonders schwierig ist die Frage nach der Vor- und Überlieferungsgeschichte der P-Texte. Dies gilt sowohl für die erzählenden Partien (Aufnahme von sprachlich geprägten Wissensstoffen oder sogar von schriftlich fixierten Vorlagen wie z.B. „Toledotbuch"?) als auch für die kultischen Regulative (Sammlung alter Rituale aus der Liturgie des vorexilischen Tempels oder gar des alten Heiligtums von →Silo? Sammlung von altem priesterlichem Berufswissen und von priesterlicher Laienbelehrung?). Ob insbesondere das Heiligkeitsgesetz Lev 17–26 innerhalb der P-Überlieferung als eine eigenständige Größe (Gesetzbuch in Analogie zum →Bundesbuch und zum Deuteronomischen Gesetz des →Deuteronomiums) oder als Teil einer literarischen P-Konzeption mit narrativem Rahmen entstanden ist, wird derzeit kontrovers diskutiert (vgl. zusammenfassend Otto 234–237).

Schwer zu entscheiden ist schließlich die Frage, wie die P-Texte sich zur nicht-priesterlichen Pentateuchüberlieferung verhalten. Im Zusammenhang mit der neueren Infragestellung der sich an Wellhausen orientierenden Pentateuch-Quellenhypothese mehren sich die Zweifel an P als einer primär selbständigen Quelle. Statt dessen wird vorgeschlagen, die P-Texte als eine Redaktionsschicht zu begreifen, die eigene Textkomplexe geschaffen und/oder „Exzerpte" aus priesterlicher Überlieferung in eine vorpriesterschriftliche Pentateuch-Erzählung eingearbeitet hat. Nach Meinung wieder anderer Autoren ist P sogar erst die eigentliche Redaktion, die die vor ihr unverbunden überlieferten Erzählkränze zu einer zusammenhängenden Gesamtdarstellung von der Schöpfung bis zum Tod des Mose verbunden hat.

Die Argumente, die *gegen* die ursprüngliche literarische Selbständigkeit von P^g vorgebracht werden, lassen sich auf drei Grundfiguren reduzieren: a) Im Vergleich zur vorpriesterschriftlichen Gesamtdarstellung fehlen in P^g wichtige Erzählstoffe und theologische Themen (z.B. das Thema Ursünde in Entsprechung zu Gen 3f., die Jakob-Esau-Rivalität, eine Josephsgeschichte [→Josephnovelle]), so daß man geradezu von Lücken sprechen müßte, wollte man P^g als eigenständiges Werk betrachten. Vor allem im Bereich der Sinaiüberlieferung wiege das Fehlen einer Erzählung über die Konstitution des Sinaibundes schwer, weil P^g im Zusammenhang mit der Errichtung des Heiligtums die aus der Bundestheologie stammende „Bundesformel" (Ex 29,45) zitiere. b) Es gibt eine Reihe von kurzen Sätzen und Notizen, die zwar typisch priesterlich sind, aber gleichzeitig unbestreitbar als strukturierende Überschriften über nicht-priesterschriftlichen Texten stehen. Außerdem hängen sich P-Texte semantisch öfter an vorangehende Nicht-P-Texte an. Beides spreche eindeutig dafür, daß P eine Redaktionsschicht sei. c) Der P^g-Text hat eine sehr unterschiedliche Erzähldichte. Da gibt es breit ausgeführte Erzählungen und Reden (vgl. Gen 1; 17) neben sehr dünnen, geradezu fragmentarischen Notizen. Dies sei eher Kennzeichen für eine redaktionelle Schicht als für ein eigenständiges Werk, vor allem im Vergleich mit der nicht-priesterschriftlichen Darstellung.

Gewichtiger erscheinen vielen Autoren allerdings immer noch die Argumente *für* die ursprüngliche literarische Selbständigkeit von P^g: a) Es gibt eine Reihe von P-Texten, die ihre geschehensmäßige und theologische Komposition *nur* dann erkennen lassen, wenn sie losgelöst von ihrem *jetzigen* literarischen Kontext als *in sich* zu lesender Textzusammenhang genommen werden. Beispiele dafür sind der Zusammenhang Ex 2,23–25; 6,2–8 und die fünfteilige Plagengeschichte von P^g, die als Textfolge gelesen eine planvolle Steigerung ergibt, die im jetzigen Kontext, wo die fünf Szenen auseinandergerissen sind, nicht deutlich sichtbar wird. b) Das durchlaufende Ineinander von nicht-priesterlichen und priesterlichen Textteilen in der Flutgeschichte Gen 6–9 (→Urgeschichte) und in der Meerwundergeschichte Ex 14 läßt sich nicht mit P als Bearbeitungsschicht erklären. Die herauslösbare P-Schicht ist in sich so stringent komponiert, daß sie als kunstvolle eigenständige Erzählung lesbar ist. Außerdem sind selbst in Nebenzügen der P-Erzählung derart massive Spannungen zum Nicht-P-Erzählfaden auszumachen, daß kaum vorstellbar ist, ein Bearbeiter hätte solche Spannungen, die vom theologischen Duktus her nicht notwendig sind, eingetragen. Diese Einzelheiten müssen sich bereits in dem *Text* befunden haben, den er einarbeiten wollte. c) Wichtige theologische Eigenheiten von P sind durch den Zusammenhang, in dem die P-Texte jetzt stehen, nur schwer erkennbar oder sogar nivelliert. Sie treten erst in ihrer Prägnanz hervor, wenn P^g als eigenständiges Werk mit profilierter Struktur gelesen wird. Dies gilt z.B. für die spezifische Bundestheologie von P^g, die sich gegenüber den Nicht-P-Texten durch zwei Besonderheiten auszeichnet: P^g vermeidet die Wendung „Bund *schließen* zwischen/mit" (Aspekt der Zweiseitigkeit; Vertragsbund) und gebraucht nur „Bund *geben*" bzw. „Bund *errichten*" (Aspekt der Einseitigkeit; Gnadenbund); darüber hinaus vermeidet P^g im Bereich der Sinaitheologie das Wort „Bund", das dort häufig in Nicht-P-Texten steht. d) Es gibt zwischen P-Texten und Nicht-P-Texten, die über das gleiche Thema reden, so massive Widersprüche, daß schlechterdings nicht vorstellbar ist, daß sie von einer P-Redaktion ausgelöst sein können, sondern eben dadurch zustande kamen, daß *vorgegebene, eigenständige* Texte zusammengearbeitet wurden. Dies gilt z.B. für das Verhältnis von Gen 1 (P) zu Gen 2,5–7. Wer in Gen 1 gelesen hat, daß die Erde voller Pflanzen und Bäume ist und daß die Menschen erschaffen sind, kann nur voller Erstaunen lesen, wie dies alles nach Gen 2,5 noch nicht da ist. „Wenn 1,1–2,3(4a) mit keiner anderen Absicht abgefaßt wäre, als der, einen korrigierenden Vorspann zur JE-Schöpfungserzählung zu geben, warum hat dann der Priester nicht den mißverständlichen Anfang von 2,4b–7 aus seiner Vorlage gestrichen und erst mit 2,8 eingesetzt? Solche ‚Beschneidung' des JE-Materials geschieht doch später mehrfach! Durch eine Auslassung wäre der Übergang glatt verlaufen, kein Leser würde das Zwischenstück vermissen ... Bis zum Beweis des Gegenteils wird es dabei bleiben müssen, daß der priesterliche Text von 1,1ff als eine eigene Schrift konzipiert worden ist" (Koch, Redaktor 460f.).

4. Umfang, Datierung und Theologie der Priestergrundschrift

Unter den Anhängern von P^g als einem eigenständigen, mit Gen 1,1 beginnenden Werk ist die für das Gesamtverständnis von P^g wichtige Frage nach dem ursprünglichen Ende von P^g umstritten. Die im Anschluß an Wellhausen besonders von Noth und dann erneut von K. Elliger detailliert begründete und seither weithin rezipierte These, daß der Abschluß von P^g in Dtn 34,1a*α*.7–9 vorliege, ist neuerdings mit guten Gründen bezweifelt worden.

Gegen Dtn 34 als Schluß einer P^g ist u.a. eingewendet worden (Dohmen; Perlitt; Pola): a) Dtn 34 hat keine besondere makrostrukturelle und leitmotivische Einbindung in die Komposition von P^g, insbesondere keinerlei Bezüge zum programmatischen Anfang der Urgeschichte Gen 1–9*. b) Die Sprache von Dtn 34,7–9 ist nicht spezifisch priesterschriftlich; statt dessen liegt im ganzen Kapitel Dtn 34 eine für die Pentateuchredaktion typische Mischung deuteronomistischer und priesterlicher Sprache vor; vieles spricht dafür, daß Dtn 34 erst von der Pentateuchredaktion geschaffen wurde. c) Bei Annahme von Dtn 34,1a*α*.7–9 als Schluß von P^g fehlt ein eigentlicher Bericht über den Tod des →Mose; nur von der Reaktion auf diesen Tod ist in Dtn 34,7–9 die Rede.

Da die Errichtung des Heiligtums am →Sinai und seine „Inbesitznahme" durch JHWHs Kabod Höhe- und Zielpunkt des zweifachen Erzählbogens der P^g (Gen 1,1–11,26*: Welt-Kreis; Gen 11,27 – Lev 9*: Israel-Kreis) ist und da die *nach* Lev 9 traditionell der P^g zugewiesenen Texte dünner werden und Eigenheiten haben, die auf P^s hindeuten, legt es sich nahe, den ursprünglichen Schluß der P^g im Bereich der Sinai-Erzählung zu suchen. Pola hat dafür die Abschlußnotiz Ex 40,16.17a.33b vorgeschlagen. Von der Kompositionsstruktur der P^g-Sinai-Theologie (vgl. dazu vor allem Janowski; Weimar) her empfiehlt sich eher Lev 9,24 als ursprünglicher Schluß (vgl. außer den strukturellen/

motivischen Rückbezügen in Lev 9 über Ex 40,34f.; 24,15b–18a*α* nach Ex 16 auch den nach Gen 17,1 zurückgreifenden Schlußsatz von P^g in Lev 9,24).

Wegen der im Josuabuch mit priesterlicher Sprache gestalteten Passagen (u.a. Jos 4,9.15–19; 5,10–12; 9,15–21; 14,1–5; 18,1; 19,51; 22,10–34) nahmen die „Entdecker" der Priesterschrift deren Erstreckung bis ins Buch Josua hinein an (Nöldeke; Reuß; Holzinger; anfangs auch Wellhausen). Heute wird diese These u.a. von N. Lohfink vertreten, der Jos 18,1; 19,51 als ursprünglichen Schluß von P^g annimmt, und zwar mit folgenden Argumenten: a) Der Schöpfungssegen in Gen 1,28 sei ein programmatischer Vorentwurf von P^g und ziele auf Jos 18,1; 19,51. b) Die Heiligtumstheologie der P^g komme erst in Jos 18,1; 19,51 zu ihrem intendierten Ziel.

Angesichts der bereits von Wellhausen begründeten Erkenntnis, daß P später sein müsse als das Programm der josianischen Kultzentralisation, und in Anbetracht des eindeutig monotheistischen Gottesbildes der P^g kommt zumindest für P^g frühestens eine exilische Datierung in Frage. Die theologische Nähe zur deuteronomistischen Bundestheologie (von deren älterer Ausprägung sich P^g absetzt, mit deren jüngerer Gestalt sich P^g berührt), zu Ezechiel (Konzept der „Herrlichkeit JHWHs" in Verbindung mit dem Heiligtum; Verständnis der Geschichte als Geschichte der Offenbarung JHWHs: vgl. Ez 20) sowie zu →Deuterojesaja (Verbindung von Schöpfungstheologie und Heilsgeschichte; Schöpfungsbegriff *bārā'*) und die Verwandtschaft der Heiligtumstheologie mit Haggai und Sach 1–8 weisen in spätexilische/frühnachexilische Zeit. Deutet man das starke Interesse von P^g am rechten Kult als Theologie der segnenden, rettenden und sühnenden Gegenwart des heiligen Gottes, kann man P^g als kritisch-utopischen Beitrag zur Diskussion um den noch nicht vollendeten Tempelbau verstehen; dann legt sich eine Datierung um 520 v. Chr. nahe.

Autoren, die in P^g keinerlei utopisch-eschatologische Perspektiven sehen, sondern sie als anti-eschatologische Beschwörung der vom Schöpfergott ein für allemal gesetzten und in der Geschichte Israels zum Durchbruch gekommenen Heilsordnungen betrachten, kommen dadurch zu einer jüngeren Datierung. L. Schmidt z.B. faßt seine Argumente für eine Entstehung der Priesterschrift „erst in frühnachexilischer Zeit" so zusammen: „In seiner Sinaiperikope schreibt P eine Ätiologie Israels als Kultgemeinde. Sie hat ihr Zentrum in dem Zelt der Begegnung. Zu dieser Kultgemeinde ist Israel bereits am Sinai geworden. Das spricht dafür, daß P hier kein Programm für die Zukunft entwirft, sondern Bestehendes begründet. Auch in ihrer Schöpfungsgeschichte (Gen 1,1–2,4a) und in dem Bericht von der Stiftung der *b*^{e}*rît* [Bund] Gottes mit Noah (Gen 9,1–17) stellt die Priesterschrift dar, wie es zu den Ordnungen gekommen ist, die zur Zeit des Verfassers bestehen. Es ist also für die Priesterschrift charakteristisch, daß in ihr berichtet wird, wie die Ordnungen, die jetzt existieren, entstanden sind. Dann setzt P aber in seiner Sinaiperikope den zweiten Tempel voraus. So wie einst Israel am Sinai zu einer Kultgemeinde wurde, die im Zelt der Begegnung ihr Zentrum hatte, ist Israel jetzt eine Kultgemeinde, deren Mitte der zweite Tempel ist. Auch die Bedeutung, die bei P dem Sabbat zukommt, spricht ... dagegen, daß die Priesterschrift noch in der Exilszeit entstanden ist. Damals wurde zwar der Sabbat für die Israeliten zu einem Bekenntniszeichen. Er erhält jedoch bei P eine einzigartige Würde, weil er hier in der Schöpfungsgeschichte verankert wird (Gen 2,1–3). Das setzt doch wohl eine längere Entwicklung voraus, die schwerlich noch in der Exilszeit abgeschlossen war" (L. Schmidt 259). Auch die am Schluß der Priesterschrift festgeschriebene Ämterteilung in der doppelten Spitze Josua (Nachfolger des Mose) und Eleasar (Nachfolger des Aaron) sei am ehesten aus der Abhängigkeit der P^g von der Ankündigung →Sacharjas zu erklären, der für die kommende Heilszeit die beiden Ämter eines messianischen Herrschers *und* eines Hohenpriesters vorsah (vgl. Sach 4). Später als in die erste Hälfte des 5. Jh. dürfe man P^g freilich nicht ansetzen, da sie noch vor der Einarbeitung in den dann fertigen Pentateuch durch P^s erweitert worden sei.

Die verschiedentlich angeführten kult- und sprachgeschichtlichen Argumente für eine Datierung von P in vorjosianische Zeit (Epoche →Hiskias bzw. sogar →Salomos: Haran; Hurowitz; Hurvitz;

Kaufmann; Knohl; Milgrom; Rendsburg; Zevit) können, falls überhaupt, nur für Einzelmaterialien von P (Rituale, Listen und ähnliches) gelten, aber nicht für P^g als geschichtstheologisches Werk. Die sprachgeschichtlichen Untersuchungen von R. Polzin haben immerhin die P-Sprache als „mittleres Hebräisch" (jünger als das „klassische Bibelhebräisch" eindeutig vorexilischer Texte und älter als das „späte Bibelhebräisch" des chronistischen Geschichtswerks) aufgewiesen; diese Sprachuntersuchungen scheinen auch die Unterscheidung von P^g und P^s zu bestätigen. Zu anderen Ergebnissen mit insgesamt sehr früher Datierung kommt Knohl, der sprachlich zwischen PT = Priestly Torah (10. Jh.) und HS = Holiness School (8. Jh.) unterscheidet. Umgekehrt kommt J.G. Vink nicht zuletzt als Folge fehlender Differenzierung innerhalb der P-Texte zu massiv nachexilischer Datierung.

Die Theologie von P^g zeigt sich besonders in ihrem planvollen Aufbau. Aus den in der Forschung erarbeiteten unterschiedlichen Bauplänen von P^g (z.B. Lohfink: Gliederung in zehn ungleich große Teile durch die *Toledot*-Formeln; Wellhausen und W.H. Schmidt: Gliederung in die vier Perioden „Schöpfung", „Flut", „Zeit Abrahams", „Mosezeit"; Weimar und Zenger: Gliederung in die zwei Teile Gen 1,1 – Ex 1,7; Ex 1,13 – Dtn 34,9) erscheint die besonders von O.H. Steck (Aufbauprobleme) vorgeschlagene Zweiteilung „Welt/Menschen-Kreis" (Urgeschichte der Völkerwelt) und „Israel-Kreis" (Urgeschichte Israels) am plausibelsten. Die beiden Teile stehen nicht unverbunden nebeneinander, sondern die „Urgeschichte Israels" gründet in der „Urgeschichte der Welt", was dadurch angezeigt wird, daß beide Teile vielfältig miteinander verwoben sind (vgl. vor allem die Aufnahme des in Gen 1,28; 9,1–7 ausgesprochenen „Schöpfungssegens" in der dem Abraham in Gen 17 gegebenen Bundesstiftung, die ihrerseits eine Explikation des Noahbundes Gen 9,8–15 ist).

Angesichts des leidvollen Zerbrechens der jahrhundertelang tragenden Ordnungen Israels, die noch die deuteronomische Bundestheologie sowohl auf JHWHs als auch auf Israels Tun aufruhen ließ, sucht P^g nach Fundamenten, die durch die Katastrophe von 586 v. Chr. nicht zerstört werden konnten. P^g findet dieses Fundament in der dezidiert vorstaatlichen Gründungsgeschichte des JHWH-Volks. Auf dieses Fundament möchte P^g die Zukunft des JHWH-Volks als einer nachstaatlichen Gesellschaft unter außenpolitischer und militärischer Fremdherrschaft bauen. Um die vorstaatliche Ursprungsgeschichte Israels als (quasi-mythische) Daseinslegitimation des realpolitisch bedeutungslos gewordenen JHWH-Volks herauszuarbeiten, vollzieht P^g eine gewaltige Reduktion der Geschichte. Literarisch führt dies zu der zweiteiligen Makrostruktur (Welt/Menschen-Kreis und Israel-Kreis). Theologisch bewirkt es die Anbindung der *gesamten* Geschichte Israels an die dem Abraham gegebene Zusage des Schöpfergottes, er wolle sein und seiner Nachkommenschaften Gott werden (Gen 17,7f.). Diese Zusage löst der Schöpfergott am Sinai ein: seine „Herrlichkeit" läßt sich nieder inmitten seines im Exodus geschaffenen Volkes. Daß die Zusage, die für Israel Rettung aus dem Tod (Ex 1–14*), Gabe des Lebens (Ex 16*), soziale Gemeinschaft (Ex 19–40*) und Gemeinschaft mit Gott (Lev 9*) bedeutet, durch die Sünde Israels nicht hinfällig wird, ist der offene Schluß, mit dem P^g ihre zweifelnden Zeitgenossen zum Aufbruch in das Land des Lebens (vgl. Gen 17,8; Ex 6,4.8) aufrufen will. Um Israels Geschichte als spannungsreichen und gefährdeten, aber gleichwohl ein für allemal gebahnten Weg zum Leben einzuprägen, verzichtet P^g darauf, die Helden und Anti-Helden ihrer Geschichtsdarstellung als plastische Akteure in unverwechselbaren Szenerien auftreten zu lassen. Statt dessen reduziert sie die Akteure zu theologischen Sinnträgern, an denen die elementaren Strukturen menschlichen Lebens offenbar werden sollen. Das der P^g bisweilen vorgeworfene Erstarren der Sprache und der Erzählung ist die Konsequenz der Entscheidung, die Anfangsgeschichte Israels als eine präfigurative und normative Setzung zu beschreiben, auf die das Israel des 6. Jh. bauen kann.

Während in der deuteronomischen Theologie Mose als menschlicher Hauptakteur und als entscheidender Sinnträger der Gründungsgeschichte Israels gezeichnet wurde, rückt P^g Abraham in jene Anfangsposition, die diesem schon die vorpriesterschriftliche Geschichtstheologie gegeben hatte. Doch P^g gibt dem Abraham als dem Vater Israels, ja als dem Ursprung von Völkern und Königen (Gen 17,6), ein gegenüber der vorpriesterschriftlichen Theologie verändertes Fundament. Ist für diese Abraham als „Mann des Segens“ eine Gegengestalt zu dem in der Urgeschichte vielfältig aufgebrochenen Fluch, so ist in der Sicht von P^g der dem Abraham zugesprochene Segen eine Explikation des Segens, der bereits allen Menschen bei der Erschaffung (Gen 1,28) und dem Noah nach der Rettung aus dem tödlichen Chaos (Gen 9,1–7*) gegeben wurde. Die Gründungsfigur Abraham gründet ihrerseits in (Adam und) Noah. Abraham ist nicht eine Gegenfigur zur Urgeschichte, sondern ihre Entfaltung.

Israels Geschichte ist ein konstitutiver Teil der „Lebensgeschichte von Himmel und Erde“ – und deshalb nicht auf Tod, sondern auf Leben hin angelegt. Diese „Lebensgeschichte von Himmel und Erde“ (Gen 1,1) ist gewiß ein dramatischer, vom Chaos bedrohter Prozeß, wie die Urgeschichte in Aufnahme und kosmischer Ausweitung der Fluttradition einschärft. Aber in diesen dramatischen Prozeß hinein hat der Schöpfergott „seinen Bogen“ gesetzt. Als „Leuchtfeuer“ seiner Königsherrschaft steht der Bogen der „Herrlichkeit“ Jahwes über der Geschichte Israels. Angesichts der schöpfungswidrigen Bedrohung des Lebens durch die Lebewesen selbst verkündet der Gottesbogen inmitten der Gewitterwolken das entschiedene Ja des Schöpfergottes zum Leben.

Daß es in P^g um die Offenbarung dieses innersten Wesens JHWHs geht, wird in der Sinaigeschichte als Höhe- und Zielpunkt der P^g erkennbar, insofern „erst hier die in der Schöpfung grundgelegte *Hinwendung Gottes zur Welt* zur Entfaltung kommt – und zwar als *Hinwendung JHWHs zu Israel* oder mit den Worten der Priesterschrift: als ‚Wohnen‘ (*šākan*) JHWHs inmitten der Israeliten. Erst vom Sinai her wird also erkennbar, was mit Gottes Schöpfungshandeln ‚am Anfang‘ intendiert war und d.h.: wozu Gott die Welt erschaffen hat: nämlich dazu, *Gemeinschaft mit dem Menschen/Israel* zu haben ... Am Sinai wird also Israel das schöpfungstheologische Geheimnis des siebten Tages aufgedeckt, weil in der kultischen Präsenz des im ‚Begegnungszelt‘ einwohnenden Sinaigottes (Ex 24,15b–18a*α*/40,34f) und in der Feier des ersten Opfergottesdienstes (Lev 9,1–24*) die Schöpfungsabsicht Gottes, Gemeinschaft mit den Menschen zu haben, für Israel konkret erfahrbare Wirklichkeit wird ... Mit dem ‚siebten Tag‘ von Ex 24,16b–18a*α* wird ein Prozeß eingeleitet, der auf die *Verwandlung der Welt als Raum konkret erfahrbarer Gottesnähe* zielt. An Israel wird damit exemplarisch Wirklichkeit, was für die Welt insgesamt noch aussteht – dies ist die Hoffnung der Priesterschrift für die nachexilische JHWH-Gemeinde“ (Janowski, Tempel 61f.67). Von daher ist die Priesterschrift nicht anti-eschatologische Ätiologie einer Kultgemeinde, sondern utopische Vision der Gottesgemeinschaft – im Widerspruch zur bedrohlichen Erfahrung des geschichtlichen und kosmischen Chaos in seinen vielen Gestalten und Konkretionen.

5. *Bedeutung der P-Texte*

Gegenüber den früher beliebten Negativzensuren, wonach die P-Texte ritualistisch, steril und epigonal seien, wird heute die Bedeutung von P meist hoch veranschlagt, und zwar in vierfacher Hinsicht: a) P^g entfaltet ein Programm, das in der ökologischen Diskussion einen wichtigen theologischen Beitrag leisten kann: Die Erde ist als Lebenshaus für alle gewollt. Die Zerstörung der Erde ist eine Absage an den Schöpfergott und eine Behinderung des von ihm in der Schöpfung gewollten Heils. Nicht nur der einzelne Mensch ist eingebettet in das Biotop Erde, sondern die Heilsgeschichte ist eingebunden in die Erdgeschichte. b) Mit ihrer Konzeption, wonach die Errichtung des Heiligtums durch die im Exodus befreiten und zum Gottesvolk geschaffenen Israeliten zugleich das „Ziel“ der Schöpfung offenbart, entwirft P die Utopie, daß die Welt insgesamt befreit und verwandelt werden soll zu einem Ort des Lebens in Gottes Nähe bzw. Gegenwart, nicht zuletzt in der gemeinschaftlichen Feier von Fest und Liturgie. Gerade diese soll in der Sicht von P Erinnerung und Feier des Exodus sein – und zwar durch Israel als priesterliches Volk der Freiheit. c) Die im Heiligkeitsgesetz, aber auch in den anderen P-Texten konkretisierte Ethik der Heiligkeit bzw. der →Heiligung ist mit ihrer Interdependenz von rituellen *und* ethischen Regulativen zunächst für Israel selbst insofern wirkungsgeschichtlich wichtig geworden, als ihre Leitidee die jüdische →Halacha bis heute bestimmt. Dabei ist auch die (redaktionell) in P vollzogene schöpfungstheologische Grundlegung dieser Ethik bedeutsam: Indem Israel sich „heiligt", wird die ganze Schöpfung „geheiligt". Eine allzu oberflächliche christliche Kritik an der „Reglementierung" des jüdischen Alltags hat diesen Aspekt nicht begriffen. Daß an strukturell herausragender Stelle des Heiligkeitsgesetzes das Gebot der Feindes- und der Fremdenliebe steht (Lev 19,17f.34), sollte nicht als singuläres *highlight* gelesen werden, sondern ist Anreiz, sich mit diesem ethischen Konzept einer *umfassenden* Heiligung des Lebens in Korrespondenz zum „Heiligen Gott" theologisch ernsthafter auseinanderzusetzen (vgl. Crüsemann 323–380; Otto 219–256). d) Zur priesterschriftlichen Theologie gehört auch Lev 16 als Mitte des Pentateuchs. Die hier narrativ-rituell skizzierte Theologie vom Versöhnung stiftenden Gott gehört in die Mitte der jüdisch-christlichen Botschaft. Dabei sollte weniger das „Sündenbock-Ritual" im Zentrum der Verstehensbemühungen stehen als vielmehr die den Ritus im jetzigen Textzusammenhang prägende Theozentrik (Gottes Zusage seiner Versöhnungsbereitschaft). Von ihr her fällt erhellendes Licht auf die Theologie des Sühnetodes Jesu (→Sühne).

Literatur

Ferdinand Ahuis, Autorität im Umbruch. Ein formgesch. Beitr. zur Klärung der literarischen Schichtung u. der zeitgesch. Bezüge v. Num 16 u. 17. Mit einem Ausblick auf die Ämter der Kirche, 1983 (CThM 13). – Elias Auerbach, Die babylonische Datierung im Pentateuch u. das Alter des Priester-Kodex: VT 2 (1952) 334–342. – Ehud Ben Zwi, The Closing Words of the Pentateuchal Books. A Clue for the Hist. Status of the Book of Genesis within the Pentateuch: BN 62 (1992) 7–10. – Joseph Blenkinsopp, The Structure of P: CBQ 38 (1976) 275–292. – Erhard Blum, Stud. zur Komposition des Pentateuch, 1990 (BZAW 189). – Sue Boorer, The Kerygmatic Intention of the Priestly Document: ABR 25 (1976) 12–50. – Rudolph Borchert, Stil u. Aufbau der priesterschriftlichen Erzählung, Heidelberg 1957. – Jason S. Bray, Genesis 23 – A Priestly Paradigm for Burial: JSOT 60 (1993) 69–73. – John T. Brinkman, The Perception of Space in the OT. An Exploration of the Methodological Problems of its Investigation Exemplified by a Study of Exodus 25 to 31, Kampen 1994. – Walter Brueggemann, The Kerygma of the Priestly Writers: ZAW 84 (1972) 397–414. – Anthony F. Campbell, The Priestly Text. Redaction or Source: Bibl. Theol. u. gesellschaftlicher Wandel. FS Norbert Lohfink, hg. v. Georg Braulik, Freiburg 1993, 32–47. – Chaim Cohen, Was the P Document Secret?: JANES 1 (1968/69) 39–44. – Robert B. Coote/David R. Ord, In the Beginning. Creation and the Priestly History, Minneapolis 1991. – Enzo Cortese, La Terra di Canaan nella Storia Sacerdotale del Pentateuco, 1972 (SRivBib 5). – Ders., Dimensioni letterarie e elementi strutturali di P^g. Per una teologia del documento sacerdotale: RivBib 25 (1977) 113–141. – Ders., La teologia del documento sacerdotale: RivBib 26 (1978) 113–137. – Ders., Num. 33,50–56 e la teologia sacerdotale della terra: RivBib 28 (1980) 59–77. – Ders., Num. 9,15–23 e la presenza divina nella tenda di P: RivBib 31 (1983) 405–410. – Ders., Josua 13–21. Ein priesterschriftlicher Abschn. im DtrG., 1990 (OBO 94). – Frank Moore Cross, The Priestly Work: ders., Canaanite Myth and Hebrew Epic, London 1973, 293–325. – Frank Crüsemann, Die Tora. Theol. u. Sozialgesch. des atl. Gesetzes, München 1992. – Christoph Dohmen/Manfred Oeming, Bibl. Kanon, warum u. wozu?, 1992 (QD 137). – Thomas B. Dozeman, God on the Mountain. A Study of Redaction, Theology and Canon in Exodus 19–24, 1989 (SBL.MS 37). – Ders., Spatial Form in Exod 19:1–3a and in the Larger Sinai Narrative: Semeia 46 (1989) 87–101. – Johann Gottfried Eichhorn, Ueber Mosis Nachrichten v. der Noachidischen Flut, I B. Mose VI.VII.VIII.IX: RBML 5 (1779). – Andreas Eitz, Stud. zum Verhältnis v. P u. Deuterojesaja, Heidelberg 1969. – Karl Elliger, Sinn u. Ursprung der priesterlichen Geschichtserzählung: ZThK 49 (1952) 121–143. – Eric E. Elnes, Creation and Tabernacle. The Priestly Writer's „Environmentalism": HBT 16 (1994) 144–155. – John Adney Emerton, The Priestly Writer in Genesis: JThS NS 39 (1988) 381–400. – Georg Fischer, Keine P in Ex 1–15?: ZThK 117 (1995) 203–211. – Johannes P. Floß, Schöpfung als Geschehen? Von der Syntax zur Semantik in der priesterschriftlichen Schöpfungsdarst. Gen 1,1–2,4a: Nachdenken über Israel, Bibel u. Theol. FS Klaus-Dietrich Schunck, hg. v. Horst Michael Niemann u.a., 1994 (BEAT 37) 311–318. – Michael V. Fox, The Sign of Covenant. Circumcision in the Light of the Priestly *'ôt* Etiologies: RB 81 (1974) 557–596. – Terence E. Fretheim, The Priestly Document – anti-Temple?: VT 20 (1970) 129–152. – Richard E. Friedman, The Exile and Biblical Narrative. The Formation of the Deuteronomistic and Priestly Works, 1981 (HSM 22). – Volkmar Fritz, Tempel u. Zelt. Stud. zum Tempelbau in Israel u. zu dem Zeltheiligtum der P, 1977 (WMANT 47). – Ders., Das Geschichtsverständnis der P: ZThK 84 (1987) 426–439. – Felix García López, Deut 34, Deuteronomistic History and the Pentateuch: Studies in Deuteronomy. In Honour of C.J. Labuschagne on the Occasion of his 65th Birthday, hg. v. Florentino Garcia Martinez u.a., 1994 (VT.S 53) 47–61. – Manfred Görg, min – ein charakteristischer Begriff der P: BN 24 (1984) 12–15. – Ders., Das Menschenbild der P: BiKi 42 (1987) 21–29 = ders. (Hg.), Stud. zur bibl.-äg. Religionsgesch., ^{2}1992 (SBAB 14) 137–151. – Ders., Abra(h)am – Wende zur Zukunft. Zum Beginn der priesterschriftlichen Abrahamsgesch.: Die Väter Israels. Beitr. zur Theol. der Patriarchenüberlieferungen im AT. FS Josef Scharbert, hg. v. Manfred Görg, Stuttgart 1989, 61–71 = ebd. 152–163. – Frank H. Gorman, The Ideology of Ritual. Space, Time and Status in the Priestly Theology, 1990 (JSOT.S 91). – Ders., The Priestly Rituals of Founding. Time, Space and Status, 1993 (JSOT.S 173) 47–65. – Karl Heinrich Graf, Die gesch. Bücher des AT. Zwei hist.-krit. Unters., Leipzig 1866 [ersch. 1865]. – Walter Groß, Bundeszeichen u. Bundesschluß in der P: TThZ 87 (1978) 98–115. – Ders., Die Wolkensäule u. die Feuersäule in Ex 13 + 14. Literarkrit., redaktionsgesch. u. quellenkrit. Erwägungen: FS Norbert Lohfink (s.o. bei Campbell) 142–165. – Ders., Die Gottebenbildlichkeit des Menschen nach Gen 1,26.27 in der Diskussion des letzten Jahrzehnts: BN 68 (1993) 35–48. – Mayer I. Gruber, Women in the Cult according to the Priestly Code: dies. (Hg.), The Motherhood of God and Other Studies, ^{2}1992 (SFSHJ 57) 49–68. – Klaus Grünwaldt, Exil u. Identität. Beschneidung, Passa u. Sabbat in der P, 1992 (BBB 85). – Glenine Hamlyn, Die Rolle v. Gn 1,1–2,4a in der Komposition der priesterschriftlichen Grundschr., Tübingen 1989. – Paul D. Hanson, Das berufene Volk. Entstehen u. Wachsen der Gemeinde in der Bibel, Neukirchen-Vluyn 1993. – Menahem Haran, Shiloh and Jerusalem. The Origin of the Priestly Tradition in the Pentateuch: JBL 81 (1962) 14–24. – Ders., Temples and Temple-Service in Ancient Israel. An Inquiry into the Character of Cult Phenomena and the Hist. Setting of the Priestly School, Oxford 1978. – Ders., Behind the Scenes of History. Determining the Date of the Priestly Source: JBL 100 (1981) 1–12. – Johannes Hempel, Art. Priesterkodex: PRE 22 (1954) 1943–1967. – Marie Louise Henry, J u. P. Zwei Glaubenszeugnisse des AT, 1960 (ATh I/3) = Bernd Janowski/Edward Noort (Hg.), Hüte dein Denken u. Wollen, ^{2}1992 (BThSt 16) 11–40. – D. Hildebrand, A Summary of Recent Findings in Support of an Early Date for the So-Called Priestly Material of the Pentateuch: JETS 29 (1986) 129–138. – H. Holzinger, Einl. in den Hexateuch, Freiburg/Leipzig 1893. – Frank-Lothar Hossfeld, Volk Gottes als „Versammlung“: Unterwegs zur Kirche. Atl. Konzeptionen, hg. v. Josef Schreiner, 1987 (QD 110) 123–142. – Cees Houtman, Der Pentateuch. Die Gesch. seiner Erforschung neben einer Auswertung, Kampen 1994 (Contributions to Biblical Exegesis and Theology 9). – Ders., Wie fiktiv ist das Zeltheiligtum v. Exodus 25–40?: ZAW 106 (1994) 107–113. – Jeremy Hughes, Secret of the Times. Myth and History in Biblical Chronology, 1990 (JSOT.S 66). – Alexander R. Hulst, *kôl bāsār* in der priesterschriftlichen Fluterzählung, 1958 (OTS 12). – Hermann Hupfeld, Die Quellen der Genesis u. die Art ihrer Zusammensetzung v. neuem untersucht, Berlin 1853. – Victor Hurowitz, The Priestly Account of Building the Tabernacle: JAOS 105 (1985) 21–30. – Ders., I have Built You an Exalted House. Temple Building in the Bible in Light of Mesopotamian and Northwest Semitic Writings, 1992 (JSOT.S 115). – Avi Hurvitz, The Evidence of Language in Dating the Priestly Code. A Linguistic Study in Technical Idioms and Terminology: RB 81 (1974) 24–56. – Ders., A Linguistic Study of the Relationship between the Priestly Source and the Book of Ezekiel. A New Approach to an Old Problem, 1982 (CRB 20). – Ders., Dating the Priestly Source in Light of the Hist. Study of Biblical Hebrew. A Century after Wellhausen: ZAW 100 (1988) Suppl. 88–100. – Bernd Janowski, Sühne als Heilsgeschehen. Stud. zur Sühnetheol. der P u. zur Wurzel KPR im Alten Orient u. im AT, 1982 (WMANT 55). – Ders., „Ich will in eurer Mitte wohnen“. Struktur u. Genese der exilischen Schekina-Theol.: JBTh 2 (1987) 165–193. – Ders., Tempel u. Schöpfung. Schöpfungstheol. Aspekte der priesterschriftlichen Heiligtumskonzeption: JBTh 5 (1990) 37–69. – Ders., Herrschaft über die Tiere. Gen 1,26–28 u. die Semantik v. *rādāh*: FS Norbert Lohfink (s.o. bei Campbell) 183–198. – Philip P. Jenson, Graded Holiness. A Key to the Priestly Conception of the World, 1992 (JSOT.S 106). – Alfred Jepsen, Zur Chronologie des Priestercodex: ZAW 47 (1929) 251–255. – Arvid S. Kapelrud, The Date of the Priestly Code (P): ASTI 3 (1964) 58–64 = ders., God and his Friends in the OT, Oslo 1979, 21–27. – Stephen A. Kaufman, Deuteronomy 15 and Recent Research on the Dating of P: Norbert Lohfink (Hg.), Das Deuteronomium. Entstehung, Gestalt u. Botschaft, 1985 (BEThL 68) 273–276. – Yehezkel Kaufmann, Der Kalender u. das Alter des Priesterkodex: VT 4 (1954) 307–313. – Ders., The Religion of Israel. From its Beginnings to the Babylonian Exile, Chicago 1960. – Peter J. Kearney, Creation and Liturgy. The P Redaction of Ex 25–40: ZAW 89 (1977) 375–387. – Diether Kellermann, Die P v. Num 1,1 bis 10,10, 1970 (BZAW 120). – Rudolf Kilian, Die P – Hoffnung auf Heimkehr: Josef Schreiner (Hg.), Wort u. Botschaft. Eine theol. u. krit. Einf. in die Probleme des AT, Würzburg 1967, 226–243. – N. Kiuchi, The Purification Offering in the Priestly Literature. Its Meaning and Function, 1987 (JSOT.S 56). – Ralph W. Klein, The Message of P: Die Botschaft u. die Boten. FS Hans Walter Wolff, hg. v. Jörg Jeremias, Neukirchen-Vluyn 1981, 57–66. – Israel Knohl, Post-Biblical Sectarianism and the Priestly Schools of the Pentateuch: Julio Trebolle Barrera/Luis Vegas Montaner (Hg.), The Issue of Popular Participation and the Temple Cult on Festivals. The Madrid Qumran Congress 1991, 1992 (StTDJ 11,2) 601–609. – Ders., The Sanctuary of Silence. The Priestly Torah and The Holiness School, Minneapolis 1995. – Klaus Koch, Die Eigenart der priesterschriftlichen Sinaigesetzgebung: ZThK 55 (1958) 36–51. – Ders., Die P v. Ex 25 bis Lev 16. Eine überlieferungsgesch. u. literarkrit. Unters., 1959 (FRLANT 71 = NF 53). – Ders., P – kein Red.! Erinnerung an zwei Eckdaten der Quellenscheidung: VT 37 (1987) 446–467. – Matthias Köckert, Leben in Gottes Gegenwart. Zum Verständnis des Gesetzes in der priesterschriftlichen Lit.: JBTh 4 (1989) 29–61. – Fujiko Kohata, J u. P in Exodus 3–14, 1986 (BZAW 166). – Thomas M. Krapf, Die P u. die vorexilische Zeit. Yehezkel Kaufmanns vernachlässigter Beitr. zur Gesch. der bibl. Religion, 1992 (OBO 119). – Abraham Kuenen, Critische bijdragen tot de geschiedenis van den Israëlietischen godsdienst. V. De priesterlijke bestanddeelen van Pentateuch en Josua: ThT 4 (1870) 391–426.487–526. – Ders., Dina en Sichem: ThT 14 (1880) 257–281. – Ders., Hist.-krit. Einl. in die Bücher des AT hinsichtlich ihrer Entstehung u. Sammlung. I/1. Die Entstehung des Hexateuch, Leipzig 1887. – Arnulf Kuschke, Die Lagervorstellung der priesterlichen Erzählung. Eine überlieferungsgesch. Stud.: ZAW 63 (1951) 74–105. – Ernst Kutsch, „Ich will euer Gott sein". *b^{e}rît* in der P: Avigdor Shinan (Hg.), Proceedings of the Sixth World Congress of Jewish Studies 1973. Vol. 1. Division A, Jerusalem 1977 (Int. Kongreß f. Stud. zum Judentum 6) 245–254 = ZThK 71 (1974) 361–388. – Alexander A. di Lella, Genesis 1:1–10. A Formal Intr. to P's Creation Account: Mélanges bibliques et orientaux en l'honneur de M. Mathias Delcor, hg. v. André Caquot/Simon Légasse/Michel Tardieu, 1985 (AOAT 215) 117–126. – Christoph Levin, Tatber. u. Wortber. in der priesterschriftlichen Schöpfungserzählung: ZThK 91 (1994) 115–133. – Norbert Lohfink, Die P u. die Gesch.: ders. (Hg.), Stud. zum Pentateuch, ^{2}1988 (SBAB 4) 213–253. – Ders., Die priesterliche Abwertung der Tradition v. der Offenbarung des Jahwenamens an Mose: ebd. 71–78. – Ders., Die Abänderung der Theol. des priesterlichen Geschichtswerks im Segen des Heiligkeitsgesetzes. Zu Lev. 26,9.11–13: ebd. 157–168. – Ders., Die Ursünden in der priesterlichen Geschichtserzählung: ebd. 169–189. – Rüdiger Lux, Der Tod des Mose als „besprochene u. erzählte Welt". Überlegungen zu einer literaturwiss. u. theol. Interpretation v. Deuteronomium 32,48–52 u. 34: ZThK 84 (1987) 395–425. – G. Christian Macholz, Israel u. das Land. Vorarbeiten zu einem Vergleich zw. P u. DtrG., Heidelberg 1969. – Seán McEvenue, The Narrative Style of the Priestly Writer, 1971 (AnBib 50). – Jacob Milgrom, Priestly Terminology and the Political and Social Structure of Pre-Monarchic Israel: JQR 69 (1978/79) 65–81. – Ders., The Priestly Laws of Sancta Contamination: „Sha'arei Talmon". Studies in the Bible, Qumran, and the Ancient Near East. FS Shemaryahu Talmon, hg. v. Michael Fishbane, Winona Lake 1992, 137–146. – Rudolf Mosis, Gen 9,1–7. Funktion u. Bedeutung innerhalb der priesterschriftlichen Urgesch.: BZ 38 (1994) 195–228. – Nicola Negretti, Il Settimo giorno. Indagine critico-teologica delle tradizioni presacerdotali e sacerdotali circa il sabato biblico, 1973 (AnBib 55). – Ernest W. Nicholson, P as an Originally Independent Source in the Pentateuch: IBSt 10 (1988) 192–206. – Theodor Nöldeke, Die s.g. Grundschr. des Pentateuchs: ders., Unters. zur Kritik des A.T.'s, Kiel 1869, 1–144. – Martin Noth, Überlieferungsgesch. des Pentateuch, Stuttgart 1949. – Manuel Oliva, Interpretacion teologica del culto en la pericopa del Sinai de la Historia Sacerdotal: Bib. 49 (1968) 345–354. – Ders., Revelacion del nombre de Yahweh en la „Historia sacerdotal". Ex 6,2–8: Bib. 51 (1971) 1–19. – Ders., Las revelaciones a los patriarcas en la historia sacerdotal: Bib. 55 (1974) 1–14. – Eckart Otto, Theol. Ethik des AT, 1994 (ThW 3,2). – Meir Paran, Forms of the Priestly Style in the Pentateuch. Patterns, Linguistic Usages, Syntactic Structures. With an Intr. by Menahem Haran, Jerusalem 1989. – Lothar Perlitt, P im Deuteronomium?: ders., Deuteronomium-Stud., ^{2}1994 (FAT 8) 123–143. – David L. Petersen, The Temple in Persian Period Prophetic Texts: Philipp R. Davies (Hg.), Second Temple Studies. I. Persian Period, 1991 (JSOT.S 117) 125–144. – Thomas Pola, Die ursprüngliche P. Beobachtungen zur Literarkritik u. Traditionsgesch. v. P^{g}, 1995 (WMANT 70). – Robert Polzin, Late Biblical Hebrew. Toward an Hist. Typology of Biblical Hebrew Prose, 1992 (HSM 12). – Gerhard v. Rad, Die Theol. der P, 1934 (BWANT 65) 166–189 = ders., GSt zum AT, II 1973 (TB 48) 165–188. – Gianfranco Ravasi, Una comunità santa, sacerdotale, pura. La comunità „ecclesiale" secondo la tradizione sacerdotale: RivBib 36 (1988) 1–27. – Bernard Renaud, Les généalogies et la structure de l'histoire sacerdotale dans le livre de la Genèse: RB 97 (1990) 5–30. – Ders., La formation de Ex 19–40. Quelques points de repère: Pierre Haudebert (Hg.), Le Pentateuque. Débats et Recherches. Congrès de l'ACFEB 1992, 1992 (LeDiv 151) 101–134. – Rolf Rendtorff, Die Gesetze in der P, ^{2}1963 (FRLANT 61 = NF 44). – Ders., Das überlieferungsgesch. Problem des Pentateuch, 1976 (BZAW 147). – Ders., L'histoire biblique des origines (Gen 1–11) dans le contexte de la Réd. „sacerdotale" du Pentateuque: Albert de Pury (Hg.), Le pentateuque en question. Les origines et la composition des cinq premiers livres de la Bible à la lumière des recherches récentes, 1989 (MoBi) 83–94. – Ders., Two Kinds of P? Some Reflections on the Occasion of the Publishing of Jacob Milgrom's Comm. on Leviticus

1–16: JSOT 60 (1993) 75–81. – Eduard Reuß, Die Gesch. der Hl. Schr. Alten Testaments, Braunschweig 1881. – Lothar Ruppert, Die Ruhe Gottes im priesterschriftlichen Schöpfungsber. Gen 1 u. die „zufriedene Ruhe" des Ptah im Denkmal memphitischer Theol. Zu Leistung u. Grenze des religionsgesch. Vergleichs: ders. (Hg.), Stud. zur Literaturgesch. des AT, ²1994 (SBAB 18) 110–123. – Eberhard Ruprecht, Stellung u. Bedeutung der Erzählung vom Mannawunder (Ex 16) im Aufbau der P: ZAW 86 (1974) 269–307. – Udo Rüterswörden, Der Bogen in Genesis 9. Militär-hist. u. traditionsgesch. Erwägungen zu einem bibl. Symbol: UF 20 (1988) 247–263. – Ders., Dominium terrae. Stud. zur Genese einer atl. Vorstellung, 1993 (BZAW 215). – Magne Saebø, Priestertheol. u. P. Zur Eigenart der priesterlichen Schicht im Pentateuch: John Adney Emerton (Hg.), Congress Vol. Vienna 1980, 1981 (VT.S 32) 357–374. – Josef Scharbert, Der Sinn der Toledot-Formel in der P: Wort – Gebot – Glaube. Beitr. zur Theol. des AT. FS Walther Eichrodt, hg. v. Hans Joachim Stoebe, 1970 (AThANT 59) 45–56. – Ludwig Schmidt, Stud. zur P, 1993 (BZAW 214). – Werner H. Schmidt, Die Schöpfungsgesch. der P. Zur Überlieferungsgesch. v. Genesis 1,1–2,4a u. 2,4b–3,24, ³1973 (WMANT 17). – Ders., Nachwirkungen prophetischer Botschaft in der P: FS Mathias Delcor (s.o. bei di Lella) 369–378. – Ders., Magie u. Gotteswort. Einsichten u. Ausdrucksweisen des Deuteronomiums in der P: Ein Gott – eine Offenbarung. Beitr. zur bibl. Exegese, Theol. u. Spiritualität. FS Notker Füglister OSB zum 60. Geburtstag, hg. v. Friedrich V. Reiterer, Würzburg 1991, 169–179. – Hans-Christoph Schmitt, „Priesterliches" u. „prophetisches" Geschichtsverständnis in der Meerwundererzählung Ex 13,17–14,31: Textgemäß. Aufs. u. Beitr. zur Hermeneutik des AT. FS Ernst Würthwein, hg. v. Antonius H.J. Gunneweg, Göttingen 1979, 139–155. – Peretz Segal, Further Parallels between the Priestly Literature in the Bible and the Hittite Instructions for Temple Servants: Shnaton 7/8 (1983/84) 265–268; XIII. – John F.X. Sheehan, The Pre-P Narrative. A Children's Recital?: Scripture in History and Theology. Essays in Honor of J. Coert Rylaarsdam, hg. v. Arthur L. Merrill/Thomas W. Overholt, Pittsborough 1977, 25–46. – Jean-Louis Ska, La sortie d'Egypte (Ex 7–14) dans le récit sacerdotal (P^g) et la tradition prophétique: Bib. 60 (1979) 191–215. – Ders., Séparation des eaux et de la terre ferme dans le récit sacerdotal: NRTh 103 (1981) 513–532. – Ders., La place d'Ex 6_{2-8} dans la narration de l'exode: ZAW 94 (1982) 530–548. – Ders., Quelques remarques sur Pg et la dernière Réd. du Pentateuque: Albert de Pury (Hg.), Le pentateuque en question (s.o. bei Rendtorff) 95–125. – Rudolf Smend, „Das Ende ist gekommen". Ein Amoswort in der P: FS Hans Walter Wolff (s.o. bei Klein) 67–74 = ders., Die Mitte des AT. GSt I, ²1986 (BEvTh 99) 154–159. – Herbert Specht, Von Gott enttäuscht – Die priesterschriftliche Abrahamsgesch.: EvTh 47 (1987) 395–411. – Odil Hannes Steck, Der Schöpfungsber. der P. Stud. zur literarkrit. u. überlieferungsgesch. Problematik v. Gen 1,1–2,4a, ²1981 (FRLANT 115). – Ders., Aufbauprobleme in der P: Ernten, was man sät. FS Klaus Koch, hg. v. Dwight R. Daniels/Uwe Gleßmer/Martin Rösel, Neukirchen-Vluyn 1991, 287–308. – Georg Steins, „Sie sollen mir ein Heiligtum machen". Zur Struktur u. Entstehung v. Ex 24,12–31,18: Frank-Lothar Hossfeld (Hg.), Vom Sinai zum Horeb. Stationen atl. Glaubensgesch., Würzburg 1989, 145–167. – Philipp Stoellger, Deuteronomium 34 ohne P: ZAW 105 (1993) 26–51. – Hans Strauß, Das priesterschriftliche Zeugnis v. Jahwe dem Schöpfer gegenüber der Eigenwertigkeit einer sog. Schöpfungswirklichkeit: BN 33 (1986) 21–28. – Christian Streibert, Schöpfung bei Deuterojesaja u. in der P. Eine vergleichende Unters. zu Inhalt u. Funktion schöpfungstheol. Aussagen in exilisch-nachexilischer Zeit, 1993 (BEAT 8). – Ursula Struppe, Die Herrlichkeit Jahwes in der P. Eine semantische Stud. zu *k^ebôd* YHWH, 1988 (ÖBS 9). – Sven Tengström, Die Toldedotformel u. die literarische Struktur der priesterlichen Erweiterungsschicht im Pentateuch, 1982 (CB.OT 17). – Helmut Utzschneider, Das Heiligtum u. das Gesetz. Stud. zur Bedeutung der sinaitischen Heiligtumstexte (Ex 25–40; Lev 8–9), 1988 (OBO 77). – Marc Vervenne, The ‚P' Tradition in the Pentateuch. Document and/or Redaction? The ‚Sea Narrative' (Ex 13,17–14,31) as a Test Case: Pentateuchal and Deuteronomistic Studies. Papers Read at the XIIIth IOSOT Congress Leuven 1989, hg. v. Christian Brekelmans/Johan Lust, 1990 (BEThL 94) 67–90. – J.G. Vink, The Date and Origin of the Priestly Code in the OT, 1969 (OTS 15) 1–144. – Karl-Heinz Walkenhorst, Der Sinai im liturg. Verständnis der dtr. u. priesterlichen Tradition, 1969 (BBB 33). – Ders., Hochwertung der Namenserkenntnis u. Gottverbundenheit in der Höhenlinie der priesterlichen Geschichtserzählung: AJBI 6 (1980) 3–28. – Ders., Gotteserfahrung u. Gotteserkenntnis im Sinne der priesterschriftlichen Red. v. Ex 7–14: FS Notker Füglister (s.o. bei W.H. Schmidt) 373–395. – Peter Weimar, Unters. zur priesterschriftlichen Exodusgesch., 1973 (fzb 9). – Ders., Aufbau u. Struktur der priesterschriftlichen Jakobsgesch.: ZAW 86 (1974) 174–203. – Ders., Die Toledot-Formel in der priesterschriftlichen Geschichtsdarst.: BZ NF 18 (1974) 65–93. – Ders., Struktur u. Komposition der priesterschriftlichen Geschichtsdarst.: BN 23 (1984) 81–134; 24 (1984) 138–162. – Ders., Sinai u. Schöpfung. Komposition u. Theol. der priesterschriftlichen Sinaigesch.: RB 95 (1988) 337–385. – Ders., Gen 17 u. die priesterschriftliche Abrahamgesch.: ZAW 100 (1988) 22–60. – Ders., Der Tod Aarons u. das Schicksal Israels. Num 20,22–29* im Rahmen der P: FS Norbert Lohfink (s.o. bei Campbell) 345–358. – Julius Wellhausen, Die Composition des Hexateuchs u. der hist. Bücher des AT, Berlin 1885 ^{4}1963. – Ders., Prolegomena zur Gesch. Israels, Berlin 1878 ^{6}1905. – Claus Westermann, Die Herrlichkeit Gottes in der P: FS Walther Eichrodt (s.o. bei Scharbert) 227–249 = ders., GSt, II ^{2}1974 (TB 55) 115–137. – William P. Wood, The Congregation of Yahweh. A Study of the Theology and Purpose of the Priestly Document, Richmond 1974. – Paul Wurster, Zur Charakteristik u. Gesch. des Priestercodex u. Heiligkeitsgesetzes: ZAW 4 (1884) 112–133. – Nicolas Wyatt, There and Back Again. The Significance of Movement in the Priestly Work: SJOT 4 (1990) 61–80. – Erich Zenger, Gottes Bogen in den Wolken. Unters. zu Komposition u. Theol. der priesterschriftlichen Urgesch., ^{2}1987 (SBS 112). – Ziony Zevit, Converging Lines of Evidence Bearing on the Date of P: ZAW 94 (1982) 481–511. – Ders., The Priestly Redaction and Interpretation of the Plague Narrative in Exodus: JQR 66 (1975/76) 193–211. – Walter Zimmerli, Sinaibund u. Abrahambund. Ein Beitr. zum Verständnis der P: ThZ 16 (1960) 268–280 = ders., Gottes Offenbarung. GAufs. zum AT, 1963 (TB 19) 205–216.

Erich Zenger

Priesterseminar →Priester/Priestertum, →Tridentinum

Priesterweihe →Ordination, →Priester/Priestertum

Primat →Kirchenverfassungen, →Papsttum, →Recht, Kanonisches

Princeton, *Universität und Seminar*

1. Von der Gründung der Universität bis 1812 2. Die Zeit des Seminars (1812–1929) 3. Die neuere Geschichte seit 1929 (Bibliographie/Literatur S. 449)

1. Von der Gründung der Universität bis 1812

1.1. Gründung und frühe Leiter. Die Gründungsurkunde der Institution, die *Princeton University* wurde, ist auf den 22. Oktober 1746 datiert. Die Gründer waren *New-Side*-Presbyterianer, presbyterianische Anhänger der Erweckungsbewegung (→Presbyterianer) aus New York und dem östlichen Teil New Jerseys, die eine Schule aufbauen wollten, welche Pfarrer heranziehen und Laien für öffentliche Ämter ausbilden würde. Eine der ersten Amtshandlungen der Kuratoren bestand darin, sich die Unterstützung der anderen Hauptgruppe der presbyterianischen Erweckungsbewegung in den Kolonien zu verschaffen: der schottisch-irischen Immigranten im Westen New Jerseys und Pennsylvanias, die gerade ihre Privatuniversität – das *Log College* – verloren hatten, wo William Tennent (1673–1746) Männer für das presbyterianische Pfarramt ausgebildet hatte. Die neue Institution wurde (nach →*Harvard*, →*Yale* und *William and Mary*) unter dem Namen *College of New Jersey* das vierte College in den britischen Kolonien.

Der Unterricht begann im Mai 1747 in Elizabeth (New Jersey) unter der Leitung von Jonathan Dickinson (1688–1747), einem angesehenen Prediger und Theologen, der seine Ausbildung in Neuengland erhalten hatte. Im Jahr 1748 erhielt das College ein dauerhafteres Statut und wurde ins nahe Newark verlegt. Das erfolgreiche Aufbringen von Unterstützungsgeldern in England, Schottland und Ulster wie auch in Amerika ermöglichte es den Kuratoren, ein großes Gebäude in Princeton (New Jersey) zu errichten. Der Ort war wegen seiner zentralen Lage zwischen New York City und Philadelphia gewählt worden, und dorthin wurde die Institution im November 1756 verlegt. Das einzige, was ihre Anfangsgeschichte trübte, war das allzu frühe Hinscheiden der ersten fünf Rektoren – vier Anführern des mittleren Presbyterianismus (Jonathan Dickinson [im Amt 1747], Aaron Burr [1748–1757], Samuel Davies [1759–1761] und Samuel Finley [1761–1766]) sowohl als auch von J. →Edwards (1757–1758), dem führenden Theologen des →Kongregationalismus in Amerika.

1.2. John Witherspoon und sein Vermächtnis. Der sechste Rektor des *College of New Jersey* war John Witherspoon (1723–1794), der 1768 von Paisley (Schottland) nach Princeton berufen wurde. Witherspoons Ansehen als Anführer der Volks- oder *evangelical* Partei in der Kirche von →Schottland gewann ihm das Wohlwollen der presbyterianischen *Revivalists* in Princeton, doch sein akademischer Ruf sicherte ihm auch einen Rang bei einer breiteren Schicht. Witherspoons sechsundzwanzig Jahre als College-Rektor machten aus Princeton eine der bedeutendsten nationalen Institutionen in der neuen amerikanischen Nation überhaupt. Witherspoon war dem College während der schwierigen Jahre des amerikanischen Unabhängigkeitskrieges (→Vereinigte Staaten von Amerika) eine Hauptstütze und bildete später amerikanische Führungsgestalten wie James Madison (1751–1836) aus; er war auch der einzige Geistliche, der die *Unabhängigkeitserklärung* der Vereinigten Staaten unterzeichnete (1776), und er war der führende Kopf bei der Bildung einer nationalen *Generalversammlung für amerikanische Presbyterianer* (General Assembly for American Presbyterians, 1787).

Theologisch bestand Witherspoons weitreichender Beitrag darin, daß er die schottische Common-Sense-Philosophie mit dem calvinistischen Erweckungsgedanken des amerikanischen Presbyterianismus verband. Obwohl er traditionelle evangelische Lehren vertrat, war Witherspoon eher ein passiver als ein aktiver Förderer der Erweckungsbewegung. Schon früh in seiner Amtszeit führte er den schottischen Intuitionismus – das moralische Schlußfolgern aus dem gesunden Menschenverstand heraus – ein, und er unterstützte vorbehaltlos das naturwissenschaftliche Vorgehen der schottischen Aufklärung anstelle des Idealismus und des metaphysischen Calvinismus, der mit J. Edwards' Namen verknüpft ist (vgl. TRE 10,208,11ff.). Das Ergebnis war, daß sich die gesamte amerikanische Theologie in eine neue Richtung wendete. Witherspoons Schüler, oder Studenten von Witherspoons Studenten, haben das presbyterianische Denken mehr als ein halbes Jahrhundert lang dominiert. Indem sie seinen Gedanken folgten, brachten sie die *Westminster Confession* (→Westminster/Westminsterconfession) mit den allgemein anerkannten Ergebnissen der modernen Naturwissenschaft in Einklang, wobei sie einen Hauptteil ihrer Energie darauf verwandten, einen öffentlichen Sittenkodex für die neue Nation aufzustellen.

2. Die Zeit des Seminars (1812–1929)

2.1. Die Gründung des Seminars. Im Jahr 1812 gesellte sich dem *College of New Jersey* in Princeton eine zweite bedeutende Institution bei, das *Theological Seminary of the Presbyterian Church in the United States of America.* Federführend bei diesem Unternehmen waren Kuratoren des College, in deren Augen Samuel Stanhope Smith (1751–1819), Witherspoons Nachfolger, mit seinem Versuch, die Theologie der modernen Naturwissenschaft anzunähern, zu weit gegangen war und nicht weit genug mit der Aufgabe, einer sich rasch ausdehnenden Kirche Pfarrer zur Verfügung zu stellen. Die Gründer des *Theological Seminary* wurden von einem fähigen Pfarrer aus Philadelphia, Ashbel Green (1762–1848), angeführt, der 1812 sowohl Präsident des Direktorengremiums des neuen Seminars wurde als auch Smiths Nachfolger als Rektor des College. Green und gleichgesinnte Kollegen glaubten, eine selbständige Einrichtung für die Ausbildung der Theologen werde das Vermächtnis Witherspoons wieder zum Leben bringen und ihrer Kirche praktische Hilfe leisten.

2.2. Die „Princetoner Theologie". Princeton Seminary wurde zum wichtigsten Organ für den traditionellen Calvinismus im Amerika des 19. Jh. (→Reformierte Kirchen) und zu einer der bedeutendsten theologischen Institutionen des Landes schlechthin. Die einflußreichsten geistigen Väter der „Princetoner Theologie" waren Archibald Alexander (1772–1851), der erste Professor des Seminars, Charles Hodge (1797–1878), der in seinen über fünfzig Jahren als Lehrer mehr als 3.000 Studenten unterrichtete, und Benjamin B. Warfield (1851–1921), der den traditionellen Westminsterschen Calvinismus zu einer Zeit vertrat, als der Protestantismus als intellektuelle Kraft in Amerika zu schwinden begann.

Diese Princetoner Theologen legten die Lehren der *Westminster Confession* aus, unterstrichen die Bedeutung der Autorität der Bibel und benutzten die mit Witherspoon eingeführte schottische Philosophie als philosophischen Rahmen für ihre Theologie. Darüber hinaus ließen Alexander und Hodge für die Rolle der religiösen Erfahrung im Heiligen Geist erstaunlich viel Raum. Jederzeit geschickt in Kontroversen, bekämpften sie den Arminianismus (→Arminius/Arminianismus) C.G. →Finneys, den „gemäßigten Calvinismus" von Nathaniel William Taylor (Yale Divinity School; s. TRE 9,107,2ff.), die romantische Mercersburger Theologie von John Williamson Nevin (1803–1886) und Philip →Schaff, die Neuerungen der kontinentalen Bibelkritik und den Perfektionismus, der am Ende des 19. Jh. entstand. Gegen solche theologische Gegenspieler verteidigten sie das *extra nos* des Heils, die Zurechnung moralischer Schuld von →Adam, die Gemeinschaft der Auserwählten mit Christus und das moralische Unvermögen der Sünder außerhalb der erlösenden Gnade.

Die Princetoner Theologen bestanden auch auf der Unfehlbarkeit der Schrift (→Bibel), einer Lehre, die ihren vollsten Ausdruck 1881 in einer Monographie über *Inspiration* von Warfield und Archibald Alexander Hodge (1823–1886) fand, dem Sohn und Nachfolger von Charles Hodge. In diesem Essay argumentierten sie, daß der traditionelle kirchliche Glaube an die wörtliche Unfehlbarkeit der Bibel nicht angetastet werden dürfe, da er am besten die Aussage der Bibel selbst bezüglich ihres eigenen Wesens ausdrücke.

Im Gegensatz zu ihren calvinistischen Zeitgenossen unter den Kongregationalisten Neuenglands benutzten die Princetoner Theologen nicht die schottische Common-Sense-Philosophie, um die traditionellen reformierten Lehren über den →Willen und die menschliche Natur zu modifizieren. Vielmehr benutzten sie das schottische Vertrauen in die empirische Wissenschaft (→Empirismus) und einfache Induktion. Die Eingangsseiten von Charles Hodges dreibändiger *Systematischer Theologie* (1872–73) enthalten die deutlichste Aussage über diese Vorgehensweise:

Dort heißt es, die biblischen Texte seien für den Theologen das, was die Natur für den Naturwissenschaftler ist. Diese Nähe zum naturwissenschaftlichen Denken führte für die Princetoner Theologen auf längere Sicht zu einem ungewöhnlichen Phänomen. Weil sie die wörtliche Unfehlbarkeit der Schrift verteidigten, standen sie bei den amerikanischen Fundamentalisten in hohem Ansehen. Gleichzeitig jedoch glaubten die späteren Princetoner Theologen (insbesondere A.A. Hodge, B.B. Warfield und ihr gelehrter Kollege, der Alttestamentler William Henry Green [1825–1900]), sie könnten diese Auffassung der Bibel mit theistischen Formen der Evolution (→Evolutionismus) in Einklang bringen – und das gerade zu der Zeit, als die Fundamentalisten ihre Opposition zur Evolution zum Markenzeichen ihrer Theologie machten.

Die Princetoner Theologie fand weite Verbreitung, hauptsächlich durch die Absolventen des Seminars selbst. Bis zu seiner Jahrhundertfeier 1912 hatte Princeton mehr Studenten ausgebildet als jede andere *Post-graduate school* in den Vereinigten Staaten. Eine Reihe gewichtiger vierteljährlicher Zeitschriften – besonders zu nennen ist die Zeitschrift *Biblical Repertory and Princeton Review*, die Charles Hodge über vierzig Jahre lang herausgab – trugen zum Einfluß der Theologie innerhalb des Presbyterianismus wie der Nation bei.

Kurz nach Warfields Tod im Jahr 1921 reorganisierte die Presbyterianische Kirche das *Princeton Seminary*, um dem breiteren Spektrum an theologischen Ansichten gerecht zu werden, die sich unter seinen Mitgliedern gebildet hatten. Daraufhin gründete eine kleine Gruppe von Konservativen unter der Leitung des Neutestamentlers J. Gresham Machen (1881–1937) das *Westminster Seminary* in Philadelphia, um den offenen Konfessionalismus des alten Princeton fortzuführen.

2.3. Das College im 19. Jahrhundert. Am *College of New Jersey* setzte eine Gruppe verdienstvoller Lehrer Witherspoons Bemühungen um eine Harmonisierung von →Offenbarung und Naturwissenschaft fort und trat für seine Überzeugung ein, daß das Studium des Calvinismus eine ausgezeichnete Vorbereitung für öffentliche Ämter sei. Der Physiker Joseph Henry (1797–1878), der später die *Smithsonian Institution* gründete, der Naturforscher Arnold Guyot (1807–1884), der →Darwin mit einer idealistischen Naturtheologie entgegentrat, der schottische Moralphilosoph James McCosh

(1811–1894), der 1868 Rektor des College wurde, und der Politikwissenschaftler Woodrow Wilson (1856–1924), der zunächst Präsident von Princeton und dann der Vereinigten Staaten war – sie alle betrachteten ihre Arbeit am College als eine Form christlichen Dienstes. Um seiner größeren intellektuellen Vielfalt gerecht zu werden, wurde das *College of New Jersey* 1896 zur *Princeton University* umgestaltet.

3. Die neuere Geschichte seit 1929

Seit 1929 hat sich *Princeton Seminary* für ein breiteres Spektrum von Meinungen geöffnet, doch hat es seine führende Stellung in Amerika als Zentrum eines gemäßigt konservativen presbyterianischen Konfessionalismus bewahrt. In den dreißiger Jahren war es eine der ersten amerikanischen Institutionen, die die europäische „Theologie der Krise" (Neo-Orthodoxie) propagierte, die mit den Namen K. →Barth und E. →Brunner verknüpft ist. Bibelwissenschaftler wie Bruce Metzger (geb. 1914), der lange Zeit Vorsitzender des Revisionskomitees für die *Revised Standard Version* (vgl. TRE 6,277,42–278,18) war, und die Arbeit der theologischen Rektoren John Mackay (Rektor 1936–1959), einem gebürtigen Schotten, der zur Gründung des Weltrats der Kirchen (→Ökumene) beitrug, und James I. McCord (Rektor 1959–1983), der sich während der kulturellen Umwälzungen der 1960er und 1970er Jahre bemühte, eine Verbindung zum historischen Christentum zu erhalten, bewahrten den Ruf des Seminars als einer führenden theologischen Institution. Nach seiner Amtszeit als Rektor des Seminars ergriff McCord die Initiative bei der Gründung des *Center of Theological Inquiry* in Princeton, einer Institution, von der McCord hoffte, sie werde zum selben grundlegenden Denken in der Theologie inspirieren wie Princetons weltbekanntes *Institute for Advanced Study* seit den dreißiger Jahren.

An der Universität Princeton bildete sich nach dem Zweiten Weltkrieg ein bedeutender religionswissenschaftlicher Fachbereich. Zu seinen Lehrkörpern gehörten Berühmtheiten wie Paul Ramsey (1913–1988), ein Ethiker und Kenner von J. Edwards, und es wurden dort verschiedene wichtige Studien und Projekte über die Rolle der Religion im Amerika des 20. Jh. durchgeführt.

Bibliographie

Biblical Repertory and Princeton Review. Ind. Vol. from 1825 to 1868, Philadelphia 1870–71.

Literatur

Andrew W. Hoffecker, Piety and the Princeton Theologians, Phillipsburg, N.J. 1981. – Hugh Kerr (Hg.), Sons of the Prophets. Leaders in Protestantism from Princeton Seminary, Princeton, N.J. 1963. – Ned Landsman, Witherspoon and the Problem of Provincial Identity in Scottish Evangelical Culture: Scotland and America in the Age of the Enlightenment, hg. v. Richard B. Sher/Jeffrey R. Smitten, Princeton, N.J. 1990, 29–45. – Lefferts A. Loetscher, Facing the Enlightenment and Pietism. Archibald Alexander and the Founding of Princeton Theol. Seminary, Westport, Conn. 1983. – Mark A. Noll (Hg.), The Princeton Theology, 1812–1921, Grand Rapids, Mich. 1983. – Ders., Princeton and the Republic, 1768–1822, Princeton, N.J. 1989. – Princetonians. A Biographical Dictionary [1748–1794], 5 Bde., Princeton, N.J. 1976–1991. – Thomas Jefferson Wertenbaker, Princeton, 1746–1896, Princeton, N.J. 1946.

Mark A. Noll

Priszillian/Priszillianismus

1. Das überlieferte Ketzerbild 2. Leben Priszillians 3. Quellen 4. Lehre 5. Wirkungsgeschichte (Quellen/Literatur S. 454)

1. Das überlieferte Ketzerbild

„Damals wurde zum ersten Mal in den spanischen Provinzen diese gnostische Häresie, ein als Arkanum getarnter, verabscheuungswürdiger Aberglaube, aufgedeckt. Dieses Übel stammte aus dem Orient und aus Ägypten ..." (Sulpicius Severus, chron. II,46,1). „Die Priszillianer werden so genannt, weil Priszillian ihre Irrlehre in Spanien begründet hatte; in ihren Dogmen sind ganz unterschiedliche Elemente zusammengefügt, die vor allen Dingen Gnostikern und Manichäern entliehen wurden. Aber auch der Schmutz aller möglichen anderen Häresien ist bei ihnen in einer schrecklichen Verwirrung zusammengeflossen" (Augustin, haer. 70). Diese Urteile, die von →Sulpicius Severus im Jahr 402 und von →Augustin im Jahr 429 gefällt wurden, treffen eine spirituelle Bewegung, die von den Bischöfen im Südwesten →Spaniens um das Jahr 378 öffentlich angeklagt worden war; ihr vereinfachtes Bild und ihre vehemente Verurteilung treffen eine Geheimlehre orientalischen Ursprungs: Diese heterodoxe Bewegung wäre demnach eine schlichte Verbindung von →Gnosis und →Manichäismus oder gar ein inkohärentes Konglomerat älterer Häresien gewesen.

Sicher ist die esoterische Absicht der Sekte; sie läßt sich in der berühmten priszillianistischen Maxime, die Augustin überliefert, zusammenfassen: „Schwöre und schwöre ab, aber liefere nicht das Geheimnis aus" (ebd.). Die damit verbundene Schwierigkeit, die Lehren, die Priszillian und seine Anhänger wirklich vertreten haben, zu erschließen, wird noch dadurch gesteigert, daß die meisten uns überlieferten Quellen polemischen Charakters sind.

Vom Beginn der Ereignisse an, die man als die „Priszillian-Affäre" bezeichnen kann, gab die heftige Anklageschrift, die Ithacius, der Bischof von Ossonoba (heute Faro in →Portugal), *sub apologetici specie* über „die verabscheuungswürdigen Lehren Priszillians, seine Zauberkünste und die Schande seiner Ausschweifungen" (Isidor, vir. ill. 2) verbreiten ließ, den Ton an. Schon sehr bald kam es zu Überlagerungen mit politischen Interessen: Priszillian und seine Anhänger gerieten in den Ruf, eine subversive Bedrohung für die kirchliche Institution und auch für das Imperium selbst zu sein; in diesen bewegten Jahren zwischen 378 (Beginn der Affäre) und 386 (öffentliche Hinrichtung Priszillians und seiner Begleiter in →Trier) erlebte das Reich die Katastrophe von Hadrianopel, die Verordnung der christlichen Orthodoxie als Staatsreligion, die Verschärfung der antiheidnischen Gesetzgebung und die Usurpation des Maximus (→Theodosius I.). Von daher rührt eine unleugbare Nervosität kirchlicher und kaiserlicher Würdenträger gegen jegliche Form von religiöser Abweichung (→Kirche und Staat). Der Erfolg der radikalen asketischen Bewegung Priszillians, die keinen Hehl daraus machte, die in ihren Augen allzu etablierte und laxistisch eingestellte Kirche reformieren zu wollen, bedeutete für zu viele gut situierte Personen eine Bedrohung, als daß nicht Mißtrauen, Feindseligkeit und vor allem Verleumdung sofort um sich gegriffen hätten.

2. Leben Priszillians

Das wenige, was wir von der Biographie Priszillians wissen, gibt uns bereits Auskunft über die wichtigsten Züge seiner Lehre und deren Kontext. Von vornehmer Abstammung und kultiviert, „redegewandt, durch ausgedehnte Lektüre gebildet, sehr entschlossen in Rede und Diskussion" (Sulpicius Severus, chron. II,46,3), bekehrte er sich wahrscheinlich erst spät; schon früh der Magie ergeben, soll er als geistige Lehrmeister die Matrone Agape und den Rhetor Helpidius (griechische Namen!) gehabt haben, beide Schüler von „Markus, der aus Ägypten stammte und in Memphis geboren wurde" (ebd.). Auch wenn →Hieronymus (ep. 75,3) diesen Markus mit einem Gnostiker gleichen Namens des 2. Jh. (absichtlich?) verwechselte und wenn Ithacius (nach Isidor, vir. ill. 15) in ihm „einen Experten der Magie, einen Schüler von Mani" gesehen hat, neigt man heute dazu, ihn mit einem ägyptischen Mönch, der vielleicht origenistisch und messalianistisch geprägt war, zu identifizieren oder gar mit einem Anhänger einer verwickelten gnostischen Lehre (vgl. die Handschriften aus →Nag Hammadi).

Welche Verbindungen auch immer im einzelnen auf ihn eingewirkt haben mögen, es waren nicht die heterodoxen Tendenzen seiner Lehre, die den raschen Erfolg der von Priszillian ausgelösten asketischen Bewegung ausgemacht haben. Er war damals nicht der einzige im Westen, der sich zu einer rigorosen →Askese, die sich aus dem östlichen →Mönchtum speiste, bekannte und sie propagierte (vgl. →Martin von Tours). Aber er unterschied sich von den anderen Verfechtern einer neuen Askese durch die doppelte Absicht, sich erst aus den städtischen Gemeinden zurückzuziehen, um dann ihre Rückeroberung anzutreten in der Absicht, sie besser reformieren zu können. Dies zeigen zwei datierbare Ereignisse: die *Canones* des Konzils von Saragossa im Jahr 380 und die tumultuarische Erhebung Priszillians auf den Bischofsstuhl von Avila im Jahr 381. Die in Saragossa versammelten Bischöfe hüteten sich wohlweislich davor, personenbezogene Verurteilungen auszusprechen oder ganz bestimmte Irrtümer in der Lehre anzuprangern. Sie untersagten unterschwellig schismatische Praktiken (z. B. liturgische Handlungen auf dem Lande), den Übertritt von Klerikern zu dieser Bewegung, die verfrühte Vergabe des Schleiers bei Jungfrauen und die Anmaßung, als *doctor* aufzutreten.

Unter heftigem Protest von Teilen des spanischen Episkopats verbreitete Priszillian, inzwischen Bischof, seine Lehren in Aquitanien; sodann versuchte er – wenn auch vergeblich –, sich der Unterstützung durch →Ambrosius von Mailand und Damasus von Rom sowie durch hohe kaiserliche Beamte zu vergewissern (was seine Gegner gleichfalls taten). Im Jahr 384 wurde er vor ein weiteres Konzil, das sich in Bordeaux versammelt hatte, geladen, woraufhin er an den kaiserlichen Hof in Trier appellierte. Schließlich wurde er vor dem kaiserlichen Tribunal verhört und im Jahre 386 verurteilt; die Beschuldigungen, die unter der Folter eingestanden wurden, lauteten: Hingabe an die Magie, nächtliche Versammlungen mit Frauen und die Gewohnheit, nackt zu beten.

Die Verurteilung einer Abweichung im religiösen Bereich durch eine staatliche Behörde wurde als ein großer Skandal empfunden: Martin und Ambrosius verurteilten die Vorgehensweise; der heidnische Panegyriker Drepanius gab 389 seiner Verwunderung darüber Ausdruck, daß man eine Angeklagte verfolgt habe, die sich „eines Übermaßes an Frömmigkeit und Eifer in der Gottesverehrung" schuldig gemacht habe, und brandmarkte „ein Gesindel von Verleumdern, die den Bischofsnamen tragen" (Drepanius, paneg. 12,29,2f.). Schismen in Gallien und Spanien traten auf; die Bischöfe, die sich als Verfolger Priszillians hervorgetan hatten, zog man zur Verantwortung; mit großer Feierlichkeit setzten die Jünger Priszillians in Spanien, wo der Priszillianismus bis zum Ende des 6. Jh. (1. Konzil von Braga [561]) lebendig blieb, ihren „Märtyrer" bei.

3. Quellen

Priscilliana und *Antipriscilliana* waren schon zu Lebzeiten Priszillians sehr verbreitet. Von den elf „Traktaten", die Schepss 1885 im Würzburger Manuskript Mp. th. q3 (CXXVII) gefunden und 1889 in CSEL 18 unter dem Titel *Priscilliani quae supersunt* veröffentlicht hat, sind die drei ersten Überreste von „Rechtfertigungsschriften" (*libelli*: tract. 1 [Schepss 3, 9]) des priszillianistischen Glaubens. Sie scheinen eher von Priszillian selbst als von seinem Schüler Instantius (oder einem anderen) herzurühren. Durch die gleiche, wohl untereinander verabredete, dunkle Sprache verhüllt (*secretum prodere noli!*), vermitteln sie eine Lehre, die man als ziemlich homogen erkannt hat. Der erste Traktat (CSEL 18,3–33), von Schepss *Liber apologeticus* genannt, wurde vermutlich für ein Konzil verfaßt (eher für das von Bordeaux im Jahr 384 als für das von Saragossa im Jahr 380): Eine Reihe von irrigen Lehrmeinungen, die man wohl den Priszillianern unterstellt hatte, wird mißbilligt; dagegen beanspruchte er für jeden Christen prophetische Inspiration und das Studium der Apokryphen. Der zweite Traktat (ebd. 34–43), von Schepss *Liber ad Damasum* genannt, ersucht den Papst um die Einberufung eines Konzils; er enthält ein neues *Credo* und ein „Weißbuch" über die Ereignisse, die sich seit dem Konzil von Saragossa zugetragen haben. Der dritte Traktat (ebd. 44–56), nach seinem Incipit *Liber de fide. De apocryphi* (Lesart des Manuskripts) genannt, verteidigt leidenschaftlich den inspirierten Charakter der apokryphen Evangelien und Apostelgeschichten (→Apokryphen) sowie die Pflicht, auch dort nach der geoffenbarten Wahrheit zu suchen, auch wenn häretische Interpolationen nicht auszuschließen sind.

Die sieben weiteren Traktate (ebd. 57–106) sind liturgische Texte: ein Zyklus von exegetischen Predigten zur Fastenzeit, mit asketischen und christologischen Themen, die manchmal eindeutig Züge des Priszillianismus tragen. Der letzte Traktat ist eine *Benedictio super fideles*, dem Inhalt und der Form nach gleichfalls priszillianistisch.

Gewisse Züge finden sich auch außerhalb der in Würzburg gefundenen Texte wieder: in den *Canones epistolarum Pauli apostoli* und in dem dazugehörigen *Prologus Priscilliani*, abgefaßt in einem außergewöhnlich klaren und eleganten Stil (ebd. 110–147); in den *Monarchianischen Evangelienprologen* (ed. Peter Corssen, 1896 [TU 15,1]; Johannes Regul, Die antimarcionitischen Evangelienprologe, 1969 [BVLI 6]); in *De Trinitate fidei catholicae* (PLS 2, 1487–1507); in den Priszillian zugeschriebenen Fragmenten bei Orosius, *Commonitorium de errore priscillianistarum et origenistarum* (CSEL 18,151–157); schließlich, wenn auch weniger deutlich, in der *Epistula Titi de dispositione sanctimonii* (PLS 2, 1522–1542) und in der *Thomasapokalypse* (ed. Karl Bihlmeyer: RBen 28 [1911] 270–282; dt.: NTApo II[5], 675–679).

4. Lehre

Es ist nicht leicht, zwischen den Gedanken Priszillians und denen seiner Schüler zu unterscheiden; dies gilt für die Zeit vor seinem Tod, vor allem aber für die Zeit danach; hinzu kommt die Schwierigkeit, von den verkürzten, unzuverlässigen oder unwahren Darstellungen her, die man in den späteren, sekundären Quellen (Geschichtsdarstellungen, Texte der Kirchenväter, Konzilstexte) findet, seine Gedankenwelt nachzuzeichnen; eine wichtige Quelle sind allerdings die „exoterisch“ angelegten *libelli*, die von Priszillian selbst und/oder von seinen Anhängern stammen.

Priszillian war ein Mann der Tat und ein spiritueller Schwärmer. Er predigte eine absolute Treue zu den Taufgelübden, er rief zu einem Leben auf, das der Gottsuche gewidmet ist, im Gebet, in der Abtötung der Begierden (*castificatio mentis et spiritus*: CSEL 18,71), im inneren Kampf, im Studium der Heiligen Schrift in kleinen Gemeinden, die sich aus der Welt – und aus der Kirche – zurückgezogen haben. Dieser asketische Kern seiner Lehre enthält zunächst nichts von einem gnostischen →Dualismus, wie seine Anweisungen zur Lektüre der paulinischen Schriften zeigen. Auch Priszillian war, wie Sulpicius es von Martin sagt, kein tauber Hörer des Evangeliums (*euangelii non surdus auditor*). Sein Festhalten am *opus Christi* läßt bereits das monastische *opus Dei* anklingen.

Er verlangte, daß man die Forderung einlöst, die Johannes Jesus beilegte: *scrutate scripturas* (CSEL 18,51,13 = Joh 5,39), durch eigenes Studium, durch die Predigt, die durch einen *doctor*, den der Heilige →Geist unmittelbar inspiriert, empfangen und gegeben wurde. Beseelt durch die für die Spätantike typische *curiositas* soll der Getaufte sich darum bemühen, auch die dunkelsten apokryphen Schriften zu durchforschen, geleitet durch die Sorgfalt eines wißbegierigen Geistes (*curiosae mentis intentio*: ebd. 87,11), die sich der inspirierten Lektüre hingibt. Auf diese Weise konvergieren im Zentrum der Spiritualität Priszillians „das Okkulte und das Charismatische“, die seine beiden charakteristischsten Züge ausmachen (vgl. Chadwick, Priscillian of Avila).

So entspricht auch ein gnostisierender anthropologischer Dualismus der Strenge des asketischen Dualismus. Wie die →Seele Christi, so ist auch diejenige des Menschen von göttlicher Substanz; sie muß befreit werden von dem, was die Platoniker das Gefängnis des Körpers nennen. Dies bedeutet, daß der Dualismus Priszillians auf dem Hintergrund der in der Spätantike am weitesten verbreiteten Anthropologie gesehen werden muß. Andere Theologumena vom →Teufel als dem bösen Prinzip, vom Einfluß der Gestirne, von der Verurteilung der Zeugung lassen sich mit diesem Dualismus in Verbindung bringen; sie tauchen für uns erst in den Zeugnissen aus der Zeit nach dem Tod Priszillians auf; diese Züge der priszillianistischen Lehre mögen auf manichäische in Verbindung mit gnostischen Einflüssen zurückzuführen sein.

Diese verstreuten und in sich wenig stimmigen Lehrsätze zeugen von den Unzulänglichkeiten und der Selbstgefälligkeit „von theologischen Autodidakten“ (Vollmann, Priszillian 526,38); auch der Stil Priszillians verweist auf „einen autodidaktischen Amateur mit einigen wenigen, unumstößlichen Vorstellungen“ (Chadwick, Priscillian of Avila 91), die sich in einer ebenso verschwommenen wie repetitiven Diktion artikulieren.

5. *Wirkungsgeschichte*

Die Radikalität Priszillians hat ihm von Anfang an leidenschaftliche Zustimmung und Ablehnung beschert. Die unselige *Apologie* des Ithacius hat für Jahrhunderte seine Verleumder inspiriert. Aber die Väter von Saragossa, sodann die Bischöfe von Mailand und Rom haben zunächst gezögert, einen Anhänger eines bedingungslosen mönchischen Evangelismus, einen Leser des →Hilarius von Poitiers (vgl. CSEL 18,168), einen Anwalt der spirituellen Auslegung der Heiligen Schrift und ihrer allegorischen Exegese (→Schriftauslegung) und einen intransigenten Kritiker der Schwächen des spanischen Episkopats zu verurteilen. Noch im Jahr 392, also sechs Jahre nach dem Drama von Trier, nahm Hieronymus Priszillian in sein *De viris illustribus* auf und beschloß dieses 121. Kapitel mit den Worten: „Bis heute wird er von einigen der gnostischen Häresie, der des Basilides und des Marcus, über die Irenäus geschrieben hat, angeklagt, während andere einwenden, daß er nicht so gedacht habe, wie behauptet wird".

Genauer informiert durch seine spanischen Freunde wie Lucinius und Theodora, verurteilte Hieronymus in den Jahren zwischen 398 und 415 rückhaltlos die Lehren Priszillians: er sei ein Gnostiker und Parteigänger Manis gewesen (Hieronymus, ep. 133,3), „ein übereifriger Schüler des Magiers Zarathustra, der vom Zauberer zum Bischof wurde" (ebd. 133,4). Im Jahr 402 zeichnete Sulpicius Severus in seiner *Chronik* (II,46ff.) in brillanter Weise die Priszillian-Affäre nach und entwarf ein stark stilisiertes Bild Priszillians nach dem Muster von Sallusts *Catilina*; während er seine häretischen Meinungen verurteilte, beschloß er seine Schilderung mit einer Anklage gegen die Korruption der Bischöfe, die eines Priszillian würdig gewesen wäre. Erst spät durch den Spanier →Orosius informiert, verurteilte Augustin die Irrtümer Priszillians über den Ursprung der Seele; in den Jahren 428/29 untersagte er den Christen, sich den Kreisen der Priszillianer anzuschließen: In haer. 70 sprach er ein bedingungsloses Verdikt gegen die Priszillianer aus.

Nur im Nordwesten Spaniens überlebte die Häresie noch während zweier Jahrhunderte. Zwei Listen mit Irrtümern dieses späten Priszillianismus finden sich unter den Akten des Konzils von Toledo im Jahr 400 (das Protokoll des Verhörs von priszillianistischen Bischöfen bei Chadwick, Priscillian of Avila 234–239) und des ersten Konzils von Braga im Jahr 561 (die 17 *Kapitel gegen die Häresie des Priszillian*; ed. José Vives, Concilios Visigóticos e Hispano-Romanos, Barcelona/Madrid 1963, 67f.). Einige richteten sich gegen „Gnostiker und Priszillianer" oder öfters noch gegen „Mani und Priszillian". So verlor sich das Spezifische des Priszillianismus in eine Art häretischen Synkretismus. Für →Isidor von Sevilla, dem die Streitschrift des Ithacius noch gut bekannt war, gehörte der Priszillianismus bereits der Vergangenheit an, und aus dem Verfolger Priszillians ist nun seinerseits ein *episcopus cognomento et eloquio clarus* geworden (Isidor, vir. ill. 2). Man muß nun bis zur Entdeckung von 1885 warten, damit die „Priszillian-Affäre" wieder die Gemüter erregte: Protestanten verteidigten ihn als einen Vorläufer der Reformatoren (Paret), während Katholiken ihn als Häretiker anprangerten (d'Alès).

Eine bessere Kenntnis des frühen Christentums hat seitdem den Horizont erweitert: Das Verhältnis von Orthodoxie und Heterodoxie, von kanonischen und apokryphen Schriften in dieser Epoche wird jetzt nuancierter gesehen; hinzu kommt auch eine bessere Vertrautheit mit der Gnosis und gnostischen Tendenzen, mit den verschiedenen Dualismen wie mit der Gedankenwelt der Spätantike überhaupt, mit den komplexen und verschiedenartigen Formen der Askese innerhalb und außerhalb des Christentums. Daraus ergibt sich auch ein genaueres Bild von der Situation, in der der Priszillianismus im Christentum des Theodosianischen Zeitalters, im Spannungsfeld von Verweltlichung der Kirche einerseits und dem Vordringen asketisch-monastischer Gesinnung andererseits, auftaucht.

So sollte Priszillian mehr Gerechtigkeit widerfahren, indem er in seiner Zeit und auch an seinem Ort gesehen wird, nämlich im äußersten Westen der römischen Welt, wo die christliche Kultur noch nicht voll durchgedrungen war. Auch wenn Priszillian in seinen dogmatischen Optionen (Christologie) oft noch archaisch wirkt, so war er seiner Zeit voraus mit der intuitiven Gewißheit von dem Dienst, den die monastische Askese für die Erneuerung der Kirche im ganzen zu leisten vermag. Voller Ungeduld und Leidenschaft war er selbst die Hauptursache seines tragischen Endes. Er bleibt repräsentativ für den Zwiespalt, der das Theodosianische Zeitalter durchzieht, zwischen dem Ende des antiken Christentums und dem langsam aufkommenden mittelalterlichen Christentum.

Quellen

Vgl. oben den 3. Abschnitt sowie CPL^3 (1995) 785–796b.

Literatur

Adhémar d'Alès, Priscillien et l'Espagne chrétienne à la fin du IVe siècle, Paris 1936. – Edmond Charles Babut, Priscillien et le priscillianisme, 1909 (BEHE.R 109). – Henry Chadwick, Priscillian of Avila. The Occult and the Charismatic in the Early Church, Oxford 1976. – Ders., Art. Priscillien: DSp 12/2 (1986) 2353–2369. – Lellia Cracco Ruggini, El éxito de los Priscilianistas. A propósito de cultura y fe en el siglo IV d.C.: Actas del Congreso internacional „La Hispania de Teodosio" (Segovia–Coca 1995) (im Druck). – Johannes Dierich, Die Quellen zur Gesch. Priszillians, Diss. Breslau 1897. – Maria Victoria Escribano Paños, Iglesia y Estado en el certamen priscilianista. Causa Ecclesiae y iudicium publicum, Saragossa 1988. – Jacques Fontaine, L'affaire Priscillien ou l'ère des nouveaux Catilina. Observations sur le „sallustianisme" de Sulpice Sévère: Classica et Iberica. FS Joseph Marie-Felix Marique, hg. v. P.T. Brannan, Worcester, Mass. 1975, 355–392. – Ders., Panorama espiritual del Occidente peninsular en los siglos IV° y V°: Por una nueva problemática del priscilianismo, Compostela 1981 (Primera reunión gallega de estudios clásicos) 183–209. – Ders., Idiosincrasia de la literatura hispana en el siglo de Teodosio: Actas del Congreso (s.o. bei Cracco Ruggini). – Ders., Priscillianus: ders. (Hg.), Das Zeitalter des Theodosius. Die lat. Lit. v. 374–430 n. Chr. (HAW, 8. Abt. Hb. der Lat. Lit. der Antike VI, hg. v. Reinhart Herzog/Peter L. Schmidt) (im Druck). – Aloysius Bernardus Josef Maria Goosen, Achtergronden van Priscillianus' christelijke Ascese, Nijmegen 1976. – Karl Künstle, Antipriscilliana, Freiburg i.Br. 1905. – Friedrich Paret, Priszillian. Ein Reformator des IV. Jh., Würzburg 1887. – José Eduardo López Pereira, El primer despertar cultural de Galicia, Santiago de Compostela 1989, 41–79. – Charles Pietri, L'hérésie hors la loi. L'affaire Priscillien: ders./Luce Pietri, Histoire du christianisme des origines à nos jours, Paris, II 1995, 412–434. – Primer Concilio Caesaraugustano. MDC Aniversario, Saragossa o.J. (1981). – José María Ramos y Loscertales, Prisciliano. Gesta rerum, Salamanca 1952. – Stefan Rebenich, Hieronymus u. sein Kreis. Prosopographische u. sozialgesch. Unters., Stuttgart 1992, 212–219. – Wilhelm Schatz, Stud. zur Gesch. u. Vorstellungswelt des frühen abendländischen Mönchtums, Diss. masch. Freiburg i.Br. 1957. – Georg Schepss, Priszillian. Ein neuaufgefundener lat. Schriftsteller des IV. Jh., Würzburg 1889. – Clare Stancliffe, St. Martin and his Hagiographer. History and Miracle in Sulpicius Severus, Oxford 1983, 278–296. – Benedikt Vollmann, Stud. zum Priszillianismus. Die Forschung. Die Quellen. Der 15. Brief Papst Leos d.Gr., 1965 (KGQS 7). – Ders., Art. Priszillian: PRE Suppl. 14 (1974) 485–559.

Jacques Fontaine

Privilegien, *Kirchliche*

1. Begriffsumschreibung 2. Herkunft des Begriffes und etymologische Hinweise 3. Eindringen des Fachbegriffes in den kirchlichen Sprachgebrauch 4. Mittelalter 5. Neuzeit 6. Besondere Privilegien mit eingebürgertem Namen 7. Das Recht des Codex Iuris Canonici von 1917 8. Das Recht des Codex Iuris Canonici von 1983 9. Einteilungen der Privilegien im Codex Iuris Canonici von 1983 10. Schlußbetrachtung (Quellen/Literatur S. 464)

1. Begriffsumschreibung

Der Bedeutungsgehalt dieses beherrschenden Terminus der europäischen Sprachen ist in seiner widerspruchsvollen Vielfalt definitorisch nicht ohne weiteres zu erfassen. Am ehesten kommt man ihm nahe, wenn man von dem auch etymologisch greifbaren frühen Gehalt „Sonderrecht" ausgeht. Eine nur einigermaßen anschauliche Darstellung verlangt einen Längsschnitt durch mehr als zwei Jahrtausende; daran sind Querschnitte anzubinden, die ihre Konfiguration aus zeitlichen, örtlichen und/oder sachlichen Kriterien erhalten; das Zusammenspiel verschiedener Disziplinen, z.B. Recht, Theologie oder Urkundenpraxis, ist dabei zu beachten. Der zunächst im Rechtsleben der Antike auftauchende Begriff muß unter ständiger Bedachtnahme auf oft gravierende Unterschiede im jeweiligen zeitlichen und/oder örtlichen Zusammenhang historisch, rechtshistorisch, rechtsdogmatisch, theologisch oder aus dem positiven Recht erklärt werden. Schließlich wäre noch an die heute vorherrschende Verwendung in einer stark ideologisch-politischen Färbung, nahezu immer mit negativem Vorzeichen, zu denken.

Die auf das Stichwort Privileg bezügliche Literatur ist kaum übersehbar, auch deswegen, weil monographische Arbeiten selten sind. Geschlossene systematische Darstellungen existieren nur zum kanonischen Recht (→Recht, Kanonisches). Die Erhellung der sonst berührten Bereiche muß zunächst mit den verstreuten Belegen in Lexika, Hand- und Lehrbüchern auskommen. Ist ein Tiefergehen nötig, dann sind Zugriffe zu suchen, welche die Chance bieten, die prinzipiell nahezu überall vorkommenden Auseinandersetzungen mit Privileg aufzufinden. Je nach Informationsbedürfnis ist nach den historischen, theologischen oder juristischen Nachweisungen zu greifen. Eine verläßliche Prognose für die Materialerfassung läßt sich kaum machen, es kommt jede orts- oder landeskundliche Publikation in Betracht.

Angesichts dieser Situation kann hier nur der harte Kern der Fragestellung dargestellt werden. Die Durchbildung im kanonischen Recht steht im Vordergrund, zu anderen Bereichen können nur Hinweise mit einfließen. Überdies fehlt es auch da an Monographien. Die umfassenden Artikel von H. Krause und H. Mohnhaupt kennzeichnen dies mit folgenden Aussagen: „Zusammenfassende Darstellung fehlt" (Krause, Art. Privileg 2004) oder: „Der Begriff des P. bleibt inhaltlich und terminologisch uneinheitlich. Er entzieht sich trotz vielfältiger Versuche in der Literatur des 17.–19. Jhdts. einer klaren definitorischen Festlegung" (Mohnhaupt, Art. Privileg 2005). Dem ist anzufügen, daß auch die Kanonistik mit einem eindeutigen Begriff des Privilegs in Wirklichkeit nicht operieren kann. Tatsächlich hält sich der Gesetzgeber durchaus nicht an seine Legaldefinition, heute can. 76 CIC, sondern verläßt deren Rahmen schon im gleichen Titel. Es ist Sache von Rechtslehre und Rechtsanwendung, den im positiven Recht jeweils gemeinten oder vorausgesetzten Begriffsinhalt zu ermitteln.

2. Herkunft des Begriffes und etymologische Hinweise

Das Kompositum *privilegium* ist lateinisch. Die Zuordnung zum Rechtssetzungsbereich mit dem Bestandteil *lex* steht außer Diskussion; dagegen ist die Herkunft des ersten Elements nach dem derzeitigen Stand der Sprachwissenschaft nicht völlig zu klären. Wahrscheinlich steckt darin das Wort *privus*, welches so viel wie „gesondert von anderen", „eigens" u.ä. bedeutet. Ein zu vermutender vorlateinischer Wortstamm *prei-uos* ist nicht nachweisbar.

Im antiken römischen Recht hat das Wort Privileg die Bedeutung von Sonder- oder Ausnahmerecht, Ausnahme vom sonst geltenden allgemeinen Recht, besondere Rechtsstellung. Seine Verwendung läßt sich bereits im Zwölftafelgesetz (um 450 v. Chr.) nachweisen. Das klassische römische Recht, beginnend etwa vor Christi Geburt bis ins 3. Jh. n. Chr. (Gerhard Dulkeit/Fritz Schwarz/Wolfgang Waldstein, Römische Rechtsgeschichte, München [9]1995, 238f. und Zeittafel 330f.), bietet viele Einzelbelege. Eine theoretische Durchdringung wird aber auch in der Nachklassik noch nicht geleistet; dagegen findet sich eine Erweiterung der Verwendung des Terminus Privileg sowie anderer Sonderrecht ausdrückender Begriffe wie etwa *beneficium* oder *ius singulare* (Kaser I, 211f.; II, 56f.). Das Justinianische Corpus (530–534 n. Chr.) zeigt an vielen Stellen, vor allem in den *Digesten*, ein Vorkommen ebenfalls im Sinne von Ausnahme oder Sonderrecht. Beispiele aus dem römischen Recht wären etwa die Sonderstellung der Soldaten, Vorzugsrechte von Gläubigern im Konkurs oder des Fiskus. Überraschend wirkt eine Regel des *Codex Theodosianus* (438/39 n. Chr.) über den Vorrang der allgemeinen Normen vor Privilegien.

Das Fehlen einer ausdrücklichen Erfassung des Begriffs und offenbar auch eines eindeutigen Sprachgebrauchs macht es erforderlich, den Bedeutungsgehalt von Privileg in jedem Einzelfall nachzuprüfen (Kübler/Meinhart; Heumann/Seckel).

3. *Eindringen des Fachbegriffes in den kirchlichen Sprachgebrauch*

Seit der zweiten Hälfte des 4. Jh. wird der Ausdruck Privileg im kirchlichen Bereich viel verwendet (Lindner, Art. Privileg 775; Van Hove 6). Papst →Leo I. betonte 452 den Vorrang von den Päpsten erlassener Privilegien vor anderen Rechtsquellen: *Privilegia ecclesiarum sanctorum Patrum canonibus instituta et venerabilis Nicaenae synodi fixa decretis, nulla possunt improbitate convelli, nulla novitate mutari* (Die von den Canones der heiligen Väter eingeführten und von der ehrwürdigen Synode von Nicäa bestätigten Privilegien können nicht durch Ungehörigkeit abgebracht und durch keine Neuerung verändert werden; Decreti II. Pars C. 25 q. 2 c. 2 und 17). In dieser *Quaestio* wirft Gratian die Frage auf, ob *antiquioribus privilegiis* derogiert werden könne. Seine verneinende Haltung begründet er außer mit den zwei Stellen aus den Briefen Leos mit weiteren *auctoritates* von Papst Anaklet und →Gregor I. Alle vier Stellen zeigen noch einen begrifflich freien Gebrauch des Terminus Privileg. Die Anaklet zugeschriebene Stelle stammt nach Friedbergs Quellenausgabe des CIC I, 1012 Anm. 1, aus den *pseudoisidorischen Dekretalen*. Dies ändert aber nichts an dem Gratian entgegenzubringenden Verständnis; er nahm die Stelle auf, und dadurch wurde sie für Jahrhunderte in die Quellenbasis der Zeit einbezogen. Offenbar machten sich die Päpste den im *Imperium Romanum* verbreiteten Gebrauch zu eigen, daß vor allem kaiserliche Rechtssetzungsakte Privileg genannt werden. Die tatsächliche Verwendung des Ausdrucks besagt aber noch nichts für die normative Funktion der betreffenden Quelle. Häufig wird der Ausdruck deshalb verwendet, weil man Urkunden der Hoheitsträger gerne Privileg nannte. Das gleiche gilt für Akte des Königs oder anderer Großer oder sogar für Konzilsbeschlüsse (Plöchl I, 302f.). Man muß auch unterscheiden, ob in der Quelle selbst der Ausdruck Privileg verwendet wird oder andere diese Quelle als Privileg bezeichnen (Van Hove 6). Gratian verwendet in der eben besprochenen Causa XXV in seinen *Dicta* und anderen Zusätzen den Ausdruck Privileg vielfach und recht undifferenziert.

Ansätze zur rechtlichen Durchbildung des Instituts Privileg finden sich dort, wo Päpste zur Frage der Konkurrenz von Privilegien mit anderen Rechtsquellen Stellung nehmen. So hat Gregor I. das Zurücktreten von Gewohnheitsrecht gegenüber Privilegien ausgesprochen. Die Belege für das Vorkommen des Ausdrucks Privileg in verschiedensten Texten des ersten Jahrtausends gestatten also keine allgemeine Aussage über dieses Rechtsinstitut oder auch über den Erscheinungstyp in der Diplomatik (vgl. Stickler, Historia 16f.). Ein Vergleich unter dem Aspekt der historischen, juristischen und theologischen Disziplinen läßt höchstens die allgemeine Aussage zu, daß weltliche und kirchliche Hoheitsträger als Privileg bezeichnete Erlasse benutzen, um ihre Leitungsgewalt auszuüben und schrittweise eine ihren Vorstellungen entsprechende öffentliche Ordnung aufzubauen. Gegenkräfte dieser Ordnung sind partikuläre Elemente wie Gewohnheitsrecht, Stammesrechte, religiöse Observanzen usw. Das Privileg als schriftliche oder mindestens nach der Erteilung aufgezeichnete Quelle ist in der Eindeutigkeit seines Ausdrucks überlegen. Sein Einsatz ist regelmäßig nur Trägern von Herrschaftsgewalt – *principes* – möglich, die außer politischem Durchsetzungsvermögen auch über Bildung, Archive und schriftkundige Mitarbeiter verfügen.

4. *Mittelalter*

Das Vordringen des gelehrten Rechts um 1100 (Stickler, Art. Kanonistik 1289f.) führt zu einer viel zitierten Definition des Privilegien-Begriffes. *Gratian* schreibt in seiner vermutlich 1140 entstandenen *Concordia discordantium canonum* das Dictum *Sunt autem quedam privatae leges, tam ecclesiasticae quam seculares, que privilegia appellantur* (Es gibt gewisse private Gesetze, kirchliche sowohl wie weltliche, die Privilegien genannt werden; post c. 2 D. 3). Als Gewährsmann nennt er →Isidor von Sevilla. Aus dieser Stelle und deren Standort in der Lehre von den Quellen des kanonischen Rechts wird nicht selten gefolgert, daß für Gratian das Privileg eine Art Gesetzgebungsakt sei, die *lex privata*. An anderen Stellen seiner später allgemein nur Dekret genannten Sammlung führt er jedoch seinem ersten Dictum Widersprechendes aus (dazu s.o. 3.). Dennoch wird seit Gratian gerne die Begriffserklärung verwendet, die Etymologie von Privileg komme von *leges privatorum*. Sie ist bis heute noch in Lehrbüchern anzutreffen, ebenso wie eine andere, mit dem Verbum *privare* arbeitende. Demnach wäre das als Sonderrecht identifizierte Rechtsinstitut Privileg ein Raub am allgemeinen Gesetz. Oben (s.o. 2.) wurde der Standpunkt der heutigen Sprachwissenschaft berichtet (damit ist offenbar Mörsdorf 48 überholt). Manche Interpretationsfragen lassen sich aber mit der Vorstellung eines Wegnehmens von der sonst allgemein geltenden Regel lösen, denn unstreitig ist das Privileg – als Rechtsinstitut – ein Sonderrechtssatz, der nach den Regeln über solche Sätze auszulegen ist. Dies bedeutet weder heute noch früher von vornherein eine einzige Position in der Hierarchie der Normen. Die Eigenart des Privilegs kann in gewissen Teilsystemen zu einschränkender Auslegung verpflichten, in anderen zur Zubilligung von Höherrangigkeit.

Eine klare begriffliche Durchbildung des Privilegs findet weder in der Dekretistik noch in der zeitlich anschließenden Dekretalistik statt. Insbesondere wird zu wenig oder auch gar nicht von der Dispens unterschieden. Dies bestätigen die Forschungen von Lindner (Lehre) und Plöchl (besonders II, 53f.58f.).

In der Dekretalistik (nach 1234) setzt sich die an Gratian anknüpfende Definition →Innozenz' III. durch; sie geht in den um Klarstellungen bemühten Titulus *De verborum significatione* der 1234 promulgierten Dekretalen →Gregors IX. ein. In der Dekretale kommt es vor allem darauf an, den Charakter des Privilegs als ein Entgegenkommen (*indulgere*) herauszuarbeiten. Die zuvor erwähnte Definition Gratians wird dahin ergänzt, daß es sich um ein *peculiare* handeln müsse, sonst käme man mit dem Charakter des Gesetzes als Hoheitsakt in Konflikt; *privata* sei also nicht im allgemeinen Sinn gegensätzlich zu *publica* zu verstehen. Eigentlich hätte Innozenz III. damit den etymologischen Versuch mit der Ausdeutung „Raub am Gesetz" bereits überholt. In der Dekretalistik wird vor und nach der Promulgation der erwähnten authentischen Sammlung Gregors IX. jedoch nach wie vor eine Vielfalt von Lehrmeinungen greifbar (Überblick bei Michiels II, 487f.; Van Hove 6f.). Unterschiedlich ist die Auffassung, ob ein Privileg nur *contra ius* anzunehmen sei oder auch *praeter*. Eine extreme Position knüpft an die häufig gegebene Natur einer Bestätigung an und legt dem Privileg die Funktion bei, die Übereinstimmung mit dem *ius commune* zu attestieren.

Die Variationsbreite läßt sich gut anhand einer Durchsicht der in das *Corpus Iuris Canonici* eingegangenen Quellen erkennen, die man entlang des Index einer barocken Textausgabe vornimmt (s. etwa in der Basler Ausgabe, II nach S. 403: „Privilegium"). Weiterführende Forschungen müßten mit den in den Originalwerken beigegebenen Hilfsmitteln operieren. Stichproben bringen Belege an die Oberfläche, die in der modernen Literatur nicht mehr erwähnt werden. Ein solcher Fortschritt, daß eine geschlossene Theorie des Privilegs aufgestellt werden könnte, ist allerdings auch dann nicht zu erwarten; ein besseres Verständnis wäre aber durch Zuhilfenahme der zeitgenössischen Apparate erreichbar.

5. *Neuzeit*

Die neuzeitliche Kanonistik verlangt als Standard jeder Gesamtdarstellung ausführliche Auseinandersetzung mit dem Privileg. Darin gehören zum Usus die Kapitel über die Erwerbung, die Auslegung und den Untergang der Privilegien. Der Sache nach enthielten die Privilegien häufig →Exemtionen von der bischöflichen Gewalt, Einräumung von besonderen Befugnissen in der Ämterhoheit, z.B. Nominations- oder Präsentationsrecht, häufig überhaupt Verleihung von →Patronat oder Inkorporation, Konzession von Zehnten oder Besteuerungsrechten, z.B. in den →Kreuzzügen oder zur Türkenabwehr (→Türkenkriege); schließlich spielten die Ablaßprivilegien (→Ablaß), auch in ihrer Zahl, eine bedeutende Rolle.

Der Funktion nach können diese Privilegien eine freie, außerhalb der typischen Ordnung stehende Rechtsgestaltung sein, oder sie sprechen eine Bestätigung vorhandener Rechte im geistlichen oder/und Temporalienbereich aus wie die zahlreichen Besitzbestätigungen, über die fast jede größere Kirche, jedes Kloster, Kapitel, Stift oder Bistum verfügt. Bei näherem Zusehen entdeckt man nicht selten, daß der Inhalt des Privilegs über eine Bestätigung hinausgeht und der Anlaß benutzt wird, eine Vermehrung besitzrechtlicher oder geistlicher Positionen durchzusetzen, z. B. Exemtionen, Archidiakonalgerechtsame oder Visitationsrechte.

Ein neuer Rechtsbegriff tritt 1519 mit dem Wort *communicatio* in die Fachsprache ein, den →Leo X. für das der Sache nach schon seit dem 13. Jh. eingesetzte Rechtsinstitut verwendete (Plöchl II, 235 f.). Anstelle der Einzelverleihung wurde auf verschiedene Weise die Rechtsgemeinschaft mit anderen Privilegierten verfügt. Vor allem Mendikanten und Bruderschaften wurden Privilegien auf diese Art zugewendet.

Im 14. und vor allem im 15. Jh. war der Stand an Privilegien durch die Kommunikation so angeschwollen, daß man vom *Mare magnum* sprach. An der Spitze standen die →Augustiner-Eremiten, aber auch die Universitäten traten in den Wettstreit um Privilegien im Wege der Kommunikation, ebenso die →Benediktiner. Naheliegenderweise lebten die Zweit- und Drittorden in möglichst weitgehender Privilegienkommunikation mit dem Erstorden (Plöchl II, 235 f. mit Einzelnachweisen). Die rechtlichen Erwägungen über Erwerb, Bestand oder Untergang von Privilegien mußte man um die Fragen, die sich aus der Privilegienkommunikation ergaben, erweitern. Einerseits war zu beantworten, ob dem Erstbeliehenen nach der Kommunikation erteilte weitere Privilegien ohne weiteres dem Zweitbeliehenen zuwuchsen; andererseits, ob der Entfall beim Erstbeliehenen, durch Widerruf oder dessen Untergang, den Bestand beim Zweitbeliehenen berührte. Häufig war die Kommunikation so, daß sie zum selbständigen Rechtsbestand des Nachbeliehenen wurde und sich damit von der ursprünglichen Beleihung ablöste.

Auch die Beurteilung von Verzichts- oder Verwirkungstatbeständen erhielt durch das nunmehr terminologisch erfaßte Institut der Privilegienkommunikation eine zusätzliche Note.

Die Schule entwickelte lange Skalen von Einteilungen der Privilegien, um die rechtliche Beurteilung durch Typisierung zu erleichtern.

Umfassenden Einblick schafft der Minorit Lucius Ferraris (gest. vor 1763) in seiner achtbändigen *Prompta Bibliotheca*, die erstmals 1746 erschien und oftmals und an vielen Orten wieder aufgelegt wurde (vgl. Eduard Kammermeier, Art. Ferraris: LThK² 4 [1960] 89). Die letzte Ausgabe bearbeitete der Jesuit G. Bucceroni am Vorabend der Kodifikation (9 Bde., Rom 1885–1886). Die in der *Prompta Bibliotheca* vorliegende Literaturgattung ist für die Praxis geschrieben. Sie vermittelt deshalb andere und zusätzliche Eindrücke als rein juristisch arbeitende Autoren. Ferraris stellt in einer Auflistung etwa zwei Dutzend gängige Begriffe von Privileg zusammen. Damit ist die Vielfalt des damals unentbehrlichen Fachausdrucks demonstriert (vgl. Ausgabe Venedig, VII 1782, 171 f.; noch unverändert Rom, VI 1890, 398 f.).

Eine systematische praktische Erfassung bietet der noch Latein schreibende Rechtslehrer Simon Aichner (1816–1911) in seinem *Compendium Iuris Ecclesiastici* (742 f.). Eine rechtsdogmatisch und rechtshistorisch hervorragende Darstellung schuf Rudolf von Scherer (1845–1918) in seinem *Handbuch des Kirchenrechts* (II, 165 f.). Die Reichhaltigkeit der hier verzeichneten Primär- und Sekundärquellen stellt das zweibändige Werk des Schülers von Friedrich Maaßen (1823–1900) in eine Reihe mit den vielbändigen Gesamtdarstellungen von Phillips und Hinschius.

6. *Besondere Privilegien mit eingebürgertem Namen*

Sonderrechte für bestimmte Gruppen erhalten typische Namen, meist mit einem ihr Gebiet kennzeichnenden Wort.

Zu erwähnen wären da: *privilegium canonis*, Schutz von Klerikern gegen tätliche Angriffe; *privilegium fori*, ausschließlicher Gerichtsstand für Kleriker vor der Kirche; *privilegium immunitatis*, Steuerbefreiungen; und schließlich *privilegium competentiae*, standesgemäßer Unterhalt pfändungsfrei für Kleriker. Diese offenbar aus Gründen der Gerichtspraxis eingebürgerten Namen bezeichnen Teilbereiche der Klerikalprivilegien, die wieder ein Fall der Standesrechte sind. Bis heute noch ist der Ausdruck Privilegien für die besonderen Rechte und Pflichten einzelner Berufsgruppen, z. B. der Ärzte oder der Beamten, üblich. Innerhalb des klerikalen Standesrechtes gibt es dann wieder die Privilegien der Bischöfe oder Kardinäle usw. oder die *privilegia Religiosorum*, also der Ordensleute.

Bei allen diesen Privilegien handelt es sich um unechte Privilegien, denn sie sind innerhalb der allgemeinen Rechtsordnung positiviert.

Im 17. und 18. Jh. entsteht auch eine Fülle von Privilegienbüchern geistlicher oder weltlicher Gemeinschaften. Das sind sozusagen Sammlungen für den Handgebrauch, sie enthalten in der Regel auch viele echte Privilegien neben den unechten, die für die betreffende *communitas* oder *dignitas* usw. in Betracht kommen.

Jede Bibliothek mit älterem Bestand besitzt Dutzende oder Hunderte von Exemplaren solcher Privilegienbücher, meist beginnend mit dem 16. Jh. und langsam abnehmend mit dem 19. Jh. Der lateinische oder deutsche Titel Privilegienbuch deckt einen in diesen Zeiträumen sehr gängigen Typ, der über die Privilegiensammlung im juristischen Sinne hinausgeht. Es handelt sich um Handbücher oder Agenden für Stadtverwaltungen, Beichtväter usw.

7. *Das Recht des Codex Iuris Canonici von 1917*

Nach dem Auftrag →Pius' X. hatte die Kodifikationskommission die *vigens disciplina* zu ermitteln und daraus ein durchgeschriebenes Gesetzbuch zu gestalten (Bulle *Arduum sane munus*: AAS 36 [1903/04] 549 f.; can. 6 CIC erster Satz; Praefatio von Pietro Gasparri dem Gesetzestext vorangestellt). Das neu entwickelte Fünf-Büchersystem der 1917 promulgierten Kodifikation enthält ein erstes Buch *Normae Generales*. Darin steht der durchgeschriebene Titulus V *De privilegiis*. In der Rechtsentwicklung ist dieser Titel besonders bedeutsam durch die gemeinrechtliche Verankerung der „Fakultäten" im Begriff Privileg (can. 66). Darunter versteht man Vollmachten, wie sie vor allem den Bischöfen erteilt wurden, damit diese ihre Kirchenleitung trotz des geringen Kompetenzumfanges, welcher ihnen vom *ius commune* zugebilligt war, praktisch überhaupt wahrnehmen konnten. Die primatiale Überspannung des Kirchenrechtes hatte dazu geführt, daß jede Dispens vom *ius commune* dem Apostolischen Stuhl vorbehalten war (can. 80; Eichmann/Mörsdorf I, 167 f.). Titel dieser zentralistischen Norm war die Doktrin der Bindung der Dispensationsgewalt an die Gesetzgebungsgewalt. Daraus resultierte, daß nur der Papst als Gesetzgeber des *ius commune* von diesem dispensieren könne. Ein tatsächliches Durchhalten dieses abstrakt doktrinären Grundgedankens hätte zum Stillstand der bischöflichen Jurisdiktion geführt.

Den Ausweg schuf man in einem nach Hunderten von Einzelermächtigungen zählenden Paket von sog. Fakultäten (ebd. 161 f.; Michiels II, 652 f.; Vermeersch/Creusen 168 f.; Formulare: ebd. App. I, 658 f.). Die Fakultäten wurden, häufig sogar in Buchform, zusammengefaßt, den Diözesanbischöfen und gleichgestellten Oberhirten anläßlich des *ad-limina*-Besuches erteilt (vgl. Nikolaus Hilling, Art. Fakultäten: LThK² 4 [1960] 2 f.). Damit war das Prinzip in einem papalistischen Rechtsverständnis gewahrt.

8. *Das Recht des Codex Iuris Canonici von 1983*

In der Promulgationsbulle vom 25. Januar 1983 nennt Johannes Paul II. den revidierten Kodex das zweite notwendige Element der von →Johannes XXIII. eingeleiteten Kirchenreform (vgl. den Text der Promulgationsbulle in jeder Kodexausgabe). Die proepiskopale Tendenz des ökumenischen Konzils findet ihren Niederschlag auch in dem neuen Normenbestand des Titels *De privilegiis* (can. 76–84). Vorangegangen war die Umkehr der gemeinrechtlichen Situation: Früher sprach die Vermutung für die päpstliche Kompetenz, nunmehr zieht die bischöfliche Kompetenz vor.

Die neue ekklesiologische Situation, wie sie Art. 8 des Konzilsdekrets über die Bischöfe *Christus Dominus* ausspricht, macht im Ergebnis das Fakultätensystem überflüssig: *a) Episcopis, ut Apostolorum successoribus, in dioecesibus ipsis commissis per se omnis competit potestas ordinaria, propria ac immediata, quae ad exercitium eorum muneris pastoralis requiritur, firma semper in omnibus potestate quam, vi muneris sui, Romanus Pontifex habet sibi vel alii Auctoritati causas reservandi. b) Singulis Episcopis dioecesanis facultas fit a lege generali Ecclesiae in casu particulari dispensandi fideles in quos ad normam iuris exercent auctoritatem, quoties id ad eorum bonum spirituale conferre iudicent, nisi a Suprema Ecclesiae Auctoritate specialis reservatio facta fuerit* (a. Als Nachfolgern der Apostel steht den Bischöfen in den ihnen anvertrauten Diözesen von selbst jede ordentliche, eigenständige und unmittelbare Gewalt zu, die zur Ausübung ihres Hirtenamtes erforderlich ist. Die Gewalt, die der Papst kraft seines Amtes hat, sich selbst oder einer anderen Obrigkeit Fälle vorzubehalten, bleibt dabei immer und in allem unangetastet. b. Den einzelnen Diözesanbischöfen wird die Vollmacht erteilt, die Gläubigen, über die sie nach Maßgabe des Rechtes ihre Gewalt ausüben, in einem besonderen Fall von einem allgemeinen Kirchengesetz zu dispensieren, sooft sie es für deren geistliches Wohl für nützlich erachten, wenn nicht von der höchsten Autorität der Kirche ein besonderer Vorbehalt gemacht wurde; LThK² 13 [²1986] 158–160 und Kommentar ebd. 160). Daraus folgt, daß man eine besondere Ausformung des Privilegienbegriffes, eben das Instrument der Fakultät, nicht mehr benötigt. Die etwa noch erforderlichen Fakultäten erfaßt can. 132 rechtsdogmatisch und legistisch neu und zutreffend als habituelle Delegationen (Aymans/Mörsdorf I, 257.428).

Der Codex Iuris Canonici von 1983 enthält also einen vereinfachten Normbestand, in dem das Privileg als Instrument elastischer Kirchenordnung einen neuen, der Aufwertung des Bischofsamtes angemessenen Platz hat. Die doktrinäre Verkettung von Gesetzgebungsgewalt und Dispensationsbefugnis des alten can. 80 ist durch eine Formulierung ersetzt, die weit über den Verzicht auf das Wort *facultates* hinausgeht: *Dispensatio ... concedi potest ... ab illis, quibus potestas dispensandi ... competit ipso iure* ... (Eine Dispens ... kann ... von jenen gewährt werden ..., denen die Dispensgewalt ... von Rechts wegen zukommt; can. 85 CIC/1983).

Die Aufrechterhaltung des rechtstechnischen Instruments Privileg hat ihren theologischen Grund in der *salus animarum*. Ein Kirchenverständnis, das von einer theologisch bedingten Formante des Normativen mitbestimmt ist (vgl. dazu die völlig eindeutigen Aussagen der Promulgationsbulle des CIC vom 25. Januar 1983: AAS 75 [1983] II.VIII f.; besonders XII f.), kann solcher Instrumente nicht entraten. Neben der Dispens als individueller Freistellung benötigt man das Privileg als Möglichkeit der vom Allgemeinen abweichenden Gestaltung objektiver Ordnung. Nur so kann auch unter ungewöhnlichen Verhältnissen, z. B. Diaspora in fremden Kulturen, adäquate Ordnung geschaffen werden.

Das Caput IV mit seinen neun Canones (76–84) hat seinen Platz in dem *De actibus administrativis singularibus* betitelten Abschnitt der *Normae Generales*. Dieser Abschnitt zeigt gut den besonderen Charakter des ersten Buches als Ort der juristisch-begrifflichen Grundlegung des neuen kirchlichen Gesetzbuches, was auf eine Anregung des verstorbenen Münchner Kanonisten Klaus Mörsdorf zurückgeht.

Das Privileg ist da ein Sonderfall individueller Normsetzung. Seine Erlassung steht dem Gesetzgeber zu, welcher jedoch diese Befugnis allgemein oder speziell delegieren kann. Die Einreihung dieses Typus von Rechtsquelle in die Einzelverwaltungsakte ist ein Kompromiß. Der äußeren Erscheinungsform nach ist das Privileg ein Verwaltungsakt, denn es ergeht an bestimmte physische oder juristische Personen. Seiner Wirkung nach entspricht es jedoch einem Gesetz, weil es den objektiven Normbestand abändert. Zum Unterschied von der Dispens, die in das objektive Recht nicht eingreift, ändert das Privileg für seinen Adressaten die sonst geltende generelle Ordnung. Erweitert das Privileg die Kompetenz seines Empfängers abweichend von der sonst geltenden allgemeinen Ordnung, so bewirkt es reflexweise weitere Eingriffe in die objektive Ordnung, da es dem bewidmeten Amtsträger Befugnis zur Normsetzung gegenüber den ihm Anvertrauten einräumt, welche das sonst allgemein anzuwendende Recht nicht oder in dieser Art nicht kennt. Mit Privilegien wird z. B. Partikulargesetzgebern, etwa Bischofskonferenzen, vom Apostolischen Stuhl Gesetzgebungsgewalt für Materien eingeräumt, die Bischofskonferenzen nach dem sonst geltenden Recht nicht haben. Das Privileg hält also, gemessen mit den Kategorien der modernen Normtheorie, die Mittelstellung zwischen individueller und genereller Norm. Es steht auch in der Mitte zwischen Gesetzgebung und Verwaltung. Es bedarf keiner Promulgation, was zunächst auf positiver Anordnung beruht, aber auch vom inneren Charakter des Privilegs her konsequent ist, weil es das für das Gesetz typische Merkmal einer an die Allgemeinheit, also an unbestimmte Adressaten gerichteten Anordnung nicht erfüllt.

Unbeschadet der Tatsache, daß das Privileg, sooft es die jurisdiktionelle Kompetenz des unmittelbaren Adressaten erweitert, mittelbar für die dem Erstadressaten Untergebenen den Effekt einer generellen Norm hat, entsteht es durch bestimmte Erwerbungstitel. Meist ist dies ein Reskript, die Lehre des vorkodikarischen Rechts anerkannte aber auch die mündliche Erlassung als wirksam. Dies wird man auch heute noch zulassen müssen, denn das in can. 29f. CIC/1983 neugeordnete Verwaltungsrecht kennt die Schriftform zwar als Regel, aber nicht als Wirksamkeitsvoraussetzung.

Überdies anerkennt das kanonische Recht einen qualifizierten Besitzstand als unwiderlegbare Rechtsvermutung, daß ein Privileg verliehen wurde (can. 76 § 2 CIC/1983; can. 63 § 2 CIC/1917). Diese Erwerbsart verlangt die Einreihung in die subjektiven Rechte. Für das Vorliegen des Privilegs genügt also der Nachweis der *possessio centenaria vel immemorabilis*. Weitere Nachweise sind nicht zu fordern, die Präsumtion könnte lediglich durch den indirekten Gegenbeweis entkräftet werden, z. B. Mängel im Besitz oder selbständige Gründe des Erlöschens (Aymans/Mörsdorf 169). Die von Heimerl/Pree vorgelegten Bedenken wegen der Ersitzbarkeit lassen sich gegen die rezente Auffassung Aymans' nicht halten. Die beiden Autoren tragen auch der Zwischenstellung des Privilegs zwischen objektivem und subjektivem Recht zu wenig Rechnung (Heimerl/Pree 69f.). Das Privileg hat ein Janusgesicht.

In der Fachsprache ist immer noch die Unterscheidung zwischen echtem und unechtem Privileg geläufig. Man bezeichnet als echtes Privileg ein in sich geschlossenes, als selbständige Urkunde oder Erledigung an einen namentlich bestimmten Adressatenkreis ergehendes Sonder- oder Ausnahmerecht. Unechte Privilegien nennt man in einen größeren, zusammenhängenden Rechtstext eingeschlossene Teile, die einen kleineren Adressatenkreis betreffen, als der fragliche Rechtstext sonst anspricht. In diesem Sinn sind die Standesrechte der Kleriker, der Ordensleute, der Bischöfe u.a. unechte Privilegien, weil sie im *Codex Iuris Canonici* enthalten sind, aber nur einen engeren Adressatenkreis betreffen. Die der Fachsprache bekannte Unterscheidung hat insofern Bedeutung, als für die echten Privilegien die allgemeinen Auslegungsregeln für Verwaltungsakte gelten, unter Bedachtnahme auf die im Kapitel *De privilegiis* enthaltenen zusätzlichen Interpretationsanordnungen; für die unechten Privilegien gelten dagegen die Auslegungsregeln für Gesetze, unter Bedachtnahme auf den jeweiligen Kontext. Je nach der Beziehung im Kontext sind die unechten Privilegien also restriktiv oder vorrangig anzuwenden.

Das geltende Gesetzbuch enthält für die echten Privilegien, und von denen ist nun weiter die Rede, die Generalregel *adhibenda est interpretatio, qua privilegio aucti aliquam revera gratiam consequantur* (Es ist immer jene Auslegung anzuwenden, durch welche die durch das Privileg Begünstigten tatsächlich irgendeinen Gnadenerweis erlangen; can. 77). Dies entspricht der den Titel *De privilegiis* einleitenden Definition *gratia in favorem certarum personarum* (Gnadenerweis zugunsten bestimmter Personen; can. 76 § 1). Diesem engsten Privilegienbegriff folgt die herrschende Lehre nicht, er widerspricht auch der kurialen Praxis und ist überdies auch im positiven Recht nicht durchgehalten. Vielmehr ist von der Ambivalenz des Privilegienbegriffes auszugehen, der sich in dem gängigen Begriffspaar *privilegia favorabilia seu odiosa* manifestiert. Als Privileg ergangenes Sonderrecht kann durchaus belastend sein, z. B. außerordentliche Visitationsrechte. Die damit verbundene Pflicht wird häufig für den delegierten Visitator eine Last sein, und er wird der Sache nach ebenso oft von den Visitierten als „lästig" empfunden.

9. Einteilungen der Privilegien im Codex Iuris Canonici von 1983

Aus den vielen in der Lehre und den einzelnen Rechtsquellen seit der klassischen Kanonistik auftauchenden Bezeichnungen hat der Gesetzgeber des Codex 1983 nur mehr wenige übernommen. Ausdrücklich werden nur mehr *privilegium personale*, *reale* und *locale* genannt (can. 78 §§ 2 und 3). Die Verwendung dieser Begriffe ist sinnvoll, weil sich daraus Konsequenzen für die Auslegung des jeweiligen Privilegs ergeben, insbesondere für seinen Fortbestand oder Untergang. Das *privilegium personale* erlischt mit dem Aufhören der Personsqualität. Bei physischen Personen ist dies der Tod, sofern es sich nicht um Persönlichkeitsrechte handelt, die über den physischen Tod hinaus erhalten bleiben; bei juristischen Personen ist dies die Auflösung, wobei sowohl ein Wegfall ihrer Rechtsfähigkeit durch Dekret oder anderen individuellen Verwaltungsakt in Betracht kommt wie ein Untergang *ex lege*. Gerade im Hinblick auf Privilegien ist zu beachten, daß juristische Personen nach kanonischem Recht noch hundert Jahre nach der tatsächlichen Einstellung ihrer Tätigkeit, als Rechtssubjekt *in suspenso*, erhalten bleiben (can. 120 CIC/1983 praktisch gleich can. 102 CIC/1917).

Die Bestimmungen über den Untergang von Privilegien sind heute von großer praktischer Bedeutung, weil viele kirchliche Rechtssubjekte im Osten untergegangen sind, durch kriegerische Ereignisse oder in den tiefgreifenden politischen Veränderungen nach den zwei Weltkriegen. Die seit 1989 eingetretene Veränderung der staatlichen und gesellschaftlichen Gesamtkonstellation bringt sehr häufig ein Wiederaufleben untergegangener Gemeinschaften mit sich. Deren Personalstatut hatte sehr oft, zumindest als Entstehungstitel, ein echtes Privileg. Die hundertjährige Frist gestattet ein Aufgreifen solcher und aller anderen Privilegien, die das Rechtssubjekt einstmals hatte.

Eine verwandte Rechtslage besteht bei den Real- oder Lokalprivilegien. Zunächst sagt der Gesetzgeber, daß diese Art Privilegien mit dem Untergang der Sache oder des Ortes, die privilegiert sind, erlöschen. Dem wird aber angefügt, daß Privilegien wieder aufleben, wenn der untergegangene Ort wieder errichtet wird. Wie ist der Begriff *reale* oder *locale* zu verstehen? Es handelt sich da um Privilegien, die etwa einem bestimmten Andachtsgegenstand, einem Altar, einem Gnadenbild oder einem Ort im eigentlichen Sinn, also einer Stadt oder Gebäuden, verliehen wurden. Die Grenze zwischen *res* und *locus* ist fließend. Die Auslegung von can. 78 § 3 und den Vorläuferbestimmungen hat so zu erfolgen, daß es darauf ankommt, ob der Privilegienzweck mit einer Sache von solcher Beschaffenheit verbunden war, daß deren substantielle oder funktionale Wiederherstellung möglich ist. Dies kann bei Ortschaften, Bauten, aber auch Andachtsgegenständen möglich sein. Das Zutreffen der 50jährigen Restitutionsfrist wird sich dann bejahen lassen, wenn die untergegangene Sache unter dem Aspekt des Privilegienziels nicht so einmalig war, daß eine Kontinuität undenkbar ist.

Im kanonischen Recht können auch Sachen unmittelbar Adressat von Normen sein. Andere Rechtsordnungen oder andere rechtstheoretische Positionen schließen dies aus, nur Personen könnten Adressaten der Verhaltensbefehle sein, aus denen Rechtsordnung bestehe. Die kanonische Ordnung geht dagegen vom Transzendenzbezug aus, der auch Sachen, vor allem den *res sacrae*, zukommt. Die theologischen Implikationen solcher Auffassungen können hier nicht weiterverfolgt werden. Das geltende positive Recht folgt einer als religiösem Gedanken bis in die Antike vorhandenen Vorstellung, die sich schon im römischen Recht mit der juristischen Kategorie der *res sacrae* nachweisen läßt. In diesem Sinn steckt im kanonischen Recht ein komplexer Sachbegriff, der in mancher Hinsicht Sachen wie Rechtssubjekte erscheinen läßt. Die durchaus vorhandenen Parallelen im alten deutschen Recht, aber auch in der Thron- oder Kronsymbolik seien hier nur erwähnt.

In der heutigen Umgangssprache, vor allem in den Medien, hat das Wort Privilegien einen bösen Klang. Dies ist offenbar auch den Konzilsvätern nicht entgangen. In der *Pastoralkonstitution über die Kirche in der Welt von heute* deponierten sie eine Norm über den Verzicht auf Privilegien. In Art. 76 wird deklariert, daß die Kirche auf Privilegien, von wem immer, verzichten wird, wenn aus deren Gebrauch für die Menschen Anlaß entstünde, die Glaubwürdigkeit in Zweifel zu ziehen. Der Beschluß verlangt den Verzicht auch dann, wenn das der Kirche zugehende Privileg an sich vorwurfsfrei entstanden ist. Nicht auf den Titel des Privilegs kommt es an, sondern auf die Realität der in der Gesellschaft herrschenden öffentlichen Meinung. Selbst eine sachlich nicht begründete öffentliche Meinung ist relevant und mit dem Interesse an Glaubwürdigkeit abwägend zu vergleichen (AAS 58 [1966] 1025ff.1099f.; LThK² 13 (²1986) 532; vgl. H. Schnizer, Institutionelle Grenzen vertraglicher Bindungen der Kirche: FS Alexander Dordett, Wien 1976, 381–399; Neudr. FVKS 42, 171f.).

10. Schlußbetrachtung

Das Wort Privileg lebt mit seiner zweitausendjährigen Geschichte in der modernen Umgangssprache vital weiter. Der heute am meisten üblichen Verwendung sollen die dafür Zuständigen nachgehen, nämlich alle die, die mit Politik und Ideologie zu tun haben, das sind durchaus nicht nur Wissenschaftler. Hier wurde dagegen der Versuch unternommen, der Funktion des Wortes im kirchlichen Bereich nachzugehen. Die moderne Kanonistik widmet ihm zu Recht Aufmerksamkeit (vgl. Aymans; Heimerl/Pree; Plöchl; Socha). Vielleicht sollte man gerade anhand dieser gründlichen Untersuchungen des geltenden Rechtes und der historischen Entwicklung die Frage stellen, ob die Funktion des Privilegs in der Kirche genügend erfaßt ist.

Der Gesetzgeber von 1983 reiht das Privileg in eine nunmehr explizit anerkannte, in der Rechtstheorie weithin herrschende Normentypologie ein. Er zählt es zu den Einzelverwaltungsakten, die in der deutschen Rechtssprache meist „individuelle Normen" genannt werden. In der Literatur gibt man sich viel Mühe, diesem systematischen Standort Aussagen über die Natur des Privilegs abzugewinnen. Das positive Recht verrät aber schon, daß das Privileg eigentlich den Typus des Verwaltungsaktes sprengt: can. 29 schließt das Privileg nur ausnahmsweise in den Wirkungsbereich der *potestas executiva* ein, can. 76 ordnet es dem *Pouvoir* der Legislative zu. Tatsächlich entzieht sich das Privileg auch dem heute üblichen Standard von vollziehender, also von der Legislative inhaltlich determinierter Gewalt. Es ist souveräne Rechtsschöpfung. Hat nicht die kanonische Gesetzgebung in ihrem Streben, modernen Standard zu zeigen und der Umwelt ihre Bereitschaft zu signalisieren, an den Errungenschaften des modernen Staats- und Gesellschaftsdenkens konkret Anteil zu nehmen, zu viel getan? Die Normtypologie des freiheitlichen Rechtsstaats ist fundamental von der Gewaltentrennung mitbestimmt. Die Kirche lehrt aber gerade im Vatikanum II, ihre Lebensform liege in der Einheit der *sacra potestas*. Diesem, mit den Kategorien des weltlichen Rechts gesprochen, Verfassungsprinzip oder auch Baugesetz stellt sie aber in der Durchbildung ihres neuen Gesetzbuches eine akzentuierte Gewaltenteilung gegenüber.

Es ist unbestritten, daß die Gewaltenteilung dem Schutz des einzelnen in der verfaßten Gemeinschaft nützt. Die kirchliche Gesetzgebung tat gut daran, aus dem Gedanken der Gewaltenteilung entwickelte Rechtsschutzsysteme nutzbar zu machen. Die von →Paul VI. überlegt geförderte Rechtskontrolle der Verwaltung krönte die Bemühungen um eine eigenständige Artikulierung der vollziehenden Gewalt. Es war sicher richtig, gerade in der Verwaltung den Rechtsschutz klar zu regeln, denn der Codex Iuris Canonici von 1917 war da von einem argen Defizit belastet. Die Verwaltung ist in der modernen Gesellschaft für die Menschen spürbarer und damit *per se* gefährlicher als die Rechtsprechung oder die Gesetzgebung. Dies gilt auch für die Kirche, hier noch kumuliert mit dem Anspruch auf Einbindung der ganzen Persönlichkeit, auch in ihrer Transzendenzbeziehung. Vorteile von Institutionen der Gewaltentrennung hat sich das moderne Kirchenrecht zu Recht zunutze gemacht.

Wahrscheinlich ist es aber nicht möglich, das in der kirchlichen Entwicklung beherrschende Institut des Privilegs mit den Denkformen der Dreigewaltenlehre zutreffend zu erfassen. Das Privileg ist ein Akt der *publica auctoritas*, in dem sie ihrer Verantwortung gegenüber namentlich bezeichneten Menschen gerecht zu werden sucht. Letztes Ziel eines kirchlichen Hoheitsaktes hat die *salus animarum* zu sein. Das auf dieses Ziel hingeordnete amtliche Handeln bedeutet Hilfe, die nicht durch formale Grenzen oder zufällige Typisierungen behindert werden darf. Die Kirchenverfassung wäre lückenhaft oder verfehlt, wenn nicht jeder Christ ohne Bindung an bestimmte Formen die für ihn jeweils nötige Aktualisierung der Hirtengewalt erfahren könnte.

Damit soll nicht gesagt sein, daß allgemeine Normen überflüssig wären. Im Gegenteil, sie machen das Gemeinschaftsleben, in das jeder Christ in der *communio fidelium* gestellt ist, unabdingbar aus. Im *populus Dei* ist aber eine *publica auctoritas* mitgestiftet, die dem individuell geschaffenen Menschen seinen konkreten persönlichen Weg eröffnen muß, denn er kann nur als einzelner erlöst werden, auch wenn die Erlösung ihren Anfang durch die Inkorporation in die von Gott gestiftete sakramentale Gemeinschaft genommen hat.

Die *sacra potestas* muß also eine Möglichkeit haben, ihrer gegenüber jedem Menschen auferlegten Verantwortung substantiell nachzukommen. Die moderne Sprachwissenschaft macht wahrscheinlich, daß in der Urbedeutung des Stammwortes „für sich alleinstehend" zum Ausdruck kommt. Vielleicht sollte man dies in einem modernen Verständnis von Privileg berücksichtigen.

Das notwendige Ausbalancieren des Begriffes wird durch den heute wachen Sinn für Gleichheitsverletzung erleichtert, weil heute dem Wort Privileg von vornherein der Geruch von Ungleichheit anhaftet. Ungleichbehandlung berechtigt zunächst immer zum Verdacht von Ungerechtigkeit. Deshalb haben allgemeine Normen einen guten Sinn, weil sie schon aus ihrem abstrakten Charakter heraus nicht differenzieren. Mit dem Institut der allgemeinen Normen ist aber eine der Freiheit der Menschen zuträgliche Ordnung nicht erschöpft. Sie muß Möglichkeiten des Eingehens auf Besonderes vorsehen. Die Gleichheit ist dann verletzt, wenn Ungleiches gleich behandelt wird. Dem kann institutionell mit dem Instrument des Privilegs begegnet werden. Wäre es nicht richtig, die Eigenart des Privilegs als einer souveränen verantwortlichen Entscheidung mehr zu betonen, als seine Eingliederung in ein abstrakt entworfenes Rechtssystem mit allem Aufwand an juristischem Scharfsinn zu verfolgen? Auch der hochentwickelte Rechtsstaat vermag ohne das Instrument der Begnadigung nicht auszukommen. Darf sich die Kirche in ihrer Mittlerfunktion so strikt an zufällig gewachsene, wenn auch weithin höchst nützliche Rechtstypologie binden? Die Durchsicht von Entwicklungsgeschichte und geltendem Recht müßte durch ein nicht zu übersehendes Phänomen vorsichtig machen: Eine überzeugend klingende Definition von Privileg wird so lange um Ausnahmen bereichert, bis die tatsächliche Ordnung normativ einigermaßen erfaßt ist.

Quellen

CIC cum Glossis diversorum, 3 Bde., Ausg. Lyon 1671. – CIC, 2 Bde. (erg. um den sog. liber septimus u. die Institutionen des Lancelotti), Basel 1730. – Emil Friedberg, CIC, 2 Bde., Leipzig 1879 (Nachdr. Graz 1959). – CIC 1917, Praefatione, fontium annotatione et indice analytico-alphabetico ab Pietro Gasparri auctus, mehrfach v. der Vaticana gedr., z. B. 1963. – CIC 1917, viele Ausg. Vaticana, z. B. 1965. – CIC 1983, als selbständiges Druckwerk der Vaticana 1983, dann publ. in AAS 75 (1983) pars II. – CIC 1983; lat.-dt. offiziöse Ausg. der Dt. u. der Berliner, der Österr. u. der Schweizer Bischofskonferenz sowie der Bischöfe v. Bozen – Brixen, Luxemburg, Lüttich, Metz u. Straßburg, Kevelaer ^{2}1984.

Literatur

Simon Aichner, Compendium Iuris Ecclesiastici, Brixen ^{9}1900, 742f. – Winfried Aymans/Klaus Mörsdorf, Kanonisches Recht, Paderborn, I ^{13}1991. – Christoph Besold, Thesaurus Practicus, bearb. v. Christoph Ludovicus, Nürnberg 1666, 768f. (s.v. Privilegien). – Justus Henning Boehmer, Ius ecclesiasticum protestantium, 5 Bde., Halle ^{3}1730. – Wilhelm d.Ä. Durandus v. Mende, Speculum Iuris, 4 T. in 2 Bde. u. Repertorium aureum, Frankfurt 1612 (hier l. V, Ind. rerum, bearb. v. Alexander De Nevo, s.v. Privilegium). – Eduard Eichmann/Klaus Mörsdorf, Lb. des Kirchenrechts auf Grund des CIC, 3 Bde., München u.a., I ^{11}1964. – Hans E. Feine, Kirchl. Rechtsgesch., Tübingen 1950 Köln ^{5}1972. – Lucius Ferraris OFM, Prompta Bibliotheca, Venedig, VII 1782, 172f.; letzte Bearb. v. Gennaro Bucceroni, Rom, VI 1890, 398f. – Hans Heimerl/Helmuth Pree, Kirchenrecht, Wien 1983. – Hermann G. Heumann/Emil Seckel, Handlexikon zu den Quellen des röm. Rechts, Berlin ^{9}1907 = Graz ^{10}1958. – Paul Hinschius, Das Kirchenrecht der Katholiken u. Protestanten in Deutschland. III. System des kath. Kirchenrechts, Berlin 1883, 805f. – Max Kaser, Das Röm. Privatrecht, München, I 1955 ^{2}1971 II 1955 ^{2}1975. – KL. – Hermann Krause, Art. Privileg, ma.: HDRG^{2} 3 (1984) 1999–2005. – Charles Lefebvre, Art. Privilège: DDC 7 (1965) 225f. – Dominikus Lindner, Die Lehre vom Privileg nach Gratian u. den Glossatoren des CIC, Regensburg 1917. – Ders., Art. Privileg: LThK^{2} 8 (1963) 775f. – Gommarus Michiels, Normae Generales Juris Canonici, 2 Bde., Paris ^{2}1949. – Klaus Mörsdorf, Die Rechtssprache des CIC, Paderborn 1937 = 1967. – Heinz Mohnhaupt, Art. Privileg, neuzeitlich: HDRG^{2} 3 (1984) 2005–2011. – Raoul Naz, Art. Communication de privilèges: DDC 3 (1942) 1095f. – Franz Michael Permaneder, Art. Privileg: KL 10 (1897) 427f. – Georg Phillips, Kirchenrecht, 7 Bde., Regensburg 1845–1846 (Nachdr. Graz 1959). – Willibald M. Plöchl, Gesch. des Kirchenrechts, 5 Bde., Wien 1953–1969; I ^{2}1960, 302f.; II ^{2}1962, 53.58f. u. passim. – Art. Privilegium: LTLat 3 (Schneeberg 1843) 493. – Olis Robleda, Art. Privileg: SM 3 (1969) 1287f. – Edward G. Roelker, Principles of Privilege according to the Code of Canon Law, Washington 1926 (CLS). – Carl v. Rotteck/Carl Welcker, Staatslexikon, Altona, XIII 1842, 163f. – Johannes B. Sägmüller, Lb. des kath. Kirchenrechts, Freiburg i.Br. 1914. – Rudolf v. Scherer, Hb. des Kirchenrechtes, Graz, I 1886; II 1898, 165f. – Franziscus Schmalzgrueber SJ, Ius Ecclesiasticum Universum, 6 Bde., Ingolstadt ^{2}1726–1728. – Franz Schmier OSB, Jurisprudentia canonico civilis, seu jus canonicum universum, Salzburg, I ^{2}1729, 149f. – Hubert Socha, Privilegien: Münsterischer Komm. zum CIC, Essen, I 1985 (Losebl.-Sammlung), can. 76f. – Alphonsus M. Stickler, Historia Iuris Canonici Latini. Historia Fontium, Turin 1950. – Ders., Art. Kanonistik: LThK^{2} 5 (1963) 1289–1302. – Alphonso Van Hove, De Privilegiis, 1939 (CLCIC 1/5). – Arthur Vermeersch/ Joseph Creusen, Epitome Iuris Canonici, Mecheln/Rom, I ^{8}1963. – Vocabularium Iurisprudentiae Romanae, Berlin, IV/1/Fasz. 3/4 1985, 1148–1150 (s.v. Privilegium).

Helmut Schnizer

Probabilismus

1. Definition 2. Ursprung 3. Entwicklungen 4. Abschließende Überlegungen (Quellen/ Literatur S. 467)

1. Definition

Unter Probabilismus versteht man eine Moraltheorie, die besagt, daß man in Fällen des Zweifels über das richtige Verhalten den Zweifel beheben kann, indem man sich für eine Handlung entscheidet, für die gute Gründe vorhanden sind, auch wenn es bessere Gründe für die Wahl des Gegenteils geben mag.

2. Ursprung

Mittelalterliche Theologen behandelten das Problem der Unsicherheit über die richtige Handlung im Lichte der paulinischen Lehre: „Wer aber zweifelt ..., der ist gerichtet, denn es [sein Handeln] kommt nicht aus Überzeugung [Glauben]" (Röm 14,23). Dabei unterschieden sie drei mögliche Verfahrensweisen, um den Zweifel zu beheben, besonders dann, wenn eine Vorschrift des göttlichen, natürlichen (→Naturrecht) oder kirchlichen Rechts betroffen ist: Der „Tutiorismus" bevorzugt die Wahl der „sichereren" (*tutior*) Alternative, bei der man weniger zu sündigen Gefahr läuft, indem man dem Gesetz gehorcht. Der „Probabiliorismus" empfiehlt die Entscheidung für diejenige Alternative, die als die wahrscheinlichere (*probabilior*) oder plausiblere erscheint. Und der „Äquiprobabilismus" schließlich erlaubt die Wahl zweier Möglichkeiten gleichermaßen, wenn beide gleich wahrscheinlich (*aeque probabiles*) sind.

Der Dominikaner Bartolomeo de Medina (1527/28–1580) führte 1577 noch eine vierte Möglichkeit ein, indem er den Standpunkt vertrat: „mir scheint, wenn eine Meinung wahrscheinlich ist, ist es erlaubt, ihr zu folgen, auch wenn das Gegenteil wahrscheinlicher wäre" (*sed mihi videtur, si est opinio probabilis, licitum est eam sequi, licet opposita probabilior sit:* Expositio 178f. [q. 19, a. 6]). Er folgt der Tradition, indem er zwischen einem Zweifel, oder einem Zustand der Unentschiedenheit, und einer Meinung, die mit Bedenken oder aus Furcht vor dem Gegenteil der einen Seite einer Alternative zuneigt, unterscheidet. Manche Meinungen sind selbstverständlich gänzlich unwahrscheinlich oder unbeweisbar, weil sie der Vernunft widersprechen. Und eine Meinung ist nicht allein schon deshalb wahrscheinlich, weil sie durch offenkundige Gründe gestützt wird und einige Anhänger hat, denn sonst wären alle Irrtümer wahrscheinliche Meinungen. Eine wahrscheinliche (diskutable) Meinung ist nach Medinas Definition eine von weisen Männern vertretene und von sehr guten Argumenten gestützte Meinung (*quam asserunt viri sapientes, et confirmant optima argumenta*). Da eine solche Meinung der rechten Vernunft konform ist und dem Urteil gelehrter, weiser Männer entspricht, ist ihr sicher und ohne Gefahr einer Sünde zu folgen. Und obwohl eine noch wahrscheinlichere Meinung der rechten Vernunft noch mehr konform und sicherer sein mag, behauptet Medina, daß niemand verpflichtet sei, diesen besseren und vollkommeneren Handlungsweg zu beschreiten. Für empfindsame Seelen wäre es unerträglich, wenn sie ständig mit der Notwendigkeit konfrontiert würden, die wahrscheinlichere Meinung zu suchen. Deshalb, so folgert er, ist es erlaubt, einer wahrscheinlichen Meinung zu folgen, sogar wenn ihr Gegenteil noch wahrscheinlicher ist.

Die spätere Theologie unterschied zwischen der „intrinsischen Wahrscheinlichkeit" einer Meinung (Medinas „sehr gute Argumente") und ihrer „extrinsischen Wahrscheinlichkeit" (der Autorität ihrer Anhänger). Der Jesuit Francisco →Suárez (De bono et malo humanorum actuum, Disp. XII, sec. 5,7: ders., Opera omnia, Paris, IV 1856, 448; De legibus VI, c.8, 10f.: ebd. VI, 38) gibt der Theorie eine rechtsphilosophische Basis, indem er in ihr eine Anwendung zweier rechtlicher Axiome erkennt: Ein mit Zweifeln besetztes Gesetz hat keine bindende Kraft (*lex dubia non obligat*); denn in einer zweifelhaften Eigentumsfrage ist die Partei in der besseren Position, die bereits im Besitz ist (*melior est conditio possidentis*). Entsprechend ist, wenn eine wahrscheinliche Meinung existiert, nach der gegen eine bestimmte moralische Vorschrift zu handeln ist, die Vorschrift in diesem Fall von zweifelhafter Verbindlichkeit und kann die existierende Handlungsfreiheit des Individuums nicht einschränken.

3. *Entwicklungen*

Der Probabilismus erwies seine Anziehungskraft als seelsorgliches Mittel, um aus der moralischen Verlegenheit der Büßenden einen Ausweg zu schaffen. Von probabilioristischen und tutioristischen Theologen wurde er jedoch in Frage gestellt. Sogar innerhalb der einflußreichen Gesellschaft Jesu (→Jesuiten), deren Mitglieder im allgemeinen dem Probabilismus zuneigten, machte man auf den Mißbrauch und die Skandale aufmerksam, zu denen das System verleiten konnte und tatsächlich verleitete. Denn es war ungeschützt gegen die Hervorbringung von „wahrscheinlichen" Ansichten, die zur Rechtfertigung von gänzlich unmoralischen Verhaltensweisen dienten, und von Zweifeln, wo vordem keine vorhanden waren, indem man Medinas ursprüngliche, vorsichtige Kriterien mißachtete. Rom verurteilte diesen „Laxismus" des 17. Jh., und auch der Sympathisant der Jansenisten B. →Pascal attackierte in seinen anonymen *Lettres à un provincial* die gesamte Theorie des Probabilismus und ihre Vertreter, die Gesellschaft Jesu. Pelagianismus und moralischen Verfall führten die strengen Jansenisten auf die Jesuiten zurück, die diese Übel über die französische Gesellschaft und Kirche, deren Feinde sie seit alters gewesen seien, gebracht hätten.

Nachdem schließlich der Laxismus allgemein zurückgewiesen worden war, setzte sich die Kontroverse über Probabilismus und verschiedene Grade von Probabilität und Rigorismus bis in das späte 18. Jh. hinein fort, wo sie unter dem Einfluß von A.M. von →Liguori ein Ende fand, der sich für den Äquiprobabilismus als seelsorglichen Mittelweg zwischen Nachsicht und Rigorismus einsetzte (De conscientia probabili, et seq.: Theologia Moralis, I.1, tr.1, c.3 [= t.1, 77–103]). Seine Position in der Frage moralischer Zweifelsfälle gründete er gänzlich auf die beiden Voraussetzungen, daß ein zweifelhaftes Gesetz nicht binde und daß ein Gesetz nur dann zweifelhaft sei, wenn die Stellungnahmen für und gegen seine Befolgung einander die Waage halten. Sein Beispiel und seine Autorität führten dazu, daß die Gültigkeit genuin probabler (diskutabler) Standpunkte weithin anerkannt wurde, was sich praktisch kaum von der Anwendung seiner Regel der „gleichen Wahrscheinlichkeit" in Zweifelsfällen unterschied. Zugleich wurde der Anwendungsbereich des Probabilismus in zweifelhaften oder umstrittenen moralischen Fragen in dem Maß eingeschränkt, in dem die päpstliche Lehrausübung zunahm, besonders nachdem die Definition der Lehre von der päpstlichen Unfehlbarkeit 1870 (→Vatikanum I) die allgemeine Autorität und die Aktivität des Papsttums in Moralangelegenheiten bedeutend anwachsen ließ. So hielt sich der Probabilismus relativ friedlich in einem zunehmend eingegrenzten Bereich, meist in Verbindung mit dem kanonischen Recht (→Recht, Kanonisches), bis Mitte des 20. Jh. der medizinische Fortschritt die Kontroverse um die traditionelle katholische Lehrmeinung gegen die Empfängnisverhütung heraufführte. Zweifel an der kirchlichen Bezugnahme auf natürliches und göttliches Recht wurden laut, und folglich berief man sich auf den Probabilismus zugunsten der moralischen Freiheit des Individuums, Verhütung zu praktizieren. Als 1968 schließlich die päpstliche Enzyklika *Humanae vitae* die traditionelle Lehre wiederholte, betonte der Vatikan, daß das lange Schweigen des Papstes zu dieser Sache keinesfalls die Annahme eines Zweifelsfalles zulasse, und obwohl eine Enzyklika keine Unfehlbarkeit beansprucht, verhinderte sie als authentische Stellungnahme des *Magisteriums* der Kirche doch die Entstehung einer probablen Gegenmeinung. Die Kontroverse über die Empfängnisverhütung setzt sich fort, doch wiederholte päpstliche Stellungnahmen zu dieser und anderen Moralfragen haben einen Niedergang des Probabilismus, sowohl des intrinsischen als auch des extrinsischen, als Moralsystem in der katholischen Kirche zur Folge gehabt.

4. Abschließende Überlegungen

Die Geschichte des Probabilismus und sein wechselvolles Schicksal geben der theologischen Ethik die Reflexion mehrerer Themen auf, besonders angesichts der Blessuren, die gesellschaftliche und technologische Revolutionen der traditionellen Moral in der Gegenwart zugefügt haben. Das Zeitalter der hochentwickelten Kasuistik, das durch die Entwicklung des Probabilismus stimuliert worden war, erlebte vergleichbare soziale Umwälzungen im nachmittelalterlichen und nachreformatorischen Europa. Es ist das Verdienst zumindest einiger Theologen jener Zeit gewesen, die neuen sozialen Herausforderungen an die überkommenen moralischen Gewißheiten ernsthaft artikuliert zu haben, um die Möglichkeit eines christlichen Weges unter zunehmend säkularisierten Lebensbedingungen aufzuzeigen. War der Probabilismus jedoch ein christlicher Weg? Sogar innerhalb der katholischen Kirche fand er Widerspruch, weil er eine minimalistische und „permissive" Moral popularisierte. Dagegen ließe sich jedoch sagen, daß er in seinem ursprünglichen Kontext der Beichtberatung die ernste Frage betraf, wie man vermeiden konnte, Gott zu beleidigen, und daß seine Vertreter darum besorgt waren, die moralischen Lasten der Gläubigen nicht ungerechtfertigt zu vermehren, wofür Jesus bereits die Gesetzesexperten seiner Zeit verurteilt hatte (Lk 11,46). Der Probabilismus nahm die bleibende Notwendigkeit ernst, das Feld der moralischen Pflichten zu prüfen, ohne dabei notwendig einem moralischen Minimalismus das Wort zu reden. Ebensowenig schloß dies notwendig moralische Großmütigkeit aus, denn das Individuum kann sich in Situationen wiederfinden, in denen die Anerkennung und die Wahrnehmung seiner fundamentalen Verantwortlichkeit nach Großmut und sogar außerordentlichem moralischem Heldenmut verlangt.

Der andere grundlegende Vorwurf gegen den Probabilismus betrifft heute seinen legalistischen Ansatz im Urteil über moralisches Verhalten. Wiederum ließe sich aber bemerken, daß sein Insistieren darauf, daß sich die gottgegebene Freiheit bis zum Beweis des Gegenteils „im Besitzstand" (*possessio*) gegenüber dem Gesetz befindet, darauf zielt, die moralische →Autonomie zu klären und zu verteidigen. Daß er dies in einer Kultur vermochte, die vorwiegend am Recht interessiert war und Gesetz und Freiheit entschieden voluntaristisch und in einem Gegensatzverhältnis auffaßte, zeigt, daß er in seinem Versuch, den persönlichen Ursprung der moralischen Verantwortlichkeit zu bestimmen und zu sichern, zwar begrenzt, aber nicht fehlgeleitet war. Schließlich könnte sogar die Verbreitung probabler, mit mehr oder weniger Plausibilität vertretener Meinungen heute lehrreich sein im Blick auf den moralischen →Pluralismus und die Legitimität unterschiedlicher Zugänge zu komplexen moralischen Situationen, in denen mehr doktrinäre und „prophetische" Positionen Gefahr laufen, die Situation übermäßig zu vereinfachen. Die Wirklichkeit droht nicht allein durch das Bedürfnis nach Einfachheit verzerrt zu werden, die Wahrheit kann auch unter dem Streben nach Gewißheit und Sicherheit leiden.

Quellen

Bartolomeo de Medina, Expositio in Summa Theologiae, 2 T., Venedig 1580. – Blaise Pascal, Les Provinciales, ed. Michel Le Guern, Paris 1987. – Alphons Maria v. Liguori, Theologia Moralis, Bassani, I ^{11}1816.

Literatur

Thomas Deman, Art. Probabilisme: DThC 13 (1936) 417–619. – Bernhard Häring, Das Gesetz Christi, Freiburg i.Br., I 1959. – Albert R. Jonsen/Stephen Toulmin, The Abuse of Casuistry. A History of Moral Reasoning, Berkeley 1988. – Kenneth Escott Kirk, Conscience and its Problems. An Intr. to Casuistry, London 1927. – John Mahoney, The Making of Moral Theology. A Study of the Roman Catholic Tradition, Oxford 1987.

John Mahoney

Proclus, *Philosoph (412–485)*

1. Leben 2. Werk und Denken 3. Wirkung (Quellen/Literatur S. 471)

1. Leben

Proclus wurde am 8. Februar 412 in →Konstantinopel geboren und starb am 17. April 485 in Athen. Diese genaue Angabe seiner Lebensdaten ist möglich, weil sie (zu astrologischen Zwecken) in der von seinem Schüler Marinus verfaßten *Vita* des Philosophen festgehalten sind. Ohne diese *Vita* wüßten wir wenig über das Leben von Proclus, da er in seinen eigenen Schriften kaum über sich selbst spricht.

Sein Vater war Jurist und kehrte bald in die Heimat seiner Familie nach Xanthos in Lykien zurück, wo Proclus aufwuchs. Er erhielt die für ein Kind wohlhabender Eltern übliche Ausbildung: Nach einer Elementarschulausbildung in Xanthos ging er nach →Alexandrien, um dort →Rhetorik, Latein und Römisches →Recht zu studieren; offenbar sollte er nach dem Willen seines Vaters eine Juristenlaufbahn einschlagen. Aus uns nicht bekannten Gründen (laut Marinus aufgrund einer Offenbarung durch die Göttin Athena) faßte Proclus den Entschluß, sich der Philosophie zuzuwenden. Er begann sein philosophisches Studium in Alexandrien, wo er sich der aristotelischen Philosophie und der Mathematik widmete. Anschließend ging er nach Athen und geriet dort unter den Einfluß von Syrianus (gest. 437), einem neuplatonischen Philosophen, der ihn mit dem *Diadochos* Plutarch (gest. 431/32) bekannt machte, dem Nachfolger →Platos als Leiter der Akademie zu Athen. Zu dieser Zeit war Proclus ungefähr 19 Jahre alt. Zwei Jahre später starb Plutarch, Syrianus übernahm seine Nachfolge. Proclus wurde unter Plutarch und Syrianus genauestens in die platonische Philosophie eingeweiht, wie sie in Athen zu Beginn des 5. Jh. verstanden wurde.

→Aristoteles galt gegenüber dieser platonischen Philosophie lediglich als einführend, und Platos Philosophie selbst wurde in „neuplatonischen" Kategorien interpretiert, d.h. entsprechend den im 3. und 4. Jh. durch →Plotin und Iamblichus eingeleiteten Entwicklungen (→Neuplatonismus). Diese legten die Platonischen Dialoge im Sinne eines metaphysischen Schemas aus: Die gesamte Wirklichkeit entfaltet sich durch Hervorgehen (*πρόοδος*) aus dem Einen über den Geist (*νοῦς*) zur Seele und kehrt durch Rückwendung (*ἐπιστροφή*) zum Einen zurück. Diese kosmische Struktur wurde auch im Lichte der „Theologen" interpretiert, d.h. entsprechend den Vorstellungen, die man in den *Orphischen Hymnen* und den *Chaldäischen Orakeln* fand, so daß die gesamte Annäherungsweise eine intellektuelle Rechtfertigung des zu jener Zeit offiziell verbotenen traditionellen Heidentums darstellte. Als Syrianus 437 starb, wurde Proclus, damals ein junger Mann von 25 Jahren, sein Nachfolger. Für die kommenden 48 Jahre lehrte Proclus als *Diadochos* Platos an der Akademie platonische Philosophie.

Marinus' *Vita* schildert Proclus als heidnischen Asketen, fast schon als heidnischen Heiligen nach dem Vorbild der bereits verbreiteten christlichen Heiligenleben. Er war unverheiratet, schlief wenig, hielt eine vegetarische Ernährungsweise ein, erwies den heidnischen Gottheiten – besonders der Sonne – regelmäßig seine Verehrung, übte die Riten eines chaldäischen Eingeweihten aus, wozu die gewissenhafte Einhaltung ägyptischer Feiertage gehörte, tat sein möglichstes, um traditionelle heidnische Bräuche zu fördern, und verwandte viele Stunden auf das Lehren der platonischen Philosophie.

Was von seinem Werk die Zeit überdauert hat, ist gewaltig; niemand sonst bietet uns ein solch umfassendes und detailliertes Bild der späten neuplatonischen Philosophie, und dies, obwohl ein großer Teil seines Werkes verloren ist. Seine Neigung zur Akribie verleiht seinen Schriften sogar einen noch größeren Wert: So geben seine Erörterungen der Lehren seiner Vorgänger wertvolle Informationen über die Entwicklung der griechischen Philosophie in der späten Antike.

2. Werk und Denken

2.1. Praktisch alle Schriften von Proclus haben die Form von Kommentaren. Kurz nachdem er *Diadochos* geworden war, veröffentlichte er einen Kommentar zu Platos *Timaios*, diesem folgten Kommentare zu *Alkibiades I* (der als authentisch Platonisch angesehen wurde), *Parmenides*, *Kratylus* und zum *Staat*: dies ist alles, was – zum Teil auch nur fragmentarisch – erhalten ist (der Kommentar zum *Timaios* ist auf Platos Erörterung der menschlichen Seele beschränkt; die erhaltenen Passagen des Kommentars zum *Staat* behandeln zu einem Großteil den Mythos von Er). Mit Sicherheit schrieb Proclus mehr, z. B. mindestens einen Kommentar zur Palinodie im *Phaidros*. Erhalten ist außerdem ein Kommentar zum ersten Buch der *Elemente* von Euklid. Ebenso verfaßte Proclus Kommentare zu den *Chaldäischen Orakeln* und den *Orphischen Hymnen*, welche in Fragmenten erhalten sind, und dichtete auch selber Hymnen. Es gibt verschiedene Abhandlungen zu Problemen, die mit den Themen →Vorsehung und →Schicksal verbunden sind, sowie zur Frage nach dem Bösen, außerdem zwei bedeutende theologische Werke: die *Elemente der Theologie*, deren Stil einen Rückgriff auf Euklid und einen Vorgriff auf →Spinoza darstellt und die eine Art Grammatik (oder Logik) der Proclischen Metaphysik bilden, sowie die *Platonische Theologie*, sein letztes Werk, eine gewichtige Entfaltung seiner Götterlehre, größtenteils in der Form eines Kommentars zu den entsprechenden Passagen in den Platonischen Dialogen. Dieses letzte Werk blieb unvollendet, möglicherweise weil Proclus während der Abfassung starb.

2.2. Proclus' Werk bietet die eingehendste überlieferte Darstellung der neuplatonischen Philosophie der sog. Athenischen Schule. Sie ist eine Entfaltung des Denkens Plotins, obgleich sie sich (wie dies auch Plotins Philosophie tat) als Auslegung der Platonischen Dialoge darstellt. Plotin selbst wird nicht eigentlich als Autorität angesehen, und Proclus stimmt mit ihm oft nicht überein (besonders bei der Aristoteles zugemessenen Bedeutung: Plotin neigt dazu, Plato und Aristoteles in Einklang zu bringen, während Proclus eher auf ihren Unterschieden beharrt). Gleichwohl sieht sich Proclus in eine Interpretations-*Tradition* eingebunden und stellt bisweilen heraus, wer bestimmte Konzeptionen in diese Tradition eingebracht hat (so scheint er z. B. den Gedanken der *Henaden* seinem Lehrer Syrianus zuzuschreiben).

Proclus' philosophisches System ist komplex und kann unmöglich in wenigen Abschnitten angemessen zusammengefaßt werden. Auf jeden Fall steht ein Interesse an *Vermittlung* im Zentrum: die gesamte Wirklichkeit muß als ein untereinander in Zusammenhang stehendes Ganzes angesehen werden. Hieraus erklärt sich die Vorrangstellung von Triaden in der Proclischen Metaphysik, denn ein Drittes wird benötigt, um zwischen Zweien zu vermitteln. Der grundlegende Rhythmus der Wirklichkeit wird durch die Triade *μονή – πρόοδος– ἐπιστροφή* (Verharren – Hervorgehen – Rückwendung) beherrscht. In der Wirklichkeit unterhalb des Einen (denn das Eine ist jenseits der Wirklichkeit) gibt es die Triade von *ὄν – ζωή – νοῦς* (Sein – Leben – Intellekt). Im Mittelpunkt seiner Konzeption des Universums steht für Proclus die →Seele, die komplexeste aller Entitäten, die in sich alle Abstufungen der Wirklichkeit umfaßt. Wirklichkeit ist für Proclus wesentlich *theologisch*: die gesamte Wirklichkeit läßt sich zurückverfolgen auf eine komplexe göttliche Welt hin. Diese besteht aus den Göttern, angefangen von den Henaden, die das Sein transzendieren, über die transzendenten Götter (die Götter des Reiches des *νοῦς*, die drei Ränge bilden, von denen jeder aus drei Triaden besteht, außer dem letzten, dem der *θεοὶ νοεροί* [intelligiblen Götter], die eine Hebdomade bilden) bis hin zu den Göttern des Kosmos (ebenfalls in drei Ränge unterteilt). Proclus unterscheidet verschiedene Arten von Theologie (d.h. von Wissen über die Götter), wobei seine Unterscheidung zwischen affirmativer (*καταφατική*, *δι' ἀναλογίας*) und apophatischer Theologie (*διὰ τῶν ἀποφάσεων*) am wesentlichsten ist (vgl. Theologia platonica 2,5; Saffrey 37–39). Dieser differenzierten Theologie liegt eine ebenso differenzierte ontologische Analyse der Wirklichkeit zugrunde, in der die Verknüpfung von allem mit allem beibehalten wird: *πάντα ἐν πᾶσιν, οἰκείως δὲ ἐν ἑκάστῳ* (Institutio theologica 103). Dieses Miteinander-in-Zusammenhang-Stehen – man könnte es auch als Einklang bezeichnen, der den ganzen Kosmos durchwirkt – dient für Proclus noch einem anderen Zweck: Es liefert für ihn, wie für Iamblichus, eine intellektuelle Rechtfertigung heidnischer Riten und Zeremonien, besonders des →Opfers, und astrologischer Betätigung – kurz gesagt: eine Rechtfertigung der sog. *Theurgie*. Ein großer Teil der *Platonischen Theologie* ist damit befaßt aufzuweisen, daß die aus den Platonischen Dialogen gewonnene neuplatonische Metaphysik durch allegorische Interpretation der Mythen über die griechischen Götter bestätigt wird. Hier gilt, was H.D. Saffrey folgendermaßen umschrieb: „die Proclische Interpretation trägt uns aus der schöpferischen Imagination der griechischen Mythen in das imaginäre Museum seiner metaphysischen Abstraktionen" (Théologie Platonicienne IV, X).

3. Wirkung

Der Einfluß von Proclus innerhalb der christlichen Theologie ist gering, aber bezeichnend. Der mit Abstand wichtigste Faktor dabei ist die Art und Weise, in der →Dionysius Areopagita einen großen Teil der Proclischen Metaphysik in seine theologische Synthese integriert. Es ist nicht sicher, daß Dionysius Proclus selbst verpflichtet war – dafür wissen wir zu wenig von der Geschichte des athenischen Neuplatonismus; jedoch ist Proclus unsere beste Quelle neuplatonischer Metaphysik, aus der der Areopagite schöpfte. Viele der metaphysischen Themen des Dionysius lassen sich in Proclus' Werk erkennen, obwohl sie im areopagitischen Schriftcorpus in solche Themen eingebettet sind, die aus der christlichen theologischen Tradition stammen. Über Dionysius übte Proclus einen gewaltigen, wenn auch anonymen Einfluß auf viele spätere christliche Theologen aus (so daß z.B. →Johannes Scotus Eriugena zutiefst proclisch ist, ohne es zu wissen). Dieser Einfluß wurde durch den ersten Herausgeber und Kommentator von Dionysius, Johannes von Skythopolis (um die Mitte des 6. Jh.), ausgeweitet und in stärkerem Maße christlichen Zwecken nutzbar gemacht. Das Werk von Proclus war anderen christlichen Denkern des 6. Jh. bekannt, insbesondere →Johannes Philoponus, der Proclus' Glauben an die Ewigkeit des Kosmos widerlegte; allerdings übte Philoponus nur einen marginalen Einfluß auf das christliche Denken aus. Nur wenige Schriften von Proclus wurden ins Arabische übersetzt, so die *Elemente der Theologie* (*Institutio theologica*) in einer bearbeiteten Fassung. Dieses Werk wurde aus dem Arabischen ins Lateinische übersetzt und war im 12. und 13. Jh. im Westen als *Liber de causis* bekannt. →Thomas von Aquino schrieb dazu einen kurzen Kommentar. Proclus' Kommentar zu Platos *Parmenides* wurde im 13. Jh. von Wilhelm von Moerbeke (ca. 1215–1286) ebenfalls ins Lateinische übersetzt. Im byzantinischen Osten wurde Proclus im 11. Jh. von K. →Psellos und dessen Schüler Johannes Italos wiederentdeckt. Sie teilten sein Interesse an den *Chaldäischen Orakeln* und anderen heidnischen Werken. Die feierliche Verurteilung von Johannes Italos im Jahre 1082 trieb die Beschäftigung mit Plato und dem Neuplatonismus zunächst in die Verborgenheit, doch vom 13. Jh. an gab es in Konstantinopel offensichtlich ein Interesse an Proclus. Dieses war im 15. Jh. weit verbreitet: Georgios Gemistos Plethon (ca. 1360–1452) griff in hohem Maße auf Proclus zurück, und Proclus war unter den Gelehrten der italienischen Renaissance beliebt. Seitdem ging das Interesse an Proclus bis in die jüngste Zeit vornehmlich mit einem Interesse am Okkulten und einer wiederbelebten Beschäftigung mit dem Heidentum einher, so daß es für die christliche Theologie ein Randphänomen darstellte.

Quellen

Marinus, Vita Procli, hg. mit lat. Übers. v. Jean François Boissonade, Leipzig 1814 (Neudr. Victor Cousin, Procli philosophi op. ined. [s.u.] 1–66). – *Proclus* (GA gibt es nicht): Institutio theologica, hg. mit Einl., engl. Übers. u. Anm. v. Eric Robert Dodds, Oxford 1933 ²1963. – Theologia platonica: Théologie platonicienne, hg. mit franz. Übers. v. Henri Dominique Saffrey/Leendert Gerrit Westerink, 6 Bde., 1968ff. (CUFr). – Platokomm.: In Alcibiadem I, hg. v. Leendert Gerrit Westerink, Amsterdam 1954; hg. mit franz. Übers. v. A.P. Segonds, 2 Bde., 1985–86 (CUFr). – In Cratylum, hg. v. G. Pasquali, 1908 (BSGRT). – In Parmenidem: Procli philosophi op. ined., ed. Victor Cousin, Paris ²1864 = Frankfurt a.M. 1962, 603–1244; lat. Übers. v. Wilhelm v. Moerbeke, ed. Carlos G. Steel, Leuven 1982/1985 (Ancient and Medieval Philosophy de Wulf-Mansion Centre 1,3/4) (umfaßt den im Griech. verlorenen Schlußteil); teilweise dt. Übers. v. Rainer Bartholomai, Proklos. Komm. zu Platons Parmenides 141E–142A. Eingel., übers. u. erl., St. Augustin 1989 (Texte zur Phil. 8); engl. Übers. des Schlußteils hg. v. Raymond Klibansky u.a., Plato Latinus, London, III 1953, 23–81; engl. Übers. v. G.R. Merrow/John Dillon, Princeton, N.J. 1987. – In Rempublicam, hg. v. Wilhelm Kroll, 2 Bde., 1899–1901 = 1965 (BSGRT); franz. Übers. v. André-Jean Festugière, 3 Bde., Paris 1970 (Bibliothèque des Textes Phil.). – In Timaeum, hg. v. Ernst Diehl, 3 Bde., 1903–1906 = 1965 (BSGRT); franz. Übers. v. André-Jean Festugière, 5 Bde., Paris 1966–1968 (Bibliothèque des Textes Phil.). – *Andere Werke:* De arte hieratica, hg. mit franz. Übers. v. Joseph Bidez: Catalogue des manuscrits alchimiques grecs, Brüssel, VI 1928, 148–151 (Union Académique Internationale). – Eclogae de philosophia chaldaica, hg. mit franz. Übers. v. Édouard des Places: Oracles Chaldaïques, 1971 (CUFr) 202–212. – Hymni, hg. v. Ernst Vogt, Wiesbaden 1957 (KPS 18). – In primum Euclidis biblum, hg. v. Gottfried Friedlein, 1873 (BSGRT). – Tria opuscula (de decem dubitationibus; de providentia; de malorum subsistentia), hg. v. Helmut Boese, 1960 (QSGP); hg. mit franz. Übers. v. Daniel Isaac, 3 Bde., 1977–1982 (CUFr).

Literatur

Werner Beierwaltes, Proklos. Grundzüge seiner Metaphysik, 1965 (PhA 24). – Ders., Denken des Einen, Frankfurt a.M. 1985. – Rudolf Beutler, Art. Proklos (4): PRE 23,1 (1957) 186–247. – Stanislas Breton, Phil. et mathématique chez Proclus, Paris 1969. – Anthony Charles Lloyd, Athenian and Alexandrian Neoplatonism: Arthur Hilary Armstrong (Hg.), Cambridge History of Later Greek and Early Medieval Philosophy, Cambridge 1967 ²1970, 302–325, bes. 302–314. – Evanghélos A. Moutsopoulos, Les structures de l'imaginaire dans la phil. de Proclus, 1985 (CEA). – Jean Pépin/Henri Dominique Saffrey (Hg.), Proclus, lecteur et interprète des anciens. Actes du colloque int. de CNRS, Paris 2–4 octobre 1985, Paris 1987. – Laurence J. Rosán, The Philosophy of Proclus, New York 1949. – Anne D. Sheppard, Studies on the 5th and 6th Essays of Proclus' Comm. on the Republic, 1980 (Hyp. 61). – Alfred E. Taylor, Philosophical Studies, London 1934, 151–191. – Jean Trouillard, L'Un et l'âme selon Proclus, 1972 (CEA). – Ders., La Mystagogie de Proclos, 1982 (CEA).

Andrew Louth

Professio fidei Tridentina *(Tridentinisches Glaubensbekenntnis)*

(Quellen/Literatur S. 472)

Während der Konzilsverhandlungen in Trient (→Tridentinum) über das Weihesakrament im April/Mai 1563 wurde den Konzilsvätern mit dem Dekretentwurf auch der Text eines „zusammenfassenden Formulars unseres katholischen Glaubens" (*summaria fidei nostrae catholicae formula*) vorgelegt (CT 9,84f.). Bischöfe, Äbte und Pfarrer, aber auch weltliche Beamte und Richter sollten es bei Übernahme ihrer Ämter ablegen. Text und Forderung der Ablegung des vorgeschlagenen Bekenntnisses gehen auf französische Konzilsväter zurück. Sie befürchteten, daß in Frankreich, da die Krone seit 1516 (Konkordat) ein weitgehendes Nominationsrecht besaß, Bischöfe ernannt würden, deren katholischer Glaube zweifelhaft sei. Das Konzil ging auf diesen Vorschlag nicht ein. Erst im Reformdekret der 24. Sitzung am 11. November 1563 wurde in can. 1 für die Bischöfe und in can. 12 für die Inhaber der übrigen Seelsorgsämter (CT 9,978/979 = COD ³1973, 759–761; CT 9,983/984 = COD ³1973, 766/767) die Ablegung eines Glaubensbekenntnisses und eines Obödienzeides vor Amtsantritt vorgeschrieben. Im Reformdekret, can. 2, der 25. Sitzung vom 3./4. Dezember 1563 (CT 9,1086 = COD ³1973, 785) wurde dies zusätzlich auch von den Doktoren und Dozenten der Universitäten und Generalstudien gefordert. Eine Formel für dieses Symbolum wurde vom Konzil nicht beschlossen. Diese Lücke schloß Papst →Pius IV., als er am 13. November 1564 mit der Bulle *Iniunctum nobis* (Bullarium 204/205) ein einheitliches, für die Gesamtkirche geltendes Glaubensbekenntnis vorlegte und anordnete, daß alle Bischöfe, Dignitäre, Kanoniker und Inhaber von Seelsorgspfründen das vom Konzil geforderte Glaubensbekenntnis mit dem jetzt verordneten Text abzulegen haben. Bereits drei Tage zuvor, am 10. November, hatte der Papst auf Betreiben der →Jesuiten, besonders des Petrus →Canisius, mit der Bulle *In sacrosancta* (Bullarium 201–204) die Ablegung dieses Glaubensbekenntnisses auch für die Lehrer (Professoren, Doktoren, Magister, Regenten) aller Fakultäten, für die Beamten (Rektor und Kanzler) und für alle Promovenden vor Erlangung eines akademischen Grades vorgeschrieben aus Sorge um die Unterwanderung der Universitäten durch nicht mehr Rechtgläubige. Die Durchführung beider Anordnungen zog sich in Deutschland längere Zeit hin.

Die Entstehung des Wortlauts der Professio fidei Tridentina ist noch nicht geklärt. Er war im April 1564 bereits vorhanden. Diese Professio wurde dem erwählten Erzbischof von Köln, Friedrich von Wied, durch Kardinal Clemens Dolera, Protektor der Deutschen Nation, schriftlich zur Ablegung zugesandt. Der Erzbischof verweigerte diese Professio und resignierte. Da Dolera Mitglied der Römischen Inquisition war, dürfte dieses Glaubensbekenntnis in ihrem Umkreis entstanden sein. Zur Formel der Professio fidei Tridentina gehören das sog. →Nicäno-Konstantinopolitanische Glaubensbekenntnis (das „Credo“ der Messe) (→Glaubensbekenntnis) und eine Reihe von Zusätzen entsprechend den Dekreten des Trienter Konzils (Tradition und Schrift, Siebenzahl der Sakramente, Erbsünde und Rechtfertigung, Messe mit besonderer Betonung von Opfercharakter und Transsubstantiationslehre, Heiligen-, Reliquien- und Bilderverehrung), das Versprechen, „der heiligen, katholischen und apostolischen römischen Kirche, die aller Mutter und Lehrmeisterin ist, dem Nachfolger Petri und Stellvertreter Christi gehorsam zu sein“, und die allgemeine Bereitschaft zur Annahme der Glaubensentscheidungen der ökumenischen Konzilien, besonders des Trienter Konzils. Die Aussagen über Schrift und Tradition und über die Kirche gehen über die Definitionen des Konzils hinaus. Die Formel wird mit je einem Absatz eingeleitet und abschließend bekräftigt. „Dieses Versprechen ist nicht ein in Trient fixierter Glaube, wohl aber Ausdruck des dort herrschenden Glaubensbewußtseins. Im Tridentinischen Glaubensbekenntnis setzte die katholische Kirche den protestantischen Bekenntnissen ihr eigenes gegenüber“ (Jedin, Geschichte IV/2, 241).

Auf Anordnung Papst →Pius' IX. wurden durch Dekret der Konzilskongregation vom 20. Januar 1877 die Entscheidungen des I. Vatikanischen Konzils (Vorrang des römischen Bischofs und sein unfehlbares Lehramt; →Vatikanum I) hinzugefügt. In dieser Form wurde dieses Glaubensbekenntnis, jetzt *Professio fidei catholicae* genannt, dem *Codex Iuris Canonici* von 1917 vorangestellt und mußte von allen dazu Verpflichteten so abgelegt werden. Im Jahr 1967 wurde ein neues Formular eingeführt: An das Nicäno-Konstantinopolitanische Glaubensbekenntnis wurde ein kurzer Passus angefügt über die Bereitschaft, Lehrentscheidungen des außerordentlichen und ordentlichen Lehramts anzunehmen (AAS 59 [1967] 1058 = AKathKR 136 [1967] 491). Dieser Abschnitt wurde 1989 wiederum leicht geändert und die Erklärung der Bereitschaft zur Annahme von Entscheidungen des authentischen Lehramts der Kirche, auch wenn es sich nicht um definitive Entscheidungen handelt, hinzugefügt (AAS 81 [1989] 105 = AKathKR 158 [1989] 135–137). Die Professio fidei Tridentina ist auch weiterhin gültiges römisch-katholisches Glaubensbekenntnis.

Quellen

Beati Petri Canisii epistulae et acta, hg. v. Otto Braunsberger, 8 Bde., Freiburg 1896–1923. – Bullarium Romanorum Pontificum IV/2, Rom 1745. – COD [3]1973. – CT 9. – DS Nrn. 1862–1870. – NR [12]1986 Nrn. 930–940. – QGPRK [6]1967, 649–651.

Literatur

Martin Eras, Das röm. Lehrbekenntnis u. wir Evangelischen heute. Bemerkungen zur Professio fidei Tridentinae u. zu „Barmen“: EvTh 9 (1949/50) 212–225. – Albert Hauck, Art. Professio fidei Tridentinae: RE³ 16 (1905) 71–73. – Hubert Jedin, Gesch. des Konzils v. Trient, 4 Bde., Freiburg 1949–1975, bes. IV/2. – Ders., Art. Tridentinisches Glaubensbekenntnis: LTHK² 10 (1965) 338. – Ders., Zur Entstehung der Professio fidei Tridentina: AHC 6 (1974) 369–375. – Hubert Kirchner, Art. Professio fidei Tridentina: EKL³ 3 (1992) 1331. – Ludwig v. Pastor, Gesch. der Päpste seit dem Ausgang des MA, Freiburg i.Br., VII 1923, 295f. – Heribert Schmitz, „Professio fidei“ u. „Iusiurandum fidelitatis“: AKathKR 157 (1988) 353–429. – Gustave Thils/Theodor Schneider, Glaubensbekenntnis u. Treueid, Mainz 1990. – Ludwig Andreas Veit, Die Eidesform des tridentinischen Glaubensbekenntnisses vom 13. November 1564 u. ihre Aufnahme im Mainzer Domkapitel: HPBl 159 (1917) 462–474. – Das Weltkonzil v. Trient. Sein Werden u. Wirken, 2 Bde., Freiburg 1951. – Vgl. ferner die entsprechenden Hand- und Lehrbücher der Kirchengeschichte.

Ernst Reiter

Proletariat →Kommunismus, →Marx/Marxismus, →Sozialgeschichtsschreibung

Propheten/Prophetie

I. Religionsgeschichtlich
II. In Israel und seiner Umwelt . . . . S. 477
III. Im Judentum . . . . S. 499
IV. Neues Testament und Alte Kirche . . . . S. 503
V. Dogmatisch/hermeneutisch . . . . S. 511
VI. Praktisch-theologisch . . . . S. 513

I. Religionsgeschichtlich

1. Allgemeines 2. Das biblisch geprägte Prophetenbild 3. Der Prophet als Typos der Religionssoziologie 4. Abgrenzung zu verwandten religiösen Spezialisten (Literatur S. 476)

1. Allgemeines

Propheten (von griechisch *προφήτης*, der Ausleger [der Orakelsprüche], Wahrsager, Vorhersager, Verkünder) sind charismatische Verkünder des göttlichen Willens, des im Sinne der Gottheit Richtigen und Wahren, auch zukünftiger Ereignisse, nachdem sie eine Botschaft durch Vision oder Audition empfangen haben (nicht durch Deutung irdischer Zeichen wie Knochen oder Innereien, Traumdeutung usw.) und von einer Gottheit zur Verkündigung des Offenbarten veranlaßt worden sind.

Propheten werden nicht zu ihrer Tätigkeit ausgebildet oder von einer Religionsgemeinschaft eingesetzt, sie entscheiden sich auch nicht aus sich heraus dazu, sondern sie werden von der personalen Gottheit berufen und meist gegen ihren eigenen Willen zu ihrer Funktion als Offenbarungsorgan gezwungen. Ihr Auftrag kann zeitlich begrenzt oder dauerhaft sein. Die Berufung geschieht meist plötzlich und ohne eigenes Zutun, also ohne eine vorherige Anfrage des Propheten an die Gottheit wie beim Wahrsager und ohne irgendwelche Vorbereitungsschritte. Die Ablehnung des Auftrags zieht Strafe nach sich. →Offenbarungen und Befehle der Gottheit werden den Propheten häufig nicht nur in aller Stille durch →Träume zuteil, sondern auch in der Ekstase, z. B. im Baalskult während kultischen Tanzes. Mit der Ekstase gehen Phänomene wie Krämpfe, Lähmungen, triebhafte Handlungen u.a. einher. Propheten zeichnen sich also durch starke emotionale Sensitivität aus. Den Inhalt der Offenbarungen schreiben sie in vielen Fällen später nieder und wirken so unter Umständen sogar kanonbildend. Die Persönlichkeit des Propheten tritt hinter die Botschaft und die Gottheit zurück, die das Proprium des Propheten mit Macht vertritt. Das Ich der Gottheit kann die Persönlichkeit des Propheten so weit ersetzen, daß der Prophet zum entpersönlichten Sprachrohr der Gottheit wird.

Diese Merkmale werden gemeinhin als konstitutiv für den Propheten anerkannt. Die weitere Beschreibung hängt wesentlich davon ab, ob die genannten Kennzeichen als ausreichend zur Charakterisierung und zur Abgrenzung von anderen religiösen Spezialisten betrachtet werden oder ob Merkmale des alttestamentlichen Prophetentums (s.u. II.) als zwingend für Prophetentum allgemein gefordert werden. Zur Verdeutlichung der Problematik des Begriffs soll zunächst in Anlehnung an klassische Religionsphänomenologen (Heiler; Lanczkowski; Mensching) versucht werden, den Begriff in einem engeren Sinne zu bestimmen, um anschließend einen weiter gefaßten Ansatz vorzustellen (ähnlich wie Sheppard/Herbrechtsmeier).

2. Das biblisch geprägte Prophetenbild

Prophetentum zeigt sich am deutlichsten und zahlenmäßig stärksten im alten Israel, woher vor allem der Begriff Prophetentum seine Prägung erfahren hat. Auch hier ist noch Ekstase mit allen ihren Begleiterscheinungen möglich, aber nicht nötig. In der Regel werden dem Propheten umfangreichere Aufträge zuteil, Botschaften der Gottheit, die er in Klartext an die Menschen stellvertretend für die Gottheit weiterzugeben hat. Die Botschaft bezieht sich auf das Schicksal des ganzen Volkes, auch wenn sie sich an einzelne, vor allem den König, richtet. Die Offenbarung hat das Heilshandeln und die geschichtliche Wirksamkeit der Gottheit zum Inhalt, sie fordert sittliches Verhalten, Umkehr, nicht kultische Gesetzesfrömmigkeit, kurz, die Errichtung einer Ordnung im Sinne der Gottheit. Weltende, Weltgericht oder Anbruch eines Gottesreiches werden vorhergesagt. Unheils- und Heilsprophetie können einander ausschließen (Jer 28,8f.) oder ablösen (vor- und nachexilische Propheten). →Wunder und Zeichenhandlungen können die prophetische Verkündigung begleiten und ihre Authentizität beglaubigen. Den Propheten zeichnet die Unmittelbarkeit der Beziehung zur Gottheit aus.

Die Übertragung dieses so alttestamentlich geprägten Begriffes auf andere Religionen ist immer wieder problematisch. Wenn selbst der Buddha mit Einschränkung als geschichtliche Erscheinungsform des Prophetentums bezeichnet wird (Mensching, Art. Propheten 611), wobei die Berufung durch das Erleuchtungserlebnis zu ersetzen sei, wird die Unzulänglichkeit des Begriffs überdeutlich, denn am Selbstverständnis des Buddhas und der Buddhisten geht dies völlig vorbei. Ähnlich verhält es sich mit anderen Gestalten in der Religionsgeschichte, die mit dem Propheten viele Gemeinsamkeiten haben, ohne dem Bild des alttestamentlichen Propheten zu entsprechen. So gibt es Typen, die gemeinhin nicht mehr als Propheten bezeichnet werden, die jedoch Züge des Prophetentums tragen, wie die Apokalyptiker, die einen Kampf von Gut und Böse in die Endzeit auslaufen lassen, oder prophetische Gestalten des →Mönchtums, die vor Herrschern die Botschaft der Gottheit für eine aktuelle Situation verkündeten (z.B. →Hildegard von Bingen).

Propheten werden gelegentlich in Religionsstiftern erblickt (F. Heiler gegen J. Wach). Beispiele seien Zarathuštra (s.u. II.3.5.), Mani (→Manichäismus) oder Muḥammad (→Islam). Was von Zarathuštra berichtet wird, entspricht den Merkmalen des Propheten. Nur unfreiwillig übernimmt er die ihm übertragene Aufgabe, Ahura Mazdāh als den einen Gott zu verkünden. Doch können wir nicht einmal seine Existenz beweisen, und seine *Vita* ist von der religionsgeschichtlichen Situation späterer Jahrhunderte geprägt, also kaum aussagekräftig bezüglich des „historischen" Zarathuštra und der Frage nach seinem Prophetentum. Mani sah sich als letzten in einer langen Ahnenreihe von Propheten. Er hielt sich nach zweimaliger Berufung und widerstrebendem Befolgen des Auftrags für den Offenbarer der →Gnosis, der erlösenden Erkenntnis vom Ursprung des Menschen und seiner Bestimmung. Seine Botschaft ist jedoch im Gegensatz zu der eines Propheten nicht auf sittliche Umkehr des Volkes oder der Herrscher gerichtet, sondern auf die Annahme seiner ganzen Religion, die er in Form eines →Mythos verkündet hat. Muḥammad schließlich wird die Berufung durch eine Vision zuteil. Er wie auch Mani werden, wieder im Gegensatz zum alttestamentlichen Propheten, nicht direkt von der Gottheit, sondern durch ein Mittlerwesen (Zwilling bzw. Erzengel Gabriel) angesprochen. Beide betrachten sich als letzte in der langen Reihe von Propheten, und beide wenden sich nicht mehr nur an ihr Volk, sondern wollen bewußt eine Weltreligion begründen, indem sie jedoch nur die „alte" Religion der Menschheit wiederherstellen wollen. Beide sind deshalb keine typischen Propheten, sondern vor allem Religionsstifter, wie J. Wach betont. Doch geht diese Betrachtung wieder am Selbstverständnis der Betroffenen vorbei, denn beide haben sich selbst als Propheten verstanden. Im Manichäismus wie im Islam endet das Prophetentum mit dem Tod des Religionsstifters, wohingegen es im Judentum und Christentum gelegentlich wiederauflebt.

3. Der Prophet als Typos der Religionssoziologie

Wenn selbst Muḥammad als „der" Prophet nicht mehr unter die Definition des Propheten fällt, weil diese bis in die Details vom alttestamentlichen Prophetenbild geprägt ist, so wird man mit einer solchen Definition der empirischen Wirklichkeit in der Religionsgeschichte nicht mehr gerecht. Es wird folglich nötig sein, auf einige Merkmale zu verzichten, z. B. die Notwendigkeit, die Offenbarung ohne Mittlerwesen unmittelbar von der Gottheit empfangen zu haben oder sich mit einer Botschaft zur Umkehr letztlich an das ganze Volk zu richten. Wenn aber nur noch die oben (s.o. 1.) genannten Merkmale verlangt werden, wird man einige wenige prophetische Spezialisten nicht mehr streng von biblischen Propheten zu unterscheiden haben. Zugunsten einer besseren Anwendbarkeit des Begriffes auf eine größere Anzahl von Religionen gibt man freilich auch Unterscheidungsmöglichkeiten auf, oder man muß mehrere Untertypen unter einem gemeinsamen Oberbegriff aufführen. Eine einheitliche Terminologie ist noch zu finden und durchzusetzen.

Verwendet man den umfassenderen Begriff des Propheten als „Sprachrohr" einer Gottheit, findet man Propheten nicht mehr nur ausnahmsweise außerhalb der jüdisch-christlichen Tradition. So gehören die im Alten Orient und in der griechisch-römischen Antike verbreiteten Offenbarer dazu, durch deren Mund sich eine Gottheit in menschlicher Sprache äußerte, sofern dieser Rede eine unmittelbare Offenbarung vorausging und wir es nicht nur mit einem Seher (s.u. 4.) oder einem Auguren zu tun haben, der irdische Gegenstände oder Vorgänge deutet. Man könnte auch davon abgehen, die Unmittelbarkeit des Kontaktes zur Gottheit zu verlangen, und damit zufrieden sein, wenn die Gottheit ihren Willen durch ein Mittlerwesen kundtut (Lichtvater durch den Zwilling an Mani, Allah durch Erzengel Gabriel an Muḥammad). Dann stört es auch wenig, wenn diese Propheten zugleich Religionen gestiftet haben. Es ließe sich sogar ein Untertyp „religionsstiftender Prophet" einführen, der entgegen der objektiven, empirischen Feststellung, daß die Botschaften der Propheten sich je nach ihren religionsgeschichtlichen Umständen unterscheiden, subjektiv auf der universellen Gültigkeit seiner Botschaft besteht.

Um nicht jeden charismatischen Prediger als Propheten ansprechen zu müssen, empfiehlt es sich, an der Beziehung zu einer personalen Gottheit als konstitutivem Merkmal festzuhalten. Der Buddha ließe sich dann, seinem Selbstverständnis entsprechend, klar als nichtprophetische Gestalt ausgrenzen. Der Mystiker ist nicht schon deshalb ein Prophet, weil er mit seiner Gottheit in Kontakt steht und aus der mystischen Erfahrung heraus predigt, da er keinen göttlichen Auftrag dazu erhalten hat.

Prophetentum findet sich in der altägyptischen Religion (→Ägypten I.), in der Person des Japaners Nichiren (1222–1282; vgl. TRE 16,518,5ff.) sogar im →Buddhismus, bei manchen gnostischen Gruppen, in Cargokulten im pazifischen Raum sowie in Lateinamerika, außerdem bei sog. Neuen Religionen (z. B. Joseph Smith, gest. 1844, Gründer der *Kirche der Heiligen der Letzten Tage*), oder unter christlichem und islamischem

Einfluß in Afrika (William Wade Harris in Liberia, gest. 1928/29; Simon Kimbangu [1889–1950/1951] in Zaire; vgl. TRE 1,711,27–45).

4. Abgrenzung zu verwandten religiösen Spezialisten

Der Prophet mit seinem Ruf zur Umkehr, zur Erneuerung und mit seinem Protest gegen die herrschenden Zustände und nicht zuletzt gegen das Priestertum kommt dem Reformator sehr nahe. Während jedoch der Prophet seine Botschaft direkt von seiner Gottheit empfängt, beruft sich der Reformator auf die fixierte Offenbarung früherer Propheten, mißt die religiöse Praxis seiner Zeit daran und verlangt als Ergebnis dieses Vergleichs, der für ihn das Abweichen der gegenwärtigen Religionsführer von der Überlieferung belegt, Reformen.

Es ist auf den Gegensatz des Prophetentums zum Priestertum (→Priester/Priestertum I/1.) aufmerksam zu machen. Der Prophet ohne amtliche Legitimation, mit seinem persönlichen Charisma gegenüber dem priesterlichen Amtscharisma und mit seiner oft auch das Priestertum treffenden Kritik und seinen unmittelbaren Kontakterlebnissen mit der Gottheit, stellt das Priestertum als Hüter der festgefügten Tradition in Frage. Zwar ist auch der Prophet Hüter der Tradition, aber eben einer älteren Tradition und nicht des Status quo der Gegenwart. Als Folge sehen sich viele Propheten von den Priestern ihrer eigenen Religion verfolgt.

Gerade in Zusammenhang mit in der Ekstase erlebten Kontakten mit der Gottheit nehmen Propheten die Funktionen von Mantikern und Sehern wahr. Die Weitergabe der Offenbarung erfolgt dann meist in Form von unzusammenhängend erscheinenden Wörtern und Satzfetzen, die noch gedeutet werden müssen. Der Inhalt der Aussprüche soll es den Zuhörern ermöglichen, Einzelereignisse der Zukunft zu erfahren. So treffen denn viele Merkmale des Propheten auch auf den Seher zu, der jedoch nicht gegen seinen Willen seinen Auftrag ausführt, sondern oft sogar seinen Beruf erlernt. Außerdem wird er zumeist erst auf Anfrage seitens der Menschen aktiv, äußert sich zu Einzelfragen ohne den Rahmen einer umfangreicheren Botschaft in bezug auf seine Religion und wirkt weit weniger im Bereich des öffentlichen Lebens. Der Seher wird bei historischer Betrachtung als Vorstufe des Propheten bezeichnet (Heiler). Obwohl der Apollo-Seher in Delphi Prophet genannt wurde, werden also beide Typen des religiösen Spezialisten voneinander unterschieden.

Literatur

Jan Bremmer, Prophets, Seers and Politics in Greece, Israel and Early Modern Europe: Numen 40 (1993) 150–183. – Carsten Colpe, Das Siegel der Propheten. Hist. Beziehungen zw. Judentum, Judenchristentum, Heidentum u. frühem Islam, 1990 (ANTZ 3). – Jonathan Goldstein, The Hist. Setting of the Uruk Prophecy: JNES 47 (1988) 43–46. – Kirk Grayson, Prophets and Prophecies in the Cradle of Civilization: Bull. of the Canadian Society for Mesopotamian Studies 23 (1992) 7f. – Ludwig Hagemann, Propheten – Zeugen des Glaubens. Koranische u. bibl. Deutungen, Würzburg ^{2}1993 (Religionswiss. Stud. 26). – Friedrich Heiler, Erscheinungsformen u. Wesen der Religion, Stuttgart ^{2}1979, 395–402. – Günter Lanczkowski, Art. Prophet(en). I. Religionsgesch.: LThK^2 8 (1963) 794f. – Edward Lipiński, Profetisme en waarzeggerij: Phoe. 37 (1991) 5–11. – Gustav Mensching, Die Religion, Stuttgart 1959, 216f. – Ders., Art. Propheten. I. Religionsgesch. 1.–2.: RGG^3 5 (1961) 608–611. – Niripinder Singh, Guru Nanak, Prophecy and the Study of Religion: Studies in Sikhism and Comparative Religion 8 (1989) 15ff. – Alfonso M. di Nola, Art. Profeti e Profetismo: EncRel(I) 4 (1972) 1853–1903. – M. Nooruddin, Prophets in Islam: JDh 15 (1990) 40–44. – J.M. van Reeth, Le Prophète Musulman en tant que Nâṣir Allâh et ses Antécédents. Le „Nazôraios“ évangélique et le Livre de Jubilés: OLoP 23 (1992) 251–274. – Gerald T. Sheppard/William E. Herbrechtsmeier, Art. Prophecy. An Overview: EncRel(E) 12 (1987) 8–14. – Nili Shupak, Egyptian „Prophecy“ and Biblical Prophecy. Did the Phenomenon of Prophecy, in the Biblical Sense, exist in Ancient Egypt?: JEOL 31 (1989/90) 5–40. – Bengt Sundkler, Art. Propheten. I. Religionsgesch. 3.: RGG^3 5 (1961) 611–613. – Joachim Wach, Religionssoziologie, Tübingen 1951, 393–399.

Wassilios Klein

II. In Israel und seiner Umwelt

1. Begriff 2. Alttestamentliche Forschungsgeschichte 3. Prophetie in anderen Kulturen des Altertums 4. Vor- und nebenliterarische Prophetie im Deuteronomium, in den Samuel- und Königsbüchern 5. Der Kultnabi und verwandte Erscheinungen 6. Schriftprophetie der vorexilisch-exilischen Zeit 7. Gesellschaftskritik 8. Die drohende Vernichtung von Nation und Kult 9. Israels Wiederherstellung in der exilisch-nachexilischen Schriftprophetie 10. Nachwirkung (Literatur S. 495)

1. Begriff

Das Lehnwort Prophet geht auf die Septuaginta zurück, die *προφήτης*, eine griechische Entsprechung für bestimmte Priesterordnungen im ptolemäischen Ägypten (RÄRG 604; ThWNT 6 [1959] 793f.), für hebräisch *nābî'*, sobald es sich um echte Künder des Gotteswortes handelt (andernfalls *ψευδοπροφήτης*), verwendet, in jüngeren Schriften auch für verwandte Erscheinungen wie *ro'æh*/*ḥozæh* (II Chr 16,7; 19,2 u.ö.). Vorbild der generalisierenden Bedeutung wird die nachexilische Ausweitung der hebräischen *nābî'*-Bezeichnung („der Herausgerufene"? „der [Gott] Anrufende"? Ursprünglich wohl nur der institutionalisierte Kultprophet) im Zusammenhang mit der Ausbildung eines „Prophetenkanons" gewesen sein (z. B. Sir 44,3; 46,1; vielleicht schon Sach 1,4). Von da aus sind *nābî'* bzw. *προφήτης* und die davon abhängigen Lehnwörter in anderen Sprachen zum Begriff für die Vermittler göttlicher Offenbarung im Christentum, Judentum und Islam geworden. Demnach ist der Prophet ein von Gott berufener, nicht von Menschen eingesetzter Einzelner mit der außergewöhnlichen Fähigkeit, durch Audition und Vision das göttliche Wort unmittelbar zu vernehmen und seinen Zeitgenossen mitzuteilen, wie sich ihre Existenz *sub specie dei* darstellt und was Gott in Zukunft mit ihrer Gesellschaft im Sinn hat. Die prophetische Weissagung unterscheidet sich von der überall üblichen Wahrsagung dadurch, daß nicht isolierte Voraussagen geäußert werden, sondern künftige, durch Gott heraufgeführte Entwicklungen mit Geschichte und Gegenwart vermittelt werden.

2. Alttestamentliche Forschungsgeschichte

Jahrhundertelang galten die Propheten für christliche wie jüdische Exegese als Einschärfer des mosaischen Gesetzes, wortgewaltiger als gegenwärtige Prediger, aber mit gleichem Auftrag. Darüber hinaus wurden sie – besonders von der Kirche – verehrt als inspirierte Künder von Weissagungen eines künftigen messianischen Zeitalters, das im Gesetz nur keimhaft angesprochen war (z. B. im Protevangelium Gen 3,15).

Die historisch-kritische Forschung des 19. Jh. hat beide Charakteristika in Frage gestellt und statt dessen die prophetische Botschaft als den entscheidenden Umbruch begriffen, der der alttestamentlichen Religion den Anstoß zu ihrer monotheistischen Einzigartigkeit gegeben hat. Bei H.G.A. →Ewald (1840) erschienen, mit →Mose beginnend, die Propheten als die eigentlichen Träger der Wahrheit im alten Bund; durch geheimnisvolle Begegnungen mit der vollen Herrlichkeit Gottes waren sie zu tiefen Ahnungen über den Weltenlauf im ganzen und das ewige Reich Gottes gelangt.

Einen grundsätzlichen Einschnitt vollzog B. →Duhm 1875, indem er eine „Theologie der Propheten als Grundlage für die innere Entwicklungsgeschichte der israelitischen Religion" vorlegte (weitergeführt u.a. 1892 in einem Jesajakommentar und in *Israels Propheten*). Was die Propheten gedacht und gekündet haben, ist keineswegs organisch aus einer „mosaisch-gesetzlichen" Religion hervorgegangen, sondern durchbricht aufgrund eines höchst individuellen, irrationalen Gotteserlebnisses die Naturbindung der vorprophetischen Religion und erhebt sie in die Sphäre der Sittlichkeit, was nichts weniger bedeutet als den „Beginn der geistlichen Weltgeschichte" (Duhm, Israels Propheten [²1922] 8). Darüber hinaus haben es die Propheten vermocht, eine folgenreiche „Religion der Hoffnung" zu begründen (ebd. 465).

In ähnlicher Weise hat J. →Wellhausen 1886 in seinen *Prolegomena zur Geschichte Israels* das alttestamentliche Gesetz zeitlich den Propheten nachgeordnet und sich energisch dagegen gewendet, diesen mit einem bei ihnen angeblich vorausgesetzten mosaischen Gesetz „die Physiognomie zu verderben" (Wellhausen, Prolegomena [³1886] 417). Später werden sie in der *Israelitischen und jüdischen Geschichte* als die universalistischen Reformatoren charakterisiert: „Dies ist der sog.

ethische Monotheismus der Propheten; sie glauben an die sittliche Weltordnung, an die ausnahmslose Geltung der Gerechtigkeit als obersten Gesetzes für die ganze Welt. Von da aus scheint nun die Prärogation Israels hinfällig zu werden!" (Wellhausen, Geschichte 108) Den Höhepunkt auf diesem Weg zum Monotheismus bilden die vorexilischen Unheilspropheten; mit dem nachexilischen Zeitalter der „Epigonen" kommt es zu einem beklagenswerten Niedergang.

Auf gleicher Bahn fortschreitend hat in der ersten Hälfte des 20. Jh. G. Hölscher 1914 mittels der psychologischen Kategorien von Ekstase und Halluzination das prophetische Urerlebnis zu rekonstruieren versucht und damit manchen Nachfolger gefunden. Wichtiger war H. →Gunkels Untersuchung *Die Propheten* von 1917, wo erstmals die prophetischen Gattungen charakterisiert werden; sie gehen durchweg auf kurze, poetische Vorträge in der Öffentlichkeit zurück und lassen erkennen, daß die Propheten von Haus aus keine Schriftsteller, sondern charismatische Volksredner, nichtsdestoweniger aber ernsthafte Denker gewesen sind. Für die weitere Forschung kaum weniger belangreich war S. →Mowinckels These von 1923 (*Psalmenstudien* III) über eine in Israel institutionalisierte Kultprophetie; damit wird das bis dahin selbstverständliche Bild der Propheten als genialer Einzelgänger in Frage gestellt.

Ab 1930 wird die christliche Exegese durch Vertreter einer kerygmatischen Wort-Gottes-Theologie geprägt, die den Abstand alttestamentlicher →Offenbarung von aller →Religion betonen und die psychologischen (oder soziologischen) Voraussetzungen alttestamentlicher Literatur hintanstellen (Wolff; Zimmerli). Auf jüdische Exegeten wirken existenzphilosophische Einflüsse ein (Heschel XVIII: Prophetie als „Exegese der Existenz aus göttlicher Perspektive"; bei M. →Buber ist der Titel bezeichnend: *Der Glaube der Propheten*). Eine eigene Richtung schlägt G. von →Rad 1960 ein, der die Umorientierung von vergangener Heilsgeschichte hin zu einer Eschatologie über das künftige Israel als das eigentliche Anliegen der Propheten sieht, die in ihrer Ausformung durch typologische Aufnahme jeweils unterschiedlicher sakraler Heilsüberlieferungen (Landnahme, →Bund, Zion, →David) begründet wird. In der angelsächsischen Forschung werden in den letzten Jahrzehnten soziologische Fragestellungen weithin vorherrschend, zum Teil unter Rückgriff auf M. →Weber („Die vorisraelitischen Propheten von Amos bis Jeremia und Hesekiel waren ... vor allem: Politische Demagogen"; Weber, GAufs. zur Religionssoziologie, Tübingen, III 1920, 281f.). Überzeugende Gesamtdeutungen haben sich noch nicht ergeben.

Seit 1980 setzt sich im deutschsprachigen Raum zunehmend eine redaktionskritische Forschung durch. Programmatisch hat S. Mowinckels *Prophecy and Tradition* 1948 gewirkt; danach waren alle Prophetenbücher Jahrhunderte hindurch einer intensiven Überarbeitung und Umstrukturierung unterworfen, die auf Schulen zurückzuführen sind, in denen Anhänger des jeweiligen Propheten sein Erbe zu aktualisieren bemüht waren. Obwohl das Dasein solcher Schulen nirgends belegt ist, bestimmt die Idee der →Redaktionsgeschichte viele moderne Untersuchungen. Wo in jüngeren Veröffentlichungen eine isolierte Literarkritik den semantischen, formkritischen, religionsgeschichtlichen und archäologischen Untersuchungen vorgeordnet wird, steigt die Anzahl postulierter Überarbeitungsschichten unter Umständen so sehr an, daß jede Frage nach einer historischen *ipsissima vox* der Propheten überflüssig erscheint. Da dabei ein subjektives Sprachempfinden moderner westlicher Gelehrter sich absolut zu setzen scheint, werden in der folgenden Darstellung nur literarkritische Hypothesen zugrunde gelegt, die sich durch (andere) historische Methoden bestätigen lassen.

3. *Prophetie in anderen Kulturen des Altertums*

In allen Hochkulturen führt die intensive Sorge des Menschen um die Zukunft seiner Person und seiner Umgebung zur Institutionalisierung von Praktiken der Zukunftserkundung. Sie geschieht überwiegend durch induktiv-instrumentale Mantik, bei der ausgebildete Hellseher und Zauberer mit göttlicher oder dämonischer Hilfe aus naturhaften, auffälligen Vorkommnissen (z. B. Mondfinsternis) oder mittels technisch-experimenteller Konstellationen (etwa einer Eingeweideschau) das bevorstehende Geschick und allfällige Vorsorgemaßnahmen ermitteln. Daneben wird zwar mit der situativen Möglichkeit *intuitiver* Mantik gerechnet; plötzlich können begabte Personen telepathisch von Zukunftsahnung überfallen werden (z. B. Kassandra; vgl. Hans von Geisau, Art. Kassandra: KP 3 [1975] 145), im →Traum kann selbst gewöhnlichen Menschen solches widerfahren; doch das sind in der Regel unverfügbare Ausnahmefälle. Als gesellschaftlich anerkannte (Quasi-)Institution läßt sich intuitive Mantik außerhalb Israels nur bei wenigen, regional und epochal beschränkten Erscheinungen des Alten Orients nachweisen.

3.1. In *Mari* (= Tell Ḥariri; AncB Dictionary 4 [1992] 477–482.525–538) sind etwa 50 keilschriftliche Briefe an den König Zimrilim (ca. 1775–1760 oder 1717–1695 v.

Chr.) ausgegraben worden, die prophetische Botschaften enthalten (ANET 623–632; TUAT 2, 83–93). Dem auswärts weilenden Herrscher melden die Königin oder Hofbeamte, daß bei ihnen Personen aufgetaucht waren, welche das weisende Wort einer Gottheit durch Audition oder Vision, meist im Tempelbereich, vernommen hatten. Genannt werden sowohl Kultpropheten (*muḫḫum*, „Ekstatiker"; *āpilum*, „Antworter" bzw. die feminine Entsprechung, einmal *nabûm*) wie auch Privatpersonen, denen je eine Eingebung widerfahren war. Die göttliche Botschaft betrifft militärische Operationen, politische Bündnisse, vor allem kultische Verpflichtungen des Königs. Sie wird wortgetreu niedergeschrieben. Dabei wird meist eine Gattung benutzt, bei der auf eine Schilderung der gegenwärtigen Lage die Voraussage eines Eingreifens der Gottheit in einem zweiten Teil folgt. Oft wird überschwengliches Heil in Aussicht gestellt, gelegentlich aber mit künftigem Unheil gedroht. Die Briefschreiber stellen häufig dem König anheim, ob er der Prophetie Glauben schenken will, oder sie empfehlen eine Überprüfung mittels instrumentaler Omenerkundung. Mit dem Sturz Zimrilims versiegen die Spuren dieser Prophetie, die nach Sprache und gesellschaftlichen Voraussetzungen dem alttestamentlichen Befund näher stehen als jede andere Parallele.

Aus gleicher Epoche stammt eine Nachricht über das Einsetzungsorakel einer Göttin an den König Ibalpiel von Eschnunna (= Tell Asmar); da jedoch kein menschlicher Übermittler erwähnt wird, bleibt zweifelhaft, ob es sich um eine prophetische Äußerung handelt.

3.2. Vergleichbare Nachrichten gibt es erst wieder ein Jahrtausend später aus *Ninive*. Verschriftete Einzelorakel oder Orakelsammlungen halten mündliche Botschaften von Gottheiten fest, meist der Ischtar von Arbela, an die Könige Assarhaddon (681–669 v. Chr.) und Assurbanipal (669–630?), die durch charismatische Sprecher(innen) übermittelt worden sind (ANET 606; TUAT 2, 56–65). Die verwendete Gattung unterscheidet sich von der der Maritexte. Zwischen der Voraussage göttlichen Eingreifens und Hinweisen auf die gegenwärtige Lage wird nicht unterschieden, jede Spur von Kritik am König fehlt. Statt dessen wird mit göttlicher Selbstvorstellung „Ich bin Ischtar" u.ä. und der Beruhigungsformel „Fürchte dich nicht!" unbedingter Beistand und Sieg verheißen. Diese Art von Erhörungsorakel findet im Alten Testament erst bei →Deuterojesaja (s.u. 5.; 6.1.2.) eine Entsprechung. Für beide assyrischen Könige bleiben jedoch astrologische, also induktive, Omina bedeutsamer als solche Prophetien.

3.3. Aus anderen Gegenden und Zeiten des Zweistromlandes sind Summarien belegt mit Voraussagen über das Auftreten künftiger Herrscher, darunter eines außerordentlichen Heilskönigs, im Zusammenhang mit einem Rück- und Vorblick auf die Verhältnisse einer wichtigen Kultstätte; zum Teil werden sie im Namen einer Gottheit (Marduk) formuliert. Die von Assyriologen als *Assyrian Prophecies* eingereihten Texte (ANET 451f.606f.; TUAT 2, 65–70) lassen keine Vermittlung durch inspirierte Personen erkennen und sind vielleicht aus einer zur instrumentalen Mantik gehörenden Omenliteratur extrapoliert. Alttestamentlicher →Apokalyptik (vgl. Dan 11) stehen sie näher als der Prophetie.

3.4. Der übrige Alte Orient läßt von prophetischen Gestalten nur wenig Sicheres erkennen. Auffällig ist das gänzliche Fehlen solcher Erscheinungen in den ugaritischen Texten (→Phönizien und Israel), aber auch im vorhellenistischen Ägypten; was hier von modernen Forschern als Prophetie bezeichnet wird, „gehört in den Bereich politischer Dichtung" (LÄ 4 [1982] 1124; vgl. TUAT 2, 102–110) oder entspringt dem wichtigen, aber instrumentalen Barkenorakel (TUAT 2, 111–132). Eine griechische und hethitische „divinatorische Trias" aus Propheten, Priestern und Traumdeutern, die „keine Parallele ... im Alten Orient hat" (außer in I Sam 28), wollte A.L. Oppenheim (199) aus einigen Homerstellen und einem Pestgebet des Murschili (ANET 396) erschließen, doch die Belege sind dürftig. Bedenkenswerter ist eine Notiz über Byblos in einem sagenhaft ausgestatteten ägyptischen Reisebericht um 1050 v. Chr.; danach war dort während eines Opferfestes ein Knabe (?) von einem Gott rasend gemacht worden, so daß er dem König einen Gottesbefehl zugunsten der Ägypter zugerufen hatte (AOT 72; ANET 26).

Erst ab 800 v. Chr. mehren sich in Syrien-Palästina Hinweise auf prophetische Erscheinungen. Der König Zakkur von Hamat meldet in einer Weihinschrift von einem Erhörungsorakel, das ihm auf sein Flehen hin von Baal-Schamen durch Seher (*ḥzj*) und Wahrsager (*ʿdd*; vgl. II Chr 15,1.8) zuteil geworden war (KAI Nr. 202; ANET 655; TUAT 1, 626f.). Aus Deir ʿAlla im Jordangraben stammt eine Inschrift mit den „Gesichten" (oder dem „Buch"?) →Bileams, des „Sehers (*ḥzj*) der Götter" (TUAT 2, 138–148; vgl. Num 22–24). Jer 27,9 setzt voraus, daß die edomitischen, moabitischen, ammonitischen und phönizischen Nachbarn Israels sich bei ihren politischen Entscheidungen an Orakeln von Nabis, Wahrsagern (*qosem*), Träumern, Wolkenbeschauern (?; *ʿonen*) und Abwehrzauberern orientieren. Aus dem gleichen Zeitalter stammen südarabische Weihinschriften, in denen von Orakeln berichtet wird, die durch Visionen an Privatpersonen oder Priester eröffnet worden sind (TUAT 2, 149–157; vgl. RAAM 334–338). Als in Israel die Männer auftreten, die zu Schriftpropheten werden, und durch sie die Prophetie eine entscheidende Rolle innerhalb der Religion Israels einnimmt, machen sich also in der Nachbarschaft ähnliche Bewegungen bemerkbar.

3.5. Zarathustra. Keine andere Erscheinung des nichtbiblischen Altertums kommt der israelitischen Prophetie so nahe wie der iranische Priester Zarathustra, den man vielleicht nach parsistischer Überlieferung um 600 v. Chr. ansetzen darf (→Iranische Religionen 2.). In den Gathas des *Awesta* sind seine poetischen Zwiesprachen mit dem Schöpfergott niedergelegt, welche die Zuhörer zur Entscheidung für die heilsame Weltordnung (*aša*) aufrütteln wollen. In diesem Zusammenhang wird eine harsche Gesellschaftskritik ausgesprochen, aber zugleich auch der hoffnungsvolle Ausblick auf das „erwünschte Reich" (*khšathra vairya*), dessen Eintreffen (später) eschatologisch verstanden wird. Die zoroastrische Tradition der Folgezeit hat Zarathustra eine ausgebaute →Eschatologie prophezeien lassen, mit einer dualistischen Lehre von Weltaltern und einem Weltende mit einem oder mehreren Heilanden, Auferstehung der Toten und Weltgericht. Von da können Einflüsse auf die spätisraelitische →Apokalyptik ausgegangen sein.

4. Vor- und nebenliterarische Prophetie im Deuteronomium, in den Samuel- und Königsbüchern

4.1. Im *Tetrateuch* taucht der Titel Nabi selten und verstreut auf (für Abraham: Gen 20,7; Aaron: Ex 7,1f.; Mirjam: Ex 15,20; Mose steht höher als ein Nabi: Num 12,5–8; vgl. 11,16–30). Die Verwendung entspringt einer anachronistischen Rückprojektion. Als Seher wird nur der nichtisraelitische Bileam geschildert (Num 22–24). Göttliche Befehle und Weissagungen ergehen in der Regel direkt an die Sippen- und Volksführer (Erzväter, Mose, Josua; vgl. die Verheißungen an die Könige Keret und Aqhat in Ugarit [→Westsemitische Religion]).

4.2. Das →*Deuteronomium* (ab 7. Jh. v. Chr.) setzt hingegen Nabis in Israel wie selbstverständlich voraus und lehnt jede andere Art von Mantik entschieden ab (Dtn 18,10–14). Anfänger und Urbild des Amtes ist das veränderte Bild eines Mose, der dem Volk verheißen hat: „Einen Nabi wie mich wird Jahwe, dein Gott, aus deiner Mitte, unter deinen Brüdern, erstehen lassen" (Dtn 18,15; ist an ständige prophetische Sukzession oder eine einmalige eschatologische Erscheinung gedacht?). Daneben gibt es den trügerischen und deshalb gefährlichen Nabi; als Kriterium der Wahrheit gelten Monolatrie →Jahwes oder prompte Erfüllung der Voraussage (andernfalls droht die Todesstrafe, vgl. Dtn 13,2–6; 18,20–22).

4.3. In der Exilszeit blicken die Verfasser des *Deuteronomistischen Geschichtswerks* auf Gottesmänner und *n^ebiʾîm* zurück, die seit →Samuel und dem Aufkommen des Königtums wichtige Stationen der Volksgeschichte begleiteten. Für die Zeit vorher gibt es nur knappe Notizen über die *n^ebiʾāh* Debora (Jdc 4,4–10), einen anonymen Nabi (Jdc 6,7–10) und einen anonymen Gottesmann (I Sam 2,27–36; vgl. Jdc 13,8). Danach aber treten Propheten als hartnäckige Mahner zu Umkehr und Toragehorsam wieder und wieder vor Volk und Königen auf (II Reg 17,13; vgl. I Reg 14,8b.9; II Reg 21,10f. u.ö.). Zugleich äußern sie im Namen Gottes ein den Ereignissen vorlaufendes Sprachgeschehen (*dābār*), das sich hernach auf kürzere oder weitere Sicht mit Sicherheit durchsetzt, aber durch menschliche „Umkehr" unter Umständen abgewendet werden kann. Israels Geschick wird dadurch zu einer stufenweise fortschreitenden Erfüllungsgeschichte (Jos 23,15; I Reg 8,24; II Reg 17,23 u.ö.).

Diese deuteronomistische Konzeption hat später das christlich-jüdische Prophetenbild entscheidend geprägt. Doch sie paßt, was die Umkehr-Thematik betrifft, keineswegs zu den älteren Prophetenüberlieferungen, die in das Werk aufgenommen worden sind. Zieht man bei den (ursprünglich poetischen?) Sprüchen eines →Nathan, →Ahia oder →Elia die sichtlich deuteronomistischen Glossen ab, ist bei ihnen nirgends von Umkehr und Tora die Rede, und ihre Voraussagen gelten unwiderruflich (wenngleich sie in gewissem Umfang von einem Adressaten auf einen anderen übertragbar sind: II Sam 12,7–12; I Reg 21,27–29).

Prophetenlegendenkränze, von Haus aus vielleicht mündlich umlaufend, sind an mehreren Stellen blockartig in das Geschichtswerk eingesetzt worden. Sie ranken sich um Einzelgestalten, nämlich Samuel (ursprünglich vielleicht eine „Richter"-Überlieferung, I Sam 1–3 [7; 8]), Ahias Auseinandersetzung mit →Jerobeam (I Reg 11,29–39; 14,1–18), Elia (I Reg 17–19; 21; II Reg 1), Elisa (II Reg 2–8 [9; 10]; 13,14–21), Jesaja (II Reg 18,13–20,19 par. Jes 36–39). Darüber hinaus finden sich selbständige Einzellegenden (I Reg 13; 20; 22). Die aufgenommenen Stoffe verweisen größtenteils nach Nordisrael, während aus Juda nur wenige Nachrichten über Propheten geboten werden. Diese Diskrepanz sowie der inhaltliche Widerspruch zur deuteronomistischen Prophetenkonzeption hat verschiedene Erklärungsmodelle hervorgerufen:

1) Durch einen prophetisch gesinnten Deuteronomisten (DtrP) erfolgt der Einbau der Prophetenkomplexe in eine bereits vorliegende Königshistorie (DtrH). Gegenüber der Monarchie kritisch eingestellt, soll an wichtigen Stellen eine entsprechende prophetische Opposition vorgeführt werden (Dietrich, Prophetie; vgl. TRE 8,545,26–546,10).

2) Eine schriftlich vorliegende, unter Umständen von Samuel bis Manasse durchlaufende königskritische Prophetenquelle wird eingearbeitet, ohne daß die widerstrebenden Tendenzen zum Geschichtswerk ausgeglichen werden (Campbell; vgl. Dietrich, David).

3) Ein Teil der Prophetenlegenden wie der Elisazyklus sind erst nachdeuteronomistisch eingefügt worden (van Seters).

Vorausgesetzt wird in der Regel, daß ein Kernbestand des legendarischen Materials auf das tatsächliche Auftreten von historischen Propheten zurückweist. Das Urteil über das, was als historisch zuverlässig angesehen werden kann, geht jedoch in der gegenwärtigen Forschung weit auseinander und hängt vom größeren oder geringeren Zutrauen zu den eigenen literarkritischen Schichtenkonstruktionen ab.

4.4. Propheten in Nordisrael. Die Samuel-Saul-Geschichte haben vielleicht die Deuteronomisten in nordisraelitischer Fassung übernommen; bereits in ihr wird der Gottesmann in kritische Distanz zum Königtum gestellt (I Sam 13,7–14; 15). Im Geschichtswerk wird in der Fortsetzung fast jeder nordisraelitischen Dynastie ein Oppositionsprophet beigeordnet, der gelegentlich durch göttlichen *Dabar* einen König einsetzt (I Reg 11,29–40; II Reg 9,6), meist aber die grausame Absetzung eines Königshauses kündet (I Reg 14,1–18; 16,1–4; 21,20–24; II Reg 9,7–10). Die Geschichte des Nordreichs erscheint als Geschichte der „gottgewollten Revolutionen" (Alt III, 122). Doch lassen andere Texte durchscheinen, daß Propheten dort durchaus loyal zum Königshaus gehalten, ja Orakel für erfolgreiche Feldzüge und Kriegsführung erteilt haben (I Reg 20; II Reg 3; 6,8–20), was einem Elisa den Ehrennamen „Streitwagen Israels und sein Lenker" eingetragen hat (II Reg 13,14–19; vgl. 2,12). Die Legendenkränze lassen darüber hinaus erkennen, daß Propheten auch für die Nöte der Privatleute, insbesondere der sozial Schwachen, als Wunderhelfer tätig waren (I Reg 17,8–24; II Reg 8,1–6). Unter den nordisraelitischen Propheten ragen →Elia und →Elisa als „Gottesmänner" heraus. Der aus Gilead stammende Beisasse (?) Elia hat wie kein anderer das biblische Bild des für seinen Gott unter Einsatz seines Lebens streitenden Propheten geprägt. Der historische Elia hat beim Gottesurteil auf dem Karmel (I Reg 18) gegen den von der phönizischen Königstochter Isebel propagierten Import eines Kultes des Baal(-Schamem) und unter Ahasja gegen eine Hinwendung des Königs zum Baal-Sebub (Sebul?) von Ekron gekämpft (II Reg 1). In beiden Fällen wendet sich Elia wahrscheinlich nicht, obwohl das häufig behauptet wird, gegen einen kanaanäischen Fruchtbarkeitsbaal wie später →Hosea, sondern gegen einen ausländischen Baal als mächtigen Hochgott. Für

Elia kann es in Israel nur *einen* Gott geben, der dem Volk sein Erbland zugeteilt hat (I Reg 18,36; II Reg 1,3.6.16). Aus der gleichen Grundüberzeugung von der untrennbaren Zusammengehörigkeit von Gott, Land und Volk heraus erklärt sich die Verdammung königlicher Willkür im Fall von Nabots Weinberg (I Reg 21); →Ahab hat nicht nur das von Jahwe einem anderen Volksgenossen zugeteilte Erbland an sich gerissen (V.18f.), sondern unschuldiges Blut im Lande Jahwes vergossen.

Der nachträglich zu seinem Nachfolger gestempelte Elisa (I Reg 19,19–21; II Reg 2) war von Haus aus ein vermögender Bauer. Er schart sozial deklassierte Prophetenjünger um sich. Keinem anderen Propheten werden so auffällige Wundertaten (z. B. eine im Wasser schwimmende Axt) nachgesagt. Nach II Reg 9f. hat sein Spruch den Sturz der Omriden durch die blutige Revolution →Jehus ausgelöst, nach II Reg 8,7–11 einen ähnlichen Umsturz in Damaskus. Andere Erzählungen zeigen ihn als einen dem König durchaus zugewandten Berater (II Reg 6,8–7,17; 13,4–19).

4.5. Von *judäischen Propheten* wird auffällig wenig überliefert. In den Anfängen ragt neben einem Seher Gad der Nabi →Nathan aus Jerusalem heraus, vielleicht ein bekehrter Jebusiter; er ist historisch der erste namentlich greifbare Nabi in der Geschichte Israels. Nach II Sam 7 verwehrt er David, einen Tempel zu bauen, sagt ihm aber zugleich den ewigen Bestand seiner Dynastie voraus; das Einsetzungsorakel, oft „die Nathanweissagung" genannt, hat in Ps 89 (und 4Q 236) eine Parallele. Für die Selbstbehauptung der Daviddynastie über 400 Jahre hin dürfte diese prophetische Legitimation eine kaum zu überschätzende Bedeutung gehabt haben. Nathans kritische Stellungnahme in der Batseba-Affäre mit der Ankündigung, daß „künftig das Schwert nicht mehr von Davids Haus weichen werde" (II Sam 12,10), wird hingegen ein jüngeres *vaticinium ex eventu* wiedergeben.

Eine Generation später sollen in Juda die blasse Gestalt eines Gottesmannes Schemaja und ein anonymer, nach Nordisrael überwechselnder Gottesmann (I Reg 12,22–24; 13) aufgetreten sein. Nach dem Deuteronomistischen Geschichtswerk dauert es rund 200 Jahre, bis in Jerusalem mit Jesaja wieder ein Nabi auf den Plan tritt (II Reg 18,13–20,19 par. Jes 36–39), von dem bezeichnenderweise nur Episoden ausgewählt werden, die ihn als einen königsfreundlichen Hofpropheten zeichnen. Nach einer weiteren Pause von etwa 80 Jahren (abgesehen von einer summarischen Notiz II Reg 21,10–15) wird in Jerusalem eine anscheinend hoch geachtete Prophetin Hulda anläßlich der Josianischen Reform befragt (II Reg 22,14). Die großen Lücken im Blick auf prophetische Wirksamkeit in Juda erstaunen; von den dort zwischenzeitlich wirkenden Schriftpropheten müßten zumindest Micha, Zephanja und Jeremia bekannt gewesen sein. Das deuteronomistische Prophetenschweigen läßt sich kaum anders erklären, als daß diesen Männern die prophetische Legitimation abgesprochen wird; vermutlich deshalb, weil sie allzu unerbittlich den Untergang von →Königtum und →Tempel vorausgesagt hatten. Von einem anonymen *nabî*' ist in einem Lachisch-Ostrakon die Rede (TUAT 1, 621f.).

5. *Der Kultnabi und verwandte Erscheinungen*

Dtn 18,10–14 verbietet das Auftreten des Wahrsagers (*qosem*, mittels Los, Terafim, Leberschau? vgl. HALAT 1041), Wolkendeuters (*[m*^{e}*]ʿônen*, oder „Summers"? vgl. HALAT 811), Becherwahrsagers (? *m*^{e}*naḥeš*, vgl. Gen 44,5–20; HALAT 652), Zauberers (*m*^{e}*kaššep*), Beschwörers (*ḥober ḥæbær*) sowie von drei Arten von Totenbeschwörern: von dem, der den '*ôb* befragt, dem Wahrsageexperten (*yidʿonî*) und dem „Totensucher". Vermutlich handelt es sich dabei durchweg um Vertreter einer induktiven, also nicht intuitiven Mantik. Sie sind illegitim, weil für Israel allein das Medium der Sprache im Namen Gottes Zukunft erschließt. Das Deuteronomistische Geschichtswerk läßt von dem Wirken solcher Gestalten in Israel nichts verlauten, abgesehen von Sonderfällen des Frevels, wie es bei Saul (I Sam 28), dem untergehenden Nordreich und Manasse (II Reg 17,17; 21,6; 23,24) der Fall ist. Die judäischen Schriftpropheten lassen ein anderes

Bild erkennen und setzen die Tätigkeit solcher Gestalten im zeitgenössischen Juda durchweg voraus (Jes 2,6; 8,19; Mi 3,6f.; 5,11).

Für die Deuteronomisten ist nicht nur allein der Nabi legitimer Zukunftskünder, er ist es zudem in Eingrenzung auf den charismatischen Einzelgänger. Kein einziger namentlich erwähnter Nabi wird institutionell mit einem Heiligtum verbunden oder trägt seinen *Dabar* während einer Kultbegehung vor. Die vorexilischen Jerusalemer Propheten setzen hingegen voraus, daß es am Tempel eine größere Anzahl von *n*^{e}*bi'îm* gibt, die ihre eigenen Hallen besitzen und einen priesterlichen Aufseher über sich haben (Jes 28,7–13; Jer 20,1; 29,1; 35,4). Über 30mal nennt das Alte Testament Priester und Nabi in einem Atem. Anbindung an das Heiligtum schimmert in einigen Erzählungen der →Samuel- und Königsbücher durch, wenn etwa in I Sam 10,5–11 eine Nabi-Schar von einer Kulthöhe herabkommt, von Musik in Verzückung gesetzt und vom Geistbraus (*rû*^{a}*ḥ*) umgetrieben wird, der auf Saul überspringt (vgl. die Prophetenjünger in →Bethel, →Jericho und →Gilgal II Reg 2,3.5; 3,38f.). Solche Propheten tendieren also zur Gruppenbildung, sie zeichnen sich durch Ekstase (*nb'* hitp.) und Geistergriffenheit aus; als „meschugge" werden sie vom Volk gleichzeitig gefürchtet und verachtet (II Reg 9,11; Hos 9,7; Jer 29,26).

S. Mowinckel hat 1922 (Psalmenstudien III) aus einer Reihe von Psalmen Kultprophetie als feste Einrichtung im vorexilischen Jerusalem erschlossen. Denn mitten zwischen Gemeinde- oder Königsliedern tauchen bisweilen verheißende Ichreden Jahwes auf (Ps 60,8–10 = 108,8–10: Gott hat in seinem Heiligtum gesprochen; weiter Ps 50,5–21; 75,3f.; 81,6–17; 89,20–38; 95,8–11; 110; 132,11–18). Demnach hatte der Kultnabi bei bestimmten Begehungen einen festen Platz neben dem →Priester. Insbesondere nach einem Klagelied scheint er hervorgetreten zu sein, um spontan ein Orakel über den *šalôm* Israels oder ein Fremdvölkerorakel über dessen Gegner zu künden. Eine weitere Aufgabe des Nabi könnte die öffentliche Fürbitte gewesen sein, wie sie sich in Ps 20,2–6; 72 abzeichnet, dann aber auch von Schriftpropheten übernommen wird (Am 7,1–7; Jer 14,1–15,9; vgl. 7,16; 11,14; 15,11; 18,20).

Aus einem Vergleich deuterojesajanischer Sprüche mit Psalmenmotiven hat J. Begrich ein „priesterliches Heilsorakel" erschlossen, mit einer Beruhigungsformel „Fürchte dich nicht!" und einer Beistandsversicherung. Die Gattung dürfte eher kultprophetischen Brauch abspiegeln, vgl. die assyrischen Parallelen (s.o. 3.2.); wo israelitische Priester Orakel spenden, geschieht es technisch mit Urim und Tummim (Ex 28,30; I Sam 23,9ff.).

Auf die Rolle von Kultpropheten verweist wohl auch der häufige Hinweis auf eine zu erwartende oder bereits eingetretene göttliche Antwort (*'ānāh*) in den Klage- und Dankliedern des Psalters (syrische Parallele: KAI Nr. 202 A 13–15). Dringlich erbittet sie der Notleidende (Ps 4,2; 13,4; 17,6 u.ö.); sie erfolgt dann „vom heiligen Berg her" oder „an dem Tag, da ich rief" (Ps 3,5; 138,3), fällt also nicht mit der realen Wende der Not zusammen, sondern mit der Stunde des Gebets. „Du hast mir geantwortet" markiert den Umschlag von der Klage zum Lob in Ps 22,22 (Kraus, Psalmen ^{5}329f.; ThWAT 6 [1989] 241). Der Wortlaut der Antwort bleibt im Psalter meist ausgeblendet, ist er doch Sache des Kultpropheten und seiner spontanen Eingebung und nicht des Tempelsängers mit seinem an ein Formular gebundenen Psalmenlied; die Gottesreden werden in Ps 2,7; 50,4; 60,8; 89,20 als Zitate eingefügt.

Bereits in Mari ist ekstatisches und institutionalisiertes Prophetentum belegt (s.o. 3.1.). Der Begriff *nabi'um* findet sich schon im syrischen Ebla im 3. Jahrtausend. In Israel taucht die Entsprechung erst mit Beginn der Königszeit auf. So handelt es sich wahrscheinlich bei dieser Art intuitiver Mantik um ein kanaanäisches Erbe, während vordem in Israel nur der einzeln auftretende, liturgisch ungebundene Gottesmann oder Seher bekannt war (I Sam 2,27; 9,6.9; Jdc 13,8; vgl. Dtn 33,1 [Mose]). Vielleicht war der Titel Nabi im vorexilischen Juda auf ein kultprophetisches Amt beschränkt (auch Ex 15,21; Jdc 4,4; II Reg 22,14; Jes 8,3?).

Wie weit sind die Schriftpropheten, von denen sich vor Jeremia keiner als Nabi bezeichnet und die sich vor Ezechiel auffälligerweise nicht auf eine durch *rû*^{a}*ḥ* hervorgerufene Ekstase berufen, unter die Kultpropheten einzureihen? Nach ihrer Buchüberschrift werden nur Habakuk, Haggai und Sacharja als Nabi eingeführt; für diese legt sich aufgrund der verwendeten Gattung oder der engen Bindung an den Tempel eine solche Zuordnung nahe, ebenso für Joel und seine Klage- und Erhörungsliturgien. Dagegen haben Versuche, sämtliche Schriftpropheten dieser Institution zuzuordnen (Gunneweg; Graf Reventlow), bislang nicht überzeugt.

Weil Jesaja und Jeremia sich entschieden von „falschen Propheten" absetzen, entsteht der Eindruck, die Kultpropheten seien durchweg Heilspropheten und keine echten Stimmen des Gottes Israels gewesen. Doch schon die kultischen Maripropheten äußerten düstere Voraussagen. Stellen wie Mi 3,5; Jer 28,8; Hab 1f. setzen Ähnliches bei den israelitischen Kultpropheten voraus. Allerdings sind diese Nabis den Tempeltraditionen so verhaftet, daß sie eine völlige Distanzierung Jahwes von seinem Volk für ausgeschlossen erachten (vgl. Jer 28). Damit geraten sie in Krisenzeiten wie von selbst in Gegensatz zu den ungebundenen, kritisch eingestellten Propheten, deren Worte sich in den alttestamentlichen Büchern niedergeschlagen haben.

6. *Schriftprophetie der vorexilisch-exilischen Zeit*

6.1. *Schriftliche und mündliche Gattungen*

6.1.1. Die Prophetenbücher geben zu erkennen, was die Propheten zur Religion Israels (→Religionsgeschichte Israels) beigetragen und wie stark sie sie verändert haben. Der weithin ähnliche Aufbau läßt auf eine eigene Buchgattung schließen. Die Überschrift nennt einen menschlichen Verfasser sowie den gottunmittelbaren Ursprung seiner Botschaft, zusammen mit einem Königssynchronismus, der jener einen geschichtlichen Haftpunkt zuweist.

Eine ältere Form lautet: „Wort Jahwes, das geschaut hat N.N. in den Tagen des Königs X" (Jes 2,1; Hos 1,1; Mi 1,1; Zeph 1,1; vgl. Jer 1,1; Ez 1,1–3; Am 1,1; Joel 1,1; Hag 1,1; Sach 1,1). Eine jüngere Variante spricht von „Schauung/Lastspruch (Ausspruch?) des N.N.", meist ohne Königssynchronismus (Jes 1,1; Ob 1; Nah 1,1; Hab 1,1). Die Adressaten werden zu Beginn des Buches oder eines Buchteils häufig mit einem Appell zur Aufmerksamkeit eingeführt: „Hört (das Wort), ihr ... !" (Hos 4,1; 5,1; Joel 1,2; Am 3,1; 4,1; 5,1; Mi 1,2; 3,1; 6,1; Jer 2,4; 7,1f.; 11,1f.).

Dieser Buchtyp mit Angabe eines gewöhnlichen Menschen als des Verfassers ist in der alttestamentlichen und altorientalischen Literatur ohne Beispiel. Er begegnet nur im Verband mit vorexilisch-exilischen Prophetennamen; die (nach)exilische Prophetie schreibt wieder anonym wie altorientalische Omenliteratur und folgt anderen Aufbauprinzipien (Deuterojesaja, -sacharja, Maleachi). Es erscheint deshalb wenig wahrscheinlich, daß die Überschriften erst durch eine jüngere, womöglich deuteronomistische Redaktion erfunden sein sollten, wenngleich ihre Synchronismen nachträglich aus den Königsbüchern erweitert worden sind. Der Ausbildung der Gattung liegt die Auffassung zugrunde, daß jeder Prophet einen in sich einheitlichen *Dabar* für eine zeitlich festgelegte geschichtliche Lage als göttlichen Auftrag hat laut werden lassen, was der generalisierenden Tendenz zu zeitunabhängiger Geltung bei späteren Redaktoren widerspricht.

Dennoch läßt sich ein logisch erscheinender Gedankenfortschritt bei den *Untergliederungen* in Buchteile nur mit Mühe feststellen. Viel geschlossener wirken die (offenbar nachträglich aneinandergereihten) kleineren Textabschnitte, die je für sich älteren Gliedgattungen entsprechen. Daraus hat H. Gunkel zu Recht auf Sprachformen einer vorangehenden mündlichen und öffentlichen Kündung geschlossen, die nachträglich im Prophetenbuch verschriftet worden sind. Demnach wären die sog. Schriftpropheten von Haus aus Volksredner ohne schriftstellerische Ambitionen. Ihre präzisen, poetischen mündlichen Aufrufe wären nachträglich schriftlich festgehalten worden, aber so, daß die alten Strukturen weitgehend beibehalten wurden. Das lag unter Umständen daran, daß einem Propheten die öffentliche Rede verboten war oder nutzlos erschien (Jer 36; Jes 8,16–18). Gegen Gunkel ist aber festzuhalten, daß die meisten Bücher durchaus (nachträgliche) schriftstellerische Ambitionen (der Primärverfasser oder der Redaktoren) erkennen lassen (Koch, Profeten I, 112f.152f.198f.).

6.1.2. Einige bezeichnende mündliche Gattungen haben in den Prophetenbüchern ihren Niederschlag gefunden.

1) Ein Nebeneinander von *Scheltrede* und *Drohwort* einerseits, von *Mahnrede* und *Verheißung* andererseits hat Gunkel in vielen Prophetentexten festgestellt. Die vier Sprecharten treten gelegentlich für sich stehend auf; zumeist aber werden der je erste Teil, der verdammende oder aufmunternde Hinweis auf die gegenwärtige Lage, und der zweite, die positive oder negative Voraussage, durch Übergangsrubriken aneinander gebunden. Dazu dienen die Boten- oder Proklamationsformel: „So hat Jahwe gesprochen", oder der Hinweis auf eine Raunung (*n*^{e}*'ûm*) oder einen Schwur Jahwes, häufig auch einfaches „deshalb" *(lāken)*. Das häufige Nebeneinander in den Prophetenbüchern läßt erkennen, daß die Koppelung beider Teile schon seit alters beim mündlichen Vortrag zusammengehörte, es sich also nicht um verschiedene Redeformen, sondern um eine einzige, zweigestufte Gattung, die *Prophezeiung*, handelt (Koch, Formgeschichte § 18). Dabei lassen sich zwischen Prophezeiung des Heils oder des Unheils keine gattungsspezifischen Unterschiede aufweisen, wie denn beide gelegentlich im gleichen Spruch zur Rede kommen (z. B. Jes 7,4–7.13–17).

Wo der Unheilsspruch (Scheltrede + Drohwort) als „Gerichtswort" (Westermann) tituliert wird, sind dafür nicht linguistische, sondern theologische Kriterien entscheidend.

2) Das *Wehelied* (*hôy*) taucht seit Amos (5,18ff.; 6,1–7) in Nachahmung eines profanen Begräbnisgesangs (Janzen) auf, um den sicheren Untergang des frevlerischen Verbandes im voraus zu beklagen.

3) Der *Visionsbericht* ist nicht wie die vorgenannten Gattungen poetisch, sondern prosaisch formuliert, weil vermutlich nicht für den Vortrag in der Öffentlichkeit, sondern im Kreis von Vertrauten bestimmt (Am 7f.; 9,1–4; Jes 6 u.ö.).

4) Die prosaische *Erzählung über eine symbolische Handlung* wird im Ich- oder Er-Stil formuliert (Jer 19; 51,59–64 u.ö.).

5) *Fremdvölkerorakel* bilden in Jes 13–23; Jer 46–51; Ez 25–32; vgl. Am 1,1–2,5 (Zeph 2,4–15?) einen Buchteil für sich.

In einigen Fällen benutzen sie die Gattung der Prophezeiung oder des Wehelieds, zumeist aber sonst nicht belegte Textsorten. Sie heben sich durch längere Einheiten und poetische Ausmalungen der Landschaften oder des drohenden Kriegsgeschehens, auch durch mythologische Anspielungen von Orakeln an das eigene Volk ab und dürften auf einen eigenen, noch unbekannten Sitz im Leben zurückgehen.

6) Bei Deuterojesaja tauchen *Erhörungs- und Heilsorakel* mit „Fürchte-dich-nicht"-Aufruf und Beistandsversicherung (Koch, Formgeschichte § 14) sowie *Disputationsworte* (vgl. Jes 40,12ff.) auf.

Neben den spezifisch prophetischen Textsorten wird von den Schriftpropheten eine Anzahl von Gattungen aus dem Alltag oder dem Kult entlehnt (Liebeslied Jes 5,1–7; Priestertora Am 4,4f.; Jes 1,10–17 usw.).

6.1.3. Die Art, wie die vorgegebenen mündlichen Äußerungen bei den einzelnen Propheten verschriftet werden, zeigt beträchtliche Unterschiede. Bisweilen werden sie relativ unverändert festgehalten, mit Einleitungs- und Ausleitungsformeln, nur um Überleitungsnotizen und prosaisierende Erklärungen erweitert (z. B. bei Amos), zum Teil wird nur auszugsweise der wesentliche Inhalt von Sprüchen mit gleitenden Übergängen aneinandergefügt (Hosea). Gerade die verschiedenartige Weise der Zusammenstellung spricht dafür, daß hier nicht das Schema einer Redaktion maßgeblich war, sondern die genannten vorexilischen Propheten selbst die Erstverfasser gewesen sind. Dann aber waren sie nicht nur Redner vor dem Volk, sondern tatsächlich auch Schriftpropheten.

6.1.4. Kein Prophetenbuch ist in seiner Erstfassung erhalten. Überarbeitende Abschreiber haben sich zur Fortschreibung des göttlichen *Dabar* berufen gefühlt und nicht nur Interpretamente, sondern aktualisierende eigene Texte hinzugefügt, oft mit der Überleitungsformel: „An jenem Tag (wird geschehen)". Vertreter einer isolierten Literarkritik, welche die Rolle mündlicher Vorstufen und die Eigenart hebräischen Denkens gering einschätzen, veranschlagen die redaktionelle Produktivität so hoch, daß die Fülle der postulierten Schichten einen Forschungskonsens mehr und mehr unmöglich macht.

Aufgrund gelegentlich auftauchender, an deuteronomistischen Stil erinnernder versprengter Glossen (im Amosbuch 2,4; 3,7) schließt die deutschsprachige Forschung gern auf eine deuteronomistische Redaktion sämtlicher Prophetenschriften, obgleich sich eine solche sprachlich höchstens im Jeremiabuch nachweisen läßt. Für jede Prophetenschrift wird oft eine jahrhundertelange produktive Tätigkeit von Prophetenschulen vorausgesetzt. Da jedoch Bücher wie Amos und Hosea nur geringe Überarbeitungsspuren zeigen, während andere wie Micha und Jesaja fast um die Hälfte redaktionell erweitert worden sind, die beiden letzten Bücher zum Teil unter gleichen Prämissen, bleibt die Annahme einer Vielzahl gleichartiger Traditionskreise unbeweisbar.

6.2. Hermeneutische Vorentscheidungen

Im Unterschied zur älteren Oppositionsprophetie des Nordens läuft die Botschaft der vorexilischen und zum Teil der exilischen Schriftpropheten nicht bloß auf die Ankündigung von Unheil für einzelne Personen und Gruppen hinaus, sondern auf den Untergang von Staat und Kult und Volksgemeinschaft überhaupt. Der Bestand des eigenen gesellschaftlichen Systems wird in Frage gestellt, was das Schicksal des betreffenden Propheten durchaus einbegreift. Im Altertum gibt es dafür keine Parallelen. Wie kommt es zu einer solchen Verneinung des eigenen Verbandes? Wie konsequent ist sie gemeint? Die →Bibelwissenschaft bietet zwei Erklärungsmöglichkeiten.

1) Einmal wird auf die Visionsberichte verwiesen, die allein künftiges Unheil ausmalen und nichts von gegenwärtigen Zuständen enthalten. Daraus wird geschlossen, daß allein die unheimliche *Zukunftsgewißheit* göttliche Offenbarung und Anstoß zu prophetischer Kündung gewesen ist und alle Kritik der Gegenwart nur nachträgliche, notdürftige Verstehenshilfe ist, vom menschlichen Geist des Propheten erdacht und dem Gotteswort beigefügt ist. Dann bildet ein Kassandra-Erlebnis, das an die Stunde der Berufung geknüpft ist, die Wurzel des prophetischen Kerygmas (Wolff; W.H. Schmidt). Gegen eine solche Erklärung spricht, daß erst Jeremia und Ezechiel Visionsberichte als Zeugnisse ihrer Berufung an den Bucheingang stellen und die Mehrheit der Schriftpropheten gar keine Visionsberichte hinterlassen hat; zudem sind schon in Mari Lagehinweis und Voraussage im gleichen Gottesspruch miteinander verkoppelt.

2) Verbreiteter, bisweilen mit der eben erwähnten verknüpft, ist eine andere These, die als so selbstverständlich gilt, daß sie gemeinhin nicht ausdrücklich begründet wird. Danach waren Amos und seine Nachfolger *Gerichtspropheten,* die ein totales, nicht mehr abgestuftes oder abstufbares Gerichtsurteil Jahwes über sein Volk kundgeben. Der unerbittlich richtende Gott wäre demnach die Mitte ihres religiösen Denkens. Nun benutzen zwar manche Propheten neben Metaphern für den Israel gegenüberstehenden Gott wie Krieger oder Bauer gelegentlich auch die des forensischen Anklägers (Jes 1,2f.; 3,13–15; Hos 4,1–3; vgl. 2,4f.); freilich wird bezeichnenderweise nie die Gattung des richterlichen Urteilsspruches benutzt. Von Gott als Richter ist vorexilisch nirgends explizit die Rede. Erst unter den Bedingungen der Exilszeit erhält bei Ezechiel das Lexem *špṭ* auch den Sinn von „aburteilen, bestrafen“ und wird auf das göttliche Subjekt bezogen (Ez 5,10.15; 14,21); aber das geschieht durch einen Propheten, der zugleich das göttliche Gesetz als Kriterium menschlicher und göttlicher Verhaltensweise in die Prophetie einführt.

Den Begriff des Gerichts von vornherein zum Deutungsschlüssel zu erklären (was moderne Bibelübersetzungen noch herausstreichen) ist deshalb mehr als problematisch. Es verzeichnet das prophetische Gottesbild in seinen Grundlinien, erspart freilich dem Exegeten diffizile semantische Untersuchungen und erlaubt eine einfache Gleichschaltung alttestamentlicher Prophetie mit einer durch die Richterfunktion beherrschten abendländischen Gottesidee. Man nimmt dann in Kauf, daß der Gott der Propheten als ein starres, erbarmungsloses, „alttestamentarisches“ höchstes Wesen den schuldigen Menschen notwendig auslöschen muß.

Als ebenso selbstverständlich ist von der Mehrheit der Exegeten angesehen, daß die älteren Schriftpropheten mit der *restlosen* Vernichtung von Volk und Land rechnen. Zwar finden sich in sämtlichen Schriften Aussagen über eine mögliche Restitution nach der bevorstehenden gewaltigen Katastrophe, aber diese lassen sich als redaktionell bezweifeln (z.B. Am 5,15; 9,11f.). Dennoch läßt sich den Texten nicht schlüssig entnehmen, daß die Botschaft vom Untergang der zeitgenössischen Institutionen, die sich mit dem Angriff auf bestimmte führende Kreise richtet, für Amos und seine Nachfolger tatsächlich einschließt, daß es keine Überlebenden mehr gibt. Das würde die Vorstellung voraussetzen, daß der bisherige Gott Israels fortan ohne jeden menschlichen Verehrerkreis weiter existieren wird – ein für altorientalisches Denken kaum vorstellbares und vielleicht nur durch westlich bedingtes Konsequenzbedürfnis gewonnenes Postulat.

7. Gesellschaftskritik

7.1. Drei Epochen der Schriftprophetie

Eine kritische Prophetie, die sich von traditionsgebundenen Äußerungen der Priester und Nabis am Tempel abhebt und in eigenen Schriften niederschlägt, taucht wellenartig während drei Epochen weltpolitischer Krisen in Israel auf. Als die assyrische Expansion die Existenz der palästinischen Staatenwelt bedroht, melden sich bezeichnenderweise zuerst im Nordreich um 750 v. Chr. Amos und Hosea, danach in Juda Micha und Jesaja zu Wort. Nach der Unterwerfung unter das Assyrerreich schweigen für 70 Jahre die Quellen. Erst als dieses ins Wanken gerät und eine Ablösung durch die neubabylonische Herrschaft sich abzeichnet, kommt es mit Zephanja, Habakuk, Jeremia und Ezechiel zu einer zweiten Welle kritischer Prophetie. Die Heraufkunft der persischen Oberherrschaft ab 520 v. Chr. ruft dann einen letzten Schub mit Deutero- und Tritojesaja, Haggai und Sacharja hervor, der allerdings nur noch bedingt gesellschaftskritisch ausgerichtet ist. Während der drei Epochen waren vermutlich noch andere Propheten in dieser Weise tätig, deren Namen (und Schriften?) verloren sind (vgl. Jer 26,20–23). Mit der Konsolidierung der achämenidischen Macht beginnt der Niedergang der Bewegung. Nabis treten weiter auf, doch sie entwerfen keine größeren Perspektiven mehr und gelten vielen im Volk als Scharlatane (Neh 6,7.10–14; Sach 13,2–6). Zwar werden die Prophetenschriften bis ins 4. Jh. hinein durch Zusätze aktualisiert (z. B. Sach 9,13), doch die Ergänzer geben sich nicht als Propheten zu erkennen und verschweigen ihre Namen.

Der plötzlich auftauchende, dann sich durchhaltende Grundtenor, daß Israel sich als Volk Jahwes untauglich erwiesen hat und deshalb größtenteils untergehen wird, Zeichen eines paradoxen Verzichtes auf jedes ethnische Selbstwertgefühl, erweckt den Eindruck einer in sich zusammenhängenden Bewegung, obwohl direkte Abhängigkeit des einen vom anderen Schriftpropheten sich kaum nachweisen läßt (Ausnahme: das Verhältnis Jeremias zu Hosea). Allerdings verschiebt sich im Lauf der Zeit das Schwergewicht. Während Amos und Micha nahezu ausschließlich Unheil künden, blicken Hosea und Jesaja schon gelegentlich, weit mehr noch die Propheten der Folgeepoche auf ein Jenseits der Katastrophe. Mit einem überlebenden „Rest Israels“ und einer die Schuld überdeckenden göttlichen Huld wird zunehmend gerechnet, bis dann mit Deuterojesaja eine positive Zukunftsdeutung das Primat erhält.

Während der Königszeit wird die kritische Prophetie von Volk wie Regierung überwiegend abgelehnt, ja als gotteslästerlich verfolgt (→Jeremia). Mit dem Zusammenbruch von 587/86 v. Chr. schlägt die Stimmung in ihr Gegenteil um (Sach 1,4–6; Neh 9,30 f.). Die Unheilsprophezeiungen hatten sich wider Erwarten erfüllt, was nunmehr beweist, daß der Gott Israels gerade durch die Katastrophe seines Volkes sich als übermächtig erwiesen hat. Was sich darüber hinaus als Weissagungen des Heils in den Prophetenschriften findet, eröffnet begründete Hoffnung auf eine nationale und kultische Wiederherstellung durch Unterstützung eben dieses Gottes. Wenn Israel in nachfolgenden Jahrhunderten im Unterschied zu Nachbarvölkern wie Philistern und Ammonitern seine Identität behauptet hat, hatte das Vertrauen in die Wahrheit der Prophetenschriften daran einen wesentlichen Anteil.

7.2. Sozialkritik und Ṣ^{e}dāqāh-Ideal

Trotz gleicher Überzeugung, daß das Volk sein Daseinsrecht verspielt habe, schlägt die durch göttlichen *Dabar* begründete Gesellschaftskritik je nach den Zeitverhältnissen unterschiedliche Richtungen ein. Der entscheidende Vorwurf bei Amos, Micha und Jesaja betrifft die andauernde Verkehrung der durch göttliches Walten Israel eingestifteten *ṣᵉdāqāh* als der Fähigkeit zu gegenseitiger Solidarität durch die führenden Schichten (Am 5,7; 6,12; Jes 1,21–27; 28,16f. u.ö.). Das Verderben tritt in einer rapiden Veränderung der Eigentumsverhältnisse an Grund und Boden zu Tage. Dadurch vermindert sich die Zahl freier Bauern, die rechts-, kriegs- und kultfähig sind und also zum eigentlichen Volk (*ʿam*) Jahwes gehören. Juristisch legal, religiös höchst illegitim, werden mehr und mehr Kleinbauern von der städtischen Großgrundbesitzerschicht in Schuldsklaverei getrieben (Am 4,1–3; 7,10–17; Mi 2,1–4; Jes 5,8–10). Die angeprangerten Verhältnisse setzen einen Umbruch der Wirtschaftsordnung in jenem Jahrhundert voraus; er wird unterschiedlich erklärt (z.B. Alt: Latifundienbildung durch Söldnerführer; Loretz: städtischer Rentenkapitalismus gegenüber der Landbevölkerung).

Während der babylonisch-persischen Epoche wird von Zephanja (1,10–12; 3,1–5), Habakuk (Kap. 1f.), Jeremia (22,13–19) und vor allem Tritojesaja (Kap. 58) eine die Benachteiligung der Rechtsschwachen hervorkehrende Sozialkritik erneut zu einem gewichtigen Grund für die Unheilsansagen. Allen Propheten gilt als selbstverständlich, daß Israel als Volk Jahwes über eine Erkenntnis Gottes verfügt, die den Appell zur unbedingten zwischenmenschlichen Gemeinschaftstreue einschließt.

Nach A. Alt (KS III, 348ff.; ähnlich schon Troeltsch) steht im Hintergrund das egalitäre Ideal eines durch Jahwe jeder israelitischen Sippe verliehenen Erblandes und einer daraus resultierenden Solidaritätsverpflichtung aller Volksgenossen („ein Mann – ein Haus – ein Erbanteil an Grund und Boden"). Vorausgesetzt wird, daß in der heilsgeschichtlichen Frühzeit dieses harmonische Zusammenleben durchaus funktioniert hatte. Ein rückwärtsgewandter Blick herrscht also vor, der einzig im Verfassungsentwurf des Ezechiel (Kap. 45–47) durch eine konkrete Utopie einer neuartigen Gesellschaft ersetzt wird.

7.3. Kultkritik

Anhebend mit Amos verurteilen die Prophetenschriften das kultische Brauchtum ihrer Zeitgenossen und künden, daß Jahwe auf den gottesdienstlichen Verkehr mit Israel völlig verzichten und die zentralen Heiligtümer im Lande zerstören werde (Am 3,14; 5,4f.; Mi 3,12; Jer 7; 26; Ez 8–12). Opferdarbringung wird nicht nur überflüssig, sondern schädlich (Am 4,4f.). Selbst Gebete werden nicht mehr erhört (Jes 1,10–17). Bei Amos, Micha und Jesaja folgt die Kultkritik aus der Sozialkritik und ist von ihr abhängig. Weil zwischenmenschliche Gemeinschaftstreue nicht mehr geleistet wird, erscheint kultischer Eifer wertlos; Jahwe ist zu keinerlei Kompensation bereit.

Bei anderen Propheten hingegen bildet die Ablehnung des Kultes ein eigenständiges Thema. Von Hosea, Zephanja, Jeremia und Ezechiel (auch Jes 57,3–13) wird der israelitische Kult als entartet und von Gott verabscheut betrachtet. Dabei bleibt, was je als abgöttisch gilt, nach Zeiten und Verhältnissen verschieden. →Hosea kämpft gegen einen baalisierten Jahwekult, der durch Sexualriten die Macht des Fruchtbarkeitsgottes zu mehren meint; der Prophet aber besteht auf einem transsexuellen Gott, der den Naturkreislauf hintergründig steuert (2,23–25), ohne in ihn involviert zu sein. Hundert Jahre später wehren sich Zephanja, Jeremia und Ezechiel gegen einen mit Baal-Schamem gleichgesetzten, mit der Himmelskönigin Aschera und Kinderopfern verquickten Gott des Tempels von Jerusalem. Bei Ezechiel kommen außerdem (deuteronomische?) Maßstäbe hinzu, welche den Höhenkult verwerfen. Der unheilvolle Charakter solcher Kultpraktiken wird weniger als Verstoß gegen göttliche Verbote, sondern als unvernünftige Selbstzerstörung verstanden; denn nichtige Götzen ziehen ihre Anhänger notwendig ins Nichts (Jer 2,15; Jes 57,13).

Die moderne liberale Theologie hat aus solchen kultkritischen Attacken geschlossen, daß die Propheten mit revolutionärer Geste jeglichen Kult als Menschenwerk verurteilen und nur die sittliche Bewährung im Alltag als angemessenen Weg zum Kontakt mit der Gottheit anerkennen (vgl. Hentschke). Von solcher Interpretation ist die gegenwärtige Exegese weithin abgerückt und setzt voraus, daß die Propheten nur den Kult der zeitgenössischen Generation ablehnen. Bei Menschen des Altertums die Idee eines völlig kultfreien Verkehrs mit der Gottheit vorauszusetzen ist historisch kaum vorstellbar. Hinzu kommt, daß die Propheten gerade auch für die Kritik des Kultes priesterliche Gattungen aufgreifen (Am 5,21–26; Jes 1,10–17). Die Redaktoren der Prophetenbücher jedenfalls haben die Verwerfung nur auf die Zeitgenossen bezogen; ihre Hoffnung richtet sich auf ein künftiges, alles Bisherige übersteigendes, neues Heiligtum für das Volk Jahwes (Jes 2,2–4; 28,16f.; 54; Ez 40–48; u.ö.).

7.4. *Wehr- und außenpolitische Stellungnahmen*

Jesaja protestiert im Verlauf seiner Tätigkeit mehr und mehr gegen militärische Aufrüstung in Juda und die Bündnispolitik der Könige. Wer nämlich auf Jahwe und den Zion vertraut, bedarf keiner effektiven Streitmacht, weil Jahwe die politische Selbständigkeit seines Volkes, solange es ihm treu ist, durch eine die Feinde vernichtende Theophanie sichern kann (Jes 7,1–9; 9,1–4; 30,15–17; 31,4–6). Irgendein Bündnis mit einem anderen Staat ist nicht nur überflüssig, sondern schlechthin verderblich, weil dazu ein Schwur bei fremden Göttern gehören würde (Jes 28,14–19; 30,1–5; 31,1–3). Von solcher isolationistischen Utopie setzen sich hundert Jahre später Jeremia und Ezechiel offenkundig ab. Ihnen gelten vielmehr Schwur und Bündnis mit dem Babylonier Nebukadnezzar als unumgängliches Zeichen des Gehorsams gegen Jahwe (Jer 27,1–13; Ez 17,11–21) und die politische Selbstaufgabe Judas als das Gebot der Stunde (Jer 22,8–10; 38,2–6).

7.5. *Prophetische Anthropologie*

Was den Zuhörern bzw. Lesern vorgeworfen wird, kann dahin zusammengefaßt werden, daß Israel sich „zu erkennen" (*yāda'*, Jes 1,3) weigert.

Das Denken der Propheten hängt mit eigentümlichen Bedeutungsfeldern der hebräischen Sprache zusammen. Danach ist Subjekt alltäglicher, aber auch numinoser Wahrnehmung das menschliche Herz (*leb*) als Zentrum der Vernunft, mittels dessen das Individuum, aber auch das Kollektiv, sich seinen Weg (*dæræk*) entwirft, der entweder positiv oder negativ, lebensfördernd oder lebensmindernd bestimmt ist. Den Ausschlag gibt, ob Gott als Sinnmitte der Existenz und Lebenswelt begriffen wird. „Vernünftige" Gotteserkenntnis wird dann handlungsleitend für ungestörten Verkehr mit der Gottheit, aber auch für alle menschliche Interaktion. Zwar hat Gott den Menschen samt dem Vermögen seines Herzens geschaffen, aber die Eigenständigkeit des Menschen reicht so weit, daß Sünde und irdisches Übel allein in seinem Sich-Verfehlen gründen, so daß selbst das Sich-Öffnen oder Sich-Verschließen der Erde von seiner sittlichen Qualität abhängt („Monanthropismus"). Das Problem einer →Theodizee kann deshalb nicht aufkommen (Ausnahme: die Konfessionen Jeremias).

Nach Ansicht der kritischen Propheten hat andauerndes Fehlverhalten die Erkenntnis israelitischer Menschen so sehr depraviert, daß sie von Unvernunft und Sünde nunmehr so wenig loskommen wie ein Panther von seinen Flecken (Jer 13,23), in „Starrheit des Herzens wandeln" (8mal bei Jeremia), als „Haus der Widerspenstigkeit" mit verhärtetem Herzen (Ez 2,3–8 u.ö.), was Gott unter Umständen durch „Verstockung" festschreibt (Jes 6). Dadurch hat Israel sich selbst den Weg ins Verderben gebahnt. Gemäß einer in der hebräischen Sprache verwurzelten Selbstverständlichkeit des Tun-Ergehen-Zusammenhangs legt sich sittlich qualifiziertes Verhalten, sei es positiv oder negativ bestimmt, wie eine unsichtbare Hülle um den individuellen oder kollektiven Täter und schlägt im Lauf der Zeit als entsprechendes Ergehen auf ihn zurück (so die These von K. Koch; zu ablehnenden Stellungnahmen s. den Sammelband *Um das Prinzip der Vergeltung*). Daraus folgt für die Schriftpropheten, daß die von Schuld schwer belastete Volksgemeinschaft unheilbar krank werden und qualvoll verenden wird (Jes 1,4–7 usw.). Eines besonderen göttlichen Eingreifens bedürfte es hierfür nicht. Gelegentlich kann es scheinen, als könne selbst Jahwe den Niedergang nicht mehr aufhalten (Hos 7,1; Jer 9,18–23). Doch für die Mehrzahl der Texte ist es gerade dieser Gott, der die Notwendigkeit des

Untergangs feststellt, ihn beschleunigt und restlos vollendet, um sich und seine Schöpfung „zu rächen" und dadurch zu retten.

7.6. Göttliche Gesetze, Umkehr und bedingtes Heil

Abgesehen von einigen Anspielungen bei →Hosea kennen vorexilische Propheten keinen Verweis auf göttliche Gebote und Gesetze. Das ändert sich in den prosaischen Abschnitten des Jeremiabuches und bei →Ezechiel. In der Proklamation der individuellen Begrenzung des Tun-Ergehen-Zusammenhangs Ez 18 beschreibt der Prophet den *ṣaddîq*-Menschen so, daß er zum einen sich durch Gemeinschaftstreue auszeichnet, daneben wichtige apodiktische Verbote beachtet und überdies „meine Gesetze und Rechtssätze" einhält (V.5–9.14–17); geschieht das, wird er nicht wie die Masse des Volkes sterben, sondern als einzelner überleben. An anderen Stellen führt Ezechiel als erster unter den Propheten das Verhalten zu göttlichen Geboten und Vorschriften als Kriterium des (verfehlten) Geschichtslaufs ein (Ez 5,7–10; 20,10f.18f.). Das neuartige moralische und kultische Kriterium war vermutlich durch die sozialen Erschütterungen der Exilszeit bedingt; angesichts des Zusammenbruchs der althergebrachten Institutionen wird fraglich, worauf gemeinschaftstreues Verhalten sich auszurichten hat, also werden formulierte Normen notwendig, um die alte Spontaneität zu ersetzen. Die Äußerungen Ezechiels haben wahrscheinlich wesentlich dazu beigetragen, daß in christlich-jüdischer Tradition auch die übrigen Propheten in ihrer Gesellschaftskritik von der Jahwetora her interpretiert worden sind.

7.7. Der Widerspruch der „falschen" Propheten

Die theoretischen Voraussetzungen der radikalen Gesellschaftskritik und den Schluß auf einen drohenden kollektiven Untergang lehnt im vorexilischen Juda nicht nur die Öffentlichkeit, sondern auch die Mehrheit der zeitgenössischen Propheten ab (vgl. I Reg 22; Hos 4,5 für Nordisrael). Wo bei Jesaja, Jeremia und Ezechiel von *nābî'/nᵉbî'îm* die Rede ist, geschieht es meist polemisch. Ihnen wird vorgeworfen, daß sie Trug künden (*šæqær*, so Jes 9,14 und 13mal bei Jeremia), nicht von Jahwe gesandt sind, aus ihrem eigenen Herzen heraus künden und dem Volk *šālôm* weissagen, wo kein *šālôm* in Aussicht steht.

Die Ausleger pflegen von diesen Gestalten als „falschen" Propheten zu sprechen. Die abwertende Bezeichnung ist kaum am Platz. Beispiele wie Hananja, Ahab, Sidkija und Schemaja (Jer 28; 29,21–32) lassen erkennen, daß es sich um Vertreter der überkommenen und offiziellen Religion handelt, für die es selbstverständlich ist, daß gegenüber Israel die göttliche Gnade allemal mächtiger ist als Gottes Zorn, so daß alle Sünde des Volkes läßlich erscheint und jede Niederlage nur auf kurze Zeit eintreten, den Bestand von Tempel und Königtum niemals in Frage stellen kann. Demgegenüber sind die kritischen Propheten Neuerer, die die Erwählungssicherheit relativieren und deren Sicht von Gott und Welt den eingerissenen Frevel in der Gesellschaft als substanzartige innerweltliche Realität so schwer gewichtet, daß auch ein Gott sie nicht einfach für nichtexistent erklären kann. (Die Redaktoren der Prophetenbücher werden später die harten Folgerungen ein Stück weit zurücknehmen.)

8. Die drohende Vernichtung von Nation und Kult

8.1. Der Umschlag der Heilsgeschichte in ihr Gegenteil

Die innere Verderbnis der israelitischen Gesellschaft hat sich seit geraumer Zeit angebahnt. Deshalb ist nunmehr die Katastrophe unausweichlich. Die Schriftpropheten teilen die Überzeugung ihres Volkes von einer urzeitlichen Heilsgeschichte, in der die göttliche Initiative dominierte und alle lebenswichtigen Einrichtungen geschaffen hatte; mit der Landnahme oder der Davidszeit (Jes 1,21; 29,1 u.ö.) war ihr Höhepunkt erreicht worden. Dem folgte jedoch das rätselhafte, jähe Umkippen in eine sich steigernde Unheilsgeschichte, in der das Volk mit seinem selbstzerstörerischen Willen sich in den Vordergrund drängte. Ab Baal Peor weihte es sich der Schande, heißt es bei Hosea (9,10; vgl. Kap. 12; Am 2,10–12; Mi 6,1–5; Jes 5,1–7; Jer 2,4–7). Von Ezechiel wird dann die Abfolge, aber auch die Vernetzung von Heils- und Unheilsgeschichte zu einer regelrechten Theorie ausgebaut (Ez 16; 20; 23).

8.2. Gottes Aktion als Reaktion

Der Zusammenbruch ihrer Gesellschaft in einem bislang nicht dagewesenen Ausmaß wird den vorexilischen Schriftpropheten durch Audition und Vision und den Lesern – so die Erwartung – durch eine „nachlaufende Erkenntnis" gewiß. Die Katastrophe wird jäh hereinbrechen, zu einem nur Jahwe bekannten Zeitpunkt. Dennoch bedeutet sie nicht einen unvermittelten Eingriff von außen, sondern die Aktivierung längst angebahnter Tendenzen. Gott steht im Begriff, „ein Böses" (*rāʿāh* fem.) herbeizubringen; das aber ist kein anderes als das vom Volk sich selbst bereitete Böse (Jer 6,19; 18,8). Er gedenkt (*zkr*), naht heran und sucht heim (*pqd*), was sich als Guttat oder Übeltat über dem menschlichen Subjekt festgesetzt hat, wendet die Tatsphäre auf den Verursacher zurück (*hešîb*). Aus dem Ablauf der Schöpfungsjahre wird sich ein „Tag Jahwes" herausheben, an dem Gott seinen Willen universal durchsetzen wird (Am 5,18–20; Joel 2; Zeph 1,14–18; vgl. Jes 2,6ff.). Um den sittlich ausgehöhlten menschlichen Verband zu treffen, stehen Gott Wirkgrößen zu Diensten wie verschiedene Arten des göttlichen Zorns, seine ausgereckte Hand (z. B. Jes 1,25), aber auch, mythisch selbständig agierend, überirdisches Feuer (Am 1,4ff.; 7,4), Schwert (Am 9,4), Hunger, Dämon und Pest (Jer 27,8; Ez 6,11; 12,16). Statt drohender göttlicher Annäherung kann gelegentlich schon der Rückzug Jahwes von Volk und Land als Ursache der Katastrophe begriffen werden (z.B. Ez 8–11).

8.3. Die allverheerende fremde Armee

Wo vorexilische Propheten auf die reale Durchsetzung des beschlossenen Untergangs zu sprechen kommen, steht die Invasion einer unwiderstehlichen feindlichen Heeresmacht im Vordergrund, welche die Lebensgrundlagen zerstört, die Bevölkerung ausrottet und deportiert. Die heilsgeschichtlichen Errungenschaften wie Exodus, Landnahme, Königtum und Zion werden auf diese Weise von Jahwe annulliert (Am 6,7; 7,10–17; Mi 2,3–5; 3,12 usw.).

Bleibt der Angreifer bei Amos und bei Micha noch anonym, so lassen Hosea und Jesaja durchscheinen, daß es sich um die Armee des assyrischen Großkönigs handeln wird. Freilich scheint der alte Jesaja, als die Assyrer tatsächlich vor Jerusalems Mauern stehen, seine Meinung geändert und eine Bewahrung vor diesem Ansturm erhofft zu haben (Jes 36f.). Das Jahrhundert der Vasallenschaft Judas unter assyrischer Oberherrschaft hat diesen Teil Israels allmählich überzeugt, daß von der derzeitigen Großmacht nicht das zu befürchten war, was Jesaja und Micha an radikalem Verderben angekündigt hatten, sondern im Gegenteil Assyriens eigene Vernichtung bevorstehe (Nahum). Damit aber ist Unheilsprophetie nicht überflüssig geworden. Als es mit der Assyrerherrschaft tatsächlich zu Ende ging, weissagen Jeremia und Joel einen neuen „Feind aus dem Norden" (Jer 1–6; vgl. Joel 2,20) und Habakuk den Chaldäer als furchtbare Vernichtungsmacht. Zephanja erwartet ein (überirdisches) Heer, das allen Bewohnern der Erde ein schreckliches Ende bereitet (Zeph 1,14–18).

Nachdem Staat und Kult durch die Neubabylonier 587/86 endgültig vernichtet sind, erscheint vielen Israeliten in Nebukadnezzar nicht nur diese, sondern alle bisherige Unheilsprophetie erfüllt. Doch wieder war ein beträchtlicher Teil des Volkes davongekommen. Weissagungen von einem noch schrecklicheren Gegner als einem der bisher bekannten altorientalischen Reiche tauchen auf (Gog und Magog Ez 38f., die anonyme Weltstadt Jes 24–27?). Obwohl also eine beträchtliche Zahl prophetischer Unheilsweissagungen sichtlich Erfüllung gefunden hatte, schürte die Lektüre der Prophetenschriften eine andauernde Furcht vor einem nunmehr eschatologisch begriffenen Ansturm der Völkermassen gegen ein unterlegenes Israel.

9. Israels Wiederherstellung in der exilisch-nachexilischen Schriftprophetie

9.1. Neue Heilsgaben

Die Katastrophe wird nicht Jahwes letztes Wort sein. Sein Plan, sein Werk und sein Weg, die von Urzeiten herrühren, werden nicht durch das geschichtliche Versagen des menschlichen Partners für immer null und nichtig. Zögernd, dann zunehmend deutlicher künden die Schriftpropheten, die Erstschriftsteller und mehr noch die Redaktoren, von einem Neuanfang durch göttliche Initiative nach dem Untergang. Ab Deuterojesaja wird das zum beherrschenden Thema. Eine Reihe von Motiven werden mehrfach aufgegriffen:

1) Ein *neuer Davidide* (bzw. eine neue Dynastie) wird als Gegenpol zum kritisch abgeurteilten Königtum relativ früh geweissagt (Am 9,11f.; Mi 4,14–5,5; Jes [8,23b–9,6?]; 10,33–11,9; 32,1–5; →Messias/Messianische Bewegungen). Als Träger des Gottesgeistes wird er, nachdem Jahwe die Feindmacht vernichtet hat, *ṣ^{e}dāqāh* und ewigen *šālôm* garantieren und ein innerlich erneuertes Volk bei sich haben. Um 520 wird vorübergehend (bei Haggai und Sacharja) →Serubbabel mit dieser Gestalt gleichgesetzt. Umstritten ist, wieweit der Knecht Jahwes nach →Deuterojesaja ein königliches Amt wahrnehmen wird.

2) Ein *Rest Israels* wird überleben und zur Keimzelle eines künftigen, seinem Gott treu ergebenen Volkes werden (Jes 10,20–22; 28,5 [so schon 7,3?]; Mi 4,7; 5,6f. u.ö.). Ab der Exilszeit kann sich daran die Erwartung einer Sammlung der Zerstreuten knüpfen (Mi 2,12; 4,6; Sach 10,9f.; Jer 29,14).

3) Ein *zweiter Exodus* wird zu einer *zweiten Landnahme* führen, bei der ein bleibender Segen der Erde wie der dauerhafte Bestand der Volksorganisation sichergestellt sein werden (Hos 2,16ff.; Jes 52,11f.).

4) *Zion und der Tempel* entstehen künftig wieder in nie dagewesener Herrlichkeit (Jes 40,9–11; 54,11–17; Ez 40–48; Sach 1–6) und werden zur Stätte, wo fortan Gott wirklich inmitten seines Volkes wohnt.

5) Eine *Thronbesteigung Jahwes* über dem Heiligtum von Jerusalem macht ihn zum übermächtigen Herrn der Erde und läßt weltweit die Kenntnis seiner Gottheit entstehen (Mi 4,7; Ob 21; Sach 4,9; Jes 52,7).

6) Ein *neuer Bund* wird mit dem Volk Israel geschlossen, der dessen zu Erkenntnis und Handeln nötiges „Herz" grundsätzlich verändert und seine Gottesbindung unlösbar werden läßt, „nicht wie der Bund, den ich mit ihren Vätern geschlossen hatte" (Jer 31,31–34; 32,36–41; Ez 16,62; 34,25; 37,15–28).

7) Eine wunderhafte *Verwandlung der Natur* um des menschlichen *šālôm* willen taucht gelegentlich auf (Am 9,13–15; Hos 2,20; Jes 11,5–9; 43,19f.).

8) Das Schicksal der *Völkerwelt* kann deren Untergang und eine Weltherrschaft Israels (Jes 17,12–14; Sach 12–14), aber auch für einen „Rest" eine abgestufte Teilhabe am Heil Israels (Jes 2,2–4; 19,18–25; Sach 14,16–19) beinhalten.

9.2. Neuschöpfung und geschichtliche Kontinuität

Wieweit man die prophetischen Weissagungen von (einem nie dagewesenen Unheil und) einem alle bisherige Geschichte überholenden Heil als →*Eschatologie* bezeichnen will, hängt von der Definition des Begriffs ab. Unverkennbar orientieren sich die Heilserwartungen typologisch am Muster einstiger Heilsgeschichte; doch sie wollen sie überbieten, indem dem erneuerten Israel vor allem unabsehbare Dauer beigelegt wird. Insofern bringt die von den Propheten ins Auge gefaßte Endzeit mehr mit sich als eine Wiederholung der Urzeit. Die Überbietung wird bei Deuterojesaja begrifflich formuliert, der das Künftige betont allem Früheren entgegensetzt (Jes 41,22f.; 43,18f.; 48,6f.; vgl. Koch, Qädäm).

Andererseits verweisen die prophetischen Verheißungen nicht in ein Jenseits der Geschichte, sondern setzen eine Kontinuität voraus, die in der Treue Gottes zu dem von ihm gefaßten Plan und Werk beschlossen liegt. Insofern wird der Neuanfang „um seines Namens willen" genauso in der Zeit eintreten wie die Katastrophe (→Ezechiel). Die Geschichte zwischen Gott und Volk hebt neu an, wenngleich auf einer höheren Ebene unter veränderten anthropologischen Bedingungen. Das Geschichtsbild der Propheten ähnelt einer doppelt gebrochenen Linie: nach der urzeitlichen Heilsgeschichte erfolgt der Umschlag zur Unheilsgeschichte. Nach Israels Untergang wird Jahwe wieder die

Initiative ergreifen und eine neue, alles Bisherige überbietende Heilsgeschichte einleiten (vgl. TRE 12,579).

Der Verlust israelitischer Eigenstaatlichkeit wird nunmehr nicht nur negativ als Endstrafe einer Unheilsgeschichte Israels, sondern zugleich positiv als Zeichen einer *weltpolitischen Aktivität Jahwes* erkannt. Schon Jer 27 gilt Nebukadnezzar als der von Gott beauftragte Knecht. Für →Deuterojesaja wird vollends der Perserkönig der zum Weltherrscher eingesetzte Messias (Jes 45,1; vgl. Esr 1,1f.). Insofern weitet sich der metahistorische Horizont. Das verbindet sich allerdings mit einer *Theorie gottgesetzter Zeiten.* Nach einer bestimmten Frist geht die Macht der fremden Reiche zugrunde, und Israel triumphiert (Jer 25,11f.; Sach 1,12; vgl. Hag 1,2; Jes 61,2; Ez 40,1).

10. Nachwirkung

10.1. Entstehung eines Prophetenkanons

In nachexilischer Zeit werden die Schriftpropheten zunehmend als die wahren Gotteszeugen idealisiert und vom ungläubigen Volk abgehoben. Das führt ab Neh 9 (V. 26) zum Topos vom „gewaltsamen Geschick der Propheten" (Steck), nämlich ihrer Verfolgung und Hinrichtung durch Israel.

Aus Sir 39,1; 44–49 (vgl. auch den Prolog) und Texten aus →Qumran mit Verweis auf „die Tora und die Propheten" läßt sich erschließen, daß um 200 v. Chr. für zahlreiche jüdische Kreise neben dem →Pentateuch eine Sammlung prophetischer Bücher zu den autoritativen heiligen Schriften (→Schrift, Heilige) gehörte. Der Abschluß des Buches Maleachi (3,22–24) ist vielleicht in diesem Zusammenhang als verbindende Klammer beider Kanonteile angefügt worden. Der kanonische Rang ist vermutlich durch die Redaktoren vieler Prophetenbücher vorbereitet, die bereits die jeweilige Botschaft von ihrer geschichtlichen Verhaftung gelöst und ihr zeitlose paradigmatische Bedeutung beigelegt zu haben scheinen. Unklar bleibt, ob das Prophetenkorpus überall den gleichen Umfang besaß. Bei Sirach (46,1; 49,14) zählt vielleicht eine Henochschrift dazu; nach Qumrantexten, dem Neuen Testament und Josephus gehört Daniel in diese Reihe, vermutlich auch der Psalter als Weissagung des „Propheten" David (deshalb gibt es dazu Pescharim).

Wieweit die älteren Geschichtsbücher (das Deuteronomistische Geschichtswerk) bereits damals zum prophetischen Kanon gehörten, läßt sich nicht entscheiden (trotz der Hinweise beim Chronisten über prophetische Abfassung I Chr 29,29; II Chr 9,29 usw.). Bereits Sach 1,4 zitiert die „frühen Propheten" als autoritative Quelle und begreift darunter (die Schriften) vorexilische(r) Propheten. Frühe rabbinische Texte unterscheiden davon die nachexilischen Repräsentanten Haggai, Sacharja und Maleachi als die „späteren Propheten" (ThWNT 6 [1959] 817). Frühmittelalterliche Masoreten benutzen jedoch den ersten Ausdruck als Titel für die Bücher Josua bis 2. Könige und den zweiten für die eigentlichen Prophetenbücher (Jesaja, Jeremia, Ezechiel und →Dodekapropheton) und „verbannen" Daniel unter die *Ketubim.*

10.2. Spätisraelitische eschatologisierende Rezeption

Die Ausbildung eines Prophetenkanons steht wahrscheinlich im Zusammenhang mit dem Aufkommen apokalyptischer Strömungen. Schon jüngere Prophetenbücher werden bisweilen der →Apokalyptik zugewiesen. Insbesondere Jes 24–27 wird als „Jesaja-Apokalypse" betitelt; doch das Gedicht vom Untergang der anonymen Weltstadt schlägt nur in den (sekundären?) Abschnitten vom Gericht über das Himmelsheer (Jes 24,21–23) und der Beseitigung des Todes (Jes 25,6–8) apokalyptische Töne an.

Zwar bereiten Texte der Perserzeit späteren apokalyptischen Ideen die Bahn: Vermittlung göttlichen Handelns durch Engelwesen (Sach 1–6); mythologisches Völkergericht – jetzt taucht tatsächlich der Gerichtsgedanke auf – und universale Königsherrschaft Jahwes (Sach 14; Ez 38f.); Bekehrung der Völker (Jer 48,47; 49,39). H. Gese hat deshalb 1973 im Aufbau des Sacharjabuchs „Anfang und Ende der Apokalyptik" nachzuweisen versucht; P.D. Hanson hat 1975 die apokalyptische Bewegung in einer antitheokratischen Opposition des 6./5. Jh. v. Chr. verortet, die in Proto-, Deutero- und Tritojesaja sich zu Wort meldet. Doch eine ausgebildete apokalyptische Konzeption läßt sich in keinem Prophetenbuch schlüssig nachweisen.

Unbestreitbar ist freilich, daß das apokalyptische Schrifttum durchweg auf autoritativ geltende Prophetenbücher zurückgreift und sie unter konsequent eschatologischem Blickwinkel interpretiert (z. B. Dan 9). Über die apokalyptischen Zirkel hinaus wird es um die Zeitenwende weithin selbstverständlich (vgl. die Jesajaseptuaginta und das Prophetentargum), sämtliche prophetischen Voraussagen auf das Ende „dieses *ʿôlām* [hier: Weltzeitalters]“ und den Anbruch eines neuen zu beziehen (vgl. 1QpHab VII 1–8).

10.3. Die These vom Verlöschen des prophetischen Geistes

Mit dem Ende der Schriftprophetie beginnt der Niedergang der Institution charismatischer Künder in Israel. Obwohl entsprechende Gestalten weiterhin auftreten, finden sie nur sehr begrenzte Anerkennung. Wieweit sich hinter der chronistischen Gleichsetzung von Propheten und levitischen Tempelfunktionären (→Levi/Leviten) eine nachexilische Praxis verbirgt, bleibt unklar.

Das sich ab dem 1. und 2. Jh. n. Chr. organisierende rabbinische Judentum wird seine Abgrenzung des Kanons und die These von einer ununterbrochenen Sukzession der Weisen seit den Tagen Nehemias mit der Behauptung begründen, daß nach Maleachi Prophetie und heiliger Geist schlechthin verschwunden seien (ThWNT 6 [1959] 813–820; vgl. Then).

10.4. Propheten in Palästina bis 70 n. Chr.

Innerhalb der hellenistisch-frührömischen Epoche kennt →Josephus Flavius mehrere Männer, die sich als *προφήτης* ausgegeben und beträchtliche politische Wirkung erreicht haben (Bell VI,285–288; Ant XX,169–172; XX,97 f.: Theudas, vgl. Act 5,36). Insbesondere unter den Essenern (→Essener und Therapeuten) hat es Gestalten gegeben, die Gott mit *πρόγνωσις* begabt hatte; Josephus spricht dann nicht von Prophet, sondern von *μάντις* (Ant XIII,31 ff.; XVII,345–348; vgl. XVIII,116–119 zu →Johannes dem Täufer). Dem Hasmonäer Hyrkan erkennt er jedoch ausdrücklich *προφήτεια* zu (neben Priestertum und Königtum, Ant XIII,299; vgl. 282 f.). Das spätere Dogma vom Aufhören der Prophetie seit den Tagen des Artaxerxes kündigt sich in der Behauptung (Ap I,38–41) an, daß mit jener Zeit die Reihe glaubwürdiger Zeugen abgebrochen sei, „weil es [danach] an der genauen Aufeinanderfolge der Propheten fehlte“.

Die in jenem Zeitraum entstehenden Apokalypsen (→Apokalyptik/Apokalypsen) wählen auffälligerweise nicht Propheten, sondern Weise der Vergangenheit wie Henoch, Daniel, Baruch zu Namenspatronen. Ausnahmen bilden der als Prophet bezeichnete Verfasser des 4. Esrabuches (12,42), Pseudo-Ezechiel aus →Qumran (4Q385 f.; 387–390?) und (wohl ursprünglich in Ägypten verfaßte) griechische Apokalypsen wie die des Elia oder Zephanja (→Pseudepigraphen des Alten Testaments 2.10. und 2.11.).

10.5. Qumran

Von der durch Josephus gerühmten essenischen Mantik lassen die Funde vom Toten Meer nichts erkennen. Zeitgenössische Propheten werden höchstens in einem wohl vorqumranischen Sühne- und Ordalritual vorausgesetzt, mit dem der Hohepriester über wahre oder falsche Prophetie entscheidet (1Q29; 4Q375.376). Sonst gelten „seine Knechte, die Propheten“ als autoritative Vermittler des Gotteswortes in einer Vergangenheit, in der die für das nun anhebende Ende der Zeiten wesentlichen Weissagungen niedergeschrieben worden sind. Sie bedürfen jedoch einer Zweitoffenbarung, die sie entschlüsselt, was jetzt geschieht und in Pescharim verschriftet wird.

Insofern waren die Propheten noch „blind“ (ThWNT 6 [1959] 821 nach 1QpHab VII 1–5); der deutende Lehrer der Gerechtigkeit hat vermutlich größere Geltung als ein Prophet. Allerdings wird für die noch ausstehende Endzeit ein Nabi wie Mose nach Dtn 18,15–18 erwartet (ebenso bei den Samaritanern; vgl. Dexinger). Er tritt entweder vor oder zugleich mit dem →Messias aus Aaron und dem Messias aus Israel auf. Von ihm wird wohl eine eschatologische Tora erwartet; er wird jedenfalls die Eigentumsverhältnisse der Gemeinde neu regeln (1QS IX 7–11; vgl. 4QTest 5–7). In der Melchisedekrolle (4QMelch 13,17f.) werden bei der Auslegung von Jes 52,7 die „Berge" mit kommenden Propheten (Plural!) gleichgesetzt; unklar bleibt, ob bei der Gleichsetzung des „Freudenboten" mit dem „Messias des Geistes" an einen König oder einen gesalbten letzten Propheten gedacht ist (vgl. Émile Puech, Notes sur le manuscrit de XI QMELKÎSÉDEQ: RdQ 12 [1987] 489–499).

10.6. Philo

In der hellenistischen Diaspora bildet sich die Auffassung, daß die göttliche Weisheit jeden, den sie ergreift, zum Propheten machen kann (Weish 7,27; vgl. ThWNT 6 [1959] 821). Dementsprechend stuft →Philo alle herausragenden Gestalten der Heilsgeschichte als Propheten ein und erklärt Israel zu einem Volk von Priestern und Propheten (Abr 98). Jeder wahre Weise wird zum Propheten (Her 259), nachdem er von der Macht des Logos ergriffen ist. Philo verweist für sich selbst auf den unsichtbaren Geist, der in ihm raunt (Som II,252). Es fällt auf, daß Stellen aus den Prophetenbüchern nur sehr selten und anonym zitiert werden (Conf 62f. z.B. führt Sach 6,12 auf einen „Genossen des Mose" zurück; vgl. Isaak Heinemann, Philons griechische und jüdische Bildung, Breslau, III 1932 = Hildesheim 1973, 526–528). Wird dabei auf Florilegien zurückgegriffen? Gehören die Prophetenschriften in der alexandrinischen Synagoge Philos noch nicht zum Kanon (vgl. →Aristeasbrief, aber auch die jüdischen Traditionen bei Muḥammad)? Eine Ausnahme bildet Jeremia, der einmal namentlich als „Führer des prophetischen Chors" gilt (Conf 44) und an anderer Stelle nicht bloß als Eingeweihter, sondern als bedeutender Hierophant gerühmt wird (Cher 49). Freilich gehören in anderen Teilen der ägyptisch-hellenistischen Diaspora die Prophetenbücher in der gleichen Epoche längst zur Heiligen Schrift (Sir Prolog 24; vorchristliche Septuaginta; Philo über die Therapeuten in VitCont 25).

Literatur

Vgl. die Literaturverz. zu →Ahia von Silo, →Amos/Amosbuch, →Bileam, →Daniel/Danielbuch und Zusätze, →Deuterojesaja, →Dodekapropheton, →Elia, →Elisa, →Eschatologie II, →Ezechiel/Ezechielbuch, →Habakuk/Habakukbuch, →Haggai/Haggaibuch, →Hosea/Hoseabuch, →Jeremia/Jeremiabuch, →Jesaja/Jesajabuch, →Joel/Joelbuch, →Jona/Jonabuch, →Maleachi/Maleachibuch, →Messias/Messianische Bewegungen I, →Micha/Michabuch, →Micha ben Jimla, →Nahum/Nahumbuch, →Nathan, →Obadja/Obadjabuch, →Sacharja/Sacharjabuch, →Samuel, →Tritojesaja, →Zephanja/Zephanjabuch.

Zu 2.: Walter Baumgartner, Die Auffassungen des 19. Jh. vom israelit. Prophetismus: AKuG 15 (1922) 21–35 = ders., Zum AT u. seiner Umwelt, Leiden 1959, 27–41. – Martin Buber, Der Glaube der Propheten, Zürich 1950 = ders., Werke, München/Heidelberg, II 1964, 231–484. – Carl Heinrich Cornill, Der israelit. Prophetismus, Berlin/Leipzig 1894 [13]1920. – Bernhard Duhm, Die Theol. der Propheten als Grundlage f. die innere Entwicklungsgesch. der israelit. Religion, Bonn 1875. – Ders., Jesaja, 1892 [5]1968 (HK 3,1). – Ders., Israels Propheten, Tübingen 1916 [2]1922. – Georg Heinrich August Ewald, Die Propheten des Alten Bundes, 2 Bde., Stuttgart 1840; 3 Bde., Göttingen [2]1867–68. – Hermann Gunkel, Die Propheten, Göttingen 1917. – Abraham J. Heschel, Die Prophetie, Krakau 1936. – Ders., The Prophets, 2 Bde., London/New York 1962. – Gustav Hölscher, Die Profeten, Leipzig 1914. – Sigmund Mowinckel, Psalmenstud. III. Kultprophetie u. prophetische Psalmen, Oslo 1923 (SVSK II, 1922/1). – Ders., Prophecy and Tradition, 1946 (ANVAO 1946,3). – André Neher, L'essence du prophétisme, Paris 1955. – Gerhard v. Rad, Theol. des AT. II. Die Theol. der prophetischen Überlieferungen Israels, München 1960 = [10]1993. – Hans Walter Wolff, Stud. zur Prophetie – Probleme u. Erträge, 1978 (TB 76). – Walther Zimmerli, Das Gesetz u. die Propheten, 1963 (KVR 166–168). – Ders., Gottes Offenbarung. GAufs. [I], 1963 (TB 19). – Ders., Stud. zur atl. Theol. u. Prophetie. GAufs. II, 1974 (TB 51).

Zu 3. (zu Zarathustra vgl. das Literaturverz. zu →Iranische Religionen): Robert D. Biggs, More Babylonian ‚Prophecies': Iraq 29 (1967) 117–132. – Ders., Babylonian Prophecies, Astrology, and a New Source for ‚Prophecy Text B': Francesca Rochberg-Halton, Language, Literature and History, 1987 (AOS 67) 1–14. – Rykle Borger, Gott Marduk u. Gottkönig Šulgi als Propheten: BiOr 28 (1971) 3–24. – Manfried Dietrich, Prophetie in den Keilschrifttexten: JARG 1 (1973) 15–44. – La divination en Mésopotamie ancienne et dans les régions voisines, Paris 1966 (Travaux du centre d'études supérieures spécialisés d'histoire des religions de Strasbourg). – Jean-Marie Durand, Archives épistolaires de Mari I/1.2, 1988 (ARM 26). – Friedrich Ellermeier, Prophetie in Mari u. Israel, 1968 (ThOrAr 1). – Siegfried Herrmann, Prophetie in Israel u. Ägypten. Recht u. Grenze eines Vergleichs: VT.S 9 (1963) 47–65. – Jacob Hoftijzer/Gerrit van der Kooij (Hg.), Aramaic Texts from Deir ʿAlla, Leiden 1976. – Dies. (Hg.), The Balaam Text from Deir ʿAlla Re-evaluated, Leiden 1991. – Herbert B. Huffmon, Art. Prophecy (ANE): AncB Dictionary 5 (1992) 477–482 (Lit.). – Hermann Hunger/Stephen A. Kaufman, A New Akkadian Prophetic Text: JAOS 95 (1975) 371–375. – Maria de Jong Ellis, Observations on Mesopotamian Oracles and Prophetic Texts: JCS 41 (1989) 127–186. – Stephen A. Kaufman, Prediction, Prophecy, and Apocalypse in the Light of New Accadian Texts: PWCJS 6 (1977) 221–228. – Klaus Koch, Die Briefe ‚profetischen' Inhalts aus Mari: UF 4 (1972) 53–77 = ders., Stud. zur atl. u. altorient. Religionsgesch., hg. v. Eckart Otto, Göttingen 1988, 153–188. – Günter Lanczkowski, Äg. Prophetismus im Lichte des atl.: ZAW 70 (1958) 31–38. – Abraham Malamat, A Forerunner of Biblical Prophecy. The Mari Documents: Ancient Israelite Religion. FS Frank Moore Cross, hg. v. Patrick D. Miller/Paul D. Hanson/S. Dean McBride, Philadelphia 1987, 33–52. – Ders., New Light from Mari (ARM XXVI) on Biblical Prophecy. I.II: Nouvelles Assyriologiques Brèves et Utilitaires (1989,4) 61–64; III.IV: Storia e tradizioni di Israele. FS Jan Alberto Soggin, hg. v. Danielle Garonne/Felice Israel, Brescia 1991, 185–190. – William L. Moran, New Evidence from Mari on the History of Prophecy: Bib. 50 (1969) 15–56. – Hans-Peter Müller, Die aramäische Inschrift v. Deir ʿAlla u. die älteren Bileamsprüche: ZAW 94 (1982) 241–244. – Martti Nissinen, Die Relevanz der neuassyrischen Prophetie f. die atl. Forschung: Mesopotamica – Ugaritica – Biblica. FS Kurt Bergerhof, hg. v. Manfried Dietrich/Oswald Loretz, 1993 (AOAT 232) 217–258. – Edward Noort, Unters. zum Gottesbescheid in Mari. Die ‚Mariprophetie' in der atl. Forschung, 1977 (AOAT 202). – A. Leo Oppenheim, The Interpretation of Dreams in the Ancient Near East, 1956 (TAPHS.NS 46,3). – Simon B. Parker, Official Attitudes toward Prophecy at Mari and in Israel: VT 43 (1993) 50–68. – James F. Ross, Prophecy in Hamath, Israel, and Mari: HThR 63 (1970) 1–28. – Jack M. Sasson, An Apocalyptic Vision From Mari?: Mari 1 (1982) 151–167. – Armin Schmitt, Prophetischer Gottesbescheid in Mari u. Israel, 1982 (BWANT 114). – Karel van der Toorn, L'oracle de victoire comme expression prophétique au proche-orient ancien: RB 94 (1987) 63–97. – Moshe Weinfeld, Ancient Near Eastern Patterns in Prophetic Literature: VT 27 (1977) 178–195. – Helga Weippert/Klaus Seybold/Manfred Weippert, Beitr. zur prophetischen Bildsprache in Israel u. Assyrien, 1985 (OBO 64). – Helga u. Manfred Weippert, Die ‚Bileam'-Inschrift v. Tell Deir ʿAlla: ZDPV 98 (1982) 77–103. – Manfred Weippert, Assyrische Prophetien der Zeit Asarhaddons u. Assurbanipals: Assyrian Royal Inscriptions. New Horizons in Literary, Ideological, and Hist. Analysis, hg. v. Frederick Mario Fales, Rom 1981 (Orientis Antiqui Collectio 17) 71–111 (4 Tabellen). – Ders., Aspekte israelit. Prophetie im Lichte verwandter Erscheinungen des Alten Orients: Ad bene et fideliter seminandum. FS Karlheinz Deller, hg. v. Gerlinde Mauer/Ursula Magen, 1988 (AOAT 220) 287–320.

Zu 4.–10.: Peter R. Ackroyd, Historians and Prophets: SEÅ 33 (1968) 18–54. – Ferdinand Ahuis, Der klagende Gerichtsprophet, 1982 (CThM.BW 12). – Albrecht Alt, Das Königtum in den Reichen Israel u. Juda: ders., KS zur Gesch. des Volkes Israel, München, III 1959, 116–134. – Ders., Der Anteil des Königtums an der sozialen Entwicklung in den Reichen Israel u. Juda: ebd. 348–372. – Among the Prophets. Language, Image and Structure in the Prophetic Writings, hg. v. Philip R. Davies/David J.A. Clines, 1993 (JSOT.S 144). – Anthropological Perspectives on OT Prophecy: Semeia 21 (1981) (Sammelh.). – Emil Balla, Die Botschaft der Propheten, Tübingen 1958. – Klaus Baltzer, Die Biographie der Propheten, Neukirchen-Vluyn 1975. – John Barton, Oracles of God. Perceptions of Ancient Prophecy in Israel after the Exile, London 1986. – Joachim Begrich, Das priesterliche Heilsorakel: ZAW 52 (1934) 81–92 = ders., GSt zum AT, 1964 (TB 21) 217–231. – Ehud Ben Zvi, Prophets and Prophecy in the Compositional and Redactional Notes in I–II Kings: ZAW 105 (1993) 331–351. – Peter L. Berger, Charisma and Religious Innovation. The Social Location of Israelite Prophecy: ASR 28 (1963) 940–950. – Joseph Blenkinsopp, A History of Prophecy in Israel, Louisville, Ky. 1983 ^{2}1996. – Hans Jochen Boecker, Überlegungen zur Kultpolemik der vorexilischen Propheten: Die Botschaft u. die Boten. FS Hans Walter Wolff, hg. v. Jörg Jeremias/Lothar Perlitt, Neukirchen-Vluyn 1981, 169–180. – John Bright, Covenant and Promise. The Future in the Preaching of the Pre-Exilic Prophets, London 1977. – Antony F. Campbell S.J., Of Prophets and Kings. A Late Ninth-Century Document, 1986 (CBO.MS 17). – Canon and Authority, hg. v. George W. Coats/Burke O. Long, Philadelphia 1977. – Robert P. Carroll, When Prophecy failed, London 1979. – Ders., Prophecy and Dissonance: ZAW 92 (1980) 108–119. – Ronald E. Clements, Prophecy and Covenant, 1964 (SBT 43). – Ders., Prophecy and Tradition,

Oxford 1975. – Ders., Patterns in the Prophetic Canon: Canon and Authority (s.o.) 42–55. – John J. Collins, Prophecy and Fulfillment in the Qumran Scrolls: JETS 30 (1987) 267–278. – James L. Crenshaw, Prophetic Conflict, 1971 (BZAW 124). – John Andrew Dearsman, Property Rights in the Eighth-Century Prophets, 1988 (SBL.DS 106). – Ferdinand Dexinger, Der ‚Prophet wie Mose‘ in Qumran u. bei den Samaritanern: Mélanges bibliques et orientaux en l'honneur de M. Mathias Delcor, hg. v. A. Caquot u.a., 1985 (AOAT 215) 97–112. – Walter Dietrich, Prophetie u. Gesch. Eine redaktionsgesch. Unters. zum DtrG., 1972 (FRLANT 108). – Ders., David, Saul u. die Propheten, 1987 [2]1992 (BWANT 122). – Herbert Donner, Die soziale Botschaft der Propheten im Lichte der Gesellschaftsordnung in Israel: OrAnt 2 (1963) 229–245. – Ders., Israel unter den Völkern, 1964 (VT.S 11). – Ders., ‚Forscht in der Schr. u. lest!‘ Ein Beitr. zum Verständnis der israelit. Prophetie: ZThK 87 (1990) 285–298 = ders., Aufs. zum AT, 1994 (BZAW 224) 199–212. – John Eaton, Vision in Worship. The Relation of Prophecy and Liturgy in the OT, London 1981. – Daniel E. Fleming, The Etymological Origins of the Hebrew *nabî'*. The One who invokes God: CBQ 53 (1993) 217–224. – Georg Fohrer, Neuere Lit. zur atl. Prophetie: ThR NF 19 (1951) 277–346; 20 (1952) 193–271.295–361. – Ders., Zehn Jahre Lit. zur atl. Prophetie (1951–1960): ThR NF 28 (1962) 301–374 (Lit.). – Ders., Stud. zur atl. Prophetie (1949–1965), 1967 (BZAW 99). – Ders., Die symbolischen Handlungen der Propheten, 1968 (AThANT 54). – Ders., Die Propheten des AT, 7 Bde., Gütersloh 1974ff. – Ders., Neue Lit. zur atl. Prophetie (1961–1970): ThR NF 40 (1975) 193–209.337–377; 41 (1976) 1–12; 45 (1980) 1–39.109–132.193–225; 47 (1982) 105–218 (Lit.). – Erhard Gerstenberger, The Woe-Oracles of the Prophets: JBL 81 (1962) 249–263. – Hartmut Gese, Anfang u. Ende der Apokalyptik, darg. am Sacharjabuch: ZThK 70 (1973) 20–49 = ders., Vom Sinai zum Zion, München 1974, 202–230. – Jan Kees de Geus, Die Gesellschaftskritik der Propheten u. die Archäologie: ZDPV 98 (1982) 50–57. – John B. Geyer, Mythology and Culture in the Oracles against the Nations: VT 36 (1986) 129–145. – Norman K. Gottwald, All the Kingdoms of the Earth. Israelite Prophecy and Int. Relations in the Ancient Near East, New York/Evanston/London 1964. – Rebecca Gray, Prophetic Figures in the Late Second Temple Jewish Palestine, Oxford 1993. – Antonius H.J. Gunneweg, Mündliche u. schriftliche Tradition der vorexilischen Prophetenbücher als Problem der neueren Prophetenforschung, 1959 (FRLANT 73). – Friedrich Haeussermann, Wortempfang u. Symbol in der atl. Prophetie, 1932 (BZAW 58). – Paul D. Hanson, The Dawn of Apocalyptic, Philadelphia 1975. – Christof Hardmeier, Prophetie im Streit vor dem Untergang Judas, 1989 (BZAW 187). – Gerhard Franz Hasel, The Remnant, [2]1974 (AUM Studies in Religion 5). – Jutta Hausmann, Israels Rest, 1987 (BWANT 124). – Eric William Heaton, The OT Prophets, London 1949 [3]1977; dt.: Die Propheten des AT, München 1959. – Johannes Hempel, Worte der Profeten, Berlin 1949. – Marie-Luise Henry, Prophet u. Tradition, 1969 (BZAW 116). – Richard Hentschke, Die Stellung der vorexilischen Propheten zum Kultus, 1957 (BZAW 75). – Ders., Gesetz u. Eschatologie in der Verkündigung der Propheten: ZEE 4 (1960) 46–56. – Hans Jürgen Hermisson, Zeitbezug des prophetischen Wortes: KuD 27 (1981) 96–110. – Ders., Kriterien ‚wahrer‘ u. ‚falscher‘ Prophetie im AT: ZThK 92 (1995) 121–139. – Siegfried Herrmann, Die prophetischen Heilserwartungen im AT, 1965 (BWANT 85). – Ders., Prophetie u. Aktualität. Bibl. Denkstrukturen in ihrer Begegnung mit abendländischer Geistigkeit: Theol. in Kunst u. Gesch. FS Walter Elliger, Witten 1968, 61–73. – Ders., Ursprung u. Funktion der Prophetie im alten Israel, 1976 (RhWAW.G 208). – Ders., Zw. Intellekt u. Charisma. Eine Auseinandersetzung mit Klaus Kochs ‚Profeten‘: Ernten, was man sät. FS Klaus Koch, hg. v. Dwight R. Daniels/Uwe Gleßmer/Martin Rösel, Neukirchen-Vluyn 1991, 145–159. – Hans Wilhelm Hertzberg, Die prophetische Kritik am Kult: ThLZ 75 (1950) 221–236. – Ders., Beitr. zur Traditionsgesch. u. Theol. des AT, Göttingen 1962, 81–90. – Ders., Sind die Propheten Fürbitter?: Tradition u. Situation. FS Artur Weiser, hg. v. Ernst Würthwein/Otto Kaiser, Göttingen 1963, 63–74. – Franz Hesse, Wurzelt die prophetische Gerichtsrede im israelit. Kult?: ZAW 65 (1953) 45–53. – Delbert R. Hillers, Treaty-Curses and the OT Prophets, 1964 (BibOr 16). – Friedrich Horst, Die Visionsschilderungen der atl. Propheten: EvTh 20 (1960) 193–205. – Frank Lothar Hossfeld/Ivo Meyer, Prophet gegen Prophet, 1973 (BiBe 9). – Herbert B. Huffmon, The Covenant Lawsuit in the Prophets: JBL 78 (1959) 285–295. – James Philipp Hyatt, Prophetic Religion, New York/Nashville 1947. – Ders., The Prophetic Criticism of Israelite Worship, 1963 (SHGL). – Interpreting the Prophetic Tradition, hg. v. Harry M. Orlinski, New York 1969. – Israel's Prophetic Heritage. FS James Muilenburg, hg. v. Bernhard W. Anderson/Walter Harrelson, New York 1962. – Israel's Prophetic Tradition. FS Peter R. Ackroyd, hg. v. Richard Coggins/Anthony Phillips/Michael Knibb, Cambridge 1982. – Waldemar Janzen, Mourning Cry and Woe Oracle, 1972 (BZAW 125). – Ernst Jenni, Die politischen Voraussagen der Propheten, 1956 (AThANT 29). – Knud Jeppesen, Is Deuteronomy Hostile towards Prophets?: SJOT 8 (1994) 252–256. – Alfred Jepsen, Nabi, München 1934. – Jörg Jeremias, Kultprophetie u. Gerichtsverkündigung in der späten Königszeit, 1970 (WMANT 35). – Ders., Art. *nabi'*: THAT 2 (1975) 7–26. – Ders., Das Proprium der atl. Prophetie: ThLZ 119 (1994) 483–494. – Aubrey Rodway Johnson, The Cultic Prophet in Ancient Israel, Cardiff 1944 [2]1962. – Othmar

Keel, Rechttun oder Annahme des drohenden Gerichts? (Erwägungen zu Amos, dem frühen Jesaja u. Micha): BZ NF 21 (1977) 200–218. – Jürgen Kegler, Prophetengestalten im DtrG. u. in den Chronikbüchern: ZAW 105 (1993) 481–497. – Klaus Koch, Was ist Formgesch.?, Neukirchen-Vluyn 1964 ^{5}1989. – Ders., Die Entstehung der sozialen Kritik bei den Profeten: Probleme bibl. Theol. FS Gerhard v. Rad, hg. v. Hans Walter Wolff, München 1971, 236–257 = Prophetenverständnis (s.u.) 565–593 = ders., Spuren des hebräischen Denkens. GAufs. I, Neukirchen-Vluyn 1991, 146–166. – Ders., Die Profeten, I 1978 ^{3}1995 II 1980 ^{2}1988 (UB 280.281). – Ders., Das Profetenschweigen des DtrG.: FS Hans Walter Wolff (s.o. bei Boecker) 115–128. – Ders., Zur dt. Wiedergabe poetischer Profetensprüche am Beispiel v. Jes 1,21–28: VB 4 (1982) 124–141. – Ders., Vom profetischen zum apokalyptischen Visionsbericht: Apocalypticism in the Mediterranean World and the Near East, hg. v. David Hellholm, Tübingen 1983 ^{2}1989, 413–446. – Ders., Is Daniel also among the Prophets?: Interp. 39 (1985) 117–130; dt.: Ist Daniel auch unter den Profeten: ders., Die Reiche der Welt u. der kommende Menschensohn. GAufs. II, Neukirchen-Vluyn 1995, 1–15. – Ders., Rezeptionsgesch. als Voraussetzung einer bibl. Theol.: Sola Scriptura, hg. v. Hans Heinrich Schmid/Joachim Mehlhausen, Gütersloh 1991, 143–155. – Ders., Das apokalyptische Lied der Profetin Hanna. 1Sam 2,1–10 im Targum: Bibl. Welten. FS Martin Metzger, hg. v. Wolfgang Zwickel, 1993 (OBO 123) 61–82. – Ders., Qädäm. Heilsgesch. als mythische Urzeit: ders., Spuren des hebräischen Denkens (s.o.) 248–280. – Klaus Koenen, Heil den Gerechten – Unheil den Sündern! Ein Beitr. zur Theol. der Prophetenbücher, 1994 (BZAW 229). – Hans-Joachim Kraus, Prophetie u. Politik, 1952 (TEH 36). – Ders., Die prophetische Botschaft gegen das soziale Unrecht Israels: EvTh 15 (1955) 295–307. – Ders., Die prophetische Verkündigung des Rechts in Israel, 1957 (ThSt[B] 51). – Ders., Psalmen, ^{6}1989 (BK 15/1). – Curt Kuhl, Israels Propheten, 1956 (DTb 324). – James Limburg, The Prophets in Modern Study: Interp. 32 (1978) 56–68. – Johannes Lindblom, Zur Frage des kanaanäischen Ursprungs des altisraelit. Prophetismus: Von Ugarit nach Qumran. FS Otto Eißfeldt, hg. v. Johannes Hempel/Leonhard Rost, 1958 (BZAW 77) 89–104. – Ders., Prophecy in Ancient Israel, Oxford 1962. – Burke O. Long, Prophetic Authority as Social Reality: Canon and Authority (s.o.) 3–20. – Oswald Loretz, Die prophetische Kritik des Rentenkapitalismus: UF 7 (1975) 271–278. – William McKane, Prophets and Wise Men, 1965 (SBT 44). – Ders., Prophet and Institution: ZAW 94 (1982) 251–266. – Rosemarie Micheel, Die Seher- u. Prophetenüberlieferungen in der Chronik, 1983 (BET 18). – Patrick D. Miller, Sin and Judgement in the Prophets, 1982 (SBL.MS 27). – Sigmund Mowinckel, Psalmenstud. (s.o. zu 2.). – Ders., The „Spirit" and the „Word" in the Pre-Exilic Reforming Prophets: JBL 53 (1934) 199–227. – Hans-Peter Müller, Art. *nābî'*: ThWAT 5 (1986) 140–163 (Lit.). – Werner E. Müller/Horst Dietrich Preuß, Die Vorstellung vom Rest im AT, Neukirchen-Vluyn 1939 ^{2}1973. – Gerhard Münderlein, Kriterien wahrer u. falscher Prophetie, 1974 (EHS.T 33). – Eva Oßwald, Falsche Prophetie im AT, 1962 (SGV 237). – David L. Petersen, Late Israelite Prophecy, 1977 (SBL.MS 23). – Ders., The Roles of Israel's Prophets, 1981 (JSOT.SS 17). – Karl-Friedrich Pohlmann, Erwägungen zu Problemen atl. Prophetenexegese: Wer ist wie du, HERR, unter den Göttern? FS Otto Kaiser, hg. v. I. Kottsieper u.a., Göttingen 1994, 325–342. – Prophecy. FS Georg Fohrer, hg. v. John Emerton, 1980 (BZAW 150). – Prophet u. Prophetenbuch. FS Otto Kaiser, hg. v. Volkmar Fritz/Karl Friedrich Pohlmann/Hans Christoph Schmitt, 1989 (BZAW 185). – Das Prophetenverständnis in der deutschsprachigen Forschung seit Heinrich Ewald, hg. v. Peter H.A. Neumann, 1979 (WdF 307). – Prophetie u. gesch. Wirklichkeit im Alten Israel. FS Siegfried Herrmann, hg. v. Rüdiger Liwak/Siegfried Wagner, Stuttgart/Berlin/Köln 1991. – Prophets, Worship and Theodicy. Papers Read at the Joint British-Dutch Conference Held at Woudschoten, Leiden 1984. – Gottfried Quell, Wahre u. falsche Propheten, 1952 (BFChTh 46,1). – Rolf Rendtorff, Priesterliche Kulttheol. u. prophetische Kultpolemik: ThLZ 81 (1956) 339–342. – Ders., Art. *Προφήτης*. B. *nābî'* im AT: ThWNT 6 (1959) 796–813 (Lit.). – Ders., Erwägungen zur Frühgesch. des Prophetentums in Israel: ZThK 59 (1962) 145–167 = ders., GS zum AT, 1975 (TB 57) 220–242. – Henning Graf Reventlow, Das Amt des Propheten bei Amos, 1952 (FRLANT 80). – Ders., Wächter über Israel. Ezechiel u. seine Tradition, 1962 (BZAW 82). – Ders., Liturgie u. prophetisches Ich bei Jeremia, Gütersloh 1963. – Alexander Rofé, The Prophetical Stories, Jerusalem 1988. – Leonhard Rost, Das Problem der Weltmacht in der Prophetie: ThLZ 90 (1965) 241–250. – Harold Henry Rowley, Ritual and the Hebrew Prophets: JSSt 1 (1956) 338–360. – Ders., Prophecy and Religion in Ancient China and Israel, 1956 (JLCR 4). – James A. Sanders, Hermeneutics in True and False Prophecy: Canon and Authority (s.o.) 21–41. – Josef Scharbert, Die Profeten Israels, 2 Bde., Köln 1965–1967. – Johann Michael Schmidt, Probleme der Prophetenforschung: VuF 17 (1972) 39–81. – Ders., Ausgangspunkt u. Ziel prophetischer Verkündigung im 8. Jh.: VuF 22 (1977) 65–83. – Martin Schmidt, Prophet u. Tempel, Zürich 1948. – Werner H. Schmidt, Zukunftsgewißheit u. Gegenwartskritik. Grundzüge prophetischer Verkündigung, 1973 (BSt 64). – Ders., „Rechtfertigung des Gottlosen" in der Botschaft der Propheten: FS Hans Walter Wolff (s.o. bei Boecker) 157–168. – Ders., Pentateuch u. Prophetie: Zukunftsgewißheit u. ‚nachlaufende Erkenntnis': FS Klaus Koch (s.o. bei Herrmann) 161–181. – Ders., Gotteserfahrung u. ‚Ich'bewußtsein im AT: AT. Forschung

u. Wirkung. FS Henning Graf Reventlow, hg. v. Peter Mommer/Winfried Thiel, Frankfurt a.M. 1994, 199–218. – Hans-Christoph Schmitt, Prophetie u. Tradition. Beobachtungen zur Frühgesch. des israelit. Nabitums: ZThK 74 (1977) 255–272. – John J. Schmitt/John Barton, Art. Prophecy (Preexilic Hebrew, Postexilic Hebrew): AncB Dictionary 5 (1992) 482–495. – Helen Schüngel-Straumann, Gottesbild u. Kultkritik vorexilischer Propheten, 1972 (SBS 60). – Isac Leo Seeligmann, Die Auffassung v. der Prophetie in der dtr. u. chronistischen Geschichtsschreibung: Congress Vol. Göttingen 1977, 1978 (VT.S 29) 254–284. – Ivar P. Seierstad, Die Offenbarungserlebnisse der Propheten Amos, Jesaja u. Jeremia, 1946 (SNVAO 46,2). – John van Seters, In Search of History, New Haven/London 1983. – J. Alberto Soggin, Der prophetische Gedanke über den hl. Krieg als Gericht gegen Israel: VT 10 (1960) 79–83. – Hermann Spieckermann, Rede Gottes u. Wort Gottes in den Psalmen: Neue Wege der Psalmenforschung. FS Walter Beyerlin, hg. v. Klaus Seybold/Erich Zenger, Freiburg i.Br. 1994 (Herders Bibl. Stud. 1) 157–173. – Odil Hannes Steck, Israel u. das gewaltsame Geschick der Propheten, 1967 (WMANT 23). – Ders., Der Abschluß der Prophetie im AT, 1991 (BThSt 17). – Fritz Stolz, Der Streit um die Wirklichkeit in der Südreichsprophetie des 8. Jh.: WuD NF 12 (1973) 9–30. – Studies in OT Prophecy. FS Theodore Henry Robinson, hg. v. Harold Henry Rowley, New York 1950. – Howard Merle Teeple, The Mosaic Eschatological Prophet, Philadelphia 1957. – Reinhold Then, „Gibt es denn keinen mehr unter den Propheten?“ Zum Fortgang der atl. Prophetie in frühjüd. Zeit, 1990 (BEAT 22). – Winfried Thiel, Dtr. Redaktionsarbeit in den Elia-Erzählungen: Congress Vol. Leuven 1989, 1991 (VT.S 43) 148–171. – Ernst Troeltsch, Glaube u. Ethos bei den hebräischen Propheten: ders., GS, Tübingen, IV 1925, 34–65. – Gene Tucker, Prophetic Superscription and the Growth of the Canon: Canon and Authority (s.o.) 56–70. – Ders., Prophetic Speech: Interp. 32 (1978) 31–55. – Ders., Prophecy and Prophetic Literature: The Hebrew Bible and its Modern Interpreters, hg. v. Douglas A. Knight/dems., Philadelphia/Chico 1985, 325–368 (Lit.). – Um das Prinzip der Vergeltung in Religion u. Recht des AT, hg. v. Klaus Koch, 1972 (WdF 125). – Jochen Vollmer, Gesch. Rückblicke u. Motive in der Prophetie des Amos, Hosea u. Jesaja, 1971 (BZAW 119). – Paul Volz, Die radikale Ablehnung der Kultreligion durch die Propheten: ZSTh 14 (1937) 63–85. – Ders., Prophetengestalten des AT, Stuttgart 1938 = 1949. – Von Bileam bis Jesaja. Stud. zur atl. Prophetie v. ihren Anfängen bis zum 8. Jh. v. Chr., hg. v. Gerhard Wallis, Berlin 1984. – Simon J. de Vries, Prophet against Prophet, Grand Rapids, Mich. 1978. – Theodorus Christiaan Vriezen, Prophecy and Eschatology: VT.S 1 (1953) 199–229. – Günther Wanke, Grundlagen u. Absicht der prophetischen Sozialkritik: KuD 18 (1972) 2–17. – Friedrich Weinrich, Der rel.-utopische Charakter der prophetischen Politik, Gießen 1932. – Claus Westermann, Grundformen prophetischer Rede, 1960 [5]1978 (BEvTh 31). – Ders., Boten des Zorns. Der Begriff des Zornes Gottes in der Prophetie: FS Hans Walter Wolff (s.o. bei Boecker) 147–156. – Ders., Prophetische Heilsworte im AT, 1987 (FRLANT 145). – Charles Francis Whitley, The Prophetic Achievement, Leiden 1963. – Geo Widengren, Literary and Psychological Aspects of the Hebrew Prophets, 1948 (UUA 1948,10). – Ina Willi-Plein, Vorformen der Schriftexegese innerhalb des AT, 1971 (BZAW 123). – Julius Wellhausen, Prolegomena zur Gesch. Israels, Berlin/Leipzig [3]1886. – Ders., Israelit. u. jüd. Gesch., Berlin [9]1958 = 1981. – Robert R. Wilson, Prophecy and Ecstasy. A Re-examination: JBL 98 (1979) 321–337. – Ders., Prophecy and Society in Ancient Israel, Philadelphia 1980. – Gunther H. Wittenberg, Amos and Hosea. A Contribution to the Problem of the ‚Profetenschweigen‘ in the Deuteronomistic Literature: OTE 6 (1993) 295–311. – Hans Walter Wolff, Stud. (s.o. zu 2.). – Ernst Würthwein, Der Ursprung der prophetischen Gerichtsrede: ZThK 49 (1952) 1–16. – Ders., Kultpolemik oder Kultbescheid. Beobachtungen zum Thema „Prophetie u. Kult“ (1963): ders., Wort u. Existenz, Göttingen 1970, 144–160. – Walther Zimmerli, Gesetz (s.o. zu 2.). – Ders., Offenbarung (s.o. zu 2.). – Ders., Stud. (s.o. zu 2.). – Konrad Zobel, Prophetie u. Deuteronomium, 1992 (BZAW 199).

Klaus Koch

III. Im Judentum

(Literatur S. 503)

Die Tradition der Rabbinen (→Rab/Rabbi/Rabban/Rabbiner) ist an die heilige Schrift gebunden und erkennt daher Propheten und Prophetie als unbestreitbare Quelle der Autorität an. Offenbar mußten die Rabbinen sich nicht direkt mit Propheten und Prophetie auseinandersetzen, da die aus der Bibel bekannte öffentliche Prophetie seit dem 1. Jh. vor der Zeitrechnung in der gesellschaftlichen Wirklichkeit nicht mehr vorkam und so die Rabbinen nicht damit konkurrieren mußten. Zwar erwähnen Texte aus den letzten Tagen des Zweiten Tempels einzelne Propheten, doch nicht als Schicht oder

Gruppe. Menschen, die sich selbst oder denen die Gesellschaft prophetische Kräfte zuschrieben, sind in der tannaitischen Literatur nicht belegt. Doch ideologisch wahrt die Prophetie ihr Recht des Älteren und dient der Welt der Rabbinen als Modell.

Durch Vergleich mit den Propheten und deren Aufgaben identifizieren sich die Rabbinen mit diesen oder werten gar ihren eigenen Stand als höher. Die Propheten sind ein Glied in der Kette der Weitergabe der Tora: „Mose empfing Tora vom Sinai und gab sie weiter an Josua und Josua an die Ältesten, und die Ältesten gaben sie weiter an die Propheten und die Propheten an die Männer der Großen Versammlung" (mAv 1,1). Diese Tradition drückt das Bewußtsein der Kontinuität zwischen den Toragelehrten und der Quelle ihrer Autorität aus und bestätigt zugleich die Verbindung von Rabbinen und Propheten. Die Propheten sind eine der Gruppen der Gelehrten. Wer Tora lernt, ist wie ein kleiner Prophet: „Es sagte R. Jochanan: Steht einer früh auf und ein Schriftvers fällt ihm in den Mund, ist dies eine kleine Prophetie" (bBer 55b; 56b). →Hillel rechtfertigt das halachische Verhalten der einfachen Israeliten: „Laßt sie ... Sind sie auch keine Propheten, so sind sie doch Söhne von Propheten" (tPes 4,14; bPes 66a u.ö.). Die →Tannaiten sind sich des Fehlens der Prophetie in ihrer Welt bewußt, sehen dies aber als zeitlich begrenzt und umkehrbar; der heilige Geist hat sich entfernt, doch die Himmelsstimme bleibt. Herausragende Rabbinen sind des heiligen Geistes würdig, „doch die Generation ist es nicht wert" (tSot 13,3; vgl. bEr 63a). Daß es seit den biblischen Propheten *de facto* keine Prophetie mehr gibt, ändert prinzipiell nichts an ihrer Wertschätzung. Traditionen, die Hillel, Samuel dem Kleinen und anderen ausgewählten Männern tannaitischer Zeit potentiell den heiligen Geist zuschreiben, stellen wohl den religiösen Status des Rabbi dem des Propheten gleich.

Im späteren Midrasch werden die Worte der Tora und der Prophetie engstens miteinander verbunden und nahezu gleichgesetzt: „R. Isaak sagte: Auch was die Propheten erst künftig weissagen sollten, erhielten sie alle vom Berg Sinai ... So heißt es: ‚Wort des Herrn an Israel durch Maleachi' (Mal 1,1). Wörtlich heißt es: ‚in der Hand des Maleachi', um dich zu lehren, daß schon vom Sinai die Prophetie in seiner Hand war". Ebenso versteht man dann Jes 48,16: „Jesaja sagte: Von der Stunde an, da die Tora gegeben wurde, empfing ich diese Prophetie ..., und nicht nur die Propheten, sondern auch alle Weisen, die waren und die sein werden" (begründet mit Dtn 5,19: Tan Yitro 11). Dieser Midrasch gehört zu einem in der rabbinischen Literatur verbreiteten Motiv, daß alle Worte der Tora mit ihren Neuerungen schon →Mose am →Sinai gegeben wurden. So wird die Prophetie, wie auch das Torastudium, an die Verleihung der Tora gebunden und werden zugleich die Rabbinen den Propheten angeglichen. Schon tannaitische Texte stellen Rabbinen und Propheten nebeneinander (z. B. MekhY Bachodesch 6 zu Ex 20,6); Propheten erhalten wichtige Züge der Rabbinen. Sie sind Toragelehrte und wenden wie Mose die Regel des „Allgemeinen und Besonderen" an (SifDev 83). Zwar bezieht sich hier der Vergleich nicht auf die Welt der Rabbinen, sondern auf die Worte der Tora und ihre Sprache, doch ist die Regel natürlich eine Lehrformel der Rabbinen. Die Tradition schreibt neben Mose und →Esra auch den Propheten die Leseordnung der Tora zu: „Deshalb ordneten ihnen die Propheten unter ihnen an, daß sie die Tora [am Sabbat], am Montag und am Donnerstag lesen" (MekhSh zu 15,22; vgl. MekhY Beschallach 1; yMeg 1,70b). Die Tradition schreibt somit den Propheten halachische Neuerungen zu, die zum herausragenden Merkmal der Rabbinen wurden und die ihre Legitimation gerade aus dem diesbezüglichen Vorbild Moses und der Propheten erhält. Ein Midrasch beschreibt die Gruppen der Jünger (wörtlich „Söhne") um den biblischen Propheten wie die Schüler um ihren rabbinischen Lehrer: Hier wie dort ist es ein Verhältnis wie zwischen Vater und Sohn (SifDev 34, gestützt auf II Reg 2,3.12).

Einzelne Propheten gewinnen eine ganz neue Gestalt als Teil der Rabbinenklasse. Der größte und wichtigste unter ihnen ist natürlich Mose; doch ist das biblische Bild Moses selbstverständlich auch an die Verleihung der Tora gebunden: Das erschwert eine Trennung der auf diesen biblischen Kontexten beruhenden Beschreibungen von anderen, die Parallelen zwischen Prophet und Rabbi zu erstellen suchen. Doch sei auf ein zentrales Motiv in der Darstellung Moses verwiesen, das Weisheit/Tora mit Prophetie verbindet: „Mose ist der Weiseste der Weisen, der Größte der Großen, der Vater der Propheten" (SifBam 134), „der Vater der Weisheit, der Vater der Propheten" (SER 5 u.ö.). So ist es auch eine der endzeitlichen Aufgaben des Propheten →Elia, schwierige halachische Diskussionen aus der Welt der Rabbinen zu entscheiden (mEd 8,7; bPes 70a). R. Eliezer stellt den Propheten →Jeremia dar, wie er Israel auffordert, sich voll der Tora zu widmen: „Als Jeremia zu Israel sagte: Warum beschäftigt ihr euch nicht mit der Tora?, fragten sie ihn: Und wovon sollen wir uns ernähren? Da holte er ihnen ein Fläschchen Manna hervor und sagte: ... Seht, wovon eure Väter sich ernährten, die sich mit der Tora befaßten! Auch euch wird der Heilige, er sei gepriesen, davon ernähren, wenn ihr euch mit der Tora befaßt" (MekhY Beschallach 5 u.ö.). Die Tradition (*schemuᶜa*, „Gehörtes") ist ein wichtiger Aspekt der Welt der Rabbinen und ihrer Lehre, und ebenso ist der Prophet ein „Hörender", Tradent; ein Lügenprophet ist jemand wie Hananja, Sohn des Asur (Jer 28,1), „der etwas prophezeit, was er nicht gehört hat" (tSan 14,14), und zwar nicht aus dem Mund Gottes, sondern aus dem Jeremias. Der Prophet wird also nach dem Bild des lernenden und lehrenden Rabbinenschülers gezeichnet. Der späte Midrasch baut dies noch aus: Die Propheten Jesaja und Obadja prophezeien gemäß Aussage des →Sanhedrin (AgBer 14).

Die Propheten werden zwar als Schriftgelehrte und halachische Dezisoren beschrieben, doch haben sie diese Vollmacht nicht als Propheten, sondern in ihrer Eigenschaft als Weise und Schriftgelehrte. In der Tradition wird den Propheten oft verboten, die →Halacha zu erneuern oder zu entscheiden. So sagt Rabbi in Zusammenhang mit dem Viehzehnten: „‚Dies sind die Gebote' (Lev 27,34) – kein Prophet ist berechtigt, von nun an noch etwas zu erneuern" (Sifra Bechuqqotai 13,7). Nach RutR 4,4 waren 85 Älteste, darunter mehr als dreißig Propheten, über diesen Vers und das darin enthaltene Verbot bekümmert. Hier sieht man also die Propheten als Teil der Ältesten; als Propheten haben sie keine Vorrangstellung in der halachischen Entscheidung. Der Prophet ist nicht zu halachischen Neuerungen berechtigt, sondern an die bestehenden Begrenzungen gebunden, die die Rabbinen im Namen der Tora auferlegen. Ein Rabbi darf natürlich erneuern, und ein Prophet kann ein Rabbi sein, doch ein Prophet als Prophet darf nicht erneuern. „Wer prophezeit, um ein Wort von den Worten der Tora aufzuheben, ist schuldig. Und R. Schimᶜon sagt: Wenn er prophezeit, um etwas aufzuheben und etwas zu erhalten, ist er frei" (tSan 14,13; vgl. ySan 11,30c). Weitere Traditionen beziehen den Ausdruck „der Prophet ist nicht berechtigt zu erneuern" auf begrenzte Fälle – Halachot zum Schreiben der Torarolle, wie sie im Lehrhaus entwickelt wurden (bShab 104a), oder Strafmaße (bYom 80b: hier geht es um „Halacha an Mose vom Sinai", einen zentralen Begriff der rabbinischen Weltanschauung und halachischen Tätigkeit).

Die amoräische Tradition betont mit dieser Wendung die Verpflichtung des Propheten, seine Aufgabe im Rahmen der bekannten Tora und Halacha zu erfüllen, ohne sich auf eine höhere Kraft zu stützen. „Ohne Älteste keine Propheten" (BerR 43,3). „Rab Jehuda sagte im Namen Rabs: Dreitausend Halachot wurden in den Tagen der Trauer um Mose vergessen. Sie sagten zu Josua: Frage! Er antwortete ihnen: Sie ist nicht im Himmel. Sie fragten Samuel, und er antwortete ihnen: ‚Dies sind die Gebote'; denn ein Prophet darf von nun an nichts erneuern" (bTem 16a). Das Vergessen gehört zur menschlichen Schwäche und damit auch zu den grundlegenden Schwachpunkten einer Auffassung, die die mündliche Tora als Ideal sieht. Doch auch wenn das Vergessen am größten ist, darf man nicht auf Prophetie zurückgreifen. Die Amoräer dehnen somit den tannaitischen Grundsatz so weit aus, daß die Prophetie an der halachischen Tätigkeit nicht mehr teilhat (dazu Urbach, Halacha). Am Ende dieser Entwicklung steht die negative Wendung „Worte der Prophetie" (*nebi'ut*) als Ausdruck für eine illegitime, halachisch mangelhafte Methode. Sie kommt im Bavli im Namen palästinischer Amoräer vor (bBekh 45a; bEr 60b; bBB 12a) und ist in der mittelalterlichen Literatur verbreitet.

Die Amoräer trennen scharf zwischen der Prophetie und der Welt der Rabbinen mit der historischen Diagnose, die Prophetie habe endgültig aufgehört; ihren Platz nehmen nun Lehrhaus und Torastudium ein. Die Rabbinen sind nicht mehr wie Propheten, es gibt keine Partnerschaft zwischen Propheten und Rabbinen, sondern einen prinzipiellen Platzwechsel. Die Tora ist nicht in der Hand des Sehers, sondern des Weisen; die Prophetie wird bis zu den Tagen des Messias nicht wiederkehren. „Rab Abdimi von Haifa sagte: Seit dem Tag, da der Tempel zerstört wurde, ist die Prophetie den Propheten genommen und den Weisen gegeben worden. Aber ist denn ein Weiser nicht auch Prophet? So hat er gemeint: Auch wenn sie den Propheten genommen wurde, den Weisen wurde sie nicht genommen" (bBB 12a). R. Abdimi aus Palästina meint, daß ein Rabbi zwar kein Prophet ist, doch die prophetische Aufgabe wahrnimmt; der babylonische Text fügt hinzu, daß *de facto* jeder Rabbi eine Art Prophet ist.

Die Fortsetzung des Textes zeigt das Ende der Verdrängung der Prophetie aus dem Lehrhaus: „Amemar sagte: Der Weise ist dem Propheten überlegen, wie es heißt: ‚Und der Prophet ist das Herz der Weisheit' (Ps 90,12). Wer hängt von wem ab? Doch der Kleine vom Großen!" (bBB 12a). Die Prophetie ist das Herz der Weisheit und hängt von ihr ab; der Weise ist also größer als der Prophet, ihm überlegen. Den Vers: „Tastet meine Gesalbten nicht an, tut meinen Propheten nichts zuleide" (I Chr 16,22) erklärt Rab Jehuda im Namen Rabs: „‚Meine Gesalbten' sind die Schulkinder, und ‚meine Propheten' sind die Schüler der Weisen" (bShab 119b). Schon ySan 11,30b deutet an, daß der Weise Gott gegenüber treuer ist; klar formuliert es aber erst der Bavli: „Seit dem Tag, da der Tempel zerstört wurde, wurde die Prophetie den Propheten genommen und den Toren und Säuglingen gegeben" (bBB 12b). Der Text spricht weiter von den Narren und Säuglingen, bekräftigt aber wieder die Überlegenheit der Rabbinen über die Propheten. Die Rabbinen bauen nicht auf die geheiligte religiöse Kraft der Prophetie, sondern verdrängen diese völlig. Die beiden letzten Stufen finden sich nur im Bavli; es ist also eine stufenweise Entwicklung, an deren Ende babylonische Aussagen stehen, wonach die Tora und ihre Gelehrten über und jenseits jeder Prophetie stehen. Die Entwicklung spiegelt keinen reellen Konkurrenzkampf, sondern ideologische Reflexion, eng verbunden mit dem Aufstieg des Rabbinats und seiner Förderung als Eliteschicht.

Die rabbinische Literatur ist Basis der ganzen nachtalmudischen Literatur und birgt alle wesentlichen Komponenten der Weltanschauung der mittelalterlichen Gelehrten und neuzeitlichen Denker. Gemeinsamer Nenner ist die Tatsache, daß die Prophetie ein Erbe der fernen Vergangenheit ist, nicht mehr Teil der unmittelbaren geistigen Erfahrungswelt; die jüdische Weltanschauung ist von der Denkweise der rabbinischen Welt geprägt. Die Prophetie wird an der Weltsicht der verschiedenen Denker gemessen und steht in ständiger Spannung zu einer eben nicht prophetischen Weltanschauung und religiösen Erfahrung.

In der jüdischen Literatur des Mittelalters wird der verächtliche Ausdruck *nebi'ut* zur gängigen Redensart für ein Denken, das logischer oder streng halachischer Kritik nicht standhält (u.a. Raschi und Raschbam zu bBB 12a; Ascher ben Jechiel, Responsen 94,5). Prophetie wird als Begriff austauschbar mit der in der Welt der Rabbinen üblichen Schriftgelehrtheit: „Tora des Mose – sie wird Tora/Lehre genannt, weil sie als Weisung den Generationen gegeben wurde; und die der Propheten wird Kabbala [„Empfang, Überlieferung"] genannt, weil sie vom heiligen Geist jede einzelne Prophetie gemäß der jeweiligen Stunde, Generation und Situation empfingen" (Raschi zu bHul 137a).

Noch auffälliger sind aber die Aussagen gerade jener Gelehrter, die Ehre und Stellung der Prophetie zu wahren und im Rahmen ihrer religiös-geistigen Welt zu definieren versuchen. Das bekannteste Beispiel ist Maimonides (→Mose ben Maimon) in seinem Bemühen um die philosophische Bedeutung der Prophetie. Ohne Zweifel hält in seinem Denken die Prophetie ihren Vorrang als Gipfel der geistigen Errungenschaften des Menschen. Der Glaube an die Prophetie und ihre Annahme sind ein religiöser Grundsatz (Mishne Tora, Teshuva 3,8; Rotseach 4,10), doch bleibt sie Teil der Welt der Rabbinen.

Der Weg der Prophetie geht klar über den Weg des jüdischen Weisen und des vollendetsten Philosophen hinaus: „Und er wandle sich in einen anderen Menschen, und er wird in seinem Geist verstehen, daß er nicht mehr ist, wie er war, sondern daß er sich über die Stufe der übrigen weisen Menschen erhebt, wie es von Saul heißt: ‚du wirst mit ihnen zum Propheten und in einen anderen Menschen verwandelt werden' (I Sam 10,6)" (Mishne Tora, Jesode ha-Tora 7,1). Die Position des Maimonides wird im Lauf der Zeit immer wieder zitiert und zum Schlüssel im Zugang zur Prophetie (z.B. Salomo ben Abraham Adret, Responsen 4,234, und viele andere). Sogar R. Abraham ben David, ein scharfer Gegner des Maimonides, spricht von der Möglichkeit, daß eine Halacha in prophetische oder halbprophetische Offenbarung verwoben sein kann. Doch wer den Platz dieser Offenbarung bedenkt, erkennt darin, wie die Prophetie verpflichtend der Welt des Weisen verbunden ist, der im Lehrhaus studiert und in dessen Rahmen die Halachot der Rabbinen entscheidet (Tamim de^{c}ot 40). Dieser Prozeß setzt sich durch die Zeiten in den Worten vieler Autoren bis zur Neuzeit fort: Philosophen und Rationalisten zwingen die Prophetie unter den gesunden Menschenverstand, Halachisten unter die positiven Aussagen der Halacha, und Mystiker sehen in ihr einen Teil der notwendigen mystischen Erfahrung ihrer religiösen Welt. Die Prophetie wirkt zwar in der geistigen Welt des Judentums nach, hat jedoch keine selbständige lebenswichtige Aufgabe.

Literatur

Haggai Ben-Shammai, On a Polemical Element in Saadya's Theory of Prophecy (hebräisch): Jerusalem Studies in Jewish Thought 7 (1988) 127–146. – Martin Buber, Der Glaube der Propheten: ders., Werke, München, II 1964, 231–484. – Sabine S. Gehlhaar, Prophetie u. Gesetz bei Jehuda Hallevi, Maimonides u. Spinoza, 1987 (JudUm 19). – Roland Goetschel, The Conception of Prophecy in the Works of R. Moses de Leon and R. Joseph Gikatilla (hebräisch): Jerusalem Studies in Jewish Thought 8 (1989) 217–237. – Abraham J. Heschel, The Prophets, 2 Bde., London/New York 1962. – Abraham Kook, Orot ha-Qodesch, Jerusalem, I 1963, 267–272. – Howard Kreisel, Theories of Prophecy in Medieval Jewish Philosophy, Diss. Brandeis Univ., Waltham, Mass. 1981. – Alvin J. Reines, Maimonides and Abrabanel on Prophecy, Cincinnati 1970. – Neumann Sandler, Das Problem der Prophetie in der jüd. Religionsphil., Breslau 1891. – Joseph D. Soloveitchik, The Lonely Man of Faith: Trad. 7/2 (1965) 5–67. – Ephraim E. Urbach, Wann endete die Prophetie (hebräisch): Tarb. 17 (1945/46) 1–11. – Ders., Halacha u. Prophetie (hebräisch): Tarb. 18 (1946/47) 1–27.

Chana Safrai

IV. Neues Testament und Alte Kirche

1. Unterschiedliche Konzeptionen von urchristlicher Prophetie 2. Johannes der Täufer, Jesus, Jesusbewegung, Logienquelle und Evangelien 3. Paulusbriefe, Corpus Paulinum und Apostelgeschichte 4. Die Johannesapokalypse 5. Alte Kirche (Anmerkung/Literatur S. 510)

1. Unterschiedliche Konzeptionen von urchristlicher Prophetie

Die neutestamentlichen Schriften enthalten in unterschiedlicher Dichte Hinweise auf das Vorhandensein prophetischer Phänomene und auf das Auftreten charismatischer Gestalten, die als „Propheten" bezeichnet werden. Obwohl für die zur Sprache kommenden frühjüdischen und urchristlichen Traditionen je eine *begriffliche Bestimmung* dessen, was einen Propheten oder eine prophetische Rede ausmacht, vorausgesetzt werden kann, werden diese Bestimmungen nicht verbalisiert und mitgeteilt. Die prophetischen Phänomene werden vielmehr sehr unterschiedlich beschrieben und zur Sprache gebracht. Daher ist kaum mit einem einheitlichen Begriff von „Prophetie" zu rechnen (Beispiel: Prophetie und Geistbegabung werden erst in nachösterlicher Perspektive – s.u. 3.–5. – korreliert). Dies ist nach der Entwicklung des Begriffsfeldes „Prophet" im Frühjudentum (s.o. III.) auch kaum anders zu erwarten.

Für alle Bereiche der neutestamentlichen Tradition stellt sich ein vergleichbares *methodisches Problem.* Phänomene urchristlicher Prophetie werden relativ selten, aber immerhin doch so intensiv angesprochen, daß für die frühen Phasen des Urchristentums mit einer bedeutenden prophetischen Komponente zu rechnen ist. Die Zuordnung bestimmter Texte oder Traditionen zur urchristlichen Prophetie erweist sich indes mangels eindeutiger, aus den neutestamentlichen Aussagen über Prophetie entwickelter Kriterien als äußerst schwierig und bleibt häufig kontrovers. Eine Übernahme von Kriterien, welche bei der Erforschung der alttestamentlichen Prophetie gewonnen wurden (s.o. II.), ist auf Grund der geschichtlichen Distanz ohnehin problematisch und angesichts des Textbefundes aussichtslos. Zur Verschriftung urchristlicher Prophetie scheint es im allgemeinen nicht gekommen zu sein (Sonderfall: die →Apokalypse des Johannes). Da außerdem ausdrücklich als prophetisch benannte Phänomene in den späteren Schichten des Neuen Testaments mit Ausnahme der Apokalypse deutlich zurücktreten, muß damit gerechnet werden, daß der Einfluß der Prophetie auf Mission, Gemeindeleben und Theologie sich in den einzelnen Traditionen und Traditionsphasen sehr unterschiedlich gestaltete und auswirkte (Beispiel: wenig Nachwirkungen im Corpus Paulinum [s.u. 3.2.], dagegen verhältnismäßig lange Bezeugung im stärker judenchristlich geprägten Traditionsbereich: Apokalypse des Johannes, Didache, Hermas [s.u. 4.–5.]).

2. *Johannes der Täufer, Jesus, Jesusbewegung, Logienquelle und Evangelien*

2.1. Johannes der Täufer. Das Logion Mt 11,7b–9/Lk 7,24b–26 setzt eine verbreitete Bewertung →Johannes' des Täufers als eines „Propheten" (vgl. Mk 11,32 par.; Mt 14,5; Lk 1,76) voraus, stimmt dieser zu und weist ihm darüber hinausgehend entsprechend seinem Anspruch eine einmalige eschatologische Bedeutung als des letzten Boten vor dem Gericht zu; diese Deutung hat auch in seiner Zeichnung als des *Elia redivivus* (Lk 1,16f.; vgl. Mt 11,14 usw.; →Elia) ihren Niederschlag gefunden. Das vorausgesetzte Prophetenbild (vgl. Josephus, Ant VIII,244 [Ende]) dürfte folgende Komponenten enthalten: Umkehr- und Gerichtspredigt, charismatisches Wirken, überzeugende jüdische Lebensführung. Die lukanische Schilderung fügt zu diesem Bild noch das pneumatische Moment (Ausstattung des Täufers mit Heiligem →Geist vom Mutterschoß an: Lk 1,15) und den Hinweis auf seine prophetische Berufung (Lk 3,1f.) hinzu. Die Diskussion in Joh 1,21–25 setzt ebenfalls beim charismatisch-prophetischen Auftreten des Täufers an, läßt ihn aber die Qualität eines oder *des* Propheten für sich bestreiten. Ob damit noch unmittelbar auf die frühjüdische Erwartung eines endzeitlichen Propheten „wie →Mose" (Dtn 18,15–18; 4QTest 5–9; vgl. 1QS 9,11) Bezug genommen oder einer geläufigen Einschätzung des Täufers aus christologischem Interesse widersprochen wird, ist umstritten.

2.2. Jesus. Die gleichen Gründe, die zur Bewertung des Täufers als eines Propheten geführt hatten, vermutlich vermehrt durch die Kunde von außerordentlichen Taten Jesu (vgl. für das frühjüdische Prophetenbild Josephus, Ant IX,182 über →Elisa), begünstigten auch die Bezeichnung seines Schülers und Nachfolgers Jesus von Nazareth als eines Propheten (Mk 6,15 par.; 8,28 par.; Mt 21,11.46; Lk 7,16; 24,19; Joh 6,14; 7,40.52; 9,17); Lk 7,39 und Joh 4,19 werten darüber hinaus die Jesus zugeschriebene Herzenskenntnis als hervorstechende Eigenschaft eines Propheten. Die besondere bzw. einmalige eschatologische Prophetenfunktion Jesu kommt einmal darin zum Ausdruck, daß ihm nach dem Tode des Täufers die Weiterführung von dessen auf den kommenden Richter bezogenen Vorläuferfunktion zugesprochen wird (Mk 6,15; 8,28), und zum anderen noch exklusiver darin, daß er und nicht der Täufer mit dem nach Mal 3,23f.; Sir 48,10f. zur Vorbereitung Israels auf das Gericht und das Reich Gottes wiederkehrenden →Elia identifiziert wird (Mk 6,15 par.; 8,28 par.). Wie Elia den Elisa berief, so ruft Jesus Menschen aus ihren Familien und Tätigkeiten heraus in seine Jüngerschaft und zur Teilhabe an seinem Wirken (Mk 1,16–20 par.; 2,14 par.; Lk 9,57–62/Mt 8,19–22; vgl. I Reg 19,19–21). Seine in der Überlieferung vielfach gebrochene, eine prophetische Zeichenhandlung (Mk 11,15) begleitende Gerichtsansage über →Jerusalem und den →Tempel (Mk 13,2 par.; 14,58 par.; Lk 13,35/Mt 23,38; Lk 19,41–44; Joh 2,19; Act 6,14; vgl. Mk 11,15.18 par.) stellt den Höhe- und Scheitelpunkt seines prophetischen Wirkens dar. Als zur Umkehrpredigt an →Israel gesandter Prophet (Lk 13,34/Mt 23,37) erleidet er das gewaltsame Geschick der Propheten (Lk 13,33; vgl. I Thess 2,15).

Die Jesusüberlieferung hat indes auf Grund der schnellen Ausbildung der nachösterlichen Christologie das prophetische Jesusbild nicht weiter ausgebaut, sondern es vielfach mit neuen Motiven überlagert. In der auf markinische Redaktion zurückgehenden Szene Mk 8,27–30 wird dieser Prozeß der Überlagerung und Neuinterpretation, der die gesamte synoptische Tradition und Redaktion bestimmt, beispielhaft veranschaulicht. So bleiben nur wenige Versuche, Jesus durch Aufnahme von Momenten des ursprünglich hellenistisch-judenchristlichen, auf Dtn 18,15.18 gestützten Schriftbeweises als den verheißenen Propheten der Endzeit auszuweisen (vgl. Lk 24,19; Act 3,22f.; 7,37; vielleicht Joh 1,21; 6,14; 7,40).

2.3. Propheten als Träger der Jesusüberlieferung und der Mission. Die Präsenz und das Wirken christlicher Propheten in der Urgemeinde lassen sich aus der →Apostelgeschichte (s.u. 3.3.) und den Paulusbriefen (s.u. 3.1.) erschließen. Es ist umstritten, wieweit auch der Text der Logienquelle, sei es durch direkte Aussagen (Lk 6,23/Mt 5,12), sei es durch Logien, die sich als inspirierte Worte mit nachösterlicher Perspektive zu erkennen geben (Lk 11,49–51), sei es durch Worte, die prophetische Formen benutzen („Sätze heiligen Rechts", Heil- und Weherufe), auf das Wirken von Propheten als Trägern und Gestaltern der Tradition oder als Trägern der →Mission und des Zeugnisses schließen läßt. Mt 7,22; 10,41; 23,34 müssen dagegen als deutliche Hinweise auf das Wirken wandernder judenchristlicher Propheten verstanden werden. In der matthäischen, redigierten Warnung vor den Pseudopropheten Mt 7,15–23 kommt mit der „Zweideutigkeit der Prophetie" (U. Luz, Das Evangelium nach Matthäus, I 1985 [EKK 1/1] 402) ein Gemeindeproblem zur Sprache, welches für die spätere Phase des Urchristentums und für das 2. Jh. breiter belegt ist (vgl. II Thess 2,2; I Joh 4,1–6 [wenn dort von falscher Lehre mit dem Anspruch der Prophetie die Rede ist]; Mk 13,21–23 [wenn unter „Pseudopropheten" nicht allgemein die Gefahr eschatologischer Verführung gemeint ist]; Apk 2,20; Did 11,3–6).

3. Paulusbriefe, Corpus Paulinum und Apostelgeschichte

3.1. Paulus. →Paulus setzt das Wirken von Propheten und Prophetinnen in der römischen Gemeinde (Röm 12,6), in Thessalonike (I Thess 5,20), in den judenchristlichen Gemeinden Palästinas (I Kor 11,16b in Verbindung mit 11,4f.) und in Korinth (I Kor 11,2–16; 12–14) voraus. Aufschlüsse über das Selbstverständnis, das Wirken und die Botschaft der christlichen Propheten müssen zunächst an der relativ breiten Textbasis im 1. Korintherbrief gewonnen werden. Während Paulus die Prophetie schätzt und ihr einen hohen Rang in der Gemeinde zuweist, muß er sich in seinen Gemeinden mit einer kritischen Haltung gegenüber der Prophetie (1. Thessalonicherbrief) oder mit deren Verdrängung durch die Glossolalie (1. Korintherbrief) auseinandersetzen (→Zungenrede). Das ist wohl ein erster Hinweis darauf, daß die Prophetie, aus dem Bereich des palästinischen →Judenchristentums kommend, auf fremdem kulturellen Boden auf Schwierigkeiten stößt, sowohl was ihre Inhalte wie was ihre Ausdrucksformen angeht. Die Propheten gehören nach der wahrscheinlich auf die Gemeindeordnung →Antiochiens zurückgehenden Trias „Apostel, Propheten, Lehrer" (I Kor 12,28; vgl. Did 11,3; 13,1f.; 15,1f.) zu den das Gemeindeleben primär bestimmenden Funktionen (vgl. auch ihre Stellung in Röm 12,6–8). Von daher ist die Sorge des Paulus über die der Prophetie drohende Verdrängung durch die Glossolalie zu verstehen. Beide sind „→Charismen" (Gnadengaben), „Pneumatika" (Geistesgaben) (I Kor 12,4; 14,1). Während aber bei der Glossolalie einzig das Pneuma, der „→Geist", beteiligt ist (I Kor 14,2.15f.) und die sprachlichen Hervorbringungen ohne „Übersetzung" unverständlich bleiben, ist bei der Prophetie der Verstand nicht ausgeschaltet; so können ihre Inhalte in verständlicher Rede der Gemeinde mitgeteilt werden (I Kor 14,3f.6.17). Das bedeutet: die Glossolalie ist ein hochekstatisches Charisma, für welches das Verbleiben in der Ekstase charakteristisch ist – die Unterscheidung von „Geist" und „Verstand" hat ihre Entsprechung in der antiken Inspirationslehre –, während die Prophetie ekstatische Offenbarungserfahrungen (vgl. *ἀποκαλυφθῇ*, I Kor 14,30) und wohl auch Visionen (I Kor 13,12; II Kor 12,1–5) voraussetzt, deren Inhalt aber, auch wenn die Begabung mit Offenbarungswissen als persönliche Auszeichnung empfunden wird (I Kor 13,2; II Kor 12,6), bewußt in den innergemeindlichen Diskurs eingebracht wird (vgl. Herm mand XI,8f.).

Nach der in I Kor 14,26–33a.39f. skizzierten „Gottesdienstordnung" soll den Beiträgen der Propheten in den Gemeindeversammlungen eine besondere Bedeutung zukommen. Paulus schreibt diesen die Wirkungen der „Erbauung, Ermahnung und Tröstung" und des allgemeinen „Lernens" zu (14,3.31); das letzte bedeutet, daß für die Prophetie das Vermitteln von Offenbarungswissen wesentlich ist. Aufgrund der weitgehenden Parallelisierung der Aussagen über Glossolalie und Prophetie in I Kor 12–14 läßt sich der Bereich der „Geheimnisse" (*μυστήρια*) als der eigentliche Erkenntnis- und Verkündigungshorizont der Prophetie benennen (13,2; 14,2). Unter diese Kategorie fällt auch das in 14,24f. als besonders eindrucksvolles Beispiel für die Überlegenheit der Prophetie genannte Beispiel der Kardiognosie. Das dieser zugeordnete Bekenntnis „Gott ist wirklich in eurer Mitte" macht mehr noch als die Einordnung der Prophetie in die Pneumatika deren übernatürlichen und numinosen Charakter deutlich.

Der Verweis auf die „Geheimnisse" bzw. auf das „Wissen von Geheimnissen" hat seine nächsten Entsprechungen im frühjüdisch-apokalyptischen Offenbarungsdenken (vgl. z.B. äthHen 46,2; 63,2; 103,2; Weish 8,8; IV Esr 10,38; 1QpHab 7,4f.; 1QH 7,26f.; 1QS 9,18). Vermutlich beruft Paulus sich in I Kor 15,51f. und Röm 11,25 mit dem Stichwort „Geheimnis" auf prophetische Erkenntnis, welche er der Gemeinde mitteilt (weitere, in diesem Zusammenhang zu nennende Texte: I Thess 4,15; Röm 13,11). Es handelt sich jeweils um Offenbarungen göttlicher Ratschlüsse, die in Zusammenhang mit den als nah erwarteten Endereignissen stehen. Die diese Mitteilungen enthaltenden Sätze sind umgeben von weiteren Erklärungen, Bezugnahmen auf schon vorhandene apokalyptische Gewißheiten (z.B. das Motiv der „letzten Trompete" in I Thess 4,16; I Kor 15,52), Schriftauslegungen und von paränetischen oder doxologischen Schlußbildungen. Es ist vorgeschlagen worden, in solchen Texten Beispiele für das der Prophetie nach I Kor 12,10; 14,29 zugeordnete Verfahren der *διακρίσεις πνευμάτων* (gewöhnlich übersetzt und verstanden als „Unterscheidung der Geister") als einer „Deutung[1] von Geistesoffenbarungen" zu sehen. Damit würde für die Prophetie in den hellenistisch-judenchristlichen Gemeinden ein ähnliches Offenbarungsverständnis vorauszusetzen sein, wie es in der frühjüdischen →Apokalyptik (vgl. die Abfolge von „→Traum" und „Deutung" in Dan 7; die Zweistufigkeit der Offenbarung in 1QpHab 7,1–5) allenthalben begegnet. I Kor 2,6–16 läßt sich als paulinische Beschreibung einer solchen prophetischen Kommunikation verstehen, als deren Gegenstand die endzeitlichen Heilsgüter (V. 9) und die vom Geist vermittelte Teilhabe an den „Tiefen Gottes" (V. 10.16; vgl. Röm 11,33–36), d.h. an den endzeitlichen Heilsratschlüssen Gottes, genannt werden. Trotz der der prophetischen Erkenntnis geschenkten Einsicht in die göttlichen Ratschlüsse und trotz der visionären Erfahrung des transzendenten Gottes (II Kor 12,2–4 deutet eine Thronvision des Paulus an) besteht Paulus darauf, daß auch dieses „Sehen" nur den Charakter einer indirekten Gottesschau hat (I Kor 13,12; vgl. Num 12,8).

3.2. Deuteropaulinen und Pastoralbriefe. II Thess 2,2 wehrt der möglicherweise auf eine „Geistäußerung", d.h. auf einen umlaufenden Prophetenspruch mit dem Inhalt: „Der Tag des Herrn ist da", zurückgehenden Verwirrung seiner Adressaten und ist so wie auch die im Anschluß an die Unterdrückung weiblicher Prophetie gegen „Propheten und Pneumatiker" gerichtete interpolierte Invektive I Kor 14,37 ein Zeugnis für die Auseinandersetzung mit aktuellen prophetischen Phänomenen in den nachpaulinischen hellenistischen Gemeinden.

Dagegen gehören die „Propheten" für den →*Epheserbrief* zusammen mit den „Aposteln" und nach diesen als Institution in die Anfangszeit der Kirche (4,11), zu ihren Fundamenten (2,20). Ihrer geisterfüllten Erkenntnis enthüllte sich die Eingliederung der Heiden in das Gottesvolk (3,5f.) als das „Geheimnis des Christus" – eine Fortschreibung von in I Kor 2,6–16; Röm 11,11–32 enthaltenen Motiven urchristlicher Prophetie, jedoch ohne deren streng eschatologische Ausrichtung. Wenn der Epheserbrief noch aktuelle christliche Prophetie kennen sollte, erkennt er ihr im Gegensatz zur Prophetie des Anfangs keine besondere kirchliche Bedeutung zu. Man wird aber fragen können, ob der Verfasser in seiner überlegten Deutung der Frühgeschichte des Christentums nicht in der Tat mit den hellenistisch-judenchristlichen →Aposteln und Propheten die treibenden Kräfte der Völkermission benannt und der Prophetie mit Recht eine entscheidende Rolle bei der Öffnung der Verheißungen für die Völker und bei der Überwindung der kultgesetzlichen Grenzen zugewiesen hat.

Die Gemeindeordnung der →*Pastoralbriefe* läßt kaum Raum für aktuelles prophetisches Wirken. I Tim 4,1–3 warnt unter Berufung auf Aussprüche des „Geistes“ vor endzeitlichen Verführern – es genügt, eine Bezugnahme auf die verbreiteten apokalyptischen Endzeitvorstellungen (Mk 13,22; II Thess 2,3.9–11; Act 20,29–31) anzunehmen. Tit 1,12 qualifiziert den Philosophen Epimenides als einen „Propheten“ und zeigt damit ein stärker am profanen Griechisch orientiertes Verständnis des Begriffs an. Dieses könnte ebenfalls für die *προφητεία* bzw. die *προφητεῖαι* im Rahmen der Presbyterordination (I Tim 4,14; 1,18) zutreffen, welche dann die die →Handauflegung begleitenden Ansprachen bezeichnen würden.

3.3. Apostelgeschichte. Prophetie und, kaum davon unterschieden, Glossolalie sind nach der vom Verfasser gestalteten Pfingstrede des Petrus (2,17f.; →Pfingsten/Pfingstfest/Pfingstpredigt) in Erfüllung von Joel 2,28–32 Wirkungen des endzeitlich verliehenen Geistes und Kennzeichen der Zeit der →Kirche (vgl. 10,46; 19,6). Ferner kennt und verwendet die Apostelgeschichte einzelne Nachrichten über prophetische Gestalten: die Liste von „Propheten und Lehrern“ in Antiochien (13,1); die Tradition von den vier prophetisch begabten Töchtern des Evangelisten Philippus in Caesarea (21,8); zwei verschiedene Notizen über den Jerusalemer Wanderpropheten Agabus: 11,28 seine (ursprünglich wohl endzeitlich gemeinte) Ansage einer großen Hungersnot und 21,11 seine mit einer Zeichenhandlung verbundene Ansage der Gefangennahme des Paulus; eine Notiz über den Jerusalemer Propheten Judas Barsabbas, der als Vermittler zwischen Jerusalem und Antiochien diente (15,32). Durch leichte Erweiterung dieser Traditionsbasis (11,27: mehrere Propheten kommen aus Jerusalem nach Antiochien; 15,32: neben Judas Barsabbas wirkt auch Silas als Prophet) und redaktionelle Gestaltung gelingt dem Verfasser eine Zeichnung der prophetischen Anfänge der Kirche, ohne der Prophetie über den Erweis der Geistbegabung und des Außergewöhnlichen hinaus besondere Funktionen oder Inhalte zuzuschreiben. Dies wird seiner zeitgenössischen Erfahrung, aber auch dem von ihm vertretenen Kirchenbild entsprechen, für welches zwar die Betonung der Geistbegabung und des vom Geist bestimmten Fortgangs der Mission, aber nicht endzeitlich-apokalyptisch ausgerichtete oder der Gemeinde gegenübertretende Prophetie (Beispiel: die Sendschreiben der Apokalypse) bestimmend ist (vgl. 15,32 mit 20,17.28).

4. Die Johannesapokalypse

Die Apokalypse beansprucht, „Prophetie“, d.h. ein Prophetenbuch zu sein (1,3; 22,7.10.18.19). Gegen diesen Anspruch kann nicht mit der „Mündlichkeit“ urchristlicher Prophetie oder mit der thematischen und literarischen Verwandtschaft des Buches mit frühjüdischen Apokalypsen argumentiert werden (gegen Vielhauer 425f.). „Mündlichkeit“ kann ein Wesenszug oder ein nur kontingentes Merkmal urchristlicher Prophetie sein. Ist es im paulinischen Bereich nur zu gelegentlichen Verschriftungen einzelner prophetisch erfahrener und verkündigter „Geheimnisse“ gekommen (I Kor 15,51f.; Röm 11,25), eine breitere Verschriftung aber auf Grund des baldigen Rückgangs der Prophetie ausgeblieben, könnte die Absicht der Apokalypse darin bestehen, die gewachsene prophetische Tradition ihres judenchristlich bestimmten Überlieferungsbereichs analog zu den alttestamentlichen Prophetenbüchern schriftlich festzuhalten und zu gestalten. Apokalyptische Themen und Fragen gehören auch sonst zu den Voraussetzungen und Verständnisbedingungen urchristlicher Prophetie (vgl. I Kor 15,50–57). Inwieweit die Verschriftung auf verschiedene Verfasser bzw. auf unterschiedliche prophetische Profile zurückgeht (Kriterien beispielsweise: unterschiedliche Grade und Methoden der „Verchristlichung“ ursprünglich jüdischer Stoffe; unterschiedliche Rolle des Erhöhten im Posaunenzyklus, im Siegelzyklus und erst recht in den Briefen an die sieben Gemeinden, ferner auch in der Vermittlung prophetischer Offenbarungen; unterschiedliche Intensität der

Naherwartung im Corpus der Apokalypse und in den Briefen an die Gemeinden) und verschiedene Ziele verfolgt, ist noch zu klären. Folgende Momente, die teilweise auch sonst das Selbstverständnis und die Botschaft urchristlicher Prophetie bestimmt haben werden, sind erkennbar: die bewußte Einordnung der urchristlichen Propheten in die Reihe der biblischen Propheten (vgl. Did 11,10), sowohl was deren Leidensgeschick (Apk 11,18; 16,6; 18,20.24) wie was deren als endzeitlich verstandene Verkündigung (Apk 10,7) angeht; die Ausrichtung auf das Kommen des Reiches Gottes bzw. auf die Endtheophanie (Apk 10,5ff.; 11,15ff.), auf deren Nähe und auf deren einzelne Momente (z.B. Apk 20,11–15: letzte Posaune, Auferstehung der Toten, Vernichtung des Todes; vgl. I Kor 15,51–55); Auseinandersetzung mit dem Problem der Parusieverzögerung durch Ausbildung von Siebenerreihen; dabei deutliches Hervortreten der katastrophischen Elemente und des Gerichtsaspekts; aktualisierende Weiterarbeit an der apokalyptischen Geschichtsdeutung von Dan 7; ein besonderer antirömischer Akzent (vgl. die auf die Zerstörung des zweiten Tempels reagierenden Passagen in OrSib IV–V); literarische Weiterentwicklung für prophetisch gehaltener Formen im Corpus der Apokalypse (Kap. 4–21; vgl. Dan 7–12; Ezechiel) und Imitation biblischer prophetischer Stilformen in den Sendschreiben an die Gemeinden (Apk 2f.).

Während das Corpus der Apokalypse die endzeitliche Auseinandersetzung Gottes mit der Welt, seinen Sieg und die Errichtung eines neuen Himmels und einer neuen Erde beschreibt, ohne die Kirche als ganze oder die Gemeinden als solche ausdrücklich zu erwähnen, sondern sowohl Verfolgung wie endzeitliche Bewahrung des Volkes Gottes voraussetzt, geben sich die vorangestellten sieben Sendschreiben (Apk 2f.) als durch den Propheten vermittelte mahnende Anreden des erhöhten Christus bzw. des Geistes an die Gemeinden. Die Prophetie der Sendschreiben greift zwar auf im Corpus der Apokalypse ausgeführte Motive zurück, hat aber in der bedingten Gerichtsankündigung und im Umkehrruf an die Gemeinden ein eigenes Zentrum. Die Polemiken gegen Nichteinhaltung des Aposteldekrets (vgl. 2,14.20), gegen innerchristliche Abweichungen (2,2.6.15.20–24) und gegen Synagogengemeinden (2,9; 3,9) weisen auf judenchristliche Tradition. Die literarische Gestaltung (Pseudonymität?) verwehrt einen Einblick in die vorausgesetzte Gemeindestruktur, zumal sich sämtliche im Plural gehaltenen Aussagen der Apokalypse über Propheten als Verweise auf nicht mehr wirkende Propheten verstehen lassen und der Verfasser als der letzte der Propheten erscheint (22,9; vgl. auch 10,11; 19,10); darum auch die Kanonisierungsformel 22,18f. Die unterschiedliche Ausrichtung des Corpus und der Sendschreiben läßt deutlicher, als das in I Kor 14 möglich ist, zwei verschiedene Funktionen der Prophetie erkennen: die Beschäftigung mit dem Bereich der eschatologischen Geheimnisse und die mit übernatürlicher Erkenntnis einhergehende Buß- und Umkehrpredigt (vgl. I Kor 14,24f.).

5. *Alte Kirche*

5.1. *Apostolische Väter*

5.1.1. Der Kirchenordnung der →*Didache* liegt noch die alte Trias von „Aposteln, Propheten und Lehrern" (11,3; 13,1f.; 15,1f.; vgl. I Kor 12,28; s.o. 3.1.) zugrunde. Die Gottesdienst- und Abgabenordnung (10,7; 13,3) scheint niedergelassene Propheten vorauszusetzen, die Didache rechnet aber ebenso mit wandernden Propheten (11,1–3.7; 13,1). Wegen der hohen Geltung der Propheten, welche eine inhaltliche Prüfung der Verkündigung eines „im Geist" redenden Propheten als unvergebbare Sünde verbietet (11,7; vgl. Mt 12,31f.), entsteht wahrscheinlich gerade gegenüber zuwandernden Propheten das Dilemma, daß die Phänomene eines „Redens im Geist" allein nicht erkennen lassen, ob ein „echter Prophet" spricht (11,8). Die dann noch verbleibenden Kriterien haben es mit der Lebensführung des Propheten zu tun: ob sich die Lebensweise des Propheten am Herrn orientiert (11,8; vgl. Herm mand XI,8; Mt 7,15–20), Uneigennützigkeit prophetischer Anweisungen (11,9.12), Übereinstimmung von Lehre und Leben

(11,10). Möglicherweise fordert Did 11,11 die gemeindliche Respektierung einer vom „bewährten, echten“ Propheten geführten geistlichen Ehe (Syneisaktentum). Den in der Gemeinde niedergelassenen Propheten steht der Unterhalt von seiten der Gemeinde zu (13,1 in Analogie zu Mt 10,10). Die Gemeinde wird zur Abgabe der Erstlinge gemäß den alttestamentlichen Zehntvorschriften an die Propheten aufgefordert (13,3.5–7); die einzigartige Begründung: „denn sie sind eure Hohenpriester“, soll primär die Übertragung der alttestamentlichen Abgabenordnung rechtfertigen, zeigt aber zugleich die Hochschätzung der Propheten. Ihre Botschaft und ihre Funktionen werden nicht beschrieben. Soviel ist erkennbar: Die Propheten beten bei der Mahlfeier (10,7), geben Weisungen zur Armenpflege (11,9.12) und sittliche Direktiven (11,10: Buß- und Umkehrpredigt?). Wenn Propheten fehlen – diese Situation ist nicht ungewöhnlich (13,4), das Auftreten von Propheten dürfte eher schon die Ausnahme als die Regel darstellen –, nehmen gewählte →Bischöfe und Diakone den Dienst der Propheten und Lehrer wahr (15,1); das bedeutet, daß die ortsansässigen Propheten als charismatische Gemeindeleiter fungiert haben. Der Übergang zu einer episkopalen Gemeindeordnung ist zumindest im Traditionsbereich der Didache weniger auf die Eigendynamik einer Entwicklung zu kirchlichen Ämtern als auf den Rückgang der Prophetie zurückzuführen. Dieser steht wiederum in Korrelation zur Veränderung der eschatologischen Perspektive von der Naherwartung zu einer entspannten Enderwartung – damit verliert die Prophetie ihren eigentlichen Ansatzpunkt –, zum Rückgang des jüdischen und judenchristlichen Anteils an der Konstitution der Gemeinden – damit verliert die Prophetie wesentliche, in alttestamentlicher Prophetie und frühjüdischer Apokalyptik geschaffene Verständnisvoraussetzungen – und zur Institutionalisierung des ursprünglich charismatisch bewegten Gemeindelebens – damit verliert die Prophetie die ihr entsprechende Gemeindeform. Der Übergang zu einer episkopalen Verfassung in der Didache vollzieht nur nach, was sich in den inneren Strukturen schon länger abzeichnete.

5.1.2. Anlaß für die Ausführungen des *Hirten des →Hermas* (Herm mand XI,1–17) über die Unterscheidung zwischen Prophetie und Pseudoprophetie ist die Tatsache, daß christliche Propheten mit dem Anspruch, „Geistträger“ (XI,16) zu sein, sich als Wahrsager betätigen und Zulauf aus der Gemeinde, von seiten der „Zweifler“ (*δίψυχοι*) und im Glauben Schwachen und Ungefestigten, erhalten (XI,4). Hermas bewertet das als Rückfall in das Heidentum, schlimmer, als Götzendienst (ebd.). Zur Unterscheidung von Prophetie und Pseudoprophetie benutzt er einmal ähnliche Kriterien wie Did 11,8–12 (vgl. Mt 7,15–20) – allerdings steht bei ihm nicht die Frage nach der zuverlässigen Prophetie, sondern die nach dem authentischen Geistbesitz im Vordergrund: „An seiner Lebensführung mußt du den Menschen erkennen, der den göttlichen Geist hat“ (XI,7) –, dann aber auch Abgrenzungen gegenüber dem Verfahren der wahrsagenden Propheten: „Wer den Geist von oben hat, ist in erster Linie sanft und ruhig ..., gibt grundsätzlich niemandem auf Befragen hin eine Antwort und redet auch nicht im geheimen; und der heilige Geist redet auch nicht dann, wenn ein Mensch es wünscht, daß er redet, sondern er redet nur dann, wenn Gott will, daß er redet ... Kann vielleicht ein göttlicher Geist Honorar kassieren und dann prophezeien?“ (XI,8.12). Herm mand XI,9 beschreibt entsprechend das Auftreten eines echten Propheten („ein Mensch, der den göttlichen Geist hat“) in der Gemeindeversammlung: Dort hat man den „Glauben an den göttlichen Geist“, nach einem Gemeindegebet zu Gott „erfüllt der Engel des prophetischen Geistes, der bei ihm ist, den Menschen, und jener Mensch redet, erfüllt vom heiligen Geist, zur Menge, wie der Herr es will“ (vgl. I Kor 14,26.29–33). Solche Prophetie ist eine Manifestation des „Geistes der Gottheit“ (XI,10; vgl. I Kor 14,24f.); dieser Gesichtspunkt steht im Vordergrund des Interesses und nicht die Wirkungen auf die Gemeinde.

Es ist nicht erkennbar, ob Hermas den Ideal- oder den Normalfall der Gemeindeversammlungen beschreibt. Inhalte oder Themen der prophetischen Reden werden nicht angesprochen. Die Abgrenzung zur Mantik bzw. zu einer mantisch depravierten Gestalt christlicher Prophetie läßt einerseits die Gefährdung der christlichen Prophetie und ihres jüdischen Erbes durch den →Synkretismus erkennen und erlaubt andererseits die Vermutung, daß die Prophetie sich in →Rom weniger mit den eschatologischen Geheimnissen als mit dem Geschick der Gemeinde und ihrer Mitglieder beschäftigte und damit ihren Haftpunkt in der Buß- und Umkehrpredigt hatte. Hermas bezeichnet sich selber nicht als Propheten; ebensowenig erhebt er für sein Buch einen prophetischen Anspruch. Ihm genügte eine literarische Gestaltung, welche sein Werk als christliche Apokalypse kenntlich machte. Das Beweisziel von Herm mand XI erforderte keine Korrelation der Propheten zu den kirchlichen Ämtern; andererseits werden an den wenigen Stellen, an welchen das Buch von Presbytern, Bischöfen, Diakonen und Lehrern spricht, die Propheten nicht erwähnt. Ihre Bedeutung für die Gemeindeordnung und das Gemeindeleben dürfte auf keinen Fall so groß gewesen sein wie in der Didache.

5.2. Spätere Hinweise auf Prophetie

Propheten erscheinen in den Pseudo-Clementinen (z. B. hom. Clem. II,11). Prophetie und Heilungen wurden auch weiterhin als „Zeichen des Geistes" in der Kirche angesehen (Clemens von Alexandrien, str. VII,16). Propheten und vor allem Prophetinnen unterstützten die Disziplin und den brennenden Eifer des →Montanismus, sogar in seiner nordafrikanischen Ausgestaltung (Tertullian, an. 9). Ihre Gegner nahmen Anstoß an der prophetischen Ekstase, lehnten Prophetie als solche aber nicht ab. Sie waren der Auffassung, Prophetie werde es für alle Zeit in der Kirche geben (Eusebius, h.e. V,17,2–4). Prophetische Visionen und Worte wurden mit dem →Martyrium verbunden (z. B. MartPol 5,1f.); sie galten als Beweis dafür, daß die ursprünglichen apostolischen Geistesgaben noch immer in der Kirche erhalten seien (pass. Perp. 1). Ein überzogenes prophetisches Selbstverständnis von Konfessoren veranlaßte →Cyprian, die Autorität der Prophetie einzuschränken (Cyprian, ep. 27), obwohl er selbst davon ausging, als Bischof in der Art eines Propheten durch Träume und Visionen geleitet zu werden (Cyprian, ep. 16,4). Später waren Prophetie und Heilungen auffällige Kennzeichen der Literatur des →Mönchtums.

Anmerkung

[1] Zur philologischen Basis (nicht in W. Bauer/K. u. B. Aland, Wb. zum NT, Berlin ^{6}1988) dieser Interpretation und zum religionsgeschichtlichen Hintergrund (Traumdeutung, Schriftauslegung) vgl. Dautzenberg, Hintergrund (dort auch der Nachweis der funktionsgleichen Verwendung von *συγκρίνω*); seither sind folgende Belege hinzugekommen: *διακρίνω* als Funktion des *angelus interpres* für eine von Abraham gesehene Vision TestAbr Rez. A 4,2; *διακρίνω* und *ἐπικρίνω* in der Einleitung des Eusebius (praep. ev. IX,29,16) zu seinen Zitaten aus dem Tragiker Ezechiel über die dem Mose zuteil gewordene Traumoffenbarung (Thronvision) und deren Deutung durch Jitro (das Schema der Aufteilung von Offenbarungsempfang und Deutung auf verschiedene Personen ebenfalls in I Kor 12,10; 14,29).

Literatur

David Edward Aune, Prophecy in Early Christianity and the Ancient Mediterranean World, Grand Rapids 1983. – M. Eugene Boring, Sayings of the Risen Jesus. Christian Prophecy in the Synoptic Tradition, 1982 (MSSNTS 46). – Ders., Art. Prophecy (Early Christian): AncB Dictionary 5 (1992) 495–502 (Lit.). – Norbert Brox, Der Hirt des Hermas, 1991 (KAV) 249–263. – Edouard Cothenet, Art. Prophétisme et NT: DBS 3 (1971) 1222–1337 (Lit.). – Gerhard Dautzenberg, Zum religionsgesch. Hintergrund der *διάκρισις πνευμάτων*: BZ NF 15 (1971) 93–104. – Ders., Urchristl. Prophetie, 1975 (BWANT 104). – Ders., Botschaft u. Bedeutung der urchristl. Prophetie nach dem ersten Korintherbrief: Panagopoulos (s.u.) 131–161. – Ders., Rez. Müller (s.u.): BZ NF 22 (1978) 125–132. – Ders., Rez. Aune (s.o.): CrSt 7 (1986) 382–389. – Erich Fascher, *ΠΡΟΦΗΤΗΣ*. Eine sprach- u. religionsgesch. Unters., Gießen 1927. – Gerhard Friedrich, Art. *προφήτης κτλ.* (D.E.): ThWNT 6 (1959) 829–863 (Lit.). – Wayne A. Grudem, The Gift of Prophecy in 1 Corinthians, Washington 1982. – Ferdinand Hahn, Christologische Hoheitstitel, 1963 ^{5}1995 (FRLANT 83) 351–404. – Ernst Käsemann, Sätze hl. Rechtes im NT: ders., Exegetische Versuche u. Besinnungen, Göttingen, II ^{2}1965, 69–82. – Heinrich Kraft, Vom Ende der urchristl. Prophetie: Panagopoulos (s.u.) 162–185. – Frederick David Mazzafferri, The Genre of the Book of Revelation from a Source-Critical Perspective, 1989 (BZNW 54). – Helmut Merklein, Der Theologe als Prophet. Zur Funktion prophetischen Redens im theol. Diskurs des Paulus: NTS 38 (1992) 402–429. – Ulrich B. Müller, Prophetie u. Predigt im NT, 1975 (StNT 10). – Kurt Niederwimmer, Die Didache, 1989 (KAV 1). – Johannes Panagopoulos (Hg.), Prophetic Vocation in the NT and Today, 1977 (NT.S 45). – Ders., Review of David Hill, NT Prophecy: JSNT 10 (1981) 61–65. – Henning Paulsen, Pap. Oxyrhynchus 1.5 u. die *ΔΙΑΔΟΧΗ ΤΩΝ ΠΡΟΦΗΤΩΝ*: NTS 25 (1979) 443–453. – James Reiling, Hermas and Christian Prophecy, 1973 (NT.S 37). – Migaku Sato, Q u. Prophetie, 1988 (WUNT II/29). – Franz Schnider, Jesus der Prophet, 1973 (OBO 2). – Ders., Art. *προφήτης*: EWNT^{2} 3 (1992) 442–448 (Lit.). – Philipp Vielhauer, Die Prophetie: NTApo II^{3} (1964) 422–427. – Ders./Georg Strecker, Die Prophetie: NTApo II^{5} (1989) 509–515 (Lit.).

Weitere Lit.: ThWNT 10/2 (1979) 1250–1254.

Gerhard Dautzenberg

V. Dogmatisch/hermeneutisch

(Literatur S. 512)

Gegenstand einer dogmatisch-hermeneutischen Erörterung ist die *Auslegung* und das *Verstehen* des geschichtlichen Phänomens der Prophetie im Alten Israel, wie sie in den alttestamentlichen Prophetenbüchern ihre Textgestalt gefunden hat und im Prozeß der kirchlichen Kanonbildung (zusammen mit der „Tora" und den „Schriften") als *Heilige →Schrift* rezipiert wurde. Gegenstand einer dogmatisch-hermeneutischen Erörterung ist also die durch das vielfältige Offenbarungszeugnis des Neuen Testaments (und d.h. einschließlich dessen besonderer Entfaltung in den Erscheinungen einer „urchristlichen Prophetie") *interpretierte* Prophetie. Die neutestamentliche Interpretation der alttestamentlichen Prophetie ist nun allerdings der kirchlichen Lehre und der wissenschaftlichen Theologie nicht im Sinne einer bloß formalen Autorität vorgegeben; sie will vielmehr verstanden und angeeignet sein als sachgemäßes Implikat des christlichen Glaubens selbst, also derjenigen Lebensgewißheit, der das im Evangelium bezeugte Christusgeschehen als wahr einleuchtet und die deshalb das Leben der Glaubenden heilsam neu bestimmt. Eine dogmatisch-hermeneutische Erörterung hat also (und zwar sowohl im Sinne einer Prinzipienlehre als auch im Sinne einer Theorie der christlichen Existenz im Alltag des sozialen Lebens) eine Antwort auf die Frage nach der besonderen inhaltlichen Autorität der alttestamentlichen Prophetie zu geben.

Für die Beantwortung dieser Frage ist die Erinnerung an →Luthers hermeneutische Einsichten noch immer entschieden lehrreich (grundlegend: Ebeling), auch wenn die historisch-kritische Erforschung der Prophetie sowie die – namentlich durch R. →Bultmann – fortgebildete Theorie des Verstehens zu manchen Modifikationen führen wird. Ihnen zufolge setzt das zum Glauben führende Verstehen biblischer Texte die Erfassung ihres *sensus litteralis* voraus, weil sich im *sensus litteralis* dasjenige Verstehen äußert, das die Textproduktion selbst möglich und notwendig macht. Der *sensus litteralis* der Schrift (Christus als die Erfüllung aller Verheißungen Gottes) schließt daher zugleich den *sensus tropologicus* ein, nämlich diejenige Lebensgewißheit, die sich den Textproduzenten im Zusammenhang ihrer Lebenswelt und für eine bestimmte pragmatische Intention erschlossen hat (vgl. Ebeling 54ff.). Sie ist der exegetische Gegenstand.

Das Auslegungsproblem, welches die durch das Neue Testament interpretierte Prophetie aufwirft, besteht demnach darin, die Relation zu erfassen, die zwischen dem *sensus litteralis* der Prophetenbücher und dem *sensus litteralis* des neutestamentlichen Offenbarungszeugnisses besteht. Sie soll hier wie folgt skizziert werden:

1) Der christliche Glaube ist eine inhaltlich bestimmte Wahrheitsgewißheit, die in der Geschichte der Prophetie zuallererst ihre eigenen *Voraussetzungen* erkannt und dargestellt findet. Ihr begegnet in den Prophetenbüchern in vielfach variierter Weise eine Lebensgewißheit, die von Gottes Wirklichkeit im Sinne ihrer *Einzigkeit* geprägt ist. Ihr ist infolgedessen das Wirken Gottes erschlossen als das Wirken seines *Wortes*: nämlich

des von den prophetischen Verstehensakten zu unterscheidenden verstehbaren Sinnes, in welchem Gott in Entsprechung zum Naturgeschehen auch das ethische Geschehen zwischen personalen Instanzen und Institutionen lenkt und ordnet. Indem der christliche Glaube der „Selbigkeit Gottes" (Gräßer 131; L. Schmidt: TRE 15,141,41f.) inne ist, ist in ihm dieses Moment der prophetischen Lebensgewißheit stets „vorausgesetzt und mitenthalten" (vgl. Hebr 1,1f.; →Schleiermacher).

2) Der christliche Glaube ist eine inhaltlich bestimmte Wahrheitsgewißheit, die die unerbittliche und unbedingte prophetische *Unheils- oder Gerichtsbotschaft* als in und mit der Selbsthingabe Jesu von Nazareth als des Christus Gottes *aufgehoben* versteht. Zwar schließt die Lebensgewißheit des Glaubens die Erkenntnis der radikalen Selbstverfehlung der Person vor Gott in sich, zu der die prophetische Gerichtsbotschaft mit ihren jeweiligen Begründungen durch soziale, kultische und politische Kritik vorstieß – sie bezieht daher die an „Recht und Gerechtigkeit" (Am 5,7.24; 6,12; Jes 5,7; Mi 3,9) orientierte prophetische Anklage als die erhellende Beschreibung des existentiellen Widerspruchs zum Willen Gottes auf sich. Aber die Lebensgewißheit des Glaubens schließt die Erkenntnis der radikalen Selbstverfehlung der Person vor Gott nur in dem bestimmten Sinne ein, daß diese im Christusgeschehen von Gott selbst getragen und damit vergeben und vergangen ist. Ihr ist das Christusgeschehen daher als der Urimpuls eines Existenzwandels gegenwärtig. Eben darin sieht sie die unbedingte *Heilsverheißung* der Prophetenbücher (deren Textgestalt in ihrer vorliegenden Gliederung darin ihren Schwerpunkt hat; vgl. W.H. Schmidt, Ansätze 36 Anm. 5) in Erfüllung gehen.

3) Es ist daher das entscheidende Auslegungsproblem der durch das Neue Testament interpretierten Prophetenbücher, das Aufgehoben-Sein der Gerichtsbotschaft und die Begründung des Existenzwandels der Person im Christusgeschehen als die Semantik zu entfalten, die der prophetischen Aussageintention in ihrem jetzt gegebenen Kontext zu eigen ist. M.E. läßt sich die prophetische Lebensgewißheit in ihrer vorliegenden Textgestalt mit den Mitteln der historisch-kritischen Methodologie als die *Erwartung eines zukünftig möglichen Geschehens* rekonstruieren, das sich für den christlichen Glauben *als gegenwärtig wirklich* erschlossen hat. Auch die Erwartung eines zukünftig möglichen Geschehens ist erfahrungskonstitutiv. Die Relation zwischen dem *sensus litteralis* der Prophetenbücher und dem *sensus litteralis* des neutestamentlichen Offenbarungszeugnisses läßt sich daher bestimmen als die Relation zwischen einem als zukünftig möglich erwarteten und einem als gegenwärtig wirklich erinnerten Geschehen. Sie wird durch den paulinischen Begriff „Verheißung" (z.B. Röm 1,2; II Kor 1,20) noch immer auf den theologisch adäquaten Nenner gebracht.

Literatur

Karl Barth, KD, I/2 1938. – Joachim Becker, Grundzüge einer Hermeneutik des AT, Frankfurt a.M. 1993. – Rudolf Bultmann, Glauben u. Verstehen, Tübingen, II [3]1961. – Gerhard Ebeling, Art. Hermeneutik: RGG[3] 3 (1959) 242–262. – Ders., Die Anfänge v. Luthers Hermeneutik: ders., Lutherstud., Tübingen, I 1971, 1–68. – Ders., Dogmatik des christl. Glaubens, Tübingen, III [2]1982. – Edward Earle Ellis, Prophecy and Hermeneutic in Early Christianity. NT Essays, 1978 (WUNT 18). – Erich Gräßer, Der Alte Bund im Neuen, 1985 (WUNT 35). – Antonius H.J. Gunneweg, Vom Verstehen des AT. Eine Hermeneutik, 1977 (GAT 5). – Ders., Sola Scriptura. Beitr. zur Exegese u. Hermeneutik des AT, hg. v. Peter Höffken, Göttingen 1983. – Wilfried Härle, Dogmatik, 1995 (GLB). – Otto Kaiser, Von der Gegenwartsbedeutung des AT. GSt zur Hermeneutik u. zur Redaktionsgesch. zu seinem 60. Geburtstag am 30. November 1984, hg. v. Volkmar Fritz/Karl-Friedrich Pohlmann/Hans-Christoph Schmitt, Göttingen 1984. – Klaus Koenen, Heil den Gerechten – Unheil den Sündern! Ein Beitr. zur Theol. der Prophetenbücher, 1994 (BZAW 229). – Manfred Oeming, Gesamtbibl. Theologien der Gegenwart, Stuttgart 1985. – Wolfhart Pannenberg, Syst. Theol., Göttingen, I 1988 III 1993. – Probleme atl. Hermeneutik. Aufs. zum Verstehen des AT, hg. v. Claus Westermann, 1963 (TB 11). – Das Prophetenverständnis in der deutschsprachigen Forschung seit Heinrich Ewald, 1979 (WdF 307). – Edmund Schlink, Ökum. Dogmatik. Grundzüge, Göttingen 1983. – Werner H. Schmidt, Atl. Glaube, Neukirchen-Vluyn [8]1996 (Lit.). – Ders., Ansätze zum Verstehen des AT: Vielfalt u. Einheit atl. Glaubens. I. Hermeneutik u. Methodik, Pentateuch u. Prophetie, hg. v. Axel Graupner/Holger Delkurt/Alexander B. Ernst, Neukirchen-Vluyn 1995,

34–57. – Ders., „Das Problem des AT in der christl. Theol.“. Ein Gespräch mit Herbert Donner: Meilenstein. FG Herbert Donner, 1995 (ÄAT 30) 243–251. – Gunter Scholtz, Ethik u. Hermeneutik. Schleiermachers Grundlegung der Geisteswiss., 1995 (stw 1191). – Helmut Thielicke, Der ev. Glaube. Grundzüge der Dogmatik. III. Theol. des Geistes, Tübingen 1978. – Paul Tillich, GW, Stuttgart, VI 1963. – Ders., Syst. Theol., Stuttgart, I [3]1956.

Konrad Stock

VI. Prophetie, praktisch-theologisch

1. Die aktuelle Aufnahme prophetischer Texte in der jüngsten Diskussion 2. Die ursprüngliche Didaktik der prophetischen Worte 3. Probleme der Rezeption prophetischer Worte 4. Neue Erfahrungen mit der Öffentlichkeitswirkung prophetischer Worte 5. Konsequenzen für die Handlungsfelder theologischer Praxis (Literatur S. 517)

1. Die aktuelle Aufnahme prophetischer Texte in der jüngsten Diskussion

Die jüngste ökumenische Diskussion um das politische Wächteramt der Kirche, gespeist aus befreiungstheologischen Ansätzen und intensiviert seit der Vollversammlung des Ökumenischen Rates der Kirchen in Nairobi (1975), hat Wurzeln und Konsequenzen in einem veränderten Verständnis der biblischen Prophetie. Der vom →Bund der Evangelischen Kirchen in der DDR angeregte, vom Ökumenischen Rat der Kirchen in Vancouver (1983) initiierte „Konziliare Prozeß für Gerechtigkeit, Frieden und Bewahrung der Schöpfung“ wird als Wahrnehmung dieses Wächteramtes verstanden und von einem pointiert kontextuellen Verständnis prophetischer Worte geleitet, wobei auch die urgeschichtlichen Erzählungen und andere Schöpfungstexte als „rückwärts gewandte Prophetie“ in Anspruch genommen werden.

Das Wahrnehmen eines so direkten Bezuges prophetischer Predigt zur gegenwärtigen gesellschaftlichen Situation unterscheidet sich deutlich, sowohl in der Sache als auch in der Methode, von der klassischen Prophetenexegese, die die prophetische Gerichtsankündigung aus historisch-kritischer Distanz nur auf das (biblische) Volk Israel bezog und den Gegenwartsbezug aus den Bemühungen der Propheten um eine „sittliche Volkserziehung“ ableitete. Charakteristisch dafür ist die Terminologie, in der die Prophetenworte als „Droh-“ und „Scheltworte“ klassifiziert werden. Diese Kategorien wie auch die historische Distanzierung sind in Unterricht und Predigt noch immer wirksam, werden aber auch hier in Frage gestellt von Einsichten und Methoden der sozialgeschichtlichen Exegese (→Sozialgeschichtsschreibung II).

In der Wechselwirkung zwischen exegetischen und systematischen Einsichten und den Herausforderungen der Praxis haben sich dabei jedoch die Akzente charakteristisch verschoben: Waren zuvor die exegetischen und systematischen Vorgaben bis in die Wortwahl hinein auch für den praktisch-theologischen Umgang mit prophetischen Texten bestimmend, so werden nun die großen Überlebensfragen der Menschheit zu Vorgaben, die ein neues Verständnis für die Unbedingtheit der prophetischen Rede eröffnen. Die Universalität, die der prophetischen Predigt ursprünglich eignet, gewinnt dadurch wieder an Gewicht, ebenso ihre ökologischen Aspekte.

2. Die ursprüngliche Didaktik der prophetischen Worte

Das didaktische Kernproblem liegt für die Vermittlung der prophetischen Botschaft nicht in der Berufung auf religiöse Erlebnisse, die den Adressaten unzugänglich blieben, sondern darin, daß sie selbstverständlich gewordene gesellschaftliche Verhaltensweisen in Frage stellen. Sie kämpfen gegen eine selbstverschuldete Blindheit, gegen die Verstrickungen einer Gesellschaft, die ihre Existenz auf einen unausgesprochenen, aber tief verwurzelten menschenverachtenden Konsens gründet. Dabei ist ihre Botschaft im Grunde ganz einfach und einleuchtend, doch sie muß Barrieren des Unverständnisses durchbrechen, die unüberwindlich erscheinen. So greifen die Propheten zu immer drastischeren Formen der Anrede und überschreiten mit aufsehenerregenden Demonstrationen die Grenzen einer nur verbalen Ansprache.

Darin aber liegt auch der Grund für geläufige Mißverständnisse im Umgang mit den überlieferten prophetischen Texten. In der drastisch überzogenen Darstellung der verborgenen Unmenschlichkeit ihrer Gesellschaft die eigene Wirklichkeit wiederzuerkennen ist eine Zumutung, der jede Generation gern ausweicht. Die einfachste Möglichkeit auszuweichen ist der Rekurs auf die „ursprünglichen" Adressaten, das biblische Israel, das so unter der Hand zu einer Gesellschaft manifester Unmenschlichkeit verzeichnet wird. Bei diesem Umgang werden nicht nur die alttestamentlichen Prophetenworte, sondern auch prophetische gesellschaftskritische Worte Jesu zu einer Bestätigung antijüdischer Vorurteile, und sie verlieren, aus solcher Distanz betrachtet, die Wirkung, um derentwillen sie gesprochen sind: die verschleierte Ungerechtigkeit beim Namen zu nennen und ihre verdrängten Konsequenzen wieder bewußt zu machen.

Insofern kommt mit dem direkten Verstehen prophetischer Worte aus dem jeweiligen gesellschaftlichen Kontext, wie es nach den Erfahrungen der Befreiungstheologie und der Basisgruppen und -gemeinden nun auch im Konziliaren Prozeß geübt wird, die eigene Didaktik prophetischer Rede tatsächlich wieder zum Zuge. Die sozialgeschichtliche Exegese, die die Analogie der von den biblischen Propheten angeprangerten gesellschaftlichen, insbesondere wirtschaftlichen Strukturen zu den Unrechts- und Unterdrückungsstrukturen der heutigen Weltgesellschaft zeigt, hat diesen kontextuellen Umgang mit prophetischen Worten nicht hervorgerufen, ihn aber auf eine wissenschaftlich diskutable Basis gestellt (Albertz; Duchrow). Daß die Kritik der biblischen Propheten am Götzendienst und an dessen tödlichen Konsequenzen auch an den Strukturen der modernen Massengesellschaft nicht vorbeigeht, haben überzeugend und mit erheblicher Öffentlichkeitswirkung die Kernwaffendenkschrift der Niederländisch-Reformierten Kirche (1968; *Kirche und Kernbewaffnung*) und der Glaubensbrief über die Wirtschaft von christlichen Gruppen und Organisationen aus den Niederlanden (1995; *Die Kehrseite der Medaille*) gezeigt.

3. Probleme der Rezeption prophetischer Worte

Eine unterrichtliche oder homiletische Erschließung prophetischer Texte wird deshalb sachgemäß nicht bei der historischen Distanz ansetzen können, sondern auf das heute nachdrücklicher denn je Einleuchtende der prophetischen Botschaft selbst setzen. Angelpunkt des Verstehensprozesses ist dabei die produktive Spannung zwischen der polemischen Überzeichnung der Verhältnisse in den Worten der Propheten und der vor Augen liegenden Wirklichkeit. Die Propheten beschreiben nicht, sondern decken auf, was eigentlich geschieht, und aus dieser produktiven Spannung zwischen der prophetisch überschärften Darstellung und der vor Augen liegenden Wirklichkeit ergeben sich die Impulse, die zu einem genaueren und tieferen Verstehen sowohl der gesellschaftlichen Realität als auch der prophetischen Intentionen führen.

Maßgebend für den Umgang mit prophetischen Texten ist zumal im Unterricht das Verständnis der prophetischen Inspiration: Die Botschaft der Propheten kommt nicht aus einer unkontrollierbaren Eingebung, sondern aus geschärfter Wahrnehmung, die sie anderen vermitteln wollen. Sie reden öffentlich, um auch anderen für das, was sie schauen, die Augen zu öffnen. Sie bieten alles auf, um damit zu überzeugen; sie fordern nicht blinden Glauben an die Autorität ihrer Botschaft, sondern genaueres Hinschauen und eigenes Wahrnehmen.

Nur in dieser Intention lassen sich prophetische Texte im Unterricht pädagogisch verantwortlich erschließen; ein autoritäres Verständnis des prophetischen Wortempfanges setzt auch im Unterricht und in der Predigt autoritäre Strukturen voraus. Entscheidend ist dafür das Verständnis der „Botenformel". Sie behauptet nicht eine nicht mehr hinterfragbare, übernatürliche Herkunft der Botschaft, die ihr jede Evidenz nähme, sondern unterstreicht ihre Dringlichkeit und Verständlichkeit: Jede und jeder könnte hören und begreifen, was Gott jetzt hier redet. Alle späteren Versuche, den prophetischen Wortempfang als etwas unvergleichbar Einzigartiges herauszustellen, entschärfen diesen Anspruch.

Heilsgeschichtliche Systematisierungen des prophetischen Wirkens, nach denen das Volk durch eigene Schuld ins Gericht gerät, von den Propheten gerügt und nach erfahrener Strafe und Demütigung durch den Trost der Heilsprophetie wieder aufgerichtet wird, finden sich schon in der Bibel, sind aber unserer politischen Erfahrung nicht mehr kompatibel. Die Konsequenzen der Schuld treffen heute offensichtlich nicht die Schuldigen; die Verursacher ökologischer, sozialer, insbesondere auch kriegerischer Zerstörung werden in aller Regel nicht selbst zu Opfern, sondern im Gegenteil: sie suchen und finden darin ihren Gewinn. Für eine Menschheit am Rande des Abgrundes, die täglich mit fortschreitenden irreparablen Zerstörungen leben muß, spricht die Pädagogik des Scheltens und Drohens, die Ankündigung einer Strafe mit der Verheißung nachfolgender tröstlicher Zuwendung, eine unverständliche Sprache.

Die bis heute wirksame Evidenz der prophetischen Botschaft gründet nicht in ihren heilsgeschichtlichen Voraussagen, sondern in der Unbeirrbarkeit, mit der sie Gerechtigkeit einklagt und damit das Bewußtsein sozialer Ungerechtigkeit und die Sensibilität für Unmenschlichkeit schärft. Ohne diese prophetische Sprache der Gerechtigkeit ist keine glaubwürdige Hoffnung für die Menschheit zu gewinnen. Der scharfsichtige Blick auf die zerstörerische Ungerechtigkeit aber wäre nur lähmend, verbände er sich nicht mit den Visionen einer Gerechtigkeit, die strömen soll wie Wasser, und des umfassenden Friedens, der daraus wächst (Am 5; Jes 11).

4. Neue Erfahrungen mit der Öffentlichkeitswirkung prophetischer Worte

In der sozial bedrängten Situation von Basisgemeinden der Zweidrittelwelt sprachen prophetische Texte, auch die prophetischen Worte Jesu, direkt in den aktuellen Kontext sozialer Unterdrückung hinein; für die Ohren der Betroffenen war die prophetische Anklage unmittelbar evident und die Gerichtsankündigung über die Herrschenden ein Hoffnungspotential (Weber). Im europäischen Kontext waren es vor allen Dingen die Basisgruppen der Friedensbewegung, die für prophetische Worte und Bilder eine neue Aufmerksamkeit in einer breiten Öffentlichkeit herstellten. Zu politischer Wirksamkeit kam dabei insbesondere ein prophetisches Hoffnungswort, die Friedensvision des →Micha „Sie werden ihre Schwerter umschmieden zu Pflugscharen“ (Mi 4,3) und das Gebot der Feindesliebe aus der →Bergpredigt. Das Micha-Wort steht als Bronzestatue vor dem Gebäude der →Vereinten Nationen in New York, ein Geschenk der atheistischen UdSSR, ein Dokument zugleich der Wirkung prophetischer Verheißungen auch in sozialistischen Utopien. Die Friedensbewegung in der damaligen DDR benutzte ein Bild dieser Statue mit der Unterschrift „Schwerter zu Pflugscharen“ als Symbol, das als Aufkleber oder Aufnäher öffentlich getragen wurde, von der Regierung der DDR aber trotz des Bezuges zu der UNO-Plastik als Affront betrachtet und mit harten Repressalien geahndet wurde.

Die starke Wirkung solcher biblischen Prophetenworte zeigt, daß in einem entsprechenden gesellschaftlichen Kontext die prophetische Botschaft auch in der Öffentlichkeit unmittelbar verstanden werden kann. Das galt etwa auch für das Gebot der Feindesliebe, das Günter de Bruyn (geb. 1926) auf dem Berliner Schriftstellerkongreß 1982 als „auch für einen gelernten Marxisten einsichtig für die Menschheit die einzig noch mögliche Überlebensstrategie“ beschrieb. Im Zusammenhang dieser Diskussion wurde die Bergpredigt sogar als „Quelle“ dieses Wortes in der Presse im Wortlaut dokumentiert.

5. Konsequenzen für die Handlungsfelder theologischer Praxis

Daraus ergeben sich neue Möglichkeiten für die Erschließung prophetischer Texte in der Predigt und im Unterricht: Schon Grundschulkindern sind eine ganze Reihe von Worten der Propheten und prophetische Worte Jesu ohne weitere zeitgeschichtliche Erklärungen unmittelbar einleuchtend. Eine der Eigendynamik solcher Worte Raum schaffende biblische Didaktik bietet Kindern und Jugendlichen die Möglichkeit, eine Sprache der →Gerechtigkeit zu erlernen, die ihnen hilft, dem Zwang zur Anpassung an die herrschende Praxis der Ungerechtigkeit zu widersprechen und womöglich zu widerstehen. Eine nachträgliche, ohnehin unwirksame „Vergegenwärtigung" oder „Anwendung" der prophetischen Botschaft auf die gegenwärtige Wirklichkeit erübrigt sich bei diesem Ansatz, auch für die Predigt.

Gerade heutigen Kindern hat die Botschaft der Propheten anderes zu sagen als das Schelten und Drohen mit der Ankündigung des unabänderlichen Gerichts eines allmächtigen Gottes. Jeden Tag begegnen den Kindern wie auch uns multimedial aufbereitete Botschaften, die den katastrophalen Prozeß der Zerstörung unserer Erde durch Ungerechtigkeit, Kriege und Vernichtung von Lebensraum präsentieren. Diese Botschaften, wenn sie uns überhaupt noch erreichen, klagen an und demonstrieren uns, wie schlecht der Mensch und wie unausweichlich die Katastrophe ist, die er mit seinem Tun verursacht. Diese Meldungen sind nur lähmend; sie erzeugen Resignation angesichts der Katastrophe. Aber was ist das für eine Einsicht: daß der Mensch das Gute ja gar nicht wolle? „Wenn es uns gelingen sollte, ein Kind davon zu durchdringen, daß es nicht will, und daß der Mensch nicht will, welche Zerstörung hätten wir dann angerichtet", schreibt M. Langeveld ([1955] 27) und verdeutlicht, wie wir durch diese Botschaften eigentlich zu Partnern der Katastrophe werden.

Die Propheten aber sprechen anders von der Katastrophe, die sie heraufziehen sehen: Die Leidenschaft, aus der sie reden, ist die der Hoffnung auf Gerechtigkeit. Ihre Anklage sozialer Mißstände, ihr Widerspruch gegen die ausbeutende Dynamik des Reichtums und gegen die Gleichgültigkeit gegenüber der wachsenden Armut ist nicht zu trennen von der Hoffnung auf eine Welt, in der „das Recht strömt wie Wasser und die Gerechtigkeit wie ein nie versiegender Bach" (Am 5,24), in der „es nicht dunkel bleibt über denen, die in Angst sind" (Jes 9,2), in der „Traurige getröstet" und „Hungernde satt" werden und endlich „den Sanftmütigen die Erde gehört" (Mt 5,5).

Diese Hoffnung steht nicht wie die Botschaft der falschen Propheten im Dienste eines beschwichtigenden Optimismus; sie schärft den Blick für das, was der Gerechtigkeit, dem Frieden und der Bewahrung der Schöpfung im Weg steht. Sie entlarvt die Gleichgültigkeit einer Gesellschaft, die das Unmenschliche zur Gewohnheit werden läßt, die gelernt hat, das Ungeheuerliche als gegeben hinzunehmen und sich so in der Katastrophe einrichtet. Gerade so aber sprechen die Worte der Propheten unmittelbar, ohne zeitgeschichtliche Erklärungen oder andere Umwege in unsere Gegenwart. Sie erhalten wachsende Evidenz in einem gesellschaftlichen Kontext, in dem die Notwendigkeit des Widerstands gegen die Selbstverständlichkeit struktureller Gewalt zur Überlebensfrage wird. Darum muß die Sprache der Propheten so eindringlich sein: „Sie verkaufen den Unschuldigen für Geld und den Armen für ein paar Schuhe. Sie treten nach dem Kopf der Kleinen und drängen die Schwachen beiseite" (Am 8,6). Diese Anklage gilt nicht einer kleinen kriminellen Oberschicht des Alten Orients; sie gilt einer entsolidarisierten Gesellschaft, in der die Armen immer ärmer, die Reichen aber um so reicher werden. Die Worte des →Amos lassen die gleiche todbringende Struktur erkennen, die sich heute hinter den gesellschaftlich anerkannten Weltwirtschaftsstrategien der Verzinsung und Verschuldung, des Wachstums und der Gewinnmaximierung verstecken. Sie offenbaren, wie zwangsläufig diese Struktur Tod und Vernichtung über die Erde bringt. Mit ihrem Widerspruch dagegen berufen sie sich auf die Parteinahme Gottes für die Kleinen und Schwachen in der Gesellschaft.

Diese Anklage der Propheten kann nicht mehr als pädagogisch gemeintes Schelten verstanden werden; sie ist eine scharfsichtige gesellschaftliche Analyse, und die Ankündigung der Katastrophe ist keine Drohung, auch nicht Klage über ein unabänderliches Schicksal, sondern eine genaue Beschreibung der zwangsläufig sich einstellenden, in Ansätzen schon erkennbaren katastrophalen Folgen der Ungerechtigkeit. Ihre Botschaft soll im Angesicht der heraufziehenden Katastrophe die Augen und Ohren der Zuhörer öffnen, doch dabei erfahren sie auch die Ohnmacht des argumentierenden Wortes: „Hört ihr denn nicht, seht ihr denn nicht?" Ihre Worte zielen letztlich auf Veränderung und Umkehr zum Leben (Am 5,4.14; vgl. Duchrow 144.220ff.). Den Bildern von Tod und

Zerstörung setzen sie ihre Vision von einem Leben in Gerechtigkeit, Frieden und Solidarität entgegen. Es ist eine Hoffnung, die nicht blind läßt und über die Katastrophe nicht hinwegtäuscht, sondern die Zerstörung auch der Grundfesten (Ps 11,3) in aller Schärfe wahrnimmt. Kann anders überhaupt eine widerstandsfähige Hoffnung wachsen?

So erweisen sich die Worte der Propheten nicht nur als unmittelbar evident, sondern als lebensnotwendig in der Arbeit an den Überlebensfragen der Menschheit. Hier entfalten sie ihre Stärke, ermutigen zum Widerstand und immunisieren gegen die Hoffnungslosigkeit. Diese Lernchancen wahrzunehmen, nicht eine historisierend distanzierende Betrachtung, ist die Aufgabe von Predigt und Unterricht.

Literatur

Rainer Albertz, Religionsgesch. Israels in atl. Zeit, 1992 (GAT 8). – Ingo Baldermann, Die Bibel – Buch des Lernens. Grundzüge bibl. Didaktik, Göttingen 1980. – Ders., Der Gott des Friedens u. die Götter der Macht. Bibl. Alternativen, 1983 (WdL 1). – Ulrich Duchrow, Alternativen zur kapitalistischen Weltwirtschaft. Bibl. Erinnerung u. politische Ansätze zur Überwindung einer lebensbedrohenden Ökonomie, Gütersloh 1994. – Norbert Greinacher, Was wollen die Theologen der Befreiung zum Ausdruck bringen?: ders. (Hg.), Leidenschaft f. die Armen. Die Theol. der Befreiung, München 1990, 155–161. – Die Kehrseite der Medaille. Ein Glaubensbrief über die Wirtschaft, v. christl. Gruppen u. Organisationen aus den Niederlanden, hg. u. übers. v. Hans Diefenbacher, Heidelberg 1995. – Martinus J. Langeveld, Das Kind u. der Glaube, Braunschweig 1955 ²1964. – Kirche u. Kernbewaffnung. Materialien f. ein neues Gespräch über die christl. Friedensverantwortung. Als Handreichung vorgelegt v. der Generalsynode der Nederlandse Hervormde Kerk, hg. u. übers. v. Hans U. Kirchhoff, Neukirchen-Vluyn ⁴1983 (Grenzgespräche 8). – Hans Ruedi Weber, Experiments with Bible Study, Genf 1981. – Wirtschaftliche Gerechtigkeit f. alle [1985]. Kath. Soziallehre u. amerik. Wirtschaft. Pastoralbrief der amerik. Bischofskonferenz, hg. v. Heinrich B. Streithofen, Bonn 1987.

Folker Albrecht/Ingo Baldermann

Prophetenleben →Pseudepigraphen des Alten Testaments

Prosa, *Alttestamentliche*

1. Das Interesse an der Prosa 2. Poesie und Prosa 3. Merkmale der Prosa (Literatur S. 520)

1. Das Interesse an der Prosa

„Prosa" (von lateinisch *prorsa oratio*, „geradeaus gerichtete, schlichte Redeweise") ist das unmarkierte Glied des Oppositionspaares „Prosa – Poesie". In den meisten einschlägigen Arbeiten zum Alten Testament wird denn auch „Prosa" als Restgröße behandelt, d.h. eher im Subtraktionsverfahren definiert: Zur Prosa gehört alles, was nicht →Poesie ist. Symptomatisch für solche negative Definition ist das Fehlen von „Prosa" in Glossaren und Registern sowie in stilistischen Lexika. Natürlich gibt es Ausnahmen, z.B. das Kapitel „Prosa" bei G. Fohrer (41–43). Häufig wird in der Literatur die Unterscheidung „Prosa – Poesie" ohne Nennung von Kriterien fraglos vorausgesetzt, oft in Übernahme der graphischen Anordnung der *Biblia Hebraica*, die jedoch mit den alten Handschriften nicht übereinstimmt (vgl. Wonneberger 21f.).

Verstärkte Aufmerksamkeit fand die Prosa durch literaturwissenschaftliche (und neuerdings textlinguistische) Fragestellungen. Angeregt vor allem durch J.G. →Herder, der auch die hebräischen Erzählungen in seine stilistischen Betrachtungen einbezog, übernahm H. →Gunkel literaturwissenschaftliche Methoden in die alttestamentliche Wissenschaft (vgl. TRE 9,465,20ff.; Richter, Exegese 22f.). „Eine wissenschaftlich konsequente, methodisch reflektierte und systematisch präsentierte Anwendung literaturwissenschaftlicher Kategorien leistete erstmals W. Richter" (Seidl 27), und zwar im Anschluß an Gunkel (und nicht, wie in TRE 14,299,27f. ohne Nennung Richters behauptet, „in Unkenntnis des hier schon Geleisteten"). Der literaturwissenschaftliche Ansatz hat die Fragestellung in zweierlei Hinsicht verändert:

1.1. Prosa als Prosa. Die deskriptive Methode der Literaturwissenschaft hat den Vorteil, daß sie weniger interessegeleitet ist. Im Gefolge des seit Solon belegten Vorurteils „gar vieles erlügen die Dichter" war die Poesie nicht nur im muslimischen Bereich (vgl. az-Zuʿbī) verdächtig, auch in der christlichen →Apologetik war die Prosa wegen ihrer größeren Wahrheitsnähe gefragt. Als Kehrseite dieses apologetischen Interesses kann die zum Teil bis in die Gegenwart herrschende Engführung gelten, „die ganze biblische Poesie auf eine lehrhafte Veranschaulichung abstrakter Wahrheiten zurückzuführen" (Alonso Schökel, Sprache 115). Auf der anderen Seite gilt etwa in der Propheten-Forschung Prosa als Merkmal für nicht-authentische Texte (zu Jeremia vgl. Seybold 11). Dies zeigt zur Genüge, daß sich das Problem der fiktionalen Texte nicht auf die Poesie beschränken läßt (vgl. Vanoni, Sturmstillung 254f.; vgl. auch die Unterscheidung zwischen „poetischen und historischen Erzählungen" bei Eißfeldt 42–75). Ähnliches gilt für weitere Fragen, die zunächst an die Poesie herangetragen wurden (Stilistik etc.; s.u. 3.2.). Demgegenüber schärft das induktive Verfahren der Literaturwissenschaft den Blick für die Eigengestalt der alttestamentlichen Prosaformen.

1.2. Prosa als Text. Deskriptive Literaturwissenschaft setzt beim literarischen Werk voraus, „daß dieses nicht völlig ungeformt sei, sondern Strukturen erkennen lasse" (Richter, Exegese 29). Entsprechende Beschreibungsprozeduren liefert die strukturale Linguistik, die jedoch innerhalb der Hebraistik erheblich zurückgeblieben war. So ist die Hinwendung zur Grundlagenforschung vor allem bei W. Richter und seinem Kreis zu verstehen (vgl. Seidl 32ff.). Besonders zu nennen sind Richters „Grundlagen einer althebräischen Grammatik", die nicht auf einer höheren Ebene (etwa dem Satz wie bei Andersen) einsetzen, sondern – ausgehend von einem Prosa-Textkorpus (Thronfolgegeschichte) – alle Ebenen der Sprache beschreiben. Eine Satzsyntax steht freilich wegen der Komplexität des Gegenstandes noch aus. Einstweilen führen Einzelanalysen weiter, die sich neben syntaktischen Fragen weiteren Bereichen von Texten (Semantik, Pragmatik etc.) widmen.

Angesichts der Fülle von Fragestellungen ist die folgende Darstellung notwendigerweise selektiv sowohl in bezug auf die Themen (Schwerpunkt: Forschungsdefizite) als auch auf die exemplarisch zu verstehenden Literaturhinweise; ergänzend sind zu vergleichen die Artikel →Bibelwissenschaft I/2; →Einleitungswissenschaft I; →Formgeschichte/Formenkritik I; →Hebräisch I; →Literaturgeschichte, Biblische I; →Poesie, Biblische I.

2. Poesie und Prosa

Die Auffassungen von Prosa bewegen sich zwischen zwei Extremen: Prosa hat keine bestimmte Form (vgl. Kaiser 291: „Poesie ... unterscheidet sich von der Prosa dadurch, daß die Aussage einer bestimmten Form unterworfen ist"). Und: Die Unterscheidung von Prosa und Poesie ist fragwürdig (vor allem in der „Kampen School" vertreten, z.B. Kim; vgl. dagegen Groß, Besprechung 76). Dazwischen findet sich eine ganze Palette von Standpunkten, die allesamt die Crux einer Prosa-Definition beweisen. Beinahe alles, was als typisch poetisch ausgegeben wurde (vgl. Alonso Schökel, Art. Poésie), findet sich auch in Prosa (s.u. 3.; zur Problematisierung vgl. Watson 44–60).

Daß auch der sog. Parallelismus kein eindeutiges Merkmal für Poesie ist, zeigen Prosa-Beispiele (vgl. nur Gen 21,1; 22,12). Der Parallelismus findet sich auch in der zur Prosa zu rechnenden Ein-Satz-Textsorte (vgl. Werlich 90ff.) des Sprichworts (→Proverbia). Nichts spricht dafür, die binäre Struktur von Sprichwörtern in jedem Fall auf Bearbeitung zurückzuführen (vgl. Vanoni, Volkssprichwort 92 [Lit.]). Natürlich kann in der Sprichwort-Sammlung der Übergang zur poetischen Ausformung erfolgen. Doch ist sorgfältige sprachliche Gestaltung bereits für das Volkssprichwort belegt (vgl. auch

Westermann), weshalb eine Einordnung als Kunstprosa nicht erfordert ist. Zur Kunstprosa zu zählen sind hingegen vor allem rhetorische Texte (für Dtn 4 vgl. Braulik).

Trotz der Probleme des Übergangs zwischen Prosa (inklusive Kunstprosa) und Poesie kann es sich nicht bloß um einen Quantitäts- bzw. Skalierungsunterschied handeln (gegen Kugel 87; ähnlich Alonso Schökel, Art. Poésie 56). Es läßt sich ein qualitativer Unterschied festmachen, der eine – wenn auch restriktive – Prosa-Definition ermöglicht: „language without the numerical regulation of verse" (Waltke/O'Connor 693; ähnlich Irsigler, Art. Hebräisch 74: nicht „stichometrisch gebunden"). Indirekt setzt diese Definition auch W.T. Cloete voraus, wenn er „Poesie" zugunsten von „Vers" vermeidet. Es bleibt anzumerken, daß poetische Merkmale innerhalb von Prosa nicht erst im Gefolge der Totalinterpretation (Weiss; Kugel etc.) festgestellt wurden (zu Gen 1; 23; Ex 7–10 u.a. vgl. schon De Wette 152).

3. Merkmale der Prosa

3.1. Syntax. Oft wird betont, Prosa folge anderen grammatischen Formzwängen als Poesie (z.B. Groß, Partizip 24). Der Titel einer germanistischen Arbeit (nicht jedoch deren Methode!) kann andeuten, was die syntaktische Besonderheit der althebräischen Prosa ausmacht: „die Syntax als Metrik der Prosa" (Ruprecht). Der Versbau der Poesie kann Kohärenzfaktoren der Prosa kompensieren; umgekehrt formuliert: Wo in der Poesie die Stichometrie für Textkohärenz sorgt, regiert in der Prosa eine „strengere" Satzsyntax. Hierher gehört die häufigere Setzung des Artikels (bei einer vergleichbaren Textmasse von je rund 20.000 Wörtern stehen in der Genesis ca. 1.800, in den Psalmen ca. 800 Belege; fraglich die sprachgeschichtliche Einstufung des Unterschiedes bei Jenni 73) und der Relativpartikel *'ᵃšær* (Gen: ca. 350, Ps: ca. 100). Ähnlich gibt es für das außerhalb des Althebräischen kaum belegte Phänomen der Negationstilgung in Hauptsätzen (z.B. Ps 121,6) fast keine sicheren Prosabeispiele. Charakteristisch ist auch die Verteilung der Fälle von Inkongruenz. Während singularisches Prädikat vor mehrteiligem Subjekt in Prosa vorherrscht, scheint singularisches Prädikat nach rekurrenten Subjekt-Wortgruppen in Poesie zu überwiegen (Levi 23–53.58–96). Für Tilgungsphänomene im Bereich der Verbvalenzen (vgl. Vanoni, Fragen) und Ersparungskonstruktionen im Bereich der Großsatzformen (vgl. Irsigler, Großsatzformen) fehlen bisher vergleichende Untersuchungen. Überhaupt bleiben viele Fragen offen, solange zu den auf die Prosa beschränkten Spezialuntersuchungen (Groß, Partizip; Kuhr; Nyberg; Thorion-Varda etc.) nicht entsprechende Gegenuntersuchungen der Poesie vorliegen. Neben Spezialuntersuchungen zu syntaktischen Einzelfragen sind weitere flächige strukturale Beschreibungen von einzelnen Prosatexten gefragt (vgl. Floß; Riepl). Für die folgenden Abschnitte gelten analoge Desiderate.

3.2. Stilistik. Sicher in den Bereich der Stilistik gehören Fragen der lautlichen Formung (Ornamentik). Auch in Prosa haben Alliteration, Assonanz, Paronomasie, Wortwiederholung (Leitwörter), Rhythmus ihre Funktion: Gliederung, Betonung etc. (für Jona vgl. Vanoni, Buch 97–103). Nur begrenzt in den Bereich der Stilistik gehören Fragen der Satzteilfolge, da zunächst die syntaktischen Verhältnisse zu bestimmen sind (vgl. Groß, Vorfeld; für den Spezialfall der Pendenskonstruktion und deren unterschiedliche stilistische Wirkungen in Poesie und Prosa vgl. Groß, Pendenskonstruktion, besonders 190ff.).

3.3. Textgrammatik. Textlinguistische Fragestellungen werden vor allem die Erzähltextanalyse befruchten (vgl. Sternberg; Hardmeier; Lux). Ein direkter Anschluß einer Prosa-Textsyntax an H. Weinrichs Unterscheidung von „erzählter und besprochener Welt" (etwa durch Niccacci, Sintassi) ist dagegen schwer verifizierbar (zu den Schwierigkeiten vgl. Bartelmus 197ff.). Als besonderes Kennzeichen der althebräischen Prosa bleibt ihre Gliederung durch narrative Redeeinleitungssätze zu nennen (vgl. Groß, Besprechung 99; Meier). Narrative Redeeinleitungen allein sind jedoch auch in der Poesie belegt (356 Belege in der Genesis gegenüber 97 in den Psalmen). Typisch für Prosa sind schließlich auch (längere!) Narrativ-Reihen.

3.4. Sprechakttheorie. Erfolgversprechend wird die Rezeption der Sprechakttheorie in der Exegese, wenn die Ergebnisse von Syntax und Semantik integriert werden. An poetischen Texten wurde dies mit Gewinn erprobt (Irsigler, Psalm-Rede), für die Prosa stehen Untersuchungen aus (Ansätze bei Riepl 157–163).

3.5. Prosagattungen. Textlinguistische Fragestellungen ließen die Gattungsdiskussion etwas in den Hintergrund treten. Ganz wird man auf die Frage nach typischen Strukturmustern nicht verzichten können. Der struktural orientierte Ansatz der Literaturwissenschaft (Theorie: Richter, Exegese 125ff.; Beispiele: Ohler) bleibt ausbaufähig.

Literatur

Luis Alonso Schökel, Sprache Gottes u. der Menschen. Literarische u. sprachpsych. Beobachtungen zur Hl. Schrift, 1968 (KBANT). – Ders., Art. Poésie hébraïque: DBS 8 (1972) 47–90. – Francis I. Andersen, The Hebrew Verbless Clause in the Pentateuch, 1970 (JBL.MS 14). – Rüdiger Bartelmus, Einf. in das bibl. Hebräisch, Zürich 1994. – Georg Braulik, Die Mittel dtn. Rhetorik. Erhoben aus Dtn 4,1–40, 1978 (AnBib 68). – Walter Bühlmann/Karl Scherer, Stilfiguren der Bibel, 1973 (BiBe 10). – Walter T. Cloete, Verse and Prose: JNWSL 14 (1989) 9–15. – Johannes C. de Moor/Wilfred G.E. Watson, Verse in Ancient Near Eastern Prose, 1993 (AOAT 43). – Wilhelm Martin Leberecht De Wette, Lb. der hist.-krit. Einl. in die kanonischen u. apokryphischen Bücher des AT, Berlin 1818 ^{7}1852. – Otto Eißfeldt, Einl. in das AT, Tübingen 1934 ^{3}1964 = 1976. – Mats Eskhult, Studies in Verbal Aspect and Narrative Technique in Biblical Hebrew Prose, 1990 (AUU.SSU 12). – Johannes P. Floß, Kunden oder Kundschafter? Literaturwiss. Unters. zu Jos 2, I 1982 (ATSAT 16) II 1986 (ATSAT 26). – Georg Fohrer, Einl. in das AT (NB v. Ernst Sellin, Einl. in das AT, Heidelberg 1910), Heidelberg ^{10}1965 ^{11}1969. – John B. Gabel/Charles B. Wheeler, The Bible as Literature. An Intr., New York ^{2}1990. – Magda Gohar, Das Verhältnis v. Poesie u. Prosa als literaturphil. Problem, Diss. Bonn 1978. – Walter Groß, Das nicht substantivierte Partizip als Prädikat im Relativsatz hebräischer Prosa: JNWSL 4 (1975) 23–47. – Ders., Otto Rössler u. die Diskussion um das althebräische Verbalsystem: BN 18 (1982) 28–78. – Ders., Die Pendenskonstruktion im Bibl. Hebräisch, 1987 (ATSAT 27). – Ders., Das Vorfeld als strukturell eigenständiger Bereich des hebräischen Verbalsatzes: Syntax (s.u.) 1–24 (Lit.). – Ders., Bespr. zu Kim, Structure: Bib. 76 (1995) 98–101. – Allen R. Guenther, A Diachronic Study of Biblical Hebrew Prose Syntax, Ph.D. Diss. Univ. of Toronto 1978. – Christof Hardmeier, Prophetie im Streit vor dem Untergang Judas, 1990 (BZAW 187). – Johann Gottfried v. Herder, Vom Geist der Ebräischen Poesie, Dessau, I 1782 II 1783. – Hubert Irsigler, Psalm 73 – Monolog eines Weisen. Text, Programm, Struktur, 1984 (ATSAT 20). – Ders., Art. Hebräisch: NBL 2 (1995) 69–81. – Ders., Großsatzformen im Althebräischen u. die syntaktische Struktur der Inschr. des Königs Mescha v. Moab: Syntax (s.u.) 81–121. – Ders., Psalm-Rede als Handlungs-, Wirk- u. Aussageprozeß: Neue Wege der Psalmenforschung. FS Walter Beyerlin, Freiburg 1994, 63–104 (Lit.). – Ernst Jenni, Lb. der hebräischen Sprache des AT, Basel 1978. – Otto Kaiser, Einl. in das AT, Gütersloh 1969 ^{3}1975. – Jichan Kim, The Structure of the Samson Cycle, Kampen 1993. – Arno Kropat, Die Syntax des Autors der Chronik verglichen mit der seiner Quellen, 1909 (BZAW 16). – James L. Kugel, The Idea of Biblical Poetry, New Haven 1981. – Ewald Kuhr, Die Ausdrucksmittel der konjunktionslosen Hypotaxe in der ältesten hebräischen Prosa, 1929 (BSPL 7). – Jaakov Levi, Die Inkongruenz im bibl. Hebräisch, Wiesbaden 1987. – Adolphe Lods, Histoire de la littérature hébraïque et juive depuis les origines jusqu'à la ruine de l'état juif, 1950 (BH 239). – Jurij M. Lotman, Die Struktur literarischer Texte, München ^{2}1981 (UTB 103). – Rüdiger Lux, Jona. Prophet zw. ‚Verweigerung' u. ‚Gehorsam', 1994 (FRLANT 162). – Samuel A. Meier, Speaking of Speaking, 1992 (VT.S 46). – Alviero Niccacci, Sintassi del verbo hebraico nella prosa biblica classica, 1986 (SBFA 23); engl.: The Syntax of the Verb in Classical Hebrew Prose, 1990 (JSOT.S 86). – Ders., Lettura sintattica della prosa ebraico-biblica, 1991 (SBFA 31). – Eduard Norden, Die antike Kunstprosa, 2 Bde., Leipzig 1898 Darmstadt ^{5}1958. – Henrik Samuel Nyberg, Hebreisk Grammatik, Uppsala 1952 Stockholm ^{2}1972. – Annemarie Ohler, Gattungen im AT, Düsseldorf, I 1972 II 1973. – Robert Polzin, Late Biblical Hebrew. Toward a Hist. Typology of Biblical Hebrew Prose, 1976 (HSM 12). – Horst Dietrich Preuß, Linguistik – Literaturwiss. – AT: VF 27 (1982) 2–28 (Lit.). – Hans Rechenmacher, Der Attributsatz. Beobachtungen zur Syntax u. Redetypik, 1995 (ATSAT 46). – Wolfgang Richter, Exegese als Literaturwiss., Göttingen 1971. – Ders., Grundlagen einer althebräischen Grammatik, I 1978 (ATSAT 8) II 1979 (ATSAT 10) III 1980 (ATSAT 13). – Christian Riepl, Sind David u. Saul berechenbar?, 1993 (ATSAT 39). – André Robert/André Feuillet (Hg.), Intr. à la Bible. I. Intr. générale, AT, par P. Auvray u.a., Paris 1957 ^{2}1959; dt.: Einl. in die Hl. Schr. I. Allg. Einleitungsfragen u. AT, Wien 1963. – Robert Ruprecht, Die Syntax als Metrik der Prosa, 1993 (EHS.DS 1380). – Saga, Legend, Tale, Novella, Fable. Narrative Forms in OT Literature, 1985 (JSOT.S 35). – Josef Schreiner, Formen u. Gattungen im AT: ders. (Hg.), Einf. in die Methoden der bibl. Exegese, Würzburg 1971, 194–231. – Harald Schweizer, Metaphorische Grammatik. Wege zur Integration v. Grammatik u. Textinterpretation in der Exegese, 1981 (ATSAT 15). – Ders., Bibl. Texte verstehen. Arbeitsbuch zur Hermeneutik u. Methodik der Bibelinterpretation, Stuttgart 1986. – Theodor Seidl, Die literaturwiss. Methode in der atl. Exegese: MThZ 40 (1989) 27–37 (Lit.). – Klaus Seybold, Der Prophet Jeremia. Leben u. Werk, 1993 (UT 416). – Meir Sternberg, The Poetics of Biblical Narrative, Bloomington 1985. – Syntax u. Text, hg. v. Hubert Irsigler, 1993 (ATSAT 40). – Talia Thorion-Varda, Ultraposition. Die getrennte Apposition in der atl. Prosa, 1987 (JudUm 8). – Gottfried Vanoni, Das Buch Jona. Literar- u. formkrit. Unters., 1978 (ATSAT 7). – Ders., Jesu Sturmstillung u. das Buch Jona: CPB 99 (1986) 252–256. – Ders., Volkssprichwort u. YHWH-Ethos. Beobachtungen zu Spr 15,16: BN 35 (1986) 73–108. – Ders., Fragen der Syntax u. Semantik v. Verbvalenzen im Althebräischen: Syntax (s.o.) 25–47. – Bruce K. Waltke/M. O'Connor, An Intr. to Biblical Hebrew Syntax, Winona Lake 1990. – Wilfred G.E. Watson, Classical Hebrew Poetry. A Guide to its Techniques, 1984 (JSOT.S 26). – Harald Weinrich, Tempus. Besprochene u. erzählte Welt, Stuttgart ^{3}1977. – Meir Weiss, The Bible from Within. The Method of Total Interpretation, Jerusalem 1984. – Egon Werlich, Typologie der Texte, Heidelberg 1975 (UTB 450). – Claus Westermann, Wurzeln der Weisheit. Die ältesten Sprüche Israels u. anderer Völker, Göttingen 1990. – Reinhard Wonneberger, Leitfaden zur BHS, Göttingen 1984. – Ziyad al-Ramadan az-Zuʿbī, Das Verhältnis v. Poesie u. Prosa in der arab. Literaturtheorie des MA, Berlin 1987 (IKU 123).

Gottfried Vanoni

Proselyten/Proselytentaufe

(Literatur S. 524)

Das Gesetz der Tora sieht nicht vor, daß außerhalb des Bundesvolkes Geborene in dieses eintreten. Das ist eine der Grundvorstellungen hinter den häufigen, strikten Verboten der Mischehe. In vorexilischen Texten bezeichnet das Wort *ger*, das später „Proselyt" bedeuten sollte, jeden Fremden, der in einem Land und einer Gesellschaft wohnt, die nicht die seine ist, besonders einen Nicht-Israeliten, der im Land und unter dem Volk Israel wohnt. Eine solche Person hatte Anspruch auf umfangreichen rechtlichen Schutz, doch gab es kein Verfahren, solche *gerim* in die Struktur der israelitischen Gesellschaft einzugliedern. Es ist natürlich wahrscheinlich, daß in einem früheren Stadium, als die israelitische Ansiedlung in Kanaan noch im Gange war, zahlreiche Einzelpersonen und Gruppen nicht-israelitischer Herkunft in der noch beweglichen Sammlung israelitischer Stämme aufgingen und zu „einheimischen" Elementen der entstehenden Nation wurden (s. Ex 12,38; Num 11,4); doch das Gesetz in seiner späteren Formulierung nahm diese Tatsache nicht zur Kenntnis.

In der ersten Hälfte der Zeit des Zweiten Tempels scheint der Eintritt in die Gemeinschaft durch freie individuelle Wahl eine Möglichkeit geworden zu sein. Den Leuten der Zeit →Esras wurde offenbar keine solche Möglichkeit geboten; sie waren gezwungen, ihre fremdgeborenen Frauen, vielleicht zusammen mit den ihnen geborenen Kindern, fortzuschicken (Esr 9,1–10,44; s.a. III Esr 9,36); die Absicht des Buches →Ruth scheint dagegen zu sein, eine solche Möglichkeit als legitim zu erweisen. Es ist keine Nachricht erhalten, die das Vorgehen bzw. die Erfordernisse erhellt, womit solche neuen Mitglieder in dieser frühen Zeit zugelassen wurden; auch der genaue Rechtsstatus der „Fremden, die sich dem Herrn angeschlossen haben" (Jes 56,3.6), ist unbekannt.

Im frühen nachbiblischen Judentum ist das beachtliche Wachstum der hellenistischen →Diaspora kaum durch natürliche Vermehrung zu erklären. Alles deutet darauf hin, daß viele Mitglieder jüdischer Gemeinden in der hellenistischen Welt nicht als Juden geboren wurden oder zumindest nicht jüdischer Abstammung waren. Verstreute Hinweise in der klassischen Literatur und vor allem Mt 23,15 implizieren, daß zumindest manche Juden energisch neue Mitglieder warben; gewisse jüdische Schriften aus dieser

Zeit wie →Joseph und Aseneth, das ein Idealbild des Proselyten zeichnet, legen denselben Schluß nahe. Für V. Tcherikover und andere galt die ganze jüdisch-hellenistische Literatur einem jüdischen Publikum; ebenso plausibel ist, daß ein gut Teil dieser Literatur jüdischer Missionstätigkeit in der Diaspora diente. Auch hinsichtlich der Werke →Philos bleibt dies eine offene Frage.

Um ihr vergrößertes Reich zu festigen und die Einkünfte des Tempels zu steigern, dehnten einige hasmonäische Hohepriester und Könige Judäas jüdisches Recht gewaltsam auf Gebiete aus, die sie unterworfen hatten (z.B. Idumäa, Ituräa, vielleicht Galiläa). Die Bewohner dieser Gebiete, nicht Proselyten im üblichen Sinn und sicher nicht „Konvertiten" auf eigenen Wunsch, wurden voll in das jüdische Volk integriert, und besonders Galiläa nahm an späteren religiösen und politischen Entwicklungen eifrig teil.

Mehrere Jahrzehnte vor der Zerstörung Jerusalems nahm das Königshaus von Adiabene (Mesopotamien) formell das Judentum an; es wurde ein großzügiger Förderer des Tempels und unterstützte aktiv den Aufstand gegen Rom. Es ist schwer, zwischen religiösen und politischen Motiven dieser Konversion zu unterscheiden; dasselbe gilt, etwa sieben Jahrhunderte später, von der ähnlichen Konversion der Herrscher der Khazaren, die an der Wolga zwischen Schwarzem und Kaspischem Meer lebten.

Belege aus römischer Zeit lassen annehmen, daß viele jüdische Gemeinden verschiedene Grade teilweiser Konversion formell anerkannten. Die „Gottesfürchtigen" (*φοβούμενοι* [oder *σεβόμενοι*] *τὸν θεόν*, *metuentes deum*; s. z.B. Act 10,22; 16,14; 18,7; Josephus, Ant XIV,110) verpflichteten sich offenbar, gewisse jüdische Bräuche einzuhalten, nicht aber den vollen Umfang des Gesetzes, und erhielten dafür eine anerkannte Rolle im Leben der Gemeinde. A.T. Kraabel hat geleugnet, daß eine solche Gruppe am Rand der jüdischen Gemeinde formell überhaupt existierte, doch sprechen erhaltene Informationen dafür (besonders eine Inschrift von Aphrodisias mit mehreren Listen jüdischer Namen, darunter eine, die mit „Gottesfürchtige" [*θεοσεβεῖς*] überschrieben ist). Juvenal (sat. XIV,96–106) legt nahe, daß viele solcher Halbjuden ihre Kinder als Vollmitglieder der jüdischen Gemeinde aufzogen. Doch MekhSh 51 (= MekhY Beshallah 1) zu Ex 14,7 zeigt, daß nicht alle Rabbinen mit solchen Leuten glücklich waren oder ihnen voll trauten. Tatsächlich ist im talmudischen Gesetz, wie es später kodifiziert wurde (zusammengefaßt im wohl nachtalmudischen Traktat *Gerim*), kein Platz für solche Halbjuden. Bei den Römern hielt das heidnische Interesse am Judentum an, auch in hohen Kreisen, manchmal sogar in der kaiserlichen Familie. Laut Dio Cassius (67,14) wurde Flavius Clemens, ein Vetter von Titus und Domitian, unter letzterem wegen „Atheismus" hingerichtet, weil er das Judentum angenommen hatte. Die Befreiung der Juden von der Pflicht, dem Kaiser zu opfern, galt strenggenommen nicht für Proselyten; nach dem 2. Jh. reduzierten weitere gesetzliche Einschränkungen noch mehr die Möglichkeit, Konvertiten anzuziehen. Zuerst schränkte Hadrian die Erlaubnis der →Beschneidung auf jüdisch geborene Kinder ein, und mit der Christianisierung des Reiches wurde die Konversion von Christen zum Judentum ein Kapitalverbrechen für die Konvertiten wie auch für jene, die sie zur Konversion ermuntert hatten. Unter diesen neuen Umständen gaben die Juden unter rabbinischer Führung die Missionstätigkeit praktisch auf; nach rabbinischem Verfahren mußte das jüdische Gericht versuchen, jeden an der Konversion zum Judentum Interessierten davon abzuhalten (bYev 47a; doch vgl. WaR 2,9). Man kann nur mutmaßen, ob dieser Widerstand gegen Konversionen reine Reaktion auf solchen Druck war oder auch aus der Erfahrung mit unaufrichtigen, bösartigen oder wieder abgefallenen Konvertiten erwuchs (s. Josephus, Ap II,123; bAZ 3b; Nid 13b; ShemR 42,6 usw.) oder in verstärkter Betonung des ethnischen Charakters jüdischer Identität wurzelte.

Konversionen zum Judentum kamen im ganzen Mittelalter vor (z.B. der Diakon Bodo im 9. Jh., Erzbischof Andreas von Bari und der normannische Mönch Johannes/Obadja im 11. Jh.), blieben aber aus den genannten Gründen sehr selten. Zu einem Wandel kam es erst durch moderne Entwicklungen. Seit der Emanzipation fallen zunehmend soziale Schranken gegen eine Ehe zwischen Juden und Nichtjuden, von denen viele, wenn sie Juden heiraten, auch in öffentlicher Form der jüdischen Gemeinschaft beitreten wollen; mit zunehmender Vermeidung rassischer Denkweisen widersetzt man sich auch immer mehr der Vorstellung, daß authentisches Judentum eine vererbte Eigenschaft sei. Traditioneller jüdischer Widerstand gegen Proselytenwerbung wurde in der modernen Welt oft damit gerechtfertigt, daß Religion eine private Entscheidung sei und man die Privatsphäre anderer nicht durch Bekehrungsversuche stören solle. Juden haben daraus allgemein gefolgert, daß auch sie das Werben um Proselyten vermeiden sollten. Dieses Argument wird jedoch im Kontext einer Gesellschaft viel schwächer, in der es durch die steigende Säkularisierung immer mehr Personen ohne jede religiöse Zugehörigkeit gibt. Ein Führer des Reformjudentums in den USA hat zu aktiver Missionierung der kirchlich Ungebundenen („unchurched") aufgerufen; organisierte Anstrengungen in dieser Richtung sind jedoch nicht erfolgt. Außerhalb der Welt des orthodoxen Judentums hat es dagegen größere Bemühungen gegeben, nichtjüdische Ehepartner von Juden aktiver in das jüdische Leben einzubinden.

Wie schon festgestellt, gibt es wenige frühe Nachrichten, nach welchen Regeln neue Mitglieder in die jüdische Gemeinde eingeführt und wie sie in den ziemlich komplizierten Gesetzen, die jüdisches Leben bestimmen, unterwiesen wurden. In seiner Erzählung über die Konversion des Königshauses von Adiabene (Josephus, Ant XX,38–46) impliziert Josephus, daß eine Vollkonversion männlicher Personen zum Judentum im allgemeinen die Beschneidung erfordert, aber auch, daß man unter besonderen Umständen darauf verzichten könne. Nach späterem rabbinischem Gesetz umfaßte das Verfahren bei der Konversion drei Schritte: Beschneidung, rituelles Tauchbad und Darbringung eines Opfers (SifBam 108; bKer 9a). Nach 70 n. Chr. mußte die dritte Forderung suspendiert werden, und die erste galt natürlich immer schon nur für männliche Personen. Außerdem erwartet der Talmud, daß Motive und Vorbereitung von Konversionskandidaten vom rabbinischen Gericht untersucht würden; nicht klar ist jedoch, wie man vorgehen sollte, wenn jemand behauptete, das korrekte Verfahren eingehalten zu haben, wenn auch ohne Aufsicht des Gerichts (bYev 47a). Konvertiten galten als Volljuden in praktisch jeder Beziehung, lange bevor sie das ganze jüdische Gesetz kennen, geschweige denn erfüllen konnten (ebd.); doch war es nicht erlaubt, das Judentum unter der Bedingung anzunehmen, daß man sich an gewisse Vorschriften der Tora nicht halten werde (bBekh 30b; Sifra Qedoshim 8,3). Wenn Paulus sagt (Gal 5,3), daß jemand, der die Beschneidung annimmt, das ganze Gesetz erfüllen müsse, stimmt das mit der späteren talmudischen Vorschrift überein. Unter diesen Voraussetzungen konnten die schon genannten „Gottesfürchtigen" nach talmudischem Recht nicht anerkannt werden; wie schon bemerkt, hatte eine solche Gruppe nach der Konsolidierung des rabbinischen Judentums keinen Platz in der jüdischen Gemeinde.

Rabbinische Einstellungen gegenüber Konvertiten variierten, vermutlich je nach Temperament und Erfahrung eines Meisters und herrschenden örtlichen Verhältnissen. Im großen und ganzen lobt die rabbinische Literatur (z. B. MekhY Neziqin 18; Sifra Qedoshim 8; bBM 58b) die Entscheidung der Proselyten, in Israels Bund einzutreten, und untersagt es geborenen Juden, auf deren mutmaßlich sündige Vergangenheit hinzuweisen; doch eine extreme, wenn auch nicht alleinstehende Bemerkung vergleicht Proselyten einem juckenden Ausschlag (bYev 47b; s.a. bNid 13b; bQid 70b usw.). Die Rabbinen waren geteilter Meinung, ob bei der Ankunft des Messias alle Nichtjuden Juden würden (bAZ 3b). Rabbinische Legende betrachtete berühmte Gelehrte (z. B. Akiba; Meir) und Übersetzer der Tora (Onkelos; Aquila) als Nachfahren von Proselyten und behauptete auch, daß gewisse notorische Verfolger Israels (Nebukadnezzar; Sanherib; Haman; Nero) später Juden wurden oder Proselyten als Nachkommen hatten (bSan 96b; bGit 57b).

Das *Tauchbad* der Proselyten leitet sich wohl vom Tauchbad ab, das die meisten unreinen Personen als Teil ihrer Rückkehr zur →Reinheit auf sich nehmen mußten. Unreinheit und Reinigung als solche hatten anfangs wenig oder gar keine sittliche Bedeutung – Verunreinigung konnte z. B. durch rein zufällige Berührung von Aas erfolgen; doch dem Heiligen zu nahen, ohne zuvor jedwede Unreinheit entfernt zu haben, galt als schreckliches Vergehen. Doch schon Ezechiel verwendet Bilder von Verunreinigung und Reinigung mit deutlich sittlicher Konnotation (Ez 36,17.25.29; 43,7f.; s.a. Lev 18,27; Ps 106,39); in der Spätzeit des Zweiten Tempels war das Tauchbad weithin Zeichen der →Sühne und sogar der Wiedergeburt geworden (→Qumran, →Johannes der Täufer). Das Tauchbad der Proselyten mag diese neuen Auffassungen spiegeln; doch ist daran zu erinnern, daß Götzen als Quelle levitischer Unreinheit galten, der vermutlich alle Heiden ausgesetzt gewesen waren (s. Esr 6,21); nach späteren Regeln verunreinigte heidnisches Land automatisch alle, die darin wohnten (s. Am 7,17). Die rabbinische Auffassung des Proselyten-Tauchbads behielt so den technischen Aspekt der Reinigung des Konvertiten vom Makel früheren Götzendienstes bei, auch wenn diese neuen Konnotationen des Tauchbads dazukamen.

Viele nicht-orthodoxe Rabbiner in der modernen Welt haben begonnen, Konvertiten in Becken unterzutauchen, die nicht den Anforderungen des talmudischen Rechts entsprechen, oder vom Erfordernis des Tauchbads ganz abzusehen. Infolgedessen anerkennen die meisten orthodoxen Rabbiner Konversionen nur, wenn sie ein orthodoxer Rabbiner durchgeführt hat. Daß dies zu einer ernsten Zerreißprobe für die jüdische Gemeinschaft führen kann, ist weithin anerkannt, doch gibt es bisher keine allgemein anerkannte Lösung des Problems.

Literatur

Bernard J. Bamberger, Proselytism in the Talmudic Period, Cincinnati 1939 (repr. New York 1968). – Salo W. Baron, A Social and Religious History of the Jews, New York, I ²1952, 165–179. – Otto Betz, Die Proselytentaufe der Qumransekte u. die Taufe im NT: RdQ 1 (1958) 213–234 = ders., Jesus, der Herr der Kirche, 1990 (WUNT 52) 21–48. – Samuel Bialoblocki, Die Beziehung des Judentums zu Proselyten u. Proselytentum, Berlin 1930. – William G. Braude, Jewish Proselyting [sic] in the First Five Centuries, Providence 1940. – Shaye J.D. Cohen, The Rabbinic Conversion Ceremony: JJS 41 (1990) 177–203. – David Eichhorn, Conversions to Judaism by Reform and Conservative Rabbis: JSocS 16 (1954) 299–318. – Ders. (Hg.), Conversion to Judaism, New York 1965. – Emanuel Feldman/Joel Wolowelsky (Hg.), The Conversion Crisis, o.O. 1990. – Louis H. Feldman, Jew and Gentile in the Ancient World, Princeton 1993. – Pau Figueras, Epigraphic Evidence for Proselytism in Ancient Judaism: Imm. 24–25 (1990) 194–206. – B. Forster/J. Tabachnik (Hg.), Jews by Choice, Hoboken 1991. – Art. Ger: ETal 6 (1954) 253–304. – Art. Gerut: ebd. 426–429. – Art. Giyoret: ebd. 21–32. – Martin Goodman, Mission and Conversion. Proselytizing in the Religious History of the Roman Empire, Oxford 1994. – Jean Juster, Les Juifs dans l'Empire Romain, Paris, I 1914, 253–290. – A. Thomas Kraabel, The Disappearance of the „God-Fearers“: Numen 28 (1981) 113–126. – Daniel Lasker, Proselyte Judaism, Christianity, and Islam in the Thought of Judah Halevi: JQR 81 (1990) 75–92. – Israel Lévy, Le prosélytisme juif: REJ 50 (1905) 1–9; 51 (1906) 1–31. – Amnon Linder, The Jews in Roman Imperial Legislation, Detroit/Jerusalem 1987. – George F. Moore, Judaism, Cambridge, Mass., I 1927, 323–353. – Gary G. Porton, The Stranger within your Gates. Converts and Conversion in Rabbinic Literature, Chicago 1994. – Louis I. Rabinowitz, Art. Proselytes: EJ 13 (1972) 1182–1193. – David Novak, The Legal Question of the Investigation of Converts: Jewish Law Association Studies 3 (1987) 153–185. – Uriel Rappaport, Jewish Religious Propaganda and Proselytism in the Period of the Second Commonwealth, Diss. Hebrew Univ. Jerusalem 1965. – C.D. Roper, Factors Contributing to the Origin and Success of the pre-Christian Jewish Missionary Movement, Diss. Univ. of Michigan 1988. – Joseph R. Rosenbloom, Conversion to Judaism, Cincinnati 1978. – Alexander Scheiber, Geniza Studies, Hildesheim 1981. – Lawrence H. Schiffman, Who was a Jew?, Hoboken 1985. – Emil Schürer, History of the Jewish People in the Age of Jesus Christ, rev. by Geza Vermes/Frank Millar/Martin Goodman, Edinburgh, III/1 1986, 150–176. – Folker Siegert, Gottesfürchtige u. Sympathisanten: JSJ 4 (1973) 109–164. – Samuel Shilo, Halakhic Leniency in Modern Responsa regarding Conversion: Israel Law Review 22 (1988) 353–364. – Marcel Simon, Verus Israel, Paris 1948 ²1964 (Nachdr. 1983) 315–355. – Menahem Stern, Greek and Latin Authors on Jews and Judaism, Jerusalem, II 1980, 103–107. – Victor Tcherikover, Jewish Apologetic Literature Reconsidered: Eos 48/3 (1956) 169–193. – Ben Zion Wacholder, Attitudes towards Proselytizing in the Classical Halakah: HistJud 20 (1958) 77–96. – R.J. Zwi Werblowsky, A Note on Purification and Proselyte Baptism: Jacob Neusner (Hg.), Christianity, Judaism and Other Greco-Roman Cults,

Leiden, III 1975, 200–205. – Jochanan H.A. Wijnhoven, The Zohar and the Proselyte: Texts and Responses. FS Nahum Glatzer, Leiden 1975, 120–140.

Robert Goldenberg

Prosper von Aquitanien

1. Leben 2. Werk 3. Lehre (Quellen/Literatur S. 526)

1. Leben

Prosper, ein gegen Ende des 4. Jh. in Aquitanien geborener Dichter und Theologe im Laienstand, ist vor allem durch →Gennadius (vir. ill. 85.86) bekannt. In Bordeaux erhielt der Aquitane eine solide klassische Bildung. Von dort zog es ihn, von Zweifeln geplagt, nach Marseille, dem „neuen Athen", wie dieses Zentrum der Theologie und des klösterlichen Lebens damals genannt wurde, wo er sich niederließ. War er verheiratet? Das Gedicht *Coniugis ad uxorem* legt diese Vermutung nahe, jedoch muß seine Echtheit bezweifelt werden. Von →Augustin, dessen Anhänger Prosper war und mit dem er korrespondierte, erhielt er *De praedestinatione sanctorum* und *De dono perseverantiae.* Um die Verurteilung des in der Provence grassierenden „semipelagianischen" Gedankenguts (vgl. TRE 26,180,47–182,21) zu erreichen, begab sich Prosper nach →Rom. Der Brief Cölestins (PL 50,528–532) geht auf ihn zurück. Dort lernte er, seinen Augustinismus zu mäßigen und nicht augustinischer als Rom sein zu wollen. Auch in Marseille, wohin er dann zurückkehrte, verlor die Kontroverse durch den Tod des Johannes →Cassianus an Schärfe.

Von dort nahm ihn Archidiakon →Leo I., der Große, der in offizieller Mission nach Gallien gekommen war, mit nach Rom; Leo scheint einen mäßigenden Einfluß auf Prosper gehabt zu haben und ihn zu einer kritischeren Haltung gegenüber dem Augustinismus geführt zu haben.

Prosper war an der Abfassung der ep. 28 *ad Flavianum* (PL 54,756–782) beteiligt. Um 450 verfaßte er *De vocatione omnium gentium.* Kurz danach ist wohl sein Tod anzusetzen.

2. Werk

2.1. Briefe: Die *Epistula ad Rufinum* (PL 51,77–90 und 45,1793–1802) enthält eine zusammenfassende Darstellung von Augustins Gnadenlehre. Die *Epistula ad Demetriadem* (PL 55,161–180) ist wohl als unecht zu betrachten (s. PLS 3,149).

2.2. Werke in Gedichtform: De ingratis carmen (PL 51,91–148), ein leidenschaftliches und kompromißloses Plädoyer für Augustins Gnadenlehre, vor 430 geschrieben. Noch streitbarer sind die beiden Epigramme *Epigrammata in obtrectationem Augustini* (PL 51,149–152) und die Sammlung von 106 Epigrammen in *Epigrammata ex sententiis s. Augustini* (PL 51,498–532). Hierher gehört auch das *Epitaphium Nestorianae et Pelagianae haereseon* (PL 51,153f.).

2.3. Historische Werke: Seine Chronik (*Epitome Chronikon*) ist eine Weltgeschichte von der Entstehung der Welt bis zum Jahr 455 (PL 51,535–606), unter Verwendung von →Eusebius und →Hieronymus mit einem daran anschließenden Bericht über die Ereignisse seiner eigenen Zeit einschließlich der Geschichte Aquitaniens (zu den *Additamenta* s. PLS 3,147f.).

2.4. Theologische Schriften (zum semipelagianischen Streit)*: Pro Augustino responsiones ad capitula obiectionum Gallorum calumniantium*; *Pro Augustino responsiones ad capitula obiectionum Vincentianarum*; *Pro Augustino responsiones ad excerpta Genuensium*; *De gratia Dei et libero arbitrio liber contra collatorem*; *Capitula* (PL 51,155–212). Weniger polemisch: *Expositio psalmorum* (ebd. 217–420) und *Liber sententiarum ex operibus s. Augustini* (ebd. 427–496). Sein eigenständigstes Werk ist *De vocatione omnium gentium* (ebd. 647–722; zu den apokryphen, Prosper zugeschriebenen Werken s. CPL 529–535).

3. Lehre

Prosper, ein gebildeter Laie, verstand es, sich sowohl in Prosa als auch in Gedichtform auszudrücken. Schriftstellerisch begabt, wobei es ihm allerdings an Originalität mangelte, stellte er die Schärfe seines Denkens, die Gewandtheit seines Ausdrucks und die Klarheit seiner Darstellung in den Dienst von Bibel und Theologie.

Den größten Teil seines Werkes widmete der Aquitane der Verbreitung und Verteidigung von Augustins Theologie der →Gnade. In einer ersten Phase, von 428 bis 432, vertrat er, unter dem Eindruck von *De praedestinatione sanctorum* stehend, Augustins starre Thesen zur →Prädestination; in der *Epistula ad Rufinum* verteidigte er diese Position gegenüber Marseille (Johannes Cassianus) und den Mönchen von →Lérins, die einen gemäßigten Augustinismus vertraten (im 17. Jh. mißverständlicherweise als Semipelagianismus bezeichnet).

Zwischen 433 und 435 kam es zu ersten Zugeständnissen in seinem *Liber contra Collatorem* (das ist Johannes Cassianus). Hier begnügte sich Prosper mit der Behauptung der Bedingungslosigkeit der allen angebotenen Gnade. Die Prädestination wird nicht erwähnt. In den *Capitula* (im Anhang zu ep. 21 Cölestins I.) gestand er zu, „daß es nicht nötig ist, all die schwierigen Fragen in bezug auf die Gnade zu lösen. Es genügt, den Entscheidungen Roms zuzustimmen", d.h. den Entscheidungen der Päpste Zosimus und Innocenz I. Und er räumte ein, daß Cassianus, seiner coll. XIII zufolge, kein *ingratus* (Gegner oder Verächter der Gnade) sei (PL 51,226–228).

In *De vocatione omnium gentium* schließlich, einem reifen Werk, ist sein Denken in abschließender Klarheit dargestellt. Zwar bekennt er die Unerforschlichkeit der Wege Gottes, betont dabei aber die Möglichkeit der Freiheit des Menschen, des universellen Heils für alle Wiedergeborenen, die Getauften wie auch die Ungetauften; die durch Christus erworbene Erlösung erstreckt sich auf die gesamte Menschheit. Prosper hat sich nach und nach zu einem gemäßigteren Augustinismus hin entwickelt (Cappuyns; de Plinval; anders Lorenz). Er ist der Begründer des Augustinismus im Abendland und, wie er auch bezeichnet worden ist, der „erste Vertreter des mittelalterlichen Augustinismus" (Cappuyns, Le premier représentant; →Augustin/Augustinismus II.).

Quellen

Prospers Werke: PL 51,63–722. – CChr.SL 68A (*Liber sententiarum* u. *Expositio Psalmorum*). – MGH.AA 9,341–499 (*Epitome Chronicae*). – *Engl.:* Charles T. Huegelmeyer, Carmen de ingratis S. Prosperi Aquitani. A Transl. with Intr. and Comm., 1962 (PatSt 95). – *De vocatione:* ACW 14 (1952). – *Defense of S. Augustine:* ACW 32 (1963). – *Franz.:* Prosper d'Aquitaine, L'appel de tous les peuples, trad. F. Frémont-Verggobi/H. Throo, intr. et notes par Adalbert-G. Hamman, 1993 (CPF).

Literatur

Czeslaw Bartnik, L'universalisme de l'histoire du salut dans le *De vocatione omnium gentium*: RHE 68 (1973) 731–758. – Maïeul Cappuyns, L'auteur du *De vocatione omnium gentium*: RBen 39 (1927) 198–226. – Ders., Le premier représentant de l'augustinisme médiéval. Prosper d'Aquitaine: RThAM 1 (1929) 309–337. – Adalbert-G. Hamman, Prosper d'Aquitaine: Johannes Quasten/Angelo di Berardino, Initiation aux Pères de l'Église, Paris, IV 1986, 685–693; engl.: Patrology IV, Westminster, Md. 1986, 551–558 (Lit.). – Rudolf Heim, Art. Prosper v. Aquitanien: PRE 23/1 (1957) 880–897. – Rudolf Lorenz, Der Augustinismus Prospers v. Aquitanien: ZKG 73 (1962) 217–252. – Miroslav Marcovich, Prosper *De ingratis.* Textual criticism: Illinois Classical Studies 14 (1989) 417–424. – Lionel Pelland, S. Prosperi Aquitani doctrina de predestinatione, Montréal 1936. – Georges de Plinval, Prosper. Interprète de s. Augustin: RechAug 1 (1958) 336–355. – Aimé de Solignac, Art. Prosper d'Aquitaine: D.S. 12 (1986) 2446–2456. – L. Valentin, S. Prosper d'Aquitaine. Étude sur la littérature lat. au 5e siècle, Paris/Toulouse 1900.

Adalbert-G. Hamman

Prostitution

I. Religionsgeschichtlich
II. Ethisch . . . . S. 531

I. Religionsgeschichtlich

1. Ein universales religionsgeschichtliches Phänomen 2. Die kultische Prostitution der Hierodulen 3. Sakrale Prostitution in Griechenland 4. Sakrale Prostitution in Indien 5. Prostitution – ein Thema der gegenwärtigen Religionsgeschichte? (Literatur S. 530)

1. Ein universales religionsgeschichtliches Phänomen

Als sakrale oder kultische Prostitution bezeichnet man die in einem heiligen Bezirk rituell vollzogene sexuelle Hingabe von sog. Hierodulen an Tempelbesucher, wobei sich „religiöse, magische und grob sinnliche Motive ... in sehr mannigfacher und nie eindeutig bestimmbarer Weise“ miteinander verbinden (von Soden, Art. Prostitution 642). Prototyp der Prostitution ist dabei die sexuelle Vereinigung von Hoherpriesterin und Herrscher, die die Muttergöttin (→Muttergottheiten) und den Gott repräsentieren, in der Heiligen Hochzeit, dem *Ἱερὸς Γάμος*, der den Zyklus von Saat und Ernte sowie die Fruchtbarkeit von Mensch und Natur symbolisiert und damit die kosmische Ordnung an jedem Neujahrsbeginn garantiert. Das Phänomen läßt sich *religionsgeschichtlich universalisieren.* Abgesehen von den hier behandelten „klassischen“ Zentren im Alten Mesopotamien, dem Mittelmeerraum und Indien begegnet uns die sakrale Prostitution in zahlreichen Ackerbaukulturen und bei Stammesreligionen.

Phänotypisch lassen sich bestimmte Merkmale der sakralen Prostitution verallgemeinern. Das trifft besonders auf den Zusammenhang von Prostitution und Fruchtbarkeitsriten zu, wo sich eine ganze Fülle von Übereinstimmungen ergibt, welche von der geheimnisvollen Wiedergeburt des Lebens in den zyklischen Abläufen der Natur bis zur Heiligen Hochzeit zwischen der die Fruchtbarkeit garantierenden Göttin und dem König reichen. Doch genügt es nicht, das Phänomen selbst mit der „magischen Denkweise der alten Welt“ (Heiler 218), als „Zaubermotiv“ oder gar nur als „Opfer“ (Rühle 1577) zu erklären, weil damit so wesentlichen Aspekten wie der rituellen Erneuerung des Schöpfungsmythos (Mesopotamien/Sumer) oder der Ganzheit bzw. der All-Einheit von Göttern und Menschen (Indien, Unio Mystica) kaum Rechnung getragen würde. „Magisch ist“ allenfalls „der Wunsch, durch den Vollzug der Vereinigung die Fruchtbarkeit aller Lebewesen im Lande zu sichern und den Verlust der Kraft, zu zeugen und zu gebären, zu verhindern“ (von Soden, Art. Prostitution 642).

2. Die kultische Prostitution der Hierodulen

Während sich der Hieros Gamos auf höchster Ebene vollzog, übten Priesterinnen von nicht-königlichem Geblüt sowie Frauen aus allen Schichten des Volkes die sakrale Prostitution in ihren Tempeln mit Bürgern der Stadt oder mit Reisenden aus. Diese Form der kultischen Prostitution bildet gleichsam ab, was sich urbildhaft zwischen Gottkönig und Göttin-Priesterin an jedem Neujahrstage vollzog (vgl. Fauth 24f.). Herodot nennt dies den „häßlichsten Brauch bei den Babyloniern“ (*ὁ αἴσχιστος τῶν νόμων τοῖσι Βαβυλωνίοισι*, Herodot I,199) und berichtet, daß „jede Frau ... sich einmal in ihrem Leben in das Heiligtum der Aphrodite [= Ištar] setzen und einem Fremden preisgeben“ müsse (ebd.). Dort sitzt sie und wartet, bis ein Freier kommt, ihr Geld (Herodot: „geweihtes Geld“, *ἵρον τοῦτο τὸ ἀργύριον*; ebd.) hinwirft und zu ihr sagt: „Im Namen der Mylitta [= Aphrodite], komm! (*ἐπικαλέω τοι τὴν Μύλιττα*) ... Ist der Beischlaf vollzogen, ist sie der Göttin geweiht [eigentlich „entsühnt“] (*ἀποσιωσαμένη τῇ θεῷ*) und geht nach Hause ...“ (ebd.; Übers. Walter Marg, Herodot. Geschichten und Geschichte, Zürich/München 1973, 111). Der Bericht scheint bereits die Profanisierung der kultischen Prostitution wiederzugeben; denn die bürgerliche Frau (und zwar jede babylonische Frau) wird hier zur Straßendirne erniedrigt, der sich der Mann einfach zu bedienen braucht. Offenbar hat Herodot eine bereits vom Tempelkult abgelöste Form von Prostitution (Prostitution als Gewerbe) vor sich.

Die eigentliche „Tempelprostitution" wird im Alten Mesopotamien vielmehr von *nadītus* (plur. eigentlich *nadiātum*) ausgeübt, einer ausgewählten Gruppe von Frauen, die in klösterlicher Abgeschiedenheit lebten und deren oberstes Gebot in der Keuschheit (!) bestand. Diese Frauen mußten vermutlich auch im Tempel zölibatär leben; denn sie waren zur Kinderlosigkeit verpflichtet (*nadītu* bedeutet soviel wie die „brachliegende" [Frau], die noch keine sexuellen Beziehungen gehabt hat). Offenbar besteht in der Forschung Unklarheit über die religiösen Funktionen der *nadītu* (vgl. Harris, Art. Hierodulen 391). Man weiß nur, daß sie nach Erreichen der Ehefähigkeit in ein dem Tempel angegliedertes „Kloster", *gagûm*, eintrat und dort bis zu ihrem Tode lebte. Anläßlich des Festes ihres Gottes scheint sie initiiert und zur „Schwiegertochter" des Gottes (z.B. des Šamaš) erhoben worden zu sein. Offensichtlich stammten die *nadītus* aus den gehobenen Schichten; denn sie brachten dem Tempel reiche Mitgift ein. Der Codex Hammurabi regelte in den §§ 178 und 180 ihre Rechte und Einkünfte.

Eine Ausnahme bildeten die *nadītus* des Gottes Marduk: Sie waren nicht monastisch organisiert, obwohl sie als Ehefrauen ihres Gottes galten. Mit anderen Worten, die Hierodulen waren zuallererst das, was ihr Name besagt: heilige Sklaven, und die *Ἱεροδουλεία* war „heiliger Dienst". Hier ist W. Fauth zuzustimmen, der die Hierodulie „aus einer Spezifizierung der Aktivitäten vorwiegend ... weiblicher Tempelbediensteter ... auf bestimmte Rollen im rituellen Komplex der Heiligen Hochzeit" ableitet (Fauth 24), aber sie nicht unbedingt als Prostitution bezeichnen möchte.

Die weiteren Traditionszusammenhänge scheinen durch Forschungslücken blockiert zu sein und sich erst wieder zu schließen, nachdem die assyrische Beschwörungsserie *Maqlû* die *nadītu* als Kultprostituierte bezeichnete (vgl. Maqlû III,44–53: Gerhard Meier [Hg.], Die assyrische Beschwörungssammlung Maqlû, Osnabrück 1967 [AfO.B 2]): „Hierodule (= *qadištum*), *nadītum*, / Ištargeweihte, *kulmašītum*, / die in der Nacht fängt, / den Tag jagt, /... die die Männer tötet, / die Frauen nicht schont". Schließlich wird Inanna/Ištar selbst als „Hierodule des An" (von Soden, Art. Prostitution 643: „Über-Kultdirne") bezeichnet, im Dirnenhabit abgebildet und Uruk, der „Sitz von Anu und Ištar", die „Stadt der Dirnen, Hierodulen und Prostituierten" genannt, „denen Ištar den Mann entreißt" (Fauth 27), so daß nun Ištars „Kompetenz über den Tempeldienst und eine etwa dort betriebene sakrale Prostitution hinausreichte und auch das ‚profane' Tun der Straßendirne einschloß ... Dieses zunehmende Verfließen der Grenzen zwischen sakraler Prostitution und gewöhnlichem Dirnentum" wird von Fauth auf ein allmähliches „Absinken des gesellschaftlichen Niveaus der Hierodulen" zurückgeführt (ebd. 27f.).

Von Mesopotamien breitete sich die Hierodulie *im religionsgeschichtlichen Umfeld* aus: Die sog. *qedešīm* der Göttin Aštart kennen wir aus Syrophönizien, und aus Baalbek sind uns hierodulische Praktiken überliefert. Die akkadische Bezeichnung *qadištu* begegnet uns wieder in der hebräischen *q^{e}dešāh* und bedeutet „die der Göttin Geweihte", die sich zu Ehren der Göttin hingebende Hierodule, wie wir aus Dtn 23,18 und Hos 4,14 wissen. Neben den Kultdirnen hat es in den kanaanäischen Aštart-Heiligtümern offenbar auch männliche Prostituierte gegeben (II Reg 23,7), die nach Fauth (31) „nicht kultisch gebunden" waren. Zentrum kanaanäischer Prostitution war aber der Vegetationskult in den „Höhenheiligtümern" (*bāmôt*), gegen die sich Ezechiel (16,15ff.) und Hosea (4,13f.) mit unerbittlicher Schärfe wenden; sie setzen die kultische Prostitution mit dem Unglauben gleich.

3. Sakrale Prostitution in Griechenland

Aus der mesopotamischen Tradition stammt schließlich auch die *Tempelprostitution im Aphroditekult*. Nach Strabo (VIII,6,20 [378]) gab es über tausend Hetären, die dem

Tempeldienst der Aphrodite Ἑταῖρα bzw. Πορνή in Korinth geweiht waren und einen eigenen Stand bildeten, und daneben eine große Anzahl nicht-kultisch organisierter Prostituierter. Strabo berichtet außerdem von dreitausend Hierodulen beiderlei Geschlechts, die dem Zeus von Venasa dienten (Strabo XII,2,5 [537]); allerdings fehlt hier der Hinweis auf sakrale Prostitution (Fauth 37); denn Hierodulie bedeutete auch in Griechenland nicht zwangsläufig kultische Prostitution.

4. Sakrale Prostitution in Indien

4.1. Die Rolle der devadāsī im hinduistischen Tempelkult. Unzureichend geklärt und wissenschaftlich umstritten bleibt die Tatsache, wie es zu den erstaunlichen Parallelen zwischen mesopotamischer und indischer Tempelprostitution gekommen ist. Golzio spricht von der „Adaption" fremder Kulturgüter aus Ost und West (Golzio 161). Wie die Hierodulen, so sind auch die indischen *devadāsī*, die im 2. Jh. n. Chr. zum ersten Mal erwähnt werden (ebd. 162), „Gottessklavinnen". Dabei handelt es sich meistens um erstgeborene Töchter, die von ihren Eltern dem Tempel übergeben wurden. Zu ihren Aufgaben gehörte der kultische Tanz, der sakrale Gesang, die Instrumentalmusik, das Darbringen von Opfergaben und die heilige Prostitution. Ihre Aufgabe war es, Götter, Priester und Gläubige zu unterhalten. Sie fungierten als Ehefrauen der Götter. Dazu gehörte auch der Geschlechtsverkehr, um die Fruchtbarkeit von Menschen, Tieren und Pflanzen zu gewährleisten. J. Gonda macht darauf aufmerksam (Gonda, Religionen II, 49), daß die Prostitution der mit Śivas Tanz in Verbindung stehenden Tempeltänzerinnen zum Entstehen des Śaktismus beigetragen habe. Dabei muß immer bedacht werden, daß die sexuelle Vereinigung in den indischen Religionen in erster Linie Ausdruck der Ganzheit war und als Unio Mystica verstanden wurde.

Als feste Institution des indischen Tempelkults sind die *devadāsī* im 6. Jh. n. Chr. akzeptiert und treten besonders in den Sonnentempeln des Gottes Sūrya auf. Damit war auch ihr sozialer Status als der einer durchaus respektierten „fünften Kaste" (*pañcamī jāti*) gesichert. Sie genossen Steuerfreiheit und andere Privilegien, verbreiteten Glück und Wohlstand und verkörperten die Quelle neuen Lebens.

Natürlich führte eine so hohe Akzeptanz der *devadāsī* auch zu einer Lockerung der Moral. Viele männliche Tempelbesucher konzentrierten sich weniger auf die Anbetung als vielmehr auf ihre Liebesaffären mit den „Tanzmädchen", so daß die großen Tempel häufig den „Charakter von Bordellen" annahmen, wie Golzio (169; vgl. Gonda, Religionen II, 50) bemerkt. In der Tat waren die *devadāsī* häufig nicht von den gewöhnlichen Prostituierten zu unterscheiden. Die Brahmanen bekämpften zwar das Devadāsītum, aber die Herrscher wiesen ihre Proteste zurück. In einer Tempelinschrift aus dem 11. Jh. wird ein König ausdrücklich für seine Gunst gelobt, die er den *devadāsī* zukommen ließ: „Durch ihn wurden Śiva schöne Mädchen, die wie Himmelsfeen waren, übergeben; in ihren Augen war der Liebesgott, in ihrem Mund und ihren Hüften und anderen Körperteilen lagen Festigkeit und Betörung und anderer Liebreiz, und sie waren mit Schmuck ausgestattet" (zitiert nach Golzio 171).

Erst durch die *Madras Devadasis Act* von 1947 bzw. 1956 und die *Bombay Devadasis Protection Act* von 1957 bzw. 1958 wurde das Devadāsītum und mit ihm die Tempelprostitution zunächst in Madras und Bombay (vgl. John Duncan M. Derrett, Religion, Law and State in India, London 1968, 451f.), später in ganz Indien gesetzlich untersagt.

4.2. Kultisches Transvestitentum. Höhepunkt der Ekstase im Kult der Magna Mater Kybele war die Selbstentmannung der sog. „Galloi", die zum ersten Male von Plutarch (Nikias 13) erwähnt wird. Die Kastration galt als Fruchtbarkeitsopfer an die Magna Mater, der die Fortpflanzung unterstand. Die Kastraten standen fortan im Dienste der Göttin.

Ein ähnliches Beispiel von *kultisch-religiöser Kastration* ist uns aus *Indien* bekannt. Es handelt sich dabei um die noch immer in ganz Indien verbreitete „Kaste" der *hijras*, deren Mitglieder sich vor dem Standbild der Göttin Bahuchara Mātā selbst entmannen oder entmannen lassen. Die Operation wird vorgenommen, während sich der Neophyt durch die Rezitation des Namens der Gottheit in Ekstase versetzt (Marglin, Art. Hierodouleia 311).

Die *hijras* sind *homosexuelle Prostituierte*: Sie tragen Frauenkleider und singen und tanzen in Häusern, in denen gerade ein männliches Kind geboren wurde. Sie gelten als Glücksbringer, weil sie Fruchtbarkeit, Wohlstand und Gesundheit auf das Neugeborene übertragen. Bemerkenswert ist das Verhältnis von selbstauferlegter Sterilität einerseits und Fruchtbarkeit andererseits – ein paradoxes Phänomen, das sich auch bei den altorientalischen Eunuchen beobachten läßt: Ihre eigene sexuelle Sterilität ist es, welche das allgemeine Wohl und Gedeihen garantiert. Wir haben damit eine Parallele zu den *devadāsī* und den sumerischen *nadiātum* vor uns, denen Kinderlosigkeit verordnet ist, die aber gleichzeitig Kindersegen verheißen. Das Opfer der Zeugungsfähigkeit ist symbolisch dem Tode verwandt. Auch in den Mythen von Tammuz, Adonis und Attis folgt auf die Selbstentmannung der Tod. Es ist durchaus Marglins These zu folgen: „The paradox of general fertility brought about by the sexual activity of persons who have sacrificed their own fecundity may have to be understood as one symbolic expression of the widespread sacrificial theme of renewed life through death" (ebd. 312).

5. *Prostitution ein Thema der gegenwärtigen Religionsgeschichte?*

Ein Blick auf die gegenwärtige Religionsgeschichte und die sog. „neue Spiritualität" genügt, um zu erkennen, daß das Thema in einigen Neureligionen durchaus virulent geblieben zu sein scheint: Prostitution wird hier zuweilen zum Selbstopfer, durch das sich der Jünger oder die Jüngerin dem Meister darbringt, zu einem „missionarischen" Element „auf der Straße" oder zum bloßen Druckmittel, mit dem die Gläubigen gefügig gemacht werden sollen. Dabei zeigt es sich einmal mehr, wie sehr und vor allem wie leicht sich die Grenzen zwischen sakraler und gewerbsmäßiger Prostitution verwischen lassen, so daß der irrationale Anspruch von der (gewerbsmäßigen) Ausbeutung nicht mehr zu unterscheiden ist. Diese Grenzen sind durchaus ambivalent, und jeder, der sich mit einem so schwierigen religionswissenschaftlichen Thema befaßt, wird darin eine Herausforderung sehen.

Literatur

Jan Asmussen, Bemerkungen zur sakralen Prostitution im Alten Testament: StTh 11 (1957) 167–192. – Kees W. Bolle, Art. Hieros Gamos: EncRel(E) 6 (1986) 317–321 (Lit.). – Walter Burkert, Griech. Religion der archaischen u. klassischen Epoche, 1977 (RM 15) (Lit.). – Moti Chandra, The World of Courtesans, Delhi 1973. – Surendranath B. Dasgupta, Intr. to Tantric Buddhism, Calcutta 1950. – Marcel Detienne, The Gardens of Adonis, Atlantic Highlands, N.J. 1977. – Mircea Eliade, La terre mère et les hiérogamies cosmiques: ErJb 22 (1953) 57–95. – Wolfgang Fauth, Sakrale Prostitution im Vorderen Orient und im Mittelmeerraum: JAC 31 (1988) 24–39 (Lit.). – Eugen Fehrle, Die kultische Keuschheit im Altertum, Gießen 1910 (Lit.). – Ivo Fišer, Indian Erotics of the Oldest Period, Prag 1966 (Acta Universitatis Carolinae. Philolog. Monogr. 14). – Klaus Fischer, Erotik u. Askese in Kult u. Kunst der Inder, Köln 1979. – Christopher J. Fuller, The Divine Couple's Relationship in a South Indian Temple: HR 19 (1980) 321–348. – Karl-Heinz J. Golzio, Tempel im alten Mesopotamien und seine Parallelen in Indien, (Diss. Bonn 1981) Leiden 1983 (Lit.). – Jan Gonda, Ascetics and Courtesans: ALB 25 (1961) 78–102. – Ders., Die Religionen Indiens, II 1963 (RM 12) (Lit.). – Robert Hans van Gulik, Sexual Life in Ancient China, Leiden 1961 (Lit.). – Rivkah Harris, The nadītu Laws of the Code of Hammurapi in Praxis: Or. 30 (1961) 163–169. – Dies., The nadītu Women: Studies presented to A.L. Oppenheim, Chicago 1964, 106–135. – Dies., Art. Hierodulen: RLA 4 (1972–1975) 391–393. – Friedrich Heiler, Erscheinungsformen und Wesen der Religion, 1961 (RM 1). – Hugo Hepding, Art. Hieroduloi: RECA 16. Halbbd. (1913) 1460–1468 (Lit.). – Aloys Ludwig Hirt, Die Hierodulen, Berlin 1818. – Art. Jeh: WM 4 (1986) 374f. (Lit.). – Albert Klinz, Hieros Gamos, Diss. Halle 1933 (Lit.). – Walter Kornfeld, Prostitution sacrée, Paris 1972 (Lit.). – Noah Kramer, The Sacred Marriage Rite, Bloomington/London 1969 (Lit.). – Johann Peter B. Kreuser, Der hell. Priesterstaat mit vorzüglicher Rücksicht auf die Hierodulen, Mainz 1822. – Stephen Herbert Langdon, Tammuz and Ishtar, Oxford 1914. – Oswald

Loretz, Ugarit u. die Bibel. Kanaanäische Götter u. Religionen im AT, Darmstadt 1990 (Lit.). – Frédérique A. Marglin, Wives of the God-King. The Rituals of the Devadasis of Puri, Oxford 1984. – Ders., Art. Hierodouleia: EncRel(E) 6 (1986) 309–313 (Lit.). – Karl Mlaker, Die Hierodulenlisten v. Ma'in, 1943 (SOA 15). – Santos Kumar Mukherji, Prostitution in India, Neu Delhi 1986. – Walter Otto, Beitr. zur Hierodulie im hell. Ägypten, 1949 (ABAW.PPH 29) (Lit.). – Helmer Ringgren, Die Religionen des Alten Orients, 1979 (GAT). – Oskar Rühle, Art. Prostitution: RGG² 4 (1930) 1576f. – William W. Sanger, The History of Prostitution, New York 1913 = 1921 (Lit.). – Hartmut Schmökel, Hl. Hochzeit u. Hohes Lied, Wiesbaden 1956. – Ders., Hammurabi v. Babylon, München 1958 = Darmstadt 1975 (Lit.). – Charles Seltmann, Women in Antiquity, London 1956; dt.: Geliebte der Götter. Eine Kulturgesch. der Frau im Altertum, übers. v. C. Meyer-Clason, Stuttgart 1958. – Wolfram v. Soden, Art. Prostitution. I. Kultische Prostitution: RGG³ 5 (1961) 642f. – Ders., Einf. in die Altorientalistik, Darmstadt 1985. – Violaine Vanoyeke, La prostitution en Grèce et à Rome, Paris 1990 (Lit.). – Joan Goodnick Westenholz, Hl. Hochzeit u. kultische Prostitution im Alten Mesopotamien: WuD 23 (1995) 43–62. – Geo Widengren, Religionsphänomenologie, Berlin 1969 (Lit.). – Urs Winter, Frau u. Göttin. Exegetische u. ikonographische Stud. zum weiblichen Götterbild im AT u. in dessen Umwelt (Diss., Freiburg, Schweiz 1983), 1983 (OBO.A 53) (Lit.). – Wilhelm Wittekindt, Das Hohe Lied u. seine Beziehungen zum Istarkult, Hannover 1926. – William J. Woodhouse/William Crooke, Art. Prostitution: ERE 10 (1918 = 1974) 404–409. – Edwin M. Yamauchi, Cultic Prostitution: Essays Presented to Cyrus H. Gordon, 1973 (AOAT 22) 213–222.

Peter Gerlitz

II. Ethisch

1. Tradierte Stellungnahmen 2. Grundsätze gegenwärtiger Sexualethik (Literatur S. 537)

Bei der gewerblichen Prostitution handelt es sich um Sexualhandlungen, bei denen sich jemand einem wechselnden Kreis von Freiern ohne Gefühlsbindung gegen direkte Bezahlung hingibt. Prostituierte können demnach Frauen und Männer sein, die sich entweder der heterosexuellen oder der homosexuellen Prostitution hingeben. Im folgenden steht jedoch die heterosexuelle Prostitution von weiblichen Prostituierten im Vordergrund.

1. Tradierte Stellungnahmen

Im alten Israel war Prostitution als solche außer für verheiratete Ehefrauen nicht verboten und durchaus üblich (Gen 38,15–23), aber sie war verachtet. Deshalb war es für jüdische Väter verboten, ihre Töchter der Prostitution zuzuführen (Lev 19,29), und für →Priester verboten, Prostituierte zu heiraten (Lev 21,7). Wenn die Töchter der Priester Prostituierte wurden, drohte diesen sogar die Verbrennung (Lev 21,9). Kultprostituierte wurden wegen ihrer Verbindung mit dem Götzendienst streng verurteilt (Dtn 23,18f.), und sie wurden insbesondere in den historischen und prophetischen Büchern der Bibel immer wieder angegriffen (z.B. II Reg 23,4–14; Jer 2,20; Ez 23,37ff.). Mit der Prostitution verbundene Ausdrücke wurden zur bildlichen Charakteristik der Untreue gegenüber Gott gebraucht (Num 25,1f.; Jdc 2,17; 8,27.33; Jer 3,6; Ez 6,9; Hos 4,12 u.a.). Seit der nachexilischen Zeit wurde dann die Prostitution allerdings nicht mehr geduldet. In der →Halacha wird die gewerbliche Prostitution generell verboten.

Im Neuen Testament verpraßt der Verlorene Sohn sein Leben mit Dirnen (Lk 15,30). I Kor 6,15ff. warnt eindringlich davor, die Glieder Christi zu Gliedern einer Dirne zu machen. Eph 5,5 erinnert daran, daß kein Unzüchtiger Anteil am Reich Christi und Gottes hat. In Apk 17,1–6; 19,2 wird die Weltmacht Rom unter dem Bilde der „großen" Buhlerin als Stätte des Götzendienstes dargestellt.

Jesus wandte sich den verachteten Prostituierten zu, erbarmte sich ihrer (Lk 7,36–50) und warnte vor der Verurteilung der Ehebrecherin (Joh 8,1–11; s.a. die Begegnung Jesu mit der Frau am Jakobsbrunnen Joh 4,1–42). In Mt 21,31 sagt er den Hohenpriestern und Ältesten des Volkes: „Amen, das sage ich euch: Zöllner und Dirnen gelangen eher in das Reich Gottes als ihr." So ist es nicht erstaunlich, daß in der Tradition die unbekannte Sünderin von Lk 7,36 schnell mit Maria Magdalena (Lk 8,2f.), Maria in Bethanien (Lk 10,38–42) und Maria von Magdala (Joh 20,1–18) verwechselt wurde.

Seitdem hat die Kirche die Prostitution als mit der Menschenwürde unvereinbar angesehen, aber den Prostituierten stets Liebe, nicht immer aber das richtige Verständnis geschenkt. Im Unterschied zum griechischen und römischen Rechtsverständnis sah sie die Prostituierten auch nicht als endgültig ehrlos an; zahlreiche ihrer besten Frauen und Männer haben sich vielmehr zu allen Zeiten teilweise in heroischer Weise, allerdings nicht immer mit angemessenen Methoden und bleibendem Erfolg, für die Hilfe für Prostituierte und für ihre Resozialisation eingesetzt. In diesem Zusammenhang ist die Beschreibung der Kirche als *casta meretrix* durch →Ambrosius von Mailand zu verstehen. Besonders erwähnenswert sind diejenigen Bemühungen, denen es nicht nur darum ging, die Prostituierten zu einem mehr oder weniger strengen Büßerleben zu bewegen (→Buße), sondern auch darum, ihnen den Zugang zum bürgerlichen Leben und zur →Ehe zu erschließen.

Allerdings beteiligten sich im jeweiligen Zeitgeist befangene Kirchenleute auch immer wieder an Versuchen zur Bekämpfung der Prostitution einseitig zu Lasten der Prostituierten, von denen früher anscheinend sehr wenige freiwillig ihrer Tätigkeit nachgingen. Der Grund dafür sind vor allem die sexualfeindlichen Aspekte der christlichen sexualethischen Tradition und im Zusammenhang damit diskriminatorische Beurteilungen der Weiblichkeit im Rahmen einer ausgeprägt patriarchalischen Kultur. Deshalb haben wir bis ins 19. Jh. hinein keine herausragenden Zeugnisse dafür, daß sich Vertreter der Kirche gegen eine unrechtmäßige Diskriminierung von Prostituierten einsetzten. Wir haben vielmehr zahlreiche Zeugnisse dafür, daß Theologen die staatliche Duldung und Ordnung der Prostitution zu rechtfertigen versuchten. Die gezielte Bekämpfung der ökonomischen und sozialen Ursachen der Prostitution kam dabei zu kurz.

Eine herausragende Bedeutung hatten in diesem Zusammenhang Äußerungen von →Augustin. Einerseits lehnte er zwar selbstverständlich die Prostitution strikt ab und betonte, daß für sie in der *civitas coelestis* kein Platz sei, andererseits stellte er aber fest, daß in der *civitas terrestris* die Prostitution im Interesse der Verhinderung der Ausweitung der Unzucht und der öffentlichen Sicherheit der ehrbaren Frauen toleriert werde. Er schrieb: „Wenn du die Dirnen vertreibst, werden die Leidenschaften alles verwirren" (Augustin, ord. II,IV,12). Außerdem beurteilte er sexualethisch die sog. Sünden *praeter naturam* milder als die *contra naturam* und sah die Monogamie als eine göttliche Anordnung erst für die Christen vor. Abgesehen davon, daß die Annahme falsch ist, durch die staatliche Duldung und Ordnung der Prostitution könne die Unzucht begrenzt werden, ist umstritten, ob Augustin damit eine staatliche Duldung und Ordnung der Prostitution bloß beschreiben oder auch gutheißen wollte.

Diese Annahme, die insbesondere auch von →Thomas von Aquino übernommen wurde, beruhte auf dem Vorverständnis, daß nur so den Übeln der Geilheit zahlreicher aus sozialen Gründen unverheirateter Männer ohne dauernden Wohnsitz und den von der Lüsternheit von Frauen ausgehenden Gefahren begegnet werden könne. Dahinter stand auch die weitverbreitete Vorstellung, daß eine unzureichende sexuelle Betätigung des Mannes gesundheitlich schädlich sein könne und daß weibliche Verführungskünste dann besonders verfangen könnten, wenn die Männer nicht im Bordell ihre Triebe abreagierten und so gleichsam in ihrer sexuellen Energie und Ansprechbarkeit gedämpft wurden.

Dieses Vorverständnis führte seit dem 13. Jh. aus Angst vor dem schlechten Vorbild und Einfluß der Prostituierten dazu, daß parallel zur Entwicklung der mittelalterlichen Städte allenthalben, sogar in Städten mit wenigen hundert Einwohnern, Bordelle als sog. Frauenhäuser eingerichtet wurden, die meist in städtischem Besitz waren und streng reglementiert wurden. Diese Reglementierung sollte die durch die organisierte Prostitution bedingten Gewalttätigkeiten und sonstigen Übel für die Bevölkerung möglichst weitgehend begrenzen und den unbedingt erforderlichen wirtschaftlichen und sozialen Schutz der Prostituierten gewährleisten. Die Frauenhäuser waren somit eine ordnungspolitische Maßnahme zur Durchsetzung strenger sexueller Normen und dokumentieren keine überschäumende sexuelle Lebensfreude. Klerikern und Verheirateten war der Zutritt unter Strafe verboten; dennoch besuchten Männer aller Gesellschaftsschichten mehr oder minder regelmäßig die Freudenhäuser, nicht zuletzt, um sich dort zu unterhalten, denn sie boten auch Gelegenheit zum geselligen Trank bei Musik und Gesang sowie Gelegenheit zu – allerdings verbotenen – Glücksspielen.

Die Prostituierten wurden in diesen Einrichtungen ähnlich wie die Juden in ihren Gettos „geduldet". Elemente gesellschaftlicher Abgrenzung, wie äußere Stigmatisierung und Gettoisierung, wurden nicht als Widerspruch zu dieser Toleranz angesehen. Die Erduldenden stellten ihre Abneigung und Verachtung den Geduldeten gegenüber in Hinsicht auf einen wichtigeren Zweck hintan. In Krisenzeiten konnte dieses fragile Beziehungsgeflecht reißen und wurde von Ausgrenzung, Kriminalisierung und Verfolgung abgelöst. Aber im gesamten Mittelalter wurden die Prostituierten als Sünderinnen, nicht als Kriminelle angesehen, die als solche durchaus fähig seien, in den Kreis der Gläubigen und Tugendhaften zurückzukehren.

Den Ausgrenzungstendenzen standen verschiedene Bemühungen zur Integration der Prostituierten gegenüber. Bereits 1198 verhieß Papst →Innocenz III. jedem Christenmenschen, der eine „öffentliche Frau" aus einem Bordell zur Ehe nahm, den Ablaß der Sünden. Seit dem 15. Jh. sind die Bemühungen von privater und öffentlicher Seite unübersehbar, den Prostituierten die Ehe und damit den Ausstieg aus dem Gewerbe zu erleichtern. Ehefrauen war die Prostitution verboten. Allerdings nicht überall – vornehmlich in Norddeutschland – erfolgte eine vollständige Integration der Prostitution durch Heirat. Eine der bedeutendsten Trägergruppen gegen das kirchliche Vergebungsgebot waren die Zünfte, nach deren Weltsicht die Menschen ähnlich wie im alten Rom lebenslang in ehrbare und nicht ehrbare Personen geteilt wurde.

Außerdem wurden Prostituierte durch Aufnahme in Reuerinnenklöster gesellschaftlich reintegriert. Der zu diesem Zwecke gegründete Magdalenenorden wurde 1227 päpstlich anerkannt, entwickelte sich aber später hauptsächlich zu einer Bewahranstalt für Töchter aus adligen und wohlhabenden Familien. Aber es gab in der Folgezeit immer wieder lokale Ansätze, um reumütigen Prostituierten ein Leben in geistlicher Zurückgezogenheit zu ermöglichen, u.a. bei →Ignatius von Loyola. Darüber hinaus gab es verschiedene Bemühungen, Prostituierten durch finanzielle Hilfen und durch die Einrichtung von Bewahranstalten für kranke und alte Prostituierte den Ausstieg aus der Prostitution zu erleichtern.

Mit dem Aufkommen der Neuzeit und der Verbreitung des reformatorischen Gedankenguts trat an die Stelle der reglementierten Duldung der Prostitution zunehmend das Bemühen um die Beseitigung dieses schwerwiegenden Lasters. Diesem Zwecke diente neben der Abschaffung des →Zölibats bei den Geistlichen der Kirchen der Reformation und einer Aufwertung der Ehe, die zu einer strengeren Beurteilung außerehelicher Geschlechtsbeziehungen führte, vor allem die Schließung der Bordelle sowie die Vertreibung und Kriminalisierung der Prostituierten, die durch (a) die Ausbreitung der Syphilis und (b) die Ausweitung der weltlichen Jurisdiktion in diesem Bereich erleichtert wurde und zunächst zu einer beachtlichen Zurückdrängung der Prostitution führte. Gleichzeitig übertrug die Reformation die Verantwortung für das christliche Leben stärker den einzelnen und entlastete die Gesellschaft tendenziell von ihrer Verantwortung für sie. Infolgedessen entledigten sich die Reformatoren mit ihrer Forderung, die Frauenhäuser zu schließen, jeder moralischen Verantwortung gegenüber der Existenz der Prostituierten und verlangten von den reuigen Prostituierten ernsthafte Bewährung, bevor sie Hilfe erwarten konnten.

Die im Zusammenhang mit der industriellen Revolution und der fortschreitenden Säkularisierung entstehenden Probleme führten besonders in den verstädterten Regionen zu einem erneuten Anwachsen der Prostitution. Sie wurde von den verschiedenen Staaten teils mit prohibitionistischen und teils mit reglementierenden Maßnahmen bekämpft.

Vor allem die prohibitionistische Politik führte zu einem Abtauchen der Prostitution in den Untergrund, das eine verstärkte Ausbeutung der Prostituierten und ihrer Freier durch Dritte zur Folge hatte. Auch die reglementierenden Maßnahmen wurden zumindest von einem aufgeklärten und moralisch sensibilisierten Teil der Bevölkerung als ungerecht kritisiert.

Die meisten Theologen haben jedoch bis in das 20. Jh. hinein die staatliche Duldung und Ordnung der Prostitution mit Berufung auf Augustin (und Thomas von Aquino) gebilligt und sittlich öfters verhältnismäßig milde verurteilt. Sie haben somit keine eigenständige Position zum richtigen sozialethischen Umgang mit der Prostitution entwickelt, obwohl das Leben von Abertausenden von Frauen auf dem Spiel stand. Sie paßten sich vielmehr dem jeweiligen Zeitgeist an, der gelegentlich repressiv, häufig tolerant, selten nachdenklich fragend war. Das gilt zunächst auch für die Theologen der reformatorischen Kirchen. Schließlich wurde dann doch von der Anglikanerin Josephine Butler (1828–1906) und von der von ihr initiierten *International Abolitionist Federation*, die ihren ersten Kongreß 1877 in Genf hielt, das sozialethische Programm des Abolitionismus einer staatlichen Duldung und Ordnung der Prostitution auf den Weg gebracht. Inzwischen haben es die christlichen Denominationen weitgehend übernommen. Besonders schwer taten sich damit allerdings zunächst die Katholiken.

2. Grundsätze gegenwärtiger Sexualethik

2.1. In individualethischer Sicht ist die Prostitution abzulehnen, weil nach durchgängiger Überzeugung der christlichen Sexualethik (→Sexualität) menschliche Geschlechtsgemeinschaft nur dann sittlich zu rechtfertigen ist, wenn sie unter angemessener Berücksichtigung des Sinnes und Zwecks der menschlichen Sexualität in umfassender Verantwortung der Partner füreinander und für die Folgen ihres Tuns als Ausdruck wechselseitiger Zuwendung in ganzheitlicher Partnerschaft nach den Erfordernissen der Liebe und Gerechtigkeit gestaltet wird. Sie begründete diese Auffassung im Verlaufe ihrer Geschichte mit unterschiedlichen Akzentsetzungen. Die christliche Tradition folgerte bislang daraus, daß Geschlechtsverkehr den Eheleuten vorbehalten und somit die Prostitution sittlich verboten sei.

Die spezifische Verwerflichkeit der Prostitution ergibt sich aus folgenden Gründen:

1) Bei ihr wird die ganzheitliche Partnerschaft auf eine augenblickliche und periphere reduziert; gleichzeitig wird die personale Gemeinschaft durch eine funktionale Vereinigung ersetzt, bei der für eine ausgehandelte Bezahlung eine festgelegte Dienstleistung erbracht wird. An die Stelle des intersubjektiven Austauschs von sexuellen Zärtlichkeiten treten von personaler Partnerschaft bewußt abgespaltene sexuelle Manipulationen. Die an der Prostitution Beteiligten werden personal allenfalls als Geschäftspartner respektiert. Das aber widerspricht wegen der damit verbundenen Verletzung der leiblichen Integrität der Geschäftspartner der Menschenwürde.

2) Die umfassenden schädlichen Auswirkungen, die die Prostitution für die Prostituierten und ihre Freier, für Dritte und das Gemeinwohl hat, sind unverhältnismäßig schwerwiegender als die Vorteile derjenigen, die von der Prostitution in dieser oder jener Weise profitieren; gleichzeitig treffen sie in ungerechter Weise andere als die Verursacher. Die Prostitution wirkt sich demnach in verschiedener Hinsicht äußerst kontraproduktiv aus. Am schlimmsten betroffen werden in der Regel die Prostituierten, insbesondere wenn sie zur Prostitution gezwungen werden oder ihrer Tätigkeit langfristig nachgehen. Das gilt ebenso für ihre leibliche und seelische Gesundheit, für ihre soziale Einbindung und wirtschaftliche Lage wie für viele andere Aspekte ihrer menschlichen Befindlichkeit. Die Familien und Kinder von Prostituierten werden in der Regel in ihrem Wohlbefinden stark beeinträchtigt. Die sexuellen Probleme der Freier werden eher vergrößert als verringert; dazu kommen die mit der Prostitution einhergehenden gesundheitlichen Gefährdungen. Darüber hinaus begünstigt sie ein kriminelles Umfeld;

gleichzeitig bürdet sie der Solidargemeinschaft zahlreiche soziale, ökonomische, sittliche und kulturelle Folgekosten auf.

3) Prostitution geht häufig mit Treulosigkeit einher.

2.2. Bei der sozialethischen Beurteilung der Prostitution ist davon auszugehen: Es ist charakteristisch für die menschliche Befindlichkeit, daß viele Menschen aus unterschiedlichen Gründen den Ansprüchen der christlichen Sozialethik nicht entsprechen. Deren Freiheit und Selbstbestimmungsrecht gerade auch in sexueller Hinsicht setzt der gesellschaftlichen Bekämpfung der Prostitution deutliche Grenzen (s. Art. 2 und 12 GG [Grundgesetz der Bundesrepublik Deutschland]: die Rechte auf freie Entfaltung der Persönlichkeit und Freiheit der Berufswahl). Sie muß sich deshalb auf eine angemessene Abwehr von Unrecht konzentrieren, das durch die Prostitution ausgelöst wird. Daraus ergibt sich:

1) Die Prostitution unter Erwachsenen darf trotz ihrer Sittenwidrigkeit rechtlich nicht verboten werden. Abgesehen davon, daß ein solches Verbot erfahrungsgemäß zum Scheitern verurteilt ist, könnte es allenfalls mit solchen rigorosen Maßnahmen durchzusetzen versucht werden, durch die die Persönlichkeitsrechte der selbstbestimmten Prostituierten und ihrer Freier einseitig zugunsten der Erhaltung und Förderung der Tugend Dritter beschränkt werden.

Die rechtliche Qualifikation der Prostitution als sittenwidrig führt dazu, daß die Prostituierten den mit den Freiern vereinbarten Preis für ihre Prostitution mit Rechtsmitteln nicht einfordern können, falls er ihnen von diesen vorenthalten wird. Diese Regelung ist mit der beständigen jüdischen und christlichen Lehre unvereinbar, derzufolge zwar die Art, wie man mit der Prostitution Geld verdient, unsittlich ist, aber die Annahme des dafür vereinbarten Preises weder ungerecht noch verboten ist.

2) Auch die staatliche Reglementierung der Prostitution ist abzulehnen, weil sie nur mittels einer Instrumentalisierung der Prostituierten im Interesse eines bloß vermeintlichen Gemeinwohls möglich ist. Sie trägt nämlich keineswegs zur Verbesserung der öffentlichen Sicherheit bei. Sexuelle Gewalt, sexuelle Ausschweifungen unter Erwachsenen und der sexuelle Mißbrauch von Kindern wird durch die reglementierte Prostitution vielmehr eher begünstigt als eingeengt, zumal sie dem Eindruck staatlicher Protektion der Prostitution Vorschub leistet. Das Entstehen bzw. der Erhalt einer parasitären und kriminellen Subkultur wird begünstigt. Auch ökonomisch wird die Solidargemeinschaft durch die Reglementierung weit mehr be- als entlastet. Ebenso wird die öffentliche Ordnung durch eine Konzession der Prostitution ausgehöhlt. Der Schutz von Ehe und Familie leidet dadurch Schaden.

Das Recht, die Prostitution in bestimmten Sperrbezirken zu verbieten (Art. 297 EGStGB [Ergänzung zum Strafgesetzbuch der Bundesrepublik Deutschland]), und das Verbot jugendgefährdender Prostitution (§ 184b StGB [Strafgesetzbuch der Bundesrepublik Deutschland]) soll dem Schutz der Jugend und des öffentlichen Anstands dienen. Die Möglichkeiten, in welchem Kontext (Bordell, Club, Appartement, Straße) die Prostituierten ihrer Tätigkeit nachgehen wollen, werden dadurch eingegrenzt. Aber es ist zweifelhaft, ob man durch eine staatlich reglementierte Ausgrenzung der Prostitution wirklich die Moral der vor Prostitution zu Schützenden besser fördern kann als durch eine realistische Sexualerziehung, die durch eine staatliche Duldung der Prostitution eher erschwert als erleichtert wird.

Auch die Gesundheitskontrollen der Prostituierten, die mit Berufung auf das *Gesetz zur Bekämpfung der Geschlechtskrankheiten* erfolgen, sind umstritten: Sie erwecken den Eindruck staatlicher Reglementierung der Prostitution, bevormunden die Prostituierten und behindern ihre Eigenverantwortung und Selbstbestimmung. Sie verleiten die Freier zu dem trügerischen Gefühl der Sicherheit, eine „staatlich geprüfte, keimfreie Prostituierte" vor sich zu haben, die sich aber zwischenzeitlich bereits angesteckt haben kann.

Prostituierte dürfen in Deutschland keine Arbeitsverträge schließen. Deshalb haben diejenigen Prostituierten, die ihrer Tätigkeit unter ähnlichen Bedingungen wie Arbeitnehmer nachgehen, zur gesetzlichen Renten-, Arbeitslosen- und Krankenversicherung prinzipiell keinen Zugang wie andere Arbeitnehmer. Sie können auch faktisch für ihre Bedürfnisse im Falle von Krankheit, Arbeitslosigkeit usw. nur unter erschwerten Bedingungen Vorsorge treffen. Daß die Prostituierten als solche keine Arbeitsverträge schließen können, wird außer mit der Sittenwidrigkeit (im Sinne des § 138 BGB [Bürgerliches Gesetzbuch der Bundesrepublik Deutschland]) damit begründet, daß das Verbot solcher Arbeitsverhältnisse der Förderung der Prostitution (§ 180a StGB) und der Ausbeutung der Prostituierten durch Zuhälter (§ 181a StGB) entgegenwirkt.

Andererseits kann durch Arbeitsverträge die in bestimmten Bereichen der Prostitution faktisch unvermeidliche Abhängigkeit von Vermietern usw. rechtlich abgesichert und so vor Ausbeutung geschützt werden. Die Möglichkeit des Abschlusses von Arbeitsverträgen scheint unter diesen Umständen eine legitime Möglichkeit zu sein, um der Gefahr sozialrechtlicher Ausgrenzung und Diskriminierung von Prostituierten entgegenzuwirken. Eine solche Regelung erscheint um so naheliegender, wenn man bedenkt, daß man bereits im Mittelalter durch eine zunftähnliche Organisation der Prostituierten deren ökonomischer Ausbeutung entgegenzuwirken versuchte.

Die Gefahr, daß durch die Ermöglichung einer arbeitsrechtlichen Regelung der Prostitution das Bewußtsein von ihrer Sittenwidrigkeit Schaden leidet, ist gegenüber der Gefahr der Ermöglichung ökonomischer Ausbeutung der Prostituierten, die bei Verzicht auf die Ermöglichung einer arbeitsrechtlichen Regelung besteht, unter Umständen als zweitrangig einzustufen, vor allem solange die Existenz von Eros-Centern usw. nicht verhindert werden kann. Das gilt vor allem, wenn dann die Prostituierten abtauchen und diese Tätigkeit unter schlechteren Bedingungen ausüben würden.

3) Rechtliche Eingriffe in das selbstbestimmte Leben der durch Prostitution Gefährdeten bzw. Geschädigten sind nur soweit statthaft, wie nur durch diese Eingriffe den wohlverstandenen Eigeninteressen der durch die Prostitution Betroffenen gedient und durch Verhinderung der Prostitution mit angemessenen Mitteln die Schädigung Dritter verhindert werden kann. Tatsächlich ist zu diesem Zweck insbesondere die Bekämpfung der Schädigung von Jugendlichen, des Mädchenhandels und der Ausbeutung der Prostituierten durch Bordellbesitzer, Zuhälter u.a. mit rechtsstaatlichen Mitteln nötig.

2.3. Auch eine Vorbeugung der Prostitution ist wegen der menschlichen Befindlichkeit mit legitimen Mitteln nur in begrenztem Umfang möglich. Dennoch ist eine gewisse allgemeine Vorbeugung der Prostitution durch Bekämpfung der sozialen Mißstände, die die Entstehung der Prostitution fördern, möglich. Diese sind vor allem: die →Armut; Ehe- und Familienverhältnisse, die die Flucht aus der Familie begünstigen; Mädchenhandel und Drogensucht; Patriarchalismus und Frauendiskriminierung, durch die das weibliche Selbstwertgefühl Schaden leiden kann; Unzulänglichkeiten einer Sexualerziehung, die eine realistische Aufklärung speziell auch über das wahre Wesen der Prostitution und die wirkliche Situation der Prostituierten versäumt und ein entweder einseitig strenges oder auch ein einseitig freizügiges Sexualethos vermittelt. In diesem Zusammenhang ist kirchlicherseits eine selbstkritische Rückbesinnung auf das von der Kirche verbreitete Sexualethos erforderlich, das dazu neigt, sexuelles Verhalten – selbst in der Ehe – in zu begrenztem Umfang zu bejahen und von diesen engen Normen abweichendes Verhalten zu streng zu verurteilen.

Darüber hinaus ist eine spezielle Vorbeugung der Prostitution durch soziale Hilfe für prostitutionsgefährdete und -geschädigte Jugendliche und Erwachsene durch den Aufbau eines eigenen Fürsorgesystems nötig. Da zahlreiche Prostituierte aus zerstörten oder stark konfliktträchtigen Familienverhältnissen stammen, ist es besonders wichtig, solchen Familien gezielt und langfristig zu helfen und Aufklärungsarbeit bei Eltern und Kindern zu leisten. Außerdem kann eine verstärkte Aufklärung der Gesellschaft über die Prostitution hilfreich sein, bei der einerseits Verständnis für die Prostituierten geweckt und andererseits aus der Aufnahme der Prostitution sich ergebende Gefahren und Folgen aufgezeigt werden.

2.4. Schließlich ist eine besondere Fürsorge für alle durch die Prostitution Geschädigten, insbesondere für die Prostituierten und deren Kinder, nötig. Diese Hilfe ist besonders nötig, weil viele Prostituierte stark gesundheitsgeschädigt sind, in hohem Maße zu Sucht- und Aufputschmitteln greifen, verbraucht und seelisch zerstört sind; aufgrund dessen geraten sie in einen Kompetenzverfall und in die Isolation, werden sie resignativ und depressiv, geplagt von Schuld- und mangelnden Selbstwertgefühlen. Das erklärt auch die hohe Selbstmordgefährdung (→Suizid).

Die Hilfe verfolgt zunächst das Ziel, daß die Prostituierten und andere durch die Prostitution Geschädigte ihren Außenseiterstatus verlieren und sich wie alle anderen möglichst frei und selbstbestimmt entfalten können. Helfen kann man ihnen am ehesten, wenn man sie zunächst einmal mit ihrer Biographie und ihren Lebensgewohnheiten annimmt, so wie sie sind, sie als Mitmenschen respektiert und nach Kräften ihrer sozialen Isolation und Ausgrenzung entgegenwirkt.

Außerdem muß man ihnen praktisch helfen, daß sie zu einer selbständigen Lebensführung und -planung fähig werden. Vor allem eine möglichst weitreichende Lösung aus dem Prostitutionsmilieu ist dazu förderlich. Auch die Hilfe für die Kinder von Prostituierten, für die wegen der Tätigkeit ihrer Mütter in der Regel besondere Probleme entstehen, darf nicht vernachlässigt werden. Gleichzeitig muß der Isolierung der Prostituierten von ihren Familien und Freunden entgegengewirkt werden. Innerhalb dieses Rahmens ist eine milieunahe und nachgehende →Seelsorge möglich und nötig.

Sodann müssen den Prostituierten möglichst viele konkrete Chancen zum Ausstieg aus der Prostitution eröffnet werden. Dazu müssen vor allem große und insbesondere geduldige Anstrengungen unternommen werden, um den Prostituierten den Umstieg in eine andere Lebensweise mit befriedigenden zwischenmenschlichen Kontakten zu erleichtern und eine konventionelle Lebens-, Arbeits- und Wohnform sowie die Übernahme und Verinnerlichung von gesellschaftskonformen Normen und Standards zu ermöglichen.

Geleistet wird diese vorbeugende und rettende Hilfe vor allem von freien, speziell konfessionellen Wohlfahrtsverbänden, von bestimmten Orden und von Gruppierungen, die sich dieser Arbeit äußerst engagiert widmen, z. B. von der →*Heilsarmee*, der *Mitternachtsmission* und dem *Sozialdienst Katholischer Frauen*, die auch Beratungsdienste unterhalten, *streetwork* leisten und Kommunikationszentren fördern. Dazu kommen zunehmend auch Selbsthilfeorganisationen und -gruppen.

Literatur

Michael Bargon, Prostitution u. Zuhälterei. Zur kriminologischen u. strafrechtlichen Problematik mit einem gesch. u. rechtsvergleichenden Überblick, Lübeck 1982. – Wilhelm Bernsdorf, Prostitution: ders. (Hg.), Wb. der Soziologie, Frankfurt a.M., 3 (1973) 651–653. – Peter Brown, Die Keuschheit der Engel. Sexuelle Entsagung, Askese u. Körperlichkeit am Anfang des Christentums, München 1991. – Vern L. u. Bonie Bullough, Women and Prostitution. A Social History, Buffalo 1987. – Charles Chauvin, Les Chrétiens et la Prostitution, Paris 1983. – Pierre Dufour, Weltgesch. der Prostitution. Von den Anfängen bis zum Beginn des 20. Jh. (1905), 2 Bde., Frankfurt a.M. 1995. – Rose M. Giesen/Gunda Schumann, An der Front des Patriarchats. Ber. vom langen Marsch durch das Prostitutionsmilieu, Bensheim 1980. – Die Grünen im Bundestag, Beruf Hure. Argumente, Bonn 1991. – Cecilie Hoigard/Liv Finstad, Seitenstraßen. Geld, Macht u. Liebe oder der Mythos v. der Prostitution, Reinbek 1987. – Peter Ketsch, Frauen als Prostituierte u. unter den Fahrenden: ders., Frauen im MA. I. Frauenarbeit im MA. Quellen u. Materialien: Klaus Bergmann/Werner Boldt/Annette Kuhn u.a. (Hg.), Geschichtsdidaktik. Bd. 14. Stud., Materialien, Düsseldorf 1983, 309–334. – Renate Kirchhoff, Die Sünde gegen den eigenen Leib. Stud. zu pornê u. porneia in 1 Kor 6,12–20 u. dem soziologischen Kontext der paulinischen Adressaten, Göttingen 1994. – Dieter Kleiber/Doris Velten, Prostitutionskunden. Eine Unters. über soziale u. psych. Charakteristika v. Besuchern weiblicher Prostituierter, Baden-Baden 1994. – Monica Kurzel-Runtscheiner, „Töchter der Venus". Die Kurtisanen Roms im 16. Jh., München 1995. – Beate Leopold/Elfriede Steffan, Dokumentation zur rechtlichen u. sozialen Situation v. Prostituierten in der BRD, Berlin 1994. – Mechthild Maurer, Tourismus – Prostitution – Aids, Zürich 1991. – Gale Miller, Odd Jobs. The World of Deviant Work, New York 1978. – Leah L. Otis, Prostitution in Medieval Society, Chicago 1985. – Christa Paul, Zwangsprostitution. Staatlich errichtete Bordelle im Nationalsozialismus, Berlin 1994. – Joachim Riecker, Ware Lust. Wirtschaftsfaktor Prostitution, Frankfurt a.M. 1995. – Jacques Rossiaud, Dame Venus. Prostitution im MA, München 1989. – Hans-Joachim Schickedanz, Homosexuelle Prostitution. Eine empirische Unters. über diskriminiertes Verhalten bei Strichjungen u. Call-Boys, Frankfurt a.M. u.a. 1979. – Hans Joachim Schneider, Prostitution: ders. (Hg.), Die Psychologie des 20. Jh. XIV. Auswirkungen auf die Kriminologie, Delinquenz u. Gesellschaft, Zürich 1981, 565–576. – Regina Schulte, Sperrbezirke. Tugendhaftigkeit u. Prostitution in der bürgerlichen Welt, Frankfurt a.M. 1984. – Peter Schuster, Das Frauenhaus.

Städtische Bordelle in Deutschland 1350–1600, Paderborn 1992. – Ders., „Sünde u. Vergebung". Integrationshilfen für reumütige Prostituierte im MA: Zs. f. hist. Forschung 21 (1994) 146–170. – Uwe-Volker Segeth, Kinder, die sich verlaufen. Eine Analyse der Prostitution v. weiblichen Minderjährigen, Frankfurt a.M. 1980. – Friedrich W. Stallberg, Prostitution als soziales Problem, Hamm 1988. – Thanh-Dam Truong, Sex, Money and Morality. Prostitution and Tourism in South-East Asia, London 1990. – Ungeschützte Arbeitsverhältnisse. Frauen zw. Risiko u. neuer Lebensqualität, hg. v. Hedwig Rudolph u.a., Hamburg 1987. – Judith R. Walkowitz, Prostitution and Victorian Society. Women, Class, and the State, Cambridge 1980.

Waldemar Molinski

Protestantenverein

1. Entstehung 2. Entwicklung (Quellen/Literatur S. 541)

1. Entstehung

Der im Kontext nationaler Einigungsbemühungen stehende Beschluß zur Gründung des Deutschen Protestantenvereins (→Vereinswesen) wurde auf einer von badischen Liberalen um Daniel Schenkel (1813–1885) und Karl Zittel (1802–1871; Durlacher Konferenz) initiierten Versammlung von namhaften Vertretern des →Bürgertums am 30. September 1863 in Frankfurt am Main gefaßt. Durch die Stärkung synodaler Bestrebungen in den Einzelstaaten (→Hannover, →Preußen) sollte die Institutionalisierung kirchlicher Selbstbestimmung gemäß den Grundsätzen der Reichsverfassung von 1849 nach dem Vorbild der badischen Kirchenverfassung von 1861 in einer die Konfessionalität überwindenden Form der (Konsensus-)Union (→Unionen, Kirchliche) vorangetrieben werden. Ziel war eine Nationalvertretung des deutschen Protestantismus und die Bildung einer Nationalkirche (Neuansatz gegenüber der sog. *Eisenacher Konferenz* und dem *Deutschen Evangelischen Kirchentag*; vgl. TRE 10,657,8–659,54; 19,414,44–415,8). Nachdem die Einbindung Preußens durch Reorganisation und Angliederung des *Berliner Unionsvereins* (Heinrich Krause [1816–1868], Karl Leopold Adolf Sydow [1800–1882] u.a.) einschließlich weiterer Unionsvereine gelungen war, konstituierte sich der Verein am 7. Juli 1865 auf dem 1. Protestantentag in Eisenach. Die pluralen Glaubensvorstellungen einte ein primär ethisch motiviertes Christentum, das auf ein durch kirchliche Autorität und Überlieferung ungebundenes Glaubensbewußtsein bezogen war. R. →Rothes universaltheologische Konzeption bestimmte den Anspruch auf reformatorische „Erneuerung der protestantischen Kirche im Geist evangelischer [Gewissens-]Freiheit und im Einklang mit der gesamten [staatlich-humanitären] Kulturentwicklung" der Zeit (Statut § 1 Obersatz: AKZs 6 [1865] 125).

Zu den führenden Persönlichkeiten zählten neben Schenkel, Rothe, Zittel und Vertretern der Unionsvereine der Heidelberger Staatsrechtler Johann Caspar Bluntschli (1808–1881), der Gothaer Oberhofprediger Karl Heinrich Wilhelm Schwarz (1812–1885), H.J. →Holtzmann und Richard Adelbert Lipsius (1830–1892), aus der Provinz Hannover der liberale Politiker Rudolf von Bennigsen (1824–1902) und G.H.A. →Ewald (bis 1867); eine theologische Außenseiterrolle im Kreis der Positionen des deutschen →Idealismus, der →Spekulativen Theologie und der historischen →Bibelwissenschaft spielte M. →Baumgarten.

2. Entwicklung

Der Verein, dessen Entwicklung mit der Geschichte des politischen →Liberalismus eng verbunden war, verbreitete sich bis in die zweite Hälfte der 1870er Jahre in weiten Teilen Deutschlands mit Ausnahme von Württemberg und Altbayern, ohne die erhoffte Popularität zu erreichen. Höhepunkte der regen Öffentlichkeits- (Vorträge, Publikationen, Massenkundgebungen, Aktionskomitees, parlamentarische Vorstöße) und Bildungsarbeit (religiöse und kirchliche Themen) waren die bis 1876 mit Ausnahme der Kriegsjahre 1866 und 1870 jährlich stattfindenden Protestantentage mit ihren Resolutionen. Schon vor Ende der nationalliberalen Vorherrschaft im Staat (1878) war der

Höhepunkt in der Entwicklung des Vereins überschritten, doch blieb er auch weiterhin eine gewichtige Stimme im Spektrum des →Kulturprotestantismus.

Die Zahl der angeschlossenen Orts-, Lokal- und Regionalvereine stieg bis um 1875 auf etwa 125 und ging dann stark zurück (1890 etwa 26, 1908 15); 1875 zählte man insgesamt ca. 25.000 Mitglieder, von denen allein 18.000 dem 1858 gegründeten *Protestantischen Verein der bayerischen Pfalz* angehörten (→*Evangelischer Bund* 1890: rund 80.000 Mitglieder). Zur Gründung von Provinzialverbänden kam es in Schlesien, Südwest- und Nordwestdeutschland. Sitz des geschäftsführenden Ausschusses war bis 1874 Heidelberg (Vorsitz: Bluntschli), dann Berlin, ab 1896 wurde die Leitung einem Vorort übertragen (Hamburg, Kaiserslautern, Berlin, Bremen). Verbindungen bestanden vor allem zu schweizerischen und niederländischen Reformvereinen und zu englischen und amerikanischen →Unitariern. An Vorbereitung und Durchführung des fünften *Weltkongresses für freies Christentum und religiösen Fortschritt* 1910 in Berlin war der Verein maßgeblich beteiligt.

Schwerpunkte und Leitbilder von Reformbemühung und Agitation (vor allem im Blick auf Preußen) waren:

2.1. Repräsentativverfassung. Als entscheidender Schritt zur Realisierung einer vom Bürgertum als Kern der Nation getragenen →Volkskirche galt die Durchsetzung einer dem bürgerlichen Repräsentativsystem analogen Kirchenverfassung nach dem „Gemeindeprinzip" (→Kirchenverfassungen 7.6.): Leitend waren neben der kirchlich synodalen Tradition die Erfahrungen kommunaler Selbstverwaltung und die pädagogisch bestimmte Einforderung staatsbürgerlicher Rechte in der Kirche unter Zurückweisung von an Amt und Bekenntnis orientierten Ansprüchen, ohne daß eine konsequente Parlamentarisierung der Kirche angestrebt worden wäre (erweiterte Mitwirkungsrechte der [Laien-]Gemeinde im Gegenüber zur konsistorialen Bürokratie, Demokratisierung des Wahlrechts; Forderung einer Generalsynode, Kritik an der Politik des Kultusministers Heinrich von Mühler). Der von der *Evangelischen Vereinigung* (Mittelpartei; vgl. TRE 26,33,49ff.) in der Ära Falk-Herrmann getragene Abschluß des Kirchenverfassungswerks in der altpreußischen Landeskirche (*Generalsynodalordnung* 1876) erfüllte wesentliche Forderungen des Vereins und stellte diesen vor die Frage seiner weiteren Existenzberechtigung. Der Bedeutungsverlust nahm zu, da die Mobilisierung liberaler Wählerschichten nicht im erhofften Maß gelang und Minoritäten in den höheren Synodalstufen kaum vertreten waren (Folge des indirekten Wahlsystems). Eine einheitlich verfaßte protestantische Nationalkirche erschien immer weniger erstrebenswert.

2.2. Lehrfreiheit und kirchliche Anerkennung →Liberaler Theologie. Neben dem Streit um Schenkels *Charakterbild Jesu* (Wiesbaden 1864) führten die Verhandlungen der ersten Protestantentage durch ihre generelle Problematisierung kirchlicher →Lehrverpflichtungen unter Berufung auf die Gewissensinstanz des einzelnen und den Fortschritt theologischer Wissenschaft zu scharfen Kontroversen um die Stellung des Vereins gegenüber den Bekenntnisgrundlagen der Kirche (Vorwurf lichtfreundlicher Tendenzen [→Lichtfreunde]).

Lehnten auch Oberkirchenrat und Kultusministerium bei mäßigendem Einwirken auf den Landesherrn ein Einschreiten gegen den Verein ab, so kam es doch verschiedentlich zu Restriktionen und Verurteilungen (z. B. Kirchenverbote, Entschließung der Berliner Pastoralkonferenz 1868, Erklärung der 2. Hannoverschen Landessynode 1876). Diese stärkten den Verein ebenso wie die „Fälle" von Geistlichen, gegen die vorwiegend in den 1870er Jahren wegen kritischer Äußerungen zum Apostolikum und Inanspruchnahme agendarischer Freiheiten vorgegangen wurde und zu deren Anwalt sich der Verein machte (z. B. die „Fälle" Sydow, Lisco 1872/73, Hoßbach 1877, M. Fischer 1905).

Obwohl auch die *Mittelpartei* und die *Freunde der Christlichen Welt* (→Kulturprotestantismus) Kritik an der konsistorialen Praxis von Kolloquien und Disziplinaruntersuchungen in Lehrangelegenheiten übten, waren sie zu einem engeren Zusammenwirken mit dem weithin als Inbegriff von Lehrwillkür und bloßer Negation angesehenen Verein nicht bereit.

2.3. National- und Kulturstaat. Leitbild gesamtkultureller Einheit war der mit umfassenden Aufsichtsrechten über die Kirchen ausgestattete souveräne und (faktisch eingeschränkt) paritätische Nationalstaat (frei)protestantischer Prägung. Die zentralen Bereiche von Schule und Ehe waren nach der richtungweisenden badischen Gesetzgebung und den Bemühungen des Kultusministers Falk gegen konservative Interessen dem bestimmenden Einfluß der Kirchen zu entziehen (Abschaffung der Konfessionsschulen, alleinige Schulaufsicht des Staats, obligatorischer Religionsunterricht zivilreligiöser Prägung als Grundlage nationaler Erziehung, reichsrechtliche Regelung der Zivilehe). Namhafte Stimmen im Verein verteidigten die nationale Idee als Teil universaler Humanität gegen den zunehmend aggressiv auftretenden →Antisemitismus der Kaiserzeit, nicht jedoch gegen das expansive Kolonial- und Weltmachtstreben.

2.4. Anti-Ultramontanismus. Unter Aufnahme stereotyper Merkmale antisemitischer Propaganda kämpfte der Verein gegen den mit mittelalterlich absolutistischen Weltmachtsansprüchen Roms identifizierten →Ultramontanismus. Der →Syllabus und das als Höhepunkt römischer Verweigerung gegenüber der Moderne gesehene →Vatikanum I boten Anlaß zu heftigen Gegenreaktionen, die den Boden bereiten halfen für den →Kulturkampf der Ära Falk. Über die Friedensgesetze hinaus blieb die kompromißlos kämpferische Haltung gegen Jesuitenorden (→Jesuiten), Zentrum (→Parteien) und Konkordatspolitik ein wesentliches Merkmal der Polemik.

Der Niedergang des kirchlichen und politischen Liberalismus und die Neuformulierung innerkirchlicher Gegensätze trugen mit dazu bei, daß der Verein zunehmend an Integrationskraft verlor. Die Gründung des weitere kirchliche Kreise integrierenden →*Evangelischen Bundes* 1886 bedeutete eine starke Konkurrenz, der erwogenen Angliederung an denselben stand aber dessen dogmatische Bestimmtheit im Wege. In der *sozialen Frage*, die entsprechend der Trägerschicht des Vereins bis in die Mitte der 1890er Jahre vorwiegend nach einem durch kommunale Daseinsvorsorge und frei organisierte Selbsthilfe (Hermann Schulze-Delitzsch [1808–1883]) gezügelten klassischen Liberalismus unter Ablehnung sozialstaatlicher Maßnahmen und Ausschluß der →Sozialdemokratie aus dem nationalen Konsens beurteilt wurde, bestand anders als im Schweizer Reformverein (Wilhelm Kambli [1829–1914]) wenig Flexibilität. Aus Sorge vor protestantischer Parteibildung (A. →Stoecker) wurde auf kritische Distanz zum →*Evangelisch-sozialen Kongreß*, aber auch zum *National-sozialen Verein* F. →Naumanns geachtet.

Die zwischen 1890 und 1896 ausgesetzten Protestantentage wurden bis gegen Ende der Weimarer Zeit in meist zwei- bis dreijährigem Abstand wieder aufgenommen. Dabei bot sich der Verein als Forum zur Erörterung von Grundsatzfragen wie denen des Verhältnisses von theologischer Wissenschaft und Religion zu →Kultur, →Naturwissenschaft, Kunst, →Monismus, →Sozialethik und →Sozialismus unter der Perspektive einer erwarteten Wiedergeburt des Idealismus und der Spekulativen Theologie an, wie sie auch für die kritische Auseinandersetzung mit der →Dialektischen Theologie bestimmend blieb. Nach 1905 („Fälle" Römer, César, →Jatho und Traub) waren es vor allem die Gruppen der *Freunde der evangelischen Freiheit* im Rheinland und in Westfalen, Hannover und Schleswig-Holstein, welche in den Bahnen des Vereins arbeiteten und noch vor 1914 zu einer vertieften Diskussion um die Neuordnung des Verhältnisses von Kirche und Staat im Sinne einer strikteren Trennung beider beitrugen.

Das Problem organisatorischer Zersplitterung der Kräfte blieb trotz verschiedener loser Zusammenschlüsse wie dem *Bund deutscher Protestanten zur Verteidigung des freien Protestantismus* (1912), dem *Verband des freien Protestantismus* (1921) und dem *Deutschen Bund für entschiedenen Protestantismus* (1933) bestehen (vgl. TRE 20,233,34ff.). Vielfältige publizistische Aktivitäten entfaltete der seit 1921 als Generalsekretär des Vereins tätige Pfarrer Wilhelm Schubring (1875–1945; 1920–1941 Mitherausgeber des *Protestantenblattes* und wie der 1. Vorsitzende Paul Luther [1868–1954] der *Deutschen Volkspartei* zugehörig). Bei ihm wird deutlich, wie die nationale Idee weiterwirkte im Bemühen um eine über den gesellschaftlichen Interessengruppen stehende deutsch-protestantische Volkskirche, die von völkischen Radikalismen frei und nicht dem altkirchlichen Dogma bekenntnismäßig verpflichtet sein sollte. Zu einer grundsätzlichen Klärung des Verhältnisses zur Weimarer Republik und zum →Nationalsozialismus kam es unter dem Anspruch politischer Neutralität nicht. Dies Verständnis von Neutralität äußerte sich 1933 dergestalt, daß der diktatorische Führerstaat zwar nicht bejubelt wurde, aber volle politische Anerkennung fand in der Hoffnung, die Kirche werde sich von seinem Einfluß freihalten können. Innerkirchlich bestimmte fortan der Gegensatz zu den →*Deutschen Christen* und zur *Bekennenden Kirche* die Suche nach einem eigenen Weg im Geflecht der schwach organisierten freiprotestantischen Gruppierungen (vgl. TRE 24,52,14–19).

Einzelne Protestantenvereine (Bremen, Hamburg, Berlin) nahmen nach dem Zweiten Weltkrieg ihre Wirksamkeit wieder auf (Bremen 1947). Im Jahr 1948 trat der Deutsche Protestantenverein korporativ dem *Deutschen Bund für freies Christentum* bei (seit 1962 *Bund für Freies Christentum*), der dem heutigen *Weltbund für religiöse Freiheit* (IARF) angehört. Namen wie R. →Otto, Gustav Mensching (1901–1978), A. →Schweitzer und P. →Tillich stehen nun neben →Lessing und →Schleiermacher, den traditionellen Leitfiguren des Protestantenvereins, für die Verpflichtung zur Fortführung der Reformation, als deren besondere Herausforderung gegenwärtig neben der Suche nach einer „offenen" Gestalt des Christentums in Abgrenzung von religiösem Fundamentalismus und Beliebigkeit der interreligiöse Dialog gilt (seit 1995 Untertitel des *Deutschen Bundes*: *Forum für offenen religiösen Dialog*).

Quellen

Geheimes Staatsarchiv Preußischer Kulturbesitz Berlin (I. Hauptabt., Rep. 89, Geheimes Zivilkabinett, Nr. 23647). – Ev. Zentralarchiv Berlin (Bestand 7, Ev. Oberkirchenrat: Dt. Protestanten-Verein 1863–1928, Fall Sydow, Fall Hoßbach u.a.; Bestand 14, Ev. Konsistorium Provinz Brandenburg: Bildung eines Protestanten-Vereins 1863–1939, Personalakten). – Landeskirchl. Archiv Karlsruhe (GA, Fasz. 5567). – AKZs. – Flugschr. des dt. Protestantenvereins. – Freies Christentum 1949ff. – Jb. des dt. Protestantenvereins 1869–1872. – Kampf u. Arbeit des freien Christentums in Deutschland H. 1–6, Halle a.d.S. 1905–1908. – Prot. Flugbl. 1866–1913. – PrBl. – PKZ. – PrM. – Prot. – Prot. Vortr. I–VI, Berlin 1870–1873. – Verhandlungen des (1. bis 20. u. 22. bis 26.) dt. Protestantentags, Elberfeld/Leipzig/Berlin 1865–1913 (leicht veränd. T., 23. u. 24. u.d.T. Prot. Freiheit).

Andachtsbuch des dt. Protestantenvereins, Neustadt a.d.H. o.J. (1873?). – Anon., Der Protestanten-Verein u. die moderne Kultur, Mannheim 1866. – Michael Baumgarten, Der dt. Protestantenverein u. ein mecklenburgischer Dunkelmann, Kiel 1865. – Ders., Eine Krisis innerhalb des dt. Protestanten-Vereins, Rostock 1876. – Johann Caspar Bluntschli, Die nationale Bedeutung des Protestantenvereins f. Deutschland, Berlin 1868. – A.L. Ethinos (Pseud.), Die kirchl. Nothstände unserer Zeit innerhalb der prot. Kirche Deutschlands u. der dt. Protestantenverein, Altona 1868. – Wilhelm Hönig, Der dt. Protestantenverein, Bremen 1904. – Der Protestantenverein. Seine Statuten, die Ansprachen seines engern u. weitern Ausschusses u. die Thesen seiner bisherigen Hauptversammlungen, Dessau 1874. – Der allg. dt. Protestantenverein in seinen Statuten, den Ansprachen seines engeren, weiteren u. geschäftsführenden Ausschusses u. den Thesen seiner Hauptversammlungen 1865–1888, Berlin 1889. – Daniel Schenkel, Der dt. Protestantenverein u. seine Bedeutung in der Gegenwart nach den Akten darg., Wiesbaden 1868. – Dettmar Schmidt, Der Protestantenverein in zehn Briefen f. u. wider beleuchtet, Gütersloh 1873 (Lit.). – Rudolf Seydel, Der dt. Protestantenverein, Leipzig 1867. – Julius Ernst Websky, Das positive Christentum des Protestantenvereins, Berlin 1882.

Literatur

Gerhard Besier, Preußische Kirchenpolitik in der Bismarckära, 1980 (VHK 49). – J.F. Gerhard Goeters/Joachim Rogge (Hg.), Die Gesch. der EKU, Leipzig, II 1994 (Lit.). – Friedrich Wilhelm Graf, Prot. Theol. in der Gesellschaft des Kaiserreichs: ders. (Hg.), Profile des neuzeitlichen Protestantismus, Gütersloh, II/1 1992, 12–117 (Lit.). – Ders./Hans Martin Müller (Hg.), Der dt. Protestantismus um 1900, Gütersloh 1996 (Veröff. der Wiss. Gesellschaft f. Theol. 9). – Gangolf Hübinger, Kulturprotestantismus u. Politik. Zum Verhältnis v. Liberalismus u. Protestantismus im wilhelminischen Deutschland, Tübingen 1994. – Claudia Lepp, Prot.-liberaler Aufbruch in die Moderne. Der dt. Protestantenverein in der Zeit der Reichsgründung u. des Kulturkampfes, Gütersloh 1996 (Rel. Kulturen der Moderne 3). – Paul Mehlhorn, Art. Protestantenverein, Dt.: RE[3] 16 (1905) 127–135. – Johannes Meyer, Die ersten 20 Jahre des Protestantenvereins im Hannoverschen 1863–1883: ZGNKG 44 (1939) 191–234. – Hans Martin Müller (Hg.), Kulturprotestantismus. Beitr. zu einer Gestalt des modernen Christentums, Gütersloh 1992. – Klaus Erich Pollmann, Landesherrliches Kirchenregiment u. soziale Frage, 1973 (VHK 44).

S.a. Quellen u. Lit. zu →Kulturprotestantismus.

Hans-Martin Kirn

Protestantische Freunde →Lichtfreunde

Protestantismus

I. Begriff und Wesen
II. Kulturbedeutung . . . . S. 551

I. Begriff und Wesen

1. Zur Geschichte des Begriffs 2. Das Wesen des Protestantismus 3. Protestantische Identität (Literatur S. 550)

1. Zur Geschichte des Begriffs

Der Ausdruck „Protestantismus" gehört nicht zu den ursprünglichen Selbstbezeichnungen des evangelischen Christentums. Er geht zurück auf die kirchenpolitische Konfliktsituation auf dem zweiten Reichstag zu Speyer im Jahre 1529 (→Protestation von Speyer). Die für den Fortgang der Reformation bedrohlichen Mehrheitsbeschlüsse veranlaßten einige Fürsten und Städte, die sich der neuen Bewegung angeschlossen hatten, auf dem Reichstag aber in der Minderheit waren, mit dem vom Reichsrecht vorgesehenen Mittel der *protestatio* dagegen Einspruch zu erheben. Daraufhin nannte man sie *protestantes*, die „Protestierenden". Von der historischen Ursprungskonstellation her handelt es sich also um eine rechtspolitische bzw. religionspolitische Fremdbezeichnung, die alsbald auch einen kontroverstheologischen Bedeutungssinn erhält. 1564 veröffentlicht der katholische Theologe Georg Cassander (1513–1566) ein unionskatholisch ausgerichtetes Gutachten unter dem Titel *Consultatio de articulis inter catholicos et protestantes controversis*. In Deutschland wird der Ausdruck „Protestanten" aber zunächst nicht als Eigenbezeichnung rezipiert. Dazu kommt es erst relativ spät, etwa seit 1700, noch einige Jahrzehnte später bürgert sich dann der Begriff „Protestantismus" ein.

Die Entwicklung des Begriffs, dessen Geschichte bisher noch nicht geschrieben ist (Vorarbeiten dazu bei Maurer; Hornig, Art. Protestantismus; Materialsammlung bei Leese, Protestantismus), steht unter dem Vorzeichen zweier gegenläufiger Tendenzen, die schon für die reformatorischen Anfänge bestimmend sind: *kritische* Abgrenzung und *konstruktive* Gestaltung. →Luthers Kritik an den Mißbräuchen der spätmittelalterlichen Kirche zielte auf eine Erneuerung der Kirche, nicht auf ihre Spaltung und damit auf die Gründung einer neuen Kirche. Das ist erst durch die weitere geschichtliche Entwicklung (Augsburger Reichstag 1530 [→Reichstage der Reformationszeit 2.5.]; →Tridentinum) nötig geworden. Ursprünglich aber stand der kritische Protest im Dienste positiv-gestalterischer Reformen. Dieses Doppelelement ist auch an der Speyerer Protestation von 1529 ablesbar. Sie richtete sich primär nicht theologisch gegen die Lehre der katholischen Kirche, sondern rechtlich-politisch gegen die Aufhebung des auf dem ersten Reichstag zu Speyer 1526 verabschiedeten Beschlusses. Darin sah man einen Verstoß „wider Gott, sein heiligs Wort, unser aller Seelenheil und gut Gewissen" (Appellation 74). Gegen diese Übermächtigung des →Gewissens in Glaubensfragen wurde ein höheres Recht in Anspruch genommen und positiv bezeugt (*protestari* = bezeugen,

Zeugnis ablegen): „In Sachen Gottes Ehre und unser Seelenheil und Seligkeit belangend muß ein jeglicher für sich selbst vor Gott stehen und Rechenschaft geben" (ebd. 58f.). Die Rezeption des Begriffs „Protestanten" als Selbstbezeichnung ist nur möglich geworden, weil er von Hause aus neben der kritisch-polemischen zugleich eine positive Bedeutung hatte.

Die Anfänge der Rezeptionsgeschichte liegen einstweilen noch im dunkeln. Anders als in England, wo sich der Ausdruck „protestants" bereits seit dem 16. Jh. als Selbstbezeichnung für die nichtrömischen christlichen Gemeinschaften einbürgert, scheint der Begriff im Ursprungsland der Reformation neben anderen Selbstbezeichnungen (z. B. „evangelisch", „lutherisch", „reformiert") zunächst eine vergleichsweise untergeordnete Rolle gespielt zu haben; vermutlich auch deshalb, weil er den innerprotestantischen Differenzen zwischen Lutheranern und Reformierten zu wenig Rechnung trug. Erst mit der →Aufklärung ändert sich das Bild. Über juristische und kirchenrechtliche Argumentationen, die die Loslösung des protestantischen Kirchenrechts vom Kanonischen Recht zum Ziel haben (Justus Henning Böhmer, Jus ecclesiasticum Protestantium, 5 Bde., Halle 1714–1736), baut sich ein spezifisches Profil des Begriffs auf. Etwa seit der Mitte des 18. Jh. werden die Ausdrücke „Protestanten" und (später) „Protestantismus" programmatisch in Anspruch genommen für ein Selbstverständnis des evangelischen Christentums, das in der Rückbesinnung auf Luthers Wormser Bekenntnis von 1521 und die Protestation zu Speyer das kritische und emanzipatorische Potential der reformatorischen Einsichten nicht mehr nur gegen Lehre und Praxis der Römisch-katholischen Kirche, sondern auch gegen die Gefahr kirchlicher und theologischer Verengung im eigenen Bereich zur Geltung bringt.

In der Vorrede zum letzten Stück seines Werkes *Verteidigter Glaube der Christen* (1–8 Stücke, Berlin 1748–1751) schreibt August Friedrich Wilhelm Sack (1703–1786): „Ich wollte von Herzen wünschen, daß ein jeder, dem die Sache Jesu Christi heilig ist, sein ganzes angenommenes Lehrgebäude nach der klaren Vorschrift der Offenbarung Stück vor Stück prüfen und selber durchdenken, und dabei die Vorstellungen und Gründe genau erwägen wollte, die man nötig hat, wenn man den Glauben der Christen zu seiner ursprünglichen Einfalt und Vernünftigkeit zurückbringen und wider die verschiedenen Anfälle seiner Feinde verteidigen will. Ich bin versichert, daß durch dergleichen Prüfung, die einem von allem Gewissenszwang befreiten Protestanten so wohl ansteht, manche Nebenmeinung wegfallen, eine klarere Einsicht und Überzeugung gewirkt und das Wesentliche des Glaubens in ein desto helleres Licht gesetzt werden würde". Das entspreche den „wahren Principia der Reformation" und dem „wahren Geist des Evangelii" (zitiert nach Aner 63).

Dieses gesamtprotestantisch gemeinte Votum aus der Feder eines reformierten Hof- und Dompredigers ist in vielfältiger Hinsicht aufschlußreich. Es umschreibt (1.) nach der positiven wie nach der kritischen Seite die entscheidenden Elemente der Selbstbezeichnung, hebt (2.) die Übereinstimmung des kritisch gesichteten Protestantischen mit dem Christlichen schlechthin hervor und wendet sich damit indirekt gegen eine Verwendung des Ausdrucks als konfessionelle Sondermeinung, benennt (3.) mit dem „wahren Geist des Evangelii" das entscheidende Kriterium und bereitet (4.) eine Problemstellung vor, die dann im 19. und 20. Jh. als Frage nach dem „Wesen", dem „Prinzip", dem „Geist" oder der „Theorie" des Protestantismus ausgearbeitet wird. Der (kirchen-)kritische Grundzug der Reformation entfaltet so seine Kraft gegen bestimmte Erscheinungen innerhalb der eigenen Konfession, setzt ein neues Verständnis von Heiliger Schrift, Dogma, Theologie und Kirche frei und führt folgeweise zu einer neuen Verhältnisbestimmung von Glaube und Vernunft, Theologie und Wissenschaft, Kirche und Kultur, Protestantismus und Politik.

Die Publikationen in der zweiten Hälfte des 18. Jh. führen den Begriff „protestantisch" zunehmend auch im Titel und dokumentieren, daß er, vorwiegend in dem kritischen und selbstkritischen Sinn, geläufig geworden ist. Gottlieb Jakob Planck (1751–1833) veröffentlicht 1781–1800 in 6 Bänden eine *Geschichte der Entstehung, der Veränderungen und der Bildung unseres protestantischen Lehrbegriffs vom Anfang der Reformation bis zur Einführung der Konkordienformel*; Gebhard Ulrich Brastberger (1754–

1813) wählt für seine Geschichte der Theologie unter dem Einfluß der Neologie den etwas umständlichen Titel *Erzählung und Beurteilung der wichtigsten Veränderungen, die vorzüglich in der zweiten Hälfte des gegenwärtigen Jahrhunderts in der gelehrten Darstellung des dogmatischen Lehrbegriffs der Protestanten in Deutschland gemacht worden sind* (Halle 1790). Johann Georg Rosenmüller (1736–1815) stellt in einer kleinen, aus einer Reformationspredigt hervorgegangenen Schrift die Frage *Warum nennen wir uns Protestanten?* (Leipzig 1790) und hebt unter Rückbezug auf die Protestation von 1529 zwei Elemente hervor. Einmal betont er, daß „allein die heilige Schrift sey die untrügliche Richtschnur und Regel des Glaubens und Lebens der Christen" (ebd. 10), die allerdings (ebenso wie die Bekenntnisschriften) „nach gesunden Regeln der Auslegung" zu interpretieren sei (ebd. 11). Zum anderen verweist er auf die in Speyer erkämpfte „Religionsfreyheit" und den dort verfochtenen Grundsatz, „daß aller Gewissenszwang unrechtmäßig und verwerflich sey" (ebd. 13). Aus beidem ergibt sich das Prinzip einer fortdauernden kirchlichen Reformation (ebd. 18f.).

Freilich kann der unter dem Wortfeld „protestantisch" zur Diskussion stehende Problemkomplex auch bearbeitet werden, ohne daß dem Begriff eine herausragende Bedeutung zukäme. In den über 200 Veröffentlichungen Johann Salomo →Semlers taucht der Begriff nicht ein einziges Mal im Titel auf (wenn man von einer ironischen Bezeichnung J.C. →Lavaters als „Protestanten" absieht; vgl. dazu Hornig, Anfänge 280, Nr. 189). Gleiches gilt für das Schrifttum Johann Friedrich Wilhelm Jerusalems (1709–1789). Auch G.E. →Lessing, der sich für seine Auseinandersetzung mit der lutherischen Orthodoxie wiederholt auf Luther beruft, läßt keinen spezifischen Gebrauch des Begriffs erkennen.

2. Das Wesen des Protestantismus

2.1. Mit F.D.E. →Schleiermacher erreicht die Selbstdeutung des Protestantismus eine neue Ebene. Er exponiert die Wesensbestimmung des (Christentums und des) Protestantismus zu einer förmlichen Aufgabe der Theologie (Kurze Darstellung des theologischen Studiums, Berlin ²1830, § 39). Damit folgt er einerseits der →Aufklärung, die mit der ansatzweise schon im →Pietismus erörterten Frage nach einem „Wesen des Christentums" bereits die Weichen in diese Richtung gestellt hatte (vgl. Schäfer, Sinn, besonders 334–337). Aber in der eigenen Bearbeitung des Problems zeigt sich sein origineller systematischer Zugriff. Das Verhältnis von Protestantismus und Katholizismus wird nicht mehr über einzelne Lehrdifferenzen, sondern eben über eine Wesensbestimmung abgeklärt. Das bedeutet eine kritische Neuorientierung, sofern die einzelnen dogmatischen Sätze und konfessionellen Unterscheidungslehren mit ihrer Einordnung in den größeren Zusammenhang einer Wesensbestimmung zugleich relativiert werden. Die Wesensbestimmung des Christentums und des Protestantismus rückt an die Stelle der alten formalen Bibelautorität (vgl. →Christentum).

In der 1. Auflage der Glaubenslehre (Der christliche Glaube, Berlin, I–II 1821–22, § 27) heißt es zum Verhältnis von Protestantismus und Katholizismus: „Der Protestantismus ist in seinem Gegensaz zum Katholizismus nicht nur als eine Reinigung und Rükkehr von eingeschlichenen Mißbräuchen, sondern auch als eine eigenthümliche Gestaltung des Christenthums anzusehen" (Kritische Gesamtausgabe [KGA] I/7,1, hg. v. Hermann Peiter, Berlin/New York 1980, 97,29–32). Die Besonderheit dieser Bestimmung liegt in der doppelten Betrachtungsweise. Von seinem Ursprung her gehören erneuernder Reformwille und Abgrenzung gegen Mißbräuche zum Wesen des Protestantismus, insofern überwiegt hier das *kritische, polemische* Element. Als Faktum der Geschichte hingegen stellt der als Einheit von lutherischem und reformiertem Typus begriffene Protestantismus – ebenso wie der Katholizismus – eine eigentümliche Ausprägung des Christlichen dar, ist also unter dem Gesichtspunkt der *Individualität* zu verstehen. Beide Aspekte gehören zusammen, können aber auch gesondert zur Darstellung kommen. In den Predigten aus Anlaß „der Übergabe der Augsburgischen Confession", 1830 (SW

II/2, 613–758), überwiegt der kritisch-abgrenzende Ton, in den Vorlesungen über „Christliche Sittenlehre“ der Individualitätsaspekt. Hier wird die Deutung der Konfessionen als individueller Gestaltungen der christlichen Religion noch durch die Zuordnung des Katholizismus zum Romanischen, des Protestantismus zum Germanischen angereichert (SW I/12, 139). Inhaltlich beschreibt Schleiermacher den Gegensatz „vorläufig“ so, „daß der Protestantismus das Verhältniß des Einzelnen zur Kirche abhängig macht von seinem Verhältniß zu Christo, der Katholizismus aber umgekehrt das Verhältniß des Einzelnen zu Christo abhängig macht von seinem Verhältniß zur Kirche“ (Der christliche Glaube § 28: KGA I/7,1, 99,2–6; in der 2. Auflage der Glaubenslehre [1830/31] werden die Paragraphen 27 und 28 der 1. Auflage unter leichter Abschwächung der Formulierungen zu einem einzigen [§ 24] zusammengefaßt). In der Vorlesung über „Christliche Sittenlehre“ im Wintersemester 1826/27 (Nachschrift) bietet Schleiermacher eine Näherbestimmung der Wesensformel, die an die sich etwa gleichzeitig ausbildende Unterscheidung von Formalprinzip (Heilige Schrift) und Materialprinzip (Rechtfertigungslehre) anklingt: „Das eigenthümliche Princip der protestantischen Sittenlehre ist ... auf der einen Seite die Lehre von der Rechtfertigung durch den Glauben, nicht durch die Werke, und auf der anderen Seite die Gleichheit Aller gläubigen unter Christo und dem göttlichen Worte, so daß die Differenz zwischen gebietenden und gehorchenden in der Kirche aufgehoben wird. Beides steht in genauem Zusammenhange unter sich, und nur beides zusammengenommen bildet das eigenthümlich protestantische Princip“ (SW I/12, 90). Schon 1818 (*Über den eigenthümlichen Werth und das bindende Ansehen symbolischer Bücher*) schreibt Schleiermacher, allerdings ohne Zuspitzung auf den Begriff des Prinzips: Wer „nicht auf der Rechtfertigung durch den Glauben, und auf dem freien Gebrauch des göttlichen Wortes hält, der kann unmöglich ein protestantischer Lehrer seyn wollen“ (KGA I/10, hg. v. Hans-Friedrich Traulsen, Berlin/New York 1990, 142,3–5). Mit der protestantischen Aufklärung ist Schleiermacher der Meinung, daß die Freiheit der wissenschaftlichen Forschung in der Konsequenz der Reformation liege und es nur nötig sei, diesen Sachverhalt „zum bestimmteren Bewußtseyn“ zu bringen (Zweites Sendschreiben an Lücke: ebd. 351,8).

2.2. F.Chr. →Baur knüpft stärker als an Schleiermacher an Bestimmungen G.W.F. →Hegels an, der für den Protestantismus vor allem das Prinzip der Subjektivität und der Autonomie hervorgehoben hatte. In der Vorrede zur Rechtsphilosophie (1821) finden sich die berühmten Sätze: „Es ist ein großer Eigensinn, der Eigensinn, der dem Menschen Ehre macht, nichts in der Gesinnung anerkennen zu wollen, was nicht durch den Gedanken gerechtfertigt ist, – und dieser Eigensinn ist das Charakteristische der neueren Zeit, ohnehin das eigentümliche Prinzip des Protestantismus. Was Luther als Glauben im Gefühl und im Zeugnis des Geistes begonnen, es ist dasselbe, was der weiterhin gereifte Geist im *Begriffe* zu fassen ... bestrebt ist“ (Grundlinien der Philosophie des Rechts, hg. v. Johannes Hoffmeister, Hamburg [4]1955, 17). In den *Vorlesungen über die Philosophie der Weltgeschichte* kann Hegel (wie vor ihm übrigens schon J.G. von →Herder) lapidar feststellen: „Die einfache Lehre Luthers ist die Lehre der Freiheit ... Der Prozeß des Heils geht nur im Herzen und im Geiste vor. In dieser Lehre werden so alle Äußerlichkeiten, die mannigfaltigen Formen und Zweige der Knechtschaft des Geistes abgetan“ (Vorlesungen: Die germanische Welt, hg. v. Georg Lasson, Leipzig [2]1923, 878f.). Baur greift vor allem diesen Gedanken auf und formuliert: „Der Protestantismus ist das Princip der subjektiven Freiheit, der Glaubens- und Gewissensfreiheit, der Autonomie des Subjekts im Gegensatz gegen alle Heteronomie des katholischen Begriffs der Kirche“ (Baur, Die Epochen der kirchlichen Geschichtsschreibung, Tübingen 1852, 257). Dieser Gesichtspunkt wird schon in der Auseinandersetzung mit J.A. →Möhler gegen das katholische Prinzip zur Geltung gebracht (vgl. Baur, Der Gegensatz des Katholicismus und Protestantismus nach den Principien und Hauptdogmen der beiden Lehrbegriffe, Tübingen [1833] [2]1836, 472f.), aber auch gegen protestantische Engführungen etwa bei K.B. →Hundeshagen in seiner erstmals anonym erschienenen Schrift *Der deutsche Protestantismus, seine Vergangenheit und seine heutigen Lebensfragen im Zusammenhang der gesammten Nationalentwicklung beleuchtet* (Frankfurt a.M. 1847; vgl. Baur, Studien, besonders 530–537) oder bei Daniel Schenkel (1813–1885), *Das Wesen des Protestantismus aus den Quellen des Reformationszeitalters dargestellt* (3 Bde., Schaffhausen 1846–1851; vgl. dazu Baur, Princip, besonders 13–15).

Allerdings ist das Wesen des Protestantismus mit dem „Prinzip der Subjektivität" noch nicht hinreichend bestimmt. Genauso fundamental gehört zu ihm das Bewußtsein „der unbedingten Abhängigkeit des Menschen von Gott" (Baur, Princip 14). Erst in der dialektischen Verknüpfung beider Elemente spricht sich die protestantische Grundanschauung aus. Es „steht auf der einen Seite das seiner Freiheit sich bewußte Subjekt, auf der andern die absolute Causalität Gottes", und die Aufgabe besteht darin, „diese beiden Principien des im religiösen Bewußtsein sich aussprechenden Gegensatzes so mit einander zu vermitteln, daß das eine wie das andere so viel möglich zu seinem absoluten Rechte kommt" (Baur, Studien 535f.; vgl. auch Baur, Lehrbuch der christlichen Dogmengeschichte, Stuttgart 1847 Leipzig ^{3}1867, 272–278, besonders 274f.). Diese Dialektik bestimmt auch das Verständnis der Heiligen Schrift. Ihr kommt im Protestantismus die höchste Autorität zu, aber nicht in einem äußeren Sinne; die Heilige Schrift vermag das Subjekt nur innerlich im Gewissen zu binden. Insofern läßt sich das „Princip der Gewissensfreiheit" als „Princip der freien Schriftforschung" auslegen. „Es versteht sich hiemit von selbst, daß es kein höheres Princip des Protestantismus geben kann, als das Schriftprincip in diesem doppelten Sinne, in welchem das Subjekt einerseits ebensosehr in der Schrift die höhere Macht, an die es gebunden ist, erkennt, als es auf der andern Seite des unveräußerlichen Rechts seiner subjektiven Freiheit selbst der Schrift gegenüber sich bewußt ist" (Baur, Studien 531). Wie für Schleiermacher gehört deshalb für Baur die freie Forschung zum „Wesen der protestantischen Theologie" (ebd. 577).

Da der Protestantismus den Charakter eines Prozesses hat, kann sein Wesen nicht mit der ursprünglichen Ausgangsgestalt in der Reformation identisch sein. Vielmehr muß der „Entwicklungsgang des Protestantismus", die Vermittlung des Bewußtseins schlechthinniger Abhängigkeit von Gott und des Bewußtseins subjektiver Freiheit, mit in die Wesensbestimmung eingehen (ebd. 526f.536f.) und deshalb zwischen „Wesen" und „Erscheinung" unterschieden werden. „Der Protestantismus ist als geschichtliche Erscheinung ... ein Entwicklungsproceß, bei welchem wir ... zwischen Wesen und Erscheinung, der unsichtbaren Idee und ihrer sichtbaren Gestaltung, dem innern an sich seienden Princip und allem demjenigen, worin es sich äußerlich offenbart und bethätigt, zu unterscheiden haben" (ebd. 508). Diese Unterscheidung, die sich dann zur geläufigen Argumentationsfigur entwickelt, ermöglicht die Distanzierung von einer Gestalt des Protestantismus, wie sie sich in der Schulorthodoxie des 16. und 17. Jh. mit ihrem „dogmatischen Glaubenszwang" herausgebildet hatte (Baur, Lehrbuch der christlichen Dogmengeschichte, ^{3}1867, 343f.). Damit bereitet Baur die spätere Unterscheidung Ernst →Troeltschs zwischen Alt- und Neuprotestantismus vor und nimmt auch ansatzweise dessen Vorstellung vom Wesen als eines sich entwickelnden geistigen Prinzips vorweg.

Im 19. Jh. ist die Frage nach dem Wesen des Protestantismus vor allem durch die Unterscheidung von Formal- und Materialprinzip bearbeitet und beantwortet worden. Baur steht dieser Unterscheidung reserviert gegenüber, weil zum einen das Verhältnis beider Prinzipien zueinander unklar ist (jedenfalls in der bei K.B. Hundeshagen vorliegenden Gestalt [vgl. Baur, Studien 529f.]), zum anderen die Rechtfertigungslehre als Materialprinzip nur für die lutherische Ausprägung des Protestantismus gilt, während das „reformierte System" den Gedanken der absoluten →Erwählung in den Mittelpunkt gestellt hat (ebd. 532–534). Mit anderer Begründung hat auch Albrecht →Ritschl, der Schüler F.Chr. Baurs, die Unterscheidung von Formal- und Materialprinzip zurückgewiesen. Sie ist, wie die Rekonstruktion ihrer Entstehung zeigt, in sich mit Unklarheiten behaftet. Außerdem wäre es nach Ritschl nötig, für den Protestantismus eine solche

Wesensbestimmung zu finden, die am „Begriff von der Kirche und am christlichen Lebensideal orientiert ist" (Ritschl 247). Dennoch erwies sich die Unterscheidung im 19. Jh. als durchsetzungsfähig, vermutlich auch deshalb, weil mit dem Schriftprinzip und der Rechtfertigungslehre die Kontinuität des eigenen Selbstverständnisses mit zentralen Themen der reformatorischen Theologie gewahrt blieb (vgl. etwa Christian Ernst Luthardt, Kompendium der Dogmatik, Leipzig [1865] ^{8}1889, § 11: Der lutherische Protestantismus). Erst allmählich verliert sie an Bedeutung; die mit ihr thematisierten Sachverhalte kommen in anderen Zusammenhängen und mit anderen Begründungen zur Sprache.

2.3. Ein anderes Deutungsmodell begegnet bei Richard →Rothe. Nach ihm repräsentiert der Katholizismus die kirchliche, der Protestantismus hingegen die sittliche Form des Christentums. „Im Princip ist durch den Wendepunkt in der Geschichte, den wir die Reformation nennen, das christliche Leben von der kirchlichen Form emancipirt und in die weltliche oder sittliche hineingeleitet worden" (R. Rothe, Vorlesungen über Kirchengeschichte, hg. v. Hermann Weingarten, Heidelberg, II 1875, 407; vgl. auch I 1875, 11). Allerdings gilt das nur „im Prinzip". Die Verwirklichung dieses Prinzips ist eine Aufgabe, die der Protestantismus in der →Neuzeit teils schon bewältigt, teils aber noch vor sich hat. Dadurch unterscheidet sich dieser Protestantismus fundamental von seiner Entfaltung im 16. und 17. Jh. Luther ist einerseits „der größte Reformator", andererseits aber doch „ein altkatholischer Mann ..., kein modern-protestantischer", der „von dem einseitigen Supranaturalismus der bisherigen christlichen Frömmigkeit und somit von dem kirchlich geformten Christentum im Prinzip nicht lassen wollte" (Vorlesungen II, 334). Demgegenüber entwickelt Rothe die revolutionäre These, daß es dem Protestantismus in der Neuzeit bestimmt sei, in sein politisch-geschichtliches Lebensalter einzutreten, d.h. sich selbst als Kirche aufzulösen, um im Staat zu seiner eigentlichen Wirksamkeit zu gelangen (R. Rothe, Theologische Ethik, V ^{2}1871, 397).

2.4. Für E. Troeltsch, den Schüler A. Ritschls, der aber auch weitreichende Impulse von R. Rothe empfangen hat, radikalisiert sich die Problemstellung durch die Konsequenzen des historischen Bewußtseins. In seiner Auseinandersetzung mit A. von →Harnacks *Das Wesen des Christentums* (Troeltsch, *Was heißt „Wesen des Christentums"?*) entwickelt er einige grundlegende methodische Einsichten, die auch für die Wesensbestimmung des Protestantismus gelten. Das Wesen einer historischen Erscheinung läßt sich (a) nicht im direkten Rückgang auf den Ursprung gewinnen, vielmehr sind dafür auch die aus der „Urgestalt" sich entwickelnden Prozesse zu berücksichtigen. „Es kann überhaupt nicht mit einem Wort oder einer Lehre bezeichnet werden, sondern nur mit einem Begriff, der von vornherein Beweglichkeit und Lebensfülle in sich schließt; *es muß ein sich entwickelndes geistiges Prinzip sein*" (Troeltsch, Wesen 418). Wesensbestimmung bedeutet (b) immer *Kritik*, kritische Aussonderung des Wesenswidrigen. Die Kritik orientiert sich am historisch Gegebenen in der Urzeit und an der weiteren Geschichte, bezieht aber auch die Zukunftsperspektive ein. Insofern liegt der Wesensbestimmung (c) ein *Idealbegriff* zugrunde. Damit fließt aber (d) ein hohes Maß an *subjektiver Entscheidung* in die Wesensbestimmung ein. Dieser „Subjektivismus" ist unumgänglich, wo das Recht der Kritik an geschichtlichen Erscheinungen eingeräumt wird. Er ist das Schicksal des Protestantismus, mit seinen Chancen – und mit seinen Gefährdungen. Eine Wesensbestimmung des Protestantismus ist nicht gegen die Einsichten des historischen Relativismus, sondern nur im Durchgang durch sie zu gewinnen.

Die Anerkennung solcher Einsichten ist aber selbst schon Ausdruck einer bestimmten Haltung, für die sich seit und durch Troeltsch der Ausdruck →Neuprotestantismus durchgesetzt hat. Troeltsch bringt damit Erkenntnisse Schleiermachers, Baurs, Rothes u.a. auf den Begriff. Die Reformation und der Protestantismus des konfessionellen Zeitalters im 16. und 17. Jh. sind nach Troeltsch trotz des epochalen Einschnitts weiterhin – wie schon der Katholizismus – von der Vorstellung einer „kirchlichen Einheitskultur" geleitet, die mit dem Ende des →Dreißigjährigen Krieges ebenfalls an ihr Ende gekommen ist. Erst die Aufklärung bringt mit dem neuen wissenschaftlichen Geist die Ansätze der Reformation – zum Teil wider deren Willen – zur Wirksamkeit. Erst mit ihr beginnt die Neuzeit, nicht schon mit der Reformation. Die Lebens- und Kulturgestalt des ursprünglichen Protestantismus stellt „eine zweihundertjährige gewaltige Nachblüte des Mittelalters" dar (Troeltsch, Christentum [²1909] 454). Diesem „Altprotestantismus" steht der „Neuprotestantismus" als die durch die Aufklärung entbundene Gestalt protestantischer Frömmigkeit und Theologie gegenüber. In der inhaltlichen Beschreibung dieses neuen Protestantismus bleibt Troeltsch allerdings vage. Er hebt vor allem die Herausbildung des religiösen Individualismus hervor, durch den sich der Protestantismus zu einer „Religion des Gott-Suchens im eigenen Fühlen, Erleben, Denken und Wollen" entwickelt habe, und meint sachlich an Luthers Lehre vom Glauben anknüpfen zu können, wenn er urteilt: „Eigenes persönliches Suchen in selbsterlebter Gewissens- und Zweifelsnot, Ergreifen der in den geschichtlichen Offenbarungen sich bietenden Hand Gottes, um dann doch immer weiter aus eigener persönlicher Verantwortung und Entscheidung die endgültige Überzeugung zu gewinnen, und ruhiges Ertragen all der Rätsel, die auf diesem Wege ungelöst bleiben: das charakterisiert die moderne (protestantische) Religiosität" (Troeltsch, Bedeutung [⁵1928] 23.98f.). Eine andere als die neuprotestantische Ausprägung des Christentums kann es nach Troeltsch nicht geben, weil der Protestantismus unter den Bedingungen des modernen Wahrheits- und Wirklichkeitsbewußtseins nur in der Öffnung für Wissenschaft und Kultur lebensfähig ist. Die Anerkennung der universalen historischen Denkweise erlaubt Ausformungen protestantischer Religiosität und Theologie lediglich innerhalb, nicht außerhalb dieser Voraussetzungen. Mit dieser Überzeugung hat Troeltsch sich faktisch in der protestantischen Theologie durchgesetzt. Das gilt auch dort, wo seiner Konzeption im Ansatz und im einzelnen widersprochen worden ist und Dogmatik und Ethik in ganz anderer Weise zur Ausführung gekommen sind (vgl. Fischer, Systematische Theologie).

2.5. Paul →Tillich hat in der Nachfolge Troeltschs und in der Auseinandersetzung mit ihm die Frage nach dem protestantischen Prinzip neu aufgenommen und originell bearbeitet. „Es war das protestantische Prinzip, das der liberalen Theologie das Recht und das gute Gewissen verlieh, sich den Heiligen Schriften mit den kritischen Methoden der geschichtlichen Forschung zu nähern ... Dies Ereignis, das keinerlei Parallele in anderen Religionen hat, ist eine eindrucksvolle und glorreiche Rechtfertigung der Wahrheit des protestantischen Prinzips. In dieser Beziehung muß die protestantische Theologie immer liberale Theologie sein" (Tillich, Protestantismus [1950] 29 = GW VII, 26). Inhaltlich sieht Tillich (anders als Troeltsch) das protestantische Prinzip in der Lehre von der Rechtfertigung allein aus Glauben formuliert. Rechtfertigung besagt, daß der Ungerechte in der Sicht der göttlichen Vergebung gerecht ist, so daß der Mensch sich – in Tillichs neuer Terminologie – als bejaht selbst zu bejahen vermag. „Der Mut zum Sein ist der Mut, uns anzunehmen als angenommen trotz unserer Unannehmbarkeit" (Tillich, Der Mut zum Sein [1952]: GW XI, 123). Tillich erweitert allerdings den Gedanken der Rechtfertigung über die klassische Fassung hinaus und bezieht nicht nur den sündigen, sondern auch den zweifelnden Menschen in das Verständnis von Rechtfertigung ein (Tillich, Rechtfertigung und Zweifel [1924]: GW VIII, 85–100). Unter diesem Vorzeichen deutet er den Protestantismus als dialektische Einheit von *Kritik und Gestaltung*. Der Protestantismus als *kritisches* Prinzip richtet sich gegen alle Vergegenständlichungen der Gnade, d.h. gegen Versuche, bedingte Phänomene religiös zu überhöhen und in den Rang des Unbedingten zu erheben. Das gilt auch für den Protestantismus selbst. Seine historische Ausprägung muß kritisch von dem ihm zugrunde liegenden Prinzip unterschieden werden. Tillich formuliert noch radikaler als Troeltsch: „Der Protestantismus hat ein Prinzip, das jenseits jeder seiner Verwirklichungen steht. Es ist der kritische und dynamische Quellgrund aller protestantischen Verwirklichungen, aber es ist mit keiner von ihnen identisch. Es kann durch keine Definition festgelegt und durch keine historische Religion voll ausgeschöpft werden. Es ist weder mit der Reformation noch mit dem Urchristentum, noch mit irgendeiner religiösen Form überhaupt gleichzusetzen. Es transzendiert sie alle, wie es auch jede kulturelle Form transzendiert" (GW VII, 85 f.). Die Kritik lebt aber von einer positiven Voraussetzung, wächst heraus aus der *Gnade*. „Die Gnade ist das Prius der Kritik" (ebd. 45), aber sie entzieht sich – wie die Rechtfertigung aus Glauben – der Vergegenständlichung. Sie erweist sich als wirksam im Leben und in der Wirklichkeit, läßt sich aber nicht in eine faßbare Gestalt zwingen. „Die Gnade ist ein Urteil, keine anschauliche Wirklichkeit" (ebd. 46).

Die Probleme, die sich daraus für die protestantische *Gestaltung* ergeben, liegen auf der Hand. Tillichs Auskunft, daß „die Gestaltung des persönlichen Lebens ... das eigentliche protestantische Gestaltprinzip" sei (ebd. 48), dokumentiert eher die Schärfe als die Lösung des Problems. Er hat deshalb *Die bleibende Bedeutung der katholischen Kirche für den Protestantismus* (1941) hervorgehoben (GW VII, 124–132). Der „Heiligkeit des Seins" oder dem sakramentalen bzw. priesterlichen Religionstypus des Katholizismus stellt er die „Heiligkeit des Sollens" oder den eschatologischen bzw. prophetischen Religionstypus des Protestantismus gegenüber. Obwohl der Protestantismus zu Recht den „prophetische[n] Protest gegen die sakramentale Interpretation des Evangeliums" darstellt, braucht er „das ständige Korrektiv des Katholizismus und den immerwährenden Zustrom seiner sakramentalen Elemente, um am Leben zu bleiben", um nicht in „Entleerung und Säkularisierung", in einen „kulturellen Aktivismus" oder „moralischen Utopismus" abzugleiten (ebd. 126). Deshalb muß der moderne Protestantismus – im Gegensatz zur Zielvorgabe R. Rothes! – ein neues Verständnis für Wesen und Bedeutung der Kirche entwickeln.

Tillich skizziert die Prinzipien des Protestantismus in geschliffenen Formulierungen, aber unübersehbar überwiegen die kritischen Linien; Elemente „protestantischer Gestaltung" werden nur ansatzweise diskutiert. Vor allem verzichtet er auf eine Erörterung der *historischen* Dimension des Problems. Die Frage nach der Kontinuität des Protestantismus, die sich in der Unterscheidung von Alt- und Neuprotestantismus niedergeschlagen hat, kommt nur indirekt zur Sprache, wird aber nicht eigens thematisiert.

3. *Protestantische Identität*

Die Klärung der Kontinuitätsfrage ist für die identifizierende Selbstvergewisserung des Protestantismus von entscheidender Bedeutung. Sie ist dann aber auch folgenreich für die Verhältnisbestimmung des evangelischen Christentums zu anderen Konfessionen. Dafür reicht es nicht aus, die Bekenntnisse, Bekenntnisschriften und Lehrdokumente des 16. und 17. Jh. zu befragen und aus den *damaligen* positiven wie negativen Aussagen unmittelbar Konsequenzen für die *gegenwärtigen* Beziehungen zu ziehen. Die fundierende Bedeutung dieser Zeugnisse kann nur gewürdigt werden unter der Voraussetzung der weiteren Geschichte. Die Bindung des Glaubens und der Theologie an das Zeugnis der Heiligen Schrift und das Verständnis der rettenden Heilstat Gottes in Jesus Christus als →Rechtfertigung haben dem Protestantismus unter den Voraussetzungen des neuzeitlichen Wahrheitsbewußtseins ein Gepräge verliehen, das über seine historische Ursprungsgestalt hinausgeht und als solches auch im ökumenischen Dialog zur Geltung kommen muß.

Im Begriff des Protestantismus hat die für die Explikation des christlichen Glaubens fundamentale Unterscheidung zwischen *opus Dei* und *opus hominum* einen signifikanten und in mehreren Hinsichten wirksamen Ausdruck gefunden. Nach seinem geschichtlichen Ursprung verdankt sich der Protestantismus einem Konflikt der Frömmigkeit und der Theologie mit der Kirche, in dessen Folge sich die Einsicht in die prinzipielle Irrtumsfähigkeit und Korrekturbedürftigkeit von Kirche und Theologie durchgesetzt hat. Kirche und Theologie dienen dem Wort und der Wahrheit Gottes, sind aber nicht mit dieser Wahrheit identisch. Dem entspricht, daß die Aneignung des christlichen Glaubens weder durch Institutionen noch durch Lehrgesetze erzwungen werden kann, sondern in die freie Gewissensentscheidung des einzelnen gestellt ist. Diese beiden Grundzüge begleiten den Protestantismus historisch seit seinen Anfängen und gehören zugleich zu seinem Wesen. Inhaltlich hat sich die Unterscheidung von *opus Dei* und *opus hominum* im Rechtfertigungsglauben, im Glauben an die in Jesus Christus offenbar gewordene bedingungslose Annahme des sündigen Menschen durch Gott, ausgesprochen.

Diese Bestimmungselemente des Protestantismus sind in der Kirchenspaltung des 16. Jh. revolutionär wirksam geworden. Darüber hinaus hat der Protestantismus mit der Unterscheidung von geistlichem und weltlichem Reich bzw. von Kirche und Staat als Konsequenz des Rechtfertigungsglaubens die Entwicklung einer theologisch legitimierten Eigenständigkeit des weltlichen Lebens eingeleitet und teils direkt, teils indirekt zu einem neuen Verständnis der säkularen Lebensbereiche wie Wissenschaft, Kultur, Politik und Wirtschaft beigetragen. Durch diese weitreichenden Sekundärkonsequenzen ist der Protestantismus, gleichzeitig Subjekt und Objekt eines Umformungsprozesses, auf vielschichtige Weise mit der modernen Welt verbunden. Er hat der religiösen und folgeweise auch der politischen Freiheit des Individuums neue Räume und Möglichkeiten erschlossen, mit dieser Individualisierung und der ihr entsprechenden Pluralisierung (→Pluralismus) aber gleichzeitig das Gefahrenpotential für die protestantische Lebenskultur verschärft. In diesem neuen, modernen Protestantismus, der als →Kulturprotestantismus die Grenzen seiner kirchlich-konfessionellen Verfassung überschreitet, erfährt die Wahrheit des christlichen Glaubens eine zunehmend individuell geprägte und damit sich pluralistisch ausdifferenzierende Ausdrucksform. Es bleibt deshalb seine Aufgabe, sich stets neu seiner substantiellen historischen Fundamente zu vergewissern. *Protestantische Identität* läßt sich nur wahrnehmen, wenn es gelingt, in den historischen Brüchen die *Kontinuität*, in der Fülle der sich individuell aussprechenden religiösen Anschauungen die orientierende *Mitte* und in der Vielfalt der theologischen Konzeptionen das innere bewegende *Prinzip* freizulegen. Dieses Prinzip läßt sich unter protestantischen Voraussetzungen nicht lehramtlich fixieren, sondern bleibt dem wissenschaftlichen Diskurs ausgesetzt. Die Wesensbestimmung des Protestantismus hat insofern immer auch den Charakter von „Wesensgestaltung" (vgl. Troeltsch, Wesen 431).

Literatur

Vgl. auch die im Text genannten Titel.

Karl Aner, Die Theol. der Lessingzeit, Halle a.d.S. 1929 (Nachdr. Hildesheim 1964). – Die Appellation u. Protestation der ev. Stände auf dem Reichstage zu Speier 1529, hg. v. Julius Ney, 1906 (QGP 5). – Ferdinand Christian Baur, Krit. Stud. über das Wesen des Protestantismus: ThJb(T) 6 (1847) 505–581. – Ders., Das Princip des Protestantismus u. seine gesch. Entwicklung: ThJb(T) 14 (1855) 1–137. – Hans-Joachim Birkner, Über den Begriff des Neuprotestantismus (1968): ders., Schleiermacher-Stud., hg. v. Hermann Fischer, 1996 (SchlAr 16) 23–37. – Ders., Protestantismus im Wandel, München 1971. – Heinrich Bornkamm, Die Geburtsstunde des Protestantismus (1936): ders., Das Jh. der Reformation, Göttingen ²1966, 112–125. – Joseph Chambon, Der franz. Protestantismus. Sein Weg bis zur franz. Revolution, Zollikon-Zürich 1937 ⁶1968. – Joseph Dedieu, Art. Protestantisme: DThC 13 (1936) 850–907. – Gerhard Ebeling, Luther u. der Anbruch der Neuzeit: ders., Wort u. Glaube, Tübingen, III 1975, 37–59. – Hermann Fischer, Die Ambivalenz der Moderne: Protestantismus u. Neuzeit, hg. v. Horst Renz/Friedrich Wilhelm Graf, Gütersloh 1984 (Troeltsch-Stud. 3) 54–77. – Ders., Syst. Theol. in liberaler Perspektive: Liberale Theol. Eine Ortsbestimmung, hg. v. Friedrich Wilhelm Graf, Gütersloh 1993 (Troeltsch-Stud. 7) 32–51. – Friedrich Wilhelm Graf, Kulturprotestantismus. Zur Begriffsgesch. einer theologiepolitischen Chiffre: ABG 28 (1984) 214–268. – Ders., Einl. – Prot. Freiheit: ders./Klaus Tanner (Hg.) (s.u.) 13–23. – Ders. (Hg.), Profile des neuzeitlichen Protestantismus, 3 Bde., Gütersloh 1990–1992. – Ders./Hans Martin Müller (Hg.), Der dt. Protestantismus um 1900, Gütersloh 1996. – Ders./Klaus Tanner (Hg.), Prot. Identität heute, Gütersloh 1992. – Richard Heinrich Grützmacher, Altprotestantismus u. Neuprotestantismus. Eine geistes- u. theologiegesch. Unters., Erlangen/Leipzig 1920. – Kurt Guggisberg, Der freie Protestantismus, Bern/Stuttgart ²1952. – Martin Heckel, GS. Staat. Kirche. Recht. Gesch., hg. v. Klaus Schlaich, 2 Bde., Tübingen 1991. – Emanuel Hirsch, Gesch. der neuern ev. Theologie, 5 Bde., Gütersloh 1949–1955 ⁵1975. – Ders., Das Wesen des reformatorischen Christentums, Berlin 1963. – Gottfried Hornig, Die Anfänge der hist.-krit. Theol., Göttingen 1961. – Ders., Art. Protestantismus: HWP 7 (1989) 1529–1536 (Lit.). – Wolfgang Huber, Der Protestantismus u. die Ambivalenz der Moderne: Jürgen Moltmann (Hg.), Religion der Freiheit. Protestantismus in der Moderne, München 1990, 29–65. – Ders., Ökum. Situation u. prot. Prinzip: ZThK 89 (1992) 98–120. – Gangolf Hübinger, Kulturprotestantismus u. Politik, Tübingen 1994. – Ferdinand Kattenbusch, Art. Protestantismus: RE^{3} 16 (1905) 135–182. – Johannes Kühn, Die Gesch. des Speyrer Reichstags 1529, Leipzig 1929. – Kurt Leese, Der Protestantismus im Wandel der neueren Zeit, Stuttgart 1941 (ausgew. Texte). – Ders., Die Religion des prot. Menschen, München ^{2}1948. – Walther v. Loewenich, Luther u. der Neuprotestantismus, Witten 1963. – Wolfgang Lück, Lebensform Protestantismus. Reformatorisches Erbe in der Gegenwart, 1992 (PTHe 9). – Wilhelm Maurer, Art. Protestantismus: HThG 2 (1963) 372–387 (Lit.). – Bernd Moeller (Hg.), Luther in der Neuzeit, Gütersloh 1983. – Hans Martin Müller (Hg.), Kulturprotestantismus. Beitr. zu einer Gestalt des modernen Christentums, Gütersloh 1992. – Andrew Howson Murray, Art. Protest, Protestancy, Protestant, Protestantism: A New English Dictionary on Hist. Principles 7,2 (1909) 1503–1505. – Ulrich Neuenschwander, Die neue liberale Theol., Bern 1953. – Martin Ohst, Schleiermacher u. die Bekenntnisschr. Eine Unters. zu seiner Reformations- u. Protestantismusdeutung, 1989 (BHTh 77). – Pluralismus u. Identität, hg. v. Joachim Mehlhausen, Gütersloh 1995 (Veröff. der Wiss. Gesellschaft f. Theol. 8). – Konrad Raiser, Art. Protestantismus: EKL^{3} 3 (1992) 1351–1358. – Johannes Rathje, Die Welt des freien Protestantismus, Stuttgart 1952. – Trutz Rendtorff, Theorie des Christentums, Gütersloh 1972. – Ders., Theol. in der Moderne. Über Religion im Prozeß der Aufklärung, Gütersloh 1991 (Troeltsch-Stud. 5). – Albrecht Ritschl, Über die beiden Principien des Protestantismus: ZKG 1 (1876) 397–413 = ders., GAufs., Freiburg i.Br./Leipzig 1893, 234–247. – Karl Sapper, Neuprotestantismus, München 1914. – Rolf Schäfer, Welchen Sinn hat es, nach einem Wesen des Christentums zu suchen?: ZThK 65 (1968) 329–347. – Ders., Art. Christentum, Wesen des: HWP 1 (1971) 1008–1016. – Daniel Schenkel, Die rel. Zeitkämpfe in ihrem Zusammenhange mit dem Wesen der Religion u. der rel. Gesammtentwicklung des Protestantismus in zwanzig Reden beleuchtet, Hamburg/Gotha/Schaffhausen o.J. [1847]. – Gotthilf Schenkel (Hg.), Der Protestantismus der Gegenwart, Stuttgart 1926 ^{2}1929. – Markus Schröder, Die krit. Identität des neuzeitlichen Christentums. Schleiermachers Wesensbestimmung der christl. Religion, 1996 (BHTh 96). – Heinz Schütte, Protestantismus, Essen-Werden ^{2}1967. – Theodor Siegfried, Das prot. Prinzip in Kirche u. Welt, Halle 1939. – Paul Tillich, The Protestant Era, Chicago 1948; dt.: Der Protestantismus. Prinzip u. Wirklichkeit, Stuttgart 1950. – Ders., Der Protestantismus als Kritik u. Gestaltung. GW VII, Stuttgart 1962. – Ernst Troeltsch, Was heißt „Wesen des Christentums"? (1903): ders., GS, Tübingen, II 1913, 386–451. – Ders., Die Bedeutung des Protestantismus f. die Entstehung der modernen Welt (1906), München/Berlin ^{5}1928 (Nachdr. Aalen 1963). – Ders., Prot. Christentum u. Kirche in der Neuzeit: Paul Hinneberg (Hg.), Die Kultur der Gegenwart, T. 1, Abt. IV/1, Berlin/Leipzig (1906) ^{2}1909, 431–755. – Troeltsch-Stud., hg. v. Horst Renz/Friedrich Wilhelm Graf, Gütersloh, 1 (1982) ff. – Falk Wagner, Zur gegenwärtigen Lage des Protestantismus, Gütersloh 1995 ^{2}1996. – Johannes Wallmann, Art. Protestantismus: StL^{7} 4 (1988) 600–604. – Martin Werner, Der prot. Weg des Glaubens, 2 Bde., Bern/Tübingen 1955–1963. – Ernst Wolf/Heinz-Horst Schrey/Joseph Ratzinger, Art. Protestantismus: RGG^{3} 5 (1961) 648–666 (Lit.). – Richard Ziegert (Hg.), Protestantismus als Kultur, Bielefeld 1991.

Hermann Fischer

II. Kulturbedeutung

1. Problemorientierung 2. Protestantismus als Rechtsbegriff und Kulturkonzept 3. Die Erfindung der „Innerlichkeit" 4. Die Erfindung der Individualität 5. Die religiöse Profanisierung der Welt 6. Die Moralisierung des Politischen 7. Gebildete Religion 8. Ausblick (Quellen/Literatur S. 575)

1. Problemorientierung

1.1. Debatten über konfessionelle Kulturen werden im deutschen Sprachraum seit dem frühen 17. Jh. und verstärkt im 18. und 19. Jh. geführt. In ihrem Zentrum steht die Frage, welche Folgewirkungen die →Reformation und die Entstehung konfessionell homogener lutherischer und reformierter Gemeinwesen für Politik, Ökonomie, Bildungswesen, Wissenschaft, Kunst und Lebensführung der Menschen gehabt haben. Seit der „Sattelzeit" (Koselleck) 1770 bis 1830 richtet sich die Aufmerksamkeit auch auf die tiefgreifende Umformung des kirchlich-ständischen „Altprotestantismus" in einen bürgerlich-liberalen „→Neuprotestantismus" sowie einen modernitätskritisch-konservativen lutherischen und reformierten „Neukonfessionalismus".

In den Konfessionskulturdebatten geht es weniger um Bekenntnis oder Lehre der evangelischen Kirchen. Das Theologische tritt hinter die politisch-kulturellen Selbstauslegungen protestantischer Gemeinwesen sowie Habitus und kollektive Mentalität der Frommen zurück. Angesichts der großen Mannigfaltigkeit von Gestalten des Christentums, die sich selbst auf die reformatorischen Bewegungen des 16. Jh. zurückführen, soll eine „protestantische Identität" gestiftet werden. Dazu müssen die Unterschiede zwischen den →Landeskirchen, die innerprotestantischen Konfessionsgegensätze, die heterogenen ethnischen Prägungen der verschiedenen Protestantismen sowie die soziokulturellen Milieudifferenzen in ein allgemeines „Wesen des Protestantismus" aufgehoben werden können, das trotz aller Vielfalt des Protestantischen eine Raum und Zeit übergreifende „Gemeinschaft" aller Protestanten zu symbolisieren vermag. Da in modernen Gesellschaften solche kollektive Identität in starkem Maße „auf dem Wege der Geschichte" zu gewinnen versucht wird (Hardtwig 108), entwerfen die protestantischen Kulturanalytiker Gründungsmythen und normative Geschichtsbilder, die die Kontinuität zwischen den Ursprüngen in der Reformation und den vielen besonderen Gestalten des Protestantismus sichern sollen. Sie erfinden sinnstiftende Traditionen und konstruieren im Medium der Geschichtsschreibung Selbstbilder, die als Muster aktueller Identifikation dienen können. Identität bedarf jedoch immer einer negativen Folie, des abgrenzenden Bezugs auf ein anderes. Sie zwingt zu Grenzziehungen auf kulturell-symbolischer Ebene (Pierre Bourdieu [geb. 1930]) und läßt sich nur durch immer neu zu vollziehende Ausschließungsprozeduren (Michel Foucault [geb. 1926]) stabilisieren.

Um jenseits der heterogenen empirischen Gestalten *den* Protestantismus konstruieren und die Gemeinschaft der Protestanten symbolisch erfinden zu können, müssen die Protestantismustheoretiker deshalb scharfe, eindeutige Grenzen gegenüber der →Römisch-katholischen Kirche und der →Volksfrömmigkeit markieren. Um protestantischer Identität willen formulieren sie auch eine politische Kritik katholischer Herrschaftsträger. Die seit dem späten 17. Jh. geführten Debatten über die „Kulturbedeutung des Protestantismus" – diese Formel wird in den Kulturkämpfen des Kaiserreichs geprägt und von Kulturwissenschaftlern der Jahrhundertwende zum Leitbegriff kritischer Analysen des Verhältnisses von Protestantismus und moderner Kultur gemacht (Graf, Rettung) – sind also *konfessionskulturelle Unterscheidungsdiskurse*, in denen der behauptete Vorrang des Eigenen durch einen negativen Bezug auf die kirchliche, politische und moralische Kultur des Katholizismus zu vergegenwärtigen versucht wird. Entsprechend gilt für katholische Diagnostiker der kulturellen Folgen der Reformation, daß sie im Medium kritischer Analysen protestantischer Kultur die religiöse, moralische und politisch-kulturelle Überlegenheit ihrer Kirche deutlich machen und so zur inneren Stärkung der katholischen Lebenswelten bzw. Milieus beitragen wollen.

Seit dem frühen 19. Jh. gewinnen für die Definition des Protestantischen zudem Abgrenzungen vom Judentum an Gewicht (→Judentum und Christentum). Solche antijüdischen und auch antisemitischen Identitätskonstruktionen sind insgesamt aber zweitrangig gegenüber der Selbstfindung durch Katholizismuskritik. Protestantismus-Diskurse bleiben weithin einem binären Code, der teils theologischen, teils kulturanalytischen Selbstunterscheidung vom römischen Katholizismus, verpflichtet.

1.2. Die deutschen Konfessionsdebatten zeigen über große Zeiträume hinweg eine erstaunliche Konstanz von symbolischen Identitätsmustern, Selbstdefinitionen, Figuren der Abgrenzung, polemischen Stereotypen, Vorurteilen und Repräsentationen des Eigenen und Anderen. In Zeiten politischer Umbrüche oder schnellen sozialen Wandels, die als krisenhaft erfahren werden und latent vorhandene Tendenzen von aggressiver Identitätsbeschwörung und Konfessionskonflikt virulent werden lassen, können alte Muster zur Deutung der mentalen und politisch-kulturellen Unterschiede zwischen Protestanten und Katholiken aktualisiert werden. Viele antikatholische Feindbildstereotypen des →Kulturkampfes und die protestantisch-nationalliberalen Legitimationsmuster für eine gesamtkulturelle Führungsrolle der Protestanten sind etwa schon im 17. und 18. Jh. geprägt worden. Nationalistisch politisiert werden sie seit 1870/71 dann zur Diskriminierung der katholischen „Reichsfeinde" und zu deren Ausschluß aus der protestantisch imaginierten Gemeinschaft der deutschen Nation eingesetzt.

1.3. Konfessionskulturdebatten sind kein spezifisch deutsches Phänomen. Sie werden seit dem 17. Jh. in allen europäischen Ländern geführt, besonders intensiv in den gemischt-konfessionellen Ländern. Die Expansion der literarischen Märkte und eine intensive Übersetzungstätigkeit führen seit dem späten 18. Jh. dazu, daß über nationale Grenzen hinweg ein enger Austausch über die kulturellen Eigenheiten der Konfessionen stattfindet. In den sinnstiftenden Metaerzählungen und in den antikatholischen Feindbildern gibt es zwischen den Eliten der dominant protestantischen europäischen Gesellschaften ebenso große Übereinstimmung wie in den Repräsentationsmustern der Vorzüge der eigenen Konfession. Viele antiultramontane Kampfformeln deutscher kulturkämpferischer Organisationen wie des *Gustav-Adolf-Vereins* (→Diasporawerke) oder des →*Evangelischen Bundes zur Wahrung deutsch-protestantischer Interessen* finden sich z. B. auch in den in der Schweiz geführten Kulturkämpfen und in den heftigen Konfessionskonflikten des viktorianischen England (Paz; Wallis; Wolffe).

Eine Europäisierung der Konfessionsdebatten läßt sich insbesondere seit der →Französischen Revolution und den in den 90er Jahren des 18. Jh. geführten Diskussionen über das Verhältnis von religiöser Reformation und politischer →Revolution beobachten. Die Revolution und die Napoleonischen Kriege provozieren eine starke Politisierung der Konfessionsdiskurse und neue Konfessionalisierungsschübe. In allen multikonfessionellen europäischen Gesellschaften werden scharfe Konfessionskonflikte sowie Auseinandersetzungen zwischen politischer Obrigkeit und konfessionellen Minderheiten zu zentralen Themen der Innenpolitik.

Politisiert wird die alte Konfessionssemantik seit der Französischen Revolution auch durch Verschmelzung mit der neuen mächtigen Integrationsideologie →Nationalismus. Die Nation als eine innerlich bindende Gesinnungsgemeinschaft (vgl. Anderson; Gellner) bedarf der Abgrenzung von anderen nationalen Gemeinschaften. Dazu werden überkommene Differenzen der konfessionellen Kulturen zu nationalkulturellen Gegensätzen hypostasiert. Die religiöse Antithese von „Wittenberg" und „Rom" kann dann zur symbolisch verdichteten Chiffre für die tiefe nationalkulturelle Feindschaft zwischen Deutschland, „dem Land der Reformation", und Frankreich, der „erstgeborenen Tochter der Kirche", werden oder die politischen Konflikte zwischen Iren und Engländern zu Manifestationen eines neuen Glaubenskrieges zwischen ultramontanen Anhängern der Finsternis und Sendboten des Lichtes.

1.4. Der hohen Konstanz der konfessionskulturellen Unterscheidungsmuster entsprechend wird im folgenden keine motivgeschichtlich oder chronologisch geordnete Übersicht über die Debatten zur Kulturbedeutung des Protestantismus geboten. Nach Hinweisen auf die Ursprünge konfessionskultureller Selbstdeutung der Protestanten im *ius publicum* des späten 16. und 17. Jh. und der Transformation des reichsrechtlichen Protestantismusbegriffs in ein Kulturkonzept sollen vielmehr fünf zentrale Elemente eines systematischen Begriffs der Kulturbedeutung des Protestantismus entfaltet werden. Dafür sind zunächst Leitbegriffe und Deutungsangebote grundlegend, die klassische Protestantismustheoretiker des 19. Jh. wie K.B. →Hundeshagen und Matthias Schneckenburger (1804–1848) sowie historische Kulturwissenschaftler der Jahrhundertwende wie M. →Weber und E. →Troeltsch entwickelt haben. Die Rekonstruktion typischer Selbstdeutungsmuster „der Protestanten" orientiert sich weiterhin an den neueren konstruktivistischen Kulturtheorien, insbesondere den Konzepten des „kollektiven Gedächtnisses" (Halbwachs; J. Assmann), der *memoria* (Nora; Oexle), des „inventing of traditions" (Hobsbawm) sowie der „représentations" und „images" (Chartier).

2. Protestantismus als Rechtsbegriff und Kulturkonzept

2.1. Die Ursprünge von Deutungen des Protestantismus, die die Ebene der in →Bekenntnisschriften und theologischer Dogmatik formulierten Lehre in Richtung auf Politik, Ökonomie, Bildung, Kunst, Wissenschaft und Sozialmoral überschreiten, liegen ebenso im dunkeln wie die überaus komplexe Geschichte der Begriffe „Protestant(en)", „Protestantismus", „protestantische Kirchen", „protestantische Kultur" und „protestantischer Staat" sowie der Gegenbegriffe „Katholiken", „Katholizismus", „Römisch-katholische Kirche" und „katholische Kultur".

Auch für die Äquivalente in anderen europäischen Sprachen gibt es keine speziellen begriffshistorischen Analysen. Unzureichend erforscht sind zudem die zahlreichen Komposita des Protestantismusbegriffs, etwa die Begriffe „Altprotestantismus“, „Neuprotestantismus“, „Jungprotestantismus“, „→Kulturprotestantismus“, „Kirchenprotestantismus“, „Moralprotestantismus“, „Bildungsprotestantismus“, „Nationalprotestantismus“, „Staatsprotestantismus“, „Sozialprotestantismus“ und „Weltprotestantismus“ sowie Formeln wie „politischer Protestantismus“, „polizeilicher Protestantismus“, „literarischer Protestantismus“, „moderner Protestantismus“, „liberaler Protestantismus“, „freier Protestantismus“, „kirchlicher Protestantismus“ und „positiver Protestantismus“.

Diese Komposita und Formeln spiegeln die tiefe innere Spaltung des deutschen Protestantismus in einen liberal-bürgerlichen, relativ modernitätsoffenen Kulturprotestantismus und einen konservativen, zumeist von alten Eliten und vom Kleinbürgertum getragenen neupietistischen oder lutherisch-konfessionellen Kirchenprotestantismus (Graf, Spaltung). Sie wurden zumeist in den innerprotestantischen Kulturkämpfen seit der Restaurationszeit (→Restauration) und dem →Vormärz geprägt, in denen das Verhältnis reformatorischer Überlieferung zu den krisenhaften Prozessen ökonomischer, politischer, sozialer und kultureller Modernisierung der deutschen Gesellschaft umstritten war. Einzelne dieser Formeln lassen sich bereits in den Konfessionsdebatten des ausgehenden 18. Jh. nachweisen. Ein anonymer Übersetzer P. →Bayles gebrauchte 1779 die Formel „die neuen Protestanten“ (Bayle 311). Der in Pest lehrende katholische Germanist L.A. Hoffmann sprach 1787 davon, daß „der moderne deutsche Protestantismus ... so intolerant wie der ehemalige“ sei (L.A. Hoffmann 117). Andere Komposita des Protestantismusbegriffs wie „Jungprotestantismus“ wurden erst während des Ersten Weltkrieges geprägt (Traub 44–46).

Schon einzelne protestantische Theologen des 18. Jh. hatten in ersten Entwürfen für die später disziplinär verselbständigte →Konfessionskunde auf den besonderen Charakter des Protestantismusbegriffs im Unterschied zu den aus der Frühzeit der Reformation stammenden Selbst- und Fremdbezeichnungen wie *Evangelici*, *Lutherani*, *Lutheranismus*, *Zwingliani*, *Calviniani*, *viri boni*, *acatholici*, *eretici*, „Lutheraner“ und „lutherische Sekte“ (s. Brändly) hingewiesen. *Protestantes* bzw. „die Protestanten“ war zunächst kein Begriff theologischer Abgrenzung und Identitätskonstruktion, sondern ein Rechtsbegriff zur Bezeichnung der Reichsstände, die sich der Speyerer →Protestation von 1529 angeschlossen hatten (s.o. I.).

Protestantes bezeichnete ursprünglich „nicht die Anhänger einer Konfession, sondern eine politische – wenn auch konfessionell geprägte – Gruppierung im Reich“ (Becker 400). Für Siegmund Jacob Baumgarten (1706–1757) war die „Benennung Protestanten“ „von einer bürgerlichen Beschaffenheit“ (Baumgarten 813). In Lexika des 18. Jh. hieß es, daß diese „Benennung ... erst im J.[ahre] 1541 von dem Cardinal Contarenus bey der Versammlung zu Regenspurg“ für die Anhänger der Augsburgischen Konfession „gebraucht“ (Roth 897) worden sei. Nach Baumgarten setzte sich der Begriff durch, weil die Katholiken den *acatholici* oder „Unkatholischen“ – so die wichtigsten polemischen Fremdbezeichnungen in der römisch-katholischen Literatur des 16. und frühen 17. Jh. – nicht den Würdetitel *Evangelici* zuerkennen wollten (vgl. Baumgarten 813f.). Auch sei „die Benennung der Protestanten ... ausser Teutschland anfänglich an keinem Orte üblich gewesen, und erst im 17ten Jahrhundert in den Niederlanden und hernach auch in England gebraucht worden“ (ebd. 814). Hier lassen sich „Protestant Religion“, „Protestantism“ und „Protestants“ seit der Mitte des 17. Jh. nachweisen.

J. →Milton sprach 1649 in seinem *ΕΙΚΟΝΟΚΛΑΣΤΗΣ*, einer Gegenschrift zu dem kurz zuvor anonym publizierten anglikanischen Fürstenspiegel *ΕΙΚΩΝ ΒΑΣΙΛΙΚΗ*, von „Protestantism“, „the Protestants“ und „the Protestant Religion both abroad and home“ (Milton 499f.). N. Orchard prägte in seiner 1674 erschienenen *Doctrine of devils* für „the protestant communities collectively“ auch den Term „Protestantdom“ (s. Murray 1505). In Frankreich läßt sich „protestantisme“ als Nebenform zu „la religion protestante“ bereits im Jahr 1623 nachweisen (von Wartburg 475–477; Hatzfeld/Darmesteter 1828).

2.2. Als Rechtsbegriff setzte sich *Protestantes* bei den Verhandlungen der Reichstage, in der Rechtsprechung des Reichskammergerichts, in den kameralistischen Kommentaren zu dessen Urteilen sowie schließlich in der sog. Reichspublizistik, der vorrangig an den 22 protestantischen Universitäten des Reiches produzierten Literatur zur Auslegung der Reichsverfassung, durch. Die protestantische Reichspublizistik umfaßte zahllose Dissertationen *de pace religionis*, Traktate über die Toleranz, Entwürfe einer *politica christiana* und Lehrbücher für ein *ius publicum*, das „in der Phase seiner Ausbildung als eigenständiges Rechtsgebiet weitgehend das Recht [war], mit dem der explosive

Stoff der ‚streitigen Religion' gebändigt werden" sollte (Stolleis 268). Da „nahezu jedes Rechtsproblem ... konfessionspolitisch infiziert" (ebd. 272) war und die Katholiken, auch aufgrund ihrer sehr viel stärkeren politischen und gesicherteren rechtlichen Stellung, bis ca. 1730 keine Reichspublizistik im großen Stile entwickelten, wollten die protestantischen Rechtsgelehrten durch juristische Theoriebildung den katholischerseits immer bedrohten →Augsburger Religionsfrieden sichern. Sie suchten altgläubige Angriffe zurückzuweisen, daß die protestantischen Stände gegenüber Kaiser und Reich illoyal seien, und im Sinne der frühen Kameralistik die besondere politisch-ökonomische Leistungskraft der protestantischen Territorien zu erweisen. In den breiten Debatten über den sehr viel größeren Anteil der Protestanten an der Ausbildung des *ius publicum* wurden Deutungsmuster über die Unterschiede „akademischer Kultur" an den „protestantischen Universitäten" sowie an den „katholischen Universitäten" geprägt, die bis in die kulturkämpferischen Kontroversen über die „kulturelle Inferiorität" der Katholiken im späten 19. und frühen 20. Jh. (zum Begriff: Baumeister) tradiert wurden. Viele katholische Gelehrte sahen im freieren Geiste der „protestantischen Universitäten" eine Bedrohung des katholischen Kirchenglaubens. Der Mainzer Ordinarius Johann Georg Neureuter (1709–1757) erklärte 1745: „Unter allen catholischen Universitäten ist keine eintzige wegen dem Jure Publico im Ruff, wodurch denn Catholische [scil. Studenten] Protestantische Universitäten dießertwegen zu besuchen und offters irrige und in Glaubens Sachen anstößige Lehrsätze einzusaugen veranlasset werden" (zitiert nach Pick 46f.; weitere Belege bei Stolleis 272ff.).

Im Zusammenhang der Konfessionalisierungspolitik der absolutistischen Landesherren, die Religion als integratives Band des Gemeinwesens sahen und deshalb konfessionelle Homogenität durchsetzen wollten, wandelte sich der primär von Katholiken gebrauchte Rechtsterminus *Protestantes* (Cassander; Meier) allmählich zu einer Selbstbezeichnung (vgl. Romanus; Textor), mit der die Angehörigen der *Confessio Augustana* Freiheitsrechte gegenüber Kaiser und Reich geltend machten. In diesem Prozeß markiert der →Westfälische Friede 1648 einen wichtigen Einschnitt. Waren bisher nur die „Lutherischen" als *Protestantes* bezeichnet worden, so wurde der Begriff nun auf die „Calvinischen" ausgedehnt. Der lutherische Kameralist V.L. von →Seckendorff sprach in *Teutscher Fürsten-Staat* 1656 teils von den „Uncatholischen", teils von „den Fürstentümern protestirenden Theils" (von Seckendorff 244). Zwölf Jahre später handelte S. von →Pufendorf als Severinus de Monzambano über „die neuen Religions-Verwandte[n], die man nun Protestirende zu nennen pflegt" (Pufendorf 899). Spätestens an der Wende zum 18. Jh. nahmen Protestanten den alten Rechtsbegriff als einen *konfessionskulturellen Bewegungsbegriff* und *religionspolitischen Sammlungsbegriff* in Anspruch. Angesichts des wachsenden politischen Gewichts der Katholiken wollten sie die Einheit der beiden evangelischen Religionsparteien deutlich machen und eine Union von Lutheranern und Reformierten fördern (Klemm; *Allgemeine Gedanken über die Vereinigung der Evangelischen*; *Vernunft- und schriftmäßiges Urtheil*; *Vertheidigte Glaubens-Einigkeit der Protestantischen Kirche*). Zugleich wollten sie einen religiös-theologischen und kulturpraktischen Überlegenheitsanspruch gegenüber den „zurückgebliebenen" Katholiken geltend machen. Christoph Matthäus Pfaff (1686–1760) erklärte 1721 programmatisch die früheste Christenheit zum normativen Kriterium im Streit der Konfessionen (vgl. Pfaff, Vorrede). In seiner „vernünftigen" Deutung der „Religions-Strittigkeiten" zwischen der „Römischen und den Protestantischen Kirchen" behandelte er neben dogmatischen Lehren auch Frömmigkeitskultur, Ethik und Politik (vgl. ebd. 563.589).

2.3. Diese Themen markieren den Übergang aus der juristischen Semantik der älteren Reichspublizistik in die „culturhistorischen" Konfessionsdiskurse der gelehrten Aufklärungsgesellschaft. In den neuen Kulturgeschichten, Theologiegeschichten, Konfessionskunden, Morallehren, Menschenkunden, Seelenlehren, Reiseberichten und Traktaten zur Volksaufklärung traten überkommene Muster konfessioneller, d.h. lutherischer oder reformierter Vergesellschaftung hinter ein allgemeines „Wesen des Protestantismus" zurück. Intensiv diskutierten die Aufklärer die Frage, welche christliche Konfession „Cultur", „Flor" oder „Wohlstand" eines Landes sowie die „Glückseligkeit" seiner Bewohner am besten fördere. Dabei wurde der Bedeutungsgehalt des Begriffs erneut ausgeweitet: Neben den Lutheranern und den Reformierten umfaßte der Begriff spätestens seit der Mitte des 18. Jh. auch die im Zusammenhang der Reformation entstandenen „Sekten" und täuferischen Gruppen sowie die Freikirchen und independentistischen Gruppen in England, Schottland und Holland. Auch →Schwärmer, Mystiker, Chiliasten und die Herrnhuter wurden nun als Protestanten bezeichnet. Je heterogener die im komplexen semantischen Konstrukt „Protestantismus" zusammengebundenen Elemente waren, desto stärker konnte die beschworene Gemeinschaft der Protestanten nur noch durch polemische Außenabgrenzung und Feindbildproduktion gestiftet werden. Im Falle der Anglikaner (→Anglikanische [Kirchen-]Gemeinschaft) war der deutsche Sprachgebrauch deshalb uneinheitlich. Angesichts seines halbkatholischen Charakters fiel es schwer, ihn durch die Grenzziehungen gegenüber dem römischen Katholizismus als ebenso protestantisch wie die Freikirchen in Großbritannien zu erweisen.

2.4. Die weitere Begriffsgeschichte ist teils durch aggressive Verschärfung der antikatholischen Gehalte, teils durch Tendenzen kultureller Universalisierung, teils durch neukonfessionalistische Kritik und Verabschiedung des Protestantismusbegriffs geprägt. Schon verschiedene Aufklärer konnten die wohl in den 70er Jahren des 18. Jh. geprägten Formeln „Geist des Protestantismus" und „Prinzip des Protestantismus" für einen bestimmten moralischen Habitus oder einen kritischen Denkstil in Anspruch nehmen, der sich auch relativ unabhängig von den aus der Reformation hervorgegangenen Kirchentümern habe ausprägen können. Protestantismus diente nun als Leitbegriff für eine Lebensführung, die sich spezifisch (bildungs-)bürgerlichen Wertorientierungen wie Selbständigkeit, Mündigkeit, Gewissensautonomie, Denkfreiheit, Kritikbereitschaft und Toleranz verpflichtet wußte. Wer sich im 18. Jh. als Aufklärer verstand oder im 19. Jh. die Traditionen eines überkonfessionellen, moralisch-vernünftigen Christentums fortführen wollte, identifizierte Protestantismus und Denkfreiheit. „Freyheit ist ... das wesentliche Kennzeichen und Recht, nicht allein der protestantischen Kirche überhaupt, sondern auch jedes einzelnen ihrer Mitglieder: Freyheit in allem, was auch Glaubenslehre und Gottesverehrung betrifft" (Jochmann 400). In der protestantischen Religionsgesellschaft sollte deshalb, im Gegensatz zur römischen Priesterkirche, die Emanzipation von überkommenen Lehrnormen und Symbolen vollzogen sein und um des freien Privatglaubens willen auf dogmatische Homogenität verzichtet werden. Wie zahlreiche andere Vertreter der Aufklärungselite erklärte Schleiermachers philosophischer Lehrer Johann August Eberhard (1739–1809) sein Unverständnis darüber, daß es trotz protestantischer „Autonomie" noch immer Protestanten gebe, „die, ganz gegen den Geist des Protestantismus, diesem Glaubensbekenntnisse [scil. der Augsburgischen Confession] eine unauflösliche verpflichtende Kraft beilegen" (Eberhard I, 40).

In den Lexika der Sattelzeit wurde „protestantisch" häufig als „freigläubig" im Gegensatz zu „zwangsgläubig" und „blindgläubig" übersetzt: „Im Allgemeinen bezeichnet diese Benennung einen Christen, der sich, wie Kant sagt, gegen die Ansprüche ... anderer Glaubensgenossen, die ihren Kirchenglauben für allgemein verbindlich ausgeben, verwahrt ... [Der Protestant] verwahrt sich gegen jede Verpflichtung etwas zu glauben, was nicht auf einer übereinstimmenden Aussage seiner Vernunft und der Bibel beruht. Man könnte sie die Freigläubigen nennen; denn sie sind in bezug auf die kirchliche Gesellschaft, was der Freibürger in Bezug auf die bürgerliche ist" (Campe 555f.; zeitgenössische Belege zum Begriff „freigläubig" bei Heinsius 159).

Seit 1780 wurde „Protestantismus" zunehmend zu einem normativen kulturellen Konzept, das auch für kritische Geister in anderen Kirchen und Konfessionen gebraucht werden konnte. „Protestantismus" sei weniger der Name für einen „kirchlichen Verein" als vielmehr „eine religiöse Denkart" in allen christlichen Konfessionen, erklärte der

Heidelberger Unionstheologe Friedrich Heinrich Christian Schwarz (1776–1837) 1814 (Schwarz 46). Wenige Jahre später konnte ein protestantischer Schulrektor aufgeklärte, „erleuchtete Katholiken“ als „Protestanten“ charakterisieren und darauf hinweisen, „daß es jetzt auch in der katholischen Kirche einen Protestantismus giebt“ (F. Hoffmann 96). Der zunächst von I. →Kant, später von K. →Daub und G.W.F. →Hegel beeinflußte und zunehmend konservativere Erlanger Theologe Isaak Rust (vgl. TRE 26,330,8ff.) nahm 1829 alles „höhere Streben der Zeit“ für „das protestantische Prinzip“ in Anspruch. „Denn protestantischer Geist und entwickelter, zur Klarheit und zur freien Selbstbestimmung gelangter Geist sind ja im Grunde genommen eins und dasselbe ... durch alle Ewigkeit besteht der Protestantismus“ (Rust 733–736). Der jungdeutsche Schriftsteller Heinrich Laube (1806–1884; →Junges Deutschland) bezeichnete 1833 die politisch liberalen Emanzipationsbewegungen der Zeit als einen „Protestantismus der Völker“ (Laube 16). So konnten auch als modernisierend geltende geistige Strömungen vor und neben der Reformation zum „Protestantismus“ geadelt werden: „Der Humanismus ist ein echtes und rechtes Kind des Protestantismus ... die protestantische Kirche hat ihn mit der protestantischen Wissenschaft gezeugt. Kurz, die Humanisten sind protestantische Christen“ (Krause 115).

Dieser Enthistorisierung des Begriffs entsprach es, daß spätestens um 1900 auch vom Protestantismus in anderen Religionen gesprochen wurde. Als A. Paquet 1915 einen „Protestantismus im weiten unkirchlichen Sinne“ zur „Stütze des wiedergeborenen Kaisertums“ erklärte, stilisierte er den Zionismus zum innerjüdischen Protestantismus. „Protestantischer Revolutionsgeist“ sei in allen Religionen siegreich geworden. „Formal protestantische Strebungen gewinnen gegenüber den hierarchischen Ordnungen, denen das Schicksal alles Steingewordenen beschieden ist, selbst im Buddhismus Indiens und Japans und im Konfuzianismus der Chinesen die Oberhand. Wir dürfen sie letzten Endes kühn als ein Weiterwirken jener großen Reformation bezeichnen, die ... vor vierhundert Jahren in Deutschland ihren Ausgang nahm“ (Paquet 110f.). Die „zionistische Richtung“ im Judentum sei „dem Geist der deutschen Reformation verwandt ... Alles das ist Bewegung, ist Protestantismus in einem höchsten Sinn“ (ebd. 132).

In den theologischen Protestantismusdebatten der Zwischenkriegszeit trat vor allem P. →Tillich für die Entkonfessionalisierung und religionsgeschichtliche Universalisierbarkeit des Begriffs ein. „Aber dieses macht ihn zum Protestantismus, daß er immer auch über seiner religiösen und konfessionellen Wirklichkeit stehen kann, daß er nicht gebunden ist an sich ... Der Protestantismus hat ein Prinzip, das jenseits jeder seiner Verwirklichungen steht“ (Tillich 7f.).

Je mehr Aufklärer und protestantische Liberale Protestantismus als individuelle Freiheit faßten, desto stärker suchten protestantische Aufklärungskritiker den Begriff durch eine Erneuerung der alten Selbstbezeichnungen „die Evangelischen“ oder „die evangelische Christenheit“ zu ersetzen. Viele konservative Theologen des 19. Jh. lehnten den Protestantismusbegriff mit dem Argument ab, daß hier ein singuläres Moment der reformatorischen Bewegung, der Protest gegen Rom, auf Kosten der entscheidenden inhaltlichen Elemente verabsolutiert werde. Damit fanden sie im frühen 19. Jh. auch bei einzelnen politischen Obrigkeiten Resonanz. Als die „Protestanten des Rheinkreises“ ihre neue Unionskirche 1818 als „protestantisch-evangelisch-christliche Kirche“ bezeichneten und es „zum innersten und heiligsten Wesen des Protestantismus“ erklärten, „immerfort auf der Bahn wohlgeprüfter Wahrheit und ächt-religiöser Aufklärung, mit ungestörter Glaubensfreiheit, muthig voranzuschreiten“ (Schnauber/Bonkhoff 142; vgl. →Pfalz), gaben sie die alten Bekenntnisse als Lehrnorm preis und forderten implizit auch politische Bürgerrechte und Partizipation (vgl. Schunk). In Preußen wurde daraufhin der öffentliche Gebrauch des Protestantismusbegriffs verboten. Nach einer Kabinettsordre vom 3. April 1821 sollte „darauf gehalten werden, die Benennung: evangelisch, statt protestantisch – Evangelische, statt Protestanten, zu gebrauchen, weil eben dadurch der alte unpassende Name nach und nach verschwinden wird“ (Koch 152). Seitdem bezeichneten „protestantisch“ und „evangelisch“ theologie- und kirchenpolitisch alternative Selbstauslegungen der aus der Reformation hervorgegangen Kirchen bzw. konkurrierende Selbstdeutungen ihrer Mitglieder. Dieser Streit um die theologische

Legitimität des Protestantismusbegriffs prägte den deutschsprachigen Protestantismus bis ins 20. Jh. Die Kritiker liberal-neuprotestantischer Traditionen polemisierten immer gegen den Protestantismusbegriff. „Die Worte ‚protestantisch' und ‚Protestantismus' sähe ich gerne aus unserem Sprachschatz verschwinden" (Barth 17).

Umgekehrt nahmen protestantische Intellektuelle, die sich in Kontinuität zum moralisch-vernünftigen Aufklärungschristentum bzw. zum „freien Protestantismus" sahen, den Begriff offensiv in Anspruch, um gegenüber den massiven Tendenzen einer Verkirchlichung des Protestantismus das Eigenrecht individuellen Glaubens sichtbar zu machen (vgl. Dibelius, Evangelisch; Werner; Siegfried). Ihre Entwürfe des „protestantischen Menschen" (Leese; Dantine) wurden aber nur noch in kleinen sektiererischen Zirkeln des protestantischen Bildungsbürgertums rezipiert.

3. *Die Erfindung der „Innerlichkeit"*

3.1. Im Unterschied zu anderen konfessionellen Gestaltungen christlicher Tradition lassen sich protestantische Lebenswelten nicht allein über „Kirche" oder „kirchliche Lehre" definieren. Seit F.D.E. →Schleiermacher (§ 28 der *Glaubenslehre*; s.o. I. 2.) kann ein integratives Konzept des Protestantischen nicht rein dogmatisch, mit Blick auf die besonderen Lehrbildungen der aus der Reformation hervorgegangenen Konfessionskirchen, gewonnen werden; die Konzentration auf die kirchliche Institution und ihre Lehre wäre bloß eine römisch-katholische Perspektive. Jeder Begriff des Protestantismus muß der Relativierung der kirchlichen Institution und dem prinzipiellen Eigenrecht des Glaubens der Frommen entsprechen.

3.2. Alle Protestantismen beziehen sich auf den Protest eines Universitätstheologen gegen eine tendenziell allmächtige kirchliche Institution. →Luther formulierte diesen Protest unter Berufung auf das zur exklusiven Autorität erklärte →Wort Gottes, so wie es sich ihm im Studium der Heiligen →Schrift erschlossen hatte. Die individuelle Glaubenseinsicht, die an der Schrift sich bildet, wurde zur entscheidenden Instanz. Dies schärfte protestantischer Frömmigkeit einen *institutionenkritischen Grundzug* ein. Das Schwergewicht verlagerte sich von der objektiven „Heilsanstalt" hin zum frommen einzelnen: Der individuelle Glaube läßt sich nicht zureichend aus der Beziehung des Frommen zur Institution Kirche definieren. Die Bezogenheit auf Gottes Wort bzw. auf Christus wird zur religiös entscheidenden Definitionsebene. An die Stelle von institutioneller Außenlenkung tritt eine allein an Gottes unverfügbarem Wort orientierte *Innenleitung*. Der protestantische Fromme ist aus der Vormundschaft der kirchlichen Institution entlassen. Er ist, in einem prinzipiellen Sinne, in die Situation einer allein durch Christus bzw. Gottes Wort vermittelten Unmittelbarkeit zu Gott gestellt. Für alle Protestantismen war deshalb eine andere, neue Weise von Autoritätsbildung charakteristisch. An die Stelle äußerlich stabiler, institutioneller Autorität traten innere Gewißheit, gläubige Selbstgewißheit, das Vertrauen auf die Selbstbekundung des Geistes, die exklusive Bindung an das unverfügbare, auch kirchlich nicht domestizierbare Wort Gottes. Aus der Vielzahl frömmigkeitsgeschichtlich interessanter Selbstzeugnisse von Protestanten sei exemplarisch auf einen Brief Kaiser Wilhelms I. an Papst →Pius IX. verwiesen: „Der evangelische Glaube, zu dem ich Mich ... bekenne, gestattet uns nicht, in dem Verhältnis zu Gott einen anderen Vermittler als unseren Herrn Jesum Christum anzunehmen" (zitiert nach Rogge 472).

3.3. Für die Selbstauslegungen der diversen Protestantismen wurde deshalb eine neue Innerlichkeitssemantik kennzeichnend. Der Begriff des *Glaubens* wurde institutionenkritisch gefaßt. Nicht die Kirche wirke den Glauben, sondern der „Geist", der uns durch das Wort der Schrift ergreife. Dies ist ein sehr ungegenständliches, unsinnliches, spiritualistisches und abstraktes Glaubensverständnis. →Glauben betrifft nicht mehr den Nachvollzug einer objektiv vorgegebenen lehrhaften Substanz oder den sinnlichen Kontakt mit etwas „Heiligem". Glaube spiegelt vielmehr höchste Subjektivität; denn er ist nur insoweit Glaube, als er aus dem geistgewirkten Ergriffensein meines „Herzens" durch die göttliche Wahrheit stammt, also mit einem Element des prinzipiell Unverfügbaren (Gottes Wort) zugleich ein Element höchster Subjektivität repräsentiert. Glaube beinhaltet immer eine *prinzipielle Vereinzelung* des Frommen, sofern gegenüber der Unmittelbarkeit der Beziehung zu Gott alle innerweltlichen sozialen Vermittlungen des Frommen (Familie, Stand, Staat etc.) nachrangig sind. Für die religionskulturellen Selbstdeutungen des deutschen Protestantismus wurden deshalb Begriffe leitend, die eine starke Tendenz zur Spiritualisierung, Verinnerlichung, Individualisierung spiegeln.

Begriffe der mystischen Tradition wie „Einsicht", „Eindruck", „Gelassenheit", „einleuchten" wanderten im 18. Jh. in die Gemeinsprache ein, weil die Pietisten sie zuvor zu zentralen Begriffen religiöser Kommunikation gemacht hatten (vgl. Sperber 507–512). „→Gewissen", „innerer Mensch", „Innerlichkeit", „ganzer Mensch", „Herzensglaube", „Herzenschristentum" und – seit dem 18. Jh. – „Persönlichkeit", „Subjektivität" und schließlich „Autonomie" wurden im protestantischen Deutschland zu Leitbegriffen eines Anthropologiediskurses, in dessen Zentrum eine religiös fundierte innerweltliche Transzendenz des Individuums stand (zahlreiche Nachweise bei Kittsteiner). K. →Holl prägte für dieses frömmigkeits- wie kulturgeschichtlich signifikante Strukturelement des Protestantismus den Begriff „Gewissensreligion" (Holl 35). K. Leese sprach von einer „persönlichen Überzeugungs- und Gesinnungsreligion" (Leese 164). Mit dem für die „protestantische Religion" grundlegenden „Princip der Innerlichkeit" (Hegel, Vorlesungen 548 u.ö.) wird eine Dimension elementarer Unverfügbarkeit des frommen Subjekts thematisch, die sich gegen jeden vergegenständlichenden Zugriff von außen sperrt. Die in allen protestantischen Lebenswelten zu beobachtende symbolische Kommunikation, in der Innerlichkeit religiös inszeniert und reflexiv gesteigert wird, läßt sich deshalb auch als Erfindung von Individualität beschreiben.

4. Die Erfindung der Individualität

4.1. Die Reformatoren setzten gegen eine machtvolle, alle Bereiche des Lebens regulierende religiöse Institution die „Freiheit eines Christenmenschen". Die Aufklärer und die Liberalen feierten die Reformation deshalb als religiöse und geistige „Revolution" (zur Anwendung des Revolutionsbegriffs auf die Reformation s. u.a. Heinse 102f.), in der das Prinzip der Moderne, die Freiheit des einzelnen, gegen die dunklen Mächte der Tradition durchgesetzt wurde. Protestantische „Culturhistoriker" des 18. Jh., theologische Rationalisten, Hegel und seine Schüler, Vermittlungstheologen, A. →Ritschl und seine Schule, borussische Historiker der Jahrhundertwende und nationalliberale Politiker stimmten mit führenden protestantischen Kulturdeutern in anderen europäischen Gesellschaften und in den USA darin überein, in der Reformation jene elementare Epochenscheide zu sehen, die das finstere →Mittelalter beende und den Beginn der lichten →Neuzeit markiere (vgl. Koselleck; Skalweit). Für diese protestantische „whig-interpretation" der eigenen Geschichte war die Konstruktion von klaren Kontinuitätslinien kennzeichnend. So konnten unterschiedliche Gruppen ihre politischen wie kulturellen Ziele jeweils als Vollendung der Reformation legitimieren.

E. Troeltsch und die Theologen der „Lutherrenaissance" entwarfen demgegenüber Periodisierungsschemata, mit denen die vielfältigen Traditionsbindungen der Reformatoren sowie der vormoderne Charakter der altprotestantischen Gemeinwesen in den Blick kamen. Spätestens seit Troeltschs Vortrag über *Die Bedeutung des Protestantismus für die Entstehung der modernen Welt* (1906) wurde über die Grenzen direkter genetischer Herleitungen „der Moderne" aus der protestantischen Freiheit diskutiert (vgl. Troeltsch 23). Sofern die Reformatoren aber „noch" spätmittelalterlichen Denkhorizonten verpflichtet waren und zu fernen, fremden Gestalten wurden, ließen sie sich nicht mehr zu Heroen protestantischer Aufklärung, bürgerlicher Emanzipation und liberaler Freiheit stilisieren. Die Historisierung der Reformation und die mit der methodischen Professionalisierung der Reformationsgeschichtsschreibung verbundene Auflösung eines einheitlichen, gleichsam normativen Geschichtsbildes erschwerten seit der Jahrhundertwende zunehmend legitimatorische Rückgriffe auf die großen „Gründergestalten" des Protestantismus. Die von der neueren Wissenschaftsgeschichtsschreibung begonnene Historisierung der Reformationshistoriographie und Protestantismusforschung des frühen

20. Jh. läßt darüber hinaus erkennen, in welch starkem Maße auch die vermeintlich rein historischen, kritischen Deutungsangebote der Kultur- und Kirchenhistoriker des frühen 20. Jh. von aktuellen (kirchen-)politischen Interessen geprägt waren (Graf, Kulturgeschichte). Methodische Behutsamkeit zwingt insoweit dazu, ein systematisches Konzept des Protestantismus nicht mit der Produktion „eindeutiger" Geschichtsbilder oder der Konstruktion „klarer" Traditionslinien zu verbinden. Alle Aussagen über ein „Wesen des Protestantismus" lassen sich durch vielfältige widerstrebende Phänomene in einzelnen protestantischen Lebenswelten relativieren.

4.2. Unter diesen Einschränkungen kann die *Aufwertung von Individualität* als ein zweites Strukturmerkmal des Protestantischen gelten. Die reformatorische Bewegung vermittelte, verbunden mit Impulsen des Renaissancehumanismus, Anstöße für folgenreiche Individualisierungsprozesse, die protestantische Lebenswelten bis heute von den stärker institutionenorientierten und gemeinschaftsbezogenen katholischen Milieus unterscheiden. Unter den langfristigen kulturellen Folgewirkungen des reformatorischen Protests kommt dieser religiös begründeten Individualisierung besonderes Gewicht zu.

Im Anschluß an Troeltsch ist in der neueren Konfessionalisierungsdebatte (Zeeden, Konfessionsbildung; Schilling; Reinhard; Lehmann; Hsia) zwar die hohe Strukturhomogenität zwischen den alten lutherischen und alten reformierten sowie den alten katholischen Gemeinwesen im Reich betont und das altliberale Dogma zerstört worden, es sei in den altprotestantischen Territorien freiheitlicher als unter katholischen Herrschaften zugegangen. Repressive →Kirchenzucht, insbesondere bei den Reformierten, ein hoher religiöser Vergemeinschaftungsdruck vor allem in kleinen Gemeinden und vielfältige Formen der Sozialdisziplinierung durch das enge Bündnis von kirchlichen und politischen Obrigkeiten markierten enge Grenzen für alle Versuche der Freisetzung des Individuums aus traditionalen Bindungen. Sowohl in der juristischen Diskussion als auch in den Ethikdiskursen der Theologen wurden Begriffe wie Libertät und Freiheit bis weit ins 18. Jh. hinein vorrangig korporatistisch gefaßt.

Im Medium der religiösen Symbolsprache aber läßt sich, vor allem unter dem Einfluß des →Pietismus und anderer innerprotestantischer Erneuerungsbewegungen, eine mit der religiösen „Verinnerlichung" eng verbundene Tendenz beobachten, den Frommen zunehmend unabhängig von überkommenen Gemeinschaftsbindungen, etwa als Sünder vor Gott, wahrzunehmen. In der religiösen Grundsituation der Konfrontation mit Gottes Wort war „der protestantische Fromme" sehr viel stärker als der Katholik auf sich selbst zurückgeworfen, seiner Sündhaftigkeit, Verlorenheit, Schuld und Erlösungsbedürftigkeit ausgesetzt. Dies förderte im Bereich des Protestantismus die Durchsetzung einer Kultur individualisierter religiöser Reflexivität, die es vergleichbar intensiv in katholischen Lebenswelten nicht gab oder die, unter dem Einfluß protestantischer Frömmigkeitsliteratur, hier erst mit erheblicher Verzögerung entstand. Auch für Troeltsch lagen die modernisierenden Wirkungen des Protestantismus primär im „protestantisch-religiöse[n] Individualismus der persönlichen Überzeugung" (Troeltsch, Bedeutung 80): „Indem der Protestantismus gerade an der Herausbildung dieses religiösen Individualismus und an seiner Überleitung in die Breite des allgemeinen Lebens seine Bedeutung hat, ist von vornherein klar, daß er an der Hervorbringung der modernen Welt erheblich mitbeteiligt ist" (ebd. 23).

Die mit der Reformation langfristig verbundenen Individualisierungsschübe lassen sich in unterschiedlichen Perspektiven thematisieren. Die in der Reformationszeit neu gestaltete Portraitkunst zeigt, daß Luthers Wiederentdeckung des ursprünglichen Sinns des Evangeliums „die Künstler dazu herausgefordert hatte, im Individuum eine neue Leibhaftigkeit, aber auch die keinem Ideal verpflichtete Schönheit des Charakteristischen aufzuspüren" (Hofmann 17). Grundlegend waren darüber hinaus die Wandlungen der Gottesdienstkultur und häuslichen Frömmigkeitspraxis.

Zu nennen sind zunächst die Abschaffung der Ohrenbeichte (→Beichte), die Subjektivierung des Bußverständnisses (→Buße) und die Aufwertung des Individuums in Kommunikationsmedien, die die Religionskultur des Protestantismus besonders stark prägen: im Gebet und in der Predigt.

Vielfältige Tendenzen einer religiösen Erfindung von Individualität lassen sich auch in den zahlreich überlieferten protestantischen Leichenpredigten beobachten (vgl. Lenz; Veit).

Große kulturelle Folgewirkungen entfaltete die insbesondere von den Pietisten hoch entwickelte Kultur religiöser Selbstthematisierung. Die pietistische Autobiographik (→Autobiographie), die Vergegenwärtigung und Re-Konstruktion der eigenen Lebensgeschichte als einer durch →Wiedergeburt und →Bekehrung bestimmten *vita christiana*, bedeutete über die Ebene religiöser Symbolsprache hinaus einen entscheidenden Durchbruch zur prinzipiellen Verselbständigung des Individuums gegenüber seiner sozialen Umwelt.

Seit den klassischen Studien Georg Mischs (Geschichte der Autobiographie, 4 Bde., Bd. I, Leipzig 1907 ²1931; Bd. II–IV, Frankfurt a.M. 1955–1967) gilt die pietistische Autobiographik als eine zentrale Quelle aller modernen Ego-Literatur (vgl. *Individualisme et autobiographie en Occident*; Elbaz; Bernheiden; zum Begriff Ego-Literatur vgl. *Ego-Dokumente*). Sie beeinflußte tief den vor allem im protestantischen Deutschland im 18. Jh. entstandenen Bildungsroman und wirkte, in Verbindung mit der im Pietismus intensiv gepflegten Briefliteratur, bis in die Alltagskommunikation des sich formierenden Bildungsbürgertums hinein individualisierend (Schöne).

Deutungsmuster, die dem Protestantismus gegenüber dem klerikal petrifizierten Katholizismus eine Offenheit für das Individuelle zuerkannten, prägten auch die Wahrnehmung der konfessionell differenzierten deutschen Bildungslandschaft (→Bildung). So berichtete der Freiburger katholische Moraltheologe Heinrich Schreiber (1793–1872), der 1845 aus der Römisch-katholischen Kirche aus- und zur religiös-liberalen Oppositionsbewegung der →Deutschkatholiken übertrat, daß in den katholischen Normalschulen des späten 18. Jh. die Schüler eine gemeinsame „katholische, d.h. steife Schrift" lernten. Die „leichtere, von der Individualität des Schreibenden bedingte sogenannte protestantische Schrift" sei in katholischen Schulen erst sehr viel später unterrichtet worden (Rauch 214).

4.3. Seit dem späten 18. Jh. bildete der „protestantische Individualismus" ein zentrales Thema der politisch-kulturellen Konfessionskontroversen. Katholische Kritiker der Französischen Revolution führten diese auf das zerstörerische Prinzip der „Mutter aller Revolutionen", der Reformation (Haas 3), zurück. So machte Joseph Marie de Maistre (1754–1821) die behaupteten destruktiven Tendenzen des „politischen Protestantismus" 1820 am Ungeist des Individualismus fest: „cette profonde et effrayante division des esprits, ce morcellement jusqu'à l'infini de toutes les doctrines, le protestantisme politique poussé jusqu'à l'individualisme le plus absolu" (de Maistre 286). Ein junger katholischer Provinzphilosoph erklärte 1827 „das protestantische Prinzip ... alle Wahrheit aus der individuellen Vernunft zu schöpfen" zur katastrophenträchtigen Ursünde des modernen Menschen: „Somit war ... eines der größten Verbrechen veranlaßt ... welches die Menschen gegen Gott begangen haben: die endliche individuelle Vernunft anfangs als Richterin, nach und nach – was leicht und nothwendig folgte – als Quelle der Wahrheit selber statuirt" (Hainer 11.13). Antithesen von protestantischem Individualismus einerseits und katholischem Gemeinschaftsdenken oder Korporatismus andererseits avancierten in der katholischen Kontroverstheologie und sich formierenden Konfessionskunde des 19. Jh. zu einem zentralen Muster der Erfassung des protestantisch-katholischen Konfessionsgegensatzes. Neben der Kritik J.A. →Möhlers an F.C. →Baur (Möhler, Symbolik) ist dafür eine Formulierung des Bonner katholischen Kontroverstheologen Bernhard Josef Hilgers' (1803–1874) repräsentativ: „Während das protestantische Princip Subjectivirung und Isolirung fordert, und zwar bis dahin, daß sich im einzelnen Individuum ... die ganze Idee der Kirche verwirklicht, fordert das katholische Princip Gemeinschaft und Hingebung der Subjectivität an die Anstalt bis dahin, daß sich in einem sichtbaren Oberhaupte die Kirche zu Einer ... vollendeten Einheit abschließt" (Hilgers 57). Den protestantischen Individualismus aber deuteten die katholischen Protestantismustheoretiker als den Keim von „Zersetzung" und „völliger Auflösung" aller religiösen und in letzter Konsequenz auch politischen Gemeinschaft (Binder I, XII). Im protestantisch-religiösen Individualismus werde das einzelne Ich so auf sich selbst zurückgeworfen, daß es in atomistischer Vereinzelung nur noch um sich selbst kreise (vgl. ebd. 16).

Protestantische Theoretiker feierten, genau umgekehrt, den „Individualismus“ als Aristokratie einer Elite religiös-sittlicher Persönlichkeiten. Dem Katholizismus warfen sie vor, in seiner Religionspraxis nur die dumpfen Triebe eines moralisch laxen, alle höhere Bestimmung des Menschen preisgebenden „Kirchenvolkes“ zu befriedigen. Spätestens um die Wende zum 20. Jh. wanderte in die protestantischen Konfessionsdiskurse ein polemischer Gebrauch des Begriffs der „Masse“ ein. Für elitäre protestantische Kulturarroganz repräsentativ sind Sätze des deutschnationalen Heidelberger Praktischen Theologen Renatus Hupfeld (1879–1968): „Der Protestantismus ist innerlich leidenschaftlich jeder quantitativen Auffassung des Menschen Feind. Nicht als Teil Gottes oder der Welt oder der Natur, nicht als Massenwesen faßt er den Menschen, sondern als eigentümlichen Willen, als individuellen von dem bestimmten Gott gesetzten Gottesgedanken, als persönlich von Gott gemeintes Willensziel“ (Hupfeld 423). Im Verhältnis zum protestantischen „Persönlichkeitsglauben“ oder „Personalismus“ konnte der Katholizismus nur als untersittliche Religion der Massenmenschen wahrgenommen werden (ebd. 426). So wurde die protestantische Freiheit zunehmend mit heroischem Pathos gefüllt. „Das innerste Wesen des Protestantismus als Lebensgrundsatz heißt: persönliche Einzelverantwortung“, rief der alldeutsche Kulturprotestant Gottfried Traub (1869–1956) beim Reformationsjubiläum 1917 zum Kampfe gegen allen „Kollektivismus“ auf (Traub 44).

5. *Die religiöse Profanisierung der Welt*

5.1. H. Plessner hat protestantische Frömmigkeit als „Weltfrömmigkeit“ charakterisiert (Plessner 58–64). Denn Protestantismus und Katholizismus unterscheiden sich auch durch gegensätzliche religiöse Bewertungen der Welt. In einer jüdischen Perspektive stellte sich dies 1930 so dar: „Der Protestantismus hat eine stärkere Bejahung der Welt und der Kultur als der Katholizismus“ (Dienemann 1155).

Katholische Frömmigkeit unterscheidet zwischen heilig und profan. Sie grenzt heilige Räume und Orte aus, die die Erinnerungs- und Vollzugsstätten des religiösen Lebens sind. Dabei kultiviert sie ein magisches Weltverständnis bzw. den Glauben an heilige Gegenstände, deren Wirkkraft durch sinnlichen Kontakt, etwa durch Berühren oder Küssen, auf den Frommen übertragen wird. In römisch-katholischen Weltdeutungen gilt die →Kirche als zentrale Institution des Gemeinwesens, weil allein sie das Wissen über die angemessene Ordnung der Welt (→Naturrecht, Schöpfungsordnungen [→Schöpfer/Schöpfung]) verwaltet, das in der Vernunft prinzipiell allen Menschen erschlossen, aber durch die Sünde verdunkelt ist. Römisch-katholische Kulturkonzeptionen sind immer auf die Kirche fokussiert. Sie sind im präzisen, unpolemischen Sinne des Wortes klerikal, weil sie eine Weisungs- und Orientierungskompetenz des kirchlichen Lehramtes für alle Bereiche der Kultur beanspruchen. Sie beinhalten schließlich eine Zweistufenethik, derzufolge an die Kleriker höhere moralische Ansprüche als an die Masse der Laien zu stellen seien.

Demgegenüber kennt protestantische „Weltfrömmigkeit“ keinen institutionell abgegrenzten Raum des Heiligen. Für sie ist der entscheidende Ort christlichen Lebens die Welt überhaupt, der Alltag. Gegen die weltentwertende Antithese von heilig und profan erkennt protestantische Frömmigkeit dem Profanen gerade in seiner Profanität eine religiöse Eigenwürde zu. Sie identifiziert keine besonderen religiösen Bereiche, in denen der Mensch Gott näher wäre als in „bloß“ säkularen Bereichen. Der Gottesdienst des Menschen soll sich nicht auf besondere religiöse Handlungen – auf „Werke“ oder „heilige Verrichtungen“ – beschränken, sondern im je besonderen „weltlichen Beruf“ des Christen vollziehen. Klassische Protestantismustheoretiker wie M. Schneckenburger, K.B. Hundeshagen, E. Troeltsch und M. Weber haben die hohe Bedeutung von Luthers Berufsgedanken betont. Für diese Berufskonzeption, die viele calvinistische Theologen noch verschärften, ist grundlegend: *Jede* Tätigkeit im Dienste des Nächsten, auch die geringste, nach den Differenzierungskriterien des ständisch gegliederten Gemeinwesens unwürdigste Tätigkeit hat die religiöse Dignität, Gottes-Dienst zu sein, genauso wie ein Gebet oder eine vermeintlich besonders heilige Handlung.

Für die ideale *Lebensführung* des protestantischen Frommen bedeutete die religiöse Hochschätzung des weltlichen Berufs: Gerade das Unspektakuläre, Alltägliche, scheinbar rein Profane gewann einen religiösen Verpflichtungscharakter. Die Welt wurde einerseits entklerikalisiert, andererseits religiös aufgewertet. Indem das Göttliche nicht mehr in heilige Bezirke ausgegrenzt wurde, konnte es die Weltlichkeit des profanen Lebens durchscheinen. Das „Priestertum aller Gläubigen" (→Priester/Priestertum II) beinhaltete zudem die Absage an die katholische Zweistufenethik und Doppelmoral. Damit wurde das ethische Anspruchsniveau für den einzelnen Christen radikal verschärft.

Schon die Aufklärer des späten 18. Jh. führten die größere Wohlfahrt protestantischer Territorien auf den religiös induzierten Fleiß der Protestanten zurück. Auf die Frage „Warum ist der Wohlstand der protestantischen Länder so gar viel größer als der catholischen?" antwortete der bayerische katholische Jurist Johann Adam von Ickstatt (1702–1776) 1772 mit dem ausführlich entfalteten Nachweis, daß es nicht das politisch-soziale Institutionengefüge, sondern „nur die Religion ist, welche den großen Unterschied des Wohlstands verursacht" habe (von Ickstatt 7). Gerade die religiöse Aufwertung des Werktages bewirke ökonomischen Fortschritt und höhere kulturelle Entwicklung. „Ausser den Sonntagen haben sie [scil. die Protestanten] gar wenige Feyertage und also auch wenig Versäumnis. An den Werktagen verrichtet jeder sein Gebeth in seinem Hause. Von besonderen Andachtsübungen wissen sie nichts, sie werden demnach von Jugend auf zur Arbeit der Werktage und nicht zum Müßiggang der Feyertage gewöhnt" (ebd. 8). Die protestantische Verschärfung des Bußverständnisses fördere „Fleiß", Askese und Selbstdisziplin (ebd. 9).

Auch die protestantischen Kulturdeuter des frühen 19. Jh. erklärten sich die besondere kulturelle Leistungskraft des Protestantismus durch die die Totalität des Weltumgangs prägende „Berufstreue". Hegel schrieb 1821: „Von der protestantischen Religion ging das Zutrauen der Individuen gegen einander aus, das Vertrauen auf ihre Gesinnung, denn in der protestantischen Kirche sind die religiösen Werke das ganze Leben, die Thätigkeit desselben überhaupt" (Hegel, Grundlinien 127). Carl Gustav Jochmann (1789–1830) rechnete es wenige Jahre später „zu den Eigenthümlichkeiten des Protestantismus, nicht in Zeichen und Gebräuchen, sondern in einer durch ihren wohlthätigen Einfluß auf das Leben sich bewährenden Gesinnungsweise die Religion zu erkennen; eben daher allen äußern Gottesdienst, in Vergleichung mit jenem innern und wahren, für eine dem Gewissen eines Jeden anheimzustellende und keinem aufzudringende Nebensache zu erklären" (Jochmann 106). Ein rationalistischer Herausgeber der Zeitschrift *Der Protestant* sah in der Popularisierung „tätiger Gesinnung" eine zentrale Aufgabe seines Journals: „Daß sie [die Reformation] die Sittlichkeit wieder zu einer Kraft gerufen, daß es ueberhaupt dem Protestantismus vorzueglich zuzuschreiben sey, wenn das ethische Moment der Religion nicht in Werkheiligkeit und Dumpfheit des Geistes untergegangen ist, das darzuthun, macht er [*Der Protestant*] sich zum Hauptgeschäft" (Friederich 4).

In der Tat richteten sich in protestantischen Lebenswelten die religiösen Energien in besonderer Weise auf aktive Weltgestaltung. Erfolgsdenken, Leistungsaktivismus und Aufstiegsorientierung gewannen in protestantisch geprägten bürgerlichen Milieus einen sehr viel höheren Stellenwert als in katholischen Gemeinwesen. Vor allem in den bi- oder trikonfessionellen europäischen Gesellschaften entwickelte sich ein leistungsaristokratischer Elitenprotestantismus, geprägt durch ein Pathos der Weltbemächtigung, des Ausgreifens, Machens, Veränderns, Neugestaltens.

5.2. Der protestantische Habitus läßt sich auch als eine religiös inspirierte, durch den Glauben provozierte „Rationalisierung der Lebensführung" (M. Weber) beschreiben. Vor allem in den calvinistischen Eliten der westeuropäischen Länder und der USA sowie im deutschen Bildungsbürgertum beförderte protestantische Frömmigkeit „innerweltliche Askese" bzw. einen *Habitus rationaler Selbstdisziplinierung*. Zwar tendiere der Protestantismus, anders als „katholische Sinnenfreude", „barocke Lebenslust" und ökonomisch unproduktiver „Müßiggang der Wallfahrer" – diese katholizismuskritischen Stereotypen wurden spätestens seit dem ausgehenden 17. Jh. verbreitet –, vor allem in seinen reformierten Ausprägungen und in den diversen „Sekten" immer auch zu moralischem Rigorismus, Moralterror, Gesetzlichkeit, Sittenstrenge, harter Disziplin,

Triebunterdrückung und Kampf gegen die sündhafte Welt. Langfristig gewichtiger als die äußere „Sozialdisziplinierung" durch kirchliche oder politische Obrigkeiten war jedoch die religiös induzierte Bereitschaft zu rigider Selbstdisziplinierung. Religiös begründete innere Verpflichtung bewirkt sehr viel mehr als äußerer Zwang; doch spiegelt diese Behauptung bereits eine spezifisch protestantische Einstellung. Für die religiös induzierte Selbstdisziplinierung erfanden protestantische Moraltheologen und Philosophen eine eigene Semantik.

Sich selbst überwinden, den vielen sinnlichen Verführungen widerstehen, nicht den leichteren Weg gehen, sich in die Pflicht nehmen, den (Kantischen) Gegensatz von →Pflicht und Neigung aushalten, dem unbedingten Anspruch des Gewissens folgen, auch die aus der Gewissensentscheidung möglicherweise tragende Vereinzelung auf sich nehmen – so wurde die Internalisierung von Gottes Gesetz bzw. das tätige Ergreifen des Gesetzes im „Herzen" beschrieben.

Mit strenger moralischer Selbstdisziplinierung konnten sich einerseits Zwanghaftigkeit, grausame Härte (gegenüber sich selbst und gegenüber anderen), Sittenstrenge, Prinzipienreiterei, dünne Lippen und arrogante Abwertung der Sünder verbinden; vor allem in der frühen calvinistischen Ethik, etwa bei Lambertus Danäus (Lambert Daneau [1530–1595]), oder in den Tugenddebatten der niederländischen Reformierten gibt es dafür zahlreiche Beispiele (vgl. Strohm). Es verband sich damit andererseits aber auch der kulturelle Mehrwert einer strengen, rationalisierten, antihedonistischen Lebensführung: Der protestantische Fromme lebte nicht in den Tag hinein, sondern folgte einer „vernünftigen" Ökonomie der Zeit. Er stellte gern Uhren auf, teilte sich die Zeit ein, erklärte Pünktlichkeit zu einer Tugend und suchte die von Gott gewährte Lebenszeit sinnvoll zu nutzen (vgl. Landes). Er ging mit der bleibenden Irrationalität des Lebens distanzierter und kontrollierter als Katholiken um. Er habitualisierte die Bereitschaft zur Triebunterdrückung und hob die Scheidung von Arbeit und Vergnügen auf, indem er auch noch die „Freizeit" von ihrer Funktion für den „Beruf" her, als Erholung, Zeit zur Einkehr oder Chance zur Regeneration, definierte und lebte.

Protestantische Askese läßt sich primär an Feldern der Lebensführung verdeutlichen, die in besonderem Maße vom Konflikt zwischen der unaufhebbaren Irrationalität des Lebens und der gesollten Rationalität des Menschen geprägt sind. Schon in der Reformationszeit konkretisierte sich protestantische Frömmigkeit in einer folgenreichen *„Entzauberung" des Todes*. Die Reformatoren beendigten den Heiligenkult als einer Hilfe der Toten für die Lebendigen sowie die Fürbitte der Lebenden für die im →Fegfeuer gequälten Toten. Sie empfanden neben dieser spirituellen auch die physische Präsenz der Toten als bedrohlich, kritisierten die Vorstellung „geweihter Erde" und traten für die Verlagerung der →Friedhöfe aus den Städten ein, weil „die Begräbnisstätte der Toten mehr nach medizinischen als nach memorialen Erwägungen ausgewählt werden" sollte (Koslofsky 345). Lutherische wie reformierte Beerdigungsliturgie und die protestantische →Leichenpredigt waren allein an die Lebenden gerichtet und vergegenwärtigten symbolisch die *Aufwertung dieser gegenüber jener Welt*: Das Gedächtnis der Toten trat hinter die geistliche Erbauung der Lebenden zurück. Geistliche Erbauung wurde dabei eng mit dem sozialmoralischen Appell verknüpft, das irdische Leben gottwohlgefällig, in tätiger Entsagung und unter konsequenter Ausnutzung der begrenzten Lebenszeit zu gestalten.

Auch für die →*Sexualität*, das Feld der Triebunterdrückung par excellence, läßt sich vor allem in bürgerlichen Eliten ein protestantischer Habitus rationaler Selbstkontrolle beobachten. Sexualität repräsentiert den Lebensbereich, in dem Konflikte zwischen Irrationalität (Trieb) und Rationalität (Leistung durch Verzicht) die Persönlichkeit besonders stark bestimmen. Zur konfessionskulturellen Unterscheidungssemantik gehörte es seit dem 18. Jh., daß protestantische Gelehrte den Katholiken, vor allem auch dem katholischen Klerus, Mangel an Keuschheit, Lüsternheit, Unzucht, Neigung zum Ehebruch, Promiskuität, Schamlosigkeit und Doppelmoral vorwarfen. Für südeuropäische katholische Länder zeichneten sie Bilder sittlichen Verfalls, bei denen Hurerei, Knabenliebe und eheliche Untreue im Vordergrund standen. Den Rationalisten galt Italien nicht als heiteres Arkadien, sondern als römisches Sündenbabel (vgl. Krug 35). Demgegenüber präsentierte sich der Protestant als ein selbstmächtiges Subjekt strenger Triebkontrolle, das rationale Normen perfekt verinnerlichen und den sinnlichen Verführungen einer eitlen, bösen Welt widerstehen kann. Die mit der Durchsetzung der modernen bürgerlichen Gesellschaft und der Urbanisierung verbundene Auflösung überkommener Sitte sowie die seit dem Vormärz von Rationalisten, lutherischen Konservativen, Vertretern der →Vermittlungstheologie und der →Spekulativen Theologie kritisierten Phänomene einer „Rehabilitation" bzw. „Emanzipation des Fleisches" (vgl. die Dokumentation der Debatte bei Estermann [Hg.] I, 193–294) provozierten in allen protestantischen Milieus, keineswegs nur bei den Konservativen, Anstrengungen zur Stärkung einer strengen Sexualmoral.

In zahlreichen, nach scharf markierten Geschlechtergrenzen organisierten Vereinen (kirchliche Männervereine, Jungdmädchenvereine, Frauenvereine) wurden neue Keuschheitsideale propagiert und eine Sexualmoral kommuniziert, die der viel beschworenen Überlegenheit des Geistes über „das Fleisch" entsprechend auf rationale Selbstkontrolle, Entsagung und strikte Einbindung der Sexualität in die Institution der →Ehe setzte. In der deutschsprachigen akademischen Theologie, in der seit den 40er Jahren des 19. Jh. die ethische Reflexion ein zunehmend größeres Gewicht gewann (vgl. Graf, Theonomie), wurden Verzicht und Prüderie zum idealen protestantischen Habitus verklärt. Sehr viel stärker noch gilt dies für die Tugenddiskurse im viktorianischen England (vgl. Houghton; Walkowitz).

Auch die moderne bürgerliche „*Ordnung der Geschlechter*" (Ute Frevert [geb. 1934]) und die mit ihr verbundene *Gefühlskultur* wurden stark durch protestantische Strategien beeinflußt, die anarchischen Potentiale menschlicher Subjektivität rational zu begrenzen. Protestanten erwarteten von sich, selbst in besonders bewegenden, emotional herausragenden Situationen den Ausdruck der Gefühle kultivieren zu können. Liebe sollte intimisiert, Trauer ritualisiert, Aggression zivilisiert werden. In den nordamerikanischen, stark puritanisch geprägten Protestantismen wurde „emotional control" zu einer der wichtigsten Ausdrucksformen gelebten Glaubens: Der Fromme war seiner Erwählung gewiß, wenn er seine Gefühle unter Kontrolle halten konnte (vgl. Stearns/Stearns; P.N. Stearns). Protestantische Rationalisierung der Gefühle verband sich häufig mit der Konstruktion von emotionsspezifischen Geschlechterrollen: Dem Mann, dem idealen Repräsentanten der Vernunft, wurde ein höheres Maß an Emotionskontrolle abverlangt als der Frau, der es in emotiv herausragenden Momenten erlaubt war, ihren Gefühlen auch durch Tränen Ausdruck zu verleihen. Selbst in der Welt der protestantischen Frauen blieb Gefühlskontrolle aber die vorrangige religiös-kulturelle Norm. Theoretikerinnen der kulturprotestantisch-liberalen Frauenbewegung der Jahrhundertwende begründeten die Emanzipationsansprüche der Frauen auch damit, daß sie den Männern an rationaler Distanz gegenüber emotiver Unmittelbarkeit überlegen seien (Baumann).

Auch für andere Felder der Lebensführung lassen sich seit dem späten 17. Jh. vergleichbare Muster religiös fundierter Rationalisierung nachweisen. Zum besonderen Erscheinungsbild protestantischer Frömmigkeit gehörten, vor allem im 19. und frühen 20. Jh., der Kampf gegen Suchtgefahren und Alkoholkonsum und, vor allem in den Freikirchen Großbritanniens und der USA, die Verkündigung des „Teetotalism", der entschlossenen Abstinenz von allen alkoholischen Genüssen.

In Deutschland übernahmen neben den sozialkonservativen Vereinen der →*Inneren Mission* hier die seit dem späten 19. Jh. aus Großbritannien kommenden neuen protestantischen Gemeinschaften (→Methodistische Kirchen, →Neuapostolische Kirche, →Heilsarmee) sowie nach der Jahrhundertwende die Pfingstbewegung (→Pfingstkirchen/Charismatische Bewegung) eine Vorreiterrolle. Mit ihrer „erregten Religion" und der Botschaft der Mäßigkeit oder der Enthaltsamkeit von modernen Genüssen fanden sie in kleinbürgerlichen, proletarischen und bäuerlichen Sozialgruppen bemerkenswerte Resonanz (vgl. Ribbat). Ihrer kleinbürgerlich spießigen Sozialmoral entsprach auch die Agitation gegen Luxus, Mode, Glücksspiel und Lotterien, die im Protestantismus schon seit der frühneuzeitlichen Religionspolizei und den Predigten gegen sexualitätsbetonte, unehrenhafte Kleidung, übertriebene Festkultur und demonstrativ zur Schau gestellten Reichtum betrieben wurde. Die um des Glaubens willen geforderte Versittlichung beinhaltete immer eine starke Sozialdisziplinierung durch die (kleine) religiöse Gemeinschaft.

5.3. Seit M. Webers 1904/05 veröffentlichter Studie *Die protestantische Ethik und der Geist des Kapitalismus* fand die Frage nach möglichen Zusammenhängen zwischen der „innerweltlichen Askese" der puritanischen Frommen und der Genese bzw. Durchsetzung des modernen okzidentalen Betriebskapitalismus große Aufmerksamkeit. Ausgehend von der um 1900 noch evidenten Erfahrung, daß die katholischen Länder Europas und die katholischen Territorien des deutschen Reiches ökonomisch gegenüber den protestantischen Gebieten deutlich zurückgeblieben waren, hatte Weber die Ausbildung eines kapitalismusfördernden asketischen Habitus auf die (mit der Lehre von der doppelten →Prädestination gegebene) Erwählungsunsicherheit des puritanischen Frommen zurückgeführt: Ökonomischer Erfolg, wie er durch kapitalistische Rationalisierung erzeugt werden konnte, galt den Puritanern (→Puritanismus) als ein Zeichen definitiven Erwähltseins.

Die „Weber-These", die die Zeitgenossen häufig auch „Troeltsch-Weber-These" nannten, provozierte eine Grundlagendebatte über „Kapitalismus und Protestantismus", an der sich prominente Vertreter aller historischen Kulturwissenschaften beteiligten. Diese Kontroversen über Webers Idealtypus dauern bis in die Gegenwart (Besnard; *Protestantism, Capitalism, and Social Science*; *Seminar: Religion u. gesellschaftliche Entwicklung*; Marshall; Raphael; Poggi; Hennis; Lehmann/Roth; Schröder) und können nur durch eine konsequente Historisierung von Webers Argumentationsmustern produktiv bearbeitet werden (vgl. Graf, Gesprächspartner). Bei allem Streit über die historisch-empirische Plausibilität von Webers Argumentation, in der der einzelne Fromme gegenüber der Gemeinde unhistorisch isoliert wurde, betonten auch Webers Kritiker ökonomisch relevante Rationalisierungsleistungen protestantischer Frömmigkeit: Die Internalisierung, und dies bedeutete: Steigerung bzw. Effektivierung, äußerer Disziplin förderte die Produktivität der Arbeit. Wer unsolide lebte, sich verschuldete und Bankrott machte, galt nicht nur als ökonomisch gescheitert, sondern wurde zugleich als ein Sünder ausgegrenzt, der seinen sozialen Abstieg selbst verschuldet habe. Der durch Genügsamkeit, Sparsamkeit, Leistung, Rationalität und Effizienz erreichte Erfolg (vgl. Münch [Hg.]) stand im protestantischen Frömmigkeitskosmos als Zeichen der gnädigen Annahme durch Gott. Entsprechendes gilt für den stark protestantisch geprägten Kanon an Wertorientierungen, der seit dem 18. Jh. als spezifisch „preußisches Pflichtbewußtsein" symbolisiert wird: Begriffe wie →Treue, →Ehre, Aufrichtigkeit, Sachlichkeit, Dienstbarkeit und Selbstzucht wurden durch protestantische Tradition legitimiert und verstärkt. Sie gewannen so einen religiösen Verpflichtungscharakter (vgl. Droysen 335).

Zusammenhänge zwischen protestantischer Berufstreue und bürgerlichem Leistungsethos spiegelten sich auch in protestantismuskritischen Diskursen. Gegenläufig zu den Selbstdeutungen vieler Protestanten, die Avantgarde des kulturellen Fortschritts zu repräsentieren, wurden die Protestanten hier für alle Übel der modernen Welt verantwortlich gemacht. Je mehr die Schattenseiten kapitalistischer Modernisierung sichtbar wurden, desto stärker betonten modernitätsmüde Intellektuelle aller Couleur die unheilvolle Rolle der Protestanten. Die „ästhetischen Fundamentalisten" (Stefan Breuer [geb. 1948]) um Stefan George (1868–1933) erklärten 1912: „Unsre ablehnung des protestantismus hat darin seinen grund, dass er die voraussetzung bildet zur liberalen, zur bürgerlichen, zur utilitären entwicklung. Dass ein enger zusammenhang besteht zwischen der protestantischen und der kapitalistischen welt ist ... durch die klassische schrift Max Webers unwiderleglich begründet worden. Überall wo der katholizismus herrschte war er ein bollwerk gegen diese welt ... Überall wo die protestantische form des christentums eingang findet kapitalisiert, industrialisiert sie die völker ... Bis in die fernsten winkel wird alles urmässige, substanzhafte, wertvoll vitale verdrängt, und so kann die alte weissagung ... fast zur mathematischen gewissheit erhoben werden: ‚dass das ende der tage gekommen sei, wenn der letzte mensch christ geworden sei' (protestantisch-angloamerikanischer christ)" (Gundolf/Wolters III).

6. Die Moralisierung des Politischen

6.1. Sowohl in den lutherischen Territorien Mittel-, Ost- und Nordeuropas als auch in den westeuropäischen reformierten Ländern und in den USA übten protestantische Eliten einen tiefgreifenden Einfluß auf die Gestaltung des politischen Systems aus (→Politik und Christentum). Religiöse Überzeugungen und theologische Leitvorstellungen waren für die moralische Kultur und die politischen Einstellungen dieser Eliten von großem Gewicht. Insbesondere bei der Begründung oder der Begrenzung politischer Macht sowie bei der Konstruktion politischer Institutionen spielten protestantische Theologoumena eine wichtige Rolle. Auch nach der tendenziellen Entkonfessionalisierung des Politischen in der Aufklärung blieben Theologie und politische Ethik der Protestanten zentrale Medien fundamentalpolitischer Diskurse. Kontroversen über das Verhältnis von Reformation und Politik bzw. den „politischen Protestantismus" (vgl. Gollwitzer) dienten bis in die unmittelbare Gegenwart der Selbstverständigung der Protestanten und ihrer Abgrenzung vom Katholizismus.

Altgläubige Theologen und Juristen hatten im 16. Jh. neben der theologischen auch die juristische und politische Legitimität des reformatorischen Protests bestritten und die *acatholici* zu Feinden der Rechtsordnung erklärt. Immer wieder hieß es in der altgläubigen Konfessionspolemik, daß die Protestanten die Herrschaft von Kaiser und Fürsten unterminierten. Dies zwang die Theologen und Juristen der lutherischen und reformierten Religionsparteien dazu, ihre politische Zuverlässigkeit zu erweisen und den wiederentdeckten evangelischen Glauben als Quelle wahrer politischer Autorität darzustellen.

Die Theoretiker des *ius publicum* unterschieden zunächst zwischen der politischen Ethik der Lutheraner einerseits und der der Calvinisten andererseits. Die von ihnen entwickelten Unterscheidungsfiguren wurden bis in die neueren Auseinandersetzungen um den „politischen Sonderweg" der Deutschen tradiert. Repräsentativ für die Unterscheidung von lutherischer und calvinistischer politischer Ethik ist Pufendorfs 1667 veröffentlichter *Monzambano*.

Die Frage, „waß ein jede der Dreyen in teutschland freygelassenen Religionen gleichsam vor ein sonderbahres an sich habe" (Pufendorf 899), bezog Pufendorf auch auf das Politische. Gegenüber der römisch-katholischen Polemik habe er „in warheit bey der Lutherischen Religion nichts anmerkken können daß denen Gründen der Civil Lehr zu wider liefe". Der besondere Vorzug der „lutherischen Religion" sei die Stärkung der Treue der Untertanen zur →Obrigkeit (ebd. 899–901). Für Pufendorf lag das Spezifikum der politischen Mentalität der Lutheraner in der religiös verinnerlichten Obrigkeitstreue, die er zum Teil auf das Landesherrliche →Kirchenregiment zurückführte. Demgegenüber schrieb er der „Calvinischen Religion" eine Affinität zu Volksherrschaft und Republik zu (ebd. 903). Die katholische Frömmigkeitspraxis kritisierte er demgegenüber als eine Priesterherrschaft, die auch im Politischen nur Abhängigkeit und Unfreiheit erzeuge (ebd. 905).

Diese Distinktionen wurden bis in die Konfessionskontroversen von Restaurationszeit und Vormärz hinein tradiert: Staatsfrömmigkeit avancierte in Zustimmung oder Kritik zum politisch-ethischen Markenzeichen der Lutheraner, demokratische Freiheitsliebe zur Leitformel für die Calvinisten, autoritäre Priesterherrschaft zur kritischen Stereotype für die Katholiken. Obgleich für die Aufklärer die Unterschiede zwischen Lutheranern und Reformierten hinter einen allgemeinen Begriff des Protestantismus als der Religion der „Denk- und Gewissensfreiheit" zurücktrat, ging das Wissen um politisch-ethische und sozialmoralische Differenzen zwischen den beiden protestantischen Hauptkonfessionen nicht verloren. Lutherische Tradition wurde vorrangig mit paternalistischen Idealen des „gemeinen Wohls aller" und der umfassenden obrigkeitlichen Fürsorge für den beglückungsbedürftigen Bürger verbunden (Belege bei Schlingensiepen-Pogge), reformierte Tradition primär mit Formen partizipatorischer Selbstregierung mündiger Bürger.

6.2. Mit der Fundamentalpolitisierung ethischer Reflexion infolge der Französischen Revolution und der Europäisierung der Konfessionsdiskurse wandelten sich auch die Deutungsmuster der politischen Folgen der Reformation. Die Meinungsführerschaft ging zunächst an die Franzosen über. Im April 1802 hatte die *Académie Française* einen Preis zur Beantwortung der Frage ausgesetzt: „Welches ist der Einfluß der Reformation Luthers auf die politische Lage der verschiedenen Staaten und den Fortschritt der Wissenschaften gewesen?“. Ausgezeichnet wurde eine Abhandlung von Charles François Dominique Villers (1764–1815), die mehrfach ins Deutsche übersetzt wurde. Reformationsdeutung betrieb er als Revolutionstheodizee. Indem die Reformation den menschlichen Geist von der Vorherrschaft der Kleriker befreit, den Theologen die Denkfreiheit erkämpft und das Eigenrecht der Wissenschaften gegenüber einer sie begrenzenden Kirchenscholastik begründet habe, habe sie dem „neuern Geist“ der Freiheit zur Durchsetzung verholfen und „die Völker des Nordens zu Republikanern“ gemacht (Villers 151). „Die Reformation, welche anfangs nichts als eine Rückkehr zur Freyheit in Religionssachen war, wurde also ... auch eine Rückkehr zur Freyheit in Absicht auf Politik“ bzw. „eine Rückkehr zu den Grundsätzen von Liberalität und Humanität“ (ebd. 163f.). So war die Gründung der *République Française* „ein entferntes aber notwendiges Corollar der Reformation“ (ebd. 258). Seit der Reformation könne es als „eine durch Erfahrung bestätigte Grundmaxime [gelten], daß der Catholicism die beste Stütze der unumschränkten Gewalt sey, so wie der Protestantism ... den republikanischen Geist begünstige“ (ebd. 258).

Einen inneren Zusammenhang von Protestantismus und bürgerlicher Freiheit vertraten auch deutsche Frühliberale und theologische Rationalisten (→Rationalismus II). Um den Vorwurf konservativer Katholiken zu entkräften, daß die Revolution ein Produkt protestantischen Autonomiewahns sei, konstruierten Heinrich Gottlieb Tzschirner (1778–1828), K.G. →Bretschneider und Wilhelm Traugott Krug (1770–1842) ein Geschichtsbild, demzufolge Anarchie und Despotismus der Jakobiner nicht auf die reformatorische Freiheit zurückzuführen seien, sondern als notwendige Folge katholisch klerikaler Repression verstanden werden müßten (vgl. Graf, Protestantismus). Als Carl Ludwig von Haller (1768–1854) in seiner *Restauration der Staats-Wissenschaft* die These ausführte, „daß die Reformation, durch ihr alle kirchliche Autorität verwerfendes Princip, und auch nur die allzuweit getriebene Parallele der Natur der Kirche mit anderen geselligen Verhältnissen, viel zur Beförderung und Verbreitung jener irrigen Ideen eines bürgerlichen Contrakts beygetragen haben“ (Haller 95), stilisierten die Rationalisten die Protestanten zu den einzigen Garanten einer politischen Ordnung, in der Bürgerfreiheit und staatliche Autorität im Rahmen einer konstitutionellen Monarchie durch allgemeine Gesetze perfekt vermittelt seien.

Mit Blick auf wachsende politische Repression und →Restauration betonten theologische Rationalisten und politische Frühliberale die „Aehnlichkeit des Kampfes um bürgerliche und politische Freiheit in unserm Zeitalter mit dem Kampfe um die religiöse und kirchliche Freiheit im Zeitalter der Reformation“ (Poelitz). Zum Reformationsjubiläum 1817 beschrieb W.M.L. →De Wette die politische Aktualität des „sittlichen Geistes der Reformation“: „der Geist des Protestantismus bringt ... einen Geist der Freiheit und Selbstständigkeit unter das Volk; die evangelische Freiheit wird ... zur politischen. Wenn der Christ in Glaubenssachen keinen Richter über sich erkennt, wieviel weniger in Sachen der Vernunft, die ein jeglicher zu begreifen sich zutraut?“ (De Wette 286f.). Angesichts des wachsenden Drucks der Zensurbehörden stilisierte er „freien Geistesverkehr“ und Pressefreiheit zu protestantischen „Urrechten“: „Wer hat euch das Recht gegeben, das Wort und die Schrift zu fesseln? ... So fesselt auch das göttliche Wort! Da ihr dies nicht wagt, so laßt auch das menschliche frei, welches dessen Diener ist. Die Feyer der Reformation ist noch nicht ganz aufrichtig gewesen, wenn im protestantischen Deutschland noch nicht allgemein die Freyheit der Presse anerkannt ist“ (ebd. 229f.). In Aufnahme des Arguments der Aufklärer, daß Luther die Gewissens- und Denkfreiheit erkämpft habe, sah auch H. Heine 1834 in akademischer Freiheit und Pressefreiheit „ein protestantisches Recht“ (Heine 37f.). Für Arnold Ruge (1802–1880) war „Preußen ... der protestantische Staat“, weil sein „Princip ... Licht und Wissenschaft“ sei (Ruge, Rezension 333). Als in Preußen dann die Konservativen einen zunehmend größeren Einfluß erlangten und, insbesondere im Kampf gegen Kirchenkritiker wie D.F. →Strauß und „linke Hegelianer“ wie B. →Bauer, die Freiheit der Wissenschaft massiv eingeschränkt wurde, erklärte Ruge seine Identifikation von „protestantischer Freiheit" und „preußischem Staat" zu einer naiven Selbsttäuschung: „Katholisch bedeutete uns damals unfrei und hierarchisch überwacht, protestantisch frei und autonomisch, wie die Wissenschaft, die aus dem Protestantismus entsprungen ist ... Aber die Zeit hat uns gewitzigt" (Ruge, Staat 447f.). Der Linkshegelianer Gotthard O. Marbach (1810–1890) rief „das protestantische Deutschland" deshalb dazu auf, gegen die rechtshegelianischen Knechte neuer Autorität „die Grundfeste des protestantischen Staates", „die Freiheit des Denkens" zu verteidigen (Marbach 43).

Für die gegenläufige Auslegung des Protestantismusbegriffs wurde vor allem der lutherisch-konservative Rechtsphilosoph F.J. →Stahl einflußreich. In Vorlesungen über den *Protestantismus als politisches Princip* und *Die gegenwärtigen Parteien in Staat und Kirche* suchte er gegen katholische Restaurationstheoretiker einerseits und protestantische Liberale andererseits zu zeigen, daß die „Analogie ... zwischen Reformation und Revolution, zwischen der Stellung des Protestantismus auf kirchlichem und dem Liberalismus auf politischem Gebiete" falsch sei (Stahl, Parteien 381). Dazu rekurrierte er auf eine Unterscheidung von wahrer christlicher und falscher politischer Freiheit, die seit den Revolutionsdebatten des Jahrhundertbeginns vielfältig variiert worden war (ebd. 387). Auch Stahl sah im „Protestantismus ... das Princip der neuen Weltepoche. Sein Gedanke der Innerlichkeit und Persönlichkeit (Subjektivität), des Hinausführens über die menschliche Autorität zu göttlicher Autorität und von Gott gesetzter Ordnung" seien Grundlagen des modernen „Rechtsstaats" (ebd. 389).

6.3. Da die innerprotestantischen Kontroversen um das Verhältnis von protestantischer (bzw. evangelischer) Freiheit und liberaler Bewegung die Desintegrationstendenzen innerhalb der evangelischen Landeskirchen fortwährend verstärkten, wurde die Frage nach dem aktuellen politischen Gehalt der reformatorischen Überlieferung zum Zentralthema einer neuen kulturhistorischen Selbstthematisierung protestantischer Theologie.

In Vorwegnahme der Sonderwegstheorien des 20. Jh. vertrat Hundeshagen die These, daß „an die calvinistische Form des Protestantismus ursprünglich allein die Erzeugung jenes ganzen Vorrathes freierer staatsrechtlicher Doctrinen sich knüpft, mit deren Verarbeitung noch unsre Zeit so vielseitig sich beschäftigt" (Hundeshagen 38). Indem die Reformation die Kirche als rein geistige Gemeinschaft definiert habe, habe sie dem Staat die ihm zustehende „volle Autonomie" gegeben und den „ethische[n] Charakter des Staates" entdeckt (ebd. 43). Die französischen und britischen Calvinisten hätten dann einen sittlichen Begriff des Staates als einer „Ordnung Gottes" entwickelt, die, nach Analogie der republikanisch-repräsentativen Verfassung der reformierten Gemeinden, allen Bürgern elementare Partizipationsrechte gewährt. Dieser aus calvinistischer Sittlichkeit geborenen Bürgerfreiheit, die „durch Hineinbildung in den Geist des Ganzen und Gewährung an freudig selbstverleugnende Unterordnung der Subjectivität unter die als göttlich und vernünftig erkannten Normen" (ebd. 78) dem gemeinen Wohl aller dient, setzte Hundeshagen eine „abstrakte Freiheit" entgegen, die „jedes wahrhaften Organismus entbehrend" nur die unbedingte Willkür eines sündhaft egozentrischen Individuums darstelle. Indem Hundeshagen zwischen „bloß formeller" und „sittlicher Freiheit" unterschied und gegen den äußeren Rechtsstaat einen protestantisch fundierten „sittlichen Staat" forderte, formulierte er politisch-ethische Deutungsmuster, die die Debatten um den politischen Gehalt protestantischer Freiheit bis in die Gegenwart bestimmen. Auch förderte er jene stereotype Entgegensetzung von lutherischer Staatsfrömmigkeit und calvinistischem Freiheitsdenken, die von kulturliberalen Protestanten wie Weber, Troeltsch und Th. →Mann für die Kritik der autoritären Strukturen des Kaiserreichs funktionalisiert wurde.

6.4. Die neuere Forschung über den „politischen Protestantismus" betont vor allem die politische Mehrdeutigkeit protestantischer Tradition. In allen Protestantismen, besonders stark im Luthertum, führte die Suche nach einem sittlichen Staatsverständnis dazu, dem Staat eine übergesellschaftliche Autorität zuzuerkennen und ihn als Garanten des gemeinen Wohls aller anzusehen. In allen Protestantismen wurde die reformatorische *libertas christiana* aber auch in der Forderung nach elementaren Freiheitsrechten des einzelnen gegenüber den staatlichen Instanzen konkretisiert. Die Vertreter des Konfessionalisierungskonzepts haben die alte Vorstellung, daß die politisch relevanten Unterschiede zwischen Reformierten und Lutheranern „essentieller Art" gewesen seien (Schilling, Konfessionalisierung 38), kritisiert. Lutherische Theologen und Juristen entwickelten nicht nur Theorien eines *regimen christianum*, die fürstlichen Absolutismus und starken Sittenstaat legitimierten, sondern zugleich Theorien der *libertas conscientiae* und *autonomia*, die trotz aller Vorordnung des *bonum commune* vor individuelle Religionsfreiheit modernem Menschenrechtsdenken den Weg bereiteten. „Luther als Vorkämpfer der Gewissens- und Religionsfreiheit im Sinne eines Grundrechtes ist keine Erfindung der Aufklärung – wenn es überhaupt eine Erfindung ist, dann die der Katholiken und Protestanten in den nachreformatorischen Debatten über den Religionsfrieden" (Dreitzel 124). Auch hat sich die These von Obrigkeitsgehorsam und Staatsfrömmigkeit der altlutherischen Geistlichen als ein liberaler Mythos des 19. Jh. dekonstruieren lassen (Baur; Schorn-Schütte). Umgekehrt gab es bei den Reformierten neben Traditionslinien, die im Sinne der alten These Georg Jellineks (1851–1911) auf das individualistische Menschenrechtskonzept (→Menschenrechte) der amerikanischen Revolution bzw. das naturrechtlich-liberale Modell einer politisch unverfügbaren, vorstaatlichen Würde des Individuums vorausweisen, starke Affinitäten zu Theorien des Politischen, die auch in religiösen Fragen die Autorität der politischen Obrigkeiten gegenüber dissentierenden Gruppen betonten. Hier wie dort führte die Relativierung der „sichtbaren Kirche" dazu, daß sich religiöse Energien auf den Staat richteten, der mehr als nur Garant von Recht und Ordnung, etwa auch ein Agent von kultureller Sinnstiftung, sozialer Integration, Beförderung des allgemeinen Bürgerglücks und rechten Glaubens sein sollte. Auch im 19. und 20. Jh. waren die Frontlinien in den innerprotestantischen Kulturkämpfen zwischen Liberalen und Konservativen keineswegs mit den konfessionellen Grenzen zwischen Reformierten und Lutheranern identisch. Die autoritären Politikkonzepte konservativer Kulturlutheraner wurden mit theozentrischem Pathos von reformierten Theologen und Politikern wie Abraham Kuyper (1837–1920) noch verstärkt, und umgekehrt entwickelten nicht-konfessionalistische Lutheraner zahlreiche politische Ethiken, die auf die Stärkung von Bürgerrechten und politischer Partizipation hinausliefen.

Trotz der extrem großen Spannweite des „politischen Protestantismus" läßt sich mit der neueren Forschung zur „politischen Kultur" ein spezifisches Strukturmuster „protestantischer Politik" erkennen. Nachdem die Protestanten die kirchliche Institution theologisch abgewertet hatten, neigten sie zu einer religiös-moralischen Überlegitimierung des Politischen. Entklerikalisierung setzte Energien zur religiösen Aufladung des Politischen frei. Politische Interessenkonflikte wurden dann primär in moralischer Semantik gedeutet und aller pragmatischer Ausgleich als „falscher Kompromiß" denunziert. Indem sie die starke Kirche zerstört hatten, standen Protestanten in der Gefahr, den Staat zur Kirche zu machen, mit extrem hohen „sittlichen" Erwartungen zu verbinden. Politisches Handeln sollte primär Handeln aus Überzeugung, Gesinnung und individueller Moralität sein. Dieser protestantische Vorrang der „Gesinnungsethik" vor institutionenorientierter „Verantwortungsethik" bestimmte auch die Offenheit vieler Protestanten gegenüber dem modernen Nationalismus, der wichtigsten Integrationsideologie der bürgerlichen Gesellschaft, sowie den totalitären Vergemeinschaftungsutopien des 20. Jh. Protestantische Frömmigkeit beinhaltet in allem Gewissensernst spezifische Gefährdungspotentiale: Indem der Protestant stärker als der Katholik auf sich selbst gestellt ist, ist er auch gefährdeter, labiler (Schmidtchen). Ihm fehlen die rituellen, sakramentalen Entlastungen durch eine starke Institution. Falls sich der Idealtyp eines „protestantischen Menschen" (Leese; Dantine) konstruieren läßt, muß dieses Zurückgeworfensein auf die eigene Subjektivität ein zentrales Strukturelement bilden. Die protestantische Persönlichkeit ist in sich widersprüchlicher, zerrissener als die des institutionendefinierten Katholiken: himmelhochjauchzend und zu Tode betrübt, beides eng miteinander verknüpft, aber immer geprägt von einem extrem hohen religiös-moralischen Anspruch.

Protestanten standen deshalb fortwährend in der Gefahr, einer weltlichen Autorität jenen religiösen Kredit zu geben, den sie dem Papst einst verweigert hatten. Weil sie auf der Suche nach neuer Evidenz waren, waren sie zeitgeistoffener. Ungleich stärker als katholische Theologen waren protestantische Intellektuelle bereit, reformatorische Überlieferung mit allen möglichen modernen Ideologien zu verbinden. In der neueren Nationalismusforschung ist gezeigt worden, daß vor allem die deutschen Nationalismen primär mit protestantischen Integrationsmustern konstruiert wurden, die, so die Hoffnung, langfristig auch die Katholiken in die deutsch-protestantische Gemeinschaft der Nation einbinden könnten (zahlreiche Belege bei Altgeld und vor allem bei Smith). Der deutsche Nationalismus gewann so die Gestalt einer „politischen Religion" (zum Konzept: Walkenhorst), die wegen ihrer starken Prägung durch Ideen und Repräsentationsmuster der eigenen Tradition gerade in den protestantischen Milieus vielfältige Resonanz fand.

7. Gebildete Religion

7.1. Luthers reformatorischer Protest entstand im akademischen Milieu. Er war zunächst ein universitätsgeschichtliches Ereignis. Durch die Bildungsreformen →Melanchthons entfaltete die reformatorische Bewegung große Folgewirkungen für das Schulwesen (→Schule/Schulwesen) und die →Universität als Institution von Wissenschaft und höherer Bildung. Denn die Entdeckung einer christlichen Eigenwürde des Weltlichen beinhaltete auch die Anerkennung einer aus der Vormundschaft kirchlicher Autoritäten entlassenen, darin tendenziell freien Wissenschaft und eine neue Hochschätzung der Bildung des Menschen. Der Jenaer kulturprotestantische Pädagoge Wilhelm Rein (1847–1929; →Reformpädagogik) erklärte in einem der weit verbreiteten populären Geschichtswerke, mit denen zu Beginn des 20. Jh. protestantische Kulturleistungen erinnert und erneuert werden sollten: „Die Reformation bedeutet den Geist innerer Freiheit für den Christenmenschen. Freiheit setzt Bildung voraus. So lag in der Reformation der Antrieb für alle, die sich zur Freiheit eines Christenmenschen erheben wollten, ihrer inneren Bildung nachzugehen" (Rein 173). Mit Melanchthons Aktivitäten zur Reform und neuen Einrichtung von Volksschulen habe der „Geist der Reformation ... die Demokratisierung der Bildung" eingeleitet (ebd.).

7.2. Selbstbilder der besonderen Bildungsnähe des evangelischen Christentums haben vor allem in Deutschland eine lange Tradition. Sie waren häufig durch Selbststilisierungen, Kulturarroganz, geistesaristokratisches Elitedenken und eine utopische Fortschrittssemantik geprägt, in der den Katholiken nur die Vergangenheit und den Protestanten allein die Zukunft gehört. Selbst in ihren ideologischen Elementen spiegeln sie aber ein für die deutsche Kulturgeschichte grundlegendes Phänomen: die Entstehung und kulturelle Durchsetzung eines „Bildungsbürgertums", das sich stark durch protestantische Traditionen definierte und seine kulturellen Hegemonieansprüche gegenüber anderen Gruppen durch eine konfessionsspezifische Semantik rechtfertigte.

In den akademischen Eliten des protestantischen Deutschland nahm die Frömmigkeit seit Pietismus und Aufklärung die Gestalt einer kirchendistanzierten „Bildungsreligion" an, in der Rationalisierung der Lebensführung, Pathos der Sachlichkeit und Herzensbildung eng miteinander verknüpft waren. Die neuere ideen- und kulturgeschichtliche Forschung zur Geschichte des deutschen Bildungsbegriffs (Koselleck, Bildungsbürgertum; A. Assmann; Bollenbeck) und die seit den 70er Jahren intensiv betriebene sozialhistorische Erforschung des deutschen Bildungsbürgertums (Lepsius; Kocka; Wehler) haben gezeigt, daß für die Hochschätzung der Bildung, die moralische wie religiöse Aufladung des Bildungsbegriffs und schließlich das Bildungswissen, d.h. die Inhalte des Bildungskanons, weithin „säkularisierte" protestantische Wertorientierungen bestimmend waren. Als „profane Religion" (A. Assmann 80) beinhaltete Bildung „entsprechend der Gottesebenbildlichkeit des Menschen die genaue Beobachtung der eigenen Person wie die Entfaltung der ihr durch den Schöpfer gegebenen Anlagen" (Bollenbeck 103). Altes kirchendogmatisch definiertes Heilswissen wurde in ein Bildungswissen transformiert, das das Postulat der Selbstbildung des Individuums zur „Persönlichkeit" bzw. die religiös-sittliche Verpflichtung einschloß, sich in der individuellen Lebensführung an Kulturwerten höchsten Ranges und allgemeiner Geltung zu orientieren (vgl. Lepsius 16).

Normative Selbstdeutungen protestantischer Bildungskultur wurden schon im 16. Jh. entwickelt. Sie entstanden als Antwort auf die Kritik von Humanisten und Altgläubigen, daß die Reformation den Niedergang von Schulen und Universitäten bewirke. →Erasmus hatte 1528 erklärt: *Ubicunque regnat Luteranismus, ibi litterarum est interitus* (wo der Lutheranismus herrscht, da ist der Untergang der Wissenschaften; Opus Epistolarum Erasmi Roterodami VIII, 366). Der Reformkatholik Georg →Witzel (Wicell) befürchtete acht Jahre später: „Die Schulen liegen bey den Luteristen großen Theils darnieder; man wird noch Ach und Weh über den Luter schreien allein der verstörten schulen halber" (zitiert nach Hammerstein, Universitäten 339f.). Die gelehrten Verteidiger der Reformation reagierten auf solche Kritik, indem sie ihre Wiederentdeckung des ursprünglichen Christenglaubens zur unverzichtbaren Grundlage wahrer Bildung und Wissenschaft erklärten. Zwar waren die neu gegründeten protestantischen Universitäten im Barockzeitalter weit davon entfernt, den hier Lehrenden ein prinzipielles Recht auf Lehr- und Forschungsfreiheit zuzugestehen. Die Auseinandersetzungen um J. →Kepler galten schon im späten 17. und im 18. Jh. als das klassische Beispiel dafür, daß unter den Bedingungen der altprotestantischen →Orthodoxie die Konflikte zwischen „Wissen" und „Glauben" bzw. Gelehrten und kirchlich-politischen Obrigkeiten genauso repressiv zu lösen versucht wurden wie die Auseinandersetzungen um innovative Naturforschung und neue Wissenschaftsideale in den altgläubigen Territorien.

Gleichwohl wurden langfristig gegenläufige Tendenzen bestimmend. Trotz der engen Einbindung der Universitäten und sonstigen Bildungsinstitutionen in die Konfessionalisierungspolitik des frühabsolutistischen, territorialen Fürstenstaates hatten die calvinistischen und lutherischen Gemeinwesen in Universität und Schulen immer einen erkennbaren Entwicklungsvorsprung gegenüber den katholischen Territorien. Zu „Erhaltung und Ausbreitung der protestantischen Religion" waren sie, wie J.D. →Michaelis 1768 betonte, auf die Pflege der Wissenschaften und die Gründung „neuer Universitäten" angewiesen (Michaelis I, 3). Um gegenüber ausländischen und katholischen Universitäten ein höheres Ausbildungsniveau erkämpfen und wahren zu können, mußten sie „die Freiheit der Lehre" fördern und selbst den vielen Privatgelehrten im Umkreis der Universitäten mehr „Denkfreiheit" gewähren (ebd. II, 14). Der reformatorischen Entdekkung einer Eigenwürde des Weltlichen entsprach es, daß die kirchliche Obrigkeit nicht mehr als *die* normative Instanz zur Beurteilung gelehrten Wissens galt. So konnten die Universitäten zu Orten institutionalisierter Kritik werden.

Die Reformatoren hatten die fundamentale Kritik der kirchlichen Überlieferung gerechtfertigt, indem sie auf die ursprünglichen, normativen Texte des Christentums zurückgingen. Sie hatten ein Eigenrecht subjektiver Wahrheitsgewißheit gegen die Deutungsmonopole kirchlicher Autoritäten durchgesetzt. Dies führte im protestantischen Deutschland immer wieder dazu, daß einzelne Gelehrte oder reformorientierte Gruppen an den reformatorischen Protest erinnerten, um gegen Erstarrungen der kirchlichen Lehre und Einschränkungen der Freiheit des Forschens zu protestieren. Protestantische Gelehrte habitualisierten deutlich stärker als ihre Kollegen in katholischen Territorien ein Rollen- und Wissenschaftsverständnis, das an Traditionsbruch, Kritik, Innovation, Rationalisierung und individueller Wahrheitssuche orientiert war. Wissenschaftliche Einsicht mußte sich nicht mehr an einer äußeren, kirchlichen Autorität messen. Sie sollte sich im Streit der gelehrten Meinungen allein an der Sachautorität des jeweiligen Erkenntnisgegenstandes verantworten. Dies förderte seit der Mitte des 17. Jh. die Offenheit für ein streng sachbezogenes, stärker empirisch orientiertes Verständnis der Wissenschaften. Überkommene metaphysische, in der reformierten wie lutherischen Orthodoxie tradierte Deutungen der Wissenschaft wurden durch Wissenschaftskonzeptionen abgelöst, die stärker an Einzelforschung, Infragestellung herrschender Deutungsmuster und Suche nach neuen Lösungen orientiert waren. Für die religionskulturellen Selbstdeutungen vieler protestantischer Gelehrter wurde entscheidend: Die neuen Rationalitätsstandards und Wissenschaftsideale wirkten verhaltensprägend. Da sie als religiös legitim, dem reformatorischen Protest entsprechend galten, konnten Kritik, Innovationsbereitschaft und Experimentierfreudigkeit zu Kräften der Selbstbildung und Rationalisierung der Lebensführung werden.

7.3. Die Vorzüge einer protestantischen, für Kritik offenen Reflexivitätskultur gegenüber den stärker traditionsorientierten, auf Bewahrung des Althergebrachten zielenden Wissenschaftsidealen der katholischen Gelehrten waren schon im 18. Jh. heftig umstritten. Als J.D. Michaelis 1768 bis 1776 – zunächst anonym – ein *Räsonnement über die protestantischen Universitäten in Deutschland* veröffentlichte, provozierte er einen heftigen Streit über die Standortvorteile der protestantischen gegenüber den katholischen Universitäten (Springer, Räsonnement; ders., Universitäten; Hassencamp; Steffens, Universitäten [1820]; ders., Universitäten [1829]; Buss). Der Bildungsvorsprung des „protestantischen Deutschland" wurde spätestens seit der Mitte des 18. Jh. zu einem festen, selbst von vielen Katholiken affirmierten Topos der Konfessionsdiskurse.

Als J.A. von Ickstatt 1772 seine These von den religiösen Grundlagen größerer protestantischer Wohlfahrt entwickelte, handelte er in einem eigenen Paragraphen von „Der Protestanten Freyheit zu denken und Mittel sich zu unterrichten": „Die größte Sorgfalt wenden sie auf ihre Schulen. Ihre Lehrer lehren ihre Leute denken, alles selbst erforschen und selbst beurtheilen. Tausend Erfindungen haben daher ihren Ursprung. Alle Bücher ... dürfen sie lesen: dadurch werden ihre Kenntnisse ungemein erweitert" (Ickstatt 8f.). Einer seiner katholischen Kritiker, der Geistliche Rat Sebastian Wochinger, wies ihn zwar auf die gefährlichen kulturellen Folgewirkungen der protestantischen „Glaubensfreiheit" und „Denkfreiheit" hin: Sie führe zur Beliebigkeit und „Abgötterey" (Wochinger 21). Aber ein anderer katholischer Kritiker „protestantischer Aufklärung", der 1787 eine Streitschrift gegen „die zur Mode gewordene Beschuldigung" der Katholiken auf „Stupidität" bzw. die „Herabwürdigung des Katholizismus zur Dummheit und Verstandlosigkeit" veröffentlichte (L.A. Hoffmann 117.118), konnte einen elementaren Bildungsvorsprung der Protestanten nur insoweit relativieren, als er ihn aufs katholische Frankreich zurückführte: „Die deutsche Sprache war der Hauptkunstgriff, wodurch die Protestanten einige Wissenschaftssuperiorität über die Katholiken eroberten. Dieser Kunstgriff ist aber den katholischen Franzosen abgelernt" (ebd. 123). Mit dieser Meinung stand der Verfasser L.A. Hoffmann aber weithin allein. Die Kulturdebatten des späten 18. und frühen 19. Jh. wurden durch eine Semantik dominiert, in der „freie Bildung" mit „protestantischem Geist" und Katholizismus mit „Unbildung" und „Geistesknechtschaft" verknüpft war.

Solche Typologien prägten nicht nur akademische Expertendiskurse, sondern auch die Alltagskommunikation der lesefähigen Bevölkerung. In moralischen Wochenschriften, neuen Bildungsromanen und der viel gelesenen Reiseliteratur wurde protestantischer Bildungsstolz popularisiert. So wollte der Berliner Aufklärer Friedrich Nicolai (1733–1811) die Erfahrungen seiner „Reise durch Deutschland und die Schweiz" wissenschaftlich verarbeiten, indem er neben der komparativen kulturgeschichtlichen Erforschung von Nationalkulturen auch eine vergleichende Analyse konfessioneller Habitus forderte. In den katholischen Ländern habe er „außer der Nationalphysiognomie eine katholische Religionsphysiognomie" wahrnehmen können (Nicolai 135). „Sie besteht hauptsächlich in transitorischen Zeichen oder in Geberden, und in der Falte der Muskeln, welche diese Geberden bey beständiger Wiederholung hinterlassen" (ebd.). Der durchschnittliche Protestant wirke in Auftreten, Benehmen, Blick und Sprache ungleich geistiger, gebildeter als ein Katholik. Dafür berief sich Nicolai auch auf katholische Zeugen. Zustimmend zitierte er den italienischen Universalgelehrten Giovanni Ludovico Bianconi (1717–1781), der 1771 über einen Besuch in Augsburg berichtet hatte: „In Augspurg sieht man am Gesichte, und an den Manieren den Augenblick, von welcher Religion ein Bürger ist. Der Protestant ist von viel gesetzterm und artigerm Wesen. Soviel vermag bey einem Menschen der Unterscheid der Erziehung; und ich muß gestehen, daß der Katholischen ihre zu Augspurg äußerst vernachlässigt ist" (Bianconi 127). Dies wurde um 1800 selbst von vielen katholischen Aufklärern geteilt. Als der bayerische Historiker Lorenz von Westenrieder (1748–1829) 1807 den zweiten Band seiner *Geschichte der baierischen Akademie* veröffentlichte, stellte er fest, daß es „gerade izt wieder, mehr als jemals ... an solchen Leuten nicht [fehlt], welche behaupten, man habe schon darum, weil man ein Protestant ist, ein besseres Vorurtheil für sich, und Protestanten seien schon als solche, für jede Art von Wissenschaft, und Geschicklichkeiten empfänglicher und fähiger, als Katholicken" (Westenrieder II, unpaginierte Vorrede 3). Der protestantische Aufklärer Jochmann erklärte gerade die Popularisierung von Wissenschaft und Bildung zur besonderen Leistung des „protestantischen Geistes" (vgl. Jochmann 64).

Protestantische Bildungsbürger feierten die prinzipielle Überlegenheit protestantischer Kultur nicht nur mit Blick auf Universitäten und Schulen, sondern stilisierten auch die neue deutsche Nationalliteratur sowie die höchste, weil unsinnlichste Kunst, die Musik, zu Objektivationen protestantischen Geistes. Der Katholizismus sei in Kultur und institutioneller Repräsentation eine Religion des Auges, der sinnlichen Anschauungen. Der Protestantismus sei demgegenüber eine Religion des Ohres. Für ihn sei ein prinzipieller Vorrang des Wortes vor dem Bilde kennzeichnend. Diese Selbstrepräsentation brachte es mit sich, daß Sprachkultur und Dichtung sowie die Musik im kulturprotestantischen Bildungskanon eine ungleich größere Bedeutung gewannen als die „bildenden Künste". Indem Luthers Bibelübersetzung als normativer Ursprung einer deutschen Nationalsprache erinnert wurde, war die Verbindung von reformatorischer Wortverkündigung und neuer, klassischer Nationalliteratur naheliegend (Franz). Dem protestantischen Vorrang des Ohres vor dem Auge (zahlreiche Belege bei Hofmann; Michalski) entsprechend wurde die Musik zur protestantischsten Kunst verklärt (vgl. Steinbach 129).

Konstruktionen einer Einheit von Protestantismus und deutscher Nationalliteratur entwickelten im 19. Jh. sowohl kulturprotestantische Theologen als auch die Vertreter der neuen Kulturwissenschaft Germanistik. K.A. von Hase stellte in seinem *Handbuch der protestantischen Polemik gegen die römisch-katholische Kirche* ([4]1878) fest: „die deutsche Literatur ist seit Lessing wesentlich protestantisch, wenn auch einige ächte Dichterstimmen, zumal aus Östreich erklungen, durch ihre Geburt der katholischen Kirche angehören. Das Geborenwerden in einem bestimmten Lebenskreise, der seine Überlieferungen dem jungen Gemüth tief einprägt ... ist ein Geschick und Geheimniß, das Gott sich vorbehalten hat. Aber wer könnte Göthe und Schiller anders denken, als aus protestantischer Bildung aufgewachsen!" (Hase 559). Für prominente Germanisten war der „Grundgedanke des Protestantismus, das persönliche Verhältnis des Menschen zu Gott", das Zentrum der literarischen Kreativität von Deutschlands großen Dichtern einschließlich der „unbefriedigten Modernen" (Weitbrecht 209f.). Trotz der Kämpfe, die Calvinisten und Lutheraner im 16. und 17. Jh. gegen das Theater und eine unterhaltsam erzählende, nicht primär geistlich motivierte Literatur geführt hatten, avancierte „der literarische Protestantismus" (zum 1835 geprägten Begriff vgl. Estermann [Hg.] II, 394–398) zu einem Deutungsschema, das auch auf die englische Literaturgeschichte Anwendung fand. In der romantisierenden Verklärung des „evangelischen →Pfarrhauses", das in Deutschland wie in England zahlreiche bedeutende Dichter, Künstler, Philosophen und Wissenschaftler hervorgebracht hatte, fand das Image vom protestantischen Ursprung der modernen Literatur seine symbolische Verdichtung (vgl. Schöffler).

7.4. Die Repräsentationen protestantischer Kulturüberlegenheit beinhalteten immer kulturhegemoniale Herrschaftsprogramme. In genau dem Maße, in dem protestantische Tradition zum normativen Fundament der deutschen (oder analog: der britischen, niederländischen oder amerikanischen) Nationalkultur erklärt wurde, wurden Katholiken und Juden als Bürger zweiter Kulturklasse ausgegrenzt. Trotz aller ideologischen Elemente reflektieren die Konzepte protestantischer Superiorität aber immer auch den hohen Einfluß, den protestantische Eliten bei der Formierung distinkter Nationalkulturen in Großbritannien, Deutschland, den Niederlanden, den USA, den skandinavischen Ländern und der Schweiz auszuüben vermochten. Gerade in Deutschland war der Vorsprung der Protestanten im höheren Bildungswesen, insbesondere in den Universitäten, und auf den literarischen wie künstlerischen Märkten unübersehbar. „Katholische Inferiorität" (zum Begriff vgl. Baumeister; Mooser) war nicht bloß konfessionspolemische Ideologie, sondern auch eine alltagspraktisch erfahrbare Grundstruktur der deutschen Gesellschaft. Aufklärungshistoriographie und kulturgeschichtliche Forschungen über die konfessionell bestimmten „sozialmoralischen Milieus" (Lepsius) der deutschen Gesellschaft des 19. und 20. Jh. haben vielfältige Belege dafür erbracht, daß Katholiken in den Institutionen des höheren Bildungswesens sowie in den kulturellen Eliten gegenüber Protestanten und Juden deutlich unterrepräsentiert waren. Gerade für gemischtkonfessionelle Städte und die besonders stark vom Konfessionsgegensatz geprägten Regionen ist nachgewiesen worden, daß bei den Protestanten religiöser Glaube ein Pathos der Selbstbildung erzeugte: Die „Religion des Buches" (François 38) förderte Alphabetisierung und Lesekultur. In Speyer beispielsweise prägten „der lutherische Glaube und die konfessionelle Zugehörigkeit die ‚mentalités collectives' so tief und nachhaltig ..., daß soziale Gegensätze überbrückt wurden und durch alle Schichten der Gesellschaft ein verbindliches kulturelles Selbstverständnis entstehen konnte, das aus den gleichen Quellen hervorging" (ebd. 44).

8. *Ausblick*

So eng protestantischer Bildungsglaube mit Formierung und Aufstieg des deutschen Bildungsbürgertums verbunden war, so sehr wurde er auch durch die seit 1890 zu beobachtenden Prozesse der „kulturellen Enteignung" (Langewiesche) bildungsbürgerlicher Eliten tangiert. Die Verkirchlichung des Protestantismus, die in Deutschland entscheidend durch die Auseinandersetzungen mit dem nationalsozialistischen Staat und im Osten Deutschlands durch die forcierte Dechristianisierungspolitik des SED-Staates befördert wurde, brachte es mit sich, daß im offiziellen „Amtsprotestantismus" die bildungsreligiösen Elemente protestantischer Identität zunehmend in den Hintergrund traten. Die ökumenischen Bewegungen des 20. Jh. ließen es zudem als obsolet erscheinen, „protestantische Identität" weiter durch Abgrenzung vom Katholizismus zu bestimmen. Der Begriff wurde im 20. Jh. deshalb zunehmend zu einem semantischen Konstrukt, das die ihm traditionell zugeschriebene Integrationsleistung nicht mehr zu erbringen vermochte.

Je mehr sich die vielen Protestantismen intern noch einmal in heterogene religionskulturelle und politische Kleinmilieus differenzierten, desto mehr waren sie für die Konstruktion des Gemeinsamen auf starke, identitätsstiftende Ausschließungsprozeduren angewiesen. Diese sollten um ökumenischer Konsensbildung willen aber nicht mehr vollzogen werden. So drohten viele Protestantismen in die Situation von „Auflösung", „Versickerung" und sektiererischer Abkapselung zu geraten. Auch solche Niedergangsanalysen bilden aber ein wichtiges Element protestantischer Selbstverständigung. Untergangsformeln lassen sich bis ins frühe 19. Jh. (vgl. Pflaum; Rust; Schuderoff) zurückverfolgen. Sie spiegeln eine Paradoxie, die seit der Transformation der altprotestantischen Gemeinwesen in die pluralen Neuprotestantismen das kulturelle Erscheinungsbild der Protestantismen bestimmt: Wo protestantische „Gewissensreligion" und „Bildungsglaube" in der Sozialgestalt der Kirche institutionalisiert werden, drohen die institutionenkritischen Grundeinsichten der Reformation verlorenzugehen. Wird jedoch auf die kirchliche Institutionalisierung „protestantischen Geistes" verzichtet, bleiben seine kulturelle Darstellung und Tradierung dauernd prekär. Auch durch eine konfessionell homogenisierte Kultur kann das Protestantische keine angemessene Gestalt gewinnen. „Der Protestantismus ... kann Kulturfaktor, darf aber nicht Kulturbasis sein, weil jede partikular protestantische Kultur seinem eigenen Weltverhältnis widersprechen würde" (Dibelius, Geschichte 137).

Quellen (in Auswahl)

Allg. Gedanken über die Vereinigung der Ev., so durch die Namen Luth. u. Ref. gemeiniglich unterschieden werden, o.O. 1720. – Karl Barth, Ad limina Apostolorum, Zürich 1968. – D. Siegmund Jacob Baumgartens Gesch. der Religionspartheyen, hg. v. D. Johann Salomon Semler, Halle 1766. – Peter Bayle, Hist.-krit. Wb. im Auszuge neu geordnet u. übersezt. Erster Theil f. Theologen, Lübeck 1779. – Giovanni Ludovico Bianconi, Briefe über die vornehmsten Merkwürdigkeiten der churbairischen Reßidenz-Stadt München u. die umliegenden Lustgegenden, München 1771. – Wilhelm Binder, Der Protestantismus in seiner Selbstauflösung, 2 Bde., Schaffhausen [2]1846–1847. –

Felix Anton Blau, Kritik der seit der Revolution in Frankreich gemachten Religionsverordnungen, Straßburg 1797. – Franz J. v. Buss, Der Unterschied der kath. u. der prot. Universitäten Deutschlands, die Notwendigkeit der Verstärkung der dortigen sechs kath. Universitäten gegenüber den sechzehn prot., Freiburg i.Br. 1846. – Joachim Heinrich Campe, Wb. zur Erklärung u. Verdeutschung der unserer Sprache aufgedrungenen fremden Ausdrücke. Ein ErgBd. zu Adelungs Wörterbuche, Bd. II, Braunschweig 1801. – Georg Cassander, De articulis religionis inter Catholicos et Protestantes controversis consultatio (1565), Köln 1577. – Wilhelm Dantine, Über den prot. Menschen, Hamburg 1959. – Wilhelm Martin Leberecht De Wette, Ueber den sittlichen Geist der Reformation in Beziehung auf unsere Zeit: Reformations-Almanach auf das Jahr 1819, 2. Jg., Erfurt, 211–334. – Martin Dibelius, Gesch. u. übergesch. Religion im Christentum, Göttingen 1925. – Ders., Was heißt heute ev.?, Heidelberg 1929. – Max Dienemann, Art. Protestantismus: JL 4/1 (1930) 1153–1159. – Gustav Droysen, Zur Charakteristik der europ. Krisis (1854): Felix Gilbert (Hg.), Johann Gustav Droysen. Politische Schr., München/Berlin 1933, 307–342. – Johann August Eberhard, Ist die Augsburger Confession eine Glaubensvorschrift der luth. Kirche? In Briefen eines luth. Predigers an seinen jüngeren Amtsbruder, 2 Bde., Halle 1796–1797. – Alfred Estermann (Hg.), Politische Avantgarde 1830–1840. Eine Dokumentation zum „Jungen Deutschland", 2 Bde., Frankfurt a.M. 1972. – Gerhard Friederich, Grundlinien zu einer festen Organisation der periodischen Schr.: der Protestant: Der Protestant. Zs. f. Ev. Christenthum zur Erbauung u. gesch. Belehrung Gebildeter 3 (1829) 3–8. – Friedrich Gundolf/Friedrich Wolters, Einl. der Hg.: Jb. f. die geistige Bewegung 3 (1912) III–VIII. – Robert Haas, Vertheidigung des Protestantismus gegen politische Verdächtigung v. Seiten des Ultramontanismus nach ihren beiderseitigen Principien u. der Gesch. durchgeführt, Gießen 1845. – Georg Hainer, Programm über die Frage: Ob das Prinzip des Protestantismus oder das des Katholizismus der Phil. mehr zusage?: Jahresber. v. der Kgl. Studienanstalt zu Amberg, Amberg 1827. – Carl Ludwig v. Haller, Restauration der Staats-Wiss. oder Theorie des natürlich-geselligen Zustands, der Chimäre des künstlich-bürgerlichen entgegengesetzt, 6 Bde., Winterthur, I ²1820 (= Aalen 1964). – Karl Hase, Hb. der prot. Polemik gegen die röm.-kath. Kirche, Leipzig 1862 ⁴1878. – Johann Matthias Hassencamp, Ein anderer mit kleinen Akademien sympathisierender Raisonneur in einigen gegen das Raisonnement über die prot. Universitäten in Deutschland gerichteten Briefen, Frankfurt a.M./Leipzig 1772. – Adolphe Hatzfeld/Antoine Darmesteter, Dictionnaire Général de la Langue Française du Commencement du XVIIe Siècle jusqu'à nos jours, Paris 1900 (Neudr. 1964). – Georg Wilhelm Friedrich Hegel, Grundlinien der Phil. des Rechts oder Naturrecht u. Staatswiss. im Grundrisse (1821): ders., SW, Stuttgart-Bad Cannstatt, VII ⁴1964. – Ders., Vorl. über die Phil. der Gesch. Mit einem Vorw. v. Eduard Gans u. Karl Hegel: ders., SW, Stuttgart, XI 1961. – Heinrich Heine, Zur Gesch. der Religion u. Phil. (1834): ders., Hist.-krit. GA der Werke, Hamburg, VIII/1 1979. – Gottlieb Heinrich Heinse, Encyclopädisches Wb. oder alphabetische Erklärung aller Wörter aus fremden Sprachen, wie auch aller in den Wiss., bey den Künsten u. Handwerken üblichen Kunstausdrücke, bearb. v. einer Gesellschaft Gelehrter, Zeitz, V 1802. – Theodor Heinsius, Wb. der dt. Sprache, Wien, III 1840. – Bernhard Josef Hilgers, Symbolische Theol., oder die Lehrgegensätze des Katholicismus u. Protestantismus. Darg. u. gewürdigt, Bonn 1841. – Friedrich Hoffmann, Der Protestantismus in seiner gesch. Begründung, in seinem Einflusse u. in seinen Hauptlehren darg. f. gebildete, ev. Christen, Stuttgart 1827. – Leopold Alois Hoffmann, Achtzehn Paragraphen über Katholizismus, Protestantismus, Jesuitismus, geheime Gesellschaften u. moderne Aufklärung in Deutschland. Eine Denkschr. an dt. Regenten u. das dt. Publikum, o.O. 1787. – Karl Holl, Was verstand Luther unter Religion? (1917): ders., GAufs. zur KG. I. Luther, Tübingen ⁶1932, 1–110. – Carl Bernhard Hundeshagen, Der dt. Protestantismus, seine Vergangenheit u. heutigen Lebensfragen im Zusammenhang der gesamten Nationalentwicklung beleuchtet v. einem dt. Theologen, Frankfurt a.M. ³1860. – Renatus Hupfeld, Was ist Protestantismus?: GKG 18 (1926) 420–439. – [Johann Adam v. Ickstatt] Christian Friedrich Menschenfreund, Unters. der Frage: Warum ist der Wohlstand der prot. Länder so gar viel größer, als der catholischen, Salzburg 1772. – Carl Gustav Jochmann, Betrachtungen über den Protestantismus, Heidelberg 1826. – Johann C. Klemm, Die nöthige Glaubens-Einigkeit der prot. Kirchen auch nach dem selbst beliebten principiis der so genannten Luth. u. Orth. Lehre mit einem einigen Beweiß-Grund dargethan, Tübingen 1719. – E.F. Koch (Hg.), Komm. zum Allg. Landrecht f. die Preußischen Staaten, Berlin, IV ⁵1876. – Heinrich Krause, Der Protestantismus als Humanismus. Offener Brief an Thomas: Der Protestant 19. März 1853, Nr. 12, 115. – Wilhelm Traugott Krug, Die Kirchenverbesserung u. die Gefahren des Protestantismus. Zur Vorfeier des Reformationsfestes u. als Anh. zur Pisteologie, Leipzig 1826. – Heinrich Laube, Das neue Jh. I. Polen, Fürth 1833. – Kurt Leese, Die Religion des prot. Menschen, München ²1948. – Joseph de Maistre, Extrait d'une conversation entre J. de Maistre et M.Ch. de Lavau: ders., Œuvres complètes, Lyon, XIV 1886 = Genf 1979, 284–286. – Gotthard O. Marbach, Aufruf an das prot. Deutschland wider unprot. Umtriebe u. Wahrung der Geistesfreiheit gegen Dr. Heinrich Leo's Verketzerungen, Leipzig 1839. – Justus Meier, Juris publici quaestio capitalis, sintne Protestantes iure Caesareo haeretici et ultimo supplicio afficiendi, Straßburg 1621. – Johann David Michaelis, Raisonnement über die prot. Universitäten in Deutschland, 4 Bde., Frankfurt a.M./Leipzig 1768–1772 = Aalen 1973. – John Milton, *ΕΙΚΟΝΟΚΛΑΣΤΗΣ*. In Answer to a Book Intitl'd *ΕΙΚΟΝ ΒΑΣΙΛΙΚΗ*, The Portraiture of his Sacred Majesty in his Solitudes and Sufferings (1649): Complete Prose Works of John Milton. III. 1648–1649, New Haven/London [2]1970, 335–601. – Johann Adam Möhler, Symbolik, oder Darst. der dogm. Gegensätze der Katholiken u. Protestanten nach ihren öffentlichen Bekenntnißschriften, Mainz 1832. – A.H. Murray, A New English Dictionary on Hist. Principles, Oxford, VII 1909, 1505. – Friedrich Nicolai, Beschreibung einer Reise durch Deutschland u. die Schweiz, im Jahre 1781. Nebst Bemerkungen über Gelehrsamkeit, Industrie, Religion u. Sitten, Berlin/Stettin, I 1783. – N. Orchard, Doctrine of Devils, London 1674. – Alfons Paquet, Der Kaisergedanke, Frankfurt 1915. – Christoph Matthäus Pfaff, Nöthiger Unterricht v. den zw. den röm. u. den prot. Kirchen obschwebenden Religionsstreitigkeiten, Tübingen 1722. – Ludwig Pflaum, An die sämmtlichen theol. Facultäten, so wie an alle Doctoren der Theol. in Deutschland, Nürnberg 1819. – Karl Heinrich Ludwig Poelitz, Die Aehnlichkeit des Kampfes um bürgerliche u. politische Freiheit in unserem Zeitalter, mit dem Kampfe um die rel. u. kirchl. Freiheit im Zeitalter der Reformation: Reformations-Almanach auf das Jahr 1819, 2. Jg., Erfurt, 123–156. – Samuel Pufendorf, Severini Monzambano, eines Veronesers ungescheuter offenherziger Discurs, oder gründlicher Ber. v. der wahren Beschaffenheit u. Zustand des teutschen Reichs (1667): Notger Hammerstein (Hg.), Staatslehre der Frühen Neuzeit, Frankfurt a.M. 1995, 569–931. – Josef Rauch, Heinrich Schreiber, o. öff. Prof. der Gesch. zu Freiburg. Ein Lebensabriß: Zs. der Gesellschaft f. Förderung der Geschichts-, Alterthums- u. Volkskultur v. Freiburg, dem Breisgau u. den angrenzenden Landschaften 3 (1873/74) 209–265. – Wilhelm Rein, Das ev. Volksschulwesen im XIX. Jh.: Martin Schian (Hg.), Der Protestantismus der neueren Zeit in Wort u. Bild, Wiesbaden 1929, 173–200. – Wilhelm Rogge, Die ev. Kirche im neuen Dt. Reiche unter den Kaisern Wilhelm I. u. Friedrich III.: Carl Werckshagen (Hg.), Der Protestantismus am Ende des XIX. Jh., Bad Nauheim, I [2]1927, 461–480. – Paul Franz Romanus, Dissertatio de jure episcopali protestantium, Leipzig 1670. – Johann Ferdinand Roth, Gemeinnütziges Lexikon f. Leser aller Klaßen, bes. f. Unstudierte; oder kurze u. deutliche Erklärung der, in mündlichen Unterhaltungen u. in schriftlichen Aufs. gebräuchlichsten Redensarten, Ausdrücke u. Kunstworte, in alphabetischer Ordnung. Neue verb. u. verm. Aufl., Nürnberg 1791. – Arnold Ruge, Rez. Friedrich Wilhelm Carové, Papismus u. Humanität: Hallesche Jb. f. dt. Wiss. u. Kunst 1 (1838) 333. – Ders., Der christl. Staat. Gegen den Wirtemberger über das Preußenthum (1842): ders., SW, Mannheim, IV [2]1847, 446–475. – Isaak August Rust, Der Protestantismus. Ein Wort an die Freunde u. Feinde desselben: Der Protestant. Zs. f. Ev. Christenthum zur Erbauung u. gesch. Belehrung Gebildeter 3 (1829) 730–756. – Friedrich Schleiermacher, Der christl. Glaube (1821/22): ders., Krit. GA. I. Abt. 7,1, Berlin/New York 1980. – Sonja Schnauber/Bernhard H. Bonkhoff (Hg.), Quellenbuch zur Pfälzischen Kirchenunion u. ihrer Wirkungsgesch. bis zur Mitte des 19. Jh., Speyer 1993. – Herbert Schöffler, Protestantismus u. Lit., Göttingen 1958. – Jonathan Schuderoff, Briefe über das prot. Kirchen-Unwesen, Weimar 1815. – Friedrich Heinrich Christian Schwarz, Die Kirche in dieser Zeit. Worte der Ermahnung zunächst an die Geistlichen, v. einem erfahrnen prot. Theologen, T. 1–2, Heidelberg 1814. – Veit Ludwig v. Seckendorf, Teutscher Fürsten-Staat (1656): Hammerstein (Hg.) (s.o. bei Pufendorf) 239–481. – Theodor Siegfried, Das prot. Prinzip in Kirche u. Welt, Halle a.d.S. 1939. – Johann Christoph Springer, Neues Räsonnement über die prot. Universitäten in Deutschland v. einigen Patrioten, Straßburg/Münster 1769. – Ders., Ueber die prot. Universitäten in Deutschland, Straßburg 1769. – Friedrich Julius Stahl, Der Protestantismus als politisches Princip, Berlin 1853 = Aalen 1987. – Ders., Die gegenwärtigen Parteien in Staat u. Kirche. Neunundzwanzig akademische Vorl., Berlin 1863. – Heinrich Steffens, Über Deutschlands prot. Universitäten, Breslau 1820. – Ders., Über Deutschlands prot. Universitäten. Antwortschreiben an den Herrn Präsidenten v. Lüttwitz, Breslau 1829. – Ernst Steinbach, Die Auflösung des Protestantismus, München 1936. – Johann Wolfgang Textor, Dissertatio de jure episcopali in terris statuum protestantium, Heidelberg 1671. – Paul Tillich, Prot. Prinzip u. proletarische Situation, Bonn 1931. – Gottfried Traub, Vom Jungprotestantismus: Der Protestantismus. Kriegsh. der Süddt. Monatsh., hg. v. Paul Nikolaus Cossmann, Leipzig/München 1917, 44–46. – Ernst Troeltsch, Die Bedeutung des Protestantismus f. die Entstehung der modernen Welt. Vortr. gehalten auf der IX. Versammlung dt. Historiker zu Stuttgart am 21. IV. 1906, München/Berlin [2]1911. – Vertheidigte Glaubens-Einigkeit der Prot. Kirche oder Abgenöthigte Antwort Auff eine erst neulich ans Licht getretene Schrifft, Welche den Titel hat Kurtze u. wohlgegründete Unters. dreyer ohnlängst zum Vorschein gekommener Schrifften die Vereinigung der Prot. Kirchen betreffend, o.O. 1722. – Charles François Dominique Villers, Versuch über den Geist u. den Einfluß der Reformation Luthers. Gekrönte Preisschrift. Nach der zweiten Ausg. aus dem Franz. übers. v. Karl Friedrich Cramer. Mit einer Vorr. u. Beylage einiger Abh. v. Heinrich Philipp Konrad Henke, Hamburg [2]1828. – Walther v. Wartburg, Franz. Etymologisches Wb., Basel, IX 1958. – Richard Weitbrecht, Der Protestantismus in der dt. Dichtung des XIX. Jh.:

Schian (Hg.) (s.o. bei Rein) 201–224. – Martin Werner, Der prot. Weg des Glaubens. I. Der Protestantismus als gesellschaftliches Problem; II. Syst. Darst., Bern 1955–1962. – Lorenz Westenrieder, Gesch. der kgl. baierischen Akademie der Wiss. II. 1778–1800, München 1807. – Georg Wicell, Evangeli Martini Luters, welches da lange Zeit underm Bank gelegen, Freiburg i.Br. 1536. – Sebastian Wochinger, Kritik über Christian Friedrich Menschenfreundes Frage: Warum ist der Wohlstand der prot. Länder so gar viel größer, als der catholischen?, München 1775.

Literatur (in Auswahl)

Wolfgang Altgeld, Katholizismus, Protestantismus, Judentum, Mainz 1992. – Benedict R. Anderson, Imagined Communities. Reflections on the Origin and Spread of Nationalism, London ^{2}1991; dt.: Die Erfindung der Nation, Frankfurt a.M. u.a. 1988 ^{2}1993. – Aleida Assmann, Arbeit am nationalen Gedächtnis. Eine kurze Gesch. der dt. Bildungsidee, hg. v. Helga u. Ulrich Raulff, Frankfurt a.M./New York/Paris 1993. – Jan Assmann, Das kulturelle Gedächtnis. Schr., Erinnerung u. politische Identität in frühen Hochkulturen, München 1992. – Ursula Baumann, Protestantismus u. Frauenemanzipation in Deutschland 1850–1920, Frankfurt a.M./New York 1992. – Martin Baumeister, „Parität" u. kath. Inferiorität. Unters. zur Stellung des Katholizismus im Dt. Kaiserreich, Paderborn 1987. – Manfred Baumotte, Theol. als politische Aufklärung. Stud. zur neuzeitlichen Kategorie des Christentums, Gütersloh 1973. – Jörg Baur, Luth. Christentum im konfessionellen Zeitalter – ein Vorschlag zur Orientierung u. Verständigung: Dieter Breuer (Hg.), Religion u. Religiosität im Zeitalter des Barock, Wiesbaden, I 1995, 43–62. – Hans-Jürgen Becker, Protestatio, Protest: Zs. f. hist. Forschung 5 (1978) 385–412. – Gustav Adolf Benrath, Die Dt. Ev. Univ. der Reformationszeit: Hellmuth Rössler/Günther Franz (Hg.), Univ. u. Gelehrtenstand 1400–1800, Limburg 1970, 63–84. – Inge Bernheiden, Individualität im 17. Jh., Frankfurt a.M. 1988. – Philippe Besnard, Protestantisme et Capitalisme. La Controverse post-Weberienne, Paris 1970. – Hans-Joachim Birkner, Protestantismus im Wandel, München 1971. – Hans Erich Bödeker, Die Religiosität der Gebildeten: Karlfried Gründer/Karl Heinrich Rengstorf (Hg.), Religionskritik u. Religiosität in der dt. Aufklärung, 1989 (WSA 11) 145–195. – Julius Boehmer, Protestari u. protestatio, protestierende Obrigkeiten u. prot. Christen: ARG 31 (1934) 1–22. – Georg Bollenbeck, Bildung u. Kultur. Glanz u. Elend eines dt. Deutungsmusters, Frankfurt a.M./Leipzig 1994. – Bernhard H. Bonkhoff, Gesch. der Vereinigten Prot.-Ev.-Christl. Kirche der Pfalz (1818–1861), München 1986. – Willy Brändly, Zur Selbstbezeichnung der Ev.: Zwing. 8 (1947) 471–489. – Roger Chartier, Le monde comme représentation: Annales 44 (1989) 1505–1520; wiederabgedr.: Matthias Middell (Hg.), Alles Gewordene hat Gesch. Die Schule der Annales in ihren Texten 1929–1992, Leipzig 1994, 320–347. – Horst Dreitzel, Toleranz u. Gewissensfreiheit im konfessionellen Zeitalter. Zur Diskussion im Reich zw. Augsburger Religionsfrieden u. Aufklärung: Religion u. Religiosität im Zeitalter des Barock I (s.o. bei Baur) 115–128. – Ego-Dokumente. Annäherung an den Menschen in der Gesch., hg. v. Winfried Schulze, Berlin 1996. – Robert Elbaz, The Changing Nature of the Self. A Critical Study of Autobiographical Discourse, London 1988. – Etienne François, Die unsichtbare Grenze. Protestanten u. Katholiken in Augsburg 1648–1806, Sigmaringen 1991 (Abh. zur Gesch. der Stadt Augsburg 33). – Erich Franz, Dt. Klassik u. Reformation. Die Weiterbildung prot. Motive in der Phil. u. Weltanschauungsgesch. des dt. Idealismus, Halle a.d.S. 1937. – Ernest Gellner, Nation and Nationalism, Oxford 1983. – Heinz Gollwitzer, Vorüberlegungen zu einer Gesch. des politischen Protestantismus nach dem konfessionellen Zeitalter, Opladen 1981. – Friedrich Wilhelm Graf, Theonomie. Fallstud. zum Integrationsanspruch neuzeitlicher Theol., Gütersloh 1987. – Ders., Kulturgesch. des Christentums: Notker Hammerstein (Hg.), Dt. Geschichtswiss. um 1900, Stuttgart 1988, 131–152. – Ders., Der dt. Protestantismus u. die Revolution der Katholiken: PTh 78 (1989) 61–76. – Ders., Rettung der Persönlichkeit. Prot. Theol. als Kulturwiss. um 1900: Rüdiger vom Bruch/ders./Gangolf Hübinger (Hg.), Kultur u. Kulturwiss. um 1900. Krise der Moderne u. Glaube an die Wiss., Stuttgart 1989, 103–131. – Ders., Prot. Theol. in der Gesellschaft des Kaiserreichs: ders. (Hg.), Profile des neuzeitlichen Protestantismus. II/1. Das Kaiserreich, Gütersloh 1992, 12–118. – Ders., Die Spaltung des Protestantismus. Zum Verhältnis v. ev. Kirche, Staat u. ‚Gesellschaft' im frühen 19. Jh.: Wolfgang Schieder (Hg.), Religion u. Gesellschaft im 19. Jh., Stuttgart 1993, 157–190. – Ders., Die „kompetentesten" Gesprächspartner? Implizite theol. Werturteile in Max Webers „Prot. Ethik": Volkhard Krech/Hartmann Tyrell (Hg.), Religionssoziologie um 1900, Würzburg 1995, 209–248. – Ders./Klaus Tanner, Das rel. Fundament der Kultur. Zur Gesch. der neueren prot. Kulturdebatte: Richard Ziegert (Hg.), Protestantismus als Kultur, Bielefeld 1991, 7–66. – Dies. (Hg.), Prot. Identität heute, Gütersloh 1992. – Maurice Halbwachs, La mémoire collective, Paris ^{2}1968; dt.: Das kollektive Gedächtnis, Stuttgart 1967. – Notger Hammerstein, Universitäten u. Reformation: HZ 258 (1994) 339–357. – Wolfgang Hardtwig, Geschichtskultur u. Wiss., München 1990. – Wilhelm Hennis, Max Webers Fragestellung. Stud. zur Biographie des Werks, Tübingen 1987. – Eric W. Hobsbawm, The Inventing of Traditions, Cambridge 1983. – Lucian Hölscher, Säkularisierungsprozesse im dt. Protestantismus des 19. Jh.

Ein Vergleich zw. Bürgertum u. Arbeiterschaft: Hans-Jürgen Puhle (Hg.), Bürger in der Gesellschaft der Neuzeit. Wirtschaft – Politik – Kultur, Göttingen 1991, 238–258. – Werner Hofmann, Vorw.: ders. (Hg.), Luther u. die Folgen f. die Kunst. Kat. der Ausstellung in der Hamburger Kunsthalle 10.11.1983–8.1.1984, München 1983, 17–19. – Walter E. Houghton, The Victorian Frame of Mind 1830–1870, New Haven 1978. – Ronnie P. Hsia, Social Disciplin in the Reformation. Central Europe 1550–1750, London/New York 1989. – Gangolf Hübinger, Kulturprotestantismus u. Politik. Zum Verhältnis v. Liberalismus u. Protestantismus im wilhelminischen Deutschland, Tübingen 1994. – Individualisme et autobiographie en Occident, hg. v. Claudette Delher-Sartet/Maurizio Cantani, Brüssel 1983. – Oliver Janz, Zw. Amt u. Profession. Die ev. Pfarrerschaft im 19. Jh.: Hannes Siegrist (Hg.), Bürgerliche Berufe, Göttingen 1988, 174–199. – Hubert Jedin, Kath. Reformation oder Gegenreformation?, Luzern 1946. – Edward Dixon Junkin, Religion versus Revolution. The Interpretation of the French Revolution by German Protestant Churchmen, 1789–1799, 2 Bde., Austin 1974. – Friedrich Wilhelm Kantzenbach, „Polarisierung". Von der Begegnung der Konfessionen zur Profilierung des kirchl.-politischen Gegensatzes (1785–1830): Georg Schwaiger (Hg.), Zw. Polemik u. Irenik, Göttingen 1977, 68–101. – Ders., Prot. Geisteskultur u. Konfessionalismus im 19. Jh.: Anton Rauscher (Hg.), Probleme des Konfessionalismus in Deutschland seit 1800, Paderborn 1984, 9–28. – Heinz-Dieter Kittsteiner, Die Entstehung des modernen Gewissens, Frankfurt a.M. 1991. – Jürgen Kocka, Bildungsbürgertum – Gesellschaftliche Formation oder Historikerkonstrukt: Bildungsbürgertum im 19. Jh. IV. Politischer Einfluß u. gesellschaftliche Formation, hg. v. dems., Stuttgart 1989, 9–20. – Reinhart Koselleck, ‚Neuzeit'. Zur Semantik moderner Bewegungsbegriffe: ders., Stud. zum Beginn der modernen Welt, Stuttgart 1977, 264–299. – Craig Koslofsky, Die Trennung der Lebenden v. den Toten: Friedhofsverlegungen u. die Reformation in Leipzig, 1536: Memoria als Kultur (s.u. bei Oexle) 335–386. – Erkki I. Kouri, Der dt. Protestantismus u. die soziale Frage 1870–1919. Zur Sozialpolitik im Bildungsbürgertum, Berlin/New York 1984. – David S. Landes, Revolution in Time. Clocks and the Making of the Modern World, Cambridge, Mass. 1983. – Dieter Langewiesche, Bildungsbürgertum u. Liberalismus im 19. Jh.: Bildungsbürgertum im 19. Jh. IV (s.o. bei Kocka) 95–121. – Hartmut Lehmann, Religion u. Religiosität in der Neuzeit, Göttingen 1996. – Ders./Günther Roth (Hg.), Weber's Protestant Ethic. Origins, Evidence, Contexts, Cambridge ²1995. – Rudolf Lenz, Zur Funktion des Lebenslaufes in Leichenpredigten: Walter Sparn (Hg.), Wer schreibt meine Lebensgesch.? Biographie, Autobiographie, Hagiographie u. ihre Entstehungszusammenhänge, Gütersloh 1990, 93–104. – Rainer M. Lepsius, Das Bildungsbürgertum als ständische Vergesellschaftung: Bildungsbürgertum im 19. Jh. III. Lebensführung u. ständische Vergesellschaftung, hg. v. dems., Stuttgart 1992, 9–19. – Johannes Lindeboom, Oorsprong en geschiedenis van den Naam Protestant: MNAW 3 (1940) 47–77. – Die luth. Konfessionalisierung in Deutschland. Wiss. Symposium des Vereins f. Reformationsgesch. 1988, hg. v. Hans-Christoph Rublack, Gütersloh 1992. – Gordon Marshall, In Search of the Spirit of Capitalism. An Essay on Max Weber's Protestant Ethic Thesis, New York 1982. – Sergiusz Michalski, The Reformation and the Visual Arts. The Protestant Image Question in Western and Eastern Europe, London/New York 1993. – Josef Mooser, „Christl. Beruf" u. „bürgerliche Gesellschaft". Zur Auseinandersetzung über Berufsethik u. wirtschaftliche Inferiorität im Katholizismus um 1900: Wilfried Loth (Hg.), Dt. Katholizismus im Umbruch zur Moderne, Stuttgart/Berlin/Köln 1991, 124–142. – Johannes Müller, Die Vorgesch. der pfälzischen Union. Eine Unters. ihrer Motive, ihrer Entwicklung u. ihrer Hintergründe im Zusammenhange der allg. KG, Witten 1967. – Paul Münch (Hg.), Ordnung, Fleiß u. Sparsamkeit. Texte u. Dokumente zur Entstehung der ‚bürgerlichen Tugenden', München 1984. – Pierre Nora, Zw. Gesch. u. Gedächtnis, Berlin 1990. – Otto Gerhard Oexle, Memoria als Kultur: ders. (Hg.), Memoria als Kultur, Göttingen 1995, 9–78. – Denis G. Paz, Popular Anti-catholicism in Mid-Victorian England, Stanford, Ca. 1992. – Eckhart Pick, Aufklärung u. Erneuerung des jur. Studiums. Verfassung, Stud. u. Reform am Beispiel der Mainzer Fak. gegen Ende des Ancien Régime, Berlin 1983. – Hellmuth Plessner, Die verspätete Nation. Über die politische Verführbarkeit bürgerlichen Geistes, Stuttgart 1959. – Gianfranco Poggi, Calvinism and the Capitalist Spirit. Max Weber's Protestant Ethic, London 1983. – Prot. Revolution? Kirche u. Theol. in der DDR. Ekklesiologische Voraussetzungen, politischer Kontext, theol. u. hist. Kriterien. Vortr. u. Diskussionen eines Kolloquiums in München, 26.–28.3.1992, hg. v. Trutz Rendtorff, Göttingen 1993. – Protestantism, Capitalism, and Social Science. The Weber Thesis Controversy, hg. v. Robert W. Green, Lexington, Mass. ²1973. – Freddy Raphael, Judaisme et Capitalisme. Essai sur la Controverse entre Max Weber et Werner Sombart, Paris 1982. – Wolfgang Reinhard, Zwang zur Konfessionalisierung. Prolegomena zu einer Theorie des konfessionellen Zeitalters: Zs. f. hist. Forschung 10 (1983) 257–277. – Trutz Rendtorff, Theorie des Christentums, Gütersloh 1972. – Ders., Vielspältiges. Prot. Beitr. zur ethischen Kultur, Stuttgart u.a. 1991. – Christoph Ribbat, Rel. Erregung. Prot. Schwärmer im Kaiserreich, Frankfurt a.M./New York 1996. – Hans-Christoph Rublack, Reformation u. Moderne. Soziologische, theol. u. hist. Ansichten: ARG. Sonderbd.: Die Reformation in Deutschland u. Europa. Interpretationen u. Debatten. Beitr. zur gemeinsamen Konferenz der Society for Reformation Research u. des Vereins f. Reformationsgesch. 25.–29. September 1990 im Dt. Hist. Institut, Washington/D.C., Gütersloh 1993, 17–38. – Heinz Schilling, Konfession u. Konfessionalisierung in Europa: ders. (Hg.), Bekenntnis u. Gesch. Die CA im hist. Zusammenhang, Augsburg 1981, 165–189. – Ders., Die Konfessionalisierung im Reich. Rel. u. gesellschaftlicher Wandel in Deutschland zw. 1555 u. 1620: HZ 246 (1988) 1–45. – Alexandra Schlingensiepen-Pogge, Das Sozialethos der luth. Aufklärungstheol. am Vorabend der Industriellen Revolution, Göttingen 1967. – Gerhard Schmidtchen, Gibt es eine prot. Persönlichkeit?, Zürich 1969. – Albrecht Schöne, Säkularisation als sprachbildende Kraft, Göttingen 1968. – Luise Schorn-Schütte, Prediger an prot. Höfen der frühen Neuzeit. Zur politischen u. sozialen Stellung einer neuen bürgerlichen Führungsgruppe in der höfischen Gesellschaft des 17. Jh., darg. am Beispiel v. Hessen-Kassel, Hessen-Darmstadt u. Braunschweig-Wolfenbüttel: Heinz Schilling/Herman Diederiks (Hg.), Bürgerliche Eliten in den Niederlanden u. in Nordwestdeutschland, Köln/Wien 1985, 275–336. – Hans-Christoph Schröder, Max Weber u. der Puritanismus: GuG 21 (1995) 459–478. – Erich Schunk, Franz. Revolution u. pfälzischer Protestantismus, St. Ingbert 1992. – Seminar: Religion u. gesellschaftliche Entwicklung. Stud. zur Protestantismus-Kapitalismus-These Max Webers, hg. v. Constans Seyfarth/Walter M. Sprondel, Frankfurt a.M. 1973. – Stephan Skalweit, Der Beginn der Neuzeit, Darmstadt 1982. – Helmut Walser Smith, Nationalism and Religious Conflict in Germany 1887–1914, Ann Arbor, Mich. 1992. – Hans Sperber, Der Einfluß des Pietismus auf die Sprache des 18. Jh.: DVfLG 8 (1930) 497–515. – Carol Z. Stearns/Peter N. Stearns, Anger. The Struggle for Emotional Control in America's History, Chicago 1986. – Peter N. Stearns, Jealousy. The Evolution of Emotion in American History, New York/London 1989. – Michael Stolleis, Reformation u. öffentliches Recht: Der Staat 24 (1985) 51–74; wiederabgedr. u.d.T.: Glaubensspaltung u. öffentliches Recht in Deutschland: ders., Staat u. Staatsräson in der frühen Neuzeit. Stud. zur Gesch. des öffentlichen Rechts, Frankfurt a.M. 1990, 268–297. – Christoph Strohm, Ethik im frühen Calvinismus. Humanistische Einflüsse, phil., jur. u. theol. Argumentationen sowie mentalitätsgesch. Aspekte am Beispiel des Calvin-Schülers Lambertus Danaeus, 1996 (AKG 65). – Hermann Timm, Bildungsreligion im deutschsprachigen Protestantismus – Eine grundbegriffliche Perspektivierung: ders., Diesseits des Himmels. Von Welt- u. Menschenbildung. Facetten einer Religionskultur, Gütersloh 1988, 113–136. – Patrice Veit, Piété, Chant et Lecture. Les Pratiques religieuses dans L'Allemagne Protestante à l'époque moderne: RHMC 37 (1990) 624–641. – Vernunft- u. schriftmäßiges Urtheil an einen gelehrten Catholicken, worin dessen Urtheil über die vorhabende Religions Vereinigung der Ev. Luth. u. Ev. Reformirten v. Wort zu Wort untersucht wird, Regensburg 1722 (auch Halle 1722). – Peter Walkenhorst, Nationalismus als ‚politische Religion'? Zur rel. Dimension einer Ideologie im Kaiserreich: Olaf Blaschke/Frank Michael Kuhlemann (Hg.), Religion im Kaiserreich. Milieus – Mentalitäten – Krisen, Gütersloh 1996, 503–530. – Judith Walkowitz, City of Dreadful Delight. Narratives of Sexual Danger in late-Victorian London, Chicago 1992. – Frank H. Wallis, Popular Anti-catholicism in Mid-Victorian Britain, Lewiston 1992. – Hans-Ulrich Wehler, Dt. Bildungsbürgertum in vergleichender Perspektive: Bildungsbürgertum im 19. Jh. IV (s.o. bei Kocka) 215–237. – John Wolffe, The Protestant Crusade in Great Britain 1829–1860, Oxford 1991. – Ernst Walter Zeeden, Die Entstehung der Konfessionen, München/Wien 1965. – Ders., Konfessionsbildung. Stud. zur Reformation, Gegenreformation u. kath. Reformation, Stuttgart 1985. – Richard Ziegert, Vielfalt in der Einheit. Theol. Studienbuch zum 175jährigen Jubiläum der Pfälzer Kirchenunion, Speyer 1993.

Friedrich Wilhelm Graf

Protestation von Speyer

1. Vorgang 2. Begründung (Literatur S. 582)

1. Vorgang

Am 19. April 1529 protestierten Kurfürst →Johann von Sachsen, Markgraf Georg von Brandenburg-Ansbach, Herzog Ernst von Braunschweig-Lüneburg, Landgraf →Philipp von Hessen und Fürst Wolfgang von Anhalt in Speyer gegen die Aufhebung der Bestimmung des letzten Reichsabschiedes, die es den Reichsständen freigestellt hatte, „für sich also zu leben, zu regieren und zu halten, wie ein jeder ein solches gegen Gott, und Kayserl. Majestät hoffet und vertraut zu verantworten" (Neue Sammlung II, 274). Ihnen schlossen sich mit →Straßburg, →Nürnberg, Ulm, Konstanz, Lindau, Memmingen, Kempten, Nördlingen, Heilbronn, Reutlingen, Isny, St. Gallen (gehörte eigentlich nicht mehr zum Reichsstädtecorpus), Weißenburg und Windsheim die Vertreter von 14 Freien und Reichsstädten an. Über ihre Protestation ließen sie zudem am 25. April 1529, drei Tage nach der Verkündung des Reichsabschieds, ein an →Karl V., den Kaiser des Heiligen Römischen Reiches, an ein freies Konzil oder eine Nationalversammlung gerichtetes notarielles Appellationsinstrument anfertigen.

Daß die unterschiedlichen Positionen in der Religionsfrage unüberbrückbar geworden waren, war 1528 deutlich geworden, als ein Religionskrieg im letzten Augenblick vermieden werden konnte. Da die Reichstagsinstruktion Karls V., der keine Verschärfung des Religionskonfliktes wünschte, nicht rechtzeitig in Speyer eintraf, wurde sie – wie Johannes Kühn nachgewiesen hat – von dessen Bruder →Ferdinand, König von Ungarn und Böhmen, verfaßt („gefälscht") (DRTA.JR 7, 1128–1136). Die Reichstagsproposition machte nun die →Reformation für Aufruhr und Krieg im Reich verantwortlich, stellte zwar ein Generalkonzil in Aussicht, forderte aber bis dahin die Einhaltung der kaiserlichen Religionsedikte und setzte den Formelkompromiß des letzten Reichstags außer Kraft.

Diese für die evangelischen Stände unannehmbaren Vorstellungen wurden im interkurialen Ausschuß lediglich geringfügig modifiziert: Das →Wormser Edikt sollte nur für alle altgläubigen Stände gelten, die evangelischen wurden aber zum Verzicht auf jede Neuerung in Glaubensfragen und zur Duldung der katholischen Messe verpflichtet. Die daraufhin erstmals gemeinsam beratenden evangelischen Kurfürsten-, Fürsten- und Städtevertreter kamen überein, die 1526 verabschiedete Regelung auf keinen Fall aufzugeben. Sie protestierten daher zunächst am 12. April gegen das vom Kurfürsten- und Fürstenrat angenommene Ausschußbedenken und eine Woche später gegen die von der ständischen Mehrheit und von König Ferdinand unverändert bestätigten Religionsartikel (DRTA.JR 7, 1260–1265). Der König verweigerte allerdings am 20. April die Annahme einer erweiterten Fassung der von 19 Reichsständen unterzeichneten Protestation (ebd. 1273–1288).

Während die ständische Mehrheit davon ausging, daß der Abschied auch die „Protestanten" – ein Begriff, der zunächst von den Gegnern der Reformation als weltliche Bezeichnung mit negativer Konnotation gebraucht wurde – band, waren diese natürlich anderer Ansicht. Man einigte sich in Speyer aber dennoch auf eine gegenseitige Friedensgarantie – unter Vorbehalt der jeweiligen Rechtsauffassung.

2. Begründung

Die evangelischen Reichsstände wurden zu „Protestierenden", weil sie sich mit den Mehrheitsbeschlüssen nicht arrangieren konnten. Sie wollten weder die reichsrechtliche Grundlage zur Konsolidierung der Reformation in ihren Gebieten noch die Option zur weiteren Ausbreitung der evangelischen Lehre aufgeben. Der auf dem Speyerer Reichstag 1526 einmütig verabschiedete „dilatorische Formelkompromiß" (Heckel 35), der den Religionsstreit zunächst nur hatte vertagen sollen, war inzwischen zu einer Art „Freibrief der Reformation" (Bornkamm 148) geworden.

Mit ihrem Protest wandten sie sich daher in erster Linie gegen das Programm Ferdinands, den Reichsfrieden durch die Zurückdrängung des evangelischen Glaubens zu sichern, und gegen die Gleichsetzung von reformatorischer Bewegung mit Unruhe oder Aufruhr. Inhaltlich standen sich damit in Speyer „zwei verschiedene Interpretationen des Reichsfriedens" (Angermeier 270) gegenüber. Während sich Ferdinand und die altgläubige Mehrheit diesen nur in der Einheit des katholischen Glaubens vorstellen konnten, sahen die Protestierenden in der „befristeten" Freigabe der Religion die einzige Möglichkeit und vertrauten im übrigen auf die Durchsetzungskraft des Evangeliums. Als die Mehrheit sich anders entschied, blieb ihnen nur der Protest, weil sie ansonsten die einmal erkannte Wahrheit und damit Gott verleugnet hätten. „In den sachen gottes ere und unser selen haile und seligkeit belangend [müsse] ain jeglicher fur sich selbst vor Gott steen und rechenschaft geben ..., also das sich des orts keiner auf ander minders oder merers machen oder beschließen entschuldigen kan ..." (DRTA.JR 7, 1277).

Um den Protest über den „reichsständischen“ Gewissensentscheid hinaus abzusichern, griffen die evangelischen Stände zu einem in der verfassungsrechtlichen Diskussion des Reiches neuen Argument: Sie bestritten die Gültigkeit von Mehrheitsvoten, wenn diese einen zuvor einstimmig gefaßten Beschluß veränderten oder gar widerriefen. Der „Freistellungsparagraph“ des ersten Speyerer Abschieds blieb für sie daher geltendes Reichsrecht. In diesem Zusammenhang verwiesen sie überdies auf ihre reichsständischen Obrigkeitsrechte, denn König und Reichstagsmehrheit maßten sich mit dem Verbot reformatorischer Neuerungen an, „in unsern steten, flecken und gebieten ordnung und regiment zu machen“ (DRTA.JR 7, 1282).

Mehrheitsbeschlüsse des Reichstages bildeten im 16. Jh. die Ausnahme, weil sie lediglich der Positionsfestschreibung dienten und gegenüber einer opponierenden Minderheit, noch dazu wenn diese aus mächtigen Reichsständen bestand, kaum durchzusetzen waren. Man suchte einvernehmliche Regelungen, da mit einem Mehrheitsbeschluß der heilsame Zwang zum Kompromiß, der die Reichstagsverhandlungen generell auszeichnete, nicht außer Kraft gesetzt, sondern nur auf die Zeit nach der Verkündung des Abschiedes verschoben wurde. Protest und Appellation waren gerade in der Reformationszeit recht häufig genutzte Mittel, mit denen die opponierenden Stände verdeutlichten, daß sie sich an bestimmte Beschlüsse weder gebunden fühlten noch von ihnen präjudizieren lassen wollten. Mit der Speyerer Protestation betraten daher die Evangelischen weder in Form noch Inhalt reichs- oder religionsrechtliches „Neuland“.

Die Speyerer Protestation ist somit die verbindliche Erklärung der eigenen Rechtsposition und ein gemeinsames öffentliches Bekenntnis zu den Grundlagen der Reformation. Mit der Ablehnung von Mehrheitsentscheidungen in Glaubensfragen, mit der Berufung auf das eigene Gewissen und mit der Betonung originär reichsständischer Obrigkeitsrechte erscheint die Protestation zwar als eine erste Infragestellung der Glaubenseinheit des Reichs, ist aber noch keine bewußte Abspaltung oder gar die Grundlegung einer neuen Kirche.

Dennoch begann mit ihr eine neue Epoche. Es formierte sich nun eine evangelische Religionspartei, deren intensive Bündnisbemühungen zum →Schmalkaldischen Bund führten, der in den 1530er Jahren die Reichspolitik dominieren sollte. In dieser Perspektive wird die Speyerer Protestation rückwirkend zum ersten Schritt der reichsrechtlichen Anerkennung des evangelischen Glaubens und des reichsständischen Religionsbannes.

Literatur

Heinz Angermeier, Die Reichsreform 1410–1555, München 1984. – Die Appellation u. Protestation der ev. Stände auf dem Reichstage zu Speier 1529, hg. v. Julius Ney, 1906 (QGP 5). – Hans-Jürgen Becker, Protestatio, Protest: Zs. f. Hist. Forschung 5 (1978) 385–412. – Julius Boehmer, Protestari u. protestatio: ARG 31 (1934) 1–22. – Diethelm Böttcher, Ungehorsam oder Widerstand, Berlin 1991 (Hist. Forschungen 46). – Heinrich Bornkamm, Die Geburtsstunde des Protestantismus (1936): ders., Das Jh. der Reformation, Frankfurt a.M. 1983, 146–162. – Hermann Conrad, Ein Notariatsinstrument als rechtliche Form des Protests u. der Appellation in Glaubensfragen auf dem zweiten Reichstag zu Speyer (1529): FS Alexander Knur, hg. v. Werner Flume u. Richard Hamm, München 1972, 55–64. – DRTA.JR 7, bearb. v. Johannes Kühn, Göttingen [2]1963. – Wolfgang Eger, Zum Protestationsreichstag zu Speyer im Jahre 1529: BPfKG 46 (1979) 177–189. – Ekkehart Fabian, Die Entstehung des Schmalkaldischen Bundes u. seiner Verfassung 1524/29–1531/35, 1962 (SKRG 1). – Martin Heckel, Deutschland im konfessionellen Zeitalter, 1983 (KVR 1490) (Dt. Gesch., hg. v. Joachim Leuschner, Bd. 5). – Johannes Kühn, Die Gesch. des Speyrer Reichstags 1529, 1929 (SVRG 146). – Albrecht Pius Luttenberger, Glaubenseinheit u. Reichsfriede, 1982 (SHKBA 20). – Gottfried Maron, Art. Protestation v. Speyer (1529): RGG[3] 5 (1961) 666f. – Neue u. vollständigere Sammlung der Reichsabschiede ..., 4 T., Frankfurt a.M. 1747. – Klaus Schlaich, Maioritas – protestatio – itio in partes – corpus Evangelicorum: ZSRG.K 94 (1977) 264–299; 95 (1978) 139–179. – Ders., Die Mehrheitsabstimmung im Reichstag zw. 1495 u. 1613: Zs. f. Hist. Forschung 10 (1983) 299–340. – Georg Schmidt, Der Städtetag in der Reichsverfassung, 1984 (VIEG.AU 113). – Winfried Schulze, Majority Decision in the Imperial Diets of the Sixteenth and Seventeenth Century: JMH 58 (1986) Suppl. 46–63. – Heinrich Steitz, ... u. darum wurden sie „Protestanten“ genannt: BPfKG 46 (1979) 190–197.

Georg Schmidt

Proverbia

1. Gattungsbezeichnung 2. Kondensierte Lebensweisheiten in Sprichwortform 3. Populäre Weisheiten und Normen 4. Das Proverbienbuch 5. Einzelne Gattungen 6. Theologie (Literatur S. 589)

1. Gattungsbezeichnung

Als Gattungsbezeichnung ist *proverbium*, Sprichwort, strenggenommen ein Sammelname für kurze, populäre Merk- und Sinnsprüche, die allgemein akzeptierte Erfahrung verdichten und oft einen ermahnenden Unterton haben; so schon Sebastian Franck (1541): „Ein kurtze, weise klugred, die summa eines gantzen handels"; in ihr ist „ein gantz predig begriffen" (KLL[dtv] 20 [1974] 8962). Aus vielen Völkern sind Sprichwörter bekannt und in Sammlungen überliefert (vgl. z. B. Sitompul; Westermann, Wurzeln; Klimkeit). Die Übergänge zu syntaktisch unvollständigen „geflügelten Wörtern" (vgl. Georg Büchmann) sind fließend. Davon zu unterscheiden sind in direkter Anrede formulierte Mahn- und Warnworte, die normierenden Charakter haben. Das alttestamentliche Sprüchebuch enthält eine große Breite einfacherer wie komplexerer Formen beider Grundgattungen; das läßt auf mehrschichtige Überlieferung und gemeinsamen Gebrauch der Texte schließen. In ihrer Endgestalt sind die alttestamentlichen Proverbia offenbar von der frühjüdischen Gemeinde als Paradigmensammlung richtigen Verhaltens in der ethischen Unterweisung von Jugendlichen und zur Gemeindebelehrung gebraucht worden.

Bei der Bestimmung der ursprünglichen Gattungen „Sprichwort" und „Mahnwort" haben Sprach- und Literaturwissenschaften sowie Kulturanthropologie und Völkerkunde, Sozialwissenschaften und Rechtsgeschichte wesentliche Erkenntnisse gewonnen. Das Sprichwort wird nicht nur als (mündlich-)literarisches und intellektuelles Kunstwerk beschrieben, sondern auch in seiner gesellschaftlichen Funktion bestimmt: in ihm artikuliert sich der *common sense* einer Gemeinschaft in thetischen, pointierten, oft metaphorischen und humorvollen Sätzen. Äußerlich nicht direktiv, dient das Sprichwort dennoch der Selbstvergewisserung, der normalisierenden Einordnung von Ereignissen, die aus dem Rahmen zu fallen scheinen, und einer „milden sozialen Kontrolle", besonders in Zweifels- und Konfliktsituationen (Jacobson [Lit.]; Fontaine; Camp). Basis der Sprichwörter ist das ganze konventionierte Gruppenverhalten.

Mahnworte in der 2. Person Singular (selten im Plural), oft als Prohibitive oder Vetitive gestaltet, wollen zukünftiges Verhalten nach konventionellen Wertmaßstäben reglementieren. Sie entstammen wohl typischen Lehrsituationen; sie nutzen das Sozialgefälle und reden direktiv, ja autoritativ auf den Zögling ein. Das vorgegebene und keinesfalls in Zweifel zu ziehende Gruppenethos ist Grund, Ziel und Thema der Mahnworte (vgl. Gerstenberger; Richter; Pospisil; Fikentscher).

2. Kondensierte Lebensweisheiten in Sprichwortform

Kondensierte Lebensweisheiten in Sprichwortform (hebräisch *māšāl*) werden im Alten Testament gelegentlich en passant zitiert: „Wie die Mutter, so die Tochter" (Ez 16,44); „Von Bösen kommt Böses" (I Sam 24,14a). Das Wort von den bitteren Trauben, die erst die nächste Generation beeinträchtigen, ist gleich zweimal überliefert (Jer 31,29; Ez 18,2) und das enigmatische „Ist Saul auch unter den Propheten?" dreimal (I Sam 10,11.12b; 19,24). Auch ohne ausdrückliche Benennung sind Sprichwörter in Erzählungen eingestreut: „Wie reimen sich Stroh und Weizen zusammen?" (Jer 23,28b); „Mein kleiner Finger ist dicker als meines Vaters Lenden" (I Reg 12,10; wohl ein Prahlwort über die sexuelle Potenz). Wenn wir der etymologischen Erklärung trauen können, dann steckt hinter den volkstümlichen Sprüchen das Bemühen, zwei Dinge miteinander zu vergleichen (K.-M. Beyse, Art. *māšāl*: ThWAT 5 [1986] 72f.), um zur Orientierung der Hörerinnen und Hörer abschreckende oder aufmunternde Ähnlichkeiten zwischen Ereignissen und Phänomenen herzustellen. Das Sprichwort erweist seine Kraft (und der Mensch, der es verwendet, seine Klugheit), wenn es erhellend, entlarvend und ordnend „einschlägt" (vgl. Prov 25,11; 26,9). „Den anderen zum Sprichwort werden" ist dann negativ gewendet: „Ein Beispiel des Unglücks und der Abscheu sein" (vgl. I Reg 9,7;

Jer 24,9; Ez 14,8; Mi 2,4; Hab 2,6; Ps 44,15; zum Einfluß weisheitlicher auf andere biblische Traditionen vgl. Shupak 351f.).

3. Populäre Weisheiten und Normen

Populäre Weisheiten und Normen dienen in der Familien- und Sippengemeinschaft der Kurzweil und als Erziehungsmittel. In komplexeren, stärker arbeitsteiligen Gesellschaften werden Berufsausbildung und ethische Unterweisung für Staats- und Tempeldiener institutionalisiert. Schon im alten Sumer und im Ägypten der Pharaonen entstehen folgerichtig Beamten- und Priesterschulen (vgl. Kramer; Brunner, Weisheit). Sie bemühen sich um Sammlung und Sichtung der Volksweisheit, Ausformung der rechten Lehre, Lösung von ethischen, gesellschaftlichen und theologischen Streitfragen, zureichende Berufsbildung, Erklärung der beobachtbaren Weltphänomene, Stabilisierung der bestehenden Gesellschaftsstrukturen. Lebensklugheit wird also professionell gepflegt und den Hierarchien dienstbar gemacht. „Weiser" und „Ratgeber" werden zu geachteten Titeln, die nicht notwendig Besitz, aber Ehre einbringen. In Israel ist seit Beginn der Königszeit eine ähnliche Entwicklung zu vermuten. Die Zentralregierungen in Jerusalem und Samaria brauchen ausgebildete Schreiber, Verwaltungsfachleute, Priester. Es muß also Schulen gegeben haben, und es gibt Hinweise auf solche Ausbildungsstätten bei Hofe (Hermisson; Crenshaw). Daß mit der Einrichtung offizieller Schulen die Volksweisheit nicht abstirbt, sollte ebenso deutlich sein. Für das Alte Testament ist allerdings nicht die Königs-, sondern die Gemeindeschule entscheidend geworden. Die Sammlung der →Weisheitsliteratur geschieht nämlich so spät (4. bis 2. Jh. v. Chr.), daß – entgegen vorherrschender Meinung (vgl. besonders die Einleitungen zum Alten Testament) – alle Bezüge auf das Königtum nur noch fromme Fiktion sein können.

Umstritten ist in der Forschung, welchen Anteil „Kunstdichtung" und Volkssprichwörter am Buch Proverbia haben. Die jeweilige Einschätzung hängt stark davon ab, wieviel Kreativität, Sprachvermögen und Überlieferungskompetenz man den Schulen, den „Weisen" und ihren Zirkeln sowie dem „Volksmund" beimißt. Einige Fachleute setzen fast ausschließlich auf königliche Eliteschulen (z.B. Hermisson; Lemaire), andere denken an ein Überlieferungskonglomerat, in dem Volk und „Weise" eine wichtige Rolle gespielt haben (z.B. Lang; Crenshaw; Shupak). Die Gestalt des oder der „Weisen" bleibt eine schwer definierbare Größe (vgl. die Beiträge im Sammelband *The Sage in Israel and the Ancient Near East*; Blenkinsopp). Eins jedoch ist sicher: Beamte oder beamtete (Hoch-)Schullehrer waren sie nicht. Dagegen sprechen der Inhalt des Überlieferungsgutes (Fehlen von Berufsspezifizierung; Gegenbeispiel: ägyptische Schreiberlehren), der überwiegend nichttechnische Gebrauch der Bezeichnung (vgl. Prov 12,15; 13,1; 26,16 u.ö.; H.-P. Müller, Art. *ḥākām*: ThWAT 2 [1977] 930ff., mit Verweis auf Whybray; M. Sæbø, Art. *ḥkm*: THAT 1[4] [1984] 557–567, hier 559–562), die Unabhängigkeit der „Weisen" (vgl. Koh 12,9–11; in Jer 18,18 liegt anscheinend späte Typisierung im Sinne von „Tora-Sachverständiger" vor) und die Existenz von „weisen Frauen" (vgl. II Sam 14,2ff.; Camp). Überwiegend an Volksweisheit glauben z.B. C.R. Fontaine; F.W. Golka (vgl. auch die Beiträge im Sammelband *Text and Tradition*). Im übrigen wird m.E. jedoch in fast allen Untersuchungen der Beitrag der frühjüdischen Gemeinde bei der Sammlung, Bearbeitung und Schaffung von Sprichwortgut zu gering veranschlagt. Der Frauenanteil muß weiter erforscht werden.

4. Das Proverbienbuch

Das Buch Proverbia ist ganz offensichtlich in einem längeren Wachstumsprozeß zustande gekommen. Es enthält – wie andere biblische Schriften – unterschiedliches Material, das jedoch am Ende gebündelt der zeitgenössischen jüdischen Gemeinschaft diente.

4.1. Einteilung und Entstehung. Im Sprüchebuch sind mehr oder weniger eigenständige Textblöcke durch Überschriften voneinander abgesetzt.

Prov 1,8–9,18 enthält längere Lehrreden (vgl. Lang) und ist durch ein Proömium eingeleitet (1,1–7). Die umfangreichste Sammlung, Prov 10,1–22,16, trägt die knappe Überschrift: „Sprüche Salomos" (10,1). Sie besteht überwiegend aus einzeiligen, in sich abgerundeten Merksätzen (Sentenzen). Prov 22,17–24,22 mahnen wieder in direkter Anrede einen ungenannten Hörer, ohne jedoch in den Wortreichtum und die thematische Enge der ersten Sammlung zu verfallen. Die sachliche und formale Nähe zu der ägyptischen Lebenslehre des Amen-em-ope ist offenkundig (vgl. Römheld, Wege; Shupak; Prov 22,20). Eine ursprüngliche Überschrift scheint irrtümlich in den hebräischen Text von 22,17 integriert worden zu sein: die Septuaginta setzt „Worte von Weisen" an den Anfang der Zeile. Die nächste Überschrift (24,23a) nimmt darauf Bezug: „Auch diese von den Weisen". So wird ein kleiner, recht gemischter Nachtrag markiert (24,23–34), bevor eine homogenere und größere Sammlung von Sentenzen anfängt: „Auch diese sind Sprüche Salomos" (25,1a). Als Geschichtsreminiszenz fügt der Sammler hinzu: „welche die Männer Hiskias, des Königs von Juda, zusammengebracht (?) haben" (25,1b). Der Block reicht bis 29,27. Auf ihn folgen zwei kleinere, sonst unbekannten Weisen zugeordnete Spruchsammlungen, „die Worte Agurs" (30,1) und „die Worte des Königs Lemuel von Massa (?), die ihn seine Mutter lehrte" (31,1). Ohne Überschrift, jedoch wegen seiner Form (akrostichisches Gedicht) und seines Inhalts (Lob der „tugendsamen Hausfrau") von den Lemuel-Sprüchen abzuheben ist 31,10–31.

Im Sprüchebuch sind also Sammlungen von Sentenzen und verschiedener Mahnredearten vereint. Die verwendeten Überschriften dürften zum Teil zu den älteren Kollektionen gehören („Worte von ..."), zum Teil gehen sie auf die Endredaktion zurück, die offenbar bemüht war, die gesamte Weisheitstradition mit dem Namen →Salomo in Verbindung zu bringen. Wie →David den Späteren als der vorbildliche Kultlyriker galt, so wurde sein Sohn der Ahnherr der Weisen (vgl. I Reg 3; 5,9–14; 10,3f.; Koh 1,1; Cant 1,1 usw.). Vor allem ist das Proömium Prov 1,1–7 (manche meinen: 1,1–6) eine Einführung für das ganze Buch. Der fiktive Salomo steht dominant am Anfang, der Zweck des Buches ist die Vermittlung wahrer Bildung, Lebensart und Gottesfurcht an den Unerfahrenen, den jungen Menschen (1,2–4). Aber auch dem Fortgeschrittenen sind die Sprüche dienlich, verlangt doch Weisheit nach ständiger Übung (1,5f.). Die vier genannten Spruchgattungen (V.6) umfassen die vorliegenden Sammlungen (*m^e^šālîm*; *d^e^bārîm*) und weisen darüber hinaus (*m^e^lîṣôt*, „Gleichnisse"; *ḥîdôt*, „Rätsel"). Der Sinn der Textsammlung wird thetisch zusammengefaßt: „Die Jahweverehrung ist Grund aller Bildung. [Nur] Toren verachten Weisheit und Zucht" (V.7; Luther: „Die Furcht des Herrn ist der Weisheit Anfang").

Damit ist die Verwendung des Proverbienbuches im Erziehungsprozeß der Gemeinde angedeutet. Das Buch hat kein berufsspezifisches Profil, es ist auch der reinen Familiensituation entwachsen und weist keinerlei staatliches Interesse auf. Selbstzucht, Regeltreue, ethisches Bemühen im Alltag, unter den Augen Jahwes und im Rahmen der Glaubensgemeinschaft, gehören zu seinem pädagogischen Programm. Das Buch gehört zum katechetischen Gut der frühjüdischen Gemeinde. Es ist im Zuge der praktischen Unterweisung der Gemeindeglieder entstanden.

Diese Klassifizierung des Sprüchebuches hängt natürlich auch von der Datierungsfrage ab. Wer die Zusammenstellung des Buches in die vorexilische Zeit verlegt (z. B. Shupak) oder die wesentlichen Akzente in den Teilsammlungen sieht (Scoralick), muß eine höfische Schulsituation als formativ annehmen. Wenn aber die Endredaktion irgendwann zwischen 400 und 200 v. Chr. anzunehmen ist, wie dies fast einhellig getan wird, wenn die Unterabteilungen nur wenig älter sind und der Vorspruch 1,1–7 für das ganze Buch gilt, dann ist mit großer Wahrscheinlichkeit die religiöse Erziehung in der Gemeinde für Proverbia verantwortlich zu machen. Sie war wohl eng mit dem Gottesdienst verbunden, vielleicht sogar eine seiner Urzellen. Bemerkenswert ist die Affinität zur „Endredaktion" des Psalters (Prov 1,7; „Gerechter–Frevler"; „Weiser–Tor"; vgl. Ps 1; 119; Christoph Levin, Das Gebetbuch der Gerechten: ZThK 90 [1993] 355–381).

4.2. Die Sammlungen. Über das relative und absolute Alter der voneinander abgesetzten Textblöcke läßt sich nichts Verläßliches sagen. Unmöglich ist es nicht, daß Teile von Proverbia auf vorexilische Sammler zurückgehen (Hiskia-Zeit? vgl. 25,1). Wahrscheinlicher ist auch für die Teilsammlungen eine Entstehung nach dem Untergang Judas. Denn erst dann liegen stärkste Motivationen für die Zusammenfassung und Verschriftlichung der Traditionen vor. Die Rückprojektion auf →Hiskia und Salomo (und Agur? Lemuel?) gibt den Worten Autorität. Daß außerdem einige Königssprüche (vgl. 16,10–15; dazu Golka) auftauchen, mag nachexilische Nostalgie sein – wie vieles mehr in Geschichts- und Prophetenbüchern.

Bei der relativen Chronologie muß man sich hüten, kurze Sprüche automatisch für älter einzuschätzen. Unterschiedlich gestaltetes Spruchgut hat sicherlich nebeneinander bestanden. Aus der Differenz von Anredestil und sentenzartiger Formulierung lassen sich jedoch verschiedene Verwendungszwecke folgern. Die Teilsammlungen sind deutlich in dieser Richtung spezialisiert. Prov 1–9; 22,17–24,22; 31,2–9 setzen die Lehrsituation voraus. Ein Weiser (Vater? Mutter? Lehrer?) instruiert im hierarchischen Gefälle der Gemeinschaft den „Sohn" (die Tochter?). Die Sentenzensammlungen hingegen sind überwiegend objektiv formuliert; nur versehentlich tauchen direkte Mahnungen bzw. Warnungen auf (z. B. 24,27–29; 27,1f.; 30,6.10). Jeder und jede kann sich auf die im Sprichwort fast spielerisch festgeredete, gültige Sitte und Wahrheit der Gemeinschaft berufen. Der Gebetsstil von Prov 30,1–3(?).7–9 ist in Proverbia singulär, er erinnert an das Hiobbuch.

Die direkte Unterweisung in der 2. Person Singular ist in Texten aus dem Alten Orient breit belegt. Die ägyptischen Lebenslehren sind ein Beispiel; sie haben nicht zufällig bei Prov 22,17–24,22 Pate gestanden. Neben berufsständischer Instruktion enthalten sie allgemein ethische Paränese (vgl. Brunner, Weisheit; Römheld, Weisheitslehre), und ihre anthropologischen und theologischen Vorstellungen ähneln weithin denen, die wir im Sprüchebuch vorfinden (vgl. Shupak). Aber auch aus Mesopotamien sind Unterweisungen (*counsels of wisdom*; vgl. Lambert) bekannt (Textauswahl in TUAT 3/1 durch W.H.Ph. Römer und W. von Soden).

Der *Rat des Schuruppag* (übersetzt von W.H.Ph. Römer: TUAT 3/1, 48–67) besteht in der altbabylonischen Version aus 281 lesbaren Zeilen. Die Komposition ist in drei gesondert eingeleitete Redegänge gegliedert. Schuruppag ergreift jedesmal das Wort, ruft seinen Sohn Ziusudra zur Aufmerksamkeit, ermahnt ihn zur Folgsamkeit. Dann kommen in direkter Anrede Warnungen und Mahnungen ethischer Art, die hier und da mit Spruchgut durchsetzt sind. So heißt es in Sammlung 7 (Z. 28–34): „(28) Du sollst nicht stehlen ... (29) In ein Haus sollst du nicht einbrechen ... (30) Der Dieb ist ein Löwe, nachdem er ergriffen wurde, ist er ein Sklave! (31) Mein Sohn, du sollst keinen Mord begehen! (32) ... (34) Mit einer verheirateten jungen Frau sollst du kein Spiel treiben: die üble Nachrede [ist] überaus groß!" (TUAT 3/1, 52; vgl. →Dekalog).

Die private oder schulische Ermahnung und Belehrung, die häufig in Prohibitivform erfolgt (vgl. Verbote an Kinder: „Tu das nicht!", „Du darfst nicht ...", „Das tut man nicht!" – zwecks Grundsozialisation), war derart wichtig für die frühjüdische Gemeinde, daß sie sogar in primär gottesdienstliche Normensammlungen (vgl. Dekalog; Lev 19, dazu Gerstenberger, Leviticus, 1993 [ATD 6] 236–261) eindrang.

Die paränetischen Sammlungen tragen durchaus eigenes Gepräge. Prov 22,17–24,22 zeichnet viele Alltagssituationen, in denen der junge Mann Besonnenheit und Maß im Umgang mit sich und den anderen lernen muß. Er hat sich vor Straftaten zu hüten (Grenzverrückung! 22,28; 23,10), der verführerischen Frau aus dem Weg zu gehen (23,27), den Jähzornigen, Neidischen, Dummkopf, Ruchlosen zu meiden (22,24; 23,6.9.17; 24,1f.21), sich der Schadenfreude wie des übermäßigen Weingenusses zu enthalten (23,29–35; 24,17f.). Sich selbst in der Gewalt haben, den Eltern und Gott die schuldige Ehre erweisen, Menschen und Situationen durchschauen, sich den Normen der Gesellschaft, die jeden trägt, anpassen, fleißig seiner Arbeit nachgehen, sparsam wirtschaften, die Solidarität mit den anderen nicht übertreiben (vgl. 24,11 mit 22,26f.) – man gewinnt den Eindruck einer fest gewebten, dem einzelnen Entscheidungen zumutenden, aber um Sanktionen gegen Abweichler nicht verlegenen, überschaubaren, durchaus nicht anonymen Gesellschaft, in die der zu Belehrende hineinwachsen soll. Die meist zwei- oder dreizeiligen Warnungen (Mahnungen) haben in der Überlieferung ihre eigene Reihung gefunden, die sich nicht mit systematischen Kategorien erfassen läßt. Die zahlreichen Begründungen appellieren an die Urteilskraft des Zöglings (vgl. 22,23.25.27 u.ö.); sie sind vielleicht entwicklungsgeschichtlich sekundär („Demokratisierung" der Erziehung? vgl. 23,19.24f.; unter Beibehaltung der Prügelstrafe? vgl. 23,13f.). Der ungleich kürzere (fragmentierte?) Text 30,2–9 nährt die Fiktion der (mütterlichen!) Königsinstruktion. Er schärft nur Enthaltung von (fremden) Frauen und vom Alkohol ein und besteht auf gerechtem Gericht.

Prov 1–9 hingegen ist wortreicher, komplexer und thematisch sehr viel enger geführt. Zwar scheint die Grundsituation der elterlichen (vgl. 4,1–9; 1,8f.; 6,20) Unterweisung kräftig durch, und manche der aus 22,17–24,22 bekannten Themen werden berührt. Eigenartig aber ist die Personifizierung der →Weisheit, die hier und da göttliche Züge annimmt (vgl. 1,20–33; 8; 9,1–6), und sonderbar mutet auch die übermäßige Konzentration auf Warnungen vor Ehebruch, Verführung durch verheiratete Frauen und – parallel dazu – durch Frau Torheit höchstpersönlich (2,16–19; 5,1–23; 6,20–35; 7,2–27; 9,13–18) an. Die Sammlung scheint aus einer Männergesellschaft zu kommen, die den Ursprung alles Bösen bei der Frau sucht (vgl. Gen 3) und gleichzeitig den Gedanken an die reine Weiblichkeit („Das ewig Weibliche zieht uns hinan!", vgl. Prov 8f.) pflegt und eventuell voyeuristisch mit dem Gedanken des Seitensprungs spielt (Prov 7). Ob hier (Schrift-)Gelehrte am Werk waren, für die Sexualität zum theologischen Problem geworden war (vgl. Esr 10; Neh 13,23ff.)? Oder Eiferer um die vollkommene Reinheit und Heiligkeit der Gemeinde? Doch die typischen Begründungen kultischer Reinheitsforderungen (vgl. Lev 11–15) fehlen. Unsere Texte verweisen ständig auf das ganz normale Scheitern des Lüstlings und Ehebrechers, und sei es unter den rächenden Händen des betrogenen Ehemannes (6,32–34). Die femininen Personifizierungen von Gut und Böse lassen auch auf die Bedeutung von Frauenrollen in der Gesellschaft schließen (vgl. Camp; Baumann; Maier).

Die Sentenzensammlungen wiederum haben mit der direkten Lehrer-Schüler-Situation (Sprecher und Empfänger bleiben ungenannt!) nichts zu tun, obwohl auch die neutralsten Sprüche anwendungsfreudige Orientierungen enthalten. Nach außen herrscht Distanziertheit. Man beobachtet die menschliche – und auch die natürliche – Welt und beschreibt ihre Phänomene, um ihren verborgenen Gesetzmäßigkeiten auf die Spur zu kommen (G. von Rad). Und die Vielfalt der Welt läßt sich durchsichtig machen. Grundlinien tauchen auf: Der Gerechte hat Erfolg – der Frevler richtet sich zugrunde (ergo: halte dich ans Rechte). Lebensklugheit erbringt Zufriedenheit und Wohlstand. Die Lebensordnung steht fest; über ihre gesellschaftliche Bedingtheit und die Unverrechenbarkeit des Geschicks wird nicht reflektiert. Das geschieht in anderen Literaturgattungen (vgl. Hiob- und Koheletbuch). Die Welt ist eine Einheit: es gibt Analogien zwischen Menschen und Tieren, und die Gottheiten wirken ungenannt im Alltag. Selten wird Jahwe mit Namen erwähnt (vgl. 10,22.27.29; 16,1–7.9.11.20.33).

Mesopotamische Sprichwörter (vgl. die Übersetzungen von W.H.Ph. Römer: TUAT 3/1, 23–43; W. von Soden: ebd. 180–187) wahren trotz gelegentlicher „Ich"-Rede die distanzierende Betrachtung und nutzen sehr stark Fabelmotive. So beklagt sich eine Frau über ihren arbeitsscheuen Mann (Sammlung 7, Z.73f.): „(73) Der Hund ging, der Skorpion ging, (aber) mein Mann ist keineswegs gegangen! (74) Das Fährschiff ist mit übermäßig vielen Menschen [*beladen*], mein Mann hat sich (*deswegen*) nicht eingeschifft!" (ebd. 27). Oder Sammlung 2, Z.67: „Nachdem der Fuchs ins Meer uriniert hatte, (sprach er): ‚Das ganze Meer ist mein Urin!'" (ebd. 35). Wegen ihrer Knappheit, besonderen Idiomatik und Metaphorik sind die Sprichwörter oft außerordentlich schwer zu deuten (vgl. Gordon).

Das Umfeld der Sprichwörter ist nicht allein die Familie (Vater, Mutter, Frau und Sohn sind am häufigsten – immer aus männlicher Perspektive, z. B. 11,16.22; 14,1 – genannt), es sind auch die Mitmenschen, mit denen man zusammenlebt. Typisch: Hab und Gut ist ein Zentralthema (vgl. 10,2.4.5.15.16; 14,23.24; 21,5–6); das eigene Tun wirkt ständig auf die anderen und fordert ihre positiven oder negativen Reaktionen heraus. Beides spricht für die intimere Sekundärgesellschaft als den Lebenssitz. In ihr bildet sich der Schatz der Lebensweisheiten, der dem einzelnen frei zugänglich ist und zur Richtschnur wird. Er kann sich in seinem persönlichen Glücksstreben daran halten. Die Tugenden seiner Gemeinschaft, die von der Gottheit sanktioniert sind, ermöglichen den richtigen Lebensentwurf und das erfolgversprechende Verhalten im Alltag. Von ethnischer oder religiöser Abgrenzung ist nichts zu spüren. Israel oder Jerusalem kommen in den Sprüchen nicht vor. Dennoch handelt es sich um ein Insider-Ethos, das die internen, konventionellen Normen veranschaulicht und den Unverständigen, Großspurigen, Lässigen, Unbarmherzigen, Frevler, kurz: das Gegenbild zum Weisen und Gerechten zur eigenen Bestätigung perhorresziert.

5. Einzelne Gattungen

Die literarische Genese eines biblischen Buches ist für die Exegese nicht allein entscheidend. Der Einzeltext behält auch in einer Sammlung eine gewisse Eigenständigkeit (zu seiner Umgestaltung im Textverband vgl. Römheld, Weisheitslehre). Außerdem bleiben die Vorstufen eines biblischen Buches Glaubenszeugnisse der Menschen, die sie hervorgebracht haben.

Bei den Sentenzen wirkt am elementarsten der einzeilige, im *parallelismus membrorum* (antithetisch; synonym oder synthetisch) und metrisch gehaltene Spruch, der alle Finessen poetischer Kunst (→Poesie I.) aufweisen kann (Alliteration; Assonanz; Wortspiele; Bildsprache; Ironie usw.; vgl. McCreesh) und zu erstaunlich dichten Aussagen kommt: „Das Trachten der Gerechten schafft Recht; das Planen der Frevler ist Trug" (12,5). Er kann komparativisch („Ein Wort, geredet zu rechter Zeit, ist wie goldene Äpfel auf silbernen Schalen", 25,11) oder als rhetorische Frage („Grausam ist Zorn, wild flutet die Wut, doch wer kann Eifersucht überstehn?", 27,4) gestaltet sein, in einer zweiten Zeile eine Begründung anfügen, als Zahlenspruch auftreten („Drei sind nicht zu sättigen, und vier sagen nie ‚es ist genug': das Totenreich und der Frauen verschlossener Schoß, die Erde, die nicht des Wassers satt wird, und das Feuer, das nie spricht: Es ist genug!" 30,15b–16; vgl. 30,18–31) oder zu einem Selbstgespräch ausgeweitet werden (vgl. 24,10–34; 30,7–9; 23,29–35; zur Gattungsanalyse vgl. Plöger XVI–XXIII; McKane; Meinhold): das Grundmuster der kondensierenden „klugred" bleibt bestehen.

Wesentlich ist, daß auf der mündlichen Überlieferungsstufe jedes Sprichwort für sich allein gebraucht wird. Es hat keinen gleichartigen „Kon"-Text, oder: Die Situation, in die es gesprochen wird, mit ihren Ambivalenzen ist der einzige Kontext. Es hängt ganz von der Weisheit des Sprechers, der Sprecherin ab, ob das Sprichwort seine Aufgabe, Klärung und Orientierung zu bringen, erfüllen kann: „Ein Spruch in eines Toren Mund ist wie ein Dornzweig in der Hand eines Trunkenen" (26,9). Das Sprichwort repräsentiert in einer vor-rechtlichen, nicht-autoritären und un-dogmatischen Weise die in der Gemeinschaft geltende Ordnung. Gottesglaube und rationales Verstehen sind dabei völlig miteinander verwoben (vgl. das Bultmann-Zitat bei Jacobson 80).

Die Mahn- bzw. Warnsprüche sind meistens zweizeilig angelegt. Eine Kopfzeile enthält die (doppelte) Warnung, der Folgesatz begründet sie: „Verrücke nicht die Grenze ‚der Witwe', vergreife dich nicht am Feld der Waisen, denn ihr Löser ist stark, er wird ihren Prozeß gegen dich führen" (23,10). Die Unterweisungssituation liegt auf der Hand. Die Ermahnung und Belehrung kann zu Hause, in der Schule oder Gemeinde stattfinden. Eine Erweiterung der Grundform ist leicht vorstellbar. Abwandlungen, z. B. in Form von Reihungen reiner Prohibitive ohne Begründungssätze, finden sich nur außerhalb des Sprüchebuches (vgl. Jer 35,6f.; Ex 20,12–17; 23,1–3.6–9: hier einige Begründungssätze). Die wohlgesetzten, mit Anrede, Mahnung, Begründung, Folgebeschreibung und Schluß versehenen „Lehrreden" (vgl. Lang: Prov 1,8–19; 2,1–22; 3,1–12; 3,21–35; 4,1–9; 4,10–19; 4,20–27; 5,1–23; 6,20–35; 7,1–27) können als Ausformung des Mahnspruches angesehen werden (gegen McKane u.a.), auch wenn ihre spätere, eigenständige Verwendung in speziellen Situationen wahrscheinlich ist. Möglicherweise handelt es sich bei diesem Kern von Prov 1–9 um Pubertätsinstruktionen im Rahmen von Initiationsriten (vgl. Langs [44f.] Hinweis auf ostafrikanisches Material; Fontaine). Der Mahnspruch ist in konkreten Situationen ebenfalls als Einzelsatz denkbar, aber er wird mit der Formalisierung der Erziehung schon in der mündlichen Tradition textbildend gewirkt haben (vgl. Römheld, Weisheitslehre).

6. Theologie

In der theologischen Beurteilung des Sprüchebuches (und der alttestamentlichen Weisheit überhaupt) zeigen alle christlichen Exegeten eine bemerkenswerte Unsicherheit. Das Proprium israelitisch-christlicher Heilslehre scheint dem Buch zu fehlen. Es kenne „nur" eine allgemein menschliche Anthropologie, Ethik und – trotz des gelegentlich auftauchenden Jahwe-Namens – Gotteslehre (vgl. für viele Preuß, Weisheit). Dieses Mißtrauen gegen die Rechtgläubigkeit der „Erfahrungs"-Weisheit beruht vor allem auf dogmatischen Vorurteilen.

Das Sprüchebuch, herausgewachsen aus der alten Volksweisheit, aus Erziehungs- und Sozialisierungsprozessen, reflektiert in Beamtenschulen, eingebaut in das katechetische Erbe der frühen Gemeinde, bis heute gebraucht als Erfahrungs- und Ethikkonzentrat („Wer andern eine Grube gräbt, fällt selbst hinein", vgl. 26,27; „glühende Kohlen auf sein Haupt häufen", 25,22; „Geh hin zur Ameise, du Fauler", 6,6; vgl. 30,25), redet vom Alltagsleben, seinen Tücken und Überraschungen, und sucht nüchtern den verantwortbaren Weg zu zeichnen. Der Mensch der Proverbia ist Mitglied einer größeren Intimgruppe, wie sie als Orts- oder Sippengemeinschaft im alten Vorderen Orient Grundlage der Gesellschaft war. Insofern sind der Mann des Sprüchebuches, seine Familie, seine Freunde und Feinde universale Typen. Er ist nicht glaubens- oder volksgebunden. Allerdings ist es der maskuline Mensch und womöglich der Besitzbürger, der das Wort führt, denn überlieferbare Volksweisheit scheint im Alten Orient überwiegend Sache der Männer und ihrer Stammtischrunde gewesen zu sein. Aber sonst gilt keine Begrenzung. Bund und Beschneidung, Kult und „Gesetz", Geschichte und Eschaton sind unerwähnt. Wie verträgt sich dieses Menschen- und Gemeinschaftsbild mit der deuteronomistischen oder priesterlichen Überlieferung? Die alttestamentlichen Schriften enthalten kein homogenes Lehrgebäude. Das Sprüchebuch zeigt uns eine reale Seite der alten Glaubensüberlieferung: den Menschen, wie er leibt und lebt, mit seinem Glücksstreben, seiner Suche nach zwischenmenschlicher Stabilität, religiöser Weltordnung, klaren Fronten von Gut und Böse. Das Erfahrungswissen und die Normen seiner Gruppe sind für ihn die erste und wichtigste Lebens- und Glaubensgrundlage (Wilson). Der sog. „Tun-Ergehen-Zusammenhang" (Koch), das System des „Tue Gutes und scheue niemanden" funktioniert weitgehend im normalen Alltag. In Extremsituationen allerdings und bei gesellschaftlichen Umbrüchen muß die Rückkopplung an die bestehende Ordnung versagen (vgl. Hiobbuch; Koheletbuch; die Prophetenbücher).

Das gilt auch von den Gottesvorstellungen der Proverbia. In den Sprich- und Mahnwörtern überwacht eine wenig profilierte, im altorientalischen Kulturbereich austauschbare Gottheit Gerechtigkeit und Wohlergehen der Menschen. Die Aufmerksamkeit richtet sich – der Zielsetzung entsprechend – zuerst auf das menschliche Tun. Aber die Gottheit reagiert seismographisch. Sie wahrt die höhere Ordnung, an der der Unverstand vorbeilebt, und verweist den Menschen in seine Grenzen. Gott als Grenze und segenswirkende Kraft im einzelnen und in der Gemeinschaft: der Vernünftige versteht es und fügt sich bereitwillig darein. Die Gestalt der gottgleichen und femininen Weisheit (*ḥåkmāh* Prov 1,20–33; 8,1–36; ein gewisses Pendant ist die Frauengestalt 31,10–31; vgl. Camp; Schroer) – wie immer man sie erklärt (Auferstehung altorientalischer Göttinnen; Objektivierung weiblicher Glaubensanteile; Hypostasierung eines göttlichen Attributs; vgl. Baumann) – taucht unvermittelt auf. Sie fügt sich aber in ihren Funktionen nahtlos in das ältere Gottesverständnis ein: „Reichtum und Ehre gibt es bei mir, bleibendes Gut und Gerechtigkeit! Mein Erzeugnis ist besser als Feingold, was ich hervorbringe, ist besser als lauteres Silber. Ich gehe den Weg der Gerechtigkeit, ich folge den Pfaden des Rechts" (Prov 8,18–20; vgl. Schroer).

Literatur

Bendt Alster, Studies in Sumerian Proverbs, 1975 (Mes[C] 3). – Gerlinde Baumann, „Wer mich findet, hat Leben gefunden." Traditionsgesch. u. theol. Stud. zur Weisheitsgestalt in Proverbien 1–9, Diss. Heidelberg 1994. – Joseph Blenkinsopp, Sage, Priest, Prophet. Religious and Intellectual Leadership in Ancient Israel, Louisville 1995. – Lennart Boström, The God of the Sages, 1990 (CB.OT 29). – Hellmut Brunner, Das hörende Herz. KS zur Religions- u. Geistesgesch. Ägyptens, hg. v. Wolfgang Röllig, 1988 (OBO 80). – Ders., Altäg. Weisheit, Zürich 1988. – Jasper J. Burden, The Wisdom of Many. Recent Changes in OT Proverbs Interpretation, 1990 (OTEs 3) 341–359.

– Claudia V. Camp, Wisdom and the Feminine in the Book of Proverbs, 1985 (BiLiSe 11). – Ronald E. Clements, Wisdom for a Changing World, Berkeley 1990. – James L. Crenshaw, OT Wisdom. An Intr., Atlanta 1981. – Ders., Wisdom Literature: Of Prophets' Visions and Wisdom of Sages. FS Roger Norman Whybray, hg. v. H.A. McKay u.a., 1993 (JSOT.S 162) 161–178. – Robert Davidson, Wisdom and Worship, London 1990. – Holger Delkurt, Ethische Einsichten in der älteren Spruchweisheit, Neukirchen-Vluyn 1993. – Wolfgang Fikentscher u.a. (Hg.), Entstehung u. Wandel rechtlicher Traditionen, Freiburg 1980. – Carole R. Fontaine, Traditional Sayings in the OT. A Contextual Study, 1982 (BiLiSe 5). – Erhard S. Gerstenberger, Wesen u. Herkunft des apodiktischen Rechts, 1965 (WMANT 20). – Friedemann W. Golka, Die Königs- u. Hofsprüche u. der Ursprung der israelit. Weisheit: VT 36 (1986) 13–36. – Edmund I. Gordon, Sumerian Proverbs, Philadelphia 1959. – Hans-Jürgen Hermisson, Stud. zur israelit. Spruchweisheit, 1968 (WMANT 28). – Arland D. Jacobson, Proverbs and Social Control: Gnosticism and Early Christian World, hg. v. James E. Goehring u.a., Sonoma, Cal. 1990, 75–88. – Hans-Joachim Klimkeit (Hg.), Bibl. u. außerbibl. Spruchweisheit, Wiesbaden 1991. – Klaus Koch, Gibt es ein Vergeltungsdogma im AT?: ZThK 52 (1955) 1–42 = ders., Spuren des hebräischen Denkens. Beitr. zur atl. Theol. GAufs. I, hg. v. Bernd Janowski/Martin Krause, Neukirchen-Vluyn 1991, 65–103. – Samuel N. Kramer, The Sage in Sumerian Literature: The Sage in Israel (s.u.) 31–44. – William G. Lambert, Babylonian Wisdom Literature, Oxford 1960. – Bernhard Lang, Die weisheitliche Lehrrede, 1972 (SBS 54). – André Lemaire, Les écoles et la formation de la Bible dans l'ancien Israël, 1981 (OBO 39). – James M. Lindenberger, Ahiqar: OTP 2 (1985) 479–507. – Christl Maier, Die ‚fremde Frau' in Proverbien 1–9. Eine exegetische u. sozialgesch. Stud., 1995 (OBO 144). – Thomas P. McCreesh, Biblical Sound and Sense. Poetic Sound Patterns in Proverbs 10–29, 1991 (JSOT.S 128). – William McKane, Proverbs, London ^{2}1977. – Arndt Meinhold, Die Sprüche, Zürich 1991. – Roland E. Murphy, Wisdom Literature, 1981 (FOTL 13). – Otto Plöger, Sprüche Salomos (Proverbia), 1984 (BKAT 17/5) 1984 (Lit.). – Leopold Pospisil, Anthropologie des Rechts, München 1982. – Horst Dietrich Preuß, Erwägungen zum theol. Ort atl. Weisheitslit.: EvTh 30 (1970) 393–417. – Ders., Atl. Weisheit in christl. Theol.?: BEThL 33 (1974) 165–181. – Gerhard v. Rad, Weisheit in Israel, Neukirchen-Vluyn 1970. – Wolfgang Richter, Recht u. Ethos, München 1966. – Willem H. Ph. Römer, „Weisheitstexte" u. Texte mit Bezug auf den Schulbetrieb in sumerischer Sprache: TUAT 3/1 (1990) 17–109. – K.F. Diethard Römheld, Wege der Weisheit. Die Lehren Amenemopes u. Proverbien 22,17–24,22, 1989 (BZAW 184) (Lit.). – Ders., Die Weisheitslehre im Alten Orient. Elemente einer Formgesch., 1989 (BN.B 4). – The Sage in Israel and the Ancient Near East, hg. v. John G. Gammie/Leo G. Perdue, Winona Lake 1990. – Silvia Schroer, Die göttliche Weisheit u. der nachexilische Monotheismus: Marie-Theres Wacker/Erich Zenger (Hg.), Der eine Gott u. die Göttin, 1991 (QD 135) 151–182. – Ruth Scoralick, Einzelspruch u. Sammlung. Komposition im Buch der Sprichwörter Kap. 10–15, 1995 (BZAW 232). – Nili Shupak, Where can Wisdom be Found?, 1993 (OBO 130) (Lit.). – Adelbert A. Sitompul, Weisheitliche Mahnsprüche u. prophetische Mahnrede im AT auf dem Hintergrund der Mahnungen im Leben der Tobabatak auf Sumatra, Diss. Mainz 1967. – Wolfram v. Soden, „Weisheitstexte" in akkadischer Sprache: TUAT 3/1 (1990) 110–188. – Text and Tradition. The Hebrew Bible and Folklore, hg. v. Susan Niditch, 1990 (SBL Semeia Studies 20). – Weisheit. Archäologie der literarischen Kommunikation III, hg. v. Aleida Assmann, München 1991. – Claus Westermann, Wurzeln der Weisheit. Die ältesten Sprüche Israels u. anderer Völker, Göttingen 1990. – Ders., Forschungsgesch. zur Weisheitslit. 1950–1990, 1991 (AzTh 71). – Roger Norman Whybray, Wealth and Poverty in the Book of Proverbs, 1990 (JSOT.S 99). – James G. Williams, Those who ponder Proverbs. Aphoristic Thinking and Biblical Literature, 1981 (BiLiSe 2). – Robert R. Wilson, Ethics in Conflict: Text and Tradition (s.o.) 193–205.

Erhard S. Gerstenberger

Prozeß, Kanonischer →Heilige/Heiligenverehrung

Prozession

I. Altes Testament
II. In der Kirchengeschichte . . . . S. 593

I. Altes Testament

(Literatur S. 593)

Prozession (lateinisch *processio*, Vorwärtsschreiten) ist ursprünglich der in der Alten Kirche in Abgrenzung zur heidnischen *pompa* aufkommende Begriff für einen feierlichen Umzug. Die von ihm bezeichnete geordnete Bewegung, in der eine festgesetzte Strecke im Schreiten, Hüpfen oder Tanzen zurückgelegt wird, ist eine elementare kultische Ausdrucksform und findet sich entsprechend in den Religionen zahlreicher Kulturen und innerhalb dieser auf den verschiedensten Kulturstufen. Mit der gebotenen Vorsicht kann unterschieden werden zwischen Prozessionen, in denen die Gottheit selbst in Bewegung gebracht wird, und solchen, in denen sich die Teilnehmer der Gottheit nähern.

In der Umwelt des antiken Israel sind Beschreibungen von Prozessionen und Rituale kultischer Begehungen, in deren Rahmen Prozessionen stattgefunden haben, breit belegt (vgl. van der Torn zum mesopotamischen *akītu*-Fest; für Ägypten vgl. Stadelmann). Zudem sind bildliche Darstellungen von Prozessionszügen (AOB 199.336–338.496f.; Keel 433a.434.434a) und Überreste von Prozessionswegen (Andrae; Heinrich) erhalten. Im Gegensatz hierzu nimmt sich der Befund für das antike Israel sehr bescheiden aus. Die schriftlichen Quellen beschränken sich auf wenige alttestamentliche Texte. Aus ihnen geht lediglich eindeutig hervor, daß es – zumal im Jerusalemer Kult – Prozessionen gegeben hat. Archäologische Quellen fehlen ganz (zu einem vermeintlichen Prozessionsweg in →Mamre/*ramet el-chalil* vgl. Roland de Vaux: RB 65 [1965] 594–598).

Relativ sicher bezeugt sind Prozessionen im Rahmen der Inthronisation der judäischen Könige. Zwar werden mit I Reg 1,32–48 (Salomo) und II Reg 11,12–20 (Joas) wie häufig nur die Ausnahmefälle geschildert, doch weisen Übereinstimmungen im Ablauf auf ein allgemeingültiges Ritual hin: Das Volk geleitet den gesalbten und proklamierten König in einem festlichen Zug unter dem Spiel der Doppeloboe und großem Jubel vom Heiligtum zum Palast, wo sich der neue König auf den Thron setzt und seine Herrschaft antritt. Aus dem sakralen Charakter der Inthronisation und des Königtums selbst folgt, daß diese Prozession keine rein profane Veranstaltung gewesen ist. Das gilt auch für die in der Nehemiadenkschrift in Neh 12,27–43 überlieferte Einweihung der Stadtmauern Jerusalems, die sich gut als selbstwirksamer und schutzbringender Umgang verstehen läßt.

Aufschlußreich ist die fortschreitende kultische Ausgestaltung der Prozession in Jos 6 (vgl. Volkmar Fritz, Das Buch Josua, 1994 [HAT I/7] 65–76 [Lit.]). Am Anfang der literarisch greifbaren Entstehungsgeschichte der Erzählung von der Eroberung Jerichos steht ein siebentägiger Umgang des ganzen Volkes, der damit endet, daß auf das Ertönen des Widderhorns hin die Israeliten mit ihrem Kriegsgeschrei die Mauern Jerichos zum Einsturz bringen (V.1.2a.3a*α* [außer *kål-'anšê hammilḥāmāh*, „alle Soldaten"]. 4a*β*.5.7a.14.15a.20b). Deuteronomistische Bearbeiter fügen die Lade hinzu. Da sie diese als Kriegspalladium verstehen, erfolgt der Umgang durch Soldaten (V.7b.11). Schließlich weiß eine in chronistischer Tradition stehende Bearbeitung zu berichten, daß während des Umzugs Priester unablässig sieben Widderhörner geblasen hätten. Der Eroberung Jerichos geht nun eine kultische Prozession voraus, deren Reihenfolge genau beschrieben wird: Auf eine zum Kampf gerüstete Abteilung folgen Priester mit sieben Widderhörnern, die jetzt von Priestern getragene Lade und schließlich die Nachhut, die ebenfalls das Widderhorn bläst (V.3a*.4a*α*.b.6.8f.12f.16a.20a*β*). Auch für Jos 3f. kann die redaktionsgeschichtliche Analyse nicht bestätigen, daß der Text auf die Begründung einer kultischen Begehung zielt. Er scheidet somit als Quelle für eine Ladeprozession in vorstaatlicher Zeit aus.

Für Prozessionen im Rahmen des Jerusalemer Heiligtums kommen im wesentlichen Hinweise in den Psalmen sowie Jes 30,29.32* als Quellen in Frage.

Der kaum auf Jesaja selbst zurückgehende Vers Jes 30,29 greift die seinen Adressaten bekannte Situation auf, daß Pilger in der einem Fest vorangehenden Nacht unter dem Klang der Doppeloboe und Lieder singend den Tempelberg hinaufziehen, um sich Jahwe zu nähern. Der mit V.29 korrespondierende (textkritisch unsichere) V.32 erwähnt ferner Tamburin- und Leierspiel sowie Tänze. Um welches Fest es sich dabei handelt, ist völlig unklar. Denkbar wäre das bereits zentralisierte Passafest (→Feste und Feiertage II.2.2.; →Pesach I), das einzige Fest, für das im Alten Testament eine nächtliche Feier bezeugt ist, aber auch das Laubhüttenfest, zu dessen Anlaß in der Zeit des zweiten Tempels nächtliche Fackeltänze stattgefunden haben (mSuk V,1–4; →Feste und Feiertage III).

Die kultische Verankerung der Hinweise auf Prozessionen im Psalter ist ausgesprochen unsicher. Vorausgesetzt, daß auch metaphorischer Sprachgebrauch auf Anschauung beruht, lassen sich jedoch folgende Aussagen machen: Wie schon die vorangehenden Beispiele zeigen, scheint Musikbegleitung ein konstitutives Element zu sein (→Musik und Religion I). So schildert Ps 68,25–28 einen Aufzug von Sängern, Instrumentalisten und das Tamburin schlagenden Mädchen, denen die Vornehmen des Landes folgen. Ps 47,6 liegt die Vorstellung eines Einzugs unter Hörnerschall zugrunde. Die sich in der Musik ausdrückende Festfreude schlägt zuweilen in Jubel um (vgl. Ps 47,6). Daß der in Ps 68,25 für den Festzug verwendete Ausdruck *h*^{a}*lîkāh* in Hi 6,19 eine Karawane bezeichnen kann, macht den einer Prozession wesenseigenen geregelten Gang anschaulich, der sich sicher auch am Rhythmus der Musik ausgerichtet hat. Gleichwohl bleibt die Annahme, ein bestimmter Prozessionsschritt liege etwa dem Versmaß des Klageliedes, dem sog. *Qina*-Metrum, zugrunde (Bertholet 234), nur eine Vermutung. Das gilt auch für die Überlegungen zum Vorhandensein und Verlauf einer Prozessionsstraße zum Jerusalemer Tempel in Analogie zu den meisten großen Heiligtümern des Alten Orients (Mowinckel, Psalmenstudien II, 128–130 mit Verweis auf das textkritisch unsichere *m*^{e}*sillôt*, „aufgeschüttete Wege“ in Ps 84,6; vgl. I Chr 26,16.18). Ziel der meisten Prozessionen wird jedenfalls der Tempelhof gewesen sein, dessen Betreten möglicherweise ein besonderes Einlaßritual geregelt hat (Ps 24,4–5[6]; 15,1.5f.). Ps 26,6f. erwähnt eine Prozession, bei der die Teilnehmer singend und betend den Altar umschreiten (*sābab*; vgl. auch Ps 118,27; 149,3). Ob die Aufforderung von Ps 48, den Zion zu umschreiten (V.13f. *sābab*; *nāgap*), den Brauch kultischer Umzüge um die Mauern Jerusalems bei Siegesfeiern zum Hintergrund hat (Gunkel u.a.), ist hingegen fraglich. Im vorliegenden Textzusammenhang dient sie jedenfalls dazu, Jahwe großkönigliche, d.h. militärische Attribute zuzuschreiben (Spieckermann 193f.). Völlig ungewiß ist schließlich, ob und welche Kultgegenstände bei Prozessionen herumgetragen oder mitgeführt wurden. Für das Jerusalemer Heiligtum sind lediglich Prozessionspferde und ein Standartenwagen der assyrisch-babylonischen Sonnengottheit Šamaš belegt (II Reg 23,11). Ansonsten läßt sich nur auf die Lade verweisen, die in einer ausführlich geschilderten Prozession zuerst nach Jerusalem (II Sam 6) und dann in den Tempel (I Reg 8) überführt wird.

Obwohl in beiden Fällen die Prozession anläßlich einer einmaligen, nicht auf Wiederholung angelegten historischen Situation stattfindet, wird die Erzählung der Ladeüberführung häufig als Kultlegende des →Neujahrsfestes verstanden, womit eine kultgeschichtliche Verankerung vieler →Psalmen, insbesondere der Jahwe-König-Psalmen (Ps 47; 93; 95–100), einhergeht. Es soll sich dabei um ein königliches Zionsfest mit der Aktualisierung der Thronbesteigung Davids und der Etablierung seiner Dynastie gehandelt haben (Kraus) oder, was wahrscheinlicher ist, um ein Thronbesteigungsfest Jahwes, das in Analogie zum mesopotamischen *akîtu*-Fest rekonstruiert wird (Volz; Mowinckel; vgl. Welten). Höhepunkt des im einzelnen sehr unterschiedlich interpretierten Festes (vgl. hierzu Janowski, Königtum) sei eine die Thronbesteigung Jahwes kultdramatisch vergegenwärtigende Ladeprozession gewesen: Von der Gihonquelle aus (Ps 68,22) sei man, womöglich nach Umschreiten der Stadt (Ps 48,13f.), zum Tempelbezirk hinaufgestiegen (Ps 47,6f.; 68,19.25–27), nach einem Toreinlaßritual hätten sich hier die Tempeltore geöffnet (Ps 24,3–6.7–10), Jahwe sei eingezogen, und die Gemeinde habe, nachdem die Lade im Allerheiligsten abgestellt worden sei, Lobgesänge angestimmt (so und ähnlich Mowinckel; Otto, Fest; Jeremias u.a.). Da außer in der spätexilischen Nachdichtung von II Sam 6 in Ps 132 (Spieckermann 94f.; anders zuletzt Laato) die Lade im Psalter nicht erwähnt wird, ist für diese Rekonstruktion des Festverlaufs die Parallelisierung der Hinaufführung der Lade durch David (II Sam 6,15) und der Rede vom Aufstieg Jahwes (*ʿālāh*, qal + Subj. Jahwe) in den Psalmen (Ps 47,6; 68,19) entscheidend. Doch weisen die angeführten sprachlichen Anklänge (Hörnerschall, Festjubel) auf die Topik der Inthronisation des Königs. Das spricht wie die Korrespondenz von „Höchster“ (*ælyôn*) und „aufsteigen“ (*ʿālāh*) in Ps

47,3.6 dafür, daß in den genannten Psalmen nach kanaanäischem Vorbild an die Auffahrt des königlichen Jahwe in seine himmlische Wohnstatt gedacht ist (Fuhs; Spieckermann; Janowski, Königtum) und nicht an den „‚Aufstieg' Jahwes mit seiner Lade" (Jeremias 157), zumal das hierbei vorausgesetzte Verständnis der Lade als leerer Gottesthron bzw. dessen Postament (Metzger) nicht unumstritten ist (Janowski, Keruben). Die in Ez 1,15–21 erwähnten Räder des (Keruben-)Throns und seine Gestaltung als fahrbares Prozessionsheiligtum nach mesopotamischem Vorbild entstammen späterer Redaktion.

Die überragende Bedeutung für die Religionsgeschichte des antiken Israel, die Prozessionen in der Forschung häufig zugeschrieben wird, läßt sich aus den Quellen nicht bestätigen. Dennoch, für das religiöse Erleben des einzelnen war die Teilnahme an einer Prozession ein unvergleichliches Ereignis, dessen Vergegenwärtigung zuweilen selbst die Erfahrung völliger Gottesferne zu mildern vermochte (Ps 42,2).

Literatur

Walter Andrae, Alte Feststraßen im Nahen Osten, Leipzig 1941 = Stuttgart ^{2}1964. – Alfred Bertholet, Kulturgesch. Israels, Göttingen 1919. – Jan Dus, Der Brauch der Ladewanderung im alten Israel: TZ 17 (1961) 1–16. – Hans Ferdinand Fuhs, Art. *ʿālāh*: ThWAT 6 (1987) 84–105. – Hermann Gunkel/Joachim Begrich, Einl. in die Psalmen, Göttingen ^{4}1985. – Ernst Heinrich, Die Tempel u. Heiligtümer im alten Mesopotamien, Berlin 1982 (Denkmäler antiker Architektur 14). – Bernd Janowski, Keruben u. Zion: Ernten, was man sät. FS Klaus Koch, Neukirchen-Vluyn 1991, 231–264 = ders., Gottes Gegenwart in Israel, Neukirchen-Vluyn 1993, 247–280. – Ders., Das Königtum Gottes in den Psalmen: ZThK 86 (1989) 389–454 = ebd. 148–213. – Jörg Jeremias, Das Königtum Gottes in den Psalmen, 1987 (FRLANT 141). – Othmar Keel, Die Welt der altorient. Bildsymbolik u. das AT, Zürich 1972 = ^{2}1977. – Hans-Joachim Kraus, Die Königsherrschaft Gottes im AT, 1951 (BHTh 13). – Antti Laato, Psalm 132 and the Development of the Jerusalemite/Israelite Royal Ideology: CBQ 54 (1992) 49–66. – Johann Maier, Das Altisraelit. Ladeheiligtum, 1965 (BZAW 93). – Martin Metzger, Königsthron u. Gottesthron, 1985 (AOAT 15). – Diethelm Michel, Stud. zu den sog. Thronbesteigungspsalmen: VT 6 (1956) 40–68. – Sigmund Mowinckel, Psalmenstud. II. Das Thronbesteigungsfest Jahwäs u. der Ursprung der Eschatologie, Oslo 1921, 2. Nachdr. Amsterdam 1966. – Ders., Religion u. Kultus, Göttingen 1953. – Eckart Otto, Das Mazzotfest in Gilgal, 1975 (BWANT 107). – Ders.(/Tim Schramm), Fest u. Freude, Stuttgart 1977. – Gerhard v. Rad, Das judäische Königsritual: ThLZ 72 (1947) 211–216 = ders., GSt zum AT, 1958 ^{4}1971 (TB 8) 205–213. – Rainer Schmitt, Zelt u. Lade als Thema atl. Wiss., Gütersloh 1972. – Hermann Spieckermann, Heilsgegenwart, 1989 (FRLANT 148). – Rainer Stadelmann, Art. Prozessionen: LÄ 4 (1982) 1160–1164 (Lit.). – Karel van der Torn, The Babylonian New Year Festival: VT.S 43 (1991) 331–344. – Paul Volz, Das Neujahrsfest Jahwes (Laubhüttenfest), Tübingen 1912. – Peter Welten, Königsherrschaft Jahwes u. Thronbesteigung: VT 32 (1982) 297–310.

Jan Christian Gertz

II. In der Kirchengeschichte

1. Wortbedeutung 2. Religionsgeschichtlich 3. Historisch (biblisch-christlich) 4. Theologie der Prozession (Literatur S. 596)

1. Wortbedeutung

Der lateinische Begriff *processio* bezeichnet eine gerichtete Bewegung, das Zurücklegen einer Strecke innerhalb eines Raumes. Im Sinne von Hervorgang (*πρόσοδος*) handelt es sich um einen theologischen Begriff von großer Tragweite (→Trinität). Als Terminus technicus für die Prozession meint er ein geordnetes, ritualisiertes Tun in Gemeinschaft, eine soziale Aktion, die vorwiegend, aber nicht ausschließlich religiös determiniert ist.

2. Religionsgeschichtlich

In verschiedenen Formen tritt die Prozession in allen Kulturen, somit auch in allen Religionen auf. Sie dient unterschiedlichen Zwecken, wobei eine eindeutige Typologie aufgrund der Vielschichtigkeit der Handlung kaum möglich ist. In der griechischen Antike steht am Anfang das *Geleit* (*πόμπη*), das der Stärkere einem Schwächeren gibt. In diesem Falle handelt es sich um das geordnete, sichere Zurücklegen einer Strecke (Homer). Daraus entwickeln sich sowohl das profane Ehrengeleit als auch der sakrale Zug. Die profanen πόμπαι sind personenzentrierte Züge (z.B. für Kommissionen, Athleten, Gladiatoren, Hochzeits- und Leichenzüge). Als kultische Prozession ist die πόμπη zunächst kein eigentlicher Kultakt, sondern der geordnete Zug zum Opfer, in dem die notwendigen Requisiten mitgeführt werden. Im Laufe der Zeit erfährt dieser Zug jedoch kultische Ausgestaltung. Damit verstärkt sich die Tendenz, aus dem primär pragmatischen Tun eine Selbstdarstellung zu entfalten, in der der Sinn der Prozession mehr und mehr aufgeht. Dies gilt besonders für die römische Spätantike, wo die religiöse Dimension an Bedeutung verliert. An dieser prunkvollen, ganz auf Selbstdarstellung angelegten Prozession (*pompa triumphalis*, *circensis* oder *funebris*) nimmt das frühe Christentum Anstoß (*pompa diaboli*), was es jedoch nicht daran hindert, Formen der Prozession zu übernehmen.

Neben dem Geleit, das religionsgeschichtlich als Übergangsritus (Totengeleit) zu beschreiben ist, gibt es den *Umgang*. Der rituelle, periodisch wiederholte Umgang ist eine symbolische Welterschaffung (Kosmogonie), die Trennung von Chaos und Kosmos. Eine solche Prozession ist ein Weiheakt. Davon zu unterscheiden sind wiederum Bittprozessionen, bei denen das darstellende Handeln gegenüber dem Gebets- oder Bußcharakter eine eher untergeordnete Rolle spielt. Im weiteren Sinn gehören die →Wallfahrten zu dieser Art Prozession.

3. *Historisch (biblisch-christlich)*

Biblischer Prototyp aller Prozessionen ist das *Exodusgeschehen*, der Auszug Israels aus der Knechtschaft in das Land der Verheißungen, worin alle Elemente der Prozession enthalten sind: der Auszug und der Einzug, dazwischen der geordnete, von Stationen unterbrochene Weg (s.o. I.).

In gewisser Weise lassen sich die *Evangelien* als eine einzige Prozessionsbewegung beschreiben, die von Galiläa nach Jerusalem, der Stätte der Erniedrigung und Erhöhung Jesu, führt. Jedenfalls deuten die Evangelisten den Einzug Jesu in Jerusalem als Ankunft des Messiaskönigs in seine Heilige Stadt bzw. als Prozession zum Tempel (Mt 21,8–17 par.) und geben diesem Geschehen das Gepräge einer antiken Triumphprozession. Die urchristliche Tradition steht also noch ganz im Kontext der antiken Religiosität. Die frühe Kirche lehnt die Prozessionen ab aufgrund ihrer Tendenz zur Abgrenzung sowohl gegenüber der paganen Religiosität als auch gegenüber dem Judentum. Doch lassen sich noch in der Zeit der Märtyrerkirche feierliche Begräbnisprozessionen nachweisen (→Cyprian von Karthago). Aus diesen entwickeln sich seit dem ausgehenden 4. Jh. die Translationen der Märtyrergebeine, in deren Tradition die Reliquienprozession der römisch-katholischen Kirchweihliturgie steht. Seit dem Ende der Verfolgungszeit nimmt das Prozessionswesen schlagartig zu. Mit der Basilika (vgl. TRE 18,423,32ff.) entsteht als Grundtyp der christlichen Kirche eine Bauform, die nicht nur dem Prozessionscharakter eine architektonische Gestalt gibt, sondern von der Größe und räumlichen Disposition her Prozessionen erfordert. In dieser Zeit entwickeln sich die großen liturgischen Formen, die durch Prozessionen gegliedert sind: die Taufliturgie (→Taufe) und die Eucharistiefeier (→Abendmahlsfeier). In Prozessionen zogen die Täuflinge zum →Baptisterium, durchschritten den Taufbrunnen, gingen zum Konsignatorium (Firmort) und gelangten am Ende in die Basilika zur Feier ihrer ersten Eucharistie. Seit der Karolingerzeit wird mit den Tauferinnerungsprozessionen das Motiv der Taufprozession aufgegriffen, wobei deren Ort sowohl die Sonntagseucharistie (Aspergesprozession) als auch die Vesper ist (Ostervesper). Auch der gegenwärtige Taufritus der Römisch-katholischen Kirche (→Taufe) ist durch verschiedene Orte und damit durch die Notwendigkeit von Prozessionsabläufen gekennzeichnet.

Insbesondere die *Eucharistiefeier* in Ost und West wird durch Prozessionsabläufe konstituiert. Im Westen sind es Einzugs- und Auszugsprozession, Prozession zum Evangelium, Gaben- und Kommunionprozession. Die Evangeliumsprozession erfährt besonders reiche rituelle Ausgestaltung durch das Mittragen des Evangeliars, durch Kerzen und Weihrauch. *Procedere* kann auch das Zusammenkommen der Gläubigen insgesamt bezeichnen (so →Tertullian; Egeria). Eine Einzugsprozession aller Gläubigen ist in Konstantinopel ursprünglich bezeugt, während Rom nur den Einzug des Papstes mit seinem Gefolge in die versammelte Gemeinde kannte. Im byzantinischen Bereich ist die ursprüngliche Einzugsprozession ebenfalls zu einer Klerikerprozession geworden, die nun in die Feier und den Kirchenraum hinein verlegt worden ist und als „kleiner Einzug" die Funktion der Evangeliumsprozession übernimmt. Im Westen hat sich immerhin der verkürzte Einzug mit dem Introitusgesang erhalten, wenngleich er formal verkümmerte. Eine Sondertradition des Westens ist die Beteiligung der Gläubigen an der Gabenprozession, während sich bei den Byzantinern der „große Einzug" entwickelt, eine rituelle Ausgestaltung des Herbeitragens der vorher (Proskomidie) bereiteten Gaben. Als Prozessionsgesang dient hier das Cherubikon, während im Westen die Offertorialgesänge wechseln und in ihrer mitunter beachtlichen Länge auf die ursprüngliche Ausdehnung dieses Teils der Meßfeier verweisen. Auch die Kommunionprozession im Westen kennt einen Begleitgesang, einen Psalm (vorzugsweise Ps 34) mit einer Antiphon (vgl. TRE 14,193,3–9). Infolge des Absehens von der Gläubigenkommunion innerhalb der Meßfeier wurde der Gesang auf die Antiphon reduziert.

Neben diesen in die liturgischen Feiern einbezogenen Prozessionen gibt es weitere, die außerhalb des Kirchengebäudes stattfinden. Sie unterscheiden sich nicht zuletzt durch die andere Intentionalität. Handelt es sich bei den obengenannten Prozessionen vor allem um die Ausrichtung auf ein Ziel, stehen in den folgenden das Auf-dem-Weg-Sein und die Selbstdarstellung im Vordergrund. Zum einen sind die *Bittprozessionen* zu nennen sowie Umgänge, zu denen im Mittelalter →Reliquien der Heiligen mitgetragen wurden. Hier liegt (neben dem feierlichen Versehgang) der Ansatz für die Ausbildung einer Sakramentsprozession am *Fronleichnamsfest* (vgl. TRE 11,122,33–45), die sich seit dem 13. Jh. (Köln ca. 1270) zu der katholischen Prozession *par excellence* entwickelte. Handelte es sich zunächst noch um eine der auch sonst üblichen kleineren Festtagsprozessionen, so weitet sie sich seit dem 15. Jh. aus zur umfassendsten Darstellung des katholischen Glaubens, nicht zuletzt in antireformatorischer Tendenz. In Deutschland, aber auch in südlichen Ländern (Italien, Spanien) vereinigt die Fronleichnamsprozession sämtliche Elemente von Bewegung, Schau und Spiel, die die Prozessionen der unterschiedlichen Gattungen mehr oder weniger prägen. Dieser vom eigentlichen Kern ablenkende Charakter der Fronleichnamsprozession mag mit dazu beigetragen haben, daß die Reformatoren sie und andere Prozessionen ablehnten.

Neben den bisher erwähnten Prozessionstypen sind die *anamnetischen Prozessionen* hervorzuheben, deren Ursprünge in →Jerusalem liegen. Wie in keiner anderen Stadtliturgie war in Jerusalem die Prozession zu den heiligen Stätten und von Versammlungsort zu Versammlungsort das bestimmende Moment (Egeria). Von hier aus wird die Tradition des Stationsgottesdienstes von anderen liturgischen Zentren (→Alexandrien, →Rom, →Konstantinopel) übernommen. Prozessionen einzelner Feste werden in die Kirchen des Ostens und Westens übertragen, so die *Lichterprozession* am Fest der Darstellung des Herrn (Lichtmeß) und die *Einzugsprozession* am Palmsonntag. Die bei den Byzantinern volkstümlich gewordene Grablegungsprozession ist erst späteren Datums. Dasselbe gilt für die Prozession mit der Osterikone. *Osterprozessionen* prägen die Liturgien des Ostens und Westens bis heute. In der Karwoche bildeten sich neben den streng liturgischen Prozessionen (Kreuzprozession am Karfreitag, Prozession mit der Osterkerze in der Osternacht) volkstümliche Prozessionen, vor allem im Umfeld der *depositio* und *elevatio crucis*, heraus. Diese mit vielfältigen volkstümlichen Elementen ausgeschmückten Prozessionen waren nicht oder nur lose mit der Liturgie verbunden. Im Laufe des Mittelalters löste sich daraus das Osterspiel, eine der Wurzeln des abendländischen Theaters (→Mysterienspiele). Auch der *Kreuzweg* mit seinen zunächst sieben, später vierzehn Stationen ist eine anamnetisch-mimetische Prozession. Von den Stationsgottesdiensten des durch Prozessionen geprägten stadtrömischen Weihnachtsfestes (→Weihnachten/Weihnachtsfest/Weihnachtspredigt) sind allein die drei Formulare des 25. Dezember übriggeblieben.

Die Kritik der *Reformatoren* an den Prozessionen besteht im Vorwurf der Werkhaftigkeit des Götzendienstes. Dieser Vorwurf betrifft insbesondere die Wallfahrt. Sie sei ein Verfolgen selbstgewählter Wege und nicht der Wege Gottes, „denn wer außer Christo Gott suchet, der wird ihn nimmermehr finden" (WA.TR 2,1490). Die Ablehnung der Prozessionen durch die Reformatoren führte zum weitgehenden Verzicht. Demgegenüber konnten sie sich im Zuge der Erstarkung *gegenreformatorischen* Bewußtseins im katholischen Bereich als die Ausdrucksgestalt katholischen Glaubens profilieren. So ist das barocke Erscheinungsbild des Katholizismus ohne Prozessionen nicht zu denken, deren Gesänge und Gebete in einem eigenen Buch, dem *Prozessionale*, gesammelt werden. Neben der nun prunkvoll ausgestalteten Fronleichnamsprozession werden auch die Wallfahrten mehr und mehr zu weiträumigen Prozessionen mit den entsprechenden Attributen entfaltet. Hier entzündet sich wiederum die Kritik der →*Aufklärung*, die das überbordende Prozessionswesen auf ein möglichstes Minimum reduziert. In der Josephinischen Reform (→Josephinismus) durften lediglich die fünf Prozessionen des *Missale Romanum* beibehalten werden. Im Zuge der Restauration wurden die sinnlichen Elemente zwar wieder stärker betont, doch konnten die Prozessionen mit Ausnahme der Fronleichnamsprozession nicht mehr den Stellenwert einnehmen, den sie vor dem Eingriff der Aufklärer hatten. Im Zuge der *Liturgiereform* nach dem Zweiten Vatikanischen Konzil (→Vatikanum II) glaubte man im katholischen Bereich, auf Prozessionen weitgehend verzichten zu können. Diese wurden als Ersatz für die mangelnde Beteiligung am gottesdienstlichen Geschehen der lateinischen Klerikerliturgie angesehen. Erst in neuerer Zeit wird die Prozession als ein den ganzen →Menschen mit Leib und Seele betreffender, ganzheitlicher Glaubensausdruck wiederentdeckt und ökumenisch fruchtbar gemacht. Hervorzuheben ist nicht nur die gelegentliche Teilnahme von evangelischen Christen an katholischen Fronleichnamsprozessionen, sondern vor allem die gemeinsame Suche nach sinnerschließenden und sinnstiftenden Ausdrucksgestalten, für die in neuerer Zeit eine Sensibilität gewachsen ist.

4. *Theologie der Prozession*

Das Charakteristische der Prozession liegt in ihrer Eigenschaft, Erfahrung und Glaube miteinander verschränken zu können. Als Bewegung setzt die Prozession verschiedene Räume in Beziehung zueinander und schafft so einen eigenen Raum. Zudem werden Menschen miteinander in Beziehung gesetzt, erfahren durch das gemeinsame Tun und den Ausblick auf ein gemeinsames Ziel Identität. Als Gemeinschaft von Glaubenden erleben die Teilnehmenden ihr Tun als eine Darstellung des pilgernden Gottesvolkes, in dessen Mitte oder an dessen Spitze Christus selber mitzieht (oft repräsentiert im Kreuz oder einem anderen Christussymbol). Durch die Dynamik der Bewegung wird zugleich die Kategorie der Zeit erfahrbar als verdichtete Gegenwart, in der Vergangenheit (das anamnetisch präsente Ereignis der Heilsgeschichte) und Zukunft (das epikletisch erwartete Woraufhin) zusammenfallen. Als ein weiteres theologisch relevantes Moment der Prozession läßt sich die Schau nennen im Sinne von deutender Wahrnehmung der Welt (insbesondere bei Flurprozessionen und Wallfahrten). In ihrem transitorischen Charakter ist die Prozession Lebenssymbol. Das Zusammen von Bewegung und Schau macht die Prozession zum →Spiel. Es ist die Dimension der Feier, die der →Liturgie insgesamt eignet und die in der Prozession einen festiven Höhepunkt erhält. In diesem Sinn ist Prozession selbst Liturgie, die im letzten zur Gottesbegegnung einlädt und führt. Sie wird freilich nur dann diese Qualität erlangen, wenn die Ausdrucksgestalten der Bewegung, der Schau und des Spiels den psychologischen, soziologischen und gesamtkulturellen Gegebenheiten entsprechen.

Literatur

John Francis Baldovin, The Urban Character of Christian Worship. The Origins, Development, and Meaning of Stational Liturgy, 1987 (OCA 228). – Heinzgerd Brakmann, *Σύναξις καθολική* in Alexandria. Zur Verbreitung des christl. Stationsgottesdienstes: JAC 30 (1987) 74–89. – Ders., Muster bewegter Liturgie in kirchl. Tradition: Wolfgang Meurer (Hg.), Volk Gottes auf dem Weg.

Bewegungselemente im Gottesdienst, Mainz 1988, 25–51. – Lucas Brinkhoff, Processionale (processionarium): LitWo 2 (1968) 2282f. – Colin Dunlop, Processions, Oxford 1932. – Patrick Fahey, Art. Processions: Encyclopedia of the Early Church, hg. v. Angelo Di Berardino, Cambridge 1992, 712. – Sabine Felbecker, Die Prozession. Hist. u. syst. Unters. zu einer liturg. Ausdruckshandlung, 1995 (MThA 39). – Albert Gerhards, Vorbedingungen, Dimensionen u. Ausdrucksgestalten der Bewegung in der Liturgie: Wolfgang Meurer (s.o. bei Brakmann) 11–24. – Ders., Wallfahrtsgeschehen – Liturgiewiss. Aspekte der Wallfahrtsforschung: Akten des XII. int. Kongresses f. christl. Archäologie. Bonn 22.–28. September 1991, II 1995 (JAC.E 20,2) 820–824. – Andreas Heinz, Art. Prozessionen: EKL^3 3 (1992) 1358–1360. – Dietmar v. Huebner, Art. Prozessionen: Marienlexikon, hg. v. Remigius Bäumer/Leo Scheffczyk, 5 (1993) 344–346. – Ronald C. Jasper, Art. Procession: The New Westminster Dictionary of Liturgy and Worship, hg. v. John Gordon Davies, Philadelphia 1986, 448f. – Josef Andreas Jungmann/Georg Schreiber, Art. Prozession: LThK^2 8 (1963) 843–845. – Theodor Heinrich Klein, Die Prozessionsgesänge der Mainzer Kirche aus dem 14. bis 18. Jh., 1962 (QMRKG 7). – Detlef-I. Lauf, Im Zeichen des großen Übergangs. Archetypische Symbolik des Todes in Mythos u. Religion: Gunther Stephenson (Hg.), Leben u. Tod in den Religionen. Symbol u. Wirklichkeit, Darmstadt 1980, 81–100. – Otto Nußbaum, Art. Geleit: RAC 9 (1976) 908–1049. – Wolfgang Pax/Heinzgerd Brakmann, Art. Hypapante: RAC 16 (1994) 946–956. – Les Processions (Themenheft): MD 43 (1955) 5–123. – Stefano Rosso, Art. Processione: Nuovo dizionario di liturgia, hg. v. Domenico Sartore/Achille M. Triacca, Turin ^{3}1988, 1111–1119. – Phillippe Rouillard, Procession: Cath. 11 (1988) 1111–1114. – Wilhelm Schlierf, Die stadtkölnische Gottestracht u. die Fronleichnamsprozession in Köln im Lichte ihrer Gesch.: KDBL 56 (1991) 155–178. – Gerhart A.B. Schneeweiß, Prozessionen in Konstantinopel: Marienlexikon (s.o. bei v. Huebner) 5 (1993) 345–350. – Hermann A.J. Wegmann, „Procedere" u. Prozession. Eine Typologie: LJ 27 (1977) 28–41.

Albert Gerhards

Prozeßtheologie/Prozeßphilosophie

1. Prozeßphilosophie 2. Prozeßtheologie (Quellen/Literatur S. 602)

1. Prozeßphilosophie

„Prozeßphilosophie" wird die Philosophie Alfred North →Whiteheads genannt. Gelegentlich werden auch von seiner Philosophie beeinflußte Denker, unter denen Ch. Hartshorne (s.u. 2.1.) und Pierre Teilhard de Chardin (1881–1955) herausragen, als „Prozeßphilosophen" bezeichnet.

Whitehead hat eine Theorie der Kultur und Kulturentwicklung (*Science and the Modern World* [SMW]; *Adventures of Ideas* [AI]; zu den Siglen für Whiteheads Werke s. das Quellenverzeichnis), eine philosophische Kosmologie (*Process and Reality* [PR]) und eine Theorie der Entstehung von Religion (*Religion in the Making* [RM]) entwickelt, die vor allem in der nordamerikanischen Theologie und Religionswissenschaft sehr einflußreich geworden sind. Dabei leitete ihn – schon in der Zeit seiner Lehrtätigkeit als Mathematiker am Trinity College in Cambridge (1885–1910) – die Frage, wie es kommt, daß „die Welt" und „die Wirklichkeit" mit verschiedenen Erkenntnisformen erschlossen werden, die füreinander nur partiell zugänglich sind (s. *An Introduction to Mathematics* [IM]; *The Organisation of Thought* [OT]). Mathematisierte Theorien, geisteswissenschaftliche Denkformen, gesunder Menschenverstand, aber auch religiöse oder poetische Texte geben wichtige Aufschlüsse über Welt und Wirklichkeit. Warum bestehen so große Übersetzungs- und Vermittlungsprobleme zwischen diesen Zugängen zur Wirklichkeit? Was sagt das aus über die Wirklichkeit oder unsere Konstruktionen von Wirklichkeit? Wie hängen die schwer miteinander zu vermittelnden Denkformen zusammen? Lassen sie sich in übergreifende Ordnungen bringen, die auch ihre Differenzen verstehen lassen?

Whiteheads Kulturtheorie, die er vor allem in den Jahren nach seinem Wechsel vom *Imperial College of Science and Technology* in London an die Universität →Harvard (1924) zur Publikationsreife bringt, geht davon aus, daß Kulturen von ethischen, ästhetischen, wissenschaftlichen und religiösen Leitgedanken gesteuert werden, die sich gemeinsam zu einer „→Weltanschauung“ verdichten. Diese Leitgedanken nennt Whitehead „Abstraktionen“ (am Ende des 20. Jh. werden Ausdrücke wie „Paradigmen“ [Thomas Kuhn (geb. 1922)] oder „implizite Axiome“ [Dietrich Ritschl (geb. 1929)] bevorzugt). Diese – in der Regel weitgehend latent wirkenden – „Abstraktionen“ und ihr Zusammenspiel müssen freigelegt, überprüft und gegebenenfalls verändert werden, wenn lebendige Kulturen nicht erstarren oder an inneren Inkonsistenzen leiden und folgenreiche systemische Verzerrungen ausbilden sollen. Die „Kritik der Abstraktionen“ ist Aufgabe der Philosophie. Die Moderne sieht Whitehead unter der Dominanz (natur-)wissenschaftlicher Leitabstraktionen stehen, was zu großen wissenschaftlichen und technologischen Erfolgen, aber auch zu gefährlichen Deformationen geführt hat, da vor allem die ästhetischen und religiösen Paradigmen unter dieser Vorherrschaft verkümmerten: „Die moderne Welt hat Gott verloren und sucht ihn“ (RMd 58). Eine Philosophie, die das Zusammenspiel der Leitabstraktionen und deren systemische Verzerrungen erfaßt, kann das Verhältnis der kulturellen Kräfte neu bestimmen und den interdisziplinären Austausch verändern helfen und so auf die Mentalität einer Epoche und den sog. gesunden Menschenverstand konstruktiv Einfluß nehmen.

Dabei bedarf sie aber der Orientierung durch eine →Metaphysik. Eine Metaphysik kann aus jedem Erkenntnisgebiet hervorgehen (z. B. aus einer Religion, einem Common sense, einer bestimmten Entwicklungsstufe der Naturwissenschaften). Eine Metaphysik wird entwickelt, sobald das Denken sich der Aufgabe stellt zu prüfen, ob das Beschreibungsinstrumentarium, das im ersten Gebiet Bewährung fand, sich als auch „in anderen Interessengebieten exemplifiziert ausweist“ (ebd. 69). Es gibt nicht „die“ Metaphysik. Jede Metaphysik ist prinzipiell vorläufig, prinzipiell ein „Entwurf“. Jede Metaphysik muß sich in mindestens zwei spezialisierten Erfahrungskontexten bewähren. Sobald sich aber die Axiomatiken und Dogmatiken spezialisierter Erfahrungskontexte verändern, steht auch die im Blick auf sie entwickelte Metaphysik zur Überprüfung an. Eine Metaphysik kann sich gerade deshalb auf das Spannungsfeld zwischen Common sense und unmittelbarer Erfahrung beziehen, weil sie verschiedene (tendenziell alle) spezialisierte Erfahrungsweisen auf ihre Gemeinsamkeiten und Differenzen, auf ihre Realitätsunterstellungen und methodischen Grundoperationen hin befragt. Eine Metaphysik sucht in der Rekonstruktion der Differenzen der verschiedenen spezialisierten Erfahrungsweisen deren Gemeinsamkeiten, in der Rekonstruktion relativer Gemeinsamkeiten deren Differenzen freizulegen. Dabei gewinnt sie die vor verschiedenen Foren zu bewährenden Aufschlüsse darüber, was wir als Faktum, was wir als „Wirklichkeit“ ansehen können, welche elementaren Formen von Abstraktion und Synthesis wir im Prozeß des Erfahrens verwenden, welches die Minimalbedingungen stabiler und reproduzierbarer Erfahrungen sind etc.

Auf diese Weise stellt eine Metaphysik eine Kontakttheorie zwischen den verschiedenen spezialisierten Erfahrungsweisen dar, und sie dient zugleich der Kultur des Common sense, seiner Höherentwicklung durch sensiblere Angleichung an die unmittelbare Erfahrung einerseits und durch Optimierung der erfahrungsleitenden Abstraktionen andererseits.

Whitehead entwickelt nicht nur das Programm einer solchen („nachmodernen“) Metaphysik. Er entwirft auch unter dem Namen „Kosmologie“ eine in verschiedenen Erkenntnisbereichen explizierte Metaphysik, deren theoretischer Kern das Konzept eines Konkretionsprozesses ist, in dem Ereignisse aus anderen Ereignissen entstehen: „Die vielen werden eins und werden um eins vermehrt“ (PRd 63). Dieser Theoriekern bewirkt, daß Whiteheads Philosophie der Name „Prozeßphilosophie“ gegeben wird.

Die gesamte Wirklichkeit besteht aus Ereignissen. Nur das, was die Struktur eines Ereignisses aufweist, ist „wirklich“. Ereignisse („actual entities“ oder „actual occasions“) unterschiedlicher Komplexitätsgrade sind die letzten Bausteine der →Wirklichkeit. Diesen Ereignissen ist gemeinsam, daß sie aus anderen Ereignissen hervorgehen, die ihrerseits aus anderen Ereignissen hervorgegangen sind. Ihnen ist ferner gemeinsam, daß sie in andere Ereignisse, diese mit-konstituierend, eingehen, die die so empfangene Prägung ihrerseits an andere Ereignisse weitergeben. Komplexe Many-to-one- und Many-to-many-Strukturen charakterisieren also „den Prozeß" der Wirklichkeit. Bei der Analyse der elementaren Prozesse können wir entweder von einzelnen Ereignissen ausgehen und sie als synthetisierende Kräfte, die andere Ereignisse zusammenfassen, verstehen. Dann haben wir die „subjektive Seite" der Ereignisse wahrgenommen. (Ich verbinde in mir vielfältige Einflüsse meiner Vergangenheit, meiner Umgebung. Aber auch Bäume, Tiere, Epochen, selbst das Anorganische verbindet, synthetisiert andere Ereignisse.) Jedes Ereignis bringt in dieser Synthesis ein Element der Undeterminiertheit und Freiheit in die Welt ein. Oder wir gehen in der zweiten Analyseperspektive von den Umgebungen und „Vorgängern" auf die Ereignisse zu. Dann erfassen wir die „objektive Seite" der Ereignisse. (Ich bin durch meine Vergangenheit, durch meine Vorfahren, durch das Bildungssystem, durch die Nahrungsmittelketten, die in mich eingegangen sind etc., gleichsam hervorgebracht worden. Analoges gilt auch für alle anderen Ereignisse.) Mit der diese Doppelperspektive vermittelnden Konzeption komplexer Konkretionsprozesse verbindet Whitehead substanzmetaphysische und subjektivitätstheoretische Denkansätze.

Einerseits ist jedes Ereignis radikal einmalig. Es bringt etwas Neues in die Welt ein. Andererseits hat es an allgemeinen Strukturen teil, was es darin konkretisiert, daß es andere Ereignisse verbindet, Impulse von vielen anderen Ereignissen aufnimmt. Auf diese Weise trägt jedes Ereignis unerachtet seiner individuellen Einmaligkeit zur Strukturierung des Universums bei. Indem es – direkt oder vermittelt – in eine Fülle anderer Ereignisse eintritt, auf sie einwirkt, legt es eine Kohärenz stiftende Struktur in die Welt. Die Verfassung der Welt ist komplex und kompliziert, da sie ja aus einer ungeheuren Mannigfaltigkeit von einzelnen singulären Ereignissen und den von ihnen beigetragenen Ordnungsstrukturen konstituiert wird. Das Zusammenspiel von einer unendlichen Fülle radikaler Einmaligkeit und Aufbau komplexer Ordnungen in Richtung auf universale Vollkommenheit – dieses Zusammenspiel schreibt Whitehead →Gott zu. Gott ist die Kraft, die eine Ereignisfülle so konditioniert, daß sie in einem neuen Ereignis zusammenkommt, dieses konstituiert. Gott ist „das Prinzip der Konkretion" (PRd 447). Gott ist die Kraft, die Ereignisse so strukturiert bzw. sie sich so strukturieren läßt, daß sie in einem neuen Ereignis zusammenkommen können. Zugleich ist Gott die Kraft, die durch die Ereignisse ordnende Strukturen in die Welt hineinlegt und die Abstimmung von Komplexität und Kohärenz, von individueller Vielfalt und Aufbau anspruchsvoller kontrastreicher und harmonischer Ordnungen ermöglicht.

Gott leistet dies, indem Gott den gesamten Bereich der abstrakten Formen, die Whitehead „zeitlose Objekte" (eternal objects) oder auch „reine Potentialitäten" nennt, umfaßt. In Gottes „Urnatur" (primordial nature) stiftet Gott in diesem „Reich" der zeitlosen Objekte einen dynamischen Ordnungszusammenhang, der jedem Ereignis seinen Beitrag zur Konstitution des Universums in Form einer Entwicklungsrichtung und Entwicklungsbeschränkung zuweist, ohne ihm die subjektive Freiheit zu nehmen. Doch Gott gibt nicht nur allen Ereignissen und Konkretionsprozessen ihre Entwicklungsrichtung im Blick auf höhere Harmonie und Vollkommenheit vor. Gott hält auch in Gottes „Folgenatur" (consequent nature) das fest, was die Ereignisse zum gültigen Aufbau der Wirklichkeit beisteuern, das, was ihre „objektive Unsterblichkeit" ausmacht. In dieser Hinsicht kann Whitehead von einer „Vergottung der Welt" sprechen: „Es ist genauso wahr zu sagen, daß Gott die Welt erschafft, wie zu behaupten, daß die Welt Gott erschafft" (PRd 621). Whitehead ist es wichtig sicherzustellen, daß „Gott nicht als eine Ausnahme von allen metaphysischen Prinzipien behandelt werden [dürfe], eingeführt, um dem Zusammenbruch vorzubeugen. Er ist ihre wichtigste Verkörperung" (ebd. 613). Whitehead zieht sich allerdings mit diesem Konzept auch die theologische Kritik zu, er vermische →Schöpfer und Geschöpf und er könne keinen wirklichen Gottesgedanken ausbilden.

Seiner metaphysischen Konzeption entsprechend beschreibt Whitehead die Entstehung und die Aufgabe der Religion. Die Religion erschließt einerseits die Kräfte der

Individualität. „Religion ist das, was das Individuum aus seinem eigenen Solitärsein macht" (RMd 15). Andererseits erschließt die Religion universale Strukturen und Zugänge zur gestalteten Totalität. „Religion ist Welt-Loyalität" (ebd. 48). Whitehead beschreibt die Entwicklungsdynamik unserer Kulturen als eine Steigerung von Einsamkeit, zunehmender Vereinsamung der Menschen und zunehmender Weltloyalität, zunehmender Bezogenheit auf universale Zusammenhänge. Die Informationsgesellschaft und die Medienkultur scheinen ihm in dieser Analyse recht zu geben. Die Religion bietet nach Whitehead Orientierungskräfte in dieser Koevolution stetig gesteigerter Einsamkeit und stetig gesteigerter Zugriffsmöglichkeiten auf weit entfernte und auseinanderliegende Ereigniszusammenhänge.

Im Gegensatz zu vielen „Whiteheadians" und Prozeßtheologen unterscheidet Whitehead klar zwischen den Aufgaben einer Metaphysik und den Aufgaben von Religion und Theologie oder anderer „spezialisierter Erfahrungsweisen". Während eine Metaphysik prüft, inwieweit sich ein Beschreibungsinstrumentarium eines codierten Interessengebietes auch in anderen und anders codierten Interessengebieten bewährt und dabei „die allgemeinen Ideen zu entdecken [sucht], denen bei der Analyse von allem, was passiert, unerläßliche Relevanz zukommt" (RMd 66), wollen Religionen, Naturwissenschaften oder andere spezialisierte Erfahrungsweisen, die Whitehead alle als „dogmatisiert" bezeichnet, einem bestimmten Faktum oder einem bestimmten Faktenzusammenhang bzw. bestimmten elementaren Erfahrungen Rechnung tragen. Die Rechtfertigung der Konzentration auf bestimmte grundlegende Fakten oder elementare Erfahrungen und die Demonstration der Reichweite ihrer Relevanz sind Aufgaben der jeweiligen Dogmatiken. Dabei führt eine Dogmatik in dem Bemühen, die Reichweite der Relevanz der jeweiligen Grundfakten bzw. der Erfahrungen zu demonstrieren, an die Grenze der Arbeit einer Metaphysik. Aber es handelt sich doch um wohl zu unterscheidende Aufgaben: die Bestimmung, Wahl, Relevanz und Applikationsweite bestimmter Gegenstände und Grunderfahrungen zu rechtfertigen (Dogmatiken) – und die Anwendbarkeit der dabei verwendeten Grundbegriffe in verschiedenen Erfahrungskontexten zu prüfen und zu demonstrieren (Metaphysik). Die alte unheilige Allianz oder unklare Fusion von theologischer Dogmatik und Metaphysik, die beide gleichermaßen in Verruf brachte, wird damit von Whitehead bewußt aufgegeben.

2. *Prozeßtheologie*

„Prozeßtheologie" ist die seit den vierziger Jahren des 20. Jh. verwendete Bezeichnung und Selbstbezeichnung einiger theologischer Richtungen, die sich seit Mitte der zwanziger Jahre, besonders intensiv in den siebziger Jahren des 20. Jh., vor allem in Nordamerika entwickelt haben. Gemeinsam ist allen prozeßtheologischen Entwicklungen, daß sie im Rückgriff auf das Denken A.N. Whiteheads, teilweise auch auf Schriften Ch. Hartshornes, eine Theologie entwickeln wollen, die mit den Wirklichkeitserfahrungen bzw. den Konstruktionen von Wirklichkeit der wissenschaftlich und technologisch entwickelten pluralistischen Kulturen des 20. Jh. verträglich ist.

Es ist sinnvoll, drei Richtungen in der Prozeßtheologie zu unterscheiden:

2.1. Die besonders von Ch. →Hartshorne mitgeprägte Richtung vereinfacht Whiteheads Theorie und paßt sie an alteuropäische Denkansätze und Denkentwicklungen an. Im Gegensatz zu Whitehead an der Fusion von Metaphysik und Theologie geradezu interessiert, sucht Hartshorne einen „neoklassischen Theismus" im Rahmen einer Metaphysik zu entwickeln, die vor allem einen konsistenten philosophischen Gottesgedanken bereitstellen soll. Nach Hartshorne wird Gott permanent durch sich selbst übertroffen. In kreativer Synthese setzt Gott die auf Gott einwirkende Wirklichkeit mit der Fülle des nichtaktualisierten Möglichen in Beziehung. In diesem Geschehen bringt Gott zugleich sich selbst und eine immer vollkommenere Realität hervor und verleiht der Realität „objektive Unsterblichkeit". Obwohl sich Hartshorne den Problemstellungen multisystemischer Theorien und Denkansätze (interdisziplinärer Kontakttheorien), wie sie von Whitehead und nach ihm vor allem von Harvard ausgehend (Talcott Parsons [1902–1979]; Susanne Katherina Langer [1895–1985]; Clifford Geertz [geb. 1926]; Bernard →Lonergan; Wilfred Cantwell Smith [geb. 1916] u.a.) entworfen worden sind, kaum aussetzt, üben seine metaphysischen und religionstheoretischen Beiträge auf eine der Richtungen der „Prozeßtheologie" einen so großen Einfluß aus, daß manchmal Whiteheads Werk im Licht oder vielmehr im Schatten der Gedanken Hartshornes gelesen und so mit vormodernen philosophischen und älteren oder neueren theologischen Positionen „verschmolzen" wird. Hartshorne, aber auch Schubert Miles Ogden [geb. 1928] und ihre Schüler sind an einer Verknüpfung von Theismus und christlicher Theologie interessiert, in der die Reaktivität Gottes, Gottes Empfänglichkeit für die Aktivität des Universums, stärker betont wird als im klassischen Theismus. Dabei wird das Universum als eine polyindividuelle Mannigfaltigkeit aufgefaßt. Der Interaktion Gottes mit dieser Wirklichkeit soll der „neoklassische Theismus" oder der „→Panentheismus" Rechnung tragen. Auch wird mit Wendungen wie Gott als „Selbst der Welt" (Ogden) experimentiert.

2.2. Die zweite markante Richtung der Prozeßtheologie, die auch der sog. *Empirical Theology* zugeordnet wird (Henry Nelson Wieman [1884–1975]; Bernard Eugene Meland [1899–1993]; Bernard M. Loomer [1912–1985] und deren Schüler), ist vor allem an der *Chicago Divinity School* entwickelt worden. Diese Richtung sucht mit Hilfe der Theorie Whiteheads moderne erkenntnistheoretische, anthropologische, kulturtheoretische und theologische Denkansätze weiterzuentwickeln. Dabei wird unter Orientierung an Grundzügen der „Prozeßtheorie", wie sie in *Science of the Modern World* und *Process and Reality* konzipiert worden ist, die Konstitution des Selbst und die Konstitution sozialer Systeme reflektiert. Sowohl anthropologische als auch soziologische Sachverhalte werden, Whitehead folgend, in Many-to-one-Strukturen und Many-to-many-Strukturen beschrieben. In diesen komplexen Beziehungsgeflechten werden diejenigen objektiven Strukturen herausgehoben, die mit theologischen, religionswissenschaftlichen und philosophischen Gründen Gottes Intentionen und Gottes Handeln zugerechnet werden können. Leitend ist dabei die Frage, wie Gottes Handeln die Grundverfassung menschlicher Existenz prägt, die nicht nur als privates und selbstbezügliches, sondern immer auch als „soziales Selbst" verstanden wird. Beeindruckt von Whiteheads Diagnose („Religion ist das, was das Individuum aus seinem eigenen Solitärsein macht"), untersucht B.M. Loomer individuelle Übergangserfahrungen, Erfahrungen radikaler Diskontinuität und der Zerrissenheit, und fragt nach Potentialen der Selbsttranszendierung. Die Syndrome von Freiheit, Einsamkeit und Sündersein müssen nicht nur aufgeklärt, die Phänomene müssen auch gegeneinander differenziert und in das Licht theologischer Einsicht gerückt werden. Loomer sieht im Kreuz der Gottverlassenheit ein Symbol für Individuierungsprozesse, die durch die radikale Vereinsamung hindurch zur Freiheit führen. Denkimpulse Whiteheads werden verwendet, um schwierige Inhalte des Glaubens zu erhellen. Zugleich werden prozeßphilosophisch unzureichend ausgeleuchtete religiöse und existentielle Erfahrungen theologisch rekonstruiert. Demgegenüber stärker auf die Themen Auferstehung und Neuschöpfung konzentriert, untersucht B. Meland die Spannungsfelder von aktuellen Ausprägungen von Kultur, der Wirkungsgeschichte biblischer Überlieferungen und der Spuren der Gegenwart des „lebendigen Christus als fortgesetztes Wirken der Neuen Schöpfung". In diesen Spannungsfeldern will die Prozeßtheologie kulturelle und religiöse Wahrnehmungs- und Darstellungsformen entdecken, aufklären und verfeinern. Diese Richtung der Prozeßtheologie ist Whitehead kongenialer als die erste, sowohl im Rückgriff auf seine Theorie als auch in den Klärungsinteressen. Strukturen individueller und sozialer Existenz sollen – besonders im Blick auf religiöse Kräfte ihrer Prägung – erhellt werden. Nicht nur Whiteheads Theorie, sondern auch andere empirisch überprüfbare Kultur- und Erkenntnistheorien werden zu diesem Zweck auf biblische Überlieferungen und konfessionelle Traditionen rückbezogen bzw. mit ihnen konfrontiert, um ihre diagnostische und therapeutische Leistungskraft zu bewähren.

2.3. Die dritte richtungsbildende Ausprägung der Prozeßtheologie geht vom *Center for Process Thought* in Claremont (Kalifornien) aus und wird von John Boswell Cobb (geb. 1925), David Griffin (geb. 1939), Marjorie Suchocki (geb. 1933) u.a. vertreten und integriert. Ein breites Spektrum von Anliegen prägt diese Richtung: die Exegese von Whiteheads schwierigen Texten, die Organisation interdisziplinärer Diskurse mit Hilfe der Theorie Whiteheads als „Brückentheorie", die Bearbeitung aktueller kultureller, sozialer und ökologischer Krisenlagen, aber auch die Behandlung spezifisch christlich-theologischer Themen und Fragestellungen unter Rekurs auf Whiteheads Denken. Im spannungsvollen Bemühen, Whiteheads Denken Rechnung zu tragen und sich zugleich zu höchst aktuellen Problemstellungen zu äußern, unterscheidet sich diese Ausprägung von den beiden ersten. Prozeßphilosophische Denkansätze werden erprobt in der Behandlung klassischer inhaltlich-theologischer Themen, aber auch als Katalysator in interreligiösen Dialogen, besonders im Gespräch zwischen Christen und Buddhisten. M. Suchocki, Catherine Keller (geb. 1953) u.a. haben gezeigt, daß Whiteheads Gottesgedanke Impulse für den theologischen und außertheologischen Feminismus bietet, da er nicht nur in der Kritik des klassischen Theismus, sondern auch in Auseinandersetzung mit der Verbindung von Theismus und patriarchaler Ideologie konzipiert worden ist. Von dieser Richtung wird auch immer wieder das (allerdings weitgehend außerhalb der Prozeßtheologie geführte) Gespräch zwischen Theologie und Naturwissenschaften angeregt, wobei Whiteheads Kosmologie als Kontakttheorie erprobt wird (z. B. Charles Birch [geb. 1918], Ian Barbour [geb. 1923], Robert Russell [geb. 1946], Christoph Wassermann [geb. 1950]). Schließlich machen Prozeßtheologen dieser Richtung seit den Anfängen der Debatten über die Probleme der globalen Umweltzerstörung in den sechziger Jahren darauf aufmerksam, daß Whiteheads Werk Potentiale bietet, Zusammenhänge von ökologischen und religiösen Phänomenen und Denkformen aufzuklären und konstruktiv auf die ökologischen Selbstgefährdungen (in Natur und Kultur) zu reagieren. In diesen kulturkritischen, sozialmoralischen und an interdisziplinärer Verständigung interessierten Vorhaben folgt diese Richtung der Prozeßtheologie einerseits Grundimpulsen der kulturtheoretischen Denkentwicklung Whiteheads im weitesten Sinne (s.o. 1.). Andererseits treibt sie – nicht immer theoretisch und praktisch fruchtbar – über die Formen seines Denkens hinaus. Den Versuchen, alle großen Themen der christlichen Theologie prozeßtheologisch zu reformulieren, setzte die Einsicht eine Grenze, daß Whitehead mit seinem Gottesgedanken und seinem Konzept von Religion bei weitem nicht den Reichtum der jüdisch-christlichen Überlieferungen ausschöpft, sondern daß er primär an weisheitliche Traditionen (besonders Hiob, Psalmen, Weisheit) anschließt. Diese Selektivität und die beschriebenen Entwicklungstendenzen lassen mit Gründen vermuten, daß – trotz der erwartbaren fortgesetzten Ausstrahlungskraft von Whiteheads Werk – die Prozeßtheologie im wesentlichen eine Erscheinung des 20. Jh. bleiben wird.

Quellen

1. Werke von Alfred North Whitehead (es werden die Erstveröffentlichungen aufgeführt, die in der Regel zahlreiche Nachdrucke erfahren haben; die international eingeführten Siglen werden in Klammern nachgestellt): An Intr. to Mathematics, London 1911 (IM); dt.: Einf. in die Mathematik, München 1948 (IMd). – The Organisation of Thought Educational and Scientific, London 1917 = Westport, Conn. 1974 (OT). – Science and the Modern World, New York 1925 (SMW); dt.: Wiss. u. moderne Welt, Zürich 1949 Frankfurt a.M. 1985 (SMWd). – Religion in the Making, New York 1926 (RM); dt.: Wie entsteht Religion?, Frankfurt a.M. 1985 (RMd). – Symbolism. Its Meaning and Effect, New York 1928 (Barbour-Page-Lectures 1927) (S). – The Function of Reason, Princeton 1929 (FR); dt.: Die Funktion der Vernunft, Stuttgart 1974 (FRd). – Process and Reality. An Essay in Cosmology, New York 1929 (GiffL 1927–28) (PR); Corrected Ed. New York 1978 (PRc); dt.: Prozeß u. Realität. Entwurf einer Kosmologie, Frankfurt a.M. 1979 [2]1984 (PRd). – Adventures of Ideas, New York 1933 (AI); dt.: Abenteuer der Ideen, Frankfurt a.M. 1971 (AId).

– Modes of Thought, New York 1938 (MT). – Essays in Science and Philosophy, New York 1947 = 1977 (ESP); dt. (Ausw.): Phil. u. Mathematik. Vortr. u. Essays, Wien 1949 (Sammlung „Die Univ.“ 9) (ESPd).

Bibliographie: Barry A. Woodbridge, Alfred North Whitehead. A Primary-Secondary Bibliography, Bowling Green 1977.

2. *Werke von Charles Hartshorne:* The Divine Relativity. A Social Conception of God, New Haven 1948. – Reality as Social Process. Studies in Metaphysics and Religion, Glencoe, Ill. 1953. – Anselm's Discovery. A Re-examination of the Ontological Proof for God's Existence, LaSalle, Ill. 1965. – Creative Synthesis and Philosophic Method, 1970 (LPTh). – Whitehead's Philosophy. Selected Essays 1935–1970, Lincoln 1972. – Omnipotence and other Theol. Mistakes, Albany, N.Y. 1984.

Bibliographien: Process and Divinity. Philosophical Essays presented to Charles Hartshorne, hg. v. William L. Reese/Eugene Freeman, LaSalle, Ill. 1964. – Dorothy C. Hartshorne, Charles Hartshorne. Primary Bibliography: ProcSt 6 (1976) 73–93.

3. *Zur Prozeßtheologie*

Sammelbände: Process Theology. Basic Writings, hg. v. Ewert H. Cousins, New York/Toronto 1971. – Process Philosophy and Christian Thought, hg. v. Delwin Brown u.a., Indianapolis/New York 1971. – Religious Experience and Process Theology, hg. v. Harry J. Cargas/Bernard Lee, New York 1976. – Process Philosophy. Basic Writings, hg. v. Jack R. Sibley/Pete A.Y. Gunter, Washington 1978 [enthält hauptsächlich Beitr. v. Prozeßtheologen!].

Führende Vertreterinnen und Vertreter: William Beardslee, A House for Hope. A Study in Process and Biblical Thought, Westminster 1972. – John B. Cobb, A Christian Natural Theology. Based on the Thought of Alfred North Whitehead, Philadelphia 1965. – Ders., The Structure of Christian Existence, Philadelphia 1967; dt.: Die christl. Existenz. Eine vergleichende Stud. der Existenzstrukturen in verschiedenen Religionen, München 1970. – Ders., Is it too Late? A Theology of Ecology, Beverly Hills 1971; dt.: Der Preis des Fortschritts. Umweltschutz als Problem der Sozialethik, München 1972. – Ders., Christ in a Pluralistic Age, Philadelphia 1975. – Ders./David Ray Griffin, Process Theology. An Intr., Philadelphia 1976; dt.: Prozeß-Theol. Eine einführende Darst., Göttingen 1979. – Ders./Charles Birch, The Liberation of Life. From the Cell to the Community, Cambridge 1981. – Ders./Herman E. Daly, For the Common Good. Redirecting the Economy toward Community, the Environment and a Sustainable Future, Boston 1989. – Ders., Two Types of Postmodernism. Deconstruction and Process Thought: ThTo 47 (1990) 149–158. – Lewis Ford, The Lure of God. A Biblical Background for Process Theism, Philadelphia 1987. – David R. Griffin, God, Power, and Evil. A Process Theodicy, Philadelphia 1976. – Catherine Keller, From a Broken Web, Boston 1986; dt.: Penelope verläßt Odysseus. Auf dem Weg zu neuen Selbsterfahrungen, 1993 (GTBS 540). – Bernard Loomer, The Theol. Significance of the Method of Empirical Analysis in the Philosophy of A.N. Whitehead, Diss. Chicago 1942. – Ders., Empirical Theology within Process Thought: The Future of Empirical Theology (s.u. bei Lit.) 149–173. – Bernard Eugene Meland, Faith and Culture, New York 1953. – Ders., The Realities of Faith. Revolution in Cultural Forms, New York 1962. – Ders., Essays in Constructive Theology. A Process Perspective, Chicago 1988. – Schubert Miles Ogden, The Reality of God, and other Essays, New York 1966 = London 1967; dt.: Die Realität Gottes, Zürich 1970. – Marjorie Hewitt Suchocki, God – Christ – Church. A Practical Guide to Process Theology, New York 1982 ^{2}1989. – Henry Nelson Wieman, Religious Experience and Scientific Method, New York 1926. – Ders., The Wrestle of Religion with Truth, New York 1927. – Daniel Day Williams, God's Grace and Man's Hope, New York 1949. – Ders., The Spirit and the Forms of Love, Digswell Place 1968.

Literatur

Ian Barbour, Issues in Science and Religion, Englewood Cliffs 1966. – Thomas Beelitz, Die dynamische Beziehung zw. Erfahrung u. Metaphysik. Eine Unters. der spekulativen Phil. v. Alfred North Whitehead im Interesse der Theol., 1991 (Kontexte 8). – Charles Birch, Nature and God, Philadelphia 1965. – Félix Cesselin, La philosophie organique de Whitehead, Paris 1950. – William A. Christian, An Interpretation of Whitehead's Metaphysics, New Haven 1959. – Ina Claus, Intensität u. Kontrast. Eine Auseinandersetzung mit der Gottesvorstellung ausgew. Entwürfe der Prozeßtheol., Münster 1994. – Ingolf U. Dalferth, Art. Prozeßtheol.: HWP 7 (1989) 1562–1565. – Ders., Gott. Phil.-theol. Denkversuche, Tübingen 1992, 153ff.192ff. – Stephen Lee Ely, The Religious Availability of Whitehead's God. A Critical Analysis, Madison 1942. – Jorge Enjuto Bernal, La Filosofía de Alfred North Whitehead, Madrid 1967. – The Future of Empirical Theology, hg. v. Bernard Eugene Meland, Chicago 1969. – Michael Hampe/Helmut Maaßen, Prozeß, Gefühl u. Raum-Zeit. Materialien zu Whiteheads ‚Prozeß u. Realität‘ Bd. 1, Frankfurt a.M. 1991. – Dies., Die Gifford Lectures u. ihre Deutung. Materialien zu Whiteheads ‚Prozeß u. Realität‘ Bd. 2, Frankfurt a.M. 1991. – Allison Heartz Johnson, Whitehead's Theory of Reality, New York 1962. – George L. Kline, Alfred North Whitehead. Essays on his Philosophy, Englewood Cliffs 1963. – Ervin Laszlo, La métaphysique de Whitehead, Den Haag 1970. – Ivor Leclerc, The Relevance of Whitehead. Philosophical Essays in Commemoration of the Centenary of the Birth of Alfred North Whitehead, London 1961. – Victor Lowe, Understanding Whitehead, Baltimore 1968. – Ders., Alfred North Whitehead. The Man and his Work. I. 1861–1910, Baltimore/London 1985. – Helmut Maaßen, Gott, das Gute u. das Böse in der Phil. A.N. Whiteheads, Frankfurt a.M. 1988. – Wolfe Mays, The Philosophy of Whitehead, New York 1959. – Natur, Subjektivität, Gott. Zur Prozeßphil. Alfred N. Whiteheads, hg. v. Helmut Holzhey u.a., Frankfurt a.M. 1990. – Robert Neville, Creativity and God. A Challenge to Process Theology, New York 1980. – Alix Parmentier, La philosophie de Whitehead et le problème de Dieu, Paris 1968. – Norman Pittenger, ‚The Last Things' in a Process Perspective, London 1970. – ProcSt 1 (1976) ff. – Friedrich Rapp/Reiner Wiehl, Whiteheads Metaphysik der Kreativität, Freiburg i.Br./München 1986. – Paul A. Schilpp, The Philosophy of Alfred North Whitehead, La Salle, Ill. 1941 (The Library of Living Philosophers 3). – Donald W. Sherburne, A Whiteheadian Aesthetics, New Haven 1961. – Santiago Sia (Hg.), Charles Hartshorne's Concept of God, Dordrecht 1990. – Christoph Wassermann, Struktur u. Ereignis. Interdisziplinäre Stud. in Physik, Theol. u. Phil., Genf 1991. – Michael Welker, A.N. Whitehead, Relativistische Kosmologie: Grundprobleme der Großen Philosophen. Phil. der Gegenwart 1, hg. v. Josef Speck, Göttingen [3]1985, 269–312. – Ders., The Self-Jeopardizing of Human Societies and Whitehead's Conception of Peace: Soundings 70 (1987) 309–327. – Ders., Universalität Gottes u. Relativität der Welt. Theol. Kosmologie im Dialog mit dem amerik. Prozeßdenken nach Whitehead, Neukirchen-Vluyn [2]1988. – Whitehead u. der Prozeßbegriff. Beitr. zur Phil. Alfred North Whiteheads auf dem Ersten Int. Whitehead-Symposion 1981, hg. v. Harald Holz/Ernest Wolf-Gazo, Freiburg i.Br. 1984. – Reiner Wiehl, Einl. in die Phil. A.N. Whiteheads: Alfred North Whitehead, Abenteuer der Ideen, Frankfurt a.M. 1971, 7–71. – Ders., Whiteheads Kant-Kritik u. Kants Kritik am Panpsychismus: ders., Metaphysik u. Erfahrung. Phil. Essays, Frankfurt a.M. 1996, 333–374.

Michael Welker

Prudentius *(348 – nach 404/05)*

1. Leben 2. Werk 3. Wirkung (Quellen/Literatur S. 606)

1. Leben

Aurelius Prudentius Clemens wurde 348 in →Spanien, wahrscheinlich in Calahorra, geboren und ist nach 404/05 gestorben. Er war zunächst Rechtsanwalt, dann zweimal Provinzialstatthalter und hat schließlich offenbar ein Amt in der Kanzlei von →Theodosius dem Großen (und später Honorius?) bekleidet. Er hat (im Jahr 402?) Rom besucht. Seine späten Lebensjahre widmete der ehemalige Staatsbeamte ganz dem Dienst Gottes.

2. Werk

Prudentius ist der bedeutendste christliche Dichter des Altertums. Seine Arbeiten lassen sich nicht genau datieren. Im Jahr 392 hatte er noch nichts veröffentlicht; dagegen waren 404/05, dem Zeitpunkt der üblichen Datierung der *praefatio* seiner *Gesammelten Werke*, die meisten seiner Dichtungen abgeschlossen. Das zweite Buch von *Contra Symmachum* nimmt Bezug auf die Schlacht von Pollentia im April 402. Die meisten seiner Arbeiten tragen griechische Titel, doch nicht alle Titel stammen von Prudentius selbst. Seine Dichtungen sind nach Meinung einiger Forscher schon sehr früh interpoliert worden, u.a. in theologischer Absicht.

In der genannten *praefatio*, die einen Abriß seines Lebens gibt und sein dichterisches Werk vorstellt, und in einem *epilogus* bezeichnet Prudentius es als Ziel seines dichterischen Schaffens, Gott zu ehren und sich damit einen bescheidenen Platz im Himmel zu sichern. *Praefatio* und *epilogus* umspannen ein breitgefächertes Werk, dessen Teile sich in weitem Umfang wechselseitig ergänzen.

Lyrische Gedichte: Prudentius hat zwei Bände mit lyrischen Gedichten geschrieben. Der erste ist der *Liber Cathemerinon* mit zwölf Tageszeithymnen: *ad galli cantum* [Beim

Hahnenschrei], *matutinus* [Morgenlied], *ante cibum* [Vor der Mahlzeit], *post cibum* [Nach der Mahlzeit], *ad incensum lucernae* [Beim Anzünden der Lampe], *ante somnum* [Vor dem Einschlafen], *ieiunantium* [Fastenlied], *post ieiunium* [Lied nach dem Fasten], *omnis horae* [Lied zu allen Tageszeiten], *circa exsequias defuncti* [Lied zur Beisetzung], *VII Kal. Ianuarias* [Lied zum Weihnachtstag], *Epiphaniae* [Epiphaniaslied]. Der Dichter möchte Gott unablässig mit seinen Hymnen preisen. Lediglich die ersten sechs Hymnen sind ohne Doppelsinn auf bestimmte Tageszeiten bezogen. Den Anstoß zu seiner Hymnendichtung erhielt Prudentius durch die gottesdienstlichen →Hymnen von →Hilarius und →Ambrosius; man kann seine literarischen Hymnen als paraliturgisch bezeichnen. Sie sind in unterschiedlichen Metren verfaßt und deutlich länger als die Hymnen des Ambrosius. Immer wieder liegen dem Gebet und Lobpreis ein oder mehrere Bibelabschnitte zugrunde. Eine wichtige Rolle spielen zudem biblische Allegorien (→Schriftauslegung) und Natursymbolik (→Pflanzensymbolik).

Der zweite Band lyrischer Dichtungen ist der *Liber Peristephanon* [Über die Krone der Märtyrer] mit vierzehn Gedichten von ganz unterschiedlicher Länge und in unterschiedlichen Metren, die nicht allesamt als Hymnen bezeichnet werden können. Sie haben Anknüpfungspunkte in den Hymnen des Ambrosius, aber auch in den Epigrammen von Damasus. Auch diese Dichtungen, Siegeslieder, die durch ihren triumphalistischen Klang auffallen, lassen sich als paraliturgisch bezeichnen. Sie handeln vornehmlich von spanischen und römischen Märtyrern – die ersten sind Emeterius und Chelidonius, Eulalia, Vincentius, die achtzehn Märtyrer von Saragossa, Fructuosus und seine Gefährten, die letzten Laurentius, →Hippolyt, →Petrus und →Paulus sowie Agnes; außerdem werden besungen Cassianus von Imola, →Cyprian von Karthago, Quirinus von Siscia und Romanus von Antiochien. Neben authentischen *acta* und *passiones* hat Prudentius dabei auch epische *passiones*, Fresken und andere Vorlagen verarbeitet. Das Gegenüber von Märtyrer (→Martyrium) und Verfolger ist ein epischer Kampf. Der Märtyrer ist für die Christen sowohl ein Vorbild im Kampf gegen das Böse als auch ein Mittler (*patronus*) bei Gott (→Heilige/Heiligenverehrung).

Hexametrische Dichtungen: Jeder dieser längeren Dichtungen geht eine allegorische *praefatio* voraus. An erster Stelle sind zwei dogmatische Gedichte zu nennen: Die durch einen sog. *Hymnus de trinitate* vorbereitete *Apotheosis* handelt von der →Trinität (vor allem über den Sohn) und von der Vergöttlichung des Menschen (vgl. den Titel). Dabei wendet sich der Dichter u.a. gegen den Patripassianismus und Sabellianismus (→Jesus Christus), gegen die Juden, die Ebioniten (→Judenchristentum) und den →Manichäismus. Die alttestamentlichen Theophanien werden als Erscheinungen des Sohnes aufgefaßt und haben seine Menschwerdung vorbereitet, die geschah *mundo senescente* [als die Welt alt wurde]. Der menschgewordene Sohn ist vollständig Gott und vollständig Mensch. In der *Hamartigenia,* die vom Ursprung des Bösen handelt (vgl. den Titel), wendet sich Prudentius gegen den Dualismus →Marcions. Nachdrücklich wird dabei der freie →Wille des Menschen betont, der ungeachtet des abträglichen Einflusses des Teufels und des Leibes frei zwischen Gut und Böse wählen kann. In den Schlußversen der *Apotheosis* bekennt sich der Dichter zu seinem Glauben an die Auferstehung – die *reparatio vitae* [Erneuerung des Lebens] liegt ihm sehr am Herzen –, und in den Schlußversen der *Hamartigenia* bringt er seine Angst vor der →Hölle zur Sprache.

Auch das allegorische Epos *Psychomachia* [Kampf der Seele] befaßt sich mit dem Kampf gegen das Böse, einem Hauptthema der Gedichte des Prudentius. In diesem ersten allegorischen Epos des Westens werden Zweikämpfe zwischen personifizierten Tugenden und Lastern ausgefochten. Dabei stehen sich der Reihe nach gegenüber *fides* und *veterum cultura deorum* [Glaube und Verehrung der alten Götter], *pudicitia* und *libido* [Züchtigkeit und Wollust], *patientia* und *ira* [Geduld und Zorn], *mens humilis* und *superbia* [demutsvolle Gesinnung und Hochmut], *sobrietas* und *luxuria* [Enthaltsamkeit und Schwelgerei], *operatio* und *avaritia* [Mildtätigkeit und Habsucht], *concordia* und *haeresis* [Eintracht und Häresie]. Nach ihrem Sieg errichten die Tugenden in der Seele einen Tempel. Die *Psychomachia* hat gleichermaßen den Kampf des einzelnen wie den der Kirche im Auge.

In den beiden je mit einer *praefatio* versehenen Büchern *Contra Symmachum* wendet sich Prudentius triumphierend gegen das →Heidentum. In Buch I, das nach Meinung einiger Forscher ursprünglich als gesondertes Werk gedacht war, äußert er sich abfällig über die heidnischen Gottheiten und ihre Verehrung und legt dar, daß sie teils vergöttlichte Menschen (Euhemerismus) und teils vergöttlichte Naturelemente seien. Der Schlußteil beschreibt die Christianisierung Roms unter Theodosius dem Großen. Buch II enthält in Anlehnung an ep. 18 von Ambrosius, doch mit unzweifelhaft eigenen Akzenten, eine Erwiderung auf die *Relatio de ara Victoriae* des Symmachus von 384. Als ein westlicher →Eusebius führt Prudentius, wie auch in perist. 2, aus, daß Gott das Römische Reich um der Verbreitung des Christentums willen vorgesehen habe.

Eine gewisse Sonderstellung nehmen schließlich die *Tituli historiarum* (das *Dittochaeon*) ein, 49 Tetrasticha über Themen aus dem Alten und Neuen Testament. Es ist nicht sicher, ob es sich hierbei um Untertexte zu einem tatsächlich bestehenden Freskenzyklus in einer bestimmten Basilika handelt.

Zur *theologischen Haltung* des Prudentius sei noch folgendes vermerkt: Er ist kein Fachtheologe, sondern ein Dichter, der entschieden für die *catholica fides* eintritt. Die christliche Religion bedeutet nach seiner Sicht für die griechisch-römische Kultur einen wesentlichen Schritt nach vorn. Die Frage nach den Quellen seiner theologischen Haltung ist noch nicht hinlänglich untersucht; neben →Tertullian, →Cyprian, →Lactantius und Ambrosius kommt wohl auch Gregor von Elvira in Betracht. Zeitgenössische Häresien wie der →Arianismus oder der Priszillianismus (→Priszillian/Priszillianismus) kommen nicht unmittelbar zur Sprache. Es geht Prudentius um mehr als eine zeitgebundene Polemik.

3. Wirkung

Prudentius ist ein bezeichnendes Beispiel des „römischen" Christentums eines bedeutenden römischen Amtsträgers und Schriftstellers. Sein Einfluß war vor allem im Mittelalter sehr groß. Seine Werke sind in über 300 Handschriften überliefert, deren älteste aus dem 6. Jh. stammen. Im Mittelalter und in der Renaissance wurde er im Schulunterricht gelesen. Insbesondere ist auf den Einfluß seiner Hymnen auf die spätere Hymnodik hinzuweisen. Stücke aus ihnen sind in das römische Brevier (→Gebetbücher; →Stundengebet) und vor allem in die mozarabische Liturgie (→Spanien; vgl. TRE 1,267,28–47; 768,11–16) aufgenommen worden. Die *Psychomachia* ist häufig mit Miniaturen versehen worden und hat in der Literatur wie in der bildenden Kunst Einfluß ausgeübt.

Quellen

Übersicht: CPL 1437–1446. – *Gesamtausgaben:* Faustinus Arevalo, Rom 1788–1789 (PL 59–60). – Joannes Bergman, 1926 (CSEL 61). – Maurice P. Cunningham, 1966 (CChr.SL 126) (Lit.). – *Ausg. mit engl. Übers.:* H.J. Thomson, London 1949–1953. – *Ausg. mit franz. Übers.:* Maurice Lavarenne, ^{2}1955–1963 (CUFr). – *Ausg. mit span. Übers.:* Alfonso Ortega/Isidoro Rodriguez, ^{2}1981 (BAC 427) (Lit.). – *Kommentierte Ausg.:* Apotheosis (hymnus; praef.; 1–216): Kurt Smolak, Diss. Wien 1968. – Cathemerinon 1; 2; 5; 6: Marion M. Van Assendelft, Groningen 1976. – Hamartigenia: Roberto Palla, Pisa 1981. – Psychomachia: Maurice Lavarenne, Paris 1933. – Tituli: Renata Pillinger, Wien 1980.

Literatur

Vinzenz Buchheit, Prudentius über Gesittung durch Eroberung u. Bekehrung: Würzburger Jb. für die Altertumswiss. 11 (1985) 189–223. – Ders., Resurrectio carnis bei Prudentius: VigChr 40 (1986) 261–285. – Remo Cacitti, Subdita Christo servit Roma Deo. Osservazioni sulla teologia politica di Prudenzio: Aevum 46 (1972) 402–435. – Jean-Louis Charlet, La création poétique dans le Cathemerinon de Prudence, Paris 1982. – Ders., Prudence et la Bible: RechAug 18 (1983) 3–149. – Roy J. Deferrari/James M. Campbell, A Concordance of Prudentius, Cambridge, Mass. 1932.

– Siegmar Döpp, Prudentius' Gedicht gegen Symmachus. Anlaß u. Struktur: JAC 23 (1980) 65–81. – Willy Evenepoel, Prudentius, Ratio and Fides: AnCl 50 (1981) 318–327. – Claudia Fabian, Dogma u. Dichtung. Unters. zu Prudentius' Apotheosis, Frankfurt a.M. 1988. – Jacques Fontaine, Naissance de la poésie dans l'Occident chrétien, Paris 1981. – Jean-Michel Fontanier, La création et le Christ créateur dans l'œuvre de Prudence: RechAug 22 (1987) 109–128. – Christian Gnilka, Stud. zur Psychomachie des Prudentius, Wiesbaden 1963. – Ders., Die Natursymbolik in den Tagesliedern des Prudentius: JAC.E 8 (1980) 411–446. – Rainer Henke, Stud. zum Romanushymnus des Prudentius, Frankfurt a.M. 1983. – Reinhart Herzog, Die allegorische Dichtkunst des Prudentius, München 1966. – Marianne Kah, „Die Welt der Römer mit der Seele suchend ...". Die Religiosität des Prudentius im Spannungsfeld zw. ‚pietas christiana' u. ‚pietas Romana', Bonn 1990. – Italo Lana, Due capitoli prudenziani. La biografia. La cronologia delle opere. La poetica, Rom 1962. – Maurice Lavarenne, Étude sur la langue du poète Prudence, Paris 1933 (Lit.). – Walther Ludwig, Die christl. Dichtung des Prudentius u. die Transformation der klassischen Gattungen: EnAC 23 (1976) 303–363. – Claudio Micaelli, Note di teologia prudenziana: VetChr 21 (1984) 83–112. – Luigi Padovese, La cristologia di Aurelio Clemente Prudenzio, Rom 1980. – Anne-Marie Palmer, Prudentius on the Martyrs, Oxford 1989. – Jill Ross, Dynamic Writing and Martyrs' Bodies in Prudentius' Peristephanon: Journal of Early Christian Studies 3 (1995) 325–355. – Klaus Thraede, Stud. zu Sprache u. Stil des Prudentius, Göttingen 1965. – Pascual Joaquim Torro, Antropologia de Aurelio Prudencio, Rom 1976.

Willy Evenepoel

Przywara, *Erich (1889–1972)*

1. Leben 2. Werk 3. Wirkung (Bibliographie/Werke/Literatur S. 610)

1. Leben

Erich Przywara, am 12. Oktober 1889 in Kattowitz (Oberschlesien) geboren, trat 1908 in den Jesuitenorden (→Jesuiten) ein, der damals auf dem Reichsgebiet verboten war. Noviziat und Ausbildung führten ihn deswegen nach Exaten und Valkenburg (Holland). Von 1922 bis 1941 arbeitete er in der Redaktion der Zeitschrift *Stimmen der Zeit*. Während dieser Jahre gab er in Aufsätzen und Vorträgen einflußreiche Impulse, die aus eingehender Auseinandersetzung mit den verschiedensten philosophischen sowie theologischen Autoren und Richtungen von der →Patristik über die →Scholastik bis hin zur neuzeitlichen →Philosophie und Theologie erwuchsen. In grenzüberschreitender Offenheit ließ Przywara sich auf kontroverstheologische Gespräche mit protestantischen Theologen (Begegnungen mit K. →Barth 1929 und 1931) ebenso wie mit jüdischen Gesprächspartnern ein.

Nach Aufhebung der *Stimmen der Zeit* (1941) war Przywara in der Altakademikerseelsorge tätig. Gegen Kriegsende ermöglichte ein Aufenthalt auf Schloß Stolberg eingehendere Luther-Studien. Nach dem Krieg war seine Tätigkeit mehr und mehr von einer schweren Krankheit beeinträchtigt. Przywara starb am 28. September 1972 in Hagen/Murnau (Oberbayern).

2. Werk

2.1. Überblick. Charakteristisch für den frühen Przywara sind Werke, die durch die Zusammenstellung von „Schlüsselstellen" das Werk großer Denker werkimmanent zu erschließen suchen: die achtbändige Newman-Ausgabe (*Christentum*, 1922), eine *Augustinus*-Synthese (1934), ähnlich die Abhandlungen zu S. →Kierkegaard (*Das Geheimnis Kierkegaards*, 1929), *Hölderlin* (1949) und F. →Nietzsche (*Heroisch*, 1936). Vorbereitet und begleitet durch zahlreiche religionsphilosophische Aufsätze und durch die Auseinandersetzung mit der Philosophie Max →Schelers (*Religionsbegründung*, 1923) sowie der zeitgenössischen neukantianischen Philosophie (*Kant heute*, 1930) entwarf er seine *Analogia entis* (1932; →Analogie), die er gegen Mißverständnisse durch ergänzende Klärungen zwischen 1939 und 1959 (*Schriften III*) zu verdeutlichen suchte.

Insbesondere ab den 30er Jahren wandte sich Przywara vermehrt theologischen und spirituellen Themen zu; zu nennen ist vor allem der mehrbändige Kommentar zum Exerzitienbuch des →Ignatius von Loyola, *Deus semper maior* (1938). Von zunehmend heilsgeschichtlich geprägtem Denken zeugen die Predigten der Kriegsjahre (*Alter und Neuer Bund*, 1956) und ein Kommentar zum →Johannesevangelium (*Evangelium gemäß Johannes*, 1954). Auch in späteren Jahren entstanden trotz der Krankheit Przywaras weitere bedeutende Werke wie die typologische Anthropologie *Mensch* (1959) und *Logos* (1964).

2.2. *Religionsphilosophie.* Ausgangspunkt der →Religionsphilosophie Przywaras ist die Unterscheidung verschiedener Denktypen, die einseitig entweder die →Transzendenz Gottes über dem oder die Immanenz Gottes im Geschöpf betonen. Demgegenüber gehören für Przywara Transzendenz und Immanenz zusammen: →Gott ist in uns *und* über uns (Ringen der Gegenwart II, 543–578), ja, beides ist ineinander zu binden: Gott ist über-in Geschöpf (Schriften III, 60–67). Transzendenz Gottes bedeutet Differenz zwischen Gott und Geschöpf so, daß das Geschöpfliche darüber nicht verschlungen und in Frage gestellt wird, sondern in Eigenwirklichkeit freigesetzt ist; dies jedoch nicht aus sich selbst, sondern weil die Immanenz Gottes ihm diese Positivität erst schenkt. Für eine authentische Verhältnisbestimmung zwischen Gott und Geschöpf greift Przywara auf den traditionellen Begriff der Analogie zurück, der das Verhältnis von zugleich und in gleicher Hinsicht verschiedenen und ähnlichen Wirklichkeiten beschreibt. Von Gott und Geschöpf kann so aufgrund der Gottähnlichkeit (→Bild Gottes) des Geschöpfes ein Entsprechungsverhältnis ausgesagt werden, in dem zugleich die Differenz berücksichtigt ist. Was in der Tradition jedoch wie eine beruhigte Verhältnisbestimmung klingt und sich als Methode der Gotteserkenntnis darbietet, wird bei Przywara zu einem „Rhythmus", in dem sich Gott gegenüber dem Geschöpf in je größerer Unähnlichkeit unbegreiflich und unerschließbar zeigt. Diese betonte Dynamik in der Beziehung zwischen Gott und Geschöpf ist für Przywaras entfaltete Analogielehre charakteristisch. Kreatürlich Seiendes, das kontingent zwischen Dasein und Sosein ausgespannt ist, ist bloße Existenz, die nicht in sich Bestand hat. Die Sphäre der kreatürlichen Wirklichkeit „ist wie ein schwankender Staudamm gegenüber dem Ungestüm des Ozeans der Möglichkeiten, und das ‚rationiert' eingelassene Meer selber bebt innerhalb der Grenzen und macht sie beben" (Schriften III, 114). Hier wird eine Angewiesenheit über das Geschöpfliche hinaus erkennbar, aus welcher der Mensch sich jedoch Gott nicht selbst erschließen kann. Vielmehr beruht die „transzendierende Immanenz" auf einer vorgängigen, entscheidenden Bewegung von oben („immanierende Transzendenz").

Die *analogia entis* ist für Przywara darum in zweierlei Hinsicht kein Prinzip →natürlicher Theologie: Sie ermöglicht keinen eigenmächtigen Aufstieg zu Gott, sondern konfrontiert mit radikaler Abhängigkeit von ihm und verweist das Geschöpf gerade in seine Geschöpflichkeit hinein. Zudem bezieht Przywara die *analogia entis* im Anschluß an die Analogie-Formel des IV. Laterankonzils 1215 (→Lateransynoden), bei der es um die Lehre von →Trinität und →Kirche ging, ausdrücklich auf den übernatürlichen Bereich: „Durch alle noch so große ‚Gott-Gleichheit' der Kreatur, von der natürlichen ‚Gott-Gleichheit' des Menschen als ‚geschaffen nach Gottes Gleichnis' bis zur übernatürlichen ‚Teilnahme an göttlicher Natur', bis zum ‚Gleichgestaltetsein mit Christo', dem Sohne Gottes, durch all das geht hindurch die ‚größere Ungleichheit' zu Gott" (Katholische Krise 52).

2.3. *Theologie der „analogia entis"*. Dem Analogieverständnis Przywaras, das von der je größeren Unähnlichkeit Gottes und der Bewegung von oben her geprägt ist, entspricht material-theologisch ein die Unverfügbarkeit und Unbegreiflichkeit betonendes Gottesbild. Neben Przywaras Wertschätzung für →Duns Scotus zeigen sich hier auch ignatianische Einflüsse: Der Mensch steht vor der *maiestas divina*, vor dem *Deus semper maior*, der Gehorsam und Dienst einfordert. Dieses Personalität und Willen betonende

Gottesbild verankert Przywara heilsgeschichtlich: Gott ist nicht in Allgemeinideen zu fassen, er begegnet in →Geschichte als →Person mit souveränem →Willen erschreckend konkret, unableitbar und unverfügbar: „Gegen das entrückte Leuchten der ‚Idee' trat das blutige Kreuz" (Schriften II, 183). Der direkte Erkenntnisweg zu Gott zerbricht, um nicht einfach in negative →Theologie zu münden, sondern sich von der alle menschlichen Vorstellungen durchkreuzenden Offenbarung Gottes (auch im Widerspruch und in Verfinsterung) überwältigen zu lassen (*Was ist Gott? Eine Summula*). Insofern erweist sich Przywaras Ansatz als zutiefst kreuzestheologisch (→Kreuz).

Die →Sünde des Menschen bedeutet die Verletzung der Analogie-Struktur des Seins: Statt seine Geschöpflichkeit und sein Über-sich-hinaus-verwiesen-Sein anzuerkennen, beansprucht der Mensch, wie Gott zu sein. Konsequenz ist die grundlegende Verzerrung des Verhältnisses zwischen Gott und Mensch sowie der geschöpflichen Wirklichkeit als solcher. Antwort auf diesen Versuch des Menschen, sich aufsteigend des Gottseins zu bemächtigen, ist die absteigende Selbstentäußerung Gottes, der sich in die →Demut des Geschöpflichen hinein inkarniert und, so übersetzt Przywara Phil 2,7, „im Schema Mensch wie sonst" begegnet. Unter diesem Vorzeichen der vorbehaltlosen Annahme des Menschseins greift Przywara das traditionelle Tauschmotiv (Gott wurde Mensch, damit der Mensch Gott werde) auf. *Commercium*, in enger Verbindung mit dem biblischen Hochzeitsmotiv, kann geradezu als Schlüsselbegriff seiner Theologie gelten. Der sich in Christus vollziehende Austausch aber steht von vornherein im Zeichen des Kreuzes. Gott inkarniert sich in das begrenzt-kreatürliche, von der Sünde versklavte Menschsein: Es ist „‚Austausch' nicht einfach ontisch-dynamisch neutral, sondern ein solcher, der als ‚Loskauf und Lösegeld' ... und ‚Sühnopfer ... in seinem Blut' und so als ‚Heilwerden vom Zorn' geschieht an ‚Sündern' und ‚Gottesfeinden' [Röm 5,10]" (Manuskript, zitiert nach Gertz, Glaubenswelt 363 Anm. 122). *Commercium* ist Geschehen immer tieferer Annahme des Abgründig-Menschlichen, schon in der Lebenszeit Jesu, dann aber auch in der Kirche, die für Przywara – in der Tradition der augustinischen Formel „Haupt und Leib Ein Christus" – aufs engste mit Christus zusammengehört: „Christus ist nicht Christus, wenn er nicht in eins gegeben wird mit seiner Kirche. ... Darum lautet die Formel der wahren und vollen Offenbarung Gottes: Gott in Christo in der Kirche" (Was ist Gott? Eine Summula, Nürnberg 1953, 55). Kirche ist für Przywara letzte Konsequenz der Inkarnation, ohne daß er die Differenz zwischen der menschlichen Wirklichkeit Jesu und der Kirche nivellieren würde. Denn hier verbindet sich Gott nicht mehr nur mit einer zwar schon in die Vernetzung der sündigen Menschheit gestellten, doch nicht selbst sündigen Menschennatur, sondern mit einer Gemeinschaft sündiger Menschen. Der Ursprung der Kirche im Kreuz, d.h. für Przywara: im Verrat der Jünger, bleibt ihr ebenso eingeschrieben wie das tragische Faktum, daß ihr von Anfang an ihre eigentliche Urzelle, →Israel, fehlt. Trotz der eigenen Armseligkeit ist die Kirche hineingenommen in die Sendung Jesu, in ihr dauert die Bewegung des inkarnatorischen, kenotischen Abstiegs fort. Solches Werkzeug Gottes ist die Kirche nicht aufgrund eigener Kraft, sondern infolge der souveränen Verfügung Gottes. Als deren Ausdrucksgestalt versteht Przywara das →Amt: objektive Repräsentation Gottes in der Differenz, durch alle defiziente Amtsausübung hindurch. Da die →Auferstehung keine irdische Herrlichkeit begründet, steht die Kirche zwischen →Himmelfahrt und Wiederkunft Christi im Noch-Nicht der Vollendung, bestimmt von Drangsalen und →Anfechtungen.

3. *Wirkung*

Bekannt geworden ist Przywara vor allem als Religionsphilosoph durch die *analogia entis*, durch die ein wenig beachteter Begriff zu einer grundlegenden Kategorie wurde. Karl →Rahner stellt fest: „Durch ihn wurde ... die analogia entis aus einer kleinen scholastischen Spitzfindigkeit zur Grundstruktur des Katholischen" (Rahner 270). Darüber hinaus blieb Przywara aber weitergehender Einfluß versagt: „Die Zeit hat den leichteren Weg gewählt, sich nicht mit ihm auseinanderzusetzen" (von Balthasar 354).

Bibliographie

Leo Zimny (Hg.), Erich Przywara. Sein Schrifttum. 1912–1962, Einsiedeln 1963.

Werke (in Auswahl)

Sammlungen u. Aufsatzbände: Ringen der Gegenwart, 2 Bde., Augsburg 1929. – Schriften I–III, Einsiedeln 1962. – Logos. Logos – Abendland – Reich – Commercium, Düsseldorf 1964. – Kath. Krise, hg. v. Bernhard Gertz, Düsseldorf 1967.

Literatur

Hans Urs v. Balthasar, Erich Przywara: Hans Jürgen Schultz (Hg.), Tendenzen der Theol. im 20. Jh., Stuttgart 1966, 354–359. – Der beständige Aufbruch. FS Erich Przywara, hg. v. Siegfried Behn, Nürnberg 1959. – Erich Przywara 1889–1969. Eine FG zur Feier seines 80. Geburtstages am 12.10.1969, hg. v. Gustav Wilhelmy, Düsseldorf o.J. [1969]. – Eva-Maria Faber, Kirche zw. Identität u. Differenz. Die ekklesiologischen Entwürfe v. Romano Guardini u. Erich Przywara, Würzburg 1993 (Stud. zur syst. u. spirituellen Theol. 9). – Dies., Deus semper maior. Erich Przywaras Theol. der Exerzitien: GuL 66 (1993) 208–222. – Dies., Skandal u. Torheit. Die kath. Kreuzestheol. Erich Przywaras: GuL 69 (1996) 338–353. – Bernhard Gertz, Glaubenswelt als Analogie. Die theol. Analogie-Lehre Erich Przywaras u. ihr Ort in der Auseinandersetzung um die analogia fidei, Düsseldorf 1969. – Ders., Kreuz-Struktur. Zur theol. Methode Erich Przywaras: ThPh 45 (1970) 555–561. – Ders., Erich Przywara (1889–1972): Christl. Phil. im kath. Denken des 19. u. 20. Jh., hg. v. Emerich Coreth u.a., Graz, II 1988, 572–589. – Ulrich Kühn, Natur u. Gnade, 1961 (AGTL 4) 92–113. – Eberhard Mechels, Analogie bei Erich Przywara u. Karl Barth, Neukirchen-Vluyn 1974. – Erich Naab, Zur Begründung der analogia entis bei Erich Przywara, Regensburg 1987. – Karl H. Neufeld, Vertiefte u. gelebte Katholizität: ThPh 65 (1990) 161–171. – Stefan Nieborak, ‚Homo analogia', 1994 (ThÜb 13). – Karl Rahner, Laudatio auf Erich Przywara: ders., Gnade als Freiheit, 1968 (HerBü 322) 266–273. – Michael Schneider, ‚Unterscheidung der Geister'. Die ignatianischen Exerzitien in der Deutung v. E. Przywara, K. Rahner u. G. Fessard, 1983 (ITS 11). – Karl Gerhard Steck, Über das ekklesiologische Gespräch zw. Karl Barth u. Erich Przywara 1927/29: Antwort. FS Karl Barth, Zollikon/Zürich 1956, 249–265. – Rudolf Stertenbrink, Ein Weg zum Denken. Die Analogia entis bei Erich Przywara, 1971 (SSPh 10). – Julio Téran-Dutari, Christentum u. Metaphysik. Das Verhältnis beider nach der Analogielehre Erich Przywaras, München 1973. – Ders., Zur phil.-theol. Auffassung der Freiheit bei K. Rahner u. E. Przywara: Wagnis Theol., hg. v. Herbert Vorgrimler, Freiburg i.Br. 1979, 284–298. – Martha Zechmeister, Gottes-Nacht. Erich Przywaras Weg negativer Theol., HabSchr. Wien 1996 (erscheint 1997 in Münster in der Reihe Religion, Gesch., Gesellschaft). – James V. Zeitz, Spirituality and Analogia Entis according to Erich Przywara, Washington 1982.

Eva-Maria Faber

Psalmen/Psalmenbuch

I. Altes Testament
II. Auslegungsgeschichtlich . . . . S. 624
III. Praktisch-theologisch . . . . S. 634

I. Altes Testament

1. Zur neueren Forschungsgeschichte 2. Untersuchungen an Einzeltexten 3. Untersuchungen zu Kontextgruppen 4. Untersuchungen zu den überlieferten Sammlungen 5. Untersuchungen zum kanonischen Psalter 6. Zur Theologie der Psalmen (Literatur S. 622)

1. Zur neueren Forschungsgeschichte

Die Ära der Psalmenforschung nach H. →Gunkel und S. →Mowinckel ist dadurch gekennzeichnet, daß die von ihnen gewählten Aspekte und die von ihnen ausgehenden Impulse weiterhin Gültigkeit behielten. Ihre methodischen Ansätze wurden weiterverfolgt und weiterentwickelt, auch ausdifferenziert und modifiziert, bestimmen aber zum Teil unter anderen Vorzeichen die Forschung. Richtungsunterschiede werden sichtbar vor allem in der Schwerpunktsetzung, z. B. mehr auf die formalen Gesichtspunkte der

Textgestaltung (Stichwort: „Struktur") oder mehr auf die pragmatische Verwurzelung der Texte in einem Handlungszusammenhang („Sitz im Leben"). Neue Entwicklungen deuten sich an – bei aller Kontinuität – (a) in der Behandlung der Psalmen als individuelle Texte mit eigener Geschichte und „Biographie" (vgl. das starke Aufkommen monographischer Untersuchungen zu Einzeltexten); (b) in der Erforschung der überlieferten Kontexte in der Psalmenfolge bzw. im Erzählzusammenhang und der kanonischen Lesung der Psaltertexte. Wir benützen die Zielrichtungen als Einteilungsschema für den Überblick über den Stand einer Forschung, die gerade in den letzten Jahren international und überkonfessionell einen großen Aufschwung genommen hat.

2. *Untersuchungen an Einzeltexten*

2.1. Die Anwendung der formkritischen Methoden auf die Einzeltexte führte zur Entdeckung einer großen Vielfalt von individuellen Strukturen. War die Schwäche der gattungsgeschichtlichen Forschung von Anfang an, keine Prototypen nennen zu können, welche dem Idealbild auch nur einigermaßen entsprachen – Ps 8 ist kein typischer Hymnus, Ps 13 kein typisches Klagelied, Ps 30 kein reines Danklied usw. –, zog man jetzt die Konsequenzen und suchte individuelle Profile und Charaktere. Voraussetzung blieb, daß der Einzelpsalm grundsätzlich als Einheit und Ganzheit aufzufassen war. Die klassischen Gattungsbezeichnungen traten mehr und mehr zurück – auch weil sich in ihnen zeitgebundene Fehleinschätzungen (z.B. „Klage"-„Lied" für ein Bittgebet; Königspsalmen als eigene Gattung; das sog. Danklied der Gemeinde u.a.) niedergeschlagen haben. Der bei den Strukturuntersuchungen neuentdeckte Reichtum der Formen ist nicht leicht sortierbar, deshalb einige Beispiele: Rahmenstruktur (*Inclusio*) etwa bei Ps 8; 103; 104; Pyramidenstruktur bei Ps 13; 57,8–12 (= 108,2–6); strophische Strukturen (= Stanzen) bilden sehr viele Psalmen, erkennbar in erster Linie an Wiederholungen (gleiche Anfänge wie in Ps 76,5.8 oder Kehrverse wie Ps 42f.; 48; 80); alphabetische Strukturen, vor allem bei weisheitlichen Psalmen beliebt, z.B. Ps 25; 37; 119; 145; poetische Strukturen, eher bei Liedern als bei Gebeten dominant, weil letztere mehr der prosaischen Sprache (Umgangssprache) zuneigen (vgl. das Gebet eines einzelnen Ps 28 mit der Litanei Ps 29). Mögen sich Textstrukturen in verschiedenen Psalmen wiederfinden und Chiasmen und Parallelismen in großer Zahl als Textmuster vorkommen – sie sind das erklärte Ziel sehr vieler poetologischer Untersuchungen –, es festigt sich die Auffassung von den Psalmtexten als Individuen mit je eigener „persönlicher" Gestalt, wobei die Aspekte der Bearbeitung und Wiederverwendung („relecture") Beachtung verlangen.

Erkennbar wird das je eigene Profil der Texte an den poetischen Mustern und Formmerkmalen im einzelnen, deren Erarbeitung in den letzten Jahrzehnten große Fortschritte gemacht hat (→Poesie, biblische). Die Resultate sind in den Handbüchern von L. Alonso Schökel und W.G.E. Watson verzeichnet. Es geht vor allem um die präzise Untersuchung der Versstruktur eines Psalms, die Verseinteilung durch die Gesetze des *Parallelismus membrorum* und des Metrums. Auch dabei ist Vielfalt und Variabilität innerhalb von Grundmustern zu erkennen und zu beachten, wie ungezählte Stiluntersuchungen beweisen. Der Sänger verwendet das offenbar geläufige balancierte Stichenmuster gleichgewichtiger Verskola im 3+3-Metrum (z.B. Ps 78; 105; 106); der Liturg greift zu chorisch verwendbaren Litaneiformen (z.B. Ps 136; 148); der Beter oder Vorbeter bewegt sich naturgemäß in allgemein verständlichen Stilformen, die mehr konventionell (z.B. Ps 6) oder mehr persönlich (z.B. Ps 5) sein können; der Dichter in allen schafft schlichte (Ps 131) oder anspruchsvolle (Ps 73) Texte, selten ohne feste Form und fast immer durchsichtig gegliedert. Stilformen jeder Stufe und Art kommen zum Vorschein.

Sprachlicher Rhythmus und Klang müssen die verlorengegangene Begleitmusik der Hymnen und Gebete ersetzen, und sie sind auch nur im Medium der Schrift erkennbar. Die stichometrischen Hypothesen (vor allem das akzentuierende System) bewähren sich leidlich zur Wahrnehmung der den Versen eigenen Rhythmen. Am häufigsten ist das 3+3 Akzente setzende Metrum (*Maschal*-Metrum, z.B. Ps 119), dann der Zweier oder

Vierer 2+2/4+4 (Staccato-Vers, z. B. Ps 8; 74), das hinkende *Qina*-Metrum 3+2 (z. B. Ps 42f.) und Variationen davon (Fünfer, z. B. Ps 28; 40). Geläufig sind Rhythmenwechsel (vgl. Ps 13; 29), selten Mischmetren im Sinne von versweise sich ändernden Metren. Oft hat die masoretische Tradition (wie die stichisch geschriebenen Handschriften von →Qumran und Massada) noch metrische Gliederungen gekannt, jedoch häufig nach ihrem System ausgerichtet (vgl. Ps 100).

Klangformen sind feststellbar vor allem in Assonanzen von Vokalen und Alliterationen von Konsonanten bzw. nichtalphabetischen Akrostichien (die alphabetischen haben ihre Funktion vor allem auf der schriftlichen Ebene). Einige Beispiele aus der nicht ausschöpfbaren Fülle: Assonanzen – Ps 48,47; 50,21; 103,3ff.; Alliterismen – Ps 92,2; 93,3f.; 105,30; 129,3; 137,3; 140,4.7; 141,2; Akrostichien – vgl. Ps 51; 65; 66 (V.13ff.); 68; 94; 103. Klangfiguren dieser Art sind fast in allen Psalmen zu finden. Manchmal nähert sich der Sprachklang der Instrumentalmusik wie bei Ps 150.

Auch Bildworte und Metaphern können strukturbildend sein (z. B. Ps 23: Hirte), liturgische Formeln (Ps 99: das dreifache „Heilig") oder theologische Begriffe (Ps 103: Gnade; 90: Zeit; 91: heiliger Raum), dann entstehen theologische Dichtungen. Meist bildet das Anliegen des Beters das leitende Motiv des Redens und läßt ihn zu vorgeprägten Redeschemata: Formeln, Wendungen, Wortgesten greifen. Erstaunlich bleibt, daß selbst bei verzweifelten Ausbrüchen und dringlichen Anliegen – jedenfalls bei der Aufzeichnung der Worte – Form und Stil gewahrt werden. So ist Weiterverwendung möglich. In der Praxis der Auslegung und auch der Formanalyse empfiehlt sich die Suche nach dem „Leitwort", oft auch Leitklang, der zur Wahrnehmung individueller Strukturen führt.

In Schwierigkeiten kommt die Formbestimmung der Einzelpsalmen einmal, wenn sie an allzu linearen und ideellen Strukturen puristisch festhält (Chiasmus); dann, wenn sie nicht beachtet, daß so gut wie alle Psalmtexte in wiederverwendeter, d.h. in überarbeiteter Form vorliegen, deren ursprüngliche Gestalt erst rekonstruiert werden muß; schließlich, wenn sie auch die komplexen Strukturen von Texten wie Ps 18; 35; 69; 89; 102 u.a. mit denselben Maßstäben wie die einfachen Einheiten mißt.

2.2. Die von Gunkel aufgeworfene, epochemachende Frage nach dem „Sitz im Leben" der Psalmen, die Frage nach der Funktion der Texte im Situationszusammenhang, fand in den pauschalen Fest-Hypothesen eine erste und weitwirkende Antwort. „Kult" hieß das Stichwort im Blick auf den realen Kontext der Psalmen, und das bedeutete: die großen Feste galten als Hintergrund für Entstehung und Verwendung fast aller Texte im Psalter, das Thronbesteigungsfest JHWHs für S. Mowinckel, das Bundesfest für A. Weiser, das königliche Zionsfest für H.-J. Kraus (Psalmen). Die Hypothesen gingen fast ganz zu Bruch, weil die postulierten Feste im antiken Israel nicht oder nur in anderer Gestalt nachweisbar waren. An ihrer Stelle etablierten sich – sehr viel besser begründet – verschiedene kleinere kultische Anlässe und Gelegenheiten: das Königsritual (Ps 110 Inthronisation, Ps 45 Hochzeit), die Klagefeier (Ps 74ff.; 89), der liturgische Gottesdienst (Ps 100; 136), die Bußpraxis (Ps 6; 38f.), die Wallfahrt (Ps 42f.; 84; 121ff.), die Einzugs-Tora (Ps 15; 24), das Asylverfahren (Ps 62), das Ordalverfahren (Ps 3ff.), das Heilsorakel (Ps 60; 91; auch 22), die Toda-Dankfeier (Ps 107; 116; 118 und 22; 30; 41), der Segen (Ps 67; 115; 134) etc. – mannigfache kasuelle Veranstaltungen, die für erklärende, begleitende, bittende, berichtende, bekennende Worte einzelner oder der Gemeinde Platz ließen. Dazu gehören auch gesungene oder rezitierte Texte, die als Kantaten zur Aufführung kamen (Ps 95ff.; 135; s.u. 3.1. und 3.2.).

Daneben sind auch nichtkultische oder „nachkultische" Gelegenheiten anzunehmen, die zur Entstehung von Gebeten (Ps 42f.; 120; 131), Gedichten (Ps 78; 104; 114; 122; 128), Sprüchen (Ps 127; 133; 14 = 53), Lehren, vor allem weisheitlichen Texten (Ps 1; 25; 34; 37; 49; 73; 119) u.a. geführt haben. Oft ist eine Entscheidung nicht zu treffen. Übergänge sind anzunehmen, sowohl in der kultischen Verwendung (vgl. Ps 60; 108) als auch zwischen kultischer und nichtkultischer Verwendung (vgl. Ps 58; 82, aber auch

Ps 2; 101 oder Ps 41; 69; 88; 102), da es sich ja um Texte handelt, die zur Wiederverwendung ausersehen waren oder geeignet schienen. Die Frage nach dem Sitz im Leben ist dennoch differenziert zu beantworten, aus der erstmaligen Funktion ergibt sich eine Rezeptionsgeschichte. Die Frage nach der Funktion der Texte wird präzisiert durch neuere Untersuchungen, die sich Aspekte der Sprechakt-Theorie zunutze machen. Sie mündet in die theologische Frage nach dem Sinn des Gebets (vgl. Ps 77) und nach der Leistung von Sprache überhaupt (vgl. Ps 78; 106,2).

Zwei Probleme schließen sich hier an. Einmal die Frage der Psalmüberschriften, sofern sie Verwendungsmöglichkeiten anzeigen. In der Regel geht die Auslegung davon aus, daß auch diese Texte – wie die Überschriften überhaupt – spätere Zusätze sind, die eine mögliche oder realisierte Verwendung notifizieren: so die Angaben „zur Tempelweihe" (Ps 30,1), „für den Sabbattag" (Ps 92,1), „zum Dankopfer" (Ps 100,1), „Gebet eines Elenden, wenn er verzagt ist und seine Klage vor JHWH ausschütten will" (Ps 102,1). Ähnlich können die biographischen David-Zuschreibungen (z. B. „als er vor seinem Sohn Absalom floh", Ps 3,1; „Klagelied, das er JHWH sang wegen des Benjaminiten Kusch", Ps 7,1 usw.) als Angaben typischer Lebenslagen – am Leben →Davids exemplifiziert – aufgefaßt werden, die den Nachvollzug empfehlen. Nicht eindeutig und befriedigend geklärt sind einige technische Angaben in den Überschriften, allen voran die Zweckangabe *lam^{e}naṣṣeaḥ*, meist übersetzt mit „für den Chorleiter" oder „Musikmeister" (anders schon die Septuaginta: *εἰς τὸ τέλος*), 55mal in Überschriften, einmal als Unterschrift (Hab 3,19) belegt, die etwas mit der „Aufführung" zu tun haben wird. Auch die häufig beigegebenen Gattungsbezeichnungen *mizmôr*, „Gesang mit Begleitung", *šîr*, „Lied", *šiggāyôn*, „Klage" oder *t^{e}pillāh*, „Gebet", *maśkîl*, „Gedicht" (besser wohl: „Wechselgesang") usw. geben nur Möglichkeiten zur Verwendung an. Vieles ist noch ungeklärt. Auch das etwa 70mal im Psalter (dazu 3mal Hab 3; von LXX noch vermehrt) bezeugte Wort *sælāh* ist sowohl etymologisch wie semantisch nicht eindeutig geklärt. Die Septuaginta denkt möglicherweise an ein musikalisches Zwischenspiel (*διάψαλμα*) wie viele Ausleger auch: Terminus für die Rezitation oder für Musik; für Stimmerhebung, Pause u.a. Die Ableitungen schwanken: z. B. von persisch *salā*, „Lied", von hebräisch *slh*, „Leere" (= Lücke), oder *sll*, „Rampe" o.ä. Oder man erwägt eine Abkürzung (Notarikon; vgl. HALAT). Auffällig ist, daß das Wort häufig bei (oder in der Nähe) einer textlichen Zäsur steht, etwa bei Zitaten. Sollte es ursprünglich einen Abschnitt im fortlaufenden Text oder am Rand markiert haben (vgl. Hab 3,3.9.13 oder Ps 46; 76; 77, dann auch Ps 9,17 u.a.)?

Damit verwandt ist das andere Problem. Trotz großer Anstrengungen ist es offensichtlich nicht möglich, die althebräische Musik ins Leben zurückzurufen. Was sich aus vermutbaren altorientalischen Notensystemen (?), aus Hinweisen auf Klang und Wirkung, aus dem masoretischen Akzentsystem (auch in der poetischen Variante zu den Psalmen, →Proverbia und →Hiob) und aus modernen Analogien ergibt, reicht offenbar dazu nicht aus. Es bleibt ein Feld vieler Möglichkeiten. Wahrscheinlich wurden Gebete laut (vgl. I Sam 2) im Sprechgesang vorgetragen, Lieder solo (Ps 78) oder im Chor, bei gleichgebauten Strophen wohl mit wiederholten Melodien (z. B. Ps 80), mit Antiphon (Ps 136), bei wechselnder Begleitung mit Melodie- (Flöten, Pfeifen) und Rhythmusinstrumenten (Leier, Harfe; vgl. I Chr 16; II Chr 5ff.).

Im Kontext der Psalmen außerhalb des Psalters werden Verwendungsmöglichkeiten berichtet, die auch für Psaltertexte gelten können und für die „Bilder ohne Rahmen" (Weiser) passend sind (vgl. Ex 15; Dtn 32; I Sam 2; II Sam 22 [= Ps 18]; Jes 12; 38; Jer 11ff.; Hab 3; Nah 1; Jon 2; Sir 51 u.a.).

2.3. Die Erkenntnis, daß die überlieferten Psalmtexte ihre eigene Geschichte dokumentieren, ist nicht neu. Relativ neu aber ist der vielfach unternommene Versuch, diese Geschichte im einzelnen zu explizieren. Das wurde dadurch möglich, daß die auf dem Feld der geschichtlichen und prophetischen Bücher bewährten literaranalytischen Methoden auch auf die Psalmen angewandt wurden – mit Erfolg, wie die zahlreichen Untersuchungen zeigen (etwa von Beyerlin; Tournay; Jeremias und Spieckermann). Die Überlieferungsgeschichte der Psalmtexte wird ja grundsätzlich schon durch die Doppelbelege (Ps 14 // 53; 60 // 57 // 108; 40 // 70; 115 // 136; Ps 18 // II Sam 22; Ps 105 // 96 // 106 // I Chr 16 u.a.), durch Gattungskombination (z. B. Klagelied – Dankpsalm: Ps 9f.; 22; 40; 69; 102 u.a.), durch die Verwendungsmöglichkeiten anzeigenden Überschriften (z. B. Ps 102 als Formular zur Wiederverwendung), durch gelegentliche Hinweise auf vorgegebene Vorlagen (z. B. eine Schriftrolle, Ps 40,8; Niederschrift, Ps 102,19), durch Zitate (Ps 74,12ff.; 76,5ff. u.a.) markiert. Bis zu einem gewissen Grad hypothetisch bleibt die Rekonstruktion, weil sie in diachroner Perspektive Textschichten mit Zeitstufen in Beziehung bringen muß, die häufig nur relativ zu postulieren und nicht durch externe Belege zu beweisen sind. Das sich abzeichnende Bild ist gleichwohl ein großer Gewinn und zeigt die Lebendigkeit der Lied- und Gebetsprache und der liturgischen Schöpfungen.

Als Beispiele sollen dienen: Ps 22; 76; 102; 133.

Ps 22 besteht im ersten Teil (V.2–22) aus einem klagenden Bittgebet („Mein Gott, mein Gott, warum hast du mich verlassen", V.2). Dieses ist der älteste Teil des Psalms, und zwar ganz gleich, ob es für einen Notfall, in einer Notlage oder nach bestandener Not aufgeschrieben wurde. Es tritt jedenfalls in eine neue Phase, indem ihm – sicher *ex post* – als Nachtrag eine Art Erhörungssubskription am Ende von V.22 („Du hast mich erhört") hinzugefügt wurde. Nach dem Erhörungsbekenntnis folgen sukzessive, doch in unbestimmbarer zeitlicher Erstreckung, das lobpreisende Danklied „vor großer Gemeinde" (V.23–27) und – wahrscheinlich bei späterer Verwendung – die eschatologische Ausweitung (V.28–32). Die vorläufig letzte Stufe stellt wohl die in V.1 notierte musikalische Aufführung dar. Doch ist damit das Ende der Geschichte dieses Textes noch nicht erreicht.

Ps 76 beginnt zunächst mit allgemeinen theologischen Erwägungen zur Heilsbedeutung „Salem"-„Zions" in Juda (V.1–4) mit dem Ergebnis, daß die erwiesene Präsenz Gottes an jenem Ort durchaus kultische Verrichtungen wie Gelübdeeinlösungen zuließe (V.12) – Probleme der tempellosen Zeit des →Exils. Zum Nachweis der bleibenden göttlichen Gegenwart zitiert der Psalm zwei Strophen aus einem wohl älteren, vorexilischen Hymnus (V.5–11.13), der also zur Vorgeschichte des Psalms gehört. Die Nachgeschichte markiert die Überschrift, die verschiedene Verwendungsweisen (als Choral, als Sologesang, als Kantate) anbietet.

Ps 102 ist ein sehr komplexer Text, der Teile eines Klage- (V.1–12.24f.) und Dankpsalms mit theologisch-liturgischen Elementen eines Gebets für den Zion (V.14.17.29) und der Anbetung des ewigen Gottes (V.13.25b.28) zu einer konzeptuellen Einheit fügt. Ihr Thema ist die Vergänglichkeit der „Tage" des Menschen und die Beständigkeit der ewig sich selbst gleichen Gottheit, dargestellt am Paradigma des Gebets eines Todkranken. Ob der in V.1 angesprochene Formularcharakter („Für den Elenden, wenn ..."), wie bei Überschriften üblich, dieser Letztfassung gilt oder doch eher einer aus den Kernstücken V.2–12.24f. und V.18–23 bestehenden Klage-Dank-Agende, muß offenbleiben. Wahrscheinlich bildete das Formular nur eine Zwischenstufe der Entwicklung. Denn das in V.2ff. vorgelegte Gebet spricht in seiner lebendigen Farbigkeit und mit seinen plastischen Bildvergleichen („wie ein einsamer Vogel auf dem Dach"), bezogen auf den Fall eines Schwerkranken, für individuelle Abfassung im Sinne der niedergeschriebenen *t^e^pillāh* von V.18f. Möglicherweise lag eben hier der Ausgangspunkt einer Entwicklung, die nach verschiedenen Bearbeitungen, Ergänzungen und Umstellungen zur komplexen Endstufe führte. Nicht ausgeschlossen ist, daß der Text bei der Wiederverwendung als Agende aus einzelnen Stücken bestehend neu zusammengesetzt wurde. Die Nahtstellen sind bei V.13 und V.25 noch gut zu erkennen.

Ps 133 scheint ein sehr merkwürdiges Schicksal gehabt zu haben. Entstanden ist er aus einem weisheitlichen Wahrspruch über das Glück des guten Zusammenlebens von Brüdern oder Genossen (V.1b), dem zwei naturalistische Vergleiche beigegeben worden sind: „wie Parfümöl", das vom Kopf auf die Kleider tropft (V.2a); wie „der Tau des Hermon", der auf die Hügel von ... niedergeht (V.3). Schriftgelehrte Lektüre („relecture" und „Fortschreibung") bezog das Bild vom Herabfließen des Salböls konkret auf den Hohenpriester (Aaron V.2b) und die wohl ursprüngliche Erwähnung der alten Hermon-Stadt „Ijon" (V.3) auf das ähnlich lautende „Zion" und auf den dort fließenden Segen. Erst so wurde der Spruch zum theologischen Gedicht und fand Aufnahme unter den Wallfahrtspsalmen.

Jeder Psalm hat seine eigene „Biographie". Die Wiederverwendung ist an der Redaktions- und Rezeptionsgeschichte ablesbar. Am besten unterscheidet man die Phasen der Entstehung (Abfassung, Erstgestalt) und der Verwendung (Bearbeitung, veränderte Gestalt), die noch durch Phasen der Sammlung und Wirkung ergänzt werden müssen (s. u. 3. u. 4.). Die Umstände bei der Entstehung sind vergleichsweise schwerer zu fassen als die der Verwendung. Angaben fehlen meistens. Die Überschriften sind Zuschreibungen und Widmungen. Für „offizielle" Texte kommen Hofdichter (vgl. Ps 45,2), für die Verkündigung Sänger und Lehrer (Ps 78,1f.), für gottesdienstliche Texte Liturgen (Ps 50; 81) in Frage. „Persönliche" Texte scheinen primär zumeist nicht als Formulare entstanden zu sein (wie Ps 102; 15; 24 u.a.), vielmehr individuelle Verfasser gehabt zu haben, obwohl keine Eigennamen überliefert sind. Texte wie Ps 3ff.; 38ff.; 52ff. sind keine stereotypen Paradigmen, sondern individuelle Ich-Geschichten und Ich-Gebete, aus ganz bestimmten Situationen heraus entstanden (vgl. Ps 42f.; 42,7 „vom Land des Jordans her" gesprochen; Ps 131 wohl von einer Frau geschrieben; Ps 109 von einem Angeklagten verfaßt). Dann muß man den Schluß ziehen, daß diese Texte als Votivgaben ans Heiligtum gebracht wurden. Der Öffentlichkeit zugänglich wurden sie wahrscheinlich nach entsprechender Bearbeitung in ausgelegten Sammlungen. Der rege Gebrauch hat seine Spuren hinterlassen, nicht nur in Textbeschädigungen – ihre Zahl ist groß –, sondern auch gelegentlich in Nach- oder Unterschriften, welche von der Hand der Verwender stammen dürften (vgl. Ps 25,22; 145,21 [11QPs[a]]; 104,31–35; 106,1–5 [zu 105] u.a.).

Das Datierungsproblem kompliziert sich dadurch. Für Einzelpsalmen ist es nur in wenigen Fällen konkret lösbar, z. B. bei Ps 137; 74; 79; 60 (?). Epochenangaben für die Entstehung sind eher möglich. Konsensfähig ist die Datierung von Königspsalmen und Kulthymnen in ihrer Erstform in vorexilischer Zeit (z. B. Ps 2; 18; 45; 72; 110 bzw. Ps 24; 29; 93), von Wir-Psalmen in exilischer Zeit (Ps 44; 74ff.; 89; 137), während die Mehrzahl der individuellen Psalmen (z. B. der Davidpsalter), der Weisheitstexte (Ps 1; 9f.; 19; 25; 34; 37; 49; 73; 111f.; 119; 127; 139; 145 etc.) und Liturgien (Ps 113ff.; 134ff.; 146ff.) wohl erst der nachexilischen, zum Teil sogar der spätnachexilischen Zeit anzugehören scheinen.

Die Geschichte der Psalmentstehung setzt sich in hellenistisch-römischer Zeit fort, wie die Zeugnisse in der außerkanonischen Literatur belegen: Sirach, →Qumran (vgl. 11QPs[a]; Non-canonical Psalms 4Q380/381; Sabbat-Lieder 4QŠirŠabb, MasŠirŠabb u.ä.), Hodajot, Psalmen Salomonis und Neues Testament (Lk 1f.).

Interessant sind die frühen Kommentierungen von Einzelpsalmen, etwa in Qumran (vgl. 4QFlor [Ps 1f.]; 1QpPs [Ps 57; 68]; 4QpPs[a] [Ps 37; 45; 60; 108]; 4QpPs[b] [Ps 118; 127; 129]) und im Neuen Testament (vgl. Röm 3 [Ps 14]; Hebr 1 [Ps 2; 102; 8]; 3 [Ps 95]; 5 [Ps 2] etc.), sowie die aramäische Bearbeitung von Ps 20 auf einem demotischen Papyrus aus Elephantine (?) (vgl. J.W. Wesselius/W.C. Delsman: TUAT 2/6 [1991] 930ff.).

2.4. Auch die altisraelitischen Psalmen stammen aus der altorientalischen Welt und sind Teil ihrer Geschichte. Insofern ist die Suche und Frage nach Parallelen und Analogien und nach möglichem gemeinsamem Hintergrund berechtigt. Durch die fortschreitende Erforschung der altorientalischen Kulturen und ihrer Literaturgeschichte, vor allem der Israel benachbarten Regionen, sind die Vergleichsmöglichkeiten gewachsen und zugleich sehr viel komplizierter und diffiziler geworden. Die heutige Situation der vergleichenden Psalmenforschung wird von drei Faktoren bestimmt: (a) durch die Erkenntnis von der kulturellen Eigengesetzlichkeit. Die Kultpoesie der ägyptischen, mesopotamischen, kanaanäischen, hethitischen Welt ist integraler Bestandteil des jeweiligen Kulturkreises, eingebunden in die sprachlichen, gesellschaftlichen, religiösen Voraussetzungen und oft direkt mit tragender Funktion innerhalb des kultischen Systems versehen (vgl. die sumerischen Brief-Gebete, die altbabylonischen Opferschaugebete, die ägyptischen Sonnenhymnen). Das macht Übertragungen und Übersetzungen im wörtlichen Sinn fast unmöglich. Diskutiert wird eine solche Übernahme für Ps 29 und 104, wobei die fast völlige Destruktion der mutmaßlichen Vorlagen – angefangen bei den Gottesnamen: Baal, El – JHWH bzw. Amun, Aton – JHWH – vorauszusetzen wäre. Jede Lektüre der einschlägigen Sammlungen (ANET, LAPO, GAT, TUAT u.a.) macht deutlich, daß die jeweiligen Kulturkreise in sich geschlossen sind; (b) durch die Erkenntnis der zeitlichen und räumlichen Distanz. Die Kultpoesie der altorientalischen Kulturen in Israels Umwelt ist in ihrer klassischen Ausprägung um Jahrhunderte älter (vgl. den großen Echnaton-Hymnus aus dem 14. Jh. v. Chr.; die ugaritischen Texte aus dem 13. Jh. v. Chr.), so daß direkte Berührungen mit der Psalmenpoesie nur für Spätformen und als einseitige Abhängigkeit denkbar sind. Der zeitliche Abstand macht die Gräben zwischen den Kulturen noch tiefer, als sie ohnehin sind; (c) durch die Erkenntnis der individuellen Ausprägung auch der jeweiligen altorientalischen Einzeltexte. Gattungsvergleiche wie z. B. Hymnen, Klagegebete, Liturgien – sofern die Bezeichnungen überhaupt vergleichbare Texte zusammenstellen – zeigen in erster Linie die Andersartigkeit von Form, Funktion und Inhalt. Doch ist dies schon ein Erkenntnisgewinn, der weiterführen kann (vgl. z. B. die Untersuchungen zum ägyptischen Sonnenhymnus, zum babylonischen Handerhebungsgebet, zum sog. Klageschema etc.). Für die Beziehungen der Einzeltexte heißt es, daß sich der Abstand noch einmal vergrößert.

Daß der große Reichtum der altorientalischen Psalmenpoesie es möglich macht, gelegentlich überraschende Affinitäten zu entdecken, ist nicht verwunderlich. Das liegt natürlich zu einem Teil an den vergleichbaren (miserablen) Lebensbedingungen (Notlage, Feindklage, Todklage usw.), an den gesellschaftlichen Verhältnissen: Die Könige sind auch in der Psalmenpoesie privilegiert (sumerische Königspsalmen, ägyptische Sonnenhymnik), an den verwandten kultischen Bedürfnissen (Riten der Klage, der Buße, des Lobpreises, der Festfreude, des Opfers) und vor allem an der „persönlichen Frömmigkeit". Gerade auf diesem Feld sind bewegende, ja erschütternde Zeugnisse belegt, die zumeist als Ausdruck persönlichen Leidens und Glaubens entstanden sind und sich menschlich nahekommen (vgl. z. B. das Gebet des Malers Nebre aus Deir el-Medine [vgl. TUAT II/6, 872ff.], das Klagelied in Todesnot aus Ninive [vgl. TUAT II/5, 780f.], Ps 22 aus Jerusalem). Nur das internationale Phänomen der altorientalischen →Weisheit könnte auch auf dem Gebiet der Psalmendichtung vermittelnde Funktion gehabt haben. Die Ähnlichkeiten in Form (Akrostichie; Spruchmetren) und Inhalt (Lebenslehre, Weltbild, Problemthemen) sind hier größer und deuten auf ein vergleichbares oder gar gemeinsames Wissen, auf eine dadurch verbreitete gemeinsame Weltsicht. So werden im Blick auf die weisheitlichen Psalmen (Ps 1; 8; 49; 73; 104 u.a.) die altorientalischen Analogien zu Recht bevorzugt diskutiert. Mit der Erforschung und Erschließung der Weltdarstellung und Weltdeutung im Bild hat O. Keel der vergleichenden Psalmenauslegung eine neue Dimension eröffnet. Sie vermag die Affinitäten, aber auch Kontraste der Literaturzeugnisse aus den jeweiligen Kulturkreisen besonders anschaulich zu machen.

3. Untersuchungen zu Kontextgruppen

Das Grundproblem der Psalmenforschung ist die Zuordnung zu Kontexten. Die Zuordnung erlaubt den Vergleich mit entsprechenden Texten und führt zu einer präziseren Bestimmung des Einzelpsalms als Teil eines größeren Ganzen. Wenn die Psalmen als Teil der Heiligen Schrift nur als Fundgrube für *dicta probantia* durchforscht werden (vom Neuen Testament bis in neueste Zeit), ist kein Anlaß zu Sichtung und Ordnung von Einzeltexten gegeben. Die ältere Tradition kannte darum – von herkömmlichen Gruppierungen wie „Davidpsalmen" einmal abgesehen – eigentlich nur die altkirchliche Zusammenstellung der sieben Bußpsalmen (Ps 6; 32; 38; 51; 102; 130; 143) als feste Sondergruppe. Mit der neueren historisch-literarischen Auslegung trat eine Wende ein.

3.1. Im 19. Jh. begann die Forschung zunehmend, die Psalmen im Psalter aus ihrem angestammten Platz zu lösen und nach neuen Gesichtspunkten zu ordnen. Solche Zusammenstellungen konnten theologisch-thematisch bestimmt sein (z. B. Schöpfungspsalmen, Weisheitspsalmen) und haben als solche ihr Recht. Andere erfolgten nach formalen Aspekten und bildeten so die Grundlage für die überaus erfolgreiche „form- und gattungsgeschichtliche" Forschung. W.M.L. →De Wette unternahm es, auf den Spuren J.G. →Herders wandelnd, die Psalmen nach ihrer „Dichtungsart" zu „classificieren". Er sah in ihnen „lyrische Gedichte" und teilte sie ein in: 1. „Hymnen", 2. „Volksthümliche Psalmen", 3. „Zions- und Tempelpsalmen", 4. „Königspsalmen", 5. „Klagpsalmen", 6. „Religiöse und moralische Psalmen", und nahm nur wenige Zwischenformen an. Man erkennt, daß die „Classen und Arten" nicht allein nach formalen, sondern auch inhaltlichen Kriterien bestimmt wurden. H. →Gunkels klassisch gewordene Einteilung in Gattungen geht denselben Weg weiter. Drei Kriterien muß eine „Gattung" erfüllen: (a) Zugehörigkeit zu „einer bestimmten *Gelegenheit im Gottesdienst*" (Sitz im Leben), (b) „ein gemeinsamer Schatz von *Gedanken und Stimmungen*", (c) eine „gemeinsame *Formensprache*" (Gunkel 22f.). Dies ergibt einen Katalog von folgenden Gattungen: 1. „Die Hymnen" (unter Einschluß der „Lieder von Jahwes Thronbesteigung"); 2. „Die Klagelieder des Volkes"; 3. „Königspsalmen"; 4. „Die Klagelieder des Einzelnen"; 5. „Die Danklieder des Einzelnen"; 6. „Kleinere Gattungen": „Segens- und Fluchworte", „Das Wallfahrtslied", „Das Siegeslied", „Das Danklied Israels", „Die Legende", „Die Tora"; 7. Prophetische Gattungen; 8. „Weisheitsdichtung in den Psalmen"; 9. „Mischungen, Wechselgedichte und Liturgien". Der Katalog wurde nach Gunkel zum Teil erweitert und ergänzt, zum Teil auch auf „Grundformen" zurückgeführt (Lob und Klage als die bestimmenden polaren Grundgattungen [Westermann]). Er blieb in der Folge dominant.

3.2. Die Konzentration auf die „bestimmten Gelegenheiten im Gottesdienst", die von den Impulsen der Untersuchungen S. Mowinckels u.a. angeregt wurde, führte zu anderen und zum Teil präziseren Zuordnungen und Gruppierungen der Psalmtexte. Zu nennen sind nach den Thronbesteigungs- (Ps 29; 47; 93–99) und Königspsalmen (Ps 2; 18; 20; 21; 45; 72; 89; 110; 132; 144) vor allem die Gebete der Angeklagten (Ps 4; 5; 7; 11; 13; 17; 26; 27; 31; 35; 54–56; 59; 94; 109; 139; 140; 142; vgl. Schmidt), der Beichtspiegel (Ps 15; 24; vgl. Galling), die Asylpsalmen und Schutzorakel (fast alle individuellen Psalmen nach Delekat), die Feind- und Gerichtspsalmen aus der Ordalpraxis (Ps 3–5; 7; 11; 17; 23; 26; 27; 57; 63; vgl. Beyerlin), Hymnus und Danklied (vgl. Crüsemann), die Krankenpsalmen (u.a. Ps 6; 30; 32; 35; 38; 39; 41; 69; 88; 102; vgl. Seybold), Klagelieder (vgl. Gerstenberger), „Gebetslieder" (H.-J. Kraus, Psalmen) etc. Obwohl die Zugehörigkeit zu einer Gruppe oft Probleme macht (Original oder Nachahmung, Metaphorik und Spiritualisierung der Kultbegriffe, Feindbild und Notlage u.a.), gelingt es im großen und ganzen doch mehr oder weniger überzeugend, den Hintergrund auszuleuchten und den Einzeltexten einen Ort zuzuweisen. Die Forschung ist im Fluß.

3.3. Ein starker Trend der heutigen Psalmenforschung geht dahin, sich auf die überlieferten Kontexte der Einzelstücke zu konzentrieren und die Beziehungen zu untersuchen, die zwischen den Psalmen in unmittelbarer Nachbarschaft bestehen. Begriffe wie Juxtaposition, *Concatenatio*, Sequenz, „Zwillingspsalmen" verbreiten sich. Sie treten in das Licht einer kanonischen Auslegung, d.h. einer Psalmenlektüre, welche vom Psalter als Buch auf der Ebene des Kanonabschlusses ausgeht. Anlaß dieser Gruppierungen sind die von der Tradition schon zusammengefügten Serien, die nicht nur durch eine gemeinsame Überschrift, vielmehr auch durch gemeinsame Herkunft und Charakter zusammengehören.

Zum Beispiel werden die Psalmen 111–118 durch den Lobruf *halᵉlû Yāh* zusammengebunden – deutlicher in der Septuaginta als im masoretischen Text, weil dort der Lobruf konsequent als Psalmeröffnung erscheint (Ps 114 und 115 werden zudem vereinigt, Ps 116 wird geteilt). Die zum erweiterten *Ägyptischen Hallel* zusammengestellten Texte verbindet manche Gemeinsamkeit, so das Leitmotiv „Name JHWHs", der Bezug zur Dankfeier (*tôdāh*) und ihren Bedürfnissen und anderes mehr. Dabei bilden die lehrhaften Zwillingspsalmen 111 und 112, die hymnischen Stücke Ps 113–115 und die mehr anthologischen Texte Ps 116 und 118 (letzterer als Nachtrag nach der Schlußdoxologie Ps 117?) kleinere Untereinheiten und bieten zusammen eine Art Handreichung zur Feier eines Dankgottesdienstes (Lehre, Lieder, Sprüche).

Ähnliches gilt für das *Kleine Hallel*, die Psalmen 146–150, die auf gleiche Weise durch den Lobruf, ohne andere Überschriften, verbunden sind. Ihnen sind sprachlich-musikalische Kompositionstechniken (Klangformen, Rhythmik, Motivik) gemeinsam, die auf liturgische Aufführungspraktiken schließen lassen. Aber auch die Anordnung zeugt von bewußter Setzung. Mit einem Ich-Psalm (Ps 146) beginnt die Reihe beim Individuum, geht über zum Wir-Text des Gemeindegesangs (Ps 147), weitet sich zum weltweiten Doppelchor des Himmels und der Erde (Ps 148) und mündet schließlich – nachdem Ps 149 retardierend nochmals die Anliegen der Frommen Israels artikuliert hat – in den wortlosen, universalen Lobpreis im Konzert aller Geschöpfe (Ps 150).

Daß die Psalmen 93–99 eine zusammengehörige Gruppe bilden, ist schon durch das Fehlen trennender Überschriften deutlich (in Ps 98,1 und 93,1; 96,1 LXX sind gleichwohl, wahrscheinlich sekundär, Überschriften hinzugefügt worden). Dennoch bilden diese Psalmen keinen zusammenhängenden und etwa strophisch strukturierten Einheitstext. Aber es ist kein Zweifel, daß sie sich sachlich sehr nahe stehen, nicht so sehr als Hymnen für ein bestimmtes Fest (der Thronbesteigung JHWHs), vielmehr als liturgische Stücke für eine Gemeinde (pluralisch) unter Verwendung kultischer Credo-Texte und hymnischer Zitate aus dem Erbgut des ersten Tempels. Das Bekenntnis zum Weltenkönig JHWH auf Zion wird in die Agenden des zweiten Tempels und seiner Gemeinde hinübergerettet. Ps 94 und 100 gehören insofern zu dieser Serie hinzu.

Eine kleine Serie liturgischer Texte findet sich auch in Ps 134–136. Zwar gehört Ps 134 noch zur Gruppe der Wallfahrtspsalmen. Aber an den Priestersegen für die Pilger (Ps 134) wurden die beiden Liturgien Ps 135 und 136 angeschlossen – wieder unter Verwendung des Lobrufs. Gibt Ps 135 den Text einer mehrstimmigen „Kantate" wieder (die Musik ist nicht überliefert), an der verschiedene Gruppen beteiligt sind (vgl. V.19ff.), ist Ps 136 als Hymnus eines Vorsängers gestaltet mit einer gleichlautenden Antiphon, die ein Chor nach jeder neuen Halbzeile anstimmt. Der Kontrast dieser Texte zu dem folgenden Ps 137 und seinem Verzicht auf Gesang ist bewußt hart gesetzt.

3.4. Serien werden auch durch die Überschriften vermerkt, welche mit dem l^e der Zuordnung zu Verfassern oder Archiven offenbar schon gebündelten Einzeltexten ein gemeinsames Etikett verleihen. Dadurch werden Gruppen gebildet, die als Sammlungen zu verstehen sind, ohne daß bereits für alle diese Serien einleuchtende und akzeptable Erklärungen gefunden sind.

Am eindeutigsten hebt sich die Serie der sog. *Wallfahrtspsalmen* vom Kontext ab (zwischen Ps 119 und den Liturgien Ps 135f.). Die Überschrift (*šîr hamma'alôt*, „Lied für Hinaufzüge", „Stufenlied" o.ä.) fügt die Gruppe zusammen, die formal – Kleintexte (außer Ps 132, eine Rezitation), in schlichtem Stil gehalten – und inhaltlich – Themen und Motive der Zionwallfahrt – recht einheitlich sind. Zudem sind sie sinnvoll geordnet nach den Stationen der Pilgerfahrt: Herkunft (Ps 120), Ankunft (Ps 121; 122), Gebete (Ps 123–130), Abschied und Rückkehr (Ps 131; 134), orientiert offenbar an den Möglichkeiten der Wallfahrer. Möglicherweise diente die wohl erst nachexilisch entstandene Sammlung als Leitfaden oder Handreiche für den Zionbesucher, zumindest in der überlieferten Gestalt, die eine theologische Bearbeitung erfahren zu haben scheint, welche die Texte auf die Heilsgabe des Segens im Sinne des Priestersegens (Num 6,24ff.) hin ausrichtete. Auf diese Weise – mag sein auch durch Symbolzahlen (15 Texte, 15 Wörter des Segens, 15 Stufen zum Tempel etc.) – wurde die Einheit der Gruppe gefestigt.

Auch die mit „von/für die Korachiten" überschriebenen Psalmen (Ps 42/43–49; 84; 85; 87; 88) bilden offensichtlich eine Serie. Dazwischen gestellt wurde der zweite David-Psalter (Ps 51–72), umrahmt von der Asaph-Gruppe (Ps 50; 73–83) – Ps 86 wurde als David-Psalm eingeschlossen. Neuere Untersuchungen haben zur These geführt, die Ortsangaben dieser Gruppe seien durchaus ernst zu nehmen (Ps 42f.; 46; 48; 84; aber auch 48,3.13; 87 u.a.), d.h. daß die Texte ursprünglich aus der alten Königsstadt Dan stammen, auf das dortige Tempelheiligtum (dem „Zion des Nordens", Ps 48,3) bezogen sind, auf den Nordreichkönig (Ps 45) und die Stadt an den Jordanquellen (Ps 46,5), ehe sie nach dem Untergang des Nordreichs (722 v. Chr.) in den Süden gelangten und auf Zion/Jerusalem gedeutet und umgeschrieben wurden (vgl. besonders Ps 48; 87).

Weniger klar ersichtlich ist die Herkunft der sog. *Asaph-Psalmen* (Ps 50; 73–83). Diese Gruppe, gekennzeichnet durch viele gemeinsame Merkmale, Topoi und Motive, ist sehr wahrscheinlich ein Produkt der exilischen Zeit, entstanden nach der Katastrophe Jerusalems (Ps 74; 79) und in gewissem Abstand zum Zionheiligtum (Ps 76), möglicherweise an einem der exilischen Zentren (Mizpa oder →Bethel). Die hinter der Mehrzahl der Wir-Psalmen stehende Gemeinde bringt ihre Anliegen vor (Ps 80; 83) oder empfängt die göttliche Weisung für ihre Situation (Ps 50; 75; 81; 82). Daß auch einzelne Beter zu Wort kommen (Ps 73; 77), kündigt die Zeit an, da auch einzelne und Laien ihre Probleme öffentlich vortragen konnten. Der explizite Traditionsbezug auf die Daten der Heilsgeschichte in Form von Rezitationen (Schöpfung, Ps 74; Exodus, Ps 77; 78; Gesetzgebung, Ps 81; Landnahme, Ps 80; Theophanie, Ps 76 usw.; vgl. auch die Deutero-Asaphinen Ps 105; 106; dazu 89) zeugt von einem neuen Bewußtsein, das die eigene Identität von der Vergangenheit her bestimmt. Die tiefgreifende Überarbeitung, der diese Texte unterworfen waren, deutet an, daß der Umgang mit diesen nördlich-exilischen Texten den späteren Benutzern nicht leichtfiel (vgl. Ps 50; 76; 81 im besonderen).

Die Forschung ist auch hier im Fluß. Doch neue Einsichten sind zu erwarten, je besser es gelingt, einerseits die Gruppen und Serien zu bestimmen und andererseits die religions- und kulturgeschichtlichen Epochen zu beschreiben, mit denen diese Psalmen in Korrelation zu bringen sind.

4. *Untersuchungen zu den überlieferten Sammlungen*

4.1. Der Schritt hin zu den ebenfalls durch Zuschreibung kenntlich gemachten David-Psaltern (I: Ps 2; 3–41; II: Ps 51–72 + 86; 98?; III: Ps 101–103.108–110; IV: Ps 138–145) ist klein, doch wurde er noch nicht so häufig auch konsequent vollzogen. Manche Einsichten und Ergebnisse im einzelnen zeigen konvergierende Tendenz. Dazu gehört das allerdings schon länger bekannte Faktum, daß die David-Psalmen, die ungefähr die Hälfte der Psalmen im Psalter ausmachen, in ihrer großen Mehrheit Individual-Psalmen sind. Das unterscheidet sie grundsätzlich von anderen Gruppierungen. Nicht klar ist das Verhältnis der Einzelpsalter zueinander. Zwar ist zu vermuten, daß sie in zeitlicher Folge zustande gekommen sind. Doch trotz eines partiell beschreibbaren Eigencharakters der Sammlungen sind die Beziehungen zueinander noch nicht geklärt. Ich-Texte, aus der persönlichen Frömmigkeitssphäre stammend, sind schwer datierbar. Die Königspsalmen fallen als Erbstücke, zudem in der generalisierenden Bearbeitung (vgl. Ps 2,11b; 101 etc.), für die Datierung der Sammlung außer Betracht. Aus allgemeinen Erwägungen über die Geschichte der individualistischen Kultpoesie wird man eher an eine jüngere Epoche der →Religionsgeschichte Israels denken. Nicht in Frage steht als zumindest ideelles Zentrum des David-Psalters der nachexilische Tempel. Zu viele Einzeltexte beziehen sich primär auf kultische Vorgänge, so daß anzunehmen ist, daß die Sammlungen dort angelegt worden sind.

4.2. Die neueren Forschungen legen viel Wert auf die Beachtung der Reihenfolge der Texte innerhalb der Psalterien, auf Verkopplungen und Cluster-Bildungen, auf Motivverkettungen und Begriffsvernetzungen, auch auf Zäsuren und Kontraststücke und vor allem auf strategische Positionen wie Anfang, Mitte und Schluß (vgl. vor allem Hossfeld/Zenger, Psalmen). Viele Auffälligkeiten bedürfen noch der Erklärung. Zum Beispiel bietet der erste David-Psalter im ersten Teil eine fortlaufende Reihe von Gebeten von Verfolgten und Angeklagten (Ps 3ff.); im zweiten Teil sind (ab Ps 30ff.) überwiegend Gebete und Lieder von Kranken und Leidenden zusammengestellt (vgl. Ps 38ff.). Der Hymnus Ps 29 bildet offenbar eine Art Mitte oder Wende zwischen den Reihen. Dieselbe Anordnung findet sich im zweiten David-Psalter (Ps 51ff.; 69ff.; Ps 68 steht zwischen den Gruppen). Sollte etwa das Dankopferritual von Ps 107 (V.10ff.17ff.) auf die Plazierung eingewirkt haben? Andere Beobachtungen beziehen sich auf chiastische Strukturen (z.B. in Ps 15–24) oder Kompositionsbögen (z.B. Ps 1–10; 11–31 u.a.), wobei letztere ebenfalls eine Ausrichtung am *Toda*-Schema erkennen lassen. Oder: In der Psalmreihe 90–118, der eine zusammenfassende Überschrift fehlt, folgen auf theologisch zentrale Lehrtexte (Theologie der Zeit, Ps 90; Theologie des [heiligen] Raumes, Ps 91; Theologie der Musik, Ps 92) eine Reihe von hymnischen, „neuen Liedern" (Ps 93–100), dann eine Reihe von Formularen (Ps 101; 102) und liturgischen Texten (Ps 103–107, unter Einschluß von Ps 104). Der David-Psalter III scheint angehängt worden zu sein (Ps 108ff.); das Hallel (s.o. 3.3.) folgt (Ps 113ff.). Zeigen diese Ansätze bewußter Redaktion die Absicht einer Edition, gar als Gebet- und Liederbuch für die Gemeinde des wiedererstellten Tempels (Ps 100)? Viele Fragen sind offen. Wären sie zu beantworten, wäre ein Teilstück der Entstehung des Psalters durchsichtiger geworden.

4.3. Eine vergleichsweise neue Aufgabenstellung ist es, die Formgeschichte der Psalmgruppen und Teilpsalter zu bestimmen. Hier sind nach gegebenen Ansätzen von M. Millard beachtliche und vielversprechende Vorschläge vorgelegt worden. Millard erkennt in den überlieferten Psalmgruppen (Psalter, Psalmgruppen wie Psalm-Cluster) gemeinsame Prinzipien, welche den erkennbaren „Kompositionsbögen" ein typisches Gefälle geben. Dieses besteht im Kern aus dem *Toda*-Schema, der Klage-Lob-Folge. Als kompositionelles Strukturgesetz kennzeichnet es sowohl die als „Wallfahrtsgruppen" zusammengefügten Korach-Psalmen (Ps 42ff.; 84ff.), Wallfahrtspsalmen (Ps 120ff.), Hallel-Psalmen (Ps 113ff.) und I Sam 1f. wie die „Klagekompositionen" des Asaph-Psalters (Ps 50; 73ff.) und die Psalmserien der Davids-Psalter (Cluster und Gruppen) und erweist die Kompositionen als „Varianten eines Typus" (Millard 171). Ihre Verortung in der Liturgie- und Literaturgeschichte ist nur ansatzweise möglich. Doch bilden sie die Grundlage für den aus dem elohistischen Psalter (Ps 42–83), einer Klagekomposition exilischer Herkunft, entstandenen persischen und dann kanonischen Gesamtpsalter.

5. Untersuchungen zum kanonischen Psalter

5.1. Die Wachstumsprozesse, die zum Gesamtpsalter geführt haben, finden in der neueren Forschung wesentlich mehr Beachtung als früher. (Nur 22 [§ 13] bzw. 26 [§ 14] von insgesamt 458 Seiten in Gunkel/Begrichs *Einleitung* sind der „Sammlung der Psalmen" gewidmet.) Dabei treten verschiedene Vorgänge der Redaktions- und Rezeptionsgeschichte in helleres Licht. Daß gewissen Psalmen wie Ps 1; 117; 119; 150 bestimmte „editorische" Positionen zukommen, ist längst erkannt. Die Frage ist, welche Strategie dahintersteht. Es scheint, als ob die Redaktoren mit schon festen Sammlungen gearbeitet haben, welche in einer Art Blocksystem zusammengestellt wurden. Ob der Aufbau von „unten", d.h. von vorne begann, ist angesichts der Altersverhältnisse fraglich. Möglicherweise sind parallele Vorgänge anzunehmen, so z.B. die Einfügung (und Verklammerung) des Asaph-Blocks in den zweiten David-Psalter (Ps 50–72/73–83/84ff.), die Auffüllung des „Mose"-Psalters (Ps 90ff.) bis zu Ps 118 etc. Eine offene Frage ist, ob man in Ps 90ff. den ältesten Bauteil sehen darf, vor den der große Psalterkomplex Ps 2–89 gestellt wurde, während die nachfolgenden Partien Ps 119; 120ff. usw. angebaut wurden. Eine eigenständige Geschichte zeigt der Komplex Ps 42–83, der einer besonderen Bearbeitung durch die nicht ganz konsequent durchgeführte Ersetzung des Gottesnamens durch den Begriff *'ælohîm* („elohistischer Psalter") unterzogen wurde, was doch wohl seine zumindest zeitweilige Selbständigkeit voraussetzt. War er die Basis der Psalterentstehung in exilischer Zeit (so Millard 175ff.)? Der erste David-Psalter wurde durch Klammersetzung (Ps 2–72 [vgl. 72,20] oder Ps 2–89) mit den andern Teilen verbunden. Entsprechend werden Ps 1 und 119 ein späteres Wachstumsstadium (einen Lesepsalter) umgreifen und abschließen. Die partiellen Ergebnisse verdichten sich zunehmend zu einem Bild. Sie geben mehr und mehr Einblick in Phasen der Sammlung und Komposition, die zum Gesamtpsalter hinführten. Wenn die Sicherheit in der Deutung der Plazierung von Einzelpsalmen auch auf die Gesamtredaktion hin zunimmt, werden sich die Abläufe wohl noch deutlicher darstellen, als es zur Zeit möglich ist.

5.2. Daß der Schluß des Psalters in gewissem Sinne offengehalten wurde, zeigt die Septuaginta, die einen 151. Psalm kennt „außerhalb der Zählung". Diskussionen löste vor allem die Handschrift 11QPs^{a} aus, die etwa das letzte Drittel des Psalters bezeugt, und zwar in einer völlig anderen Anordnung, die nur den Wallfahrtspsalter in der masoretischen Reihenfolge beläßt (Ps 134 ist mit 151 A,B ans Ende gestellt). Eingestreut finden sich einige apokryphe Texte: die bisher nur syrisch bekannten Psalmen II und III, „Plea for Deliverance" (Klagegebet); Sir 51,13ff.; „Apostrophe to Zion" (Zionspsalm); Ps 151 A/B; „Hymn to the Creator"; „Davids Compositions" (ein Katalog der von David verfaßten Psalmen).

Der für die Psalter-Entstehung so wichtige Text lautet: „Und er [David] schrieb 3.600 Hymnen (*t^{e}hillîm*), dazu Gesänge (*šîr*) zum Singen vor dem Altar beim täglichen Tamid-Opfer für alle Tage des Jahres 364, für die Opfergabe an den Sabbaten 52 Gesänge, für die Opfergabe an den Monatsersten und für alle Feiertage und für den Versöhnungstag 30 Gesänge: Alle Gesänge, die er verfaßt hat, zusammen machten 4.046, dazu vier Gesänge zum Musizieren auf Schlag- und Saiteninstrumenten. Die Gesamtsumme betrug 4.050. Alle diese verfaßte er in prophetischem Geist, wie es ihm von dem Höchsten gegeben war."

Der Eindruck festigt sich, daß es sich um ein spezielles Arrangement von David-Psalmen handelt, nicht um eine mit dem masoretischen Text konkurrierende Psalterfassung. Die masoretische Fassung ist in Qumran ebenfalls belegt. Dennoch beweist jene Anordnung eine im letzten Drittel des Psalters noch vorhandene Flexibilität, auch in der Auswahl der Texte.

5.3. Als Buch bzw. Buchrolle(n) ist der Psalter spätestens bei der erst sekundär (vgl. Gese) vorgenommenen Einteilung in fünf Bücher, in Analogie zum Fünfrollenbuch der Tora, greifbar. Diese Gliederung ist erkennbar an den Doxologien, welche an vier Stellen jetzt jeweils am Ende von Psalmtexten (Ps 41,14; 72,18f.; 89,53; 106,48) erscheinen, wozu Ps 150 am Psalterende gerechnet werden kann. Die Schnitte folgen schon vorgegebenen Zäsuren (Ende David-Psalter I und II [mit Anhang]; undeutlich Ps 106,48) und schaffen umfangsmäßig drei fast gleich große Teile (Buch I; II; V), während zwei Bücher nur etwas über die halbe Größe aufweisen (Buch III; IV). Dies stellt besondere Fragen an die Zäsur Ps 89,53, die zudem durch die kürzeste Doxologie markiert wird. Zu welchem Zweck die Psaltersammlung angelegt wurde, ist eine nicht eindeutig zu beantwortende Frage. Nachdem lange Zeit das Schlagwort vom „Gesangbuch der nachexilischen Gemeinde" als schlüssige Antwort galt, gibt es heute zunehmend Stimmen, welche – vom Bild in Ps 1 angeregt und im Blick auf die Ausdrucksmöglichkeiten der Reihenbildung – lieber von einem Lese- und Meditationsbuch sprechen und die didaktische Zielsetzung des Buches betonen (vgl. Wilson; Füglister u.a.). Neuerdings denkt man auch an den Psalter als „Lehrbuch des Gebets", der insofern über seine herkömmliche Zwecksetzung als „Wallfahrtsliederbuch" hinausgewachsen ist, als er mittels Lektüre einen „Ersatz" bietet „für den wirklichen Gottesdienstbesuch" (Millard, besonders 233ff.). Diese Auffassungen vom Lehrbuch des Psalters scheinen die ältere vom Gesangbuch abzulösen. Inwiefern sie der Epoche des Psalterabschlusses in den letzten beiden vorchristlichen Jahrhunderten und dem ersten nachchristlichen Jahrhundert gerecht werden, bleibt weiter zu erörtern, wobei indes die auf musikalischen Gebrauch und liturgische Verwendung deutenden Überschriften Beachtung finden müssen.

5.4. Für die Textgeschichte des Psalters gelten im Grunde dieselben Parameter wie bei anderen alttestamentlichen Schriften aus dem dritten Kanonteil (vgl. Tov). Spezielle Beachtung (und weitaus mehr als in BHK/BHS) muß den Q-Fragmenten zukommen – nicht nur im Blick auf das Textzeugnis im buchstäblichen Sinn, sondern auch auf die Schreib- und Darstellungsformen dieser relativ alten Handschriften. Von Bedeutung sind die Zwischenräume und Verbindungslinien zwischen den Texten (Wilson), aber auch die Möglichkeiten der stichischen oder halbstichischen Zeilenschreibung im Vergleich zum masoretischen System, wie sie etwa in 1QPs^{a}; 4QPs^{b}; 5QPs^{a}; 11QPs^{a} oder 8QPs^{b};

5/6 ḤevPs; MasPs bezeugt werden. Die textkritische Frage löst auch bei den Psalmen das literar- und redaktionsgeschichtliche Problem nicht. Doch gewährt der Vergleich mit den Q-Handschriften viele neue Einblicke in die Textgeschichte.

6. *Zur Theologie der Psalmen*

Eine „Theologie der Psalmen" oder des Psalters stellt besondere methodische Anforderungen. Die mit einem Sammelwerk gegebene disparate Vielfalt der Einzelstücke steht der von der Theologie als Theorie verlangten Einheitsstruktur entgegen. Grundsätzlich gibt es verschiedene Idealtypen, so die beiden Extremlösungen: Theologie des Einzelpsalms (z. B. Ps 104; 119) und Theologie des Psalters (im Sinne der theologischen Vorstellungen der Schlußredaktion des Psalters). Beide orientieren sich an der historischen Rekonstruktion der Theologie der Autoren. Zwischenlösungen sind denkbar und erforderlich (synchrone und diachrone Beziehungen). Ein anderer Typos wäre die Systematisierung aller theologischen Aussagen im Psalter zu einer mehr oder weniger einheitlichen, vielleicht auch dialogischen oder diskursiven Darstellung, wobei allerdings die Frage nach der Historizität der theologischen Einheitslehre, des Dialogs oder Diskurses aufbricht. Eine andere Möglichkeit der Systematisierung wäre, die von den Einzeltexten vorausgesetzten theologischen Traditionen, z. B. der Zionstradition, als Theologie der *praesentia Dei* zu erfassen und darzustellen („Heilsgegenwart"; vgl. Spieckermann) und darin die gemeinsame Glaubensgrundlage zu erkennen, auf die sich die Psalmen mehr oder weniger beziehen. Der Typus von Theologie, der gleichsam externe Strukturen auf den Psalter ausdehnt und auf solche Weise zum Teilbestand einer Theologie des Alten Testaments macht („Die Antwort Israels"; „Der Opferdienst Israels. Lobpreis und Hilfeschrei"; „Der Gottesdienst Israels" etc.), muß sich wie alle anderen an den Gegebenheiten des Psalters messen lassen. Auch muß er sich seiner Voraussetzungen bewußt sein. Die Diskussion muß weitergeführt werden – auch hinsichtlich des mitgebrachten Theologie-Begriffs. Die Frage, die sich angesichts des Psalters im Kanon und auch angesichts seiner unendlich vielfältigen Wirkungsgeschichte stellt, ist die, ob die Bereitstellung von Texten zur gefälligen Verwendung als Lied oder Gebet zugleich bedeutet, daß an einer irgendwie gearteten Einheitsdoktrin Interesse bestand. Gleichwohl bedeutet sein Platz im Zusammenhang der „Schriften" des Kanons, daß ihm eine dauerhafte normative pädagogische Funktion für das Glaubens- und Gebetsleben zugeschrieben wurde.

Literatur (in Auswahl)

Zu 1.: Neuere Kommentare: Arthur Weiser, Die Psalmen, 2 Bde., ^{10}1987 (ATD 14–15). – Hans-Joachim Kraus, Psalmen, 2 Bde., ^{6}1989 (BK 15/1–2). – Mitchell Dahood, Psalms, 3 Bde., $^{10.9.6}$1981 (AncB). – Alfons Deissler, Die Psalmen, 3 Bde., Düsseldorf, I ^{4}1971 II ^{2}1969 III ^{2}1967. – Alphonse Maillot/André Lelièvre, Les Psaumes, 3 Bde., Genf 1961–1969. – Marina Mannati/E. Solms, Les Psaumes, 4 Bde., Paris 1966–1968. – Raymond Jacques Tournay/R. Schwab, Les Psaumes, ^{3}1964 (SB). – Arnold Albert Anderson, The Book of Psalms, 2 Bde., 1972–1983 (NCB). – J.P.M. van der Ploeg, Psalmen, 2 Bde., 1973 (BOT). – Louis Jacquet, Les Psaumes et le cœur de l'homme, 3 Bde., Gembloux 1975–1979. – John William Rogerson/John W. McKay, Psalms, 3 Bde., 1977 (CBC). – E. Beaucamp, Le Psautier, I 1976 (SBi). – Gianfranco Ravasi, Il Libro dei Salmi, 3 Bde., Bologna 1981–1984. – Carroll Stuhlmueller, The Psalms, I 1983 (OT Mes). – Peter C. Craigie/Marvin E. Tate/Leslie C. Allen, Psalms, 3 Bde., 1983–1990 (Word Biblical Comm.). – Marc Girard, Les Psaumes, Montreal/Paris, I 1984. – Abraham Cohen, The Psalms, London 1985. – Erhard S. Gerstenberger, Psalms, I 1988 (FOTL). – Frank-Lothar Hossfeld/Erich Zenger, Die Psalmen, I 1993 (NEB) (Lit.). – James L. Mays, Psalms, Louisville 1994 (Interpretation). – Klaus Seybold, Die Psalmen, 1996 (HAT).

Einführungen: Joachim Becker, Wege der Psalmenexegese, 1975 (SBS 78). – John Day, Psalms, 1990 (OTGu). – Hermann Gunkel (/Joachim Begrich), Einl. in die Psalmen, Göttingen 1933 ^{4}1985. – Patrick D. Miller, Interpreting the Psalms, Philadelphia 1985. – Manfred Oeming, Die Psalmen in Forschung u. Verkündigung: VF 40 (1995) 28–51. – Hans Seidel, Auf den Spuren der Beter. Einf. in die Psalmen, Berlin 1980. – Klaus Seybold, Beitr. zur Psalmenforschung: ThR NF 45 (1981)

1–18. – Ders., Die Psalmen. Eine Einf., 1986 ^{2}1991 (UB 382). – Ders., Psalmen-Komm. 1972–1994: ThR NF 60 (1995) 113–130. – Ders., Beitr. zur neueren Psalmenforschung: ThR NF 61 (1996) 247–274. – Johann Jakob Stamm, Ein Vierteljh. Psalmenforschung: ThR NF 23 (1955) 1–58. – Erich Zenger, Mit meinem Gott überspringe ich Mauern. Einf. in das Psalmenbuch, Freiburg/Basel/Wien 1987 ^{3}1991.

Sammelbände: Beitr. zur Psalmenforschung. Psalm 2 u. 22, hg. v. Josef Schreiner, 1988 (FzB 60). – Freude an der Weisung des Herrn. FG f. Heinrich Groß, hg. v. Ernst Haag/Frank-Lothar Hossfeld, 1986 (SBB 13). – Neue Wege der Psalmenforschung. FS Walter Beyerlin, hg. v. Klaus Seybold/Erich Zenger, 1994 ^{2}1995 (Herders Bibl. Stud. 1). – The Shape and Shaping of the Psalter, hg. v. J. Clinton McCann, 1993 (JSOT.S 159). – Zur neueren Psalmenforschung, hg. v. Peter H.A. Neumann, 1976 (WdF 192).

Zu 2.1.–2.3.: Luis Alonso Schökel, A Manual of Hebrew Poetics, Rom 1988. – Pierre Auffret, La sagesse a bâti sa maison, 1982 (OBO 49). – Walter Beyerlin, Werden u. Wesen des 107. Psalms, 1978 (BZAW 153). – Ders., Der 52. Psalm. Stud. zu seiner Einordnung, 1980 (BWANT 111). – Ders., Weisheitlich-kultische Heilsordnung. Stud. zum 15. Psalm, 1985 (BThSt 9). – Ders., Weisheitliche Vergewisserung mit Bezug auf den Zionskult. Stud. zum 125. Psalm, 1985 (OBO 68). – Ders., Im Licht der Traditionen. Psalm LXVII & CXV. Ein Entwicklungszusammenhang, 1992 (VT.S 45). – Georg Braulik, Psalm 40 u. der Gottesknecht, 1975 (fzb 18). – Terence Collins, Decoding the Psalms. A Structural Approach to the Psalter: JSOT 37 (1987) 41–60. – J. Luis Cunchillos, Estudio del Salmo 29, Valencia 1976. – Edward R. Dalglish, Psalm Fifty One, Leiden 1962. – Alfons Deissler, Psalm 119 (118) u. seine Theol., München 1955. – Pirmin Hugger, Jahwe meine Zuflucht. Gestalt u. Theol. des 91. Psalms, Münsterschwarzach 1971. – Hubert Irsigler, Psalm 73 – Monolog eines Weisen, 1984 (ATSAT 20). – Jörg Jeremias (s.u. zu 6.). – Othmar Keel, Die Welt der altorient. Bildsymbolik u. das AT. Am Beispiel der Psalmen, Einsiedeln/Neukirchen-Vluyn 1972 ^{3}1980. – Oswald Loretz, Die Psalmen. II. Der Beitr. der Ugarit-Texte zum Verständnis v. Kolometrie u. Textologie der Psalmen. Psalm 90–150, 1979 (AOAT 207). – Paul R. Raabe, Psalm Structures. A Study of Psalms with Refrain, 1990 (JSOT.S 104). – Lothar Ruppert, Klagelieder in Israel u. Babylonien. Verschiedene Deutungen v. Gewalt: Gewalt u. Gewaltlosigkeit im AT, hg. v. Ernst Haag u.a., Freiburg 1983, 11–158. – Ruth Scoralick, Trishagion u. Gottesherrschaft. Psalm 99 als Neukonzeption v. Tora u. Propheten, 1989 (SBS 138). – Hans Seidel, Musik in Altisrael, Bern 1985. – Klaus Seybold, Psalm 104 im Spiegel seiner Unterschrift: ThZ 40 (1984) 1–11. – Will Soll, Psalm 19. Matrix, Form, and Setting, 1991 (CBQ.MS 23). – Hermann Spieckermann (s.u. zu 6.). – Norbert Tillmann, „Das Wasser bis zum Hals!" Gestalt, Gesch. u. Theol. des 69. Psalms, 1993 (MThA 20). – Raymond Jacques Tournay, Voir et entendre Dieu avec les Psaumes, 1988 (CRB 24); engl.: Seeing and Hearing God with the Psalms, 1991 (JSOT.S 118). – Timo Veijola, Verheißung in der Krise. Stud. zur Lit. u. Theol. der Exilszeit anhand des 89. Psalms, 1982 (AASF Ser. B 220). – Wilfred G.E. Watson, Classical Hebrew Poetry, 1986 (JSOT.S 26). – Beat Weber, Psalm 77 u. sein Umfeld. Eine poetologische Stud., 1995 (BBB 103). – Meir Weiß, Die Methode der „Total-Interpretation": VT.S 22 (1972) 88–112. – Dieter Wohlenberg, Kultmusik in Israel, Hamburg 1967.

Zu 2.4. (altorient. Texte [in Übers.])*:* Jan Assmann, Äg. Hymnen u. Gebete, 1975 (BAW.AO). – André Barucq/François Daumas, Hymnes et prières de l'Égypte ancienne, 1980 (LAPO 10). – Adam Falkenstein/Wolfram v. Soden, Sumerische u. akkadische Hymnen u. Gebete, 1953 (BAW.AO). – Othmar Keel (s.o. zu 2.1.–2.3.). – Willem H. Ph. Römer u.a., Lieder u. Gebete, 2 Bde., 1989–1991 (TUAT 2/5–6). – Marie-Joseph Seux, Hymnes et prières aux Dieux de Babylonie et d'Assyrie, 1976 (LAPO 8).

Zu 3.: Walter Beyerlin, Die Rettung der Bedrängten in den Feindpsalmen der Einzelnen auf institutionelle Zusammenhänge untersucht, 1970 (FRLANT 99). – Walter Burkert/Fritz Stolz, Hymnen der Alten Welt im Kulturvergleich, 1994 (OBO 131). – Frank Crüsemann, Stud. zur Formgesch. v. Hymnus u. Danklied in Israel, 1959 (WMANT 32). – Lienhard Delekat, Asylie u. Schutzorakel am Zionheiligtum. Eine Unters. zu den privaten Feindpsalmen, Leiden 1967. – Wilhelm Martin Leberecht De Wette, Commentar über die Psalmen, Heidelberg 1811 ^{4}1836. – John W. Eaton, Kingship and the Psalms, 1976 ^{2}1986 (StBTh 52). – Kurt Galling, Der Beichtspiegel: ZAW 47 (1929) 125–130. – Erhard Gerstenberger, Der bittende Mensch, 1980 (WMANT 51). – Hermann Gunkel (s.o. zu 1. [Einleitungen]). – Othmar Keel, Feinde u. Gottesleugner, 1969 (SBM 7). – Reinhard Gregor Kratz, „Die Gnade des täglichen Brots". Späte Psalmen auf dem Weg zum Vaterunser: ZThK 89 (1992) 1–40. – Norbert Lohfink, Lobgesänge der Armen, 1990 (SBS 143). – Oswald Loretz, Die Königspsalmen, 1988 (UBL 6). – Sigmund Mowinckel, Psalmenstud., 6 Bde., Kristiania 1921–1924; Nachdr. Amsterdam 1961. – Ders., The Psalms in Israel's Worship, Oxford 1962 = 1982. – Hans Schmidt, Das Gebet der Angeklagten im AT, 1928 (BZAW 49). – Klaus Seybold, Das Gebet des Kranken im AT, 1973 (BWANT 99). – Uwe Sperling, Das theophanische

Jahwe-Überlegenheitslied, Frankfurt a.M. u.a. 1991. – Fritz Stolz, Psalmen im nachkultischen Raum, 1983 (ThSt[B] 129). – Claus Westermann, Lob u. Klage in den Psalmen, Göttingen 1954 ^{6}1983. – Roger Norman Whybray, The Wisdom Psalms: Wisdom in Ancient Israel. FS John Adney Emerton, Cambridge 1995, 152–160. – Erich Zenger, Ein Gott der Rache? Feindpsalmen verstehen, Freiburg i.Br. 1994 (Bibl. Bücher 1).

Zu 4.: Christoph Barth, Concatenatio im ersten Buch des Psalters: Wort u. Wirklichkeit. FS Eugen Ludwig Rapp, Meisenheim 1976, 30–40. – Michael D. Goulder, The Psalms of the Sons of Korah, 1982 (JSOT.S 20). – Ders., The Prayers of David (Psalms 51–72). Studies in the Psalter, II 1990 (JSOT.S 102). – Karl-Johan Illman, Thema u. Tradition in den Asaf-Psalmen, Åbo 1975. – Klaus Koenen, Jahwe wird kommen, zu herrschen über die Erde. Ps 90–110 als Komposition, 1995 (BBB 101). – Matthias Millard, Die Kompositon des Psalters. Ein formgesch. Ansatz, 1994 (FAT 9). – Harry P. Nasuti, Tradition History and the Psalms of Asaph, 1988 (SBL.DS 88). – Pieter Schelling, De Asafspsalmen. Hun samenhang en achtergrond, Diss. Kampen 1985. – Klaus Seybold, Die Wallfahrtspsalmen, 1978 (BThSt 3). – Hendrik Viviers, The Coherence of the *maʿ*^{a}*lôt* Psalms (Pss 120–134): ZAW 106 (1994) 275–289. – Gunther Wanke, Die Zionstheol. der Korachiten, 1966 (BZAW 97). – Walther Zimmerli, Zwillingspsalmen: Wort, Lied u. Gottesspruch. FS Josef Schreiner, Würzburg 1972, 105–113 = ders., Stud. zur atl. Theol. u. Prophetie, 1974 (TB 51) 261–271.

Zu 5.: Joseph A. Fitzmyer, The Dead Sea Scrolls. Major Publications and Tools for Study, ^{3}1990 (SBL Resources 20). – Peter Flint, The Dead Sea Scrolls and the Book of Psalms, 1996 (StTDJ 17). – Notker Füglister, Die Verwendung u. das Verständnis der Psalmen u. des Psalters um die Zeitenwende: Beitr. zur Psalmenforschung (s.o. zu 1. [Sammelbde.]) 319–384. – Hartmut Gese, Die Entstehung der Bucheinteilung des Psalters: ders., Vom Sinai zum Zion, 1984 (BEvTh 64) 159–167. – Ernst Jenni, Zu den doxologischen Schlußformeln des Psalters: ThZ 40 (1984) 114–120. – Christoph Levin, Das Gebetbuch der Gerechten. Literargesch. Beobachtungen am Psalter: ZThK 90 (1993) 358–381. – Matthias Millard (s.o. zu 4.). – Cornelius Theodorus Niemeyer, Het probleem van de rangschikking der Psalmen, Groningen 1950. – Joseph Reindl, Weisheitliche Bearbeitung v. Psalmen. Ein Beitr. zum Verständnis der Sammlung des Psalters: VT.S 32 (1981) 333–356. – James A. Sanders, The Psalms Scroll of Qumrân Cave 11 (11 QPs^{a}), 1965 (DJD 4). – Emanuel Tov, Textual Criticism of the Hebrew Bible, Minneapolis u.a. 1992. – Claus Westermann, Zur Sammlung des Psalters: ThV 8 (1962) 336–343 = ders., Lob u. Klage in den Psalmen (s.o. zu 3.) 195–202. – Gerald H. Wilson, The Editing of the Hebrew Psalter, 1985 (SBL.DS 76).

Zu 6.: Walter Brueggemann, The Message of the Psalms, Minneapolis 1984. – Brevard S. Childs, Reflections on Modern Study of Psalms: Magnalia Dei. FS George Ernest Wright, New York 1976, 377–388. – Frank-Lothar Hossfeld/Erich Zenger, „Selig, wer auf den Armen achtet" (Ps 41,2). Beobachtungen zur Gottesvolktheol. des ersten Davidpsalters: JBTh 7 (1992) 21–50. – Bernd Janowski, Das Königtum Gottes in den Psalmen: ZThK 86 (1989) 389–454. – Jörg Jeremias, Das Königtum Gottes in den Psalmen, 1987 (FRLANT 141). – Hans-Joachim Kraus, Theol. der Psalmen, 1979 ^{2}1989 (BK 15/3). – Fredrik Lindström, Suffering and Sin, 1994 (CB.OT 37). – Hans-Peter Mathys, Dichter u. Beter, 1994 (OBO 132). – Hermann Spieckermann, Heilsgegenwart. Eine Theol. der Psalmen, 1989 (FRLANT 148). – Lothar Vosberg, Stud. zum Reden vom Schöpfer in den Psalmen, 1975 (BEvTh 69).

Klaus Seybold

II. Auslegungsgeschichtlich

1. Qumran und Neues Testament 2. Alte Kirche 3. Mittelalter 4. Humanismus und Reformation 5. Konfessionelles Zeitalter, Pietismus und Aufklärung 6. Das 19. und 20. Jahrhundert (Quellen/Literatur S. 633)

1. Qumran und Neues Testament

Die ältesten uns bekannten Auslegungen der Psalmen (s.a. →Schriftauslegung) entstanden in der Gemeinde von →Qumran. „Die im Psalm genannten Sachverhalte werden als Zukunftsweissagungen verstanden und auf die Gegenwart der Ausleger bezogen, die selbst in der Endzeit zu leben glaubten" (Seybold 193). In ähnlicher Weise sind die Psalmenzitate des Neuen Testaments (z.B. Mk 12,9–11; Hebr 1,7–14; II Kor 6,1f.) eschatologisch bestimmt, indem sie Christus als den Bringer des Heils und seine Gemeinde als die Heiligen Gottes erweisen sollen. Die Auslegungsweise – halachisch, haggadisch, streng wörtlich, allegorisch usw. – entspricht den damaligen Gepflogenheiten. Der Christozentrismus des neutestamentlichen Verständnisses der Psalmen wurde grundlegend für die nachfolgende christliche Auslegung.

2. *Alte Kirche*

→Justin der Märtyrer unterscheidet im Alten Testament drei Bestandteile: (a) die prophetischen und typologischen Hinweise auf Christus (vgl. Justin, Dial. 40–42), (b) das immer geltende Sittengesetz und (c) die den Juden ihrer Herzenshärtigkeit wegen auferlegten Gesetze (vgl. ebd. 45). Nach Jesaja zitiert Justin die Psalmen am zweithäufigsten (an 104 Stellen). David habe als Prophet die Psalmen 1500 Jahre vor Christus verfaßt (Justin, I apol. 42) und darin von Christus geweissagt. Diese Prophezeiungen sind nach Justin streng wörtlich zu verstehen. Als messianisch gelten ihm vor allem Ps 22 (21) (Justin, Dial. 98–106), aber auch Ps 19 (18); 24 (23); 45 (44); 72 (71); 99 (98) und 110 (109) (ebd. 32,3ff.). Im *Dialog mit Trypho* zeigt Justin Kenntnis der jüdischen Exegese.

Unter den Spalten der Hexapla des →Origenes (vgl. TRE 6,165,47–166,38; 25,399,46–400,7) waren nebeneinandergestellt: die →Bibelübersetzungen des Aquila, Symmachus, der Septuaginta und des Theodotion. Beim Psalter kamen noch zwei, teilweise sogar drei weitere griechische Übersetzungen hinzu. Origenes lehrte einen dreifachen Schriftsinn: den somatischen (buchstäblichen oder historischen), den psychischen (moralischen) und den pneumatischen (allegorisch-mystischen). Das eigentliche Ziel seiner Auslegung ist die Erfassung des geistigen Sinnes. Inhaltliche Norm der Bibelauslegung ist für Origenes die Glaubensregel, die allerdings für den nach Weisheit Trachtenden viele Fragen offenlasse. Die Psalmen hat Origenes in Scholien (Ps 1–25 und alle Psalmen), Homilien und Kommentaren behandelt. Von seiner Psalmenauslegung sind nur Fragmente erhalten geblieben, teils im griechischen Original, teils in lateinischer Übersetzung. Im Kommentar zu Ps 1 bringt er sein Schriftverständnis wie folgt zum Ausdruck: „Mit aller Genauigkeit und wohlbedacht hat der Heilige Geist durch die Diener des Wortes diese [Aussage in Ps 12 (11),7: „Die Worte des Herrn sind rein ...“] eingefügt, damit euch nicht das richtige Verhältnis (*ἀναλογία*) entgehe, nach welchem die Weisheit Gottes zur ganzen von Gott eingegebenen Schrift hindurchgedrungen ist, bis hin zum letzten Buchstaben ... Ich persönlich meine hinsichtlich aller auf Grund von Inspiration verfaßten Schriften, daß die heilige Vorsehung, welche übermenschliche Weisheit verleiht, durch die Schriften hin dem Menschengeschlecht heilbringende Sprüche eingestreut [und] sozusagen jedem Buchstaben, je nach Fassungsvermögen, Spuren der Weisheit [eingeprägt] hat“ (PG 12,1081). Origenes hat auf die Psalmenexegese der Griechen und Lateiner in der Zeit nach ihm einen starken Einfluß ausgeübt. Das frühchristliche Psalmenverständnis außerhalb Alexandriens war christologisch-typologisch bestimmt (Fischer 184; →Typologie). Der Psalter galt als ein „in der historischen Wirklichkeit Christi ‚erfülltes‘, d.h. von der Kategorie der Typologie her zu begreifendes und zu ‚übersetzendes‘, Buch“ (ebd. 182). Auch Origenes sucht und findet auf der geistigen Ebene der Psalmen Christus; „aber es ist nicht der Christus et equidem crucifixus der *ἁπλούστεροι*, sondern der zeitlose Logos“ und die Philosophie „des wahren Gnostikers“ (ebd. 186).

In der Geschichte der christlichen Psalmenauslegung kommt dem Werk des Origenes epochale Bedeutung zu. Den Gegenpol zur Schule des Origenes bildete die *antiochenische Exegetenschule* (→Antiochien II.2.3.). Sie erklärte die Schrift vornehmlich nach dem buchstäblich-historischen und dem von diesem auf Grund des Verhältnisses von Altem und Neuem Testament unterschiedenen typologischen Sinn. Als Psalmenausleger der antiochenischen Schule sind zu nennen: →Diodor von Tarsus, →Theodor von Mopsuestia, →Johannes Chrysostomus und →Theodoret von Kyros. Theodors Auslegung des Alten Testaments ist bestimmt von seiner Anschauung des Typos. Dieser ist eine *μήνυσις πραγμάτων ὕστερον δειχθησομένων* (ein Hinweis auf Ereignisse, die später dargelegt werden; vgl. Diestel 131). Die meisten Psalmen bezieht Theodor historisch auf

→Serubbabel und →Hiskia (ebd. 129). Nur drei Psalmen (Ps 8; 45 [44] und eventuell 110 [109]) versteht er im wörtlichen Sinne als Weissagung auf Christus (Diestel 133). Ps 22 (21) rechnet er nicht zu den unmittelbar christologischen Psalmen, weil der Sänger in V.2 von seinen Verfehlungen rede (ebd. 133). Stark betont er die paränetische Anwendung der Psalmen. Ganz in den Vordergrund tritt diese bei Johannes Chrysostomus. Theodoret nähert sich wieder der traditionellen christologischen Psalmenauslegung an, bis hin zur indirekten Polemik gegen Theodor.

Im Westen herrschte besonders durch den Einfluß des →Ambrosius und →Augustins die allegorische Auslegung der Psalmen vor. Sie wurde eingeschränkt durch →Cassiodor, der Grundsätze der antiochenischen Schule übernahm. Von den abendländischen Theologen hat →Hieronymus vor allem durch seine Bemühungen um den Psalmentext, Augustin durch den bedeutenden theologischen Gehalt seiner Auslegungen und Cassiodor durch seine wissenschaftliche Methode die Psalmenexegese der nachfolgenden Generationen geprägt.

Zu den Psalmen verfaßte Hieronymus (über Hieronymus und den lateinischen Psalter s. TRE 6,177,24–39) *commentarioli* und Homilien. Spezielle Probleme der Psalmenübersetzung und -exegese behandelte er in mehreren Briefen (Hieronymus, epp. 20.28.30.34.65.106.140). Von Bedeutung für die Psalmenexegese waren noch *De situ et nominibus locorum hebraicorum* (Übersetzung des *Onomastikon* des →Eusebius von Caesarea) und der *Liber de nominibus hebraicis* (freie Bearbeitung einer griechischen Vorlage). Oft folgt Hieronymus in der allegorischen Auslegung der Psalmen dem Origenes.

In Augustins Hermeneutik ist der leitende Gesichtspunkt die Beziehung von *signum* und *res*: Worte sind *signa*, die auf Dinge hinweisen; aber die mit Worten bezeichneten Dinge können ihrerseits zu *signa* für andere Realitäten werden, „so daß letztlich alles Geschaffene als ein gewaltiger Verweisungszusammenhang auf Gott hin begriffen werden muß" (Schindler: TRE 4,675,29–31). Nachhaltigen Einfluß auf die abendländische Psalmenexegese übten Augustins von 392–418 verfaßte *Enarrationes in Psalmos* aus. Nicht uneingeschränkt macht er von der Allegorese Gebrauch. So hindert ihn seine realistische Auffassung vom Menschen, Ps 51 (50),2 durch allegorische Auslegung zu entschärfen: Er deutet nicht wie Hieronymus David auf Christus und Bathseba auf die Kirche oder das Fleisch (Cassiodor, Psal. 50,2: CChr.SL 97,452,9ff.), sondern bezieht die Psalmenaufschrift streng wörtlich nach II Sam 11; 12,1–14 auf Davids Verbrechen des Ehebruchs und Mordes und die nachfolgende Buße. In *De civitate dei* kommt Augustin in dem Abschnitt über David auf die Psalmen zu sprechen. Im Unterschied zu anderen Auslegern, die David nur als Autor derjenigen Psalmen annehmen, in deren Titeln er genannt wird, hält Augustin ihn für den Verfasser aller Psalmen. David habe von Christus und der Kirche geweissagt. Der ekklesiologische Sinn wird von Augustin (nach der ersten hermeneutischen Regel des →Tyconius) dem christologischen eingeordnet. Denn Christus „pflegt die Rolle seiner Glieder auf sich zu übertragen und, was von ihnen gilt, sich zuzuschreiben, weil Haupt und Leib den einen Christus ausmachen" (Augustin, civ. XVII,18). Um die Psalmen beweiskräftig auszulegen, müsse man von den klaren Stellen ausgehen und diesen gemäß die weniger klaren und bildlichen deuten. Augustin führt als Beispiele seiner christologisch-ekklesiologischen Exegese Ps 89 (88); 45 (44); 110 (109) und 22 (21) an (Augustin, civ. XVII,9–12.16–19).

Cassiodors *Expositio in Psalmos* hat den Charakter eines großen wissenschaftlichen Kommentars. Ausdrücklich bekennt er in der *Praefatio* seine Abhängigkeit von Augustin; dennoch ist er kein unorigineller Kompilator. Seine eigene Leistung ist die methodische Anwendung der *Artes*, besonders ihres philologischen Blocks, auf die Psalmenexegese. Was Augustin in der Schrift *De doctrina christiana* gefordert, aber in seinen exegetischen Werken nur ansatzweise verwirklicht hat, setzt Cassiodor konsequent in die Tat um. Durch seine prosopographische Exegese hat er vor allem die „Frage nach der ‚persona loquentis' sowohl in ihrem literarischen als auch in ihrem theologischen Aspekt" (Schlieben 109) differenzierter als alle Exegeten vor ihm behandelt. Die sieben Bußpsalmen, von ihm erstmals deutlich als besondere Gruppe bezeichnet (CChr.SL 97,71,43ff.), interpretiert er „in Anlehnung (und Abgrenzung) an die Gattung der antiken Gerichtsrede" (Schlieben 112).

3. Mittelalter

In der Karolingerzeit waren Zentren der Schriftauslegung der Hof →Karls des Großen und einflußreiche Klöster. Die Bibelkommentare waren im wesentlichen Auszüge aus Werken der Kirchenväter. Die Auslegung erfolgte nach dem vierfachen Schriftsinn (Johannes →Cassianus: *historia*, *allegoria*, *tropologia* und *anagoge*). →Alkuin betonte die grundlegende Bedeutung des Literalsinnes: *Prius historiae fundamenta ponenda sunt, ut aptius allegoriae culmen priori structurae superponatur* (Zuvor muß man die Fundamente der Historie legen, damit passender dem früheren Bau das Haus der Allegorie aufgesetzt werde; PL 100,559). Er verfaßte Erklärungen zu den sieben Bußpsalmen, den Stufenpsalmen (Ps 120 [119]–134 [133]) und zu Ps 119 (118).

Die Bedrohung des Abendlandes durch Araber, Wikinger und Ungarn (9./10. Jh.) hatte auch einen Niedergang der Studien zur Folge. Der →Investiturstreit führte zu ihrer Wiederbelebung. Neue Zentren der Wissenschaft wurden die Kathedralschulen. Die Spannungen zwischen der älteren monastischen Theologie, die sich der Pflege der Frömmigkeit widmete, und der modernen scholastischen Theologie (→Scholastik), die auf rationales Verstehen drang, prägten auch die Art der Exegese. Die Scholastiker erläuterten den Text durch Glossen aus Werken früherer Autoren, meist der Kirchenväter, bald auch durch eigene Beiträge. Auf älteren Grundlagen entstand in der Schule von Laon die →*Glossa ordinaria*, als deren maßgebliche Verfasser die dort lehrenden Brüder →Anselm von Laon und Radulf (gest. 1135) gelten. Die *Glosse über den Psalter* wird Anselm zugeschrieben. →Gilbert Porreta führte in seinen Kommentaren über die Psalmen und die Paulusbriefe die Methode der Quästionen ein, um durch „Vernunftüberlegungen" „in die Unklarheiten der ersten Ausleger der göttlichen Offenbarung Licht zu bringen" (Zitat nach Rost 90). Zum bedeutendsten Schulzentrum wurde im 12. Jh. →Paris. Hier betrat die Schule der Regularkanoniker von →Sankt Viktor neue Wege. Es wurde nicht nur der Vorrang des Literalsinnes betont, sondern auch versucht, diesen mit Hilfe jüdischer Auslegungen zu ermitteln. Am weitesten ging hierin Andreas von St. Viktor (gest. 1175), zuletzt Abt des Viktoriner-Konvents Wigmore bei Hereford in England. Er stützte sich auf die Exegese des →Salomo ben Isaak von Troyes. Ein Beispiel für die Wirkung, die Andreas in England ausübte, stellt Herbert von Bosham (gest. 1170) dar.

Er ist Verfasser eines Psalmenkommentars und gilt als der bedeutendste Hebraist der Zeit zwischen Hieronymus und Johannes →Reuchlin – mit Ausnahme des →Raimund Martini und zum Christentum konvertierter Juden. Herbert studierte nicht nur den hebräischen Psalmentext, sondern auch rabbinische Schriften und benutzte ein in jüdischen Kreisen gebräuchliches Wörterbuch. Von den ersten 25 Psalmen hält Herbert nur zehn für messianisch. Daß im Neuen Testament bestimmte Psalmen auf Christus bezogen würden, sei kein zwingender Beweis für ihre messianische Ausrichtung; denn zuweilen wichen die betreffenden Zitate vom hebräischen Text in wichtigen Punkten ab. Bei Herbert zeigt sich auch der Einfluß der aristotelischen Naturphilosophie auf die Psalmenauslegung. Dennoch will dieser kühne Exeget seine Bemühungen um den Literalsinn „ohne Vorurteil gegenüber der Auslegung der Kirche" verstanden wissen (Zitat nach Smalley 194).

Über die Wirkung von Herberts Psalmenkommentar, von dem nur eine Abschrift existiert, ist nichts bekannt. Die Hauptrichtung der abendländischen Exegese wurde vorerst nicht von den Viktorinern bestimmt, sondern von der Schule von Notre Dame, wo →Petrus Lombardus wirkte. Er verfaßte zu den Psalmen und Paulusbriefen die *Magna Glossatura*, die auf der *Media Glossa* Gilberts Porreta beruht. In der Vorrede zu den Psalmen definiert der Lombarde die Prophetie als *inspiratio vel revelatio divina rerum eventus immobili veritate denuntians* (göttliche Eingebung oder Offenbarung, die in unerschütterlicher Wahrheit den Ausgang der Dinge kündet, PL 191,58). David stehe höher als die übrigen Propheten, weil er *solius spiritus sancti instinctu sine omni exteriori adminiculo* geweissagt habe (allein durch den Heiligen Geist bewegt, ohne jede äußere Hilfe, ebd. 56). An der Bibelauslegung der Hochscholastik haben die Bettelorden großen Anteil. Unter der Leitung des Dominikaners Hugo Cardinalis (gest. 1263) entstanden die *Postillae in universa biblia secundum quadruplicem sensum: historicum, allegoricum, moralem et anagogicum*. Vom 15. bis ins 18. Jh. hinein wurde dieses Werk immer wieder gedruckt. Charakteristisch für die Form der hochscholastischen Auslegung sind die Verästelungen von Begriffsdistinktionen und deren Übertragung auf die Disposition des Textes. Ps 1 wird als Prolog zum Psalter verstanden. Die Absicht des Propheten sei, über die Tugenden zu unterrichten, deren Ziel die *beatitudo* sei (Ps 1,1). Sie wird in dreierlei Hinsicht mit weiteren Untergliederungen bestimmt: nach ihren Äußerungen, Arten und Erfordernissen. Darauf werden die Christen in drei Stände geteilt: Büßende, Fortschreitende und Vollkommene. Diese drei Stände würden im ganzen Psalter behandelt. Schließlich wird Ps 1 in dreierlei Sinn ausgelegt: nach dem Buchstaben auf die Juden, allegorisch auf Christus und moralisch auf den wahren Glauben.

Einen inhaltlich neuen Beitrag zur Bibelauslegung lieferte der Franziskaner →Nikolaus von Lyra, Verfasser der *Postillae perpetuae in vetus et novum testamentum*.

Die Grundsätze seiner Auslegung hat Lyra vor allem im zweiten Prolog der *Postillen* dargelegt. Er will den verdunkelten Literalsinn ans Licht bringen und deshalb nur wenige mystische (moralische) Auslegungen hinzufügen. Neben den katholischen will er auch hebräische Lehrer berücksichtigen, besonders Rabbi →Salomo ben Isaak (Raschi), der (in der Regel) „vernünftige" Ansichten habe.

Lyra unterscheidet zwischen den älteren und den neueren jüdischen Auslegern. Ein Beispiel: Rabbi Salomo habe gewußt, daß die älteren Lehrer Ps 21 (20) auf den Messias gedeutet hätten, und lege ihn deshalb „der Häretiker [sc. der Christen] wegen" in bezug auf David aus. Das bedeute *magis iudaizare quam iudaizabant hebraei antiqui et dare occasionem modernis iudaeis defendendi suum errorem* (stärker zu judaisieren als die alten Hebräer und den heutigen Juden Gelegenheit zu bieten, ihren Irrtum zu verfechten).

Außerhalb der durch Bibel und Kirche definierten Lehre will Lyra seine Ausführungen so verstanden wissen, daß sie *scholastice et per modum exercitii* (schulmäßig und übungsweise) gesagt seien. Die dritte hermeneutische Regel des Tyconius (*de spiritu et littera*) deutet er zunächst im herkömmlichen Sinne, *secundum quod accipitur sub eadem littera sensus historicus et mysticus* (insofern als unter demselben Wortlaut der historische und der mystische Sinn verstanden wird), fügt dann aber als andere Erklärung hinzu: *Circa quod considerandum, quod eadem littera aliquando habet duplicem sensum litteralem* (Dabei ist zu bedenken, daß derselbe Wortlaut zuweilen einen zweifachen buchstäblichen Sinn hat). Als Beispiel wird I Chr 17,13 zitiert, was *ad litteram* von Salomo als *filius dei per adoptionem* gelte. In Hebr 1,5 werde diese *auctoritas* aber *tanquam dicta de Christo ad litteram* angeführt. Die Auffassung vom doppelten *sensus litteralis*, die von späteren Auslegern übernommen wurde, gibt Lyra die Möglichkeit, bestimmte Psalmen zunächst aus dem Zusammenhang der alttestamentlichen Geschichte und darauf ebenso mit dem Anspruch wörtlicher Deutung in bezug auf Christus zu erklären. Anlaß zu solchen zusätzlich christologischen Interpretationen von Psalmen geben Lyra vor allem neutestamentliche Zitate. Zum *sensus mysticus, qui per res significatas intelligitur* (mystischer Sinn, der durch die bezeichneten Dinge erfaßt wird), rechnet Lyra die parabolische Redeweise, fügt aber hinzu, man könne sie auch *large loquendo* (im weiteren Sprachgebrauch) dem Literalsinn zuordnen; denn wo ein streng wörtliches Verständnis nicht möglich sei, habe der parabolische Sinn als der erste zu gelten (Prolog zu den *Moralitates*). Ps 1 versteht Lyra als Prolog auf den Psalter, verfaßt von →Esra, der das Psalmenbuch redigiert habe. Mit Hieronymus und Rabbi Salomo nimmt Lyra zehn Verfasser an. Von den Ps 1–21 (20) deutet er Ps 2; 8; 16 (15); 21 (20) christologisch, Ps 19 (18) zunächst nach den jüdischen Lehrern auf die alttestamentliche Gesetzgebung, dann nach Paulus (Ps 19 [18],5 wird in Röm 10,18 zitiert) vorrangig auf das Neue Testament, die übrigen Psalmen auf geschichtliche Zusammenhänge im Alten Testament.

Der Konvertit Paulus von Burgos (zuvor Salomo ben Levi, gest. 1435) schrieb *Additiones* zu den *Postillae* Lyras. Seine Kritik an diesem faßt er in drei Punkten zusammen: (a) Lyra scheine in unvernünftiger Weise die Auslegungen der Heiligen hinter seine eigenen, zuweilen sogar hinter die der Hebräer zurückzustellen; (b) er besitze keine ausreichenden Kenntnisse des Hebräischen; (c) er folge öfter Rabbi Salomo, weil dieser angeblich besonders zuverlässig den historischen Sinn erkläre, wisse aber nicht, daß die Juden selbst Rabbi Salomo zwar als Talmudgelehrten, weniger jedoch als Exegeten schätzten. Für bedeutendere Ausleger hielten sie Rabbi →Mose ben Maimon, „Rabbi Moyses Gerundensis“ (Mose Kimchi), Rabbi →Abraham ben Meir ibn Ezra u.a. Matthias Döring verfaßte zu den *Additiones* Repliken, um Lyra zu verteidigen. Seit dem 15. Jh. erschienen zahlreiche Bibeldrucke, die zusätzlich die *Glossa interlinearis*, die →*Glossa ordinaria*, die *Postillen* Lyras, die *Additiones* des Paulus Burgensis und die *Repliken* M. Dörings enthielten. Dies war bis weit in die Reformationszeit hinein das wichtigste Auslegungswerk.

Unter den Psalmenauslegern des 15. Jh. ist besonders der Augustiner-Eremit Jakobus Perez von Valencia (gest. 1490) zu erwähnen. Er ist von Augustin beeinflußt und vertritt ähnlich wie Lyra, doch mit stärkerer christologischer Akzentuierung, einen doppelten Literalsinn.

4. *Humanismus und Reformation*

Durch den →Humanismus erhielt die Bibelauslegung eine solide philologische Basis. Johannes →Reuchlins Werk *De rudimentis hebraicis* (Pforzheim 1506), Grammatik und Wörterbuch umfassend, ermöglichte das Studium des hebräischen Textes. 1512 ließ Reuchlin in Tübingen seine Ausgabe der Bußpsalmen (mit hebräischem Text, wörtlicher lateinischer Übersetzung und rein grammatischen Erklärungen) folgen: *Iohannis Reuchlin ... in septem psalmos poenitentiales hebraicos interpretatio de verbo ad verbum et super eisdem commentarioli sui ad discendum linguam hebraicam ex rudimentis.* Anders als Reuchlin verbindet →Faber Stapulensis in seinem *Quincuplex Psalterium* (Paris 1509 ^{2}1513) die Philologie mit der Theologie.

In fünf Kolumnen sind folgende lateinische Versionen des Psalters wiedergegeben: *Psalterium Gallicum*, *Romanum*, *Hebraicum*, *Vetus* und *Conciliatum*. Die letztgenannte Form ist eine von Faber auf der Grundlage des *Psalterium Gallicum* angefertigte Rezension. Auf die nebeneinander gestellten drei ersten Versionen folgen die Erklärungen: (a) *titulus* (Erklärung der Aufschriften, die herkömmlich als Schlüssel zum Verständnis der Psalmen galten), (b) *expositio continua* (kurze, paraphrasierende Erklärungen), (c) *concordia* (Parallelstellen), (d) *adverte* (sprachliche und sachliche Erläuterungen zu einzelnen Stellen). Das *Psalterium Vetus* und das *Psalterium Conciliatum* hat Faber in parallelen Spalten an den Schluß des Werkes gesetzt. Eingeleitet wird dieser Teil durch eine Abhandlung über die hebräischen Gottesbezeichnungen (vor allem nach Hieronymus). Auf den Text jedes Psalmes folgt ein dessen Inhalt zusammenfassendes *argumentum*. Faber hat Reuchlins *Rudimenta* benutzt. Seine hermeneutischen Grundsätze hat er in der Kardinal G. →Briçonnet gewidmeten Vorrede dargelegt. Er will die Psalmen ausschließlich nach dem Literalsinn auslegen. Vom falschen Literalsinn der Rabbinen und ihrer Nachahmer, die aus dem Propheten David den Erzähler seiner eigenen Geschichten machten, sei der wahre, vom Heiligen Geist eingegebene zu unterscheiden. *Sensus igitur literalis et spiritualis coincidunt* (Der buchstäbliche und der geistliche Sinn fallen also zusammen). Während Nikolaus von Lyra und Jakobus Perez die Doppelheit des Literalsinns als Stufung verstehen, faßt Faber sie als Gegensatz auf. Einen zum Literalsinn *hinzukommenden* geistlichen Sinn lehnt er ab: Der mit dem buchstäblichen *identische* geistliche Sinn sei nicht derjenige, *quem allegoricum aut tropologicum vocant, sed quem spiritus sanctus in propheta loquens intendit* (den man den allegorischen oder tropologischen nennt, sondern der, den der Heilige Geist, der im Propheten redet, meint [beabsichtigt]). In der zweiten Auflage hat Faber seine Kritik der traditionellen geistlichen Deutung zurückgenommen: ... *non quod alios sensus: allegoricum, tropologicum et anagogicum, praesertim ubi res exposcit, negare velim* (Nicht daß ich die anderen Sinne, den allegorischen, den tropologischen und den anagogischen, besonders, wo es die Sache erfordert, verneinen möchte). Inhaltlich bestimmt er den einen Schriftsinn nach II Sam 23,1 (*vir, cui constitutum est de Christo Dei Iacob* [der Mann, dem eine Bestimmung gegeben worden ist im Hinblick auf den Christus des Gottes Jakobs]) christologisch, unter Einbeziehung des ekklesiologischen Aspekts (*membra Christi*).

M. →Luthers *Dictata super Psalterium* (1513–1515/16) lassen unter traditionellen Formen (vierfacher Schriftsinn [bei seltener Anwendung der Anagogie], Glossen und Scholien, breite Verwendung der exegetischen Tradition usw.) die Keime neuen Denkens erkennen.

Seine hermeneutischen Grundsätze hat Luther als *Praefatio Ihesu Christi filii dei et domini nostri in psalterium David* an den Anfang seines Spezial-Psalterdrucks von 1513 gestellt (WA 55/I,6–11). Neu ist hier, daß nicht der Verfasser der Auslegung, Luther, sondern Jesus Christus als Autor der Psalmen und zugleich ihrer rechten Auslegung erscheint. Die christozentrische Deutung der Psalmen wird (unter Weglassung der Anagogie) nach dem Schema des vierfachen Schriftsinnes erläutert. Die Psalmen reden von Christus, und zwar *in persona sua ad literam, allegorice ... de ecclesia, tropologice ... de interiori homine* (in seiner Person nach dem Buchstaben, allegorisch ... von der Kirche, tropologisch ... vom inneren Menschen). Diese unterschiedlichen Auslegungsrichtungen beziehen sich nur unter verschiedenen Aspekten stets auf dasselbe (*hoc ipsum, idem*), nämlich Christus in seiner umfassenden Wirklichkeit, die von seiner Person her entfaltet wird. Gerade in der christologisch zentrierten Anwendung des vierfachen Schriftsinnes deutet sich bereits dessen Überwindung durch einen einzigen Sinn an. Daß es nicht um das Verstehen einer Vielheit, sondern nur um das Gelingen oder Scheitern des einen und einzigen Verstehens geht, zeigt ein handgeschriebenes hermeneutisches Schema auf der Rückseite des Titelblattes: Zwei einander ausschließende Verstehensweisen werden mit den Begriffen *litera occidens* und *spiritus vivificans* nach II Kor 3,6 gekennzeichnet. Jede dieser beiden Arten des Verstehens wird nun aber nach dem vierfachen Schriftsinn am Beispiel der Bezeichnung *Mons Zion* entfaltet. Daraus ergibt sich, daß die herkömmliche geistliche Deutung (Allegorie, Tropologie, Anagogie) bei all ihrer Sublimität dennoch dem „tötenden Buchstaben" verhaftet sein kann und daß umgekehrt das scheinbar inferiore literalhistorische Verständnis durchaus geistlich ist, wenn es vom „belebenden Geist" gewirkt ist. Luther betrachtet den Literalsinn der Psalmen als *fundamentum ceterorum, magister et lux et author et fons atque origo* (Grundlage der übrigen [Schriftsinne], Lehrer, Licht, Urheber, Quelle und Ursprung; WA 4,305,7 f.). Dementsprechend bemüht er sich unter Verwendung aller ihm zugänglichen Hilfsmittel, über die Vulgata hinaus den Sinn des Grundtextes zu erfahren. Reuchlins und Fabers Werke sind in dieser Hinsicht seine wichtigsten Quellen. Mit Sicherheit hat er zu den Bußpsalmen auch den masoretischen Text herangezogen. In besonders enger Beziehung zum Literalsinn steht der tropologische Sinn. Der Beziehung von *Litera* und *Tropologia* entspricht die Zusammengehörigkeit von Christus und dem Glauben (WA 3,458,9–11).

In den *Operationes in Psalmos* (1519–1521; Ps 1–22 [21]) hat Luther den Text ausführlich unter regelmäßiger Berücksichtigung des hebräischen Wortlauts erklärt: *Primo grammatica videamus, verum ea Theologica* (Zuerst wollen wir das Sprachwissenschaftliche betrachten, dies aber als Theologisches; WA 5,27,8).

Es ist das Programm einer philologisch fundierten Theologie. Den vierfachen Schriftsinn bekämpft Luther: Es gebe nur einen einzigen, wörtlichen und zugleich geistlichen Sinn. Dessen Inhalt sei die Lehre von Glaube, Hoffnung, Liebe und allen guten Werken (WA 5,644,2–645,28). Dementsprechend tritt die christologische Deutung (im Unterschied zu Faber) gegenüber einem evangeliozentrischen Verständnis, das die Zeiten übergreift, zurück. Von den Psalmen 1–22 versteht Luther jetzt nur noch Ps 2; 3; 8; 16; 18; 22 als Weissagungen auf Christus, wobei er sich für Ps 2; 8; 16; 22 auf die entsprechenden Zitate im Neuen Testament beruft.

Von allen Texten des Alten Testaments hat Luther am häufigsten die Psalmen in verschiedenen Formen (Predigten, Vorlesungen usw.) behandelt (siehe Bornkamm 230–233; Aland [s.v. Psalmen]). Luthers erste Veröffentlichung war seine deutsche Ausgabe der sieben Bußpsalmen mit Erklärung (1517; Neubearbeitung 1525). Seinem Gesamtverständnis der Psalmen hat Luther besonders in den *Summarien über die Psalmen* (1531–1533) und in den *Vorreden zum Psalter* (1524.1528.1545; Nachworte: 1525.1531) Ausdruck gegeben. In den *Summarien* teilt er die Psalmen in fünf Gattungen ein: Weissagungs-, Lehr-, Trost-, Bet- und Dankpsalmen. Die letzte Gattung sei die vornehmste, um deretwillen der Psalter „Sepher Thehillim, Lobebuch oder Dankebuch", heiße (WA 38,17,24ff.). Im Psalter sehe man „allen Heiligen ins hertze" (WA.DB 10/1,102). „Summa, Wiltu die heiligen Christlichen Kirchen gemalet sehen mit lebendiger Farbe und gestalt, ... So nim den Psalter fur dich, so hastu einen feinen, hellen, reinen Spiegel, der dir zeigen wird, was die Christenheit sey. Ja, du wirst auch dich selbs drinnen und das rechte Gnot[h]iseauton finden, Da zu Gott selbs und alle Kreaturn" (ebd. 104).

J. →Calvins *Commentarii in psalmos* (Genf 1557; französisch 1558) sind ein Meisterwerk in der Verbindung der theologischen mit den historischen und philologischen Gesichtspunkten. Calvins gute Kenntnis des Hebräischen ließ ihn tief in Struktur und

Stil der Texte eindringen. Die *mens* bzw. das *consilium auctoris* war ihm gleichbedeutend mit dem *sensus verus* des Textes. Während Luthers Psalmenauslegung durch die Polarität „die Botschaft des Textes und der Hörer" bestimmt ist und historische Fragen darin in den Hintergrund rücken, widmet sich Calvin mit großer Konsequenz dem *sensus historicus*. Dadurch hat er in besonderem Maße zur Entstehung der historisch-kritischen Forschung beigetragen.

5. *Konfessionelles Zeitalter, Pietismus und Aufklärung*

Im Zeitalter der →*Orthodoxie* galt es, auch in der Bibelauslegung das in der Reformation erkämpfte Glaubensgut zu bewahren. Dies hatte zur Folge, daß die Exegese vor allem der Begründung des Dogmas dienen mußte.

Die humanistisch-reformatorische Forderung, den Text in den Grundsprachen zu erforschen, wurde beibehalten und verband sich mit einer erneuten Rezeption des aristotelischen Wissenschaftsbegriffs. So ist die altprotestantisch-orthodoxe Bibelauslegung in ihrer Form und Zielsetzung der scholastischen Exegese sehr ähnlich. Der hier als Beispiel genannte *Psalmenkommentar* des Lutheraners Martin Geier (1668) zeichnet sich zwar durch Frömmigkeit und Gelehrsamkeit aus, ist aber auf „eine exegetische Tradition fixiert, welche zu überschreiten als heterodox" galt (Delitzsch 49). Andererseits hatte die Reformation die geistigen Grundlagen der alten Kirche und ihrer Lehre erschüttert. Die in die Neuzeit weisenden Tendenzen mußten auch auf dem Gebiet der Exegese durchbrechen. Dies zeigt sich schon früh in Seitenströmungen, wie bei den Sozinianern (→Sozzini/Sozinianer), aber auch, weniger radikal, in der reformierten Exegese. Der Arminianer H. →Grotius, Verfasser von *Annotationes* zum ganzen Alten Testament, will in den Psalmen den *sensus primarius* finden, gibt aber, um der kirchlichen Bedeutung des Schriftgebrauchs entgegenzukommen, darüber hinaus einen *sensus sublimior* zu. So beziehe sich Ps 2 ursprünglich auf David, nach dem *sensus sublimis* aber auf Christus. Ps 22 beschreibe das Unglück des flüchtigen David, Ps 45 die Hochzeit Salomos mit einer ägyptischen Prinzessin, könne aber auch auf Christus gedeutet werden. Um die Mitte des 17. Jh. zeichnete sich die puritanische Psalmenauslegung (Henry Ainsworth [ca. 1571–ca. 1622]) durch grammatische Studien und den Bezug auf die Lebenspraxis aus.

Die *katholische* Bibelauslegung litt unter einer doppelten Einschränkung: Das →Tridentinum erhob die Vulgata zum normativen Bibeltext und stellte die kirchliche Tradition gleichrangig neben die Bibel. Dennoch erlebte die katholische Psalmenexegese zwischen 1550 und 1650 ihr Goldenes Zeitalter. Ihre Hauptvertreter sind Gilbert Genebrardus (1537–1597), Antonio Agellius (1532–1608) und Simeon de Muis (1587–1644). Letzterer konzentriert sich in seinem Psalmenkommentar (1636) auf den Literalsinn, indem er sich, ähnlich wie Nikolaus von Lyra, den Rabbinen anschließt und nur bei den messianischen Hauptpsalmen der Tradition folgt. Der Text der Vulgata sei nach dem hebräischen zu korrigieren. Der Oratorianer Richard Simon (1638–1712) wertet in seinem Werk *Histoire critique du Vieux Testament* (1678) die Psalmenüberschriften als jüngere Überarbeitungen.

Der Beitrag des →*Pietismus* zur Psalmenauslegung ist ambivalent.

Die reformatorische Forderung, die Bibel nach den Grundsprachen zu studieren, wird in die Tat umgesetzt. Der existentielle Charakter von Luthers Bibelauslegung lebt wieder auf. Andererseits legt der klassische Pietismus Wert auf Rechtgläubigkeit. Dadurch wird ein exegetischer Fortschritt, der inhaltlich Neues erschließt, zumindest stark behindert. Erst wo der Pietismus – teilweise gleitend – sich zur Aufklärungstheologie wandelt, werden neue Impulse in Richtung auf eine historisch-kritische →Bibelwissenschaft gegeben. Diese Ambivalenz des Pietismus wird exemplarisch an A.H. →Francke deutlich (vgl. Diestel 411–415). Er fordert vom Theologen, daß ihm das Hebräische so geläufig sein müsse wie seine Muttersprache, und betont die Notwendigkeit von Kenntnissen der Geschichte und der Realien. Dennoch wird die christologische Deutung der Psalmen extensiv betrieben. Aus Lk 24,44 folge, daß alle Psalmen auf Christus zu beziehen seien: entweder unmittelbar oder mittelbar. Nach dem Neuen Testament seien 50 Psalmen direkt auf Christus zu deuten. In seinem extrem christologischen Verständnis der Psalmen erblickt Francke sogar einen Fortschritt über Luther hinaus. Schließlich fordert Francke – ähnlich wie Luther – das Nacherleben der Psalmen.

Zu den gelehrtesten Theologen in der Zeit der →*Aufklärung* gehörte J.D. →Michaelis. Unter dem Einfluß des englischen →Deismus löste er sich vom Pietismus, blieb aber der Orthodoxie verhaftet. In seiner Abhandlung *Critisches Collegium über die drey Psalmen von Christo 16. 40. 110* (Frankfurt/Göttingen 1759) erkennt er eine abnehmende Stufung des christologischen Bezugs im Psalter: (a) eindeutig messanische Weissagungen (Ps 16; 40; 110), (b) Nennung von Umständen, die mit Jesu Schicksal übereinstimmen (Ps 22; 69), (c) symbolische Darstellung Christi (Ps 2), (d) auf Christus hinweisende Beziehungen (Ps 72). Von den britischen Forschern untersuchte Robert Lowth (*De Sacra Poesi Hebraeorum praelectiones*, 1753; hg. v. E.F.C. Rosenmüller, Leipzig 1815) den rein ästhetischen Gesichtspunkt der Psalmen. Benjamin Kennicot (1718–1783) widmete sich der Textkritik auch zu den Psalmen (1776). Die bedeutenden Beiträge britischer Wissenschaftler wurden von den deutschen Forschern des 18. und 19. Jh. weiterentwickelt.

6. Das 19. und 20. Jahrhundert

Die Anregung zu einer Wende im Verständnis der Psalmen gab J.G. von →Herder mit seiner Abhandlung *Vom Geist der Ebräischen Poesie* ... (1783). Er rügt an den Auslegungen seiner Zeit und Vorzeit „eine unkritische Übernahme der Psalmen in die Gegenwart ohne Beachtung ihrer individuellen Situation" (Knuth 360) und fordert – ähnlich wie Luther – vom Exegeten, daß er er sich in die „Herzenssprache" jener alten Lieder einlebe und einfühle. Den Grundgedanken Herders hat W.M.L. →De Wette (s.o. I.3.1.) in seinem *Commentar über die Psalmen* (1811) aufgenommen, der sich durch kritischen Scharfsinn und ein tiefes Verständnis des Geschichtlichen auszeichnet. De Wette ordnet die Psalmen nach Gattungen, übt eine religionsgeschichtliche Betrachtungsweise, hält sich aber mit historischen Hypothesen zurück. Ein gewisser Restbestand des Theologischen kulminiert bei ihm in dem „bis zum Ekel wiederholten Stichwort des Theokratischen" (Delitzsch 50), das er auf die israelitischen Könige, aber auch auf christliche Beamte und Könige und im höchsten Sinne auf Christus beziehen kann. Weitere Vertreter der historisch-kritischen Psalmenforschung im 19. Jh. waren Ferdinand Hitzig (1835/36), G.H.A. →Ewald (1839/40), Justus Olshausen (1853) und Hermann Hupfeld (1855–1862).

In Opposition zu dieser Richtung stand E.W. →Hengstenberg, führender Theologe der Erweckungsbewegung und einflußreicher Kirchenpolitiker. Er wollte in seinem *Psalmenkommentar* (1842–1847) nicht bei der grammatisch-historischen Aufgabe stehenbleiben, sondern die Psalmenauslegung wieder in ihren kirchlichen Zusammenhang stellen. Dabei fällt er aber in eine überholte Orthodoxie zurück, jedoch nicht gänzlich ohne Zugeständnisse an neuere exegetische Anschauungen. So rede Ps 16 nicht von der Bewahrung *im* Tode, sondern *vor* dem Tode (vgl. dagegen Act 2,25ff.). „Trotz allem religiösen Pathos leistet er endlich für ein wahrhaft theologisches Verständnis des israelitischen Glaubens- und Vorstellungskreises nur sehr wenig" (Diestel 664). F.J. →Delitzsch, Vertreter einer heilsgeschichtlichen Theologie, verbindet in seiner Psalmenauslegung philologische Genauigkeit mit tiefem geistlichem Verständnis. Mit größerer wissenschaftlicher Gründlichkeit als Hengstenberg will auch er die Kluft zwischen der modernen Forschung und der kirchlichen Tradition überwinden. In der 5. Auflage seines *Psalmenkommentars* (1894) bekennt Delitzsch im Hinblick auf die Forschungsrichtung von Eduard Reuß, A. →Kuenen und vor allem Julius →Wellhausen: „Und wenn ich auch noch ein Menschenalter durchzuleben hätte, ich würde dem Geiste, der diese Kritik beseelt, mich nicht assimilieren können" (Delitzsch 52).

H. →Gunkel (s.o. I.) charakterisierte die Psalmenforschung des 19. Jh. mit den Worten: „Kritik und Sprachwissenschaft standen auf diesem Gebiet im Vordergrunde, Religion aber und Dichtung traten zurück" (Gunkel, Die Psalmen, ^{4}1926 [HK II/2] V). Als sein eigentliches Ziel bezeichnete er, „die Frömmigkeit der Psalmisten dem modernen Leser deutlich zu machen und ihm ans Herz zu legen" (ebd.). Er erforschte neu die Gattungen der Psalmen und ihren Sitz im kultischen Leben. Seine Sichtweise hat sich allgemein durchgesetzt. Zu seinen bedeutendsten Schülern gehörte S. →Mowinckel, der die Bedeutung des Kultus für die Psalmen umfassend erforschte (Mowinckel, Psalmenstudien, I–VI 1921–1924 [SVSK II, 1921:4; 1921:6; 1922:1; 1922:2; 1923:3; 1924:1]). Der gegenwärtige Stand der Psalmenforschung ist aus Einleitungen in das Alte Testament zu ersehen.

Quellen (Auswahl)

Zu 2.: Ambrosius (Ps 1; 35–40; 43; 45; 47–48; 61: PL 14; CSEL 64; Ps 118: PL 15; CSEL 62). – Augustin: CChr.SL 38–40. – Cassiodor: CChr.SL 97–98. – Diodor v. Tarsus (Ps 1–50: CChr.SG 6). – Hieronymus: CChr.SL 72.78; epp.: CSEL 54–56. – Ps.-Hieronymus, Breviarium in Psalmos: PL 26. – Johannes Chrysostomus u. Ps.-Chrysostomus: PG 55. – Origenes: PG 12.17; s. CPG 1425–1429. – Theodor v. Mopsuestia: PG 66,448–696; Ps 1–80 ed. R. Devreese: StT 93 (1939). – Theodoret v. Kyros: PG 80. – Zur Psalmenauslegung in der Alten Kirche s. ferner CPL ^{3}1995, S.777 (Ind. systematicus, Exegetica/Liber Psalmorum); CPG 5, 1987, 122 (Ind. in Psalmos).

Zu 3.: Alkuin (Buß- u. Gradualpsalter u. Ps 118: PL 100). – Anselm v. Laon, Glossa ordinaria: PL 113. – Herbertus de Boseham: RBMA 3, Nr. 3229; Glossa Ps 1–75: Ms. Cambridge Trinity College 150 (B. V. 4) fol. 1–183; Glossa Ps 76–150: Ms. Oxford Bodleian Library SC. 2051 (Auct. E. inf. 6) (Canterbury, Christ Church) fol. 1–140. – Hugo Cardinalis, Biblia Latina cum postilla, Venedig 1482 u.ö. Basel 1503/04, Bd. II. – Nikolaus v. Lyra: Biblia cum Glossa ordinaria, Nicolai de Lyra de Lyra postilla, moralitatibus eiusdem, Pauli Burgensis additionibus, Matthiae Thoring replicis, Basel 1498–1502, Bd. III. – Paulus v. Burgos: ebd. – Jakobus Perez v. Valencia, Centum ac quinquaginta psalmi Davidici ..., Paris 1509. – Petrus Lombardus: PL 191. – Raschi, Selomo Ishaqui, Commentarius Hebraicus in Prophetas maiores et minores ut et in Hiobum et Psalmos latine versus ... a Joh. Frieder. Breithaupto, Gotha 1713. – Zur Psalmenauslegung im MA s. ferner RBMA 3–8 (Auctores).

Zu 4.: Johannes Calvin (s.o.S. 630 Z. 54: CR 31–32). – Felix v. Prato, Psalterium ex hebreo diligentissime ad verbum fere tralatum [mit Anm.], Venedig 1515 Hagenau ^{2}1522. – Philipp Melanchthon (Ps 1–118: CR 13). – Faber Stapulensis (s.o.S. 629 Z. 22f.). – Martin Luther, Dictata super Psalterium: WA 3–4; Neuausg.: WA 55/I [Glossen]; 55/II [Scholien bis Ps 30]; Ps 1–22, 1519–1521: WA 5; Neuausg.: AWA 1/I [hist.-theol. Einl.]; 2/II [Ps 1–10]; ferner Aland (s.u. Lit.) Nr. 83.116f.592ff. – Johannes Reuchlin (s.o.S. 629 Z. 19ff.).

Zu 5.: Antonius Agellius, Commentarii in Psalmos et divini officii cantica, Rom 1606. – Henry Ainsworth, Annotations upon the Book of the Psalmes. Wherin the Hebrew Words and Sentences are compared with and explained by the Ancient Greek and Chaldee Versions ..., [Amsterdam?] ^{2}1617. – August Hermann Francke, Introductio in psalterium generalis et specialis, hg. v. Gotthilf August Francke, Halle 1734. – Martin Geier (Dresden 1868). – Gilbertus Genebrardus, Psalmi Davidis variis calendariis et commentariis genuinum sensum et hebraismos aperientibus, Köln ^{2}1615. – Hugo Grotius, Annotationes in Vetus Testamentum, ed. G.J.L. Vogel, Halle, I 1775. – Robert Lowth (s.o.S. 632 Z. 7f.). – Johann David Michaelis (s.o.S. 632 Z. 1f.).

Zu 6.: Franz Delitzsch, Commentar über den Psalter, T. I, Leipzig 1859. – Wilhelm Martin Leberecht De Wette (s.o.S. 632 Z. 19). – Hermann Gunkel (s.o.S. 632 Z. 48). – Ernst Wilhelm Hengstenberg (s.o.S. 632 Z. 30f.). – Johann Gottfried Herder (s.o.S. 632 Z. 14). – Sigmund Mowinckel (s.o. Z. 1f.). – Weitere Hinweise auf Quellen bei Werbeck (s.u.) sowie in BM.GC 7, 652ff. (Psalms).

Literatur

Kurt Aland, Hilfsbuch zum Lutherstudium, Witten ^{3}1970. – Altaner. – Gustave Bardy, Commentaires patristiques de la bible: DBS 2 (1934) 73–103. – Heinrich Bornkamm, Luther u. das AT, Tübingen 1948. – Charles Augustus Briggs, Critical and Exegetical Comm. of the Books of Psalms, Edinburgh, I (1906) 1960 (S.CI–CX: Interpretation [Auslegungsgesch.]). – Franz Delitzsch, Bibl. Comm. über die Psalmen, Leipzig ^{5}1894 (S.39–52: Gesch. der Psalmenauslegung). – Ludwig Diestel, Gesch. des AT in der christl. Kirche, Jena 1969. – Balthasar Fischer, Das Psalmenverständnis der Alten Kirche bis zu Origenes. I. Psalm 1–20, HabSchr. theol. Bonn 1946. – Gerhard Ebeling, Lutherstud., Tübingen, I 1971. – Heinrich Karpp, Die Bibel in der ma. Kirche: ThR NF 29 (1963) 301–334. – Hans Christian Knuth, Zur Auslegungsgesch. v. Psalm 6, Tübingen 1971 (S.396–411: Quellen u. Lit.). – Hans Joachim Kraus, Gesch. der hist.-krit. Erforschung des AT, Neukirchen-Vluyn ^{3}1982. – Olof Linton, Interpretation of the Psalms in the Early Church: StPatr 5 (1961) 143–156. – Siegfried Raeder, Grammatica Theologica. Stud. zu Luthers Operationes in Psalmos, Tübingen 1977. – RBMA. – Hans Rost, Die Bibel im MA. Beitr. zur Gesch. u. Bibliogr. der Bibel, Augsburg 1939. – Reinhard Schlieben, Christl. Theol. u. Philologie in der Spätantike. Die schulwiss.

Methoden der Psalmenexegese Cassiodors, Berlin/New York 1974. – Klaus Seybold, Die Psalmen. Eine Einf., Stuttgart/Berlin/Köln ²1991. – Beryl Smalley, The Study of the Bible in the Middle Ages, Oxford ³1984. – Charles Haddon Spurgeon, The Treasury of David. An Expository and Devotional Comm. of the Psalms, 7 Bde., London 1870–1885 (repr. 1977) (viel traditionsgesch. Material). – Wilfrid Werbeck, Art. Psalmen. I. Zur Auslegungsgesch.: RGG³ 5 (1961) 684–686 (Verz. v. Quellen u. Lit.).

Siegfried Raeder

III. Praktisch-theologisch

(Literatur S. 636)

Im Umgang mit den biblischen Psalmen ist der reformatorische Grundsatz des *sola scriptura* mit Kenntnis der Auslegungs- und Wirkungsgeschichte praktisch zu bewähren. Explikation und Applikation, Auslegung und Ausführung hängen hier besonders nah zusammen. Die Spiritualität der Heiligen →Schrift erweist sich in vielfacher Weise, weil der Psalter als „das Gebetbuch der Bibel“ (D. →Bonhoeffer) bzw. auch als das Gesangbuch der Heiligen Schrift direkt in die Praxis weist und eine besondere, enge Verbindung von Altem und Neuem Testament in sich schließt.

G. Ebeling weist im Vorwort zu seinen Predigten mit Psalmen als Text nachdrücklich auf M. →Luther und D. Bonhoeffer als besondere Lehrer für Auslegung und Meditation der Psalmen hin (Ebeling 3f.).

Schon immer ist die liturgische Relevanz der Psalmen herausgestellt worden (Goltzen; Hohlwein; Halaski; Fischer; Grün; Schnitker), aber auch für Homiletik, Seelsorge, Religionspädagogik haben sie elementare Bedeutung. Darüber hinaus aber erweist es sich als notwendig, ihre kulturtheologische Gewichtigkeit und Reichweite besser zu erkennen als bisher.

In der Predigtlehre ist es zwar umstritten, ob Psalmen als Predigttext sinnvoll sind oder ob sie nur im liturgischen Gebrauch ihre wahre Entsprechung finden (vgl. Stählin 230; Rupprecht), aber die eindrücklichen Beispiele von Psalmpredigten (z. B. Bizer; Bohren; Ebeling; Gunneweg: Der Gott der mitgeht; von Rad; Vischer; eine Sammlung hat H. Nitschke herausgegeben) und die Nähe zu der Gattung Liedpredigt (Rößler; Zippert; Remy/Koerrenz; Lähnemann) sprechen dafür, die Psalmen homiletisch nicht auszuschließen.

Dementsprechend existiert auch eine Psalmensonderreihe (Perikopen 86ff.; →Schriftlesung). Hier ist auch der Zusammenhang mit dem biblischen →Hohelied als Predigttext wahrzunehmen.

Die liturgischen Schwerpunkte sind im Gottesdienst der Introitusteil, das →Stundengebet, insbesondere Mette, Vesper und Komplet, und, in katholischer Liturgieform besonders betont, die Eucharistie. Die Bemühungen um geeignete Formen der Psalmodie, insbesondere um volkssprachliche →Gregorianik angesichts der lateinischen Tradition, verdienen Anerkennung, wenn auch der andere Weg, neue Psalmlieder zu verfassen, von Luther meisterhaft beschritten, bis in die Gegenwart (dazu Baltruweit), zumal im Kontext der Ökumene, mindestens ebenso überzeugt.

In neuerer Zeit ist auch die *religionspädagogische* Bedeutung im Zusammenhang mit biblischer Didaktik neu erkannt worden. Schon G. Kittel hatte wichtige Impulse gegeben, aber erst I. Baldermann stellte mit erheblicher empirischer Bewährung die Bedeutung der Psalmen als Gebrauchstexte, von der Grundschule an, überzeugend heraus. Die Sprachkraft der Psalmen, wenn auch bei ihm öfters notwendig reduziert auf einzelne Psalmverse elementarer Sprache der Klage und des Lobes, tritt immer wieder heraus und bewahrt den Zusammenhang mit lebendiger Kultur und Ästhetik (s.u.). Evident ist auch die bisher noch wenig untersuchte *poimenische* Bedeutung, zumal die Frage nach dem Zusammenhang von Bibel und Seelsorge immer wieder akut wird (Tacke). In vielen Schriften der Erbauungsliteratur sind Psalmen mit mehr oder weniger gelungenen Versuchen der ergänzenden Bilder, gerade auch in der Krankenhausseelsorge, als

Zuspruch wesentlich. Es darf auch an traditionelle Zusammenstellungen wie die Bußpsalmen (Ps 6.32.38.51.102.130.143) erinnert werden (Beutler-Lotz), mit deren Auslegung Luther 1517 sein öffentliches literarisches Wirken begann.

Die *kulturtheologische* Bedeutung bezieht sich nicht nur auf die Dichtung, sondern auch auf Musik, Tanz und Bildende Kunst. P.K. Kurz hat das große Verdienst, in einer Anthologie die dichterische Rezeption biblischer Psalmen seit dem Expressionismus bis zur Gegenwart einschließlich der „Anti-Psalmen, Parodien, Satire" (Kurz 124–159) dokumentiert und kommentiert zu haben. Die, von ihm zu Recht beklagt, bisher in der Literaturwissenschaft fast „vergessene Gattung" des Psalms ist so wieder präsent. Inzwischen hat K. Marti alle 150 Psalmen mit einem als „Annäherungen" bezeichneten Kommentar intensiver Leseeindrücke unter den Leitbegriff „Theopoesie" gestellt, eindrücklich unterschieden von dem, was „heutzutage ‚religiöse Lyrik' heißt" (Marti IV, 5).

„Die Psalmen sind alles andere als Poesie in einer religiösen Nische. Sie reden, singen vom Dasein in all seinen sozialen und individuellen Aspekten. Daß sie es ‚coram Deo', in der Gegenwart Gottes tun, ist selbstverständlich, denn zu ihrer Zeit war alles Leben ‚religiös', d.h. auf Gott oder Götter bezogen. Insofern ragt die biblische Theopoesie als ganzheitlicher Fremdkörper in unser zersplittertes Bewußtsein hinein. Das macht die Psalmen einerseits unzeitgemäß, andererseits durchbricht just diese Unzeitgemäßheit die Kategorie unseres Zeitgeistes, so daß Milan Machovec sagen konnte, selbst für ihn, den Atheisten, seien die Psalmen ‚dynamische Beschreibungen seiner persönlichen Situation im 20. Jahrhundert' und deshalb ‚phantastisch aktuell'" (ebd.).

Diese Einsichten entsprechen ganz der ökumenischen Wirkung, die E. Cardenal (geb. 1925) mit seinen lateinamerikanischen Psalmen befreiungstheologisch erreicht hat.

Die schon bei der Sammlung von Kurz wahrnehmbare Nähe zu Dichtungen von Nelly Sachs (1891–1970), Bertolt Brecht (1898–1956), Ingeborg Bachmann (1926–1973), Paul Celan (1920–1970), Peter Huchel (1903–1981), Eva Zeller (geb. 1923), Ernst Eggimann (geb. 1936), Thomas Bernhard (1931–1989) u.a. wird auch hier deutlich. Sie ist m.E. weniger durch Versuche zeitgemäßer Transformationen des biblischen Textes, sondern eher durch analoge Gegenüberstellung – so z.B. R.O. Wiemer in seiner Auslegung von Ps 73 (Wiemer 77–84) – zu gewinnen. Nicht Fusion, sondern analoge Differenz, so daß aktuelle Unzeitgemäßheit deutlich wird, ist geboten.

Wie sehr die künstlerische Musik von den Psalmen beeinflußt ist, hat G.A. Krieg in einer inhaltsreichen Skizze gezeigt, die von Josquin (ca. 1440–1521/1524; →Motette) über Monteverdi (1567–1643) und Antonio Vivaldi (1678–1741; →Kantate), Johann Hermann Schein (1586–1630), Heinrich →Schütz und J.S. →Bach bis zu Felix Mendelssohn-Bartholdy (1809–1847), Peter Tschaikovskij (1840–1893), Anton Bruckner (1824–1896), Max Reger (1873–1916), dann auch Igor Strawinskij (1882–1971; *Psalmensinfonie*), Krzysztof Penderecki (geb. 1933), Leonard Bernstein (1918–1990; *Chichester Psalmen*) und Karlheinz Stockhausen (geb. 1928) reicht. Für Ps 130 hat A. Gerstmeier ähnlich instruktiv die Vertonungen dargestellt. Das Verhältnis von Liturgik und Konzert, Kult und Poesie ist hier ebenso nachdrücklich erkennbar wie in der Dichtung. (Sehr nützlich ist das Verzeichnis der wichtigsten Vertonungen von S. Remmert.)

Die Tragweite der Psalmen in der Bildenden Kunst ist noch wenig erforscht, obwohl es auch dafür überzeugende Beispiele gibt, die mehr sind als Illustrationen (vgl. das Standardwerk *Das Buch der Psalmen. Ein Eschbacher Bilderpsalter*). Die Bildsprache der Psalmen hat selbstverständlich auch hohe religionspädagogische Bedeutung (vgl. Stork, Psalmen).

Insgesamt ergibt sich eine lebensweltliche Bedeutung, welche, gerade auch im Blick auf den jüdisch-christlichen Dialog, die Rundfunkreihe „Mein Psalm" (1967; auch als Buch 1968 veröffentlicht) aufzeigte. Die dortigen Beiträge von Nelly Sachs, Max Horkheimer (1895–1973), Max Brod (1884–1968) und Hermann Kesten (1900–1996) zeigen, wie sehr ein Psalm biographisch elementare Bedeutung gewinnen kann. Horkheimers Erinnerung an →Hegel, der die Psalmen mit besonderem Hinweis auf Ps 104 als „klassische Beispiele der echten Erhabenheit" gewürdigt hat (Hegel, SW. Jubiläumsausgabe, Stuttgart, XII 1927 = ^{3}1953, 499; Horkheimer: Mein Psalm 92), verdient, wachgehalten zu werden.

Zwei Gedichtzitate zeigen die Gesamtlage an: In Celans Gedicht *Königswut* wird von den „verrauchten Gebeten" gesprochen, die „psalmhufig, hinsingend über auf-. auf-, aufgeblättertes Bibelgebirg, auf die klaren mit-klirrenden, mächtigen Meerkeime zu" (Celan, Gedichte, Frankfurt a.M., II 1975, 81) unterwegs sind. Dem entspricht: „Irgendwo anders, hinter sieben Siegeln stehen Deine Psalmen neuerdings aufgeschrieben" (Marie-Luise Kaschnitz, Neue Gedichte, Hamburg 1957, 14).

Neuere Formen der Bibelerschließung wie z.B. das Bibliodrama (dazu Martin 49; Seils) wie auch der Aufnahme der religiösen Elemente der Popmusik (dazu Fermor) bestätigen die Psalmen als *Essential* einer weltoffenen Spiritualität in der Spannweite von Flehen und Loben eingedenk der Tatsache, daß die Psalmen auch mit dem Wort und der Person Jesu von Nazareth untrennbar bis in die Passionsgeschichte und die Ostererfahrung hinein verbunden sind. Auch wenn hermeneutisch die christologische Typologie mir nur indirekt erlaubt erscheint, so ist doch gerade in den Psalmen die *viva vox evangelii* als „echtes Gnotiseauton" (Luther, Vorrede zum Psalter [1528]: WA.DB 10,105) unverlierbar poetisch und liturgisch erkennbar.

Literatur

Günter Bader, Psalterium affectuum palaestra. Prolegomena zu einer Theol. des Psalters, 1996 (HUTh 33). – Ingo Baldermann, Wer hört mein Weinen?, 1986 [2]1992 (WdL 4). – Ders., Ich werde nicht sterben, sondern leben. Psalmen als Gebrauchstexte, 1990 [2]1994 (WdL 7). – Fritz Baltruweit, Psalmen u. neuere geistliche Lieder: EvErz 47 (1992) 92–97. – Hans Becker/Reiner Kaczynski (Hg.), Liturgie u. Dichtung. Ein interdisziplinäres Kompendium, 2 Bde., St. Ottilien 1983. – Heinz-Günter Beutler-Lotz, Die Bußpsalmen, Göttingen 1995 (DAW[S] 71). – Karl-Heinrich Bieritz, An Psalmen lesen lernen – an Psalmen leben lernen: Becker/Kaczynski (s.o.) II, 615–642. – Christoph Bizer, Von Drachen, v. Engeln, vom christl. Wesen. Psalmenpredigten, Neukirchen-Vluyn 1993. – Rudolf Bohren, Seligpreisungen der Bibel – heute, Zürich/Stuttgart 1965. – Dietrich Bonhoeffer, Das Gebetbuch der Bibel, Bad Salzuflen 1970 [13]1989 = DBW V. – Das Buch der Psalmen. Ein Eschbacher Bilderpsalter, hg. v. Martin Schmeisser, 8 Bde., Eschbach/Zürich/Leipzig 1990–1993. – Ernesto Cardenal, „Zerschneide den Stacheldraht". Lateinamerik. Psalmen, Wuppertal 1969. – Gerhard Ebeling, Psalmenmeditationen, Tübingen 1968. – Eugen Eckert, Psalmen f. jeden Sonntag, München 1994. – Ernst Eggimann, Psalmen, Wiesbaden 1967 [3]1970. – Gotthard Fermor, Psalmen u. Popmusik: EvErz 47 (1995) 63–72. – Balthasar Fischer, Die Psalmen als Stimme der Kirche. GSt zur christl. Psalmfrömmigkeit, hg. v. Heinz Andreas, Trier 1982. – Hartmut Genest (Hg.), Christi Leidenspsalm. Arbeiten zum 22. Psalm, Neukirchen-Vluyn 1996. – Erhard Gerstenberger/Konrad Jutzler/Hans-Jochen Boecker (Hg.), Zu Hilfe mein Gott. Psalmen u. Klagelieder, Neukirchen/Zürich 1972 [4]1989. – August Gerstmeier, Die Deutung der Psalmen im Spiegel der Musik: Becker/Kaczynski (s.o.) II, 91–130. – Herbert Goltzen, Der tägliche Gottesdienst: Leit. 5 (1956) 99–296. – Der Gott der mitgeht. Atl. Predigten v. Antonius H.J. Gunneweg/Otto Kaiser/Carl Heinz Ratschow/Ernst Würthwein, Gütersloh 1972. – Synkletia Grün, Psalmgebet im Lichte des NT, Regensburg 1959. – Karl Halaski, Art. Psalmen. II. Liturg. Gebrauch 2.: RGG[3] 5 (1961) 687f. – Hans Hohlwein, Art. Psalmen. II. Liturg. Gebrauch 1.: RGG[3] 5 (1961) 686f. – Ich lobe dich v. ganzer Seele. Auslegung zu allen 150 Psalmen, hg. v. Walter Kasper u.a., Stuttgart 1993. – Gisela Kittel, Die Sprache der Psalmen, Göttingen 1973 [2]1975. – Ralf Koerrenz, Auf den Spuren der Beter – Rockmusik u. Psalmengesang: EvErz 42 (1990) 220–226. – Gustav Adolf Krieg, Gesungenes Lob – gesungene Klage: EvErz 47 (1995) 55–63. – Paul Konrad Kurz (Hg.), Niemand knetet uns wieder. Psalm u. Lyrik im 20. Jh.: ThQ 157 (1977) 43–68. – Ders. (Hg.), Psalmen vom Expressionismus bis zur Gegenwart, Freiburg 1978. – Johannes Lähnemann, Liedpredigten, Nürnberg 1996. – John A. Lamb, The Psalms in Christian Worship, London 1962. – Kurt Marti, Die Psalmen. Annäherungen, 4 Bde., Stuttgart 1991–1993. – Gerhard Marcel Martin, Bibliodrama – ein Modell wird besichtigt: Antje Kiehn u.a., Bibliodrama, Stuttgart 1982, 44–64. – Mein Psalm, hg. v. Karl Heinz Schröter, Berlin 1968. – Diethelm Michel, Die Dichtung der Psalmen: Almanach f. Lit. u. Theol. 1, Wuppertal 1967, 111–125. – Horst Nitschke (Hg.), Worte zu Psalmen, Gütersloh 1983. – Walter Nordmann, Die Psalmen: Kleine Predigttypologie, hg. v. Carlheinz Peisker, Stuttgart, II 1965, 191–202. – Hans-Joachim Petsch, Am Leben wie an einer Krankheit leiden. Psalmen als Sprachschule in depressiver Daseinsangst: WzM 47 (1995) 230–244. – Gerhard v. Rad, Predigten, München 1972. – Sönke Remmert, Bibeltexte in der Musik, Göttingen 1996 (DAW[S] 74). – Jochen Remy/Ralf Koerrenz (Hg.), Mit Liedern predigen. Theorie u. Praxis der Liedpredigt, Rheinbach [2]1994. – Martin Rößler, Die Liedpredigt. Gesch. einer Predigtgattung, Göttingen 1976. – Walter Rupprecht, Predigten u. Bibelstunden über Psalmen: CPH 5 (1966) 119–195. – Thaddäus A. Schnitker, Art. Psalmen. 2. Liturg.: EKL^{3} 3 (1992) 1373–1376. – Henning Schröer, Zw. Lyrik u. Liturgie: EvErz 47 (1995) 72–82. – Uwe Seidel/Diethard Zils, Psalmen der Hoffnung, Gladbek 1973 ^{2}1982. – Ruth Seils, Psalmen im Bibliodrama: EvErz 47 (1995) 82–92. – Massey H. Shepherd, Jr., The Psalms in Christian Worship. A Practical Guide, Minneapolis 1976. – Wilhelm Stählin, Predigthilfen, Kassel, III 1959, 230–479. – Dieter Stork, Zukunft, die heute beginnt. Mein Leben in der Angst. Die Psalmen neu gelesen, 2 Bde., Stuttgart 1962. – Ders., Psalmen – Wort im Bild: EvErz 47 (1995) 27–45. – Helmut Tacke, Mit den Müden zur rechten Zeit zu reden. Beitr. zu einer bibelorientierten Seelsorge, Neukirchen-Vluyn 1989. – Wilhelm Vischer, Psalmen ausgelegt f. die Gemeinde, Basel 1944. – Jochen Vollmer, Die Psalmen im Ev. Gesangbuch: DtPfrBl 94 (1994) 408f. – Claus Westermann, Der Psalter, Stuttgart 1959 ^{4}1980. – Rudolf Otto Wiemer, Ernstfall, Stuttgart 1963. – Christian Zippert, Die Liedpredigt, Kassel 1984.

Henning Schröer

Psalmen Salomos →Salomo/Salomoschriften

Psalmengesang →Kirchenlied

Psalmodie →Gregorianik

Psalter →Psalmen/Psalmenbuch

Psellos, *Konstantin (1018 – nach 1081)*

1. Leben 2. Werk 3. Bedeutung für die Theologie; Nachwirkung (Quellen/Literatur S. 638)

1. Leben

Konstantin, auch Konsta(n)s, gewöhnlich Michael (gemäß seinem 1054 angenommenen Mönchsnamen) Psellos, einer der bedeutendsten byzantinischen Gelehrten, wurde 1018 in Konstantinopel geboren; sein Vater entstammte einer Beamtenfamilie. Nach umfassenden Studien (Grammatik, antike Dichtung; später Rhetorik und Philosophie bei Johannes Mauropus) entschied auch er sich für die Beamtenlaufbahn, zuerst in der Provinzverwaltung und ab 1041 am Kaiserhof, wo er bald nach Regierungsantritt Konstantins IX. (1042–1055) Mitglied des Senates und einer der engsten Berater des Kaisers wurde. Gleichzeitig nahm er, anfangs gemeinsam mit Johannes Mauropus, eine private Lehrtätigkeit auf. Seine Schule für Philosophie (und Rhetorik) wurde um 1045, etwa gleichzeitig mit einer Juristenschule des Johannes Xiphilinos, zur kaiserlichen Institution erklärt und entsprechend gefördert. Wegen seiner eigenständigen Anschauungen in Glaubensfragen hatte er 1054, wohl auf Veranlassung des Patriarchen →Michael Kerullarios, vor dem Kaiser seine Rechtgläubigkeit zu verteidigen. Bald darauf legte er die Mönchskutte an, zog sich aber erst nach dem Tod Konstantins IX. (Januar 1055) in ein Kloster auf dem bithynischen Olymp zurück, aus dem ihn nach kurzer Zeit die Kaiserin Theodora (1055–1056) wieder an den Hof zurückberief. Hier konnte er dank seinem diplomatischen Geschick auch unter den folgenden Kaisern seinen Einfluß behaupten. Erst unter seinem früheren Schüler Michael VII. (1071–1078) mußte er um 1076 erneut Konstantinopel verlassen. Über seine weiteren Schicksale ist kaum etwas bekannt. Gewichtige Gründe sprechen aber dafür, daß er erst unter Alexios I. (nach 1081) starb; daß er noch um 1097 lebte, ist wegen eines in diesem Jahr gemäß den Handschriften von ihm verfaßten Textes nicht auszuschließen.

2. Werk

Psellos hat ein sehr umfangreiches, bis heute noch nicht vollständig ediertes Werk hinterlassen. Es umfaßt alle Wissensgebiete seiner Zeit: Philosophie, Theologie, Naturwissenschaften, Theurgie und andere Geheimwissenschaften, Rhetorik, Literaturwissenschaft, Medizin und Jurisprudenz. Er verfaßte ferner die *Chronographie*, eine stark autobiographische Geschichte seiner eigenen Zeit, Gedichte sowie zahlreiche Briefe und Reden. Ein vollständiger Index seiner Werke wird von Paul Moore, Toronto, vorbereitet.

Im folgenden können nur seine wichtigsten Beiträge zu theologischen und kirchlichen Themen aufgezählt werden: (a) 114 Kurzschriften zu theologischen Fragen, auch Exegese (Theologica, ed. Gautier). (b) Weitere Beiträge zur Exegese: Kommentierte Drei-Väter-Katene zum →Hohenlied (ed. Westerink, Poemata 13–67, Nr.2); Kurzschriften, zum Teil in Gedichtform (ed. Kurtz/Drexl I, 372–427; davon nun in neueren Ausgaben: Psalmengedicht [Kurtz/Drexl I, 389–400]: ed. Westerink, Poemata 1–13, Nr.1; Hexaemeron-Gedicht [ebd. 401–410]: ed. Westerink, Poemata 390–398, Nr.55; Prosatext zu drei neutestamentlichen Stellen [ebd. 425–427]: ed. Gautier, Theologica 69–71, Nr.17). (c) Aus BHG 1957 sind zu zitieren: Beschreibung des (nur religiös verbrämten) Frauenfestes der „Agathe" am 12. Mai (38b; dort irrig unter der heiligen Agatha eingeordnet; s. aber Laiou), Predigten auf →Gregor von Nazianz (729), →Johannes den Täufer (Ps.-Psellos, 855), →Johannes Chrysostomus (881m), Marienwunder in Blachernen (1058m), Mariä Verkündigung (1082m), Erzengel Michael (1290f), Vier Hierarchen (2176). Aus BHG 1984: Vita des Auxentios (203), Kanon auf alle Heiligen (1617rc), Grabrede auf Abt Nikolaos (2313), Enkomion und Akoluthie für Symeon Metaphrastes (1675 + a; Enkomion: ed. Kurtz/Drexl I, 94–107; Akoluthie: ed. Westerink, Poemata 277–285, Nr.23), Predigten auf das Kreuz Christi (447c) und Mariä Tempelgang (1107t). Ferner: Paraphrase eines Karfreitagskanons (ed. Maniate). (d) Theologisches enthält auch das enzyklopädische Werk *De omnifaria doctrina* (ed. Westerink). (e) Ein Traktat zur Berechnung des Osterfestes (ed. Redl). (f) Beiträge zur Dämonologie (O'Meara, Nr. 37; Collections ..., ed. Gautier, Nr. 8), zum Teil unecht (*De Daemonibus* und *Graecorum opiniones*, ed. Gautier). (g) Material zur Kirchengeschichte findet sich in Briefen und Reden, vor allem in der Anklagerede gegen Patriarch Kerullarios (ed. Dennis, Orationes forenses 1–103), in der lobenden Gedächtnisrede auf ihn (ed. Sathas IV, 303–387) und in der Verteidigungsrede für den Metropoliten Lazaros (ed. Gautier). (h) Drei weitere Gedichte, ed. Westerink, Poemata: De dogmate: ebd. 67–72, Nr.3; De conciliis: ebd. 72–77, Nr.4; De nomocanone: ebd. 77–80, Nr.5; Ein Kanon: ebd. 286–294, Nr.24.

3. Bedeutung für die Theologie; Nachwirkung

Psellos genoß wegen seiner Gelehrsamkeit in seiner eigenen und in späterer Zeit hohe Verehrung. In der Geschichte der byzantinischen Theologie leitete er eine große, für Jahrhunderte weiterwirkende Wende ein. Sein methodischer Neuansatz, den er selbst allerdings ganz im Einklang mit der Tradition der kappadokischen Kirchenväter verstand, bestand in dem Versuch, in einer Fülle von Einzelfragen zu einem Ausgleich zwischen antiker (platonischer, aristotelischer, neuplatonischer) Philosophie und den Lehren des christlichen Glaubens zu gelangen. Hier gab er wichtige, wenn auch nicht immer originelle Denkanstöße, baute aber seine Einzelbeobachtungen, die reich an dialektischen Widersprüchen bleiben, nicht zu einem System aus (vgl. Podskalsky 109–114). So gelang es ihm auch, einer kirchlichen Verurteilung zu entgehen. Erst seinen Schüler Johannes Italos (ca. 1025 – nach 1082), der den Weg der Philosophie konsequenter weiterging, traf das kirchliche Anathema, ebenso dessen Schüler →Eustratios von Nikaia. Erneut ist die Benutzung psellianischer Schriften im 13.–15. Jh., z. B. bei →Nicephorus Blemmydes und Joseph Bryennios (ca. 1350 – ca. 1431), nachweisbar. Kein Geringerer als der bedeutende Humanist und christliche Platoniker M. →Ficino übersetzte Werke des Psellos ins Lateinische.

Quellen

Zum Leben des Psellos, neben Reden und Briefen, vor allem die *Chronographie*: Michele Psello, Imperatori di Bisanzio (Cronografia), 2 Bde., ed. Salvatore Impellizzeri, 1984 (Fondazione Lorenzo Valla. Scrittori greci e latini). – Sammlungen von Psellos-Texten: Bibliotheca Graeca Medii Aevi, ed. Constantinus Sathas, Athen/Paris, IV 1874 V 1876. – Michaelis Pselli Scripta minora magnam partem adhuc ined., ed. Eduardus Kurtz/Franciscus Drexl, I 1936 II 1941 (OrbRom 5.13). – Versi e un opuscolo ined. di Michele Psello, ed. Antonio Garzya: Quaderni di ‚Le parole e le idee', Neapel, IV 1966, 7–28 (= ders., Storia e interpretazione di testi bizantini, London 1974, Nr. V). – Paul Gautier, Collections inconnues ou peu connues de textes pselliens: Rivista di Studi Bizantini e Slavi 1 (1981) 39–69. – In der Reihe BiTeu erschienen bisher: Michaelis Pselli Oratoria minora, ed. Antony Robert Littlewood, 1985; M.P. Theologica I, ed. Paul Gautier, 1989; M.P. Philosophica minora. I. Opuscula logica, physica, allegorica, alia, ed. John M. Duffy, 1992; M.P. Philosophica minora. II. Opuscula psychologica, theologica, daemonologica, ed. Dominic J. O'Meara, 1989; M.P. Poemata, ed. Leendert G. Westerink, 1992; M.P. Orationes forenses et acta, ed. George T. Dennis, 1994; M.P. Orationes panegyricae, ed. George T. Dennis, 1994; M.P. Orationes hagiographicae, ed. Elizabeth A. Fisher, 1994. – Editionen von Einzelwerken, s. Beck, die Lexikonartikel und Volk, S.XI–XXII. Im Text des obigen Artikels wird Bezug genommen auf: Antonio Garzya, On Michael Psellus' Admission of Faith: EEBS 35 (1966) 41–46 (= ders., Storia ..., Nr. VI). – Le De Daemonibus du Ps.-Psellos, ed. Paul Gautier: REByz 38 (1980) 105–194. – La défense de Lazare de Philippoupolis par Michel Psellos, ed. Paul Gautier: TMCB 8 (1981) 151–169. – Ps.-Psellos, Graecorum opiniones de daemonibus, ed. Paul Gautier: REByz 46 (1988) 85–107. – Gertrude Redl, La chronologie appliqué de Michel Psellos: Byz. 4 (1927/28) 197–231; 5 (1929/30) 229–286. – Triantaphyllitsa Th. Maniate, *'Ανέκδοτο ἔργο τοῦ Μιχαὴλ Ψελλοῦ· Ἡ παράφραση τοῦ κανόνα στὴν Μεγάλη Πέμπτη Κοσμᾶ τοῦ Μαϊουμᾶ*: *Δίπτυχα* 1 (1979) 194–238. – Michael Psellos, De omnifaria doctrina, ed. Leendert G. Westerink, Utrecht 1948.

Literatur

Hans-Georg Beck, Kirche u. theol. Lit. im byz. Reich, 1959 (HAW XII.2.1). – Armin Hohlweg, Art. Psellos: TuscLex[3] (1982) 675–680. – Alexander Kazhdan, Art. Psellos: Oxford Dictionary of Byzantium 3 (1991) 1754f. – Emmanuel Kriaras, Art. Psellos: PRE.S 11 (1968) 1124–1182. – Angeliki E. Laiou, The Festival of „Agathe": *ΒΥΖΑΝΤΙΟΝ*. FS Andreas N. Stratos, Athen, I 1986, 111–122. – Jakov N. Ljubarskij, Michail Psell. Ličnost' i tvorčestvo, Moskau 1978. – Enrico V. Maltese, Michele Psello commentatore di Gregorio di Nazianzo: Gregorio Nazianzeno teologo e scrittore, a cura di C. Moreschini/G. Menestrina, Bologna 1992 (PISRT 17) 227–248. – Ders., I theologica di Psello e la cultura filosofica bizantina: Storia e tradizione culturale a Bisanzio fra XI e XII secolo. Atti della prima Giornata di studi bizantini. A cura di R. Maisano, Neapel 1993 (*ΙΤΑΛΟΕΛΛΗΝΙΚΑ*, Quaderni 3) 51–69. – Paul Moore, The Works of Michael Psellus: Abstracts of Papers. 11th Annual Byzantine Studies Conference, Toronto 1985, 50f. – David Pingree, Art. Psellos: Dictionary of Scientific Biography 11 (1975) 182–186. – Gerhard Podskalsky, Theol. u. Phil. in Byzanz, 1977 (ByA 15). – Daniel Stiernon, Art. Psellos: Cath. 12 (1988) 196f. – Robert Volk, Der med. Inhalt der Schr. des Michael Psellos, Diss., 1990 (MByM 32).

Franz Tinnefeld

Pseudepigraphen des Alten Testaments

1. Begriff 2. Schriften 3. Zusammenfassung (Sammelausgaben/Literatur S. 645)

1. Begriff

Die Pseudepigraphen des Alten Testaments sind eine neuzeitliche Sammlung frühjüdischer Schriften. Sie dürfen nicht mit antiken Sammlungen verwechselt werden, wie sie im 20. Jh. in Höhlen oder im Wüstensand aufgefunden wurden, also etwa den Schriftrollen vom Toten Meer (→Qumran) oder den Textfunden von →Nag Hammadi.

Nach welchen Kriterien haben moderne Gelehrte die Schriften ausgewählt, die sie in solche Sammlungen aufgenommen haben? Wie kann man sie von anderen, in gewisser Hinsicht ähnlichen Schriften unterscheiden? Die alttestamentlichen Pseudepigraphen sind antike Schriften, verfaßt von Juden (manchmal von Christen verfaßt oder erweitert), ungefähr aus der Zeit zwischen 250 v. Chr. und 200 n. Chr. Während die Herkunft der meisten Pseudepigraphen unklar ist, wurden zahlreiche dieser Schriften mit Sicherheit im antiken Palästina verfaßt, unter ihnen zumindest die Henochbücher (→Henochgestalt/Henochliteratur), das →Jubiläenbuch, die Psalmen Salomos (→Salomo/Salomoschriften) und der jüdische Kern der christlich bearbeiteten →Testamente der XII Patriarchen. Im Unterschied zu anderen jüdischen Schriften erheben sie normalerweise den Anspruch, eine Offenbarung zum Inhalt zu haben und den übrigen Schriften der Hebräischen Bibel (→Tanach), des sog. Alten Testaments, gleichgestellt zu sein. Meist werden sie einer alttestamentlichen Gestalt wie Adam, Henoch, Abraham, Isaak, Jakob, Joseph, Mose, David, Salomo, Jesaja, Jeremia, Baruch oder Esra zugeschrieben. Während die Forschung der letzten 200 Jahre den Nachweis erbracht hat, daß diese Zuschreibungen pseudepigraphisch sind, glaubten die antiken Autoren und ihre Gemeinden an die Authentizität dieser Schriften (so wie die Leser der davidischen Psalmen oder der pseudosalomonischen →Proverbia, →Koheletbuch und →Hoheslied).

2. *Schriften*

Eine Reihe von Pseudepigraphen werden in eigenen Artikeln dargestellt; sie können hier ausgespart werden. Vgl. →Aristeasbrief; →Baruch/Baruchschriften (zu syrBar); →Esra/Esraschriften (IV Esr); →Henochgestalt/Henochschriften (zu äthHen, slHen, hebrHen); →Joseph und Aseneth; →Jubiläenbuch; →Makkabäerbücher; →Mose/Moselied/Mosesegen/Moseschriften III (zur AssMos); →Sibyllinen; →Testamente der XII Patriarchen; ferner die Artikel →Apokalypsen/Apokalyptik; →Apokryphen I; →Gnosis/Gnostizismus; →Pseudepigraphie; →Qumran.

Die im folgenden vorgestellten Schriften repräsentieren einige der literarischen Genres, die unter den Pseudepigraphen des Alten Testaments vertreten sind: Erweiterungen biblischer Geschichten, Psalmen bzw. Oden, Testamente und Apokalypsen.

2.1. *Vita Adae et Evae*

Lat.: Wilhelm Meyer, Vita Adae et Evae, 1878 (ABAW.PP 14,3) 185–250. – *Griech.:* Daniel A. Bertrand, La Vie grecque d'Adam et Eve. Intr., texte, trad. et commentaire, Paris 1987 (Recherches Intertestamentaires 1); Michael E. Stone, A History of the Literature of Adam and Eve, Atlanta, Ga. (JBL Early Judaism and its Literature 3) 1992. – *Dt.:* Emil Kautzsch (s. Sammelausgaben) 506–528.

Diese Schrift gehört zu dem Teil der alttestamentlichen Pseudepigraphen, den man als „Zusätze zum Alten Testament und Legenden" bezeichnet. Sie beschreibt das Leben Adams und Evas nach ihrer Vertreibung aus dem Garten Eden. Das Werk ist in lateinischer Sprache erhalten, eine griechische Rezension ist ebenfalls bekannt (fälschlich *Apocalypsis Mosis* genannt). Vermutlich wurde es von einem Juden im antiken Palästina während der zweiten Hälfte des 1. Jh. n. Chr. auf hebräisch verfaßt. Hier findet sich einer der wenigen frühjüdischen Hinweise auf die Vorstellung von der *imago dei* (VitAd 13–15; →Bild Gottes). Der Autor konzentriert sich auf die Vorstellung von der Sünde und betont die Möglichkeit zur →Buße (VitAd 1–8). Ein interessantes Zwischenspiel ist die Geschichte von Evas und Seths vergeblichem Versuch, das „Öl der Barmherzigkeit" aus dem →Paradies zu erlangen, um damit den erkrankten, sterbenden Adam zu salben (VitAd 40–44).

2.2. *Psalmen Salomos*

Griech.: Joachim Begrich, Der Text der Psalmen Salomos: ZNW 38 (1939) 131–164; Karl Georg Kuhn, Die älteste Textgestalt der Psalmen Salomos, 1937 (BWANT 21). – *Griech.-syr.:* Joseph L. Trafton, The Syriac Version of the Psalms of Solomon, Atlanta 1985 (SCSt 11). – *Dt.:* Svend Holm-Nielsen, Die Psalmen Salomos, 1977 (JSHRZ IV/2) 51–112.

Bei den Psalmen Salomos handelt es sich um 18 Psalmen, die in der zweiten Hälfte des 1. Jh. v. Chr. in Jerusalem vermutlich auf Hebräisch verfaßt wurden. Sie stammen von einer jüdischen Gruppierung, die mit den →Pharisäern verwandt, aber nicht mit ihnen identisch war. Eine der wichtigsten Bezugnahmen auf den Messias aus der Zeit vor der Tempelzerstörung (70 n. Chr.) begegnet in den letzten beiden Psalmen; s. vor allem PsSal 17,32:

> Und er ist ein gerechter, von Gott gelehrter König über sie; und in seinen Tagen ist kein Unrecht unter ihnen, denn alle sind sie heilig, und ihr König ist der Gesalbte „des Herrn" (*χριστὸς κύριος*) (Übers. v. S. Holm-Nielsen).

2.3. *Oden Salomos*

Syr.: James H. Charlesworth, The Odes of Solomon. The Syriac Texts, Oxford 1977. – *Griech.:* Michel Testuz, Papyrus Bodmer VII–XII, Genf 1959. – *Dt.:* Walter Bauer, Die Oden Salomos, 1933 (KlT 64).

Die Oden Salomos gelten zu Recht als das älteste christliche Gesangbuch. Es besteht aus 42 Oden, die Salomo zugeschrieben werden. Der Autor war ein Konvertit, der vom Judentum zum Christentum übergetreten war; er könnte allem Anschein nach ein ehemaliger Essener gewesen sein (aufgrund der erstaunlichen Parallelen zu den *Lobliedern* aus Qumran). Die Abfassungszeit der Oden ist unsicher, wahrscheinlich entstanden sie um das Jahr 100 n. Chr. oder kurz danach. Die zahlreichen Verbindungen zum →Johannesevangelium (insbesondere dem Johannesprolog) zeigen, daß die Schrift wahrscheinlich in der johanneischen Gemeinde verfaßt wurde; vgl. besonders OdSal 7,7f.:

Der Vater der Erkenntnis
ist das Wort der Erkenntnis.
Er, der die Weisheit schuf,
ist weiser als seine Werke.

2.4. *Adamtestament*

Syr.: PS 2 (1907) 1309–1360 (ed. Michael Kmosko); Stephen E. Robinson, The Testament of Adam, 1982 (SBL.DS 52). – *Dt.:* Paul Rießler (s. Sammelausgaben) 1084–1090.

Das Adamtestament zerfällt in drei Teile: in das „Horarium" (Stunden des Tages und der Nacht; TestAd 1f.), die „Prophetie" (TestAd 3) und die „Hierarchie" (Lehre von den →Engeln; TestAd 4). Die ersten beiden Abschnitte sind jüdisch und stammen wahrscheinlich aus dem 1. oder 2. Jh. n. Chr. Die „Hierarchie" ist christlich und entstand zwischen dem 2. und 5. Jh. n. Chr. Alle drei Teile wurden ursprünglich vermutlich auf Syrisch verfaßt. Die Schrift ist deshalb wichtig, weil sie deutlich macht, wie und warum Christen frühjüdische Schriften übernahmen und doch auch erheblich überarbeiteten. Sie illustriert die weitverbreitete jüdische Vorstellung, daß das Universum eine festgesetzte und gute Ordnung habe und daß kosmische Ereignisse ihre festgesetzte Zeit haben. Schließlich wird Adam im christlichen Zusatz die Vergöttlichung versprochen. In TestAd 3,4 heißt es (offenbar aus dem Munde Christi):

„Und nach drei Tagen, während ich im Grab bin, werde ich den Körper auferwecken, den ich von dir angenommen habe. Und ... ich werde dich zu einem Gott machen, wie du es gewollt hast."

2.5. *Abraham-, Isaak- und Jakobtestament*

Griech.: Francis Schmidt, Le Testament Grec d'Abraham, 1986 (TSAJ 11). – *Dt.:* Enno Janssen, Das Testament Abrahams, 1980 (JSHRZ III/2) 193–254. – *Franz.:* Mathias Delcor, Le Testament d'Abraham. Intr., Trad. du texte grec et commentaire de la recension grecque longue, suivi de la Trad. des Testaments d'Abraham, d'Isaac et de Jacob d'après les versions orientales, 1973 (SVTP 2).

Drei Pseudepigrapha, das Abraham-, das Isaak- und das Jakobtestament, gehören ursprünglich zusammen in dem Sinne, daß das zuerst verfaßte Abrahamtestament Anlaß zur Abfassung des Isaaktestaments gab und diese beiden Ausgangspunkt des Jakobtestaments wurden. Sie wurden ursprünglich vermutlich auf Griechisch verfaßt, vielleicht aufgrund älterer Traditionen (möglicherweise sogar einer schriftlichen Quelle?) eines ägyptischen Juden aus dem 1. Jh. n. Chr. In ihrer vorliegenden Form jedoch sind die beiden letztgenannten christlich; alle drei enthalten sie christliche Ausschmückungen.

Der wichtigste Aspekt des *Abrahamtestaments* ist sein Universalismus. Es vermeidet typisch jüdische Begriffe wie Tora und →Bund. Sein Autor betrachtet das Judentum offenbar allgemein definiert als eine Religion der Moral. Typisch ägyptisch ist die Erzählung vom Wägen der Seelen beim Gericht (Rez. A Kap. 12). Jüdischer Humor und jüdische Volkssage finden sich im Bericht vom Besuch des personifizierten Todes bei Abraham. In königlicher Aufmachung und Verkleidung kommt der Tod, um Abrahams Seele zu Gott zu bringen. Abraham bittet ihn, seine wirkliche Erscheinung sehen zu dürfen. Daraufhin offenbart der Tod seine ganze Häßlichkeit, und sofort sterben 7.000 von Abrahams Dienern. Abraham bleibt am Leben, um am Ende vom Tod angeführt zu werden. Der Erzengel Michael und andere Engel begraben seinen Körper, seine Seele aber bringen sie in den Himmel.

Obwohl das *Isaaktestament* ursprünglich vielleicht im 1. Jh. n. Chr. verfaßt wurde, ist es doch nur in späten Handschriften erhalten, so daß seine ursprüngliche Abfassungszeit nicht sicher auszumachen ist. In seiner vorliegenden Form scheint es aus der koptischen Kirche zu stammen; denn *ein* Abfassungszweck ist, das Todesdatum Abrahams und Isaaks mit Bezug auf die koptische Kirche klarzustellen. Der Universalismus des Abrahamtestaments setzt sich im Isaaktestament fort; vgl. 2,9: „So sollt ihr Väter sein für die ganze Welt, oh treuer Ältester, unser Vater Isaak".

Das *Jakobtestament*, nur in späten Handschriften erhalten, scheint in seiner vorliegenden Form mindestens ein Jahrhundert jünger zu sein als das Isaaktestament. Samaritanischer Einfluß könnte sich darin zeigen, daß nur Manasse und Ephraim gesegnet werden, nur das Buch Genesis benutzt wird und Jakob von besonderer Bedeutung ist (er erhält zahlreiche Namen, darunter Jakob-Israel). Jakob soll „Gott von Angesicht zu Angesicht" gesehen (1,14) und die Himmelsleiter erblickt haben und „den Herrn auf der obersten Sprosse sitzen [gesehen haben] mit einer Macht, die niemand beschreiben kann" (1,16).

2.6. *Mosetestament (Assumptio Mosis)*

Lat.: Robert Henry Charles, The Assumption of Moses, London 1897; Ernest-Marie Laperrousaz, Le Testament de Moïse (généralement appelé „Assomption de Moïse"), 1970 (Sem. 19).

Das Mosetestament, auch *Assumptio Mosis* genannt, ist nur unvollständig in nur einer lateinischen Handschrift erhalten, einem Palimpsest aus dem 6. Jh. Es gibt vor, die letzten Worte Moses an Josua zu beinhalten. Es mag zu Beginn des 2. Jh. v. Chr. verfaßt worden sein, wahrscheinlicher erhielt es aber seine vorliegende Gestalt in den ersten Jahrzehnten des 1. Jh. n. Chr. Vermutlich wurde es ursprünglich auf Hebräisch oder Aramäisch verfaßt, und zwar im antiken Palästina. Die Schrift konzentriert sich auf die Landnahme unter Josua; sie betont, daß eine offene Aktion gegen Heiden nur von Gott kommen wird, der kommen wird, um Israel zu rächen (10,3.7). Solche Passagen waren vielleicht dafür gedacht, den eifernden Zorn derer zu kühlen, die die Römer, die Besatzer des Landes, haßten. Wie die meisten Apokalypsen ist die Schrift eine Botschaft der Hoffnung für die Unterdrückten, die im antiken Palästina unter römischer Besatzung lebten.

2.7. *Hiobtestament*

Griech.: Testamentum Iobi, hg. v. Sebastian P. Brock, 1967 (PVTG 2) 19–59; Robert A. Kraft (Hg.), The Testament of Job, 1974 (SBL.TT 5). – *Dt.:* Bernd Schaller, Das Testament Hiobs, 1979 (JSHRZ III/3) 303–387 (Lit.).

Das Hiobtestament stammt aus dem 1. Jh. v. Chr. oder n. Chr. Es wurde wahrscheinlich auf Griechisch verfaßt, irgendwo in Ägypten, erkennbar von den Therapeuten (→Essener und Therapeuten). Unter den Tugenden stellt das Buch die Geduld und die Ausdauer heraus wegen Hiobs stoischen Charakters: „Ich bin euer Vater Job, der mit viel Geduld sein Leben zugebracht hat" (TestHiob 1,5). Dieses Testament zeigt auch ein spezielles Interesse an Frauen; es enthält ein einzigartiges Porträt von Hiobs erster Frau Sitis und seinen Töchtern. Scharfsinnig ist die Geschichte, wie die einst reiche, jetzt bettelarme Sitis ihr Haar verkaufen muß, um drei Laib Brot zu kaufen, die sie mit Hiob teilt. Satan, in der Verkleidung des Brotverkäufers, ist der Bösewicht, der ihr die Haare abschneidet, während eine Menschenmenge auf dem Markplatz sich verwundert (Kap. 23f.). Beachtenswert ist die Klage um Sitis in TestHiob 25,1–3:

„Wer ist nicht überrascht? Dies ist Sitidos, die Frau des Job! Sie, die vierzehn Vorhänge hatte, um ihren Empfangssaal abzuschirmen, und Tür hinter Türen, bis man endlich gewürdigt wurde, zu ihr geführt zu werden; jetzt vertauscht sie ihr Haar gegen Brot!" (Übers. v. B. Schaller)

2.8. *Abraham-Apokalypse*

Slawisch-franz.: Ryszard Rubinkiewicz, L'apocalypse d'Abraham. En vieux slave. Intr., texte critique, trad. et commentaire, Lublin 1987. – *Dt.:* Belkis Philonenko-Sayar/Marc Philonenko, Die Apokalypse Abrahams, 1982 (JSHRZ V/5) 415–460.

Die ursprünglich wohl hebräische Abrahamapokalypse stammt vermutlich von einem Juden etwa aus der Zeit der →Apokalypse des Johannes, vielleicht aus dem antiken Palästina. Diese Vermutungen sind nie wirklich belegt worden, aber sie werden weithin akzeptiert. Dennoch muß man vorsichtig urteilen, da das Werk nur in späten slawischen Handschriften erhalten ist. Die Apokalypse ist wenig geordnet und enthält schwerverständliche Visionen. Wie die zeitgleichen Apokalypsen IV. Esra und II. Baruch enthält das Werk Hinweise darauf, daß der Tempel von heidnischen römischen Soldaten niedergebrannt wurde (Kap. 27). Der Autor bietet eine vage Erklärung für diese Katastrophe: Offenkundig ging der Tempel deshalb verloren, weil Abrahams Nachkommen Gott mit ihrem Götzendienst (ApkAbr 25,1–6) und einem Mord im Heiligtum (ApkAbr 27,5f.) ununterbrochen zum Ärger gereizt haben (ApkAbr 24,5–8; 25,6f.; 27,5; 28,2). Offenbar humorvoll gemeint ist Abrahams in der 1. Person dargebotene Rede darüber, wie die Götterbilder seines Vaters durch die gewaltsame Aktion eines Esels zerbrochen wurden; aber Abraham wird aus seiner mißlichen Lage durch Syrer befreit, die bereit sind, für die zerbrochenen und die heil gebliebenen Götter zu bezahlen. Daher wirft Abraham die drei zerbrochenen Götter in einen Fluß, „und sie versanken in der Tiefe, und es blieb nichts von ihnen übrig" (ApkAbr 2,1–9).

2.9. *Sedrach-Apokalypse*

Griech.: Apocalypsis Sedrach, hg. v. Otto Wahl, 1977 (PVTG 4) 37–46. – *Dt.:* Paul Rießler (s. Sammelausgaben) 156–167.

Die Sedrachapokalypse ist spät, vielleicht stammt sie erst aus dem 5. Jh. n. Chr. Sie wurde auf Griechisch verfaßt, vermutlich von einem Christen, der jüdische Quellen stark redigierte (vielleicht einen ursprünglichen Kern besonders in dem Abschnitt, der die Himmelfahrt Sedrachs beschreibt [Kap. 2–8]). Es ist denkbar, daß eine ursprünglich jüdische Apokalypse, die Sedrach zugeschrieben war, von einem Christen herausgegeben und erweitert wurde, der im Anschluß an I Kor 13 eine Predigt über die Liebe voranstellte (Kap. 1). Die Betonung von Gottes Liebe und seiner mitleidigen Natur durchzieht das ganze Werk, soweit es erhalten ist. Dieses Pseudepigraphon ist wenig erforscht worden im Blick auf seine Eigenart und das mögliche Vorhandensein frühjüdischer Traditionen.

2.10. *Zephanja-Apokalypse*

Griech.: Georg Steindorff, Die Apokalypse des Elias, eine unbekannte Apokalypse u. Bruchstücke der Sophonias-Apokalypse, 1899 (TU 17.3a). – *Dt.:* Paul Rießler (s. Sammelausgaben) 168–177.

Die Zephanjaapokalypse ist unbestimmten Alters. Sie scheint von einem Juden auf Griechisch verfaßt zu sein, irgendwann im 1. oder 2. Jh. n. Chr., erkennbar in Alexandrien. Eine pro-edomitische Haltung in 3,1f. könnte auf eine Zeit vor 70 n. Chr. schließen lassen: „‚Komm, laß mich dir den [Ort?] der Gerechtigkeit zeigen.' Und er brachte mich [hinauf] auf den Berg Seir". Wichtig für ein besseres Verständnis der „bleibenden Stadt" in Hebr 13,14 ist die Beschreibung der schönen Stadt in Kap. 5. Wie die Abrahamapokalypse enthält die Zephanjaapokalypse die Vorstellung vom „Wägen der Seelen": „... es ist notwendig, daß die Guten und die Bösen sich die Waage halten" (8,5). Leitmotiv ist das Gericht, das allen Menschen bevorsteht. Während Engel mit Trompeten (9–12) an die Apokalypse des Johannes erinnern, kommt einem bei der Schilderung der leidenden Sünder Dantes *Göttliche Komödie* in den Sinn.

2.11. *Elia-Apokalypse*

Griech.: Georg Steindorff (s.o. zu 2.10.). – *Dt.:* Paul Rießler (s. Sammelausgaben) 114–125; Wolfgang Schrage, Die Elia-Apokalypse, 1980 (JSHRZ V/3) 195–288 (Lit.).

Die Elia-Apokalypse ist nur auf Koptisch (sowohl die achmimische als auch die sahidische Fassung scheinen von einer griechischen Vorlage abzustammen) und in griechischen Fragmenten erhalten. Das Werk ist uneinheitlich und kann in fünf umfangreiche Kapitel gegliedert werden: eine Diskussion über Gebet und Fasten (Kap. 1), die Zeit vor dem Kommen des Antichristen (Kap. 2), die Schilderung des Antichristen (Kap. 3), drei Martyrien (Kap. 4) und schließlich Orakel über das Ende der Zeiten (Kap. 5). Die Datierung der Elia-Apokalypse ist schwierig. Sie wurde irgendwann zwischen dem 1. und 4. Jh. n. Chr. von einem Juden oder von einem Christen verfaßt. Vielleicht stammt sie von einem christlichen Schriftgelehrten, der das Pseudepigraphon im 3. Jh. in Ägypten unter Verwendung von älteren jüdischen Traditionen oder sogar Quellen verfaßt hat. In ihrer Letztgestalt, die allein erhalten ist, ist die Schrift eindeutig christlich; aber viele Kenner gehen davon aus, daß sie auf eine nicht mehr erhaltene jüdische Vorlage zurückgeht. Über die Datierung dieser mutmaßlichen Quelle wurde viel spekuliert; die Mutmaßungen reichen von der frühen nachexilischen Zeit bis zur jüdischen Revolte in Alexandrien (116/17 n. Chr.). →Origenes, →Clemens von Rom und →Clemens von Alexandrien könnten sie gekannt haben. Obwohl das Buch keine Apokalypse ist, enthält es apokalyptische Perspektiven:

„Jeder, der mir gehorchen wird, wird Throne und Kronen empfangen ... Sie werden mit den Engeln in meine Stadt hinaufziehen."

Wintermute ist überzeugt, daß diese Passage der jüdischen Vorlage zuzurechnen ist (OTP 1 [1983] 737).

2.12. *Die Vitae Prophetarum*

Griech.: Theodor Schermann, Prophetarum Vitae Fabulosae, Leipzig 1907. – *Dt.:* Paul Rießler (s. Sammelausgaben) 871–880; Anna Maria Schwemer, Stud. zu den frühjüd. Prophetenlegenden. Vitae Prophetarum, 2 Bde., 1995–1996 (TSAJ 49.50) (Text, Übers., Komm.).

Die *Leben der Propheten* sind in zahllosen Sprachen erhalten, z. B. auf Syrisch, Lateinisch und insbesondere Griechisch, der Sprache des Originals. Die Schrift beschreibt Leben und Tod der drei großen, der zwölf kleinen Propheten und Daniels, darüber hinaus der sieben vorklassischen Propheten, die in der Hebräischen Bibel erwähnt werden. Da die *Vitae Prophetarum* nur in Handschriften erhalten sind, die christlichen Einfluß verraten, ist die Annahme naheliegend, daß sie auch von einem Christen verfaßt wurden, vielleicht im 5. Jh. n. Chr. Viele Kenner gehen jedoch von einem jüdischen Original aus, da der Großteil der Schrift auffallend frei von christlichen Vorstellungen und Formulierungen ist. Für jüdische Herkunft und die Entstehung vor dem 2. Jh. n. Chr. könnte auch die Bemerkung über Elia sprechen, der „aus dem Land der Araber" kommt (21,1). Hier wird vorausgesetzt, daß Transjordanien noch zu Arabien gehörte und keine römische Provinz war, wie sie im Jahr 106 n. Chr. unter Trajan geschaffen wurde. Typisch für dieses Pseudepigraphon ist die folgende Passage (Kap. 13):

„Jesaja aus Jerusalem starb unter Manasse, indem er in zwei Teile zersägt wurde, und er wurde unterhalb der Eiche Rogels begraben, in der Nähe des Platzes, wo der Pfad den Aquädukt kreuzt, dessen Wasser Hezekiel versiegen ließ, indem er die Quelle verschüttete."

3. *Zusammenfassung*

Es ist deutlich geworden, daß diese Schriften, besonders die sicher jüdischen Schriften aus der Zeit vor ca. 135 n. Chr., als →Simon ben Kosiba geschlagen wurde, als Versuch verstanden werden müssen, jüdisches Denken und Leben während der Zeit des zweiten Tempels zu definieren und zu beschreiben. Zusammen mit den →Apokryphen und den

Schriften aus →Qumran muß man die Pseudepigraphen gelesen haben, um den historischen Jesus von Nazareth zu verstehen und die Bewegung, die sich letztlich vom Judentum loslöste und den eponymen Namen „Christentum" erhielt.

Sammelausgaben (in Übersetzung)

Dt.: Emil Kautzsch, Die Apokryphen u. Pseudepigraphen des AT. II. Die Pseudepigraphen des AT, Tübingen 1900 = Darmstadt 1962. – Paul Rießler, Altjüd. Schrifttum außerhalb der Bibel, Heidelberg 1928 = ²1966. – JSHRZ. – *Engl.:* OTP. – *Franz.:* André Dupont-Sommer/Marc Philonenko (Hg.), La Bible. Écrits Intertestamentaires, Paris 1987. – *Span.:* Alejandro Díez Macho u.a. (Hg.), Apócrifos del Antiguo Testamento, 5 Bde., Madrid 1982–1987. – *Ital.:* Paolo Sacchi (Hg.), Apocrifi dell'Antico Testamento, 2 Bde., Turin 1981–1989.

Literatur

James H. Charlesworth, The Pseudepigrapha and Modern Research, Chico 1981 (SCSt 7).

James H. Charlesworth

Pseudepigraphie

I. Altes und Neues Testament
II. Judentum . . . . S. 656

I. Altes und Neues Testament

1. Das Problem 2. Gründe für die Entstehung der Pseudepigraphie 3. Die Rezeption der Pseudepigraphen 4. Methoden der Tendenzfälschungen und die subjektiven Motive 5. Die theologische Antwort (Literatur S. 654)

1. Das Problem

Wenn wir die Pseudepigraphie umfassend begreifen (s.u. 2.1.; 2.2.), besteht ein großer Teil des kanonischen Schrifttums aus Pseudepigraphen. Von Pseudepigraphie sprechen wir in diesem Zusammenhang im allgemeinen Sinn, nicht im Sinn eines kanongeschichtlich geprägten Begriffs der Pseudepigraphie, der auf die →Pseudepigraphen des Alten Testaments konzentriert ist, welche außerhalb des Kanons stehen.

1.1. Wenn die →Pseudonymität zur Verhüllung des wirklichen Autors dient, soll in der Pseudepigraphie (griechisch „mit falscher Überschrift") die falsche Verfasserangabe die Autorität des betreffenden Textes (oder einer Tradition) durch seine Verbindung mit einer bedeutenden Persönlichkeit oder Zeitperiode unterstützen. In einigen Fällen muß man mit bewußter Fälschung rechnen. Die Tendenzfälschungen, mit welchen wir uns besonders befassen müssen, sind also ein Spezialfall der Pseudepigraphie (Speyer, Art. Fälschung 237; für außerkanonische Literatur vgl. Stirewalt 27ff.).

1.2. Das Problem der kanonisierten Pseudepigraphie hat seine Vorgeschichte in der Alten Kirche, aber theologisch tritt es erst seit der →Aufklärung in den Vordergrund. Besonders im 19. Jh. haben die Ergebnisse der kritischen Untersuchung des →Pentateuchs und des Corpus Paulinum deutlich gemacht, daß es in der Bibel Pseudepigraphen gibt, und zwar auch solche, welchen ihre bewußt falsche Verfasserangabe zur Kanonisierung verholfen hat (z.B. 2. Petrusbrief).

2. Gründe für die Entstehung der Pseudepigraphie

Die Sachgründe für die Entstehung der kanonisierten Pseudepigraphie werden wir mit Rücksicht auf ihre theologischen Intentionen beurteilen (s.u. 5.1.).

2.1. Es gibt auch in der Bibel *durch Zufall oder Versehen entstandene Pseudepigraphen.* Ps 88 hat z.B. zwei Überschriften (V.1), von denen die erste offensichtlich ein

Postskript von Ps 87 war (Waetke 591). In der Antike hat man gelegentlich aus Versehen einzelne Schriften gleichnamigen bekannten Autoren zugeschrieben (z. B. Diogenes Laertius I,112; weitere Belege bei Speyer, Literarische Fälschung 37). Es ist auch möglich, daß z. B. der Verfasser des Markusevangeliums aufgrund der Namensidentität später mit Johannes Markus aus Act 12,12 und I Petr 5,13 und mit dem Begleiter von Petrus (Eusebius, h.e. III,39,15) identifiziert wurde (Pesch 3–11) und daß die Herkunft des vierten Evangeliums aus der Schule des „Presbyters" Johannes (II Joh 1; III Joh 1) zur Identifizierung seines Verfassers mit dem Zebedaiden Johannes beigetragen hat (Strecker 22f.; s.u. 2.4.; →Johannesevangelium).

2.2. Bedeutender ist die Pseudepigraphie, die *ästhetisch und hermeneutisch* begründet ist. In der antiken Historiographie und den verwandten literarischen Gattungen wird das Berichtete oft rekonstruiert und interpretiert. So ist es auch mit den Reden der →Apostelgeschichte oder den Briefen und Texten von Verträgen, die wir in manchen biblischen Büchern finden (z. B. Esr 1,2–4; 4,8–10.11–16 u.a.; I Makk 8,23–30; 10,52–56 u.a.), welche nachträglich zur Illustration verfaßt sind (Willrich 3.36ff.). Ähnlich sind vielleicht auch die Wir-Stücke der Apostelgeschichte entstanden (Act 16,10–17; 20,5–15; 21,1–18; 27,1–28,16), in denen das „Wir" ein dramatisches Mittel sein kann wie in der Schilderung des Seesturms bei Petronius (sat. 114f.).

Von besonderer Bedeutung ist die Überlieferung der Sprüche Jesu (→Jesus Christus), welche man im Laufe der Tradierung kombiniert, appliziert, konkretisiert und interpretiert hat. In den synoptischen →Evangelien sind es weniger auffällige, christologisch motivierte Änderungen, welche die Sprüche Jesu durchgemacht haben, wie z. B. von „Menschensohn" in Lk 12,8 zu „Ich" in Mt 10,32 oder die *post eventum* konkretisierte Leidensankündigung in Mk 8,31f. (vom Evangelisten noch weiter konkretisiert in Mk 10,33f. par.). Wie Weitergabe und Gestaltung von Tradition in einigen christlichen Gruppen in die Nähe der Pseudepigraphie führt, wird am Thomasevangelium (NHC II/2) deutlich, wo eine alte Tradition der Jesuslogien mit enkratitisch oder direkt gnostisch geprägten Sprüchen verbunden ist (z. B. EvThom 7.22.42.50.56 usw.). Die wiederholte Behauptung, daß es sich um Sprüche des (lebendigen, s. Prolog) Jesus handle, wurde schon in der Antike von der „Großkirche" als fiktiv betrachtet. Innerhalb des Kanons können ähnliche Tendenzen an den „Ich-bin"-Worten des Johannesevangeliums (6,35; 8,12; 10,11.14.28; 11,25; 14,6) demonstriert werden. Als eine Form religiöser Rede haben sie ihre Parallelen in verschiedenen Bereichen (z. B. Ez 28,2; Mt 24,5; Apk 1,8; Apuleius, met. XI,5,1). In das Bild des irdischen Jesus passen sie nicht; sie haben eher ähnlich wie ein Bekenntnis funktioniert: durch ihre Rezitation hat sie die Gemeinde als Selbstoffenbarung des Auferstandenen anerkannt. Mit der ältesten Tradition der Sprüche Jesu verbindet sie nur das Moment einer Offenbarungs- (Mk 6,50 par.) oder Identifikationsformel (Mk 14,62 par.; vgl. Joh 18,5.6.8). Offensichtlich gehört dieses Phänomen auch in die Kategorie der Pseudepigraphie, welche durch innere Identifizierung der christlichen Propheten mit dem angegebenen Verfasser entstanden ist (s.u. 2.3.), oder in die Kategorie der Schulprodukte (s.u. 2.5.); jedenfalls handelt es sich um eine radikale Neugestaltung.

Im Alten Testament gab es eher literarische (ästhetische) Motive, welche die Verbindung gewisser Texte mit typischen Gestalten beeinflußt haben, wie es z. B. in Koh 1,12–2,26 mit der Zuschreibung an König →Salomo (vgl. Michel 1–8) der Fall war. Der Prediger kann kaum ein „Versammlungsleiter" gewesen sein, der die Rolle des Königs übernahm (Koh 1,12), um die Abhängigkeit alles menschlichen Tuns samt des königlichen Waltens von dem Gottesverhältnis zu demonstrieren (so Lux 335–342; vgl. Lohfink 11f.). Einige der Sprüche hat man wahrscheinlich schon früher mit Salomo verbunden, aber grundsätzlich begegnen wir hier einem Grenzfall der interpretierenden Überlieferung, in dem das ganze →Koheletbuch als eine Sammlung der Sprüche Salomos verstanden ist (s.u. 3.1.). In diesem Sinne gehört es unter die durch Zuordnung zu einer Tradition entstandenen Pseudepigraphen (s.u. 2.4.).

2.3. Eine bedeutende Gruppe bilden die Pseudepigraphen, welche vor allem auf einer inneren (manchmal ekstatischen) *Identifizierung des Verfassers mit dem angeblichen Autor* beruhen. So sind schon z. B. die Orakel der Pythia von Delphi entstanden, wenn man von den Fällen des politischen Mißbrauchs absieht. Ein klassisches Beispiel der auf mystischem Erlebnis gegründeten „echten religiösen Pseudepigraphie" ist Platos Wiedergabe der Rede der Priesterin Diotima über Eros als Mittler zwischen Göttern und Menschen (Plato, smp. 201D ff.; vgl. Speyer, Fälschung 362f.). Aus den biblischen Texten gehört hierher vor allem die alttestamentliche Prophetie. Ein Prophet hat die Worte des Herrn proklamiert (Am 3,8), was manchmal durch die Jahwespruchformel *(n^{e}'um Jhwh*; vgl. Jes 1,24; 3,15; 17,3.6 u.a.; Am 2,16; 3,15; 4,3.5; 9,7 u.a.) bestätigt wird. Der Prophet hieß hebräisch *nābî'* („Verkünder") bzw. *ro'æh* oder *ḥozæh* („Seher"; vgl. I Sam 9,9; Am 7,12 u.a.), wobei die Audition typischer ist als die Vision, welche bei den Propheten das Gehörte höchstens einleiten kann und erst in den Apokalypsen in den Vordergrund tritt. Das Entscheidende, das dieser Prophetie religiöse „Echtheit" vermittelt, ist das subjektiv aufrichtige Erlebnis und die Nennung des Propheten als des Vermittlers (z. B. Jer 1,1ff.). Es handelt sich also nicht um Pseudepigraphie im vollen Sinne. Im Neuen Testament gehört in diese Gruppe die Johannesoffenbarung, denn in Apk 1,1.4.9ff. stellt sich der Verfasser als Vermittler von Offenbarung vor (Collins 339f.).

Das strittige Element ist die Art und Weise, wie sich der Prophet mit Gott oder mit einem himmlischen Wesen identifiziert: Epiphanie, Traum, Zeichen u.a. Daß die Identifizierung nur subjektiv sein kann, deuten die Berichte über falsche Propheten (Jer 14,15; Jes 9,14; Ez 13,2–23 u.a.) und später die Aufrufe zur Prüfung der (prophetischen) Geister an (I Thess 5,19–21; Did 11,8; Herm mand XI,5–8), die manchmal mit Regeln für solche Prüfungen verbunden sind. Nach I Joh 4,1–3 und II Joh 7f. darf neue Offenbarung dem irdischen Jesus und seinem Verhalten nicht widersprechen (vgl. Mt 7,16.20). Die jüdische „Bibel" (Ps 74,9; Sach 13,2–6) und später die rabbinische Tradition (bSan 11a) bringen das Bewußtsein der Abgeschlossenheit der prophetischen Zeit zum Ausdruck. Im Neuen Testament ist die Konzentration auf die Zeit Jesu noch deutlicher, und die Kanonisierung hat diese Tendenz bestätigt. Jedes neue religiöse Erlebnis kann im Christentum und im Judentum in der nachkanonischen Zeit nur interpretierende Bedeutung haben.

Wo der Mittler anonym bleibt, wo er als eine bekannte Person der Vergangenheit spricht (→Adam; Sibylle [→Sibyllinen]; →Henoch; →Mose usw.) oder wo die jeweilige Schrift deutlich im Dienste politischer Ziele steht, läßt sich nach Speyer von echter religiöser Pseudepigraphie schon nicht mehr sprechen (Speyer, Fälschung 336f.). Leider sind die verschiedenen Motive meistens in einer Schrift miteinander verflochten. Im Buch →Daniel begegnen wir z. B. sowohl visionären Erlebnissen als auch einer *post eventum* konstruierten Geschichtsspekulation; auch wenn wir Daniel für eine authentische historische Person halten, die mindestens für einen Teil des erhaltenen Buches verantwortlich ist, kann also die Kategorie echter religiöser Pseudepigraphie in solchen Fällen wenig hilfreich sein. Das Risiko der Fälschung ist in Texten dieser Art permanent, wenn sie sich auch von den Tendenzfälschungen durch die grundsätzliche Offenheit für Prüfung und durch die Nennung des Vermittlers unterscheiden.

Auch die Sprüche Jesu gehören als Worte eines einzigartigen Mittlers zwischen Gott und den Menschen in diese Kategorie, weil er als der einmalige Träger des Geistes wirkte (Mt 12,28; vgl. Lk 6,20ff. par. und Mt 11,5f. mit Jes 61,1ff.). Im christlichen Glauben wird jedoch seine Autorität nicht von diesem Anspruch, sondern von seiner im Bekenntnis bezeugten Auferstehung bzw. Erhöhung abgeleitet.

Oft wurden die Sprüche des irdischen Jesus in der Autorität des Auferstandenen tradiert (I Kor 11,23). Das gilt wahrscheinlich für die meisten Sprüche der Logienquelle (Polag 180f.). Für echte religiöse Pseudepigraphie kann man diejenigen Worte Jesu halten, welche die urchristlichen Propheten als Aussagen des auferstandenen Herrn tradiert, interpretiert (Sato 408) und manchmal neu formuliert haben (s.o. 2.2.): Der Spruch über die Scheidung beispielsweise, die quer durch die Familien geht, aus Lk 12,51–53 (Q) (EvThom 16) kann (durch Mi 7,6 inspiriert) ein Spruch der christlichen Prophetie sein (Patterson 137), der aus innerer Identifizierung mit dem auferstandenen Herrn entstanden ist (Bultmann 135). Dieses schöpferische Moment haben einige Forscher zugunsten der Vorstellung von einer die Überlieferungselemente bewahrenden Tradition unterschätzt (Gerhardsson 35; besonders Riesner 499ff.). Die Gemeinde, zu welcher solche Propheten sprachen, wußte zwar, daß der Herr in diesem Fall indirekt, durch die Propheten, spricht, was K. Aland richtig hervorgehoben hat (Aland, Problem 29; anders Bultmann 134f.; Boring 78ff.), und in der Zeit des Paulus hat man die Sprüche Jesu von den Sprüchen der Geistträger unterschieden (I Kor 7,10.25.40; vgl. Herm mand XI,9ff.). Die Tendenz zur Verwechslung war jedoch deutlich (I Kor 7,40). Die „echte religiöse Pseudepigraphie" ist also in mehreren Fällen doch Pseudepigraphie (gegen Aland, Problem 29; ders., Noch einmal 133f.) im Sinne der nachträglichen Zuordnung einzelner Texteinheiten zu einer Tradition, von der man sie ursprünglich unterscheiden wollte (einige Prophetenworte hat man erst nachträglich unter die Jesusworte aufgenommen; s.u. 2.4.), oder im Sinne der radikalen Neuinterpretation (s.o. 2.2.), die sich manchmal gerade wegen der Berufung auf die Autorität des ursprünglichen Verfassers durchgesetzt hat.

2.4. Verbreitet ist die Pseudepigraphie durch *Zuordnung zu einer Tradition*. Im Prozeß der Überlieferung hat man mehrere anonym tradierte Texte einem anerkannten traditionellen Bereich zugeordnet, was man als eine Art der „Kanonisierung" betrachten kann. So hat man in Israel schon vor dem →Exil die Gesetze mit der Sinaioffenbarung von Mose verbunden (Brockington 188f.; Brox, Verfasserangaben 41f.). Mit Mose als Vermittler der Offenbarung wurden dann ohne Bedenken alle in Geltung stehenden Gebote verbunden. Ähnlich hat man in Sparta alle (ungeschriebenen) Gesetze von Lykurgos abgeleitet. Der eigentliche Gesetzgeber in Israel war danach Gott selbst (Dtn 5,4–6), weil Mose nur ein Mittler war (nach Ex 34,27f. war er der Schreiber des →Dekalogs, nach Ex 24,12; 31,18; 32,15f.32; 34,1; Dtn 4,13 u.a. hat Gott selbst auf die Tafel geschrieben; vgl. Speyer, Religiöse Pseudepigraphie 228f.; Smith 200f.). Auch das Hammurapi-Gesetzbuch (18. Jh. v. Chr.) wird vom Sonnengott Šamaš abgeleitet (1,1ff.; vgl. Rist 75). In diesem Sinn ist die Zuordnung zu einer Tradition nur „uneigentlich" als Pseudepigraphie zu bezeichnen. Sie kann jedoch leicht zu verschiedenen Manipulationen mißbraucht werden. Es gibt Hypothesen, wonach die „Auffindung" des Gesetzbuches (wohl des Deuteronomiums) im Tempel (7. Jh. v. Chr.; II Reg 22f.) eigentlich ein erfolgreiches Mittel zur Zentralisierung des Kultes und Universalisierung des Segens Jahwes war (Smith 207f.). Jedenfalls ist das →Deuteronomium bewußt im Stile der Mose-Tradition geschrieben bzw. redigiert, weil Mose Zugang zu Jahwe vermittelte (Dtn 18,16f.).

Eine bedeutende Rolle hat die meist nachträgliche, aber vor der Entstehung der Septuaginta erfolgte Zuweisung der →Psalmen an →David gespielt. Sie wurde allerdings nicht konsequent durchgeführt. Ps 72 und 127 (LXX nur Ps 72) sind Salomo, Ps 90 Mose zugeschrieben, einige wieder offensichtlich denen, welche die meisten Psalmen wirklich komponiert oder tradiert haben (Asaf, Korach oder Heman [zu Ps 88 s.o. 2.1.]; als zweite Verfasser werden auch Jedutun und Etan genannt – alle offensichtlich Tempeldiener, -sänger und Priester [II Chr 29,30: Asaf; I Chr 9,19; 26,1.19; II Chr 20,19: Söhne Korachs; vgl. dagegen Num 16; I Chr 9,16; 16,38.41; 25,1.3.6: Söhne Jedutuns]). David wurde als Verfasser bezeichnet, weil er Gründer des kultischen Zentrums Israels am Zion war (Einholung der Bundeslade nach →Jerusalem II Sam 6 und besonders I Chr 22,2–29,5). Ohne Zweifel stammen einige Psalmen wirklich aus der frühen Königszeit (Ps 2; 20; 21 u.a.), und eine alte Tradition über David als Sänger und Dichter ist kaum zu leugnen (II Sam 1,19–27; 3,33f.), so daß man nicht alle Verfasserangaben für falsch halten kann, aber auf der anderen Seite verraten einige Psalmen deutlich die

Existenz des Tempels (z. B. Ps 5,8; 63,3). Darüber hinaus ist die Anzahl der Davidspsalmen in der Septuaginta um vierzehn gewachsen, einschließlich Ps 137, der eindeutig (nach-)exilisch ist, so daß wir das Wachsen der Tendenz zur Zuordnung an David anschaulich verfolgen können. Es gibt zwar Forscher, die das hebräische *l*^{e} in den Präskripten (wörtlich „für David" u.ä.) als Bestimmung der Tradition begreifen, in welche der Psalm gehört (Engnell 51ff.), aber die Situationsangaben aus dem Leben Davids, die mit einigen Psalmen verbunden sind (Ps 3,1; 7,1; 18,1; 34,1 u.a.), deuten an, daß man diesen Hinweis früh als Verfasserangabe begriffen hat (Kraus XIXf.; vgl. die jüdische Tradition von David als Verfasser von Tausenden von Psalmen [11QPs^{a}Dav comp]). Da das *l*^{e} jedoch in der Septuaginta wörtlich mit „für" (*τῷ*) übersetzt wird und da die Situationsangaben nur die Zuordnung an die Erzählung der „vorderen Propheten" vermitteln, ist die ursprüngliche Bedeutung von *l*^{e}*dāwîd* als *dativus ethicus* nicht ausgeschlossen (vgl. die Parallelen von *l*^{e}*dāwîd* mit *lam*^{e}*naṣṣeaḥ* [für Vorsänger?] in Ps 4,1; 5,1 u.a.). In Ps 34,1 ist die Situationsangabe z. B. ein künstlicher Versuch, den Psalm mit I Sam 21,14–16 in Verbindung zu setzen (vgl. Brockington 189f.), wobei Achis mit Abimelech verwechselt wird. Bei Pseudepigraphie dieser Art handelt es sich also um eine *bona fide* erfolgte Zuweisung an eine bekannte Persönlichkeit der Vergangenheit, die jedoch viele Möglichkeiten zu bewußten Fälschungen bietet.

Ähnlich hat man die weisheitliche Tradition unter dem Namen von →Salomo gesammelt (Sprüche, Prediger, Weisheit), weil er der traditionelle Weisheitsträger war (I Reg 5,9–14). Den Psalmen Salomos ist ihr Name „wohl von einem Sammler gegeben, der sie damit von den kanonischen Psalmen absetzen, aber mit einem berühmten Königsnamen verbinden wollte" (Rost 89).

Wir könnten noch auf weitere traditionelle Zuordnungen hinweisen, besonders auf das jesajanische Schrifttum, wo mit dem Werk des Propheten (Jes 1–39) spätere, thematisch verwandte Texte (Jes 40–55 [→Deuterojesaja] und Jes 56–66 [→Tritojesaja]) verbunden und weiterhin als Jesajas Werk tradiert wurden (Grimm/Dittert 15f.; Byrskoq 141ff.). Intensiv wurde auch die Daniel-Tradition gepflegt und mit Hilfe der Pseudepigraphie weiterentwickelt (Balz 421ff.; Hengel, Anonymität 268ff.; s.o. 2.3.). Die apokalyptische Pseudepigraphie ist ein bewußter Versuch, die neue, eschatologische Botschaft mit anderen Gestalten und Ereignissen zu verbinden als mit den im deuteronomistischen Werk bezeugten (Müller 183.205f.). Auch die Anonymität der kanonischen Evangelien, die durch alte (spätestens Anfang des 2. Jh.: Hengel, Evangelienüberschriften 11.47ff.) Inskripte („Das Evangelium nach Markus" usw.) eigentlich nur bestätigt ist, verrät, daß es sich um narrative Bearbeitungen des einen Evangeliums handelt, dessen eigentlicher Urheber Jesus selbst ist. Die Evangelisten sollen eher Zeugen sein (Balz 435). Es handelt sich um eine Zuweisung an die entscheidende Autorität, die zum Grund für die Kanonisierung wird. Es geht um eine Autorität, die weder mythischer noch spekulativer Art ist, sondern die dem Menschen als die Offenbarung Gottes an einem konkreten Ort der Geschichte begegnet (Inkarnation). Ähnlich ist es im Alten Testament mit der Bindung an die Zeit der (Teil-)Offenbarungen Gottes (Meade 213ff.; zur nachkanonischen Autorität jener Periode s. Balz 432f.). Die korrekte Lehr- und Verkündigungstradition ist historisch gebunden. Der Weg zum Autoritativen führt durch die Erinnerung (*ἀνάμνησις*, vgl. Zmijewski 169ff.). Die Erinnerung wurde zwar nicht nach modernen kritischen Maßstäben kontrolliert, aber auch vor den Jahren 125/130 n. Chr. war es kaum möglich, Sprüche, von denen bekannt war, daß gegenwärtige Geistträger sie formuliert hatten, durch die (christliche) Gemeinde als Worte einer Persönlichkeit der apostolischen Zeit anzuerkennen (gegen Aland, Problem 31ff.; ders., Noch einmal 133f.). Anonyme Texte wurden dem entsprechenden traditionellen Bereich zugeordnet, aber Texte mit fiktiven Verfasserangaben haben sich nur unter der Bedingung durchgesetzt, daß sie nicht nur die entsprechende Lehre vertraten, sondern daß auch die Verfasserangaben erfolgreich fingiert waren und man ihre historische Authentizität glaubte (s.u. 3.2.). Das Bewußtsein des geistigen Eigentums hat damals schon existiert (gegen

Marxsen 175; s.u. 3.2.). Das können wir an den Schulprodukten demonstrieren, die im Neuen Testament erhalten sind.

2.5. Für die als *Schulprodukt* entstandenen Pseudepigraphen sind die fingierten Verfasserangaben bezeichnend. Es handelt sich um Tendenzfälschungen. Im Unterschied zu authentischen Schulschriften, in denen der Schüler seinen Lehrer dankbar erwähnt, aber unter eigenem Namen schreibt (z.B. Plato), und im Unterschied zu den einem Schulgründer nachträglich zugeschriebenen anonymen Schriften (vgl. Hebräerbrief) handelt es sich hier um Werke eines Schülers, die von Anfang an als Werke des Schulgründers bezeichnet sind (→Kolosser-, →Epheserbrief, →Pastoralbriefe). Gleichzeitig müssen wir bei dieser Gelegenheit auch die Texte besprechen, welchen der Name des angeblichen Verfassers ihre Autorität verleihen soll, wenn auch das Schülerverhältnis durch inhaltliche Analyse kaum nachweisbar ist (1. und 2. Petrus-, Jakobus-, Judas-, 2. Thessalonicherbrief [vgl. Trilling 30f.]).

Der fiktive Verfasser kann solche Schriften (Briefe) sogar „eigenhändig" verifiziert haben (II Thess 3,17; Kol 4,18), und persönliche (biographische) Notizen (Kol 4,10ff.; Eph 6,21ff.; I Tim 1,3ff.; II Tim 4,19ff.; Tit 1,5ff.; 3,12ff.; I Petr 5,12ff.; II Petr 2,17f.; Jud 1,1; I Joh 1,1–4 [ein Pseudepigraphon in dem Sinne, daß es als Verfasser einen direkten Jünger Jesu angibt: Klauck 76f.]) sollen den Eindruck der Authentizität bestätigen (Rist 76f.). Als authentische Schriften wurden solche Texte kanonisiert und erst durch die neuzeitliche Analyse des Wortschatzes und Stils (samt einiger unbewußt benutzter Sprachelemente) sowie durch die historische und theologische Analyse als Pseudepigraphen entdeckt: Die Situationsangaben fehlen oder sind mit den sonst bekannten historischen Daten kaum zu vereinbaren (im Titusbrief sind die persönlichen Notizen nur am Anfang und am Schluß zu finden, sonst ist er allgemein gehalten: Bauckham 483); oft sind solche Schriften allgemein adressiert (Katholische Briefe), oder es sind mit ihrer Adresse Probleme verbunden wie im →Epheserbrief (1,1: textkritische Probleme) oder im →Kolosserbrief (Pokorný, Brief 16f.); oft sind sie von anderen Schriften literarisch abhängig (2. Petrus- vom Judasbrief, Epheser- vom Kolosserbrief: Kiley 40f.; Lohse 193), und die Intention solcher Schriften ist es, die Spanne zwischen der Zeit der wirklichen und der angeblichen Verfasser (zum Teil mit Hilfe der *vaticinia ex eventu)* zu überbrücken. So soll z.B. die Autorität des Judas, des Bruders Jesu (Mk 6,3), den „überlieferten Glauben" stützen (Jud 3.20), der Schutz gegen Häresie (Jud 8.10.12.22f.) bietet; in Kol 4 wird (mit Hilfe der Grußliste des Philemonbriefs: Lohse 193f.) eine geistige Genealogie skizziert, welche das paulinische Erbe bewahrt (Pokorný, Brief, zur Stelle), und in den deuteropaulinischen Briefen (Kol 1,24f.; Eph 3,1; 4,1; II Tim 1,8.12.16; 2,9f.), im 1. Petrusbrief (5,1) und in den Briefen des Pseudo-Ignatius (ad Her. 2,2) wird das Leiden des angeblichen Verfassers hervorgehoben, das seine besondere Verbindung mit Christus ausdrückt.

Das entscheidende Argument für die Beurteilung solcher Schriften als Fiktionen ist jedoch ihre Theologie, die eine spätere Etappe des urchristlichen Denkens widerspiegelt oder durch Ketzerpolemik geprägt ist (Judas-, 2. Petrusbrief). In manchen Fällen verrät der theologische Vergleich Spannungen unter den Schülern eines Lehrers: Die Aussage, daß der Christ mit Christus in der Taufe gestorben und begraben ist und deswegen mit ihm auferstehen wird (Röm 6,4.5.8), ist in Kol 2,12f. und in Eph 2,5 im Sinne der präsentischen Eschatologie modifiziert (mit Christus im Glauben schon auferstanden), während in II Tim 2,18 vor den Ketzern gewarnt wird, welche die Gegenwärtigkeit der Auferstehung behaupten. Auf die gleiche Gefahr reagieren die verschiedenen Paulusschüler auf verschiedene Weise: Ein Heilsperfektionismus wird einmal christologisch übertrumpft (Kolosser-, Epheserbrief), von anderen jedoch einfach abgelehnt (2. Timotheusbrief). Beide Positionen sind nachpaulinisch, denn keiner seiner direkten Schüler würde im Namen seines Lehrers das Gegenteil dessen behaupten, was dieser zuletzt gelehrt hat. Als spätere Entfaltungen der Sätze aus Röm 6 sind jedoch die beiden Behauptungen gut erklärbar. Der Anlaß zur Neuentfaltung der Lehre war meistens die Bedrohung durch eine Irrlehre (Kol 2,4.8.16–22; I Tim 6,20; II Tim 3,1ff.; Tit 1,16; vgl. II Thess 2,2.9; Jud 3ff.; II Petr 2,1ff.; 3. Korintherbrief [Acta Pauli 8] 1,2ff.; s. Ullmann 515ff.), nur der 1. Petrusbrief reagiert auf eine äußere Gefahr und entwirft eine missionarische Strategie.

In gewisser Hinsicht gehören in diese Kategorie auch die meisten Apokalypsen, welche mit den großen Persönlichkeiten der Vorzeit verbunden sind (Vielhauer/Strecker 494), was aus innerer Identifizierung kaum zu erklären ist. Das Buch Daniel legt z.B. die Vier-Weltreiche-Vision dem Helden der älteren Erzählungen in den Mund, um die neue Ankündigung mit der prophetischen Zeit zu verbinden (Schreiner 79).

Die Authentizität einiger nachpaulinischer Briefe wird manchmal durch die Annahme der Abfassung durch einen von dem angegebenen Verfasser instruierten Sekretär verteidigt (Roller 20ff.; Ollrog 226 Anm. 112). So erklärt Schweizer die Entstehung des Kolosserbriefes (26f.), Ellis die der Pastoralbriefe (209f.), und auch den 1. Petrusbrief hat man für ein Werk von Silvanus im Auftrag des Petrus gehalten (s. Kümmel 373f.). Dagegen spricht jedoch eben die Erfahrung mit den Mitteln der Pseudepigraphie, welche zur leserorientierten Strategie des eigentlichen Verfassers gehören (s. auch u. 4.1.). Da gerade diese Schriften theologisch strittig sind, müssen wir uns mit ihnen ausführlicher befassen (s.u. 3.–5.).

3. Die Rezeption der Pseudepigraphen

3.1. Die kanonisierten Pseudepigraphen mit fingierten Verfasserangaben wurden als von den angegebenen Personen stammende Schriften rezipiert und kanonisiert. Ebenso hat man in der Zeit der Kanonisierung auch die einem traditionellen Verfasser nachträglich zugeschriebenen Texte verstanden. Die Herkunft des Pentateuchs von Mose (Mk 10,3f. par.) und des Tritojesaja von Jesaja (Lk 4,17) war selbstverständlich. Daß sich die kanonischen Deuteropaulinen als echte Paulusbriefe durchgesetzt haben, bestätigt schon der Kanon Muratori, der zwar den Laodizenerbrief und Alexandrinerbrief als Fälschungen enthüllt (Z.64f.) und die Weisheit Salomos dessen Freunden zuschreibt (Z.69f.), aber die genannten kanonischen Briefe für echt hält. Die fällige Überprüfung war nach heutigen kritischen Maßstäben naiv (IV Esr 12,11ff. hält die Ich-Reden aus Dan 7–12 für direkte Worte des „Bruders Daniel", und Tertullian, idol. 4.15, glaubt, daß das äthiopische Henochbuch während der Sintflut in Noahs Arche aufbewahrt wurde [vgl. Tertullian, cult. fem. 1,3; Beckwith 354]), aber grundsätzlich war man bereit, das Verdächtige auszuschließen (s.u. 3.2.).

Anerkannte fiktive Gattungen wie das Epos oder die Tragödie (s. Gudeman 60f.; Balz 415f.) kommen in der Bibel nicht vor. Nur in der synoptischen Überlieferung sind einzelne Elemente der Gattungen erhalten, in denen das Erzählte bei der Nacherzählung verändert werden konnte (z.B. Gleichnisse; Mack/Robbins 31ff.; vgl. Weinrich 46; zur Unterscheidung eines Brief-Essays von der Pseudepigraphie s. Bauckham 470ff.), was in unserem Zusammenhang belanglos ist.

3.2. In der Alten Kirche hat man mehrere Tendenzfälschungen entdeckt und als solche abgelehnt: Tertullian berichtet, daß der Presbyter aus Asien, welcher die Paulusakten *quasi titulo Pauli* verfaßt hat, als Fälscher abgesetzt wurde (Tertullian, bapt. 17,4), und nach Eusebius (h.e. VI,12,2–6) hat Bischof Serapion von Antiochien (gest. etwa 212) das ihm nicht näher bekannte Petrusevangelium der Kirche in Kilikien empfohlen, weil es von Petrus sei, sie jedoch davor gewarnt, nachdem er es gelesen und seinen Doketismus sowie den „falschen Ursprung" festgestellt hatte. Gut belegt ist der Fall des Presbyters und bekannten Schriftstellers Salvianus von Marseille (ca. 400–480), der unter dem Namen Timotheus vier Bücher verfaßt hat, und nachdem man ihn als den wahren Verfasser entdeckt hatte, sich u.a. durch Hinweis auf seine Bescheidenheit und auf die Autorität der bekannten Namen verteidigte (ep. 9: PG 53,172; dt. bei Haefner 158–162).

Die Motive zur Kritik solcher Pseudepigraphen sind in diesen Belegen gut sichtbar: (a) die falsche Lehre, (b) der nachapostolische Ursprung, (c) die Kritik der falschen Verfasserangabe, die meistens mit (b) zusammenhängt, wenn auch das Bewußtsein des geistigen Eigentums (in der Antike seit dem 7./6. Jh. v. Chr. bekannt [Belege bei Heinrici 75f.; Speyer, Religiöse Pseudepigraphie 199ff.; Brox, Verfasserangaben 68f.], in der Bibel als Bewußtsein des spezifischen Charakters des persönlichen Zeugnisses) immer mitklingt. Die Verszählung bieten auch jüdische und christliche Autoren (Josephus; Kanonverzeichnisse, z.B. Cod. D/06) als Schutz gegen Fälschungen (Birt 162; Schubart 68–71). Unter den Juden war das Bewußtsein des geistigen Eigentums weniger entfaltet als bei den Griechen (Hengel, Anonymität 283.305), aber dort, wo man inhaltliche Bedenken hatte (z.B. die Rolle der Frau in den Paulusakten), hat man auch die falsche Verfasserangabe kritisiert (s.o.).

4. Methoden der Tendenzfälschungen und die subjektiven Motive

4.1. Das Problem spitzt sich zu, wenn wir die Methoden der Tendenzfälschungen untersuchen. Außer den persönlichen Notizen ist manchmal auch die hervorgehobene Eigenhändigkeit bezeichnend (s.o. 2.5.). Die Authentizität hatte damals jedoch der Überbringer zu bestätigen (gegen Roller 131ff., der seine Schlüsse aus amtlichen Briefen zieht), und eigenhändig wurden die Beziehung des Verfassers zu den Adressaten (z.B. durch den Gruß), konkrete Verpflichtungen (in Phlm 19 bürgt Paulus durch seine Unterschrift für die Geldsumme, die Onesimus wahrscheinlich gestohlen hat) und in den apostolischen Briefen die Autorität der bedeutenden apostolischen Aussagen (Gal 6,11–17 die Verkündigung des Evangeliums für die Unbeschnittenen, in I Kor 16,21–24 der apostolische Rechtsspruch) hervorgehoben. Nur in II Thess 3,17 wird ausdrücklich gesagt, daß die Unterschrift Authentizität garantiere gegenüber dem in 2,2 erwähnten falschen Brief. Aber gerade dies zusammen mit den Unterschieden in der Theologie macht die Authentizität des 2. Thessalonicherbriefs problematisch. Ähnliches gilt wahrscheinlich auch für die „Eigenhändigkeit“ des Kolosserbriefes (4,16; Pokorný, Brief 13f.165f.).

Probleme gab es mit der Veröffentlichung der Tendenzfälschungen, die nur indirekt erfolgen konnte. Man mußte unerwartete Entdeckungen verlorener oder vergessener Briefe voraussetzen, wie es in der Einleitung der Paulusapokalypse beschrieben ist (ApkPaul 1f.; Speyer, Bücherfunde passim). Die allgemeine Einstellung kam dem sehr entgegen. Konkretere Episteln, wie z.B. der Kolosserbrief, mußten indirekt adressiert werden: Der Kolosserbrief war wahrscheinlich für Laodizea bestimmt, und die Adresse nach Kolossä mit der Bitte, den Brief auch nach Laodizea zu schicken (Kol 4,16), soll die Verspätung erklären, mit welcher der Brief in Laodizea (nach der Zerstörung von Kolossä durch ein Erdbeben) auftauchte (Lindemann 128f.; zu weiteren Methoden s. Brox, Verfasserangaben 57ff.).

4.2. Die subjektive Identifizierung mit dem angeblichen Verfasser (s.o. 2.3.), die in Ekstase oder im Traum erfolgen kann (Speyer, Fälschung 237), kann nur im begrenzten Maß zur Rechtfertigung der Pseudepigraphie dienen, weil oft auch die rationalen Mittel der Täuschung mitgewirkt haben. Der echte innere Auftrag könnte übrigens auch für die andere Seite, z.B. für die Verfasser der „falschen“ Paulusbriefe gemäß II Thess 2,2, reklamiert werden.

4.3. Die möglichen subjektiven Motive für die *pia fraus* kann man indirekt den autoritativen Schriften jener Zeit entnehmen. Nach Plato konnte man sich der Fiktion (ψεῦδος) als eines Gegengifts bedienen, und nach →Clemens von Alexandrien kann die Fiktion in Todesgefahr als Heilmittel dienen (strom. VII,53,2f.). Ein solcher Betrug kann den Betrug des Teufels im Paradies wiedergutmachen (Hieronymus, Gal.: PL 26,364; vgl. Origenes, hom. XX in Jer. 179; Brox, Verfasserangaben 87.92f.). Dies wurde jedoch nicht auf die Hervorbringung von Pseudepigraphen bezogen, sondern als Erklärung der Spannung zwischen der Zusage des Evangeliums und den paränetischen Aufforderungen und Warnungen (z. B. Gal 6,7) und als Deutung des Geheimnisses der Inkarnation formuliert. Die Inkarnation Gottes in Jesus Christus wird zum Modell der heilsamen Verwandlung. Paradoxerweise treten gerade in der fiktiven Pseudepigraphie die ethischen Forderungen sowie die Tugend- und Lasterkataloge in den Vordergrund, weil durch den guten Zweck die strittigen Mittel gerechtfertigt werden (Donelson 171–183; Young 115ff.). Dies ist jedoch nur der indirekte geistige Hintergrund, aus dem die biblische Pseudepigraphie erwachsen konnte. Direkt haben die wirklichen Autoren ihr Verfahren offensichtlich meistens mit der paulinischen Devise gerechtfertigt: „Den Schwachen bin ich ein Schwacher geworden, damit ich die Schwachen gewinnen kann. Allen bin ich alles geworden, damit ich auf jeden Fall einige rette" (I Kor 9,22). Die Berechtigung des Vorgehens der Fälscher ist dadurch selbstverständlich nicht erwiesen und um so weniger verteidigt. Die eigentliche Lösung des Problems muß auf der Ebene der theologischen Reflexion gesucht werden.

5. *Die theologische Antwort*

5.1. Das Grundanliegen biblischer Pseudepigraphie unterscheidet sich von den Motiven für die Entstehung anderer pseudepigraphischer Schriften. Die biblischen Pseudepigraphen wollen in der Regel die Offenbarung Gottes bezeugen – das Handeln Gottes in den konkreten geschichtlichen Ereignissen (Balz 435f.; s.o. 2.4.). Die Bibel hat einen narrativen Grundzusammenhang, der die Kette der Offenbarungen Gottes widerspiegelt. In christlicher Sicht gipfeln sie als Teiloffenbarungen in Jesus Christus, der endgültigen, eschatologischen Offenbarung Gottes (Hebr 1,1f.). Die Kontinuität ist nicht heilsgeschichtlich nachweisbar, sondern nur *ex post* als die Kontinuität der Gnade Gottes trotz (oder gerade wegen) der Diskontinuität ihrer geschichtlichen Empfänger sichtbar. Die kanonische Pseudepigraphie ist meist durch das Bewußtsein motiviert, daß ein bestimmter Zeitraum der Offenbarung(en) für die spätere Orientierung von Menschen entscheidend ist. Dieses Anliegen hat seinen Ausdruck auch schon in der ursprünglichen Anonymität der Evangelien und ihrer Schichten (Q) gefunden, welche auf Jesus als den eigentlichen Urheber hinweist (Hegermann 50; Laub 234; besonders Wolter 5f.16; s.o. 2.4.). Da es nicht möglich war, die schon eindeutig nachösterlichen Stoffe auf diese Weise mit der Zeit der Offenbarung zu verbinden, hat man diese Verbindung durch die Namen der Apostel vermittelt, so daß in der Zwischenzeit vor der Kanonisierung (Ende des 1. Jh.) die Pseudepigraphie zur logischen Fortsetzung der Orthonymie (z. B. Paulus) und der Anonymität (kanonische Evangelien; s.o. 2.1.–2.3.) geworden ist (Wolter 15f.; der Autoritätsverlust, den Fischer betont [78ff.], hat nicht die entscheidende Rolle gespielt). Da schon die orthonymen Briefe der persönlichen Vermittlung des Zeugnisses und seiner Deutung durch die Autorität des Apostels dienten (Vouga 200f.204ff.), ist es begreiflich, daß man später durch fiktive apostolische Briefe (z. B. 1. Petrusbrief) das gute (im Grunde paulinische) Erbe verteidigt hat (Vouga 196f.). Diese Bindung an die apostolische Zeit (und die Zeit der „Schrift") hat die christliche gottesdienstliche Schriftlesung sowohl vor ideologischer Verengung (der →Kanon begründet die ökumenische Vielfalt der Konfessionen: Käsemann 221f.; Belege aus der Kanongeschichte: Ohlig 57ff.) als auch vor einer unkontrollierbaren Ausweitung (der Kanon hat seine Grenzen) geschützt.

Die Frage, warum es die betreffenden Autoren nicht wagen konnten, im eigenen Namen die Wahrheit für ihre Zeit anders zu sagen als die großen Vorbilder, ist zum Teil durch Hinweis auf ihre Ratlosigkeit zu beantworten; sie waren nicht fähig, die in der Vergangenheit liegende Norm durch einen orthonymen aktuellen Text zu bestätigen, zu entfalten und zu applizieren. Das hat erst die christliche →Predigt und die auf ihrer Ebene liegende Literatur ermöglicht. Dies ist jedoch ein späteres Phänomen, in welchem die Aktualisierung, die auch nicht ohne den Geist Gottes geschieht, doch prinzipiell textgebunden ist und keine neue Offenbarung bringt, sondern nur die alte Offenbarung vergegenwärtigt. Dafür gab es im Judentum keine Vorbilder. Die synagogalen Predigten waren freie Reden mit Beispielen aus der Bibel, die →Midraschim eher Kommentare. In der christlichen Kirche hat sich diese Art der Predigt erst in der nachkanonischen Zeit entwickelt.

Die Abgrenzung des Kanons hat die Bildung weiterer fingierter Pseudepigraphen prinzipiell verhindert. Die Väter, welche die Grenze gezogen hatten, konnten oder wollten die Elemente der Täuschung in einigen kanonischen Büchern nicht erkennen (s.o. 3.1.–3.2.), aber die Tatsache, daß sie den Kanon als Sammlung der Schriften definiert haben, die zeitlich der Geschichte Jesu oder ihrer jüdischen Vorgeschichte am nächsten stehen (von Campenhausen 381; vgl. Laub 231f.), relativiert die ethisch strittigen Momente der kanonischen Pseudepigraphie. Sie kann nunmehr nicht weiter hervorgebracht werden, und ihre strittigen Elemente stehen somit am Rande des Kanons, der jeder weiteren inspirierten Aktualisierung seiner Botschaft als Norm gegenübersteht. Die Mehrheit der pseudonymen apokalyptischen und legendarischen Literatur ist in der Tat außerhalb des jüdischen sowie des christlichen Kanons geblieben. Dieses tiefere Verständnis der Motive kann jedoch die in den Kanon eingegangenen Momente der Täuschung ethisch nicht voll rechtfertigen.

5.2. Nach der Entdeckung der Tendenzfälschungen sehen wir deutlicher als früher, daß auch der biblische Kanon in der Kirche – theologisch beurteilt – aus Gottes Gnade und nicht durch das Werk der Menschen als apostolisches Zeugnis wirkt. Jede theologische Reflexion der Pseudepigraphie innerhalb des Kanons ist nur eine Deutung dieser Wirklichkeit: Gott hat sich auch zu den fiktiven Pseudepigraphen bekannt, ähnlich wie er sich zu Jakob in Bethel bekannte – zu Jakob, der Recht und Segen des Erstgeborenen im Kleid seines älteren Bruders und mit Fellen um seine glatten Arme und den Hals gewonnen hatte, als ob er der Ältere wäre. Heute wissen wir, daß die Kanonisierung einiger Bücher durch ähnlich strittige Mittel erreicht wurde, aber das kanonische Recht solcher „Erstgeborenen" kann dadurch theologisch nicht in Frage gestellt werden. Die kritische Prüfung solcher kanonischen Bücher ist jedoch theologisch berechtigt, auch wenn sie in Spannung zu traditionellen Vorstellungen steht, und ihre Ergebnisse sind theologisch zu interpretieren.

Literatur

Kurt Aland, Das Problem der Anonymität u. Pseudonymität in der christl. Lit. der ersten beiden Jh.: ders., Stud. zur Überlieferung des NT u. seines Textes, 1967 (ANTT 2) 24–34. – Ders., Noch einmal: Das Problem der Anonymität u. Pseudonymität in der christl. Lit. der ersten beiden Jh.: JAC.E 8 (1980) (= FS Bernhard Kötting) 121–139. – Horst R. Balz, Anonymität u. Pseudepigraphie im Urchristentum: ZThK 66 (1969) 403–436. – Richard Bauckham, Ps.-Apostolic Letters: JBL 107 (1988) 469–494. – Walter Bauer, Rechtgläubigkeit u. Ketzerei im ältesten Christentum, 1934 (BHTh 10). – Roger Beckwith, The OT Canon of the NT Church, London 1985. – Theodor Birt, Das antike Buchwesen, Berlin 1882. – M. Eugene Boring, Sayings of the Risen Jesus, 1982 (MSSNTS 46). – Leonhard H. Brockington, Das Problem der Pseudonymität (1953): Pseudepigraphie (s.u.) 185–194 (Übers.). – Norbert Brox, Zur pseudepigraphischen Rahmung des ersten Petrusbriefes: BZ NF 19 (1975) 78–96. – Ders., Falsche Verfasserangaben, 1975 (SBS 79). – Ders., Ps.-Paulus u. Ps.-Ignatius: VigChr 30 (1976) 181–188. – Rudolf Bultmann, Die Gesch. der synopt. Tradition, [9]1979 (FRLANT 29). – Helmut Burkhardt, Die Inspiration hl. Schr. bei Philo v. Alexandrien, 1988 (TVGMS). – Samuel Byrskog, Jesus the Only Teacher, 1994 (CB.NT 24). – Hans Frhr. v. Campenhausen, Die Entstehung der christl. Bibel, 1968 (BHTh 39). – John J. Collins, Pseudonymity, Hist. Reviews and the Genre of Revelation of John: CBQ 39 (1977) 329–343. – Hans Conzelmann, Paulus u. die Weisheit: NTS 12 (1965/66) 231–244. – Lewis R. Donelson, Pseudepigraphy and Ethical Argument in the Pastoral Epistles, 1986 (HUTh 22). – E. Earle Ellis, Die Pastoralbriefe u. Paulus: ThBeitr 22 (1991) 208–212. – Ivan Engnell, Critical Essays on the OT, London 1970 (Übers.). – Karl-Martin Fischer, Anm. zur Pseudepigraphie im NT: NTS 23 (1976/77) 76–81. – J.L. Genton, Pseudonymity in the NT: Theol. 58 (1955) 51–56. – Birger Gerhardsson, Tradition and Transmission in Early Christianity, 1964 (CNT 20). – Werner Grimm/Kurt Dittert, Deuterojesaja, Stuttgart 1990 (Calwer Bibelkomm.). – Alfred Gudeman, Literarische Fälschungen bei den Griechen (1894): Pseudepigraphie (s.u.) 43–73. – Donald Guthrie, NT Theology, Leicester [2]1985. – Albert Haefner, Eine einzigartige Quelle f. die Erforschung der antiken

Pseudonymität (1934): Pseudepigraphie (s.u.) 154–162. – Harald Hegermann, Der gesch. Ort der Pastoralbriefe: ThV 2 (1970) 47–64. – Carl F.G. Heinrici, Zur Charakteristik der literarischen Verhältnisse des zweiten Jh. (1894): Pseudepigraphie (s.u.) 74–84. – Martin Hengel, Anonymität, Pseudepigraphie u. „literarische Fälschung" in der jüd.-hell. Lit.: Pseudepigrapha (s.u.) 231–329. – Ders., Die Evangelienüberschriften, 1984 (SHAW.PH 1984/3). – Ernst Käsemann, Begründet der ntl. Kanon die Einheit der Kirche? (1951): ders., Exegetische Versuche u. Besinnungen, Göttingen, I ^{4}1965, 214–223. – Mark Kiley, Colossians as Pseudepigraphy, Sheffield 1986. – Hans-Josef Klauck, Der erste Johannesbrief, 1991 (EKK 23/1). – Hans-Joachim Kraus, Psalmen, I 1972 (BK.AT 15/1). – Werner Georg Kümmel, Einl. in das NT, Heidelberg ^{18}1973. – Franz Laub, Falsche Verfasserangaben in ntl. Schr.: TThZ 89 (1980) 228–242. – Andreas Lindemann, Die Gemeinde v. „Kolossä": WuD 16 (1981) 111–134. – Norbert Lohfink, Kohelet, 1980 (EB). – Eduard Lohse, Die Mitarbeiter des Paulus im Kolosserbrief: Verborum Veritas. FS f. Gustav Stählin, Wuppertal 1970, 189–194. – Rüdiger Lux, „Ich, Kohelet, bin König ...". Die Fiktion als Schlüssel zur Wirklichkeit in Koh. 1,12–2,26: EvTh 50 (1990) 331–342. – Burton L. Mack/Vernon K. Robbins, Patterns of Persuasion in the Gospels, Sonoma, Ca. 1989. – Willi Marxsen, Einl. in das NT, Gütersloh ^{4}1978. – David G. Meade, Pseudonymity and Canon, 1986 (WUNT 39). – Bruce M. Metzger, Literary Forgeries and Canonical Pseudepigrapha: JBL 91 (1972) 3–24 (Nachdr.: ders., NT Studies, 1980 [NTTS 10]). – Diethelm Michel, Qohelet, 1988 (EdF 258). – Karlheinz Müller, „Die Propheten sind schlafen gegangen" (syrBar 85,3): BZ NF 26 (1982) 179–207. – Karl-Heinz Ohlig, Die theol. Begründung des ntl. Kanons in der Alten Kirche, 1972 (KBANT). – Wolf-Henning Ollrog, Paulus u. seine Mitarbeiter, 1979 (WMANT 50). – Stephen J. Patterson, Fire and Dissension: Forum 5 (1989) 120–139. – Rudolf Pesch, Das Markusevangelium, I 1976 (HThK 2/1). – Petr Pokorný, Das theol. Problem der ntl. Pseudepigraphie: EvTh 44 (1984) 486–496. – Ders., Der Brief des Paulus an die Kolosser, ^{2}1990 (ThHK 10/1). – Athanasius Polag, Die Christologie der Logienquelle, 1977 (WMANT 45). – Pseudepigrapha, hg. v. Kurt v. Fritz, I 1972 (EnAC 18). – Pseudepigraphie in der heidnischen u. jüd.-christl. Antike, hg. v. Norbert Brox, 1977 (WdF 484). – E. Randolph Richards, The Secretary in the Letters of Paul, 1991 (WUNT II/42). – Rainer Riesner, Jesus als Lehrer, 1981 ^{3}1988 (WUNT II/27). – Martin Rist, Pseudepigraphy and the Early Christians: FS Allen P. Wikgren, 1972 (NT.S 33) 75–91. – Otto Roller, Das Formular der paulinischen Briefe, 1933 (BWANT 4. F. 6). – Leonhard Rost, Einl. in die atl. Apokryphen u. Pseudepigraphen einschließlich der großen Qumran-Hss., Heidelberg 1971. – Migaku Sato, Q u. Prophetie, 1988 (WUNT II/29). – Josef Schreiner, Atl.-jüd. Apokalyptik, 1969 (BiH 6). – Wilhelm Schubart, Das Buch bei den Griechen u. Römern, Leipzig ^{3}1963. – Eduard Schweizer, Der Brief an die Kolosser, 1976 (EKK 12). – Joseph Sint, Pseudonymität im Altertum, 1960 (Commentationes Aenipontanae 15). – Morton Smith, Pseudepigraphy in the Israelite Literary Tradition: Pseudepigrapha (s.o.) 191–227. – Wolfgang Speyer, Art. Fälschung, literarische: RAC 7 (1969) 236–277. – Ders., Bücherfunde u. Glaubenswerbung der Antike, Göttingen 1970. – Ders., Die literarische Fälschung im heidnischen u. christl. Altertum, 1971 (HAW 1/2). – Ders., Fälschung, pseudepigraphische freie Erfindung u. „echte rel. Pseudepigraphie": Pseudepigrapha (s.o.) 331–372. – Ders., Rel. Pseudepigraphie u. literarische Fälschung im Altertum: Pseudepigraphie (s.o.) 195–263. – Eduard Stemplinger, Buchhandel im Altertum, 1927 (TuscSchr 9). – M. Luther Stirewalt, Jr., Studies in Ancient Greek Epistolography, 1993 (SBL Resources for Biblical Study 27). – Vasilis Stogiannos, „Die eigenhändige Zusammenfassung des Galaterbriefs des Paulus (Gal. 6,11–18)": DBM NS 4 (1985) 11–23. – Georg Strecker, Die Johannesbriefe, 1989 (KEK 14). – Frederik Torm, Die Psychologie der Pseudonymität im Hinblick auf die Lit. des Urchristentums (1932): Pseudepigraphie (s.o.) 111–148. – Wolfgang Trilling, Der zweite Brief an die Thessalonicher, 1980 (EKK 14). – Wolfgang Ullmann, Was heißt Deuteropaulinen?: StEv 7 (1982) [= TU 126] 513–522. – Philipp Vielhauer/Georg Strecker, Apokalypsen u. Verwandtes. Einl.: NTApo II^{5} (1989) 491–515. – Anton Vögtle, Exegetische Reflexionen zur Apostolizität des Amtes u. zur Amtssukzession: Die Kirche des Anfangs. FS Heinz Schürmann, 1977 (TThSt 38) 529–582. – François Vouga, Apostolische Briefe als „scriptura": Sola Scriptura, hg. v. Hans Heinrich Schmid/Joachim Mehlhausen, Gütersloh 1991, 194–224. – Bruce K. Waetke, Superscripts, Postscripts, or Both: JBL 110 (1991) 583–591. – Harald Weinrich, Linguistik der Lüge, Heidelberg ^{4}1970. – Hugo Willrich, Urkundenfälschung in hell.-jüd. Lit., 1924 (FRLANT NF 21). – Michael Wolter, Die anon. Schr. des NT: ZNW 79 (1988) 1–16. – Frances Young, The Pastoral Epistles and the Ethics of Reading: JSNT 45 (1992) 105–120. – Konrat Ziegler, Art. Plagiat: PRE I/40 (1950) 1956–1997. – Josef Zmijewski, Apostolische Paradosis u. Pseudepigraphie im NT: BZ NF 23 (1979) 161–171.

Petr Pokorný

II. Judentum

1. Zeit des Zweiten Tempels 2. Rabbinische Literatur 3. Targumim 4. Hebräische Apokalypsen 5. Die Hekhalot-Literatur 6. Kabbala 7. Weitere Schriften (Literatur S. 659)

1. *Zeit des Zweiten Tempels*

Pseudepigraphie im Sinn fälschlicher Zuschreibung eines Textes an eine bekannte Person der Vergangenheit zur Hebung seiner Autorität ist im Judentum in breiter Form in der nachbiblischen Literatur üblich geworden, so daß man diese oft geradezu als „Apokryphen und Pseudepigraphen" (→Apokryphen, →Pseudepigraphen des Alten Testaments) zusammenfaßt. Das Bewußtsein des Endes der Prophetie und eine Verfestigung des biblischen Prophetencorpus sind dafür bedeutsam, aber auch ein gewandeltes Geschichtsverständnis, aus dem man Prophetentexte nicht mehr einfach anonym fortschreiben kann. Pauschalurteile wie *pia fraus* oder fehlender Begriff geistigen Eigentums tragen wenig zur Erklärung des Phänomens und seiner Vielfalt sowie der Wahl der jeweiligen Verfassernamen bei; die Usurpation großer griechischer Namen (Orpheus; Hesiod; Homer; Sibylle) durch hellenistisch-jüdische Autoren oder auch die Zuschreibung der Septuagintalegende an Aristeas (→Aristeasbrief) ist jedenfalls von auf biblische Tradition zurückgreifender Pseudepigraphie zu unterscheiden. Es ist vor allem apokalyptische Literatur, die sich dieses Mittels bedient, im Namen →Henochs, →Daniels und Noahs (somit literarisch noch unbelasteter Gestalten mythischer Urzeit), später auch →Abrahams, →Moses, →Elias oder →Jesajas die Anfänge der Welt und die eigene Geschichte deutet und auf Endzeit und Jenseits ausblickt. →Baruch als Zeitgenosse der Zerstörung Jerusalems unter Nebukadnezzar eignet sich nach der Katastrophe von 70 n. Chr. besonders für die Aufarbeitung der aus dem Untergang Jerusalems und des Tempels erwachsenden religiösen Probleme, aber auch →Esra als der Theologe des Neuanfangs nach dem Exil wird dafür eingesetzt. Eine Reihe von Texten aus →Qumran (*Gebet Nabonids*, *Visionen Amrams*, *Testament Qahat*) sind ebenso hier einzureihen, auch wenn oft Pseudepigraphie und freie Bearbeitung biblischer Stoffe wegen des Fehlens der Textanfänge kaum zu unterscheiden sind.

2. *Rabbinische Literatur*

Pseudepigraphie ist nicht nur auf die Zeit des Zweiten Tempels beschränkt, sondern spielt auch in der späteren Literatur eine große Rolle. Dabei ist von irrigen Verfasserzuschreibungen vor allem zahlreicher philosophischer, exegetischer, mystischer oder poetischer Werke des Mittelalters durch Abschreiber oder Besitzer von Handschriften abzusehen. Schwieriger ist die Grenzziehung gegenüber sekundärer Pseudepigraphie, wenn rabbinische Schriften aus bibliographischen Gründen nach dem zuerst darin zitierten Rabbi benannt werden und dieser ab dem Mittelalter immer mehr als tatsächlicher Verfasser/Redaktor gilt: so etwa die *Mekhilta deRabbi Jischmael* (daß diese eine mittelalterliche Nachschöpfung und damit tatsächlich pseudepigraph sei, wie B.Z. Wacholder meint, läßt sich nicht halten) oder die *Mekhilta deRabbi Simeon ben Jochai*; ein eigener Fall ist es, wenn der Titel *Sifre de Be Rav* („Bücher des Hauses des Meisters", also „Schulbücher") spät mit Rav, dem Meister des frühen 3. Jh., verbunden und somit personalisiert wird.

Der rabbinische Grundsatz, daß man verpflichtet sei, im Namen seines Meisters zu zitieren (mEd 1,3), schafft eine Demutshaltung gegenüber der Tradition, so daß man kaum Eigenes schafft, sondern nur weitergibt, was man vom Wasser seiner Lehrer getrunken hat (bHor 14a). Pseudepigraphie ist in solchem Traditionsverständnis im allgemeinen nicht Vorgabe eines falschen Verfassers, sondern bewußte Eingliederung in den ewigen Strom der Tradition; erst mit dem Aufkommen von Autorenliteratur ab gaonäischer Zeit erweitert sich das Spektrum möglicher Anwendungen der Pseudepigraphie. Klassische rabbinische Literatur (Mischna, Tosefta, Talmudim und Midraschim) ist keine Autorenliteratur, sondern wird als kollektives Werk der rabbinischen Gemeinschaft betrachtet und tradiert. Auf dieser Ebene stellt sich das Problem der Pseudepigraphie daher vor allem in den Zuschreibungen einzelner Aussprüche an bestimmte Rabbinen (unabsichtliche Überlieferungsfehler bleiben hier außer Betracht) und in der Einleitung von Textabschnitten durch Zitatformeln, die sie als *Baraita*, „außerhalb“ der Mischna überlieferte Tradition der mischnaischen Zeit, kennzeichnen.

Die anonyme Einleitungsformel („es lehrten unsere Meister“; „es wird gelehrt“; „wir haben gelernt“) ersetzt, funktional gesehen, eine Verfasserangabe und behauptet das hohe Alter der Überlieferung, die gerade durch das Fehlen eines Verfassernamens der Kontrolle entzogen ist. *Baraitot* werden auch heute noch oft unkritisch als Belege früher Tradition gewertet; doch ist das Phänomen falscher *Baraitot* schon den Rabbinen bekannt und besonders in erzählenden Texten viel verbreiteter als gewöhnlich angenommen. Einleitungsformel und sprachliche Stilisierung (Mischna-Hebräisch) erheben den Anspruch hohen Alters, der in vielen Fällen durch Traditionsanalyse widerlegt werden kann. Ein Sonderfall der *Baraita* ist die Darbietung gesetzlicher Kontroversen in der literarisch fest geprägten Form der Diskussion zwischen den Schulen →Hillels und Schammais; das Modell wurde sehr beliebt und öfter auch pseudepigraph als Einkleidung späterer Probleme verwendet. Auch andere bedeutende oder populäre Rabbinen der Frühzeit werden wohl schon bald bewußt als pseudepigraphe Chiffren eingesetzt, auch wenn der Nachweis naturgemäß oft kaum möglich ist. Die Zuschreibung von 13 Auslegungsregeln der Bibel an R. Jischmael ist sicher sekundär, ebenso die der sieben Regeln an Hillel und der 32 Regeln an R. Eliezer ben Jose ha-Gelili. Interessant ist, daß mit Aufnahme der Regeln Jischmaels in das Morgengebet sie als Teil der Offenbarung am Sinai betrachtet werden können, Jischmael also zu einem bloßen Mittler zurückgestuft wird; daß er als großer Mystiker gilt, hat dazu wohl beigetragen.

Pseudepigraphe Zuschreibung ganzer Schriften ist für die Frühzeit kaum nachweisbar, für die Fastenrolle (*Megillat Taanit*) allerdings begründet zu vermuten (bShab 13b: Chananja ben Chizkija); die Zuschreibung des *Seder Olam (Rabba)* an R. Jose bar Chalafta (2. Jh.: so bYev 82b) könnte einen wahren Kern haben, was jedoch nicht für die Endgestalt der Schrift gilt. Die rabbinische Aussage (bSan 86a), Mischna, Tosefta, Sifra usw. seien in ihrem Kern bzw. anonymen Teil (*stam*: „schlechthin“, „anonym“) diesem oder jenem Rabbi zuzuschreiben, ist in historischem Gehalt und Intention schwer zu beurteilen, jedenfalls nicht als bewußte Pseudepigraphie zu betrachten. Das gilt auch von den Titeln von *Avot deRabbi Natan* und *Pesiqta deRav Kahana*, auch wenn nicht sicher gesagt werden kann, wann diese Titel entstanden und welche Rabbinen die Namen konkret meinen.

Problematischer sind nachtalmudische Schriften. *Pirqe Rabbi Eliezer* (entstanden um 800) wird zwar nicht explizit dem Rabbi des frühen 2. Jh. zugeschrieben, doch mit zwei Kapiteln über sein Leben eingeleitet und bald als sein Werk verstanden. Bei gewollter Pseudepigraphie könnte man auch das Hebräisch der Schrift als bewußte Nachahmung des Mischna-Hebräisch verstehen, während andere darin echte Spuren alter Traditionen sehen möchten; der Einsatz der Rabbinen-Namen innerhalb der Schrift ist jedoch sicher weithin nicht durch Tradition gestützt, sondern als fiktiv anzusehen. Ein anderes Beispiel möglicher Pseudepigraphie ist der *Seder Eliyyahu* um 800; auch sein Hebräisch wird sehr verschieden beurteilt, von den einen als Sprache des 3. Jh. verstanden, von den meisten dagegen als spät; bewußte Nachahmung oder sprachliche Renaissance lassen sich heute noch kaum unterscheiden. Die Schrift knüpft an bKet 106a an, wonach der Prophet Elia Rav Anan (3. Jh.) *Seder Eliyyahu Rabba* und *Zutta* gelehrt habe; ob zahlreiche Ich-Passagen dabei →Elia als fiktiven Autor einführen sollen, läßt sich nicht erweisen. Sprachlich ebenfalls umstritten ist die aramäische *Megillat Antiochos*, seit dem 10. Jh. nachweisbar und bald populäre Festlesung zu Chanukka (vgl. TRE 11,114,21–31). Manche möchten hierin einen antiken Text sehen und die Sprache ins 2. Jh. datieren; wahrscheinlicher ist eine bewußte Nachahmung von Makkabäergeschichten als Pendant zur *Megillat Ester* (für Purim), um karäische Angriffe (→Karäer) gegen das nichtbiblische Chanukka-Fest abzuwehren. Wieder anders steht es mit dem Alphabet (bzw. den Erzählungen) des Ben Sira (9.–10. Jh.), wo die Verfasserfiktion satirischer Religionskritik dient.

3. Targumim

→Targumim, aramäische Bibelübersetzungen vor allem für den liturgischen Gebrauch, wurden schon bald durch Übersetzernamen – Onqelos und Jonatan ben Uzziel – den Anfängen der rabbinischen Zeit zugeschrieben und somit autorisiert (bMeg 3a). Was auch immer an historischen Fakten hier mitwirkt, wird doch alle spätere, in den Targum eingegangene Traditionsbildung damit der Frühzeit zugeschrieben und erhält so besondere Weihe. Die Funktion der Zuschreibung ist der Entstehungslegende der Septuaginta vergleichbar. In der oft vertretenen Frühdatierung targumischer Literatur wirken diese Zuschreibungen weithin noch nach.

4. Hebräische Apokalypsen

Hebräische →Apokalypsen führen das der literarischen Gattung eigene Phänomen nahtlos fort. Zu nennen sind die hebräische Elia-Apokalypse (→Pseudepigraphen des Alten Testaments 2.11.), wohl im 3. Jh. entstanden und im 7. Jh. aktualisiert, das im Stil biblischer Visionen geschriebene Serubbabel-Buch (Anfang 7. Jh.), verschiedene Daniel-Schriften (*Ma'ase Daniel*, *Chazon Daniel*) und R. Simeon ben Jochai zugeschriebene Apokalypsen aus späterer Zeit.

5. Die Hekhalot-Literatur

Die Hekhalot-Literatur ist, soweit der Aufstieg in die himmlische Welt ein zentrales Thema ist, mit apokalyptischen Texten vergleichbar und somit für Pseudepigraphie prädestiniert, auch wenn hier sicher viel sekundär pseudepigraph geworden ist. Die Hauptfiguren sind R. Jischmael und R. →Akiba, denen die *Großen* bzw. *Kleinen Hekhalot* zugeschrieben werden; Akiba hat auch dem Alphabet des R. Akiba den Namen geliehen. Ein *Sefer Hekhalot* wird auch als 3. Henoch bezeichnet, was jedoch nicht ursprünglich ist, sondern auf den Herausgeber H. Odeberg (1928) zurückgeht.

6. Kabbala

Schon der Name →Kabbala, „Tradition", betont die bewußte Anbindung der mittelalterlichen jüdischen Mystik an alte Überlieferung, ein Selbstverständnis, das Pseudepigraphie geradezu provoziert. Mag auch der *Sefer ha-Bahir*, ihr ältestes Werk (12.–13. Jh., doch ältere Quellen), nicht absichtlich R. Nechunja ben ha-Qane (2. Jh.) unterschoben, sondern diesem nur sekundär zugeschrieben worden sein, weil er zu Beginn des Werkes genannt wird, so wird doch Pseudepigraphie schon bald zur Methode. Schon für den sog. Ijjun-Kreis (13. Jh.) ist Pseudepigraphie direkt zur Norm geworden: Der *Sefer ha-Ijjun*, das „Buch der Kontemplation", wonach die Gruppe benannt ist, ist einem Rav Chammai („Seher") zugeschrieben (somit einer fiktiven, nicht aber historischen Gestalt), andere Schriften werden auf Mose oder frühe Rabbinen wie Simeon den Gerechten, R. Nechunja und Rabban →Gamliel II. zurückgeführt oder als Responsen des Rav Hai Gaon deklariert. Auch das Hauptwerk der Kabbala, der →*Zohar*, unterwirft sich diesem Trend: Das im wesentlichen von Mose de Leon (Ende 13. Jh). geschriebene, von Schülern erweiterte Werk wird Simeon ben Jochai (2. Jh.) zugeschrieben, diese bewußt zur Hebung der Marktchancen eingesetzte Fiktion wird sprachlich mit einer Mischung aus Hebräisch und einem künstlichen Aramäisch gestützt; das Faktum wurde schon bald entdeckt, doch setzte sich die Fiktion durch und wurde erst seit Anfang des 16. Jh. immer mehr bezweifelt und von Leone da Modena (Ari Nohem, 1639) klar widerlegt.

7. Weitere Schriften

Josippon, eine im 10. Jh. entstandene Nacherzählung von →Josephus Flavius und anderen Quellen, wurde erst sekundär im 11. Jh. Josephus direkt zugeschrieben und damit pseudepigraph. Der *Sefer ha-Jaschar* dagegen, eine in biblizistischem Hebräisch verfaßte Nacherzählung der Geschichte bis zum Auszug aus Ägypten, will eine aus den Ruinen des von Titus zerstörten Jerusalem gerettete Schrift sein; der Titel („Buch des Aufrechten": Jos 10,13) suggeriert ein noch viel höheres Alter. Das oft ins 10.–11. Jh. datierte Werk taucht erst im Druck von Venedig 1625 auf; nicht einmal der im Vorwort behauptete Erstdruck von 1552 ist nachweisbar. Auch im Sabbatianismus hat man sich der Pseudepigraphie (auch des Einschubs eigener Texte in frühere Werke) bedient, ebenso im →Chasidismus. Spätes Beispiel einer Schrift, die einem großen Rabbi der Anfänge zugeschrieben wird, ist die *Iggeret R. Jochanan ben Zakkai*, die vielleicht im 16.–18. Jh. in Abwehr protestantischer Mission entstanden ist. Die Abgrenzung von Pseudepigraphie und reiner Fälschung wird in der Neuzeit immer schwerer. Im allgemeinen ist jedoch mit einem gewandelten Traditionsverständnis seit Beginn der Neuzeit und einem kritischeren Zugang zu Literatur neuen Pseudepigraphen der Boden entzogen.

Literatur

Joseph Dan, Pseudepigraphy in Medieval Jewish Mysticism in Germany: Fälschungen im MA, 1988 (MGH.SRI 33,5) 519–531. – Louis Jacobs, Are there Fictitious Baraitot in the Babylonian Talmud?: HUCA 42 (1971) 185–195. – Ephraim Kanarfogel, Rabbinic Figures in Castilian Pseudepigraphy. R. Yehudah He-Ḥasid and R. Elḥanan of Corbeil: Jewish Thought and Philosophy 3 (1993) 77–109. – Karlheinz Müller, Die Pseudepigraphie im Schrifttum der frühjüd. Apokalyptik: BZ NF 26 (1982) 179–207 (Nachdr.: ders., Stud. zur frühjüd. Apokalyptik, 1991 [SBAB 11] 195–227). – Joshua Prawer, Gefälschte hebräische Itinerarien des Hl. Landes aus dem MA: Fälschungen im MA (s.o. bei Dan) 505–518. – Pseudepigraphie in der heidnischen u. jüd.-christl. Antike, hg. v. Norbert Brox, 1977 (WdF 484). – Gershom Scholem, Ursprung u. Anfänge der Kabbala, 1962 (SJ 3). – Günter Stemberger, Einl. in Talmud u. Midrasch, München [8]1992. – Ders., Il contributo delle baraitot babilonesi alla conoscenza storica della Palestina prima del 70 D.C.: Paolo Sacchi (Hg.), Il giudaismo palestinese, 1993 (TSAISG 8) 213–229. – Hanne Trautner-Kromann, The Enigmatic Iggeret R. Johanan ben Zakkai. A Polemical Letter against Christianity: PWCJS 11 (1994) Division B, vol. I, 69–75. – Mark Verman, The Books of Contemplation, New York 1992. – Ben Zion Wacholder, The Date of the Mekilta de-Rabbi Ishmael: HUCA 39 (1968) 117–144. – Moshe Weiss, The Authenticity of the Explicit Discussions in Bet Shammai-Bet Hillel Disputes (hebräisch): Sidra 4 (1988) 53–66.

Günter Stemberger

Pseudoisidor →Kirchenrechtsquellen

Pseudonymität

I. Religionsgeschichtlich
II. Kirchengeschichtlich . . . . S. 662

I. Religionsgeschichtlich

1. Pseudonymität als Problem der Religionsgeschichte 2. Pseudonymität und Pseudepigraphie 3. Die religiöse Pseudepigraphie und die literarische Fälschung 4. Die Echtheitskritik (Literatur S. 662)

1. Pseudonymität als Problem der Religionsgeschichte

Während zur Pseudonymität und zur →Pseudepigraphie der christlichen Antike zahlreiche wissenschaftliche Arbeiten, darunter eine Reihe von Monographien, vorliegen, gibt es für das religionsgeschichtliche Umfeld bzw. die Religionsgeschichte insgesamt nichts Vergleichbares. Das liegt zum Teil daran, daß die heiligen Texte mündlich tradiert und von Autorität zu Autorität weitergegeben wurden, zum Teil daran, daß der Begriff des geistigen Eigentums, zumindest was den griechischen Kulturkreis betrifft, bis zur Wende des 7. Jh. v. Chr. unbekannt war; zum dritten sind Berufungen auf die Autorität eines *homo religiosus*, eines *numen* oder auf die unantastbare Heiligkeit eines Gottes ohnedies Kategorien *sui generis*, die keiner Erklärung über die Herkunft bedürfen.

So genügte den alten Ägyptern die Selbstdefinition eines Gottes, die sich in der Überschrift *mdw nṯr*, „Gottesworte", verbirgt, Worte, die man dem Schreibergott Thot zuschrieb (Colpe 193), den Muslimen der Hinweis, daß die *Ḥadīṯe* (die Sammlung der Anekdoten, die sich um Muhammad gerankt haben) die *Qur'ān*-Offenbarungen beglaubigen bzw. sie dogmatisch bekräftigen, während sie an der biographischen Genauigkeit der Überlieferungen nicht interessiert waren; so genügt den Sikhs (→Sikhismus) die Tatsache, daß die von unterschiedlichen Verfassern geschriebenen Abschnitte des Ādi Granth, ihrer Heiligen Schrift, alle den gleichen Verfassernamen, nämlich den des Stifters ihrer Religion, Guru Nanak (1469–1539), tragen, weil Gott selbst durch seine mystische Gegenwart in den Gurus deren Identität begründet.

2. *Pseudonymität und Pseudepigraphie*

Pseudonymität ist ein *ubiquitäres Phänomen*: In allen Kulturen kommt es vor, daß Schriftsteller oder Exegeten ihre Werke unter falschen bzw. erdichteten Namen herausgeben und Schriften verfassen, die nicht von den Verfassern stammen, „denen sie durch Titel, Inhalt oder Überlieferung zugewiesen sind" (Speyer, Pseudepigraphie 195). Das bedeutet, daß Pseudonymität und Pseudepigraphie äquivalent sind und einander entsprechen, mit anderen Worten, das Problem der Pseudonymität ist das Problem der Pseudepigraphie (vgl. Meade 2). Allerdings genügt es nicht, als Gründe für die falsche Verfasserschaft Namensähnlichkeiten, Verwechslungen, Irrtümer der Abschreiber, Veröffentlichung von Schülerarbeiten unter dem Namen des Meisters/Lehrers (Ärzte-, Rhetoren- und Philosophenschulen), geheimnisvolles Auftreten, Ängste, die den Verfasser in die Anonymität zwingen, usw. anzugeben. Vielmehr handelt es sich bei der religiösen Pseudonymität/Pseudepigraphie darüber hinaus um einen irrationalen Vorgang, der häufig durch eine Offenbarung oder einen anderen inspiratorischen Akt hervorgerufen wird. Beispiele zeigen, daß etwa die Rückdatierung auf einen mythologischen Ursprung, die Kontinuität von religiösen Überlieferungen (Traditionsketten) und die mythische Identifikation mit der Gottheit/dem Numen wesentliche Merkmale der religiösen Pseudepigraphie und ihrer pseudonymen Verfasser sind. Letztere treten hinter dem Offenbarungsvorgang zurück oder identifizieren sich mit ihm, so daß sie sich und ihren eigentlichen Namen überflüssig machen bzw. im Numen aufgehen: Der pseudonyme Autor *ist* die Gottheit, sein Werk stammt *unmittelbar* aus ihrer Feder.

Pseudonymität kann aber auch bedeuten, daß ein Gott, ein Engel, eine Gestalt des Mythos heilige →Schriften „eigenhändig" verfaßt hat und nun ihren Inhalt einem Menschen diktiert. Der Inspirierte wird damit zum Medium der Gottheit und weiß sich von ihr autorisiert, das Gehörte oder Gesehene unter ihrem Namen zu veröffentlichen.

2.1. *Pseudepigraphie im Alten Ägypten*

Hinzu tritt die Frage nach dem örtlichen Ursprung eines religiösen Textes und seiner zeitlichen Fixierung, wobei der ehrwürdige Ort und das hohe Alter eine wichtige Rolle in bezug auf die Echtheit spielen. Was den Verfasser betrifft, so wird häufig eine göttliche Urheberschaft des Textes und ein geheimnisvolles Auffinden postuliert. In diesem Sinne ist für die alten Ägypter *Thoth*, der Gott der Schreiber, auch der „Herr der Gottesworte" (vgl. dazu Patrick Boylan, Thoth, the Hermes of Egypt, London/New York 1922, 92ff.). „[Thoth] hat dir das Buch vom Atmen mit seinen eigenen Fingern geschrieben", heißt es in einem Totenbuch-Spruch (Pap. Louvre 3284, II,8f.).

Eingebung ist ein wichtiges Kriterium für Echtheit und Ursprünglichkeit. Die Vorstellung, daß der Gott durch seinen Priester redet und schreibt, legitimiert die Tatsache, daß dieser Gott dem Priester auch seinen Namen leiht. Der →Name wird zum wesentlichen Bestandteil des magischen Buches. Ein anderes Kriterium ist die Art und Weise der Auffindung eines heiligen Schriftwortes. „Göttliche Verfasserschaft hebt die Abfassung religiöser Literatur aus der Gegenwart heraus, und Berichte über die Auffindung weisen sie einer mehr oder minder entfernten Vergangenheit zu. Damit wird eine Tendenz zugunsten des Alters heiliger Schriften sichtbar" (Morenz 232). Bewußt eingefügte Archaismen sollen zusätzlich die Textauthentizität stützen. Auf diese Weise kommen schon in der ägyptischen Literatur „pseudepigraphische Rückdatierungen" (ebd.) zustande.

2.2. Gnosis und hermetisches Schrifttum

In der →Gnosis spielt die Pseudepigraphie eine besondere Rolle, worauf schon →Irenäus aufmerksam gemacht hat (haer. I,13,1). Die Gnostiker schreiben Evangelien im Namen einzelner Apostel, nehmen die Autorität Jesu in Anspruch oder behaupten, die Texte seien von Jesus selbst geoffenbart worden. Außerdem versehen sie ihre Offenbarungsschriften mit den Namen alttestamentlicher Patriarchen (Seth). →Athanasius bemerkt zu dieser Verfahrensweise: „Die Häretiker teilen ihren Erzeugnissen gerne ‚alte' Zeiten zu, damit sie jene als alt ausgeben können und einen Vorwand haben, die Einfältigen zu täuschen" (Athanasius, ep. 39: PG 26,1440A).

Eine besondere Vorliebe entwickelten die Gnostiker für *Zoroaster* (→Iranische Religionen). Unter seinem Namen verfaßten sie Bücher apokalyptisch-chiliastischen Inhalts. Ihr Ziel war es, den Zarathustra-Anhängern gegenüber ihren Religionsstifter mit Christus gleichzusetzen und die beiden Religionen zu harmonisieren.

Die Manichäer (→Manichäismus) übernahmen weitgehend die gnostischen (und enkratitischen) Traditionen, indem sie gnostische Bücher lasen, die unter den Namen alttestamentlicher Patriarchen, der Sibylle (→Sibyllinen), des Hermes Trismegistos (→Hermetica), des Zoroaster und des Hystaspes liefen (vgl. Prosper Alfaric, Les écritures Manichéennes, Paris, II 1918/19, 149–159.202–211).

3. Die religiöse Pseudepigraphie und die literarische Fälschung

Frederik Torm macht darauf aufmerksam, daß religiöse Pseudonymität schwerlich als frommer Betrug (*fraus pia*) bezeichnet werden dürfe, weil dabei irrationale Phänomene eine so wichtige Rolle spielen. Ekstasen, Visionen und Auditionen vermögen die Pseudepigraphen nicht mehr von der „bearbeitenden Reflexion" zu unterscheiden. Dadurch kann ihnen „die in der Pseudonymität beschlossene Unwahrhaftigkeit nicht mit voller Klarheit bewußt werden" (Torm 115). Die Grenzen verlaufen fließend, wie W. Speyer (Art. Fälschung 236–248; ders., Literarische Fälschung 21–44.131–149) dargetan hat; sein vornehmlich für das christliche Altertum konzipierter Kriterienkatalog läßt sich durchaus auf religionsgeschichtliche Kontexte übertragen.

Was treibt Autoren in die Pseudonymität? Warum wählen sie Decknamen? Zu den Motiven gehören ehrliche Absichten ebenso wie Ehrgeiz und Ruhmsucht: Man möchte das Ansehen einer Schrift steigern, um ihre Verbreitung besser zu sichern, aus religiöser Überzeugung die mythischen Traditionen ergänzen (orphisches Schrifttum, Zauberliteratur, Ergänzung von vernichteten Archivalien), philosophische Lehren verteidigen (die Pythagoräer wollten mit Fälschungen das höhere Alter der Philosophie des Pythagoras gegenüber der Akademie beweisen), religionspolitische Absichten durchsetzen (zwecks Verherrlichung eines Heiligtums fälschte man Inschriften auf Weihegeschenken), um persönliche Fehden auszutragen, um bestimmte politische Absichten durchzusetzen (das Orakel als Kampfmittel der Politik, gefälschte Briefe als Mittel der Intrige [Speyer, Art. Fälschung 246]), um die →Christenverfolgungen zu rechtfertigen (Diokletian befragte vor der großen Christenverfolgung im Jahre 303 das Orakel von Didyma und erhielt christenfeindliche Antworten [Lactantius, mort. II,7; vgl. Speyer, Art. Fälschung 247]).

4. Die Echtheitskritik

Die Unterscheidung zwischen kanonischem Schrifttum, religiöser Pseudepigraphie, Kunst und Dichtung, Anonymität und literarischer Fälschung setzt ein hochsensibles textkritisches Instrumentarium voraus, das den religionsgeschichtlichen Hintergrund eines Textes, der immer zugleich ein mythischer sein kann, berücksichtigen muß. Wenn die Vorstellung vom „geistigen Eigentum", die die Voraussetzung für die Aufdeckung von literarischen Fälschungen darstellt, für Griechenland erst seit dem 7./6. Jh. v. Chr. belegt ist, kann man ermessen, wie schwierig es ist, im religionsgeschichtlichen Umfeld Richtlinien für die Echtheitskritik heiliger Schriften und ihrer Interpretation zu finden.

Literatur

Jan Assmann (Hg.), Funktionen u. Leistungen des Mythos, Göttingen 1982. – Ders. (Hg.), Kultur u. Gedächtnis, Frankfurt a.M. 1988. – Horst R. Balz, Anonymität u. Pseudepigraphie im Urchristentum. Überlegungen zum literarischen u. theol. Problem der urchristl. u. gemeinantiken Pseudepigraphie: ZThK 66 (1969) 403–436. – August Bludau, Die Schriftfälschungen der Häretiker, 1925 (NTA 11,5). – Norbert Brox, Falsche Verfasserangaben. Zur Erklärung der frühchristl. Pseudepigraphie, Stuttgart 1975 (Lit.). – Walter Burkert, Hell. Pseudopythagorica: Ph. 105 (1961) 16–43.226–246. – James S. Candlish, On the Moral Character of Pseudonymous Books: Exp. 4 (1891) 91–107.262–279. – Carsten Colpe, Art. Hl. Schr.: RAC 14 (1988) 184–223. – Franz Dornseiff, Echtheitsfragen antik-griech. Lit., Berlin 1939. – André Marie J. Festugière, La révélation d'Hermès Trismégiste, Paris, I[3] 1950. – Kurt v. Fritz, Die griech. Geschichtsschreibung, Berlin 1967. – Karl Hecker, Tradition u. Originalität in der altorient. Lit.: ArOr 45 (1977) 245–258. – Walther Kranz, Sphragis. Ichform u. Namensiegel als Eingangs- u. Schlußmotiv antiker Dichtung: RMP 104 (1961) 3–46.97–124. – Rudolf Liechtenhan, Die pseudepigraphische Lit. der Gnostiker I u. II: ZNW 3 (1902) 222–237.286–299. – Robert A. MacKenzie, Some Problems in the Field of Inspiration: CBQ 40 (1958) 1–8. – David G. Meade, Pseudonymity and Canon, 1986 (WUNT 39) (Lit.). – Siegfried Morenz, Äg. Religion, 1960 (RM 8). – Giorgio Pasquali, Le lettere di Platone, Florenz 1938. – Friedrich Pfister, Alexander d.Gr. in den Offenbarungen der Griechen, Juden, Mohammedaner u. Christen, 1956 (SGKA[B] 3). – Pseudepigraphen, hg. v. Kurt v. Fritz, Genf, I 1972. – Pseudepigraphie in der heidnischen u. jüd.-christl. Antike, hg. v. Norbert Brox, 1977 (WdF 484) (Lit.). – Josef A. Sint, Pseudonymität im Altertum, Innsbruck 1960 (Commentationes Aenipontanae 15) (Lit.). – Wolfgang Speyer, Art. Fälschung, literarische: RAC 7 (1969) 236–277 (Lit.). – Ders., Bücherfunde in der Glaubenswerbung der Antike, Göttingen 1970. – Ders., Die literarische Fälschung im heidnischen u. christl. Altertum, München 1971 (Lit.). – Ders., Rel. Pseudepigraphie: Pseudepigraphie (s.o.) 195–263. – Ders., Büchervernichtung u. Zensur des Geistes bei Heiden, Juden u. Christen, Stuttgart 1981 (Lit.). – Archer Taylor/Frederic John Mosher, The Bibliographical History of Anonyma and Pseudonyma, Chicago 1951. – Frederik Torm, Die Psychologie der Pseudonymität: Pseudepigraphie (s.o.) 111–149. – Bartel Leendert van der Waerden, Art. Pythagoras: PRE.S 10 (1965) 843–864. – Hans L. Windisch, Die Orakel des Hystaspes, 1929 (VNAW.L 28,3).

Peter Gerlitz

II. Kirchengeschichtlich

1. Allgemeiner Überblick 2. Pseudepigraphische Pseudonymität 3. „Anonyme" Pseudonymität 4. Symbolische Pseudonymität (Quellen und Literatur S. 669)

1. Allgemeiner Überblick

1.1. In semantischer Hinsicht lassen sich drei Verweisfunktionen von Pseudonymen unterscheiden:

Pseudepigraphische Pseudonymität. Das Pseudonym verweist auf eine den impliziten Lesern bekannte Person der Vergangenheit oder der Gegenwart und hat die Funktion, diese als realen Autor auszugeben (→Pseudepigraphie). Hierzu gehören auch diejenigen Texte, die im nachhinein einem anderen Verfasser zugeschrieben wurden, um sie bzw. die in ihnen vertretenen Inhalte nachträglich zu autorisieren (wie u.a. im Falle des →*Barnabasbriefes*, des *Titusbriefes* und des →Apostolischen Glaubensbekenntnisses).

„Anonyme" Pseudonymität. Das Pseudonym besteht aus einem Namen, den die impliziten Leser nicht mit einer ihnen bekannten Person verbinden können, weil es diese

nicht gibt. Es hat dementsprechend vor allem die Funktion, die Identität des realen Autors zu verbergen und ihn vor Sanktionen zu schützen.

Symbolische Pseudonymität. Im Unterschied zu den pseudepigraphischen Pseudonymen hat das symbolische Pseudonym nicht eine Extension, sondern nur eine Intension: Es verweist nicht auf bestimmte Personen als Objekte der Wirklichkeit, sondern auf bestimmte Vorstellungen. Zwar kann es ebenfalls auf den Namen einer den impliziten Lesern bekannten Person zurückgreifen; diese wird dann aber nicht als realer Autor fingiert. Von den „anonymen" Pseudonymen unterscheidet es sich, weil es überhaupt eine Bedeutung hat: Zwar kann es ebenfalls die Identität des realen Autors verbergen wollen, doch geht seine Verweisfunktion dabei nicht ins Leere. Die Verwendung eines symbolischen Pseudonyms muß zudem nicht unbedingt mit der Absicht einhergehen, den pseudonymen Charakter des angegebenen Verfassernamens zu verschleiern.

Als symbolische Pseudonyme können fungieren:

Hagionyme: z. B. „Nicodemus Martyr" (= S. →Franck [?; vgl. Weiß]), *Von dem warhafftigen Creutz Christi* ..., 1528; „Hieronymus Eusebius Augustinus" (= Johann Gottfried Immanuel Berger [1773–1803]), *Briefe über die allerneueste prophetische guckkastenphilosophie des ewigen juden*, 1797; „Timotheus" (= Salvian v. Marseille [5.Jh.]), *Ad ecclesiam libri IV* (dazu s.u. 4.2.); „Christianus Timotheus" (Pseudonym eines unbekannten Gegners F.D.E. →Schleiermachers), *Katechismus der wahren Religion für die Verächter der (positiven) Religion* ..., 1818; *Hundertjähriges Bedenken des alten Theologen Jakob Andreä ... durch einen Obadja* (= Elias Veiel [1635–1706]), 1678;

Phraseonyme: z. B. *Golgatha und Scheblimini! Von einem Prediger in der Wüsten* (= J.G. →Hamann), 1784;

Phrenonyme: „Philalethes" u.ä. nennen sich z. B.: Johann Heinrich Martin Ernesti (1755–1836), *Der offene Spiegel*, 1799; Johann v. Sachsen (1801–1873), *Zwei Gespräche in Beziehung auf das Leben-Jesu von Strauß*, 1836; Nicolaus Gürtler (1654–1711; „Constantius Alethophilus"), *Der bedruckte Palm-Baum Christlicher Warheit* ..., 1687. – Das Pseudonym „Theophilus" benutzen u.a.: Gottlieb Dachtler (floruit Anfang des 17. Jh.; „Theophilus Elychnius"), *Der Jesuiter Nebelkapp* ..., 1613 (mehrfach); Christian Kortholt (1633–1694; „Theophilus Sincerus"), *Wolgemeinter Vorschlag*, 1676; Peter Zorn (1682–1746; „Theophilus Amelius"), *Eroerterung der dunckelsten und schwersten Schrifft-Stellen im N. Testament* ..., 1713;

Geonyme: z. B. Johann →Scheffler (Pseudonym: „Angelus Silesius" [= der Schlesier]), *Cherubinischer Wandersmann* ..., 1675;

Titlonyme: z. B. „Peregrinus": →Vinzenz von Lérins (s. Gennadius von Marseille, vir. ill. 64); Konrad von Hirschau (11./12.Jh.; Manitius III, 315ff.); s.a.: *Sendschreiben an Seine Hochwürden, Herrn Oberconsistorialrath und Probst Teller zu Berlin. Von einigen Hausvätern jüdischer Religion* (= David Friedländer [1750–1834]), 1799, und als Antwort darauf: *Briefe bei Gelegenheit der politisch theologischen Aufgabe und des Sendschreibens jüdischer Hausväter. Von einem Prediger außerhalb Berlin* (= F.D.E. Schleiermacher), 1799; s.a. →Novalis.

1.2. Außerhalb der näheren Betrachtung bleiben damit: (a) Schriften, die durch Irrtümer in der Überlieferung einem anderen Autor zugeschrieben wurden (vgl. Speyer, Fälschung 37ff.; aus der Neuzeit zu nennen wäre z. B. die J.H. →Jung-Stilling zugeschriebene, jedoch von Christian Armbruster [gest. 1815] stammende Schrift *Die sieben lezten Posaunen oder Wehen* ..., 1814 $^{4/5}$1820 = 1991 [s. dazu G. Schwinge: PuN 18 [1991] 187ff.]). (b) Texte, in denen der reale Autor eine andere Person als fiktiven Autor oder Erzähler aufbietet (z. B. Jörg v. Uthmann, *Pontius Pilatus. Briefwechsel*, 1991; Jan Rohls, *„... dies lehre und erkläre ich!" Briefe von einundvierzig berühmten Theologen* ..., 1993). (c) Übersetzungen des Namens in eine andere Sprache (z. B. Anton Rabe = A. →Corvinus; Philipp Schwartzerdt = Philippus de Nigra Valle oder Ph. →Melanchthon; Michael Neumann = M. Neander [1525–1595]). (d) Semipseudonyme; als solche gelten: *Anagramme* (z. B. „Alcuinus", „Lucianus" oder „Lucanius" für Calu[v]inus [= J. →Calvin]; Emanuel Sonthom [= Emanuel Thomson], *Gülden Kleinodt der Kinder Gottes*, 1612; *Kryptonyme* (z. B. „H.N." für Heinrich Niclaes [1501 – nach 1570; →Familisten], *Den Spegel der gherechticheit*, 1556, u.ö.; „G.B." für Günther Baumbach [geb. 1929]: TRE 3,122 [zur Umgehung eines Schreibverbots]); *Prenonyme* (z. B. Jean Paul [Friedrich Richter]); *Telonisnyme* (z. B. Nikolaus Lenau statt Nikolaus Niembsch Edler von Streh*lenau*).

2. Pseudepigraphische Pseudonymität

2.1. Die Autorfiktion im Namen von *Personen der Vergangenheit* findet sich in unmittelbarem Anschluß an die Pseudepigraphen des neutestamentlichen Kanons (→Pseudepigraphie I) nahezu ausschließlich in altkirchlicher und mittelalterlicher Zeit, was zunächst mit der Entwicklung der Publikationstechnik zusammenhängt: Weil die Verbreitung literarischer Erzeugnisse bis zum Ausgang des Mittelalters auf das Mittel der handschriftlichen Vervielfältigung angewiesen war, war es möglich, eine vorgeblich ältere Schrift auch noch in späterer Zeit glaubwürdig zu lancieren (vgl. die Auffindungslegenden in ApkPaul 1f.; EvNikod prol.). Seitdem es jedoch die Erfindung des Buchdrucks erlaubte, Bücher und Schriften von vornherein in großer Zahl zu veröffentlichen, wurde die Anfertigung späterer pseudepigraphischer Autorfiktionen außerordentlich erschwert.

Gleichwohl gibt es Beispiele dafür, daß auch in der Neuzeit noch Pseudepigrapha altkirchlicher Autoren angefertigt wurden. Sie erschienen zwar in Druckausgaben, doch legitimieren die Herausgeber die späte Veröffentlichung jeweils mit der Behauptung, in irgendeiner Bibliothek eine bisher unbekannte Handschrift entdeckt zu haben. Am bekanntesten ist der durch →Erasmus von Rotterdam fingierte Traktat *De duplici martyrio*, den dieser als Bestandteil der zweiten Auflage seiner Ausgabe der Werke →Cyprians von Karthago (1530) publizierte, um seine eigene Märtyrertheologie mit der Autorität eines Kirchenvaters zu versehen. Analoge Fälle sind die durch Christoph Matthäus Pfaff (1686–1760) gefälschten Irenäus-Fragmente und die 24 Homilien, die Giuseppe Francesco Meyranesio (1728–1793) unter dem Namen des →Maximus von Turin fingierte.

2.1.1. Sofern diese Form der Pseudepigraphie nicht einfach Lücken in der Überlieferung schließen wollte (wie u.a. der *Laodicenerbrief* im Anschluß an Kol 4,16 oder der freilich nicht erhaltene Dialog *De fato* des →Minucius Felix im Anschluß an dessen Bemerkung in Octav. 36,2 [vgl. Hieronymus, vir. inl. 58]), verdankt sie sich einem ganz bestimmten Traditionsverständnis und hängt eng mit dem sog. „Altersbeweis" (vgl. dazu Peter Pilhofer, *ΠΡΕΣΒΥΤΕΡΟΝ ΚΡΕΙΤΤΟΝ*, 1990 [WUNT II/39]) zusammen: Leitend ist hierbei die Korrelation von Antiquität und →Autorität, die wiederum auf einem spezifischen Wahrheitsverständnis basiert: „Die verläßliche Wahrheit ... ist am Anfang in ihrer Fülle gegeben und muß seither weitergereicht werden" (Brox 330; vgl. auch Tertullians Rede von der *principalitas veritatis et posteritas mendacitatis*; haer. 31,1). Da aus christlicher Sicht die für alle Zeiten verbindliche Wahrheit in der Zeit Jesu und der Apostel grundgelegt war, ging es den altkirchlichen Pseudepigraphen (→Apokryphen II) zunächst darum, diese Ursprungsnorm in ihrer jeweiligen Gegenwart mit dem Anspruch auf Verbindlichkeit zur Sprache zu bringen (s.a. →Pseudepigraphie I). Als historischer Kontext zu veranschlagen ist die Konkurrenz der frühchristlichen →Konfessionen und Gruppen um die Berechtigung ihres jeweiligen Anspruchs auf authentische Bewahrung der identitätsstiftenden Tradition. Zur Produktion pseudepigraphischer Texte kam es naturgemäß vor allem auf seiten derjenigen Gruppen, die sich nicht auf eine institutionell vermittelte Kontinuität der Tradition berufen konnten und dieser gegenüber eine Art informeller Kontinuität postulieren mußten. Ihre Verfasser wollten dem Vorwurf des Abfalls von der ursprünglichen Wahrheit (vgl. TRE 14,321,1ff.) dadurch entgehen, daß sie im Wege der Vordatierung von Texten und zur Legitimation eigener Lehre und Praxis deren ungebrochene Kontinuität mit dem normativen Ursprung der christlichen Tradition reklamierten. Sofern dabei Texte im Namen individueller Apostel fingiert (z.B. *Oratio Pauli*; *Petrus-* und *Paulusapokalypse*; *Epistula Petri ad Philippum*) bzw. diese als authentische Tradenten von Jesus-Texten aufgeboten werden (u.a. *Thomasevangelium*; *Apokryphon des Johannes*; *Thomas der Athlet*), geht es nur in Einzelfällen (analog zur pseudepigraphischen Notiz von Joh 21,24) um die Legitimation einer mit der genannten Person verbundenen Traditionslinie (z.B. beim *Thomasevangelium* [→Edessa; →Syrien] oder der *Epistula Petri ad Jacobum* [→Judenchristentum]). Darüber hinaus gilt, daß die Individualität des fingierten Autors keinerlei Rolle für das inhaltliche Anliegen der in seinem Namen abgefaßten Schrift spielt, denn er wird lediglich als prinzipiell austauschbarer Repräsentant der apostolischen Zeit aufgeboten.

Augenfälligstes Beispiel für diese Konzeption sind die Schriften, als deren Verfasser die Gesamtheit der Apostel fingiert wird, denn hier wird der allgemeine Geltungsanspruch dieser Texte mit der historischen Fiktion einer theologisch homogenen und häresiefreien Anfangszeit zur Dekkung gebracht. Dementsprechend sind es vor allem →Kirchenordnungen, die in dieser Weise autorisiert wurden (die →*Didache*, die *Didascalia Apostolorum*, die *Apostolische Kirchenordnung* und die *Apostolischen* →*Konstitutionen*); auch die Rückführung des →Apostolischen Glaubensbekenntnisses auf den Kreis der Apostel und die Erfindung der Canones einer antiochenischen Apostelsynode (vgl. Harnack, Geschichte 774f.) gehören in diesen Zusammenhang. Mit analoger Intention wurde ebenfalls die *Epistula Apostolorum* im Kontext der Auseinandersetzung mit dem Gnostizismus (→Gnosis/Gnostizismus) als Brief der Apostel an die gesamte Christenheit fingiert. Die briefliche Einkleidung dient hier jedoch lediglich als Rahmen für die Wiedergabe einer Offenbarungsrede des Auferstandenen. Die fiktiven Verfasser des Briefes fungieren also nicht als Autoren, sondern lediglich als dessen authentische Tradenten (vgl. auch das *Testamentum Domini*, die *Fragen des Bartholomäus*, die *Sophia Jesu Christi* und das *Apocryphon Jacobi*).

Nicht prinzipiell anders gelagert sind die Motive für die pseudepigraphische Fiktion von Schriften nichtchristlicher Personen, die durchweg im Dienste der →Apologetik stehen: So soll im *Briefwechsel zwischen Seneca und Paulus* der Letztgenannte durch das Urteil des großen Moralphilosophen als diesem ebenbürtig ausgewiesen werden. Dem Zweck der objektiven, weil von außen kommenden Beglaubigung christlicher Glaubensinhalte dienen die im Namen nichtchristlicher Zeugen des Lebens, Leidens und der Auferstehung Jesu fingierten Pseudepigraphen wie u.a. die Pilatusliteratur (vgl. Speyer, Fälschung 242ff.).

In späterer Zeit wurde vor allem durch die Fixierung des neutestamentlichen →Kanons der Raum für apostolische Autorfiktionen eng. Es ist wohl dieser Sachverhalt, der dazu führte, daß Pseudepigraphen nun auch im Namen von Schülern und Anhängern der Apostel entstanden. Am bekanntesten sind die Schriften des nach Act 17,34 von Paulus zum Christentum bekehrten →Dionysius Areopagita; andere Beispiele sind die als Werk des in Tit 3,13 erwähnten Juristen Zenas fingierten *Titusakten* und die *Barnabasakten*, deren Verfasser sich unter Anspielung auf Act 12,25 als Johannes Markus ausgibt (vgl. aber auch bereits *Die Lehren des Silvanus* [NHC VII/4]). Doch ist auch noch für das Jahr 756 ein Brief des Apostels →Petrus an die →Franken belegt (MGH.Ep 3,501ff.) und machte es die Tradition des →Himmelsbriefes weiterhin möglich, den Ursprungsautoritäten das Wort zu erteilen (vgl. z.B. den von Licinianus von Cartagena erwähnten Brief Jesu über die Feier des →Sonntags [ep. 3: PL 72,699f.]).

2.1.2. Auf dieser Linie konnte dann auch den Kirchenvätern eine Autorität zukommen, die es ermöglichte, in ihrem Namen Pseudepigraphen zu verfassen. Dieser Prozeß verlief bruchlos, denn das Kriterium der Autorität des Alters blieb nach wie vor maßgeblich. Die Autorität der Väter wurde dabei in eine institutionell (→Amt/Ämter/Amtsverständnis; →Kirche) begründete Kontinuität mit der apostolischen Anfangszeit und der in ihr grundgelegten Wahrheit gestellt (vgl. TRE 5,20,1ff.; 5,26,12ff.). Es gibt in dieser Zeit keinen Kirchenvater, unter dessen Namen nicht Schriften lanciert wurden. Hierbei waren es vor allem Vertreter von als häretisch angesehenen Positionen, die die Autorität der Väter nutzten, um ihre Schriften zu verbreiten.

Mit großem Abstand als fiktiver Autor bevorzugt wurde ohne Zweifel →Johannes Chrysostomus (vgl. de Aldama), gefolgt von →Augustin. Als Einzelbeispiele seien genannt: die Pseudoclementinen (→Clemens von Rom); die lange Rezension der Briefe des →Ignatius von Antiochien; der im 6. Jh. in England unter dem Namen des Anatolius von Antiochien fingierte *Liber Anatoli de ratione paschali*; die im 9. Jh. durch Paschasius Radbertus unter dem Namen des →Hieronymus fingierten Briefe *Cogitis me* und *De nativitate sanctae Mariae* (vgl. weiter E. Dekkers: Fälschungen im Mittelalter V, 361ff.; Lehmann; Speyer, Fälschung 315ff.).

Im Mittelalter wurde über den Bereich der literarischen Tendenzfälschungen hinaus die Pseudepigraphie auch auf den Bereich der diplomatischen und Rechtsurkunden ausgedehnt (vgl. dazu Fälschungen im Mittelalter II–IV; A. Gawlik/S. Čirkovič: LMA 4 [1989] 246–253). Die nachhaltigste Wirkung ging dabei von dem im 8. Jh. entstandenen →Constitutum Constantini aus, in dem zugleich die Kontinuität zur neutestamentlichen und altkirchlichen Pseudepigraphie am deutlichsten greifbar wird: Als Autor fingiert wird nicht ohne Grund →Konstantin der Große, denn er ist als der erste christliche Kaiser allen späteren zeitlich voraus (zum hier verwendeten Prioritätstopos vgl. K. Thraede: RAC 5 [1962] 1191ff.), und darum kommt seinen Verfügungen eine Verbindlichkeit zu, die von keinem Späteren erreicht werden kann (vgl. noch die pseudoisidorischen Fälschungen; s. TRE 19,10,8ff.).

In den Zusammenhang der literarischen Pseudepigraphie gehört schließlich noch die offenbar wohl doch nicht authentische *Historia Calamitatum* →Abaelards und dessen Briefwechsel mit Heloïse (vgl. jetzt H. Silvestre: Fälschungen im Mittelalter V, 121ff.), mit deren Hilfe im 13. Jh. „das Recht für den Kleriker mit den höheren Weihen, ... sich eine Konkubine zu halten", verteidigt werden sollte (ebd. 163).

2.2. Wenn *zeitgenössische Personen* als Autoren fingiert werden, so kann dies zunächst ebenfalls der Autoritätsbeschaffung dienen, und zwar vor allem dann, wenn im Zusammenhang von Lehrstreitigkeiten für häretisch erklärte Gruppen sich der Namen ihrer Gegner bedienen, um die Verbreitung ihrer Position zu fördern: So berichtet →Athanasius von arianischen Schriften, die unter seinem Namen umliefen (Apol. ad Const. 19), und wurden →Novatians Traktate *De trinitate*, *De spectaculis* und *De bono pudicitiae* als Abhandlungen →Cyprians von Karthago ausgegeben (vgl. auch die pseudepigraphische Verbreitung der Schriften des →Apollinaris von Laodicea durch seine Schüler [TRE 3,365f.]). Eine rein funktionale Autorität wird in den Fällen aufgeboten, in denen die Namen von nicht existenten Bischöfen als Pseudonyme verwendet werden. Die Autorität haftet hier nicht an der Person des fingierten Autors, sondern an dessen Amt. Nachgewiesen ist dieser Weg der Autorisierung u.a. für die pelagianische *Expositio fidei catholicae* unter dem Namen eines „Ambrosius episcopus Chalcedonensis" oder die Erfindung eines Bischofs „Agathonicus von Tarsus" als Autor mehrerer monophysitischer Traktate (vgl. Speyer, Fälschung 50.193f.265ff.).

Das Verhältnis von Pseudepigraphie und Autorität kann aber auch in der Weise umgedreht werden, daß nicht das Pseudonym die vorliegende Schrift, sondern deren Inhalt den vorgeblichen Autor negativ oder positiv qualifizieren soll: Einerseits berichtet in diesem Sinne →Hieronymus von Briefen, die in seinem Namen fingiert wurden, um ihn zu diskreditieren (Ruf. II,24). Demselben Zweck können dann auch satirische Fiktionen dienstbar gemacht werden, deren pseudepigraphischer Charakter offensichtlich ist und die der Verunglimpfung ihrer angeblichen Autoren dienen. Beispiele finden sich vor allem unter den →Flugschriften der Reformationszeit (u.a. *Bekenntnis und Clag Herzog Heinrichs von Braunschweig des Iüngern* [Satiren I, 68ff.]). Andererseits kann die Wahl eines Pseudonyms aber auch mit der Absicht erfolgen, eine diskreditierte Person zu rehabilitieren. Dieser Absicht dient z.B. das als Werk König Karls I. von England kurz nach dessen Hinrichtung (1649) publizierte Buch *Eikon Basilike* des nachmaligen Bischofs von Exeter John Gauden (1605–1662), das nicht unwesentlich zur Restauration der Monarchie in →England beitrug.

Die Wahl eines berühmten Namens als Pseudonym kann darüber hinaus aber auch nicht durch inhaltliche, sondern durch ökonomische Interessen motiviert sein, wenn sich ein Verleger davon einen größeren Verkaufserfolg für sein Druckerzeugnis verspricht. Mit dieser Absicht wurde u.a. M. →Luther als Autor der kleinen Schrift *Wie man recht und verständlich einen Menschen zum Christenglauben taufen soll*, 1523 (WA 12,49–52) sowie der zweiten Auflage des *Tractatulus de his, qui ad ecclesias confugiunt*, 1520 (WA 60,311f.; die erste Auflage war 1517 noch anonym erschienen) fingiert.

3. „Anonyme" Pseudonymität

3.1. Diese Verweisfunktion des Pseudonyms ist zunächst vor allem in Schriften belegt, deren Inhalt vom jeweils herrschenden Konsens abweicht. Beobachten läßt sich dies bereits bei →Nestorius, der nach seiner Verurteilung und Absetzung unter dem Namen „Heraclides von Damaskus" den *Liber Heraclidis* schrieb, und wohl auch bei des „Theodulus" (symbolisches Pseudonym →Gottschalks des Sachsen) *Ekloge* (s. Manitius I, 570.572f.). Verbreitet ist diese Art der Pseudonymität im 16. bis 18. Jh. (vgl. Bormann; Raabe), und zwar vor allem bei nonkonformistischen und kirchenkritischen Autoren.

Beispiele sind: S. →Castellio (Pseudonym: „Martinus Bellius"), *De Haereticis, an sint persequendi*, 1554; H. →Conring (Pseudonym: „Irenaeus Eubulus"), *Pro pace perpetua protestantibus danda consultatio catholica*, 1648; der Spiritualist Christian Hoburg (1607–1675), der für die Veröffentlichung seiner kirchenkritischen Werke u.a. die Pseudonyme „Elias Praetorius" (*Spiegel der Misbräuche beym Predigampt im heutigen Christenthumb* ..., 1644) und „Bernhard Baumann" (*Teutsch evangelisches ärgerliches Christenthumb*, 1645) benutzte (weitere Pseudonyme: NDB 9,282); die Chiliasten Georg Lorenz Seidenbecher (1623–1663; Pseudonym: „Waremund Freyburger"), *Chiliasmus sanctus qui est Sabbatismus populo Dei relictus*, 1660, und Christian Knorr von Rosenroth (1636–1688), der 1670 unter dem Pseudonym „Christianus Peganius" einen Kommentar zur →Apokalypse des Johannes schrieb, Christian →Thomasius (Pseudonym: „Attila Friedrich Frommholdt"), *Rechtsgegründeter Bericht/Wie sich ein Ehrliebender Scribent zu verhalten habe* ..., 1691, sowie J.K. →Dippel (Pseudonym: „Christianus Democritus") und Nikolaus von Hontheim (1701–1790; Pseudonym: „Justinus →Febronius"); aus dem 19. Jh. sind „Martin von Geismar" (Pseudonym Edgar Bauers [1820–1886] oder B. →Bauers oder beider), *Bibliothek der deutschen Aufklärer des achtzehnten Jahrhunderts*, 5 Bde., 1846/47 (→Freidenker) und J.J.I. →Döllingers *Der Papst und das Concil*, 1869 (Pseudonym: „Janus"), und *Römische Briefe vom Concil*, 1870 (Pseudonym: „Quirinus"; →Altkatholizismus) sowie aus dem frühen 20. Jh. George Tyrrell (1861–1909; Pseudonym: „Hilaire Bourdon"), *The Church and the Future*, 1903 (→Modernismus) zu nennen.

3.2. Darüber hinaus ist die Verwendung von „anonymen" Pseudonymen bei der Publikation von literarischen Erzeugnissen verbreitet, die nicht dem in der Öffentlichkeit bekannten Status des Autors entsprechen. Hinter der Entscheidung zur Pseudonymität kann die Sorge stehen, durch die Veröffentlichung eines statusdissonanten Werkes kompromittiert zu werden, aber auch einfach der Spaß am literarischen Spiel.

Hierher gehören z. B. A. →Alesius (Pseudonym: „Alphonsus Aemilius Sebastus"), *Pasquillus proscriptus, in Germania exulans*, o.J. oder die Erbauungsschrift, die der Staatsrechtler Johann Jakob Moser (1701–1785) im Jahr nach seiner Bekehrung zum →Pietismus unter dem Pseudonym „Christoph Gottlieb Erdmann" publizierte (*Die Erbaulichen Todes-Stunden vieler gottseeligen Personen* ..., 1730). Der Schweizer Pfarrer Albert Bitzius (1797–1854) wurde unter dem Pseudonym „Jeremias Gotthelf" ein weltbekannter Erzähler. Im Bereich der akademischen Theologie wählte der Heidelberger Kirchenhistoriker Adolf Hausrath (1837–1909) für die Veröffentlichung seiner Romane das Pseudonym „George Taylor" (u.a. *Antinous*, 1880; *Klytia*, 1883; *Die Albigenserin*, 1902). Im 20. Jh. publizierten der Kieler Systematiker Hermann Mulert (1879–1950) unter dem Pseudonym „Euthymius Haas" eine Sammlung von Witzen (*Der vergnügte Theologe*, 1913), sein Mainzer Kollege Friedrich Delekat (1892–1970; Pseudonym: „Erasmus Zierpfennig") eine Erzählung über „die Geschichte einer Studentenliebe im Kalten Krieg" (*Jodokus und Hermine*, 1949), der Pariser Patristiker H.-I. →Marrou Essays zur Musikgeschichte und -theorie unter dem Namen „Henri Davenson" und gab der Münsteraner Kirchenhistoriker Kurt Aland (1915–1993) *Deutsche Epigramme aus fünf Jahrhunderten*, 1969, unter dem Pseudonym „Klemens Altmann" heraus.

4. Symbolische Pseudonymität

4.1. Die ältesten Autoren, von denen die Verwendung eines symbolischen Pseudonyms bekannt ist, sind →Vinzenz von Lérins („Peregrinus") und Salvian von Marseille („Timotheus"). Insofern die Wahl eines symbolischen Pseudonyms ebenfalls von der Absicht geleitet sein kann, die Identität des realen Autors zu verbergen, können „anonyme" und symbolische Verweisfunktionen der Pseudonyme mitunter Hand in Hand gehen.

Abgesehen von den bereits im vorstehenden Abschnitt genannten Beispielen gilt dies auch etwa für U. von →Hutten, der mehrfach das Pseudonym „Pasquillus" benutzte; S. →Franck (Pseudonym: „Friderich Wernstreyt"), *Das Krieg Büchlin des Frides*, 1539; Heinrich Amersbach (1632–1691; Pseudonym: „Christian Warner"), *Carnüffel-Spiel des Teuffels* ..., 1664 sowie Johann Jakob Fabricius (1618/1620–1673; Pseudonym: „Justus Kläger von Creutzberg in Curland"), *Der Knabenschänder und Jugendverderber Satans Synagoga oder Lutherische hohe und niedrige Schulen*, 1648 u.ö. In denselben Kontext gehört auch F.D.E. →Schleiermachers Schrift *Ueber das liturgische Recht evangelischer Landesfürsten*, 1824, mit der er unter dem Pseudonym „Pacificus Sincerus" in den preußischen Agendenstreit eingreift (→Agende 18.1.). Ein Beispiel aus dem 20. Jh. sind die unter dem Pseudonym „Spektator“ 1918–1920 erschienenen politischen Kommentare von Ernst →Troeltsch.

4.2. Die eigentliche Intention der symbolischen Pseudonymität besteht jedoch darin, den Lesern Auskunft über Selbstverständnis und Anliegen des Verfassers zu geben.

In diesem Sinne rechtfertigt Salvian von Marseille nach seiner Enttarnung den Verzicht auf die Nennung seines eigenen Namens damit, daß er nicht den Vorwurf der *vana gloria* auf sich ziehen wollte; außerdem hätte sein eigener unwürdiger Name die Wirkung der Schrift beeinträchtigt, weil „die Leser nicht so sehr erwägen, was sie lesen, als vielmehr, von wem sie etwas lesen“. Das Pseudonym „Timotheus“ habe er gewählt, um sich nicht durch Nennung eines fremden Namens (d.h. durch Pseudepigraphie) der Lüge schuldig zu machen und weil er *pro honore Dei* geschrieben habe (ep. 9,13–20; Übers. nach A.E. Haefner: Pseudepigraphie 158ff.).

In ganz besonderer Weise gilt dies dann für die von S.A. →Kierkegaard verwendeten Pseudonyme, unter denen er zunächst seine in den Jahren 1843–1846 verfaßten Werke herausgegeben hat („Viktor Eremita“, „Vigilius Haufniensis“, „Frater Taciturnus“, „Johannes de Silentio“, „Constantin Constantius“, „Hilarius Buchbinder“, „Johannes Climacus“). Er versinnbildlicht in ihnen als den „produzierenden, dichterisch-wirklichen Individualität(en)“ (Unwissenschaftliche Nachschrift: S.A. Kierkegaard, GW, hg. v. Emanuel Hirsch/Hayo Gerdes, XVI/2 ²1989 [GTBS 613] 339), die jeweils eine bestimmte Existenzweise verkörpern, seine Konzeption von der Abfolge der inneren Existenzstadien. Kierkegaard verwendet für diese Schriften Pseudonyme, weil er als religiöser Autor die ästhetische Schriftstellerei unter einem „Inkognito“ betreibt (Der Gesichtspunkt für meine Wirksamkeit als Schriftsteller: ebd. XXXIII 1985 [GTBS 626] 47) und die „ästhetischen, oder zuhöchst in ästhetisch-ethischen Kategorien“ (ebd. 37) lebenden Leser in das Religiöse „hineintäuschen“ (ebd. 48) will. Er läßt die Pseudonymität dann im Gegenpseudonym „Anti-Climacus“ (*Die Krankheit zum Tode*, 1848 sowie *Einübung im Christentum*, 1850) eine neue Qualität erreichen, insofern dieser anders als die früheren Pseudonyme nicht unter, sondern über dem Ich des realen Autors stehend verortet wird. Die Nötigung zur Pseudonymität ergibt sich für Kierkegaard daraus, daß Existenz- und Mitteilungsweise zusammenfallen müssen, er aber ebensowenig wie jede „faktisch wirkliche Person in der sittlichen Begrenzung der Wirklichkeit“ (Unwissenschaftliche Nachschrift: GW XVI/2, 339) die mitgeteilte Existenzweise persönlich repräsentieren könne (s.a. Hermann Deuser, Sören Kierkegaard, München u.a. 1974, 42–82; A. Hügli: HWP 7 [1989] 1567ff.).

4.3. Wenn ein symbolisches Pseudonym auf eine bekannte Person aus der Vergangenheit verweist, ohne diese als Autor auszugeben, dient der fingierte Name nicht der Autoritätsbeschaffung, sondern gibt einen Hinweis auf die inhaltliche Tendenz des Werkes. In diesem Sinne wählte der →Antitrinitarier Samuel Crell (1660–1747) für seine Schrift *Initium evangelii S. Joannis Apostoli ex antiquitate ecclesiastica restitutum*, 1726, in dem er eine adoptianische Christologie vertritt, in Anlehnung an den Adoptianer Artemon (vgl. Eusebius, h.e. V,28,1) das Pseudonym „Lucius Mellierius Artemonius“.

Daß ein symbolisches Pseudonym aber auch zur Autoritätsbeschaffung eingesetzt werden kann, zeigt die unter dem hebräischen Namen „Kalev Hayam“ (dt.: „Seehund“) publizierte Polemik des reformierten Theologen Siegward Kunath (geb. 1934) zu einem Buch Hans Conzelmanns (*Nur die Glaubensfrage*: RKZ 122 [1981] 228–230; s.a. ebd. 324f.): Ihr Verfasser gibt sich als Jude aus, um den Eindruck authentischer Betroffenheit erwecken und dadurch moralische Autorität reklamieren zu können.

4.4. Einen besonderen Sinn bekommen die symbolischen Pseudonyme in satirischen Fiktionen von Briefen, die – insofern ihr Empfänger jeweils eine real existierende Größe ist – als fiktive Adressatenpseudepigrapha gelten können. Ihr Sitz im Leben ist die vor dem Forum der Öffentlichkeit ausgetragene theologische und politische Kontroverse. Insofern der implizite Leser dieser Briefe die Öffentlichkeit ist, besteht die Intention der Form durchweg darin, die Gegner des realen Autors lächerlich zu machen und das Lesepublikum auf diese Weise affektiv gegen jene einzunehmen.

Erkennbar wird dies u.a. in der fingierten Sammlung der *Epistolae obscurorum virorum* (1515 ²1516), die aus Briefen von außerordentlicher Borniertheit an den Kölner Artisten Ortwin Gratius (ca. 1480–1542) besteht, der im Reuchlinschen Streit die Kölner Dominikaner unterstützte. Ihr einziger Zweck ist, diesen sowie überhaupt die Gegner Johannes →Reuchlins als ungebildete

Ignoranten darzustellen (Gratius antwortete mit den ebenfalls fiktiven *Lamentationes obscurorum virorum* [1518]). Nichts anderes gilt auch für die von Luther als satirisches Gegenstück zu den Himmelsbriefen fingierte Flugschrift *Beelzebub an die Heilige päpstliche Kirche*, 1537 (WA 50,126–130; zur Gattung der Teufelsbriefe vgl. Wattenbach; G. Zippel, La lettera del Diavolo al Clero: BISI 70 [1958] 125–179; Paul Lehmann, Die Parodie im Mittelalter, Stuttgart [2]1963, 58–68).

4.5. Unterschiedliche Formen der Pseudonymität fließen zusammen in der – J.W. von →Goethes *Faust* nachempfundenen – neuzeitlichen Theologiegeschichte von Jan Rohls (geb. 1949), *Des Theologen Faust*, 1989: Herausgeberpseudonym ist „Gustav Molbtiez" (Palindrom von [Dr. Serenus] „Zeitblom", dem fiktiven Erzähler von Thomas Manns *Doktor Faustus*, 1947), während das Autorenpseudonym „Karl Stumpf" „Karl" Barth mit der Luther-Karikatur und „wuchtigen Persönlichkeit" (so gleichlautend Vorwort V und Th. Mann, Dr. Faustus: ders., GW, VI 1980, 130) Ehrenfried „Kumpf", dem Hallenser Professor für Systematische Theologie im *Doktor Faustus* (Hinweis Ernstpeter Maurer, Dortmund), kombiniert. Das Buch wurde dann kongenial unter dem gleichermaßen irreführenden wie indirekt auf seinen Autor verweisenden Kryptonym „J.R." durch Joachim Ringleben (geb. 1945) rezensiert (ThR 55 [1990] 110–112).

Quellen und Literatur

Kurt Aland, Das Problem der Anonymität u. Pseudonymität in der christl. Lit. der ersten beiden Jahrhunderte: ders., Stud. zur Überlieferung des NT u. seines Textes, 1967 (ANTT 2) 24–34. – José Antonio de Aldama, Repertorium Pseudochrysostomicum, Paris 1965. – Horst R. Balz, Anonymität u. Pseudepigraphie im Urchristentum: ZThK 66 (1969) 403–436. – Gustave Bardy, Faux et fraudes littéraires dans l'antiquité chrétienne: RHE 32 (1936) 5–23.275–302. – August Bludau, Die Schriftfälschungen der Häretiker, 1925 (NTA 11/5). – Edwin Bormann, Die Kunst des Pseud., Leipzig 1901. – Norbert Brox, Zum Problemstand in der Erforschung der altchristl. Pseudepigraphie: Pseudepigraphie (s.u.) 311–334. – Erich Caspar, Petrus Diaconus u. die Monte Cassineser Fälschungen, Berlin 1909. – Edmund K. Chambers, The History and Motives of Literary Forgeries, Oxford 1891 = New York 1970. – John Edward Chisholm, The Ps.-Augustinian Hypomnesticon Against the Pelagians and Celestians, 2 Bde., Freiburg i.Ue. 1967–1980. – Peter Dahlmann, Schauplatz Der Masquirten u. Demasquirten Gelehrten bey ihren verdeckten u. nunmehro entdeckten Schrifften, Leipzig 1710. – Epp. obscurorum virorum, hg. v. Aloys Bömer, 2 Bde., Heidelberg 1924 = Aalen 1978. – Fälschungen im MA. Int. Kongreß der MGH. München, 16.–19. September 1986, 6 Bde., 1988–1990 (MGH.Schr. 33/1–6). – James A. Farrer, Literary Forgeries, London 1907 = Detroit 1969; dt.: Literarische Fälschungen, Leipzig 1907. – Alfred Franklin, Dictionnaire des noms, surnoms et pseudonymes lat. de l'histoire littéraire du moyen âge (1100 à 1530), Paris 1875. – Horst Fuhrmann, Die Fälschungen im MA: HZ 197 (1963) 529–601. – Samuel Halkett/John Laing, A Dictionary of Anonymous and Pseudonymous Publ. in the English Language. 1475–1640, hg. v. John Horden, London [3]1980. – Dies., Dictionary of Anonymous and Pseudonymous English Literature, hg. v. James Kennedy u.a., 9 Bde., Edinburgh/London 1926–1962. – Adolf v. Harnack, Gesch. der altchristl. Lit. bis Eusebius, Leipzig, I/2 [2]1958, 771–792. – Ders., Die Pfaff'schen Irenäus-Frgm. als Fälschungen Pfaffs nachgewiesen: TU NF 5/3 (1900) 1–69. – Leonard Charles Hector, Palaeography and Forgery, London 1959. – Christoph August Heumann, De libris anonymis ac pseudonymis, Jena 1711. – Michael Holzmann/Hanns Bohatta (Bearb.), Dt. Pseudonymen-Lexikon, Wien 1906 [2]1961 (Lit.). – Ulrichi Hutteni Equitis Operum Supplementum. Epp. Obscurorum Virorum, hg. v. Eduard Böcking, 2 Bde., Leipzig 1864–1869 = Osnabrück 1966. – Charles W. Jones, Bedae pseudepigrapha, Ithaca 1939. – Paul Lehmann, Pseudoantike Lit. des MA, Leipzig 1927 = Darmstadt 1964. – Friedrich Lezius, Der Verf. des pseudocyprianischen Tractates de duplici martyrio: NJDTh 4 (1895) 95–100.184–243. – Rudolf Liechtenhan, Die pseudepigraphe Litteratur der Gnostiker: ZNW 3 (1902) 222–237.286–299. – Max Manitius, Gesch. der lat. Lit. des MA, 3 Bde., 1911–1931 = 1965 (HAW IX/2). – Adah V. Morris, Anonyms and Pseudonyms, Chicago 1933/1934 (Lit.). – Johann Christoph Mylius, Bibliotheca anonymorum et pseudonymorum, Hamburg 1740. – Vicentii Placcii Theatrum anonymorum et pseudonymorum, Hamburg 1708. – Pseudepigraphie in der heidnischen u. jüd.-christl. Antike, hg. v. Norbert Brox, 1977 (WdF 484). – Paul Raabe, Pseudonyme u. anon. Schr. im 17. u. 18. Jh.: Der Zensur zum Trotz. Das gefesselte Wort u. die Freiheit in Europa, bearb. v. dems., Weinheim 1991, 53–66. – Hugo Rahner, Die gefälschten Papstbriefe aus dem Nachlaß v. Jérôme Vignier, München 1935. – Fr. Rassmann's kurzgefaßtes Lexicon dt. pseudonymer Schriftsteller, Leipzig 1830 = 1973. – Martin Rist, Pseudepigraphic Refutations of Marcionism: JR 22 (1942) 39–62. – Alessandro Ronconi, Introduzione alla letteratura pseudoepigrafa: SCO 5 (1955) 15–37. – Satiren u. Pasquille aus der Reformationszeit, hg. v. Oskar Schade, 3 Bde., Hannover [2]1863 = Hildesheim 1966. – Silvana Seidel Menchi, Un' opera misconosciuta di Erasmo?: RSIt 90 (1978) 709–743. – Hubert Silvestre, Le problème des faux au moyen âge: MA 66 (1960) 351–370. – Carlos Sommervogel, Dictionnaire des ouvrages anonymes et pseudonymes publ. par des religieux de la Compagnie de Jésus depuis sa fondation jusqu'à nos jours, Paris 1884. – Wolfgang Speyer, Art. Fälschung, literarische: RAC 7 (1969) 236–277 (Lit.). – Ders., Die literarische Fälschung im heidnischen u. christl. Altertum, 1971 (HAW I/2). – Moritz Steinschneider, Zur pseudepigraphischen Lit. des MA, insbesondere der geheimen Wiss., Berlin 1862 = Amsterdam 1965. – Archer Taylor/Fredric J. Mosher, The Bibliographical History of Anonyma and Pseudonyma, Chicago 1951. – Thomas Frederic Tout, Mediaeval Forgers and Forgeries: BJRL 5 (1918–1920) 208–234. – Ernst Troeltsch, Spektator-Briefe, [in gekürzter Fassung] hg. v. Hans Baron, Tübingen 1924. – Wilhelm Wattenbach, Über erfundene Briefe in Hss. des MA, bes. Teufelsbriefe: SPAW 1892/9, 91–123. – Ulman Weiß, Nicodemus Martyr – ein unbekanntes Pseud. Sebastian Francks?: ARG 85 (1994) 163–179. – Emil Weller, Lexicon pseudonymorum, Regensburg ^{2}1886 = Hildesheim 1977.

Michael Wolter

Pseudo-Philo

1. Der *Liber Antiquitatum Biblicarum* 2. *De Jona* und *De Sampsone* (Quellen und Literatur S. 671)

Unter Pseudo-Philo versteht man heute sowohl den *Liber Antiquitatum Biblicarum* (1.) wie auch die zwei hellenistisch-jüdischen Predigten über Jona und Simson (2.).

1. Der Liber Antiquitatum Biblicarum

Vom pseudo-philonischen Werk *Liber Antiquitatum Biblicarum* (LibAnt) kennen wir weder den Autor noch den Titel. Der (lateinische) Text dieser Schrift beansprucht nirgendwo, von →Philo geschrieben zu sein, wurde ihm aber zugeschrieben, weil das Werk zufälligerweise in Handschriften mit lateinischen Übersetzungen von Traktaten dieses alexandrinischen Schriftstellers überliefert worden ist.

Der Titel *Liber Antiquitatum Biblicarum* wurde erst 1527 in Sichardus' *Editio princeps* über die titellose Schrift gesetzt. Erst 1898 wurde der Text von Leopold Cohn wirklich in die Aufmerksamkeit der Fachwelt gerückt. Dieses stark vernachlässigte Werk enthält eine höchst interessante Nacherzählung der biblischen Geschichte von →Adam bis zum Tode →Sauls, die von bestimmten theologischen Überzeugungen geprägt ist. Obwohl Datierung und Lokalisierung der Schrift nicht unumstritten sind, besteht doch weitgehende Übereinstimmung darin, daß das Werk im 1. Jh. n. Chr. (ob vor oder nach 70, bleibt strittig) in Palästina entstanden ist. Die lateinische Version geht über eine griechische Vorlage (vgl. die offensichtlichen Fehlübersetzungen griechischer Ausdrücke) wahrscheinlich auf ein hebräisches Original zurück (vgl. die vielen Hebraismen). Im Mittelalter wurde die Schrift dann wieder teilweise aus dem Lateinischen ins Hebräische zurückübersetzt (in der *Chronik* des Jerachmeel).

Der *Liber Antiquitatum Biblicarum* ist keiner der uns bekannten jüdischen Religionsparteien zuzuweisen, er enthält wahrscheinlich haggadischen Stoff aus der partei-unabhängigen Synagoge. Das Werk ist ein typisches Beispiel der Gattung „rewritten Bible" (die Termini „→Midrasch" und „→Targum" sind hier sicherlich zu vermeiden, wie sehr auch aktualisierende „midraschische" und „targumische" Elemente im haggadischen Stoff zu finden sind), im Genre mit dem →Jubiläenbuch und dem Genesis-Apokryphon aus →Qumran vergleichbar.

Sehr charakteristisch für dieses Buch ist, daß einerseits ganze Stücke des Bibeltextes stark verkürzt oder sogar ausgelassen werden (z. B. werden die Bücher Leviticus und →Deuteronomium in je einem kurzen Kapitel [LibAnt 13 und 19] zusammengefaßt), andererseits aber einzelne biblische Verse sehr breit ausgearbeitet werden (z. B. ist der Richter Kenaz, der in Jdc 3,9.11 nur nebenbei erwähnt wird, in LibAnt 25–28 zu einer der Hauptpersonen des ganzen Buches hochstilisiert worden). Es ist des öfteren schwer einzusehen, aufgrund welcher Kriterien der Autor seine Auswahl getroffen hat. Auch ist völlig unklar, warum das Buch so abrupt gerade vor dem Königtum →Davids endet: Hat uns nur der launische Zufall der Textüberlieferung den Rest des Buches genommen, oder steckt hinter diesem Schluß doch eine für uns uneinsichtige Entscheidung des Autors?

Kennzeichnend ist weiter, daß der Autor mit Hilfe der Technik der „Rückblende" biblischen Stoff, den er an der Stelle, wo es geschehen müßte, nicht berücksichtigt, erst in anderen Zusammenhängen nachholt, um ihm damit desto mehr Nachdruck zu verleihen. So wird z. B. die Opferung →Isaaks (Gen 22) in der Nacherzählung der Genesis nicht erwähnt, jedoch wird späterhin nicht weniger als dreimal sehr nachdrücklich auf die *Aqedah* („Bindung Isaaks“) als ein für Israel heilbringendes Geschehen hingewiesen (LibAnt 18,5 [*pro sanguine eius*!]; 32,2–4; 40,2). Die Schrift wird des weiteren von einer im Rahmen ihrer Zeit auffällig frauenfreundlichen Einstellung charakterisiert. Verschiedenen biblischen Frauengestalten wird vom Autor eine genauso große und wichtige Rolle in der Geschichte Israels wie den Patriarchen und →Mose eingeräumt: Deborah wird Mose nachdrücklich gleichgestellt (ihre Geschichte im *Liber Antiquitatum Biblicarum* ist auch mehr als dreimal so lang wie in der Bibel!), und Seila (im *Liber Antiquitatum Biblicarum* der Name von Jephthas Tochter) wird durch ihren Tod dem Isaak gleichwertig usw. Immer wieder weist der Verfasser darauf hin, wie wichtig es für Israel ist, daß ihre Leiter gottesfürchtig sind, denn allzu leicht läßt sich das Volk von ihnen verführen, wenn sie das nicht sind; das Thema der guten und schlechten Führer zieht sich wie ein roter Faden durch das Buch, wobei es des öfteren Abgötterei ist, die das Volk ins Verderben stürzt. Wenn das Volk hinter schlechten Führern hergeht, wird es von Gott bestraft, aber von ihm doch immer wieder in Gnade angenommen, denn der →Bund Gottes mit Israel ist unzerstörbar. Der Autor wird nicht müde zu betonen, daß Gottes Treue zu seinem Volk ewig und unwiderruflich ist, eine grundlegende Überzeugung, die zu den wichtigsten Pfeiler seines Denkens gehört, womit er den Bibeltext aktualisiert.

Wichtig ist auch, daß der *Liber Antiquitatum Biblicarum* oft das früheste Zeugnis für bestimmte haggadische Motive ist, z. B. für Abrahams Entkommen aus dem Feuerofen in Ur, wobei Nimrod sein Gegner ist (LibAnt 6), für Mose als beschnitten geborenen Mann (LibAnt 9,13), für die Identifikation von Pinchas mit →Elia (LibAnt 48,1) und von Jakobs Tochter Dina mit der Frau Hiobs (LibAnt 8,8) usw. Das Wichtige daran und auch an vielen anderen haggadischen Motiven ist, daß sie uns damit einen lehrreichen Blick in eine haggadische Art jüdischen Umgangs mit der Bibel im 1. Jh. unserer Zeitrechnung gewähren.

Wie sehr das auch für die neutestamentliche Exegese von Bedeutung ist, speziell im Hinblick auf das lukanische Doppelwerk, ist in neueren Untersuchungen klar herausgestellt worden.

2. *De Jona und De Sampsone*

Die beiden Predigten über Jona und Simson können nicht von Philo geschrieben worden sein, weil hier ein völlig andersartiger Geist spricht. Sie sind ursprünglich auf Griechisch verfaßt worden, aber leider nur in (unvollständiger) armenischer Übersetzung erhalten. Es sind nahezu die einzigen erhaltenen Beispiele von →Predigten aus der griechischen →Synagoge in der Antike. Stilistisch gesehen sind sie typische Produkte einer Rhetorenschule; sie zeigen eine Verbindung von alttestamentlichem und stoischem Denken. Wenn man nicht annehmen will, daß der Autor sein rhetorisches Können auf einer jüdischen Schule gelernt hat, muß man schließen, daß, genauso wie später manche Kirchenväter, dieser Jude in einer heidnischen Rhetorenschule studiert hat. In *De Jona* steht die Güte Gottes im Mittelpunkt (aber das Gesetz wird nicht erwähnt!), in *De Sampsone* lautet das Thema: der gerechte Jude.

Quellen und Literatur

1. Zum Liber Antiquitatum Biblicarum

Quellen: Ed. princeps: Johannes Sichardus, Philonis Iudaei Alexandrini Libri Antiquitatum ..., Basel 1527. – Montague Rhodes James, The Biblical Antiquities of Philo. Now first Transl. from the Old Lat. Version, London 1917 (Nachdr. mit Prolegomenon v. Louis H. Feldman, New York 1971). – Guido Kisch, Ps.-Philo's LibAnt, Notre Dame, Ind. 1949. – Daniel J. Harrington, The Hebrew Fragments of Ps.-Philo's LibAnt Preserved in the Chronicles of Jerahmeel, Cambridge, Mass. 1974 (SBL.TT 3). – Christian Dietzfelbinger, Ps.-Philo. Antiquitates Biblicae, 1975 (JSHRZ II/2). – Daniel J. Harrington/Jacques Cazeaux, Ps.-Philon. Les Antiquités Bibliques I, 1976 (SC

229). – Charles Perrot/Pierre-Maurice Bogaert, Ps.-Philon. Les Antiquités Bibliques II, 1976 (SC 230) (247–256: Lit.). – Daniel J. Harrington, Ps.-Philo: OTP 1 (1983) 297–377. – Howard Jacobson, A Comm. on Ps.-Philo's *LibAnt*, 2 Bde., 1996 (AGJU 31).

Literatur: Leopold Cohn, An Apocryphal Work Ascribed to Philo of Alexandria: JQR 10 (1898) 277–332. – Otto Eißfeldt, Zur Kompositionstechnik des pseudophilonischen LibAnt: ders., KS, Tübingen, III 1966, 340–353. – Daniel J. Harrington, The Original Language of Ps.-Philo's LibAnt: HTR 63 (1970) 503–514. – Ders., A Decade of Research on Ps.-Philo's Biblical Antiquities: JSPE 2 (1988) 3–12 (Lit.). – Ders., Philo, Ps.-: AncB Dictionary 5 (1992) 344f. – Pieter W. van der Horst, Portraits of Biblical Women in Ps.-Philo's LibAnt: ders., Essays on the Jewish World of Early Christianity, Fribourg/Göttingen 1990, 111–122. – Ders., De Bijbelse Geschiedenis van Ps.-Philo, Kampen 1990. – Howard Jacobson, Biblical Quotation and Editorial Function in Ps.-Philo's LibAnt: JSP 5 (1989) 47–64. – Frederick J. Murphy, Divine Plan, Human Plan. A Structuring Theme in Ps.-Philo: JQR 77 (1986) 5–14. – Ders., God in Ps.-Philo: JSJ 19 (1988) 1–18. – Ders., Retelling the Bible. Idolatry in Ps.-Philo: JBL 107 (1988) 275–287. – Ders., The Eternal Covenant in Ps.-Philo: JSP 3 (1988) 43–57. – Ders., Ps.-Philo, New York 1993. – George W.E. Nickelsburg, Good and Bad Leaders in Ps.-Philo's LibAnt: John J. Collins/ders. (Hg.), Ideal Figures in Ancient Judaism, Missoula 1980, 49–65. – Eckart Reinmuth, Ps.-Philo u. Lukas. Stud. zum LibAnt u. seiner Bedeutung f. die Interpretation des lukanischen Doppelwerks, 1994 (WUNT 74). – Berndt Schaller, Zur Überlieferungsgesch. des Ps.-philonischen LibAnt im MA: JSJ 10 (1979) 64–73. – Edmé R. Smits, A Contribution to the History of Ps.-Philo's Liber Antiquitatum in the Middle Ages: JSJ 23 (1992) 197–216.

2. Zu De Jona und De Sampsone

Folker Siegert, Drei hell.-jüd. Predigten. Ps.-Philon, „Über Jona", „Über Simson" u. „Über die Gottesbezeichnung ‚wohltätig verzehrendes Feuer'". I. Übers. aus dem Armenischen u. sprachliche Erläuterungen, 1980 (WUNT 20). – Ders., Drei hell.-jüd. Predigten. Ps.-Philon, „Über Jona", „Über Jona" (Frgm.) u. „Über Simson". II. Komm. nebst Beobachtungen zur hell. Vorgesch. der Bibelhermeneutik, 1992 (WUNT 61).

Pieter W. van der Horst

Psychiatrie

1. Zur Vorgeschichte 2. Die Institutionalisierung der Psychiatrie 3. Irrwege, Sackgassen und neue Perspektiven (Quellen/Nachschlagewerke/Zeitschriften/Literatur S. 675)

1. Zur Vorgeschichte

Symptome von Störungen und Erkrankungen, die wir heute psychiatrischen Krankheitsbildern zuordnen, wurden bereits in den frühen Hochkulturen auf die Besessenheit von bösen Geistern (→Dämonen) zurückgeführt. Im traditionellen Kontext der religiösen bzw. magischen →Heilkunde galten jedoch nicht nur geistige oder seelische Erkrankungen als Ausdruck der Besessenheit, sondern tendenziell alle Krankheiten. Die Therapie bestand aus der mehr oder weniger ritualisierten Austreibung der Dämonen bzw. des Teufels (→Exorzismus) durch Priesterärzte, Magier (→Magie) oder Schamanen (→Schamanismus). Prophylaktische Maßnahmen gegen das Einfahren der in der Umwelt lauernden Dämonen spielen in der magisch-religiösen Heilkunde bis heute (insbesondere im Bereich der Ethnomedizin) in Form von Amuletten, ritualisiertem Abwehrzauber und Beschwörungsformeln (Gebeten) eine große Rolle.

Neben diesem Konzept von Besessenheit und Exorzismus setzte bereits in der griechischen Antike eine quasi-wissenschaftliche Aufklärung der dämonologischen Krankheitslehre ein. (Auch in anderen „antiken" Kulturkreisen, wie z. B. dem indischen und persischen, existieren dämonologische und naturalistische Deutungen „psychiatrischer" Störungen nebeneinander – ähnlich, wie es für viele Stammesgesellschaften beschrieben wird.) In der europäischen Tradition wäre vor allem die hippokratische Medizin (ab ca. 400 v. Chr.) zu nennen. In der paradigmatischen Schrift des Corpus Hippocraticum *Über die heilige Krankheit* (= Epilepsie) werden dämonologische Krankheitserklärungen sowie entsprechende Zauberpraktiken kategorisch abgelehnt. Die Epilepsie erscheint darin als somatische Störung im Sinne der Humoralpathologie (medizinische Säftelehre), das wie andere Leiden auch in erster Linie diätetisch behandelt werden soll: „Schuld an diesem Leiden ist das Gehirn, wie auch an den wichtigsten Krankheiten sonst" (ed. Littré VI, 366). Gegenüber Zwerchfell, Herz oder Leber setzte sich in der medizinischen Schulmeinung – spätestens seit Galen (2. Jh. n. Chr.) – das Gehirn endgültig als „Sitz der →Seele" durch. Es erschien damit zugleich als das Organ, durch dessen Erkrankung alle möglichen psychiatrischen Symptome hervorgerufen werden konnten.

Bis in die Neuzeit hinein galt das Wasser in den (angeblich) drei Hirnhöhlen als Sitz der Seele (Drei-Kammer-Theorie), im 17. Jh. erschien – bei →Descartes – die Zirbeldrüse als Zentralorgan. Doch erst im 19. Jh. richtete sich unter dem Einfluß der Gallschen Schädellehre („Organologie", „Phrenologie") das Augenmerk der Naturforscher auf die Hirnstruktur im einzelnen, in der sie die geistig-seelischen Leistungen sowie ihre Störungen zu lokalisieren versuchten. Die „Gehirnpsychiatrie" (Theodor Meynert [1833–1892]) definierte schließlich in der zweiten Hälfte des 19. Jh. die Geisteskrankheiten zu „Gehirnkrankheiten" (Griesinger) und eröffnete damit eine wissenschaftliche Perspektive, die bis heute für die Forschung im Kontext der „biologischen" Psychiatrie maßgeblich ist.

Es erscheint aus heutiger Sicht kaum möglich, den Bereich der „Psychiatrie" vor ihrer Institutionalisierung und wissenschaftlichen Begründung im 19. und 20. Jh. abzustecken. „Manie", „Tobsucht", „Wahn", „Veitstanz", „Melancholie", „Gichter", „Vapeurs", „Hypochondrie", „Hysterie", „Neurose" und wie die Krankheitsnamen alle hießen, wurden bis ins 18. Jh. hinein auf dem Hintergrund der jeweiligen medizinischen Lehren unterschiedlich interpretiert. Diese konnten durchaus humoralpathologische Vorstellungen mit magisch-astrologischen verknüpfen, wie z. B. bei →Paracelsus zu beobachten ist. Aber auch religiös-moralische Vorstellungen spielten in der Bewertung der „Geisteszerrüttung" eine wichtige Rolle, die somit als Folge der →Sünde, als Strafe Gottes, als Ausdruck sittlicher Schwäche erscheinen konnte.

2. *Die Institutionalisierung der Psychiatrie*

Nach französischem Vorbild entstanden im Zeitalter des Absolutismus erste Anstalten, in denen Landstreicher, Arme, „Gesindel", Kriminelle und auch „Irre" untergebracht bzw. eingesperrt wurden. So wurde z. B. das „Armen-, Waysen-, Zucht- und Tollhaus" in Waldheim von Friedrich August I., dem Starken 1716 eröffnet. Unter dem Eindruck der →Aufklärung und insbesondere der →Französischen Revolution wurden die „Irren" zunehmend als Kranke anerkannt, die einer medizinischen („physischen") und sozialen („moralischen") Therapie bedürften. Somit löste sich die Irrenheilkunde institutionell vom Strafvollzug und dem Armenasyl. Die Geisteskranken wurden nun von den Strafgefangenen auch räumlich separiert, eigenständige Irrenanstalten wurden zum Teil in leeren Klöstern eingerichtet. Eine weitere Differenzierung erfolgte durch die Aufteilung von „heilbaren" und „unheilbaren" Kranken in „Heil-" bzw. „Pflegeanstalten". Diese Anstaltspsychiatrie in der ersten Hälfte des 19. Jh. gipfelte in dem Modell der „relativ verbundenen Heil- und Pflegeanstalt", in der alle Geisteskranken unter einem Dach versammelt waren.

Die therapeutischen Möglichkeiten in solchen „Irrenanstalten" waren geprägt von drastischen Zwangsmaßnahmen (Zwangsstuhl, Zwangsjacke etc.) in Kombination mit medizinischen Anwendungen (Aderlaß, Kaltwasserkur etc.) und diätetischer Beschäftigung in der Gruppe (Garten- und Feldarbeit, Theaterspiel etc.). Der Psychiater als Anstaltsleiter spielte – wie in anderen Krankenanstalten auch – die Rolle des autoritären Patriarchen. Neben den großen staatlichen Anstalten gab es kleinere private Einrichtungen für begüterte Patienten, wie etwa die Privatanstalt von Dr. Richarz in Endenich (Bonn), in welcher der Komponist Robert Schumann (Diagnose: „Melancholie mit Wahn") nach fast zweijährigem Aufenthalt im Jahr 1856 starb. Die Geisteskrankheit galt vor allem im Kontext der romantischen Bewegung als ein Faszinosum, worin sich die Geheimnisse der verborgenen Natur zu offenbaren schienen. Mit der Krankengeschichte der *Seherin von Prevorst* (1829) dokumentierte der schwäbische Arztdichter Justinus Kerner (1786–1862) den äußerst sensiblen Umgang der Ärzte und Naturforscher mit bestimmten Geisteskranken *außerhalb* der Anstaltsmauern.

Unter dem Vorzeichen der aufblühenden „Hirnanatomie" im Kontext der naturwissenschaftlichen Medizin und ihrer (sozial-)darwinistisch ausgerichteten Vererbungslehre etablierte sich gegen Ende des 19. Jh. die „Universitätspsychiatrie". Zuvor wurden die groben physischen Zwangsmittel durch eine (relativ) „freie Behandlung" ersetzt, wie sie in Deutschland am nachhaltigsten der bedeutende Psychiater Wilhelm Griesinger (1817–1868) propagierte. Für die moderne Klassifikation endogener Psychosen (schwere psychische Störungen ohne äußere bzw. organische Ursachen) maßgebend wurde Emil Kraepelins (1856–1926) Einteilung in das „manisch-depressive Irresein" und die „Dementia praecox". Für letztere prägte der Zürcher Psychiater Eugen Bleuler (1857–1939) 1911 den Begriff „Schizophrenie" (Spaltungsirresein). Zu Beginn des 20. Jh. war die Psychiatrie als medizinisches Fach mit wissenschaftlichem Anspruch etabliert. Sie konnte sich zunehmend auf die „endogenen Psychosen" konzentrieren, nachdem die hirnorganischen Spätfolgen der Syphilis durch die Fortschritte der Bakteriologie und Chemotherapie zurückgedrängt werden konnten. Um 1900 machten die Syphilitiker noch rund ein Drittel der Insassen psychiatrischer Anstalten aus!

3. Irrwege, Sackgassen und neue Perspektiven

Ein Grundproblem der Universitätspsychiatrie betrifft ihr Verhältnis zur Psychotherapie (→Psychoanalyse/Psychotherapie), deren Grundlagen der französische Internist Hippolyte-Marie Bernheim (1840–1919) in den 1880er Jahren in Form seiner Suggestionslehre schuf, an die S. →Freud bei der Entwicklung seiner Psychoanalyse um die Jahrhundertwende anknüpfte. Nur wenige Psychiater wollten die Bedeutung der Psychotherapie für ihre Praxis anerkennen, wie z. B. Eugen Bleuler, der Lehrer C.G. →Jungs. Im Vordergrund standen die psychiatrischen Lehren der Vererbung, Degeneration, „Entartung" sowie der Hirnpathologie und der klinischen Typologie. Eine „dynamische" Erklärung von Seelenstörungen, wie sie Freuds Psychoanalyse vortrug, stieß vor allem wegen ihrer Betonung der →Sexualität auf Ablehnung. Andererseits praktizierten die Psychoanalytiker bzw. Psychotherapeuten fast ausschließlich außerhalb der Anstalten. Die Trennung von Psychiatrie und Psychotherapie sollte (besonders in Deutschland) bis in die letzten Jahrzehnte dauern.

Gerade unter dem Eindruck des Massenelends nach dem Ersten Weltkrieg, dem ökonomischen Mangel im Gesundheitswesen und der nationalistischen Einstellung der Ärzteschaft wurden das Lebens- und Menschenrecht von Geisteskranken in Frage gestellt. So veröffentlichte der Freiburger Psychiater Alfred Erich Hoche (1865–1943) zusammen mit dem Leipziger Juristen Karl Binding (1841–1920) 1920 die Schrift *Von der Freigabe der Vernichtung lebensunwerten Lebens*, womit die spätere „→Euthanasie" der Nationalsozialisten ideologisch vorbereitet wurde. Mindestes 70.000 Patienten psychiatrischer Anstalten fielen dem „Euthanasieprogramm" (vgl. TRE 24,65,40ff.) unter Mitwirkung von Psychiatern zum Opfer. Größtenteils wurden sie in speziellen Tötungsanstalten, u.a. Hadamar (bei Limburg), ermordet. Das Ausmaß dieses Massenmordes an psychiatrischen Patienten ist bis heute noch nicht gänzlich aufgeklärt. Die „Euthanasie" der Nazis markierte neben anderen, scheinbar medizinisch motivierten und begründeten Verbrechen (Menschenversuche in Konzentrationslagern) die absolute Mißachtung der Grundregeln →medizinischer Ethik, womit sich der „Nürnberger Ärzteprozeß" explizit auseinandersetzte („Nuremberg Code"). Als historischer Vorfall wird die „Euthanasie" bei aktuellen Anlässen, wie z. B. beim Thema „Sterbehilfe", zwangsläufig reflektiert werden müssen.

Die Einführung der Psychopharmaka in den 1950er Jahren bedeutete eine entscheidende Wende für die psychiatrische Therapeutik, die – ungeachtet der mehr oder weniger berechtigten Kritik am breit gestreuten Einsatz der Psychopharmaka – viele der neueren Reformansätze überhaupt erst ermöglichte. Dieses neue Zeitalter beginnt 1952, als die französischen Psychiater Jean Delay (1907–1957) und Pierre G. Deniker (geb. 1917) das „Chlorpromazin" als erstes „Neuroleptikum" einführten. Die „Pharmakopsychiatrie" setzte in der Folgezeit eine Reihe neuer Mittel ein, so z. B. Tranquilizer („Valium" ab 1963). Die Psychopharmaka waren mit erheblichen Nebenwirkungen (u.a. Suchtgefahr [→Sucht/Suchtgefahr]) belastet.

Eine kritische Auseinandersetzung mit der Geschichte der Psychiatrie in der Öffentlichkeit begann jedoch erst im Zusammenhang mit der 68er Studentenbewegung, wobei die Rezeption von Michel Foucaults Werk *Wahnsinn und Gesellschaft* zu einem wichtigen Faktor der Gesellschaftskritik wurde. Die Kritiker sahen die psychiatrische Praxis in einer unheilvollen Kontinuität. Inspiriert von marxistischer Gesellschaftsutopie und psychoanalytischem Emanzipationsbestreben entstand die international beachtete Bewegung der „Antipsychiatrie", die eine radikale Psychiatriereform verlangte. So führte die Initiative von Franco Basaglia in Italien zur Auflösung der psychiatrischen Großkrankenhäuser. Dieser Impuls veranlaßte in der Bundesrepublik Deutschland die Psychiatrie-Enquête (1975), die eine neue Ära der psychiatrischen Versorgung einleitete: Zielsetzung war die Dezentralisierung von Großeinrichtungen, die Integration psychiatrischer Abteilungen in Allgemeinkrankenhäusern sowie die gemeindenahe Psychiatrie. Die Bedeutung der Sozialpsychiatrie, psychiatrischer Wohngemeinschaften, der Einbeziehung von Familienangehörigen, der Psychotherapie als therapeutisches Element wurde zunehmend erkannt und anerkannt. Die Reformbemühungen haben inzwischen durchaus Erfolge vorzuweisen, sind jedoch durch die jüngsten gesundheitspolitischen Probleme (Unterfinanzierung, Pflegenotstand, Gesundheitsstrukturgesetz) in Frage gestellt.

Die Geisteskrankheiten stellen für die Medizin nach wie vor eine wissenschaftliche Herausforderung dar. Gegenwärtig versucht vor allem die molekularbiologische Forschung, die Ursachen der Schizophrenie gentechnologisch zu bestimmen. Die frühere erbbiologische Forschungsperspektive rückt damit im modernen Gewand wieder mehr ins Zentrum der Forschung, nachdem psychodynamische Erklärungsmodelle im allgemeinen keinen Durchbruch in der Erkenntnis erzielen konnten. Die Psychiatrie strebt zunehmend die Integration unterschiedlicher Forschungs- und Behandlungsansätze an, die nicht mehr – wie etwa Psychotherapie versus Psychiatrie in der ersten Hälfte des 20. Jh. – als sich ausschließende Alternativen gelten.

Nach wie vor stellen psychiatrisch erkrankte Personen eine große Herausforderung für das mitmenschliche Leben – innerhalb wie außerhalb der Anstaltsmauern – dar. Die modernen wissenschaftlichen und institutionellen Instrumente können zwar entscheidende Hilfe anbieten, aber sie garantieren nicht per se die Menschenwürde der Betroffenen und die Qualität des humanen Umganges mit ihnen. Hier setzt die Aufgabe von →Seelsorge und →Diakonie ein, die einen geistigen (spirituellen) Freiraum schafft und gerade in der psychiatrischen Arbeit zu einer „Kultur des Vertrauens" (Schröer) beitragen kann. Religiöse Traditionen, nicht zuletzt die christliche Botschaft, erhalten im gesundheitspolitischen Diskurs über die Psychiatrie (und Medizin überhaupt) besonders dann ihre befreiende Sprengkraft, wenn sich dieser der Diskriminierung und tendenziellen Ausschaltung der Kranken und Schwachen verschrieben hat. Insofern ist theologisch-religiöse Wachsamkeit gerade in einer Zeit angezeigt, in der sich alte Gespenster in neuem Gewand regen und mit „Leistung", „Kosten-Nutzen-Rechnungen" und „gesundem Volksempfinden" bestimmten Menschen ihr Menschsein absprechen wollen.

Quellen

Hippolyte-Marie Bernheim, Die Suggestion u. ihre Heilwirkung, übers. v. Sigmund Freud, Leipzig/Wien 1888. – Eugen Bleuler, Dementia praecox oder Gruppe der Schizophrenien, Leizig/Wien

1911. – Jean Etienne-Dominique Esquirol, Allg. u. spezielle Pathologie u. Therapie der Seelenstörungen, Leipzig 1827. – Sigmund Freud, Die Traumdeutung, Leipzig/Wien 1900. – Wilhelm Griesinger, Über Pathologie u. Therapie der psychischen Krankheiten f. Aerzte u. Studierende, Stuttgart 1845. – Ders., Über Behandlung der Geisteskranken u. über Irrenanstalten: ders., Ges. Abh., Berlin, I 1872, 254–331. – Johann Christian August Heinroth, Lb. der Störungen des Seelenlebens oder der Seelenstörungen u. ihrer Behandlung, 2 Theile, Leipzig 1818. – Die hippokratische Schr. „Über die hl. Krankheit", hg., übers. u. erl. v. Hermann Grensemann, Berlin 1968 (Ars Medica, 2. Abt., 1). – Richard Hunter/Ida MacAlpine, Three Hundred Years of Psychiatry 1535–1860. A History presented in Selected English Texts, London 1963. – Karl Jaspers, Allg. Psychopathologie, Berlin/Göttingen/Heidelberg 1913 ^{7}1959. – Justinus Kerner, Die Seherin v. Prevorst. Eröffnungen über das innere Leben des Menschen u. über das Hereinragen einer Geisterwelt in die unsere, 2 Theile, Stuttgart/Tübingen 1829. – Emil Kraepelin, Psychiatrie. Ein Lb. f. Studierende u. Ärzte, Leipzig ^{5}1920. – Paracelsus: Theophrast v. Hohenheim, Das sibent buch in der arznei. Von den krankheiten, die der vernunft berauben: ders., SW, 1. Abt., hg. v. Karl Sudhoff, München/Berlin, II 1930, 391–455. – Carl Pelman, Erinnerungen eines alten Irrenarztes, Bonn 1912. – Johann Christian Reil, Rhapsodieen über die Anwendung der psychischen Curmethode auf Geisteszerrüttungen, Halle 1803.

Nachschlagewerke

Dt. Irrenärzte. Einzelbilder ihres Lebens u. Wirkens, hg. v. Theodor Kirchhoff, 2 Bde., Berlin 1921–1924. – Große Nervenärzte, hg. v. Kurt Kolle, 3 Bde., Stuttgart 1956–1963. – Lexikon der Psychiatrie. Ges. Abh. der gebräuchlichsten psychiatrischen Begriffe, hg. v. Christian Müller, Berlin/Heidelberg/New York ^{2}1986. – Uwe Henrik Peters, Wb. der Psychiatrie u. med. Psychologie, München/Wien/Baltimore ^{4}1990. – Rainer Tölle, Psychiatrie einschließlich Psychotherapie. Kinder- u. jugendpsychiatrische Bearb. v. Reinhart Lempp, Berlin/Heidelberg/New York ^{11}1996.

Zeitschriften (hier nur zur Psychiatriegeschichte)

History of Psychiatry, London, 1 (1990) ff. – Philosophy, Psychiatry, and Psychology, Baltimore, 1 (1994) ff.

Literatur

Erwin H. Ackerknecht, Kurze Gesch. der Psychiatrie, Stuttgart ^{3}1985. – Franz T. Alexander/Sheldon T. Selesnik, Gesch. der Psychiatrie. Ein krit. Abriß ..., Konstanz 1969. – The Anatomy of Madness. Essays in the History of Psychiatry, 2 vols., ed. by William F. Bynum/Roy Porter/Michael Shepherd, London/New York 1985. – Dirk Blasius, „Einfache Seelenstörung". Gesch. der dt. Psychiatrie 1800–1945, Frankfurt a.M. 1994. – Erec Robertson Dodds, Die Griechen u. das Irrationale, Darmstadt 1970. – Klaus Dörner, Bürger u. Irre. Zur Sozialgesch. u. Wissenschaftssoziologie der Psychiatrie, Frankfurt a.M. 1969. – Henri Ellenberger, Die Entdeckung des Unbewußten, 2 Bde., Bern/Stuttgart/Wien 1973. – Michel Foucault, Wahnsinn u. Gesellschaft. Eine Gesch. des Wahns im Zeitalter der Vernunft, 1977 (stw 39). – Dieter Jetter, Zur Typologie des Irrenhauses in Frankreich u. Deutschland (1780–1840), Wiesbaden 1971 (Gesch. des Hospitals 2). – Jochen-Christoph Kaiser/Kurt Nowak/Michael Schwartz, Eugenik, Sterilisation, „Euthanasie". Politische Biologie in Deutschland 1895–1945, Berlin 1992. – Wilhelm Leibbrand/Annemarie Wettley, Der Wahnsinn. Gesch. der abendländischen Psychopathologie, Freiburg/München 1961. – Heinz-Peter Schmiedebach, Vom Zwang zur freien Behandlung der Irren – zur Psychiatrie im 19. Jh.: Medizin, Romantik u. Naturforschung. Bonn im Spiegel des 19. Jh., hg. v. Heinz Schott, Bonn 1993 (Studium Universale 18) 59–86. – Hans-Walter Schmuhl, Rassenhygiene, Nationalsozialismus, Euthanasie. Von der Verhütung zur Vernichtung ‚lebensunwerten Lebens', 1890–1945, Göttingen ^{2}1992. – Heinz Schott, Zauberspiegel der Seele. Sigmund Freud u. die Gesch. der Selbstanalyse, Göttingen 1985. – Ders., Psychotherapie u. Psychiatrie. Ihre hist. Auseinandersetzung u. die Folgen: Psychotherapeutische med. Psychologie 36 (1986) 253–258. – Martin Schrenk, Über den Umgang mit Geisteskranken. Die Entwicklung der psychiatrischen Therapie ..., Berlin/Heidelberg/New York 1973 (Monogr. aus dem Gesamtgebiet der Psychiatrie. Psychiatric Ser. 10). – Henning Schröer, Das Interesse an Qualitätssicherung u. das Proprium diakonisch-psychiatrischer Arbeit: Psychiatrische Arbeit heute – ein Qualitätsprodukt?, hg. v. Klaus Hildemann/Hermann Pelzer, Mülheim a.d. Ruhr 1995, 108–113. – Vom Umgang mit Irren. Beitr. zur Gesch. psychiatrischer Therapeutik, hg. v. Johann Glatzel/Steffen Haas/Heinz Schott, Regensburg 1990. – Peter Winch, Was heißt „eine primitive Gesellschaft verstehen"?: Magie. Die Sozialwiss. Kontroverse über das Verstehen fremden Denkens, hg. v. Hans G. Kippenberg/Brigitte Luchesi, 1987 (stw 674) 73–119.

Heinz Schott

Psychoanalyse/Psychotherapie

1. Zur Geschichte und fortgeschriebenen Theoriebildung 2. Konstitutive Grundannahmen der Psychoanalyse 3. Psychoanalytisches Heilverfahren 4. Psychotherapie (Literatur S. 683)

Die Psychoanalyse hat das Denken des 20. Jh. innovativ beeinflußt und damit die Kultur der Gegenwart wesentlich zu prägen vermocht. Bei bleibender Umstrittenheit ihrer Grundannahmen (vgl. u.a. die Diskussion um die Stellung zwischen →Natur- und →Geisteswissenschaften) sind die verschiedensten Humanwissenschaften (wie Ethnologie, Kriminologie, Literaturwissenschaft, Medizin, →Pädagogik, →Philosophie, →Psychologie, →Theologie) sowie die Kunst durch die psychoanalytische *Wahrnehmungseinstellung* zu vertieften Einsichten gelangt. Mitentscheidend ist dabei das Faktum, daß das Theorie-Praxis-Problem (→Theorie und Praxis) durch die Psychoanalyse paradigmatisch im Sinne eines ideologie-kritisch offenen Verstehens behandelt wird. Gleichzeitig erscheint der Mensch als „Subjekt des Handelns" einer hermeneutisch wirksamen Theorie zugeordnet, in deren Rahmen Deutungsmöglichkeiten zum Tragen kommen, die das *Menschenbild der Gegenwart* in entscheidender Weise mitgeformt haben.

1. *Zur Geschichte und fortgeschriebenen Theoriebildung*

Der Werdegang der Psychoanalyse ist untrennbar mit dem Namen und den Forschungsergebnissen ihres Inaugurators S. →Freud verbunden. Dessen wissenschaftlicher Weg führte über Arbeiten im Bereich der Physiologie, Histologie und Neuropathologie im Rahmen eines Medizinstudiums schließlich zur nervenärztlichen Beschäftigung mit der Hysterie und deren Behandlung durch Hypnose. Von diesem Ausgangspunkt her entwickelte der Wiener Nervenarzt als Grundlage psychotherapeutischer Behandlung eine umfassende Theorie des seelischen Geschehens, in deren Rahmen mehrere *Modellvorstellungen* aufeinander folgten bzw. einander ergänzten.

In einem ersten Modell (ca. 1886–1897) wird ein „psychischer Apparat" angenommen, in dem traumatische Ereignisse (wie z. B. eine sexuelle Verführung in der Kindheit) affektiv besetzt bleiben, unter energetisch-ökonomischen Gesichtspunkten nicht bewältigt werden können und gegebenenfalls unter lebensgeschichtlichem Anpassungsdruck zu bestimmten Krankheitsbildern (wie z. B. Angst- und Zwangsneurosen, hysterische Symptomatik) führen.

Das zweite (sog. „topische") Modell (bis 1923) erklärt psychische Abläufe und deren Folgen auf dem Hintergrund einer angenommenen seelischen Struktur, die sich bildhaft mit den Vorstellungen von psychischen „Lokalitäten" verbinden läßt und durch die Begriffe „Unbewußt", „Vorbewußt" und „Bewußt" gekennzeichnet ist. Sie werden als jeweils dynamisch wirksame, aber voneinander abgegrenzte (Bezogenheits-)Systeme aufgefaßt. Diese sind gegenseitig nur mehr oder weniger durchlässig. So können z. B. unbewußte Wünsche und Bedürfnisse in das vorbewußte und bewußte System drängen. Sie stoßen dabei aber gegebenenfalls auf Abwehr, können dem Menschen oft nur noch (zensiert und entstellt) „im Traume einfallen" (vgl. Freuds *Traumdeutung* von 1900), aber nicht eigentlich ausgelebt werden.

Schließlich entwickelt S. Freud (ab 1923) die sog. „strukturelle Theorie des psychischen Apparats" mit den Größen „Es", „Ich" und „Überich", die die Triebwünsche, den Realitätsbezug und die verinnerlichten Verhaltensnormen repräsentieren.

Bemerkenswerterweise steht die in diesem Kontext aufgeführte Realitätsanpassung in engem Zusammenhang mit der von Freud jetzt mit besonderer Aufmerksamkeit besetzten „*Ich-Psychologie*": das „Ich" wird im Rahmen der psychischen Organisation als das Anpassungsorgan (Basis der Wahrnehmungs-, Gedächtnis- und Denkfunktion, aber auch als „Ort" der Angst- und Konfliktbearbeitung) aufgefaßt, mit den verschiedenen „Abwehrmechanismen" in Verbindung gebracht und in seiner synthetischen Funktion zwischen den Triebbedürfnissen, dem Normenerleben und der Realität gesehen.

Unter den genannten Modellvorstellungen entfaltet sich einerseits in methodischer Ausdifferenzierung die *Krankheitslehre* der Psychoanalyse. Diese Verstehensmodelle spiegeln andererseits eine anthropologische Konzeption und deren ontologische Einbettung wider: die in diesem Zusammenhang gebrauchten Metaphern (z. B. Apparat, psychische Lokalität, Struktur, libidinöse Besetzung usw.) entsprechen einer naturwissenschaftlichen Auffassung vom Seelenleben. Nach dieser Auffassung können die konstitutiven Elemente der Psyche (→Seele) fortschreitend rational zugängig gemacht werden. Alle (Inter-)Subjektivität wird so unter aufklärerisch-emanzipatorischer Intention einer objektivierenden Betrachtungsweise unterzogen. Dennoch ist bei grundsätzlicher weltanschaulicher Offenheit erkenntnistheoretisch ein empirisches →Weltbild stets vorausgesetzt.

Daß die *Geschichte* der Psychoanalyse und ihrer Theoriemodelle gleichzeitig eine Geschichte der Aufspaltungen und der Schulenbildung darstellt, ist nicht zuletzt auf diese anthropologischen Implikationen zurückzuführen. Die einzelnen Schulen enthalten gleichzeitig Modifikationen im anthropologischen Bereich, in der Wirklichkeitsauffassung und in der Bestimmung des Unbewußten. Diese Modifikationen werden sehr deutlich in der Auffassung vom „Symbol" und in der Lehre vom „kollektiven Unbewußten" bei C.G. →Jung. Sie zeigen sich ebenso in der Individualpsychologie Alfred Adlers (1870–1937), deren final ausgerichtetes therapeutisches Vorgehen durch Begriffe wie „Organminderwertigkeit", „Kompensation" sowie „Minderwertigkeitsgefühl" und „Gemeinschaftsgefühl" gekennzeichnet ist und die besonders in den (heil-)pädagogischen Raum hinein innovativ gewirkt hat. Eine modifizierte Anthropologie prägt schließlich auch die philosophisch unterlegte Daseinsanalyse Ludwig Binswangers (1881–1966); sie wirkt sich in der betonten Relativierung aller Metapsychologie im Rahmen der Neo-Psychoanalyse Harald Schultz-Henckes (1892–1953) aus, und sie kommt in der Funktionsbestimmung der „Sprache" durch Jacques Lacan (1901–1981) zum Tragen.

Dagegen erscheint die Einstellung der Psychoanalyse zum Wesen des →Menschen kaum verändert, auch wenn es innerhalb der ursprünglichen Freudschen Konzeption naturgemäß zu unterschiedlichen *Schwerpunktbildungen* gekommen ist. An verschiedenen Richtungen ist hierbei u.a. zu nennen: (a) Die bereits von Freud intendierte *Ichpsychologie* hat einen weiteren Ausbau erfahren. In ihrem Kontext wird der Autonomieentwicklung des Individuums und dessen gesellschaftlicher Einpassung besondere Beachtung geschenkt. (b) Im Rahmen der sog. *Objektbeziehungstheorie* wird besonders die fundamentale Bedeutung frühester Objektbeziehung (d.h. des internalisierten Erlebens der ersten Kind-Erwachsenen-Begegnungen) betont. (c) Die Konstitution einer sog. *Selbstpsychologie* geschieht in Anlehnung an die Grundkonzeption des Psychoanalytikers H. Kohut. Auf dem Hintergrund einer neuen Auseinandersetzung mit dem Problem des Narzißmus wird hier die Auffassung vertreten, daß die Verhaltensmotivation nicht allein von objektbezogenen Triebkonstellationen ausgeht. Vielmehr weist das Erleben eines „Selbstobjekts" (d.h. die psychische Ausrichtung des einzelnen Individuums auf seine Repräsentanz in einem darauf bezogenen Umfeld) eine eigene Entwicklungslinie auf, in deren Verlauf sich das Selbstwert- und das Identitätsgefühl ausbildet. (d) Eine weitere Forschungsrichtung stellt die psychoanalytische *Kleinkindbeobachtung* („baby watching") dar. Hierbei geht es vor allem um die von Geburt an wirksame Disposition des Säuglings, in aktiver und kompetenter Weise Interaktionen zu stimulieren und damit die basale Mutter-Kind-Beziehung unter einem veränderten Aspekt wahrnehmen zu lassen.

Bei aller Ausdifferenzierung seiner Lehre im Hinblick auf deren therapeutischen Anwendungsbereich (Neurosenbehandlung, Psychoseauffassung, Psychosomatik) oder hinsichtlich deren Einwirkung auf die Entwicklungs- und Sozialpsychologie sind und bleiben Freuds Schriften ständiger Bezugspunkt der weiterführenden wissenschaftlichen Reflexion. S. Freud repräsentiert so eine *epocheprägende Zeitfigur*, von deren Leben und Werk unter wechselnden Wahrnehmungseinstellungen kontinuierlich Impulse ausgehen.

2. Konstitutive Grundannahmen der Psychoanalyse

2.1. Festes Kriterium allen im weiteren Sinne tiefenpsychologischen, im engeren Sinn psychoanalytischen Denkens und Handelns ist die Annahme eines dynamisch wirksamen *Unbewußten* im Seelenleben. Dieses Unbewußte wird unterschiedlich verstanden, erfaßt und zugeordnet: es kann (a) als „Ort" gesehen werden, in dem sich (b) Kräfte und Gegenkräfte dynamisch begegnen und (c) energetische Besetzungen zwischen elementaren Wünschen (Triebrepräsentanzen) und deren Abwehr verschiebbar wechseln. Dabei lassen sich die Versuche Freuds, das „Unbewußte" als psychisches System (ohne Zeit- und Gegensatzdimension und „jenseits" aller äußeren Realität) funktional zuzuordnen und mit seiner Annahme von verdrängten Erinnerungsspuren (bzw. einem entsprechenden Abwehrsystem gegen die Aktualisierung „verbotener Wünsche" und „vergessener" Traumatisierungen) in Einklang zu bringen, durchaus mit einem philosophischen Traditionsstrang verbinden: die Psychoanalyse versteht sich in diesem Zusammenhang am ehesten als Fortsetzung der →*Aufklärung*, während andere tiefenpsychologische Richtungen (z. B. diejenige der sog. Komplexen Psychologie C.G. Jungs mit dem Begriff des „Kollektiven Unbewußten") eher an Einstellungsmodalitäten in Fortschreibung der →*Romantik* anknüpfen. Aus den anhaltenden Auseinandersetzungen um eine tatsächlich aus Fehlhandlungen, Träumen und Symptomen erschließbare „Existenz" eines unbewußten Seelenlebens und dessen Stellenwert für die Erfassung psychischer Prozesse ergeben sich gleichzeitig diejenigen um den Charakter der Psychoanalyse als erklärende (Natur-) oder als verstehende (Geistes-)Wissenschaft. Entgegen allen Einwürfen (z. B. durch die behavioristisch ausgerichtete Psychologie oder auch die Gestaltpsychologie) ist aber festzuhalten, daß der Hypothese von der (verdeckten, aber immer weitergehend zu ent-deckenden) Einwirkung unbewußten Erlebens auf das bewußte Denken, Fühlen und Handeln eine Reihe heute unverzichtbarer Einsichten in (zwischen-)menschliches Verhalten zu verdanken sind.

2.2. Wesentlicher Bestandteil psychoanalytischen Vorgehens ist die Auffassung, daß die menschliche Existenz durch eine andauernde *Gegensatzspannung* zwischen naturgebundenen Bedürfnissen einerseits und sozialen Normen andererseits gekennzeichnet ist. Diese Spannung formt sich durch prägende Kindheitserlebnisse realitätsbezogen in individuellen Erlebensmustern aus und schlägt sich daraufhin lebenslang in der Alltagsbewältigung nieder. Der Mensch ist danach also nicht nur ein *ζῷον πολιτικόν*, sondern gleichzeitig „von vornherein" ein *Konfliktwesen.*

Dabei läßt sich die als basal angenommene Konfliktsituation unterschiedlich fassen: ihr Kristallisationspunkt kann eine intrapsychische Auseinandersetzung (zwischen den Instanzen „Es", „Ich" und „Überich") sein. Diese innere Auseinandersetzung kann (als mehr oder minder unbewußtes Geschehen) zum neurotischen Konflikt mit nachfolgender Symptombildung geraten. Konflikte können auch im Kontext mit einem nicht geglückten Bezug zur Umwelt auftreten und so zu Handlungs- und Verhaltensstörungen führen. Konflikte lassen sich schließlich im Rahmen einer Selbstpsychologie als konstitutive Elemente völlig ausklammern und durch die Annahme einer früh erworbenen defekten Seelenlage ersetzen, die erst in der Folge zu konflikthaftem Erleben führt.

In diesem Zusammenhang wird die fundamentale Bedeutung der *prägenden Kindheitsphase* für die Psychoanalyse deutlich: spiegelt sie doch eine Konfliktgeschichte wider, die zur Basis für alle späteren „Einstellungen" im Beziehungsbereich gerät. Für Freud stellt besonders der Übergang vom dyadischen Mutter-Kind-Erleben zur später erlebbaren Drei-Personen-Beziehung Mutter – Kind – Vater das zentrale psychische Konfliktereignis dar: erst in der Folge des hierbei entstehenden „*Ödipuskomplexes*" kann sich einerseits der Konflikt als solcher im Erleben abbilden. Die innere Verarbeitung dieser basalen Konfliktsituation, die sich als eine real nicht auflösbare Rivalitätsproblematik darstellt, führt nach psychoanalytischem Verständnis zur *Gewissensbildung*: es werden (elterliche) Normen internalisiert. Alle Konfliktbewältigung ist von diesem Zeitpunkt an gleichzeitig „Gewissenssache".

Die kritische Reflexion der Freudschen Bestimmungen setzt vor allem dort ein, wo immer mehr präödipales Erleben das psychoanalytische Interesse auf sich zieht. Verhaltensmuster lassen sich offensichtlich von immer früher angesetzten Beziehungserlebnissen und deren prägender Wirkung ableiten. Ebenfalls wird zunehmend die Freudsche

These hinterfragt, der ödipale Zentralkonflikt sei als zeit- und gesellschaftsübergreifend anzunehmen. Im selben Kontext muß die Frage nach der Bedeutung traumatischer Ereignisse während der (frühen) Kindheit eine Rolle spielen. Spätere Auswirkungen sind im allgemeinen offensichtlich weniger durch einmalige Schock- oder Schmerzerlebnisse als durch „kumulative Traumata" im Rahmen der zwischenmenschlichen (Früh-)Beziehung bedingt. Die Psychoanalyse geht hierbei von einer Wechselwirkung zwischen äußerer und innerer Realität, also von konkret verletzenden Ereignissen und deren innerseelischer Verarbeitung aus. Letztere kann je nach Schwere der psychischen Verletzung, aber auch nach bereits erworbener psychischer Stabilität mehr oder weniger gelingen. Dieser Gesichtspunkt wird dann besonders wichtig, wenn ganz außerordentliche Traumata (wie z. B. KZ-Folgeerscheinungen, aber auch sexueller Mißbrauch) zur (nur begrenzt möglichen?) Verarbeitung anstehen.

2.3. In Verbindung mit dem grundlegend bedeutsamen Welt- und Beziehungserleben und dessen (traumatisierender) Ereignisstruktur ist nach psychoanalytischem Verständnis alle nachfolgende Lebens- und Alltagsbewältigung als Spannungskonstellation zwischen bewußten Handlungsvollzügen und unbewußten Verhaltensimpulsen zu sehen. Das läßt gleichzeitig nach dem Verhältnis von (intrapsychischer) →Phantasie und (extrapsychischem) Realitätsbezug des einzelnen fragen. Ausgegangen wird dabei von der Prämisse, daß elementare Wünsche und Strebungen im Rahmen früherlebter (z. B. ödipaler) Konfliktlagen zu *unbewußten Phantasien* führen. Diese wiederum werden zwar regelhaft als realitätsunangepaßt „abgewehrt", d.h. von der direkten Wahrnehmung ausgeschlossen. Sie zeigen sich aber in „phantastisch" entstellter Form in den →Träumen oder werden in Beziehungs- und Verhaltensmustern wirksam, die sich unter den verschiedensten äußeren Umständen ständig wiederholen. Solche unbewußten Phantasien können die Lebensführung eines Individuums sowohl verläßlich strukturieren als auch einengend zwingen. Sie können dem Realitätssinn korrespondieren oder ihn mehr oder weniger verschleiern. (Etwa kann ein erwachsener Mensch in der Beziehung zu seinem Partner dessen Fähigkeiten und Unfähigkeiten realistisch wahrnehmen. Er kann aber in dieser Partnerschaft auch die Suche nach einer beschützenden Vater- oder Mutterfigur fortschreiben und die realen Eigenschaften seines ständigen Gegenübers in illusionärer Weise gar nicht zur Kenntnis nehmen.) Dabei wird ein steuernder Umgang mit den Auswirkungen der unbewußten Phantasien und deren antinomischer Struktur um so eher gelingen, je mehr ein heranwachsender Mensch gelernt hat, *Ambivalenzgefühle* (wie sie sich etwa im parallelen Vorhandensein von Liebe und Haß im Hinblick auf ein und dieselbe Person ausdrücken) als solche wahrzunehmen, sie zuzulassen und sich ihnen (zeitweilig) auszusetzen.

Aus all dem ergibt sich als wichtiger Bestandteil des psychoanalytischen Menschenbildes die Einsicht, daß die unbewußten Phantasien in ihrer elementaren Durchsetzungskraft zu andauernden „Re-Inszenierungen" basaler Erlebens- und Beziehungsmuster führen und auf unerkannte Weise den Lebensentwurf eines Individuums entscheidend beeinflussen.

2.4. Der Zusammenstoß von innerer Wunschwelt und äußerer Wirklichkeit (in Freuds Terminologie von „Lustprinzip" und „Realitätsprinzip") führt im Entwicklungsverlauf zu ebenso verschiedenen wie charakteristischen Einpassungsmodalitäten: aus dem persönlichen (Trieb-)„Schicksal" entsteht im Zusammenhang mit der frühprägenden Beziehungsfiguration bzw. als ein Ergebnis der individuellen Umwelterfahrung ein (typisches) *Persönlichkeitsprofil*, ein „Charakter". Je nachdem ein Individuum nach psychoanalytischer Ansicht die einzelnen Phasen der Kindheit mit ihren verschiedenen Intensivpunkten des Erlebens (d.h. unter jeweils oralem, analem und phallischem Vorzeichen) psychisch verarbeitend durchschritten oder aber durch unaufgelöste Ängste an deren typischer innerer Konfliktlage fixiert geblieben ist, bildet sich ein charaktertypischer Einstellungsmodus heraus. Die daraus entstehenden Persönlichkeitsstrukturen entsprechen gleichzeitig Abwehrsystemen im Hinblick auf (im doppelten Sinne des Wortes) „eingebildete" Gefahren, die in Form und Inhalt sowohl auf konkrete Früherfahrungen im realen Sozialgefüge als auch auf (unbewußte) Phantasietätigkeit bezogen sein können. (So versucht z. B. ein charaktertypisch mit Perfektionismus und besonderer Ordentlichkeit ausgestattetes Individuum durch seine „Grundhaltung", alles unberechenbare und damit chaotisch-destruktive Geschehen „von vornherein" zu domestizieren und unschädlich zu machen.) Die unausweichliche Einpassung in die Umwelt stellt im Zusammenhang mit der individuellen (Kindheits-)Geschichte eine dem Charaktertypus entsprechende und damit persönlichkeitsspezifische *Kompromißleistung* dar. Auf diesem Hintergrund kann sie von basalen Angstmomenten so bestimmt sein, daß die Abwehr dieser Angst nicht mehr (oder nicht mehr vollständig) gelingt. Dann bildet sich in fließenden Übergängen von „normalen" zu „krankhaften" Verhaltensweisen eine Neurose aus.

Zu betonen ist bei all dem, daß im Kontext einer psychoanalytischen Charaktertypologie nicht von festschreibenden Determinanten die Rede sein sollte, die das einzelne Individuum folgerichtig an seinen Erlebensmodus, seine Lebenshaltung und -einstellung auslieferten. Das würde einen flexiblen Umgang mit sich selbst und die Möglichkeit einer Verhaltens- und Lebensänderung faktisch ausschließen. Dagegen kann die erlernbare Wahrnehmung des eigenen Denk-, Fühl- und Handlungsprofils als *Orientierungshilfe* dienen und den bewußten Umgang des einzelnen Individuums mit sich selbst fördern. Sie kann weiterhin die Beziehung zu ganz anderen, aber jetzt als „typisch" erkannten und damit verstehbaren Einstellungs- und Erlebensweisen erleichtern und so die zwischenmenschliche Kommunikation verbessern.

2.5. Zusammenfassend ist die Psychoanalyse bei ihrer Beschäftigung mit der Psyche sowohl bezüglich des kranken als auch des gesunden Menschen auf eine funktionale *Rekonstruktion der Lebensgeschichte* ausgerichtet. Das bedeutet im einzelnen: Eine fortschreitende Bewußtwerdung unbewußter seelischer Dynamik (Freud: „Wo Es war, soll Ich werden") verhilft dem Individuum dazu, seine eigentlichen (unbewußten) Motive besser zu verstehen, seine gewohnten Verhaltensweisen zu durchschauen und gegebenenfalls in Frage zu stellen. Auf Dauer wird so eine *Erlebensdifferenzierung* erreicht, die Veränderungsmöglichkeiten im Handlungsgefüge eröffnet. Der Weg zu diesem Ziel ist nach psychoanalytischer Erkenntnis unabdingbar mit der Wiederbelebung jener verdrängten Phantasien, Wünsche und Ängste verbunden, die ihre Wurzeln in der Frühentwicklung haben. Sie können im Rahmen einer gezielten (und d.h. psychoanalytisch geleiteten) „Erinnerung" erneut emotional besetzt und unter den Bedingungen des erwachsenen Daseins angstlösend verarbeitet werden. Eine Schlüsselstellung in diesem Prozeßgeschehen nimmt die Traumbearbeitung als die (nach Freud) *via regia* zum Unbewußten ein.

Ein Kreis schließt sich dort, wo nach psychoanalytischer Auffassung die unbewußten Inhalte der Psyche ebenso bildhaft wie „sinnvoll" durch das →*Symbol* zum Ausdruck kommen. Diese können mit dessen Hilfe erschlossen, also dem Bewußtsein zugängig gemacht werden. Bei einem solchen Symbolverständnis beschränkt sich dessen Funktion freilich auf die Vermittlung zwischen verschiedenen psychischen Zuständen innerhalb einer prinzipiell empirisch erfaßbaren Wirklichkeit. Daß gerade die psychoanalytische Symbolauffassung damit zu erkenntnistheoretischen, epistemologischen und philosophischen Fragestellungen herausfordert, dürfte deutlich sein.

Eine Herausforderung geht ebenfalls von der psychoanalytischen *Kulturtheorie* aus. Diese beschäftigt sich mit dem Verhältnis von Triebverzicht (bzw. -verdrängung) und →Kultur und zeigt in diesem Zusammenhang ein erhebliches Interesse an der (psychodynamisch erklärten) Entstehung und der (sowohl individual- als auch sozialpsychologisch wirksamen) Funktion von →*Religion*. Die damit verbundene psychoanalytische →Religionskritik bietet allerdings genügend Angriffsflächen und gibt Anlaß, ihr wiederum konstruktiv kritisch zu begegnen.

3. *Psychoanalytisches Heilverfahren*

Forschen und Heilen bilden nach Freud ein festes Junktim: psychoanalytische Erkenntnisse werden im Bereich der klinischen Empirie, d.h. im analytischen Prozeß, angewandt und im praktischen Vollzug modifiziert, erweitert oder kritisch in Frage gestellt. Kernstück der Behandlung neurotischer Leiden mit verhaltenseinengendem und dadurch quälendem Symptomcharakter (z. B. neurotische Depressionen, Angst- und Zwangsneurosen und vieles mehr) ist die in der Regel (jahre-)lang andauernde *Analyse,* die in mehreren Sitzungen wöchentlich und in einem festen Rahmen durchgeführt wird. In deren Verlauf geht es um „Erinnern, Wiederholen, Durcharbeiten" (Freud): verdrängtes, aber unbewußt wirksames Erleben soll durch das sog. „freie Assoziieren" von (mehr oder weniger) spontanen Einfällen, durch die gezielte Bearbeitung von Träumen nach und nach gegen alle angstbesetzte Abwehr zugängig gemacht werden. Dabei liegt in der *Therapeut-Patient-Beziehung*, in der sich nach und nach alle typischen Beziehungsmuster wiederfinden, das spezifisch heilsame Moment: der Analytiker/die Analytikerin unterstützt den Auseinandersetzungsprozeß durch möglichst weitgehende *Abstinenz*, d.h. durch Verzicht auf alle Mitteilungen, die die eigene Person, Meinung, Situation betreffen. Nur so kann sich seitens der Patienten die sog. „*Übertragung*" entfalten: diese projiziert Beziehungserlebnisse aus der Vergangenheit auf die Person des Analytikers/der Analytikerin, der/die ihm daraufhin ebenso subjektiv wie phasenhaft in wechselnden Rollen erscheint. Durch das im Rahmen einer solchen Übertragungsbeziehung unerwartet akzeptierende Verhalten des therapeutischen Gegenübers wird eine alle entsprechenden Erlebnisfixierungen *korrigierende emotionale Erfahrung* eingeleitet. Diese vermag dann auf Dauer zu einer veränderten Lebenseinstellung und zur Aufgabe der neurotischen Symptome zu verhelfen.

Aktiv unterstützt wird diese prozeßhafte Auseinandersetzung mit den bisherigen Lebenseindrücken durch gezielte und dosierte *Deutungen*. Der Analytiker/die Analytikerin formuliert sie – in „teilnehmender Beobachtung" bei „freischwebender Aufmerksamkeit" und nach der Wahrnehmung der eigenen (Gegen-)Übertragung auf den Patienten/die Patientin – als situative Einsichten in bezug auf das konflikthafte Geschehen: so werden einerseits *Abwehrvorgänge* als unbewußte Verhaltensregulative in ihrer schützenden und hemmenden Funktion bewußt gemacht; es werden andererseits Zusammenhänge zwischen Verhaltensweisen, wie sie sich szenisch im Beziehungsbereich darstellen, und vergangenen Konfliktsituationen hergestellt und mit unterschwellig wirksamen Phantasien in Verbindung gebracht.

Der günstige Therapieverlauf ist von der tragfähigen Vertrauensbeziehung zwischen Analytiker(in) und Analysand(in) abhängig, die sich u.a. in einem sog. *Arbeitsbündnis* (Einhaltung der Rahmenbedingungen, verläßliche Schweigepflicht usw.) niederschlägt.

Modifizierte Vorgehensweisen neben der Langzeitanalyse sind die unter differentialdiagnostischen Gesichtspunkten alternativ durchgeführten psychoanalytischen *Kurzpsychotherapien* und *Gruppenpsychotherapien.*

4. *Psychotherapie*

Unter diesem hinsichtlich der Psychoanalyse viel weiteren Begriff werden alle Verfahren gefaßt, die sich auf die heilende Auseinandersetzung mit psychischem Leiden beziehen. Als Abkömmlinge der verschiedensten humanwissenschaftlichen Disziplinen und deren Schulen haben sie jeweils ihre Wirkung entfaltet und ihre spezifischen Behandlungskonzepte entwickelt. Prinzipiell vom konfliktklärenden Gespräch, zum Teil aber auch von direkten Handlungsanweisungen und deren überprüfbaren Folgen ausgehend, nehmen neben der Psychoanalyse in Deutschland vor allem die (auf der Lerntheorie beruhende) *Verhaltenspsychotherapie* und die (ihre empirische Arbeitsweise mit einer „humanistischen Philosophie" verbindende) *Gesprächspsychotherapie* eine hervorragende Stellung ein. Daneben ist ein breites Spektrum psychotherapeutischer Verfahrensweisen vorhanden, die sich u.a. kognitiv vorgezeichneter, aber auch daseinsanalytischer, gestaltpsychologischer und körperorientierter Methoden bedienen.

Im medizinischen Bereich bekommt neben der →*Psychiatrie* als der klassischen Psychotherapieform die *Psychosomatik* zunehmend Gewicht: In ihr wird in verschiedensten körperlichen Krankheitsbildern der Komplementarität von psychischer Disfunktionalität und physischen Symptombildern besondere Beachtung geschenkt und ein entsprechendes klinisches Instrumentarium entwickelt. Bei aller verwirrenden Methodenvielfalt geht es in der Psychotherapie prinzipiell um das Ziel, die in der menschlichen Emotionalität verankerten Leidenszustände und Verhaltensstörungen heilend zu beeinflussen und in Einstellungsveränderungen zu überführen, die sowohl im kommunikativen als auch im körperlichen Bereich Auswirkungen haben.

Die Frage nach der Wirksamkeit der einzelnen psychotherapeutischen Vorgehensweisen (z. B. Vergleiche zwischen Psychoanalyse und Verhaltenspsychotherapie) führt zu harten Auseinandersetzungen um die empirische Überprüfbarkeit einzelner psychotherapeutischer Vorgehensweisen und deren Beweiskraft. Das kann mit aufwendigen *Forschungsprojekten* zur Untersuchung empirisch faßbarer Heilerfolge verbunden sein (Grawe/Donati/Bernauer). Zielvorstellung ist dabei, alle anscheinend nur ideologisch begründeten, letztlich aber „unwissenschaftlichen" und ineffektiven Vorgehensweisen in den einzelnen Therapieformen konsequent auszugrenzen. Erreicht werden soll dagegen die gesundheitspolitisch und volkswirtschaftlich als dringend notwendig erachtete Verringerung der Kosten und des Aufwandes sowie ein ebenso empirisch überprüfbares wie schulenübergreifend anwendbares psychotherapeutisches Vorgehen.

Solche und ähnliche Bemühungen um aufweisbare Daten und um sachliche Aufklärung hinsichtlich der tatsächlichen Wirksamkeit einer Psychotherapie sind bleibend notwendig. Sie können bei unabgegrenzter Methodenvielfalt als Orientierungshilfe dienen und die Vertreter der einzelnen Psychotherapiemethoden zur kritischen Überprüfung ihrer Vorgehensweisen, aber auch ihrer Grundannahmen herausfordern. Sie sind allerdings ihrerseits kritisch zu hinterfragen, wenn im Zuge einer Erfolgsoptimierung die Aufgabenstellung und der Heilungsbegriff der Psychotherapie so eng gefaßt werden, daß sich mit der *Symptombehandlung* gleichzeitig eine *Problemverschiebung* verbindet.

Zur sachgemäß kritischen Auseinandersetzung mit der gegenwärtigen Psychotherapie gehören deshalb auch problemerweiternde Fragestellungen: Sie beziehen sich u.a. auf das Faktum, daß in der Psychotherapie nicht nur die existentiellen Grundlagen menschlichen Verhaltens, sondern auch deren weltanschauliche Einbindungen in die heilende Auseinandersetzung mit individueller Konflikt- und Symptombehaftung berührt werden. In diesem Kontext ist auch die *Verhältnissetzung von Psychotherapie und →Seelsorge* angesiedelt. Sie sollte nicht nur unter pragmatischem Vorzeichen gesehen werden, sondern stets auch den Vergleich unterschiedlicher anthropologischer Konzeptionen einschließen. In der Folge liegt es nahe, eine solche Verhältnissetzung als zeitübergreifend problemträchtig und damit als eine ständig offene Frage zu behandeln, die immer wieder zeitgemäße Antworten erfordert.

Literatur

Gertrude u. Rubin Blanck, Angewandte Ich-Psychologie, Stuttgart 1978. – Dies., Ich-Psychologie, Stuttgart, II 1980. – Hanko Bommert, Grundlagen der Gesprächspsychotherapie, Stuttgart ³1982. – Forschen u. Heilen, hg. v. Herbert Bareuther/Hans-Joachim Busch/Dieter Ohlmeier/Thomas Plänkers, Frankfurt a.M. 1989. – Sigmund Freud, GW, Frankfurt a.M. ⁹1987. – Harald J. Freyberger/Rolf-Dieter Stieglitz (Hg.), Kompendium der Psychiatrie u. Psychotherapie, Basel/Freiburg/Paris ¹⁰1996. – Klaus Grawe/Ruth Donati/Friederike Bernauer, Psychotherapie im Wandel. Von der Konfession zur Profession, Göttingen ⁴1994. – Jürgen Habermas, Erkenntnis u. Interesse, Frankfurt a.M. 1973. – Heinz Hartmann, Ich-Psychologie u. Anpassungsproblem, Stuttgart ²1970. – Jores Prakt. Psychosomatik, hg. v. Adolf Ernst Meyer/Hellmuth Freyberger/Margit v. Kerekjato/Reinhard Liedke/Hubert Speidel, Bern/Göttingen/Toronto ³1996. – Otto Kernberg, Objektbeziehungen u. Praxis der Psychoanalyse, Stuttgart ⁵1992. – Melanie Klein, Die Psychoanalyse des Kindes, München 1972. – Karl König/Wulf-Volker Lindner, Psychoanalytische Gruppenpsychotherapie,

Göttingen 1991. – Heinz Kohut, Narzißmus, Frankfurt a.M. 1973. – Ders., Die Heilung des Selbst, Frankfurt a.M. 1979. – Jacques Lacan, Écrits, Paris 1966; dt.: Schr., ausgew. u. hg. v. Norbert Haas, 3 Bde., Olten/Freiburg 1973–1980, I–II ^{3}1991 III ^{2}1986. – Ders., Das Seminar, hg. v. Norbert Haas, Olten/Freiburg 1978ff. – Volker Läpple/Joachim Scharfenberg (Hg.), Psychotherapie u. Seelsorge, Darmstadt 1977. – Jean Laplanche/Jean-Baptiste Pontalis, Das Vokabular der Psychoanalyse, 2 Bde., Frankfurt a.M. ^{2}1975. – Hans Lies/Rainer Luk, Verhaltenstherapie – Ihre Entwicklung, ihr Menschenbild, Göttingen 1992. – Alfred Lorenzer, Kritik des psychoanalytischen Symbolbegriffs, Frankfurt a.M. ^{2}1972. – Ders., Die Wahrheit der psychoanalytischen Erkenntnis, Frankfurt a.M. 1974. – Stavros Mentzos, Neurotische Konfliktverarbeitung, Frankfurt a.M. 1984. – Wolfgang Mertens, Einf. in die psychoanalytische Therapie, 3 Bde., Stuttgart 1990. – Ders. (Hg.), Schlüsselbegriffe der Psychoanalyse, Stuttgart ^{2}1995 (mit Auflistung der einschlägigen Fachzs. u. Periodika). – Heinz Müller-Pozzi, Psychoanalytisches Denken, Bern/Stuttgart/Toronto 1991. – Elisabeth Otscheret, Ambivalenz, Heidelberg 1988. – Lawrence A. Pervin, Persönlichkeitstheorien, München/Basel ^{2}1987. – Die Psychologie des 20. Jh., 15 Bde., Zürich 1976–1981. – David Rapaport, Die Struktur der psychoanalytischen Theorie, Stuttgart ^{3}1973. – Walter Rebell, Psych. Grundwissen f. Theologen, München 1988. – Paul Ricœur, Hermeneutik u. Psychoanalyse, München 1974. – Joseph Sandler/Christopher Dare/Alex Holder, Die Grundbegriffe der psychoanalytischen Therapie, Stuttgart ^{7}1996 (Konzepte der Humanwiss.). – Joachim Scharfenberg, Sigmund Freud u. seine Religionskritik als Herausforderung f. den christl. Glauben, Göttingen ^{3}1971. – Daniel N. Stern, Die Lebenserfahrung des Säuglings, Stuttgart ^{4}1994. – Ulrich Streeck/Hans-Volker Werthmann, Herausforderungen f. die Psychoanalyse, München 1990. – Hans H. Strupp/Jeffrey L. Binder, Kurzpsychotherapie, Stuttgart 1993. – Helmut Thomä/Horst Kächele, Lb. der psychoanalytischen Therapie, 2 Bde., Berlin/Heidelberg/New York 1985–1988. – Klaus Winkler, Werden wie die Kinder?, Mainz 1992. – Dieter Wyss, Die tiefenpsych. Schulen v. den Anfängen bis zur Gegenwart, Göttingen ^{4}1972.

Klaus Winkler

Psychologie

I. Philosophiegeschichtlich
II. Wissenschaftsgeschichtlich/Praktisch-theologisch . . . . S. 690

I. Philosophiegeschichtlich

1. Vorbemerkung: Psychologie als philosophische Wissenschaft 2. Descartes' Neubeginn 3. Das System der philosophischen Psychologie (Christian Wolff) 4. Kants Kritik der rationalen und der empirischen Psychologie 5. Hegels Anthropologie und Psychologie (Quellen/Literatur S. 689)

1. Vorbemerkung: Psychologie als philosophische Wissenschaft

Der Terminus „Psychologie", dessen lateinisches Äquivalent seit dem 16. Jh. verwendet wird, bedeutet im folgenden nicht die mit J.F. →Herbart und Gustav Theodor Fechner (1801–1887) sich verselbständigende empirische Wissenschaft (dazu s. u. II.), sondern einen Systemteil der Philosophie und insbesondere der →Metaphysik. Ferner wird nicht die Geschichte der philosophischen Aussagen über die →Seele selbst vorgestellt, sondern es werden die Hauptstadien der neuzeitlichen Bestimmung des Begriffs der Psychologie als philosophischer Wissenschaft skizziert.

Der Beginn der philosophischen Seelenlehre bei den Vorsokratikern wird durch →Platos Lehre von den Seelenteilen, der Anamnesis und der Unsterblichkeit der Seele (*Menon*, *Phaidon*, *Phaidros*, *Politeia*, *Timaios*) metaphysisch überboten, während →Aristoteles die Erkundung der Seele als ein Teilgebiet der Naturphilosophie auffaßt, das besonders geeignet ist, die Erforschung der Natur im ganzen und insbesondere aller Lebewesen in ihr hinsichtlich ihrer Gründe zu eröffnen.

Seit R. Descartes' Neubestimmung der menschlichen Seele hat es keine vollständigere und methodisch reflektiertere Seelenlehre gegeben als die beiden Systemteile der empirischen und der rationalen Psychologie bei Chr. Wolff. Von seiner empirischen Psychologie ist dann auch die gesamte deutsche Anthropologie und Ästhetik im 18. Jh. abhängig.

Die Wolffsche rationale Psychologie kehrt noch in der Kantischen Einteilung der Metaphysik in die Lehre von der Seele, der Welt und Gott und deren transzendentaler Kritik wieder. Im Deutschen Idealismus hat nur G.W.F. →Hegel die Erinnerung an die Stellung der Psychologie im System der Metaphysik bewahrt und ihr einen Platz in seiner Philosophie des subjektiven Geistes angewiesen. Während das spätere 19. Jh. die Ablösung der Psychologie von der Philosophie akzeptiert, bezeugt die gegenwärtige „philosophy of mind" die Aktualität der Problemstellungen der philosophischen Psychologie der Tradition, z. B. die heutigen Erörterungen des Leib-Seele-Problems (→Leib und Seele), die sog. Kognitionswissenschaften, Künstliche-Intelligenz-Forschung.

2. Descartes' Neubeginn

Am Anfang der philosophischen Seelenlehre der Neuzeit steht R. →Descartes. Seine Unterscheidung von Seele (*anima*) und Geist (*mens*, *esprit*) markiert den Bruch mit der aristotelisch-scholastischen Bestimmung des Menschen. Die Seele war für Aristoteles das Prinzip der Ernährung, der Bewegung, der Wahrnehmung und des Denkens des Lebewesens Mensch, während für Descartes das Wesen des Ich nur darin besteht, *res* oder *substantia cogitans* (*mens, sive animus, sive intellectus, sive ratio*) zu sein (Œuvres VII, 27). Dieses Denken (*cogitatio*, *pensée*) umfaßt dabei alle unsere Tätigkeiten, deren wir uns unmittelbar bewußt sein können, das Wollen, Denken, Erinnern, Einbilden, Wahrnehmen. „Seele" (*anima*) ist hingegen ein mehrdeutiger Begriff, der zuweilen sogar für Körperliches gebraucht wird, und ein Name, der von Unkundigen dem menschlichen Geist gegeben worden ist. Sie unterscheiden nicht dasjenige Prinzip in uns, vermöge dessen wir uns ernähren, wachsen und alles übrige uns mit den Tieren Gemeinsame gedankenlos ausführen, von demjenigen Prinzip, durch das wir denken, und nannten beides „Seele". Wird hingegen das Wesen und der erste Akt des Menschen allein im Denkvermögen gesehen, so vermeidet man jene Zweideutigkeit, wenn man diesen Geist (*mens*) nicht mehr als Teil, sondern als das Ganze der denkenden Seele nimmt und diese damit von allem Tierischen und Körperlichen, der Gesamtheit der ausgedehnten Wesen, realiter unterscheidet. Die Seele als denkendes Wesen hat die Ideen alles Denkbaren und, vermöge ihres Bewußtseins (*conscientia*), vor allen anderen die →Idee ihrer selbst als eines denkfähigen Wesens in sich. Sie ist als *mens* eine →Substanz von selbständiger und von ihrem Körper unabhängiger Existenz, welche letztere im bloßen Bewußtsein ihres Denkens enthalten ist. Dem menschlichen Geist sind ferner die Ideen Gottes und des Ausgedehnten angeboren, deren Existenz außerhalb unserer Gedanken a priori bewiesen werden kann. Indem die Seele des Menschen so als denkende oder rationale sich selbst und ihre mögliche Unsterblichkeit, Gott und die Körperwelt dem Wesen und der Existenz nach durch eigene Kraft zu erkennen vermag, ist sie durch Descartes zum alle Metaphysik beherrschenden Gegenstand der Philosophie geworden. Aber Descartes' Spiritualismus und die von ihm gelehrte Fähigkeit des Denkens, sich selbst zu überschreiten, haben es zugleich unmöglich gemacht, die metaphysische Erkenntnis der Seele „Psychologie" zu nennen. Gleichwohl hat Descartes mit seiner Lehre von der Vereinigung von denkender und ausgedehnter Natur im Menschen, der Rolle der Zirbeldrüse im menschlichen Gehirn als Ort dieses Zusammenhangs und der Funktionen der *spiritus animales* des Blutes bei der Erklärung der Empfindungen, der Leidenschaften und der Bewegungen der Gliedmaßen einen Beitrag zur naturwissenschaftlichen Theorie, zur Anatomie und Physiologie des Menschen und seines Seelenlebens geleistet.

3. Das System der philosophischen Psychologie (Christian Wolff)

Die nachcartesischen Philosophien des 17. und 18. Jh., die von Philosophiehistorikern unter die Begriffe des →Rationalismus und →Empirismus, des →Idealismus und →Materialismus und schließlich des Skeptizismus (→Skepsis/Skeptizismus) gebracht worden sind, sind der cartesischen durch die Verhältnisse der Nachfolge, der Polemik oder beider zugleich verbunden. Durch Descartes waren auch die beiden – neben den Hauptthemen der Metaphysik, Gott und der menschlichen Seele – wichtigsten Problembereiche dieser philosophischen Epoche, das Verhältnis der denkenden und der ausgedehnten Substanz überhaupt sowie Herkunft und Geltungskraft der Vorstellungen und Begriffe, auf denen Erkennen und Handeln des Menschen beruhen (Erkenntnistheorie), vorgegeben. Auch wo der Terminus „Psychologie" für einen Teil philosophischer Systeme nicht gebraucht wird, ist die Erkenntnis und Bestimmung des menschlichen Geistes als Basis der Lösung metaphysischer Probleme identifizierbar. Die Rolle Descartes' für die Ausbildung einer eigenen philosophischen Psychologie als systematischer Wissenschaft wird von einem der ersten Historiker dieser Disziplin 1808 so beschrieben: Er wurde „der Entdecker oder vielmehr Erfinder der Vorstellung von einem *reinen Geiste* (Spiritualist), und gab so den ersten Antrieb zur Isolirung wie zur allmäligen Systematisirung der *Psychologie*" (Carus 487). Am Ende dieser Entwicklung steht Christian →Wolffs zweiteilige *Psychologia* (1732 und 1734) als Teil seines Systems der Metaphysik.

Schon die *Deutsche Metaphysik* (1720) beginnt mit einem Argument, dessen Inhalt (nicht aber Form) deutlich Descartes entlehnt ist: „Wir sind uns unserer und anderer Dinge bewust ... Wer sich aber dessen, was er leugnet, oder in Zweiffel ziehet, bewust ist, derselbige ist. Und demnach ist klar, daß wir sind" (Wolff, Vernünftige Gedanken § 1). Die Seele ist dabei nichts anderes als dasjenige Ding, welches sich seiner und anderer Dinge außer ihm bewußt ist (ebd. § 192), ohne daß man in der *empirischen Psychologie* zu zeigen braucht, „was die Seele ist, und wie die Veränderungen sich in ihr ereignen" (ebd. § 191). Die empirische Psychologie ist also nur eine Erzählung dessen, was wir durch tägliche Erfahrung von ihr wahrnehmen, obwohl Wolff in der Nachfolge G.W. →Leibniz' lehrt, daß es vieles in der Seele gibt, dessen sie sich nicht bewußt ist. Ist sich die Seele aber vieler Dinge als außer ihr bewußt, so ist sie sich ihrer Gedanken als Veränderungen ihrer selbst bewußt. Nur für diese Gedanken gilt, daß von ihnen das Bewußtsein nicht abgetrennt werden kann, im Unterschied zu anderen Wirkungen der Seele. Es ist also falsch, mit den Cartesianern anzunehmen, das Bewußtsein mache das ganze Wesen der Seele aus oder es gebe in ihr keine Vorstellungen, deren sie sich nicht bewußt ist, wie die Empfindungen. Aber das Wesen der Seele und eines Geistes (einer Seele, die Verstand und freien Willen hat) überhaupt läßt sich nicht begreifen, ehe man nicht verstanden hat, was eine Welt ist (ebd. § 540). Erst dann läßt sich in der *rationalen Psychologie* das begründen, was sich an unserer Seele als deren Wirkungen wahrnehmen läßt. Das Bewußtsein der Dinge beruht auf einem Unterscheidungsvermögen der Seele, wodurch sie sich von den von ihr unterschiedenen Dingen abhebt. Also sind wir uns durch das Bewußtsein der Dinge als von uns unterschiedener zugleich auch unserer selbst bewußt, wie es auch die Erfahrung lehrt. Der den Körpern eigene Mangel des Bewußtseins hat zur Folge, daß sie ihrem Wesen nach keine Gedanken haben oder nicht denken, d.h. nichts als außer ihnen vorstellen. Umgekehrt heißt das, daß die Seele nichts Körperliches sein kann, sondern als Subjekt der Gedanken eine einfache Substanz sein muß. Als solche hat sie eine Kraft als Quelle all ihrer Veränderungen, d.h. ihrer Empfindungen, Einbildungen, Begriffe, Schlüsse, Begierden etc., also alles desjenigen, dessen wir uns bewußt sind, d.h. aller unserer Gedanken. Die Seele hat somit eine Kraft, sich die Welt vorzustellen, und in dieser Kraft besteht das Wesen oder die Natur der Seele.

Im Anschluß an diese Argumentation weist Wolff den *influxus physicus* als wechselseitigen Einfluß von Leib und Seele ebenso zurück, wie die von ihm auf Descartes zurückgeführte Theorie Gottes als der Ursache von Gedanken in der Seele „auf Veranlassung" (ebd. § 763) von Bewegungen im Körper und von Bewegungen im Leib bei Gelegenheit der Gedanken der Seele. Dieser →Okkasionalismus als immerwährendes Wunder wird unter Berufung auf Leibniz verworfen und dessen vorherbestimmte Harmonie als einzig übrigbleibende Erklärung für die Gemeinschaft des Leibes und der Seele angenommen. Ferner wird die wissenschaftliche Unbedenklichkeit des Idealismus, der nur Seelen und Geister als wirklich zugibt und die Wirklichkeit der Welt außer den Gedanken der Seele leugnet, behauptet (ebd. § 787).

Diese Skizze der empirischen und rationalen Psychologie Wolffs entspricht ganz deren späterer Definition in den lateinischen Ausarbeitungen der Metaphysik. Danach ist die empirische Psychologie die Wissenschaft, die die Prinzipien durch Erfahrung oder aufgrund von inneren Wahrnehmungen aufstellt, aus denen dann alles, was in der menschlichen Seele geschieht, begründet werden kann (Psychologia empirica § 1). So liefert die empirische Psychologie der rationalen die Prinzipien. Denn in dieser wird der Grund dafür angegeben, was in unserer Seele geschieht. Andererseits prüft und bestätigt die empirische das, was die rationale Psychologie a priori erkannt hat. So gleicht der Psychologe einem Astronomen, der aus Beobachtungen eine Theorie gewinnt und sie durch weitere Beobachtungen bestätigt, aber durch diese Theorie auch auf Beobachtungen geführt wird, an die er sonst nicht gedacht hätte. Die empirische Psychologie beweist ihre Wichtigkeit vor allem darin, daß sie dem Naturrecht, der natürlichen Theologie, der Ethik und der Logik Prinzipien an die Hand gibt. Die rationale Psychologie handelt als Teil der Philosophie von dem, was durch die menschliche Seele *möglich* ist, und zwar auf wissenschaftliche, also demonstrative Weise. Dabei entnimmt sie ihre Beweisgründe neben der Ontologie und der Kosmologie auch der empirischen Psychologie, nämlich die Definitionen des Seelischen, das dann rational vollständiger und richtiger erkannt wird als auf empirische Weise (Psychologia rationalis § 7). Sie gipfelt im Nachweis der →Unsterblichkeit der menschlichen Seele.

4. Kants Kritik der rationalen und der empirischen Psychologie

Die Unschärfe und Inkonsequenz der Wolffschen Unterscheidung des Empirischen und Rationalen in der Philosophie, die sich schon in der Aufnahme der empirischen Psychologie als einer Erfahrungswissenschaft nicht der isolierten Seele, sondern des Menschen (vgl. Kant, Nachricht von der Einrichtung seiner Vorlesungen in dem Winterhalbenjahre 1765–1766: Akademie-Ausgabe II, 309) zeigt, wird von Kant auch sonst (Kritik der reinen Vernunft A 843ff./B 870ff.) getadelt. Von der empirischen Psychologie heißt es dann in der *Kritik der reinen Vernunft*, daß sie „aus der Metaphysik gänzlich verbannt sein" müsse, da sie „schon durch die Idee derselben davon gänzlich ausgeschlossen" sei (ebd. A 848/B 876). Als Teil der Anthropologie gehört sie in die empirische Naturlehre als angewandter Philosophie (ebd.). Die rationale Psychologie ist hingegen „die Metaphysik der denkenden Natur" (A 846/B 874) als Teil einer rationalen Physiologie, die von der Seele als Gegenstand des inneren Sinnes handelt. Dabei wird nur der „Begriff eines denkenden Wesens (in der empirischen inneren Vorstellung: Ich denke)" (A 848/B 876) aus der Erfahrung aufgenommen und der Versuch gemacht, ihn a priori fortzubestimmen.

Dieser Kantischen Idee einer rationalen Psychologie entspricht aber keine wirkliche Erkenntnis, da „aus dem Begriffe eines denkenden Wesens, gar nichts a priori synthetisch erkannt werden kann" (ebd. A 381). Der Grund dafür besteht darin, daß die Zeit als Form unserer inneren Anschauung nur den Wechsel der Bestimmungen dieses von uns angeschauten Gegenstandes enthält und einen bestimmbaren Gegenstand dieser Bestimmungen, eine Substanz als ein in ihnen Bleibendes, nicht enthält. In der sog. Seele ist also alles in kontinuierlichem Flusse auf seiten des angeschauten Gegenstandes. Auf der Seite des denkenden Verstandes fehlt es an einem Begriff vom Gegenstande, denn die inhaltsleere Vorstellung „Ich" ist zwar einfach, nicht aber der Begriff eines einfachen Objekts der Anschauung. Das Ich als Vorstellung eines leeren Vehikels aller meiner Vorstellungen oder als „die bloße Form des Bewußtseins" kann selbst nicht den Stoff zu einer Vorstellung von einem Gegenstande bieten. „Also fällt die ganze rationale Psychologie, als eine, alle Kräfte der menschlichen Vernunft übersteigende Wissenschaft, und es bleibt uns nichts übrig, als unsere Seele an dem Leitfaden der Erfahrung zu studieren" (ebd. A 382), also Anthropologie zu treiben. Denn nicht eine Seele als selbständiger Gegenstand, sondern nur das Seelenleben eines Menschen, eines Gegenstandes des äußeren und des inneren Sinnes, liefert den ganzen Inhalt einer möglichen inneren Erfahrung.

Aber diese Art der kritischen Auflösung einer vermeintlichen Vernunfterkenntnis der Seele läßt die philosophischen Fragen, die seit Descartes mit dieser Art von Psychologie verknüpft waren, außer acht. Weder die Frage, ob der Materialismus auch die menschliche Seele erklären könne und also die Gesetze der Materie auch die Gesetze des menschlichen Wollens und Handelns seien, noch die nach der Unsterblichkeit der Seele und der Art ihrer Gemeinschaft mit dem Leibe der Menschen, noch die generelle Frage, ob es nicht-empirische Erkenntnis von den Gegenständen möglicher Erfahrung inklusive der menschlichen Seele geben könne, sind dadurch beantwortet. Die Frage nach der Erkennbarkeit der Seele ist nur ein Teil der kritischen Hauptfrage nach der Möglichkeit der Metaphysik.

In dieser Kritik der Metaphysik wird von Kant vorausgesetzt, daß diese Art der Erkenntnis dem Menschen natürlich und unvermeidlich sei. Die metaphysische Frage nach den ontologischen Bestimmungen der Seele in ihrem Verhältnis zur Körperwelt und im Hinblick auf die Sterblichkeit des Menschen ist zumindest seit Plato auch ein Hauptproblem der abendländischen Philosophiegeschichte. Die neuzeitlichen Antworten auf diese Fragen, die seit Descartes gegeben worden sind, stehen bei Kant, obwohl seine Kritik keine „Kritik der Bücher und Systeme der reinen Vernunft" (ebd. B 27) sein will, erneut auf dem Spiel, gerade weil Kants Absicht auf eine Untersuchung der Möglichkeit von Metaphysik überhaupt geht, deren unvollkommene Wirklichkeit die Geschichte bezeugt. Kants Kritik der „Paralogismen der reinen Vernunft" (ebd. A 341/B 399) ist also nicht nur eine Prüfung der „transzendentalen Seelenlehre (psychologia rationalis)" (ebd. A 334/B 391; A 345/B 403; A 478/B 506) und damit auch der rationalen Psychologie Wolffs und seiner Schule, sondern zugleich eine neue Bestimmung der Grenzen der Möglichkeit, etwas a priori über die Seele zu wissen.

Was die Gefahr des Materialismus betrifft, so ist sie durch die kritische Lehre von der Subjektivität des Raumes und damit von der Abhängigkeit der Körperwelt vom denkenden und anschauenden Subjekt gebannt, das nicht den Gesetzen derjenigen Erscheinungen unterworfen sein kann, die es selbst ihrer Form nach erst möglich macht. Insbesondere ist die Einfachheit des Selbstbewußtseins (der Apperzeption), auch wenn sie nicht die Bedeutung der Beschaffenheit eines Objekts haben kann, hinreichend, um das denkende Ich von aller Materialität zu unterscheiden. Da es aber aufgrund des empirischen Satzes „Ich denke" (*cogito*), in welchem schon das Bewußtsein meiner Existenz enthalten ist, nicht möglich ist, mein Dasein als das eines Beharrenden im Wechsel der Vorstellungen als seiner Zustände zu bestimmen, so ist es unmöglich zu entscheiden, ob das denkende Subjekt als einfache Substanz oder als bloßes Akzidens von etwas anderem existiert, und es entfällt die Möglichkeit eines cartesischen oder platonisierenden Spiritualismus und eines darauf gegründeten Unsterblichkeitsbeweises.

Die drei einzig möglichen und wirklich erdachten Systeme der Gemeinschaft zwischen Seele und Körper werden in Kants kritischer Philosophie sämtlich gegenstandslos. Denn die Lehre vom physischen Einfluß von Körper und Seele aufeinander, welche der Vorstellung des gemeinen Verstandes entspricht, ist nur darum durch die Lehren von der prästabilierten Harmonie (Leibniz) und von der „übernatürlichen Assistenz" (Okkasionalismus) (ebd. A 390) ersetzt worden, weil man in ihr unüberwindliche Schwierigkeiten fand. Da die Wirkungen einer ausgedehnten Substanz nur Bewegungen, die Wirkungen einer denkenden Substanz aber nur Vorstellungen sein konnten, so konnte Materie nicht die ihr heterogenen Vorstellungen erzeugen, und Gedanken konnten nicht die ihnen ebenso heterogenen Ortsveränderungen materieller Körper bewirken. Ist aber dieser grobe Dualismus von ausgedehnter und denkender Substanz der Beweisgrund für die genannten Schwierigkeiten des physischen Einflusses, so entfallen diese mitsamt den zu ihrer Auflösung erdachten theologischen Hilfskonstruktionen, wenn man die Nichtigkeit der gemeinsamen Voraussetzung erkannt hat. Diese besteht darin, daß man die Materie oder die ausgedehnten Substanzen, die nichts als Erscheinungen und also Vorstellungen eines denkenden Subjektes sind, zu an sich seienden Dingen machte, die in einer dann unerklärlichen Beziehung zu ihren ganz heterogenen Wirkungen in einem anderen Ding an sich stehen. Nimmt man aber den transzendentalen Idealismus Kants an, so reduziert sich das vermeintliche Problem der Gemeinschaft der Substanzen auf die Frage der Verträglichkeit der Vorstellungen als Erscheinungen des inneren Sinnes mit ausgedehnten Körpern als Erscheinungen des äußeren Sinnes, deren faktische Kompatibilität allerdings nicht darüber hinwegtäuschen kann, daß ihre Möglichkeit auf keine Weise a priori eingesehen werden kann.

Gegen die Möglichkeit, der nach dem Scheitern einer rationalen Psychologie allein übrigbleibenden empirischen Psychologie den Rang einer „eigentlichen" Naturwissenschaft zuzusprechen, erhebt Kant zwei Einwände, deren Widerlegung das Anliegen der sich im 19. Jh. verselbständigenden Wissenschaft der Psychologie werden sollte. Es gibt nach Kant für die empirische Erkenntnis der Seele keine metaphysischen Anfangsgründe, die die Anwendbarkeit der Mathematik auf die Phänomene des inneren Sinnes und ihrer Gesetze garantieren könnten, jedenfalls nicht in einem der Körperphysik vergleichbaren Umfang. Aber zweitens kann die empirische Psychologie als bloß experimentelle Disziplin auch nicht mit der Chemie gleichgestellt werden, da das Mannigfaltige der inneren Beobachtung nicht nach Belieben aufbewahrt und neu kombiniert werden kann und darüber hinaus zumindest jede Selbstbeobachtung den Zustand des beobachteten Gegenstandes „alterirt und verstellt" (Kant, Metaphysische Anfangsgründe der Naturwissenschaft: Akademie-Ausgabe IV, 471). Also ist alle empirische Psychologie nur „historische" Naturbeschreibung der Seele (Kants Zeitgenossen sprechen von „Erfahrungsseelenkunde"), nicht aber „Seelenwissenschaft" (ebd.).

5. *Hegels Anthropologie und Psychologie*

Hegels Psychologie ist Teil seines wissenschaftlichen Systems der Philosophie, dessen Gesamtdarstellung die *Enzyklopädie der philosophischen Wissenschaften im Grundrisse* ist. Dort findet sich die Psychologie nach der Anthropologie und der Phänomenologie des Geistes als dritter Teil der Philosophie des subjektiven Geistes, der zur Philosophie des objektiven Geistes überleitet. Zu Beginn sagt Hegel von der philosophischen Erkenntnis des Geistes überhaupt, daß sie zugleich Erkenntnis „des Wahrhaften des Menschen" und Erkenntnis „des Wesens selbst als Geistes" (Werke X, 9) sei, also das, was etwa in der Schule Wolffs „Pneumatologie" (→Metaphysik II) hieß und, wie bei Hegel, Erkenntnis des menschlichen und göttlichen Geistes war. Hegel beruft sich emphatisch auf des Aristoteles Schrift *De anima* (sowie die *Parva naturalia*) als „das einzige Werk von spekulativem Interesse über diesen Gegenstand" (ebd. 11), als eine spekulative Anthropologie also, die zugleich von der Selbständigkeit und Unsterblichkeit des Geistes (des *νοῦς ποιητικός*) handelt. Während die Anthropologie vom subjektiven Geist als Seele oder Naturgeist handelt, der wie die aristotelische Seele nicht eine gesondert existierende Substanz, sondern die substantielle Form des Körpers als eines lebendigen Leibes ist, handelt die Psychologie von dem sich in sich bestimmenden Geist oder dem Subjekt für sich. Die zum Geist gewordene immaterielle Lebendigkeit des Leibes, die das Bewußtsein überschritten hat und enthält, ist nun der sich als →Geist wissende Geist, der den Begriff seiner damit gewonnenen Freiheit in sich realisiert. Als solcher ist er theoretischer (Intelligenz), praktischer (Wille) und freier Geist als die Einheit beider. Die Intelligenz als anschauende, vorstellende und denkende geht in den Willen über, sofern sie sich als das Bestimmende ihres Inhaltes und von dessen Realisierung weiß. Der selbstgesetzte Zweck des Willens ist die Freiheit selbst, und der in dieser Weise seiner selbst bewußte freie Wille ist der freie Geist. Indem der freie Geist der in ihm enthaltenen Idee Dasein und somit Wirklichkeit gibt, ist er der sich realisierende, der objektive Geist.

Quellen

Aristoteles, De anima. With Transl., Intr. and Notes by Robert Drew Hicks, Cambridge 1907 (Nachdr. Hildesheim 1990). – René Descartes, Œuvres. Publ. par Charles Adam et Paul Tannery. Nouvelle présentation par Bernard Rochot et Pierre Costable, Paris 1964–1974. – Gustav Theodor Fechner, Elemente der Psychophysik, Leipzig 1860 (Nachdr. Amsterdam 1964). – Georg Wilhelm Friedrich Hegel, Werke. Auf der Grundlage der Werke v. 1832–1848, 20 Bde., neu hg. v. Eva Moldenhauer/Karl-Markus Michel, Frankfurt a.M. 1971ff. – Johann Friedrich Herbart, Psychologie als Wiss., neu gegründet auf Erfahrung, Metaphysik u. Mathematik, 2 Bde., Königsberg 1824–25 (Nachdr. Amsterdam 1968). – Kants GS, hg. v. der Kgl.-Preußischen Akademie der Wiss., I–XXII, v. der Dt. Akademie der Wiss. XXIII–XXIX, Berlin 1902/1910ff. – Platon, Werke in 8 Bde., griech. u. dt., hg. v. Gunther Eigler, Darmstadt 1970. – Christian Wolff, Psychologia empirica, Frankfurt/Leipzig 1738 (Nachdr. Hildesheim 1968). – Ders., Psychologia rationalis, Frankfurt/Leipzig 1740 (Nachdr. Hildesheim 1972). – Ders., Vernünftige Gedanken v. Gott, der Welt u. der Seele des Menschen, auch allen Dingen überhaupt, Halle ^{11}1751 (Nachdr. Hildesheim 1983).

Literatur

Karl Ameriks, Kant's Theory of Mind, Oxford 1982. – Friedrich August Carus, Gesch. der Psychologie, Leipzig 1808 (Nachdr. Berlin 1990). – Max Dessoir, Gesch. der neueren dt. Psychologie, Berlin ^{2}1902 (Nachdr. Amsterdam 1964). – Hermann Drüe, Psychologie aus dem Begriff. Hegels Persönlichkeitstheorie, Berlin/New York 1976. – Jean École, La métaphysique de Christian Wolff, 2 Bde., Hildesheim 1990. – Gerd Fabian, Beitr. zur Gesch. des Leib-Seele-Problems, Langensalza 1925. – Lüder Gäbe, Die Paralogismen der reinen Vernunft in der ersten u. in der zweiten Aufl. v. Kants Kritik, Diss. Marburg 1954. – Martial Gueroult, Descartes selon l'ordre des raisons, 2 Bde., Paris 1968. – Wilhelm Hehlmann, Gesch. der Psychologie, Stuttgart ^{2}1967. – Richard J. Herrnstein/Edwin G. Boring (Hg.), A Sourcebook in the History of Psychology, Cambridge, Mass. 1968. – Werner Hotz, Descartes' Beitr. zur Psychologie, Diss. Zürich 1974. – Carl Knüfer, Grundzüge der Gesch. des Begriffs „Vorstellung" v. Wolff bis Kant, Halle 1911 (Nachdr. Hildesheim 1975). – Ben Lazare Mijuskovic, The Achilles of Rationalist Arguments. The Simplicity, Unity, and Identity of Thought and Soul from the Cambridge Platonists to Kant, Den Haag 1974. – Martha C. Nussbaum/Amelie O. Rorty (Hg.), Essays on Aristotle's De Anima, Oxford 1992. – Richard Stanley Peters/Cecil Alec Mace, Art. Psychology: EncPh 7 (1967) 1–27. – Thomas More Robinson, Plato's Psychology, Toronto 1970. – Eckart Scheerer, Art. Psychologie: HWP 7 (1989) 1599–1653. – Robert Sommer, Grundzüge einer Gesch. der dt. Psychologie u. Ästhetik v. Wolff-Baumgarten bis Kant-Schiller, Würzburg 1892 (Nachdr. Amsterdam 1966). – Michael Wolff, Das Körper-Seele-Problem. Komm. zu Hegel, Enzyklopädie (1830), § 389, Frankfurt a.M. 1992.

Manfred Baum

II. Wissenschaftsgeschichtlich/Praktisch-theologisch

1. Begriff 2. Geschichte und Modelle 3. Methoden 4. Allgemeine Psychologie 5. Entwicklungspsychologie 6. Persönlichkeitspsychologie/Differentielle Psychologie 7. Sozialpsychologie 8. Angewandte Psychologie 9. Psychologie, Religion, Theologie und Kirchen (Literatur S. 698)

1. Begriff

Je nach Interessen, Fragestellungen und anthropologischen Voraussetzungen wird der Gegenstand der Psychologie je anders umschrieben. So haben auch Definitionen der Psychologie bisher nie Stabilität erlangt. Die herkömmliche Definition von Psychologie als „Wissenschaft von der →Seele" wird heute meist abgelehnt (Gegenposition einer „Psychologie ohne Seele" bereits bei Friedrich Albert Lange [1828–1875] programmatisch vertreten (F.A. Lange, Geschichte des Materialismus und Kritik seiner Bedeutung in der Gegenwart, Iserlohn 1866; vgl. dagegen die Wiederaufnahme von „Seele" als Kategorie einer historisch reflektierten Psychologie im Band *Die Seele*). Als Gegenstand der Psychologie gelten in vielen Definitionsversuchen Verhalten und Erleben (bzw. Handeln und Bewußtsein) des Menschen, deren Entwicklung über die Lebensspanne und deren innere (im Individuum angesiedelte) und äußere (in der Umwelt lokalisierte) Bedingungen und Ursachen (nach Zimbardo 1). Das Ziel eines großen Teils psychologischer Forschung kann als nomologisch orientierte Beschreibung, Erklärung und Vorhersage (zum Teil auch Kontrolle/Veränderung und Bewertung, vgl. Nolting/Paulus 165ff.) von Verhalten und Erleben verstanden werden. Psychologie kann zudem als Netzwerk von Forschungsprogrammen bezeichnet werden, als eine gesellschaftliche Einrichtung zur „systematischen und kontrollierten Gewinnung, Vermittlung und Anwendung von Kenntnissen über Erlebnis- und Verhaltensweisen, psychische Vorgänge und Zustände, deren Zusammenhänge, Bedingungen und Folgen" und zur „Entwicklung und Anwendung von Verfahren zur Erfassung und Veränderung der genannten Sachverhalte" (Ulich, Einführung 33). Viele in solchen Definitionsversuchen implizierte Grundlagenfragen der Psychologie waren und bleiben allerdings strittig (z.B. die Bedeutung unbewußter Prozesse als Gegenstand der Psychologie; die Einbeziehung nichtmenschlichen Verhaltens in psychologische Forschung; der Geltungsbereich teleologischer bzw. kausaler Modelle des Erklärens/Verstehens menschlichen Verhaltens).

2. Geschichte und Modelle

Die Psychologie hat eine lange Vergangenheit, aber eine kurze Geschichte (Hermann Ebbinghaus [1850–1909], nach Ulich, Einführung 55; zur Geschichte der Psychologie vgl. Lück; *Die Seele*). Philosophische und theologische Systeme haben das Nachdenken über den Menschen bis in die Neuzeit geprägt. Interessen der philosophischen Erkenntnistheorie verbanden sich im frühen 19. Jh. zunehmend mit psychologischen Fragestellungen (z.B. bei J.F. →Herbart, Kants Nachfolger in Königsberg, und Rudolf Hermann Lotze [1817–1881]). Grundlegend für die naturwissenschaftlich-nomologische Orientierung der werdenden Psychologie wurde insbesondere die Psychophysik und physiologische Psychologie der Sinnesforschung (Hermann Ludwig Ferdinand Helmholtz [1821–1894]; Georg Elias Müller [1850–1934]; Ewald Hering [1834–1918]; besonders wichtig Gustav Theodor Fechners [1801–1887] experimentelle Messung einer logarithmischen

Beziehung zwischen Reiz und Sinnesempfindung). Als eigentlicher Begründer der modernen Psychologie gilt Wilhelm Wundt (1832–1920), der 1879 in Leipzig das erste psychologische Laboratorium einrichtete und Psychologie zu einer empirischen Wissenschaft ausbildete, indem er Methoden der Naturwissenschaft (insbesondere Experiment und Statistik) und Introspektion verband, den Gegenstand der Psychologie in Richtung einer Völkerkunde ausweitete und zugleich die bleibende Bedeutung der Philosophie für die Psychologie betonte. Es folgte rasch (vor allem durch Schüler Wundts) die Gründung anderer Institute (1881 Göttingen, 1883 Baltimore, 1889 Paris; Ebbinghaus ab 1894 in Breslau), wobei Wundts weiter Ansatz weitgehend aufgegeben wurde. In neueren sozialgeschichtlichen Untersuchungen zum Werden der Psychologie (vgl. *Sozialgeschichte der Psychologie*) wird die Konzentration der bisherigen Geschichtsschreibung der Psychologie auf Einzelpersonen kritisiert und eine Analyse von sozialen, ökonomischen und politischen Zusammenhängen bevorzugt, die insgesamt die Entstehung der modernen Disziplin Psychologie begünstigt haben. Die Geschichte der Psychologie erhält zudem in historisch-hermeneutisch orientierter Erforschung der „Geschichtlichkeit des Psychischen" grundlagentheoretische Bedeutung für eine Psychologie, die den „Tatsachenblick" nomologisch orientierter Psychologie, der auf die „Natur" des Menschen gerichtet ist, durch einen „Geschichtlichkeitsblick" kritisch zu ergänzen versucht (vgl. Jüttemann).

Seit Beginn des 20. Jh. ist die Geschichte der Psychologie geprägt durch eine unüberschaubare Vielzahl von theoretischen Entwürfen und methodischen Zugängen. Wichtige Strömungen der Psychologie, die je unterschiedliche „Modelle des Menschen" ausgeprägt haben, können hier nur stark vereinfachend geschildert werden (vgl. Kriz; Pervin, Persönlichkeitstheorien; ders., Persönlichkeitspsychologie; *Psychologie in Selbstdarstellungen*).

1) Dem *psychodynamischen Modell* zufolge ist menschliches Verhalten durch angeborene, biologisch festgelegte Triebe bzw. andere starke „intrapsychische" Kräfte motiviert, die das Individuum mit der Forderung der Gesellschaft nach sozial angepaßtem Verhalten vermitteln muß. Handlungsziel ist die Lösung motivationaler, durch Deprivationszustände, physiologische Erregung bzw. Frustration aufgebauter Spannung. Der Wiener Nervenarzt S. →Freud hat in enger Verschränkung von Praxis und Theoriebildung das psychodynamische Modell in einer differenzierten Persönlichkeits- und Kulturtheorie und einem psychotherapeutischen Ansatz ausgestaltet. Seine Betonung der Bedeutung unbewußter Vorgänge, seine Auffassung der Persönlichkeit (Topik von „Ich", „Es" und „Über-Ich") und der Entwicklung der kindlichen Sexualität (orale, anale, phallische/genitale Phase), die Überwindung der hypnotischen Behandlung neurotischer Erkrankung durch eine „talking cure" und die darauf bezogenen therapeutischen Methoden (freie Assoziation, Deutung von Übertragung und Widerstand) haben die weitere Entwicklung der Psychologie wesentlich beeinflußt. Vertreterinnen und Vertreter der psychoanalytischen Bewegung haben seine Konzepte in verschiedene Richtungen weiterentwickelt, indem sie bestimmte Ideen weiterverfolgten (z. B. das Konzept des Ichs und seiner Abwehrmechanismen, Anna Freud [1895–1982]), Akzente anders setzten (z. B. soziale Aspekte, bzw. den Einfluß der Geschlechtsrolle stärker berücksichtigen, Erich Fromm [1900–1980] und Karen Horney [1885–1952]) oder Begriffe gänzlich neu faßten und eigene Schulen gründeten (wie der Begründer der analytischen Tiefenpsychologie C.G. →Jung, der die Begriffe der Libido und des Unbewußten umdeutete).

2) Im *behavioristischen Modell* „orthodoxer" Prägung bleibt das psychologische Interesse ausschließlich auf das sichtbare äußere Verhalten und dessen Beziehung zu vorausgehenden und nachfolgenden Reizgegebenheiten in der Umwelt des Individuums gerichtet. John Broadus Watson (1878–1958), der dieser Sicht des Menschen zum Durchbruch verhalf, wandte sich entschieden von der europäischen Psychologie des Erlebens ab, brach aber auch mit der Psychologie W. →James', der den Menschen in radikaler Subjektivität auf einen „Strom des Erlebens" bezogen sah, und führte die Erforschung des bedingten Reflexes durch Iwan Petrowitsch Pawlow (1849–1936) konsequent weiter.

Nur das unmittelbare, offene Verhalten kann Gegenstand der quantifizierenden Psychologie werden, mentale Ereignisse in der psychischen „black box“ werden als wissenschaftlich unzugänglich ausgeschlossen. Dabei wird angenommen, daß es generelle Verhaltensprinzipien gibt, die artübergreifend sind (deshalb gelten Versuche mit Ratten, Mäusen und Tauben als nützliche Quelle psychologischer Erkenntnis). Verhalten erscheint vollständig durch Umweltbedingungen determiniert, wird in einer individuellen Lerngeschichte aufgebaut und kann durch geeignete erzieherische oder therapeutische Maßnahmen modifiziert werden. Die behavioristische Sicht des Menschen besaß von den 20er bis zu den 60er Jahren einen großen Einfluß auf die empirische Psychologie in den USA und wurde auch im europäischen, insbesondere deutschen Sprachraum in den 60er und 70er Jahren – erweitert um kognitive Aspekte – zum vorherrschenden Forschungsparadigma.

3) Das *humanistische Modell* – vertreten insbesondere durch Carl Ransom Rogers (1902–1987), Abraham Harold Maslow (1908–1970), Frederick S. Perls (1893–1970), Victor Emil Frankl (geb. 1905) – entwickelte sich als „dritte Kraft“ der Psychologie (gegen den „Pessimismus“ der Psychoanalyse und den „Umweltdeterminismus“ des Behaviorismus) vor allem im Bereich der Persönlichkeitspsychologie und Klinischen Psychologie. Menschen gelten als aktive, von Natur aus gute Wesen. Sie streben unter günstigen Bedingungen nach der Verwirklichung ihrer individuellen Motive und Kompetenzen, planen ihr Leben sinnorientiert und geben ihm eine Struktur, um eine optimale Selbstverwirklichung zu erreichen. Die Konzentration auf die phänomenale, vom Subjekt sinnhaft erlebte Alltagswelt führt zu neuen Einsichten und Wertorientierungen. Selbstwahrnehmung und -erfahrung, der Ausdruck von Gefühlen und Motivationen und die Realisation von Werten in sich wandelnden Lebensentwürfen stehen im Zentrum der Bemühungen um die ganzheitliche Entwicklung des Selbst.

4) Das *kognitive Modell* wurde nach der sog. „kognitiven Wende“ der Psychologie in den 70er Jahren zunehmend wichtig und kann wohl als das heute einflußreichste Forschungsparadigma betrachtet werden. Frühe Intentionen der Bewußtseinspsychologie Wundts und Erkenntnisse der Gestaltpsychologie wurden aufgenommen, der Siegeszug des Computers regte zudem die Erforschung auch der „natürlichen Intelligenz“ mächtig an. Als primärer Gegenstand der Psychologie gelten Kognitionen, d.h. alle jene Vorgänge und Strukturen, die traditionellerweise mit dem Etikett „geistig“ versehen wurden. Offenes Verhalten wird dabei als Fenster zu nicht direkt beobachtbaren kognitiven Strukturen und Prozessen benutzt. Prozesse der Informationsverarbeitung bestimmen, wie sich ein Individuum verhalten wird. Handeln ist durch komplexe Handlungspläne und -steuerungen zur Erreichung kognitiv repräsentierter Ziele bestimmt. Menschen reagieren also nicht auf die Realität, wie sie „objektiv“ beschreibbar vorliegt, sondern wie sie sich ihnen subjektiv darstellt. Die subjektiven Konstruktionen und Interpretationen der Welt sind zwischen die Handlung und die aus der Umwelt wirkenden Stimuli geschaltet, und das sinngebende Subjekt steht aktiv im Wechselverhältnis zur Situation.

5) Die *systemische Sichtweise* gewinnt auch in der Psychologie immer mehr an Bedeutung. Das psychische Geschehen kann als ein auf verschiedenen Ebenen des Individuums sich organisierendes System gesehen werden. Einzelaspekte dieses Geschehens sind immer im Kontext der Beziehungen dieses Systems zu sehen. Der Systembegriff kann aber auch auf die Beziehungen zwischen verschiedenen Individuen oder die Beziehungen zwischen Menschen und Organisationen oder anderen Anteilen ihrer Umwelt ausgeweitet werden. In systemischer Betrachtungsweise erscheint das Beziehungssystem von Familien beispielsweise durch Ganzheitlichkeit, Zielgerichtetheit, Regelhaftigkeit und Regulierung, zirkuläre Kausalität, Homöostase, sprunghafte Kalibrierung der Entwicklung und hierarchische Organisation ausgezeichnet. Der systemische Ansatz erweist sich, ähnlich wie das kognitive Modell, als eine integrierende Perspektive in verschiedensten Bereichen der Psychologie (z. B. den biopsychologischen „Neurowissenschaften“, der Organisationspsychologie und der Ökologischen Psychologie).

Viele weitere Modelle des Menschen mit geringerer Reichweite, die zur Psychologisierung des Alltags beitragen, könnten aufgezeigt werden (vgl. dazu Hampden-Turner [1986]). Die Fixierung psychologischer Modelle auf bestimmte Menschenbilder, die nicht kritisch analysiert wird, und die Systemimmanenz entsprechender zirkulärer Begründungsvorgänge erschweren die gegenseitige Verständigung. Problematisch ist auch eine in vielen Modellen implizierte Form des Psychologismus, d.h. der reduktiven Erklärung von Psychischem durch Psychisches allein, unter Ausschluß anderer (soziologischer, historischer, theologischer) Perspektiven auf das Menschliche. Neben wissenschaftsimmanenten Faktoren (z. B. der Erklärungskraft einer Theorie) sind es ökonomische und politische Veränderungen (z. B. der Einbruch des Nationalsozialismus), Prozesse der Schulebildung und der institutionellen Integration und Desintegration, die darüber entscheiden, welche Modelle des Menschen sich als wissenschaftlich legitim und praktisch anwendbar durchsetzen.

3. *Methoden*

Als entscheidendes methodisches Kriterium gilt nach dem heute dominierenden wissenschaftsmethodischen Kanon der Psychologie die Überprüfung der Theorien anhand von Beobachtungsdaten (vgl. zur psychologischen Methodologie Bortz, Lehrbuch; ders., Statistik; Bucher, Einführung). Wissenschaftlich valide Daten entstehen (im Unterschied zu Alltagsbeobachtungen) aus der prinzipien- und regelgeleiteten Sammlung, Auswertung und Interpretation von Beobachtungen. Methoden der Datenerhebung, aber auch ganze Untersuchungen müssen den Kriterien der Objektivität, Reliabilität und Validität gerecht werden. Der *Objektivität* dienen eine möglichst weitgehende Quantifizierung und Messung von Daten, die präzise und eindeutige, „operationale" Definition der Untersuchungsgrößen und die Standardisierung der Erhebungsverfahren bei der Durchführung und Auswertung von Beobachtungen, Tests, Interviews, Umfragen und Experimenten. Daten sollen intersubjektiv überprüfbar sein, subtile Formen interpersoneller Kommunikation bei der Durchführung von Untersuchungen, die verzerrend wirken (z. B. der sog. Rosenthal-Effekt), kontrolliert, die Datenerhebung umfassend dokumentiert und die Schlußfolgerungen so dargestellt werden, daß Replikationsstudien möglich sind. Unter *Reliabilität* wird die Verläßlichkeit der Messung verstanden. Eine Meßwiederholung unter identischen Bedingungen soll zu konsistenten oder stabilen Resultaten führen. Anhand des Kriteriums der *Validität* wird überprüft, ob ein Verfahren tatsächlich das psychologische Merkmal mißt, das es der Erwartung nach erfassen soll (z. B. durch die Einführung von Validitätskriterien). Psychologische Methoden werden in unterschiedlichen Untersuchungsstrategien eingesetzt: im kontrollierten Experiment (Prüfung einer Hypothese über den Zusammenhang zweier oder mehrerer Variablen durch die systematische Variation von Ausgangsbedingungen), in der Korrelationsstudie (die Stärke bzw. das Ausmaß des Zusammenhangs zwischen zwei Variablen wird geprüft, wobei keine Schlüsse auf Kausalität möglich sind, da die Kovariation von zwei Variablen auf die Einwirkung einer dritten zurückgehen kann), in Einzelfallstudien, Längsschnitterhebungen etc. Beschreibende oder inferenzstatistische Methoden erlauben es, vorgefundene Daten auf objektive, einheitliche Weise darzustellen und auf der Grundlage der Wahrscheinlichkeitstheorie das Risiko von Irrtümern beim Rückschluß von Stichproben auf Grundgesamtheiten quantitativ exakt zu bestimmen. In jüngerer Zeit haben phänomenologische, qualitative, inhaltsorientierte, hermeneutisch-dialogische und historische Methoden in der Psychologie neue Bedeutung erlangt und wurden die problematischen Folgen der Dominanz einer am Ideal der Naturwissenschaften orientierten psychologischen Methodologie kritisch analysiert (vgl. Lamnek).

4. *Allgemeine Psychologie*

Die Allgemeine Psychologie interessiert sich als psychologische Grundlagenforschung vornehmlich für grundlegende psychische Strukturen und Prozesse, die allen Menschen (oder doch einer umschreibbaren, großen Gruppe von Menschen) gemeinsam sind und nach denselben Prinzipien gesetzmäßig (d.h. in einer festen Beziehung zu anderen Prozessen und Merkmalen wiederkehrend und gleichförmig) ablaufen und wirken (zur Allgemeinen Psychologie vgl. Sader; Spada; Zimbardo). Dabei geht es sowohl um die Erforschung einzelner psychischer Funktionen (Wahrnehmung, Denken, Emotion/Motivation, Verhalten/Handlung, Lernen, Gedächtnis; zunehmend auch: Sprache, Kommunikation, Handlungssteuerung und -planung) wie um die Entwicklung umfassender handlungstheoretischer oder kybernetischer Modelle, in denen diese Funktionen als geordnetes, offenes und dynamisches System verstanden werden, das durch Steuerungs- und Rückkopplungsprozesse auf bestimmte Zielwerte der Person bezogen ist. Die Auffindung von Invarianten des psychischen Geschehens ist unaufgebbar, aber schwierig, weil der Gegenstandsbereich der Psychologie historischen, kulturellen und sozialen Einflüssen und Wandlungsprozessen unterliegt. Von den Teilbereichen der Allgemeinen Psychologie können hier nur drei etwas ausführlicher genannt werden:

1) *Wahrnehmung:* Psychologische Forschungen erschließen Wahrnehmung kritisch gegen einen naiven Realismus als einen hochkomplexen psychischen Grundprozeß, in dem kognitive Leistungen eine wichtige Rolle spielen (vgl. Zimbardo 137ff.; Bierhoff, Personwahrnehmung). Der Organismus muß aus einer ungeheuren Vielfalt von Sinnesreizen relevante Eindrücke selektieren, diese mit Hilfe von Wissen strukturieren, zu Gestalten zusammenfügen, Informationslücken schließen und Ambiguitäten (vgl. optische Täuschungen) auflösen. Wahrnehmung ist in Handlungszusammenhänge eingeordnet, abhängig von Affekten, Vorurteilen und überdauernden Persönlichkeitseigenschaften, wird in wesentlichen Teilen gelernt und ist vom kulturellen Kontext mitbestimmt.

2) *Denken:* Im Denken ist neben den durch die Wahrnehmung vermittelten Eindrükken auch Vergangenes und Zukünftiges im Spiel und wird zusammen mit neu eintreffenden Informationen in ein umfassendes, ständig auszutarierendes Bezugssystem gebracht (zur kognitiven Psychologie vgl. Brander/Kompa/Peltzer). Denkprozesse umfassen reproduktive Gedächtnisleistungen, erfassendes, konvergierend- und divergierendproduktives und bewertendes Denken und dienen dem „Ordnen des Tuns" (Aebli). Denkprozesse haben nicht nur Werkzeugcharakter, sondern finden sich als Komponenten auch in kognitiven Repräsentationen von Emotionen, Fähigkeitsbündeln und Motivkonstellationen (z. B. Glaubens- und Überzeugungssystemen).

3) Von großer Komplexität ist die Psychologie von *Emotion und Motivation* (vgl. zu Emotion: Ulich, Gefühl; zu Motivation: Heckhausen). Vielfältige Größen (wie Trieb, Bedürfnis, Erwartung, Ziel, Wert, Einstellung; Emotion, Affekt, Gefühl) werden heute oft unter die Oberbegriffe Motivation und Emotion eingeordnet. Emotion wird meist verstanden als „ein Gefühl, eine Befindlichkeit, ein momentaner, körperlich-seelischer Zustand", Motivation als „ein Antrieb, ein Handlungsimpuls, eine Kraft, die auf ein Ziel, somit auf einen noch nicht vorhandenen Zustand gerichtet ist" (Nolting/Paulus 51). Häufig gelten sie als eng aufeinander bezogen und können als zwei Seiten eines Prozesses (Befindlichkeits- und Antriebsseite) verstanden werden.

Ein Motiv (verstanden als Disposition bzw. subjektive Ausprägung eines Strebens) führt, ausgelöst durch bestimmte Anreger, zum Prozeß der aktuellen Motivation. Die Unterscheidung von Motivgruppen (z. B. stark biologisch verankerte Bedürfnisse wie Hunger, Schlaf vs. stark lernabhängige Motive wie Leistungsstreben, Ängstlichkeit, Hilfemotiv) und von Formen der Motivation (z. B. intrinsische vs. extrinsische Motivation) ist umstritten, die Beziehung zwischen Motivation und Verhalten komplex (ein Verhalten kann z. B. auf mehrere Motivationen zurückgehen, die gleichsinnig oder in einem Appetenz-Appetenz- oder einem Appetenz-Aversions-Konflikt gegensätzlich wirken).

In allgemeinen Beschreibungsmodellen der menschlichen Emotionalität werden emotionale Grundqualitäten voneinander unterschieden und aufeinander bezogen (vgl. Schmid-Atzert). Gefühle erweisen sich bei genauerer Analyse als komplexe Prozesse, in denen emotionale, kognitive und verhaltensbezogene Komponenten zusammenwirken.

So läßt sich beispielsweise Angst (unterschieden von Ängstlichkeit als subjektiver Disposition) aufgrund von sprachlichen Mitteilungen, körperlichen Erregungen, offenem Verhalten und Ausdruck diagnostisch erfassen, wobei oft besonders die kognitive Komponente der Besorgtheit und die emotionale der Aufgeregtheit unterschieden werden. Sie variiert mit der Beschaffenheit, Nähe bzw. Ungewißheit der Bedrohung, der Verfügbarkeit von Ressourcen, der Einschätzung der eigenen Bewältigungskompetenz und Prozessen der Selbstaufmerksamkeit. Unterschiedliche Konzepte (evolutionsbiologische, psychoanalytische und behavioristische Theorieansätze, aber auch Theorien der Selbstattribution, der Handlung und der Aufmerksamkeitslenkung) werden (auch im Blick auf andere Emotionen) zur Erklärung herangezogen.

5. *Entwicklungspsychologie*

Die Entwicklungspsychologie beschäftigt sich mit Veränderungen des psychischen Geschehens, die in sinnvoller Weise auf die Zeitdimension Lebensalter bezogen werden können (vgl. zur Entwicklungspsychologie: Flammer; Oerter/Montada; Ulich, Krise). „Von Entwicklung sprechen wir dann, wenn sich eine Person durch Umwelteinflüsse, Reifung und Lernen im weitesten Sinne in der Weise verändert, daß sich daraus relativ überdauernde ‚neue' Erlebnis- und Verhaltensweisen, Zustände und Prozesse bzw. die entsprechenden Bereitschaften dazu ergeben" (Ulich, Einführung 183). Entwicklung bezieht sich also auf langfristige und geordnete, nicht-zufällige Veränderungen von Personen oder Teilbereichen der Person. Dabei geht es in der neueren Entwicklungspsychologie nicht nur um die Beschreibung, Erklärung und Beeinflussung altersbezogener *intra*individueller Veränderungen über die gesamte Lebensspanne hinweg, sondern auch um die *inter*individuellen Unterschiede dieser Veränderungen.

Solche Veränderungen werden nach den verschiedenen Lebensaltern (Kleinkinder, Kinder, Jugendliche, Erwachsene, Alte), nach Funktionsbereichen (Wahrnehmung, Denken, Motivation/Emotion, Motorik, Sprache) und im Blick auf die Entwicklung des psychischen Gesamtsystems hinsichtlich bestimmter Aspekte (z. B. Geschlechtsrolle und -identität, vgl. Allemann-Tschopp; Moral, vgl. *Zur Bestimmung der Moral*; religiöses Erleben und Verhalten, vgl. Fowler) beschrieben. Veränderungen sind Folge von Reifung (d.h. genetisch programmierten Entwicklungssequenzen von Anlagen) und vielfältigen Lernprozessen (Konditionierung, Lernen durch Erfolg und Mißerfolg, Lernen am Modell, aber auch Lernen durch Problemlösung und Aneignung sinnorientierter Begriffe und Regeln, vgl. Foppa), wobei die Bestimmung des Anteils der Reifung bzw. des Lernens bei der Entwicklung unterschiedlicher Dispositionen (wie Intelligenz oder Aggressivität) immer neu umstritten ist. Entwicklung wurde insbesondere von J. Piaget als Interaktion zwischen den Prozessen der Assimilation (Einfügung von Neuem in bereits bekannte kognitive Muster) und Akkommodation (Anpassung des bereits Gewußten an neue Informationen) gedeutet. Endogenistische (Entwicklung als Reifung aus einem Anlageprogramm) und exogenistische Theorien (Mensch als *tabula rasa* unter der Kontrolle einer aktiven Umwelt) werden heute zunehmend durch konstruktivistische und interaktionistische Entwicklungstheorien abgelöst, die das Gesamtsystem Mensch/Umwelt in Entwicklung sehen, wobei Mensch und Umwelt beide aktiv am Entwicklungsgeschehen beteiligt sind, sich verändern und in dynamisch reziproker Wechselwirkung stehen.

Klassische entwicklungspsychologische Forschung war beschreibende Entwicklungspsychologie der Kindheit und Jugend anhand eines organismischen Modells: Entwicklung ergibt sich in natürlicher, unveränderlicher und unumkehrbarer Abfolge bestimmter Entwicklungsstufen und verläuft bei angemessenen äußeren und inneren Bedingungen mit universeller Gültigkeit in Richtung eines Endzustands. Interindividuelle Unterschiede sind im wesentlichen nur solche des Tempos. Die neuere differenzielle Entwicklungspsychologie (vgl. Faltermaier/Mayring/Saup) bezieht sich auf die gesamte Lebensspanne und berücksichtigt, „welche Ereignisse, Erfahrungen, Verarbeitungen und Veränderungen in den Lebensgeschichten von verschiedenen Personen dazu geführt haben, daß diese Personen bestimmte Bereitschaften für Erfahrungen, Handlungen, Gefühlsregungen usw. entwickelt" (Ulich, Einführung 186) und sich dabei auch in unterschiedliche Richtung verändert haben. Neben altersbezogenen und individuum-spezifischen Einflüssen der Biographie (wie z. B. frühem Mutterverlust) werden zunehmend auch geschichtsbezogene bzw. kulturwandelbezogene Faktoren berücksichtigt, die auf die Mitglieder einer oder mehrerer Generationen oder Teile derselben bis zu einem gewissen Grade vereinheitlichend wirken (z. B. die Wahrscheinlichkeit eines frühen Mutterverlusts erhöhen).

6. *Persönlichkeitspsychologie/Differentielle Psychologie*

Ziel der Persönlichkeitspsychologie ist es, interindividuelle Unterschiede der ganzen Person zu beschreiben, zu verstehen bzw. zu erklären und vorherzusagen, die Differenzielle Psychologie konzentriert sich eher auf einzelne Persönlichkeitsaspekte, die in ihrer interindividuellen Unterschiedlichkeit untersucht werden (vgl. Asendorpf). Anders als in Schilderungen der Belletristik und in Alltagsbeschreibungen muß eine übergreifende, übertragbare Systematik von Gesichtspunkten gefunden werden, mit der individuelle Eigenarten erfaßt werden können.

Bestimmte Probleme der Persönlichkeitspsychologie (z. B. das wechselweise Gewicht von Person und Situation; der konstruktive oder destruktive Charakter der menschlichen „Natur") werden in den beschriebenen psychologischen Modellen (s.o. 2.) je unterschiedlich akzentuiert und gelöst. Theorien der Persönlichkeit ordnen psychische Kräfte und Merkmale in einem Zusammenhang und entwerfen nach übergeordneten Gesichtspunkten eine Struktur der Persönlichkeit. Von besonderer Bedeutung wurden in der Persönlichkeitspsychologie eigenschaftstheoretische Modelle, in denen als Verhaltenskorrelat je „Bündel" von subjektiven „Eigenschaften" (d.h. von überdauernden Einstellungen, Stimmungen, Motiven und Fähigkeiten) hypothetisch rekonstruiert bzw. diagnostisch erhoben (Wottawa/Hossiep) und experimentalpsychologisch in ihrer Wirksamkeit erforscht werden. Die Stabilität solcher Eigenschaften und ihr Einfluß auf das Verhalten (verglichen mit der Bedeutung situativer Faktoren) wird allerdings leicht überschätzt (sog. fundamentaler Attributionsfehler). Intelligenz, Aggressivität, Ängstlichkeit, Leistungsmotivation und Attraktivität, in neuerer Zeit insbesondere auch Einstellungen, die für positive zwischenmenschliche Beziehungen wichtig sind wie Gesellungsmotive, hilfreiches Verhalten, Dankbarkeit und Vertrauen (vgl. Bierhoff, Psychologie), werden in der Differentiellen Psychologie besonders intensiv untersucht.

7. *Sozialpsychologie*

Die Anwesenheit anderer Individuen, ob real, imaginär oder symbolisch, die Interaktionen zwischen Individuen, die aktuelle Umgebung, das „Setting" der Interaktion, Aktivitäten, die in diesen Settings auftreten, und der Bestand ungeschriebener Regeln und Erwartungen bestimmen mit, wie Menschen sich zueinander und zu sich selbst verhalten. Sozialpsychologie (vgl. den Band *Sozialpsychologie* und Aronson) untersucht als Teilgebiet der Psychologie die Einflüsse dieses sozialen Kontextes auf den Menschen im Blick auf (a) soziale Prozesse innerhalb eines Individuums (z. B. soziale Wahrnehmung, Vorurteilsbildung, Entstehung des Selbst aus Interaktion, Motivation sozialen Handelns, Einstellungen als abhängige und unabhängige Variable), (b) Prozesse zwischen Individuen (z. B. Bedingungen von interpersoneller Attraktivität und prosozialem Verhalten, aber auch von Deindividuation und Dehumanisierung), (c) soziale Prozesse innerhalb von Gruppen (erleichternde und behindernde Einflüsse einer Gruppenzugehörigkeit auf Wahrnehmung, Leistung, Gefühle, Handlungen einzelner; Kommunikation, Macht, Führung, Koalitionsbildung, Konformität und Innovation in Gruppen; Gruppenleistungen wie Schätzgenauigkeit, Problemlösung, Kreativität und gerichtliche Wahrheitsfindung), (d) Prozesse zwischen Gruppen (z. B. Aufbau und Abbau von Aggression zwischen Gruppen), (e) Prozesse in Massen (z. B. Gewalt, Crowding-Phänomene, Innovation durch Minoritäten) und (f) zwischen Individuum, Gesellschaft und Kultur (z. B. die Prägung der sozialen Persönlichkeit durch die primäre Sozialisation in der Familie, die sekundäre Sozialisation in Schule und *Peer*-Gruppe und die tertiäre Sozialisation in Arbeit und Beruf). Austauschtheorien, die interaktionellen „Gewinn-" bzw. „Verlustrechnungen" von Handlungspartnern erklärenden Wert beimessen, Rollentheorien, die sich auf Prozesse des Lernens und Ausübens von Rollen in geordneten, sich entwickelnden Rollensystemen konzentrieren, Dissonanztheorien, in denen die Folgen kognitiver Dissonanz zwischen verschiedenen Einstellungen oder zwischen Einstellungen und Handeln einer Person vorausgesagt werden, und Attributionstheorien, die die Auswirkungen der Selbst- und Fremdzuschreibung bestimmter Handlungsursachen, Erwartungen, Emotionen etc. zu erforschen erlauben, gehören zu den einflußreichsten theoretischen Ansätzen der Sozialpsychologie.

8. Angewandte Psychologie

Von den Grundlagengebieten der Psychologie zu unterscheiden sind die Anwendungsgebiete, in denen psychische Phänomene im Blick auf Anforderungen und Praxisprobleme in besonderen Handlungsfeldern untersucht werden. Die angewandte Psychologie hat in den vergangenen Jahrzehnten einen großen Aufschwung genommen und ihrerseits die Weiterentwicklung der psychologischen Grundlagenfächer beeinflußt (vgl. Frey/Hoyos/Stahlberg). Viele Anwendungsgebiete wurden dabei psychologisch erschlossen: Arbeit und Beruf (z. B. Personalauslese, Training und Personalentwicklung in Organisationen; Gestaltung von Mensch-Maschine-Systemen; Berufswahl und Laufbahnentwicklung), Markt, Werbung und Volkswirtschaft (z. B. Konsum- und Kaufverhalten), Öffentlichkeit und Gesellschaft (Politik, Recht, Militär und Polizei), Gesundheit (Belastungsfaktoren, Fehlanpassung und ihre Folgen), Kultur und Freizeit (z. B. Musikerleben, Erholung, sportliche Leistung). Besonders stark entwickelt haben sich die Disziplinen der Pädagogischen Psychologie (vgl. *Pädagogische Psychologie*), der Organisations- und Betriebspsychologie (vgl. *Arbeits- und Organisationspsychologie*), der Ökologischen (vgl. Miller) und der Klinischen Psychologie (vgl. Davison/Neale). In der Klinischen Psychologie kam es im Anschluß und in der Weiterentwicklung psychologischer „Modelle" zur Ausbildung einer großen Zahl von therapeutischen Richtungen, wobei Psychoanalyse, Verhaltenstherapie, Gesprächspsychotherapie und Gestalttherapie sich als Hauptströmungen etabliert haben (vgl. Kriz). Umstritten bleibt die Wirksamkeit verschiedener Formen von Psychotherapie und die Notwendigkeit, in einem eklektischen Modell von psychotherapeutischer Arbeit verschiedene psychologische Modelle zu integrieren.

9. Psychologie, Religion, Theologie und Kirchen

Die Beziehungen zwischen Psychologie, Religion, Theologie und Kirchen sind vielfältig, haben sich in der Geschichte lange spannungsvoll entwickelt und bleiben in ihren Möglichkeiten bisher unausgeschöpft. Religions- und Pastoralpsychologie (vgl. zu →Religionspsychologie: Dunde; Grom; Schmitz; zu Pastoralpsychologie [→Seelsorgelehre] vgl. Scharfenberg; Baumgartner) befassen sich als Formen der angewandten Psychologie mit der Weiterentwicklung eines psychologischen Verständnisses von institutionalisierter und nichtinstitutionalisierter Religiosität in unterschiedlichen gesellschaftlichen Kontexten. Psychologische Fragestellungen und Erkenntnisse sind von 1970 an auf breiter Basis in den verschiedenen Disziplinen der →Praktischen Theologie aufgenommen und auf Probleme der christlich-kirchlichen Praxis in unserer Gesellschaft angewandt worden: im Bereich der →Religionspädagogik (z. B. Aufnahme entwicklungspsychologischer Theorien zur Entwicklung des religiösen Urteils und Glaubens, vgl. Oser/Gmünder; Fowler), der →Homiletik (z. B. Untersuchung von Bedingungen religiöser Kommunikation; vgl. Engemann) und der →Seelsorge (Weiterentwicklung der beratenden Arbeit in der Kirche durch Rezeption von Psychoanalyse, Gesprächspsychotherapie und weiterer therapeutischer Modelle; vgl. Baumgartner). Die Aufklärung der in theologischer Arbeit immer implizierten „naiven" Alltagspsychologie und die Auseinandersetzung mit Theoriemodellen und Forschungsstrategien wissenschaftlicher Psychologie ist darüber hinaus für alle Fächer der Theologie unumgänglich (z.B. im Bereich von Exegese und Hermeneutik; vgl. Bucher, Bibel-Psychologie; Raguse; vgl. auch die Entfaltung einer von systematisch-theologischen Gesichtspunkten geleiteten, psychologisch arbeitenden „empirischen Theologie" durch van der Ven). Angemessene Formen der interdisziplinären Kooperation, die über gutgemeinte Postulate hinausführen könnten, setzen allerdings eine differenzierte Kenntnis psychologischer Forschungsmethoden und Theorien voraus und sind durch eine kritische Reflexion psychologischer *und* theologischer Anthropologien zu begleiten. Theologie sieht sich dabei herausgefordert, die Bedeutung empirischer Erfahrung für die Kommunikation des Evangeliums in Kirche und Gesellschaft differenzierter als bisher zu untersuchen.

Literatur

Hans Aebli, Denken. Das Ordnen des Tuns, 2 Bde., Stuttgart; I. Kognitive Aspekte der Handlungstheorie, 1980; II. Denkprozesse, 1981. – Annemarie Allemann-Tschopp, Geschlechtsrollen. Versuch einer interdisziplinären Synthese, Bern 1979. – Arbeits- u. Organisationspsychologie. Int. Hb. in Schlüsselbegriffen, hg. v. Siegfried Greif/Heinz Holling/Nigel Nicholson, München 1989 ²1995. – Elliot Aronson, The Social Animal, New York 1972; dt.: Sozialpsychologie. Menschliches Verhalten u. gesellschaftlicher Einfluß, Heidelberg ua. 1994. – Jens Asendorpf, Keiner wie der andere. Wie Persönlichkeitsunterschiede entstehen, München 1988. – Isidor Baumgartner, Pastoralpsychologie. Eine Einf. in die Praxis heilender Seelsorge, Düsseldorf 1990. – Hans Werner Bierhoff, Personwahrnehmung. Vom ersten Eindruck zur sozialen Interaktion, Berlin 1986. – Ders., Psychologie hilfreichen Verhaltens, Stuttgart 1990. – Jürgen Bortz, Statistik f. Sozialwissenschaftler, Berlin 1977 ⁴1993 (bis ³1989 u.d.T.: Lb. der Statistik). – Ders., Lb. der empirischen Forschung. Für Sozialwissenschaftler, Berlin 1984. – Sylvia Brander/Ain Kompa/Ulf Peltzer, Denken u. Problemlösen. Einf. in die kognitive Psychologie, Opladen 1985 ²1989. – Anton A. Bucher, Bibel-Psychologie. Psych. Zugänge zu bibl. Texten, Stuttgart u.a. 1992. – Ders., Einf. in die empirische Sozialwiss. Ein Arbeitsbuch f. TheologInnen, Stuttgart u.a. 1994. – Gerald C. Davison/John M. Neale, Klinische Psychologie. Ein Lb., München 1979 ³1988. – Siegfried R. Dunde, Wb. der Religionspsychologie, Gütersloh 1993. – Wilfried Engemann, Persönlichkeitsstruktur u. Predigt, Leipzig 1989 ²1992. – Toni Faltermaier/Philipp Mayring/Winfried Saup, Entwicklungspsychologie des Erwachsenenalters, Stuttgart 1992. – August Flammer, Entwicklungstheorien, Bern 1988 = 1993. – Klaus Foppa, Lernen, Gedächtnis, Verhalten, Köln 1965 ⁹1975. – James W. Fowler, Faith Development and Pastoral Care, Philadelphia 1987; dt.: Glaubensentwicklung. Perspektiven f. Seelsorge u. kirchl. Bildungsarbeit, München 1989. – Dieter Frey/Carl Hoyos/Dagmar Stahlberg (Hg.), Angewandte Psychologie. Ein Lb., München/Weinheim 1988 = 1992 (Studienausg.). – Bernhard Grom, Religionspsychologie, München 1992. – Charles Hampden-Turner, Maps of the Mind, London 1981; dt.: Modelle des Menschen. Ein Hb. des menschlichen Bewußtseins, Weinheim 1986 ³1993. – Heinz Heckhausen, Motivation u. Handeln, Heidelberg 1980 ²1989. – Gerd Jüttemann (Hg.), Die Geschichtlichkeit des Seelischen. Der hist. Zugang zum Gegenstand der Psychologie, Weinheim/Basel 1986. – Jürgen Kriz, Grundkonzepte der Psychotherapie, München 1985 ⁴1994. – Siegfried Lamnek, Qualitative Sozialforschung, 2 Bde., München/Weinheim; I. Methodologie, 1988 ²1993; II. Methoden u. Techniken, 1989 ²1993. – Helmut E. Lück, Gesch. der Psychologie, Stuttgart u.a. 1991. – Rudolf Miller, Einf. in die ökologische Psychologie, Opladen 1986. – Hans-Peter Nolting/Peter Paulus, Psychologie lernen. Eine Einf. u. Anleitung, München/Weinheim 1985 ⁵1994. – Rolf Oerter/Leo Montada (Hg.), Entwicklungspsychologie. Ein Lb., München u.a. 1982 ³1995. – Fritz Oser/Paul Gmünder, Der Mensch – Stufen seiner rel. Entwicklung. Ein strukturgenetischer Ansatz, Zürich/Köln 1984 Gütersloh ³1992. – Pädagogische Psychologie. Ein Lb., hg. v. Bernd Weidenmann/Andreas Krapp u.a., München 1986 ³1994. – Lawrence A. Pervin, Personality. Theory, Assessment and Research, New York 1970 ²1975; dt.: Persönlichkeitstheorien. Freud, Adler, Jung, Rogers, Kelly, Cattell, Eysenck, Skinner, Bandura u.a., München 1981 ³1993. – Jean Piaget, L'Équilibration des structures cognitives. Problème central du développement, Paris 1975; dt.: Die Äquilibration der kognitiven Strukturen, Stuttgart 1976. – Psychologie in Selbstdarst., hg. v. Ludwig J. Pongratz/Werner Traxel/Ernst G. Wehner, Bern 1972. – Hartmut Raguse, Der Raum des Textes. Elemente einer transdisziplinären theol. Hermeneutik, Stuttgart u.a. 1994. – Manfred Sader, Psychologie der Persönlichkeit, München 1980. – Joachim Scharfenberg, Einf. in die Pastoralpsychologie, Göttingen 1985 = 1994. – Lothar Schmidt-Atzert, Die Entstehung v. Gefühlen. Vom Auslöser zur Mitt., Berlin u.a. 1993. – Edgar Schmitz (Hg.), Religionspsychologie, Göttingen u.a. 1992. – Die Seele.

Ihre Gesch. im Abendland, hg. v. Gerd Jüttemann/Michael Sonntag/Christoph Wulf, Weinheim 1991. – Sozialgesch. der Psychologie. Eine Einf. v. Helmut E. Lück/Harald Grünwald/Ulfried Greuter/Rudolf Miller/Wolfgang Rechtien, Opladen 1987. – Sozialpsychologie. Eine Einf., hg. v. Wolfgang Stroebe/Miles Hewstone/Jean P. Codol/Geoffrey M. Stephenson, (Orig. 1988) Berlin 1990 ²1992. – Hans Spada (Hg.), Lb. Allg. Psychologie, Bern u.a. 1990 ²1992. – Dieter Ulich, Das Gefühl. Eine Einf. in die Emotionspsychologie, München 1982 ²1989. – Ders., Krise u. Entwicklung. Zur Psychologie der seelischen Gesundheit, München/Weinheim 1987. – Ders., Einf. in die Psychologie, Stuttgart u.a. 1989 ²1993. – Johannes A. van der Ven, Entwurf einer empirischen Theol., Kampen/Weinheim 1990 ²1994. – Heinrich Wottawa/Rüdiger Hossiep, Grundlagen psych. Diagnostik. Eine Einf., Göttingen 1987. – Philip G. Zimbardo, Psychologie, Berlin u.a. 1974 ⁶1995. – Zur Bestimmung der Moral, hg. v. Wolfgang Edelstein/Gertrud Nunner-Winkler, Frankfurt a.M. 1986.

Christoph Morgenthaler

Ptolemäus, *Gnostiker*

1. Biographisches 2. Brief an Flora 3. Theologie der Schule 4. Nachwirkung (Quellen/Literatur S. 702)

1. Biographisches

Ptolemäus wirkte als christlicher Lehrer in der Mitte des 2. Jh. vermutlich in →Rom. →Irenäus von Lyon (haer. I, prol. 2) ordnet ihn der Schule →Valentins zu; das genaue Verhältnis von Ptolemäus zu Valentin ist unklar.

Die Notiz bei Tertullian, Val. IV,2, behauptet, Ptolemäus habe die Gotteslehre Valentins abgewandelt, doch bleibt sie problematisch, da der zugrunde liegende Gedanke – die Äonen des Ptolemäus als das hypostasierte und nach außen projizierte seelische Leben der Gottheit (*sensus et affectus, motus*) – ein von Tertullian bereits bei →Marcion entwickeltes häresiologisches Cliché (der Ketzer als von Epikur beeinflußt) auf Valentin und Ptolemäus anwendet (vgl. dazu Löhr, Doctrine 178f.). Wichtig ist aber – falls authentisch – die Notiz bei →Clemens von Alexandrien, str. III,102,3, derzufolge bereits Valentin vom psychischen Leib Christi sprach (vgl. Irenäus, haer. I,6,1; Exc. Thdt. 59,4; Tertullian, carn. 10f.). Er stimmt darin also mit Ptolemäus und dem westlichen Zweig der valentinianischen Schule überein (vgl. →Hippolyt von Rom, haer. VI,35,5f.).

Ebenfalls unklar bleibt die Stellung des Ptolemäus zur Großkirche. A. von →Harnack vermutete, Ptolemäus sei mit dem von Justin, II apol. 2, erwähnten christlichen Lehrer einer hochgestellten römischen Dame, der das Martyrium erlitt, identisch.

2. Brief an Flora

Als eigenständiges Werk ist lediglich bei Epiphanius von Salamis, haer. XXXIII,3–7, der *Brief an Flora* überliefert. Thema des Schreibens ist das als „→Pentateuch" (der erste Beleg für dieses Wort) bezeichnete alttestamentliche →Gesetz, d.h. seine verschiedenen Teile und deren verschiedene Autoren.

Die Disposition des sprachlich eleganten und rhythmisch durchgeformten Briefes, der sich offenbar als eine Art Einleitung in die Lehre des Ptolemäus verstand (ebd. 7,8–10), ist didaktisch-schematisch; die dialektische Methode erinnert an die Art, wie ein philosophisches Problem in den antiken Schulen erörtert wurde: 1. Einleitung: Die entgegengesetzten Meinungen über den Ursprung des Gesetzes (ebd. 3,1–7); 2. Die Lösung des Ptolemäus: Dreiteilung des Gesetzes aufgrund der Worte des Erlösers in (a) das Gesetz Gottes, (b) das Gesetz →Moses, (c) das Gesetz der Ältesten des jüdischen Volkes (ebd. 4,1–14); 3. Unterteilung des göttlichen Gesetzes ([a]) in: (α) das reine, vom Erlöser vollendete Gesetz (→Dekalog), (β) das ungerechte, niedere Gesetz (Talionsgesetz; vom Erlöser abgeschafft), (γ) das symbolisch-typologische Gesetz (Kultgesetz; vom Erlöser sublimiert) (ebd. 5–6); 4. Wiederaufnahme der Anfangsfrage: der gerechte Demiurg als Autor des Gesetzes (ebd. 7,1–9); 5. Schluß (ebd. 7,10).

Ptolemäus wendet sich sowohl gegen die – von ihm freilich verzeichnete – markionitische (der Gott des Gesetzes ist der →Teufel, der die Welt geschaffen hat; →Marcion/Marcioniten) als auch gegen die großkirchliche Position (das Gesetz wurde von Gott dem Vater gegeben) und entwirft so ein differenziertes Profil des Gesetzes.

In methodisch bemerkenswerter Weise benutzt Ptolemäus die Worte des Erlösers, um in einer ersten Dihärese menschliche und göttliche Bestandteile des Gesetzes zu sondern. In einer zweiten Dihärese wird das göttliche Gesetz noch einmal in Dekalog, Talionsgesetz und symbolisch-typologisches Gesetz unterteilt. Kriterium dieser zweiten Dihärese sind der differenzierte Umgang des Erlösers mit dem göttlichen Gesetz sowie die Worte des Apostels →Paulus: Den Dekalog vollendete der Erlöser, das Talionsgesetz schaffte er ab, dem symbolisch-typologischen Gesetz gab er einen höheren, transzendenten Sinn (→Typologie). Autor des Gesetzes ist laut Ptolemäus der Demiurg und →Schöpfer dieser Welt; er ist der Vertreter einer niederen Gerechtigkeit und steht als mittlerer Gott über dem Teufel, der zur instabilen und polymorphen Welt der Materie gehört, und unter dem vollkommenen, guten Gott und Vater →Jesu Christi, dessen Abbild er ist. Eine heilsgeschichtliche Epochenteilung wird knapp angedeutet; entscheidend ist wiederum der Erlöser, denn mit seinem Auftreten ist die Epoche der im Zeremonialgesetz repräsentierten Symbole und Bilder vorbei; die Zeit bildloser →Wahrheit ist angebrochen.

Beeindruckend ist im *Brief an Flora* die Zentralstellung der Christologie: Die Lehre Christi offenbart und definiert die Güte des obersten Gottes. Daraus resultiert dann die differenzierte Bewertung des alttestamentlichen Gesetzes. Wichtig ist schließlich die platonisierende Grundtendenz des Briefes; so wird z. B. in haer. XXXIII,3,4 auf die platonische Gottesbezeichnung in Tim. 28A–C angespielt und im übrigen Brief – wie bei Numenius, Frgm. 13 (ed. des Places, 1973 [CUFr]) – zwischen dem höchsten Gott als *πατήρ* und dem zweiten Gott als *δημιουργὸς καὶ ποιητής* (ebd. 7,4) bzw. als *νομοθέτης* (ebd. 3,8) differenziert (vgl. dazu Löhr, Doctrine).

3. Theologie der Schule

Bei Irenäus, haer. I,1–9, findet sich – mit mehreren Einschüben – ein Entwurf der Heilsgeschichte (→Gnosis/Gnostizismus), den Irenäus auf die Umgebung des Ptolemäus (haer. I, prol. 2) zurückführt. In haer. I,8 referiert Irenäus valentinianische Exegesen; diejenige des Johannesprologs wird in der lateinischen Irenäusübersetzung mit den Worten beschlossen: *Et Ptolemaeus quidem ita* (haer. I,8,5). Man wird gewiß in haer. I,1–9 Lehrgut vermuten dürfen, das auf Ptolemäus zurückgeht bzw. direkt von ihm inspiriert ist; im einzelnen bleibt die Abgrenzung zwischen Ptolemäus und seinen Schülern schwierig. Präsentiert wird bei Irenäus ein heilsgeschichtlicher Entwurf mit offenbar hermeneutischer Funktion, aus dem folgende drei Momente hervorgehoben seien:

3.1. Es wird die absolute →Transzendenz Gottes betont, der „Propator" (Vorvater), „Proarche" (Vor-grund) und „Bythos" (Abgrund) genannt wird. Gott ist absolut unsichtbar, unnennbar, ewig, ungezeugt (haer. I,1). Er ist weiterhin Urgrund und Bestandteil des sog. „Pleroma", d.h. einer gegliederten Fülle hypostasierter göttlicher (christologischer?) Attribute.

Das Pleroma besteht – angeordnet in männlich-weiblichen Äonenpaaren (Syzygien) – zunächst aus einer ersten Achtheit (Ogdoas): „Bythos" (Abgrund) und „Sige" (Schweigen) bringen „Nous" (Intellekt, auch „Monogenes" genannt) und „Aletheia" (Wahrheit) hervor (die sog. erste Tetraktys); der Intellekt produziert seinerseits „Logos" und „Zoe" (Leben), die ihrerseits „Anthropos" (Mensch) und „Ekklesia" (Kirche) hervorbringen. Sowohl die Syzygie von „Logos" und „Zoe" als auch diejenige von „Anthropos" und „Ekklesia" bringen ihrerseits zehn bzw. zwölf weitere Äonen hervor, welche die Gesamtzahl der Äonen des Pleroma auf dreißig komplettieren (haer. I,1,1–2).

Durchmustert man die Struktur des durch Emanationen gebildeten Pleroma, so beeindruckt der Versuch, wichtige philosophische und vor allem biblische Stichworte und Begriffe (wie z. B. „Mensch", „Kirche", „Leben", „Logos", „Glaube", „Hoffnung" etc.) als göttliche Attribute und damit als Aspekte der transzendenten Wahrheit selbst zu denken.

3.2. Charakteristisch ist die kosmogonische Konzeption.

Laut Ptolemäus begriff nur der Nous den Vorvater/Abgrund, er durfte sein Wissen aber nicht den übrigen Äonen kommunizieren, die nach dem Willen des Vaters selbständig die Gnosis begehren sollten. Beim jüngsten Äon, der „Sophia", gelangte diese Sehnsucht zum leidenschaftlichen Ausbruch. Doch war ihre verzehrende Leidenschaft unerfüllbar, denn der Urvater wird in seiner Unendlichkeit nur durch den „Nous monogenes" begriffen (haer. I,2,2). Um die Unruhe am Rande des Pleroma zu stabilisieren, entstand die „Grenze" (Horos), welche die Sophia beruhigte und von ihrer affektbehafteten Reflexion, der „Enthymesis", trennte (haer. I,2,4). Der eingeborene „Intellekt" brachte nun, um das durch die Leidenschaft der „Sophia" in Unruhe versetzte Pleroma zu stabilisieren, ein weiteres Paar, „Christus" und den „Heiligen Geist", hervor. Nun wurden alle Äonen stabilisiert und beruhigt, indem ihnen der Christus das Unbegreifliche der väterlichen Natur offenbarte; die Ewigkeit der Äonen (Attribute Gottes) besteht in der Unergründlichkeit des Urgrundes, ihr Begrenztes in der Begreiflichkeit des Vaters durch den eingeborenen Nous. Der „Heilige Geist" aber machte die verschiedenen Äonen einander gleich, so daß jeder einzelne Äon nun die ganze Fülle der anderen Äonen in sich trägt; die verschiedenen Gottesattribute durchdringen sich gegenseitig (vgl. Xenophanes: FVS 21 B 24). Das beruhigte Pleroma singt dem Vater eine Lobeshymne und bringt als Produkt nun eine weitere Christushypostase („Jesus", „Erlöser", „Logos", „Alles" genannt) hervor (haer. I,2,5–6).

Das Drama der Sophia wiederholt sich in eigentümlicher Weise außerhalb des Pleroma: Christus erbarmt sich der außerhalb des Pleroma befindlichen „Enthymesis" und „formt" sie vorläufig; dieser Vorgang wird durch den Kreuzestod symbolisiert. Christus zieht sich zurück; freilich behält die „Enthymesis", die nun auch „Sophia" bzw. „Heiliger Geist" heißt, aufgrund ihrer vorläufigen Formung eine Sehnsucht nach der Transzendenz des Pleroma. Diese freilich kann sie nicht erreichen; auf diese Weise entstehen in ihr die Affekte der Trauer, der Furcht, der Erschütterung sowie der Unwissenheit; diese Affektmischung wird konterkariert durch den Affekt der Bekehrung zum Höheren. Um die (äußere) „Sophia" von ihren Affekten zu trennen, schickt der nach der vorläufigen Formung ins Pleroma zurückgekehrte Christus eine weitere Christushypostase, den Erlöser/Parakleten samt den Engeln. Dieser verwandelt die unkörperliche Leidenschaft der Sophia in eine zwar unkörperliche, aber mit der Eignung (*ἐπιτηδειότης*) zur Körperlichkeit (vgl. →Proclus, In Tim. I,394,16–19; Calcidius, In Tim. 356) versehene *prima materia*, um diese wiederum in zwei Substanzen, eine hylische (aus dem *πάθος*) und eine psychische (aus der *ἐπιστροφή*), zu verwandeln. Die äußere Sophia (auch: Sophia Achamoth) wird durch den Anblick der den Erlöser begleitenden Engel schwanger und gebiert die pneumatischen Samen (haer. I,4,1–5). So besteht die Welt wesentlich aus dem hylischen, dem psychischen und dem pneumatischen Element. Die Sophia Achamoth wendet sich der Formung des psychischen Elementes zu; daraus entsteht der Demiurg als Abbild des Äons „Monogenes", der seinerseits unter den ihm unbewußten Einfluß der Sophia das Werk der Formung und Trennung der psychischen und hylischen Substanzen fortsetzt und auf diese Weise das sichtbare Universum schafft (haer. I,5,1–4).

Die empirische Welt ist also Funktion des Falls der Sophia; dieser Fall aber wird seinerseits als Ergebnis eines unerfüllbaren, weil die christologische Vermittlung der Gotteserkenntnis außer acht lassenden Erkenntnisstrebens gedeutet; das Geschehen ist bestimmt von der Dialektik zwischen einem heillosen, weil auf die Unendlichkeit gerichteten Erkenntniseros einerseits sowie einer heilvoll begrenzenden und formenden christologischen Aktion andererseits. Auffällig und mit der Argumentation im *Brief an Flora* übereinstimmend ist die christologische Konzentration im Entwurf des Ptolemäus.

3.3. Schließlich ist die Zentralstellung einer platonisierende Motive aufnehmenden Seelenlehre (→Seele) zu notieren.

Die Anthropologie bzw. Soteriologie unterscheidet analog zur Kosmologie zwischen dem pneumatischen, psychischen und hylischen Seelenteil (haer. I,5,5ff.; der hylische →Mensch ist unter Anspielung auf Gen 1,26 nach dem „Bilde" [→Bild Gottes], der psychische nach dem „Gleichnis" geschaffen); dieser Seelenteilungslehre korrespondiert in platonisierender Manier (vgl. Platos *Staat*; Philo, Gig 60ff.) eine „Menschenklassenlehre": Es gibt Pneumatiker, Psychiker und Hyliker. Die Menschen werden aus ihren sarkischen, hylischen und psychischen Bestandteilen vom in der Hebdomas residierenden Demiurgen komponiert; die Pneumatiker empfangen freilich die pneumatischen Samen ohne Wissen des Demiurgen von der in der Ogdoas thronenden Sophia Achamoth. Der pneumatische Samen wird in den psychischen Seelenteil gegeben (vgl. Valentin, Frgm.1 [Völker; Markschies = Clemens Alexandrinus, str. II,36,2]; vgl. dazu Plato, Tim. 41C8; 42D; vgl. die Rezeption z. B. bei Numenius, Frgm. 13 [ed. des Places]; Philo, Post 170f.), um mit dem psychischen Seelenteil, der die Entscheidungsfreiheit besitzt, erzogen, d.h. „geformt" zu werden (Irenäus, haer. I,6,1). Der psychische Seelenteil bedarf sichtbarer, moralischer Erziehung durch die empirische Welt sowie des Erlösers, der sowohl psychischer als pneumatischer Natur ist; das Hylische, das der Erlöser nicht angenommen hat, kann auch nicht gerettet werden. Ziel der Heilsgeschichte ist die Rückkehr der pneumatischen Elemente in die Transzendenz; sie folgen ihrer Mutter, der Sophia

Achamoth, ins Pleroma. Gleichwie die Sophia Achamoth nun zusammen mit dem Erlöser eine Syzygie im Pleroma bildet, so verbinden sich die pneumatischen Seelenelemente, von ihrer psychischen Hülle befreit, mit den Engeln, die den Erlöser umgeben. Die psychischen Seelenteile der durch Glauben und gute Werke Bewährten steigen in die von der Sophia Achamoth verlassene Ogdoas auf. Die materielle Welt wird schließlich von den Flammen einer finalen Ekpyrosis verzehrt (ebd. I,7,1).

Die Heilsgeschichte auf der untersten Stufe, in der empirischen Welt, besteht also wesentlich in der Formung und Erziehung der pneumatischen und psychischen Seelenteile.

4. *Nachwirkung*

Der heilsgeschichtliche Entwurf des Ptolemäus (?) erfuhr im 2./3. Jh. ein großes, überwiegend kritisches theologisches Echo. Irenäus, Clemens von Alexandrien sowie →Origenes setzten sich direkt oder indirekt mit der Theologie des Ptolemäus auseinander und entwickelten ihre Anthropologie und Soteriologie im Gegenzug. Betrachtet man Ptolemäus im Lichte der Rezeptionsgeschichte seiner Lehre bzw. der Lehren seiner Schüler (vgl. die *Excerpta ex Theodoto* und das Schriftencorpus von →Nag Hammadi), so kann man ihn als einen der wichtigsten Theologen des 2./3. Jh., ja der Alten Kirche insgesamt bezeichnen, ein Urteil, das durch seine bald erfolgte Verketzerung eher bestätigt als aufgehoben wird.

Quellen

Epiphanius (Ancoratus und Panarion). Erster Bd. Ancoratus u. Panarion Haer. 1–33, hg. v. Karl Holl, Leipzig 1915 (GCS 25 [Epiphanius I]). – Quellen zur Gesch. der christl. Gnosis, hg. v. Walther Völker, 1932 (SQS 5). – Ptolemée, Lettre à Flora, 1966 (SC 24). – Irénée de Lyon, Contre les hérésies. Livre I. Éd. critique par Adelin Rousseau et Louis Doutreleau, 2 Bde., 1979 (SC 263/264). – *Übers.* (Brief an Flora, Ausw.): Werner Foerster, Die Gnosis, Zürich, I 1969, 204–213. – Hans Leisegang, Die Gnosis, Stuttgart 1985, 299–308. – Karlfried Fröhlich, Biblical Interpretation in the Early Church, Philadelphia 1984, 37–43. – Frank Williams, The Panarion of Epiphanius of Salamis, Bk. 1 (Sects 1–46), 1987 (NHS 35).

Literatur

Karlmann Beyschlag, Grundriss der DG. I. Gott u. Welt, Darmstadt 1982. – Hans v. Campenhausen, Die Entstehung der christl. Bibel, Berlin [2]1968, 98–105. – Adolf Hilgenfeld, Die Ketzergesch. des Urchristentums, Hildesheim 1966, 345–368. – Francis T. Fallon, The Law in Philo and Ptolemy. A Note on the Letter to Flora: VigChr 30 (1976) 45–51. – Werner Foerster, Die Grundzüge der ptolemäischen Gnosis: NTS 6 (1959/60) 16–31. – Adolf v. Harnack, Analecta zur ältesten Gesch. des Christentums in Rom, Leipzig 1905 (TU 28,2) 3–5. – Peter Lampe, Die stadtröm. Christen in den ersten beiden Jahrhunderten, [2]1989 (WUNT II/18) 200–203.255f. – Bentley Layton, The Gnostic Scriptures, London/New York 1987, 276–302.306–315. – Alain Le Boulluec, La notion d'hérésie dans la littérature grecque, I 1985 (EAug) 203–209. – Richard Adelbert Lipsius, Art. Ptolemaeus (1): DCB 4 (1887) 514–517. – Winrich A. Löhr, La doctrine de Dieu dans la Lettre à Flora de Ptolémée: RHPhR 75 (1995) 177–191. – Ders., Das Gesetz bei Markion, den Gnostikern u. den Manichäern: Stimuli. Exegese u. ihre Hermeneutik in Antike u. Christentum. FS Ernst Dassmann, 1996 (JAC.E 23) 77–95. – Bernhard Lohse, Meliton v. Sardes u. der Brief des Ptolemäus an Flora: Der Ruf Jesu u. die Antwort der Gemeinde. FS Joachim Jeremias, hg. v. Eduard Lohse/Christoph Burchard/Bernd Schaller, Göttingen 1970, 179–188. – Gerd Lüdemann, Zur Gesch. des ältesten Christentums in Rom. I. Valentin u. Marcion, II. Ptolemäus u. Justin: ZNW 70 (1979) 86–114. – Christoph Markschies, Valentinus Gnosticus?, 1992 (WUNT 65). – Gerhard May, Schöpfung aus dem Nichts, 1978 (AKG 48) 86–119. – Karl Müller, Beitr. zum Verständnis der valentinianischen Gnosis: NGWG 1920, 197–242. – Eduard Norden, Die antike Kunstprosa, Darmstadt, II [5]1958, 920–922. – Antonio Orbe, Estudios Valentinianos, 5 Bde., Rom 1955–1966. – Ders., Cristologia Gnostica, 2 Bde., Madrid 1976. – Simone Pétrement, Le Dieu séparé. Les origines du gnosticisme, Paris 1984, bes. 517–527; engl.: A Separate God, London 1991. – François Louis Marie Mathieu Sagnard, La gnose valentinienne et le témoignage de Saint Irénée, 1947 (EPhM 36). – Clemens Scholten, Gibt es Quellen zur Sozialgesch. der Valentinianer Roms?: ZNW 79 (1988) 244–261. – George Christopher Stead, The Valentinian Myth of Sophia: JThS NS 20 (1969) 75–104. – Holger Strutwolf, Gnosis als System. Zur Rezeption der valentinianischen Gnosis bei Origenes, 1993 (FKDG 56).

Winrich A. Löhr

Publizistik/Presse

I. Begriffsgeschichte und Definitionen
II. Vorformen der Publizistik
III. Evangelische Publizistik und Presse . . . . S. 704
IV. Katholische Publizistik und Presse . . . . S. 718

I. Begriffsgeschichte und Definitionen

1. Publizistik, allgemein 2. Presse, allgemein (Quellen/Literatur S. 715)

1. Publizistik, allgemein

Der Begriff „Publizistik" (von lateinisch *publicitas*, „Öffentlichkeit"; *publicare*, „veröffentlichen") umfaßt: (a) die am öffentlichen Informations- und Meinungsbildungsprozeß beteiligten Massenkommunikationsmittel (z. B. →Bücher, Zeitschriften, Zeitungen, →Hörfunk, →Fernsehen, →Film etc.); (b) die in diesem Prozeß verbreiteten Aussagen; (c) die Kommunikatoren sowie (d) das Publikum bzw. die Rezipienten.

Als spezifisch deutscher Weg in die Kommunikationswissenschaft ist der Begriff „Publizistik" in den 30er Jahren des 20. Jh. von Emil Dovifat (1890–1969) eingeführt worden. Die Wissenschaft „von den Mitteln, Formen und Normen der Meinungs- und Willensbildung im öffentlichen Leben und durch das öffentliche Leben" (Dovifat: Handbuch der Publizistik I, 10) löste die bis dahin herrschende Zeitungswissenschaft ab und lenkte das Forschungsinteresse, das bislang vornehmlich der Zeitung galt, auch auf andere Medien wie Hörfunk, Film, Fernsehen. W. Hagemann nahm Dovifats Ansatz auf und erweiterte ihn zugleich. Als Lehre von der öffentlichen Aussage aktueller Bewußtseinsinhalte (vgl. Hagemann 16) integrierte die „Publizistik" nun auch nichtmediale, unvermittelte Inhalte. Mit dieser Definition, die sowohl verbale als auch non-verbale Kommunikation umfaßt, schuf Hagemann den Zugang der „Publizistik" zu einer allgemeinen Kommunikationswissenschaft (→Kommunikation/Kommunikationswissenschaft), die alle zeichenhaft vermittelten Phänomene einschließt.

Zwischen „originär" und „medial vermittelter Publizistik" unterscheidet dagegen H. Pürer: (a) Die „originäre Publizistik" umfaßt die Formen öffentlicher Kommunikation, die ohne technisches Medium ablaufen, wie öffentliche Rede, öffentliche →Predigt, öffentliches Singen etc. (b) Die „medial vermittelte Publizistik" beschreibt die über Massenmedien ablaufende, öffentliche und aktuelle Kommunikation (vgl. Pürer 19). Auf diesem Hintergrund versteht Pürer „Publizistik" als das „öffentliche Miteinander-in-Beziehung-Treten von Menschen mittels originärer Kommunikationsformen und/oder technischer Medien zur Herstellung von Verständigung über Aktuelles in Zeit und Gesellschaft" (ebd.).

2. Presse, allgemein

Die Presse (von lateinisch *premere*, „pressen, drücken"; *pressa*, „Druck, Zwang") als publizistisches Mittel umfaßt alle Produkte der Druckerpresse (Printmedien) wie Flugblatt, Zeitung, Zeitschrift etc. Die durch Johannes Gutenberg (ca. 1397–1468) eingeführte Technik der beweglichen Metallettern ermöglichte eine schnelle und billige Herstellung von Druck-Erzeugnissen. Damit wurde die Presse zum ersten Medium, das Informationen etc. an eine prinzipiell unbegrenzte Öffentlichkeit vermitteln konnte.

Karin Achtelstetter

II. Vorformen der Publizistik

(Quellen/Literatur S. 715)

Als Vorform der Publizistik in älterer Zeit ist die durch Vervielfältigung bzw. Abschreiben erfolgende Verbreitung von Texten und somit von Meinungen anzusprechen.

Der erstaunliche missionarische Erfolg des jungen Christentums beruhte nicht zuletzt auf den publizistischen Leistungen seiner ersten Verteidiger, der →Apologeten, in der literarischen Auseinandersetzung mit Juden und Heiden. Zur Bereitstellung eines für solche Auseinandersetzung erforderlichen Argumentationsarsenals diente das Sammeln von Akten, Urkunden, Briefen und Literatur jeglicher Provenienz, entweder als vollständige Texte oder in Exzerpten (→Eusebius von Caesarea).

In den innerchristlichen Kontroversen wird durch Privatbriefe, Rundschreiben, theologisch-polemische Darlegungen und Streitschriften die kirchlich-öffentliche Meinung zu beeinflussen gesucht. Breiter Überlieferungsbefund und häufige literarische Bezugnahme auf eine Schrift zeugen dabei von einer bisweilen erstaunlich großen Verbreitung. Verbindliche Synodalentscheidungen als Schlußpunkte einer Kontroverse werden in einer Art Schneeballsystem in den Diözesen und Gemeinden bekannt gemacht, wobei allerdings die jüngere wissenschaftliche Beschäftigung mit der Frage nach der Rezeption von Synodalbeschlüssen (→Nicäa, →Chalkedon) die durch geographische, sprachliche und dogmatische Hemmnisse gegebenen Schwierigkeiten solcher Kommunikation aufgezeigt hat (Ulrich).

Seit dem Frühmittelalter werden die Klöster mit ihren Skriptorien regelrechte Zentren einer christlichen Buchkultur (→Cassiodor, →Benediktiner, →Karl der Große), denen das Bemühen um den bestmöglichen Text, um die Bewahrung und Verbreitung der Schriften und um die künstlerische Ausgestaltung der Codices zu eigen ist, wenn auch zunächst im wesentlichen für den internen Gebrauch bestimmt (vgl. TRE 7,728f.). Im →Investiturstreit des 11./12. Jh. etabliert sich erstmals eine durch Parteinahme und beabsichtigte Öffentlichkeit charakterisierte Streitschriftenliteratur, wobei zum größeren Verbreitungsgrad der Texte Promotionen und Versetzungen von Klerikern, wissenschaftliche und klösterliche Verbindungen sowie eine Zunahme des Handels beitrugen. Gleichwohl blieb der Adressatenkreis jener lateinisch abgefaßten polemischen Schriften auf Grund der vorgegebenen kulturellen Bedingungen der Zeit immer noch relativ begrenzt, wenn auch die Mitteilung des Inhalts der Texte an die Laienwelt zweifelsfrei bezeugt ist (Mirbt 95–121).

Mit der Erfindung des Buchdrucks gewinnt der geschriebene Text seit der zweiten Hälfte des 15. Jh. bald eine vorher so nicht gekannte Funktion als Massenkommunikationsmittel. In der Reformationszeit kommt es dann durch die →Flugschriften erstmals zu einer großflächigen Publizierung von Meinungen. Die Flugschriften fungieren als Medium mit ungeheurer Breitenwirkung und erreichen eine hohe Anzahl von Lesern, welche ihrerseits durch Mundpropaganda zu Multiplikatoren des neuen Gedankenguts werden (vgl. TRE 11,242f.). Mit der Ausbreitung der Reformation mit Hilfe der Flugschriftenliteratur vergleichbar ist aber auch der literarische Niederschlag des sich anschließenden Prozesses der Konfessionsbildung im 16. und frühen 17. Jh. (Oelke). In Flugblattliteratur und Schriften greifbare publizistische Auseinandersetzungen und Bemühungen um Einflußnahme auf die öffentliche Meinung kennzeichnen schließlich auch den Kampf unter den Konfessionen in der Gegenreformation und im →Dreißigjährigen Krieg (vgl. Buch).

Jörg Ulrich

III. Evangelische Publizistik und Presse

1. Evangelische Publizistik 2. Evangelische Presse 3. Evangelische Publizistik im 19. Jahrhundert 4. Evangelische Publizistik im 20. Jahrhundert (Quellen/Literatur S. 715)

1. Evangelische Publizistik

1.1. Motive

1.1.1. 18. Jahrhundert. Die evangelische Publizistik im 18. Jh. ist motiviert durch den öffentlichen Diskurs verschiedener theologischer Schulen und steht im Spannungsfeld Orthodoxie – Pietismus – Aufklärung (s.u. 3.2.1.)

1.1.2. 19. Jahrhundert. Während die publizistischen Bestrebungen im 18. Jh. vorrangig von Disputen innerhalb der evangelischen Kirche und Theologie bestimmt wurden, verlagerte sich im 19. Jh. die Auseinandersetzung nach außen. E.-A. Ortmann nennt fünf Intentionen evangelischer Publizistik:

(a) das „polemische Motiv" als Auseinandersetzung des Protestantismus mit dem Katholizismus, (b) das „apologetische Motiv" als Auseinandersetzung mit nichtchristlichen Denkpositionen der Zeit und als Dialog mit den Gebildeten über die Denkmöglichkeiten des Glaubens, (c) das „soziale Motiv" als Auseinandersetzung mit dem →Sozialismus, (d) das „missionarische Motiv" als Wiedergewinnung der Abtrünnigen und Gleichgültigen sowie (e) das „unionistische Motiv" einerseits als Einigung der evangelischen Christen in Deutschland, andererseits als Versöhnung von Kirche und Welt bzw. Christentum und Kultur (Ortmann 116–127).

Die Satzung des *Evangelisch-Sozialen Preßverbandes für die Provinz Sachsen* vom 9. März 1891 spiegelt diese Bemühungen wider:

„a) die durch alle Stände verbreitete Gottentfremdung und Unsittlichkeit zu bekämpfen, b) die durch die Sozialdemokratie verführten bzw. gefährdeten Volkskreise für die evangelische Kirche, für Vaterlandsliebe und soziale Ordnung wieder zu gewinnen, c) das Interesse aller Stände für die soziale Reform zu erwecken" (ebd. 100).

1.1.3. 20. Jahrhundert. Als kulturprotestantische Aufgabe („Presseapostolat") präsentierte A. Hinderer (Pressewesen) die evangelische Publizistik zwischen den beiden Weltkriegen. Beschrieb er die evangelische Pressearbeit zwischen 1912 und 1917 noch als „Dienst an der Tagespresse", so verstand er sie seit 1917 als „Mobilmachung eines evangelischen Öffentlichkeitswillens" (Dörger 17). Der für die *Pressa* (Köln 1928) formulierte Slogan „Nicht Sonderung, sondern Mitwirkung" steht paradigmatisch für diese Position. Mit der Schrift *Quousque tandem* stellte K. →Barth diesen Ansatz radikal in Frage und warnte vor einer Selbstrepräsentation der Kirche. Der u.a. von Hinderer vertretene kulturprotestantische Ansatz machte die evangelische Kirche unkritisch gegenüber dem aufkommenden Nationalsozialismus (→Nationalsozialismus und Kirchen):

„Ein gewisses Wiederaufleben des ‚Geistes von 1914', bestimmte staatskirchliche, auf Identität von Volk und Religion abzielende kulturprotestantische Vorstellungen, und die insgesamt problematische theologische Legitimationsbasis der kirchlichen Publizistik verhindern im Ansatz bereits eine politische Analyse des aufkommenden Faschismus. Jedenfalls läßt die publizistische Arbeit der Kirche im ganzen Kriterien vermissen, die zu entschiedener Stellungnahme und Kritik befähigt hätten" (Dörger 23).

Neue mediale Möglichkeiten eröffneten sich für die evangelischen Kirchen in den Nachkriegsjahren. So ließ das Bemühen der evangelischen Publizistik zum einen Fragen nach der „parasitären Partizipation" (Sauter 96) der Kirche an den Medien der öffentlichen Kommunikation aufkommen (1), zum anderen war die Diskussion geprägt durch die Zuordnung und Verhältnisbestimmung von evangelischer Publizistik gegenüber dem Verkündigungsauftrag der Kirche (2).

1) Mit Skepsis begegnen u.a. H.J. →Iwand und in den 60er Jahren Karl Gerhard Steck (1908–1983) den medialen Möglichkeiten. Iwand sieht die Gefahr einer „gemalten Öffentlichkeit", trotz oder gerade wegen der vielfältigen technischen Möglichkeiten. Die Kirche hat dagegen die Aufgabe, „das Verborgene und Verdeckte" öffentlich zu machen (Iwand, Kirche II, 30f.). Obwohl auch H. →Thielicke vor der Möglichkeit der „Destruktion des Personalen" durch die Massenmedien warnt (Thielicke, Ethik 7), möchte er die Kirche der publizistischen Herausforderung nicht entziehen, denn „wir haben nicht zu fragen, ob wir die Öffentlichkeit meistern können, sondern wir haben der Tatsache zu gehorchen, daß der Meister öffentlich ist" (Thielicke, Kirche 22). Demgegenüber trat R. Geisendörfer dafür ein, die Medien „als eine Gabe Gottes an die Menschen des 20. Jahrhunderts" (Geisendörfer, Fernseharbeit 170) zu verstehen und sie von evangelischer Seite in „Freiheit und Stellvertretung" zu nutzen.

2) Kennzeichnend für den Versuch, evangelische Publizistik im Verhältnis zum Verkündigungsauftrag der Kirche zu bestimmen, ist die Diskussion zwischen K. Hutten und K. Halaski. Für Hutten kann auch das gedruckte Wort „Träger der Verkündigung", die kirchliche Presse also auch Kanzel sein. „Ob sie es wird, das hängt von der wirkenden Macht des Heiligen Geistes ab" (Hutten

54). Dagegen betont Halaski, daß die „Lesergemeinde" keinesfalls mit der „eigentlichen Gemeinde" vergleichbar sei, „da ihr sowohl das Kennzeichen der Versammlung wie des wirklichen, also auch zeitlich-räumlichen Miteinanders des Hörens, Betens und Tuns fehlt" (Halaski, Aufgaben 536f.). Beide Positionen finden sich in einer Synthese im *Publizistischen Gesamtplan* der Evangelischen Kirche in Deutschland wieder: „Die evangelische Publizistik kann zwar die Kanzel und den Bereich der personalen Kommunikation nicht ersetzen. Unter ihren besonderen Voraussetzungen und Bedingungen nimmt sie aber als Funktion der Kirche am Verkündigungsauftrag der Kirche teil" (Publizistischer Gesamtplan 29; vgl. Klaus 36.152).

Neue Diskussionsfelder eröffnen sich gegenwärtig durch das zunehmende Interesse von Kirche an Öffentlichkeitsarbeit und Werbung bzw. *social marketing*. Damit gewinnt auch die von K. Barth in *Quousque tandem* gestellte Frage nach der Selbstrepräsentation der Kirche neue Relevanz (vgl. Achtelstetter).

1.2. Publizistik als Lehr- und Forschungsgegenstand an evangelischen Fakultäten

Im Jahr 1925 wurde die evangelische Publizistik erstmals zum Gegenstand wissenschaftlicher Forschung erhoben: An dem neu errichteten *Seminar für Publizistik* der Theologischen Fakultät der Universität →Berlin unterrichtete damals A. Hinderer als Honorarprofessor „Protestantisches Pressewesen". Trotz dieses beherzten Anfangs in den 20er Jahren hat sich die Publizistik als Teil der theologischen Ausbildung auch nach 1945 nur unter erheblichen Schwierigkeiten etablieren können. So kann die Bestandsaufnahme anläßlich der Synode der *Evangelischen Kirche in Deutschland* in Suhl 1992 nur vier evangelisch-theologische Fakultäten bzw. Fachbereiche (→Erlangen, →Göttingen, →Marburg, →München) nennen, an denen publizistische Themen im Lehrangebot vertreten sind (Schmidt-Biesalski 69). Seit 1966 gibt es an der Theologischen Fakultät in Erlangen die von Bernhard Klaus (geb. 1913) gegründete Abteilung *Christliche Publizistik*. Sie ist die derzeit einzige Abteilung in Deutschland. 1991 wurde die erste hauptamtliche Professur für Christliche Publizistik eingerichtet und mit Gerhard Meier-Reutti (geb. 1933) besetzt. Wandte sich die Ausbildung in der Anfangszeit zunächst an Theologiestudierende, so tritt heute neben die Vermittlung medientheoretischer und medienpraktischer Kenntnisse für den späteren Pfarrberuf die Auseinandersetzung mit allgemein-publizistischen Fragestellungen. Praktisches Ergebnis dieser Bemühungen ist außer einer viersemestrigen studienbegleitenden Zusatzausbildung in Christlicher Publizistik und Journalistik für Theologiestudierende (*Curriculum Publizistik*) ein Studiengang, der in den Journalismus führt und auch den Fachjournalismus „Theologie" miteinbezieht.

2. Evangelische Presse

Die evangelische Presse gehört zur (bekenntnisgebundenen) Meinungspresse. Sie umfaßt konfessionell-kirchliche Zeitschriften und Serienschriften sowie Informations- und Nachrichtendienste evangelischer Prägung.

Eine erste umfassende Bestandsaufnahme des evangelischen Zeitungs- und Zeitschriftenwesens haben zwischen den beiden Weltkriegen G. Kauffmann und A. Hinderer vorgelegt (*Handbuch der Evangelischen Presse*). In der Typenbildung waren sie von der innerkirchlichen Funktion der Periodika geleitet ebenso wie F. Lüpsen in seiner 1950 erschienenen Darstellung. Trotz ihrer Ausführlichkeit sind beide Gliederungen, so G.E. Stoll, aus publizistischer Sicht unbefriedigend, da sie publizistikwissenschaftliche Gesichtspunkte vernachlässigen (Stoll, Zeitschriftenpresse 226). Demgegenüber entwirft er eine Typologie evangelischer Zeitschriften nach publizistisch-funktionalen Kriterien. Damit unterscheidet Stoll sich maßgeblich von den bei der kirchlichen Presse bisher üblichen Gliederungsschemata (ebd.):

1. Theologische und katechetische Zeitschriften
   a) Theologisch-wissenschaftliche Zeitschriften
   b) Populär-theologische Zeitschriften
   c) Pfarramtliche Zeitschriften
   d) Katechetische Zeitschriften (Erziehung und Unterweisung)

2. Amts- und Nachrichtenblätter
   a) Amtsblätter der EKD und der Landeskirchen
   b) Nachrichtenblätter
3. Kirchliche Zeitschriften (Sonntagsblätter)
   a) Landeskirchliche Sonntagsblätter
   b) Regionale und sonstige Sonntagsblätter
   c) Gemeindebriefe
4. Kulturelle und politische Zeitschriften
   a) Kulturelle Zeitschriften
   b) Politische Zeitschriften
5. Missionszeitschriften
   a) Blätter der Äußeren Mission
   b) Blätter der Inneren Mission und diakonische Blätter
   c) Volksmissionarische Blätter
6. Kinder- und Jugendzeitschriften
   a) Kinderblätter
   b) Jugendzeitschriften und Zeitschriften für Jugendarbeit
   c) Monatsweiser
7. Standes- und Berufszeitschriften
   a) Männerzeitschriften
   b) Frauenzeitschriften
   c) Zeitschriften für Berufsgruppen
8. Freikirchliche und ökumenische Zeitschriften
   a) Freikirchliche Zeitschriften
   b) Ökumenische Zeitschriften

3. Evangelische Publizistik im 19. Jahrhundert

3.1. Der historische und kirchliche Kontext

Der historische Kontext war durch die Nachwirkungen der →Französischen Revolution bestimmt. Auf den Befreiungskrieg und Napoleon folgte die →Restauration, die über Revolution und Reform triumphierte. Das Problem der Volkssouveränität und die soziale wie nationale Frage blieben dennoch virulent. Die evangelische Kirche war in diesen Kontext eingebunden. Sie stellte keine Einheit dar, sondern zerfiel in verschiedene theologische Richtungen und kirchenpolitische Bewegungen, die auch politische Affinitäten entwickelten. In der evangelischen Publizistik spiegeln sich diese theologischen Standorte und politischen Verortungen wider.

3.2. Überregionale Zeitschriften

Zur Geschichte der evangelischen Publizistik gehören auch Verlagsgründungen (z. B. 1801 J.C.B. Mohr; 1835 Bertelsmann als „Kind" der westfälischen Erweckung; 1845 Chr. Kaiser) und die Herausgabe von Predigtliteratur, Kirch- und Schulblättern, Kleinschrifttum etc. Die folgende Darstellung beschränkt sich auf überregionale Zeitschriften, regionale Sonntagsblätter und Korrespondenzen für die weltliche Tagespresse als Mittel kirchlicher Einflußnahme.

3.2.1. Die Anfänge von Zeitschriften, die im Dienst des öffentlichen Diskurses verschiedener theologischer Schulen stehen, liegen im 18. Jh. Erwähnt seien V.E. →Löschers Zeitschrift *Unschuldige Nachrichten von alten und neuen theologischen Sachen* (1701–1761) und die im Gegenzug herausgegebene pietistische Zeitschrift *Aufrichtige Nachricht von der Unrichtigkeit der sogenannten unschuldigen Nachrichten*. Neben diese Zeitschriften trat, z. B. mit den *Sammlungen für Liebhaber christlicher Wahrheit und Gottseligkeit*, eine religiöse Volkspresse.

3.2.2. Im 19. Jh. brachten die verschiedenen kirchlichen Richtungen überregionale Zeitschriften hervor, die dem theologischen Disput und der kirchenpolitischen Auseinandersetzung dienten.

3.2.2.1. Rationalismus. Neben den von Heinrich Eberhard Gottlob Paulus (1761–1851) herausgegebenen Zeitschriften *Sophronizon* (1819–1831) und *Neuer Sophronizon* (1840–1842) schuf der →Rationalismus die erste eigentliche Kirchenzeitung: die *Allgemeine Kirchenzeitung*, 1822 begründet vom hessischen Hofprediger Ernst Christoph Philipp Zimmermann (1786–1832), ab 1832 weitergeführt von K.G. →Bretschneider; nach 1838 wurde aus ihr ein Organ der Unionstheologie. Diese Zeitschrift verstand sich als „Archiv für die neueste Geschichte und Statistik der christlichen Kirche". Sie wollte kirchliche Ereignisse aller Art aufgreifen und für alle Klassen und Stände in einer allgemein lesbaren Form darstellen. Das Blatt trug Nachrichtencharakter. Durch Angriffe zur Polemik herausgefordert, blieb die *Allgemeine Kirchenzeitung* im Ton moderat. Sie setzte sich vor allem mit dem Supranaturalismus und dem Katholizismus auseinander. In politischer Hinsicht traten die rationalistischen Kommunikatoren ein für die →Menschenrechte und die Pressefreiheit (→Zensur), für vermehrte Volkssouveränität in einer konstitutionellen Monarchie und für eine auf Menschlichkeit und Tugend beruhende Lösung der sozialen Frage. Ihre Position war also, im Gegensatz zu Restauration und Revolution, die Reform.

3.2.2.2. Neuluthertum. Die *Evangelische Kirchenzeitung*, die E.W. →Hengstenberg ab 1827 auf Anregung von Berliner Erweckten herausgab, wurde zur erbitterten Gegnerin der *Allgemeinen Kirchenzeitung*. Hengstenberg entwickelte sich vom Erweckungstheologen zum lutherischen Konfessionalisten (→Konfessionalismus) und entschiedenen Konservativen. Der Berliner Professor machte das Blatt zum profiliertesten und populärsten Organ des →Neuluthertums. Es sah exegetisch-theologische, systematisch-apologetische, kirchenhistorische und praktisch-theologische Beiträge vor, diente also nicht explizit der Nachrichtengebung. Mit oft maßloser Polemik bekämpfte Hengstenberg den Rationalismus, aber auch →Schleiermacher und die nachfolgende protestantische Theologie, ebenso die Reformierten, die Katholiken, das Judentum und nichtreligiöse Geistesbewegungen. Sein eigentliches Feld war die Kirchenpolitik. Die *Evangelische Kirchenzeitung* verfocht mit Friedrich Julius →Stahl die Verbindung von Thron und Altar im „christlichen Staat". Einzig mögliche Staatsform war für sie trotz einiger Schwankungen die absolute Monarchie. Volkssouveränität bezeichnete sie als Wahnsinn. Privateigentum wurde als göttliches Recht verteidigt, Armut auf persönliches Verschulden zurückgeführt. Als gesellschaftliches Problem fand die soziale Frage kein Interesse. In Nähe zur konservativen *Kreuzzeitung* stritt Hengstenbergs Organ gegen die Revolution, die auch dem Rationalismus unterstellt wurde, und gegen Reformen für Restauration und Reaktion.

Gemäßigter äußerte sich die neulutherische *Zeitschrift für Protestantismus und Kirche*. Sie wurde 1838 durch G.C.A. von →Harleß gegründet und von 1841 an in neuer Folge herausgegeben. Dieses süddeutsche, von der Erlanger Theologie beeinflußte Gegenstück zur *Evangelischen Kirchenzeitung* stellte sich gegen den konfessionslosen Protestantismus der Union und gegen den römischen →Ultramontanismus. Die Stellungnahme zur sozialen Frage unterschied sich nur im Ton von Hengstenbergs Blatt. Abweichend wurde um der Selbständigkeit der Kirche willen eine Auflösung der Allianz von Thron und Altar gefordert, aber auch die konstitutionelle Monarchie zur angemessenen Staatsform erklärt.

Die „Fahne des Luthertums" hielt im 19. Jh. weiterhin vor allem die ab 1868 von Ernst Christoph Luthardt (1823–1902) herausgegebene *Allgemeine Evangelisch-Lutherische Kirchenzeitung* hoch. Sie grenzte sich gegen den Rationalismus und Unionismus ab, suchte aber nicht vorrangig den konfessionellen Streit, sondern repräsentierte ein weites Luthertum, das sich in die Gegenwart stellt. Die soziale Frage wurde als herausragendes Zeitproblem begriffen, zu dessen Lösung der christliche Glaube beizutragen habe.

3.2.2.3. Reformierte Kirche und Freikirchen. Auch der reformierte Protestantismus in Deutschland trat publizistisch hervor: 1851 gründete der Erlanger Theologe Johann Heinrich August Ebrard (1818–1888) die *Reformierte Kirchenzeitung*; von 1884 an war sie das Organ des *Reformierten Bundes*. Ebenso wurden die Freikirchen, Baptisten und Methodisten verhältnismäßig stark aktiv, jedoch mehr im missionarischen und evangelistischen Sinne.

3.2.2.4. Innere Mission. Johann Hinrich →Wichern veröffentlichte von 1844 an die *Fliegenden Blätter als offenen Brief aus dem Rauhen Hause*. Sie enthielten Mitteilungen über die →Innere Mission und die Zustände, die sie notwendig machten. Wichern wollte auch durch seine Blätter die christliche Liebe von falscher Innerlichkeit befreien. Erbauung im gewöhnlichen Sinne und theologischen Streit sollten sie nicht pflegen, sondern die Lebensfragen der Zeit, soziale und sozialpolitische Probleme, über den Parteien stehend, erörtern. Faktisch blieb Wichern aber den Konservativen verhaftet und wurde von den progressiv-revolutionären Kräften heftig attackiert.

Aus der Inneren Mission und ihrer Arbeit an den „höheren Ständen" gingen 1852 die *Protestantischen Monatsblätter für innere Zeitgeschichte* hervor. Der Herausgeber, Heinrich Gelzer (1813–1889), öffnete sie für alle Fragen des Glaubens und Lebens. Die aktuellen Zeitfragen wurden vorrangig aufgegriffen. Die *Monatsblätter* waren frei von engem Nationalismus und in kirchlicher Hinsicht unionistisch sowie ökumenisch gesinnt.

3.2.2.5. Liberalismus. Rund zwei Jahrzehnte nach der Verdrängung des Rationalismus meldete sich der kirchliche →Liberalismus, der dessen legitime Anliegen fortführte, publizistisch zu Wort. Das bedeutendste Organ der liberalen Richtung war die *Protestantische Kirchenzeitung für das evangelische Deutschland.* Sie erschien von 1854 an. Zu den Herausgebern gehörten mit Ludwig Jonas (1797–1859) und Karl Leopold Adolf Sydow (1800–1882) Vertreter der „Schleiermacherschen Linken"; Redakteur war bis 1868 der Schleiermacher-Schüler Heinrich Krause (1816–1868). Die Zeitschrift wandte sich in scharfer Polemik gegen die neokonfessionelle und theologisch vermittelnde evangelische Publizistik. Ihr Programm hob das Ideal persönlicher Glaubensfreiheit und das Bekenntnis zu einer undogmatischen Union hervor. Von einer reformatorischen Basis aus wurde mit den Naturwissenschaften, der Geschichtsforschung und der Philosophie ein offener Dialog geführt. Ohne dessen eigentliches Organ zu werden, stand die *Protestantische Kirchenzeitung* dem 1865 gegründeten *Deutschen →Protestantenverein* nahe.

Die *Neue Evangelische Kirchenzeitung* wurde von zahlreichen Professoren und Repräsentanten der Konsistorien getragen. Unter den Herausgebern war C.I. →Nitzsch, der Exponent der „Schleiermacherschen Rechten"; dieser Richtung gehörte auch der Redakteur Karl Ferdinand Hermann Meßner (gest. 1886) an. Die 1859 ins Leben gerufene Zeitschrift ging aus der zwei Jahre zuvor entstandenen →Evangelischen Allianz hervor und förderte die evangelische Einigungsbewegung im ökumenischen Geist. Als Verfechterin der Union grenzte sie sich in Name und Inhalt von Hengstenbergs *Evangelischer Kirchenzeitung* ab. Mehr und mehr distanzierte sie sich aber auch vom Protestantenverein. Erbauliche und wissenschaftliche Artikel traten zurück. Das Blatt gewann Zeitungscharakter und fand in den evangelischen Landeskirchen die breiteste Resonanz.

Als Erbe trat Adolf →Stoecker auf. Seine 1887 gegründete *Deutsche Evangelische Kirchenzeitung* erhielt aber einen anderen Akzent. Sie war evangelisch im Sinne der Reformation Augsburgischen Bekenntnisses und deutsch im Interesse eines großen Vaterlandes, das seinen evangelischen Charakter gegenüber römischer Einflußnahme wahrt. In kirchlicher Hinsicht wurden eine →Presbyterial-synodale Kirchenverfassung und die Unabhängigkeit vom Staat zum Ziel erklärt. Neben die nationale trat eine soziale Mission. Das Blatt lag auf der Linie der ebenfalls 1887 von Stoecker gegründeten *Christlich-Sozialen Arbeiterpartei.* Die Zeitschrift *Hilfe – Gotteshilfe, Selbsthilfe, Staatshilfe, Bruderhilfe*, die F. →Naumann 1894 ins Leben rief, hob sich von diesem Kurs ab.

Die Kombination von „deutsch" und „evangelisch" war vorgeprägt durch die von Willibald Beyschlag (1823–1900) aus Halle 1876 gegründeten *Deutsch-Evangelischen Blätter*, die sich als Organ der sog. Mittelpartei (vgl. TRE 26,33,46ff.) zwischen der →Orthodoxie und dem Protestantenverein ansiedelten. Beyschlag, von Schleiermacher und seinen Schülern zur Rechten beeinflußt, verband weitherzigen Unionismus mit deutsch-preußischem Nationalismus und entschiedenem Antiromanismus.

3.2.3. Die letzte bedeutende protestantische Zeitschriftengründung im 19. Jh. war die *Christliche Welt* (→Kulturprotestantismus). Der sächsische Pfarrer und spätere Marburger Professor Martin →Rade gründete sie 1887 zusammen mit Kollegen und übernahm die Redaktion. Das Blatt wollte sich von der theologisch-kirchlichen Richtungspublizistik, die für überholt gehalten wurde, bewußt unterscheiden und einen neuen Typ evangelischer Zeitschriften einführen. Es definierte sich nicht als Zeitschrift für Theologen, sondern als Gemeindeblatt für die Gebildeten.

Trotz der Position bei der liberalen Theologie Albrecht →Ritschls wurde auf ein Programm verzichtet. Über den Parteien stehend, wollte die *Christliche Welt* vom Standpunkt des durch Luther dem deutschen Volk lieb gemachten Evangeliums aus alle interessierenden Fragen kirchlicher, religiöser und moralischer Natur aufgreifen. Zwischen Evangelium und Kultur, Glaube und Wissenschaft wurde eine Brücke geschlagen. Für die evangelisch-soziale Bewegung war man aufgeschlossen. Die *Christliche Welt* wollte dazu helfen, daß die von Gott geschaffene Welt christlich ist und wird. Sie konnte das Christentum nicht im Sinne der römischen Kirche verstehen, aber das in ihr vorhandene Christliche ließ sie ohne konfessionalistische Engherzigkeit gelten.

Am Ende des 19. Jh. hatte die *Christliche Welt*, die sich zum Organ des „freien Protestantismus" entwickelte, mit 5.000 Beziehern eine respektable Auflage erreicht.

Die Gesamtauflage Allgemeiner Kirchenzeitungen und Kirchenblätter auf evangelischer Seite betrug 1892 nur etwas über 10.000 Exemplare (Mehnert, Presse 168). Die überregionalen Zeitschriften standen damit vor einem erheblichen „Kommunikationsproblem" (Kantzenbach 206): Sie sprachen ein ausschließlich gebildetes, theologisch interessiertes Publikum in insgesamt unbefriedigender Zahl an, konnten also nur Multiplikatoren, nicht aber die Masse mobilisieren.

3.3. Die Sonntagsblätter als religiöse Volkspresse

Es war J.H. Wichern, der verstärkt über die Möglichkeit nachdachte, an die entchristlichte Bevölkerung über die Presse heranzukommen. In seiner Denkschrift *Die innere Mission der deutschen evangelischen Kirche* von 1849 entwarf er ein weitreichendes Programm. Die evangelische Publizistik solle die Predigt in den Gotteshäusern und auf den Straßen über bisherige Maßnahmen hinaus ergänzen durch die Verbreitung von Volksliteratur und Flugschriften, aber auch durch populäre religiöse Zeitschriften für den gemeinen Mann und die entkirchlichte Masse. Wichern forderte, das Erbauliche zurückzustellen und das Faktische zu betonen. Neben die Andacht, die die Bibel in geschichtlichem Verständnis und lebensbezogen auslegt, stellte er die Berichterstattung über das kirchliche Zeitgeschehen und die kommentierte politische Wochenübersicht. Aus diesen Elementen sollte ein wirkliches Sonntagsblatt entstehen. Sie bestimmten dieses Genre religiöser Volkspresse bis in das 20. Jh. hinein. Den überregionalen Zeitschriften für Theologen und Gebildete wurde mit den Sonntagsblättern also eine regional gestreute, populär gestaltete „Kirchengebietspresse" an die Seite gestellt.

Wichern griff eine Entwicklung auf, die vorher begonnen hatte. Das erste evangelische Sonntagsblatt in Deutschland erschien bereits 1816. Sein Gründer war Pfarrer Pflaum in Helmbrechts (Oberfranken). Von 1831 bis 1845 verlegte Karl Heinrich Beck in Nördlingen ein Sonntagsblatt, das Wicherns Vorschläge zum Inhalt schon vorwegnahm. Nach 1848 erlebte die Publizistik einen großen Aufschwung. Auch zahlreiche neue Sonntagsblätter erschienen, so *Der Nachbar* in Hamburg (1848), der *Kasseler Sonntagsbote* (1857), das *Stuttgarter Sonntagsblatt* (1866), das *Hannoversche Sonntagsblatt* (1868), das *Evangelische Sonntagsblatt aus Bayern* (1883) oder der Berliner *Sonntagsfreund* (1884). Bis zur Jahrhundertwende entstanden insgesamt 46 Sonntagsblätter mit einer Gesamtauflage von über einer Million Exemplaren (Mehnert, Presse 168).

Das von Wichern proklamierte Ideal wurde aber nicht immer erreicht. Der Akzent konnte zugunsten des Erbaulichen verlagert werden, was politische Aussagen jedoch nicht verhinderte. Es kam zu einer „Politik der Unpolitischen" (Meier-Reutti). Die Sonntagsblätter schlossen sich bestimmten theologischen Richtungen an, z. B. der →Erwekkung und dem Neuluthertum, und übertrugen auch deren politische Orientierung auf ihre Leserschaft.

Die bayerische Kirchengebietspresse etwa war im Neuluthertum beheimatet und teilte ohne Unterscheidung den Standpunkt der konservativen Reaktion. Sie folgte der Devise „Thron und Altar" und der Idee eines „christlichen Staates". Als Staatsform wurde die konstitutionelle Monarchie akzeptiert, dabei aber das monarchische Element betont. Der Konservativismus verband sich mit dem Nationalismus: Evangelisch sein bedeutete, nicht nur orthodox und konservativ, sondern auch national eingestellt zu sein. Christlicher und „deutscher" Glaube flossen ineinander. Liberalismus, Demokratie, Sozialdemokratie, Ultramontanismus und Judentum wurden in der Folge dieser politischen Fixierung als staatsfeindliche Bestrebungen angesehen.

3.4. Kirche und weltliche Tagespresse

Außer der christlichen Volkspresse in Form der Sonntagsblätter entdeckte die Innere Mission auch die Bedeutung des Visuellen für den Menschen und schuf als Gegenüber zur Illustriertenpresse 1864 eine bebilderte Wochenzeitschrift. Spezialkonferenzen griffen immer wieder die publizistische Thematik auf und wandten der Tagespresse ihr Augenmerk zu. Die Idee einer evangelischen Tageszeitung wurde verworfen, aber christliche Präsenz in der weltlichen Tagespresse nachdrücklich gefordert. War es zunächst vorwiegend um kritische Beobachtung der Tageszeitungen gegangen, so stand von 1850 an die Frage kirchlicher Einflußnahme auf die Öffentlichkeit mit Hilfe dieses Mediums im Raum.

Im Jahr 1874 gründete der *Schlesische Provinzialverein* einen „evangelischen Preßverband" mit dem Ziel, auf die vorhandene Tagespresse einzuwirken. Der *Kongreß der Inneren Mission* von 1875 griff diesen Gedanken auf und nannte als geeignete Mittel der Einflußnahme „Zeitungseinsendungen“, also Leserbriefe, aber auch Nachrichten und Berichte. 1876 erschien die *Evangelische Korrespondenz für Deutschland*. Mit ihr war der erste Versuch gemacht worden, neben den kirchlichen auch weltliche Redaktionen zu beliefern. Parallel zur Inneren Mission entwickelte der 1886 gegründete *Evangelische Bund zur Wahrung der deutsch-protestantischen Interessen* eine Pressestrategie. Er stellte sich die Aufgabe, Recht und Ehre des deutschen Protestantismus gegen den römischen Ultramontanismus zu verteidigen und evangelisches Gemeindebewußtsein zu wecken. Dazu sollte die weltliche Presse in den Dienst genommen werden. Ab 1887 gab der *Evangelische Bund* die *Kirchliche Korrespondenz für die deutsche Tagespresse* heraus. Sie informierte unter Ausschluß innerprotestantischer Polemik über die evangelische Kirche und gab Handreichung für konfessionelle Friedensbestrebungen, wies aber auf den Einfluß der römischen Kurie hin. Die Innere Mission setzte ihre publizistischen Bemühungen 1891 fort mit der Gründung des *Evangelisch-Sozialen Preßverbandes für die Provinz Sachsen*. 1892 und 1894 kam es zu weiteren Versuchen einer Korrespondenz für die Lokalpresse mit der kostenlosen Abgabe von Festartikeln zu kirchlichen und vaterländischen Anlässen. 1898 entstand die *Korrespondenz für Innere Mission*, die Sonntagsbetrachtungen und Nachrichten aus der inneren und äußeren Mission wie aus der Kirche allgemein vertrieb. Über Vertrauensleute verteilt, erreichte sie nur mittlere und kleinere Tageszeitungen.

Nur mit den kirchenfreundlichen, konservativen Zeitungen schien ein Zusammenwirken möglich. Die anderen wurden als gottlos und unsittlich abgetan. Evangelische Publizistik war insgesamt Reaktion auf die weltliche Presse, die die kirchliche an Auflage und Einfluß übertraf, und blieb vom Ressentiment bestimmt. Zu einer wirklichen Kooperation oder Partnerschaft bedurfte es eines weiteren Schrittes.

4. Evangelische Publizistik im 20. Jahrhundert

4.1. Der zeitgeschichtliche Kontext

Das 20. Jh. ist für den deutschen Protestantismus und die evangelische Publizistik durch drei einschneidende Ereignisse bestimmt: (a) die Trennung von →Kirche und Staat nach dem Verlust des landesherrlichen Staatskirchentums im Jahre 1918 sowie die Neuordnung des evangelischen Kirchenwesens in der Weimarer Republik; (b) die Vorgänge um das Jahr 1933 und die zunehmende Auseinandersetzung mit dem Nationalsozialismus, die in manchen Landeskirchen die völlige Zerstörung der bestehenden Kirchenverfassung zur Folge hatte; (c) schließlich der Untergang der nationalsozialistischen Diktatur mit dem Ende des Zweiten Weltkrieges und der beginnende kirchliche Neuaufbau nach 1945 im geteilten Deutschland bis zur Wiedervereinigung im Jahr 1990.

Die Zeit zwischen den beiden Weltkriegen stellt für Theologie und Kirche eine Phase des Umbruchs und Aufbruchs dar. Der Untergang des Kaiserreiches hatte in weiten Teilen des Protestantismus zu Ressentiments gegenüber der Weimarer Republik geführt. Ein neuer Irrationalismus, der sich gegen die Errungenschaften der Aufklärung sowie gegen Materialismus und Mechanismus wandte, ließ die Romantik wieder neu erstehen. Der liberal geprägte Kulturprotestantismus strebte nach einer Versöhnung von evangelischer Weltanschauung und moderner Kultur. Die Theologie K. Barths betonte die Diastase von Gott und Welt. In diesem theologischen Spannungsfeld bewegte sich die evangelische Publizistik bis 1945. Nach dem Zweiten Weltkrieg ergab sich für die Beziehungen zwischen Theologie, Kirche und Publizistik eine neue Problemlage mit einer Reihe unaufgearbeiteter Hypotheken (s.o. 1.1.3.).

4.2. Die erste Hälfte bis 1945

4.2.1. Die Institutionalisierung evangelischer Publizistik. Der *Evangelisch-Soziale Preßverband für die Kirchenprovinz Sachsen* hat den Anstoß für die Institutionalisierung evangelischer Publizistik (vgl. Schwanebeck, Gründung 362) und für eine bis zum Ersten Weltkrieg anhaltende Gründungsperiode landeskirchlicher und kirchenprovinzialer Preßverbände gegeben. Mit dem *Evangelischen Preßverband für Deutschland* (EPD), der im Jahre 1910 geschaffen wurde, erfolgte erstmals die Systematisierung und Organisation der evangelischen Pressearbeit. Dadurch begann sich die evangelische Publizistik von der Verbandspublizistik zu lösen und entwickelte sich so zu einem eigenständigen kirchlichen Handlungsfeld. Die Tagespresse wurde als unverzichtbarer Partner und Multiplikator evangelischer Interessen im Dienste der „öffentlichen Mission" entdeckt. Mit Beginn des Ersten Weltkrieges und der strengen Militärzensur geriet die dezidiert staatstreue Arbeit des EPD unter den Einfluß der deutschen Kriegspolitik. Unter August Hinderer (1877–1945), der seit 1918 den EPD leitete, wandelte sich die bisherige Pressearbeit zur umfassenden „Öffentlichkeitsarbeit". Eine umfangreiche Presse- und Kulturpolitik stellte die religiöse und volkspädagogische Dimension in den Vordergrund. Die Arbeit der Berliner Zentrale des EPD intensivierte die Kooperation mit der Tagespresse und verfolgte damit das Ziel, die „Ethisierung des Zeitungsinhaltes" voranzutreiben, „Ehrfurcht vor der Religion" zu wecken und die Kräfte „evangelischer Weltanschauung" (Hinderer, Pressewesen 511) öffentlich zur Geltung zu bringen.

Die seit 1924 angegliederte Geschäftsstelle des *Verbandes der deutschen evangelischen Sonntagspresse* und der im Jahre 1919 gegründete und regelmäßig zusammentretende *Deutsche Evangelische Pressetag* waren weitere Felder evangelischer Öffentlichkeitsarbeit, die nach Hinderers Vorstellung in Unabhängigkeit von Parteien und Kirchenleitungen geschehen sollte.

Neu aufkommende Kommunikationstechniken (Telefon, Telegraf) ermöglichten eine zügige Nachrichtenübermittlung des evangelischen Nachrichtendienstes *epd*. Die von Hinderer in neuer Folge herausgegebene Zeitschrift *Eckart* entwickelte sich zur führenden evangelischen Kulturzeitschrift. Ein zentrales publizistisches Organ bildete die 1924 gegründete Zeitschrift *Das Evangelische Deutschland – Kirchliche Rundschau für das Gesamtgebiet des Deutschen Evangelischen Kirchenbundes*. Durch Hinderers Initiative kam es zur Gründung der *Internationalen Christlichen Pressekonferenz* (Bern 1926). Als bedeutendes Dokument für eine ökumenisch orientierte, christliche Pressearbeit gelten in diesem Zusammenhang Hinderers „Leitsätze zu ‚Presse und öffentliche Meinung'" (Hinderer, Schrifttum 93ff.) aus dem Jahre 1925.

Der aufkommende Nationalsozialismus drängte die evangelische Publizistik zunehmend in die Illegalität. Das Jahr 1933 wurde im Zusammenhang mit dem beginnenden Kirchenkampf zum Schicksalsjahr (Stoll, Zeitschriftenpresse) für die evangelische Presse. Der Nationalsozialismus verfolgte eine radikale Umgestaltung des gesamten Pressewesens, schränkte die Pressefreiheit ein und instrumentalisierte Rundfunk und Film als Mittel der Volkspropaganda. Im Zuge der „Entkonfessionalisierung des öffentlichen Lebens" war auch die evangelische Publizistik der Gleichschaltungspolitik ausgesetzt, die zahlreiche Zensurmaßnahmen, Verbote und schließlich ihre Beseitigung (1941) zur Folge hatte.

4.2.2. Gemeinde- und Sonntagsblätter, Kleinpublizistik. Seit der Jahrhundertwende erlebte die „evangelische Volkspresse" (Sonntags-, Volks-, Unterhaltungs- und Familienblätter), die sich an kirchlich gebundene Adressaten wandte, eine Blütezeit.

Im Jahre 1908 erreichten die evangelischen Sonntagsblätter eine Gesamtauflage von über 1,7 Millionen Exemplaren. Zur Förderung dieses Schrifttums wurde 1904 die *Zentrale für evangelische Sonntagsblätter* ins Leben gerufen, deren Arbeit der 1917 gegründete und gleichnamige Verband fortsetzte.

Die volksmissionarisch orientierten lokalen Gemeindeblätter entwickelten sich bis 1914 zu einem „speziellen Zweig kirchlicher Publizistik" (Mehnert, Presse 215). Während des Ersten Weltkrieges kam es durch die Preßverbände, die Innere Mission und den →Evangelischen Bund zu einer Intensivierung der apologetischen Kleinpublizistik (Broschüren, Flugblätter). Nach 1918 entstand für die evangelische Kirchenpresse eine wirtschaftliche Notsituation. Die Auflagenzahlen sanken drastisch. Nur durch einen Nothilfefonds konnte der befürchtete Untergang der Kirchenpresse abgewendet werden. In der Weimarer Zeit lebten die evangelischen Blätter neu auf. Anläßlich der im Jahre 1928 in Köln stattfindenden Internationalen Presseschau, der *Pressa*, präsentierte sich das evangelische Pressewesen wiedererstarkt einer breiteren Öffentlichkeit.

Eine Bestandsaufnahme aus dem Jahr 1929 ergab für die evangelischen Blätter eine Gesamtauflage von 17 Millionen Exemplaren, wobei vor allem die Jugend- und Gemeindeblattpresse eine deutliche Wachstumsrate verzeichnete. Dennoch konnte die darin dokumentierte Vielfalt nicht über die „Zersplitterung und Doppelung der Kräfte“ (Handbuch der Evangelischen Presse XVII) hinwegtäuschen.

Mit dem Beginn des Kirchenkampfes häuften sich die direkten Eingriffe in die kirchliche Presse. Die Verordnung des Reichspräsidenten zum Schutz des Deutschen Volkes vom 4. Februar 1933 bildete die gesetzliche Grundlage zum Verbot kirchlicher Presseerzeugnisse. Der sog. Frick-Erlaß im gleichen Jahr untersagte die Erörterung kirchenpolitischer Fragen in der Tagespresse, der Kleinpublizistik, später dann auch in allen kirchlichen Periodika. Ab 1933 wurden Sprachregelungen erlassen, die die redaktionelle Arbeit einschränkten (Meier-Reutti, Politik 318). Flugblätter und Artikel der Gemeindepresse wurden verboten.

Die seit 1932 einsetzende Publizistik der →Deutschen Christen versuchte, in das entstandene Vakuum vorzustoßen. Inhaltlich verhielten sich die traditionellen kirchlichen Zeitschriften „bei konservativer Grundtendenz unpolitisch und kirchenpolitisch indifferent“ (Mehnert, Presse 235). Auch versäumte es die Kirchenpresse „auf Grund ihrer Bindung an den christlich-nationalen und ihrer Annäherung an den rassischen Antisemitismus, sich ‚schützend vor die Juden zu stellen‘“ (Meier-Reutti, Politik 356).

Trotz des Bemühens Hinderers, mit der Gründung des *Reichsverbandes der evangelischen Presse* das kirchliche Pressewesen vor direkten staatlichen Eingriffen zu schützen, kam es in der Folgezeit zu einer Vielzahl von repressiven Maßnahmen. Die Verordnung der Reichspressekammer vom 1. Juni 1941, wonach die kirchlichen Publikationen aus „kriegswirtschaftlichen Gründen“ ihr Erscheinen einzustellen hätten, bedeutete – abgesehen von Hinderers *Evangelischem Deutschland*, das bis 1945 erscheinen konnte – schließlich das Ende der evangelischen Presse.

Das Vorgehen des Nationalsozialismus, der die Entöffentlichung der Kirche durch das Ausschalten ihrer Publizistik herbeizuführen suchte, trug vor allem im Kreis der Bekennenden Kirche zum Entstehen einer illegalen Kleinpublizistik (Flugblätter, Rundschreiben) bei. Sie war ebenfalls einer massiven Verfolgung durch die Geheime Staatspolizei ausgesetzt. Diese Gewaltmaßnahmen führten schließlich auch zur totalen Vernichtung der nichtorganisierten evangelischen Publizistik.

4.2.3. Neue Medien: Rundfunk, Lichtbild, Film. In der Weimarer Zeit ergaben sich für die als „Öffentlichkeitsarbeit“ (Hinderer) betriebene evangelische Publizistik mit dem Aufkommen audiovisueller Medien (Rundfunk; Lichtbild; Film; Schallplatte) neue Arbeitsschwerpunkte.

In Zusammenarbeit mit dem *Central-Ausschuß für Innere Mission* errichtete der EPD 1922 als Koordinationsstelle für die evangelische Filmarbeit die *Evangelische Bildkammer*. 1924 wurde als Dachverband die *Evangelische Arbeitsgemeinschaft für Rundfunk* gegründet, die sich der Übertragung kirchlicher Morgenfeiern annahm und die evangelischen Interessen in diesem Medium vertreten sollte. Auf direkten Befehl Hitlers wurden 1939 alle kirchlichen Morgenfeiern verboten (Altmannsperger 27f.). Seit 1933 war die evangelische Filmarbeit den Okkupationsversuchen der Deutschen Christen und der restriktiven Politik des Nationalsozialismus ausgesetzt, bis auch sie schließlich 1941 zum Erliegen kam.

4.3. Die zweite Hälfte ab 1945

Nach dem Ende des Zweiten Weltkrieges stand die evangelische Publizistik vor einem organisatorischen und inhaltlichen Neubeginn. Ihre Entwicklung in den nach 1949 entstehenden beiden deutschen Staaten bis zur Wiedervereinigung (1990) verlief gegensätzlich. Während in der Bundesrepublik Deutschland die freiheitliche Demokratie den Kirchen und ihrer Publizistik weitreichende Rechte einräumte, setzte die Deutsche Demokratische Republik der evangelischen Pressearbeit ideologische und politische Grenzen.

Die evangelische Publizistik verfügte über fünf evangelische Sonntagsblätter, den *Evangelischen Nachrichtendienst in der DDR* (ENA) und drei kirchlich-theologische Monatszeitschriften (*Zeichen der Zeit*; *Die Christenlehre*; *Theologische Literaturzeitung*). Sie war hinsichtlich ihres Umfangs, Inhalts sowie ihrer Auflagenhöhe den Lizenzbestimmungen des DDR-Ministerrates unterworfen und konnte nur über den Postvertrieb den ausschließlich kirchlich gebundenen Adressatenkreis erreichen. Genehmigungspflichtige Gemeindebriefe mußten sich auf knappe, gemeindeinterne Informationen beschränken. Bedeutung erlangte u.a. die Kleinpublizistik (hektographierte Rundschreiben), die mit dem Vermerk „Nur zum innerkirchlichen Dienstgebrauch" keiner staatlichen Zensur unterzogen war. Ab 1978 eröffnete sich der evangelischen Publizistik in der DDR über kirchliche Sendungen der direkte Zugang zu den elektronischen →Medien.

4.3.1. Die institutionalisierte Publizistik. In der Bundesrepublik Deutschland hatte die Evangelische Kirche weitgehende Freiheiten beim Wiederaufbau ihrer Publizistik (vgl. TRE 22,320ff.). Es kam zu einer stärkeren Anbindung an die verfaßte Kirche (Mehnert, Presse 253). Die evangelische Publizistik erhielt in Analogie zur landeskirchlichen Struktur der EKD eine föderative Gestalt.

Im Jahre 1948 wurde die Zusammenarbeit der Betheler Zentralredaktion des *Evangelischen Pressedienstes* (epd) mit den einzelnen epd-Landesdiensten in Gestalt der *epd-Konferenz* intensiviert. 1951 kam es zur Gründung des *Gemeinschaftswerkes der Evangelischen Presse*, das 1973 mit dem bisherigen Dachverband EPD zum *Gemeinschaftswerk Evangelische Publizistik* (GEP) *e.V.* in Frankfurt am Main zusammengeführt wurde. Die dort seit 1968 ansässige epd-Zentralredaktion, die seit 1974 zum GEP gehört, beliefert in Kooperation mit den epd-Landesdiensten die säkulare und kirchliche Presse sowie die Rundfunkstationen mit tagesaktuellen Nachrichten, Dokumentationen und Kommentaren zu Vorgängen in Kirche, Ökumene und Gesellschaft. Hinzu kommen zahlreiche Fachkorrespondenzen für Hörfunk, Fernsehen und Film. Seit 1992 wird der epd-Basisdienst über Satellit verbreitet. 1950 entstand für die journalistische Ausbildung und Schulung die *Christliche Presseakademie* (cpa), seit 1988 *Evangelische Medienakademie/cpa*. 1995 richtete das GEP die *Evangelische Journalistenschule* in Berlin ein.

Auf dem Boden der Evangelischen Allianz entwickelte sich mit der Gründung des Informationsdienstes *idea* (1970) der spezifische Typ evangelikaler Publizistik, die „einer zu missionierenden Öffentlichkeit" (Dettmar 254) gegenübertritt.

Während der Pressedienst *idea* sich um die Außenkommunikation bemüht, dient die seit 1979 wöchentlich erscheinende Wochenzeitschrift *idea-Spektrum* der „Innenkommunikation in den kirchlich-evangelikalen Raum hinein" (Winterhager 533). Die Arbeitszweige des Wetzlarer Hauses umfassen inzwischen den *idea-Funkdienst*, die *Pressedienst-Basisausgabe*, *spektrum*, Dokumentationen, *idea-Bild*, Bildschirmtext, eine englische Ausgabe und einen Anzeigenverlag. 1975 wurde die *Konferenz Evangelikaler Publizisten* (kep) gegründet. Der *Evangeliums-Rundfunk e.V.* (seit 1959) versteht sich mit der Akzentuierung von →Evangelisation und →Seelsorge als Ergänzung des kirchlichen Angebotes.

4.3.2. Kirchenpresse. Nach Aufhebung des Lizenzzwanges für die Presse (1949) kam es zu zahlreichen Neugründungen von kirchlichen Blättern (vgl. TRE 22,322f.), vor allem im Bereich von →Mission und →Diakonie. 1948 entstanden die Wochenzeitungen *Sonntagsblatt* (danach *Deutsches Allgemeines Sonntagsblatt,* seit 1995 *DS – Das Sonntagsblatt)* und *Christ und Welt* (später *Deutsche Zeitung*, 1980 Fusionierung mit dem katholischen *Rheinischen Merkur*). Die seit 1960 aufkommenden lokalen Gemeindebriefe gewinnen zunehmend an Bedeutung für die parochiale →Kommunikation (Medien und Kirche II, 25).

Das Erscheinungsbild der evangelischen Printmedien (vgl. Kollmar 32) umfaßte 1994 neben 18 überregionalen Kirchengebietszeitungen (wöchentliche Gesamtauflage: 750.000) die Wochenzeitschrift *DS – Das Sonntagsblatt* (Auflage: 90.000 Exemplare), kirchliche Verbandszeitschriften und PR-Veröffentlichungen der Werke und Dienste sowie neuerdings kostenlose „Kundenzeitschriften" für die Mitglieder einzelner Landeskirchen. Zwar verlor die Kirchengebietspresse in den letzten beiden Jahrzehnten 35,7 % ihrer Auflage, doch scheint der negative Trend, der sich besonders in den neuen Bundesländern abzeichnet, nach einer jüngsten Untersuchung (Kirchengebietspresse 15) gebremst zu sein, wenngleich das Erscheinungsbild, die inhaltliche Ausrichtung und die finanzielle Unabhängigkeit der Kirchenpresse von den „kirchenleitenden Geldgebern" (Engelbrecht 25) nach wie vor einer ernsthaften Diskussion bedürfen.

4.3.3. Rundfunk, Film. Der Neuaufbau der evangelischen Hörfunkarbeit und der Beginn der Fernseharbeit vollzogen sich u.a. auf der Ebene der landeskirchlichen Presseverbände. 1949 ernannte die Evangelische Kirche in Deutschland (EKD) einen eigenen Beauftragten für die Filmarbeit. 1955 richtete sie für die evangelische Zusammenarbeit mit Film, Fernsehen und Hörfunk die *Kammer für publizistische Arbeit* ein, die 1979 den *Publizistischen Gesamtplan der EKD* mit Begründungen, Feststellungen und Empfehlungen für eine evangelische Medienarbeit erstellte. Auf die Einführung des „dualen Rundfunksystems" reagierte die evangelische Publizistik mit der Schaffung einer neuen Infrastruktur.

Der kommerzielle Hörfunk wird vom *Evangelischen Hörfunkdienst* (ehd), den regionalen Funkagenturen und speziellen Beauftragten mit kirchlichen Themen beliefert. Die Zusammenarbeit mit einzelnen privaten Anbietern im Bereich des Fernsehens regeln vertragliche Vereinbarungen.

Quellen

1. *Zeitschriften:* Allg. Ev.-Luth. Kirchenztg. Red. Christoph Ernst Luthardt, Leipzig 1 (1868)–74 (1941) (AELKZ), fortges. u.d.T.: Ev.-Luth. Kirchenztg. (1947–1961) (ELKZ), danach als Luth. Monatsh. (LM). – Allg. Kirchenztg. Zugl. ein Archiv f. die neueste Gesch. u. Statistik der christl. Kirchen nebst einer kirchenhist. u. kirchenrechtlichen Urkundensammlung. Red. Ernst Christoph Philipp Zimmermann, Darmstadt, Leipzig 1 (1822)–69 (1936) (AKZ). – Die Christl. Welt. Ev.-Luth. Gemeindebl. f. die Gebildeten (1. Jg. u.d.T.: Ev.-Luth. Gemeindebl. f. die gebildeten Glieder der ev. Kirche). Red. Martin Rade (1932 Hermann Mulert), Leipzig 1 (1887)–55 (1941) (ChW). – Dt.-Ev. Bl. Zs. f. den gesamten Bereich des Protestantismus. Hg. v. Willibald Beyschlag u. Albrecht Wolters, seit 1900 v. Erich Haupt, Halle 1 (1876)–33 (1908) (DEBl), fortges. u.d.T.: Dt.-ev. (1910–1920) (DE). – Dt. ev. Kirchenztg. Wochenschr. zur Pflege ev. Gemeindelebens u. zur Förderung kirchl. Selbständigkeit. Hg. v. Adolf Stoecker, Berlin 1 (1887)–16 (1902) (DEKZ), fortges. u.d.T.: Die Reformation. Dt. ev. Kirchenztg. f. die Gemeinde (Refor.). – Ev. Kirchenztg. Hg. v. Ernst Wilhelm Hengstenberg, Berlin, Greifswald 1 (1827)–186 (1919) (EKZ), fortges. u.d.T.: Monatsbl. der Vereinigung der Ev.-Luth. innerhalb der Preußischen Landeskirche (MVEL). – Ev. Sonntagsbl. aus Bayern (1883–1918). – Ev. Gemeindebl. f. den Dekanatsbezirk München 1892–1918. – „Nürnberger Ev. Gemeindebl." (1893–1918). – Fliegende Bl. als offener Brief aus dem Rauhen Hause zu Horn bei Hamburg v. Johann Hinrich Wichern, Vorsteher des Rauhen Hauses, Hamburg, Agentur des Rauhen Hauses, 1 (1844)–62 (1905) (FBRH). Seit 1849 Untertitel: Organ des Centralausschusses f. die innere Mission der dt. ev. Kirche, fortges. u.d.T.: Die innere Mission im Ev. Deutschland (IMED). – Neue Allg. Kirchen-Ztg. zum Ausbaue der Kirche Christi. Hg. v. H. Stephani u. G.M. Weber, Nürnberg 1 (1831)–2 (1832). – Neue ev. Kirchenztg. Auf Veranstaltung des dt. Zweiges des Ev. Bundes. Hg. v. Hermann Meßner, Berlin 1 (1859)–27 (1886) (NEKZ), fortges. u.d.T.: Dt. ev. Kirchenztg. (DEKZ). – Prot. Kirchenztg. f. das ev. Deutschland. Hg. v. Karl August Credner, Theophor Wilhelm Dittenberger, H. Eltester, Karl August Hase, Ludwig Jonas, Karl Heinrich Wilhelm Schwarz, Karl Leopold Adolf Sydow, Karl Zittel. Red. Heinrich Krause, Berlin 1 (1854)–43 (1896) (PKZ), fortges. u.d.T.: Prot. Monatsh. Neue wiss. Folge der Prot. Kirchenztg. (1897–1921) (PrM). – Prot. Monatsbl. f. innere Zeitgesch. Zur Beleuchtung der Arbeiten u. Aufgaben der christl. Gegenwart [wechselnder Untertitel]. Unter Mitw. v. Isaak August Dorner, Karl Rudolf Hagenbach, W. Hoffmann, Karl Bernhard Hundeshagen, Carl Immanuel Nitzsch, Clemens Theodor Perthes, Karl Ullmann, Wilhelm Wackernagel, Johann Hinrich Wichern u.a. hg. v. Heinrich Gelzer, Gotha 1 (1852/53)–36 (1870) (PMIZG). Ab 29 (1867): Monatsbl. ... (MIZG). – Zs. f. Protestantismus u. Kirche, hg. v. Gottlieb Christoph Adolf v. Harleß, Erlangen 1 (1838)–5 (1840), NF 1 (1841)–72 (1876) (ZPK).

2. *Weiteres Quellenmaterial:* Ev. Preßbestrebungen u. Hoffnungen. Jb. des Ev.-Sozialen Preßverbandes f. die Provinz Sachsen, hg. v. Stanislaus Swierczewski, Halle a.d.S. 1908ff. – Ev. Presse. Eine Bestandsaufnahme ev. Periodika, hg. vom Gemeinschaftswerk der Ev. Publizistik, Frankfurt a.M. 1978. – Ev. Presse heute. Ber. u. Dokumente aus den Jahren 1951–1966, hg. v. Günter Heidtmann/Eberhard Stammler, München 1966. – Hb. der Inneren Mission. I. Die Organisation der Inneren Mission, hg. vom Central-Ausschuss f. die Innere Mission der dt. ev. Kirche, Berlin-Spandau 1929, 293–320. – Die Kirchengebietspresse. Vielseitig u. leistungsstark, hg. vom Gemeinschaftswerk der Ev. Publizistik, Frankfurt a.M. 1993. – Medien u. Kirche. Einf. in das Schwerpunktthema der Synode der EKD vom 1. bis 6. November 1992 in Suhl, 2 T., Frankfurt a.M. 1992 (Ms.). – Nachrichten über ev. Preßarbeit Nr.1–3, hg. vom Ev. Preßverband f. Deutschland, Berlin 1914. – Publizistischer Gesamtplan der EKD, vorgelegt v. der Kammer der EKD f. publizistische Arbeit u. im Auftrag des Rates der EKD hg. v. der Kirchenkanzlei, Gütersloh 1979. – Tätigkeitsber. des Ev. Preßverbandes f. Deutschland, Berlin 1910ff.

Literatur

Karin Achtelstetter, „Die Kirche kann sich nicht selbst wollen, bauen, rühmen ...". Krit. Anfragen zum Thema „Werben f. die Kirche?": Publizistische Konferenz 1994 – Werben f. die Kirche – Pro u. Contra neue Wege, Dokumentation Bayreuth (14.4.1994), hg. vom Landesausschuß f. Publizistik der Ev.-Luth. Kirche in Bayern, München 1994, 8–10. – Horst Albrecht, Die Religion der Massenmedien, Stuttgart/Berlin/Köln 1993. – Dieter Altmannsperger, Der Rundfunk als Kanzel? Die ev. Rundfunkarbeit im Westen Deutschlands 1945–1949, Neukirchen-Vluyn 1992 (Hist.-Theol. Stud. zum 19. u. 20. Jh. 4). – Georg Arndt, Pressearbeit u. Verlag des Ev. Bundes 1887–1928, Berlin 1928. – Karl Barth, Quousque tandem: ders., „Der Götze wackelt". Zeitkrit. Aufs., Reden u. Briefe v. 1930–1960, hg. v. Karl Kupisch, Berlin 1961, 27–32. – Josef Benzinger, Zum Wesen u. zu den Formen v. Kommunikation u. Publizistik im MA: Publizistik 15 (1970) 295–318. – Hansjörg Biener, Die „Zs. f. Protestantismus u. Kirche" (1838–1876) in ihrer Entwicklung: ZBKG 55 (1986) 113–157. – Ders., Der Pressekrieg des homiletisch-liturg. Korrespondenzbl.: ZBKG 59 (1990) 117–147. – Ders., Christl. Rundfunksender weltweit. Rundfunkarbeit im Klima der Konkurrenz, 1994 (CThM.PT 22). – Heidi Buch, Sic audeunt clerici bellum. Also führen die Geistlichen den Krieg. Polemik in Gegenreformation u. 30jährigem Krieg. Der publizistische Kampf zw. Lutheranern, Calvinisten u. Jesuiten um die öffentliche Meinung in Flugbl. u. Schr., Diss. theol. Tübingen 1995. – Karl-Werner Bühler, Die Kirchen u. die Massenmedien. Intentionen u. Institutionen konfessioneller Kulturpolitik in Rundfunk, Fernsehen, Film u. Presse nach 1945, Hamburg 1968 (Konkretionen 4). – Ders., Presse u. Protestantismus in der Weimarer Republik. Kräfte u. Krisen ev. Publizistik, 1970 (EPF 1). – Richard G. Cole, The Reformation in Print. German Pamphlets and Propaganda: ARG 66 (1975) 93–102. – Giles Constable, Papal, Imperial, and Monastic Propaganda in the 11th and 12th Century: Prédication et propagande au moyen âge. Islam, Byzance, Occident. Penn-Paris-Dumbarton Oaks Colloquia, IIIe session des 20.–25. octobre 1980, Paris 1983, 179–199. – Volker Dettmar, Interesse u. Information. Vergleich der Presseagenturen Ev. Pressedienst u. Informationsdienst der Ev. Allianz. Ein Beitr. zu den Strukturmerkmalen kirchl. Informationspolitik u. deren theol. Begründung, 1994 (EHS R. 40. Kommunikationswiss. u. Publizistik 44). – Hans Joachim Dörger, Kirche in der Öffentlichkeit. Programme u. Probleme ihrer publizistischen Repräsentanz, Stuttgart/Berlin/Köln/Mainz 1979. – Volker Drehsen, Fachzeitschriftentheologie. Programm u. Profil eines Gattungstyps moderner Prakt. Theol. am Beispiel der „Monatsschr. f. die kirchl. Praxis" (1901–1920): Der dt. Protestantismus um 1900, hg. v. Friedrich Wilhelm Graf/Hans Martin Müller, Gütersloh 1996 (Veröff. der Wiss. Gesellschaft f. Theol. 9) 67–100. – Sebastian Engelbrecht, Pressefreiheit in der Kirche? Einige grundsätzliche Fragen anläßlich der bevorstehenden Neuordnung der Kirchengebietspresse in Berlin-Brandenburg: Medium 24,3 (1994) 23–25. – Werner Faulstich, Medientheorien, 1991 (KVR 1558). – Alois Fauser, Die Publizisten des Investiturstreits, München 1935. – Heinz-Dietrich Fischer, Hb. der politischen Presse in Deutschland 1480–1980. Synopse rechtlicher, struktureller u. wirtschaftlicher Grundlagen der Tendenzpublizistik im Kommunikationsfeld, Düsseldorf 1981. – Robert Geisendörfer, Ev. Fernseharbeit – Eine Information über Möglichkeiten u. Grenzen: Die provozierte Kirche (s.u.) 167–183. – Ders., Für die Freiheit der Publizistik, hg. v. Ingeborg Geisendörfer, Stuttgart 1978. – Grundwissen Medien, hg. v. Werner Faulstich, München 1994 (UTB 1773). – Walter Hagemann, Grundzüge der Publizistik. Als eine Einf. in die Lehre v. der sozialen Kommunikation neu hg. v. Henk Prakke unter Mitarb. v. Winfried B. Lerg/Michael Schmolke, Münster 1966. – Karl Halaski, Aufgaben ev. Presse: Antwort. Karl Barth zum 70. Geburtstag am 10. Mai 1956, Zürich 1956, 536–544. – Ders., Die Presse ist nicht Kanzel: Die Kirche u. ihre Presse. Im Auftrag des Gemeinschaftswerks der Ev. Presse hg. v. Eberhard Stammler, München 1959, 34–47. – Martin Haug, Die Publizität der Verkündigung: Die Kirche u. ihre Presse (s.o. bei Halaski) 10–15. – Hb. der Ev. Presse, hg. v. Gerhard Kauffmann/August Hinderer, Leipzig 1929. – Hb. der Publizistik, 3 Bde., hg. v. Emil Dovifat, Berlin 1968–1969. – Günter Heidtmann, Meinungsbildende Macht im Sog der Propaganda: Die Kirche u. ihre Presse (s.o. bei Halaski) 61–79. – Reinhard Henkys, Publizistik u. Medienarbeit. Presse- u. Öffentlichkeitsarbeit der Kirche: HPTh(G) 4 (1987) 125–133. – Hans-Wolfgang Heßler, Ev. Publizistik als gesellschaftliche Aufgabe, Frankfurt a.M. 1993. – August Hinderer, Dt.-ev. Pressewesen: Der Protestantismus der Gegenwart, hg. v. Gotthilf Schenkel, Stuttgart ^{2}1929, 509–519. – Ders., Oekum. Schrifttum, Berlin 1927. – Ders., Art. Presse. III. Ev.-kirchl. Presse: RGG^{2} 4 (1930) 1448–1457. – Ders., Film u. Rundfunk als Objekt der Wiss. Die Publizistik u. die Zeitungswiss. vor neuen Aufgaben: Zeitungswiss. 9 (1934) 20–23. – Frank Thomas Hoefer, Pressepolitik u. Polizeistaat Metternichs. Die Überwachung v. Presse u. politischer Öffentlichkeit durch das Mainzer Informationsbüro (1833–1848), München 1982 (Dortmunder Beitr. zur Zeitungsforschung 37). – Kurt Hutten, Die Presse ist auch Kanzel: Die Kirche u. ihre Presse (s.o. bei Halaski) 48–60. – Hans Joachim Iwand, Nachgelassene Werke. II. Kirche u. Öffentlichkeit. Vortr. u. Aufs., München 1966, 11–45. – Friedrich Wilhelm Kantzenbach, Das Kommunikationsproblem theol. Zs. seit dem 17. Jh. u. die kirchl. Presse in der heutigen „Öffentlichkeit": ZRGG 35 (1983) 193–220. – Angela Kessler, Gesch.

der ev. Presse v. ihrem Beginn bis zum Jahre 1800, Diss. München 1956. – Joachim Kirchner, Das dt. Zeitschriftenwesen. Seine Gesch. u. seine Probleme. II. Vom Wiener Kongreß bis zum Ausgange des 19. Jh., Wiesbaden 1962. – Bernhard Klaus, Massenmedien im Dienst der Kirche. Theol. u. Praxis, 1969 (TBT 21). – Peter Kollmar, Anspruch u. Wirklichkeit. Die Kirche u. die Massenmedien: Die Medien – Herausforderung. Christen u. die Publizistik, hg. v. Helmut Matthies, Gießen 1994, 26–38. – Siegfried v. Kortzfleisch, Verkündigung u. „öffentliche Meinungsbildung". Ein Beitr. zur Grundlegung kirchl. Öffentlichkeitsarbeit, Stuttgart 1960. – Kurt Koszyk, Dt. Presse im 19. Jh. Gesch. der dt. Presse, T. 2, Berlin 1966 (Abh. u. Materialien zur Publizistik 6). – Wolfgang Kramer, Ernst Wilhelm Hengstenberg, die Ev. Kirchenztg. u. der theol. Rationalismus, Diss. theol. Erlangen 1972. – Gottfried Kretzschmar, Art. Kirchl. Publizistik: HPTh(B) 1 (1975) 216–227. – Karl J. Leyser, The Polemics of the Papal Revolution: Trends in Medieval Political Thought, ed. by Beryl Smalley, Oxford 1965, 42–65. – Focko Lüpsen, Der Weg der kirchl. Pressearbeit v. 1933 bis 1950: KJ 76 (1950) 415–454. – Medienkult – Medienkultur, hg. v. Siegfried v. Kortzfleisch u. Peter Cornehl, Berlin/Hamburg 1993 (Hamburger Beitr. zur Öffentlichen Wiss. 12). – Gottfried Mehnert, Programme ev. Kirchenzeitungen im 19. Jh., 1972 (EPF 2). – Ders., Ev. Presse. Gesch. u. Erscheinungsbild v. der Reformation bis zur Gegenwart, Bielefeld 1983 (EPF 4) (Lit.). – Gerhard Meier-Reutti, Politik der Unpolitischen. Kirchl. Presse zw. Theol. u. Gemeinde, 1976 (EPF 3). – Ders., Chancen kirchl. Presse. 90 Jahre ev. Kirchenpresse in Bayern. Gesch., Inhalt, Gestalt, München 1977. – Ders., Die Bergpredigt im Kontext der politischen u. sozialen Frage des 19. Jh. Ihre Auslegung in Theol., Predigt u. Kirchenpresse – untersucht nach kommunikationswiss. Methoden, HabSchr. theol. Erlangen 1980. – Ders., „Freiheit u. Stellvertretung". Zum Mandat christl. Publizistik: EpdD 26/1992, 1–19. – Sophia Menache, The vox dei. Communication in the Middle Ages, New York 1990. – Hans-Friedrich Meyer, Zeitungspreise in Deutschland im 19. Jh. u. ihre gesellschaftliche Bedeutung, Diss. Münster 1969 (Arbeiten aus dem Institut f. Publizistik der Univ. Münster 2). – Jürgen Miethke/Günter Weiß, Art. Publizistik: LMA 7 (1996) 313–318. – Friedrich Mildenberger, Gesch. der dt. ev. Theol. im 19. u. 20. Jh., 1981 (ThW 10). – Carl Mirbt, Die Publizistik im Zeitalter Gregors VII., Leipzig 1894. – Hans A. Münster, Art. Korrespondenzwesen: Hb. der Zeitungswiss., hg. v. Walther Heide, bearb. v. Ernst Herbert Lehmann, Leipzig 1940, 2585–2616. – Ders., Die moderne Presse. Das Ztg.- u. Zeitschriftenwesen im In- u. Ausland. I. Die Presse in Deutschland, Bad Kreuznach 1955. – Wolfgang Nixdorf, Rückblick auf die kirchl. Öffentlichkeitsarbeit in der DDR: Medium 22,3 (1992) 45–49. – Elisabeth Noelle-Neumann, Art. Öffentliche Meinung: Fischer-Lexikon Publizistik Massenkommunikation, hg. v. ders./Winfried Schulz/Jürgen Wilke, Frankfurt a.M. 1989, 255–266. – Dies./Jürgen Wilke, Art. Pressegesch.: ebd. 287–313. – Öffentlichkeitsarbeit der Kirche, hg. v. Holger Tremel, Frankfurt a.M. [2]1990. – Harry Oelke, Die Konfessionsbildung des 16. Jh. im Spiegel illustrierter Flugbl., 1992 (AKG 57). – Ernst-Albert Ortmann, Motive ev. Publizistik. Programme der Gründerzeit als Frage an die Theol., Witten 1969. – Matthias Pöhlmann, Publizistische Apologetik. Die Auseinandersetzung der „Apologetischen Centrale" mit rel. u. weltanschaulichen Bewegungen in der Weimarer Republik u. im Dritten Reich, Diss. theol. (masch.) Erlangen 1997. – Die provozierte Kirche. Überlegungen zum Thema Kirche u. Publizistik, hg. v. Herbert Breit u. Wolfgang Höhne, München 1968. – Heinz Pürer, Einf. in die Publizistikwiss. Systematik – Fragestellungen – Theorieansätze – Forschungstechniken, München [4]1990. – Ders./Johannes Raabe, Medien in Deutschland. I. Presse, München 1994. – Gerhard Sauter, Kirche u. Öffentlichkeit. Versuch eines „genetischen Komm." zu Ferdinand Hahns EKD-Synodalreferat 1970: Ferdinand Hahn/ders., Verantwortung f. das Evangelium in der Welt. EKD-Synodalreferat u. Komm., 1970 (TEH 167) 39–106. – Kurt Schatz, Werkbuch Kleinpublizistik. Gemeinde- u. Pfarrbriefe, Schüler- u. Stadtteilzeitungen, Infos, Vereinsmitt. professionell gestalten, herstellen u. verbreiten, Stuttgart/Frankfurt a.M. 1989. – Rolf Schieder, Religion im Radio. Prot. Rundfunkarbeit in der Weimarer Republik u. im Dritten Reich, Stuttgart/Berlin/Köln 1995. – Friedrich Carl Schilling, „Ev. Pressedienst". Gegenwart u. Gesch.: KZG 6 (1993) 497–512. – Ulrich Schindler, Zur Vorgesch. der „Zs. f. Protestantismus u. Kirche". Adolf Harleß' Streben nach kirchenpolitischem Einfluß u. seine Indifferenz im Konflikt zw. Luthertum u. Union 1837–1838: ZBKG 61 (1992) 137–147. – Ders., Von der Macht im „bayerischen Luthertum". Ideologiekrit. Analysen zur Entstehungsgesch. des luth. Konfessionalismus in Bayern (1825–1838), Diss. theol. Erlangen 1994. – Angelika Schmidt-Biesalski, Publizistik in der theol. Ausbildung. Eine Bestandsaufnahme: Medien u. Kirche. EKD-Synode, 1.–6.11.92 in Suhl, T. II. Dokumentation, 69–71. – Reinhard Schmidt-Rost, Lebensformen vermitteln. Eine Funktionsanalyse zur Unterscheidung v. Buch u. Zs. in der ev. Publizistik des frühen 18. Jh.: Publizistik 27 (1982) 340–348. – Ders., Verkündigung in ev. Zs. Elemente eines publizistisch-homiletischen Prozesses, 1982 (ErTh 5). – Heiner Schmitt, Kirche u. Film. Kirchl. Filmarbeit in Deutschland v. ihren Anfängen bis 1945, Boppard a. Rhein 1978 (Schr. des Bundesarchivs 26). – Walter Schricker, Publizistik als theol. Fach: Kommunikation in der Kirche, hg. v. Bernhard Klaus, Gütersloh 1979, 191–205. – Wilhelm Schubart, Das Buch bei den Griechen u. Römern, Berlin/Leipzig [3]1962. – Hans Jürgen Schultz, Weltlich v. Gott reden. Das Wort der Kirche im Rundfunk, Calw 1963 (CwH 63). – Axel Schwanebeck, Ev. Kirche u. Massenmedien. Eine hist. Analyse der Intentionen u. Realisationen ev. Publizistik, München 1990 (Lit.). – Ders., Die Gründung des ersten ev. Presseverbandes u. der Beginn einer institutionalisierten ev. Publizistik im 19. Jh.: Publizistik 36 (1991) 360–362. – Walter Schwarz, August Hinderer. Leben u. Werk, Stuttgart 1951. – Bernd Sösemann, Die konfessionelle Publizistik des 19. Jh. in der zeitgenössischen Auseinandersetzung u. als Gegenstand der Forschung: Seelsorge u. Diakonie in Berlin. Beitr. zum Verhältnis v. Kirche u. Großstadt im 19. u. beginnenden 20. Jh., hg. v. Kaspar Elm u. Hans-Dietrich Loock, 1990 (VHKB 74) 385–411. – Eberhard Stammler, Tendenzen der ev. Presse: Die Kirche u. ihre Presse (s.o. bei Halaski) 16–23. – Ders., Meinungsbildende Macht in der Versuchung des Konformismus: ebd. 80–89. – Walter Stark, Die Kriegsarbeit des Ev. Preßverbandes f. Deutschland: GKG 51 (1915) 181–186. – Rolf Stöver, Prot. Kultur zw. Kaiserreich u. Stalingrad. Porträt der Zs. „Eckart" 1906–1943, 1982 (SKZG 4). – Gerhard E. Stoll, Die ev. Zeitschriftenpresse der Gegenwart: Publizistik 4 (1957) 223–241. – Ders., Die ev. Zeitschriftenpresse im Jahre 1933, Witten 1963. – Ders., Erwägungen zur rel. Publizistik. Ev. Presse im Rahmen eines syst. Entwurfs: Publizistik 10 (1965) 15–21. – Ders., Zw. Ztg. u. Traktat. Ev. Religionspublizistik, hg. v. Friedrich Schwanecke, Bielefeld 1995. – Michael Strauß, Der konziliare Prozeß als Paradigma ev. Publizistik. Zum politischen Mandat der Kirchengebietspresse: ComSoc 25 (1992) 32–44. – Helmut Thielicke, Kirche u. Öffentlichkeit, Tübingen 1947. – Ders., Theol. Ethik. III/3. Ethik der Gesellschaft, des Rechtes, der Sexualität u. der Kunst, Tübingen 1964. – Jörg Ulrich, Die Anfänge der abendländischen Rezeption des Nizänums, 1994 (PTS 39). – Detlef Urban, Kirchen treten an die Öffentlichkeit: Die Ev. Kirchen in der DDR. Beitr. zu einer Bestandsaufnahme, hg. v. Reinhard Henkys, München 1982, 328–354. – Von Gott u. Welt reden. Kirche u. Theol. im Radio. FS Bernhard Klaus, hg. v. Gerhard Meier-Reutti, Karin Achtelstetter u. Matthias Pöhlmann, Erlangen 1993. – Rudolf Weeber, Erwartungen der Gemeinde: Die Kirche u. ihre Presse (s.o. bei Halaski) 24–27. – Friedrich Weichert, Die ev. Kirchenpresse Berlins. Ein Rückblick auf ihre Gesch.: Seelsorge u. Diakonie in Berlin (s.o. bei Sösemann) 413–426. – Jürgen Wilke, Nachrichtenausw. u. Medienrealität in vier Jahrhunderten. Eine Modellstud. zur Verbindung v. hist. u. empirischer Publizistikwiss., Berlin/New York 1984. – Beatrice Winter, Zur Problematik der Mitarb. der Ev. Kirche im Rundfunk der DDR in den Jahren 1946–1958. Eine Unters. unter Berücksichtigung der Entwicklung des Rundfunks u. des Verhältnisses v. Staat u. Kirche in der DDR, Inaugural-Diss. Berlin (West) 1979. – Wilhelm Ernst Winterhager, idea. Zwei Jahrzehnte kirchl. Alternativpublizistik: KZG 6 (1993) 523–541. – Heinrich Wuttke, Die dt. Zs. u. die Entstehung der öffentlichen Meinung. Ein Beitr. zur Gesch. des Zeitungswesens, Leipzig ^{3}1875.

Karin Achtelstetter (Abschnitte 1.–2.)
Gerhard Meier-Reutti (Abschnitt 3.)
Matthias Pöhlmann (Abschnitt 4.)

IV. Katholische Publizistik und Presse

1. Publizistik 2. Presse 3. Katholische Publizistik bis zum Ersten Weltkrieg 4. Die neuen Medien: Film und Hörfunk 5. Die Entwicklung von 1919 bis 1945 6. Die Zeit seit dem Ende des Zweiten Weltkrieges (Literatur S. 721)

1. Publizistik

1.1. Motive. Die Motive der katholischen Publizistik haben seit dem Konzil von Trient (→Tridentinum) drei Hauptphasen durchlaufen: Zunächst galt es, den Zustand der Römisch-katholischen Kirche zu restabilisieren. Dabei konnte man sich in den Grenzen des Römischen Reiches deutscher Nation auf eine Vielzahl katholischer Territorien unter geistlichen und weltlichen Fürsten stützen. Die Auseinandersetzung mit der Aufklärung – und speziell mit der katholischen Aufklärung im letzten Viertel des 18. Jh. – leitete die zweite Phase ein: Der Status quo ließ sich philosophisch, theologisch und ab 1803 (Reichsdeputationshauptschluß) staatspolitisch nicht mehr aufrechterhalten. In dieser Phase mußte die Kirche von der pastoralen, pädagogischen und restriktiv-kommunikationspolitischen Publizistik (*Index librorum prohibitorum*; 1559–1966) zur aktiven Auseinandersetzung mit der Öffentlichkeit übergehen. Hauptthemen waren der Kampf um eine neue Selbständigkeit innerhalb des säkularisierten Staates, die Abwehr des Liberalismus sowie die polemische Auseinandersetzung mit dem Protestantismus und dem preußischen Staat. Ein besonderes Problem ergab sich für die katholische Publizistik aus dem Umgang mit der Pressefreiheit. Einerseits galt sie als Ausgeburt der Revolution und insofern als die *numquam satis exsecranda et detestabilis libertas* (niemals genügend zu verwünschende und abscheuliche Freiheit; Papst Gregor XVI., Enzyklika *Mirari vos* vom 15. August 1832: Acta Gregorii XVI., Rom 1901, 169–174), andererseits brauchte man sie für die eigene Publizistik.

Nach 1848 kamen Motive hinzu, die den Beginn der dritten Phase erkennbar werden lassen. Sie waren teils konstruktiv (Auseinandersetzung mit der Sozialen Frage, der Demokratie und den neuen Medien Film und Radio), teils kämpferisch und apologetisch: gerichtet gegen den Staat in der Bismarck-preußischen Ausprägung, gegen die liberale Entwicklung der Kultur einschließlich der Massenpresse, aber auch gegen den theologischen „Modernismus".

Die Politik des Zentrums, der Verbandskatholizismus und die Entwicklung der Soziallehre haben der katholischen Publizistik allmählich so viel Selbstvertrauen gegeben, daß sie die Weimarer Republik bewältigen, das Dritte Reich überstehen und erfolgreich neu beginnen konnte. Der in den 60er Jahren des 20. Jh. auch innerkirchlich einsetzende Wertewandel hat die katholische Publizistik verunsichert. Zwar hatte man die ideologischen Grundlagen früh zu modernisieren begonnen und Konzepte des 19. und frühen 20. Jh. (Presseapostolat; Presse als „zweite Kanzel"; „Sprachrohr des Bischofs"; „Arm der Seelsorge") durch neue Ideen (vor allem „Dialog" und „Forum") ersetzt (Schmolke, Kirchenpresse; Oertel). Jedoch wurde der die Gesamtgesellschaft und damit auch das katholische Publikum durchdringende Wertewandel nicht entsprechend aufgefangen, obwohl er nicht nur beobachtet, sondern seit 1970 auch empirisch erfaßt wurde (Schmidtchen).

1.2. Publizistik als Lehr- und Forschungsgegenstand. Obwohl die vom Zweiten Vatikanischen Konzil (→Vatikanum II) in Auftrag gegebene Pastoralinstruktion *Communio et progressio* (über die Instrumente der gesellschaftlichen Kommunikation) die Kommunikationsforschung als „vordringliches Aufgabengebiet" anerkennt (Pastoralinstruktion Nr. 184), die Errichtung von Lehrstühlen für Kommunikationswissenschaft „begrüßt" (ebd. Nr. 71) und für künftige Priester und Ordensleute die Vermittlung kommunikationswissenschaftlicher Kenntnisse als „integralen Bestandteil ihrer Ausbildung" fordert, sind einschlägige universitäre Einrichtungen eher selten. Das mag im deutschen Sprachbereich daran liegen, daß sich beim Aufbau und der Konsolidierung der Publizistik- und Kommunikationswissenschaft profilierte Christen beider Konfessionen stets besonders engagiert haben (Berlin, Münster, München).

2. Presse

2.1. Begriffe. Katholische Presse und kirchliche (katholische) Presse sind nicht dekkungsgleich. Kirchliche Presse ist durch erkennbare Bindung an kirchliche Einrichtungen (z. B. Herausgeberschaft) gekennzeichnet, katholische Presse durch offenes Bekenntnis (Schmolke, Pressewesen 363).

2.2. Typologie. Ältere Typologien der katholischen Presse haben sich mit der Unterscheidung zwischen (Tages-)Zeitungen und Zeitschriften begnügt und innerhalb der Zeitschriften zwischen historisch-politischen bzw. später auch kulturell-politischen Zeitschriften, Sonntagsblättern, religiös-populären Zeitschriften, Vereinsblättern und Fachzeitschriften unterschieden (vgl. z. B. Löffler). Nach dem Zweiten Weltkrieg hat sich die Typologie auf praktische Brauchbarkeit reduziert. Die *Arbeitgemeinschaft Katholische Presse* (AKP) gliedert ihre statistischen Überblicke nach den Kategorien Bistumszeitungen (eine je Diözese), Wochenschriften (umfaßt religiös-populäre Titel, aber auch den *Rheinischen Merkur*), Magazine, Missions- und Ordenszeitschriften, Frauenzeitschriften, Kinder- und Jugendzeitschriften, Verbandszeitschriften und schließlich Kultur- und Fachzeitschriften.

3. *Katholische Publizistik bis zum Ersten Weltkrieg*

3.1. Aufbruch im 19. Jahrhundert. Wenngleich schon während der katholischen Aufklärung einige Zeitschriften entstanden, kann man den Beginn der bewußt katholischen Pressepublizistik mit der Gründung der Zeitschrift *Der Katholik* 1821 in Mainz genau festlegen. Das Blatt stand am Anfang der „Kirchenblattbewegung" (Pesch 140ff.), in deren Verlauf (bis 1848) rund 50 Titel entstanden, teils als Reaktionen auf politische und/oder theologisch-kirchenpolitische Entwicklungen (z. B. Kölner Ereignis, Hermesianismus [→Hermes, Georg], Deutschkatholizismus [→Deutschkatholiken]), teils als Notlösungen, wo Tageszeitungsgründungen nicht genehmigt wurden.

Wichtigste Gründung waren die Münchener *Historisch-politischen Blätter* (1838–1923), die unter Carl Ernst Jarcke (1801–1852) und Joseph Edmund Jörg (1819–1901) den Weg des deutschen Katholizismus kommentierend begleiteten.

3.2. Das Verhältnis zur Tageszeitung. Der publizistische Ehrgeiz des deutschen Katholizismus im 19. Jh. galt jedoch primär der Tageszeitung, und zwar dem „Blatt ersten Ranges", dem *Zentralorgan.* Ab 1848 konnten damit Versuche gemacht werden; die drei ersten (*Rheinische Volkshalle* 1848–1849; *Deutsche Volkshalle* 1849–1855; *Deutschland* 1855–1858) scheiterten. Bescheidenere Gründungen von 1848 hatten Bestand, so z. B. in Stuttgart das *Deutsche Volksblatt*, in Mainz das *Mainzer Journal* und in Aachen das *Echo der Gegenwart* (Löffler 29–44). Nach Gründung des Deutschen Reiches und der Zentrumspartei wuchs die Zahl der katholischen Zeitungen sprunghaft; gefördert durch den Kulturkampf entstand die *Kaplanspresse* (vgl. Fohrmann). Aus der gleichen Zeit, wenngleich nicht direkt aus der Kulturkampfsituation, ging 1871 das spätere Hauptorgan der Zentrumspolitik, die Berliner *Germania*, hervor (Schulz 29–41). Die Zahl der katholischen Zeitungen wuchs zwischen 1865 und 1903 von 20 auf 325 und bis 1914 nochmals auf 446 (Schmolke, Pressewesen 365; Löffler 77f.). Die Verlage schlossen sich 1878 im *Augustinus-Verein zur Pflege der katholischen Presse* zusammen.

4. *Die neuen Medien: Film und Hörfunk*

Im Unterschied zur traditionellen kirchlichen Abwehrhaltung gegen die Presse wurden Film und Hörfunk zwar auch kritisiert, aber relativ früh mit konstruktiver Aufmerksamkeit bedacht. Um den Film bemühte sich seit 1909 besonders intensiv die „Lichtbilderei" des *Volksvereins für das katholische Deutschland.* Die katholische Filmarbeit – als Volksbildungsarbeit verstanden – entwickelte sich finanziell nicht immer glücklich, insgesamt aber so intensiv, daß die Gründung des *Office Catholique International du Cinéma* (OCIC) 1928 in Den Haag unter maßgeblicher deutscher Beteiligung stattfand (Schmitt 40–45.63f.). Auch die frühen Auseinandersetzungen mit dem Rundfunk wurden unter volksbildnerische Überlegungen gestellt. In der Rundfunkarbeitsgemeinschaft im *Zentralbildungsausschuß der katholischen Verbände Deutschlands* (1927) konzentrierte sich die katholische Rundfunkarbeit, die 1929 wesentlich zur Gründung des *Internationalen Katholischen Rundfunkbüros* (später UNDA) beitrug (Bauer 27–39).

5. *Die Entwicklung von 1919 bis 1945*

Die katholische Tagespresse war zwischen dem Ende des Ersten und des Zweiten Weltkriegs von drei Konzentrationsvorgängen betroffen: 1920–1923 von der Nachkriegswirtschaftskrise (Kisky 222f.), Anfang der 30er Jahre von freiwilliger Kooperationskonzentration (Kapfinger 219–227) und im Dritten Reich vom Druck der Presselenkungsmaßnahmen, insbesondere durch die dritte Amann-Anordnung vom 24. April 1935: Konfessionelle Gesichtspunkte durften fortan weder in den Verlagen noch im Hinblick auf die Zielgruppe gelten (Altmeyer 46–58). Als Auffanggesellschaft für katholische Zeitungen wurde die 1935 gegründete indirekte Tochter des NSDAP-Parteiverlags, die *Phönix GmbH*, teils aber auch die *Vera* eingesetzt. Die Aufkauf-Aktionen wurden mit Druck durchgeführt, stießen aber nicht selten auf hinhaltenden Widerstand.

Bei der Zeitschriftenpresse begnügten sich die Gleichschalter mit rigoros durchgesetzter Entpolitisierung der Inhalte. Die Gesamtauflage begann trotz (oder wegen) des nationalsozialistischen Drucks zu steigen und erreichte 1935 11,4 Millionen Exemplare (1933: 9,7 Millionen Exemplare; Altmeyer 94). Als 1936 die Reichspressekammer auf die Einschränkung der populären Zeitschriftenpresse drängte, entstand auf nationalsozialistisches Drängen der Begriff „Bistumsblatt": Nur ein Blatt je Diözese sollte fortan als „Kirchenamtliches Organ des Bistums" gelten und als solches unter dem Schutz des Reichskonkordats stehen (Altmeyer 133). Die verbleibenden Titel wurden strengsten Sprachregelungen unterworfen und 1941 durch Sperrung der Papierzuteilung unterdrückt.

6. *Die Zeit seit dem Ende des Zweiten Weltkrieges*

In der Wiederaufbauphase fand die katholische Publizistik neue Strukturen, ohne alte Denkmuster ganz ablegen zu können. Statt des *Augustinus-Vereins* entstanden die *Gesellschaft katholischer Publizisten* und – als Zusammenschluß der Presseunternehmen – die *Arbeitsgemeinschaft Kirchliche* [später: *Katholische*] *Presse* (AKP). Die *Katholische Nachrichtenagentur* (KNA), 1952/53 aus dem *Christlichen Nachrichtendienst* (München; CND) und dem *Katholischen Nachrichtendienst* (Köln; KND) zusammengewachsen, arbeitet in Bonn.

Während die katholische Tagespresse nicht wiederkehrte, erwies sich der unter NS-Druck entstandene Typ Bistumsblatt als erfolgreichste Nachkriegsstruktur. Die Gesamtauflage dieser Gruppe (22 in den Westzonen, zwei in der Sowjetischen Besatzungszone/DDR) wuchs von der Lizenzerteilung (meist 1946) bis 1963 auf 2,45 Millionen Exemplare wöchentlich. Damals zählte die katholische Zeitschriftenpresse insgesamt 420 Titel mit einer Auflage von 15 Millionen je Erscheinungsintervall (AKP-Mitgliedstitel: 11,8 Millionen). 1963 war ein Wendejahr zu stetiger Talfahrt. Die (wiedervereinigte) Bistumspresse verkaufte 1995 nur mehr 1,29 Millionen Exemplare, die AKP-Mitglieder zusammen 7,9 Millionen.

Versuche, der katholischen Publizistik durch Innovationen eine neue Dynamik zu verleihen, schlugen bisher fehl. 1971 scheiterte die 1968 gegründete Wochenzeitung *Publik* am Mangel an Geld und wohl auch an Übereinstimmung mit ihren bischöflichen Gründern. In den neuen Medien ist die katholische Kirche nicht ohne Erfolg durch Zuliefer-Redaktionen am lokalen Privatradio beteiligt. Die offizielle katholische Rundfunkarbeit wird, wie bei der evangelischen Kirche, durch kirchliche Beauftragte bei den öffentlich-rechtlichen Rundfunkanstalten wahrgenommen. Auf dem Sektor Film haben besonders die Arbeiten der *Katholischen Filmkommission für Deutschland* (gegründet 1949) wegen der seit 1947 erscheinenden Zeitschrift *Film-Dienst* und wegen ihrer Film-Handbücher, aus denen 1989 das *Lexikon des internationalen Films* hervorgegangen ist, breite Beachtung gefunden.

Literatur (vgl. auch die Literatur zu III.)

Karl Aloys Altmeyer, Kath. Presse unter NS-Diktatur, Berlin 1962. – Günther Bauer, Kirchl. Rundfunkarbeit 1924–1939, Frankfurt a.M. 1966. – ComSoc 1 (1968) ff. – Ulrich Fohrmann, Trierer Kulturkampfpublizistik im Bismarckreich. Leben u. Werk des Preßkaplans Georg Friedrich Dasbach, Trier 1977. – Heinz Glässgen, Kath. Kirche u. Rundfunk in der BRD 1945–1962, Berlin 1983. – Hans Kapfinger, Die Struktur der kath. Presse: Die Presse u. der Katholik, hg. v. Johann Wilhelm Naumann, Augsburg 1932, 211–228. – Kirchenpresse am Ende des Jt., hg. v. Michael Schmolke, Paderborn 1992. – Wilhelm Kisky, Der Augustinus-Verein zur Pflege der kath. Presse v. 1878 bis 1928, Düsseldorf 1928. – Klemens Löffler, Gesch. der kath. Presse Deutschlands, Mönchengladbach 1924. – Ferdinand Oertel, Dialogforum Kirchenpresse, Limburg a.d. Lahn 1972. – Pastoralinstruktion „Communio et Progressio" über die Instrumente der sozialen Kommunikation, hg. v. Hans Wagner, Trier 1971. – Rudolf Pesch, Die kirchl.-politische Presse der Katholiken in der Rheinprovinz vor 1848, Mainz 1966. – Gerhard Schmidtchen, Zw. Kirche u. Gesellschaft, Freiburg i.Br. 1972. – Heiner Schmitt, Kirche u. Film. Kirchl. Filmarbeit in Deutschland v. ihren Anfängen bis 1945, Boppard a. Rhein 1978 (Schr. des Bundesarchivs 26). – Michael Schmolke,

Die schlechte Presse. Katholiken u. Publizistik zw. „Katholik“ u. „Publik“ 1821–1968, Münster i.W. 1971. – Ders., Kirchenpresse u. innerkirchl. Information: ComSoc 5 (1972) 124–130. – Ders., Art. Kath. Pressewesen: StL^{7} 3 (1987) 363–373. – Ders., Die dt. Bistumspresse v. Analyse zu Analyse: ComSoc 29 (1996) 271–289. – Jürgen Michael Schulz, Kirche im Aufbruch. Das sozialpolitische Engagement der kath. Presse Berlins im Wilhelminischen Deutschland, Berlin 1994. – Rüdiger Schulz, Chancen f. die Bistumszeitungen: ComSoc 29 (1996) 153–205.

Michael Schmolke

Passionsfrömmigkeit

1. Begriffsklärung 2. Alte Kirche und Frühmittelalter: Annäherung an die Passion 3. Die Wende zur Wahrnehmung der Passion im Hochmittelalter 4. Die Ausbildung der Passionsfrömmigkeit vom Spätmittelalter bis in die Neuzeit 5. Erscheinungsweisen der Passionsfrömmigkeit seit dem Spätmittelalter 6. Neuere Entwicklungen (Literatur S. 755)

1. Begriffsklärung

Unter Passionsfrömmigkeit verstehen wir eine ausschließlich oder hauptsächlich auf das körperlich-seelische →Leiden und den Tod →Jesu Christi konzentrierte und wesentlich durch sie geprägte christliche →Frömmigkeit – sei sie nun auf gewisse Zeiten und Anlässe beschränkt oder sei sie der bestimmende Grundzug des ganzen Lebens. Sie unterscheidet sich von der theologischen Reflexion und Theoriebildung, die im folgenden nur gestreift werden können, einerseits durch ihre Unmittelbarkeit, andererseits durch ihre Breitenwirkung: Passionsfrömmigkeit ist Voraussetzung der Passionstheologie und wird von ihr wieder befruchtet; sie hat nur in begrenztem Umfang elitären Charakter und ist weithin →Volksfrömmigkeit. Als Frömmigkeit läßt sie sich nur in ihren Äußerungen fassen: in wahrnehmbaren Zeugnissen der sprachlichen, liturgisch-rituellen, gestisch-mimetischen, musikalischen und bildlichen Vergegenwärtigung sowie im persönlichen Nachvollzug der Passion Jesu. Eine Passionsfrömmigkeit kann sich allerdings nur dann entwickeln, wenn die Wirklichkeit des Leidens Christi nicht bloß als historische Tatsache zur Kenntnis genommen, als autoritativ überlieferter Glaubensinhalt bekannt oder gar durch theologische Interpretation ihrer Unmittelbarkeit entkleidet, sondern wenn sie unter allen Aspekten betrachtet wird.

Die affektiv-emotionale Wahrnehmung des leidenden Menschen Christus beginnt zwar schon in der Alten Kirche (vgl. Dumon). Aber sie hat sich erst im Hochmittelalter uneingeschränkt durchgesetzt und erst jetzt eine Passionsfrömmigkeit im vollen Sinne des Wortes entstehen lassen. Seitdem wird die Passion zum wichtigsten Thema christlicher Frömmigkeit überhaupt – zu einem Thema, das auch zu anderen Gegenständen der Verehrung (vor allem zur Eucharistie [→Abendmahl], zu →Maria) in enger Beziehung steht.

2. Alte Kirche und Frühmittelalter: Annäherung an die Passion

Daß Jesus am →Kreuz gestorben ist und vor seiner Hinrichtung körperliche und seelische Leiden durchgemacht hat, gehört zu den grundlegenden Erinnerungen der frühen Christenheit. Doch nur von wenigen Abschnitten seiner Leidensgeschichte dürften durch Augenzeugen gesicherte Berichte überliefert sein (→Leidensgeschichte Jesu). Vieles mußte nach dem Tode Jesu rekonstruiert werden. Bei ihren Vermutungen über diese Vorgänge waren die Anhänger Jesu aber nicht nur auf rationale Überlegungen und die Kraft ihrer Phantasie angewiesen. Von Anfang an spielte dabei eine wichtige Rolle die Überzeugung, daß sich im Schicksal Jesu Weissagungen und Vorausdeutungen der Heiligen Schrift erfüllt hätten (vgl. Mk 14,49; Mt 26,54.56; Lk 22,37). Die Ausdeutung alttestamentlicher Aussagen und ihre Anwendung auf Christus blieb auch für die spätere Entwicklung der Vorstellungen vom Leiden Christi grundlegend.

Wie zurückhaltend die Leidensgeschichte in den kanonischen Evangelien dargestellt ist, erkennt man erst, wenn man sie mit der späteren Passionsliteratur (zumal seit dem Spätmittelalter) vergleicht. Der Gedanke an menschliche Schwächen und Leiden des Gottessohnes ist der frühen Christenheit schwer erträglich. In dieser Haltung wirken wohl verschiedene Motive zusammen: Rücksicht auf die heidnische Umwelt und ihr religiös-ästhetisches Empfinden, die logische Plausibilität der antiken Vorstellung von der Apathie →Gottes, Ehrfurcht vor der Majestät des göttlichen Logos und die Sorge um eine Gefährdung der eigenen Erlösung durch Schwächen des Erlösers.

Am wenigsten akzeptabel erschienen von Anfang an Züge persönlichen Versagens wie die Todesangst Jesu in Gethsemane (Mt 26,37–39; Mk 14,33–36; Lk 22,41 f.) und sein Verlassenheitsruf am Kreuz (Mt 27,46; Mk 15,34). Das angstvolle Gebet Jesu vor seiner Gefangennahme wird in einem Überlieferungsstrang von Lk 22,43 f. noch anschaulicher gemacht durch die Erwähnung eines stärkenden Engels und des Angstschweißes, der wie Blutstropfen zur Erde floß. Allerdings findet sich diese Lesart nur in einem kleinen Teil der Handschriften sowie bei einer Reihe altkirchlicher Autoren. Andere Ausleger versuchen, den Text zu entschärfen, indem sie die Jesus beigelegten Affekte abschwächen (z. B. Origenes, comm. ser. 2 in Mt. 90: GCS 11,205 f.). Einzelnen – keineswegs allen – Gnostikern (Orbe, Cristología II, 174–335; ders., Pasión) wird die Auffassung zugeschrieben, Christus habe nicht wirklich gelitten; so soll →Basilides behauptet haben, in Wahrheit sei Simon von Kyrene, der für Jesus das Kreuz trug (Mk 15,21 par.), an seiner Stelle versehentlich gekreuzigt worden (Irenäus, haer. I,24,4). Ein Nachklang solcher Auffassung scheint sich im Koran zu finden: „Aber sie haben ihn [in Wirklichkeit] nicht getötet und [auch] nicht gekreuzigt. Vielmehr erschien ihnen [ein anderer] ähnlich [so daß sie ihn mit Jesus verwechselten und töteten]" (Sure 4,157, übers. u. erg. v. Rudi Paret; vgl. auch Borrmans).

Freilich werden alle Versuche, das Leiden Jesu als nur „scheinbar" (*τὸ δοκεῖν πεπονθέναι*) seines Anspruchs auf die Affekte der Gläubigen zu entkleiden, von Anfang an immer wieder nachdrücklich bekämpft: Christus habe „wahrhaftig" (*ἀληθῶς*) gelitten (so schon →Ignatius von Antiochien, IgnTrall 10; IgnSm 2; 4,2). Nachdem die altkirchlichen Symbole zunächst den Kreuzestod, etwas später auch das Leiden im allgemeinen unter Pontius Pilatus (*crucifixus, passus sub Pontio Pilato*) zu einer der zentralen Bekenntnisaussagen gemacht hatten, war in der katholischen Mehrheitskirche jeder grobe christologische Doketismus verpönt. Doch zeigen die Diskussionen seit der Auseinandersetzung um den →Arianismus, welche Schwierigkeiten viele altkirchliche Theologen mit einer vollen Anerkennung von Schwachheit und Leiden Christi hatten. Eine Möglichkeit zu unvoreingenommener Wahrnehmung der Passion bot die scharfe Unterscheidung zwischen dem leidensunfähigen →Logos und der leidensfähigen menschlichen Natur Christi, die während der christologischen Streitigkeiten vielfach gemacht wurde.

Unter diesen Umständen konnte sich nicht leicht ein lebendiger Umgang mit der Passion entwickeln. Freilich gehört das Passionsgedenken zum Grundbestand christlicher Frömmigkeit. Es hat seinen Ort vor allem im individuellen und gemeinschaftlichen Gebetsleben. Die Gläubigen bewahren nach I Clem 2,1 Christi Worte sorgfältig in ihrem Innersten und haben seine Leiden vor Augen. Die gottesdienstliche Feier der Passionszeit hat ihren Ausgang von →Jerusalem genommen.

Nach dem frühesten Bericht über die Begehung der Osterwoche aus dem späten 4. Jh. (Itin. Eger. 30–40; vgl. TRE 16,621) wurde im Gang von einer Memorialstätte zur andern (vgl. TRE 16,621,41–52; s.u. 5.2.4.; vgl. Kretschmar) unter Gebeten und Gesängen der letzten Tage Christi gedacht, wobei der Bischof die entsprechenden Abschnitte aus dem Matthäusevangelium verlas. Im Mittelpunkt des Geschehens am Karfreitag standen die liturgische und die persönliche Verehrung des „Wahren Kreuzes" durch Betrachtung und Kuß (Itin. Eger. 37,2 f.). Es folgten drei Stunden, in denen der Bischof alt- und neutestamentliche Passionstexte vortrug; dazwischen wurden Gebete gesprochen und Hymnen gesungen. Daß dadurch die Affekte der Beteiligten aufs stärkste angesprochen wurden, bezeugt bereits dieser frühe Bericht: Lesungen und Gebete rufen große innere Bewegung, Klagen und Weinen hervor (ebd. 37,7). Durch die Auffindung des „Wahren Kreuzes" unter der Kaiserin Helena (ca. 257 – ca. 337) hatte die Verehrung des Leidens Christi einen konkreten Anknüpfungspunkt erhalten, dessen Einzigartigkeit und Wert sich allerdings durch die Abtrennung von Partikeln und ihre Verteilung über die christianisierte Welt laufend verminderte, der zugleich durch seine Beweglichkeit stets gefährdet war und 1187 tatsächlich endgültig verlorenging (vgl. TRE 19,733).

Unter den Jerusalemer Lokaltraditionen, die seit dem 4. Jh. durch Pilgerberichte auch dem Abendland bekannt wurden, rief die Geißelungssäule im Haus des Kaiphas auf dem Sionsberg das

Leiden Christi am anschaulichsten in Erinnerung (erstmals durch den *Pilger von Bordeaux* 333 erwähnt: Itin. Burd. 592,3–5; CChr.SL 175,16). Während →Hieronymus nur von Blutspuren berichtet, die von der Geißelung Christi herrührten (ep. 108,9,4), beschreiben Autoren des 5./6. Jh. bereits den Abdruck seiner Brust, seiner Hände und seines Gesichts im Marmor der Säule (Zusammenstellung der Belege z. B. bei von Dobschütz I, 138*–142*). Doch blieb die Wirkung dieser Überreste der Passion zunächst auf die Besucher der →Heiligen Stätten beschränkt. Erst seit der Übertragung von Passionsreliquien nach →Konstantinopel und ins Abendland wurde die Passionsfrömmigkeit in größerem Umfang durch sie beeinflußt.

Neben dem kollektiven gab es schon früh auch ein individuelles Passionsgedenken. Bereits →Hippolyt beschreibt um 215 die inhaltliche Verbindung von drei christlichen Tagesgebetszeiten mit drei Abschnitten der Leidensgeschichte: Zur Terz soll der Christ wegen der Kreuzannagelung, zur Sext im Blick auf den Gekreuzigten und zur Non im Blick auf dessen Tod beten (trad. ap. 41: SC 11bis, 124; vgl. Stadlhuber, Stundengebet, besonders 139–149).

Doch der Inhalt des Passionsgedenkens blieb lange Zeit blaß – selbst gegenüber den ohnehin knappen Ausführungen in den kanonischen Evangelien. Bezeichnenderweise wurde das Kreuz Christi sehr rasch aus dem Geschehen der Kreuzigung herausgelöst und vom konkreten Hinrichtungsgerät zum Siegeszeichen umgedeutet (Dinkler; Carpino).

Drei Jahrhunderte hindurch scheute man sich, Leiden und Kreuzestod Christi anschaulich darzustellen. In der Katakombenmalerei fehlt dieser Themenkreis noch ganz. Die frühesten erhaltenen Darstellungen von Passionsszenen finden sich auf römischen und südgallischen Sarkophagen, die zwischen 330 und 340 entstanden sind. Ihren wichtigsten Inhalt bildet stereotyp die Szene der Handwaschung des Pilatus (Mt 27,24), in der gewöhnlich Christus weggelassen wird (von Campenhausen, Passionssarkophage; Gerke 68.70). Die ersten Darstellungen der Kreuzigung sind uns aus dem frühen 5. Jh. in einem Elfenbeintäfelchen des Britischen Museums London (Schiller, Abb. 323) sowie aus einem Feld der Holztür von S. Sabina in Rom erhalten, wo die drei Gekreuzigten freilich nicht das Aussehen von Hingerichteten, sondern von Oranten haben (TRE 19,736/737 Taf. 2). Wie langsam sich die Darstellung wahrhaften Leidens in der bildlichen Vergegenwärtigung der Passion durchsetzte, zeigt der monumentale Mosaikenzyklus von S. Apollinare Nuovo in →Ravenna (1. Viertel 6. Jh.), in dessen 13 Passionsszenen an der südlichen Obergadenwand zwischen der Kreuztragung durch Simon von Cyrene und dem leeren Grab die Kreuzigung weggelassen ist (Friedrich Wilhelm Deichmann, Ravenna, Wiesbaden/Stuttgart, III 1958, Abb. 104–107).

Besondere Impulse zu einer Wahrnehmung des Leidens Christi in seiner ganzen Härte scheinen von →Syrien auszugehen, wo Theologen wie →Ephraem am ehesten die Not und Verlassenheit des Gekreuzigten anerkennen.

Doch sieht auch Ephraem den Tod Christi vor allem als Sieg (z. B. Azym. 1,12: CSCO.S 109, 2,27–30): Der mit einer Dornenkrone Gekrönte wird in Herrlichkeit kommen (Azym. 13,28: ebd. 18,3–5); Fesselung und Kreuzannagelung können seine Macht nicht beschränken (Azym. 20,3f.: ebd. 30,29–33), und wenn ihn seine Mißhandlungen schmerzen, dann weniger auf Grund seines körperlichen Leidens als aus Bedauern über die Mißachtung seiner Erlösungstat (Crucif. 4,1: ebd. 44,5–7). Den Sieg Christi am Kreuz setzt auch der gebürtige Syrer →Romanus der Melode voraus (Cant. 22), wenn er in seinem Kontakion auf Maria unter dem Kreuz das Mitleiden anspricht (*συναλγεῖν*, Cant. 19, *γ*' 2). Der syrische Rabula-Codex von 586 enthält eine vielfigurige Kreuzigungsszene, in der Christus zwar in der Haltung des Leidenden, aber mit offenen Augen als Überwinder des Todes erscheint (TRE 25,536/537 Taf. 2). Dieser Darstellungstypus dürfte für die Folgezeit vorbildlich geworden sein (TRE 19,731,17f.). Jedenfalls findet er sich ebenso im Kreuzigungsfresko von S. Maria Antiqua auf dem Forum Romanum (unter Papst Zacharias [741–752]; Schiller, Abb. 328) wie in der etwa gleichzeitigen irischen →Buchmalerei und Metallarbeit (ebd. Abb. 349.351) wieder.

Von einer anschaulichen Vergegenwärtigung der Leiden Christi ist diese Zeit noch weit entfernt. Die menschliche Gestalt des Gottessohnes wurde damals in bildlicher Darstellung so stark verhüllt, daß auch sein körperliches Leiden weitgehend verborgen blieb.

Im Kreuzigungsbild des Rabula-Codex ist Christus im Gegensatz zu den beiden Schächern mit einem langen Gewand (*colobium*) bekleidet, das die Spuren der vorangegangenen Mißhandlungen verdeckt. Nach →Gregor von Tours hat Christus selbst in einer Vision verlangt, seine Darstellung als (fast) nackten Gekreuzigten zu bedecken (In gloria martyrum 22: MGH.SRM 1,2,51; vgl. Wessel, Crucifixus). Auch in den frühmittelalterlichen Passionsdarstellungen fehlt noch ein den Affekt ansprechendes Bild des leidenden und gekreuzigten Gottessohnes. Christus wird am Kreuz gewöhnlich in ruhiger, ebenmäßiger Haltung dargestellt, ohne sichtbaren Schmerz, mit geöffneten Augen, durch die sich sein unsterbliches Wesen manifestiert, zuweilen lächelnd, später auch mit einer Königskrone: als Sieger über Leiden, Schmerz und Tod. Im frühmittelalterlichen Kruzifixus wie in anderen Szenen der Passionsgeschichte scheint die ganze Härte seines körperlichen und seelischen Leidens noch nicht emotional erfaßt und einfühlsam nachvollzogen zu sein.

Die Beobachtungen an Texten wie an Bildzeugnissen zeigen: Aus dem frommen Passionsgedenken ist noch keine das religiöse Leben prägende Passionsfrömmigkeit geworden.

Ein anderer Aspekt des Passionsgedenkens ist aber bereits in frühester Zeit angelegt und hat gelegentlich schon in neutestamentlichen Schriften (besonders Act 7,59f.; Joh 13,37; I Petr 4,13) seinen Niederschlag gefunden: der Gedanke, daß das →Martyrium des Christen Teilhabe an der Passion Christi bedeute (vgl. von Campenhausen, Idee).

Unter dieser Voraussetzung polemisiert auch Ignatius gegen den „doketischen" Irrtum, der seine Sehnsucht nach dem Martyrium zunichte macht (IgnTrall 10; IgnSm 4,2). Als nach der Konstantinischen Wende die Gelegenheit zum Zeugnis durch Hingabe des eigenen Lebens endete, trat der Asket (→Askese) in die bisherige Rolle des Märtyrers ein; seine enthaltsame Lebensweise, aus der im 4. Jh. feste anachoretische oder koinobitische Lebensformen wurden, konnte jetzt als die wahre Leidensnachfolge verstanden werden (z. B. Athanasius, v. Anton. 47: PG 26,912B: *καθ' ἡμέραν μαρτυρῶν τῇ συνειδήσει* [täglich durch sein Gewissen das Zeugnis ablegend]; Hieronymus, ep. 108,31: CSEL 55,349,12f.: *non solum effusio sanguinis in confessione reputatur, sed devotae quoque mentis servitus cotidianum martyrium est* [nicht nur das Vergießen des eigenen Blutes gilt als Bekennertat, sondern auch der Dienst aus frommer Gesinnung ist ein tägliches Martyrium]).

An die Stelle einer Leidensbereitschaft, die das von außen zugefügte Leiden willig hinnimmt oder gar freudig empfängt, tritt nun der Gedanke einer als Nachfolge Christi (→Nachfolge Jesu) verstandenen asketischen Teilhabe an seiner Passion, wie ihn die →Benediktusregel (Prol. 50: SC 181,424) in Übernahme einer an I Petr 4,13 und Röm 8,17 anknüpfenden Forderung der *Regula Magistri* (Ths 46: SC 105,326) dem Abendland vermittelt hat. In diesem Wunsch nach Nachfolge Christi hat der Mönch mehr als jeder andere Gläubige täglich und stündlich die Passion des Herrn vor Augen. Auch über Momente besonderen affektiven Bewegtseins gibt es Zeugnisse, wie das ekstatische Erlebnis des Wüstenvaters Poimen, der in Gedanken zusammen mit der weinenden Gottesmutter unter dem Kreuz stand und selbst immerfort so zu weinen wünschte (Apophth. patr., Poimen 144: PG 65,357B). Es ist verständlich, daß sich zuerst im →Mönchtum eine Passionsfrömmigkeit im vollen Sinne entwickelt hat.

3. Die Wende zur Wahrnehmung der Passion im Hochmittelalter

Ein Jahrtausend hindurch hat sich die Scheu vor einer konsequenten Vergegenwärtigung der vollen Menschlichkeit Christi unter Einschluß all seiner Erniedrigung, seiner Schwäche und Leiden behauptet. Erst im hohen Mittelalter vollzog sich ein epochemachender Wandel – freilich weniger im theologischen Verständnis der Passion als im Umgang mit ihr. Zahlreiche Gebete zeigen, daß man seit dem 9. Jh. auch außerhalb der gottesdienstlichen Liturgie über die Leiden Christi meditiert hat (vgl. Wilmart, Prières). Im burgundischen, normannischen und italienischen Reformmönchtum des 10. und 11. Jh. (Odo von Cluny [→Cluny], →Anselm von Canterbury, →Johannes von Fécamp, →Petrus Damiani u.a.) werden jetzt deutliche, wenn auch noch vereinzelte Anzeichen einer veränderten Sensibilität für Menschlichkeit und Leiden Christi faßbar (vgl. z. B. Leclercq; Köpf, Passion 26f.).

3.1. Den entscheidenden Schritt zu einem neuen Christusverständnis hat in der ersten Hälfte des 12. Jh. →Bernhard von Clairvaux getan. Wie er selbst berichtet, hat er seit seiner monastischen *conversio* alle Leiden Christi von den Nöten seiner Kindheit bis zur Kreuzigung gesammelt (Super Cant. 43,3); sein Rückblick gipfelt in der Erklärung, daß er mit Paulus (Gal 6,14; I Kor 2,2) sich in nichts anderem rühmen und nichts anderes wissen wolle als Christus den Gekreuzigten. Damit dehnt er die Passionsbetrachtung weit über die Zeit zwischen dem Einzug in Jerusalem und der Kreuzigung aus und stellt das gesamte Leben Christi unter den Leitgedanken von Leiden und Kreuzestod (Köpf, Schriftauslegung).

Mit dieser Konzentration auf Schwäche und Leiden des Menschen Christus ist Bernhard zum Begründer einer Passionsfrömmigkeit im eigentlichen Sinne geworden. Sein Umgang mit der Passion Christi ist in hohem Maße affektiv-emotional, obgleich noch ganz unanschaulich-worthaft, ohne alle Ausmalung und Ergänzung von Einzelheiten. Seinen Zugang zum Menschen Christus gewinnt Bernhard durch das Meditieren (*meditari*; *assidua meditatione revolvere*: Super Cant. 43,2.4) der einzelnen Leiden und Nöte und weist damit aller künftigen Passionsbetrachtung den Weg.

Auf dem von Bernhard gewiesenen Weg gibt →Aelred von Rievaulx Anleitung, in Kreuz und Leiden Christi die einzige Grundlage für Nachahmung, liebenden Umgang und Trost zu finden (Inst. inclus. 26: SC 76,104). Wenn er dem *affectus mentis* (dem Empfinden des Herzens in der Kontemplation), der zusammen mit dem *effectus operis* (dem Wirken nach außen) zur Gottesliebe gehört, das Leben Jesu als Gegenstand des Meditierens nahebringt (ebd. c. 29–31: SC 76,116–144), so hält sich seine Schilderung der Passion bei aller Betonung affektbezogener Momente noch ganz an die Vorlage in den kanonischen Evangelien.

3.2. Eine neue Weise des Umgangs mit der Passion wurde durch die große religiöse Bewegung des ausgehenden 12. und frühen 13. Jh. begründet. Im Mittelpunkt des angestrebten Ideals eines apostolischen Lebens stand – noch stärker als im älteren Mönchtum – der Wunsch nach getreuer Nachfolge Christi. Dabei wurde das asketische Armutsideal, das in monastischen Gemeinschaften zwar immer angestrebt, aber nie radikal und dauerhaft verwirklicht worden war, erneut in den Vordergrund gerückt. Man griff dabei auf bildhafte Formulierungen des Hieronymus zurück, die nicht nur allgemein die Nachfolge in Selbstentblößung und Verzicht (*nudus nudum Christum sequi* [nackt dem nackten Christus folgen]: so ep. 125,20; Hom. in Lc 16,31), sondern auch die Übernahme des Leidens fordern (*nudam crucem nudus sequi* [nackt dem nackten Kreuz folgen]: so ep. 52,5; 58,2). Im nie vergessenen, nun aber neu belebten Ideal asketischer „Nacktheit" sind daher Armutsforderung und Leidensnachfolge aufs engste miteinander verbunden (Bernards; Grégoire, L'adage; ders., Art. Nudité; Châtillon; Constable).

Der bedeutendste Vertreter dieser neuen Haltung in der Weiterbildung der Passionsfrömmigkeit war →Franciscus von Assisi, der durch sein Schlüsselerlebnis einer Umkehrung der elementaren Empfindungsqualitäten (Test. 3; vgl. Köpf, Leidensmystik) ein ganz neues Verhältnis zu Menschlichkeit und Leiden Christi gewonnen hatte (Schmucki, Leiden). Sein Gebetsleben hat er bewußt unter das Kreuz Christi gestellt, indem er das Responsorium am Fest Kreuzerhöhung zum zentralen Gebet machte (Test. 5). Neben die betende und meditierende Versenkung in das Leiden Christi und eine durch den Passionsgedanken geleitete Betrachtung der Heilsgeheimnisse (vgl. sein *Officium Passionis Domini*; dazu Schmucki, Stellung) tritt bei ihm gleichwertig die aktive Nachfolge Christi im Leiden bis hin zum Empfang der Stigmata (Schmucki, Stigmata).

3.3. Die Leidensfrömmigkeit des Franciscus wirkte von vornherein sehr stark in seiner Gemeinschaft (→Franziskaner) weiter und vertiefte auch gewisse Züge im Bild des Stifters.

Bereits in seinen frühen Viten wird die ursprüngliche Erfahrung des Franciscus in der Begegnung mit dem Aussätzigen durch das Erlebnis vor dem Kruzifixus von S. Damiano in den Hintergrund gedrängt (Thomas von Celano, vit. II, 10; Legenda trium Sociorum 14). →Bonaventura, der bedeutendste franziskanische Theologe des 13. Jh., hat Leiden und Kreuz Christi zu einem zentralen Punkt seiner Theologie gemacht (vor allem im Passionstraktat *Vitis mystica*, im *Lignum vitae* [*fructus* V–VIII *De mysterio passionis*], in der Anleitung *De perfectione vitae ad sorores* c. VI und im *Officium de passione Domini*). Nur die glühendste Liebe zum Gekreuzigten führt auf dem Weg von Erleuchtung und Ekstase zum Frieden (*Itinerarium mentis ad Deum*, Prol. 3). Bonaventura deutet den Lebensweg des Franciscus als schrittweise Angleichung an den Gekreuzigten, ja an das Kreuz selbst (*Legenda maior*, Prol. 1: *Christo conformiter vivere*; ebd. 2: *cruci conformis*, u.a.), die ihren Höhepunkt im übernatürlichen Empfang der Stigmata auf dem Berg La Verna erreicht

– der fünf Kreuzeswunden, die freilich erst nach seinem Tod allgemein sichtbar werden. Mit seiner Theologie und seinem Franciscusbild hat er die franziskanische Spiritualität seiner Zeit geformt, aber auch schon verschiedene spätmittelalterliche Passionsdevotionen begründet (Gilson, Saint Bonaventure). In der ersten Hälfte des 14. Jh. kommt dann die Redeweise von Franciscus als *alter Christus* (zweiter Christus) auf (erstmals bezeugt in den *Acta beati Francisci et sociorum eius*, z.B. 6,1, nuova ed. di Jacques Cambell, ed. Marino Bigaroni/Giovanni Boccali, Assisi 1988, 154). Den Höhepunkt der Parallelisierung von Franciscus und Christus bildet das 1385–1390 entstandene umfängliche Werk des Franziskaners Bartholomäus von Pisa (gest. ca. 1401) *De conformitate vitae beati Francisci ad vitam Domini Iesu* (AFranc 4–5), das zusammen mit Bonaventuras Legenden das spätere Franciscusbild weitgehend geprägt hat.

Durch seine persönliche Leidensfrömmigkeit wie durch den Empfang der Stigmata wurde Franciscus in der Darstellung und Deutung der franziskanischen Literatur zu einem wichtigen Vermittler der Passionsfrömmigkeit.

3.4. Im Anschluß an das Vorbild des Franciscus hat sich in seiner Gemeinschaft und weit darüber hinaus ein intensiver, nicht nur liturgisch-meditativer, sondern auch imitativer Umgang mit der Passion ausgebildet. Seine Träger waren einerseits zunächst vor allem die neu entstandenen Bettelorden (zu den →Dominikanern vgl. H.M. Barth), andererseits die zahlreichen religiösen Frauen, die immer weniger vom älteren Mönchtum und von Kanonissenstiften, in wachsendem Maße dagegen von den neuen religiösen Gemeinschaften (vor allem Dominikanern und Franziskanern) aufgenommen wurden, teilweise aber auch im Zustand von Semireligiosen (vor allem als →Beginen) lebten. Die verschiedenen, aber in vielem einander ähnlichen Lebensformen dieser Kreise bildeten einen vorzüglichen Nährboden für die Entwicklung einer ausgedehnten Passionsfrömmigkeit, die sich in großer Spannweite vom traditionellen liturgischen Passionsgedenken bis hin zur Selbstkreuzigung in der wörtlich aufgefaßten Leidensnachfolge entfaltete. Daneben haben allerdings auch das ältere Mönchtum auf dem Boden der Benediktusregel, die →Kartäuser und sogar außermonastische Kreise Anteil an diesem Gedenken genommen. In der →Devotio moderna fand es breiten Widerhall (vgl. Mak; Gall). Die Passion wurde im Spätmittelalter und in der frühen Neuzeit zum wichtigsten Thema abendländischer Frömmigkeit.

4. Die Ausbildung der Passionsfrömmigkeit vom Spätmittelalter bis in die Neuzeit

4.1. Mentalitätswandel

Die Veränderungen der Mentalität und Sensibilität, die im frühen 12. Jh. erstmals zur uneingeschränkten Anerkennung und vollen Wahrnehmung des Menschseins und Leidens Christi geführt hatten, setzten sich im 13. Jh. fort. Seit dem Beginn dieses Jahrhunderts machte sich ein zunehmendes Verlangen nach „heilbringender Schau" (Mayer) bemerkbar, das sich auch im Wunsch nach der Elevation in der Meßfeier, nach Aussetzung und Verehrung der konsekrierten Hostie, in der Entstehung von Monstranz, Sakramentshäuschen und Fronleichnamsfest (→Feste und Feiertage IV.2.5.) auswirkte. Dieser Tendenz entspricht auf der anderen Seite die Neigung, die vom Leiden Christi angesprochenen Affekte mit wachsender Deutlichkeit in der sinnlich wahrnehmbaren Darstellung zu vergegenwärtigen und dadurch auch beim Teilnehmer an der gottesdienstlichen Feier wie beim Leser und Betrachter zu wecken. In Liturgie und Feiern mehrt sich seit dem 13. Jh. das Interesse, Schmerz, Trauer und Klage nicht nur in hörbaren Worten, sondern ebenso in einer immer reicheren Gebärdensprache auszudrücken (Roeder, besonders 66–70). Am auffälligsten wird der Wandel wohl im Übergang vom „romanischen" zum „gotischen" Christusbild faßbar. War der Gekreuzigte bis ins 12. Jh. hinein in harmonischer Körperhaltung und mit ruhigem, zuweilen sogar lächelndem Gesichtsausdruck, gleichsam als Überwinder von Schmerz und Tod, zuletzt sogar mit einer Herrscherkrone ausgezeichnet, seit dem 7. (Byzanz) bzw. 9. Jh. (Abendland) gelegentlich auch mit dem maßvollen Ausdruck des Leidens abgebildet worden (TRE 19,752f.), so ändert sich nun seine Darstellung grundlegend. Seit dem 13. Jh. tragen

Haltung und Aussehen des Körpers und des Hauptes zunehmend die Spuren von Mißhandlungen und Kreuzesleiden (vgl. TRE 19,755,37–41; 756,6–13). Das wachsende Verlangen nach Anschauung drückt sich aber auch in der immer detaillierteren und ausdrucksstärkeren literarischen und bildlichen Gestaltung der Passionsszenen aus.

Man schreibt die Entwicklung zu solch immer detailreicherer Ausgestaltung der Passion Christi (die übrigens zeitgenössische Parallelen in der bildlichen Ausmalung der Martyrien von Heiligen hat) gerne dem „Realismus“ der spätmittelalterlichen Literatur und Kunst zu (z.B. Rayez 1075). Doch in Wahrheit kann dieses Schlagwort nichts erklären. Die Details, die in wachsendem Maße die Affekte von Mitleid und Trauer, ja von Schrecken und Entsetzen erzeugen, übersteigen die realistische Wiedergabe zeitgenössischer Foltermethoden oft weit: Sie sind nicht selten unrealistische Übertreibungen. Wenn von „Realismus“ geredet werden kann, so bezeichnet er nicht die Ursache der geschilderten Entwicklung, sondern ihr Ergebnis. Die letzten Motive dafür dürften einerseits in dem durch gemachte Erfahrungen geweckten Wunsch nach erneutem und vertieftem Umgang mit dem Passionsgeschehen, andererseits in dem unlöslich damit verbundenen Heilsverlangen der Gläubigen liegen, das in der Pflege der Passionsfrömmigkeit zunehmend die Möglichkeit zu verdienstlichen Regungen und Handlungen sieht. Der Aufschwung des Ablaßwesens im Spätmittelalter hat die Ausbildung immer neuerer Formen der Passionsandacht gefördert; die Verbindung von Ablaß und Passionsfrömmigkeit hat sich im nachtridentinischen Katholizismus sogar weiter verstärkt (vgl. Franz Beringer, Die Ablässe, Paderborn [15]1921–22). Sie wurde durch die Neuordnung der Ablaßpraxis 1967 grundsätzlich bestätigt und lediglich einer quantitativen Begrenzung unterworfen (TRE 1,362f.).

4.2. Die Rolle der Meditation

Den wichtigsten Anstoß zu einer (in der Sekundärliteratur oft „historisierend“ genannten) Ausgestaltung der Passionsdarstellung in allen Medien dürfte die zunehmende Praxis meditativen Umgangs (→Meditation) mit der Passion Christi gegeben haben, die zwar seit der Alten Kirche nie ganz abgebrochen war, nun aber einen stetigen und kräftigen Aufschwung erlebte.

Schon in der ausgehenden Antike war die Zahl der →Stundengebete erweitert worden, denen Abschnitte der Leidensgeschichte zugeordnet waren, und im Frühmittelalter konnte sich das Passionsgedenken im Stundengebet gelegentlich bereits über den ganzen Tag ausdehnen (Stadlhuber, Stundengebet 182). Seit dem 13. Jh. ist die Verteilung der Leidensgeschichte auf sämtliche Tagzeiten ganz geläufig. Exemplarisch führt dieses meditative Passionsgedenken der unter dem Namen Bernhards von Clairvaux oder →Bedas überlieferte *De meditatione passionis Christi per septem diei horas libellus* (Büchlein über die Meditation der Passion Christi zu den sieben Tagzeiten) aus dem späten 13. oder frühen 14. Jh. vor (PL 94,561–568). Bis in die Neuzeit hinein entsteht in Latein und in den Volkssprachen eine ausgedehnte Meditationsliteratur (s.u. 5.3.1.). Ihre Einteilung wird in Wort und Bild auch in die „Stundenbücher“ (Livres d'heures) für das Privatgebet übernommen (Stadlhuber, Laienstundengebet 291–305).

Die zunehmende Entwicklung der Passionsgeschichte zu einem zentralen Gegenstand abendländischer Meditation hat hauptsächlich zwei Konsequenzen: Zum einen zieht die Intensivierung der meditativen Betrachtung eine inhaltliche Erweiterung der Passionserzählung auf verschiedenen Wegen nach sich. Häufiges und anhaltendes Meditieren verlangt im Abendland nach immer ausführlicheren Vorlagen in Text und Bild, die durch ständige Erweiterung und Differenzierung der Inhalte Nahrung bekommen. Zum andern bewirkt die quantitative und qualitative Vermehrung des Stoffes beim Meditierenden zugleich eine Intensivierung der durch die Meditation erzeugten Affekte. Die Ausmalung der Passion spricht in wachsendem Maße die *compassio* (Mitleiden) des Gläubigen an. Der Meditierende soll das Geschehene so betrachten, als ob er zugegen gewesen wäre, und er soll dabei einen Schmerz empfinden, als ob er den leidenden Herrn vor Augen hätte (z.B. PL 94,561Df.).

4.3. Motive der inhaltlichen Erweiterung

4.3.1. Die zunehmende inhaltliche Ausgestaltung und Erweiterung der Passionsdarstellung (vgl. Köpf, Christusfrömmigkeit) geht keineswegs auf das freie Spiel religiöser oder künstlerischer Phantasie zurück. Den wichtigsten Anknüpfungspunkt dafür bieten Partien des *Alten Testaments*, die seit der frühen Christenheit als Weissagungen auf Christus gedeutet worden sind (besonders Ps 21 [22]; Jes 52f.).

Bereits die synoptischen Leidensberichte und die Schilderung Christi in I Clem 16 (aus Jes 53,1–12 und Ps 21 [22],7–9) zeugen von diesem Verfahren, das auch für die spätere Vergegenwärtigung der Passion grundlegend bleibt. Für die mittelalterliche Entwicklung haben K. Ruh (Theologie), F.P. Pickering (Christusbild; ders., Literatur 146–192), J.H. Marrow (Iconography) u.a. diese Einsicht fruchtbar gemacht. Im Anschluß an die Erklärung des Hieronymus: *Job dolens interpretatur. Typum Christi ferebat* (Expos. interlin. Job 1: PL 23,1475C) wird →Hiob mit Christus identifiziert oder ihm gegenübergestellt (Hartt; von der Osten, Job).

4.3.2. Zu einer Konkretisierung der Passionsvorstellungen trug auch die Kunde von *Jerusalemer Lokaltraditionen* bei, die seit der Wende vom 11. zum 12. Jh. infolge der →Kreuzzüge und anderer Reisen ins Heilige Land vermehrt nach Europa drang (vgl. Huschenbett).

Eine Reihe anonymer *Descriptiones Terrae Sanctae* aus dem 12. Jh. und Pilgerberichte vom 12. bis 15. Jh. (Baldi XXI–XXVI) sowie „Heilige Maße" (Gougaud, Prière 216–223; Jacoby; Bauerreiß, Sepulcrum 49f.; schon um 670 hatte Arculf die Länge des Grabes Christi gemessen [CChr.SL 175,188,52f.]) boten Anschauungsmaterial. Der Besitz von Passionsreliquien – besonders von Partikeln des „Wahren Kreuzes" (vgl. TRE 19,733f.) und des Heiligen Bluts (s.u. 5.4.3.6.) – ließen neue Wallfahrtszentren entstehen, an denen sich eine oft weit ausstrahlende Passionsfrömmigkeit entwickelte. Für das Abendland gewannen besondere Bedeutung die römischen Kirchen S. Croce in Gerusalemme, eine der sieben Pilgerkirchen, die aus dem Sessorianischen Palast der Kaiserin Helena hervorgegangen war und 1144 erneuert wurde, mit einem Stück des „Wahren Kreuzes" und anderen hochverehrten Passionsreliquien (Bedini), denen 1385/86 eine byzantinische Mosaikikone des „Schmerzensmannes" hinzugefügt wurde (Bertelli), und S. Prassede mit einer 63 cm hohen Marmorsäule, angeblich einem Stück der Geißelungssäule, das von Kardinal Giovanni Colonna 1223 beim Kreuzzug →Friedrichs II. nach Rom gebracht und hier aufgestellt wurde. Berichte von Romreisenden, Pilgerführer (*Indulgentiae Urbis Romae*), die der seit dem 12. Jh. entstandenen, weitverbreiteten Stadtbeschreibung (*Mirabilia Urbis Romae*) beigefügt waren (Honemann), Andachts- und Gebetszettel haben die Verehrung dieser Heiligtümer kräftig gefördert.

4.3.3. Die Authentizität und die den Affekt ansprechende Aussagekraft der Passionsdarstellung läßt sich auch dadurch erhöhen, daß dem leidenden und gekreuzigten Herrn *Assistenzfiguren* beigegeben werden, die sein Leiden widerspiegeln und dadurch dessen Wirkung auf den gläubigen Betrachter verstärken. Den biblischen Anknüpfungspunkt dafür bildet die Erwähnung von Begleitern Jesu auf dem Weg zum Kreuz und von Beobachtern der Kreuzigung.

Unter ihnen ragen an Bedeutung Maria, die Mutter des Herrn, und sein „Lieblingsjünger" Johannes hervor. Ihre Anwesenheit bei der Passion wird freilich nur durch die in Joh 19,25–27 berichtete Episode bezeugt; der „Lieblingsjünger" (V. 26) wird von der Tradition auf Grund von Joh 21,20–24 mit dem Evangelisten Johannes gleichgesetzt. Bereits im Kreuzigungsbild des Rabula-Codex stehen beide trauernd auf der Seite. Unter dem Einfluß antiker Bildkomposition (Shorr) erscheinen sie seit dem 9. Jh. zu beiden Seiten des Kreuzes: Maria stets zur Rechten, Johannes zur Linken. Handschriften des 11. Jh. (*Psalter des Theodoros*, 1066) zeigen erstmals die trauernden Frauen als kleine Gruppe (Weitzmann II mit Abb. 6f.). Im abendländischen Mittelalter treten weitere, *compassio* ausdrückende und den entsprechenden Affekt im Betrachter auslösende Figuren zum Kreuz hinzu: Bernhard von Clairvaux im liebenden *amplexus* (Umarmung) des Gekreuzigten (TRE 19,753,36–45; Taf. 9), der trauernde Franciscus in mitleidender Verehrung der Fußwunden des Gekreuzigten, häufig in italienischen Tafelkreuzen seit dem 13. Jh.; im Spätmittelalter Maria Magdalena und Hieronymus als Büßer in der Einsamkeit und zuletzt auch betende Stifterfiguren vor dem Kruzifixus.

Am wichtigsten ist freilich die Rolle der *Gottesmutter*. Während die seltenere Darstellung *Mariae in der Mitte des Kreuzes* (allein oder mit dem Jesuskind; meist auf Enkolpien, seit dem Spätmittelalter auch auf Stand- oder Vortragekreuzen) noch nicht sicher gedeutet wurde (Bagatti), ist sie als Augenzeugin, Berichterstatterin und Mitleidende aufs stärkste in die Vermittlung des Passionsgeschehens einbezogen (Überblick über Deutungen ihrer *compassio*: Luis). Dabei versteht Maria ihre Schmerzen über die Leiden ihres Sohnes als Erfüllung der Weissagung Simeons Lk 2,35 (de Groot; von Maria selbst ausgesprochen z. B. in Ps.-Anselms *Dialogus de passione domini* 8: PL 159,281A). Die anrührende Schilderung des Mit-Leidens Mariae zielt jedoch nicht eigentlich auf die Mutter selbst, sondern soll dazu dienen, die *compassio* des Gläubigen auf den Sohn zu lenken und sie gleichzeitig zu verstärken.

So möchte schon Anselm von Canterbury durch das Mitleiden mit den Seelenqualen und Tränen Mariae seinen Affekt im Gebet auf den leidenden Herrn richten (or. 20: PL 158,903B–904A; ed. Franciscus Salesius Schmitt III, [2]1968, 7f. [dort Nr. 2]). Anselms Schüler Eadmer (ca. 1055 – ca. 1124) steht mit seiner Beschreibung der *compassio Mariae* (De excell. Virg. Mar. 5: PL 159,566f.) am Anfang einer Reihe erzählender Schriften, die nicht historische Neugier befriedigen, sondern der Meditation Nahrung geben wollen. Seit dem 13. Jh. wurden die Schmerzen Mariae zum Inhalt einer eigenen Devotion, die besonders durch den 1233/1240 gegründeten Servitenorden (*Ordo Servorum B. V. Mariae*, OSM) gefördert wurde. Daß sich die ursprünglich auf die Passion Christi hinzielende Verehrung der schmerzhaften Gottesmutter in der weiteren Entwicklung der abendländischen Marienfrömmigkeit verselbständigt hat, war unvermeidlich.

4.3.4. An der Ausgestaltung der Passionsdarstellung in Wort, Bild und dramatischem Nachvollzug war seit dem Spätmittelalter teilweise auch christliche *Judenfeindschaft* beteiligt.

Bereits in den kanonischen Evangelien wurde der Anteil der Juden an Leiden und Tod Jesu hervorgehoben, während gleichzeitig die römische Besatzungsmacht von der Verantwortung für diese Ereignisse weitgehend entlastet wurde (vgl. die wiederholte Feststellung der Unschuld Christi durch Pilatus [Lk 23,4.14.22; Mt 27,23f.; Mk 15,14; Joh 19,4.6] und seine symbolische Handwaschung [Mt 27,24]). Zugleich wurde die Forderung der Juden nach Jesu Hinrichtung stärker betont; besonders verhängnisvoll wirkte sich in der Folgezeit das als Selbstverfluchung verstandene Wort Mt 27,25 aus. Aus der reichen altkirchlichen Rezeptions- und Wirkungsgeschichte sollen hier nur die Vorwürfe erwähnt werden, die →Melito von Sardes in der zweiten Hälfte des 2. Jh. in seiner Passa-Homilie (§ 72–99) erhebt bis hin zu der Formulierung vom „Gottesmord" (*ὁ θεὸς πεφόνευται*: ebd. § 96 Z. 735: SC 123,116). Melitos Anklagen werden zu Vorläufern der späteren liturgischen Improperien (vgl. Grossi).

Die Schuldzuweisung an die Juden wurde im Mittelalter, zumal im späteren, dadurch ausgedrückt, daß die Henkersknechte, die Jesus verhaften, mißhandeln, zum Kreuz führen und hinrichten, in der literarischen, bildlichen und spielerischen Vergegenwärtigung des Passionsgeschehens zunehmend die Züge von Juden erhalten (z. B. die „Verteufelung der Juden im Fritzlarer Passionsspiel": Steinbach 161–164; vgl. Bremer; Rohrbacher). Problematisch ist in diesem Zusammenhang auch die Darstellung des Verräters Judas (vgl. Wachinger). Judenfeindliche Tendenzen setzen sich in der Neuzeit fort (vgl. das geheime Leiden der Zungenwunde Christi u. 5.4.3.2.). Selbst in die Liturgie dringen sie ein: Im *Missale Romanum* fehlen am Karfreitag nach dem Gebet für die Juden (*Oremus et pro perfidis Iudaeis*) die Aufforderung des Priesters zum privaten Gebet (*Oremus*) und die des Diakons zur Kniebeugung (Römer 69f.).

4.4. Passionsmystik

Die Passionsfrömmigkeit, deren Mittelpunkt der Gottesdienst, Formen kollektiver Devotion und individuelle Andacht bilden, hat seit dem 12. Jh. eine beträchtliche Zahl männlicher und vor allem weiblicher Vertreter hervorgebracht, deren persönliche Erfahrungen und Praktiken das in ihren Gemeinschaften übliche Maß übersteigen und deshalb als „mystisch" (→Mystik) bezeichnet werden. Ihrer Besonderheit wegen sind sie viel besser bezeugt als die durchschnittliche Frömmigkeit ihrer unauffälligen Mitschwestern und Mitbrüder oder gar die der Weltleute. Nachrichten über sie liegen in einer umfangreichen Literatur autobiographischen und biographischen Charakters, in Briefen, Offenbarungsschriften und erbaulichen Werken verschiedener Art vor, sind darüber hinaus aber auch häufig zum Gegenstand theologischer Reflexion gemacht worden. Hier kann auf den breiten Strom der spätmittelalterlichen Leidensmystik nur knapp hingewiesen werden. Sie geht vom Gedenken an die Passion Christi und vom Wunsch nach ihrer Nachahmung aus, löst sich aber zuweilen von dieser Grundlage und benutzt das selbstgesuchte Leiden zur Gewinnung außerordentlicher Erlebnisse. In ihr verschlingen sich Züge, die auf die rahmengebenden gemeinschaftlichen oder auch gemeinschaftsfernen Lebensformen und die in ihnen gepflegten Traditionen zurückgehen, mit persönlichen Eigenheiten zu ganz individuellen Formen der Passionsfrömmigkeit.

Aus der großen Zahl mittelalterlicher Mystiker, die im Blick auf die Passion des Herrn wie aus eigenen Leidenserfahrungen und mit Hilfe asketischer Praktiken – zum Teil bis hin zur Stigmatisation – eine solche Frömmigkeit entwickelt haben, sollen hier nur die wichtigsten in exemplarischer Auswahl genannt werden: die Zisterzienserinnen Elisabeth von Schönau (ca. 1129–1164), Lutgard von Tongeren (1182–1246), Lukardis von Oberweimar (ca. 1276–1309), aus Kloster Helfta: →Gertrud die Große, Mechthild von Hackeborn (1241/42–1299) und →Mechthild von Magdeburg (zunächst jahrzehntelang Begine), die Franziskanerinnen →Angela von Foligno, Katharina von Genua (1447–1510) und Battista von Varano (1458–1524), die Dominikanerinnen und Dominikaner Elsbeth von Oye (ca. 1290 – ca. 1340), Margareta →Ebner und Heinrich →Seuse, die nach der →Augustinusregel, aber unter franziskanischem Einfluß lebende Klara von Montefalco (1268–1308), →Birgitta von Schweden, die Gründerin eines neuen Ordens, und als Vertreterin der Devotio moderna Alijt Bake (1415–1455; vgl. Scheepsma).

4.5. *Frühneuzeitlicher Katholizismus*

Die Tendenzen, die sich im abendländischen Spätmittelalter entwickelt hatten, setzten sich trotz der reformatorischen Kritik (s.u. 6.1.) auch im nachreformatorischen Katholizismus fort, so daß man auf diesem Gebiet von einer kontinuierlichen Entwicklung sprechen kann – getragen vor allem von den im 13. Jh. entstandenen, inzwischen reformierten oder gar in mehrere Zweige aufgespaltenen Bettelorden der Dominikaner, Franziskaner und Karmeliten, den besonders der Marienfrömmigkeit verpflichteten Serviten und den ebenfalls auf die erste Hälfte des 13. Jh. zurückgehenden Kreuzherren (*Ordo S. Crucis*, *Cruciferi*; vgl. J. van den Bosch), ferner von verschiedenen Bruderschaften, die im Spätmittelalter zur Pflege der Passionsfrömmigkeit in ihren verschiedenen Ausprägungen (auch der Passionsspiele) gestiftet worden waren. Eine reiche Passionsliteratur entstand in Spanien seit dem ausgehenden 15. Jh. und wurde, von den Glaubenskämpfen in Deutschland unberührt, im 16. Jh. fortgeführt (M.A. Martín [1971]). Der Karmelitenorden brachte im Zeichen der Ordensreform zwei große Mystiker hervor, die der Passionsfrömmigkeit kräftige Anstöße gaben: →Teresa von Avila und →Johannes vom Kreuz.

Aber auch neue, nach- und gegenreformatorische Gemeinschaften wie die →Jesuiten entwickelten Sinn für die Pflege der Passionsfrömmigkeit.

→Ignatius von Loyola sieht in seinen Exerzitien die dritte Woche (von vier) für die Passionsbetrachtung vor. Dabei vergleicht Ignatius die spätmittelalterliche Überlieferung vom Leiden Christi durchaus kritisch mit den kanonischen Evangelien und unterscheidet in seinen Meditationsanweisungen genau zwischen Bibeltext und Zusätzen (Ejerc. No. 261: Obras completas de San Ignacio de Loyola, ed. Ignacio Iparraguirre/Candido de Dalmases, 1952 ^{3}1977 [BAC 86] 248). Im Unterschied zu den Werken →Ludolfs von Sachsen und Gerhard →Zerbolts von Zütphen, die er benutzt hat, sind seine Ausführungen durchaus nüchtern. So weiß er z.B. von der Nacht im Hause des Kaiphas nur zu sagen, daß Jesus die ganze Zeit gebunden war („estuvo Jesús toda aquella noche atado", No. 292, 2°: ebd. 257; vgl. damit u. 5.4.2.2. ad 2).

Doch knüpfte die weitere Entwicklung wieder an die spätmittelalterlichen Tendenzen an und führte rasch zu einer neuen Blüte der Passionsfrömmigkeit, die häufig mit der kulturgeschichtlichen Epochenbezeichnung „→Barock" verbunden wird. In wachsendem Maße durchdrangen die vielfältigen Formen individueller und kollektiver Verehrung der Leidensgeheimnisse in Gebeten, Andachten, Begehungen und Festen das religiöse Leben. Dabei verfolgte die Passionsliteratur die im Spätmittelalter eingeschlagene Richtung, während eine schöpferische Christusfrömmigkeit immer neue Einzelheiten und Aspekte des Passionsgeschehens vor den Augen der Gläubigen erstehen ließ. Einen gewissen Bruch in dieser Entwicklung bewirkte erst die →Aufklärung.

Neuen Auftrieb erhielten die Passionsverehrung und die theologische Beschäftigung mit der Passion durch die 1725 gegründete Kongregation der Passionisten (*Congregatio clericorum excalceatorum SS. Crucis et Passionis D. N. Iesu Christi*; seit 1970: *Congregatio Passionis Iesu Christi*, CP). Ihr Stifter Paul vom Kreuz (Paolo a S. Croce, ursprünglich Paolo Francesco Danei [1694–1775]) entwickelte im Anschluß an →Franz von Sales, Teresa von Avila, Johannes vom Kreuz und Johannes →Tauler eine ausgeprägte Passionsfrömmigkeit und -theologie, durch die er die Spiritualität seiner Gemeinschaft dauerhaft geprägt hat (Bialas). Ihre Regel enthält die Verpflichtung, die Andacht zur Passion im Volk zu fördern – eine Aufgabe, die auch den Inhalt des vierten Gelübdes bildet, das der Novize (neben den drei üblichen) ablegt. Dem schwarzen Habit ist auf der linken Brustseite das Zeichen der Passion mit weißem Faden aufgenäht (vgl. DIP 6 [1980], nach Sp. 1096 das Bild des Stifters mit dem Zeichen: *Jesu Christi Passio* in einem Herz mit drei Kreuznägeln und aufgesetztem Kreuz).

5. *Erscheinungsweisen der Passionsfrömmigkeit seit dem Spätmittelalter*

Im Spätmittelalter hat sich die abendländische Passionsfrömmigkeit in ihrer ganzen Fülle entfaltet. Alle weiteren Entwicklungen knüpfen an die im 13. bis 15. Jh. entwickelten Anschauungen und Bräuche an. Deshalb soll im folgenden unter Einschluß einiger historischer Hinweise ein systematischer Überblick über die wichtigsten Erscheinungsweisen der Passionsfrömmigkeit gegeben werden, der die Fülle des Materials freilich nur exemplarisch vorstellen kann.

5.1. *Zeiten des Passionsgedenkens*

5.1.1. Im Laufe des Kirchenjahres. Wie sich die Passion Christi zu einer ganz bestimmten Zeit abgespielt hat, so vollzieht sich das liturgische Passionsgedenken zu den von der Überlieferung festgelegten Zeiten im Laufe des →Kirchenjahres. Die wichtigste Gedenkzeit bildet die alljährliche Wiederholung der Leidenszeit Christi im *Triduum sacrum* (*triduum paschale*) vom Abend der Gefangennahme in Gethsemane am Donnerstag (so nach moderner Zeitrechnung, während nach antikem Verständnis mit Sonnenuntergang bereits der Freitag begonnen hat) über den Todestag (*feria VI in passione et morte Domini, Parasceve*, den Karfreitag [von mittelhochdeutsch *kar*, „Trauer"]; Weiteres bei Schreiber, Wochentage 191) und den Karsamstag (*sabbatum sanctum, vigilia paschalis*) bis zum Auferstehungstag (*Dominica resurrectionis*, Ostersonntag). Schon früh wurde die Passionszeit über die *feria V in Coena Domini* (unseren „Gründonnerstag") nach rückwärts bis zum Palmsonntag auf eine volle *Hebdomada sancta* (Heilige Woche), unsere „Karwoche" (Itin. Eger. 30,1: *septimana paschalis* [Osterwoche], *septimana maior* [Große Woche]) ausgedehnt, später auch nach vorwärts bis zur Osteroktav (Sonntag nach Ostern), der *Dominica in Albis* („Weißer Sonntag", nach den Eingangsworten des Introitus auch *Quasimodogeniti*), verlängert. Während die im Orient und in Rom ursprünglich unterschiedlich begangene *Quadragesima* in der Alten Kirche als Vorfeier auf Ostern durch die Vorfreude der Taufbewerber und den Ernst der Büßer geprägt war, dehnte sich nach Wegfall dieser beiden Gruppen der Passionsgedanke auch in die *Quadragesima* hinein (Beginn der Passionszeit mit dem „Passionssonntag" *Iudica*), ja zuweilen (z. B. bei →Zisterziensern und Kartäusern; vgl. Fiderer) auf die ganze vierzigtägige Fastenzeit aus.

Das Passionsgedenken verbindet sich ferner in jeweils besonderer Weise mit den Festen zu Ehren einzelner Momente der Passion: die Kreuzfeste *Inventio Crucis* „Kreuzauffindung" am 3. Mai und *Exaltatio Crucis* „Kreuzerhöhung" am 14. September (TRE 19,749); das Fronleichnamsfest am Donnerstag nach Trinitatis (TRE 11,122); das „Fest des kostbarsten Blutes unseres Herrn Jesu Christi" am 1. Juli (durch →Pius IX. 1849 für die ganze lateinische Kirche angeordnet); das „Fest des allerheiligsten Herzens Jesu" („Herz-Jesu-Fest") am Freitag nach der Oktav des Fronleichnamsfestes (1856 durch Pius IX. auf die ganze Kirche ausgedehnt); das Fest der „Sieben Schmerzen Mariae" am Freitag nach dem Passionssonntag Judica (Benedikt XIII. 1727), daneben das ursprüngliche Eigenfest der Serviten (1688) zu den „Schmerzen Mariae“ am 3. Sonntag im September (von →Pius VII. 1814 für die ganze Kirche verpflichtend gemacht, von →Pius X. 1913 auf den 15. September verlegt [Bruno Kleinheyer: Beinert/Petri 430]). Im übrigen sind noch andere Freitage des Kirchenjahrs durch ein besonderes Passionsgedächtnis hervorgehoben. Zum Beispiel wurde am „Speerfreitag“, dem Freitag nach der Osteroktav (dem „Weißen Sonntag“), seit dem Spätmittelalter das Fest *Lanceae et clavorum* gefeiert, das noch heute im alpenländischen Volksbrauch fortlebt (Schreiber, Wochentage 192f.). Viele Andachten und Prozessionen fanden bis ins 20. Jh. an Freitagen statt; in der Volksfrömmigkeit spielten insbesondere „zwölf heilige (gute, goldene) Freitage“ eine Rolle (ebd. 201f.).

5.1.2. *Im regelmäßigen Gang der Woche.* Die christliche Wochenordnung geht von Anfang an vom →Sonntag als dem Auferstehungstag aus. Im sonntäglichen Gottesdienst gedenkt die Gemeinde regelmäßig der Passion und des damit verbundenen Erlösungswerks Christi. Von ihm aus gesehen „erscheint auch die Woche als ein abgeschwächtes *Nachbild der Karwoche*“ (Jungmann, Wochenzyklus 334). In besonderer Weise sind der Mittwoch als Tag des Judasverrats und vor allem der Freitag als Tag von Leiden und Tod Christi Tage des Passionsgedenkens. In der christlichen Fastenpraxis verdrängen sie rasch die jüdischen Fasttage Montag und Donnerstag (Did 8,1); der Freitag hat seinen Charakter als Trauer- und Fasttag im allgemeinen christlichen Bewußtsein bis heute behalten (Schreiber, Wochentage 168–206).

5.1.3. *Im Tagesverlauf.* Wie schon im geschichtlichen Überblick erwähnt, bildete sich im Christentum früh in Anlehnung an die jüdischen Gebetszeiten der Brauch des privaten Stundengebets aus. Die einzelnen Horen wurden mit bestimmten Abschnitten des Passionsgeschehens verbunden. Einer der großen mittelalterlichen Liturgiker, Wilhelm Durandus von Mende (13. Jh.), bietet in seinem *Rationale divinorum officiorum* (5,1,6; Neapel 1859, 325) folgende Anordnung (in der traditionellen Stundenzählung):

Nächtliche Hore (Vigil): Gefangennahme Christi
Matutin: erste Verspottung
Prim: Übergabe an die Heiden
Terz: Geißelung und Verurteilung zum Kreuzestod
Sext: Kreuzigung
Non: Tod
Elfte Stunde (Vesper): Kreuzabnahme
Zwölfte Stunde (Complet): Begräbnis

5.2. *Formen des Passionsgedenkens*

5.2.1. *Die Meßfeier als Passionsgedenken.* Ausgangspunkt der Entwicklung einer Passionsfrömmigkeit seit der Alten Kirche ist die →Liturgie des →Gottesdienstes. Daß die Meßfeier ein kultisches Drama ist, haben nicht erst moderne Historiker, sondern bereits die mittelalterlichen Meßerklärer gesehen. Der →Priester gleicht dem Schauspieler, der „im Theater der Kirche mit seinen Gebärden dem Christenvolk den Kampf Christi vorführt“ (→Honorius Augustodunensis, Gemma animae 1,83: PL 172,570A/B). Wenn die Messe oder zumindest ihr Herzstück als Opfer aufgefaßt wird, dann muß sie das Passionsgedenken einschließen. Auch einzelne Handlungen weisen deutlich auf das Leidensgeschehen hin; so der Brechungsritus, der schon in den frühen orientalischen Liturgien und seit dem 6. Jh. auch im Abendland auf das Kreuzesleiden gedeutet wird (Jungmann, Missarum sollemnia II, 373f.). Während die älteren Meßausleger nur den *Canon missae* als Darstellung des Leidens Jesu interpretieren, können spätmittelalterliche Auslegungen in allen Teilen der Meßfeier Abschnitte der Leidensgeschichte erkennen (Franz 704).

Ein schlagendes Beispiel für die Interpretation der Messe als dramatische Darstellung der Leidensgeschichte bietet am Beginn des 18. Jh. der Benediktiner Valentin Larson mit seiner Auslegung der Meßfeier als „Schauspiel der Schmerzen Jesu Christi" (*Theatrum dolorum Jesu Christi Dei-Hominis pro hominibus patientis In augustissimo sacrificio missae apertum, Sive Sanctissimum Missae Sacrificium secundum varia Passionis Dominicae mysteria explicata*, Augsburg 1709).

5.2.2. *Die Passionsliturgie*. Am deutlichsten und ausführlichsten ist der Bezug zwischen gottesdienstlichen Handlungen und Leidensgeschichte natürlich in den Gottesdiensten der Passionszeit hergestellt, vor allem in der Karfreitagsliturgie. Die verschlungene Entwicklung dieser Liturgie – zumal in ihren östlichen und westlichen Ausprägungen – kann hier nicht dargestellt werden; die Hauptlinien der abendländischen Feier, wie sie für das im 13. Jh. zusammengestellte *Missale Romanum* grundlegend wurden (vgl. Römer), standen seit dem 10./12. Jh. fest. Abgesehen vom Eingangsritus besteht der römische Karfreitagsgottesdienst aus drei Hauptteilen:

1) dem Lesegottesdienst: Verlesung alttestamentlicher Passionstexte und der Leidensgeschichte nach Joh 18f. mit Zwischengesängen; vermutlich hatte nach dem als Evangelium behandelten letzten Abschnitt des Textes mit der Grablegung Christi die (nicht obligatorische) Passionspredigt ihren Platz.

2) Auf die anschließenden Fürbitten folgt die *Adoratio crucis* (Verehrung des Kreuzes): Unter Gebeten und Gesängen wird das mit einem Tuch verhüllte Kreuz hinter dem Altar hervorgetragen, unter dem Gesang des *Ecce lignum crucis* vom Priester enthüllt und dem Volk gezeigt, darauf an die Stelle gebracht, wo es anschließend unter Gesängen verehrt wird. Zwischen diese werden seit dem 10. Jh. die *Improperien* eingefügt – Klagen des Gekreuzigten über die Undankbarkeit seines Volks. Seit dem 12. Jh. beginnt man, mit der Kreuzverehrung einen Opfergang (*oblationes*) zu verbinden (Schreiber, Wochentage 178–181; Lechner).

3) An die Kreuzverehrung schließt sich die *Missa praesanctificatorum* an – in Wirklichkeit keine Messe, sondern die Kommunion der bereits am Gründonnerstag konsekrierten Hostien. Da nach alter Sitte an den beiden letzten Tagen der Karwoche auf die Meßfeier verzichtet wurde, war ursprünglich am Karfreitag keine Kommunion üblich; das Verständnis des *sacratissimum triduum crucifixi, sepulti, suscitati* (Augustin, ep. 55,24: CSEL 34/2,195,13f.) als Einheit rechtfertigte es, erst wieder am Auferstehungstag zu kommunizieren. Seit dem 7. Jh. setzte sich aber vom Frankenreich aus der Wunsch nach Kommunion des Volkes am Karfreitag durch; seit dem 13. Jh. wurde die Beteiligung des Volkes allmählich wieder rückgängig gemacht und die Kommunion auf den Priester beschränkt (offizielle Verbote der Karfreitagskommunion der Gläubigen aber erst 1622 und 1674).

5.2.3. *Dramatische Elemente in der Passionsliturgie und das Passionsspiel*. Bereits der skizzierte Karfreitagsgottesdienst enthält verschiedene den Affekt des Teilnehmers ansprechende Begleitumstände und Handlungen. Dem Charakter des Trauertags entsprach die Verhüllung des Altars und des Kreuzes sowie der Verzicht auf Inzensation (Beräucherung) und Beleuchtung. Der Finsternis bei der Kreuzigung Christi (Mk 15,33 par.) sollte die Dunkelheit im Kirchenraum entsprechen (z. B. →Hrabanus Maurus, Inst. cler. 2,37: PL 107,349A). Doch im frühen 13. Jh. milderte der Aufschwung der eucharistischen Frömmigkeit den Ernst der karfreitäglichen Trauer; man begann jetzt damit, vor der *Missa praesanctificatorum* die Kerzen am Altar anzuzünden, um den Leib des Herrn zu ehren (Päpstliche Liturgie bei Andrieu, Pontifical II, 467.561). Im Frankenreich entstand im 8. Jh. der Brauch, die Tücher vom Altar zu reißen, was als Darstellung der Entkleidung Christi gedeutet werden konnte – ein Ritus, der sogar vorübergehend ins *Pontificale Romanum* aufgenommen wurde und sich in Teilen Deutschlands bis ins 15. Jh. gehalten hat (Römer 63). Das verhüllte Kreuz wurde feierlich aus dem Chor zum Altar getragen; auf den Altarstufen wurde es zunächst rasch enthüllt (Andrieu, Ordines III, 498). Seit dem 12. Jh. wurde die Kreuzenthüllung in einem dreigestuften rituellen Akt vollzogen (Römer 76).

Doch der dramatische Charakter des Karfreitagsgottesdienstes konnte noch gesteigert werden. Seit dem 12. Jh. sind lateinische *Planctus Mariae* (am bedeutendsten der *Planctus ante nescia*, vielleicht ein Werk Gottfrieds von St. Victor [ca. 1130 – ca. 1194]: Text bei Young I, 496–498), seit dem ausgehenden 13. Jh. deutsche *Marienklagen* (Katalog deutscher Texte: Bergmann, Katalog) überliefert. Sie werden selten monologisch von Maria vorgetragen, sondern sind meist auf zwei (Maria und Johannes) oder gar mehrere Personen aufgeteilt und enthalten teils gesprochene, teils gesungene Partien (G. Taubert), die den Affekt der Zuhörer aufs stärkste ansprechen. Nicht selten stehen sie in Zusammenhang mit liturgischen *Kreuzabnahmespielen*, für die Kruzifixe mit beweglichen Armen hergestellt wurden, von denen bisher etwa 40 Exemplare nachgewiesen werden konnten (Taubert/Taubert).

Den dramatischen Charakter der Karfreitagsliturgie rundet schließlich die *Depositio* (Grablegung) ab, die sich in der Regel an die *Missa praesanctificatorum* anschließt. Sie wird im Abendland erstmals für die zweite Hälfte des 10. Jh. faßbar, und zwar etwa gleichzeitig in zwei Formen: (a) Die Vita des heiligen Ulrich von Augsburg (890–973) berichtet von einer *Depositio hostiae*; der Bischof deponiert das *corpus Christi* in Gestalt der von der Kommunion übriggebliebenen konsekrierten Hostien in einer Art Grab, das er mit einem Stein verschließt. (b) Die englische *Regularis Concordia* (um 970) beschreibt dagegen die *Depositio crucis* als Übertragung des nach der Kreuzverehrung wieder in Linnen gehüllten Kreuzes nach dem Ort, der das Heilige Grab darstellt. In beiden Fällen handelt es sich um feierliche, von Gesängen begleitete Prozessionen, die in der Beisetzung der verehrten Objekte enden. Der Beisetzungsort (das „Ostergrab“) kann ganz unterschiedliche Formen haben (s.u. 5.3.2.). Der *Depositio* entspricht in der Auferstehungsfeier der Osternacht der ebenso feierliche Ritus der *Elevatio* (Erhebung). Beide Formen der *Depositio* haben sich im Katholizismus auch über die Reform der Karfreitags- und Osternachtsliturgie 1955 hinaus gehalten. Häufig werden Kreuz und Hostie gemeinsam deponiert; seit dem 13. Jh. tritt an ihre Stelle zunehmend der „Grabchristus“, der zusammen mit der Hostie deponiert wird. Nur vereinzelt werden auch andere Objekte beigesetzt, z.B. in Soissons im 12. Jh. das Evangelienbuch (Corbin 54).

Da es keinen römischen Ordo für diese Riten gab, haben sie immer eine große regionale Vielfalt bewahrt (grundlegend: Young I, 112–177; Verzeichnis der Quellen: Corbin 41–84; weiterführend: Gschwend) und sind teilweise aus dem Gottesdienst in das fromme Brauchtum eingedrungen. Im übrigen hat sich seit dem 15. Jh. der Ritus der liturgischen *Depositio* mancherorts weiterentwickelt (Gschwend 109): Die Grabfigur des toten Christus wird von dem in der Hostie lebendigen Herrn getrennt. Das Heilige Grab erhält ein eigenes, erhöhtes Tabernakel, in dem die Hostie in der mit einem Tuch verhüllten Monstranz eingeschlossen und zur Anbetung ausgesetzt ist, während die Grabfigur hinter einer Glasscheibe betrachtet werden und unmittelbar den Affekt der Gläubigen ansprechen kann (Expositionsgrab).

Ein weiteres dramatisches Element in der Karfreitagsliturgie ist der bereits im hohen Mittelalter begegnende, im Spätmittelalter häufige Brauch, die johanneische Passionsgeschichte von drei verschiedenen Klerikern singen zu lassen (Evangelist; Christus; Apostel und Juden). Auch dieser Gesang mit verteilten Rollen, die in den liturgischen Formularen genau bezeichnet sind, bildet einen Ansatzpunkt zur Ausbildung der in lateinischer, volkssprachiger und mischsprachiger Fassung überlieferten Passionsspiele, die im Zusammenhang der zahlreichen geistlichen Spiele des Mittelalters zu sehen sind (Young; Steinbach; Bergmann, Studien; ders., Katalog; Fichte u.a.). Dabei handelt es sich teilweise um personenreiche Darbietungen, für die ein erheblicher Aufwand nötig war (vgl. die Nachweise bei Neumann I).

Das älteste bezeugte geistliche Spiel im deutschen Sprachgebiet scheint das Passionsspiel zu sein, das Bürger von Hagenau im Elsaß seit 1187 aufführten (Neumann I, 385 Nr. 1857). Zu den frühesten Nachrichten über solche Spiele gehört der Bericht, daß Landgraf Ludwig IV. von Thüringen 1227 vor seinem Aufbruch zum Kreuzzug auf der Wartburg von Klerikern *traditionem salvatoris, passionem et mortem* darstellen ließ (ebd. 305 Nr. 1480). Die dramatische Vergegenwärtigung der Passion war vom Spätmittelalter bis ins 18. Jh. im Abendland weit verbreitet. Dagegen fehlt das Passionsspiel in Byzanz. Der singuläre Cento *Christus patiens* (*Χριστὸς πάσχων*) aus dem 12. Jh., von dessen 2.610 Versen ein Drittel aus der antiken Literatur (vor allem Euripides) stammt, läßt zwar Christus, die Theotokos, Johannes, die Hohenpriester, Pilatus und andere Personen sprechen; er wurde aber nicht aufgeführt, sondern war ein reines Lesedrama (Herbert Hunger, Die hochsprachliche profane Literatur der Byzantiner, II 1978 [HAW 12,5,2] 102–104.145). Während von den großen Passionsspielen nur das 1633 gestiftete Oberammergauer Spiel noch heute aufgeführt wird, haben sich die einfacheren und volkstümlicheren „Kreuztrachten" (Karfreitagsprozessionen mit dem kreuztragenden Herrn und Begleitfiguren) bis in unsere Tage erhalten. Rudimente geistlicher Spiele finden sich auch in anderen Bräuchen, z. B. in dem dramatisch ausgestalteten Herablassen des Fastentuchs am Karmittwoch.

Wie die Liturgie bestehen auch die geistlichen Spiele zu einem großen Teil aus Gesängen. In den Passionsspielen mit ihrem umfangreichen Stoff treten die gesprochenen Partien neben den gesungenen verstärkt hervor; doch enthalten sie ebenfalls zahlreiche liturgische Rezitative und Hymnen (vgl. Schuler). In der Neuzeit entwickelten sich diese Elemente zur musikalischen →Passion.

5.2.4. Prozessionen. Die *depositio* und *elevatio crucis* sind mit einer →Prozession verbunden. Doch wie die „Kreuztracht" schon gezeigt hat, sind solche liturgischen Formen des Passionsgedenkens nicht auf den Kirchenraum beschränkt. Bereits das *Itinerarium Egeriae* berichtet, wie die Jerusalemer Gemeinde und die Pilger unter Führung des Bischofs in einer liturgisch durchgeformten Prozession von Memorialstätte zu Memorialstätte ziehen (s.o. 2.). Dieser Brauch hat sich in Jerusalem lange erhalten.

Von einem Gang auf dem Weg, den Christus mit seinem Kreuz zurücklegte (*per viam, per quam ascendit Christus baiulans sibi crucem*) und der sich von den einander benachbarten Häusern des Herodes und des Pilatus bis zur Grabeskirche hinzieht, berichtet erstmals 1294 der Florentiner Dominikaner Ricoldus de Monte Crucis (Baldi 594, Nr. 910). Vom frühen 14. bis ins 16. Jh. führten Franziskaner als Hüter der heiligen Stätten die Pilger auf einer *sanctus circulus* genannten Route (ebd. 599 Anm. 1), die mit der Grabeskirche begann und anschließend den Weg des Herrn nach rückwärts bis zum Haus des Pilatus verfolgte. Erst am Ende des 16. Jh. wurde die aus unserer Sicht „historische" Abfolge üblich, die allerdings auch zuvor schon einzelne Pilger in ihren Berichten erwähnt hatten (Kneller 133–137).

Neben dem Passionsgedenken der Pilger auf dem letzten Weg Christi in Jerusalem begegnen seit dem ausgehenden Mittelalter Andachten, die außerhalb des Heiligen Landes den Leidensweg des Herrn in Form einer Prozession oder auch nur innerlich nachvollziehen wollen.

Die älteste Form dieser Andacht sind die *Fälle* oder *Fußfälle*, die sich seit dem 15. Jh. besonders in Deutschland und den Niederlanden entwickelt haben. Damit verbindet man entweder Situationen, in denen Christus unter der Last des Kreuzes stürzt, oder solche, in denen er durch Mißhandlungen zu Fall kommt. Außerdem kennt bereits das späte 15. Jh. *Gänge* (Wegstrecken) und *Stationen*, die den Abschluß der „Gänge" bilden (Picard 2582–2589). Ihre Zahl wird von einzelnen Autoren ganz unterschiedlich überliefert (häufig sieben „Fälle", sieben oder neun „Gänge", sieben, neun oder fünfzehn „Stationen"); ihre inhaltliche Füllung geht weit über die Berichte der kanonischen Evangelien hinaus (s.u. 5.4.2.2.).

Diese Formen eines kollektiven oder individuellen Passionsgedenkens, insbesondere das Beten der sieben Fußfälle, wurden vor allem im Rheinland und in Westfalen bis ins 20. Jh. gepflegt (Wagner, Passionskult 213–229; Zender). Sie regten noch im 15. Jh. eine neue Form der Andacht an, welche die älteren weitgehend verdrängte, freilich auch Motive von ihnen übernahm: den Kreuzweg (*Via Crucis*), der den Leidensweg des Herrn vom Praetorium bis Golgatha vergegenwärtigte. Er war ursprünglich wohl als eine geistliche Wanderung in Meditation und Gebet gedacht.

Der älteste erhaltene „Führer" (erste Hälfte des 15. Jh.) leitet dazu an, im Gang von „Station" zu „Station" jeweils 33 Vaterunser und 33 Ave Maria im Gedenken an die 33 „Fälle" Christi unter dem Kreuz zu beten (Picard 2589). Für die weitere Ausbildung dieser Andacht (zunächst mit zwölf Abschnitten) sind die im späten 15. Jh. niederländisch verfaßten, 1518 erstmals gedruckten und in verschiedene Sprachen übersetzten Meditationen des Priesters Bethlem (Incipit: *Dit is een devote meditacie op die passie ons liefs Heeren Ende van plaetse tot plaetsen dye mate gheset daer onse lieve here voer ons gheleden hevet met dye figuren ende met schone oracien daer op dienende*; Kneller 154 Anm. 3), die 1563 postum erschienene Anleitung zu geistlicher Pilgerschaft des Karmeliten Jan Pascha (*Een devote maniere om gheestelyck pilgrimagie te trecken tot den heyligen*

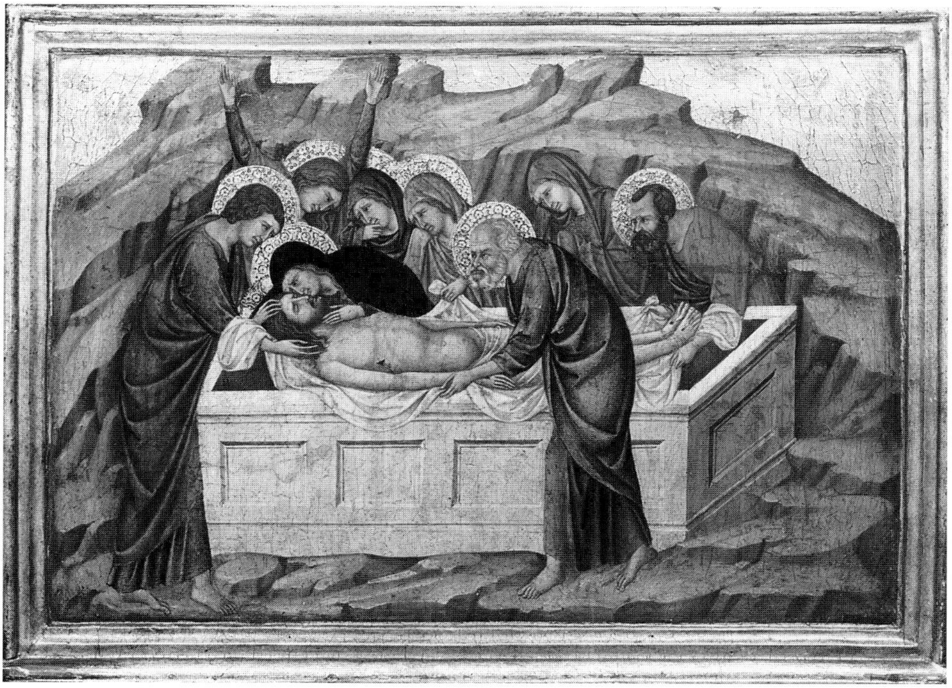

Abb. 1 Beweinung Christi, Ugolina da Siena (nachweisbar 1317–1327), Teil eines Retabels aus Florenz, S. Croce. Staatliche Museen Preußischer Kulturbesitz, Gemäldegalerie, Berlin

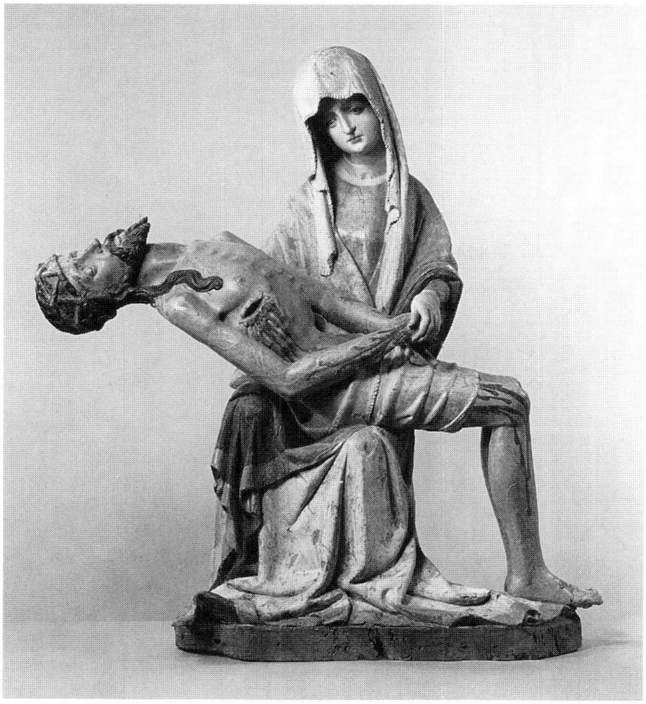

Abb. 2 Pietà aus Braunau am Inn, Salzburg, um 1430, Holz. Staatliche Museen Preußischer Kulturbesitz, Skulpturensammlung, Berlin

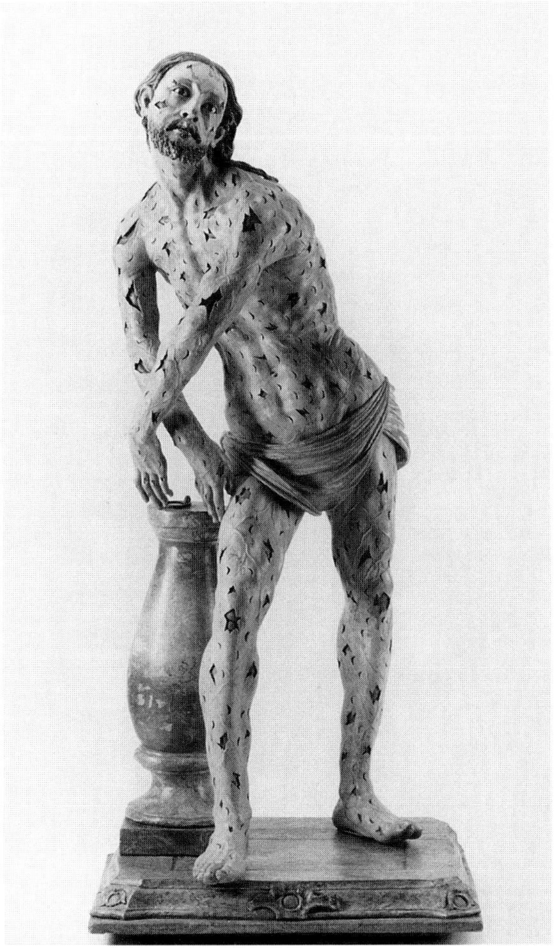

Abb. 3 Christus an der Geißelsäule, Meister IPS (vermutlich Süddeutschland), 1697 (Fassung des 19. Jh.), Holz. Württembergisches Landesmuseum, Stuttgart

Abb. 4 Ecco homo, Altarflügel aus der Franziskanerkirche in Bamberg, 1429. Bayerisches Nationalmuseum, München

Abb. 5 Christus im Elend, Hans Leinberger, um 1525, Holz. Staatliche Museen Preußischer Kulturbesitz, Skulpturensammlung, Berlin

Abb. 6 Schmerzensmann, Michel Erhart, Ulm, um 1470, Holz. Privatbesitz

Abb. 7 Schmerzensmann mit Leidenswerkzeugen, Lorenzo Monaco, 1404.
Galleria dell' Accademia, Florenz

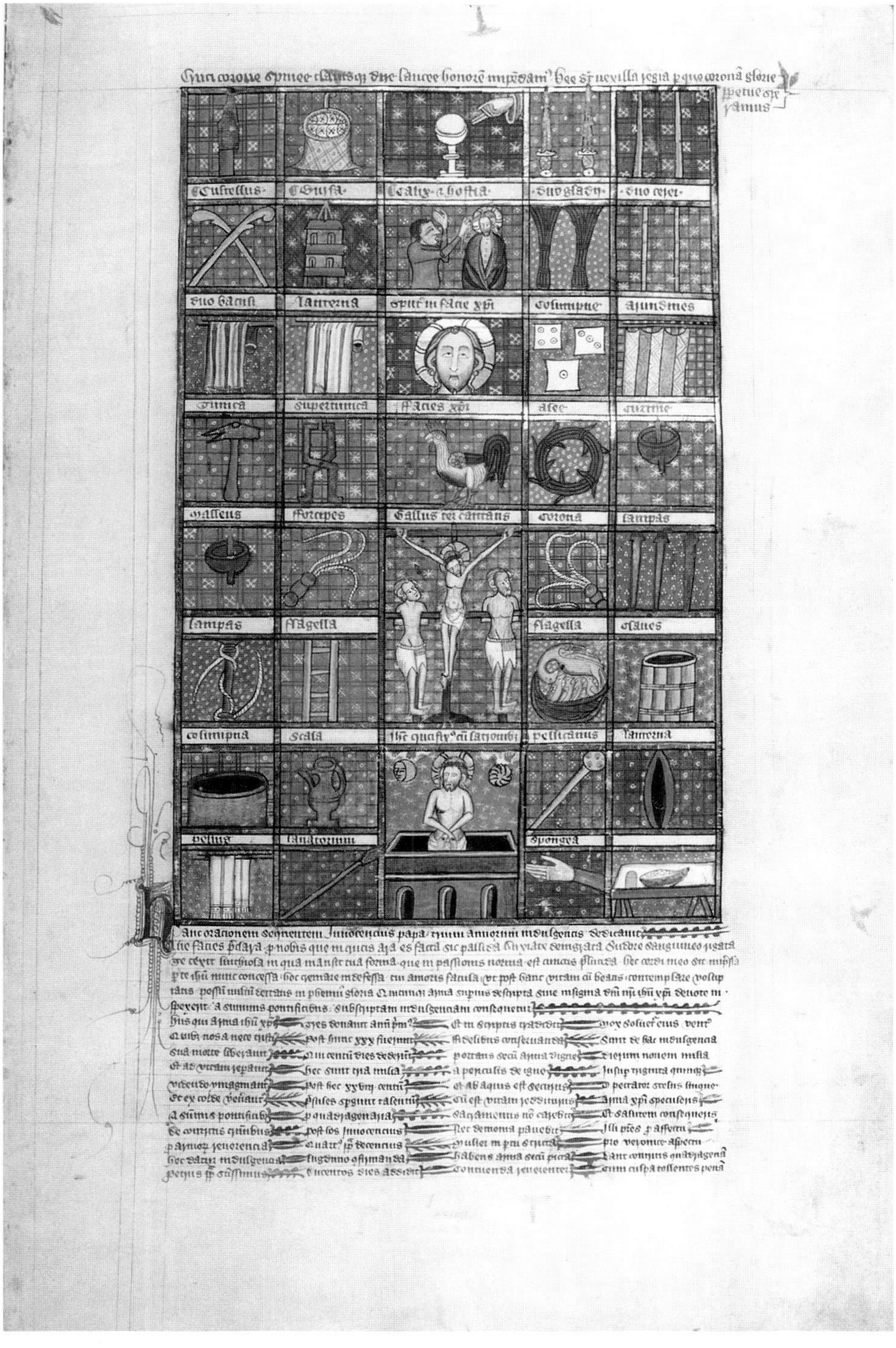

Abb. 8 Arma Christi, Meditationsbild, Mitte 14. Jh., Handschrift. British Library, London

Abb. 9 Kleidersuchender Christus, Oberbayern, 16. Jh., Holz. Bayerisches Nationalmuseum, München

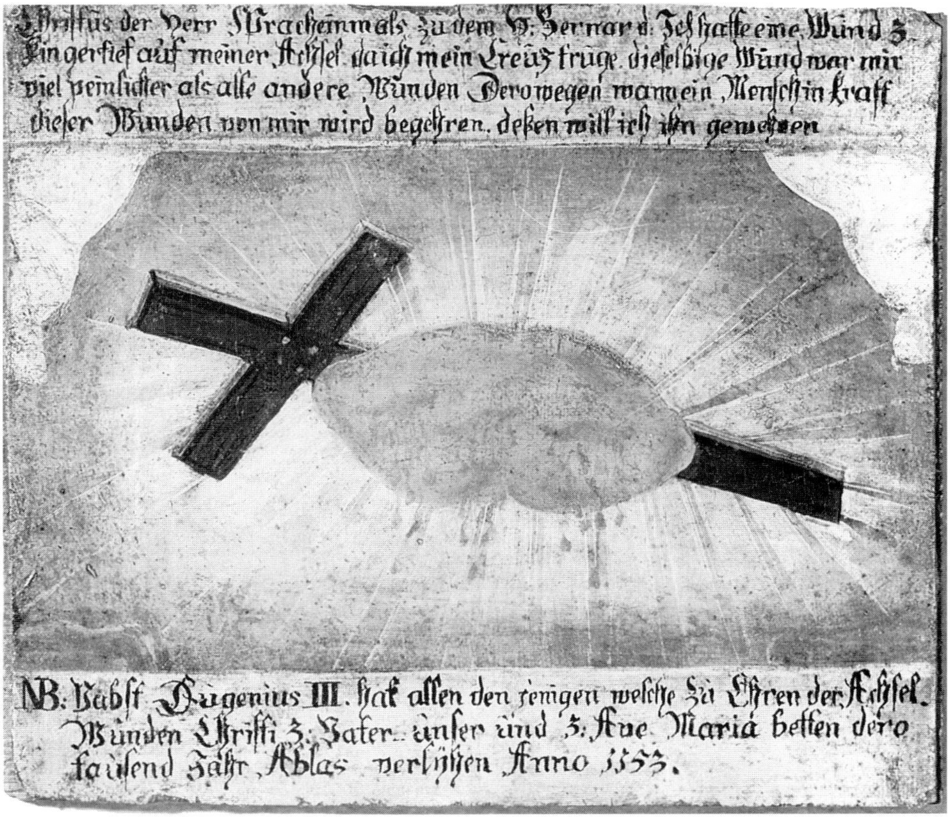

Abb. 10 Schulterwunde Christi, 1. Hälfte 18. Jh., Öl auf Holz. Bayerisches Nationalmuseum, München

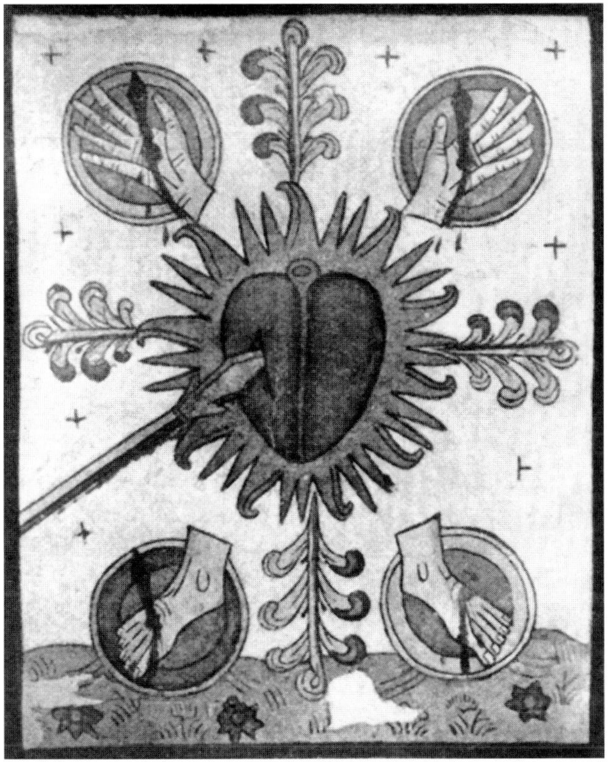

Abb. 11 Die fünf Wunden Christi, Augsburg, 1450, Holzschnitt

Abb. 12 Die sieben Schmerzen Mariae, Bildseite aus: Preces et praxes piae ex probatis auctoribus collectae..., Münster 1660

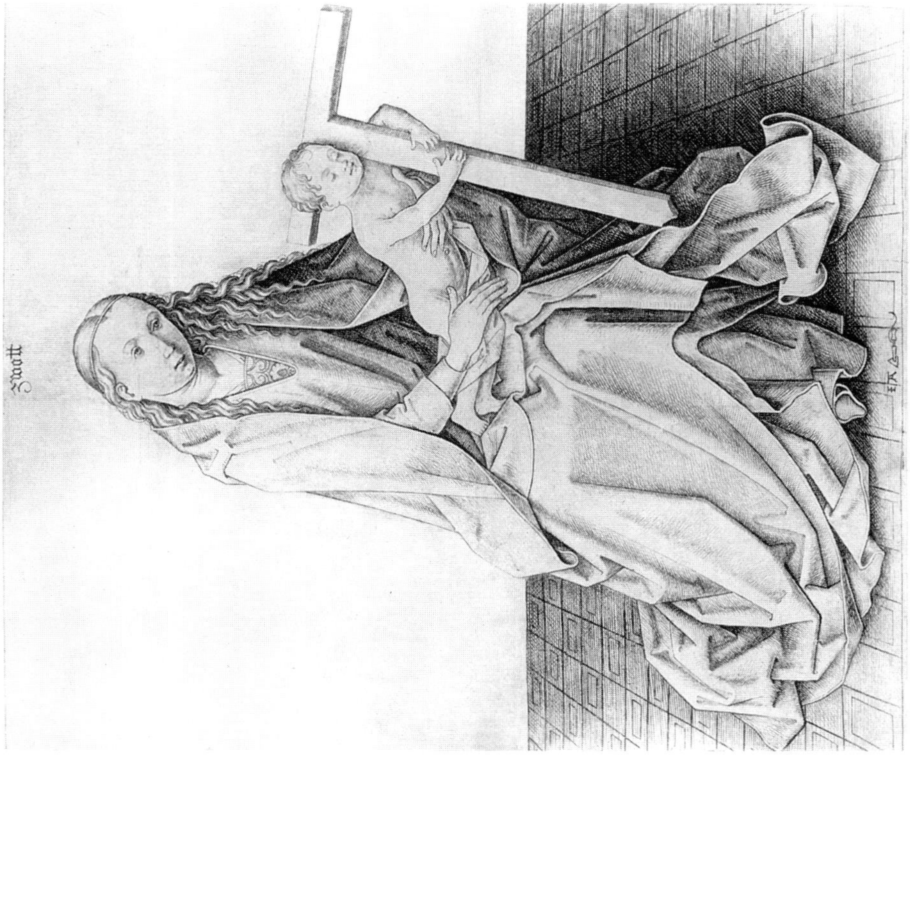

Abb. 13 Jesuskind mit dem Kreuz, Meister IAM von Zwolle, um 1480, Kupferstich. Staatliche Museen Preußischer Kulturbesitz, Kupferstichkabinett, Berlin

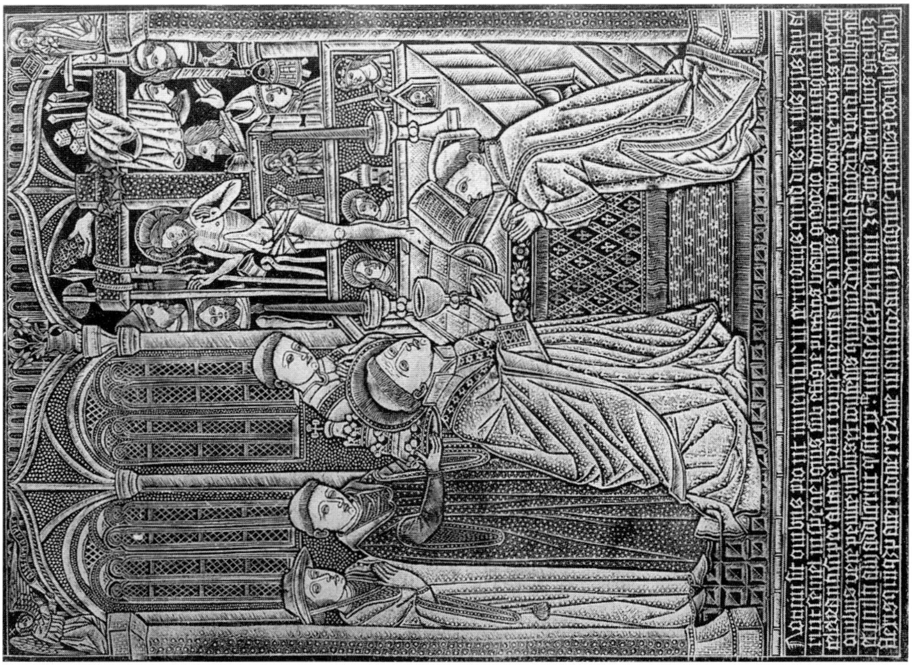

Abb. 14 Messe Gregors d. Gr., Meister der Kirchenväterbordüre, 1470/1480, Metallschnitt. Staatliche Museen Preußischer Kulturbesitz, Kupferstichkabinett, Berlin

Lande ..., Louvain 1563) und in den letzten Jahrzehnten des 16. Jh. die Heilig-Land-Beschreibungen des Geistlichen Christian van Adrichem (Adrichomius) (*Ierusalem, sicut Christi tempore floruit ... brevis descriptio*, Köln 1584 u.ö.; ders., *Theatrum Terrae Sanctae et Biblicarum Historiarum*, Köln 1590 u.ö.) wegweisend geworden. Im 17. und 18. Jh. hat sich unter verschiedenen Alternativen schließlich eine Reihe von 14 Stationen weitgehend durchgesetzt: 1. Verurteilung, 2. Kreuzauflegung, 3. Erster Fall unter dem Kreuz, 4. Begegnung mit der Mutter, 5. Übernahme des Kreuzes durch Simon von Cyrene, 6. Begegnung mit Veronica, 7. Zweiter Fall, 8. Begegnung mit den weinenden Frauen, 9. Dritter Fall, 10. Entkleidung, 11. Kreuzannagelung, 12. Tod am Kreuz, 13. Kreuzabnahme, 14. Grablegung.

Das Verlangen der Gläubigen nach Anschauung begnügte sich freilich nicht mit geschriebenen Anleitungen zum Meditieren des Kreuzwegs; es drängte danach, diesen Weg auch räumlich zurückzulegen.

Schon im 15. Jh. markierte man durch Bezeichnung des Anfangs- und Endpunktes (Säulen, Kreuze, Bildstöcke in einer gewissen Entfernung von öffentlichen Gebäuden u.ä.) noch in sich ungegliederte Wegstrecken, bei deren Abschreiten man des Kreuzwegs Christi gedachte (Kneller 57–61). Aus den Berichten von Jerusalempilgern wissen wir, daß man sich den beim Besuch der heiligen Stätten zurückgelegten Weg genau eingeprägt und die Entfernung zwischen den einzelnen Stationen an der Zahl der Schritte gemessen hat (z.B. Johannes Poloner 1422: Baldi 598–600, Nr. 918). Mit Hilfe dieser Angaben konnte der letzte Leidensweg Christi an jedem Ort rekonstruiert werden – auch mit einer Untergliederung, die man der zeitgenössischen Literatur entnahm. Eigenartigerweise wurde der Kreuzweg mit Stationen in der später üblichen Form erst sekundär aus dem Abendland nach Jerusalem importiert und hat sich dort im Laufe des 17. Jh. gegen die ältere Route durchgesetzt.

Die Attraktivität der Kreuzwegandacht wurde durch eine ganze Reihe päpstlicher Ablässe verstärkt, die zunächst nur dem Franziskanerorden gewährt worden waren (durch Innocenz XI. 1686 Zusammenfassung der älteren Dekrete), aber 1726 durch Benedikt XII. auf alle Gläubigen ausgedehnt und durch verschiedene weitere Breven gefördert wurden. Die Franziskaner, die in Jerusalem bis ins 16. Jh. als Hüter der heiligen Stätten und Pilgerführer wirkten, schufen auch im Abendland Kreuzwege, pflegten in besonderer Weise die Kreuzwegandacht und verfaßten populäre Kreuzwegschriften. Durch den großen franziskanischen Volksmissionar Leonardo da Porto Maurizio (1676–1751) erhielt die Andacht kräftigen Auftrieb (Pohlmann). Mit den Kreuzwegpredigten, die er erstmals 1710 hielt (auf dem 1628 errichteten Florentiner Monte alle Croci, dem ersten italienischen Kreuzweg mit 14 Stationen) und von denen zehn Reihen erhalten sind, schuf er ein neues Predigtgenus. In vier Jahrzehnten begründete er mehr als 570 Kreuzwege, den bedeutendsten am 27. Dezember 1750 im Colosseum zu Rom.

Dem Passionsgedenken dienen ebenfalls die zahlreichen Prozessionen, bei denen Passionsreliquien getragen werden, z.B. der Weingartener Blutritt (Reiterprozession mit der Reliquie des Heiligen Blutes; Kruse/Rudolf; vgl. TRE 6,739,22ff.), aber im weiteren Sinne auch die Fronleichnamsprozession mit der konsekrierten Hostie.

5.2.5. *Weitere Formen des Passionsgedenkens.* Wegen der zentralen Bedeutung der Passion Christi für den christlichen Glauben spielt die Passionsandacht in der kollektiven wie in der individuellen Frömmigkeit eine hervorragende Rolle. Liturgische und paraliturgische Formen wirken auf das individuelle Passionsgedenken ein und setzen sich in der privaten Andacht fort. Die Verteilung der einzelnen Abschnitte der Leidensgeschichte auf die täglichen Gebetszeiten läßt die Passionsfrömmigkeit schließlich das ganze religiöse Leben durchdringen. Neben den Texten aus den Evangelien werden auch einzelne Aspekte und Momente des Leidens Christi zum Inhalt von Gebet und Betrachtung gemacht. Solche Privatandachten sind auch Analphabeten möglich und setzen nur das Auswendiglernen der dafür nötigen Gebete (vor allem des →Vaterunser und des Ave Maria) voraus. Für manche Andachten genügt die Betrachtung und Verehrung eines Objekts; häufig erläutern Text und Bild einander gegenseitig, z.B. in den Stundenbüchern. Den wichtigsten Gegenstand des Passionsgedenkens stellt aber in jedem Fall der Kruzifixus dar, der auch dem Sterbenden (oder zum Tode Verurteilten) gewiesen wird (Schreiner, Fetisch).

In der Christenheit war seit ihren Anfängen der Gedanke an eine Nachfolge Christi lebendig, die im Anschluß an Mk 8,34 par. und Mt 10,38; Lk 14,27 als freiwillige Übernahme von Leiden und Tod verstanden wurde. Das vom Märtyrer auf den Asketen und Mönch übertragene Nachfolgeideal hat seit dem 12. Jh. unter der neu belebten Forderung des *nudus nudum Christum sequi* (s.o. 3.2.) eine rasch wachsende Vielfalt von Formen einer in der Regel individuell und heimlich praktizierten Leidensnachfolge mit sorgsam ausgedachten Übungen und Kasteiungen bis hin zur blutigen Selbstverstümmelung (Ochsenbein, Leidensmystik), ja bis zu Selbststigmatisierung und Selbstkreuzigung (Dinzelbacher, Metapher) hervorgebracht. In diesen Phänomenen zeigt sich die äußerste Konsequenz einer auf die Verdienstlichkeit des Leidens fixierten Passionsfrömmigkeit.

5.3. Medien des Passionsgedenkens

5.3.1. Texte. Übergangen werden müssen hier einerseits die wissenschaftliche Literatur, die aus der akademischen Lehrtätigkeit hervorgegangen ist: die systematischen Gattungen der Quaestionen, Summen und Sentenzenkommentare sowie die Bibelkommentare, andererseits auf die Passion bezogene oder ihr ganz gewidmete Dichtungen (wie z. B. die *Erlösung*, ein anonymes heilsgeschichtliches Epos vom Anfang des 14. Jh., oder die reiche englische Passionslyrik [vgl. Woolf 183–273; Gray 122–145]), obgleich sie die gelebte Passionsfrömmigkeit widerspiegeln und zugleich beeinflussen.

Die Grundlage allen christlichen Passionsgedenkens ist die Leidensgeschichte der vier kanonischen Evangelien, die alljährlich in den Gottesdiensten der Karwoche vollständig – nach Möglichkeit vom Priester und zwei Diakonen oder von drei Diakonen – vorgetragen (d.h. gesungen) wird: am Palmsonntag nach Matthäus, am Dienstag nach Markus, am Mittwoch nach Lukas und am Freitag nach Johannes. Die Christenheit hat die vier Evangelien von Anfang an harmonisierend gelesen; seit →Tatians *Diatessaron* konnte sie auf →Evangelienharmonien zurückgreifen. Ebenso unkritisch wurden von einzelnen mittelalterlichen Autoren unter dem Namen des *Evangelium Nicodemi* die im 4./5. Jh. entstandenen *Acta Pilati* (ed. Constantin von Tischendorf, Evangelia apocrypha, Leipzig ²1876 [Neudr. 1966] 210–486; vgl. TRE 3,337,5ff.) benutzt sowie weitere Texte aus diesem Themenbereich, die zumeist wohl aus dem Frühmittelalter stammten (vgl. Schelb). Andere liturgische Texte – besonders die auf das Leiden Christi gedeuteten alttestamentlichen Perikopen und die darauf bezogenen Gebete und liturgischen Gesänge – erweiterten den Stoff.

Nachdem Menschlichkeit und Leiden des Herrn in der ersten Hälfte des 12. Jh. uneingeschränkt in den Blick getreten und zum Inhalt christlicher Meditation geworden waren, ist seit der zweiten Hälfte dieses Jahrhunderts eine Reihe von Texten entstanden, die als Grundlage der Betrachtung von Leben und Leiden Christi dienen wollten. Sie sind ursprünglich lateinisch geschrieben, also zum Gebrauch durch Kleriker und Religiosen bestimmt. Obwohl sie erzählenden Charakter haben, wollte keiner von ihnen eine historische Neugier oder gar den Wunsch nach Unterhaltung befriedigen; sondern sie dienten durchweg als Meditationstexte.

Den Ausgangspunkt der Entwicklung dieser Literaturgattung bilden relativ kurze Schriften: Ps.-Anselms von Canterbury *Dialogus Beatae Mariae et Anselmi de passione Domini* (PL 159,271–290), Ps.-Bernhards von Clairvaux *Liber de passione Christi et doloribus et planctibus matris eius* (PL 182,1133–1142) und *Meditatio in passionem et resurrectionem Domini* (PL 184,741–768), Ps.-Bedas *De meditatione passionis Christi per septem diei horas libellus* (PL 94,561–568).

Umfang- und detailreicher als all diese frühen Werke sind die Bonaventura zugeschriebenen, wohl von einem toskanischen Franziskaner verfaßten *Meditationes de passione Christi*, die auch im größeren Zusammenhang von *Meditationes vitae Christi* überliefert sind (Bonaventura, ed. A.C. Peltier, Paris, XII 1868, 509–630; zur Verfasserfrage vgl. Ruh, Art. ‚Meditationes vitae Christi') und auf die nachfolgende Passionsliteratur sowohl inhaltlich als auch in der Anweisung zur Meditation den größten Einfluß ausübten. Der Betrachtung und Nachfolge von Leben und Leiden Christi möchten auch die Werke des Augustinereremiten Simon Fidati von Cascia (gest. 1348) dienen: *L'ordine della vita cristiana* (1333) und *De gestis Domini Salvatoris* (1338/1347). Das wichtigste Leben Jesu des ausgehenden Mittelalters wurde die in der zweiten Hälfte des 14. Jh. entstandende *Vita Jesu Christi* des Kartäusers Ludolf von Sachsen (ed. A.-C. Bolard/L.M. Rigollot/J. Carnandet, Paris/Rom 1870 = ²1878), in der die bisherige Überlieferungsbildung zusammengefaßt ist und die entweder die *Meditationes de passione Christi* seines Zeitgenossen, des Augustinereremiten Jordan von Quedlinburg (Jordanus de Saxonia, ca. 1300–1370/80), verarbeitet hat (Elze 128f.) oder mit ihnen auf eine noch nicht aufgefundene gemeinsame Quelle zurückgeht (Baier, Art. Ludolf von Sachsen 972).

Das Interesse an der Anleitung zur Meditation tritt bei aller Anrührung der Affekte stärker hinter dem erzählerischen Element zurück in *Passionshistorien* (Ruh, Theologie 20 u.ö.) wie den Traktaten Michaels de Massa OESA (gest. 1337) *Angeli pacis* (dazu Fromm), Heinrichs von St. Gallen (2. Hälfte 14./Anfang 15. Jh.) *Extendit manum* (dazu Hilg/Ruh) und Johanns von Zazenhausen (14. Jh.) *Erit vita quasi pendens ante te* (dazu Ruh, Art. Johannes von Zazenhausen).

Von all diesen Werken führt ein sich im 15. Jh. immer mehr verbreiternder und differenzierender Strom von Passionsliteratur – oft im Rahmen von Leben-Jesu-Darstellungen (→Leben-Jesu-Theologie/Leben-Jesu-Forschung) – in die Neuzeit hinein. Keine der oft sehr farbig und detailreich erzählenden Passionsschriften entspringt aber einem bloß gelehrten Interesse oder schriftstellerischer Fabulierfreude; sie haben ihren Sitz im Leben vielmehr in der Predigt und in der Anleitung zu privater Andacht und Meditation.

Dazu gehören z.B. (verzeichnet sind nur die Erstdrucke) →Thomas von Kempen, *De vita et beneficiis salvatoris I. C. devotissimae meditationes cum gratiarum actione* (o.J.), J. →Gerson, *Meditationes devotissimae super passionem D.N.I.C.* (ca. 1488), G. →Biel, *Passionis dominicae sermo historialis* (1489), Gabriel Barletta OP (gest. nach 1438), *Sermo in die parasceves* (in: *Sermones* 1497, Nr. 53), Reinhard von Laudenburg OESA (gest. 1503), *Passio D.N.I.C. per modum quadragesimalis praedicata* (1501), J. Gerson, *Sermo de passione Domini* (1509), Gerhard →Zerbolt von Zütphen, *De ascensionibus spiritualibus* und *De reformatione interiori* (1539).

Durch Übersetzung, Bearbeitung und freie Rezeption der lateinischen Werke ist seit dem 14. Jh. eine fast unüberschaubare Zahl von Darstellungen und Betrachtungen des Lebens und der Passion Jesu in den Volkssprachen entstanden, die noch nicht vollständig erfaßt, geschweige denn ediert und ausgewertet sind (vgl. Ruh, Theologie; ders., Bonaventura; ders., Art. ‚Meditationes vitae Christi' 285–289, mit einem Überblick über die italienischen, französischen, englischen, deutschen und niederländischen Fassungen).

Am reichsten entwickelt und am dichtesten überliefert scheint die volkssprachliche Passionsliteratur des Spätmittelalters im deutsch-niederländischen Sprachgebiet zu sein. Vielleicht ist diese Vermutung auch nur durch die Forschungslage hervorgerufen; immerhin wird sie durch die bildlichen Darstellungen bestätigt. Weiteste Verbreitung erlangte die wohl um 1400 von einem niederrheinischen Kartäuser hergestellte Kompilation, die der Herausgeber C. C. de Bruin als das *Pseudo-Bonaventura-Ludolfiaanse Leven van Jezus* in die Forschung eingeführt hat (dazu Ruh, Art. Ludolf von Sachsen C). Unter den freieren volkssprachlichen Bearbeitungen des Stoffes soll exemplarisch nur *Christi Leiden in einer Vision geschaut* (ed. Pickering, Christi Leiden) erwähnt werden.

Der Zweck einer Anleitung zur Meditation nach den Tagzeiten drückt sich besonders deutlich in der Gattung der *Passions-Horologien* aus, die bis in die Neuzeit hinein beliebt waren (Bertaud, Art. Horloges).

Das bekannteste Beispiel eines Horologiums, Heinrich Seuses *Horologium sapientiae* (ed. Pius Künzle, 1977 [SpicFri 23]), enthält zwar im I. Buch ausführliche Passionsbetrachtungen, überschreitet aber bei weitem den traditionellen Rahmen des Genus. Charakteristischer sind anonyme Werke wie die Traktate *Horologie van de Passie ons Heeren Jesu Christi*; *Passie-Horologie in vier-entwintich uren verdeylt*; *De urkens van de passie ons liefs heeren*; *Uer-wyser op het Lyden Christi Jesu* (ed. Stracke, Uren 110f.132–135.124–128.143–145) oder *Van der passien ons heren naden seven ghetijden des dages* (ed. Daniels). Das bekannteste deutsche Werk ist *Das andaechtig zeitglöcklein des lebens und leidens Christi, nach den 24 stunden ausgeteilt* eines Priesters Berthold OP (wohl 15. Jh.), der sein Werk selbst nachträglich ins Lateinische übertragen hat: *Horologium devotionis circa vitam Christi* (Weck; Bertaud, Art. Horloges 753f.).

Bertholds *Zeitglöcklein* ist nicht das einzige Buch, dessen ursprüngliche Fassung in der Volkssprache niedergeschrieben und das nachträglich ins Lateinische übersetzt wurde. Zwei weitere Beispiele dieser noch nicht ausreichend erforschten Gruppe von Übersetzungen mögen das für zwei andere Sprachen zeigen: J. Gersons großer Passionssermon *Ad Deum vadit* war ursprünglich (1403) französisch verfaßt (Œuvres complètes, ed. Palémon Glorieux, Paris, VII* 1968, 449–519).

Auch die *Epistola de vita et passione Domini nostri*, ein von Brüdern und Schwestern der Windesheimer Kongregation viel benutztes Handbuch aus der Frühzeit der Devotio moderna, wurde (wohl 1459/1464) von Johannes Busch (1399–1480) aus der niederländischen Urfassung (ed. de Bruin, Oertekst) ins Lateinische übertragen (vgl. Hedlund).

Als letzter Typ einer Erbauungsliteratur, die zur Formung der Passionsandacht beiträgt, muß noch das Genus des „Spiegels" erwähnt werden, bei dem bereits der Übergang zur Dichtung faßbar wird.

Ein anonymes *Speculum humanae salvationis*, das die Heilsgeschichte von der Schöpfung bis zum Jüngsten Gericht in lateinischer Reimprosa darstellt, ist im frühen 14. Jh. entstanden. Es wurde bald illustriert und ist in lateinischer Fassung wie in volkssprachlicher Übertragung noch in zahlreichen Handschriften erhalten (Stork/Wachinger). Ganz auf die Passion konzentriert sind Werke wie der illustrierte elsässische *spiegel des lidens cristi* aus dem frühen 15. Jh. (dazu Jänecke; Masser) oder das *Speculum passionis domini nostri Ihesu christi* von 1507 des damaligen Nürnberger Stadtarztes und Druckers Ulrich Pinder (gest. 1518).

Während die Passionsliteratur des Mittelalters seit Jahrzehnten sehr intensiv erforscht wurde, ist ihre Fortsetzung in der Neuzeit – zumal bei Theologen – weitgehend in Vergessenheit geraten.

Aus der Überfülle dieser Literatur, die im Dienst der Andacht die Passionsüberlieferung weitergebildet hat, sollen hier nur exemplarisch zwei umfangreiche Werke genannt werden: Die spanische Franziskanerin Maria de Agreda (1602–1665) verfaßte unter dem Titel *Mistica ciudad de Dios, milagro de su omnipotencia y abismo de la gracia. Historia divina y vida de la Virgen Madre de Dios* ... (ed. Celestino Solaguren, Madrid 1970 [Neudr. 1982]), ein monumentales Marienleben, das zugleich das Leben und (im 2. Teil) das Leiden Christi aus der Sicht und mit den Empfindungen der Mutter ausführlich darstellt. Das erstmals 1670 gedruckte Werk erschien bis in unsere Zeit in zahlreichen vollständigen oder gekürzten bzw. bearbeiteten Auflagen spanisch und in Übersetzungen. In Deutschland wurde es durch eine Übersetzung von 1715–1718 (Augsburg/Dillingen) unter dem Titel *Geistliche Stadt Gottes / Mirackul Seiner Allmacht / und Abgrund der Gnad. Göttliche Histori und Leben Der Mutter GOttes* ... erstmals bekannt, der weitere vollständige oder bearbeitete Ausgaben folgten.

Unter den deutschen Lebens- und Leidensgeschichten Christi war am erfolgreichsten das Werk eines fruchtbaren Volksschriftstellers, des Kapuziners Martin von Cochem (1634–1712). Sein 1677 erstmals gedrucktes *Leben Christi Oder Außführliche, Andächtige, und Bewegliche Beschreibung des Lebens und Leidens unseres Herrn Jesu Christi, Und seiner glorwürdigen Mutter Mariae* erschien seit 1680/81 mit Änderungen als *Das große Leben Christi*, das der Verfasser 1707 abermals einschneidend bearbeitet hat. Rund 260 Auflagen bis ins 20. Jh. zeugen von der Wirkung dieses Buchs, dessen 2. Teil etwa zur Hälfte von der Darstellung der Passion eingenommen wird.

Neben den Gattungen der Passionsliturgie, der Marienklagen und Passionsspiele spielt das private Gebet in der Passionsfrömmigkeit eine wesentliche Rolle. Es nährt sich stark vom kollektiven Passionsgedenken und übernimmt auch liturgische Gebetstexte in die individuelle Andacht. Deshalb läßt es sich nicht immer klar von der Liturgie trennen.

Kenntnis dieses Genus bieten zum einen die Gebetsammlungen (Privatgebetbücher; vgl. TRE 12,105–109). Sie sind seit karolingischer Zeit im benediktinischen Mönchtum entstanden, das neben dem gemeinsamen liturgischen Stundengebet das Privatgebet des einzelnen Mönchs kennt (Regula Benedicti 20; 52,4). Seit dem 11. Jh. hat unter dem Einfluß der monastischen Reformer, seit dem 13. Jh. unter dem der Bettelorden und der religiösen Frauenbewegung sowie eines wachsenden Interesses von Weltleuten und Laien die Produktion von Gebetbüchern starken Aufschwung genommen. Der aus der Alten Kirche überkommene Brauch des privaten Stundengebets führte schon seit dem 13. Jh. zur Entstehung des lateinischen und bald auch des volkssprachlichen Stundenbuches (Horenbuch, *Livre d'heures*, *getijdeboek*, *Prymer*), in dessen Text und Illustrationen die Passion eine zentrale Stelle einnimmt (Stadlhuber, Laienstundengebet). Den Religiosen konnte das ganz vom Passionsgedenken erfüllte private Stundengebet als Ergänzung zu den ohnehin festliegenden Inhalten des gemeinschaftlichen Chorgebets dienen. Im Gebet der Weltleute (mit oder ohne „Stundenbuch") führte diese Entwicklung dagegen zu einer verstärkten Konzentration auf die Passion und zu einer Belebung der Passionsfrömmigkeit. Die vielen handschriftlichen Gebetbücher aus dem Spätmittelalter, über die wir noch verfügen, geben Einblick in die Vielfalt der Privatgebete, die dem Passionsgedenken gewidmet waren (Haimerl; Ochsenbein, Bild). Darüber hinaus sind zahlreiche einzelne Gebete, besonders Tagzeitengebete, einzeln überliefert, die das Leiden Christi und teilweise auch das seiner Mutter zum Inhalt haben (Palmer).

Der Buchdruck führte zu einer gewissen Vereinheitlichung, zugleich aber auch zu massenhafter Produktion neuer Gebetstexte. Unter den Gebetbüchern der Neuzeit waren für die Entwicklung der Passionsfrömmigkeit besonders wichtig die auch ins Deutsche übersetzten *Preces Gertrudianae* (Köln 1670), eine Sammlung von Auszügen vor allem aus Gertrud von Helfta und Mechthild von Hackeborn, vermischt mit anonymen und pseudonymen Texten.

Daneben wurden seit Erfindung des Buchdrucks zahllose Andachtsbüchlein und Gebetszettel zum Gedenken an die Passion im ganzen und in einzelnen Aspekten gedruckt, die wie andere volkstümliche Gebrauchsliteratur weitgehend untergegangen sind. Reste dieser für die katholische Passionsfrömmigkeit höchst aufschlußreichen Texte finden sich heute fast nur noch in volkskundlichen Sammlungen. Ihrem intimen Charakter entspricht es, daß einzelne Gebetstexte und private Gebetbüchlein auch nach Erfindung des Buchdrucks weiterhin von Hand geschrieben wurden (z. B. Kretzenbacher, „Christus auf dem Dreikant"; Markmiller, Belege). Noch heute kann man in katholischen Dorf- und Wallfahrtskirchen ausgelegte handschriftliche (xerokopierte) Gebetszettel finden.

Eine besondere Weise des Betens, die seit dem Spätmittelalter aufblüht und auch direkten Bezug zum Passionsgedenken hat, ist der →*Rosenkranz.*

Das Wort bezeichnet einerseits bestimmte Gebetsinhalte, andererseits die als Gedächtnishilfe gebrauchte Gebetsschnur. Inhaltlich handelt es sich um eine Marienandacht (daher auch „marianischer Psalter"), die im wesentlichen aus drei Teilen besteht, von denen jeder fünf Abteilungen („Gesetze") aus je einem Vaterunser und zehn Ave Maria umfaßt. Jeweils fünf der insgesamt 15 „Gesetze" sind mit dem Gedenken an je fünf „freudenreiche", „schmerzenreiche" und „glorreiche" Geheimnisse der Erlösung verbunden. Im Beten des „schmerzenreichen Rosenkranzes" wird der Leiden des Herrn und des Mit-Leidens seiner Mutter gedacht. Eine ältere Form des Betens mit einer schlichteren Gebetsschnur (meist einer Körnerschnur) ist die „Korone" (*corona* [Kranz]). Sie bezieht sich auf einen thematisch engeren Bereich als der Rosenkranz: aus dem Zusammenhang der Passion vor allem auf die „heiligen fünf Wunden" (Christi) und – besonders von den Serviten gefördert – auf die „sieben Schmerzen Mariae" (s.u. 5.4.3.8.).

5.3.2. Gegenstände. Die christliche Frömmigkeit lebt zwar in erster Linie aus dem gepredigten und geschriebenen Wort. Sie strebt aber trotz des alttestamentlichen Bilderverbots schon bald nach Anschauung. Welche Schwierigkeiten die Abbildung des gequälten und gekreuzigten Gottessohnes der frühen Christenheit bereitete, wurde oben (s.o. 2.) gezeigt. Nachdem die volle Menschlichkeit Christi nicht nur in Bekenntnis und Lehre, sondern seit dem 12. Jh. auch im Bewußtsein der Christen verankert war, vermehrten sich sehr rasch die bildlichen Darstellungen seines Leidens. Hier können zunächst nur die wichtigsten Medien anschaulicher Vergegenwärtigung genannt werden; ihre Inhalte werden unten (s.u. 5.4.) vorgestellt.

Im liturgischen Passionsgedenken haben vor allem zwei Arten von Objekten ihren festen Ort: (a) das Kreuz in der *Adoratio crucis* (vgl. TRE 19,749,46–750,9); (b) das Grab Christi in der *Depositio crucis* (vgl. Heimann-Schwarzweber).

Für den Ritus der *Depositio* wird in jeder Kirche ein Grab (*sepulcrum*) benötigt, das in Anknüpfung an den englischen Sprachgebrauch (*Easter Sepulchre*; Belege: Young II, 507) besser *Ostergrab* genannt werden sollte, um die Bezeichnung *Heiliges Grab* dem Jerusalemer Grab und seinen architektonischen Nachbildungen vorzubehalten (so auch Jezler). Das Ostergrab ist entweder beweglich: ein tragbarer oder fahrbarer Schrein aus Holz, der nur für die Liturgie des *Triduum sacrum* in den Kirchenraum verbracht wird, oder es ist in Stein ausgeführt und bleibt das ganze Jahr über sichtbar. Im einzelnen kann es ganz unterschiedlich gestaltet sein: als unbemalte, bemalte oder mit Schnitzwerk versehene Holztruhe, als hölzerner Kastenwagen mit geschnitztem Aufbau, als schlichte Wandnische oder als kunstvolles Baldachingrab. Dabei hat man sich vielfach das Heilige Grab in Jerusalem zum Vorbild genommen, das man aus Pilgerberichten und Abbildungen kannte (vgl. Conant; Dyggve; Wilkinson). Die früheste erwähnte Nachbildung war S. Stefano in Bologna (431/450). Seit St. Michael in Hildesheim, der ältesten noch erhaltenen Heiliggrab-Kirche (geweiht 822), sind in Deutschland bis in die Neuzeit hinein über 40 Nachbildungen des Heiligen

Grabes (Kirchen, Kapellen, Monumente im Kirchenraum) errichtet worden (vgl. Dalman). Im Spätmittelalter wurde statt des Kreuzes zunehmend ein Depositionsbild beigesetzt: eine Holzfigur des Leichnams Christi (*Grabchristus*) oder ein Kruzifixus mit schwenkbaren Armen (Taubert/Taubert); zahlreiche Exemplare des Grabchristus haben sich erhalten und werden dort, wo der Brauch der *Depositio* bewahrt wurde, noch heute in der traditionellen Weise verwendet. Für die bloße Beisetzung der Hostie genügt ein kleineres Grab; werden Hostie und Kreuz oder Grabchristus gemeinsam beigesetzt, so dient häufig die Seitenwunde oder eine verschließbare Öffnung im Körper Christi zur *Depositio Hostiae*. Unter dem Einfluß der Jesuiten entstand seit der zweiten Hälfte des 16. Jh. das Expositionsgrab als ein barockes Prunkgrab (Gschwend 124–126; Grass); die ältesten Beispiele finden sich in Prag (1559), Olmütz (1570) und Innsbruck (1572). Eine einfachere, seit dem 17. Jh. übliche Form des Ostergrabs ist die Nische (meist in einem Seitenalter), in der der Grabchristus dauernd sichtbar bleibt (Heimann-Schwarzweber 191f.).

Weitere Gegenstände des Passionsgedenkens dienen vorwiegend oder ausschließlich der außerliturgischen Frömmigkeit. Dabei machen sich im späteren Mittelalter zwei entgegengesetzte Tendenzen bemerkbar:

Zum einen bemüht man sich um die Ausdehnung der anschaulichen, belehrenden und zugleich anrührenden Vergegenwärtigung des ganzen Verlaufs der Leidensgeschichte in Text und Bild. Die vier kanonischen Evangelien werden ohne jeden historisch-kritischen Vorbehalt harmonisiert, ausgemalt und durch apokryphe Elemente ergänzt. Von der Frühzeit des Christentums bis ins Hochmittelalter wurde die Passionsüberlieferung gelegentlich um einzelne Elemente bereichert. Seit dem 13. Jh. wird sie dann aus dem Wunsch nach Vermehrung des Meditationsstoffes bewußt und energisch erweitert – teils durch Bearbeitung der ganzen Leidensgeschichte, teils durch Ausgestaltung vorhandener und Hinzufügung neuer Elemente oder Szenen.

Die anschauliche Vergegenwärtigung läßt sich besonders gut verwirklichen (a) im szenen- und figurenreichen geschnitzten und gemalten Altar (Passionsaltar); (b) in der Ausmalung der Kirchenwände (große Bildbahnen im Langhaus, auch im Chor, in Seitenkapellen); (c) in der Bemalung des in einzelnen Landschaften (besonders in England, Westfalen [Engelmeier] und dem Alpenraum [Sörries]) verbreiteten großflächigen *Fastentuchs* (*velamen*, *velum quadragesimale*, auch: Hungertuch), das von Aschermittwoch bis zum Karmittwoch Teile des Kirchenraums (vor allem Chor, Hochaltar, Seitenaltäre) verhüllt. Es wird mehrfach schon im 11. Jh. erwähnt; die frühesten erhaltenen Belege stammen aus dem 12. Jh.; (d) in der bildlichen Ausgestaltung der einzelnen Stationen des Kreuzwegs (im Freien oder – seit Anfang des 18. Jh. in rasch wachsender Zahl – auch im Kirchenraum: in Stationsbildern an den Langhauswänden); (e) in der plastischen Ausarbeitung der seit dem 15. Jh. vor allem in Norddeutschland, der Bretagne und der Lombardei errichteten Kalvarienberge, die alle wichtigen Momente des Passionsgeschehens in sich vereinen (Roth).

Zum andern löst man in einer gegenläufigen Bestrebung einzelne Szenen und Motive aus dem Zusammenhang mit dem gottesdienstlichen Geschehen wie aus dem Gesamtverlauf der Leidensgeschichte heraus und stellt sie in den Mittelpunkt der Betrachtung. Dabei wird die Darstellung nach Möglichkeit von allem bloß erzählerischen Beiwerk befreit und auf den wesentlichen Inhalt konzentriert, der im Betrachter vor allem *compassio* hervorrufen soll. Häufig wird auch durch eine besonders drastische Darstellung des Leidens und durch eindrückliche Hinwendung des Leidenden zum Betrachter dessen Affekt besonders stark angesprochen.

Dieser Bildtyp, der in erster Linie der privaten Andacht dienen soll, wird von der neueren Kunstgeschichte als →*Andachtsbild* bezeichnet. Freilich läßt sich nicht immer klar zwischen der Bedeutung dieses Bildtyps für die individuelle und für die kollektive Frömmigkeit unterscheiden. Der einzelne Gläubige kann auch ein Altar- oder Triumphkreuz oder einen Grabchristus als Andachtsbild betrachten, während umgekehrt ein typisches Andachtsbild wie die Pietà als *Gnadenbild* zum Gegenstand kollektiver Verehrung werden kann. Von ihrer Ausführung her sind jedoch kleinformatige Bilder und Kleinplastiken für den Hausgebrauch, vor allem aber Miniaturen in Gebetbüchern auf die Funktion des Andachtsbilds beschränkt.

5.4. Inhalte des Passionsgedenkens

Als Gegenstand des Passionsgedenkens kann zwar grundsätzlich die ganze Geschichte Christi vom Einzug in Jerusalem bis zur Auferstehung gelten. Aber bei der Ausbildung einer Passionsfrömmigkeit spielen doch vor allem jene Vorgänge eine Rolle, die im Gläubigen die Affekte der *compassio* (in körperlichem und seelischem Leiden, Schmerz und Trauer) hervorrufen. Die Ereignisse bis zum letzten Abendmahl und am Ostermorgen bilden andere Themenbereiche der Frömmigkeit und müssen deshalb hier unter Hinweis auf die Artikel →Abendmahl und →Ostern übergangen werden. Zur Ergänzung des Meditationsstoffes werden seit dem Spätmittelalter auch nicht in den kanonischen Evangelien überlieferte, aber naheliegende oder wahrscheinliche Sachverhalte erschlossen und veranschaulicht. Besonders affektbezogene Szenen und Motive werden aus dem Zusammenhang herausgelöst und zum Gegenstand einer eigenen Andacht gemacht, die ihre Nahrung durch Darstellung in Text und Bild erhält. Im folgenden werden nur die wichtigsten Szenen aufgeführt.

5.4.1. *Die kanonischen Szenen*

5.4.1.1. Das angstvolle *Gebet Christi im Garten Gethsemane* neben den schlafenden Jüngern (Mt 26,36–46; Mk 14,32–42; Lk 22,39–46), auch „Not Gottes“ genannt (z. B. Ludwig Lenhart, Art. Not Gottes: LThK² 7 [1962] 1049f.): Im Abendland wird gerne der betende Christus mit drei schlafenden Jüngern abgebildet. Seit dem 13. Jh. tritt der tröstende Engel hinzu, der seit dem 14. Jh. häufig den Leidenskelch trägt. Im 15. Jh. entsteht aus dem Relief die vollplastische *Ölberg*szene, meist in einer Nische oder Kapelle an der südlichen Außenwand der Kirche angebracht, also dem Friedhof zugewandt. Um 1500 ist der monumentale Ölberg besonders in Süddeutschland und Österreich allgemein verbreitet; er bildet den Mittelpunkt einer eigenen Ölbergandacht an den Donnerstagen der Passionszeit, zumindest am Gründonnerstag. Im 17. Jh. werden das Thema (jetzt auch häufiger im Kirchenraum) und die ihm gewidmete Andacht neu belebt und breiten sich nun weit über das deutsche Sprachgebiet hinaus aus.

5.4.1.2. Die *Gefangennahme* (Mt 26,47–56; Mk 14,43–52; Lk 22,47–53; Joh 18,1–12) ist meist mit dem Judaskuß verbunden; der Gedanke des Verrats spricht den Affekt besonders stark an. Da es sich um eine Massenszene handelt, kann die bildliche Darstellung breit schildern, während Konzentration auf ein Andachtsmotiv kaum möglich ist. Die *Gefangenführung*, in den Evangelien nur kurz erwähnt (Mt 26,57; Mk 14,53; Lk 22,54; Joh 18,13), wird selten bildlich wiedergegeben (obwohl schon im Zyklus von S. Apollinare Nuovo zu Ravenna).

5.4.1.3. Die *erste Verspottung* im Hause des Kaiphas (Mt 26,67f.; Mk 14,65; Lk 22,63–65) wird allein oder im Zusammenhang mit dem vorangehenden Verhör dargestellt. Sie begegnet erst im Spätmittelalter und wird manchmal auch mit der zweiten Verspottung verknüpft. Unter den Mißhandlungen wird später in Text und Bild häufig das Verbinden der Augen (Weiterführung: mit einem schmutzigen Tuch) hervorgehoben. Beispiel eines Andachtsbildes ist Fra Angelicos (ca. 1401/02–1455) Darstellung in Florenz (S. Marco, 7. Zelle), mit sparsamer Andeutung der Mißhandlungen durch Symbole und den Assistenzfiguren Maria und Dominikus (Schiller, Nr. 250; Venturino Alce, Angelicus Pictor, Bologna 1993, Taf. 70).

5.4.1.4. *Verleugnung des Petrus* (bei Mt 26,69–75; Mk 14,66–72 *nach*, bei Lk 22,56–71 *vor* der ersten Verspottung; bei Johannes zweigeteilt: 18,15–18.25–27). In bildlicher Darstellung (im Mittelalter seltener als in der Alten Kirche) ist die dreimalige Verleugnung meist in einen Vorgang zusammengezogen, oft auch mit der Verspottung verbunden.

5.4.1.5. *Jesus vor Pilatus* (Mt 27,11–26; Mk 15,1–15; Lk 23,1–25; Joh 18,29–40; 19,1–16): in der Regel als *eine* Szene, meist mit der Handwaschung (Mt 27,24f.), dargestellt.

5.4.1.6. *Geißelung* (Mt 27,26; Mk 15,15; Joh 19,1). Der in den kanonischen Evangelien mit nur einem Wort ausgedrückte, aber die *compassio* des Gläubigen in hohem Maße ansprechende Vorgang wird besonders gerne ausgemalt und ergänzt. Die wichtigste Ergänzung bildet die Fesselung Christi an die Geißelungssäule. Diese Szene beruht auf einer Verbindung der kurzen Angabe in den Evangelien mit der Jerusalemer Lokaltradition von der blutbefleckten Geißelungssäule und der Kunde von ihren weiteren Geschicken. Für die nähere Vorstellung des Vorgangs gibt es zwei Möglichkeiten: die Geißelung an der hohen und an der halbhohen Säule. Seit dem 16. Jh. hat die in S. Prassede zu Rom viel besuchte halbhohe die zuvor allgemein übliche hohe Säule (mehrere Beispiele z. B. bei Weise) zwar nicht völlig, aber doch weitgehend aus den Darstellungen der Geißelung verdrängt und zu einem eigenen Typus des *Geißelchristus* geführt. Eine 1730 geschaffene Figur an der halbhohen Säule wurde zum Gnadenbild der Wieskirche bei Steingaden, als *Wies-Heiland* zum Ziel der *Wies-Wallfahrt* und dadurch zum Muster für Tausende von im süddeutsch-österreichischen Raum verbreiteten Nachbildungen in verschiedenen Techniken: meist als Plastik, häufig als Druckgraphik, seltener als Gemälde (vgl. Finkenstaedt). Die Verehrung der Wunden Christi (s.u. 5.4.3.2.) läßt am Gegeißelten seit dem Spätmittelalter die blutenden Wunden immer stärker hervortreten. (Am Geißelchristus der Abb. 3 ist die Haut von den Geißelhieben aufgeplatzt, so daß das blutige Fleisch darunter sichtbar wird. Die ursprünglich vorhandenen plastischen Blutstropfen wurden bei der Restauration im 19. Jh. entfernt.)

5.4.1.7. Dornenkrönung und *zweite Verspottung* im Hause des Pilatus (Mt 27,27–31a; Mk 15,16–20a; Joh 19,2f.). Nachdem Dornenkrone (s.u. 5.4.3.1.) und Dornenkrönung in der Alten Kirche fast ganz gefehlt haben und auch im Frühmittelalter nur sehr zurückhaltend dargestellt worden sind, begegnet die Szene seit dem 11. Jh. vereinzelt und seit dem 13. Jh. in rasch wachsender Häufigkeit, oft mit der Verspottung verbunden. Durch die Verwendung langer Stangen zum Eindrücken der Dornenkrone soll das Leiden vergrößert werden (L. Schmidt 225f.). Aus dem relativ seltenen Andachtsbild der Dornenkrönung entsteht durch Weglassung der Peiniger das der *Herrgottsruh*: Christus sitzt mit Dornenkrone und meist mit dem Spottmantel bekleidet in großer Einsamkeit, bevor er sich auf den Weg zur Kreuzigung begibt.

5.4.1.8. Die *Ostentatio* (Vorstellung) und Verurteilung Christi durch Pilatus (Mt 27,28–31; Mk 15,17–20; Joh 19,1–5) spricht insbesondere mit der Aussage: *Ecce homo* (Joh 19,5) den Gläubigen an. Das Thema kann als figurenreiche, erzählende Szene gestaltet sein (s. Abb. 4); durch Isolierung des Christus vorweisenden Pilatus oder des gepeinigten Christus in Ganz- oder Halbfigur, mit Dornenkrone, Spottmantel und Lendentuch, entsteht ein Andachtsbild.

5.4.1.9. Kreuztragung (Mt 27,31b–32; Mk 15,20b–21; Lk 23,26; Joh 19,16b–17a). Die von den Synoptikern berichtete Kreuztragung durch Simon von Cyrene wird in der Passionsliteratur meist mit dem johanneischen Bericht kombiniert. Man verbindet beides durch die Erklärung, daß Christus zuerst sein Kreuz getragen habe (Joh 19,17a) und daß, als ihm die Last zu schwer wurde, der gerade vorbeikommende Simon zur Übernahme gezwungen worden sei. In den bildlichen Darstellungen, die sich für einen Kreuzträger entscheiden müssen, tritt im Spätmittelalter die synoptische Version hinter die johanneische zurück, die das Leiden Christi stärker veranschaulicht und dadurch die *compassio* besonders anspricht. Im Laufe des 14. Jh. wird der kreuztragende Herr auch aus der Szene herausgenommen und im Andachtsbild des *Kreuzschleppers* dargestellt. Am Ende des Wegs zur Hinrichtung sieht man den vollkommen erschöpften und bereits seiner Kleider beraubten Christus auf seinem Kreuz sitzen, während die Henkersknechte die Kreuzigung vorbereiten. Häufiger noch sitzt Christus allein auf einem Felsen oder Baumstumpf. Beide Versionen des Andachtsbildes werden als *Christus im Elend* oder *Christus in der (letzten) Rast* (s. Abb. 5) bezeichnet; sie dürfen nicht mit dem Typus der *Herrgottsruh* (s.o. 5.4.1.7) verwechselt werden.

5.4.1.10. Kreuzigung (Mt 27,35; Mk 15,24; Lk 23,33; Joh 19,18). Das Fehlen aller Angaben zum Vorgang der Kreuzigung stellt den Maler wie den Regisseur des Passionsspiels vor eine Alternative, die schon in Ps.-Bonaventuras *Meditationes de passione Christi* (Med. 6: ed. Stallings 112f.) formuliert ist: Entweder erfolgt zuerst die *Annagelung am liegenden Kreuz*, der sich die *Kreuzaufrichtung* mit dem Gekreuzigten anschließt, oder es folgen auf die Aufrichtung des Kreuzes die *Kreuzbesteigung* mit Hilfe von Leitern und die *Annagelung am stehenden Kreuz*. Den ersten Typus setzt der *Dialogus B. Mariae et Anselmi* voraus (c. 10: PL 159,282C–283B), den zweiten vertreten Ps.-Bedas *Meditatio* (Med. 6: PL 94,566B) und Ps.-Bonaventura (Med. 6: ed. Stallings 112,21–44).

5.4.1.11. Jesus am Kreuz: letzte Worte und Tod (in der Kreuzigungsszene Mt 27,33–56; Mk 15,22–41; Lk 23,33–49; Joh 19,17b–27). Durch Kombination der verschiedenen Berichte lassen sich *sieben Worte des Herrn am Kreuz* formulieren: Lk 23,34a *dimitte*; Lk 23,43 *hodie*; Joh 19,26 *mulier*; Mk 15,34/Mt 27,46: *Eli*; Joh 19,28 *sitio*; Joh 19,30a *consummatum est*; Lk 23,46a *commendo*. Mit diesen Worten hat man sich in Abhandlungen und Kommentaren seit dem 12. Jh. viel beschäftigt (z.B. der Zisterzienser Gerhard von Lüttich [Anfang 13. Jh.]; vgl. Mikkers); unter dem Namen Bonaventuras ist ein Gedicht über die sieben Worte überliefert (Wilmart, Poème). Die sieben Worte haben Bedeutung bis hin zur musikalischen →Passion der Neuzeit gewonnen. Der Vorgang des Sterbens kann anschaulich nur schwer dargestellt werden – am ehesten, wie häufig bei monumentalen Kruzifixen des 16. bis 18. Jh. versucht, durch die brechenden Augen des Gekreuzigten.

Die Anwesenheit der Mutter und des „Lieblingsjüngers“ unter dem Kreuz geben Anlaß, diese beiden Gestalten in Wort und Bild in die Vergegenwärtigung des Geschehens am Kreuz einzubeziehen (s.o. 4.3.3.). Den stärksten Ausdruck der Einbeziehung Mariae in das Passionsgeschehen bietet die Sequenz *Stabat mater dolorosa*, deren Entstehung noch nicht geklärt werden konnte. Die früher gängige Meinung, sie sei ein Werk des Jacopone da Todi (1228/1230–1306), wurde längst widerlegt, und auch die noch immer oft angenommene franziskanische Herkunft ist unbewiesen; doch sprechen gute Gründe für einen Ursprung in Italien oder Frankreich. Das Gedicht greift auf zwei Sequenzen des 11./12. Jh. zurück; seine Überlieferung setzt freilich erst zu Beginn des 14. Jh. ein. Seine Form weist darauf hin, daß es für den liturgischen Gebrauch geschaffen wurde (nach dem *Missale Romanum* beim Fest der „Sieben Schmerzen Mariae" am Freitag nach Iudica); aber ohne Zweifel wurde es genauso als individuelles Gebet verwendet. Dafür sprechen auch die zahlreichen volkssprachigen Übertragungen der Sequenz, die offenbar für die private Andacht von Laien bestimmt sind (Krass).

5.4.1.12. *Kreuzabnahme.* Die knappen Aussagen der Evangelien (Mt 27,59; Joh 19,40 nur λαμβάνειν; Mk 15,46; Lk 23,53 καθαιρεῖν) lassen viel Raum für Vermutungen über die technische Seite des Vorgangs; daneben bietet sich die Gelegenheit, die Trauer der Beteiligten und ihre Liebe zu dem Gekreuzigten anschaulich darzustellen. Insbesondere kann der Schmerz der Mutter beim Anblick ihres toten Sohnes durch klagende Worte und Gebärden bis hin zum ohnmächtigen Umsinken deutlich gemacht werden.

5.4.1.13. *Beweinung.* Bereits in den Darstellungen der Kreuzabnahme ist die Vorstellung lebendig, daß Maria unter dem Kreuz ihren abgenommenen Sohn mit offenen Armen empfängt. Es legt sich nahe, daß sie nach der Kreuzabnahme im Kreise der trauernden Verehrer Christus in die Arme nimmt und den Toten ein letztes Mal liebkost oder beweint (s. Abb. 1). Während Maria das Haupt im Schoß hält, umfaßt Magdalena die Füße, die sie einst gesalbt hat (Ps.-Bonaventura, Med. 9: ed. Stallings 121,49–51). Die in Byzanz seit dem 11. Jh. geläufige Szene des *Threnos* ist gewöhnlich mit der Kreuzabnahme oder mit der Grabtragung verbunden. Durch Weglassung der umstehenden Personen und Konzentration auf die Beziehung der trauernden Mutter zu ihrem toten Sohn entsteht – zuerst (seit dem 12. Jh.) in Byzanz, seit dem frühen 14. Jh. in Deutschland – das plastische *Vesperbild* (*imago pietatis*, italienisch *Pietà*), das wohl beliebteste Andachtsbild des Spätmittelalters. Es hat seinen deutschen Namen von der Zuordnung der Kreuzabnahme zur Vesper des Stundengebets. In einer stereotypen Darstellungsweise liegt der Leichnam Christi starr ausgestreckt oder mit abgewinkelten Beinen und hängendem Haupt quer auf den Knien der sitzenden Mutter (s. Abb. 2; vgl. TRE 2,664 mit Abb. 18).

5.4.1.14. *Begräbnis* (Mt 27,59f.; Mk 15,46; Lk 23,53; Joh 19,40–42). Die ältere byzantinische Darstellung dieser Szene als *Grabtragung* hat sich im abendländischen Mittelalter nicht durchgesetzt und wurde durch die jüngere Auffassung als *Grablegung* verdrängt.

5.4.2. *Erweiterung des Stoffes: Die „Geheimen Leiden"*

5.4.2.1. *Die Vorstellung von Geheimen Leiden.* Der Gedanke, daß Christus mehr und Schlimmeres erlitten habe, als die Evangelien berichten, findet sich schon in Ps.-Anselms *Dialogus* (c. 10: PL 159,282C), und Ps.-Bonaventuras *Meditationes* führen ihn fort: Es gibt Offenbarungen des Herrn über sich selbst; „aber die Evangelisten haben nicht alles aufgeschrieben" (Med. 10: ed. Stallings 121,11–13). Volkssprachige Autoren übernehmen und erweitern diese Vorstellung, am eifrigsten die Niederländer, z. B. der Franziskaner Johannes Brugman (gest. 1473) in seinem *Leven van Jezus* unter ausdrücklicher Berufung auf Lk 22,65 oder der anonyme Verfasser einer Schrift mit dem Incipit: *Dit es de heimelike passie ons heeren Ihesu Christi* (Stracke, Brokstuk; vgl. Ampe; Ruh, Art. Heimelike Passie). Hier begegnet auch der so häufig gebrauchte Begriff der *geheimen Leiden* Christi, der in der katholischen Volksfrömmigkeit der Neuzeit eine wichtige Rolle spielen sollte (erstmals von Zoepfl, Leiden, untersucht; vgl. ferner Kretzenbacher, „Christus auf dem Dreikant"; ders., Bilddenkmäler; Markmiller, Sonderbild; ders., Belege; Gockerell, Leiden; dies., „Sie durchstachen mich"; dies., Bilder). Unter den zahlreichen, heute fast vergessenen Passionsgebeten der letzten Jahrhunderte findet sich ein Gebetszettel, der sich auf die noch ungedruckten Offenbarungen der Freiburger Klarisse Magdalena Beutler aus Kenzingen (1407/1412–1458) beruft (über sie Zoepfl, Leiden; Dinzelbacher/Ruh). Von diesem Gebetszettel über *Die fünfzehn geheimen Leiden* liegen verschiedene Fassungen vor, an denen sich der Wandel der Vorstellungen vom 18. Jh. bis in unsere Zeit verfolgen läßt (Köpf, Christusfrömmigkeit).

5.4.2.2. *Einzelne Geheime Leiden*

1) Der *Fall in den Bach Cedron* und die *Fälle Christi.* Seit Anfang des 16. Jh. wird von Jerusalempilgern berichtet, daß Christus auf dem Weg von seiner Gefangennahme zum Hause des

Kaiphas über dem wasserführenden Bach Cedron durch seine Häscher von der Brücke gestoßen worden sei (Berliner, Cedronbrücke). Eine andere Version des Vorgangs behauptet, er sei gezwungen worden, den Bach zu durchwaten. Die Geschichte, die offenbar aus der Passionsmeditation hervorgegangen ist, wurde zunächst auch in die Reihen von *Fällen* aufgenommen, die seit dem späten 15. Jh. mit unterschiedlichen Inhalten zusammengestellt wurden (bis zu 32 *Fälle*); sie konnte sich hier aber nicht dauerhaft behaupten. In der Auffassung der *Fälle* hat sich im übrigen schließlich die Siebenzahl weitgehend durchgesetzt (z. B. bei Martin von Cochem; nach Kneller 90): 1. 80 Schritte nach der Auferlegung des Kreuzes; 2. bei der Begegnung mit der Mutter; 3. vor Übernahme des Kreuzes durch Simon von Cyrene; 4. bei der Begegnung mit *Veronica*; 5. an der Gerichtspforte; 6. bei der Begegnung mit den weinenden Frauen; 7. am Fuß des Kalvarienberges.

Als Gegenstand des Passionsgedenkens ist der vierte Fall am wichtigsten. In ihm begegnet Christus *Veronica*, die ihm das Schweißtuch (*sudarium*) reicht, auf dem sich sein Gesicht als *Vera Icon* (*vera effigies*, *Heiliges Antlitz*) in streng frontaler Ansicht abbildet (von Dobschütz I, 197–262; Quellen: ebd. 250*–333*; Katzenellenbogen). Der Bildtyp geht auf ein byzantinisches *Acheiropoieton* zurück. Tuchreliquien mit dem Heiligen Antlitz finden sich seit 944 in Konstantinopel, seit dem 13./14. Jh. im Abendland in zahlreichen Kopien, die als Andachtsbilder verwendet werden. Der hoheitsvolle Ausdruck der älteren Bilder wird seit dem 15. Jh. durch eine Darstellung ergänzt, die mit Dornenkrone, Blutstropfen und anderen Attributen das Leiden Christi ausdrückt.

2) Während der *Nacht*, die Jesus *im Hause des Kaiphas* verbracht hat, sollen sich die in den oben erwähnten Gebetszetteln aufgeführten Geheimen Leiden abgespielt haben. Diese größte zeitliche Lücke in der Leidensgeschichte der Evangelien hat die Phantasie der Gläubigen in hohem Maße beschäftigt, zumal den Jerusalempilgern seit langem das „Haus des Kaiphas" auf dem Sionsberg gezeigt wurde. Schon Ps.-Bonaventura berichtet von den nächtlichen Mißhandlungen, die dort geschehen sein sollen (Med. 3: ed. Stallings 103,167–104,185). Christus soll die Nacht in einem Kellergelaß, an einer Säule angekettet, unter Verhöhnungen und Mißhandlungen durch die Schergen zugebracht haben. Diese Vorstellung ist die Grundlage des in der Neuzeit weit verbreiteten Bildtypus *Christus im Kerker*, der im österreichisch-bayerischen Raum gerne mit blauem Gewand (Einfluß eines Wiener Gnadenbildes) als *Blauer Herrgott* dargestellt wird (Köpf, Christusfrömmigkeit, mit Abb. 2). Sonderformen des *Kerkerheilands* sind der *Christus auf dem Dreikant* nach einem Bild in der ehemaligen Münchener Gruftkirche (ebd. Abb. 1) und der singuläre *Christus auf der Folterbank* (Gockerell, „Sie durchstachen mich" 195, Abb. 1).

3) Auch die Vorgänge bei der *Geißelung* lassen die Vorstellungskraft des Meditierenden nicht ruhen. Birgitta von Schweden erfuhr in ihren Offenbarungen, Christus sei über seine Nacktheit an der Geißelungssäule errötet und sein Oberkörper sei durch das Geißeln bis auf die Rippen zerfleischt worden, so daß das Blut an ihm herabgeflossen sei (Revelationes 1,10,16–19). Während sich nach Birgitta der Gegeißelte rasch wieder anzieht, gibt es Autoren, die ihn auf dem Boden herumkriechen und seine dort verstreut umherliegenden Kleider suchen lassen (s. Abb. 9; dazu Gebhard).

4) Den zahlreichen Mißhandlungen, die Christus während seiner Passion erlitten hat, müssen ebensoviele *Wunden* entsprechen, die mit großer Phantasie rekonstruiert und zum Gegenstand eigener Andachten gemacht werden (s.u. 5.4.3.2.).

5.4.3. Hervorhebung einzelner Momente der Passion; ihre Entwicklung zum Lehrbild. Neben der inhaltlichen Erweiterung der Leidensgeschichte werden einzelne besonders stark den Affekt ansprechende Aspekte des Passionsgeschehens hervorgehoben, die sich besonders zum Gegenstand des Passionsgedenkens eignen und denen teilweise eigene Andachten gewidmet sind:

5.4.3.1. Die Leidenswerkzeuge (Arma Christi). Als *Arma Christi* werden alle in den Evangelien erwähnten und zusätzlich vermuteten Gegenstände bezeichnet, die das Leiden Christi bewirkt oder begleitet haben: die Stöcke und Ruten, mit denen Christus geschlagen wurde, Geißeln, Geißelungssäule und Fesselungsstricke, das Horn, mit dem ihm in die Ohren geblasen wurde, Dornenkrone und Spottgewand, das Schweißtuch der Veronica, die Würfel, die über seine Kleider geworfen wurden, Kreuz und Leiter, Kreuznägel, Hammer und Zange, Lanze und Schwamm, Grabtücher und Grab; daneben aber auch Lebewesen wie der Hahn, der nach der Verleugnung des Petrus dreimal krähte, die Hände, die Christus ohrfeigten, und der Mund, der ihn anspuckte, schließlich sogar die Seitenwunde Christi. Dies und anderes wurde im Laufe des 13. Jh. zu Gegenständen der Betrachtung, die zum Gedenken an die einzelnen Leidensszenen und Mißhandlungen anleiteten (Berliner, Arma Christi). Einzelne von ihnen können in plastischer Nachbildung, meist zusammen mit dem Kreuz, im Kirchenraum, an der Außenwand der Kirche oder im Freien aufgestellt und verehrt werden. Die *Arma* sind – meist zusammen mit dem Schmerzensmann, der sich in Halbfigur aus dem Grab erhebt (s. Abb. 7) – ein beliebtes Motiv der Tafelmalerei. Für die private Andacht werden in Büchern Meditationsbilder hergestellt, in denen die *Arma* so aufgeführt sind, daß sie der Reihe nach betrachtet und zum Gegenstand von Gebet und Meditation gemacht werden können (s. Abb. 8).

Eine besondere Rolle spielen einzelne Leidenswerkzeuge wie die *Heilige Lanze*, die zusammen mit dem Kreuz von der Kaiserin Helena aufgefunden und bald als Passionsreliquie verehrt wurde, die Passionssäule und die Säule, auf der nach Petri Verrat der Hahn dreimal gekräht hatte. Die in drei Evangelien knapp erwähnte *Dornenkrone* (*ἀκάνθινος στέφανος*; *στέφανος ἐξ ἀκανθῶν*), vor dem 12. Jh. nur selten dargestellt, wird seit dem Spätmittelalter zu einem charakteristischen Attribut des leidenden Herrn. Daß die *corona de spinis, quam accepit Iesus* (der Dornenkranz, den Jesus empfing) in der Jerusalemer Sionskirche gezeigt wurde, berichten erstmals Pilger des 6. Jh. (Baldi 483f., Nr. 740f.). Die Reliquie soll über Konstantinopel (1063) und Venedig (1238) nach Paris in die Ste.-Chapelle (1239) gekommen sein (Witzleben, Art. Dornenkrone 300); es finden sich aber an vielen Orten auch einzelne Dornen, besonders verehrt die beiden in S. Croce zu Rom aufbewahrten (Bedini, Taf. 10.60–62). Die Dornenkrone wurde zum Gegenstand einer eigenen Andacht (Dols). Länge und Schärfe der Dornen und die durch sie zugefügten schweren Verletzungen werden in der Passionsliteratur seit dem 16. Jh. mit gleichsam naturwissenschaftlicher Genauigkeit beschrieben.

Eine Zusammenfassung verschiedener Leidenswerkzeuge bietet die *Passionssäule*, die seit dem 15. Jh. begegnet. Ihre Grundlage ist die Säule der Geißelung, an der verschiedene *arma*, das Schweißtuch der Veronica u.a. angebracht werden und die häufig von dem Hahn gekrönt wird, der an den Verrat des Petrus erinnert (z. B. im Dom zu Braunschweig; Schiller, Abb. 660).

5.4.3.2. *Die Wunden Christi.* In noch höherem Maße als die Leidenswerkzeuge sind die von ihnen verursachten Wunden am Körper Christi Gegenstand der Verehrung. Im Vordergrund stehen natürlich die fünf Kreuzeswunden und in ihrem Mittelpunkt wiederum die Seitenwunde, obwohl es auch Überlegungen gab, den Heilswert dieser Wunde herabzusetzen, weil sie dem bereits toten Herrn zugefügt wurde (Konzil von Vienne 1312: DH 901). Die grundsätzliche Hochschätzung und Verehrung der fünf Kreuzeswunden (Gougaud, Dévotions 78–90) wurde durch die Stigmatisierung des Franciscus weit über seine Gemeinschaft hinaus gefördert und hat sich seit dem Spätmittelalter in einem eigenen Fest niedergeschlagen. Darüber hinaus hat man sich bemüht, die Zahl der von Christus bei seiner Passion empfangenen Wunden und sogar die der Schläge exakt zu bestimmen. Besonders häufig wird eine Zahl von 5.475 oder 5.490 Wunden errechnet aus der Forderung, an jedem der 365 oder 366 Tage des Jahres 15 Vaterunser zu beten, von denen jedes der Verehrung einer anderen Wunde gelten soll (z. B. Ludolf, Vita Christi 2,57,4: ed. Rigollot 4,3; dazu Breeze). Martin von Cochem konnte genau angeben, wie oft Christus auf seine einzelnen Körperteile geschlagen worden sei (z. B. ins Angesicht 102mal mit der flachen Hand und 110mal mit der Faust), wie oft er an den Haaren gezogen (308mal) und am Bart gerupft (78mal) worden sei, ferner daß er 109mal „tief und stark aufgeseufzt" und insgesamt 62.200 Tränen vergossen habe (Das große Leben Christi, Landshut 1859, II,101).

Das Interesse an den Wunden Christi entspringt freilich nicht bloßer Neugierde, sondern dem Wunsch nach weiteren Möglichkeiten einer Verehrung, von der man sich heilbringende Verdienste erhofft. Dieselbe Absicht führt dazu, daß unter den vielen nur quantitativ erfaßten Wunden wenigstens einige genau identifiziert werden. So entwickelt man Andachten zur *Rückenwunde* (Folge der Geißelung; Gockerell, „Sie durchstachen mich" 171–175), zur *Halswunde* (durch Geißelhiebe und Kreuztragung), zur *Stirnwunde* (durch einen besonders großen Dorn der Krone; Markmiller, Belege 104f.) und zur *Zungenwunde* (sekundär auch als *Lippenwunde* gedeutet), die auf die Untat eines Juden Dany zurückgeführt wird, der die Zunge des Herrn mit einem langen Dorn durchstochen haben soll (ebd. 103–105; Köpf, Christusfrömmigkeit). Die Verehrung der *Schulterwunde* (s. Abb. 10), die durch die harte Kante des schweren Kreuzes entstanden sein soll, wird auf Bernhard von Clairvaux zurückgeführt, ist aber wie ihre Abbildung erst im 17. Jh. mit Sicherheit bezeugt (Hartig, Schulterwunde; Markmiller, Belege; Köstlin; Gockerell, „Sie durchstachen mich"). Wichtig wurde dafür wohl ein anonymes Gebet aus den *Preces Gertrudianae*, 1670 (150f.). Der allgemein mit der Verehrung verbundene, Papst Eugen III. zugeschriebene Ablaß von 1.000 Jahren ist eine Fiktion und wurde 1768 von der römischen Ablaßkongregation ausdrücklich verworfen. Ein Bildtyp, der verschiedene Wunden (Schulter-, Stirn-, Zungen- oder Lippenwunde) in sich vereint, ist das *Heilige Haupt*, das besonders in Kärnten verbreitet ist (vgl. Baumann). Anders als die zahlreichen apokryphen Wunden der Volksfrömmigkeit genießen allerdings nur die fünf Kreuzeswunden seit dem Mittelalter eine kontinuierliche und geographisch weitgestreute Verehrung (s. Abb. 11).

5.4.3.3. *Die Seitenwunde.* Unter den Wunden Christi hat die *Seitenwunde* eine einzigartige Stellung durch ihre Beziehung zu den Sakramenten der Taufe und der Eucharistie. Diese Beziehung wird von der Aussage Joh 19,34 hergeleitet, aus der Seite Christi seien Wasser und Blut geflossen. Dabei steht das Blut, das aus ihr hervorgeht und in bildlichen Darstellungen von der Ekklesia im

Abendmahlskelch aufgefangen wird, im Vordergrund. Die eucharistische Bedeutung der Seitenwunde (Gougaud, Dévotions 103–113), die schon in der Alten Kirche als „Leib Christi" verstanden und in der Auslegung von Cant 2,14 als „Felsspalte" gedeutet wird, in der sich die Seele meditierend aufhalten soll, macht sie auch geeignet zur Aufnahme der Hostie bei der *Depositio hostiae*. Darüber hinaus werden die Abbildung und das „Maß" dieser Wunde im Spätmittelalter zum Gegenstand einer Andacht, für die Papst Innocenz VIII. (1484–1492) einen eigenen Ablaß gewährt hat (Gougaud, Prière 223–226).

Im Blick auf Wasser und Blut, vor allem aber auf das Blut, das aus der Seitenwunde strömt, bildet sich schon seit dem 6. Jh. die Vorstellung von Christus als dem *fons vitae* oder *fons pietatis* (Quelle, Brunnen des Lebens oder der Gnade). Die Anrufung Christi als *fons pietatis* findet sich in frühmittelalterlichen Meßgebeten wie in der Thomas von Celano (gest. um 1260) zugeschriebenen Sequenz *Dies irae*. Seit dem 11. Jh. begegnet dann die bildliche Darstellung des *Gnadenbrunnens* (vgl. Wadell, Fons Pietatis): Aus der Seitenwunde Christi, nicht selten auch aus allen fünf Kreuzeswunden, fließt der Strahl in einen Brunnen. In der bildlichen Ausgestaltung der Weiterleitung der göttlichen Gnade sind der Phantasie freilich keine Grenzen gesetzt. Gelegentlich werden auch Hostien dargestellt, die aus der Seitenwunde in einen kreuzförmigen Trog fallen (15. Jh.: ebd. Abb. 25f.).

5.4.3.4. Eucharistische Passionsbilder. Die Betrachtung der Seitenwunde führt immer wieder auf Beziehungen zwischen der Passion Christi und der Eucharistie. Die Darstellung der aus der Seitenwunde hervorquellenden Hostien weist bereits auf die allegorischen Kompositionen des *Christus in der Kelter* oder der *Hostienmühle* voraus.

Schon von der altkirchlichen Exegese wurden Worte wie Jes 63,3 *Torcular calcavi solus* (Ich trat die Kelter allein), Gen 49,11 *Lavabit in vino stolam suam* (Er wird sein Gewand in Wein waschen) u.a. auf den leidenden Christus bezogen, der zugleich der künftige Richter ist (Apk 19,15). Wenn der aus den Trauben gepreßte Wein das Blut Christi darstellt, erscheint Christus zugleich als der Keltertreter und als die von ihm getretenen Trauben. Die ursprüngliche Allegorie des Leidens Christi wurde erst sekundär als Lehrbild der Eucharistie verwendet. Der Doppelsinn des Kelterns wurde seit dem 14. Jh. gerne in detailreichen Bildern veranschaulicht, die Christus als Keltertreter unter der gewöhnlich als Kreuz gestalteten Kelterpresse zeigen (Thomas, Darstellung; ders., Art. Christus in der Kelter; ders., Art. Kelter, mystische; Alexandre-Bidon [Hg.]). Das Motiv war im übrigen auch in der Literatur lebendig – von der Exegese über die Dichtung bis zu Predigt und Erbauungsliteratur (Thomas, Darstellung 53–88).

Jünger als die *Mystische Kelter*, aber sachlich eng mit ihr verwandt ist die *Mystische Mühle* oder *Hostienmühle* (vgl. Rye-Clausen). Erst im 12. Jh. in Frankreich entstanden, wollte die Allegorie ursprünglich die Entwicklung der Offenbarung von der Tora (Weizenkörner) zum Evangelium (Mehl) veranschaulichen. Erst sekundär wurde daraus im Spätmittelalter eine Darstellung des eucharistischen Geschehens (Thomas, Darstellung 163–169; ders., Art. Mühle, mystische).

Als spätestes eucharistisches Passionsbild erscheint im Mittelalter die *Gregorsmesse* (s. Abb. 14). Diese Darstellung, die mehrere Themen miteinander verbindet, ist nur aus dem 15. und 16. Jh. überliefert, hatte aber in dieser Zeit (vor allem bis ins frühe 16. Jh.) nördlich der Alpen außerordentlichen Erfolg. Ihr Inhalt ist eine päpstliche Meßfeier mit mehreren Assistenzfiguren, bei der nach der Wandlung auf dem Altar die Gestalt Christi mit den Wundmalen erscheint – entweder als Ganzfigur oder mit dem Oberkörper aus dem offenen Grab ragend und meist umgeben von den Leidenswerkzeugen. Die Erläuterung der Szene durch eine Legende ist ebenso sekundär wie ihre Verbindung mit Papst →Gregor I., dem Großen. Die Entstehung des Bildes ist bis heute umstritten. Sein Mittelpunkt ist der eucharistische Christus, im Mittelalter gewöhnlich als *imago pietatis* bezeichnet, in der Forschung aber unter Aufnahme der seltenen spätmittelalterlichen Bildunterschrift *vir dolorum* (nach Jes 53,3) meist als *Schmerzensmann* (*Man of Sorrows*); nach *misericordia Domini* auch als *Erbärmdebild* (*Barmherzigkeit*, *Pitié de Nostre Seigneur*) u.ä. Der *Schmerzensmann* (vgl. TRE 2,665) wird seit dem 12. bis ins 16. Jh. gerne als Andachtsbild dargestellt: in Ganz- oder Halbfigur, mit dem Oberkörper aus dem Sarkophag ragend, allein oder mit wenigen Assistenzfiguren (Maria, Johannes: s. Abb. 7), von einem oder mehreren Engeln vorgewiesen (*Engelpietà:* typisch für Italien und Frankreich; von der Osten, Art. Engelpietà). Er unterscheidet sich vom *Christus im Elend* (*in der Rast*) (s.o. 5.4.1.9.) dadurch, daß er die Wundmale trägt. Entstanden ist er vermutlich im ostkirchlich-byzantinischen Raum als im Sarkophag aufrechtstehende Halbfigur mit nach rechts geneigtem Haupt und vor der Brust gekreuzten Armen. Seine Verbreitung könnte von S. Croce in Rom (Mosaikikone? Thomas, Urbild) ausgegangen und von den die Kirche betreuenden Kartäusern propagiert worden sein; Ende des 14. Jh. könnte sie zur Entstehung der Gregorsmesse geführt haben. In Deutschland wird der *gregorianische Schmerzensmann* in der Gregorsmesse oder als Andachtsbild in der Regel unter Vorzeigen seiner Wunden dargestellt, besonders aber mit Hinweis auf die Seitenwunde, in der sich der Bezug zur Eucharistie manifestiert (s. Abb. 6).

Einen dritten Typus des eucharistischen Passionsbildes bildet der *Gnadenstuhl* (vgl. TRE 2,665), der seit dem 12. Jh. die charakteristische abendländische Veranschaulichung der Trinität darstellt (Braunfels, Dreifaltigkeit; ders., Art. Dreifaltigkeit). In ihm hält Gott Vater das Kreuz mit dem Sohn, während zwischen beiden der Heilige Geist als Taube schwebt. Seit dem 13. Jh. kann der Kruzifixus auch durch den Schmerzensmann ersetzt werden; der Vater weist den toten Sohn vor, der zugleich das eucharistische Opfer verkörpert und den Betrachter zum Empfang des Altarsakraments einlädt.

5.4.3.5. Das Herz Jesu. Die Seitenwunde schafft zugleich einen Zugang zum unsichtbaren Herzen Jesu (Gougaud, Dévotions 90–102). Bereits in der Alten Kirche wurde dieser Zusammenhang hergestellt: Aus dem Herzen Jesu fließt die Gnade, die durch Taufe und Eucharistie zugeeignet wird (Rahner). Im Mittelalter wird diese theologische Anschauung auch auf den emotionalen Zugang zu Christus bezogen: Die Seitenwunde hat uns den Reichtum seiner Güte in der Liebe seines Herzens gegen uns offenbart (Ps.-Anselm, Med. 10: PL 158,762A). Als eine selbständige Andachtsform ist die Herz-Jesu-Verehrung erst im Mittelalter entstanden (vgl. Richstätter, Herz-Jesu-Verehrung). Wichtige Beiträge dazu haben die →Prämonstratenser geleistet (Schreiber, Frömmigkeit); wahrscheinlich hat der Steinfelder Konventuale Hermann Joseph (gest. Mitte 13. Jh.) den ältesten Herz-Jesu-Hymnus *Summi regis cor aveto* verfaßt (Schreiber, Passionsmystik). Im Spätmittelalter wurden die Vorstellungen vom Herzen Jesu durch verschiedene verwandte Motive bereichert und in den großen Zusammenhang des Passionsgedenkens eingebunden. Seit dem 15. Jh. finden sich in wachsendem Umfang bildliche Darstellungen des Herzens in seinem Zusammenhang mit den fünf Kreuzeswunden (s. Abb. 11) oder mit den *Arma Christi* (z. B. das Kind im Herzen Jesu, umgeben von der Dornenkrone und anderen Leidenswerkzeugen: Richstätter, Herz-Jesu-Verehrung, nach 168). Gebetstexte aus dem späten Mittelalter zeigen, wie stark die Herz-Jesu-Verehrung die verschiedenen Aspekte der Passionsfrömmigkeit bereichert hat (Richstätter, Herz-Jesu-Gebete). Das mittelalterliche Privatgebet zum Herzen Jesu wurde seit dem 16. Jh. durch Herz-Jesu-Bruderschaften mit besonderer Unterstützung der Jesuiten zu einer Volksandacht. Der Franzose Jean Eudes (1601–1680), ursprünglich Oratorianer, 1643 Gründer einer Kongregation von Weltpriestern, schuf einen öffentlichen Herz-Jesu-Kult in engen Grenzen. Durch die visionäre Passionsmystikerin Marguerite-Marie Alacoque (1647–1690), eine Salesianerin von Paray-le-Monial, erhielt die Herz-Jesu-Verehrung die kräftigsten Impulse. Sie begründete das Herz-Jesu-Fest am Freitag nach der Fronleichnamsoktav, die Herz-Jesu-Freitage am ersten Freitag jedes Monats und die wöchentliche „Heilige Stunde", eine einstündige Privatandacht am Abend oder in der Nacht vor jedem Freitag, in der vor allem der Todesangst Christi in Gethsemane („Ölbergangst"), aber auch der anderen Leiden des Herrn gedacht wird (Richstätter, Herz-Jesu-Gebete 61–68). Doch erst 1765 erlaubte Clemens XIII. begrenzte liturgische Feiern, die Pius IX. 1856 auf die ganze Kirche ausdehnte (zum Ganzen: Hamon, Histoire; ders., Art. Cœur).

5.4.3.6. Das Blut Christi. In weiten Teilen der Leidensgeschichte spielt das Blut Christi eine wichtige Rolle. Bereits in der Gethsemaneszene fällt der Angstschweiß des Heilands wie Blutstropfen auf die Erde (Lk 22,44), und aus jeder seiner zahlreichen Wunden fließt Blut. Das Spätmittelalter hat dafür in Wort und Bild besonders drastische und anrührende Vorstellungen entwickelt. So quillt in vielen plastischen Figuren des Gegeißelten und Gekreuzigten das Blut in dicken Tropfen oder gar Trauben aus den Wunden. Maria offenbart Birgitta in einer Vision, daß das Blut ihres Sohnes, das nach der Geißelung an seinem Körper herabfließt, seine Fußtapfen fülle (Revelationes 1,10,19f.; 4,70,7). Doch nähren sich solche Vorstellungen nicht nur von religiöser Phantasie, sondern werden auch durch die Anschauung von Blutreliquien angeregt. Nachdem 1048 in Mantua eine Reliquie des Blutes Christi gefunden worden war, von der 1094 ein Teil dem oberschwäbischen Kloster Altdorf-Weingarten geschenkt wurde (Kruse/Rudolf), gelangten im Zusammenhang mit den Kreuzzügen immer neue Partikel des „kostbaren Blutes" ins Abendland. So kam im Gefolge des 2. Kreuzzugs 1148 eine Blutreliquie aus dem Heiligen Land nach Brügge und wurde zum Mittelpunkt einer alljährlichen Prozession und eines alle fünf Jahre abgehaltenen Spiels. Zahlreicher, weil unbegrenzt vermehrbar, sind die Heilig-Blut-Reliquien, die durch eucharistische Wunder – blutende Hostien oder die Verwandlung des auf das Korporale verschütteten Meßweins – entstehen (Browe, Wunder). Die Aufbewahrungsorte dieser Reliquien werden im Spätmittelalter zu Kultzentren, mit denen sich zumeist Wallfahrten verbinden (für Deutschland: Heuser). Für Norddeutschland, ja für Nordeuropa wird nach 1400 am wichtigsten Wilsnack in der Mark Brandenburg mit Bluthostien (1383 bis zur Zerstörung 1552), für Süddeutschland Walldürn im Odenwald mit dem Korporale (Anfang 15. Jh. bis heute; Brückner).

5.4.3.7. Das Schmerzenskind (s. Abb. 13). Die Verbindung des Christkinds mit Passionsmotiven, die sich in zahlreichen Bildzeugnissen findet, hat F. Zoepfl (Jesuskind) als das *Schmerzenskind* bezeichnet. Es handelt sich dabei nicht nur um das schlafende Kind auf dem Kreuz, sondern um unterschiedliche Haltungen und Attribute, auch um das Kind mit Leidenswerkzeugen inmitten des Herzens im Fünf-Wunden-Bild (ebd. Abb. 15) oder um das Kind, das in der Szene der Verkündigung Mariae zusammen mit dem Kreuz von Gott Vater gesandt wird (ebd. Abb. 16). In solcher Verbindung des Kindes mit der Passion, für die sich Zeugnisse seit dem Spätmittelalter finden, wird darauf hingewiesen, daß der Weg Christi zum Kreuz von Anfang an vorgezeichnet ist, ja daß sein ganzes Leben als Leidensweg verstanden werden kann (so Bernhard von Clairvaux: Super Cant. 43,3).

5.4.3.8. Maria als Vermittlerin der compassio. Auf die Beteiligung Mariae am Passionsgeschehen wurde bereits mehrfach hingewiesen. Ps.-Bonaventura faßt die Wechselbeziehung zwischen dem Leiden Christi und seiner Mutter in der Formulierung zusammen, daß „ihr Mit-Leiden das Leiden des Sohnes vermehrt und umgekehrt" (*cuius compassio multum augmentat Filio passionem, et e contrario*, Med. 6: ed. Stallings 113,66f.). Dementsprechend erscheint Maria in Text und Bild als *mater dolorosa* (Beissel 379–415; Lépicier), die unter dem Kreuz ihre Klage vorträgt (*Marienklage*), die ihren Sohn beweint und trauernd im Schoß hält (Pietà), die aber auch im Andachtsbild mit von einem oder mehreren Schwertern durchbohrter Brust dargestellt ist (s. Abb. 12). Parallel zur Herz-Jesu-Verehrung, aber ohne altkirchliche Anknüpfungspunkte, hat sich seit dem Mittelalter auch eine private *Herz-Mariä-Andacht* entwickelt (M. Barth, Herz-Mariä-Verehrung). Jean Eudes, der den öffentlichen Herz-Jesu-Kult propagierte, führte seit 1643 ebenfalls eine liturgische Feier zum Herzen Mariä ein, die sich in Frankreich rasch ausbreitete, aber bei der römischen Ritenkongregation auf hartnäckigen Widerstand stieß. Erst 1805 wurde die liturgische Herz-Mariä-Verehrung anerkannt (Campana II, 172–246). Gewichtiger noch war die Verehrung der *Schmerzen Mariä*, die sich ebenfalls erst im Mittelalter, aber unter Anknüpfung an das ältere Gedenken an Maria unter dem Kreuz, entwickelt hat (Delehaye; Campana I, 307–336). Parallel zu der schon im 14. Jh. ausgebildeten Siebenzahl der Freuden Mariae (Beissel 632–635) entwickelte sich im folgenden Jahrhundert auch eine feste Zahl von sieben Schmerzen: 1. Simeons Weissagung; 2. Flucht nach Ägypten; 3. Verlust des zwölfjährigen Christus; 4. Christi Gefangennahme und Weg zum Kreuz; 5. die Kreuzigung; 6. Kreuzabnahme; 7. Begräbnis (ebd. 410). Die beiden Feste zu den Schmerzen Mariae haben sich seit dem ausgehenden 17. Jh. in der ganzen katholischen Kirche durchgesetzt (s.o. 5.1.1.).

6. Neuere Entwicklungen

6.1. Protestantismus

Die Reformatoren sind in der spätmittelalterlichen Passionsfrömmigkeit aufgewachsen und teilen manche ihrer theologischen Voraussetzungen, insbesondere die Überzeugung von der vollen Menschlichkeit Christi mit all ihren Schwächen, ihrer Anfechtbarkeit und Leidensfähigkeit (z. B. Luther 1521: WA 5,602f.).

→Luther hat in der Tradition der monastischen Theologie an der Zentralstellung von Passion und Kreuz Christi festgehalten und hat sie gegen die →Scholastik ausgespielt – etwa wenn er in der *Heidelberger Disputation* 1518 unter dem Titel einer *theologia crucis* (Th. 24: WA 1,354,28) die Gotteserkenntnis *per passiones et crucem* gegen die Erschließung des Unsichtbaren aus der Schöpfung stellt (Th. 19f.: ebd. Z. 17–20; dazu 362,28f.). Er übt jedoch eine grundsätzliche Kritik an der zeitgenössischen Art der Passionsbetrachtung (Ebeling 229–233; Elze). Mit großem Ernst sieht er die Nöte des leidenden Herrn, den seine übermäßigen Qualen seufzen, schreien, schaudern und zurückschrecken ließen (1521: WA 5,605,25–28). Es ist aber auffällig, daß Luther bereits in seiner Frühzeit die körperlichen Leiden Christi nicht genauer ausmalt, sondern sich ganz auf seine seelischen Nöte konzentriert, die er vor allem in seinen Anfechtungen und seiner vermeintlichen Gottverlassenheit sieht. Darin zeigt sich bereits ein Grundzug der reformatorischen Distanzierung von der traditionellen Passionsfrömmigkeit: Luther verzichtet nicht nur auf jede Ausgestaltung und Ergänzung der neutestamentlichen Leidensgeschichte, sondern auf die anschauliche Vergegenwärtigung der Passion überhaupt. Er möchte nicht wissen, wieviele Wunden Christus empfangen und wieviele Blutstropfen er verloren hat (1522: WA 10/3,123,27f.). Zwar bemerkt er wohl die Uneinheitlichkeit und Lückenhaftigkeit der evangelischen Leidensgeschichten; aber er sieht darin eine Absicht: Die Evangelisten wollten uns die Passion Christi geistlich (*spiritualiter*) vorstellen. Kaum erwähnen sie, daß er Blut vergossen hat; wichtiger als die Art und Weise seines Leidens ist die damit verbundene Absicht (1524: WA 15,509,14–20). Die Hauptsache an der Passion ist, daß wir wissen, sie sei für uns (*pro nobis*) geschehen (ebd. 510,25); Christus hat für uns gelitten (ebd. 512,11). Der Umgang mit der Passion soll uns zwar erschrecken, uns dem Bild und Leiden Christi „gleychformig" machen, so daß wir „tzitteren, beben unnd alles fulen, was Christus am Creutz leydet" (1519: WA 2,138,33–38), aber nicht, um darin das bloße „mitleyden" (= *compassio*) mit

Christus zu pflegen (ebd. 136,21f.), sondern um zur Selbsterkenntnis zu gelangen (ebd. 138,16f.). Die Betrachtung seines Leidens soll uns dahin führen, daß wir durch unsere Sünden im Gewissen gepeinigt werden (ebd. 138,19–22) und uns vorstellen, *wir* seien die Sünder, die Christus martern (ebd.137,22f.). Nur so entgehen wir der Gefahr, das Leiden Christi zu mißbrauchen, um uns selbst vor Leiden zu schützen (ebd. 136,15–20). Christus fordert uns dagegen auf (Mk 8,34), das eigene Kreuz zu tragen (WA 15,510,5). An seiner kritischen Einstellung gegenüber dem gängigen Passionsverständnis hält Luther von seinen frühen *Sermones de passione Christi* 1518 (WA 1,336–345) bis in sein Alter fest. Wenn wir die Predigt der Apostel und Propheten vom Leiden Christi betrachten, dann sehen wir, „das sie von der Histori nit vil wort machen, reden sehr einfältig, schlecht unnd kurtz davon" (1544: WA 52,229,6f.). Es genügt nicht, die „blosse Histori" zur Kenntnis zu nehmen; sondern das Wissen um Christi Leiden und die damit von ihm geleistete Genugtuung soll uns in unserem eigenen Leid und im Bewußtsein unserer Sündhaftigkeit trösten (ebd. 229,34–230,7).

Luthers Neubegründung der Passionsbetrachtung wirkte durch seine Schriften wie durch die anderer Wittenberger Theologen (R. Kolb). So hat →Melanchthon 1544 in seinen *Annotationes* zu den Evangelien für die Predigt an Sonn- und Feiertagen – Luthers Gedanken zusammenfassend – für die Vorbereitung der Karfreitagspredigt eine dreifache *meditatio passionis* vorgeschlagen: (a) *paedagogica* über die grundlegenden Tatsachen der Leidensgeschichte, ihre Ursachen und ihren Nutzen; (b) *spiritualis* über Zorn und →Barmherzigkeit Gottes; (c) *exemplaris* mit der Anleitung, das Leiden Christi als beispielhafte Anweisung für das eigene Leben zu gebrauchen (CR 14,161–528: 241–244). Mit dieser Meditationsanleitung hat der große Pädagoge Schule gemacht – zunächst bei C. →Cruciger, dann bei zahlreichen Theologen der nächsten Generation. Cruciger gab auch für die Darstellung der Passionsgeschichte von Gründonnerstagabend bis Ostersonntag ein Schema nach den fünf Akten des Dramas: 1. In Gethsemane; 2. Christus vor den Führern der Juden; 3. Christus vor Pilatus; 4. Verurteilung, Kreuzweg, Kreuzigung und Grablegung; 5. Auferstehung (unter Melanchthons Werken: CR 15,392–421).

Vom altgläubigen Passionsgedenken unterscheidet sich das protestantische vor allem in zwei grundlegenden Punkten:

1) Das reformatorische Prinzip *sola scriptura* verbietet die seit dem 13. Jh. übliche Anreicherung des Stoffes mit neuen, unbiblischen Szenen und Elementen. Diese Haltung zieht eine radikale Verwerfung vieler Passionsdarstellungen, aber auch der apokryphen Motive vieler Andachten nach sich. Aus protestantischer Sicht bedeutet die inhaltliche Entwicklung des katholischen Passionsgedenkens in der Neuzeit, zumal die Rekonstruktion und Verehrung der „Geheimen Leiden", eine wachsende Entfernung von den biblischen Grundlagen. Die Verwerfung der Bilder nach dem alttestamentlichen Bilderverbot (Feld; Köpf, Bilderfrage), teilweise in Bilderstürmen durchgesetzt, hat zur Unterdrückung und Zerstörung zahlreicher bildlicher Passionsdarstellungen geführt – gelegentlich bis hin zur Beseitigung von Kruzifixen.

2) Der Protestantismus nimmt seit Luther den größten Anstoß daran, daß das im traditionellen Passionsgedenken übliche Streben nach *compassio* und *imitatio Christi* fast durchweg auf dem Verdienstgedanken beruht. Dies zeigt sich augenfällig daran, daß für die meisten Passionsandachten und -gebete seit dem Spätmittelalter →Ablässe gewährt werden, ja daß manche geradezu durch die dafür gewährten Ablässe begründet und am Leben erhalten werden. In der Reformationszeit verbindet sich daher der Kampf gegen den Ablaß fast zwangsläufig mit einer Ablehnung der herkömmlichen Passionsfrömmigkeit. Luther richtet den Vorwurf, ein „unfruchtbar werck" zu sein, auch gegen die Messe, die nach seiner Meinung eigentlich vor allem dazu eingesetzt ist, „umb des leydens Christi willen zu bedencken" (WA 2,136,28–137,9).

Hier muß noch auf eine eigentümliche Verwendung der Leidensgeschichte hingewiesen werden, bei der sich protestantische Autoren in polemischer Absicht eines Gedankens bedienen, der seit dem 13. Jh. eine wichtige Rolle gespielt hatte. Im Umfeld des Wormser Reichstags erschien 1521 eine lateinische, rasch auch ins Deutsche übersetzte Flugschrift *Passio Doctoris Martini Lutheri*, die Luthers Leiden (nach dem Vorbild des *Liber conformitatum* des Bartholomäus von Pisa [s.o. 3.3.]) als Kontrafaktur der Passion Christi darstellt (Schilling). Dieses in mehreren Drucken und Abschriften verbreitete kleine Werk ist nicht singulär. Es ist vielmehr das bedeutendste einer kleinen Gruppe von Werken des 16. Jh., die in polemischer Absicht Zeitgenossen mit Christus vergleichen und in ihren Leiden Übereinstimmungen feststellen. Die wichtigste Parallele ist die Passion des Kurfürsten →Johann Friedrich von Sachsen von 1546 (Behrend). Übrigens hat die Anwendung des Passionsgedankens auf Luther durchaus Anhaltspunkte in Selbstbewußtsein und Passionsverständnis des Reformators. Der Gedanke, daß der Christ im Passionsgedenken Verständnis und Trost für sein eigenes Leiden suchen soll, und Luthers häufig ausgesprochene Bereitschaft zum Martyrium konnten die Übertragung auf ihn rechtfertigen. Das Bewußtsein des Leidens bis zum Martyrium war freilich bei den protestantischen Dissidenten (→Müntzer, Spiritualisten, →Täufer u.a.) besonders ausgeprägt, die von den Mehrheitskirchen unterdrückt und verfolgt wurden. So spricht z.B. der Züricher Täufer Konrad Grebel (ca. 1498–1526) in einem Brief an Th. Müntzer vom 5. September 1524 unumwunden die Bereitschaft des gläubigen Christen aus, Verfolgung, Leiden und Tod zu erdulden (Müntzer, Schriften und Briefe, hg. v. Günther Franz/Paul Kirn, 1968 [QFRG 33] 442,26–37), und Müntzer selbst hat eine auf die Passion Christi bezogene Leidenstheologie entwickelt: Nur der ist ein Christ, der durch sein eigenes Leiden für Gottes Werk und Wort empfänglich geworden ist (*Von dem getichten glawben*, 1523: ebd. 218,9–11); „Dan wer mit Cristo nicht stirbet, kan nicht mit im auffsten" (ebd. 222,29f.); „Ich erfulle das, das dem leiden Cristi hinterstellig ist" (Brief an H. Zeiß: ebd. 397,31f.); vgl. *Protestation odder empietung*, 1524 (ebd. 225–240).

Daß der landeskirchliche Protestantismus trotz aller Polemik gegen gewisse herkömmliche Ausdrucksformen der Passionsfrömmigkeit auch in der kirchlichen Praxis am Passionsgedenken festgehalten hat, zeigt sich an der Hochschätzung des Karfreitags, dessen Rang in der katholischen Kirche der frühen Neuzeit stark zurückgedrängt wurde.

Während im *Missale Romanum* von 1570 die Volkskommunion am Karfreitag verboten wurde (Einschärfung des Verbots durch päpstliche Dekrete 1622 und 1679), erfuhr dieser Tag nach dem Urteil eines katholischen Liturgikers „in der Kirche der Reformation eine bis dahin unerhörte Rangerhöhung zum Festtag ersten Grades" (Jungmann, Karfreitag 153). Die Quadragesima, die ursprünglich eine Fasten- und Bußzeit zur Zurüstung auf Ostern gewesen war und keinen Bezug zur Passion gehabt hatte (Kellner 80), wurde in der Reformation als Vorbereitungszeit auf die Passionszeit aufgefaßt. Luther wollte trotz seiner Polemik gegen die Feste (1520: WA 6,445,33–446,26) in seiner Neuordnung des Gottesdienstes „fasten, palmtag und marterwochen" beibehalten, „nicht das wyr yemand zu fasten zwingen, sondern das die passion und die Euangelia, so auff die selbige zeyt geordenet sind, bleyben sollen" (1526: WA 19,112,20–22). Im *Unterricht der Visitatoren* 1528 ist unter den vollen Feiertagen der Passionszeit nur „die osterfeier" aufgeführt, freilich auch betont: „Man sol auch in der wochen für [= vor] ostern die gewonlichen ferien [feriae = Wochentage] halten, daran man den passion [das Wort wurde im Spätmittel- und Frühneuhochdeutschen vorwiegend als Masculinum gebraucht: *der* Passion; vgl. DWb 13, 1489f.] predigt, und ist nicht von nöten, das man solche alte gewonheit und ordnung endere, wiewol auch nicht nötig, das leiden Christi eben [= genau] die zeit zu treiben" (EKO 1, 164a). Es entspricht dem zuletzt ausgedrückten evangelischen Gedanken, daß es keine „heiligen Zeiten" gebe, wenn umgekehrt die Forderung erhoben wird, das Passionsgedenken „nicht nur auf die Fastenzeit zu beschränken, sondern auf das ganze Jahr auszudehnen" (R. Kolb 273). In der Praxis wurde jedoch das gottesdienstliche Passionsgedenken in der Karwoche beibehalten, freilich mit regionalen und lokalen Unterschieden. So schreibt die Württembergische Kirchenordnung von 1559 vor, am Palmsonntag „die Historien des gantzen Passions" in drei Abschnitten („morgens/nach Mittag/vnd zur Vesperzeit") vorzulesen und am Gründonnerstag und Karfreitag in Predigten auszulegen (fol. 88r). Erst im Laufe des 18. Jh. wurden beide oder zumindest der Karfreitag zu Feiertagen erhoben. Die *Confessio Helvetica prior* 1562 zählt als Feste *memoriam dominicae nativitatis, circuncisionis, passionis et resurrectionis* ... auf (BSRK 215,14–17).

In vorreformatorischer Zeit hatte sich eine Fülle liturgischer, paraliturgischer und privater Riten und Bräuche zur Vergegenwärtigung des Passionsgeschehens und zur Zueignung seines „Nutzens" ausgebildet. Bereits die Reformatoren haben vieles davon verworfen. So meinte Luther seine Neuordnung des Gottesdienstes „nicht also, das man das hunger tuch, palmen schiessen, bilde decken und was des gauckel wercks mehr ist, halten odder vier passion singen odder acht stunden am karfreytag an der passion zu predigen haben, sonder die marterwoche sol gleych wie ander wochen sein, on [= außer] das man die passion predige des tages eyne stunde durch die woche odder wie viel tage es gelustet, und das sacrament neme wer do wil" (WA 19,112,22–113,2). Die Reformation hat aus der Passionspraxis vor allem die Elemente ausgeschieden, die sie nicht als biblisch begründet ansah und die in die Beziehungen zwischen den Gläubigen und Christus eine vermittelnde Instanz (wie Maria) oder irgendeine Form der Werkfrömmigkeit eingeführt hatten. Damit waren für die Entwicklung und Pflege einer genuin protestantischen Passionsfrömmigkeit die überkommene Meßfeier, die dramatischen Elemente der Liturgie, das geistliche Spiel, alle Arten von Prozessionen und der größte Teil der Andachten und Gebetsformen, überhaupt alle mit dem Verdienst- und Ablaßgedanken verbundenen Handlungen unbrauchbar geworden. Immerhin hat der Protestantismus aber aus vorreformatorischer Zeit einige wichtige Elemente übernommen und teilweise stärker als bisher ausgestaltet: die private Passionsmeditation, die gottesdienstlichen Lesungen der Passionsgeschichte, die Passionspredigt, das Passionslied, die Passionsmusik. In der Passionsmeditation, die reformatorische Ansätze fortführt (R. Kolb), in der Passionspredigt (Überblick über die veröffentlichten Lesepredigten: Wiesenhütter; dazu Axmacher, Liebe), in dem von der Gemeinde gesungenen Passionslied (Weismann; Krause; Axmacher, Passionslied; dies., Liebe; Sauer-Geppert, besonders 212–239; Koch; Hahn) und in der musikalischen Passion (TRE 26,46; ferner: Axmacher, Liebe; Steiger/Steiger) hat die protestantische Passionsfrömmigkeit ihre spezifischen Ausdrucksformen gefunden. Trotz der teilweise ikonoklastischen reformatorischen Bilderkritik übernahm der Protestantismus aber auch einige Formen anschaulicher Passionsdarstellung (vor allem den Kruzifixus, das Altarbild und das Andachtsbild).

In jüngerer Zeit gibt es Bemühungen, Ausdrucksformen des Passionsgedenkens, die vom älteren Protestantismus abgestoßen wurden (z.B. Fastentuch, Kreuzweg), für eine evangelische Frömmigkeit in der Gegenwart zurückzugewinnen. Solche Versuche können jedoch nur gelingen, wenn sie von einem genuin evangelischen Verständnis der Passion Christi getragen sind. Auch die Übernahme von Passionsbräuchen im ökumenischen Rahmen (z.B. im „Jugendkreuzweg" seit 1972; vgl. dazu *Es ist noch nicht vollbracht*) fordert zu historischer und theologischer Besinnung heraus.

Die Reformation hat aber nicht nur die Formen des überkommenen Passionsgedenkens, sondern auch seine Inhalte beträchtlich reduziert. Dabei hat sie sich ebenfalls an der biblischen Begründung und an ihrem Verständnis des spezifisch Evangelischen orientiert. Ihre Reduktion der Inhalte einer evangeliumsgemäßen Passionsfrömmigkeit kann deshalb höchstens von außen als Verarmung erscheinen, war aber in Wirklichkeit ein Vorgang der Konzentration.

Gegenstand des protestantischen Passionsgedenkens ist vor allem das *innere* Leiden Christi, das sich in unserem eigenen Gewissen spiegelt und uns das Bild unserer Sünde vorhält (z.B. Luther 1519: WA 2,138,15–32). Die exzessive Vergegenwärtigung körperlicher Qualen, die sich im Spätmittelalter ausgebildet hatte, tritt dadurch stark zurück, obwohl auch in protestantischen Passionsbildern noch Marterszenen wie die Geißelung erscheinen können (z.B. Lieske, Abb. 14.72). Auch Abbildungen der *Arma Christi* begegnen noch im 18. (z.B. ebd. Abb. 73) und 19. Jh. (z.B. Scharfe, Abb. 141). Im allgemeinen kehrt aber in der bildlichen Darstellung des Gekreuzigten etwas von der antik-frühmittelalterlichen Haltung des Siegers über Leiden und Tod zurück. Sehr verbreitet ist in der Reformationszeit das Lehrbild mit dem Kruzifixus, das nicht mehr *compassio* wecken, sondern die Antithese von Gesetz und Gnade, Altem und Neuem Testament erläutern will (z.B. Hofmann 210–216). Von den Inhalten des spätmittelalterlichen Andachtsbildes ist aus der protestantischen Ikonographie die marianische Pietà aus naheliegenden Gründen ebenso ausgeschieden wie die Vera Icon, die Luther sowohl wegen der mit ihrer Verehrung verbundenen Ablässe als auch wegen der Behauptung über ihre angebliche Entstehung ablehnt (1545: WA 54,255,12–18). Auch der Typus des Schmerzensmannes ist ihm wegen der exzessiven Darstellung seiner Wunden problematisch (1540: WA 49,159); doch kann er ihn akzeptieren – zumal wenn er sich als Auferstandener zeigt (z.B. Hofmann 226). Beliebter ist das Bild des Ecce homo, dessen Leiden zurückhaltender geschildert sind. Das protestantische Zentralthema ist aber der Kruzifixus, der zumeist weniger affektbetont als lehrhaft dargestellt wird – bis hin zu den moralisierenden Andachtsbildern des 19. Jh. mit Beischriften wie: „Das that Ich für dich – Was thust du für Mich [?]" (Scharfe, Abb. 50) oder „Lebe Ihm der für dich starb" (ebd. Abb. 127; mit Maria Magdalena). Angesichts des veränderten Abendmahlsverständnisses überrascht es, wie häufig Christus im Protestantismus als Keltertreter abgebildet ist (Lieske, Abb. 16/21; Scharfe, Abb. 54f., auch 52).

Unter den Momenten, die von der Tradition am Leiden Christi hervorgehoben wurden, hat der Protestantismus trotz aller Abneigung gegen die Vergegenwärtigung besonders krasser Leidenszüge immer an den *Wunden* und dem *Blut Christi* als Gegenständen des Passionsgedenkens festgehalten (Köpf, Blut).

An diesem Thema lassen sich die Wandlungen der protestantischen Passionsfrömmigkeit besonders gut verfolgen. Es versteht sich von selbst, daß die reformatorische Kritik am Reliquienkult (→Reliquien/Reliquienverehrung) keine Möglichkeit einer Verehrung von Heilig-Blut-Reliquien einräumt. Die Rede vom Blut Christi bleibt deshalb im Protestantismus metaphorisch. Luther beschreibt die Wirkungen, die davon ausgehen, einerseits durch die Theorie von der Ablösung der Schuld durch ein Opfer oder vom Loskauf durch ein Lösegeld, andererseits durch die anschaulichen Bilder des Abwaschens oder Ersäufens, womit er im Christenleben freilich nicht etwa das Martyrium, sondern die Taufe verbindet. Die Wundenmetaphorik, auf die er ebenfalls zurückgreift, spielt im Zeitalter der →Orthodoxie eine wachsende Rolle. Das bekannteste protestantische Passionslied, P. →Gerhardts *O Haupt voll Blut und Wunden*, eine Nachdichtung des mittelalterlichen *Salve caput cruentatum*, bleibt freilich noch ganz im Vorstellungskreis der kanonischen Leidensgeschichte, während andere Autoren des Zeitalters bereits drastischere Bilder gebrauchen. Seinen Höhepunkt erreicht das Reden von Blut und Wunden Christi im →Pietismus, zumal bei →Zinzendorf und seiner Umgebung. Im Pietismus wurde auch die Andacht zu den fünf Wunden Christi wieder belebt (Scharfe 118f.), wobei – wie schon im Spätmittelalter – der Seitenwunde besondere Bedeutung zugemessen wurde. Die Herrnhuter (→Brüderunität/Brüdergemeine) pflegten geradezu einen Kult der *Wundenhöhlen*, zumal der *Seitenhöhle*, der in seiner Drastik alles übertraf, was wir aus dem Mittelalter kennen. Im Unterschied zur Tradition trat hier aber die eucharistische Bedeutung der Seitenwunde zurück, während andererseits die üblicherweise durch die Passion erzielten Affekte geradezu von ästhetischem Wohlgefallen überlagert wurden. Solche extremen Erscheinungen protestantischer Frömmigkeit, die sich auf der Grundlage einer entschiedenen Kreuzestheologie entwickelt hatten, erregten bei vielen Zeitgenossen Anstoß und konnten sich nur in sehr begrenztem Umfang behaupten.

6.2. *Neuerer Katholizismus*

Die Aufklärung hat die protestantische Passionsdichtung nicht mit ihrem Spott verschont. Hauptgegenstand ihrer Kritik war freilich die katholische Passionsfrömmigkeit mit ihren in der Öffentlichkeit wahrnehmbaren Bräuchen. Aber mit ihren Äußerungen bis hin zur literarischen Parodie (z. B. des bayerischen Priesters Anton von Bucher [1745–1817] *Entwurf einer ländlichen Charfreytags=Prozession sammt einem gar lustigen und geistlichen Vorspiele zur Passionsaction. Herausgegeben von einem Ordenspater*, 1782: ders., SW, hg. v. Joseph v. Klessing, München, VI 1822, 155–298; über den Verfasser vgl. Friedrich Hacker, Anton von Bucher, der Priester, Schulmann und Schriftsteller: Altbayerische Monatsschrift 14 [1917/18] 37–46) konnte sie das Fortleben des Passionsgedenkens vor allem in der Volksfrömmigkeit kaum beeinträchtigen, bis sie im letzten Viertel des 18. Jh. in manchen katholischen Ländern schließlich Einfluß auf die Politik gewann und in staatlicher Einschränkung des Passionsbrauchtums zur Wirkung gelangte. Zum Beispiel waren unter den 1780–1783 erlassenen etwa 6.000 Verordnungen Kaiser Josephs II. (→Josephinismus) zahlreiche Verbote von Passionsgebräuchen. In Bayern wurden 1803 eine Verordnung über die Heiligen Gräber und 1804 das Verbot der Kreuzgänge und Prozessionen erlassen. Unter dem Einfluß der →Romantik nahm die Passionsfrömmigkeit im Katholizismus des 19. Jh. einen neuen Aufschwung. Die von Clemens von Brentano aufgezeichneten Visionen der stigmatisierten Anna Katharina Emmerick (1774–1824; *Das bittere Leiden unsers Herrn Jesu Christi. Nach den Betrachtungen der gottseligen Anna Katharina Emmerich, Augustinerin des Klosters Agnetenberg zu Dülmen [† 9ten Febr. 1824] nebst dem Lebensumriß dieser Begnadeten*, Sulzbach 1833 ²1834: Clemens Brentano, Hist.-krit. Ausg. SW u. Briefe, Stuttgart u.a., XXVI–XXVIII 1980–1995), die ältere Darstellungen zusammenfaßt und die Passionsüberlieferung um neue Züge bereichert, haben auch unter Gebildeten gewirkt. Doch unabhängig von solchen herausragenden literarischen Beiträgen wie vom Auftreten einzelner Passionsmystiker und Stigmatisierter (vgl. Bouflet) lebt in der katholischen Liturgie und Volksfrömmigkeit auch des 20. Jh. eine – regional und sogar lokal unterschiedlich geformte – Passionsfrömmigkeit fort. Vor allem in ganz oder weitgehend geschlossenen katholischen Gebieten haben sich Bräuche wie Karfreitagsprozessionen, Grablegungszeremonien, Blutritte, Passionsspiele und dergleichen erhalten, wobei freilich religiöse und touristische Elemente nicht immer zu unterscheiden sind (für Italien vgl. z. B. *Ritorno a Bach*). Durch den *Ordo Hebdomadae Sanctae instauratus* vom 16. November 1955 (in Kraft getreten am 25. März 1956) wurde die Karwoche in dem Sinne neu geordnet, daß man durch die Entfernung späterer Veränderungen ältere Formen wiederherstellte und zugleich der Gemeinde eine stärkere Beteiligung an der Feier ermöglichte (Antonelli; Bugnini/Braga; H.A.P. Schmidt; mit Darstellung neuerer Entwicklungen: Klöckener). Daneben sind auch in der Volksfrömmigkeit ältere Bräuche gestärkt oder wieder belebt worden. Zum Beispiel sind die nach der Liturgiereform von 1955 zunächst vernachlässigten Ostergräber in Tirol ganz neu belebt worden (vgl. *Heilige Gräber in Tirol*; Menardi). Neue Aktualität gewinnen diese Bräuche auch unter veränderten gesellschaftlichen und politischen Bedingungen: So diente etwa der polnische Kreuzweg der Behauptung des Katholizismus gegenüber einem feindlichen politischen System (z. B. Polec/Płoński), und in der deutschen Diaspora lebende italienische Gastarbeiter suchen in der Karfreitagsprozession die Bestätigung ihrer religiösen und zugleich ihrer nationalen Identität.

6.3. Übertragene Formen der Passionsfrömmigkeit

Im 20. Jh. sind aus den traditionellen Formen schließlich auch säkularisierte Ableger der Passionsfrömmigkeit hervorgegangen. Besonders der Kreuzweg ist zum Symbol politisch-sozialen Protests und Widerstands geworden. Soziales und politisches Leiden durch Kolonialismus, Imperialismus und totalitäre politische Systeme, Unterdrückung und Ausbeutung fremder Völker wie des eigenen Volks, die physische Vernichtung großer Bevölkerungsteile, Folter und Kriege, Elend und Krankheit werden mit den Kategorien der überkommenen Leidenstheologie und -frömmigkeit erfaßt (z. B. Theo Sundermeier, Südafrikanische Passion, Bielefeld/Wuppertal 1977). Selbst die Zerstörung der Umwelt kann mit Elementen der Passionsfrömmigkeit verbunden werden: Geschädigte Bäume am Straßenrand werden mit Kreuzen gekennzeichnet. Auch in solchen Wirkungen weit über das Christentum hinaus erweist sich die umfassende Bedeutung der christlichen Passionsfrömmigkeit.

Literatur (in Auswahl)

Weitere Lit. s. beim Art. →Kreuz: TRE 19,732.757–761.767f.773f.

Danièle Alexandre-Bidon (Hg.), Le pressoir mystique. Actes du colloque de Recloses 27 mai 1989, Paris 1990. – Amédée de Zedelgem, Aperçu hist. sur la dévotion au chemin de la croix: CFr 19 (1949) 45–142. – Albert Ampe, Losse aantekeningen bij de „Heimelike Passie“: OGE 35 (1961) 186–214; 36 (1962) 353–371; 37 (1963) 188–203.330–343. – Michel Andrieu, Le Pontifical Romain au moyen-âge, 4 Bde., 1938–1941 (StT 86.87.88.99). – Ders., Les Ordines Romani du haut moyen âge, 5 Bde., 1948–1961 (SSL 11.23.24.28.29). – Ferdinandus Antonelli, Decretum generale Sacrae Congregationis Rituum quo liturgicus hebdomadae sanctae ordo instauratur: EL 70 (1956) 5–19. – Antonio M. Artola, La memoria de la pasión y el voto especial de los pasionistas: TE 19 (1975) 559–580. – Ders., La mistica cristopatica de San Pablo de la Cruz: EE 60 (1985) 135–156. – Albert Auer, Leidenstheol. des MA, Salzburg 1947. – Ders., Leidenstheol. im SpätMA, 1952 (KGQS 2). – Wolfgang Augustyn, Passio Christi est meditanda tibi. Zwei Bildzeugnisse spätma. Passionsbetrachtung: Haug/Wachinger (Hg.) (s.u.) 211–240. – Elke Axmacher, Johann Heermanns Passionslied „Herzlieber Jesu, was hast du verbrochen“ u. seine Quellen: MuK 53 (1983) 179–184. – Dies., „Aus Liebe will mein Heyland sterben“. Unters. zum Wandel des Passionsverständnisses im frühen 18. Jh., 1984 (BTBF 2). – Dies., Praxis Evangeliorum. Theol. u. Frömmigkeit bei Martin Moller (1547–1606), 1989 (FKDG 43). – Bellarmino Bagatti, L'iconografia di „Maria in croce“: SBFLA 28 (1978) 203–216. – Walter Baier, Unters. zu den Passionsbetrachtungen in der *Vita Christi* des Ludolf v. Sachsen. Ein quellenkrit. Beitr. zu Leben u. Werk Ludolfs u. zur Gesch. der Passionstheol., 1977 (ACar 44,1–3). – Ders., Passionstheol. heute – im Licht der ma. Tradition: GuL 53 (1980) 92–102. – Ders., Art. Ludolf v. Sachsen A/B: VerLex[2] 5 (1985) 967–974. – Donatus Baldi, Enchiridion locorum sanctorum, Jerusalem [2]1955. – Cyrilla Barr, The Monophonic Lauda and the Lay Religious Confraternities of Tuscany and Umbria in the Late Middle Ages, Kalamazoo, Mich. 1988 (Early Drama, Art, and Music Monograph Ser. 10). – Dies., From *Devozione* to *Rappresentazione*. Dramatic Elements in the Holy Week *Laude* of Assisi: Eisenbichler (s.u.) 11–32. – Henri Barré, Le „Planctus Mariae“ attribué à saint Bernard: RAM 28 (1952) 243–266. – Hilarius M. Barth, Liebe – verwundet durch Liebe. Das Kreuzigungsbild des Regensburger Lektionars als Zeugnis dominikanischer Passionsfrömmigkeit: BGBR 17 (1983) 229–268. – Medard Barth, Zur Herz-

Jesu- u. Herz-Mariä-Verehrung des dt. MA: ZAM 2 (1927) 210–239. – Ders., Zur Herz-Mariä-Verehrung des dt. MA: ZAM 4 (1929) 193–219. – Marie Bartmuss, Die Entwicklung der Gethsemane-Darst. bis um 1400, Diss. phil. Halle-Wittenberg 1935. – Basilio de San Pablo, Pasiocentrismo en la vida mística y apostolado de San Pablo de la Cruz: TE 11 (1967) 431–454. – Walter Bauer, Das Leben Jesu im Zeitalter der ntl. Apokryphen, Tübingen 1909 (Nachdr. Darmstadt 1967). – Romuald Bauerreiß, Pie Jesu. Das Schmerzensmann-Bild u. sein Einfluß auf die ma. Frömmigkeit, München 1931. – Ders., Sepulcrum Domini. Stud. zur Entstehung der christl. Wallfahrt auf dt. Boden, 1936 (ABBA 1). – Ders./Hans Feldbusch/Ernst Guldan, Art. Dreifaltigkeit: RDK 4 (1958) 414–447. – Gerhard Baumann, Ikonographische Betrachtungen zum „Hl. Haupt zu Klagenfurt". Ein volksbarockes Andachtsbild als Erbe alter europ. Bildtraditionen: Unvergängliches Kärnten, Klagenfurt 1976 (Die Kärntner Landsmannschaft H. 10/1976) 57–71. – Anton Baumstark, Der Orient u. die Gesänge der Adoratio crucis: JLW 2 (1922) 1–17. – Balduino Bedini, Le Reliquie della Passione del Signore, Rom [3]1987. – Fritz Behrend, Die Leidensgesch. des Herrn als Form im politisch-literarischen Kampf bes. im Reformationszeitalter: ARG 14 (1917) 49–64. – Wolfgang Beinert/Heinrich Petri, Hb. der Marienkunde, Regensburg 1984. – Stephan Beissel, Gesch. der Verehrung Marias in Deutschland während des MA, Freiburg i.Br. 1909 (Nachdr. Darmstadt 1972). – Hans Belting, Das Bild u. sein Publikum im MA. Form u. Funktion früher Bildtafeln der Passion, Berlin 1981. – Giulio Belvederi, La liturgia della Passione a Gerusalemme e in occidente al secolo IV e al secolo V: RivAC 8 (1931) 315–346. – Rolf Bergmann, Stud. zu Entstehung u. Gesch. der dt. Passionsspiele des 13. u. 14. Jh., 1972 (MMAS 14). – Ders., Kat. der deutschsprachigen geistlichen Spiele u. Marienklagen des MA, München 1986 (Veröff. der Kommission f. dt. Lit. des MA der Bayerischen Akademie der Wiss.). – Ursmer Berlière, La Dévotion au Sacré-Cœur dans l'Ordre de S. Benoît, Paris 1923 (Collection „Pax" 10). – Rudolf Berliner, Die Cedronbrücke als Station des Passionsweges Christi: FS Marie Andree-Eysn, hg. v. Joseph Maria Ritz, München 1928, 73–82. – Ders., Arma Christi: MJBK 6 (1955) 35–152. – Ders., Bemerkungen zu einigen Darst. des Erlösers als Schmerzensmann: Das Münster 9 (1956) 97–117. – Matthäus Bernards, Nudus nudum Christum sequi: WiWei 14 (1951) 148–151. – Émile Bertaud, Art. Douleurs (Notre-Dame des Sept-): DSp 3 (1957) 1686–1701. – Ders., Art. Horloges spirituelles: DSp 7/1 (1969) 745–763. – Ders./André Rayez, Art. Dévotions: DSp 3 (1957) 747–778. – Carlo Bertelli, The *Image of Pity* in Santa Croce in Gerusalemme: Essays in the History of Art presented to Rudolf Wittkower, London 1967, 40–55. – Martin Bialas, Das Leiden Christi beim hl. Paul vom Kreuz (1694–1775). Eine Unters. über die Passionszentrik der geistlichen Lehre des Gründers der Passionisten, Aschaffenburg 1978. – Inos Biffi, Aspetti dell'imitazione di Cristo nella letteratura monastica del secolo XII: ScC 96 (1968) 451–490. – Michael Bihl, De historia „Viae Crucis": AHFr 1 (1908) 50–61. – Ursula Binder-Hagelstange, Der mehrfigurige Kalvarienberg in der Rheinischen Malerei v. 1300–1430. Die Entwicklung des Kalvarienbergs vom Andachtsbild zum Kreuzigungsdrama, Diss. phil. Berlin 1937. – Mary Immaculate Bodenstedt, The Vita Christi of Ludolphus the Carthusian, Diss. phil. Washington, D.C. 1944 (SMRL 16). – Hans-Georg Böhme, Zur Leiden-Jesu-Verehrung im SpätMA. Bau- u. religionsgesch. Unters. auf Grund der Weilburger Passionskultstätte: NasA 62 (1951) 67–97. – Ignazio Bonetti, Le Stimate della Passione. Dottrina e Storia della Devozione alle Cinque Piaghe, Rovigo 1952. – Alfred de Bonhome, Art. Dévotions prohibées: DSp 3 (1957) 778–795. – Maurice Borrmans, I musulmani di fronte al mistero della croce. Rifiuto o incomprensione?: La sapienza della croce (s.u.) I, 615–628. – J. van den Bosch, De „Cultus Crucis" in de Kruisherenorde: Rond inhoud en beleving van de Spiritualiteit der Orde van het H. Kruis, Diest 1955, 101–123. – Piet van den Bosch, Einl. in die Passionslit. in den ma. Kreuzherrenbibliotheken: Clairlieu 38 (1980) 13–37. – Joachim Bouflet, Les stigmatisés, Paris 1996. – Wolfgang Braunfels, Die Hl. Dreifaltigkeit, Düsseldorf 1954 (Lukas-Bücherei zur christl. Ikonographie 6). – Ders., Art. Dreifaltigkeit: LCI 1 (1968) 525–537. – Ders./Michael Nitz, Art. Leben Jesu: LCI 3 (1971) 39–85. – Andrew Breeze, The Number of Christ's Wounds: Bwletin y Bwrdd Gwybodau Celtaidd / The Bull. of the Board of Celtic Studies 32 (1985) 84–91. – Natascha Bremer, Das Bild der Juden in den Passionsspielen u. in der bildenden Kunst des dt. MA (Diss. phil. Frankfurt a.M. 1984), 1986 (EHS.DS 892). – Stanislas Breton, Mystique de la Passion. Étude sur la doctrine spirituelle de Saint Paul de la Croix, Tournai 1962. – Ders., Vers une théologie de la croix, Clamart 1979. – Neil C. Brooks, The Sepulchre of Christ in Art and Liturgy. With Special Reference to the Liturgic Drama, Urbana, Ill. 1921 (Univ. of Illinois Studies in Language and Literature 7,2). – Peter Browe, Die Verehrung der Eucharistie im MA, München 1933 (Nachdr. 1990). – Ders., Die eucharistischen Wunder des MA, 1938 (BSHT.NS 4). – Wolfgang Brückner, Die Verehrung des Hl. Blutes in Walldürn, Aschaffenburg 1958 (Veröff. des Gesch.- u. Kunstvereins Aschaffenburg 3). – Cebus C. de Bruin, De dietse oertekst van de anonieme „Epistola de vita et passione domini nostri Ihesu Christi et aliis devotis exercitiis": NAKG 34 (1944–45) 1–23. – Ders., Het Bonaventura-Ludolphiaanse Leven van Jezus. Prolegomena voor en uitgave: Dr. L. Reypens-Album, 1964 (STOGE 16) 115–130. – Ders., Middeleeuwse levens van Jesus als leidraad voor meditatie en contemplatie: NAKG 58

(1977) 129–155; 60 (1980) 162–181; 63 (1983) 129–173. – Ders. (Hg.), Tleven ons heren Ihesu Cristi. Het Ps.-Bonaventura-Ludolfiaanse Leven van Jezus, 1980 (VMNBT.M 2). – Douglas Frederick Bub, Das Leiden Christi als Motiv im dt. Kirchenliede der Reformation u. des Frühbarock, Diss. phil. Bern 1951. – Frank O. Büttner, Imago pietatis. Motive der christl. Ikonographie als Modelle zur Verähnlichung, Berlin 1983. – Annibale Bugnini/Carlo Braga, Ordo hebdomadae sanctae instauratus: EL 70 (1956) 81–228. – Robert Cabié, La vénération du tombeau du Christ dans la liturgie et la piété populaire: Scicolone (s.u.) 209–225. – Emilio Campana, Maria nel Culto Cattolico, 2 Bde., Turin/Rom 1933. – Hans Freiherr v. Campenhausen, Die Passionssarkophage. Zur Gesch. eines altchristl. Bildkreises: Marburger Jb. f. Kunstwiss. 5 (1929) 39–85. – Ders., Die Idee des Martyriums in der alten Kirche, Göttingen ^{2}1964. – Teresa Piscitelli Carpino, La croce. Da strumento di passione a a segno di vittoria (secc. I–II): I Padri della Chiesa e la Teologia. In dialogo con Basil Studer, a cura di Antonio Orazzo, Cinisello Balsamo (Milano) 1995, 147–170. – Luigi Cellucci, Le „Meditationes vitae Christi“ e i poemetti che ne furono ispirati: ArRom 22 (1938) 30–98. – Albert Châtelet, Ludolphe le Chartreux et l'iconographie religieuse de la fin du Moyen-âge: Von der Macht der Bilder, hg. v. Ernst Ullmann, Leipzig 1983, 290–299. – Jean Châtillon, Nudum Christum nudus sequere. Note sur les origines et la signification du thème de la nudité spirituelle dans les écrits de saint Bonaventure: S. Bonaventura 1274–1974, Grottaferrata, IV 1974, 719–772. – William A. Christian, Jr., Moving Crucifixes in Modern Spain, Princeton/Oxford 1992. – Christus im Leiden. Württembergisches Landesmuseum Stuttgart, Kruzifixe/Passionsdarst. aus 800 Jahren, Ulm 1985. – Arie Albert Clement (Hg.), Das Blut Jesu u. die Lehre v. der Versöhnung im Werk Johann Sebastian Bachs, Amsterdam u.a. 1995 (K. Nederlandse Akademie van Wetenschappen. Verhandelingen, Afd. Letterkunde, N.R. 164). – Kenneth John Conant, The Original Buildings at the Holy Sepulchre in Jerusalem: Spec. 31 (1956) 1–48. – Giles Constable, *Nudus nudum Christum sequi* and Parallel Formulas in the Twelfth Century. A Supplementary Dossier: Continuity and Discontinuity in Church History, ed. Frank Forrester Church/Timothy George, 1979 (SHCT 19) 83–91. – Solange Corbin, La déposition liturgique du Christ au Vendredi Saint. Sa place dans l'histoire des rites et du théâtre religieux (Analyse de documents portugais), Paris/Lissabon 1960. – Hardin Craig, The Origin of the Passion Play. Matters of Theory as well as Fact: Studies in Honor of Arthur Henry Rolph Fairchild, ed. Charles T. Prouty, Columbia 1946 (The Univ. of Missouri Studies 21 [1946/47]) 81–90. – Ders., English Religious Drama of the Middle Ages, Oxford 1955. – Giovanni Cremaschi, „Planctus Marie“. Nuovi testi inediti: Aevum 29 (1955) 393–468. – Gustaf Dalman, Das Grab Christi in Deutschland, 1922 (SCD 14). – Franz Dambeck, Neue Kreuzwege seit 1945: Mün. 7 (1954) 96–118. – L. M. Fr. Daniels, Van den seven ghetijden der passien onses heren: OGE 16 (1942) 186–235. – Pierre Debongnie, Commencement et recommencement de la dévotion au cœur de Jésus: EtCarm 29 (1950) 147–192. – Hippolyte Delehaye, La vierge aux sept glaives: AnBoll 12 (1893) 333–352. – Don Denny, Notes on the *Avignon Pietà*: Spec. 44 (1969) 213- 233. – André Dérumaux, Crise ou évolution dans la dévotion des jeunes pour le Sacré-Cœur?: EtCarm 29 (1950) 296–326. – Descriptiones Terrae Sanctae ex saeculo VIII. IX. XII. et XV, hg. v. Titus Tobler, Leipzig 1874. – Dimensioni drammatiche della liturgia medioevale. Atti del I Convegno di Studio Viterbo, 31 maggio, 1–2 giugno 1976, a cura di Centro di studi sul teatro medioevale et rinascimentale, Città di Castello 1977. – Erich Dinkler, Das Kreuz als Siegeszeichen: ZThK 62 (1965) 1–20 = ders., Signum crucis. Aufs. zum NT u. zur Christl. Archäologie, Tübingen 1967, 55–76. – Peter Dinzelbacher, Das Blut Christi in der Religiosität des MA: Kruse/Rudolf (s.u.) I, 415–434. – Ders., Diesseits der Metapher. Selbstkreuzigung u. -stigmatisation als konkrete Kreuzesnachfolge: RMab 68 (1996) 157–181. – Ders./Kurt Ruh, Art. Magdalena v. Freiburg: VerLex^{2} 5 (1985) 1117–1121. – Tadeusz Dobrzeniecki, Mediaeval Sources of the Pietà: Bull. du Musée National de Varsovie 8 (1967) 5–24. – Ernst v. Dobschütz, Christusbilder. Unters. zur christl. Legende, 2 Bde., 1899 (TU 18,1/2). – Anton Dörrer, Tiroler Umgangsspiele, 1957 (SchlSchr 160). – Ders., Heiliggräber, Grabandachten, Karwochenspiele. Beispiele aus Tirol: Ostern in Tirol (s.u.) 181–219. – W. Dols, Bijdrage tot de geschiedenis van het doornenkroonbidden in de Nederlanden: OGE 18 (1944) I, 214–238. – Olegario Domínguez, Espiritualidad pasiocéntrica de San Pablo de la Cruz: TE 19 (1975) 353–377. – Peter Dronke, Laments of the Maries. From the Beginnings to the Mystery Plays: Idee – Gestalt – Gesch. FS Klaus v. See, hg. v. Gerd Wolfgang Weber, Odense 1988, 89–116. – Eamon Duffy, Devotion to the Crucifix and Related Images in England on the Eve of the Reformation: Bilder u. Bildersturm im SpätMA u. in der frühen Neuzeit, hg. v. Bob Scribner, Wiesbaden 1990 (Wolfenbütteler Forschungen 46). – A. Dumon, Grondleggers der Middeleeuwse vroomheid: SE 1 (1948) 206–224. – Ejnar Dyggve, Sepulcrum domini: Variae formae veritas una. Kunsthist. Stud. FS Friedrich Gerke, Baden-Baden 1962, 11–20. – Gerhard Ebeling, Ev. Evangelienauslegung, München 1942 Tübingen ^{3}1991. – Samuel Eberhard, Kreuzes-Theol. Das reformatorische Anliegen in Zinzendorfs Verkündigung, München 1937. – Notker Eckmann, Kleine Gesch. des Kreuzweges, Regensburg 1968. – Robert Edwards, The Montecassino Passion and the Poetics of Medieval Drama, Berkeley/Los Angeles/London

1977. – Konrad Eisenbichler (Ed.), Crossing the Boundaries. Christian Piety and the Arts in Italian Medieval and Renaissance Confraternities, Kalamazoo, Mich. 1991 (Early Drama, Art, and Music Monograph Ser. 15). – Martin Elze, Das Verständnis der Passion Jesu im ausgehenden MA u. bei Luther: Geist u. Gesch. der Reformation. FG Hanns Rückert, 1966 (AKG 38) 127–151. – Johannes H. Emminghaus, Art. Fastentuch: RDK 7 (1981) 826–848. – Paul Engelmeier, Westfälische Hungertücher vom 14. bis 19. Jh., Münster 1961 (Veröff. aus den Westfälischen Museen 4). – Hans Martin v. Erffa, Art. Christus im Kerker: RDK 3 (1954) 687–692. – Filippo Ermini, Lo Stabat Mater e i pianti della Vergine nella lirica del medio evo, Rom 1899. – Es ist noch nicht vollbracht. Werkbuch zum Jugendkreuzweg, hg. v. Peter Bleesser/Uwe Seidel/Hans-Georg Zieberz, Düsseldorf 1987. – Gunther Fabian, Spätma. Friedhofscrucifixi u. Kalvarienberge im Rheinland u. in Westfalen, Diss. phil. Bonn 1986. – Helmut Feld, Der Ikonoklasmus des Westens, 1990 (SHCT 41). – Paolo Ferretti, Il Canto della „Passione" nella Settimana Santa: RivLi 5 (1918) 69–75. – Jörg O. Fichte, Die Darst. v. Jesus Christus im Passionsgeschehen der engl. Fronleichnamszyklen u. der spätma. dt. Passionsspiele: Haug/Wachinger (Hg.) (s.u.) 277–296. – Fidèle de Ros, Le Planctus Mariae du Ps.-Anselme à Suso et à Louis de Grenade: RAM 25 (1949) 1–14. – Eugen Fiderer, Kreuz-Verhüllung u. -Enthüllung nach röm. u. Cistercienser Ritus: CistC 40 (1928) 65–71. – Thomas u. Helene Finkenstaedt, Die Wieswallfahrt. Ursprung u. Ausstrahlung der Wallfahrt zum Gegeißelten Heiland, Regensburg 1981. – Dies., Der Wies-Heiland. Seine Devotional-Kopien u. verwandte Andachtsbilder des Christus an der Geißelsäule. Ein Kat. (= Bd. II v. „Die Wies-Wallfahrt"), München/Würzburg 1981 (Veröff. zur Volkskunde u. Kulturgesch. 9). – Dies., Materialien zur Wieswallfahrt (= Bd. III v. „Die Wies-Wallfahrt"), München/Würzburg 1981 (Veröff. zur Volkskunde u. Kulturgesch. 10). – Kurt v. Fischer, Die Passion v. ihren Anfängen bis ins 16. Jh.: Gattungen der Musik in Einzeldarst. Gedenkschr. Leo Schrade, hg. v. Wulf Arlt u.a., 1. Folge, Bern/München 1973, 574–620. – Flavio di Bernardo, La „Meditatio vitae et passionis Domini" nella spiritualità cristiana, Rom 1980 (Ricerche di storia e spiritualità passionista 16). – Ders., Sofferenza e salvezza nella spiritualità del Sei-Settecento: Gerardo Cardaropoli u.a., Sofferenza e salvezza, Rom 1981, 105–133. – Ders., Art. Passion (Mystique de la): DSp 12 (1984) 312–338. – James B. Ford/G. Stephen Vickers, The Relation of Nuno Gonçalves to the Pietà from Avignon, with a Consideration of the Iconography of the Pietà in France: ArtB 21 (1939) 4–43. – Géza de Francovich, L'origine e la diffusione del crocifisso gotico doloroso: Kunstgesch. Jb. der Bibliotheca Hertziana, Leipzig, 2 (1938) 143–261. – Adolph Franz, Die Messe im dt. MA, Freiburg i.Br. 1902 (Nachdr. Darmstadt 1963). – Dagobert Frey, Der Realitätscharakter des Kunstwerkes: ders., Kunstwiss. Grundfragen. Prolegomena zu einer Kunstphil., Baden b. Wien 1946 (Nachdr. Darmstadt 1992) 107–149. – Ders., Ikonographische Bemerkungen zur Passionsmystik des späten MA: Neue Beitr. zur Archäologie u. Kunstgesch. Schwabens. FS Julius Baum, Stuttgart 1952, 107–123. – Hans Fromm, Art. Michael de Massa: $VerLex^2$ 6 (1987) 503–510. – Richard Froning (Hg.), Das Drama des MA, 3 Bde., Stuttgart 1891–92 (Dt. Nationallit. 14) (Nachdr. Darmstadt 1964). – Gotthard Fuchs (Hg.), Die dunkle Nacht der Sinne. Leiderfahrung u. christl. Mystik, Düsseldorf 1989. – Dominique Gagnan, Office de la Passion, prière quotidienne de saint François d'Assise: Anton. 55 (1980) 3–86. – H. Gall, De Christusgedachte bij Geert Groote: OGL 20 (1940/41) 229–240. – Torsten Gebhard, Christus sucht seine Kleider. Ein Beitr. zur Ikonographie der Passion Christi: BJVK 2 (1951) 56–58.186f. – Friedrich Gerke, Die Zeitbestimmung der Passionssarkophage: Archaeológiai értesitö 52 (1939) 67–130. – Étienne Gilson, Saint Bonaventure et l'iconographie de la passion: RHF 1 (1924) 405–424. – Ders., La passion dans la pensée franç. du moyen-âge: RQH 120 (1934) 146–158. – Fabiano Giorgini, Art. Paul de la Croix (saint): DSp 12,1 (1984) 540–560. – Rupert Gläser, Die selige Crescentia v. Kaufbeuren. Leben, Worte, Schriften u. Lehre, 1984 (Diss.T 2). – Nina Gockerell, Das Leiden Christi in der volkstümlichen Bilderwelt: Hört, sehet, weint u. liebt (s.u.) 145–156. – Dies., „Sie durchstachen mich mit mannigfaltigen Waffen ...". Neuerworbene Bildwerke zum Themenkreis der „Geheimen Leiden" als Ergänzung der Sammlung Kriss im Bayerischen Nationalmuseum: Frömmigkeit. Formen, Gesch., Verhalten, Zeugnisse. FS Lenz Kriss-Rettenbeck, München 1993, 161–194. – Dies., Bilder u. Zeichen der Frömmigkeit. Sammlung Rudolf Kriss, München 1995. – Hadassah Posey Goodman, Original Elements in the French and German Passion Plays, Diss. phil. Bryn Mawr, Pa. 1944. – Louis Gougaud, La prière dite de Charlemagne et les pièces apocryphes apparentées: RHE 20 (1924) 211–238. – Ders., Dévotions et pratiques ascétiques du moyen âge, Paris 1925. – Elfriede Grabner, Wort- u. Bildzeugnisse zur Verehrung des „Geheimen Leidens Christi": Volksfrömmigkeit, hg. v. Helmut Eberhart u.a., 1990 (ÖZVK.B 8) 127–136.399–404. – Nikolaus Grass, Barock-Heiliggräber. Ein Beitr. zur Kultur- u. Kunstgesch. Tirols: Ostern in Tirol (s.u.) 221–269. – Douglas Gray, Themes and Images in the Medieval English Religious Lyric, London/Boston 1972. – Réginald Grégoire, L'adage ascétique „nudus nudum Christum sequi": Studi storici in onore di Ottorino Bertolini, Pisa, I 1972, 395–409. – Ders., Art. Nudité. I. L'adage „Nudus nudum Christum sequi": DSp 11 (1982) 509–513. – Adrian de Groot, Die schmerzhafte Mutter u. Gefährtin des göttlichen Erlösers in der Weissagung Simeons (Lk. 2,35), Kaldenkirchen

1956. – Vittorino Grossi, Melitone di Sardi, Per Pascha 72–99, 523–763 (Sull'origine degli *Improperia* nella liturgia del Venerd Santo): Dimensioni drammatiche della liturgia medioevale (s.o.) 203–216. – Kolumban Gschwend, Die Depositio u. Elevatio Crucis im Raum der alten Diözese Brixen. Ein Beitr. zur Gesch. der Grablegung am Karfreitag u. der Auferstehungsfeier am Ostermorgen, Sarnen 1965. – Carmen Guerrero Villalba, Los Sacromontes italianos: Cuadernos de arte de la Universidad de Granada 20 (1989) 51–64. – Alois M. Haas, Sinn u. Tragweite v. Heinrich Seuses Passionsmystik: Haug/Wachinger (Hg.) (s.u.) 94–112. – Gerhard Hahn, Die Passion Christi im geistlichen Lied: ebd. 297–319. – Franz Xaver Haimerl, Ma. Frömmigkeit im Spiegel der Gebetbuchlit. Süddeutschlands, 1952 (MThS.H 4). – Auguste Hamon, Histoire de la dévotion au Sacré-Cœur, 5 Bde., Paris, ^{5}1923/1924/1928/^{3}1931/1939. – Ders., Art. Cœur (Sacré): DSp 2/1 (1953) 1023–1046. – Michael Hartig, Der Kreuzweg als Kircheneinrichtungsstück einst, jetzt u. in Zukunft: ChK 32 (1935/36) 160–183. – Ders., Die Schulterwunde Christi. Ihre Verehrung in Wort u. Bild: Volk u. Volkstum 2 (1937) 313–316. – Eduard Hartl (Hg.), Das Benediktbeurer Passionsspiel. Das St. Galler Passionsspiel, 1952 (ADTB 41). – Frederick Hartt, Carpaccio's Meditation on the Passion: ArtB 22 (1940) 25–35. – Edgar Harvolk, Szenische Ölbergandachten in Altbayern: BJVK (1976/77) 70–87. – Walter Haug/Burghart Wachinger (Hg.), Die Passion Christi in Lit. u. Kunst des SpätMA, Tübingen 1993 (Fortuna vitrea 12). – Joseph G. Healey, Inculturating the Holy Week Liturgy in East Africa: Worship 62 (1991) 112–125. – Monica Hedlund, Epistola de vita et passione domini nostri, 1975 (KHB 5). – Hl. Gräber in Tirol. Ein Osterbrauch in Kulturgesch. u. Liturgie. Red.: Michael Forcher, Innsbruck 1987. – Annemarie Heimann-Schwarzweber, Art. Grab, Hl.: LCI 2 (1970) 182–192. – Johannes Heuser, „Heilig-Blut" in Kult u. Brauchtum des dt. Kulturraumes. Ein Beitr. zur rel. Volkskunde, Diss. phil. (masch.) Köln 1948. – Joseph William Hewitt, The Use of Nails in the Crucifixion: HThR 25 (1932) 29–45. – Hardo Hilg/Kurt Ruh, Art. Heinrich v. St. Gallen: VerLex^{2} 3 (1981) 738–744. – Barbara Hörmann, „Geheime Leiden Christi". Vier Darst. im Gäubodenmuseum Straubing: Jahresber. des Hist. Vereins f. Straubing u. Umgebung 90 (1988) 143–152. – Hört, sehet, weint u. liebt. Passionsspiele im alpenländischen Raum, hg. v. Michael Henker u.a., 1990 (VBGK Nr. 20/90). – Werner Hofmann (Hg.), Luther u. die Folgen f. die Kunst, München 1983. – Volker Honemann, Art. ‚Mirabilia Romae': VerLex^{2} 6 (1987) 602–606. – Roza van Hoogenbemt, De voorstelling van de gekruisigde van de XIIe tot de XVIIe eeuw: OGE 22 (1948) 201–236. – Marita Horster, „Mantuae Sanguis Preciosus": WRJ 25 (1963) 151–180. – Dietrich Huschenbett, Art. Pilgerreiseberichte über Palästina: VerLex^{2} 7 (1989) 687–696. – Fanny Imle, Die Passionsminne im Franziskanerorden, Werl 1924 (Franz v. Assisi. Aus dem rel. Geistesleben seiner drei Orden / R. der Abh. 2). – Adolf Jacoby, Hl. Längenmaße: SAVK 29 (1929) 1–17.181–216. – Karin Jänecke, ‚Der spiegel des lidens cristi'. Eine oberrheinische Hs. aus dem Beginn des 15. Jh. in der Stadtbibliothek zu Colmar (Ms. 306), Hannover 1964. – Bernd Jaspert (Hg.), Leiden u. Weisheit in der Mystik, Paderborn 1992. – Peter Jezler, Bildwerke im Dienste der dramatischen Ausgestaltung der Osterliturgie – Befürworter u. Gegner: Von der Macht der Bilder (s.o. bei Châtelet) 236–249. – Josef Andreas Jungmann, Die Stellung Christi im liturg. Gebet, 1925 (LF 7/8). – Ders., Die Andacht der vierzig Stunden u. das Hl. Grab: LJ 2 (1952) 184–198 = ders., Liturg. Erbe (s.u.) 295–315. – Ders., Der liturg. Wochenzyklus: ZKTh 79 (1957) 45–68 = ebd. 332–365. – Ders., Liturg. Erbe u. pastorale Gegenwart, Innsbruck u.a. 1960. – Ders., Missarum sollemnia, 2 Bde., Wien ^{5}1962. – Ders., War der Karfreitag einstmals gebotener Feiertag?: Liturgie – Gestalt u. Vollzug, hg. v. Walter Dürig, München 1963, 147–153. – Adolf Katzenellenbogen, Art. Antlitz, hl.: RDK 1 (1937) 732–742. – Karsten Kelberg, Die Darst. der Gregorsmesse in Deutschland, Diss. phil. Münster 1983. – K.A. Heinrich Kellner, Heortologie oder die gesch. Entwicklung des Kirchenjahres u. der Heiligenfeste v. den ältesten Zeiten bis zur Gegenwart, Freiburg ^{3}1911. – Paul Keppler, Zur Passionspredigt des MA: HJ 3 (1882) 285–315; 4 (1883) 161–188. – Dorothee Klein, Art. Andachtsbild: RDK 1 (1937) 681–687. – Martin Klöckener, Die „Feier vom Leiden u. Sterben Jesu Christi" am Karfreitag. Gewordene Liturgie vor dem Anspruch der Gegenwart: LJ 41 (1991) 210–256. – Karl Alois Kneller, Gesch. der Kreuzwegandacht v. den Anfängen bis zur völligen Ausbildung, 1908 (StML.E 98). – Traugott Koch, Drei Passionslieder Paul Gerhardts – u. das luth. Verständnis der Passion Christi: KuD 37 (1991) 2–23. – Ulrich Köpf, Leidensmystik in der Frühzeit der franziskanischen Bewegung: Von Wittenberg nach Memphis. FS Reinhard Schwarz, Göttingen 1989, 137–160. – Ders., Die Bilderfrage in der Reformationszeit: BWKG 90 (1990) 38–64. – Ders., Art. Kreuz. B. Theol. u. Spiritualität: LMA 5 (1991) 1490–1492. – Ders., Die Passion Christi in der lat. rel. u. theol. Lit. des SpätMA: Haug/Wachinger (Hg.) (s.o.) 21–41. – Ders., Das Blut Christi in Frömmigkeit u. Theol. des Protestantismus: Kruse/Rudolf (s.u.) I, 399–413. – Ders., Schriftauslegung als Ort der Kreuzestheol. Bernhards v. Clairvaux: Bernhard v. Clairvaux u. der Beginn der Moderne, hg. v. Dieter R. Bauer/Gotthard Fuchs, Innsbruck/Wien 1996, 194–213. – Ders., Produktive Christusfrömmigkeit: Jesus Christus als die Mitte der Schrift. Stud. zur Hermeneutik des Evangeliums, hg. v. Christof Landmesser/Hans-Joachim Eckstein/Hermann Lichtenberger, 1997 (BZNW 86) 823–874. – Werner Körte, Dt. Vesperbilder in Italien: Kunstgesch. Jb. der Bibliotheca Hertziana, Leipzig, 1 (1937)1–138. – Konrad Köstlin, Der Christus mit der Schulterwunde u. seine Verehrung im Bistum Regensburg: 1250 Jahre Kunst u. Kultur im Bistum Regensburg, München/Zürich 1989 (Kunstsammlungen des Bistums Regensburg. Diözesanmuseum Regensburg. Kat. u. Schr. 7) 481–496. – Karl Kolb, Vom Hl. Blut, Würzburg 1980. – Robert Kolb, Passionsmeditation. Luthers u. Melanchthons Schüler predigen u. beten die Passion: Humanismus u. Wittenberger Reformation. FG anläßlich des 500. Geburtstages des Praeceptor Germaniae Philipp Melanchthon am 16. Februar 1997, Helmar Junghans gewidmet, hg. v. Michael Beyer/Günther Wartenberg, Leipzig 1996, 267–293. – Jerzy Kopeć/André Rayez, Art. Instruments de la passion: DSp 7,2 (1971) 1820–1831. – Leo Kozelka, Die Behandlung der Passion Christi in der darstellenden u. bildenden Kunst der ersten christl. Jahrhunderte bis zur karolingischen Renaissance: RQ 31 (1923) 125–138. – Ernst Kramer, Kreuzweg u. Kalvarienberg, 1957 (SDKG 313). – Andreas Krass, Art. ‚Stabat mater dolorosa': VerLex² 9 (1995) 207–214. – Gerhard Krause, Christuskreuz u. Christenkreuz bei Paul Gerhardt: Theologia crucis – Signum crucis. FS Erich Dinkler, hg. v. Carl Andresen/Günter Klein, Tübingen 1979, 283–302. – Georg Kretschmar, Festkalender u. Memorialstätten Jerusalems in altkirchl. Zeit: ZDPV 87 (1971) 167–205. – Ders., Festkalender u. Memorialstätten Jerusalems in altkirchl. Zeit: Heribert Busse/Georg Kretschmar, Jerusalemer Heiligtumstraditionen in altkirchl. u. frühislamischer Zeit, 1987 (ADPV) 29–111. – Leopold Kretzenbacher, Passionsbrauch u. Christi-Leiden-Spiel in den Südost-Alpenländern, Salzburg 1952. – Ders., „Christus auf dem Dreikant" in Innerösterreich. Zur Südostverbreitung eines altbayerischen Barockbildes: Carin. I 148 (1958) 680–699 = ders., Geheiligtes Recht. Aufs. zu einer vergleichenden rechtlichen Volkskunde in Mittel- u. Südosteuropa, hg. v. Berthold Sutter, Wien/Köln/Graz 1988 (Forschungen zur europ. u. vergleichenden Rechtsgesch. 3) 217–232. – Ders., Christus soll nicht gegeißelt werden. Ein ma.-schwed. Visionsmotiv in einem altsteirischen Passionsspiel: ÖZVK 75 (1972) 116–126. – Ders., Steirische Nachklänge des Barockkultes um die Schulterwunde Christi: ZHVSt 69 (1978) 157–165. – Ders., Drei Bilddenkmäler vom „Geheimen Leiden Christi" in der Steiermark: ÖZVK 82 (1979) 81–94. – Ders., Mürztaler Passion. Steirische Barocktexte zum Einort- u. Bewegungsdrama der Karwoche, 1988 (SÖAW.PH 501). – Lenz Kriss-Rettenbeck, Bilder u. Zeichen rel. Volksglaubens, München ²1971. – Wolfgang Krönig, Rheinische Vesperbilder aus Leder u. ihr Umkreis: WRJ 24 (1962) 97–192. – Norbert Kruse/Hans Ulrich Rudolf (Hg.), 900 Jahre Hl.-Blut-Verehrung in Weingarten. FS zum Hl.-Blut-Jubiläum am 12. März 1994, 3 Bde., Sigmaringen 1994. – George Kubler, Sacred Mountains in Europe and America. Christianity and the Renaissance: Image and Religious Imagination in the Quattrocento, hg. v. Timothy Verdon/John Henderson, Syracuse, N.Y. 1990, 413–441. – Karl Künstle, Ikonographie der christl. Kunst, Freiburg i.Br., I 1928, 408–500. – Leonhard Küppers, Marienklage: ders. (Hg.), Die Gottesmutter. Marienbild in Rheinland u. in Westfalen, Recklinghausen 1974, 277–290. – Maria-Lioba Lechner, Die Karfreitagsoblation: Lebendiges MA. FG Wolfgang Stammler, hg. v. der Phil. Fak. der Univ. Freiburg/Schweiz, Freiburg i.Ue. 1958, 56–78. – Jean Leclercq, Une christologie antiféodale à Cluny: StMon 31 (1989) 267–278 = ders., Regards monastiques sur le Christ au moyen âge, 1993 (CJJC 56) 113–126. – Étienne Ledeur, Art. Imitation du Christ. II. Tradition spirituelle: DSp 7/2 (1971) 1562–1587. – Augustin Marie Lépicier, Mater Dolorosa. Notes d'histoire, de liturgie et d'iconographie sur le culte de Notre-Dame des Douleurs, Nivelles 1948. – Reinhard Lieske, Prot. Frömmigkeit im Spiegel der kirchl. Kunst des Herzogtums Württemberg, München/Berlin 1973 (Forschungen u. Ber. der Bau- u. Kunstdenkmalpflege Baden-Württemberg 2). – Raphael Ligtenberg, Rondom de Meditationes Vitae Christi van den Ps.-Bonaventura: StC 3 (1926/27) 217–251.334–359. – Walther Lipphardt, Marienklagen u. Liturgie: JLW 12 (1932) 198–205. – Ders., Stud. zu den Marienklagen. Marienklage u. germ. Totenklage: BGDS 58 (1934) 390–444. – Ders. (Hg.), Lat. Osterfeiern u. Osterspiele, 9 Teile, Berlin u.a. 1975–1990 (Ausg. dt. Lit. des XV. bis XVIII. Jh., R. Drama V). – Angelus Luis, Evolutio historica doctrinae de Compassione B. Mariae Virginis: Mar. 5 (1943) 261–285. – Rosemarie Magnus, Die Christusgestalt im Passionsspiel des dt. MA, Diss. phil. Frankfurt a.M. 1965. – Jacobus Johannes Mak, Christus bij de moderne devoten: OGE 9 (1935) 105–166. – Fritz Markmiller, Ein Sonderbild der „Geheimen Leiden". Zur Ikonographie v. „Christus auf dem Dreikant": Volkskunst 2 (1979) 176–184. – Ders., Neue Belege zur Bildgestalt der Geheimen Leiden Christi: Volkskunst 4 (1981) 98–105. – James H. Marrow, „Christi Leiden in einer Vision geschaut" in the Netherlands: OGE 43 (1969) 337–380. – Ders., Passion Iconography in Northern European Art of the Late Middle Ages and Early Renaissance, Kortrijk 1979 (Ars neerlandica 1). – John R. Martin, The Dead Christ on the Cross in Byzantine Art: Late Classical and Medieval Studies in Honor of Albert Mathias Friend, Jr., hg. v. Kurt Weitzmann, Princeton 1955, 189–196. – Melquiades Andrés Martín, En torno a la „Theologia crucis" en la espiritualidad española (1450–1559): DiEc 6 (1971) 359–390. – Ders., A propos de la „Theologia crucis" dans les œuvres spirituelles espagnoles (1450–1559): PosLuth 20 (1972) 112–132. – Achim Masser, Art. ‚Spiegel des Leidens Christi': VerLex² 9 (1965) 117f. – Anton Mayer, Die heilbringende Schau in Sitte u. Kult: Hl. Überlieferung ... Ildefons Herwegen zum Silbernen Abtsjubiläum, hg.

v. Odo Casel, Münster 1938, 234–262. – Theo Meier, Die Gestalt Marias im geistlichen Schauspiel des dt. MA, 1959 (PStQ). – Herlinde Menardi, Die Hl. Gräber in Tirol u. ihr Wiedererstehen in den achtziger Jahren: Volksfrömmigkeit (s.o. bei Grabner) 159–166.405–408. – Gottlieb Merkle, Ölberge unserer Heimat: Schwäbische Heimat 18 (1967) 15–28. – Wiltrud Mersmann, Der Schmerzensmann, Düsseldorf 1952. – Edmond Mikkers, Le traité de Gérard de Liège sur les sept paroles de Notre Seigneur en Croix: COCR 12 (1950) 176–194; 13 (1951) 18–29. – Georg Minkenberg, Die plastische Marienklage. Ein Beitr. zu ihrer Entstehung u. ihren geistesgesch. Grundlagen (Diss. phil. Köln), Aachen 1986. – Alois Mitterwieser, Passionsspiele u. Karfreitagsprozessionen: Literarische Beil. zum Klerusbl. 6 (1930) 281–287. – Helga Möbius, Passion u. Auferstehung in Kultur u. Kunst des MA, Berlin 1978 Wien 1979. – Lod Moereels, Uit de voorgeschiedenis van de Devotie tot het Heilig Hart in de Nederlanden: OGE 24 (1950) 105–131.271–286.365–380. – Roberto Moretti, La passione di cristo nell'esperienza mistica: La sapienza della croce (s.u.) II, 165–180. – Gerhard Müller, Luthers Christusverständnis: Jesus Christus. Das Christusverständnis im Wandel der Zeiten, 1963 (MThSt 1) 41–57 = ders., Causa Reformationis, Gütersloh 1989, 371–387. – Bernd Neumann, Geistliches Schauspiel im Zeugnis der Zeit. Zur Aufführung ma. rel. Dramen im dt. Sprachgebiet, 2 Bde., 1987 (MTUDL 84–85). – Irénée Noye, Art. Humanité du Christ (Dévotion et contemplation). I. Au temps des pères de l'église. A. La formation d'une sensibilité: DSp 7/1 (1969) 1033–1043. – Peter Ochsenbein, Leidensmystik in dominikanischen Frauenklöstern des 14. Jh. am Beispiel der Elsbeth v. Oye: Peter Dinzelbacher/Dieter R. Bauer (Hg.), Rel. Frauenbewegung u. mystische Frömmigkeit im MA, 1988 (BAKG 28) 353–372. – Ders., Bild u. Gebet. Spätma. Passionsfrömmigkeit in St. Galler Gebetbüchern: ders./Ernst Ziegler (Hg.), Codices Sangallenses. FS Johannes Duft zum 80. Geburtstag, Sigmaringen 1995, 137–146. – Friedrich Ohly, Süße Nägel der Passion: FS Helmut Gipper, II 1985 (SaeSp 15) 403–613; Buchausg. 1989 (SaeSp 21). – Gilberto Oneto, Il Monte Sacro. Note sugli aspetti simbolici dei Sacri Monti: Adele Buratti u.a., La città rituale. La città e lo Stato di Milano nell'età dei Borromeo, Mailand 1982, 189–215. – Antonio Orbe, La Pasión según los gnósticos: Gr. 56 (1975) 5–43. – Ders., Cristología gnóstica. Introducción a la soteriología de los siglos II y III, 2 Bde., Madrid 1976 (BAC 384–385). – Gert v. der Osten, Der Schmerzensmann. Typengesch. eines dt. Andachtsbildwerkes v. 1300 bis 1600, Berlin 1935 (Forschungen zur dt. Kunstgesch. 7). – Ders., Südostdt. Schmerzensmänner u. „böhmische" Marienklagen: ZDVKG 2 (1935) 519–529. – Ders., Art. Beweinung Christi (u. Erbärmdebild): RDK 3 (1948) 457–475. – Ders., Christus im Elend, ein niederdt. Andachtsbild: Westfalen 30 (1952) 185–198. – Ders., Job and Christ. The Development of a Devotional Image: JWCI 16 (1953) 153–158. – Ders., Art. Christus im Elend (Christus in der Rast) u. Herrgottsruhbild: RDK 3 (1954) 644–658. – Ders., Art. Engelpietà: RDK 5 (1967) 601–621. – Ostern in Tirol, hg. v. Nikolaus Grass, 1957 (SchlSchr 169). – Nigel F. Palmer, Art. Tagzeitengedichte: VerLex^2 9 (1995) 577–588. – Erwin Panofsky, „Imago pietatis". Ein Beitr. zur Typengesch. des „Schmerzensmannes" u. der „Maria Mediatrix": FS Max J. Friedländer, Leipzig 1927, 261–308. – Elizabeth Crawford Parker, The Descent from the Cross. Its Relation to the Extra-Liturgical Depositio Drama, Diss. phil. (Microfilm) Univ. of Wisconsin 1974. – Antoon van de Pasch, Godsvrucht in de handschriften der kruisheren: Clairlieu 36 (1978) 137–148; 37 (1979) 89–100; 38 (1980) 3–11. – Walter Passarge, Das dt. Vesperbild im MA, Köln 1924 (Dt. Beitr. zur Kunstwiss. 1). – M. Peinador, Eficacia salvifica del sufrimiento en la concepcion eclesiologica de Ruperto de Deutz: Clar. 9 (1969) 305–327. – Anne Joubert Amari Perry (Hg.), La Passion des jongleurs. Texte établi d'après la Bible des sept estaz du monde de Geufroi de Paris, 1981 (TDT 4). – Giorgio Petrocchi, Sulla composizione e data delle „Meditationes vitae Christi": Conv. 21 (1952) 757–778. – Michel-Jean Picard, Art. Croix (Chemin de): DSp 2 (1953) 2576–2606. – Frederick P. Pickering, Christi Leiden in einer Vision geschaut (A German Mystic Text of the Fourteenth Century). A Critical Account of the Publ. and Unpubl. Manuscripts, with an Ed. Based on the Text of MS. Bernkastel-Cues 115, Manchester 1952. – Ders., Das gotische Christusbild. Zu den Quellen ma. Passionsdarst.: Euphorion 47 (1953) 16–37. – Ders., Lit. u. darstellende Kunst im MA, Berlin 1966 (GGerm 4). – Ders., Art. ‚Christi Leiden in einer Vision geschaut': VerLex^2 1 (1978) 1218–1221. – Wilhelm Pinder, Die dichterische Wurzel der Pietà: Repertorium f. Kunstwiss. 42 (1920) 145–163 = ders., GAufs. aus den Jahren 1907–1935, hg. v. Leo Bruhns, Leipzig 1938, 31–49. – Constantin Pohlmann, Kanzel u. Ritiro. Der Volksmissionar Leonhard v. Porto Maurizio, 1955 (FrFor 12). – Andrzej Polec/Janusz Płoński, Kreuzwege in Polen, Zürich 1988 (Phänomene 5). – Karl Konrad Polheim, Das Admonter Passionsspiel, 3 Bde., Paderborn u.a. 1972–1980. – Angelico Poppi, La passione di Gesù nelle opere di S. Bonaventura: Teologia e filosofia nel pensiero di S. Bonaventura, hg. v. Vergilio Gamboso u.a., Brescia 1974, 67–122. – Franz Posset, Preaching the Passion of Christ on the Eve of the Reformation: CTQ 59 (1995) 279–300. – Hugo Rahner, Flumina de ventre Christi. Die patristische Auslegung v. Joh 7,37.38: Bib. 22 (1941) 269–302.367–403. – Gabriel Ramis, Cronología y dramatización de la pasión en el triduo sacro de las liturgias occidentales: Scicolone (s.u.) 99–177. – Erna Rampendahl, Die Ikonographie der Kreuzabnahme vom 9.–16. Jh., Diss. phil. Berlin 1916.

– André Rayez, Art. Humanité du Christ (Dévotion et contemplation). III. Age d'or de la dévotion médiévale (14e–15e siècles): DSp 7,1 (1969) 1063–1096. – Johannes Reil, Die frühchristl. Darst. der Kreuzigung Christi, 1904 (SCD 2). – Elisabeth Reiners-Ernst, Das freudvolle Vesperbild u. die Anfänge der Pietà-Vorstellung, 1939 (ABBA 2). – Carl Richstätter, Dt. Herz-Jesu-Gebete des 14. u. 15. Jh. aus mittelhochdt. u. mittelniederdt. Hss. übertr. u. zusammengestellt, Regensburg ²1922. – Ders., Die Herz-Jesu-Verehrung des dt. MA, Regensburg ²1924. – Ders., Christusfrömmigkeit in ihrer hist. Entfaltung, Köln 1949. – Sixten Ringbom, Icon to Narrative. The Rise of the Dramatic Close-up in Fifteenth Century Devotional Painting, Åbo 1965 (AAAbo.H 31,2). – Ders., Devotional Images and Imaginative Devotions: GBA 111 (1969) 159–170. – Ritorno a Bach. Dramma e ritualità delle Passioni, a cura di Elena Povellato, Venedig 1986. – Ingeborg Röbbelen, Theol. u. Frömmigkeit im dt. ev.-luth. Gesangbuch des 17. u. frühen 18. Jh., 1957 (FKDG 6). – Anke Roeder, Die Gebärde im Drama des MA. Osterfeiern/Osterspiele, 1974 (MTUDL 49). – Fritz Rohde, Ein mnd. gedicht über die kreuzigung, das begräbnis u. die auferstehung Christi aus der Königsberger hs. nr. 905, Diss. phil. Königsberg 1911. – Joseph Henry Rohling, The Blood of Christ in Christian Latin Literature before the Year 1000, Diss. theol. Washington, D.C. 1932. – Ders., Il sangue di Cristo nella letteratura latina cristiana prima dell'anno 1000, Rom ²1986. – Stefan Rohrbacher, Eine „Kreuztragung" des 16. Jh. u. ihr ikonographischer Kontext: Neusser Jb. f. Kunst, Kultur u. Heimatkunde 1990, 15–24. – Gerhard Römer, Die Liturgie des Karfreitags: ZKTh 77 (1955) 39–93. – Elisabeth Roth, Der volkreiche Kalvarienberg in Lit. u. Kunst des SpätMA, Berlin 1958 (PStQ). – Émile Roy, Le mystère de la passion en France du XIVe au XVIe siècle, Dijon 1903–1904 (Nachdr. Genf 1974). – Adolf Rücker, Die *Adoratio Crucis* am Karfreitag in den orient. Riten: Miscellanea Liturgica in honorem L. Cuniberti Mohlberg, I 1948 (BEL 22) 379–406. – Kurt Ruh, Der Passionstraktat des Heinrich v. St. Gallen, Diss. phil. Zürich 1940. – Ders., Zur Theol. des ma. Passionstraktats: ThZ 6 (1950) 17–39. – Ders., Stud. über Heinrich v. St. Gallen u. den „Extendit manum"-Passionstraktat: ZSKG 47 (1953) 210–230.241–278. – Ders., Bonaventura dt., Bern 1956 (Bibliotheca Germanica 7). – Ders., Art. ‚De Heimelike Passie ons Heeren Ihesu Christi': VerLex² 3 (1981) 642–644. – Ders., Art. Johannes v. Zazenhausen: VerLex² 4 (1983) 827–830. – Ders., Art. Ludolf v. Sachsen C: VerLex² 5 (1985) 974–977. – Ders., Art. ‚Meditationes vitae Christi': VerLex² 6 (1987) 282–290. – Paul David Running, The Flagellation of Christ; a Study in Iconography, Diss. phil. (Microfilm) State Univ. of Iowa 1951. – Harald Rye-Clausen, Die Hostienmühlenbilder im Lichte ma. Frömmigkeit, Stein a.Rh. 1981. – Günther Saltin, Nimm uns mit auf deinen Weg. Der Kreuzweg. Gesch. – Bilder – Texte, Würzburg 1988. – La sapienza della Croce oggi. Atti del Congresso internazionale Roma, 13–18 ottobre 1975, 3 Bde., Turin 1976. – Domenico Sartore, L' „Adoratio crucis" come esempio di progressiva drammatizzazione nell'ambito della liturgia: Dimensioni drammatiche della liturgia medioevale (s.o.) 119–125. – Georg Satzinger/Hans-Joachim Ziegeler, Marienklagen u. Pietà: Haug/Wachinger (Hg.) (s.o.) 241–276. – Waldtraut Ingeborg Sauer-Geppert, Sprache u. Frömmigkeit im dt. Kirchenlied, Kassel 1984. – Ekkart Sauser, Das Leiden Jesu Christi in der Frömmigkeit u. auf den Ikonen der Ostchristen: TThZ 94 (1985) 12–19. – Martin Scharfe, Ev. Andachtsbilder, Stuttgart 1968 (Veröff. des Staatlichen Amtes f. Denkmalpflege Stuttgart C 5). – Martin Schawe, Fasciculus myrrhae – Pietà u. Hoheslied: Jb. des Zentralinstituts f. Kunstgesch. 5/6 (1989/90) 161–212. – W. F. Scheepsma, *Van die memorie der passien ons Heren* van Alijt Bake: OGE 68 (1994) 106–128. – Albert Schelb, ‚Evangelium Nicodemi': VerLex² 2 (1980) 659–663. – Gertrud Schiller, Ikonographie der christl. Kunst. II. Die Passion Jesu Christi, Gütersloh 1968. – Johannes Schilling, Passio Doctoris Martini Lutheri, 1989 (QFRG 57). – Bert Schlichtenmaier, Die Passionsikonographie in der bildenden Kunst des 19. u. frühen 20. Jh., Diss. phil. Tübingen 1987. – Hermanus A.P. Schmidt, Hebdomada Sancta, 2 Bde., Rom u.a. 1956–57. – Leopold Schmidt, Zur Innengesch. der dt. Passionsspiele. Volksschauspiel u. Volksfrömmigkeit: Volk u. Volkstum 3 (1938) 211–231. – Oktavian Schmucki (v. Rieden), Das Leiden Christi im Leben des hl. Franziskus v. Assisi: CFr 30 (1960) 5–30.129–145.241–263.353–397. – Ders., Die Stellung Christi im Beten des hl. Franziskus v. Assisi: WiWei 25 (1962) 128–145.188–212. – Ders., De sancti Francisci Assisiensis stigmatum susceptione: CFr 33 (1963) 210–266.392–422; 34 (1964) 5–62.241–338. – Ders., The Stigmata of St. Francis of Assisi. Transl. by Canisius F. Connors, 1991 (FIP.H 6). – Frieda Carla Schneider, Die ma. dt. Typen u. die Vorformen des Vesperbildes, Diss. phil. Kiel 1931. – Anton Schönbach, Über die Marienklagen. FS der K.K. Univ. in Graz, Graz 1874. – Hubert Schrade, Beitr. zur Erklärung des Schmerzensmannbildes: Deutschkundliches. FS Friedrich Panzer, hg. v. Hans Teske, Heidelberg 1930 (Beitr. zur neueren Literaturgesch. 16) 164–182. – Georg Schreiber, Prämonstratensische Frömmigkeit u. die Anfänge des Herz-Jesu-Gedankens: ZKTh 64 (1940) 181–201. – Ders., Ma. Passionsmystik u. Frömmigkeit. Der älteste Herz-Jesu-Hymnus: ThQ 122 (1941) 32–123. – Ders., Die Wochentage im Erlebnis der Ostkirche u. des christl. Abendlandes, 1959 (WAAFLNW 11). – Klaus Schreiner, Fetisch oder Heilszeichen? Kreuzsymbolik u. Passionsfrömmigkeit im Angesicht des Todes: Zs. f. hist. Forschung 20 (1993) 417–461. – Ders., Maria – Jungfrau, Mutter, Herrscherin, München/Wien 1994. – Ernst

August Schuler, Die Musik der Osterfeiern, Osterspiele u. Passionen des MA, Kassel/Basel 1951. – Hans-Joachim Schulz, Das Zeugnis der Ikone vom erlösenden Kreuzestod des Herrn: COst 37 (1982) 39–53. – Fritz Oskar Schuppisser, Schauen mit den Augen des Herzens: Haug/Wachinger (Hg.) (s.o.) 169–210. – Ute Schwab, Sigune, Kriemhilt, Maria u. der geliebte Tote: dies., Zwei Frauen vor dem Tode, Brüssel 1989 (VVAW.L Jg. 51, Nr. 132) 75–143. – Ildebrando Scicolone (Hg.), La celebrazione del triduo pasquale. Anamnesis e mimesis. Atti del III congresso internazionale di liturgia Roma 9–13 Maggio 1988, 1990 (StAns 102 = ALit 14). – Pamela Kaye Longhofer Sheingorn, The Easter Sepulchre. A Study in the Relationship between Art and Liturgy, Diss. phil. (Microfilm) New York Univ. 1975. – Dorothy C. Shorr, The mourning Virgin and Saint John: ArtB 22 (1940) 61–69. – Otto G. v. Simson, *Compassio* and *co-redemptio* in Roger van der Weyden's *Descent from the Cross*: ArtB 35 (1953) 9–16. – Ders., Über die Bedeutung v. Masaccios Trinitätsfresko in S. Maria Novella: JBM 8 (1966) 119–159. – Gerard S. Sloyan, Piety Centered on Jesus' Sufferings and some Eccentric Christian Understandings of the Mystery of Calvary: Worship 67 (1993) 98–123. – Reiner Sörries, Die alpenländischen Fastentücher, Klagenfurt 1988. – Ders., Alte Fastentücher in Südtirol: Der Schlern 64 (1990) 123–141 u. Abb. – Ders., Die spätma. Frömmigkeit im Spiegel der alpenländischen Fastentücher: Volksfrömmigkeit (s.o. bei Grabner) 117–126.395–398. – B. Spaapen, Middeleeuwse passiemystiek. I. Der minnender sielen boegaert: OGE 35 (1961) 167–185.252–299; II. De vier kruiswegen van Alijt Bake: OGE 40 (1966) 5–64; III. De autobiografie van Alijt Bake: OGE 41 (1967) 209–301.320–350; IV. De brief uit de ballingschap: ebd. 351–367; V. De kloosteronderrichtingen van Alijt Bake: OGE 42 (1968) 5–32.225–261.374–421; 43 (1969) 270–304. – Stabat Mater. Maria unter dem Kreuz in der Kunst um 1400. Ausstellung im Salzburger Dom 1. Juni bis 15. September 1970, Salzburg 1970. – Josef Stadlhuber, Das Stundengebet des Laien im christl. Altertum: ZKTh 71 (1949) 129–183. – Ders., Das Laienstundengebet vom Leiden Christi in seinem ma. Fortleben: ZKTh 72 (1950) 282–325. – Georg Staffelbach, Etwas über Keltertretermotive in Luzern u. der Innerschweiz: FS Alois Thomas, Trier 1967, 405–410 + Abb. 83–94. – Hans Stahl, P. Martin v. Cochem u. das „Leben Christi", Bonn 1909 (Beitr. zur Literaturgesch. u. Kulturgesch. des Rheinlandes 2). – M. Jordan Stallings, Meditaciones de passione Christi olim Sancto Bonaventurae attributae. Ed. from the Manuscripts with Intr. and Comm., 1965 (SMRL 25). – Georg Steer, Die Passion Christi bei den dt. Bettelorden im 13. Jh. David v. Augsburg, „Baumgarten geistlicher Herzen", Hugo Ripelin v. Straßburg, Meister Eckharts „Reden der Unterscheidung": Haug/Wachinger (Hg.) (s.o.) 52–75. – Regina Stefaniak, Replicating Mysteries of the Passion. Rosso's *Dead Christ with Angels*: RenQ 45 (1992) 677–738. – Lothar u. Renate Steiger, Überblick über Phänomenalität u. Hinsichten des Redens vom Blut Jesu im Werk Bachs u. deren theol. Mitte. Kantate BWV 5 „Wo soll ich fliehen hin": Clement (s.o.) 103–137. – Rolf Steinbach, Die dt. Oster- u. Passionsspiele des MA, Köln/Wien 1970 (Kölner germanistische Stud. 4). – Sandro Sticca, The Latin Passion Play. Its Origins and Development, Albany, N.Y. 1970. – Ders., The Planctus Mariae in the Dramatic Tradition of the Middle Ages. Transl. by Joseph R. Berrigan, Athens/London 1988. – Hans-Walter Stork/Burghart Wachinger, Art. ‚Speculum humanae salvationis': VerLex^2 9 (1995) 52–65. – Bonifatius Strack, Das Leiden Christi im Denken des hl. Bonaventura: FS 41 (1959) 129–162. – Desideer Adolf Stracke, Een brokstuk uit de passie des heeren: OGE 11 (1937) 121–190. – Ders., De origineele tekst der XV Pater op het Lijden des Heeren en diens latere lotgevallen: OGE 17/I (1943) 71–140. – Ders., De XXIV uren der Passie ons Heeren: OGE 18/II (1944) 66–168; 19/II (1945) 7–54. – Basil Studer, Zum Triduum Sacrum bei Augustinus v. Hippo: Scicolone (s.o.) 273–286. – Thomas Stump/Otto Gillen, Art. Hl. Blut: RDK 2 (1948) 947–958. – Robert Suckale, Arma Christi. Überlegungen zur Zeichenhaftigkeit ma. Andachtsbilder: Städel-Jb. NF 6 (1977) 177–208. – Georg Swarzenski, Insinuationes divinae pietatis: FS Adolph Goldschmidt, Leipzig 1923, 65–74. – Ders., Ital. Quellen der dt. Pietà: FS Heinrich Wölfflin. Beitr. zur Kunst- u. Geistesgesch., München 1924, 127–134. – Gesine Taubert, Die Marienklagen in der Liturgie des Karfreitags. Art u. Zeitpunkt der Darbietung: DVfLG 49 (1975) 607–627. – Dies./Johannes Taubert, Ma. Kruzifixe mit schwenkbaren Armen: ZDVKW 23 (1969) 79–121; gekürzt in: Johannes Taubert, Farbige Skulpturen, München 1978, 38–50. – Alois Thomas, Das Urbild der Gregoriusmesse: RivAC 10 (1933) 51–70. – Ders., Die Darst. Christi in der Kelter, 1936 (FVK 20/21); um eine Einf. u. ein Vorw. erg. unveränd. Nachdr., hg. v. Matthias Zender/Franz-Josef Heyen, Düsseldorf 1981. – Ders., Art. Christus in der Kelter: RDK 3 (1954) 673–687. – Ders., Art. Kelter, mystische: LCI 2 (1970) 497–504. – Ders., Art. Mühle, Mystische: LCI 3 (1971) 297–299. – Ernest John Tinsley, The Coming of a Dead and Naked Christ: Religion 2 (1972) 24–36. – Louis van Tongeren, Exaltatio crucis. Het feest van Kruisverheffing en de zingeving van het kruis in het Westen tijdens de vroege middeleeuwen. Een liturgie-hist. studie, 1995 (TFT.S 25). – La tradición del Canto liturgico de la Pasión en España, hg. v. José-Vicente González Valle, Barcelona 1992 (Monumentos de la musica española 49). – Georg Troescher, Die „Pitié-de-Nostre-Seigneur" oder „Notgottes": WDJK 9 (1936) 148–168. – Crispino Valenziano, Iconismo e aniconismo occidentale postniceno. Il „caso serio" della croce nel secolo XIII: EO 13 (1996) 185–206.

– Vera Icon. 1200 Jahre Christusbilder zw. Alpen u. Donau. Ausstellung im Diözesanmuseum Freising ... 1987, Freising 1987 (Diözesanmuseum f. christl. Kunst des Erzbistums München u. Freising. Kat. u. Schr. 7). – Ewald M. Vetter, Iconografía del „Varón de Dolores". Su significado y origen: AEsA 36 (1963) 197–231. – Louis Villat, La passion dans la poésie franç.: RQH 120 (1934) 84–92. – Marcel Viller, La mystique de la passion chez saint Paul de la Croix: Mélanges Jules Lebreton = RSR 39 (1951/52) 426–445. – Burghart Wachinger, Die Passion Christi u. die Lit. Beobachtungen an den Rändern der Passionslit.: Haug/Wachinger (Hg.) (s.o.) 1–20. – Maj-Brit Wadell, Fons Pietatis. Eine ikonographische Stud., Diss. phil. Göteborg 1969. – Georg Wagner, Volksfromme Kreuzverehrung in Westfalen v. den Anfängen bis zum Bruch der ma. Glaubenseinheit, Münster 1960 (Schr. der Volkskundlichen Kommission des Landschaftsverbandes Westfalen-Lippe 11). – Ders., Barockzeitlicher Passionskult in Westfalen, 1967 (FVK 42/43). – Ders., Maria in der Not. Passionsfrömmigkeit um das ma. Vesperbild: ThGl 71 (1981) 354–363. – Helmut Weck, Art. Berthold: VerLex² 1 (1978) 801f. – Alfred Weckwerth, Christus in der Kelter. Ursprung u. Wandlungen eines Bildmotives: Beitr. zur Kunstgesch. Eine FG f. Heinz Rudolf Rosemann, München 1960, 95–108. – Ders., Darst. Christi in der Kelter bzw. des kelternden Christus in Südtirol: Der Schlern 38 (1964) 144–148. – Georg Weise, Der „Christus an der Geißelsäule". Ein Lieblingsbild der barocken Andachtsbildnerei: ChK 30 (1933/34) 185–190. – Eberhard Weismann, Zur Gesch. des ev. Passionslieds: MGKK 41 (1936) 5–19.43–69. – Kurt Weitzmann, The Origin of the Threnos: De artibus opuscula XL. Essays in Honor of Erwin Panofsky, hg. v. Millard Meiss, 2 Bde., New York 1961, I, 476–490; II, 161–166. – Klaus Wessel, Der Sieg über den Tod. Die Passion Christi in der frühchristl. Kunst des Abendlandes, Berlin 1956. – Ders., Der nackte Crucifixus v. Narbonne: RivAC 43 (1967) 333–345. – Uwe Westfehling, Die Messe Gregors d.Gr. Vision – Kunst – Realität. Kat. u. Führer zu einer Ausstellung im Schnütgen-Museum der Stadt Köln, Köln 1982. – Alfred Wiesenhütter, Die Passion Christi in der Predigt des dt. Protestantismus v. Luther bis Zinzendorf, Berlin 1930. – John Wilkinson, The Tomb of Christ. An Outline of its Structural History: Levant 4 (1972) 83–97. – André Wilmart, Auteurs spirituels et textes dévots du moyen âge lat., Paris 1932 (Études et documents pour servir à l'histoire du sentiment religieux [1]). – Ders., Prières médiévales pour l'adoration de la Croix: EL 46 (1932) 22–65. – Ders., Le grand poème Bonaventurien sur les sept paroles du Christ en croix: RBen 47 (1935) 235–278. – Karl-August Wirth, Art. Entkleidung Christi: RDK 5 (1967) 761–788. – Ders./Gert v. der Osten, Art. Ecce homo: RDK 4 (1958) 674–700. – Barbara Wisch, The Passion of Christ in the Art, Theater, and Penitential Rituals of the Roman Confraternity of the Gonfalone: Eisenbichler (s.o.) 237–262. – Elisabeth v. Witzleben, Art. Dornenkrone: RDK 4 (1958) 299–311. – Dies., Art. Dornenkrönung Christi: ebd. 315–326. – Rosemary Woolf, The English Religious Lyric in the Middle Ages, Oxford 1968. – Karl Young, The Drama of the Medieval Church, 2 Bde., Oxford 1933. – Matthias Zender, Spätma. Frömmigkeit u. Volksbrauch. Das Beten der sieben Fußfälle im Rheinland: FS Josef Quint, Bonn 1964, 291–303 = ders., Gestalt u. Wandel. Aufs. zur rheinisch-westfälischen Volkskunde u. Kulturraumforschung, hg. v. Heinrich Leonard Cox/Günter Wiegelmann, Bonn 1977, 247–257. – Joanna E. Ziegler, Sculpture of Compassion. The Pietà and the Beguines in the Southern Low Countries c. 1300 – c. 1600, Brüssel/Rom 1992 (Institut Hist. Belge de Rome. Études d'histoire de l'art = Belgisch Hist. Instituut te Rome. Studies over kunstgeschiedenis 6). – Marianne Zingel, Die Passion Christi in der Mystik des dt. MA, Diss. phil. (masch.) Freie Univ. Berlin 1957. – Friedrich Zoepfl, Das schlafende Jesuskind mit Totenkopf u. Leidenswerkzeugen: Volk u. Volkstum 1 (1936) 147–164. – Ders., Das unbekannte Leiden Christi in der Frömmigkeit u. Kunst des Volkes: Volk u. Volkstum 2 (1939) 317–336. – Adolar Zumkeller, Art. Jordan v. Quedlinburg (Jordanus de Saxonia): VerLex² 4 (1983) 853–861.

Ulrich Köpf

Anhang

1. Register 1.1. Bibelstellen 1.2. Namen/Orte/Sachen 2. Mitarbeiter 2.1. Autoren 2.2. Übersetzer 2.3. Registerbearbeiter 3. Artikel und Verweisstichwörter 4. Karte 5. Bildquellen 6.Corrigenda

1. Register

1.1. Bibelstellen

(bearbeitet von Hannelore Hollstein)

Es werden nur die Bibelstellen aufgeführt, zu denen sich im Text nähere Ausführungen finden. Zur Vororientierung wird zunächst der Artikel genannt, in dem die registrierte Bibelstelle vorkommt. – Nach der Seitenangabe wird (durch Komma getrennt) in der Regel die Zeile genannt, in welcher eine Bibelstelle vorkommt bzw. ein Bibelzitat beginnt, in Einzelfällen die Zeile, in welcher Darlegungen über eine Bibelstelle einsetzen.

Gen	1	Priesterschrift	435,8.11.55; 437,42; 438,20
	1,1–2,4a	Priesterschrift	439,32
	1,26–28	Priesterschrift	435,55
	1,26	Ptolemäus	701,46
	1,28	Priesterschrift	439,7; 440,21; 441,5
	2,1–3	Priesterschrift	439,43
	2,5–7	Priesterschrift	438,20
	3,15	Propheten/Prophetie	477,33
	3,21	Porphyrius	55,28
	4,9	Predigt	296,39
	6–9	Priesterschrift	437,54
	9,1–17	Priesterschrift	439,33
	9,1–7	Priesterschrift	440,21; 441,6
	12,6	Priester/Priestertum	383,23.24
	12,8	Priester/Priestertum	383,19
	17,6	Priesterschrift	441,1
	17,7f.	Priesterschrift	440,36
	20,7	Propheten/Prophetie	480,25
	21,33	Priester/Priestertum	383,21
	22	Pseudo-Philo	671,2
	28,18	Priester/Priestertum	383,20
	38,15–23	Prostitution	531,32
	49,11	Passionsfrömmigkeit	748,23
Ex	2,16	Priester/Priestertum	383,26
	2,23–25	Priesterschrift	437,50
	6,2–8	Priesterschrift	437,51
	12,38	Proselyten/Proselytentaufe	521,37
	14	Priesterschrift	438,1
	15,21	Propheten/Prophetie	483,51
	18,12	Priester/Priestertum	383,27
	19,3–6	Priester/Priestertum	400,4
	19,6	Priester/Priestertum	399,42.47; 400,2.27; 402,37
	21–23	Predigt	233,12
	22,29	Priester/Priestertum	389,11
	24,12	Pseudepigraphie	648,28
	28f.	Priester/Priestertum	385,37

	28,4	Priester/Priestertum	388,43
	28,6–12	Priester/Priestertum	388,40
	28,30	Priester/Priestertum	386,46
	28,30	Propheten/Prophetie	483,33
	28,41	Priester/Priestertum	388,33
	29,7	Priester/Priestertum	388,32
	30,7f.	Priester/Priestertum	387,48.50
	30,10	Priester/Priestertum	387,49
	32,25–29	Priester/Priestertum	384,44
	33,7–11	Priester/Priestertum	383,29
	34,10–26	Predigt	233,14
	34,27f.	Pseudepigraphie	648,27
Lev	1–3	Priester/Priestertum	387,41
	1,1f.	Predigt	232,41
	4,5	Priester/Priestertum	386,2
	4,22	Predigt	234,36
	7,14.30	Priester/Priestertum	387,45
	7,19–21	Priester/Priestertum	387,16
	8	Priester/Priestertum	385,52; 388,35
	9,1–24	Priesterschrift	441,28
	10,10f.	Predigt	232,46
	13	Priester/Priestertum	397,52
	16	Priester/Priestertum	388,1
	16,14–17.21f.	Priester/Priestertum	398,42
	17–26	Priesterschrift	436,7; 437,15
	19	Predigt	233,20
	19,17f.34	Priesterschrift	442,8
	19,29	Prostitution	531,33
	21,1–4	Priester/Priestertum	389,5
	21,5	Priester/Priestertum	389,1
	21,7	Prostitution	531,34
	21,9	Prostitution	531,35
	21,16–21	Priester/Priestertum	388,50
	24,5–8	Priester/Priestertum	387,51
	27,34	Propheten/Prophetie	501,24
Num	1,53	Priester/Priestertum	388,8
	6,24–26	Priester/Priestertum	388,6
	12,5–8	Propheten/Prophetie	480,25
	18,15f.	Priester/Priestertum	389,12
	18,20	Priester/Priestertum	416,20
	18,21.24	Priester/Priestertum	389,19
	22–24	Propheten/Prophetie	480,3.27
	25,1f.	Prostitution	531,40
Dtn	5,4–6	Pseudepigraphie	648,26
	5,22	Predigt	234,40
	7,6–8	Prädestination	107,31
	10,8	Priester/Priestertum	384,48; 388,4
	12,12.18	Priester/Priestertum	384,51
	17,8–13	Priester/Priestertum	387,29
	17,9	Priester/Priestertum	384,48
	17,12	Priester/Priestertum	384,47
	17,14–20	Predigt	234,10
	18,6–8	Priester/Priestertum	384,36
	18,10–14	Propheten/Prophetie	480,32; 482,41
	18,14–18	Predigt	233,28
	18,15–18	Propheten/Prophetie	495,2; 504,26

18,15.18 Propheten/Prophetie 505,4
18,15 Propheten/Prophetie 480,35
22,22–29 Predigt 233,6
23,18f. Prostitution 531,36
23,18 Prostitution 528,43
26,1–11 Priester/Priestertum 389,12
31,9–13 Predigt 232,24
32,1 Predigt 232,30
32,2 Predigt 232,32
33,8–11 Priester/Priestertum 384,42
33,8 Priester/Priestertum 386,42
33,10 Priester/Priestertum 387,3
34 Priesterschrift 438,37.41.42

Jos 6 Prozession 591,34
18,1 Priesterschrift 439,6.8.9
19,51 Priesterschrift 439,6.8.9
23,15 Propheten/Prophetie 480,51

Jdc 3,9.11 Pseudo-Philo 670,44
4,4–10 Propheten/Prophetie 480,43
6,7–10 Propheten/Prophetie 480,44
17f. Priester/Priestertum 383,33
17,5.12 Priester/Priestertum 388,31
17,9ff. Priester/Priestertum 384,41
17,10 Priester/Priestertum 389,9
18,5 Priester/Priestertum 386,43

I Sam 1,3 Priester/Priestertum 383,37
2,18 Priester/Priestertum 383,38
2,27 Propheten/Prophetie 483,49
9f. Priester/Priestertum 383,32
9,9 Pseudepigraphie 647,11
9,12–15 Priester/Priestertum 384,21
10,5–11 Propheten/Prophetie 483,11
10,6 Propheten/Prophetie 503,5
10,11.12b Proverbia 583,41
13,7–14; 15 Propheten/Prophetie 481,33
14,36f. Priester/Priestertum 383,42
19,24 Proverbia 583,42
21f. Priester/Priestertum 383,39
22,6–23 Priester/Priestertum 383,43
22,6–16 Predigt 234,6
23,2 Priester/Priestertum 386,44
23,9–12 Priester/Priestertum 386,44
23,9 Priester/Priestertum 383,44
23,12f. Prädestination 135,26
24,14a Proverbia 583,39
28 Propheten/Prophetie 482,50

II Sam 1,19–27 Pseudepigraphie 648,51
6 Prozession 592,36.51
6 Pseudepigraphie 648,48
6,1–23 Priester/Priestertum 384,11
7 Priester/Priestertum 384,6
7 Propheten/Prophetie 482,17
8,15–18 Priester/Priestertum 384,7
8,16 Predigt 232,53
8,17 Priester/Priestertum 383,46.50
8,18 Priester/Priestertum 383,39
12,7–12 Propheten/Prophetie 481,5
12,10 Propheten/Prophetie 482,23
23,1 Psalmen/Psalmenbuch 629,49

I Reg	1,32–48	Prozession	591,24
	5,9–14	Pseudepigraphie	649,20
	8	Prozession	592,36
	8,22.54.62f.	Priester/Priestertum	384,11
	8,62ff.	Priester/Priestertum	389,14
	9,7	Proverbia	583,52
	11,29–40	Propheten/Prophetie	481,35
	12,10	Proverbia	583,44
	12,21	Priester/Priestertum	384,18
	12,22–24;13	Propheten/Prophetie	482,26
	12,26–33	Priester/Priestertum	384,17
	14,1–18	Propheten/Prophetie	481,37
	17,8–24	Propheten/Prophetie	481,44
	18	Propheten/Prophetie	481,48
	18,36	Propheten/Prophetie	482,2
	19,19–21	Propheten/Prophetie	482,7
	20	Propheten/Prophetie	481,40
	21	Propheten/Prophetie	482,4
II Reg	1	Propheten/Prophetie	481,51
	2,3.5	Propheten/Prophetie	483,14
	2,26f.35	Priester/Priestertum	383,48
	6,8–7,17	Propheten/Prophetie	482,13
	8,7–11	Propheten/Prophetie	482,11
	9f.	Propheten/Prophetie	482,10
	9,11	Propheten/Prophetie	483,16
	11,12–20	Prozession	591,24
	13,14–19	Propheten/Prophetie	481,42
	17,13	Propheten/Prophetie	480,46
	17,17	Propheten/Prophetie	482,51
	17,27	Priester/Priestertum	384,27
	17,29	Priester/Priestertum	384,23
	18,13–20,19	Propheten/Prophetie	482,28
	22f.	Priester/Priestertum	384,29
	22,14	Propheten/Prophetie	482,33
	23,7	Prostitution	528,45
	23,11	Prozession	592,34
	25,18–21	Priester/Priestertum	385,16
Jes	1,1	Propheten/Prophetie	484,26
	1,2f.	Propheten/Prophetie	486,35
	1,3	Propheten/Prophetie	489,25
	1,4–7	Propheten/Prophetie	489,50
	1,10–17	Propheten/Prophetie	488,32
	1,21	Propheten/Prophetie	490,46
	1,24	Pseudepigraphie	647,10
	1,25	Propheten/Prophetie	491,15
	2,1	Propheten/Prophetie	484,24
	2,2–4	Propheten/Prophetie	489,8; 492,34
	2,6	Propheten/Prophetie	483,2
	5,1–7	Propheten/Prophetie	485,38
	6	Propheten/Prophetie	489,43
	6,9f.	Prädestination	108,29.34
	7,1–9	Propheten/Prophetie	489,15
	8,16–18	Propheten/Prophetie	484,49
	9,2	Propheten/Prophetie	516,23
	10,20–22	Propheten/Prophetie	492,14
	13–23	Propheten/Prophetie	485,27
	17,12–14	Propheten/Prophetie	492,33
	24–27	Propheten/Prophetie	493,42
	24,21–23	Propheten/Prophetie	493,44
	25,6–8	Propheten/Prophetie	493,45
	28,7–13	Propheten/Prophetie	483,8
	28,14–19	Propheten/Prophetie	489,17
	30,29.32	Prozession	591,50
	30,29	Prozession	591,51; 592,1
	30,32	Prozession	592,2
	36f.	Propheten/Prophetie	491,31
	40,3–8	Predigt	232,41

	40,9–11	Propheten/ Prophetie	492,21
	40,12ff.	Propheten/ Prophetie	485,36
	41,22f.	Propheten/ Prophetie	492,43
	43,20	Priester/ Priestertum	399,45
	43,21	Priester/ Priestertum	399,48
	45,1	Propheten/ Prophetie	493,7
	48,16	Propheten/ Prophetie	500,29
	52f.	Passionsfrömmigkeit	729,3
	52,7	Propheten/ Prophetie	495,6
	53,1	Predigt	232,35
	53,3	Passionsfrömmigkeit	748,48
	56,3.6	Proselyten/ Proselytentaufe	521,47
	58	Propheten/ Prophetie	488,14
	61,6	Priester/ Priestertum	402,37
	63,3	Passionsfrömmigkeit	748,22
	66,21	Priester/ Priestertum	386,34
Jer	1–6	Propheten/ Prophetie	491,37
	1,1ff.	Pseudepigraphie	647,16
	1,6f.17	Predigt	231,48
	2,15	Propheten/ Prophetie	488,49
	6,19	Propheten/ Prophetie	491,8
	7	Predigt	233,35
	7,1–5	Predigt	234,30
	13,23	Propheten/ Prophetie	489,40
	14,15	Pseudepigraphie	647,21
	18,18	Priester/ Priestertum	387,2
	19	Propheten/ Prophetie	485,26
	20,1	Priester/ Priestertum	388,9.27
	22,8–10	Propheten/ Prophetie	489,21
	22,13–19	Propheten/ Prophetie	488,14
	23,28b	Proverbia	583,43
	25,11f.	Propheten/ Prophetie	493,10
	26,20–23	Propheten/ Prophetie	487,21
	27	Propheten/ Prophetie	493,5
	27,1–13	Propheten/ Prophetie	489,20
	27,8	Propheten/ Prophetie	491,16
	27,9	Propheten/ Prophetie	480,3
	28	Propheten/ Prophetie	490,30
	28,1	Propheten/ Prophetie	501,15
	29,21–32	Propheten/ Prophetie	490,30
	29,26	Priester/ Priestertum	388,9.27
	29,32	Predigt	232,1
	31,29	Proverbia	583,40
	31,31–34	Propheten/ Prophetie	492,28
	36	Predigt	233,26; 234,28
	36	Propheten/ Prophetie	484,49
	48,47	Propheten/ Prophetie	493,49
Ez	1,15–21	Prozession	593,5
	2,1–5	Predigt	233,39
	2,3–8	Propheten/ Prophetie	489,42
	5–7	Predigt	233,37
	5,7–10	Propheten/ Prophetie	490,13
	5,10.15	Propheten/ Prophetie	486,39
	16	Propheten/ Prophetie	490,52
	16,15ff.	Prostitution	528,47
	16,44	Proverbia	583,38
	18	Propheten/ Prophetie	490,7
	18,2	Proverbia	583,41
	36,17.25.29	Proselyten/ Proselytentaufe	524,4
	42,14	Priester/ Priestertum	389,3
	43,8	Priester/ Priestertum	384,5
	44,6–31	Priester/ Priestertum	385,6
	44,19	Priester/ Priestertum	380,4
	44,23	Priester/ Priestertum	387,14

	45–47	Propheten/ Prophetie	488,25
Hos	2,4–25	Predigt	233,42
	2,16ff.	Propheten/ Prophetie	492,19
	2,23–25	Propheten/ Prophetie	488,42
	4,1	Propheten/ Prophetie	484,28
	4,4–6	Priester/ Priester-tum	386,50
	4,6	Predigt	232,31; 234,27
	4,13f.	Prostitution	528,48
	4,14	Prostitution	528,43
	6,6	Priester/ Priester-tum	398,16
	7,1	Propheten/ Prophetie	489,52
	8,12	Priester/ Priester-tum	386,51
	9,10	Propheten/ Prophetie	490,49
Joel	2,28–32	Propheten/ Prophetie	507,14
Am	1,4ff.	Propheten/ Prophetie	491,16
	2,4	Propheten/ Prophetie	486,2
	3,8	Pseudepi-graphie	647,9
	3,14	Propheten/ Prophetie	488,30
	4,1–3	Propheten/ Prophetie	488,9
	4,4f.	Propheten/ Prophetie	485,39; 488,32
	5,4	Propheten/ Prophetie	516,53
	5,7.24	Propheten/ Prophetie	512,13
	5,7	Propheten/ Prophetie	488,4
	5,18ff.	Propheten/ Prophetie	485,19
	5,18–20	Propheten/ Prophetie	491,12
	5,21–26	Propheten/ Prophetie	489,6
	5,24	Propheten/ Prophetie	516,22
	6,7	Propheten/ Prophetie	491,25
	7f.	Propheten/ Prophetie	485,24
	7,1–7	Propheten/ Prophetie	483,27
	7,13	Priester/ Priester-tum	384,8
	7,17	Proselyten/ Proselyten-taufe	524,10
	8,6	Propheten/ Prophetie	516,36
	9,11f.	Propheten/ Prophetie	492,6
	9,13–15	Propheten/ Prophetie	492,31
Jon	3,2	Predigt	232,36
Mi	2,12	Propheten/ Prophetie	492,16
	3,5	Propheten/ Prophetie	484,9
	3,11	Priester/ Priester-tum	387,1
	4,7	Propheten/ Prophetie	492,2
Hab	1f.	Propheten/ Prophetie	488,14
	3,3.9.13	Psalmen/ Psalmen-buch	613,33
	3,19	Psalmen/ Psalmen-buch	613,21
Zeph	1,10–12	Propheten/ Prophetie	488,13
	1,14–18	Propheten/ Prophetie	491,39
Hag	1,1.12.14	Priester/ Priester-tum	385,14
Sach	1–6	Propheten/ Prophetie	493,47
	1,4–6	Propheten/ Prophetie	487,40
	1,4	Propheten/ Prophetie	493,32
	3,1–7	Priester/ Priester-tum	385,17
	6,12	Propheten/ Prophetie	495,19
	9,13	Propheten/ Prophetie	487,25
	14	Propheten/ Prophetie	493,49
Mal	1,1	Propheten/ Prophetie	500,27
	1,10f.	Priester/ Priester-tum	424,38
	2,4b–5	Priester/ Priester-tum	385,31
	3,22–24	Propheten/ Prophetie	493,21
	3,23f.	Propheten/ Prophetie	504,39
Ps	1–22	Psalmen/ Psalmen-buch	630,29
	1	Psalmen/ Psalmen-buch	612,49; 615,25; 616,34; 620,30; 621,34; 625,26; 628,10.15.48

2	Psalmen/ Psalmenbuch	615,23; 616,27; 619,22; 628,50; 631,23; 632,5
2	Pseudepigraphie	648,50
2,7	Propheten/ Prophetie	483,42
3ff.	Psalmen/ Psalmenbuch	612,41; 615,9; 619,45
3,1	Psalmen/ Psalmenbuch	613,15
3,1	Pseudepigraphie	649,7
3,5	Propheten/ Prophetie	483,37
4	Psalmen/ Psalmenbuch	617,28
4,1	Pseudepigraphie	649,13
4,2	Propheten/ Prophetie	483,36
5	Psalmen/ Psalmenbuch	611,45; 617,31
5,8	Pseudepigraphie	649,1
6	Psalmen/ Psalmenbuch	611,44; 612,40; 616,48; 617,33; 635,2
7,1	Psalmen/ Psalmenbuch	613,16
8	Psalmen/ Psalmenbuch	611,14.22; 616,34; 626,1; 628,50
11,3	Propheten/ Prophetie	517,3
12,7	Psalmen/ Psalmenbuch	625,28
13	Psalmen/ Psalmenbuch	611,15.23; 612,3
15	Priester/ Priestertum	387,5
15	Psalmen/ Psalmenbuch	612,41; 617,30
16	Psalmen/ Psalmenbuch	632,4.34
18	Psalmen/ Psalmenbuch	612,27
19	Psalmen/ Psalmenbuch	628,50.51
20,2–6	Propheten/ Prophetie	483,26
21	Passionsfrömmigkeit	729,3
21	Psalmen/ Psalmenbuch	628,25.50
22	Psalmen/ Psalmenbuch	612,42; 614,15.16; 616,29; 625,11; 626,3.45; 631,24; 632,5
22,22	Propheten/ Prophetie	483,39
23	Psalmen/ Psalmenbuch	612,14
24	Psalmen/ Psalmenbuch	612,41; 617,30; 625,12
24,3–6.7–10	Prozession	592,48
24,4–5(6)	Prozession	592,25
25	Psalmen/ Psalmenbuch	611,26; 612,50
25,22	Psalmen/ Psalmenbuch	615,18
26,6f.	Prozession	592,25
28	Psalmen/ Psalmenbuch	611,28; 612,2
29	Psalmen/ Psalmenbuch	617,27
30	Psalmen/ Psalmenbuch	611,15; 612,42; 617,33
30,1	Psalmen/ Psalmenbuch	613,12
34	Prozession	595,11
34,1	Pseudepigraphie	649,14
41,14	Psalmen/ Psalmenbuch	621,25
42ff.84ff.	Psalmen/ Psalmenbuch	620,18
42f.	Psalmen/ Psalmenbuch	611,25; 612,2.40.48; 615,11; 618,47.51
42,2	Prozession	593,12
44	Psalmen/ Psalmenbuch	615,24
45	Psalmen/ Psalmenbuch	612,39; 618,54; 626,1.44; 631,24
45,2	Psalmen/ Psalmenbuch	615,5
46,5	Psalmen/ Psalmenbuch	618,54
47	Prozession	592,40
47,3.6	Prozession	592,56
47,6f.	Prozession	592,47

47,6	Prozession	592,12.14.54
48	Prozession	592,27
48,3	Psalmen/ Psalmenbuch	618,53
48,13f.	Prozession	592,47
48,47	Psalmen/ Psalmenbuch	612,10
49,5	Predigt	232,32
50	Psalmen/ Psalmenbuch	615,6; 618,49; 619,1.7.15; 620,20
51	Psalmen/ Psalmenbuch	612,11; 616,48; 618,49; 626,30; 635,2
58	Psalmen/ Psalmenbuch	612,52
60	Psalmen/ Psalmenbuch	612,42.51
60,8–10	Propheten/ Prophetie	483,21
62	Psalmen/ Psalmenbuch	612,41
67	Psalmen/ Psalmenbuch	612,43
68,22	Prozession	592,46
68,25–28	Prozession	592,11
72	Pseudepigraphie	648,41
73–83	Psalmen/ Psalmenbuch	619,1
73	Psalmen/ Psalmenbuch	611,46; 616,34; 618,49
74ff.	Psalmen/ Psalmenbuch	612,39
74,9	Pseudepigraphie	647,26
76	Psalmen/ Psalmenbuch	614,15.26
76,5.8	Psalmen/ Psalmenbuch	611,25
77	Psalmen/ Psalmenbuch	613,6
78	Predigt	233,51
78	Psalmen/ Psalmenbuch	611,42; 612,48; 613,7.41
78,1f.	Psalmen/ Psalmenbuch	615,6
78,2	Predigt	232,31
80	Psalmen/ Psalmenbuch	613,42
84	Psalmen/ Psalmenbuch	612,40; 618,47
84,6	Prozession	592,23
88	Pseudepigraphie	645,44; 648,43
89,53	Psalmen/ Psalmenbuch	621,30
90ff.	Psalmen/ Psalmenbuch	620,37
90–118	Psalmen/ Psalmenbuch	620,1
90	Psalmen/ Psalmenbuch	612,16
90	Pseudepigraphie	648,41
90,12	Propheten/ Prophetie	502,15
91	Psalmen/ Psalmenbuch	612,16.42
92,1	Psalmen/ Psalmenbuch	613,12
92,2	Psalmen/ Psalmenbuch	612,10
93–99	Psalmen/ Psalmenbuch	618,13
95ff.	Psalmen/ Psalmenbuch	612,46
99	Psalmen/ Psalmenbuch	612,15; 625,12
100	Psalmen/ Psalmenbuch	612,6.40
100,1	Psalmen/ Psalmenbuch	613,12
102	Psalmen/ Psalmenbuch	614,15.33; 615,8; 616,48; 617,33; 635,2
102,1	Psalmen/ Psalmenbuch	613,13
103	Psalmen/ Psalmenbuch	612,15
107	Psalmen/ Psalmenbuch	612,42
109	Psalmen/ Psalmenbuch	615,12
110	Priester/ Priestertum	397,38

	110	Psalmen/ Psalmenbuch	612,38; 625,13; 626,2.44; 632,4
	110,4	Priester/ Priestertum	384,13
	111–118	Psalmen/ Psalmenbuch	617,48
	113 ff.	Psalmen/ Psalmenbuch	615,26; 620,19
	119	Psalmen/ Psalmenbuch	611,52; 618,35; 622,9
	120	Psalmen/ Psalmenbuch	618,39
	121 ff.	Psalmen/ Psalmenbuch	612,40
	121	Psalmen/ Psalmenbuch	618,39
	122	Psalmen/ Psalmenbuch	618,39
	123–130	Psalmen/ Psalmenbuch	618,40
	127	Psalmen/ Psalmenbuch	612,49
	127	Pseudepigraphie	648,41
	131	Psalmen/ Psalmenbuch	611,45; 615,12; 618,40
	132	Prozession	592,51
	133	Psalmen/ Psalmenbuch	614,15.48
	134–136	Psalmen/ Psalmenbuch	618,22
	135 f.	Psalmen/ Psalmenbuch	618,35
	136	Psalmen/ Psalmenbuch	611,43; 612,40; 613,43
	137	Psalmen/ Psalmenbuch	615,21; 618,28
	137	Pseudepigraphie	649,2
	146–150	Psalmen/ Psalmenbuch	618,5
	150	Psalmen/ Psalmenbuch	612,13
Hi	6,19	Prozession	592,15
Prov	1–9	Predigt	233,48
	1–9	Proverbia	586,1.51; 588,43
	1,1–7	Proverbia	584,50; 585,19.40
	1,7	Proverbia	585,26.43
	1,8–9,18	Proverbia	584,49
	1,20–33	Proverbia	589,38
	1,21	Predigt	232,1
	6,6	Proverbia	589,9
	8,4	Predigt	231,49
	8,18–20	Proverbia	589,45
	10,1–22,16	Proverbia	584,50
	12,5	Proverbia	588,12
	21,31	Predigt	265,7
	22,17–24,22	Proverbia	584,52; 586,1.10.30.53
	23,10	Proverbia	588,33
	24,23–34	Proverbia	585,6
	25,1–29,27	Proverbia	585,8.9
	25,11	Proverbia	583,51; 588,13
	25,22	Proverbia	589,9
	26,9	Proverbia	583,51; 588,26
	26,27	Proverbia	589,8
	27,4	Proverbia	588,14
	30,1	Proverbia	588,14
	30,2–9	Proverbia	586,48
	30,15b–16	Proverbia	588,18
	31,1	Proverbia	585,11
	31,2–9	Proverbia	586,1
	31,10–31	Proverbia	585,13; 589,38
Cant	2,14	Passionsfrömmigkeit	748,3
Koh	1,12–2,26	Pseudepigraphie	646,43
Esr	2,36–39	Priester/ Priestertum	385,21
	2,63	Priester/ Priestertum	386,47
	6,21	Proselyten/ Proselytentaufe	524,9
	7,6	Priester/ Priestertum	387,8
	8,2	Priester/ Priestertum	385,25.44
	9	Predigt	233,51
	9,1–10,44	Proselyten/ Proselytentaufe	521,43
Neh	6,7.10–14	Propheten/ Prophetie	487,24
	8,1–12	Priester/ Priestertum	387,9
	8,1–8	Predigt	232,25
	9,26	Propheten/ Prophetie	493,14
	12,27–43	Prozession	591,31
I Chr	5,27–41	Priester/ Priestertum	383,49; 385,45
	6,35–38	Priester/ Priestertum	385,49

	16,22	Propheten/Prophetie	502,18
	17,13	Psalmen/Psalmenbuch	628,37
	22,17–19	Predigt	234,7
	24,1–19	Priester/Priestertum	386,21
	24,3–19	Priester/Priestertum	397,9
	24,5ff.	Priester/Priestertum	394,16
	28,2	Predigt	234,19
	29,29	Propheten/Prophetie	493,31
II Chr	6,4–11	Predigt	234,5
	13,4	Predigt	234,20
	15,2–7	Predigt	234,14
	16,7	Propheten/Prophetie	477,13
	17,7–9	Predigt	234,29
	19,6f.9–11	Predigt	234,8
	22,2–29,5	Pseudepigraphie	648,49
	29,30	Pseudepigraphie	648,45
	29,5–11	Predigt	234,9
IV Esr	12,11ff.	Pseudepigraphie	651,30
Jub	31,14ff.	Priester/Priestertum	395,45
I Makk	9,55	Priester/Priestertum	392,16
	10,20	Priester/Priestertum	392,18
	14,32–38	Priester/Priestertum	392,27
	14,41.47	Priester/Priestertum	392,30
	15,1	Priester/Priestertum	392,25
Sir	39,1	Propheten/Prophetie	493,17
	46,1	Propheten/Prophetie	493,26
	50,1ff.	Priester/Priestertum	391,45
	51,13ff.	Psalmen/Psalmenbuch	621,7
Weish	7,27	Propheten/Prophetie	495,13
Mt	2,4	Priester/Priestertum	393,37
	4,17	Politik und Christentum	19,47
	5,5	Propheten/Prophetie	516,24
	5,17	Priester/Priestertum	398,18
	5,23f.	Priester/Priestertum	398,33
	7,15–23	Propheten/Prophetie	505,17
	7,15–20	Propheten/Prophetie	508,50; 509,34
	7,22	Propheten/Prophetie	505,15
	8	Predigt	265,17
	10,16ff.	Predigt	266,28
	10,32	Pseudepigraphie	646,23
	10,38	Passionsfrömmigkeit	737,56
	11,7b–9	Propheten/Prophetie	504,12
	12,5–7	Priester/Priestertum	397,35
	12,5f.	Priester/Priestertum	39813
	12,5	Priester/Priestertum	397,6
	12,28	Pseudepigraphie	647,46
	16,18	Poussin	97,36
	16,27	Praktische Theologie	195,51
	18,20	Predigt	284,47
	20,25	Politik und Christentum	19,48
	21,8–17	Prozession	594,25
	21,31	Prostitution	531,50
	22,21 par.	Politik und Christentum	7,2
	23,15	Proselyten/Proselytentaufe	521,52
	23,37	Prädestination	158,25
	24,5	Pseudepigraphie	646,33
	26,3f. par.	Priester/Priestertum	397,12
	26,3.57	Priester/Priestertum	397,19
	26,36–46	Passionsfrömmigkeit	743,14

	26,37–39	Passionsfrömmigkeit	723,10
	26,47–56	Passionsfrömmigkeit	743,24
	26,54.56	Passionsfrömmigkeit	722,46
	26,57	Passionsfrömmigkeit	743,28
	26,67f.	Passionsfrömmigkeit	743,30
	26,69–75	Passionsfrömmigkeit	743,38
	27,11–26	Passionsfrömmigkeit	743,42
	27,24f.	Passionsfrömmigkeit	743,43
	27,24	Passionsfrömmigkeit	724,22; 730,24
	27,25	Passionsfrömmigkeit	730,26
	27,26	Passionsfrömmigkeit	743,44
	27,27–31	Passionsfrömmigkeit	744,6
	27,28–31	Passionsfrömmigkeit	744,15
	27,31b–32	Passionsfrömmigkeit	744,20
	27,33–56	Passionsfrömmigkeit	744,43
	27,35	Passionsfrömmigkeit	744,34
	27,46	Passionsfrömmigkeit	723,11
	27,59	Passionsfrömmigkeit	745,8
Mk	1,16–20 par.	Propheten/Prophetie	504,43
	1,44 par.	Priester/Priestertum	391,42; 397,6.52; 398,4
	2,23–28 par.	Priester/Priestertum	398,6
	4,11f.	Prädestination	108,29
	6,3	Pseudepigraphie	650,31
	6,15 par.	Propheten/Prophetie	504,33.38.41
	6,50 par.	Pseudepigraphie	646,37
	8,27–30	Propheten/Prophetie	505,1
	8,31f.	Pseudepigraphie	646,24
	8,34 par.	Passionsfrömmigkeit	737,56; 751,5
	10,3f. par.	Pseudepigraphie	651,25
	10,33f. par.	Pseudepigraphie	646,24
	11,15ff. par.	Priester/Priestertum	398,36
	11,15	Propheten/Prophetie	504,45
	12,9–11	Psalmen/Psalmenbuch	624,53
	12,35–37 par.	Priester/Priestertum	397,38
	13,2 par.	Propheten/Prophetie	504,46
	13,11 par.	Predigt	242,49
	13,21–23	Propheten/Prophetie	505,21
	14,49	Passionsfrömmigkeit	722,46
	14,53–64 par.	Priester/Priestertum	398,29
	14,62 par.	Pseudepigraphie	646,38
	15,21 par.	Passionsfrömmigkeit	723,19
	15,22–41	Passionsfrömmigkeit	744,43
	15,33 par.	Passionsfrömmigkeit	734,39
	15,46	Passionsfrömmigkeit	745,9.28
Lk	1,5.8	Priester/Priestertum	397,32
	1,15	Propheten/Prophetie	504,21
	1,16f.	Propheten/Prophetie	504,17
	1,38	Prädestination	145,39
	2,35	Passionsfrömmigkeit	730,2
	3,1f.	Propheten/Prophetie	504,22
	4,16–22	Predigt	235,42

	4,17	Pseudepigraphie	651,25
	6,23	Propheten/Prophetie	505,10
	7,36–50	Prostitution	531,48
	7,36	Prostitution	532,1
	7,39	Propheten/Prophetie	504,34
	8,2f.	Prostitution	532,1
	10,18	Praktische Theologie	195,51
	10,30–35	Priester/Priestertum	398,20
	10,38–42	Prostitution	532,2
	11,46	Probabilismus	467,22
	11,49–51	Propheten/Prophetie	505,12
	12,8	Pseudepigraphie	646,23
	12,51–53	Pseudepigraphie	648,1
	13,33	Propheten/Prophetie	504,49
	13,34	Propheten/Prophetie	504,48
	14,27	Passionsfrömmigkeit	737,56
	15,30	Prostitution	531,43
	22,4.52	Priester/Priestertum	397,13
	22,19	Priester/Priestertum	419,7
	22,37	Passionsfrömmigkeit	722,46
	22,43f.	Passionsfrömmigkeit	723,12
	22,44	Passionsfrömmigkeit	749,39
	22,65	Passionsfrömmigkeit	745,39
	23,4.14.22	Passionsfrömmigkeit	730,23
	23,33–49	Passionsfrömmigkeit	744,44
	23,53	Passionsfrömmigkeit	745,9.28
	24,44	Psalmen/Psalmenbuch	631,49
Joh	1,21–25	Propheten/Prophetie	504,23
	3,17	Prädestination	108,7
	3,31	Prädestination	107,50.51
	4,1–42	Prostitution	531,50
	6,35	Pseudepigraphie	646,31
	6,37	Prädestination	122,34
	6,44	Prädestination	158,9
	8,1–11	Prostitution	531,49
	8,23	Prädestination	107,46
	8,32	Prädestination	108,21
	8,42	Prädestination	107,50
	8,43	Prädestination	107,48
	8,47	Prädestination	107,52
	10,3	Praktische Theologie	196,21
	10,11	Priester/Priestertum	424,1
	11,52	Priester/Priestertum	423,51
	12,39f.	Prädestination	108,36
	12,39	Prädestination	108,15
	13,37	Passionsfrömmigkeit	726,11
	14,26	Predigt	243,2
	15,26f.	Predigt	242,40
	16,7ff.	Predigt	242,50
	16,7–11	Predigt	242,27; 243,9
	16,8	Predigt	242,41
	19,5	Passionsfrömmigkeit	744,16
	19,17	Passionsfrömmigkeit	744,23
	19,17b–27	Passionsfrömmigkeit	744,44
	19,25–27	Passionsfrömmigkeit	729,38
	19,31	Polykarp von Smyrna	26,16
	19,34	Passionsfrömmigkeit	747,60
	19,40	Passionsfrömmigkeit	745,8
	20,1–18	Prostitution	532,2
	20,22f.	Priester/Priestertum	418,14

	21,24	Pseudonymität	664,45
Act	1,8	Predigt	241,1
	1,26	Priester/Priestertum	416,18
	2,25ff.	Psalmen/Psalmenbuch	632,35
	2,38	Predigt	241,31
	3,17	Predigt	241,33
	4,1	Priester/Priestertum	391,41; 397,13; 398,49
	4,5f.	Priester/Priestertum	397,10
	5,29	Predigt	324,22
	6,7	Priester/Priestertum	398,51
	7,51	Predigt	241,37.49
	7,59f.	Passionsfrömmigkeit	725,11
	10,22	Proselyten/Proselytentaufe	522,20
	11,27	Propheten/Prophetie	507,24
	11,28	Propheten/Prophetie	507,19
	12,12	Pseudepigraphie	646,5
	12,25	Pseudonymität	665,25
	13,1	Propheten/Prophetie	507,17
	15,32	Propheten/Prophetie	507,23.24.32
	16,10–17	Pseudepigraphie	646,16
	17,34	Pseudonymität	665,22
	21,8	Propheten/Prophetie	507,18
	21,11	Propheten/Prophetie	507,20
	28,25ff.	Prädestination	108,32
Röm	1,2	Propheten/Prophetie	512,34
	2,12	Prädestination	142,32
	3,25f.	Priester/Priestertum	397,26
	3,25	Priester/Priestertum	399,5
	5,10	Przywara	609,24
	6,4.5.8	Pseudepigraphie	650,44
	8,17	Passionsfrömmigkeit	725,27
	8,28–30	Prädestination	107,8.21
	8,29f.	Prädestination	113,40
	8,29	Prädestination	141,46; 157,32
	9–11	Prädestination	105,53; 107,8.22; 157,31
	9,6–29	Prädestination	106,2.7.26.30
	9,6	Prädestination	107,24
	9,13	Prädestination	114,19
	9,18	Prädestination	157,24
	9,19f.	Prädestination	158,19; 159,12
	9,24	Prädestination	107,23
	9,30–10,21	Prädestination	106,12.30; 109,36
	10,3	Prädestination	106,14
	10,15	Predigt	250,6
	10,17	Predigt	242,5.13; 268,13; 290,6
	10,21	Prädestination	106,16.26
	11,25.34f.	Prädestination	157,36
	11,25	Propheten/Prophetie	506,18; 507,40
	11,26	Prädestination	106,28
	11,32	Prädestination	157,22
	12,1	Priester/Priestertum	397,28; 400,12; 409,2; 414,14; 424,13
	12,7f.	Presbyterial-synodale Kirchenverfassung	332,43
	13	Politik und Christentum	7,4
	14,23	Probabilismus	465,18
	15,16	Priester/Priestertum	424,16
I Kor	1,18ff.	Predigt	243,20
	1,21	Prädestination	139,41
	1,27ff.	Prädestination	108,43
	2,6–16	Propheten/Prophetie	506,30.49
	4,7	Prädestination	111,10
	6,15ff.	Prostitution	531,44
	7,10.25.40	Pseudepigraphie	648,10

	9,13f.	Priester/Priestertum	424,10
	9,16	Prädestination	158,9
	9,22	Pseudepigraphie	653,10
	11,23	Pseudepigraphie	647,50
	11,24	Priester/Priestertum	419,8
	12–14	Propheten/Prophetie	505,28; 506,8
	12,4	Propheten/Prophetie	505,42
	12,10	Propheten/Prophetie	506,25
	12,28	Propheten/Prophetie	505,38; 508,41
	13,2	Propheten/Prophetie	506,1
	13,12	Propheten/Prophetie	505,50; 506,37
	14,2.15f.	Propheten/Prophetie	505,43
	14,3f.6.17	Propheten/Prophetie	505,46
	14,3.31	Propheten/Prophetie	506,6
	14,6–33	Predigt	243,22
	14,11ff.19	Predigt	243,24
	14,24f.	Propheten/Prophetie	508,37; 509,48
	14,25	Predigt	243,26
	14,26.29–33	Propheten/Prophetie	509,47
	14,30	Propheten/Prophetie	505,50
	14,37	Propheten/Prophetie	506,42
	15,51f.	Propheten/Prophetie	506,18; 507,40
	16,21–24	Pseudepigraphie	652,22
II Kor	3,5f.	Priester/Priestertum	425,47
	3,6	Psalmen/Psalmenbuch	630,15
	5,14	Prädestination	157,48
	5,17	Priester/Priestertum	408,40
	5,18–20	Predigt	242,17
	5,20	Predigt	242,11.13.21.22; 243,9
	5,21	Prädestination	148,1
	6,1f.	Psalmen/Psalmenbuch	624,53
	12,2–4	Propheten/Prophetie	506,35
Gal	1,7	Prädestination	158,48
	1,8f.	Prädestination	158,48
	2,9	Prädestination	138,19
	2,11–14	Porphyrius	56,12
	5,3	Proselyten/Proselytentaufe	523,33
	6,7	Pseudepigraphie	653,1
	6,11–17	Pseudepigraphie	652,21
	6,14	Passionsfrömmigkeit	725,52
Eph	1,3ff.	Prädestination	108,39
	1,4	Prädestination	108,44; 109,7; 157,32
	2,5	Pseudepigraphie	650,44
	2,20	Propheten/Prophetie	506,47
	3,5f.	Propheten/Prophetie	506,48
	4,11f.	Priester/Priestertum	422,43
	4,11	Propheten/Prophetie	506,46
	5,5	Prostitution	531,45
Phil	2,7	Przywara	609,15
	2,17	Priester/Priestertum	424,17
Kol	1,24f.	Pseudepigraphie	650,35
	2,4.8.16–22	Pseudepigraphie	651,2
	2,12f.	Pseudepigraphie	650,44
	4,10ff.	Pseudepigraphie	650,15
	4,16	Pseudepigraphie	652,27.34
I Thess	2,13	Predigt	242,6.13
	4,16	Propheten/Prophetie	506,23
	5,19–21	Pseudepigraphie	647,23
II Thess	2,2	Propheten/Prophetie	505,20; 506,38
	2,2	Pseudepigraphie	652,24.42
	3,17	Pseudepigraphie	650,15; 652,23
I Tim	2,2	Politik und Christentum	12,48
	4,1–3	Propheten/Prophetie	507,4

	4,14	Presbyterianer	341,3
	4,14	Propheten/Prophetie	507,10
II Tim	2,18	Pseudepigraphie	650,46
Tit	1,12	Propheten/Prophetie	507,7
	3,13	Pseudonymität	665,24
Hebr	1,1f.	Propheten/Prophetie	512,6
	1,1f.	Pseudepigraphie	653,21
	1,3	Priester/Priestertum	399,13
	1,5	Psalmen/Psalmenbuch	628,38
	1,7–14	Psalmen/Psalmenbuch	624,53
	2,17	Priester/Priestertum	399,10
	4,16	Priester/Priestertum	399,23
	5,5	Priester/Priestertum	422,15
	5,6.10	Priester/Priestertum	399,16
	5,6	Priester/Priestertum	399,14
	5,8	Priester/Priestertum	399,19
	5,9	Priester/Priestertum	399,22.26
	7,3	Priester/Priestertum	399,18
	7,12ff.	Priester/Priestertum	419,6
	7,27	Priester/Priestertum	399,23
	9,6	Priester/Priestertum	397,8
	9,25	Priester/Priestertum	399,30
	10,10.14	Priester/Priestertum	399,25
	10,19f.	Priester/Priestertum	409,1
	10,19	Priester/Priestertum	399,27
	10,20	Priester/Priestertum	399,20
	12,1	Praktische Theologie	215,46
	13,14	Pseudepigraphen des Alten Testaments	643,43
	13,22	Priester/Priestertum	399,6
I Petr	1,15f.	Priester/Priestertum	400,11
	2,4–10	Priester/Priestertum	399,40; 400,16
	2,4	Prädestination	109,16
	2,5.9	Priester/Priestertum	422,20
	2,9	Prädestination	109,17
	2,9	Priester/Priestertum	414,11; 428,36
	2,10	Prädestination	109,20
	2,15	Priester/Priestertum	400,12
	2,21–23	Priester/Priestertum	400,8
	4,13	Passionsfrömmigkeit	725,12.27
	5,3	Priester/Priestertum	416,17
	5,13	Pseudepigraphie	646,5
I Joh	4,1–3	Pseudepigraphie	647,24
II Joh	1	Pseudepigraphie	646,7
	7f.	Pseudepigraphie	647,24
III Joh	1	Pseudepigraphie	646,7
Jud	3.20	Pseudepigraphie	650,32
Apk	1,1.4.9ff.	Pseudepigraphie	647,17
	1,3	Propheten/Prophetie	507,34
	1,4–6	Priester/Priestertum	400,24

1,6	Priester/Priestertum	400,21; 414,11; 422,20
1,8	Pseudepigraphie	646,33
2f.	Propheten/Prophetie	508,16.22
5,9f.12–14	Priester/Priestertum	400,45
5,10	Priester/Priestertum	400,21.40.47; 414,11; 422,20
10,5ff.	Propheten/Prophetie	508,8
11,18	Propheten/Prophetie	508,6
13	Politik und Christentum	7,4
17,1–6	Prostitution	531,46
19,15	Passionsfrömmigkeit	748,24
20,1–5	Priester/Priestertum	400,40
20,6	Priester/Priestertum	400,21.41; 414,11; 422,20
20,11–15	Propheten/Prophetie	508,9
21,22	Priester/Priestertum	400,35
22,3–5	Priester/Priestertum	400,49
22,3	Priester/Priestertum	400,48
22,9	Propheten/Prophetie	508,32

1.2. Namen/Orte/Sachen

(bearbeitet von Klaus Breuer und David Trobisch)

Das TRE-Register enthält alle Sachbegriffe, Personen- und Ortsnamen, zu denen sich an den angegebenen Stellen registrierwürdige Informationen finden. – Fettdruck von Registerwörtern und Seitenzahlen weisen auf einen eigenen Artikel hin. – Die Verweisung nennt zur Vororientierung durchgängig zuerst den Artikel, in dem das registrierte Wort vorkommt, danach Seite und Zeile. Mit *ff.* ist ein für das Registerwort relevanter längerer Zusammenhang gekennzeichnet. Auf systematische Zu- und Unterordnungen ist verzichtet; man findet daher systematische Unterbegriffe an ihrem alphabetischen Ort. – Sammelregistrierungen sind vorgenommen für *Agenden, Bibelgesellschaften, Bibelübersetzungen, Kirchenordnungen, Klöster und Stifte, Konkordate, Missionsgesellschaften, Päpste, Päpstliche Bullen, Enzykliken und Breven, Reichstage der Reformationszeit, Religionsgespräche, Synoden* und *Universitäten.* Die gesuchten Agenden, Bibelgesellschaften usw. findet man bei diesen Registerwörtern im allgemeinen nach alphabetischer (bei Konkordaten nach chronologischer) Ordnung.

Aaron: Priester/Priestertum 383,54; 385,34
Abaelard, Petrus: Prädestination 113,28
Abendmahl: Predigt 265,16; Presbyterianer 356,11; Priester/Priestertum 411,14
Abendmahlsfeier: Prozession 594,39.47
Ablaß: Passionsfrömmigkeit 728,16; 737,24; 751,41; Pommern 43,4; Predigt 250,33; Privilegien 457,46
Abraham a Sancta Clara: Predigt 271,42
Abraham ben Meir: Psalmen/Psalmenbuch 629,5
Abraham-Apokalypse: Pseudepigraphen des Alten Testaments 643,1
Abrahamtestament: Pseudepigraphen des Alten Testaments 641,41
Abstraktion: Prozeßtheologie/Prozeßphilosophie 598,4
Adam, Robert Merrihew: Prädestination 158,12
Adams, Thomas: Predigt 303,8
Adamtestament: Pseudepigraphen des Alten Testaments 641,13
Adler, Alfred: Psychoanalyse/Psychotherapie 678,13
Adorno, Theodor: Praktische Theologie 192,50
Adventisten: Polynesien 33,40
Äbtissin: Prälat 162,5
Aelred v. Rievaulx: Passionsfrömmigkeit 726,12
Älteste: Presbyterial-synodale Kirchenverfassung 333,50; Presbyterianer 355,21
Äpinus, Johannes: Pommern 43,44; Prämonstratenser 170,30
Agapismus: Pragmatismus 184,3
Agende:
  Pommern 1822: Pommern 47,50
  Preußen 1822: Preußen 370,24
Ahlfeld, (Joh.) Friedrich: Predigt 316,4

Aichner, Simon: Privilegien 458,34
Akkommodation: Predigt 305,25; 306,26
Alacoque, Marguerite-Marie: Passionsfrömmigkeit 749,28
Alanus ab Insulis: Predigt 253,1
Albrecht v. Brandenburg-Ansbach: Preußen 362,44
Alexandrien: Predigt 246,39; Proclus 468,16
Alfons Heinrich, Kg. v. Portugal: Portugal 61,10
Allgemeine Evangelisch-Lutherische Kirchenzeitung: Publizistik/Presse 708,41
Allgemeine Kirchenzeitung: Publizistik/Presse 708,3
Allgemeines Landrecht für die preußischen Staaten: Preußen 369,7
Allioli, Joseph Franz: Predigt 280,39
Altar: Passionsfrömmigkeit 734,38; Priester/Priestertum 380,16
Altes Testament: Passionsfrömmigkeit 729,2
Althaus, Paul: Politik und Christentum 17,7; Prädestination 145,41; Predigt 324,29
Altkatholizismus: Preußen 372,26
Álvares, João: Portugal 62,2
Álvares, Manuel: Portugal 64,9
Amandus, Johannes: Preußen 363,7
Ambrosius v. Mailand: Predigt 244,10f.; Priszillian/Priszillianismus 451,15; Prostitution 532,10; Prudentius 605,9
Ammon, Friedrich Christoph v.: Predigt 314,12
Amt/Ämter/Amtsverständnis: Prälat 161,1; Presbyterial-synodale Kirchenverfassung 332,36f.; Presbyterianer 341,8; Priester/Priestertum 380,2; 405,9; 417,39; 431,54; Przywara 609,42
Amyraut, Moïse: Prädestination 137,56; 138,58f.; Predigt 302,46
Analogie: Przywara 607,49; 608,36f.47
Anbetung: Predigt 272,43
Andachtsbild: Passionsfrömmigkeit 742,46
Andreae, Jakob: Pommern 45,2; Prädestination 126,40; 134,9
Andrewes, Lancelot: Predigt 302,59
Angela v. Foligno: Passionsfrömmigkeit 731,13
Anglikanische (Kirchen-)Gemeinschaft: Polynesien 33,41; Protestantismus 556,13
Animismus: Polytheismus 38,6
Anonymität: Pseudonymität 660,29
Anselm v. Canterbury: Passionsfrömmigkeit 725,44; 730,7; Prädestination 112,19f.
Anselm v. Havelberg: Pommern 41,15
Anselm v. Laon: Prädestination 113,4
Anthropologie: Propheten/Prophetie 489,23
Antiochus IV. Epiphanes: Priester/Priestertum 392,3
Antonius v. Lissabon: Portugal 62,9
Anunciação, Miguel da: Portugal 66,11
Aphroditekult: Prostitution 528,52
Apokalypse des Johannes: Propheten/Prophetie 507,33; Pseudepigraphen des Alten Testaments 643,6
Apokalyptik/Apokalypsen: Propheten/Prophetie 479,38
Apokryphen: Pseudepigraphen des Alten Testaments 644,49; Pseudepigraphie 656,8
Apollinaris v. Laodicea: Porphyrius 56,35
Apologeten: Publizistik/Presse 704,2
Apologetik: Prosa 518,7; Pseudonymität 665,13
Apostel/Apostolat/Apostolizität: Propheten/Prophetie 506,54
Apostelgeschichte: Predigt 240,37; Propheten/Prophetie 507,12; Pseudepigraphie 646,13
Apostolisches Glaubensbekenntnis: Pseudonymität 662,51
Apringius v. Beja: Portugal 59,49
Arbeiter/Arbeiterbewegung/Angestellte: Preußen 372,5
Arbeitervereine: Preußen 373,17
Arianismus: Passionsfrömmigkeit 723,31; Porphyrius 56,3
Aristeasbrief: Pseudepigraphie 656,16
Aristoteles/Aristotelismus: Politik/Politologie 1,6f.; Politik und Christentum 10,13
Arma Christi: Passionsfrömmigkeit 746,47f.; 753,34
Armee: Propheten/Prophetie 491,20
Arminius, Jacobus/Arminianismus: Prädestination 130,22; 132,45; 133,33.44
Armut: Priester/Priestertum 433,14
Arndt, Ernst Moritz: Pommern 47,14.34
Arndt, Johann: Prädestination 133,39; Predigt 301,34
Artes liberales: Predigt 252,31
Askese: Passionsfrömmigkeit 725,17; Priszillian/Priszillianismus 451,1
Asmussen, Hans: Praktische Theologie 206,30
Assumptio Mosis: Pseudepigraphen des Alten Testaments 642,19
Assyrische Religion: Prostitution 528,25
Astrologie: Prädestination 103,3
Athanasius v. Alexandrien: Passionsfrömmigkeit 725,19; Pseudonymität 666,12
Aufklärung: Passionsfrömmigkeit 731,54; 754,25; Pommern 47,8; Portugal 66,26; Prag 176,21; Praktische Theologie 197,28; Predigt 305,11f.; Preußen 368,1; Protestantismus 543,13; 555,49; Prozession 596,10; Pseudepigraphie 645,35
Augsburger Bekenntnis, Confutatio u. Apologie: Pommern 45,33; Priester/Priestertum 406,1
Augsburger Religionsfriede: Protestantismus 555,6
Augustin/Augustinismus: Politik/Politologie 3,37; Porphyrius 55,37; Prädestination 111,8f.40; Predigt 244,18f.; 247,20; 256,25; 267,36; Prosper von Aquitanien 525,13; 526,4f.; Prostitution 532,26; Psalmen/Psalmenbuch 626,23; Pseudonymität 665,41
Augustiner-Chorherren: Pommern 42,36
Augustiner-Eremiten: Privilegien 458,10
Augustinusregel: Prämonstratenser 168,11
Augustinus-Verein: Publizistik/Presse 720,26
Australien: Presbyterianer 350,36
Autobiographie: Protestantismus 561,5.11

Bacon, Francis: Positivismus/Neopositivismus 75,51
Baden: Prälat 165,19f.
Bake, Alijt: Passionsfrömmigkeit 731,18
Balthasar, Augustin: Pommern 45,44
Balthasar, Hans Urs v.: Pragmatismus 189,17

Baptisterium: Prozession 594,39
Barbour, Ian: Prozeßtheologie/Prozeßphilosophie 602,23
Barletta, Gabriel: Passionsfrömmigkeit 739,21
Baro, Peter: Prädestination 129,47
Barock: Passionsfrömmigkeit 731,48; Predigt 270,28
Barockpredigt: Predigt 271,20f.
Barth, Karl: Politik und Christentum 15,42; Prädestination 147,17f.; Pragmatismus 189,17; Praktische Theologie 205,8f.; Predigt 323,27; Preußen 375,17; Publizistik/Presse 705,24; 706,11
Basilides: Passionsfrömmigkeit 723,18
Basilika: Prozession 594,34
Basilius v. Caesarea: Predigt 244,36f.
Bastholm, Christian: Predigt 308,7
Bastian, Hans-Dieter: Praktische Theologie 208,1
Battista v. Varano: Passionsfrömmigkeit 731,14
Baumgarten, Michael: Protestantenverein 538,41
Baumgarten, Otto: Praktische Theologie 204,25; Predigt 320,20
Baumgarten, Sigmund Jakob: Prädestination 141,3; Protestantismus 554,31
Baur, Ferdinand Christian: Protestantismus 545,30ff.
Bayern: Publizistik/Presse 710,33
Beauduin, Lambert: Predigt 281,24
Beck, Johann Tobias: Predigt 319,29
Beda Venerabilis: Passionsfrömmigkeit 728,33
Beginen/Begarden: Passionsfrömmigkeit 727,21
Beichte: Protestantismus 560,51
Bekehrung: Predigt 251,30; 303,19.26; Protestantismus 561,6
Bekennende Kirche: Pommern 50,20f.
Bellarmini, Roberto: Prädestination 135,53; 136,11
Below/Belowianer: Pommern 48,6
Benediktiner: Pommern 42,35; Privilegien 458,12
Benediktusregel: Passionsfrömmigkeit 725,27; Predigt 252,27
Bengel, Johann Albrecht: Predigt 304,8; 313,35
Bennigsen, Rudolf v.: Protestantenverein 538,38
Berg: Presbyterial-synodale Kirchenverfassung 335,18
Bergson, Henri: Pragmatismus 182,35
Berkeley, George: Pragmatismus 182,45
Berliner Unionsverein: Protestantenverein 538,25
Bernhard v. Clairvaux: Passionsfrömmigkeit 725,49f.; 728,32; 729,46; Pommern 41,14
Bernheim, Hippolyte-Marie: Psychiatrie 674,25
Berno v. Schwerin: Pommern 41,18
Berthold (Priester): Passionsfrömmigkeit 739,49
Bertius, Peter: Prädestination 131,31
Bertrand v. Tours: Predigt 255,50
Beruf: Protestantismus 562,49f.
Berufung: Priester/Priestertum 423,24
Bérulle, Pierre de: Predigt 272,37
Beschneidung: Proselyten/Proselytentaufe 522,38
Bethlem (Priester): Passionsfrömmigkeit 736,52
Bettelorden: Passionsfrömmigkeit 727,17; Pommern 42,44f.; Predigt 250,11f.; 253,35; 255,53; Privilegien 458,7
Bettelpredigt: Predigt 249,40
Beutler, Magdalena: Passionsfrömmigkeit 745,48
Bewegung: Prozession 596,28
Beyschlag, Willibald: Predigt 318,46; Publizistik/Presse 709,32
Beza, Theodor: Prädestination 124,44f.; 134,16; 156,41; Presbyterianer 343,42
Bezzel, Hermann: Predigt 317,30
Bianconi, Giovanni Ludovico: Protestantismus 573,45
Bibel: Predigt 307,44
Bibelpredigt: Predigt 280,43
Bibelübersetzungen:
Barther Bibel: Pommern 45,17
portugiesische: Portugal 65,51
tschechische: Prag 176,16
Bibliander, Theodor: Prädestination 128,4
Biel, Gabriel: Passionsfrömmigkeit 739,20
Bild Gottes: Przywara 608,21
Bildung: Pommern 43,6; Predigt 305,36; Protestantismus 561,19; 571,19ff.
Binding, Karl: Psychiatrie 674,40
Biographie: Psalmen/Psalmenbuch 614,57
Birch, Charles: Prozeßtheologie/Prozeßphilosophie 602,22
Birgitta/Birgittenorden: Passionsfrömmigkeit 731,17
Biró, Matthias: Predigt 300,3
Bischof: Polykarp von Smyrna 26,47; Predigt 246,34; 248,55; 249,10; Presbyterianer 341,30; Priester/Priestertum 411,38; Privilegien 459,40f.
Bismarck, Otto Fürst v.: Preußen 372,9
Bistum: Prälat 161,23ff.
Bistumsblatt: Publizistik/Presse 721,6.20
Bitzius, Albert: Predigt 321,1
Bloth, Peter Constantin: Praktische Theologie 213,14
Bluntschli, Johann Caspar: Protestantenverein 538,36
Blut Christi: Passionsfrömmigkeit 749,37; 754,4
Bodin, Jean: Politik/Politologie 4,35
Böhl, Eduard: Prädestination 144,31
Böse, Das: Prudentius 605,46
Bohren, Rudolf: Praktische Theologie 207,1; 212,14; Predigt 328,22
Boldewan, Johann: Pommern 43,35
Bonaventura: Passionsfrömmigkeit 726,46f.;738,45
Bonhoeffer, Dietrich: Predigerseminar 222,27; Predigt 324,23; Psalmen/Psalmenbuch 634,14
Bonnet, Gisbertus: Predigt 308,14
Book of Common Order: Presbyterianer 343,31
Book of Discipline: Presbyterial-synodale Kirchenverfassung 333,32; Presbyterianer 343,30
Bordell: Prostitution 532,48; 533,40
Bornemann, Wilhelm: Predigt 321,5
Borový, Klement: Prag 177,28
Borowski, Ludwig Ernst v.: Predigt 314,12
Borromeo, Carlo: Predigt 270,41

Bossuet, Jacques-Bénigne: Predigt 273,41
Bourdaloue, Louis: Predigt 274,7
Brandenburg: Pommern 43,20; 45,36; 46,4f.; Preußen 363,21; 364,33
Brastberger, Gebhard Ulrich: Protestantismus 543,54
Braun, Herbert: Predigt 327,10
Braunsberg: Preußen 363,43
Breithaupt, Joachim Justus: Predigt 304,4
Brentano, Clemens v.: Passionsfrömmigkeit 754,42
Brenz, Johannes: Predigt 298,33
Breslau (Bistum): Preußen 368,30
Bretschneider, Karl Gottlieb: Prädestination 143,5; 144,1; Protestantismus 568,20; Publizistik/Presse 708,5
Brevier: Prudentius 606,32
Briesmann, Johannes: Preußen 363,7
Brochmand, Jesper Rasmussen: Predigt 302,35
Brüderunität/Brüdergemeine: Passionsfrömmigkeit 754,16; Prag 175,3
Brüggemann, L. W.: Pommern 47,21
Brümmer, Vincent: Prädestination 157,43
Brugman, Johannes: Passionsfrömmigkeit 745,38
Brun v. Querfurt: Preußen 360,8
Buchdruck: Predigt 267,23; Publizistik/Presse 704,30
Bucher, Anton v.: Passionsfrömmigkeit 754,28
Buchrolle: Psalmen/Psalmenbuch 621,22
Buddeus, Johann Franz: Prädestination 140,49
Buddha: Predigt 230,1
Buddhismus: Predigt 229,42
Bugenhagen, Johannes: Pommern 41,44; 43,11.31f.; 44,16; Predigt 298,26
Bullinger, Heinrich: Predigt 299,44
Bultmann, Rudolf: Prädestination 146,9
Bundesbuch: Predigt 233,12
Buße: Prostitution 532,12; Protestantismus 560,52
Butler, Joseph: Predigt 308,20
Butler, Josephine: Prostitution 534,13
Byzanz: Prozession 594,52; Psellos 637,20

Caesarius v. Arles: Predigt 249,1; 251,40
Calov, Abraham: Prädestination 136,55
Calvin, Johannes: Politik und Christentum 7,18; Prädestination 122,3; 143,35; Predigt 299,17f.; Presbyterial-synodale Kirchenverfassung 332,38; Presbyterianer 340,50; Priester/Priestertum 418,39
Cameron, John: Prädestination 132,54; 137,56; 138,9f.; 157,52
Canisius, Petrus: Predigt 268,17; Professio fidei Tridentina 472,8
Canz, Israel Gottlieb: Prädestination 140,11; 141,24
Carpzov, Johann Benedikt: Predigt 300,31
Cartwright, Thomas: Presbyterianer 341,43
Cassander, Georg: Protestantismus 542,26
Cassianus, Johannes: Prädestination 111,32; Prosper von Aquitanien 526,11; Psalmen/Psalmenbuch 627,9
Cassiodor: Psalmen/Psalmenbuch 626,46
Castellio, Sebastian: Prädestination 123,18
Catharinus, Ambrosius: Prädestination 140,42
Caussinus, Nicolaus: Predigt 268,40
Chemnitz, Martin: Prädestination 133,54; 134,11; 136,32
Chorherren: Prämonstratenser 167,57ff.
Christenverfolgungen: Polykarp von Smyrna 26,22; Porphyrius 55,2
Christian van Andrichem: Passionsfrömmigkeit 737,2
Christliche Welt: Publizistik/Presse 709,39
Christoph v. Württemberg: Prälat 164,38
Christusbild: Passionsfrömmigkeit 727,47
Cicero: Politik/Politologie 2,1; Politik und Christentum 11,7
Clarke, Samuel: Predigt 303,6
Claude, Jean: Predigt 302,50
Clausen, H. G.: Predigt 308,8
Clemens v. Alexandrien: Pseudepigraphie 652,46; Ptolemäus 702,11
Clemens v. Rom: Pseudonymität 665,42
Cobb, John Boswell: Prozeßtheologie/Prozeßphilosophie 602,4
Cocceji, Samuel v.: Preußen 368,3
Code Civil: Preußen 370,4
Codex Iuris Canonici:
(1917) Prälat 162,22f.; Predigt 280,50; Privilegien 459,8f.; Professio fidei Tridentina 472,39
(1983) Prälat 162,46f.; Privilegien 459,32ff.
Codex Theodosianus: Privilegien 455,51
Collegium Caroli: Prag 173,10
Collenbusch, Samuel: Predigt 313,36
Compassio: Passionsfrömmigkeit 743,2ff.
Comte, Auguste: Positivismus/Neopositivismus 75,49
Concettopredigt: Predigt 270,6f.
Condren, Charles de: Predigt 273,3
Confessio Belgica (1561): Prädestination 128,10; Presbyterial-synodale Kirchenverfassung 333,20
Confessio Gallica (1559/1571): Presbyterial-synodale Kirchenverfassung 333,16
Confessio Helvetica Posterior (1566): Presbyterial-synodale Kirchenverfassung 333,30; Presbyterianer 354,5
Confessio Helvetica Prior (1562): Passionsfrömmigkeit 752,43
Conrad, Paul: Predigt 319,18
Coornheert, Dirck Volcaertszon: Prädestination 128,18
Cornelisz, Arent: Prädestination 128,47
Corpus Iuris Canonici: Privilegien 457,30
Corpus Iustinianum: Privilegien 455,48
Corvinus, Johannes Arnoldi: Prädestination 132,12
Coverdale, Miles: Predigt 300,13
Cramer, Johann Andreas: Predigt 306,46
Cranmer, Thomas: Predigt 300,10
Crell, Samuel: Pseudonymität 668,34
Cremer, Hermann: Prädestination 146,28
Crocius, Ludwig: Prädestination 137,11
Cruciger, Caspar: Passionsfrömmigkeit 751,21
Curcelläus, Stephan: Prädestination 132,23
Cyprian v. Karthago: Prozession 594,31; Pseudonymität 666,14

Dämonen: Psychiatrie 672,35
Dänemark: Predigt 299,49; 302,32
Daiber, Karl-Fritz: Praktische Theologie 208,10
Daillé, Jean: Predigt 302,48
Danäus, Lambertus: Protestantismus 564,15
Daněk, Slavomil C.: Prag 178,33
Dannhauer, Johann Konrad: Prädestination 136,49
Danzig: Preußen 363,36
Darwin, Charles/Darwinismus: Pragmatismus 183,25
Dathenus, Petrus: Predigt 300,5
David: Proverbia 585,17
Davidson, Donald: Pragmatismus 188,31
Deckers, Johannes: Prädestination 135,11
Decretum Gratiani: Prälat 161,50
Deismus: Predigt 308,18
Dekretenlehre: Prädestination 131,19
Depositio crucis (s. a. Grab Christi): Passionsfrömmigkeit 735,10f.; 741,43
Derrida, Jacques: Postmoderne 88,21
Descartes, René: Postmoderne 88,22; Pragmatismus 183,19; Psychiatrie 673,10; Psychologie 684,48; 685,11f.
Determinismus: Prädestination 144,5
Deuterojesaja: Pseudepigraphie 649,26
Deuteronomium/Deuteronomistisches Geschichtswerk/Deuteronomistische Schule: Propheten/Prophetie 480,31
Deutsch-Evangelische Blätter: Publizistik/Presse 709,33
Deutsche Christen: Predigt 324,46; Preußen 374,42; Publizistik/Presse 713,14
Deutscher Bund für freies Christentum: Protestantenverein 541,13
Deutscher Orden: Preußen 360,16ff.
Deutschkatholiken: Publizistik/Presse 720,8
Devadāsī: Prostitution 529,8
Devotio moderna: Passionsfrömmigkeit 727,28; Predigt 263,27
De Wette, Wilhelm Martin Leberecht: Protestantismus 568,36; Psalmen/Psalmenbuch 617,4
Dewey, John: Pragmatismus 185,16f.; 187,27
Deyling, Salomon: Prädestination 139,54
Diakon: Predigt 246,40
Diakonie: Psychiatrie 675,41
Dialektische Theologie: Praktische Theologie 205,4; Predigt 323,25
Dibelius, Martin: Predigt 240,27
Dibelius, Otto: Predigt 324,29
Dichtung: Protestantismus 574,14; Prudentius 604,37
Didache: Priester/Priestertum 411,25; Propheten/Prophetie 508,40
Diepenbrock, Melchior v.: Predigt 277,29
Dionysius Areopagita: Proclus 470,21
Dispens: Privilegien 460,35
Doddridge, Philip: Predigt 308,22
Döderlein, Johann Christoph: Prädestination 142,1
Doerne, Martin: Predigt 326,40; 327,28
Dörries, Bernhard: Predigt 321,13
Dominikaner: Predigt 253,28; Prierias 377,4
Domkapitel: Preußen 360,34
Donne, John: Predigt 303,1
Donteclock, Reginald: Prädestination 128,47; 132,4
Doppelkloster: Prämonstratenser 168,49
Dornenkrone: Passionsfrömmigkeit 747,7
Dovifat, Emil: Publizistik/Presse 703,15
Dreißigjähriger Krieg: Pommern 45,21
Drews, Paul Gottfried: Praktische Theologie 202,40f.; Predigerseminar 221,50; Predigt 320,20; 321,23
Drexel, Jeremias: Predigt 268,17
Drieberge, Johannes: Prädestination 142,44
Dryander, Ernst v.: Predigt 319,14
Dualismus: Priszillian/Priszillianismus 452,23
Duifhuis, Huibert: Predigt 300,5
Du Moulin, Pierre: Predigt 302,42
Duns Scotus, Johannes: Prädestination 116,18
Dupanloup, Félix-Antoine-Philibert: Predigt 275,31

Eadmer: Passionsfrömmigkeit 730,9
Ebeling, Gerhard: Predigt 327,4
Ebendorfer, Thomas: Predigt 256,4
Eberhard, Johann August: Protestantismus 556,36
Eberhard, Matthias: Predigt 278,12
Ebioniten: Prudentius 605,34
Ebner, Margareta: Passionsfrömmigkeit 731,15
Eck, Johannes: Predigt 264,9f.
Edwards, Jonathan: Presbyterianer 352,7; Princeton 446,44; 449,26
Egli, Raphael: Prädestination 128,38
Ehe/Eherecht/Ehescheidung: Prostitution 532,13
Eigenkirchenwesen: Predigt 251,48
Einstein, Albert: Prag 177,49
Elia: Propheten/Prophetie 481,45; Pseudo-Philo 671,25
Elia-Apokalypse: Pseudepigraphen des Alten Testaments 644,1
Eliot, Thomas Stearns: Postmoderne 82,46
Elisa: Propheten/Prophetie 481,45
Elisabeth v. Schönau: Passionsfrömmigkeit 731,10
Elsbeth v. Oye: Passionsfrömmigkeit 731,15
Emblem/Emblematik: Predigt 253,53; 271,30
Emdener Katechismus: Prädestination 127,33
Emmerick, Anna Katharina: Passionsfrömmigkeit 754,42
Empirismus: Positivismus/Neopositivismus 79,35; Pragmatismus 183,11; Princeton 448,22
Endemann, Samuel: Prädestination 141,36
Enebom, G.: Predigt 308,9
Engelken, Friedrich Ludwig: Pommern 47,41
England: Prädestination 129,12f.; Predigt 278,21f.; 300,9; 301,19; 302,58; 308,16; Presbyterianer 347,2f.
Entdeckungsfahrten: Portugal 62,49
Entmythologisierung: Predigt 327,1
Epheserbrief: Pseudepigraphie 650,26
Ephraem Syrus: Passionsfrömmigkeit 724,33
Erasmus v. Rotterdam: Predigt 263,11; Prierias 378,28; Protestantismus 572,5
Erbauungsliteratur: Predigt 268,31; 272,2; 305,3
Ereignis: Prozeßtheologie/Prozeßphilosophie 598,49

Erfahrung: Pragmatismus 188,19; Predigt 305,25; Prozession 596,27; Prozeßtheologie/Prozeßphilosophie 598,24
Erkenntnis/Erkenntnistheorie: Pragmatismus 183,6
Ermahnung: Predigt 244,22
Ermland (Bistum): Preußen 360,31; 363,26
Ernst v. Braunschweig-Lüneburg: Protestation von Speyer 580,49
Erwählung: Prädestination 107,29; 121,44; 122,33; 156,32
Erweckung/Erweckungsbewegungen: Pommern 48,1; Predigt 312,49; 313,12f.; 316,20; Preußen 370,35; Publizistik/Presse 710,30
Erzählung: Predigt 288,42
Escobar, André Dias: Portugal 62,25
Etheria: Portugal 59,49
Eucharistie: Passionsfrömmigkeit 748,19; Predigt 282,49; Priester/Priestertum 429,9
Eudes, Jean: Passionsfrömmigkeit 749,26; 750,17; Predigt 273,15
Eusebius v. Caesarea: Porphyrius 55,36
Eustratios v. Nikaia: Psellos 638,41
Euthanasie: Psychiatrie 674,41
Evangelien, synoptische: Passionsfrömmigkeit 738,19; Prozession 594,22; Pseudepigraphie 646,21
Evangelienharmonie: Passionsfrömmigkeit 738,24
Evangelisation: Priester/Priestertum 411,21
Evangelisch-Sozialer Kongreß: Preußen 373,7; Protestantenverein 540,31
Evangelisch-Sozialer Preßverband für die Provinz Sachsen: Publizistik/Presse 705,12
Evangelische Allianz: Publizistik/Presse 709,19
Evangelische Kirche der Union: Pommern 49,27; Preußen 374,45
Evangelische Kirche in Deutschland: Prälat 166,11
Evangelische Kirchenzeitung: Publizistik/Presse 708,15
Evangelische Vereinigung: Protestantenverein 539,25
Evangelischer Bund: Protestantenverein 540,23; Protestantismus 553,5; Publizistik/Presse 711,5
Evangelischer Pressedienst (epd): Publizistik/Presse 714,14
Evangelischer Preßverband für Deutschland (EPD): Publizistik/Presse 711,50
Evangelisierung: Predigt 286,23
Evangelistendarstellung: Poussin 97,17
Ewald, Heinrich Georg August: Protestantenverein 538,39
Ewald, Johann Ludwig: Predigt 307,38
Exemtion: Prälat 161,29; Privilegien 457,42
Exorzismus: Psychiatrie 672,39

Fakultäten, Theologische: Predigerseminar 221,42
Falkenberg, Johannes: Preußen 362,14
Familie: Polynesien 29,34
Fastentuch: Passionsfrömmigkeit 742,29
Faucheur, Michel de: Predigt 302,44
Fawcett, Isaak: Predigt 308,23
Fechner, Gustav Theodor: Psychologie 684,36
Félix, Joseph: Predigt 275,17
Feminismus: Prozeßtheologie/Prozeßphilosophie 602,17
Fénelon, François de: Predigt 273,24
Ferdinand I., Kaiser: Prag 175,16; Protestation von Speyer 581,10.40
Ferdinand III., Kaiser: Prag 175,54
Fernando da Guerra: Portugal 62,24
Ferraris, Lucius: Privilegien 458,25
Feurborn, Justus: Prädestination 132,20
Fiktion: Proverbia 584,22
Film: Publizistik/Presse 714,55
Flacius, Matthias: Prädestination 133,49
Flavius, Josephus: Prädestination 104,28
Fletcher, John William: Predigt 308,44
Flugschriften der Reformationszeit: Publizistik/Presse 704,32
Formalprinzip: Protestantismus 546,44
Foundationalism: Pragmatismus 189,1
Franciscus v. Assisi: Passionsfrömmigkeit 726,33; 729,47
Franck, Sebastian: Proverbia 583,8
Francke, August Hermann: Predigt 303,49; Preußen 366,26; Psalmen/Psalmenbuch 631,45
Frank, Franz Hermann Reinhold v.: Prädestination 145,9
Franken, Aegidius: Predigt 302,56
Frankreich: Predigt 272,6f.; 300,7; 301,16; 302,41
Franziskaner: Passionsfrömmigkeit 726,42f.; Predigt 255,55
Französische Revolution: Portugal 66,27; Predigt 274,33; Protestantismus 553,8; 567,48; Publizistik/Presse 707,28
Frauenburg (Bistum): Preußen 368,32
Frayssinous, Denis-Antoine-Luc de: Predigt 274,40
Freiheit: Predigt 276,14; 277,56; Protestantismus 556,29; 568,16; 569,53
Freikirchen: Publizistik/Presse 708,49
Freimaurer: Portugal 66,26
Freud, Sigmund: Psychoanalyse/Psychotherapie 677,18f.
Freunde der evangelischen Freiheit: Protestantenverein 540,41
Freylinghausen, Johann Anastasius: Predigt 304,3
Fricker, Johann Ludwig: Predigt 304,17
Friedhof: Protestantismus 564,33
Friedrich I., Kg. v. Preußen: Preußen 367,5
Friedrich II., Kg. v. Preußen: Preußen 367,46
Friedrich v. Wied: Professio fidei Tridentina 472,17
Friedrich Wilhelm I., Kg. v. Preußen: Pommern 46,25; Preußen 367,24
Friedrich Wilhelm II., Kg. v. Preußen: Preußen 368,48
Friedrich Wilhelm IV., Kg. v. Preußen: Preußen 370,52
Friedrich Wilhelm, Kurfürst v. Brandenburg: Preußen 365,34
Frind, Wenzel Anton: Prag 177,50

Frömmigkeit: Passionsfrömmigkeit 722,16ff.; Predigt 263,16; 301,35; 304,46; 305,20; Prierias 377,31; Protestantismus 570,45; 571,40
Fromm, Erich: Psychologie 691,43
Frommel, Emil: Predigt 318,54
Frommel, Max: Predigt 318,52
Fronleichnamsfest: Passionsfrömmigkeit 727,39; Prozession 595,21
Fruchtbarkeitsriten: Prostitution 527,22
Funchal (Bistum): Portugal 63,17
Fußfälle: Passionsfrömmigkeit 736,33

Galen, Clemens August Graf v.: Preußen 375,32
Gallikanismus: Predigt 274,1
Gebet: Passionsfrömmigkeit 740,38; Predigt 247,6; Priester/Priestertum 423,6
Gebetbuch: Passionsfrömmigkeit 740,42
Gebot: Predigt 252,8
Geertz, Clifford: Prozeßtheologie/Prozeßphilosophie 601,3
Gefühl: Predigt 306,17
Geheimes Leiden: Passionsfrömmigkeit 745,32ff.
Gehlen, Arnold: Pragmatismus 182,37
Geier, Martin: Psalmen/Psalmenbuch 631,15
Geiler v. Kaysersberg, Johann: Predigt 251,10; 256,7; 264,46
Geisendörfer, Robert: Publizistik/Presse 705,48
Geld: Praktische Theologie 214,7
Gelzer, Heinrich: Publizistik/Presse 708,59
Gemeinde: Predigt 284,31; 289,21; Presbyterial-synodale Kirchenverfassung 331,31
Gemeindeblätter: Publizistik/Presse 712,43
Gemeinschaftsbewegung: Pommern 48,43
Gemeinschaftsmesse: Predigt 281,36
Genealogie: Polynesien 29,39
Generalsuperintendent: Presbyterial-synodale Kirchenverfassung 336,1
Generalsynode: Preußen 371,7
Genf: Presbyterial-synodale Kirchenverfassung 333,10
Gennadius v. Marseille: Prosper von Aquitanien 525,8
Georg v. Brandenburg-Ansbach: Protestation von Speyer 580,48
Georg v. Podiebrad, Kg. v. Böhmen: Prag 174,52
George, Stefan: Protestantismus 566,40
Gerechtigkeit: Politik und Christentum 9,39; Predigt 242,33
Gerechtigkeit Gottes: Prädestination 106,14
Gerhard, Johann: Prädestination 136,24.41; Predigt 301,49
Gerhardt, Paul: Passionsfrömmigkeit 754,10; Preußen 365,41
Gericht Gottes: Predigt 242,34
Gerlach, Stephan: Prädestination 134,39
Germania: Publizistik/Presse 720,23
Gerok, Karl: Predigt 319,5
Gerson, Johannes: Passionsfrömmigkeit 739,19.23.55; Predigt 251,15; 255,56
Gertrud d. Gr.: Passionsfrömmigkeit 731,12
Geschichte/Geschichtsschreibung/Geschichtsphilosophie: Predigt 283,37; Przywara 609,2
Geschöpf: Przywara 608,15
Gesellschaft: Polynesien 29,29; Predigt 291,2
Gesetz: Ptolemäus 699,35
Gewerkschaften: Preußen 373,18
Gewissen: Protestantismus 559,10
Gewohnheit: Pragmatismus 183,28
Geyer, Christian: Predigt 321,8
Glaube: Prädestination 118,49f.; Pragmatismus 188,22; Protestantismus 558,24.45f.; Prozession 596,27
Glaube u. Wissen: Protestantismus 572,18
Glaubensbekenntnis: Predigt 252,8; Professio fidei Tridentina 471,39ff.
Gloege, Gerhard: Predigerseminar 222,26
Glossa ordinaria: Predigt 256,45
Glosse: Predigt 253,40
Gnade: Prädestination 111,14; 117,26f.; Prosper von Aquitanien 526,4
Gnadenbild: Passionsfrömmigkeit 742,49
Gnadenstuhl: Passionsfrömmigkeit 749,1
Gnadenwahl: Prädestination 156,32
Gnosis/Gnostizismus: Passionsfrömmigkeit 723,17; Priszillian/Priszillianismus 450,11; Propheten/Prophetie 474,50; Pseudonymität 661,12
Goa (Bistum): Portugal 63,20
Goethe, Johann Wolfgang v.: Pseudonymität 669,6
Goffiné, Leonhard: Prämonstratenser 171,20
Gollwitzer, Helmut: Predigt 324,8; 329,14
Gomarus, Franz: Prädestination 131,25; 132,1
Góngora y Argote, Luis de: Predigt 270,52
Gotik: Passionsfrömmigkeit 727,47
Gott: Prädestination 119,5ff.; 157,8; Predigt 246,50; 284,7; 306,18; Protestantismus 546,9; Prozeßtheologie/Prozeßphilosophie 599,27ff.; 600,47; 601,29; Przywara 608,12
Gottesdienst: Passionsfrömmigkeit 733,38; Predigt 329,3
Gottesschau: Prädestination 115,10
Gottschalk der Sachse: Prädestination 111,48
Grab Christi (s. a. Depositio crucis): Passionsfrömmigkeit 741,42
Gratian v. Bologna: Privilegien 456,10.43f.
Grebel, Konrad: Passionsfrömmigkeit 752,7
Gregor v. Elvira: Portugal 59,48
Gregor v. Nazianz: Predigt 244,35f.
Gregor v. Nyssa: Predigt 244,26f.
Gregor v. Rimini: Prädestination 117,5
Gregor v. Tours: Passionsfrömmigkeit 724,55
Gregorsmesse: Passionsfrömmigkeit 748,38
Greifswald: Pommern 42,21
Griechische Religion: Prostitution 528,51; Prozession 593,51
Griffin, David: Prozeßtheologie/Prozeßphilosophie 602,5
Grosseteste, Robert: Prädestination 114,51
Grote, Gerhard: Predigt 263,30
Guardini, Romano: Predigt 281,33
Guéranger, Prosper: Predigt 281,22
Gunkel, Hermann: Prosa 517,44; Psalmen/Psalmenbuch 610,45f.; 612,29; 617,10; 632,46
Gustav-Adolf-Verein: Protestantismus 553,4
Gutenberg, Johannes: Publizistik/Presse 703,39

Habermas, Jürgen: Postmoderne 85,39f.; Praktische Theologie 192,50
Häresie: Predigt 253,51
Haering, Theodor: Prädestination 157,6
Hagemann, Walter: Publizistik/Presse 703,20
Haggada: Predigt 239,3
Hagiographie: Predigt 257,5
Hahn, Philipp Matthäus: Predigt 304,16
Haimo v. Auxerre: Predigt 254,38
Halacha: Predigt 238,28; Priester/Priestertum 395,30; Propheten/Prophetie 501,23; Prostitution 531,42
Halaski, Karl: Publizistik/Presse 705,52
Halberstadt (Bistum): Preußen 365,46
Haller, Carl Ludwig v.: Protestantismus 568,23
Hamann, Johann Georg: Predigt 313,36
Hardenberg, Karl August Fürst v.: Preußen 369,28
Harleß, Gottlieb Christoph Adolf v.: Predigt 317,24; Publizistik/Presse 708,33
Harms, Claus: Predigt 312,39f.
Harms, Ludwig: Predigt 315,41f.
Harnack, Adolf v.: Praktische Theologie 201,26; Protestantismus 547,28; Ptolemäus 699,29
Harnack, Theodosius: Praktische Theologie 201,8
Harris, Howel: Predigt 308,45
Hartshorne, Charles: Pragmatismus 188,4; Prozeßtheologie/Prozeßphilosophie 600,42f.
Hase, Karl v.: Prädestination 144,37; Protestantismus 574,24
Hebräerbrief: Priester/Priestertum 399,2; 424,2
Heerbrand, Jakob: Prädestination 134,9
Heermann, Johann: Predigt 302,3
Hegel, Georg Wilhelm Friedrich: Protestantismus 545,31; 563,25; Psychologie 685,3
Heidegger, Martin: Positivismus/Neopositivismus 73,26
Heidelberger Katechismus: Prädestination 127,24; Presbyterianer 354,4
Heidentum: Prudentius 606,4
Heil u. Erlösung: Propheten/Prophetie 490,3
Heilbronn: Protestation von Speyer 580,55
Heiler, G.: Pommern 46,44
Heilige/Heiligenverehrung: Pommern 42,52; Portugal 62,30; 65,21; Prämonstratenser 171,24; Predigt 251,47; Prozession 595,19
Heilige Lanze: Passionsfrömmigkeit 747,4
Heiligkeit: Protestantismus 562,26
Heiligkeitsgesetz: Priesterschrift 441,51
Heiligung: Predigt 264,44; 303,21; Priesterschrift 441,52
Heilsgeschichte: Propheten/Prophetie 490,41
Heim, Karl: Predigt 326,18
Heine, Heinrich: Protestantismus 568,48
Heinrich V., Kaiser: Pommern 40,51
Heinrich v. Bitterfeld: Prag 173,49
Heinrich v. St. Gallen: Passionsfrömmigkeit 739,9
Heinrich der Seefahrer: Portugal 62,50
Helding, Michael: Predigt 265,29
Hemmingsen, Niels: Predigt 302,32
Hengstenberg, Ernst Wilhelm: Psalmen/Psalmenbuch 632,29; Publizistik/Presse 708,15
Henke, Heinrich Philipp Konrad: Prädestination 142,6
Henochgestalt/Henochliteratur: Pseudepigraphen des Alten Testaments 639,43
Henotheismus: Polynesien 29,17
Henry, Joseph: Princeton 448,51
Herbart, Johann Friedrich: Psychologie 684,36; 690,44
Herberger, Valerius: Predigt 301,45
Herbertsz, Hermann: Prädestination 128,28
Herder, Johann Gottfried v.: Predigt 307,54; Prosa 517,42; Psalmen/Psalmenbuch 617,5
Hermas: Propheten/Prophetie 509,27
Hermeneutik: Predigt 252,35; 288,1
Hermes, Georg: Publizistik/Presse 720,8
Herodes d.Gr.: Priester/Priestertum 392,52
Herodot: Prostitution 527,39
Herolt, Johannes: Predigt 256,11
Hertzsch, Klaus-Peter: Predigt 329,20
Herz Jesu: Passionsfrömmigkeit 749,8f.
Heshusius, Tilemann: Prädestination 124,14; 134,10
Hesse, Hermann A.: Predigerseminar 222,28
Hessen: Prälat 165,46f.; 166,1
Heydenreich, August Ludwig Christian: Prädestination 144,6
Hierodulen: Prostitution 527,10.35f.
Hieronymus: Passionsfrömmigkeit 724,2; 725,20; 726,25; 729,49; Predigt 244,41f.; Psalmen/Psalmenbuch 626,11; Pseudonymität 666,26
Hieronymus v. Prag: Prag 174,23
Hijra: Prostitution 530,5
Hilarius v. Poitiers: Prudentius 605,8
Hildegard v. Bingen: Predigt 249,28
Hilgers, Bernhard Josef: Protestantismus 561,44
Hillel/Hillelschule (Schammaj/Schammajschule): Pseudepigraphie 657,16
Hinderer, August: Publizistik/Presse 705,19; 706,39; 712,5
Hinduismus: Predigt 229,1
Hinkmar v. Reims: Prädestination 112,2
Hinlopen, Jakob: Predigt 308,13
Hiobtestament: Pseudepigraphen des Alten Testaments 642,31
Hippolyt v. Rom: Passionsfrömmigkeit 724,10
Hirsch, Emanuel: Politik und Christentum 17,3; Predigt 297,40; 324,29
Hirscher, Johann Baptist: Predigt 277,34
Historisch-politische Blätter: Publizistik/Presse 720,10
Hitler, Adolf: Preußen 375,11
Hobbes, Thomas: Politik/Politologie 4,12; Politik und Christentum 10,44
Hoche, Alfred Erich: Psychiatrie 674,39
Hodge, Charles: Princeton 447,47
Höfler, Constantin Ritter v.: Prag 177,24
Hölle: Prudentius 605,44
Hoffmann, Heinrich: Predigt 319,7
Hoffmann, Leopold Alois: Protestantismus 554,17; 573,23
Hofmann, Johann Christian Konrad v.: Prädestination 146,33
Hofprediger: Predigt 268,5; Preußen 365,17
Hoherpriester: Priester/Priestertum 381,34; 388,11; 414,9

Holl, Karl: Predigt 324,29; Protestantismus 559,15
Hollaz, David: Pommern 47,4; Prädestination 137,1.19
Holtzfuß, Barthold: Prädestination 140,30
Holtzmann, Heinrich Julius: Protestantenverein 538,37
Homiletik: Psychologie 697,49
Homiliar: Predigt 247,11; 252,1; 254,18f.
Homilie: Predigt 244,21; 252,6; 235,52
Honorius Augustodunensis: Predigt 254,43
Hooper, John: Predigt 300,12
Horkheimer, Max: Praktische Theologie 192,50
Horney, Karen: Psychologie 691,43
Horsley, Samuel: Predigt 308,20
Hosius, Stanislaus: Preußen 363,42
Hostienmühle: Passionsfrömmigkeit 748,34
Hottinger, Johann Jakob: Prädestination 142,44
Hrabanus Maurus: Passionsfrömmigkeit 734,40; Prädestination 112,1; Predigt 252,3; 254,33
Hromádka, Josef L.: Prag 178,31
Hülsemann, Johannes: Prädestination 136,44
Hugenotten: Predigt 272,39; Presbyterial-synodale Kirchenverfassung 333,15; Preußen 366,5
Hugo v. Fosses: Prämonstratenser 168,30
Humanismus: Portugal 63,46; Prag 175,9; Predigt 251,12; 263,12; 267,36; 270,50
Hume, David: Polytheismus 36,8
Hundeshagen, Karl Bernhard: Protestantismus 546,1; 553,35; 569,28
Hungertuch: Passionsfrömmigkeit 742,29
Hunnius, Ägidius: Prädestination 134,19; 137,37
Hupfeld, Renatus: Protestantismus 562,8
Hus, Johann/Hussiten: Prag 173,50; 174,21f.
Hus-Fakultät: Prag 178,5.26
Husserl, Edmund: Positivismus/Neopositivismus 73,44f.
Hutten, Kurt: Publizistik/Presse 705,52
Hymnus: Prudentius 604,51; 605,8
Hyperius, Andreas Gerhard: Praktische Theologie 197,5

Ickstatt, Johann Adam v.: Protestantismus 563,14; 573,11
idea: Publizistik/Presse 714,27
Idealismus: Pragmatismus 183,46
Ideologie: Politik und Christentum 7,43
Ignatius v. Antiochien: Passionsfrömmigkeit 723,26; 725,14; Polykarp von Smyrna 26,31; Pseudonymität 665,42
Ignatius v. Loyola: Passionsfrömmigkeit 731,37; Predigt 267,49; Przywara 608,3
Ikonographie: Poussin 96,35
Immer, Karl: Predigt 324,23
Indien: Prostitution 529,8.50
Individualisierung: Protestantismus 560,9f.
Industrialisierung: Predigt 277,50; Preußen 372,4.52
Inkorporation: Privilegien 457,44
Innere Mission: Pommern 48,41; Protestantismus 565,43; Publizistik/Presse 708,52; 710,42f.
Innerlichkeit: Protestantismus 559,11
Inquisition: Portugal 64,47; Prierias 377,10
Instrumentalismus: Pragmatismus 185,39
Interim: Pommern 44,54
Investiturstreit: Publizistik/Presse 704,21
Iranische Religionen: Pseudonymität 661,20
Irenäus v. Lyon: Polykarp von Smyrna 25,21; Ptolemäus 699,18; 700,23
Irland: Predigt 278,22; Presbyterianer 344,31f.; 346,35f.; 349,38f.
Isaak: Pseudo-Philo 671,2
Isaaktestament: Pseudepigraphen des Alten Testaments 642,1
Isidor v. Sevilla: Privilegien 456,47
Isla y Rojo, José Francisco de: Predigt 271,3
Islam: Portugal 60,40; Predigt 228,11; Propheten/Prophetie 474,42
Isny: Protestation von Speyer 580,55
Israel: Prostitution 531,31; Prozession 591,19; 594,18
Ištar: Prostitution 528,32
Italien: Predigt 275,46f.
Iwand, Hans Joachim: Predigerseminar 222,27; Predigt 325,53; Publizistik/Presse 705,40

Jablonski, Daniel Ernst: Preußen 367,13
Jacob, Günter: Predigt 326,15
Jagiello, Kg. v. Polen: Preußen 361,45
Jakob VI., Kg. v. Schottland: Presbyterianer 344,16
Jakob VII., Kg. v. Schottland: Presbyterianer 346,21
Jakob v. Vitry, Bf. v. Akkon: Predigt 255,34
Jakobtestament: Pseudepigraphen des Alten Testaments 642,8
James, William: Pragmatismus 182,23ff.; 184,35f.; 187,27; Psychologie 691,51
Jan v. Jesenitz: Prag 174,24
Jansen/Jansenismus: Predigt 276,10
Jarcke, Carl Ernst: Publizistik/Presse 720,11
Jellinek, Georg: Protestantismus 570,14
Jepsen, Maria: Predigt 329,40
Jericho: Prozession 591,36
Jerobeam I.: Priester/Priestertum 384,16
Jersin, Dinesen: Predigt 302,36
Jerusalem: Passionsfrömmigkeit 723,41f.; 729,12; 736,19; Prozession 591,49f.; 595,32
Jerusalem, Johann Friedrich Wilhelm: Predigt 306,49; Protestantismus 544,20
Jesuiten: Passionsfrömmigkeit 731,35; 742,8; Portugal 64,1; Prädestination 135,2; Prag 175,23f.; Predigt 267,47f.; Preußen 363,40; Probabilismus 466,16; Professio fidei Tridentina 472,8; Przywara 607,25
Jesuitenpredigt: Predigt 267,51
Jesuitentheater: Predigt 268,32
Jesus Christus: Passionsfrömmigkeit 722,15ff.; Prädestination 109,27; 113,22; 122,24; Predigt 273,9; 284,17.42; Propheten/Prophetie 504,29; Prostitution 531,48; Prudentius 605,33
Jochmann, Carl Gustav: Protestantismus 563,28; 574,5
Jörg, Joseph Edmund: Publizistik/Presse 720,11
Johann v. Sachsen: Protestation von Speyer 580,48
Johann v. Zazenhausen: Passionsfrömmigkeit 739,10
Johann Friedrich v. Sachsen: Passionsfrömmigkeit 751,57

Johann Sigismund, Kurfürst v. Brandenburg: Preußen 364,47
Johannes (Jünger Jesu): Passionsfrömmigkeit 729,38
Johannes Chrysostomus: Predigt 244,23f.; Priester/Priestertum 417,15; Pseudonymität 665,40
Johannes v. Damaskus: Prädestination 110,46; 129,35
Johannes v. Fécamp: Passionsfrömmigkeit 725,44
Johannes Italos: Psellos 638,40
Johannes vom Kreuz: Passionsfrömmigkeit 731,34
Johannes Mauropus: Psellos 637,24
Johannes Scotus Eriugena: Prädestination 112,5
Johannes der Täufer: Propheten/Prophetie 504,12
Johannes v. Werden: Predigt 256,14
Johannesevangelium: Przywara 608,5; Pseudepigraphen des Alten Testaments 641,6
Jonas, Ludwig: Publizistik/Presse 709,6
Jordan v. Quedlinburg: Passionsfrömmigkeit 739,4
Joseph u. Aseneth: Proselyten/Proselytentaufe 522,1
Josephinismus: Passionsfrömmigkeit 754,38; Portugal 66,20; Prämonstratenser 170,36; Prag 176,30; Prozession 596,12
Josia: Priester/Priestertum 384,29
Josuttis, Manfred: Praktische Theologie 212,22; Predigt 329,33
Joyce, James: Postmoderne 82,46
Jubiläenbuch: Pseudepigraphen des Alten Testaments 639,44
Judäa: Prozession 591,23
Juden: Passionsfrömmigkeit 730,18; Portugal 64,53; Prudentius 605,34
Jülich: Presbyterial-synodale Kirchenverfassung 335,18
Jüngel, Eberhard: Predigt 329,25
Jugendbewegung: Predigt 281,32
Jugendkatechese: Predigt 275,32
Jung, Carl Gustav: Psychiatrie 674,28; 678,13; Psychoanalyse/Psychotherapie 679,11; Psychologie 691,45
Junge Kirchen: Predigt 287,1
Jungmann, Josef Andreas: Predigt 282,6
Junius, Franz: Prädestination 130,15
Jurisdiktionsgewalt: Prälat 161,20; 162,4
Justin der Märtyrer: Psalmen/Psalmenbuch 625,5
Juvencus: Portugal 59,48

Kabbala: Pseudepigraphie 658,29
Kalvarienberg: Passionsfrömmigkeit 742,36
Kammin (Bistum): Pommern 40,35; 41,21f.
Kanada: Presbyterianer 350,17
Kanon Muratori: Pseudepigraphie 651,27
Kanonie: Prämonstratenser 169,37
Kanonistik: Prälat 161,49
Kant, Immanuel/Neukantianismus: Politik/Politologie 5,6; Positivismus/Neopositivismus 73,33; Postmoderne 84,39; Preußen 368,7
Kapitalismus: Protestantismus 566,8
Kaplanspresse: Publizistik/Presse 720,21
Kapuziner: Predigt 268,54
Kapuzinerpredigt: Predigt 269,4
Karfreitag: Passionsfrömmigkeit 752,18
Karfreitagsliturgie: Passionsfrömmigkeit 734,6.36
Karl d.Gr., Kaiser: Predigt 249,4; 251,43
Karl IV., Kaiser: Prag 172,12f.
Karl V., Kaiser: Protestation von Speyer 581,3
Karl I., Kg. v. England: Presbyterianer 345,28
Karolingische Renaissance: Predigt 249,3
Kartäuser: Passionsfrömmigkeit 727,27
Kastration: Prostitution 529,46
Katechismus: Preußen 363,14
Katechismuspredigt: Predigt 244,39; 252,12; 265,49; 297,28; 316,2
Katharina v. Genua: Passionsfrömmigkeit 731,14
Katholik, Der: Publizistik/Presse 720,4
Katholische Aktion: Predigt 276,28
Katholische Reform u. Gegenreformation: Portugal 64,45; Predigt 262,48ff.; Preußen 363,40
Kauffmann, Gerhard: Publizistik/Presse 706,39
Keller, Catherine: Prozeßtheologie/Prozeßphilosophie 602,16
Kelter: Passionsfrömmigkeit 748,21
Kempten: Protestation von Speyer 580,55
Kepler, Johannes: Protestantismus 572,16
Keppler, Paul Wilhelm v.: Predigt 280,41
Ketelhut, Christian: Pommern 43,37
Ketteler, Wilhelm Emanuel Freiherr v.: Predigt 277,48; Preußen 372,6
Kierkegaard, Søren Aabye: Praktische Theologie 198,20
Kinderkatechese: Predigt 275,32
Kirche: Presbyterial-synodale Kirchenverfassung 331,19ff.; Prierias 378,9; Protestantismus 562,31; Przywara 608,41; 609,27
Kirche v. England: Presbyterianer 341,40
Kirche u. Staat: Portugal 67,9; Presbyterial-synodale Kirchenverfassung 336,26; Preußen 372,43; Publizistik/Presse 711,26
Kirchenblattbewegung: Publizistik/Presse 720,5
Kirchenentfremdung/Kirchenaustritte: Pommern 49,20
Kirchengeschichtsschreibung: Protestantismus 559,48
Kirchenjahr: Passionsfrömmigkeit 732,24; Predigt 245,21; 254,52; Presbyterianer 356,17
Kirchenkampf: Politik und Christentum 14,48; Pommern 49,44f.; Predigt 324,7; Preußen 375,26
Kirchenlied: Predigt 281,18; 301,33
Kirchenordnung Hippolyts: Priester/Priestertum 415,44
Kirchenordnungen: Presbyterial-synodale Kirchenverfassung 338,1
- Discipline ecclésiastique (1559/1571): Presbyterial-synodale Kirchenverfassung 333,17
- Emden (1571): Presbyterial-synodale Kirchenverfassung 335,6
- Genf (1541): Presbyterial-synodale Kirchenverfassung 333,8

Jülich und Berg (1671): Presbyterial-synodale Kirchenverfassung 335,23
Nassau (1582/1586): Presbyterial-synodale Kirchenverfassung 335,35
Pommern (1535): Pommern 44,30
Pommern (1661): Pommern 45,47
Pommern (1829): Pommern 48,23
Pommern (1950): Pommern 51,44
Rheinland u. Westfalen (1835): Presbyterial-synodale Kirchenverfassung 335,38ff.
Württemberg (1559): Passionsfrömmigkeit 752,40; Prälat 164,46
Kirchenpresse: Publizistik/Presse 714,37
Kirchenrecht: Presbyterial-synodale Kirchenverfassung 331,17ff.
Kirchenrechtsquellen: Privilegien 456,2ff.
Kirchenreform: Portugal 62,23; Preußen 367,33; Priester/Priestertum 411,18
Kirchenregiment, Landesherrliches: Presbyterial-synodale Kirchenverfassung 331,39; 334,17; Preußen 364,42; Protestantismus 567,31
Kirchentag: Priester/Priestertum 411,20
Wittenberg 1848: Preußen 371,28
Kirchenverfassung: Presbyterial-synodale Kirchenverfassung 331,19; Preußen 374,4; Protestantenverein 539,17
Kirchenzucht: Presbyterianer 356,28; Protestantismus 560,20
Klara v. Montefalco: Passionsfrömmigkeit 731,16
Klerus: Priester/Priestertum 416,9
Kleve: Presbyterial-synodale Kirchenverfassung 335,18; Preußen 364,32
Klöster u. Stifte:
Alcobaça: Portugal 61,26
Antwerpen: Prämonstratenser 168,24
Cappenberg: Prämonstratenser 168,23
Cluny: Predigt 249,44
Floreffe: Prämonstratenser 168,23
Ilbenstadt: Prämonstratenser 168,24
Łekno: Preußen 360,10
Lérins: Prosper von Aquitanien 526,7
Mafra: Portugal 65,38
Maria Laach: Predigt 281,28
Prémontré: Prämonstratenser 168,9.31
S. Vincente de Fora: Portugal 61,32
Santa Cruz: Portugal 61,29; 64,20
St. Martin in Laon: Prämonstratenser 168,24
Steinfeld: Prämonstratenser 170,34
Varlar: Prämonstratenser 168,23
Kloster/Klosteranlage: Prämonstratenser 168,44; Predigt 249,23; 252,23; Preußen 361,25; Publizistik/Presse 704,17
Knipstro, Johannes: Pommern 43,39
Knopken, Andreas: Pommern 43,36
Knox, John: Politik und Christentum 15,47; Predigt 300,14; Presbyterial-synodale Kirchenverfassung 333,33; Presbyterianer 342,32
Kögel, Rudolf: Predigt 319,1
Koheletbuch: Pseudepigraphie 646,50
Kohlbrügge, Hermann Friedrich: Predigt 317,3
Kolberg: Pommern 42,20
Kolosserbrief: Pseudepigraphie 650,27
Kolping, Adolf: Preußen 372,7
Kommunikation/Kommunikationswissenschaft: Privilegien 458,4.9; Publizistik/Presse 703,25
Kommunikationstheorie: Predigt 288,12
Konferenzpredigt: Predigt 274,41f.; 280,37
Konfessionalismus: Publizistik/Presse 708,18
Konfessionskultur: Protestantismus 552,1
Konfessionskunde: Protestantismus 554,22
Konfirmation: Presbyterianer 356,34
Kongregationalismus: Polynesien 33,14; Presbyterianer 351,34; Princeton 446,45
König, Johann Friedrich: Prädestination 141,9
Königsberg (Stadt): Preußen 362,42
Königtum: Propheten/Prophetie 482,38
israelitisch-jüdisches: Prozession 591,24
Konkordate:
1289 Portugal: Portugal 62,6
1841 Portugal: Portugal 66,37
1855 Österreich: Prag 177,16
1857 Portugal: Portugal 66,38
1929 Preußen: Preußen 374,17
1933 Deutsches Reich: Preußen 374,39
1940 Portugal: Portugal 67,23
1975 Portugal: Portugal 67,36
Konkordienformel: Pommern 45,3; Prädestination 133,56
Konrad v. Sachsen: Predigt 256,9
Konsistorium: Preußen 365,31; 370,9
Konstantin I., d.Gr.: Politik und Christentum 13,12; Porphyrius 56,2; Pseudonymität 665,53
Konstantin IX., byz. Kaiser: Psellos 637,25
Konstantinopel: Proclus 468,8
Konstanz: Protestation von Speyer 580,54
Kontingenz: Prädestination 116,42; 119,3
Kontroverspredigt: Predigt 263,48ff.
Kontroverstheologie: Protestantismus 561,27
Konziliarismus: Predigt 274,1
Koran: Predigt 228,12
Kordač, F.: Prag 178,20
Kosegarten, Gotthard Ludwig: Pommern 47,25
Kosmos: Prädestination 108,15
Krackewitz, Barthold: Pommern 45,12
Krause, Heinrich: Protestantenverein 538,26; Publizistik/Presse 709,8
Kreck, Walter: Predigerseminar 222,29
Kreuz: Passionsfrömmigkeit 724,16; 734,38; 741,42; Priester/Priestertum 422,13
Kreuzabnahmespiel: Passionsfrömmigkeit 735,7
Kreuzfeste: Passionsfrömmigkeit 732,45
Kreuzherren: Passionsfrömmigkeit 731,26
Kreuzweg: Passionsfrömmigkeit 736,45f.; Prozession 595,47
Kreuzzüge: Passionsfrömmigkeit 729,13; Privilegien 457,45
Kreuzzugspredigt: Predigt 255,8
Kriegspredigt: Preußen 373,40
Kritische Theorie: Praktische Theologie 192,49
Krug, Wilhelm Traugott: Protestantismus 568,20
Krummacher, Friedrich Wilhelm: Predigt 316,17f.
Kuenen, Abraham: Priesterschrift 436,1
Kulm (Bistum): Preußen 360,31; 368,32
Kultkritik: Propheten/Prophetie 488,27

Kultur: Predigt 305,35; Protestantismus 574,41; Prozeßtheologie/Prozeßphilosophie 597,33
Kulturentwicklung: Prozeßtheologie/Prozeßphilosophie 597,33
Kulturkampf: Preußen 372,23; Protestantenverein 540,16; Protestantismus 552,48
Kulturprotestantismus: Preußen 371,44; Protestantenverein 539,2; Protestantismus 550,18; Publizistik/Presse 709,39
Kulturtheorie: Psychoanalyse/Psychotherapie 681,46
Kurhessen-Waldeck: Prälat 166,3
Kurie, Römische: Prälat 163,50f.
Kutter, Hermann: Predigt 321,35
Kuyper, Abraham: Protestantismus 570,27

Laag, Heinrich: Pommern 50,31.46
Lade Jahwes: Prozession 591,39; 592,38
Laie: Predigt 246,41; 263,29; 320,36; Presbyterial-synodale Kirchenverfassung 331,26; Preußen 370,29; Priester/Priestertum 411,20
Laienfrömmigkeit: Pommern 42,50
Laienpredigten: Predigt 329,10
Lambeth-Artikel: Prädestination 129,37
Lamennais, Hugues Félicité Robert de: Predigt 274,51
Lange, Albert: Psychologie 690,17
Lange, Ernst: Predigt 328,30
Lange, Joachim: Prädestination 134,34; Predigt 304,5
Lange, Johann Peter: Prädestination 144,20
Langer, Susanne Katherina: Prozeßtheologie/Prozeßphilosophie 601,3
Lanthpertus: Predigt 254,36
Laodizenerbrief: Pseudepigraphie 651,27
Laski, Jan: Prädestination 127,54
Latimer, Hugh: Predigt 300,12
Laube, Heinrich: Protestantismus 557,11
Laud, William: Presbyterianer 344,40
Lavater, Johann Caspar: Predigt 307,49
Le Blanc, Louis: Prädestination 132,35
Leese, Kurt: Protestantismus 559,16
Lehre: Priester/Priestertum 386,49; 417,15
Lehrverpflichtung: Protestantenverein 539,35
Leib u. Seele: Polynesien 30,13f.; Psychologie 685,8
Leibniz, Gottfried Wilhelm: Prädestination 137,25f.; 141,2.12.18; 143,33
Leichenpredigt: Protestantismus 564,36
Leidensgeschichte Jesu: Passionsfrömmigkeit 722,41ff.
Leidensmystik: Passionsfrömmigkeit 730,53
Leipzig: Predigt 316,11
Le Jay, Guy-Michel: Polyglotten 23,44
Leonardo da Porto Maurizio: Passionsfrömmigkeit 737,30
Lessing, Gotthold Ephraim: Protestantismus 544,21
Lessius, Leonard: Prädestination 135,14; 156,45
Leuenberger Konkordie: Politik und Christentum 14,18; Prädestination 127,49
Levi/Leviten: Propheten/Prophetie 494,15
Leyser, Wilhelm: Prädestination 137,7
Liberale Theologie: Predigt 320,23
Liberalismus: Portugal 66,29f.; Presbyterial-synodale Kirchenverfassung 336,20; Publizistik/Presse 709,4
Liebe: Prädestination 117,26
Lied: Prudentius 605,1
Liguori, Alfons Maria v.: Predigt 276,7
Lilje, Hanns: Predigt 326,6
Lindau: Protestation von Speyer 580,54
Lineage: Polynesien 29,33
Lipsius, Richard Adelbert: Protestantenverein 538,37
Litauen: Preußen 361,34
Literatur: Predigt 288,50
Liturgie: Passionsfrömmigkeit 733,38; 734,7; Prämonstratenser 168,6; 170,11; Predigt 266,5; 284,49; 291,15; Prozession 596,41
Liturgische Bewegung: Predigt 281,15f.
Löhe, Wilhelm: Predigt 317,12
Löscher, Valentin Ernst: Predigt 303,28; Publizistik/Presse 707,44
Lonergan, Bernard: Prozeßtheologie/Prozeßphilosophie 601,4
Loomer, Bernard M.: Prozeßtheologie/Prozeßphilosophie 601,19f.
Lotze, Rudolf Hermann: Psychologie 690,44
Lubbertus, Sibrand: Prädestination 131,30
Ludolf v. Sachsen: Passionsfrömmigkeit 731,42; 739,1
Ludwig, Hzg. v. Bayern: Predigt 264,7
Lüpsen, Focko: Publizistik/Presse 706,41
Luís de Granada: Predigt 270,48
Lukardis v. Oberweimar: Passionsfrömmigkeit 731,11
Lutgard v. Tongeren: Passionsfrömmigkeit 731,11
Luthardt, Christoph Ernst: Prädestination 144,50; Publizistik/Presse 708,40
Luther, Henning: Praktische Theologie 213,1
Luther, Martin: Passionsfrömmigkeit 750,36f.; 751,51; 752,26.49; Politik/Politologie 3,45; Politik und Christentum 7,15; Prädestination 118,36f.; Prag 175,10; Praktische Theologie 191,15; 196,44; Predigt 262,40; 296,20ff.; Preußen 362,46; Prierias 377,47; Priester/Priestertum 402,47f.; 418,25; Protestantismus 542,35; 558,22; Psalmen/Psalmenbuch 629,52f.
Lyrik: Prudentius 605,14

Maccovius, Johannes: Prädestination 131,41; 158,12
Mach, Ernst: Prag 177,24
Machiavelli/Machiavellismus: Politik/Politologie 4,8
Märtyrer/Märtyrerverehrung: Prudentius 605,20.26
Magdalenenorden: Prostitution 533,27
Magdeburg (Erzbistum): Preußen 365,47
Magie: Psychiatrie 672,39
Maistre, Joseph Marie de: Protestantismus 561,29
Malerei: Poussin 96,3
Mamaia: Polynesien 34,4
Mana u. Tabu: Polynesien 29,41f.
Mani: Predigt 227,24

Manichäismus: Predigt 227,23; Priszillian/Priszillianismus 450,11; Propheten/Prophetie 474,42; Prudentius 605,34; Pseudonymität 661,24
Manning, Henry Edward: Predigt 278,44
Marbach, Gotthard O.: Protestantismus 569,5
Marbach, Johannes: Prädestination 125,41
Marcion/Marcioniten: Prudentius 605,39
Marduk: Prostitution 528,17
Maresius, Samuel: Prädestination 132,26
Marezoll, Johann Gottlieb: Predigt 307,34
Mari: Propheten/Prophetie 478,56
Maria (Mutter Jesu): Passionsfrömmigkeit 729,37f.; 750,8
Maria de Agreda: Passionsfrömmigkeit 740,20
Maria Magdalena: Passionsfrömmigkeit 729,48
Maria Tudor: Presbyterianer 341,37
Marienklage: Passionsfrömmigkeit 735,2; 750,13
Marius Victorinus: Porphyrius 57,4
Mark: Presbyterial-synodale Kirchenverfassung 335,18; Preußen 364,32
Marseille: Prosper von Aquitanien 525,10
Martin v. Braga: Portugal 60,22; Predigt 251,41
Martin v. Cochem: Passionsfrömmigkeit 740,31; 747,34; Predigt 269,38
Martin v. Tours: Priszillian/Priszillianismus 451,2
Martyrium: Passionsfrömmigkeit 725,12; Polykarp von Smyrna 27,4
Marxsen, Willi: Predigt 327,10
Masaryk, Tomáš Garrigue: Prag 177,43
Maslow, Abraham Harold: Psychologie 692,14
Massillon, Jean-Baptiste: Predigt 274,19
Materialprinzip: Protestantismus 546,44
Matthäi, Johann: Predigt 302,38
Matthäus v. Krakau: Prag 173,42
Matthias v. Janov: Prag 173,59
Maurice de Sully: Predigt 255,32
Mayer, Johann Friedrich: Pommern 45,44; 46,49
McKemie, Francis: Presbyterianer 351,39
Mead, George Herbert: Pragmatismus 183,47
Mechthild v. Hackeborn: Passionsfrömmigkeit 731,12
Mechthild v. Magdeburg: Passionsfrömmigkeit 731,12
Medien: Predigt 290,7; Publizistik/Presse 714,8
Meditation: Passionsfrömmigkeit 728,25f.; 738,33; Predigt 304,46; 325,54
Mehlhausen, Joachim: Politik und Christentum 18,12
Meier, Georg Friedrich: Predigt 306,2
Meinhold, Karl: Pommern 48,25
Melanchthon, Philipp: Passionsfrömmigkeit 751,14; Prädestination 119,52f.; Prag 175,13; Predigt 298,22; Protestantismus 571,14
Meland, Bernard Eugene: Prozeßtheologie/Prozeßphilosophie 601,18f.
Melito v. Sardes: Passionsfrömmigkeit 730,27
Melville, Andrew: Presbyterianer 343,40
Memmingen: Protestation von Speyer 580,54
Mencken, Gottfried: Predigt 313,34f.
Menno Simons/Mennoniten: Preußen 363,37
Menschenrechte: Protestantismus 570,15
Mensching, Gustav: Protestantenverein 541,15
Meßbuchreform: Predigt 285,47
Messe: Predigt 249,21
Meßfeier: Passionsfrömmigkeit 733,39
Messias/Messianische Bewegungen: Propheten/Prophetie 495,3; Proselyten/Proselytentaufe 523,46
Meßner, Karl Ferdinand Hermann: Publizistik/Presse 709,17
Metaphysical Club: Pragmatismus 182,27
Metaphysik: Prozeßtheologie/Prozeßphilosophie 598,17f.; Psychologie 684,38
Methodistische Kirchen: Polynesien 33,8
Methodius v. Olympos: Porphyrius 56,32
Metzger, Bruce: Princeton 449,12
Meyfart, Johann Matthäus: Predigt 302,9
Mezger, Manfred: Predigt 327,10
Michael de Massa: Passionsfrömmigkeit 739,9
Michaelis, Johann David: Prädestination 141,30; 143,3; Protestantismus 572,27; 573,4; Psalmen/Psalmenbuch 631,53
Micraelius, Johannes: Prädestination 137,5
Midrasch/Midraschim: Prädestination 104,1; Predigt 236,3
Milič, Jan: Prag 173,58
Militärseelsorge: Preußen 367,36
Milton, John: Protestantismus 554,43
Minden (Bistum): Preußen 365,46
Misch, Georg: Protestantismus 561,10
Mischehe: Preußen 370,46
Mischna: Predigt 235,31; Pseudepigraphie 656,50
Missale Romanum: Passionsfrömmigkeit 734,9
Mission: Polynesien 32,47ff.; Portugal 63,14.26; 67,47; Preußen 360,7; Priester/Priestertum 380,27; 411,21; Propheten/Prophetie 505,7
Missionsgesellschaften:
- American Board of Commissioners for Foreign Missions: Polynesien 33,18
- Congrégation des Sacrés Cœurs de Marie et Jésus: Polynesien 33,27
- Hawaiian Missionary Society: Polynesien 33,21
- London Missionary Society: Polynesien 32,48; 33,17
- Société de Marie: Polynesien 33,31
- Société des Missions Evangéliques de Paris: Polynesien 33,16

Missionspredigt: Predigt 249,34; 251,37; 268,57
Moderne Predigt: Predigt 320,21
Möhler, Johann Adam: Protestantismus 545,49
Mönchtum: Passionsfrömmigkeit 725,34f.; 740,43; Pommern 42,32f.; Predigt 249,49; Priester/Priestertum 380,3; Priszillian/Priszillianismus 451,2; Propheten/Prophetie 474,38
Molina/Molinismus: Portugal 64,15; Prädestination 135,17; 137,38
Molinäus, Petrus: Prädestination 133,6
Monotheismus: Polytheismus 35,34
Monsabré, Jacques-Marie-Louis: Predigt 275,24
Montanismus: Polykarp von Smyrna 26,13
Montano, Benito Arias: Polyglotten 23,25
Morenz, Siegfried: Predigt 225,37
Mormonen: Polynesien 33,40

Morris, William Charles: Pragmatismus 184,11
Morus, Samuel Friedrich Nathanael: Prädestination 142,15
Mose/Moselied/Mosesegen/Moseschriften: Predigt 231,40; Propheten/Prophetie 477,37; 500,51; Pseudo-Philo 671,8
Mose ben Maimon: Psalmen/Psalmenbuch 629,4
Mosetestament: Pseudepigraphen des Alten Testaments 642,16
Mosheim, Johann Lorenz v.: Predigt 306,3
Mowinckel, Sigmund: Propheten/Prophetie 483,18; Psalmen/Psalmenbuch 610,45f.; 617,25; 632,52
Mozarabische Liturgie: Prudentius 606,33
Müller, Heinrich: Predigt 302,21
Müller, Julius: Prädestination 144,13.46
Müntzer, Thomas: Passionsfrömmigkeit 752,5
Muhammed: Prädestination 101,2; Predigt 228,34
Mursinna, Samuel: Prädestination 141,40
Musik: Protestantismus 574,20
Musik u. Religion: Prozession 592,10
Musterpredigten: Predigt 255,19; 256,34
Muttergottheiten: Prostitution 527,14
Mystik: Passionsfrömmigkeit 730,47; Predigt 253,23; 263,25
Mythologie: Poussin 96,32

Nachfolge Jesu: Passionsfrömmigkeit 725,24; 726,22; 737,55; Predigt 324,25
Nägel, Augustin: Prag 178,40
Nag Hammadi: Priszillian/Priszillianismus 450,49
Náhlovský, Vincenz: Prag 177,28
Napoleonische Epoche: Presbyterial-synodale Kirchenverfassung 336,17; Preußen 369,42
Nassau: Prälat 166,1; Presbyterial-synodale Kirchenverfassung 335,32
Nationalismus: Preußen 372,16; Protestantismus 553,17
National-Sozialer Verein: Protestantenverein 540,32
Nationalsozialismus: Publizistik/Presse 712,27
Nationalsozialismus u. Kirchen: Pommern 49,42; Predigerseminar 222,20; Presbyterial-synodale Kirchenverfassung 337,36; Preußen 374,31; Protestantenverein 541,3; Publizistik/Presse 712,25; 720,44
Natürliche Religion: Predigt 307,2
Naturalismus: Pragmatismus 183,50
Naturphilosophie: Pragmatismus 183,45
Naturrecht: Probabilismus 465,20
Naturwissenschaft: Prozeßtheologie/Prozeßphilosophie 602,21
Naumann, Friedrich: Predigt 321,28; Preußen 373,12
Nausea, Friedrich: Predigt 265,2
Nemesius v. Emesa: Prädestination 110,45
Neologie: Predigt 306,21
Nethenus, Matthias: Prädestination 139,49
Neue Evangelische Kirchenzeitung: Publizistik/Presse 709,15
Neues Testament: Prostitution 531,43
Neujahrsfest: Prozession 592,39
Neuluthertum: Predigt 315,40; Publizistik/Presse 708,19; 710,31
Neuplatonismus: Porphyrius 56,47
Neuprotestantismus: Protestantismus 547,47
Neureuter, Johann Georg: Protestantismus 555,16
Neuseeland: Polynesien 28,36; 34,23; Presbyterianer 351,5
Newman, John Henry: Predigt 279,14f.
Nicolai, Friedrich: Protestantismus 573,35
Nicolai, Philipp: Predigt 301,41
Niebergall, Friedrich: Praktische Theologie 203,28f.; Predigt 320,20
Niederlande: Predigt 301,15; 302,53; Presbyterial-synodale Kirchenverfassung 334,37
Niemöller, Martin: Predigt 324,10; Preußen 375,16
Nietzsche, Friedrich: Postmoderne 82,38
Nikolaus v. Dinkelsbühl: Predigt 256,3
Nikolaus v. Kues: Predigt 263,4
Nitzsch, Carl Immanuel: Praktische Theologie 197,47f.; Predigt 318,36; Publizistik/Presse 709,16
Nóbrega, Manuel da: Portugal 63,27
Nördlingen: Protestation von Speyer 580,55
Nohrborg, Andreas: Predigt 308,10
Nominalismus: Prag 173,38
Norbert v. Xanten: Prämonstratenser 168,8; Predigt 250,3
Novatian: Pseudonymität 666,13
Nürnberg: Protestation von Speyer 580,54

Oberammergau: Passionsfrömmigkeit 736,4
Obrigkeit: Predigt 250,43; Protestantismus 567,29
Ockham, Wilhelm v.: Prädestination 116,31; Predigt 262,49
Odo v. Chateauroux: Predigt 255,47
Odo v. Cluny: Passionsfrömmigkeit 725,44
Öffentlichkeit: Predigt 291,3
Ökumene: Presbyterial-synodale Kirchenverfassung 338,27; Presbyterianer 349,33
Ökumenische Versammlungen und Konferenzen:
Nairobi 1975: Propheten/Prophetie 513,15
Ötinger, Friedrich Christoph: Predigt 304,14
Offenbarung: Predigt 284,5; Propheten/Prophetie 473,40
Ogden, Schubert Miles: Prozeßtheologie/Prozeßphilosophie 601,9
Olier, Jean-Jacques: Predigt 273,4
Opfer: Passionsfrömmigkeit 733,43; Priester/Priestertum 380,20; 387,38; 422,14; 424,34; Proclus 470,10
Oporin, Joachim: Predigt 306,1
Opus Dei: Prälat 163,46
Orakel: Priester/Priestertum 386,40
Oratorianer: Portugal 65,52
Orden: Prämonstratenser 167,51ff.; Prag 172,35; Preußen 361,23
Ordination: Presbyterianer 341,12; Priester/Priestertum 409,2; 411,28; 423,5
Origenes/Origenismus: Porphyrius 54,24; Prädestination 110,38; Predigt 244,22f.; Psalmen/Psalmenbuch 625,15; Ptolemäus 702,12

Orosius: Portugal 59,50
Orthodoxie: Passionsfrömmigkeit 754,9; Predigt 300,19; Protestantismus 572,18
Orthodoxie, lutherische: Praktische Theologie 191,19
Orthodoxie, reformierte: Prädestination 139,56
Ortmann, Ernst-Albert: Publizistik/Presse 705,3
Osiander, Andreas: Preußen 363,10
Ostergrab: Passionsfrömmigkeit 735,20; 741,44
Osterinsel: Polynesien 32,9
Ostern/Osterfest/Osterpredigt: Prozession 595,40
Osternacht: Passionsfrömmigkeit 735,22
Osterspiel: Prozession 595,46
Otto v. Bamberg: Pommern 40,46; 41,23
Otto, Gert: Praktische Theologie 211,42
Otto, Rudolf: Protestantenverein 541,15
Oxfordbewegung: Predigt 278,27

Päpste:
Alexander III.: Pommern 41,11; Portugal 61,13
Anaklet: Privilegien 456,12
Anicet: Polykarp von Smyrna 25,28
Benedikt XII.: Passionsfrömmigkeit 737,26
Benedikt XIV.: Prälat 161,34
Bonifatius VIII.: Predigt 250,16
Calixt II.: Pommern 40,50
Clemens XI.: Portugal 65,27
Damasus I.: Priszillian/Priszillianismus 451,15
Gregor I., d.Gr.: Predigt 249,1; Privilegien 456,12
Gregor IX.: Privilegien 457,17
Gregor XVI.: Politik und Christentum 13,48; Publizistik/Presse 719,3
Innocenz II.: Pommern 41,23
Innocenz III.: Privilegien 457,16; Prostitution 533,17
Johannes XXI.: Portugal 62,10
Johannes XXIII.: Politik und Christentum 14,6; Predigt 283,44
Johannes Paul II.: Politik und Christentum 14,13; Postmoderne 88,51; Privilegien 459,33
Julius III.: Portugal 61,49
Leo I., d.Gr.: Prosper von Aquitanien 525,21; Privilegien 456,3
Leo X.: Privilegien 458,5
Leo XIII.: Politik und Christentum 13,50; 14,1; Predigt 280,31
Nikolaus IV.: Portugal 62,6
Paul VI.: Predigt 286,21
Pius IV.: Professio fidei Tridentina 472,3
Pius IX.: Politik und Christentum 13,49; Predigt 276,26; Professio fidei Tridentina 472,35
Pius X.: Privilegien 459,9
Pius XI.: Politik und Christentum 14,2
Pius XII.: Politik und Christentum 14,3
Viktor: Polykarp von Smyrna 25,29
Päpstliche Bullen, Enzykliken und Breven:
Acerbo nimis 1905: Predigt 280,49
Arduum sane munus 1904: Privilegien 459,10
Communio et progressio 1971: Predigt 290,16
Cum ad nihil magis 1536: Portugal 65,4
De statu regni Portugalliae 1290: Portugal 61,41
Divino afflante spiritu 1943: Predigt 281,2
Etsi suscepti 1444: Portugal 63,35
In sacrosancta 1564: Professio fidei Tridentina 472,9
Iniunctum nobis 1564: Professio fidei Tridentina 472,3
Jam dudum in Lusitania 1911: Portugal 67,15
Libertas praestantissimum 1888: Predigt 280,31
Manifestis probatum 1179: Portugal 61,14
Mediator Dei 1947: Predigt 282,17
Meditatio cordis 1547: Portugal 65,4
Mirari vos 1832: Publizistik/Presse 719,3
Mystici corporis 1943: Predigt 282,17
Occurrit nostrae considerationi 1289: Portugal 62,7
Praeclara charissimi 1551: Portugal 61,49
Providentissimus Deus 1893: Predigt 280,46
Super cathedram 1300: Predigt 250,15
Syllabus errorum 1864: Protestantenverein 540,14
Unigenitus Dei filius 1713: Portugal 65,31
Pais, Álvaro: Portugal 62,1
Pajon, Claude: Prädestination 138,5
Palladius, Peter: Predigt 299,53
Palmer, Christian: Praktische Theologie 199,50f.
Panigarela, Francesco: Predigt 270,39
Pank, Oskar: Predigt 316,10
Papini, Giovanni: Pragmatismus 182,35
Papsttum: Predigt 249,35; Prierias 378,6
Paquet, Alfons: Protestantismus 557,19
Paränese: Predigt 240,20
Parallelismus: Prosa 518,45; Proverbia 588,7; Psalmen/Psalmenbuch 611,38
Paravicino y Artega, Hortensio: Predigt 270,50
Pardubitz, Ernst v.: Prag 172,45
Pareus, David: Prädestination 127,44; 132,57
Paris: Psalmen/Psalmenbuch 627,29
Parsons, Talcott: Prozeßtheologie/Prozeßphilosophie 601,2
Partnerschaft: Prostitution 534,31
Pascal, Blaise: Probabilismus 466,23
Passion (musikalisch): Passionsfrömmigkeit 753,12
Passionisten: Passionsfrömmigkeit 732,2
Passionsandacht: Passionsfrömmigkeit 737,41
Passionsfrömmigkeit: 722–764
Passionsgedenken: Passionsfrömmigkeit 732,23f.
Passions-Horologium: Passionsfrömmigkeit 739,40
Passionssäule: Passionsfrömmigkeit 747,18
Passionsspiel: Passionsfrömmigkeit 735,47
Passionszeit: Passionsfrömmigkeit 734,6
Patronat: Preußen 365,32; Privilegien 457,44
Paul vom Kreuz: Passionsfrömmigkeit 732,4
Paulus, Apostel: Propheten/Prophetie 505,25
Paulus v. Burgos: Psalmen/Psalmenbuch 628,54
Paulus Diaconus: Predigt 254,29
Paulus Vladimiri: Preußen 362,7
Paulus, Heinrich Eberhard Gottlob: Publizistik/Presse 708,1

Pawlow, Iwan Petrowitsch: Psychologie 691,53
Peirce, Charles Sanders: Pragmatismus 182,23ff.; 187,27
Pelagius/Pelagianischer Streit: Prädestination 117,18; 143,1
Pentateuch: Priesterschrift 435,7; Ptolemäus 699,34
Perikopen/Perikopenbücher: Predigt 255,11; 297,23; 326,29
Perikopenzwang: Predigt 300,25; 303,38
Perkins, William: Prädestination 130,32
Perls, Frederick S.: Psychologie 692,14
Perseveranz: Prädestination 141,32
Person: Przywara 609,2
Personalprälat: Prälat 163,27
Peter v. Dusburg: Preußen 359,46
Peterson, Erik: Politik und Christentum 16,33
Petri, Laurentius: Predigt 299,55
Petri, Olaus: Predigt 299,54
Petrus v. Ailly: Prädestination 117,6
Petrus Aureoli: Prädestination 116,28
Petrus Damiani: Passionsfrömmigkeit 725,45
Petrus Hispanus: Portugal 62,9
Petrus Lombardus: Prädestination 114,32; Psalmen/Psalmenbuch 627,49
Petrus de Palude: Predigt 256,15
Pfaff, Christoph Matthäus: Prädestination 140,27.34; Protestantismus 555,43
Pfalz: Protestantismus 557,41
Pfarrer: Predigerseminar 221,4; Predigt 251,3
Pfarrernotbund: Preußen 375,16
Pfarrkirche: Preußen 361,4
Pfarrpredigt: Predigt 250,45
Pflanzensymbolik: Prudentius 605,13
Pflicht: Protestantismus 564,9
Phänomenologie: Postmoderne 92,21
Pharisäer: Priester/Priestertum 392,37
Philipp v. Hessen: Protestation von Speyer 580,50
Philipp der Kanzler: Predigt 255,33
Philipp II., Kg. v. Spanien: Polyglotten 23,22
Philippi, Friedrich Adolf: Prädestination 145,6
Philo v. Alexandrien: Propheten/Prophetie 495,11; Proselyten/Proselytentaufe 522,4
Philosophie: Positivismus/Neopositivismus 76,31; Pragmatismus 182,23; Predigt 305,19; Prozeßtheologie/Prozeßphilosophie 597,30f.; Psellos 637,28
Philosophie, analytische: Pragmatismus 182,31
Phönizien: Porphyrius 54,20
Physiognomik: Prädestination 103,3
Physiologus: Predigt 257,6
Pietismus: Passionsfrömmigkeit 754,13; Pommern 46,43; Praktische Theologie 197,28; Predigerseminar 221,19; Predigt 303,10f.; Preußen 366,21; Protestantismus 560,28; Psalmen/Psalmenbuch 631,39
Pighius, Albertus: Prädestination 123,17
Planck, Gottlieb Jakob: Protestantismus 543,51
Plato/Platonismus: Politik/Politologie 2,48f.; Polytheismus 36,47; Porphyrius 55,19; Proclus 469,7; Psychologie 684,42
Plotin: Porphyrius 54,32; Proclus 468,30; 469,26
Poesie: Prosa, alttestamentliche 517,35
Polen: Preußen 361,45
Polenz, Georg v.: Preußen 363,5
Poliander, Johannes: Preußen 363,8
Politik/Politologie: 1–6
Politik und Christentum: 6–22; Protestantismus 566,54; 569,48f.
Politische Predigt: Predigt 329,14
Polyglotten: 22–25
Polykarp von Smyrna: 25–28
Polynesien: 28–35
Polytheismus: 35–39; Polynesien 29,16
Pombal, Sebastião José de Carvalho e Melo, Marquis v.: Portugal 66,5
Pomesanien (Bistum): Preußen 360,31
Pommern: 39–54; Preußen 365,46; 370,36
Porphyrius, Philosoph: 54–59
Porto Maurizio, Leonhard v.: Predigt 276,1
Portugal: 59–73
Positivismus/Neopositivismus: 73–82
Positivismusstreit: Positivismus/Neopositivismus 80,45
Postillenpredigt: Predigt 297,12
Postmoderne: 82–95; Praktische Theologie 210,50
Pound, Ezra: Postmoderne 82,46
Poussin, Nicolas: 95–98
Prädestination: 98–160; Prosper von Aquitanien 526,6; Protestantismus 566,9
Prädikatur: Predigt 250,46
Prälat: 160–167
Prämonstratenser: 167–171; Passionsfrömmigkeit 749,15; Pommern 42,35
Präszienz: Prädestination 122,15; 133,50; 136,34f.
Prag, Universität: 172–182; s.a. Universitäten
Pragmatismus: 182–190
Praktische Theologie: 190–220; Predigerseminar 221,39; Psychologie 697,45
Predigerseminar: 221–225
Predigerverbände: Predigt 249,37
Predigt: 225–330; Priester/Priestertum 417,15
Predigtbücher: Predigt 255,23
Predigthilfen: Predigt 256,41; 326,34
Predigtmeditationen: Predigt 311,37
Predigttheorie: Predigt 256,25; 276,51
Presbyterial-synodale Kirchenverfassung: 331–340; Preußen 369,33
Presbyterianer: 340–359; Polynesien 33,19
Presseverband: Publizistik/Presse 710,51f.
Preußen: 359–376; Predigt 305,51; Protestantismus 557,47; 568,51
Preysing-Lichtenegg-Moos, Konrad Graf v.: Preußen 375,32
Prierias, Silvester Mazzolini: 376–379
Priester/Priestertum: 379–434; Passionsfrömmigkeit 733,40; Predigt 249,14; Propheten/Prophetie 476,11; Prostitution 531,34; Prozession 591,42
Priesterschrift: 435–446; Priester/Priestertum 385,34
Priesterseminar: Predigt 272,52
Priesterweihe: Priester/Priestertum 425,12
Princeton, Universität und Seminar: 446–449
Priszillian/Priszillianismus: 449–454; Portugal 59,42
Privatgebetbuch: Passionsfrömmigkeit 740,42

Privilegien, Kirchliche: 454–465
Probabilismus: 465–468
Proclus: 468–471
Professio fidei Tridentina: 471–473
Prokop v. Templin: Predigt 269,2
Propheten/Prophetie: 473–517; Priester/Priestertum 382,32
Prophetenkanon: Propheten/Prophetie 493,12
Prosa, alttestamentliche: 517–521
Proselyten/Proselytentaufe: 521–525
Prosper von Aquitanien: 525–526; Prädestination 111,43
Prostitution: 527–538
Protestantentag: Protestantenverein 538,28
Protestantenverein: 538–542
Protestantische Kirchenzeitung: Publizistik/Presse 709,5
Protestantische Monatsblätter für innere Zeitgeschichte: Publizistik/Presse 708,58
Protestantischer Verein der Bayerischen Pfalz: Protestantenverein 539,5
Protestantismus: 542–580; Preußen 366,3
Protestation von Speyer: 580–582; Protestantismus 542,18.40; 554,28
Proverbia: 583–590
Prozession: 591–597; Passionsfrömmigkeit 736,14
Prozessionale: Prozession 596,7
Prozeßtheologie/Prozeßphilosophie: 597–604; Pragmatismus 188,3
Prudentius: 604–607; Portugal 59,47
Przywara, Erich: 607–610
Psalmen/Psalmenbuch: 610–637; Prozession 592,7; Pseudepigraphie 648,40
Psalmen Salomos: Pseudepigraphen des Alten Testaments 640,31
Psellos, Konstantin: 637–639
Pseudepigraphen des Alten Testaments: 639–645
Pseudepigraphie: 645–659; Pseudonymität 660,23
Pseudo-Clementinen: Propheten/Prophetie 510,14
Pseudonymität: 659–669; Pseudepigraphie 645,27
Pseudo-Philo: 670–672
Psychiatrie: 672–676; Psychoanalyse/Psychotherapie 683,3
Psychoanalyse/Psychotherapie: 677–684
Psychologie: 684–699; Pragmatismus 184,35
Psychosomatik: Psychoanalyse/Psychotherapie 683,4
Ptolemäus, Gnostiker: 699–702
Publizistik/Presse: 703–722; Predigt 320,29
Puritanismus: Presbyterianer 351,31

Queis, Erhard: Preußen 363,6
Quenstedt, Johannes Andreas: Prädestination 137,12
Quine, Willard Van Orman: Pragmatismus 186,13; 188,31
Qumran: Prädestination 102,39; Propheten/Prophetie 494,40; Psalmen/Psalmenbuch 624,50; Pseudepigraphen des Alten Testaments 645,1; Pseudo-Philo 670,40

Rab/Rabbi/Rabban/Rabbiner: Propheten/Prophetie 499,51
Rad, Gerhard v.: Predigt 326,49; Priesterschrift 436,38
Rade, Martin: Priester/Priestertum 407,45; Publizistik/Presse 709,40
Ragaz, Leopold: Predigt 321,35
Raguenier, Denis: Predigt 299,25
Rahner, Karl: Predigt 283,3; Przywara 609,49
Raimund Martini: Psalmen/Psalmenbuch 627,37
Rambach, Johann Jakob: Predigt 304,5
Rango, Tiburtius: Pommern 45,44; 46,49
Rankonis de Ericino, Adalbert: Prag 173,39
Ratibor, Hzg.: Pommern 41,16
Rationalismus: Pragmatismus 183,12; Predigerseminar 221,29; Predigt 307,11f.; Preußen 368,8; Protestantismus 564,51; 568,17; Publizistik/Presse 708,3
Rauscher, Wolfgang: Predigt 271,10
Ravensberg: Preußen 364,33
Ravignan, Gustave-Xavier de la Croix de: Predigt 275,9
Rawls, John: Politik/Politologie 5,30
Recht, Kanonisches: Privilegien 455,14ff.
Recht, Römisches: Privilegien 455,40
Rechtfertigung: Prädestination 106,7; 118,49; 120,22; 156,41; Protestantismus 548,36; 549,40
Rechtspflege: Priester/Priestertum 387,27
Rechtspositivismus: Positivismus/Neopositivismus 80,36
Reconquista: Portugal 60,49
Reformation: Passionsfrömmigkeit 750,32ff.; Pommern 43,22ff.; Prämonstratenser 170,26; Preußen 363,3; Priester/Priestertum 418,24; Prostitution 533,38; Protestantismus 551,50; Protestation von Speyer 581,12; Prozession 595,52
Reformierte Kirchen: Prädestination 128,8; 138,2ff.; Presbyterial-synodale Kirchenverfassung 331,18; Presbyterianer 340,54; Preußen 364,47; Princeton 447,44; Publizistik/Presse 708,46
Reformierte Kirchenzeitung: Publizistik/Presse 708,48
Reformierter Weltbund: Presbyterianer 350,15; 354,54
Reformorden: Predigt 267,32; 272,15
Reichskammergericht: Protestantismus 554,51
Reichspublizistik: Protestantismus 554,52
Reichstage der Reformationszeit: Protestantismus 554,50
Speyer 1529: Protestation von Speyer 580,48f.
Reichsverfassung: Protestantismus 554,54
Reihenpredigten: Predigt 254,53
Rein, Wilhelm: Protestantismus 571,22
Reinbeck, Johann Gustav: Predigt 305,46
Reinhard v. Laudenburg: Passionsfrömmigkeit 739,22
Reinhard, Franz Volkmar: Predigt 307,42
Reinheit: Priester/Priestertum 387,13; Proselyten/Proselytentaufe 524,4
Religiöser Sozialismus: Predigt 327,17
Religion: Predigt 305,35; 306,41; Prozeßtheologie/Prozeßphilosophie 599,53

Religionsfreiheit: Presbyterianer 345,50; 347,3; Preußen 369,9
Religionsgeschichte Israels: Psalmen/Psalmenbuch 619,35
Religionskritik: Psychoanalyse/Psychotherapie 681,51
Religionspädagogik: Psychologie 697,47
Religionsphänomenologie: Polytheismus 36,30
Religionsphilosophie: Pragmatismus 188,15; Przywara 608,5
Reliquien/Reliquienverehrung: Passionsfrömmigkeit 729,18; 737,37; 749,45; Predigt 251,47
Restauration: Protestantismus 554,12; 568,32; Prozession 596,13; Publizistik/Presse 707,30
Reuchlin, Johannes: Prierias 377,13; Psalmen/Psalmenbuch 627,37; 629,16; Pseudonymität 668,56
Reutlingen: Protestation von Speyer 580,55
Revolution: Politik und Christentum 7,33; Preußen 371,19; Protestantismus 553,10
Rheinland: Presbyterial-synodale Kirchenverfassung 335,38; Preußen 370,31
Rhetorik: Predigt 244,42; 270,49; 288,32; 305,16
Richter, Wolfgang: Prosa 517,47
Ricoldus de Monte Crucis: Passionsfrömmigkeit 736,23
Rieger, Georg Conrad: Predigt 304,13
Rieger, Karl Heinrich: Predigt 304,14
Ringgren, Helmer: Prädestination 100,18
Ritschl, Albrecht: Protestantismus 546,50; Publizistik/Presse 709,45
Ritschl, Carl: Pommern 47,42
Rittelmeyer, Friedrich: Predigt 321,8
Ritterorden: Pommern 42,48; Portugal 61,45; Preußen 360,16
Rivet, André: Prädestination 139,46
Rivet, Guillaume: Prädestination 139,43
Robert v. Arbrissel: Predigt 250,3
Robert v. Melun: Prädestination 113,51
Robert v. Sorbon: Predigt 255,42
Rocaberti, Johannes Thomas de: Prierias 378,29
Rochau, August Ludwig v. Politik/Politologie 5,19
Röhr, Friedrich: Predigt 314,11f.
Römisch-Katholische Kirche: Prädestination 134,48; Preußen 370,40; 371,34; Publizistik/Presse 718,37ff.
Rössler, Dietrich: Praktische Theologie 211,8; Predigt 328,40
Rogers, Carl Ransom: Psychologie 692,13
Rom: Porphyrius 54,31; Prosper von Aquitanien 525,16; Prozession 594,53; Prudentius 606,8; Ptolemäus 699,17
Roman: Predigt 304,56
Romantik: Passionsfrömmigkeit 754,40; Postmoderne 83,14
Romanus der Melode: Passionsfrömmigkeit 724,40
Rorty, Richard: Pragmatismus 186,5
Rosenkranz: Passionsfrömmigkeit 741,19
Rosenkreutzer: Preußen 368,51
Rosenmüller, Johann Georg: Protestantismus 544,5
Roskilde (Bistum): Pommern 41,12
Rothe, Richard: Prädestination 146,38; Predigt 318,45; Protestantenverein 538,30; Protestantismus 547,10f.
Rowland, Daniel: Predigt 308,46
Roždalovský, Wenzel: Prag 175,10
Rudbeck, Johannes: Predigt 302,37
Rudolf II., Kaiser: Prag 175,34
Rügen: Pommern 41,8; 47,13
Ruge, Arnold: Protestantismus 568,49
Rundfunk: Publizistik/Presse 714,55
Runge, Jacob: Pommern 44,44
Russell, Robert: Prozeßtheologie/Prozeßphilosophie 602,23
Rust, Isaak: Protestantismus 557,6
Ruth (Buch): Proselyten/Proselytentaufe 521,43

Sack, August Friedrich Wilhelm: Predigt 306,40; Preußen 368,17; Protestantismus 543,25
Sack, Friedrich Samuel Gottfried: Predigt 306,45
Sadduzäer: Priester/Priestertum 398,49
Säkularisation: Pommern 44,26; Prämonstratenser 170,36; Predigt 276,31; Preußen 362,52
Säkulariierung: Portugal 66,40; Preußen 369,23
Sailer, Johann Michael: Predigt 276,36
Sakramente: Poussin 97,25; Predigt 252,8
Salbung: Priester/Priestertum 386,1; 411,18; 418,8
Sales, François de: Passionsfrömmigkeit 732,5; Predigt 272,21
Salomo/Salomoschriften: Priester/Priestertum 383,45; Proverbia 585,17
Salomo ben Isaak: Psalmen/Psalmenbuch 628,22
Salzmann, Christian Gotthilf: Predigt 307,39
Samaritaner: Priester/Priestertum 398,21
Samland (Bistum): Preußen 360,31
Sanhedrin: Propheten/Prophetie 501,19
Sankt Gallen: Protestation von Speyer 580,55
Sankt Viktor, Schule v.: Psalmen/Psalmenbuch 627,29
Saul: Priester/Priestertum 383,41
Saumur (Akademie): Prädestination 138,1; 139,42
Saurin, Elias: Predigt 302,56
Schamane: Priester/Priestertum 382,32
Schamanismus: Polynesien 32,30; Psychiatrie 672,40
Schau: Prozession 596,38
Scheler, Max: Pragmatismus 182,37
Schenkel, Daniel: Protestantenverein 538,15; 539,34; Protestantismus 546,4
Scherer, Georg: Predigt 268,17
Scherer, Rudolf v.: Privilegien 458,36
Schertzer, Johann Adam: Prädestination 137,28
Schicksal: Prädestination 105,44
Schiller, Ferdinand Canning Scott: Pragmatismus 185,60
Schisma: Prag 173,26
Schlatter, Adolf: Prädestination 146,15; Predigt 321,32
Schlegel, Gottlieb: Pommern 47,17
Schleiermacher, Friedrich Daniel Ernst: Pommern 47,14; Prädestination 142,47f.; Praktische Theologie 190,55; 191,41; 197,47f.; Predigt 312,2; Presbyterial-synodale

Kirchenverfassung 331,11; Preußen 369,26; Protestantismus 544,25ff.; 558,14
Schlesien: Preußen 368,27; 370,36
Schlier, Heinrich: Predigt 282,36
Schmalkaldischer Bund: Pommern 44,39; Protestation von Speyer 582,29
Schmerzen Mariae: Passionsfrömmigkeit 750,31
Schmerzenskind: Passionsfrömmigkeit 749,59
Schmerzensmann: Passionsfrömmigkeit 748,48
Schmitt, Carl: Politik und Christentum 16,30
Schmitz, Otto: Predigerseminar 222,25
Schneckenburger, Matthias: Protestantismus 553,35
Schönherr, Albrecht: Predigt 326,15
Schöpfer/Schöpfung: Prädestination 110,34; Prostitution 527,28
Scholastik/Neuscholastik: Portugal 62,15; Praktische Theologie 191,11; Predigt 252,51f.
Schomer, Johann Christoph: Prädestination 140,41
Schottland: Presbyterial-synodale Kirchenverfassung 333,32; Presbyterianer 342,11f.; 346,1f.; 347,40f.
Schreiber, Heinrich: Protestantismus 561,20
Schrift, Heilige: Praktische Theologie 195,35; Predigt 256,43; 303,13; Prierias 378,20; Protestantismus 558,24
Schriftauslegung: Predigt 244,21; 252,35; 262,49; 265,14; 276,43; 299,17; 316,40; Prudentius 605,12
Schriftbezug: Predigt 254,4
Schriftpredigt: Predigt 265,45
Schriftprophetie: Propheten/Prophetie 487,8
Schubert, Johann Ernst: Prädestination 141,55; 142,43
Schubring, Wilhelm: Protestantenverein 540,50
Schule/Schulwesen: Pommern 45,14; Protestantismus 571,18
Schulpredigt: Predigt 253,9
Schulreform: Preußen 367,33
Schwarz, Friedrich Heinrich Christian: Protestantismus 557,1
Schwarz, Karl Heinrich Wilhelm: Protestantenverein 538,37
Schweden: Pommern 45,36f.; Predigt 302,36
Schweitzer, Albert: Protestantenverein 541,15
Scriver, Christian: Predigt 302,16
Seckendorff, Veit Ludwig v.: Protestantismus 555,30
Sedrach-Apokalypse: Pseudepigraphen des Alten Testaments 643,22
Seele: Psychologie 684,39
Seelenglaube: Polynesien 29,15
Seelsorge: Prämonstratenser 168,6; 171,8; Predigt 320,35; Psychiatrie 675,41
Segneri, Paolo: Predigt 275,47
Seibt, Heinrich: Prag 176,45
Seitenwunde Christi: Passionsfrömmigkeit 747,58f.
Sellars, Wilfrid: Pragmatismus 188,31
Selnecker, Nikolaus: Prädestination 134,10
Semiotik: Pragmatismus 184,10
Semipelagianismus: Prädestination 111,37; 133,22
Semler, Johann Salomo: Prädestination 141,52; Preußen 368,7; Protestantismus 544,17
Semmelroth, Otto: Predigt 282,48
Septuaginta: Polyglotten 23,6
Sermonesreihen: Predigt 254,50
Servitenorden: Passionsfrömmigkeit 730,13
Seuse, Heinrich: Passionsfrömmigkeit 731,15; 739,42
Sexualethik: Prostitution 534,21
Sexualität: Protestantismus 564,42; Psychiatrie 674,32
Simmel, Georg: Pragmatismus 182,36
Simon ben Kosiba: Predigt 238,45
Simon Fidati v. Cascia: Passionsfrömmigkeit 738,51
Simon v. Tournai: Prädestination 114,18
Sinai: Priesterschrift 438,45
Siovili: Polynesien 34,10
Skalský, G.A.: Prag 178,30
Skriptorium: Publizistik/Presse 704,17
Slawen: Pommern 40,15
Slawische Religion: Pommern 40,43
Smend, Julius: Predigt 321,19
Smith, Wilfred Cantwell: Prozeßtheologie/Prozeßphilosophie 601,4
Soares, Cipriano: Portugal 64,9
Söhngen, Gottlieb: Predigt 282,34
Sonntag: Passionsfrömmigkeit 733,13
Sonntagsblatt: Publizistik/Presse 710,14; 712,39
South, Robert: Predigt 303,6
Sozialdemokratie: Preußen 372,39
Soziale Frage: Preußen 372,51
Sozialkritik: Propheten/Prophetie 487,49
Spalding, Johann Joachim: Pommern 47,10; Predigt 307,1
Spangenberg, August Gottlieb: Predigt 304,31
Spangenberg, Johann: Predigt 298,29
Spanheim, Friedrich d.Ä.: Prädestination 139,57
Spanien: Portugal 65,9; Prudentius 604,31
Spee, Friedrich v.: Predigt 268,44
Spegel, Hagarin: Predigt 302,40
Spekulative Theologie: Protestantismus 565,5
Spener, Philipp Jakob: Predigt 303,30f.; Preußen 366,26; Priester/Priestertum 406,45
Speratus, Paul: Preußen 363,7
Spiel: Passionsfrömmigkeit 735,43f.; Prozession 596,41
Spinoza/Spinozismus: Prädestination 143,33
Spiritualisten: Passionsfrömmigkeit 752,5
Spiritualität: Praktische Theologie 214,12
Sprache/Sprachwissenschaft/Sprachphilosophie: Predigt 288,21; Protestantismus 574,14
Staat/Staatsphilosophie: Protestantismus 569,51f.
Staatskirchenrecht: Preußen 369,10
Staatsräson: Politik und Christentum 10,21
Stadtpastoral: Predigt 281,39
Stäudlin, Karl Friedrich: Prädestination 142,35
Stahl, Friedrich Julius: Protestantismus 569,10; Publizistik/Presse 708,25
Stanislaus v. Znaim: Prag 174,3
Stapfer, Johann Friedrich: Prädestination 141,5

Statečný, Karel: Prag 178,34
Steck, Karl Gerhard: Publizistik/Presse 705,40
Stein, Karl Reichsfreiherr vom u. zum: Preußen 369,28
Steinhofer, Friedrich Christoph: Predigt 304,17
Steinmeyer, Franz: Predigt 318,48
Stepling, Josef: Prag 176,43
Sterne, Laurence: Predigt 308,21
Stettin: Pommern 42,20
Stimmen der Zeit: Przywara 607,27
Stoecker, Adolf: Preußen 373,6; Publizistik/Presse 709,24
Stoll, Gerhard E.: Publizistik/Presse 706,42
Storr, Johann Christian: Predigt 304,18
Stout, Jeffrey: Pragmatismus 189,32
Straaten, Werenfried van: Prämonstratenser 171,10
Stralsund: Pommern 43,43
Straßburg: Protestation von Speyer 580,54
Strauß, David Friedrich: Prädestination 144,9
Strimesius, Samuel: Prädestination 140,29
Stundenbuch: Passionsfrömmigkeit 740,49
Stundengebet: Passionsfrömmigkeit 728,28; 733,24
Suárez, Francisco: Prädestination 135,58; Prag 176,13; Probabilismus 466,3
Subsidiaris: Prämonstratenser 171,13
Suchocki, Marjorie: Prozeßtheologie/Prozeßphilosophie 602,5
Sueben: Portugal 60,8
Sühne: Priester/Priestertum 399,3
Sünde: Prädestination 117,36; Predigt 242,32; Przywara 609,9
Sulpicius Severus: Priszillian/Priszillianismus 450,6
Sulpizianer: Predigt 273,7
Sulze, Emil: Predigt 320,33
Sulzer, Simon: Prädestination 126,41
Superville, Daniel de: Predigt 302,53
Supranaturalismus: Predigt 307,41
Surgant, Johann Ulrich: Predigt 256,40
Svedberg, Jasper: Predigt 302,40
Sydow, Karl Leopold Adolf: Protestantenverein 538,26; Publizistik/Presse 709,7
Syllabus: s. Päpstliche Bullen, Enzykliken und Breven
Symbol: Psychoanalyse/Psychotherapie 681,39
Synagoge: Priester/Priestertum 396,1
Synechismus: Pragmatismus 184,2
Synkretismus: Polynesien 34,1
Synode: Presbyterial-synodale Kirchenverfassung 331,32; 336,44ff.; Preußen 370,27; 371,5
Synoden:
  Basel 1431–1437: Predigt 251,14
  Chalkedon 451: Publizistik/Presse 704,14
  Dordrecht 1618/19: Prädestination 131,35; 132,58; 133,9.20; 157,51
  Duisburg 1610: Presbyterial-synodale Kirchenverfassung 335,17
  Elvira ca. 300 – ca. 313: Portugal 60,2
  Emden 1571: Presbyterial-synodale Kirchenverfassung 335,2
  Ferrara 1438: Prälat 161,12
  Florenz 1439–1447: Prälat 161,13
  Konstanz 1414–1418: Portugal 62,26; Prag 174,33; Predigt 251,13; Preußen 362,5
  Lateran 1215: Predigt 250,21; Przywara 608,40
  Lateran 1512–1517: Predigt 264,25; 266,49
  Nicäa 325: Publizistik/Presse 704,14
  Pisa 1134: Prag 174,9
  Toledo 400: Portugal 59,45
  Tridentinum 1545–1563: Portugal 64,34; Prädestination 135,37; 136,14; Predigt 266,52f.; 272,13; Priester/Priestertum 419,3; 432,33; Professio fidei Tridentina 471,41ff.; Psalmen/Psalmenbuch 631,28; Publizistik/Presse 718,43
  Vatikanum I 1869/70: Preußen 372,26; Professio fidei Tridentina 472,36; Protestantenverein 540,15
  Vatikanum II 1962–1965: Portugal 67,31; Praktische Theologie 209,15; Predigt 283,33ff.; 290,50; Priester/Priestertum 419,44; 427,53; 431,41; Probabilismus 466,43; Prozession 596,16; Publizistik/Presse 719,25
  Vienne 1311/1313: Predigt 250,16
  Weseler Konvent 1568: Presbyterial-synodale Kirchenverfassung 334,41
Syrien: Passionsfrömmigkeit 724,33

Täufer: Passionsfrömmigkeit 752,5
Tagespresse: Publizistik/Presse 710,52
Tanach: Pseudepigraphen des Alten Testaments 639,48
Tannaiten: Priester/Priestertum 395,32; Propheten/Prophetie 500,15
Tannenberg: Preußen 362,4
Targum: Predigt 235,34
Tarnow, Paul: Prädestination 156,49
Tatian: Passionsfrömmigkeit 738,23
Taufe: Passionsfrömmigkeit 754,8; Presbyterianer 356,8; Priester/Priestertum 411,18; Prozession 594,38
Tauler, Johannes: Passionsfrömmigkeit 732,6
Tausen, Hans: Predigt 299,50
Taylor, Jeremy: Predigt 303,1
Teller, Wilhelm Abraham: Prädestination 141,47; Predigt 307,29
Tempel: Priester/Priestertum 417,1; Propheten/Prophetie 482,38
Tempelprostitution: Prostitution 528,4
Teresa v. Avila: Passionsfrömmigkeit 731,33; Predigt 272,23
Terser, Johannes Elai: Predigt 302,38
Tersteegen, Gerhard: Predigt 304,20
Tertullian: Priester/Priestertum 402,9; 411,17; Prozession 594,52; Ptolemäus 699,20
Testamente der XII Patriarchen: Pseudepigraphen des Alten Testaments 639,45
Teufel: Priszillian/Priszillianismus 452,43; Ptolemäus 699,49
Thadden, Adolf v.: Pommern 48,10.19
Theismus: Polytheismus 36,11
Theodoret v. Kyros: Psalmen/Psalmenbuch 625,49
Theodosius I.: Priszillian/Priszillianismus 450,29
Theodulph v. Orléans: Predigt 249,7
Theologie: Pragmatismus 187,29

Theologie der Verkündigung: Predigt 282,5
Theologiestudium: Predigerseminar 221,7
Theorie u. Praxis: Predigerseminar 221,34
Theremin, Franz: Predigt 319,9
Thielicke, Helmut: Predigt 326,22; Publizistik/Presse 705,44
Tholuck, Friedrich August Gottreu: Predigt 313,12
Thom, Karl: Pommern 49,45; 50,16.28
Thomas v. Aquino/Thomismus/Neuthomismus: Politik/Politologie 1,48; Politik und Christentum 7,13; Prädestination 115,6ff.; Prag 173,46; Prostitution 532,37
Thomas v. Bradwardine: Prädestination 117,19
Thomas v. Kempen: Passionsfrömmigkeit 739,18; Predigt 263,38
Thomas Scotus: Portugal 62,13
Thomasius, Gottfried: Predigt 317,27
Thoth: Pseudonymität 660,48
Thronbesteigungsfest: Prozession 592,41; Psalmen/Psalmenbuch 612,34
Thun-Hohenstein, Graf Leo: Prag 177,4
Thurneysen, Eduard: Praktische Theologie 206,8; Predigt 323,43
Tillich, Paul: Postmoderne 90,53; Prädestination 146,1; Predigt 324,53; 327,16; Protestantenverein 541,16; Protestantismus 548,27ff.; 557,29
Tillotson, John: Predigt 303,2; 305,39
Tod: Polynesien 30,8f.; Protestantismus 564,29
Toleranz: Preußen 365,38; 369,9
Tolet, Franz: Prädestination 134,52
Tollstadius, Erik: Predigt 308,10
Tora: Propheten/Prophetie 500,52
Totengeister: Polynesien 30,43f.
Totting v. Oyta, Heinrich: Prag 173,40
Transvestiten: Prostitution 530,5
Transzendenz: Przywara 608,10
Traub, Gottfried: Protestantismus 562,17
Traum: Propheten/Prophetie 473,41
Trauner, Ignaz: Predigt 271,8
Travers, Walter: Presbyterianer 341,44
Triduum Sacrum: Passionsfrömmigkeit 732,25
Trieglaffer Konferenzen: Pommern 48,12
Trier: Priszillian/Priszillianismus 450,27
Trillhaas, Wolfgang: Predigt 323,52; 328,13
Trinität: Prudentius 605,31; Przywara 608,41
Troeltsch, Ernst: Praktische Theologie 194,43; Protestantismus 547,26ff.; 553,37; 559,39; 560,37
Truber, Primus: Predigt 300,3
Türkenkriege: Privilegien 457,46
Tugend: Predigt 306,18; Prudentius 605,47
Turrettini, Franz: Prädestination 132,36; 133,14; 141,34
Twisse, William: Prädestination 129,44; 131,42
Tychismus: Pragmatismus 184,1
Tzschirner, Heinrich Gottlieb: Protestantismus 568,19

Überseepatronat: Portugal 63,33
Uhlhorn, Gerhard: Predigerseminar 221,49
Ulm: Protestation von Speyer 580,54
Ulrich v. Augsburg: Passionsfrömmigkeit 735,13
Ultramontanismus: Predigt 279,3; Preußen 370,45; Protestantenverein 540,14
Umgang: Prozession 594,12
Umwelt: Prozeßtheologie/Prozeßphilosophie 602,25
Unionen, Kirchliche: Pommern 47,43; Presbyterial-synodale Kirchenverfassung 336,50; Preußen 367,13; 370,19; Protestantismus 555,38
Universität(en): Prädestination 113,2; Predigt 251,7; 252,48; 255,5.37; Privilegien 458,11; Professio fidei Tridentina 472,10; Protestantismus 555,12; 571,18
  Altdorf: Predigerseminar 221,13
  Aussig: Prag 180,19
  Berlin: Publizistik/Presse 706,16
  Böhmisch Budweis: Prag 180,19
  Braga: Portugal 67,25
  Brünn: Prag 177,54
  Coimbra: Portugal 61,36; 63,49; 65,19; 66,19; 67,6
  Erlangen: Publizistik/Presse 706,21
  Évora: Portugal 64,13; 66,9
  Göttingen: Publizistik/Presse 706,21
  Greifswald: Pommern 43,9; 44,40; 46,50; 47,15; 48,33.44; 50,5; 52,4
  Halle: Preußen 366,32
  Harvard: Princeton 446,31; Prozeßtheologie/Prozeßphilosophie 597,50
  Königsberg: Preußen 363,10
  Lissabon: Portugal 67,26
  Marburg: Publizistik/Presse 706,22
  München: Publizistik/Presse 706,22
  Olmütz: Prag 177,17
  Ostrau: Prag 180,18
  Paris: Predigt 255,39
  Pilsen: Prag 180,18
  Prag: 172–182
  Princeton: 446–449; Presbyterianer 352,6
  Troppau: Prag 180,17
  Yale: Princeton 446,31
Universitätspredigt: Predigt 255,45
Unsterblichkeit: Predigt 306,18
Urkundenwesen: Privilegien 456,21
Ursinus, Zacharias: Prädestination 127,25.39
Ussher, James: Predigt 303,1
Utilitarismus: Predigt 307,16
Utraquisten: Prag 174,50

Vaihinger, Hans: Pragmatismus 182,36
Valentin/Valentinianer: Ptolemäus 699,18
Vaterunser: Predigt 252,8
Vázquez, Gabriel: Prädestination 133,23; 135,12
Venn, Henry: Predigt 308,44
Ventura de Raulica, Gioacchino: Predigt 276,22
Verbalinspiration: Predigt 300,48
Verdienst: Prädestination 115,33
Vereinigte Staaten v. Amerika: Presbyterianer 351,29
Vereinswesen: Protestantenverein 538,14; Protestantismus 565,10
Vermigli, Pietro Martire: Prädestination 125,28
Vermittlungstheologie: Predigt 318,35; Protestantismus 565,5
Verstand: Predigt 306,17
Verwandtschaftsgruppe: Polynesien 29,32
Vieira, António: Portugal 65,45
Vikar/Vikarin: Predigerseminar 221,8

Villers, Charles François Dominique: Protestantismus 568,1
Vinzenz v. Lérins: Prädestination 111,32
Vinzenz v. Paul: Predigt 272,32
Visitation: Pommern 44,31; Prälat 164,31
Vita Adae et Evae: Pseudepigraphen des Alten Testaments 640,13
Vitae Prophetarum: Pseudepigraphen des Alten Testaments 644,25
Völkerwanderung: Portugal 60,6
Voetius, Gisbert: Prädestination 131,45
Volksfrömmigkeit: Passionsfrömmigkeit 722,22ff.
Volkskirche: Praktische Theologie 208,20; Protestantenverein 539,16
Volksmission: Predigt 281,40
Volkspredigt: Predigt 253,32f.
Volkssprache: Predigt 252,15
Vormärz: Protestantismus 554,12
Vorsehung: Prädestination 110,33; 120,41; 121,24; 127,17; 156,39
Vulgata: Polyglotten 23,6

Wachholz, Heinrich: Pommern 42,18
Wahrheit: Pragmatismus 189,26; Protestantismus 572,38
Waläus, Antonius: Prädestination 137,11
Waldenser: Presbyterial-synodale Kirchenverfassung 333,28
Waldhauser, Konrad: Prag 173,3
Wales: Predigt 308,45
Wallfahrt/Wallfahrtswesen: Passionsfrömmigkeit 729,20; Prozession 594,16
Walther, Carl Ferdinand Wilhelm: Prädestination 145,21
Walton, Brian: Polyglotten 24,21
Wanderpredigt: Predigt 250,2; 268,56
Wartislaw I., Hzg.: Pommern 40,21; 41,3
Wassermann, Christoph: Prozeßtheologie/Prozeßphilosophie 602,23
Watson, John Broadus: Psychologie 691,49
Watts, Joseph: Predigt 308,22
Weber, Max: Politik/Politologie 1,26f.; Politik und Christentum 8,44; 10,46; Protestantismus 553,37; 566,1
Weber, Otto: Predigt 325,53
Wegscheider, Julius August Ludwig: Prädestination 142,11; 143,60
Weihe: Priester/Priestertum 423,24
Weihnachten/Weihnachtsfest/Weihnachtspredigt: Prozession 595,49
Weisheitsliteratur: Proverbia 584,21
Weißenburg: Protestation von Speyer 581,1
Wellhausen, Julius: Priesterschrift 435,20
Welt: Protestantismus 562,23; 563,40; Prozeßtheologie/Prozeßphilosophie 597,40
Wenzel IV., Kg. v. Böhmen: Prag 174,10
Werenfels, Samuel: Prädestination 141,31
Wesley, Charles: Predigt 308,43
Wesley, John: Predigt 308,38
Westenrieder, Lorenz v.: Protestantismus 573,52
Westfälischer Friede: Preußen 365,44; Protestantismus 555,28
Westfalen: Presbyterial-synodale Kirchenverfassung 335,39; Preußen 370,31
Westgoten: Portugal 60,11
Westminster/Westminsterconfession: Presbyterianer 345,3.15; 353,3.48; 354,5; Princeton 447,52
Westphal, Joachim: Prädestination 124,36
West- u. Ostpreußen: Preußen 368,27
Whitaker, William: Prädestination 129,14
Whitefield, George: Predigt 308,28; Presbyterianer 352,7
Whitehead, Alfred North: Prozeßtheologie/Prozeßphilosophie 597,29ff.
Wichern, Johann Hinrich: Priester/Priestertum 407,19; Publizistik/Presse 708,51; 710,4
Wiedergeburt: Predigt 303,27; 317,5; Protestantismus 561,6
Wieman, Henry Nelson: Pragmatismus 187,34; Prozeßtheologie/Prozeßphilosophie 601,18f.
Wiener Kongreß: Preußen 369,48
Wiener Kreis: Positivismus/Neopositivismus 77,11f.
Wiggertsz, Cornelis: Prädestination 128,29
Wilhelm II., Kg. v. Preußen: Preußen 372,50
Wilhelm v. Champeaux: Prädestination 113,9
Wilhelm, Hzg. v. Bayern: Predigt 264,7
Wille/Willensfreiheit: Prädestination 119,11; Prudentius 605,40; Przywara 609,2
Williams, John: Polynesien 33,1
Wilson, Thomas: Predigt 308,19
Windsheim: Protestation von Speyer 581,1
Wirklichkeit: Prozeßtheologie/Prozeßphilosophie 597,40; 598,49
Wirtschaft: Protestantismus 566,2
Wiseman, Nicholas Patrick: Predigt 278,25
Wishart, George: Predigt 300,14
Wissenschaft/Wissenschaftstheorie: Protestantismus 572,34f.
Witherspoon, John: Princeton 447,1
Wittgenstein, Ludwig: Postmoderne 84,38; Pragmatismus 188,31
Wittmann, Michael: Predigt 280,38
Witzel, Georg: Predigt 266,15; Protestantismus 572,8
Wochinger, Sebastian: Protestantismus 573,17
Wodeham, Adam: Prädestination 117,5
Wolff, Christian: Preußen 368,7; Psychologie 685,47f.
Wolfgang v. Anhalt-Köthen: Protestation von Speyer 580,50
Wollin (Bistum): Pommern 41,22
Wormser Edikt: Protestation von Speyer 581,17
Wort Gottes: Predigt 296,25; Protestantismus 558,23
Württemberg: Prälat 164,36f.; Predigerseminar 221,15
Wunden Christi: Passionsfrömmigkeit 747,22ff.; 754,13
Wunder: Propheten/Prophetie 474,25
Wyclif, John: Prag 173,53
Wyttenbach, Daniel: Prädestination 141,55

Xavier, Franz: Portugal 63,26
Ximénez de Cisneros, Francisco: Polyglotten 22,38

Yeats, William Butler: Postmoderne 82,46

Zadok/Zadokiden: Priester/Priestertum 383,46
Zanchi, Hieronymus: Prädestination 125,39ff.
Zarathustra/Zoroastrismus: Predigt 226,48; 227,13; Propheten/Prophetie 480,11
Zeit: Prädestination 116,13f.
Zeitschrift für Protestantismus und Kirche: Publizistik/Presse 708,32
Zeloten: Politik und Christentum 7,3
Zensur: Portugal 64,48
Zentrum: Preußen 371,39
Zephanja-Apokalypse: Pseudepigraphen des Alten Testaments 643,34
Zerbolt, Gerhard: Passionsfrömmigkeit 731,42; 739,23
Zerrenner, Heinrich Gottlieb: Predigt 307,38
Zezschwitz, Carl Adolf Gerhard v.: Praktische Theologie 201,33
Žilka, František: Prag 178,30
Zimmermann, Ernst Christoph Philipp: Publizistik/Presse 708,4
Zinzendorf, Nikolaus Ludwig Graf v.: Passionsfrömmigkeit 754,13; Pommern 47,2; Predigt 304,22
Zirkarie: Prämonstratenser 169,26
Zisterzienser: Pommern 42,34; Portugal 61,25
Zittel, Karl: Protestantenverein 538,15
Zölibat: Priester/Priestertum 433,22; Prostitution 533,38
Zollikofer, Georg Joachim: Predigt 306,52
Zungenrede: Predigt 243,21
Zweireichelehre: Politik und Christentum 14,26
Zwingli, Ulrich: Prädestination 120,32ff.; Praktische Theologie 196,21; Predigt 298,38f.

2. Mitarbeiter

2.1. Autoren

Karin Achtelstetter, Genf/Schweiz (Publizistik/Presse I; III)
Folker Albrecht, Siegen (Propheten/Prophetie VI)
Prof. Dr. Ingo Baldermann, Siegen (Propheten/Prophetie VI)
Prof. Dr. Manfred Baum, Wuppertal (Psychologie I)
Prof. Dr. Pier Franco Beatrice, Padua/Italien (Porphyrius, Philosoph)
Dr. Roland Bergmeier, Weingarten (Prädestination II)
Prof. Dr. Ulrich Berner, Bayreuth (Polytheismus)
Dr. Bernd Beuscher, Duisburg (Postmoderne III)
PDoz. Dr. Albrecht Beutel, Tübingen (Predigt VIII)
Annette Bierbach, Köln (Polynesien)
Prof. Dr. Gottfried Bitter, Bonn (Predigt VII)
Prof. Dr. Hartmut Boockmann, Göttingen (Preußen I)
The Rev. Prof. Dr. Paul Frederick Bradshaw, Notre Dame, Ind./USA (Priester/Priestertum III/1)
Prof. Dr. Laurence Brottier, Poitiers/Frankreich (Predigt V)
The Rev. Prof. Dr. David Brown, Durham/England (Postmoderne II)
Dr. Horst Cain, Königsborn (Polynesien)
Prof. Dr. James K. Cameron, St. Andrews/Schottland (Presbyterianer)
Prof. Dr. James H. Charlesworth, Princeton, N.J./USA (Pseudepigraphen des Alten Testaments)
Prof. Dr. Gerhard Dautzenberg, Gießen (Propheten/Prophetie IV)
PDoz. Dr. habil. Beate Ego, Tübingen (Predigt III; Priester/Priestertum I/3)
Prof. Dr. Lothar Eley, Köln (Positivismus/Neopositivismus)
Dr. Gillian R. Evans, Cambridge/England (Prädestination IV)
Prof. Dr. Willy Evenepoel, Leuven/Belgien (Prudentius)
Dr. Eva-Maria Faber, Freiburg i.Br. (Przywara, Erich)
Prof. Dr. Hermann Fischer, Hamburg (Protestantismus I)
Prof. Dr. Jacques Fontaine, Antony/Frankreich (Priszillian/Priszillianismus)
Prof. Dr. Isnard W. Frank, Mainz (Predigt VI)
Prof. Dr. Albert Gerhards, Bonn (Prozession II)
PDoz. Dr. Dr. habil. Peter Gerlitz, Bremerhaven/Bremen (Prädestination I; Prostitution I; Pseudonymität I)
Prof. Dr. Erhard S. Gerstenberger, Marburg (Predigt II; Proverbia)
Dr. Jan Christian Gertz, Mainz (Prozession I)

Harald Goertz, Heidelberg (Priester/Priestertum II/1)
Prof. Dr. Robert Goldenberg, Stony Brook, N.Y./USA (Proselyten/Proselytentaufe)
Prof. Dr. Friedrich Wilhelm Graf, Augsburg (Protestantismus II)
Prof. Dr. Gisbert Greshake, Freiburg i.Br. (Priester/Priestertum III/2)
Prof. Dr. Adalbert-G. Hamman, Paris/Frankreich (Prosper von Aquitanien)
Prof. Dr. Wilfried Härle, Heidelberg (Priester/Priestertum II/1)
Dekan Dr. Martin Hein, Kassel (Predigerseminar)
Prof. Dr. Konrad Hoffmann, Tübingen (Poussin, Nicolas)
Prof. Dr. Martin Honecker, Bonn (Politik und Christentum)
Prof. Dr. Pieter W. van der Horst, Utrecht/Niederlande (Pseudo-Philo)
Pater Dr. Ludger Horstkötter, Duisburg (Prämonstratenser)
Prof. Dr. Hans Hübner, Göttingen (Prädestination III)
Dr. Hans-Martin Kirn, Tübingen (Protestantenverein)
Diakon Dr. Wassilios Klein, Bonn (Priester/Priestertum I/1; Propheten/Prophetie I)
Prof. Dr. Hans-Joachim Klimkeit, Bonn (Predigt I)
Prof. Dr. Klaus Koch, Hamburg (Propheten/Prophetie II)
Prof. Dr. Ulrich Köpf, Tübingen (Passionsfrömmigkeit)
Prof. Dr. Zdeněk Kučera, Prag/Tschechische Republik (Prag, Universität)
Prof. Dr. Hans-Günter Leder, Greifswald (Pommern)
PDoz. Dr. habil. Winrich A. Löhr, Cambridge (Ptolemäus, Gnostiker)
Prof. Dr. Andrew Louth, Durham/England (Proclus, Philosoph)
Prof. Dr. Theodor Mahlmann, Marburg (Prädestination V; VI)
The Rev. Prof. John Mahoney, London/England (Probabilismus)
Prof. Dr. Bruce D. Marshall, Northfield, Minn./USA (Pragmatismus II)
Prof. Dr. Joachim Mehlhausen, Tübingen (Prälat; Presbyterial-synodale Kirchenverfassung)
Prof. Dr. Dr. habil. Gerhard Meier-Reutti, Erlangen (Publizistik/Presse III)
Prof. Dr. Dr. Waldemar Molinski, Wuppertal (Prostitution II)
Prof. Dr. Dr. Christoph Morgenthaler, Muri/Schweiz (Psychologie II)
Prof. Dr. Herfried Münkler, Berlin (Politik/Politologie)
Prof. Dr. Mark A. Noll, Wheaton, Ill./USA (Princeton, Universität und Seminar)
PDoz. Dr. Helmut Pape, Hannover (Pragmatismus I)
Matthias Pöhlmann, Erlangen (Publizistik/Presse III)
Prof. Dr. Petr Pokorný, Prag/Tschechische Republik (Pseudepigraphie I)
Prof. Dr. Siegfried Raeder, Mössingen (Psalmen/Psalmenbuch II)
Prof. Dr. Ernst Reiter, Eichstätt (Professio fidei Tridentina)
Prof. Dr. Henning Graf Reventlow, Bochum (Priester/Priestertum I/2)
Prof. Dr. Manuel Augusto Rodrigues, Coimbra/Portugal (Portugal)
Dr. Chana Safrai, Utrecht/Niederlande, Jerusalem/Israel (Propheten/Prophetie III)
Prof. Dr. Dieter Sänger, Gießen (Priester/Priestertum I/4)
Prof. Dr. Adrian Schenker, Fribourg/Schweiz (Polyglotten)
Prof. Dr. Georg Schmidt, Jena (Protestation von Speyer)
Prof. Dr. Michael Schmolke, Salzburg/Österreich (Publizistik/Presse IV)
Prof. Dr. Helmut Schnizer, Graz/Österreich (Privilegien, Kirchliche)
Prof. Dr. Dr. Heinz Schott, Bonn (Psychiatrie)
Prof. Dr. Henning Schröer, Bonn (Praktische Theologie; Priester/Priestertum II/2; Psalmen/Psalmenbuch III)
Prof. Dr. Klaus Seybold, Basel/Schweiz (Psalmen/Psalmenbuch I)
Prof. Dr. Heribert Smolinsky, Freiburg i.Br. (Prierias, Silvester Mazzolini)
Martina Splonskowski, Bonn (Predigt VII)
Prof. Dr. Günter Stemberger, Wien/Österreich (Pseudepigraphie II)
Prof. Dr. Konrad Stock, Bonn/Köln (Propheten/Prophetie V)
Prof. Dr. Claudius Strube, Wuppertal (Postmoderne I)

Prof. Dr. Rudolf von Thadden, Göttingen (Preußen II)
Prof. Dr. Franz Tinnefeld, München (Psellos, Konstantin)
Dr. Jörg Ulrich, Erlangen (Publizistik/Presse II)
Prof. Dr. Dirk Van Damme, Fribourg/Schweiz (Polykarp von Smyrna)
Prof. Dr. Gottfried Vanoni, Mödling/Österreich (Prosa, Alttestamentliche)
Prof. Dr. Dr. Michael Welker, Heidelberg (Prozeßtheologie/Prozeßphilosophie)
Regens Dr. Hermann Wieh, Osnabrück (Priester/Priestertum III/3)
Prof. Dr. Klaus Winkler, Hannover (Psychoanalyse/Psychotherapie)
Prof. Dr. Friedrich Wintzer, Bonn (Predigt IX)
Prof. Dr. Michael Wolter, Bonn (Pseudonymität II)
Prof. Dr. Hans-Theo Wrege, Schleswig (Predigt IV)
Prof. Dr. Hartmut Zapp, Freiburg i.Br. (Prälat)
Prof. Dr. Erich Zenger, Münster (Priesterschrift)

2.2. Übersetzer

Aus dem Englischen:

Tilman Kiersch, Greifswald/Neuwied (Proclus)
Prof. Dr. Knut Schäferdiek, Bonn (Prädestination IV; Presbyterianer)
Dr. Michael Schröter, Berlin (Priester/Priestertum III/1)
Dr. Heiko Schulz, Wuppertal/Pasadena, Cal./USA (Postmoderne II; Pragmatismus II)
Prof. Dr. Günter Stemberger, Wien/Österreich (Proselyten/Proselytentaufe)
Dr. Thomas Thornton, New York, N.Y./USA (Princeton, Universität und Seminar; Pseudepigraphen des Alten Testaments)
Rüdiger Thurm, Berlin (Probabilismus)

Aus dem Französischen:

Marianne Mühlenberg, Göttingen (Prosper von Aquitanien)
Prof. Dr. Knut Schäferdiek, Bonn (Predigt V)
Prof. Dr. Eckehart Stöve, Duisburg (Priszillian/Priszillianismus)

Aus dem Hebräischen:

Lucie Renner, Berlin (Propheten/Prophetie III)

Aus dem Italienischen:

Prof. Dr. Eckehart Stöve, Duisburg (Porphyrius, Philosoph)

Aus dem Niederländischen:

Prof. Dr. Knut Schäferdiek, Bonn (Prudentius)

Aus dem Tschechischen:

Dr. Alexander Kolesnyk, Berlin (Prag)

2.3. Registerbearbeiter

Dr. Klaus Breuer, Heidelberg (Namen, Orte, Sachen)
Pfarrerin Hannelore Hollstein, Unna (Bibelstellen)
Prof. Dr. David Trobisch, New Haven, Conn./USA (Namen, Orte, Sachen)

3. Artikel- und Verweisstichwörter

Passionsfrömmigkeit (U. Köpf) 722
Politik/Politologie (H. Münkler) 1
Politik und Christentum (M. Honecker) 6
Polyglotten (A. Schenker) 22
Polykarp von Smyrna (D. Van Damme) 25
Polynesien (A. Bierbach/H. Cain) 28
Polytheismus (U. Berner) 35
Pommern (H.-G. Leder) 39
Popper, Karl Raimund →Kritischer Rationalismus, →Wissenschaft/Wissenschaftstheorie
Porphyrius, Philosoph (P. F. Beatrice) 54
Port Royal →Jansen/Jansenismus, →Pascal, Blaise
Portugal (M. A. Rodrigues) 59
Positivismus/Neopositivismus (L. Eley) 73
Postille →Schriftauslegung
Postmoderne (C. Strube/D. Brown/B. Beuscher) 82
Poussin, Nicolas (K. Hoffmann) 95
Prädestination (P. Gerlitz/R. Bergmeier/H. Hübner/G. R. Evans/T. Mahlmann) 98
Präexistenz →Jesus Christus, →Seele
Prälat (H. Zapp/J. Mehlhausen) 160
Prämonstratenser (L. Horstkötter) 167
Präzisismus →Pietismus, →Puritanismus
Prag, Universität (Z. Kučera) 172
Pragmatismus (H. Pape/B. D. Marshall) 182
Praktische Theologie (H. Schröer) 190
Prayer Book →Book of Common Prayer
Prediger(buch)/Prediger Salomo →Koheletbuch
Predigerseminar (M. Hein) 221
Predigt (H.-J. Klimkeit/E. S. Gerstenberger/B. Ego/H.-T. Wrege/L. Brottier/I. W. Frank/G. Bitter/M. Splonskowski/A. Beutel/F. Wintzer) 225
Presbyter/Presbyterium →Amt/Ämter/Amtsverständnis, →Kirchenordnungen, →Presbyterial-synodale Kirchenverfassung, →Presbyterianer, →Reformierte Kirchen
Presbyterial-synodale Kirchenverfassung (J. Mehlhausen) 331
Presbyterianer (J. K. Cameron) 340
Presse →Publizistik/Presse
Preußen (H. Boockmann/R. v. Thadden) 359
Prierias, Silvester Mazzolini (H. Smolinsky) 376
Priester/Priestertum (W. Klein/H. Graf Reventlow/B. Ego/D. Sänger/H. Goertz/W. Härle/H. Schröer/P. F. Bradshaw/G. Greshake/H. Wieh) . . . 379
Priesterehe →Zölibat
Priesterschrift (E. Zenger) 435
Priesterseminar →Priester/Priestertum, →Tridentinum
Priesterweihe →Ordination, →Priester/Priestertum
Primat →Kirchenverfassungen, →Papsttum, →Recht, Kanonisches
Princeton, Universität und Seminar (M. A. Noll) 446
Priszillian/Priszillianismus (J. Fontaine) 449
Privilegien, Kirchliche (H. Schnizer) 454
Probabilismus (J. Mahoney) 465
Proclus, Philosoph (A. Louth) 468
Professio fidei Tridentina (E. Reiter) 471

Proletariat →Kommunismus, →Marx/Marxismus, →Sozialgeschichtsschreibung
Propheten/Prophetie (W. Klein/K. Koch/C. Safrai/G. Dautzenberg/K. Stock/ F. Albrecht/I. Baldermann) 473
Prophetenleben →Pseudepigraphen des Alten Testaments
Prosa, Alttestamentliche (G. Vanoni) 517
Proselyten/Proselytentaufe (R. Goldenberg) 521
Prosper von Aquitanien (A.-G. Hamman) 525
Prostitution (P. Gerlitz/W. Molinski) 527
Protestantenverein (H.-M. Kirn) 538
Protestantische Freunde →Lichtfreunde
Protestantismus (H. Fischer/F. W. Graf) 542
Protestation von Speyer (G. Schmidt) 580
Proverbia (E. S. Gerstenberger) 583
Prozeß, Kanonischer →Heilige/Heiligenverehrung
Prozession (J. C. Gertz/A. Gerhards) 591
Prozeßtheologie/Prozeßphilosophie (M. Welker) 597
Prudentius (W. Evenepoel) 604
Przywara, Erich (E.-M. Faber) 607
Psalmen/Psalmenbuch (K. Seybold/S. Raeder/H. Schröer) 610
Psalmen Salomos →Salomo/Salomoschriften
Psalmengesang → Kirchenlied
Psalmodie →Gregorianik
Psalter →Psalmen/Psalmenbuch
Psellos, Konstantin (F. Tinnefeld) 637
Pseudepigraphen des Alten Testaments (J. H. Charlesworth) 639
Pseudepigraphie (P. Pokorný/G. Stemberger) 645
Pseudoisodor →Kirchenrechtsquellen
Pseudonymität (P. Gerlitz/M. Wolter) 659
Pseudo-Philo (P. W. van der Horst) 670
Psychiatrie (H. Schott) 672
Psychoanalyse/Psychotherapie (K. Winkler) 677
Psychologie (M. Baum/C. Morgenthaler) 684
Ptolemäus, Gnostiker (W. A. Löhr) 699
Publizistik/Presse (K. Achtelstetter/J. Ulrich/G. Meier-Reutti/M. Pöhlmann/ M. Schmolke) 703

4. Karte

Polynesien und Nachbargebiete. Neuzeichnung nach: Gerd Koch, Südsee. Führer durch die Ausstellung der Abteilung Südsee, Museum für Völkerkunde Berlin, Berlin 1969 (Faltkarte nach S. 152) nach S. 32

5. Bildquellen

Art. Passionsfrömmigkeit: Abb. 1, 2, 5, 13 und 14: © Bildarchiv Preussischer Kulturbesitz, Berlin 1996. Fotographien von Jörg P. Anders, Berlin; Abb. 1, 13 und 14 ohne Jahr, Abb. 2: Juli 1993, Abb. 5: Mai 1976 – Abb. 3 und 6: © Württembergisches Landesmuseum Stuttgart – Abb. 4, 9 und 10: © Bayerisches Nationalmuseum, München – Abb. 7: Wiltrud Mersmann, Der Schmerzensmann, Düsseldorf 1952, Abb. 11. Besitznachweis: Bildarchiv Preussischer Kulturbesitz, Berlin 1996. Fotographie von Dietmar Katz, Berlin 1996 – Abb. 8: © British Library, London – Abb. 11: Die Herz-Jesu-Verehrung des deutschen Mittelalters. Nach gedruckten und ungedruckten Quellen dargestellt von Karl Richstätter.
Mit 18 Tafeln altdeutscher Herz-Jesu-Bilder, Verlag Josef Kösel & Friedrich Pustet: München [2]1924, Taf. 4 (nach S. 64) – Abb. 12: Georg Wagner, Barockzeitlicher

Passionskult in Westfalen, Verlag Regensberg: Münster 1967, S. 405 (Abb. 171). Besitznachweis: Bildarchiv Preussischer Kulturbesitz, Berlin 1996. Fotographie von Dietmar Katz, Berlin 1996.

6. Corrigenda

S. 65,27: lies: (1700–1721) statt (1670–1676)
S. 95,24: lies: religionsphil. statt phil.
S. 156,43: lies: s.o. V.2.2. statt s.o. 2.2.
S. 156,46: lies: s.o. V.3.4. statt s.o. 3.4.
S. 249,7: lies: Orléans statt Orleans
S. 256,40: lies: Johann Ulrich statt Johannes
S. 274,40: lies: Denis statt Demis